About Pearson

Pearson is the world's learning company, with presence across 70 countries worldwide. Our unique insights and world-class expertise comes from a long history of working closely with renowned teachers, authors and thought leaders, as a result of which, we have emerged as the preferred choice for millions of teachers and learners across the world.

We believe learning opens up opportunities, creates fulfilling careers and hence better lives. We hence collaborate with the best of minds to deliver you classleading products, spread across the Higher Education and Test Preparation spectrum.

Superior learning experience and improved outcomes are at the heart of everything we do. This product is the result of one such effort.

Your feedback plays a critical role in the evolution of our products and you can contact us - reachus@pearson.com. *We look forward to it.*

एनटीए यूजीसी

नेट/सेट/जेआरएफ

सामान्य पेपर-I
शिक्षण एवं शोध अभियोग्यता

आठवां संस्करण

के. वी. एस. मदान

Pearson

2022 के प्रश्न पत्र सेट में स्मृति-आधारित प्रश्न शामिल हैं, जो 2022 एनटीए-यूजीसी परीक्षा के पिछले भाग लेने वाले उम्मीदवारों की स्मृति पर निर्भर करते हुए पूरी तरह से लेखक द्वारा तैयार किए गए हैं। मूल प्रश्न पत्रों में कॉपीराइट संबंधित स्वामियों के स्वामित्व में है और पियर्सन ऐसे कॉपीराइट में किसी भी स्वामित्व का दावा नहीं करता है। इन सवालों के जवाब भी पूरी तरह से यहां लेखक द्वारा अपने शब्दों में विकसित किए गए हैं, और मेमोरी आधारित प्रश्न पत्रों की सामग्री के उपयोग/सटीकता से उत्पन्न होने वाले किसी भी दावे के लिए पियर्सन उत्तरदायी नहीं होगा।

ISBN: 978-93-671-3264-7

प्रथम मुद्रण

प्रकाशक: पियर्सन इंडिया एजुकेशन सर्विसेज प्राइवेट लिमिटेड, सीआईएन: U72200TN2005PTC0571228.

मुख्य कार्यालय: पहली मंजिल, बर्जर टॉवर, प्लाट नं. सी-001ए/2, सेक्टर 16 बी, नोएडा-201 301, उत्तर प्रदेश, भारत
पंजीकृत कार्यालय: फेदरलाइट 'द एड्रेस' 5वीं मंजिल, सर्वे नं. 203/10B, 200 फुट, एमएमआरडी रोड़, जामीन पल्लवरम,
चेन्नई-600 044, तमिलनाडु, भारत
फैक्स: 080-30461003, फोन: 044-66540100
Website: in.pearson.com, E-mail: companysecretary.india@pearson.com

टाइपसेटर: सक्षम प्रिंटोग्राफिक्स, दिल्ली
मुद्रक: राजकमल इलेक्ट्रिक प्रेस, कुंडली, हरियाणा-131 028

परम श्रद्धेय गुरु

माता श्रीमती देविका रानी

एवं

पिता स्वर्गीय श्री प्रेम सिंह मदान

विषय-वस्तु

प्रस्तावना

न्यू एजुकेशन पॉलिसी, 2020 का मुख्य उद्देश्य सामाजिक और व्यक्तिगत मुद्दों के मजबूत समाधानों को लागू करना और कार्यान्वित करना है। हम सभी को भारत सरकार के विभिन्न कार्यक्रमों और पहलों जैसे कौशल भारत, स्टार्ट अप इंडिया, आत्म-निर्भर भारत आदि के साथ प्रगति और सद्भाव की दिशा में काम करना चाहिए। हमने किताब में एनईपी, 2020 को सम्मिलित किया है और इस पर कुछ नवीन प्रश्न रखे गए हैं। शिक्षण और अनुसंधान अधिक प्रगतिशील होंगे।

इस संवाद के आरंभ में हम उन सभी शिक्षण संस्थानों, शिक्षकों एवं विद्यार्थियों के प्रति आभार प्रकट करना चाहते हैं जिन्होंने विश्व में शिक्षण सामग्री के सर्वश्रेष्ठ प्रकाशक 'पियर्सन' द्वारा इस विषय के लिए आंग्ल भाषा में यूजीसी नेट, पेपर-I हेतु प्रकाशित *Teaching and Research Aptitude* को परीक्षा पद्धति के मानकों के अनुरूप पाया एवं यथासंभव समर्थन दिया। आंग्ल भाषा में लिखी पुस्तक को amazon.in और flipkart.com के उपभोक्ताओं ने काफी पसंद किया है। हिन्दी में लिखी गई पुस्तक को भी बहुत सराहा जा रहा है।

परीक्षार्थी हिन्दी भाषा में भी एक ऐसी उच्च कोटि और समग्र दृष्टिकोण वाली पुस्तक की अपेक्षा कर रहे थे, जो न केवल नेट परीक्षा (सहायक प्रोफेसर) में उत्तीर्ण होने में, बल्कि जेआरएफ़ की योग्यता सूची में स्थान प्राप्त करने में भी सहायक हो। पाठकों की प्रतिपुष्टि के आधार पर ही हिन्दी भाषा में प्रकाशित '*एनटीए यूजीसी नेट/सेट/जेआरएफ़*' पुस्तक को श्रेष्ठ बनाने का अथक प्रयास किया गया है।

हम ज्ञान के अनुरूप गतिशील रहने वाले समाज में रह रहे हैं। एक श्रेष्ठतर समाज के निर्माण में शिक्षक की निर्णायक भूमिका होती है, शिक्षक ना केवल ज्ञान प्रदान करता है, बल्कि मूल्यों को भी ध्यान में रखता है। समाज को अच्छे शिक्षकों की सदैव आवश्यकता रहती है, इसी बात को ध्यान में रखते हुए शिक्षण को एक दीर्घकालिक संव्यवसाय के रूप में अपनाया जा रहा है, इसमें बहुत सारे विकल्प उपलब्ध हैं, जैसे कि महाविद्यालयों, विश्वविद्यालयों में सहायक प्रोफेसर के पद पर नियुक्ति। यह पुस्तक उन विद्यार्थियों के लिए लिखी गई है, जो उच्च शिक्षण संस्थानों में शिक्षाविद् बनना चाहते हैं या अनुसंधान के क्षेत्र में अपना कैरियर बनाना चाहते हैं। इसका मुख्य उद्देश्य उनको एनटीए-नेट, सेट और कुछ संबंधित परीक्षाओं के लिए शिक्षण और अनुसंधान अभियोग्यता, तर्कक्षमता, पर्यावरण, सामान्य ज्ञान आदि विषयों से परीक्षा पद्धति तथा पाठ्यक्रम के अनुसार परिचित करवाना है, ताकि वे सफलता प्राप्त कर सकें।

पुस्तक को निर्धारित पाठ्यक्रम के अनुसार, 10 अध्यायों में विभाजित किया गया है। पुस्तक में निर्धारित परीक्षा पद्धति के अनुसार विषय-वस्तु का अद्यतन तथ्यों, आंकड़ों और आरेखों द्वारा विस्तारपूर्वक वर्णन किया गया है।

यूजीसी नेट परीक्षा का स्तर कुछ विषयों जैसे कि शिक्षण, शोध, सम्प्रेषण, सूचना एवं संचार प्रोद्यौगिकी, पर्यावरण, उच्च शिक्षा प्रणाली में काफी उच्च स्तर तक पहुँच चुका है, गणितीय तर्क और अभिवृति में कुछ असंभावित ढंग से प्रश्न पूछे जाते हैं।

इस संशोधित संस्करण में, उन अवधारणाओं को शामिल किया गया है जिन पर आधारित प्रश्न आगामी परीक्षाओं में पूछे जा सकते हैं। इस पुस्तक की भाषा को सरल एवं संक्षिप्त रखने का भरसक प्रयास किया गया है एवं महत्त्वपूर्ण शब्दावली का आंग्ल भाषा में अनुवाद भी प्रदान किया गया है। प्रत्येक अध्याय के बाद अभ्यास के लिए व्यापक प्रश्न हैं, जिनको हल करने से परीक्षार्थी का आत्मविश्वास बढ़ता है। अध्याय के अंत में दिए गए प्रश्नों को विषय-वस्तु के आधार पर वर्गीकृत भी किया गया है। छात्रों और सहकर्मियों की प्रतिक्रिया के आधार पर हमने प्रारंभिक अध्यायों को भी संशोधित किया है इस संस्करण में अगस्त 2024, और जनवरी 2025 में आयोजित एक प्रश्न पत्र (हल सहित) इसमें सम्मिलित किया गया है।

अभी कुछ वर्षों में हुई नेट परीक्षा में यह पाया गया है कि संभाव्य प्रश्नों की विविधता और संभावना में सतत विस्तार हो रहा है और इस तथ्य को ध्यान में रखते हुए हमने संभाव्य प्रश्नों को हर अध्याय में प्रदान किया है। आप अपने सुझाव और प्रतिपुष्टि के लिए लेखक से kvsm2003@yahoo.co.in तथा प्रकाशक से reachus@pearson.com पर संपर्क कर सकते हैं।

अभिस्वीकृति

हम इस संवाद के माध्यम से प्रो. सुरेंद्र लाल जो कि भौतिकी के महान विद्वान एवं कई पुस्तकों के लेखक हैं, के प्रति अपना आभार व्यक्त करना चाहते हैं। वह पूर्व में मुल्तान मल मोदी कॉलेज, पटियाला के प्रधानाचार्य के पद पर आसीन रहे हैं, हमारे लिए पिता तुल्य हैं एवं सदैव प्रेरणा का स्रोत रहे हैं।

निजी स्तर पर, हम अपने मित्रों और संकाय सहकर्मियों प्रोफेसर शरानु सज्जन (कंप्यूटर साइंस, कर्नाटक केंद्रीय विश्वविद्यालय), प्रोफेसर महेश मेहता (अंग्रेजी भाषा विभाग, एम. एम. कॉलेज, फतेहाबाद), प्रोफेसर मनलीन कौर विनायक (डायरेक्टर, इकोनॉमिक्स हार्बर), का विशेष रूप से धन्यवाद करना चाहते हैं, जो किसी भी प्रकार की सहायता के लिए सदैव तत्पर रहते हैं।

हम टीम पियर्सन, के प्रति विशेष आभार व्यक्त करना चाहते हैं, जिन्होंने प्रकाशन के विभिन्न चरणों में हमारी सहायता की। हमारे लिए उनके योगदान को शब्दों में अभिव्यक्त करना संभव नहीं है।

मेरी विशेष कृतज्ञता विश्वप्रसिद्ध पुस्तक प्रकाशक पियर्सन के वरिष्ठ संपादक सोजन जोश के प्रति सदैव बनी रहेगी, जिन्होंने इसके सफल क्रियान्वयन के लिए पूरी टीम को प्रेरित किया। रुचिरा दास, उषा पांडे और निधि सिंह के लिए मेरा विशेष आभार, जिनके रचनात्मक समर्थन ने पुस्तक प्रकाशन के महत्वपूर्ण सोपानों में एक विशेष भूमिका निभाई, और इस पुस्तक को श्रेष्ठतर बनाया। पियर्सन के बिक्री और वितरण के मैग्नेट विशाल धवन, रमन प्रुथी, अमन शर्मा और श्रीनिवासन ने यूजीसी नेट के विभिन्न उत्पादों को भारत के युवा आकांक्षी प्रोफेसरों तक पहुंचाकर एक महान सामाजिक सेवा का कार्य किया।

इस पुस्तक के प्रकाशन में संदीप खुंगर, मंजू कुकरेजा, ओंकार मदान, हरजीत मदान, परमिंदर मदान का अतुलनीय योगदान रहा है, हम इन सबका हार्दिक आभार प्रकट करना चाहते हैं।

इस पुस्तक को पूर्ण करने में हमारी माता जी श्रीमती देविका रानी एवं बच्चों जिया, सृजन और जप्पन का सदैव स्नेहपूर्ण योगदान रहा है।

इस पुस्तक के द्वारा हम अभ्यर्थियों के उज्ज्वल भविष्य की कामना करते हैं।

शुभकामनाओं के साथ

के. वी. एस. मदान

लेखक के विषय में

केवीएस मदान, अरनी स्कूल ऑफ बिजनेस मैनेजमेंट, अरनी विश्वविद्यालय, हिमाचल प्रदेश में पूर्व सहयोगी निर्देशक थे और एक प्रसिद्ध लेखक और शिक्षाविद् भी हैं। वह हरियाणा स्कूल ऑफ बिजनेस, जीजेयूएसटी, हिसार से व्यवसाय प्रबन्धन विषय में स्नातकोत्तर हैं। उन्होंने अपने कैरियर के हजारों उम्मीदवारों को अपने लक्ष्यों को महसूस करने में सहायता की है। उन्होंने कई विश्वविद्यालयों और संस्थानों में शीर्ष पदों पर काम किया है। वह यूजीसी और एआईसीटीई प्रायोजित संकाय विकास कार्यक्रमों में मुख्य वक्ता रहे हैं।

उनका YouTubc - KVS Madaan Online Classes और एक वेबसाइट kvsmadaan.com पर सक्रिय चैनल है।

राष्ट्रीय परीक्षा एजेंसी के बारे में

पृष्ठभूमिः भारत की यदि विश्व के अधिकांश उन्नत देशों से तुलना की जाए तो यहां प्रवेश परीक्षाओं को आयोजित करने के लिए कोई विशेषीकृत निकाय नहीं है, इस तथ्य को ध्यान में रखते हुए माननीय वित्त मंत्री ने वर्ष 2017-18 के बजट भाषण में राष्ट्रीय परीक्षा एजेंसी को स्थापित करने की घोषणा की। इसका मुख्य उद्देश्य राष्ट्रीय स्तर की उच्चतर शिक्षा संस्थानों में प्रवेश हेतु आयोजित की जाने वाली परीक्षाओं की पारदर्शिता एवं गुणवत्ता बनाए रखना है । केंद्रीय मंत्रिमंडल ने दिनांक 10 नवंबर, 2017 को सोसाइटी अधिनियम 1860 के अंतर्गत स्वायत्त और आत्मनिर्भर सोसाइटी (संगठन) के रूप में इसको मंजूरी दी। प्रारम्भ में राष्ट्रीय परीक्षा एजेंसी उन परीक्षाओं का संचालन करेगी जो कि अभी सीबीएसई द्वारा संचालित की जा रही हैं-यूजीसी, नीट, जे ई ई, सी-मैट एवं जी.पैट।

वित्तपोषणः इसके लिए प्रथम वर्ष में 25 करोड़ के एकबारगी अनुदान का बजट प्रावधान किया गया है। तत्पश्चात, यह एजेंसी अपने संचालन के लिए आत्मनिर्भर होगी।

संगठन संरचनाः राष्ट्रीय परीक्षा एजेंसी की अध्यक्षता एक प्रख्यात शिक्षाविद् द्वारा की जाएगी जिसकी नियुक्ति मानव संसाधन विकास मंत्रालय करेगा। सीईओ महानिर्देशक होंगे जिनकी नियुक्ति सरकार द्वारा की जाएगी, एक शासक मंडल (Governing Body) होगा जिसमें सदस्य प्रयोक्ता संस्थानों में से होंगे। महानिर्देशक की सहायता के लिए शिक्षाविदों/विशेषज्ञों की अगुआई में 9 वर्टीकल होंगे।

परीक्षा संचालनः प्रारम्भिक जानकारी के अनुसार यह एजेंसी वर्ष में दो बार ऑनलाइन पद्धति में परीक्षाएं आयोजित करेगी ताकि विद्यार्थी को उसके सर्वोत्कृष्ट प्रदर्शन का अवसर प्राप्त हो सके। ग्रामीण छात्रों की आवश्यकताओं की पूर्ति के लिए यह उप-जिला, जिला स्तर पर परीक्षा केंद्र स्थापित करेगी तथा यथासंभव परीक्षार्थियों को व्यावहारिक परीक्षण भी देगी।

नई यूजीसी नेट परीक्षा पद्धति के बारे में आवश्यक जानकारी

राष्ट्रीय पात्रता परीक्षा या 'यूजीसी नेट' भारत में एक राष्ट्रीय पात्रता प्रवेश परीक्षा है। ये स्नातकोत्तर प्रतियोगियों के लिए विश्वविद्यालयों में शिक्षण प्रवेश हेतु योग्यता परीक्षा होती है। इसका आयोजन अर्ध-वार्षिक रूप से विश्वविद्यालय अनुदान आयोग द्वारा किया जाता है। ज्ञातव्य है कि वर्ष 2009 के दिशा-निर्देश के तहत विश्वविद्यालय अनुदान आयोग ने कॉलेजों में प्रोफेसर बनने के लिए इस परीक्षा की पात्रता को अनिवार्य बना दिया था।

जो परीक्षार्थी इस परीक्षा में सबसे अधिक अंक अर्जित करते हैं, उनकी योग्यता सूची तैयार की जाती है, उनमें से कुछ को जूनियर रिसर्च फेलोशिप यानी जेआरएफ़ और शेष को 'नेट' (सहायक प्रोफेसर) के लिए चुना जाता है। जेआरएफ़ में चुने गए परीक्षार्थी को अनुसंधान के लिए स्कॉलरशिप दी जाती है, जबकि नेट क्वालीफाइड को स्कॉलरशिप नहीं दी जाती है।

फेलोशिप

इसमें तीन प्रकार की फेलोशिप मिलती हैं:

- व्याख्याता फेलोशिप
- कनिष्ठ शोध फेलोशिप
- श्यामा प्रसाद मुखर्जी फेलोशिप

योग्यता

असिस्टेंट प्रोफेसर के लिए किसी भी प्रकार की आयु सीमा नहीं रखी गई है, जबकि जेआरएफ़ के लिए सामान्य वर्ग के अभ्यर्थियों की अधिकतम आयु 30 वर्ष से ज्यादा नहीं होनी चाहिए। अन्य वर्ग के अभ्यर्थियों को आरक्षण नीति के तहत आयु सीमा में छूट दी जाती है। सामान्य वर्ग के अभ्यर्थियों के लिए किसी भी मान्यता प्राप्त विश्वविद्यालय से 55 प्रतिशत अंकों के साथ मास्टर डिग्री अनिवार्य है, जबकि अन्य वर्ग के अभ्यर्थियों के लिए 50 प्रतिशत अंक जरूरी हैं।

विषय चयन

नेट में पोस्ट-ग्रेजुएशन के विषय के साथ ही परीक्षा में शामिल हुआ जा सकता है। यूजीसी ने स्नातकोत्तर डिग्री के कुल 90 से भी अधिक विषयों को नेट परीक्षा में सम्मिलित किया है। विषयों की पूरी सूची की जानकारी www.ugc.ac.in/www.cbse.nic.in पर लॉग इन करके ली जा सकती है। इनमें कुछ विदेशी भाषाओं को भी सम्मिलित किया गया है।

नई परीक्षा योजना—जुलाई 8, 2018 से लागू

सीबीएसई—यूजीसी ने 23 जनवरी को एक अधिसूचना जारी करके परीक्षा पद्धति में कुछ परिवर्तन किए, जिसके अनुसार विषय संबंधी पेपर 2 एवं 3 का विलय कर दिया गया है और अब उनके स्थान पर केवल पेपर 2 ही होगा। शिक्षण और शोध अभियोग्यता पर आधारित पेपर 1 की मुख्य विषय-वस्तु पहले जैसी ही रहेगी।

संक्षिप्त अधिसूचना

सूचित किया जाता है कि सीबीएसई 08 जुलाई, 2018 (रविवार) को सहायक प्रोफेसर और जूनियर रिसर्च फेलोशिप (जेआरएफ़) की पात्रता के लिए यूजीसी-नेट परीक्षा आयोजित करेगा। संशोधित स्कीम के अनुसार, परीक्षा में निम्नानुसार दो प्रश्न पत्र होंगे:

प्रश्न पत्र	अंक	प्रश्नों की संख्या	समयान्तराल
I	100	50 प्रश्न (सभी अनिवार्य)	3 घंटा
II	200	100 प्रश्न (सभी अनिवार्य)	

प्रश्न पत्र-I में 50 वस्तुनिष्ठ प्रकार के अनिवार्य प्रश्न होंगे और प्रत्येक प्रश्न के दो अंक होंगे। ये प्रश्न सामान्य प्रकृति के होंगे, जिनका उद्देश्य उम्मीदवारों की शिक्षण/अनुसंधान अभिरुचि का निर्धारण करना है। यह प्राथमिक रूप से उम्मीदवारों की तार्किक क्षमता, व्यापक, विभिन्न सोच और सामान्य जागरुकता का परीक्षण करने के लिए डिज़ाइन किया जाएगा।

प्रश्न पत्र-II में उम्मीदवार द्वारा चयन किए गए विषय पर आधारित 100 वस्तुनिष्ठ प्रकार के अनिवार्य प्रश्न होंगे और प्रत्येक प्रश्न के दो अंक होंगे।

जेआरएफ में सम्मिलित होने के लिए उच्च आयु सीमा दो वर्ष बढ़ा दी गयी है अर्थात वर्तमान की उच्च आयु सीमा 28 वर्ष से 30 वर्ष होगी (पूर्ववत छूट यथानुसार रहेगी)। परीक्षा में सम्मिलित होने की इच्छा रखने वाले उम्मीदवार वेबसाइट https://ugcnet.nta.nic.in/ पर उपलब्ध विस्तृत अधिसूचना देख सकते हैं।

नई परीक्षा पद्धति के अनुसार पेपर 1 का महत्त्व काफी बढ़ गया है, पहले कुल 175 प्रश्नों में से पेपर I के 50 प्रश्न थे, जोकि कुल प्रश्नों का 28.57% हिस्सा था जबकि अब कुल 150 प्रश्नों में से 50 प्रश्न हैं जिसका मतलब है कि 33.33% अंक पेपर I पर निर्भर करेंगे। अब समय भी घटा दिया गया है जिसके कारण पेपर 1 और भी चुनौतीपूर्ण बन जाता है, इस स्थिति में परीक्षार्थियों से अपेक्षा की जाती है कि वे पेपर 1 के प्रश्नों की अधिकाधिक प्रैक्टिस करें।

सेट/स्लेट (STATE ELIGIBILITY TEST/STATE LEVEL ELIGIBILITY TEST—SET/SLET)

ऐसा पाया गया था कि राष्ट्रीय स्तर पात्रता परीक्षा के द्वारा क्षेत्र विशिष्ट विषयों की पात्रता को निर्धारित करने में समर्थ नहीं हो पा रही थी। इसके अलावा, उम्मीदवारों द्वारा अपनी मातृ-भाषा में शामिल होने के लिए भी मांग की जा रही थी। अत: राज्य सरकारों और केंद्र शासित प्रदेशों को राज्य स्तर पर लेक्चरशिप के लिए पात्रता निर्धारित करने के लिए अपने स्तर पर परीक्षण कराने का विकल्प दिया गया। इस प्रकार एसईटी (सेट) की अवधारणा अर्थात लेक्चररशिप पात्रता के लिए राज्य पात्रता परीक्षा प्रारम्भ हुई। यह परीक्षा अंग्रेजी और क्षेत्रीय, दोनों भाषाओं में आयोजित की जाती है।

आयोग ने 25 मई 1990 को आयोजित अपनी बैठक में परीक्षा के अभिकरण (यू-सीएटी) पर यूजीसी कमेटी का गठन करने का निर्णय लिया। यू-सीएटी के संदर्भ की शर्तें निम्नानुसार हैं:

1. परीक्षणों को रखने के लिए दिशा-निर्देश तैयार करना
2. यूजीसी/सीएसआईआर के अलावा एजेंसियों द्वारा किए गए परीक्षणों का प्रत्यायन करना
3. अन्य एजेंसियों द्वारा किए गए परीक्षणों की निगरानी और फॉलो-अप उपायों का सुझाव देना
4. परीक्षणों के संगठन में राज्य स्तर की एजेंसियों को मार्गदर्शन और सहायता प्रदान करना

यू-सीएटी द्वारा की गई सिफारिशों के आधार पर, केवल निम्नलिखित लेक्चरशिप के लिए स्टेट एलिजीबिलिटी टेस्ट (एसईटी) आयोजित करने के लिए परीक्षण डिजाइन, कोर्स की सामग्री, टेस्ट, इत्यादि के बारे में राज्यों को दिशा-निर्देश दिए गए हैं।

भारत सरकार द्वारा दिए गए जनादेश के अनुसार, राज्य सरकारों के अनुरोध पर, विश्वविद्यालय अनुदान आयोग (यूजीसी) ने एक निश्चित अवधि के लिए यूजीसी द्वारा विधिवत मान्यता प्राप्त राज्य पात्रता परीक्षा (एसईटी) प्रस्तावित की है। यह राज्यस्तरीय परीक्षा यूजीसी और यूजीसी/सीएसआईआर द्वारा मानविकी, सामाजिक विज्ञान और विज्ञान विषयों के लिए क्रमश: राष्ट्रीय पात्रता परीक्षा (नेट) के पैटर्न पर आधारित है। राज्य सरकारों और संघ शासित प्रदेशों, जो स्वयं एसईटी आयोजित करने की इच्छा रखते हैं, को समय-समय पर यूजीसी से मान्यता प्राप्त करना आवश्यक है।

नेट के संचालन के अलावा, नेट ब्यूरो की भूमिका एसईटी परीक्षा आयोजित करने के लिए राज्य की उपयुक्त एजेंसियों का आकलन कर उन्हें प्रमाणित करने की भी है। राज्य सरकार द्वारा निर्दिष्ट राज्य एजेंसी के प्रदर्शन का मूल्यांकन करके एसईटी परीक्षा की सफलता से किया जाता है। राज्य को प्रत्यायन का अधिकार एक निर्धारित अवधि के लिए दिया जाता है।

राज्य एजेंसी की पहचान—एक राज्य सरकार किसी एजेंसी की पहचान कर सकती है, जो विश्वविद्यालय हो सकती है या उच्च शिक्षा के लिए शिक्षकों की भर्ती से संबंधित प्रतिष्ठित एजेंसी या प्रतिष्ठित परीक्षा संस्थान हो सकती है।

वर्तमान में, एसएलईटी/एसईटी निम्नलिखित राज्यों में आयोजित किया जाता है:

- महाराष्ट्र और गोवा
- तमिलनाडु
- मध्य प्रदेश
- आंध्र प्रदेश
- हिमाचल प्रदेश
- जम्मू और कश्मीर
- राजस्थान
- पश्चिम बंगाल
- एनई-एसएलईटी (जिसमें सभी पूर्वोत्तर राज्य और सिक्किम शामिल हैं)
- कर्नाटक

एसईटी परीक्षा आयोजित करने वाले राज्यों के प्रदर्शन का आकलन करने के लिए आयोग समय-समय पर एक प्रत्यायन समिति का गठन करता है। आयोग समिति की रिपोर्ट के आधार पर किसी भी राज्य के बारे में अंतिम निर्णय लिया जाता है।

एनटीए-यूजीसी नेट/जेआरएफ़
पाठ्यक्रम एवं परीक्षा पद्धति

पाठ्यक्रम प्रश्न-पत्र-1

इस प्रश्न पत्र का मुख्य उद्देश्य परीक्षार्थी की शिक्षण और शोध क्षमता का मूल्यांकन करना है। अतः इस परीक्षा का उद्देश्य शिक्षण और शोध अभिवृत्ति का मूल्यांकन करना है। उनसे अपेक्षा है कि परीक्षार्थी से पास संज्ञानात्मक क्षमता हो और वे इसको प्रदर्शित कर सके। संज्ञानात्मक क्षमता में विस्तृत बोध, विश्लेषण, मूल्यांकन, तर्क संरचना की समझ, निगमनात्मक तथा आगमनात्मक तर्क शामिल हैं। परीक्षार्थियों से यह अपेक्षा रखी जाती है कि उन्हें लोगों, पर्यावरण, प्राकृतिक संसाधनों के बीच संव्यवहार और जीवन की गुणवत्ता पर इस व्यवहार के प्रभाव की जानकारी रखनी चाहिए। विस्तृत पाठ्यक्रम विवरण इस प्रकार है:

I. शिक्षण अभिवृत्ति

- **शिक्षण:** अवधारणाएं, उद्देश्य, शिक्षण का स्तर (स्मरण शक्ति, समझ और विचारात्मक), विशेषताएं और मूल अपेक्षाएं
- **शिक्षार्थी की विशेषताएं:** किशोर और वयस्क शिक्षार्थी की अपेक्षाएं (शैक्षिक, सामाजिक/भावनात्मक और संज्ञानात्मक, व्यक्तिगत भिन्नताएँ)
- **शिक्षण प्रभावक तत्व:** शिक्षक, सहायक सामग्री, संस्थागत सुविधाएं, शैक्षिक वातावरण
- **उच्च अधिगम संस्थाओं की पद्धति:** अध्यापक केंद्रित बनाम शिक्षार्थी केंद्रित पद्धति, ऑफ लाइन बनाम ऑन-लाइन पद्धतियां (स्वयं, स्वयंप्रभा, मूक्स इत्यादि)।
- **शिक्षण सहायक प्रणाली:** परंपरागत आधुनिक और आईसीटी आधारित।
- **मूल्यांकन प्रणालियां:** मूल्यांकन के तत्व और प्रकार, उच्च शिक्षा में विकल्प आधारित क्रेडिट प्रणाली में मूल्यांकन, पद्धतियों में नवाचार।

II. शोध अभिवृत्ति

- **शोध:** अर्थ, प्रकार और विशेषताएं, प्रत्यक्षवाद एवं उत्तर-प्रत्यक्षवाद शोध के उपागम
- **शोध पद्धतियां:** प्रयोगात्मक, विवरणात्मक, ऐतिहासिक, गुणात्मक एवं मात्रात्मक
- **शोध प्रबन्ध एवं आलेख लेखन:** फार्मेट और संदर्भ की शैली
- शोध में आईसीटी का अनुप्रयोग
- शोध नैतिकता

III. बोध

- एक गद्यांश दिया जाएगा, उस गद्यांश से पूछे गए प्रश्नों का उत्तर देना होगा।

IV. संप्रेषण

- **संप्रेषण:** संप्रेषण का अर्थ, प्रकार और अभिलक्षण
- **प्रभावी संप्रेषण:** वाचिक एवं गैर-वाचिक, अन्तः सांस्कृतिक एवं सामूहिक संप्रेषण, कक्षा-संप्रेषण
- प्रभावी संप्रेषण की बाधाएं
- जन-मीडिया एवं समाज

V. गणितीय तर्क और अभिवृत्ति

तर्क के प्रकार

- संख्या श्रेणी, अक्षर श्रृंखला, कूट और संबंध
- गणितीय अभिवृत्ति (अंश, समय और दूरी, अनुपात, समानुपात, प्रतिशतता, लाभ और हानि, ब्याज और छूट, औसत आदि)

VI. युक्तियुक्त तर्क

- **युक्ति के ढाँचे का बोध:** युक्ति के रूप, निरुपाधिक तर्कवाक्य का ढांचा, अवस्था और आकृति, औपचारिक एवं अनौपचारिक युक्ति दोष, भाषा का प्रयोग, शब्दों का लक्ष्यार्थ और वस्तवर्थ, विरोध का परंपरागत वर्ग
- **युक्ति के प्रकार:** निगमनात्मक और आगनात्मक युक्ति का मूल्यांकन और विशिष्टीकरण
- अनुरूपताएं

- **वेण का आरेख:** तर्क की वैधता सुनिश्चित करने के लिए वेण आरेख का सरल और बहुप्रयोग
- **भारतीय तर्कशास्त्र:** ज्ञान के साधन
- **प्रमाण:** प्रत्यक्ष, अनुमान, उपमान, शब्द अर्थापत्ति और अनुपलब्धि
- अनुमान की संरचना, प्रकार, व्याप्ति, हेत्वाभास

VII. आंकड़ों की व्याख्या

- आंकड़ों का स्रोत, प्राप्ति और वर्गीकरण
- गुणात्मक एवं मात्रात्मक आंकड़े
- चित्रवत वर्णन (बार-चार्ट, हिस्टोग्राम, पाई-चार्ट, टेबल चार्ट और रेखा-चार्ट) और आंकड़ों का मान- चित्रण
- आंकड़ों की व्याख्या
- आंकड़े और सुशासन

VIII. सूचना एवं संचार प्रौद्योगिकी (आईसीटी)

- आईसीटी: सामान्य संक्षिप्तियां और शब्दावली
- इंटरनेट, इन्ट्रानेट, ई-मेल, श्रव्य-दृश्य कांफ्रेसिंग की मूलभूत बातें
- उच्च शिक्षा में डिजिटल पहलें
- आईसीटी और सुशासन

IX. लोग, विकास और पर्यावरण

- विकास और पर्यावरण: मिलेनियम विकास और संपोषणीय विकास का लक्ष्य
- मानव और पर्यावरण संव्यवहार: नृजातीय क्रियाकलाप और पर्यावरण पर उनके प्रभाव
- पर्यावरण मुद्दे: स्थानीय, क्षेत्रीय और वैश्विक, वायु प्रदूषण, जल प्रदूषण, मृदा प्रदूषण, ध्वनि प्रदूषण,अपशिष्ट (ठोस, तरल, बायो-मेडिकल, जोखिमपूर्ण, इलेक्ट्रॉनिक) जलवायु परिवर्तन और इसके सामाजिक आर्थिक तथा राजनीतिक आयाम
- मानव स्वास्थ्य पर प्रदूषकों का प्रभाव
- प्राकृतिक और ऊर्जा के स्रोत, सौर, पवन, मृदा, जल भू-ताप, बायोमास, नाभिकी और वन
- प्राकृतिक जोखिम और आपदाएं: न्यूनीकरण की युक्तियां
- पर्यावरण (संरक्षण) अधिनियम (1986), जलवायु परिवर्तत संबंधी राष्ट्रीय कार्य योजना, अंतरराष्ट्रीय समझौते/प्रयास-मोंट्रीयल प्रोटोकाल, रियो सम्मेलन, जैव विविधता सम्मेलन, क्योटो प्रोटोकॉल, पेरिस समझौता, अंतरराष्ट्रीय सौर संधि

X. उच्च शिक्षा प्रणाली

- उच्च अधिगम संस्थाएं और प्राचीन भारत में शिक्षा
- स्वतंत्रता के बाद भारत में उच्च अधिगम और शोध का उद्भव
- भारत में प्राच्य, पारंपरिक और गैर-पारंपरिक अधिगम कार्यक्रम
- व्यावसायिक/तकनीकी और कौशल आधारित शिक्षा
- मूल्य शिक्षा और पर्यावरणपरक शिक्षा
- नीतियां, सुशासन, राजनीति और प्रशासन

टिप्पणी: 1. प्रत्येक यूनिट (मॉड्यूल) से 2-2 अंकों वाले 5 प्रश्न तैयार किए जाएंगे।

2. यदि दृष्टिवान परीक्षार्थी के लिए ग्राफ/चित्र वाले प्रश्न तैयार किए जाते हैं तो दृष्टि बाधित परीक्षार्थियों के लिए उतने ही अंकों वाले प्रश्नों के अवतरण दिए जाएं।

यूजीसी नेट प्रश्न पत्र 1
जनवरी, 2025

नोट:

- इस प्रश्नपत्र में पचास (50) बहु-विकल्पीय प्रश्न हैं। प्रत्येक प्रश्न के दो (2) अंक हैं।
- सभी प्रश्न अनिवार्य हैं।

निम्न तालिका में दो कंपनियों A व B द्वारा वर्ष 2018 से 2023 के छह वर्षों में अर्जित प्रतिशत (%) लाभ दर्शाया गया है। तालिका में प्रदत्त डेटा के आधार पर, आगे के प्रश्नों के उत्तर दीजिए:

दो कंपनियों के लाभ का वर्ष-वार विवरण

वर्ष	कंपनी द्वारा अर्जित लाभ प्रतिशत (A)	(B)
2018	40%	25%
2019	25%	30%
2020	30%	50%
2021	60%	45%
2022	45%	30%
2023	50%	40%

टिप्पणी: $लाभ\% = \frac{आय-व्यय}{व्यय} \times 100$

1. वर्ष 2022 में, यदि कंपनी B की आय ₹52 करोड़ थी और दोनों कंपनियों A और B का व्यय समान था, तो उस वर्ष दोनों कंपनियों A और B की आय का औसत क्या था?

(a) ₹22 करोड़ (b) ₹33 करोड़
(c) ₹55 करोड़ (d) ₹44 करोड़

2. यदि वर्ष 2021 में, कंपनी A का व्यय कंपनी B के व्यय के समान था, तो उनकी अपनी-अपनी आय का अनुपात क्या था?

(a) 3:2 (b) 32:29
(c) 2:5 (d) 7:5

3. यदि 2019 और 2023 में कंपनी A के व्ययों का अनुपात 4:3 है, तो 2019 में कंपनी A की आय 2023 में कंपनी A की आय से ____% अधिक है।

(a) $\frac{70}{9}\%$ (b) $\frac{80}{9}\%$
(c) $\frac{40}{9}\%$ (d) $\frac{100}{9}\%$

4. यदि वर्ष 2018 में, कंपनी B की आय वर्ष 2020 में उसके व्यय के बराबर थी, तो 2018 में कंपनी B की आय का 2020 में उसकी आय से क्या अनुपात था?

(a) 2:3 (b) 3:2
(c) 2:5 (d) 5:2

5. यदि वर्ष 2023 में कंपनी B की आय ₹70 करोड़ थी, तो उस वर्ष में कंपनी B का व्यय क्या था?

(a) ₹20 करोड़ (b) ₹30 करोड़
(c) ₹40 करोड़ (d) ₹50 करोड़

6. नैयायिकों के अनुसार शब्दों का अर्थ है:

(a) केवल सामान्य (जाति)
(b) केवल विशेष (व्यक्ति)
(c) केवल आकृति (आकृति)
(d) सामान्य, विशेष और आकृति (जाति, व्यक्ति और आकृति)

7. निम्न की आकृति व आकार (मूड) की पहचान कीजिए:

'सभी सोडियम लवण जल में घुलनशील पदार्थ होते हैं। सभी साबुन सोडियम लवण होते हैं। अतः सभी साबुन जल में घुलनशील पदार्थ होते हैं।'

कूट:

(a) AEI, द्वितीय आकृति (b) AAA, तृतीय आकृति
(c) IIA; चतुर्थ आकृति (d) AAA; प्रथम आकृति

8. पिता की आयु बड़े पुत्र की आयु से दोगुनी है। दस वर्ष पश्चात पिता की आयु छोटे पुत्र की आयु से तीन गुना हो जाएगी। यदि दो पुत्रों की आयु के बीच का अंतर 15 वर्ष है तो पिता की आयु क्या है?

(a) 50 वर्ष (b) 45 वर्ष
(c) 43 वर्ष (d) 40 वर्ष

9. निम्नलिखित विषयों में से किनकी पढ़ाई प्राचीन भारतीय विश्वविद्यालयों में की जाती थी?

(1) पत्रकारिता
(2) पर्यावरण विज्ञान
(3) तर्कशास्त्र
(4) चिकित्सा शास्त्र
(5) दर्शन शास्त्र

नीचे दिए गए विकल्पों में से सही उत्तर का चयन कीजिए:

(a) केवल (1), (2), (3) (b) केवल (2), (3), (4)
(c) केवल (3), (4), (5) (d) केवल (1), (2), (5)

10. निम्नलिखित यू जी सी के अध्यक्षों का कालक्रमानुसार अनुक्रम बताइए:

(1) अरमैती एस देसाई
(2) जी राम रेड्डी
(3) मनमोहन सिंह
(4) यशपाल
(5) माधुरी आर शाह

नीचे दिए गए विकल्पों में से सही उत्तर का चयन कीजिए:

(a) (1), (5), (2), (4), (3) (b) (2), (3), (5), (1), (4)
(c) (3), (4), (1), (5), (2) (d) (5), (4), (3), (2), (1)

11. रीता के स्मार्टफ़ेन में मुक्त स्रोत (ओपनसोर्स) प्रचालन प्रणाली (आपरेटिंग सिस्टम) का प्रयोग होता है। ओपन सोर्स आपरेटिंग सिस्टम में स्रोत कोड का निम्न में से कौन सर्वोत्तम वर्णन करता है?

(a) इसका स्वामित्व इसे विकसित करने वाली कंपनी का होता है।
(b) यह प्रयोक्ताओं को उपलब्ध कराया जाता है।
(c) यह अधिक सुरक्षित है।
(d) यह कम प्रक्रमण ऊर्जा का प्रयोग करता है।

12. निम्नलिखित में से कौन जल गुणवत्ता के रासायनिक प्राचल हैं?

(1) pH
(2) कठोरता
(3) आविलता (टर्बिडिटी)
(4) DO
(5) BOD

नीचे दिए गए विकल्पों में से सही उत्तर का चयन कीजिए:

(a) केवल (1), (2), (3) और (4)
(b) केवल (1), (2), (4) और (5)
(c) केवल (2), (3), (4) और (5)
(d) केवल (1), (3) और (5)

13. सूची-I के साथ सूची-II का मिलान कीजिए:

सूची-I (विषैले पदार्थ समूह)	सूची-II (कैंसरजनकता का स्तर)
(1) समूह A	(i) प्रसामान्य मानव कैंसरजन
(2) समूह B	(ii) वर्गीकृत नहीं
(3) समूह C	(iii) मानव कैंसरजन
(4) समूह D	(iv) संभावित मानव कैंसरजन

नीचे दिए गए विकल्पों में से सही उत्तर का चयन कीजिए:

(a) (1)–(ii), (2)–(iv), (3)–(i), (4)–(iii)
(b) (1)–(ii), (2)–(i), (3)–(iv), (4)–(iii)
(c) (1)–(iii), (2)–(iv), (3)–(i), (4)–(ii)
(d) (1)–(iii), (2)–(i), (3)–(iv), (4)–(ii)

14. डिजिटल संचार के संबंध में, निम्न कथनों A-D में से कौन से कथन सही हैं?

(1) रेडियो प्रसारण स्वचालित प्रकार की प्रेषण पद्धति का उदाहरण है।
(2) कंप्यूटर के साथ संचारित की-बोर्ड सिंप्लेक्स प्रकार की प्रेषण पद्धति का उदाहरण है।
(3) वॉकी-टॉकी अर्ध-द्विदिश प्रेषण पद्धति पर कार्य करते हैं।
(4) टेलीफोन कॉलें पूर्ण-द्विदिश प्रेषण पद्धति के उदाहरण हैं।

नीचे दिए गए विकल्पों में से सही उत्तर का चयन कीजिए:

(a) केवल (1) और (2) (b) केवल (2) और (3)
(c) केवल (1) और (3) (d) केवल (2), (3) और (4)

15. लंदन धूम कोहरा (स्मॉग) आपदा के धूमकोहरे का निर्माण किनके संकेद्रण के कारण हुआ था?

(1) नाइट्रोजन डॉय-ऑक्साइड
(2) सल्फर डॉय-ऑक्साइड
(3) पेरॉक्सी एसिटाइल नाइट्रेट (पी ए एन)
(4) कणाकार पदार्थ

नीचे दिए गए विकल्पों में से सही उत्तर का चयन कीजिए:

(a) केवल (1) और (2)
(b) केवल (1) और (3)
(c) केवल (3) और (4)
(d) केवल (2) और (4)

16. निम्न में से अधिसंज्ञान के कौन-कौन से लाभ हैं?

(1) अधिसंज्ञानात्मक पद्धतियां शिक्षार्थी को योजना बनाने, निगरानी रखने और अपनी स्वयं की प्रगति का मूल्यांकन करने में सहायता करती हैं।
(2) अधिसंज्ञानात्मक पद्धतियां संज्ञानात्मक योग्यता के प्रभाव से कहीं अधिक अधिगम में अनुपम योगदान करती हैं।
(3) अधिसंज्ञानात्मक पद्धतियां शिक्षार्थियों की शैक्षणिक उपलब्धियों में सुधार करने में सहायता करती हैं।
(4) अधिसंज्ञानात्मक कौशल विद्यार्थियों ने जो कुछ सीखा है उसे एक संदर्भ से दूसरे संदर्भ में स्थानांतरित करने में सहायक होते हैं।

नीचे दिए गए विकल्पों में से सही उत्तर का चयन कीजिए:

(a) केवल (1) और (4) (b) केवल (2) और (3)
(c) (1), (2), (3) और (4) (d) केवल (3)

17. सूची-I के साथ सूची-II का मिलान कीजिए:

सूची-I (मैलवेयर प्रकार)	सूची-II (परिभाषा)
(1) बहुरूपी वाइरस	(i) उपयोगी लगने वाला प्रोग्राम जिसमें हानिकारक प्रोग्राम कोड छिपा होता है।
(2) रूपांतरिक वाइरस	(ii) दोहराव के दौरान बनी प्रत्येक प्रति के साथ अपना हस्ताक्षर बदलता है।
(3) ट्रोजन होर्स	(iii) एक ऐसा मैलवेयर जो प्रयोक्ता से अंतक्रिया किए बगैर नेटवर्क के माध्यम से अपनी प्रतियों का प्रसार करता है।
(4) वोर्म	(iv) प्रत्येक बार दोहराव होने पर स्वयं को पूर्णतया पुनर्लिखित करता है, कभी-कभी अपने व्यवहार को बदलता है।

नीचे दिए गए विकल्पों में से सही उत्तर का चयन कीजिए:

(a) (1)–(ii), (2)–(i), (3)–(iv), (4)–(iii)
(b) (1)–(iii), (2)–(iv), (3)–(i), (4)–(ii)
(c) (1)–(ii), (2)–(iv), (3)–(i), (4)–(iii)
(d) (1)–(i), (2)–(iii), (3)–(iv), (4)–(ii)

18. निम्नलिखित में से कौन भारतीय शिक्षा आयोग, 1964-66 का प्रासंगिक अवलोकन था ?

(a) पिरामिड प्रकार के संगठन के स्थान पर चौरस संगठन का प्रतिस्थापन
(b) भारतीय विश्वविद्यालय विशेषता में वैश्विक है।
(c) विदेशी विश्वविद्यालय भारतीय विद्यार्थियों का प्रचुर वित्त पोषण कर रहे हैं।
(d) सभी विश्वविद्यालयी स्नातकों को भारत में नौकरी की गारंटी दी जाती है।

19. उन प्रतिचयन तकनीकों की पहचान कीजिए जिन्हें प्रच्छन्न जनसंख्या के अध्ययन के लिए प्रयोग किया जाता है:

(1) सरल यादृच्छिक प्रतिचयन
(2) हिम कन्दुक (स्नोबॉल) प्रतिचयन
(3) स्तरीकृत यादृच्छिक प्रतिचयन
(4) मुख्य सूचना-प्रदाता प्रतिचयन

नीचे दिए गए विकल्पों में से सही उत्तर का चयन कीजिए:

(a) केवल (1) और (2) (b) केवल (1) और (3)
(c) केवल (2) और (4) (d) केवल (3) और (4)

20. शिक्षा मंत्रालय का पूर्ववर्ती नाम क्या था ?

(a) युवा कार्य मंत्रालय
(b) मानव संसाधन मंत्रालय
(c) शिक्षा और अनुसंधान मंत्रालय
(d) केंद्रीय कार्य मंत्रालय

21. सूची-I के साथ सूची-II का मिलान कीजिए:

सूची-I (विद्वान)	सूची-II (कृति)
(1) बौद्धयान	(i) रसरत्नाकर
(2) नागार्जुन	(ii) अर्थशास्त्र
(3) ब्रह्म गुप्त	(iii) सुल्व सूत्र
(4) विष्णु गुप्त	(iv) ब्रह्म स्पूत सिद्धांतिका

नीचे दिए गए विकल्पों में से सही उत्तर का चयन कीजिए:

(a) (1)–(i), (2)–(iv), (3)–(ii), (4)–(iii)
(b) (1)–(iv), (2)–(ii), (3)–(iii), (4)–(i)
(c) (1)–(iii), (2)–(i), (3)–(iv), (4)–(ii)
(d) (1)–(ii), (2)–(iii), (3)–(i), (4)–(iv)

22. किसी पाठ के सांस्कृतिक अर्थ को निम्न नाम से जाना जाता है:

(a) अधिसूचना (नोटिफिकेशन)
(b) वाच्यार्थ (डिनोटेशन)
(c) गुणार्थ (कोनोटेशन)
(d) संवृत्त पाठ (क्लोज्ड टेक्स्ट)

23. निम्न एम एस-एक्सेल स्प्रेडशीट पर विचार कीजिए:

	A	B	C	D	E
(1)	मद	मात्रा	मूल्य	राजस्व	
(2)	A-11	12	5	60	
(3)	B-32	31	9	279	
(4)	C-44	24	12	288	

यदि प्रकोष्ठ E2 में सूत्र = B2 * C2 की प्रविष्टि की जाती है और फिर प्रकोष्ठ E3 और E4 में इसकी कॉपी की जाती है तो प्रकोष्ठ E2, E3 व E4 में मान निम्नानुसार होंगे:

(a) क्रमश: 60, 60 और 60 (b) क्रमश: 60, 279 व 288
(c) क्रमश: 0, 0 और 0 (d) क्रमश: 60, 40 और 36

24. सादृश्यता द्वारा युक्ति निम्न में से क्या है ?

(a) वैध के रूप में वर्गीकृत
(b) अवैध के रूप में वर्गीकृत
(c) अपनी आधारिकाओं से तार्किक आवश्यकता के साथ प्रतिफलित होने का दावा करती है।
(d) संभाव्य

25. यदि आधार-M अंक प्रणाली में $(L)_M$ अंक L को दर्शाता है, तो दशमलव अंक प्रणाली में परिवर्तित होने पर निम्न अंकों A-D के सही आरोही क्रम की पहचान कीजिए:

(1) $(11111.11)_2$
(2) $(102.3)_6$
(3) $(42.5)_8$
(4) $(32.6)_{16}$

नीचे दिए गए विकल्पों में से सही उत्तर का चयन कीजिए:

(a) (2), (1), (3), (4) (b) (1), (3), (2), (4)

(c) (3), (1), (4), (2) (d) (4), (3), (2), (1)

26. किसी चर के सह परिवर्ती होने का पता लगाने का अध्ययन निम्न में से किससे संबंधित है:

(a) व्यक्ति/प्रकरण अध्ययन (b) अनुदैर्ध्य शोध

(c) सह-संबंध शोध (d) पुरालेख संबंधी शोध

27. सूची-I के साथ सूची-II का मिलान कीजिए:

सूची-I (समष्टि माध्य (μ) और $\left(\frac{1}{N}\sum x_i^2\right)$	सूची-II (समष्टि मानक विचलन (σ))
(1) $\mu = 7, \frac{1}{N}\sum x_i^2 = 85$	(i) 9
(2) $\mu = 3, \frac{1}{N}\sum x_i^2 = 58$	(ii) 8
(3) $\mu = 7, \frac{1}{N}\sum x_i^2 = 113$	(iii) 7
(4) $\mu = 6, \frac{1}{N}\sum x_i^2 = 117$	(iv) 6

नीचे दिए गए विकल्पों में से सही उत्तर का चयन कीजिए:

(a) (1)–(i), (2)–(ii), (3)–(iii), (4)–(iv)

(b) (1)–(ii), (2)–(iii), (3)–(iv), (4)–(i)

(c) (1)–(iii), (2)–(iv), (3)–(i), (4)–(ii)

(d) (1)–(iv), (2)–(iii), (3)–(ii), (4)–(i)

28. एक नौका की स्थिर जल में गति 10 कि.मी. प्रति घंटा (10 किमी/घंटा) है। यदि यह प्रवाह की दिशा में 26 किलोमीटर और 14 कि.मी. प्रवाह के विरुद्ध एक ही समय में तय कर सकती है तो जल प्रवाह की गति है:

(a) 4.5 कि.मी./घंटा (b) 5 कि.मी./घंटा

(c) 3 कि.मी./घंटा (d) 4 कि.मी./घंटा

29. वाल्टर जे. ओंग द्वारा बताए गए मौखिक विचारों का अन्तः सम्बन्धित मनोगतिकी के चरणों का सही क्रम बताइए।

(1) संयोजी/योगात्मक

(2) समूहित

(3) प्रचुर

(4) परम्परावादी

(5) मानवजीवन के निकट

नीचे दिए गए विकल्पों में से सही उत्तर का चयन कीजिए:

(a) (1), (2), (3), (4), (5) (b) (2), (3), (4), (5), (1)

(c) (3), (4), (5), (1), (2) (d) (4), (5), (1), (2), (3)

30. जब कोई कार सड़क पर आपके समीप से हो कर निकलती है और दूर जाने पर सिकुड़ती हुई प्रतीत होती है, तब निम्न में से कौन सी परिघटना आपको यह अनुभव कराती है कि वास्तव में कार छोटी नहीं हो रही है?

(a) आत्म सिद्धि (b) संक्रामिकता

(c) बोधात्मक स्थिरता (d) समानता

31. निम्नलिखित में से कौन 'राष्ट्रीय जलवायु परिवर्तन कार्य योजना' के राष्ट्रीय मिशन हैं?

(1) राष्ट्रीय ओजोन मिशन

(2) राष्ट्रीय सौर मिशन

(3) राष्ट्रीय जल मिशन

(4) राष्ट्रीय वायु मिशन

(5) राष्ट्रीय हरित भारत मिशन

नीचे दिए गए विकल्पों में से सही उत्तर का चयन कीजिए:

(a) केवल (1), (2) और (4) (b) केवल (1), (4) और (5)

(c) केवल (2), (3) और (5) (d) केवल (3), (4) और (5)

32. उस संख्या का पता लगाइए जो नीचे दी गई श्रृंखला में प्रश्न चिन्ह (?) को प्रतिस्थापित कर सके:

4, 27, 16, 125, 36, ?, 64, 729

(a) 343 (b) 81

(c) 49 (d) 161

33. सूची-I के साथ सूची-II का मिलान कीजिए:

सूची-I (संकल्पना)	सूची-II (वर्णन)
(1) हस्तलिपि संस्कृति	(i) छपाई
(2) मुद्रण संस्कृति	(ii) शब्द का अनुभव करने के लिए बोलना
(3) मौखिक संस्कृति	(iii) छवियों के माध्यम से स्थानिक समझ/बोध
(4) दृश्य संस्कृति	(iv) लेखन

नीचे दिए गए विकल्पों में से सही उत्तर का चयन कीजिए:

(a) (1)–(i), (2)–(ii), (3)–(iii), (4)–(iv)

(b) (1)–(ii), (2)–(iii), (3)–(iv), (4)–(i)

(c) (1)–(iii), (2)–(iv), (3)–(i), (4)–(ii)

(d) (1)–(iv), (2)–(i), (3)–(ii), (4)–(iii)

34. एक कूट भाषा में

'617' का अर्थ है 'Sweet and hot'

'735' का अर्थ है 'Coffee is sweet'

'263' का अर्थ है 'Tea is hot'

'Coffee is hot' के लिए क्या कूट होगा?

(a) '675' (b) '537'

(c) '536' (d) '573'

35. एक महिला उत्तर की ओर 100 मीटर चलती है। फिर वह अपनी बायीं ओर मुड़ती है और 50 मीटर चलती है। पुन: वह बायीं ओर मुड़ती है और 120 मीटर चलती है। अंत में वह अपनी दायीं ओर 45 डिग्री के कोण पर मुड़ती है और चलना आरंभ करती है। अब वह महिला किस दिशा में जा रही है?

(a) उत्तर (b) दक्षिण-पश्चिम
(c) पश्चिम (d) उत्तर-पश्चिम

36. निम्नलिखित ग्रीन हाउस गैसों को उनकी वैश्विक ऊष्मण क्षमता (जी डब्ल्यू पी) के न्यूनतम से उच्चतम मान के अनुक्रम में व्यवस्थित कीजिए:

(1) CH_4 (मीथेन)
(2) CO_2 (कार्बन डाइऑक्साइड)
(3) CFC-11 (क्लोरो फ्लोरो कार्बन-11)
(4) N_2O (नाइट्रस ऑक्साइड)

नीचे दिए गए विकल्पों में से सही उत्तर का चयन कीजिए:

(a) (3), (1), (2), (4) (b) (1), (4), (2), (3)
(c) (2), (1), (3), (4) (d) (2), (1), (4), (3)

37. उस तर्क दोष को क्या कहा जाता है जिसमें विरोधी की अवस्थिति को, जितना अभिकथन द्वारा उचित ठहराया गया था, उससे अधिक उग्र अथवा अविवेकी दर्शाया जाता है?

(a) दया हेतु आग्रह (b) घास का पुतला
(c) भ्रामक संकेत (d) जनदृष्टि के लिये आग्रह

38. सूची-I के साथ सूची-II का मिलान कीजिए:

सूची-I (सहकारी अधिगम रणनीति)	सूची-II (अर्थ)
(1) चक्रीय विचार मंथन (राउंड रॉबिन ब्रेन स्टोर्मिंग)	(i) केन्द्रीय समूह के विचार विमर्श का अवलोकन व श्रवण
(2) नंबर्ड हैड्स टुगेदर	(ii) विद्यार्थियों द्वारा एक विशेष विषय को अन्यों को पढ़ाना
(3) फिश बाउल	(iii) एक छोटे समूह में विषय पर बारी-बारी से चर्चा करना
(4) समकक्षी (पीयर) शिक्षण	(iv) भूमिकाएं निर्दिष्ट करना और समूह के प्रतिनिधियों को बारी-बारी से बदलना

नीचे दिए गए विकल्पों में से सही उत्तर का चयन कीजिए:

(a) (1)–(iv), (2)–(iii), (3)–(ii), (4)–(i)
(b) (1)–(iii), (2)–(iv), (3)–(i), (4)–(ii)
(c) (1)–(ii), (2)–(iii), (3)–(i), (4)–(iv)
(d) (1)–(iii), (2)–(ii), (3)–(iv), (4)–(i)

39. दो या उससे अधिक प्रेक्षक जिस सीमा तक उनके द्वारा प्रेक्षण और अभिलिखत किए जा रहे व्यवहारों के कूटबद्ध करने और अंकन में सहमत हों, वह किससे संबंधित है?

(a) प्रेक्षक का पूर्वाग्रह (b) प्रेक्षक का अपसरण
(c) विषय प्रतिक्रियाशीलता (d) अंतर-प्रेक्षक विश्वसनीयता

40. निम्नलिखित में से किन पाठ-पठनों की पहचान स्टुअर्ट हॉल ने की थी?

(1) जटिल पठन
(2) निरन्तर/सतत पठन
(3) प्रधान/प्रमुख पठन (डॉमिनेंट रीडिंग)
(4) प्रतिकूली पठन (ऑपोजिशनल रीडिंग)
(5) वार्तातय/परक्रमित पठन (निगोशिएटेड रीडिंग)

नीचे दिए गए विकल्पों में से सही उत्तर का चयन कीजिए:

(a) केवल (1), (2), (3) (b) केवल (3), (4), (5)
(c) केवल (2), (3), (4) (d) केवल (1), (4), (5)

41. जब समान उद्देश्य व विधेय पद वाले दो तर्क वाक्य, गुणवत्ता में सहमत हों परन्तु जिनमें मात्रा में अंतर हो, निम्न में से किस रूप में जाने जाते हैं?

(a) विपरीत (b) उप-विपरीत
(c) व्याघातक (d) अनुरूपी

42. यदि 'Z' मानक सामान्य विचर को दर्शाता है तो निम्नलिखित प्रायिकताओं को बढ़ते क्रम में व्यवस्थित कीजिए:

(1) $P(0 \le Z \le 1)$
(2) $P(-\infty \le Z \le 0)$
(3) $P(1 \le Z \le 3)$
(4) $P(2 \le Z \le +\infty)$

नीचे दिए गए विकल्पों में से सही उत्तर का चयन कीजिए:

(a) (1), (2), (3), (4) (b) (2), (3), (4), (1)
(c) (3), (4), (1), (2) (d) (4), (3), (1), (2)

43. एक शिक्षक ऐसी अधिगम प्रबंधन प्रणाली (एल एम एस) ढूंढ रहा है जो बहु आकलन उपकरणों का समेकन कर सके और विद्यार्थी की प्रगति की खोज खबर रखे। इस कार्य के लिए सर्वाधिक उपयुक्त मंच कौन सा होगा?

(a) मूडल (b) ज़ूम
(c) ग्रामरली (d) टर्निटिन

44. किसी विशेष संस्कृति के अन्दर, दृश्य और भाषाई संकेतों के उपयोग का संचालन करने वाले नियमों के समुच्चय को निम्न कहा जाता है:

(a) मीडिया नियम (b) पाठ-ढाँचा (टेक्स्ट फ्रेम)
(c) तकनीकी मानदण्ड (d) कोड/संहिता

45. निम्न में से कौन-कौन प्रेक्षण अधिगम के तत्व हैं?

(1) प्रतिधारण
(2) ध्यान
(3) अनुकूलन
(4) उत्पादन
(5) अभिप्रेरण

नीचे दिए गए विकल्पों में से सही उत्तर का चयन कीजिए:

(a) केवल (1), (2), (4) और (5)

(b) केवल (3) और (5)

(c) केवल (1), (2), (3) और (5)

(d) केवल (2) और (4)

निम्नलिखित गद्यांश को पढ़िए और उसके बाद दिए गए प्रश्नों के उत्तर दीजिए:

आयुर्वेद स्वास्थ्य को आन्तरिक परिवेश के एक गतिमान सन्तुलन के रूप में परिभाषित करता है जो संवेदी अंगों, मन और स्व को सकारात्मक ढंग से प्रभावित करता है। हर व्यक्ति विशेष होता है और उसकी एक विशिष्ट मानसिक और शारीरिक संरचना होती है। इसी से रोग की भेद्यता और स्वास्थ्य के ऊँचे स्तर को हासिल करने का अवसर निर्धारित होता है। ऐतिहासिक काल से ही आयुर्वेद व्यक्तिपरक औषधि की पैरवी करने में अग्रणी रहा है। मानव आनुवांशिकी और औषधीय आनुवांशिकी में प्रगति ने आज औषधि के प्रति एक व्यक्तिपरक पहुँच के उद्भव को जन्म दिया है जो औषधीय हस्तक्षेप को व्यक्तिगत आवश्यकताओं के अनुरूप ढालती है।

आयुर्वेद यह इंगित करता है कि आन्तरिक परिवेश का सन्तुलन बनाए रखने के लिए बाह्य परिवेश के साथ सामंजस्य स्थापित करना आवश्यक है। आयुर्वेद यह घोषित करता है कि मनुष्य ब्रह्माण्ड का प्रतिनिधि है। लघु जगत विराट विश्व का ही छोटा प्रतिरूप है और मनुष्य उन्हीं तत्वों से बना है जिनसे प्रकृति बनी है। इस प्रकार आयुर्वेद स्वास्थ्य देखभाल की एक पारिस्थितिकी-चेतना व्यवस्था के रूप में विकसित हुआ। किसी स्थान-विशेष में रहने वाले लोगों के लिए उनके आसपास उगने वाले पौधे सर्वाधिक उपयुक्त होते हैं। हर व्यक्ति को अपने लिए एक ऐसी जीवन शैली तराशनी है जो उस भौगोलिक क्षेत्र और बदलते मौसमों को ध्यान में रखे।

46. आयुर्वेद के अनुसार हर व्यक्ति की जीवन शैली को निम्न बातों का ध्यान रखना चाहिए:

(a) उनकी पसन्द की चीजें

(b) फल आधारित आहार का पालन

(c) उनके विशेष भौगोलिक क्षेत्र और बदलते मौसम

(d) सस्ते तौर पर उपलब्ध चीजें

47. आयुर्वेद निम्न की पैरवी करता है:

(a) एक व्यक्तिपरक उपचार

(b) सभी व्यक्तियों के लिए एक जैसा उपचार

(c) रोग के प्रति केवल निवारक उपागम

(d) एलोपैथी उपचार

48. इस गद्यांश का उपयुक्त शीर्षक होगा:

(a) गतिमान सन्तुलन

(b) भारत में रोग-उपचार

(c) आयुर्वेद

(d) आन्तरिक और बाह्य परिवेश

49. आयुर्वेद के अनुसार शरीर के आन्तरिक परिवेश का सन्तुलन ______ ।

(a) बाहरी परिवेश से कोई सम्बन्ध नहीं रखता।

(b) बाहरी परिवेश से नाम मात्र का सम्बन्ध रखता है।

(c) बाहरी परिवेश से घनिष्ठता से सम्बन्धित है।

(d) बाहरी परिवेश पर कभी कभी निर्भर करता है।

50. स्वास्थ्य की आयुर्वेदी व्यवस्था

(a) परिवेश का ध्यान नहीं रखती।

(b) परिवेश को नष्ट करने में विश्वास करती है।

(c) पारिस्थितिकी-चेतन है।

(d) परिवेश को प्रदूषित करती है।

उत्तरमाला (ANSWER KEY*)

1. (c)	2. (b)	3. (d)	4. (a)	5. (d)	6. (d)	7. (d)	8. (a)	9. (c)	10. (d)
11. (b)	12. (b)	13. (d)	14. (d)	15. (d)	16. (c)	17. (c)	18. (a)	19. (c)	20. (b)
21. (c)	22. (c)	23. (d)	24. (d)	25. (b)	26. (c)	27. (d)	28. (c)	29. (b)	30. (c)
31. (c)	32. (a)	33. (d)	34. (c)	35. (b)	36. (d)	37. (b)	38. (b)	39. (d)	40. (b)
41. (d)	42. (d)	43. (a)	44. (d)	45. (a)	46. (c)	47. (a)	48. (c)	49. (c)	50. (c)

*दिसंबर-जनवरी 2025 NTA-UGC परीक्षा की अधिकारिक उत्तर कुंजी NTA द्वारा तब जारी नहीं की गई थी जब पुस्तक को मुद्रण के लिए भेजा गया। लेखक ने समाधान को उचित और त्रुटिहीन बनाने के लिए सभी पहल की हैं। पियर्सन यहां दी गई सामग्री के उपयोग/सटीकता से उत्पन्न किसी भी दावे के लिए उत्तरदायी नहीं है।

संकेत और स्पष्टीकरण

1. (c)

कंपनी B का 2022 में व्यय ज्ञात करें:

माना 2022 में B का व्यय = x करोड़

लाभ% = [(आय − व्यय)/व्यय] × 100

30 = [(52 − x)/x] × 100

30x = 5200 − 100x

130x = 5200

x = 5200/130 = 40 करोड़

चूँकि दोनों कंपनियों का व्यय समान है, A का 2022 में व्यय भी 40 करोड़ है।

कंपनी A की 2022 में आय:

माना आय = y करोड़

45 = [(y − 40)/40] × 100

45 × 40 = 100y − 4000

1800 = 100y − 4000

100y = 5800

y = 58 करोड़

2022 में दोनों कंपनियों की औसत आय:

औसत आय = (A की आय + B की आय)/2

= (58 + 52)/2 = 110/2 = 55 करोड़

इस प्रकार, (c) सही उत्तर है।

2. (b)

माना 2021 में दोनों कंपनियों का व्यय = x

कंपनी A की 2021 में आय:

लाभ% = [(आय A − x)/x] × 100

60 = [(आय A − x)/x] × 100

0.6x = आय A − x

आय A = 1.6x

कंपनी B की 2021 में आय:

45 = [(आय B − x)/x] × 100

0.45x = आय B − x

आय B = 1.45x

आय का अनुपात:

आय A: आय B = 1.6x : 1.45x = 32:29

इस प्रकार, (b) सही उत्तर है।

3. (d)

माना 2019 में A का व्यय = 4x और 2023 में = 3x

2019 में A की आय:

25 = [(आय 2019 − 4x)/4x] × 100

100x = 100 × आय 2019 − 400x

आय 2019 = 5x

2023 में A की आय:

50 = [(आय 2023 − 3x)/3x] × 100

150x = 100 × आय 2023 − 300x

आय 2023 = 4.5x

आय में प्रतिशत वृद्धि:

% वृद्धि = [(5x − 4.5x)/4.5x], × 100

= (0.5x/4.5x) × 100 = 100/9%

इस प्रकार, (d) सही उत्तर है।

4. (a)

कंपनी B के लिए मान लें:

दिया गया: आय 2018 = व्यय 2020 = P

2018 के लिए:

लाभ% = [(आय − व्यय)/व्यय] × 100

25% = [(आय 2018 − व्यय 2018)/व्यय2018] × 100

आय 2018 = 1.25 × व्यय 2018

P = 1.25 × व्यय 2018

अतः, व्यय 2018 = P/1.25

2020 के लिए:

लाभ% = [(आय 2020 − व्यय 2020)/व्यय 2020] × 100

50% = [(आय 2020 − P)/P] × 100

आय 2020 = 1.5 × P

आय 2018: आय 2020 का अनुपात:

= P : 1.5P

= 1 : 1.5

= 2 : 3

अतः, B की 2018 और 2020 की आय का अनुपात 2:3 है।

इस प्रकार, (a) सही उत्तर है।

5. (d)

कंपनी B का 2023 में व्यय:

माना व्यय = x

लाभ% = 40%

आय = 70 करोड़

40 = [(70 − x)/x] × 100

40x = 7000 − 100x

140x = 7000

x = 7000/140 = 50 करोड़

इस प्रकार, (d) सही उत्तर है।

6. (d)

न्यायिका शब्द	व्याख्या	सरलीकृत उदाहरण
केवल सामान्य (जाति)	एक श्रेणी के सभी सदस्यों द्वारा साझा किया गया सामान्य गुण।	'मानव' (मानव होने का गुण)
केवल विशेष (व्यक्ति)	जाति का एक विशिष्ट उदाहरण।	कोई भी व्यक्तिगत मनुष्य (जैसे, 'आप')
केवल आकृति	वह आकार या संरचना जो हमें किसी व्यक्ति को जाति के रूप में पहचानने की अनुमति देती है।	आपकी विशिष्ट उपस्थिति (चेहरा, ऊंचाई, आदि)
सामान्य, विशेष और आकृति (जाति, व्यक्ति और आकृति)	सामान्य वर्ग, विशिष्ट व्यक्तियों और उनके रूपों को संदर्भित करता है, जो सभी पूर्ण समझ के लिए आवश्यक हैं।	एक प्रजाति के रूप में मनुष्य, और सभी व्यक्तिगत मनुष्य, उनकी व्यक्तिगत उपस्थिति के साथ।

7. (d)

आकार (मूड) और आंकड़े मूल रूप से न्यायवाक्य कथनों के विषय में पाए जाते हैं।

आकार: हमें निरपेक्ष प्रस्तावों के प्रकारों का पता लगाने की आवश्यकता है - A, E, I, O

आधारिका 1: सभी सोडियम लवण जल में घुलनशील पदार्थ होते हैं: **A** (सार्वत्रिक सकारात्मक)

आधारिका 2: सभी साबुन सोडियम लवण होते हैं: **A** (सार्वत्रिक सकारात्मक)

निष्कर्ष: अतः, सभी साबुन जल में घुलनशील पदार्थ होते हैं: A (सार्वत्रिक सकारात्मक)

इस प्रकार, आकार (मूड) AAA है।

आकृति (Figure)

आकृति आधारिकाओं में मध्य पद की व्यवस्था पर निर्भर करती है। मध्य पद वह पद है जो दोनों आधारिकाओं में दिखाई देता है लेकिन निष्कर्ष में नहीं। इस प्रकार, **सोडियम लवण** मध्य पद (Middle Term) है।

इस विषय में, मध्य पद 'सोडियम लवण' है।

आधारिका 1: M – P (मध्य पद – प्रमुख पद)

आधारिका 2: S – M (गौण पद – मध्य पद)

निष्कर्ष: S – P (गौण पद – प्रमुख पद)

इस व्यवस्था की चार आकृतियों से तुलना करें:

पहली आकृतिः M - P, S - M, S - P

दूसरी आकृतिः P - M, S - M, S - P

तीसरी आकृतिः M - P, M - S, S - P

चौथी आकृतिः P - M, M - S, S – P

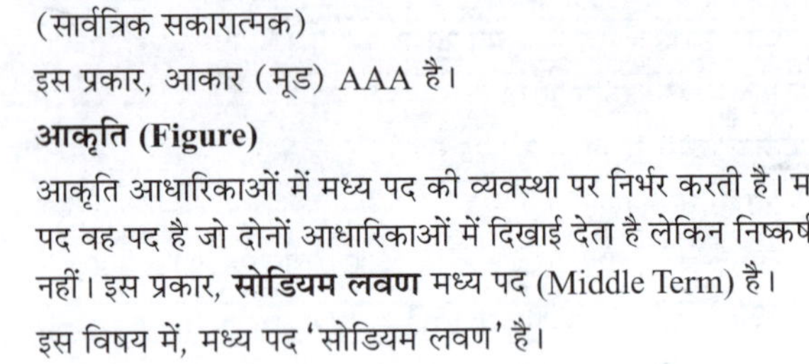

दिया गया न्यायवाक्य, पहली आकृति से मेल खाता है।

इसलिए, सही उत्तर (d) AAA; पहली आकृति है।

8. (a)

मान लीजिए कि बड़े पुत्र की आयु x है, पिता की वर्तमान आयु = $2x$ वर्ष है।

छोटे पुत्र की वर्तमान आयु = $x - 15$ वर्ष

10 वर्षों के बाद, पिता की आयु = $2x + 10$ वर्ष

10 वर्षों के बाद, छोटे पुत्र की आयु = $(x - 15) + 10 = x - 5$

प्रश्न के अनुसार, $2x + 10 = 3\ (x - 5)$

हल करने पर, $x = 25$, यानी बड़े पुत्र की आयु

इस प्रकार, पिता की वर्तमान आयु = $2 \times 25 = 50$ वर्ष

परीक्षा में उपलब्ध समय के आधार पर, उम्मीदवार उत्तर की सटीकता जांचने के लिए तथ्यों को सत्यापित कर सकते हैं।

9. (c)

सही उत्तर निम्न हैं:

C. तर्कशास्त्र (Logic): प्राचीन भारत में इसके समकक्ष जैसे तर्क या हेतु-विद्या का अत्यधिक विकास हुआ था। दिङ्नाग और धर्मकीर्ति ने तर्कशास्त्र में अपार योगदान दिया।

D. चिकित्सा शास्त्र (Medicine): आयुर्वेद फिर से लोकप्रिय हो रहा है - चिकित्सा और शल्य चिकित्सा पर महत्वपूर्ण ग्रंथ सुश्रुत और चरक द्वारा बनाए गए थे।

E. दर्शनशास्त्र (Philosophy) (दर्शन शास्त्र **(Darshan Shastra)):** सांख्य, योग, न्याय, वैशेषिक, मीमांसा और वेदांत वैदिक प्रणाली के मुख्य भाग हैं। ये नालंदा और तक्षशिला जैसे विश्वविद्यालयों के पाठ्यक्रम के केंद्र में थे।

इस प्रकार, (c) C, D, E सही उत्तर है।

10. (d)

अध्यक्षों का सही कालक्रमानुसार अनुक्रम निम्न हैं:

1. E (माधुरी आर. शाह (Madhuri R. Shah)): 1981 - 1986
2. D (यशपाल (Yashpal)): 1986 - 1991
3. C (मनमोहन सिंह (Manmohan Singh)): 1991 - 1991
4. B (जी. राम रेड्डी (G. Ram Reddy)): 1991 - 1995
5. A (अरमायटी एस. देसाई (Armaity S. Desai)): 1995 - 1999

अत: (d) सही उत्तर है।

ऐसी जानकारी यहां प्राप्त की जा सकती है:

https://www.ugc.gov.in/Administration/Former_Commission_Members?form=MG0AV3

11. (b)

(b) सही उत्तर है 'यह प्रयोक्ताओं को उपलब्ध कराया जाता है।'

ओपन-सोर्स ऑपरेटिंग सिस्टम अपने सोर्स कोड को प्रयोक्ताओं (उपयोगकर्ताओं) के लिए उपलब्ध कराते हैं, जिससे उन्हें सॉफ्टवेयर तक पहुंचने, संशोधित करने और स्वतंत्र रूप से वितरित करने की अनुमति मिलती है। यह ऑपरेटिंग सिस्टम के विकास में अधिक पारदर्शिता, सहयोग और सामुदायिक भागीदारी को सक्षम बनाता है।

गलत विकल्प हैं:

(a) ओपन-सोर्स कोड का स्वामित्व या नियंत्रण केवल उस कंपनी के पास नहीं होता है, जिसने इसे विकसित किया है।

(b) जबकि खुले स्वभाव सामुदायिक जांच और बग फिक्स को तेजी से करने की अनुमति देता है, इसका अर्थ यह भी हो सकता है कि कमजोरियां अधिक सरलता से प्रकट हो जाती हैं।

(d) अब सही विषय पर आते हैं - यह कम प्रोसेसिंग पावर का उपयोग करता है। प्रदर्शन विशिष्ट कोड, सुविधाओं और अनुकूलन पर निर्भर करता है, लाइसेंसिंग मॉडल पर नहीं।

इस प्रकार, सही उत्तर (b) है।

12. (b)

A, B, D और E जल के रासायनिक गुणों को संदर्भित करते हैं।

A. pH: pH किसी जल घोल की अम्लीयता या क्षारीयता का माप है।

B. कठोरता (Hardness): कठोरता जल में घुले हुए खनिजों (आमतौर पर कैल्शियम और मैग्नीशियम) की सांद्रता को संदर्भित करती है।

D. DO (Dissolved Oxygen) (घुली हुई ऑक्सीजन): DO जल में विद्यमान ऑक्सीजन गैस की मात्रा है, जो जलीय जीवन के लिए महत्वपूर्ण है।

E. BOD (Biochemical Oxygen Demand) (जैवरासायनिक ऑक्सीजन मांग): BOD जल में कार्बनिक पदार्थों के अपघटन के दौरान सूक्ष्मजीवों द्वारा खपत ऑक्सीजन की मात्रा को मापता है। यह रासायनिक कारकों से प्रभावित एक जैविक प्रक्रिया है।

C. आविलता (मैलापन) (Turbidity): यह जल का एक भौतिक गुण है, यह निलंबित कणों के कारण इसके बादलपन या स्पष्टता की कमी को संदर्भित करता है। यह रासायनिक कारकों से प्रभावित हो सकता है।

इस प्रकार, (b) A, B, D और E सही उत्तर है।

13. (d)

कैंसरजनकता (Carcinogenicity): कैंसर पैदा करने की किसी पदार्थ या एजेंट की क्षमता।

विषैले पदार्थों को उनकी कैंसरजनकता के प्रमाण के स्तर के आधार पर विभिन्न समूहों में वर्गीकृत किया जाता है:

A. समूह A: मानव कैंसरजन (उच्चतम साक्ष्य स्तर) - III

B. समूह B: प्रसामान्य मानव कैंसरजन - I

C. समूह C: संभावित मानव कैंसरजन - IV

D. समूह D: वर्गीकृत नहीं (सीमित या अपर्याप्त साक्ष्य वाले पदार्थ, संभवत: कैंसरजन नहीं) - II

14. (d)

सही विकल्प हैं:

B. कीबोर्ड-कंप्यूटर (Keyboard-Computer): जबकि एक कीबोर्ड कंप्यूटर को जानकारी भेजता है, उसी कनेक्शन के माध्यम से इसके विपरीत सत्य नहीं है। यह एकतरफा संचार 'सिम्प्लेक्स' है।

C. वॉकी-टॉकी (Walkie-Talkies): वॉकी-टॉकी दो-तरफा संचार की अनुमति देते हैं, लेकिन एक समय में केवल एक व्यक्ति ही बात कर सकता है। आप बात करने के लिए एक बटन दबाते हैं और सुनने के लिए उसे छोड़ते हैं। यह 'हाफ-डुप्लेक्स' संचार है।

D. टेलीफोन कॉल (Telephone Calls): फोन कॉल के दौरान, दोनों लोग एक ही समय में बात बोल और सुन सकते हैं। यह दोतरफा एक साथ संचार 'फुल डुप्लेक्स' है।

जो सही विकल्प नहीं हैं:

A. रेडियो प्रसारण (Radio Broadcast): यह केवल एक दिशा में संकेत भेजता है- स्टेशन से श्रोता तक। इसलिए, इसे 'स्वचालित' प्रसारण के रूप में नहीं, बल्कि 'सिम्प्लेक्स' (एकतरफा) के रूप में वर्णित किया गया है।

अत: सही उत्तर (d) B, C और D है।

15. (d)

1952 के लंदन धूम कोहरा (स्मॉग) का मुख्य कारण कोयला जलाने से उच्च स्तर के सल्फर डाय-ऑक्साइड (SO_2) और कणाकार पदार्थ थे।

A. नाइट्रोजन डाय-ऑक्साइड (NO_2) - जबकि NO_2 एक प्रमुख प्रदूषक है, यह लंदन स्मॉग का प्राथमिक घटक नहीं था। यह सही उत्तर का भाग नहीं है।

B. सल्फर डाय-ऑक्साइड (SO_2) - SO_2 कोयला दहन से बड़ी मात्रा में निकला और स्मॉग बनाने में महत्वपूर्ण भूमिका निभाई। यह सही उत्तर का भाग है।

C. पेरॉक्सी-एसीटाइल नाइट्रेट (PAN) - PAN एक फोटोकेमिकल प्रदूषक है, जो आमतौर पर 1952 के कोयला आधारित स्मॉग के बजाय आधुनिक शहरी स्मॉग से जुड़ा होता है। यह सही उत्तर का भाग नहीं है।

D. कणाकार पदार्थ (पार्टिकुलेट मैटर - PM) - कोयला जलाने से उच्च सांद्रता वाले पार्टिकुलेट प्रदूषकों के कारण स्मॉग घना था। यह सही उत्तर का भाग है।

इस प्रकार, (d) B और D सही उत्तर है।

16. (c)

अधिसंज्ञानात्मक शब्द में, अधि का अर्थ है - के बारे में या उससे भी परे। संज्ञान का अर्थ है सोचना। अधिसंज्ञानात्मक (metacognition) का अर्थ है - सोचने के बारे में सोचना है - To Think about Thinking. यह एक तथ्य है कि हम स्वयं के बारे में कई बार अत्याधिक सोचते हैं, ऐसी सोच किस प्रकार से विकसित होती है। यह किसी की अपनी संज्ञानात्मक प्रक्रियाओं के बारे में जागरूकता, समझ और नियंत्रण को संदर्भित करता है। यह जानने के बारे में है कि आप कैसे सीखते हैं, आप क्या जानते हैं, और आप अपनी सोच और सीखने की रणनीतियों को कैसे श्रेष्ठ बना सकते हैं।

A. यह अधिसंज्ञान का एक मुख्य पहलू है – अपनी सीखने की प्रक्रिया के बारे में जागरूक होना और उसे नियंत्रित करना।

B. अनुसंधान से पता चलता है कि अधिसंज्ञान एक विशिष्ट कौशल है जो सामान्य बुद्धि को ध्यान में रखने के बाद भी सीखने को बढ़ाता है।

C. अपने सीखने को समझने और नियंत्रित करने से, छात्र बेहतर शैक्षणिक परिणाम प्राप्त कर सकते हैं।

D. अधिसंज्ञान गहरी समझ को बढ़ावा देता है, जो ज्ञान और कौशल को नई स्थितियों में स्थानांतरित करने की सुविधा प्रदान करता है।

इसमें सभी विकल्प आते हैं, अत: सही उत्तर (c) है।

17. (c)

A. **बहुरूपी वाइरस (Polymorphic Virus) - II:** प्रतिकृति के दौरान बनाई गई प्रत्येक प्रति के साथ अपना हस्ताक्षर बदलता है। यह पता लगाने से बचने के लिए अपने कोड को थोड़ा बदलता है।

B. **रूपांतरिक वाइरस (Metamorphic Virus) - IV:** हर बार जब इसे दोहराया जाता है तो पूर्ण रूप से स्वयं को फिर से लिखता है, यानी अपने कोड को बदलते हैं, कभी-कभी अपना व्यवहार बदलता है, यही रूपांतरिक वायरस को अधिक उन्नत बनाता है।

C. **ट्रोजन हॉर्स (Trojan Horse) – I:** ट्रोजन हॉर्स एक प्रकार का मैलवेयर है जो स्वयं को एक उपयोगी प्रोग्राम के रूप में छिपाकर उपयोगकर्ताओं को धोखा देता है। यह वैध कार्यक्रमों के भीतर दुर्भावनापूर्ण कोड छुपाता है और जब उपयोगकर्ता इस प्रोग्राम को चलाते हैं, तो यह हानिकारक गतिविधियाँ करता है।

D. **वॉर्म (Worm) - III:** एक मैलवेयर जो उपयोगकर्ता की बातचीत के बिना नेटवर्क के माध्यम से अपनी प्रतियां फैलाता है: वर्म स्व-प्रचारित होते हैं और उन्हें होस्ट प्रोग्राम की आवश्यकता नहीं होती है।

इस प्रकार, (c) A-II, B-IV, C-I, D-III सही उत्तर है।

18. (a)

(a) पिरामिड प्रकार के संगठन को एक (चौरस या सपाट) संगठन द्वारा प्रतिस्थापित किया जा रहा है: कोठारी आयोग का अर्थ अधिक न्यायसंगत और सुलभ शिक्षा प्रणाली था, जहाँ आधार विस्तृत हो। उच्च शिक्षा का अर्थ है उस विस्तृत आधार पर उन्नत संरचना।

(b) और (c) वैश्विक या विदेशी से जुड़े थे जो उस समय परिदृश्य नहीं था।

(d) भारत में सभी विश्वविद्यालय स्नातकों को नौकरी की गारंटी है: ध्यान रोजगार क्षमता बढ़ाने के लिए व्यावसायिक शिक्षा और कौशल विकास पर था।

19. (c)

B. **हिम कंदुक प्रतिचयन (Snowball sampling):** यह छिपे हुए समूहों के खोजने में सहायता प्रदान करता है। शोधकर्ता एक समूह में एक व्यक्ति के साथ संपर्क स्थापित करता है। वह किसी अन्य व्यक्ति से संपर्क साधन में सहायता करता है। इस प्रकार, एक श्रृंखला स्थापित की जा सकती है, इस प्रकार, एक हिम कंदुक बड़ा होता जाता है, एक शोधकर्ता छिपे हुए समूह में अधिक लोगों तक पहुंचता है। बीमा उद्योग को एक उदाहरण के रूप में लिया जा सकता है।

D. **मुख्य सूचना-प्रदात प्रतिचयन (Key informant sampling):** यह विशेषज्ञों का उपयोग करता है। एक शोधकर्ता समूह के बारे में जानने और उसमें अधिक लोगों को खोजने के लिए प्रमुख सूचनादाताओं से बात करता है।

अन्य विकल्प क्यों कार्य नहीं करते, इसके मुख्य कारण हैं:

A. **सरल यादृच्छिक प्रतिचयन (Simple random sampling):** हर किसी शोधकर्ता को सूची की आवश्यकता होती है। यदि समूह छिपा हुआ है, तो आपके पास वह सूची नहीं हो सकती है। इसलिए, आप लोगों को यादृच्छिक रूप से नहीं चुन सकते।

B. **स्तरीकृत यादृच्छिक प्रतिछाया (Stratified random sampling):** इसके लिए भी एक सूची की आवश्यकता होती है। आपको पहले सूची को छोटे समूहों (स्तरों) में विभाजित करने की आवश्यकता है। लेकिन आप यह जाने बिना ऐसा नहीं कर सकते कि छिपे हुए समूह में कौन है।

इसलिए, छिपे हुए समूहों का अध्ययन करने के सबसे अच्छे ढंग से हिम-कुंदक और मुख्य सूचना प्रदाता प्रतिचयन हैं। उन्हें समूह की पूरी सूची की आवश्यकता नहीं है।

इस प्रकार, (c) B और D सही उत्तर है।

20. (b)

भारत में शिक्षा मंत्रालय को पहले मानव संसाधन विकास मंत्रालय (MHRD) के नाम से जाना जाता था। यह परिवर्तन वर्ष 2020 में किया गया था। पहले शिक्षा MHRD का भाग थी, वर्ष 2020 से इसे स्वतंत्र प्रभार दिया गया, जबकि नई शिक्षा नीति की घोषणा भी साथ ही की गई थी। इससे व्यापक सुधारों का संकेत मिलता है। यह परिवर्तन केवल नाम के लिए नहीं था।

21. (c)

A. **बौद्धयान (Boudhayana) - III. सुल्व (शुल्व) सूत्र (Sulva Sutra):** यह वैदिक वेदियों के डिजाइन में उपयोग किए जाने वाले ज्यामितीय निर्माणों से संबंधित है।

B. **नागार्जुन (Nagarjuna) - I. रसरत्नाकर (Rasaratnakara):** यह भारतीय कीमिया (Alchemy) रसायन विज्ञान से जुड़ा है।

C. **ब्रह्मगुप्त (Brahma Gupta) - IV. ब्रह्म स्पूत सिद्धांतिका (Brahma Sputa Siddhantika):** यह खगोल विज्ञान और गणित पर एक प्रमुख कृति है।

D. **विष्णुगुप्त (Vishnu Gupta) - II. अर्थशास्त्र (Arthashastra):** यह राजकला/शासनकला और राजनीतिक अर्थव्यवस्था पर एक प्राचीन भारतीय ग्रंथ है। कौटिल्य और चाणक्य के नाम भी इस कार्य से जुड़े हैं।

इस प्रकार, सही उत्तर (c) A-III, B-I, C-IV, D-II है।

22. (c)

(a) **अधिसूचना (Notification):** यह प्रकृति में औपचारिक (formal) होती है।

(c) **संवृत (बंद) पाठ (Closed text):** संस्कृति से जुड़ा नहीं है जिसका वास्तव में प्रदर्शन किया जाना है।

(b) **वाच्यार्थ (Denotation):** किसी शब्द की शाब्दिक, शब्दकोश परिभाषा है। यह बिना किसी भावनात्मक या सांस्कृतिक बोझ के वस्तुनिष्ठ अर्थ है। उदाहरण के लिए, 'घर' का अर्थ उस भौतिक संरचना से है जहाँ कोई रहता है।

निम्नलिखित सही उत्तर है।

(c) **गुणार्थ (लक्ष्यार्थ) (Connotation):** किसी शब्द या पाठ से जुड़े सांस्कृतिक या भावनात्मक जुड़ाव हैं। गुणार्थ व्यक्तिपरक (subjective) है, इसलिए इसके अर्थ सांस्कृतिक संदर्भ, व्यक्तिगत अनुभवों और सामाजिक मूल्यों पर निर्भर करते हैं। ये लक्ष्यार्थ संस्कृतियों और व्यक्तियों में भिन्न हो सकते हैं। घर का अर्थ गर्मी, आराम, परिवार, अपनापन, सुरक्षा आदि हो सकता है।

इस प्रकार, (c) संस्कृति के संदर्भ में सबसे प्रासंगिक है।

23. (d)

प्रकोष्ठ E2: सूत्र = B2*C2 है।

- B2 एक निरपेक्ष संदर्भ है, इसलिए यह हमेशा प्रकोष्ठ B2 (मान 12) को संदर्भित करता है।
- C2 एक सापेक्ष संदर्भ है, इसलिए यह E2 के बाईं ओर के प्रकोष्ठ (मान 5) को संदर्भित करता है।
- परिणाम 12 * 5 = 60 है।

प्रकोष्ठ E3: जब सूत्र को नीचे कॉपी किया जाता है, तो सापेक्ष संदर्भ C2, C3 में बदल जाता है।

- B2 एक निरपेक्ष संदर्भ (मान 12) बना रहता है।
- C3 एक सापेक्ष संदर्भ है (मान 9)।
- परिणाम 12 * 9 = 108 है। मूल प्रश्न में यहाँ एक टाइपो है। यह 108 होना चाहिए, 40 नहीं।

प्रकोष्ठ E4: जब सूत्र को फिर से नीचे कॉपी किया जाता है, तो C2, C4 में बदल जाता है।

- B2 एक निरपेक्ष संदर्भ (मान 12) बना रहता है।
- C4 एक सापेक्ष संदर्भ है (मान 12)।
- परिणाम 12 * 12 = 144 है। फिर से, मूल प्रश्न में एक टाइपो है। यह 144 होना चाहिए, 36 नहीं।

इस प्रकार, सही उत्तर है, (d) क्रमशः 60, 40 और 36

24. (d)

एक सादृश्य एक प्रकार की तुलना (comparison) है। तुलनात्मक सोच: सादृश्य एक ऐसा ढंग है, जिससे हम दो भिन्न-भिन्न वस्तुओं के मध्य समानताएँ दिखाते हैं। ये वस्तुएं बिल्कुल भिन्न हो सकती हैं, जैसे कि कंप्यूटर और मस्तिष्क, लेकिन उनमें कुछ विशेष पहलू एक जैसे होते हैं, जैसे कि कंप्यूटर जानकारी को प्रोसेस करता है, और मस्तिष्क भी ऐसा ही करता है। इस प्रकार यह एक संभावना के दर्शन करवाते हैं, किंतु सदैव सत्य नहीं होते। इस प्रकार, सादृश्य एक सहायक उपकरण है, लेकिन इससे मिलने वाले निष्कर्षों को संभावित मानना चाहिए, न कि पत्थर की लकीर।

इस प्रकार, (d) सही उत्तर है।

25. (b)

A $(11111.11)_2$

पूर्णांक भाग: $1 \times 2^4 + 1 \times 2^3 + 1 \times 2^2 + 1 \times 2^1 + 1 \times 2^0 = 16 + 8 + 4 + 2 + 1 = 31$

भिन्नात्मक भाग: $1 \times 2^{-1} + 1 \times 2^{-2} = 0.5 + 0.25 = 0.75$

दशमलव समतुल्य: 31.75

B $(102.3)_6$

पूर्णांक भाग: $1 \times 6^2 + 0 \times 6^1 + 2 \times 6^0 = 36 + 0 + 2 = 38$

भिन्नात्मक भाग: $3 \times 6^{-1} = 3 \times 0.1667 = 0.5$

दशमलव समतुल्य: 38.5

C $(42.5)_8$

पूर्णांक भाग: $4 \times 8^1 + 2 \times 8^0 = 32 + 2 = 34$

भिन्नात्मक भाग: $5 \times 8^{-1} = 5 \times 0.125 = 0.625$

दशमलव समतुल्य: 34.625

D $(32.6)_{16}$

पूर्णांक भाग: $3 \times 16^1 + 2 \times 16^0 = 48 + 2 = 50$

भिन्नात्मक भाग: $6 \times 16^{-1} = 6 \times 0.0625 = 0.375$

दशमलव समतुल्य: 50.375

इस प्रकार, सही आरोही क्रम उत्तर है (b) A, C, B, D

26. (c)

(c) **सहसंबंध शोध (Correlational research):** विशेष रूप से दो या दो से अधिक चरों के बीच संबंध की जांच करने के लिए डिज़ाइन किया गया है। इसका उद्देश्य यह निर्धारित करना है कि क्या और कैसे ये चर सह-परिवर्तित होते हैं।

अन्य विकल्प:

(a) **व्यक्ति/प्रकरण अध्ययन (Case Study):** यह शोध एकल व्यक्ति, समूह, घटना या यहां तक कि एक काल्पनिक परिदृश्य की गहन जांच है। जबकि यह कई चरों की जांच कर सकता है, इसका प्राथमिक लक्ष्य उस विशिष्ट मामले की जटिलताओं को समझना है। यह अक्सर व्यक्तिपरक होता है।

(b) **अनुदैर्ध्य शोध (Longitudinal research):** यह शोध समय के साथ समान विषयों में समान चरों को ट्रैक करता है। यह समय के साथ परिवर्तन के बारे में है, विशेष रूप से इस बारे में नहीं कि वस्तुएं एक साथ कैसे परिवर्तित होती हैं।

(d) **पुरालेख संबंधी शोध (Archival research):** यह शोध विद्यमान डेटा का उपयोग करता है जिसे अन्य उद्देश्यों (ऐतिहासिक अभिलेख, जनगणना डेटा) के लिए एकत्र किया गया है।

इस प्रकार, (c) सही उत्तर है।

27. (d)

σ मानक विचलन के लिए और Σ योग के लिए है।

हालांकि SD एक बहुत ही महत्वपूर्ण अवधारणा है, यहां तक कि अनुसंधान में भी, हम पहले सूत्रों पर ध्यान केंद्रित कर सकते हैं।

$\sigma = \sqrt{[(1/N) \times \Sigma (x_i^2 - \mu^2)]}$

चूंकि हमें $(1/N) * \Sigma x_i^2$ और μ दिया गया है, हम इस रूप का उपयोग कर सकते हैं:

$\sigma = \sqrt{[1/N) \times \Sigma x_i^2 - \mu^2]}$

गणनाएँ इस प्रकार हैं:

A. $\mu = 7, (1/N)\Sigma x_i^2 = 85$

$\sigma = \sqrt{(85 - 7^2)} = \sqrt{(85 - 49)} = \sqrt{36} = 6$

B. $\mu = 3, (1/N)\Sigma x_i^2 = 58$

$\sigma = \sqrt{(58 - 3^2)} = \sqrt{(58 - 9)} = \sqrt{49} = 7$

C. $\mu = 7, (1/N)\Sigma x_i^2 = 113$

$\sigma = \sqrt{(113 - 7^2)} = \sqrt{(113 - 49)} = \sqrt{64} = 8$

D. $\mu = 6, (1/N)\Sigma x_i^2 = 117$

$\sigma = \sqrt{(117 - 6^2)} = \sqrt{(117 - 36)} = \sqrt{81} = 9$

मिलान करने पर, सही उत्तर (d) A-IV, B-III, C-II, D-I है।

28. (c)

मान लीजिए कि 'b' स्थिर जल में नौका की गति = 10 किमी/घंटा

हमें 's' ज्ञात करना है जो जल प्रवाह धारा की गति है।

't' दोनों प्रकार की यात्राओं में लगा समय है, जो समान है।

प्रवाह की दिशा में **(Downstream)**: गति = दूरी/समय $(b + s)$ = 26/t

प्रवाह के विरुद्ध **(Upstream)**: गति = दूरी/समय $(b - s)$ = 14/t

$t = 26 / (b + s)$ ...(1)

$t = 14 / (b - s)$ ...(2)

(1) और (2) से,

$26/(b + s) = 14/(b - s)$

इस समीकरण में b = 10 किमी/घंटा का मान रखने पर,

$26/(10 + s) = 14/(10 - s)$

s = 3, इसलिए, सही उत्तर (c) है।

29. (b)

वाल्टर जे. ओंग ने अपनी पुस्तक 'ऑरेलिटी एंड लिटरेसी' में मौखिक विचार की विशेषताओं का वर्णन किया है। निम्नलिखित विशेषताएं आपस में जुड़ी हुई हैं और मौखिक संस्कृतियों की विचार प्रक्रियाओं की प्रकृति को दर्शाती हैं।

B. समूहित (समेकित) (Aggregative): यह विचारों को तोड़ने के बजाय संबंधित विचारों को एक साथ समूहीकृत करता है। मौखिक विचार विश्लेषणात्मक की तुलना में अधिक समेकित होता है।

C. प्रचुर (Copious): यह स्मृति और जुड़ाव के लिए पुनरावृत्ति और विस्तार का उपयोग करता है। यहाँ 'अधिक है अधिक' सौंदर्यबोध है।

D. परंपरावादी (Traditionalist): मौखिक संस्कृतियाँ मौजूदा ज्ञान को संरक्षित करती हैं, नवाचार पर परंपरा को महत्व देती हैं।

E. मानव जीवन के निकट (Close to human life): मौखिक विचार अमूर्त विचारों के बजाय ठोस, रोजमर्रा के अनुभवों पर केंद्रित होता है।

A. योगात्मक (Additive): मौखिक विचार विचारों को एक साथ जोड़ता है, यह उन्हें पदानुक्रम और जटिल संरचनाओं में व्यवस्थित नहीं करता है।

इस प्रकार, (b) B, C, D, E, A सही उत्तर है।

30. (c)

(c) बोधात्मक (प्रत्यक्षज्ञानात्मक) स्थिरता (Perceptual constancy): यह वास्तव में किसी वस्तु को वैसा ही मानने की प्रवृत्ति है, भले ही उसके बारे में हमें मिलने वाली संवेदी जानकारी परिवर्तित हो जाए। उदाहरण के लिए, एक कार हमारी धारणा में समान दिखाई देती है, हालांकि हमारी आंखों का रेटिना इसे कुछ चिकित्सीय समस्या के रूप में समर्थन करता है जो हमारी आंखों में विकसित होता है।

गलत विकल्पों की व्याख्याएँ:

(a) आत्म सिद्धि (आत्म-वास्तविकीकरण) (Self-actualization): यह मास्लो की आवश्यकताओं के पदानुक्रम की एक अवधारणा है, यह किसी की पूरी क्षमता के अहसास को संदर्भित करता है। यह दृश्य धारणा से संबंधित नहीं है।

(b) संक्रामिकता (Transitivity): यह तार्किक गुण को संदर्भित करता है कि यदि A = B और B = C, तो A = C। यह इस बात से प्रासंगिक नहीं है कि हम आकार को कैसे देखते हैं।

(d) समानता (Similarity): यह सिद्धांत है कि हम समान चीजों को एक साथ समूहीकृत करते हैं। हालांकि यह एक प्रत्यक्षज्ञानात्मक सिद्धांत है, यह नहीं बताता कि हम कार के आकार को स्थिर क्यों मानते हैं।

इस प्रकार, (c) सही उत्तर है।

31. (c)

NAPCC जलवायु परिवर्तन से निपटने के वैश्विक प्रयासों के साथ भारत की भागीदारी का एक अभिन्न अंग है। यह अंतर्राष्ट्रीय समझौतों के प्रति देश की प्रतिबद्धता को दर्शाता है, वैश्विक सर्वोत्तम प्रथाओं को शामिल करता है, प्रौद्योगिकी हस्तांतरण और सहयोग को बढ़ावा देता है, और सतत विकास लक्ष्यों की प्राप्ति में योगदान देता है।

NAPCC के मुख्य लाभ क्षेत्र:

1. **शमन या न्यूनीकरण (Mitigation):** ग्रीनहाउस गैसों के स्रोतों को कम करने और उनके कार्बन सिंक को बढ़ाने के लिए उठाए गए कदम, जिससे जलवायु परिवर्तन के प्रभाव को कम किया जा सके।
2. **अनुकूलन (Adaptation):** IPCC के अनुसार, अनुकूलन वास्तविक या अपेक्षित जलवायु उत्तेजनाओं या उनके प्रभावों के जवाब में प्राकृतिक या मानव प्रणालियों में समायोजन के रूप में है, जो नुकसान को कम करते हैं या लाभकारी अवसरों का दोहन करते हैं।
3. **सतत विकास (Sustainable Development):** विकास जो वर्तमान की आवश्यकताओं को पूरा करता है, वह भी भविष्य की पीढ़ियों की अपनी आवश्यकताओं को पूरा करने की क्षमता से समझौता किए बिना। मुख्य उदाहरण MDG और SDG हैं।

अब विशेष रूप से प्रश्न पर आते हैं:

मूल आठ NAPCC मिशन (2008):

1. **राष्ट्रीय सौर मिशन:** सौर ऊर्जा को बढ़ावा देना।

2. **राष्ट्रीय संवर्धित ऊर्जा दक्षता मिशन:** ऊर्जा की खपत को कम करना।
3. **राष्ट्रीय सतत पर्यावास मिशन:** सतत शहरों और बस्तियों को बढ़ावा देना।
4. **राष्ट्रीय जल मिशन:** जल संरक्षण और प्रबंधन पर ध्यान केंद्रित करना।
5. **हिमालयी पारिस्थितिकी तंत्र को बनाए रखने के लिए राष्ट्रीय मिशन:** हिमालय क्षेत्र की रक्षा करना।
6. **राष्ट्रीय हरित भारत मिशन:** वन आवरण और पारिस्थितिक तंत्र को बढ़ाना।
7. **राष्ट्रीय सतत कृषि मिशन:** जलवायु के अनुकूल कृषि को बढ़ावा देना।
8. **जलवायु परिवर्तन के लिए रणनीतिक ज्ञान पर राष्ट्रीय मिशन:** ज्ञान और क्षमता का निर्माण करना।

इस प्रकार, राष्ट्रीय ओजोन मिशन, राष्ट्रीय वायु मिशन सूची में गायब हैं, वह कभी आरंभ ही नहीं किए गए।

राष्ट्रीय हाइड्रोजन मिशन 2021 में आरंभ किया गया था।

सही उत्तर (c) केवल B, C और E है।

32. (a)

पैटर्न को एकल रूप से लिया जा सकता है (या दो भागों में विभाजित किया जा सकता है):

4, 27, 16, 125, 36, ?, 64, 729 – यह 2, 3, 4, 5, 6, 7, 6, 9 के वर्ग और घन हैं ...

$= 2^2, 3^3, 4^2, 5^3, 6^2, 7^3, 8^2, 9^3$

इस प्रकार, सही उत्तर (a) है यानी $7^3 = 343$

33. (d)

सूची-I (अवधारणा)	सूची-II (विवरण)
(1) हस्तलिपि संस्कृति (Chirographic Culture)	(iv) लेखन-ज्ञान को संप्रेषित और संरक्षित करने का प्राथमिक रूप।
(2) मुद्रण संस्कृति (Typographic Culture)	(i) छपाई-मूवेबल टाइप-लिखित सामग्री का बड़े पैमाने पर उत्पादन।
(3) मौखिक संस्कृति (Oral Culture)	(ii) शब्द का अनुभव करने के लिए बोलना-ज्ञान संचरण और सांस्कृतिक संरक्षण के लिए भी।
(4) दृश्य संस्कृति (Visual Culture)	(iii) छवियों के माध्यम से स्थानिक समझ/बोध-दृश्य तत्वों की व्याख्या करना।

इस प्रकार, सही उत्तर है: (d) A -IV, B- I, C – II, D - III

34. (c)

'617' का अर्थ है –Sweet and हॉट

'735' का अर्थ है – Coffee is sweet

'263' का अर्थ है – Tea is hot

आइए इसे तोड़ें (Let's break it down):

Sweet पहले और दूसरे कोड में समान है, और '7' भी समान है। इसलिए Sweet का अर्थ 7 है।

इसी प्रकार, hot का अर्थ '6' है।

इसी प्रकार, 'है' का अर्थ '3' है।

'735' का अर्थ है – Coffee is sweet, हम अब यह जानते हैं कि Sweet = 7, is = 3, इसलिए coffee = 5

Coffee is hot = 536.

इस प्रकार, सही उत्तर है: (c) 536.

35. (b)

पहला चरण: वह उत्तर दिशा में 100 मीटर चलती है।

दूसरा चरण: वह बाएँ मुड़ती है (पश्चिम दिशा) और 50 मीटर चलती है।

तीसरा चरण: फिर से बाएँ मुड़ती है (दक्षिण दिशा) और 120 मीटर चलती है।

अंतिम मोड़: अब वह दक्षिण दिशा से 45 डिग्री दाएँ मुड़ती है।

दक्षिण से दाएँ 45 डिग्री मुड़ने पर दिशा दक्षिण-पश्चिम (South-West) होगी।

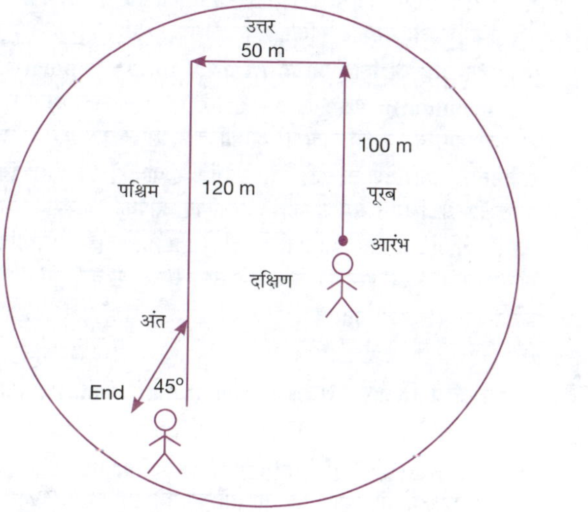

36. (d)

वैश्विक ऊष्मन क्षमता (GWP): GWP मापता है कि ग्रीनहाउस गैस CO_2 (GWP = 1) की तुलना में एक विशिष्ट अवधि (आमतौर पर 100 वर्ष) में वातावरण में कितनी ऊष्मा फंसाती (trap) है।

GWP विभिन्न ग्रीनहाउस गैसों के प्रभाव की तुलना करने में सहायता करता है। GWP जलवायु नीतियों और उत्सर्जन कटौती रणनीतियों का मार्गदर्शन करता है जैसे कि क्योटो प्रोटोकॉल और पेरिस समझौता।

A. **CO_2 (कार्बन डाइऑक्साइड)** → GWP = 1 (मानक आधार रेखा)
B. **CH_4 (मीथेन)** → GWP ≈ 25 – 30
C. **N_2O (नाइट्रस ऑक्साइड)** → GWP ≈ 298
D. **CFC-11 (क्लोरोफ्लोरोकार्बन-11)** → GWP ≈ 4600

इस प्रकार, सही आरोही क्रम है – (d) B, A, D, C

नोट: GWP के 20 वर्ष और 100 वर्ष के अंतराल से जुड़ा एक MCQ PYP में आ चुका है।

37. (b)

(b) **घास का पुतला (The Strawman):** इस भ्रांति में प्रतिद्वंद्वी के तर्क को गलत ढंग से प्रस्तुत करना शामिल है ताकि उस पर हमला

करना सरल हो जाए। यह तर्क का एक कमजोर, अतिरंजित या विकृत संस्करण - 'स्ट्रॉमैन' - बनाकर किया जाता है और फिर वास्तविक तर्क के बजाय उस कमजोर संस्करण का खंडन किया जाता है।

हालांकि ऐसे प्रश्न व्यक्तिपरक होते हैं, इनमे निम्न सही विकल्प नहीं है।

(a) **दया हेतु आग्रह (Appeal to Pity):** यह भ्रांति तार्किक तर्क के माध्यम से दया या सहानुभूति की भावनाओं को पैदा करके मनाने का प्रयास करती है। उदाहरण के लिए, वकील, 'मेरे मुवक्किल ने अवश्य गलती की है, लेकिन वह बहुत गरीब और असहाय हैं। उनके छोटे-छोटे बच्चे हैं जिनका कोई सहारा नहीं है। इसलिए, मैं आपसे अनुरोध करता हूं कि उन पर दया करें और उन्हें कम से कम सजा दें।'

(c) **भ्रामक संकेत (Red Herring):** भ्रामक संकेत एक ऐसी युक्ति है जिसमें किसी प्रासंगिक मुद्दे से ध्यान हटाने के लिए एक अप्रासंगिक मुद्दा उठाया जाता है। उदाहरण के लिए, राजनेता: 'आप मुझसे बेरोजगारी के बारे में सवाल पूछ रहे हैं, लेकिन क्या आपको पता है कि पिछली सरकार ने कितने घोटाले किए थे?'

(d) **जन दृष्टि के लिए आग्रह (Appeal to the Populace (Ad Populum)):** यह भ्रांति तर्क देती है कि कुछ सत्य आवश्य होना चाहिए, यह लोकप्रियता पर आधारित है, साक्ष्य या तर्क पर नहीं।

राजनेता: 'हमारे देश के अधिकतर लोग इस बात से सहमत हैं कि यह नीति देश के लिए सबसे अच्छी है, इसलिए आपको भी इसका समर्थन करना चाहिए। राजनेता यह तर्क दे रहा है कि नीति सही है क्योंकि यह लोकप्रिय है, न कि इसलिए कि इसके ठोस साक्ष्य या तर्क हैं।

इस प्रकार, (b) सही उत्तर है।

38. (b)

A. चक्रीय विचार मंथन (Round Robin Brainstorming): एक छोटे समूह विषय पर बारी-बारी से चर्चा करना (III)

B. नंबर्ड हेड्स टुगेदर (Numbered Heads Together): क्रमांकित भूमिकाओं और घूर्णन प्रतिनिधियों का उपयोग करना (IV)

C. फिश बाउल (Fishbowl): केंद्रीय समूह के विचार विमर्श अवलोकन व श्रवण (I)

D. समकक्षी (पीयर) शिक्षण (Peer Teaching): विद्यार्थियों द्वारा एक विशेष विषय को अन्यों को पढ़ाना (II)

इस प्रकार, सही उत्तर है: (b) A-III, B-IV, C-I, D-II

39. (d)

(a) **प्रेक्षक का पूर्वाग्रह (Observer Bias):** एक शोधकर्ता का अपना अनुभव या विश्वास होता है जो उनके अवलोकन को प्रभावित कर सकता है। इस प्रकार, वे वास्तविकता को अनदेखा कर सकते हैं, और वे जो कहना चाहते हैं उसे रिपोर्ट कर सकते हैं।

(b) **प्रेक्षक का अपसरण (Observer Drift):** समय के साथ, एक प्रेक्षक अनजाने में बदल सकता है कि वे कोडिंग प्रणाली को कैसे लागू करते हैं। यह क्रमिक बदलाव उनके अवलोकनों में असंगतता पैदा कर सकता है।

(c) **विषय प्रतिक्रियाशीलता (Subject Reactivity):** व्यक्ति अपना व्यवहार बदल सकते हैं जब उन्हें पता होता है कि उनका अवलोकन किया जा रहा है। इसे 'हॉथोर्न' प्रभाव (Hawthrone Effect) के रूप में भी जाना जाता है।

(d) **अंतर-प्रेक्षक विश्वसनीयता (Inter-observer Reliability):** यह उस सीमा को संदर्भित करता है जिस तक विभिन्न प्रेक्षक समान व्यवहार या घटनाओं के अपने कोडिंग या स्कोरिंग पर सहमत होते हैं। उच्च विश्वसनीयता प्रेक्षकों के बीच स्थिरता को इंगित करती है।

इस प्रकार, (d) सही उत्तर है।

40. (b)

स्टुअर्ट हॉल का एन्कोडिंग/डिकोडिंग मॉडल विशेष रूप से मीडिया संदेशों की व्याख्या करते समय तीन स्थितियों के रूप में प्रभावी, विरोधी और बातचीत रीडिंग की पहचान करता है।

C. प्रधान/प्रमुख/प्रभावी (Dominant): इच्छित अर्थ को स्वीकार करना।

D. प्रतिकूली (विरोधी) पठन (Oppositional): इच्छित अर्थ को अस्वीकार करना।

E. वार्तातय/परक्रमित पठन (Negotiated): आंशिक रूप से स्वीकार करना और अर्थ को संशोधित करना।

इस प्रकार, (b) C, D और E सही उत्तर है।

41. (d)

अनुरूपी (Corresponding propositions): अनुरूपी प्रस्तावनाएँ दो ऐसी प्रस्तावनाएँ होती हैं जिनमें विषय और विधेय पद समान होते हैं और जो गुणवत्ता में सहमत होती हैं (दोनों सकारात्मक या दोनों नकारात्मक)। वे मात्रा में भिन्न होती हैं, जिसमें एक सार्वत्रिक (universal) होती है और दूसरी विशेष (particular)।

उदाहरण के लिए:

1. सभी मनुष्य नश्वर हैं। (सार्वत्रिक सकारात्मक)
2. कुछ मनुष्य नश्वर हैं। (विशेष सकारात्मक)

या

1. कोई भी मनुष्य अमर नहीं है। (सार्वत्रिक नकारात्मक)
2. कुछ मनुष्य अमर नहीं हैं। (विशेष नकारात्मक)

42. (d)

1. **Z-स्कोर (Z-score):**

Z-स्कोर हमें बताता है कि हमारा डेटा औसत से कितनी दूर है। इसे मानक विचलनों (सिग्मा) में मापा जाता है। इसे 'हमारा डेटा कितना असामान्य' (औसत से कितना अलग) है, इसके माप के रूप में सोचें। एक उच्च Z-स्कोर (चाहे धनात्मक हो या ऋणात्मक) इंगित करता है कि डेटा बिंदु औसत से दूर है और इसलिए कम सामान्य है।

Z टेस्ट का उपयोग निम्नलिखित स्थिति में किया जाता है:

- नमूना आकार बड़ा है (आमतौर पर $n > 30$)।
- जनसंख्या भिन्नता ज्ञात है।
- डेटा लगभग सामान्य रूप से वितरित है।

2. **P-वैल्यू (P-value)**

P-वैल्यू आपको बताता है कि यदि शून्य परिकल्पना वास्तव में सत्य होती, तो हमारे डेटा के जितना चरम (या इससे भी अधिक चरम) डेटा प्राप्त करने की कितनी संभावना है। एक छोटा P-वैल्यू का अर्थ है कि यदि शून्य परिकल्पना सत्य है तो हमारा डेटा असंभव है।

हम पहले Z-स्कोर की गणना करते हैं। फिर, हम P-वैल्यू खोजने के लिए Z-स्कोर का उपयोग करते हैं। P-वैल्यू हमें यह तय करने में सहायता करता है कि हमें इस विचार को अस्वीकार करना चाहिए या नहीं कि हमारे परिणाम केवल संयोग के कारण हैं।

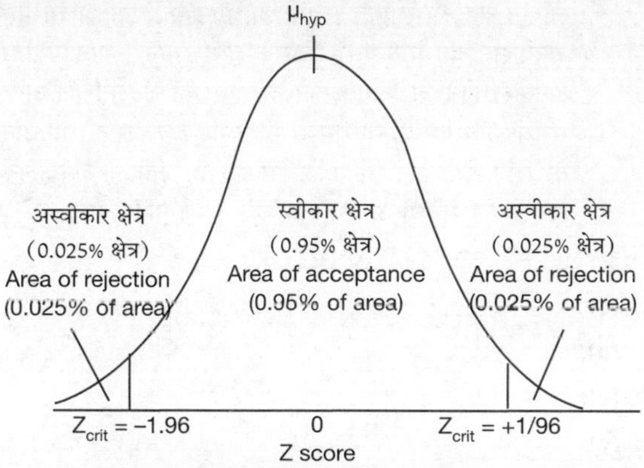

सामान्य वितरण (Normal Distribution)

मानक सामान्य वक्र (घंटी वक्र) प्रश्नों को हल करने में निम्नलिखित समझ हमारी सहायता कर सकती है। ये सामान्य वितरण (Normal Distribution) से जुड़े हैं।

1. **समरूपता (symmetry):** वक्र 0 के चारों ओर सममित होता है। इसका अर्थ है कि $P(Z \leq 0) = P(Z \geq 0) = 0.5$
2. **क्षेत्रफल प्रायिकता (probability) को दर्शाता है:** वक्र के नीचे का क्षेत्रफल प्रायिकता को दर्शाता है।
3. **कुल क्षेत्रफल 1 है:** वक्र के नीचे का संपूर्ण क्षेत्रफल 1 के बराबर होता है।
4. जैसे-जैसे आप माध्य (0) से किसी भी दिशा में दूर जाते हैं, प्रायिकताएँ घटती जाती हैं।

विकल्पों का विश्लेषण:

A. $P(0 \leq Z \leq 1)$: यह माध्य (0) और 1 मानक विचलन के बीच की प्रायिकता है। यह वितरण का एक महत्वपूर्ण भाग है।

D. सबसे छोटी प्रायिकता है क्योंकि यह पूंछ में सबसे दूर है।

C. अगली सबसे छोटी है क्योंकि यह पूंछ में भी है लेकिन D की तुलना में करीब है।

A, C और D से बड़ा है क्योंकि इसमें माध्य के करीब एक महत्वपूर्ण भाग शामिल है।

B सबसे बड़ा है क्योंकि इसमें वितरण का बिल्कुल आधा भाग ($-\infty$ से 0 तक) शामिल है।

इसलिए, सही उत्तर (d) D, C, A, B है।

43. (a)

मूडल (Moodle): मूडल एक सशक्त, ओपन-सोर्स लर्निंग मैनेजमेंट सिस्टम (LMS) है जो विशेष रूप से शिक्षकों के लिए डिज़ाइन किया गया है। यह एकीकरण, ट्रैकिंग और शिक्षक की जरूरतों के अनुसार अनुकूलन में उत्कृष्ट है।

विशिष्ट आवश्यकताओं के लिए अन्य विकल्प हैं:

(b) ज़ूम (Zoom): यह वीडियो कॉन्फ्रेंसिंग और ऑनलाइन मीटिंग के लिए उत्कृष्ट है, यह एक पूर्ण विकसित LMS नहीं है।

(c) ग्रामर्ली (Grammarly): यह लेखन सहायता उपकरण व्याकरण और शैली में मदद करता है, विशेष रूप से पाठ्यक्रम प्रबंधन, मूल्यांकन एकीकरण और प्रगति ट्रैकिंग में।

(d) टर्निटिन (Turnitin): टर्निटिन मुख्य रूप से एक साहित्यिक चोरी का पता लगाने वाला सॉफ्टवेयर है। जबकि यह एक मूल्यवान मूल्यांकन उपकरण है, यह मौलिकता जांच पर केंद्रित है, न कि मूल्यांकन और ट्रैकिंग की व्यापक श्रेणी पर जो एक शिक्षक को LMS में चाहिए।

इस प्रकार. (a) मूडल सही उत्तर है।

44. (d)

सही विकल्प:

(d) कोड/संहिता (Code): किसी विशेष संस्कृति के भीतर दृश्य और भाषाई संकेतों के उपयोग को संचालित करने वाले नियमों की एक प्रणाली को संदर्भित करता है। इसमें इन संकेतों की साझा समझ और व्याख्या शामिल है।

यह सेमियोटिक्स (Semiotics) का ही भाग है जो कि एक अध्ययन का क्षेत्र है जो संकेतों और प्रतीकों और उनकी व्याख्या पर केंद्रित है।

अन्य विकल्प क्यों उपयुक्त नहीं हैं:

(a) मीडिया नियम (Media Rule): हालांकि मीडिया के अपने विशिष्ट नियम और परंपराएं हैं, यह शब्द बहुत व्यापक है और विशेष रूप से सांस्कृतिक संदर्भ और संकेतों की साझा समझ को संबोधित नहीं करता है।

(b) पाठ-ढाँचा (टेक्स्ट फ्रेम) (Text Frame): यह शब्द किसी पाठ की संरचना और संगठन को संदर्भित करता है, लेकिन इसमें व्यापक सांस्कृतिक संदर्भ और दृश्य और भाषाई संकेतों की व्याख्या शामिल नहीं है।

(c) तकनीकी मानदण्ड (Technical Norms): यह तकनीकी विशिष्टताओं और दिशानिर्देशों को संदर्भित करता है, जो अक्सर प्रौद्योगिकी या औद्योगिक प्रक्रियाओं से संबंधित होते हैं। यह संकेतों की सांस्कृतिक व्याख्या को सीधे संबोधित नहीं करता है।

इस प्रकार, (d) कोड/संहिता सही उत्तर है।

45. (a)

अल्बर्ट बंडुरा का प्रेक्षण (अवलोकन - observation) संबंधी अधिगम सिद्धांत:

इस सिद्धांत को सामाजिक अधिगम सिद्धांत के रूप में भी जाना जाता है, यह समझाने पर केंद्रित है कि हम दूसरों को देखकर कैसे सीखते हैं। यह सिद्धांत मानता है कि सीखना केवल प्रत्यक्ष अनुभव से ही नहीं होता, बल्कि दूसरों के व्यवहार को देखकर, उनका अनुकरण करके और उनके परिणामों का अवलोकन करके भी होता है।

अवलोकन संबंधी अधिगम के मुख्य चरण

बंडुरा ने अवलोकन संबंधी अधिगम के चार मुख्य चरण बताए हैं:

A. प्रतिधारण (Retention): देखे गए व्यवहार को याद रखना और उसे भविष्य में दोहराने के लिए संग्रहीत करना आवश्यक है। यह मानसिक छवियों, प्रतीकों या भाषा के माध्यम से किया जा सकता है।

उदाहरण: एक छात्र अपने गणित के शिक्षक को बार-बार समीकरण हल करते हुए देखता है और उन चरणों को अपने स्मरण में संगृहीत करता है ताकि वह परीक्षा के समय में सही तरीके से समस्याओं को हल कर सके।

B. ध्यान (Attention): सबसे पहले, व्यक्ति को मॉडल के व्यवहार पर ध्यान देना होगा। यह व्यवहार जितना अधिक ध्यान आकर्षित करने वाला होगा, उतनी ही अधिक संभावना है कि व्यक्ति उसे देखेगा और सीखेगा।

उदाहरण: एक छात्र उस शिक्षक पर पूरी तरह से ध्यान केंद्रित करता है जो जटिल अवधारणा को समझाने के लिए रोचक कहानियों और दृश्य सामग्री का उपयोग करता है।

D. उत्पादन (Production): याद किए गए व्यवहार को वास्तविक रूप से करने की क्षमता। इसमें शारीरिक और मानसिक दोनों कौशल शामिल होते हैं।

उदाहरण: एक छात्र एक विज्ञान प्रयोग का प्रदर्शन देखता है और फिर उसी प्रयोग को प्रयोगशाला में सफलतापूर्वक पुनः उत्पादित करता है, जैसा कि उसने देखा था।

E. अभिप्रेरण (Motivation): व्यवहार को दोहराने के लिए व्यक्ति के पास पर्याप्त प्रेरणा होनी चाहिए। यह प्रेरणा सकारात्मक पुनर्बलन (जैसे पुरस्कार) या नकारात्मक पुनर्बलन (जैसे सजा से बचाव) से मिल सकती है।

उदाहरण: एक छात्र विज्ञान प्रयोग को सही ढंग से दोहराने के लिए प्रेरित होता है क्योंकि वह अच्छा ग्रेड प्राप्त करना चाहता है और अपने शिक्षक से प्रशंसा प्राप्त करना चाहता है।

C. **अनुकूलन (Adaptation)** सीखने का एक महत्वपूर्ण परिणाम है, लेकिन यह अवलोकन संबंधी अधिगम का एक अलग पहलू है। अनुकूलन वह प्रक्रिया है जिसके द्वारा व्यक्ति अपने पर्यावरण के अनुकूल होने के लिए अपने व्यवहार को बदलते हैं। अवलोकन संबंधी अधिगम के माध्यम से सीखे गए व्यवहार को भी अनुकूलन के लिए इस्तेमाल किया जा सकता है, लेकिन अनुकूलन स्वयं अवलोकन संबंधी अधिगम का एक चरण नहीं है।

इसलिए, सही उत्तर है (a) A, B, D और E

46. (c)

47. (a)

48. (c)

49. (c)

50. (c)

यूजीसी नेट प्रश्न पत्र 1
अगस्त, 2024

नोट:

- इस प्रश्नपत्र में पचास (50) बहु-विकल्पीय प्रश्न हैं। प्रत्येक प्रश्न के दो (2) अंक हैं।
- सभी प्रश्न अनिवार्य हैं।

निम्न तालिका में छह भिन्न भिन्न शहरों A-F में वर्ष 2019 व 2023 में एक आईटी पत्रिका के पाठकों की संख्या का प्रतिशत (%) वितरण दर्शाया गया है। तालिका में प्रदत्त डेटा के आधार पर आगे पूछे गए प्रश्नों के उत्तर दीजिए:

आईटी पत्रिका के पाठकों की संख्या का शहर-वार विवरण

शहर	वर्ष में पाठकों का प्रतिशत	
	(2019)	(2023)
A	10%	15%
B	14%	16%
C	17%	28%
D	9%	10%
E	24%	9%
F	26%	22%

1. यदि सभी छह शहरों A-F को मिलाकर 2023 में पाठकों की कुल संख्या 50,000 थी, तो उसी वर्ष ठीक-ठीक कितने शहरों में पाठकों की संख्या 7,400 से अधिक थी?

(a) 2　　(b) 3

(c) 4　　(d) 5

2. यदि सभी छह शहरों A-F से पाठकों की कुल संख्या वर्ष 2019 और 2023 में क्रमश: 4.3 लाख और 5.7 लाख थी, तो शहरों B और शहर C से पाठकों की 2019 की कुल संख्या और 2023 की कुल संख्या के बीच का अंतर कितना था?

(a) 1.175 लाख　　(b) 1.415 लाख

(c) 1.625 लाख　　(d) 1.596

3. यदि शहर A से पाठकों की वर्ष 2019 की संख्या का वर्ष 2023 की संख्या से अनुपात 2:5 था, तो सभी छह शहरों से पाठकों की वर्ष 2019 की कुल संख्या का 2023 की संख्या से अनुपात कितना था?

(a) 3:5　　(b) 4:5

(c) 4:9　　(d) 2:5

4. यदि वर्ष 2019 व 2023 में शहर D में पाठकों की संख्या क्रमश: 77,400 व 1,14,000 थी, तो शहर F में पाठकों कों वर्ष 2023 की संख्या और वर्ष 2019 की संख्या के बीच का अंतर कितना है?

(a) 24,800　　(b) 27,200

(c) 28,400　　(d) 33,600

5. यदि वर्ष 2019 में शहर C से और वर्ष 2023 में शहर E से पाठकों की संख्या क्रमश: 73,100 व 51,300 थी, तो शहर B से 2019 में पाठकों की संख्या से वर्ष 2023 में पाठकों की संख्या लगभग .... % थी।

(a) 53.7　　(b) 50.3

(c) 52.8　　(d) 51.5

6. सूची-I के साथ सूची-II का मिलान कीजिए:

सूची-I (संक्षिप्त रूप)	सूची-II (अर्थ)
(1) et.al.,	(i) उसी स्थान पर
(2) ante.,	(ii) और अन्य
(3) cf.,	(iii) पहले
(4) ibid.,	(iv) तुलना

नीचे दिए गए विकल्पों में से सही उत्तर का चयन कीजिए:

(a) (1)–(i), (2)–(ii), (3)–(iii), (4)–(iv)

(b) (1)–(ii), (2)–(iii), (3)–(iv), (4)–(i)

(c) (1)–(iii), (2)–(iv), (3)–(i), (4)–(ii)

(d) (1)–(iv), (2)–(iii), (3)–(ii), (4)–(i)

7. फोटो-रासायनिक धूम्र कोहरे के बनने के लिए निम्न में से कौन-कौन सी अनिवार्य आवश्यकताएं हैं?

(1) कार्बन मोनोआक्साइड (CO)

(2) नाइट्रोजन डाई आक्साइड (NO_2)

(3) कार्बन डाईऑक्साइड (CO_2)

(4) वाष्पशील कार्बनिक यौगिक (VOCs)

(5) सूर्य प्रकाश

नीचे दिए गए विकल्पों में से **सबसे उपयुक्त** उत्तर का चयन कीजिए:

(a) केवल (1), (2) और (4)
(b) केवल (1), (3) और (5)
(c) केवल (2), (3), (4) और (5)
(d) केवल (2), (4) और (5)

8. सही कथनों को चुनिये:

(1) y का x% 100 x के y% के बराबर है।

(2) यदि किसी संख्या के $\left(\frac{3}{5}\right)$ भाग का 60% का 40%, 504 है तो उस संख्या के $\left(\frac{2}{5}\right)$ भाग का 25% 350 के बराबर है।

(3) यदि A, B से 15% अधिक है, तो B,A से ~13.04% कम है।

(4) 5 के 10% तथा 10 के 5% का योग 0.1 है।

नीचे दिए गए विकल्पों में **सही** उत्तर का चयन कीजिए:

(a) केवल (1) और (2) (b) केवल (2) और (3)
(c) केवल (3) और (4) (d) केवल (1) और (4)

9. निम्नलिखित कथन में कौन सा तर्क दोष निहित है?

''फ्लू से पीड़ित लोगों को क्वारंटाइन में रखना चहिए, क्योंकि इसे कभी भी रोग को फैलने से रोकने वाले साधन के रूप में असिद्ध नहीं किया गया है।''

(a) पराज्ञानमूलक युक्ति
(b) अविचारित सामान्यीकरण
(c) फिसलन युक्त ढलान
(d) मिथ्या कारण

10. एक मोटर नाव नदी की धारा की दिशा में कतिपय दूरी को 5 घंटे में तय करती है किंतु आरंभिक बिंदु तक नदी की धारा को विपरीत दिशा में वापस लौटने में 6 घंटे का समय लेती है। यदि धारा की गति 4 किमी/घंटा है तो स्थिर जल में मोटर नाव की गति कितनी है।

(a) 40 किमी/घंटा (b) 42 किमी/घंटा
(c) 44 किमी/घंटा (d) 46 किमी/घंटा

11. यथार्थ के अध्ययन का निम्नलिखित में से कौन सा उपागम व्यंजित करता है कि केवल अनुभव और इंद्रियबोध द्वारा प्राप्त ज्ञान स्वीकार्य है?

(a) निर्मितिवाद (b) नृजातिवर्णन
(c) अनुभववाद (d) संक्रियावाद

12. निम्नलिखित में से कौन गैर-तकनीकी परा-स्नातक शिक्षा हेतु स्वयं पाठ्यक्रम का राष्ट्रीय समन्वयक (कोआर्डिनेटर) है?

(a) अखिल भारतीय तकनीकी-शिक्षा परिषद (ए आई सी टी ई)
(b) राष्ट्रीय तकनीकी शिक्षक-प्रशिक्षण एवं शोध संस्थान (एन आई टी टी टी आर)
(c) राष्ट्रीय शैक्षिक शोध एवं प्रशिक्षण परिषद (एन सी ई आर टी)
(d) विश्वविद्यालय अनुदान आयोग (यू जी सी)

13. सूची-I के साथ सूची-II का मिलान कीजिए:

सूची-I (प्राचीन ग्रंथ)	सूची-II (लेखक)
(1) लीलावती	(i) चाणक्य
(2) योग सूत्र	(ii) गौतम
(3) न्याय-सूत्र	(iii) पतंजलि
(4) अर्थदर्शन	(iv) भास्कराचार्य

नीचे दिए गए विकल्पों में से सही उत्तर का चयन कीजिए:

(a) (1)–(iv), (2)–(iii), (3)–(ii), (1)–(i)
(b) (1)–(iii), (2)–(iv), (3)–(ii), (1)–(i)
(c) (1)–(iv), (2)–(iii), (3)–(i), (1)–(ii)
(d) (1)–(i), (2)–(iii), (3)–(ii), (1)–(iv)

14. पी ओ पी (POPs) का पूर्ण रूप क्या है?

(a) पर्सिस्टेंट आर्गेनिक पौल्यूटेंट्स
(b) पर्सिस्टेंट आक्सिजनेटिड पौल्यूटेंट्स
(c) पॉलीसाइक्लिक आर्गेनिक पौल्यूटेंट्स
(d) पॉलीमेराइज्ड आर्गेनिक पौल्यूटेंट्स

15. निम्न भिन्नों को बढ़ते क्रम में व्यवस्थित कीजिये:

(1) $\frac{6}{7}$ (2) $\frac{11}{13}$
(3) $\frac{16}{19}$ (4) $\frac{19}{22}$

नीचे दिए गए विकल्पों में से सही उत्तर का चयन कीजिए:

(a) (1), (2), (3), (4) (b) (4), (3), (2), (1)
(c) (3), (2), (1), (4) (d) (4), (1), (2), (3)

16. सूची-I के साथ सूची-II का मिलान कीजिए:

सूची-I (प्रयोग)	सूची-II (उपयुक्त कंप्यूटर निवेश युक्ति)
(1) किसी प्रस्तुतिकरण के लिए वाइसओवर्स निवेश करने हेतु	(i) माउस
(2) पिन निविष्ट करने के लिए	(ii) जॉयस्टिक
(3) किसी मेन्यू से विकल्पों को चुनने के लिए	(iii) माइक्रोफोन
(4) फ्लाइट अनुरूपक को संचालित करने के लिए	(iv) नंबर पैड

नीचे दिए गए विकल्पों में से सही उत्तर का चयन कीजिए:

(a) (1)–(ii), (2)–(iv), (3)–(i), (4)–(iii)
(b) (1)–(iii), (2)–(iv), (3)–(i), (4)–(ii)
(c) (1)–(iv), (2)–(ii), (3)–(i), (4)–(iii)
(d) (1)–(i), (2)–(iii), (3)–(ii), (4)–(iv)

17. संचार हेतु किसी कंप्यूटर के डिजिटल संकेत को किसी अनुरूप (एनालॉग) संकेत में रूपांतरित करने के लिए प्रयुक्त युक्ति कहलाती है:

(a) ब्रिज
(b) मॉडेम
(c) स्विच
(d) नेटवर्क अंतरापृष्ठ कार्ड (एन आई सी)

18. सूची-I के साथ सूची-II का मिलान कीजिए:

सूची-I (डिजिटल पहल)	सूची-II (उद्देश्य)
(1) शोध सिन्धु	(i) भारतीय विश्वविद्यालयों में शोध-विषयों के संक्षेप की मेजबानी करता है।
(2) शोध गंगोत्री	(ii) शिक्षा हेतु स्वतंत्र/उदार एवं मुक्त सॉफ्टवेयर
(3) शोध शुद्धि	(iii) ई-संसाधनों को विश्वविद्यालयों एवं महाविद्यालयों तक पहुँच प्रदत्त करता है।
(4) एफओ एस एस ई ई	(iv) अकादमिक लेखों में मौलिकता को सुनिश्चित करने के उद्देश्य हेतु साहित्यिक चोरी की रोकथाम करने हेतु पहल

नीचे दिए गए विकल्पों में से सही उत्तर का चयन कीजिए:
(a) (1)–(iv), (2)–(iii), (3)–(ii), (4)–(i)
(b) (1)–(iii), (2)–(i), (3)–(iv), (4)–(ii)
(c) (1)–(i), (2)–(ii), (3)–(iii), (4)–(iv)
(d) (1)–(ii), (2)–(iv), (3)–(iii), (4)–(i)

19. जब संचार किसी समूह की अपने लक्ष्यों की प्राप्ति में सहायक होता है तो उसे निम्न में से किस रूप में जाना जाता है?
(a) विघटनकारी भूमिका (b) संवर्धक भूमिका
(c) प्रतिक्रियात्मक भूमिका (d) उपास्य भूमिका

20. स्थिर जल में किसी नाव की गति 5 किमी./घंटा है और धारा की गति 1 किमी./घंटा है। एक व्यक्ति 24 किमी. की दूरी पर स्थित स्थान तक नाव खेता है और आरंभिक बिंदु तक वापस आता है। उसके द्वारा लिए गए समय को ज्ञात कीजिए।
(a) 8 घंटा (b) 10 घंटा
(c) 12 घंटा (d) 15 घंटा

21. प्रजनक रिएक्टरों के बारे में निम्न में से कौन-कौन सही हैं?
(1) वे उपभोग की तुलना में अधिक विदल्य सामग्री उत्पन्न करते हैं।
(2) भारत में कोई प्रजनक रिएक्टर नहीं है।
(3) प्रजनक रिएक्टर दो प्रकार (द्रुत व मंद) होते हैं।
(4) प्रजनन प्रचालन हेतु परिवर्तन अनुपात (विदल्य सामग्री उत्पादित/विदल्य सामग्री उपभोग की गई) एक से अधिक होना चाहिए।
(5) पारंपरिक रिएक्टरों की तुलना में प्रजनक रिएक्टर अधिक नाभिकिय अपशिष्ट उत्पन्न करते हैं।

नीचे दिए गए विकल्पों में से सही उत्तर का चयन कीजिए:
(a) केवल (1), (3) और (4)
(b) केवल (1), (2) और (4)
(c) केवल (2), (3) और (5)
(d) केवल (1), (3), (4) और (5)

22. निम्नलिखित को बढ़ते गुणार्थ के क्रम में व्यवस्थित कीजिए:
(1) फील्डर (क्षेत्र रक्षक)
(2) बॉल प्लेयर
(3) बेसबॉल खिलाड़ी
(4) एथलीट

नीचे दिए गए विकल्पों में से सही उत्तर का चयन कीजिए:
(a) (2), (3), (1), (4) (b) (2), (1), (3), (4)
(c) (4), (2), (3), (1) (d) (1), (3), (2), (4)

23. जब आप एक या एकाधिक चरों से प्राप्त परिणाम के मान को अनुमान करने का प्रयत्न करते हैं, तो आप प्रयोग करते हैं:
(1) पीयर्सन गुणन-आपूर्ण सहसंबंध
(2) द्विचर प्रतिगमन
(3) बहुचर प्रतिगमन
(4) प्रसरण विश्लेषण

नीचे दिए गए विकल्पों में से सही उत्तर का चयन कीजिए:
(a) केवल (1), (2) और (3) (b) केवल (2) और (3)
(c) केवल (2), (3) और (4) (d) केवल (1) और (4)

24. यदि किसी अनुसंधान परियोजना को इस प्रकार स्थापित किया जाता है जिससे कि समष्टि में प्रत्येक को प्रतिदर्श में शामिल होने का समान अवसर मिलता है, तो अनुसंधान में निहित है।
(a) कोटा प्रतिचयन (b) निर्णयात्मक प्रतिचयन
(c) प्रायिकता प्रतिचयन (d) सुविधाजनक प्रतिचयन

25. निम्नलिखित कथनों में से कौन सा कथन सही है?
(a) न्याय-न्यायवाक्य में तीन प्रतिज्ञप्तियाँ होती हैं।
(b) न्याय-न्यायवाक्य में पाँच पद होते हैं।
(c) न्याय-न्यायवाक्य में पाँच प्रतिज्ञप्तियाँ होती हैं।
(d) न्याय-न्यायवाक्य में तीन प्रतिज्ञप्तियाँ और तीन पद होते हैं।

26. निम्न में से किस प्रौद्योगिकी ने परिवहन व संचार के वीच सर्वप्रथम वियोजन को चिह्नित किया था?
(a) तार (b) प्रक्षेपण
(c) मुद्रण (d) फोटोग्राफी

27. राष्ट्रीय क्रेडिट फ्रेमवर्क (एन सी टी एफ) के अनुसार चार वर्ष की अवधि वाले प्रोग्राम को स्नातक डिग्री (आनर्स/अनुसंधान/इंजीनियरिंग) प्राप्त करने के पश्चात ग्रहण किया गया क्रेडिट स्तर है:
(a) 5.5 (b) 6
(c) 6.5 (d) 7

28. अभिगम समय के संदर्भ में सबसे धीमे से सबसे तीव्र के रूप में श्रेणीबद्ध कंप्यूटर घटकों की निम्नलिखित सूची के सही क्रम को चिह्नित कीजिए:
(1) सी पी यू कैशे
(2) रैम
(3) एस एस डी
(4) ऑप्टिकल ड्राइव

नीचे दिए गए विकल्पों में से सही उत्तर का चयन कीजिए:

(a) (4), (3), (2), (1)   (b) (1), (2), (3), (4)

(c) (2), (1), (4), (3)   (d) (3), (4), (1), (2)

29. 'मस्तिष्क से मस्तिष्क' संचार में निम्न में से किन के माध्यम से संचार अंतर्ग्रस्त होता है?

(1) भौतिक विन्यास

(2) साझी धारणायें

(3) मूल्य

(4) शोर का हेर-फेर

(5) संदर्भ

नीचे दिए गए विकल्पों में से सही उत्तर का चयन कीजिए:

(a) केवल (1), (2) और (4)

(b) केवल (2), (3) और (4)

(c) केवल (1), (2), (3) और (5)

(d) केवल (3), (4) और (5)

30. निम्नलिखित में कौन अन्तर्निहित (अचेतन) स्मृति (मेमोरी) के उपभोग हैं:

(1) प्राइमिंग

(2) उपख्यानात्मक (एपीसोडिक) स्मृति

(3) शास्त्रीय अनुबंधन प्रभाव

(4) अर्थगत स्मृति

(5) कार्यविधिक स्मृति

नीचे दिए गए विकल्पों में से सबसे उपयुक्त उत्तर का चयन कीजिए:

(a) केवल (2) और (4)

(b) केवल (1), (2), (4) और (5)

(c) केवल (1), (3) और (5)

(d) केवल (1), (2), (3), (4) और (5)

31. क्रियान्वन हेतु द्वितीय पंचवर्षीय योजना में निम्नलिखित की अनुशंसाओं को शामिल किया गया था:

(1) विश्वविद्यालय शिक्षा आयोग

(2) भारतीय भाषा आयोग

(3) ग्रामीण उच्चतर शिक्षा समिति

(4) नये विश्वविद्यालयों की स्थापना संबंधी समिति

(5) त्रि-वर्षीय डिग्री पाठयक्रम संबंधी समिति

नीचे दिए गए विकल्पों में से सही उत्तर का चयन कीजिए:

(a) केवल (1), (2) और (3)

(b) केवल (2), (3) और (4)

(c) केवल (3), (4) और (5)

(d) केवल (1), (2) और (5)

32. निम्नलिखित में कौन-सी डिजिटल पहल अग्रणी अकेदमिक संस्थानों एवं आर एण्ड डी संगठनों में कार्यरत वैज्ञानिकों /शोधकर्ताओं और अन्य फैकल्टी सदस्यों के प्रोफाइल संबंधी डाटाबेस को उपलब्ध कराती है?

(a) स्वयं प्रभा

(b) ई-विद्वान

(c) राष्ट्रीय अकादेमी निक्षेपागार (एन ए डी)

(d) ई-शोधसिन्धु

33. मीडिया गुणवता में सुधार हेतु, मीडिया उतरदायित्व प्रणाली निम्न में से किन पर केन्द्रित करती है?

(1) मूल्यांकन

(2) श्रोता नियंत्रण

(3) अनुश्रवण

(4) शिक्षा

(5) प्रतिपुष्टि

नीचे दिए गए विकल्पों में से सही उत्तर का चयन कीजिए:

(a) केवल (1), (2) और (3)

(b) केवल (2), (3) और (4)

(c) केवल (2), (4) और (5)

(d) केवल (1), (3), (4) और (5)

34. निम्नलिखित में से कौन से कथन सही हैं?

(1) वैधता कभी भी स्वयं से किसी एकल प्रतिज्ञप्ति पर लागू नहीं हो सकती है।

(2) सत्य की संकल्पना एकल प्रतिज्ञप्तियों पर लागू हो सकती है।

(3) प्रतिज्ञप्तियाँ स्वयं से ही वैध हो सकती हैं किन्तु अवैध नहीं हो सकती हैं।

(4) प्रतिज्ञप्ति स्वयं से ही वैध नहीं हो सकती हालाँकि वह स्वयं से अवैध हो सकती है।

नीचे दिए गए विकल्पों में से सबसे उपयुक्त उत्तर का चयन कीजिए:

(a) केवल (4)   (b) केवल (1) और (2)

(c) केवल (2) और (3)   (d) केवल (2) और (4)

35. "कोई भी घोड़ा विडाल नहीं है।"

निम्नलिखित में से कौन सा कथन तार्किक रूप से उपर्युक्त कथन के समतुल्य है?

(a) कोई भी विडाल घोड़ा नहीं है।

(b) कोई भी घोड़ा गैर-विडाल नहीं है।

(c) सभी गैर-घोड़े विडाल हैं।

(d) सभी गैर-विडाल घोड़े हैं।

36. कंप्यूटर मेमोरी आकार के बारे में A-D के निम्नलिखित कथनों में से कौनसा/से सही है/हैं?

(1) 25 KB, 100 MB से बड़ा होता है।

(2) 999 MB, 50 GB से बड़ा होता है।

(3) 3500 KB, 2 GB से छोटा होता है।

(4) 2350 बाइट, 2 KB से छोटा होता है।

नीचे दिए गए विकल्पों में से सही उत्तर का चयन कीजिए:

(a) केवल (1)   (b) केवल (3)

(c) केवल (2) और (4)   (d) केवल (2) और (3)

37. भारत का स्वतंत्रता प्राप्ति के पश्चात पहला शिक्षा आयोग निम्नलिखित में से कौन सा है?

(a) भारतीय शिक्षा आयोग
(b) कलकत्ता विश्वविद्यालय आयोग
(c) विश्वविद्यालय शिक्षा आयोग
(d) भारतीय विश्वविद्यालय आयोग

38. यह जानना कि आपको, आपकी बहन की तुलना में बीजगणित अधिक कठिन लगती है किंतु इसमें आप अभ्यास से सुधार कर सकती हैं, यह निम्नलिखित में से किसका उदाहरण है?

(a) आत्म-नियमन (b) अधि-संज्ञान
(c) आत्म-अनुशासन (d) स्वचलीकरण

39. सूची-I के साथ सूची-II का मिलान कीजिए:

सूची-I (आविषाक्तों का प्रकार)	सूची-II (प्रभावित अंग)
(1) नेफ्रोटॉक्सिक	(i) फेफड़े
(2) हेमाटोटॉक्सिक	(ii) वृक्क
(3) पल्मोनोटॉक्सिक	(iii) यकृत
(4) हेपाटोटॉक्सिक	(iv) रक्त

नीचे दिए गए विकल्पों में से सही उत्तर का चयन कीजिए:

(a) (1)–(ii), (2)–(iv), (3)–(i), (4)–(iii)
(b) (1)–(ii), (2)–(iv), (3)–(iii), (4)–(i)
(c) (1)–(i), (2)–(ii), (3)–(iii), (4)–(iv)
(d) (1)–(iii), (2)–(i), (3)–(iv), (4)–(ii)

40. सूची-I के साथ सूची-II का मिलान कीजिए:

सूची-I (एम डी जी व एस डी जी के ध्येय/लक्ष्य)	सूची-II (ध्येय/लक्ष्यों की संख्या)
(1) सहस्त्राब्दी विकास ध्येय (गोल्स) में ध्येय (गोल्स)	(i) 8
(2) सहस्त्राब्दी विकास ध्येय (गोल्स) में लक्ष्य (टारगेट)	(ii) 17
(3) सतत विकास ध्येय (गोल्स) में ध्येय (गोल्स)	(iii) 21
(4) सतत विकास ध्येय (गोल्स) में लक्ष्य (टारगेट)	(iv) 169

नीचे दिए गए विकल्पों में से सही उत्तर का चयन कीजिए:

(a) (1)–(ii), (2)–(i), (3)–(iii), (4)–(iv)
(b) (1)–(i), (2)–(iii), (3)–(ii), (4)–(iv)
(c) (1)–(iii), (2)–(i), (3)–(iv), (4)–(ii)
(d) (1)–(iv), (2)–(ii), (3)–(i), (4)–(iii)

41. निगमन की प्रक्रिया में शामिल विभिन्न अवस्थाओं को सही अनुक्रम में व्यवस्थित कीजिए:

(1) सिद्धांत का पुनरीक्षण
(2) प्राक्कल्पना का स्वीकृत या अस्वीकृत होना
(3) परिणाम (निष्कर्ष)
(4) डाटा (दत्त) संकलन

नीचे दिए गए विकल्पों में से सही उत्तर का चयन कीजिए:

(a) (1), (2), (4), (3) (b) (4), (3), (2), (1)
(c) (1), (3), (2), (4) (d) (2), (4), (1), (3)

42. सूची-I के साथ सूची-II का मिलान कीजिए:

सूची-I (संकल्पना)	सूची-II (स्रोत)
(1) मुक्त वाणिज्य और संचार	(i) एल्फ्रेड मार्शल
(2) अर्थशास्त्र में संचार	(ii) जॉन लॉक
(3) संचार वाहिका के रूप में भाषा	(iii) कार्ल मार्क्स
(4) संचार की लाइनें	(iv) एडम स्मिथ

नीचे दिए गए विकल्पों में से सही उत्तर का चयन कीजिए:

(a) (1)–(i), (2)–(iii), (3)–(iv), (4)–(ii)
(b) (1)–(ii), (2)–(iii), (3)–(iv), (4)–(i)
(c) (1)–(iii), (2)–(iv), (3)–(i), (4)–(ii)
(d) (1)–(iv), (2)–(i), (3)–(ii), (4)–(iii)

43. निम्नलिखित अनुसंधान संगठनों के उनके स्थापना वर्ष के अनुसार सही अनुक्रम को चिह्नित कीजिए:

(1) भारतीय सामाजिक विज्ञान अनुसंधान परिषद् (आई सी एस एस आर)
(2) राष्ट्रीय ग्रामीण संस्थान परिषद् (एन सी आर आई)
(3) भारतीय दर्शन अनुसंधान परिषद् (आई सी पी आर)
(4) भारतीय ऐतिहासिक अनुसंधान परिषद् (आई सी एच आर)
(5) भारतीय उच्च अध्ययन संस्थान (आई आई ए एस)

नीचे दिए गए विकल्पों में से सही उत्तर का चयन कीजिए:

(a) (1), (4), (5), (2), (3)
(b) (2), (5), (3), (4), (1)
(c) (5), (1), (4), (3), (2)
(d) (3), (2), (1), (5), (4)

44. सूची-I के साथ सूची-II का मिलान कीजिए:

सूची-I (शब्द)	सूची-II (समान नियम प्रयुक्त कोड)
(1) FIND	(i) RGKC
(2) CLOG	(ii) DGLB
(3) SHOW	(iii) AJME
(4) TIME	(iv) QFMU

नीचे दिए गए विकल्पों में से सही उत्तर का चयन कीजिए:

(a) (1)–(i), (2)–(ii), (3)–(iii), (4)–(iv)

(b) (1)–(ii), (2)–(iii), (3)–(iv), (4)–(i)

(c) (1)–(iii), (2)–(iv), (3)–(i), (4)–(ii)

(d) (1)–(iv), (2)–(i), (3)–(ii), (4)–(iii)

45. आधार-4 संख्या 3013 के समतुल्य आधार-10 संख्या कौन सी है?

(a) 182 (b) 196

(c) 199 (d) 190

निम्नलिखित गद्यांश को पढ़िए और दिए गए प्रश्न का उत्तर दीजिए:

विश्व स्वास्थ्य संगठन रिपोर्ट के अनुसार विश्व की लगभग 80 प्रतिशत जनसंख्या किसी न किसी प्रकार से पारंपरिक चिकित्सा पद्धतियों का उपयोग करती है। भारत में अपने स्वयं के प्राचीन दर्शन वाली प्रणाली, चिकित्सीय ज्ञान, प्रत्यक्षण और क्षेत्रीय संस्कृतियों, परंपराओं और धारणाओं से संगत प्रथाओं से युक्त सुस्पष्ट एवं विशिष्ट पापरंपरिक चिकित्सीय आधार है। भारत में पारंपरिक चिकित्सा पद्धतियों में आयुर्वेद, योग, नेचुरोपैथी, यूनानी, सिद्धा, सोव रिग्प तथा होम्योपैथी शामिल है, जिसे आयुष कहा जाता है। ये सभी पद्धतियाँ आधुनिक स्वास्थ्य विज्ञान के आगमन के बहुत पहले सातत्य में सूत्रबद्ध, व्यवहृत एवं निष्पादित थीं।

विश्व के अनेक देशों में चिकित्सीय बहुलवाद मानदंड है, तथा पारंपरिक चिकित्सा स्वीकार्य, सुरक्षित एवं आर्थिक रूप से साध्य विधियों के प्रयोग द्वारा विश्व जनसंख्या के लिए संपूर्ण स्वास्थ्य बीमा व्याप्ति प्राप्त करने के अवश्यंभावी साधनों में से एक है। चिकित्सा की कोई भी पद्धति सभी स्वास्थ्य सरोकारों का अकेले निवारण नहीं कर सकती है, किन्तु प्रत्येक के सकारात्मक पक्षों से संयुक्त समाकलनात्मक उपागम निश्चित रूप से मानव जाति को लाभ प्रदान कर सकता है। समग्र रोगी केंद्रित एवं व्यक्तिनिष्ठ उपागम पारंपरिक पद्धति का ट्रेडमार्क है तथा कल्याण हेतु सर्वोच्च अंतः शक्ति प्राप्त करने के लिए रोगी-चिकित्सक साझेदारी को अभिकल्पन या अनुकूलित उपचार एवं जीवन शैली परामर्श के लिए समर्थ बनाता है। पारंपरिक चिकित्सा के प्रयोग में वृद्धि के साथ यह संयुक्त जागरूकता प्रणालियों को आगे ले आई है। महामारी के दौरान सार्वजनिक स्वास्थ्य के लिए आयुष पद्धति के प्रभावी क्रियान्वयन एवं एकीकरण ने रोगनिरोधी देखभाल से लेकर रोग के प्रबंधन के उपबंधों के विविध कार्यकलापों से आयुष पद्धतियों का वैश्विक ध्यानाकर्षण किया। इसने जामनगर में पारंपरिक चिकित्सा के लिए वैश्विक केन्द्र की स्थापना हेतु मेजबान देश समझौता हस्ताक्षरित करने में समर्थ बनाया।

46. गद्यांश हेतु उपयुक्त शीर्षक चुनिये।

(a) एलोपैथी (b) समग्र स्वास्थ्य देखभाल

(c) आयुर्वेद (d) होम्योपैथी

47. विश्व के अनेक देशों में चिकित्सीय बहुलवाद सामान्य है क्योंकि:

(a) चिकित्सा की पारंपरिक पद्धतियाँ निरर्थक हैं।

(b) चिकित्सा की पारंपरिक पद्धतियाँ जनता को धोखा देती हैं।

(c) चिकित्सा की प्रत्येक पद्धति के सकारात्मक पक्षों से युक्त समाकलनात्मक उपागम, किसी प्रकार से भी मानव जाति को लाभ नहीं पहुँचा सकता है।

(d) चिकित्सा की कोई भी एक पद्धति सभी स्वास्थ्य सरोकरों का अकेले निवारण नहीं कर सकती है।

48. पारंपरिक भारतीय चिकित्सा पद्धति के संदर्भ में निम्नलिखित तथ्यों में से कौन से गलत हैं?

(1) प्रत्येक पद्धति विशिष्ट है।

(2) उनमें आयुर्वेद, नेचुरोपैथी, योग, यूनानी, सिद्धा सोव रिग्प और होम्यापैथी शामिल हैं।

(3) आधुनिक स्वास्थ्य विज्ञान उसके पूर्ववर्ती हैं।

(4) प्रत्येक पद्धति का तत्वतः समान दर्शन है।

नीचे दिए गए विकल्पों में से सबसे उपयुक्त उत्तर का चयन कीजिए:

(a) केवल (1), (2), और (4)

(b) केवल (2) और (3)

(c) केवल (3) और (4)

(d) केवल (2), (3) और (4)

49. पारंपरिक चिकित्सा हेतु वैश्विक केन्द्र कहाँ स्थापित हुआ है?

(a) विश्व स्वास्थ्य संगठन (b) जामनगर

(c) नई दिल्ली (d) हरिद्वार

50. विश्व स्वास्थ्य संगठन रिपोर्ट के अनुसार विश्व जनसंख्या का कितना प्रतिशत किसी भी रूप में पारंपरिक चिकित्सा पद्धति का प्रयोग करता है?

(a) लगभग 20% (b) लगभग 50%

(c) लगभग 100% (d) लगभग 80%

उत्तरमाला (ANSWER KEY)

1. (a)	2. (a)	3. (a)	4. (b)	5. (d)	6. (b)	7. (d)	8. (b)	9. (a)	10. (c)
11. (c)	12. (d)	13. (a)	14. (a)	15. (a)	16. (b)	17. (b)	18. (b)	19. (b)	20. (b)
21. (d)	22. (c)	23. (b)	24. (c)	25. (c)	26. (a)	27. (c)	28. (a)	29. (c)	30. (c)
31. (c)	32. (b)	33. (d)	34. (d)	35. (a)	36. (b)	37. (c)	38. (b)	39. (a)	40. (b)
41. (a)	42. (d)	43. (c)	44. (c)	45. (c)	46. (b)	47. (d)	48. (c)	49. (b)	50. (d)

संकेत और स्पष्टीकरण

1. (a) शहरों में पाठकों की संख्या:

A = 5% = 0.05 × 30,000 = 1,500

B = 16% = 0.16 × 30,000 = 4,800

C = 28% = 0.28 × 30,000 = 8,400

D = 10% = 0.10 × 30,000 = 3,000

E = 9% = 0.09 × 30,000 = 2,700

F = 22% = 0.22 × 30,000 = 6,600

अत: (c) ही केवल एक ऐसा शहर है जहां पाठकों की संख्या 7,400 से अभिक है।

अत:, सही उत्तर (a) है।

2. (a) 2019 में:

B = 14% × 4.3 लाख = 0.602 लाख

C = 17% × 4.3 लाख = 0.731 लाख

2023 में:

B = 16% × 5.7 लाख = 0.912 लाख

C = 28% × 5.7 लाख = 1.596 लाख

कुल अंतर

(0.912+1.596)−(0.602+0.731)=2.508−1.333=1.175

अत:, सही उत्तर (a) है।

3. (a) वर्ष 2019 और 2023 में सभी छह शहरों के लिए कुल प्रतिशत 100 दिया गया है। यह वास्तव में हमें कोई उत्तर नहीं देता है। 1:1 उत्तर का कोई अर्थ नहीं है।

अनुपात के लिए, हमें निरपेक्ष संख्याओं की आवश्यकता है जो प्रश्न संख्या 2 में दिए गए 4.3 लाख और 5.7 लाख दिए गए हैं। सभी छह शहरों के लिए,

4.3 लाख : 5.7 लाख

3:5

अत: (a) सही उत्तर प्रतीत होता है।

4. (b) प्रश्न में 2019 और 2023 के लिए दिए गए आंकड़ों में कुल प्रतिशत 100 है, जिससे शहर D और शहर F के बीच की संख्या की गणना करने में सहायता मिलेगी।

2019 के लिए,

यदि शहर D का 9% = 77,400 है तो, शहर F का 26% $= \frac{26}{9} \times 77{,}400 = 2{,}23{,}600$ है (जैसा कि प्रश्न में आवश्यक है)

इसी प्रकार, 2023 के लिए यदि शहर D का 10% = 1,14,000 है तो, शहर F का 22% $= \frac{22}{10} \times 1{,}14{,}000 = 2{,}50{,}800$ है।

शहर F के लिए 2019 और 2023 के बीच पाठकों का अंतर

= 2,50,800 − 2,23,600 = 27,200

5. (d) 2019 में शहर-B के पाठक:

कुल पाठक = 4.3 लाख

शहर-B का प्रतिशत = 14%

पाठकों की संख्या = 14% × 4.3 लाख = 60,200

2023 में शहर-B के पाठक:

कुल पाठक = 5.7 लाख

शहर-B का प्रतिशत = 16%

पाठकों की संख्या = 16% × 5.7 लाख = 91,200

वृद्धि = 91,200 − 60,200 = 31,000

प्रतिशत वृद्धि $= \left(\frac{31{,}000}{60{,}200}\right) \times 100 \approx 51.5\%$

6. (b)

सूची-I (संक्षिप्त रूप)	सूची-II (अर्थ)	संक्षिप्त रूप	व्याख्या
(1) et.al.,	(ii) और अन्य	Et – 'और'	AL = 'alii' (अर्थ 'अन्य')
(2) ante.,	(iii) पहले	–	कुछ पहले हुआ (जैसे, तिथियाँ) को संदर्भित करता है।
(3) cf.,	(iv) तुलना	–	'confer' का संक्षिप्त रूप, लैटिन में 'तुलना करें'। किसी अन्य स्रोत के साथ तुलना करने के लिए उपयोग किया जाता है।
(4) ibid.,	(i) उसी स्थान पर	पूर्ण रूप: 'ibidem'	तुरंत पहले उल्लिखित उसी स्रोत को संदर्भित करता है।

7. (d) धूम्र (smog) वायु प्रदूषण है जो दृश्यता को कम करता है। 'धूम्र' शब्द का उपयोग पहली बार वर्ष 1905 में एच.ए.डेस वॉक्स (H.A. Des Voeux) द्वारा 'फॉग' और 'स्मोक' के मिश्रण का वर्णन करने के लिए किया गया था।

अपने प्रकार में से एक, 'फोटोकेमिकल स्मॉग' सूरज की रोशनी की उपस्थिति में होता है, इसलिए इसे ग्रीष्मकालीन धूम्र (summer smog) कहा जाता है। यहाँ, सूर्य से पराबैंगनी (Ultra Violet - UV) प्रकाश नाइट्रोजन ऑक्साइड (NOx) और वाष्पशील कार्बनिक यौगिकों (VOCs) के साथ प्रतिक्रिया करता है।

नाइट्रोजन डाइऑक्साइड (NO_2) एक प्रमुख घटक है जो धुआँ पैदा करने के लिए सूर्य के प्रकाश के साथ प्रतिक्रिया करता है।

वाष्पशील कार्बनिक यौगिक (Volatile Organic Compounds - VOCs) ये यौगिक सूर्य के प्रकाश की उपस्थिति में NO_2 के साथ प्रतिक्रिया करके धुंध बनाते हैं।

सूर्य का प्रकाश NO_2 और VOCs के बीच होने वाली रासायनिक प्रतिक्रियाओं के लिए आवश्यक ऊर्जा प्रदान करता है।

कार्बन मोनोऑक्साइड (CO) और कार्बन डाइऑक्साइड (CO_2) प्रकाश रासायनिक धूम्र (धुंध) के निर्माण में कोई भूमिका नहीं निभाते हैं, हालांकि वे वायुमंडल में विद्यमान हो सकते हैं।

इसे प्रभात और दोपहर में 'पीले-भूरे रंग के धूम्र' (yellow – brown haze) के रूप में भी जाना जाता है।

मानव जीवन को नुकसान: प्रकाश रासायनिक धूम्र फेफड़ों और हृदय को अपरिवर्तनीय क्षति पहुंचाता है, जिससे एलर्जी वाले व्यक्तियों में वातस्फीति, ब्रोंकाइटिस और अस्थमा होता है। कुछ आँखों में जलन पैदा करते हैं। कुछ वी. ओ. सी. (VOC) कैंसर का कारण बन सकते हैं।

8. (b)

1. प्रश्न का पहला भाग

x% of y का अर्थ है:

$\frac{x}{100} \times y$

प्रश्न का दूसरा भाग

y% of $100x$ का अर्थ है:

$\frac{y}{100} \times 100x = y \times x$

अत: दोनों भाग बराबर नहीं हैं।

2. यह भाग थोड़ा लंबा है और इसमें अंश सम्मिलित हैं, सीधे उत्तर विकल्प नहीं हैं, इसलिए हम पूर्ण समाधान पर जा रहे हैं।

यदि किसी संख्या का $\frac{3}{5}$ का 60% का 40% 504 है, तो उस संख्या का 25%, 350 के बराबर है।

मान लें कि वह संख्या x है।

$40\% \times 60\% \times \frac{3}{5} \times x = 504$

$\frac{40 \times 60 \times 3}{100 \times 100 \times 5} = \frac{7200}{50000} = \frac{72}{500}$

$\frac{72}{500} \times x = 504$

$x = 3500$

अब प्रश्न का दूसरा भाग

$25\% \times \frac{2}{5} \times 3500 = \frac{25}{100} \times \frac{2}{5} \times 3500$

$\frac{25 \times 2 \times 3500}{100 \times 5} = 350$

यह भाग सही है।

3. $A = B + 15\% \text{ of } B$

$A = B \times 1.15$

$B = \frac{A}{1.15}$

अब, B की तुलना A से करने के लिए, हम प्रतिशत घटाव निकालेंगे:

% घटाव $= \left(1 - \frac{B}{A}\right) \times 100$

% घटाव $= \left(1 - \frac{1}{1.15}\right) \times 100$

% घटाव $= (1 - 0.08696) \times 100$

% घटाव $= 0.1304 \times 100 = 13.04\%$

यह भाग सही है।

4. प्रश्न का पहला भाग

$10\% \times 5 = \frac{10}{100} \times 5 = 0.5$

प्रश्न का दूसरा भाग

$5\% \times 10 = \frac{5}{100} \times 10 = 0.5$

दोनों का योग

$0.5 + 0.5 = 1.0$

यह भाग गलत है।

अत: (2) और (3) सही हैं, (b) सही उत्तर है।

9. **(a)** पराज्ञान मूलक युक्ति (appeal to ignorance) एक तर्क दोष या तार्किक त्रुटि है जहाँ तर्क किया जाता है कि एक प्रस्ताव सत्य रूप में है क्योंकि इसे अभी तक असत्य प्रमाणित नहीं किया गया है, या यह असत्य या गलत है क्योंकि इसे सत्य प्रमाणित नहीं किया गया है।

- यह मूलत: एक अनौपचारिकता है जो तर्क की सामग्री के कारण होती है, न कि इसके स्वरूप के कारण।
- यह त्रुटि इस तथ्य पर निर्भर करती है कि कथन में 'संगरोध' (quarantine) के विरुद्ध कोई प्रमाण नहीं है। यह नहीं दिखाता कि संगरोध प्रभावी है; यह केवल मानता है कि यह कार्य करता है क्योंकि किसी ने इसके विपरीत प्रमाणित नहीं किया है। यह इसे 'पराज्ञान मूलक युक्ति' बनाता है।

10. **(c)** स्थिर जल (या नदी) में मोटर नाव की गति X किमी/घंटा होने दें। धारा की गति S = 4 किमी/घंटा है।

APQ के रूप में प्रभावी गति

प्रभावी डाउनस्ट्रीम गति (धारा के साथ) = X + 4 किमी/घंटा, समय = 5 घंटे

प्रभावी अपस्ट्रीम गति (धारा के विपरीत) = X – 4 किमी/घंटा, समय = 6 घंटे

दूरी = समय X गति, दोनों दिशाओं में तय की गई दूरी समान है।

$5(X + 4) = 6(X - 4)$

$5X + 20 = 6X - 24$

$20 + 24 = 6X - 5X$

इस प्रकार, X = 44 किमी/घंटा

11. **(c)** अनुभववाद (empiricism) यह दृष्टिकोण है कि ज्ञान केवल अनुभव और इंद्रियों से आता है। यह विश्व को समझने के लिए अवलोकन और प्रयोग पर केंद्रित है। इसका अर्थ है कि हम जो देखते हैं, सुनते हैं, स्पर्श करते हैं, स्वाद लेते हैं और सूँघते हैं, उससे सीखते हैं। अनुभववादी सोचते हैं कि सारा ज्ञान हमारे अनुभवों और टिप्पणियों से आता है।

अन्य विकल्प इस प्रकार हैं–

(a): **निर्मितवाद (constructionism):** यह सिद्धांत कहता है कि लोग दुनिया के साथ अपनी बातचीत के माध्यम से ज्ञान और अर्थ का निर्माण करते हैं।

(b): **नृजातिवर्णन (ethnography):** संस्कृतियों और समुदायों का अवलोकन और उनमें भाग लेकर उनका अध्ययन करने के लिए उपयोग की जाने वाली एक शोध विधि।

(d): **संक्रियावाद (operationalism):** यह दर्शन वैज्ञानिक अवधारणाओं को परिभाषित करता है कि उन्हें कैसे मापा जाता है या उनका परीक्षण किया जाता है।

अत: (c) सही उत्तर है।

12. (d)

(a) एआईसीटीई: तकनीकी शिक्षा और स्व-गति वाले पाठ्यक्रमों का निरीक्षण करता है।

(b) एनआईटीटीटीआर: शिक्षक प्रशिक्षण में विशेषज्ञता रखता है।

(c) एनसीईआरटी: स्कूल शिक्षा पर केंद्रित है।

(d) यूजीसी: गैर-तकनीकी स्नातकोत्तर शिक्षा के लिए स्वयं (SWAYAM) पाठ्यक्रमों का प्रबंधन करता है। यह सुनिश्चित करता है कि ये पाठ्यक्रम मानकों को पूरा करें और गुणवत्तापूर्ण शिक्षा प्रदान करें।

13. (a)

सूची-I (प्राचीन ग्रंथ)	सूची-II (लेखक)
(1) लीलावती	(iv) भास्कराचार्य
(2) योग सूत्र	(iii) पतंजलि
(3) न्याय-सूत्र	(ii) गौतम
(4) अर्थदर्शन	(i) चाणक्य

अत: सही उत्तर है, (a) (1)–(iv), (2)–(iii), (3)–(ii), (4)–(i)

14. (a) पीओपी **(POPs)** का अर्थ है पर्सिस्टेंट ऑर्गेनिक पोलूटेंट्स (स्थायी जैविक प्रदूषक)

ये ऐसे विषैले रसायन होते हैं जो लंबे समय तक पर्यावरण में बने रहते हैं। ये खाद्य श्रृंखला में जमा हो सकते हैं और मानव स्वास्थ्य और पर्यावरण दोनों को हानि पहुंचा सकते हैं।

15. (a) हमें एक-से-एक तुलना करनी है, और फिर सामूहिक तुलना करनी है। पहले A और B के बीच: $\frac{6}{7}$ और $\frac{11}{13}$, फिर $\frac{11}{13}$ और $\frac{16}{19}$, $\frac{16}{19}$ और $\frac{19}{22}$, $\frac{19}{22}$ और $\frac{6}{7}$

$\frac{6}{7}$ और $\frac{11}{13}$ के मध्य

7 और 13 का लघुत्तम समापवर्त्य = 91

1. $\frac{6}{7}$ बन जाता है $\frac{6 \times 13}{7 \times 13} = \frac{78}{91}$

   $\frac{11}{13}$ बन जाता है $\frac{11 \times 7}{13 \times 7} = \frac{77}{91}$

   इस प्रकार, भिन्न $\frac{6}{7}$, $\frac{11}{13}$ से बड़ा है।

2. $\frac{11}{13}$ और $\frac{16}{19}$ के मध्य

   13 और 19 का लघुत्तम समापवर्त्य: 247

   - $\frac{11}{13}$ बन जाता है $\frac{11 \times 19}{13 \times 19} = \frac{209}{247}$
   - $\frac{16}{19}$ बन जाता है $\frac{16 \times 13}{19 \times 13} = \frac{208}{247}$

   इस प्रकार, भिन्न $\frac{11}{13}$ बड़ा है $\frac{16}{19}$ से

3. $\frac{16}{19}$ और $\frac{19}{22}$ के मध्य

   19 और 22 का लघुत्तम समापवर्त्य = 418

   - $\frac{16}{19}$ बन जाता है $\frac{16 \times 22}{19 \times 22} = \frac{352}{418}$
   - $\frac{19}{22}$ बन जाता है $\frac{19 \times 19}{22 \times 19} = \frac{361}{418}$

   इस प्रकार, भिन्न $\frac{16}{19}$ बड़ा है $\frac{19}{22}$ से

4. $\frac{19}{22}$ और $\frac{6}{7}$ के मध्य

   22 और 7 का लघुत्तम समापवर्त्य = 154

   - $\frac{19}{22}$ बन जाता है $\frac{19 \times 7}{22 \times 7} = \frac{133}{154}$
   - $\frac{6}{7}$ बन जाता है $\frac{6 \times 22}{7 \times 22} = \frac{132}{154}$

   इस प्रकार, भिन्न $\frac{19}{22}$ बड़ा है $\frac{6}{7}$ से

उपरोक्त सभी की तुलना करने के बाद: $\frac{6}{7} > \frac{11}{13} > \frac{16}{19} > \frac{19}{22}$ इस प्रकार, (a) उत्तर है।

16. (b)

सूची-I (उपयोग)	सूची-II (उपयुक्त इनपुट डिवाइस)
(1) प्रस्तुति के लिए वॉइसओवर निवेश करने हेतु	(iii) माइक्रोफोन
(2) पिन निविष्ट करने के लिए	(iv) नंबर पैड
(3) किसी मेन्यू से विकल्प को चुनने के लिए	(i) माउस
(4) फ्लाइट अनुरूपक को संचालित करने के लिए	(ii) जॉयस्टिक

17. (b) मॉडेम (modem) एक उपकरण है जो कंप्यूटर के डिजिटल संकेतों को एनालॉग संकेतों में परिवर्तित करता है ताकि उन्हें टेलीफोन लाइनों या अन्य चैनलों के माध्यम से संप्रेषित किया जा सके। यह आने वाले एनालॉग संकेतों को फिर से डिजिटल संकेतों में बदलता है ताकि कंप्यूटर उन्हें समझ सके।

18. (b)

सूची-I (डिजिटल पहल)	सूची-II (उद्देश्य)
(1) शोध सिन्धु	(iii) विश्वविद्यालयों और कॉलेजों को ई-संसाधनों तक पहुंच प्रदान करता है।
(2) शोध गंगोत्री	(i) भारतीय विश्वविद्यालयों में शोध-विषयों के संशोध की निगरानी करता है।
(3) शोध शुद्धि	(iv) अकादमिक लेखों में मौलिकता को सुनिश्चित करेन के उद्देश्य हेतु साहित्यिक चोरी की रोकथाम करने हेतु पहल
(4) एफ ओ एस एस ई ई	(ii) शिक्षा हेतु स्वतंत्र/उदार एवं मुक्त सॉफ्टवेयर

एफओएसएसईई के बारे में अधिक जानकारी

ओपन-सोर्स सॉफ्टवेयर प्रचार: साइलैब, पायथन, ओपनफोम और ई-सिम जैसे उपकरणों के माध्यम से

कार्यशालाएं और प्रशिक्षण: एफओएसएसईई में आवश्यक प्रमाणन भी शामिल हैं।

सामग्री विकास: यह ओपन-सोर्स प्लेटफार्मों की सहायता से किया जाता है।

सहयोग: इन साधनों को शिक्षा प्रणाली में एकीकृत करना।

सही उत्तर है: (b) (1)–(iii), (2)–(i), (3)–(iv), (4)–(ii)

19. (b) संवर्धक संचार (promotive communication) उस प्रकार की बातचीत को संदर्भित करता है जो समूह को अपने लक्ष्यों को प्राप्त करने में सहायता करता है। यह प्रगति को सुविधाजनक बनाता है और समूह के उद्देश्यों का समर्थन करता है। इस प्रकार का संचार समूह की प्रभावशीलता और उत्पादकता को बढ़ाता है, टीमवर्क, समन्वय और सकारात्मक बातचीत को प्रोत्साहित करता है, जिससे समूह अपने वांछित परिणामों की ओर बढ़ता है।

20. (b) हमें नाव की यात्रा के दोनों दिशाओं (धारा के साथ और धारा के विपरीत) को ध्यान में रखना होगा।

- स्थिर जल में नाव की गति = 5 किमी/घंटा
- धारा की गति = 1 किमी/घंटा
- गंतव्य स्थान की दूरी = 24 किमी

धारा के साथ नाव की गति: नाव की गति + धारा की गति = 5 + 1 = 6 किमी/घंटा

धारा के साथ यात्रा का समय: समय = दूरी / गति = $\frac{24}{6}$ = 4 घंटे

धारा के विपरीत नाव की गति: नाव की गति – धारा की गति = 5 – 1 = 4 किमी/घंटा

धारा के विपरीत यात्रा का समय: समय = दूरी / गति = $\frac{24}{4}$ = 6 घंटे

कुल समय: धारा के साथ समय + धारा के विपरीत समय = 4 + 6 = 10 घंटे

इस प्रकार, सही उत्तर (b) है।

21. (d) महत्वपूर्ण वक्तव्य: ये 'फास्ट ब्रीडर न्यूक्लियर रिएक्टर' अपने थोरियम भंडार का उपयोग करने और अपनी परमाणु ऊर्जा क्षमताओं को बढ़ाने के भारत के प्रयासों का हिस्सा हैं। इसलिए, भारत की ओर से ऐसी तकनीकों का उपयोग करना स्वाभाविक था ताकि हम पश्चिमी देशों पर अत्यधिक निर्भर न रहें।

यह भी ध्यान रखें कि थोरियम पृथ्वी की पपड़ी में यूरेनियम की तुलना में 3-4 गुना अधिक प्रचुर मात्रा में है, विशेष रूप से भारत के संदर्भ में, थोरियम का अपशिष्ट हथियार योग्य नहीं है।

यह परमाणु रिएक्टरों पर एक विस्तृत प्रश्न है, हालांकि बयान की भाषा तदनुसार निर्धारित की जानी चाहिए थी।

1. सत्य- ब्रीडर रिएक्टर उपभोग की तुलना में अधिक विखंडनीय सामग्री का उत्पादन करते हैं। ब्रीडर रिएक्टरों को उनके उपभोग की तुलना में अधिक विखंडनीय सामग्री (जैसे प्लूटोनियम-239) का उत्पादन करने के लिए डिज़ाइन किया गया है, जिससे वे अतिरिक्त ईंधन उत्पन्न करने में सक्षम हो जाते हैं।
2. असत्य- भारत में कलपक्कम में फास्ट ब्रीडर टेस्ट रिएक्टर (FBTR) है, जिसने 1985 में परिचालन शुरू किया था। यह भारत की परमाणु यात्रा में एक महत्वपूर्ण मील का पत्थर था। यह शीघ्र स्वीकृति अपनी परमाणु क्षमताओं को स्वतंत्र रूप से आगे बढ़ाने के लिए भारत की प्रतिबद्धता को रेखांकित करती है। इसके बाद, भारत में प्रोटोटाइप फास्ट ब्रीडर रिएक्टर (PFBR) हैं।
3. सत्य-निम्नलिखित को भारत की परमाणु रणनीति के एक भाग के रूप में देखें:

   प्रथम चरण-प्लूटोनियम के उत्पादन के लिए प्रथम चरण में तापीय रिएक्टरों (मंद/धीमी) (Thermal reactors (slow) का उपयोग किया जाता है।

   द्वितीय चरण-फास्ट ब्रीडर रिएक्टर: पहले चरण में उत्पादित प्लूटोनियम का उपयोग फास्ट ब्रीडर रिएक्टरों में (Fast Breeder Reactors) किया जाता है।

   यह संयोजन उपलब्ध परमाणु ईंधन संसाधनों का कुशलतापूर्वक उपयोग करने और ऊर्जा स्थिरता प्राप्त करने में मदद करता है।
4. **सत्य-परिवर्तन अनुपात (Conversion Ratio):** यह एक से अधिक होना चाहिए ताकि एक ब्रीडर रिएक्टर प्रभावी हो। यह विकल्प ए के साथ संरेखित होता है। याद रखें कि 'ब्रीडर रिएक्टर' विशेष रूप से खपत की तुलना में अधिक विखंडनीय सामग्री का उत्पादन करने के लिए डिज़ाइन किए गए हैं। यह ब्रीडर रिएक्टरों का मौलिक सिद्धांत है। भारत अतिरिक्त या अतिरिक्त ईंधन उत्पन्न करता है।
5. सत्य- ब्रीडर रिएक्टर पारंपरिक रिएक्टरों की तुलना में अधिक परमाणु अपशिष्ट का उत्पादन कर सकते हैं। तीन बिंदुओं को ध्यान में रखें जो अपशिष्ट (विशेष रूप से प्लूटोनियम) को भी उपयोगी बनाते हैं।

   दक्षता (Efficiency): प्रजनन रिएक्टर उपजाऊ सामग्री (जैसे यूरेनियम-238) को विखंडनीय सामग्री में परिवर्तित करके परमाणु ईंधन की समान मात्रा से अधिक ऊर्जा निकालते हैं। (जैसे कि प्लूटोनियम-239)

   अपशिष्ट उत्पादन (Waste Production): ये लंबे समय तक रहने वाले रेडियोधर्मी समस्थानिकों को 'जलाकर' परमाणु अपशिष्ट की समग्र मात्रा और विषाक्तता को कम करते हैं।

   'पायरोप्रोसेसिंग' (Pyro-processing): यह मूल रूप से उन्नत हैंडलिंग तकनीक है। अपशिष्ट का प्रबंधन ऐसी तकनीकों का उपयोग करके किया जाता है जो उपयोग किए गए ईंधन का 'पुनर्चक्रण' और 'पुनः उपयोग' करती हैं, जिससे प्रसार के जोखिम कम होते हैं।

   तो, सही उत्तर (d) केवल 1, 3, 4 और 5 है।

22. (c) गुणार्थ/संकेतार्थ/लक्ष्यार्थक (Connotation): यह उस भावनात्मक या सांस्कृतिक अर्थ को संदर्भित करता है जो किसी शब्द की शाब्दिक परिभाषा से परे होता है।

शब्दार्थ/मुख्यार्थक (Denotation): यह किसी शब्द के शाब्दिक या प्राथमिक अर्थ को संदर्भित करता है।

शब्द	शाब्दिक अर्थ (Denotation)	भावनात्मक/सांस्कृतिक अर्थ (Connotation)
होम	एक स्थान जहां कोई रहता है	गर्माहट, आराम, परिवार
स्नेक	एक प्रकार का सरीसृप	धोखा, खतरा
चाइल्डलाइक	बच्चे जैसा	मासूमियत, आश्चर्य
चाइल्डिश	बच्चे जैसा	अपरिपक्वता

यह प्रश्न गुणार्थ के बारे में है। बढ़ते हुए गुणार्थ के सही क्रम में हैं: D. एथलीट (सबसे सामान्य) → B. बॉल प्लेयर → C. बेस प्लेयर → A. फील्डर (सबसे विशिष्ट)।

इस प्रकार, सही उत्तर (c) D, B, C, A है।

23. (b) प्रतिगमन विश्लेषण (Regression Analysis)

प्रतिगमन विश्लेषण एक सांख्यिकीय विधि है जिसका उपयोग एक आश्रित चर (अक्सर परिणाम या प्रतिक्रिया चर कहा जाता है) और एक या अधिक स्वतंत्र चर (जिन्हें पूर्वानुमानकर्ता या व्याख्यात्मक चर भी कहा जाता है) के बीच संबंध को समझने के लिए किया जाता है।

प्रतिगमन के प्रकार:

(2) **द्विचर प्रतिगमन (Bivariate Regression):** इसमें एक पूर्वानुमानकर्ता चर का उपयोग करके परिणाम चर की भविष्यवाणी की जाती है।

(3) **बहुचर प्रतिगमन (Multivariate Regression):** इसमें कई पूर्वानुमानकर्ता चर का उपयोग करके परिणाम चर की भविष्यवाणी की जाती है।

अन्य अवधारणाएँ

(1) **पियर्सन गुणन-आपूर्ण सहसंबंध (Pearson Product-Moment Correlation):** यह दो चर के बीच रैखिक संबंध की ताकत और दिशा को मापता है लेकिन मूल्यों की भविष्यवाणी नहीं करता।

(4) **प्रसरण का विश्लेषण (Analysis of Variance-ANOVA):** इसका उपयोग समूहों के बीच औसत की तुलना करने के लिए किया जाता है और यह आमतौर पर भविष्यवाणी के लिए उपयोग नहीं किया जाता।

24. (c) प्रायिकता प्रतिचयन (Probability Sampling)

प्रायिकता प्रतिचयन वह विधि है जिसमें जनसंख्या के हर व्यक्ति के चुने जाने की समान संभावना होती है। यह सुनिश्चित करता है कि प्रतिचयन जनसंख्या का प्रतिनिधि हो। उदाहरण के लिए, 50 छात्रों की कक्षा में, छात्रों के नाम एक बॉक्स में डाले जाते हैं जहाँ हर किसी के चुने जाने की समान संभावना होती है। इसे यादृच्छिक प्रतिचयन (Random Sampling) भी कहा जाता है। यह सामान्यीकरण करने में भी सहायता करता है।

- गैर-प्रायिकता प्रतिचयन विधियाँ (Non-Probability Sampling Methods)
- आपके द्वारा उल्लेखित प्रतिचयन विधियाँ-कोटा नमूना (Quota Sampling), निर्णयात्मक (या उद्देश्यपूर्ण) प्रतिचयन (Judgemental or Purposive Sampling), और सुविधा प्रतिचयन (Convenience Sampling) गैर-प्रायिकता प्रतिचयन विधियाँ हैं।

25. (c) न्याय: न्याय-वाक्य (Nyaya Syllogism) न्याय स्कूल से जुड़ा एक तार्किक ढांचा है। इसमें पाँच प्रस्ताव (अवयव) होते हैं:

प्रत्यज्ञा (Pratijna): प्रस्ताव/वाक्य: वह कथन जिसे सिद्ध करना है।

हेतु (Hetu): कारण: प्रस्ताव के लिए दिया गया कारण।

उदाहरण (Udaharana): उदाहरण: कारण को समर्थन देने के लिए एक उदाहरण।

उपनय (Upanaya) अनुप्रयोग: वर्तमान मामले में नियम का अनुप्रयोग।

निगमन (Nigamana): निष्कर्ष: पिछले चरणों से निकाला गया निष्कर्ष।

26. (a) तार (telegraph) पहली तकनीक थी जिसने संचार को लोगों या पक्षियों द्वारा परिवहन से अलग किया। तार ने संदेशों को लंबी दूरी पर तुरंत भेजने की अनुमति दी, बिना उन्हें शारीरिक रूप से स्थानांतरित करने की आवश्यकता के, जिससे संचार में क्रांति आ गई।

27. (c) एन सी टी एफ (NCTF) विभिन्न शैक्षिक उपलब्धियों के लिए क्रेडिट स्तर निर्धारित करता है, जिसमें चार वर्ष की डिग्री स्तर 7 के अनुरूप होती है।

ये दिशानिर्देश राष्ट्रीय शिक्षा नीति (NEP) 2020 के अंतर्गत शुरू की गई पहलों का भाग हैं।

एनईपी 2020 उच्च शिक्षा के लिए एक लचीले, बहु-विषयक दृष्टिकोण को बढ़ावा देता है।

इसमें एक क्रेडिट-आधारित ढांचा अंतर्गत है जो छात्रों को क्रेडिट जमा करने और स्थानांतरित करने की अनुमति देता है।

28. (a)

4. **ऑप्टिकल ड्राइव (Optical Drive):** सबसे धीमा, सीडी/डीवीडी पढ़ने के लिए उपयोग किया जाता है।
3. **एसएसडी (Solid State Drive-SSD):** ऑप्टिकल ड्राइव से तेज़, स्टोरेज के लिए उपयोग किया जाता है।
2. **रैम (Random Access Memory-RAM):** एसएसडी से तेज़, अस्थायी डेटा स्टोरेज के लिए उपयोग किया जाता है।
1. **सीपीयू कैश (CPU Cache):** सबसे तेज़, सीपीयू द्वारा डेटा तक त्वरित पहुंच के लिए उपयोग किया जाता है।

इस प्रकार, सही क्रम (4), (3), (2), (1) है।

29. (c) 'मस्तिष्क से मस्तिष्क' संचार का अर्थ है गहरे विचारों या भावनाओं को साझा करना। यह लोगों को एक-दूसरे को बेहतर समझने में सहायता करता है। इस प्रकार का संचार साझा विचारों के माध्यम से जुड़ने पर केंद्रित होता है। अर्थों को संप्रेषित करने के मुख्य तत्त्व निम्नलिखित हैं:

1. **भौतिक विन्यास:** वह वातावरण जहां संचार होता है, संदेशों को समझने के तरीके को प्रभावित करता है।
2. **साझा धारणाएं:** सामान्य विश्वास व्यक्तियों को संदेशों की व्याख्या करने में अधिक प्रभावी बनाते हैं।
3. **मूल्य:** दृढ़ता से धारण किए गए सिद्धांत व्यवहार को आकार देते हैं और संदेशों के पीछे के अर्थ को समझने में मदद करते हैं।
5. **संदर्भ:** वह परिस्थितियाँ (भौतिक, सामाजिक, सांस्कृतिक) जिनमें संचार होता है, संदेश की सही व्याख्या करने में मदद करती हैं।

इस प्रकार, सही क्रम (1), (2), (3), और (5) है।

30. (c) अंतर्निहित स्मृति (Implicit Memory) उन स्मृतियों को संदर्भित करती है जो बिना सचेत स्मृति या पुन: स्मरण के कार्यों या व्यवहारों को प्रभावित करती हैं। निहित स्मृति के मुख्य प्रकार निम्नलिखित हैं:

1. **प्राइमिंग (Priming):** एक उत्तेजना के संपर्क में आने से आप बिना सचेत जागरूकता के दूसरी उत्तेजना पर कैसे प्रतिक्रिया करते हैं, यह प्रभावित होता है।
3. **शास्त्रीय अनुबंधन प्रभाव (Classical Conditioning Effects):** संघों के माध्यम से सीखना, जहां एक तटस्थ उत्तेजना एक शर्तित प्रतिक्रिया को उत्पन्न करती है।

5. **कार्यविधिक स्मृति (Procedural Memory):** कौशल और कार्य जो स्वचालित रूप से किए जाते हैं, जैसे टाइपिंग या साइकिल चलाना।

31. (c) द्वितीय पंचवर्षीय योजना (SFYP, 1956-1961) में निम्नलिखित समितियों की सिफारिशें शामिल थीं:

ग्रामीण उच्चतर शिक्षा समिति (1959): ग्रामीण क्षेत्रों में शिक्षा को बढ़ावा देने पर केंद्रित।

नए विश्वविद्यालयों की स्थापना संबंधी समिति (1955): उच्च शिक्षा तक पहुंच का विस्तार करने के लिए नए विश्वविद्यालयों की स्थापना का प्रस्ताव दिया।

त्रि-वर्षीय डिग्री पाठ्यक्रम संबंधी समिति (1956): विश्वविद्यालयों में तीन-वर्षीय डिग्री संरचना का सुझाव दिया।

32. (b) ई-विद्वान (E-Vidwan) एक डिजिटल प्लेटफॉर्म है। यह वैज्ञानिकों, शोधकर्ताओं और संकाय सदस्यों की प्रोफाइल का एक संगठित डेटाबेस है, जिसमें उनकी पृष्ठभूमि, संपर्क विवरण और उपलब्धियां सम्मिलित हैं।

(a) **स्वयं प्रभा (SWAYAM Prabha):** डीटीएच चैनलों के माध्यम से शैक्षिक सामग्री प्रदान करने के लिए।

(c) **राष्ट्रीय अकादमी निक्षेपागार (National Academic Depository - NAD):** यह शैक्षणिक पुरस्कारों को डिजिटल रूप में संग्रहीत करता है।

(d) **ई-शोधसिंधु (E-Shodhsindhu):** यह उच्च शिक्षा संस्थानों के लिए ई-संसाधनों तक पहुंच प्रदान करता है।

33. (d) 1. **मूल्यांकन (Evaluation):** यह मीडिया के प्रदर्शन का आकलन करता है।

3. **अनुश्रवण (Monitoring):** यह मीडिया गतिविधियों और प्रथाओं को ट्रैक करता है।
4. **शिक्षा (Education):** यह पत्रकारों और मीडिया उपभोक्ताओं को उच्च मानकों को बनाए रखने के लिए सूचित और प्रशिक्षित करता है।
5. **प्रतिपुष्टि (Feedback):** यह सामग्री को बेहतर बनाने के लिए दर्शकों से प्रतिक्रियाएं एकत्र करता है। दर्शक नियंत्रण आम तौर पर मीडिया जवाबदेही प्रणालियों का एक प्रमुख पहलू नहीं है, जिसका उद्देश्य दर्शकों को विनियमित करने के बजाय पारदर्शिता और गुणवत्ता में सुधार करना है।

इसलिए, सही उत्तर (d), (1), (3), (4) और (5) है।

34. (d) कथन I: यह सही है। वैधता (Validity) तर्कों पर लागू होती है, न कि व्यक्तिगत प्रस्तावों पर। एकल प्रस्ताव वैध या अवैध नहीं हो सकता; वैधता तर्क में आधारों और निष्कर्ष के बीच तार्किक संबंध को संदर्भित करती है।

कथन II: यह सही है। सत्य (Truth) व्यक्तिगत प्रस्तावों पर लागू होता है। एक प्रस्ताव स्वतंत्र रूप से सत्य या असत्य हो सकता है।

कथन III: यह गलत है। प्रस्ताव स्वयं वैध या अवैध नहीं हो सकते: वैधता तर्कों की एक विशेषता है।

कथन IV: यह सही है। एक प्रस्ताव स्वयं वैध नहीं हो सकता, लेकिन यदि यह आत्म-विरोधाभासी है, तो इसे व्यापक तार्किक अर्थ में अवैध माना जा सकता है।

इसलिए, सबसे सटीक उत्तर (d), अर्थात् (2) और (4) हैं।

35. (a) "कोई घोड़ा विडाल नहीं है" का अर्थ है कि घोड़ों का समूह और विडाल का समूह एक दूसरे से मेल नहीं खाते हैं।

'कोई भी विडाल घोड़े नहीं हैं' एक ही विचार को व्यक्त करता है, यह दर्शाता है कि विडाल और घोड़ों के बीच कोई ओवरलैप नहीं है।

इस प्रकार, यह कथन 'कोई घोड़ा विडाल नहीं है' तार्किक रूप से (ए) कोई विडाल घोड़े नहीं हैं, के बराबर है।

दोनों कथन एक ही संबंध को व्यक्त करते हैं, जिससे पता चलता है कि दोनों समूह पूरी तरह से अलग हैं। अन्य विकल्प या तो एक अलग संबंध का सुझाव देते हैं या मूल कथन के अर्थ को बनाए नहीं रखते हैं।

36. (b)

विवरण	मूल्यांकन	व्याख्या
1. 25 KB 100 MB से बड़ा होता है।	गलत	1 MB = 1024 KB। इसलिए, 100 MB = 102,400 KB। 25 KB 102,400 KB से बहुत छोटा है।
2. 999 MB 50 GB से बड़ा होता है।	गलत	1 GB = 1024 MB। इसलिए, 50 GB = 51,200 MB। 999 MB 51,200 MB से बहुत छोटा है।
3. 3500 KB 2 GB से छोटा होता है।	सही	1 GB = 1024 MB, 1 MB = 1024 KB। इसलिए, 2 GB = 2,097,152 KB। 3500 KB 2,097,152 KB से बहुत छोटा है।
4. 2350 बाइट्स 2 KB से छोटा होता है।	गलत	1 KB = 1024 बाइट्स। इसलिए, 2 KB = 2048 बाइट्स। 2350 बाइट्स 2048 बाइट्स से बड़ा है।

37. (c)

(c) **विश्वविद्यालय शिक्षा आयोग (1948-49):** जिसे राधाकृष्णन आयोग के नाम से भी जाना जाता है, स्वतंत्रता के बाद का पहला आयोग था जिसने भारत में उच्च शिक्षा सुधारों पर ध्यान केंद्रित किया।

(a) **भारतीय शिक्षा आयोग (1882):** यह स्वतंत्रता से पहले ब्रिटिश शासन के तहत शैक्षिक प्रणाली की समीक्षा के लिए स्थापित किया गया था।

(b) **कलकत्ता विश्वविद्यालय आयोग (1920-21):** इसने विशेष रूप से कलकत्ता विश्वविद्यालय की समीक्षा की, न कि स्वतंत्रता के बाद कुछ ऐसा कार्य किया।

(d) **भारतीय विश्वविद्यालय आयोग (1953):** यह यूनिवर्सिटी एजूकेशन कमीशन के बाद आया और भारतीय विश्वविद्यालयों के मुद्दों को संबोधित किया।

इस प्रकार, सही उत्तर (c) विश्वविद्यालय शिक्षा आयोग (1948-49) है।

38. (b) अधि-संज्ञान (Metacognition) का अर्थ है अपनी स्वयं की सोच प्रक्रियाओं के प्रति जागरूकता और समझ। उदाहरण के लिए, यदि आप महसूस करते हैं कि आपको अपनी बहन की तुलना में बीजगणित अधिक चुनौतीपूर्ण लगता है, लेकिन आप यह भी जानते हैं कि अभ्यास से आप इसमें सुधार कर सकते हैं, तो यह मेटाकॉग्निटिव जागरूकता का एक उदाहरण है। इसमें अपनी स्वयं की सीखने और क्षमताओं पर विचार करना शामिल है।

ड्रिल और प्रैक्टिस: यह गणित से संबंधित है और कौशल विकास पर ध्यान केंद्रित करता है। यह स्मृति को मजबूत करने और किसी विशेष क्षेत्र संबंधी दक्षता में सुधार करने में सहायता करता है।

39. (a)

आविषाक्तों का प्रकार	प्रभावित अंग	मुख्य प्रभाव
(1) नेफ्रोटॉक्सिक	(ii) वृक्क	संभावित क्षति या शिथिलता का कारण बनते हैं।
(2) हेमाटोटॉक्सिक	(iv) रक्त	एनीमिया या थक्का जमने जैसी समस्याओं का कारण बनता है।
(3) पल्मोनोटॉक्सिक	(i) फेफड़े	श्वसन क्रिया में कमी आती है।
(4) हेपाटोटॉक्सिक	(iii) यकृत	संभावित रूप से लीवर को नुकसान या विफलता का कारण बनता है।

40. (b)

ध्येय/लक्ष्य	ध्येय/लक्ष्यों की संख्या
(1) सहस्त्राब्दी विकास ध्येय (MDGs) में ध्येय (गोल्स)	(i) 8
(2) सहस्त्राब्दी विकास ध्येय (MDGs) में ध्येय (टारगेट)	(iii) 21
(3) सतत विकास ध्येय (SDGs) में ध्येय (गोल्स)	(ii) 17
(4) सतत विकास ध्येय (SDGs) में ध्येय (टारगेट)	(iv) 169

41. (a) निगमन में उपस्थित अवस्थाओं का अनुक्रम

1. सिद्धांत का पुनरीक्षण
2. प्राकक्लपना का स्वीकृत या अस्वीकृत होना
4. डेटा (दत्त) संकलन
3. परिणाम (निष्कर्ष)

इस प्रकार, सही उत्तर (a) है।

42. (d) मुक्त वाणिज्य और संचार (Free commerce and communication) (एडम स्मिथ): उन्होंने इस तथ्य पर बल दिया कि मुक्त वाणिज्य और संचार आर्थिक गतिविधियों के लिए महत्वपूर्ण हैं।

अर्थशास्त्र में संचार (Communication in economics): (अल्फ्रेड मार्शल): उन्होंने यह आविष्कार किया कि संचार आर्थिक प्रक्रियाओं और बाजार व्यवहार में महत्वपूर्ण भूमिका निभाता है।

संचार के वाहिका के रूप में भाषा (Language as a conduit of communication (जॉन लॉक): उन्होंने यह जांच की कि भाषा व्यक्तियों के बीच संचार और समझ को कैसे सुविधाजनक बनाती है।

संचार की लाइनें (Lines of communication (कार्ल मार्क्स): उन्होंने यह विश्लेषण किया कि संचार नेटवर्क और संरचनाएं सामाजिक और आर्थिक संबंधों को कैसे प्रभावित करती हैं।

इस प्रकार, मिलान करने पर सही उत्तर (d) है।

43. (c)

5. **भारतीय उच्च अध्ययन संस्थान (आई. आई. ए. एस.) (1965)** : यह मानविकी, सामाजिक विज्ञान और प्राकृतिक विज्ञान में उन्नत अनुसंधान को बढ़ावा देता है।
1. **भारतीय सामाजिक विज्ञान अनुसंधान परिषद (आई. सी. एस. एस. आर.) (1969):** यह वित्त पोषण, अध्येतावृत्तियों और सहयोग के माध्यम से सामाजिक विज्ञान में अनुसंधान को प्रोत्साहित करती है।
4. **भारतीय ऐतिहासिक अनुसंधान परिषद (आईसीएचआर) (1972):** यह भारत में ऐतिहासिक अनुसंधान और ऐतिहासिक ज्ञान के प्रसार का समर्थन करती है।
3. **भारतीय दार्शनिक अनुसंधान परिषद (आई. सी. पी. आर.) (1977):** यह दर्शन में अनुसंधान की सुविधा प्रदान करती है और भारत में दार्शनिक प्रवचन को बढ़ावा देती है।
2. **राष्ट्रीय ग्रामीण संस्थान परिषद (एन. सी. आर. आई.) (1995):** यह ग्रामीण विकास के लिए ग्रामीण उच्च शिक्षा और क्षमता निर्माण को बढ़ावा देने पर केंद्रित है।

44. (c)

सूची-I (शब्द)	सूची-II (समान नियम प्रयुक्त कोड)
(1) FIND	(iii) AJME
(2) CLOG	(iv) QFMU
(3) SHOW	(i) RGKC
(4) TIME	(ii) DGLB

इस प्रकार, मिलान करने पर सही उत्तर (c) है।

45. (c) दी गई संख्या 3013_4 है, इसे इस प्रकार बढ़ाया जा सकता है

$3 \times 4^3 + 0 \times 4^2 + 1 \times 4^1 + 3 \times 4^0$

हमें इसे आधार-10 समकक्ष में बदलने की आवश्यकता है।

अब हम प्रत्येक पद के मूल्य की गणना करेंगे।

$3 \times 4^3 = 3 \times 64 = 192$

$0 \times 4^2 = 0 \times 16 = 0$

$1 \times 4^1 = 1 \times 4 = 4$

$3 \times 4^0 = 3 \times 1 = 3$

कुल गणना $192 + 0 + 4 + 3 = 199$

अतः (c) सही उत्तर है।

46. (b)

47. (d)

48. (c)

49. (b)

50. (d)

1 शिक्षण अभिक्षमता (Teaching Aptitude)

1. **शिक्षण:** अवधारणाएं, उद्‌देश्य, शिक्षण का स्तर (स्मरण शक्ति, समझ और विचारात्मक), विशेषताएँ और मूल अपेक्षाएं
2. **शिक्षार्थी की विशेषताएँ:** किशोर और वयस्क शिक्षार्थी की अपेक्षाएं (शैक्षिक, सामाजिक, भावनात्मक और संज्ञानात्मक, व्यक्तिगत भिन्नताएँ)
3. **शिक्षण प्रभावक तत्व:** शिक्षक, सहायक सामग्री, संस्थागत सुविधाएं, शैक्षिक वातावरण
4. **उच्च अधिगम संस्थाओं में शिक्षण की पद्धति:** अध्यापक केंद्रित बनाम शिक्षार्थी केंद्रित पद्धति, ऑफ लाइन बनाम ऑन-लाइन पद्धतियां (स्वयं, स्वयंप्रभा, मूक्स इत्यादि)।
5. **शिक्षण सहायक प्रणाली:** परंपरागत आधुनिक और आईसीटी आधारित।
6. **मूल्यांकन प्रणालियां:** मूल्यांकन के तत्व और प्रकार, उच्च शिक्षा में विकल्प आधारित क्रेडिट प्रणाली में मूल्यांकन, कंप्यूटर आधारित परीक्षा, मूल्यांकन पद्धतियों में नवाचार।

परिचय (Introduction)

'हम ऐसी शिक्षा चाहते हैं जिससे चरित्र का निर्माण हो, मन की शक्ति बढ़े, बुद्धि का विस्तार हो और व्यक्ति अपने पैरों पर खड़ा हो।'

-स्वामी विवेकानंद

'शिक्षण एक बहुत ही महान व्यवसाय है जो व्यक्ति के चरित्र, क्षमता और भविष्य को आकार देता है'

-एपीजे अब्दुल कलाम

'शिक्षा समाज की एक आत्मा की भांति है जो एक पीढ़ी से दूसरी पीढ़ी तक जाती है'

-जीके चेस्टर्टन

एक राष्ट्र की प्रगति और समृद्धि मानव संसाधनों के विकास पर निर्भर करती है। इस उद्देश्य की पूर्ति के लिए सक्षम शिक्षकों की सदैव आवश्यकता रहती है। राष्ट्रीय पात्रता परीक्षा (National Eligibility Test) उन अभ्यर्थियों के मूल्यांकन के लिए है, जो अपने ज्ञान और कौशल के आधार पर उच्च शिक्षण संस्थानों में अध्यापन वृत्ति या अनुसन्धान में प्रवेश पाना चाहते हैं।

किसी उच्च शिक्षण संस्थान में सफल शिक्षक बनने हेतु योग्यता, बुद्धिमत्ता, मनोदृष्टि, आदि वांछित गुण होने चाहिए। इस बात को ध्यान में रखते हुए पहले अध्याय 'शिक्षण अभिक्षमता' के पाठ्यक्रम में शिक्षण अवधारणाओं, शिक्षण उद्देश्यों, शिक्षण विधियों, और शिक्षण सहायक सामग्री को सम्मिलित किया गया है।

नई शिक्षा नीति, 2020 के अनुसार, शिक्षा पूर्ण मानव क्षमता प्राप्त करने, एक समान और न्यायपूर्ण समाज के विकास और राष्ट्रीय विकास को बढ़ावा देने के लिए एक मौलिक भूति है। 2015 में भारत सरकार द्वारा अपनाए गए सतत विकास के लिए 2030 कार्यसूची के सतत विकास लक्ष्य-4 (State Development Goals-4) में परिलक्षित वैश्विक शिक्षा विकास कार्यसूची 'समावेशी और समान गुणवत्ता वाली शिक्षा सुनिश्चित करना और 2030 तक सभी के लिए आजीवन अधिगम के अवसरों को बढ़ावा देना' है।

प्रत्येक मनुष्य अक्सर अपने बड़े माता-पिता, परिवार के सदस्यों और शिक्षकों से प्राप्त अधिगम को दर्शाता है। हम अपने जीवन के लगभग 20-25 वर्ष औपचारिक शिक्षा में व्यतीत करते हैं। शिक्षा एक सफल, शिक्षित और संपन्न समाज की सबसे महत्वपूर्ण नींव है। सामान्य तौर पर, यह हमारे समाज के सामाजिक, आर्थिक, राजनीतिक विकास और विकास के लिए महत्वपूर्ण है।

इस प्रकार, शिक्षा का मुख्य लाभ हमारे ज्ञान को अगली पीढ़ी को हस्तांतरित करना है ताकि एक श्रेष्ठतर समाज की रचना की जा सके। यह हम सबकी एक मूलभूत इच्छा है। शिक्षक औपचारिक ढंग से ज्ञान के सूत्रधार के रूप में कार्य करता है। अधिगम शिक्षण प्रक्रिया का मुख्य परिणाम है। छात्रों की प्रगति का आकलन करने के लिए मूल्यांकन भी किया जाता है ताकि उसको भविष्य के समाज में अधिक संभव होने योग्य वाले ढंग से संयोजित किया सके। इस प्रकार शिक्षा, शिक्षण, अधिगम और मूल्यांकन का आपस में निकट से संबंध है। शोध ज्ञान के वर्तमान भंडार में हम सबको जोड़ता है और यह सुनिश्चित करने का प्रयास करता है कि इसमें वृद्धि कैसे की जाये।

इस यूनिट में, हम अपनी चर्चा का आरम्भ 'शिक्षा' से कर रहे हैं और धीरे-धीरे शिक्षण की ओर बढ़ रहे हैं।

शिक्षा और शिक्षण (Education and Teaching)

शिक्षण का मूल अर्थ है शिक्षा प्रदान करना। हम पहले यह जान लें कि शिक्षा क्या है। इस शब्द की उत्पत्ति 'शिक्ष' से हुई है, जिसका अर्थ है—ज्ञान प्राप्त करना, जिसके माध्यम से हम अपने संस्कारों एवं व्यवहारों का निर्माण करते हैं। शिक्षा हमें इस योग्य बनाती है कि हम अपने वातावरण में समायोजित होकर अपनी क्षमताओं एवं निहित योग्यताओं का पूर्ण विकास कर अपने परिवार, समाज तथा राष्ट्र के किसी विशिष्ट क्षेत्र में योगदान कर सके। शिक्षा का उद्देश्य शिष्य के ज्ञान एवं व्यवहार में वांछित परिवर्तन लाना है। शिक्षा प्रदान करने वाले को शिक्षक, अध्यापक या अध्येता कहा जाता है। शिक्षक मूलत: शिक्षण उद्देश्यों की प्राप्ति के लिए सहजकर्ता (facilitator) के रूप में कार्य करता है।

गुरु श्री रवींद्रनाथ टैगोर के अनुसार, शिक्षा का मुख्य उद्देश्य आत्म-साक्षात्कार है, जिसका अर्थ है अपने आप (स्वयं) में सार्वभौमिक आत्मा की प्राप्ति करना। यह एक ऐसी प्रक्रिया है जिसकी अनुभूति शिक्षा के बिना असंभव है। गुरु टैगोर ने प्राचीन वेदांत का संश्लेषण भी किया।

स्वामी विवेकानंद ने शिक्षा को इस ढंग से परिभाषित किया है - शिक्षा एक व्यक्ति में पहले से ही पूर्णता की अभिव्यक्ति है।

अरस्तू (Aristotle) ने शिक्षा को 'एक स्वस्थ शरीर में एक स्वस्थ मस्तिष्क के निर्माण' के रूप में परिभाषित किया।

हेनरिक पेस्टलोजी (Heinrich Pestalozzi) के अनुसार, 'शिक्षा मनुष्य की जन्मजात शक्तियों का प्राकृतिक सामंजस्यपूर्ण और प्रगतिशील विकास है'।

जॉन डीवी (John Dewey) ने शिक्षा को उस शक्ति के रूप में परिभाषित किया है जिसके द्वारा एक व्यक्ति अपने पर्यावरण को नियंत्रित करने और अपनी संभावनाओं को पूरा करने में सक्षम बनता है।

फ्रोबेल (Frobel) के अनुसार, 'शिक्षा एक ऐसी प्रक्रिया है जिसके द्वारा बच्चा अपनी आंतरिक क्षमता को इस प्रकार विकसित करता है कि वह बाहरी वातावरण में सार्थक रूप से भाग ले सके।

शिक्षा के अर्थ को दो मुख्य परिपेक्षों में समझा जा सकता है—व्यापक एवं संकुचित।

शिक्षा के व्यापक अर्थ के अनुसार, यह सारा संसार हमारा शिक्षा क्षेत्र है। शिक्षा का उद्देश्य मानव व्यक्तित्व का सर्वांगीण विकास है। सभी व्यक्ति, बाल, युवा, वृद्ध, स्त्री, पुरुष विद्यार्थी हैं। हम जीवन पर्यन्त कुछ न कुछ सीखते रहते हैं, अत: व्यक्ति का पूरा जीवन ही उसका शिक्षा काल है। साथ ही प्रत्येक व्यक्ति जहां स्वयं दूसरों से कुछ सीखता है, वह दूसरों को भी कुछ न कुछ शिक्षा देता है, जीवन की छोटी-छोटी घटनाएं भी हमें शिक्षा देती हैं।

शिक्षा के संकुचित अर्थ के अनुसार, शिक्षा केवल शिक्षण संस्थानों में ही दी जाती है, इसका एक निश्चित पाठ्यक्रम और अवधि है। शिक्षा का उद्देश्य विशिष्ट विषयों का ज्ञान प्राप्त करना है, जिसका मूल्यांकन होता है, और तत्पश्चात मानक उपाधि व प्रमाण-पत्र मिलते हैं। शिक्षा कहीं न कहीं कक्षा कक्ष और पाठ्य-पुस्तकों तक ही सीमित रह जाती है।

यूनेस्को (UNESCO - United Nations Educational, Scientific and Cultural Organization) द्वारा स्थापित डेलोर कमीशन (Delor Commission) ने 1996 में अपनी रिपोर्ट 'Learning: The Treasure Within' में शिक्षा के द्वारा शिक्षार्थियों में मानवाधिकार, सामाजिक उत्तरदायित्व, सामाजिक समानता, लोकतांत्रिक भागीदारी, सहिष्णुता, सहकारी भावना (cooperative spirit), रचनात्मकता, पर्यावरण के प्रति संवेदनशीलता, शांति, अहिंसा, प्रेम, आदि मूल्य विकसित करने पर बल दिया है।

जैक्स डेलर्स ने शिक्षा के 'चार स्तंभ' स्थापित किये:

1. कुछ बनने के लिए अधिगम - Learning To Be
2. ज्ञान के लिए अधिगम - Learning for Knowledge
3. कुछ करने के लिए अधिगम - Learning To Do
4. साथ रहने के लिए अधिगम - Learning To Live Together

शिक्षण औपचारिक और अनौपचारिक दोनों प्रकार का हो सकता है। अनौपचारिक शिक्षा मुख्यत: परिवार और समुदाय द्वारा जीवन के आरंभिक वर्षों में प्रदान की जाती है। दूसरी तरफ औपचारिक शिक्षण में शिक्षण संस्थान एवं शिक्षक की भूमिका अहम होती है, इसमें शिक्षार्थी को कुछ शुल्क भी देना पड़ सकता है। वर्तमान में पारिवारिक, सामाजिक एवं आर्थिक परिवर्तनों के कारण शिक्षा औपचारिक बनती जा रही है।

यूनेस्को 5 अक्टूबर को 'विश्व शिक्षक दिवस' (World Teacher's Day) के रूप में मनाता है। भारत 5 सितंबर को शिक्षक दिवस (Teacher Day) के रूप में मनाता है जो कि हमारे दूसरे राष्ट्रपति सर्वपल्ली राधाकृष्णन की जयंती है।

शिक्षण की परिभाषा (DEFINITION OF TEACHING)

अब हम शिक्षा से शिक्षण पर अपना ध्यान केंद्रित कर रहे हैं। शिक्षण को अनेक प्रकार से परिभाषित किया जा सकता है।

1. शिक्षण अधिगम-प्रक्रिया (learning process) की उद्देश्यपूर्ण दिशा है।
2. शिक्षण शिक्षकों द्वारा छात्रों को प्रदान किए गए अनुभवों के आधार पर उनमें अपेक्षाकृत स्थाई परिवर्तन की प्रक्रिया है।
3. शिक्षण ज्ञान, अनुभव और वैज्ञानिक सिद्धांतों का दक्षता से समाज के लिए उपयोग में लाया जाना है, इससे हम विद्यार्थियों को सिखाने के लिए अनुकूल वातावरण तैयार कर सकते हैं।
4. शिक्षण एक योजनाबद्ध गतिविधि है, इसकी प्रभावशीलता इस बात पर निर्भर करती है कि शिक्षार्थी कितनी सुगमता, सरलता और शुद्धता से विषय-वस्तु को ग्रहण करते हैं।
5. शिक्षण पूर्व निर्धारित उद्देश्यों को प्राप्त करने के लिए शिक्षार्थी, शिक्षक और अन्य चरों (variables) को सुव्यवस्थित तरीके से संगठित करने की प्रक्रिया है।
6. शिक्षण छात्रों द्वारा वांछित ज्ञान और कौशल सीखने एवं अधिग्रहण करने की प्रक्रिया है, जिससे वे समाज में बेहतर जीवन-यापन कर सकें।

शिक्षण से संबंधित कुछ अवधारणाएँ (SOME CONCEPTS RELATED TO TEACHING)

अधिगम शिक्षण व्यवस्था का मुख्य उद्देश्य होता है, अधिगम की अवधारणा बहुत ही गतिशील है। शैक्षिक प्रक्रिया में तीन प्रकार के प्रश्न होते हैं।

1. 'क्यों' दर्शन शास्त्र द्वारा तय किया जाता है।
2. 'कैसे' मनोविज्ञान द्वारा तय किया जाता है।
3. 'क्या' सामाजिक आवश्यकताओं के अनुसार तय होता है।

इसलिए, शिक्षा दार्शनिक, मनोवैज्ञानिक और सामाजिक पहलुओं पर आधारित है। पाश्चात्य दर्शन के अनुसार, सुकरात (Saint Socrates) को शिक्षा का जनक माना जाता है।

1. **व्यवहारवादी मनोविज्ञान विद्यालय (Behaviourist School of Thought):** यह दृष्टिकोण वर्ष 1900 के दशक में विकसित हुआ, यह 20 वीं शताब्दी के आरम्भ में अधिक प्रख्यात था। अधिगम में, मूल रूप से वातावरण से उद्दीपन (Stimulus यानि S) और व्यक्ति की प्रतिक्रिया (Response यानि R) के परिणामस्वरूप व्यवहार में परिवर्तन सम्मिलित है। पुरस्कार और दंड के उपयोग के परिणामस्वरूप इस तरह के परिवर्तन क्रमिक ढंग से होते हैं। स्वाभाविक रूप से, हम व्यवहार में मापने योग्य परिवर्तनों में रुचि रखते हैं।

उदाहरण के लिए, जब एक शिक्षक छात्र से एकाउंटेंसी में एक प्रश्न पूछता है। यदि छात्र सही उत्तर देता है, तो शिक्षक 'प्रशंसनीय', 'उत्कृष्ट' 'बहुत अच्छा' आदि कहकर छात्र की सराहना कर सकता है जो कि समय के साथ अधिक दृढ़ या प्रबलित हो जाता है। इस सीखने-सिखाने की प्रक्रिया में, ड्रिल और अभ्यास और ट्यूटोरियल पर ध्यान केंद्रित किया जाता है।

व्यवहार सिद्धांत के संदर्भ में निम्नलिखित दृष्टिकोण महत्वपूर्ण हैं।

(a) ई एल थार्नडाइक (E L Thorndike): यहां दो दृष्टिकोण विद्यमान हैं, पहला, एक उत्तेजना की प्रतिक्रिया को सकारात्मक पुरस्कृत प्रभाव के बाद प्रबलित किया जाता है, और दूसरा, एक उत्तेजना की प्रतिक्रिया अभ्यास और दोहराव से सशक्त हो जाती है। सीखने का यह दृष्टिकोण 'ड्रिल और अभ्यास' कार्यक्रमों के समान है।

व्यवहारवादियों ने अधिगम लिए के तीन मुख्य नियमों को सामने रखा है:

- **(i) प्रभाव का नियम (Law of Effect):** फोकस 'प्रतिक्रिया' के प्रभाव पर है। संतोषजनक परिणाम प्रतिक्रिया को सुदृढ़ करते हैं, और परिणाम एक इनाम में होता है। कष्टप्रद भावनाएं उसी को कमजोर करती हैं, और परिणाम 'दंड' में होता है।
- **(ii) तैयारी का नियम (Law of Preparation):** यह एस-आर (S-R) कनेक्शन बनाने के लिए छात्र की इच्छा को इंगित करता है।
- **(iii) अभ्यास का नियम (Law of Exercise):** यह कानून अभ्यास के माध्यम से संबंध को सशक्त करने से संबंधित है। सीखने का मुख्य सिद्धांत 'दोहराव' है, इसे 'ड्रिल' या 'ड्रिल एंड प्रैक्टिस' कहा जाता है जैसा कि गणित जैसे विषयों में किया जाता है।

(b) स्किनर (Skinner): अनुकूलन या अनुबंधन (conditioning) दो प्रकार की होती है।

- **(i) शास्त्रीय, उत्कृष्ट या चिरप्रतिष्ठित प्रानुकूलन (classical conditioning):** यह अधिगम की एक विधि है जिसमें जैविक दृष्टि से शक्तिशाली उद्दीपक को सामान्य उद्दीपक के साथ युग्मित किया जाता है। इस युग्मन से अधिगम में सहायता मिलती है। यह अवधारणा इवान पावलोव (Ivan Pavlov) द्वारा निर्धारित की गई थी, जो एक कुत्ते को भोजन कराने से संबंधित है, यह भोजन के बाद घंटी की आवाज पर लार गिराता है। एक नई सीखी गई प्रतिक्रिया उत्पन्न करने के लिए दो उत्तेजनाएं एक साथ जुड़ी हुई हैं। इसे 'सामान्यीकरण', अचेतन या स्वचालित अधिगम कहा जाता है। इसे रिफ्लेक्सिव या अनैच्छिक अनुकूलन (involuntary conditioning) भी कहा जाता है।
- **(ii) संचालक कंडीशनिंग (operant conditioning):** जीव सुदृढीकरण या दंड के माध्यम से व्यवहार में संशोधन के माध्यम से सीखता है। इसे 'स्वैच्छिक' (voluntary) या 'वाद्य व्यवहार' (instrumental conditioning) कहा जाता है। स्किनर ने 'क्रमादेशित निर्देश' (programmed instruction) के सिद्धांत का सुझाव दिया।

2. **संज्ञानात्मक विचारधारा या दृष्टिकोण (Cognitive School of Thought):** अनुभव, इंद्रियों और विचारों के माध्यम से जानकारी को अवशोषित करने और बनाए रखने के लिए मस्तिष्क की मानसिक प्रक्रियाओं की क्षमता को अनुभूति के रूप में जाना जाता है। यह दृष्टिकोण वर्ष 1950 के दशक के अंत में प्रारंभ हुआ। सीखने को मस्तिष्क के माध्यम से ज्ञान के अधिग्रहण के रूप में समझा जाता है: शिक्षार्थी एक सूचना-संसाधक है जो जानकारी को अवशोषित करता है, उस पर संज्ञानात्मक संचालन करता है, और इसे स्मृति में रखता है। यह पाठ्य पुस्तकों के व्याख्यान और पढ़ने से जुड़ा हुआ है। शिक्षार्थी शिक्षक द्वारा ज्ञान का निष्क्रिय प्राप्तकर्ता होता है।

    शिक्षार्थी आंतरिक और बाह्य दोनों तत्वों से प्रभावित हो सकते हैं। संज्ञानात्मक सिद्धांत उप-सिद्धांतों में विभाजित हो गया, जो सीखने और समझने के अद्वितीय तत्वों पर ध्यान केंद्रित करते हैं।

    जीन पियाजे ने संज्ञानात्मक मनोविज्ञान पर बहुत अधिक कार्य किया। उनका काम वातावरण और आंतरिक संरचनाओं पर केंद्रित है कि वे अधिगम प्रक्रिया को कैसे प्रभावित करते हैं।

    शिक्षक छात्रों को प्रश्न पूछने (जांच) करने और बलपूर्वक ढंग से सोचने का अवसर प्रदान कर सकते हैं। शिक्षण अधिक संगठित ढंग से किया जाना चाहिए, जिससे छात्रों को उनकी विचार प्रक्रिया कार्यों को जानने में सहायता मिलती है, और इस ज्ञान का उपयोग सीखने के बेहतर अवसरों के निर्माण के लिए किया जाता है।

3. **रचनावादी विचारधारा दृष्टिकोण (Constructivist School of Thought):** यह दृष्टिकोण मानता है कि अधिगम क्रिया निष्क्रिय नहीं है। वे सीखने को व्यक्तिगत मानने लगे। प्रत्येक व्यक्ति अपने स्वयं के ज्ञान और कौशल का निर्माण अनुभवों के परिणामस्वरूप करता है। जैसे-जैसे नया ज्ञान प्राप्त होता है, सीखने या ज्ञान का निरंतर निर्माण होता जाता है। इसकाअर्थ यह है कि नया अनुभव पिछले अनुभव के साथ एकीकृत (integrated) है। यहां स्वतंत्र शिक्षा, अनुभवात्मक शिक्षा और प्रोग्रामिंग आदि पर ध्यान केंद्रित किया गया है। ध्यान 'सामान्यीकरण योग्य कौशल' पर है जो व्यक्तिगत खोज पर आधारित हैं।

    शिक्षार्थी सक्रिय रूप से ज्ञान का निर्माण करता है। जीन पियाजे (Jean Piaget) और जे.एस. ब्रूनर (J S Bruner) का मानना था कि अधिगम में सूचनाओं का सक्रिय प्रसंस्करण सम्मिलित है और प्रत्येक व्यक्तिगत गतिविधि अपने लिए ज्ञान का आयोजन और निर्माण करती है। शैक्षिक मनोविज्ञान का मानना है कि ज्ञान संगठन के विकास के कई चरण होते हैं। जीन पियाजे के अनुसार, 'समायोजन' (accommodation) और 'आत्मसातीकरण' (assimilation) अधिगम की मूल बातें हैं। एक शिक्षार्थी 'संयोजन के माध्यम से एक नई योजना विकसित करता है। नए अनुभवों को पहले से उपस्थित योजना में आत्मसात कर लिया जाता है, या उन्हें

    नई योजना बनाकर समायोजित किया जा सकता है। ऐसी स्थिति को 'रचनावाद' (constructivism) कहा जाता है।

    डिस्कवरी लर्निंग (discovery learning): रचनावादी दृष्टिकोण पर आधारित है, जिसमें शिक्षक का कोई मार्गदर्शन, नहीं के समान है या बहुत कम है। यह जेरोम ब्रूनर (Jerome Bruner) द्वारा पेश किया गया था और यह पूछताछ-आधारित निर्देश की एक विधि है। यह लोकप्रिय सिद्धांत शिक्षार्थियों को पिछले अनुभवों और ज्ञान पर निर्माण करने के लिए प्रोत्साहित करता है, उनके अंतर्ज्ञान, कल्पना और रचनात्मकता का उपयोग करता है, और तथ्यों, सहसंबंधों और नए सत्य की खोज के लिए नई जानकारी की खोज करता है। एक अनुकरण जिसमें शिक्षक छात्रों को वापस बुलाने या प्रासंगिक सिद्धांतों को लागू करने में सहायता करता है, 'निर्देशित खोज विधि' (Guided discovery method) कहलाता है।

4. **अनुभव रूपांतरण अधिगम सिद्धांत (Transformative Learning Theory - TLT):** TLT वयस्क शिक्षा और युवा वयस्क शिक्षा के लिए अधिगम का एक ढंग है। यह जैक मेजिरो (Jack Mezirow) द्वारा सुझाया गया था। TLT इस विचार पर केंद्रित है कि शिक्षार्थी नई जानकारी या सूचना के आधार पर अपनी सोच को समायोजित कर सकते हैं। वयस्कों के पास अपने पिछले अनुभवों से जुड़े महत्वपूर्ण शिक्षण और सीखने के अवसर हैं, उनके पास महत्वपूर्ण प्रतिबिंब हैं, और समीक्षा से उनकी समझ में परिवर्तन हो सकता है।

    यह दृष्टिकोण वयस्क छात्रों के लिए अच्छा कार्य करता है। शिक्षार्थी में उनके अधिगम के अनुभवों और जीवन के अनुभव के साथ एक ही तरह का परिवर्तन नहीं होता है। शिक्षक अपने छात्रों को उनकी धारणाओं पर सवाल उठाते हुए, नए दृष्टिकोण के लिए प्रोत्साहित करके इस सीखने के सिद्धांत को नियोजित कर सकते हैं और अपने विचार की नई श्रृंखला को सशक्त करना सीखने के लिए प्रवचन के उद्देश्य उत्पन्न कर सकते हैं।

5. **सामाजिक या सामूहिक अधिगम सिद्धांत (Social Learning Theory - SLT):** यह शायद कठिन छात्रों से निपटने के लिए है जिनको कक्षा को बाधित करना और कठिन समस्या उत्पन्न करना करना अच्छा लगता है। यह सिद्धांत बच्चों की इस अवधारणा पर केंद्रित है कि वे अपने सहपाठियों द्वारा प्रदर्शित किए गए कार्यों पर अभिनय करके या न देखकर, दूसरों को देखकर सीखते हैं। इस सीखने के सिद्धांत की स्थापना अल्बर्ट बंडुरा (Albert Bandura) ने की थी। उन्होंने वर्ष 1960 के दशक की शुरुआत में बोबो डॉल (Bebo Doll) प्रयोग नामक एक प्रयोग किया, जिसके दौरान उन्होंने बच्चों के व्यवहार का अध्ययन किया, जब उन्होंने एक वयस्क अधिनियम को एक गुड़िया जैसे खिलौने के साथ आक्रामक रूप से देखा। उन्होंने नोट किया कि गुड़िया पर हमला करने के बाद वयस्क के पुरस्कृत, दंडित या कोई परिणाम नहीं भुगतने पर बच्चों ने कैसे प्रतिक्रिया दी। बंडुरा ने वर्ष 1977 में अपने निष्कर्षों के बारे में लिखा, जिसमें सामाजिक शिक्षण सिद्धांत का विवरण और यह छात्रों के व्यवहारिक विकास को कैसे प्रभावित करता है,दिया गया था।

    सामाजिक शिक्षा सिद्धांत के चार तत्व हैं:

    (a) **ध्यान (attention):** जो बच्चों को ध्यान केंद्रित करने में मदद करने के लिए अलग-अलग या अनोखे पाठों या गतिविधियों का आह्वान करता है।

    (b) **अवधारण (retention):** इस पर ध्यान केंद्रित करना कि छात्र कैसे जानकारी को आंतरिक रूप देगा और इसे बाद में याद करेगा।

    (c) **प्रजनन (Reproduction):** पहले से सीखे गए व्यवहार पर और जब इसका उपयोग करना उचित हो, पर चित्रण करना।

    (d) **प्रेरणा (motivation):** जो अन्य सहपाठियों को उनके कार्यों के लिए पुरस्कृत या दंडित होते देखने से बढ़ सकती है।

6. **अनुभवात्मक अधिगम सिद्धांत (Experiential Learning Theory – ELT):** ELT 'करके सीखने' के सिद्धांत पर केंद्रित है। इस सिद्धांत का उपयोग करते हुए, छात्रों को उन अनुभवों के माध्यम से सीखने के लिए प्रोत्साहित किया जाता है जो उन्हें जानकारी बनाए रखने और तथ्यों को याद करने में सहायता कर सकते हैं। ELT की पहचान डेविड कोल्ब (David Kolb) ने वर्ष 1984 में की थी। हालांकि उनका प्रभाव जॉन डेवी, कर्ट लेविन और जीन पियागेट (John Dewey, Kurt Lewin, and Jean Piaget) जैसे अन्य सिद्धांतकारों से आया, लेकिन कोल्ब ELT के चार चरणों की पहचान करने में सफल रहे। पहले दो

चरण, ठोस शिक्षा और चिंतनशील अवलोकन (concrete learning and reflective observation), एक अनुभव को समझने पर ध्यान केंद्रित करते हैं। बाद के दो, अमूर्त अवधारणा और सक्रिय प्रयोग (abstract conceptualization and active experimentation) एक अनुभव को बदलने के बारे में हैं। कोल्ब के लिए, प्रभावी अधिगम को तब देखा जाता है जब शिक्षार्थी अनुभवात्मक अधिगम सिद्धांत के चक्र से गुजरता है। छात्र किसी भी तरह से और किसी भी समय चक्र में प्रवेश कर सकते हैं।

सिचुएटेड लर्निंग थ्योरी (Situated Learning Theory) और 'अभ्यास का समुदाय' (Community of Practice) ऊपर बताए गए अधिगम सिद्धांत के कई विचारों को आकर्षित करते हैं। वे जीन लेवे और एटियेन वेंगर (Jean Lave and Etienne Wenger) द्वारा विकसित किए गए हैं।

7. **योग दर्शन (Yoga Philosophy):** यह दर्शन मनुष्य और विश्व से संबंधित परम सत्य की प्राप्ति के लिए सिद्धांत और व्यवहार के बारे में चर्चा करता है। वेदांत में, योग को सर्वोच्च आत्मा के साथ व्यक्तिगत आत्मा के आध्यात्मिक मिलन के रूप में समझा जाता है। योग इंद्रियों, स्थूल शरीर, सूक्ष्म मन, बुद्धि और अहंकार के नियंत्रण के माध्यम से पूर्णता प्राप्त करने का एक आध्यात्मिक प्रयास है। यह आध्यात्मिक अनुभूति के माध्यम से उच्चतम ज्ञान प्राप्त करने के लिए मार्गदर्शन करता है। योग का पहला ग्रंथ ऋषि पतंजलि का 'योग-सूत्र' है, उसके बाद ऋषि वास्य का 'योग-भाष्य' और ऋषि वाकवपति मिश्रा का 'तत्त्व-वैसरदी' है। योग दर्शन सांख्य दर्शन के साथ निकटता से जुड़ा हुआ है। योग आत्म की प्राप्ति के लिए एक व्यावहारिक मार्ग प्रस्तुत करता है जबकि सांख्य एकाग्रता और ध्यान के माध्यम से स्वयं के ज्ञान की प्राप्ति पर बल देता है। इस प्रकार, योग अभ्यास है और सांख्य इसका सिद्धांत है।

   इसके आठ घटक हैं—यम या आत्म नियंत्रण (self-control), नियम (observance), आसन (postures), प्राणायाम (breath control), प्रत्याहार (restraint), धारणा (mind study), ध्यान (concentration) और समाधि (meditation)। योग के इन घटकों का अनुसरण करते हुए अज्ञान को दूर किया जा सकता है एवं ज्ञान की प्राप्ति की जा सकती है।

उन्नत या प्रगतिशील आयोजक मॉडल - औसुबेल का मॉडल (Advanced Organizer Model – David Ausubel's Model)

यह मॉडल महान शिक्षाविद् मनोवैज्ञानिक डेविड औसुबेल द्वारा दिया गया है। इस मॉडल की प्राथमिक चिंता शिक्षकों को बड़ी संख्या में सूचनाओं को बहुत सार्थक और कुशल ढंग से व्यवस्थित और संप्रेषित करने में सहायता करना है। यह मॉडल मौखिक सीखने के सिद्धांत से लिया गया है। जैसा कि हम समझते हैं, कोई भी विषय अवधारणाओं की एक श्रृंखला है, जब हम इन तथ्यों को स्वीकार करते हैं, तो वह भी हमारे मस्तिष्क में एक श्रृंखला के रूप में आकर बस जाता है। नई अवधारणा को पुराने के साथ जोड़ा जाना चाहिए। इससे पहले हमें छात्रों के साथ बड़े विचारों का पता लगाने की आवश्यकता है।

मानसिक मॉडल (Mental Model): यह उन्नत आयोजक मॉडल के साथ निकटता से जुड़ा हुआ है। एक 'मानसिक मॉडल' किसी भी संगठित पैटर्न (जैसे कि दृश्य प्रतिनिधित्व) है, जिसमें संरचना और प्रक्रिया (एक प्रकार का प्रवाह चार्ट) दोनों सम्मिलित होते हैं। यह छात्र को सामग्री ज्ञान को समझने में सहायता करता है। यह समस्याओं को हल करने में सहायता कर सकते हैं। यह सार्थक मौखिक सीखने का ढंग है। इसकी तीन प्रमुख सोच हैं:

1. ज्ञान (पाठ्यचर्या सामग्री) कैसे व्यवस्थित किया जाता है;
2. नई जानकारी (सीखने) को संसाधित करने के लिए मस्तिष्क कैसे काम करता है; तथा
3. शिक्षक पाठ्यक्रम और सीखने के बारे में इन विचारों को कैसे लागू कर सकते हैं, जब वे छात्रों को नई सामग्री (निर्देश) प्रस्तुत करते हैं। यह मॉडल छात्र की संज्ञानात्मक संरचना को सशक्त करने के लिए बनाया गया है।

'वाक्य-विन्यास' या 'वाक्य-रचना-विचार' (Syntax): इसके अधीन, औसुबेल के प्रगतिशील आयोजक मॉडल में गतिविधि के तीन चरण होते हैं।

चरण 1: अग्रिम आयोजक की प्रस्तुति (मानसिक मॉडल)

चरण 2: शिक्षण कार्य या शिक्षण सामग्री की प्रस्तुति; तथा

चरण 3: संज्ञानात्मक संगठन का सुदृढ़ीकरण - इसमें सीखने की सामग्री का संबंध विद्यमान विचारों से करना होता है ताकि एक सक्रिय सीखने की प्रक्रिया को लाया जा सके।

डेविड कोल्ब का अधिगम चक्र (David Kolb's Learning Cycle)

हमने अभी-अभी संज्ञानात्मकवाद, व्यवहारवाद और रचनावाद की अवधारणाओं पर चर्चा की है। इस तरह डेविड कोल्ब का सीखने का अनुभव स्वतः ही महत्वपूर्ण हो जाता है क्योंकि यह उपरोक्त का संयोजन है। यह मॉडल 2-3 प्रक्रियाओं के रूप में है। इसे चिंतनशील या अनुभवात्मक शिक्षण मॉडल भी कहा जाता है। और NET JRF परीक्षा में कुछ प्रश्न पूछे गए हैं। हालाँकि यह शुरू में कठिन लग सकता है, लेकिन हमारी चर्चा से अभ्यर्थियों को सहायता मिलेगी। यह एक व्यावहारिक विषय है। शिक्षण का मुख्य उद्देश्य अधिगम या सीखना होता है। अधिगम चक्र को निम्नलिखित चरणों में विभाजित किया जा सकता है।

1. **ठोस अनुभव (Concrete Experience - CE):** ठोस अनुभव एक नए अनुभव या स्थिति के रूप में या नई अवधारणाओं के आलोक में वर्तमान अनुभव की पुनर्व्याख्या के रूप में हो सकता है। मान लीजिए कि आप सहायक प्रोफेसर के पद पर सेवा प्राप्त करते हैं, तथा कक्षा में शिक्षण के समय आपको कुछ ठोस अनुभव प्राप्त होते हैं।
2. **नए अनुभव का चिंतनशील अवलोकन (Reflective Observation of the New Experience-RO):** हम उनके वर्तमान ज्ञान के आलोक में अपने ज्ञान (नई शिक्षा) को जोड़ या संशोधित कर सकते हैं। हालाँकि आप कक्षा में बहुत अच्छा पढ़ा सकते हैं लेकिन फिर भी भविष्य में कक्षाओं की बेहतरी के लिए कुछ चीजें सीखते हैं। एक शिक्षक के लिए अधिगम प्रक्रिया निरंतर होती है। इस चरण को 'समीक्षा' भी कहा जा सकता है।
3. **अमूर्त अवधारणा (Abstract Conceptualization - AC):** चरण 2 में प्राप्त प्रतिबिंब एक अमूर्त अवधारणा के रूप में हमारे मस्तिष्क में बस सकता है। बेहतर सिखाने के कुछ सिद्धांत हमारे मस्तिष्क में बस जाते हैं।
4. **सक्रिय प्रयोग (Active Experimentation - AE):** हम भविष्य की स्थितियों में अमूर्त अवधारणा को लागू करना चाहते हैं। शिक्षक छात्रों को बेहतर तरीके से पढ़ाने के लिए अपने विचारों को कक्षा में लागू करता है।

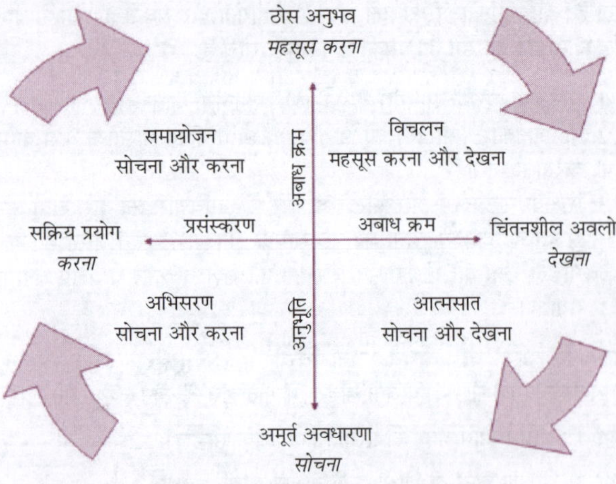

https://www.simplypsychology.org/learning-kolb.html

इस प्रकार, ये चार चरण नीचे दिए गए डायाग्राम के बाहरी हिस्से को पूरा करते हैं।

	सक्रिय प्रयोग (करना)	चिंतनशील अवलोकन (देखना)
ठोस अनुभव (महसूस करना)	समायोजन (सीई/एई)	विचलन (सीई/आरओ)
अमूर्त अवधारणा (सोचना)	अभिसरण (एसी/एई)	आत्मसात (एसी/आरओ)

Source: https://www.simplypsychology.org/learning-kolb.html

यहां पर विचलन (Diverging), आत्मसात (Assimilating), अभिसरण (Converging) और समायोजन (Accommodating), जिनको संक्षिप्त रूप में DACA भी कहा जाता है और इसी प्रकार, अनुभव करना या भावना (Feeling), पर्यवेक्षण (Watching), सोचना (Thinking) और कार्य करना (Action) जिनको संक्षिप्त रूप में FWTA कहा जाता है, को परीक्षा के लिए ध्यान में रखना आवश्यक है।

1. **आदर्शवाद (Idealism):** आदर्शवाद एक अत्यंत प्राचीनवादी सिद्धांत है, जिसका प्रभाव किसी न किसी रूप में जीवन के प्रत्येक पक्ष पर पड़ता है। अरस्तु (Aristotle) के अनुसार, 'शिक्षा का मूल उद्देश्य व्यक्ति को नैतिक एवं बौद्धिक सदगुणों का आधार बनाना है। व्यक्ति को ऐसे श्रेष्ठतम मूल्यों से अलंकृत करना है, जो मानवता के लिए आवश्यक हैं'। आदर्शवाद नैतिक मूल्यों (moral values), आध्यात्मिकता (spirituality), आत्म-अनुभूति (self-realization), आत्म-अनुशासन (self-discipline), व्यक्तित्व के उन्नयन (personality development) पर बल देता है। संक्षिप्त शब्दों में कहें तो सत्यम (truth), शिवम् (goodness) और सुंदरम (creativity) की व्याख्या आदर्शवाद की आत्मा है।

   अध्यापक से अपेक्षाकृत अधिक कमजोर शिक्षण विधियां, सहशिक्षा और सर्व शिक्षा की अवहेलना, आदि इसकी मुख्य कमियां रही हैं।

2. **प्रकृतिवाद (Naturalism):** इसमें प्रकृति को ही शिक्षक माना गया है और पुस्तकीय ज्ञान पर कम बल दिया जाता है। उदाहरण के लिए, कोई बच्चा यदि वृक्ष पर चढ़ना चाहता है, तो उसे ऐसा करने दें, गिरने से उसे अपनी भूल का एहसास होगा। यह एक प्रकार से शिक्षार्थी केंद्रित शिक्षण है। शिक्षक का कार्य छात्रों के विकास के लिए वातावरण तैयार करना है।

   इसमें 'निषेधात्मक शिक्षा' को भी सम्मिलित किया गया है, जिसके अनुसार शिक्षार्थी को असत्य मार्ग से बचाना है। 'क्रिया द्वारा सीखना' (learning by doing), अनुभव, 'इन्द्रियों द्वारा शिक्षण' निरीक्षण (observation), क्रीड़ा (play way), ह्यूरिस्टिक (Heuristics), डाल्टन द्वारा प्रस्तावित शिक्षण विधियां मुख्य रूप से प्रकृतिवाद के अंतर्गत आती हैं।

3. **प्रयोजनवाद (Pragmatism):** जॉन डेवी (John Dewey) को प्रयोजनवाद का मुख्य प्रतिपादक माना गया है। इसके अंतर्गत 'क्रियाशीलता तथा व्यवहारिकता' को महत्त्वपूर्ण स्थान दिया गया है। इसको प्रयोगवाद (experimentalism) भी कहा गया है। प्रयोजनवाद को अमेरिका की देन माना गया है। इसमें पूर्व निश्चित आदर्शों या सत्य का कोई स्थान नहीं। अनुभव ही सब मूल्यों की कसौटी है (learning by experience), इसे ही ज्ञान का आधार माना जाता है। इसी प्रयोजनवाद के आधार पर क्रियात्मक विद्यालय प्रणाली (activity school system) का आरम्भ हुआ।

4. **अस्तित्ववाद (Existentialism):** इसके मुख्य प्रतिपादक कीर्कगार्द (Kierkegard) हैं, जिनका यह कहना है, 'मेरा अस्तित्व है, क्योंकि मैं ऐसा सोचता हूँ। मैं, इसलिए सोचता हूँ कि मेरा अस्तित्व है।

   इसमें व्यक्तिवाद (individualism) पर अधिक बल दिया गया है। अस्तित्व को बनाए रखने या पूर्णता लक्ष्य को प्राप्त करने के लिए व्यक्ति को स्वयं संघर्ष करना पड़ता है। अस्तित्ववाद का मूलमन्त्र है—अपने आप को जानो। शिक्षकों का कर्तव्य बनता है कि वे छात्रों में मौलिकता, सृजन शक्ति, सक्रियता, मानवतावादी दृष्टिकोण, आदि उत्पन्न करने में सहायक बने।

5. **मानवतावाद (Humanism):** मानवतावाद जीवन में एक उचित संतुलन है और मनुष्य को सभी गतिविधियों का केंद्र और मापदण्ड मानता है। मानवतावाद सभी मनुष्यों के हितों और कल्याण में विश्वास करता है। इस प्रकार मनुष्य के जीवन को रूपांतरित करना चाहिए ताकि सभी का कल्याण लक्ष्य बन जाए। अधिगम का यह रूप आत्म-साक्षात्कार/वास्तविकीकरण (self-actualization) पर निर्भर है। यह संकल्पना सहयोग, आपसी सहिष्णुता (mutual tolerance) और सामाजिक समझ का समर्थन करता है। कार्ल रोजर्स (Carl Rogers) और अब्राहम मास्लो (Abraham Maslow) मानवतावाद के मुख्य समर्थक हैं।

6. **तर्कवाद (Rationalism):** तर्कवाद के अनुसार, ऐसे कई महत्वपूर्ण ढंग हैं जिनके माध्यम से हमारी अवधारणाएं और ज्ञान हमारे इंद्रिय अनुभव (sense experience) के माध्यम से स्वतंत्र रूप से प्राप्त होते हैं।

7. **अनुभववाद (Empiricism):** अनुभववाद के अनुसार, हमारा संवेदी तंत्र (sensory experience) हमारी सभी अवधारणाओं और ज्ञान का अंतिम स्रोत हैं।

8. **गेस्टाल्ट मनोविज्ञान (Gestalt Psychology):** इस धारणा के अनुसार, संपूर्ण अपने भागों के योग से बड़ा है। उदाहरण के लिए, मानव शरीर में कोशिकाएँ (cells), ऊतक (tissues), अंग (organs), तंत्र (systems) आदि होते हैं और इन सभी घटकों का योग अंगों के योग से अधिक होता है। ऐसा इसलिए है क्योंकि भाग एक दूसरे से जुड़े हुए हैं और उनके मध्य परस्पर तालमेल बना हुआ है। इसके अलावा, गेस्टाल्ट मनोविज्ञान ने इस धारणा के महत्व को प्रदर्शित किया। इसने यह भी दिखाया कि जटिल अधिगम की आवश्यकता धीरे-धीरे लंबे अभ्यास के माध्यम से नहीं होती है, बल्कि अंतर्दृष्टि (insight) के माध्यम से विकसित हो सकती है। यह 'सैनेर्जी' (synergy) की अवधारणा में विश्वास करता है जोकि यह मानता है $2 + 2 = 5$.

9. **विभिन्न दर्शनग्राही दर्शन (Eclectic Philosophy):** विभिन्न दर्शनग्राही सभी स्रोतों से ज्ञान का संलयन (fusion) है। यह एक विचित्र प्रकार का शैक्षिक दर्शन है, जो विभिन्न दर्शनों से सभी अच्छे विचारों और सिद्धांतों को मिश्रित करता है। शिक्षा के कई और दर्शन भी हैं, और प्रत्येक दर्शन का अपना योगदान और सीमाएं हैं। कोई भी दर्शन अपने आप में पूर्ण नहीं है, और साथ ही, एक ही दर्शन को सभी स्थितियों में सफलतापूर्वक लागू नहीं किया जा सकता, क्योंकि दुनिया और उसके मूल्य निरंतर परिवर्तित हो रहे हैं। शिक्षा व्यवस्था भी समय-समय पर परिवर्तित होती है।

शिक्षा के महत्वपूर्ण दर्शन

तालिका 1.1 शिक्षा और शिक्षण में महत्वपूर्ण अवधारणाएं और उनके प्रस्तावक

अवधारणाएं	प्रस्तावक
बुनियादी शिक्षा (वर्धा शिक्षा सिस्टम)	महात्मा गांधी
अधिगम 'प्रकृति में' और 'प्रकृति से' होना चाहिए	रवींद्रनाथ टैगोर
एकात्म शिक्षा (Integral Education)	श्री अरबिंदो
भारतीय दर्शन के आध्यात्मिक पहलुओं पर ध्यान दें	डॉ. सर्वपल्ली राधाकृष्णन
मानव मन को बदलने के लिए शिक्षा	जे कृष्णमूर्ति
प्रायोगिक शिक्षा (Experiential Learning)	जॉन डेवी
व्यक्तित्व के विकास के माध्यम से स्व-शिक्षा	मारिया मोंटेसरी
किंडरगार्टन (Kindergarten) स्व-गतिविधि, रचनात्मकता और सामाजिक सहयोग पर ध्यान केंद्रित करता है	फ्रेडरिक 'फ्रोबेल'
कोई औपचारिक शिक्षा नहीं चाहिए और प्रकृति ही केवल शिक्षक है	जीन जैक्स 'रूसो'

शिक्षा के रूप (FORMS OF EDUCATION)

शिक्षा को हम तीन भागों में विभाजित कर सकते हैं।

1. औपचारिक
2. अनौपचारिक
3. गैर-औपचारिक

इन तीनों का एकीकरण शिक्षा को समग्र और व्यापक बनाता है। शिक्षा के इन रूपों की चर्चा चित्र 1.2 में की गई है।

तालिका 1.2 शिक्षा के अभिरूप

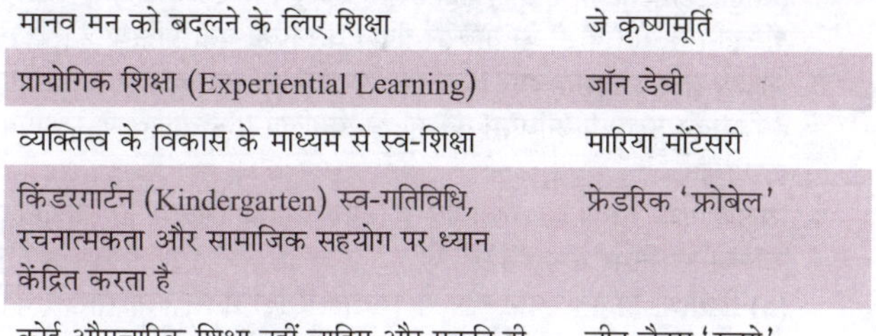

शिक्षा के प्रमुख लक्ष्य और उद्देश्य (MAJOR AIMS AND OBJECTIVES OF EDUCATION)

नई शिक्षा नीति, (New Education Policy), 21 ,2020वीं सदी में पहली नीति होने के नाते, पहुंच, समानता, गुणवत्ता, वहनीयता और जवाबदेही के मूलभूत स्तंभों पर बनी है। नई नीति सतत विकास के लिए 2030 एजेंडा से जुड़ी है। इसका उद्देश्य स्कूल और कॉलेज शिक्षा दोनों को अधिक समग्र, लचीला, बहु-विषयक, वर्तमान और भविष्य की जरूरतों के लिए अधिक उपयुक्त बनाकर भारत को एक जीवंत ज्ञान समाज और वैश्विक ज्ञान महाशक्ति में बदलना है। इसका उद्देश्य प्रत्येक छात्र की अनूठी क्षमताओं को सामने लाना है। उच्च शिक्षा की अंतिम इकाई में इसकी विस्तृत चर्चा की गई है।

हैविगर्स्ट और न्यूगार्टन (Havighurst and Neugarten) ने शिक्षा प्रणाली के दो महत्वपूर्ण कार्ग दिए हैं:

1. एक दर्पण जो समाज को वैसा ही दर्शाता है, जैसा वह है या समाज का स्थिरीकरण करने वाला है।
2. सामाजिक परिवर्तन का एक अभिकर्ता या समाज के विचारों को लागू करने की दिशा में निर्देशित बल है।

प्रमुख समाजशास्त्री जॉर्ज पायने (George Payne) ने शिक्षा के तीन गुख्य कार्यों का वर्णन किया है:

1. परंपराओं को आत्मसात करना
2. नए सामाजिक प्रतिमानों का विकास
3. रचनात्मक और तर्कसाध्य भूमिका

एमिल दुर्खीम (Emile Durkheim) ने समाज के प्रमुख कार्यों के रूप में समाज के मानदंडों और मूल्यों के संचरण पर विचारों की स्थापना की। उन्होंने शिक्षा को विशिष्ट भूमिकाओं के लिए एक प्रशिक्षण के रूप में भी स्वीकार किया, जिसमें आजीविका के लिए कुछ व्यवसाय अपनाना भी सम्मिलित है। सांस्कृतिक संचरण (cultural transmission) और संवर्धन (enrichment), स्वीकृति और सुधार, परिवर्तन और पुनर्निर्माण के कार्य को करने के लिए शिक्षा की आवश्यकता है। युवा पीढ़ी समाज के पारंपरिक तरीकों को क्यों सीखती है, इस प्रक्रिया को संस्कृति कहा जाता है, और यह समाज से समाज में भिन्न होता है। शिक्षा के माध्यम से, संस्कृति को औपचारिक रूप दिया जाता है।

संस्कृतिकरण (acculturation): यह वह प्रक्रिया है, जिसके माध्यम से एक व्यक्ति या समूह एक संस्कृति से दूसरे की प्रथाओं और मूल्यों को अपनाने के लिए आता है, और अपनी विशिष्ट संस्कृति को बनाए रखता है। यह अवधारणा तीव्रता से बढ़ते हुए वैश्वीकृत (globalized) समाज में महत्वपूर्ण बन चुकी है।

शैक्षिक उद्देश्य निर्धारित करने वाले कारक (FACTORS DETERMINING EDUCATIONAL AIMS)

शिक्षा अधिकतर एक नियोजित और उद्देश्यपूर्ण गतिविधि है। निम्नलिखित कारकों द्वारा निर्धारित अद्वितीय गतिविधियों को दिशा देने के लिए शैक्षिक उद्देश्य आवश्यक हैं।

1. **दर्शनशास्त्र (Philosophy):** दर्शन और शिक्षा एक ही सिक्के के दो पहलू हैं। दर्शन एक मुख्य कारक है, जो शिक्षा के उद्देश्य को निर्धारित करता है। शिक्षा को दर्शन के प्रचार-प्रसार का सर्वोत्तम साधन कहा गया है। इसकी चर्चा हम पहले ही कर चुके हैं।
2. **मानव स्वभाव (Human nature):** मानव स्वभाव का दर्शन के साथ निकट संबंध है। उदाहरण के लिए, आदर्शवादी लोग मनुष्य में शिक्षा को परमात्मा के प्रकट होने का लक्ष्य मानते हैं।

3. **सामाजिक-सांस्कृतिक कारक और समस्याएं (Socio-cultural factors and problems):** शिक्षा का उद्देश्य सांस्कृतिक विरासत और परंपराओं को एक पीढ़ी से दूसरी पीढ़ी तक संरक्षित ढंग से स्थानांतरित करना है।
4. **धार्मिक कारक (Religious factors):** प्राचीन भारत में, बौद्ध धर्म ने प्रचलित शिक्षा प्रणाली में धर्म के आदर्शों, जैसे अहिंसा और सत्य को सम्मिलित करने पर बल दिया।
5. **राजनीतिक विचारधाराएँ (Political ideologies):** एक लोकतांत्रिक राजनीतिक व्यवस्था के शैक्षिक उद्देश्य एक निरंकुश (autocratic) राजनीतिक व्यवस्था से काफी भिन्न हो सकते हैं।
6. **ज्ञान का अन्वेषण (Exploration of knowledge):** ज्ञान अच्छे पारस्परिक संबंधों, जीवन में स्वस्थ समायोजन, व्यवहार में संशोधन, आत्म-जागरुकता और सामाजिक विकास के लिए आवश्यक है, यह सौभाग्य और प्रसन्नता का स्रोत भी है।
7. **व्यावसायिक (Vocational):** शिक्षा को अपने शिक्षार्थी को अपनी आजीविका कमाने के लिए तैयार करना चाहिए और उसे आर्थिक और सामाजिक जैसे दोनों कारकों में आत्मनिर्भर और कुशल बनाना चाहिए।
8. **आत्म-साक्षात्कार और समग्र विकास (Self-actualization and integrated development):** शिक्षा का उद्देश्य प्रत्येक व्यक्ति को उसकी व्यक्तिगत क्षमता के अनुसार सफल बनाने में सहायता करना होता है। शिक्षा का उद्देश्य व्यक्ति का संपूर्ण विकास करना है, इसमें भौतिक, मानसिक, भावनात्मक, सामाजिक और आध्यात्मिक विकास सम्मिलित हैं।
9. **सामंजस्यपूर्ण विकास (Harmonious development):** महात्मा गांधी ने शिक्षा के इस उद्देश्य को बहुत महत्व दिया है, उन्होंने कहा, 'शिक्षा से हमारा अर्थ, एक ओर, बालक और मानव काया तथा दूसरी ओर मन और आत्मा में सर्वश्रेष्ठ से सर्वश्रेष्ठ का एक सर्वांगीण चित्रण' है।'
10. **नैतिक और चरित्र विकास (Moral and character development):** कुछ शिक्षाविद इन्हें शिक्षा का सर्वोच्च उद्देश्य मानते हैं। हर्बर्ट स्पेंसर (Herbert Spencer) ने इस बात पर बल दिया कि शिक्षा को बच्चे के नैतिक मूल्यों और गुणों, जैसे कि सच्चाई, अच्छाई, पवित्रता, साहस, श्रद्धा और ईमानदारी को विकसित करने में सक्षम बनाना चाहिए।
11. **नागरिकता (Citizenship):** समाज के सदस्य के रूप में, एक छात्र को समाज के प्रति अपने कर्तव्यों, कार्यों और दायित्वों के बारे में जागरूक होना चाहिए।
12. **अवकाश के लिए शिक्षा (Education for leisure):** अवकाश वह समय है जिसका उपयोग आनंद और मनोरंजन के लिए किया जाता है। हमें आराम करने और ऊर्जा पुन: प्राप्त करने के लिए इसकी आवश्यकता है। यदि अवकाश का बुद्धिमानी से उपयोग किया जाए तो यह शारीरिक और मानसिक संतुलन को जन्म देता है। खाली समय के लाभकारी उपयोग के माध्यम से कलात्मक, नैतिक और सौंदर्य विकास को प्रेरित किया जा सकता है।

भारतीय संदर्भ में शिक्षा के कुछ विशिष्ट उद्देश्य: जब भारत ने स्वतंत्रता प्राप्त की, तो हमारा उद्देश्य सामाजिक, आर्थिक, राजनीतिक आदि आवश्यकताओं को पूरा करने के लिए शैक्षिक प्रणाली की पुनर्रचना (reorientation) और पुनर्गठन (restructuring) की आवश्यकता थी। तत्स्वरूप भारत में शिक्षा के लक्ष्य और उद्देश्यों को निर्धारित करने के लिए विभिन्न समितियों और आयोगों की नियुक्ति की गई।

शिक्षण की अवधारणा (Concept of Teaching)

प्रभावी शिक्षण का मुख्य उद्देश्य अधिगम (learning) है। NTA-UGC-NET पाठ्यक्रम के अनुसार, हमारा वर्तमान ध्यान शिक्षण की अवधारणा को आत्मसात करने पर है। अधिगम के लिए हम जिन अनुभवों का सहारा लेते हैं, वे भिन्न-भिन्न रूप ले सकते हैं जिन्हें अधिगम की अवधारणा के अधीन समझाया गया है।

ये शब्द शिक्षक होने के अर्थ के पूरे विचार को दर्शाते हैं। किसी राष्ट्र की प्रगति और समृद्धि उसके मानव संसाधनों के विकास पर निर्भर करती है। इसके लिए हमें अत्यधिक सक्षम शिक्षकों की आवश्यकता है।

शिक्षण योग्यता उन सभी उम्मीदवारों का मूल्यांकन करने के बारे में है जो अपने ज्ञान और कौशल के आधार पर शिक्षण पेशे में प्रवेश करना चाहते हैं। यह एक सफल शिक्षक बनने के लिए आवश्यक बुनियादी गुणों को संदर्भित करता है। इसमें योग्यता, बुद्धि, दृष्टिकोण और एक सफल शिक्षक बनने की इच्छा रखने वाले व्यक्ति से अपेक्षित कई अन्य गुण सम्मिलित हैं।

शिक्षण को निम्नलिखित ढंगों से भी परिभाषित किया जा सकता है:

1. शिक्षण का मुख्य कार्य अधिगम की प्रक्रिया को उद्देश्यपूर्ण दिशा देना और उसका सही प्रबंधन है।
2. शिक्षण छात्रों को शिक्षकों द्वारा प्रदान किए गए अनुभवों में संलग्नता (engagement in experiences) के माध्यम से अपेक्षाकृत स्थायी परिवर्तन उत्पन्न करने के अवसर प्रदान करने की एक प्रक्रिया है।
3. शिक्षण ज्ञान, अनुभव और वैज्ञानिक सिद्धांतों का एक कुशल अनुप्रयोग है जिसका उद्देश्य अधिगम की सुविधा के लिए एक वातावरण स्थापित करना है।
4. शिक्षण एक नियोजित गतिविधि है और प्रभावी शिक्षण निम्नलिखित कारकों पर निर्भर करता है।
   - **(a)** विद्यार्थी कितने स्पष्ट रूप से समझते हैं कि उनसे क्या सीखने की अपेक्षा की जाती है।
   - **(b)** उनके अधिगम की प्रक्रिया का कितनी सटीकता से मापन किया जा सकता है।
5. शिक्षण एक ऐसी प्रक्रिया है जिसमें कुछ पूर्व निर्धारित लक्ष्यों को प्राप्त करने के लिए शिक्षार्थी, शिक्षक और अन्य चरों को व्यवस्थित तरीके से आयोजित किया जाता है।
6. शिक्षण एक ऐसी गतिविधि है जो एक बच्चे को सीखने और वांछित ज्ञान और कौशल प्राप्त करने और समाज में उनके जीवन जीने के वांछित ढंगों को प्रभावित करती है।

शिक्षण की प्रकृति और विशेषताएं (Nature and Characteristics of Teaching)

हम शिक्षण की कुछ परिभाषाओं और महत्त्वपूर्ण पहलुओं की चर्चा पहले भी कर चुके हैं। नेट परीक्षा में शिक्षण की विशेषताओं पर आधारित एक दो प्रश्न पूछे जाने की संभावना बनी रहती है।

1. शिक्षण मूलत: एक बौद्धिक गतिविधि है।
2. शिक्षण के दो मूलभूत प्रतिरूप (teaching models) है—प्रशिक्षक केंद्रित एवं शिक्षार्थी केंद्रित।
3. शिक्षण के विभिन्न स्तर हैं।
4. शिक्षण पाठ्यचर्या एवं पाठ्यक्रम के अनुसार होता है।

5. शिक्षण का वातावरण गतिशील होता है।
6. शिक्षण, अधिगम, अनुदेश, प्रशिक्षण, का परस्पर घनिष्ठ संबंध है।
7. शिक्षण एक संव्यवसाय या वृत्ति (profession) है। शिक्षण-कौशल प्राप्त करने के लिए एक लंबी अवधि का अध्ययन और प्रशिक्षण आवश्यक है।
8. शिक्षण विज्ञान के साथ-साथ कला भी है।

उपरोक्त विशेषताओं का विस्तृत वर्णन आगामी अनुच्छेदों में किया गया है।

बौद्धिक गतिविधि (Intellectual Activity)

शिक्षण अनिवार्य रूप से एक बौद्धिक गतिविधि है। शिक्षण बौद्धिक विकास की मनोवैज्ञानिक प्रक्रिया है। शिक्षक की सभी गतिविधियां—शिक्षण उद्देश्यों की स्थापना, पाठ्यक्रम विकसित करना, शिक्षण प्राविधि, मूल्यांकन, इत्यादि का उद्देश्य बौद्धिक विकास है। इसी बात को ध्यान में रखते हुए शिक्षण-

कॉन्सेप्ट बॉक्स

मूलभूत शिक्षण प्रतिरूप (Basic Teaching Models)

शिक्षण का कोई मूलभूत प्रतिरूप नहीं है जो सभी स्थितियों के लिए शुभ हो। यहां दो विपरीत आकारों की चर्चा की गई है। इन आकारों को विभिन्न या संयोजित रूप से विभिन्न पाठ्यक्रमों के लिए प्रयोग किया जा सकता है।

प्रशिक्षक केंद्रित दृष्टिकोण (Pedagogical Approach)

इस दृष्टिकोण को आंग्ल भाषा में 'पेडागोगी' (pedagogy) भी कहा जाता है जिसका अर्थ है 'शिक्षण का विज्ञान'। शिक्षाशास्त्र एक पारंपरिक दृष्टिकोण है। इसे शिक्षण का विज्ञान (और कला) भी कहा जाता है। शिक्षक शिक्षण के मुख्य पहलुओं जैसे कि अधिगम प्रक्रिया, शिक्षण गति, अध्ययन सामग्री, शिक्षण प्रविधि को तय करने में प्राथमिक भूमिका ग्रहण करता है। यह सब तय करना मुख्य रूप से शिक्षक का कार्य बन जाता है।

फ्रेडरिक हर्बट (Friedrich Herbart) ने वर्ष 1906 में अपने कार्य सार्वभौमिक शिक्षाशास्त्र (universal pedagogy) में शिक्षण के पांच औपचारिक चरणों का समर्थन किया।

1. **साधन रचना (Preparation):** नई सामग्री को प्रासंगिक प्रचलित विचारों (या अनुस्मरण) से संयोजना।
2. **प्रस्तुति (Presentation):** ठोस वस्तुओं के वास्तविक अनुभव को ध्यान में रखते हुए नया पाठ प्रस्तुत करना।
3. **संस्थागत रूप देना (Association):** नए विचारों की प्रचलित विचारों के साथ तुलना करने के उद्देश्य से, नए विचारों को शिक्षार्थी के दिमाग में प्रत्यारोपित (implant) करना।
4. **सामान्यीकरण (Generalization):** अमूर्त विचारों को विकसित करने के लिए अधिगम को धारणा और अनुभव से आगे ले जाना।
5. **आवेदन (Application):** नए अर्जित ज्ञान को छात्र के जीवन का अभिन्न अंग बनाना।

शिक्षार्थी केंद्रित पद्धति (Andragogical approach)

एंड्रागोगी मूलत: ग्रीक और बाद में जर्मन शब्द एंड्रागोगिक पर आधारित है, जिसे 1833 में जर्मन शिक्षक अलेक्जेंडर कप्प (Alexander Kapp) ने प्रस्तुत किया था। यहां, शिक्षार्थी अधिकतर स्व-निर्देशित (self-directed) होता है। वह अधिकतर अपने स्वयं के अधिगम के लिए उत्तरदायी है। छात्र न केवल ज्ञान प्राप्त करते हैं बल्कि वे 'अन्वेषण या खोज' के माध्यम से व्याख्या करते हैं। छात्रों ने अपने अधिगम की गति स्वयं निर्धारित की।

प्रशिक्षक स्वयं को सीखने और नए ज्ञान प्राप्त करने के अवसर प्रदान करके अधिगम की सुविधा प्रदान करते हैं। इस प्रकार, छात्र नए कौशल विकसित करते हैं।

स्व-मूल्यांकन (self-evaluation) भी इस दृष्टिकोण की विशेषता है। Andragogical दृष्टिकोण की पहचान 'वयस्क शिक्षा' (adult learning) से भी की जाती है।

ये दोनों मूलभूत मॉडल चरम स्थितियों को वर्णित करते हैं, व्यावहारिक रूप में शिक्षण समाज और काल के अनुरूप इन दोनों के बीच में कहीं होता है।

शिक्षण में प्रमुख परिवर्तन

पेडागोगी से	अंडरगोगी पद्धति तक
शिक्षक केंद्रित, निश्चित रचना	शिक्षार्थी केंद्रित, लचीली प्रक्रिया
शिक्षक की दिशा और निर्णय	शिक्षार्थी की स्वायत्तता
शिक्षक का मार्गदर्शन और अधिगम की निगरानी	शिक्षक की सुविधा, अधिगम के लिए समर्थन और प्रोत्साहन
अधिगम में निष्क्रिय अभिनंदन	अधिगम में सक्रिय भागीदारी
कक्षा की चार दीवारों के भीतर अधिगम	व्यापक सामाजिक संदर्भ में अधिगम
ज्ञान 'दिया' और 'निश्चित' के रूप में	ज्ञान बनता है और विकसित होता है
अनुशासनात्मक केंद्र	बहु-विषयक, शैक्षिक केंद्र
रेखिक दिशा	एकाधिक - विभिन्न दिशाएं
इसका आकलन संकुचित है	इसका आकलन विविध और निरंतर है

ह्यूटागोजी (Heutagogy): ह्यूटागोजी को स्टीवर्ट हस (Stewart Hase) द्वारा परिभाषित किया गया था। यह स्वनिर्धारित अधिगम का अध्ययन है। यह एंड्रागोजी का विस्तार और पुनर्व्याख्या है। यह शिक्षण का एक नए युग का ढंग है। यह परिवर्तनकारी तकनीक है। यह छात्रों को आत्म-खोज की गहन यात्रा पर ले जाता है। यह अवधारणा स्व-शिक्षा को बढ़ावा देती है, जो औपचारिक शिक्षण से स्वतंत्र है। इसे पीएचडी और अप्रेंटिसशिप के उदाहरणों से जोड़ा जा सकता है।

मनोविज्ञान के पांच स्तंभ: शिक्षा के संदर्भ में मनोविज्ञान के पांच स्तंभ हैं।

1. **जैविक (biological):** जीव विज्ञान, तंत्रिका विज्ञान, भावना, चेतना
2. **संज्ञानात्मक (cognitive):** धारणा, सोच, बुद्धि, स्मृति
3. **विकासात्मक (developmental):** सीखना, जीवन काल, विकास
4. **सामाजिक और व्यक्तित्व (social and personality):** सामाजिक व्यक्तित्व, भावनाएं, प्रेरणा
5. **मानसिक और शारीरिक स्वास्थ्य (mental and physical health):** असामान्य उपचार, तनाव, जीवन शैली और स्वास्थ्य।

अधिगम प्रक्रिया में वैयक्तिक भिन्नता के सिद्धांत (doctrine of individual differences) को अपनाया जाता है।

शिक्षक के लिए यह आवश्यक है कि वह कक्षा के पर्यावरण को यथासम्भव प्रेरणात्मक बनाए। शिक्षण प्रविधियों जैसे कि मस्तिष्क झंझावाती प्राविधि (brain storming technique), जिसका वर्णन बाद में किया गया है, इत्यादि का उपयोग भी बौद्धिक विकास के उद्देश्य को ध्यान में रख कर किया जाता है।

शिक्षक शिक्षार्थियों के व्यवहार में वांछित परिवर्तन लाने के लिए वांछित कार्यों की उपयुक्त योजना विकसित करता है। शिक्षण-अधिगम प्रक्रिया में छात्र अनिर्मित उत्पादक सामग्री (raw material) की तरह होते हैं। वे कक्षा में विभिन्न आकांक्षाएँ लेकर आते हैं। शिक्षक उनको सभ्य नागरिक के रूप में ढालता है, ताकि उनके सफल भविष्य का निर्माण हो सके।

मानसिक विकास की कई विशेषताएँ होती हैं, इसके अंतर्गत उत्तरोत्तर विकास (progressive development), नए विचारों का विकास, विचारों की अभिव्यक्ति, संज्ञानात्मक योग्यताओं (cognitive abilities) का विकास, इत्यादि आते हैं। पाठ्यक्रम में विविधता (diversity) का मुख्य उद्देश्य शिक्षार्थियों की सृजनात्मकता (creativity) का विकास करना होता है।

शिक्षण के स्तर (LEVELS OF TEACHING)

शिक्षण के दौरान, एक अनुभवी व्यक्ति (शिक्षक) और एक अनुभवहीन व्यक्ति (छात्र) के बीच बातचीत होती है। यहां मुख्य उद्देश्य छात्र के व्यवहार में परिवर्तन लाना है।

शिक्षण के मूल रूप से तीन भिन्न-भिन्न स्तर हैं। ये स्तर शिक्षण के मुख्य उद्देश्यों की उपलब्धि को दर्शाते हैं। स्वायत्त विकासात्मक चरण (autonomous developmental level) को बाद के चरण में संकलित किया गया था लेकिन सबसे मूलभूत होने के कारण, इसकी चर्चा पहले की गई है।

मॉरिस एल. बिग्गी (Morris L. Biggie) ने एक आरेख (1976) में सबसे अधिक विचारशील, विचारशील और कम विचारशील का सुझाव दिया।

स्वायत्त विकास स्तर (Autonomous Development Level)

स्वायत्त विकास का स्तर छात्र केंद्रित है। यहां शिक्षक का कार्य सकारात्मक की तुलना में नकारात्मक भी हो सकता है, यहां बालक पर कोई भी विचार प्रबलता से थोपना नहीं होता है। अधिगम छात्र की अपनी भावनाओं और निर्णय पर निर्भर है। यहां किसी औपचारिक शिक्षा की कोई आवश्यकता नहीं है। उदाहरण के लिए, कुछ छात्रों को भगवान का उपहार कहा जाता है।

पाठ्यक्रम में वर्णित तीन प्रमुख स्तरों को सूची स्तंभ के आकार के चित्र 1.1 में दिखाया गया है। उन्हें विस्तार से समझाया गया है।

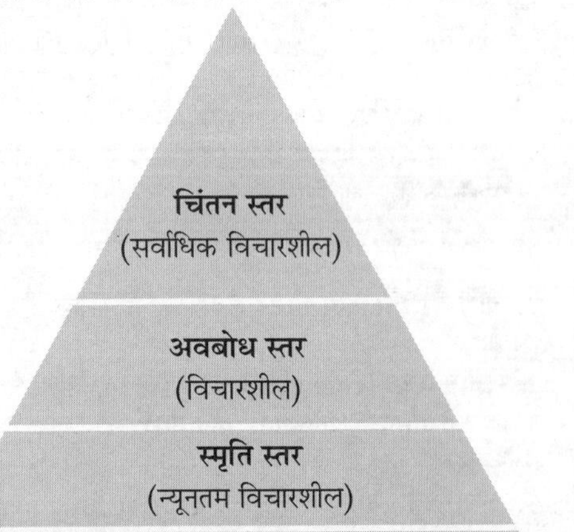

रेखाचित्र 1.1 शिक्षण सूची स्तंभ

शिक्षण का स्मृति स्तर (MEMORY LEVEL OF TEACHING - MLT)

हरबर्ट (Herbart) शिक्षण के स्मृति स्तर के मुख्य प्रस्तावक हैं। स्मृति स्तर औपचारिक शिक्षण का प्रारंभिक चरण है। स्मृति स्तर तथ्यों को कंठस्थ करने की प्रवृत्ति को प्रेरित करता है।

स्मरण शक्ति का अच्छा होना आवश्यक है, क्योंकि इससे अधिगम में तीव्रता, प्रतिधारण की स्थिरता, स्मरण करने में तीव्रता, और केवल वांछनीय सामग्री (desirable contents) को सचेत स्तर पर लाने की क्षमता सम्मिलित है। यहां, शिक्षण-अधिगम प्रक्रिया एक 'उत्तेजना-प्रतिक्रिया' (Stimulus-Response) के रूप में है।

स्मृति स्तर पर शिक्षण और अधिगम मूल रूप से हमारी स्मृति में तथ्यात्मक सामग्री देने के बारे में है। मूल्यांकन प्रणाली में मुख्य रूप से मौखिक, लिखित और निबंध-प्रकार की परीक्षा सम्मिलित है।

MLT के तीन महत्वपूर्ण पहलू निम्न रूप में दिए गए हैं:

1. सामग्री का अधिगम - Learning
2. सामग्री का प्रतिधारण - Retention
3. आवश्यकता पड़ने पर सामग्री का पुनरुत्पादन - Reproduction

शिक्षण के स्मृति स्तर के उद्देश्य (OBJECTIVES OF MEMORY LEVEL OF TEACHING)

1. मुख्य उद्देश्य शिक्षार्थी को ज्ञान और सूचना प्रदान करना है।
2. यह तथ्यात्मक ज्ञान प्राप्त करने में सहायक होता है।
3. इसमें ब्लूम (Bloom) के वर्गीकरण के ज्ञान-आधारित उद्देश्यों को भी सम्मिलित किया गया है।
4. शिक्षण मुख्य रूप से विषय-केंद्रित है।
5. छात्रों को याद रखने वाली वस्तुएं सरलता से सिखाई जा सकती हैं। इसलिए विषय सामग्री को सुव्यवस्थित रखना आवश्यक हो जाता है।

शिक्षण विधि या प्रणाली (TEACHING METHOD)

शिक्षण विषय-केंद्रित है, इसमें ड्रिल (Drill), समीक्षा, संशोधन, प्रश्न पूछना आदि शिक्षण विधियों का उपयोग किया जाता है। इनसे दोहराव या अभ्यास करने में दक्षता प्राप्त की जा सकती है। इसकी सहायता से नए अनुभव से भी जुड़ा जा सकता है।

प्रश्न तकनीक का उपयोग यह जांचने के लिए किया जाता है कि शिक्षण के ज्ञान-स्तर के उद्देश्यों को प्राप्त किया गया है या नहीं।

शिक्षक को स्टेज-सेटर, संसाधन प्रबंधक और मूल्यांकनकर्ता की भूमिका भी निभानी पड़ती है।

शिक्षार्थी की भूमिका निष्क्रिय होती है, क्योंकि विषय सामग्री, शिक्षण तकनीक और शिक्षण पद्धतियां शिक्षक द्वारा तय की जाती हैं।

यहां शिक्षण उपकरण के रूप में शिक्षण सहायक सामग्री जैसे कि दृश्य यंत्र, श्रव्य यंत्र, दृश्य-श्रव्य सहायक मॉडल, चार्ट, मानचित्र, चित्र, टीवी, रेडियो आदि का उपयोग किया जाता है जिससे शिक्षार्थियों में अधिगम प्रक्रिया के प्रति जिज्ञासा की भावना उत्पन्न होती है। छात्रों को श्रेष्ठतर रूप में सीखने के लिए आंतरिक भावना का होना आवश्यक है। शिक्षण के इस स्तर पर प्रेरणा की प्रकृति काफी सीमा तक बाहरी होती है।

शिक्षार्थियों के लिए मूल्यांकन प्रणाली (EVALUATION SYSTEM FOR LEARNERS)

मूल्यांकन प्रणाली में मुख्य रूप से मौखिक, लिखित और निबंध-प्रकार की परीक्षा सम्मिलित है।

मूल्यांकन पूर्व निर्धारित उद्देश्यों पर किया जाता है।

यहां, छात्रों की याद करने की शक्ति की जांच के लिए मौखिक और लिखित दोनों परीक्षाएं आयोजित की जाती हैं।

लिखित परीक्षा के लिए शॉर्ट-टाइप, रिकॉल-टाइप, रिकॉग्निशन-टाइप, मल्टीपल-चॉइस और मैचिंग-टाइप टेस्ट वस्तु का उपयोग किया जाता है। यहां शिक्षण के लिए प्रश्नों की अधिकतम संख्या का प्रयास करना आवश्यक है।

स्मृति के मनोवैज्ञानिक आधार शिक्षण का स्तर (PSYCHOLOGICAL BASES OF MEMORY LEVEL OF TEACHING)

जीन पियाजे (Jean Piaget) के अनुसार, स्मृति स्तर मुख्य रूप से स्कूल में प्रारम्भिक कक्षाओं से संबंधित है। यह संज्ञानात्मक विकास के पूर्व-संचालन स्तर पर आधारित है। वे अमूर्त अवधारणाओं पर कार्य न करके अपने मानसिक विकास के अनुसार, वास्तविक अर्थ और प्रकृति का विश्लेषण किए बिना सरल अवधारणाओं को आसानी से सीख सकते हैं। सामान्य तौर पर, विद्यार्थियों से सीखे गए तथ्यों पर विचार करने, चिंतन करने या प्रतिबिंबित (reflect) करने की अपेक्षा नहीं की जाती है।

हर्बार्टियन (Herbartian) की धारणा के सिद्धांत के अनुसार, युवा छात्र मन इस स्तर पर स्वयं को और अपने आसपास की दुनिया को समझने के लिए तत्पर रहते हैं। मस्तिष्क वैसे भी अधिक मात्रा में तथ्यात्मक जानकारी एकत्रित करने के लिए तैयार हो जाता है जिसमें अवधारणाएं, तत्व, संरचनाएं, मॉडल, सिद्धांत आदि सम्मिलित हैं।

पावलोव और स्किनर (Pavlov and Skinner) ने अनुबन्धन, अनुकूलित या कंडीशनिंग (conditioning) सिद्धांत की अवधारणा को रेखांकित किया है। इसके द्वारा किसी व्यक्ति द्वारा की गई सही प्रतिक्रिया को सुदृढ़ (reinforce) किया जा सकता है ताकि सीखी गई विषय-वस्तु को दीर्घ समय तक सरलता से याद रखा जा सके।

शिक्षण स्मृति स्तर के लिए सुझाव

1. शिक्षण सामग्री वस्तुनिष्ठ और उपयोगी होनी चाहिए।
2. शिक्षण सामग्री सीमित होने के साथ- साथ सरल से जटिल की ओर अग्रसर होनी चाहिए।
3. शिक्षण सहायक सामग्री के भागों को व्यवस्थित, एकीकृत और अनुक्रमित करके संगठित किया जाना चाहिए।
4. छात्रों की स्मरण शक्ति में सुधार सुनिश्चित करने के लिए निरंतर मूल्यांकन का ध्यान रखा जाना चाहिए।
5. नित्य प्रयोग और अभ्यास से छात्रों की स्मृति में अधिक सामग्री की अवधारणा को बढ़ाया जा सकता है।
6. कक्षा अनुदेश के दौरान निरंतर सुदृथढ़ीकरण (reinforcement) अवश्य होना चाहिए।

शिक्षण के अवबोध स्तर को समझना (UNDERSTANDING LEVEL OF TEACHING)

मॉरिसन (Morrison) शिक्षण अवबोध स्तर के मुख्य प्रस्तावक हैं। यह 'स्मृति और अंतर्दृष्टि' (Memory Plus Insight) है। यह विषय की दक्षता पर निर्भर करता है।

यह विद्यार्थियों को सामान्यीकरण (generalization), सिद्धांतों, तथ्यों और अनुप्रयोग भागों को समझाने के साथ उन्हें 'बौद्धिक व्यवहार' विकसित करने के भी अधिक से अधिक अवसर प्रदान करता है।

इस स्तर पर शिक्षण का स्तर 'स्मृति स्तर' की तुलना में उच्च होता है।

इससे विद्यार्थी संज्ञानात्मक क्षमताओं का उन्न विकास होने पर विचार करने, तथ्यों के अधिक तार्किक प्रस्तुतिकरण, उनका अर्थपूर्ण विश्लेषण और निष्कर्ष निकालने में पूर्ण रूप में सक्षम हो जाते हैं। वे सिद्धांतों और तथ्यों के बीच संबंधों का मूल्यांकन करते हैं और तथ्यों को आत्मसात करने के लिए स्थान भी प्रदान करते हैं।

उद्देश्य (OBJECTIVES)

संशोधित ब्लूम (Bloom) वर्गीकरण के अनुसार, शिक्षण अवबोध स्तर का उद्देश्य निम्न उद्देश्यों पर आधारित है:

1. इसका मुख्य उद्देश्य निर्देशात्मक संदेशों की व्याख्या करना, उदाहरण देना, वर्गीकरण करना, तुलना करना तथा अनुमान के माध्यम से निर्देशात्मक संदेशों को समझाना है।
2. इसके उद्देश्यों में उचित प्रक्रिया का उपयोग भी मुख्य रूप से सम्मिलित है।
3. विषय-वस्तु व्यापक और अधिक विस्तृत है जिसमें वास्तविक जीवन की स्थितियों के सिद्धांतों और सामान्यीकरणों का अनुप्रयोग सम्मिलित है।

शिक्षण पद्धतियां और उपकरण (Teaching Methods and Equipments): यह निम्नलिखित रूप से सम्मिलित हैं:

1. व्याख्यान (एवं सह प्रदर्शन) - Lecture (cum demonstration)
2. चर्चा विधि - Discussion method
3. आगमनात्मक-निगमनात्मक - Inductive-deductive
4. उदाहरण और स्पष्टीकरण - Exemplification and explanation

कक्षा में विशिष्ट उदाहरणों का उपयोग किसी बिंदु को स्पष्ट करने, रुचि में संवर्धन करने के लिए किया जाता है। इससे कक्षा का वातावरण अधिक सक्रिय होता है, और अधिगम प्रक्रिया अधिक प्रेरक हो जाती है। शिक्षण के अवबोध स्तर पर अभिप्रेरणा बाह्य होने के साथ-साथ आंतरिक प्रकृति भी होती है।

इस विधि में मुख्य रूप से निम्न शिक्षण उपकरण सम्मिलित हैं:

1. प्रतिरूप - Models
2. लेखाचित्र - Chart
3. दीप्ति या कोंध वाले कार्ड - Flash cards
4. प्रतिमा - Pictures

शिक्षार्थी शिक्षण सहायक सामग्री की सहायता से अवधारणाओं को अधिक सरलता से समझ सकते हैं। शिक्षक को छात्रों की आवश्यकता और स्तर के अनुसार सही सहायता और उपकरण का उपयोग करना चाहिए।

मूल्यांकन (EVALUATION)

मूल्यांकन प्रणाली में मुख्य रूप से निबंध और वस्तुनिष्ठ दोनों प्रकार के प्रश्न सम्मिलित होते हैं। अवबोध स्तर का अधिक व्यापक मूल्यांकन करने में तथा परीक्षणों और उपकरणों के लिए उचित योजना की आवश्यकता होती है। नियोजित परीक्षण छात्र की समझने, विश्लेषण करने, संश्लेषित करने और भेदभाव करने की क्षमता का मूल्यांकन करते हैं।

इसके साथ ही मौखिक और लिखित परीक्षणों का उपयोग करके इन क्षमताओं की जांच की जा सकती है, और इसमें व्यावहारिक ज्ञान के परीक्षण के लिए कुछ कार्यक्षेत्र भी सम्मिलित होने चाहिए।

शिक्षक और शिक्षार्थी की भूमिका (ROLE OF TEACHER AND LEARNER)

शिक्षक एक महत्वपूर्ण भूमिका निभाता है। वह शिक्षण सामग्री प्रस्तुत करता है और उनमें रुचि उत्पन्न करता है। विषयवस्तु के प्रस्तुतीकरण का क्रम, निर्देश का तरीका और मूल्यांकन में प्रयुक्त विधियां शिक्षक के पास रहती हैं।

शिक्षार्थियों की भूमिका अधिक सक्रिय होती है और उन्हें इस स्तर पर कड़ा परिश्रम करना पड़ता है। इस स्तर के प्रतिभागी माध्यमिक शिक्षार्थी हैं। यह सारी रूपरेखा शिक्षक द्वारा ही निर्धारित की जाती है।

शिक्षण का चिंतन स्तर (REFLECTIVE LEVEL OF TEACHING)

हंट (Hunt) इस स्तर का मुख्य प्रस्तावक है। यह स्तर शिक्षण का उच्चतम और सबसे व्यावहारिक स्तर है। समाज अपेक्षा करता है कि एक व्यक्ति पूरे परिदृश्य को समझने और अपने ज्ञान को लागू करने में सक्षम होना चाहिए। इसे 'आत्मनिरीक्षण स्तर' (introspective level) भी कहा जाता है। इसका अर्थ किसी चीज के बारे में गहराई से विचार करना भी है।

1. यह अत्यधिक विचारशील और उपयोगी है। छात्र प्राथमिक स्थान पर हैं, और शिक्षक माध्यमिक स्थान ग्रहण करते हैं।
2. एक शिक्षार्थी इस स्तर को स्मृति स्तर और बुद्धि स्तर के लाभ के बाद ही प्राप्त कर सकता है।
3. चिंतनशील स्तर शिक्षार्थियों को जीवन में वास्तविक समस्या संबंधी स्थितियों को हल करने के लिए प्रेरित करता है।
4. इस स्तर पर, छात्र को वास्तविक समस्या की स्थिति का सामना करना पड़ता है।
5. कक्षा का वातावरण पर्याप्त रूप से 'मुक्त और स्वतंत्र' (Free and Independent) होना चाहिए।
6. यहां समस्या की पहचान की जाती है, उसे परिभाषित किया जाता है, और फिर समाधान ढूँढा जाता है।
7. इस स्तर पर विद्यार्थी की मौलिक सोच और क्षमताओं का विकास होता है।
8. शिक्षक को लोकतांत्रिक होना चाहिए। ज्ञान को छात्रों पर लागू नहीं किया जाना चाहिए।
9. छात्र सक्रिय हो जाते हैं, उन्हें नवीन और कल्पनाशील बनने की आवश्यकता होती है।
10. मूल्यांकन के लिए निबंध-प्रकार की परीक्षा का उपयोग किया जाता है। दृष्टिकोण, विश्वास और भागीदारी का मूल्यांकन भी किया जाता है।

चिंतन स्तर शिक्षण के गुण (MERITS OF REFLECTIVE LEVEL TEACHING)

1. इस स्तर पर शिक्षण झुकाव शिक्षार्थी पर अधिक केंद्रित है।
2. इस स्तर पर शिक्षक और शिक्षार्थी के बीच अधिक अंत:क्रिया होती है।
3. शिक्षण का यह स्तर उच्च वर्ग के लिए उपयुक्त है।

चिंतन स्तर शिक्षण के दोष (DEMERITS OF REFLECTIVE LEVEL TEACHING)

1. यह अधिकतर मानसिक रूप से परिपक्व बच्चों के लिए उपयुक्त है।
2. अध्ययन सामग्री न तो संगठित है और न ही पूर्व नियोजित या व्यवस्थित है।

शिक्षक विकास के चार चरणों को विकासशील, कुशल, निपुण और प्रतिष्ठित (developing, proficient, accomplished, and distinguished) के रूप में भी परिभाषित किया गया है।

बोस्टन विश्वविद्यालय से जुड़े केविन ए रयान (Kevin A. Ryan) ने 'शिक्षण के चार चरणों' को काल्पनिक, उत्तरजीविता, महारत और प्रभाव (Fantasy, Survival, Mastery, and Impact) के रूप में सूचीबद्ध किया है।

संज्ञान और मेटा संज्ञान या मेटाकॉग्निशन (COGNITION AND METACOGNITION)

ये अवधारणाएं चिंतनशील प्रथाओं से जुड़ी हुई हैं। संज्ञान एक मानसिक प्रक्रिया है जिसमें स्मृति, ध्यान, भाषा का निर्माण और समझ, तर्क करना, सीखना, समस्या-समाधान और निर्णय लेना सम्मिलित है। इसे अक्सर सूचना प्रसंस्करण, ज्ञान को लागू करने और प्राथमिकता को परिवर्तित करने के रूप में जाना जाता है।

मेटाकॉग्निशन संज्ञान का ही एक प्रकार है। यह स्वयं की विचार प्रक्रियाओं के बारे में जागरुकता और समझ होती है। इसको किसी व्यक्ति के अपने स्वयं के संज्ञान के बारे में ज्ञान के वैज्ञानिक अध्ययन के रूप में परिभाषित किया गया है। यह मूल रूप से आवेदन का ही भाग है।

स्टॉपओवर

एक शिक्षक अपनी प्रस्तुति के समर्थन में कई सकारात्मक और नकारात्मक उदाहरण प्रस्तुत करता है।
यह शिक्षण का कौन सा स्तर परिलक्षित करता है?

(a) स्वायत्त विकास स्तर (b) स्मृति का स्तर
(c) समझ का स्तर (d) चिंतनशील स्तर

उत्तर: (d)

प्रश्न का हल: सकारात्मक और नकारात्मक उदाहरण देने का अर्थ है, छात्रों को वास्तविक जीवन की स्थितियों से परिचित करवाना।

पाठ्यचर्या की रूपरेखा, पाठ्यचर्या और पाठ्यक्रम (CURRICULUM FRAMEWORK, CURRICULUM AND SYLLABUS)

वर्ष 1976 तक, भारतीय संविधान ने राज्य सरकारों को पाठ्यक्रम सहित शिक्षा से संबंधित सभी मामलों पर निर्णय लेने की अनुमति दी थी। वर्ष 1976 में 42वें संविधान संशोधन के बाद, केंद्र केवल नीतिगत मुद्दों पर राज्यों को मार्गदर्शन प्रदान कर सकता था। राष्ट्रीय शिक्षा नीति, 1968 की पालना करते हुए राष्ट्रीय

शिक्षा अनुसंधान और प्रशिक्षण परिषद (NCERT) ने वर्ष 1975 में राष्ट्रीय पाठ्यचर्या रूपरेखा (National Curriculum Framework - NCF) की स्थापना की।

वर्ष 1976 में, शिक्षा को समवर्ती सूची में सम्मिलित करने के लिए संविधान में संशोधन किया गया था, और वर्ष 1986 में पहली बार, पूरे देश में शिक्षा पर एक राष्ट्रीय नीति (NPE-1986) थी, जो NCF को आधुनिक साधन के रूप में परिकल्पित करती है।

सामान्य बुनियादी मूल्यों और शिक्षा के तुलनीय मानकों को सुनिश्चित करते हुए और भारत की भौगोलिक और सांस्कृतिक विविधता का जवाब देने की क्षमता को ध्यान में रखते हुए तथा शिक्षा को ध्यान में रखते हुए, एनपीई-1986 ने एक प्रासंगिक, लचीले और शिक्षार्थी केंद्रित पाठ्यक्रम पर जोर दिया। NCF को बाद में वर्ष 1988, 2000 और 2005 में संशोधित किया गया था।

पाठ्यचर्या ढांचा एक ऐसी योजना है जो व्यक्ति और समाज दोनों के संबंध में शैक्षिक उद्देश्यों की व्याख्या करती है। यह योजना बच्चों को एक शिक्षण संस्थान द्वारा प्रदान किए जाने वाले अधिगम के अनुभवों के प्रकारों की समझ की ओर ले जाती है।

पाठ्यचर्या को नियोजित गतिविधियों के कुल योग के रूप में माना जाता है जो अधिगम की सुविधा प्रदान करते हैं और विशिष्ट शैक्षिक उद्देश्यों को लागू करने के लिए डिज़ाइन किए गए हैं।

यह समझाने की एक योजना है कि किन अवधारणाओं को व्यवहार में लाया जाना है, शिक्षार्थियों के बीच कौन से ज्ञान, कौशल और दृष्टिकोण को जानबूझकर विकसित किया जाना है। इसमें सामग्री के चयन के लिए मानदंड के विवरण और सामग्री के लेन-देन के साथ-साथ मूल्यांकन के विभिन्न ढंग सम्मिलित हैं। यह निम्नलिखित कारकों से संबंधित है:

1. किसी विशेष स्तर या कक्षा में शिक्षा के सामान्य उद्देश्य।
2. विषयवार अधिगम के उद्देश्य और सामग्री।
3. पढ़ाई का कोर्स और समय आवंटन।
4. शिक्षण-अधिगम अनुभव।
5. शिक्षण-अधिगम अनुदेशात्मक सुविधाएं और सामग्री।
6. अधिगम का मूल्यांकन और शिक्षार्थियों को प्रतिक्रिया।

पाठ्यक्रम एक लेख्य पत्र (document) है जो विषयों की सामग्री और कौशल, ज्ञान और दृष्टिकोण का विवरण देता है। पाठ्यक्रम कवर किए जाने वाले विषयों की एक वर्णनात्मक सूची और उनकी सामग्री का सारांश है। यह वर्णन और अधिक सारांशित करता है कि छात्रों को क्या पढ़ाया जाना चाहिए। इस प्रकार, यह हमें अनुसूची, मूल्यांकन, सुपुर्द नियत कार्य (assignment), प्रोजेक्ट और परीक्षा आदि की आवश्यक जानकारी देता है।

पाठ्यक्रम और पाठ्यचर्या के बीच मुख्य अंतर

(DIFFERENCES BETWEEN SYLLABUS AND CURRICULUM)

1. पाठ्यक्रम को विशेष विषय में पढ़ाए जाने वाले विषयों के सारांश के रूप में वर्णित किया गया है। पाठ्यचर्या एक शैक्षिक प्रणाली या पाठ्यक्रम में सिखाई जाने वाली समग्र सामग्री को संदर्भित करता है।
2. पाठ्यचर्या पाठ्यक्रम की तुलना में एक व्यापक दायरा है। पाठ्यक्रम प्रकृति में वर्णनात्मक है, लेकिन पाठ्यचर्या निर्देशात्मक है। पाठ्यक्रम शिक्षक से शिक्षक में भिन्न होता है जबकि पाठ्यचर्या सभी शिक्षकों के लिए समान होता है।
3. माध्यमिक या तृतीयक शिक्षा में पाठ्यक्रम की शुरुआत में शिक्षार्थियों के लिए पाठ्यक्रम सुलभ है। वे इसे अपने अध्ययन के लिए एक मार्गदर्शक के रूप में उपयोग कर सकते हैं। दूसरी ओर, शिक्षार्थियों को पाठ्यचर्या तब तक उपलब्ध नहीं करायी जाती जब तक कि वे विशेष रूप से इसके लिए नहीं कहते।
4. पाठ्यचर्या के विपरीत पाठ्यक्रम एक विशेष विषय के लिए निर्धारित किया जाता है, जो अध्ययन की एक विशेष अवधि या एक कार्यक्रम को कवर करता है।
5. पाठ्यक्रम अधिकतर शिक्षकों द्वारा तैयार किया जाता है। इसके विपरीत, पाठ्यचर्या सरकार, स्कूल या कॉलेज प्रशासन द्वारा तय किया जाता है।
6. एक पाठ्यक्रम की अवधि केवल एक वर्ष के लिए होती है, लेकिन पाठ्यचर्या अवधि के पूरा होने तक रहती है।

पाठ्यचर्या के लिए बुनियादी दृष्टिकोण

(BASIC APPROACHES TO CURRICULUM)

1. **विषय-केंद्रित पाठ्यचर्या (Subject-centred Curriculum):** यहां यह माना जाता है कि सार्वभौमिक और उद्देश्य ज्ञान सीधे उन लोगों से प्रेषित किया जा सकता है जिन्होंने ज्ञान प्राप्त नहीं किया है।
   व्याख्यान छात्रों को विषय ज्ञान का संचार करने के लिए सबसे अधिक उपयोग किया जाने वाला ढंग है। छात्र सामान्य तौर पर शिक्षक या पाठ्यपुस्तक द्वारा प्रदान की गई विषय सामग्री को याद करते हैं। परीक्षाएं छात्रों के सामग्री ज्ञान का परीक्षण करती हैं।
2. **व्यवहारवादी पाठ्यचर्या (Behaviourist Curriculum):** व्यवहारवादी मनोवैज्ञानिक अधिगम को व्यवहार में परिवर्तन के रूप में देखते हैं और अधिगम के उद्देश्यों को व्यवहार परिवर्तन के रूप में परिभाषित किया जाता है। ज्ञान क्रिया की क्षमता है, जिसे 'कार्यों के सफल प्रदर्शन' के रूप में पहचाना जाता है। यह निर्धारित करने का एकमात्र ढंग है कि विद्यार्थी कुछ जानते हैं या नहीं जानते हैं, यह देखना है कि वे कुछ स्थितियों में कैसे व्यवहार करते हैं।
   अधिगम के व्यवहारवादी सिद्धांत निम्न हैं:
   (a) योग्यता आधारित पाठ्यचर्या
   (b) मानदंड-संदर्भित पाठ्यचर्या
   (c) दक्षता अधिगम
   (d) योजनाबद्ध अधिगम

योग्यता-आधारित पाठ्यचर्या में, टर्मिनल दक्षताओं को व्यवहारिक शब्दों में परिभाषित किया गया है। फिर इन्हें उप-दक्षताओं में उप-निरूपित किया जाता है। योग्यता-आधारित पाठ्यचर्या (अधिगम का न्यूनतम स्तर) भारत और कुछ अन्य देशों में विकसित किया गया है।

व्यवहारवादी पाठ्यचर्या में शिक्षक पाठ्यचर्या विकासकर्ताओं द्वारा विकसित पाठ्यचर्या को क्रियान्वित करने के लिए सहायक होते हैं और शिक्षक पाठ्यचर्या के साध्य या साधन' पर सवाल नहीं उठाते हैं। व्यवहारवादी पाठ्यक्रम शिक्षार्थी के अनुभवों, संदर्भ और संज्ञानात्मक प्रवृत्तियों को ध्यान में नहीं रखता है। शिक्षार्थियों को ज्ञान के निष्क्रिय प्राप्तकर्ता के रूप में माना जाता है, और शिक्षकों को ज्ञान के प्रेषक के रूप में माना जाता है।

चाक और वार्तालाप शिक्षण का सामान्य ढंग है। शिक्षार्थी बिना किसी प्रश्न के चुपचाप अपने पाठों को याद करते हैं, तथा उनका अध्ययन करते हैं। बचपन को समाज के भीतर वयस्कता की तैयारी के रूप में देखा जाता है, और शिक्षा का उद्देश्य ऐसे ज्ञान और कौशल को विकसित करना है जो छात्रों को अपने वयस्क जीवन में समाज की सेवा करने में पूर्ण रूप से सहायक हो।

पाठ्यचर्या फ्रेमवर्क का रेखीय चित्रण

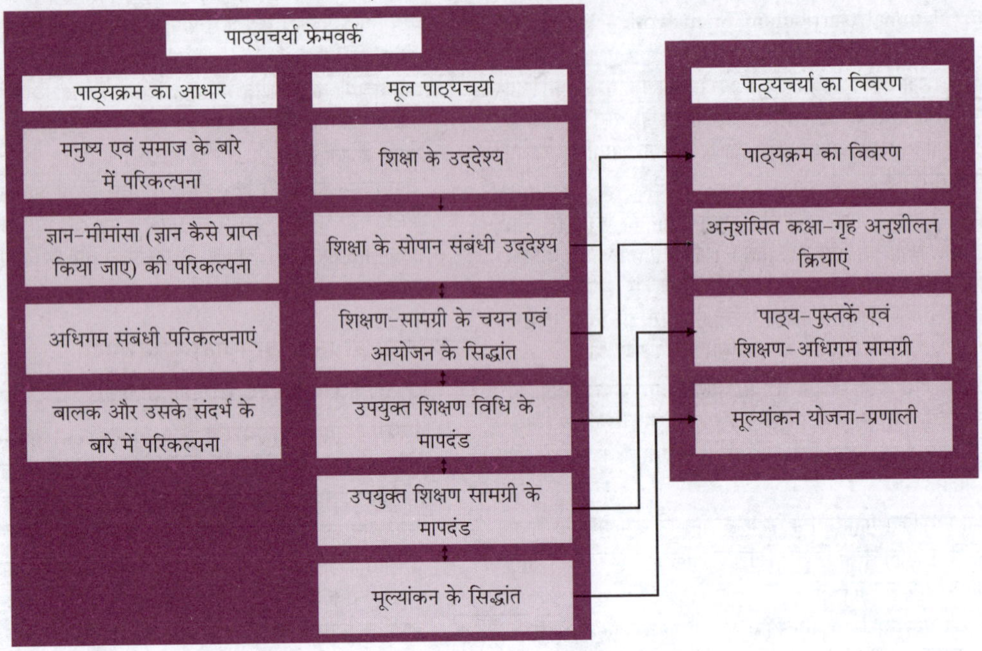

3. शिक्षार्थी-केंद्रित पाठ्यचर्या (Learner-centred Curriculum): यहां उद्देश्य शिक्षार्थियों के विकास को प्रोत्साहित करना और उनका पोषण करना है और शिक्षकों को शिक्षार्थियों की जन्मजात क्षमताओं पर भरोसा करना चाहिए।

अधिगम को रचनावादी दृष्टिकोण से देखा जाता है। अधिगम अधिक प्रभावी होता है जब शिक्षार्थी एक उत्तेजक वातावरण में संलग्न होते हैं, पूछताछ में सम्मिलित होते हैं और पर्यावरण के साथ बातचीत से अपने लिए अर्थ बनाते हैं। यहां मंत्र है 'अंदर क्या हो रहा है' और शिक्षार्थी उत्तेजना और प्रतिक्रिया के बीच खड़ा है। पाठ्यचर्या को उपयुक्त अधिगम वातावरण की व्यवस्था करके शिक्षार्थियों को उत्तेजक अनुभवों के साथ संलग्न करना चाहिए।

शिक्षक मापदंडों में रुचि रखते हैं, जैसे कि शिक्षार्थी की संज्ञानात्मक संरचनाओं की स्थिति, उसकी अर्थ-निर्माण क्षमता और उसकी रचनात्मक भावना। 'रचनात्मक पाठ्यचर्या' निम्नलिखित मान्यताओं पर आधारित है:

(a) ज्ञान शिक्षार्थियों द्वारा सक्रिय रूप से निर्मित, आविष्कार, निर्मित या खोजा गया है। यह शिक्षार्थियों द्वारा निष्क्रिय रूप से प्राप्त और संग्रहित नहीं किया जाता है।

(b) ज्ञान को अधिगम प्रक्रिया से अलग नहीं किया जा सकता है जो कि पूर्व ज्ञान पर आधारित होती है। शिक्षार्थी लगातार अपनी संज्ञानात्मक संरचनाओं का निर्माण और पुनर्निर्माण कर रहे हैं।

(c) अवधारणा निर्माण ठोस से अमूर्त तक धीरे-धीरे आगे बढ़ता है। यहां शिक्षार्थियों की अधिगम शैली को इस प्रक्रिया को समायोजित करना चाहिए।

(d) रचनावादी पाठ्यचर्या में शिक्षक सीखने के वातावरण का प्रदाता और एक सूत्रधार है।

अब हम यह जान लें कि पाठ्यक्रम क्या है। पाठ्यक्रम एक दस्तावेज है, जिसको अध्ययन या कक्षा अध्ययन की परिभाषित और निर्धारित रूपरेखा माना जा सकता है।

गतिशील वातावरण (DYNAMIC ENVIRONMENT)

शिक्षण एक निरन्तर प्रक्रिया है, जिसका मूलतत्व संचार है, जो कि स्वयं भी गतिशील है। शिक्षण समय और स्थान के अनुसार बदलता रहता है। शिक्षण को प्रभावित करने वाले राजनैतिक, आर्थिक, मनोवैज्ञानिक, समाजिक, सांस्कृतिक एवं तकनीकी कारक हो सकते हैं।

शिक्षण सभी प्रकार की प्रविधियां, पद्धतियों और संचार माध्यम का उपयोग करता है, इसमें पूछताछ, जांच, उदाहरण आदि जैसे कौशल भी सम्मिलित होते हैं। इस प्रकार के शिक्षण में श्रव्य-दृश्य माध्यम, मानव संपर्क, मुद्रण माध्यम, इलेक्ट्रॉनिक माध्यम आदि का उपयोग भी किया जाता है। शिक्षण में सफलता काफी सीमा तक उपयुक्त प्रविधि और माध्यम के चयन और उपयोग पर निर्भर करती है जो इसको जटिल भी बना देती है।

शिक्षण-वातावरण में मुख्य तीन प्रकार के चर माने जाते हैं, जो एक-दूसरे को प्रभावित करते हैं और एक-दूसरे से प्रभावित होते हैं।

स्वतंत्र चर (Independent Variables)

शिक्षण प्रक्रिया में शिक्षक स्वतंत्र चर के रूप में कार्य करता है। वह छात्रों को यथा-सम्भव पूर्ण अधिगम अनुभव (learning experience) प्रदान करने के लिए विभिन्न प्रकार के कार्यों और गतिविधियों में व्यस्त रहता है।

आश्रित चर (Dependent Variables)

इसमें छात्र आश्रित चर माना जाता है, वह अपने शिक्षक पर निर्भर रहता है, उसको शिक्षण प्रक्रिया में शिक्षक द्वारा निर्धारित सभी क्रियाएं—नियोजन, व्यवस्था और प्रस्तुतीकरण के अनुसार कार्य करना पड़ता है।

हस्तक्षेप चर (Intervening Variables)

शिक्षण प्रक्रिया में पाठ्य-वस्तु, शिक्षण विधियां, शिक्षण युक्तियां तथा शिक्षण व्यूह रचनाएँ, आदि हस्तक्षेप चर के वर्ग में आती हैं। सामाजिक परिवेश में कई और चर भी हस्तक्षेप चर का कार्य करते हैं।

यह सभी चर एक-दूसरे के पूरक हैं और सम्मिलित होकर शिक्षण प्रक्रिया को पूर्ण बनाते हैं, जैसे एक चिकित्सक सबसे पहले रोगी व्यक्ति का निदान (diagnose) या पहचान करके ही उसका उपचार आरम्भ करता है, और बाद में समय-समय पर उसका अवलोकन करता है। वैसा ही कार्य एक शिक्षक द्वारा किया जाता है।

शिक्षण का राजनीतिक वातावरण

शिक्षण प्रक्रिया का वातावरण राजनैतिक व्यवस्था के अनुसार भी होता है। निम्नलिखित अनुच्छेदों में इस बात का संक्षिप्त वर्णन किया गया है:

1. **एकतंत्र शासन (Autocracy):** इस व्यवस्था में शिक्षण प्रक्रिया शिक्षक प्रधान मानी जाती है, शिक्षक की बात को शिक्षार्थी बिना तर्क के स्वीकार करते हैं।
2. **लोकतंत्र (Democracy):** इस व्यवस्था में शिक्षक और शिक्षार्थी के संबंध मानवीय आधार पर होते हैं, दोनों एक-दूसरे के विचारों को सम्मान देते हैं और बिना किसी भय के अपने-अपने विचारों को प्रस्तुत करते हैं। लोकतंत्र में स्वानुशासन पर बल दिया जाता है।
3. **हस्तक्षेप-रहित शासन (Laissez-faire):** यह व्यवस्था सबसे लचीली है। इसमें शिक्षक एक मित्र के रूप में कार्य करता है और छात्रों के अधिकतम सक्रिय होने के लिए अवसर प्रदान किए जाते हैं।

शिक्षण में चरों के विभिन्न कार्य: निम्नलिखित अनुच्छेदों में नेट की परीक्षा के अनुसार शिक्षण चरों के कार्यों का वर्णन किया गया है।

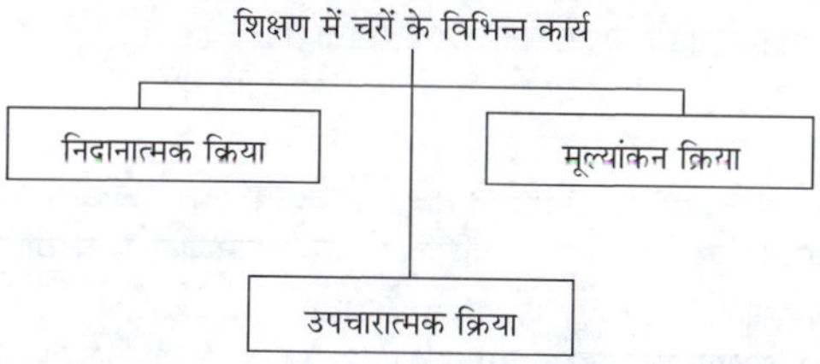

1. **निदानात्मक या नैदानिक क्रिया (Diagnostic Function):** यह कार्य इस मान्यता पर आधारित है कि हर छात्र अद्वितीय (unique) है। इसमें शिक्षक की भूमिका ज्यादा सक्रिय है, वह पाठ्य-वस्तु और छात्र दोनों पर ही ध्यान देता है तथा इस बात का ध्यान रखता है कि छात्र को क्या आता है और क्या नहीं आता।
2. **उपचारात्मक क्रिया (Prescriptive Function):** निदानात्मक दृष्टिकोण से छात्रों की कई कमियां शिक्षक के सामने आती हैं। उपचारात्मक क्रियाओं में यह देखा जाता है कि उन कमियों को कैसे दूर किया जाए तथा छात्रों में वांछित परिवर्तन लाने के शिक्षण के उद्देश्य को कैसे पूरा किया जाए। इसमें शिक्षक का अनुभव, पूर्वज्ञान, छात्रों की प्रकृति और उपलब्ध शिक्षण सहायता सामग्री, इत्यादि महत्त्वपूर्ण भूमिका निभाते हैं।
3. **मूल्यांकन क्रिया (Evaluative Function):** इन क्रियाओं से यह जाना जाता है कि छात्रों के आचार-व्यवहार में वांछित परिवर्तन आया है या नहीं। इसको इस अध्याय के बाद में मूल्यांकन प्रणाली (evaluation system) के अंतर्गत वर्णित किया गया है।

शिक्षण, अनुदेश और अधिगम (TEACHING, INSTRUCTION AND LEARNING)

इन तीनों का परस्पर निकटतम संबंध है। शिक्षण मूल रूप से एक ऐसा कार्य है, जो कि अधिगम को संभव बनाता है। इसलिए जब तक छात्र शिक्षण-उद्देश्गों के अनुरूप कुछ सीखते नहीं हैं, इसको निरर्थक ही माना जाएगा। इसलिए शिक्षण और अधिगम साथ-साथ चलते हैं। शिक्षण किसी व्यक्ति को शिक्षित करने का मुख्य साधन होता है। तालिका 1.3 इन तीनों के बीच तुलनात्मक संबंध को दर्शाती है।

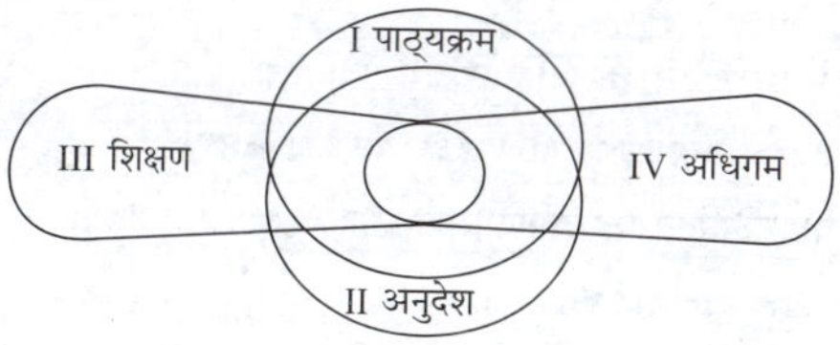

शिक्षण एक संव्यवसाय है (TEACHING IS A PROFESSION)

प्राय: यह कहा जाता है कि शिक्षण एक सा संव्यवसाय है, जो दूसरे संव्यवसायों को संभव बनाता है। चिकित्सक, इंजीनियर, चार्टर्ड अकाउटेंट, अधिवक्ता— कोई भी संव्यवसाय शिक्षण के बिना सम्भव नहीं है। यह संव्यवसाय मूलत: स्व-आयोजित (self-organized) होता है। शिक्षक अपनी संव्यवसाय के स्तर को बढ़ावा देने के लिए निश्चित क्रियाविधि को भी विकसित करते हैं। यह भी माना जा सकता है कि अध्यापन जैविक प्रकृति का होता है, अर्थात् इसका विकास सहज ढंग से होता है।

तालिका 1.3 शिक्षण, अनुदेश और अधिगम की तुलना

शिक्षण	अनुदेश	अधिगम
1. शिक्षण का मूल विचार ज्ञान के एक से दूसरी पीढ़ी को हस्तांतरण हेतु परस्पर सवादात्मक सबध (mutual interaction) स्थापित करना है।	अनुदेश में छात्र एवं शिक्षक के बीच 'पारस्परिक अंत:प्रक्रिया' की सम्भावना नहीं होती है।	शिक्षण और अनुदेश के माध्यम से अधिगम के अनुभव प्रदान होते हैं और उनके व्यवहारों में वांछित परिवर्तन लाया जाता है।
2. शिक्षण में अनुदेश निहित होता है।	अनुदेश शिक्षण का एक महत्त्वपूर्ण घटक होता है, लेकिन इसमें अधिगम निहित नहीं होता।	अधिगम के लिए शिक्षण एवं अनुदेश सहायक होते हैं, परन्तु आवश्यक नहीं।
3. शिक्षण से ज्ञानात्मक एवं क्रियात्मक पहलुओं का विकास किया जाता है।	अनुदेश से केवल ज्ञानात्मक पहलू का विकास किया जाता है।	अधिगम शिक्षण और अनुदेश के प्रभाव का परिणाम है।

यदि हम आधुनिक दृष्टि से आजीविका के साधन को संव्यवसाय कहना चाहें तो उसमें निम्न विशिष्ट लक्षण होने चाहिए:

1. विशेष बौद्धिक एवं शैक्षिक प्रशिक्षण
2. समाज
3. उच्च स्वायत्तता
4. विशेष कानूनी अधिकार
5. व्यवहार का किसी संस्था द्वारा नियमित किया जाना

शिक्षण के संबंध में यह सुनिश्चित करना थोड़ा कठिन है कि इसमें उपरोक्त सभी लक्षण समान रूप से समावेशित हैं। फिर भी समाज में योगदान को देखते हुए शिक्षण या अध्यापन को संव्यवसाय या वृत्ति कहा जा सकता है। यह भी कहा जाता है कि शिक्षक पैदा होता है, बनाया नहीं जाता—A teacher is born, not made। शिक्षण के व्यवसाय में प्रवेश पाने के लिए कई पाठ्यक्रम होते हैं जैसे B.Ed, M.Ed इत्यादि, जो शिक्षण व्यवसाय में एक सफल नींव की स्थापना के लिए ज्ञान और कौशल प्रदान करते हैं। नेट की परीक्षा भी इसी श्रेणी में आती है। शिक्षण के क्षेत्र में प्रगति के लिए शिक्षक को अपनी योग्यता में सुधार करते रहना चाहिए।

अध्यापन समाज को विकसित करने के लिए उपयोगी है। यह माना गया है कि शिक्षा किसी राष्ट्र में परिवर्तन के लाने के लिए शक्तिशाली उपकरण है।

अध्यापन वृत्ति में उच्च स्तर की स्वायत्तता होती है, विभिन्न क्रियाओं जैसे कि पाठ्यक्रम परिवर्द्धन (curriculum development), समय सारणी बनाना, अनुदेशात्मक उद्देश्यों की पहचान, शिक्षण विधि तय करना, मीडिया, मूल्यांकन मापदंड, सह पाठयक्रम (co-curricular)—सभी में शिक्षण स्वायत्तता वांछित है।

शिक्षण विज्ञान भी है और कला भी (TEACHING IS SCIENCE AS WELL AS AN ART)

विज्ञान की निम्नलिखित महत्त्वपूर्ण विशेषताएं

1. व्यवस्थित ज्ञान का समूह (Systemized body of knowledge)
2. निरीक्षण और परीक्षण पर आधारित सिद्धांत (Principles based on observation and experiments)
3. कारण और परिणाम संबंध (Cause and effect relationship)
4. सार्वभौमिक सिद्धांत (Universal principles)
5. भविष्य में होने वाली घटनाओं के परिणामों के पूर्व अनुमान की सम्भावना

ज्ञान के प्रयोग से सार्थक परिणाम प्राप्त करना ही कला है। कला कार्य करने की विधि है, जबकि विज्ञान यह बताता है कि कैसे किया जाए। कला कार्य को व्यवहार में लाना है। उदाहरण के लिए, भरतनाट्यम नृत्य के सिद्धांत सुनिश्चित है, परन्तु इसका व्यावहारिक रूप सब कलाकारों के लिए भिन्न-भिन्न हो सकता है। यह विज्ञान भी हुआ और कला भी।

शिक्षण व्यवसाय व्यवस्थित ज्ञान पर आधारित है, जो जीवन के सामाजिक, मनोवैज्ञानिक, ऐतिहासिक, राजनीतिक और आर्थिक क्षेत्रों से प्राप्त किया गया है। शिक्षण समाज के धार्मिक, आध्यात्मिक और नैतिक मूल्यों से भी प्रभावित होता है। शिक्षण तकनीकों में संचार को सरल बनाने के लिए निश्चित अनुदेशों एवं क्रम का पालन किया जाता है। विज्ञान की मान्यताओं के आधार पर एक शिक्षक को प्रशिक्षित किया जा सकता है। शिक्षक के प्रशिक्षण के लिए निश्चित विधियों का अनुसरण किया जाता है।

शिक्षण को अधिकतर कला के रूप में ही जाना जाता है, जो कि कक्षा के गतिशील वातावरण में व्यावहारिक रूप लेती है, अर्थात् शिक्षण का व्यावहारिक पक्ष कलात्मक है। हम यह जानते हैं कि अधिगम को प्रभावी बनाने के लिए शिक्षार्थियों के बीच 'व्यक्तिगत मतभेदों' को समझना आवश्यक है, ताकि अनुदेशन को इसी के अनुसार व्यवस्थित किया जा सके। शिक्षक को यह कार्य विनम्र ढंग से करना होता है, जिसमें उसका व्यक्तिगत दृष्टिकोण और विवेक सहायक होता है। इस स्थिति में हम शिक्षण को कला भी कहते हैं।

संक्षेप में कहें तो शिक्षण सिद्धांत सभी के लिए समान है, परन्तु उसको किस प्रकार से व्यवहार में लेकर आना है, यह शिक्षक पर निर्भर करता है।

शिक्षण कारक (TEACHING FACTORS)

एक शिक्षक में निम्नलिखित गुण होने चाहिए:

1. व्यक्तिगत गुण जैसे उत्साह, स्नेह, सहानुभूति, लोकतंत्र, आशावाद, गतिशीलता आदि।
2. व्यावसायिक दक्षताएं जैसे कि विषय पर प्रभावी नियंत्रण, प्रभावी संचार, शिक्षण निर्देशात्मक सुविधाओं का उचित उपयोग, कक्षा प्रबंधन और छात्रों के अधिगम का मूल्यांकन आदि।

प्रशिक्षण के दृष्टिकोण से, हम शिक्षण कौशल को तीन व्यापक श्रेणियों में वर्गीकृत करते हैं:

A. **मुख्य शिक्षण कौशल (Core teaching skills):** सभी विषयों के लिए सामान्य।

B. **विशिष्ट शिक्षण कौशल (Specific teaching skills):** विशिष्ट विषय क्षेत्रों जैसे भाषा, सामाजिक विज्ञान, विज्ञान, गणित आदि के लिए।

C. **लक्ष्य समूह विशिष्ट कौशल (Target group specific skills):** असाधारण बच्चों के लिए कक्षा में शिक्षकों द्वारा अपनाए जाने वाले कुछ कारक इस प्रकार हैं:

(a) अध्यापन में सीमित अनुभव वाले शिक्षक को ऐसी कक्षाओं में कई समस्याओं का सामना करना पड़ता है।।
(b) छात्रों को पाठ्यपुस्तक पढ़ने के लिए प्रेरित करें।
(c) व्याख्यान के माध्यम से सूचना प्रसारित करना।
(d) नोट्स बनवाएं, निर्देशित करें, और आवश्यक जानकारी प्रदान करें।

एक व्यावसायिक ढंग से प्रशिक्षित और चिंतनशील सोच वाले शिक्षक का ध्यान निम्न बातों पर अवश्य रहता है।

(a) शिक्षण के नए ढंग अपनाना।
(b) छात्रों को शिक्षण में सम्मिलित करना।
(c) 'समस्या-समाधान' के माध्यम से नए विचार उत्पन्न करना।
(d) समूह गतिविधियों के माध्यम से शिक्षण करना।
(e) सहकारी शिक्षा का पालन करना।
(f) संवादात्मक दृष्टिकोण अपनाना।

शिक्षण के विभिन्न चरणों में, अतिरिक्त अनुभव के साथ, शिक्षक शिक्षण की उच्च शैली को समृद्ध करता रहता है। यह उच्च व्यावसायिक गतिविधियों में शिक्षक की वृद्धि का संकेत है।

मेटाकोर कौशल और पालीक्रेस्ट कौशल: एक शिक्षक को कक्षा के वातावरण में स्पष्टता, विविधता, कार्य अभिविन्यास, अधिगम के कार्य में संलग्नता पर ध्यान देने की आवश्यकता है। एक शिक्षक, जैसे डॉक्टर, पायलट, इंजीनियर या परामर्शदाता के पास शिक्षण कौशल का भंडार होना चाहिए ताकि वह अपने शिक्षण को उचित ढंग से कर सके। इन्हें 'मेटाकोर कौशल' (metacore skills) कहा जाता है। ये व्यवस्यायिक प्रशिक्षण के दौरान सहायता करते हैं। उप-कौशल की अधिक विविधता को 'पॉलीक्रेस्ट कौशल' (Polycrest skill) कहा जाता है।

शिक्षण के उद्देश्य (Teaching Objectives)

एक सूचना आधारित आधुनिक समाज में, जिसमें ज्ञान का तेजी से प्रसार हो रहा हो, शिक्षकों के लिए यह महत्त्वपूर्ण है कि दीर्घकालिक लक्ष्यों पर ध्यान केंद्रित करने के लिए अपने छात्रों को प्रेरित और सज्जित करें। छात्र भी अपने स्तर पर अपने ज्ञान को बढ़ाने के लिए अनवरत प्रयत्न करें।

नेट परीक्षा के परिवर्तित होते हुए पैटर्न के अनुसार शिक्षा के उद्देश्य और उनके वर्गीकरण के सभी स्तरों को ध्यान में रखना आवश्यक है।

शिक्षण के निर्देशात्मक उद्देश्यों का वर्गीकरण

निर्देशात्मक उद्देश्यों को वर्गीकृत करने के दो मुख्य तरीके हैं:

1. ब्लूम द्वारा किया गया वर्गीकरण (Bloom's classification)
2. गैग्ने और ब्रिग्स द्वारा किया गया वर्गीकरण (Gagne and Briggs classification)

ब्लूम के द्वारा शिक्षण एवं निर्देशात्मक उद्देश्यों का वर्गीकरण (Bloom's Classification of Teaching and Instructional Objectives)

ब्लूम (1956) के अनुसार, शिक्षण या अनुदेशात्मक उद्देश्यों को तीन श्रेणियों में विभाजित किया गया है, जिनको आंग्ल भाषा के 3 H भी कहा जाता है—head (ज्ञानात्मक), heart (भावात्मक) और hand (मनोसंचालित)। इनका विस्तृत वर्णन निम्न अनुच्छेदों में किया गया है।

शिक्षण एवं निर्देशात्मक उद्देश्यों का वर्गीकरण

ज्ञानात्मक ज्ञानक्षेत्र | भावात्मक ज्ञानक्षेत्र | मनोसंचालित ज्ञानक्षेत्र

ज्ञानात्मक ज्ञानक्षेत्र (Cognitive Domain)

यह बौद्धिक (intellectual) क्षमता के विकास से संबंधित होता है। इस ज्ञानक्षेत्र को छह स्तरों पर विभाजित किया गया है:

1. **ज्ञान (Knowledge):** यह मूल रूप से जानकारी या सामग्री को याद रखने से संबंधित है।
2. **बोध (Comprehension):** यह स्तर सामग्री का अर्थ समझने की क्षमता से संबंधित है।
3. **उपयोग (Application):** यह अमूर्त या भावात्मक ज्ञान (abstract knowledge) को मूर्त या व्यावहारिक रूप में लाए जाने से संबंधित है।
4. **विश्लेषण (Analysis):** प्राप्त सूचना को घटकों में इस प्रकार से विभाजित करना ताकि उसके अर्थ को उचित ढंग से समझा जा सके।
5. **संश्लेषण (Synthesis):** यह मूलत: घटकों को समावेशित करने के बारे में है, ताकि एक समग्र सोच विकसित हो। इस स्तर को विश्लेषण स्तर का विलोम (antonym) भी माना जाता है।
6. **मूल्यांकन (Evaluation):** यह विशेष प्रयोजनों में प्रयुक्त तरीके और सामग्री के मूल्यांकन के बारे में किया गया निर्णय है।

भावात्मक ज्ञानक्षेत्र (Affective Domain)

इस ज्ञानक्षेत्र (domain) के अंतर्गत मुख्य रूप से मनोदृष्टि या मनोभाव (attitude), प्रेरणा, शिक्षण प्रक्रिया में छात्रों की सहभागिता, जो हम सीखते हैं, उसका महत्त्व जानना और जीवन में अनुशासन जैसे मूल्यों को समावेशित कैसे किया जाए, इत्यादि आते हैं। इसमें निम्न स्तर सम्मिलित हैं:

1. **आग्रहण (Receiving):** सुनने की इच्छा
2. **प्रतिक्रिया (Responding):** सह-भागिता की इच्छा
3. **आकलन (Valuing):** जो हम सीख रहे हैं, उसका क्या महत्त्व है?
4. **संयोजित करना (Organizing)**
5. **निरूपण (Characterisation)**

मनोसंचालित ज्ञानक्षेत्र (Psychomotor Domain)

इसको हम मनोगत्यात्मक, मनोप्रेरक या क्रियात्मक ज्ञानक्षेत्र भी कह सकते हैं। यह मुख्य रूप से तकनीकी कौशल के अधिग्रहण से संबंधित है। मनोसंचालित ज्ञानक्षेत्र के अंतर्गत अनुदेशात्मक उद्देश्यों के निम्न पांच स्तर वर्णित हैं:

1. **प्रतिरूपता (Imitation):** इसमें किसी कुशल व्यक्ति या शिक्षार्थी के कौशल को यथा रूप में अपनाने का प्रयास किया जाता है।
2. **कार्यसाधन या हस्तकौशल (Manipulation):** एक शिक्षार्थी मशीनरी, उपकरण आदि के साथ प्रयोग करने का प्रयत्न करता है, ताकि आत्मविश्वास बढ़े।
3. **परिशुद्धता (Precision):** अक्सर यह कहा जाता है—करत करत अभ्यास के, जड़मत होत सुजान। एक ही कार्य को बार-बार करने से उसमें सुधार एवं शुद्धता आती है।
4. **स्पष्ट अभिव्यक्ति (Articulation):** यह भी सतत अभ्यास पर निर्भर करता है।
5. **प्रकृतिकरण (Naturalization):** इसमें कौशल को आत्मसात किया जाता है और शिक्षार्थी अनुरूप बनना (adapt), संशोधन करना (modify), नई तकनीकों को नियत (design) करना, आदि गुणों को सीखता है।

वर्ष 2001 में एंडरसन और करतवूल (Anderson and Krathwohl) ने ब्लूम वर्गीकरण में कुछ संशोधन किया, जिसके अनुसार ज्ञान को सोचने का परिणाम माना गया।

उन्होंने समझ के स्थान पर बोध शब्द और संश्लेषण के स्थान पर सृजनात्मकता शब्द के प्रयोग पर अधिक बल दिया।

एंडरसन और करतवूल के अनुसार, ज्ञान के चार आयाम हैं:

1. तथ्यात्मक ज्ञान
2. वैचारिक ज्ञान
3. प्रक्रियात्मक ज्ञान
4. मेटकॉग्निटिव (metacognitive) ज्ञान—इसको हम 'ज्ञान का ज्ञान' भी कहते हैं, अर्थात 'ज्ञान की प्राप्ति कैसे की जाए' का ज्ञान।

गैग्ने और ब्रिग्स के द्वारा शिक्षण एवं निर्देशात्मक उद्देश्यों का वर्गीकरण (Gagne and Briggs Classification of Teaching and Instructional Objectives)

इस वर्गीकरण के अनुसार, शिक्षण उद्देश्यों को निम्न श्रेणियों में विभाजित किया गया है:

1. **बौद्धिक कौशल (Intellectual Skills):** यह कौशल किसी समस्या को सुलझाने, सीखने की अवधारणा और नियम सीखने में महत्त्वपूर्ण सिद्ध होते हैं।
2. **ज्ञानात्मक रणनीतियां (Cognitive Strategies):** इसमें किसी व्यक्ति के स्वयं के शिक्षण, स्मरण शक्ति और विचार कौशल को विकसित करने हेतु विधियों और तकनीकों को समावेशित किया जाता है।

3. **मौखिक सूचना (Oral Information):** यह किसी व्यक्ति द्वारा प्राप्त किए गए ज्ञान का आयोजन करने के संदर्भ में होता है।
4. **संचालन तंत्र और शारीरिक क्षमता (Motor Skills):** इसके अंतर्गत जब मस्तिष्क, तंत्रिका प्रणाली और स्नायु तंत्र एक साथ कार्य करते हैं, तो उनमें सामंजस्य कैसे स्थापित करना है, आता है।
5. **मनोदृष्टि (Attitude):** यह किसी व्यक्ति की आंतरिक या मानसिक स्थिति को व्यक्त करता है।

शिक्षण के महत्वपूर्ण कारक-शिक्षण सूत्र (Maxims of Teaching)

शिक्षण के क्षेत्र में विभिन्न शोधों के आधार पर समय-समय पर अनुभवी शिक्षकों, निरंतरता/परिवर्तन का सिद्धांत (Principle of continuity/change) के अनुरूप, मनुष्य का भौतिक और मानसिक विकास निरंतर चलता रहता है, यह मानव काया के विश्व में आने से पहले ही प्रारम्भ हो जाता है, जिसको हम वंशानुगत विकास भी कह सकते हैं जो कि बाद में बाह्य वातावरण से भी प्रभावित होता है। इस विश्व में आने के बाद आरम्भ में बालक की पूरी काया और बुद्धि एक ही प्रकार से प्रतिक्रिया देती है, जिसको हम सामान्यीकृत प्रक्रिया कहते हैं, जो कि बाद में वैश्विक क्रिया के अनुरूप ही प्रतिक्रिया देती है। इसको हम एकीकरण सिद्धांत (Integration principle) भी कह सकते हैं। परिपक्वता (maturation) मनुष्य के विकास पर एक प्रकार से प्रतिबंधन का कार्य करती है, परिपक्वता और अधिगम मनुष्य के विकास में सहायक होते हैं। शिक्षण के सूत्र को निम्न श्रेणियों में विभाजित किया गया है:

1. **सरल से जटिल की ओर (From Simple to Complex):** पाठ्य सामग्री को संगठित करते हुए एवं कक्षा अनुदेश के समय शिक्षक को चाहिए कि वह सरल प्रत्यय विद्यार्थियों को पहले बताएं, फिर क्रमानुसार जटिलतर प्रत्ययों को, ताकि उनकी रुचि बनी रहे। शिक्षक आस-पास के उदाहरण से विषय को प्रारम्भ कर सकता है।
2. **ज्ञात से अज्ञात की ओर (From Known to Unknown):** छात्रों को पहले बातें बतानी चाहिए, जिनका छात्रों को पूर्व ज्ञान है। फिर उसे आधार बना कर उनका संबंध नवीन ज्ञान से करना चाहिए। इसलिए शिक्षक पहले पढ़ाए हुए विषय-वस्तु को कक्षा में संक्षिप्त रूप से बता सकता है, या कुछ उदाहरण देता है।
3. **मूर्त से अमूर्त की ओर (From Concrete to Abstract):** शिक्षण के प्रारम्भ में छात्रों को पहले सरल तथा मूर्त पदार्थों के विषय में ज्ञान देना चाहिए, बाद में उन्हें अमूर्त या सूक्ष्म तथ्यों के विषय में जानकारी देनी चाहिए। प्रतिमान या चार्ट के सहारे किसी वस्तु का वर्णन करना सरल होता है।
4. **अनिश्चित से निश्चित की ओर (From Indefinite to Definite):** शिक्षण के प्रारम्भ में छात्रों के विचारों में अस्पष्टता होती है, धीरे-धीरे उनमें परिपक्वता आती है। शिक्षक का कार्य उनकी शंकाओं का निवारण करना होता है।
5. **विशेष से सामान्य की ओर (From Particular to General):** पहले छात्रों के सामने विशिष्ट उदाहरण प्रस्तुत किए जाएं और बाद में उन्हीं उदाहरणों (या दृष्टांतों) के माध्यम से सामान्य सिद्धांत (general principles) स्थापित किए जा सकते हैं। इसको आगमनात्मक तर्क (inductive reasoning) भी कहा जा सकता है।
6. **मनोवैज्ञानिक से तार्किक की ओर (From Psychological to Logical):** पहले वह पढ़ाया जाए जो छात्रों की योग्यता एवं रुचि के अनुकूल हो, तत्पश्चात विषय-सामग्री के तार्किक क्रम पर ध्यान दिया जाए।
7. **विश्लेषण से संश्लेषण की ओर (From Analysis to Synthesis):** विश्लेषण व संश्लेषण दोनों एक-दूसरे के पूरक होते हैं, ये दोनों ही छात्रों को स्पष्ट एवं निश्चित तथा सुव्यवस्थित ज्ञान देने में सहायक है।

   एक अच्छा शिक्षक पहले छात्रों को किसी विषय-वस्तु के विभिन्न पहलुओं से अवगत करवाता है, जिसे विश्लेषण कहा जाता है, फिर संश्लेषण के द्वारा उस ज्ञान को व्यवस्थित करके स्थायित्व प्रदान करता है।
8. **पूर्ण से अंश की ओर (From Whole to Parts):** गेस्टाल्ट (Gestalt) या समष्टि मनोवैज्ञानिकों के अनुसार पहले पूर्ण का संज्ञान होता है और बाद में उसके अंशों का। पहले हम वृक्ष को देखते हैं और फिर उसकी तना, शाखाएं, पत्ते, इत्यादि। शिक्षण में पहले विषय-वस्तु को पूर्ण रूप से छात्रों के सामने रखा जाए, फिर धीरे-धीरे उसके विभिन्न भागों के विषय में ज्ञान दिया जाए, तो शिक्षण अधिक प्रभावशाली सिद्ध होगा।
9. **प्रकृति का अनुसरण (Follow the Nature):** छात्रों को उनकी प्रकृति के अनुसार शिक्षा दी जाए, जहां तक संभव हो शिक्षा प्राकृतिक वातावरण में हो। यह सिद्धांत भाषाओं की शिक्षा प्रदान करने में और भी अधिक अनुकरणीय हो जाता है।
10. **इंद्रियों का प्रशिक्षण (Training of Senses):** मोंटेसरी और फ्रोएबेल इस सिद्धांत के मुख्य प्रतिपादक हैं, हमारी पांच इन्द्रियां—आंख, कान, नाक, जिह्वा और त्वचा—को 'ज्ञान के प्रवेशमार्ग' (doors to knowledge) भी बताया गया है। शिक्षण-अधिगम प्रक्रिया में इनमें से सबका अधिकतम उपयोग करना चाहिए। श्रव्य-दृश्य उपकरणों का उपयोग इसी उद्देश्य से किया जाता है।

शिक्षण के सिद्धांत (Teaching Principles)

शिक्षण निम्न सामान्य और मनोवैज्ञानिक सिद्धांतों पर आधारित है।

सामान्य सिद्धांत (General Principles)

1. **प्रेरणा का सिद्धांत (Principle of Motivation):** यह छात्रों के बीच नई बातें जानने की जिज्ञासा पैदा करता है।
2. **गतिविधि का सिद्धांत (Principle of Activity):** फ्रॉएबेल की किंडरगार्टेन की अवधारणा (Froebel's Kindergarten concept) इसी पर आधारित है। यह शारीरिक और मानसिक दोनों गतिविधियों को सम्मिलित करता है।
3. **रुचि का सिद्धांत (Principle of Interest):** शिक्षार्थी और समुदाय के बीच वास्तविक रुचि पैदा करके शिक्षण-अधिगम प्रक्रिया की प्रभावशीलता को बढ़ाया जा सकता है।
4. **जीवन के साथ जोड़ने का सिद्धांत (Principle of Linking with Life):** जीवन एक निरंतर अनुभव है और शिक्षण अधिक स्थाई रूप से जीवन के साथ जुड़ा हुआ है।
5. **निश्चित उद्देश्य का सिद्धांत (Principle of Definite Aim):** यह सिद्धांत शिक्षण संसाधनों के अनुकूलतम उपयोग और सीखने पर अधिक ध्यान केंद्रित करने के लिए महत्त्वपूर्ण है।
6. **व्यक्तिगत मतभेदों को पहचानने का सिद्धांत (Principle of Recognising Individual Differences):** हर छात्र ज्ञान, मनोदृष्टि, योग्यता, क्षमता और सामाजिक-आर्थिक परिप्रेक्ष्य (background) के

संदर्भ में भिन्न होता है। शिक्षण पद्धति को ऐसे तैयार किया जाना चाहिए कि सभी छात्र जीवन में समान अवसर का लाभ उठा सकें।

7. **चयन का सिद्धांत (Principle of Selection):** ज्ञान का क्षेत्र दिन प्रतिदिन बढ़ रहा है। शिक्षक शिक्षार्थी को उद्देश्यों के अद्यतन (updated) और अधिक प्रासंगिक सामग्री को लेने में सक्षम होना चाहिए।
8. **योजना का सिद्धांत (Principle of Planning):** हर शिक्षक के निश्चित समयबद्ध (time-bound) उद्देश्य होते हैं और इसलिए शिक्षण संसाधनों का उपयोग अनुकूलतम बनाने के लिए व्यवस्थित होना चाहिए।
9. **विभाजन का सिद्धांत (Principle of Division):** अधिगम को सरल बनाने हेतु विषय को इकाइयों में विभाजित किया जाना चाहिए और इकाइयों के बीच में यथासम्भव स्थापित भी किया जाना चाहिए।
10. **संशोधन का सिद्धांत (Principle of Refinement):** शिक्षण को अधिक स्थाई बनाने के लिए अर्जित (acquired) ज्ञान को तुरंत और बार-बार संशोधित किया जाना चाहिए।
11. **सृजन और पुनर्सृजन का सिद्धांत (Principle of Creation and Recreation):** यह सिद्धांत कक्षा के वातावरण को हास्यपूर्ण (humorous) और रचनात्मक बनाने के लिए अति आवश्यक है।
12. **लोकतांत्रिक व्यवहार का सिद्धांत (Principle of Democracy):** यह सिद्धांत छात्रों को विभिन्न गतिविधियों की योजना बनाने और उनके क्रियान्वयन पर बल देता है। यह शिक्षार्थियों के आत्मविश्वास और आत्म-सम्मान को विकसित करने में सहायता करता है।

मनोवैज्ञानिक सिद्धांत (PSYCHOLOGICAL PRINCIPLES)

1. **प्रेरणा और रुचि का सिद्धांत (Principle of Motivation and Interest):** शिक्षक को यह समझना चाहिए कि हर छात्र का एक अलग मनोवैज्ञानिक सत्व होता है और एक छात्र को उसकी प्रेरणा और जरूरतों की पहचान करवाकर प्रेरित किया जा सकता है।
2. **मनोरंजन का सिद्धांत (Principle of Entertainment):** मनोरंजन लम्बी अवधि तक चलने वाली कक्षाओं की थकान मिटाता है, एकरसता (monotony) को तोडता है। यह छात्रों को पुनः सीखने के लिए ऊर्जा प्रदान करता है।
3. **पुनरावृत्ति और अभ्यास का सिद्धांत (Principle of Repetition and Exercise):** यह सिद्धांत विशेष रूप से छोटे बच्चों के संदर्भ में सत्य है।
4. **रचनात्मकता और आत्म अभिव्यक्ति को प्रोत्साहित करने का सिद्धांत (Principle of Creativity and Self-expression):** यह सिद्धांत विशेष रूप से गणित और भाषाओं को सीखने के विषय में लागू होता है।
5. **सहानुभूति और सहयोग का सिद्धांत (Principle of Sympathy and Cooperation):** यह सिद्धांत छात्रों को प्रेरित करने के लिए आवश्यक है।
6. **प्रबलन का सिद्धांत (Principle of Reinforcement):** छात्रों को वांछित व्यवहार के लिए पुरस्कृत किया जाना चाहिए ।
7. **इंद्रियों को प्रशिक्षण प्रदान करने का सिद्धांत (Training of Senses):** शिक्षण में मल्टीमीडिया का उपयोग स्थाई अधिगम (stable learning) के प्रयोजन से किया जाता है।
8. **उपचारात्मक शिक्षण का सिद्धांत (Principle of Remedial Teaching):** यह सिद्धांत शिक्षक द्वारा अपनी त्रुटियों की पहचान करने और समस्या के उचित समाधान का सुझाव देने संबंधी है।

स्टॉपओवर

नीचे शिक्षार्थियों की कुछ विशेषताओं को सूचीबद्ध किया गया है। इनमें से उन्हें पहचानें जो प्रभावी शिक्षण में सहायता करती हैं।

(i) शिक्षक के लिए शिक्षार्थी का सम्मान
(ii) शिक्षार्थी का मानसिक क्षमता स्तर
(iii) शिक्षार्थी के पूर्व अनुभव
(iv) संबंध के प्रति शिक्षार्थी की रुचि का स्तर
(v) शिक्षार्थी का पारस्परिक संबंध स्तर
(vi) समाज के बारे में शिक्षार्थी का दृष्टिकोण

नीचे दिए गए विकल्पों में से अपना उत्तर चुनें:

(a) (i), (ii), (iii) और (vi)
(b) (iii), (iv), (v) और (vi)
(c) (i), (ii), (iii) और (vi)
(d) (ii), (iii), (iv) और (vi)

उत्तर: (d)

रॉबर्ट गैग्ने से प्रभावित शिक्षण-अधिगम प्रक्रिया (GAGNE'S TEACHING- LEARNING PROCESS)

रॉबर्ट गैग्ने (Robert Gagne) 1916-2002 के काल में एक शैक्षिक मनोवैज्ञानिक थे। उन्होंने 1940 के दशक में 'शिक्षा के विज्ञान' को मुख्य प्रवर्तक माना था। 1965 में पहली बार प्रकाशित उनकी पुस्तक 'द कंडीशंस ऑफ लर्निंग' (The Conditions of Learning) ने उन मानसिक स्थितियों की पहचान की जो प्रभावी रूप से अधिगम के लिए आवश्यक हैं। उन्होंने नौ-चरणीय प्रक्रिया भी बनाई जो कि प्रभावी अधिगम के लिए प्रत्येक आवश्यक तत्व को विस्तृत करती है।

1. **ध्यान आकर्षित करना (अभिनंदन विधि से) - Gaining Attention (Reception):** शिक्षक का सर्वप्रथम उद्देश्य अभिनंदन के माध्यम से छात्रों को सीखने के लिए प्रोत्साहित करना होता है। इसके लिए निम्न ढंग अपनाये जा सकते हैं।
   - ध्यान आकर्षित करने के लिए कुछ नवीन, असामान्य या आश्चर्यजनक उपयोग करें।
   - ऐसा विचारोत्तेजक प्रश्न प्रस्तुत करें जो छात्रों को सोचने पर विवश कर दे।
   - कक्षा में छात्रों को अन्य छात्रों से प्रश्न पूछने और उत्तर देने के लिए कहें।
2. **शिक्षार्थियों को उद्देश्य (प्रत्याशा) के बारे में सूचित करना - Expectancy:** छात्रों के प्रोत्साहन के लिए यह बताना आवश्यक है कि वे कक्षा या सत्र के अंत तक क्या करने में सक्षम होंगे।
   - विस्तार से वर्णन करें कि छात्रों को क्या करना है।
   - छात्रों को सफलता के मानदंड बताएं।
   - छात्रों को यह भी बताएं कि अधिगम से उनको क्या लाभ मिलने वाला है।
3. **पूर्व स्थिति के अधिगम को याद करने की प्रवृति को प्रोत्साहित करना (पुनर्प्राप्ति) - Retrieval:** अपने द्वारा प्रस्तुत की जा रही नई

जानकारी को किसी ऐसी चीज़ से जोड़कर, समझने में विद्यार्थियों की सहायता करें जो वे पहले से जानते हैं।

- छात्रों से विषय के पूर्व ज्ञान के बारे में प्रश्न पूछें।
- पिछली अवधारणाओं के बारे में छात्रों की समझ के बारे में बात करें।
- छात्रों को उनके द्वारा सीखे जा रहे अनुभव के समान एक उदाहरण दें।
- कम अनुभवी छात्रों के समूह में काम करने के लिए अधिक अनुभव वाले छात्रों को प्राप्त करें।

4. **सामग्री प्रस्तुत करना (चयनात्मक धारणा) - Selective Perception:** हमें यहां अधिगम की रणनीति का उपयोग करना चाहिए। इसके लिए छात्रों के समक्ष नई जानकारी के साथ सामग्री प्रस्तुत करें ताकि आपका निर्देश प्रभावी हो। सामग्री को सार्थक तरीके से व्यवस्थित और खंडित करें, और आवश्यकता पड़ने पर स्पष्टीकरण दें।
   - अपनी जानकारी को ऐसे स्पष्ट तरीके से व्यवस्थित करें जिसे समझना सरल हो।
   - विषय के लिए प्रमुख शब्दावली साझा करें।
   - उदाहरण प्रदान करें।
   - अलग-अलग शिक्षण शैलियों के अनुरूप विभिन्न मीडिया (वीडियो, प्रदर्शन, पावरपॉइंट, व्याख्यान, पॉडकास्ट, समूह कार्य) में एक ही सामग्री के कई संस्करण प्रस्तुत करें।
5. **शिक्षण मार्गदर्शन प्रदान करना - Semantic Encoding:** छात्रों को सामग्री सीखने में सहायता प्रदान करने के लिए विभिन्न रणनीतियों और संसाधनों के मिश्रण का उपयोग करें।
   - आवश्यकतानुसार सहायता प्रदान करें - जैसे संकेत, सूत्र (hint) और संकेत आशु (prompt)
   - अधिगम की विभिन्न रणनीतियों का मॉडल तैयार करें - जैसे अवधारणा मानचित्र (concept map), भूमिका निभाना (role play) और प्रत्यक्षीकरण (visualization)
   - शिक्षक को उदाहरणों के साथ-साथ गैर-उदाहरणों का उपयोग भी करना चाहिए ताकि छात्र यह भी सीख या देख सकें कि क्या नहीं करना है।
   - ज्ञान निर्माण और वास्तविक दुनिया के अनुप्रयोग का समर्थन करने के लिए वस्तुस्थिति, प्रकरण या व्यष्टि अध्ययन (case study), उपमाओं (analogies) और रूपकों (metaphors) का प्रयोग करना।
   - सांकेतिक और त्वरित शिक्षा में निमोनिक्स (mnemonics) से सहायता करना।
6. **प्रदर्शन का पता लगाना (प्रतिक्रिया देना) - Responding:** छात्रों को उनके नए कौशल, ज्ञान या व्यवहार को आंतरिक बनाने में सहायता करने के लिए कुछ सक्रिय करने के लिए दें। इससे पता चलता है कि वे अवधारणाओं को किस सीमा तक समझते हैं।
   - छात्रों से उनके नए अर्जित व्यवहार के साथ कुछ करने के लिए कहें।
   - छात्रों से गहन प्रश्न प्रस्तुत करें और छात्रों को अपने सहपाठियों के साथ सहयोग करने के लिए कहें।
   - छात्रों को जो कुछ उन्होंने सीखा है उसे याद करने, फिर से देखने और दोहराने के लिए प्रोत्साहित करें।
   - छात्रों से बुनियादी ज्ञान पर विस्तृत प्रतिक्रिया देने के लिए कहें।
   - वास्तविक दुनिया के संदर्भों में सामग्री प्रदान करके ज्ञान को एकीकृत करने में छात्रों की सहायता करें।
7. **प्रतिक्रिया प्रदान करना (सुदृढ़ीकरण) - Reinforcement:** छात्रों को उनके प्रदर्शन पर तत्काल प्रतिक्रिया दें। उनको यह भी समझाएं कि वे रचनात्मक तरीके से सही या गलत क्यों हैं।
   - छात्रों को बताएं कि उन्होंने क्या किया या करने वाले थे (पुष्टिकरण प्रतिक्रिया) – confirmatory feedback
   - छात्रों को बताएं कि उनकी प्रतिक्रिया कितनी सटीक थी, और उन्हें सुधारने के लिए क्या करने की आवश्यकता है (सुधारात्मक और उपचारात्मक प्रतिक्रिया) - corrective and remedial feedback
   - छात्रों को उत्तर खोजने में सहायता करें, लेकिन उत्तर को नियमित ढंग से प्रदान न करें (उपचारात्मक प्रतिक्रिया) - remedial feedback
   - ऐसी जानकारी दें जो छात्र को उनके प्रदर्शन को समझने में सहायता प्रदान करे (सूचनात्मक प्रतिक्रिया) - information feedback
   - छात्रों को सुझाव प्रस्तुत करें, अनुशंसा प्रदान करें और अधिक जानकारी दें जो गहन संबंधों को प्रोत्साहित करती है (विश्लेषणात्मक प्रतिक्रिया) - analytical feedback
8. **प्रदर्शन का आकलन (पुनर्प्राप्ति) - retrieval:** छात्रों का परीक्षण करके यह जानकारी प्राप्त करने का प्रयास करें कि आपका निर्देश कितना प्रभावी है।
   - छात्रों को अधिगम देने से पहले यह परीक्षण करके देखें कि वे पहले से कितना जानते हैं।
   - अधिगम देने का बाद परीक्षण करके यह देखें कि उन्होंने कितना ज्ञान या कौशल प्राप्त किया।
   - पूरे पाठ्यक्रम में या तो मौखिक रूप से या प्रश्नोत्तरी के माध्यम से प्रश्न पूछते रहना चाहिए।
   - यह मापने के लिए वस्तुनिष्ठ मानदंड का उपयोग करें कि छात्र ने सामग्री में कितनी अच्छी दक्षता प्राप्त की है।
9. **प्रतिधारण और हस्तांतरण को बढ़ाना (सामान्यीकरण) - generalisation:** छात्रों को अपनी परिस्थिति (setting) में नव प्राप्त ज्ञान का उपयोग करके इस ज्ञान को आंतरिक बनाने का प्रयास करें।
   - पैराफ्रेश विचार - paraphrase ideas
   - अधिगम में सहायता के लिए रूपकों (metaphors) का प्रयोग करें
   - कक्षा में उदाहरण उत्पन्न करें
   - अवधारणा मानचित्र या रूपरेखा बनाएं

अधिगम—परिभाषा एवं विशेषताएं (Learning—Definition and Characteristics)

अधिगम (LEARNING)

अधिगम को सरल भाषा में 'सीखना' भी कहा जाता है। शिक्षण का मुख्य कार्य अधिगम के क्षेत्र में प्रभावशीलता लाना है—ये दोनों एक ही सिक्के के दो पहलू हैं एवं इनके उद्देश्य एक-दूसरे के पूरक हैं। ये आपस में इतने परस्पर-व्यापक (overlapped) हैं कि हम शिक्षण तथा सीखने की प्रक्रिया को मिश्रित रूप से 'शिक्षण-अधिगम' (teaching-learning) से जानने लगे हैं। जब अधिगम प्रभावशाली होगा, तभी शिक्षण को भी प्रभावशाली माना जाएगा।

यह कहा जा सकता है कि शिक्षण एक कार्य है तथा अधिगम उसकी एक उपलब्धि। इस प्रक्रिया को अच्छी प्रकार समझने से शिक्षण कौशल में भी सहायता मिलती है।

अधिगम को परिभाषित करना काफी सरल प्रतीत होता है। हम अपनी पूरी आयु नई चीज़ें सीखने में ही बिता देते हैं, यह जीवन-पर्यन्त चलता रहता

है। अधिगम मूल रूप से मनोवैज्ञानिक है। अधिगम के माध्यम से मनुष्य नए कौशल, ज्ञान, दृष्टिकोण और मूल्यों को अधिग्रहण करता है। अधिगम से कार्य की निष्पादन क्षमता (capacity for performance) बढ़ती है। अधिगम सीखने की एक प्रक्रिया है, जिससे एक जीव नई चीज़ें सीखता है और अनुभव के परिणामस्वरूप उसके व्यवहार में स्थाई परिवर्तन आता है।

'अधिगम ' शब्द को परिभाषित करना काफी सरल प्रतीत होता है, और हम सभी ने अपना पूरा जीवन नई चीजें सीखने में लगा दिया है। अधिगम मूल रूप से प्रकृति में मनोवैज्ञानिक है। कुछ मनोवैज्ञानिक परिभाषाएं निम्न रूप में दी गयी हैं:

1. **Gates:** अधिगम अनुभव के माध्यम से व्यवहार का संशोधन है।
2. **Skinner:** अधिगम प्रगतिशील व्यवहार अनुकूलन की एक प्रक्रिया है।
3. **Crow and Crow:** अधिगम में व्यवहार, ज्ञान और दृष्टिकोण का अधिग्रहण सम्मिलित है।

अधिगम को प्रदर्शन की क्षमता में स्थायी परिवर्तन के रूप में भी परिभाषित किया गया है।

महत्वपूर्ण अधिगम सिद्धांत (IMPORTANT LEARNING THEORIES)

पिछले कुछ दशकों में अधिगम की अवधारणा परिवर्तित हो गई है। इन वर्षों के दौरान विचार के तीन स्कूल प्रचलित पाए गए हैं। जो निम्न रूप में हैं:

1. **विचार का व्यवहारवादी स्कूल (Behaviourist School of Thought):** यह स्कूल बीसवीं शताब्दी के पूर्वार्ध में प्रमुख रहा है। यह स्कूल मुख्य रूप से देखने योग्य और मापने योग्य पहलुओं पर केंद्रित था। उनके लिए, अधिगम एक प्रोत्साहन प्रतिक्रिया सुदृढ़ीकरण प्रक्रिया के अलावा और कुछ नहीं है। जब शिक्षार्थी प्रबलित उद्दीपन के प्रति प्रतिक्रिया करते हैं, तो उनकी प्रतिक्रियाएँ प्रबल हो जाती हैं। इस प्रकार, अधिगम एक प्रतिक्रिया सुदृढ़ीकरण प्रक्रिया है।

   उदाहरण के लिए, जब कोई शिक्षक लेखाकर्म (accountancy) में छात्र से एक प्रश्न पूछता है और छात्र सही उत्तर देता है, तो वह छात्र को 'उत्कृष्ट' या 'बहुत अच्छा' कहकर पुरस्कृत करता है। यह छात्र की प्रतिक्रिया के लिए सुदृढ़ीकरण के रूप में कार्य करता है, जो समय बीतने के साथ ताकत हासिल करता है।

   शिक्षण-अधिगम प्रक्रिया में, ड्रिल और अभ्यास और ट्यूटोरियल पर ध्यान केंद्रित किया जाता है।

   व्यवहारवादियों ने अधिगम के तीन मुख्य नियम प्रस्तुत किए हैं:

   (a) **प्रभाव का नियम (Law of Effect):** प्रभाव का कानून प्रतिक्रिया के प्रभाव के महत्व पर जोर देता है। संतोषजनक परिणाम प्रतिक्रिया को सुदृढ़ करते हैं, जबकि कष्टप्रद परिणाम इसे कमजोर करते हैं। इसलिए पुरस्कार और दंड, अधिगम के महत्वपूर्ण तत्व हैं।

   (b) **तैयारी का नियम (Law of Readiness):** तैयारी का नियम छात्र की एस-आर (S-R) संपर्क बनाने की इच्छा को इंगित करता है।

   (c) **अभ्यास का नियम (Law of Exercise):** अभ्यास का नियम अभ्यास के माध्यम से संबंध को मजबूत करने से संबंधित है।

2. **विचार का संज्ञानात्मक स्कूल (Cognitivist School of Thought):** व्यवहारवादियों ने केवल देखने योग्य व्यवहार पर ध्यान दिया। अधिगम से जुड़ी आंतरिक प्रक्रियाओं पर कोई ध्यान नहीं दिया गया। इस प्रकार, विचार के एक नए स्कूल, विचार के संज्ञानात्मक स्कूल का उदय हुआ। संज्ञानात्मकवादियों का मानना था कि प्रत्येक विषय की एक संरचना होती है। जब सूचना को संगठित तरीके से व्याख्यान या प्रदर्शन के माध्यम से प्रस्तुत किया जाता है, तो शिक्षार्थी ज्ञान और कौशल प्राप्त करेंगे। उनके लिए, अधिगम संज्ञानात्मक संरचना में ज्ञान और कौशल का अधिग्रहण, आत्मसात और समायोजन है।

3. **विचार का रचनावादी स्कूल (Constructivist School of Thought):** रचनावादियों का मानना है कि अधिगम निष्क्रिय नहीं है। वे अधिगम को व्यक्तिगत मानने लगे। प्रत्येक व्यक्ति अपने स्वयं के ज्ञान और कौशल का निर्माण अनुभवों के परिणामस्वरूप करता है। जैसे-जैसे नया ज्ञान प्राप्त होता है, अधिगम या ज्ञान का निरंतर निर्माण होता जाता है। इसका अर्थ है कि नया अनुभव पिछले अनुभव के साथ एकीकृत है। रचनावादी स्कूल के तहत, स्वतंत्र शिक्षा, अनुभवात्मक शिक्षा और प्रोग्रामिंग आदि पर ध्यान केंद्रित किया जाता है। ध्यान सामान्यीकरण योग्य कौशल पर होता है जो व्यक्तिगत खोज पर होता है।

आविष्कार अधिगम रचनावादी दृष्टिकोण पर आधारित है। यह जेरोम ब्रूनर (Jerome Bruner) द्वारा पेश किया गया था और यह पूछताछ-आधारित निर्देश की एक विधि है। यह लोकप्रिय सिद्धांत शिक्षार्थिंयों को पिछले अनुभवों और ज्ञान पर निर्माण करने, उनके अंतर्ज्ञान, कल्पना और रचनात्मकता का उपयोग करने और तथ्यों, सहसंबंधों और नए सत्य की खोज के लिए नई जानकारी की खोज करने के लिए प्रोत्साहित करता है।

अधिगम के सिद्धांत (PRINCIPLES OF LEARNING)

हम पहले शिक्षण के सिद्धांतों के बारे में चर्चा कर चुके हैं। अब हम अधिगम के सिद्धांतों पर चर्चा कर रहे हैं, यहां से कुछ प्रश्न पूछे जाने की संभावना रहती है।

1. **संघ का सिद्धांत (Principle of Association):** एक शिक्षक को शिक्षार्थियों के मन और क्षमता की स्थिति का पता होना चाहिए। अधिगम एक निरंतर चलने वाली प्रक्रिया है, शिक्षक को यथासंभव नए विचारों से पढ़ाना आरम्भ करना चाहिए ताकि छात्रों का विकास हो सके।
2. **स्पष्टता का सिद्धांत (Principle of Clarity):** अभ्यास का सम्पूर्ण और निरंतर मूल्यांकन और पुनर्निर्देशन किया जाना चाहिए। इसका उद्देश्य शिक्षक और शिक्षार्थी के लिए स्पष्ट होना चाहिए।
3. **स्व-गतिविधि का सिद्धांत (Principle of Self Activity):** यदि अधिगम अधिकतम इंद्रियों का उपयोग कर पाए तो यह अधिक प्रभावी हो जाता है।
4. **पुरस्कार का सिद्धांत (Principle of Rewards):** शिक्षक को शिक्षार्थियों के लिए पर्याप्त पुरस्कार के अवसर रखने चाहिए ताकि अधिगम चुनौतीपूर्ण और संतोषजनक बना रहे।
5. **अभ्यास का सिद्धांत (Principle of Practice):** अधिगम का परिणाम सदैव तथ्यों की कार्यात्मक समझ में होना चाहिए।
6. **पर्यावरण के पोषण का सिद्धांत (Principle of Nurturing Environment):** भौतिक और सामाजिक वातावरण अनुकूल वातावरण बनाने के महत्वपूर्ण अवयव हो सकते हैं।
7. **परिवर्तनीय अधिगम की क्षमता का सिद्धांत (Principle of Variable Learning Ability):** यह व्यक्तिगत अंतर की अवधारणा से भी जुड़ा हुआ है। कुछ छात्र धीमी गति से सीखने वाले होते हैं, तथा कुछ छात्र तीव्र गति से सीखने वाले। अधिगम संचार और अधिगम की क्षमता पर भी निर्भर करता है।
8. **एकाधिक प्रदर्शन का सिद्धांत (Principle of Multiple Exposure):** अधिगम के लिए छात्र को अभ्यासों के एक सेट की आवश्यकता हो सकती है। इसलिए शिक्षण विधियों के संयोजन का उपयोग करके शिक्षण का छात्रों पर संचयी प्रभाव पड़ता है।
9. **अधिगम की क्षमता का सिद्धांत (Principle of Learning Capacity):** 35 वर्ष की आयु के बाद अधिगम की दर में लगभग एक प्रतिशत की दर से गिरावट आती है। इस गिरावट के मुख्य कारणों

में शारीरिक समस्याएं, कम बाहरी प्रेरणा, आदतें और एक विशेष विचारधारा का प्रभाव रहता है।

10. **सक्रिय प्रक्रिया का सिद्धांत (Principle of Active Process):** अधिगम एक व्यक्तिगत या निजी पसंद है, इसलिए कुछ अभ्यासों की आवश्यकता होती है और श्रव्य-दृश्य यंत्र भी इसमें सहायता कर सकते हैं।
11. **नियम और अभ्यास का सिद्धांत (Principle of Theory and Practice):** किसी विचार के 'क्यों' और 'कैसे' को नियम द्वारा समझाया गया है। इसलिए एक शिक्षक को शिक्षार्थियों द्वारा बेहतर अधिगम के लिए नियम और अभ्यास को संतुलित करना चाहिए।
12. **प्रभावी संचार का सिद्धांत (Principle of Effective Communication):** शिक्षण-अधिगम प्रक्रिया में उपयुक्त दृश्य-श्रव्य सहायता को एकीकृत करके बेहतर शिक्षण प्राप्त किया जा सकता है।

सीखने की पद्धतियां (LEARNING METHODS)

अधिगम विभिन्न रूप ले सकता है। हमारे संवेदी अंग इसमें सहायता करते हैं। शिक्षण के अलावा, बच्चों के सीखने के कुछ तरीकों को निम्न रूप से समझाया गया है:

1. **अनुकरण (Imitation):** हम देखते हैं कि छोटी लड़कियां सामान्य तौर पर अपनी मां की नकल करती हैं और छोटे लड़के अपने पिता की नकल करते हैं। वयस्क भी दूसरों की नकल करते हैं। कम आत्मविश्वास वाले या कम निश्चयात्मक लोग आत्मविश्वासी और निश्चयात्मक लोगों की तलाश करते हैं। अभ्यास और समय बीतने के साथ, वे स्वयं भी आत्मविश्वासी या निश्चयात्मक भी हो जाते हैं।
2. **अवलोकन (Observation):** अवलोकन सीखने का एक दिलचस्प साधन है। यदि हम अपने नेताओं या बॉस या शिक्षक के सामाजिक व्यवहार के बारे में जानना चाहते हैं, तो हमें उनके कार्यालय या आवास पर जाकर उनका बारीकी से निरीक्षण करना होगा।
3. **अनुभव (Experience):** अधिगम अनुभव पर आधारित और अनुसरण करता है। हम अपने अनुभवों से बहुत सी बातों का अनुसरण करते हैं। जब हम कुछ अनुभव से गुजरते हैं और उस पर चिंतन करते हैं, तो कुछ प्रश्नों की सहायता से, हम उनके उत्तर खोजकर उससे बहुत कुछ सीखते हैं।
4. **शिक्षण (Teaching):** शिक्षक एक विषय का चयन करते हैं, इसे सामग्री और कार्य विश्लेषण के अधीन करते हैं, और व्याख्यान के माध्यम से छात्रों को विषय से अवगत कराते हैं। छात्र व्याख्यान सुनते हैं और परिणामस्वरूप, वे सीखते हैं।
5. **निर्देश (Instruction):** निर्देश सामान्य तौर पर संज्ञानात्मक कौशल के बजाय शारीरिक स्थान से संबंधित होता है। सामान्य तौर पर प्रणाली में सहायक स्पष्टीकरण के साथ प्रदर्शन सम्मिलित होता है। परिणामस्वरूप, शिक्षार्थी ज्ञान और कौशल प्राप्त करते हैं।
6. **परीक्षण और त्रुटि (Trial and Error):** जब किसी व्यक्ति को किसी समस्या का सामना करना पड़ता है और यह सुनिश्चित नहीं होता है कि कौन सा विकल्प सबसे उपयुक्त है, तो वह उस विकल्प को चुन सकता है जो उसे लगता है कि वह सही है। यदि यह पाया जाता है कि यह काम नहीं करता है, तो वह दूसरे के लिए जा सकता है। यह प्रक्रिया तब तक चलती रहती है जब तक वह सही समाधान पर नहीं पहुंच जाता। परीक्षण और त्रुटि की इस प्रक्रिया में, वह बहुत कुछ सीखता है। इससे गणित जैसे विषयों में सहायता मिलती है।
7. **परावर्तन (Reflection):** चिंतनशील में समस्याओं के वैकल्पिक समाधानों पर विचार करने और विचार करने की प्रवृत्ति होती है। इसके विपरीत, एक आवेगी व्यक्ति बिना किसी विचार-विमर्श के, विशेष रूप से अनिश्चित स्थितियों के मामले में अनायास प्रतिक्रिया करता है। चिंतनशील व्यक्ति संज्ञानात्मक शक्तियों का उपयोग करता है, जैसे कि तर्क और विश्लेषण उन चीजों को समझने के लिए जो उसे करने के लिए आवश्यक हैं।
8. **प्रयोग (Experimentation):** जब कोई व्यक्ति संदेह में होता है, तो अंतर्ज्ञान और अनुमान पर भरोसा करना बुद्धिमानी नहीं हो सकती है। वास्तविकता को जानने के लिए हमें प्रयोग का सहारा लेना पड़ता है। हमारी सोच एक बात हो सकती है और हकीकत कुछ और। यदि हम एक प्रयोग करना चुनते हैं, तो हम निश्चित रूप से वास्तविकता पर पहुंच सकते हैं। एक प्रयोग के दौरान, हम कई चीजें सीखते हैं। जैसा कि हमने देखा, ऐसे कई तरीके हैं जिनसे हम सीख सकते हैं।

   अधिगम में हमारी सफलता, काफी हद तक, सबसे उपयुक्त विधि का चयन करने की हमारी क्षमता पर निर्भर करती है, न कि सबसे अच्छी विधि पर, अधिगम के लिए पदार्थ की प्रकृति और उन उद्देश्यों को देखना जिनके लिए इसे सीखा जाता है।
9. **पूछताछ (Questioning):** पूछताछ भी सीखने की एक अच्छी प्रविधि है। सिद्धांत रूप में पूर्ण अभिसरण (closed-ended) प्रश्न का केवल एक ही उत्तर होगा, और पूर्ण भिन्न (open-ended) प्रश्न के अनंत उत्तर होंगे। प्रश्न तथ्यात्मक, व्याख्यात्मक, विश्लेषण, काल्पनिक, निर्णयात्मक आदि हो सकते हैं।

अधिगम की विशेषताएं (LEARNING CHARACTERISTICS)

अधिगम की कुछ महत्वपूर्ण विशेषताएं निम्न रूप से हैं:

1. **अधिगम एकात्मक है (Learning is unitary):** इसका तात्पर्य यह है कि शिक्षार्थी एक संपूर्ण व्यक्ति के रूप में पूरी स्थिति पर एकीकृत साधन से प्रतिक्रिया करता है। इसका अर्थ है कि शिक्षार्थी एक ही समय में बौद्धिक, भावनात्मक, शारीरिक और आध्यात्मिक रूप से प्रतिक्रिया करता है। यह दृष्टिकोण शैक्षिक लक्ष्यों की प्राप्ति में सहायता करता है।
2. **अधिगम एक जटिल संपूर्ण है (Learning is a complex whole):** यहां विभिन्न आयाम ज्ञान, कौशल, अंतर्दृष्टि, मूल्य, दृष्टिकोण और व्यवहार हैं। इसकी चर्चा निम्न तीन मुख्य आयामों में की गई है।

   (A) ज्ञान का विकास (Development of knowledge): ब्रूनर (Bruner) और औसुबेल (Ausubel) जैसे संज्ञानात्मक मनोवैज्ञानिकों के अनुसार, प्रत्येक विषय में एक संरचना होती है जिसमें प्रमुख अवधारणाएँ होती हैं। ज्ञान व्यवस्थित रूप से आयोजित किया जाता है। व्याख्यात्मक (Expository) विधियां, जैसे व्याख्यान या प्रदर्शन परिमित (निश्चित) रूप में बेहतर समझ में सहायता करती हैं। तार्किक संगठित सामग्री सरलता से प्रतिमान-संकटपूर्ण सोच क्षमताओं, जैसे विश्लेषण और संश्लेषण में सम्मिलित हो जाती है। प्रतिमान से पता चलता है कि हम शिक्षकों को शिक्षार्थियों को विश्लेषण, संश्लेषण, मूल्यांकन और सृजन जैसी संज्ञानात्मक क्षमताओं के उच्च स्तर तक ले जाने की आवश्यकता है।

   (B) कौशल का विकास (Development of skills): कौशल एक सीखी हुई गतिविधि है जिसे अभ्यास और प्रतिबिंब के माध्यम से विकसित किया जाता है। यह एक सीखी हुई गतिविधि को अच्छी तरह से और अपनी इच्छा से करने की क्षमता है। कौशल में कुछ करने की क्षमता, गतिविधि में दक्षता, योग्यता और विशेषज्ञता सम्मिलित है। कौशल का तात्पर्य कार चलाने या टेनिस रैकेट स्विंग करने जैसी गतिविधियों में आवश्यक साइकोमोटर व्यवहारों को सीखना है। कौशल के विकास में निम्नलिखित चरण सम्मिलित हैं:

   (a) संज्ञानात्मक चरण (Cognitive stage): घोषणात्मक (declarative) ज्ञान के माध्यम से प्राप्त किया गया ज्ञान।

(b) **सहयोगी चरण (Associative stage):** व्यक्तिगत चरणों को बड़ी इकाइयों में जोड़ना।

(c) **स्वचालित चरण (Automated stage):** जहां पूरी प्रक्रिया को बिना ज्यादा ध्यान दिए पूरा किया जा सकता है। अंतिम चरण में, मस्तिष्क प्रक्रिया परावर्तक (reflective) से प्रतिवर्त (reflexive) में परिवर्तित हो जाती है।

(C) **अभिवृत्तियों का विकास (Development of Attitudes):** अभिवृत्ति एक व्यक्ति द्वारा धारण की गई मानसिक स्थिति है जो उस व्यक्ति के घटनाओं पर प्रतिक्रिया करने के साधन को प्रभावित करती है और प्रतिक्रियाओं को व्यवस्थित करती है। अभिवृत्तियों में सामान्यत: तीन आवश्यक घटक या आयाम होते हैं:

(a) **संज्ञानात्मक आयाम (Cognitive dimension):** विश्वास और युक्तिकरण जो दृष्टिकोण को धारण करने की व्याख्या करता है

(b) **प्रभावशाली आयाम (Affective dimension):** दृष्टिकोण के भावनात्मक पहलू, जैसे पसंद, नापसंद, अरुचि की भावना

(c) **रचनात्मक या व्यवहारिक आयाम (Conative or behavioural dimension):** इसमें वह सीमा सम्मिलित है जिस पर कोई व्यक्ति उस दृष्टिकोण पर कार्य करने के लिए तैयार होता है जो वे धारण करते हैं।

3. अधिगम नियोजित या अनियोजित हो सकता है।
4. अधिगम सक्रिय भी हो सकता है और निष्क्रिय भी।
5. अधिगम सामान्य तौर पर व्यक्तिगत होता है, लेकिन इसको समूहों में भी उत्पन्न किया जा सकता है।
6. अधिगम को एक प्रक्रिया और परिणाम दोनों के रूप में माना जाता है। अधिगम एक जीवन भर चलने वाली प्रक्रिया है।
7. अधिगम वृद्धिशील हो सकता है - यह पूर्व सीखने या परिवर्तन के लिए संचयी रूप से जोड़ सकता है।
8. किसी भी अनुभव, असफलता, सफलता, और किसी भी अन्य चीज से सीखने को प्रेरित या ट्रिगर किया जा सकता है।

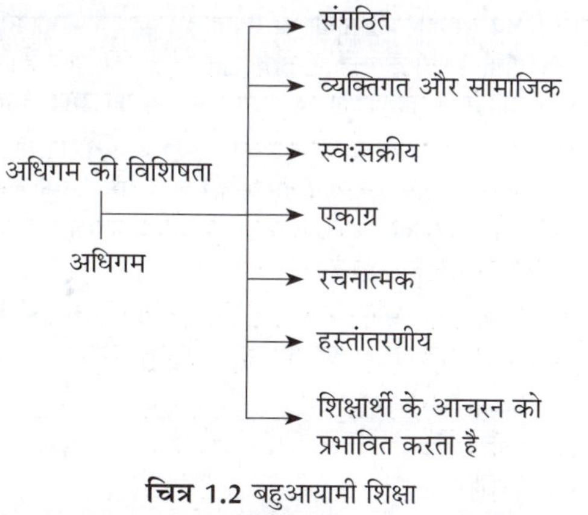

चित्र 1.2 बहुआयामी शिक्षा

9. अधिगम के परिणाम अवांछनीय होने के साथ-साथ वांछनीय भी हो सकते हैं।
10. अधिगम का हमेशा एक नैतिक आयाम होता है।
11. अधिगम स्व-सक्रिय, रचनात्मक और हस्तांतरणीय है।

इस प्रकार, हम कह सकते हैं कि अधिगम हमेशा बहुआयामी होता है।

अधिगम की बुनियादी शर्तें (BASIC CONDITIONS OF LEARNING)

विभिन्न प्रकार के अधिगम में अधिगम के लिए उत्तरदायी बाह्य परिस्थितियाँ बहुत महत्वपूर्ण होती हैं। अधिगम की बुनियादी परिस्थितियों का संक्षिप्त विवरण इस प्रकार है:

1. **सन्निहितता (Contiguity):** अधिगम की बुनियादी स्थितियों में से एक, सन्निकटता उत्तेजनाओं और उनके प्रति प्रतिक्रियाओं की लगभग एक साथ घटना है। यह शिक्षण पर भी लागू होता है।
2. **अभ्यारा (Practice):** अभ्यास एक प्रतिक्रिया की पुनरावृत्ति है। प्रेरणा-प्रतिक्रिया (Stimulus-Response) का अभ्यास आवश्यक है, जैसे शास्त्रीय अनुकूलन, चलता अनुकूलन और कौशल सीखने में।
3. **सुदृढ़ीकरण (Reinforcement):** हम विभिन्न प्रभावों को उत्पन्न करने के लिए विभिन्न तरीकों से सुदृढ़ीकरण का उपयोग कर सकते हैं। प्रतिपुष्टि (Feedback) यह ज्ञान प्रदान कर रहा है कि प्रतिक्रियाएं सही हैं या उन्हें संशोधन की आवश्यकता है, और यह सीखने के लिए प्रतिक्रियाओं को दृढ़ करने का भी कार्य करता है। यह अधिगम की क्षमता को बढ़ाता है।
4. **सामान्यीकरण और भेदभाव (generalization and discrimination):** सामान्यीकरण और भेदभाव दोनों को अधिगम की स्थितियों के बजाय घटना के रूप में बेहतर ढंग से परिभाषित किया गया है।

अधिगम के प्रति शिक्षार्थी की प्रतिक्रिया (LEARNER'S RESPONSE TO LEARNING)

सिंह और शर्मा ने वर्ष 1987 में भागीदारी बढ़ाने के लिए कक्षा में छात्रों की प्रतिक्रियाओं के प्रबंधन के लिए कौशल के पांच घटक व्यवहारों का सुझाव दिया है:

1. **उचित संकेत देना (Prompting) (जब कक्षा में कोई उत्तर/प्रतिक्रिया न मिले):** छात्रों को सुराग, संकेत, आंशिक उत्तर आदि के रूप में संकेत देना।
2. **पुनर्निर्देशन (Redirection):** जब कोई छात्र प्रश्न का सही उत्तर देने में सक्षम नहीं होता है, तो कुछ छात्र उत्तर पाने में उसकी सहायता कर सकते हैं। इस पुनर्निर्देशन के माध्यम से, एक शिक्षक छात्रों के लिए अधिक से अधिक भागीदारी, सोचने के लिए और अधिक समय सुनिश्चित कर सकता है और विचार-मंथन शुरू कर सकता है।
3. **प्रेरणादायक वातावरण (Motivational Climate):** इस तरह के प्रेरणादायक वातावरण को बनाने के लिए दो कारक महत्वपूर्ण हैं: मूल्य और प्रयास। प्रेरित होने के लिए, छात्रों को उस काम का महत्व देखना चाहिए जो वे कर रहे हैं और वह काम जो दूसरे करते हैं। एक शिक्षक को कक्षा में किए जाने वाले कार्य के मूल्य का प्रदर्शन करना चाहिए। यह उन्हें दैनिक जीवन में कार्य का मूल्य बताकर किया जा सकता है। प्रयास में वह समय, ऊर्जा और रचनात्मकता सम्मिलित होती है जिसका उपयोग छात्र 'कार्य' को विकसित करने के लिए करता है। शिक्षक को वर्ष के आरम्भ में ही अपनी अपेक्षाएं निर्धारित करनी चाहिए और अधिगम के लिए एक प्रेरक वातावरण बनाना चाहिए।
4. **व्यक्तिगत भिन्नताओं को समझना (Understanding Individual Differences):** कक्षा में सकारात्मक वातावरण बनाने के लिए, एक शिक्षक के लिए यह आवश्यक है कि वह शिक्षार्थियों की व्यक्तिगत आवश्यकताओं के प्रति उत्तरदायी हो। एक प्रभावी शिक्षक को

निर्देश की दर, मात्रा, प्रकृति या सामग्री को अलग-अलग करके अपनी पसंदीदा अधिगम की शैलियों के संदर्भ में व्यक्तिगत मतभेदों के प्रति संवेदनशील होना चाहिए।

अधिगम में व्यक्तिगत-अंतर के आधार पर शिक्षार्थियों के प्रकार (TYPES OF LEARNERS ON THE BASIS OF INDIVIDUAL DIFFERENCES)

विभिन्न आयु और चरणों में शिक्षार्थियों की कई सामान्य विशेषताएं होती हैं, लेकिन वे कई मायनों में काफी भिन्न भी होती हैं। छात्रों की जरूरतों को पूरा करने के लिए शिक्षकों को समानताएं और अंतर दोनों को समझने की जरूरत है क्योंकि कोई भी दो व्यक्ति एक जैसे नहीं होते हैं। शिक्षार्थियों में उनकी आयु के संबंध में भिन्नताएं हैं, जैसे सांस्कृतिक वातावरण, पिछले अनुभवों, शारीरिक, मानसिक और भावनात्मक मेकअप, लक्ष्य, जरूरतें, आदि।

अधिगम की घटना के तत्व (ELEMENTS OF LEARNING EVENT)

अधिगम की घटना के मुख्य घटक इस प्रकार हैं:

1. **शिक्षार्थी:** शिक्षार्थी को उत्तेजना की व्याख्या करनी चाहिए, अंतर करना चाहिए और उन्हें जोड़ना चाहिए और उन्हें कुछ अर्थ देना चाहिए।
2. **उत्तेजना:** कोई भी उत्तेजना या उत्तेजनाओं का समूह जिसके प्रति छात्र संवेदनशील है, उसकी अधिगम की स्थिति का हिस्सा बन सकता है।
3. **शिक्षार्थी की आंतरिक स्थितियां:** ये धारणा, संज्ञानात्मक संरचना, आत्म-अवधारणा, दृष्टिकोण, आवश्यकताएँ, उद्देश्य, बुद्धि, पिछली शिक्षा आदि हैं।
4. **प्रतिक्रिया:** अधिगम की स्थिति पर कोई क्रिया या प्रतिक्रिया।

अधिगम की प्रक्रिया में मुख्य कदम (MAIN STEPS IN LEARNING PROCESS)

1. **रिसेप्शन (Reception):** उत्तेजना या उत्तेजना में कुछ अचानक बदलाव करके ध्यान आकर्षित करना।
2. **प्रत्याशा (Expectancy):** शिक्षार्थियों को उद्देश्य के बारे में सूचित करना और वे सीखने के बाद क्या करने में सक्षम होंगे।
3. **कार्यशील स्मृति की पुनर्प्राप्ति (Retrieval to working memory):** पूर्व ज्ञान की याद को उत्तेजित करना।
4. **चयनात्मक धारणा (Selective perception):** विशिष्ट विशेषताओं के साथ सामग्री प्रदर्शित करना।
5. **अर्थ-संबंधी संकेतीकरण (Semantic encoding):** अधिगम मार्गदर्शन।
6. **उत्तर देना (Responding):** शिक्षार्थी को प्रदर्शन करने के लिए कहना।
7. **सुदृढ़ीकरण (Reinforcement):** शिक्षार्थी को प्रतिक्रिया प्रदान करना।
8. **पुनर्प्राप्ति और सुदृढ़ीकरण (Retrieval and reinforcement):** शिक्षार्थी द्वारा अतिरिक्त प्रदर्शन और इसमें प्रतिक्रिया भी सम्मिलित है।
9. **सामान्यीकरण (Generalization):** विभिन्न समस्याओं का अधिक अभ्यास ताकि प्रतिधारण को बढ़ाया जा सके।

इसके अलावा, अलग-अलग शिक्षार्थियों की अधिगम की शैली अलग-अलग होती है और जैसे-जैसे विविधता प्रतिदिन बढ़ती जा रही है, वे एक ही अधिगम की घटना को अलग-अलग साधन से देख, व्याख्या और मूल्यांकन कर सकते हैं।

इसलिए, संचार माध्यम का चयन करते समय शिक्षार्थियों की विशेषताओं पर विचार किया जाना चाहिए। शिक्षार्थी उन संचार माध्यम से लाभान्वित होते हैं जो उनकी व्यक्तिगत अधिगम की शैली से मेल खाते हैं। इसलिए, यह समझ में आता है कि किसी विशेष उद्देश्य को प्राप्त करने के लिए विभिन्न छात्रों को विभिन्न तरीकों, संसाधनों और पथों को क्यों प्रदान किया जाना चाहिए। इस प्रकार, एक निर्देशात्मक योजना तैयार करते समय, अभिकल्पक (designer) के लिए महत्वपूर्ण कार्य निर्देशात्मक उद्देश्यों की प्राप्ति के लिए सबसे महत्वपूर्ण विशेषताओं की पहचान करना है।

1. **अधिक जानकारी की तलाश (Seeking Further Information):** किसी प्रश्न या उत्तर से संबंधित अतिरिक्त जानकारी यह सुनिश्चित करने के लिए पूछी जा सकती है कि छात्र ने अवधारणा को ठीक से समझा है या नहीं।
2. **पुन: ध्यान केंद्रित करना (Refocusing):** यदि छात्रों का उत्तर सही है, तो उन्हें समान या नई परिस्थितियों में प्राप्त ज्ञान को जोड़ने के लिए कहा जा सकता है। यह अर्जित ज्ञान के बेहतर अनुप्रयोग में सहायता करता है।
3. **आलोचनात्मक जागरुकता बढ़ाना (Increasing Critical Awareness):** यदि कोई छात्र सही उत्तर देता है, तो शिक्षक छात्रों के बीच आलोचनात्मक सोच या जागरुकता बढ़ाने के लिए उच्च क्रम के प्रश्न रखता है।

अधिगम का वातावरण (LEARNING ENVIRONMENT)

अधिगम एक सतत गतिशील प्रक्रिया है। यह व्यक्तियों और पर्यावरण के बीच बातचीत का परिणाम है जिसमें वे काम करते हैं। अधिगम के वातावरण को 'प्राकृतिक परिस्थितियों, परिस्थितियों और प्रभावों के सम्मिश्रण के रूप में परिभाषित किया जा सकता है, और सामाजिक-सांस्कृतिक संदर्भ जिसमें एक व्यक्ति स्थित है'। अधिगम का वातावरण उस परिवेश का कुल योग है जिसमें व्यक्ति अनुभवों को समृद्ध करने के लिए बातचीत करते हैं, इस प्रकार ये अधिगम की ओर अग्रसर होते हैं। अधिगम के माहौल का वर्णन करते समय कई सिद्धांत चलन में हैं।

एक सामाजिक मनोवैज्ञानिक, बंडुरा (Bandura) ने अपने 'सामाजिक शिक्षण सिद्धांत' में प्रस्तावित किया कि अवलोकन और अनुकरण की प्रक्रिया के माध्यम से नए व्यवहार को सीखा जा सकता है। यह व्यक्तिगत विशेषताओं, व्यवहार और पर्यावरणीय कारकों के बीच बातचीत का परिणाम है। सामाजिक वातावरण के अतिरिक्त भौतिक वातावरण भी अधिगम को प्रभावित करता है।

एक रचनाबादी विचारक वायगोत्स्की (Vygotsky) का मानना था कि सांस्कृतिक रूप से महत्वपूर्ण कार्यों (जैसे भाषा) पर महारत सामाजिक बातचीत के माध्यम से ही हो सकती है। अधिगम के माहौल में बदलाव से अधिगम के भिन्न भिन्न परिणाम सामने आते हैं।

विभिन्न प्रकार के स्थान के आधार पर, यूनेस्को (UNESCO) ने वर्ष 1984 में निम्नलिखित प्रकार से अधिगम को वर्गीकृत किया:

1. औपचारिक
2. अनौपचारिक एवं
3. गैर-औपचारिक

इनका वर्णन हम पहले ही कर चुके हैं।

पाठ्यचर्या के अनुभव सामान्य तौर पर लक्ष्य समूह की विशिष्ट आवश्यकताओं को ध्यान में रखते हुए तैयार किए जाते हैं। ये व्यापक-आधारित और सामान्य प्रकृति के बजाय अधिक व्यक्तिगत हैं। अधिगम के अनुभवों का लेन-देन सामुदायिक संसाधनों के इर्द-गिर्द केंद्रित होता है।

सकारात्मक अधिगम का माहौल बनाने का महत्व (IMPORTANCE OF CREATING A POSITIVE LEARNING ENVIRONMENT)

1. **भौतिक पर्यावरण (Physical Environment):** 'कक्षा हमारी शैक्षिक प्रणाली की बुनियादी संरचनात्मक इकाई है।' शिक्षार्थी अपने संस्थानों के भौतिक वातावरण के साथ अनुसूचित या अनिर्धारित समय के दौरान, सचेतन अवस्था में या अनजाने में लगातार वार्तालाप करते हैं। बुनियादी भौतिक चर जैसे कि वायु गुणवत्ता, तापमान, शोर आदि का अधिगम पर एक सुनिश्चित प्रभाव रहता है। एक स्कूल के लिए न्यूनतम आवश्यक मानक का अभाव शिक्षक के उत्पादक उत्पादन और कक्षा प्रबंधन को अत्यधिक प्रभावित करता है। विभिन्न कमरों की व्यवस्था, ब्लैक बोर्ड, अन्य कंप्यूटर उपकरण, फर्नीचर, पंखे आदि विभिन्न उद्देश्यों की पूर्ति करते हैं।
2. **मनोवैज्ञानिक वातावरण (Psychological Environment):** यदि भवन, स्थान और सुविधाएं किसी स्कूल को भौतिक वातावरण प्रदान करती हैं, तो उसके दर्शन और व्यवहार जो एक मनोवैज्ञानिक वातावरण प्रदान करते हैं। मनोवैज्ञानिक वातावरण अधिकतर उन उत्तेजनाओं को संदर्भित करता है जो स्कूल में शिक्षार्थी के मानस पर प्रभाव डालती हैं। उदाहरण के लिए, एक ऐसे विद्यालय की स्थिति की कल्पना करें, जहां एक शिक्षार्थी को एक जोखिम भरी स्थिति में रखा जाता है। इस स्थिति के परिणामस्वरूप शिक्षार्थी में चिंता का विकास होगा। चिंता अवांछित व्यवहारों को जन्म दे सकती है, जैसे परीक्षा से बचना, शिक्षकों पर दोषपूर्ण प्रश्नों के लिए दोष देना, कदाचार में लिप्त होना आदि।
3. **सामाजिक वातावरण (Social Environment):** सहकर्मी समूह के साथ निरंतर बातचीत के माध्यम से, एक शिक्षार्थी सहयोग, आत्म-बलिदान और वफादारी के सामाजिक गुणों को सीखता है और उनका अभ्यास करता है। बाहरी गतिविधियाँ छात्रों में साहस, साधन संपन्नता, आत्मनिर्भरता और पहल जैसे गुणों को विकसित करने के अवसर प्रदान करती हैं। अच्छे व्यक्तिगत संबंध शिक्षार्थियों के बीच स्थिरता, विश्वास, अपनेपन की भावना, आत्म-सम्मान और आत्म-स्वीकृति विकसित करते हैं और अधिगम के लिए एक सकारात्मक वातावरण बनाते हैं।

   एक शिक्षक के रूप में, आपसे शिक्षार्थियों की कम से कम दो संज्ञानात्मक मांगों को पूरा करने की अपेक्षा की जाती है:

   (a) अकादमिक कार्य की मांग (सामग्री को समझना और काम करना) और

   (b) सामाजिक कार्य की मांग (उस सामग्री से संबंधित अन्य लोगों के साथ बातचीत)।

व्यक्तिगत भिन्नताओं के आधार पर शिक्षार्थी का वर्गीकरण

हम प्राय: यह कहते हैं कि प्रत्येक व्यक्ति अद्वितीय है - every individual is unique. किसी भी कक्षा में 'व्यक्तिगत भिन्नताएं' को नियंत्रित करना एक शिक्षक के लिए सर्वाधिक चुनौतीपूर्ण कार्य है। एक शिक्षक के लिए व्यक्तिगत भिन्नताओं को समझना आवश्यक कार्य है, ताकि अधिगम को अधिक व्यवस्थित किया जा सके और पाठ्यक्रम भी पूरा किया जा सके।

व्यक्तिगत और सामाजिक विशेषताओं के आधार पर वर्गीकरण

शास्त्रों के अनुसार, जीवन को चार अवस्थाओं में विभाजित किया गया है—ब्रह्मचर्य, गृहस्थ, वानप्रस्थ और संन्यास। जीवन के प्रथम 25 वर्ष अर्थात ब्रह्मचर्य में व्यक्ति शरीर, मन और बुद्धि के विकास में लगाता है।

शिक्षार्थी निर्देशात्मक उद्देश्यों की योजना बनाने में सहायता करते हैं, जो प्रशिक्षण या निर्देशात्मक निर्णयों के लिए प्रासंगिक हैं।

सामाजिक कारकों को मुख्य रूप से निम्नलिखित में सम्मिलित किया जा सकता है:

1. अवस्था और परिपक्वता के स्तर
2. विषय के प्रति मनोदृष्टि एवं प्रेरणा
3. व्यावसायिक अपेक्षाएं या आकांक्षाएँ
4. विशेष प्रतिभा
5. यांत्रिक निपुणता (mechanical dexterity)
6. विभिन्न पर्यावरण परिस्थितियों में कार्य करने की क्षमता

तालिका 1.4 वयस्क और युवा शिक्षार्थियों में अन्तर

व्यस्क शिक्षार्थी	युवा शिक्षार्थी
1. समस्या केंद्रित (Problem centred)	1. विषय केंद्रित (Subject centred)
2. परिणाम-उन्मुख (Result-oriented)	2. भविष्य-उन्मुख (Future-oriented)
3. आत्म-निर्देशित (Self-directed)	3. दिशा-निर्देश के लिए वयस्कों पर निर्भर
4. नई जानकारी के बारे में संदेहवादी होना	4. नई जानकारी को सहजता से स्वीकार करना
5. स्वयं-सीखने के लिए उत्तरदायी	5. अन्य लोगों पर निर्भर

अधिगम-शैली के आधार पर वर्गीकरण (CLASSIFICATION ON THE BASIS OF LEARNING STYLE)

अधिगम-शैली के आधार पर शिक्षार्थी जानकारी को प्राप्त एवं संसाधित करना सीखते हैं।

तालिका 1.5 नव शिक्षार्थियों के अनुरूप प्रभावी अधिगम-शैली

नव शिक्षार्थियों के प्रकार	प्रभावी अधिगम-शैली
1. दृश्य-संबंधी	चित्र और प्रदर्शन
2. श्रवण-संबंधी	शब्द और ध्वनि
3. सहज ज्ञान संबंधी	अन्तर्दृष्टि और आंतरिक अनुभूति
4. आगमनात्मक	तथ्यों से अवधारणा विकसित करना
5. निगमनात्मक	अवधारणा से तथ्यों की ओर जाना
6. सक्रिय	भौतिक गतिविधियां
7. चिंतनशील	विचार-विमर्श और आत्मनिरीक्षण
8. क्रमिक	संबंधित चरणों की श्रंखला
9. वैश्विक स्तर पर	समग्र-दृष्टिकोण

श्रवण के आधार पर वर्गीकरण (CLASSIFICATION ON THE BASIS OF LISTENING)

श्रवण एक महत्त्वपूर्ण कौशल है और श्रवण-शैली चार प्रकार की होती है:

1. **सक्रिय श्रवण (Active Listening):** यह श्रवण उद्देश्यपूर्ण होता है।
2. **समानुभूति श्रवण (Empathetic Listening):** यह सक्रिय श्रवण का ही एक रूप है, जिसमें दूसरे व्यक्ति को समझने का प्रयत्न किया जाता है।

3. **मूल्यांकन और आलोचनात्मक श्रवण (Evaluative and Critical Listening):** इसमें श्रोता, वक्ता के संदेश की परिशुद्धता, सार्थकता और उपयोगिता का मूल्यांकन करता है।
4. **सराहनात्मक श्रवण (Appreciative Listening):** इसमें मनोरंजन, मानसिक रूप से आराम देने वाली, भावात्मक रूप से उद्दीप्त करने वाली जानकारी को सम्मिलित किया जाता है।

विचार-शैली के आधार पर वर्गीकरण (CLASSIFICATION ON THE BASIS OF THINKING STYLE)

शिक्षार्थियों की अलग-अलग सोच-शैली होती है, जिनका निम्नलिखित प्रकार से उल्लेख किया गया है:

चिंतनशील विचारक (Reflective Thinkers)

1. यह सदैव विषय-वस्तु के संबंध में नई जानकारी लेना चाहते हैं।
2. यह नई जानकारी को अतीत के अनुभवों से संबंधित करने की चेष्टा करते हैं।
3. सदैव तर्क जानने का प्रयास करते हैं।
4. इनमें सीखने के दौरान भावुकता का अंश रहता है।

रचनात्मक विचारक (Creative Thinkers)

1. नई जानकारी के साथ 'क्रीड़ा-भाव'—to play with new information।
2. तर्क जानने का प्रयास।
3. समस्याओं के स्वयं द्वारा विकसित समाधान की चेष्टा।
4. ये अल्पमार्गीय समाधान (shortcut solutions) में भी विश्वास रखते हैं।

व्यावहारिक विचारक (Practical Thinkers)

1. सदैव तथ्यात्मक जानकारी की तलाश करना।
2. अपना कार्य करने के लिए सबसे सरल और कारगर उपाय का शोध करना।
3. वे तब तक संतुष्ट नहीं होते, जब तक अपने नए कौशल का अपने कार्य में उपयोग नहीं कर पाते।

वैचारिक विचारक (Conceptual Thinkers)

1. उनके मन में पहले से ही एक विचार बना होता है। ये नई जानकारी को सहज ही स्वीकार नहीं करते, वे सदैव मन में एक बड़ी तस्वीर लेकर चलते हैं।
2. इस प्रकार के विचारक ये जानना चाहते हैं कि जीवन में प्रक्रियाएं कैसे चलती हैं, न कि केवल इतना कि अंतिम परिणाम क्या रहता है।
3. कल्पित वस्तु जो वर्तमान में उस प्रक्रिया का भाग नहीं, को भी इससे संबंधित करके सोचते हैं।

1. **क्षेत्र स्वतंत्र बनाम क्षेत्र-निर्भर (Field Independent vs Field Dependent):** यहां 'फील्ड' का मतलब संदर्भ या परिवेश है। कुछ लोग कम या अधिक रूप में कौशल या अधिगम के दौरान संदर्भ से प्रभावित होते हैं।

   क्षेत्र-स्वतंत्र शिक्षार्थी सहायता के लिए शिक्षक या अन्य शिक्षार्थियों पर कम भरोसा करते हैं। क्षेत्र स्वतंत्र शिक्षार्थी विश्लेषणात्मक रूप से अनुभव करते हैं। वे आसपास के क्षेत्र की वस्तुओं को भिन्न रूप में देखना चाहते हैं। वे स्व-संरचित स्थिति में काम करना पसंद करते हैं और स्व-परिभाषित लक्ष्य रखते हैं। वे ऐसा कक्षा की गतिविधियों में भी संभव बना लेते हैं।

   दूसरी ओर, क्षेत्र-निर्भर शिक्षार्थी अक्सर समूह में अच्छा काम करते हैं क्योंकि वे पारस्परिक संबंधों में बेहतर होते हैं। वे विश्व स्तर पर समझते हैं। वे वर्तमान संरचना या संदर्भ में काम करना पसंद करते हैं, उन्हें बाहरी रूप से परिभाषित लक्ष्यों और सुदृढ़ीकरण की आवश्यकता होती है और वे अपने परिवेश के बारे में अधिक जागरूक होते हैं।

   कक्षा में, पाठ के विभिन्न भागों को जोड़ने वाली गतिविधियाँ क्षेत्र-निर्भर शिक्षार्थियों के लिए उपयोगी होती हैं। उदाहरण के लिए, शिक्षार्थी किसी विषय के बारे में जो कुछ जानते हैं, उन पर चर्चा कर सकते हैं, उन पर श्रवण या दृश्य से अधिक जानकारी प्राप्त कर सकते हैं।

2. **परावर्तन और आवेगशीलता (Reflectivity and Impulsivity):** जब कोई प्रश्न पूछा जाता है, तो कुछ छात्र उत्तर देने में अधिक समय लेते हैं जबकि अन्य त्वरित (quick) प्रतिक्रिया देते हैं। जिस गति से उत्तरदाता कार्य के प्रति प्रतिक्रिया करते हैं और जितनी त्रुटियां वे करते हैं उसे वैचारिक गति कहा जाता है। वे छात्र जो शीघ्रता से प्रतिक्रिया करते हैं और काफी संख्या में गलतियां करते हैं, उन्हें एक तीव्र अवधारणात्मक गतिशील कहा जाता है। उनके बारे में कहा जाता है कि वे अधिगम की आवेगी शैली रखते हैं।

   जो शिक्षार्थी प्रतिक्रिया करने में धीमे होते हैं और कम गलतियां करते हैं उन्हें चिंतनशील कहा जाता है। समस्या-समाधान की स्थितियों में, आवेगी शिक्षार्थी कम आधार सामग्री एकत्र करता है, वे कम व्यवस्थित होते हैं और वैकल्पिक समाधान की तलाश नहीं करते हैं। चिंतनशील शिक्षार्थी प्रतिक्रिया देने से पहले जानकारी एकत्र करने और आधार सामग्री का विश्लेषण करने में अधिक समय व्यतीत करता है।

   उपरोक्त के अलावा, कक्षा शैली सीखने वाले निम्न प्रकार के हो सकते हैं।

   1. **सहज ज्ञान युक्त (Intuitive):** अंतर्दृष्टि और कल्पना (Insights and hunches)
   2. **आगमनात्मक (Inductive):** तथ्यों से सामान्यीकरण तक
   3. **निगमनात्मक (Deductive):** सिद्धांत से व्यक्तिगत तथ्यों तक
   4. **प्रतिबिंबित (Reflectively):** आत्मनिरीक्षण

रचनावादी दृष्टिकोण (CONSTRUCTIVIST APPROACH)

रचनावादी दृष्टिकोण के अनुसार शिक्षण-अधिगम प्रक्रिया के पांच अन्तर्संबंधित अवयव हैं, जिसको '5-E' दृष्टिकोण भी कहते हैं, जो कि निम्नलिखित हैं:

1. **संलग्न (Engage):** इसमें शिक्षक का मुख्य कार्य शिक्षार्थियों को सीखने के लिए प्रेरित करना है।
2. **अन्वेषण (Explore):** इसके अंतर्गत सीखने के लिए सभी इन्द्रियों का उपयोग, सामूहिक भावना एवं कुछ सामान्य अभिज्ञता (common experience) विकसित होना आदि आते हैं।
3. **व्याख्या (Explain):** इसके अंतर्गत मुख्य रूप से शिक्षक-शिक्षार्थी में पारस्परिक विचार-विमर्श, व्याख्या आदि आते हैं।
4. **विस्तार (Elaborate):** प्राप्त ज्ञान को कहीं और भी लागू किया जा सकता है।
5. **मूल्यांकन (Evaluate):** प्राप्त ज्ञान का उद्देश्यों के अनुसार मूल्यांकन।

शिक्षण को प्रभावित करने वाले कारक (FACTORS AFFECTING TEACHING)

शिक्षण की आधारभूत आवश्यकताओं के अंतर्गत शिक्षण के सूत्र और उसे प्रभावित करने वाले कारक महत्त्वपूर्ण हैं। इसके अलावा इसमें तकनीकी प्रगति से शिक्षण-विधियां एवं शिक्षण-सामग्री भी उल्लेखनीय है। इन सबके सम्मेलन से ही शिक्षण प्रभावी बनता है। शिक्षण एक कला और कौशल है।

इसका अधिग्रहण कई कारकों पर निर्भर करता है, जिनका नीचे संक्षिप्त रूप में वर्णन किया गया है:

1. **शिक्षक की शैक्षणिक योग्यता (Educational Qualification/s of Teacher):** सामान्यत: यह माना जाता है कि अत्यधिक योग्य शिक्षकों को उच्च कक्षाओं को पढ़ाना चाहिए और कम योग्य शिक्षकों को निम्नतर स्तर की कक्षाओं को पढ़ाना चाहिए। इसके लिए सरकार ने अलग-अलग कक्षाओं के लिए योग्यता का निर्धारण किया हुआ है—JBT, B.Ed, CTET, NET, इत्यादि।
2. **शिक्षण कौशल (Teaching Skills):** प्रभावी शिक्षण के लिए समुचित कौशल संग्रह का होना आवश्यक है। कुछ शिक्षण कौशल जन्म से ही विद्यमान होते हैं, लेकिन कुछ कौशलों के लिए एक भावी शिक्षक को सचेत प्रयास करने पड़ते हैं।
3. **शिक्षक का अनुभव (Experience of Teacher):** शिक्षक स्वयं हर समय एक शिक्षार्थी होता है। एक अच्छा शिक्षक सदैव अपने ज्ञान को छात्रों के साथ साझा करता है और अपने अनुभव से छात्रों के सवालों एवं कक्षा प्रबंधन को श्रेष्ठतर ढंग से नियंत्रित करता है।
4. **कक्षा का वातावरण (Classroom Environment):** एक शिक्षक को ही शिक्षण-अधिगम प्रक्रिया को श्रेष्ठतर बनाने के लिए कक्षा का वातावरण सुगम बनाने की पहल करनी पड़ती है।
5. **आर्थिक कारक (Economic Factor):** प्रभावी शिक्षण के लिए शिक्षक की स्वतंत्र सोच आवश्यक है, और इसको सुनिश्चित करने के लिए आर्थिक स्वतंत्रता का होना अत्यंत आवश्यक है। यदि शिक्षक का ध्यान आर्थिक समस्याओं की ओर लगा रहे, तो उससे शिक्षण की गुणवत्ता भी प्रभावित होती है। यह शिक्षार्थियों पर भी समान रूप से लागू होता है।
6. **शिक्षण संस्थानों की प्रशासनिक नीतियाँ (Administrative Policies of Educational Institutes):** जैसा कि हम जानते हैं कि शिक्षक कक्षा को अपने ढंग से संचालित करना चाहते हैं, इसलिए वे अपनी सोच में स्वतंत्रता चाहते हैं।

   दूसरी तरफ, शिक्षण संस्थान प्रशासन के अधिकारी, चाहे वे विद्यालय, महाविद्यालय या विश्वविद्यालय के हों, शिक्षण पद्धतियों में मानकीकरण (standardisation) सुनिश्चित करने के लिए प्रयासरत रहते हैं। इसलिए शिक्षक और प्रशासन दोनों में अच्छा समन्वय होना चाहिए, ताकि शिक्षण उद्देश्यों को सुचारू रूप से प्राप्त किया जा सके।
7. **विषय-वस्तु (Subject Matter):** जब कोई शिक्षक ऐसे विषय को पढ़ाता है, जिसमें उसने विशेषज्ञता प्राप्त नहीं की है, तो वह अपने शिक्षण से छात्रों को उतना प्रभावित नहीं कर सकता। लेकिन वही शिक्षक यदि अपने विशेषज्ञता प्राप्त विषय को पढ़ाता है, तो वह उसे विद्यार्थियों को और अच्छे ढंग से समझ सकता है।
8. **समाज एवं माता-पिता की अपेक्षाएं (Expectations of Society and Parents):** माता-पिता की अपेक्षाएं चर हस्तक्षेप के रूप में कार्य करती हैं। वे शिक्षार्थी पर दबाव डाल सकते हैं, जिससे शिक्षण भी प्रभावित हो सकता है।

कॉन्सेप्ट बॉक्स

शिक्षण कौशल (TEACHING TECHNIQUES)

शैक्षिक अनुसंधान की राष्ट्रीय परिषद और प्रशिक्षण में निम्नलिखित शिक्षण कौशलों पर बल दिया गया है:

1. लिखित शिक्षण उद्देश्य
2. शिक्षण सामग्री का आयोजन करना
3. पाठ का परिचय सुचारू रूप से देने के लिए व्यवस्था करना
4. पाठ का परिचय देना
5. कक्षा में पूछे जाने वाले प्रश्नों को व्यवस्थित करना
6. प्रश्नों का सही वितरण करना
7. प्रतिपुष्टि प्रबंधन (response management)
8. व्याख्या करना
9. उदाहरण सहित व्याख्या करना
10. शिक्षण सहायक सामग्री का उपयोग करना
11. कार्यप्रेरक वस्तु या संदीपन में विभिन्नता लाना
12. पाठ्यक्रम शिक्षण की गति तय करना
13. छात्रों को कक्षा में सह-भागिता के लिए प्रोत्साहित करना
14. श्यामपट्ट या श्वेतपट्ट का उपयोग करना
15. पाठ का समापन करना
16. सुपुर्द नियत कार्य (assignment)
17. छात्रों की प्रगति का मूल्यांकन करना
18. छात्रों को सीखने में आने वाली समस्याओं का निदान (diagnose) और उपचारात्मक उपाय (remedial measures) करना
19. कक्षा का प्रबंधन करना

कॉन्सेप्ट बॉक्स

शिक्षण नीति और शिक्षण विधि में संबंध: नेट परीक्षा में शिक्षण विधि का विशेष उल्लेख है। शिक्षण विधि का चयन शिक्षण नीति के आधार पर किया जाता है, जो कि उद्देश्यों के आधार पर किया जाता है। इनका मुख्य कार्य सीखने के लिए उपयुक्त परिस्थितियाँ उत्पन्न करना है। इसमें मुख्यत: सूक्ष्म उपागम (micro-teaching) का अनुसरण किया जाता है।

इनके अलावा यहां शिक्षण युक्तियों का वर्णन भी आवश्यक है। स्टोन्स एवं मोरिस (Stones and Morris) के अनुसार, 'शिक्षण युक्तियां उद्देश्यों से संबंधित होती हैं और शिक्षक के व्यवहार को प्रभावित करती हैं। शिक्षक किसी परिस्थिति विशेष में कैसा व्यवहार करता है, कैसे वह कक्षा में छात्रों के साथ विभिन्न भूमिकाओं में कार्य को पूरा करता है और कैसे छात्र, शिक्षक तथा पाठ्य-वस्तु में अन्त: प्रक्रिया होती हैं, आदि बातें इसमें आती हैं'। एक या कई युक्तियां सम्मिलित रूप से शिक्षण नीति को प्रभावशाली बनाती हैं।

रवींद्र नाथ टैगोर के अनुसार, प्रभावी अध्यापन के लिए शिक्षक का स्वयं सदा अध्यापनशील रहना आवश्यक है।

दूसरी ओर, शिक्षण विधियों में पाठ्य-वस्तु की प्रकृति पर ध्यान दिया जाता है। इसमें पाठ्य-वस्तु तथा उसका प्रस्तुतीकरण (presentation) महत्त्वपूर्ण माना जाता है। इसमें शिक्षण के कलात्मक पक्ष पर ज्यादा बल दिया जाता है। शिक्षण विधियों में मुख्यत: स्थूल उपागम (macro-teaching) का अनुसरण किया जाता है।

शिक्षण विधियां (Teaching Methods)

इग्नासियो एस्ट्राडा (Ignacio Estrada) के अनुसार, 'यदि शिक्षार्थी शिक्षक द्वारा पढ़ाए जाने वाले ढंग (विधि) से नहीं समझ पाता, तो शिक्षक को चाहिए कि वह शिक्षण के लिए वही विधि अपनाएं जिससे शिक्षार्थी समझ पाए'।

शिक्षण की महत्त्वपूर्ण विधियों को तालिका 1.6 में दर्शाया गया है।

शिक्षण उद्देश्यों और शिक्षण नीति के बाद अगला चरण उचित शिक्षण विधियों का चयन करना है। शिक्षण की निम्नलिखित विधियां हैं:

1. बड़े समूह की शिक्षण विधियां
2. छोटे समूह की शिक्षण विधियां
3. व्यक्तिगत शिक्षण विधियां

तालिका 1.6 शिक्षण की महत्त्वपूर्ण विधियां

अध्यापक-केंद्रित पद्धति (Teacher-centred Methods)	मिश्रित पद्धति (Mixed Methods)	शिक्षार्थी-केंद्रित पद्धति (Learner-centred Methods)
बड़े समूह की शिक्षण विधियां (Large group methods)	**लघु समूह शिक्षण विधियां (Small group methods)**	**निजीकृत शिक्षण विधियां (Individualized methods)**
1. व्याख्यान (Lecture method)	1. समूह परिचर्चा (Group discussion)	1. सुपुर्द नियत कार्य या अभिहस्तांकित कार्य (Assignment)
2. व्याख्यान एवं प्रयोग प्रदर्शन विधि (Lecture and demonstration strategy)	2. संगोष्ठी (Seminar)	2. कार्यक्रम अनुदेश (Programmed instructions)
3. समूह शिक्षण (Team teaching)	3. पैनल चर्चा (Panel discussion)	3. कंप्यूटर आधारित शिक्षण (Computer-assisted learning)
4. टेलीविजन या वीडियो प्रस्तुति	4. मस्तिष्क झंझावाती (Brain storming)	4. परस्पर संवादात्मक वीडियो (Interactive video)
5. समीक्षा नीति (Review strategy)	5. परियोजना विधि (Project method)	5. मुक्त अधिगम (Open learning)
6. प्रश्नोत्तर शिक्षण नीति (Question and answer method)	6. अनुशिक्षण विधि (Tutorials)	6. सतत अनुकरण (Simulation)
	7. प्रकरण अध्ययन (Case study)	7. अनुमानी विधि (Heuristic method)
	8. पात्र अभिनय (Role playing)	8. ऐतिहासिक खोज विधि (Discovery method)
	9. प्रदर्शन (Demonstration)	

अध्यापक-केंद्रित पद्धति (TEACHER-CENTRED METHODS)

व्याख्यान विधि (Lecture Method)

व्याख्यान पद्धति सबसे पारंपरिक और प्रभावशाली शिक्षण पद्धति है, और कई शिक्षकों द्वारा इसे अनुरूप माना जाता है। इस पद्धति में, एक शिक्षक शिक्षार्थियों को समझने में मदद करने के लिए तथ्यों, सिद्धांतों या संबंधों को समझाने का प्रयास करता है। यहां, शिक्षक एक सक्रिय भागीदार है, छात्रों को निष्क्रिय श्रोता (passive listeners) माना जाता है। सामान्य तौर पर, शिक्षक के व्याख्यान के दौरान छात्र शिक्षक के साथ बातचीत नहीं करते हैं। इस तरह, यह एकतरफा संचार है। यह प्रकृति में निरंतर है। याद रखने और बाद में उन पर विचार करने के लिए छात्र तथ्यों और विचारों को सुनते, लिखते और नोट करते हैं। यदि शिक्षक छात्रों को एक बिंदु को स्पष्ट करने के लिए कुछ प्रश्न पूछने की अनुमति देता है, तो शिक्षण को दो-तरफा संचार बनाया जा सकता है।

मूलभूत लक्षण (Basic Features)

1. यह प्रकृति में औपचारिक और कथात्मक (narrative) है।
2. यह घटनाओं या तथ्यों की एक श्रृंखला प्रस्तुत करता है।
3. यह एक समस्या की पड़ताल करता है।

लाभ (Advantages)

1. यह अल्पव्ययी है, और एक अकेला शिक्षक एक समय में बड़ी संख्या में छात्रों को पढ़ा सकता है, जो अन्य विधियों का उपयोग करके संभव नहीं है। यह बहुत समय बचाता है, और पाठ्यक्रम को निर्धारित समय के भीतर अति सरलता से कंठस्थ किया जा सकता है।
2. यह शिक्षक के कार्य को सरल बनाता है।
3. यह तथ्यात्मक जानकारी प्रदान करने और इसके महत्वपूर्ण बिंदुओं पर ध्यान आकर्षित करने के लिए उपयोगी है।
4. सामान्य तौर पर, व्याख्यान के दौरान रुकावटों और विकर्षणों से बचा जाता है।

सीमाएं (Limitations)

1. यह छात्र गतिविधि के लिए बहुत कम अवसर प्रदान करता है, क्योंकि शिक्षक कक्षा को रोचक बनाने के लिए विशेष ध्यान रखता है।
2. यह सामान्य तौर पर शिक्षार्थियों को समस्याओं को हल करने के अवसर प्रदान नहीं करता है।
3. यह सीखने की प्रगति की जांच के लिए सीमित अवसर प्रदान करता है, चाहे छात्र भाग ले रहे हों और शिक्षक जो कुछ भी समझा रहे हैं।
4. जिस वाक्यांश या भाव में एक ही बात को अलग-अलग शब्दों में दो बार (या अधिक) कहा जाता है, उसे 'टॉटोलॉजी' (tautology) कहते हैं।
5. छात्रों की रुचियों, योग्यताओं और बुद्धि का ध्यान नहीं रखा जाता है।
6. यह सीखने की व्यक्तिगत गति की अनुमति नहीं देता है।

व्याख्यान पद्धति को अधिक प्रभावी बनाने के सुझाव:

1. शिक्षक को व्याख्यान नोट्स (Lecture notes) शब्द दर शब्द पढ़ने की प्रवृत्ति से बचना चाहिए।
2. शिक्षक को निरंतर ध्यान आकर्षित करने के लिए छात्रों के साथ `नेत्र संपर्क' बनाए रखना चाहिए।

3. परिचयात्मक टिप्पणियों (introductory remarks), मुख्य शीर्षकों, उप-शीर्षकों, आंकड़ों और महत्वपूर्ण डेटा और समापन टिप्पणियों के साथ अच्छी पाठ योजना आदि महत्वपूर्ण अंग हैं। छात्रों को नोट्स बनाने का अवसर मिलना चाहिए।
4. शिक्षक को सरल भाषा का प्रयोग होना चाहिए जिससे विद्यार्थी समझ सकें। मुख्य बिंदुओं को वैकल्पिक भाषा (alternative language) में दोहराया जाना चाहिए।
5. विचारों के संचार को बेहतर बनाने के लिए श्रव्य-दृश्य निर्देशात्मक (audio-visual instructional) सुविधाओं का प्रभावी उपयोग करना चाहिए।
6. शिक्षक को दृष्टांतों (illustration) और उदाहरणों का उचित उपयोग करना चाहिए। विभिन्न विचारों और सिद्धांतों की निष्पक्ष प्रस्तुति सुनिश्चित करने की आवश्यकता है।
7. शिक्षकों को विचारोत्तेजक, उत्तेजक और समस्या-समाधान प्रश्न पूछने के लिए व्याख्यान अवधि के दौरान अल्प विराम प्रदान करना चाहिए। स्पष्टीकरण और प्रश्नों के लिए अंत में समय दें।

व्याख्यान को निम्नलिखित अभिनव ढंग से संवादात्मक (interactive) बनाया जा सकता है:

1. **प्रश्न लिखना (Write a Question):** अपने सभी छात्रों से अब तक के व्याख्यान को प्रतिबिंबित करने और कागज पर एक या दो प्रश्न लिखने के लिए एक या दो मिनट बिताने के लिए कहें।
2. **थिंक-पेयर-शेयर (Think-Pair-Share):** पर्याप्त रूप से कठिन प्रश्न पूछने के बाद, उन्हें जोड़ी बनाने के लिए कहें। फिर विद्यार्थियों से पूरी कक्षा के साथ अपने दृष्टिकोण साझा करने को कहें।
3. **विचार-मंथन (Brainstorming):** छात्रों से नए विषय पर कोई विचार, धारणा, कहानी आदि साझा करने और उन्हें बोर्ड पर रिकॉर्ड करने के लिए कहना।
4. **क्लासरूम रिस्पांस सिस्टम (क्लिकर्स) (Classroom Response Systems - clickers):** ये निर्देशात्मक तकनीकें हैं जो प्रशिक्षकों को कक्षा के दौरान बहुविकल्पीय (और कभी-कभी मुक्त-प्रतिक्रिया) प्रश्नों के लिए छात्र प्रतिक्रियाओं को एकत्र करने और उनका विश्लेषण करने की अनुमति देती हैं।
5. **बैक चैनल (Backchannel):** 'बैकचैनल' शब्द छात्र-से-छात्र और छात्र-से-प्रशिक्षक वार्तालापों को संदर्भित करता है, जो व्याख्यान और प्रस्तुतियों के दौरान हो सकते हैं।
6. **जस्ट-इन-टाइम टीचिंग (Just-in-Time Teaching - JiTT):** छात्रों से छोटे सेमिनार पाठ्यक्रमों में 'पढ़ने' की अपेक्षा करना असामान्य बात नहीं है, जो इन-क्लास चर्चाओं की नींव रखता है।
7. **टीम-आधारित शिक्षा (Team-Based Learning - TBL):** यह अच्छी तरह से विकसित शिक्षण पद्धति जीआईटीटी के समान है, जिसमें इसमें प्री-क्लास छात्र कार्यभार का लाभ उठाना सम्मिलित है।

व्याख्यान एवं प्रयोग प्रदर्शन विधि (Lecture and Demonstration Strategy)

प्रयोग प्रदर्शन वैसे तो छोटे समूह की शिक्षण विधि मानी जाती है, लेकिन अगर इसको व्याख्यान शिक्षण विधि से मिश्रित करके कक्षा शिक्षण में उपयोग किया जाए, तो व्याख्यान की काफी कमियों को दूर किया जा सकता है। इस नीति में शिक्षक व्याख्यान की सहायता से सैद्धांतिक पक्ष को स्पष्ट करता है और श्यामपट्ट एवं अन्य सहायक सामग्री की सहायता से चित्र एवं कथन प्रस्तुत करता है। प्रदर्शन के मध्य में शिक्षक छात्रों से प्रश्न भी पूछता रहता है, जिससे छात्रों को अधिक स्पष्ट ज्ञान की प्राप्ति होती है।

समूह शिक्षण पद्धति (Team Teaching Method)

समूह शिक्षण बड़े समूह में पढ़ाने के लिए एक परिवर्तनात्मक दृष्टिकोण है, जिसमें दो या अधिक शिक्षक योजना बनाने, उनको क्रियान्वित करने, और छात्रों के समूह में सीखने के अनुभव का मूल्यांकन करने के लिए सम्मिलित होते हैं।

जैसे दो या तीन शिक्षक कक्षा में एक ही समय में अपने-अपने विषयों का ज्ञान प्रदान करते हैं। एक शिक्षक प्रकरण के विषय में व्याख्यान देता है और सैद्धांतिक बातें करता है, दूसरा शिक्षक व्यावहारिक पक्ष की बात करेगा, तीसरा समसामयिक पहलुओं पर बात करेगा। विचार-गोष्ठी, परिसंवाद, पैनल चर्चा इसके ही विभिन्न रूप कहे जा सकते हैं।

समूह शिक्षण के लाभ

1. इस विधि में छात्रों द्वारा सबसे अच्छे संकाय को साझा किया जा सकता है।
2. इसमें कई शिक्षण तकनीकों और उपकरणों का अनुकूलतम उपयोग किया जाता है।
3. इसके द्वारा शिक्षण की गुणवत्ता में सुधार किया जा सकता है।

समूह शिक्षण की सीमाएं

1. इस विधि के लिए विशेष दक्ष शिक्षकों को ढूंढना एक कठिन कार्य होता है।
2. इसमें शिक्षण के लिए अधिक शिक्षकों की आवश्यकता होती है।
3. यह विधि सभी विषयों को पढ़ाने के लिए उपयोगी नहीं है।
4. इस विधि में समय निर्धारण और योजना बनाने के लिए अधिक समय की आवश्यकता होती है।

कॉन्सेप्ट बॉक्स

सूक्ष्म शिक्षण (Micro Teaching)

सूक्ष्म शिक्षण एक छात्राध्यापक के लिए प्रशिक्षण का वह प्रारूप है, जिसमें सामान्य कक्षा-शिक्षण की जटिलताओं को निम्न उपायों द्वारा कम करने का प्रयास किया जाता है:

- एक समय में एक ही शिक्षण कौशल का अभ्यास करना
- पाठ्य-वस्तु को एक संप्रत्यय तक ही सीमित रखना
- कक्षा में विद्यार्थियों की संख्या को घटा कर 5 और 10 के बीच रखना
- पाठ के कालांश को 5 और 10 मिनट के बीच सीमित करना

सूक्ष्म-शिक्षण को अध्यापक प्रशिक्षण और विशेषतया शिक्षण कला के अभ्यास क्षेत्र में अपेक्षाकृत एक नवीन प्रयोग अथवा नवाचार (innovation) के रूप में देखा जाना चाहिए। यह अध्यापकों को शिक्षण कौशलों का अभ्यास कराने हेतु अपनाई गई एक प्रशिक्षण तकनीक (training technique) है, अतः इसे किसी भी अवस्था में शिक्षण तकनीक (teaching technique) नहीं समझा जाना चाहिए।

सूक्ष्म-शिक्षण पाठ की समाप्ति के तुरंत बाद ही एक अध्यापक को उनका शिक्षण कैसा रहा, इस बात की जानकारी मिल जाती है, इस प्रकार की जानकारी पर्याप्त प्रतिपुष्टि प्रदान करने में काफी सहायक होती है।

शिक्षण कार्य में अनेक अति विशिष्ट कौशलों का समावेश होता है। परंपरागत शिक्षण प्रशिक्षण द्वारा इन कौशलों में प्रवीण होना सम्भव नहीं है। सूक्ष्म-शिक्षण ही एक ऐसी तकनीक है, जो इन कौशलों में पारंगत होने का अवसर देती है।

टेलीविजन या वीडियो प्रस्तुति (TV or Video Presentation)

टेलीविजन प्रस्तुति रेडियो या ऑडियो प्रस्तुति से अधिक बेहतर होती है। इसके द्वारा शिक्षण को अच्छे तरीके से समझाया जा सकता है।

टेलीविजन के लाभ

1. वीडियो प्रदर्शन के माध्यम से कई महत्त्वपूर्ण व्यक्तियों और विशेषज्ञों को कक्षा में प्रस्तुत किया जा सकता है।
2. यह विधि वयस्क शिक्षार्थियों के लिए विशेष रूप से उपयोगी है।
3. चित्रमय व्याख्यान (illustrated lectures) और प्रदर्शन (demonstrations) अन्य शिक्षण सहायक सामग्री जैसे स्लाइड, मॉडल, नमूने, आदि के पूरक होते हैं।
4. यह प्रदर्शन दूर-दराज के क्षेत्रों में शिक्षार्थियों के लिए आसानी से उपलब्ध करवाया जा सकता है।
5. यह विधि भूगोल, खगोल विज्ञान, आदि विषयों के लिए विशेष रूप से उपयोगी होती है।

टेलीविजन की सीमाएं

1. इस विधि में द्विमार्गीय संदेशवाहन (two-way communication) की संभावना कम होती है।
2. इस विधि में जटिल प्रसारण अवधि (telecast period) को समायोजित करने में कठिनाई होती है।

समीक्षा नीति (Review Strategy)

व्याख्यान विधि, चर्चा विधि, समूह शिक्षण विधि-सब के पुनरावलोकन को समीक्षा नीति (review strategy) का नाम दिया जाता है। इससे शिक्षक को कक्षा शिक्षण की प्रगति का पता चलता है—क्या हो चुका है, कितना पाठ्यक्रम शेष है, शिक्षण में क्या-क्या त्रुटियाँ हैं, शिक्षण विधि में क्या सुधार वांछित है, इत्यादि। यह विधि उच्च कक्षाओं के लिए ज्यादा उपयोगी है। समीक्षा मौखिक या लिखित रूप में हो सकती है।

प्रश्नोत्तर शिक्षण नीति (Question Answer Method)

इस विधि को सुकराती विधि भी कहा जाता है, इसमें मुख्य तीन सोपान होते हैं—प्रश्न निर्माण, उनका प्रस्तुतीकरण एवं छात्रों के माध्यम से ही नवीन ज्ञान देना। यह मनोवैज्ञानिक सिद्धांतों पर आधारित है, प्रश्नोत्तर विधि के समय छात्र सक्रिय हो जाते हैं। यह छात्रों के ज्ञान का मूल्यांकन करने में भी उपयोगी है।

लघु समूह शिक्षण की विधियां (SMALL GROUP TEACHING METHODS)

शिक्षण के अधिकतर तरीके छोटे समूह में सिखाने के लिए उपयोग किए जाते हैं। यह तरीके निम्न हैं, जैसे समूह विचार-विमर्श, सेमिनार, परियोजना का काम, संरक्षक, भूमिका निभाना, इत्यादि।

अगले अनुच्छेद में इन विधियों की संक्षिप्त चर्चा की गई है।

समूह परिचर्चा (Group Discussion)

समूह चर्चा छोटे समूहों में सिखाने की मूलभूत विधियों (basic method) में से एक है। इसे समूह के संचार और पारस्परिक विचार-विमर्श के रूप में वर्णित किया जा सकता है। समूह चर्चा तीन प्रकार की हो सकती है—पूर्णतया नियोजित, आंशिक रूप से नियोजित और अनियोजित। बज़ वार्तालाप (buzz session) समूह वार्तालाप का ही रूपांतर है, जिसमें छोटे समूहों के साथ लघु संक्षिप्त, संरचित, एवं उद्देश्यपूर्ण चर्चा सत्र होता है, जिसका निष्कर्ष पूरी कक्षा के सामने प्रस्तुत किया जाता है, और उस पर प्रश्न उत्तर सत्र होता है।

समूह परिचर्चा के रूप

चर्चा के मुख्य प्रकार कक्षा चर्चा, औपचारिक समूह चर्चा, एक संगोष्ठी के संदर्भ में चर्चा, अभियुक्त, संगोष्ठी और सम्मेलन हो सकते हैं।

1. **कक्षा चर्चा (Classroom Discussion):** यह कक्षा के भीतर चर्चा का एक अनौपचारिक ढंग है। इस स्थिति में, शिक्षक एक नेता के रूप में कार्य करता है, विषय को प्रस्तुत करता है, तथा चर्चा का मार्गदर्शन और निर्देशन भी करता है। छात्र भी एक नेता की भूमिका निभाता है, तथा मुख्य बिंदुओं को उसके द्वारा या किसी और छात्र के द्वारा ब्लैक बोर्ड पर नोट किया जा सकता है।
2. **औपचारिक समूह चर्चा (Formal Group Discussion):** औपचारिक समूह चर्चा में एक छोटी समूह चर्चा और एक बड़ी समूह चर्चा सम्मिलित होती है। यहां किसी विषय के कई पहलुओं पर भी चर्चा की जा सकती है। चर्चा प्रारंभ करने के लिए, एक शिक्षक अध्यक्ष-व्यक्ति के रूप में कार्य करता है, वह चर्चा के लिए विषय का परिचय देता है तथा चर्चा के उद्देश्यों की व्याख्या भी की जाती है। यहां छात्रों को 3 से 5 के छोटे समूहों में बांटा जा सकता है। शिक्षक एक सूत्रधार और संसाधन व्यक्ति के रूप में कार्य करता है। वह आवश्यकतानुसार समूहों की सहायता के लिए उपलब्ध है। चर्चा समय काल में पहल, समन्वय और नियंत्रण किया जाता है। एक अभिलेखी चर्चा के बिंदुओं को नोट करता है। आवंटित समय के अंत में (अधिक से अधिक 30 मिनट में), सभी समूह एक बड़े समूह के रूप में पुन: एकत्रित हो जाते हैं। प्रत्येक छोटे समूह का नेता या अभिलेखी प्रतिवेदन प्रस्तुत करता है; और फिर शिक्षक सामान्य चर्चा का नेतृत्व करके, बिंदुओं को स्पष्ट करता है, तथा अंत में चर्चा को सारांशित करता है।

समूह चर्चा निम्न प्रकार की हो सकती है:

1. **नियोजित (Planned):** यह निष्कर्ष और उद्देश्यों के बारे में निश्चितता (certainty) है। जिसमे चर्चा एक प्रशिक्षक द्वारा उचित क्रम में निर्देशित की जाती है।
2. **आंशिक रूप से नियोजित (Partly Planned):** यहां, समापन और प्रारंभिक कथन ज्ञात हैं, लेकिन इस बीच में चर्चा निर्देशित नहीं है या तो बहुत कम निर्देशित है।
3. **अनियोजित (Unplanned):** चर्चा के लिए प्रस्तुत विषय बिना किसी प्रारंभिक वक्तव्य के है, और इसके बाद की चर्चा बिना प्रशिक्षक मार्गदर्शन के पूरी तरह से स्वत:स्फूर्त है।

समूह चर्चा के लाभ

1. इसमें समूह के सभी सदस्यों की सहभागिता होती है।
2. इसमें प्रशिक्षुओं (trainees) की गहन सोच को विकसित किया जाता है, ताकि वे अपने विचारों और राय को स्वतंत्र रूप से व्यक्त कर सकें।
3. समूह चर्चा मौखिक, अशाब्दिक और लिखित संचार कौशल के विकास के लिए उपयुक्त होती है।

समूह चर्चा की सीमाएं

1. यदि समूह चर्चा व्यवस्थित न हो, तो इसमें बहुत समय व्यर्थ हो सकता है।
2. इस विधि में कुछ प्रतिभागियों द्वारा अपने बेहतर संचार कौशल के आधार पर प्रभुत्व (dominance) की संभावना रहती है।
3. इस विधि में प्रशिक्षुओं का आकलन करना कठिन होता है।

समूह चर्चा के आयोजन के लिए सामान्य सिद्धांत

उद्देश्यों को स्पष्ट रूप से परिभाषित किया जाना चाहिए और सभी प्रतिभागियों द्वारा समझा जाना चाहिए।

समूह के सदस्यों को मानसिक रूप से तैयार होकर आना चाहिए, उनमें चर्चा किए जाने वाले विषय के बारे में बुनियादी ज्ञान होना चाहिए।

परिनियामक (moderator) को कार्यवाही का मार्गदर्शन और समन्वय करने की आवश्यकता है ताकि चर्चा को बिंदु पर रखा जा सके।

चर्चा के मुख्य बिंदुओं को रिकॉर्ड करने के लिए समूह द्वारा एक रिकॉर्डर चुना जा सकता है। मुख्य बिंदुओं को ब्लैक बोर्ड या श्वेत बोर्ड पर नोट किया जा सकता है।

समूह में भाग लेने के लिए प्रत्येक व्यक्ति में स्वतंत्रता के भाव होने चाहिए तथा एक संकोची व्यक्ति को योगदान देने के लिए प्रोत्साहित किया जाना चाहिए और सभी दृष्टिकोणों पर निष्पक्ष रूप से विचार किया जाना चाहिए।

चर्चा को एक रिपोर्ट, निर्णय,अनुशंसा या किसी उचित सारांश के साथ ठीक से समाप्त किया जाना चाहिए।

संगोष्ठी (Seminar)

यह समूह चर्चा का ही एक प्रकार है। इसमें एक या कई प्रशिक्षु होते हैं, जो दिए गए विषय, मुद्दे या समस्या पर पेपर तैयार करते हैं, जिसे पूरे समूह में चर्चा या विश्लेषण के लिए प्रस्तुत किया जाता है। सेमिनार के मुख्य चरण हैं—पेपर की तैयारी, पेपर की प्रस्तुति, और तत्पश्चात उस पर चर्चा करना।

संगोष्ठी के लाभ

1. इस विधि में सहभागियों के प्रस्तुति कौशल का विकास होता है।
2. यह विधि प्रशिक्षुओं के लिए किसी विशेष विषय को तैयार करने और उसमें योगदान देने का अवसर प्रदान करती है।
3. इस विधि में प्रशिक्षुओं को व्यावहारिक रूप से सामूहिक नेतृत्व का अवसर मिलता है, जिससे वह अपने विश्लेषणात्मक कौशल का उपयोग अनुसंधान निष्कर्ष पर पहुंचने या समस्या का समाधान करने में कर सकते हैं।

संगोष्ठी की सीमाएं

1. इस विधि में काफी समय लगता है और यह सहभागियों के लिए मानसिक तनाव का कारण बन सकता है।
2. इसमें प्रशिक्षुओं के समूह को प्राप्ति के उच्च स्तर की आवश्यकता होती है।

संगोष्ठी के प्रकार

1. छोटी संगोष्ठी - कक्षा-कक्ष स्तर
2. मुख्य संगोष्ठी - विभाग/संस्थागत स्तर
3. राष्ट्रीय संगोष्ठी - राष्ट्रीय स्तर
4. अंतर्राष्ट्रीय संगोष्ठी - अंतर्राष्ट्रीय स्तर

पैनल चर्चा (Panel Discussion)

एक पैनल में छह से आठ व्यक्तियों का समूह होता है। इसमें शिक्षार्थियों के साथ निर्देशित और अनौपचारिक विचार-विमर्श किया जाता है। उदाहरण के लिए, जलवायु परिवर्तन (climate change) के मुद्दे पर पैनल चर्चा, इसके लिए शिक्षक पैनल के उन सदस्यों का चयन करता है, जो प्रभावी ढंग से सोच सकते हों और विषय के विभिन्न पहलुओं पर बात कर सकते हों। शिक्षक को स्वयं भी विषय पर चर्चा के लिए तैयार होना चाहिए।

पैनल चर्चा का लाभ

1. पैनल चर्चा यदि अच्छी तरह से आयोजित की गई हो, तो यह एकल वक्ता (single-speaker forum) मंच से शिक्षार्थियों के लिए अधिक रुचिकर होती है।
2. यह विधि सामान्यतया सामाजिक रूप से प्रासंगिक (relevant) मुद्दों के लिए उपयोग की जाती है।

पैनल चर्चा की सीमाएं

1. इस विधि में विशेषज्ञों को एकल मंच (single forum) पर लाना कठिन होता है।
2. प्राय: यह देखने में आता है कि इस विधि में शिक्षार्थी सक्रिय रूप से भाग नहीं लेते हैं।

परियोजना विधि (Project Method)

जॉन डेवी (John Dewey) के शिष्य किलपैट्रिक (Kilpatric) इस विधि के मुख्य प्रस्थापक है। परियोजना वह क्रिया है, जिसमें पूर्ण सहभागिता के साथ सामाजिक वातावरण में लक्ष्य प्राप्त किया जाता है। इस प्रविधि में छात्रों के समक्ष एक समस्या प्रस्तुत की जाती है, छात्र उसका हल निकालने में एक निश्चित अवधि तक के लिए प्रयासरत रहते हैं, शिक्षक उनके मार्गदर्शक बन सकते हैं। इसकी एक निश्चित प्रारूप (format) में रिपोर्ट भी बनती है।

परियोजना विधि के लाभ

1. परियोजना विधि के माध्यम से छात्र में गहन सोच की प्रवृत्ति का विकास होता है।
2. इस विधि के माध्यम से छात्र समूह में कार्य (team work) करने के लिए प्रेरित होते हैं।

परियोजना विधि की सीमाएं

1. इस विधि में निरंतर जांच की आवश्यकता होती है।
2. इस विधि में कार्य करने के लिए अतिरिक्त संसाधनों की आवश्यकता हो सकती है।

व्यष्टि या प्रकरण अध्ययन (CASE STUDY)

इसका मुख्य उद्देश्य कक्षा में छात्रों की सहभागिता को उच्च स्तर पर सुनिश्चित करना होता है। यह विधि उन छात्रों के लिए भी सहायक है, जो सीखने के लिए अभी तक केवल पारंपरिक शिक्षण विधियों पर निर्भर रहे हैं। यह उनके सीखने के प्रति दृष्टिकोण में बड़ा परिवर्तन ला सकता है। यह अध्ययन आमतौर पर व्यक्तियों द्वारा एक संगठन के रूप में वास्तविक स्थिति का वर्णन करना, निर्णय लेना, चुनौती का सामना करना, इत्यादि है। इस विधि का प्रयोग मुख्यत: मनोविज्ञान, प्रबंधन, जीव विज्ञान, विधिक अध्ययन (legal studies), समाजशास्त्र, इतिहास, आदि विषयों में किया जाता है।

व्यष्टि अध्ययन के लाभ

1. यह विधि भाग लेने वालों को विश्लेषण, गंभीर जांच, मूल्यांकन और तर्क-वितर्क को व्यक्त करने का अवसर प्रदान करता है।
2. यह विधि निर्णय लेने और समस्या को सुलझाने की क्षमता को बढ़ाती है।
3. यह छात्रों की सक्रिय सहभागिता को सुनिश्चित करता है।

व्यष्टि अध्ययन की सीमाएं

1. इस विधि को उपयोग में लाने के लिए प्रशिक्षित शिक्षक बहुत कम है।
2. यह अध्ययन सभी विषयों और स्थितियों के लिए उपयोगी नहीं है।

पात्र अभिनय या अनुकरणीय या भूमिका निर्वाह (Role Playing)

शिक्षक छात्रों के ज्ञानवर्धन, मानव-संबंधी कौशल और उनकी पारस्परिक और व्यक्तिगत समस्याएँ हल करने में महत्त्वपूर्ण भूमिका निभाते हैं। पात्र-अभिनय प्रविधि में विषय-वस्तु से संबंधित साहित्यिक, ऐतिहासिक, वर्तमान या काल्पनिक घटनाओं का नाटकीय रूपांतर किया जाता है। इससे विद्यार्थी अलग-अलग पात्रों की भूमिका अदा करता है, इससे उनको प्रत्यक्ष अनुभव होता है, और उनके मानवीय कौशल भी बेहतर बनते हैं।

पात्र अभिनय के लाभ

1. यह वास्तविक जीवन की स्थितियों की एक झलक है।
2. यह विधि समूह के प्रत्येक सदस्य की सह-भागिता पर बल देती है।
3. इस विधि में तुरंत प्रतिपुष्टि (feedback) प्राप्त हो जाती है।
4. यह विधि निर्णय, समस्या समाधान संबंधी, वार्ता, कार्यक्षमता संबंधी कौशलों को विकसित करती है।
5. यह विधि सहभागियों के दृष्टिकोण को बदलने में प्रभावपूर्ण होती है।

पात्र अभिनय की सीमाएं

1. इसके अप्रत्याशित (unpredictable) परिणाम भी हो सकते हैं।
2. प्राय: वास्तविक जीवन की परिस्थितियाँ भूमिका निभाने से अधिक जटिल होती है।
3. इस विधि में पर्याप्त मात्रा में संसाधनों की आवश्यकता होती है।

व्यक्तिगत शिक्षण प्रणाली (Personalised System of Instruction)

शिक्षण की व्यक्तिगत प्रणाली को सामग्री का चयन करने के अलावा सभी विषय-वस्तुओं के लिए उपयोग किया जा सकता है। यह लिखित सामग्री के माध्यम से अवगत करने के लिए सबसे उपयुक्त है। इस प्रणाली में मूलत: पांच तत्व होते हैं:

1. सीखने में निपुणता
2. आत्म-गति
3. लिखित सामग्री पर अधिक बल
4. कुलानुशासक (proctor)
5. व्याख्यान।

व्यक्तिगत शिक्षण प्रणाली के लाभ

1. इस प्रणाली से शिक्षार्थी को दक्षता प्राप्त होती है।
2. शिक्षार्थी अपनी स्वयं की तय की गई गति से सीखता है।

व्यक्तिगत शिक्षण प्रणाली की सीमाएं

1. यह तीव्रता से परिवर्तित होती हुई पाठ्यक्रम सामग्री के लिए उपयुक्त नहीं है।
2. यह प्रणाली मनोसंचालक (psychomotor) और भावात्मक (affective) ज्ञानक्षेत्रों के लिए उपयुक्त नहीं है।

प्रदर्शन विधि (Demonstration Method)

यह विधि सीखने के सिद्धांतों पर आधारित होती है। इस विधि को कक्षा में संज्ञानात्मक (cognitive), भावात्मक (affective) और मनोसंचालक (psychomotor) उद्देश्यों को प्राप्त करने के लिए उपयोग किया जाता है। प्रदर्शन को मौखिक (verbal) स्पष्टीकरण के संयोजन के रूप में परिभाषित किया जा सकता है। यह दृश्य-श्रव्य (audio-visual) स्पष्टीकरण के लिए आवश्यक हो सकता है।

प्रदर्शन विधि के लाभ

1. यह विधि वस्तुओं, विचारों और सामग्री को समझाने में प्रभावशाली होती है।
2. इस विधि में अमूर्त (abstract) अवधारणाओं को प्रभावी ढंग से समझाया जा सकता है।
3. यह विधि उद्देश्यों को संज्ञानात्मक (cognitive), भावात्मक (affective) और मनोसंचालक (psycho-motor) ज्ञानक्षेत्र में प्राप्त करने के लिए उपयोगी है।

प्रदर्शन विधि की सीमाएं

इस विधि में प्रयोगात्मक (experimental) प्रक्रिया में भाग लेने के लिए केवल कुछ ही अवसर होते हैं।

शिक्षार्थी-केंद्रित पद्धति (Learner-centred Methods)

ये विधियां शिक्षार्थियों की व्यक्तिगत जरूरतों को ध्यान में रख कर विकसित की जाती हैं। इसमें उनकी व्यक्तिगत विभिन्नताओं को भी ध्यान में रखा जाता है। यह प्रयत्न किया जाता है कि उनकी विभिन्नताओं को कक्षा-शिक्षण एवं वृहत्तर शिक्षा प्रणाली में वांछनीय हद तक समायोजित किया जाए। व्यक्तिगत शिक्षण विधियों का निम्नलिखित रूप में वर्णन किया गया है।

सुपुर्द नियत कार्य या अभिहस्तांकित कार्य (Assignment)

इस विधि का उपयोग छात्रों को विशेष प्रयोजनों (purpose) के रूप में किया जाता है, जैसे अतिरिक्त जानकारी प्राप्त करना, सर्वेक्षण करना और संख्यात्मक समस्याओं को सुलझाना, इत्यादि। इसमें शिक्षक की महत्त्वपूर्ण भूमिका होती है। शिक्षक कार्य की योजना तैयार करते हैं और उस कार्य के संदर्भ में जानकारी इकट्ठी करने के लिए छात्रों का मार्गदर्शन करते हैं। यह किसी भी विषय पर तैयार की जा सकती है, लेकिन यह ऐसी होनी चाहिए कि छात्र उसे मात्र पुस्तकों से ही अनुकृति (copy) न कर सके।

सुपुर्द नियत कार्य के लाभ

1. इस विधि में छात्रों को स्वतंत्र रूप से कार्य करने में सहायता मिलती है।
2. यह विधि छात्रों की विश्लेषणात्मक क्षमताओं और समस्या समाधान की क्षमता को बढ़ाने में सहायता करती है।
3. यह विधि छात्रों को और अधिक रचनात्मक बनने के लिए प्रेरित करती है।

सुपुर्द नियत कार्य की सीमा

1. यदि कार्य को सावधानी से आयोजित ना किया जाए, तो छात्र एक-दूसरे की सामग्री की अनुकृति कर सकते हैं।

क्रमादेशित निर्देश (Programmed Instructions)

क्रमादेशित निर्देश शिक्षण की उच्च संरचित प्रणाली के लिए एक सामान्य शब्द है, जो आत्म गति (self-pace) के तार्किक क्रम (logical steps) पर आधारित होता है। इसमें शिक्षार्थी प्रत्येक चरण के बाद तुरंत प्रतिपुष्टि (feedback) प्राप्त कर सकते हैं।

क्रमादेशित निर्देश के लाभ

1. नियमित रूप से प्रतिपुष्टि
2. यह शिक्षार्थी की सक्रिय सहभागिता को सुनिश्चित करता है और यह किसी भी विषय के लिए उपयोग किया जा सकता है।

क्रमादेशित निर्देश की सीमा

1. इसमें कुछ समय बाद शिक्षार्थी की प्रेरणा कम हो सकती है।

कंप्यूटर आधारित शिक्षण (Computer Based Teaching)

कंप्यूटर आधारित शिक्षण का संबंध कंप्यूटर के उपयोग के साथ सीखने की प्रक्रिया में सूचना के प्रवाह से है। कंप्यूटर में किसी पुस्तक या वीडियो टेप की तुलना में अधिक शीघ्रता से और सही जानकारी प्रदान करने एवं छात्रों की आवश्यकता अनुसार प्रतिपुष्टि देने की क्षमता होती है।

क्रमादेशित निर्देश के लाभ

1. इसमें अन्य विधि की तुलना में अधिक लचीलापन और बेहतर नियंत्रण होता है।
2. इस विधि को अभ्यास, सिमुलेशन, और मॉडलिंग, इत्यादि में प्रभावी ढंग से उपयोग किया जा सकता है।

क्रमादेशित निर्देश की सीमाएं

1. यह अवैयक्तिक (impersonal) और महंगा है।

परस्पर संवादात्मक वीडियो (Interactive Video)

शिक्षण की इस विधि को संज्ञानात्मक, मनोसंचालक और भावात्मक उद्देश्यों को प्राप्त करने के लिए नियोजित किया गया है। यह विधि शिक्षार्थी को किसी विषय से संबंधित जानकारी क्रमरहित ढंग से (randomly) उपलब्ध करने में सहायक होती है, जिससे शिक्षार्थी अपने कार्य के परिणामों के बारे में तत्काल प्रतिपुष्टि प्राप्त कर सकते हैं। इंटरैक्टिव वीडियो का सार वीडियो अनुकरण के अनुभव के साथ-साथ वास्तविक छवियों के रूप में अधिक संख्या में वीडियो प्रस्तुतियों से है।

परस्पर संवादात्मक के लाभ

1. इंटरएक्टिव वीडियो दृष्टिकोण व्यक्ति की निर्णय लेने की क्षमता को बढ़ाता है।

परस्पर संवादात्मक की सीमाएं

1. इस विधि में काफी समय लगता है और संसाधनों की विशेष आवश्यकता होती है।

मुक्त अधिगम (Open Learning)

यह शिक्षण प्रदान करने की लचीली विधि है। इसमें शिक्षार्थी को सीखने के लिए मानवीय संसाधनों, सामग्री, उपकरण, आवास और यहां तक कि कक्षा की भी आवश्यकता नहीं होती है। इस विधि में शिक्षण के लिए प्रवेश पर कोई प्रतिबंध नहीं होता है।

मुक्त अधिगम के लाभ

1. यह विधि शिक्षार्थियों को सीखने के लिए लचीलापन (flexibility) प्रदान करती है।

मुक्त अधिगम की सीमाएं

1. यह विधि भावात्मक (affective) शिक्षण उद्देश्यों और मनोसंचालन (psychomotor) प्राप्त करने के लिए उपयुक्त नहीं है।
2. इस विधि में समय, विशेषज्ञता और संसाधनों की आवश्यकता होती हैं और यह विषयों के तेजी से बदलते स्वरूप के लिए उपयुक्त नहीं है।

सतत अनुकरण (Simulation Method)

सतत अनुकरण को शायद शिक्षण की प्रविधि के बजाय प्रशिक्षण की प्रविधि कहना अधिक उचित होगा। इस प्रविधि में ऐसी कृत्रिम परिस्थितियां उत्पन्न की जाती हैं, जो कि वास्तविक स्थितियों से बहुत मेल खाती हैं। इसके बाद प्रशिक्षुओं या शिक्षार्थियों को उन परिस्थितियों में प्रशिक्षित किया जाता है।

उदाहरण के लिए, पायलट और अंतरिक्ष यात्रियों का प्रशिक्षण कृत्रिम स्थितियों में होता है।

विधि में मशीनरी उपकरण, आदि पर अधिक पूंजी निवेश की आवश्यकता होती है, लेकिन सामान्य व्यय (routine expenditure) कम होता है। इस विधि में सुरक्षा पहलुओं का विशेष ध्यान रखा जाता है।

ऐतिहासिक खोज विधि (Discovery Method)

अनुमानी विधि से ही मिलती-जुलती एक और विधि है, जिसको हम खोज विधि कहते हैं। इसका प्रयोग अधिकतर सामाजिक विषयों में तथ्यों के ज्ञान के लिए किया जाता है। इसका संबंध प्राचीन घटनाओं से होता है, जबकि अन्वेषण विधि वैज्ञानिक विषयों एवं वर्तमान से संबंधित है।

सहयोगात्मक अधिगम उपागम (Collaborative Learning Approach)

कुछ विधियां लघु समूह चर्चा के सहयोगात्मक अधिगम उपागम के अंतर्गत आती हैं। यह विधियां एक उद्देश्य और विभिन्न समूहों पर आधारित होती है, जिसमें शिक्षक एक सुसाध्यक (facilitator / moderator) के रूप में कार्य करता है।

हम NCERT द्वारा की गई अनुशंसा के अनुसार, ऐसी चार विधियों, मस्तिष्क झंझावती, कार्य समूह, अनुशिक्षण और अन्वेषण समूह का यहां वर्णन कर रहे हैं

1. मस्तिष्क झंझावती, विचार मंथन या विप्लव विधि (Brainstorming)

1. यहां किसी समस्या की पहचान की जाती है।
2. तत्पश्चात लघु समहू बनाए जाते हैं।
3. सभी छात्रों को समस्या का समाधान ढूंढ़ने तथा अपने विचारों को व्यक्त करने के लिए प्रेरित किया जाता है। यह मन मानचित्रण (Mind Mapping) के रूप में भी हो सकता है।
4. सभी विचारों का स्वागत किया जाता है, किसी भी विचार की आलोचना नहीं की जाती, तथापि कुछ विचारों को रूपांतरित किया जा सकता है।

इसमें विचार उत्पन्न करना, सर्जनात्मकता आदि कौशल विकसित होते हैं। उपरोक्त विशेषताओं के तत्पश्चात भी इस विधि में विषय के अध्ययन का व्यवस्थित ढंग नहीं है।

विचार मंथन की मुख्य पहचान सहजता (spontaneity) से होती है, छात्रों द्वारा व्यक्त किये गए 'विचारों की मात्रा' उन 'विचारों की गुणवत्ता' से अधिक मूल्यवान होती है। इसका प्रयोजन छात्रों की भागीदारी को सुनिश्चित करना होता है। यह विधि उन लोगों के लिए संभव नहीं, जो भाग लेने के अनिच्छुक होते हैं।

2. कार्य समूह (Task Group)

1. यहां शिक्षक द्वारा किसी कार्य की पहचान की जाती है।
2. इसमें लघु समूह बनाए जाते हैं।
3. कक्षा के प्रत्येक समूह को एक निश्चित कार्यवधि में निष्पादन के लिए एक विशिष्ट कार्य सौंपा जाता है।
4. प्रत्येक समूह के कार्य का मूल्यांकन दूसरे समूह द्वारा किया जाता है।

कार्य को संपादित करना सबका उत्तरदायित्व होता है। इसमें उत्तरदायित्व लेना, कार्य का प्रतिनिधित्व करना, पहल करना, नियोजन कौशल, कार्य सम्पन्न करना, मूल्यांकन तथा भावात्मक कौशल विकसित होते हैं।

3. अन्वेषण समूह (Inquiry Group): अन्वेषण विधि को प्रोफेसर आर्मस्ट्रांग द्वारा प्रतिपादित किया गया है। इस विधि में छात्र सहायता रहित प्रयासों द्वारा समस्या का समाधान करते हैं।

1. अध्यापक शिक्षण-अधिगम प्रक्रिया के समयकाल में किसी असंगत घटना की कोई स्थिति उत्पन्न करते हैं।
2. इस घटना से छात्रों को यह अनभुव करने में सहायता की जाती है कि इस स्थिति में कोई समस्या विद्यमान है, जिसका समाधान खोजना आवश्यक है। इस विधि से छात्रों में जांच की भावना (spirit of inquiry) विकसित होती है।
3. विभिन्न समूह एक ही समस्या पर कार्य करते हैं और वे भिन्न-भिन्न परिकल्पनाओं, उनके समाधान तथा निष्कर्ष पर पहुंचने का प्रयास करते हैं।

अन्वेषण में सम्मिलित छात्र अपने विचारों पर वार्तालाप, विचार विनिमय कर सकते हैं। कुछ नए समीकरण को व्युत्पन्न कर सकते हैं। कोई क्रियाकलाप या प्रयोग भी किया जा सकता है।

यह विधि शिक्षार्थी केंद्रित विधि है ,इसके अंतर्गत छात्र सक्रिय भागीदारी करते हैं। इस विधि के द्वारा समस्या समाधान कौशल, अन्वेषण कौशल, विश्लेषण, संश्लेषण तथा मूल्यांकन जैसे कौशल विकसित किये जा सकते हैं।

4. अनुशिक्षण समूह (Tutorial Group)

1. यहां शिक्षक विद्यार्थियों को योग्यतानुसार समूह बनाने में सहायता करते हैं।
2. शिक्षक द्वारा किसी संकल्पना की पहचान की जाती है।
3. शिक्षक कक्षा में किसी ऐसे छात्र की पहचान करते हैं, जिसे संकल्पना की अच्छी सूझबूझ हो। ऐसे छात्र को उस समूह के नेता की भमूिका दी जाती है। शिक्षक इस बात का भरसक प्रयास करें कि सभी शिक्षार्थियों को विभिन्न चर्चाओं पर नेतृत्व का अवसर दिया जाए।
4. समूह दल के नेता को प्रत्येक सदस्य के अधिगम को सुसाध्य (facilitator / moderator) बनाने में सहायता करने का कार्य सौंपा जाता है।
5. समूह का नेता सदस्यों से प्रश्न पूछता है तथा उन्हें अपनी अधिगम कठिनाइयों की चर्चा करने के लिए प्रोत्साहित करता है।

अनुशिक्षण मुख्य रूप से निम्न रूपों में हो सकता है:

1. **निरीक्षण युक्त अनुशिक्षण (Inspection tutorials):** शिक्षार्थी शिक्षक के साथ व्यक्तिगत रूप से विचार-विमर्श करता है।
2. **सामूहिक अनुशिक्षण (Group Tutorials):** साधारण स्तर के छात्रों को विशिष्ट शिक्षण दिया जाता है।
3. **प्रयोगात्मक अनुशिक्षण (Practical Tutorials):** ये मुख्यतया शारीरिक कौशल, प्रयोगात्मक कार्य, आदि से संबंधित होते हैं।

यह विद्यार्थियों का ध्यान केंद्रित करने में उपयोगी होता है। यहां विद्यार्थी अधिक विचारों को उत्पन्न करने की स्थिति में होते हैं तथा शिक्षण - अधिगम प्रक्रिया पर अधिक नियंत्रण स्थापित किया जा सकता है।

यह विधि शिक्षण के उद्देश्य से मार्गदर्शन करना, संख्यात्मक और व्यक्तिगत समस्याओं को सुलझाना जैसे कौशल विकसित करने में सहायता करती है, यह विधि मानवीय तौर पर विभिन्न समस्याओं को पाटने का काम भी करती है। इस विधि में शिक्षण की उपयुक्त गति का पता लगाना कठिन कार्य है।

फ़्लिप्ड क्लासरूम (Flipped Classroom): यह एक प्रकार की मिश्रित शिक्षा है, जहां पर छात्रों को अपने घर पर सामग्री से परिचित कराया जाता है, और शिक्षण संस्थान में इसके माध्यम से इस पर कार्य करने का अभ्यास किया जाता है। एक सामान्य फ़्लिप्ड क्लासरूम परिदृश्य में, छात्र घर पर पहले से रिकॉर्ड किए गए वीडियो देख सकते हैं, फिर प्रश्नों और कम से कम कुछ पृष्ठभूमि ज्ञान से लैस होमवर्क करने के लिए शिक्षण संस्थान आ सकते हैं।

यह शिक्षा संस्थान में नई सामग्री शुरू करने, फिर घर पर स्वतंत्र रूप से छात्रों द्वारा पूरा करने के लिए होमवर्क और परियोजनाओं पर कार्य करने की सामान्य प्रथा के विपरीत है।

सक्रिय, मिश्रित और सहयोगात्मक शिक्षा (Active, Blended and Collaborative Education - ABC): इस प्रकार का वातावरण छात्रों को अधिगम के कई संसाधन प्रदान करता है। संसाधनों में एक हाइब्रिड व्याख्यान पुस्तक (hybrid book) सम्मिलित है, जो पाठ्य पुस्तक और कार्य पुस्तक के संयोजन, ऑनलाइन चर्चा मंच, ऑनलाइन वीडियो का एक बड़ा भंडार, और

शिक्षण सहायकों द्वारा कार्यरत एक ट्यूटोरियल रूम आदि के रूप में देखा जा सकता है। इसकी उपयोगिता छात्रों पर निर्भर करती है। छात्रों ने मिश्रित संरचना को इसलिए महत्व दिया, क्योंकि इसने उन्हें सीखने के संसाधनों के लिए तत्काल और अतुल्यकालिक दोनों पहुंच प्रदान की। छात्र संसाधनों का उपयोग होमवर्क की समस्याओं को हल करने, परीक्षा के लिए अध्ययन करने और पाठ्यक्रम में अपनी वैचारिक समझ में सुधार करने में सहायता करने के लिए करते हैं।

अकादमिक बैंक ऑफ क्रेडिट (Academic Bank of Credit): यह पांच तथ्यों - समय, स्थान, मोड, गति और भाषा की क्षमता का समाविष्ट है। ABC को शिक्षा का नया दृष्टिकोण माना जाता है।

इसके अलावा, हमें लचीलेपन, गुणवत्ता, रुचियां, छात्र केंद्रितता, अपने स्वयं के पाठ्यक्रम तैयार करना, अध्ययन का वास्तविक विश्व और पूर्ण तैयारी पर परीक्षा देना आदि विषयों का ध्यान रखना पड़ता है।

स्टॉपओवर

1. निम्नलिखित में से किसको संवादी शिक्षण का सिद्धांत कहा जाना चाहिए?
   (i) सामूहिक (ii) पारस्परिक
   (iii) सहायक या समर्थक (iv) संचयी
   (v) उद्देश्यपूर्ण
   कोड:
   (a) (i), (ii), (iv) और (v)
   (b) (ii), (iii), (iv) और (v)
   (b) (i), (ii), (v) और (vi)
   (d) उपरोक्त सभी

2. नीचे दो कॉलम दिए गए हैं। कॉलम-A शिक्षण की विधियों को सूचीबद्ध करता है और कॉलम-B विधि के फोकस को सूचीबद्ध करता है। कॉलम A के साथ कॉलम B का मिलान करें।

कॉलम-ए	**कॉलम-बी**
(A) व्याख्यान विधि	(i) सहभागी प्रक्रिया
(B) प्रदर्शन विधि	(ii) अनुभव आधारित अधिगम
(C) परियोजना विधि	(iii) ज्ञान की बड़ी मात्रा
(D) सहयोगात्मक विधि	(iv) एक साथ सीखना

नीचे दिए गए विकल्पों में से अपना उत्तर चुनें:
(a) (A)-(i); (B)-(iii); (C)-(ii); (D)-(iv)
(b) (A)-(ii); (B)-(iv); (C)-(i); (D)-(iii)
(c) (A)-(iii); (B)-(i); (C)-(ii); (D)-(iv)
(d) (A)-(iii); (B)-(ii); (C)-(iv); (D)-(i)

उत्तर: 1. (d) **2.** (d)

हल

1. (d) सामूहिक का अर्थ है एक साथ होना, पारस्परिक का अर्थ है एक-दूसरे को सुनना, सहायक या समर्थक का अर्थ है विचारों की स्वतंत्र अभिव्यक्ति, संचयी का अर्थ है विचारों को श्रृंखलित करना, उद्देश्यपूर्ण का अर्थ है किसी उद्देश्य का होना।

कॉन्सेप्ट बॉक्स

विभेदित अनुदेश (Differentiated Instruction)

विभेदित अनुदेश शिक्षण की गतिशील एवं सक्रिय विधि है। इस विधि में शिक्षक सिखाने के लिए विभिन्न योजनाओं और तरीकों का उपयोग करते हैं। यह विधि बड़े समूह, लघु समूह और व्यक्तिगत अनुदेशों का संयोजन (combination) है। इसमें गुणात्मक पहलुओं की अपेक्षा मात्रात्मक पहलुओं को अधिक महत्त्व दिया जाता है। यह विभिन्न बुद्धिमत्ताओं को समायोजित करने के लिए कई दृष्टिकोणों का उपयोग करता है। यह विधि छात्र केंद्रित होती है, अर्थात् इसमें शिक्षण का पाठ्यक्रम प्रासंगिक, रोचक और सक्रिय होता है। यह शिक्षण का एक संगठित और सुनियोजित तरीका है।

मिश्रित अधिगम (Blended Learning)

इस शब्द का उद्गम सयुंक्त राज्य अमेरिका में हुआ। इसकी कोई एकल शुद्ध परिभाषा नहीं है। मिश्रित अधिगम ऑनलाइन शिक्षण को प्रत्यक्ष परंपरागत (आमने-सामने के) शिक्षण से जोड़ता है। यह विभिन्न दृष्टिकोणों को शिक्षा शास्त्र या शिक्षण के संयोजन के रूप में भी परिभाषित करता है। उदाहरण के लिए, स्वयं पुस्तक, सहयोगी या जांच पर आधारित अध्ययन। मिश्रित अधिगम का मुख्य लक्ष्य है—वितरण के तौर-तरीकों के संयोजन के अनुभव द्वारा कुशल और प्रभावी शिक्षा प्रदान करना।

शिक्षण सहायक सामग्री (Teaching Aids)

अध्यापन के दौरान पाठ्य सामग्री को समझाते समय शिक्षक जिन-जिन सामग्रियों का प्रयोग करता है, वह सहायक सामग्री कहलाती है। किन्तु आधुनिक शिक्षा प्रणाली में सहायक सामग्री के संबंध में कई नवाचार हुए हैं, जिनकी सहायता से अध्ययन को रोचक व प्रभावपूर्ण बनाया जा सकता है। इन सामग्रियों द्वारा सीखा ज्ञान न केवल छात्रों में उत्साह जागृत करता है, वरन लंबे समय तक स्मृति पटल पर अंकित रह सकता है। सहायक सामग्रियों के प्रयोग के समय शिक्षक भी अपने अध्यापन के प्रति उत्साहित रहता है। परिणामस्वरूप कक्षा का वातावरण सदैव सकारात्मक बना रहता है। कार्टर ए. गुड के अनुसार, 'कोई भी ऐसी सामग्री जिसके माध्यम से शिक्षण प्रक्रिया को उद्दीप्त किया जा सके अथवा श्रवणेन्द्रिय संवेदनाओं के द्वारा आगे बढ़ाया जा सके, वह शिक्षण सामग्री कहलाती है'।

शिक्षण सहायक सामग्रियों के प्रकार (TYPES OF TEACHING AIDS)

निर्देशात्मक सुविधाएं (Instructional Facilities)

शिक्षण निर्देशात्मक सुविधाएं या शिक्षण अधिगम सामग्री को प्रमुख शिक्षण सुविधाओं का अभिन्न अंग माना जा सकता है।

इन्हें निर्देशात्मक सुविधाएं भी कहा जाता है जो शिक्षण-अधिगम प्रक्रिया में एक प्रशिक्षक की सहायता करती हैं। वे शिक्षण विधियों के पूरक हैं और स्वयं शिक्षण विधियों की तरह स्वावलंबी नहीं हैं।

शिक्षण निर्देशात्मक सुविधाओं में दृश्य-श्रव्य निर्देशात्मक सुविधाएं सम्मिलित हैं। वे इस धारणा का पालन करते हैं कि अधिगम की उत्पत्ति इंद्रियों के अनुभव से होती है। वे बेहतर अधिगम, प्रतिधारण और याद करने, सोच और

तर्क, गतिविधि, रुचि, कल्पना, बेहतर आत्मसात और व्यक्तिगत विकास और विकास में सहायता करते हैं।

निर्देशात्मक सुविधाओं के मुख्य लाभ (The Main Benefits of Instructional Facilities)

निर्देशात्मक सुविधाओं को शिक्षण अधिगम सामग्री (Teaching Learning Methods - TLMs) के रूप में भी जाना जाता है।

इनका उपयोग शिक्षण-अधिगम प्रक्रिया को प्रभावी बनाने के लिए किया जाता है। वे शिक्षार्थियों को कक्षा शिक्षण और अधिगम के बाद सीखने के परिणामों को प्राप्त करने में भी सहायता करते हैं। कक्षा में शिक्षण निर्देशात्मक सुविधाओं का उपयोग करने के कुछ विभिन्न प्रकार के कारण नीचे वर्णित हैं।

1. **शिक्षार्थियों की प्रेरणा (Motivation of Learners):** ध्यान आकर्षित करना किसी भी अधिगम का पहला चरण है। विभिन्न प्रकार की उत्तेजना प्रदान करके शिक्षण निर्देशात्मक सुविधाएं इसमें सहायता करती हैं।
2. **शिक्षण के सिद्धांतों पर आधारित (Based on Maxims of Teaching):** शिक्षण निर्देशात्मक सुविधाओं का उपयोग एक बेतरतीब अभ्यास नहीं है बल्कि शिक्षण के सिद्धांतों पर आधारित है।
3. **सूचना का बेहतर प्रतिधारण (Better Retention of Information):** शिक्षण निर्देशात्मक सुविधाओं के साथ अंत:क्रिया में सम्मिलित संवेदी चैनलों की संख्या जितनी अधिक होगी, सूचना का प्रतिधारण उतना ही अधिक होगा।
4. **शिक्षण निर्देशात्मक सुविधाएं अभिवृत्ति में परिवर्तन को सुगम बनाती हैं (Teaching Instructional Facilities Facilitate Change in Attitude):** चित्र, प्रतिरूप आदि शिक्षार्थियों के बीच सकारात्मक दृष्टिकोण बनाने में सहायता करते हैं।
5. **कक्षा शिक्षण का बेहतर संगठन (Better Organization of Classroom Teaching):** यह अनुक्रमिक संगठन सीखने-सिखाने के अनुभवों को यथासंभव यथार्थवादी बनाने में सहायता करता है। यह मौखिक या दृश्य संचार में कमियों को दूर करने में सहायता करता है।
6. **समग्र अधिगम की सुविधा के लिए (To Facilitate Holistic Learning):** संज्ञानात्मक, भावात्मक और मनो-प्रेरक प्रक्षेत्र (domain) में अधिगम के विभिन्न उद्देश्य हैं। एक शिक्षक के लिए कक्षा में व्यक्तिगत मतभेदों को एक समान दृष्टिकोण से पूरा करने की आवश्यकता रहती है।
7. **वैज्ञानिक मनोवृत्ति को बढ़ावा देना (Promotion of Scientific Temper):** शिक्षण निर्देशात्मक सुविधाओं से वैज्ञानिक मनोवृत्ति को बढ़ावा मिलता है, जो शिक्षा का एक मुख्य लक्ष्य है।
8. **व्यावहारिक अनुप्रयोग (Practical Applications):** शिक्षण निर्देशात्मक सुविधाएं व्यावहारिक अनुप्रयोगों में सैद्धांतिक ज्ञान के अनुप्रयोग को दर्शाती हैं।
9. **अधिगम को आनंदायक बनाना (Making Learning Fun):** शिक्षार्थी नई वस्तुओं को संभालने की नवीनता का आनंद लेते हैं और उनके माध्यम से नई अवधारणाएं सीखते हैं।
10. **अवधारणा निर्माण (Concept Formation):** शिक्षण निर्देशात्मक सुविधाएं बच्चों के बीच अवधारणाओं के निर्माण और प्राप्ति की सुविधा प्रदान करती हैं। वे अमूर्त अवधारणाओं को ठोस बनाते हैं। इस प्रकार, शिक्षार्थी उन्हें समझने में सक्षम होते हैं और रटने का सहारा नहीं लेते हैं।

निर्देशात्मक सुविधाओं के प्रकार (Types of Instructional Facilities)

शैक्षिक प्रौद्योगिकी को दो श्रेणियों में विभाजित किया जा सकता है: हार्डवेयर दृष्टिकोण और सॉफ्टवेयर दृष्टिकोण।

1. **यंत्रोपवस्तु दृष्टिकोण (Hardware approach):** यह शिक्षण की प्रक्रिया को यंत्रीकृत करता है ताकि शिक्षक अधिक छात्रों को शिक्षित करने में कम खर्च के साथ व्यवहार करने में सक्षम हों। हार्डवेयर में कंप्यूटर, परिचित्रदर्शी (epidiascope), अतिरिक्त प्रक्षेपक (projector), रेडियो, स्लाइड और फिल्म प्रोजेक्टर, शअंतर्ग्रस्त इंद्रियों के अनुसार, शैक्षिक प्रौद्योगिकी को श्रव्य, दृश्य और श्रव्य-दृश्य निर्देशात्मक सुविधाओं में विभाजित किया जा सकता है।

   प्रयोग के आधार पर, यहां पर तीन प्रकार होते हैं:

   A. **श्रव्य निर्देशात्मक सुविधाएं (Audio Instructional Facilities):** वे निर्देशात्मक उपकरण हैं जिनके माध्यम से केवल एक संदेश सुना जा सकता है। हम अपना 50% से अधिक समय सुनने में व्यतीत करते हैं। यह हमारे जीवन में श्रव्य संचार माध्यम के महत्व को दर्शाता है। श्रव्य निर्देशात्मक सुविधाओं के उदाहरणों में भाषा प्रयोगशाला, रेडियो सेट, ध्वनि वितरण सेट आदि सम्मिलित हैं।

   B. **दृश्य निर्देशात्मक सुविधाएं (Visual Instructional Facilities):** निर्देशात्मक उपकरण जिनके माध्यम से केवल संदेश देखा जा सकता है, दृश्य निर्देशात्मक सुविधाओं के रूप में जाने जाते हैं। उदाहरणों में पोस्टर, फ्लैशकार्ड, चार्ट, बुलेटिन बोर्ड, नक्शे, मॉडल, फोटोग्राफ आदि सम्मिलित हैं।

   C. **श्रव्य-दृश्य निर्देशात्मक सुविधाएं (Audio-visual instructional facilities):** श्रव्य-दृश्य निर्देशात्मक सुविधाएं वे निर्देशात्मक सुविधाएं हैं जो अधिगम की त्रिकोणीय प्रक्रिया, यानी प्रेरणा, वर्गीकरण और उत्तेजना को पूरा करने में सहायता करती हैं। वे निर्देशात्मक उपकरण हैं जिनमें संदेश को एक साथ सुना और देखा जा सकता है। हमारी पांच इंद्रियों में से, 87% का योजन दृश्य पर तथा 7% का योजन श्रवण पर होता है, दोनों ही ध्यान आकर्षित करने और अधिगम को बढ़ाने वाले प्रमुख कारक हैं। श्रव्य-दृश्य निर्देशात्मक सुविधाओं के उदाहरणों में टेलीविजन, वीडियो फिल्म, वृत्तचित्र फिल्में आदि सम्मिलित हैं।

सॉफ्टवेयर दृष्टिकोण: सॉफ्टवेयर दृष्टिकोण व्यवहार के संदर्भ में शिक्षण उद्देश्यों, शिक्षण के सिद्धांतों, शिक्षण के तरीकों, निर्देश प्रणाली के सुदृढीकरण, प्रतिक्रिया, समीक्षा और मूल्यांकन से संबंधित है। सॉफ्टवेयर दृष्टिकोण प्रौद्योगिकी के सभी तीन बुनियादी घटकों, यानी इनपुट, प्रोसेस और आउटपुट को विकसित करने का प्रयास करता है।

यहां, हम दोनों के बीच के अंतर पर चर्चा कर सकते हैं। हार्डवेयर उत्पाद-उन्मुख (product oriented) दृष्टिकोण को अपनाता है। सॉफ्टवेयर दृष्टिकोण सामग्री के उत्पादन के लिए प्रक्रिया-उन्मुख (process oriented) दृष्टिकोण अपनाता है। हार्डवेयर शिक्षा में प्रौद्योगिकी (technology in education) के लिए माना जाता है।

सॉफ़्टवेयर घटक अपने उपयोगकर्ताओं को प्रत्यक्ष सेवाएं प्रदान नहीं करते हैं। यह शिक्षा की तकनीक के लिए (technology for education) माना जाता है।

तालिका 1.7 शिक्षण सहायक सामग्रियों के प्रकार

शिक्षण सहायक सामग्री		
श्रव्य साधन	दृश्य साधन	श्रव्य-दृश्य साधन
रेडियो	चार्ट	चलचित्र एवं सिनेमा
टेप रिकॉर्डर	मानचित्र	समाचार
ग्रामोफ़ोन या लिंग्वाफोन	प्रतिमान	टेलीविज़न
	फिल्मस्ट्रिप प्रोजेक्टर	श्यामपट्ट
	ग्राफ्स	वास्तविक पदार्थ
	चित्र एवं रेखाचित्र	संवाद सामग्री
	पत्र-पत्रिकाएँ	
	फ़्लैश काड्र्स	

श्रव्य साधन (Audio Aids)

श्रव्य साधन इनका संबंध श्रवणेन्द्रिय (कानों) से होता है। इनसे सुनकर छात्र ज्ञान प्राप्त करते हैं। उदाहरण के लिए, रेडियो, टेप रिकॉर्डर, ग्रामोफ़ोन, इत्यादि (आजकल स्मार्टफ़ोन ने इनमें से लगभग सभी श्रव्य साधनों को आत्मसात कर लिया है)। इनमें स्वर के द्वारा समस्त सूचनाएँ प्राप्त हो जाती हैं। श्रव्य साधन की विशेषता इस बात में है कि यह श्रोता की काल्पनिक शक्ति (imaginative power) को उद्दीप्त करती है।

रेडियो (Radio): यह शिक्षा का महत्त्वपूर्ण उपकरण है। वर्तमान में नवीन यंत्रों के रहते इसके प्रयोग में कमी अवश्य आई है किन्तु, ग्रामीण अँचलों में आज भी यह प्रभावशाली है। सन् 1936 में आकाशवाणी के पहले समाचार बुलेटिन का प्रसारण हुआ। वर्ष 1937 में रेडियो पर स्कूल-प्रसारण सबसे पहले कलकत्ता रेडियो स्टेशन से किया गया और इसी वर्ष भारतीय स्टेट ब्रॉडकास्टिंग सर्विस, ऑल इंडिया रेडियो बन गई। वर्ष 1957 में विविध भारती की शुरुआत हुई थी।

टेप रिकॉर्डर (Tape Recorder): टेप रिकॉर्डर के माध्यम से किसी प्रकरण की विषय-वस्तु/वार्ता, आदि को आवश्यकतानुसार कक्षा में प्रस्तुत किया जा सकता है। इसका प्रयोग निदानात्मक एवं उपचारात्मक शिक्षण में भी उपयोगी सिद्ध हुआ है।

ग्रामोफोन तथा लिंग्वाफोन (Gramophone and Linguaphone): रेडियो की ही भांति यह शिक्षण का प्राचीन माध्यम है। वर्तमान में इसका प्रयोग कम ही देखने को मिलता है। इसके माध्यम से छात्रों के अशुद्ध उच्चारणों को शुद्ध करने में काफी मदद मिलती है।

दृश्य साधन (Video Aids)

दृश्य देखने योग्य। इसका अभिप्राय यह हुआ कि ये वे उपकरण हैं, जिन्हें छात्र देख सकते हैं। इसका संबंध नेत्रों से है। श्यामपट्ट, चित्र, मानचित्र, मूकचित्र, चित्र विस्तारक यंत्र, आदि। दृश्य सामग्री वह सहायक शिक्षण सामग्री है, जिसमें दृश्य इंद्रियों का प्रयोग किया जाता है। प्रमुख दृश्य शिक्षण सहायक सामग्री का वर्णन नीचे किया गया है।

चार्ट (Chart): जब किसी वस्तु के प्रतिमान (models) उपलब्ध ना हो चार्ट, ग्राफ, इत्यादि शिक्षण के लिए उपयोगी साबित हो सकते हैं। चार्ट के माध्यम से वांछित पाठ्य-वस्तु या सूचना को आकर्षक तरीके से छात्रों तक पहुँचाया जा सकता है। इससे समय की भी बचत होती है और विद्यार्थी भी इसको बनाने की प्रक्रिया से कुछ सीखते हैं। एक चार्ट में एक ही उद्देश्य हो, तो अच्छा है, ताकि स्पष्टता बनी रहे।

मानचित्र एवं ग्लोब (Maps and Globe): इनका प्रयोग किसी भी जगह की उचित भौगोलिक स्थिति, एक स्थान से दूसरे स्थान की दूरी, क्षेत्रफल, इत्यादि जानने के लिए किया जाता है, यह उपयुक्त स्केल के अनुसार बने होते हैं। नक्शे के माध्यम से छात्र जलवायु, प्रकृति, मौसम तथा पर्यावरण जैसे विषयों को सरलता से समझ सकते हैं। मानचित्र बनाना और उनके अध्ययन को मानचित्र-कला कहा जाता है। मानचित्र सपाट सतह के लिए होते हैं, इसलिए दो आयामी है, जबकि उसका तीन आयामी लघु रूपांतर ग्लोब कहलाता है। उदाहरण के लिए, पृथ्वी का ग्लोब।

प्रतिमान (Models): जब किसी कारणवश प्रत्यक्ष वस्तुओं का उपयोग संभव नहीं हो पाता है, तब छात्रों को कक्षा में उन वस्तुओं के प्रतिमान या मॉडल दिखाए जाते हैं। ये प्रतिमान वास्तविक वस्तुओं से मिलते हुए होने चाहिए, जिससे कि छात्रों के मन में वस्तु का वास्तविक चित्र खिंच सके। शिक्षकों को विभिन्न प्रकार के पौधों, पत्तियों और पुष्पों के प्रतिमान तथा जंतुओं के आंतरिक अंगों के प्रतिमानों का प्रत्यक्ष वस्तुओं की भांति प्रयोग करना चाहिए।

स्लाइड्स (Slides): शिक्षण में स्लाइड्स का प्रयोग भी काफी लाभदायक है। यह सूक्ष्म से सूक्ष्म पदार्थों के अध्ययन में उपयोगी है। स्लाइड्स को 'माइक्रोस्कोप' के माध्यम से देखा जाता है। स्लाइड को प्रदर्शित करने के लिए प्रोजेक्टर की आवश्यकता होती है। स्लाइड के प्रयोग से शिक्षक कठिन, जटिल एवं सूक्ष्म बातों को सरलता से छात्रों तक पहुंचाने में समर्थ होता है।

फिल्मस्ट्रिप तथा फिल्म (Filmstrip and Films): फिल्मस्ट्रिप तथा फिल्म के द्वारा शिक्षा से संबंधित विभिन्न प्रक्रियाओं, खोजों तथा अन्य सूचनाओं के विषय में ज्ञान प्रदान किया जाता है। छात्र इनके प्रदर्शन में काफी रुचि लेते हैं और प्रत्यक्ष रूप से वैज्ञानिक प्रक्रियाओं का अध्ययन करते हैं। फिल्मस्ट्रिप तथा फिल्मों में प्रत्येक विषय निश्चित क्रम में विस्तारपूर्वक स्पष्ट ज्ञान देने वाला होता है। इसके माध्यम से दिया गया ज्ञान अधिक स्थाई एवं प्रभावशाली होता है।

ग्राफ्स (Graphs): इनके द्वारा सांख्यिकी एवं परिणात्मक संबंधों को दृश्य रूप में प्रदर्शित किया जाता है। समान्यता ग्राफ चार प्रकार के होते हैं—इनके बारे में अधिक जानकारी इस पुस्तक के सातवें अध्याय में प्रदान की गई है।

चित्र एवं रेखाचित्र (Pictures and Line Drawings): इनके माध्यम से छात्र प्रत्यक्ष अनुभव द्वारा सरलता से ज्ञान प्राप्त कर लेते हैं। इनके द्वारा स्वास्थ्य, संस्कृति तथा जीवन पद्धति से संबंधित बातों को आसानी से छात्रों को बताया जा सकता है। ये कक्षा में मौखिक वर्णन का पूरक बन जाते हैं।

पत्र-पत्रिकाएँ (Newspapers and Magazines): विभिन्न समाचार पत्रों, एवं पत्र-पत्रिकाओं के द्वारा पाठ्यक्रम के कई विषयों को उदाहरण देकर श्रेष्ठतर ढंग से समझाया जा सकता है।

फ़्लैश काड्र्स (Flash cards): यह सामग्री प्राय: छोटी कक्षाओं के लिए ज्यादा उपयुक्त है, जिसमें कार्ड के माध्यम से शब्द चित्र को जोड़ना, शब्दों में मात्राओं को जोड़ना सिखाया जाता है। फ़्लैश काड्र्स का प्रस्तुतीकरण पोस्टर बोर्ड पर एक के बाद एक करके किया जाता है और लक्षित दर्शक के सामने प्रमुख बातों को रोचक तरीके से रखा जा सकता है।

श्रव्य-दृश्य साधन (Audio-visual Aids)

दृश्य-श्रव्य उपकरणों का संबंध छात्रों की आँखों एवं कानों दोनों से है। इसमें दृश्येन्द्रिय एवं श्रवणेन्द्रिय दोनों का एक साथ प्रयोग करके छात्र ज्ञान प्राप्त करते हैं। उदाहरणस्वरूप टेलीविजन, चलचित्र, नाटक, इत्यादि।

कॉन्सेप्ट बॉक्स

मन मानचित्रण (Mind Mapping): मन मानचित्रण को शिक्षण की एक विधि के रूप में 1960 में टोनी बुज़ान (Tony Buzan) द्वारा विकसित किया गया था। मन मानचित्र किसी कार्य विशेष, केंद्रीय अवधारणा या विचार-विषय से संबंधित मुख्य बिंदुओं या तर्कों को एक रेखा-चित्र द्वारा दर्शाता है। इससे शिक्षार्थी के मन में सरलीकृत छवि बन जाती है। संक्षेप में कहें तो मन मानचित्रण किसी विषय-वस्तु का चित्रात्मक वर्णन करना है, शिक्षार्थी विभिन्न पहलुओं के बीच परस्पर संबंध सहजता से स्थापित कर सकता है। अगर यह रंगीन हो, तो यह और भी रोचक हो जाता है।

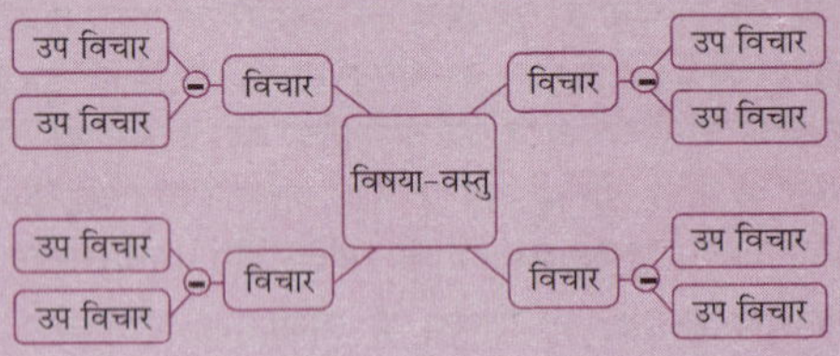

आजकल इनका डिजिटल रूपांतर भी इंटरनेट के माध्यम से उपलब्ध हो जाता है और पाठक अपने विचार आपस में एवं सम्पादक से आदान-प्रदान करते हैं।

अवधारणा मानचित्रण (Concept Mapping): यह निराकार को मन मस्तिष्क में साकार रूप देने का प्रयास है। यह भी मन मानचित्रण जैसा ही है, अवधारणा मानचित्रण को 1984 में मानक रूप देने का प्रयास किया गया, जो कि मुख्यत: औसुबेल की सार्थक अधिगम प्रक्रिया के सिद्धांत (Ausubel's Theory of Meaningful Learning) पर निर्भर करता है। इसका मुख्य लाभ यह है कि इससे जटिल विषय-वस्तुओं को सरलतम ढंग से प्रस्तुत किया जा सकता है।

यह एक प्रकार की कक्षा शिक्षण में किसी अवधारणा को व्यवस्थित करने एवं समझाने के लिए विकसित की गई चित्रात्मक विधि है। इसमें किसी मुख्य अवधारणा के उपभागों को एवं उनके बीच के संबंध के अधिक्रम (hierarchy) को चित्र के रूप में दर्शाया जाता है—मुख्य अवधारणा को शीर्ष पर एवं उप अवधारणाओं को नीचे क्रम में दर्शाया जाता है। इसके लिए सबसे पहला कार्य अवयवों को चिन्हित करना है।

श्रव्य-दृश्य सहायक सामग्री के लाभ

1. इस सामग्री के द्वारा छात्र शिक्षण को अधिक स्पष्टता से समझ सकते हैं।
2. यह सहायक सामग्री छात्रों का अधिक ध्यान केंद्रित करती है और उनकी शिक्षण में रुचि तथा स्मरण शक्ति को बढ़ाती है।
3. श्रव्य-दृश्य उपकरण छात्रों को तेजी और व्यापकता (in comprehensive manner) से सीखने में मदद करते हैं।
4. इसका बेहतर तरीके से उपयोग होने के कारण प्रशिक्षक के समय की भी बचत होती है।
5. श्रव्य-दृश्य उद्दीपन (stimuli) कहे गए शब्दों की अपेक्षा अधिक प्रभावशाली होते हैं।

श्रव्य-दृश्य सहायक सामग्री की सीमाएं

1. यदि श्रव्य-दृश्य सहायक सामग्री को अधिक स्पष्टीकरण के साथ न दिखाया जाए, तो इसका शिक्षार्थियों पर विकृत प्रभाव पड़ सकता है।
2. शिक्षण को केवल बड़े विचारों तक सीमित नहीं किया जा सकता है।
3. इन पर एक सीमा से ज्यादा निर्भरता शिक्षण के दूरगामी हित में नहीं है। यह शिक्षक और शिक्षार्थी, दोनों में ही विचारशील और गहन जांच से संकोच और अनिच्छा का दृष्टिकोण पैदा कर सकता है।

आइए अब कुछ श्रव्य-दृश्य सहायक सामग्री साधनों की चर्चा करें:

मल्टीमीडिया (Multimedia): यह एक से अधिक साधनों का संयोजन (combination) है, लेकिन यह कई रूपों में शामिल हो सकते हैं, जैसे—मीडिया और ऑडियो, विषय, छवि, चित्रात्मक, वीडियो, और फिल्म।

चलचित्र एवं सिनेमा (Video and Cinema): चलचित्र अथवा सिनेमा वर्तमान समय में शिक्षण का सबसे सस्ता और सर्वसुलभ साधन है, जिसके माध्यम से कई अनुसंधानात्मक जानकारी छात्रों तक पहुँचाई जाती हैं।

समाचार (News): समाचार संबंधी फिल्मों के माध्यम से देश की सामाजिक, आर्थिक, राजनीतिक, सामाजिक घटनाओं से छात्रों को अवगत कराया जा सकता है। UGC के कार्यक्रम, आदि की जानकारियां व समस्याओं की ओर सहजता से ध्यान आकर्षित कराया जा सकता है।

टेलीविजन (Television): टेलीविजन का 20वीं शताब्दी में वैज्ञानिक और सबसे लोकप्रिय साधनों में अपना महत्त्वपूर्ण स्थान है। इसमें शिक्षक चाहे तो स्वयं अपनी पाठ योजना तैयार कर टेप कर सकता है। अब यह माध्यम काफी संवादात्मक (Interactive) बनता जा रहा है।

श्यामपट्ट (Blackboard): आजकल श्वेतपट्ट का अधिक प्रयोग किया जाता है। परम्परागत शिक्षण सहायक सामग्री में श्यामपट्ट सर्वाधिक उपयोगी उपकरण है। श्यामपट्ट के बगैर शिक्षण की कल्पना नहीं की जा सकती है। शिक्षण में शब्दों के उच्चारण, स्पष्टीकरण, विषय को रुचिकर बनाने, कठिन अंशों को सरल करने, लिखावट में सुधार लाने, व्याकरण शिक्षण में परिभाषा लिखने उदाहरण बताने अभ्यासार्थ प्रश्न देने में श्यामपट्ट की आवश्यकता होती है। श्यामपट्ट छात्रों को दिए जाने वाले ज्ञान को सरल तथा स्थाई बनाने में सहायता करता है तथा शिक्षक को अपना आत्म-विश्वास बनाए रखने में मदद करता है। हमारे पास ग्रामीण विद्यालयों में भी जहां अन्य श्रव्य-दृश्य सामग्री का अभाव पाया जाता है, श्यामपट्ट का ही प्रयोग किया जाता है। श्यामपट्ट पर क्योंकि चॉक से लिखा जाता है, अत: इसे चॉक-बोर्ड भी कहा जाता है।

श्यामपट्ट के कई प्रकार हो सकते हैं, जैसे कि लकड़ी के श्यामपट्ट, स्थिर श्यामपट्ट, स्टैंड पर श्यामपट्ट, चलित श्यामपट्ट, सीमेंट का श्यामपट्ट, चुम्बकीय श्यामपट्ट, ग्लास श्यामपट्ट, इत्यादि।

वास्तविक पदार्थ (Real Objects): शिक्षा के क्षेत्र में प्रत्यक्ष वस्तुएं बहुत महत्त्वपूर्ण होती हैं। इनमें छात्र प्रत्यक्षीकरण के आधार पर प्रत्यक्ष अनुभव करता है। प्रत्यक्ष रूप से चीज़ें दिखाने की क्रिया को और अधिक स्वभाविक बनाने के लिए विभिन्न स्थानों पर छात्रों को पर्यटन भी कराया जा सकता है। प्रत्यक्ष वस्तुओं को देखकर छात्र वस्तुओं से भली-भांति परिचित हो जाते हैं, इसलिए ये वस्तुएं अधिक उपयोगी तथा संजीव साधन मानी जाती हैं।

संवाद सामग्री (Dialogue Aids): यह नई तकनीक की देन है। यह संवाद सामग्री मानी जाती है, दृश्य-श्रव्य सामग्री के साथ छात्रों से परस्पर संवाद भी करती है, उन्हें सही-गलत का एहसास भी कराती है। यद्यपि, यह सुविधा भारत जैसे देश में समस्त छात्रों को उपलब्ध नहीं है, जैसे- इन्टरेक्टिव ब्लैक बोर्ड, इन्टरनेट, वीडियो कॉलिंग, फिर भी इनका प्रचलन बढ़ रहा है।

प्रदर्शन बोर्ड (Display Boards): इसके कई रूपांतर हैं—श्यामपट्ट या चॉक बोर्ड, सफेद बोर्ड, बुलेटिन बोर्ड, फलालैन बोर्ड, चुंबकीय बोर्ड, पेज बोर्ड, इत्यादि।

उपरोक्त के अलावा निम्न भी महत्त्वपूर्ण सहायक शिक्षण सामग्री है।

क्रियाकलाप सहायक सामग्री (Activity Aids)

1. **क्षेत्र-भ्रमण (Field Trip):** क्षेत्र भ्रमण को सरस्वती यात्रा भी कहा जाता है। ये पुस्तक के बाहर की दुनिया का व्यावहारिक ज्ञान प्रदान करती है, जहां छात्र वस्तुओं को प्रत्यक्ष देख समझकर उसका ज्ञान अर्जन करते हैं, उसके संबंध में स्वतंत्र विचार प्रस्तुत करने की स्थिति में होते हैं, जैसे पाठ्य-पुस्तक में निर्धारित पर्यावरण, डाकघर, बैंक, मेला जैसे पाठों के अध्ययन के लिए वहाँ जाना शिक्षाप्रद हो सकता है।
2. **प्रयोग (Experiment):** प्रयोग विशेष रूप से विज्ञान विषयों में अधिक उपयोगी होते हैं।
3. **नाटक (Dramatics):** कुछ ऐतिहासिक या वर्तमान सामाजिक परिस्थितियों का नाटकीय रूपांतर शिक्षार्थियों को बड़े पैमाने पर कुछ संदेश दे सकते हैं। ये प्राय: विषय पर आधारित होते हैं।
4. **शिक्षण मशीनें (Teaching Machines):** यह कई प्रकार की होती हैं। यह सामान्य तौर पर कार्यक्रमबद्ध होती हैं। वे विशेष रूप से उन विषयों में उपयोगी होती हैं, जिनमें ड्रिल की आवश्यकता होती है, उदाहरण के लिए, गणित या कोई विदेशी भाषा।

आपकी जानकारी के लिए

स्मृति-विज्ञान या स्मृति सहायक उपकरण या निमोनिक्स (Mnemonics): विद्यार्थी कक्षा शिक्षण में अक्सर नोट्स बनाते हैं, ताकि बाद में या परीक्षा के समय याद किया जा सके। 1967 में गेराल्ड आर मिलर (Gerald R Miller) द्वारा किए गए एक अध्ययन में पाया गया कि निमोनिक्स स्मरण शक्ति को बढ़ाते हैं। ये स्मरण शक्ति को बढ़ाने वाले कुछ सुझाव और उपकरण (tips and tools) हैं, जिनकी सहायता से शिक्षार्थी शब्द, संख्या, तथ्यों, विशेषताओं, उपाय, सोपान, भाग, विभिन्न अवस्थाओं, इत्यादि को सरल ढंग से सीख सकते हैं और उन्हें स्मरण भी कर सकते हैं। उदाहरण के लिए, BRASS एक निमोनिक्स है, जिससे पता चलता है कि एक राइफल से कैसे शूट किया जाए—Breath, Relax, Aim, Sight, Squeeze।

शिक्षण सहायक सामग्री के चयन को प्रभावित करने वाले कारक

शिक्षण सहायक सामग्री के चयन हेतु कोई अनुभवसिद्ध नियम नहीं होते हैं और विभिन्न दृश्य-श्रव्य सामग्री का उपयोग सभी स्थितियों में प्रभावशीलता सुनिश्चित करने के लिए किया जाता है। अधिक प्रभावी परिणाम प्राप्त करने के लिए निम्नलिखित पहलू महत्त्वपूर्ण होते हैं:

1. उपयुक्त सहायक सामग्री का चयन करना।
2. चयनित सहायक सामग्री का उपयुक्त संयोजन।
3. उचित क्रम में सहायक सामग्री का उपयोग।

श्रव्य-दृश्य सहायक सामग्री को एकल या संयोजन में उपयोग किया जाता है, जिससे शिक्षार्थियों का ध्यान निम्नलिखित कारकों पर केंद्रित किया जा सकता है:

1. **शिक्षार्थियों का स्वभाव:** प्रिंटेड मीडिया अधिक साक्षर लोगों के लिए होते हैं, जबकि चित्र, प्रतीक और प्रदर्शनीय वस्तुएं कम साक्षर लोगों के लिए होती हैं।
2. **शिक्षार्थियों की संख्या:** यदि शिक्षार्थियों की संख्या 30 से अधिक हो, तो एक वीडियो या व्हाइटबोर्ड का उपयोग प्रभावी ढंग से नहीं किया जा सकता। इंटरनेट के द्वारा बड़ी संख्या में शिक्षार्थियों को संलग्न किया जा सकता है।
3. **शिक्षण उद्देश्य:** एक शिक्षक द्वारा विद्यार्थी में वांछित परिवर्तन के अनुसार ही श्रव्य-दृश्य सहायक सामग्री का चयन किया जाना चाहिए। शिक्षण के उद्देश्य मुख्यत: (a) सोच या ज्ञान, (b) दृष्टिकोण या अनुभूति (feeling) और कार्य या कौशल से संबंधित होते हैं। अगर हम बड़ी संख्या में शिक्षार्थियों, दर्शक या श्रोतागण को सिर्फ महत्त्वपूर्ण विषय पर सूचित या प्रभावित करना चाहते हैं, तो रेडियो या टेलीविजन का उपयोग किया जा सकता है।
4. **विषय-वस्तु का स्वभाव:** यदि विषय-वस्तु अधिक कठिन या अज्ञात हो, तो श्रव्य-दृश्य सहायक सामग्री का उपयोग किया जा सकता है।
5. **सहायक सामग्री की उपलब्धता:** यदि हम शिक्षार्थियों को बेहतर शिक्षा देना चाहते हैं, तो इसके लिए शिक्षण से संबंधित सहायक सामग्री का उपलब्ध होना आवश्यक है।
6. **आपेक्षिक मूल्य:** प्रभावी सहायक सामग्री अधिक महंगी नहीं होनी चाहिए। श्रव्य-दृश्य सहायक सामग्री के चयन एवं उपयोग पर खर्च होने वाली राशि पर भी ध्यान दिया जाना चाहिए।

शिक्षण विधि और सहायक सामग्री से संबंधित-डेल का अनुभव त्रिकोण (Dale Cone of Experience)

डेल का अनुभव त्रिकोण एक ऐसा मॉडल है, जिसमें शिक्षण योजना और अधिगम प्रक्रिया से संबंधित अनेक सिद्धांतों को सम्मिलित किया गया है। यह 1960 के दशक के दौरान प्रतिपादित हुआ था।

इसमें विभिन्न शिक्षण विधियों का तुलनात्मक अध्ययन किया जाता है। इसके अनुसार शब्दों को पढ़ना सबसे कम प्रभावी शिक्षण विधि है, जिसे त्रिकोण के शीर्ष पर दर्शाया गया है। जैसे-जैसे हम त्रिकोण के नीचे की ओर जाते हैं, छात्र का शिक्षण अनुभव और धारणा शक्ति (retention) या स्मृति अपेक्षाकृत अधिक अच्छी हो जाती है। इसे 'करके सीखने' 'अनुभवात्मक अधिगम' या 'क्रियात्मक अधिगम' के रूप में भी जाना जाता है। शिक्षण अधिगम प्रक्रिया में जितने संवेदक अंग सम्मिलित होंगे, ग्रहण उतना ही अधिक होगा। इससे शिक्षण सहायक सामग्री के चयन में भी सहायता मिलती है।

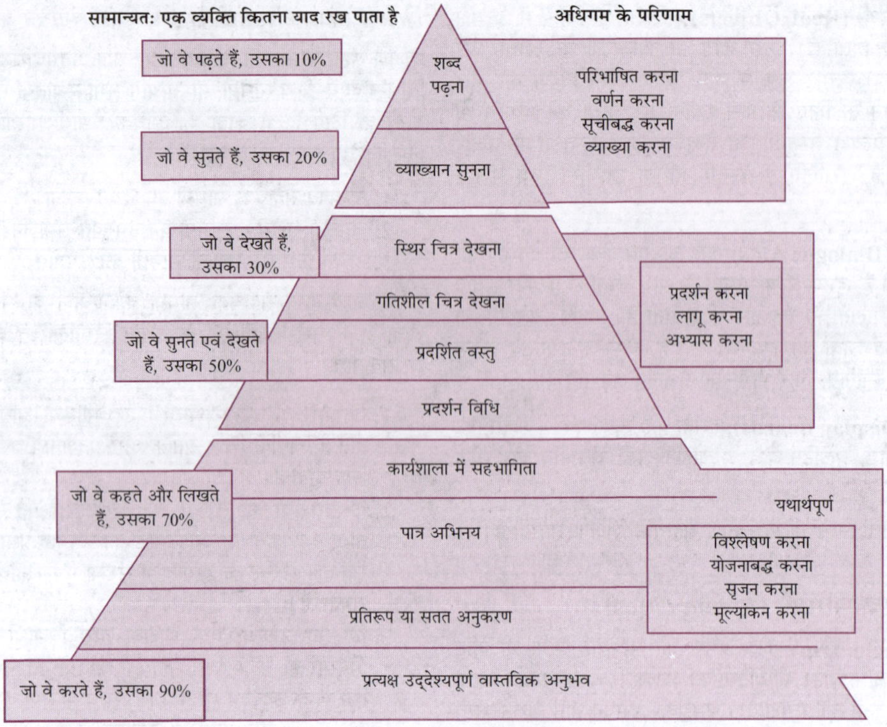

डेल का अनुभव त्रिकोण

मूल्यांकन का अर्थ (Meaning of Evaluation)

चेतन अवस्था में मनुष्य निरन्तर मूल्यांकन करता है। मूल्यांकन एक क्रमिक प्रक्रिया है, जो सम्पूर्ण शिक्षा प्रणाली का एक महत्त्वपूर्ण अंग है। यह शिक्षा के उद्देश्यों से घनिष्ठ रूप से संबंधित है। अन्य शब्दों में, मूल्यांकन एक सतत प्रकिया है, जो शैक्षिक उद्देश्यों की सीमा निर्धारित करता है और छात्रों की प्रगति के स्तर का अनुमान लगाने में शिक्षक की सहायता करता है। इसके अलावा मूल्यांकन को व्यापक, सामाजिक एवं निर्णयात्मक प्रक्रिया भी कहा जा सकता है।

टोर्गेरसो एवं एडम्स (Torgerson and Adams) के अनुसार, 'किसी प्रक्रिया या वस्तु के महत्त्व का निर्धारण ही मूल्यांकन करना है'।

शिक्षाविद बीबी (Beeby) के अनुसार - 'मूल्यांकन साक्ष्य का व्यवस्थित संग्रह और व्याख्या है जो प्रक्रिया के एक भाग के रूप में कार्यवाही की दृष्टि से मूल्य के निर्णय के लिए अग्रणी है'। उनके अनुसार, मूल्यांकन के निम्न चार आयाम महत्वपूर्ण हैं:

1. साक्ष्य का व्यवस्थित संग्रह - organized documentation
2. उसकी व्याख्या करना - interpretation
3. मूल्य के बारे में निर्णय - judgement of value
4. उचित कार्यवाही के लिए एक दृष्टिकोण - a viewpoint for desirable action

मापन, आकलन और मूल्यांकन के बीच अंतर

1. **मापन (Measurement):** मापन किसी के प्रदर्शन का मात्रात्मक विवरण है। उदाहरण के लिए, एक छात्र ने गणित में 92, विज्ञान में 75, सामाजिक विज्ञान में 65, हिंदी में 64 और अंग्रेजी में 68 अंक प्राप्त किए।
2. **आकलन (Assessment):** आकलन छात्र के प्रदर्शन के मूल्यांकन का दूसरा चरण है। यदि हम यह बताएं कि एक छात्र कक्षा में प्रथम स्थान पर रहा, आकलन की अवधारणा का प्रतिनिधित्व करता है। यह छात्र के प्रदर्शन को और अधिक सार्थक बनाता है। जब तक हम समूह के 'औसत अंक' के साथ किसी के व्यक्तिगत अंकों की व्याख्या, विश्लेषण, रैंक-ऑर्डर और तुलना नहीं करते हैं, तब तक हम कक्षा समूह में किसी की सापेक्ष स्थिति का पता नहीं लगा सकते हैं।
3. **मूल्यांकन (Evaluation):** यदि किसी छात्र के मामले में, हम पाते हैं कि उसने पिछली परीक्षाओं में अपने प्रदर्शन की तुलना में 'अर्धवार्षिक परीक्षा में उल्लेखनीय सुधार' किया है, तो इसका क्या अर्थ है? 'उल्लेखनीय सुधार' जैसा निर्णय लेते समय, शिक्षक द्वारा पिछली परीक्षाओं में छात्र के पिछले प्रदर्शन को ध्यान में रखा गया है।

मूल्यांकन के कार्य (FUNCTIONS OF EVALUATION)

मूल्यांकन परिणामों के सारांश के साथ समाप्त नहीं होता है। इसका संपूर्ण प्रणाली के सुधार पर सीधा असर पड़ता है। मूल्यांकन के कार्य इस प्रकार हैं।

1. **प्रतिक्रिया:** कार्य बल और कमजोरियों का आकलन करने के लिए।
2. **प्रेरणा:** अगर छात्र को यह अहसास हो कि आपका मूल्यांकन किया जाएगा, तो वह छात्र को कठोर परिश्रम के लिए प्रेरित करता है।
3. **बेहतर मार्गदर्शन:** विद्यार्थियों के विकास के लिए महत्वपूर्ण।
4. **उपचारात्मक उपाय (remedial measures):** यह उन क्षेत्रों का पता लगाने में सहायता करता है जिन्हें उपचारात्मक उपायों की आवश्यकता होती है।

5. **नियोजन को सुगम बनाता है:** यह शिक्षक को सीखने की गतिविधियों की योजना बनाने, व्यवस्थित करने और लागू करने में सहायता करता है।
6. **पाठ्यक्रम में संशोधन**
7. **अंतर-संस्थागत तुलना - Inter-institutional comparison**
8. **शैक्षिक निर्णय लेना:** यह चयन, वर्गीकरण, नियुक्ति, पदोन्नति आदि से संबंधित है।
9. **प्रगति की जानकारी (progressive report):** विशेष रूप से माता-पिता के लिए ताकि अधिक प्रभावशाली नियंत्रण रखा जा सके।

शिक्षण, शिक्षा और मूल्यांकन की परस्पर निर्भरता

शिक्षण को सीखने की सुविधा की प्रक्रिया के रूप में परिभाषित किया गया है और शिक्षा को ज्ञान प्राप्त करने की प्रक्रिया, मनोदृष्टि (attitude), कौशल, व्यवहार, और क्षमताओं के रूप में परिभाषित किया गया है। मूल्यांकन शिक्षण के सीखने की सुविधा को निर्धारित करने के लिए किया जाता है। दूसरे शब्दों में, शिक्षण, शिक्षा, और मूल्यांकन तीनों शिक्षाप्रद (educative) प्रक्रिया के पहलुओं पर परस्पर निर्भर हैं। शिक्षा प्रणाली के चार महत्त्वपूर्ण कारकों—उद्देश्य, पाठ्यक्रम, विधि, और मूल्यांकन के बीच में प्रत्यक्ष रूप से सीधा संबंध है। भारतीय शिक्षा आयोग (Indian Education Commission) जिसने अपनी रिपोर्ट 1966 में प्रस्तुत की थी, ने इस पर अपनी विशेष टिप्पणी की। यह इस बात पर सहमत थी कि मूल्यांकन एक सतत प्रक्रिया है, शिक्षा की सम्पूर्ण प्रणाली का एक अभिन्न अंग है और यह परिचित रूप से शैक्षिक उद्देश्यों से संबंधित है।

मूल्यांकन की वांछनीय विशेषताएं
(DESIRABLE CHARACTERISTICS OF EVALUATION)

1. **व्यापकता (Comprehensiveness):** शिक्षक को छात्रों के विकास के सभी पहलुओं का आकलन (assess) करने की कोशिश करनी चाहिए। इस प्रकार, छात्र की उपलब्धि (performance) का मूल्यांकन करने के लिए शिक्षकों द्वारा विभिन्न तकनीकों का इस्तेमाल किया जा सकता है।
2. **निरंतरता (Continuous):** मूल्यांकन शिक्षा के रूप में एक सतत (continuous) प्रक्रिया है। यह सिर्फ एक परीक्षा नहीं है, बल्कि मूल्यांकन प्रक्रिया का एक हिस्सा है। मूल्यांकन कार्य को पूरा करने के लिए कोई निश्चित समय सीमा नहीं है, लेकिन यह एक निरंतर प्रक्रिया है।

केंद्रीय विद्यालय संकेडरी बोर्ड द्वारा स्थापित सतत और व्यापक मूल्यांकन (Comprhensive and Continuous Education—CCE) भी इन दो मापदंडों पर आधारित है। CCE से छात्रों की शिक्षण संबंधी कठिनाइयों को दूर करने एवं परीक्षा परिणाम सुधारने में भी सहायता मिलती है।

विकल्प आधारित क्रेडिट प्रणाली
(CHOICE BASED CREDIT SYSTEM - CBCS)

2015 के प्रारम्भ में, विश्वविद्यालय अनुदान आयोग ने श्रेष्ठ अंतर्विषय (interdisciplinary) दृष्टिकोण को प्रोत्साहित करने एवं लचीले विकल्प प्रदान करने के उद्देश्य से विकल्प आधारित क्रेडिट प्रणाली को आरम्भ किया। इस सुधार के अंतर्गत एक से दस सूत्री पैमाने पर आधारित एक मानकीकृत मूल्यांकन और ग्रेडिंग योजना की शुरुआत की गयी।

CBCS छात्रों को मूल, वैकल्पिक/अमुख्य (minor) या कौशल आधारित पाठ्यक्रम सम्मिलित करने का एक अवसर प्रदान करता है। यह पाठ्यक्रम ग्रेडिंग प्रणाली पर आधारित है, जो पारंपरिक अंक प्रणाली से बेहतर मानी जाती है। इससे छात्रों को न केवल भारत के भीतर स्थित संस्थाओं में स्थानांतरित करना सरल होगा, अपितु देश के बाहर भी उनके स्थानांतरण की संभावनाएं बढ़ेंगी। ग्रेडिंग प्रणाली से संभावित नियोक्ताओं को भी उम्मीदवारों के प्रदर्शन का आकलन करने में सुविधा रहेगी। यूजीसी ने मूल्यांकन प्रणाली में एकरूपता लाने और संचयी ग्रेड पॉइंट औसत (Cumulative Grade Point Average—CGPA) पर आधारित मूल्यांकन के लिए दिशा-निर्देश जारी किए हैं।

विकल्प आधारित क्रेडिट प्रणाली के लाभ

1. इसकी सहायता से शिक्षा प्रणाली को शिक्षक-केन्द्रित शिक्षा से छात्र-केंद्रित शिक्षा का स्वरूप मिलता है।
2. कुछ शर्तों के साथ छात्र जितने चाहे क्रेडिट ले सकते हैं।
3. CBCS छात्रों को अंतर-अनुशासनात्मक, इंट्रा-अनुशासनात्मक, कौशल का पाठ्यक्रम चयन करने की अनुमति देता है, उदाहरण के लिए, एक छात्र अर्थशास्त्र के साथ भौतिकी; माइक्रोबायोलॉजी के साथ रसायन विज्ञान या पर्यावरण विज्ञान, आदि का अध्ययन कर सकते हैं।
4. CBCS से हमारी शिक्षा प्रणाली का आधार व्यापक होगा और हम वैश्विक मानकों की बराबरी कर सकेंगे।
5. CBCS छात्रों को लचीलापन प्रदान करता है कि वे अलग-अलग समय पर विभिन्न संस्थानों में अध्ययन कर पाए।
6. एक संस्था में अर्जित क्रेडिट को दूसरे संस्थान में स्थानांतरित किया जा सकता है।

विकल्प आधारित क्रेडिट प्रणाली की सीमाएं

1. सटीक अंकों का अनुमान लगाना कठिन।
2. शिक्षकों के काम में उतार चढ़ाव।
3. शिक्षा के प्रसार के लिए अच्छी बुनियादी सुविधाओं की मांग।

मूल्यांकन के मुख्य लाभ (Main Benefits of Evaluation)

मूल्यांकन परिणामों के संक्षिप्तीकरण के साथ ही समाप्त नहीं हो जाता है। इसका भविष्य में शिक्षण प्रणाली में किए जाने के सुधार पर भी अनुकूल प्रभाव होना चाहिए। मूल्यांकन के निम्नलिखित मुख्य लाभ हैं:

1. मूल्यांकन से छात्रों की शक्तियों और कमजोरियों का आकलन किया जा सकता है। यह छात्रों के सम्पूर्ण विकास के लिए सही मार्गदर्शन करने में महत्त्वपूर्ण भूमिका प्रदान करता है।
2. इससे छात्रों को और प्रयास करने की प्रेरणा मिलती है। सिर्फ इस बात का एहसास मात्र ही कि आपका मूल्यांकन किया जा रहा है या किया जा सकता है, आपको और परिश्रम करने के लिए प्रेरित करता है, इससे विद्यार्थी सजग रहता है।
3. यह छात्र-हित में सुगम योजनाएं बनाने में भी सहायक होता है।
4. इस विधि के द्वारा पाठ्यक्रम का पुनरीक्षण किया जाता है।
5. परीक्षाओं के नतीजों से अंतर-संस्थागत (inter-institutional) तुलना में सहायता मिलती है।
6. इससे चयन, वर्गीकरण, नियुक्ति, पदोन्नति जैसे निर्णय ज्यादा संव्यावसायिक (professional) ढंग से किए जा सकते हैं।
7. इससे माता-पिता को भी बच्चों की शिक्षा में प्रगति का भी नियमित रूप से पता चलता है।

मूल्यांकन तकनीकों का वर्गीकरण
(CLASSIFICATION OF EVALUATION TECHNIQUES)

मूल्यांकन को शिक्षण प्रक्रिया का अंत नहीं माना जाना चाहिए, अपितु इसे एक विद्यार्थी के व्यवहार और सोच में परिवर्तन लाने के लिए एक वैध प्रमाण माना जाना चाहिए। इसलिए एक अच्छी मूल्यांकन विधि वह है, जो छात्रों के व्यवहार में वांछित परिवर्तन लाने में सहायता करे।

इसे परिमाणात्मक और गुणात्मक तकनीक के रूप में वर्गीकृत किया जा सकता है।

परिमाणात्मक तकनीकें (Quantitative Techniques)

1. **लिखित परीक्षा:** इसे कागज पेंसिल परीक्षण के रूप में भी जाना जाता है। इस तकनीक में, प्रश्नों के निर्देशों के अनुसार उत्तर लिखे जाते हैं।
2. **मौखिक परीक्षा:** यह परीक्षा लिखित परीक्षा की पूरक होती है। उदाहरण के लिए, पढ़ने की क्षमता का परीक्षण, उच्चारण और मौखिक परीक्षा।
3. **व्यावहारिक परीक्षा:** यह परीक्षा छात्रों के प्रयोगात्मक एवं क्रियाकौशल परीक्षण के लिए आवश्यक होती है। यह विशेष रूप से विज्ञान, प्रौद्योगिकी, कृषि, शिल्प, और संगीत विषयों से संबंधित होती है।

गुणात्मक तकनीकें (Qualitative Techniques)

1. **अवलोकन और साक्षात्कार (Observation and Interview):** अवलोकन का उपयोग नियंत्रित और अनियंत्रित परिस्थितियों में छात्रों के व्यवहार का मूल्यांकन करने के लिए किया जाता है। कई परिस्थितियों में साक्षात्कार को भी बेहतर माना गया है, क्योंकि आमतौर पर छात्र लिखने के बजाय बात करने में अधिक इच्छुक होते हैं।
2. **जांच सूची (Checklist):** जांच सूची वह उपकरण है जिसे छात्रों की व्यवहार प्रवृत्तियों के बारे में प्रमाण इकट्ठा करने और रिकॉर्डिंग के लिए प्रयोग किया जाता है।
3. **क्रम-निर्धारण पैमाना (Rating Scale):** यह विधि स्थिति, वस्तु, या चरित्र के बारे में राय या निर्णय की अभिव्यक्ति से संबंधित होती है। क्रम-निर्धारण पैमाना एक ऐसा उपकरण है, जिसके द्वारा निर्णय की मात्रा निर्धारित की जा सकती है।
4. **संचित रिकॉर्ड (Cumulative Records):** उपाख्यानात्मक (anecdotal) रिकॉर्ड, संचयी रिकॉर्ड कार्ड, और छात्रों की डायरी, इत्यादि ऐसे उपकरण हैं, जिन्हें छात्रों के व्यवहार के बारे में जानकारी पता करने के लिए मूल्यांकन प्रक्रिया में उपयोग किया जाता है।

निष्पादन आधारित आकलन

(PERFORMANCE BASED ASSESSMENT)

NCERT-2006 से संबंधित राष्ट्रीय फोकस समूह ने परीक्षा सुधारों पर व्यापक रूप से निम्नलिखित समाधान प्रस्तावित किए:

1. मौखिक परीक्षण और समहू कार्य मूल्यांकन के साथ-साथ आकलन के लिए और अधिक विविध विधियों का उपयोग करना।
   1. प्रत्येक विषय में प्रत्येक व्यक्ति से सब कुछ की अपेक्षा नहीं करना।
   2. परीक्षा के समय में लचीलापन।
   3. निष्पादन का उन्नत प्रतिवेदन करना

संस्थान आधारित आकलन शिक्षार्थियों को निम्नलिखित अवसर उपलब्ध कराता है:

1. शिक्षण-अधिगम प्रक्रिया में सक्रिय रूप से भाग लेना।
2. उनकी विवेचनात्मक सोच और समस्या समाधान कौशलों को विकसित करना।
3. सीखने के लिए प्रोत्साहित होना और कार्य केअपने निष्पादन में उत्कृष्ट होना, क्योंकि वे अपने स्वयं के विचारों और सर्जनात्मकता का सृजन करने और उपयोग करने के लिए स्वतंत्र हैं।

इनको निम्न चित्र की सहायता से दर्शाया गया है।

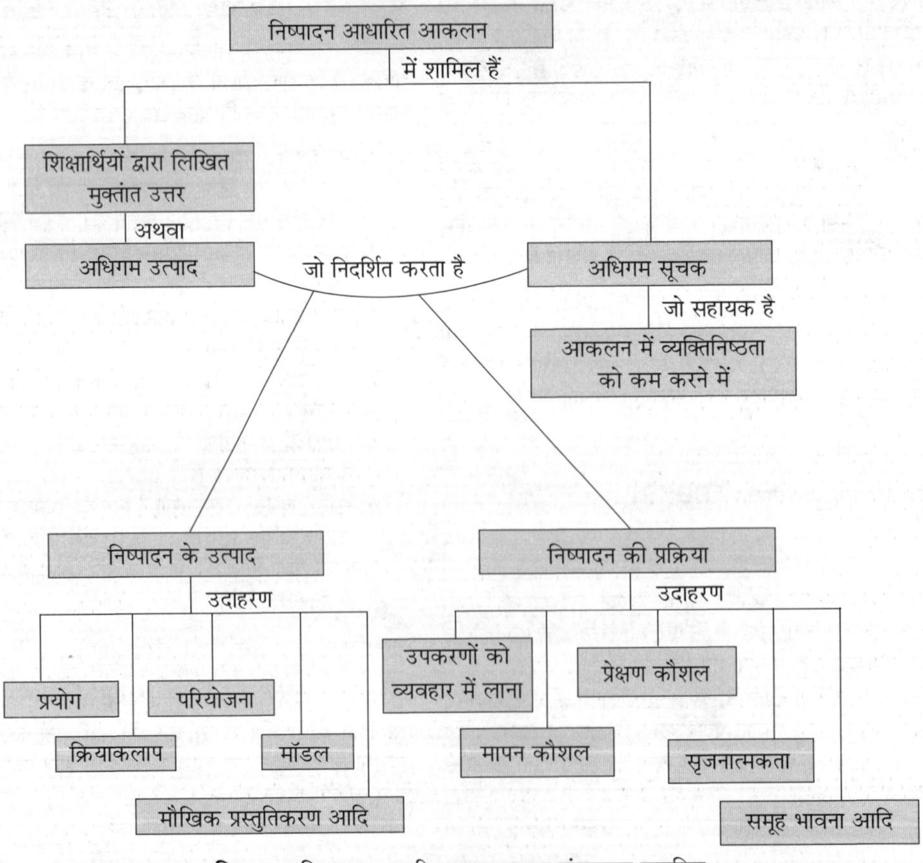

चित्र 1.3 निष्पादन आधारित आकलन का संकल्पना मानचित्र

निर्देश के सोपानों के आधार पर मूल्यांकन के प्रकार (Types of Evaluation on the basis of Phases of Instruction)

नेट परीक्षा में इस मूल्यांकन के इस प्रकार के वर्गीकरण पर आधारित प्रश्न पूछे जाने की संभावना रहती है।

शिक्षा के विभिन्न चरणों में, मूल्यांकन को एकीकृत किया गया है। मूल्यांकन के चार प्रकार होते हैं—स्थानन, प्रारंभिक, नैदानिक, और योगात्मक।

1. **स्थानन मूल्यांकन (Placement Evaluation):** यह छात्रों के उस ज्ञान और कौशल को निर्धारित करता है, जो शिक्षण के शुरुआत में आवश्यक होते हैं। स्थानन मूल्यांकन का उद्देश्य किसी कोर्स या विषय के लिए शिक्षार्थी की योग्यता की जांच करना होता है। इसी उद्देश्य के लिए विभिन्न प्रवेश परीक्षाओं को भी आयोजित किया जाता है।
2. **निर्माणात्मक या रचनात्मक मूल्यांकन (Formative Evaluation):** जब शिक्षण कार्यक्रम की गतिविधियां प्रगति पर हों, यह विधि कार्यक्रम का महत्व जानने में सहायक होती है और प्रक्रिया पर ध्यान केन्द्रित करती है। इस मूल्यांकन के द्वारा छात्र शिक्षण उद्देश्यों को प्राप्त करने के लिए अपनी सफलता या विफलता के बारे में प्रतिपुष्टि प्राप्त कर सकते हैं। यह छात्रों की शिक्षण संबंधित त्रुटियों को सुधारने में भी सहायक होता है। रचनात्मक मूल्यांकन शिक्षण और उपचार को अधिक प्रभावी बनाने के लिए शिक्षक को इससे संबंधित जानकारी प्रदान करता है। क्विज़ (quizzes), ईकाई परीक्षण (unit test), और अध्याय परीक्षण (chapter test) मूल्यांकन उपकरणों के मुख्य उदाहरण हैं।

   यहां पर यह बात ध्यान देने योग्य है कि आंग्ल भाषा के शब्द assessment (आकलन) को निर्माणात्मक मूल्यांकन से संबंधित किया जा सकता है।
3. **नैदानिक मूल्यांकन (Diagnostic Evaluation):** रचनात्मक मूल्यांकन छात्रों के सीखने के लक्ष्यों को पूरा करने की सीमा निर्धारित करता है। नैदानिक मूल्यांकन इससे एक कदम आगे की प्रकिया होती है, जिसमें छात्रों को शिक्षण संबंधी समस्याओं का स्पष्टीकरण प्रदान करने की कोशिश की जाती है। इस प्रकार ये परीक्षण काफी व्यापक और विस्तृत होते हैं।
4. **योगात्मक मूल्यांकन (Summative Evaluation):** इस मूल्यांकन को बाह्य मूल्यांकन भी कहा जाता है। योगात्मक मूल्यांकन कार्यक्रम की गतिविधियों के अंत में कार्यक्रम का महत्त्व जानने की एक विधि है। यह मूल्यांकन परिणामों पर केंद्रित होती है। योगात्मक मूल्यांकन में आमतौर पर मौखिक रिपोर्ट, परियोजनाओं (projects), लिखित परीक्षाओं और शिक्षक जनित आंतरिक मूल्यांकन को समावेशित किया जाता है। इसमें यह भी पता चलता है कि छात्र कैसे संतोषजनक एवं अच्छे तरीके से शिक्षण उद्देश्यों को पूरा करते हैं। आंग्ल भाषा के शब्द evaluation (निर्धारण) को योगात्मक मूल्यांकन से संबंधित किया जा सकता है।

प्रकृति के संदर्भ के अनुसार मूल्यांकन (Evaluation According to Nature of Reference)

यहां पर मूल्यांकन प्रणालियां दो प्रकार की होती हैं:

मानदंड संदर्भित परीक्षण और मानक संदर्भित परीक्षण।

हालांकि परीक्षण के इन दोनों दृष्टिकोणों में कुछ समानताएं लेकिन इनमें कुछ मूलभूत अंतर भी हैं। इन्हें पूरक दृष्टिकोण (complementary approaches) भी कहा जाता है।

1. **मानदंड-संदर्भित मूल्यांकन (Criterion referenced Evaluation):** ग्लेसर (Glasar) ने वर्ष 1963 ने प्रदर्शन सातत्य (performance continuum) पर शिक्षार्थी की उपलब्धि का वर्णन करने के लिए पहली बार 'मानदंड-संदर्भ परीक्षण' शब्द का उपयोग किया।

   हम निम्नलिखित कथनों पर विचार कर सकते हैं:
   1. अमित ने गणित में 95 या 95% अंक प्राप्त किए।
   2. अक्षित की टाइपिंग स्पीड 58 शब्द प्रति मिनट है।

   किसी व्यक्ति की स्थिति का पता लगाने के लिए एक मानदंड-संदर्भित परीक्षण का मुख्य रूप से उपयोग किया जाता है। समूह के अन्य सदस्यों के प्रदर्शन का इसमें कोई संदर्भ नहीं रहता है। इस प्रकार, मानदंड-संदर्भित मूल्यांकन एक व्यक्ति की स्थिति को विशुद्ध रूप से परिभाषित मानदंड व्यवहार के संदर्भ में निर्धारित करता है। यहां अधिगम के परिभाषित परिणाम मानदंड-संदर्भ परीक्षण की सहायता से स्पष्ट रूप से सामने आते हैं। मानदंड-संदर्भ परीक्षण की सफलता उपलब्धि के सभी परिभाषित स्तरों के चित्रण में निहित है, यह शिक्षण उद्देश्यों के संदर्भ में अधिक निर्दिष्ट होते हैं। यह मुख्य उद्देश्य से भी अधिक संबंधित यानि ऑब्जेक्टिव होते हैं। इसे वस्तुनिष्ठ-आधारित परीक्षण भी कहा जाता है। इसमें छात्रों के मध्य व्यवहार परिवर्तन के संदर्भ में उद्देश्यों का मूल्यांकन भी किया जाता है। हीवेली और मिलमैन (Hively and Millman) ने वर्ष 1974 में कार्यक्षेत्र-संदर्भित (domain-referenced) जैसे नए शब्द का सुझाव दिया, जिसका एक व्यापक अर्थ है। एक मानदंड-संदर्भित परीक्षण या एक से अधिक मूल्यांकन कार्यक्षेत्र का मापन करने में सक्षम होना।
2. **मानक-संदर्भित मूल्यांकन (Norm-referenced Evaluation):** इस परीक्षण में किसी व्यक्ति की शैक्षणिक स्थिति या (अभियोग्यता) की तुलना अन्य व्यक्तियों की शैक्षणिक स्थितियों या (अभियोग्यताओं) से की जाती है। इसका उपयोग मुख्य तौर पर प्रतियोगी परीक्षाओं में किया जाता है। हम यह तुलनात्मक परीक्षण समान प्रश्न जानकारी के आधार पर करते हैं। ये परीक्षण सरल और कठिन दोनों प्रकार के हो सकते हैं।

   हम निम्नलिखित कथनों पर विचार कर सकते हैं:

   अमित गणित की परीक्षा में तीसरे स्थान पर रहा।

   राजेश ने 98 पर्सेंटाइल प्राप्त किया, जिसका अर्थ है कि केवल 2% उम्मीदवारों ने उससे बेहतर अंक प्राप्त किये। इसका उपयोग कैट में आईआईएम (IIMs) और भारत में कुछ अन्य शीर्ष संस्थानों में प्रवेश के लिए किया जाता है।

उद्देश्य के आधार पर मूल्यांकन परीक्षणों के प्रकार (Types of Evaluation Tests of the Basis of Purpose)

प्रयोजन-विशिष्ट श्रेणी में मूल्यांकन के उद्देश्य को प्राप्त करने के लिए रूपांकित किए गए परीक्षण सम्मिलित हैं। सामान्य तौर पर इस श्रेणी में चार परीक्षण प्रकारों की पहचान की जाती है। आइए हम इनमें से प्रत्येक की विशेषताओं को संक्षेप में प्रस्तुत करें।

नैदानिक परीक्षण (DIAGNOSTIC TEST)

यह परीक्षण, मुख्य रूप से हमें 'अधिगम के क्षेत्र' की पहचान कराने में सहायता करते हैं जिसमें एक शिक्षार्थी को एक उपचारात्मक पाठ्यक्रम की आवश्यकता होती है, यह हमें इस बात की रूपरेखा भी प्रदान करते हैं कि शिक्षार्थी क्या जानता

है और क्या नहीं जानता। नैदानिक परीक्षण में उपक्षेत्रों को सुरक्षा प्रदान करने के लिए कई 'उप-परीक्षणों की श्रृंखला' सम्मिलित हो सकती है।

अभियोग्यता या अभिक्षमता परीक्षण (APTITUDE TEST)

योग्यता परीक्षण मूल रूप से एक भविष्य कहनेवाला कार्य करते हैं। वे हमें संभावित प्रतिभाओं और वांछनीय विशेषताओं की पहचान करने में सहायता करते हैं जो किसी विशिष्ट कार्य को करने के लिए सक्षम होने के लिए आवश्यक हैं। इन परीक्षणों का उपयोग आम तौर पर विशेष पाठ्यक्रमों के लिए लोगों का चयन करते समय किया जाता है।

उपलब्धि परीक्षण (ACHIEVEMENT TEST)

जैसा कि नाम से संकेत मिलता है, ऐसे परीक्षणों का उद्देश्य यह मापना है कि किसी पाठ्यक्रम के उद्देश्यों को किस सीमा तक प्राप्त किया गया है। अंत-पाठ्यक्रम परीक्षा (end of course) को उपलब्धि परीक्षण के उदाहरण के रूप में लिया जा सकता है।

प्रवीणता परीक्षण (PROFICIENCY TESTS)

इन परीक्षणों का मुख्य उद्देश्य एक निश्चित समय में किसी व्यक्ति की सामान्य क्षमता का आकलन करना है। उनका दायरा एक उचित अपवाद (a reasonable exception) द्वारा नियंत्रित होता है। मान लें कोई छात्र मैट्रिक या स्नातक में पढ़ता है, उस स्थिति में उस छात्र के पास 'क्या क्षमताएं होनी चाहिए', का ज्ञान आवश्यक होना चाहिए।

मूल्यांकन की श्रेणी निर्धारण प्रणाली (Grading System of Evaluation)

'ग्रेड' शब्द लैटिन शब्द ग्रैडस (Gradus) से लिया गया है जिसका अर्थ है 'पदचिह्न'। शैक्षिक माप में, श्रेणी निर्धारण छात्रों की उपलब्धि के स्तर को संप्रेषित करने के लिए इसमें प्रतीकों के एक संग्रह का उपयोग सम्मिलित है।

श्रेणी निर्धारण के प्रकार (TYPES OF GRADING)

1. **प्रत्यक्ष श्रेणी निर्धारण (Direct Grading):** प्रत्यक्ष श्रेणी निर्धारण में, किसी व्यक्ति द्वारा प्रदर्शित प्रदर्शन का मूल्यांकन गुणात्मक रूप से किया जाता है, और परीक्षक द्वारा प्राप्त किए गए प्रभाव को सीधे लेटर ग्रेड के रूप में व्यक्त किया जाता है।

   प्रत्यक्ष श्रेणी निर्धारण का लाभ यह भी है कि यह अंतर-परीक्षक परिवर्तनशीलता को कम करता है। और इसके अलावा, अप्रत्यक्ष श्रेणी निर्धारण की तुलना में इसका उपयोग करना आसान है। प्रत्यक्ष श्रेणी निर्धारण में पारदर्शिता का अभाव भी बना रहता है।
2. **अप्रत्यक्ष श्रेणी निर्धारण (Indirect Grading):** इस पद्धति में, एक परीक्षार्थी के प्रदर्शन का मूल्यांकन पहले अंकों के संदर्भ में किया जाता है और बाद में विभिन्न तरीकों का उपयोग करके इसे अक्षर स्नातक में बदल दिया जाता है। यह परिवर्तन 'पूर्ण श्रेणी निर्धारण' और 'सापेक्ष श्रेणी निर्धारण' दोनों के संदर्भ में किया जा सकता है, जैसा कि इसकी चर्चा निम्न रूप से की गई है।
3. **निरंकुश श्रेणी निर्धारण (Absolute Grading):** निरंकुश श्रेणी निर्धारण मूल्यांकन की एक पारंपरिक प्रविधि है। यह एक पूर्व-निर्धारित मानक पर आधारित है जो छात्रों के प्रदर्शन के आकलन के लिए एक संदर्भ बिंदु बन जाता है। इसमें किसी विषय में अंकों के वितरण की परवाह किए बिना अंकों को सीधे ग्रेड में बदलना सम्मिलित है। उदाहरण के लिए, छात्रों का पांच समूहों में वर्गीकरण, अर्थात्,

   विशिष्टता - 75% और उससे अधिक
   प्रथम श्रेणी - 60% और 75% के बीच के अंक
   द्वितीय श्रेणी - 45% और 60% के बीच के अंक
   तृतीय श्रेणी - 33% से 45% के बीच के अंक
   असंतोषजनक - 33% से कम अंक

II. **सापेक्ष श्रेणी निर्धारण (Relative Grading):** सापेक्ष श्रेणी निर्धारण सामान्य तौर पर सार्वजनिक परीक्षा में प्रयोग की जाती है। इस प्रणाली में, एक छात्र का ग्रेड केवल उसके प्रदर्शन से नहीं बल्कि समूह के प्रदर्शन से तय होता है। इस प्रकार की ग्रेडिंग को लोकप्रिय रूप से 'Grading on The Curve' के रूप में जाना जाता है।

चुनाव आधारित क्रेडिट प्रणाली की रूपरेखा (Outline of Choice Based Credit System)

1. **कोर कोर्स (Core Course):** कोई भी ऐसा कोर्स, जिसका एक अभ्यर्थी अनिवार्य रूप में अध्ययन करता है, उसे मुख्य रूप से कोर कोर्स कहा जाता है।
2. **वैकल्पिक कोर्स (Elective Course):** सामान्य तौर पर, कोई भी पाठ्यक्रम जिसे कुछ पाठ्यक्रमों के समूह द्वारा चुना जाता है, वह उसे एक विस्तारित दायरा प्रदान करता है, जो कि बहुत विशिष्ट, उन्नत अध्ययन के विषय के लिए सहायक हो सकता है, तो ऐसा अनुशासन या विषय एक वैकल्पिक पाठ्यक्रम कहलाता है।
3. **अनुशासन-विशिष्ट वैकल्पिक पाठ्यक्रम (Discipline Specific Elective Course – DSE Course):** कुछ कोर्स मुख्य अध्ययन या अनुशासन द्वारा प्रस्तुत किये जाते हैं। यह वैकल्पिक पाठ्यक्रम को 'अनुशासन विशिष्ट' वैकल्पिक के रूप में संदर्भित करता है। विश्वविद्यालय/संस्थान अंत:विषय प्रकृति के अनुशासन से संबंधित वैकल्पिक पाठ्यक्रम भी प्रदान कर सकते हैं।
4. **निबंध/परियोजना (Dissertation/Project):** एक शिक्षक या संकाय सदस्य के परामर्श से विशेष/उन्नत ज्ञान प्राप्त करने के लिए अभिकल्प किया गया वैकल्पिक पाठ्यक्रम 'शोध-निबंध' कहलाता है।
5. **सामान्य ऐच्छिक पाठ्यक्रम (Generic Elective Course or GE Course):** सामान्य तौर पर एक असंबंधित अनुशासन/विषय से चुना गया, वैकल्पिक पाठ्यक्रम 'सामान्य वैकल्पिक' कहलाता है।
6. **योग्यता वृद्धि पाठ्यक्रम (Ability Enhancement Courses - AE Course):** यह दो प्रकार का हो सकता है: योग्यता वृद्धि अनिवार्य पाठ्यक्रम और कौशल वृद्धि पाठ्यक्रम। AEC पाठ्यक्रम उस सामग्री पर आधारित होते हैं जो ज्ञान वृद्धि की ओर ले जाती है। कौशल वृद्धि पाठ्यक्रम (SEC) को पाठ्यक्रमों के पूल से चुना जा सकता है।

कंप्यूटर आधारित परीक्षण (COMPUTER BASED TESTING - CBT)

सीबीटी शैक्षणिक विधियों में परिवर्तन के लिए उत्प्रेरक प्रतीत होता है। यह शिक्षण संस्थानों में अधिगम, शिक्षाशास्त्र और पाठ्यक्रम में पूर्ण रूप से परिवर्तन लाता है। सेटिंग कंप्यूटर-आधारित और पेपर-आधारित परीक्षण दोनों का आधार है।

कंप्यूटर आधारित परीक्षण (CBT) के लाभ

1. एकाधिक बार परीक्षण के अवसर
2. डेटा-समृद्ध परिणाम
3. अभ्यर्थी की पहुंच बढ़ाना
4. सुव्यवस्थित पद्धति

सीबीटी निम्न प्रकार की होती है:

1. **रैखिक परीक्षण (Linear Test):** इसमें एक पूर्ण-लंबाई वाली परीक्षा सम्मिलित होती है जिसमें कंप्यूटर व्यक्तियों के प्रदर्शन स्तर पर विचार किए बिना विभिन्न प्रश्नों का चयन करता है।
2. **अनुकूली परीक्षण (Adaptive Test):** इस परीक्षण में कंप्यूटर व्यक्ति के प्रदर्शन स्तर के आधार पर प्रश्नों की एक श्रृंखला का चयन करता है जो कि प्रश्न सामग्री और संभावित प्रश्नों के एक बहुत बड़े पूल से लिए जाते हैं।

वाटरफॉल मॉडल (waterfall model) इसका उपयोग करते हुए, CBT, SDLC (System Development Life Cycle) को कई स्वतंत्र चरणों में विभाजित किया गया है।

1. आवश्यकता विश्लेषण और परिभाषा
2. सिस्टम और सॉफ्टवेयर डिजाइन
3. कार्यान्वयन और इकाई परीक्षण
4. एकीकरण और सिस्टम परीक्षण
5. संचालन और रखरखाव

भारत में, बैंकिंग परीक्षाओं के लिए आईबीपीएस द्वारा और वर्तमान में यूजीसी, एनईईटी, जीपीएटी, जीएमए, आदि के लिए परीक्षा आयोजित करने के लिए राष्ट्रीय परीक्षण एजेंसी (एनटीए) द्वारा कई परीक्षाओं के लिए सीबीटी शुरू किया गया है।

चिंतनशील संकेत (Reflective Prompts)

रिफ्लेक्टिव प्रांप्ट (या चिंतनशील संकेत) एक ऐसी प्रविधि है जिसमें शिक्षक छात्रों को लचीले प्रश्नों का एक संग्रह प्रदान करता है जो छात्रों को अपने स्वयं के अधिगम पर प्रतिबिंबित करने के लिए प्रेरित करता है। इसमें, प्रत्येक छात्र शिक्षक द्वारा एक पात/इकाई के पूरा होने के बाद कुछ प्रश्नों का उत्तर देता है। यदि किसी व्यक्ति के संदर्भ में परीक्षण के अंकों की व्याख्या की जाती है, तो उन्हें स्व-संदर्भित (self-referenced) के रूप में जाना जाता है।

स्टॉपओवर

1. नीचे एक शिक्षक द्वारा की गई कुछ गतिविधियों को सूचीबद्ध किया गया है। कौन सी गतिविधियां रचनात्मक मूल्यांकन की प्रकृति की हैं?
   (A) महारत परीक्षण देना
   (B) प्रश्नोत्तरी सत्र का आयोजन
   (C) ग्रेडिंग प्रणाली में छात्र का मूल्यांकन
   (D) शिक्षण के दौरान प्रतिक्रिया प्रदान करना
   (E) छात्र को प्रोत्साहित करना अधिक प्रतिबिंबित करता है
   नीचे दिए गए विकल्पों में से अपना उत्तर चुनें:
   (a) (A), (B) और (C)
   (b) (B), (C) और (D)
   (c) (B), (D) और (E)
   (d) (B), (C) और (E)
   उत्तर: (c)
2. निम्नलिखित में से कौन-सा अधिकतम प्रदर्शन परीक्षण का एक उदाहरण है?
   (a) व्यक्तित्व परीक्षण
   (b) प्रक्षेपीय व्यक्तित्व परीक्षण
   (c) अभिक्षमता परीक्षण
   (d) रुचि और रवैया मापन
   उत्तर: (c)

कक्षा में छात्र व्यवहार नियंत्रण के लिए महत्त्वपूर्ण सुझाव

समूह व्यवहार (group behaviour) को नियंत्रित करना शिक्षक के लिए काफी चुनौतीपूर्वक कार्य है। भौतिक वातावरण से परे, कक्षा के वातावरण में सामाजिक और भावनात्मक पहलू भी सक्रिय रूप से समाविष्ट हैं—कक्षा भी एक प्राणी की भांति महसूस करती है। छात्र भी ऐसे वातावरण में पनपते हैं, जहां वे सुरक्षित और सम्मानित महसूस करते हैं। विद्यार्थी और शिक्षक शिक्षण उद्देश्यों की पूर्ति में समान रूप से विश्वास रखते हों। शिक्षा संस्थानों के मुख्याध्यापक एवं प्रबंधक इसके लिए उचित पहल करें। यह निश्चित रूप से सदैव से शिक्षकों के लिए एक आसान कार्य नहीं है, परन्तु कई सकारात्मक रणनीतियां हैं, जो शिक्षा के लिए उचित पर्यावरण को संरचित करने में सहायक होती हैं। शिक्षक की कक्षा में प्रारम्भिक सत्र में अभिवृत्ति (attitude) और कार्य (actions) भविष्य के लिए कक्षा की रूपरेखा तैयार कर देते हैं।

नेट (NET) परीक्षा में, कक्षा में अनुशासनहीनता और इसके समाधान से संबंधित अनेक बार प्रश्न पूछे गए हैं। ऐसे प्रश्नों का उत्तर देने के लिए मनोवैज्ञानिक पहलुओं का ध्यान रखना चाहिए। यह मूलतः शिक्षण कार्यचातुर्य (teaching tactics) से संबंधित है। इसमें शिक्षक को एक बात का विशेष ध्यान रखना होता है कि शिक्षार्थियों की भावना या वे शारीरिक रूप से चोटिल न हो। यदि कोई दंड हो तो उचित और निष्पक्ष होना चाहिए और कभी जान-बूझकर दिया हुआ गोचर नहीं होना चाहिए।

हर शिक्षक इस बात के लिए प्रयासरत रहता है कि वह शिक्षण उद्देश्यों को भली-भांति पूरा कर सके। उसकी व्यक्तिगत प्रतिष्ठा भी दांव पर रहती है। फिर भी कई बार अनुशासनहीनता की स्थिति उत्पन्न हो जाती है। ऐसी स्थिति को निम्नलिखित उपायों से निपटाया जा सकता है:

1. अगर शिक्षक अनुशासनहीनता पर तुरंत उचित कार्यवाही ना करे तो वह शिक्षार्थी का स्वभाव बन सकता है।
2. यदि कक्षा में अनुशासनहीनता की स्थिति उत्पन्न हो, तो शिक्षक को तुरंत शिक्षण रोक देना चाहिए, इससे विद्यार्थियों में यह सन्देश जाता है कि शिक्षक शिक्षण को लेकर गंभीर है और कक्षा में दुर्व्यवहार सहन नहीं करेगा।
3. अगर कक्षा उत्तरोत्तर अनुशासनहीन बनती जाए, तो यह इस बात की ओर इंगित करता है कि पाठ्य-वस्तु या उसको सिखाने का ढंग नीरस है। ऐसी स्थिति में शिक्षक को अपनी कार्यनीति में तुरंत परिवर्तन लाना चाहिए। वह छात्रों को ऐसे कार्य में संलग्न करे, जिसमें उनका हित एवं रुचि हो, उदाहरण के लिए, उन्हें किसी लिखित कार्य में लगा दें।
4. यदि एक विशेष छात्र अनुशासनहीन हो, तो शिक्षक उसे कक्षा के बाहर भी परामर्श दे सकता है।
5. शिक्षक विशेष परिस्थितियों में छात्रों के अभिभावकों से भी वार्तालाप कर सकता है।

आपकी जानकारी के लिए

हास्य का कक्षा में प्रयोग

हास्य कला—हास्य उत्पन्न करना भी एक कला ही है। हास्य को विज्ञान भी कहा गया है। यह एक प्राकृतिक सार्वभौमिक क्रिया है—कक्षा का हास्यमय होना—शिक्षक एवं शिक्षार्थी के लिए, शारीरिक और मनोवैज्ञानिक—दोनों प्रकार से लाभकारी है। आज के युग में जबकि जीवन जटिलतर होता जा रहा है, हास्य से मानसिक तनाव कम होता है और मन को विश्राम मिलता है।

हर शिक्षार्थी मुस्कराहट और हास्य प्रवृत्ति वाले शिक्षक की सराहना करता है, हास्य कला एक संक्रामक प्रक्रिया है, जो कि संबंधों को सुदृढ़ बनाती है।

यह एक प्रभावी विज्ञापन रणनीति है। कार्टून की सहायता से शिक्षण एक बहुत प्रभावी विधि है।

संक्षेप में कहें तो कक्षा में छात्र हास्यजनक उपाख्यानों से आनंदित रहते हैं, मस्तिष्क अधिक क्रियाशील होता है, पाठ्य-वस्तु से होने वाली नीरसता की सम्भावना कम हो जाती है और इससे कक्षा में छात्र उपस्थिति बढ़ती है। परन्तु हास्य कितनी मात्रा में हो और किस स्तर का रहे, पाठ्य एवं हास्य में संतुलन बनाना एक शिक्षक के लिए चुनौती है, उसको समय-समय पर यह सुनिश्चित करना चाहिए कि छात्र अनुशासन में भी रहें।

जब भी हम जीवन में धनात्मक परिवर्तन चाहते हैं, इसका अर्थ है कि हम प्रगति के पथ पर अग्रसर होना चाहते हैं।

कक्षा में प्रश्न पूछने की प्रवृत्ति को बढ़ावा देने के लिए कुछ सुझाव

1. यदि कोई प्रश्न बहुत ही सरल या अल्पमति वाला हो, तब भी उसे ऐसा चिह्नित करना उचित नहीं होगा। शिक्षार्थी को उनके पूर्वज्ञान के आधार पर कुछ और तथ्यों को प्राप्त करने की प्रेरणा दी जानी चाहिए।
2. पूछे गए प्रश्नों के लिए प्रतिपुष्टि करना आवश्यक है—जैसे कि 'शाबास', 'प्रश्न रोचक (या रचनात्मक) है', 'आपने काफी अध्ययन किया हुआ है', आदि। इससे सभी छात्रों को प्रेरणा मिलती है और कक्षा का वातावरण सकारात्मक बनता है।

   शिक्षक को यह सन्देश देना चाहिए कि अच्छे प्रश्न पूछना उनके विचार एवं ज्ञान को प्रतिबिंबित करता है। शिक्षक को कम या प्रश्न न पूछने वाले विद्यार्थियों के साथ समानुभूति (empathy) होनी चाहिए, और ऐसी स्थिति उत्पन्न करनी चाहिए कि वे सहजता से प्रश्न पूछ सकें।
3. केवल कुछ ही विद्यार्थियों को कक्षा में आधिपत्य स्थापित करने की अनुमति नहीं दी जानी चाहिए, हर विद्यार्थी को प्रश्न पूछने का समान अवसर मिलना चाहिए।
4. यदि एक शिक्षक होने के नाते आपने कोई कठिन प्रश्न पूछ लिया और विद्यार्थियों से कोई उत्तर नहीं मिल रहा तो शिक्षक को या तो कोई संकेत देना चाहिए या उस प्रश्न के कठिन भाग से संबंधित ऐसी जानकारी दें, ताकि विद्यार्थियों में जिज्ञासा उत्पन्न हो। शिक्षक यह कह सकता है—शायद इसको मैंने पहले कुछ शीघ्रता से वर्णित किया; हम इस पर दुबारा चर्चा करेंगे, इत्यादि।
5. विद्यार्थियों द्वारा पूछे गए प्रश्नों के बने बनाए उत्तर नहीं देने चाहिए, शिक्षक को ऐसी स्थिति देनी चाहिए कि उन्हें स्वयं ही उत्तर मिल जाए। प्रश्न को कुछ छात्रों के समूह के सामने भी प्रस्तुत किया जा सकता है, वे इस पर चर्चा करें और तत्पश्चात उत्तर तक पहुंचने में सुगमकर्ता का कार्य करें।
6. यदि एक ही प्रश्न बहुत सारे विद्यार्थी बार-बार पूछ रहे हों, तो शिक्षण नीति का पुनरावलोकन किया जाना चाहिए। शिक्षक यह कह सकता है कि कभी-कभी मुझसे एक विषय-वस्तु से दूसरी पर जाने में शीघ्रता हो जाती है। शिक्षक को ऐसा कहने से बचना चाहिए कि 'जब मैंने समझाया आपने ध्यान नहीं दिया, या इसको पहले भी बहुत बार पढ़ाया जा चुका है'। ऐसा कहना विद्यार्थियों द्वारा नकारात्मक रूप में लिया जा सकता है।

किशोर और वयस्क शिक्षार्थी

(ADOLESCENCE AND ADULT LEARNERS)

अधिगम एक मौलिक, सतत और एक आजीवन प्रक्रिया है। यह हम मानवों के आंतरिक और बाह्य पर्यावरण में सफल अनुकूलन के लिए भी आवश्यक है। यह अधिगम कर्ता की बौद्धिक एवं शारीरिक क्षमता के अनुसार होना चाहिए। यहां, हम सबसे पहले किशोरावस्था और वयस्कावस्था में सीखने की अवधारणाओं पर चर्चा करने जा रहे हैं और इसके बाद दोनों की तुलना करते हैं।

किशोर अवस्था

किशोरावस्था का अर्थ है 'पहचान' प्राप्त करने के लिए 'उभरना'। यह मन और व्यवहार के परिपक्व होने का समय है। यह एक आयु नहीं है, लेकिन एक मंच है। इसे तीन प्रमुख चरणों में विभाजित किया गया है:

1. **प्रारंभिक किशोरावस्था (10 से 12 वर्ष):** हाथ, पैर और बाद में अन्य अंगों में वृद्धि। यहां स्वतंत्रता और गोपनीयता की मांग रहती है, इसलिए संघर्ष की भी संभावना है।
2. **मध्य किशोरावस्था: (12 से 16 वर्ष):** विशेष रूप से लड़कियों में शारीरिक और आनुवंशिक विकास होते हैं। लड़कियों के व्यक्तिगत कौशल में तेज, निष्ठा और प्रतिबद्धता अधिक विकसित होती है। व्यवसाय और शिक्षा के लिए निर्णय किए जाते हैं। युवावस्था के विकास का शारीरिक प्रभाव आत्म-चित्र में सम्मिलित हो जाता है।
3. **देर से किशोरावस्था: (16 से 19 वर्ष):** यह वयस्कता की ओर एक परिवर्तन है। किशोरावस्था के अंत में, करियर के फैसलों का पता लगाया जाता है। बच्चा धीरे-धीरे परिवार में लौटता है, एक नए उद्देश्य के साथ।

विश्व स्वास्थ्य संगठन (World Health Organisation): के अनुसार 10 से 19 वर्ष के बीच की आयु को किशोरावस्था के रूप में परिभाषित किया जाता है। हॉल (Hall) ने किशोरावस्था का वर्णन 'तूफान और तनाव' (Storm and Stress) अवधि के रूप में किया है जो आधुनिक समाजों में बढ़ती विकास अवधि को दर्शाता है। इस अवधारणा को मार्गरिट मीड ने भी मान्यता दी थी।

शैक्षिक रूप से, किशोरावस्था उच्च विद्यालयों और प्रारंभिक कॉलेजों में बिताया जाने वाला समय है।

मनोवैज्ञानिक रूप से यह संक्रमण का काल है, जिसके दौरान संज्ञानात्मक, शारीरिक, व्यक्तित्व और सामाजिक परिवर्तन होते हैं।

सामाजिक रूप से, यह आश्रित बच्चों के आत्मनिर्भर वयस्क में परिवर्तित होने की अवधि है। चिकित्सा की दृष्टि से, किशोरावस्था की शुरुआत शरीर के विकास के साथ हार्मोनल परिवर्तन से होती है।

भारत में, किशोर पश्चिम देशों की तुलना में कई वर्षों तक अपने माता-पिता पर निर्भर रहता है। भावनात्मक निर्भरता को विलंबित किशोरावस्था (delayed adolescence) के रूप में भी कहा जाता है जो 21 वर्ष तक और यहां तक कि 25 वर्ष तक भी हो सकता है।

शैक्षिक उपलब्धियां (Educational Achievements)

किशोर स्कूल में अधिक समय व्यतीत करते हैं। किशोरावस्था के दौरान शैक्षणिक उपलब्धि की भविष्यवाणी पारस्परिक, आंतरिक प्रेरणा और संस्थागत कारकों द्वारा की जाती है। यह भविष्य के करियर के अवसरों के लिए मंच निर्धारित कर सकता है। खेल, खेल-कला और शिल्प भी कुछ भूमिका निभाते हैं। इस चरण में माता-पिता द्वारा बच्चे पर अधिक से अधिक ध्यान देने का प्रयत्न किया जाना चाहिए।

मालकम कनौलेस (Malcolm Knowles) अंडरगोज़ी सिद्धांत के लिए भी प्रसिद्ध हैं, उन्होंने वयस्क शिक्षार्थियों की निम्नलिखित विशेषताओं की पहचान की है।

1. अधिक स्वायत्त और स्व-निर्देशित
2. लक्ष्य-उन्मुख और व्यावहारिक
3. प्रासंगिकता-उन्मुख और कुछ सीखने के लिए कम से कम एक कारण देखें।
4. वयस्क शिक्षकों के प्रति सम्मान दिखाया जाना चाहिए। वयस्क प्रशिक्षकों के लिए उस अनुभव राशि को स्वीकार करना आवश्यक होना चाहिए जो वयस्क प्रतिभागी कक्षा में लाते हैं। इससे कक्षा में सम्मान की भावना बनी रहती है।

आजकल के बच्चे अधिक जानते हैं, अधिक सीखते हैं, और अधिक चाहते हैं। यह तर्क, घर्षण और दु:ख पैदा कर सकता है, जो सभी को अपने माता-पिता की अपेक्षाओं से भी अधिक अग्रणी बनाते हैं।

वयस्क स्वेच्छा से सीखते हैं, उन्हें नए कौशल का अभ्यास करने के लिए अधिक समय की आवश्यकता होती है। उनके पास कई जिम्मेदारियां हैं और सीखने के लिए कम समय है। वे भागीदारी से सीखना पसंद करते हैं।

उनके पास अपना आत्मसम्मान और अहम की भावना है, वे परिणामों के संदर्भ में सीखने का मूल्यांकन करते हैं।

वयस्क शिक्षा एंड्रागौजी (andragogy) नामक एक दर्शन पर आधारित है जो वयस्कों के अधिगम ग्रहण करने की कला और विज्ञान है। वयस्क शिक्षण के मार्गदर्शक सिद्धांतों को लागू किए जाने से निम्नलिखित परिवर्तन होते हैं:

1. लोग जो जानते हैं, उसमें परिवर्तन होता है
2. 'क्या कर सकते हैं" में परिवर्तन आता है
3. लोग क्या सोचते हैं, उसमें परिवर्तन आता है
4. लोग वास्तव में क्या करते हैं, उसमें परिवर्तन होता है।

दूसरे शब्दों में, इस प्रकार के शिक्षण में अधिगम कर्ता के ज्ञान, दृष्टिकोण और कौशल पर बल दिया जाना चाहिए।

सामाजिक विकास (Social Development)

समाज द्वारा स्वीकार किए जाने वाले व्यवहार को अपनाना तथा वर्जित व्यवहार को नकारना ही सामाजिक अधिगम है। अल्बर्ट बंडूरा (Albert Bandura) ने सामाजिक अधिगम सिद्धांत का प्रतिपादन किया था जिसके अनुसार व्यक्ति अवलोकन, नकल और आदर्श व्यवहार के प्रतिमान के माध्यम से एक-दूसरे से सीखते हैं। सामाजिक अधिगम सिद्धांत को व्यवहारवाद और संज्ञानात्मक अधिगम सिद्धांतों के बीच की योजक कड़ी कहा जाता है क्योंकि यह सिद्धांत ध्यान (attention), स्मृति (memory) और प्रेरणा (motivation), तीनों कोसंयोजित करता है।

बंडूरा ने एक बालक पर बेबीडॉल प्रयोग किया। बंडूरा द्वारा एक बालक को तीन तरह की मूवी दिखाई गई, जिसमें से प्रथम मूवी सामाजिक मूल्य पर आधारित थी। इसको देख कर बालक बेबी डॉल के साथ सामाजिक व्यवहार (social behavior) को दर्शाता है। इसी प्रकार, दूसरी प्रेम पर तथा तीसरी हिंसात्मक थी।

इसमें सामाजिक अधिगम के चार उपाय बताये हैं:

1. ध्यान (attention)
2. अवधारणा (retention)
3. पुन: प्रस्तुतीकरण (reproduction)
4. पुनर्सुधार (rehabilitation)

सामाजिक अधिगम के निम्न चार कारक बताए गए हैं।

1. अभिप्रेरणा (Motivation)
2. स्व-नियंत्रण (Self-control)
3. स्व-विवेक (Self-discretion)
4. स्व-निर्णय (Self-determination)
5. स्व-अनुक्रिया (Self-response)

संभवत: बच्चों के व्यक्तित्व के विकास में सबसे महत्वपूर्ण सिद्धांत सामाजिक अधिगमवाद को ही माना गया है। बच्चों के सामने अच्छे गुणों वाले व्यवहार को प्रदर्शित करने से उस बालक में वांछित गुणों का समावेश किया जा सकता है। सामाजिक अधिगम का आधार अनुकरण (Imitation) है। बच्चे के सामने आदर्श मॉडल (ideal model) प्रस्तुत करना चाहिए तथा अनैतिक मॉडल से बचना चाहिए।

मार्गरेट मीड (Margaret Mead) ने किशोरों के व्यक्तित्व के विकास में सांस्कृतिक कारकों की भूमिका पर प्रकाश डाला। मीड ने 'Storm and Stress' को शांत और क्रमिक रूप में, बचपन से वयस्कता में संक्रमण और वयस्क भूमिकाओं की एक आसान स्वीकृति के रूप में माना। यह एक समाज में अपेक्षाकृत तनाव मुक्त क्षेत्र है।

हेरोल्ड डब्ल्यू बर्नार्ड ने किशोरावस्था को एक सांस्कृतिक घटना के रूप में भी वर्णित किया है। किशोरावस्था का सांस्कृतिक पहलू बताता है कि दो मुख्य घटक हैं:

1. एक तीव्रता से बढ़ता हुआ जीवन
2. बच्चे और वयस्क की भूमिकाओं के बीच बढ़ती अतिव्याप्ति।

संघर्ष, मूल्यों, भावनात्मक तनाव और अत्यधिक दृष्टिकोण का सामना करते हुए किशोरों को बुरा लग सकता है। औद्योगिकीकरण, शहरीकरण और व्यक्तिगतकरण के साथ, बाल अपराधों की घटनाएं भी बढ़ जाती हैं।

तीव्र विकास और संरचनात्मक शारीरिक परिवर्तनों के साथ, स्वयं और दूसरों के प्रति नया दृष्टिकोण, किसी के अधिकारों और कर्तव्यों के बारे में बढ़ती जागरुकता आदि को ध्यान में रखते हुए हम यह कह सकते हैं कि किशोरावस्था एक संक्रमणकालीन अवधि है।

किशोरावस्था में निम्नलिखित परिवर्तन देखने को मिलते हैं:

1. आत्म अवधारणा या स्वयं की पहचान के लिए खोज है।
2. निर्णय लेने के लिए अधिक स्वतंत्रता की मांग है।
3. वे सही मूल्यों और गलत मूल्यों के बारे में अधिक सोचते हैं।
4. पीयर प्रेशर (Peer pressure) भी बढ़ता है।
5. वे विभिन्न तरीकों से संवाद कर रहे हैं - इंटरनेट, सेलफोन और सोशल मीडिया के माध्यम से इस अवस्था के दौरान समाजीकरण प्रभावित होता है।

सहकर्मी समूह मुख्य रूप से एकल-सेक्स से मिश्रित-सेक्स तक विकसित होते हैं। दीर्घ अवधि तक प्रतिबद्धता के बजाय रोमांटिक रिश्ते अधिकतर अल्पकालिक होते हैं।

संज्ञानात्मक विकास (Cognitive Development)

'संज्ञान' शब्द का अर्थ है 'जानना' या 'समझना'। यह एक बौद्धिक प्रक्रिया है, इसमें विचारों के द्वारा ज्ञान प्राप्त किया जाता है। मनोवैज्ञानिक 'संज्ञान' का प्रयोग ज्ञान प्राप्त करने की प्रक्रिया के रूप में करते हैं। संज्ञानात्मक विकास शब्द का प्रयोग मानसिक विकास के व्यापक अर्थ में किया जाता है। इसमें बुद्धि के अतिरिक्त सूचना का प्रत्यक्षीकरण (perception), पहचान (recognition), प्रत्याह्वान (remembering) और व्याख्या (explanation) आदि भी आते हैं।

विकिपीडिया पर प्राप्त जानकारी के अनुसार, संज्ञान में मानव की विभिन्न मानसिक गतिविधियों का समन्वयीकरण होता है। 'संज्ञानात्मक मनोविज्ञान' शब्द का प्रयोग गुस्ताव नाइसर (Gustav Neisser) ने वर्ष 1967 ई० में किया था। संज्ञानात्मक विकास इस बात पर बल देता है कि मनुष्य किस प्रकार तथ्यों को ग्रहण करता है और किस प्रकार से उसका उत्तर भी देता है। संज्ञान उस मानसिक प्रक्रिया को सम्बोधित करता है जिसमें चिन्तन, स्मरण, अधिगम और भाषा के प्रयोग का समावेश होता है। जब हम शिक्षण और सीखने की प्रक्रिया में संज्ञानात्मक पक्ष पर बल देते हैं तो इसका अर्थ है कि हम तथ्यों और अवधारणाओं की समझ पर बल देते हैं।

यदि हम विभिन्न अवधारणाओं के मध्य के सम्बन्धों को समझ लेते हैं तो हमारी संज्ञानात्मक समझ में वृद्धि होती है। संज्ञानात्मक सिद्धान्त इस बात पर बल देता है कि व्यक्ति किस प्रकार सोचता है, किस प्रकार महसूस करता है और किस प्रकार व्यवहार करता है। यह सम्पूर्ण प्रक्रिया अपने अन्दर ज्ञान के सभी रूपों यथा स्मृति, चिन्तन, प्रेरणा और प्रत्यक्षण को शामिल करती है।

जीन पियाजे ने संज्ञानात्मक विकास की प्रकिया में मुख्यत: दो बातों को महत्वपूर्ण माना है-

1. संगठन और
2. अनुकूलन।

संगठन से तात्पर्य बुद्धि में चल रही विभिन्न क्रियाओं जैसे- प्रत्यक्षीकरण, स्मृति, चिंतन एवं तर्क सभी के संगठित होने से है। एक बालक के वातावरण में उपस्थित उद्दीपकों के संबंध में उसकी विभिन्न मानसिक क्रियाएं पृथक पृथक कार्य नहीं करती है बल्कि एक साथ संगठित होकर कार्य करती है। वातावरण के साथ समायोजन करना संगठन का ही परिणाम है। संगठन व्यक्ति एवं वातावरण के संबंध को आंतरिक रूप से प्रभावित करता है। अनुकूलन बाह्य रूप से प्रभावित करता है।

पियाजे ने संज्ञानात्मक विकास को चार अवस्थाओं में विभाजित किया है-

1. संवेदिक पेशीय अवस्था (Sensory Motor): जन्म के 2 वर्ष
2. पूर्व-संक्रियात्मक अवस्था (Pre-operational): 2 से 7 वर्ष
3. मूर्त संक्रियात्मक अवस्था (Concrete Operational): 7 से 11 वर्ष
4. अमूर्त संक्रियात्मक अवस्था (Formal Operational): 11 से 18 वर्ष

मनोवैज्ञानिक विकास (Psychological Development)

शिक्षा तथा मनोविज्ञान को जोड़ने वाली प्रमुख कड़ी मानव व्यवहार है तथा शिक्षा मनोविज्ञान का सीधा संबंध शिक्षण में अधिगम क्रियाकलापों से ही होता है।

मनोविज्ञान के सिद्धांतों, नियमों, विधियों का शिक्षा के क्षेत्र में व्यापक प्रयोग किया जाता है।

शिक्षा मनोविज्ञान की प्रकृति वैज्ञानिक होती है, क्योंकि शैक्षिक वातावरण में अधिगमकर्ता के व्यवहार का वैज्ञानिक विधियों, नियमों तथा सिद्धांतों के माध्यम से अध्ययन किया जाता है।

स्किनर (B. F. Skinner) के अनुसार: शिक्षा मनोविज्ञान मनोविज्ञान की वह शाखा है। जिसका संबंध अध्ययन तथा सीखने से है। मनोविज्ञान के क्षेत्र में उन सभी ज्ञान और विधियों को शामिल किया जाता है। जो सीखने की प्रक्रिया से अधिक अच्छी प्रकार समझने और अधिक कुशलता से निर्देशित करने के लिए आवश्यक है।

कॉलेस्निक (W.B. Kolesnik): मनोविज्ञान के सिद्धांतों व परिणामों का शिक्षा में अनुप्रयोग करना शिक्षा मनोविज्ञान है।

एलिस क्रो (Alice Crow): शिक्षा मनोविज्ञान मानव प्रतिक्रियाओं के वैज्ञानिक रूप से व्युत्पन्न सिद्धांतों के अनुप्रयोग का प्रतिनिधित्व करता है जो शिक्षण और सीखने को प्रभावित करते हैं।

क्रो एंड क्रो (Crow and Crow): शिक्षा मनोविज्ञान व्यक्ति के जन्म से लेकर वृद्धावस्था तक अधिगम के अनुभवों का वर्णन तथा व्याख्या करता है।

स्टीफन (J. M. Stephon): शिक्षा मनोविज्ञान बालक के शैक्षिक विकास का क्रमबद्ध अध्ययन है।

थार्नडाइक (Thorndike): शिक्षा मनोविज्ञान के अंतर्गत शिक्षा से संबंधित संपूर्ण व्यवहार और व्यक्तित्व आ जाता है।

मनोविज्ञान के ज्ञान द्वारा शिक्षक बालक की व्यक्तिगत विभिन्नताओं का ज्ञान प्राप्त करता है। उचित शिक्षण विधियों का चयन करता है तथा कक्षा-कक्ष में अनुशासन स्थापित करता है।

जर्मन दार्शनिक हरबर्ट (Herbert) को 'वैज्ञानिक शिक्षा शास्त्र' का जन्मदाता माना जाता है।

शिक्षा मनोविज्ञान को सर्वप्रथम आधार प्रदान करने का श्रेय जोहन हेनरिच पेस्टालोज़्ज़ी (Johann Heinrich Pestalozzi) द्वारा किया गया। यह विधायक (constitutive) और नियामक (regulative) दोनों प्रकार का विज्ञान है। विधायक विज्ञान तथ्यों पर जबकि नियामक विज्ञान मूल्यांकन पर आधारित होता है।

शिक्षा का स्वरूप संश्लेषणात्मक होता है, जबकि शिक्षा मनोविज्ञान का स्वरूप विश्लेषणात्मक माना जाता है।

शिक्षा मनोविज्ञान एक वस्तुपरक विज्ञान (Material science) है।

भावनात्मक परिवर्तन (EMOTIONAL CHANGES)

अनुसंधान इस बात को इंगित करता है कि भावनाओं को बुद्धि (अधिगम) से अलग नहीं किया जा सकता है। यदि शिक्षार्थी तनावग्रस्त है, अत्यधिक चिंतित है, तो वह अधिगम में इतना सक्षम नहीं होगा। भूमिका भ्रम (role confusion) इस बात का सूचक है कि किशोरावस्था के कार्य को सफलतापूर्वक पूरा नहीं किया जा सकता है।

किशोरों को नैतिकता और बहुत महत्वाकांक्षी होने की समस्याओं का सामना करना पड़ता है। वे स्वतंत्रता और लोकतांत्रिक जीवन के पक्षधर हैं। उन्हें अनुमेय वातावरण पसंद है ताकि माता-पिता और शिक्षक उनके प्रति उदार रहें। वे स्वभाव से विद्रोही होते हैं।

किशोरावस्था में 'चेतना तथा विवेक का गठन' (conscience formation) होता है। किशोरों में धर्म, ईश्वर, पूजा, प्रार्थना और आध्यात्मिक मूल्यों के लिए स्व-स्वामित्व की लालसा रहती है।

हॉल (Hall) का कहना है कि इस समयावस्था में अधिक शारीरिक परिवर्तन आदि अधिक मनोवैज्ञानिक परिवर्तन का कारण बनते हैं।

व्यक्तित्व निर्माण के लिए किशोरावस्था अधिक महत्वपूर्ण होती है। ऐनी (Anne) का मानना था कि कामेच्छा, जो विलंबता के वर्षों के दौरान शांत हो जाती है, किशोरावस्था में फिर से जागती है और अहंकार और कामतत्व के नाजुक संतुलन को बिगाड़ने की धमकी देती है।

एरिक एरिकसन (Erik Erickson) के अनुसार, किशोरावस्था पहचान के संघर्ष और पहचान के भ्रम का समाधान करती है।

प्रारम्भिक यौवन और संज्ञानात्मक परिवर्तन में, लड़कियों के परिणाम लड़कों की तुलना में अच्छे नहीं आते हैं। यह तथ्य निर्णय लेने की क्षमता को भी प्रभावित करता है।

मानव में भावनात्मक परिवर्तन एकल रूप में नहीं बल्कि वंशाणु (genes), मस्तिष्क, पर्यावरण, अनुभवों और संस्कृति के संदर्भ में भी चलते हैं, यह हमारे विकास में सक्रिय भूमिका निभाते हैं। यहां शारीरिक बनावट और परिवर्तनों के बारे में भी चेतना सक्रिय रहती है। यह मूल रूप से सोच और अभिनय का एक 'अजेय' सोपान ('invincible' step) है, इसलिए बहुत महत्वपूर्ण है।

मनुष्य की अहंकार (egoistic) संबंधी समस्याएं प्रभुत्व (dominance), उपलब्धि (achievement), प्रतिधारण (retention), ध्यान (attention), स्वायत्तता (autonomy, अधिग्रहण (acquisition), संज्ञान (cognition) और विनाश (destruction) के रूप में आते हैं। मोफिट (Moffitt) मुख्य रूप से 'किशोर अवस्था तक सीमित' असामाजिक व्यवहार को 'परिपक्वता अंतराल' (maturity gap) के परिणामस्वरूप मानते हैं। बाद की अवस्था में उसमें सुधार आने की संभावना रहती है, परन्तु शिक्षार्थियों को संयम बरतने की आवश्यकता रहती है।

पर्यावरणीय कारकों में आनुवंशिक परिवर्तन (genetic changes) को 'विभेदक संवेदनशीलता प्रतिरूप' (differential susceptibility model) कहा जाता है। इन विविधताओं को दूसरों की तुलना में जोखिम भरा माना जाता है।

किशोरों के विकास में व्यक्तिगत अंतर (individual differences) महत्वपूर्ण भूमिका निभाते हैं। 'अपवित्र त्रय' (unholy triad) इन्हें मादक द्रव्यों के सेवन, हिंसा और प्रारंभिक यौन प्रयोग के रूप में प्रस्तुत करता है।

हमारे ग्रंथों में धर्म, अर्थ, काम और मोक्ष प्राप्त करने के लिए काम, क्रोध, लोभ, मोह और अहंकार (lust, wrath, greed, attachment and ego) - इन पांच विकारों के त्याग को बहुत महत्व दिया गया है। ये हमारे मानसिक चिंता का कारण भी हैं, इसलिए इनको चिह्नित करके इनका त्याज्य महत्वपूर्ण हो जाता है, लेकिन पूर्ण त्याज्य शायद संभव भी नहीं। एक मत के अनुसार, मानव व्यक्तित्व की पांच प्रमुख कमजोरियां इसके आध्यात्मिक सार से भिन्न हैं, और उन्हें 'चोर' के रूप में जाना जाता है क्योंकि वे एक व्यक्ति की अंतर्निहित सामान्य ज्ञान की चोरी करते हैं।

स्टॉपओवर

1. जीन पियाजे के संज्ञानात्मक विकास सिद्धांत के अनुसार, किशोर छात्र विकास के किस चरण के अंतर्गत आते हैं?
   (a) संवेदी पेशीय अवस्था
   (b) ठोस प्रचालनात्मक चरण
   (c) प्रचालनात्मक चरण
   (d) औपचारिक प्रचालनात्मक चरण

2. निम्नलिखित विशेषताओं में से कौन-सी एक सर्वोत्तम तरीके से शिक्षार्थियों की भावनात्मक बुद्धिमत्ता का वर्णन करती है?
   (i) अपनी और दूसरों की भावनाओं की बेहतर समझ
   (ii) अपनी भावनाओं की सशक्त अभिव्यक्ति
   (iii) अपनी भावनाओं को तोड़-मरोड़कर प्रस्तुत करना
   (iv) तर्कसंगत सोच विकसित करना
   (v) प्रगतिशील होना और आलोचना स्वीकार करना
   (vi) अन्य लोगों को बेहतर स्वीकार करना
   नीचे दिए गए विकल्पों में से सही उत्तर चुनें:
   (a) (i), (iv) और (v)
   (b) (iv), (v) और (v)
   (c) (i), (ii) और (iii)
   (d) (ii), (iii) और (iv)

उत्तर: 1. (b) **2.** (a)

वयस्क शिक्षार्थी (Adult Learner)

वयस्कता को अधिकतर आयु या संज्ञानात्मक परिपक्वता के आधार पर परिभाषित किया जाता है। जबकि भारत में, वयस्कता 15 से 35 वर्ष के बीच परिभाषित की जाती है, आर्थिक सहयोग और विकास के लिए यूनेस्को और संगठन इसे 24 से 65 वर्षों के बीच परिभाषित करता है।

वयस्क सीखने की प्रक्रिया व्यवस्थित सीखने की प्रक्रिया हो सकती है, यह औपचारिक या गैर औपचारिक या अनौपचारिक हो सकती है, यह स्व-सलाह या कॉर्पोरेट-प्रायोजित हो सकती है, पूर्णकालिक या अंशकालिक शिक्षार्थी के रूप में की जा सकती है।

वयस्कता के महत्वपूर्ण लक्षण:

वयस्क केवल बड़े हुए बच्चे नहीं हैं। वयस्क बच्चों से अलग तरह से सीखते हैं।

परिपक्वता के साथ, एक व्यक्ति की आत्म अवधारणा एक आत्म निर्देशित व्यक्ति होने के लिए एक निर्भर व्यक्तित्व होने से चलती है। वयस्कता वह अवस्था है जहां यह संक्रमण होता है।

वयस्क अनुभवात्मक शिक्षार्थी हैं। व्यक्ति अनुभव के बढ़ते धन को संचित करता है जिसका उपयोग पर्यावरण की समझ बनाने के लिए किया जाता है। शिक्षक से अधिक वयस्क जान सकते हैं।

परिपक्वता के साथ, सीखने की तत्परता सामाजिक भूमिकाओं के विकास कार्यों के लिए उन्मुख हो जाती है, लेकिन सामग्री प्रासंगिक और वैध होनी चाहिए। जीवन आवेदन महत्वपूर्ण है।

परिपक्वता के साथ, समय परिप्रेक्ष्य एक स्थगित आवेदन से तत्काल आवेदन में से एक में चला जाता है। यह परिवर्तन विषय-केंद्रितता से समस्या केंद्रितता तक का है। वयस्कों को समस्याओं को हल करने में आनंद मिलता है।

यहां, सीखने की प्रेरणा तेजी से आंतरिक है। व्यक्तित्व की जिम्मेदारी महत्वपूर्ण है। वयस्क शिक्षार्थी अपने जीवन की आवश्यकताओं को पूरा करना चाहते हैं। वे सफल होना चाहते हैं। भारत में, एक वयस्क शिक्षार्थी एक ऐसा व्यक्ति है जिसे जीवन के प्रारंभिक वर्षों में औपचारिक शिक्षा का कोई अवसर नहीं मिला है।

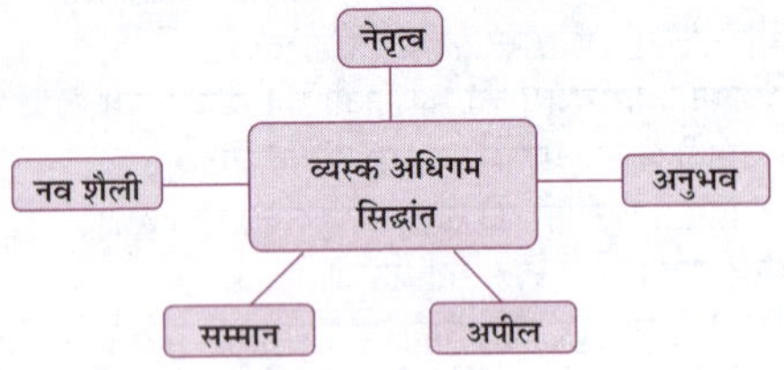

ऑफलाइन बनाम ऑनलाइन पद्धतियां (OFFLINE VS ONLINE METHODS)

इस यूनिट सभी बुनियादी बातें ऑफलाइन कक्षा के परिवेश में लिखी गयी हैं। यहां शिक्षार्थी को एक भौतिक वातावरण भी मिलता है, उनका आपस में सीधे रूप में वार्तालाप भी हो पाता है। यदि मोटे तौर पर कक्षा को इंटरनेट या अन्य तकनीकी सुविधाओं के साथ व्यवस्थित किया जाए तो उसको ऑनलाइन कक्षा कह सकते हैं। यहां पर हमने ऑनलाइन कक्षण को गहन रूप से समझने का प्रयास किया है।

ऑनलाइन पद्धतियां : मूडल (Moodle) को सबसे अच्छा ओपन सोर्स ऑनलाइन अधिगम सिस्टम माना जाता है। वर्चुअल लर्निंग एनवायरनमेंट (Virtual Learning Environment - VLE) को मैनेज्ड लर्निंग एनवायरनमेंट (MLE), लर्निंग मैनेजमेंट सिस्टम (LMS), कोर्स मैनेजमेंट सिस्टम (CMS), लर्निंग सपोर्ट सिस्टम (LSS) या लर्निंग प्लेटफॉर्म (LP) आदि नामों से भी पुकारा जाता है। इनका प्रयोजन कंप्यूटर और इंटरनेट के माध्यम से विद्यार्थियों के लिए एक एकल, सुसंगत और सहज ज्ञान कोर्स उतपन्न करना होता है। मुक्त विश्वविद्यालय और उच्च शिक्षा के अन्य संस्थान तीव्रता से VLE का सहारा ले रहे हैं।

ऑनलाइन शिक्षण शिक्षकों द्वारा छात्रों को शिक्षा देने का एक प्रभावी ढंग है। इसमें वीडियो, पीडीएफ, पॉडकास्ट आदि का उपयोग किया जाता है। ऑनलाइन शिक्षा का सर्वाधिक लाभ यह है कि यह छात्रों को उनकी सुविधा के किसी भी स्थान से कक्षाओं में भाग लेने की अनुमति देता है। इसमें छात्रों तक पहुँचने के लिए व्यापक नेटवर्क का प्रयोग किया जाता है। इसमें ऑनलाइन व्याख्यानों को रिकॉर्ड किया जा सकता है, संग्रहित किया जा सकता है और भविष्य के संदर्भ के लिए साझा किया जा सकता है।

इस प्रकार, ऑनलाइन शिक्षण छात्रों को शिक्षा में समय और स्थान की पहुंच प्रदान करता है।

ऑनलाइन शिक्षण कंप्यूटर और आईसीटी के माध्यम से अधिगम को सुविधाजनक बनाने का एक सुनियोजित प्रयास है।

1. यह संवादात्मक और अनुभवात्मक शिक्षा प्रदान करता है।
2. यह समय, स्थान और गति के संदर्भ में लचीलापन प्रदान करता है, चूंकि ऑनलाइन कक्षाएं घर या पसंद के स्थान से ली जा सकती हैं, इसलिए छात्रों के पाठ छूटने की संभावना कम होती है।
3. यह भागीदारी और सुलभता प्रदान करता है।
4. यह विशेषज्ञता और गुणात्मक विषयवस्तु प्रदान करता है।
5. यह शिक्षार्थियों के व्यक्तिगत प्रशिक्षण का सबसे अच्छा संसाधन है। यह अधिगम को सक्षम, निर्धारित गति का, कुशल बनाता है।
6. यह प्रशिक्षण के आसपास केंद्रित रहता है।
7. समय और स्थान की पहुंच
8. ऑनलाइन सीखने का एक अन्य लाभ वित्तीय लागत कम करना है। ऑनलाइन सीखने से छात्र परिवहन, छात्र भोजन, और सबसे महत्वपूर्ण, अचल संपत्ति के लागत बिंदु समाप्त हो जाते हैं। इसके अतिरिक्त, एक कागज रहित अधिगम का अनुभव रहता है जो कि पर्यावरण के लिए भी लाभदायक है।
9. हर छात्र की सीखने की अलग शैली होती है। कुछ छात्र दृश्य से सीखने वाले होते हैं, जबकि कुछ छात्र ऑडियो के माध्यम से सीखना पसंद करते हैं। कुछ एकल स्वभाव के छात्र बड़े समूहों से विचलित हो जाते हैं।
10. अपने विकल्पों और संसाधनों की रेंज के साथ ऑनलाइन शिक्षण प्रणाली को कई तरीकों से वैयक्तिकृत किया जा सकता है। यह प्रत्येक छात्र की आवश्यकताओं के अनुकूल सीखने का एक आदर्श वातावरण बनाने का सबसे अच्छा उपाय है।

ऑनलाइन सीखने की सीमाएं

1. स्क्रीन पर ध्यान केंद्रित करने में असमर्थता
2. प्रौद्योगिकी समस्या जैसे कि इंटरनेट कनेक्टिविटी।
3. अलगाव की भावना - एक ऑनलाइन कक्षा में, छात्रों और शिक्षकों के बीच कम से कम वार्तालाप होता है। यह प्राय: छात्रों में अलगाव की भावना उत्पन्न कर सकता है। यद्यपि ऑनलाइन संदेश, ईमेल और वीडियो कॉन्फ्रेंसिंग आदि इस अलगाव की भावना को कम करने का प्रयास करते हैं।
4. शिक्षक प्रशिक्षण- ऑनलाइन अधिगम सुनिश्चित करने के लिए शिक्षकों के पास डिजिटल रूपों का उपयोग करने की बुनियादी समझ होनी चाहिए।

कंप्यूटर बेस्ड ट्रेनिंग (CBT) और ऑनलाइन-लर्निंग को समानार्थक शब्द माना जाता है, CBT 1980 के दशक का शब्द है। ऑनलाइन शब्द इंटरनेट, सीडी और डीवीडी की परिपक्वता के साथ CBT से विकसित हुआ है। इस परिवेश में इंटरनेट-आधारित लर्निंग, वेब-आधारित लर्निंग और ऑनलाइन लर्निंग सम्मिलित हैं।

ऑनलाइन शिक्षण निम्न मायनों में महत्वपूर्ण है।

1. यह शिक्षार्थियों को सहयोगी इंटरनेट और वेब-आधारित अधिगम के अवसरों की सुविधा प्रदान करता है।
2. यह वाइड एरिया नेटवर्क (WAN) के साथ दूरस्थ शिक्षा का समर्थन करता है। इसमें मल्टीमीडिया सीडी-रोम या वेबसाइट का भी उपयोग किया जाता है। यह अधिगम के व्यावहारिक पक्ष को संबोधित करता है। यहाँ हाइपरलिंकिंग संभव है, यह नियमित अभ्यास में भी सहायता करता है।
3. यह अधिगम के अनुभवों को एक विस्तृत श्रृंखला की अनुमति देता है, जैसे कि ऑनलाइन शिक्षार्थियों के लिए शैक्षिक एनीमेशन।
4. यह अतुल्यकालिक और तुल्यकालिक (asynchronous and synchronous) संचार मोड के माध्यम से ई-प्रशिक्षण प्रदान करता है, जिससे शिक्षार्थियों को लचीलेपन की सुविधा मिलती है। अतुल्यकालिक लर्निंग प्रतिभागियों को सिंक्रोनस गतिविधियों की अनुमति देने के लिए ब्लॉग, विकी और चर्चा बोर्ड जैसी तकनीक का उपयोग करता है, जिससे सभी प्रतिभागियों को एक बार चैट सत्र या आभासी कक्षा या बैठक में सम्मिलित होने की अनुमति मिलती है; यह इलेक्ट्रॉनिक मीडिया के उपयोग के माध्यम से एक संगठन में कर्मियों की भूमिका दक्षता विकसित करता है। जिसमें विशिष्ट प्रशिक्षण अनुकूलित सॉफ्टवेयर के माध्यम से प्रदान किया जाता है, जो ग्राहकों की विशेष जरूरतों को एक समर्पित ब्रॉडबैंड इंटरनेट कनेक्टिविटी पर सिंक्रोनस मोड के माध्यम से संबोधित करता है। सामान्य रूप से, यह सीमित इंटरनेट एक्सेस या वर्ल्ड वाइड वेब पर साझा नेटवर्क के माध्यम से शिक्षार्थियों को एसिंक्रोनस मोड में सार्वभौमिक सामग्री प्रदर्शित करने वाले सामान्य सॉफ़्टवेयर के माध्यम से शिक्षार्थियों को प्रशिक्षण प्रदान करता है।
5. यह शिक्षा में आईसीटी के उपयोग पर प्रशिक्षण के माध्यम से शिक्षकों के व्यावसायिक विकास द्वारा शिक्षण को बढ़ाता है। वर्ल्ड लिंक्स जैसी ई-लर्निंग प्रणाली शिक्षकों को शिक्षण में प्रौद्योगिकी को एकीकृत करने में सक्षम बनाती है और इस प्रकार कक्षाओं में गतिशील छात्र-केंद्रित शिक्षा का वातावरण निर्माण करती है।

संकाय दुनिया में अपने समकक्ष समूहों के साथ भी बातचीत कर सकते हैं और इस विषय पर विचारों और टिप्पणियों का आदान-प्रदान कर सकते हैं।

ई-लर्निंग के दो प्रमुख पहलू हैं: हार्डवेयर और सॉफ्टवेयर। प्रभावी ई-लर्निंग कोर्स सामग्री तैयार करने के लिए हमें आईसीटी, निर्देशात्मक डिजाइन और विषय क्षेत्र में विशेषज्ञों की एक टीम को सम्मिलित करना होगा। ऐसा प्रारम्भ से करना चाहिए ताकि वे एक एकीकृत बल के रूप में काम करें और ई-लर्निंग कोर्सवेयर की आवश्यकता के अनुसार योगदान करें। इन दोनों के अलावा, तीसरा घटक कार्यान्वयन के लिए अच्छा वितरण वातावरण भी है।

मूक्स MOOCs (Massive Open Online Courses)

गत एक दशक से भी अधिक समय से मूक्स पाठ्यक्रम काफी महत्वपूर्ण हो गए हैं। यहां छात्र विविध भौगोलिक क्षेत्रों, शैक्षणिक पृष्ठभूमि और संव्यवसायिक गतिविधियों से आते हैं।

भारत अमेरिका के बाद MOOCs का दूसरा सबसे बड़ा उपयोगकर्ता बन गया है। MOOCs पाठ्यक्रम भारत में एनपीटीईएल (NPTEL), आईआईटी (IITs) की सहायता से सरकार और निजी व्यवसायियों द्वारा भी चलाए जा रहे हैं। SWAYAM भी इसका ही एक भाग है जो शिक्षा को किसी लक्षित समूह तक पहुंचाने, वांछित साक्षरता स्तर प्राप्त करने और युवाओं की कौशल क्षमता में वृद्धि में सहायता करते हैं। यहां MOOCs को दो मुख्य श्रेणियों में विभाजित किया गया है - cMOOCs और xMOOCs।

1. **cMOOCs:** ऐसे MOOC अध्ययन सामग्री के गतिशील विकास की अनुमति देते हैं, जहां पठन सामग्री और पाठ्यक्रम के पूर्व-नियोजित श्रेणी के बजाय, मूक सामग्री को विश्व भर में पाठ्यक्रम लेने वाले शिक्षार्थियों के मध्य ऑनलाइन चर्चा और सहयोग के माध्यम से विकसित किया जाता है।
2. **xMOOCs:** पारंपरिक दृष्टिकोण में विश्वास करते हैं, जहां पर पाठ्यक्रम पूर्व-चयनित पठन और संदर्भ सामग्री (reference materials) के साथ अच्छी तरह से संरचित किया जाता है।

MOOCs को पहली बार 2008 में जॉर्ज सीमेंस और स्टीफन डाउन्स द्वारा आरम्भ किया गया था। इसे 'Connectivism and Connective Knowledge - 2008 कहा जाता रहा है, इसको सरल भाषा में CCK08 भी कहा जाता है। इसको मैनिटोबा विश्वविद्यालय के लिए एक क्रेडिट पाठ्यक्रम के रूप में बनाया गया था।

वर्ष 2012 में इसमें प्रभावी परिवर्तन हुए, जब स्टैनफोर्ड विश्वविद्यालय के प्रोफेसर सेबेस्टियन थ्रुन और पीटर नॉरविग ने 'Introduction to Artificial Intelligence' नामक ऑनलाइन पाठ्यक्रम प्रारंभ किया। इसकी सफलता के बाद, दोनों प्रोफेसरों ने ऑनलाइन ज्ञान साझा करने के लिए एक व्यवसाय मॉडल, उडेसिटी (Udacity) को आरंभ किया। Coursera and EdX काफी लोकप्रिय रहे हैं। अधिकांश MOOC कार्यक्रमों में प्रारंभ तिथि और समाप्ति तिथि दी होती हैं। वहां कुछ स्व-पुस्तक पाठ्यक्रम भी हैं। वे सभी MOOCs के लगभग छह प्रतिशत हैं।

MOOCs में निर्देश मल्टीमीडिया सामग्री के रूप में दिए जाते हैं। इसे कभी-कभी मिश्रित अधिगम के रूप में भी जाना जाता है, जो कि ऑनलाइन और आमने-सामने (face to face) कक्षा घटकों को एक साथ लाता है।

यह प्लेटफॉर्म कई भाषाओं में उपलब्ध कराया गया है। भारत सरकार की नीति मुक्त (open) प्रौद्योगिकियों के उपयोग को बढ़ावा देने की है, यहां उपयोगकर्ता टैबलेट, स्मार्ट फोन सहित मोबाइल उपकरणों के माध्यम से पाठ्यक्रमों तक पहुंच रहे हैं। ये एप्लिकेशन एंड्रॉइड और आईओएस जैसे कई प्लेटफार्मों का समर्थन करते हैं, जिससे शिक्षार्थियों को नामांकन प्राप्त करने, पाठ्यक्रम सामग्री तक पहुंचने और सभी पाठ्यक्रम गतिविधियों में भाग लेने के लिए मोबाइल उपकरणों का उपयोग करने की अनुमति मिलती है।

MOOC पाठ्यक्रमों के लिए मुख्य तौर पर निम्नलिखित विशेषताओं को अपनाया जाता है।

(a) पाठ्यक्रम प्रारूप: स्व-पुस्तक या अनुसूचित पाठ्यक्रम (scheduled course)

(b) अधिगम प्रतिरूप : ऑनलाइन या मिश्रित

	किशोर विद्यार्थी	वयस्क विद्यार्थी
शिक्षार्थी	अधिगमकर्ता शिक्षक पर निर्भर है।	शिक्षार्थी स्वयं प्रेरित और स्वयं निर्देशित है।
शिक्षार्थी के अनुभव की भूमिका	• शिक्षार्थी के पास बहुत कम अनुभव है। • शिक्षार्थी को संसाधन के रूप में उपयोग किए जाने जैसा बनाया गया है। • प्रशिक्षक का अनुभव सबसे प्रभावशाली है	• शिक्षार्थियों के पास जीवन के अनुभव का एक महत्वपूर्ण भाग होता है। • वयस्क एक दूसरे के लिए एक समृद्ध संसाधन हैं। • अनुभव स्वयं की पहचान का स्रोत बन जाता है।
अधिगम के लिए अभिविन्यास	• अधिगम निर्धारित विषय वस्तु प्राप्त करने की एक प्रक्रिया है। • विषय इकाइयों के तर्क के अनुसार सामग्री इकाइयों का अनुक्रम किया जाता है।	• अधिगम के लिए वास्तविक जीवन के कार्यों की प्रासंगिकता होनी चाहिए। • अधिगम विषय वस्तु इकाइयों के बजाय जीवन/ कार्य स्थितियों के आसपास आयोजित किया जाता है।
अधिगम के लिए प्रेरणा	अधिगम मुख्य रूप से बाहरी पुरस्कार, सजा, ग्रेड के लिए प्रतिस्पर्धा और विफलता के परिणामों से प्रेरित होती है।	• यहां आंतरिक प्रोत्साहन द्वारा प्रेरणा होती है, यह मान्यता, जीवन की बेहतर गुणवत्ता, आत्मविश्वास, आत्म बोध से प्रेरित होती है। • अधिक ज्ञान की आवश्यकता, प्रेरणा जीवन के कुछ पहलुओं में अधिक प्रभावी ढंग से प्रदर्शन करने के लिए महत्वपूर्ण है।
अधिगम की मांग	शिक्षार्थी को जीवन के उत्तरदायित्व जीवन की मांग के साथ संतुलित करने चाहिए।	शिक्षार्थी सीखने के लिए अधिक समय समर्पित कर सकते हैं क्योंकि शिक्षा के प्रति इस स्तर पर उत्तरदायित्व न्यूनतम होता है।
आवश्यकताओं का निदान	मुख्य रूप से शिक्षण प्रणाली और शिक्षक द्वारा	शिक्षार्थी और सूत्रधार द्वारा पारस्परिक मूल्यांकन
पाठ्यक्रम की योजना	मुख्य रूप से शिक्षण प्रणाली और शिक्षक द्वारा	शिक्षार्थियों और सूत्रधार द्वारा पारस्परिक रूप से
अधिगम के उद्देश्य	शिक्षण प्रणाली द्वारा उद्देश्य निर्धारित किए जाते हैं। उद्देश्य पूर्व निर्धारित और अनम्य हैं।	उद्देश्य आपसी बातचीत से निर्धारित होते हैं। उद्देश्य लचीले होते हैं।
अधिगम की योजना तैयार करना	• शिक्षक सामग्री योजना • निश्चित पाठ्यक्रम • तार्किक अनुक्रम	• अधिगम अनुबंध • अधिगम प्रोजेक्ट्स • तत्परता से प्राप्त किया गया
शिक्षण गतिविधियां	निष्क्रिय शिक्षण विधियां जैसे संचरित तकनीक, नियत रीडिंग, आदि का उपयोग किया जाता है।	सक्रिय प्रशिक्षण विधियों का उपयोग किया जाता है।
अधिगम की गति	शिक्षक सीखने के समय और गति को नियंत्रित करते हैं।	शिक्षार्थियों के मूल्यांकन और सीखने की गति को प्रभावित करते हैं।
मूल्यांकन	शिक्षक द्वारा ग्रेड के साथ सामान्य-संदर्भित (norm referenced)	शिक्षार्थियों द्वारा एकत्र किए गए सबूतों द्वारा सहकर्मी, सूत्रधार, विशेषज्ञ द्वारा मान्य। मानदंड संदर्भित (criterion referenced)

(c) पाठ्यक्रमों की संख्या

(d) संख्या: प्लेटफॉर्म के किसी भी पाठ्यक्रम में पहले से पंजीकृत उपयोगकर्ताओं की संख्या।

(e) संस्थागत आभार (Institutional Credits): अन्य संस्थान MOOC प्लेटफॉर्म पर पूर्ण किए गए पाठ्यक्रमों के लिए आभार प्रदान करते हैं।

(f) प्लेटफॉर्म भाषा: वे कौन सी भाषाएं हैं जिनमें मंच प्रदान किया जाता है?

(g) मोबाइल ऐप: क्या प्लेटफॉर्म में ऐप है?

(h) ऐप प्लेटफॉर्म: ऐप किस प्लेटफॉर्म, एंड्रॉइड और/या आईओएस (iOS) के लिए दिया गया है।

MOOCs शैक्षणिक तकनीकों (pedagogical techniques), ज्ञान साझाकरण और वैश्वीकरण द्वारा संचालित होते हैं। पाठ्यक्रम मुफ्त या बहुत न्यून मूल्य पर पेश किए जाते हैं। शीर्ष स्कूलों के प्रोफेसरों द्वारा कई MOOC पाठ्यक्रम पेश किए जा सकते हैं। MOOCs को 'मुक्त और वितरित के संयोजन' के रूप में भी लिया जा सकता है।

कॉन्सेप्ट बॉक्स

MOOC पाठ्यक्रम की प्रक्रिया (PROCESS OF MOOC COURSES)

1. **प्लेटफॉर्म चुनें:** यहां कई प्लेटफॉर्म हैं। एक MOOC उपयोगी, सुसंगत और विश्वसनीय होना चाहिए। यहां निम्नलिखित प्लेटफॉर्म हो सकते हैं।

प्रदाता (Provider)	पाठ्यक्रम प्रारूप (Course Format)	अधिगम प्रतिरूप (Learning Model)
NPTEL	अनुसूचित (scheduled)	ऑनलाइन
MooKIT	अनुसूचित	मिश्रित
IITBX	अनुसूचित स्व-गति (scheduled self pace)	ऑनलाइन
SWAYAM	अनुसूचित स्व-गति	मिश्रित

2. **एक खाता तैयार करें**
3. **हम तय करें कि हम कैसे सीखना चाहते हैं:** यहां तीन प्रकार के पाठ्यक्रम हैं:
   (a) **लेखा परीक्षित पाठ्यक्रम:** हमारे अपने लाभ के लिए सीखने का पाठ्यक्रम
   (b) **प्रमाणित पाठ्यक्रम:** एक प्रमाण पत्र प्राप्त करने के लिए (सत्यापित या असत्यापित)
   (c) **विशेषज्ञता पाठ्यक्रम:** पाठ्यक्रम की श्रृंखला सम्मिलित है जो विशेषज्ञता की ओर ले जाती है
4. **MOOC में नामांकन**
5. **कोर्स पूरा करें**

शिक्षार्थी केंद्रित MOOCs (Learner Centres MOOCs) भी हाल के समय में बहुत महत्वपूर्ण हो गए हैं।

माइक्रोक्रेडेंशियल्स (Microcredentials): माइक्रोक्रेडेंशियल्स संबंधित MOOCs की एक श्रृंखला है जो किसी व्यक्ति को किसी विशिष्ट विषय की गहरी समझ हासिल करने की अनुमति देता है।

1. **माइक्रोमास्टर्स:** जैसे कि एडएक्स (edX's) का आर्टिफिशियल इंटेलिजेंस माइक्रोमास्टर्स
2. **विशेषज्ञता:** जैसे कौरसेरा (Coursera's) की डीप लर्निंग स्पेशलाइजेशन
3. **नैनोडिग्री (Nanodegrees):** जैसे कि उडेसिटी (Udacity's) का सेल्फ-ड्राइविंग कार इंजीनियर नैनोडेग्री।

क्लारा सेंट्रल (Class Central) ऑनलाइन पाठ्यक्रमों के लिए एक खोज इंजन है। क्लास सेंट्रल स्वयं (SWAYAM's) की प्रगति पर नज़र रख रहा है, प्लेटफार्म की घोषणा पहली बार अगस्त, 2014 में की गई थी।

भारत में MOOC प्लेटफॉर्म (MOOC PLATFORMS IN INDIA)

edX, कौरसेरा (Coursera), उडेसिटी (Udacity), SWAYAM, NPTEL प्रदान किए गए पाठ्यक्रमों में नामांकन के मामले में भारत अग्रणी देशों में से एक है। इस प्रकार MOOC भारत में शिक्षार्थियों के लिए उच्च शिक्षा तक पहुंच और ऑनलाइन शिक्षा के साथ उनकी शिक्षा की गुणवत्ता में सुधार करने का एक प्रमुख विकल्प है।

भारत सरकार ने शुरू में मुक्त शिक्षा की अवधारणा को बढ़ावा देने के लिए कई पहल की हैं। प्रारंभिक मुख्य उद्देश्य भंडारों, पुस्तकालयों, शैक्षिक मीडिया फाइलों, ई-पुस्तकों आदि के संदर्भ में खुले संसाधन प्रदान करना था और उन्हें निम्न उल्लिखित प्रौद्योगिकी के माध्यम से सभी के लिए सुलभ बनाना था:

1. **इग्नू (IGNOU's) का राष्ट्रीय डिजिटल भंडार:** National Digital Repository
2. **साक्षत (Sakshat) ई:** सामग्री प्रदान कर रहा है
3. **सीबीएसई शिष्य योजना:** XI – XII कक्षाओं के लिए
4. **विद्या वाहिनी:** ग्रामीण स्कूलों के पाठ्यक्रम में आईटी को एकीकृत करती है

5. **शिक्षा और अनुसंधान नेटवर्क (Education and Research Network - ERNET):** नेटवर्क कनेक्टिविटी प्रदान करके विभिन्न कॉलेजों और स्कूलों को जोड़ना
6. **एडुसैट (Education Satellite - EDUSAT):** भारत में शिक्षा के लिए प्रक्षेपित एक उपग्रह
7. **शैक्षिक संचार के लिए कंसोर्टियम (Consortium for Educational Communication - CEC):** टीवी का उपयोग
8. **सूचना और पुस्तकालय नेटवर्क केंद्र (Information and Library Network Centre - INFLIBNET):** विश्वविद्यालय पुस्तकालयों को जोड़ने के लिए स्वायत्त अंतर-विश्वविद्यालय केंद्र।
9. स्नातकोत्तर पाठ्यक्रम (PG Course) के लिए ई-पीजी (e-PG) पाठशाला- यह यूजीसी द्वारा स्थापित INFLIBNET द्वारा संचालित है। यहां MOOC की तुलना में ई-सामग्री और मूल्यांकन का अधिक भंडार है।

   ई-पीजी पाठशाला (e-PG Pathshala) NMEICT के तहत आईसीटी के माध्यम से शिक्षा मंत्रालय द्वारा की गई एक पहल है। इसे यूजीसी द्वारा क्रियान्वित किया जा रहा है। ई-अध्ययन (e-Books), यूजीसी एमओओसी (UGC MOOCs) और ई-पाठ्य (Offline Access) ई-पीजी (e-PG) पाठशाला के साथ निकटता से जुड़े हुए हैं।

MOOC से जुड़े महत्वपूर्ण संस्थान (Important MOOC Linked Institutions)

निम्नलिखित संस्थान परीक्षा की दृष्टि से महत्वपूर्ण हैं।

A. **प्रौद्योगिकी संवर्धित शिक्षा पर राष्ट्रीय कार्यक्रम (National Programme on Technology Enhanced Learning - NPTEL):** NPTEL का आरंभ शिक्षा मंत्रालय द्वारा वर्ष 2003 में किया गया था। NPTEL सात IIT और IISc, बेंगलुरु की एक संयुक्त पहल है। यहां पाठ्यक्रम नि:शुल्क हैं, लेकिन प्रमाणन के लिए साधारण सा शुल्क देना पड़ता है।

यह पाठ्यक्रमों के लिए 'ओपन-सोर्स टेक्नोलॉजी' का उपयोग करता है। पाठ्यक्रम Google's ओपन-सोर्स प्लेटफॉर्म कोर्स बिल्डर द्वारा संचालित हैं। पाठ्यक्रम सामग्री पारंपरिक कक्षा वातावरण में तैयार किए गए वीडियो व्याख्यान में प्रस्तुत की जाती है। NPTEL वीडियो प्रारूप, टेक्स्ट ट्रांसक्रिप्शन और सबटाइटलिंग के लिए टेक्स्ट मेटा-डेटा के साथ तकनीकी पाठ्यक्रमों का सबसे बड़ा एकल भंडार है।

B. **मूकिट (mooKIT):** mooKIT एक थोड़ी हल्की MOOC प्रबंधन प्रणाली है। यह 2014 में आईआईटी-कानपुर द्वारा प्रदान की गई ओपन-सोर्स तकनीकों का उपयोग करती है। यह एक शक्तिशाली प्रणाली है कि- ऑनलाइन पाठ्यक्रमों के लिए जो सूक्ष्म से बड़े पैमाने पर उपयोग किया जाता है। इसे cMOOC (connectivist MOOC) की प्रस्तुति करने के लिए डिज़ाइन किया गया है।

इसे विशेष रूप से लो-बैंडविड्थ और लो-कंप्यूटिंग (low-bandwidth and low-computing) पावर स्थितियों से निपटने के लिए डिज़ाइन किया गया है। मूकिट समस्याओं के समाधान में मदद करने के लिए एक संकेतक भी प्रदान करता है। यह सुविधा ग्रामीण क्षेत्रों के शिक्षार्थियों के लिए बहुत उपयोगी है, जिनके पास स्मार्ट फोन, लैपटॉप, इंटरनेट कनेक्टिविटी, उच्च बैंडविड्थ नहीं है।

यह आवश्यकता के आधार पर चार प्रकार के समाधान प्रदान करता है:

1. mooKIT मानक (Standard)
2. mooKIT एंटरप्राइज (Enterprise)
3. mooKIT रेप्लिकेटेड (Replicated)
4. mooKIT व्यक्तिगत या Mobi-mooKit

C. **आईआईटी-बॉम्बेX (IIT-BombayX):** IIT-BombayX एक गैर-लाभकारी MOOC प्लेटफॉर्म है, जिसे IIT बॉम्बे द्वारा 2014 में ओपन-सोर्स प्लेटफॉर्म Open edX का उपयोग करके विकसित किया गया था।

सूचना और संचार प्रौद्योगिकी (NMEICT), शिक्षा मंत्रालय के माध्यम से शिक्षा पर राष्ट्रीय मिशन द्वारा वित्त पोषण किया गया था। यह कई विषयों से विभिन्न विषयों पर पाठ्यक्रम प्रदान करता है।

यह मिश्रित शिक्षा का उपयोग करता है। इस मॉडल को 'ब्लेंडेड लर्निंग - आईआईटी बॉम्बे (BLMM) का MOOC मॉडल' नाम दिया गया है। इस प्रणाली में भारत के प्रमुख विश्वविद्यालय भारतीय स्थानीय कॉलेज शिक्षार्थियों को MOOC पाठ्यक्रम प्रदान कर रहे हैं।

MOOC के बारे में तकनीकी दिक्कतें (Technical Issues)

1. **कोर्सबिल्डर (Coursebuilder):** NPTEL पाठ्यक्रम ओपन-सोर्स प्लेटफॉर्म पर चलाए जाते हैं, इसके लिए कोर्सबिल्डर को वर्ष 2012 में Google द्वारा विकसित किया गया था। कोई भी कोर्सबिल्डर प्लेटफॉर्म का उपयोग करके अपने स्वयं के पाठ्यक्रम प्रस्तुत कर सकता है। यह कोर्स गूगल ऐप इंजन पर बनाया गया है जो कि पायथन (Python) में लिखा गया है।
2. **डुपल (Drupal):** Drupal बेस कोड PHP में लिखा जाता है। इसे एक एप्लिकेशन के रूप में Apache वेब सर्वर पर होस्ट किया जाता है।

   MooKIT को विकसित करने के लिए, Drupal का उपयोग ओपन सोर्स कंटेंट मैनेजमेंट सिस्टम (CMS) के रूप में किया जाता है जो कि प्लेटफॉर्म का मुख्य भाग है। डूपल का उपयोग कॉर्पोरेट, राजनीतिक और सरकारी साइटों पर व्यक्तिगत ब्लॉग से संबंधित कई वेबसाइटों के लिए बैक-एंड सिस्टम के रूप में भी किया जाता है। इसका उपयोग ज्ञान प्रबंधन और व्यावसायिक सहयोग के लिए भी किया जाता है। ये मॉड्यूल मुख्य रूप से PHP और Java Script में लिखे गए हैं।
3. **ओपन एडएक्स (Open EdX):** IITBX ओपन सोर्स ओपन एडएक्स (edX) द्वारा संचालित है जिसे 2013 में विकसित किया गया था। edX की स्थापना हार्वर्ड यूनिवर्सिटी और मैसाचुसेट्स इंस्टीट्यूट ऑफ टेक्नोलॉजी (MIT) द्वारा की गई है।

   ओपन एडएक्स (Open EdX) अधिकतर वेब फ्रेमवर्क के रूप में Django के साथ Azgar पर आधारित है। यह ऑनलाइन पाठ्यक्रम बनाने, वितरित करने और विश्लेषण करने के लिए एक वेब-आधारित मंच है। LMS मॉड्यूल, इनसाइट और CMS या स्टूडियो मॉड्यूल भी इसके साथ जुड़े हुए हैं।
4. **SWAYAM:** इसकी चर्चा आगे की गई है। यह एक स्वतंत्र मंच पर चलाया जा रहा है जिसे माइक्रोसॉफ्ट के सहयोग से बनाया गया है। इस मंच को हाल ही में लॉन्च किया गया है और यह विकास के चरण में है।

भारत में MOOC के लिए चुनौतियां

भारत में MOOC के कार्यान्वयन के संबंध में कुछ प्रमुख चिंताओं पर नीचे चर्चा की गई है:

1. **तकनीकी अवसंरचना (Technological Infrastructure):** डिजिटल विभाजन जैसे विषय हो सकते हैं। MOOC को हाई स्पीड इंटरनेट कनेक्शन की आवश्यकता है।

2. निवेश (Investment): इस देश में MOOCs बनाने के लिए पारंपरिक नियमों को उदार बनाने और सार्वजनिक निजी भागीदारी को प्रोत्साहित करने की आवश्यकता है।

3. विविध आवश्यकताएँ (Diversified Needs): भारत एक व्यापक रूप से विविधता वाला बहु-सांस्कृतिक और बहु-भाषाई देश है जो एकरूपता और गुणवत्ता के नुकसान जैसी कई चुनौतियों का सामना करता है। इसलिए, हमें शिक्षार्थियों के बीच वर्तमान मतभेदों को कम करने की दिशा में काम करने की आवश्यकता है।

4. शिक्षार्थियों के बीच MOOC को अपनाना: शिक्षक और शिक्षार्थियों के बीच - मौखिक और लिखित दोनों रूपों में - संचार कौशल में सुधार की आवश्यकता है।

5. गुणवत्ता (Quality): MOOC में गुणवत्तापूर्ण सामग्री बनाने और वितरित करने के लिए गुणवत्तापूर्ण शिक्षकों और तकनीकी कर्मचारियों की आवश्यकता होती है।

साथ ही, गुणवत्ता का आकलन करने और नए दृष्टिकोणों जैसे क्रेडिट ट्रांसफर, MOOC, एकीकृत पाठ्यक्रम आदि को अपनाने के लिए एक राष्ट्रीय गुणवत्ता मूल्यांकन ढांचा शिक्षक प्रशिक्षण, उनके प्रदर्शन संबंधी मूल्यांकन और मध्यावधि पुनर्मूल्यांकन के साथ अपनाया जाना चाहिए।

इस प्रकार, वर्तमान मांग को पूरा करने और MOOCs की पेशकश में भारत के सामने आने वाली चुनौतियों का समाधान करने के लिए एक पूर्ण सुधार की आवश्यकता है।

स्टॉपओवर

1. निम्न में से कौन सा कथन बड़े पैमाने पर मुक्त ऑनलाइन पाठ्यक्रम (मूक्स) के संदर्भ में सत्य है?
   (a) जन भागीदारी के लिए तैयार किया गया स्वनिर्देशित, ऑनलाइन अधिगम का लचीला और मुक्त रूप
   (b) जन भागीदारी के लिए तैयार किया गया शिक्षक निर्देशित, ऑनलाइन अधिगम का लचीला और मुक्त रूप
   (c) जन भागीदारी के लिए तैयार किया गया स्वनिर्देशित, ऑफलाइन अधिगम का लचीला और मुक्त रूप
   (d) जन भागीदारी के लिए तैयार किया गया शिक्षक निर्देशित, ऑफलाइन अधिगम का लचीला और मुक्त रूप

2. भारत में कौन-सा कार्यक्रम या कोर्स एक एकीकृत योजना के तहत अग्रिम पाठ्यक्रम और पेशेवर प्रमाणन प्रदान करता है तथा पसंद आधारित क्रेडिट प्रणाली की मांगों को भी पूरा करता है?
   (a) स्वयं (b) एनपीटीईएल
   (c) यूजीसी (d) एआईसीटीई

उत्तर: 1. (a) **2.** (a)

स्वयं (SWAYAM)

स्वयं भारत सरकार द्वारा आरम्भ किया गया कार्यक्रम है जिसे शिक्षा नीति के तीन अधारभूत सिद्धान्तों पहुँच (accessibility), निष्पक्षता तथा गुणवत्ता को प्राप्त करने के उद्देश्य से तैयार किया गया है। इस प्रयास का उद्देश्य सबसे अधिक वंचितों सहित, सभी को श्रेष्ठ शिक्षण अधिगम साधन उपलब्ध कराना है। स्वयं डिजिटल क्रांति से अछूते तथा ज्ञान अर्थव्यवस्था की मुख्य धारा से जुड़ने में असमर्थ छात्रों के लिए डिजिटल डिवाइड की दूरी समाप्त करना चाहता है।

1. यह एक स्वदेश विकसित आईटी मंच के माध्यम से विकसित किया जा रहा है जो नवीं कक्षा से लेकर स्नातकोत्तर कक्षा तक शिक्षण कक्षा में पढ़ाए जाने वाले सभी पाठ्यक्रमों को किसी के लिए भी, कहीं भी, किसी भी समय पहुँच की सुविधा उपलब्ध करवाएगा। सभी पाठ्यक्रम परस्पर संवादात्मक, देश के श्रेष्ठ शिक्षकों द्वारा तैयार किए गए तथा सभी भारतीय नागरिकों को नि:शुल्क उपलब्ध होंगे। देशभर से विशेष रूप से चुने गए लगभग 1000 शिक्षक एवं व्याख्याता इन पाठ्यक्रमों को बना रहे हैं।
   'स्वयं' में प्रदान किये जा रहे पाठ्यक्रम 4 भागों में विभाजित हैं:

1. वीडियो व्याख्यान
2. विशेष रूप से तैयार की गई अध्ययन सामग्री जो कि डाउनलोड/मुद्रित की जा सकेगी
3. परीक्षा तथा प्रश्नोत्तरी के माध्यम से स्वमूल्यांकन परीक्षा, तथा
4. शंकाओं के समाधान के लिए ऑनलाइन विचार-विमर्श

अध्ययन अनुभव को ऑडियो, वीडियो तथा मल्टीमीडिया एवं नई शिक्षण प्रौद्योगिकी का प्रयोग करके समृद्ध बनाने के लिए उपाय किये गए हैं।

श्रेष्ठ गुणवत्ता की सामग्री सृजित करने तथा प्रदान करना सुनिश्चित करने के क्रम में 9 राष्ट्रीय समन्वयक नियुक्त किए गए हैं।

विद्यालय शिक्षा:
1. राष्ट्रीय मुक्त विद्यालयी शिक्षण संस्थान
2. राष्ट्रीय शैक्षिक अनुसंधान और प्रशिक्षण परिषद्

विद्यालय के पश्चात् की शिक्षा:
1. इंदिरा गाँधी राष्ट्रीय मुक्त विश्वविद्यालय

स्नातक शिक्षा:
1. इंजीनियरी शिक्षा (उन्नत प्रौद्योगिकी शिक्षण पर राष्ट्रीय कार्यक्रम)
2. प्रबंधन शिक्षा (भारतीय प्रबंधन संस्थान) (IIM बैंगलुरु)
3. शैक्षिक संचार हेतु सह-व्यवस्था

स्नातकोत्तर शिक्षा:
1. इंजीनियरी शिक्षा (उन्नत प्रौद्योगिकी शिक्षण पर राष्ट्रीय कार्यक्रम)
2. प्रबंधन शिक्षा (भारतीय प्रबंधन संस्थान) (IIM बैंगलुरु)
3. विश्वविद्यालय अनुदान आयोग

तथापि प्रमाणपत्र प्राप्त करने के इच्छुक विद्यार्थी पंजीकृत किए जाएंगे तथा न्यूनतम शुल्क के साथ सफलतापूर्वक पाठ्यक्रम पूरा करने के पश्चात् प्रमाणपत्र दिया जाएगा। प्रत्येक पाठ्यक्रम के अंत में प्रोक्टर्ड परीक्षा के के माध्यम से विद्यार्थियों का मूल्यांकन किया जाएगा तथा इस परीक्षा में प्राप्त किए गए अंकों/ग्रेडों को विद्यार्थी के शैक्षणिक रिकोर्डों में स्थानांतरित कर दिया जाएगा। विश्वविद्यालय अनुदान आयोग (यूजीसी) द्वारा जारी किए गए क्रेडिट फ्रेमवर्क विनियम, 2016 के अनुसार विद्यार्थी स्वयं पर किए गए ऑनलाइन अधिगम पाठ्यक्रमों में प्राप्त क्रेडिटों को अपने शैक्षणिक रिकॉर्ड में स्थानांतरित कर सकते हैं।

स्वयं मंच मानव संसाधन विकास मंत्रालय तथा अखिल भारतीय तकनीकी शिक्षा परिषद द्वारा स्वदेश में माइक्रोसॉफ्ट की सहायता से निर्मित किया गया है तथा यह अन्ततः 2000 पाठ्यक्रम तथा 80,000 अधिगम घंटों की होस्टिंग में सक्षम है जिसमें स्नातक, स्नातकोत्तर, इंजीनियरिंग, विधि तथा अन्य व्यावसायिक पाठ्यक्रम शामिल हैं।

स्वयं-प्रभा शिक्षण (Swayam Prabha Education)

स्वयं प्रभा 34 डीटीएच चैनलों का एक समूह है जो 'ज़ी-सैट (GSAT)- 15' उपग्रह का उपयोग करके 24 × 7 आधार पर उच्च गुणवत्ता वाले शैक्षिक कार्यक्रमों के प्रसारण के लिए समर्पित है। नई सामग्री प्रतिदिन, कम से कम (4) घंटों के लिए प्रसारित होगी जो एक दिन में पांच बार दोहराई जाएगी, इससे छात्रों को अपनी सुविधा का समय चुनने में सहायता मिलेगी। चैनल BISAG, गांधीनगर से अपलिंक किए गए हैं। एनपीटीईएल, आईआईटी, यूजीसी, सीईसी, इग्नू, एनसीईआरटी और एनआईओएस द्वारा सामग्री प्रदान की जाती है। वेब पोर्टल के रखरखाव का उत्तरदायित्व का कार्य इनफ्लिबनेट (INFLIBINET) सेंटर का है।

डीटीएच चैनल निम्नलिखित को कवर करेंगे:

1. **उच्च शिक्षा:** कला और विज्ञान, वाणिज्य, प्रदर्शन कला, सामाजिक विज्ञान और मानविकी, इंजीनियरिंग, प्रौद्योगिकी, कानून, चिकित्सा, कृषि, आदि जैसे विभिन्न विषयों को कवर करने के बाद स्नातकोत्तर और स्नातक स्तर की पढ़ाई पर पाठ्यक्रम आधारित पाठ्यक्रम सामग्री। स्वयं (SWAYAM) के माध्यम से सभी पाठ्यक्रमों को प्रमाणन रूप के लिए तैयार किया जाएगा।
2. **स्कूल शिक्षा (12-9 स्तर):** शिक्षक के प्रशिक्षण के साथ-साथ भारत के बच्चों के लिए शिक्षण और सीखने के लिए मॉड्यूल, उन्हें विषयों को बेहतर ढंग से समझने में सहायता की जाती है और पेशेवर डिग्री कार्यक्रमों के लिए प्रवेश के लिए प्रतियोगी परीक्षाओं की तैयारी में भी मदद दी जाती है।
3. **पाठ्यक्रम आधारित पाठ्यक्रम:** जो भारत और विदेशों में जीवन भर सीखने की इच्छा रखने वाले भारतीय नागरिकों की आवश्यकताओं को पूरा कर सकते हैं।
4. **सहायक छात्र (कक्षा 11वीं और 12वीं):** जो प्रतियोगी परीक्षाओं की तैयारी करते हैं।

स्वयं की विशेषताएं (Features of SWAYAM)

1. किसी भी समय, किसी भी आधार पर बहुमाध्यम का उपयोग करके उच्च गुणवत्ता वाला अधिगम का अनुभव।
2. स्कूल से लेकर विश्वविद्यालय स्तर तक के सभी पाठ्यक्रमों के लिए संवादात्मक (interactive) ई-कंटेंट के लिए वन-स्टॉप वेब लोकेशन।
3. अत्याधुनिक प्रणाली जो कि एक सरल मार्ग है, तथा निगरानी और प्रमाणीकरण की अनुमति देती है।
4. यहां संदेह को स्पष्ट करने के लिए सहकर्मी समूह वार्तालाप और चर्चा मंच द्विजाति प्रतिरूप (hybrid model) है, जो कक्षा शिक्षण की गुणवत्ता में जोड़ता है।

परम्परागत शिक्षा (Traditional Education)

परम्परागत संस्थानों में केवल औपचारिक शिक्षा ही दी जाती है। इन संस्थानों का जन्म तभी से आरम्भ हुआ जब परिवार अपने कार्यों को करने में समर्थ हुआ।

देश का विशाल ज्ञान भण्डार, पीढ़ी-दर-पीढ़ी, गुरु-शिष्य परम्परा के माध्यम से सम्प्रेषित होता रहा तथा आज भी इसका पूर्णतया लोप नहीं हुआ है। लोग भले पढ़-लिख नहीं सकते थे पर उनमें कृषि, शिल्प, वास्तु आदि का भरपूर ज्ञान था। परम्परागत शिक्षा में सुनना, समझना तथा करने का प्रयास शिष्य का कर्तव्य तथा सुनाना, समझाना तथा करके दिखाना गुरु का कर्तव्य था। लोक-भाषा, लोक-कला, लोकगीत संगीत, लोक.नृत्य तथा लोक साहित्य के माध्यम से ज्ञान का सम्प्रेषण चलता ही रहा। आज भी ज्ञान सम्प्रेषण की इन विधाओं का बहुत बड़ा भाग अलिखित और अपठित है। मात्र श्रवण-परम्परा के माध्यम से ये इन सभी विधाओं का आज भी अस्तित्व बना हुआ है। परम्परागत शिक्षा में गुरु-शिष्य का सम्बन्ध अत्यन्त संवेदनशील तथा आत्मीय था। शिष्य के प्रति स्नेह गुरु का तथा गुरु के प्रति श्रद्धा शिष्य का आवश्यक गुण था। ज्ञानार्जन के लिए गुरु-शिष्य के बीच किसी अन्य की कोई भूमिका नहीं थी। शिष्य सीधे ही गुरु से मिलकर ज्ञान की याचना कर सकता था तथा गुरु, शिष्य की जिज्ञासा तथा योग्यता को परखकर उसे स्वीकार करते थे।

पहले युग में कुछ धार्मिक नेता शिक्षक भी हुआ करते थे, परन्तु उनका लाभ केवल उच्च वर्ग के लोगों को ही प्राप्त था। कालांतर में धर्म तथा राज्य अलग-अलग संस्थाएं हो गईं। धीरे धीरे राज्यों में जनतंत्रवादी दृष्टिकोण विकसित होने लगा तथा वैज्ञानिक उपलब्धियों से जन साधारण को भी ज्ञान प्राप्त करने के अवसर मिलने लगे। परम्परागत स्कूलों का वातावरण कृत्रिम तथा अमनोवैज्ञानिक माना जाने लगा तथा शिक्षा के सच्चे उद्देश्य को प्राप्त नहीं किया जा सकता था, ब्रिटिश राज्य स्थापित होने से आधुनिक शिक्षा का प्रसार बढ़ने लगा।

भूतकाल में स्कूल को ज्ञान का उत्पादन संस्थान माना जाता था, यह ज्ञान पुस्तकीय, यांत्रिक और रूढ़िगत होता था, शिक्षा की एकरूपता के कारण छात्र की व्यक्तिगत आवश्यकताओं को ध्यान में नहीं रखा जाता था। कंठस्थ करने को ही प्राथमिकता दी जाती थी, वर्तमान में भी विद्यालय में दंड देने का प्रमुख साधन डंडा ही था जिससे भय का वातावरण बना रहे। पाठ्यक्रम सहगामिनी क्रियाओं (co-curricular activities) को कोई महत्व नहीं दिया जाता है।

एस ज़ी वेल्सके अनुसार, 'यदि आप यह अनुभव करते हो कि राष्ट्र शीघ्रता से विनाश की ओर जा रहा है तो आप को अपने मन और मस्तिष्क को प्राइवेट स्कूलों पर लगाना होगा।'

आधुनिक शिक्षा (Modern Education)

पेस्टालॉजी, फ्रोबिल, हर्बर्ट, मान्टेसरी, नन्न, पार्कहर्स्ट, एवं टैगोर जैसे शिक्षा शास्त्रियों ने इस बात पर बल दिया कि शिक्षा बालक के लिए है, न की बालक शिक्षा के लिए। परम्परागत संस्थानों की नीरस तथा निर्जीव शिक्षा का विरोध किया जिसके अनुसार बालक की व्यक्तिगत विभिन्नता की अवहेलना करके उसके मस्तिष्क में ज्ञान को बलपूर्वक ठूंसने का प्रयास किया जाता था। नये-नये शैक्षिक प्रयोग किए गए जिससे आधुनिक शिक्षा का जन्म हुआ। भारत में ब्रिटिश सरकार की नीतियों का भी अत्याधिक प्रभाव रहा। आधुनिक शिक्षा के मुख्य तौर पर निम्न प्रभाव रहे।

1. **बालक के व्यक्तित्व का महत्त्व:** परम्परागत व्यवस्था में बालक की स्वतंत्र रुचियों, अभिरुचियों तथा क्षमताओं एवं स्वतंत्र चिन्तन का दमन करके उसके मस्तिष्क में पाठ्यवस्तु को बलपूर्वक ठूंसा जाता है। इसके विपरीत आधुनिक शिक्षा में पाठ्यवस्तु की अपेक्षा बालक को अधिक महत्व दिया जाता है तथा उसके व्यक्तित्व का आदर किया जाता है। इस प्रकार आधुनिक शिक्षा के समृद्ध, सक्रिय तथा उल्लासपूर्ण वातावरण में बालक अपनी इच्छा, रुचि तथा क्षमता के अनुसार चुनी हुई पुस्तकें तथा विषयों का अध्ययन अपनी गति के साथ करता है।
2. **शिक्षा में क्रियाशीलता के सिद्धान्त का महत्त्व:** ऐसी शिक्षा में बालक को क्रिया के आधार पर शिक्षा प्राप्त करने के लिए प्रोत्साहित किया जाता है। वातावरण सरलीकृत, शुद्ध, तथा संतुलित होता है। ऐसे वातावरण में रहते हुए बालक को विभिन्न प्रकार की क्रियाओं को करते हुए अनेक सामाजिक अनुभव प्राप्त करने के अवसर प्रदान किये जाते हैं। ऐसा ज्ञान सार्थक, पक्का तथा दृढ़ होता है।
3. **शिक्षा में व्यावहारिक ज्ञान पर बल:** आधुनिक शिक्षा पुस्तकीय ज्ञान की अपेक्षा जीवन उपयोगी, लाभप्रद, रचनात्मक तथा व्यावहारिक ज्ञान देती है, पाठ्यक्रम जीवन के अनुभवों पर आधारित होता है। अत: बालक जिस अनुभव को क्रियाशील होकर प्राप्त करता है वह उसके व्यवहारिक जीवन में लाभप्रद सिद्ध होता है। पश्चिमी देशों में इस प्रकार की शिक्षा के बल पर बहुत उन्नति की है। हमारे देश में भी अब पाठ्य सहयोगी क्रियाओं पर बल दिया जा रहा है।
4. **सामाजिक गुणों के विकास पर बल:** आधुनिक संस्थान अपने बालकों को समाज-केन्द्रों तथा पुस्तकालयों आदि सामाजिक संस्थाओं से सम्बन्ध स्थापित करने तथा उनको अनेक प्रकार के सामाजिक कार्यों में भाग लेने के लिए प्रोत्साहन देते हैं। इस प्रकार की संस्था का बाहर की बड़ी दुनिया से घनिष्ठ सम्बन्ध स्थापित हो जाता है तथा बालकों में वास्तविक जीवन के लिए अनेक सामाजिक गुणों का विकास हो जाता है। ऐसी शिक्षा अपनी जनतांत्रिक शासन व्यवस्था, कर्तव्यों तथा अधिकारों के बारे में भी समझाती है तथा अपने समाज की संस्कृति को विकसित करते हुए जीवन संघर्ष के लिए तैयार करती है।
5. **व्यक्तित्व के विकास पर बल:** आधुनिक शिक्षा द्वारा बालक के शारीरिक, मानसिक, सामाजिक तथा संवेगात्मक सभी प्रकार के विकास पर बल देकर उसके संतुलित व्यक्तित्व का विकास किया जाता है जो सच्ची शिक्षा है।
6. **सामुदायिक जीवन का केन्द्र:** प्रत्येक समाज अपनी आवश्यकताओं की पूर्ति करने के लिए स्कूल खोलता है। अत: स्कूल को चाहिए कि वह बालक को इस प्रकार से शिक्षा दे कि वह अपने समूह के जीवन में कुशलतापूर्वक भाग ले सके। परम्परागत स्कूल अपने शिक्षण का कार्य वास्तविक जीवन में अलग रह कर करते हैं। इसके विपरीत प्रगतिशील स्कूल सामुदायिक जीवन का ऐसा केन्द्र होता है जहां बालकों को समाज की आवश्यकताओं, मांगों तथा आदर्शों के अनुसार विकसित किया जा सके।

चूँकि समाज की मांग सदैव बदलती रहती, बढ़ती रहती है तथा इसमें सुधार होते रहते हैं, इसलिए संस्थानों को बाहरी जीवन के साथ सजीव सम्बन्ध बनाए रखने चाहिए।

भारत में अब भी परम्परागत स्कूलों का ही बोलबाला है, ऐसा आवश्यक भी है, परन्तु आधुनिक संस्थान भी खुलते चले जायेंगे।

सूचना और संचार प्रौद्योगिकी पर आधारित शिक्षण
(EDUCATION BASED ON INFORMATION AND COMMUNICATION TECHNOLOGY)

शिक्षा में सूचना और संचार प्रौद्योगिकी (आईसीटी) शिक्षा वह पद्धति है जो कि सूचना के वितरण का समर्थन, संवर्द्धन और अनुकूलन करने के लिए सूचना और संचार प्रौद्योगिकी का उपयोग करती है। शोध से पता चला है कि आईसीटी एक बेहतर छात्र और बेहतर शिक्षण विधियों को जन्म दे सकता है।

इसके मुख्य घटक निम्नलिखित हैं

1. **कम्प्यूटर हार्डवेयर प्रौद्योगिकी:** इस के अन्तर्गत माइक्रो-कम्प्यूटर, सर्वर, मेनफ्रेम कम्प्यूटर, इनपुट, आउटपुट एवं संग्रह करने वाली युक्तियां आती हैं।
2. **कम्प्यूटर सॉफ्टवेयर प्रौद्योगिकी:** इसके अंतर्गत ऑपरेटिंग सिस्टम वेब ब्राउजर डाटा बेस प्रबन्धन प्रणाली (DBMS) सर्वर तथा व्यापारिक, वाणिज्यिक सॉफ्टवेयर आते हैं।
3. **दूरसंचार व नेटवर्क प्रौद्योगिकी:** इसके अन्तर्गत दूरसंचार के माध्यम, प्रोसेसर तथा इंटरनेट से जुड़ने के लिये तार या बेतार पर आधारित सॉफ्टवेयर, नेटवर्क-सुरक्षा, सूचना का कूटन (क्रिप्टोग्राफी) आदि हैं।
4. **मानव संसाधन:** तंत्र प्रशासक, नेटवर्क प्रशासक आदि।

आईसीटी की सबसे रोचक जानकारी सूचना और संचार प्रौद्योगिकी के आठवें अध्याय में की गई है।

इसका अधिक वर्णन ICT के यूनिट में किया गया है।

बहुविकल्पीय प्रश्न (Multiple Choice Questions)

शिक्षण-अवधारणा और प्रकृति (TEACHING-CONCEPT AND NATURE)

1. निम्नलिखित में से कौन-सा कक्षा-शिक्षण का आधारभूत प्रतिमान (basic model) है?
   (a) अधिगम का प्रतिमान
   (b) निर्देशात्मक प्रतिमान
   (c) दोनों (a) और (b)s
   (d) उपरोक्त में से कोई नहीं

2. यदि कोई व्यक्ति एक शिक्षक बनना चाहता है, तो उसके लिए आधारभूत आवश्यकता क्या है?
   (a) शिक्षण में वास्तविक रुचि
   (b) छात्रों को नियंत्रित करने के बारे में आत्मविश्वास
   (c) विषय का ज्ञान
   (d) अच्छी अभिव्यक्ति

3. निम्नलिखित कथनों में से कौन-सा सत्य नहीं है?
   (a) शिक्षण सिर्फ एक कला है
   (b) शिक्षकों को केवल प्रशिक्षित किया जा सकता है।
   (c) शिक्षक सदैव पैदाइशी होते हैं।
   (d) उपरोक्त सभी सत्य नहीं हैं

4. निम्नलिखित में से शिक्षक में सबसे वांछित कौशल कौन-सा है?
   (a) शिक्षक द्वारा कही गई बात का छात्र की समझ में आना
   (b) निर्धारित पाठ्यक्रम पूरा करना
   (c) शिक्षण के समय छात्रों को मानसिक रूप से शिथिलिकृत (relaxed) रखना
   (d) कक्षा की गतिविधियों के बारे में उच्च अधिकारियों को सूचित करना

5. सूची-1 को सूची-2 से सुमेलित कीजिए।

सूची-1 (शिक्षण का स्तर)	सूची-2 (मुख्य प्रस्तावक)
I. स्मृति स्तर	1. हर्बर्ट (Herbart)
II. ग्रहणशक्ति स्तर	2. मॉरिसन (Morrison)
III. विचारशील स्तर	3. हंट (Hunt)

   कूट:
   (a) I-1, II-2, III-3 (b) I-1, II-3, III-2
   (c) I-2, II-3, III-1 (d) I-2, II-1, III-3

6. निम्नलिखित में से कौन-सा शिक्षण के विभिन्न स्तरों का सही क्रम है?
   (a) स्मृति स्तर-बोध स्तर-चिंतनशील स्तर
   (b) बोध स्तर-स्मृति स्तर-चिंतनशील स्तर
   (c) चिंतनशील स्तर-बोध स्तर-स्मृति स्तर
   (d) स्मृति स्तर-चिंतनशील स्तर-बोध स्तर

7. निम्नलिखित में से कौन-सा शिक्षण-अधिगम प्रक्रिया (Teaching–learning process) में स्वतंत्र चर है?
   (a) शिक्षक (b) शिक्षार्थी
   (c) संस्थान (d) माता-पिता

8. निम्नलिखित में से कौन-सी विधि प्रत्येक शिक्षक द्वारा प्रयोग करनी चाहिए?
   (a) विश्लेषणात्मक-संश्लेषणात्मक (Analytical-synthetic)
   (b) संश्लेषणात्मक-विश्लेषणात्मक (Synthetic-analytical)
   (c) केवल विश्लेषणात्मक (Only analytical)
   (d) केवल संश्लेषणात्मक (Only synthetic)

9. सूची-1 के साथ सूची-2 का मिलान कीजिए:

सूची-1 (शिक्षण सूत्र)	सूची-2 (मुख्य प्रतिपादक)
I. संपूर्ण से अंश की	1. गेस्टाल्ट मनोवैज्ञानिक ओर जाना (Gestalt Psychology)
II. स्व-अध्ययन	2. डाल्टन (Dalton)
III. भावना का प्रशिक्षण	3. मोंटेसरी और फ्रोएबेल (Montessori and Froebel)

   कूट:
   (a) I-1, II-2, III-3 (b) I-1, II-3, III-2
   (c) I-2, II-3, III-1 (d) I-2, II-1, III-3

10. निम्नलिखित में से कौन-सा कथन शिक्षण की प्रकृति को दर्शाता है?
    (a) यह एक कला है।
    (b) यह एक विज्ञान है।
    (c) यह विज्ञान एवं कला दोनों हैं।
    (d) यह न तो कला है और न ही विज्ञान है।

11. निम्नलिखित में से कौन-सा क्रम शिक्षण के तीन स्तरों को दर्शाता है?
    I. शिक्षण का स्मृति स्तर
    II. शिक्षण का बोध स्तर
    III. शिक्षण का चिंतनशील स्तर
    IV. शिक्षण का पेडागोजिकल स्तर
    कूट:
    (a) I, II और III (b) II, III, और IV
    (c) I, III, और IV (d) I, II और IV

12. निम्नलिखित में से शिक्षण में कौन-सा मुख्य परिवर्तन आधुनिक समय में मुख्यत: देखने को मिलता है?
    (a) यह शिक्षार्थी-केंद्रित होती जा रही है।
    (b) यह प्रशिक्षु-केंद्रित होती जा रही है।
    (c) यह समूह-केंद्रित होती जा रही है।
    (d) उपरोक्त में से कोई नहीं

13. जब शिक्षार्थी आत्म-निर्देशित (self-directed) होता है, तो ऐसी स्थिति को दर्शाने के लिए निम्न में से कौन-से शब्द का प्रयोग किया जाता है?
    (a) पेडागॉलिजिकल (pedagogical)
    (b) एंड्रागोजिकल (andragogical)
    (c) दूरस्थ शिक्षा
    (d) उपरोक्त में से कोई नहीं

14. निर्देशात्मक उद्देश्य छात्र के लिए लिखे जाते हैं, जिसमें यह बताया जाता है कि छात्रों से क्या अपेक्षित है। निम्न में से कौन-सा/से लक्षण ऐसे उद्देश्यों में होने चाहिए?
    (a) विशिष्ट (specific)
    (b) ध्यान देने योग्य (observable)
    (c) मापने योग्य (measurable)
    (d) उपरोक्त सभी

15. निम्नलिखित में से कौन-सा कथन गतिशील शिक्षण वातावरण के संदर्भ में सही है?
(a) शिक्षक एक आश्रित चर है और छात्र एक स्वतंत्र चर है।
(b) शिक्षक एक स्वतंत्र चर है और छात्र आश्रित चर है।
(c) दोनों शिक्षक और छात्र मध्यवर्ती चर हैं।
(d) उपरोक्त में से कोई नहीं

16. निम्नलिखित शिक्षण स्तर में से कौन-सा स्तर कक्षा के पर्याप्त वातावरण के लिए 'खुला और स्वतंत्र' होना आवश्यक है?
(a) स्मृति स्तर (b) बोध स्तर
(c) चिंतनशील स्तर (d) उपरोक्त सभी

17. 'पाठ्यक्रम' शब्द का क्या अर्थ है?
(a) एक शैक्षणिक संस्था के द्वारा अध्ययन के विषय की पेशकश।
(b) शैक्षणिक संस्थानों के द्वारा निर्धारित लक्ष्यों को प्राप्त करने हेतु सीखने और अन्य अनुभवों का आयोजन करना।
(c) विभिन्न विषयों में निर्धारित पाठ्यक्रम, व्यावहारिक पाठ्यक्रम और परियोजना/शोध प्रबंध।
(d) शिक्षा के स्तर को अर्हता प्राप्त (qualify) करने के लिए सिद्धांत और व्यावहारिक पाठ्यक्रम पूरा करना।

18. संज्ञानात्मक ज्ञानक्षेत्र का वर्गीकरण निम्न में से किस के द्वारा प्रस्तुत किया गया था?
(a) बेंजामिन एस. ब्लूम (b) स्किनर
(c) करथवहल (d) सिम्पसन

19. निम्नलिखित में से कौन-सा शब्द पहले से सीखी गई सामग्री का उपयोग करने को प्रतिबिंबित करता है?
(a) धारणा (concept)
(b) अनुप्रयोग (application)
(c) ज्ञान (knowledge)
(d) विश्लेषण (analysis)

20. निम्नलिखित में से संज्ञानात्मक ज्ञानक्षेत्र का उच्चतम स्तर कौन-सा है?
(a) संश्लेषण (b) विश्लेषण
(c) धारणा (d) मूल्यांकन

21. निम्नलिखित में से कौन-सा विकल्प 'सत्तावादी स्तर पर शिक्षण' को दर्शाता है?
(a) शिक्षक-केंद्रित
(b) शिष्य-केंद्रित
(c) मुख्य-अध्यापक केंद्रित
(d) अनुभव के आधार पर

22. सूची-1 को सूची-2 से सुमेलित कीजिए।

	सूची-1 (विशेषता)		सूची-2 (दर्शन)
I.	क्रिया करके सीखना	1.	प्रकृतिवाद (Naturalism)
II.	पर्यावरण के माध्यम से शिक्षा	2.	आदर्शवाद (Idealism)
III.	सत्य, सौंदर्य, और भलाई की अनुभूति	3.	व्यवहारवाद (Pragmatism)
IV.	यह दुनिया जिस रूप में अब और यहां है	4.	यथार्थवाद (Realism)

कूट:
(a) I-1, II-4, III-2, IV-3
(b) I-3, II-1, III-2, IV-4
(c) I-1, II-3, III-2, IV-4
(d) I-3, II-2, III-4, IV-1

23. बौद्धिक कौशल किस ज्ञानक्षेत्र के द्वारा प्रतिबिंबित होते हैं?
(a) संज्ञानात्मक ज्ञानक्षेत्र (cognitive domain)
(b) भावात्मक ज्ञानक्षेत्र (affective domain)
(c) क्रियात्मक ज्ञानक्षेत्र (psychomotor domain)
(d) उपरोक्त में से कोई नहीं

24. निम्नलिखित में से किस के द्वारा दृष्टिकोण, मूल्यों, और हितों को प्रतिबिंबित किया जाता है?
(a) संज्ञानात्मक ज्ञानक्षेत्र
(b) भावात्मक ज्ञानक्षेत्र
(c) क्रियात्मक ज्ञानक्षेत्र
(d) उपरोक्त में से कोई नहीं

25. निम्नलिखित में से कौन-सा/से ज्ञानक्षेत्र शारीरिक कौशल से सम्बंधित है?
(a) संज्ञानात्मक ज्ञानक्षेत्र
(b) भावात्मक ज्ञानक्षेत्र
(c) मनोसंचालित ज्ञानक्षेत्र
(d) उपरोक्त में से कोई नहीं

26. निम्नलिखित में से कौन-सा एक उदाहरण संज्ञानात्मक ज्ञानक्षेत्र के रूप में उद्धृत किया जा सकता है?
(a) किसी विशेष विषय का वर्णन करना
(b) फोटो फिल्म का विकास
(c) निबंध लिखना
(d) अनुरक्षण का उत्तरदायित्व लेना

27. निम्नलिखित में से किसको शिक्षण के संदर्भ में मनोसंचालित (psychomotor domain) के उदाहरण के रूप में लिया जा सकता है?
(a) पर्यावरण प्रदूषण के लिए जागरुकता को दर्शाना
(b) प्रयोग करना
(c) दो प्रयोगों के परिणामों का लेखा करना
(d) एक कहानी का वर्णन करना

28. निम्नलिखित कथनों में से कौन-सा कथन असत्य है?
(a) शिक्षा और शिक्षण एक ही अवधारणा है।
(b) शिक्षा और शिक्षण में अंतर है।
(c) शिक्षा शिक्षण, प्रशिक्षण और अनुसंधान की तुलना में एक व्यापक शब्द है।
(d) उपरोक्त सभी सही हैं।

29. निम्नलिखित में से कौन-सा शिक्षण के क्षेत्र में विशेषज्ञता को दर्शाता है?
(a) अवधारणाओं का ज्ञान
(b) शिक्षण कौशल
(c) निर्णय लेने का कौशल
(d) उपरोक्त सभी

30. निम्न में से किस प्रकार का व्यक्तित्व शिक्षण के दृष्टिकोण से सबसे अधिक अनुपयुक्त है?
(a) जो एक कठोर अनुशासक है।
(b) जो अपने विषय को अच्छी तरह से जानता है।

(c) जिसकी शिक्षण में कोई अभिरुचि नहीं है।
(d) जो नैतिक मूल्यों को सिखाता है।

31. निम्न में से कौन-से अध्यापन के सिद्धांत (teaching maxims) हैं?
I. मनोवैज्ञानिक से तार्किक की ओर
II. विश्लेषण से संश्लेषण की ओर
III. मूर्त से अमूर्त की ओर
IV. प्रकृति का पालन करना

कूट:
(a) I, II और III
(b) I, II और IV
(c) I, III, और IV
(d) उपरोक्त सभी

32. निम्नलिखित में से कौन-सा/से विकल्प विश्लेषण (analysis) के अर्थ को दर्शाता/दर्शाते है/हैं?
(a) संघटक भाग में एक समस्या का हल ढूंढने की क्षमता
(b) संघटक भागों का संयोजन करना
(c) दोनों (a) और (b)
(d) उपरोक्त में से कोई नहीं

33. निम्नलिखित में से कौनसा शब्द कक्षा शिक्षण में विषय-वस्तु को सरल ढंग से प्रस्तुत करने के नियमों के लिए प्रयुक्त किया जाता है?
(a) शिक्षण विधि (b) शिक्षण सिद्धांत
(c) शिक्षण तकनीक (d) शिक्षण रणनीति

34. शिक्षक द्वारा शिक्षण को अधिक प्रभावी बनने के लिए कम विद्यार्थियों वाली कक्षा में निम्नलिखित में से कौन सा विकल्प प्रयोग में लाना चाहिए?
(a) अधिगम संबंधित समस्याओं की पहचान करना।
(b) छात्रों पर व्यक्तिगत ध्यान देना।
(c) अनुदेशन को छात्रों के बीच की विभिन्नताओं को ध्यान में रख कर बनाना।
(d) उपरोक्त सभी

35. निम्न में से शिक्षण संव्यवसाय के प्रारम्भ में सबसे महत्त्वपूर्ण एकल कारक कौन-सा है?
(a) शिक्षक की सराहनीय अकादमिक पृष्ठभूमि
(b) संचार कौशल
(c) शिक्षक का अपना व्यक्तित्व और क्षमता को कक्षा और छात्रों से संबंधित करना
(d) आयोजन क्षमता

36. निम्नलिखित में से कौन-सा कथन प्रभावी शिक्षण के संदर्भ में सही है?
(a) कक्षा में अनुशासन बनाए रखना
(b) शिक्षकों की निष्कपटता
(c) शिक्षकों द्वारा छात्रों को सिखाना और समझाना
(d) शिक्षक की शिक्षण में अभिरुचि

37. सूची-1 का सूची-2 से मिलान कीजिए।

सूची-1 (दार्शनिक)		**सूची-2 (दर्शन)**
I. टैगोर	1.	सामंजस्यपूर्ण व्यक्तित्व का विकास
II. विवेकानंद	2.	कर्म का सिद्धांत
III. महात्मा गांधी	3.	बालक सभी प्रकार की पुस्तकों से अधिक महत्त्वपूर्ण है
IV. बौद्ध धर्म	4.	योग शिक्षा का एक माध्यम है
	5.	धर्म का सिद्धांत

कूट:
(a) I-5, II-1, III-2, IV-4
(b) I-3, II-4, III-2, IV-5
(c) I-3, II-4, III-1, IV-2
(d) I-4, II-2, III-1, IV-3

38. यह किसने कहा है, 'शिक्षा मानव-निर्माण है, जो चरित्र निर्मित करती है, मन की शक्ति बढ़ाती है, ज्ञान का विस्तार करती है और जिसके द्वारा आदमी अपने पैरों पर खड़े हो सकते हैं'?
(a) स्वामी विवेकानंद
(b) गुरु रवींद्रनाथ टैगोर
(c) स्वामी दयानंद सरस्वती
(d) उपरोक्त में से कोई नहीं

39. निम्नलिखित में से कौन-सा/सी गतिविधियां 'शिक्षण प्रक्रिया' में सबसे पहले आनी चाहिए?
(a) उद्देश्यों का निरूपण
(b) शिक्षण अनुदेशन की योजना बनाना
(c) छात्रों की रुचि के बारे में जानना
(d) उपरोक्त सभी

40. निम्नलिखित में से कौन-सा/से कथन प्रभावी शिक्षण में सम्मिलित है/हैं?
(a) शिक्षक सक्रिय होते हैं परन्तु छात्र सक्रिय हो भी सकते हैं और नहीं भी।
(b) शिक्षक सक्रिय या निष्क्रिय हो सकता है, परन्तु छात्र सक्रिय होते हैं
(c) शिक्षक और छात्र दोनों सक्रिय हैं
(d) उपरोक्त सभी

41. निम्नलिखित में से कौन-सा शिक्षण का सर्वाधिक अपेक्षित उद्देश्य होता है?
(a) छात्रों के व्यवहार में वांछनीय परिवर्तन
(b) छात्रों के सम्पूर्ण व्यक्तित्व का विकास
(c) छात्रों के चरित्र का निर्माण
(d) एक उपयुक्त नौकरी के लिए चयन होना

42. निम्नलिखित में कौन-सा/से कारक शिक्षण दक्षता के लिए मूल रूप से आवश्यक है?
(a) शिक्षण कौशल में नैपुण्य
(b) शिक्षण की विभिन्न तकनीकों के प्रयोग में नैपुण्य
(c) शिक्षण में उचित साधनों के उपयोग और प्रौद्योगिकी में नैपुण्य
(d) उपरोक्त सभी

43. निम्नलिखित कथनों में से कौन-सा कथन सत्य नहीं है?
(a) अच्छा सम्प्रेषक एक अच्छा अध्यापक नहीं हो सकता है।
(b) सम्प्रेषक को हास्य का अच्छा बोध होता है।
(c) सम्प्रेषक को विस्तृत पठन ज्ञान होता है।
(d) सम्प्रेषक को सभी भाषाओं का ज्ञान होता है।

44. एक सफल शिक्षक वही होता है, जो:
(a) वह अपने विषय को अच्छी तरह से जानता हो।
(b) जिसकी कक्षा का परिणाम शत-प्रतिशत आता है।
(c) वह छात्रों के लिए अभिगम्य (accessible) हो।
(d) उसके लेख प्रतिष्ठित पत्रिकाओं में प्रकाशित हों।

45. यदि एक शिक्षक अपनी आय बढ़ाना चाहता है, तो उसे निम्नलिखित में से कौन-सा उपाय करना चाहिए?
(a) अतिरिक्त समय के दौरान कोचिंग संस्थानों में पढ़ाना।
(b) शिक्षण संस्थान में अधिक पारिश्रमिक वाले कार्य करना।
(c) शिक्षण के अलावा अन्य संविदात्मक कार्य (contractual job) से जुड़ना।
(d) पुस्तकें लिखना

46. एक प्राचार्य के रूप में, आप अपने शिक्षक सहयोगियों को किस कार्य के लिए प्रोत्साहित करेंगे?
(a) भारत और विदेशों में सेमिनार और सम्मेलनों में भाग लेना।
(b) विषय के ज्ञान की वृद्धि के लिए पुनश्चर्या पाठ्यक्रम (refresher courses) में भाग लेना।
(c) दलितों के उत्थान के लिए सामुदायिक सेवा करना।
(d) उपरोक्त सभी

47. छात्रों को सबसे अधिक प्रभावी ढंग से सामाजिक और नैतिक मूल्यों को आत्मसात करने के लिए प्रोत्साहित कर सकता है?
(a) मूल्यों पर व्याख्यान देकर
(b) टीवी कार्यक्रमों को दिखाकर
(c) छात्रों को सह पाठयक्रम गतिविधियों में सक्रिय रूप से सम्मिलित करके
(d) धार्मिक उत्सवों का अवलोकन करवा कर

48. एक शिक्षक अपने आप को एक प्रभावी सम्प्रेषक के रूप में स्थापित कर सकता है, यदि वह:
(a) उपयुक्त शिक्षण सामग्री का उपयोग करता है।
(b) जो सिखाता है, उसका छात्रों को उसका अर्थ समझने में सहायता करता है।
(c) शिक्षण अवधि में प्रश्न पूछता है।
(d) छात्रों को विषय पर पूछे गए प्रश्नों के सही उत्तर उपलब्ध करवाने में सहायक बने।

49. उच्च शिक्षा के क्षेत्र में शिक्षण का तात्पर्य है:
(a) पाठयपुस्तक में दी गई जानकारी को प्रस्तुत करना।
(b) कक्षा में प्रश्न पूछना और परीक्षाओं का आयोजन करना।
(c) छात्रों को परीक्षा की लिए तैयारी करने और उत्तीर्ण होने में सहायता करना।
(d) छात्रों के लिए अधिगम प्रक्रिया को सुकर बनाना।

50. एक शिक्षक शिक्षण प्रक्रिया को अधिक प्रभावी बना सकता है, यदि वह:
(a) विषयों का विशेषज्ञ हो।
(b) विषय को पढ़ाने में काफी अनुभवी हो।
(c) शिक्षार्थियों के पूर्व ज्ञान को ध्यान में रखे।
(d) विभिन्न प्रकार की शिक्षण सामग्री का उपयोग करता है।

51. निम्नलिखित में से किस स्थिति में कॉलेज शिक्षक वास्तव में छात्रों के लिए सहायक हो सकता है?
(a) कक्षा में श्रुतलेखन करवाए
(b) वह अपने मूल्यांकन में निष्पक्ष रहे
(c) छात्रों को कक्षा में प्रश्न पूछने के लिए प्रोत्साहित करता हो
(d) कक्षा में पाठ्यक्रम को पूरा करना

52. उच्च शिक्षा में अध्यापन का सबसे वांछित परिणाम कौन-सा है?
(a) विद्यार्थियों की उपलब्धियों में वृद्धि।
(b) विद्यार्थियों की स्वतंत्र सोच के स्तर में वृद्धि।
(c) शत-प्रतिशत परिणाम।
(d) विद्यार्थी किसी विषय को ज्यादा अधिमान दे।

53. पुस्तकें संचार का एक शक्तिशाली स्रोत हो सकती है, यदि:
(a) सामान्य सारांश प्रदान कर सके।
(b) पाठ्य सामग्री दृष्टांतदर्शक (illustrative) है।
(c) माध्यम हिन्दी है।
(d) यदि पाठ्य सामग्री को अच्छी छाप के माध्यम से प्रस्तुत किया जाता है।

54. निम्नलिखित में से कौन-सा परिणाम प्रभावी शिक्षण को सबसे सही प्रकार से प्रतिबिंबित करता है?
(a) छात्रों की उपस्थिति
(b) विशेष सम्मान
(c) छात्रों द्वारा पूछे सार्थक प्रश्न
(d) कक्षा में पूर्ण रूप से शांति होना

55. निम्नलिखित में से कक्षा शिक्षण का सबसे महत्त्वपूर्ण उद्देश्य कौन-सा है?
(a) जानकारी देना
(b) जिज्ञासु मन को विकसित करना
(c) छात्रों के व्यक्तित्व का विकास करना
(d) छात्रों को परीक्षाओं में उत्तीर्ण होने में सहायता करना

56. छात्र उन शिक्षकों को अपेक्षाकृत अधिक पसंद करते हैं, जो कि:
(a) कक्षा में सबसे अधिक श्रुतलेख करवाएं।
(b) परीक्षा से पहले महत्त्वपूर्ण प्रश्नों की सूची प्रदान करें।
(c) विषयों से संबधित छात्रों की समस्याओं का समाधान करें।
(d) जो स्वयं को अनुशासन में रखें।

57. निम्नलिखित में से शिक्षण का मुख्य उद्देश्य कौन-सा है?
(a) पाठ्यक्रम से संबंधित जानकारी देना।
(b) परीक्षा के लिए छात्रों को तैयार करना।
(c) छात्रों को रोज़गार संबंधी सहायता प्रदान करना।
(d) छात्रों की सोच शक्ति को विकसित करना।

58. उच्च शिक्षा में एक शिक्षक की क्या भूमिका होती है?
I. छात्रों को जानकारी प्रदान करना।
II. केवल परीक्षा के लिए छात्रों को तैयार करना।
III. छात्रों को स्वयं सीखने के लिए प्रेरित करना।
IV. छात्रों के बीच प्रतिस्पर्धा को प्रोत्साहित करना।

कूट:
(a) I और II
(b) II, III, और IV
(c) I, III, और IV
(d) उपरोक्त सभी

59. एक प्रभावी शिक्षक सुनिश्चित करता है कि:
(a) कक्षा में छात्रों में परस्पर सहयोग की भावना उत्पन्न हो।
(b) उसे कक्षा में हस्तक्षेप न करना पड़े।
(c) छात्रों के बीच प्रतियोगिता हो।
(d) स्थिति की मांग के अनुरूप कक्षा में प्रतियोगिता या परस्पर सहयोग की भावना उत्पन्न हो।

60. एक नए शिक्षक के लिए सबसे कठिन कार्य अपनी प्राथमिकताएं स्थापित करना होता है। प्राय: वह निम्नलिखित में से किस से अपनी कक्षा का आरम्भ करना चाहेगा?
(a) कक्षा में अनुशासन लागू करके
(b) छात्रों के साथ तालमेल स्थापित करके
(c) छात्रों के साथ मज़ाक करके
(d) अपनी योग्यता और व्यक्तित्व के बारे में छात्रों को अवगत करवा कर

61. एक शिक्षक निम्नलिखित में से किस प्रकार की कार्य शैली को अपनाकर छात्रों के साथ घनिष्ठता स्थापित कर सकता है?
(a) एक मार्गदर्शक की भूमिका निभा कर सहायता करने के लिए इच्छुक होना
(b) अपना आधिकारिक प्रभुत्व स्थापित करके
(c) छात्रों को अपने ज्ञान से प्रभावित करना
(d) सख्त नियम लागू करके

62. निम्नलिखित में से शिक्षण की गुणवत्ता का आकलन करने के लिए सबसे उपयुक्त विधि कौन-सी है?
(a) वार्षिक परीक्षा परिणाम
(b) छात्रों की उपस्थिति
(c) कक्षा में छात्रों की पारस्परिक विचार-विमर्श की गुणवत्ता की जांच
(d) कक्षा में छात्रों की चुप्पी

63. निम्नलिखित में से अधिगम के मार्गदर्शन में शिक्षक की भूमिका का न्यूनतम महत्त्वपूर्ण पहलू क्या है?
(a) निजी जीवन में आने वाली बाधाओं को नियंत्रित करने की अंतर्दृष्टि का विकास करना।
(b) विद्यार्थी के लिए समुचित प्रदर्शन को दर्शाने वाले घटकों को निर्धारित करना।
(c) प्रोत्साहन और नैतिक समर्थन का प्रावधान करना।
(d) सतत नैदानिक और उपचारात्मक सहायता का प्रावधान करना।

64. निम्नलिखित में से उच्च शिक्षा में शिक्षक की कौन-सी मुख्य भूमिका नहीं होनी चाहिए?
(a) छात्रों को जानकारी प्रदान करना।
(b) छात्रों में स्वयं सीखने की प्रवृत्ति को बढ़ावा देना।
(c) छात्रों के बीच स्वस्थ प्रतिस्पर्धा को प्रोत्साहित करना।
(d) छात्रों की निजी समस्याओं को हल करने में उनकी मदद करना।

65. निम्नलिखित गतिविधियों को कक्षा संचार के तार्किक क्रम में क्रमबद्ध कीजिए।
I. किए हुए कार्य का विश्लेषण
II. योजना और तैयारी
III. सामग्री की प्रस्तुति
IV. संशोधन और सुधार

कूटः
(a) I, II, III और IV (b) II, III, I और IV
(c) IV, I, II और III (d) I, III, IV और II

66. निम्नलिखित में से कौन-सा कथन प्रभावी शिक्षण को इंगित नहीं करता है?
(a) एक शिक्षक उत्साह के साथ सिखाता है।
(b) एक शिक्षक अपने छात्रों में त्रुटि ढूंढता है।
(c) एक शिक्षक कक्षा नियंत्रण के बनिस्पत शिक्षण पर अधिक बल देता है।
(d) एक शिक्षक कोर्स पूरा करने के बजाए विषय को समझाने में रुचि रखता है।

67. यदि कुछ छात्र परीक्षा में असफल होते हैं, तो निम्नलिखित में इसको किसकी त्रुटि मानना चाहिए?
(a) शिक्षक
(b) प्रधानाचार्य
(c) स्वयं छात्र
(d) इस बात का सामान्यीकरण नहीं किया जा सकता

68. एक शिक्षक छात्रों का ध्यान आकर्षित करने में सक्षम नहीं है। ऐसी स्थिति में शिक्षक को कौन-सा कदम उठाना चाहिए?
(a) अपनी शिक्षण विधि का मूल्यांकन करें और उसमें आवश्यकता अनुसार सुधार करें।
(b) पद से इस्तीफा देना चाहिए।
(c) अपने विद्यार्थियों की त्रुटि ढूंढनी चाहिए।
(d) आज्ञापूर्वक ध्यान देने के लिए कहना।

69. एक शिक्षक का प्राथमिक कार्य है:
(a) निर्धारित पाठ्यक्रम को पढ़ाना।
(b) छात्रों का मार्गदर्शन करना और सीखने के लिए प्रेरित करना।
(c) नैदानिक और उपचारात्मक सहायता प्रदान करना।
(d) बड़ों की आज्ञा मानने की प्रवृत्ति को विकसित करना।

70. निम्नलिखित में से कौन-सा कथन एक 'असफल शिक्षक व्यवहार' के आयाम को चित्रित करता है?
(a) छात्रों को सदैव प्रेरित करता है।
(b) अनुकूल और प्रगतिशील दृष्टिकोण
(c) छात्रों के प्रति उदासीन रवैया एवं पूर्ण रूप से दिनचर्या पर केंद्रित
(d) समझ और सहानुभूति

71. निम्नलिखित में से कौन-सा/से कथन एक अच्छे शिक्षक के संदर्भ में सही है/हैं?
(a) कक्षा में पढ़ाए जाने वाले विषय का अवलोकन प्रदान करना चाहिए।
(b) अच्छा संचार कौशल होना चाहिए।
(c) अपने विषय पर अच्छी पकड़ होनी चाहिए।
(d) उपरोक्त सभी

72. निम्नलिखित में से एक नए शिक्षक के लिए कौन-सा वांछनीय उत्तरदायित्व है?
(a) पाठ्यक्रम में बदलाव करना
(b) मतभेदों के होते हुए भी साथी शिक्षक के साथ सहयोग करना
(c) संस्थान की कार्यप्रणाली का अनुसरण करना
(d) उपरोक्त में से कोई नहीं

73. निम्नलिखित में से शिक्षक के लिए प्रारंभिक अवस्था में विफलता का मुख्य कारण किस क्षेत्र से संबंधित है?
(a) पारस्परिक संबंध
(b) शाब्दिक क्षमता
(c) शिक्षक का ज्ञान
(d) छात्रों के साथ कठोर व्यवहार

74. निम्नलिखित में से किसको मुक्त प्रगति शिक्षा पर आधारित 'मिरमबका' स्कूल विचारधारा का प्रतिपादक कहा जा सकता है?
(a) मोहनदास कर्म चन्द गांधी
(b) स्वामी विवेकानंद
(c) जॉन डेवी
(d) श्री अरबिंदो

75. निम्नलिखित में से एक नए शिक्षक के लिए सफलता का सबसे महत्त्वपूर्ण कारक कौन-सा है?
(a) मौखिक प्रवाह और संगठनात्मक क्षमता
(b) जीवन के प्रति सकारात्मक दृष्टिकोण
(c) शिक्षक का अपना व्यक्तित्व और कक्षा को समायोजित करने की क्षमता
(d) व्यावसायिक नैतिकता और क्षमता

76. निम्नलिखित में से उच्च शिक्षण संस्थान में कार्यरत शिक्षक के लिए, खाली समय में करने के लिए सबसे अच्छा विकल्प कौन-सा है?
(a) शिक्षक कक्ष में आराम करना
(b) पुस्तकालय में पत्रिकाएँ पढ़ना
(c) प्रशासनिक कर्मचारियों से बातचीत
(d) अनुसंधान करना

77. टाइलर मॉडल के अनुसार, निम्न में से पाठ्यक्रम के मुख्य घटक कौन-से हैं?
(a) उद्देश्य, विषय सामग्री, शिक्षण, मूल्यांकन
(b) उद्देश्य, शैक्षिक अनुभव, अनुभव का प्रभावी संगठन, लक्ष्य का सत्यापन
(c) शिक्षा का उद्देश्य, पाठ्य सामग्री को व्यवस्थित करना, परीक्षण, प्रतिपुष्टि
(d) विषय सामग्री, शिक्षण, अधिगम, परीक्षण

78. अनुभवी शिक्षकों को एक विषय पर विस्तृत योजना तैयार करने की आवश्यकता नहीं होती है, क्योंकि:
(a) वे इसकी सहायता के बिना ही अधिक प्रभावी ढंग से सिखा सकते हैं।
(b) कक्षा में सिर्फ कुछ ही जिज्ञासु छात्र होते हैं।
(c) शिक्षकों को छात्रों से इस प्रकार की चुनौतियों की संभावना कम ही होती है।
(d) जैसे वे अनुभव से विशेषज्ञता प्राप्त कर लेते हैं, वे इसका संक्षिप्त प्रारूप तैयार कर सकते हैं।

79. निम्नलिखित में से कौन-सा कथन एक आदर्श शिक्षक के विशेष अभिलक्षणों को दर्शाता है?
(a) कक्षा में पाठ्यक्रम को पूर्ण करवाता है।
(b) अधिगम में छात्रों की सहायता करता है।
(c) एक मित्र, दार्शनिक और मार्गदर्शक की भांति व्यवहार करता है।
(d) एक कठोर अनुशासक की भांति व्यवहार करता है।

80. निम्नलिखित में से किन कारणों की वजह से शिक्षा का क्षेत्र संघर्षों और भ्रांतियों से घिर चुका है?
(a) व्यक्तिपरक व्याख्या
(b) समस्याओं के निदान के लिए कठोर वैज्ञानिक जांच का अभाव
(c) अच्छी शिक्षण विधियों का अभाव
(d) उपरोक्त सभी

81. निम्नलिखित में से एक शिक्षक को पाठ योजना के परिचयात्मक अंश में छात्रों से क्या अपेक्षा रखनी चाहिए?
(a) अभिहस्तांकित कार्य (assignment)
(b) अभिक्षमता विकसित करना
(c) ध्यान आकर्षित करना
(d) कौशल विकसित करना

82. प्रौद्योगिकी के विकास को ध्यान में रखते हुए भविष्य में एक शिक्षक की क्या भूमिका होनी चाहिए?
(a) जानकारी प्रदान करना
(b) नई पाठ्य-पुस्तकों को विकसित करना
(c) छात्रों का मार्गदर्शन करना
(d) शिक्षण में इंटरनेट का उपयोग करना

83. निम्नलिखित में से कौन-सा शिक्षण अधिगम का स्तर नहीं है?
(a) विभेदन स्तर (b) स्मृति स्तर
(c) चिंतनशील स्तर (d) बोध स्तर

84. शिक्षण उद्देश्यों के आधार पर किए गए ब्लूम वर्गीकरण में विभिन्न ज्ञान क्षेत्र हैं। निम्नलिखित में से कौन संज्ञानात्मक ज्ञानक्षेत्र के विषय क्षेत्र में आता है?
(a) विचार (b) भावनाएँ
(c) कौशल (d) उपरोक्त सभी

85. निम्नलिखित में किस महापुरुष द्वारा एकीकृत शिक्षा की अवधारणा को प्रतिपादित किया गया है?
(a) श्री अरबिंदो (b) महात्मा गांधी
(c) स्वामी दयानंद (d) स्वामी विवेकानंद

86. शिक्षा के स्तर को कैसे ऊपर उठाया जा सकता है?
(a) अच्छे शिक्षकों की नियुक्ति से
(b) स्कूलों में भौतिक सुविधाएँ उपलब्ध करवा कर
(c) परीक्षा प्रणाली में सुधार कर के
(d) स्कूलों में कंप्यूटर उपलब्ध करवा कर

87. निम्नलिखित में से आज के शिक्षक को कक्षा शिक्षण को प्रभावी ढंग से समायोजित करने के लिए किस कौशल की आवश्यकता है?
I. प्रौद्योगिकी का ज्ञान
II. शिक्षण-अधिगम में प्रौद्योगिकी का प्रयोग
III. शिक्षार्थियों की आवश्यकताओं का ज्ञान
IV. शिक्षण सामग्री में दक्षता

कूट:
(a) I और III (b) II और III
(c) II, III और IV (d) II और IV

88. एक शिक्षक का मूल कर्तव्य है:
(a) छात्रों के बौद्धिक स्तर को बढ़ाना
(b) छात्रों के भौतिक स्तर में सुधार
(c) छात्रों के बहुमुखी विकास में सहायता करना
(d) छात्रों में मूल्य प्रणाली को आत्मसात करवाना

89. निम्नलिखित में से कौन-सी एक अच्छे शिक्षक की सबसे अधिक महत्त्वपूर्ण गुणवत्ता है?
(a) समय-पालन और सत्यवादिता
(b) सामग्री में श्रेष्ठता प्राप्त करना
(c) सामग्री में श्रेष्ठता और प्रतिक्रियाशील
(d) सामग्री में श्रेष्ठता और सामाजिक वृत्ति का होना

90. एक शिक्षक का शिक्षण संस्था में समायोजन का प्राथमिक दायित्व निम्नलिखित में से किसका बनता है?
(a) छात्र का (b) प्रधानाचार्य का
(c) स्वयं शिक्षक का (d) समुदाय का

91. निम्नलिखित कथनों में से कौन-सा कथन सत्य है?
(a) पाठ्यक्रम पाठ्यचर्या का एक संलग्नक है।
(b) पाठ्यचर्या सभी शिक्षण संस्थानों में एक ही है।
(c) पाठ्यचर्या में औपचारिक और अनौपचारिक शिक्षा दोनों शामिल हैं।
(d) पाठ्यचर्या में मूल्यांकन विधियां सम्मिलित नहीं होती हैं।

92. एक अच्छे शिक्षक में सबसे महत्त्वपूर्ण गुण क्या होना चाहिए?
(a) विषय का अच्छा ज्ञान
(b) अच्छा संचार कौशल
(c) छात्रों के कल्याण के प्रति चिंतित होना
(d) प्रभावी नेतृत्व के गुण

93. एक संसाधन शिक्षक (Resource Teacher) के शिक्षण में आने वाली सबसे महत्त्वपूर्ण चुनौती क्या होती है?
(a) विकलांग बच्चों की पहचान और उनका आकलन करना
(b) सामान्य लोगों, माता-पिता और मित्र समूह का संवेदीकरण
(c) संसाधन कक्ष की स्थापना और सहायक उपकरणों की आपूर्ति
(d) शिक्षण के साथ पाठ्यक्रम की गतिविधियां

94. राष्ट्रीय शैक्षिक अनुसंधान और प्रशिक्षण परिषद की स्थापना किस वर्ष में हुई?
(a) 1961 (b) 1962
(c) 1966 (d) 1986

95. अधिगम प्रक्रिया के निम्नलिखित चरणों में से कौन उपयुक्त क्रम में नहीं है?
(a) अभिप्रेरणा (b) बाधा
(c) अनुक्रिया (d) लक्ष्य

96. बच्चे की सृजनात्मकता के लिए सबसे बड़ा बाधक कौन-सा है?
(a) वयस्क व्यक्ति का आदर्शों पर तथा वयस्कों के मानकों के अनुपालन पर बल
(b) आवश्यक प्रेरणा प्रदान करने में वयस्कों की असफलता
(c) पूर्णत्व प्राप्ति के लिए अपेक्षित प्रयास करने में बच्चे की अनिच्छा
(d) बच्चे का जल्द ही हतोत्साहित हो जाना तथा किसी पर ध्यान नहीं टिका पाना

97. शिष्य-केंद्रित शिक्षा का अर्थ है?
(a) शिष्यों द्वारा पसन्द की जाने वाली शिक्षा
(b) शिष्यों तथा शिक्षक दोनों द्वारा पसन्द की जाने वाली शिक्षा
(c) शिष्यों की आवश्यकताओं एवं आकांक्षाओं के अनुकूल शिक्षा
(d) शिष्यों के विकास से सरोकार रखने वाले लोगों द्वारा सार्थक एवं वांछनीय मानी जाने वाली शिक्षा

98. निम्नलिखित दो समुच्चयों का मिलान इस रूप में कीजिए कि वे वृद्धि एवं विकास के मनोविज्ञान की दृष्टि से सार्थक प्रतीत हों। दिए गए कूट में से समुचित उत्तर का चयन कीजिए।

	समुच्चय-I (विकास के दृष्टिकोण)		समुच्चय-II (लक्षण)
A.	भाषा विकास	I.	बालक चल सकता है।
B.	संज्ञानात्मक विकास	II.	अभिभावक बच्चे की शौच संबंधी आदतों पर दृष्टि रखते हैं।
C.	निर्णय लेने का	III.	बच्चा अपने संगी-कौशल साथियों के साथ वार्तालाप कर लेता है।
D.	शारीरिक विकास	IV.	बालक प्रश्न पूछने लग जाता है।
		V.	बालक शर्माने लग जाता है।
		VI.	बालक अन्य बच्चों पर आक्रामक हो जाता है।

कूट:

	(A)	(B)	(C)	(D)
(a)	V	IV	II	VI
(b)	III	IV	V	I
(c)	I	III	IV	V
(d)	II	I	VI	III

99. मूल पाठ्यचर्या किस पर बल नहीं देती?
(a) प्रजातांत्रिक प्रक्रियाओं
(b) समस्या समाधान
(c) विषय-वस्तु का सुपरिभाषित पिंड
(d) विभिन्न विषय-वस्तु का एकीकरण

100. क्रियात्मक पाठ्यचर्या के अभिकल्प में रुचि रखने वाले पाठ्यचर्या निर्माता को किसकी समझ की आवश्यकता है?
(a) शिक्षा दर्शन (b) मनोवैज्ञानिक सिद्धांत
(c) शिक्षकीय प्रक्रियाएं (d) उपरोक्त सभी

101. मूल पाठ्यचर्या में क्या होता है?
(a) ऐसी विषय-वस्तु जिसे बच्चे स्कूल में अनिवार्यत: सीखें
(b) विद्यालय अधिकारियों द्वारा नियत विषय
(c) विद्यालय के कार्यक्रम में सकल अनुभव
(d) अध्यापकों द्वारा तैयार की गयी इकाइयां एवं पाठ योजना

102. अध्यापक-शिक्षा के पाठ्यक्रम की क्रियान्विति की जिम्मेदारी प्रत्यक्षत: है:
(a) एन.सी.ई.आर.टी. की
(b) यू.जी.सी. की
(c) एन.सी.टी.ई. की
(d) अध्यापक-शिक्षा के संस्थाओं की

शिक्षण विधियां एवं सहायक शिक्षण सामग्री (TEACHING METHODS AND TEACHING AIDS)

103. निम्नलिखित में से किस स्थिति में सूक्ष्म शिक्षण सबसे अधिक प्रभावी होता है? **(दिसंबर 2009)**
(a) शिक्षण अभ्यास की तैयारी के दौरान
(b) शिक्षण अभ्यास के दौरान
(c) शिक्षण अभ्यास के बाद
(d) सदैव

104. निम्नलिखित में से किस कक्षा या कक्षाओं के विद्यार्थियों के लिए सूक्ष्म शिक्षण सबसे अधिक उपयोगी होता है?
(a) केवल प्राथमिक कक्षाओं में
(b) केवल जूनियर कक्षाओं में
(c) केवल 10 + 2 कक्षाओं में
(d) प्राथमिक और उच्च दोनों कक्षाओं के लिए

105. निम्नलिखित में से किस विश्वविद्यालय ने 1961 सूक्ष्म शिक्षण की अवधारणा को प्रतिपादित किया था?
(a) स्टैनफोर्ड विश्वविद्यालय
(b) ऑक्सफोर्ड विश्वविद्यालय
(c) दिल्ली विश्वविद्यालय
(d) जवाहर लाल नेहरू विश्वविद्यालय

106. निम्नलिखित में से अनुदेशात्मक प्रक्रिया किस शिक्षण प्रतिमान का मुख्य घटक है?
(a) छात्र-केंद्रित शिक्षण प्रतिमान
(b) मूलभूत शिक्षण प्रतिमान
(c) आगमनात्मक प्रतिमान
(d) उपरोक्त सभी

107. जॉन डेवी ने शिक्षा के क्षेत्र में किस बात पर अधिक बल दिया है?
(a) क्रियामूलक ज्ञान
(b) सत्तावादी शिक्षण विधियों पर
(c) दुहराव शिक्षण पर
(d) उपरोक्त में से कोई नहीं

108. निम्नलिखित में से किस विधि से परिसंवाद या विचार-गोष्ठी को सम्बद्ध कर के देखा जा सकता है?
(a) आविष्कार विधि (b) परिचर्चा विधि
(c) व्याख्यान विधि (d) प्रदर्शन विधि

109. शिक्षण में छात्रों से प्रश्न करने का कौशल सबसे अधिक उपयोगी क्यों माना जाता है?
(a) शिक्षण में छात्रों की सक्रिय भागीदारी को सुनिश्चित करने के लिए
(b) छात्रों द्वारा तथ्यों को याद रखने के लिए
(c) छात्रों को अनुशासित बनाने के लिए
(d) छात्रों को परीक्षा के लिए तैयार करने के लिए

110. निम्नलिखित में से कौन-सा कथन सूक्ष्म शिक्षण के बारे में सत्य नहीं है?
(a) यह एक शिक्षण विधि है।
(b) यह शिक्षण कौशल का अन्तर्भाग (core) है।
(c) हर कौशल के लिए अलग से अभ्यास चाहिए।
(d) 'प्रश्न करना' सूक्ष्म शिक्षण का एक घटक है।

111. निम्नलिखित में से आर्मस्ट्रांग किस विधि के मुख्य प्रतिपादक थे?
(a) समस्या समाधान की विधि
(b) परियोजना विधि
(c) विचार-विमर्श विधि
(d) अनुमानी (Heuristic) विधि

112. निम्नलिखित में से किस स्थिति में विचार-विमर्श विधि उपयोगी होती है?
(a) विषय बहुत ही सरल हो
(b) विषय थोड़ा कठिन हो
(c) विषय बहुत ही कठिन हो
(d) सभी परिस्थितियों में

113. शिक्षण में शैक्षिक प्रौद्योगिकी बहुत उपयोगी है, क्योंकि:
(a) यह समय की मांग है।
(b) यह प्रसिद्ध संस्थानों द्वारा अपनाई गई है।
(c) यह शिक्षण को प्रभावी और कुशल बनाता है।
(d) यह छात्रों को शिक्षण और अधिगम की गतिविधियों के प्रति आकर्षित करता है।

114. पाठ्यक्रम योजना में कौन-से घटक को समावेशित किया जा सकता है?
(a) पाठ्यक्रम का विकास और प्रारूप
(b) सामग्री को स्पष्ट और परिशिष्ट करने के लिए विभिन्न साधन
(c) पाठ्यक्रम के विशिष्ट उद्देश्य
(d) उपरोक्त सभी

115. निम्नलिखित में से कौन-सा 'ड्रिल एवं प्रैक्टिस विधि' का सबसे प्रचलित रूप है?
(a) विधि (b) प्रत्यक्ष अनुदेश
(c) अनुभवात्मक अनुदेश (d) उपरोक्त में से कोई नहीं

116. निम्नलिखित से कौन-सी विधि अभ्यास के लिए उपयुक्त है?
(a) आगमनात्मक विधि (inductive method)
(b) निगमनात्मक विधि (deductive method)
(c) ड्रिल विधि (drill method)
(d) विचार-विमर्श विधि (discussion method)

117. निम्नलिखित में से किस विषय के लिए पात्र अभिनय सबसे अधिक उपयोगी शिक्षण विधि प्रमाणित हो सकती है?
(a) इतिहास (b) विज्ञान
(c) गणित (d) भाषा

118. निम्नलिखित में से कौन सा समूह शिक्षण का लाभ नहीं है?
(a) संसाधनों का बेहतर उपयोग
(b) श्रेष्ठ योजना
(c) शिक्षण तकनीकों का बेहतर उपयोग
(d) शिक्षकों को बेहतर वित्तीय लाभ

119. एक शिक्षक व्यावहारिक रूप से समझाने के लिए किस विधि का प्रयोग करता है?
(a) व्याख्यान विधि (b) अविष्कार विधि
(c) प्रदर्शन विधि (d) समस्या समाधान विधि

120. निम्नलिखित में से समूह शिक्षण के लिए मुख्य धारणा कौन-सी है?
(a) शिक्षक अकेले कार्य करते हुए ऊब जाता है।
(b) कोई भी एक शिक्षक स्वयं में सक्षम नहीं हो सकता है।
(c) श्रेष्ठतम शिक्षक छात्रों द्वारा साझे किए जा सकते हैं।
(d) एक अकेला शिक्षक कक्षा को नियंत्रित नहीं कर सकता है।

121. निम्नलिखित में से 'सीएआई' (CAI) किसका संक्षिप्त नाम है?
(a) Computer Analysed Instruction
(b) Computer Assisted Instruction
(c) Computer Assisted Intelligence
(d) उपरोक्त में से कोई नहीं

122. निम्नलिखित में कौन-सी कंप्यूटर सहायता प्राप्त निर्देश (Computer Aided Instructions) की विधि नहीं है?
(a) ट्यूटोरियल विधि (tutorial method)
(b) अभ्यास विधि (drill method)
(c) सतत अनुकरण विधि (simulation)
(d) प्रश्न विधि (question method)

123. एक शिक्षक को विषय सामग्री को प्रस्तुत करते हुए सबसे ज्यादा निम्नलिखित में से किस पर विचार करना चाहिए?
(a) सरंचना (b) संतुलन
(c) प्रेरणा (d) उपरोक्त सभी

124. शिक्षा के क्षेत्र में प्रौद्योगिकी के उपयोग में निरन्तर वृद्धि हो रही है, जिससे शिक्षा का स्वरूप परिवर्तित हो रहा है। निम्नलिखित में से कौन-से शब्द ऐसे परिवर्तन को प्रतिबिंबित करते हैं?
(a) शिक्षार्थी उन्मुख (b) शिक्षक उन्मुख
(c) दोनों (a) और (b) (d) उपरोक्त में से कोई नहीं

125. निम्नलिखित में से सर्व समूह अनुदेश के संदर्भ में कौन-सा/से कथन सत्य हैं?
(a) छात्रों को अपनी गति से प्रगति करने के लिए स्वत: ही अनुमति मिल जाती है।
(b) सम्पूर्ण कक्षा के शिक्षण के लिए एक समान कौशल और सामग्री की सुविधा।
(c) शिक्षक द्वारा विशेष वर्ग के छात्रों को एक अनुकूल स्तर पर नए कौशल से परिचित करवाना।
(d) उपरोक्त सभी

126. निम्नलिखित विधियों में से कौन-सी विधि कक्षा संचार में सबसे अधिक प्रभावी है?
(a) मौखिक संचार
(b) लिखित संचार
(c) मल्टीमीडिया विधि
(d) इसका सामान्यीकरण कठिन है, यह उद्देश्य पर निर्भर करता है

127. निम्नलिखित में से किस शिक्षण विधि द्वारा छात्र शिक्षण में छात्रों की अधिकतम भागीदारी सुनिश्चित की जा सकती है?
(a) व्याख्यान विधि (b) परिचर्चा विधि
(c) पाठ्य-पुस्तक विधि (d) श्रव्य-दृश्य यन्त्र

128. निम्नलिखित में से कौन-सा शिक्षण प्रतिमान शिक्षण सामग्री को प्रस्तुत करने के लिए तकनीकी दृष्टिकोण से सबसे उपयुक्त है?
(a) सीखने का प्रतिमान (b) निर्देशात्मक प्रतिमान
(c) मूल्य वर्धित प्रतिमान (d) उपरोक्त में से कोई नहीं

129. निम्नलिखित में से कौन-सासंचार माध्यम ग्रामीणों के बीच में साक्षरता को बढ़ावा देने के लिए उपयुक्त नहीं है?
(a) प्रदर्शन
(b) पढ़ना और लिखना
(c) सूचना को उपलब्ध करने के लिए टेलीविज़न का माध्यम और फिल्म प्रक्षेपक उपयोग करना
(d) बड़े पैमाने पर समूह परिचर्चा

130. छात्रों को स्वत्वार्पण के रूप में गृहकार्य (home assignment) देने का मुख्य लाभ क्या होता है?
(a) उन्हें हर समय अध्ययन में व्यस्त रखना
(b) उन्हें टेलीविज़न देखने से रोकना
(c) स्व-अध्ययन का स्वभाव विकसित करना
(d) उपरोक्त में से कोई नहीं

131. निम्नलिखित कथन पर विचार करें:
कक्षा शिक्षण में सही निर्देश-माध्यम का चुनाव न कर पाना शिक्षार्थियों में कक्षा से अनुपस्थिति और पलायन करने की प्रवृत्ति को बढ़ावा देता है।
निम्नलिखित में से इसका उपयुक्त उत्तर कौन-सा है?
(a) सहमत (b) अनिश्चित
(c) असहमत (d) उपरोक्त में से कोई नहीं

132. निम्नलिखित में से शैक्षणिक कंप्यूटर का मुख्य कार्य क्या होता है?
(a) उत्तरों की गणना करना
(b) जानकारी को रक्षित करना
(c) आंकड़ों का विश्लेषण करना
(d) उपरोक्त सभी

133. कंप्यूटर आधारित शिक्षण मॉडल को किसके द्वारा विकसित किया गया था?
(a) गिल्बर्ट (b) स्टोलुरोव और डेविस
(c) रॉबर्ट गैग्ने (d) मकनर

134. छात्रों को समूह शिक्षण से मुख्य रूप से क्या अपेक्षा होती है?
(a) समूह से प्रशंसा प्राप्त करना।
(b) कार्य को समान रूप से वितरित करना।
(c) व्यक्तिगत दृष्टिकोण को उपेक्षित करना।
(d) अन्य छात्रों को समूह का सदस्य बनने के लिए प्रेरित करना।

135. निम्नलिखित में से कौन-सा क्षेत्र बड़े समूह, छोटे समूह और व्यक्तिगत शिक्षण विधियों को आपस में जोड़ता है?
(a) समूह चर्चा
(b) विभेदित अनुदेश (differentiated instruction)
(c) विचार-मंथन (brain storming)
(d) उपरोक्त में से कोई नहीं

136. निम्नलिखित में से शिक्षण विधियों का कौन-सा संयोजन शिक्षार्थी-केंद्रित प्रतिमान को प्रोत्साहित करने में सबसे अधिक उपयोगी प्रमाणित हो सकता है?
(a) व्यक्तिगत अनुदेश और व्याख्यान विधि
(b) सतत अनुकरण और प्रदर्शन विधि
(c) व्याख्यान विधि और परीक्षण विधि
(d) प्रोजेक्ट विधि और प्रत्यक्ष अनुभव

137. शिक्षण की परियोजना विधि की सीमा कौन-सी है?
(a) यह शिक्षार्थी केंद्रित विधि है।
(b) शिक्षार्थियों का व्यावहारिक अनुभव प्राप्त करना
(c) शिक्षार्थियों का उचित रूप से अधीक्षण न कर पाना
(d) उपरोक्त में से कोई नहीं

138. निम्नलिखित में से अनुमानी या ह्यूरिस्टिक दृष्टिकोण किस पर आधारित होता है?
(a) कंठस्थ करना
(b) गृहकार्य
(c) जिज्ञासु होने की भावना से प्रेरित होना
(d) उपरोक्त में से कोई नहीं

139. शिक्षक शिक्षण सहायक सामग्री का उपयोग सीखने की विधि को .... बनाने के लिए करता है
(a) सरल (b) अधिक ज्ञानपूर्ण
(c) भावपूर्ण (d) रोचक

140. निम्नलिखित में से कौन-सी एक शिक्षण सहायक सामग्री है?
(a) एलसीडी प्रोजेक्टर (b) ग्रीन बोर्ड
(c) टेप रिकॉर्डर (d) उपरोक्त सभी

141. शिक्षक दृश्य सहायक सामग्री का उपयोग शिक्षण को .... बनाने के लिए करता है।
(a) रुचिकर (b) अनिवारक (Passive)
(c) तीव्र (d) जटिल

142. परियोजना एक अधिगम के लिए विधि है। निम्नलिखित में से कौन-सा कथन इसके बारे में सत्य नहीं है?
(a) यह एक उद्देश्यपूर्ण गतिविधि है।
(b) यह सामाजिक वातावरण में होती है।
(c) यह जीवन की वास्तविक स्थितियों में होती है।
(d) यह शिक्षक-केंद्रित गतिविधि है।

143. प्रसारण सामग्री का उपयोग किया जाता है:
(a) बेहतर एकाग्रता और सीखने के लिए
(b) अधिकतर लोगों तक पहुंचने के लिए
(c) पढ़ाए जाने वाले विषयों की बेहतर धारणा शक्ति के लिए
(d) उपरोक्त सभी

144. निम्नलिखित में से कौन-सा लाभ ओवरहेड प्रोजेक्टर से संबंधित है?
(a) अपेक्षाकृत कम खर्चीला होना
(b) ओवरहेड पारदर्शिता को अपेक्षाकृत तीव्रता से बनाया जाना
(c) कक्षण-गतिविधि के दौरान शिक्षकों को पारदर्शी शीट पर लिखने का विकल्प प्रस्तुत करता है
(d) उपरोक्त सभी

145. श्यामपट्ट (blackboard) पर लिखते समय सबसे महत्त्वपूर्ण क्या होता है?
(a) अच्छी लिखावट
(b) लेखन में स्पष्टता
(c) बड़े अक्षरों में लिखना
(d) छोटे अक्षरों में लिखना

146. श्यामपट्ट को शिक्षण सहायक सामग्री के निम्नलिखित में से किस समूह/श्रेणी में सम्मिलित किया जा सकता है?
(a) श्रव्य सहायक सामग्री
(b) दृश्य सहायक सामग्री
(c) दृश्य-श्रव्य सहायक सामग्री
(d) उपरोक्त में से कोई नहीं

147. निम्नलिखित में से कौन-सा विकल्प शिक्षण कौशल से संबंधित है?
(a) श्यामपट्ट लेखन
(b) प्रश्नों का समाधान करना
(c) प्रश्न पूछना
(d) उपरोक्त सभी

148. शिक्षक शिक्षण-सहायक सामग्री का उपयोग किसलिए करते हैं?
(a) शिक्षण को मनोरंजक बनाने के लिए
(b) छात्रों की ग्रहणशक्ति स्तर को बढ़ाने के लिए
(c) छात्रों का ध्यान आकर्षित करने के लिए
(d) छात्रों को शिष्ट बनाने के लिए

149. निम्नलिखित में से कौन-सा माध्यम शिक्षार्थियों के परस्पर वार्तालाप करने के लिए उपयुक्त है?
(a) फिल्म का उपयोग
(b) लघु समूह चर्चा
(c) विशेषज्ञों द्वारा व्याख्यान
(d) देश व्यापक कक्षा कार्यक्रमों को टीवी पर दिखाना

150. कक्षा अनुशासन का उद्देश्य निम्नलिखित में से क्या होना चाहिए?
(a) सामाजिक समनुरूपता
(b) स्व-निर्देशन
(c) वैयक्तिक एवं सामाजिक समायोजन
(d) स्वीकार्य कक्षा-व्यवहार

151. परीक्षण के मानकीकरण से संबंधित निम्नलिखित क्रियाकलापों को सही क्रम में लगाइए:
I. परीक्षण के मदों की तैयारी
II. परीक्षण की योजना
III. विश्वसनीयता और विधिमान्यता का मूल्यांकन
IV. परीक्षण का परीक्षण

कूट:
(a) II, I, IV, III (b) III, IV, I, II
(c) IV, I, II, III (d) I, IV, III, II

152. निम्न में से कौन-सा अधिक परस्पर संवादात्मक और छात्र केंद्रित है?
(a) संगोष्ठी (b) कार्यशाला
(c) व्याख्यान (d) समूह चर्चा

153. निम्नलिखित में से प्रभावी शिक्षण सहायक सामग्री कैसी होनी चाहिए?
(a) रंगीन और अच्छी प्रस्तुति
(b) अधिगम हेतु छात्र के यथासम्भव सभी संकायों को सक्रिय रखने में सक्षम
(c) जिसे सभी छात्र देख सकें
(d) जिसे तैयार करना और उपयोग करना आसान हो

154. निम्नलिखित में से कौन-सा यन्त्र प्रक्षेपित सहायक सामग्री (Projected aids) के अंतर्गत आता है?
(a) श्यामपट्ट (b) चित्रावली
(c) पारचित्रदर्शी (d) ग्लोब

नव-शिक्षार्थी के अभिलक्षण (LEARNER CHARACTERISTICS)

155. शिक्षण सिद्धांतों को समझना आवश्यक है:
(a) प्रभावी शिक्षण के लिए
(b) पाठ्यक्रम की प्रभावी योजना बनाने के लिए
(c) शिक्षार्थी को प्रेरित करने के लिए
(d) उपरोक्त सभी

156. अधिगम का सबसे उपयुक्त अर्थ है:
(a) ज्ञान उपदेश
(b) व्यवहार में स्थाई परिवर्तन
(c) व्यक्तिगत सामंजस्य
(d) कौशल अभिग्रहण

157. निम्नलिखित में से शिक्षक द्वारा किस विषय के अंतर्गत ज्ञान को छात्रों की आवश्यकता एवं रुचि के अनुसार तैयार एवं प्रस्तुत किया जाता है?
(a) शैक्षिक दर्शनशास्त्र
(b) शैक्षिक मनोविज्ञान
(c) शैक्षिक समाजशास्त्र
(d) शैक्षिक राजनीति विज्ञान

158. शिक्षक के लिए सबसे बड़ी चुनौती होती है:
(a) कक्षा में अनुशासन बनाए रखना
(b) छात्रों से गृहकार्य करवाना
(c) परीक्षा के लिए प्रश्न-पत्र तैयार करना
(d) शिक्षण-अधिगम प्रक्रिया को आनंददायक बनाना

159. कक्षा के मनोवैज्ञानिक पहलुओं को किसके द्वारा सबसे अच्छे तरीके से प्रबंधित किया जा सकता है?
(a) कक्षा शिक्षक (b) विषय शिक्षक
(c) प्रधानाचार्य (d) स्वयं छात्र

160. आजकल परीक्षा के परिणाम पर आवश्यकता से अधिक बल दिया जाता है। यह किस प्रकार की वृत्ति को बढ़ावा देता है?
(a) दुहराव करवाना
(b) परीक्षा के दौरान नकल करना
(c) दोनों (a) और (b)
(d) उपरोक्त में से कोई नहीं

161. निम्न में कौन-सा कथन ऐसे शिक्षक के लिए उपयुक्त है, जो कक्षा शिक्षण के लिए सदैव उत्साहयुक्त रहते हैं?
(a) उनकी अपने विषय में निपुणता सन्देहजनक है, जिसको वह अति उत्साह दिखा कर छिपाना चाहते हैं।
(b) वह शिक्षण को नाटक-रूप में परिणत करना चाहता है।
(c) वह विद्यार्थियों को शिक्षण-अधिगम प्रक्रिया में सम्मिलित करना चाहते हैं।
(d) उपरोक्त में से कोई नहीं

162. कक्षा में जनसांख्यिकी विभिन्नता की स्थिति में निम्नलिखित में से कौन-सा कथन सबसे उपयुक्त है?
(a) मूल्यांकन के लिए एक समान शैक्षणिक मानक होना चाहिए
(b) तेजस्वी छात्रों को अधिक वास्तविक अधिगम अनुभव प्रदान करना
(c) (a) तथा (b) दोनों
(d) उपरोक्त में से कोई नहीं

163. निम्नलिखित में कौन-सा तथ्य सहज ज्ञान युक्त सोच के बारे में सही माना जाना चाहिए?
(a) यह अन्वेषण प्रक्रिया का ही एक अंश है।
(b) इसको केवल पारंपरिक शिक्षण द्वारा प्रोत्साहित किया जाता है।
(c) एक रचनात्मक प्रक्रिया नहीं है।
(d) उपरोक्त में से कोई नहीं

164. एक शिक्षक को कक्षा में अपने विचार प्रस्तुत करते हुए इस बात का ध्यान रखना चाहिए कि:
I. कक्षा में दूसरे विचार भी हो सकते हैं।
II. सभी छात्र सजातीय नहीं हैं।
III. विचारों की असहमति स्वाभाविक है।

कूट:
(a) I, II और III (b) II और III
(c) I और III (d) I और II

165. निम्नलिखित में से अधिगम प्रक्रिया में 'वैयक्तिक मतभेद' को कम से कम महत्त्व दिया जाता है?
(a) प्रकृतिवाद (b) यथार्थवाद
(c) आदर्शवाद (d) व्यावहारिकता

166. शिक्षक द्वारा अपनाई जाने वाली निम्नलिखित प्रयोगात्मक शिक्षण गतिविधियों को चक्रीय क्रम में व्यवस्थित कीजिए।
I. समायोजित करना II. रूपान्तरण होना
III. आत्मसात होना IV. भिन्न मत होना
कूट:
(a) I, II, III, तथा IV (b) IV, III, II, तथा I
(c) II, III, IV, तथा I (d) III, I, II, तथा IV

167. हम प्राय: यह कहते हैं कि कोई दो छात्र एक जैसे नहीं हो सकते हैं। निम्नलिखित में से किस आधार पर वे एक-दूसरे से भिन्न हो सकते हैं?
(a) पालन-पोषण और सामाजिक प्रतिष्ठा
(b) योग्यता
(c) मनोदृष्टि
(d) उपरोक्त सभी

168. कोई भी ऐसा कारक जिससे अनुक्रिया की संभावना की वृद्धि होती है, को सुदृढ़ीकरण कहा जा सकता है। निम्नलिखित में से किन को सुदृढ़ीकरण के कारक कहा जा सकता है?
(a) प्रशंसा
(b) सांकेतिक पुरस्कार
(c) किसी कार्य में सफल होना
(d) उपरोक्त सभी

169. जब गणित का एक छात्र अपना कार्य सम्पूर्ण करता है, तो उसको कंप्यूटर गेम्स खेलने की अनुमति मिल जाती है। इस स्थिति में निम्नलिखित में कौन-सा सिद्धांत/नियम लागू होता है?
(a) प्रेमाक सिद्धांत (Premack principle)
(b) थॉरन्डीके सिद्धांत (Thorndike principle)
(c) पावलोव एक्सपेरिमेंट (Pavlov experiment)
(d) उपरोक्त में से कोई नहीं

170. निम्नलिखित में से 'मोरफोग्राफ' शब्द किससे संबंधित है?
(a) सुधारात्मक वर्तनी (corrective spelling)
(b) सुधारात्मक पठन (corrective reading)
(c) सुधारात्मक अधिगम (corrective learning)
(d) सुधारात्मक व्यवहार (corrective behaviour)

171. निम्नलिखित में से कौन-सा विवरण रचनावादी दृष्टिकोण एवं अधिगम के संज्ञानात्मक सिद्धांत के अनुरूप है?
(a) शिक्षार्थी अधिगम प्रक्रिया में सक्रिय भागीदार होते हैं।
(b) विद्यार्थी व्याख्या चाहते हैं।
(c) सूचना एकत्रित करने के लिए विभिन्न सूत्रों का उपयोग।
(d) उपरोक्त सभी

172. हम वस्तुओं, परिस्थितियों या घटना के बारे में अपने मस्तिष्क में संयोजित ज्ञान का निर्माण करते हैं।
अग्रलिखित में से कौन-सा शब्द इस स्थिति को प्रतिबिंबित करता है?
(a) स्कीमा (schema)
(b) स्मरणशक्ति (memory)
(c) संज्ञान (cognition)
(d) उपरोक्त में से कोई नहीं

173. निम्नलिखित में से कौन-सा शब्द नई जानकारी को भीतर ग्रहण करने के लिए सबसे उपयुक्त है?
(a) आत्मसात (b) सहभागिता
(c) संज्ञान (d) ग्रहण

174. शिक्षक या प्रशिक्षक द्वारा विभिन्न गतिविधियों में उपयुक्त समय पर विभिन्न प्रकार के संकेतों, सुझावों या प्रत्यक्ष रूप से शिक्षार्थी की सहायता करने को निम्नलिखित शब्दों में से क्या कहा जाता है?
(a) मचान या स्काफफोलडिंग
(b) संज्ञान
(c) सुदृढ़ीकरण
(d) उपरोक्त में से कोई नहीं

175. व्यवहार में परिवर्तन (अधिगम) पर्यावरणीय प्रभावों, शिक्षार्थी के भीतर जन्मजात झुकाव (innate predispositions) और प्रक्रियाओं का परिणाम है।
यह निम्नलिखित सिद्धांत के अन्तर्गत आता है?
(a) नव-व्यवहार सिद्धांत
(b) संज्ञानात्मक सिद्धांत
(c) व्यावहारिक सिद्धांत
(d) उपरोक्त में से कोई नहीं

176. छात्र या कोई भी व्यक्ति स्थितियों का प्रभावी ढंग से सामना करने की क्षमता को लेकर स्वयं के बारे में विश्वास (सकारात्मक या नकारात्मक) विकसित कर लेता है।
निम्नलिखित में से कौन-सा शब्द उपरोक्त कथन को वर्णित करता है?
(a) आत्म प्रभावकारिता (self-efficacy)
(b) स्व-विनियमन (self-regulation)
(c) अहंकार (ego)
(d) आत्मविश्वास (self-confidence)

177. निम्नलिखित में कौन-सा शब्द अपनी सोच-प्रक्रियाओं, स्व-संचालन और अपने व्यवहार को परिवर्तित करने की क्षमता को दर्शाने के लिए उपयोग किया जा सकता है?
(a) मेटाकॉग्निशन या मेटा अनुभूति
(b) स्व-विनियमन (self-regulation)
(c) सरल अनुभूति
(d) उपरोक्त में से कोई नहीं

178. शिक्षक प्राय: छात्र की सीखने की समस्याओं का विश्लेषण करते हुए पाते हैं कि उनमें:
(a) प्रेरणा का अभाव है।
(b) बुद्धि की कमी है।
(c) माता-पिता का ढीला-ढाला रवैया है।
(d) उपरोक्त में से कोई नहीं

179. निम्नलिखित में से कौन से शब्द का प्रयोग सार्थक तथ्यों, नियमों, परिभाषाओं, अवधारणाओं, सिद्धांतों, इत्यादि को वर्णित करने के लिए किया जा सकता है?
(a) अर्थ-संबंधी स्मृति (semantic memory)
(b) उपख्यानात्मक स्मृति (episodic memory)
(c) प्रक्रियात्मक स्मृति (procedural memory)
(d) उपरोक्त में से कोई नहीं

180. निम्नलिखित में से कौन-से शब्द का प्रयोग हम स्वयं की स्मृति प्रक्रियाओं के बारे में जागरुकता और सूचना के भंडारण और उसकी पुन: प्राप्ति को बढ़ाने के ढंग के संदर्भ में कर सकते हैं?
(a) अर्थ-संबंधी स्मृति
(b) उपाख्यानात्मक स्मृति
(c) प्रक्रियात्मक स्मृति
(d) मेटा स्मृति

181. निम्नलिखित में से कौन-सा कारक श्रवण प्रक्रिया को प्रतिकूल ढंग से प्रभावित कर सकता है?
(a) अपेक्षित से अधिक श्रवण-सामग्री के अतिरिक्त
(b) बोलने की बहुत ही उच्च गति
(c) श्रुत विषय-वस्तु की क्षति
(d) उपरोक्त सभी

182. श्रवण को संचार का सबसे महत्त्वपूर्ण पहलू माना जा सकता है। इसमें कैसे सुधार लाया जा सकता है?
(a) श्रवण को मौद्रिक पुरस्कार से संबंधित करना
(b) शिक्षण सामग्री को रुचिकर और आवश्यकता से संबंधित करके
(c) स्वर को और अधिक प्रभावशाली बनाना
(d) उपरोक्त सभी

183. निम्नलिखित में से कौन एक व्याख्यान के अर्थ को बताने के लिए सबसे उपयुक्त है?
(a) सूचना का श्रवण (informational listening)
(b) मूल्यांकन श्रवण (evaluative listening)
(c) गुरुतापूर्वक श्रवण (emphatic listening)
(d) गतिशील श्रवण (dynamic listening)

184. अग्रलिखित में से कौन-सा कथन मूल्यांकन श्रवण से संबंधित है?
(a) किसी विचार को स्वीकार या अस्वीकार करना
(b) वक्ता के व्यक्तित्व एवं प्रतिष्ठा का मूल्यांकन करने के लिए
(c) दोनों (a) और (b)
(d) उपरोक्त में से कोई नहीं

185. फ्रांसिस गैलन के अनुसार, आनुवंशिकता का सारा श्रेय तत्काल माता-पिता को नहीं बल्कि दूर के पूर्वजों को जाता है। निम्नलिखित में से किसको आनुवंशिकता का केवल 50% श्रेय जाता है?
(a) माता-पिता
(b) दादा दादी/नाना नानी
(c) परदादा परदादी/परनाना परनानी
(d) उपरोक्त में से कोई नहीं

186. शिक्षण प्रक्रिया के निम्नलिखित सोपानों को क्रम में व्यवस्थित करें:
I. वर्तमान ज्ञान को पूर्व ज्ञान से संबंधित करना
II. मूल्यांकन
III. पुन: शिक्षण
IV. शिक्षण उद्देश्यों का निरूपण
V. शिक्षण सामग्री की प्रस्तुति

कूट:
(a) I, II, III, IV, V
(b) II, I, III, IV, V
(c) V, IV, III, I, II
(d) IV, I, V, II, III

187. एक छात्र व्याख्यान की अवधि में शिक्षक की समस्याओं को हल करने में सहायता करता है।
उक्त छात्र निम्नलिखित में से किस वर्गीकरण के अन्तर्गत आता है?
(a) एक प्रभावी श्रोता
(b) एक मूल्यांकन करने वाला श्रोता
(c) एक यथार्थवादी श्रोता
(d) उपरोक्त में से कोई नहीं

188. निम्नलिखित में से कौन-से उपाय संचार प्रक्रिया को सुगम बनाने का कार्य करते हैं?
(a) अपनत्व और समानता की भावना
(b) चयन के लिए सुरक्षा और स्वतंत्रता
(c) अनौपचारिक वातावरण
(d) उपरोक्त सभी

189. निम्नलिखित में से किसको हम अधिगम का एक परिणाम कह सकते हैं?
(a) बुद्धिमत्ता (b) परिपक्वता
(c) कौशल (d) स्मरण शक्ति

190. निम्नलिखित में से कौन-से शब्द मानसिक विकास को सबसे उपयुक्त रूप से वर्णित करते हैं?
(a) मानसिक विकास का स्वरूप शारीरिक विकास के समानांतर चलता है।
(b) यह एक अनिश्चित पैटर्न है।
(c) यह एक अनियमित पैटर्न नहीं है।
(d) मध्य किशोर तक वृद्धि एवं तत्पश्चात समतल होना।

191. निम्नलिखित में से कौन-सा कथन श्रवण के संदर्भ में सही है?
(a) श्रवण (hearing) एक शारीरिक प्रक्रिया है, ध्यानपूर्वक श्रवण (listening) एक मनोवैज्ञानिक प्रक्रिया है।
(b) श्रवण एक मनोवैज्ञानिक प्रक्रिया है, ध्यानपूर्वक श्रवण एक शारीरिक प्रक्रिया है।
(c) दोनों मुख्य रूप से शारीरिक प्रक्रियाएं हैं।
(d) दोनों जैविक प्रक्रियाएं हैं।

192. निम्नलिखित में से कौन-सा कथन सही है?
(a) मानवीय रिश्तों को श्रवण प्रक्रिया के द्वारा प्रभावित नहीं किया जा सकता है।
(b) उच्च शिक्षण संस्थान के छात्र संवाद स्थापित करने में अपना आधा समय निकाल देते हैं।
(c) श्रवण हमारे संचार का केवल मात्र एक छोटा सा अंश होता है।
(d) उपरोक्त में से कोई नहीं

193. एक व्यक्ति सुनता है और दूसरों के विचारों को समझने का प्रयास भी करता है। निम्नलिखित में से कौन-से शब्द ऐसे व्यक्ति को वर्णित करने के प्रयुक्त किए जा सकते हैं?
(a) सक्रिय श्रवण (active listening)
(b) समानुभूति श्रवण (empathetic listening)
(c) आलोचनात्मक श्रवण (critical listening)
(d) उपरोक्त में से कोई नहीं

194. निम्नलिखित कथनों पर विचार कीजिए:
1. समस्याओं के लिए सुनने का प्रयास
2. गैर-मौखिक संकेतों पर ज्यादा ध्यान न देना
3. विषय बदलने के लिए हस्तक्षेप करना

निम्नलिखित में से कौन-से लिंग को इन कथनों से संबंधित करने की सम्भावना अधिक रहती है?

(a) पुरुष
(b) स्त्री
(c) स्त्री और पुरुष दोनों
(d) यह किसी लिंग से संबंधित नहीं है

195. निम्नलिखित में से कौन-से शब्द गहन सोच को दर्शाते हैं?

(a) ध्यान मुख्य बिंदु के बजाय पूर्ण रूप से विवरण पर केंद्रित करना।
(b) संचार के संदर्भ की उपेक्षा करना।
(c) जब संदेश प्रस्तुत किया जा रहा है तब मूल्यांकन करना।
(d) यह केवल सुनने के साथ जुड़ा हुआ है।

196. स्पष्ट जानकारी के उद्देश्य से प्रश्न पूछना, संदेशों को कथित-कथन करना (paraphrase) और भ्रमित (confuse) करने वाली विषय-वस्तु की पहचान करना, इत्यादि मूल रूप से किसको इंगित करते हैं?

(a) श्रवण बाधाएँ
(b) मनोरंजन के लिए सुनना
(c) संदेश को समझने के लिए तकनीक की सहायता लेना
(d) उपरोक्त में से कोई नहीं

197. निम्नलिखित में से किसको व्याख्यान सुनने के लिए सुझाव माना जाना चाहिए?

(a) शब्दों के वितरण गति, सारांश करने से बचने का प्रयास और सूचना की समीक्षा करना
(b) रचनात्मक सोच पर कम ध्यान देना, विवरण पर ध्यान ना देना एवं व्याख्यान संकेतों की अनदेखी करना
(c) नोट्स न बनाना ताकि व्याख्यान एवं संदेश वितरण पर ज्यादा ध्यान दिया जा सके
(d) रुचिपूर्वक अंश पर ध्यान देना, भटकाव से बचना एवं मुख्य विचारों को ग्रहण करना

198. निम्नलिखित में से कौन-सा/से शब्द सूचना का स्थान निर्धारण करना, मूल्यांकन, और प्रभावी ढंग से उपयोग करने की क्षमता के लिए प्रयोग किया जा सकता/सकते हैं?

(a) गहन सोच (b) सूचना साक्षरता
(c) श्रवण (d) चयनात्मक ध्यान

199. प्राथमिक स्तर शिक्षण यथासम्भव मातृ भाषा में ही होने चाहिए, क्योंकि:

(a) यह बच्चों में आत्मविश्वास विकसित करता है।
(b) यह अधिगम को सरल बनाता है।
(c) यह बौद्धिक विकास में सहायक है।
(d) यह शिक्षार्थी को प्राकृतिक वातावरण में सीखने में सहायक है।

200. निम्नलिखित में से शिक्षार्थी को प्रेरित करने के लिए कौन-सा दृष्टिकोण सबसे उपयुक्त है?

(a) उचित पुरस्कार देना
(b) उपयुक्त मार्गदर्शन करना
(c) सदैव उपयुक्त उदाहरण देना
(d) कक्षा में व्याख्यान देना

201. शिक्षक के लिए छात्रों में अच्छे संस्कार उत्पन्न करने का सबसे श्रेष्ठ मार्ग कौन-सा है?

(a) कहानी सुनाना
(b) अनुशासन की भावना विकसित करना
(c) शिक्षक का स्वयं का आदर्श व्यवहार
(d) उनके माता-पिता को विश्वास में लेना

202. जीवन में सफलता प्राप्त करने के लिए छात्रों को कैसे प्रेरित किया जा सकता है?

(a) चयनित अध्ययन (b) आकस्मिक अध्ययन
(c) गहन अध्ययन (d) कण्ठस्थ करना

203. निम्नलिखित में से अनुपस्थिति की समस्या के समाधान के लिए सबसे श्रेष्ठ उपाय कौन-सा है?

(a) पाठ्यक्रम को कम करना
(b) शिक्षकों की सहानुभूति
(c) शिक्षण संस्थान का आकर्षक वातावरण
(d) छात्रों को प्रेरित करना

204. निम्नलिखित में से छात्रों की अधिगम से संबंधित समस्याओं के समाधान का सबसे उचित उपाय कौन-सा है?

(a) कठोर परिश्रम के लिए सुझाव
(b) पुस्तकालय में अध्ययन का निरीक्षण
(c) निजी ट्यूशन के लिए सुझाव
(d) नैदानिक शिक्षण (diagnostic teaching)

205. निम्नलिखित में से किस स्थिति/स्थितियों में शिक्षार्थी का भावनात्मक समायोजन प्रभावी होता है?

(a) व्यक्तित्व गठन (personality formation)
(b) कक्षा शिक्षण
(c) अनुशासन
(d) उपरोक्त सभी

206. निम्नलिखित में किस व्यक्तित्व को हम 'मनोविश्लेषण के पिता' के रूप में जानते हैं?

(a) एरिक एच. एरिक्सन (b) जीन पियाजेट
(c) जेरोम एस. ब्रूनर (d) सिगमंड फ्रायड

207. निम्नलिखित में से शिक्षण के संज्ञानात्मक सिद्धांत के मुख्य प्रस्तावक कौन है?

(a) एन. एल. गेज (b) शिव कुमार मित्रा
(c) बी. एफ. स्किनर (d) मैकडॉनल्ड्स

208. निम्नलिखित में से मुख्यत: कौन-सा शिक्षण संस्थान भाषा के व्यावहारिक ज्ञान को सीखता है?

(a) विद्यालय (b) भाषा प्रयोगशाला
(c) भाषा शिक्षण (d) भाषा अनुदेश

209. 'अभ्यास के अंत में, शिक्षार्थी सिर का उपयोग कर फुटबॉल हिट करने के लिए सक्षम होना चाहिए'।

उपरोक्त कथन में उल्लेखित उद्देश्य निम्नलिखित में से किस ज्ञानक्षेत्र से संबंधित है?

(a) भावनात्मक (affective)
(b) संज्ञानात्मक (cognitive)
(c) मन: प्रेरक (psychomotor)
(d) (a) और (c) दोनों

210. 'छात्र के वातावरण को इस प्रकार से नियोजित या व्यवस्थित करना ताकि उसके व्यवहार के परिणामों के बारे में यथासम्भव सटीक भविष्यवाणी की जा सके'।

इस कथन में निहित उद्देश्य को सुनिश्चित करने के लिए कौन-सा/से शब्द प्रयुक्त किए जा सकते हैं?

(a) प्रोत्साहन (prompting)
(b) सुदृढ़ीकरण (reinforcement)
(c) आकार देना (shaping)
(d) उद्दीपन नियंत्रण (stimulus control)

211. निम्नलिखित में से किस सिद्धांत के अन्तर्गत यह कहा गया है कि अधिगम को अधिक प्रभावी बनाने के लिए आंतरिक प्रक्रियाओं का ज्ञान होना महत्त्वपूर्ण है?
(a) संज्ञानात्मक (cognitive)
(b) उद्दीपन-प्रतिक्रिया (stimulus response)
(c) स्फूर्त अनुकूलन (operant conditioning)
(d) वरेण्य अनुकूलन (classical conditioning)

212. जब एक अध्येता यह सुनिश्चित करता है कि (1) छात्र गणित के विषय में एक अभ्यास पूरा करें एवं (2) निर्देश स्पष्ट और निश्चित हैं, तो वह मूल्यांकन के किस पहलू का प्रयोग कर रहा होता है?
(a) वैधता (validity)
(b) व्यावहारिकता (practicality)
(c) विश्वसनीयता (reliability)
(d) स्थिरता (consistency)

213. निम्नलिखित में से कौन-सी एक धीमी गति से सीखने वाले छात्र की विशेषता नहीं है?
(a) सीमित शब्दावली
(b) ध्यान की छोटी सी अवधि
(c) अमूर्त सोच
(d) रुचियों की सीमित सीमा

214. एक शिक्षक ने एक छात्र, जो कि धूम्रपान करता है, के व्यवहार को बदलने निम्नलिखित कथन का प्रयोग किया 'धूम्रपान राष्ट्र के लिए स्वस्थ हैं'। इस कथन को निम्न में से किस अवधारणा का उदाहरण माना जाना चाहिए?
(a) संज्ञानात्मक विस्वरता (cognitive dissonance)
(b) वैचारिक संघर्ष (conceptual conflict)
(c) सार्थक अधिगम (meaningful learning)
(d) चुनौती

215. निम्नलिखित में से किसे पाठ्य-वस्तु को कण्ठस्थ करने का सबसे उपयोगी ढंग माना जा सकता है?
(a) दीर्घकालिक अध्ययन
(b) अवधारणा को समझना
(c) ऊँचे स्वर में पढ़ना
(d) अवधारणा को लिखित रूप में लेकर आना

216. निम्नलिखित में से प्रवृत्ति, अवधारणा, कौशल, ज्ञान, आदि को किसका परिणाम कहा जा सकता है?
(a) अधिगम (b) अनुसंधान
(c) आनुवंशिकता (d) स्पष्टीकरण

217. निम्नलिखित में से कौन-सा अधिगम का परिणाम नहीं माना जा सकता है?
(a) व्यवहार-रवैया (b) अवधारणा
(c) ज्ञान (d) परिपक्वता

218. कक्षा में कुछ छात्र सीखने के लिए अति उत्सुक हैं। ऐसा शायद इसलिए है कि:
(a) वे मेधावी छात्र हैं।
(b) सम्पन्न परिवारों से संबंधित हैं।
(c) कृत्रिम व्यवहार दिखाने हेतु
(d) कक्षा में अनुशासनहीनता का वातावरण बनाने के लिए

कक्षा स्थिति प्रबंधन (CLASSROOM SITUATION MANAGEMENT)

219. यदि कक्षा में कोई छात्र सही उत्तर नहीं देता है, तो एक अध्येता की उस पर क्या प्रतिक्रिया होनी चाहिए?
(a) छात्र को दुर्वचन कहकर इस बात का एहसास दिलाना
(b) छात्र को यह समझाना कि उसका उत्तर गलत क्यों है
(c) सही उत्तर देने के लिए किसी और छात्र को कहना
(d) गलत उत्तर की उपेक्षा करना अगले प्रश्न पर आना

220. मान लीजिए कि एक छात्र शिक्षक से कक्षा में प्रश्न पूछता है, जिसका शिक्षक के पास कोई सीधा, सही जवाब नहीं है। ऐसी स्थिति में शिक्षक को क्या करना चाहिए?
(a) छात्र को सन्तुष्ट करने के लिए कुछ भी अस्पष्ट जवाब दें
(b) छात्र को यह कहना कि वह ज्यादा अप्रासंगिक प्रश्न न पूछे
(c) छात्र को कहना कि वह सही उत्तर बाद में देंगे
(d) छात्र को सही उत्तर के लिए स्वयं पुस्तकालय में पुस्तकों से सही उत्तर खोजने के लिए प्रेरित करना

221. यदि शिक्षक कक्षा में छात्रों को अपने आदर्शों के बारे में सूचित करने में विफल रहता है, तो उसका क्या सम्भावी परिणाम हो सकता है? **(दिसंबर 2002)**
(a) कक्षा में अनुशासनहीनता
(b) सिखाये जा रहे विषय में छात्र अपनी रुचि खो सकते हैं
(c) कक्षा में छात्रों की बढ़ती अनुपस्थिति
(d) उपरोक्त सभी

222. अगर छात्रों को यह समझ में नहीं आ रहा कि क्या पढ़ाया जाता है, तो शिक्षक को चाहिए: **(दिसंबर 1997)**
(a) पाठ को दोहराना
(b) पाठ को उचित उदाहरण देकर फिर से समझाना
(c) छात्रों की विषय-वस्तु के बारे में पूर्व ज्ञान की जांच करना
(d) अगले विषय पर बढ़ना

223. निम्नलिखित में से किस कथन को कक्षा में आदर्श स्थिति माना जा सकता है? **(दिसंबर 2000)**
I. एक शिक्षक अपने व्याख्यान देने के लिए पूरी तरह से तैयार होकर आता है।
II. छात्र पूरी तरह से तैयार आते हैं और शिक्षक की उपस्थिति में एक-दूसरे के साथ विषय पर चर्चा करते हैं।
III. शिक्षक और छात्र विषय पर चर्चा करते हैं।
IV. शिक्षक सिखाने के लिए श्रव्य-दृश्य सहायक यंत्रों का उपयोग करता है।
कूट:
(a) दोनों I और III (b) दोनों III और IV
(c) केवल II (d) केवल IV

224. शिक्षकों की निम्नलिखित श्रेणियों में से कौन-सी छात्रों के बैठने के लिए पंक्तियों की पारंपरिक, औपचारिक पैटर्न पसंद करते हैं, जिसमें छात्र शिक्षक के सामने रहें?
(a) प्रत्यक्ष अनुदेश (b) अप्रत्यक्ष अनुदेश
(c) छात्र केंद्रित (d) उपरोक्त में से कोई नहीं

225. निम्नलिखित में से किस प्रकार का शिक्षक सत्तावादी (authoritative) शिक्षण शैली से सबसे अधिक संबंधित माना जा सकता है?
(a) लोकतांत्रिक शिक्षण
(b) अप्रत्यक्ष शिक्षण
(c) अहस्तक्षेप शिक्षण
(d) प्रत्यक्ष अनुदेश शिक्षण

226. निम्नलिखित में से कक्षा में सबसे अधिक वांछनीय किस अवयव को माना जा सकता है?
(a) शिक्षक पाठ और अपने अनुसंधान के आधार पर व्याख्यान दें
(b) शिक्षक पाठ्यक्रम सामग्री और मानक पुस्तकों (standard books) के आधार पर व्याख्यान दें
(c) शिक्षक छात्रों द्वारा पूछे गए प्रश्नों का सही उत्तर दें
(d) शिक्षक कठोर अनुशासन बनाए रखें और नियमित रूप से उपस्थिति लें

227. निम्नलिखित में से कक्षा में शोर को नियंत्रित करने के लिए सबसे अच्छी संवाद प्रक्रिया है:
(a) बलपूर्वक यह कहना कि बातें मत करो
(b) अपनी आवाज को छात्रों की आवाज़ से भी ऊपर करना
(c) शांत रहना और विद्यार्थियों की ओर देखते रहना
(d) कक्षा में शोर की उपेक्षा करते हुए शिक्षण को जारी रखना

228. एक शिक्षक के रूप में आप क्या करोगे, यदि छात्र कक्षा में उपस्थित न रहते हों?
(a) छात्रों को उनकी अनुपस्थिति के लिए दोष देना।
(b) शांतिमय ढंग से छात्रों के वर्तमान रवैये पर विचार करना।
(c) शिक्षण के लिए किसी रुचिकर तकनीक का उपयोग।
(d) अनुपस्थिति के कारणों को समझने एवं उनके समाधान का प्रयास।

229. एक शिक्षक पाठ्यविषयी (curricular) एवं पाठ्यक्रमेतर (extracurricular), दोनों प्रकार की गतिविधियों में कठोर अनुशासन रखता है, लेकिन वह छात्रों की सहायता में तत्पर भी रहता है।
निम्नलिखित में से कौन-सा शब्द शिक्षक की प्रवृत्ति को परिभाषित करता है?
(a) अधिकारपूर्ण (b) प्रजातंत्रवादी
(c) लचीला (d) अनम्य (rigid)

230. निम्नलिखित में से कौन-सा बेहतर कक्षा प्रबंधन के अर्थ को दर्शाता है?
(a) प्रभावी समूह कार्य और छात्रों में परस्पर क्रिया
(b) उचित योजना और उपयुक्त शिक्षण सहायक यन्त्र विकसित करना
(c) शिक्षक की समयनिष्ठा और पाठ्यक्रम को निर्धारित समय सीमा में पूरा करना
(d) उपरोक्त सभी

231. निम्नलिखित में से कौन-सा कथन अप्रभावी शिक्षण को वर्णित करता है?
(a) सदैव शिक्षण उद्देश्यों की प्राप्ति पर केंद्रित ध्यान
(b) सदैव शिक्षण मानकों के पालन पर केंद्रित ध्यान
(c) सदैव परिस्थिति के तत्काल नियंत्रण पर केंद्रित ध्यान
(d) उपरोक्त में से कोई नहीं

232. यदि कक्षा में छात्रों की बहुसंख्या पढ़ने में कमज़ोर छात्रों की हो, तो एक शिक्षक के रूप में आप को क्या करना चाहिए?
(a) बुद्धिमान छात्रों की परवाह नहीं करनी चाहिए
(b) शिक्षण की गति में वृद्धि करना ताकि छात्रों के समझ के स्तर में वृद्धि हो
(c) अपनी शिक्षण गति को धीमा रखें
(d) अपनी शिक्षण गति को धीमा रखें एवं मेधावी छात्रों को कुछ अतिरिक्त मार्गदर्शन दें

233. यदि शिक्षण संस्थान परिसर में कुछ छात्र शिक्षक के साथ दुर्व्यवहार करते हैं, तो निम्नलिखित में से कौन-सा अंततोगत्वा सहायता कर सकता है?
(a) ऐसी बात को छात्रों के अभिभावकों के संज्ञान में लाना
(b) शिक्षक स्वयं के चरित्र एवं व्यवहार में सुधार करें
(c) शिक्षक का ऐसी घटनाओं को सदैव प्राचार्य को रिपोर्ट करने के लिए उत्सुक रहना
(d) इन छात्रों के विरुद्ध अन्य शिक्षकों को संगठित करने का प्रयास

234. एक शिक्षक को कक्षा में अपनी स्वर की पिच सदैवः
(a) पर्याप्त ऊंची रखनी चाहिए
(b) कम रखनी चाहिए
(c) मध्यम रखनी चाहिए
(d) कभी कम और कभी अधिक रखनी चाहिए

235. एक शिक्षक को अपने व्याख्यान में निम्नलिखित में से कौन-सा/से वैशिष्ट्य अपनाने चाहिए? **(दिसंबर 2002)**
(a) सटीक और कम स्वर
(b) लम्बा स्वर
(c) सटीक और उच्च स्वर
(d) मध्यम स्वर

236. यदि छात्र कक्षा शिक्षण के दौरान समझ नहीं पा रहे हैं कि क्या सिखाया जा रहा है, तो ऐसी स्थिति में शिक्षक को क्या करना चाहिए?
(a) नीरसता महसूस करे
(b) विभिन्न ढंग से समझाने का प्रयास
(c) यह अनुभव करना कि वह अपना समय बर्बाद कर रहा है
(d) छात्रों के लिए दया-भाव

237. कक्षा के वातावरण के लिए विशेष संदर्भ के साथ, केवल एक को छोड़कर, सभी श्रवण के प्रमुख घटक हैं?
(a) कान से सुनना (b) सतर्क रहना
(c) उत्तर देना (d) समझ और स्मरण

238. निम्नलिखित में से कौन-सी कक्षा में प्रभावी संचार में बाधा नहीं होती है?**(जून 2002)**
(a) विस्तृत कथन
(b) अस्पष्ट कथन
(c) सटीक कथन
(d) एक ऐसा कथन है, जो श्रोता को अपने ही निष्कर्ष निकालने की अनुमति देता है

239. यदि कक्षा में पिछली बैंचों पर बैठने वाले छात्र सदैव परस्पर बातें करते रहते हों, तो शिक्षक को ऐसी स्थिति में क्या करना चाहिए?
(a) जो वे कर रहे हैं, उन्हें करते रहने देना चाहिए
(b) उन्हें ताड़ना मिलनी चाहिए
(c) उन्हें शिक्षक के ठीक सामने वाले बैंचों पर बैठने के लिए कहना चाहिए
(d) उपरोक्त में से कोई नहीं

240. यदि कुछ छात्र शिक्षक पर टीका-टिप्पणी शुरू कर दें, तो उस शिक्षक को क्या कार्यवाही करनी चाहिए?
(a) उन छात्रों को उचित दंड मिलना चाहिए
(b) उन्हें कॉलेज से निष्कासित कर देना चाहिए
(c) आंतरिक परीक्षण प्रतियाँ मूल्यांकन करते हुए प्रतिकार लेना चाहिए
(d) मूल्यांकन करते समय शिक्षक को निष्पक्ष बने रहना चाहिए

241. कक्षा में चर्चा को और अधिक प्रभावी बनाया जा सकता है, यदि चर्चा के विषय:
(a) का परिचय न करवाया जाए।
(b) को चर्चा शुरू होने से पहले ही सामने रखा जाए।
(c) को बिना परिचित करवाए श्यामपट्ट/श्वेतपट्ट पर लिख दिया जाए।
(d) को विद्यार्थियों को पहले ही सूचित कर दिया जाए।

242. शिक्षण वृत्ति (profession) के आरंभ में ही निम्न में से सबसे अधिक महत्त्वपूर्ण एकल कारक कौन-सा है, जिसमें शिक्षक की सफलता निहित होती है?
(a) छात्रवृत्ति
(b) अभिव्यक्तिशील होने की क्षमता

(c) शिक्षक का व्यक्तित्व, और उसकी कक्षा एवं छात्रों के साथ संबंध स्थापित करने की क्षमता
(d) संगठनात्मक क्षमता

243. निम्नलिखित में से एक के सिवाए, सभी प्रभावी शिक्षक के लक्षण हैं:
(a) शिक्षा के मानकों को बनाए रखने पर बल
(b) शिक्षण उद्देश्यों को स्पष्ट करने हेतु समूह चर्चा पर बल
(c) आकस्मिक समस्याओं के तत्काल समाधान प्रदान करने पर बल
(d) कक्षा के सभी छात्रों से विभिन्न प्रकार का व्यवहार

244. शिक्षक दिवस के अवसर पर कुछ छात्र आप को एक ग्रीटिंग कार्ड भेजते हैं। आप एक शिक्षक के रूप में क्या करेंगे?
(a) आप इसका उत्तर बिल्कुल नहीं देंगे
(b) आप उन्हें धन्यवाद कहेंगे
(c) उन्हें अपव्यय से बचने के लिए परामर्श देंगे
(d) बदले में आप भी उन्हें शुभकामना देंगे

245. एक छात्र अपनी कक्षा में प्राय: देरी से आता है। एक शिक्षक के रूप में आप क्या करेंगे?
(a) छात्र के माता-पिता एवं प्राचार्य को सूचित करेंगे।
(b) उदाहरण स्थापित करने के लिए उस छात्र को प्रताड़ित करेंगे।
(c) देरी से आने के कारण का पता लगाने का प्रयास करेंगे।
(d) यह बात ध्यान देने योग्य नहीं है।

246. जब बहुत सारे छात्र नियमित रूप से परीक्षा में विफल होते हैं, तो यह समझ जाना चाहिए कि:
(a) शिक्षा प्रणाली विफल हो गई।
(b) शिक्षक विफल हो गए।
(c) यह पाठ्य-पुस्तकों की विफलता है।
(d) यह छात्रों की व्यक्तिगत विफलता है।

247. एक छात्र कुछ पाठ्यक्रम से असंबंधित विषयों पर प्रश्न पूछता है, तो एक शिक्षक होने के नाते आप क्या करेंगे?
(a) उसे असंबंधित प्रश्न पूछने की अनुमति देंगे।
(b) उसे असंबंधित प्रश्न पूछने की अनुमति नहीं देंगे।
(c) कक्षा समाप्त होने के बाद प्रश्न का उत्तर देंगे।
(d) इसे अनुशासनहीनता का कृत्य माना जाएगा।

248. किसी छात्र के अभिभावक कभी भी आपसे मिलने के लिए विद्यालय नहीं आते हैं। एक शिक्षक होने के नाते आप क्या करेंगे?
(a) छात्र पर ध्यान नहीं देंगे
(b) अभिभावक को एक पत्र लिखेंगे
(c) यदि संभव हो, तो आप अभिभावक से मिलने स्वयं जाएंगे
(d) छात्र को दंडित करना शुरू कर देंगे

249. आप शिक्षक होने के नाते कक्षा में छात्रों की रुचि बनाए रखने के लिए क्या करेंगे?
(a) शिक्षण सहायक सामग्री का अधिकतम उपयोग सुनिश्चित करेंगे
(b) कक्षा में विषय-वस्तु पर परिचर्चा करेंगे
(c) छात्रों से समय-समय (intermittently) प्रश्न पूछना
(d) उपरोक्त सभी

250. एक शिक्षक कक्षा में प्रश्न पूछता है, इसका मुख्य उद्देश्य क्या होता है?
(a) छात्रों को व्यस्त रखना
(b) अनुशासन बनाए रखना
(c) छात्रों का ध्यान आकर्षित करने के लिए
(d) छात्रों को सिखाने के प्रयोजन से

251. छात्रों के बीच पनप रही अनुपस्थिति की प्रवृत्ति पर नियंत्रण रखने के लिए एक शिक्षक को क्या करना चाहिए?
(a) प्राचार्य और अभिभावकों को चिंतित होना चाहिए।
(b) अधिकारियों द्वारा अनुपस्थित छात्रों के नाम नोटिस बोर्ड पर लिखने चाहिए।
(c) शिक्षकों को इसे एक गंभीर समस्या के रूप में लेना चाहिए।
(d) ऐसे छात्रों को नियमित छात्रों के बनिस्पत कक्षा में कम प्राथमिकता दी जानी चाहिए।

252. जब कक्षा में कुछ छात्र प्रश्न को हल करने के लिए मानकीकृत पुस्तकों में दी गई विधि से हट कर किसी अन्य विधि से समाधान करने का प्रयास करें, तो एक शिक्षक होने के नाते आप को क्या करना चाहिए?
(a) छात्रों को विषय पर अन्य पुस्तकों से उद्धृत (refer) करने से हतोत्साहित किया जाना चाहिए।
(b) उन्हें सदैव ऐसा करने के लिए प्रोत्साहित किया जाना चाहिए।
(c) ऐसा करने के लिए संबंधित शिक्षक की अनुमति लेनी चाहिए।
(d) किसी प्रकार की कार्यवाही की आवश्यकता नहीं।

253. परंपरागत कक्षाओं में कक्षा कार्य अधिकतर निम्नलिखित में से किससे संबंधित होते हैं?
(a) निम्न-स्तर संज्ञानात्मक प्रक्रिया
(b) उच्च-स्तर संज्ञानात्मक प्रक्रिया
(c) भावात्मक प्रक्रिया
(d) दोनों (a) और (b)

254. जब बच्चे कक्षा में शरारती तथा अवज्ञाकारी हों, तो अध्यापक को जांचना चाहिए:
(a) छात्रों की घरेलू पृष्ठभूमि
(b) कक्षा में बाहरी तत्वों का प्रभाव
(c) अध्यापन विधियां तथा विषय-ज्ञान
(d) विद्यालय में सह-पाठ्यकारी तथा अन्य आकर्षण

255. यदि छात्र कक्षा में शिक्षक के अनुदेश का पालन करने में सक्षम नहीं हैं, तो शिक्षक को चाहिए कि:
(a) उन्हें शीघ्र उत्तर दें
(b) उपयुक्त उदाहरण के साथ वर्णन करें
(c) शिक्षण सामग्री को सरल बनाएं
(d) उपरोक्त सभी

256. यदि छात्र कक्षा शिक्षण में रुचि नहीं ले रहे हैं, तो एक शिक्षक होने के नाते आप क्या करेंगे?
(a) उन्हें अनदेखा करना
(b) कक्षा छोड़ देना
(c) उन्हें ध्यान देने के लिए कहना
(d) शिक्षण पद्धति की समीक्षा

257. अनुसंधान से यह पता चलता है कि एक अध्यापक में स्नायविक अस्थिरता (nervous instability) का सबसे अधिक निम्न लक्षण पाया जाता है:
(a) पाचन अस्तव्यस्तता (digestive upsets)
(b) विस्फोटक व्यवहार (explosive behaviour)
(c) थकान (fatigue)
(d) अधीरता (nervousness)

258. निम्नलिखित में से कौन-सा विकल्प एक जीवंत कक्षा स्थिति को दर्शाता है?
(a) जोर-जोर से ठहाके
(b) पूर्ण मौन
(c) नियमित रूप से होने वाला शिक्षक-छात्र वार्तालाप
(d) छात्रों के बीच में उच्च स्वर में चर्चा

259. कक्षा में प्रभावी अनुशासन बनाए रखने के लिए शिक्षक को निम्न उपाय करने चाहिए:
(a) छात्रों को जो वे चाहते हैं, करने की अनुमति।
(b) छात्रों के साथ कठोर व्यवहार।
(c) छात्रों को समाधान के लिए कुछ समस्याएँ देना।
(d) छात्रों के साथ विनम्रता और दृढ़ता से व्यवहार करना।

260. प्राय: वे शिक्षक छात्रों के बीच लोकप्रिय होते हैं, जो कि:
(a) उनके साथ अंतरंगता को विकसित कर लें
(b) उनकी समस्याओं के समाधान में सहायता करें
(c) उन्हें अच्छा अवार्ड या ग्रेड दें
(d) अतिरिक्त शिक्षण शुल्क के लिए कक्षाएं लें

261. निम्नलिखित में से कौन-सा विकल्प प्रभावी कक्षा के वातावरण का मूल तत्व है?
(a) शिक्षण सहायक सामग्री के विभिन्न प्रकार
(b) जीवंत छात्र शिक्षक बातचीत
(c) एकदम से सन्नाटा
(d) कठोर अनुशासन

262. कक्षा शिक्षण के पहले दिन, यदि छात्र एक शिक्षक को स्वयं का परिचय देने के लिए आग्रह करते हैं, तो उसे क्या करना चाहिए?
(a) उनको कक्षा पूरी होने के बाद मिलने के लिए कहा जाए
(b) अपना संक्षिप्त परिचय दें
(c) उनके आग्रह पर ध्यान ना दें और अध्यापन शुरू कर दें
(d) इस अवांछित मांग के लिए छात्रों को प्रताड़ित करें

263. नैतिक मूल्यों को छात्रों के बीच प्रभावी ढंग से आत्मसात किया जा सकता, जब शिक्षक:
(a) अक्सर मूल्यों के बारे में बात करते रहें
(b) स्वयं नैतिक मूल्यों का अनुसरण करते हों
(c) महान व्यक्तियों की कहानियाँ सुनाते हों
(d) देवी और देवताओं की बात करते हों

264. मान लीजिए कि एक छात्र शिक्षक के साथ अपनी समस्या साझा करना चाहता है, इस उद्देश्य के लिए शिक्षक के घर भी जाता है। ऐसी स्थिति में शिक्षक को चाहिए कि:
(a) छात्र के अभिभावकों से संपर्क करें और उसकी समस्या का हल निकालें।
(b) छात्र को सुझाव दें कि वह उसके यहां ना आए।
(c) छात्र को प्राचार्य से मिलने का परामर्श दें ताकि समस्या का समाधान निकल सके।
(d) उसकी उचित सहायता करें और उसके मनोबल को बढ़ाएं।

265. जब कुछ छात्र जान-बूझकर शरारत कर कक्षा का अनुशासन भंग कर रहे हों, तो एक शिक्षक के रूप में आपकी भूमिका क्या होनी चाहिए?
(a) उन छात्रों को निष्कासित करना।
(b) उन छात्रों को अलग-थलग करना।
(c) अपने अधिकार के साथ उस समूह का सुधार करना।
(d) उन्हें आत्मनिरीक्षण और व्यवहार में सुधार के लिए एक अवसर देना।

266. एक शिक्षक के बारे में यह कह सकते हैं कि वह प्रश्न पूछने में धाराप्रवाह है, यदि वह:
(a) सार्थक प्रश्न पूछे
(b) यथा सम्भव बहुत सारे प्रश्न पूछे
(c) एक नियत समय में अधिकतम प्रश्न पूछे
(d) एक निश्चित समय में कई सार्थक प्रश्न पूछे

शिक्षार्थियों का मूल्यांकन (LEARNER'S EVALUATION)

267. निम्नलिखित में से कौन-सा विकल्प मूल्यांकन का सबसे महत्त्वपूर्ण दृष्टिकोण है?
(a) सतत और व्यापक मूल्यांकन
(b) सत्रांत परीक्षा (term end exam)
(c) छात्रों के संचयी रिकॉर्ड को सम्भाल कर रखना
(d) सेमेस्टर प्रणाली मूल्यांकन

268. निम्नलिखित में से किस प्रकार का परीक्षण प्रभावी स्मरण शक्ति के लिए सबसे उपयुक्त है?
(a) सही/गलत (b) एकाधिक विकल्प
(c) रिक्त स्थानों की पूर्ति (d) दोनों (b) और (c)

269. निबंध प्रकार परीक्षण (Essay Type Evaluation) विश्वसनीय नहीं है, क्योंकि:
(a) इसमें सदैव छात्रों के उत्तर भिन्न-भिन्न होते हैं।
(b) उनके परिणाम भिन्न-भिन्न होते हैं।
(c) उनकी जांच परीक्षक की मनोदशा से प्रभावित हो सकती है।
(d) उनकी उत्तर शैलियाँ भिन्न-भिन्न होती हैं।

270. शिक्षा का स्तर बढ़ाने के लिए, यह आवश्यक है कि:
(a) छात्रों का निरन्तर मूल्यांकन किया जाए।
(b) शिक्षकों को उच्च वेतन दिया जाना चाहिए।
(c) पाठ्यक्रम को संशोधित किया जाना चाहिए।
(d) विद्यालय की भव्य इमारत का निर्माण किया जाए।

271. निम्नलिखित में से छात्रों के गृहकार्य जांचने का सबसे उत्तम तरीका क्या है?
(a) यह कार्य कक्षा के बुद्धिमान छात्रों को आवंटित कर दिया जाए।
(b) कक्षा में उत्तर की सामूहिक ढंग से जांच की जाए।
(c) उनकी जांच आदर्श उत्तर पुस्तिका से मिलान करके की जाए।
(d) शिक्षक नियमित रूप से स्वयं उसकी जांच करें।

272. शिक्षण संस्थानों में छात्रों के लिए परीक्षण के समयबद्ध कार्यक्रम का लागू किया जाना आवश्यक है, ताकि:
(a) छात्रों की प्रगति के बारे में उनके माता-पिता को सूचित किया जा सके।
(b) एक नियमित अभ्यास किया जा सकता है।
(c) छात्रों को सत्रांत परीक्षाओं के लिए प्रशिक्षित किया जा सके।
(d) परिणामों के बाद छात्रों से मिली प्रतिपुष्टि के आधार पर उपचारात्मक कार्यक्रम अपनाया जा सकता है।

273. निम्नलिखित में से किसी शैक्षिक संस्थान में शिक्षा की गुणवत्ता का सबसे महत्त्वपूर्ण सूचक है:
(a) विद्यालय की ढांचागत सुविधाएँ
(b) कक्षा प्रणाली
(c) पाठ्य-पुस्तकें और शिक्षण-अधिगम सामग्री
(d) छात्रों का उपलब्धि स्तर

274. निम्नलिखित में से किस कारण से शिक्षक नियोजन मूल्यांकन (placement evaluation) का प्रयोग करते हैं?
(a) यह पता लगाने के लिए कि छात्र ज्ञान और कौशल में निपुण हैं या नहीं
(b) छात्र अधिगम के कारकों या व्यवहार की समस्याओं को जानने के लिए
(c) दोनों (a) और (b)
(d) उपरोक्त में से कोई नहीं

275. निम्नलिखित में से किस उद्देश्य के लिए योगात्मक मूल्यांकन (summative evaluation) का उपयोग किया जाता है?
(a) अधिगम प्रक्रिया के दौरान छात्र की प्रगति की निगरानी करने के लिए
(b) मुख्य रूप से छात्रों को प्रमाण-पत्र या ग्रेड देने के लिए
(c) छात्र की अभिरुचियों और प्रवृत्ति को जानने के लिए
(d) छात्रों को आवंटित विशिष्ट अधिगम समूहों में विभाजित करने के लिए

276. शिक्षक द्वारा दिये गए गृहकार्य का उद्देश्य तभी पूरा होता है, जब:
(a) गृहकार्य सजा के रूप में दिया जाए।
(b) शिक्षक विद्यार्थियों के अभ्यास के लिए तात्कालिक गृहकार्य दे।
(c) छात्रों से यह अपेक्षा न की जाए कि वे सदैव गृहकार्य पूरा करके आएंगे।
(d) शिक्षक गृहकार्य पूरा करने के लिए छात्रों के अनुभवों की ओर ध्यान न दे।

277. जब एक छात्र एक ही परीक्षा में दो बार बैठता है, तो उसे कहा जाता है:
(a) पोस्ट-परीक्षण (post-test)
(b) पूर्व-परीक्षण (pre-test)
(c) परीक्षण-पुन:परीक्षण (test-retest)
(d) उपरोक्त में से कोई नहीं

278. निम्नलिखित में से कौन-सा मूल्यांकन पाठ्यक्रम के अंत में किया जाता है?
(a) योगात्मक मूल्यांकन
(b) स्थानन मूल्यांकन
(c) प्रारंभिक मूल्यांकन
(d) दोनों (a) और (b)

279. शिक्षक की सीखने की क्षमता को जानने के लिए कौन-सा परीक्षण किया जाता है?
(a) उपयुक्तता परीक्षण (aptitude test)
(b) मनोवृत्ति परीक्षण (attitude test)
(c) उपलब्धि परीक्षण (achievement test)
(d) दार्शनिक परीक्षण (scholastic test)

280. जब एक परीक्षा में विभिन्न क्रियाएं—जैसे कि लिखना, सूची बनाना, लेबल, और नामकरण, आदि का प्रयोग किया जाता है, तो हमें इससे किस स्तर का पता चलता है?
(a) बोध स्तर (b) उपयोग स्तर
(c) ज्ञान स्तर (d) संश्लेषण स्तर

281. निम्नलिखित में से किस आधार पर लिखित सामग्री का अच्छा मूल्यांकन नहीं किया जा सकता है?
(a) भाषाई अभिव्यक्ति
(b) तार्किक प्रस्तुति
(c) जो कुछ भी पढ़ा जाता है, उसको पुन: प्रस्तुत करने की क्षमता
(d) विषय बोध

282. निम्न में से किस विधि से छात्रों का सर्वश्रेष्ठ मूल्यांकन संभव है?
(a) पाठ्यक्रम के अंत में मूल्यांकन
(b) वर्ष में दो बार मूल्यांकन
(c) निरंतर मूल्यांकन
(d) प्रारंभिक मूल्यांकन

विविध प्रश्न (MISCELLANEOUS QUESTIONS)

283. पाठ्यचर्या की प्रभाविकता निर्धारण में निम्नलिखित में से कौन-सा कारक सर्वप्रधान है?
(a) अध्यापक की सक्षमता
(b) समुदाय का सहयोग
(c) संस्था का हित
(d) प्रशासन का नेतृत्व

284. विद्यालय पाठ्यचर्या का नियोजन किसके अनुकूल होना चाहिए?
(a) छात्रों के लक्ष्यों, उद्देश्यों तथा हितों
(b) विभिन्न विषयों में उपलब्ध पाठ्य-पुस्तकों
(c) महाविद्यालय में प्रवेश की अर्हताएँ
(d) शिक्षकों का प्रशिक्षण और रुचि

285. सह-पाठ्यचारी क्रियाकलाप का प्रधान उद्देश्य है:
(a) विद्यार्थी विकास को सुकर बनाना।
(b) प्रगतिशील विद्यालय उपलब्ध कराना।
(c) विद्यार्थियों को विद्यालय-विरत होने से रोकना।
(d) समुदाय की माँग की पूर्ति।

286. 'श्रृंखला अधिगम' (Chain Learning) किससे संबंधित है?
(a) ब्रूनर (b) गैग्ने
(c) टॉलमैन (d) थार्नडाइक

287. शिक्षा के विभिन्न स्तरों के अंतर्गत समस्या समाधान की योग्यता का विकास होता है:
(a) स्मृति स्तर (b) बोध स्तर
(c) चिंतन स्तर (d) उपरोक्त सभी

288. मूल पाठ्यचर्या किस पर बल नहीं देती?
(a) प्रजातांत्रिक प्रक्रियाओं
(b) समस्या-समाधान
(c) विषय-वस्तु का सुपरिभाषित पिंड
(d) विभिन्न विषय-वस्तुओं का एकीकरण

289. क्रियात्मक पाठ्यचर्या के अभिकल्प में रुचि रखने वाले पाठ्यचर्या निर्माता को किसकी समझ की आवश्यकता होती है?
(a) शिक्षा दर्शन (b) मनोवैज्ञानिक सिद्धांत
(c) शैक्षणिक प्रक्रियाएं (d) उपरोक्त सभी

290. अध्यापक प्राय: पाठ पढ़ाने के दौरान और/या उसके तत्काल बाद विद्यार्थियों से प्रश्न पूछता है, ताकि उनके अधिगम का मूल्यांकन किया जा सके और उसके अनुसार अगला पाठ पढ़ाया जा सके। यह निम्नलिखित में से किसका उदाहरण है?
(a) संकलनात्मक मूल्यांकन
(b) निर्माणात्मक मूल्यांकन
(c) समवर्ती मूल्यांकन
(d) नैदानिक मूल्यांकन

291. अध्यापक शिक्षा संस्थाओं में प्रवेश के लिए उम्मीदवारों के चयन हेतु आयोजित किया जाने वाला अध्यापक पात्रता परीक्षण निम्नलिखित में से किसका उदाहरण है?
(a) नियोजन परीक्षण (placement test)
(b) अभिक्षमता परीक्षण (aptitude test)
(c) अभिवृत्ति परीक्षण (attitude test)
(d) उपलब्धि परीक्षण (achievement test)

292. अध्यापन व्यवसाय के आरम्भ में अध्यापक की सफलता का सर्वाधिक महत्त्वपूर्ण एकल कारक है:

(a) व्यक्तिगत एवं कक्षा से समायोजन की योग्यता
(b) जीवन के प्रति सकारात्मक अभिवृत्ति तथा दृष्टिकोण
(c) मौखिक प्रवाह एवं संगठनात्मक योजना
(d) सक्षमता तथा व्यावहारिक आचार

293. अन्वेषण अधिगम के मामले में निम्नलिखित में से कौन सा लागू होता है?

1. यह एक रचनात्मक दृष्टिकोण पर आधारित है।
2. इसे जेरोम ब्रूनर द्वारा पेश किया गया था।
3. यह जांच आधारित निर्देश की एक विधि है।

कोड:

(a) 1 और 3 (b) 2 और 3
(c) 1 और 2 (d) 2 ,1 और 3

294. क्योंकि सीखना एक निरंतर प्रक्रिया है, एक शिक्षक को अपने छात्रों के दिमाग के स्तर पर अध्यापन शुरू कर देना चाहिए। इसको कहते हैं:

(a) स्पष्टता का सिद्धांत
(b) साथ का सिद्धांत
(c) सक्रिय प्रक्रिया का सिद्धांत
(d) एकाधिक उद्भासन का सिद्धांत

295. सीखने की दर किस उम्र के बाद एक प्रतिशत की दर से कम होना शुरू होता है?

(a) 30 वर्ष (b) 35 वर्ष
(c) 42 वर्ष (d) 45 वर्ष

296. निम्नलिखित में से कौन सी सीखने की विधियां हैं?

1. शिक्षण 2. परीक्षण और त्रुटि
3. नकल 4. प्रयोग
5. पूछताछ 6. प्रतिबिंब

कोड:

(a) 1, 2, 3 और 5 (b) 2, 3, 4 और 6
(c) 1, 3 और 5 (d) उपरोक्त सभी

297. शिक्षण के रूप में परिभाषित किया जा सकता है:

(a) द्विध्रुवी प्रक्रिया को (b) त्रिध्रुवीय प्रक्रिया को
(c) चतुर्भुज प्रक्रिया को (d) उपरोक्त सभी को

298. निम्नलिखित मदों का मिलान करें।

कौशल का विकास	वर्णन
(A) संज्ञानात्मक अवस्था	(i) बड़ी इकाइयों में चरणों का संयोजन
(B) साहचर्य अवस्था	(ii) घोषणात्मक ज्ञान
(C) स्वचालित अवस्था	(iii) ज्यादा ध्यान दिए बिना

कोड:

(a) (A)-(i), (B)-(ii), (C)-(iii)
(b) (A)-(ii), (B)-(i), (C)-(iii)
(c) (A)-(ii), (B)-(iii), (C)-(i)
(d) (A)-(iii), (B)-(ii), (C)-(i)

299. उत्तेजनाओं का और उनकी प्रतिक्रियाओं का लगभग एक साथ घटना, कहलाता है:

(a) सामान्यीकरण और भेदभाव
(b) समीपस्थता
(c) सुदृढ़ीकरण
(d) अभ्यास

300. ऑनलाइन शिक्षण विधियों के संदर्भ में निम्नलिखित में से कौन सा बयान लागू होता है?

1. शिक्षक ज्ञान के निर्माण में मदद नहीं करता है।
2. शैक्षिक प्रक्रिया में शिक्षार्थियों की भूमिका अधिक होती है।
3. अनुदेश का वितरण हमेशा मौखिक होता है।
4. आत्म सीखने और प्रेरणा की अधिक संभावना है।
5. यह प्रकृति में कठोर है

कोड:

(a) 1, 2 और 4 (b) 2 और 4
(c) 2, 3 और 5 (d) 1, 3 और 5

301. सीखने की प्रक्रिया के संदर्भ में निम्नलिखित में से कौन सा वक्तव्य सही है/हैं।

(a) संदर्भ क्षेत्र स्वतंत्र और क्षेत्र दोनों पर निर्भर हो सकता है।
(b) शिक्षार्थी हमेशा चिंतनशील प्रकृति में होते हैं।
(c) व्यावहारिक विचारकों की कोई गुंजाइश नहीं है।
(d) उपरोक्त सभी

302. किशोरावस्था के चरण के दौरान भावनात्मक परिवर्तन के रूप में निम्नलिखित में से किसको वर्णित किया जा सकता है?

1. यह विवेक गठन की स्थिति है।
2. यह सोच और अभिनय का अजेय चरण है।
3. पर्यावरणीय कारकों में आनुवंशिक परिवर्तन को एक अंतर संवेदनशीलता का मॉडल कहा जाता है।
4. कामेच्छा का पुनर्जागरण है।
5. लड़कों की तुलना में लड़कियों के लिए परिणाम बदतर हैं।

कोड:

(a) केवल 1, 2 और 3 (b) केवल 2, 3 और 4
(c) केवल 1, 3 और 5 (d) उपरोक्त सभी

303. निम्नलिखित चरणों में से कौन सा संज्ञानात्मक विकास के लिए पिआगेट द्वारा आरोही क्रम में परिभाषित किया गया है?

(a) संवेदी अवधि, पूर्व-परिचालन अवधि, ठोस संचालन अवधि, औपचारिक संचालन अवधि
(b) पूर्व-परिचालन अवधि, संवेदी अवधि, ठोस संचालन अवधि, औपचारिक संचालन अवधि
(c) संवेदी अवधि, ठोस संचालन अवधि, पूर्व-परिचालन अवधि, औपचारिक संचालन अवधि
(d) संवेदी अवधि, औपचारिक संचालन अवधि, पूर्व-परिचालन अवधि, ठोस संचालन अवधि

304. निम्नलिखित चरणों में से किस दौरान, समायोजन की प्रक्रिया का उद्देश्य व्यक्तियों के जीवन में 'संतुलन की स्थिति' लाना अधिक विशिष्ट है?

(a) भावनात्मक परिवर्तन (b) संज्ञानात्मक विकास
(c) सामाजिक परिवर्तन (d) शारीरिक परिवर्तन

305. किशोरावस्था के सामाजिक परिवर्तनों के दौरान निम्नलिखित में से कौन से परिवर्तन अधिक प्रमुख हैं?

(a) यह परिवर्तन काल के दौरान क्रोध और तनाव की अवधि है।
(b) समलैंगिकता की भावना है क्योंकि एकल लिंग से परस्पर सेक्स का परिवर्तन काल होता है।
(c) एक विचलित सहकर्मी संक्रमण है जो अनुमोदन के अन्य संकेत दिखा सकता है।
(d) उपरोक्त सभी

306. मूल्यांकन के निम्नलिखित प्रकारों में से कौन सा वयस्क चरण के दौरान अधिक लागू होता है?

1. शिक्षार्थी द्वारा एकत्र सबूत साथियों, सुविधाकर्ताओं, विशेषज्ञों द्वारा मान्य
2. यह मूल रूप से कसौटी संदर्भित है:

कोड:

(a) केवल 1 (b) केवल 2
(c) 1 और 2 दोनों (d) उपरोक्त में से कोई नहीं

307. निम्नलिखित कथनों पर विचार करें:

1. एक समस्या की पहचान की गई है।
2. छोटे समूह बनाए जाते हैं।
3. सभी सदस्यों को समाधान खोजने और अपने विचारों को व्यक्त करने के लिए प्रोत्साहित किया जाता है।
4. किसी भी विचार की आलोचना नहीं की जाती है, मगर विचारों को संशोधित किया जा सकता है।

निम्नलिखित शिक्षण तकनीकों में से किसको यहां संदर्भित किया जा रहा है?

(a) बुद्धिशीलता (b) कार्य समूह
(c) जांच समूह (d) भूमिका निभाना

308. माइक्रोटीचिंग एक तकनीक है जिसका उद्देश्य शिक्षक उम्मीदवारों को वास्तविक कक्षा सेटिंग के लिए तैयार करना है।

निम्नलिखित में से कौन सा माइक्रोटीचिंग के चरणों का सही क्रम है?

1. ज्ञान अधिग्रहण चरण
2. कौशल अधिग्रहण चरण
3. स्थानांतरण चरण

कोड:

(a) 1, 2, 3 (b) 1, 3, 2
(c) 2, 1, 3 (d) 3, 1, 2

309. निम्नलिखित कथनों की सूची में से, उनका चयन करें जो प्रभावी शिक्षण की विशेषताओं और बुनियादी आवश्यकताओं को इंगित करते हैं।

1. शिक्षण प्रभावशीलता संचार पर निर्भर करता है।
2. प्रभावी शिक्षण अपने छात्रों के साथ सम्बन्ध विकसित करने की क्षमता पर जोर देता है।
3. एक प्रभावी शिक्षक विचारों का एक अच्छा विक्रेता होना चाहिए।
4. प्रभावी शिक्षण हमेशा औपचारिक प्रकृति में होता है।
5. प्रभावी शिक्षक जो छात्रों को सीखने में मदद करने में सबसे ज्यादा सफल होते हैं।

नीचे दिए गए कोड से सही उत्तर चुनें:

(a) 1, 2, 3 और 5 (b) 2, 3 और 4
(c) 2, 3 और 5 (d) 1, 2 और 5

310. सामग्री पेश करते समय, निम्नलिखित में से किस पर शिक्षकों को विचार करना चाहिए?

(a) संरचना (b) संतुलन
(c) प्रेरणा (d) उपरोक्त सभी

311. निम्नलिखित कथनों पर विचार करें:

1. शैक्षिक संस्थान में पाठ्यक्रम शिक्षण-अधिगम गतिविधियों के पूरे स्पेक्ट्रम को शामिल करता है।
2. पाठ्यक्रम परीक्षा पाठ्यक्रम के योग्य भागों के लिए प्रतिबंधित नहीं है।

उपरोक्त में से कौन सा/क्या सच है?

कोड:

(a) केवल 1 (b) केवल 2
(c) 1 और 2 दोनों (d) उपरोक्त में से कोई नहीं

312. नीचे दो कथन दिए गए हैं, एक दावे (A) के रूप में अंकित है और दूसरा कारण (R) के रूप में अंकित है।

अभिकथन (A): कसौटी संदर्भित परीक्षणों में, किसी व्यक्ति का स्कोर, और स्कोर को कैसे वर्गीकृत किया जाता है, प्रदर्शन स्तर या अन्य मानदंड से प्रभावित नहीं होता है।

कारण (R): कसौटी-संदर्भित परीक्षण किसी व्यक्ति के ज्ञान या कौशल की तुलना पूर्व निर्धारित मानक, सीखने के लक्ष्य, प्रदर्शन स्तर या अन्य मापदंड कोड के खिलाफ करते हैं।

कथन पढ़ें और नीचे दिए गए कोड का उपयोग करके सही उत्तर चुनें:

(a) (A) और (R) दोनों सही हैं और (R) (A) का सही विवरण है
(b) (A) और (R) दोनों सही हैं, लेकिन (R) (A) का सही स्पष्टीकरण नहीं है
(c) (A) सही है, लेकिन (R) गलत है
(d) (A) गलत है, लेकिन (R) सही है

313. निम्नलिखित कथनों की सूची में से, उनका चयन करें जो शिक्षण की विशेषताओं और बुनियादी आवश्यकताओं को इंगित करते हैं।

1. प्रभावी शिक्षण में कुछ प्रतिक्रिया शामिल होनी चाहिए
2. शिक्षण का अर्थ है आयोजन और पर्यवेक्षण।
3. शिक्षण दूसरों को सीखने का तात्पर्य है
4. शिक्षण के लिए दूसरों को समझाने की आवश्यकता होती है।
5. औपचारिक संचार के बिना शिक्षण हो सकता है

(a) 1, 2, 3 और 5 (b) 1, 3 और 5
(c) 2, 3, 4 और 5 (d) उपरोक्त सभी

314. निम्नलिखित में से कौन सा शिक्षण सहायक सामाग्री का अंतर्निहित उद्देश्य है?

1. छात्रों को सीखने के लिए प्रेरित करने के लिए
2. शिक्षण सहायक सामाग्री व्यक्तिगत मतभेदों को पूरा करने में सहायक होती हैं
3. शिक्षण सहायक सामाग्री अमूर्त विचारों को ठोस बनाती है
4. सीखने की प्रक्रिया को स्थायी बनाने के लिए

कोड:

(a) 1, 2 और 3 (b) 2, 3 और 4
(c) 1, 3 और 4 (d) उपरोक्त सभी

315. नीचे दी गई दो सूचियों में, सूची-1 शिक्षण विधियों की सूची प्रदान करती है, जबकि सूची-II उन्हें प्रभावी बनाने में सहायक कारक। दोनों सूचियों का मिलान करें और नीचे दिए गए कोड से सही उत्तर चुनें।

सूची-I	सूची-II
(A) वर्णनात्मक विधि	(i) छात्र स्वायत्तता को बढ़ावा देता है और सीखने को बढ़ाता है
(B) अन्वेषण विधि	(ii) विचारों का खुला और सहयोगात्मक आदान-प्रदान
(C) चर्चा विधि	(iii) करके सीखना
(D) व्यक्तिगत विधि	(iv) व्यवस्थित, कदम-दर-कदम प्रस्तुति

कोड:

(a) (A)-(iii), (B)-(iv), (C)-(ii), (D)-(i)
(b) (A)-(iv), (B) -(iii), (C)-(i), (D)-(ii)
(c) (A)-(iv), (B) -(iii), (C)-(ii), (D)-(i)
(d) (A)-(iv), (B)-(ii), (C)-(iii), (D)-(i)

316. शिक्षण महारत पर आधारित है:
(a) वैचारिक ज्ञान की
(b) शिक्षण कौशल की
(c) निर्णय लेने के कौशल की
(d) उपरोक्त सभी

317. कक्षा शिक्षण की निम्नलिखित गतिविधियों को तार्किक क्रम में व्यवस्थित करें।
1. किए गए कार्यों का विश्लेषण
2. योजना और तैयारी
3. सामग्री की प्रस्तुति
4. संशोधन और सुधार

कोड:
(a) 2, 3, 1 और 4 (b) 3, 2, 1 और 4
(c) 2, 3, 4 और 1 (d) 2, 1, 3 और 4

318. सहज तरीके से सोचने में, शिक्षार्थी आम तौर पर किसी व्यक्ति या वस्तु की एक विशेषता पर ध्यान केंद्रित करते हैं, और उस एक विशेषता पर अपना ध्यान लगाते हैं ना कि कई विशेषताओं पर विचार करने के आधार पर। यह कहलाता है:
(a) तार्किक सोच
(b) केंद्र से हटाना
(c) केंद्रीयन
(d) उपरोक्त में से कोई नहीं

319. निम्नलिखित शर्तों पर विचार करें:
1. तार्किक सोच
2. महत्वपूर्ण सोच
3. वस्तुनिष्ठता
4. संशयवाद
5. संरक्षण

शिक्षार्थियों में वैज्ञानिक दृष्टिकोण और वैज्ञानिक सोच के विकास के लिए उपरोक्त में से किसकी आवश्यकता है?
(a) 2, 3, 4 और 5 (b) 1, 3, 4 और 5
(c) 1, 2, 3 और 5 (d) 1, 2, 3, 4 और 5

320. संज्ञानात्मक डोमेन शिक्षार्थियों की बौद्धिक क्षमताओं के विकास से संबंधित है जो विभिन्न स्तरों पर कार्य करता है। निम्नलिखित में से कौन सा स्तर शिक्षण और अनुदेशात्मक उद्देश्यों के ब्लूम के वर्गीकरण के अनुसार नई स्थिति में पहले से प्रयोग की गई सामग्री का उपयोग करने के बारे में है?
(a) ज्ञान (b) समझ
(c) आवेदन (d) विश्लेषण

321. सुदृढ़ीकरण किसी भी कारक द्वारा प्रदान किया जाता है जो इस संभावना को बढ़ाता है कि प्रतिक्रिया दोहराई जाएगी। निम्नलिखित में से कौन सा सुदृढ़ीकरण के कारक हो सकता/सकते है/हैं?
(a) स्तुति
(b) टोकन पुरस्कार
(c) केवल किसी कार्य में सफल होना
(d) उपरोक्त सभी

322. श्रवण और सुनने की तुलना करते समय, हम कह सकते हैं कि
(a) श्रवण एक भौतिक प्रक्रिया है; सुनना एक मानसिक रोग प्रक्रिया है
(b) सुनना एक भौतिक प्रक्रिया है; श्रवण एक मानसिक रोग प्रक्रिया है
(c) दोनों विशुद्ध रूप से भौतिक प्रक्रियाएं हैं
(d) दोनों विशुद्ध जैविक प्रक्रियाएं हैं

323. जानकारी स्पष्ट करने के लिए प्रश्न पूछना, संदेशों को पैराफ्रेज करना, और भ्रामक क्षेत्रों की पहचान करना मूल रूप से है:
(a) सुनने में बाधाएं
(b) मनोरंजन के लिए सुनना
(c) किसी संदेश की समझ की जांच करने की तकनीक
(d) उपरोक्त में से कोई नहीं

324. निम्नलिखित शिक्षण प्रक्रिया को क्रमानुसार व्यवस्थित करें।
(i) वर्तमान ज्ञान को पूर्व ज्ञान के साथ जोड़ना
(ii) मूल्यांकन
(iii) पुन: शिक्षण
(iv) शिक्षण उद्देश्यों का निर्माण
(v) सामग्रियों की प्रस्तुति
(a) (i), (iv), (v), (ii), (iii)
(b) (iv), (v), (i), (ii), (iii)
(c) (iv), (i), (ii), (v), (iii)
(d) (iv), (i), (v), (ii), (iii)

325. निम्नलिखित में से कौन सा सीखने का एक उत्पाद है?
(a) बुद्धिमत्ता (b) परिपक्वता
(c) कौशल (d) मेमोरी

326. जानकारी का पता लगाने, मूल्यांकन करने और प्रभावी ढंग से उपयोग करने की क्षमता एक महत्वपूर्ण विशेषता है जिसे रूप में जाना जाता है:
(a) महत्वपूर्ण सोच (b) सूचना साक्षरता
(c) सुनवाई (d) चयनात्मक ध्यान

327. निम्नलिखित कथनों पर विचार करें:
1. पाठ्यक्रम में स्कूल में शिक्षण-अधिगम गतिविधियों के पूरे क्षेत्र को शामिल किया गया है
2. पाठ्यक्रम परीक्षा पाठ्यक्रम के योग्य भागों के लिए प्रतिबंधित नहीं है

उपरोक्त में से कौन सा कथन सही है/ हैं
(a) केवल 1 (b) केवल 2
(c) 1 और 2 दोनों (d) उपरोक्त में से कोई नहीं

328. सीखने के किस सिद्धांत ने पाया है कि सीखने की समझ के लिए आंतरिक प्रक्रिया का ज्ञान महत्वपूर्ण है?
(a) संज्ञानात्मक सिद्धांत
(b) उत्तेजना-प्रतिक्रिया सिद्धांतवादी
(c) स्फूर्त अनुकूलन सिद्धांतवादी
(d) शास्त्रीय अनुकूलन सिद्धांतवादी

329. कई मामलों में, धीमी गति से सीखने की क्षमता के अलावा अन्य कारकों के कारण होती है। निम्नलिखित में से कौन धीमी गति से सीखने वाले का लक्षण नहीं है?
(a) अमूर्त सोच
(b) ध्यान की छोटी अवधि
(c) सीमित हितों की सीमा
(d) सीमित शब्दावली

330. निम्नलिखित कथनों पर विचार करें:
1. शिक्षा एक प्राकृतिक प्रक्रिया है
2. शिक्षा एक सामाजिक प्रक्रिया है

कोड:
(a) केवल 1 (b) केवल 2
(c) 1 और 2 दोनों (d) उपरोक्त में से कोई नहीं

331. शिक्षक विषय प्रस्तुत करता है और पाठ के माध्यम से छात्रों को निर्देशित करता है। एक नियम एक उदाहरण के साथ प्रस्तुत किया जाता है और फिर अभ्यास प्रदान किया जाता है। इसे इस प्रकार बताए जाने को कहते हैं:

(a) व्याख्यात्मक शिक्षण
(b) प्रत्यक्ष अनुदेश
(c) निर्देशित अन्वेषण
(d) समस्या आधारित अधिगम

332. जो ज्ञान बिना अनुमान और/या कारण के उपयोग के प्राप्त किया जाता है, उसे कहा जाता है:

(a) प्रदर्शनकारी ज्ञान
(b) तार्किक ज्ञान
(c) अनुभवात्मक ज्ञान
(d) सहज ज्ञान

333. अवधारणा-मानचित्रण का उपयोग दृश्य तरीके से संबंधित जानकारी को व्यवस्थित करने के लिए किया जाता है, यह विषय, मुख्य विचारों और समर्थन विवरण या प्रासंगिक पाठ्यक्रम सामग्री के बीच पदानुक्रमित संबंधों को दर्शाता है।

अवधारणा-मानचित्रण का इस्तेमाल किया जा सकता है:

(a) सीखने और मूल्यांकन उपकरण दोनों के लिए
(b) केवल याद करने के लिए
(c) केवल सीखने के लिए
(d) केवल मूल्यांकन के लिए

334. निम्नलिखित तकनीकों में से किसमें एक शिक्षक छात्रों को लचीले प्रश्नों का एक सेट प्रदान करता है जो उन्हें अपने स्वयं के सीखने पर प्रतिबिंबित करने के लिए प्रेरित करता है?

(a) चिंतनशील संकेत
(b) स्व मूल्यांकन
(c) समकक्ष मूल्यांकन
(d) उपरोक्त में से कोई नहीं

335. सुसंगत पाठ्यक्रम के बारे में निम्नलिखित में से कौन सा कथन सही है?

1. यह अच्छी तरह से व्यवस्थित और उद्देश्यपूर्ण रूप से सीखने को आसान बनाने के लिए डिज़ाइन किया गया है
2. यह शैक्षिक अंतराल और अनावश्यक पुनरावृत्ति से मुक्त है
3. यह पाठ, पाठ्यक्रम, विषय क्षेत्रों, और ग्रेड के स्तर में पंक्तिबद्ध है

कोड:

(a) 1 और 3 (b) 1 और 2
(c) 2 और 3 (d) 1, 2 और 3

336. शिक्षण के लिए रचनात्मक दृष्टिकोण - शिक्षा के सभी स्तरों पर अधिगम प्रक्रिया पर जोर दिया जा रहा है।

निम्नलिखित तरीकों में से कौन सा मुख्य रूप से इस दृष्टिकोण पर आधारित है?

(a) व्याख्यान विधि (b) परियोजना विधि
(c) चर्चा विधि (d) उपरोक्त सभी

337. निम्नलिखित में से कौन समस्या समाधान तकनीक की मॉडलिंग करके छात्रों को अपने स्वयं के सीखने के प्रबंधन में सहायता करता है?

(a) ड्रिल और अभ्यास (b) मानसिक मॉडलिंग
(c) अन्वेषण अधिगम (d) प्रत्यक्ष अनुदेश

338. छात्र या व्यक्ति विभिन्न स्थितियों में प्रभावी ढंग से सामना करने की अपनी क्षमता के बारे में विश्वास (सकारात्मक या नकारात्मक) विकसित कर सकते हैं। इसे कहा जा सकता है

(a) स्व-प्रभावकारिता (b) स्व-नियमन
(c) अहंकार (d) आत्मविश्वास

339. निम्नलिखित गतिविधियों में से कौन सी प्रारंभिक मूल्यांकन की प्रकृति का संकेत देता है?

(1) एक प्रश्नोत्तरी परीक्षा आयोजित करना
(2) एक योग्यता परीक्षा आयोजित करना
(3) एक ग्रेडिंग प्रणाली में छात्र का मूल्यांकन
(4) शिक्षण के दौरान प्रतिक्रिया प्रदान करना
(5) कक्षा में अभिनव सोच के लिए छात्रों को प्रेरित करना

नीचे दिए गए विकल्पों में से अपना उत्तर चुनें:

(a) (1), (2) और (3)
(b) (2), (3) और (4)
(c) (1), (4) और (5)
(d) (2), (3) और (5)

340. नीचे दो कॉलम दिए गए हैं। कॉलम-A में शिक्षण के तरीकों को सूचीबद्ध किया गया है और कॉलम-B एक विधि के फोकस को सूचीबद्ध करता है।

कॉलम-ए	कॉलम-बी
(A) व्याख्यान विधि	(i) शिक्षण की गतिशील, सक्रिय विधि
(B) प्रदर्शन विधि	(ii) अनुभव आधारित अधिगम
(C) अनुमानी विधि	(iii) बड़ी मात्रा में ज्ञान प्रदान करना
(D) विभेदित अनुदेश	(iv) छात्र को गैर-सहायता प्राप्त प्रयासों से अपनी समस्या का समाधान करना होता है

नीचे दिए गए विकल्पों में से अपना उत्तर चुनें:

(a) (A)-(i); (B) -(iii); (C) -(ii); (D) -(iv)
(b) (A)-(ii); (B) -(iv); (C)-(i); (D) -(iii)
(c) (A)-(iii); (B)-(i); (C) -(ii); (D) -(iv)
(d) (A)-(iii); (B) -(ii); (C) -(iv); (D)-(i)

341. एक शिक्षार्थी की विशेषताओं की पहचान करें जो प्रभावी शिक्षण में मदद करती हैं।

1. एक शिक्षक के लिए समग्र सम्मान
2. शिक्षार्थी की मानसिक क्षमता का स्तर
3. शिक्षार्थी के पिछले अनुभव
4. शिक्षार्थी की रुचि
5. शिक्षार्थी के पारस्परिक संबंध
6. शिक्षार्थी के सामाजिक परिप्रेक्ष्य

नीचे दिए गए विकल्पों में से अपना उत्तर चुनें:

(a) 1, 2, 3 और 4 (b) 3, 4, 5 और 6
(c) 1, 2, 3 और 6 (d) 2, 3, 4 और 6

342. संवादात्मक बातचीत के लिए प्रासंगिक शिक्षण विधियों की पहचान करें।

1. औपचारिक व्याख्यान
2. समूह शिक्षण
3. शैक्षणिक
4. परियोजना के तरीके
5. समूह चर्चा

नीचे दिए गए विकल्पों में से अपना उत्तर चुनें:

(a) 1, 2 और 3 (b) 3, 4 और 5
(c) 2, 3 और 5 (d) 4, 5 और 6

343. निम्नलिखित में से कौन सा शिक्षार्थियों की भावनात्मक बुद्धिमत्ता का सर्वश्रेष्ठ वर्णन करता है?
1. अन्य लोगों और अपने स्वयं की भावनाओं को समझना
2. भावनाओं की आक्रामक अभिव्यक्ति
3. मनुष्य बस एक सूचना प्रोसेसर हैं
4. स्थिति के अनुसार स्वनियमन
5. रचनात्मक और आलोचना के लिए उन्मुक्त होना
6. सहानुभूति

नीचे दिए गए विकल्पों में से अपना जवाब चुनें:
(a) 1, 4, 5, 6 (b) 3, 4 और 5
(c) 1, 2 और 3 (d) 2, 3 और 4

344. निम्नलिखित में से कौन सी बीमारी अपरिवर्तनीय रूप से दिखाई देती है, प्रगतिशील मस्तिष्क विकार जो धीरे-धीरे स्मृति और सोच कौशल को नष्ट कर देता है और अंततः, सबसे सरल कार्यों को पूरा करने की क्षमता?
(a) अल्जाइमर डिसीज़ (b) डिस्लेक्सिया
(c) पार्किंसंस रोग (d) उपरोक्त में से कोई नहीं

345. कौन सी बीमारियां निम्नलिखित समस्याओं को संदर्भित करती हैं?
(1) एक सीखने का विकार, जिसमें वाक् ध्वनियों की पहचान करने में होने वाली समस्याओं के कारण पढ़ने में कठिनाई होती है।
(2) यह सीखने से संबंधित है कि वे कैसे अक्षरों और शब्दों से संबंधित है जो डिकोडिंग हैं।
(3) यह मस्तिष्क के उन क्षेत्रों को प्रभावित करता है जो भाषा को संसाधित करते हैं।

विकल्प हैं:
(a) अल्जाइमर रोग (b) डिस्लेक्सिया
(c) पार्किंसंस रोग (d) उपरोक्त में से कोई नहीं

346. बहुभागी बुद्धिमत्ता का सिद्धांत मानव बुद्धि को विशिष्ट 'तौर-तरीकों' में अलग करता है, न कि एक सामान्य क्षमता के प्रभुत्व के रूप में देखने के बजाय। निम्नलिखित में से किसने 'मल्टीपल इंटेलिजेंस' के सिद्धांत को सामने रखा?
(a) अल्फ्रेड बिनेट (b) एल थुरस्टोन
(c) चार्ल्स स्पीयरमैन (d) हावर्ड गार्डनर

347. निम्नलिखित में से कौन सा कथन समावेशी शिक्षण अवधारणा की व्याख्या करता है?
(a) शिक्षक प्रतिभाशाली छात्रों को सीखने की सुविधा प्रदान करता है
(b) शिक्षक कमजोर छात्रों के सीखने की सुविधा प्रदान करता है
(c) शिक्षक छात्र के माता-पिता का समर्थन लेता है ताकि उन्हें सिखाना मुमकिन हो सके
(d) शिक्षक एक ही कक्षा में एक साथ अलग पृष्ठभूमि के छात्र को सिखाता है

348. शिक्षण में चर्चा विधि को और अधिक प्रभावी बनाने के लिए निम्नलिखित में से कौन सी शर्त पूरी की जानी चाहिए?
1. हमें प्रत्येक प्रतिभागी से पूछना होगा ताकि एक आसान विषय चुना जा सके।
2. विषय पहले से घोषित किया जाना चाहिए
3. विषय आम हित का होना चाहिए
4. एक से अधिक शिक्षकों की उपलब्धता
5. प्रतिभागियों को भाषा की सुविधा

नीचे दिए गए विकल्पों में से उचित उत्तर चुनें:
(a) 2, 3 और 5 (b) 1, 2 और 3
(c) 1, 2 और 5 (d) 3, 4 और 5

349. प्रभावी शिक्षण व्यवहारों की सूची में, उनकी पहचान करें जिन्हें महत्वपूर्ण व्यवहार कहा जाता है।
1. सभी छात्रों को प्रत्यक्ष, श्रव्य और मौखिक वितरण
2. छात्रों को एक उत्तर के बारे में विस्तार से बताने के लिए प्रोत्साहित करना
3. शिक्षार्थियों के साथ गर्मजोशी संबंध
4. प्रस्तुति के अलग-अलग तरीके
5. न्यूनतम वर्ग व्यवधान के साथ दुर्व्यवहार को रोकना
6. आयोजन उनका जो आने वाला है और सारांश उनका जो पहले चला गया है

नीचे दिए गए विकल्पों में से अपना उत्तर चुनें:
(a) 1, 4 और 5 (b) 1, 2 और 3
(c) 2, 3 और 4 (d) 4, 5 और 6

350. नीचे दी गई सूची से, उन प्रश्नों की पहचान करें जिन्हें सामग्री आधारित प्रश्नों के बजाय प्रक्रिया कहा जाता है?
1. अभिसरण प्रश्न
2. भिन्न प्रश्न
3. तथ्य आधारित प्रश्न
4. अवधारणा आधारित प्रश्न
5. मुक्त प्रश्न
6. बंद प्रश्न

नीचे दिए गए विकल्पों में से सही उत्तर चुनें:
(a) 1, 2 और 3 (b) 2, 3 और 4
(c) 4, 5 और 6 (d) 2, 3 और 5

351. कौन सी शिक्षार्थी विशेषताएं अध्ययन के दौरान उनके परिप्रेक्ष्य को प्रभावित करेंगी?
1. शिक्षार्थी की प्रतिबद्धता
2. शिक्षार्थी में माता-पिता की रुचि
3. शिक्षार्थी का पूर्व ज्ञान
4. संबंधित क्षेत्र में शिक्षार्थी का कौशल
5. शिक्षार्थी के परिवार का आकार
6. परिवार की सामाजिक-आर्थिक पृष्ठभूमि जिससे शिक्षार्थी संबंधित है

नीचे दिए गए विकल्पों में से सही उत्तर चुनें:
(a) 1, 3 और 4 (b) 1, 2 और 3
(c) 3, 4 और 5 (d) 4, 5 और 6

352. एक छात्र के प्रदर्शन की तुलना किसी अन्य छात्र से की जाती है, ऐसा किस प्रकार के परीक्षण में किया जाता है?
(a) कसौटी संदर्भित परीक्षण
(b) नैदानिक परीक्षण
(c) योगात्मक परीक्षण
(d) आदर्श-संदर्भित परीक्षण

353. नीचे दी गई सूची में कौन सी रणनीतियां प्रत्यक्ष शिक्षण से जुड़ी होंगी?
1. उदाहरण और स्पष्टीकरण प्रदान करना
2. जांच को बढ़ावा देना
3. अवधारणाओं पर ध्यान केंद्रित करना
4. समीक्षा और पुनर्पूंजीकरण देना
5. अभ्यास और प्रतिक्रिया की पेशकश
6. समस्या उठाना और समस्या को सुलझाना

नीचे दिए गए विकल्पों में से सही उत्तर चुनें:
(a) 1, 2 और 3 (b) 2, 3 और 4
(c) 1, 4 और 5 (d) 4, 5 और 6

354. जब 'परीक्षण डेटा' हमें एक परिभाषित क्षेत्र में एक छात्र की प्रवीणता के बारे में बताता है, मूल्यांकन की प्रक्रिया को कहा जाता है (जून 2020)

(a) प्रारंभिक मूल्यांकन
(b) योगात्मक मूल्यांकन
(c) आदर्श संदर्भित परीक्षण
(d) मापदंड संदर्भित परीक्षण

355. एक कक्षा में सहकर्मी समूह बातचीत में मदद करता है:

(a) अवधारणा समझ
(b) किसी की गलतफहमी का बोध
(c) तालमेल बनाना
(d) पूछताछ

356. समावेशी शिक्षा का तात्पर्य:

(a) प्रत्येक बच्चे के अधिगम परिणाम को समान सुनिश्चित करना
(b) मुख्य धारा में विकलांगों सहित
(c) 14 वर्ष से कम उम्र के बच्चों के लिए अनिवार्य शिक्षा प्रदान करना
(d) यह सुनिश्चित करना कि कोई भी बच्चा शिक्षा में पीछे न रहे

357. संसाधनों के इष्टतम उपयोग के साथ छात्रों के अधिगम परिणाम सुनिश्चित किए जाते हैं। एक शिक्षक की ओर से और स्वयं सीखने के लिए छात्रों की ओर से प्रयास स्पष्ट हैं। निम्नलिखित में से कौन सी अभिव्यक्ति शिक्षक का सबसे उचित वर्णन करेगी?

(a) शिक्षक सफल है (b) शिक्षक प्रभावी है
(c) शिक्षक बुद्धिमान है (d) शिक्षक व्यावहारिक है

358. निम्नलिखित कथनों पर विचार करें। वे क्या संदर्भित करते हैं:

1. यह सोचने के बारे में सोच रहा है।
2. यह झटपट परिणामों के लिए और स्वयं सीखने को समझने के लिए छात्र के अधिगम को बढ़ाता है।
3. यह एक शिक्षण योग्य कौशल है जो समस्या को सुलझाने, निर्णय लेने और महत्वपूर्ण सोच जैसे अन्य कौशल संग्रह के लिए केंद्र में है।
4. चिंतनशील सोच भी इसका हिस्सा है।

(a) केवल 1, 2 और 3
(b) केवल 2, 3 और 4
(c) केवल 1, 2 और 4
(d) उपरोक्त सभी

359. निम्नलिखित में से किस अधिगम परिणाम के संदर्भ में शिक्षण के तौर-तरीकों को प्रशिक्षण और निर्देश से अलग किया जाना चाहिए?

(a) अनुशासित या पैटर्न वाला व्यवहार
(b) महत्वपूर्ण और रचनात्मक सोच
(c) विचारों का दृढ़ और टिकाऊ संघ
(d) त्वरित प्रतिक्रिया

360. एक विश्वविद्यालय का शिक्षक एक बाहरी परीक्षण एजेंसी द्वारा आयोजित अवधि और मूल्यांकन पर छात्रों के शैक्षिक प्रदर्शन, उनकी सामाजिक-आर्थिक पृष्ठभूमि के संदर्भ में उनकी आकांक्षा के स्तर के प्रभाव का अध्ययन करने की योजना बना रहा है। इस अध्ययन में निर्भर चर क्या है?

(a) छात्रों की आकांक्षा का स्तर
(b) छात्रों की सामाजिक-आर्थिक पृष्ठभूमि
(c) छात्रों का शैक्षिक प्रदर्शन
(d) अवधि और मूल्यांकन

361. नीचे दी गई सूची से अनुदेशात्मक घटनाओं की पहचान करें जो एक पाठ योजना की संरचना का हिस्सा हैं। सूची के नीचे दिए गए विकल्पों में से अपना उत्तर चुनें:

अनुदेशात्मक घटनाओं की सूची:

1. छात्रों का ध्यान आकर्षित करना
2. छात्रों का पूर्व ज्ञान
3. उद्देश्यों के बारे में शिक्षार्थी को सूचित करना
4. पूर्व-अपेक्षित सीखने की उत्तेजक याद
5. पुस्तकालय में पठन सामग्री की उपलब्धता की जांच करना
6. वांछित प्रतिक्रिया प्राप्त करना

(a) 1, 2, 3, 4 (b) 1, 3, 4, 6
(c) 2, 3, 5, 6 (d) 1, 3, 4, 5

362. बुद्धिशीलता के संदर्भ में निम्नलिखित में से कौन सा कथन सही है?

1. बुद्धिशीलता एक सामूहिक रचनात्मक तकनीक है
2. बुद्धिशीलता एक समस्या को सुलझाने की तकनीक है
3. बुद्धिशीलता व्यक्तिगत स्तर और समूह स्तर पर मदद करती है
4. बुद्धिशीलता की सर्वोच्च प्राथमिकता गुणवत्ता की मात्रा है

कोड:

(a) केवल 1, 2 और 3 (b) केवल 2, 3 और 4
(c) 1, 3 और 4 केवल (d) उपरोक्त सभी

363. आत्म-अधिगम को अनुकूलित करने के लिए निम्नलिखित प्रेरक सिद्धांतों में से कौन सा सबसे अधिक उपयोगी होगा?

(a) इनाम और सजा का उपयोग करना
(b) संबद्धता की आवश्यकता को पूरा करने की गुंजाइश बनाना
(c) सक्षमता की संतोषजनक आवश्यकता की गुंजाइश प्रदान करना
(d) स्थिति की जरूरतों को पूरा करने के लिए चिंताओं को बढ़ावा देना

364. नैदानिक मूल्यांकन का पता लगाता है:

(a) निर्देशों की शुरुआत में छात्रों का प्रदर्शन
(b) निर्देशों के दौरान लगातार अधिगम की समस्याओं का कारण और उपचार
(c) अंत में अनुदेशात्मक उद्देश्यों की उपलब्धि की डिग्री
(d) निर्देशों के बाद प्रगति और असफलता के बारे में सीखना

365. शिक्षण को प्रभावित करने वाले निम्नलिखित संभावित कारकों में से कौन सा अनुदेशात्मक सुविधाओं और सीखने के माहौल से संबंधित है? (जून 2020)

1. शिक्षक द्वारा प्रशंसा और प्रोत्साहन
2. उपयोग के लिए पाठ्य पुस्तकों/पठन सामग्री की अनुपलब्धता
3. परस्पर संवादात्मक प्रक्रिया में सक्रिय कदम
4. उच्च योग्यता प्राप्त शिक्षकों की कमी
5. स्मार्ट कक्षाओं की उपलब्धता

निम्नलिखित विकल्पों में से सही उत्तर चुनें

(a) 1, 2 और 3 (b) 2, 3 और 5
(c) 1, 4 और 5 (d) 3, 4 और 5

366. दी गई शिक्षार्थी विशेषताओं में से कौन सी क्षेत्र निर्भर(समग्र/दृश्य) अधिगम शैली से संबंधित है? (जून 2020)

1. तथ्यों और सिद्धांतों पर ध्यान केंद्रित करना
2. व्यक्तिगत अनुभव के लिए अवधारणाओं से संबंधित होना
3. शिक्षक के साथ कार्य से संबंधित औपचारिक बातचीत
4. सहयोग के बजाय प्रतिस्पर्धा पसंद करना
5. प्रतिस्पर्धा के बजाय सहयोग पसंद करना
6. अवधारणाओं और सामग्रियों के वैश्विक पहलुओं को मानना

नीचे दिए गए विकल्प से सही उत्तर चुनें:

(a) 1, 2 और 3 (b) 2, 3 और 5
(c) 2, 5 और 6 (d) 4, 5 और 6

367. नीचे शिक्षण विधियों और दृष्टिकोणों की सूची है। उनमें से कौन सा व्यक्तिगत शिक्षण दृष्टिकोण को दर्शाता है?

(A) प्रदर्शन विधि
(B) मॉड्यूलर दृष्टिकोण आधारित शिक्षण
(C) क्रमादेशित शिक्षा
(D) व्यक्तिगत शिक्षण
(E) सहयोगी विधि

नीचे दिए गए विकल्पों में से अपना उत्तर चुनें:

(a) (A), (B) और (C)
(b) (B), (C) और (D)
(c) (C), (D) और (E)
(d) (A), (D) और (E)

368. एक शिक्षक के रूप में आपके द्वारा तैयार की गई परीक्षण के मामले में निम्नलिखित में से कौन सा कथन सही है?

(a) यदि कोई परीक्षण विश्वसनीय है, तो वह वस्तुनिष्ठ है
(b) यदि कोई परीक्षण वैध है, तो वह विश्वसनीय भी है
(c) यदि कोई परीक्षण विश्वसनीय है, तो वह वैध है
(d) यदि कोई परीक्षण वैध और विश्वसनीय है, तो वह उपयोगी है

369. निम्नलिखित कथनों पर विचार करें।

(1) यह सरल, स्पष्ट अधिगम तकनीकों का उपयोग है, आमतौर पर एक विशिष्ट कौशल सिखाने के लिए।
(2) यह एक शिक्षक निर्देशित विधि है।

यहां निम्नलिखित शिक्षण विधियों में से किस पर चर्चा की जा रही है?

(a) अन्वेषी अधिगम
(b) रचनात्मक दृष्टिकोण
(c) प्रत्यक्ष अनुदेश
(d) सफल और प्रायोगिक शिक्षण

370. शिक्षण की प्रभावशीलता को आंकने के लिए निम्नलिखित में से कौन सा आधार उचित ठहराया जा सकता है?

(A) समग्र विषयों में छात्रों द्वारा प्राप्त अंक
(B) अनुदेशात्मक उद्देश्यों की प्राप्ति का स्तर
(C) छात्रों द्वारा सीखने के लिए लिया गया समय
(D) शिक्षक द्वारा शिक्षण में उपयोग किए जाने वाले संसाधन
(E) कक्षा में छात्रों की नियमितता

नीचे दिए गए विकल्पों में से अपना उत्तर चुनें:

(a) (A), (B) और (C)
(b) (A), (B) और (D)
(c) (C), (D) और (E)
(d) (B), (C) और (D)

371. निम्नलिखित में से किसने दक्षता पूर्ण अधिगम की अवधारणा दी है?

(a) कार्लटन वॉशबर्न (b) अल्बर्ट बंडुरा
(c) डेविड ऑसुबेल (d) एडवर्ड थॉर्नडिक

372. निम्नलिखित कथनों पर विचार करें:

(1) सिद्धांत का प्रयोग अमूर्त संबंध शिक्षण के लिए किया जाता है।
(2) सिद्धांत छात्रों को लंबी अवधि के लिए महत्वपूर्ण और बड़ी जानकारी बनाए रखने में मदद करता है।
(3) इस सिद्धांत की खोज डेविड ऑसुबेल ने की थी।

सिद्धांत की पहचान करें।

(a) दक्षता-पूर्ण अधिगम का सिद्धांत
(b) ग्रहणशील अधिगम का सिद्धांत
(c) सामाजिक शिक्षा का सिद्धांत
(d) अन्वेषण अधिगम का सिद्धांत

373. निम्नलिखित कथनों पर विचार करें।

(1) सीखना एक सक्रिय प्रक्रिया है।
(2) शिक्षार्थी अपने वर्तमान या पिछले ज्ञान के आधार पर नए विचारों या अवधारणाओं का निर्माण करते हैं।
(3) यह मूल रूप से एक रचनात्मक दृष्टिकोण है।

निम्नलिखित सिद्धांतों में से कौन सा इन कथनों के अनुसार है?

(a) डेविड ऑसुबेल का ग्रहणशील अधिगम
(b) अल्बर्ट बंडुरा का सामाजिक शिक्षण सिद्धांत
(c) कार्लटन वॉशबर्न का दक्षता-पूर्ण अधिगम
(d) जेरोम एस. ब्रून का अन्वेषण अधिगम

374. नीचे दिए गए सेटों में, सेट I शिक्षण के स्तर प्रदान करता है, जबकि सेट II प्रसंग का केंद्र प्रदान करता है:

सेट I (शिक्षण का स्तर)	सेट II (प्रसंग का केंद्र)
(A) स्वायत्त	(1) बढ़ती समस्या और समस्या के समाधान का विकास स्तर
(B) स्मृति स्तर	(2) प्रभाव और भावनाएं
(C) समझ स्तर	(3) तथ्यों और सूचनाओं को याद करना
(D) चिंतनशील स्तर	(4) तथ्यों और उनके उदाहरणों के बीच संबंधों को देखना
	(5) समकक्ष अधिगम

नीचे दिए गए विकल्पों में से सही उत्तर का चयन करें।

(a) A-1, B-2, C-4, D-5
(b) A-1, B-4, C-3, D-2
(c) A-2, B-3, C-4, D-1
(d) A-5, B-4, C-3, D-2

375. **अभिकथन (A):** सभी कक्षा संचार सामाजिक और संस्थागत मांगों द्वारा पूर्व निर्धारित किए गए हैं।

कारण (R): सकारात्मक शिक्षाप्रद प्रक्रियाओं को शिक्षार्थियों को सामाजिक महत्व का ज्ञान प्राप्त करने के लिए मार्गदर्शन करना चाहिए।

निम्नलिखित कोड से सही उत्तर चुनें:

(a) (A) और (R) दोनों सही हैं, और (R) (A) का सही स्पष्टीकरण है।
(b) (A) और (R) दोनों सही हैं, लेकिन (R) (A) का सही स्पष्टीकरण नहीं है।
(c) (A) सही है, लेकिन (R) गलत है।
(d) (A) गलत है, लेकिन (R) सही है।

376. बड़े पैमाने पर ओपन ऑनलाइन पाठ्यक्रम (MOOCs) कर रहे हैं:

(a) स्वयंनिर्देशित, ऑनलाइन लर्निंग का लचीला और खुला रूप जन भागीदारी के लिए डिज़ाइन किया गया
(b) शिक्षक-निर्देशित, जन भागीदारी के लिए डिज़ाइन किए गए ऑनलाइन अधिगम का लचीला और खुला रूप

(c) बड़े पैमाने पर भागीदारी के लिए डिज़ाइन किए गए स्वयंनिर्देशित, ऑफ लाइन लर्निंग का लचीला और खुला रूप
(d) शिक्षक-निर्देशित, जन भागीदारी के लिए डिज़ाइन किए गए ऑफ लाइन लर्निंग का लचीला और खुला रूप

377. निम्नलिखित में से कौन सा आंतरिक मूल्यांकन पर लागू नहीं होता है?
(a) शिक्षण और मूल्यांकन का एकीकरण
(b) कौशल और क्षमताओं का परीक्षण
(c) आवधिक और सतत
(d) केवल उपलब्धि परीक्षणों का उपयोग

378. माइक्रोक्रेडिट एमओओसी से संबंधित श्रृंखला है जो किसी व्यक्ति को किसी विशिष्ट विषय को गहराई से समझने की अनुमति देती है। निम्नलिखित में से किसको लोकप्रिय माइक्रोक्रेडिट कहा जा सकता है?
(a) माइक्रोमास्टर्स (b) विशिष्टताएं
(c) नैनोडिग्रीज (d) उपरोक्त सभी

379. ई-पीजी पाठशाला यूजीसी द्वारा निष्पादित आईसीटी (एनएमई-आईसीटी) के माध्यम से अपने राष्ट्रीय शिक्षा मिशन के तहत एमएचआरडी (अब शिक्षा मंत्रालय) की एक पहल है। निम्नलिखित में से कौन-सा संस्थान ई-पीजी पाठशाला से निकटता से जुड़ा हुआ है?
(a) ई-अध्ययन (ई-बुक्स)
(b) यूजीसी एमओओसी
(c) ई-पाठ्य (ऑफलाइन एक्सेस)
(d) उपरोक्त सभी

380. वाक्यांश 'प्रत्येक छात्र को व्यक्तिगत रूप से ध्यान देना' का एक उदाहरण है।
(a) संक्षिप्तता (b) वाक्-चक्र
(c) शब्दबाहुल्य (d) पुनरुक्ति

381. निम्नलिखित में से किसको भारत में एमओओसी के लिए प्रमुख चुनौतियां माना जा सकता है?
1. तकनीकी बुनियादी ढांचा
2. विविध जरूरतें
3. शिक्षार्थियों के बीच MOOC को अपनाना
4. कम निवेश
5. कम प्रशिक्षण

कोड:
(a) 1, 2 और 4 (b) 2, 3 और 5
(c) 1, 2, 3 और 4 (d) 1, 2, 3, 4 और 5

उत्तरमाला (ANSWER KEY)

शिक्षण-अवधारणा और प्रकृति

1. (c) 2. (c) 3. (d) 4. (a) 5. (a) 6. (a) 7. (a) 8. (a) 9. (a) 10. (c) 11. (a) 12. (a) 13. (b)
14. (d) 15. (b) 16. (c) 17. (b) 18. (a) 19. (b) 20. (d) 21. (a) 22. (b) 23. (a) 24. (b) 25. (c) 26. (a)
27. (b) 28. (a) 29. (d) 30. (c) 31. (d) 32. (a) 33. (b) 34. (d) 35. (c) 36. (c) 37. (c) 38. (a) 39. (d)
40. (c) 41. (a) 42. (d) 43. (a) 44. (a) 45. (d) 46. (d) 47. (c) 48. (b) 49. (d) 50. (c) 51. (c) 52. (b)
53. (b) 54. (c) 55. (b) 56. (c) 57. (d) 58. (c) 59. (d) 60. (b) 61. (a) 62. (c) 63. (a) 64. (d) 65. (b)
66. (b) 67. (d) 68. (a) 69. (b) 70. (c) 71. (d) 72. (b) 73. (c) 74. (d) 75. (c) 76. (d) 77. (b) 78. (d)
79. (c) 80. (b) 81. (c) 82. (c) 83. (a) 84. (a) 85. (a) 86. (a) 87. (c) 88. (c) 89. (d) 90. (c) 91. (a)
92. (a) 93. (d) 94. (a) 95. (d) 96. (b) 97. (c) 98. (b) 99. (b) 100. (d) 101. (a) 102. (c)

शिक्षण विधियां एवं सहायक शिक्षण सामग्री

103. (a) 104. (d) 105. (a) 106. (b) 107. (a) 108. (b) 109. (a) 110. (a) 111. (d) 112. (d) 113. (c) 114. (d) 115. (b)
116. (c) 117. (a) 118. (d) 119. (c) 120. (c) 121. (b) 122. (d) 123. (d) 124. (a) 125. (b) 126. (d) 127. (b) 128. (b)
129. (d) 130. (c) 131. (a) 132. (d) 133. (b) 134. (d) 135. (b) 136. (d) 137. (c) 138. (c) 139. (a) 140. (d) 141. (a)
142. (d) 143. (d) 144. (d) 145. (a) 146. (b) 147. (d) 148. (b) 149. (b) 150. (d) 151. (a) 152. (d) 153. (b) 154. (c)

नव-शिक्षार्थी के अभिलक्षण

155. (d) 156. (b) 157. (b) 158. (d) 159. (a) 160. (c) 161. (c) 162. (a) 163. (a) 164. (a) 165. (c) 166. (d) 167. (d)
168. (d) 169. (a) 170. (a) 171. (d) 172. (a) 173. (a) 174. (a) 175. (a) 176. (a) 177. (a) 178. (a) 179. (a) 180. (d)
181. (d) 182. (c) 183. (b) 184. (a) 185. (a) 186. (d) 187. (b) 188. (d) 189. (c) 190. (d) 191. (a) 192. (b) 193. (b)
194. (a) 195. (c) 196. (c) 197. (d) 198. (d) 199. (b) 200. (b) 201. (c) 202. (c) 203. (d) 204. (b) 205. (d) 206. (d)
207. (a) 208. (b) 209. (c) 210. (d) 211. (a) 212. (a) 213. (c) 214. (a) 215. (b) 216. (a) 217. (d) 218. (a)

कक्षा स्थिति प्रबंधन

219. (b) 220. (c) 221. (d) 222. (b) 223. (a) 224. (a) 225. (d) 226. (a) 227. (c) 228. (d) 229. (c) 230. (d) 231. (c)
232. (d) 233. (b) 234. (a) 235. (c) 236. (b) 237. (c) 238. (c) 239. (c) 240. (d) 241. (d) 242. (c) 243. (d) 244. (b)
245. (c) 246. (a) 247. (c) 248. (c) 249. (d) 250. (c) 251. (c) 252. (b) 253. (d) 254. (c) 255. (b) 256. (d) 257. (b)
258. (c) 259. (d) 260. (b) 261. (b) 262. (b) 263. (b) 264. (d) 265. (d) 266. (d)

शिक्षार्थियों का मूल्यांकन

267. (a) 268. (d) 269. (c) 270. (a) 271. (d) 272. (d) 273. (d) 274. (a) 275. (b) 276. (c) 277. (c) 278. (a) 279. (a)
280. (c) 281. (c) 282. (c)

विविध विषय

283. (a) 284. (a) 285. (a) 286. (b) 287. (c) 288. (a) 289. (d) 290. (b) 291. (b) 292. (b) 293. (d) 294. (b) 295. (b)
296. (d) 297. (d) 298. (b) 299. (b) 300. (b) 301. (a) 302. (d) 303. (a) 304. (b) 305. (d) 306. (c) 307. (a) 308. (a)
309. (d) 310. (d) 311. (b) 312. (b) 313. (b) 314. (d) 315. (c) 316. (d) 317. (a) 318. (c) 319. (d) 320. (c) 321. (d)
322. (a) 323. (c) 324. (d) 325. (c) 326. (d) 327. (a) 328. (a) 329. (a) 330. (c) 331. (a) 332. (d) 333. (a) 334. (a)
335. (d) 336. (a) 337. (b) 338. (a) 339. (c) 340. (d) 341. (d) 342. (b) 343. (a) 344. (a) 345. (b) 346. (d) 347. (d)
348. (a) 349. (a) 350. (d) 351. (a) 352. (d) 353. (c) 354. (d) 355. (a) 356. (d) 357. (b) 358. (d) 359. (b) 360. (c)
361. (b) 362. (d) 363. (c) 364. (b) 365. (b) 366. (c) 367. (b) 368. (b) 369. (c) 370. (d) 371. (a) 372. (b) 373. (d)
374. (c) 375. (a) 376. (a) 377. (d) 378. (d) 379. (d) 380. (d) 381. (d)

2 शोध अभिक्षमता (Research Aptitude)

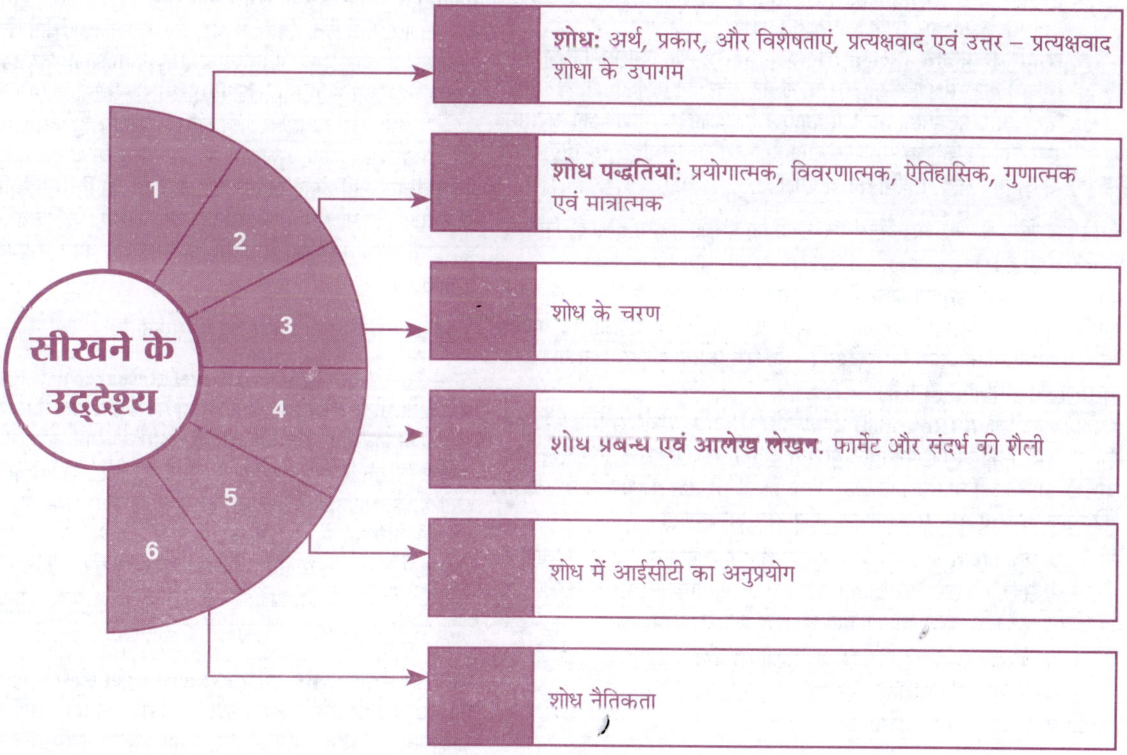

परिचय (Introduction)

शोध का परिचय (Introduction To Research)

प्रसिद्ध हडसन नीति वाक्य के अनुसार, 'सभी प्रकार की प्रगति जिज्ञासा से ही जन्म लेती है। हमारी शंकाएं जिज्ञासा को जन्म देती हैं, और जिज्ञासा आविष्कार की ओर ले जाती है।' हमारे लिए यह समझना अत्याधिक महत्वपूर्ण है कि शोध का स्वरूप मुख्य रूप से इसकी प्रक्रियाओं और ढंगों में, सामान्य ज्ञान से काफी भिन्न है। हम इस यूनिट में बहुत व्यावहारिक ढंग से शोध की चर्चा कर रहे हैं ताकि पीएचडी – फेलोशिप प्रवेश में भी इस प्रकार प्राप्त की गई सैद्धांतिक स्पष्टता सहायता मिल पाए। आज की तिथि में, हम विभिन्न स्रोतों से ज्ञान प्राप्त करते हैं, और ज्ञान प्राप्ति की प्रक्रिया तेजी से बढ़ रही है। शोध–उन्मुख दृष्टिकोण में धीरे–धीरे विकसित होने वाली पांच मौलिक विधियां हैं:

1. **अंतर्ज्ञान (Intuition):** यह हमारी प्रारंभिक ज्ञान प्राप्ति की विधि है, जहां हम अपनी आंतरिक भावनाओं, भावनाओं और प्रवृत्तियों पर निर्भर करते हैं।
2. **अधिकार (Authority):** अधिकारी व्यक्तियों की समर्थन पर आधारित नए विचारों को स्वीकार करना।
3. **तर्कशीलता (Rationalism):** नई अंतर्दृष्टि प्राप्त करने के लिए तर्क और विचार का उपयोग करना।
4. **प्रत्यक्षीकरण (Empiricism):** प्रत्यक्ष अवलोकन और व्यक्तिगत अनुभव के माध्यम से ज्ञान प्राप्त करना।
5. **वैज्ञानिक पद्धति (Scientific Method):** यह व्यवस्थित प्रक्रिया विचारों का परीक्षण करने और प्रश्नों का उत्तर देने के लिए साक्ष्य एकत्र करने और मूल्यांकन करने में शामिल है। वैज्ञानिक पद्धति का शुद्धतम रूप निगमन के रूप में जाना जाता है, जिसे प्रत्यक्षवाद (positivism) के अंतर्गत बाद में चर्चा की जाएगी।

हमने इस यूनिट में शोध और अनुसंधान शब्दों का उपयोग किया हुआ है, जिनका अर्थ एक ही है।

शोध वस्तुत: एक संरचित जांच है जो समस्याओं का समाधान करने और नई सार्वभौमिक रूप से लागू ज्ञान उत्पन्न करने के लिए स्वीकृत वैज्ञानिक पद्धति का उपयोग करती है। शोध का उद्देश्य किसी वस्तु, घटना को समझना या किसी समस्या का समाधान करना है।

शब्द 'शोध' (Research) दो शब्दों, 'री' और 'सर्च' से मिलकर बना है। 'री' (Re) का अर्थ है पुनरावृत्ति या पुन: देखना, जबकि 'सर्च' (Search)का अर्थ है खोजने की प्रक्रिया। इसलिए, शोध किसी भी ज्ञान के क्षेत्र में नए तथ्यों की खोज के लिए एक सावधानीपूर्ण जांच और अन्वेषण है।

क्रेसवेल (Cresswell) के अनुसार, शोध एक प्रक्रिया है जिसमें विशिष्ट विषय या मुद्दे की हमारी समझ को बढ़ाने के लिए जानकारी एकत्र करने और विश्लेषण करने के चरण शामिल होते हैं। मूल रूप से, शोध:

1. जांच और अन्वेषण की प्रक्रिया में शामिल होता है।
2. व्यवस्थित और पद्धतिगत होता है।
3. हमारे ज्ञान को विस्तारित करता है।

कुक (Cook) ने एक व्यापक दृष्टिकोण प्रदान किया है, जिसमें उन्होंने शोध को एक समस्या के संबंध में तथ्यों (facts) और उनके अर्थों या निहितार्थों की ईमानदारी, परिश्रम और बुद्धिमानी से खोज के रूप में परिभाषित किया है। उनके अनुसार, 'शोध' (research) को निम्नलिखित प्रमुख घटकों में बाँटा जा सकता है:

- R = तार्किक सोच (Rational thinking)
- E = विशेषज्ञ और गहन उपचार (Expert and thorough treatment)
- S = खोज और समाधान (Search and solution)
- E = सटीकता (Exactness)
- A = विश्लेषण (Analysis)
- R = तथ्यों का संबंध (Relationship of facts)
- C = सावधानीपूर्वक निरीक्षण, सतर्क योजना, रचनात्मक दृष्टिकोण, और संक्षिप्त सामान्यीकरण (Critical observation, careful planning, constructive attitude, and condensed generalization)
- H = ईमानदारी और कठिन परिश्रम (Honesty and hard work)

वैज्ञानिक विधि में विधिबद्ध या प्रणालीबद्ध अवलोकन (systematic observation), वर्गीकरण (classification), और डेटा का व्याख्यान (interpretation) शामिल है। शोध मूल रूप से वैज्ञानिक प्रकृति का है, जिसमें निष्पक्ष डेटा मूल्यांकन (unbiased data evaluation) पर बल दिया जाता है। सामाजिक विज्ञानों में भी, अवैज्ञानिक दृष्टिकोणों के लिए कोई स्थान नहीं है। एक सफल शोधकर्ता को परिश्रम, खुले विचारों वाला होने, और आलोचनात्मक सोच (critical thinking) जैसे गुणों का प्रदर्शन करना चाहिए।

चलिए सर्वप्रथम यह जान लेते हैं कि वैज्ञानिक विधि (Scientific method) क्या है, इसकी समझ महत्वपूर्ण है। Random House Dictionary के अनुसार, वैज्ञानिक विधि में एक समस्या की पहचान करना, संबंधित डेटा एकत्रित करना, एक परिकल्पना (hypothesis) तैयार करना, और इसे प्रयोगात्मक रूप से (empirically) परीक्षण करना शामिल है।

शोध एक यात्रा पर निकलने के समान है, और इसके अंतिम गंतव्य की स्पष्ट समझ होना अनिवार्य है। इस यात्रा के दौरान कदमों का कोई सदैव निश्चित क्रम नहीं होता, लेकिन शोधकर्ताओं को विभिन्न ढंगों, दृष्टिकोणों, और प्रक्रियाओं के माध्यम से नेविगेट करना चाहिए। शोधकर्ता का अनुभव लक्ष्यों को प्राप्त करने की दिशा में कार्यों का मार्गदर्शन करने में एक महत्वपूर्ण भूमिका निभाता है।

आम भाषा में शोध दो प्रकार का हो सकता है:

सूक्ष्म-स्तरीय शोध (Micro Level Research): इस प्रकार के शोध बड़े समाज के भीतर व्यक्ति या छोटे समूहों पर केंद्रित होता है। यह व्यक्तियों या छोटे समूहों की बातचीत, अनुभवों और व्यवहारों की जांच करता है। इस स्तर की शोध अक्सर विस्तृत, गहरी विश्लेषण शामिल करती है, जो कि आमतौर पर गुणात्मक होती है, हालांकि इसमें मात्रात्मक पहलू भी शामिल हो सकते हैं। उदाहरण के लिए, मनोविज्ञान में, हम विचार किस प्रकार के आते हैं, हमारी या किसी का समाज में किस प्रकार का व्यक्तित्व या छवि बनती है, इन बातों पर आधारित होती है। अर्थशास्त्र में, यह मूल्यों, पसंदों, और बजट सीमाओं के आधार पर कौन से सामान खरीदने के बारे में हो सकता है।

वृहद या मैक्रो स्तरीय शोध (Macro level Research): यह शोध समाज की बड़ी तस्वीर का अध्ययन करता है। यह व्यापक सामाजिक पैटर्नों, जैसे कि सांस्कृतिक मानदंडों और आर्थिक प्रणालियों पर नजर डालता है। यह अनुसंधान अक्सर बड़े डेटासेट का उपयोग करके रुझान और संबंध खोजता है जो यह दिखाते हैं कि समाज कैसे काम करते हैं और विकसित होते हैं। इसके उदाहरण निम्न प्रकार के हो सकते हैं:

1. COVID-19 रोग के उद्भव और वैश्विक प्रसार की जांच।
2. ग्रामीण छात्रों में प्रचलित स्वास्थ्य स्थितियों की पहचान।
3. स्वतंत्रता के बाद से नई शिक्षा नीति के विकास का अनुसरण।

4. विभिन्न शिक्षण विधियों के साथ छात्रों के समझ स्तर में परिवर्तनों की जांच

अत: हम देख सकते हैं कि जानकारी और नवाचार से चलते हुए विश्व में हम अक्सर यह कहते हैं कि 'ज्ञान ही शक्ति है, अर्थात शोध प्रश्नों की असीमित संभावनाएं सदैव बनी रहती हैं।

शोध में 'सिक्स थिंकिंग हैट्स का उपयोग

जैसा कि हम अनुभूति कर चुके हैं, शोध 'चिंतन' से संबंधित है। इससे संबंधित पुस्तक का लेखन 'सिक्स थिंकिंग हैट्स' (six thinking hats) डॉ. एडवर्ड डी बोनो ने किया था। ये समानांतर सोच समूहों (parallel thinking groups) के लिए एक विस्तृत और एकजुट ढंग से प्रभावी सोच का साधन प्रदान करते हैं। इसमें विभिन्न टोपियों का उपयोग प्रत्येक दिशा के लिए रूपकों के रूप में किया जाता है।

चिंतन के लिए छह विचार टोपी (Six Thinking Hats)

श्वेत टोपी (White Hat)	**1.** सूचनात्मक (information)	• सभी तथ्य और आंकड़े • ज्ञान को विकसित करना
लाल टोपी (Red Hat)	**2.** भावनात्मक (emotional)	• स्व - प्रेरणा (gut feel) • अंतर्दृष्टि (intuitions) • यह आपको कैसा महसूस करवाता है?
काली टोपी (Black Hat)	**1.** नकारात्मक (negative)	• यह क्यों नहीं किया जा सकता? • क्या कठिन है? • क्या यह कार्य नहीं करेगा?
पीली टोपी (Yellow Hat)	**2.** सकारात्मक (positive)	• आशा से प्रतिपूर्ण • उज्ज्वल पक्ष • यह कार्य क्यों करेगा?
हरी टोपी (Green Hat)	**1.** रचनात्मक (creative)	• सृजनात्मक - नव विचार • विभिन्न परिप्रेक्ष्य (different perspectives) • पार्श्व सोच (lateral thinking)
नीली टोपी (Blue Hat)	**2.** प्रक्रियात्मक (process based) – The Big Picture	• धैर्य एवं सहनशीलता • नियंत्रण • संगठन और प्रक्रिया • सभी 'कारकों' तथा 'प्राथमिकताओं' पर विचार करना

शोध में कुछ मूलभूत शब्दावली (Some Basic Terminology in Research)

शोध परिप्रेक्ष्य (Research Paradigms): ये शोध की दृष्टि में व्यापक ढाँचे या विश्वदृष्टिकोण हैं, जो शोध पद्धतियों (methodologies) का निर्माण और मार्गदर्शन का कार्य करते हैं। इनमें विशेष क्षेत्र में शोध के लिए आधारभूत दार्शनिक मान्यताएँ (philosophical assumptions), मूल्य, और विश्वास शामिल होते हैं। उदाहरण के लिए, प्रत्यक्षवाद या सकारात्मकतावाद (positivism), उत्तर-प्रत्यक्षवाद (post positivism), निर्माणवाद, ज्ञानतत्ववाद आदि।

परिप्रेक्ष्य कार्य कैसे करते हैं:

शोध के आधार के रूप में इनकी जानकारी अति आवश्यक है:

आधारभूत धारणाएँ (Foundational Assumptions): परिप्रेक्ष्य वास्तविकता की प्रकृति और ज्ञान प्राप्ति के बारे में आधारभूत विश्वासों पर बनते हैं।

मार्गदर्शन: वे एक क्षेत्र में शोध और व्यावहारिक कार्य के लिए दिशा प्रदान करते हैं।

पद्धति (Methodology): परिप्रेक्ष्य अपनी मान्यताओं के अनुरूप डेटा संग्रह और विश्लेषण के लिए विशिष्ट तरीके और उपकरण प्रदान करते हैं। मुख्य प्रकार के परिप्रेक्ष्य:

यथार्थवाद (realism): यह परिप्रेक्ष्य बाहरी दुनिया या बाहरी स्रोतों से जानकारी एकत्र करने का प्रयास करता है।

निर्माणवाद (constructivism): यहाँ, व्यक्तिगत अनुभवों पर ध्यान केंद्रित होता है, यह सुझाव देता है कि इन व्यक्तिगत अनुभवों के बाहर कुछ भी महत्वपूर्ण नहीं है।

(b) अनुभववाद या अभिज्ञातमकवाद (Empiricism): John Locke का तर्क है कि ज्ञान मुख्य रूप से संवेदी अनुभव (sensory experience) से आता है जो ज्ञान का आधार हैं। इसका मतलब है कि सभी ज्ञान हमारी इंद्रियों से आता है, और इन संवेदी अनुभवों के बिना, हमारे पास कोई भी ज्ञान नहीं होगा। यह दृष्टिकोण "अनुभव से सीखना" या "देखना ही विश्वास करना" के रूप में जाना जाता है। अनुभववाद आगमनात्मकवाद (induction) या इसके अर्थ आमूलन, प्रवर्तन, आवर्तन आदि से जुड़ा हुआ होता है, जहाँ आप विशिष्ट अवलोकनों के आधार पर सामान्य निष्कर्ष निकालते हैं। इसकी चर्चा बाद में भी की गई है।

अध्यात्म विज्ञान (Metaphysics): अध्यात्म विज्ञान दर्शन की वह शाखा है जो वास्तविकता की प्रकृति, अस्तित्व, और मन और बाहरी दुनिया के बीच संबंध के मूलभूत प्रश्नों का पता लगाती है। अध्यात्म विज्ञान समय, स्थान, कारण, और अस्तित्व जैसी अमूर्त अवधारणाओं से संबंधित है।

अस्तित्व शास्त्र (Ontology): अस्तित्व शास्त्र अध्यात्म विज्ञान की एक उपशाखा है जो विशेष रूप से होने और अस्तित्व के अध्ययन से संबंधित है। अस्तित्व शास्त्र यह उत्तर देने का प्रयास करता है कि विश्व में कौन सी इकाइयाँ या वस्तुओं की श्रेणियाँ विद्यमान हैं और उनका मूलभूत स्वरूप क्या है। अध्यात्म विज्ञान और अस्तित्व शास्त्र निकटता से संबंधित हैं। अध्यात्म विज्ञान वास्तविकता की प्रकृति के व्यापक प्रश्नों से संबंधित है, जबकि अस्तित्व शास्त्र उन चीजों के अस्तित्व और उनके मूलभूत स्वरूप के विशिष्ट प्रश्नों से संबंधित है।

मूल्यशास्त्र (Axiology): मूल्यशास्त्र दर्शन की वह शाखा है जो मूल्यों, नैतिकता, और सौंदर्यशास्त्र से संबंधित है। यह तय करने के प्रश्नों का पता लगाता है कि क्या नैतिक रूप से सही या गलत है, क्या सुंदर या कुरूप है, और क्या अच्छा या बुरा है। उदाहरण के लिए, यहाँ हम सार्वजनिक हितवाद (utilitarianism) के बारे में अध्ययन करते हैं जो हमारी समग्र खुशी को अधिकतम करता है।

सिद्धांत (Theory): एक सिद्धांत एक प्रणालीबद्ध और सुसंगत सेट है जिसका उपयोग घटनाओं को समझाने या भविष्यवाणियाँ करने के लिए किया जाता है। सिद्धांत दुनिया को समझने और अनुसंधान और जांच के लिए ढाँचे प्रदान करते हैं। उदाहरण के लिए, मनोविज्ञान में, श्रीमंत सिगमंड फ्रायड का मनोविश्लेषणात्मक सिद्धांत का यह कहना है कि मानव व्यवहार अचेतन आवेगों और संघर्षों से प्रभावित होता है।

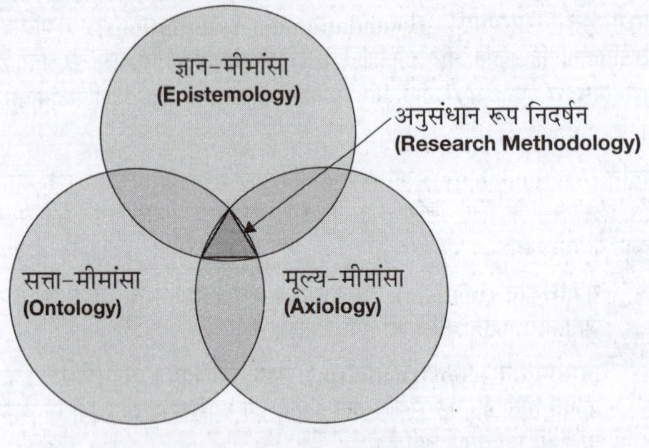

अनुसंधान रूप निदर्षन संबंधी घटक

प्रत्यक्षवाद और उत्तर-प्रत्यक्षवाद

यह दोनों उपरोक्त विषय हमारे पाठ्यक्रम में शामिल हैं, और इनके बारे में आवश्यक जानकारी, एक प्रकार से शोध का आधार ही माना जाता है। सर्वप्रथम, हम शोध पर एक ऐतिहासिक दृष्टिकोण डालना चाहिए, ताकि हम प्रत्यक्षवाद का आरंभ भी जान पाएं।

1. शोध की जड़ें प्राचीन सभ्यताओं जैसे कि भारत, ग्रीक, मिस्र, चीनी आदि देशों में हैं। प्राचीन भारत में, गणित और विज्ञानं पर आर्यभट्ट, ब्रह्मगुप्त, भास्कर II की अनुकंपा से काफी शोध हुआ, इनमें खगोल विज्ञान, ज्योतिष, दर्शन, योग, ध्यान (meditation) आदि को भी शामिल किया जा सकता है। चरक संहिता (पारंपरिक भारतीय चिकित्सा प्रणाली) को प्रयोगात्मक अवलोकन (empirical observation) और प्रयोग (experimentation) का सत्यत परिणाम माना जा सकता है।
2. मध्यकाल और पुनर्जागरण के दौरान, लियोनार्डो दा विंची और गैलीलियो गैलीली ने 'प्रणालीबद्ध अवलोकन' ('systematic observation') और 'प्रयोग' ('experimentation') पर जोर दिया, आधुनिक वैज्ञानिक विधियों के विकास के लिए मंच तैयार किया।
3. प्रत्यक्षवाद ने बेकन द्वारा किए गए कार्य पर विस्तार किया। वह प्रायोगिक डेटा के पिता के रूप में भी जाने जाते हैं। बेकन ने अनुमानिक तर्क (inductive reasoning) पर भी काम किया था। उनके विचारों ने प्राकृतिक विश्व का अध्ययन करने के लिए वैज्ञानिक दृष्टिकोण की नींव रखी। सेंट-साइमन ने भी प्रत्यक्षवादी दर्शन और समाजशास्त्र के विकास पर काम किया।

प्रत्यक्षवाद (Positivism)

"यह कहना अतिशयोक्ति नहीं होगी कि निगमनात्मक शोधों में सत्य को प्रत्यक्ष रूप से स्वीकार किया जाता है।" 17वीं और 18वीं सदी के प्रबोधन युग के दौरान फ्रांसिस बेकन और जॉन लॉक ने अनुभववाद (empiricism) और तर्क (logic) का समर्थन किया। प्रत्यक्षवाद की उत्पत्ति प्राकृतिक विज्ञानों में हुई थी, लेकिन इसे समाज विज्ञानों जैसे कि समाजशास्त्र, अर्थशास्त्र, मनोविज्ञान आदि में विस्तारित किया गया था। फ्रांसीसी दार्शनिक ऑगस्ट कॉम्टे (Auguste Comte) (1798-1857) को समाज के अध्ययन में प्रत्यक्षवादी सिद्धांतों को प्रणालीबद्ध तरीके से लागू करने वाला पहला व्यक्ति माना जाता है। इस प्रकार, उन्होंने इस विचार को चुनौती दी कि समाज दिव्य या अलौकिक शक्तियों द्वारा शासित होता है। उनके काम ने सामाजिक विकास और सामाजिक परिवर्तन के सिद्धांतों के लिए रास्ता बनाया।

ऑगस्ट कॉम्टे की प्रत्यक्षवाद पर मुख्य कृति का शीर्षक "सकारात्मक दर्शन का पाठ्यक्रम" (Course of Positive Philosophy) है, जो 1830 से 1842 के बीच छह खंडों में प्रकाशित हुई थी। उन्होंने 'तीन चरणों के नियम (Law of Three Stages) लिखे, जिसे समाजशास्त्र और प्रत्यक्षवाद के क्षेत्र में एक मौलिक पाठ के रूप में माना जाता है।

1. **धार्मिक चरण (Theological Stage):** अलौकिक शक्तियों और देवता सभी प्रकार घटनाओं के लिए उत्तरदायी।
2. **अध्यात्मिक चरण (Metaphysical Stage):** लोग अधिक अमूर्त दर्शन या सोच की ओर अग्रसर होते हैं।
3. **सकारात्मक चरण (Positive Stage):** ऐसी व्याख्याएँ वैज्ञानिक ढंगों और प्रमाणिक डेटा पर आधारित, उनका नियंत्रण और भविष्यवाणी करना अधिकाधिक संभव। इस नियम को समाज का उद्देश्य भी माना गया।

अन्य समाजशास्त्रियों ने सामाजिक समस्याओं को समझने और हल करने के लिए अनुभवात्मक डेटा और वैज्ञानिक विधियों का उपयोग किया। प्रत्यक्षवाद की प्रमुख विशेषताएं में शामिल हैं:

1. **विज्ञान पर बल (Emphasis on Science):** प्रत्यक्षवादी प्राकृतिक विज्ञानों की तरह समाज विज्ञानों में वैज्ञानिक अवलोकन और प्रयोग को लागू करते हैं। इसमें परिकल्पनाओं (hypotheses), नमूना लेना (sampling), मापन (measurements), विश्लेषण (analysis), और प्रतिदर्श या निष्कर्ष निकालना शामिल है। ये सभी अनुभववाद, वस्तुनिष्ठता, और मूल्य निरपेक्षता से मार्गदर्शित होते हैं। वैज्ञानिक होने के लिए, हमें पहले "प्रणालीबद्ध" होना चाहिए।
2. **वस्तुनिष्ठता (Objectivity):** प्रत्यक्षवादी मानते हैं कि दुनिया को व्यक्तिगत पूर्वाग्रहों या मूल्यों से मुक्त रूप से, वस्तुनिष्ठ तरीके से अध्ययन किया जा सकता है। शोधकर्ता वस्तुनिष्ठ डेटा संग्राहक और व्याख्याता के रूप में कार्य करते हैं, प्रतिभागियों के साथ बातचीत को कम करते हैं, और मापनीय अवलोकनों पर जोर देते हैं।
3. **अनुभववाद (Empiricism):** प्रत्यक्षवादी ज्ञान को प्रायोगिक प्रमाण (empirical evidence) पर आधारित करने के महत्व पर जोर देते हैं, जिसका अर्थ है डेटा को अवलोकन और प्रयोग के माध्यम से एकत्रित करना।
4. **संघटनवाद (Reductionism):** प्रत्यक्षवादी मानते हैं कि जटिल घटनाओं को उनके सबसे सरल घटकों में विभाजित किया जा सकता है, जिससे वैज्ञानिक विधि का उपयोग करके उनका अध्ययन संभव होता है। डेटा मापनीय (quantifiable) होता है।

कुल मिलाकर, प्रत्यक्षवाद की अस्तित्व संबंधी धारणा यथार्थवादी है, और इसकी ज्ञानमीमांसा वस्तुवादी है, जो अवलोकन के माध्यम से तथ्यात्मक ज्ञान पर जोर देती है। इसमें निगमनात्मक (deductive) दृष्टिकोण को पसंद किया जाता है, परंतु वैकल्पिक ढंगों के लिए दायरा कम ही रहता है।

उत्तर-प्रत्यक्षवाद (Post-positivism)

प्रत्यक्षवाद में ध्यान वस्तुनिष्ठता और इसके मात्रात्मक विधियों के उपयोग पर था, जिसे धीरे-धीरे प्रत्यक्षवाद की सीमा के रूप में स्वीकार किया गया। इस सीमा को पूरा करने के लिए, उत्तर प्रत्यक्षवाद एक विकल्प या मुख्य दृष्टिकोण के रूप में उत्पन्न हुआ। समय के साथ, शोधकर्ता सक्षम हुए कि शोध में

व्यक्तिगतता, संदर्भ, और व्याख्या की भूमिका को स्वीकार कर सकते हैं, विशेषकर सामाजिक विज्ञानों में। उनका दृष्टिकोण उन्हें उनके काम में गुणवत्ता और विवेकपूर्ण सामाजिक दुनिया के और भी सूक्ष्म रूप से समझने के लिए, उन्होंने उतर प्रत्यक्षवाद की यह सीमा को पूरा करने के लिए कई महत्वपूर्ण विशेषताओं का प्रयोग किया:

1. **स्वयं की व्यक्तिगतता की मान्यता (Recognition of subjectivity):** उत्तर प्रत्यक्षवादी स्वीकार करते हैं कि शोधकर्ता हमेशा व्यक्तिगत होते हैं और उनके अपने अनुभव और पूर्वाग्रह उनके शोध पर प्रभाव डाल सकते हैं। वे अपने पूर्वाग्रहों के बारे में पारदर्शी होने का प्रयास करते हैं और अपने शोध पर उनका प्रभाव कम करने के उपायों का पालन करते हैं।
2. **संदर्भ पर जोर (Emphasis on context):** उन्हें यह मानना है कि शोध किया जाने वाले संदर्भ को समझना महत्वपूर्ण है। वे इस बात का तर्क देते हैं कि सामाजिक दुनिया जटिल है और एक संदर्भ से प्राप्त फिंडिंग अन्य संदर्भों में सामान्य नहीं हो सकती हैं।
3. **गुणवत्ता प्रणालियों का उपयोग (Use of qualitative methods):** वे अक्सर गुणवत्ता शोध प्रणालियों का उपयोग करते हैं, जैसे कि साक्षात्कार, फोकस समूह, और नृत्यलोकविज्ञान, डेटा एकत्र करने के लिए। इन प्रणालियों से शोधकर्ताओं को व्यक्तियों और समूहों के अनुभव और दृष्टिकोणों के बारे में गहराई से जानने का अवसर मिलता है।
4. **कृतिक सिद्धांत का उपयोग (Use of critical theory):** वे अक्सर कृतिक सिद्धांत का उपयोग सामाजिक दुनिया की जांच करने और शक्ति असंतुलन और अन्याय की पहचान करने के लिए करते हैं। वे मानते हैं कि शोध सामाजिक परिवर्तन को प्रोत्साहित करने के लिए उपयोग होना चाहिए।

उत्तर प्रत्यक्षवाद शोध के लिए मूल्यशील और सूक्ष्म तरीके से सामाजिक जटिल प्रक्रियाओं की खोज करने की अनुमति देता है क्योंकि यह शोधकर्ताओं को उन व्यक्तियों और समूहों के अनुभवों पर केंद्रित अकसर नजरअंदाज किए जाने वाले अध्ययन के लिए एक विशेष अच्छा दृष्टिकोण है।

'वास्तविकता' और 'कृतिक वास्तविकता' का अंतर: हमें यहाँ यह देखने की आवश्यकता है कि दोनों दृष्टिकोण वास्तविकता की प्रकृति को कैसे देखते हैं, यहाँ बल ज्ञान के स्रोत के रूप में अनुभव पर दिया जा रहा है। प्रत्यक्षवाद एकमात्र एक वास्तविकता की धारणा को स्वीकार करता है। यह मानता है कि वास्तविकता एक स्वतंत्र इकाई है जो हमारे अनुभव से पहले विद्यमान है। प्रत्यक्षवादी ज्ञान को इस वास्तविकता का प्रतिबिंब मानते हैं।

उत्तर-प्रामाणिकता एकाधिक वास्तविकताओं की धारणा को स्वीकार करता है। यह मानता है कि वास्तविकता हमारे अनुभवों और व्याख्याओं से निर्मित होती है। उत्तर-प्रामाणिक ज्ञान को इस निर्माण की प्रक्रिया का परिणाम मानते हैं।

प्रत्यक्षवाद के अनुसार, एक नदी की वास्तविकता उसके जल की मात्रा, गति, और उसके जल के गुणधर्मों में निहित होती है। उत्तर-प्रत्यक्षवाद के अनुसार, एक नदी की वास्तविकता उसे देखने वाले व्यक्ति के अनुभव और व्याख्यान पर निर्भर करती है, जैसे एक कवि के लिए, नदी की वास्तविकता उसकी सुंदरता, उसके प्रवाह की कवितात्मकता पर निर्भर करती है।

कॉन्सेप्ट बॉक्स

मिश्रित शोध (Mixed Research)

यह एक शोध विधि है जो मात्रात्मक और गुणात्मक शोध को जोड़ती है। इसका लक्ष्य दोनों दृष्टिकोणों की ताकत का उपयोग करके शोध समस्या की एक अधिक व्यापक समझ प्राप्त करना है। इस विषय का अध्ययन बाद में भी महत्वपूर्ण है।

मिश्रित शोध के प्रकार:

1. **समानांतर संघर्ष डिजाइन (Parallel Conflict Design):** इस डिजाइन में एक ही समय में मात्रात्मक और गुणात्मक डेटा को एकत्र करना और विश्लेषण करना शामिल है। फिर डेटा को निष्कर्ष निकालने के लिए एकीकृत किया जाता है।
2. **अनुक्रमिक व्याख्यात्मक डिजाइन (Sequential Explanatory Design):** इस डिजाइन में शोध कर्ता पहले मात्रात्मक डेटा को एकत्र करता है और विश्लेषण करता है, और फिर गुणात्मक डेटा का उपयोग करता है, मात्रात्मक निष्कर्षों को समझाने या विस्तारित करने के लिए। शोधकर्ता मात्रात्मक विश्लेषण से अप्रत्याशित या विरोधाभासी परिणामों को स्पष्ट करने के लिए गुणातमक डेटा का उपयोग कर सकता है।
3. **अनुक्रमिक अन्वेषणात्मक डिजाइन (Sequential Exploratory Design):** इस डिजाइन में गुणात्मक डेटा को पहले एकत्र किया जाता है, विश्लेषण किया जाता है, और फिर मात्रात्मक डेटा को एकत्र किया जाता है और विश्लेषण किया जाता है जो गुणात्मक निष्कर्षों की पुष्टि या खंडन करता है। गुणात्मक डेटा का उपयोग मात्रात्मक डेटा के साथ परीक्षण की जाने वाली परिकल्पनाओं को उत्पन्न करने के लिए किया जाता है।
4. **समकालीन त्रिकोणीकरण डिजाइन (Contemporary Triangulation):** इस डिजाइन में एक ही समय में मात्रात्मक और गुणात्मक डेटा को एकत्र करना और विश्लेषण करना शामिल है। फिर डेटा को एक-दूसरे के साथ तुलना करके सहमति और असहमति के क्षेत्रों की पहचान की जाती है।

अनुसंधान के महत्त्वपूर्ण उद्देश्य (Important Objectives of Research)

वैश्वीकरण के वर्तमान दौर में उच्च शिक्षा की सहज उपलब्धता और उच्च शिक्षा संस्थानों को शोध से अनिवार्य रूप से जोड़ने की नीति ने शोध की महत्ता को बढ़ा दिया है। आज शैक्षिक शोध का क्षेत्र विस्तृत और सघन हुआ है। अनुसंधान के, एक या एकाधिक, उद्देश्य हो सकते हैं:

1. किसी नई घटना से परिचित होना या किसी क्षेत्र में नई अंतर्दृष्टि का विकास करना।
2. वर्तमान ज्ञान का संश्लेषण एवं समीक्षा करना।
3. वर्तमान परिस्थितियों की जांच करना एवं समस्याओं का समाधान करने का प्रयत्न करना।
4. सामान्य मुद्दों का विश्लेषण एवं अन्वेषण करना।
5. एक नई प्रक्रिया या प्रणाली का सृजन करना।

शिक्षा की नई-नई शाखाओं का जन्म वस्तुत: इसी ज्ञान विस्तार की स्वाभाविक परिणति है। पत्रकारिता, लोक प्रशासन, प्रबंधन, आदि कुछ ऐसे विषय हैं जो कार्य क्षेत्र की आवश्यकताओं के आधार पर विकसित हुए हैं। शोधात्मक गतिविधियों से न केवल विषयों का विस्तार या समृद्धि होती है वरन् नए-नए शैक्षिक अनुशासनों का उद्‌भव होता है जो अपने विषय क्षेत्र की विशेषज्ञता का प्रतिनिधित्व करते हैं।

वैश्वीकरण और सूचना प्रौद्योगिकी के विस्तार ने पूर्ण विश्व के ज्ञान तन्त्र की सीमाओं को खोल दिया है। इससे प्रत्येक अध्ययन का विषय स्वयं को समृद्ध करने की स्थिति में है। इस वातावरण में शोध के माध्यम से प्रत्येक शैक्षिक

अनुशासन परस्पर संवाद की प्रक्रिया में है। परिणामस्वरूप: अन्तरानुशासनात्मक अनुसंधान (interdisciplinary research) का महत्त्व बढ़ा है। इससे विभिन्न शैक्षिक विषयों का परस्पर आदान-प्रदान संभव हुआ है।

पाश्चात्य शोध परंपरा विशेषज्ञता (specialization) आधारित है। ज्ञान मार्ग में आगे बढ़ता हुआ शोधार्थी अपने विषय क्षेत्र में विशेषज्ञता और उत्कृष्ट विशेषज्ञता (super specialization) प्राप्त करने हेतु प्रयासरत रहता है।

शोध की विशेषताएं (Characteristics of Research)

जैसा कि हम जान चुके हैं कि अनुसंधान वैज्ञानिक विधि या दृष्टिकोण है, इसलिए विज्ञान की परिभाषा के अनुरूप अनुसंधान का भी पूर्वाग्रहों (biases), पूर्व धारणाओं (prejudices) और व्यक्तिपरक होने (being subjective), जैसी त्रुटियों से मुक्त रहना आवश्यक है। इस तथ्य को ध्यान में रखते हुए एक अच्छी अनुसंधान प्रक्रिया में निम्नलिखित विशेषताएं होनी चाहिए:

1. **वस्तुनिष्ठता (Objectivity):** वस्तुनिष्ठता का अर्थ है कि अनुसंधान पूर्वाग्रह से मुक्त होना चाहिए। अन्य मुख्य विशेषताएं भी वस्तुनिष्ठता पर आधारित हैं। शोधकर्ता सामान्य तौर पर अत्यधिक सावधानी बरतते हैं ताकि शोध का परिणाम उनकी अपनी उपस्थिति, व्यवहार और दृष्टिकोण से प्रभावित न हों। शोधकर्ता का पूर्वाग्रहों से मुक्त होना आवश्यक है, वह दूसरों के विचारों का सम्मान करे, लेकिन साक्ष्यों के भली भांति परीक्षण और सत्यापन के बाद ही इसे विश्वसनीय माना जा सकता है। शोधकर्ता किसी भी पूर्वाग्रह से बचने के लिए अनुसंधान विधियों की आलोचनात्मक जांच करते हैं। पूर्वाग्रह से बचने के लिए अनुसंधान विधियों की गंभीर जांच आवश्यक है।

   अनुसंधान प्रक्रिया के दौरान निष्पक्षता सुनिश्चित करने के लिए निम्नलिखित उपाय अपनाए जा सकते हैं:

   (a) **प्रक्रियात्मक सुरक्षा उपाय (Procedural Safeguards):** प्रक्रियात्मक सुरक्षा उपायों में सम्मिलित प्रक्रियाएं इस प्रकार हैं:

   (i) अवलोकन और डेटा विश्लेषण का पूर्ण रिकॉर्ड इस रूप में रखना ताकि अन्य शोधकर्ता भी इसे समझ सके और और इसका मूल्यांकन कर सके।

   (ii) अधिकांश वैज्ञानिक रिपोर्ट एक समान रूप में लिखी जाती हैं और वैज्ञानिकों के संगठनों द्वारा प्रकाशित की जाती हैं। ये रिपोर्ट पूर्ण वैज्ञानिक समुदाय में विचारों का संचार करती हैं और उन विचारों को आलोचना के लिए खोलती हैं।

   (b) **मानकीकरण (Standardization):** इसका अर्थ डेटा संग्रह के सभी चरणों में एक समान, सुसंगत प्रक्रियाओं का उपयोग करना है।

   (c) **अवधारणाओं का संचालन (Operationalization of Concepts):** यह मूल रूप से अवधारणाओं के अर्थ का मानकीकरण कर रहा है। एक अवधारणा की एक क्रियाशील परिभाषा उस अवधारणा को परिभाषित करती है कि इसे कैसे मापा जाता है या किन कार्यों से इसकी उत्पत्ति हुई है।

   (d) **पूर्वाग्रह से बचना (Avoiding Bias):** बाह्य प्रभाव, व्यक्तिगत विश्वास, पर्यवेक्षकों के दृष्टिकोण और मानवीय अपेक्षाओं से पूर्वाग्रह आदि संपूर्ण डेटा को विकृत कर सकते हैं।

समकक्ष समीक्षा (Peer Review): इससे पक्षपात की संभावनाओं की पहचान और कमी करने में मदद मिलती है। बाह्य समीक्षक मूल्यवान प्रतिक्रिया प्रदान करके विनियमितता सुनिश्चित करने के लिए मूल्यवान प्रतिक्रिया प्रदान कर सकते हैं।

डेटा मान्यता (Data Validation): इसमें डेटा संग्रह और विश्लेषण पर मान्यता की जांच और मान्यता प्रक्रियाओं की आवश्यकता होती है, जो विनियमितता सुनिश्चित करने में सहायता कर सकते हैं।

त्रिकोणीकरण (Triangulation): शोधकर्ता निष्कर्ष की पुष्टि करने के लिए विभिन्न विधियों या डेटा स्रोतों का उपयोग करके त्रिकोणीकरण का उपयोग करते हैं। इस दृष्टिकोण से एक ही स्रोत या मेथड से पक्षपात के प्रभाव को कम किया जाता है।

2. **विश्वसनीयता (Reliability):** जैसे वस्तुनिष्ठता शोध के लिए महत्वपूर्ण है, वैसा ही कुछ महत्व विश्वसनीयता का है। शोध में, विश्वसनीयता इस बात का संकेत है कि अनुसंधान की विधियाँ, प्रक्रियाएँ, और परिणाम समय के साथ कितने सुसंगत और पुनरावृत्ति योग्य हैं। यह डेटा और प्रयुक्त पद्धति की स्थिरता और निर्भरता का एक माप है।
   मान लीजिए कि एक शोधकर्ता ने दिल्ली के छात्रों के परीक्षा परिणामों पर सोशल मीडिया के प्रभाव को जानने के लिए शोध किया और किसी निष्कर्ष पर पहुंचा। अगर कुछ समय बाद समान स्थितियों में शोध प्रक्रिया को दोहराया जाए और परिणाम पहले के परिणामों से बिलकुल भिन्न आते हैं, तो इसका अर्थ यह होता है कि शोध प्रक्रिया विश्वसनीय नहीं है और उसमें कोई त्रुटि रह गई है।

   विश्वसनीयता पर चर्चा करते समय तीन मुख्य पहलू अक्सर सामने आते हैं: संगतता (Consistency), सत्यापनीयता (Verifiability), और समरूपता (Homogeneity)।

   1. **संगतता (Consistency):** संगतता: यह आम तौर पर किसी मापन उपकरण की एक ही परिस्थितियों में बार-बार प्रयोगों पर समान परिणाम उत्पन्न करने की क्षमता को संदर्भित करता है। यह विश्वसनीयता का सीधा माप है। संगतता का आकलन विभिन्न तरीकों से किया जा सकता है:
      - **परीक्षण-पुनर्परीक्षण विश्वसनीयता (Test-Retest Reliability):** समय के साथ एक परीक्षण की स्थिरता को मापता है।
      - **अंतर-मूल्यांकक विश्वसनीयता (Inter-Rater Reliability):** विभिन्न मूल्यांककों या पर्यवेक्षकों के बीच सहमति का आकलन करता है।
      - आंतरिक संगतता **(Internal Consistency):** जैसा कि उल्लेख किया गया है, यह मूल्यांकन करता है कि क्या परीक्षण के सभी आइटम एक ही अंतर्निहित संरचना को माप रहे हैं।

      संगत परिणाम (consistent results) यह दर्शाते हैं कि निष्कर्ष यादृच्छिक या संयोग से नहीं हैं। यदि एक शोधकर्ता अध्ययन संगत (consistent) है, तो अन्य शोधकर्ता भी उसी शोध पद्धति को दोहरा सकते हैं और आदर्श रूप से समान परिणाम प्राप्त कर सकते हैं। शोधकर्ता संगतता सुनिश्चित करने के लिए, शोधकर्ता अक्सर "पायलट अध्ययन" (Pilot Studies) करते हैं, मानकीकृत प्रक्रियाओं का उपयोग करते हैं, और कठोर गुणवत्ता नियंत्रण उपाय लागू करते हैं।

   2. **सत्यापनीयता (Verifiability):** सत्यापनीयता अनुसंधान निष्कर्षों की सटीकता (accuracy) और वैधता की जांच और पुष्टि करने की क्षमता है। यह इस बारे में है कि पर्याप्त जानकारी और पारदर्शिता प्रदान की जाए ताकि अन्य लोग परिणामों का आकलन कर सकें, उन्हें दोहरा सकें, या उन्हें चुनौती दे सकें।

      सत्यापनीयता शोध निष्कर्षों को स्वीकार करने और उन पर निर्माण करने के लिए सत्यापनीयता महत्वपूर्ण है। इसमें वृद्धि करने के लिए, शोध विधियों, डेटा, और विश्लेषणात्मक प्रक्रियाओं का सटीक दस्तावेजीकरण (documentation) करना चाहिए।

3. **समरूपता (Homogeneity):** समरूपता यह आकलन करती है कि क्या एक ही संकल्पना की विभिन्न परिचालन परिभाषाएं (operational definitions), जब एक ही व्यक्ति पर समान डेटा संग्रहण विधि का उपयोग करके लागू की जाती हैं, तो क्या उच्च सहसंबद्ध परिणामों में परिणत होती हैं। इसलिए स्पष्ट परिभाषित, मानकीकृत, और सर्वसम्मति से स्वीकृत परिभाषाओं और पैमानों का उपयोग किया जाना चाहिए।

   यह परिणामों की सामान्यीकरण (generalisation) क्षमता का समर्थन करता है। शोधकर्ता अक्सर उपायों की आंतरिक संगतता का आकलन करने के लिए "क्रॉनबैक का अल्फा" जैसे विश्वसनीयता परीक्षण करते हैं।

विश्वसनीयता को पुनरावृति (replicability) भी कहा जाता है।

मापन में त्रुटियाँ (Errors in Measurement):

1. **यादृच्छिक त्रुटि (Random Error):** यह अप्रत्याशित बाह्य कारकों से उत्पन्न होती है जो कुछ मापनों को प्रभावित करते हैं लेकिन अन्यों को नहीं। यह पृष्ठभूमि के शोर की तरह है और अक्सर अनदेखी की जाती है क्योंकि इसे नियंत्रित नहीं किया जा सकता।
2. **प्रणालीगत त्रुटि (Systematic Error):** यह उन कारकों से उत्पन्न होती है जो सभी मापनों को एक प्रतिदर्श या नमूना में निरंतर प्रभावित करते हैं। यह पक्षपात पैदा करती है और प्रतिदर्श के परिणामों की सटीकता में सुधार के लिए सही की जानी चाहिए। उदाहरण के लिए, अगर एक तराजू जिसका उपयोग वजन मापने के लिए किया जाता है, लगातार सभी के लिए 2 किलोग्राम अधिक दर्शाता है, तो वह एक प्रणालीगत त्रुटि है जिसे समायोजन की आवश्यकता है।
3. **आधा-विभाजन विधि (Half-split method or split-half method):** यह विधि भी किसी मापन उपकरण जैसे कि प्रश्नावली या परीक्षण की आंतरिक संगतता या विश्वसनीयता का आकलन करने के लिए है। यहाँ, उपकरण में प्रश्नों को दो समानांतर भागों में विभाजित किया जाता है। फिर प्रतिभागियों की प्रत्येक भाग के प्रतिक्रियाओं की तुलना एक दूसरे से की जाती है। दोनों प्रश्न सेटों के बीच सहसंबंध को मापा जाता है।

   अनुसंधान में विश्वसनीयता (Reliability in research): अनुसंधान में विश्वसनीयता का आकलन यह देखकर किया जाता है कि मापन कितने संगत और निर्भर हैं। विश्वसनीयता का अनुमान लगाने के चार मुख्य तरीके हैं:

   (a) **अंतर-मूल्यांकक विश्वसनीयता (Inter-Rater Reliability):** यह जांचता है कि क्या विभिन्न मूल्यांकक या पर्यवेक्षक समान चीजों का संगत मूल्यांकन करते हैं। उदाहरण के लिए, अगर कई शिक्षक छात्रों के निबंधों का मूल्यांकन करते हैं, तो अंतर-मूल्यांकक विश्वसनीयता यह आकलन करती है कि क्या वे समान स्कोर देते हैं।

   (b) **परीक्षण-पुनर्परीक्षण विश्वसनीयता (Test-Retest Reliability):** यह मापती है कि समय के साथ मापन कितना संगत है। अगर आप आज किसी की गणित की क्षमताओं को मापने के लिए एक परीक्षा का उपयोग करते हैं और फिर एक महीने बाद फिर से, तो परीक्षण-पुनर्परीक्षण विश्वसनीयता आपको बताती है कि स्कोर स्थिर रहते हैं या नहीं।

   (c) **समानांतर-रूप विश्वसनीयता (Parallel-Forms Reliability):** यह दो परीक्षणों के परिणामों की संगतता की जांच करती है जो समान तरीके से बनाए गए हैं, जो समान सामग्री को कवर करते हैं। उदाहरण के लिए, अगर आपके पास पढ़ने की समझ के दो अलग-अलग संस्करण हैं, तो समानांतर-रूप विश्वसनीयता यह आकलन करती है कि क्या वे समान स्कोर प्राप्त करते हैं।

   (d) **आंतरिक संगतता विश्वसनीयता (Internal Consistency Reliability):** यह एक ही परीक्षण या प्रश्नावली के भिन्न आइटमों में परिणामों की संगतता को मापती है। यह सुनिश्चित करती है कि सर्वेक्षण के भीतर के सभी प्रश्न, उदाहरण के लिए, एक ही अंतर्निहित संरचना को मापते हैं, जैसे कि नौकरी की संतुष्टि।

कॉन्सेप्ट बॉक्स

विभिन्न विशेषताओं के मध्य संबंध

निष्पक्षता शोध के दौरान तटस्थता और पूर्वाग्रह-मुक्त दृष्टिकोण को सुनिश्चित करती है, जिससे डेटा संग्रहण और विश्लेषण में विश्वसनीयता और प्रामणिकता बनी रहती है। विश्वसनीयता इस बात का प्रमाण है कि शोध के परिणाम समय के साथ स्थिर और पुनरावृत्ति योग्य हैं, जबकि प्रामणिकता शोध के निष्कर्षों पर अन्य शोधकर्ताओं और समुदाय के विश्वास को दर्शाती है।

वैधता इस बात की पुष्टि करती है कि शोध सही प्रश्नों का उत्तर दे रहा है, सत्यापन शोध के निष्कर्षों की पुनर्जांच और पुष्टि की प्रक्रिया है।

4. **वैधता (Validity):** यह भी विश्वसनीयता से संबंधित है, वैधता का अर्थ है कि अनुसंधान किसी भी वस्तुनिष्ठ (subjective) और व्यवस्थित त्रुटि (systematic error) से मुक्त होना चाहिए। अनुसंधान के संदर्भ में वैधता मुख्य रूप से प्रक्रियाओं (procedure), अनुसंधान उपकरणों (research instruments), परीक्षण, आदि की यथार्थता से संबंधित है। इसको सुनिश्चित करने का अर्थ है कि अनुसंधान सही दिशा में अग्रसर है। शोध में वैधता का होना इसलिए भी आवश्यक है क्योंकि शोध में हम समय, धन और अन्य स्त्रोतों का निवेश करते हैं।

   वैधता निम्न प्रकार की हो सकती है:

   (a) **आंतरिक वैधता (Internal Valldlty):** उच्च आंतरिक वैधता के माध्यम से एक शोधकर्ता दो या दो से अधिक चरों के मध्य बेहतर कारण संबंध स्थापित करने में सक्षम होता है। आंतरिक वैधता प्रयोगशाला में प्रयोगों के बारे में अधिक उचित है जहां 'कारण और प्रभाव' संबंध अधिक स्पष्ट होता है। जिस सीमा तक कोई माप अपने आप में सुसंगत है, उसको आंतरिक विश्वसनीयता कहा जाता है। इसी का एक प्रकार जिसको **'अर्ध विच्छेदन विधि' (split half method)** कहा जाता है, यह मापता है कि परीक्षण के सभी भाग किस सीमा तक मापी जा रही सामग्री में समान रूप से योगदान करते हैं।

   (b) **बाहय वैधता (External Validity):** यह उस सीमा को संदर्भित करता है जिस सीमा तक शोध के परिणाम को 'सामान्यीकृत' किया जा सकता है और अन्य विषयों पर लागू किया जा सकता है जो अध्ययन के अंतर्गत नहीं है। अध्ययन को प्रभावित करने वाले बाहय कारकों को नियंत्रित किया जाना चाहिए। उदाहरण के लिए, सामाजिक विज्ञान सर्वेक्षणों में एक प्रतिवादी (Respondent) की प्रतिक्रिया केवल एक गैर-प्रतिभागी पर्यवेक्षक की उपस्थिति से प्रभावित हो सकती है।

कॉन्सेप्ट बॉक्स

सामान्यीकरण (Generalizability): सामान्यीकरण सिद्धांत स्थापित करना हर शोध का मूल उद्देश्य होना चाहिए। यह बाह्य वैधता से प्रत्यक्ष रूप से संबंधित है। शोध के इस लक्षण को दो स्तरों पर वर्णित किया जा सकता है:

(i) सामान्यत: शोध समष्टि (population) के छोटे से भाग पर किया जाता है है जिसे प्रतिदर्श (sample) कहा जाता है, पर इसके निष्कर्षों को समिष्टि पर लागू माना जाता है।

(ii) शोध प्रक्रिया के निष्कर्षों के बाद एक विकसित अवधारणा (concept development) को सभी समान स्थितियों में सत्य माना जाता है।

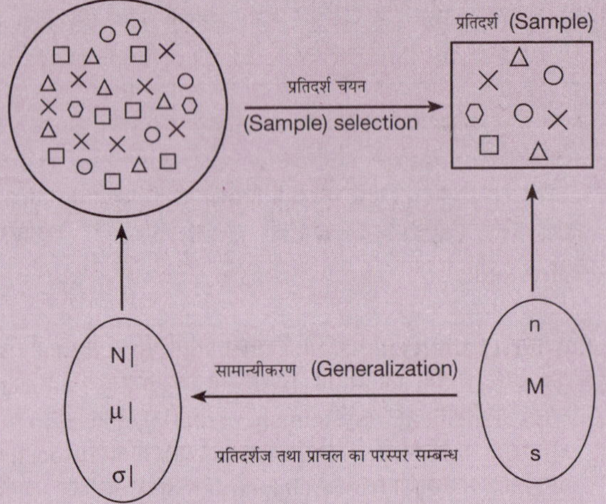

सामान्यीकरण की सुविधा अधिकतर शून्य परिकल्पना (Null Hypothesis), यादृच्छिक नमूना लेना (Random Sampling), यादृच्छिक नियुक्ति (Random Assignment), बहु-स्थल अध्ययन (Multisite Studies), स्पष्ट परिभाषित जनसंख्या (Well-Defined Populations), यादृच्छिक नियंत्रित परीक्षण (Randomized Controlled Trials - RCTs), स्तरित नमूनाकरण (Stratified Sampling), पुनरावृत्ति (Replication), सैद्धांतिक ढांचा (Theoretical Framework), और व्यवस्थित अनुसंधान डिजाइन के माध्यम से होती है।

यादृच्छिक नियंत्रित परीक्षण (RCTs) यादृच्छिक नियुक्ति और नियंत्रित प्रयोगात्मक स्थितियों से जुड़े होते हैं, जो कारण-प्रभाव संबंधों का परिणाम देते हैं।

भौतिकी, रसायन जैसे प्राकृतिक विज्ञानों में सामान्यीकरण करना सरल होता है, उदाहरण के लिए न्यूटन (Newton), केप्लेर (Kepler) के सिद्धांत की सत्यापितता स्थापित हो चुकी है, वे सब जगह लागू होते हैं। सामाजिक विज्ञान के विषयों जैसे कि दर्शन शास्त्र, राजनीति विज्ञान, इतिहास, आदि में पूर्ण रूप से सामान्यीकरण करने की सम्भावना कम होती है, क्योंकि यहां शोध की इकाई मानव व्यवहार है जो कि निरंतर परिवर्तनशील है।

बाह्य वैधता या विश्वसनीयता के दो प्रकार हैं:

1. **परीक्षा पुन:परीक्षा विधि (Test re-test Method):** यह समय के अनुसार, परीक्षण की स्थिरता को मापता है।
2. **अंतर-निर्धारक विधि (Inter rater method):** यह उस डिग्री को मापता है, जिस तक भिन्न - भिन्न परीक्षक एक ही प्रकार के व्यवहार के निरंतर अनुमान देते हैं।

इस प्रकार, आंतरिक वैधता को विश्वसनीयता कहा जाता है, और बाहय वैधता को सामान्यीकरण (या हस्तांतरणीयता) कहा जाता है। सामान्यीकरण का अर्थ एक सिद्धांत विकसित करना भी है जो अन्य स्थितियों पर भी लागू होता है।

(c) अंकित वैधता (Face Validity): वैध से हमारा अर्थ है कि सर्वेक्षण और प्रश्नावली सटीक रूप से मापते हैं कि उन्हें क्या मापना चाहिए। उदाहरण के लिए, कुछ व्यक्तित्व लक्षणों को मापने के लिए प्रश्नावली भरने वाले सभी प्रतिभागी सहमत हैं कि यह अभ्यास उन लक्षणों को मापने के लिए सही प्रतीत होता है।

(d) सामग्री की वैधता (Content Validity): संकेतक निर्माण या अवधारणा के सभी पहलुओं को मापता है, न कि इसके केवल एक हिस्से को ही मापता है।

(e) मानदंड वैधता (Criterion Validity): मानदंड वैधता मापती है कि एक माप (या संकेतक) दूसरे उपाय के परिणाम की कितनी अच्छी तरह भविष्यवाणी करता है। यह तीन प्रकार का होता है।

(i) भविष्य सूचक वैधता (Predictive Validity): परीक्षण द्वारा सटीक भविष्यवाणी की जानी चाहिए कि उसे क्या भविष्यवाणी करनी चाहिए अर्थात जिस उद्देश्य के लिए परीक्षण किया गया था।

(ii) समवर्ती वैधता (Concurrent Validity): जब भविष्यवक्ता और मानदंड डेटा एक ही समय में एकत्र किए जाते हैं उसे समवर्ती वैधता कहा जाता है। उदाहरण के लिए, जब एक परीक्षण दूसरे परीक्षण का स्थान ले लेता है क्योंकि उसकी लागत कम होती है।

(iii) उत्तरोत्तर वैधता (Post directive validity): यदि परीक्षण किसी ऐसी वस्तु का वैध माप है जो पहले घटित हुई थी, उसे उत्तरोत्तर वैधता कहते हैं। उदाहरण के लिए, बचपन की घटनाएं वयस्क की यादों के लिए एक परीक्षण काम करती हैं।

(f) निर्माण वैधता (Construct Validity): संकेतक प्राकल्पना को इस प्रकार से मापता है कि वह दिशा के संदर्भ में अन्य उपायों के साथ अभिसरित (Convergent) होता है। उदाहरण के लिए: शिक्षा का स्तर और आय का स्तर अभिसरण करता है। संकेतक विरोधी प्राकल्पना में भेदभाव की भी अनुमति देता है।

5. **प्रामाणिकता या विश्वसनीयता (credibility):** यह सूचना के सर्वोत्तम स्रोत और अनुसंधान में सर्वोत्तम प्रक्रियाओं का उपयोग है। द्वितीयक डेटा के उपयोग से समय की बचत होती है और लागत कम होती है। हालांकि, प्राथमिक डेटा का विकल्प उपलब्ध होने पर द्वितीयक डेटा पर अत्यधिक निर्भरता अनुसंधान की विश्वसनीयता को कम करने के जोखिम पर जोर देती है। इसलिए, इसे प्राथमिक डेटा और द्वितीयक डेटा के मध्य एक ट्रेड-ऑफ़ होना चाहिए। शोध में सटीक संदर्भ शोध की विश्वसनीयता में वृद्धि करते हैं, लेकिन नकली संदर्भ (fake references) अनुसंधान की विश्वसनीयता को कम करते हैं।

यहां पर N, m और s प्रतिदर्श संख्या, मध्यमान और मानक विचलन (sample size, arithmatic mean and standard deviation) हैं, तथा इनके आधार पर समष्टि (जनसंख्या) का अनुमान लगाया जाता है। N, mu तथा sigma जनसंख्या, उसके मध्यमान तथा मानक विचलन से संबंधित हैं। प्रतिदर्श से प्राप्त परिणाम के आधार पर समष्टि का अनुमान लगाया जाता है, जिसको हम सामान्यीकरण कहते हैं।

6. **अनुभवजन्य अनुसंधान (empirical research):** यह वास्तविक जीवन के अनुभवों, प्रत्यक्ष अनुभवों या शोधकर्ता द्वारा अवलोकन पर आधारित है। इसका तात्पर्य है कि अनुसंधान मूल रूप से वास्तविक स्थिति के एक या अधिक पहलुओं से संबंधित है और ठोस डेटा से संबंधित है जो शोध के परिणामों को बाहय वैधता का आधार प्रदान करता है।
7. **व्यवस्थित (systematic):** अनुसंधान के प्रभावी होने के लिए यह व्यवस्थित होना चाहिए। किसी भी शोध कार्य को करने का यही एकमात्र तरीका है, और प्रत्येक चरण को दूसरे का अनुसरण करना चाहिए। ऐसी प्रक्रियाओं का एक सेट है जिनका समय-समय पर परीक्षण किया गया है और इस प्रकार, अनुसंधान में उपयोग के लिए उपयुक्त हैं। इसलिए, प्रत्येक शोध को एक निश्चित प्रक्रिया का पालन करना चाहिए।
8. **नियंत्रित कारक (controlled factors):** नियंत्रण की अवधारणा का तात्पर्य है कि, दो चर (कारकों) के संबंध में कार्य-कारण की खोज में, हम इस तरह से एक अध्ययन स्थापित करते हैं जो संबंध को प्रभावित करने वाले अन्य कारकों के प्रभाव को कम करता है। नियंत्रित कारकों या चरों को कठोरता से नियंत्रित करना होगा। भौतिक विज्ञान में ऐसे कारकों को नियंत्रित करना सरल होता है क्योंकि प्रयोग प्रयोगशालाओं में किए जाते हैं। सामाजिक विज्ञान में, यह अत्यंत कठिन है, क्योंकि समाज में रहने वाले मनुष्यों से संबंधित मुद्दों पर शोध किया जाता है, जहां इस तरह के नियंत्रण को लागू करना संभव नहीं है। इसके अतिरिक्त, सामाजिक विज्ञान के अंदर, नियंत्रण का स्तर एक विषय से दूसरे विषय में महत्वपूर्ण रूप से भिन्न हो सकता है।
9. **चक्रीय (cyclical):** अनुसंधान एक चक्रीय प्रक्रिया है क्योंकि यह एक समस्या से आरम्भ होती है और एक समस्या पर समाप्त होती है।
10. **तार्किक (logical):** इसका तात्पर्य है कि शोध तार्किक तर्क के नियमों द्वारा निर्देशित है। अनुसंधान के क्षेत्र में आगमन एवं निगमन का बहुत महत्व है, जिनकी चर्चा अनुसंधान के प्रकारों के तहत की गई है।

स्टॉपओवर

1. निम्न में से कौन से कथन सही हैं:
   1. शोध एक व्यवस्थित दृष्टिकोण, नैतिकता और अचार संहिता का उपयोग करता है।
   2. शोध की परिभाषा इसे जानकारी की खोज और सत्य की पहचान के रूप में वर्णित करती है, जिसमें विधिपूर्ण और तार्किक ढंग और विधियां शामिल होते हैं।
   3. वास्तविक समय काल के आंकड़े और ज्ञान प्राकृतिक परिस्थितियों में वास्तविक अवलोकनों से प्राप्त होते हैं।
   4. सकलात आंकड़े (current data) शोध के अधिक अवसर पैदा करने में सहायता करते हैं।

   कूट:
   (a) 2, 3 और 4
   (b) 1, 2 और 3
   (c) 1, 3 और 4
   (d) उपरोक्त सभी
2. प्रत्येक क्षेत्र में, शोध कार्य व्यवस्थित और ज्ञान की क्रमिक उन्नति को बढ़ावा देते हैं, लेकिन शोध दुर्लभ हैं क्योंकि:
   (a) परिणाम, एक सतत महत्वपूर्ण जांच है
   (b) एक घुमावदार चैनल से परे सोचने में सक्षम होना सामान्य बात नहीं है।
   (c) शोध के लिए आवश्यक निरंतर प्रयोगात्मक कार्य सरलता से उपलब्ध नहीं है।
   (d) अधिकांश लोगों के पास आवश्यक ज्ञान की गहनता का अभाव है।
3. निम्नलिखित में से प्रत्यक्षवाद और उत्तर-प्रत्यक्षवाद के बीच के मुख्य अंतर को सबसे अच्छा किस विकल्प द्वारा दर्शाया गया है?
   (a) प्रत्यक्षवाद सटीक विज्ञान और तथ्यों पर आधारित है, जबकि उत्तर-प्रत्यक्षवाद विषयवादी और व्याख्यात्मक दृष्टिकोण को अपनाता है।
   (b) प्रत्यक्षवाद और उत्तर-प्रत्यक्षवाद दोनों ही समाजशास्त्रीय सिद्धांत हैं जिनमें कोई अंतर नहीं होता।
   (c) उत्तर-प्रत्यक्षवाद में भौतिक विज्ञान के सिद्धांतों का उपयोग होता है, जबकि प्रत्यक्षवाद में व्यक्तिगत अनुभवों पर जोर दिया जाता है।
   (d) प्रत्यक्षवाद वैज्ञानिक अनुसंधान पर जोर देता है, जबकि उत्तर-प्रत्यक्षवाद मुख्य रूप से दर्शनिक चिंतन पर आधारित होता है।
4. निम्नलिखित में से किसे शोध के सर्वाधिक वांछनीय विशेषता/विशेषताओं के रूप में परिभाषित किया जा सकता है:
   (a) निष्पक्षता
   (b) विश्वसनीयता
   (c) वैधता
   (d) उपरोक्त सभी
5. निम्नलिखित में से कौन सा तरीका शोध में उद्देश्यता (वस्तुनिष्ठता) प्राप्त करने के लिए सुझाया गया है?
   (a) शोधकर्ता की व्यक्तिगत राय और पूर्वाग्रहों को शामिल करना।
   (b) शोध के लिए नमूना यादृच्छिक रूप से चुनना।
   (c) शोध परिणामों की व्याख्या में केवल लोकप्रिय मतों का उपयोग करना।
   (d) शोध विधि और डेटा संग्रह प्रक्रिया को अपारदर्शी रखना।
6. निम्नलिखित में से किसे शोध में विश्वसनीयता का सर्वाधिक सही संकेतक माना जाता है?
   (a) यदि एक ही शोध को विभिन्न समयों पर दोहराया जाए तो परिणाम समान आते हैं।
   (b) शोध के परिणाम अन्य शोधों से भिन्न होते हैं।
   (c) शोध परिणाम तेजी से प्राप्त होते हैं।
   (d) शोध का परिणाम बहुत जटिल होता है।
7. निम्नलिखित में से कौन सा कथन शोध में सामान्यीकरण (Generalisation) के बारे में सही है?
   (a) सामान्यीकरण केवल बड़े नमूने के आकार पर आधारित होता है।
   (b) सामान्यीकरण तब होता है जब शोध परिणाम किसी विशेष नमूने से बड़े जनसंख्या समूह पर लागू किए जा सकते हैं।
   (c) सामान्यीकरण का अर्थ है कि परिणामों को केवल एक समाज या समुदाय तक सीमित रखा जाए।
   (d) सामान्यीकरण का अर्थ है कि अनुसंधान का कोई भी परिणाम अन्य परिस्थितियों में लागू नहीं हो सकता।

उत्तर: 1 .(d) 2. (d). 3 (a) 4. (d) 5. (b) 6. (a) 7. (b)

शोध के प्रकार (Types of Research)

शोध सामान्य तौर पर अंतर्विषय है। अनुसंधान के विभिन्न प्रकारों के मध्य परस्पर-व्यापता भी है। प्रत्यक्षवाद और उत्तर प्रत्यक्षवाद दृष्टिकोण को भी शोध के प्रकार के रूप में गिना जा सकता है। तालिका 2.1 अनुसंधान के वर्गीकरण के लिए अपनाए गए मुख्य आधार के बारे में एक विचार देती है। यहां, यह उल्लेख करना महत्वपूर्ण है कि ये दृष्टिकोण अनन्य (exclusive) नहीं हैं। निम्नलिखित वर्गीकरण में प्रत्यक्षवाद को प्रयोगात्मक, मात्रात्मक और निगमनात्मक शोधों के साथ अधिक पहचाना जा सकता है। उत्तर प्रत्यक्षवाद दृष्टिकोण को वर्णनात्मक, गुणात्मक और आगमनात्मक दृष्टिकोणों के साथ अधिक पहचाना जाना चाहिए। व्यावहारिक रूप से, अधिकांश शोध प्रकृति में 'मिश्रित' हैं।

उपरोक्त वाक्यों में 'अधिक' शब्द का प्रयोग सावधानी से किया जा रहा है। इस प्रकार, विभिन्न प्रकार के दृष्टिकोणों को वर्गीकृत करते समय शोधकर्ता अवगत होना चाहिए।

परिणाम के आधार पर शोध का वर्गीकरण (Classification of Research on the Basis of Output)

परिणामों के आधार पर शोध दो प्रकार का होता है—मौलिक शोध एवं व्यावहारिक शोध।

मौलिक या प्राथमिक शोध (Basic Research)

यह मूलत: ज्ञान के वर्तमान संग्रह में वृद्धि के लिए होता है। इससे सिद्धान्त और अवधारणाएं विकसित होती हैं। हो सकता है कि वर्तमान में इनका कोई उपयोग न हो। यह अकादमिक दृष्टिकोण से अधिक महत्त्वपूर्ण है।

व्यावहारिक शोध (Applied Research)

1. व्यावहारिक शोध विशिष्ट एवं व्यावहारिक समस्याओं का समाधान करने के लिए किया जाता है।
2. यह नीति निर्धारण, प्रशासन और किसी घटना को समझने के लिए उपयोग किया जा सकता है।
3. यह मुख्यत: मौलिक शोध के आधार पर ही किया जाता है।

अब हम निम्नलिखित अभिलक्षणों की सहायता से दोनों के मध्य में अंतर स्पष्ट करते हैं:

मौलिक या प्राथमिक शोध	व्यावहारिक शोध
ज्ञान में वृद्धि	समाधान उन्मुख
खोज या आविष्कार	प्रयुक्त
मुख्यत: शैक्षणिक	वास्तविक स्थितियों में लागू
विस्तृत	गहन

विकासात्मक शोध (Development Research)

नेशनल साइंस फाउंडेशन के अनुसार, प्राथमिक एवं व्यावहारिक शोध के अलावा, विकासात्मक शोध भी होता है जो कि बालकों के विकास से संबंधित शोध है।

शोध के प्रकार (Types of Research)

आरेख 2.1 शोध के वर्गीकरण के लिए मुख्य आधार अपनाने के बारे में विचार प्रदान करता है।

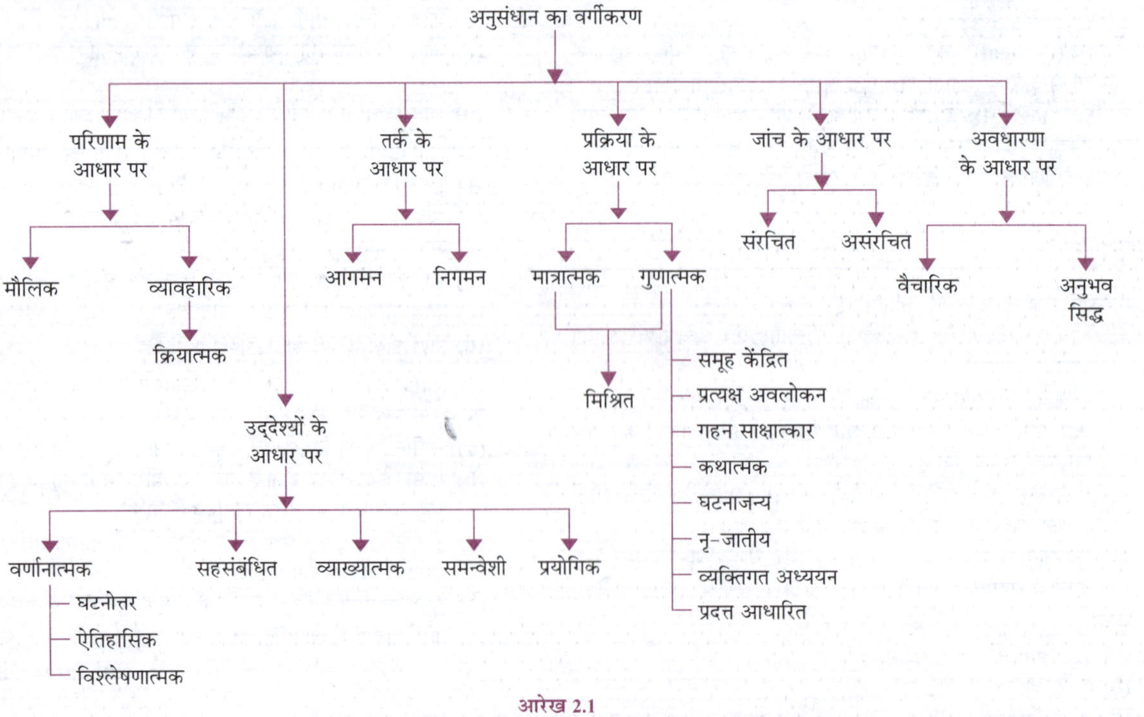

आरेख 2.1

तर्क के आधार पर अनुसंधान का वर्गीकरण (Classification of Research on the Basis of Logic)

नेट परीक्षा में इनके वर्गीकरण पर आधारित प्रश्न नियमित रूप से पूछा जाता है।

1. **आगमन (Inductive):** आगमन तर्क प्रणाली तर्क का प्रयोग कर ज्ञान प्राप्त करने की एक ऐसी प्रणाली है जिसमें हम विभिन्न उदाहरणों अथवा अनुभवों के सामान्यीकरण द्वारा वांछित ज्ञान को प्राप्त करने का प्रयास करते हैं।
2. **निगमन (Deductive):** निगमन तर्क प्रणाली ज्ञान प्राप्ति हेतु एक ऐसी तर्क प्रणाली है जिसमें हम सामान्य से विशेष की ओर चलते हैं।

अब हम निम्नलिखित उदाहरणों से दोनों के मध्य अंतर स्पष्ट करते हैं:

आगमन तर्क प्रणाली	निगमन तर्क प्रणाली
1. यह गाय दूध देती है।	सभी गाय दूध देती हैं।
2. यह दूसरी गाय भी दूध दे रही है।	यहां मेरे सामने एक गाय है।
निष्कर्ष: यहां कुछ और भी गाय हैं जो दूध देती हैं।	यह गाय भी दूध देने वाली है।
सभी गाय दूध देती हैं।	

अब प्रश्न यह उठता है कि केवल आगमन या निगमन की सहायता से विश्वसनीय, वैध और वस्तुनिष्ठ ज्ञान की प्राप्ति हो सकती है या नहीं। किसी पर अत्यधिक निर्भरता हमारे शोध और उसके निष्कर्षों को गलत दिशा में ले जा सकती है। आगमन या निगमन की अपनी-अपनी त्रुटियां हैं, इनमें से किसी को भी पूर्णतया त्रुटिरहित या विश्वसनीय उपागम नहीं माना जा सकता है।

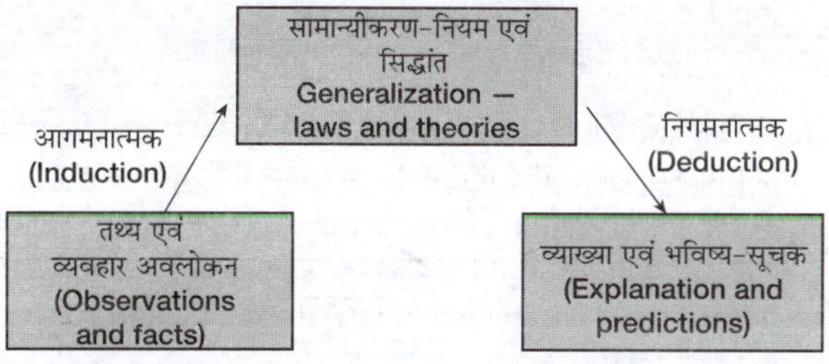

आगमनात्मक एवं निगमनात्मक
(Induction and Deduction)

प्रक्रिया के आधार पर अनुसंधान का वर्गीकरण (Classification of Research on the Basis of Process)

इस आधार पर अनुसंधान को तीन प्रकार का माना गया है:

1. मात्रात्मक या परिमाणात्मक अनुसंधान
2. गुणात्मक अनुसंधान
3. मिश्रित अनुसंधान

1. **मात्रात्मक या परिमाणात्मक अनुसंधान (Quantitative Research):** स्वभाव से यह निगमन का ही रूप है। इसमें पहले उपकल्पना का निर्धारण होता है, इसमें सिद्धांत भी पहले से ही निर्धारित रहते हैं। यह शोध आंकड़ों पर आधारित होता है और इसका निष्कर्ष भी आंकड़ों द्वारा ही निर्धारित होता है। मात्रात्मक शोध आदेशात्मक है तथा निगमन पद्धति पर आधारित होता है।

   मात्रात्मक शोध किसी प्रकार के पक्ष या भाव से रहित रहता है। यह अपेक्षाकृत घटना और परिणाम या प्रभाव के मध्य संबंधों पर केंद्रित होता है। मात्रात्मक शोध में सूचना सांख्यकीय रूप में होती है। यह सर्वेक्षण, संरचित साक्षात्कार (structured interview), अवलोकन (observation), अभिलेख (records) और रिपोर्ट की समीक्षा का डेटा संग्रहण होता है।

2. **गुणात्मक अनुसंधान (Qualitative Research):** इस अनुसंधान को आगमन का रूप माना जाता है।

   मानव व्यवहार को गणित के सूत्रों में नहीं बांधा जा सकता। गुणात्मक शोध का मुख्य उद्देश्य मानव व्यवहार और उसे नियंत्रित करने वाले वाले कारणों को गहराई से समझना होता है। इस शोध में चरों का उनके गुणों के आधार पर विश्लेषण होता है। यह विधि न केवल 'क्या, कहां, कब' प्रश्नों की जांच करती है, बल्कि क्यों और कैसे का भी पता लगाती है। इस प्रकार के अनुसंधान के लिए बड़े प्रतिदर्शों (samples) की बजाय छोटे, लेकिन संकेंद्रित प्रतिदर्शों (focused samples) को ज्यादा उपयोगी माना गया है। गुणात्मक शोध निर्देशन से कार्य करता है। गुणात्मक शोध में सामान्य तौर पर परिकल्पना (hypothesis) का प्रयोग नहीं करते, यह विकल्प खुला रखते हैं। गुणात्मक शोध बहुत लचीला होता है। गुणात्मक शोध, मात्रात्मकता के स्थान पर व्यक्तिगत अनुभवों के विश्लेषण पर जोर देता है। गुणात्मक शोध के निष्कर्ष में भाव एवं पक्ष को स्थान दिया जाता है, यह कारण का विश्लेषण और सत्यापन करता है।

   उदाहरण के लिए, यदि हमें शहरी या ग्रामीण क्षेत्रों में शिक्षण प्रभावशीलता के बारे में अध्ययन करना है, तो जो संबंधित तथ्य सामने आते हैं, उन्हीं का प्रेक्षण (observe) और रिकॉर्डिंग करके वर्णात्मक तथ्यों के रूप में शिक्षक प्रभावशीलता के गुणात्मक तथ्यों पर टिप्पणी की जाएगी।

   गुणात्मक अनुसंधान का उपयोग अक्सर नीति और कार्यक्रम मूल्यांकन अनुसंधान के लिए किया जाता है। विश्वसनीयता और वैधता को गुणात्मक अनुसंधान का एक मुख्य विषय माना गया है।

   गुणात्मक शोध में कुछ विशिष्ट दृष्टिकोणों एवं विधियों का उपयोग किया जाता है, जिनका वर्णन आग्रिग लिखित अनुच्छेदों गें किया गया है, इनको गुणात्मक अनुसंधान के विभिन्न प्रकार भी कहा जा सकता है।

   (a) **समूह-केंद्रित अनुसंधान (Focus Group Research):** इस विधि में, शोधकर्ता एक साथ कुछ व्यक्तियों के समूह को किसी विषय-वस्तु पर चर्चा करने के लिए एकत्रित करता है। समूह में सदस्य की संख्या कम रखी जाती है ताकि सदस्य स्वयं को अधिक स्वतंत्र तरीके से व्यक्त कर सकें।

   (b) **प्रत्यक्ष अवलोकन (Direct Observation):** इसमें बाह्य पर्यवेक्षक के द्वारा प्रदत्त एकत्रित किया जाता है।

   (c) **गहन साक्षात्कार (Indepth Interviews):** यह असंरचित होता है और इसमें यथासंभव तथ्यों की गहराई तक जाने का प्रयास रहता है।

   (d) **कथात्मक अनुसंधान (Narrative Research):** गह मुख्य साहित्य की समीक्षा करने में सही होता है तथा उसी का एक दृष्टिकोण माना जा सकता है।

   (e) **घटनाजन्य अनुसंधान (Phenomenological Research):** यह गुणात्मक अनुसंधान का ही एक रूप है जिसमें शोधकर्ता एक या अधिक व्यक्तियों के किसी घटना विशेष के बारे में उनके अनुभव को समझने का प्रयास करता है। हम यह भी कह सकते हैं कि घटनाजन्य अनुसंधान का उद्देश्य प्रतिभागियों के दृष्टिकोण से वर्तमान में घटित किसी प्रक्रिया या घटना विशेष का उसकी स्वभाविक तथा वास्तविक परिस्थितियों में अध्ययन करना है।

(f) **नृ-जातीय या जातिवृत अनुसंधान (Ethnography):** जातिवृत्तात्मक अनुसंधान का मुख्य उद्देश्य भौतिक और सामाजिक पर्यावरण, जिसमें अध्ययन किये जाने वाले लोग रहते हैं, शिक्षण संस्थान में जाते हैं या कोई अन्य कार्य करते हैं, आदि का निर्धारण करना है। जातिवृत्तात्मक अनुसंधान का मूल मानवशास्त्र (anthropology) में है।

(g) **व्यष्टि अध्ययन अनुसंधान (Case Study Research):** यहां हम कई इकाइयों या प्रतिदर्शों का अध्ययन करने की अपेक्षा एक (या कुछेक) का गहन अध्ययन करते हैं। ऐसी इकाई कुछ मायनों में अद्वितीय (unique) होती है। यह मुख्य मनोवैज्ञानिक विकार, सामाजिक शास्त्र, व्यापार क्षेत्र, आदि में प्रदत्तों को एकत्रित करने की एक विधि है। यह इकाई एक व्यक्ति, परिवार, समूह या समुदाय हो सकता है। यह सामाजिक इकाई का एक समग्र रूप में परीक्षण करता है। इस अध्ययन का मुख्य उद्देश्य इकाई के जीवन चक्र को समझना होता है। इसमें प्रदत्त गुणात्मक होते हैं। अत: व्यक्ति को अध्ययन के लिए इकाई का चयन सावधानीपूर्वक करना चाहिए।

(h) **प्रदत्त आधारित सिद्धांत (Grounded Theory):** यह एक गुणात्मक दृष्टिकोण है जिसमें शोधकर्ता द्वारा एकत्रित किए गए प्रदत्तों का विश्लेषण कर किसी सिद्धांत को विकसित किया जाता है, यद्यपि, गुणात्मक शोध में सिद्धांत स्थापित करना बहुत चुनौती पूर्ण कार्य है। इसमें आगमन उपागम का प्रयोग किया जाता है, जिनकी आधारभूमि वे प्रदत्त होते हैं जिनका शोधकर्ताओं द्वारा स्वभाविक परिस्थितियों में संकलन तथा विश्लेषण कर सिद्धांत निर्माण का कार्य किया जाता है। इस विधि में प्रदत्तों के संकलन के लिए विभिन्न स्रोतों, जैसे—परिमाणात्मक प्रदत्त अभिलेखों का पुनरीक्षण,साक्षात्कार, प्रेक्षण तथा सर्वेक्षण का उपयोग किया जाता है।

उपरोक्त वर्णित विधियों के अतिरिक्त पात्र अभिनय (role play), सतत-अनुकरण (simulation) और डायरी (diary method) भी गुणात्मक अनुसंधान के अंतर्गत आते हैं।

3. **मिश्रित अनुसंधान (Mixed Research):** गुणात्मक अनुसंधान में अधिक सटीकता लाने और उनके बेहतर सत्यापन के लिए मात्रात्मक पद्धतियों का भी प्रयोग किया जा सकता है। 1970 के दशक तक, वाक्यांश 'गुणात्मक अनुसंधान' का उपयोग केवल मानव-विज्ञान या समाजशास्त्र के एक विषय का उल्लेख करने के लिए होता था। 1970 और 1980 के मध्य के दशक के दौरान गुणात्मक अनुसंधान का उपयोग अन्य विषयों के लिए भी किया जाने लगा। 1980 और 1990 के मध्य के दशक के अंत में मात्रात्मक पक्ष की ओर से आलोचनाओं की बाढ़ के बाद, आंकड़ा विश्लेषण की विश्वसनीयता और अनिश्चित विधियों के संबंध में परिकल्पित समस्याओं से निबटने के लिए गुणात्मक अनुसंधान की नई पद्धतियां विकसित हुई।

स्टॉपओवर

सूची-I को सूची-II के साथ सुमेलित कीजिए: सूची-I गुणात्मक शोध परिदृश्य दर्शाती है जबकि सूची-II इनके द्वारा देखे गए केन्द्रीय प्रश्न उपलब्ध करवाती है। **[2020]**

सूची-I	सूची-II
(A) नृजातीय वर्णन	(I) कौन से प्रतीकों एवं समाज के सामान्य सेट जो लोगों की अन्योन्यक्रिया को अर्थ देने के लिए उभरे हैं।
(B) स्वानुभूति	(II) लोगों के उस समूह की क्या संस्कृति है?
(C) घटना-क्रिया विज्ञान	(III) उस घटना का मेरा अनुभव क्या है?
(D) प्रतीकात्मक अन्योन्यक्रिया वाद	(IV) उन लोगों के लिए उस घटना की क्या संरचना तथा सार है?

नीचे दिये गये विकल्पों में से सही उत्तर चुनिए:

(1) (A)-(I), (B)-(IV), (C)-(III), (D)-(II)
(2) (A)-(II), (B)-(III), (C)-(IV), (D)-(I)
(3) (A)-(III), (B)-(II), (C)-(I), (D)-(IV)
(4) (A)-(IV), (B)-(I), (C)-(II), (D)-(III)

इस प्रश्न का सही उत्तर (2) है।

जांच के आधार पर अनुसंधान का वर्गीकरण (Classification of Research on the Basis of Investigation)

यह मुख्य रूप से अनुसंधान समस्या को किस प्रकार से हल किया जाना चाहिए, के बारे में है।

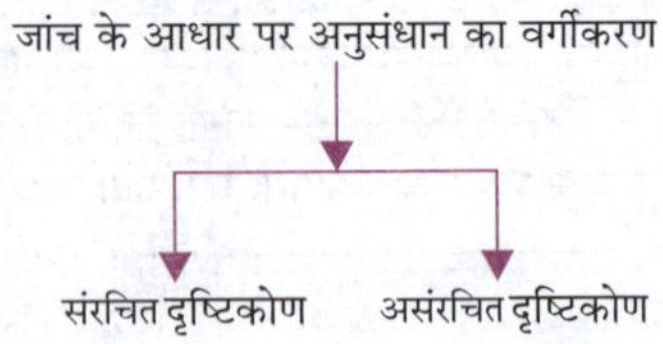

1. **संरचित दृष्टिकोण (Structured Approach):** यह मूलत: परिमाणात्मक अनुसंधान (quantitative research) या निगमन विधि के जैसा ही है।
2. **असंरचित दृष्टिकोण (Unstructured Approach):** समाजिक विषय पर अनुसंधान में हमें लचीलापन रखना पड़ता है। इसलिए इसका गुणात्मक अनुसंधान तथा आगमन विधि से निकटतम संबंध है।

कॉन्सेप्ट बॉक्स

त्रिभुजीकरण विधि (Triangulation Method): सामाजिक शोध में एक से अधिक वास्तविकताएं होती हैं जिनको हम वस्तुनिष्ठता का भी नाम दे सकते हैं जो कि एक त्रुटि है। इस त्रुटि को दूर करने के लिए अनुसंधानकर्ता त्रिभुजीकरण दृष्टिकोण का उपयोग कर सकता है। इसमें एक से अधिक प्रदत्त स्रोतों, जांचकर्ताओं एवं विधियों का उपयोग किया जाता है। यह हमें सामाजिक घटना की पूर्ण जानकारी देता है। इसका प्रयोग मुख्यत: सामाजिक शोध में किया जाता है।

उद्देश्यों के आधार पर अनुसंधान का वर्गीकरण (Classification of Research on the Basis of Objectives)

अनुसंधान के उदेश्यों को निर्धारित करना इसलिए आवश्यक हो जाता है ताकि अनुसंधान प्रक्रिया के दौरान यह स्पष्टता रहे कि हम सही मार्ग पर अग्रसर हैं। अनुसंधान के विभिन्न उद्देश्य हो सकते हैं, जैसे किसी घटना का वर्णन करना, घटना के पीछे कारणों को जानना या फिर कारकों के परस्पर संबंध को जानना, आदि।

उद्देश्यों के आधार पर अनुसंधान को मुख्य रूप से पांच श्रेणियों में विभाजित किया गया है।

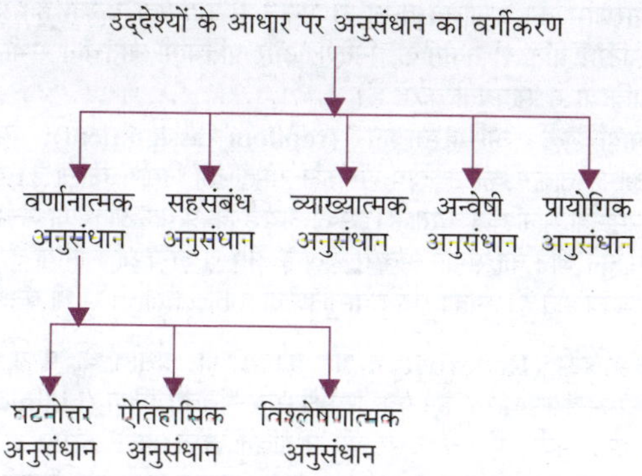

वर्णनात्मक अनुसंधान (Descriptive Research)

1. जैसे कि नाम से पता चलता है, इस प्रकार का अनुसंधान 'स्थिति का वर्णन' करता है। यह 'क्या है' या 'क्या था' जैसे प्रश्नों का उत्तर देने का प्रयास करता है। यह रिपोर्टिंग करने जैसा है।

   इसमें मुख्यत: सर्वेक्षण पद्धति (survey approach) का उपयोग होता है। इस प्रकार के शोध में शोधकर्ता का चरों पर कोई नियंत्रण नहीं होता। इसमें जांच परिस्थितियों या वातावरण में बदलाव बिना ही एकत्रित की जाती है, इसमें किसी भी चर के साथ हेरफेर (manipulation) नहीं किया जाता। कई बार इसका सहसंबंध (correlational) या अवलोकन (observation) अनुसंधान के रूप में भी उल्लेखित किया जाता है।
2. इस अनुसंधान में सर्वेक्षण और पर्याप्त व्याख्या के साथ-साथ तथ्यों की खोज को सम्मिलित किया जाता है। उदाहरण के लिए, वर्णनात्मक शोध यह पता लगाने का प्रयास कर सकता है कि किसी विद्यालय, जिले, राज्य या प्रान्त में शिक्षा का स्तर कैसा है।

घटनोत्तर अनुसंधान, ऐतिहासिक अनुसंधान और विश्लेषणात्मक अनुसंधान भी इसी अनुसंधान के विभिन्न प्रारूप कहे जा सकते हैं।

घटनोत्तर अनुसंधान (*Ex-post Facto Research*)

1. यह सामाजिक विज्ञान और व्यवसायिक संगठनों में प्रयोग किया जाता है।
2. यह अनुसंधान किसी घटना के संदर्भ में आयोजित किया जाता है।
3. यह मूल रूप से घटना के स्वतंत्र चर (non-manipulatable) से संबंधित है।

ऐतिहासिक अनुसंधान (*Historical Research*)

इस अनुसंधान में अनुसंधानकर्ताओं से यह अपेक्षा की जाती है कि वे वर्तमान हालातों के परिप्रेक्ष्य में भूतकालीन तथा वर्तमान घटनाओं की चर्चा करें। इससे लोगों को अतीत का विश्लेषण कर आज की समस्याओं/चुनौतियों का संभावित उत्तर प्रदान करने में सहायता मिलती है। फलस्वरूप ऐतिहासिक अनुसंधानों में किये जाने वाले अध्ययन हमें हमारे ऐसे प्रश्नों का हल करने में सहायता करते हैं, जैसे हम कहां से आये हैं, हम पहले क्या थे, अब क्या हो गए हैं, आदि।

1. यह वर्णनात्मक अनुसंधान का एक अन्य पहलू है और यह काफी सीमा तक कार्योत्तर अनुसंधान के समान है।
2. यह सामान्यत: किसी विषय के ऐतिहासिक पहलू पर ध्यान केन्द्रित करता है।

विश्लेषणात्मक अनुसंधान (Analytical Research)

1. इसमें शोधकर्ता पहले से ही उपलब्ध तथ्यों एवं जानकारी का उपयोग करता है।
2. यह सामग्री का आलोचनात्मक मूल्यांकन करने का प्रयास करता है।

सहसंबंध अनुसंधान (Correlational Research)

1. इसमें एक स्थिति के दो पहलुओं के मध्य संबंध एवं परस्पर निर्भरता का पता चलता है। दो या दो से अधिक चर एक साथ होते हैं लेकिन इसका अर्थ यह नहीं कि वह एक-दूसरे के लिए हैं।
2. इस अनुसंधान के द्वारा एक निश्चित परिस्थिति में प्रमुख कारकों की पहचान की जा सकती है।

व्याख्यात्मक अनुसंधान (Explanatory Research)

व्याख्यात्मक अनुसंधान में एक स्थिति या घटना के दो पहलुओं के मध्य 'कैसे' और 'क्यों' जैसे सवालों का जवाब देने की चेष्टा की जाती है। उदाहरण के लिए, (1) रटने के फलस्वरूप परीक्षा से संबंधित तनाव क्यों होता है, (2) तनाव की वजह से हृदय रोग की उत्पत्ति कैसे होती है।

स्टॉपओवर

निम्नलिखित में से कौन सा व्याख्यात्मक अनुसंधान का एक रूप है, जिसमें शोधकर्ता एक सैद्धांतिक मॉडल विकसित करता है और यह निर्धारित करने के लिए मॉडल का अनुभवजन्य परीक्षण करता है कि आंकड़े में मॉडल कितनी अच्छी तरह समाहित हैं?

(a) अनौपचारिक मॉडलिंग (b) भविष्यपरक अनुसंधान
(c) वर्णनात्मक अनुसंधान (d) खोजपूर्ण अनुसंधान

सही विकल्प (a) है।

अनुसंधानमूलक या अन्वेषी अनुसंधान (Exploratory Research)

1. यह सामान्य तौर पर एक शोध के प्रारम्भ में किया जाता है। इस को मुख्य अनुसंधान का 'लघुरूप' भी कहा जा सकता है। 'छोटे पैमाने पर अध्ययन' से शोध की व्यवहार्यता (viability) का पता चल जाता है कि यह विस्तृत जांच पूरा करने के योग्य है या नहीं।
2. यह एक स्थिति या घटना के दो या अधिक पहलुओं के मध्य के संबंध स्पष्ट करने का प्रयास करता है।
3. अन्वेषी अनुसंधान का मुख्य उद्देश्य पृष्ठभूमि (background) की जानकारी प्राप्त करना, तथ्यों को परिभाषित करना, समस्याओं को स्पष्ट करना, उपकल्पना विकसित करना, अनुसंधान की प्राथमिकताओं एवं उद्देश्यों की स्थापना करना होता है।
4. इसमें मुख्यत: अनुपूर्वक या गौण (secondary) आंकड़ों, अनुभव सर्वेक्षण (experential survey), प्रकरण अध्ययन, साक्षात्कार (interview) और प्रक्षेपी (projective) तथा डेल्फी (delphi) तकनीकों का उपयोग किया जाता है।

प्रायोगिक अनुसंधान (Experimental Research)

प्रायोगिक अनुसंधान को कारण एवं संबंध (cause and effect) स्थापित करने के लिए डिज़ाइन किया गया है। यह दो या दो से अधिक चरों के मध्य संबंध से संबंधित प्रश्न से आरम्भ होता है। इसके अंतर्गत शोधकर्ता अपेक्षित संबंध की प्रकृति जानने के लिए एक या एक से अधिक परिकल्पना विकसित करता है।

कैंपबेल और स्टेनली के अनुसार, "प्रायोगिक अनुसंधान, अनुसंधान के उस भाग को संदर्भित करता है जिसमें चरों में हेरफेर किया जाता है और अन्य चर पर उनके प्रभाव देखे जाते हैं।"

सामान्य रूप में, एक प्रयोग में निम्नलिखित तीन विशेषताएं होती हैं:

1. एक स्वतंत्र चर में हेर-फेर किया जाता है।
2. स्वतंत्र चरों के अतिरिक्त अन्य सभी चर स्थिर रखे जाते हैं।
3. स्वतंत्र चर के हेरफेर का आश्रित चर पर प्रभाव देखा जाता है।

वह चर जिस पर परिवर्तनों के प्रभाव देखे जाते हैं, आश्रित चर कहलाते हैं। आश्रित चर का नाम इसलिए रखा गया है, क्योंकि इसका मूल्य स्वतंत्र चर के मूल्य पर निर्भर और भिन्न होने के लिए परिकल्पित है।

उदाहरण के लिए, पढ़ने में उपलब्धि पर विभिन्न शिक्षण विधियों के प्रभाव की जांच करने के लिए, एक अन्वेषक उपलब्धि आश्रित चर (dependent variable) शिक्षण विधियों के प्रभाव का पता लगाने के लिए विभिन्न शिक्षण विधियों स्वतंत्र/निराश्रित चर (independent variable) में हेरफेर करेगा।

कभी-कभी व्याख्यात्मक अनुसंधान (कारण अनुसंधान) को भी प्रायोगिक अनुसंधान के अंतर्गत गिना जाता है। यह किसी स्थिति या घटना के दो पहलुओं के मध्य 'कैसे और क्यों' का उत्तर देने का प्रयास करता है। उदाहरण के लिए, परीक्षा संबंधी तनाव क्यों रट कर सीखने की ओर ले जाता है? तनाव से हृदय रोग क्यों और कैसे होता है?

प्रायोगिक अनुसंधान के तीन लक्षण
(Three characteristics of experimental research):

इन्हें कार्य-कारण संबंध की मुख्य शर्तें भी कहा जा सकता है।

1. **हेरफेर (Manipulation):** हेरफेर को प्रयोगात्मक डिजाइन की पहली विशेषता के रूप में परिभाषित किया गया है। हेरफेर की स्थिति (स्वतंत्र चर) को 'उपचार' या 'हस्तक्षेप' (treatment or intervention) भी कहा जा सकता है। एक स्वतंत्र चर के हेरफेर में शोधकर्ता का सक्रिय हस्तक्षेप सम्मिलित होना चाहिए।
2. **नियंत्रण (Control):** यह पुनः चरों का नियंत्रण है। स्वतंत्र चर (IV) और आश्रित चर (DV) के अतिरिक्त अन्य चर अध्ययन के लिए बाह्य चर (extraneous variables) हैं। उन्हें प्रतिभागियों में यादृच्छिक किया जाना चाहिए ताकि समूह एक समान रहें। यह प्रयास बाह्य कारकों द्वारा परिणाम को प्रभावित करने से रोकने में सहायता करता है। प्रायोगिक सेटिंग, प्रतिदर्श तकनीक, निर्देश, और प्रतिभागी बातचीत सभी नियंत्रण प्रक्रिया में सहायता करते हैं।
3. **यादृच्छिक अभिहस्तांकन (random assignment):** यादृच्छिक अभिहस्तांकन का उद्देश्य समकक्ष समूहों का निर्माण करना है। यह समूह समानता सुनिश्चित करता है। इसका अर्थ है कि प्रत्येक प्रतिभागी के पास समूह में चुने जाने का समान अवसर होता है और वे अन्य प्रतिभागियों के चयन से स्वतंत्र होते हैं। इसका संबंध वस्तुनिष्ठता (objectivity) से भी बनता है।

रिफ्लेक्सिविटी (Reflexivity): यह कारण और प्रभाव के मध्य वृत्ताकार संबंधों को संदर्भित करता है। एक रिफ्लेक्सिव संबंध द्विदिश (bidirectional) है, यदि एक संबंध में एक दूसरे को प्रभावित करने वाले कारण और प्रभाव एक साथ दोनों चरों के साथ हों, जिसमें न तो कारण या प्रभाव निरूपित किया जा सकता है। उदाहरण के लिए, गरीबी बेरोजगारी का मुख्य कारण है, और बेरोजगारी गरीबी का मुख्य कारण है।

स्टॉपओवर

1. निम्नलिखित कथनों पर विचार करें:
   (i) सत्य प्रयोगों का एक नियंत्रण समूह होना चाहिए।
   (ii) नियंत्रण समूह अनुसंधान प्रतिभागियों का एक समूह है, जो प्रायोगिक समूह के सदृश है, लेकिन वे प्रायोगिक उपचार प्राप्त नहीं करते हैं।
   (iii) नियंत्रण समूह एक विश्वसनीय आंकड़े प्रदान करता है, जिससे प्रयोगात्मक परिणाम की तुलना कर सकते हैं।
   उपरोक्त में से कौन-से कथन सत्य हैं?
   (a) केवल (i) और (ii) (b) केवल (ii) और (iii)
   (c) केवल (i) और (iii) (d) उपरोक्त सभी
2. प्रायोगिक अनुसंधान में किस प्रक्रिया की आवश्यकता नहीं है?
   (a) अवलोकन (b) हेरफेर और प्रतिकृति
   (c) नियंत्रण (d) संदर्भ संग्रह

उत्तर 1.(d) 2.(d)

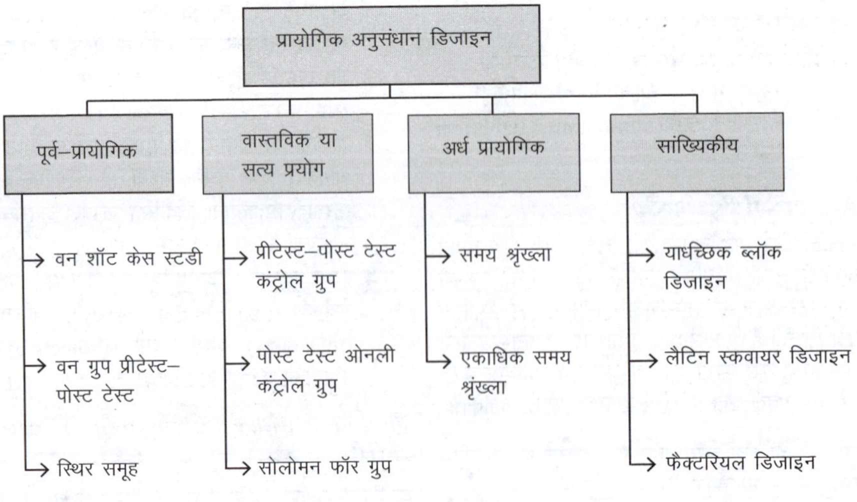

प्रायोगिक अनुसंधान के प्रकार (Types Of Experimental Research)

प्रायोगिक अनुसंधान के विभिन्न प्रकारों का वर्णन निम्नलिखित रूप से किया जा सकता है:

पूर्व-प्रायोगिक अनुसंधान डिजाइन (Pre-Experimental Research Design)

पूर्व-प्रयोग तुलना के उद्देश्य से किए गए प्रयोगों को संदर्भित करते हैं। प्रायोगिक डिजाइन सत्य प्रयोगों, अर्ध-प्रयोगों और कुछ स्थिर प्रयोगों को संदर्भित करते हैं। पूर्व-प्रयोग विशिष्ट प्रयोगात्मक डिजाइन नहीं हैं। वे मुख्य रूप से खोजी उपकरण के रूप में और अन्य प्रयोगात्मक डिजाइनों के साथ तुलना के लिए उपयोग किए जाते हैं। वे आंतरिक और बाह्य वैधता के प्रति संवेदनशील हैं। इसके अंतर्गत परस्पर तुलना करने (Contrast) के लिए कोई नियंत्रण समूह नहीं है। वे निम्न प्रकार के होते हैं:

1. **वन-शॉट केस स्टडी (One Shot Case Study):** इसके अंतर्गत निष्कर्ष निकालना कठिन है क्योंकि हस्तक्षेप और परिणाम के मध्य कोई विशिष्ट कारण और प्रभाव संबंध नहीं है।
2. **वन ग्रुप प्री-टेस्ट पोस्ट-टेस्ट (One Group Pre Test Post Test):** यह टेस्ट कुछ अधिक संरचित है। अवलोकन के तहत एक एकल चयनित समूह है, जिसमें प्रायोगिक उपचार को लागू करने से पूर्व सावधानीपूर्वक माप किया जाता है और फिर बाद में माप किया जाता है। इस डिजाइन में न्यूनतम आंतरिक वैधता है, जो केवल विषय के चयन और प्रायोगिक मृत्यु दर को नियंत्रित करती है। इसका न्यूनतम नियंत्रण है। इसकी कोई बाह्य वैधता नहीं है।
3. **स्थिर समूह तुलना (Static Group Comparison):** यह तीन में से सर्वश्रेष्ठ है। यह दर्शाता है कि परिवर्तन हुआ है, लेकिन नियंत्रण समूह के उन्मूलन (elimination) के संदर्भ में यह जटिल (problematic) है। यदि समूह आरम्भ में ही समकक्ष नहीं है, तो मतभेदों के कारण का निष्कर्ष निकालना भी सरल नहीं है।

वास्तविक या सत्य प्रयोग (True Experiments)

वास्तविक या सत्य प्रयोग एक प्रकार के 'स्वर्ण मानक' हैं, क्योंकि वे अन्य प्रयोग डिजाइनों के मूल्यांकन में सहायता करते हैं। इन प्रयोगों को 'यादृच्छिक नियंत्रित परीक्षण' के रूप में जाना जाता है, क्योंकि शोधकर्ता हस्तक्षेपों (Interventions) की संख्या और प्रकारों को परिवर्तित कर सकने की स्थिति में होता है। प्रयोगात्मक और नियंत्रण समूहों के मध्य एकमात्र अपेक्षित अंतर अध्ययन के अंतर्गत परिणाम चर है। यह मूल रूप किसी एक जनसंख्या का अध्ययन है।

प्रायोगिक डिजाइन की आवश्यक तीन आवश्यक विशेषताएं - हेरफेर, नियंत्रण और यादृच्छिक निरूपण हैं।

इसकी विशेषताओं को हम निम्नलिखित रूप में भी वर्णित कर सकते हैं:

1. सत्य प्रयोगों का एक नियंत्रण समूह होना चाहिए।
2. नियंत्रण समूह अनुसंधान प्रतिभागियों का एक समूह है, जो प्रयोगात्मक समूह जैसा दिखता है, लेकिन प्रयोगात्मक उपचार प्राप्त नहीं करता है।
3. नियंत्रण समूह एक विश्वसनीय आधारभूत डेटा प्रदान करता है, जिससे आप प्रयोगात्मक परिणामों की तुलना कर सकते हैं।

प्री-टेस्ट-पोस्ट-टेस्ट डिज़ाइन (Pre-test–Post-test Design)

प्रीटेस्टपोस्टेस्ट डिज़ाइन के मूल आधार में कुछ उपचार करने से पूर्व परिणाम का एक प्रीटेस्ट माप प्राप्त करना सम्मिलित है, इसके बाद उपचार होने के पश्चात् उसी उपाय पर एक पोस्टटेस्ट किया जाता है। प्रीटेस्ट-पोस्टटेस्ट डिज़ाइन प्रयोगात्मक और अर्ध-प्रायोगिक अनुसंधान दोनों में नियोजित होते हैं और नियंत्रण समूहों के साथ या नियंत्रण समूहों के बिना ही उपयोग किए जा सकते हैं।

पोस्ट-टेस्ट-ओनली कंट्रोल ग्रुप डिजाइन (Post-test-only Control Group Design)

डिजाइन यह एक शोध डिजाइन है जिसमें कम से कम दो समूह होते हैं, जिनमें से एक को परीक्षण या हस्तक्षेप नहीं मिलता है, और परीक्षण के बाद परिणाम के माप पर डेटा एकत्र किया जाता है। जो समूह, क्रियाशील नहीं है या स्थिर है वह नियंत्रण समूह है।

पोस्ट-टेस्ट-ओनली कंट्रोल ग्रुप डिजाइन की मुख्य विशेषताएं इस प्रकार हैं:

1. इस प्रकार के डिज़ाइन में दो यादृच्छिक रूप से निरूपित किए गए समूह हैं: प्रयोगात्मक समूह और नियंत्रण समूह।
2. परीक्षण के कार्यान्वयन से पूर्ण किसी भी समूह का कार्यान्वन नहीं किया जाता है।
3. परीक्षण प्रयोगात्मक समूह पर लागू किया जाता है।

सोलोमन फोर ग्रुप डिज़ाइन (Solomon Four Group Design)

यह एक शोध डिजाइन है जो पोस्टटेस्ट परिणामों पर प्रभाव के मापन का प्रयत्न करता है। कुछ शोध डिजाइनों में एक प्रीटेस्ट सम्मिलित होता है, जिसे प्रशोधन (treatment) के संपर्क में आने से पूर्व लिया जाता है, और एक पोस्टटेस्ट, जिसे प्रशोधन के संपर्क में आने के पश्चात् प्रशासित किया जाता है।

अर्ध-प्रयोगात्मक डिजाइन (Quasi-Experimental Design)

'अर्ध' शब्द से हमारा तात्पर्य 'समान' से है। इसमें प्रायोगिक अनुसंधान के समान कई विशेषताएं हैं, लेकिन यह वास्तविक प्रायोगिक अनुसंधान नहीं है। आश्रित चर से पहले स्वतंत्र चर में हेर-फेर की संभावना होती है। अर्ध-प्रयोगों में दिशात्मकता का तत्व होता है जिसमें प्रतिभागी चयन भी सम्मिलित हैं। इन डिजाइनों का उपयोग सुविधानुसार किया जा सकता है।

1. उनका उपयोग तब किया जाता है जब यादृच्छिकीकरण, अव्यावहारिक या अनैतिक या दोनों होता है। यदि प्रतिदर्श (sample) का आकार छोटा हो तो यादृच्छिकीकरण में कठिनाई आ सकती है। अर्ध-प्रयोगों में परिणाम के उपाय, उपचार और प्रयोगात्मक इकाइयां हैं।
2. सामान्य तौर पर सही प्रयोगात्मक डिजाइनों की तुलना में डिजाइन करना सरल होता है, जिसमें विषयों के यादृच्छिक निरूपण की आवश्यकता होती है। वे आचरण (conduct) के लिए अधिक व्यवहार्य हैं।

सांख्यिकीय समूह (Statistical Group)

सांख्यिकीय समूह मूल रूप से यादृच्छिक पहलू से निपटते हैं। यादृच्छिक डिजाइन क्षेत्र सेटिंग्स में कई चर से निपटने में लचीलापन प्रदान करते हैं। इस तरह के डिजाइन प्रतिभागियों के परीक्षण समूहों के यादृच्छिकरण पर आधारित होते हैं।

1. **यादृच्छिक ब्लॉक डिजाइन (Randomized Block Design):** एक यादृच्छिक ब्लॉक डिजाइन, एक प्रयोगात्मक डिजाइन है जहां प्रयोगात्मक इकाइयां ब्लॉक समूहों में होती हैं। परीक्षण को प्रत्येक ब्लॉक के अंदर प्रायोगिक इकाइयों को यादृच्छिक रूप से आवंटित किया जाता है।
2. **लैटिन स्क्वायर डिज़ाइन (Latin Square Design):** यह t परीक्षण की व्यवस्था है, प्रत्येक को t बार दोहराया जाता है ।
3. **फैक्टरियल डिज़ाइन (Factorial Design):** इसका उपयोग उपचार विविधताओं की जांच करने के लिए किया जाता है और दक्षता के लिए स्वतंत्र अध्ययनों की एक श्रृंखला को एक में जोड़ सकता है।

वर्णनात्मक अनुसंधान व प्रायोगिक अनुसंधान की तुलना

वर्णनात्मक अनुसंधान (Descriptive Research)	प्रायोगिक अनुसंधान (Experimental Research)
इसके अंतर्गत अध्ययन समूह की विशेषताओं या एक निश्चित घटना का वर्णन किया जाता है।	इसके अंतर्गत निष्कर्ष प्राप्त करने के लिए चरों में हेरफेर किया जाता है, ताकि कल्पित परिकल्पना का समर्थन या अस्वीकृत किया जा सके।
एक निश्चित या विशिष्ट जनसंख्या पर डेटा एकत्र करने में उपयोगी।	एक कारण संबंध, सहसंबंध आदि के कारण-प्रभाव का पता लगाने में उपयोगी।
यह 'क्या है' प्रश्न का उत्तर देने वाले अध्ययन समूह की विशेषताओं का वर्णन करता है।	यह 'क्या होगा अगर' प्रश्न का उत्तर देता है।
इसमें समाजशास्त्रीय और मनोवैज्ञानिक अध्ययन सम्मिलित हैं।	इसमें फोरेंसिक अध्ययन, जैविक और अन्य प्रयोगशाला अध्ययन आदि सम्मिलित हैं।
गुणात्मक और मात्रात्मक दोनों पद्धतियों का उपयोग करता है।	यह मुख्य रूप से मात्रात्मक पद्धति का उपयोग करता है।

अवधारणा के आधार पर अनुसंधान का वर्गीकरण (Classification of Research on the Basis of Concept)

अवधारणा को किसी वस्तु या विषय के संदर्भ में सामान्य विचार के रूप में परिभाषित किया गया है। इसके आधार पर अनुसंधान को दो प्रकारों में विभाजित किया गया है।

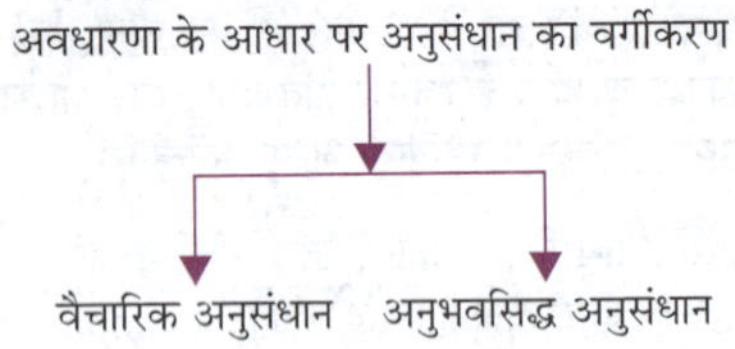

वैचारिक अनुसंधान (Conceptual Research)

वैचारिक अनुसंधान सामान्य तौर पर दार्शनिकों और विचारकों द्वारा नई अवधारणाओं को विकसित करने एवं उनकी व्याख्या करने के लिए प्रयोग किया जाता है। यह अमूर्त विचारों और सिद्धांतों से संबंधित है।

अनुभवसिद्ध अनुसंधान (Empirical Research)

अनुभवसिद्ध अनुसंधान अनुभव तथा अवलोकन पर निर्भर करता है। इस अनुसंधान में शोधकर्ता परिकल्पना तैयार करते हैं और अपनी परिकल्पनाओं को सत्य और असत्य सिद्ध करने के लिए प्रदत्त एकत्रित करते हैं। शोधकर्ता का तथ्यों पर नियंत्रण होता है।

कॉन्सेप्ट बॉक्स

क्रियात्मक अनुसंधान (Action Research)

नेट परीक्षा में इस पर बहुत बार प्रश्न पूछा जा चुका है। इस पारिभाषिक शब्द का सबसे पहले उपयोग; कुर्त लेविन (Kurt Lewin) ने 1940 में किया था। हल्सेय (Halsey) ने क्रियात्मक अनुसंधान की रोचक परिभाषा दी है, उसके अनुसार, 'क्रियात्मक अनुसंधान वास्तविक संसार की कार्य पद्धति में हस्तक्षेप है और ऐसे हस्तक्षेप के क्या प्रभाव रहे, उनकी गहन समीक्षा भी'। क्रियात्मक अनुसंधान स्वयं के व्यवहार में एक व्यवस्थित जांच है।

क्रियात्मक अनुसंधान का एक अनुसंधान के रूप में तीन स्थितियों में उपयोग किया जा सकता है:

1. तत्काल समस्या (immediate problem) के समाधान के लिए।
2. जिस समस्या का समाधान प्रगति में है, उसकी चिंतनशील समीक्षा करने के लिए।
3. समस्या का समाधान करने वाली प्रक्रियाओं में कैसे सुधार एवं संशोधन किया जा सकता, यह जानने में।

क्रियात्मक प्रक्रिया की प्रक्रिया (Process of Action Research)

हम अनुसंधान की चक्रीय प्रक्रिया एक बार निकट से देखते हैं:

1. नियोजन सोपान (planning stage)
2. क्रियान्वयन (शोध योजना का) सोपान (acting stage)
3. विकासोन्मुख सोपान—कार्य योजना का विकास (developing stage)
4. चिंतन चरण (reflecting stage)

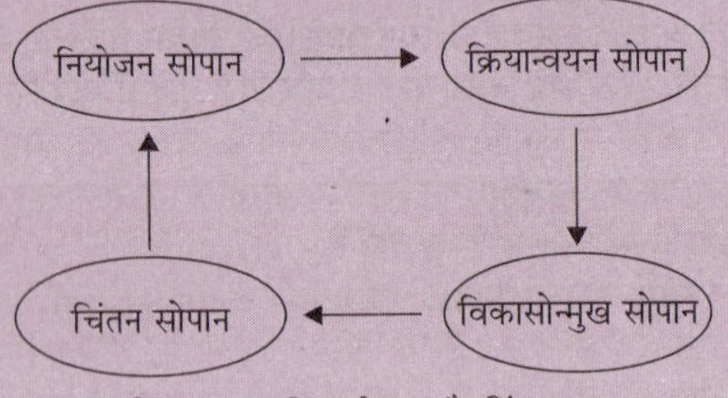

चित्र 2.1 क्रियाशीलता और चिंतन चक्र
स्रोत: एनसीईआरटी, विज्ञान के अध्यापन

यह प्रक्रिया पहली बार एक समस्या की पहचान के साथ आरम्भ होती है। फिर, आप एक योजना बनाते हैं और उसे क्रियान्वित करते हैं, फिर हम उस क्रियान्वन की प्रगति का अवलोकन करते हैं, फिर कोई समस्या सामने आती है, फिर हल निकाला जाता है—यहाँ पर यह महत्वपूर्ण होता है कि प्रक्रियाएं काम कर रही हैं या नहीं। शायद पूरी प्रक्रिया पुन: आरम्भ कर देंगे। यही क्रियाशील अनुसंधान है। इन तथ्यों को ध्यान में रखते हुए क्रियाशील अनुसंधान को हम 'क्रिया चक्र' (cycle of action) या 'अन्वेषण चक्र' (cycle of inquiry) भी कहते हैं।

शिक्षा के क्षेत्र में क्रियात्मक अनुसंधान: इस अनुसंधान का शिक्षा में अक्सर उपयोग किया जाता है, क्योंकि इसमें सदैव सुधार की आवश्यकता रहती है और फिर शिक्षण गतिशील वातावरण में भी होता है। उदाहरण के लिए कक्षा में शिक्षण की प्रगति, पाठ्यक्रम का विकास और छात्र के व्यवहार जैसे विषयों में जानकारी एकत्रित करने के लिए हम इस संवादमूलक विधि का प्रयोग करते हैं।

जॉन इलियट (John Elliott) के अनुसार, 'शिक्षक इस बात का अवलोकन करता है कि कक्षा में क्या हो रहा है, उसे समस्या का आभास होता है, तत्पश्चात वह उस समस्या के समाधान के लिए और जानकारी प्राप्त करता है।' इससे शिक्षण-अधिगम प्रक्रिया और भी रोचक एवं उद्देश्य लक्षित बनती है।

शिक्षा के क्षेत्र में क्रियात्मक अनुसंधान को निम्नलिखित स्थितियों में प्रयुक्त किया जा सकता है:

1. शिक्षार्थी—प्रेरित करना, अधिगम शैली, मनोवृति आदि
2. शिक्षक सशक्तिकरण—शिक्षण-अधिगम प्रक्रिया को और भी प्रभावी ढंग से लागू करना
3. मूल्यांकन—प्रक्रिया को सामाजिक और औद्योगिक आवश्यकताओं से संबंधित करना
4. पाठ्यचर्या में सुधार
5. संस्था प्रशासन
6. सामाजिक सहयोग इत्यादि

यहां हम दो विधियों की चर्चा कर रहे हैं जो कि परीक्षा की दृष्टि से महत्वपूर्ण हैं:

अनुभवजन्य-प्रेरक प्रतिमान (empirico-inductive method): एक अनुभवजन्य-प्रेरक प्रतिमान में, शोधकर्ता विशिष्ट मामलों से अनुभवजन्य डेटा एकत्र करता है ताकि शोध- खोज को सामान्य (आगमनात्मक) किया जा सके।

परिकल्पनात्मक या प्राक्कल्पनात्मक निगमनात्मक विधि (hypothetico deductive method): यह शिक्षण विधि से संबंधित भी है। इसको यूनिट 1 में चर्चित औपचारिक परिचालन चरण (formal operational stage) से संबंधित किया जा सकता है, यह जीन पियाजे के संज्ञानात्मक विकास के सिद्धांत का चौथा और अंतिम चरण है। यह लगभग 12 वर्ष की आयु से शुरू होता है और वयस्कता तक रहता है।

इस स्तर पर, सोच बहुत अधिक परिष्कृत और उन्नत हो जाती है। बच्चे अमूर्त और सैद्धांतिक अवधारणाओं के बारे में सोच सकते हैं और समस्याओं के रचनात्मक समाधान के लिए तर्क का उपयोग कर सकते हैं। इस चरण के दौरान तार्किक विचार, निगमनात्मक तर्क और व्यवस्थित योजना जैसे कौशल भी सामने आते हैं। वे अक्सर 'क्या-अगर' प्रकार की स्थितियों और प्रश्नों पर विचार करते हैं और कई समाधानों या संभावित परिणामों के बारे में सोच सकते हैं।

गणित निगमनात्मक (Mathematico deductive) विधि भी वैज्ञानिक है।

स्टॉपओवर

1. निम्नलिखित में से किस शोध विधि द्वारा 'कारण और प्रभाव संबंध' पर विशेष ध्यान केंद्रित किया जाता है? **[जून 2020]**
(a) ऐतिहासिक विधि (b) प्रयोगात्मक विधि
(c) कार्योत्तर विधि (d) व्यष्टि (केस) अध्ययन विधि

2. निम्नलिखित में से कौन सा शोध हस्तक्षेप आधारित, चक्रीय प्रकृति का और सुधार केंद्रित है? **[जून 2020]**
(a) व्यष्टि (केस) अध्ययन विधि
(b) सर्वेक्षण शोध
(c) प्रयोगात्मक शोध
(d) क्रियात्मक शोध

3. एक शिक्षक विभिन्न उपायों के माध्यम से अधिगम की गुणवत्ता में सुधार करने के लिए निरंतर प्रयास करता है। उसके द्वारा अपनाया गया उपागम किस प्रकार के शोध के दायरे में आ सकता है?
(a) मौलिक शोध (b) व्यवहृत शोध
(c) क्रियात्मक शोध (d) मूल्यांकनात्मक शोध

4. नीचे दो कथन दिए गए हैं जिसमें से एक को अभिकथन (A) और दूसरे को तर्क (R) कहा गया है।
अभिकथन (A): शोध आचारसंहिता सत्य एवं समस्याओं के समाधान की ओर अग्रसर होने के लिए उचित एवं प्रमाणिक प्रक्रियाओं के प्रयोग की आवश्यकता पर बल देती है।
तर्क (R): शोध की विश्वसनीयता न केवल एक वरीयतापूर्ण लक्ष्य है अपितु मानवीय लक्ष्यों में उत्कृष्टता हेतु पूर्वापेक्षा है।
उपर्युक्त कथनों के आलोक में निम्नांकित विकल्पों में से सर्वाधिक उपयुक्त उत्तर चुनें:
(a) (A) और (R) दोनों सही हैं और (R), (A) की सही व्याख्या है।
(b) (A) और (R) दोनों सही हैं परन्तु (R), (A) की सही व्याख्या नहीं है।
(c) (A) सही है परन्तु (R) सही नहीं है।
(d) (A) सही नहीं है परन्तु (R) सही है।

उत्तर 1.(b) 2.(d) 3.(c) 4.(a)।

अनुसंधान-प्रक्रिया के मुख्य सोपान (Main Steps in Research Process)

नेट परीक्षा में एक या दो प्रश्न अनुसंधान प्रक्रिया के सोपानों से संबंधित पूछे जाते हैं, परीक्षार्थियों से अपेक्षा की जाती है कि वे इनके क्रम पर विशेष ध्यान दें। मुख्य तौर पर अनुसंधान की प्रक्रिया में निम्नलिखित तीन मानदंड अपनाए जाते हैं:

1. अनुसंधान का नियोजन कुछ दृष्टिकोणों को ध्यान में रख कर किया जाता है और इनके संकलन के आधार पर ही शोध की रूपरेखा तैयार की जाती है। यह दृष्टिकोण गुणात्मक या मात्रात्मक या इन दोनों का सम्मिश्रण हो सकता है, यह मुख्य अध्ययन के विषय पर निर्भर होता है।
2. अनुसंधान में चिह्नित समस्याओं या प्रश्नों के उत्तर ढूंढने के लिए निर्णीत चरणों (decided steps) के तार्किक क्रम को अनुसंधान क्रियाविधि (research methodology) कहा जाता है। इसमें कई प्रक्रियाओं, विधियों और तकनीकों का उपयोग किया जाता है।
3. यह यथासंभव निष्पक्ष और वस्तुनिष्ठ होनी चाहिए।

Cresswell द्वारा दी गई परिभाषा के अनुसार, अनुसंधान में तीन आधारभूत चरणों को समावेशित किया जाता है:

1. समस्या को चिह्नित करना (Identification of Problem)
2. समस्या से संबंधित प्रश्नों के उत्तर ढूंढने के लिए प्रदत्त एकत्रित करना (Collecting Data to Answer the Questions)
3. प्रश्न का उत्तर ढूंढ़ना (Finding Solution to the Problem): जब हम प्रदत्त एकत्रित करते हैं, तो उन पर कुछ सांख्यिकीय या गणितीय गणना की जाती है जिस को विश्लेषण कहा जाता है, हम प्रदत्तों में कुछ पैटर्न स्थापित करना चाहते हैं, जिसके आधार पर किसी सिद्धांत के सूत्रीकरण या निष्कर्ष पर पहुंचा जा सकता है। कौन-सी विधि प्रयुक्त करनी है—गुणात्मक या परिमाणात्मक, यह प्रश्न की प्रकृति पर निर्भर करता है कि शोध विषय सामाजिक विज्ञान से संबंधित है या फिर प्राकृतिक विज्ञान से।

आइए अनुसंधान प्रक्रिया के सोपानों को विस्तार से जान लें।

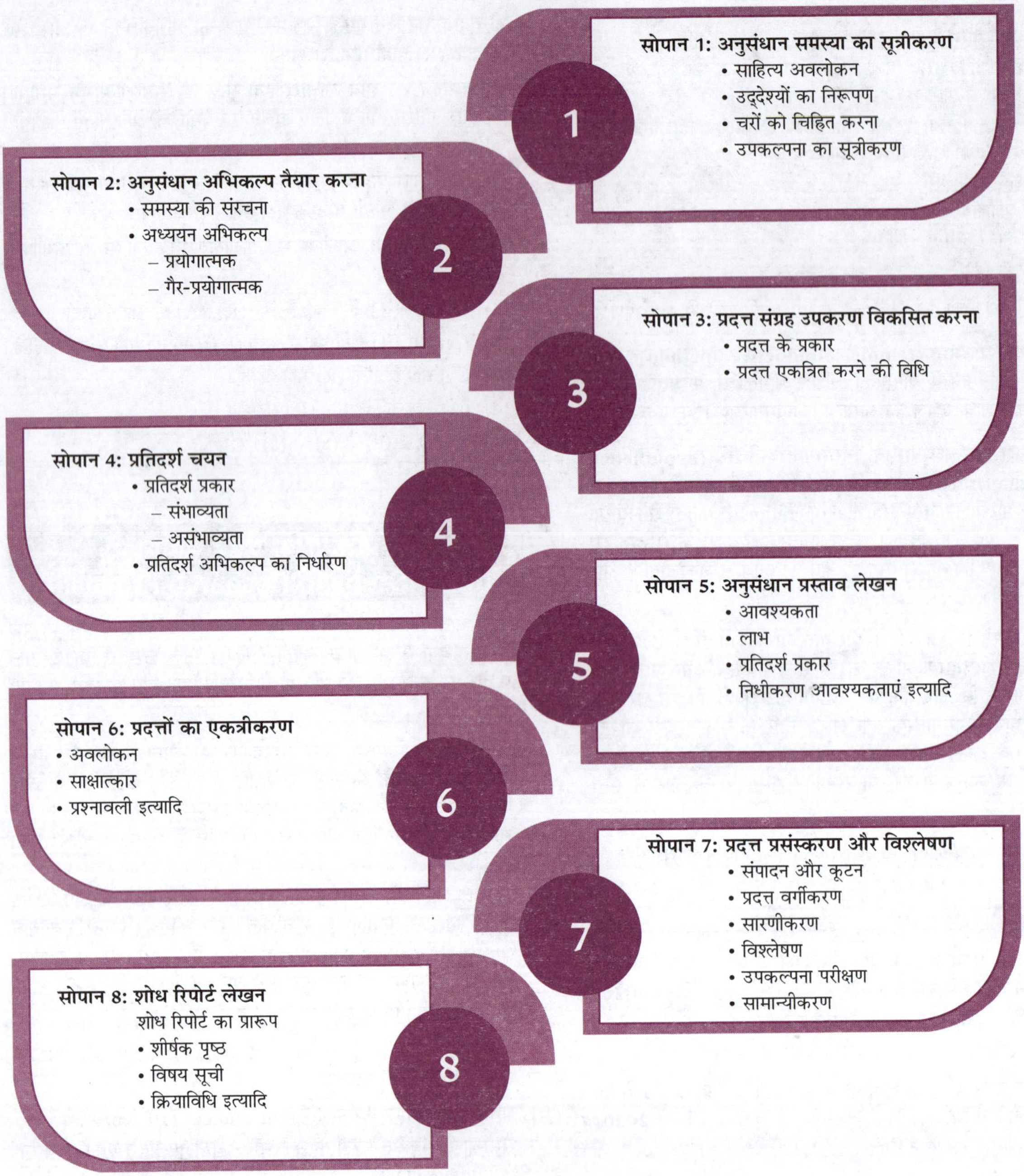

चित्र 2.1 अनुसंधान प्रक्रिया

सोपान (Step) 1
अनुसंधान समस्या का सूत्रीकरण (Formulation of Research Problem)

वैज्ञानिक विधि के प्रयोग का यह पहला चरण है। इस विधि का प्रयोग तथ्यों की खोज और समस्याओं के समाधान हेतु किया जाता है। पहले शोध समस्या या प्रश्न की प्रकृति जान लें, तभी उसके समाधान के बारे में सोचा जा सकता है।

अनुसंधान-समस्या के सूत्रीकरण में प्रयुक्त सोपान:

1. अनुसंधान के व्यापक क्षेत्र की पहचान करना (identifying a broad area of research interest)
2. व्यापक क्षेत्रों को उपक्षेत्रों में विभाजित करना (dividing broad areas into sub-areas)
3. अभिरुचि के क्षेत्रों का चयन करना (selecting an area of interest)
4. अनुसंधान में प्रश्न या समस्या चिह्नित करना (identifying questions)

5. व्यापक उद्देश्यों का निरूपण करना (formulation of broad objectives)
6. उद्देश्यों का आकलन और समीक्षा करना (assessing and reviewing objectives)

मुख्य उद्देश्य और उप-उद्देश्यों का वर्णन आगे किया गया है।

अनुसंधान-समस्या का चयन करते समय ध्यान रखने योग्य बातें:

1. **अनुसंधानकर्ता का सरोकार एवं रुचि (Researcher's Concern and Interest):** सामान्यत: अनुसंधान में संसाधनों का बहुत उपयोग होता है। शोध में कई अप्रत्याशित समस्याएं उत्पन्न होती हैं, इसलिए वांछित प्रेरणा स्तर (desired motivational level) को बनाए रखने के लिए शोधार्थी (researcher) की शोध परियोजना में रुचि होना आवश्यक है।
2. **प्रबंधनीय परिमाण (Manageable Magnitude):** शोध अध्ययन का नियोजन यथासंभव उपलब्ध समय और संसाधनों के अनुरूप ही किया जाना चाहिए। इसलिए इसमें स्पष्टता का घटक होना चाहिए।
3. **अवधारणा का मापन (Concept Measurement):** अवधारणाओं के संकेतक, सूचक, मापन विधि आदि पूर्ण रूप से स्पष्ट होने चाहिए।
4. **विशेषज्ञता का स्तर (Level of Expertise):** अनुसंधान में शोध-कार्य के लिए कौशल के पर्याप्त स्तर की आवश्यकता होती है।
5. **प्रासंगिकता (Relevance):** यह भी एक वस्तुनिष्ठ शब्द है, लेकिन शोधकर्ता और उसके गाइड के लिए यह ध्यान रखने योग्य बात है।
6. **प्रदत्तों की उपलब्धता (Availability of Data):** शोध-अध्ययन के विषय को अंतिम रूप देने से पहले उससे संबंधित प्रदत्तों की उपलब्धता सुनिश्चित की जानी चाहिए।
7. **नैतिक मुद्दे (Ethical Issues):** अनुसंधान-समस्या के निरूपण से पहले नैतिक मुद्दों और उनका निदान सोच कर रखना चाहिए।

साहित्य का प्रारम्भिक अवलोकन (Preliminary Literature Review)

साहित्य की समीक्षा सम्पूर्ण अनुसंधान प्रक्रिया का एक अभिन्न हिस्सा है। किसी भी शैक्षिक अनुसंधान पर कार्य करने से पूर्व शोधार्थी के लिए यह आवश्यक है कि वह पहले अपने विषय से संबंधित साहित्य, पत्रिकाओं तथा सूचनाओं का सर्वेक्षण करे। ऐसा करना प्रत्येक परिचालन चरण (operational step) में महत्त्वपूर्ण योगदान देता है। इस सोपान के माध्यम से शोधकर्ता स्वयं को संभावी शोध विषय के विभिन्न पहलुओं से परिचित करवा पाता है।

साहित्य की समीक्षा के मुख्य उद्देश्य इस प्रकार हैं:

1. यह समीक्षा अनुसंधान-समस्या का समाधान करने के लिए शोधकर्ता के ज्ञान को बढ़ाती है।
2. इसके द्वारा अनुसंधानकर्ता समस्या पर सुचारू रूप से ध्यान केंद्रित कर पाता है, उसमें अधिक स्पष्टता आती है। इससे अनुसंधान की प्रमाणिकता में सुधार लाने में भी सहायता मिलती है।
3. यह अनुसंधान क्रियाविधि में सुधार लाने में सहायक होता है।
4. इसके द्वारा महत्त्वपूर्ण चरों (variables) को खोज पाना संभव हो जाता है।
5. यह अनुसंधान के निष्कर्षों की पृष्ठभूमि तैयार करता है, इससे हमें यह भी पता चलता है कि वर्तमान ज्ञान- संग्रह में अनुसंधान की वजह से कितनी वृद्धि हुई है।

इस प्रक्रिया में मुख्य तीन चरण—(1) वर्तमान साहित्य की खोज, (2) समीक्षा एवं (3) सैद्धान्तिक दृष्टिकोण विकसित करना सम्मिलित है।

साहित्य के अवलोकन के मुख्य स्रोत पुस्तकें और पत्रिकाएं होती हैं, पत्रिकाओं में यह सम्भावना विशेष रूप से रहती है कि पूर्व अनुसंधान के निष्कर्षों और उनके प्रकाशन में दो या तीन वर्ष का अंतराल रह जाए।

आजकल शोधार्थी इंटरनेट पर भी काफी सीमा तक निर्भर हैं, लेकिन इस बात का अवश्य ध्यान रखना चाहिए कि नेट पर उपलब्ध जानकारी के स्रोत प्रमाणित हो।

शोध के अंत में साहित्य अवलोकन के स्रोतों को संदर्भग्रंथ सूची (bibliography) में सूचीबद्ध किया जाता है।

उद्देश्यों का निरूपण (Formulation of Objectives)

उद्देश्य वे लक्ष्य होते हैं जिन्हें आप अपने अध्ययन से प्राप्त करते हैं। वे पाठक को इस बात से अवगत कराते हैं कि शोधकर्ता शोध कार्य के माध्यम से क्या सिद्ध करना चाहता है। उद्देश्यों के शब्द बहुत ही सटीक और विशिष्ट होने चाहिए।

उद्देश्य दो शीर्षकों के अंतर्गत लिखा जा सकता है:

1. मुख्य उद्देश्य
2. उप-उद्देश्य

1. **मुख्य उद्देश्य (Main Objective):** मुख्य उद्देश्य को हम शोध-अध्ययन का मूल तत्व भी कह सकते हैं, इससे शोध को दिशा बोध मिलता है।

   इनसे चरों (variables) के संभावी परस्पर संबंधों, जिनको शोधकर्ता स्थापित करना चाहता है, के बारे में जानकारी मिलती है।
2. **उप-उद्देश्य (Sub-objectives):** उप-उद्देश्य विषय के वह विशेष पहलू हैं जिनकी आप अपने अध्ययन की मुख्य रूपरेखा में जांच करना चाहते हैं।
   - **(a)** उद्देश्यों को संख्यानुसार सूचीबद्ध किया जाना चाहिए।
   - **(b)** उद्देश्यों के शब्द स्पष्ट, पूर्ण एवं विशिष्ट होने चाहिए।
   - **(c)** प्रत्येक उद्देश्य में अध्ययन के केवल एक ही पहलू को सम्मिलित करना चाहिए।
   - **(d)** उद्देश्यों को लिखते समय कार्य-उन्मुख शब्दों एवं क्रियाओं का प्रयोग करना चाहिए।

उद्देश्य मुख्य शब्दों के साथ आरंभ होने चाहिए—जैसे निर्धारण करना, यह पता लगाना, यह मापना, यह स्पष्ट करना आदि-आदि।

मुख्य उद्देश्य एवं उप-उद्देश्य का उदाहरण:

मुख्य उद्देश्य: आधुनिक शिक्षण तकनीकों के उपयोग और छात्र प्रदर्शन (student performance) के मध्य संबंध का पता लगाना।

उप-उद्देश्य:

1. आधुनिक शिक्षण तकनीकों के उपयोग और छात्र प्रदर्शन के मध्य संबंध के विस्तार की सीमा का पता लगाना।
2. सरकारी और निजी स्कूलों में आधुनिक शिक्षण तकनीकों के उपयोग की तुलना करना।
3. आधुनिक शिक्षण के प्रभाव और छात्रों के प्रेरणा-स्तर को जानने का अध्ययन करना, आदि।

अवधारणाएं एवं चर (Concepts and Variables)

संप्रत्यय या अवधारणा मूलत: प्रेक्षण और अनुभव के आधार पर किसी व्यक्ति, वस्तु, घटना और विचार के प्रति सामान्यीकृत धारणा या विचार है।

किसी भी व्यवस्थित एवं वैज्ञानिक अनुसंधान में सिद्धांत की स्थापना हेतु कुछ विशिष्ट अवधारणाओं का उपयोग करना आवश्यक होता है। अगर इनका भौतिक अस्तित्व न हो, तो इनको मानस रचनाकृति (construct) भी कहा जा सकता है। उदाहरण के लिए, बुद्धि या निष्कपटता मानस रचनाकृति है जिसका हमें अपने शोध में उपयोग करना है, इसका प्रत्यक्ष मापन संभव नहीं, हम उस व्यवहार या उसके घटकों का प्रेक्षण या मापन करते हैं जो कि बुद्धि या निष्कपटता (honesty) का प्रतिनिधित्व करता है। मानस रचनाकृति अपने आप में विविध संप्रत्ययों का सम्मिश्रण हो सकता है, जिनके अनुसार उस काल्पनिक रचनाकृति को स्वयं का आकार, अर्थ तथा कार्यक्षेत्र प्राप्त होता है।

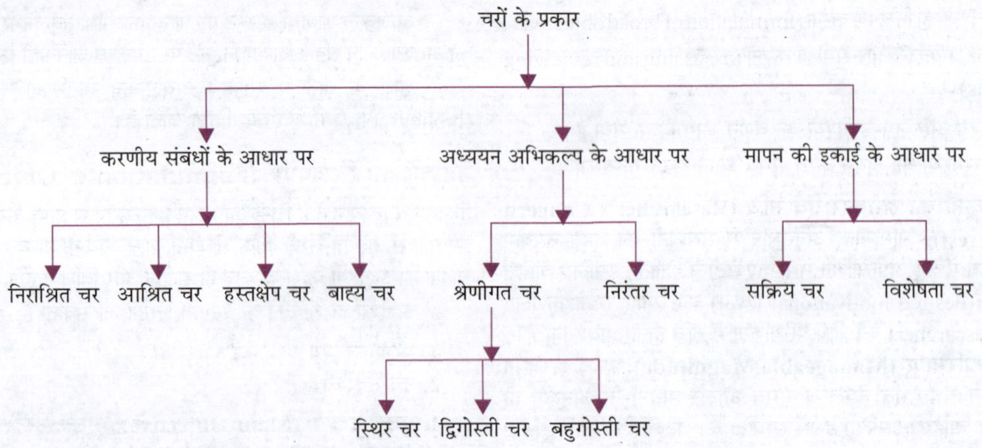

चरों के प्रकार (Types of Variables)

1. **निराश्रित या स्वतंत्र चर (Independent Variable-IV):** स्वतंत्र चर वह चर होता है जिस पर प्रयोगकर्ता का नियंत्रण होता है जिसमें वह जैसा चाहे परिवर्तन कर सकता है। स्वतंत्र चर को उद्दीपन चर (stimulus variable) भी कहा जाता है।
2. **आश्रित या परतंत्र चर (Dependent Variable-DV):** आश्रित चर वह चर होता है जिसका अध्ययन तथा मापन किया जाता है। आश्रित चर पूर्ण रूप से स्वतंत्र चर पर निर्भर करते हैं। इन पर प्रयोगकर्ता का कोई नियंत्रण नहीं होता है।

पहला उदाहरण: यदि कोई इस सिद्धांत का परीक्षण करने के लिए प्रयोग करता है कि विटामिन किसी व्यक्ति की आयु-संभाव्यता का विस्तार कर सकता है, तो

1. इस प्रयोग में विटामिन की मात्रा स्वतंत्र है। इसकी कितनी मात्रा का प्रयोग किया जाना है, यह किसी वैज्ञानिक विधि द्वारा नियंत्रित किया जाता है।
2. इस प्रयोग में जीवन अवधि को हम आश्रित चर अथवा स्वतंत्र चर द्वारा प्रभावित चर कहेंगे।

दूसरा उदाहरण: परीक्षा में 'प्राप्त अंक' परिश्रम एवं बौद्धिक स्तर पर निर्भर करते हैं।

आश्रित चर: परीक्षा में अंक (0 से 100 तक मापा गया)

निराश्रित चर: परिश्रम (घंटों में मापा गया) एवं बौद्धिक स्तर (IQ)

इसके अतिरिक्त, इस प्रकार अनुसंधान में हस्तक्षेप चर और बाह्य चर भी हो सकते हैं:

3. **हस्तक्षेप चर (Intervening Variable):** इन्हें मध्यस्थ चर के रूप में भी जाना जाता है। ये स्वतंत्र एवं आश्रित चर के मध्य संबंध स्थापित करते हैं और इसमें एक चर दूसरे चर को प्रभावित करता है। ये चर अनुसंधान-प्रक्रिया को भी समझने में सहायक होते हैं।
4. **बाह्य चर (Extraneous Variable):** वास्तविक जीवन की परिस्थितियों में, ऐसे कई कारक या चर हो सकते हैं जो कि परिणाम को प्रभावित करते हैं। वे चर वास्तव में परिणामों की व्याख्या करने में स्वतंत्र चर के साथ प्रतिस्पर्धा करते हैं।

शोधकर्ता की इन चरों का अध्ययन करने की वास्तविक या विशेष रुचि नहीं होती है।

अध्ययन अभिकल्प (Study design) के आधार पर चरों के प्रकार: अध्ययन अभिकल्प जिसका वर्णन आगे किया गया है, के आधार पर चर दो प्रकार के हो सकते हैं:

1. श्रेणीगत चर (Categorical Variables)
2. निरंतर चर (Continuous Variables)

श्रेणीगत चरों को नामिक (nominal) या क्रमसूचक (ordinal) स्केल पर मापा जाता है। श्रेणीगत चरों को निम्नलिखित वर्गों में विभाजित किया जा सकता है:

1. **सतत् या स्थिर चर (Constant Variable):** जिनका केवल एक ही मान हो। उदाहरण के लिए, फूल और पेड़ आदि।
2. **द्विगोस्ती चर (Dichotomous Variables):** ऐसे चरों में प्रदत्तों की दो श्रेणियां होती हैं, जैसे कि नर और मादा, अमीर और गरीब आदि।
3. **बहुगोस्ती चर (Polytomous Variables):** इसमें दो से अधिक श्रेणियां होती हैं, जैसे कि औसत से कम, औसत, औसत से अधिक आदि।

मापन की इकाई: मापन की इकाई के आधार पर चर मुख्य रूप से दो प्रकार के होते हैं:

1. **सक्रिय चर (Active Variable):** जिनमें हेरफेर या कार्य साधन किया जा सकता है या फिर यह कह सकते हैं कि जिनको नियंत्रित किया जा सकता है, जैसे कि तापमान, दवाई की मात्रा आदि।
2. **विशेषता चर (Attribute Variable):** लिंग, आयु आदि को बदला नहीं जा सकता है या नियंत्रित नहीं किया जा सकता है।

निरंतर (परिवर्तनीय) चर (Continous Variables)

निरंतर चर एक ऐसा चर है जो कि कोई भी संभावित मान धारण कर सकता है अर्थात् मानों की अनंत संख्या है। उदाहरण के लिए, मनुष्य की लम्बाई, भार आदि। जनवरी 2017 की नेट परीक्षा में इस पर आधारित प्रश्न भी पूछा गया था।

एक निरंतर चर एक असतत् चर (discrete variable) के विपरीत होता है। असतत् चर केवल विशिष्ट मान ही ले सकता है। संभावित रूप से उन मानों की अनंत संख्या हो सकती है, लेकिन प्रत्येक संख्या भिन्न है और बीच में कोई और दशमलव मान नहीं आएगा। असतत् चर संख्यात्मक हो सकता है, जैसे कुर्सियों की संख्या, लेकिन यह इस प्रकार से भी हो सकता है, जैसे कि पुरुष या महिला एवं अच्छा या बुरा।

चरों का मापन (Measuring Variables)

अनुसंधान के अध्ययन के लिए चरों का मापन करना आवश्यक होता है। स्टीवन के अनुसार, इनकी मात्रा को ज्ञात करने के लिए मापनी (पैमाना) चार प्रकार की हो सकती है:

1. **सांकेतिक या नामिक मापनी (Nominal Scale):** इसे वर्गीकरण मापनी भी कहा जाता है। चरों को उनकी विविधता के अनुसार सांकेतिक मापनी द्वारा एक, दो और तीन उप-श्रेणियों में मापा जा सकता है। एक समूह या वर्ग के सदस्यों को प्राय: समान समझा जाता है, इसमें हम

स्वतंत्र, आश्रित, बाह्य चरों के मध्य संबंध

(Independent, dependent, and extraneous variables in a causal relationship)

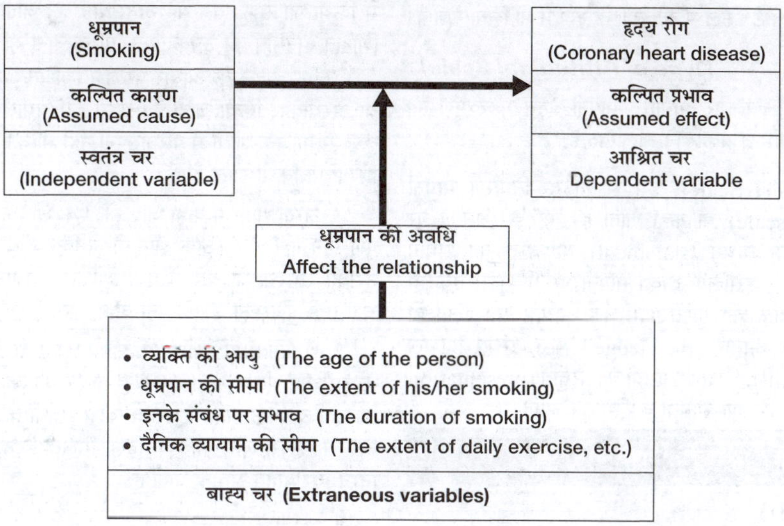

अंकों का प्रयोग इनको इंगित करने के लिए कर सकते हैं। उदाहरण के लिए लिंग (gender) को दो उप-श्रेणियों में वर्गीकृत किया जा सकता है—पुरुष और महिला।

2. **क्रमसूचक मापनी (Ordinal Scale):** यह मुख्य रूप से उपसमूहों को एक निश्चित आरोही या अवरोही (ascending and descending) क्रम में में व्यवस्थित करता है। उदाहरण के लिए, परीक्षा के अंकों को अलग-अलग तरह से प्रस्तुत किया जा सकता है—जैसे सम्पूर्ण परिमाणात्मक रूप (in absolute terms) में अंकों में या फिर प्रतिशत के रूप में या फिर श्रेणी (ग्रेड्स) में। इसी तरह सामाजिक-आर्थिक स्थिति को निम्न वर्ग, मध्यम वर्ग और उच्च वर्ग के रूप में वर्गीकृत किया जा सकता है। मध्यम वर्ग को आगे निम्न-मध्यम (lower-middle), मध्यम-मध्यम (middle-middle) और उच्च-मध्यम (higher-middle) श्रेणियों में विभाजित किया जा सकता है।

3. **अंतराल मापनी (Interval Scale):** यह मापन का तीसरा स्तर है, इसमें नामित और क्रमिक स्तरों की सीमाओं का निर्धारण किया गया है। इसके साथ-साथ, यह माप की इकाई का उपयोग भी करता है। उदाहरण के लिए, सेल्सियस पैमाना शून्य डिग्री सेल्सियस से लेकर सौ डिग्री सेल्सियस तक होता है।

4. **अनुपात मापनी (Ratio Scale):** यह मापन का चतुर्थ स्तर है, इस स्तर पर मापन अधिक यथार्थ एवं शुद्ध रहता है। यह मापनी वस्तुनिष्ठ, विश्वसनीय एवं वैज्ञानिक है। यह पैमाना परिमाणात्मक जानकारी एकत्रित करने के लिए उपयोग किया जाता है। यह सांकेतिक, क्रमसूचक एवं अंतराल मापनी के गुणों का सम्मिश्रण है। इसका एक निश्चित प्रारंभिक बिंदु होता है। अनुपात मापनी में अंक या बिंदु समान दूरी पर होते हैं और इसका शून्य बिंदु अर्थपूर्ण होता है।

मापन के स्तर (Levels of Measurement)

क्रम संख्या	मापनी (Scale)	प्रकृति (Nature)	मापन (Measurement)
1	**वर्गीकरण/नामित (Nominal Scale)**	समानता (Equivalence)	आवृति वितरण बहुलंक (Mode)
2	**क्रमिक (Ordinal)**	समानता से बड़ा	मध्यांक (Median), शतांश (Percentile) रो (Rho)
3	**अंतराल (Interval)**	समानता से बड़ा किन्हीं दो अंतरालों का ज्ञात अनुपात	औसतांक (Median) मानक विचलन (Standard Deviation) सह – सम्बन्ध (Co-relation)
4	**अनुपात (Ratio)**	समानता से बड़ा किन्हीं दो अंतरालों का ज्ञात अनुपात किन्हीं दो मापनी मूल्यों का ज्ञात अनुपात	ज्यामितिक औसतांक (Geometric Mean) विचलन गुणांक (Coefficient of Variance)

व्यवहार आधारित मापनी (Attitudinal Scale)

यदि आप शिक्षक के प्रति छात्रों के व्यवहार का पता लगाना चाहते हैं, तो प्रश्नावली की रूपरेखा विस्तृत प्रश्नावली (open ended questionnaire) या बंद प्रश्नावली (close ended questionnaire) या मिश्रित प्रश्नावली (combined questionnaire) हो सकती है।

अगर शोधकर्ता ने बंद प्रश्नावली प्रश्न निर्मित किये हैं, तो प्रतिवादी को यह विकल्प दिए जा सकते हैं—दृढ़तापूर्वक सहमत (Strongly Agree), सहमत

(Agree), अनिर्णीत (Undecided), असहमत (Disagree), दृढ़तापूर्वक असहमत (Strongly Disagree)।

इन मानक संकेतों को लिकर्ट स्केल में उदाहरण के रूप में भी लिया गया है।

व्यवहार आधारित पैमाने के प्रकार (Type of Attitudinal Scale)

गुणात्मक अनुसंधान के क्षेत्र में व्यवहार आधारित मापनी बहुत महत्त्वपूर्ण हैं। व्यवहार आधारित मापनी के विभिन्न प्रकार निम्नलिखित हैं:

1. **लिकर्ट मापनी (Likert Scale):** इसे संचित दर-निर्धारण मापनी (summated rating scale) भी कहा जाता है। यह इस धारणा पर आधारित है कि प्रत्येक कथन (statement) या वस्तु का समान महत्त्व या प्रभाव होता है, इसलिए उनकी मापनी पर भी मूल्य एक ही होना चाहिए। एक शिक्षक की गुणवत्ता में कई आयाम सम्मिलित हो सकते हैं—जैसे ज्ञान के आधार (knowledge base), संचार कौशल (communication skill), शिक्षण-सामग्री की प्रस्तुति (presentation of contents), संगठन शिक्षण-सामग्री का संगठन आदि।

शिक्षक के बारे में कथन	SA	A	U	D	SD
ज्ञान का अच्छा आधार (+)					
अपर्याप्त संचार कौशल (–)					
शिक्षण-सामग्री की अच्छी प्रस्तुति (+)					
प्रशासनिक योग्यता (+/–)					

प्रतिवादियों (respondents) का विभिन्न पहलुओं के प्रति भिन्न - भिन्न दृष्टिकोण हो सकता है। कुछ विवरण सकारात्मक, नकारात्मक या निष्पक्ष हो सकते हैं। कुछ उत्तरदाताओं का दूसरों की तुलना में अधिक सकारात्मक रवैया हो सकता है। यह संख्यात्मक मापनी भी हो सकती है।

2. **थर्सटन मापनी (Thurstone Scale):** यह लिकर्ट मापनी जैसी ही है, लेकिन इस मापनी में भिन्न-भिन्न विवरणों के प्रभाव या भार-महत्त्व (weight) को निर्दिष्ट (assign) किया जाता है, जैसे कि ज्ञान के आधार को 1.5 का भार-महत्त्व दिया जा सकता है, शिक्षण-सामग्री की प्रस्तुति को 2 का, इत्यादि।
3. **गटमैन मापनी (Guttman Scale):** यह मुख्य रूप से अनुपात मापनी पर आधारित है, इसे विकसित करना काफी कठिन कार्य है।

कारक-विश्लेषण (Factor Analysis)

कई बार शोधार्थी शोध के लिए अधिक कारक या चर उपयोग में लाना चाहता है, लेकिन इससे शोध प्रक्रिया में जानकारी एकत्र करने, गणना आदि में समस्या आ सकती है। जैसे कि मान लीजिये कि हस्त लेखन और चित्रकारी में आपस में सकारात्मक सहसंबंध है, तो शोधकर्ता इनमें से एक ही का प्रयोग करता है। इसको कारक-विश्लेषण कहा जाता है।

उपकल्पना का सूत्रीकरण करना (Formulating Hypothesis)

मनुष्य स्वाभाविक रूप से जिज्ञासु है, जब हम किसी घटना या तथ्यों का अवलोकन करते हैं, तो मन में स्वाभाविक रूप से प्रश्न उठता है कि ऐसा क्यों हुआ, या ऐसा ही क्यों हुआ, कुछ और क्यों नहीं? जिस घटना या वस्तु का वह अवलोकन करता है, उसके बारे में व्याख्या, निरूपण या स्पष्टीकरण चाहता है, जिसमें ज्ञात तथ्य सहायता करते हैं, परन्तु कुछ अवलोकनों का तथ्यों के अभाव में निरूपण नहीं किया जा सकता। ऐसी स्थिति में कुछ सिद्धांत या प्रतिमान स्थापित किये जाते हैं ताकि 'अप्रत्यक्ष तथ्यों' का उपयोग प्रत्यक्ष को समझने में किया जा सके। तब यह अनुसंधान बन जाता है। अप्रत्यक्ष तथ्यों के बारे में शिक्षित अनुमान को उपकल्पना, परिकल्पना या अभिकल्पना कहा जाता है।

फिर प्रदत्त के आधार पर उस शिक्षित अनुमान या समाधान को स्वीकार या अस्वीकार किया जाता है। इससे हमें समाधान की पृष्ठभूमि मिल जाती है। कुछ सामाजिक शोधों में परिकल्पना नहीं भी की जाती या वह काफी देर के बाद प्रस्तावित किया जाता है।

सरल भाषा में कहा जाए तो, एक शोधकर्ता को समस्या के समाधान का पूर्ण ज्ञान नहीं होता (अगर ज्ञान हो तो फिर शोध की आवश्यकता ही नहीं)। वह उसकी समस्या के बारे में एक शिक्षित अनुमान (educated guess) लगाना चाहता है, जिसको उपकल्पना कहा जाता है।

वैज्ञानिक दृष्टिकोण से, उपकल्पना दो या दो से अधिक चरों के बीच के परीक्षण योग्य (testable) समाधान को कहते हैं। परीक्षण योग्य का अर्थ यह है कि उपकल्पना में चरों के बीच संबंधों को दर्शाता हुआ कथन सत्य है या असत्य। इससे शोध को एक दिशा मिलती है उपरोक्त चर्चा से परिकल्पना की निम्न विशेषताएँ सामने आती हैं:

1. यह एक अस्थाई कथन (tentative proposition) है।
2. यह चरों के बीच तार्किक संबंधों को स्थापित करने का प्रयास है।
3. इस सोपान तक हम इसकी वैधता से अनभिज्ञ होते हैं।
4. यह यथासंभव सरल होना चाहिए।
5. इसका सामान्यीकरण (generalization) संभव हो।

उपकल्पना के मुख्य कार्य (Main Functions of Hypothesis)

उपकल्पना का संबंध जनसंख्या या समष्टि की एक या एक से अधिक विशेषताओं से रहता है। हालांकि, किसी शोध के लिए उपकल्पना तैयार करना महत्त्वपूर्ण है, लेकिन यह पूर्ण रूप से आवश्यक नहीं है। सम्पूर्णत: वैध अनुसंधान किसी उपकल्पना को तैयार किये बिना भी आयोजित किया जा सकता है।

सामान्य रूप में, उपकल्पना का सूत्रीकरण निम्नलिखित कार्य करता है:

1. यह शोध-अध्ययन में स्पष्टता एवं विशिष्टता लाते हैं तथा उस पर ध्यान केंद्रित करते हैं।
2. यह प्रतिदर्श अभिकल्प (sample design) तैयार करने में सहायता करता है।
3. यह अध्ययन को अधिक वस्तुनिष्ठ बनाते हैं।
4. इससे सिद्धांत विकसित करने में सहायता मिलती है।

उपकल्पना के प्रकार (Types of Hypothesis)

1. **वर्णनात्मक उपकल्पना (Descriptive Hypothesis):** यह उपकल्पना विशेषताओं का वर्णन करने के लिए तैयार की जाती है। उदाहरण के लिए, भारत के शहरी क्षेत्रों में बेरोजगारी की वर्तमान दर 10% है।
2. **सापेक्ष या संबंधपरक उपकल्पना (Relational Hypothesis):** यह दो चरों के बीच के संबंध को दर्शाती है। उदाहरण के लिए, शहरी क्षेत्रों में रहने वाले माता-पिता अपने बच्चों की शिक्षा पर अधिक धन खर्च करते हैं।
3. **व्याख्यात्मक उपकल्पना (Explanatry Hypothesis):** इसमें दो चरों के बीच कारण और प्रभाव के संबंध की व्याख्या की जाती है। उदाहरण के लिए, जब वेतन में वृद्धि होती है, तो खाद्य वस्तुओं पर व्यय में भी वृद्धि होती है।

शून्य (या रिक्त) और वैकल्पिक उपकल्पनाओं की अवधारणा (Null and Alternative Hypothesis)

इस अवधारणा का प्रतिपादन प्रोफेसर आर. ए. फिशर (Prof. R.A. Fisher) ने वैज्ञानिक जांच-पड़ताल के द्वारा उपकल्पना (या परिकल्पना) के परीक्षण के लिए किया था।

शून्य उपकल्पना का सूत्रीकरण अनुसंधान प्रक्रिया का महत्त्वपूर्ण सोपान है। इस प्रकार की उपकल्पना में हम यह मानकर चलते हैं कि चरों में जिनके संबंधों का अध्ययन किया जा रहा, उनके मध्य कोई संबंध नहीं है, दूसरे शब्दों में कहें तो शून्य संबंध है। उपकल्पना का कथन प्रचलित ज्ञान के विरुद्ध भी हो सकता है।

इसको स्पष्ट करने के लिए हम एक उदाहरण लेते हैं। ये धारणा आम प्रचलित है कि कोचिंग से विद्यार्थियों के प्रदर्शन में सुधार (या अन्तर) आता है। लेकिन जब हम शून्य उपकल्पना को वर्णित करते हैं, तो यह मानेंगे कि कोचिंग से पूर्व और कोचिंग के बाद विद्यार्थियों के प्रदर्शन में कोई परिवर्तन नहीं आता—शून्य परिवर्तन। तभी इसको हम शून्य उपकल्पना कहते हैं। फिर हम इस कथन को प्रदत्तों से प्राप्त जानकारी या साक्ष्य के आधार पर चुनौती देना चाहते हैं। लेकिन शोध एक विज्ञान है और यह साक्ष्यों के आधार पर ही निर्णय लेता है। साक्ष्य जुटाने के लिए हम बच्चों के प्रदर्शन के पूर्व और बाद वाले प्रदर्शन के बारे में प्रदत्त (data) एकत्रित करते हैं। यह उपकल्पना के कथन को स्वीकार (accept) या अस्वीकार (reject) कर सकता है और हम एक निष्कर्ष पर पहुँच जाते हैं।

यदि शून्य उपकल्पना को अस्वीकार किया जाता है, तो वैकल्पिक उपकल्पना (alternative hypothesis) को स्वीकार किया जाता है।

एक दूसरा उदाहरण भी लिया जा सकता है। मान लीजिए, एक शिक्षक के रूप में आपकी यह धारणा है कि ग्रामीण और शहरी क्षेत्रों में छात्रों के बीच में कक्षा-प्रदर्शन (class performance) में काफी अंतर है, लेकिन शून्य उपकल्पना में हम यह मानेंगे कि ग्रामीण और शहरी छात्रों के कक्षा-प्रदर्शन में कोई अंतर नहीं है। तो हम छात्रों में से एक प्रतिदर्श का चयन कर प्रदत्त एकत्र करेंगे और परिकल्पना के कथन की वैधता की जांच करेंगे, इसके लिए हम कुछ गणितीय या सांख्यिकी गणना करते हैं ताकि किसी निष्कर्ष पर पहुँचा जा सके।

यह उपकल्पना कानून की इस मान्यता पर आधारित है कि कोई भी व्यक्ति तब तक दोषी नहीं है (अर्थात् उसमें और सामान्य व्यक्ति में कोई अंतर नहीं है), जब तक कि उसके खिलाफ साक्ष्य न मिल जाए। इसी प्रकार शून्य उपकल्पना में, दो चरों में तब तक कोई अंतर नहीं माना जाता जब तक कि शोध के परिणामों द्वारा यह सिद्ध न हो जाए। इसे सांख्यिकी उपकल्पना भी कहते हैं।

प्रोफेसर आर. ए. फिशर (R.A. Fisher) प्रतिकृति (replication) के सिद्धांत, यादृच्छिकीकरण (randomization) और अनुसंधान में स्थानीय नियंत्रण जैसी अवधारणाओं के मुख्य प्रतिपादक हैं।

दिशात्मक और गैर-दिशात्मक उपकल्पना (Directional and Non-directional Hypothesis)

छात्र और छात्राओं के शैक्षिक प्रदर्शन से संबंधित अध्ययन में, शून्य परिकल्पना यह होगी कि छात्र और छात्राओं का प्रदर्शन स्तर समान है।

दिशात्मक उपकल्पना में यह कहा जा सकता है कि कक्षा-प्रदर्शन में छात्र छात्राओं से अधिक सक्षम हैं या छात्राएं छात्रों से अधिक सक्षम हैं।

गैर-दिशात्मक उपकल्पना सिर्फ यह कहती है कि कक्षा-प्रदर्शन में छात्र और छात्राओं के बीच में प्रदर्शन का अंतर है, इससे ज्यादा कुछ नहीं।

स्टॉपओवर

1. परिकलात्मक-निगमनात्मक शोध में अपनाए जाने वाले सोपान निम्नानुसार हैं:

A. किसी भी शोध समस्या को अभिज्ञात करना और परिभाषित करना

B. समुचित शोध उपकरणों के अनुप्रयोग द्वारा आंकड़ा संग्रहण, तत्पश्चात आंकड़ों का विश्लेषण

C. परिकल्पना निर्माण और शोध का अभिकल्प विकसित करना

D. शून्य परिकल्पना के माध्यम से मुख्य शोध परिकल्पना पर कोई निर्णय लेना

E. शोध के सोपानों का सही क्रम दर्शाने वाले नीचे दिए गए विकल्पों में से सही उत्तर चुनें:

(a) A, D, B, C, E
(b) A, B, C, D, E
(c) A, C, B, D, E
(d) B, A, C, D, E

2. शोध के निम्नलिखित सोपानों में से किसमें 'सृजनशीलता' और 'कल्पना' की परिधि सबसे बड़ी होती है?

(a) प्रतिदर्श प्रतिचयन की पद्धतियों को परिभाषित करना और उनका निर्धारण करना
(b) शोध समस्या की पहचान करना और उसे परिभाषित करना
(c) परिमाणात्मक विधियों का उपयोग करते हुए प्रदत्त विश्लेषण और निर्वचन
(d) परिकल्पना निर्माण और परिकल्पना परीक्षण

3. कथन **I:** प्रामाणिकता सुनिश्चित करने हेतु शोधकर्ता को उन मूल स्रोतों को इंगित करना होता है, जहां से प्रदत्त लिए गए हैं।

कथन **II:** प्रदत्त विश्लेषण और निर्वचन में शोधकर्ता को प्रयुक्त पद्धतियों को अपेक्षित कठोरता और उपयुक्तता का प्रदर्शन करना पड़ता है।

उपर्युक्त कथनों के आलोक में निम्नांकित विकल्पों में से सर्वाधिक उपर्युक्त उत्तर चुनें:

(a) कथन I और कथन II दोनों सही हैं।
(b) कथन I और कथन II दोनों सही नहीं हैं।
(c) कथन I सही है किन्तु कथन II सही नहीं है।
(d) कथन I सही नहीं है किन्तु कथन II सही है।

उत्तर 1.(a) 2.(d) 3. (a)।

सोपान (Step) 2 अनुसंधान अभिकल्प तैयार करना (Preparing Research Design)

अनुसंधान प्रक्रिया में उपकल्पना या परिकल्पना की रूपरेखा निरूपित करने के बाद इसका अगला चरण अनुसंधान अभिकल्प तैयार करना है। अनुसंधान अभिकल्प किसी भी अध्ययन के लिए महत्त्वपूर्ण होता है। वास्तव में, यही अध्ययन या अनुसंधान की आधारशिला होती है। यह आधारभूत प्रश्नों को सम्बोधित करने का दृष्टिकोण है—जैसे अध्ययन का कार्य-क्षेत्र, किस प्रकार के प्रदत्त एकत्रित किये जा सकते हैं और प्रदत्त एकत्रित करने एवं उनका विश्लेषण करने के लिए कौन-सी विधि अपनाई जानी चाहिए।

अनुसंधान अभिकल्प एक गतिविधि है और यह अनुसंधान उद्देश्यों को ध्यान में रखते हुए समय पर आधारित एक योजना है। यह जानकारी एकत्र करने के तरीकों एवं उनके स्रोतों के बारे में शोधार्थी का मार्गदर्शन करता है। यह अध्ययन के तहत चरों के बीच संबंध निर्दिष्ट करने की एक रूपरेखा है।

यह आवश्यक जानकारी को एकत्रित करने और उनका विश्लेषण करने की विधियों एवं प्रक्रियाओं को निर्दिष्ट करने की एक महायोजना है।

इसलिए, अनुसंधान उपकल्प में निम्नलिखित विचार समावेशित किये जाते हैं:

1. शोध-अध्ययन का उद्देश्य
2. प्रदत्त एकत्रित करने की विधि का चयन करना
3. जानकारी के स्रोत
4. प्रदत्त एकत्रित करने के साधन
5. प्रदत्तों का गुणात्मक और मात्रात्मक रूप में विश्लेषण करना

अनुसंधान उपकल्प के लाभ (Benefits of Research Design)

1. यह अनुसंधान को कार्य-कुशल बनाता है।
2. इससे संसाधनों का अनुकूलतम उपयोग किया जाता है, जैसे समय और धन के न्यूनतम व्यय से अधिकतम सूचना प्राप्त करना।
3. यह अभिकल्प अनुसंधान में लचीलापन लाते हैं।
4. इससे पूर्वाग्रह की सम्भावना कम होती है।
5. यह अनुसंधान की विश्वसनीयता और निष्पक्षता बढ़ाते हैं।

संपर्कों की संख्या के आधार पर अध्ययन अभिकल्प (Study Design on the Basis of Number of Contacts)

अनुसंधान अवधि के दौरान संपर्कों की संख्या के आधार पर अनुसंधान दो प्रकार के हो सकते हैं:

1. पार-अनुभागीय अभिकल्प
2. अनुदैर्ध्य अभिकल्प

1. **पार-अनुभागीय अभिकल्प (Cross-sectional Study Design):** इस प्रकार के अध्ययन में, अनुसंधान प्रक्रिया के दौरान प्रदत्त केवल एक बार ही एकत्रित किये जाते हैं। ऐतिहासिक शोध इसका उदाहरण है।
2. **अनुदैर्ध्य अभिकल्प (Longitudinal Study Design):** इस प्रकार के अध्ययन में, चयनित प्रतिदर्श इकाइयों से जानकारी एक से अधिक बार एकत्रित की जाती है। उदाहरण के लिए, एक संगठन का मानव संसाधन विभाग कर्मचारियों के वेतन वृद्धि से पहले संतुष्टि के स्तर का प्रदत्त प्राप्त करता है, और फिर वेतन वृद्धि के बाद उनकी संतुष्टि के स्तर के बारे में प्रदत्त एकत्र कर सकता है। दूसरा उदाहरण है, एक दवा का प्रभाव देखने के लिए किया गया प्रयोग है, रोगी व्यक्ति को दवा खिलाने से पहले और बाद स्वास्थ्य स्थिति के बारे में प्रदत्त एकत्रित करना और उनका तुलनात्मक विश्लेषण करना।

संदर्भ अवधि के आधार पर अध्ययन अभिकल्प (Study Design on the Basis of Reference Period)

1. **पूर्वव्यापी अध्ययन अभिकल्प (Retrospective Study Design):** यह अतीत में हुई किसी घटना या स्थिति से संबंधित है।
2. **भावी अध्ययन अभिकल्प (Perspective Study Design):** यह भविष्य में होने वाली घटना की संभावना से संबंधित है।

अध्ययन अभिकल्प संदर्भ अवधि के आधार पर पूर्वव्यापी और भावी अध्ययन दोनों का एक संयोजन हो सकता है।

जांच के आधार पर अध्ययन अभिकल्प

अनुसंधान को मुख्य तौर पर अध्ययन अभिकल्प के उद्देश्य से दो भागों में वर्गीकृत किया जा सकता है—**प्रयोगात्मक अध्ययन और गैर-प्रयोगात्मक अध्ययन।**

प्रयोगात्मक अध्ययन (Experimental Study)

यदि हम कक्षा में नई शिक्षा विधि का प्रभाव देखना चाहते हैं, तो कक्षा को दो समूहों में विभजित कर दिया जाता है—प्रयोगात्मक समूह और नियंत्रण समूह।

1. **प्रयोगात्मक समूह (Experimental Group):** जिस समूह में नई विधियां प्रयोग में लाई जाती हैं या कोई परिवर्तन किया जा सकता है, उसे प्रयोगात्मक समूह कहा जाता है।
2. **नियंत्रण समूह (Control Group):** जिसकी इकाइयों पर केवल परम्परागत विधि ही अपनायी जाती है, उसे नियंत्रण समूह कहते हैं।

एक प्रयोग में नियंत्रण का अर्थ है कि शोधकर्ता उस प्रयोग में एक ही समय में विभिन्न कारकों के प्रभाव की जांच करना चाहता है।

उदाहरण के लिए, मान लीजिए एक दवा निर्माता कंपनी अपनी दवा की प्रभावशीलता को जानने के लिए एक अनुसंधान कर रही है, इस उद्देश्य से रोगियों या प्रतिभागियों को दो समूहों में विभाजित कर दिया, एक वह समूह जिसको दवा का उपचार दिया जा रहा है, उसको हम प्रयोगात्मक समूह कहेंगे, जिसको परंपरागत उपचार या नई दवा का कोई उपचार नहीं दिया जा रहा, उनको नियंत्रण समूह कहेंगे। इनके तुलनात्मक अध्ययन से हमें दवा की प्रभावशीलता का पता चल सकता है।

यादृच्छिकीकरण (Randomization)

यादृच्छिकीकरण के द्वारा शोधकर्ता प्रतिदर्श के चयन में या शोध प्रक्रिया के दौरान पूर्वाग्रह की त्रुटि से बचता है। यादृच्छिकीकरण में हम विषयनिष्ठ से वस्तुनिष्ठ की ओर जाते हैं। इसमें निम्नलिखित पहलुओं को सम्मिलित किया गया है:

1. प्रयोगात्मक या नियंत्रण समूह के रूप में एक समूह का चयन करना यादृच्छिक (random) है।
2. सभी प्रतिभागियों (participants) को प्रयोगात्मक समूह या नियंत्रण समूह के चयन में समान अवसर प्राप्त होता है।

गैर-प्रयोगात्मक अध्ययन (Non-experimental Study)

यह एक पूर्वव्यापी अध्ययन है। गैर-प्रयोगात्मक अध्ययन अभिकल्प के अन्य प्रकार भी हो सकते हैं। कुछ महत्त्वपूर्ण गैर-प्रयोगात्मक अध्ययन अभिकल्प इस प्रकार हैं:

1. **क्रियात्मक अनुसंधान (Action Research):** यह वह अनुसंधान है जिसका लक्ष्य किसी तात्कालिक समस्या का समाधान ढूंढना है अर्थात् जहां समस्या उत्पन्न हुई है, वहीं उसके समाधान के लिए किया गया शोध क्रियात्मक अनुसंधान है। उदाहरण के लिए, क्रियात्मक अनुसंधान का उद्देश्य शिक्षक द्वारा कक्षा की समस्याओं को उजागर करना है और फिर कक्षा में सुधार करने के लिए उन समस्याओं पर अमल करना है। क्रियात्मक अनुसंधान चर्चा पहले भी की जा चुकी है। इस विषय का विवरण वर्गीकरण के अंत में भी किया गया है।
2. **सहस्त्र अध्ययन (Cohort Study):** यह मुख्यत: एक प्रकार का चिकित्सा अनुसंधान है जो रोग के कारणों की जांच करता है, जोखिम

कारकों और स्वास्थ्य परिणामों के मध्य संबंध स्थापित करता है। सामाजिक शोध में इस प्रकार का अध्ययन कुछ सामान्य विशेषताओं पर आधारित होता है, उदाहरण के लिए 1980 के दशक में जन्मे वैवाहिक व्यक्तियों में तलाक की दर कितनी है।

3. **प्लेसिबो नियंत्रित अध्ययन (Placebo Controlled Design):** कई बार ऐसा देखने में आता है कि कुछ रोगी अपने स्वास्थ्य में सुधार दिखाते हैं जबकि उनका नकली उपचार किया जाता है, जैसा कि एक रोगी को होम्योपैथिक या दूसरी दवा देने की बजाय केवल चीनी की गोलियां दी जाती हैं, ताकि वह यह समझे कि उसका उपचार किया जा रहा है। किसी रोगी की काया को केवल एक लघु सा 'चीर' लगा दिया जाता है कि वह यह समझे कि उसका ऑपरेशन कर दिया गया है। तब अनुसंधान के दृष्टिकोण से किसी उपचार विधि का प्रभाव देखने के लिए यह पता नहीं रहता कि 'क्या उपचार अपना कार्य कर रहा है या नहीं' बल्कि यह प्रश्न उठता है कि 'उपचार प्लेसिबो से अधिक प्रभावी है या नहीं'।

   इसमें नियंत्रित समूह सिद्धांत का उपयोग किया जा सकता है, जिसके अनुसार रोगियों को तीन समूह में विभाजित किया जा सकता है—पहला समूह जिसको वास्तविक उपचार मिल रहा है, दूसरा समूह ऐसा कि जिसको प्लेसिबो उपचार मिल रहा है, और तीसरा समूह ऐसा जिस को कोई भी उपचार नहीं मिल रहा। फिर प्रदत्त एकत्रित करने एवं तुलनात्मक विश्लेषण के बाद हम इस निष्कर्ष पर पहुंच सकते हैं कि दवा प्रभावशाली है भी या नहीं, और अगर है, तो कितनी?

4. **ओपन लेबल (Open Lable) अनुसंधान परीक्षण:** प्लेसिबो के विपरीत, इसमें कोई जानकारी छिपाने का प्रयास नहीं किया जाता। यहां सब रोगियों को पता होता है कि वे स्वयं और अन्य रोगी किस प्रकार के उपचाराधीन है।

सोपान (Step) 3
प्रदत्त संग्रह उपकरण विकसित करना (Developing Data Collection Instruments)

प्रदत्त को तथ्यों का प्रतिनिधित्व करने के लिए एकत्रित की गई जानकारी के रूप में परिभाषित किया गया है। प्रदत्त के बारे में कुछ महत्त्वपूर्ण तथ्य अग्रलिखित हैं।

1. प्रदत्त उपकल्पनात्मक चरों के बारे में तथ्यों का प्रतिनिधित्व करते हैं।
2. यदि प्रदत्त के निष्कर्ष उपकल्पना अनुरूप है, तो शून्य उपकल्पना को स्वीकार किया जाता है।
3. यदि प्रदत्त उपकल्पना के अनुरूप नहीं है, तो उपकल्पना को अस्वीकृत कर दिया जाता है।
4. भविष्यवाणी में स्थिरता निर्धारित करने के लिए, डेटा विश्लेषण का प्रयोग किया जाता है। यहां भविष्यवाणी से अभिप्राय परिकल्पना की स्थापना से है।

   प्रदत्तों को निम्नलिखित रूप में वर्गीकृत किया जा सकता है:

1. प्राथमिक एवं गौण प्रदत्त
2. वस्तुनिष्ठ एवं विषयनिष्ठ प्रदत्त
3. गुणात्मक एवं परिमाणात्मक प्रदत्त

प्राथमिक प्रदत्त एवं गौण प्रदत्त (Primary Data and Secondary Data)

प्राथमिक प्रदत्त वर्तमान अनुसंधान परियोजना के विशिष्ट उद्देश्य से एकत्रित किये जाते हैं जबकि गौण प्रदत्त कुछ अन्य अनुसंधान के उद्देश्य से एकत्रित किये जाते हैं। प्राथमिक प्रदत्त शोधकर्ता द्वारा नए सिरे से एकत्रित किये जाते हैं और यह सर्वेक्षण, टिप्पणियों और प्रयोगों पर आधारित होते हैं। यह काफी खर्चीले होते हैं एवं इन्हें प्राप्त करना कठिन होता है।

गौण प्रदत्त बाह्य स्रोतों द्वारा एकत्रित किये जाते हैं जैसे टीवी, रेडियो, इंटरनेट, पत्रिकाएँ, किताबें, और समाचार पत्र इत्यादि। ये प्रदत्त विभिन्न उद्देश्यों के लिए एकत्रित किये जा सकते हैं। यह प्रदत्त मितव्ययी (cost effective) होते हैं और इनसे जानकारी सरलता से प्राप्त की जा सकती है।

वस्तुनिष्ठ प्रदत्त एवं विषयनिष्ठ प्रदत्त (Objective Data and Subjective Data)

वस्तुनिष्ठ प्रदत्त किसी एक व्यक्ति के विचारों से संबंधित नहीं होते हैं, इनका उपयोग मात्रात्मक अनुसंधान में किया जाता है। दूसरी ओर, विषयनिष्ठ प्रदत्त केवल एक व्यक्ति की राय पर आधारित हो सकते हैं या यह शोधकर्ता पर निर्भर हो सकते हैं। इनका उपयोग गुणात्मक अनुसंधान में किया जाता है।

गुणात्मक प्रदत्त और मात्रात्मक प्रदत्त (Qualitative Data and Quantitative Data)

गुणात्मक प्रदत्त में संख्यात्मक मूल्यों के बिना ही वस्तुओं का वर्णन किया जाता है। उदाहरण के लिए, असंरचित साक्षात्कार से तथ्यों की उत्पत्ति करना। इसके लिए शोधकर्ता की व्याख्या की आवश्यकता होती है।

मात्रात्मक प्रदत्त में संख्या का उपयोग वस्तुओं के गुणों का प्रतिनिधित्व करने के लिए किया जाता है। मात्रात्मक प्रदत्त में बड़े प्रतिदर्श (large sample) की आवश्यकता होती है और इसमें उचित प्रतिदर्श अभिकल्प के साथ सामान्यीकरण करने की क्षमता भी अधिक होती है।

अवलोकन विधि (Observation Method)

वैज्ञानिक शोध में अवलोकन शब्द का प्रयोग व्यापक रूप से किया जाता है। यह विधि व्यावहारिक विज्ञान में प्रयोग की जाती है। इसमें प्रतिवादियों के साक्षात्कार के बिना जांचकर्ता के स्वयं के अवलोकन के माध्यम से जानकारी एकत्रित की जाती है और प्राप्त जानकारी वर्तमान घटनाओं से संबंधित होती है। इस विधि में अनुसंधानकर्ता द्वारा प्राथमिक प्रदत्त एकत्रित किये जाते हैं। इस विधि द्वारा गहराई से अध्ययन संभव हो पाता है। इस विधि का प्रयोग उन समस्याओं के अध्ययन हेतु किया जाता है जिनके बारे में अनुमान के द्वारा या पूछकर नहीं जाना जा सकता है।

अवलोकन के प्रकार (Types of Observation)

1. **संरचित अवलोकन (Structured Observation):** इसका प्रयोग वर्णनात्मक अनुसंधान के लिए किया जाता है।
2. **असंरचित अवलोकन (Unstructured Observation):** इसका उपयोग अन्वेषी अनुसंधान (exploratory research) में होता है।
3. **प्रतिभागी अवलोकन (Participant Observation):** प्रतिभागी अवलोकन एक गुणात्मक अनुसंधान विधि है जिसमें शोधकर्ता न केवल अनुसंधान प्रतिभागियों की गतिविधियों को प्रत्यक्ष रूप से देखता है,

बल्कि अनुसंधान प्रतिभागियों के वातावरण में समावेशित हो जाता है। इसमें निम्नलिखित गुण सम्मिलित हैं:

(a) वैधता (Validity): क्योंकि जानकारी स्वयं एकत्रित की जाती है।
(b) अन्तर्दृष्टि (Intuition): इससे शोधकर्ता को वह जानकारी मिल जाती है जो बाहय व्यक्तियों को नहीं मिल सकती है।
(c) लचीलापन (Flexible): जानकारी प्राप्त करने के लिए स्थिति के अनुसार ढाला जा सकता है।

परन्तु इसकी कुछ सीमाएं भी हैं—जैसे कि पूर्वाग्रह की सम्भावना, ज्यादा खर्चीला होना, दीर्घकाल, छोटा प्रतिदर्श इत्यादि।

4. **गैर-प्रतिभागी अवलोकन (Non-participant Observation):** यह काफी हद तक प्रतिभागी अवलोकन से विपरीत स्थिति है, जिसमें पर्यवेक्षक समूह की गतिविधियों में भाग लिए बिना निष्क्रिय रूप में समूह की गतिविधियों का अवलोकन करता है। इसका सबसे बड़ा लाभ पूर्वाग्रह से मुक्त होना है, परन्तु जानकारी इतनी गहन नहीं मिल पाती है।
5. **अन्ध अवलोकन (Blind Observation):** इसका उद्देश्य अनुसंधान को पूर्वाग्रह से पूर्णतया मुक्त करना है। इसमें परीक्षण अधीन व्यक्तियों को निरुद्देश्यता से (randomly) प्रयोगात्मक और नियंत्रण समूहों में विभाजित कर दिया जाता है, इस बात का पता शोधकर्ता को भी नहीं होता कि किस व्यक्ति को किस समूह के अंतर्गत रखा जाता है, यह शोधकर्ता को बाद में ही पता चलता है।

लघुचित्र या विगनेट्स (Vignettes): इसमें वे उत्तेजनाएं सम्मिलित हैं, जो वास्तविकता के तत्वों को चित्रित करती हैं, जिनके लिए शोध प्रतिभागी सरलता से प्रतिक्रिया देते हैं। वे गुणात्मक शोध में धारणाओं, दृष्टिकोणों और व्यवहारों को दर्शाते हैं।

अवलोकन की सीमाएं (Limits of Observation)

1. ऐसे कई व्यावहारिक पहलू होते हैं जिनका प्रत्यक्ष रूप से अवलोकन नहीं किया जा सकता है।
2. यह विधि काफी खर्चीली है।

सर्वेक्षण विधि (Survey Method)

अवलोकन विधि सर्वेक्षण विधि की पूरक है। सर्वेक्षण से तात्पर्य ऐसे अध्ययन से है जिसमें शोधकर्ता किसी विशेष स्थान पर जाकर कुछ अवस्थाओं या परिस्थितियों से संबंधित सही सूचनाओं का संकलन करता है, जैसे—स्कूलों का सर्वेक्षण। यह दृष्टिकोण वर्णनात्मक जानकारी एकत्रित करने के लिए सबसे अनुकूल है और यह शोध प्रत्यक्ष या अप्रत्यक्ष रूप से किया जा सकता है।

यह विधि दो प्रकार की होती है:

1. **संरचित सर्वेक्षण (Structured Surveys):** इसमें प्रतिवादियों से जानकारी प्राप्त करने हेतु प्रश्नों की औपचारिक सूची का उपयोग किया जाता है।
2. **असंरचित सर्वेक्षण (Unstructured Surveys):** इसमें साक्षात्कारकर्ता को लचीलापन मिलता है कि प्रतिवादी से जानकारी कैसे प्राप्त करनी है, वह उद्देश्य प्राप्त करने के लिए साक्षात्कार को अपनी इच्छा से दिशा दे सकता है।

सर्वेक्षण विधि के लाभ (Benefits of Survey Method)

1. यह अवलोकन विधि की तुलना में कम खर्चीली होती है।
2. इस विधि के द्वारा विभिन्न प्रकार की जानकारियां प्राप्त की जा सकती हैं।

सर्वेक्षण विधि की सीमाएं (Limitations of Survey Method)

1. इसमें गोपनीयता की समस्या रहती है।
2. इस विधि में कुछ प्रतिवादियों की तरफ से अनिच्छा की सम्भावना रहती है।
3. यह किसी पूर्वाग्रह से ग्रस्त भी हो सकते हैं।

संपर्क विधि (Contact Method)

जानकारी मुख्यत: मेल, टेलीफोन एवं व्यक्तिगत साक्षात्कार द्वारा एकत्रित की जा सकती है।

डाक प्रश्नावली (Mail Questionnaires)

इसमें प्रश्नावली डाक से प्रतिवादी तक भेजी जाती है। वर्तमान में इसका उपयोग बहुत कम ही किया जाता है।

टेलीफोनिक साक्षात्कार (Telephonic Interviewing)

लाभ (Advantages)

1. यह एक तीव्र तरीका है।
2. यह साक्षात्कारकर्ता को अधिक लचीलापन देता है क्योंकि वह उत्तरदाता द्वारा ठीक से समझ में नहीं आने वाले प्रश्नों की व्याख्या कर सकता है।
3. इसके अंतर्गत प्रतिदर्श आकार अधिक नियंत्रित है।
4. इसकी प्रतिक्रिया दर अधिक है।

सीमाएं (Limitations)

1. साक्षात्कारकर्ता अधिक कुशल होना चाहिए I
2. उच्च लागत।
3. गोपनीयता के मुद्दे।
4. पूर्ण मानकीकरण संभव नहीं है।
5. समय के आभाव के कारण गलत प्रविष्टि संभव है।

डाक प्रश्नावली के लाभ (Benefits of Mail Questionnaires)

1. इसमें प्रत्येक प्रतिवादी से कम लागत पर अधिक जानकारी प्राप्त की जाती है।
2. मेल प्रश्नावली में प्रतिवादी व्यक्तिगत प्रश्नों के उत्तर अधिक निष्ठापूर्वक दे सकता है।
3. इसमें पूर्वाग्रह से रहित होने की संभावना अधिक होती है।
4. यह प्रतिवादियों के लिए उत्तर देने में सुविधाजनक होती है।

डाक प्रश्नावली की सीमाएं (Limitations of Mail Questionnaires)

1. इस प्रश्नावली में लचीलापन नहीं होता है।
2. यह टेलीफोन पर बात करने या व्यक्तिगत साक्षात्कार से अधिक समय लेती है।
3. इसमें प्रतिक्रिया काफी समय बाद प्राप्त होती है।
4. इस प्रक्रिया पर शोधकर्ता का नियंत्रण बहुत कम होता है।

व्यक्तिगत साक्षात्कार (Personal Interviewing)

इस साक्षात्कार में लचीलापन होता है और यह जानकारी एकत्रित करने के लिए उपयोग किया जाता है। इसका उद्देश्य विचारों एवं अनुभवों का आदान-प्रदान करना है। प्रशिक्षित साक्षात्कारकर्ता प्रतिवादी का ध्यान आकर्षित करते हैं। व्यक्तिगत साक्षात्कार का किसी भी प्रकार की प्रश्नावली में उपयोग किया जा सकता है।

यह दो प्रकार का होता है—अवरोधन साक्षात्कार और समूह-केंद्रित साक्षात्कार।

अवरोधन साक्षात्कार (Intercept Interviewing)

अवरोधन साक्षात्कार के लाभ

1. यह साक्षात्कार विपणन अनुसंधान में व्यापक रूप से प्रयोग किया जाता है, जैसे—पर्यटन में।
2. इसके माध्यम से शोधकर्ता कम समय में अधिक प्रतिभागियों तक पहुंच सकता है।
3. इसमें घरों, कार्यालयों, सड़क पर, या शॉपिंग मॉल में लोगों से बात करना सम्मिलित है।

अवरोधन साक्षात्कार की सीमाएं

1. इसमें साक्षात्कारकर्ता की ओर से त्रुटि और पूर्वाग्रह की सम्भावना होती है।
2. इसमें साक्षात्कारकर्ता बात करते समय असहज हो सकता है।

समूह केंद्रित साक्षात्कार (Focus Group Interview)

1. यह साक्षात्कार मुख्य रूप से छह से दस लोगों को एकत्रित करके कुछ घंटों के लिए किया जाता है। यह किसी उत्पाद, सेवा, या संगठन के बारे में बात करने के लिए आयोजित किया जाता है। यह सब एक परिनियामक (moderator) के पर्यवेक्षण में होता है जो इस प्रकार के साक्षात्कार को एक दिशा प्रदान करता है।
2. इसमें परिनियामक को वस्तुनिष्ठ होना चाहिए एवं उसे विषय का ज्ञान होना आवश्यक है।
3. इस साक्षात्कार की विडियो रिकॉर्डिंग भी की जा सकती है, ताकि किसी संभावित विवाद से बचा जा सके।
4. यह साक्षात्कार एक व्यापक विषय एवं दृष्टिकोण से आरम्भ होता है और बाद में विशिष्ट विषयों पर केंद्रित होने की सम्भावना होती है, इसके लिए परिनियामक महत्त्वपूर्ण भूमिका अदा करता है।

लेकिन इस विधि की अपनी सीमाएं हैं। इसमें प्रतिदर्श का आकार छोटा रहता है, जिससे सामान्यीकरण करना कठिन हो जाता है, और वस्तुनिष्ठता की सम्भावना अधिक रहती है।

प्रश्नावली सर्वेक्षण (Questionnaire Survey)

यह सूचना प्राप्त करने की अत्यधिक प्रचलित, साधारण, बहुमुखी एवं अल्प लागत वाली आत्म संवाद विधि है। इसके अंतर्गत एक पूर्व-निर्धारित प्रश्नों का समुच्चय विकसित किया जाता है। इसमें प्रतिवादी को प्रश्नों का उत्तर लिखित रूप में देना होता है, मौखिक रूप में नहीं। यह काफी सीमा तक अति संरचित साक्षात्कार (structured interview) के समान ही होता है। प्रश्नावली को व्यक्तियों के एक समूह में बांटा जा सकता है जो प्रश्नों के उत्तर देते हैं तथा अनुसंधानकर्ता को वापिस कर देते हैं।

अक्सर प्रश्नावली में दो तरह के प्रश्न होते हैं—मुक्त या विस्तृत (open ended questionnaire) एवं अमुक्त या बंद (close ended questionnaire)। मुक्त प्रश्नों में प्रतिवादी कोई भी उत्तर दे सकता है जिसे वह उचित समझता है जबकि अमुक्त प्रश्नों के अंतर्गत प्रश्न तथा उनके संभावित उत्तर दिए गए होते हैं और प्रतिवादी को सही उत्तर चुनना होता है। अमुक्त प्रश्नों की प्रतिक्रियाओं के उदाहरण इस प्रकार हो सकते हैं जैसे हां/नहीं, सही/गलत इत्यादि। प्रश्नावली का प्रयोग मुख्यत: व्यक्तियों की प्रत्याशाओं तथा आकांक्षाओं की जानकारी हेतु किया जाता है। कभी-कभी सर्वेक्षण डाक द्वारा प्रश्नावली भेजकर भी किया जाता है।

सोपान (Step) 4
न्यादर्श या प्रतिदर्श चयन (Selecting Samples)

न्यादर्श की परिभाषा: गुड और हैट के अनुसार, 'एक न्यादर्श जैसा कि नाम स्पष्ट करता है, सम्पूर्ण समूह का एक निम्नतम प्रतिनिधित्व है।'

अनुसंधान का मुख्य उद्देश्य वास्तविकता को जानना होता है यानि समष्टि के बारे में अधिकाधिक जानकारी प्राप्त करना।

पहले हम ये भी जान लें कि समष्टि या जनसंख्या (population) क्या है, यह उन इकाइयों या प्रतिवादियों का समूह है जिसके बारे में हम ज्ञान प्राप्त करना चाहते हैं। यहां शोध के अनुसार इकाई मनुष्य, घर, फैक्ट्री कुछ भी हो सकता है। यदि समष्टि की गणना की जा सके, और इकाइयों को सूचीबद्ध भी किया जा सके तो उसको 'सीमित समष्टि' (finite population) कहा जाता है। यदि संख्या बहुत अधिक है या जिसकी गणना न की जा सके तो उसको 'असीमित समष्टि' (infinite population) कहा जाता है।

यदि शोधकर्ता को समष्टि के बारे में प्रदत्त (data) प्राप्त करना है, तो इसे दो प्रकार से किया जा सकता है, एक तो यह कि वह समष्टि की हर इकाई से प्रदत्त एकत्रित करे, या फिर उसके लिए प्रदत्त विधि का प्रयोग करे। पहली विधि को जनगणना विधि (census method) कहा जाता है। इससे शोधार्थी को जानकारी तो सटीक मिल सकती है, लेकिन इससे शोध की लागत बढ़ जाएगी, और समय भी अधिक लगेगा। कुछ स्थितियों में, जब तक हम प्रदत्त प्राप्त करें, हो सकता है कि समष्टि की मूल विशेषता या विशेषताएं ही परिवर्तित हो जाएं। इसलिए न्यादर्श (या प्रतिदर्श) विधि अधिक उपयोगी हो जाती है।

न्यादर्श को समष्टि का लघु प्रतिनिधित्वकारी (small representative) कहा जाता है, लेकिन इसे संभव बनाने के लिए प्रतिदर्श चयन करने की निश्चित प्रक्रिया अपनाई जाती है। प्रतिनिधित्वकारी होने का तात्पर्य है कि समष्टि को परिभाषित करने वाले गुण-धर्म प्रतिदर्श इकाइयों में उसी अनुपात में उपस्थित हो, जिस समानुपात में वे समष्टि में भी प्राप्त किए जा सकें।

जनसंख्या प्राचल एवं न्यादर्श सांख्यिकी (Population Parameter and Sample Statistic)

समष्टि के बारे में जो भी आंकड़ा या सांख्यिकी पहले से ही उपलब्ध होता है, या फिर जिसकी हम उपकल्पना करते हैं, उसको हम 'प्राचल' या 'जनसंख्या प्राचल, समग्र या समिष्टि' (population parameter) कहते हैं, जो सांख्यिकी या आंकड़ा हम न्यादर्श के बारे में प्राप्त करते हैं, उसको न्यादर्श सांख्यिकी (sample statistic) कहा जाता है।

व्यावहारिक तथा सामाजिक विषयों के शोध-कार्यों में न्यादर्श का विशेष महत्त्व होता है। इसके बिना शोध कार्य को पूरा नहीं किया जा सकता है। न्यादर्श सम्पूर्ण जनसंख्या का वह अंश होता है जिसमें अपनी समष्टि (population) की समस्त विशेषताओं का प्रतिबिम्ब रहता है। न्यादर्श का तात्पर्य सम्पूर्ण से अध्ययन के लिए ऐसी इकाई को पृथक करना है जो सम्पूर्ण का प्रतिनिधित्व करती है तथा सम्पूर्ण की अपेक्षा छोटी है। न्यादर्श प्रविधि शोध कार्य को व्यवहारिक तथा समय, धन, शक्ति की दृष्टि से मितव्ययी बनाती है।

न्यादर्श चयन की आवश्यकता (Need of Sampling)

1. **अनुसंधान व्यय में कमी (Reduction in Cost of Research):** न्यादर्श का उपयोग उन सर्वेक्षणों में अधिक होता है, जहां सीमित धन, समय, व्यक्तियों एवं साधनों से एक जनसंख्या के विषय में किसी चर का

मान प्रस्तुत करना पड़ता है। वहां यदि सभी इकाइयों का सर्वेक्षण किया गया तो सीमित साधनों से सीमित समय में काम सम्पन्न नहीं होगा।

2. **दक्षता में वृद्धि (Increase in Ability):** परिणाम एवं उसको प्राप्त करने के लिए किये गए व्यय के अनुपात को दक्षता कहते हैं। यदि सभी इकाइयों का अध्ययन न करने से परिणाम में कुछ त्रुटि रह गई तो भी व्यय में कमी हो जाने के कारण सर्वेक्षण की दक्षता बढ़ जाती है।
3. **परिणाम की शुद्धता (Accuracy of Result):** सटीक परिणाम प्राप्त करना अनुसंधान में कार्यरत लोगों की कुशलता पर निर्भर करता है। सभी इकाइयों का अध्ययन करने के लिए अधिक व्यक्तियों की आवश्यकता होगी। जिन्हें सीमित साधनों से प्राप्त नहीं किया जा सकता है। यदि सर्वेक्षण दोषपूर्ण हुआ तो अधिक इकाइयों के अध्ययन से त्रुटि में विस्तार ही होगा।

न्यादर्श की विधियां (Method of Sampling)

न्यादर्श में प्रतिनिधि या पर्याप्तता का गुण होने के लिए न्यादर्श चयन की क्रिया को विशिष्ट विधियों द्वारा किया जाता है। इन न्यादर्श चयन विधियों को दो भागों में बांटा गया है:

1. प्रायिकता या संभाव्यता न्यादर्श (probability sampling)
2. अप्रायिकता (या असंभाव्यता) न्यादर्श (non-probability sampling)

संभाव्यता न्यादर्श (Probability Sampling)

जब जनसंख्या की किसी इकाई को न्यादर्श में सम्मिलित करने के लिए उसका चयन संयोग पर निर्भर करे, तो उस चयन विधि को संभाव्यता न्यादर्श कहते हैं।

संभाव्यता न्यादर्श के प्रकार

1. सरल यादृच्छिक न्यादर्श (simple random sample)
2. स्तरीकृत यादृच्छिक न्यादर्श (stratified random sample)
3. समूह न्यादर्श (cluster sample)

अब हम इनका विस्तार से वर्णन कर रहे हैं:

1. **सरल यादृच्छिक न्यादर्श (Simple Random Sample):** इस प्रक्रिया में जनसंख्या की इकाइयां क्रमांकित कर ली जाती हैं। इस प्रकार प्रत्येक इकाई का एक क्रमांक होता है। इकाइयों को इस प्रकार लिखना रूपरेखा तैयार करना कहलाता है, जो कि इस प्रक्रिया में सबसे कठिन कार्य है।

   इस न्यादर्श में इकाइयों को इस प्रकार चुना जाता है कि:
   (a) प्रत्येक इकाई के चुने जाने की सम्भावना समान होती है।
   (b) एक इकाई का चुना जाना किसी दूसरी इकाई के चुने जाने की सम्भावना को प्रभावित नहीं करता है।
2. **स्तरीकृत या वर्गीकृत प्रायिकता (या संभाव्यता) न्यादर्श (Stratified Probability Sampling):** प्राय: जब समष्टि विजातीय (heterogenous) होती है, तब हम वर्गीकृत सम्भाव्य न्यादर्श का प्रयोग करते हैं। ये इस बात को ध्यान में रख कर किया जाता है कि न्यादर्श को जनसंख्या का प्रतिनिधित्व पर्याप्त रूप से करना चाहिए। इसके लिए यह आवश्यक है कि न्यादर्श के मानक विचलन (या इकाइयों) की जनसंख्या को समवायी स्तरों में विभाजित कर लिया जाए। यदि किसी विद्यालय में शहर और गांव से छात्रों का 40 : 60 का अनुपात है, तो यह सुनिश्चित किया जाता है कि न्यादर्श में भी यह अनुपात 40 : 60 का रहे।

   यह स्तरीकरण प्रशासनिक सुविधा के लिए भी आवश्यक है। इसमें न्यादर्श की इकाइयों के मान का प्रसार (range of variable values) कम हो जाता है जिससे मानक त्रुटि कम हो जाती है, यह इस विधि का सबसे बड़ा उपयोग है।
3. **समूह न्यादर्श (Cluster Sampling):** अगर न्यादर्श का क्षेत्रफल बहुत अधिक है, जो प्रशासनिक निगरानी एवं व्यय की दृष्टि से अधिक अनुपयोगी हो तो समूह न्यादर्श बहुत सहायक होता है। यहां जनसंख्या को परस्पर अनन्य समूहों में विभाजित किया जा सकता है।

उदाहरण के लिए, हम राष्ट्रीय स्तर पर ग्रामीण भारत में दसवीं कक्षा के छात्रों का सर्वेक्षण करना चाहते हैं। हम सबसे पहले कुछ राज्यों का चयन करेंगे, फिर उनमें से जिलों का, फिर ब्लॉक एवं गांव के स्तर पर जाकर चयन करेंगे। लेकिन जिन विद्यालयों का चयन करेंगे हो सकता है कि वहां हम पूरी कक्षा ही न्यादर्श के लिए ध्यान में रखें।

अप्रायिकता (या असंभाव्यता) न्यादर्श (Non-probability Sampling)

असंभाव्यता न्यादर्श इकाई चयन की प्रचलित पद्धति है। इस विधि में शोधकर्ता अपने विवेक से इकाइयों का चयन करता है, और न्यादर्श को प्रतिनिधि एवं पर्याप्त बनाने के लिए कुछ नियमों या पूर्व ज्ञान का उपयोग करता है।

असंभाव्यता न्यादर्श के प्रकार

1. **सौकर्य या सुविधा न्यादर्श (Convenience Sampling):** शोधकर्ता अपनी सुविधा के अनुसार जनसंख्या का वह भाग न्यादर्श के लिए चयन करता है जिससे जानकारी लेना सबसे सरल हो, इसलिए इसे सुविधा न्यादर्श कहते हैं, लेकिन यह विधि पक्षपात की दृष्टि से त्रुटि से रहित नहीं है।
2. **सोद्देश्य न्यादर्श (Purposive Sampling):** कुछ शोध कार्य न्यादर्श की प्रतिनिधित्वता नहीं चाहते, उन्हें अपने विशेष उद्देश्य के लिए एक विशेष उद्देश्यीय न्यादर्श चाहिए। इसकी प्रमुख विशेषताएं हैं:
   (a) शोधकर्ता विशिष्ट समूह का अध्ययन अच्छी प्रकार से कर सकते हैं।
   (b) शोधकर्ता का इकाइयों पर अच्छा नियंत्रण रहता है।
   (c) न्यादर्श समूहों की तुलना भली-भांति कर सकते हैं।
3. **कोटा न्यादर्श (Quota Sampling):** इस विधि में शोधकर्ता कई वर्गों में से एक निश्चित संख्या के प्रतिवादी से जानकारी प्राप्त करता है। इसमें भी सुविधा का ध्यान रखा जाता है ताकि जिस प्रतिदर्श का चयन किया जाता है, उस तक पहुंचना सरल हो।
4. **आकस्मिक न्यादर्श (Accidental Sampling):** यह भी सुविधा न्यादर्श जैसी ही है पर इसमें प्रतिवादी एक ही जगह से मिल जाते हैं। मान लो कि शोधकर्ता का प्रदत्त आकार एक सौ साधारण व्यक्ति है, तो वह किसी माल या पार्क के बाहर जो भी 100 व्यक्ति मिले, उनसे जानकारी प्राप्त कर सकता है।
5. **स्नोबॉल या व्यापक न्यादर्श (Snowball Sampling):** इसमें प्रारम्भिक जानकारी कुछ व्यक्तियों से प्राप्त की जाती है। ये व्यक्ति प्रदत्त के लिए कुछ और व्यक्तियों का नाम सुझाएंगे, जिनसे जानकारी प्राप्त की जा सकती है। ये प्रक्रिया चलती रहती है जब तक हमें वांछित प्रतिदर्श ना मिल जाए।

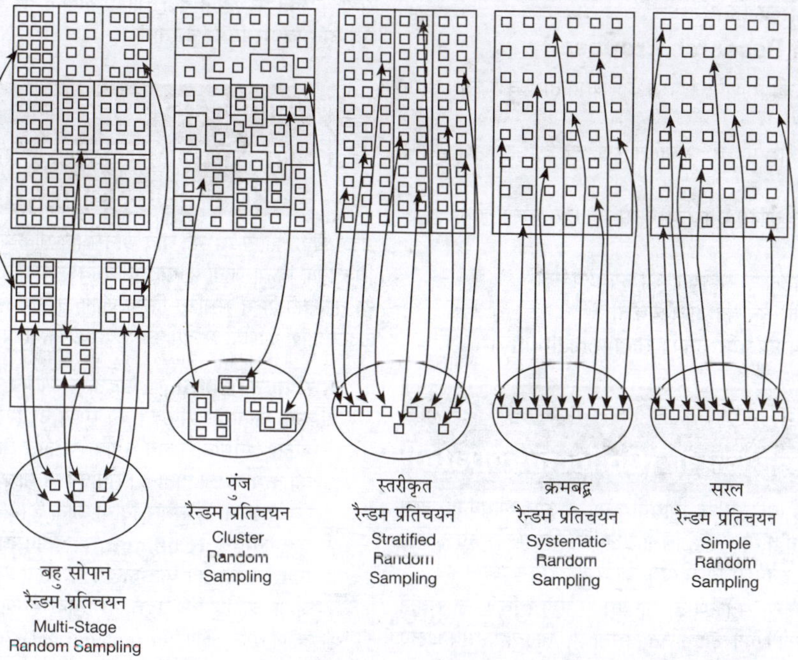

प्रतिचयन विधियों की तुलना

न्यादर्श या नमूना अभिकल्प का निर्धारण (Determining Sample Design)

1. **स्वयं न्यादर्श (Sample Itself):** जिस न्यादर्श का हम सर्वेक्षण करना चाहते हैं, उसकी प्रकृति क्या है?
2. **न्यादर्श का आकार (Sample Size):** बड़े न्यादर्श लघु न्यादर्शों की तुलना में अधिक विश्वसनीय परिणाम देते हैं।
3. **न्यादर्श का चयन (Sampling):** इसमें यह तय किया जाता है कि न्यादर्श का चयन कैसे किया जाना चाहिए? न्यादर्श संभाव्यता या असंभाव्यता न्यादर्श विधि द्वारा प्राप्त किया जा सकता है, जिनका वर्णन पहले किया जा चुका है।

व्यवस्थित प्रतिचयन (systematic sampling) में न्यादर्श अंतराल को मापने के लिए K अंतराल का उपयोग किया जाता है, जिसके अनुसार K = N/n जहां N समष्टि (समग्र या जनसंख्या) का प्रतिनिधित्व करता है तथा n न्यादर्श या प्रतिदर्श आकार को दर्शाता है। यदि N एवं n 1000 तथा 100 हैं, तो K अंतराल 10 आएगा।

न्यादर्श के निर्धारण के संदर्भ में निम्न 4 P's की अवधारणा का प्रयोग किया जा सकता है:

1. Purpose: अध्ययन का सटीक उद्देश्य क्या है?
2. Population: समष्टि की प्रकृति क्या है?
3. Procedure: समय, संसाधन, बजट आदि।
4. Publishing: प्रकाशन से इसके महत्त्व का पता चलता है।

स्टॉपओवर

नीचे दो कथन दिए गए हैं: **[2020]**

कथन (I): अनुसंधान में समग्र का अभिप्राय है अध्ययन हेतु लिए गए विषय से संबंधित सुपरिभाषित समुच्चय।

कथन (II): प्रतिदर्श एक उप-समुच्चय है जिसे उसको निरूपित करने के लिए एक परिभाषित समग्र से लिया जाता है।

उपर्युक्त कथनों के आलोक में निम्नलिखित विकल्पों में से सर्वाधिक उपयुक्त उत्तर चुनें:

(a) कथन I और II दोनों सही हैं।

(b) कथन I और II दोनों सही नहीं हैं।

(c) कथन I सही है किंतु कथन II सही नहीं हैं।

(d) कथन I सही नहीं है किंतु कथन II सही है।

इस प्रश्न का सही उत्तर (a) है।

सोपान (Step) 5 अनुसंधान प्रस्ताव लेखन (Writing a Research Proposal)

अनेक संस्थान ये अनिवार्य कर देते हैं कि किसी भी 'अनुसंधान-परियोजना' को स्वीकार करने से पहले उसका प्रस्ताव प्रस्तुत किया जाए। इससे शोध परियोजना का मूल्यांकन करने का आधार प्राप्त हो जाता है, यह मार्गदर्शक (guide) और निधिकरण (funding) संबंधी औपचारिकताओं के लिए भी आवश्यक है।

यह तीन से सात पृष्ठों का एक दस्तावेज है जो शोधकर्ता द्वारा लिखा जाता है, यह दस्तावेज प्रस्तावित अनुसंधान कार्यक्रम का विस्तृत विवरण प्रदान करता है। यह वस्तुत: सम्पूर्ण अनुसंधान-प्रक्रिया की रूपरेखा (blue print) जैसा ही होता है। अनुसंधान प्रस्ताव विभिन्न कारणों से लिखे जाते हैं, जैसे अनुसंधान के प्रमाणीकरण की आवश्यकताओं के लिए।

अनुसंधान प्रस्ताव के मुख्य बिन्दु (Main Elements of Research Proposal)

1. अनुसंधान परियोजना की विशिष्ट रूप से आवश्यकता—क्या लाभ होगा एवं कौन लाभार्थी होंगे।
2. समस्या का कथन और महत्त्व, संबंधित साहित्य का सर्वेक्षण, विधि (method)
3. किस प्रकार का प्रदत्त चाहिए और उसे कैसे एकत्रित करना होगा
4. विश्लेषण
5. किसी संगठन या संगठनों से सहायता की आवश्यकता
6. अवधि, सुविधाओं और धन की आवश्यकता
7. प्रस्तावकों का परिचय पत्र और उनकी साख (credibility)

सोपान (Step) 6 प्रदत्तों का एकत्रीकरण (Collecting Data)

प्रदत्त एकत्रित करने के कई विकल्प या विधियां होती हैं और शोधकर्ता जांच की प्रकृति, उसका क्षेत्र, जांच के उद्देश्य, वित्तीय लागत, समय की उपलब्धता इत्यादि को ध्यान में रखकर उनमें से किसी एक विधि का चयन करता है।

प्राथमिक प्रदत्त प्रयोग या सर्वेक्षण के माध्यम से एकत्र किये जा सकते हैं। यदि शोधकर्ता किसी प्रयोग को आयोजित करता है, तो वह उसके लिए परिमाणात्मक मापन या प्रदत्त लेता है। उन प्रदतों का परिकल्पना का परीक्षण करने के लिए विश्लेषण किया जाता है।

सर्वेक्षण के विषय में, प्रदत्त निम्नलिखित तरीकों द्वारा एकत्र किये जा सकते हैं:

1. **अवलोकन (By Observation):** इसमें प्रतिवादियों के साक्षात्कार के बिना जांचकर्ता के स्वयं के अवलोकन के माध्यम से जानकारी एकत्रित की जाती है और प्राप्त जानकारी वर्तमान घटनाओं से संबंधित होती है। यह विधि बहुत खर्चीली होती है तथा इसमें सीमित जानकारी ही एकत्रित की जाती है। यह विधि उन अनुसंधानों के लिए उपयुक्त नहीं है जिनमें बड़े न्यादर्श उपयोग किए जाते हैं।
2. **व्यक्तिगत साक्षात्कार (Personal Interviews):** इसमें जांचकर्ता संरचित दृष्टिकोण अपनाता है और इस साक्षात्कार में प्रश्न पूर्व-निर्धारित होते हैं। इसमें आउटपुट भी काफी सीमा तक साक्षात्कारकर्ता की योग्यता पर निर्भर करता है।
3. **टेलीफोनिक साक्षात्कार (Telephonic Interviews):** जानकारी एकत्रित करने की विधि में टेलीफोनिक साक्षात्कार भी सम्मिलित है। इसका प्रयोग तब किया जाता है जब सर्वेक्षण को बहुत ही सीमित समय में पूरा किया जाना हो।
4. **मेल प्रश्नावली (Mailed Questionnaires):** यह विधि आर्थिक एवं व्यवसायिक सर्वेक्षण में सर्वाधिक उपयोग की जाती है। प्रश्नावली के परीक्षण के लिए पायलट अध्ययन आयोजित किया जा सकता है और इसके औचित्य की जांच की जा सकती है।
5. **अनुसूचियां (Schedules):** इस विधि में, जानकारी एकत्रित करने के लिए प्रगणक (enumerators) को विशेष रूप से नियुक्त और प्रशिक्षित किया जाता है। अनुसूचियों में प्रासंगिक प्रश्नों को सम्मिलित किया जाता है। यह अनुसूचियां प्रतिवादियों द्वारा दिए गए उत्तरों के आधार पर प्रगणक द्वारा भरी जाती हैं।

पर्यवेक्षकों द्वारा अनुसंधान-प्रक्रिया की वैधता सुनिश्चित करने के लिए कुछ यादृच्छिक (random) जांच की जा सकती है। हालांकि, शोधकर्ता को इन सभी कारकों पर ध्यान देना चाहिए लेकिन यह अधिकतर शोधकर्ता की योग्यता एवं अनुभव पर निर्भर करता है।

सोपान (Step) 7 प्रदत्तों का प्रसंस्करण और विश्लेषण (Processing and Analysing Data)

प्रदत्त एकत्रित करने के बाद अनुसंधान-प्रकिया के अगले चरण में प्रदत्तों का विश्लेषण किया जाता है। प्रदत्तों के विश्लेषण के लिए उन्हें कुछ प्रबंधनीय समूहों या तालिकाओं में संघटित किया जाना चाहिए और ऐसा प्रदत्तों का प्रासंगिक एवं उद्देश्यपूर्ण श्रेणियों में वर्गीकरण करके किया जा सकता है:

1. **संपादन (Editing):** प्रदत्तों के शोधन या शुद्धि की प्रक्रिया को संपादन कहा जाता है। संपादन का मुख्य उद्देश्य प्रतिवादी द्वारा प्रदान किये गए गलत अनुमान, गलत वर्गीकरण और त्रुटियों की पहचान करना एवं उन को कम करना होता है। संपादन के माध्यम से कूट-लेखन के लिए प्रदत्तों की गुणवत्ता में सुधार किया जाता है।
2. **कूट-लेखन (Coding):** यह अनुसंधान में किसी चर के माप पर निर्भर करता है। कूट-लेखन के लिए सबसे पहले यह सुनिश्चित किया जाना चाहिए कि प्रदत्त गुणात्मक है या परिमाणात्मक। गुणात्मक प्रदत्त वर्णनात्मक, श्रेणीगत (categorical) या असतत् (discrete) हो सकते हैं।

परिमाणात्मक और स्पष्ट जानकारी को संख्यात्मक मूल्यों में परिवर्तित करके संसाधित किया जाता है। यह सामान्य तौर पर उस स्तर पर किया जाता है जब कर प्रदत्तों की श्रेणियों को प्रतीकों में परिवर्तित किया जाता है जिन्हें बाद में सारणीबद्ध कर गिना जा सकता है। वर्णनात्मक या गुणात्मक प्रदत्त में, शोधकर्ता साक्षात्कार की प्रतिलिपि के माध्यम से चलता है जिसमें लोग एक ही घटना को व्यक्त करने के लिए भिन्न - भिन्न शब्दों का प्रयोग कर सकते हैं।

अनुसंधान पूर्वाग्रह (Research Bias)

शोध में सबसे बड़ी चुनौती वस्तुनिष्ठ और पूर्वाग्रहों से मुक्त रहना है। एकत्रित डेटा को विकृत करने के लिए कई तरह के पूर्वाग्रह हो सकते हैं।

1. **बाहय प्रभाव (External Influences):** मीडिया (जैसे सोशल मीडिया) द्वारा बनाई गई संस्कृति या राय, लोगों को एक विशेष विश्व दृष्टिकोण को स्वीकार करने के लिए प्रभावित कर सकती है।
2. **व्यक्तिगत पूर्वाग्रह (Personal Bias):** यह व्यक्तिगत विश्वासों, विशेषताओं या पिछले अनुभवों के कारण हो सकता है।
3. **प्रेक्षक पूर्वाग्रह (Observer Bias):** कुछ घटनाओं को कुछ लोग अर्थपूर्ण मानते हैं और दूसरों द्वारा अर्थपूर्ण नहीं मानी जाती। शोधकर्ता स्वयं भी अपनी किसी न किसी संस्कृति और समाज में पले-बढ़े हैं। शोधकर्ता अपने जीवन में जिन घटनाओं का निरीक्षण और व्याख्या करते हैं वे पृष्ठभूमि कारक भी प्रभावित कर सकते हैं।
4. **प्रत्याशा पूर्वाग्रह (Expectancy Bias):** शोधकर्ता कभी-कभी विशिष्ट परिणाम खोजने की उम्मीद करते हैं, वे देख सकते हैं (या नोट कर सकते हैं) कि वे वस्तुनिष्ठ बने रहने के बजाय क्या देखने की उम्मीद करते हैं।
5. **प्लेसबो पूर्वाग्रह (Placebo Bias):** यह तब संचालित होता है, जब लोग दृढ़ता से विश्वास करना चाहते हैं कि उपचार सफल है। उदाहरण के लिए, कई लोग चीनी की गोली जैसे प्लेसबो लेने के बाद बेहतर

महसूस करने का दावा कर सकते हैं। एक रोगी को होम्योपैथिक या दूसरी दवा देने की बजाय केवल चीनी की गोलियां दी जाती हैं, ताकि वह यह समझे कि उसका उपचार किया जा रहा है। किसी रोगी की काया को केवल एक लघु सा 'चीर' लगा दिया जाता है कि वह यह समझे कि उसका ऑपरेशन कर दिया गया है।

प्रदत्तों का वर्गीकरण (Classification of Data)

प्रदत्तों का वर्गीकरण एक ऐसी प्रक्रिया है जिसमें प्रदत्तों को सामान्य विशेषताओं के आधार पर समूहों या वर्गों में क्रमबद्ध किया जाता है। यह निम्नलिखित तरीके से किया जा सकता है:

विशेषताओं के अनुसार वर्गीकरण (Classification According to Attributes)

प्रदत्त वर्णनात्मक या संख्यात्मक हो सकते हैं। इसके अतिरिक्त वर्गीकरण या तो सरल वर्गीकरण हो सकता है या बहुसंख्यक वर्गीकरण।

1. **सरल वर्गीकरण (Simple Classification):** इस वर्गीकरण में, हम केवल एक विशेषता पर विचार करते हैं और सम्पूर्ण समष्टि को दो वर्गों में विभाजित करते हैं—पहला समूह जिसमें एक विशेष गुण होता है, दूसरा समूह वह जिसमें वह गुण नहीं होता है।
   उदाहरणार्थ:

	हां	नहीं	कुल
एमबीए उपाधि	25	5	30

2. **बहुसंख्यक वर्गीकरण (Manifold Classification):** इस वर्गीकरण में, हम एक साथ दो या अधिक विशेषताओं पर विचार करते हैं और प्रदत्तों को कई वर्गों में विभाजित करते हैं।
   उदाहरणार्थ:

	हां		नहीं		कुल	
लिंग	पु.	म.	पु.	म.	पु.	म.
स्नातकोत्तर						
पीएचडी						

वर्ग-अंतराल के अनुसार वर्गीकरण (Classification According to Class Intervals)

वर्गीकरण आय, आयु, भार, कर, उत्पादन आदि से संबंधित प्रदत्तों के साथ किया जाता है। ऐसे परिमाणात्मक प्रदत्तों को चरों के सांख्यिकी रूप में जाना जाता है और उन्हें वर्ग अंतराल के आधार पर वर्गीकृत किया जाता है।

सारणीकरण (Tabulation)

सारणीकरण तकनीकी प्रक्रिया का एक भाग है, जहां वर्गीकृत प्रदत्तों को तालिका के रूप में दर्शाया जाता है। यह कच्चे आंकड़ों का सारांश एवं विश्लेषण करने की सुगठित रूप (consolidated form) में प्रदर्शित करने की प्रक्रिया है। इस उद्देश्य के लिए यांत्रिक उपकरणों का भी उपयोग किया जा सकता है और यदि प्रदत्तों की संख्या बहुत अधिक हो, तो सारणीकरण के लिए कंप्यूटर का भी प्रयोग किया जा सकता है। यह प्रदत्तों को कॉलम और पंक्तियों में दर्शाने की एक क्रमबद्ध व्यवस्था है।

यह निम्नलिखित कारणों से आवश्यक होती है:

1. यह तुलना करने की प्रक्रिया को सुविधाजनक बनाती है।
2. इससे मदों का योग करना एवं त्रुटियों का पता लगाना सरल होता है।
3. यह विभिन्न सांख्यिकीय संगणना (statistical computations) के लिए आधार प्रदान करती है।

सारणीकरण को सरल एवं जटिल सारणियों के रूप में भी वर्गीकृत किया जा सकता है:

सरल सारणीकरण में परिणाम मुख्य तौर पर एक ही तरह की तालिका में बताये जाते हैं जिसमें केवल प्रदत्त की एक ही विशेषता के बारे में बताया जाता है जबकि जटिल सारणीकरण में परिणाम दो तरह की तालिका में दर्शाए जाते हैं जिसमें प्रदत्त की दो परस्पर विशेषताओं के बारे में जानकारी दी जाती है।

प्रदत्तों का विश्लेषण (Analysis of Data)

सारणीकरण के पश्चात्, विभिन्न गणितीय और सांख्यिकीय तकनीकों की सहायता से प्रदत्तों का विश्लेषण किया जाता है जैसे प्रतिशत, औसत, सहसंबंध (correlation), प्रति गमन (regression) इत्यादि। यह काफी सीमा तक गुणात्मक और परिमाणात्मक प्रदत्तों पर निर्भर करता है।

गुणात्मक प्रदत्त विश्लेषण (Qualitative Data Analysis)

विश्लेषणात्मक दृष्टिकोण कई बार व्यक्तिगत हो सकता है और इसमें मुख्य रूप से कुछ कठोर नियम एवं प्रक्रियाएं हो सकती हैं। इसमें शोधकर्ता सामग्री विश्लेषण की प्रक्रिया को अपनाता है। सामग्री विश्लेषण का अर्थ है—मुख्य विषय की पहचान करने के लिए साक्षात्कार की सामग्री का विश्लेषण करना। इस प्रक्रिया में निम्नलिखित चरण शामिल हैं:

1. मुख्य विषयों को स्पष्ट करना (identify the main themes)
2. मुख्य विषयों के लिए कूट निरुपित करना (assign codes to the main themes)
3. मुख्य विषयों के अंतर्गत प्रतिक्रियाओं को वर्गीकृत करना (classify responses under the main themes)
4. रिपोर्ट के मूलपाठ में विषयों और प्रतिक्रियाओं को एकीकृत करना (integrate themes and responses into the text of your report)

परिमाणात्मक डेटा विश्लेषण (Quantitative Data Analysis)

यह विधि अच्छी तरह से अभिकल्पित (designed) और प्रशासित सर्वेक्षण हेतु शाब्दिक प्रश्नावली का उपयोग करने के लिए सबसे उपयुक्त है। इसमें प्रदत्तों का विश्लेषण मैन्यूअली या कंप्यूटर की मदद से किया जा सकता है।

मैन्यूअल प्रदत्त विश्लेषण (Manual Data Analysis): यह विश्लेषण उस स्थिति में किया जाता है जब प्रतिवादियों और चरों की संख्या बहुत कम हो। यह केवल आवृत्तियों और सरल क्रॉस सारणीकरण (simple cross tabulation) की गणना के लिए ही उपयोगी है।

कंप्यूटर द्वारा प्रदत्तों का विश्लेषण करना (Data Analysis using Computer): यदि आप कंप्यूटर के माध्यम से प्रदत्तों का विश्लेषण करना चाहते हैं, तो आपको इसके उचित प्रोग्रामों से परिचित होना चाहिए। इस क्षेत्र में, कंप्यूटर और सांख्यिकी का ज्ञान एक महत्त्वपूर्ण भूमिका निभाता है। विंडोज के लिए SPSS इसका सबसे सामान्य सॉफ्टवेयर है। हालांकि, डेटा

इनपुट लंबी और थका देने वाली प्रक्रिया हो सकती है और अगर इसमें डेटा गलत ढंग से प्रेषित किया जाए तो यह अंतिम परिणाम को भी प्रभावित करता है।

IBM का कंप्यूटर सांख्यिकीय विश्लेषण कार्यक्रम जिस को पहले आंग्ल भाषा में SPSS (Statistical Package for Social Sciences) कहा जाता है, जिसका नाम बाद में बदल कर SPSS (Statistical Product and Service Solutions) किया गया, पूर्ण सांख्यिकीय प्रक्रिया (योजना, डेटा संग्रह का विश्लेषण, रिपोर्टिंग, प्रविस्तारण आदि) का ध्यान रखता है—इसका उपयोग शोधकर्ताओं, सर्वेक्षण कंपनियों और अन्य अनुसंधान संगठनों द्वारा किया जाता है।

उपकल्पना का परीक्षण (Hypothesis Testing)

प्रदत्त विश्लेषण करने के बाद शोधकर्ता में उपकल्पना का परीक्षण करने की स्थिति में होता है। जैसा कि पहले उल्लेख किया गया है, ऐसी सम्भावना होती है कि गुणात्मक अध्ययन में कोई औपचारिक परिकल्पना न हो।

परिमाणात्मक अध्ययन में, हम यह देखते हैं कि तथ्य उपकल्पना का समर्थन कर रहे हैं या उसके विपरीत है। इस उद्देश्य के लिए सांख्यिकीविदों द्वारा विभिन्न परीक्षण विकसित किये गए हैं, जैसे—काई-वर्ग परीक्षण (chi-square test), T-परीक्षण, F-परीक्षण इत्यादि। यहां छात्रों को यह बताना उपयुक्त रहेगा कि न्यादर्श के आकार के आधार पर सांख्यिकी परीक्षण (statistical square) दो प्रकार के हो सकते हैं:

1. लघु न्यादर्श परीक्षण (small sample test), जिसमें न्यादर्श में इकाइयों की संख्या अधिकतम 30 होती है।
2. विपुल न्यादर्श परीक्षण (large sample test) जिसमें न्यादर्श में इकाइयों की संख्या 30 से अधिक होती है।

उपकल्पना के आधार पर सांख्यिकी परीक्षण दो प्रकार के हो सकते हैं:

प्राचल सांख्यिकी परीक्षण (Parametric Test): जिनमें जनसंख्या के बारे में कोई उपकल्पना की जाती है।

अप्राचल सांख्यिकी परीक्षण (Non-parametric Test): जिनमें जनसंख्या की विशेषताओं के बारे में कोई उपकल्पना नहीं की जाती है। उदाहरण के लिए, चिह्न परीक्षण (Sign Test), विल्कोकसन का युग्म चिह्न-श्रेणी परीक्षण (Wilcoxon Pair Signed Rank Test), माध्यिका (Median), मैन व्हिटनी यू परीक्षण (Mann Whitney U Test) आदि।

काई-वर्ग (Chi square) परीक्षण को हम आप्रचल सांख्यिकी परीक्षण या वितरणमुक्त (distribution free) परीक्षण की श्रेणी में ही रखते हैं।

उपकल्पना का सामान्यीकरण और व्याख्या (Generalizations and Interpretation)

यहां यह दोहराना आवश्यक है कि सामान्य व्यवहार में, उपकल्पना का अर्थ किसी अस्थाई विचार (provisional idea) से होता है, जिसके गुणागुण (merit-demerits) अभी सुनिश्चित नहीं हो पाए हों। सामान्यत: वैज्ञानिक परिकल्पनायें गणितीय प्रतिरूप (mathematical model) के रूप में प्रस्तुत की जाती हैं। जो उपकल्पनायें अच्छी तरह परीक्षण के बाद सुस्थापित (well established) हो जाती हैं, उनको सिद्धांत कहा जाता है। यदि कोई शोधकर्ता के पास कोई उपकल्पना नहीं होती तो वह अपने निष्कर्षों की किसी सिद्धांत या सिद्धांतों के आधार पर व्याख्या करता है। इससे कई नए प्रश्न उत्पन्न होते हैं, जिनका समाधान भविष्य में नए अनुसंधान से दिया जा सकता है।

सोपान (Step) 8 अनुसंधान रिपोर्ट लेखन (Writing a Research Report)

शोध रिपोर्ट का प्रारूप (Research Report Format)

शोध रिपोर्ट का प्रारूप निम्नलिखित प्रकार से बनाया जा सकता है: निम्नलिखित तालिका में रिपोर्ट एडिलेड विश्वविद्यालय (The University of Adelaide), ऑस्ट्रेलिया द्वारा अनुसंधान रिपोर्ट के प्रस्तावित प्रारूप को संक्षेप में दिखाया गया है।

व्यापक विभाजन (Broad Divison)	अनुभाग (Individual Sections)
प्रारंभिक सामग्री	रिपोर्ट का शीर्षक (Title of Report)
	विषय-सूची (Table of Contents)
	सार/सारांश (Abstract/Synopsis)
प्रधान भाग	परिचय (Introduction)
	साहित्य समीक्षा (Literature Review) (कभी-कभी परिचय में सम्मिलित)
	क्रियाविधि (Methodology)
	परिणाम (Results)
	विचार-विमर्श (Discussions)
	निष्कर्ष (Conclusions)
	अनुशंसाएं (Recommendations) (कभी-कभी निष्कर्ष में सम्मिलित)
पूरक सामग्री	संदर्भ या ग्रंथ सूची (Bibliography)
	परिशिष्ट (Appendices)

अनुसंधान में प्रसामान्य या सामान्य वितरण की आवश्यकता (Requirement of Normal distribution)

यदि हम पहले आंकड़े को देखें, तो इसका 'सामान्य वितरण' होता है, जहां औसत मान, माध्यिका और बहुलक (mean, median and mode) का मान समान होता है। यह प्रकृति में सममित (symmetrical) है। किसी तरह त्रुटियां विभिन्न कारणों से आती हैं। सांख्यिकीय सिद्धांत मानता है कि अंतर्निहित डेटा सामान्य रूप से वितरित किया जाता है। इस प्रकार, शोधकर्ता सामान्य वितरण प्राप्त करने का प्रयास करते हैं। यह हमें कई त्रुटियों को सुधारने में सहायता करता है।

हम ऐसी गणना करने के लिए कुछ सांख्यिकीय परीक्षणों का उपयोग करते हैं, जो पहले सीधे तौर पर पाठ्यक्रम में नहीं आते थे परन्तु अब NET परीक्षा में कुछ ऐसे प्रश्न पूछे जा रहे हैं, उसी के अनुरूप हमने कुछ चर्चा की है। गणनाएं जटिल होती हैं, परंतु यहां हमने उनको सरल भाषा में एक उदाहरण से समझाने का प्रयास किया है, ताकि पेपर 2 के सभी विषयों के विद्यार्थी भी उनको समझ पाएं। इस अध्ययन में हमारा केंद्र व्यावहारिक भागों पर है। शायद विद्यार्थियों को इसका एकाधिक बार अध्ययन करने की आवश्यकता रहेगी।

उदाहरण: यहां हम एक कोचिंग संस्थान के पूर्व के छात्रों के प्राप्त अंकों और वर्तमान छात्रों के प्राप्त अंकों की तुलना कर रहे हैं, जिन्होंने इसे अभी पूरा किया है। वर्तमान छात्रों का 'न्यादर्श' या 'प्रतिदर्श' लिया जायेगा और उनका आंकड़ा एकत्र किया जाएगा।

पूर्व छात्रों के प्राप्त अंक या तो वास्तव में 80 थे या उन्हें एक आधार पर 80 माना जा सकता है। सामान्य तौर पर, हम जानते हैं कि कोचिंग का छात्रों के प्रदर्शन पर सकारात्मक प्रभाव पड़ता है। शून्य परिकल्पना मानती है कि कोचिंग का ऐसा कोई लाभ (प्रभाव) नहीं है, शब्द 'शून्य' भी अपनी परिभाषा के अनुसार इसे इंगित करता है।

शून्य परिकल्पना (H_0) = 80 अंक

वैकल्पिक परिकल्पना (H_a): इसके अनुसार, वर्तमान छात्रों के अंक 80 अंकों के समान नहीं हैं।

इसका अर्थ है कि कोचिंग का छात्रों के प्रदर्शन पर सकारात्मक या नकारात्मक दिशा में प्रभाव पड़ता है।

हम विद्यालय में 40 छात्रों के न्यादर्श (नमूने) से डेटा एकत्र करते हैं। 'मानक विचलन' और 'महत्व के स्तर' के अनुसार, हम 80 अंकों से +/- 3 की सीमा रखते हैं। इसका मतलब है कि 77 से 83 'लचीला' रेंज रोट है। अगर छात्रों को 77 से 83 के बीच अंक मिलते हैं, तो कोचिंग से उन्हें कोई फायदा नहीं हुआ है। वे वास्तव में 'स्वीकृति क्षेत्र' के अंतर्गत आते हैं, और इस प्रकार शून्य परिकल्पना स्वीकार की जाती है और छात्रों के अंक अतीत या कल्पित प्रदर्शन के साथ मेल खाते हैं।

यदि अंक '77 से कम' या '83 से अधिक' हैं, तो वे 'अस्वीकृति क्षेत्र' में आ जाएंगे। इसका अर्थ यह है कि शून्य परिकल्पना को अस्वीकृत कर दिया जाता है, अर्थात 'वैकल्पिक परिकल्पना' स्वीकार की जाती है, और कोचिंग का छात्रों के प्रदर्शन पर (अच्छा या बुरा) प्रभाव पड़ता है।

यह प्रभाव सकारात्मक हो सकता है, यदि अंक > 83 आते हैं, या इसको नकारात्मक माना जायेगा, यदि अंक < 77 आते हैं।

स्टॉपओवर

एक शोधकर्ता आकलन करने के लिए एक उपलब्धि परीक्षण का प्रबंधन करता है और अपने अध्ययन में एक स्वतंत्र संभावित प्रभाव को इंगित करता है। परीक्षणों में अंकों का वितरण नकारात्मक तौर पर विषम है। इसके आधार पर, परीक्षण के कठिनाई स्तर के संबंध में क्या कहा जा सकता है? **[जून 2020]**

(a) परीक्षण स्तर बहुत सरल है।
(b) परीक्षण बहुत कठिन है।
(c) परीक्षण न तो सरल है और न ही कठिन।
(d) परीक्षण सरल है और सामान्यीकरण की आवश्यकता है।

सही विकल्प (d) है।

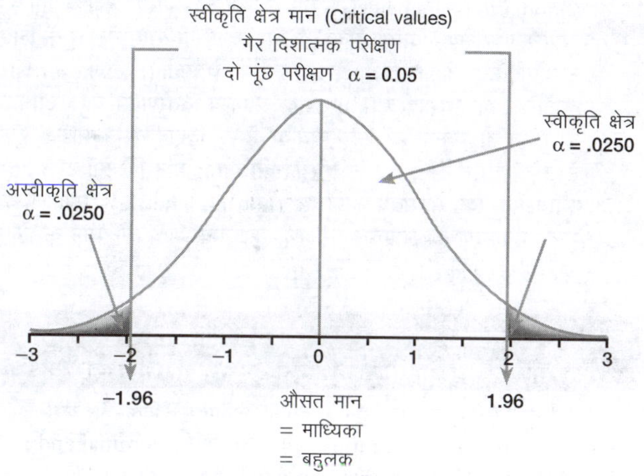

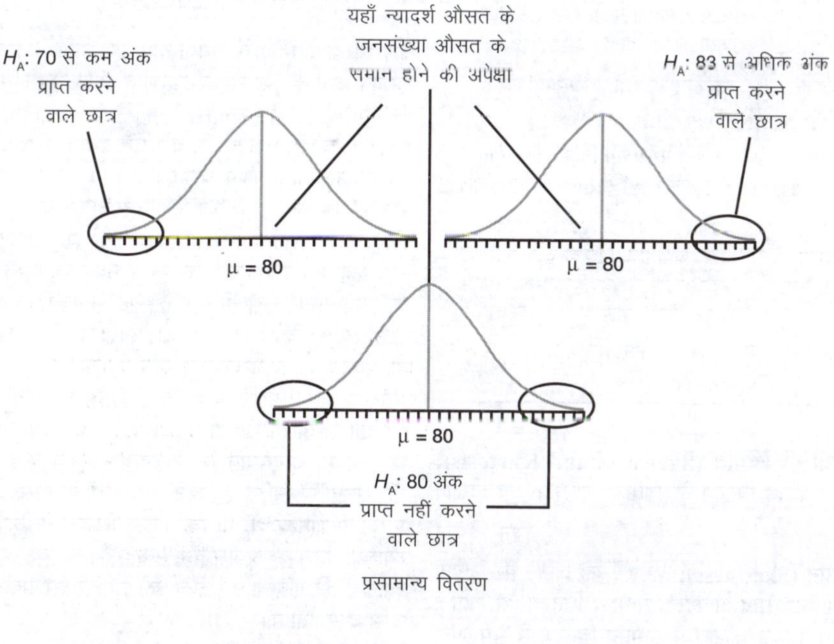

प्रसामान्य वितरण

प्राचल और अप्राचल सांख्यिकी परीक्षण (Parametric and Non-parametric Tests):

1. **प्राचल सांख्यिकी परीक्षण (Parametric Test):** एक प्राचल सांख्यिकीय परीक्षण वह है जो जनसंख्या मापदंडों के बारे में 'धारणा' करता है। उदाहरण के लिए, अंकगणितीय माध्य का मान 80 माना गया था। जनसंख्या के बारे में 80 का मान वास्तविक या कल्पित हो सकता है। उसी आधार पर प्रतिदर्श डेटा एकत्र किया जाता है। टी-टेस्ट, जेड-टेस्ट, एनोवा, और सहसंबंध गुणांक पैरामीट्रिक परीक्षणों के मुख्य उदाहरण हैं। जनसंख्या के बारे में मान लिया गया मान 'जनसंख्या पैरामीटर' कहलाता है। प्रतिदर्श से प्राप्त आंकड़े के मूल्य को जनसंख्या पैरामीटर के अनुमान के रूप में लिया जा सकता है। प्रतिदर्श के बारे में प्राप्त मूल्य को 'प्रतिदर्श आंकड़ा' कहा जा सकता है।
2. **अप्राचल सांख्यिकी परीक्षण (Non-parametric Tests):** एक अप्राचल सांख्यिकी वह परीक्षण है जो जनसंख्या पैरामीटर (population parameter) के बारे में ऐसी कोई धारणा नहीं बनाता है। अप्राचल परीक्षण 'वितरण-मुक्त' हैं और, जैसे, गैर-सामान्य चर के लिए उपयोग किया जा सकता है। ऐसे विषयों में, विषमता (skewness) और कुर्टोसिस या पृथुशीर्षत्व (kurtosis) सामान्य वितरण से बहुत अधिक विचलित हो सकता है। काई-स्क्वायर टेस्ट, विलकॉक्सन साईन्ड रैंक टेस्ट, फ्रीडमैन टेस्ट, गुडमैन क्रुस्का का गामा, मान-व्हिटनी टेस्ट और स्पीयरमैन रैंक सहसंबंध अप्राचल (non parametric) परीक्षणों के मुख्य उदाहरण हैं। अप्राचल परीक्षण, गुणात्मक शोध अध्ययन के लिए अधिक उपयुक्त हैं।

प्राचल सांख्यिकी परीक्षण (Parametric Test)	अप्राचल सांख्यिकी परीक्षण (Non Parametric Test)
यहां मुख्य रूप से अंतराल और अनुपात मापनी (interval and ratio scales) डेटा पर उपयोग किया जाता है।	इसका उपयोग सांकेतिक और क्रम-सूचक चर मापनी (nominal and ordinal scales) वाली स्थिति में किया जाता है, जबकि अंतराल और अनुपात मापनी में भी इसका उपयोग किया जा सकता है।
यहां दीर्घ न्यादर्शों की आवश्यकता होती है।	यहां लघु न्यादर्शों पर प्रयोग किया जाता है।
डेटा एक विशेष वितरण में होना चाहिए, ताकि डेटा को उस वितरण में परिवर्तित किया जा सके।	उन डेटा पर प्रयोग किया जा सकता है जो सामान्य रूप से वितरित नहीं होता।
इसके प्रयोग के लिए जनसंख्या से यादृच्छिक (random) रूप से न्यादर्श लिए जाने चाहिए।	इसका प्रयोग वहां किया जाना चाहिए, जहां न्यादर्श का चयन यादृच्छिक रूप से नहीं किया जाता।
यह अप्राचल सांख्यिकी परीक्षण से अधिक सशक्त है।	यह प्राचल सांख्यिकी परीक्षण से कम सशक्त है।

विषमता और कुर्टोसिस या पृथुशीर्षत्व (Skewness and Kurtosis): 'स्क्यूनेस' और 'कुर्टोसिस' एक ही वितरण के विभिन्न पहलुओं को दिखाते हैं।

1. **विषमता या तिरछापन (Skewness):** यह हमें यह जानने में सहायता करता है कि 'वितरण का समग्र आकार' 'सामान्य वितरण' से कितना विचलित (deviated) है, यह वास्तव में सामान्य वितरण से समरूपता की कमी है। विषमता तृतीय मानकीकृत केंद्रीय क्षण (third moment) है।

   सामान्य वितरण की विषमता शून्य है। (The skewness of normal distribution is zero). विषमता शब्द का अर्थ सामान्य वितरण से समरूपता की कमी है।

   यदि माध्य का मान बहुलक के मान से अधिक है, तो विषमता की प्रकृति धनात्मक होती है। यदि माध्य का मान बहुलक के मान से कम है, तो यह प्रकृति में ऋणात्मक होता है।

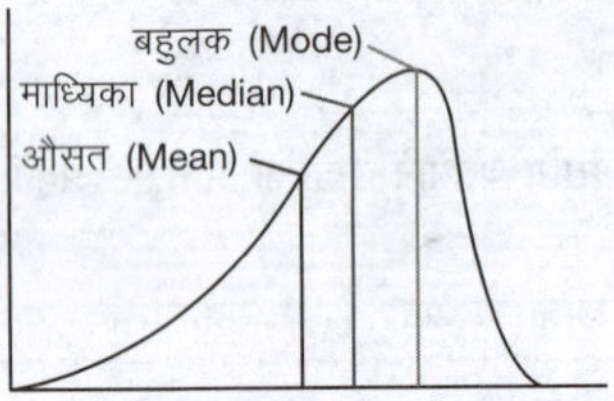

बाईं विषमता (नकारात्मक विषमता)

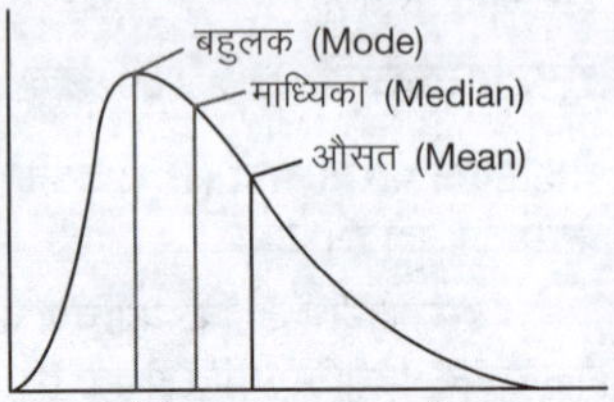

दाईं विषमता (धनात्मक विषमता)

2. **पृथुशीर्षत्व (Kurtosis):** जहां विषमता या तिरछापन समग्र आकार पर केंद्रित होता है, वहीं कुर्टोसिस पूंछ के आकार पर केंद्रित होता है। पृथुशीर्षत्व एक माप है कि सामान्य वितरण की पूंछ की तुलना में वितरण की पूंछ कितनी भिन्न आकार की होती है। पृथुशीर्षत्व या कुर्टोसिस चौथा मानकीकृत केंद्रीय क्षण है, इस प्रकार यह हमेशा सकारात्मक होता है। पृथुशीर्षत्व का मान 1 से $+\infty$ तक हो सकता है। एक सामान्य वितरण का पृथुशीर्षत्व 3 होता है।

पृथुशीर्षत्व में तीन स्थितियां होती हैं।

1. **प्लेटीकर्टिक (Platykurtic):** जब $K < 3$, इसे प्लेटीकर्टिक (कम 'शिखर' और कमजोर 'पूंछ') कहा जाता है।
2. **लेप्टोकर्टिक (Leptokurtic):** जब $K > 3$, यह लेप्टोकर्टिक (अधिक चोटी और भारी पूंछ) होता है।
3. **मेसोकर्टिक (Mesokurtic):** जब $k = 3$, इसे मेसोकर्टिक (ऊंचाई और चौड़ाई में मध्यम) कहा जाता है।

इस परिदृश्य में, हमें 'सामान्यीकरण' सुनिश्चित करने की आवश्यकता है। इसका अर्थ है कि बेहतर परिणाम प्राप्त करने के लिए सामान्य 'सममित' वितरण की आवश्यकता है। जैसा कि प्रश्न कथन में दिया गया है, स्वतंत्र (और आश्रित) चर हैं, एक चर के दूसरे पर प्रभाव को देखने के लिए इसे और अधिक मानकीकृत किया जाना चाहिए। भले ही यह नकारात्मक रूप से तिरछा हो या सकारात्मक रूप से तिरछा हो, विषमता दूर करने और सामान्यीकरण लाने के लिए कुछ गणितीय सूत्र और तकनीकों को अपनाया जाना चाहिए। हम यह नहीं कह सकते कि इस विषय में नकारात्मक विषमता सकारात्मक विषमता या इसके विपरीत से भी कम है। यह केवल दिशा का प्रश्न है। नकारात्मक या सकारात्मक विषम वितरण को 'सामान्य' में परिवर्तित करने की विधि भिन्न हो सकती है। सामान्यीकरण और व्याख्या यदि एक परिकल्पना का कई बार परीक्षण और समर्थन किया जाता है, तो शोधकर्ता के लिए सामान्यीकरण पर पहुंचना संभव हो सकता है, अर्थात, एक सिद्धांत का निर्माण। तथ्य की बात के रूप में, अनुसंधान का वास्तविक मूल्य कुछ सामान्यीकरणों पर पहुंचने की क्षमता में निहित है। यदि शोधकर्ता के पास आरम्भ करने के लिए कोई परिकल्पना नहीं थी, तो वह किसी सिद्धांत के आधार पर अपने निष्कर्षों की व्याख्या करने का प्रयास कर सकता है। इसे व्याख्या के रूप में जाना जाता है। व्याख्या की प्रक्रिया नए प्रश्नों को सक्रिय कर सकती है, जो आगे के शोध को जन्म दे सकती है।

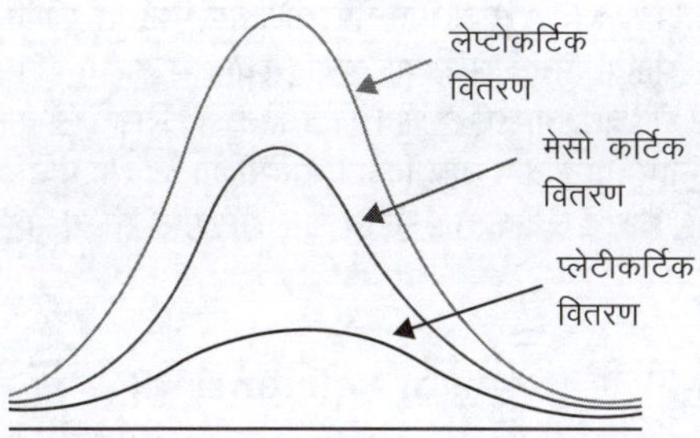

प्रतिदर्श या न्यादर्श त्रुटियां (Sampling Errors)

प्रतिदर्श त्रुटियां परिकल्पना के परीक्षण के समय उत्पन्न हो सकती हैं। ये दो प्रकार की हैं:

यहां हम पहले वाली चर्चा को फिर से संक्षिप्त रूप में दोहरा रहे हैं ताकि शोध त्रुटियों का बेहतर विचार मिल सके।

जैसा कि हम जानते हैं, एक सामान्य परिकल्पना परीक्षण के लिए, दो परिकल्पनाएं निम्न प्रकार से होती हैं:

1. **शून्य परिकल्पना (Null Hypothesis):** घटना का कोई प्रभाव नहीं है
2. **वैकल्पिक परिकल्पना (Alternative Hypothesis):** घटना का एक प्रभाव होता है।

न्यादर्श डेटा को शून्य परिकल्पना को अस्वीकार करने के लिए पर्याप्त साक्ष्य/प्रमाण/सबूत (evidence) प्रदान करना चाहिए जिसको हम सांख्यिकीय महत्वपूर्ण (statistically significant) कह सकते हैं।

हम यह भी जानते हैं कि यादृच्छिक नमूनों (random samples) के साथ काम करने से एक शोधकर्ता को अत्याधिक लाभ मिलता है, क्योंकि सामान्य तौर पर पूरी जनसंख्या (या समग्र) को मापना लगभग असंभव कार्य है, हम समय और धन की बचत करने के लिए न्यादर्श (नमूना) का उपयोग करते हैं। हम जिस न्यादर्श का उपयोग करते हैं, वे सामान्य तौर पर, जनसंख्या का एक लघु भाग (छोटा प्रतिशत) होते हैं। नतीजतन, इसलिए परिकल्पना परीक्षण में त्रुटियों की संभावना रहती है। इन त्रुटियों को टाइप I तथा टाइप II त्रुटि कहा जाता है। इससे संबंधित चित्र में चार बॉक्स हैं, जिनमें से दो हमें सही निष्कर्ष बताते हैं तथा दो त्रुटियां दर्शा रहे हैं। अब देखना यह है कि इन त्रुटियों का मापन कैसे किया जाये।

1. **टाइप I त्रुटि (α या एल्फा त्रुटि):** इसको मिथ्या सकारात्मक (False Positive) कहा जाता है। यह प्राथमिकता में पहले भी आता है। यह मुख्य रूप से 5% जोखिम-संभावना को इंगित करता है कि कोई 'वास्तविक अंतर' नहीं होने पर भी सामान्य वितरण ग्राफ में 'अंतर' को दर्शाया जा रहा है। एल्फा वैसे तो 1, 5 या 10 प्रतिशत भी हो सकती है। उदाहरण के लिए, 5 प्रतिशत होने का अर्थ यह है कि सामान्य वितरण में दोनों ओर 2.5 % आ रहा है। यदि p का मान 5% है तो एल्फा त्रुटि की 5% या इससे भी कम मात्रा पर होने की संभावना है। एल्फा त्रुटि को p के लिए कम मान का उपयोग करके कम किया जा सकता है।
2. **टाइप II त्रुटि (β या बीटा त्रुटि):** इसको मिथ्या नकारात्मक (False Negative) कहा जाता है। परिकल्पना के किसी भी परीक्षण में टाइप **II** त्रुटि की संभावना है। यह गलत रूप से शून्य परिकल्पना को निरस्त या अस्वीकार करने में विफल रहता है, अर्थात जो ज्ञान वास्तव में असत्य या अस्वीकृत होता है, उसको स्वीकृत क्षेत्र में दर्शाना। यदि अल्फा त्रुटि 1, 5 या 10 प्रतिशत है, तो बीटा त्रुटि 99, 95 या 90 प्रतिशत तक हो सकती है।

एल्फा और बीटा त्रुटियों में अंतर: अधिकतर शोधकर्ता यह मान कर चलते हैं कि एल्फा त्रुटियां निकृष्टतर (worse) होती हैं, इसकी हमें अधिक जानकारी भी रहती है। एल्फा त्रुटि मुख्य रूप से न्यादर्श त्रुटि होती है।

बीटा त्रुटियों के कई संभावित कारण हैं, जैसे कि

1. प्रभाव का आकार छोटा होना
2. न्यादर्श का आकार छोटा होना
3. उच्च डेटा में परिवर्तनशीलता

हम सामान्य वितरण ग्राफ देखें, तो पता चलता है कि इन दो प्रकार की त्रुटियों से निपटने की स्थिति की संभावना व्युत्क्रमानुपाती (inversely proportional) होती है - अगर हम एल्फा की दर को कम करना चाहते हैं, तो बीटा की दर बढ़ जाती है, स्थिति इसके विपरीत (vice versa) भी होती है।

सामान्य वितरण ग्राफ में 'अंतर' को दर्शाया जा रहा है।

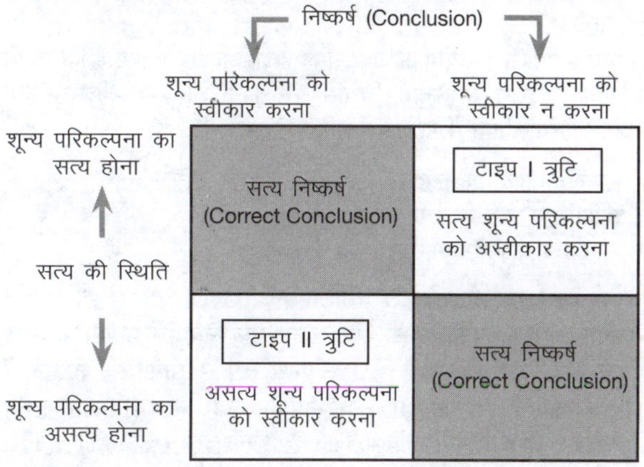

त्रुटियों को निम्नलिखित प्रकारों से भी वर्गीकृत किया जा सकता है।

1. **प्रतिदर्श त्रुटियां (Sampling Errors):** प्रतिदर्श लेने की क्रिया के कारण हुई त्रुटियां। यह प्रतिदर्श की व्याख्या को गलत तरीके से करता है।
2. **यादृच्छिक प्रतिदर्श त्रुटियां (Random Sampling Errors):** ये त्रुटियां 'यादृच्छिक प्रतिदर्श' के चयन में 'संभावना कारक' के कारण होती हैं। यादृच्छिक प्रतिदर्श मूल रूप से प्रतिदर्शों में निष्पक्षता सुनिश्चित करने के लिए किया जाता है।
3. **गैर-प्रतिदर्श त्रुटियां (non-sampling errors):** ये त्रुटियां जनसंख्या से एक प्रतिदर्श चयन के कार्य से संबंधित नहीं हैं। ये जनगणना में उपस्थित हो सकते हैं।

प्रतिदर्श का आकार (Sample Size):

1. **लघु प्रतिदर्श परीक्षण (Small Sample Test):** यदि प्रतिदर्श आकार 30 से कम है, तो इसे लघु प्रतिदर्श परीक्षण कहा जाता है। सबसे अच्छा उदाहरण 'स्टूडेंट टी-टेस्ट' है।
2. **दीर्घ प्रतिदर्श परीक्षण (Large Sample Test):** यदि प्रतिदर्श आकार 30 से अधिक है, तो इसे दीर्घ प्रतिदर्श परीक्षण कहा जाता है। सबसे अच्छा उदाहरण 'जेड-टेस्ट' है। इन दोनों परीक्षणों के मध्य मूल अंतर सूत्रों में परिवर्तन का है।

स्टॉपओवर

किसी शोध परियोजना में उचित प्राचलिक परीक्षा का उपयोग करते हुए शोधकर्ता को निराकरणीय परिकल्पना को निरस्त करने के साक्ष्य प्राप्त हो जाते हैं। ऐसा करने से किस प्रकार की त्रुटि होने की संभावना होती है? **[2020]**

(a) एल्फा त्रुटि
(b) बीटा त्रुटि

(c) दोनों एल्फा और बीटा त्रुटि

(d) न तो एल्फा और न बीटा त्रुटि

इस प्रश्न का सही उत्तर (a) है।

स्वरूपण शैलियां (Formatting Styles)

अनुसंधान करते समय, उन सभी पुस्तकों, पत्रिकाओं और वेबसाइटों की एक सूची बनाएं जिनका प्रयोग किया गया हो। बाद में, स्रोतों की यह सूची आपकी ग्रंथसूची (bibliography) बन जाएगी। शोध या पेपर में ग्रंथसूची को दर्शाने के लिए मुख्य रूप से दो शैलियां प्रयोग में लायी जाती हैं, जिनका वर्णन नीचे किया हुआ है।

एक संदर्भ शैली नियमों का एक समूह है जो आपको बताता है कि किसी विशेष तरीके से दूसरों के विचारों, विचारों और कार्यों को कैसे स्वीकार किया जाए। संदर्भ निम्नलिखित में महत्वपूर्ण भूमिका निभाता है:

1. सफल अकादमिक लेखन।
2. साहित्यिक चोरी से बचना।
3. आपके असाइनमेंट और शोध की कुंजी।

अमेरिकन साइकोलॉजिकल एसोसिएशन (APA) और मॉडर्न लैंग्वेज एसोसिएशन (MLA) पत्रों, रिपोर्टों और अकादमिक निबंधों में प्रयोग की जाने वाली मुख्य स्वरूपण शैलियां हैं। APA मुख्य रूप से सामाजिक विज्ञान में प्रयोग किया जाता है, जबकि MLA का उपयोग उदार कला (liberal arts) और मानविकी संबंधी विषयों में किया जाता है। इनके द्वारा स्थापित दिशानिर्देश सामग्री, शैली और संदर्भों के लिए समग्र स्वरूपण प्रदान करते हैं। हालांकि, इनमें कई समानताएं हैं, वहीं कई अंतर भी हैं।

APA और MLA दोनों में ही निम्नलिखित मूलभूत जानकारियां सम्मिलित होती हैं, इनको लिखने का ढंग मुख्यत: निम्न संदर्भों में भिन्न - भिन्न होता है:

1. लेखक का नाम
2. पुस्तक/लेख का शीर्षक
3. जर्नल शीर्षक
4. प्रकाशन का वर्ष
5. प्रकाशक
6. प्रकाशन का स्थान
7. पृष्ठ संख्या

पेपर स्वरूपण (Paper Formatting)

MLA और APA दोनों ही डबल-स्पेस पेज, सुपाठ्य 12-बिन्दु फॉन्ट और चारों ओर से एक इंच हाशिए का पालन करते हैं। APA में सेट किए गए पेपर में चार भाग होते हैं: शीर्षक, पृष्ठ सार, मुख्य काया और संदर्भ। सार 150 से 250 शब्द का होता है, इसमें शोध विषय, अनुसंधान प्रश्न, विधियां, विश्लेषण और निष्कर्ष आदि का प्रमुख बिन्दुओं के रूप में सारांश होता है। सार एक एकल, डबल-स्पेस पैराग्राफ है। MLA के अनुसार स्वरूपित पेपर में अलग शीर्षक पृष्ठ या सार नहीं होता है, इसके दो प्रमुख भाग हैं: पेपर की काया और उद्धरण सूचकांक।

शीर्षक पृष्ठ (Title Page)

APA शैली के अंतर्गत स्वरूपित किए गए पेपर में शीर्षक पृष्ठ सहित प्रत्येक पृष्ठ के शीर्ष पर पृष्ठ शीर्ष लेख का उपयोग किया जाता है। पेज नंबर बिल्कुल दाएं पर रहता है और पेपर का शीर्षक बिल्कुल बाएं पर होता है। शीर्षक पृष्ठ में शीर्षक, लेखक का नाम और संस्थागत संबद्धता सम्मिलित है।

दूसरी ओर, MLA स्वरूपित पेपर में प्रथम पृष्ठ पर शीर्षक सम्मिलित होता है, यहां शीर्षक निबंध से केवल डबल स्थान से अलग होता है। MLA में पहले पृष्ठ के बाईं ओर एक शीर्ष लेख होता है, जिसमें लेखक का नाम, प्रशिक्षक का नाम, पाठ्यक्रम और दिनांक सम्मिलित है। शेष पृष्ठों में बाईं ओर शीर्षक होता है जिसमें लेखक का अंतिम नाम और पृष्ठ संख्या सम्मिलित होती है।

सन्दर्भ की शैली (Style of Referencing)

MLA लेखक-पृष्ठ (Author-page) प्रारूप का अनुसरण करते हैं और APA लेखक-तिथि (Author-date) स्वरूप का अनुसरण करते हैं। APA शैली में उद्धृत पाठ के बाद लेखक का अंतिम नाम और प्रकाशन का वर्ष कोष्ठक में दिया होता है। MLA स्वरूपित पेपर में टेक्स्ट के बाद कोष्ठक में लेखक का अंतिम नाम और पृष्ठ संख्या दिया होता है।

MLA: लेखक का नाम. शीर्षक. प्रकाशन का स्थान: प्रकाशक, वर्ष (ध्यान दें कि वर्ष अंतिम मद है)। यूनिवर्सिटी प्रेस का संक्षेप UP दिया जा सकता है।

उदाहरण 1: Smith, John. Deconstructing Colonialism: the discourse of the Empire, 1837–1898. Bloomington, IL: Illinois Wesleyan UP, 1998.

उदाहरण 2: Rosenberg, Arthur. 'Is there a text in this universe?' Studies in Teaching College Astrology, 12 (1997): 221–242.

APA: लेखक का नाम. कोष्ठकों में प्रकाशन का वर्ष. शीर्षक. प्रकाशन का स्थान: प्रकाशक विश्वविद्यालय प्रेस को संक्षिप्त रूप में नहीं लिखा जाता है। लटकदार लिखावट (Hanging indent)।

याद रखें कि एक ही लेखक द्वारा एक ही वर्ष में प्रकाशित कार्यों को वर्ष a, b वर्ष के रूप में लिखा जाता है और वर्णानुक्रम में रखा जाता है। लेखक का पहला नाम संक्षिप्त होता है।

उदाहरण 1: Smith, J. (1998). Deconstructing Colonialism: the discourse of the Empire, 1837–1898. Bloomington, IL: Illinois Wesleyan University Press.

उदाहरण 2: Rosenberg, A. (1997). Is there a text in this universe? Studies in Teaching College Astrology, 12, 221–242.

MLA का उपयोग लेखक-पेज तथा APA का उपयोग लेखक-तिथि के लिए किया जाता है।

साथ ही MLA का उपयोग साहित्य के लिए किया जाता है तथा APA का उपयोग समाज शास्त्र जैसे विषयों के लिए किया जाता है।

APA में 'रेफरेन्सेस' शब्द का उपयोग किया जाता है तथा MLA में 'वर्क्स सीटेड' का उपयोग किया जाता है।

APA Style और MLA Style के मध्य अंतर नीचे दिए गए हैं।

एपीए शैली (APA Style)	एमएलए शैली (MLA Style)
सामाजिक विज्ञान में प्रयुक्त	मानविकी में प्रयुक्त
शीर्षक इटालियन भाषा में लिखा जाता है - केवल आवश्यक शब्दों को ही बड़े अक्षरों में रखा गया है।	शीर्षक को रेखांकित किया जाता है, सभी प्रमुख शब्द बड़े अक्षरों में हैं।
स्रोत पृष्ठ का शीर्षक 'संदर्भ' या संदर्भ लिंक है।	स्रोत पृष्ठ का शीर्षक है 'उद्धत कार्य' यहां, केवल लेखक के अंतिम नाम का प्रयोग किया जाता है। यहां, यह पूरा नाम है।

लेखक का नाम और प्रकाशन का वर्ष 'इन-टेक्स्ट' उद्धरणों के लिए प्रयोग किया जाता है। यहां, यह लेखक का नाम और पृष्ठ संख्या है।	यहां, यह लेखक का नाम और पृष्ठ संख्या है।
अल्पविराम (Commas) का प्रयोग 'इन-टेक्स्ट' उद्धरणों के लिए किया जाता है।	अल्पविराम का प्रयोग नहीं किया जाता है।

अन्य शैलियों का वर्णन इस प्रकार है।

संक्षिप्त नाम (Abbreviation)	पूरा नाम (Full Name)
ACS	American Chemical Style
AGLC	Australian Guide to Legal Citation
AMA	American Medical Association
AMJ	Academy of Management Style
CMS	Chicago Manual of Style
CSE/CBE	Council of Science Editors / Council of Biology Editors
IEEE	Institute of Electrical and Electronics Engineers

शिकागो/तुराबियन शैली (Chicago/Turabian style)

यह शैली सामान्यतौर पर व्यापार, इतिहास और ललित कला के लिए उपयोग की जाती है। भारतीय राष्ट्रीय ग्रंथ सूची की स्थापना पुस्तक और समाचार पत्र डिलीवरी अधिनियम 1954 के तहत सार्वजनिक पुस्तकालय (कोलकाता) द्वारा की गयी थी।

इसके अंतर्गत मुख्य प्रविष्टियाँ रोमन लिपि में हैं । वर्गीकृत भाग वर्गीकरण की डेवी दशमलव योजना का अनुसरण करता है। कोलन वर्गीकरण योजना से रांख्याएं नीचे दाईं ओर प्रत्येक प्रविष्टि में आबंटित की जाती हैं ताकि ग्रंथ सूची और वर्गीकरण की कोलन योजनाओं के अनुसार व्यवस्थित पुस्तकालयों के उपयोग को सुविधाजनक बनाया जा सके। भारतीय राष्ट्रीय ग्रंथ सूची और केंद्रीय संदर्भ पुस्तकालय संस्कृति मंत्रालय की देखरेख में आते हैं।

पाद टिप्पणी और संदर्भ लेखन के संदर्भ में प्रयुक्त मुख्य शब्द (Main Terms Used in Context of Footnotes and Reference Writing)

1. **Ibid.** यह लैटिन शब्द इबिडेम का संक्षिप्त रूप है, जिसका अर्थ है - 'वही है'। यह एक ही लेखक और स्रोत (उदाहरण: पुस्तक और पत्रिका) को तुरंत पूर्ववर्ती संदर्भ में संदर्भित करता है।
2. **op. cit.** यह लैटिन शब्द का संक्षिप्त रूप है, ओपस सिटाटम, जिसका अर्थ है 'उद्धत कार्य'। यह उसी लेखक द्वारा पहले सूचीबद्ध संदर्भ को संदर्भित करता है।
3. **Loc. cit.** यह लैटिन मूल के लोको सिटाटो का संक्षिप्त रूप है, जिसका अर्थ है 'उद्धत स्थान में'। यह एक फुटनोट या एंडनोट शब्द है जिसका उपयोग किसी दिए गए कार्य के शीर्षक और पृष्ठ संख्या को दोहराने के लिए किया जाता है।
4. **et. al.** यह 'और अन्य' को संदर्भित करता है, इसका उपयोग कई लोगों को संदर्भित करने के लिए किया जाता है।

शोध-निबंध एवं शोध प्रबंध (Dissertation and Thesis)

एक शोध प्रबंध में किसी निष्कर्ष पर प्रभावी ढंग से पहुंचने के लिए नई खोजों का अच्छा ज्ञान होना चाहिए। एक थीसिस में, किसी मूल शोध कार्य के साथ परिकल्पना की पुष्टि करनी होती है। परिकल्पना या 'सारांश' में शोध के विषय पर किए गए नए निष्कर्षों का सार होना चाहिए। लिखित थीसिस में उस विषय पर किए गए मूल शोध कार्य के सभी विवरण होने चाहिए। प्रयास की मौलिकता निर्धारित करने के लिए किसी भी साहित्यिक चोरी के लिए एक थीसिस की जांच की जा सकती है। दोनों के मध्य एक और सीमित अंतर यह है कि, एक थीसिस में, वर्तमान साहित्य का विश्लेषण जोड़ा जाता है, जबकि एक शोध प्रबंध अपने आप में वर्तमान साहित्य का विश्लेषण होता है।

शोध निबंध और एक थीसिस के मध्य अंतर नीचे दिए गए हैं।

शोध निबंध (Dissertion)	थीसिस (Thesis)
शोध निबंध तैयार करने के लिए एक शोधकर्ता को पहले से एकत्रित जानकारी का उपयोग करना पड़ता है।	जबकि थीसिस पूर्ण रूप से शोधकर्ता द्वारा किए गए शोध पर आधारित होती है।
शोध निबंध छोटा होता है। इसे पूरा करने में बहुत अधिक समय नहीं लगता है।	एक थीसिस लंबी होती है और इसे पूर्ण करने में अधिक समय लगता है।
'क्या है' प्रश्न का उत्तर देने वाले अध्ययन समूह की विशेषताओं का वर्णन करता है।	एक थीसिस में, शोधकर्ता को नई खोजों का एक अच्छा ज्ञान होना चाहिए।

अनुसंधान आचार-नीति (Research Ethics)

अनुसंधान आचार-नीति के लिए मुख्य दृष्टिकोण:

1. **आचार-विषयक दृष्टिकोण (Deontological Approach):** इस दृष्टिकोण के अनुसार, अनुसंधान में नैतिकता को सुनिश्चित करने के लिए सार्वभौमिक कोड होना चाहिए। यह एक प्रकार से परम सिद्धांत (absolute principles) है जिनको चुनौती नहीं दी जा सकती है।
2. **नैतिक संदेहवाद दृष्टिकोण (Ethical Scepticism Approach):** इस दृष्टिकोण के अनुसार, अनुसंधान में नैतिकता को सुनिश्चित करने के लिए सार्वभौमिक कोड नहीं हो सकते। नैतिक मापदण्ड देश या काल के आधार पर परिवर्तनीय है अर्थात् यह सापेक्ष (relative) है।
3. **उपयोगितावाद दृष्टिकोण (Utilitarianism Approach):** शोध में नैतिकता के बारे में निर्णय उससे होने वाले लाभ और उस पर होने वाले व्यय की तुलना करने के बाद ही लिया जाना चाहिए। यदि शोध अध्ययन से उत्पन्न होने वाले अपेक्षित लाभ अपेक्षित जोखिम से अधिक है, तो ऐसा शोध नैतिक माना जाना चाहिए।

अनुसंधान में हितधारक (Stakeholders in Research)

अनुसंधान में कई हितधारक होते हैं जिनका नैतिकता से प्रत्यक्ष संबंध है और ये किसी भी प्रकार की अनैतिक गतिविधि से प्रभावित हो सकते हैं। मुखी हितधारक प्रतिभागी हैं, (या न्यादर्श) है, जिनसे आंकड़ें प्राप्त करने होते हैं। दूसरा हितधारक शोधकर्ता को माना जा सकता है। इसके अतिरिक्त निधीयन एजेंसी और वृहतर समाज भी इसके हितधारक हैं।

प्रतिभागियों से संबंधित नैतिक मुद्दे (Ethical Issues Relating to Participants)

1. **जानकारी एकत्रित करना:** शोधकर्ता सबसे पहले शोध से संबंधित जानकारी प्राप्त करता है। अनुसंधान के बिना, समाज में कोई भी बौद्धिक प्रगति या विकास नहीं होता है। इसलिए शोधकर्ता को आगामी चर्चा में विभिन्न बातों पर विचार करके वर्तमान परिस्थितियों में सुधार करने की आवश्यकता होती है।
2. **प्रतिभागियों की सहमति प्राप्त करने का प्रयास करना:** सहमति किसी व्यक्ति की अध्ययन में भाग लेने की इच्छा को दर्शाती है। जिन व्यक्तियों को सूचित सहमति प्राप्त होती है, उनको अनुसंधान के अभिकल्प और प्रक्रियाओं के बारे में पर्याप्त जानकारी दी जाती है ताकि वे तर्कशील निर्णय ले सकें।
3. **प्रोत्साहन राशि प्रदान करना:** अधिकांश लोग प्रोत्साहन राशि के कारण शोध-अध्ययन में भाग नहीं लेते हैं बल्कि वे अध्ययन के महत्त्व से प्रेरित होते हैं।
4. **संवेदनशील जानकारी प्राप्त करना:** कुछ लोग जानकारी को संवेदनशील एवं गोपनीय मानते हैं। उनकी आय, आयु, वैवाहिक स्थिति आदि के बारे में पूछना उनके निजी जीवन में हस्तक्षेप के रूप में देखा जा सकता है। हालांकि, यदि प्रतिभागियों को शोध से पहले ही पर्याप्त समय देकर सभी वस्तुओं के बारे में स्पष्टत: बता दिया जाए तो यह जानकारी अनैतिक नहीं समझी जाएगी।
5. **प्रतिभागियों को हानि पहुंचने की सम्भावना:** जब हम प्रतिवादी (respondent) से प्रदत्त (data) एकत्रित करते हैं या प्रयोगों में किसी विषय को सम्मिलित करते हैं, तो हमें सावधानीपूर्वक यह जांच लेना चाहिए कि उनकी भागीदारी से उन्हें किसी प्रकार के नुकसान की सम्भावना तो नहीं है।
6. **गोपनीयता बनाए रखना:** अनुसंधान में एक प्रतिवादी की जानकारी को दूसरे प्रतिवादी से साझा करना अनैतिक है और प्रतिवादी द्वारा दी गई जानकारी को गोपनीय रखा जाना चाहिए।

शोधकर्ता से संबंधित नैतिक मुद्दे (Ethical Issue Relating to the Researcher)

1. **पूर्वाग्रह से बचना (Avoiding Bias):** अनुसंधान प्रक्रिया में वस्तुनिष्ठता (objectivity) का अर्थ है—पूर्वाग्रह से बचना। यह अनैतिक माना जाता है। पूर्वाग्रह तथ्यों को जानबूझ कर छुपाने का प्रयत्न है।
2. **उपचार का प्रावधान या अभाव:** यह चिकित्सा-संबंधी शोध विषयों में विशेष रूप से सत्य है।
3. **अनुचित शोध पद्धति का प्रयोग:** अनुसंधान में अधिक पक्षपातपूर्ण नमूना, विधि या प्रक्रिया का जानबूझकर उपयोग करना अनैतिक है।
4. **गलत रिपोर्टिंग:** यह शोधकर्ता के हितों को ध्यान में रख कर किया जाता है।
5. **जानकारी का अनुचित उपयोग:** कई बार संगठन में जानकारी का अनुचित उपयोग व्यक्तियों को नुकसान पहुंचाने के लिए किया जाता है।

अनुसंधान को अधिक नैतिक बनाने के लिए महत्त्वपूर्ण उपाय (Important Measures to Make Research More Ethical)

1. **सूचित सहमति (Informed Consent):** जिन व्यक्तियों की सूचित सहमति प्राप्त होती है वे अनुसंधान में स्वैच्छिक रूप से भागीदार होते हैं और वे किसी भी समय शोध-अध्ययन से निकल सकते हैं।
2. **रक्षात्मक अनुसंधान अभिकल्प (Protective Research Design):** इसके अंतर्गत हानिकारक प्रभावों के घटने, उनकी गम्भीरता आदि को सम्मिलित किया जाता है।
3. **स्क्रीनिंग (Screening):** इसमें शोध-अध्ययन के लिए उन व्यक्तियों का चयन करने का प्रयास किया जाता है जो संभावित जोखिम के लिए उच्च सहिष्णुता (tolerance) दिखाते हैं।
4. **पायलट अध्ययन (Pilot Study):** पायलट अध्ययन से अनुसंधान के दौरान प्रदत्तों को एकत्रित करते समय होने वाली संभावित हानियों के बारे में अधिक स्पष्टता मिलती है, उनका आकलन किया जा सकता है और उनसे बचने के प्रभावी उपाय किए जा सकते हैं।
5. **बाह्य प्रस्ताव की समीक्षा (Outside Proposal Review):** दूसरों के द्वारा अनुसंधान प्रस्तावों की समीक्षा करना जोखिम को कम करने में सहायक पूर्वावधान है।
6. **संव्यावसायिक कूट (Professional Codes):** संव्यावसायिक कूट की दो विशेषताएं विचार-विमर्श के लिए महत्त्वपूर्ण हैं:
   - (a) संव्यावसायिक कूटों को पेशेवरों के विस्तृत शोध अनुभवों द्वारा आगमन रीति से विकसित किया गया है।
   - (b) यह कूट शोधकर्ताओं को उनके शोध के उत्तरदायित्व पर अधिक जोर देते हैं।
7. **सरकार के नियम (Government Regulations):** सरकार के नियमों जैसे राज्य और केंद्रीय कानूनों का निर्माण समाज एवं उसके व्यक्तियों की रक्षा या हितों को ध्यान में रख कर किया जाता है। इसी प्रकार शोधकर्ताओं को भी निश्चित पूर्वावधान (precaution) का ध्यान रखने की आवश्यकता है।

शोधगंगा और शोधगंगोत्री: ये दोनों INFLIBNET (जिसका वर्णन आठवें अध्याय में किया गया है) द्वारा स्थापित डिजिटल रिपॉजिटरी है। अब शोधकर्ताओं को अपना शोध कॉम्पैक्ट डिस्क (सीडी) में स्टोर कर, इन पर भी अपलोड करना होगा। इससे भावी या वर्तमान शोधकर्ताओं को शोध के लिए स्रोत मिल सकते हैं एवं शोधचोरी (plagiarism) की समस्या पर भी नियंत्रण किया जा सकता है।

भारत सरकार ने वर्ष 2018 में विश्वविद्यालयों को शोधचोरी रोकने के लिये तुरनीतिन (Turnitin) सॉफ्टवेयर का प्रयोग करने की अनुमति दी है।

स्टॉपओवर

सूची-I में शोध में प्रयुक्त प्रतिचयन तकनीक दी गयी है जबकि सूची-II में उनकी व्याख्या दी गयी है। सूची-I को सूची-II के साथ सुमेलित करें:

[2020]

सूची-I (प्रतिचयन तकनीक)	सूची-II (व्याख्या)
A. सामान्य यादृच्छिक प्रतिचयन	I. प्रतिदर्श संरचना आरेखण से पूर्व अभिज्ञापित विभिन्न विशिष्ट लक्षणों के अनुसार यूनिटों को अभिज्ञापित किया जाता है।
B. व्यवस्थित प्रतिचयन	II. प्रत्येक यूनिट को चयनित करने के लिए समान और स्वतंत्र अवसर दिया जाता है।
C. विमात्मक प्रतिचयन	III. K- अंतराल N/n से प्राप्त किया जाता है और इसका उपयोग कर यूनिटों को निकाला जाता है, जहां N समिष्ट आकार (साइज) और n प्रतिदर्श आकार है।
D. स्नोबॉल प्रतिचयन	IV. प्रथम सदस्य यूनिट द्वितीय यूनिट को अभिज्ञापित करने के लिए प्रयोग की जाती है। यह अनवरत चलता रहता है।

निम्नलिखित में से सही उत्तर का चयन करें:
1. A – I, B – IV, C – II, D – II
2. A – II, B – III, C – I, D – IV
3. A – IV, B – II, C – III, D – I
4. A – III, B – I, C – IV, D – II
इस प्रश्न का सही उत्तर (2) है।

पेपर-प्रस्तुति, आलेख, कार्यशाला, सेमिनार, सम्मेलन और संगोष्ठी

पेपर-प्रस्तुति (Paper Presentation)

पत्र को एक निबंध या सेमिनार में शोध-निबंध और पत्रिका में प्रकाशित निबंध के रूप में परिभाषित किया जाता है। यह शोध-प्रयास या बौद्धिक अभ्यास का एक परिणाम है। अनुसंधान में शोध-पत्र के लिए साहित्य सर्वेक्षण, प्रदत्त संग्रह आदि आवश्यक होते हैं। यह आमतौर पर पत्रिका की संपादकीय नीति का अनुसरण करते हैं। वैचारिक-पत्र प्रदत्तों पर आधारित नहीं होते। यह शोध के तथ्यों को तार्किक कर्म और स्पष्ट शैली में प्रस्तुत करता है। यह विश्लेषणात्मक या तार्किक हो सकता है।

आलेख लेखन (Article Writing)

एक आलेख संभावित रूप से आपके शोध को प्रसारित करने और एक प्रकाशन रिकॉर्ड स्थापित करने के लिए सबसे कुशल साधन है; इसको शोध की समालोचना के रूप में भी लिखा जा सकता है। शैक्षणिक जीवन के क्षेत्र जैसे कि रोजगार प्राप्त करना और अनुसंधान अनुदान जीतना भी एक अच्छे प्रकाशन रिकॉर्ड पर निर्भर करता है। आलेख मुख्य तौर पर प्रकृति में जानकारीपूर्ण होते हैं, जो कि शोध विषय को सामान्य रूप से संबोधित करते हैं, जिसमें एक समस्या या प्रश्न, शोध विधि, डेटा, निष्कर्ष, तुलना आदि शामिल रहते हैं। शोध लेख विशेष रूप से एक सहकर्मी की समीक्षा में पाया जाता है।

वैज्ञानिक या चिकित्सा पत्रिका, जैसे कि जर्नल ऑफ चिकित्सा अनुसंधान आदि में प्रकशित होता है।

आलेख चार प्रकार के हो सकते हैं-

1. अर्थप्रकाशक **(Expository)**
2. वर्णात्मक **(Descriptive)**
3. प्रेरक **(Persuasive):** प्रेरक लेखन अन्य लोगों को अपने दृष्टिकोण के आसपास लाने का प्रयास करता है।
4. कथा **(Narrative):** इसमें चरित्र और संवाद होंगे।

आलेख को लिखे जाने के निम्न चरण हो सकते हैं-

1. **परिचय:** यहां, विचारों की मौलिकता, विचारों का महत्व, लेखन की गुणवत्ता सबसे महत्वपूर्ण मानदंड हैं।
2. **अमूर्त बनाना (writing abstraction):** यह एक 200-300 शब्द का दस्तावेज या लेख्य पत्र है जो लेख का संक्षिप्त सारांश या विवरण प्रदान करता है – पृष्ठभूमि, तरीके, परिणाम और निष्कर्ष, लेकिन यह सब विषय पर भी निर्भर करता है। एक प्रकाशित पेपर के भाग के रूप में एक सार भी आवश्यक है – इसका उद्देश्य रुचि को आकर्षित करना और संभावित पाठकों को प्रेरित करना है।
3. **लेख लिखना:** इसमें मुख्य रूप से परिचय, विधि, परिणाम, चर्चा और निष्कर्ष सम्मिलित हैं।
4. **फ्री-राइटिंग और जेनेरिक राइटिंग:** फ्री-राइटिंग का उद्देश्य आपको लिखना शुरू करने के लिए और यह सुनिश्चित करने के लिए प्रेरित करना है कि आप लिखना जारी रखें। यह याद रखना महत्वपूर्ण है कि एकमात्र व्यक्ति जो आपके इस लेखन को पढ़ेगा, वह आप ही हैं। इस चरण में वर्तनी की गलतियां, अशुद्ध व्याकरण और अशुद्ध लिंकिंग समस्याएं नहीं हैं।
5. **महिमा साझा करना:** इसमें मूल रूप से अधिक गहन उत्पाद बनाने के लिए विचारों की पूलिंग सम्मिलित है, प्रूफरीडर्स तक पहुंच और तेज वितरण इसकी विशेषता है।
6. **पाठ को परिष्कृत करना:** प्रकाशन से पहले, आपके लेख की समीक्षा अन्य शैक्षणिक विशेषज्ञों द्वारा की जाएगी। वे न्याय करेंगे कि आपका लेख प्रकाशन के योग्य है या नहीं।
7. **सबमिशन:** एक बार जब आप एक लेख प्रस्तुत करने के लिए तैयार हो जाते हैं और एक पत्रिका का चयन कर लेते हैं, तो सबमिट करने की प्रक्रिया उतनी ही सरल होती है, जितना कि पत्रिका के लिए संपर्क विवरण खोजने और उनके 'दिशानिर्देश' का पालन करने की प्रक्रिया। कृपया अपने लेख को विभिन्न पत्रिकाओं में भेजने के प्रलोभन के आगे न झुकें।

संगोष्ठी (Symposium)

यह सामान्य तौर पर एक औपचारिक सभा है, जिसमें विशेषज्ञ किसी संबंधित विषय को लघु रूप में संबोधित करते हैं और बाद में उन विषयों से संबंधित प्रश्नों के उत्तर देते हैं। यह विशेष रूप से प्रतिभागियों को दर्शक या श्रोताओं के रूप में संबोधित करता है, इसमें प्रस्तुतियां भी तैयार की जाती हैं। संगोष्ठी को एक पत्रिका के रूप में, किसी विशेष विषय पर लेखन से भी परिभाषित किया गया है।

संवर्धन (Colloquium)

यह विशेष रूप से एक शैक्षिक सभा होती है जिसमें विशेषज्ञ संबंधित विषयों को सम्बोधित करते हैं और फिर उन विषयों से संबंधित प्रश्नों का उत्तर देते हैं। संवर्धन अच्छी तरह से शिक्षित लोगों के लिए लक्षित होता है ना कि विशिष्ट दर्शकों के लिए।

सम्मेलन (Conference)

सम्मलेन कई लोगों की एक सभा होती है जिसमें लोग किसी विषय के बारे में विचार-विमर्श करते हैं। इसमें सभी सहभागी अपनी-अपनी प्रस्तुतियां भी देते हैं। सहभागी व्यवसायिक प्रवृत्तियों और घटनाक्रम के बारे में जानकारी प्राप्त करने की अपेक्षा रखते हैं। यह एक शैक्षिक सम्मेलन, व्यवसायिक सम्मेलन अभिभावक-शिक्षक सम्मेलन या शांति सम्मेलन हो सकता है।

सेमिनार (Seminar)

सेमिनार किसी विश्वविद्यालय में किसी विषय के विशेषज्ञों की लघु कक्षा की तरह होता है, इसे हम कुछ घण्टे के नियत समय का अनुशीलन सत्र भी कह सकते हैं। ये साप्ताहिक या मासिक आवर्ती (recurring) का भी हो सकता है और हर बार हम संबंधित विषयों या उप विषयों के भिन्न - भिन्न विशेषज्ञों को बुला सकते हैं। इसमें लक्षित श्रोता भी विषय से संबंधित होते हैं और वे इसमें सक्रिय भागीदारी भी करते हैं। सेमिनार या संवर्धन मुख्यत: अकादमिक परिवेश में होते हैं।

वेबिनार्स या वेबकॉन्फ्रेंस (Webinars or Web-Conference): जब सेमिनार या सम्मलेन इंटरनेट की सहायता से आयोजित किए जाएं, तो उनको वेबिनार्स या वेबकॉन्फ्रेंस कहा जा सकता है। वेब कॉन्फ्रेंसिंग एक ऑनलाइन सेवा है जिसके माध्यम से प्रतिभागी इंटरनेट के माध्यम से टीसीपी/आईपी कनेक्शनों पर लाइव बैठक, कॉन्फ्रेंसिंग, प्रस्तुतीकरण और प्रशिक्षण आयोजित कर सकते हैं। इसके

लिए वीओआईपी कनेक्शन या फिर कंप्यूटर के स्पीकर और माइक्रोफोन का प्रयोग किया जा सकता है। इस संदर्भ में हम 'हड्डल रूम' शब्द का उपयोग भी करते हैं, जिनमें 3–6 लोगों के बैठने के लिए स्थान होता है। वेब कॉन्फ्रेंसिंग के लिए गूगल की नवीनतम मुक्त स्रोत प्रौद्योगिकी वेबआरटीसी (WebRTC) है।

कार्यशाला (Workshop)

यह सेमिनार से छोटी एवं अधिक केन्द्रित होती है। इससे छात्रों को नए कौशल सीखने का अवसर मिलता है। यह अधिकतर यांत्रिक प्रशिक्षण के लिए उपयुक्त विधि मानी जाती है और पाठ्यक्रम का घटक भी हो सकती है।

कॉन्सेप्ट बॉक्स

प्रभाव-कारक (Impact Factor)

प्रशंसा पत्र की औसत संख्या द्वारा एक शैक्षिक पत्रिका के प्रभाव कारक को दर्शाया जाता है। उच्च प्रभाव कारकों से संबंधित पत्र-पत्रिकाओं को अधिक महत्त्वपूर्ण माना जाता है। H-सूचकांक एक ऐसी सूची है जो कि किसी वैज्ञानिक या छात्र के कार्य के प्रभाव एवं उत्पादकता दोनों को मापने का प्रयास करता है।

G-सूचकांक H-सूचकांक की तरह है और यह एक प्रशंसा पत्र का औसत है। i-10 सूचकांक एक लेखक द्वारा लिखी गए शैक्षणिक प्रकाशनों की संख्या को इंगित करता है।

शोध में आईसीटी का उपयोग

शोध में आईसीटी का उपयोग बहुत व्यापक है। इसके बिना आज एक वैज्ञानिक अनुसंधान परियोजना की कल्पना करना मुश्किल है। कई शोध अध्ययन कंप्यूटर और विशेष रूप से आईसीटी के उपयोग के बिना नहीं किए जा सकते हैं जहां पर जटिल संगणना, डेटा विश्लेषण और मॉडलिंग की आवश्यकता होती है। वैज्ञानिक शोध में कंप्यूटर का उपयोग अध्ययन के सभी चरणों में किया जाता है।

सांख्यिकीय विश्लेषण उपकरण (Statistical Analysis Tools): SPSS का अर्थ हैं – Statistical Package for Social Sciences, यह सामाजिक विज्ञान के लिए सांख्यिकीय पैकेज है। एसपीएसएस का नवीनतम संस्करण आईबीएम एसपीएसएस सांख्यिकी 20 है (संस्करण 19 के पश्चात आईबीएम द्वारा क्रय किया गया)। इसकी विशेषताएं निम्नलिखित हैं-

1. डेटा दृश्य और परिवर्तनशील दृश्य प्रदान करता है
2. सांख्यिकीय निष्कर्ष
3. सहसंबंध और प्रतिगमन विश्लेषण
4. विचरण का विश्लेषण
5. गैर पैरामीट्रिक परीक्षण
6. परिकल्पना परीक्षण: टी-टेस्ट, काई - स्कवायर, जेड-टेस्ट, एनोवा, द्विदलीय चर आदि
7. बहुभिन्नरूपी डेटा विश्लेषण
8. आवृत्ति वितरण
9. लाइन, स्कैटर, बार, ऑगिव, हिस्टोग्राम, पाई चार्ट के लिए विभिन्न ग्राफ़ का उपयोग करके डेटा एक्सपोज़र।

डेटा विश्लेषण उपकरण: (Data Analysis Tool – Spreadsheet Packages)

स्प्रेडशीट एक कंप्यूटर अनुप्रयोग है जो एक पेपर वर्कशीट का अनुकरण करता है। यह कई कोशिकाओं को प्रदर्शित करता है जो एक पंक्ति और स्तंभों से मिलकर एक ग्रिड बनाते हैं, प्रत्येक कोशिका में अल्फ़ान्यूमेरिक पाठ या संख्यात्मक मान होते हैं।

Microsoft Excel लोकप्रिय स्प्रेडशीट सॉफ्टवेयर है। अन्य स्प्रेडशीट पैकेज हैं – लोटस 1-2-3, क्वाट्रो प्रो, जेवलिन प्लस, मल्टीप्लेन, विस्कैल्क, सुपरकैल्क, प्लान परफेक्ट आदि।

अन्य सांख्यिकी उपकरण

एसएएस, एस-प्लस, लिसल, ईव्यू आदि।

वर्ड प्रोसेसर पैकेज

एक शब्द प्रोसेसर (तैयारी प्रणाली) एक आईसीटी अनुप्रयोग है जिसका उपयोग किसी भी प्रकार के मुद्रण योग्य सामग्री के उत्पादन (रचना, संपादन, स्वरूपण और संभवत: मुद्रण सहित) के लिए किया जाता है।
प्रोसेसिंग शब्द पैकेज माइक्रोसॉफ्ट वर्ड, वर्डस्टार, वर्ड परफेक्ट, सॉफ्टवर्ड, अक्षर (गुजराती), अमीप्रो आदि।

प्रस्तुतीकरण सॉफ़्टवेयर

एक प्रस्तुति कार्यक्रम एक कंप्यूटर सॉफ्टवेयर पैकेज है जिसका उपयोग सूचना को प्रदर्शित करने के लिए किया जाता है, सामान्य रूप से स्लाइड शो के रूप में। इसमें मुख्य रूप से तीन प्रमुख कार्य होते हैं:

1. संपादक जो पाठ को सम्मिलित करने और प्रारूपित करने की अनुमति देता है
2. सामग्री को प्रदर्शित करने के लिए ग्राफिक चित्रों और एक स्लाइड शो प्रणाली को सम्मिलित करने और चर परिवर्तन करने की विधि।

यहां यह प्रस्तुति पैकेज है – Microsoft Powerpoint, Lotus Freelance Graphics, Corel Presentations, Apple Keynote etc.

Database Management System (DBMS)

डेटाबेस जानकारी का एक संगठित संग्रह है। डीबीएमएस एक सॉफ्टवेयर है जो एक डेटाबेस को प्रबंधित करने के लिए डिज़ाइन किया गया है।

विभिन्न डेस्कटॉप डेटाबेस में Microsoft Access, Paradox, Dbase या DbaseIII, FoxBase, Foxpro/ Visual Foxpro, FileMaker Pro आदि का प्रयोग किया जा सकता है।

बहु-स्तरीय समर्थन करने वाले वाणिज्यिक डेटाबेस सर्वर Oracle, Ms-SQL Server, Sybase, Ingres, Informix, DB2 UDB (IBM), Unify, Integral आदि हैं।

विभिन्न ओपन सोर्स डेटाबेस पैकेज हैं –MySQL, PostgreSQL, Firebird आदि ।

ब्राउज़र (Browser)

वेब ब्राउज़र एक सॉफ्टवेयर एप्लिकेशन है जो उपयोगकर्ता को टेक्स्ट के साथ प्रदर्शित करने और बातचीत करने में सक्षम बनाता है। चित्र, वीडियो, संगीत,

खेल और अन्य जानकारी सामान्य तौर पर एक वेबसाइट पर एक वेब पेज पर उपलब्ध होती है।

उदाहरण – Microsoft Internet explorer, Mozilla firefox, Opera, Netscape navigator, Chrome, (google browser), Safari आदि हैं।

इंटरनेट उपकरण (Internet Tools)

सर्च इंजन

Google (popular search engine)

Yahoo!

Webcrawler

Excite

Altavista

ऑनलाइन डेटा/लेख प्रबंधन (लेख दस्तावेज़ प्रबंधित करने के लिए)

Dropbox

Google Drive

Google Docs

MS Sky Drive (free)

Microsoft 365 (paid version)

ऑनलाइन डेटा संग्रह (विभिन्न उपयोगकर्ताओं से ऑनलाइन डेटा एकत्र करने के लिए)

Online forms – Online questionnaires

Online surveys

Collaboration tools

Skype: Voice and video conferencing

Google Hangouts: Voice and video conferencing

आधुनिक अनुसंधान उपकरण (Modern Research Tools)

आधुनिक इलेक्ट्रॉनिक अनुसंधान उपकरण, जैसे ज़ोटेरो (Zotero) और एवरनोट (Evernote), अनुसंधान डेटा का संग्रह और सहकर्मियों के मध्य सहयोग को संभव बनाते हैं। एवरनोट उपयोगकर्ता को वेब पेजों, पीडीएफ फाइलों या वेब पेजों के स्निपेट सहित डिजिटल सामग्री को कैप्चर करने, उन्हें व्यवस्थित करने, उनकी व्याख्या करने, उन्हें साझा करने, उन्हें प्रकाशित करने और उन्हें खोजने की अनुमति देता है।

कॉन्सेप्ट बॉक्स

शोध में सूचना और संचार प्रौद्योगिकी (ICT)

सूचना और संचार प्रौद्योगिकी (ICT) का अनुसंधान में अनुप्रयोग विस्तृत और परिवर्तनकारी है, जो अनुसंधान प्रक्रिया के विभिन्न चरणों में फैला हुआ है। प्रमुख अनुप्रयोग नीचे चर्चा की गई हैं:

पूर्व-डेटा विश्लेषण - साहित्यिक खोज और समीक्षा:

ऑनलाइन डेटाबेस:

1. **JSTOR:** यह विभिन्न विषयों में शैक्षणिक पत्रिकाओं पर केंद्रित है।
2. **Google Scholar:** यह विद्वतापूर्ण साहित्य के लिए व्यापक सर्च इंजन है।
3. **PubMed:** यह जैवचिकित्सीय साहित्य के लिए विशेष है।
4. **Web of Science:** यह वैज्ञानिक और सामाजिक विज्ञान साहित्य को सूचीबद्ध करने वाला व्यापक डेटाबेस है।

उद्धरण प्रबंधन सॉफ़्टवेयर:

1. **EndNote:** यह उद्धरण और संदर्भ पुस्तकों के प्रबंधन के लिए शक्तिशाली और व्यापक रूप से उपयोग किया जाने वाला सॉफ़्टवेयर है।
2. **Zotero:** यह ओपन-सोर्स और अत्यधिक अनुकूलन योग्य सॉफ़्टवेयर है।
3. **Mendeley:** यह अन्य शोध उपकरणों के साथ एकीकृत है और शोधकर्ताओं के लिए सामाजिक नेटवर्किंग सुविधाएं प्रदान करता है।

डेटा संग्रह योजना:

यह निर्धारित करने की प्रक्रिया है कि डेटा (प्रत्यायन) कैसे एकत्र किया जाएगा और विश्लेषण के लिए तैयार किया जाएगा। इसमें अनुसंधान प्रश्नों को परिभाषित करना, जनसंख्या की पहचान करना, एक नमूना रणनीति चुनना और उपयुक्त डेटा संग्रह विधियों का चयन शामिल है। इस चरण के दौरान मात्रात्मक और गुणात्मक पहलुओं पर विचार किया जाता है।

ऑनलाइन सर्वेक्षण और प्रश्नावली:

1. **SurveyMonkey:** यह सर्वेक्षण बनाने और वितरित करने के लिए उपयोगकर्ता-मित्रवत प्लेटफार्म है।
2. **Google Forms:** यह सरल सर्वेक्षण बनाने के लिए मुफ्त और उपयोग में आसान उपकरण है। यह उपकरण भारत में व्यापक रूप से उपयोग किया जाता है।
3. **Qualtrics:** यह सर्वेक्षण डिज़ाइन और विश्लेषण के लिए उन्नत सुविधाओं के साथ व्यापक मंच है।

सोशल मीडिया मॉनिटरिंग:

1. **Hootsuite:** यह निगरानी और विश्लेषण सुविधाओं के साथ सोशल मीडिया प्रबंधन प्लेटफार्म है।
2. **Brandwatch:** यह उन्नत सामाजिक सुनवाई और विश्लेषण मंच है।

रिमोट सेंसिंग और जीआईएस:

1. **Google Earth Engine:** यह भू-स्थानिक विश्लेषण और पर्यावरण परिवर्तन की निगरानी के लिए मंच है।
2. **भारत के लिए विशिष्ट भू-स्थानिक प्रणाली:** इसमें भारत मैप्स, सर्वे ऑफ इंडिया (SoI), भारतीय क्षेत्रीय नौवहन उपग्रह प्रणाली (IRNSS/NavIC), और राष्ट्रीय सुदूर संवेदन केंद्र (NRSC) शामिल हैं।
3. **QGIS:** यह ओपन-सोर्स भू-स्थानिक सूचना प्रणाली सॉफ्टवेयर है।

डेटा विश्लेषण:

सांख्यिकीय सॉफ्टवेयर:

1. **SPSS (सामाजिक विज्ञान के लिए सांख्यिकीय पैकेज):** यह सामाजिक विज्ञान और बाजार अनुसंधान के लिए लोकप्रिय सांख्यिकीय सॉफ्टवेयर पैकेज है।

2. **R:** यह सांख्यिकीय कंप्यूटिंग और ग्राफिक्स के लिए शक्तिशाली और लचीला ओपन-सोर्स भाषा है।
3. **SAS:** यह विभिन्न क्षेत्रों में उपयोग किया जाने वाला व्यापक सांख्यिकीय सॉफ्टवेयर सुइट है।

डेटा विज़ुअलाइज़ेशन:

1. **Tableau:** यह इंटरैक्टिव डैशबोर्ड और दृश्य प्रस्तुतियों को बनाने के लिए उपयोगकर्ता-मित्रवत मंच है।
2. **Power BI:** यह डेटा दृश्य और रिपोर्टिंग क्षमताओं के साथ व्यापारिक बुद्धिमत्ता मंच है।
3. **Python Libraries (matplotlib, seaborn):** यह पायथन में उच्च गुणवत्ता वाले प्लॉट और दृश्य प्रस्तुतियां बनाने के लिए पुस्तकालय हैं।

गुणात्मक डेटा विश्लेषण:

1. **NVivo:** यह गुणात्मक डेटा विश्लेषण, कोडिंग, और विषयगत विश्लेषण के लिए शक्तिशाली सॉफ्टवेयर है।
2. **Atlas.ti:** यह टेक्स्ट माइनिंग और नेटवर्क विज़ुअलाइज़ेशन के लिए सुविधाओं के साथ उपयोगकर्ता-मित्रवत सॉफ्टवेयर है।

पोस्ट-डेटा विश्लेषण:

सहयोग और संचार:

1. **Slack:** यह रियल-टाइम मैसेजिंग और सहयोग मंच है।
2. **Microsoft Teams:** यह संचार, सहयोग, और फ़ाइल साझा करने के लिए एकीकृत मंच है।
3. **Google Workspace:** यह संचार और सहयोग के लिए उपकरणों का सुइट है जिसमें Gmail, Google Drive, Google Docs, और Google Meet डममज शामिल हैं।

शोध का प्रसार:

1. **arXiv:** यह भौतिकी, गणित, कंप्यूटर विज्ञान और अन्य क्षेत्रों में विद्वतापूर्ण लेखों के लिए प्रीप्रिंट सर्वर है।
2. **SSRN:** यह सामाजिक विज्ञान अनुसंधान के लिए भंडार है।

प्रस्तुति सॉफ़्टवेयर:

1. **Prezi:** यह गतिशील प्रस्तुतियों के लिए ज़ूमिंग और पैनिंग की अनुमति देता है।
2. **SlideShare:** यह ऑनलाइन प्रस्तुतियों और दस्तावेजों को साझा करने के लिए मंच है।

परियोजना प्रबंधन उपकरण:

Asana, Trello: यह अनुसंधान परियोजनाओं की योजना, ट्रैकिंग, और प्रबंधन के लिए उपकरण हैं।

साहित्यिक चोरी का पता लगाने के लिए उपकरण:

Turnitin: यह साहित्यिक चोरी का पता लगाने के लिए उपयोग किया जाता है।

लेखन सहायक उपकरण:

Grammarly: यह AI-संचालित लेखन सहायक है जो व्याकरण, वर्तनी, और साहित्यिक चोरी में मदद करता है।

बहुविकल्पीय प्रश्न (Multiple Choice Questions)

अनुसंधान—परिचय एवं अभिलक्षण (RESEARCH—INTRODUCTION AND CHARACTERISTIC)

1. अनुसंधान से क्या तात्पर्य है?
(a) यह एक उद्देश्यपूर्ण, व्यवस्थित (systematic) गतिविधि है।
(b) यह केवल शैक्षिक प्रयोजनों के लिए आयोजित किया जाता है।
(c) यह व्यावहारिक विषयों से संबंधित प्रश्नों का उत्तर देने के लिए आयोजित किया जाता है।
(d) यह आविष्कार की एक यादृच्छिक एवं अनियोजित प्रक्रिया है।

2. अनुसंधान सदैव किस संदर्भ में किया जाता है?
(a) पुराने ज्ञान का सत्यापन करने के लिए
(b) नए ज्ञान की खोज करने के लिए
(c) ज्ञान के बीच के अंतराल को पूरा करने के लिए
(d) उपरोक्त सभी

3. निम्नलिखित में से एक अच्छे अनुसंधान का लक्ष्य क्या होता है?
(a) समाज की भलाई करना
(b) सिद्धांतों और सामान्यीकरण का विकास करना
(c) दिनचर्या से संबंधित समस्याओं को सुलझाना
(d) उपरोक्त में से कोई नहीं

4. एक श्रेष्ठ सिद्धांत (A Grand Theory)
(a) अवधारणाओं के बीच परस्पर-संबंधों (inter-relationships) को स्पष्ट करता है।
(b) अत्यधिक अमूर्त (abstract) होता है।
(c) अध्ययन-विषय (discipline) में घटनाओं का व्यापक स्पष्टीकरण होता है।
(d) उपरोक्त सभी

5. निम्नलिखित में से कौन-सा विचार यह दर्शाता है कि ज्ञान अनुभव से आता है?
(a) बुद्धिवाद (Rationalism)
(b) निगमनात्मक तर्क (Deductive reasoning)
(c) तर्क (Logic)
(d) अनुभववाद (Empiricism)

6. एक सिद्धांत को किस रूप में परिभाषित किया गया है?
(a) व्यवस्थित संबंधित कथनों का संग्रह
(b) सामान्यीकरण
(c) दोनों (a) और (b)
(d) उपरोक्त में से कोई नहीं

7. ज्ञानवाद (Epistemology) किसको संदर्भित करता है?
(a) यह सामाजिक विज्ञान में विशेष रूप से प्रयुक्त शब्द है।
(b) यह रोगों के प्रकार के अध्ययन के लिए प्रयुक्त पारिभाषिक शब्द है।
(c) यह अध्ययन के क्षेत्र में ज्ञान का स्वीकार्य स्तर (acceptable level) है।
(d) यह साक्षात्कार तकनीक का एक प्रकार है।

8. निम्नलिखित में कौन-सा सिद्धांत का एक कार्य है?
(a) वर्तमान ज्ञान का एकीकरण करना और सारांश निकालना
(b) भविष्यवाणी करना
(c) घटना की व्याख्या करना
(d) उपरोक्त सभी

9. सत्तरहवीं शताब्दी के महान दार्शनिक, जो यह मानते थे कि मानव मस्तिष्क जन्म के समय कोरे कागज की तरह खाली है और यह कि सबसे अधिक ज्ञान संवेदी अनुभव के माध्यम से प्राप्त होता है:
(a) प्लेटो (Plato)
(b) अरस्तू (Aristotle)
(c) लोके (Locke)
(d) डेकार्ट (Descartes)

10. प्रत्येक क्षेत्र में अनुसंधान ज्ञान की व्यवस्थित और क्रमिक प्रगति को बढ़ावा देते हैं लेकिन आविष्कार दुर्लभ होते हैं क्योंकि:
(a) परिणाम एक निरंतर आलोचनात्मक जांच है।
(b) एक अंडाकार चैनल से परे सोचने के लिए सक्षम होना सामान्य नहीं है।
(c) एक निश्चित सीमा से परे सोचने के लिए सक्षम होना सामान्य बात नहीं है।
(d) अधिकांश लोगों में इसके संबंधित वांछित ज्ञान की कमी होती है।

11. निम्नलिखित में से कौन-सी एक शोधकर्ता की गुणवत्ता नहीं है?
(a) वह दूसरे शोधकर्ता के साथ सामंजस्य स्थापित करता है।
(b) वह सचेत मन वाला होना चाहिए।
(c) वह जांच में उत्सुक होना चाहिए।
(d) उसको अपने निर्णय को प्रमाणित करना अनिवार्य है।

12. 'अध्यात्मविज्ञान ' (Metaphysics) का अर्थ है:
(a) यह भौतिक विज्ञान का एक भाग है।
(b) यह प्रकृति की परम वास्तविकता की खोज करता है।
(c) यह धातुओं का भौतिक विज्ञान है।
(d) यह मौसम का भौतिक विज्ञान है।

13. निम्नलिखित में से अनुसंधान की गुणवत्ता किससे आंकी जाती है?
(a) अनुसंधान की प्रासंगिकता से
(b) अनुसंधान के संचालन में अपनाई गई पद्धति से
(c) अनुसंधान की गहराई से
(d) शोधकर्ता के अनुभव से

14. निम्नलिखित में से किसे एक ही समस्या के कई स्वतंत्र अध्ययनों के परिणामों पर आधारित सांख्यिकीय आंकड़ों का मूल्यांकन करने की विधि को व्यवस्थित करने के रूप में परिभाषित किया गया है?
(a) कारक विश्लेषण (Factor analysis)
(b) मेटा-विश्लेषण (Meta-analysis)
(c) व्यवस्थित विश्लेषण (Systematic analysis)
(d) उपरोक्त में से कोई नहीं

15. एक शोध अध्ययन की गुणवत्ता का किस आधार पर मूल्यांकन (evaluate) किया जाता है?
(a) प्रकाशन का स्थान
(b) अनुशंसाओं को कार्यान्वित करने पर
(c) जिस कठोरता से इसको लागू किया जाता है
(d) उपरोक्त में से कोई नहीं

16. निम्नलिखित में से कौन-सा कथन सत्य नहीं है?
- (a) यह अपेक्षा की जाती है कि शोधकर्ता एक विस्तृत अध्ययन वाला व्यक्ति होगा।
- (b) एक अनुसंधान दूसरे अनुसंधान को जन्म देता है।
- (c) सभी शोधकर्ता वर्तमान ज्ञान की वृद्धि में योगदान देते हैं।
- (d) अच्छा शोधकर्ता एक अच्छा व्यक्ति ही होता है।

17. निम्नलिखित पत्र-साहित्य में से कौन-सा अनुसंधान कार्य के प्रकाशन का विशेष रूप है?
- (a) पत्रिका (Magazine)
- (b) विशेष निबंध (Monographs)
- (c) जर्नल (Journals)
- (d) पुस्तकें (Books)

18. निम्नलिखित में से आधुनिक समाज में अनुसंधान के मुख्य कार्य कौन-कौन से है?

I. ज्ञान के क्षेत्र में प्रगति के साथ गति बनाए रखना
II. नई चीजों की खोज करना
III. पूर्व लेखन पर आलोचना करना
IV. स्रोतों की गंभीर रूप से व्यवस्थित जांच एवं विश्लेषण करना

कूट:
- (a) IV, II और I
- (b) I, II और III
- (c) I और III
- (d) II, III और IV

19. निम्नलिखित में से कौन-सा कथन 'सिद्धांत' को परिभाषित करने के संदर्भ में सत्य है?
- (a) अवधारणाओं और सिद्धांतों का एक संयोजित तरीका जिसका उद्देश्य एक विशेष घटना को समझाना होता है।
- (b) उन नए आंकड़ों का अस्थाई स्पष्टीकरण करना जिनका या तो समर्थन किया जाता है या नहीं।
- (c) अगले शोध के लिए उपयुक्त
- (d) उपरोक्त में से कोई नहीं

20. अनुसंधान एक ऐसे व्यक्ति द्वारा आयोजित किया जा सकता है, जिसने:
- (a) अनुसंधान कार्यविधि का अध्ययन किया है।
- (b) एक स्नातकोत्तर उपाधि प्राप्त की है।
- (c) सोच और तर्क क्षमता रखता है।
- (d) एक परिश्रमी कार्यकर्ता है।

21. निम्नलिखित में से एक शोधकर्ता का विशिष्ट गुण है:
- (a) जिज्ञासा (Curiosity)
- (b) सक्रिय कल्पना (Active imagination)
- (c) क्षमता (Ability)
- (d) उपरोक्त सभी

22. आंकड़ों को सूचना में परिवर्तित करने की प्रक्रिया के लिए निम्नलिखित में से कौन-से शब्द का प्रयोग किया जा सकता है?
- (a) विश्लेषण (analysis)
- (b) संश्लेषण (synthesis)
- (c) सारांश (synopsis)
- (d) उपरोक्त में से कोई नहीं

23. निम्नलिखित में से तर्क-वितर्क के परिणाम को क्रमबद्ध तरीके से प्रस्तुत किये जाने के लिए किस शब्द का प्रयोग किया जाता है?
- (a) तुलना (comparison)
- (b) चर्चा (debate)
- (c) मूल्यांकन (evaluation)
- (d) विश्लेषण (analysis)

24. एक शोधकर्ता से सामान्यत: क्या अपेक्षित होता है?
- (a) वर्तमान साहित्यक क्षेत्र में अध्ययन करना
- (b) नए सिद्धांतों और नियमों का सृजन करना
- (c) विभिन्न विचारों का संश्लेषण करना
- (d) उपरोक्त में से कोई नहीं

25. निम्नलिखित में से अंत:विषय अनुसंधान का मुख्य उद्देश्य क्या होता है?
- (a) अनुसंधान के लिए समग्र दृष्टिकोण (holistic approach) रखना।
- (b) अनुसंधान ज्ञानक्षेत्र में एक ही विषय पर बल देने के महत्त्व को कम करना।
- (c) अनुसंधान की समस्याओं को सहज बनाना।
- (d) अनुसंधान कार्यप्रणाली के क्षेत्र में नई प्रवृत्ति तैयार करना।

26. निम्नलिखित विशेषताओं में से अनुसंधान की एक अनिवार्य विशेषता कौन-सी है?
- (a) पुनरावृति (replicability)
- (b) सामान्यीकरण (generalizability)
- (c) प्रयोज्य (usability)
- (d) उपरोक्त में से कोई नहीं

27. किसी भी अनुसंधान की गहनता (depth) को किसके द्वारा आंका जा सकता है?
- (a) अनुसंधान के शीर्षक द्वारा
- (b) अनुसंधान के उद्देश्यों द्वारा
- (c) अनुसंधान पर किये जाने वाले कुल व्यय द्वारा
- (d) अनुसंधान की अवधि द्वारा

28. निम्नलिखित कथनों में से कौन-सा कथन सिद्धांत के बारे में सत्य है?
- (a) यह घटना को सरल ढंग से समझाता है।
- (b) यह 'कैसे' और 'क्यों' जैसे प्रश्नों की व्याख्या करता है।
- (c) यह एक सुविकसित व्याख्यात्मक प्रणाली हो सकती है।
- (d) उपरोक्त सभी

29. निम्नलिखित में से कौन-सा/से सिद्धांत का/के कार्य हैं?
- (a) वर्तमान ज्ञान का सारांश
- (b) भविष्यवाणी करना
- (c) घटनाओं की व्याख्या करना
- (d) उपरोक्त सभी

30. एक शोध अध्ययन की संभाव्यता (feasibility) प्राय: किस बात पर निर्भर करती है?
- (a) लागत कारक पर
- (b) अनुसंधान का संचालन करने के लिए समय की आवश्यकता पर
- (c) शोधकर्ता के कौशल संग्रह पर
- (d) उपरोक्त सभी

31. एक अनुभववादी का मानना है कि:
- (a) सामाजिक विज्ञान अनुसंधान के लिए प्राकृतिक विज्ञान की विधि को लागू नहीं करना चाहिए।
- (b) सामाजिक विज्ञान विधि को प्राकृतिक विज्ञान में लागू नहीं किया जा सकता।
- (c) ज्ञान हमारी संवेदनात्मक धारणाओं के माध्यम से हासिल किया जाता है।
- (d) उपरोक्त में से कोई नहीं

32. प्रयोगात्मक अध्ययन किस पर आधारित होता है?
- (a) एकल चर का सिद्धांत (Law of single variable)
- (b) कार्यसाधन (manipulation)

(c) दोनों (a) और (b)

(d) उपरोक्त में से कोई नहीं

33. निम्नलिखित में से कौन-सी स्थिति एक प्रत्यक्षवादी (positivist) द्वारा ज्ञान प्राप्त करने के संदर्भ में अपनायी जाती है?

(a) अनुसंधान की दिशा में सामान्य सकारात्मक रवैया

(b) वैज्ञानिक अनुसंधान मूल्य मुक्त, अनुभवजन्य टिप्पणियों पर आधारित होना चाहिए।

(c) समाज से सही ज्ञान प्राप्त किया जा सकता है।

(d) उपरोक्त में से कोई नहीं

34. निम्नलिखित में से कौन-सा ऐसा दृष्टिकोण (approach) है जो कि इस धारणा पर आधारित है कि सामाजिक घटनाओं को कारण और प्रभाव (cause and effect) के परिपेक्ष में समझाया जा सकता है?

(a) प्रत्यक्षवाद (Positivism)

(b) व्याख्यावाद (Interpretivism)

(c) गुणात्मक (Qualitative)

(d) उपरोक्त में से कोई नहीं

35. एक सात्विक प्रश्न (ontological question) मुख्यत: किसके संदर्भ में होता है?

(a) एक चिकित्सा संबंधित समस्या का निदान करना

(b) बाहरी वास्तविकता का अध्ययन करना

(c) किसी अनुसंधान परियोजना (research project) में प्रश्नावली या साक्षात्कार का प्रयोग करना

(d) ज्ञान का स्वीकार्य स्तर

36. निम्नलिखित में से कौन-सी एक शोधकर्ता की विशेषता नहीं है?

(a) वह मेहनती और आग्रही होता है।

(b) वह सामान्य से ज्यादा विशेषज्ञ होता है।

(c) वह वस्तुनिष्ठ होता है।

(d) वह अपने हित और अपनी पैतृक क्षमताओं में अस्थिर नहीं होता है।

37. अनुसंधान परियोजना को नियत करते समय किस महत्त्वपूर्ण व्यावहारिक विषयों पर ध्यान देना चाहिए?

(a) एक रुचिपूर्वक सैद्धांतिक परिप्रेक्ष्य पर

(b) शोधकर्ता के ज्ञान पर

(c) समय और अन्य संसाधनों की उपलब्धता पर

(d) उपरोक्त में से कोई नहीं

अनुसंधान के प्रकार (TYPES OF RESEARCH)

38. निम्नलिखित में से अनुसंधान को किस रूप में वर्गीकृत किया जा सकता है?

(a) आधारभूत, प्रयुक्त और क्रियात्मक अनुसंधान के रूप में

(b) मात्रात्मक और गुणात्मक अनुसंधान के रूप में

(c) दार्शनिक, ऐतिहासिक, सर्वेक्षण और प्रायोगिक अनुसंधान के रूप में

(d) उपरोक्त सभी

39. अनुसंधान के दो मुख्य दृष्टिकोण (approaches) कौन-से हैं?

(a) तथ्यों का संग्रह और विश्लेषण

(b) सर्वेक्षण और प्रश्नावली

(c) न्यादर्श का चयन और तथ्यों का संग्रह

(d) गुणात्मक और मात्रात्मक

40. एक शोधकर्ता यह जानना चाहता है कि कैसे चर तत्व बच्चों की वर्तनी सीखने की क्षमता (spelling learning ability) को प्रभावित करते हैं। उसके लिए उसने एक प्रयोग को नियत (design) किया। इस जानकारी को ध्यान में रखते हुए निम्नलिखित में से शोध का कौन-सा उद्देश्य माना जाएगा?

(a) व्याख्या करना (b) विवरण करना

(c) प्रभावित करना (d) भविष्यवाणी करना

41. गुणात्मक अनुसंधान का अर्थ है:

(a) यह बिना किसी उद्देश्य से होता है।

(b) यह मुख्य रूप से घटना के समन्वेषण से संबंध रखता है।

(c) यह संख्यात्मक तथ्यों के संग्रह और विश्लेषण से संबंध रखता है।

(d) उपरोक्त में से कोई नहीं

42. सूची-A के साथ सूची-B का मिलान कीजिये और नीचे दिए गए कूट में से सही उत्तर का चयन कीजिये।

सूची-A		**सूची-B**	
A.	ऐतिहासिक विधि	I.	अतीत की घटनाएं
B.	सर्वेक्षण विधि	II.	दृष्टि
C.	दार्शनिक विधि	III.	वर्तमान आयोजन
D.	प्रायोगिक विधि	IV.	भविष्य की क्रिया

कूट:

(a) A-I, B-III, C-II, D-IV

(b) A-II, B-I, C-III, D-IV

(c) A-I, B-II, C-III, D-IV

(d) A-II, B-III, C-I, D-IV

43. निम्नलिखित में से किस प्रकार के अनुसंधान में एकत्रित प्रदत्तों से तथ्यों और कारणों को जानने के लिए निष्पक्षता की विशेष रूप से आवश्यकता होती है?

(a) मात्रात्मक अनुसंधान

(b) मौलिक अनुसंधान

(c) गुणात्मक अनुसंधान

(d) उपरोक्त सभी

44. निम्नलिखित में से किस अनुसंधान को विकासात्मक अनुसंधान की श्रेणी में वर्गीकृत किया गया है?

(a) दार्शनिक अनुसंधान

(b) क्रियात्मक अनुसंधान

(c) वर्णनात्मक अनुसंधान

(d) उपरोक्त सभी

45. मनोविज्ञान और शिक्षा के क्षेत्र में, प्रयोगात्मक अनुसंधान (experimental research) को किस रूप में परिभाषित किया जाता है?

(a) उद्दीपन-प्रतिक्रिया अनुसंधान

(b) विश्लेषणात्मक अनुसंधान

(c) ऐतिहासिक अनुसंधान

(d) घटनोत्तर अनुसंधान

46. निम्नलिखित में से कौन-सी शोध की विधि नहीं है?

(a) अवलोकन (observation)

(b) ऐतिहासिक (historical)

(c) सर्वेक्षण (survey)

(d) दार्शनिक (philosophical)

47. मौलिक अनुसंधान को आमतौर कौन-सी परिस्थिति में किया जाता है?
(a) कक्षा में
(b) क्षेत्र में
(c) प्रयोगशाला की परिस्थितियों में
(d) सामाजिक परिस्थितियों में

48. निम्नलिखित में से किस प्रकार के शोध में मौजूदा परिस्थितियों में सुधार पर ध्यान केंद्रित किया जाता है? **[नवंबर 2017]**
(a) क्रियात्मक शोध (action research)
(b) मौलिक शोध (fundamental research)
(c) व्यवहृत शोध (applied research)
(d) प्रायोगिक शोध (experimental research)

49. निम्नलिखित में से किस अनुसंधान में अतीत के अध्ययन के माध्यम से नए तथ्यों की खोज की जाती है?
(a) दार्शनिक अनुसंधान
(b) ऐतिहासिक अनुसंधान
(c) पौराणिक (mythological) अनुसंधान
(d) सामग्री विश्लेषण

50. वैज्ञानिक विधि का उपयोग किस संदर्भ में किया जा सकता है?
(a) केवल भौतिक विज्ञान और रसायन शास्त्र में
(b) केवल सामाजिक विज्ञान में
(c) शारीरिक और सामाजिक विज्ञान दोनों में
(d) उपरोक्त में से कोई नहीं

51. निम्नलिखित में से कौन-से शब्द क्रियात्मक अनुसंधान को चिह्नित करते हैं? **[दिसंबर 2009]**
(a) एक अनुप्रयुक्त अनुसंधान
(b) तत्काल समस्याओं के हल के लिए किया गया शोध
(c) एक अनुदैर्ध्य अनुसंधान
(d) सिम्युलेटिव अनुसंधान

52. प्राकृतिक अवलोकन विधि के संदर्भ में निम्नलिखित में से कौन-सा कथन सही है?
(a) अव्यवस्था जैसा कि प्रकृति में होता है
(b) नियंत्रित प्रयोग जिससे व्यवहार संबंधित कारक तत्वों को उजागर किया जा सके
(c) विषयों का उनके प्राकृतिक वातावरण में निरीक्षण करने के लिए
(d) विषयों का जीवन के विभिन्न चरणों में साक्षात्कार करने के लिए

53. निम्न में से कौन-सा व्याख्यात्मक अनुसंधान का एक रूप है जिसमें अनुसंधानकर्ता का कार्य एक सैद्धांतिक प्रतिरूप (theoretical model) को विकसित करना है और फिर यह तय करना है कि व्यावहारिक रूप से आंकड़े इस प्रतिरूप में कैसे उपयुक्त रहते हैं?
(a) कारण प्रतिरूपण (causal modelling)
(b) भावीसूचक अनुसंधान (predictive research)
(c) वर्णनात्मक अनुसंधान (descriptive research)
(d) खोजी अनुसंधान (exploratory research)

54. बच्चों के पारिवारिक पालन पोषण का उनकी चिंता-उन्मुखता (anxiety-proneness) पर क्या प्रभाव रहता है, इसका आकलन करने के लिए निम्नलिखित में से कौन-सी सबसे उपयुक्त शोध विधि है? **[नवंबर 2017]**
(a) व्यष्टि अध्ययन पद्धति (case study method)
(b) प्रायोगिक पद्धति (experimental method)
(c) सर्वेक्षण पद्धति (survey method)
(d) कार्योत्तर पद्धति (ex-post-facto method)

55. अनुसंधान में वैज्ञानिक पद्धति का एक मुख्य उद्देश्य कौन-सा है?
(a) तथ्यों की व्याख्या में सुधार करना
(b) अप्रामाणिक संबंधों को समाप्त करना
(c) त्रिभुजीकरण प्रमाणित करना
(d) नए चर का सूत्रपात करना

56. घटनाजन्य अनुसंधान शब्द किस प्रक्रिया के साथ जुड़ा हुआ है? **[दिसंबर 2010]**
(a) गुणात्मक अनुसंधान से
(b) भिन्नता के विश्लेषण से
(c) सहसंबंध अध्ययन से
(d) सम्भाव्य न्यादर्शों के चयन से

57. कौन-सा अनुसंधान दृष्टिकोण कारकों के मध्य में संबंध स्थापित करने के लिए सबसे उपयुक्त है?
(a) कारण-तुलनात्मक (b) प्रायोगिक
(c) सह-संबंधात्मक (d) वर्णनात्मक

58. विज्ञान, सामाजिक विज्ञान, मानविकी विषयों में अनुसंधान की महत्त्वपूर्ण पूर्वाकांक्षित वस्तुएं हैं?
(a) प्रयोगशाला कौशल, अभिलेख, पर्यवेक्षक और विषय
(b) पर्यवेक्षक, विषय, महत्त्वपूर्ण विश्लेषण और धैर्य
(c) अभिलेखागार (archives), पर्यवेक्षक, विषय और सोच में लचीलापन
(d) विषय, पर्यवेक्षक, अच्छा स्वभाव और पूर्वाग्रह विचार (preconceived notions)

59. निम्नलिखित में से किस अनुसंधान में पुस्तकें और अभिलेख (records) तथ्यों के प्राथमिक स्रोत हैं?
(a) ऐतिहासिक अनुसंधान
(b) भागीदारी अनुसंधान
(c) नैदानिक अनुसंधान
(d) प्रयोगशाला अनुसंधान

60. अनुसंधान का वह प्रकार है जो कि उपकल्पना और सिद्धांतों का इसलिए परीक्षण करता है ताकि यह समझाया जा सके कि घटना क्यों और कैसे घटती हैं?
(a) वर्णनात्मक अनुसंधान
(b) भविष्यसूचक अनुसंधान
(c) व्याख्यात्मक अनुसंधान
(d) उपरोक्त में से कोई नहीं

61. मौलिक अनुसंधान कौन-सी क्षमता को दर्शाता है? **[जून 2007]**
(a) नए विचारों का संश्लेषण करना
(b) नए सिद्धांतों की व्याख्या करना
(c) अनुसंधान के विषय में मौजूदा सामग्री (existing material) का मूल्यांकन करना
(d) विभिन्न विषयों के बारे में मौजूदा साहित्य का अध्ययन करना

62. अध्ययन का खोजपूर्ण, वर्णनात्मक, विश्लेषणात्मक या भविष्यसूचक अनुसंधान में वर्गीकरण किस पर आधारित है?
(a) तर्क (b) परिणाम
(c) प्रक्रिया (d) उद्देश्य

63. निम्नलिखित अनुसंधान विधियों में से कारणता के संबंध में सबसे महत्त्वपूर्ण प्रमाण कौन-सा है?
(a) प्रायोगिक (experimental)
(b) कारण-तुलनात्मक (causal-comparative)
(c) सह-संबंधात्मक (correlational)
(d) उपरोक्त में से कोई नहीं

64. केस अध्ययन की सबसे बड़ी सीमा कौन-सी है?
(a) कुछ ही विषय हैं जिनके लिए यह उपयुक्त होती है
(b) इनमें कोई नियंत्रण समूह नहीं है।
(c) इसमें एक बड़े न्यादर्श की आवश्यकता होती है।
(d) उपरोक्त में से कोई नहीं

65. निम्नलिखित में से कौन-सी अनुसंधान विधि को नियंत्रित अवलोकन कहा जा सकता है?
(a) ऐतिहासिक अनुसंधान
(b) दार्शनिक अनुसंधान
(c) क्षेत्र-प्रयोग
(d) उपरोक्त सभी

66. क्षेत्र-कार्य पर आधारित अनुसंधान को किस रूप में वर्गीकृत किया गया है?
(a) अनुभवसिद्ध (empirical)
(b) ऐतिहासिक (historical)
(c) प्रायोगिक (experimental)
(d) जीवनीक (biographical)

67. निम्नलिखित में से कौन-सा एक अनुदैर्ध्य अभिकल्प (longitudinal design) नहीं है?
(a) पैनल
(b) क्रॉस-सेक्शनल
(c) प्रवृत्ति (trend)
(d) दोनों (a) और (c)

68. जब एक शोधकर्ता आश्रित चरों के साथ शुरुआत करता है और फिर पीछे की ओर कदम बढ़ाता है, तो उसे क्या कहा जाता है?
(a) भावी सूचक अनुसंधान (Predictive Research)
(b) पूर्वव्यापी अनुसंधान (Retrospective Research)
(c) खोजपूर्ण अनुसंधान (Exploratory Research)
(d) वर्णनात्मक अनुसंधान (Descriptive Research)

69. जांचकर्ताओं के द्वारा प्रभाव का पता लगाने के प्रयास को क्या कहा जाता है?
(a) सर्वेक्षण अनुसंधान (Survey Research)
(b) 'पूर्वव्यापी कार्योत्तर' अनुसंधान (Ex-post facto Research)
(c) ऐतिहासिक अनुसंधान (Historical Research)
(d) योगात्मक अनुसंधान (Summative Research)

70. प्रयोगात्मक विधि का सार है:
(a) सहसंबंध गुणांक के संबंध में कार्ल पियर्सन का सही गणन करना।
(b) विषयों से उनके व्यक्तिपरक अनुभव के बारे में प्रत्यक्ष रिपोर्ट प्राप्त करना।
(c) सावधानीपूर्वक परिमाण लेना और रिकॉर्ड रखना।
(d) कारण और प्रभाव संबंध की पहचान करने के लिए नियंत्रण का उपयोग करना।

71. निम्नलिखित में से कौन-से अनुसंधान प्रतिमान वास्तविकता के व्यावहारिक दृष्टिकोण पर आधारित है?
(a) मात्रात्मक अनुसंधान (b) गुणात्मक अनुसंधान
(c) मिश्रित अनुसंधान (d) उपरोक्त में से कोई नहीं

72. निम्नलिखित में से कौन-से अनुसंधान प्रतिमान (research paradigm) अपने निष्कर्षों के सामान्यीकरण के बारे में ज्यादा चिंताशील नहीं है?
(a) मात्रात्मक अनुसंधान (b) गुणात्मक अनुसंधान
(c) मिश्रित अनुसंधान (d) उपरोक्त में से कोई नहीं

73. निम्नलिखित में से कौन-सा मात्रात्मक (quantitative) अनुसंधान का सबसे अच्छा वर्णन है?
(a) गैर-संख्यात्मक तथ्यों का संग्रह करना
(b) शोधकर्ता द्वारा निरूपित उपकल्पनाओं की पुष्टि करने का प्रयास करना
(c) खोजपूर्ण अनुसंधान
(d) अनुसंधान जो कि नए सिद्धांतों को स्थापित करने का प्रयास करता है

74. निम्नलिखित में से कौन-से प्रायोगिक अनुसंधान के संदर्भ में सामान्य लक्षण है?
(a) यह मुख्य रूप से संख्यात्मक तथ्यों के संग्रह पर निर्भर करता है।
(b) यह कारण और प्रभाव के बारे में महत्त्वपूर्ण ज्ञान को उत्पन्न करता है।
(c) यह निगमनात्मक वैज्ञानिक विधि का उपयोग करता है।
(d) उपरोक्त सभी

75. निम्नलिखित में से कौन-सा अनुसंधान कारण और प्रभाव के संबंधों के अस्तित्व के बारे में सबसे मजबूत सबूत प्रदान करने के लिए उपयुक्त है?
(a) गैर-प्रायोगिक अनुसंधान
(b) प्रायोगिक अनुसंधान
(c) ऐतिहासिक अनुसंधान
(d) उपरोक्त में से कोई नहीं

76. निम्नलिखित में से कौन-से अनुसंधान में शोधकर्ता एक स्थिति के लिए गुणात्मक प्रतिमान और दूसरी स्थिति के लिए मात्रात्मक प्रतिमान का उपयोग करता है?
(a) क्रियात्मक अनुसंधान
(b) मूल अनुसंधान
(c) मात्रात्मक अनुसंधान
(d) मिश्रित विधि अनुसंधान

77. निम्नलिखित में से कौन-सा अनुसंधान अतीत के रूप में किसी घटना को समझने के लिए किया जाता है?
(a) प्रायोगिक अनुसंधान (Experimental Research)
(b) ऐतिहासिक अनुसंधान (Historical Research)
(c) पुनरावृति अनुसंधान (Replication Research)
(d) अभिलेखीय अनुसंधान (Archival Research)

78. निम्नलिखित में से कौन-से प्रकार कि शोध स्थानीय समस्याओं के लिए उपयोग में लायी जाती है?
(a) क्रियात्मक अनुसंधान
(b) मूल अनुसंधान
(c) भावी सूचक अनुसंधान
(d) अनुदैर्ध्य अनुसंधान

79. आधार वाक्यों के समूह से निष्कर्ष निकालने को किस प्रकार का तर्क कहा जा सकता है?
(a) बुद्धिवाद (rationalism)
(b) निगमनात्मक (deductive)
(c) आगमनात्मक (inductive)
(d) संभाव्य (probabilistic)

80. निम्नलिखित में से कौन-सा अनुसंधान विभिन्न लोगों के लिए एक ही चर का उपयोग करके निष्कर्षों की जांच करता है?
(a) अन्वेषण (exploration)
(b) परिकल्पना (hypotheses)
(c) पुनरावृति (replication)
(d) अनुभववाद (empiricism)

81. निम्नलिखित में से कौन सी प्रमाणिक दृष्टिकोण विधि है?
(a) निगमनात्मक विधि
(b) आगमनात्मक विधि
(c) परिकल्पना विधि
(d) प्रतिरूप विधि

82. निम्नलिखित में से कौन-सी विधि अनुसंधान में उत्पादक दृष्टिकोण (generative approach) की वैज्ञानिक विधि है?
(a) निगमनात्मक विधि (b) आगमनात्मक विधि
(c) परिकल्पना विधि (d) प्रतिरूप विधि

83. चित्रांकन निष्कर्ष (drawing conclusions) की कौन-सी विधि जनसंख्या के प्रत्येक उदाहरण के अवलोकन (observation) पर आधारित होती है?
(a) वैज्ञानिक विधि (b) निगमनात्मक विधि
(c) आगमनात्मक विधि (d) द्वंद्वात्मक विधि

84. निम्नलिखित में से कौन-सी अच्छे सिद्धांत या स्पष्टीकरण की विशेषता नहीं है?
(a) मितव्ययी
(b) परीक्षण योग्य
(c) यह विभिन्न स्थितियों में लागू करने के लिए पर्याप्त है।
(d) उपरोक्त सभी

85. निम्नलिखित में से कौन-सी वैज्ञानिक विधि इन चरणों का अनुसरण करती है: (i) अवलोकन/प्रदत्त, (ii) प्रतिरूप और (iii) सिद्धांत?
(a) आगमनात्मक (b) निगमनात्मक
(c) ऊपर से नीचे (d) उपरोक्त में से कोई नहीं

86. निम्नलिखित में से कौन-सी पुष्टि दृष्टिकोण की वैज्ञानिक विधि है?
(a) निगमनात्मक विधि (b) आगमनात्मक विधि
(c) परिकल्पना विधि (d) प्रतिरूप विधि

87. निम्नलिखित में से किसको सामाजिक विज्ञान में अनुसंधान के परिपेक्ष में संबद्ध किया जा सकता है?
(a) कारण (causal) अनुसंधान
(b) अनुभवजन्य (empirical) अनुसंधान
(c) सह-संबंधात्मक (correlational) अनुसंधान
(d) उपरोक्त सभी

88. निम्नलिखित में से कौन-सी वैज्ञानिक विधि परीक्षण परिकल्पना पर केंद्रित सिद्धांतों से विकसित होती है?
(a) निगमनात्मक विधि (b) आगमनात्मक विधि
(c) परिकल्पना विधि (d) प्रतिरूप विधि

89. निम्नलिखित में से कौन-सी वैज्ञानिक पद्धति नई परिकल्पना (hypotheses) और सिद्धांतों को उत्पन्न करने पर केंद्रित होती है?
(a) निगमनात्मक विधि
(b) आगमनात्मक विधि
(c) दोनों (a) और (b)
(d) उपरोक्त में से कोई नहीं

90. शोधकर्ता के लिए कारण संबंध में कौन-सी अनुसंधान विधि सबसे उपयुक्त है?
(a) प्रयोगात्मक विधि
(b) व्यक्तिगत अध्ययन
(c) सह-संबंधात्मक अध्ययन
(d) प्राकृतिक अवलोकन

91. एक क्षेत्र-प्रयोग (field experiment) को किस संदर्भ में लिया जाता है?
(a) वास्तविक संसार
(b) प्रयोगशाला
(c) वास्तविक संसार और प्रयोगशाला दोनों में
(d) प्राकृतिक पर्यावरण

92. वैज्ञानिक विधि की विशेषताओं को अनिवार्य रूप से किस में शामिल किया जाता है?
(a) केवल प्रयोगशाला प्रयोगों में
(b) नियंत्रित अवलोकन (observation) में
(c) विश्लेषण तैयार करने में
(d) उपरोक्त सभी

93. एक सहसंबंधी (correlational) अध्ययन क्या निर्धारित करता है?
(a) स्वतंत्र और आश्रित चरों के बीच संबंध
(b) प्रतिभागी (participant) पर पर्यवेक्षक (observer) का प्रभाव
(c) कारण और प्रभाव का संबंध
(d) दो घटनाओं के बीच का संबंध

94. निम्न में से किसको गुणात्मक अनुसंधान का विशेष गुण माना गया है?
(a) निगमनात्मक होना (b) आगमनात्मक होना
(c) प्रेरक होना (d) उपरोक्त में से कोई नहीं

95. निम्नलिखित में से कौन-सी अनुसंधान विधि सिद्धांत सृजन (theory generation) से संबंधित है?
(a) आगमनात्मक अनुसंधान
(b) निगमनात्मक अनुसंधान
(c) दोनों प्रेरक और निगमनात्मक
(d) उपरोक्त में से कोई नहीं

96. निम्नलिखित में से कौन-सा अनुसंधान सिद्धांत के परीक्षण से संबंधित है?
(a) आगमनात्मक अनुसंधान
(b) निगमनात्मक अनुसंधान
(c) दोनों प्रेरक और निगमनात्मक
(d) उपरोक्त में से कोई नहीं

97. एक गैर-सरकारी संस्था ग्राम पंचायत में बच्चों के अभियान के प्रभावों को देखने के लिए अध्ययन का आयोजन करती है। यह एक उदाहरण है:
(a) वर्णनात्मक (descriptive) अध्ययन का
(b) क्षेत्र प्रयोग (field experiment) का
(c) घटनोत्तर अनुसंधान (expost facto research) का
(d) ऐतिहासिक अनुसंधान का

98. अध्ययन का वर्गीकरण किस खोजपूर्ण, वर्णनात्मक, विश्लेषणात्मक या भावी सूचक अनुसंधान पर आधारित है?
(a) अनुसंधान के तर्क पर
(b) शोध के परिणाम पर
(c) अनुसंधान की प्रक्रिया पर
(d) अनुसंधान के विषय पर

99. एक दीर्घकालिक अनुसंधान अध्ययन को क्या कहा जाता है?
(a) क्रॉस अनुभागीय अनुसंधान
(b) अनुदैर्ध्य अनुसंधान
(c) अनुसंधान विधि
(d) उपरोक्त में से कोई नहीं

100. अनुदैर्ध्य (longitudinal) और क्रॉस अनुभागीय (cross-sectional) अनुसंधान के बीच मुख्य अंतर क्या है?
(a) आंकड़ों के संग्रह की आवृत्ति
(b) प्राथमिक बनाम माध्यमिक
(c) शोधकर्ता की योग्यता
(d) उपरोक्त में से कोई नहीं

101. अनुसंधान परिकल्पना (hypotheses) को परिभाषित करने का एक उपयोगी तरीका है क्योंकि:
(a) यह पाठक को प्रभावित करता है।
(b) यह परीक्षण योग्य प्रस्ताव के विकास की अनुमति देता है।
(c) यह शोध के निष्कर्ष के लिए निर्विवाद (indisputable) प्रमाणों को कायम रखने की अनुमति देता है।
(d) यह उपयुक्त रूप से वैज्ञानिक है।

102. निम्नलिखित में से कौन-सी अनुसंधान विधि भारत सरकार द्वारा हर 10 वर्ष के बाद जनगणना के आयोजन में उपयोग होती है?
(a) प्रकरण अध्ययन (b) विकासात्मक
(c) सर्वेक्षण (d) प्रायोगिक

103. एक नौ वर्षीय सात वर्षीय की तुलना में लम्बा है। यह एक उदाहरण है:
(a) लम्बवत अध्ययन का
(b) क्रॉस अनुभागीय अध्ययन का
(c) प्रयोगात्मक अध्ययन का
(d) प्रकरण अध्ययन का

104. मूलभूत अनुसंधान और अनुप्रयुक्त अनुसंधान के बीच मुख्य अन्तर क्या है?
(a) मूलभूत प्रक्रिया
(b) न्यादर्श का आकार
(c) उपयोगिता
(d) उपरोक्त सभी

105. एक वास्तविक विश्व प्रयोगशाला बनाने के लिए किस प्रकार की विधि का उपयोग किया जा सकता है?
(a) सहसंबंधी गुणांक
(b) क्षेत्र प्रयोग
(c) प्रकरण अध्ययन
(d) यादृच्छिक नियत कार्य

106. एक शोध अध्ययन में परीक्षा के प्रदर्शन पर इंटरनेट सर्फिंग के प्रभाव को जानने के विश्लेषण में यह पाया गया कि जैसे ही इंटरनेट सर्फिंग में प्रयुक्त समय बढ़ता है, परीक्षा प्रदर्शन कमतर होता जाता है। यह अध्ययन एक उदाहरण है:
(a) प्रयोगात्मक विधि का
(b) सहसंबंधी अनुसंधान का
(c) प्रकरण अध्ययन का
(d) उपरोक्त में से कोई नहीं

107. सामाजिक विज्ञान में सिद्धांत और मानव कार्य की व्याख्या की विधि किसके साथ जुड़ी हुई है? **[दिसंबर 2006]]**
(a) धर्मशास्त्र
(b) हेर्मेनेयुटिक्स
(c) आंटलजी
(d) उपरोक्त में से कोई नहीं

108. एक शोधकर्ता द्वारा लोगों के मूल निवास में सामाजिक व्यवहार का अवलोकन करने के लिए कौन-सी अनुसंधान विधि का उपयोग किया जाता है?
(a) प्रकरण अध्ययन (b) प्रयोगात्मक विधि
(c) सहसंबंधी अध्ययन (d) प्राकृतिक अवलोकन

109. दो चरों के अध्ययन के विषय में, जब एक चर मूल्य में ऊपर और दूसरा नीचे चला जाता है, तो उसे किस रूप में जाना जाता है?
(a) सकारात्मक सह-संबंध (correlation)
(b) कोई सह-संबंध नहीं
(c) नकारात्मक सह-संबंध
(d) अस्थिर सह-संबंध

अनुसंधान प्रक्रिया (RESEARCH PROCESS)

110. सर्वेक्षण अनुसंधान के संदर्भ में, निम्नलिखित कदमों को किस निश्चित क्रम में लिया जाता है?
I. नमूने का चयन
II. निष्कर्ष
III. तथ्यों का विश्लेषण
IV. तथ्यों का संग्रह
(a) II, III, I, IV
(b) I, IV, III, II
(c) III, II, IV, I
(d) IV, I, II, III

111. एक शोध समस्या किन परिस्थितियों में संभव है? **[जून 2007]**
(a) उपयोगिता और प्रासंगिकता
(b) खोज योग्य है
(c) ज्ञान में कुछ नया जोड़ना
(d) उपरोक्त सभी

112. अनुसंधान की दिशा में पहला कदम है: **[दिसंबर 2006]**
(a) एक समस्या का चयन करना
(b) एक समस्या की खोज करना
(c) एक समस्या का पता लगाना
(d) एक समस्या की पहचान करना

113. निम्नलिखित कथनों में से कौन-सा कथन सत्य है? **[दिसंबर 2004]**
(a) अनुसंधान में, उद्देश्यों को प्रश्न के रूप में स्पष्ट किया जा सकता है।
(b) अनुसंधान में, उद्देश्यों को कथन के रूप में स्पष्ट किया जा सकता है।
(c) शोध के उद्देश्य शोध-निबंध (thesis) के पहले अध्याय में वर्णित होते हैं।
(d) उपरोक्त सभी

114. एक अच्छी परिकल्पना (hypotheses) से क्या तात्पर्य है?
(a) अधिकांश ज्ञात तथ्यों के साथ विधिपूर्वक, विशिष्ट और सुसंगत होनी चाहिए।
(b) ऐसे ढंग से निरूपित कथन जिसका तथ्यों के द्वारा परीक्षण किया जा सके।

(c) सीमित दायरा और वैश्विक महत्त्व नहीं होना चाहिए।
(d) उपरोक्त सभी

115. निम्नलिखित में से किसमें उपकल्पना (hypotheses) का वर्णन नहीं किया जा सकता है?
(a) शून्य और प्रश्न रूप में
(b) घोषणात्मक शब्दों में
(c) सामान्य पारिभाषिक शब्दों में
(d) उपरोक्त में से कोई नहीं

116. निम्नलिखित कथनों में से कौन-सा सही है? **[दिसंबर 2006]**
(a) अनुसंधान के उद्देश्यों को शोध के पहले अध्याय में वर्णित किया गया है
(b) शोधकर्ता में विश्लेषणात्मक क्षमता होनी चाहिए
(c) परिवर्तनशीलता समस्या का स्रोत है
(d) उपरोक्त सभी

117. अच्छे अनुसंधान की अनिवार्य शर्तें (आवश्यक तत्व) कौन-सी है? **[जून 2000]**
(a) अच्छी तरह से तैयार की गई उपकल्पना
(b) एक अच्छा शोध पर्यवेक्षक
(c) पुस्तकालय में पर्याप्त पुस्तकें
(d) अच्छी तरह से निरूपित की गई समस्या

118. अनुसंधान प्रक्रिया की परिशुद्धता निम्न में से किस पर निर्भर करती है?
(a) शोधकर्ताओं की निष्पक्ष अभिवृत्ति (unbiased attitude)
(b) न्यादर्श का आकार
(c) प्रयुक्त अनुसंधान विधि
(d) उपरोक्त सभी

119. निम्नलिखित में से किसे वैज्ञानिक सामाजिक सर्वेक्षण के पिता के रूप में सम्मानित किया जाता है?
(a) बेस्ट
(b) बूथ
(c) डार्विन
(d) उपरोक्त में से कोई नहीं

120. एक शोध योजना:
(a) विस्तृत होनी चाहिए
(b) समीक्षा और टिप्पणियों के लिए दूसरों के समक्ष रखी जानी चाहिए
(c) शोध अध्ययन के लिए तर्कशील हो
(d) उपरोक्त सभी

121. निम्नलिखित में से अनुसंधान योग्य समस्याओं के स्रोतों में क्या सम्मिलित किया जा सकता है?
(a) शिक्षकों का शोधकर्ताओं के रूप में अपना अनुभव
(b) व्यावहारिक विषय जिनका समाधान चाहिए
(c) सिद्धांत और पूर्व अनुसंधान
(d) उपरोक्त सभी

122. अनुसंधान योजना का परिचय अनुभाग कौन-सा है?
(a) पूर्व प्रासंगिक अध्ययन का अवलोकन
(b) अध्ययन के उद्देश्य का विवरण
(c) शोध प्रश्नों के निष्कर्षों का विवरण
(d) उपरोक्त सभी

123. निम्नलिखित में से कौन-सी उपकल्पना होने के लिए मूलभूत आवश्यकता नहीं है?
(a) तथ्यों पर आधारित होना
(b) बोधगम्य (conceivable) होना
(c) प्रकृति के ज्ञान का खंडन
(d) परिकल्पना में से निष्कर्ष निकालने की अनुमति

124. अनुसंधान के उद्देश्यों को किस रूप में लिखा जा सकता है?
(a) केवल प्रश्न के रूप में
(b) केवल विवरण के रूप में
(c) प्रश्न और विवरण दोनों के रूप में
(d) काल्पनिक रूप में

125. निम्नलिखित में से कौन-सी विशेषता किसी प्रस्ताव को सत्य प्रमाणित करने के लिए नहीं होनी चाहिए?
(a) उद्देश्यपूर्ण
(b) यह विश्वास के साथ तर्कयुक्त हो
(c) अनुरूपता
(d) परीक्षण योग्य

126. विवरण में चरों के बीच कारण और प्रभाव की भविष्यवाणी के संबंध को क्या कहा जाता है?
(a) रिक्त उपकल्पना
(b) प्रायोगिक उपकल्पना
(c) स्वतंत्र चर
(d) आश्रित चर

127. कारण और प्रभाव के संबंधों को विश्वसनीय बनाने के लिए क्या आवश्यक है?
(a) प्राकृतिक अवलोकन में संलग्न होना
(b) सकारात्मक संबंध विकसित करना
(c) नियंत्रित प्रयोग का निष्पादन
(d) नकारात्मक सहसंबंध का परीक्षण

128. निम्नलिखित कथनों में से कौन-सा कथन सत्य है?
(a) उद्देश्य सुस्पष्ट होना चाहिए।
(b) उद्देश्यों को विवरण और प्रश्न प्रपत्र के रूप में लिखा जा सकता है।
(c) समस्या के लिए एक और शब्द चर है।
(d) उपरोक्त सभी

129. सबसे पहला प्रश्न जो कि एक शोधकर्ता के मन में उसकी समस्या के समाधान के लिए सांख्यिकीय तकनीक के प्रयोग में आना स्वाभाविक है?
(a) क्या प्रदत्त को मात्रात्मक रूप दिया जा सकता है?
(b) क्या उचित सांख्यिकीय तकनीक उपलब्ध है?
(c) क्या आंकड़ों का विश्लेषण संभव है?
(d) क्या सार्थक निष्कर्ष निकाले जा सकते हैं?

130. निम्नलिखित में से कौन-सी तथ्यों के संग्रह की विधि है?
(a) राय
(b) प्रत्यक्षवाद
(c) प्रकरण अध्ययन
(d) साक्षात्कार

131. निम्नलिखित में से प्रदत्त संग्रह की कौन-सी ऐसी तकनीक है, जिसमें मध्यस्थ समेत कई प्रतिभागी एक विशिष्ट और परिभाषित विषय पर बल देते हैं, समूह में परस्पर विचार विमर्श होता है, और अर्थ का संयुक्त निर्माण होता है?
(a) प्रकरण अध्ययन (b) फोकस समूह
(c) नृवंशविज्ञान (d) उपरोक्त में से कोई नहीं

132. प्रयोगात्मक अनुसंधान में कौन-सी प्रक्रिया की आवश्यकता नहीं होती है?
(a) अवलोकन
(b) कार्य साधन (manipulation) और प्रतिकृति
(c) नियंत्रण
(d) संदर्भ संग्रह

133. प्रयोगात्मक अनुसंधान में किस प्रक्रिया की आवश्यकता नहीं होती है? **[दिसंबर 2009]**
(a) अवलोकन
(b) कार्य साधन
(c) नियंत्रण
(d) सामग्री विश्लेषण (content analysis)

134. निम्नलिखित में से शोधकर्ता कौन-सी अध्ययन विधि को शिक्षा के स्तर और उपलब्धि के बीच संबंधों का अनुमान लगाने के लिए प्राथमिकता देते हैं?
(a) प्राकृतिक (b) सूची
(c) सहसंबंधी (d) प्रायोगिक

135. निम्नलिखित में से कौन-सा माप का सरलतम रूप है?
(a) सांकेतिक (nominal)
(b) क्रमवार (ordinal)
(c) अंतराल (interval)
(d) अनुपात (ratio)

136. एक संतोषजनक सांख्यिकीय मात्रात्मक विधि में निम्नलिखित में से कौन-सा गुण नहीं होना चाहिए? **[दिसंबर 2005]**
(a) औचित्य (b) मापन
(c) तुलनीयता (d) लचीलापन

137. निम्नलिखित में से कौन-से स्टीवन के माप के चार स्तरों का सही क्रम है?
(a) क्रमवार,सांकेतिक, अनुपात और अंतराल
(b) सांकेतिक, क्रमसूचक, अंतराल और अनुपात
(c) अंतराल, सांकेतिक, क्रमसूचक और अनुपात
(d) अनुपात, अंतराल, सांकेतिक और क्रमसूचक

138. कारक विश्लेषण का उपयोग किसलिए किया जाता है? **[जून 2009]**
(a) दो चरों के बीच संबंध जानने के लिए
(b) उपकल्पना का परीक्षण करने के लिए
(c) दो चरों के बीच अंतर जानने के लिए
(d) कई चरों के बीच अंतर जानने के लिए

139. सूची-A (साक्षात्कार) का सूची-B (अर्थ) के साथ मिलान कीजिए और नीचे दिए गए कोड में से सही उत्तर का चयन कीजिए। **[जून 2006]**

	सूची-A (साक्षात्कार)		**सूची-B (अर्थ)**
A.	संरचित साक्षात्कार	I.	अधिक लचीलापन दृष्टिकोण
B.	असंरचित साक्षात्कार	II.	उत्तर दिए जाने वाले प्रश्नों पर ध्यान
C.	केंद्रित साक्षात्कार	III.	व्यक्तिगत जीवन का अनुभव
D.	क्लिनिकल साक्षात्कार	IV.	पूर्व निर्धारित प्रश्न
		V.	अनिर्देशक

कूट:
(a) A-IV, B-I, C-II, D-III
(b) A-II, B-IV, C-I, D-III
(c) A-V, B-II, C-IV, D-I
(d) A-I, B-III, C-V, D-IV

140. निम्नलिखित में कौन-सा सहसंबंधी मूल्य सबसे सुदृढ़ है?
(a) +0.10 (b) –0.95
(c) +0.90 (d) –1.00

141. बुद्धिमता परीक्षण स्कोर और ग्रेड के बीच में कैसा संबंध होता है?
(a) सकारात्मक (b) नकारात्मक
(c) बिल्कुल सही (d) कोई संबंध नहीं

142. निम्नलिखित में से कौन-से आंकड़े कार्ल पियर्सन के सहसंबंध गुणांक के उच्चतम मूल्य को प्रतिबिंबित करते हैं?
(a) +0.22 (b) +0.91
(c) –0.49 (d) –0.92

143. निम्नलिखित में से किस गुण को मापने के लिए लिकर्ट द्वारा विकसित प्रारूप का व्यापक उपयोग प्रश्न पूछने के लिए किया जाता है?
(a) मनोवृत्ति (attitude)
(b) व्यक्तित्व (personality)
(c) मनोबल (morale)
(d) उपरोक्त में से कोई नहीं

अनुसंधान की विशेषताएँ (Research Characteristics)

144. अनुसंधान के क्षेत्र में निष्पक्षता का क्या अर्थ है?
(a) सही या गलत का उचित निर्णय
(b) सुसंगत निष्कर्ष
(c) अंत: शोधकर्ता समझौता
(d) उपरोक्त में से कोई नहीं

145. अनुसंधान की निष्पक्षतावाद (objectivity) को कैसे बढ़ाया जा सकता है? **[जून 2009]**
(a) निष्पक्षता के माध्यम से
(b) विश्वसनीयता के माध्यम से
(c) वैधता के माध्यम से
(d) उपरोक्त सभी

146. निम्नलिखित में से कौन-सी वैधता ऐसी विशेषता को मापने से संबंधित है जिस का प्रत्यक्ष अवलोकन नहीं किया जा सकता, पर यह कल्पना की जा सकती है कि उसका अस्तित्व है?
(a) अंकित वैधता (b) निर्माण वैधता
(c) मानदंड वैधता (d) सामग्री वैधता

147. क्षेत्र अध्ययन किन परिस्थितियों से संबंधित होता है?
(a) वास्तविक जीवन की स्थितियों से
(b) प्रयोगात्मक स्थितियों से
(c) प्रयोगशाला स्थितियों से
(d) उपरोक्त में से कोई नहीं

148. निम्नलिखित में से कौन-सी वैधता सत्यापित करती है कि माप की विधि उस विषय-वस्तु को माप सकने में सक्षम है जिसके लिए वह अपेक्षित है?
(a) सामग्री वैधता
(b) अंकित वैधता
(c) निर्माण वैधता
(d) मापदण्ड वैधता

149. निम्नलिखित में से कौन-सी वैधता शोध अध्ययन के परिणामों के अध्ययन से परे स्थितियों के लिए भी लागू होती है अर्थात् जिस सीमा तक निष्कर्षों को सामान्यीकृत किया जा सकता है?
(a) बाहरी वैधता (b) आंतरिक वैधता
(c) स्थिति वैधता (d) उपरोक्त में से कोई नहीं

150. जिस सीमा तक रिसर्च डिजाइन और डेटा शोधकर्ता को कारण और प्रभाव एवं डेटा के भीतर अन्य संबंधों के बारे में सटीक निष्कर्ष आकर्षित करने के लिए अनुमति देता है, उसको कहा जाता है:
(a) बांहरी वैधता (b) आंतरिक वैधता
(c) स्थिति वैधता (d) उपरोक्त में से कोई नहीं

151. प्रश्न शोध की वैधता और विश्वसनीयता की साख का बन जाएगा जब:
(a) किसी घटना के घटित होने की सूचना एक लम्बी समयावधि के बाद दी जाए।
(b) जानकारी का स्रोत है, वह पक्षपाती और अक्षम हो।
(c) शोधकर्ता पर्याप्त तार्किक निष्कर्ष निकालने में सक्षम न हो।
(d) उपरोक्त सभी

152. निम्नलिखित में से कौन-सा शब्द एक ऐसी स्थिति के वर्णन के लिए प्रयोग किया जाएगा जब एक शोध उस चर या आयाम को माप सकता है जिस के लिए वह बना है?
(a) वैधता (b) विश्वसनीयता
(c) उपयुक्तता (d) उपरोक्त में से कोई नहीं

153. निम्नलिखित में से कौन-सी एक अनुसंधान की विशेषता नहीं है?
(a) अनुसंधान व्यवस्थित है।
(b) अनुसंधान एक प्रक्रिया नहीं है।
(c) अनुसंधान समस्या-उन्मुख है।
(d) अनुसंधान निष्क्रिय नहीं है।

154. निम्नलिखित में से किसका शोध के परिणामों के सामान्यीकरण से निकटतम संबंध हैं?
(a) बाहरी वैधता
(b) निष्कर्ष
(c) दोनों (a) और (b)
(d) उपरोक्त में से कोई नहीं

155. एक शोध विधि या उपकरण जो शोधकर्ता को हर बार अलग परिणाम दे रही है, ऐसी स्थिति को दर्शाने के लिए निम्नलिखित में से कौन-सा विकल्प उपयुक्त है?
(a) निम्न वैधता (b) उच्च वैधता
(c) कम विश्वसनीयता (d) उच्च विश्वसनीयता

156. निम्नलिखित में से कौन-से शब्द का प्रयोग शोध निष्कर्षों की प्रमाणिकता के संदर्भ में होता है?
(a) मौलिकता (originality)
(b) वैधता (validaity)
(c) वस्तुनिष्ठता (objectivity)
(d) उपरोक्त सभी

157. निम्नलिखित अनुसंधान में से कार्य साधन (mani-pulation) सदैव किसका अभिन्न भाग रहा है?
(a) ऐतिहासिक अनुसंधान
(b) मौलिक अनुसंधान
(c) वर्णनात्मक अनुसंधान
(d) प्रायोगिक अनुसंधान

उपकल्पना का सूत्रीकरण (FORMULATION OF HYPOTHESIS)

158. निम्नलिखित में से किस शब्द का हम किसी व्यवहार को नियंत्रित करने के शिष्ट अनुमान को प्रकट करने हेतु उपयोग करते हैं?
(a) प्रयोगात्मक नियंत्रण
(b) उपकल्पना
(c) प्रयोगात्मक चर
(d) सिद्धांत

159. विभिन्न उपकल्पनाओं की कार्यविधि का उपयोग किस स्थिति में किया जाना चाहिए?
(a) शोध के अंतिम चरण के दौरान
(b) शोध अध्ययन की योजना
(c) परिणामों के प्रकाशन के समय
(d) उपरोक्त में से कोई नहीं

160. निम्नलिखित में से किसके आधार पर मान्यताओं को निरुपित (formulated) किया जाता है?
(a) देश की सांस्कृतिक पृष्ठभूमि (cultural background)
(b) विश्वविद्यालयों
(c) जातियों के विशिष्ट विशेषताओं के आधार पर
(d) उपरोक्त सभी

161. निम्नलिखित में से किस प्रकार के शब्दों में उपकल्पनाओं को वर्णित नहीं किया जा सकता?
(a) घोषणात्मक
(b) रिक्त उपकल्पना और प्रश्न-पत्र
(c) सामान्य
(d) दिशात्मक

162. निम्नलिखित में से किस प्रकार के अनुसंधान में शोध उपकल्पना को सम्मिलित करने की कम से कम संभावना होती है?
(a) अंत:क्षेप अनुसंधान (intervention research)
(b) संस्थात्मक अनुसंधान (associational research)
(c) वर्णनात्मक अनुसंधान (descriptive research)
(d) उपरोक्त में से कोई नहीं

163. निम्नलिखित में से कौन-सा कथन रिक्त उपकल्पना को वर्णित कर रहा है?
(a) चरों के बीच कोई अंतर नहीं होता है
(b) अनुसंधान उपकल्पना के रूप में
(c) व्यक्ति-निष्ठ रूप में
(d) चरों के बीच अंतर होता है

164. अनुसंधान परिकल्पना का तात्पर्य है
(a) वर्तमान शोध की समीक्षा करना
(b) चरों के बीच में सम्भावी संबंधों का विवरण देना
(c) जब यह कहा जाए कि उनको पुष्ट करना या नकारना
(d) दोनों (b) और (c)

165. निम्नलिखित में से कौन-सा कथन शोध प्रश्न के लिए विकास की प्रक्रिया का सबसे अच्छा वर्णन करता है?
(a) एक व्यापक प्रश्न को और अधिक स्पष्ट बना दिया जाता है जैसे-जैसे शब्दों को और अधिक स्पष्ट रूप में परिभाषित किया जाता है।
(b) एक व्यापक सवाल और अधिक स्पष्ट बना दिया जाता है ताकि वह और अधिक महत्त्वपूर्ण हो सके।
(c) एक व्यापक प्रश्न को और भी अधिक व्यापक बनाया जाता है
(d) एक विशिष्ट प्रश्न को और भी अधिक महत्त्वपूर्ण बनाया जाता है।

166. एक अच्छे अनुसंधान के प्रश्न कैसे होने चाहिए?
(a) स्पष्ट, महत्त्वपूर्ण और नैतिक
(b) साध्य, स्पष्ट, महत्त्वपूर्ण और नैतिक
(c) साध्य, स्पष्ट और महत्त्वपूर्ण
(d) साध्य, स्पष्ट और नैतिक

167. निम्नलिखित में से किसी शोध में प्रयुक्त प्रश्नों की सबसे अनिवार्य विशेषता कौन-सी है?
(a) प्रश्नों का उत्तर देने में रुचि होना।
(b) प्रदत्तों के संग्रह की संभावना जो कि प्रश्नों का उत्तर देने के प्रयास में एकत्र किया जाता है
(c) व्यावसायीकरण की संभावना
(d) समाज में एक महत्त्वपूर्ण सकारात्मक परिवर्तन होना

168. निम्नलिखित में से एक अच्छी उपकल्पना कैसी होनी चाहिए?
(a) यह इस तरीके से तैयार की जानी चाहिए जिसका प्रदत्तों द्वारा परीक्षण किया जा सके।
(b) ज्ञात तथ्यों के साथ विधिपूर्वक, विशिष्ट और अनुकूल होनी चाहिए।
(c) सीमित दायरा होना चाहिए और वैश्विक महत्त्व नहीं होना चाहिए।
(d) उपरोक्त सभी

169. निम्नलिखित में से एक उपकल्पना को किस रूप में वर्णित किया जा सकता है?
(a) अंतर्ज्ञान (intuition)
(b) प्रकृतिकृत अनुमान (wild guess)
(c) शोधकर्ताओं द्वारा अपने शोध के लिए धनराशि प्राप्त करने के प्रयास के रूप में
(d) अध्ययन के संभावित परिणामों के बारे में भविष्यवाणी के रूप में

170. निम्नलिखित में से किसमें उपकल्पना के निरूपण (formulation) की आवश्यकता नहीं होती है?
(a) सर्वेक्षण विधि (b) ऐतिहासिक अध्ययन
(c) प्रयोगात्मक अध्ययन (d) मानक अध्ययन

171. एक परिचालन (operational) परिभाषा का अर्थ है:
(a) इसका मूल अवधारणा से कोई संबंध नहीं होता।
(b) यह अवधारणा की अमूर्त एवं सैद्धांतिक परिभाषा है।
(c) यह विशिष्ट, अनुभवसिद्ध उपायों के संदर्भ में होती है।
(d) उपरोक्त में से कोई नहीं

172. एक शोध रिपोर्ट में निष्कर्ष का उद्‌देश्य क्या होता है?
(a) यह बताते हैं कि कैसे अवधारणाओं को परिभाषित किया गया और मापा गया है।
(b) यह शोध सवालों के संबंध में महत्त्वपूर्ण निष्कर्षों को संक्षिप्त रूप में प्रस्तुत करते हैं।
(c) इसमें उपयुक्त साहित्य की एक उपयोगी समीक्षा शामिल होती है।
(d) यह कार्यप्रणाली की प्रक्रियाओं की रूपरेखा है।

173. निम्नलिखित में से उपकल्पना को स्पष्ट रूप से कथित करने का मुख्य लाभ कौन-सा है?
(a) यह शोधकर्ता को अध्ययन के संभावित परिणामों के बारे में गम्भीर एवं विशेष रूप से सोचने पर बल देता है।
(b) यह अध्ययन को सरल बनाता है।
(c) यह परिभाषाओं को स्पष्ट करता है।
(d) यह अनुसंधान पूर्वाग्रहों को कम करता है।

174. निम्नलिखित में से दिशात्मक उपकल्पना का उदाहरण कौन-सा है?
(a) इस उपकल्पना में छात्रों के पढ़ने के स्तर में अंतर होता है।
(b) इसमें व्याख्यान और समूह अनुदेश में अंतर होता है।
(c) प्राथमिक कक्षा में समूह-निर्देश व्याख्यान की तुलना में अधिक प्रभावी होते हैं।
(d) इससे अधिगम में वृद्धि होगी।

175. निम्नलिखित में से किस में उपकल्पना का निरूपण करना आवश्यक नहीं है?
(a) सर्वेक्षण अध्ययन
(b) तथ्य निष्कर्ष निकलने के लिए ऐतिहासिक शोध
(c) प्रयोगात्मक अध्ययन
(d) उपरोक्त में से कोई नहीं

176. निम्नलिखित में से कौन-सा/से कथन उपकल्पना के संदर्भ में सही नहीं है?
(a) यह एक अस्थाई प्रस्ताव है।
(b) उपकल्पना की वैधता अज्ञात होती है।
(c) इसको सामान्यीकृत किया जा सकता हो।
(d) उपरोक्त सभी

177. मिश्रित शोध में मात्रात्मक और गुणात्मक निष्कर्षों के संदर्भ में निम्नलिखित में कौन-सा कथन आवश्यक है?
(a) महत्त्व के क्रम में सूचीबद्ध करना
(b) इनको अलग वर्गों में सम्मिलित करना
(c) इनको एकीकृत रूप में दर्शाना
(d) इनको पूर्ण रूप से परिशिष्टों में दिखाया जाना चाहिए

178. लघु न्यादर्श में शून्य परिकल्पना का परीक्षण करने के लिए शोधकर्ता किसका उपयोग करता है?
(a) टी परीक्षण
(b) एनोवा
(c) काई वर्ग परीक्षण (chi square test)
(d) भाज्य-संबंधी विश्लेषण (factor analysis)

अनुसंधान के चर (Research Variables)

179. वस्तुओं, घटनाओं या चीजों के गुणों को किसके द्वारा मापा जाता है?
(a) गुणात्मक माप (b) प्रदत्त
(c) चर (d) उपरोक्त में से कोई नहीं

180. प्राय: अनुसंधान ऐसे हैं जिसमें बड़ी संख्या में चर होते हैं, एक सांख्यिकीय तकनीक जिसका उपयोग इस प्रकार के अध्ययन में यह स्थापित करने के लिए किया जाता है जहां चरों के समूहों की चेष्टा या प्रवृति परस्पर संबंधित होने की होती है: **[दिसंबर 2006]**
(a) सरल सहसंबंध (b) बहु सहसंबंध
(c) कारक विश्लेषण (d) उपरोक्त में से कोई नहीं

181. जब हम एक सक्रिय स्वतंत्र चर का अध्ययन कर रहे होते हैं, तो प्रतिभागियों का ऐसा समूह जिस पर हस्तक्षेप किया जा रहा है या वे उपचार के अधीन है, के लिए निम्न शब्दों का प्रयोग किया जाता है?
(a) प्रयोगात्मक समूह (b) नियंत्रण समूह
(c) दोनों (a) और (b) (d) ना (a), ना ही (b)

182. निम्नलिखित में से किसको श्रेणीगत चर के रूप में सबसे अच्छा वर्णित किया जा सकता है?
(a) आयु (b) वार्षिक आय
(c) श्रेणी औसत (d) धर्म

183. प्रयोगात्मक अध्ययन किस पर आधारित होता है?
(a) चरों के कार्यसाधन
(b) वैचारिक प्राचल
(c) अनुसंधान की पुनरावृति
(d) साहित्य के सर्वेक्षण

184. एक कार्यसाधन स्वतंत्र चर को क्या कहते हैं?
(a) बाह्य चर (b) हस्तक्षेप चर
(c) विषय चर (d) सक्रिय चर

185. निम्नलिखित में से किस चर के अलावा नियंत्रण समूह और प्रयोगात्मक समूह पूर्ण रूप से समान है?
(a) आश्रित चर (b) स्वतंत्र चर
(c) बाह्य चर (d) पुनरावृति चर

186. व्यवहार जिसे एक प्रयोग के दौरान मापा जाता है, उसे किस चर के रूप में जाना जाता है?
(a) पेचीदा बनाने वाले चर
(b) स्वतंत्र चर
(c) आश्रित चर
(d) नियंत्रित चर

187. निम्नलिखित प्रकार का अनुदैर्ध्य अनुसंधान कुछ व्यक्तियों का अध्ययन एक विस्तारित अवधि के लिए करता है:
(a) प्रवृत्ति अध्ययन (b) पैनल अध्ययन
(c) दोनों (a) और (b) (d) न (a) और न ही (b)

188. निम्नलिखित में से एक श्रेणीगत चर का उदाहरण कौन-सा है?
(a) शिक्षक के बालों का रंग
(b) शिक्षक द्वारा एक निबंध के लिए लिया गया औसत समय
(c) एक शिक्षक की उसकी कक्षा से कार्यालय की दूरी
(d) उपरोक्त में से कोई नहीं

189. ये वे चर हैं जिनका एक शोधकर्ता यह आकलन करने के लिए चयन करता है कि उनका दूसरे चर या चरों पर क्या प्रभाव रहता है?
(a) आश्रित (b) स्वतंत्र
(c) बाहरी (d) उपरोक्त में से कोई नहीं

190. एक स्थिति या विशेषता है जिसके विभिन्न मूल्य या श्रेणियाँ हो सकती हैं, उसे कहा जाता है:
(a) स्थिर (constant)
(b) चर (variable)
(c) कारण और प्रभाव संबंध
(d) वर्णनात्मक संबंध

191. निम्नलिखित में से मात्रात्मक चर का उदाहरण कौन-सा है?
(a) आयु, तापमान, आय और ऊंचाई
(b) श्रेणी बिंदु औसत, व्यग्रता का स्तर और पठन प्रदर्शन
(c) लिंग, धर्म और संजातीय समूह
(d) दोनों (a) और (b)

192. अनुसंधान में जिसका मूल्य परिवर्तित नहीं होता, उसे क्या कहा जाता है?
(a) एक परिवर्तनीय (b) विधि
(c) स्थिर (d) उपरोक्त में से कोई नहीं

193. निम्नलिखित में से कारक विश्लेषण का उपयोग किस लिए किया जाता है?
(a) दो चर के बीच संबंध जानने के लिए
(b) परिकल्पना का परीक्षण करने के लिए
(c) दो चरों के बीच का अंतर जानने के लिए
(d) कई चरों के बीच का अंतर जानने के लिए

194. चर जो दूसरे चरों में परिवर्तन का कारण बनता है:
(a) निरपेक्ष चर (b) आश्रित चर
(c) स्वतंत्र चर (d) मध्य चर

195. निम्नलिखित में से ऐसा कौन-सा स्वतंत्र चर है जिस के साथ शोध अध्ययन में हेरफेर नहीं किया जा सकता है?
(a) लिंग
(b) जातीयता (ethnicity)
(c) बुद्धिमत्ता और अन्य लक्षण
(d) उपरोक्त में से कोई नहीं

196. किसी प्रयोगात्मक अभिकल्प में, आश्रित चर किसे कहते हैं?
(a) जिसमें कोई भी परिवर्तन किया जा सकता है।
(b) जिसमें कोई भी परिवर्तन नहीं किया जा सकता है।
(c) दोनों (a) और (b)
(d) उपरोक्त में से कोई नहीं

197. यह वह चर है जिसका मूल्य दूसरे चर से प्रभावित होता है:
(a) स्वतंत्र चर
(b) आश्रित चर
(c) स्वतंत्र या निर्भर
(d) न तो स्वतंत्र है और न ही निर्भर

198. समूह-केंद्रित, गहन साक्षात्कार, घटनाजन्य, कथात्मक अनुसंधान, आदि अनुसंधान के वर्गीकरण किस आधार के अंतर्गत आते हैं?
(a) तर्क (b) परिणाम
(c) उद्देश्य (d) गुणात्मक

199. निम्नलिखित में से ऐसे कौन-से चर हैं जो शोधकर्ता सृजित किये जाते हैं और आमतौर पर प्रयोगात्मक अध्ययन में होते हैं?
(a) बाह्य चर
(b) कार्यसाधन चर
(c) आश्रित चर
(d) उपरोक्त में से कोई नहीं

200. एक परीक्षण यह जानने के लिए किया जाता है कि सोने के अभाव का स्मृति पर क्या प्रभाव पड़ता है, इस प्रयोग में आश्रित चर है:
(a) जितने घंटे शिक्षार्थी नींद के बिना रहता है
(b) स्मृति स्कोर
(c) प्रयोगात्मक समूह में जितने शिक्षार्थी बिना नींद के रहे
(d) नींद के घंटों और थकान के बीच सहसंबंध

201. एक शोधकर्ता द्वारा किसी प्रयोग में उपयोग किये जाने वाले चरों को क्या कहा जाता है?
(a) प्रतिक्रिया चर (b) स्वतंत्र चर
(c) निर्भर चर (d) बाह्य चर

202. निम्नलिखित में से कौन-सा चर आश्रित चर के लिए एक उपयुक्त समानार्थक नहीं हो सकता है?
(a) परिणाम चर (b) प्रतिक्रिया चर
(c) प्रभावित चर (d) प्रायोगिक चर

203. निम्नलिखित में से परिमाणात्मक चर का एक मुख्य उदाहरण कौन-सा है?
(a) जन्म की तारीख
(b) उच्च शैक्षिक योग्यता
(c) किसी कार्य को पूरा करने के लिए लिया गया समय
(d) डाक-संबंधी कोड

न्यादर्श चयन (SAMPLING)

204. निम्नलिखित में से किसे परिमाणात्मक रूप में व्यक्त नहीं किया जा सकता है?
(a) सामाजिक-आर्थिक स्थिति
(b) वैवाहिक स्थिति
(c) संख्यात्मक योग्यता
(d) व्यवसायी की मनोदृष्टि

205. किसी सर्वेक्षण के लिए जनसंख्या के उप-समुच्चय के चयन की प्रक्रिया को क्या कहा जाता है?
(a) सर्वेक्षण अनुसंधान (b) प्रतिनिधित्व
(c) त्रिभुजीकरण (d) न्यादर्श

206. शोधकर्ता अंततः निम्नलिखित में से किसके संदर्भ में अनुसंधान के प्रश्न/प्रश्नों का उत्तर जानना चाहते हैं?
(a) न्यादर्श
(b) अभिगम्य जनसंख्या (accessible population)
(c) लक्षित जनसंख्या
(d) विश्व

207. किसी न्यादर्श के आधार पर सामान्यीकृत निष्कर्ष को तकनीकी रूप से क्या कहा जाता है?
(a) प्रदत्त का विश्लेषण और व्याख्या
(b) प्राचल अनुमान
(c) सांख्यिकीय अनुमान
(d) उपरोक्त सभी

208. एक अन्वेषक विस्तृत भौगोलिक क्षेत्र में नेत्रहीन बच्चों की आकांक्षाओं का व्यावसायिक अध्ययन करना चाहता है। उसको निम्नलिखित प्रकार के न्यादर्श का चयन करना चाहिए?
(a) साधारण यादृच्छिक न्यादर्श
(b) स्तरीकृत न्यादर्श
(c) सोद्देश्य न्यादर्श
(d) सुविधाजनक न्यादर्श

209. निम्नलिखित में से कौन-से न्यादर्श है जिसमें प्रत्येक व्यक्ति को चयनित किये जाने का समान अवसर प्राप्त होता है?
(a) सम्भाव्य न्यादर्श
(b) गैर-सम्भाव्य न्यादर्श
(c) कोटा न्यादर्श
(d) उपरोक्त में से कोई नहीं

210. इस प्रकार के न्यादर्श में कुछ लोगों के चयन की सम्भावना दूसरों से अधिक रहती है?
(a) सम्भाव्य न्यादर्श (b) गैर-सम्भाव्य न्यादर्श
(c) कोटा न्यादर्श (d) उपरोक्त में से कोई नहीं

211. यदि कोई अनुसंधान-समस्या विजातीय जनसंख्या से संबंधित हैं, तो उसके लिए सबसे उपयुक्त विधि कौन-सी है?
(a) स्तवक (cluster) न्यादर्श
(b) स्तरीकृत न्यादर्श
(c) सुविधाजनक न्यादर्श
(d) लॉटरी विधि

212. निम्नलिखित में से कौन-सी विधि में प्रतिनिधि न्यादर्श अनिवार्य है?
(a) सर्वेक्षण विधि
(b) प्रयोगात्मक विधि
(c) व्यक्तिगत अध्ययन
(d) नैदानिक विधि

213. निम्नलिखित में से कौन-सा न्यादर्श गैर-सम्भाव्य न्यादर्श के अंतर्गत आता है?
(a) स्तवक न्यादर्श
(b) कोटा न्यादर्श
(c) व्यवस्थित न्यादर्श
(d) स्तरीकृत यादृच्छिक न्यादर्श

214. जब सांख्यिकीय माप सम्पूर्ण जनसंख्या पर आधारित होता है, तो उसे प्राचल कहा जाता है लेकिन जब माप न्यादर्श पर आधारित होता है, तो उसे क्या कहा जाता है?
(a) न्यादर्श प्राचल
(b) निष्कर्ष
(c) आँकड़ा
(d) उपरोक्त में से कोई नहीं

215. जब कोई शोधकर्ता पूर्ण जनसंख्या में से सौ सम्भाव्य न्यादर्श का चयन करता है, तो उसे निम्नलिखित में से कौन-सा न्यादर्श कहा जाता है?
(a) कोटा न्यादर्श
(b) सरल यादृच्छिक न्यादर्श
(c) स्तरीकृत यादृच्छिक न्यादर्श
(d) व्यवस्थित न्यादर्श

216. एक शोधकर्ता विद्यालय के छात्रों को लिंग के आधार पर बांटता है, तत्पश्चात यादृच्छिक अंक तालिका (random digit table) का उपयोग करके वह प्रत्येक समूह से न्यादर्श का चयन करता है। ये है:
(a) स्तरीकृत न्यादर्श
(b) स्तरीकृत यादृच्छिक न्यादर्श
(c) प्रतिनिधि न्यादर्श
(d) उपरोक्त में से कोई नहीं

217. किसी अनुसंधान की सटीकता को सुनिश्चित करने के लिए न्यादर्श कैसा होना चाहिए?
(a) वह यादृच्छिक रूप से लिया जाना चाहिए।
(b) वह कोटा द्वारा तय किया जाना चाहिए।
(c) जनसंख्या का प्रतिनिधि करने वाला होना चाहिए।
(d) सोद्देश्यपूर्ण होना चाहिए।

218. अनुसंधानकर्ता न्यादर्श का आकार कम रख सकते हैं यदि जनसंख्या:
(a) विजातीय हो (b) अप्राप्य हो
(c) सजातीय हो (d) उपरोक्त सभी

219. यदि जनसंख्या सीमित हो तो निम्नलिखित में से कौन-सी तकनीक का उपयोग किया जाता है?
(a) क्षेत्र न्यादर्श तकनीक
(b) सोद्देश्य न्यादर्श तकनीक
(c) व्यवस्थित न्यादर्श तकनीक
(d) उपरोक्त में से कोई नहीं

220. स्तवक न्यादर्श (cluster sampling) का उपयोग तब किया जाता है, जब:
(a) समष्टि यत्र-तत्र घटित (scattered) हो और न्यादर्श का आकार बड़ा होना चाहिए।
(b) समष्टि विजातीय (heterogenous) हो।
(c) लम्बे सर्वेक्षण की आवश्यकता है।
(d) दोनों (a) और (c)

221. एक शोधकर्ता अपनी समष्टि को कुछ समूहों में विभाजित कर देता है और प्रत्येक समूह से न्यादर्श की संख्या निश्चित कर देता है। इस प्रकार के न्यादर्श को क्या कहा जाता है?
(a) स्तरीकृत (स्ट्राटीफिएड) न्यादर्शन
(b) कोटा न्यादर्शन
(c) स्तवक (cluster) न्यादर्शन
(d) उपरोक्त सभी

222. निम्नलिखित में से कौन-सा असम्भाव्य न्यादर्श है?
(a) कोटा न्यादर्श
(b) सरल यादृच्छिक न्यादर्श
(c) सोद्देश्य न्यादर्श
(d) दोनों (a) और (c)

223. यदि शोधकर्ता किन्ही पांच स्कूलों का चयन करता है और फिर उन पांच स्कूलों में प्रत्येक शिक्षक का साक्षात्कार लेता है, तो वह इसके लिए कौन-से न्यादर्श का उपयोग करता है?
(a) सरल यादृच्छिक न्यादर्श
(b) स्तरीकृत यादृच्छिक न्यादर्श
(c) क्लस्टर यादृच्छिक न्यादर्श
(d) उपरोक्त में से कोई नहीं

224. निम्नलिखित में से कौन-सा शब्द उन आंकड़ों के लिए सबसे उचित रूप से प्रयोग किया जाता है जिनको मूल रूप से एक भिन्न व्यक्ति द्वारा किसी भिन्न उद्देश्य के लिए एकत्रित किया गया था?
(a) प्राथमिक डेटा (b) माध्यमिक डेटा
(c) प्रायोगिक डेटा (d) उपरोक्त में से कोई नहीं

225. निम्नलिखित में से कौन-सी प्रदत्त संग्रह की विधि नहीं है?
(a) प्रश्नावली (b) साक्षात्कार
(c) टिप्पणियां (d) प्रयोग

226. निम्नलिखित में से कौन-सा सरल यादृच्छिक न्यादर्श विधि का उदाहरण है?
(a) व्यवस्थित न्यादर्श (b) सुविधा न्यादर्श
(c) सोद्देश्य न्यादर्श (d) उपरोक्त में से कोई नहीं

227. निम्नलिखित में से कौन-सा सरल यादृच्छिक न्यादर्श विधि का उदाहरण नहीं है?
(a) व्यवस्थित न्यादर्श
(b) स्तरीकृत यादृच्छिक न्यादर्श
(c) सरल यादृच्छिक न्यादर्श
(d) उपरोक्त सभी

228. इनमें से यादृच्छिक न्यादर्श विधि का एक प्रकार है:
(a) दो चरण यादृच्छिक न्यादर्श
(b) व्यवस्थित न्यादर्श
(c) सुविधा न्यादर्श
(d) सोद्देश्य न्यादर्श

229. निम्नलिखित में से कौन-सा गैर-यादृच्छिक न्यादर्श विधि का एक उदाहरण है?
(a) सुविधा न्यादर्श
(b) स्तरीकृत यादृच्छिक न्यादर्श
(c) सरल यादृच्छिक
(d) स्तवक यादृच्छिक

230. स्तरीकृत यादृच्छिक न्यादर्श का मुख्य उद्देश्य यह निश्चित करना है कि
(a) जनसंख्या की हर इकाई की न्यादर्श में चयन की समान सम्भावना है
(b) भिन्न-भिन्न श्रेणियों से आनुपातिक प्रतिनिधित्व सुनिश्चित करने के लिए
(c) प्रतिवादियों से त्वरित अनुक्रिया
(d) उपरोक्त में से कोई नहीं

231. निम्नलिखित में से कौन-सा सहसंबंध गुणांक के बारे में सबसे सटीक कथन है?
(a) दो चरों के बीच संबंध की सीमा को दर्शाने का उपाय।
(b) स्वतंत्र और आश्रित चरों के बीच कारण दिशा को दर्शाने का एक सूचकांक।
(c) इस संभावना का एक संकेत है कि एक प्रयोगात्मक निष्कर्ष दूसरों के द्वारा दोहराया जाएगा।
(d) संभावना को मापने का उपाय है कि अवलोकित अन्तर कितने संयोग की बात है।

232. चीनी की गोली को यदि एक दवा की तरह खिलाया जाए तो उस को क्या कहा जाता है?
(a) प्लेसिबो प्रभाव (b) एक बाहरी कारक
(c) परिवर्तनशीलता (d) उपरोक्त में से कोई नहीं

233. क्रॉस-अनुभागीय अभिकल्प का क्या अर्थ है?
(a) ग्राहकों के एक विशेष अनुभाग का अध्ययन करना।
(b) किसी भी व्यक्तिगत पूर्वाग्रह से मुक्त अनुसंधान अभिकल्प।
(c) एक ही समय अवधि में प्रतिवादियों से अधिकाधिक प्रदत्त संग्रह करना।
(d) लंबी समय-अवधि में दो या दो से अधिक चरों की तुलना करना।

अनुसंधान आचार-नीति/मिश्रित (RESEARCH ETHICS/MISC)

234. अनुसंधान नैतिक नहीं माना जाता है, यदि:
(a) यह एक विशेष बात को साबित करने की कोशिश करता है।
(b) यह प्रतिवादी की गोपनीयता और अनामिता सुनिश्चित नहीं करता है।
(c) यह वैज्ञानिक दृष्टि से आंकड़ों की जांच नहीं करता है।
(d) यह बहुत ही उच्च स्तर का नहीं है।

235. नैतिक अतिक्रमण (Ethical Transgression) का अर्थ है:
(a) नैतिक सिद्धांतों को मानना
(b) नैतिक सिद्धांतों को न मानना
(c) नैतिकता को परिभाषित करना
(d) उपरोक्त में से कोई नहीं

236. निम्नलिखित में से कौन-सा कथन या विचार स्थिति नैतिकता की मूल भावना से जुड़ा हुआ नहीं है?
(a) कुछ भी चलता है
(b) उद्देश्य पूर्ति साधन से अधिक महत्त्वपूर्ण है
(c) कोई विकल्प नहीं
(d) उपरोक्त सभी

237. निम्नलिखित में से ऐसी कौन-सी अपहानि है जिसका अनुसंधान प्रतिभागियों को सामना करना पड़ सकता है?
(a) शारीरिक चोट
(b) तनाव और चिंता
(c) खराब विकास
(d) उपरोक्त सभी

238. निम्नलिखित में कौन-सी अनुसंधान विधि सूचित सहमति की कमी के साथ प्रत्यक्ष रूप से जुड़ी हुई है?
(a) गहन साक्षात्कार
(b) सामग्री विश्लेषण
(c) गुप्त अवलोकन
(d) व्यक्ति अध्ययन

239. निम्नलिखित में से कौन-सी विधि प्रत्यक्ष रूप से सूचित सहमति की कमी के साथ जुड़ी हुई है?
(a) गहन साक्षात्कार (b) सामग्री विश्लेषण
(c) प्रच्छन्न अवलोकन (d) व्यक्तिगत अध्ययन

240. निम्नलिखित में से ऐसी कौन-सी हानि है जिसका प्रतिभागियों को अनुसंधान प्रक्रिया की अवधि में सामना करना पड़ सकता है?
(a) मनोवैज्ञानिक संकट
(b) शारीरिक चोट
(c) आत्मसम्मान की हानि
(d) उपरोक्त सभी

241. अनुसंधान के निष्कर्ष या परिणामों को जब एक से अधिक जर्नल में छापा जाता है, तो उसे क्या कहा जाता है?
(a) आंशिक प्रकाशन
(b) डुप्लिकेट प्रकाशन
(c) पूर्ण प्रकाशन
(d) उपरोक्त में से कोई नहीं

242. अनुसंधान प्रतिभागियों के बारे में व्यक्तिगत प्रदत्त को सुरक्षित, गोपनीय रिकॉर्ड में रखा जाना क्यों महत्त्वपूर्ण है?
(a) अनुसंधान नैतिकता के सिद्धांतों का अवलोकन करने के लिए
(b) अनुसंधान की लागत की वसूली के बाद एक बड़े मंच पर प्रदत्त बेचने के लिए
(c) अन्य शोधकर्ताओं से गोपनीयता रखने के लिए
(d) उपरोक्त में से कोई नहीं

243. परिमाणात्मक अनुसंधान के क्षेत्र में माप का क्या महत्त्व है?
(a) यह लोगों या स्थितियों के बीच मतभेद का वर्णन करता है।
(b) यह एक सुसंगत उपकरण या मापदंड प्रदान करता है।
(c) यह अवधारणाओं के बीच संबंधों के सटीक अनुमान प्रदान करता है।
(d) उपरोक्त सभी

244. मात्रात्मक शोधकर्ताओं की सबसे ज्यादा व्यस्तता सामान्यीकरण में रहती है, जिस को हम कह सकते हैं:
(a) बाहरी वैधता
(b) आंतरिक विश्वसनीयता
(c) बाहरी विश्वसनीयता
(d) आंतरिक वैधता

245. निम्नलिखित में से कौन-सा कथन जनसंख्या सामान्यीकरण (generalizability) को संदर्भित करता है:
(a) यादृच्छिक न्यादर्श के बारे में निष्कर्ष
(b) अनुसंधान में निष्कर्ष
(c) जिस सीमा तक न्यादर्श जनसंख्या का प्रतिनिधित्व करता है
(d) जिस सीमा तक अध्ययन के परिणामों को अन्य के लिए प्रयोग किया जा सकता है

246. जिस सीमा तक अध्ययन के परिणामों को अन्य स्थितियों पर लागू किया सकता है?
(a) जनसंख्या सामान्यीकरण
(b) यादृच्छिक न्यादर्श के बारे में शोधकर्ता के निष्कर्ष
(c) शोधकर्ता प्राप्त जानकारी के आधार पर जो निष्कर्ष निकालते हैं
(d) पारिस्थितिक सामान्यीकरण

247. अनुसंधान अभिकल्प का क्या अर्थ है?
(a) यह एक सामान्य विधि है जो कि सभी शोधकर्ताओं द्वारा शोध को कार्यान्वित करने के लिए अपनाई जाती है।
(b) यह गुणात्मक और परिमाणात्मक विधियों में से किसी एक का उपयोग करने का अंतिम विकल्प है।
(c) यह शोध निष्कर्षों की प्रस्तुति है।
(d) यह प्रदत्त संग्रह और उसके विश्लेषण के प्रत्येक चरण के लिए एक रूपरेखा है।

248. अनुसंधान के दौरान अपने मूल्यों को स्वीकार करना आवश्यक है, क्योंकि:
(a) यह हमें उन्हें समाप्त करने की अनुमति देता है।
(b) यह हमें स्वयं के बारे में निष्कपट बनने की अनुमति देता है।
(c) कम से कम हम जानते हैं कि हम क्या अनदेखा कर सकते हैं।
(d) यह दूसरों को हमारे मूल्यों के स्वीकार करने के लिए मना सकता है।

249. जब एक चर के मूल्य में वृद्धि होती हैं, तो दूसरे चर के मूल्य में भी वृद्धि होती है, तो इसमें सहसंबंध गुणांक कैसा होगा?
(a) सकारात्मक (b) नकारात्मक
(c) शून्य (d) उपरोक्त में से कोई नहीं

250. निम्नलिखित में से तर्क की यह कौन-सी प्रक्रिया है जो हमें कथनों के समूह से एक विशिष्ट निष्कर्ष तक पहुँचाती है?
(a) बुद्धिवाद (rationalism)
(b) निगमनात्मक तर्क (deductive reasoning)
(c) आगमनात्मक तर्क (inductive reasoning)
(d) संभाव्य (probablistic)

251. यह महत्त्वपूर्ण है कि शोधकर्ता ऐसे निष्कर्ष उत्पन्न करे जो मूल्यवान हो और जिन को पूरे विश्व में शैक्षिक समुदाय प्रयोग में लेकर आए:
(a) शोध प्रभाव
(b) प्रशस्ति पत्र प्रभाव
(c) आचार संहिता प्रभाव
(d) उपरोक्त में से कोई नहीं

252. शोधकर्ता केवल वही निष्कर्ष सामने लेकर आएं जो वे चाहते हैं:
(a) शोधकर्ता पूर्वाग्रह (b) प्रयोगकर्त्ता प्रभाव
(c) उदारता प्रभाव (d) प्रभामंडल प्रभाव

253. निम्नलिखित में से कौन-सा SPSS का प्रशिक्षण देने के लिए सबसे उपयुक्त है?
(a) संगोष्ठी (b) सम्मेलन
(c) कार्यशाला (d) पेपर

254. निम्नलिखित में से एक अकादमिक सभा में क्या अनिवार्य है?
(a) संवर्धन (b) सम्मेलन
(c) संगोष्ठी (d) उपरोक्त में से कोई नहीं

255. निम्नलिखित में से कौन एक ग्रंथ सूची के अंत में सूत्रों को उद्धृत करने के लिए आवश्यक है?
(a) सम्मेलन (b) संवर्धन
(c) संगोष्ठी (d) पेपर

256. निम्नलिखित में से किसमें इंटरनेट का सबसे अधिक उपयोग करने की संभावना होती है?

(a) वेब सम्मेलन (b) सेमीनार
(c) सिम्पोजियम (d) उपरोक्त में से कोई नहीं

257. निम्नलिखित में से कौन पत्रिका में प्रकाशित होता है?

(a) आलेख (b) पेपर
(c) दोनों (a) और (b) (d) उपरोक्त में से कोई नहीं

258. एक शोधकर्ता ने एक ही जैसे डिज़ाइन का उपयोग करते हुए तीन प्रयोगों का आयोजन किया, जिसमें प्रत्येक में 100 प्रतिभागी थे, बजाय इसके कि 300 प्रतिभागियों का एक ही प्रयोग। निम्नलिखित में से कौन-सा शब्द ऐसी स्थिति को वर्णित करता है?

(a) प्रतिकृति (replication)
(b) कार्यसाधन (manipulation)
(c) अवलोकन (observation)
(d) मान्यकरण (validation)

अन्य महत्वपूर्ण प्रश्न

259. तनावपूर्ण जीवन जीने से दिल का दौरा क्यों पड़ता है? इस प्रकार के प्रश्नों में, हमें एक स्थिति के दो पहलुओं के मध्य संबंध देखने की आवश्यकता होती है कि यह 'कैसे' और 'क्यों' हैं। उपरोक्त स्थिति में किस प्रकार का शोध सहायक होता है?

(a) खोजपूर्ण अनुसंधान
(b) वर्णनात्मक अध्ययन
(c) नृवंशविज्ञान अनुसंधान
(d) व्याख्यात्मक अनुसंधान

260. निम्नलिखित दो कथनों पर विचार कीजिए।

1. श्रेणीबद्ध चर को नाममात्र या क्रमिक माप पैमानों पर मापा जाता है।
2. सतत चरों को या तो अंतराल या अनुपात पैमाने पर मापा जाता है।
3. श्रेणीबद्ध और निरंतर चर दोनों को, स्थिति के अनुसार किसी भी पैमाने पर मापा जा सकता है।

उपरोक्त में से कौन से कथन सही हैं ?

(a) केवल 1 और 2 (b) केवल 2 और 3
(c) केवल 1 और 3 (d) उपरोक्त सभी

261. निम्नलिखित में से कौन सा कथन न्यादर्श या प्रतिदर्श फ्रेम (sampling frame) को संदर्भित करता है?

(a) एक सर्वेक्षण तैयार करने में सम्मिलित विभिन्न चरणों का व्यापक कवरेज।
(b) एक प्रतिदर्श में इकाइयों के सभी मुख्य समूहों का सारांश दृश्य।
(c) जनसंख्या में सभी इकाइयों की एक सूची जिसमें से एक प्रतिदर्श चुना जाएगा।
(d) यादृच्छिक संख्याओं की तालिका प्रदर्शित करने के लिए प्रयुक्त एक टेबल फ्रेम।

262. बहुस्तरीय समूह न्यादर्श या प्रतिदर्श (mutistage cluster sample) निम्न में से किस स्थिति में सर्वाधिक सहायक होता है ?

(a) जब जनसंख्या का व्यापक भौगोलिक विस्तार है
(b) जब शोधकर्ता के पास समय और धन का अभाव है
(c) जब परिणामों को सामान्य बनाने के लिए शोधकर्ता एक संभाव्यता प्रतिदर्श का उपयोग करेगा।
(d) उपरोक्त सभी।

263. मानक त्रुटि (standard error) एक आंकड़े के मानक विचलन का अनुमान है। मानक त्रुटि एक सांख्यिकीय माप है -

(a) न्यादर्श औसत के आसपास न्यादर्श अंकों का प्रसामान्य वितरण (normal distribution)
(b) न्यादर्श औसत किस सीमा तक जनसंख्या औसत से भिन्न होता है
(c) एक सर्वेक्षण पैमाने के प्रत्येक छोर पर अंकों का समूहन
(d) न्यादर्श के सटीक स्तरीकरण की जांच करना

264. निम्नलिखित में से कौन सा कथन 'डेटा प्रोसेसिंग त्रुटि' को संदर्भित करता है?

(a) प्रतिदर्श प्रक्रिया की गैर प्रतिक्रिया से संबंधित घटनाएं
(b) डेटा कोडिंग और प्रबंधन की तकनीकों के दोषपूर्ण अनुप्रयोग में त्रुटि
(c) संपूर्ण शोध प्रक्रिया के कार्यान्वयन से संबंधित मुद्दे
(d) प्रतिदर्श और आबादी के मध्य अपरिहार्य विसंगति

265. प्रयोगात्मक अनुसंधान के संदर्भ में निम्नलिखित कथनों को देखें।

1. शोधकर्ता यादृच्छिक रूप से प्रतिभागियों को समूहों में निरूपित करते हैं।
2. वे परिणामों पर स्वतंत्र चर के प्रभावों को अलग करने के उद्देश्य से बाह्य चर (extraneous variable) पर नियंत्रण प्रदान करते हैं।
3. उपचार की स्थिति में हेरफेर किया जा सकता है।
4. यहां समूहों की सांख्यिकीय तुलना होती है।
5. प्रयोग को आंतरिक वैधता और बाह्य वैधता के खतरों को कम करने के लिए डिज़ाइन किया गया है।

उपरोक्त में से कौन से कथन सत्य हैं?

(a) 1, 2, 3 और 4 (b) 2, 3, 4 और 5
(c) 1, 2, 3 और 4 (d) उपरोक्त सभी

266. सामाजिक विज्ञान में सबसे विश्वसनीय परिणाम प्राप्त करना बहुत कठिन कार्य है। इस संदर्भ में निम्नलिखित कथनों पर विचार करें।

1. प्रश्नों की शब्दावली
2. वार्तालाप की भौतिक सेटिंग
3. प्रतिवादी की मनोदशा
4. साक्षात्कारकर्ता की मनोदशा
5. वार्तालाप की प्रकृति
6. एक उपकरण का प्रतिगमन प्रभाव

उपरोक्त में से कौन-सा कथन इस संदर्भ में लागू होता है?

(a) 1, 2, 3, 5 और 6 (b) 2, 3 और 5
(c) 1, 2, 3, 4, 5 और 6 (d) 1, 3, 4 और 5

267. अनुसंधान डिजाइन विशेष रूप से अनुसंधान में निम्नलिखित में से किस विशेषता से संबंधित है?

1. प्रतिदर्श चयन
2. योजना तैयार करना
3. डेटा संग्रह के लिए उपकरण का चुनाव करना
4. परिकल्पना बनाना
5. पूछताछ के क्षेत्र का चुनाव

निम्न विकल्पों में से सही उत्तर चुनिए:

(a) 2, 3 और 4 (b) 1, 2 और 3
(c) 2, 4 और 5 (d) 3, 4 और 5

268. एक शोध में कुल जनसंख्या कम है। न्यादर्श की सरल विधि के अंतर्गत प्रत्येक तत्व के लिए कागज की भिन्न-भिन्न पर्चियों का उपयोग करके प्रत्येक तत्व को संख्या आवंटित करने के पश्चात् सभी पर्चियों को एक बॉक्स में डाल दिया जाता है। शोधकर्ता उन्हें बिना देखे एक-एक करके चुनता है, जब तक कि

चयनित पर्चियों की संख्या वांछित न्यादर्श आकार के बराबर न हो जाए। इस तकनीक को कहा जा सकता है:

(a) स्नोबॉल न्यादर्श विधि
(b) फिश बॉउल सैंपलिंग विधि
(c) स्तरीकृत न्यादर्शविधि
(d) क्लस्टर न्यादर्श विधि

269. निम्नलिखित में से किस शोध अध्ययन में सामान्यीकरण के निर्माण की तुलना में व्याख्या और अर्थ पर अधिक ध्यान दिया जाता है?

1. ऐतिहासिक अध्ययन
2. सर्वेक्षण अध्ययन
3. दार्शनिक अध्ययन
4. नृ-जातीय अध्ययन
5. हाइपोथेटिको-निगमनात्मक अध्ययन
6. पूर्व कार्योत्तर अध्ययन

निम्न विकल्पों में से सही उत्तर चुनिए:

(a) 1, 2 और 3 (b) 4, 5 और 6
(c) 2, 4 और 5 (d) 1, 3 और 4

270. वर्णनात्मक शोध के संदर्भ में निम्नलिखित में से कौन से कथन सही हैं?

(a) यह अध्ययन की जा रही जनसंख्या या घटना की विशेषताओं का वर्णन करता है।
(b) यह पद्धति शोध विषय के 'क्यों' के अतिरिक्त शोध विषय के 'क्या' पर अधिक केंद्रित है।
(c) यह संभाव्यता एक गुणात्मक शोध होना चाहिए।
(d) उपरोक्त सभी

271. किस शोध पद्धति के माध्यम से एक स्वतंत्र चर के हेरफेर और आश्रित चर पर उसके प्रभाव की जांच नियंत्रित परिस्थितियों में एक परिकल्पना के संदर्भ में की जाती है?

(a) पूर्व कार्योत्तर अनुसंधान
(b) वर्णनात्मक अनुसंधान
(c) व्यष्टि अध्ययन (case study research)
(d) प्रायोगिक अनुसंधान

272. एक परिकल्पना के बारे में निम्नलिखित कथनों पर विचार करें।

1. एक शोध परिकल्पना सत्यापन के योग्य होनी चाहिए।
2. एक शोध परिकल्पना सरल, विशिष्ट और अवधारणात्मक रूप से स्पष्ट होनी चाहिए।
3. एक शोध परिकल्पना ज्ञान के वर्तमान निकाय से संबंधित होनी चाहिए।
4. एक शोध परिकल्पना परिचालन योग्य नहीं होनी चाहिए क्योंकि परिकल्पना स्वयं कल्पित हो सकती है।

उपरोक्त में से कौन से कथन सही हैं?

(a) 1, 2 और 3 (b) 2, 3 और 4
(c) 1, 3 और 4 (d) 1, 2, 3 और 4

273. डेटा संग्रह के समय उत्तरदाताओं में दो बिंदुओं के मध्य प्रतिक्रिया दृष्टिकोण में परिवर्तन को कहा जाता है:

(a) प्रतिक्रियाशील प्रभाव (b) परिपक्वता प्रभाव
(c) प्रतिगमन प्रभाव (d) अनुकूलन प्रभाव

274. जिस समय सीमा के दौरान एक शोध अध्ययन, किसी स्थिति या समस्या का पता लगाता है, उसे क्या कहा जाता है?

(a) संदर्भ अवधि (reference period)
(b) आयु (age)
(c) अनुदैर्ध्य समय (longitudinal time)
(d) पूर्वव्यापी समय (retrospective time)

275. निम्न सूची में से उन लोगों की पहचान करें जिन्हें 'गैर-संभाव्यता न्यादर्श प्रक्रिया' कहा जाता है:

1. सरल यादृच्छिक न्यादर्श
2. आयामी न्यादर्श
3. स्नोबॉल न्यादर्श
4. क्लस्टर न्यादर्श
5. कोटा न्यादर्श
6. स्तरीकृत न्यादर्श

सही विकल्प चुनें

(a) 1, 2 और 3 (b) 2, 4 और 5
(c) 1, 3 और 6 (d) 2, 3 और 5

276. सामान्य तौर पर समाजशास्त्र, मनोविज्ञान, भौतिकी, रसायन विज्ञान, जीव विज्ञान और चिकित्सा जैसे विज्ञानों में प्रयोग किया जाता है, प्रयोगात्मक अनुसंधान, अनुसंधान डिजाइनों का एक संग्रह है जो समझने के लिए हेरफेर और नियंत्रित परीक्षण का प्रयोग करता है-

(a) आकस्मिक प्रक्रिगाएं
(b) गैर-कारण प्रक्रिया (non-causal process)
(c) केवल प्रयोगात्मक समूह प्रक्रियाएं
(d) केवल समूह प्रक्रियाओं को नियंत्रित करें

277. प्रयोगात्मक अनुसंधान के संदर्भ में निम्नलिखित कथनों को देखें।

1. शोधकर्ता यादृच्छिक रूप से प्रतिभागियों को समूहों में निर्दिष्ट करते हैं।
2. वे परिणामों पर स्वतंत्र चर के प्रभावों को अलग करने के उद्देश्य से बाह्य चर पर नियंत्रण प्रदान करते हैं।
3. उपचार की स्थिति में शारीरिक रूप से हेरफेर किया जा सकता है।
4. समूहों की सांख्यिकीय तुलना है।
5. प्रयोग को आंतरिक वैधता और बाह्य वैधता के खतरों को कम करने के लिए डिज़ाइन किया गया है।

उपरोक्त में से कौन से कथन लागू होते हैं?

(a) 1, 2, 3, और 4 (b) 2, 3, 4, और 5
(c) 1, 2, 3, और 4 (d) उपरोक्त सभी

278. निम्नलिखित कथनों पर विचार करें:

1. एक रोगी का यह विश्वास कि वह उपचार प्राप्त कर रहा है, एक बीमारी से उसके ठीक होने में महत्वपूर्ण भूमिका निभा सकता है, भले ही उपचार अप्रभावी हो।
2. एक प्लेसबो अध्ययन में दो या तीन समूह सम्मिलित होते हैं, जो इस पर निर्भर करता है कि शोधकर्ता एक नियंत्रण समूह रखना चाहता है या नहीं।
3. यदि शोधकर्ता एक नियंत्रण समूह का निर्णय लेता है, तो पहला समूह उपचार प्राप्त करता है, दूसरा प्लेसीबो उपचार प्राप्त करता है और तीसरा - नियंत्रण समूह कुछ भी प्राप्त नहीं करता है।
4. समूह आवंटन के बारे में निर्णय यादृच्छिकरण के माध्यम से किया जा सकता है।

उपरोक्त में से कौन से कथन सही हैं?

(a) 1, 2 और 3 (b) 2, 3 और 4
(c) 1 और 3 (d) उपरोक्त सभी

279. शोधकर्ता दो या दो से अधिक स्वतंत्र चरों (कारकों) में एक साथ हेरफेर करता है ताकि आश्रित चर पर उनके प्रभावों का निरीक्षण किया जा सके। यह डिजाइन एक ही परियोजना में दो या दो से अधिक परिकल्पनाओं के परीक्षण की अनुमति देता है। इसे कहा जाता है:

(a) यादृच्छिक ब्लॉक डिजाइन
(b) फैक्टोरियल डिजाइन
(c) गैर-यादृच्छिक डिजाइन
(d) अर्ध-प्रायोगिक अनुसंधान

280. प्रायोगिक अनुसंधान का प्रयोग कहां किया जाता है?
(a) एक कारण संबंध में समय प्राथमिकता
(b) एक कारण संबंध में स्थिरता
(c) सहसंबंध का परिमाण अधिक है
(d) उपरोक्त सभी

281. निम्नलिखित कथनों पर विचार करें:
1. सत्य प्रयोगों का एक नियंत्रण समूह होना चाहिए।
2. नियंत्रण समूह अनुसंधान प्रतिभागियों का एक समूह है, जो प्रायोगिक समूह से मिलता- जुलता है लेकिन प्रायोगिक उपचार प्राप्त नहीं करता है।
3. नियंत्रण समूह एक विश्वसनीय आधारभूत डेटा प्रदान करता है, जिससे आप प्रयोगात्मक परिणामों की तुलना कर सकते हैं।

उपरोक्त में से कौन से सही कथन हैं?
(a) केवल 1 और 2 (b) केवल 2 और 3
(c) केवल 1 और 3 (d) उपरोक्त सभी

282. निम्नलिखित कथनों पर विचार करें:
1. प्रायोगिक समूह अनुसंधान प्रतिभागियों का समूह है जो प्रयोगात्मक उपचार प्राप्त करते हैं।
2. सत्य प्रयोगों में कम से कम एक नियंत्रण समूह और एक प्रयोगात्मक समूह होना चाहिए, हालांकि एक से अधिक प्रयोगात्मक समूह होना संभव है।

(a) केवल 1 सत्य है
(b) केवल 2 सत्य है
(c) 1 और 2 दोनों सत्य हैं
(d) उपरोक्त में से कोई नहीं

283. निम्नलिखित कथनों पर विचार कीजिए:
1. यह चरण नियोजन प्रक्रिया का सबसे महत्वपूर्ण भाग है।
2. ये दिए गए शोध प्रश्न डिजाइन और डेटा विश्लेषण के लिए आधार प्रदान करते हैं।
3. यह चरण प्रयोगात्मक डिजाइन या किसी अन्य अभिविन्यास के लिए जाने के लिए शोधकर्ता के निर्णय का मार्गदर्शन करता है।

ये तीनों कथन निम्नलिखित में से किसको दर्शाते हैं।
(a) साहित्य सर्वेक्षण (b) अनुसंधान डिजाइन
(c) परिकल्पना (d) शोध विषय के बारे में निर्णय लेना

284. एक प्रयोगात्मक परीक्षण के बारे में निम्नलिखित कथनों पर विचार करें।
1. इस प्रकार के डिज़ाइन में दो यादृच्छिक रूप से असाइन किए गए समूह हैं: प्रयोगात्मक समूह और नियंत्रण समूह।
2. उपचार के कार्यान्वयन से पहले किसी भी समूह का पूर्व परीक्षण नहीं किया जाता है।
3. उपचार प्रयोगात्मक समूह पर लागू किया जाता है।

इस विषय में किस तरह का परीक्षण किया गया है?
(a) प्रीटेस्ट ओनली डिजाइन
(b) केवल परीक्षण के बाद डिजाइन
(c) प्रीटेस्ट-पोस्ट-टेस्ट ओनली डिजाइन
(d) एक समूह प्री-एस्ट-पोस्ट-टेस्ट डिज़ाइन

285. एक सत्य प्रयोग के विषय में निम्नलिखित में से कौन सा कथन लागू होता है:
(a) नियंत्रण समूह और प्रयोगात्मक समूह
(b) शोधकर्ता-हेरफेर चर
(c) यादृच्छिक असाइनमेंट
(d) उपरोक्त सभी

286. अर्ध-प्रायोगिक डिजाइन में उन स्थितियों में लागू किया जाता है जहां:
(a) उत्कृष्ट डिजाइन की तुलना में शोधकर्ता का स्वतंत्र चर पर कम नियंत्रण होता है
(b) उत्कृष्ट डिजाइन अधिक सरल है।
(c) दोनों (a) और (b)
(d) उपरोक्त में से कोई नहीं

287. निम्नलिखित कथनों पर विचार करें:
1. बड़ी संख्या में प्रयोगात्मक समूह हैं।
2. इस डिजाइन का उपयोग तब किया जाता है जब प्रायोगिक स्थितियों में विषयों और संभावित अंतरों के मध्य अंतर्निहित अंतर होते हैं।
3. प्रत्येक समूह में कुछ समरूपता लाना महत्वपूर्ण है।

इन कथनों में किस प्रकार के डिजाइन की चर्चा की जा रही है?
(a) क्रॉस-ओवर डिजाइन
(b) यादृच्छिक ब्लॉक डिजाइन
(c) फैक्टोरियल डिजाइन
(d) उपरोक्त में से कोई नहीं

उत्तरमाला (ANSWER KEY)

अनुसंधान-परिचय एवं अभिलक्षण

1. (a) **2.** (d) **3.** (b) **4.** (c) **5.** (d) **6.** (c) **7.** (c) **8.** (b) **9.** (c) **10.** (d) **11.** (a) **12.** (b) **13.** (b)
14. (b) **15.** (c) **16.** (d) **17.** (c) **18.** (a) **19.** (a) **20.** (c) **21.** (d) **22.** (b) **23.** (c) **24.** (b) **25.** (a) **26.** (b)
27. (b) **28.** (d) **29.** (d) **30.** (d) **31.** (c) **32.** (c) **33.** (b) **34.** (a) **35.** (b) **36.** (d) **37.** (c)

अनुसंधान के प्रकार

38. (d) **39.** (d) **40.** (a) **41.** (b) **42.** (a) **43.** (a) **44.** (d) **45.** (a) **46.** (a) **47.** (c) **48.** (a) **49.** (b) **50.** (c)
51. (b) **52.** (c) **53.** (a) **54.** (d) **55.** (b) **56.** (a) **57.** (b) **58.** (b) **59.** (a) **60.** (c) **61.** (b) **62.** (d) **63.** (a)
64. (b) **65.** (c) **66.** (a) **67.** (b) **68.** (b) **69.** (b) **70.** (d) **71.** (c) **72.** (b) **73.** (d) **74.** (d) **75.** (b) **76.** (d)
77. (b) **78.** (a) **79.** (c) **80.** (c) **81.** (a) **82.** (b) **83.** (b) **84.** (d) **85.** (a) **86.** (a) **87.** (b) **88.** (a) **89.** (b)
90. (a) **91.** (a) **92.** (b) **93.** (d) **94.** (b) **95.** (a) **96.** (b) **97.** (b) **98.** (d) **99.** (b) **100.** (a) **101.** (b) **102.** (c)
103. (b) **104.** (c) **105.** (b) **106.** (b) **107.** (b) **108.** (d) **109.** (c)

अनुसंधान प्रक्रिया

110. (b) **111.** (d) **112.** (c) **113.** (b) **114.** (d) **115.** (c) **116.** (d) **117.** (a) **118.** (d) **119.** (b) **120.** (d) **121.** (d) **122.** (d)
123. (c) **124.** (b) **125.** (b) **126.** (b) **127.** (c) **128.** (a) **129.** (a) **130.** (d) **131.** (b) **132.** (d) **133.** (d) **134.** (c) **135.** (a)
136. (d) **137.** (b) **138.** (d) **139.** (a) **140.** (d) **141.** (a) **142.** (d) **143.** (a)

अनुसंधान की विशेषताएँ

144. (b) **145.** (d) **146.** (b) **147.** (a) **148.** (a) **149.** (a) **150.** (b) **151.** (d) **152.** (a) **153.** (b) **154.** (c) **155.** (c) **156.** (d)
157. (d)

उपकल्पना का सूत्रीकरण

158. (b) **159.** (b) **160.** (d) **161.** (c) **162.** (c) **163.** (a) **164.** (d) **165.** (a) **166.** (b) **167.** (b) **168.** (a) **169.** (d) **170.** (b)
171. (c) **172.** (b) **173.** (a) **174.** (c) **175.** (b) **176.** (d) **177.** (c) **178.** (a)

अनुसंधान के चर

179. (c) **180.** (c) **181.** (a) **182.** (d) **183.** (a) **184.** (d) **185.** (b) **186.** (c) **187.** (c) **188.** (a) **189.** (b) **190.** (b) **191.** (d)
192. (c) **193.** (d) **194.** (c) **195.** (d) **196.** (c) **197.** (b) **198.** (d) **199.** (b) **200.** (b) **201.** (b) **202.** (d) **203.** (c)

न्यादर्श चयन

204. (d) **205.** (d) **206.** (c) **207.** (c) **208.** (b) **209.** (a) **210.** (b) **211.** (b) **212.** (a) **213.** (b) **214.** (c) **215.** (b) **216.** (b)
217. (c) **218.** (c) **219.** (c) **220.** (d) **221.** (b) **222.** (d) **223.** (c) **224.** (b) **225.** (d) **226.** (a) **227.** (a) **228.** (a) **229.** (a)
230. (b) **231.** (a) **232.** (a) **233.** (c)

अनुसंधान आचार-नीति/मिश्रित

234. (b) **235.** (b) **236.** (d) **237.** (d) **238.** (b) **239.** (c) **240.** (d) **241.** (b) **242.** (a) **243.** (d) **244.** (a) **245.** (c) **246.** (d)
247. (d) **248.** (b) **249.** (a) **250.** (d) **251.** (c) **252.** (a) **253.** (c) **254.** (a) **255.** (d) **256.** (a) **257.** (c) **258.** (d)

अन्य महत्वपूर्ण प्रश्न

259. (d) **260.** (a) **261.** (c) **262.** (d) **263.** (b) **264.** (b) **265.** (d) **266.** (c) **267.** (b) **268.** (b) **269.** (d) **270.** (d) **271.** (d)
272. (a) **273.** (c) **274.** (a) **275.** (d) **276.** (a) **277.** (d) **278.** (d) **279.** (b) **280.** (d) **281.** (d) **282.** (c) **283.** (c) **284.** (b)
285. (d) **286.** (c) **287.** (b)

3 बोध (Comprehension)

सीखने के उद्देश्य

1. अध्ययन बोध का परिचय
2. समाधान दिशा निर्देश
3. अध्ययन बोध में संभावित प्रश्नों की मुख्य श्रेणियां
4. लेखक की राय एवम् मनोवृत्ति
5. गद्यांश तथा उससे संबंधित प्रश्न

अध्ययन बोध का परिचय (Introduction of Reading Comprehension)

बोध या बुद्धि को सरल भाषा में कुछ इस तरह से परिभाषित किया जाता है—यह ज्ञान प्राप्ति एवं प्राप्त ज्ञान या सूचना का प्रयोग समस्याओं के समाधान के लिए कैसे किया जाए यह जानने की क्षमता है। बुद्धि एक प्रकार से मानसिक क्षमता या संप्रत्यय है। एल. एल. थर्सटन (L.L. Thurstone) ने बुद्धि को अमूर्त को ग्रहण (capacity for construct) करने की क्षमता बताया है। उनके अनुसार हमारी प्राथमिक मानसिक क्षमता के मुख्य सात अवयव हैं—मौखिक समझ (verbal comprehension), शब्द प्रवाह (word fluency), संख्या बोध या सुविधा (number facility), स्थान विषयक मानसिक चित्रण (spatial visualisation), साहचर्य स्मृति (associative memory), अवधारणात्मक गति (perceptual speed) और तर्क (reasoning)।

प्राथमिक मानसिक क्षमता को आगे दो द्वितीयक क्षमताओं में वर्गीकृत किया जा सकता है:

1. **अस्थिर या द्रव बुद्धिमता (Fluid Intelligence):** इस प्रकार की बुद्धिमता को नई समस्याओं का समाधान, नई स्थितियों में तर्क का उपयोग करने, और पैटर्न की पहचान करने की क्षमता के रूप में परिभाषित किया गया है।
2. **स्थिर या सघन बुद्धिमता (Crystallised Intelligence):** इस प्रकार की बुद्धिमता को मुख्यत: अर्जित ज्ञान और अनुभव का उपयोग करने की क्षमता के रूप में परिभाषित किया गया है। जब शिक्षक कक्षा में विद्यार्थियों को शिक्षा दे रहा है, तो वह अपने अर्जित ज्ञान और अनुभव का उपयोग कर रहा होता है। अगर आप एक नई भाषा सीख रहे हैं, तो आप नई शब्दावली के शब्दों को याद करते हैं और समय के साथ अपनी शब्दावली में वृद्धि भी करते हैं, जो कि सघन बुद्धिमता का अंश बन जाता है।

रेन और मार्टिन (Wren and Martin) के अनुसार, अध्ययन बोध को एक परिच्छेद या गद्यांश के रूप में परिभाषित किया जा सकता है, जिस पर आधारित कुछ प्रश्न होते हैं, जो कि विद्यार्थी की पाठ्य सामग्री और उसका अर्थ समझने की क्षमता का परीक्षण करते हैं। सरल शब्दों में कहा जाए, तो अध्ययन बोध विद्यार्थी ने जो पठन किया है, उसके प्राप्त करने की क्षमता का परीक्षण करता है। हम यह कह सकते हैं कि अध्ययन बोध से हमारी पाठ्य सामग्री एवं मुख्य विचारों को समझने की क्षमता का पता चलता है ताकि हम अध्ययन बोध के अवतरण को पढ़ कर कुछ प्रश्नों के उत्तर दे पाएँ। इससे हमारी बुद्धि का विकास भी होता है।

इससे विद्यार्थी के शब्दावली ज्ञान (vocabulary) का भी पता चलता है। इसके लिए विद्यार्थी के पास पठन कौशल, परिच्छेद में दिए मुख्य विचार, विचारों में संबंध स्थापित करने और निष्कर्ष निकालने की क्षमता होनी चाहिए। फिर इन सब पर आधारित समझ के आधार पर वह प्रश्नों के उत्तर देने की स्थिति में होता है।

वैसे तो नेट परीक्षा के उम्मीदवारों के पास प्रश्नों के उत्तर देने के पर्याप्त विकल्प होते हैं, परन्तु 'अध्ययन बोध' के अंतर्गत आने वाले प्रश्नों की विशेष तैयारी की आवश्यकता नहीं होती, केवल कुछ ही गद्यांश के अभ्यास से उसमें आत्मविश्वास उत्पन्न हो जाता है। आवश्यकता केवल कुछ नियमों को ध्यान में रखने की है। प्रत्येक अध्ययन बोध में गद्यांश के बाद दिए गए पांच या छह प्रश्नों का उत्तर देना होता है।

समाधान दिशा-निर्देश (SOLUTION GUIDELINES)

अधोलिखित अनुच्छेदों में अध्ययन बोध पर आधारित प्रश्नों का उत्तर देने के लिए कुछ दिशानिर्देशों का वर्णन किया गया है:

1. **मौलिक विचारों की पहचान (Identification of Key Ideas):** अध्ययन बोध में सदैव ही कुछ ऐसे वाक्य होते हैं जो विचारों के प्रवाह को निर्धारित कर रहे होते हैं। नेट परीक्षार्थी को उनकी पहचान करना आवश्यक होता है। एक सामान्य विचार प्राप्त करने के लिए पठन सामग्री को पहले शीघ्रता से पढ़ा जाना चाहिए। यह फिर से, थोड़ा धीरे-धीरे पढ़ा जाना चाहिए ताकि इसके विस्तार रूप को समझा जा सके। मुख्य विचारों को रेखांकित भी किया जा सकता है।
2. **गद्यांश को संक्षिप्त करना (Summarise the Paragraph):** जैसे-जैसे हम गद्यांश को पढ़ते हैं, वैसे-वैसे इसके मुख्य विचारों को संबंधित करने की क्षमता को विकसित किए जाने की आवश्यकता होती है। इससे 'अध्ययन बोध' के समग्र विचार को समझने में सहायता मिलती है। कुछ परीक्षार्थी प्रश्नों को पढ़ते हैं, फिर गद्यांश पर जाते हैं, पर ऐसा करने से दुविधा भी पैदा हो सकती है एवं समय भी नष्ट हो सकता है। ऐसा केवल बीच में कभी-कभार किया जा सकता है।
3. **वाक्य कड़ी का निर्धारण करना (Determine Sentence Links):** साधारणतया एक गद्यांश के भीतर वाक्य प्रत्यक्ष या आसानी से जुड़े हुए होते हैं। अभ्यास से, इस तरह की कड़ी (link) की पहचान करने से प्रमुख विचारों को याद रखने में सहायता मिलती है।
4. **स्वयं से पूछताछ (Ask Questions to Oneself):** जब भी संदेह की स्थिति हो, परीक्षार्थी को स्वयं से प्रश्न करना चाहिए। उदाहरण के लिए, लेखक ने ऐसा उदाहरण क्यों दिया। क्यों इस उदाहरण का उल्लेख किया गया है? दूसरे, गद्यांश का उद्देश्य क्या है? यह एक प्रतिबिंब की भांति मुख्य विचारों के बारे में एक गहरा परिप्रेक्ष्य विकसित करने में सहायता करता है।
5. यदि अध्ययन बोध में एक से ज्यादा परिच्छेद हों, तो स्वयं द्वारा निर्धारित समय को उनके आकार के अनुसार विभाजित करना चाहिए।
6. अनुच्छेद को न तो बहुत तीव्रता से और न ही बहुत धीमी गति से पढ़ना चाहिए, गति उतनी होनी चाहिए ताकि हम एक पठन सामग्री, लेखक का लहजा, संदर्भ, विचार एवं उनके परस्पर संबंध, लक्षित पाठक आदि के बारे में सामान्य बूझ विकसित कर सकें।
7. यह महत्त्वपूर्ण है कि हम भावार्थ को समझें एवं तथ्यात्मक जानकारी जैसे कि तिथि, व्यक्ति एवं स्थान नाम का भी ध्यान रखें।
8. बेहतर है कि जब हम प्रश्नों के उत्तर देना आरम्भ करें तो परिच्छेद को दोबारा न देखें। यदि कोई प्रश्न कठिन लगे तो उसका उत्तर न दें। उम्मीदवार यह ध्यान में रखें कि नेट परीक्षा में उत्तरित 50 प्रश्नों का संज्ञान ही लिया जाता है।
9. हमें इस बात का ध्यान रखना चाहिए कि हमारे स्वयं के विचार महत्त्व नहीं रखते, हमें केवल लेखक के विचार और तथ्यों को समझना है एवं उसी के अनुसार उत्तर देना है।

अध्ययन बोध में सम्भावित प्रश्नों की मुख्य श्रेणियाँ (Main Question Categories in Reading Comprehension)

अध्ययन बोध प्रश्नों को निम्नलिखित श्रेणियों में वर्गीकृत किया जा सकता है:

मुख्य विषय या केंद्रीय विचार (MAIN THEME OR CENTRAL IDEA)

इस प्रकार के प्रश्न पूरे गद्यांश के बोध पर आधारित होते हैं। यह लेखक के उद्देश्य को प्रतिबिंबित करते हैं। इन प्रश्नों से इस बात का बोध होता है कि पाठक किस सीमा तक विषय-वस्तु को समझ पाया है।

समाधान दृष्टिकोण (Solution Approach)

सामान्यतः इस प्रकार के प्रश्न का उत्तर 'अध्ययन बोध' के परिचयात्मक या समापन गद्यांश में मिल जाता है। इसलिए पहले या आखिरी गद्यांश का त्वरित अध्ययन उपयोगी होता है।

उदाहरणार्थः

1. निम्नलिखित विकल्पों (कथनों) में से कौन-सा गद्यांश सर्वश्रेष्ठ रूप में प्रतिबिंबित करता है?
2. निम्नलिखित में से कौन-सा वाक्य मुख्य विचार को प्रतिबिंबित करता है या दर्शाता है?

इसके लिए एकल शब्दों और वाक्यांशों का संज्ञान लेना आवश्यक है क्योंकि ये एक गद्यांश के भीतर विचारों के बीच संबंधों को समझने में सहायक होते हैं।

1. **कारण और प्रभाव के शब्द**—परिणामस्वरूप, इसलिए इत्यादि।
2. **समय शब्द**—इस बीच, पहले ही
3. **विपरीतार्थक शब्द**—इसके विपरीत, उल्टे।
4. **संयोजन शब्द**—इसके अलावा भी, परिणामस्वरूप
5. **बलपूर्वक शब्द**—अधिक महत्त्वपूर्ण है, याद रहे।

लेखक की राय और मनोवृत्ति (AUTHOR'S OPINION AND ATTITUDE)

इस तरह के प्रश्न लेखक पर आधारित होते हैं, इनका स्पष्ट रूप से उल्लेख नहीं होता है। इनका अर्थ मुख्य वाक्यों से निकालना पड़ता है। इस प्रकार के प्रश्न इस प्रकार से गढ़े जाते हैं ताकि यह पता चल सके कि पाठक लेखक की मनोवृत्ति, ज्ञान, लेखन शैली, पदावली आदि का विश्लेषण करने की क्षमता रखता है या नहीं। इसके लिए पाठक की लेखक के साथ समानुभूति (empathetic) होना अनिवार्य है।

समाधान दृष्टिकोण (Solution Approach)

इसके लिए नेट परीक्षा के उम्मीदवार को लेखन-शैली और वाक्यों पर ध्यान केंद्रित करना चाहिए जो कि गद्यांश के लेखक के लहजे को जानने के लिए आवश्यक है।

यदि गद्यांश का कोई भाग प्रश्न के रूप में हो, तो परिणामस्वरूप उसके 'तर्क पक्ष' पर विशेष ध्यान देना चाहिए। यहां इस बात पर ध्यान देना आवश्यक है कि परीक्षार्थी विशेषण और क्रिया-विशेषणों पर विशेष ध्यान दें। शब्द मन और विचारों की तीव्रता को दर्शाते हैं।

उदाहरणार्थः

1. दूसरे, गद्यांश में लेखक का स्वर या लहजा क्या है?
2. लेखक के अनुसार, इस समस्या का तार्किक हल क्या हो सकता है?
3. निम्नलिखित में से किस विचार के साथ सहमत होने की संभावना सबसे अधिक है?

स्पष्ट या प्रत्यक्ष जानकारी (EXPLICIT OR DIRECT INFORMATION)

इसमें किसी के नाम, दिनांक, आंकड़े, तथ्यों या राय के आधार पर सीधे प्रश्न किए जाते हैं, इनको पहले पठन के दौरान ही बिना कठिनाई के नोटिस किया जा सकता है।

समाधान दृष्टिकोण (Solution Approach)

उत्तर विकल्प को प्रत्यक्ष रूप से गद्यांश में से चयन किया जा सकता है। कुछ विशिष्ट विस्तृत प्रश्न नकारात्मक भी हो सकते हैं—जैसे कि नहीं, के अतिरिक्त, कम से कम इत्यादि। अगर सही उत्तर सीधा न प्राप्त हो, तो उन गलत विकल्पों की पहचान कर एक-एक करके उनको हटाना पड़ता है। इसके लिए काफी धैर्य, विवेक एवं अभ्यास की आवश्यकता होती है। प्रश्न को पहले ही एक या अधिक बार पढ़ना भी सहायक होता है। परीक्षार्थी को यह चाहिए कि वह गद्यांश के उस अंश पर ध्यान केंद्रित करे जिसमें उत्तर मिलने की अधिक सम्भावना हो।

उदाहरणार्थः

1. गद्यांश के अनुसार, निम्नलिखित विकल्पों में से कौन-सा विकल्प सत्य नहीं है?
2. निम्नलिखित में से कौन-सा तत्व आज के युवाओं के लिए प्रेरणा का स्रोत नहीं है?

अंतर्निहित सूचना (IMPLICIT INFORMATION)

इस प्रकार के प्रश्नों के उत्तर गद्यांश में स्पष्ट रूप से उपलब्ध नहीं होते, बल्कि गद्यांश में निहित होते हैं। इससे परीक्षार्थी की बोध क्षमता का पता चलता है।

समाधान दृष्टिकोण (Solution Approach)

पढ़ते समय परीक्षार्थी को लेखक द्वारा प्रस्तुत तर्क या तर्कों को समझने की कोशिश करनी चाहिए।

उदाहरणार्थः

1. निम्नलिखित में से कौन-सा विकल्प या तर्क यहां पर सबसे उपयुक्त है?
2. निम्नलिखित में से किस तर्क के साथ लेखक सहमत दिख रहा है?

भाषा अभिव्यक्ति प्रश्न (LANGUAGE EXPRESSION QUESTIONS)

इस प्रकार के प्रश्नों का उत्तर गद्यांश में उपयुक्त विशिष्ट शब्द, मुहावरा या वाक्यांश के आधार पर दिया जाता है। यह आलोम या विलोम (opposites) पर भी आधारित हो सकते हैं। पाठक का उद्देश्य प्रासंगिक अर्थ समझने के लिए होना चाहिए, ना कि शाब्दिक अर्थों को। संक्षेप में कहें, तो ये परीक्षार्थी के शब्दों के अर्थ को संदर्भ या प्रसंग के अनुसार स्थानांतरित करने की क्षमता को परखने का कार्य करते हैं। यह हमारी तर्क शक्ति का भी परीक्षण करते हैं।

समाधान दृष्टिकोण (Solution Approach)

इस प्रकार के प्रश्नों का उत्तर गद्यांश के उस भाग को, जहां से वाक्यांश को उठाया गया है, दूसरी बार पूरी तरह से पढ़ने से दिया जा सकता है।

उदाहरणार्थः

1. 'क्या करता है?', 'जितना अच्छा हो सकता है', 'क्या अर्थ है?' जैसे शब्दों के समूह पर ध्यान केंद्रित करना।
2. परीक्षार्थी दिए गए विकल्पों में से निकटतम शब्द ढूंढें, जिसका उपयोग गद्यांश में किया गया है।

गद्यांश का गठन (ORGANIZATION OF PARAGRAPH)

कुछ प्रश्न गद्यांश की संरचना एवं लेखक द्वारा अपने तर्क को व्यक्त करने में साहित्यिक तकनीक के प्रयोग पर आधारित होते हैं। इसमें तर्क को मजबूत या कमजोर करने का प्रयास हो सकता है।

यह प्रश्न गद्यांश की संरचना का विश्लेषण, तर्क, मान्यताओं, समाधान करने आदि की हमारी क्षमता का परीक्षण करते हैं।

समाधान दृष्टिकोण (Solution Approach)

इनका समाधान करने के लिए एक से अधिक बार पठन अनिवार्य हो जाता है।

उदाहरणार्थः

1. निम्नलिखित में से कौन-सा विकल्प गद्यांश की संरचना को श्रेष्ठतम रूप से दर्शा रहा है?
2. निम्नलिखित में से कौन-सा कथन लेखक के विश्लेषण का आधार माना जा सकता है?
3. 'समाजवाद कभी असफल नहीं होगा', इस धारणा को लेखक ने किस आधार पर विकसित किया है?

अनुरूप तर्क (Analogous Argument)

एक उम्मीदवार से यह अपेक्षा की जाती है कि वह ऐसे विकल्प का चयन करे जो गद्यांश में वर्णित तर्क या अवधारणा के अनुरूप हो। इस प्रकार के प्रश्न भी हमारी समझ और विश्लेषण या समझने की क्षमता को परखना चाहते हैं। कोई भी दो या दो से अधिक उदाहरण जो कि तर्क पर आधारित हों, उनके संबंध को पहचानना इस प्रकार के प्रश्नों का उद्देश्य होता है।

समाधान दृष्टिकोण (Solution Approach)

इस प्रकार के प्रश्नों का उत्तर देने से पहले वाक्यों या उदाहरणों के मूल तर्क को संज्ञान (consider) में लेना है और फिर विकल्पों की तुलना तर्क के साथ करके उनका अलग (remove) करना है।

उदाहरणार्थः

1. निम्नलिखित में से कौन-सा चित्रण या उदाहरण दूसरे गद्यांश में उल्लेखित उदाहरण का प्रतिनिधित्व करता है?
2. 'मनुष्य गलतियों का पुतला है', यह कथन निम्नलिखित में किस स्थिति के लिए उपयुक्त होगा?

अध्ययन बोध I (Specimen Passage I)

शर्करा मेपल मूलत: कठोर वृक्ष है। यह वृक्ष औसतन 100 फीट लंबा और 4 फुट चौड़ा होता है। शर्करा मेपल व्यावसायिक रूप से, इसके रस के लिए महत्त्वपूर्ण है, जो मेपल सिरप बनाने में प्रयोग किया जाता है। दो पूर्वोत्तर राज्य, वरमोंट और न्यूयॉर्क, शर्करा मेपल के प्रमुख उत्पादक राज्य है। कनाडा के क्यूबेक प्रांत में, मेपल सिरप का वार्षिक उत्पादन 2.5 मिलियन गैलन से भी अधिक है। शुद्ध मेपल सिरप बनाने के लिए सर्दियों या वसंत ऋतु के अंत में पेड़ के तने में छिद्र किए जाते हैं। कुछ अवधि के बाद पानी के जैसा पौधों का रस रिसने लगता है, इन छेदों में प्लास्टिक की टोंटियाँ फिट कर दी जाती हैं। बाद में, एकत्रित रस को ट्यूबों के माध्यम से शर्करा घर में रखे टैंक में स्थानांतरित किया जाता है। फिर, रस को उबलने की प्रक्रिया से गुजारा जाता है। उबलने से रस में महक और रंग में उत्तमता आती है। उबलते-उबलते जब रस अपने 65–66% तक रह जाता है, तो उसको छान लिया जाता है और इसका विपणन किया जा सकता है। हालांकि, सुपरमार्केट में उपलब्ध रस, साधारणतया शुद्ध नहीं होता और उसमें कई प्रकार के योगज होते हैं। शुद्ध मेपल का रंग सुनहरी शहद से हल्के भूरे रंग के बीच कुछ भी हो सकता है। एक गैलन शुद्ध मेपल रस का उत्पादन करने के लिए 35 से 50 गैलन रस की आवश्यकता होती है। मेपल का वृक्ष अपनी मजबूती और परिष्कृत संरचना के अलावा, फर्नीचर, लकड़ी के फर्श और बक्से आदि बनाने के लिए भी काफी उत्तम माना जाता है।

प्रश्न (Questions)

1. इस गद्यांश का मुख्य उद्देश्य क्या है?

(a) मेपल शरबत बनाने की आर्थिक व्यवहार्यता की जांच करना।
(b) मेपल शरबत के प्रमुख उत्पादकों की संख्या सूची तैयार करना।
(c) मेपल सिरप को तैयार करने की विधि के बारे में जानकारी प्रदान करना।
(d) फर्नीचर और अन्य उत्पादों में मेपल की लकड़ी के उपयोग पर चर्चा करना।

व्याख्या: यह एक सामान्य निष्कर्ष सवाल है। अधिकांश गद्यांश में मेपल सिरप बनाने के लिए प्रयुक्त होने वाली विधि के बारे में जानकारी दी हुई है। अत: (c) सही उत्तर है।

2. निम्नलिखित में लेखक ने किस वस्तु या अवयव को परिभाषित करने का प्रयास किया है?

(a) मेपल वृक्ष (b) टैंक
(c) योगज (d) फर्नीचर

व्याख्या: यह विशेष विस्तृत प्रश्न सवाल हमारी किसी वस्तु को परिभाषित करने के बारे में हमारे बोध का परीक्षण करना चाहता है। मेपल वृक्ष को गद्यांश की पहली पंक्ति में परिभाषित करने का प्रयास किया गया है। अन्य शब्दों का गद्यांश में सिर्फ उल्लेख मात्र ही आता है।
अत: (a) सही उत्तर है।

3. गद्यांश के अनुसार, पौधों से रस के रिसने के लिए आदर्श अवधि कौन-सी है?

(a) सर्द ऋतु का अंत या वसंत ऋतु का प्रारम्भ
(b) सर्द ऋतु या वसंत ऋतु का प्रारम्भ
(c) सर्द ऋतु का अंत या देर की वसंत ऋतु
(d) पूरा वर्ष

व्याख्या: यह फिर से एक निश्चित उत्तर वाला प्रश्न है। गद्यांश में प्रदत सूचना के आधार पर हम निश्चित होकर कह सकते हैं कि इसका सही उत्तर (a) है।

4. निम्नलिखित में से सिवाय एक के सभी रस के उबलने के बारे में सत्य हैं

(a) यह रंग को निखारता है।
(b) यह महक में वृद्धि करता है।
(c) यह शर्करा सामग्री में वृद्धि करता है।
(d) यह रस की शेल्फ लाइफ (अचल जीवन) को कम कर देता है।

व्याख्या: यह विशिष्ट विस्तार प्रश्न नकारात्मक है, हम उन विकल्पों को हटाएंगे जो कि यहां पर लागू नहीं होते।
अत: (d) सही उत्तर है।

5. क्या मेपल सिरप के उत्पादन के बारे में कुछ कह सकते हैं?

(a) इसको बनाना सरल है, लेकिन इसमें काफी समय लगता है।
(b) यह श्रम प्रधान क्रिया है।
(c) इसके प्रसंस्करण में जटिल उपकरणों की आवश्यकता रहती है।
(d) हम जितनी उच्च मात्रा में उत्पादन करना चाहेंगे, गुणवत्ता का स्तर उतना ही गिरता जाएगा।

व्याख्या: यह सवाल हमारे निष्कर्ष निकालने की क्षमता का परीक्षण है। इस प्रश्न का सीधा उत्तर नहीं दिया गया, लेकिन गद्यांश को 2–3 बार पढ़ने के बाद हम निश्चित रूप से कह सकते हैं कि (a) ही इसका सही उत्तर है। इसकी उत्पादन विधि तकनीक काफी सरल है, लेकिन इसमें समय लगता है। उत्पादकों को रस के प्राकृतिक प्रवाह पर निर्भर रहना पड़ता है।

6. निम्नलिखित में कौन-सा वाक्यांश 'छान लिया जाता है' को प्रतिस्थापित कर सकता है?

(a) प्रयास किया जाता है।
(b) शुद्ध किया जाता है।
(c) फिल्टर किया जाता है।
(d) उपरोक्त में से कोई नहीं

व्याख्या: यह एक भाषा अभिव्यक्ति का प्रश्न है।
अत: (c) सही उत्तर है।

अध्ययन बोध II (Specimen Passage II)

अब भारत में हर बच्चे के लिए कम से कम आठ वर्ष के लिए शिक्षा प्राप्त करना अनिवार्य है। लेकिन प्रश्न यह उठता है कि यह सिर्फ कागजों तक ही सीमित रह जाएगा या एक वास्तविकता भी बन पाएगा। यहां यह बताने की आवश्यकता नहीं है कि यह अधिकार संविधान में निहित दूसरे अधिनियमों से अलग है, यहां लाभार्थी, एक छह साल का बच्चा, इसको लागू करने की मांग नहीं कर सकता है। अगर उसे इस अधिकार से वंचित किया जाए या इस कानून का उल्लंघन हो तो वह इसके लिए एक कानूनी लड़ाई लड़ सकने में सक्षम भी नहीं होगा। इन सभी परिस्थितियों में यह अपेक्षा की जाती है कि वयस्क समाज को ही बच्चे की ओर से कार्यवाही करनी पड़ेगी।

एक और विशेष बात जिस पर हमें ध्यान देने की आवश्यकता है कि अगर एक निश्चित अवधि में बच्चे को शिक्षा का अधिकार नहीं दिया जा सका, तो बाद में मुआवजे की कोई भी राशि पर्याप्त या प्रासंगिक नहीं हो सकती है। यह इसलिए है क्योंकि मनुष्य की समस्त आयु में बचपन का समय बहुत ज्यादा नहीं होता है। एक बच्चे की ओर से लड़ी गई कानूनी लड़ाई अंतत: यदि वह जीत भी जाता है, तो एक बचपन में जीवन में कुछ खो गए अवसरों को बाद में उसी उद्देश्य के लिए प्राप्त नहीं किया जा सकता है, उसकी पुनरावृति संभव ही नहीं।

यह विशेष रूप से कन्याओं के लिए दर्दनाक है, क्योंकि हमारा समाज उन्हें सिर्फ एक सीमित बचपन ही प्रदान करता है।

शिक्षा का अधिकार भारत के इतिहास में कानून का एक महत्त्वपूर्ण बिन्दु बन गया है, जब कन्या हत्या का जिन्न कन्या भ्रूण हत्या के रूप में फिर से जीवित हो उठा है। यह हमारे समाज की 'गहरी उथल-पुथल का ही प्रतीक' है, जो कि कन्याओं की शिक्षा में पारंपरिक बाधाओं को और भी विकृत रूप में दर्शाता है। लड़कियों की बौद्धिक क्षमता के विरुद्ध दृढ़ पूर्वाग्रह हमारी सांस्कृतिक विविधता में भी उपस्थित है और हमारी शिक्षा प्रणाली इस स्थिति से उभरने में असमर्थ प्रमाणित हुई है।

प्रश्न (Questions)

1. अनुच्छेद के संदर्भ में, निम्नलिखित कथनों पर विचार कीजिए:

I. जब बच्चों को शिक्षा से वंचित किया जाता है, वयस्क समाज उनकी ओर से ठोस कदम नहीं उठा पाता है।
II. एक कानून के रूप में शिक्षा के अधिकार को देश में कार्यान्वित नहीं किया जा सका।

उपरोक्त कथनों में से कौन सा/से गलत है/हैं?

(a) केवल I
(b) दोनों II और II
(c) केवल II
(d) या तो I और या II

व्याख्या: I सही नहीं है। शिक्षा के अधिकार के अधिनियमन से पता चलता है कि वयस्क समाज बच्चों की शिक्षा सुनिश्चित करने के लिए कितना गम्भीर है।

II भी सही नहीं है, क्योंकि परिच्छेद में यह कहीं भी वर्णित नहीं है कि अधिनियम को लागू नहीं किया जा सकता है। केवल इसमें कमियों का और इसको देश में लागू होने वाली कठिनाइयों का वर्णन है।

अत: (b) सही उत्तर है।

2. परिच्छेद के अनुसार, कन्या शिक्षा के लिए रास्ते में निम्नलिखित में से कौन-सी पारंपरिक बाधाएँ आती हैं?

I. जब बच्चे को शिक्षा के अधिकार से वंचित किया जाता है, तो माता-पिता कानूनी लड़ाई लड़ने में असमर्थ होते हैं।
II. समाज में लड़कियों की भूमिका के बारे में पारंपरिक सोच।
III. लड़कियों की बौद्धिक क्षमता के विरुद्ध पूर्वाग्रह।
IV. शिक्षा की अनुचित प्रणाली।

निम्नलिखित कूट में से सही उत्तर चुनिए:

(a) I और II
(b) I, III और IV
(c) II, III और IV
(d) उपरोक्त सभी

व्याख्या: I का कहीं वर्णन नहीं किया गया है। II, III और IV पारम्परिक बाधाओं के रूप में वर्णित है।
अत: (c) सही उत्तर है।

3. जब एक बच्चे को शिक्षा के अधिकार से वंचित किया जाता है, तो बाद में दिया गया कोई भी मुआवजा पर्याप्त या प्रासंगिक नहीं हो सकता है। यह तथ्य परिच्छेद के किस वाक्य से परिलक्षित होता है?

(a) मानव जीवन में बचपन की अवधि सीमित होती है।
(b) बचपन में यदि शिक्षित होने का अवसर गंवा बैठे, तो शेष जीवन काल में क्षतिपूर्ति संभव नहीं।
(c) दोनों (a) और (b)
(d) उपरोक्त में से कोई नहीं

व्याख्या: गद्यांश में इसका स्पष्ट रूप से उल्लेख किया गया है। दोनों (a) और (b) लागू होते हैं।
अत: (c) सही उत्तर है।

4. अभिव्यक्ति 'गहरी उथल-पुथल का ही प्रतीक' क्या दर्शाती है?

(a) समाज में लड़कियों के लिए उचित शिक्षा का अभाव
(b) शिक्षा के अधिकार के अधिनियम
(c) देश में प्रचलित राजनीतिक वातावरण
(d) उपरोक्त में से कोई नहीं

व्याख्या: गद्यांश के दूसरे भाग में कन्याओं की शिक्षा का उल्लेख है।
अत: (a) सही उत्तर है।

5. निम्न में से कौन-सा वक्तव्य गद्यांश में निहित सन्देश को दर्शाता है?
   (a) सरकार की घोषणा कि शिक्षा बच्चों के लिए अनिवार्य है।
   (b) वयस्क समाज शिक्षा के अधिकार को लागू करने के लिए उत्सुक नहीं है।
   (c) शिक्षा के अधिकार को कन्याओं के लिए विशेष रूप से लागू करने की आवश्यकता है।
   (d) उपरोक्त में से कोई नहीं

   व्याख्या: सभी विकल्पों को देखने के बाद हम यह कह सकते हैं कि (c) सही है।

6. निम्नलिखित में किस कथन को हम एक निष्कर्ष कह सकते हैं?
   (a) समाज का कन्याओं की बौद्धिक क्षमता के विरुद्ध एक दृढ़ पूर्वाग्रह है।
   (b) वयस्क समाज पर बच्चों के अधिकारों के लिए लड़ने को लेकर भरोसा नहीं किया जा सकता है।
   (c) बच्चों के लिए शिक्षा के अधिकार को सुनिश्चित करने के लिए कानूनी लड़ाई लंबी और निषेधात्मक है।
   (d) बचपन में प्राप्त शिक्षा का कोई भी पर्याप्त विकल्प नहीं है।

   व्याख्या: विकल्प (a) का प्रत्यक्ष रूप से उल्लेख किया गया है, इसको हम निष्कर्ष नहीं कह सकते हैं।
   (c) 'निषेधात्मक' शब्द का न तो प्रयोग किया गया है ना ही इसका निष्कर्ष निकाला जा सकता है।
   (d) प्रारंभ के दो गद्यांश के अध्ययन से यह हम इस निष्कर्ष पर सरलता से पहुँच सकते हैं।

अध्ययन बोध III (Specimen Passage III)

रचनात्मक समाज की अवधारणा के अनुसार यह समाज के विकास की उस अवस्था को संदर्भित करता है जिसमें बड़ी संख्या में संभावित विरोधाभास मुखर और सक्रिय होते हैं। यह और भी सुस्पष्ट हो जाता है जब दलित एवं पीड़ित सामाजिक समूह के रूप में अपने राजनीतिक अधिकारों की मांग करें। किसानों और जनजातियों की उत्थान की भावना, क्षेत्रीय स्वायत्तता और आत्मनिर्णय के अधिकार की मांग, पर्यावरण की रक्षा के लिए आंदोलन और विकासशील देशों में महिलाओं के उत्थान के लिए आंदोलन—यह सब समकालीन समय में रचनात्मक समाज के उद्भव के संकेत हैं। सामाजिक आंदोलनों के रूप और उनकी तीव्रता देशांतर और समयान्तर के अनुसार, और एक देश के भीतर स्थानांतर के अनुसार भिन्न हो सकती है। एक देश के विभिन्न क्षेत्रों में सामाजिक रूपांतरण के लिए आंदोलनों की उपस्थिति एक रचनात्मक समाज का उद्भव इंगित करती है।

प्रश्न (Questions)

1. निम्नलिखित में से कौन-सा कथन लेखक के अनुसार रचनात्मक समाज को इंगित करता है?
   I. एक समाज जहां विविध कला रूप और साहित्यिक लेखन प्रोत्साहन चाहते हों।
   II. एक समाज जहां सामाजिक असमानताएँ एक आदर्श के रूप में स्वीकार की जाती हैं।
   III. एक ऐसे समाज में जहां विरोधाभास एक बड़ी संख्या में मुखरित हो रहे होते हैं।
   IV. एक ऐसे समाज में जहां दलित और शोषित वर्ग अपने मानव अधिकारों और उत्थान के प्रति सचेत हो जाते हैं।

   निम्नलिखित कूट में से सही उत्तर को चुनिए:
   (a) I, II और III (b) केवल IV
   (c) III और IV (d) II और IV

   व्याख्या: I विकल्प रचनात्मक का सिर्फ शाब्दिक अर्थ लेता है जो कि गद्यांश के प्रसंग में उपयुक्त नहीं है। II गद्यांश की मुख्य भावना के ही विपरीत है। III विकल्प का पहले ही वाक्य में उल्लेख किया गया है, जहां संभावित विरोधाभास मुखर हो जाते हैं। IV का भी गद्यांश में उल्लेख किया गया है।
   अत: (c) सही उत्तर है।

2. गद्यांश के अनुसार, निम्नलिखित में से कौन-सा कथन सामाजिक आंदोलनों को अभिव्यक्त करता है?
   I. आक्रामक होने के नाते
   II. पूरे समाज की भागीदारी
   III. सामाजिक समानता और व्यक्तिगत स्वतंत्रता के लिए तीव्र इच्छा
   IV. उपरोक्त में से कोई नहीं

   निम्नलिखित कूट में से सही उत्तर को चुनिए:
   (a) I और II दोनों (b) केवल III
   (c) II और III दोनों (d) उपरोक्त में से कोई नहीं

   व्याख्या: सामाजिक आंदोलन को आक्रामक होने की जरूरत नहीं है। इसलिए I गलत है। II गद्यांश की मुख्य भावना से मेल नहीं खाता है। III गद्यांश की भावना के अनुरूप है।
   अत: (b) सही उत्तर है।

3. गद्यांश के संदर्भ में, निम्नलिखित कथनों पर विचार कीजिए:
   I. एक रचनात्मक समाज की दिशा में अग्रसित होने के लिए यह आवश्यक है कि यहां बहुत सारे सामाजिक आंदोलन सदैव चलते रहें।
   II. एक रचनात्मक समाज के लिए संभावित विरोधाभास और संघर्ष का होना अधिक आवश्यक नहीं है।

   उपरोक्त कथनों में से सही कौन-सा है/हैं?
   (a) केवल I
   (b) केवल II
   (c) दोनों I और II
   (d) न I और न ही II

   व्याख्या: I और II कथनों को तुलनात्मक दृष्टि से देखें, तो उनमें तर्क पलट जाता है और गद्यांश में भी ऐसा कुछ स्पष्ट रूप से वर्णित नहीं है। इसलिए I और II दोनों ही गलत हैं।
   अत: (d) सही उत्तर है।

4. गद्यांश के अनुसार, निम्नलिखित में से कौन-से सामाजिक आंदोलन के उदाहरण हैं?
   I. किसानों और जनजातियों के उत्थान की लहर
   II. क्षेत्रीय स्वायत्तता और आत्मनिर्णय के लिए आंदोलन
   III. पर्यावरण आंदोलन
   IV. महिला आंदोलन

   निम्नलिखित कूटों में से सही उत्तर को चुनिए:
   (a) I, II और III (b) II, III और IV
   (c) I, II और IV (d) उपरोक्त सभी

व्याख्या: इस सब का स्पष्ट रूप से गद्यांश की तीसरी पंक्ति में उल्लेख किया गया है।

अत: (d) सही उत्तर है।

5. निम्नलिखित में से किसको आंदोलनों के विभिन्न सामाजिक उद्देश्य के सबसे उपयुक्त रूप में वर्णित किया जा सकता है?

I. एक रचनात्मक समाज का दर्जा प्राप्त करने की इच्छा
II. अधिकार प्राप्त करने के लिए
III. सामाजिक परिवर्तन

निम्नलिखित में से सही उत्तर को चुनिए:

(a) I और II (b) II और III
(c) I और III (d) केवल III

व्याख्या: I किसी भी आंदोलन का स्पष्ट उद्देश्य नहीं है। II का दूसरी पंक्ति में उल्लेख किया गया है। सामाजिक रूपांतरण या परिवर्तन का आखिरी पंक्ति में उल्लेख किया गया है।

अत: (b) सही उत्तर है।

6. निम्नलिखित में से किसको गद्यांश के सबसे उपयुक्त शीर्षक के रूप में माना जा सकता है?

(a) रचनात्मक समाज और सामाजिक आंदोलन
(b) सामाजिक आंदोलन रचनात्मक समाज की पहली शर्त
(c) सामाजिक आंदोलन
(d) उपरोक्त में से कोई नहीं

व्याख्या: (a) विकल्प सबसे उचित प्रतीत हो रहा है। विकल्प (b) का गद्यांश में कहीं वर्णन नहीं है कि सामाजिक आंदोलन एक रचनात्मक समाज की शर्त है। यद्यपि, यह कहना उचित है कि सामाजिक आंदोलनों से रचनात्मक समाज के संकेत मिलते हैं। विकल्प (c) तर्क के सिर्फ एक पक्ष को प्रस्तुत करता है।

अध्ययन बोध IV (Specimen Passage IV)

कोई भी ऐसा राष्ट्र जो विदेशी शासन के अधीन रह चुका हो, यदि वह वर्तमान से भाग कर लुप्त समय के स्वप्न में आश्रय लेना चाहता है, तो उसको पिछली पीढ़ियों की महानता के बारे में सोच कर ही सांत्वना प्राप्त हो सकती है। यह एक मूर्खतापूर्ण और खतरनाक मनबहलाव है जिसगें हम में से कई लोग लिप्त रहते हैं।

हम भारतीयों में समान रूप से विद्यमान संदेहयुक्त व्यवहार यह है कि हम इस कल्पना में व्यस्त रहते हैं कि हम अभी भी आध्यात्मिक रूप से महान हैं। हालांकि, हम अन्य मानकों में वर्तमान संसार से नीचे आ चुके हैं। आध्यात्मिक या ऐसी किसी भी महानता की भावना स्वतंत्रता और अवसर के अभाव या दरिद्रता या भुखमरी पर आधारित नहीं हो सकती है। कई पश्चिमी लेखकों ने इस धारणा को बढ़ावा दिया है कि भारतीय किसी अन्य ही संसार में रहते हैं। मुझे ऐसा महसूस होता है कि हर देश के गरीब और दुर्भाग्यपूर्ण लोग, दूसरी दुनिया में रहते हैं। वे इस एहसास में जीते हैं कि यह दुनिया उनके लिए बनी ही नहीं और जब तक वे स्वयं क्रांतिकारी न बन जाएं, वे पराधीन हैं।

जब कोई व्यक्ति परिपक्व होता है, वह बाहरी संसार में पूरी तरह से तल्लीन या उद्देश्य से संतुष्ट नहीं होता है। वह जीवन से कुछ आंतरिक अर्थ और कुछ मनोवैज्ञानिक और शारीरिक संतुष्टि चाहता है। इसलिए, लोगों और सभ्यताओं के साथ-साथ, वह परिपक्व और वयस्क के रूप में बढ़ता है।

हर सभ्यता और हर व्यक्ति, जीवन की इन बाह्य और आंतरिक धाराओं को समानांतर रूप में दर्शाता है। जहां ये धाराएं मिलती और एक-दूसरे के निकट रहती हैं, वहाँ एक संतुलन और स्थिरता का वातावरण बनता है। जब वे भिन्न होती हैं, तो संघर्ष और संकट पैदा होता है जो कि मन और आत्मा के लिए कष्टदायक होता है।

प्रश्न (Questions)

1. लेखक ने 'यह दुनिया उनके लिए बनी ही नहीं' वक्तव्य का प्रयोग किस प्रकार के लोगों के लिए किया है?

(a) विदेशी प्रभुत्व से मुक्ति चाहने वाले लोग
(b) भुखमरी और दरिद्रता में रहने वाले लोग
(c) जो क्रांतिकारी बनना चाहते हैं
(d) उपरोक्त सभी

व्याख्या: सर्वनाम, 'उनके' हर देश के 'भुखमरी और दरिद्रता में रहने वाले लोगों' के लिए प्रयोग किया गया है।

अत: (b) सही उत्तर है।

2. निम्नलिखित में से किस वक्तव्य को गद्यांश की सबसे अधिक मान्य धारणा के रूप में लिया जा सकता है?

(a) विदेशी शासन के अधीन एक देश आध्यात्मिक खोज में लिप्त नहीं हो सकता
(b) गरीबी वांछित लक्ष्य प्राप्ति में एक बाधा है
(c) दोनों (a) और (b)
(d) उपरोक्त में से कोई नहीं

व्याख्या: (a) गद्यांश की मूल भावना के अनुरूप नहीं है, जबकि (b) इसके अनुरूप है।

अत: (b) सही उत्तर है।

3. निम्नलिखित में से किसको गद्यांश का मुख्य विषय माना जा सकता है?

(a) असहाय लोगों की मानसिक स्थिति
(b) भुखमरी और दुख
(c) सभ्यता के विकास
(d) लोगों का शरीर, मन और भावना

व्याख्या: (b), (c) और (d) केवल प्रत्यक्ष या अप्रत्यक्ष हवाला दे रहे हैं।

अत: (a) सही उत्तर है।

4. गद्यांश के अनुसार, मन और आत्मा की यातना निम्नलिखित में से किसके कारण से होती है?

(a) निर्दयी विदेशी ताकतों के प्रभुत्व
(b) विदेशी वर्चस्व से बचने की इच्छा और पूर्वजों की महानता के सपने में सांत्वना ढूंढना
(c) परलोक धारी या क्रांतिकारी बनने की इच्छा से
(d) बाहरी जीवन और एक आंतरिक जीवन के बीच संतुलन की कमी के कारण

व्याख्या: (d) सही विकल्प है, क्योंकि यहां प्रश्न मन और आत्मा के कष्ट के बारे में है।

5. जैसे-जैसे एक व्यक्ति परिपक्व होता है, उसको निम्नलिखित सन्तुष्टि चाहिए:

(a) मनोवैज्ञानिक
(b) शारीरिक
(c) मनोवैज्ञानिक और शारीरिक—दोनों ही

(d) न तो (a) और न ही (b)

व्याख्या: इसका अंतिम गद्यांश में स्पष्ट रूप से उल्लेख किया है।

अत: (c) सही उत्तर है।

6. कई पश्चिमी लेखक धारणा को प्रोत्साहित करते हैं कि हम भारतीय अन्य-सांसारिक है। निम्नलिखित में से कौन-सा इसका संभावित अर्थ है?

(a) वे अभी भी अतीत महानता में जी रहे हैं और वर्तमान संसार की वास्तविकताओं के साथ संपर्क में नहीं हैं।

(b) गरीब, दुर्भाग्यपूर्ण और पराधीन लोग

(c) दोनों (a) और (b)

(d) न (a) और न ही (b)

व्याख्या: 'अन्य सांसारिक' या मिलते-जुलते शब्दों का स्पष्ट रूप से दूसरे गद्यांश में प्रयोग किया गया है।

अत: (a) सही उत्तर है।

अध्ययन बोध V (Specimen Passage V)

पारिस्थितिकी तंत्र लोगों को विभिन्न वस्तुएं और सेवाएँ—जैसे भोजन, स्वच्छ पानी, स्वच्छ हवा, बाढ़ नियंत्रण, मिट्टी स्थिरीकरण, परागण प्रक्रिया में सहायता, जलवायु विनियमन, आध्यात्मिक पूर्ति और सौंदर्य-भोग इत्यादि प्रदान करता है। इन हित लाभों में से अधिकांश को अचल अवस्था में परावर्तित करना या उनको प्रतिस्थापित करने के लिए प्रौद्योगिकी का उपयोग करना बहुत ही महंगा है। उदाहरण के लिए, विलवणीकरण द्वारा सागर के खारे जल को पेय बनाया जा सकता है, परन्तु इसके लिए काफी मूल्य भी चुकाना पड़ता है।

पिछले कुछ दशकों में जनसंख्या में तेजी से विस्तार हुआ है, बढ़ती हुई जनसंख्या की आवश्यकताओं को पूरा करने के परिणामस्वरूप पृथ्वी के पारिस्थितिकी तंत्र में परिवर्तन हुए हैं, विशेषतया भोजन, मीठे जल, लकड़ी, फाइबर और ईंधन आदि में। इनसे आर्थिक विकास और मानव कल्याण में महत्त्वपूर्ण सफलता मिली, लेकिन प्राप्त लाभ समान रूप से वितरित नहीं किए जा सके हैं। कुछ लोगों को इन परिवर्तनों के परिणामस्वरूप हानि भी हुई है। इसके अलावा, पारिस्थितिकी तंत्र में हुए परिवर्तनों से 'वस्तुओं और सेवाओं' में अल्पकालिक वृद्धि होती है, लेकिन उसकी कीमत दूसरी वस्तुओं एवं सेवाओं में पतन से अदा की जाती है। उदाहरण के लिए, भोजन और फाइबर का उत्पादन बढ़ाने के प्रयासों से स्वच्छ जल की उपलब्धता, बाढ़ विनियमित करने और जैव विविधता की क्षति इत्यादि।

प्रश्न (QUESTIONS)

1. निम्नलिखित में से किस पर बढ़ती मानव जनसंख्या का प्रतिकूल प्रभाव पड़ता है?

I. आध्यात्मिक पूर्ति

II. पीने योग्य मीठे पानी की उपलब्धता

III. रोजगार

IV. जैव विविधता

निम्नलिखित कूट में से सही उत्तर को चुनिए:

(a) I, II और III (b) II, III और IV

(c) II और IV (d) उपरोक्त सभी

व्याख्या: आध्यात्मिक पूर्ति का बढ़ती जनसंख्या से स्पष्ट संबंध नहीं दर्शाया गया है। अंतिम वाक्य स्वच्छ जल की उपलब्धता और जैव विविधता पर प्रतिकूल प्रभाव को इंगित करता है।

अत: (c) सही उत्तर है।

2. गद्यांश में इस बात का उल्लेख है कि कुछ लोगों को इन परिवर्तनों के कारण नुकसान भी हुआ है। यह किस तथ्य को इंगित करता है?

(a) लाभ का असमान वितरण

(b) पारिस्थितिकी तंत्र की स्वच्छ जल, बाढ़ विनियम और जैव विविधता आदि से संबंधित क्षमता में कमी

(c) दोनों (a) और (b)

(d) न (a) और न ही (b)

व्याख्या: (a) और (b) दोनों ही लाभ और संसाधनों के अन्यायी वितरण की ओर संकेत करते हैं।

अत: (c) सही उत्तर है।

3. निम्नलिखित में से पैर के संदर्भ में कौन-सा कथन सत्य है?

(a) जनसंख्या का तेजी से विस्तार हुआ है, जिससे कुछ लोग प्रतिकूल रूप से प्रभावित हुए हैं।

(b) भोजन और फाइबर का उत्पादन बढ़ाने के लिए पर्याप्त प्रयास नहीं किए गए।

(c) पृथ्वी के पारिस्थितिकी तंत्र में संशोधनों से कुछ लोगों को अल्पावधि में हानि हो सकती है, परन्तु दीर्घकालिक परिणाम लाभदायक होंगे।

(d) उपरोक्त में से कोई नहीं

व्याख्या: केवल (a) का अर्थ इसमें निहित है, (b) अप्रासंगिक है और परिच्छेद में चर्चा (c) विकल्प का समर्थन नहीं करती।

अत: (a) सही उत्तर है।

4. गद्यांश के संदर्भ में, निम्नलिखित कथनों पर विचार कीजिए:

I. मानव जाति के कल्याण हेतु, पृथ्वी की पारिस्थितिकी तंत्र में परिवर्तन लाना वांछित है।

II. प्रौद्योगिकी से कभी भी हम पारिस्थितिकी तंत्र द्वारा प्रदत वस्तुओं एवं सेवाओं को प्रतिस्थापित नहीं कर सकते हैं।

निम्नलिखित कूट में से कौन-सा सही उत्तर है?

(a) केवल I (b) केवल II

(c) I और II दोनों (d) न I और न ही II

व्याख्या: I इसलिए सही नहीं है क्योंकि गद्यांश में हमारे पारिस्थितिकी तंत्र में हुए परिवर्तनों से उत्पन्न सकारात्मक और नकारात्मक पहलुओं की बात की गई है। II का गद्यांश में स्पष्ट उल्लेख किया गया है।

अत: (b) सही उत्तर है।

5. गद्यांश के अनुसार, निम्नलिखित में से पृथ्वी के पारिस्थितिकी तंत्र में संशोधन का मुख्य कारण कौन-सा है?

(a) प्रौद्योगिकी

(b) जनसंख्या वृद्धि

(c) एकीकृत दृष्टिकोण का अभाव

(d) उपरोक्त सभी

व्याख्या: यद्यपि, (a) और (c) लागू हो सकते हैं, पर गद्यांश में स्पष्ट उल्लेख न होने के कारण दूरगामी परिकल्पना है। उपलब्ध विकल्पों में बढ़ती हुई जनसंख्या का स्पष्ट रूप से उल्लेख किया गया है।

अत: (b) सही उत्तर है।

6. निम्नलिखित में से कौन-सा गद्यांश का सबसे उपयुक्त शीर्षक माना जा सकता है?
   (a) हमारे पारिस्थितिकी तंत्र का संशोधन
   (b) हमारे प्राकृतिक संसाधन
   (c) जनसंख्या वृद्धि के हानिकारक प्रभाव
   (d) हमारे पारिस्थितिकी तंत्र में मानव हस्तक्षेप

व्याख्या: गद्यांश में चर्चा से स्पष्ट है कि (b), (c) और (d) के लिए प्रासंगिक हो सकता है, लेकिन मुख्य रूप से चर्चा हमारे पारिस्थितिकी तंत्र में परिवर्तन के प्रभाव के बारे में है।

अत: (a) सही उत्तर है।

अभ्यास हेतु परिच्छेद (Practice Passages)

अध्ययन बोध अभ्यास 1
(Reading Comprehension Practice 1)

निम्नलिखित अनुच्छेद को पढ़िए तथा 1 से 5 तक के प्रश्नों के उत्तर दीजिए:

हर रोज शांति निकेतन स्कूल की दिनचर्या सरस्वती वन्दना के साथ शुरू होती है। जब स्कूल में चित्रकारी की प्रतियोगिता आयोजित की जाती है, तो सबसे ज्यादा हिन्दू देवी देवताओं के ही चित्र बनाए जाते हैं। कई छात्रों का पसंदीदा विषय संस्कृत है, तो इसमें विशेष बात क्या है? कोई विशेष बात नहीं है, सिवाय इसके कि हिन्दुओं द्वारा चलाए जा रहे इस स्कूल के करीब 1200 विद्यार्थी मुसलमान हैं।

जब 1983 में रणछोड़भाई किरी ने गुजरात में अहमदाबाद के मुस्लिम बहुल जुहापुरा इलाके में शांति निकेतन शुरू किया था तब उसमें केवल 20 फीसदी छात्र ही मुसलमान थे। लेकिन जुहापुरा और करीब के जीवराजपार्क—वेजलपुर के हिन्दुओं के बीच दंगे होने के बाद वहाँ से हिन्दुओं का पलायन शुरू हो गया। आज स्कूल के सारे छात्र मुसलमान हैं और यह धार्मिक सौहार्द की अनूठी मिसाल बन गया है। सन् 2002 के दंगों में कुछ नाराज मुसलमान इसे बंद कराना चाहते थे, लेकिन छात्रों के अभिभावक उनके खिलाफ दीवार बनकर खड़े हो गए। शांति निकेतन के प्रधानाचार्य कहते हैं, 'हमने स्थानीय मुसलमानों के प्यार और स्नेह के चलते स्कूल को कभी भी इस इलाके से बाहर ले जाने के बारे में नहीं सोचा। हकीकत तो यह है कि वे शिक्षा के उस स्तर को सराहते हैं जो हमने तय किया है।' इस स्कूल की छवि इतनी अच्छी है कि साम्प्रदायिक दंगों में अभियुक्त कुछ स्थानीय दबंग मुसलमान भी दंगों के दौरान उसे बचाने में जुटे हुए थे।

शांति निकेतन के विद्यार्थियों के अभिभावकों का कहना है कि स्तरीय शिक्षा के मामले में यह स्कूल इलाके में सबसे बढ़िया है। शांति निकेतन के बहुत सारे बच्चों ने स्नातक और स्नातकोत्तर की शिक्षा अर्जित की है। मजेदार बात यह है कि 40 सदस्यीय शिक्षक दल में केवल एक ही मुसलमान है—हुसेना मंसूरी, जो संस्कृत पढ़ाती हैं। मंसूरी इस स्कूल से इस कदर संतुष्ट हैं कि उन्होंने हाल में मुसलमान द्वारा चलाए जा रहे एक स्कूल की प्रधानाचार्य बनने का प्रस्ताव ठुकरा दिया। हाल में स्कूल में पेंटिंग की प्रतियोगिता में बनाई गई कुछ छात्रों की पेंटिंग वाकई विभोर करने वाली हैं। एक ने मन्दिर और मस्जिद के साथ भारत माता की तस्वीर बनाई, तो दूसरे ने एक मुसलमान लड़के को अपनी हिन्दू बहन से राखी बंधवाते हुए दिखाया। शांति निकेतन आशा की ऐसी किरण है जो दिखाती है कि दोनों समुदायों के सारे उकसावे के बावजूद हिन्दू-मुसलमान परस्पर सम्मान के साथ एक-दूसरे के साथ रह सकते हैं।

प्रश्न (Questions)

1. शांति निकेतन स्कूल दिन की शुरुआत कैसे करता है?
   (a) राष्ट्रगान से (b) प्रार्थना से
   (c) सरस्वती वन्दना से (d) पूजा से
2. उस विषय का नाम बताइए, जिसे अधिकतर विद्यार्थी पसंद करते हैं:
   (a) हिन्दी (b) अंग्रेजी
   (c) संस्कृत (d) गुजराती
3. दंगों के समय स्कूल को किसने बचाया?
   (a) स्थानीय मुसलमानों ने
   (b) हिन्दुओं ने
   (c) राजनीतिज्ञों ने
   (d) ईसाइयों ने
4. संस्कृत का अध्यापक कौन है?
   (a) रणछोड़भाई किरी (b) मनीषा वकील
   (c) हुसेना मंसूरी (d) हुसेना खातून
5. साम्प्रदायिक दंगों के बावजूद आशा की किरण क्या है?
   (a) हिन्दू और मुसलमान साथ-साथ नहीं रह सकते हैं।
   (b) हिन्दू और मुसलमान साथ-साथ रह सकते हैं।
   (c) केवल हिन्दू रह सकते हैं।
   (d) केवल मुसलमान रह सकते हैं।

अध्ययन बोध अभ्यास 2
(Reading Comprehension Practice 2)

निम्नलिखित अनुच्छेद को पढ़िए तथा 6 से 10 तक के प्रश्नों के उत्तर दीजिए:

समस्त राजनैतिक प्रणालियों को वैयक्तिक संपत्ति और जनता की शक्ति के बीच के संबंधों में मध्यस्थता करने की आवश्यकता होती है। जो इसमें असफल होते हैं उनकी सरकार पर धनी वर्ग के हितों के दबाव में आकर ठीक से काम न कर पाने का खतरा बना रहता है। भ्रष्टाचार इस असफलता का एक लक्षण है जिसमें व्यक्ति पैसे देने को (रिश्वत) तैयार रहता है और इससे सार्वजनिक हित का लक्ष्य पूरा नहीं होता। प्राइवेट व्यक्ति और वाणिज्य प्रतिष्ठान अपना दैनंदिन काम निकालने के लिए नौकरशाही के शीर्ष पर बैठे व्यक्ति को पैसा देते हैं। वे अपने टैक्स कम करने के लिए तथा सख्त कानूनों से बचने के लिए रिश्वत देते हैं और ऊँची दरों पर ठेके प्राप्त करते हैं तथा प्राइवेट प्रतिष्ठानों को कम कीमत पर रियायतें प्राप्त करवाते हैं। यदि भ्रष्टाचार एक बीमारी बन चुका है, तो नौकरशाह और जनप्रतिनिधि दोनों मिलकर जनता के हित की योजनाओं को व्यक्तिगत लाभ के लिए बदल सकते हैं जिसमें जनता का हित कम और व्यक्तिगत लाभ के अवसर अधिक होते हैं। वास्तव में, रिश्वत, कमीशन और बड़े सौदों में हिस्सा सरकार की असफलता का एक प्रकार है। अच्छे अभिशासन के लिए प्रयास, भ्रष्टाचार विरोधी अभियान से अधिक व्यापक होना चाहिए। सरकारें ईमानदार किन्तु अकुशल हो सकती हैं जिसके कारण कर्मचारियों को उनकी उत्पादकता के कार्य के लिए कोई प्रोत्साहन नहीं मिलता और राज्य के छोटे अधिकारियों द्वारा नीति को बहुत अधिक प्रभावित किया जाता है। रिश्वत सुस्त कामचोर को कठिन मेहनत करने को प्रेरित कर सकती है और जो भीतरी चौकड़ी में शामिल नहीं हैं उन्हें पैसे का लाभ प्राप्त करने का अवसर देती है। फिर भी इन मामलों में भी भ्रष्टाचार केवल इन 'काम के' (functional) क्षेत्रों तक सीमित नहीं किया जा सकता। जब भी वैयक्तिक लाभ सकारात्मक माना जाएगा, तो वहाँ प्रलोभन अवश्य रहेगा, यह कठोर वास्तविकता की तर्कसंगत अनुक्रिया (response) है लेकिन कालांतर में यह विकराल रूप धारण करेगी।

प्रश्न (Questions)

6. जो सरकारें व्यक्तिगत संपत्ति और सार्वजनिक शक्ति के भेद के ऊपर ध्यान केन्द्रित करने में असफल होती हैं, उनके निम्नलिखित बनने की संभावना होती है:
   (a) प्रकार्यात्मक
   (b) अप्रकार्यात्मक
   (c) सामान्य प्रकार्यात्मकता
   (d) अच्छा अभिशासन

7. बुरे अभिशासन का एक महत्त्वपूर्ण लक्षण है:
   (a) भ्रष्टाचार
   (b) उच्चतम कर
   (c) पेचीदे अधिनियम और विनियम
   (d) महंगाई

8. जब भ्रष्टाचार सर्वत्र व्याप्त हो, तो सरकारी कर्मचारी हमेशा निम्नलिखित के लिए अवसरों की तलाश में रहते हैं:
   (a) सार्वजनिक हितों के लिए
   (b) सार्वजनिक लाभ के लिए
   (c) व्यक्तिगत लाभ के लिए
   (d) कंपनी के मुनाफे के लिए

9. सार्वजनिक/व्यक्तिगत कर्मचारियों के लिए उत्पादकता से प्रोत्साहन को जोड़ा जाना निम्नलिखित का संकेतक है:
   (a) कार्यकुशल सरकार
   (b) बुरा अभिशासन
   (c) अकुशल सरकार
   (d) भ्रष्टाचार

10. बढ़ते हुए भ्रष्टाचार को रोकने का उपाय है:
    (a) व्यक्तिगत मुनाफा
    (b) भ्रष्टाचार विरोधी अभियान
    (c) अच्छा अभिशासन
    (d) कमीशन और हिस्सा देना

अध्ययन बोध अभ्यास 3
(READING COMPREHENSION PRACTICE 3)

निम्नलिखित अनुच्छेद को पढ़िए तथा 11 से 15 तक के प्रश्नों के उत्तर दीजिए:

जलवायु परिवर्तन एक ऐसा जटिल नीतिगत मुद्दा है जो दिल पर व्यापक प्रभाव डालता है। जलवायु परिवर्तन से निपटने वाले हर प्रयास में अन्ततः लागत शामिल है। भारत जैसे देशों के लिए, अनुकूलन (adaptation) तथा लघुकरण (mitigation) की योजनाओं और परियोजनाओं के अभिकल्पन और कार्यान्वयन के लिए निधीयन (funding) आवश्यक है। निधि का अभाव अनुकूलन योजनाओं के कार्यान्वयन में एक बड़ी बाधा है। जलवायु परिवर्तन पर संयुक्त राष्ट फ्रेमवर्क कन्वेशन (यूनाइटेड नेशन्स फ्रेमवर्क कन्वेशन ऑन क्लाइमेट चेंज—UNFCCC) के अंतर्गत बहुस्तरीय वार्ताओं में, विकासशील देशों द्वारा उनके घरेलू लघुकरण तथा अनुकूलन कारकों के संवर्धन के लिए अपेक्षित वित्तीय सहायता का पैमाना तथा परिमाप सघन चर्चा के विषय हैं। यह सम्मेलन विकसित देशों पर, वायुमंडल में ग्रीनहाउस गैसों (GHGs) के जमाव में उनके योगदान के आधार पर, वित्तीय सहायता का प्रावधान करने की ज़िम्मेदारी समान रूप से डालता है। इस कार्य की मात्रा तथा उसके लिए निधियों की आवश्यकता को देखते हुए, विकासशील देशों की मौजूदा तथा अनुमानित (प्रोजेक्टेड) आवश्यकताओं के लिए जरूरी घरेलू वित्तीय संसाधन कम पड़ने की संभावना है। इस सम्मेलन (convention) की बहुपक्षीय क्रियाविधि के माध्यम से किया गया वैश्विक निधीयन, लघुकरण प्रयासों के वित्तपोषण के लिए उसकी घरेलू क्षमता की वृद्धि करेगा।

प्रश्न (Questions)

11. इस परिच्छेद के अनुसार, जलवायु परिवर्तन में विकासशील देशों की भूमिका के संदर्भ में UNFCCC के अंतर्गत बहुपक्षीय वार्ताओं में, निम्नलिखित में से कौन-कौन से गहन चर्चा का/के विषय है/हैं?
    I. अपेक्षित वित्तीय सहायता का पैमाना तथा परिमाण।
    II. विकासशील देशों में जलवायु परिवर्तन के कारण होने वाली उपज की हानि।
    III. विकासशील देशों में लघुकरण तथा अनुकूलन कार्यों का संवर्धन करना।
    नीचे दिए गए कूट का प्रयोग कर सही उत्तर चुनिए:
    (a) केवल I (b) केवल II और III
    (c) केवल I और III (d) I, II और III

12. इस परिच्छेद में, यह सम्मेलन विकसित देशों पर वित्तीय सहायता का प्रावधान करने की जिम्मेदारी किस कारण डालता है?
    I. उनकी प्रति व्यक्ति आय का उच्चतर स्तर।
    II. उनकी GDP की अधिक मात्रा।
    III. वायुमंडल में ग्रीनहाउस गैसों (GHGs) के जमाव में उसका बृहत योगदान।

    नीचे दिए गए कूट का प्रयोग कर सही उत्तर चुनिए:
    (a) केवल I
    (b) केवल I और II
    (c) केवल III
    (d) I, II और III

13. विकासशील देशों के संबंध में, परिच्छेद से यह अनुमान लगाया जा सकता है कि जलवायु परिवर्तन से उनके:
    I. घरेलू वित्त पर प्रभाव पड़ना संभावित है।
    II. बहुपक्षीय व्यापार की क्षमता पर प्रभाव पड़ना संभावित है।

    नीचे दिए गए कूट का प्रयोग कर सही उत्तर चुनिए:
    (a) केवल I
    (b) केवल II
    (c) केवल I और II दोनों
    (d) न तो I, न ही II

14. इस परिच्छेद में, निम्नलिखित में से किस एक पर अनिवार्यतः विचार-विमर्श किया गया है?
    (a) न्यूनीकरण हेतु सहायता देने के बारे में, विकसित और विकासशील देशों के बीच द्वन्द्व।
    (b) विकसित देशों द्वारा प्राकृतिक संसाधनों के अतिशय दोहन के कारण जलवायु परिवर्तन का होना।
    (c) अनुकूलन योजनाओं को कार्यांवित करने में सभी देशों की राजनीतिक इच्छाशक्ति में कमी।
    (d) जलवायु परिवर्तन के परिणाम के कारण, विकासशील देशों की शासन समस्याएँ

15. अगर हम इस अनुच्छेद को शीर्षक देना चाहें, तो निम्नलिखित में से कौन-सा सबसे उपयुक्त रहेगा?
(a) जलवायु परिवर्तन के कारण
(b) जलवायु परिवर्तन—नीतिगत जटिलताएँ
(c) वैश्विक गर्मी एवं जलवायु परिवर्तन
(d) जलवायु परिवर्तन और विकासशील देश

अध्ययन बोध अभ्यास 4
(Reading Comprehension Practice 4) (जून 2011)

निम्नलिखित अनुच्छेद को पढ़िए तथा 16 से 20 तक के प्रश्नों के उत्तर दीजिए:

सभी इतिहासकार ग्रंथों चाहे वे निजी पत्र, सरकारी अभिलेख या पल्ली जन्म सूचियाँ या कुछ भी हों, के निर्वचक होते हैं। अधिकांश प्रकार के इतिहासकारों के लिए, अपने ग्रंथों को छोड़कर अन्य किसी को समझने का यह सिर्फ आवश्यक माध्यम है, जैसे कि राजनीतिक कार्यवाही या ऐतिहासिक प्रवृत्ति। जबकि, बौद्धिक इतिहासकार के लिए, उसके चयनित ग्रंथ को पूर्णतया समझना ही पूछताछ का लक्ष्य होता है। निस्संदेह, बौद्धिक इतिहास, अन्य विषयों, जो अपने ही उद्देश्यों के लिए ग्रंथों का आदतन निर्वचन कर रहे हैं और तर्कणा जो निष्कर्ष को दिखावटी रूप से क्षेत्र के साथ जोड़ती है, पर फोकस करके निष्कर्ष निकालने को विशेषत: प्रवृत्त होता है। इसके अतिरिक्त, संबंधित उप-विषय क्षेत्रों के साथ सीमाएं बदल या खिसक रही हैं और अस्पष्ट हैं: कला का इतिहास और विज्ञान का इतिहास दोनों कुछ स्वायत्तता का दावा करते हैं, आंशिक रूप से इसलिए क्योंकि उन्हें विशेषित तकनीकी कौशलों की जरूरत है। परन्तु दोनों को व्यापक बौद्धिक इतिहास के भाग के रूप में भी देखा जा सकता है, जैसा कि स्पष्ट होता है जब हम ब्रह्माण्डकीय धारणाओं अथवा कालिक नैतिक आदर्शों के बारे में ज्ञान के सर्वसामान्य स्टॉक के बारे में विचार करते हैं।

सभी इतिहासकारों की तरह बौद्धिक इतिहासकार 'विधियों' का उत्पादक होने के बजाय उनका उपभोक्ता होता है। उसकी विशिष्टता विगतकाल के उस पहलू में स्थित है जिस पर वह प्रकाश डालने कि कोशिश कर रहा है और प्रमाण के समूह या तकनीकों के समूह पर एकमात्र स्वामित्व होने में स्थित नहीं है। यह कह लेने के बाद, यह जरूर प्रतीत होता है कि 'बौद्धिक इतिहास' का नाम गलतफहमी के आनुपातिक भाग को आकर्षित करता है।

यह कहा जाता है कि बौद्धिक इतिहास किसी ऐसी चीज का इतिहास है जिसे कभी महत्त्व नहीं दिया जाता था। राजनीतिक इतिहासकारों के ऐतिहासिक स्वामित्व पर दीर्घकालीन प्रभुत्व एक प्रकार की विषयासक्ति (फिलिस्तिनिज्म), अनकही धारणा की सत्ता और उसके प्रयोग का ही वास्तव में महत्त्व था, को जन्म देता है। इस दावे से पूर्वाग्रह संबलित हुआ कि राजनीतिक कार्यवाही वास्तव में कभी भी उन सिद्धांतों या विचारों जो 'ज्यादा फ्लैपडुडल' थे का परिणाम नहीं थी। इस धारणा की बपौती अभी भी इन अपेक्षित विचारों की प्रवृति में दृष्टिगोचर होती है कि इससे पहले कि राजनीतिक वर्ग को बौद्धिक सत्कार के योग्य समझा जा सके उसे अनुज्ञापत्र प्राप्त हो, मानो इसके कुछ कारण हैं कि क्यों कला या विज्ञान, दर्शनशास्त्र या साहित्य के इतिहास दलों या संसदों के इतिहास की तुलना में दिलचस्प और महत्त्व का है। शायद हाल ही के वर्षों में इस फिलिस्तिनिज्म (विषयासक्ति) की दर्पण-प्रतिच्छाया इस दावे में ज्यादा सर्वसामान्य रही है कि किसी के विचार विधिवत अभिव्यक्ति के अथवा दुनियादारी के हैं, का कोई महत्त्व नहीं है, मानो वह सिर्फ अल्पसंख्यक वर्ग के विचार हैं।

प्रश्न (Questions)

16. बौद्धिक इतिहासकार का लक्ष्य निम्नलिखित में से किसे समझने का होता है?
(a) उसके अपने विशेष ग्रंथ
(b) राजनीतिक कार्यवाहियाँ
(c) ऐतिहासिक प्रवृत्तियाँ
(d) उसकी पूछताछ

17. बौद्धिक इतिहासकार किसके एकमात्र स्वामित्व का दावा नहीं करता है?
(a) निष्कर्ष
(b) प्रमाण का कोई भी संग्रह
(c) विशिष्टता
(d) आदतन-निर्वचन

18. बौद्धिक इतिहास के बारे में गलतफहमियाँ किससे उत्पन्न होती हैं?
(a) तकनीकों का समूह
(b) ज्ञान का सामान्य स्टॉक
(c) राजनीतिक इतिहासकारों का प्रभुत्व
(d) ब्रह्माण्डीय धारणाएँ

19. विषयासक्तिवाद (फिलिस्तिनिज्म) क्या है?
(a) पूर्वाग्रह का पुनर्बलित होना
(b) कारणों का गढ़ना
(c) भू-स्वामियों का प्रभाव
(d) यह धारणा कि सत्ता और उसके प्रयोग का महत्त्व होता है।

20. ब्रह्माण्डकीय धारणाओं या कालिक नैतिक विचारों का ज्ञान किसके अंश के रूप में निकाला जा सकता है?
(a) साहित्यिक आलोचना
(b) विज्ञान का इतिहास
(c) दर्शनशास्त्र का इतिहास
(d) बौद्धिक इतिहास

अध्ययन बोध अभ्यास 5
(Reading Comprehension Practice 5)

निम्नलिखित अनुच्छेद को पढ़िए तथा 21 से 25 तक के प्रश्नों के उत्तर दीजिए:

जब ब्रिटिश शासन देश के आर्थिक विकास को क्षति पहुँचाने वाला हो गया था, तब भी उसने भारतीय समाज के आधुनिकीकरण की प्रक्रिया शुरू करने तथा इस प्रक्रिया से बहुत-सी प्रगतिशील संस्थाओं को स्थापित करने में मदद की। अंग्रेजों द्वारा शुरू की गई हितकारी संस्थाओं में से एक था प्रजातंत्र। इस बात का कोई विरोध नहीं कर सकता कि बहुत-सी कमियों के बावजूद लोकतंत्र भारत में ब्रिटिश शासन से पूर्व प्रचलित राजाओं तथा नवाबों के निरंकुश शासन का अच्छा और बेहतर विकल्प था।

वैसे, भारत ने ब्रिटिश लोकतंत्र की जो हानिकारक परम्परा अपनाई वह थी उसके निर्वाचित सदस्यों में सहयोग की अपेक्षा विरोध का भाव। यह उसका अनिवार्य लक्षण था। वह पार्टी, जिसको निर्वाचित सदस्यों का बहुमत प्राप्त होता था, वह सरकार बनाती थी जबकि अन्य सदस्य विपक्ष में होते थे। विपक्ष का अस्तित्व ही सत्ता में बैठे लोगों के लिए प्रजातंत्र का हॉलमार्क माना गया।

सैद्धांतिक दृष्टि से, प्रजातंत्र लोगों द्वारा शासित शासन है, किन्तु जहां प्रत्यक्ष शासन संभव नहीं है, वहाँ लोगों द्वारा निर्वाचित सदस्यों का शासन होता है। यह स्वाभाविक है कि समाज के अन्य लोगों की तरह ही निर्वाचित सदस्यों के विचारों में भी कुछ मतभेद हो।

सामान्यत: किसी भी संगठन के सदस्यों में विभिन्न मुद्दों पर मतभेद होता है परन्तु वे सर्वसम्मति के आधार पर कार्य करते हैं तथा वे सामान्यत: सत्तारूढ़ियों और विपक्षियों में भेद नहीं करते।

संगठन के सदस्य प्राय: सर्वसम्मति से कार्य करते हैं। सर्वसम्मति का साधारण रूप से अर्थ है, पर्याप्त चर्चा के बाद, बहुमत से पारित प्रस्ताव सदस्यों को उस समय स्वीकार्य होना। अत: सदस्य, जो किसी मुद्दे पर बहुमत में होते हैं तथा जिनका प्रस्ताव स्वीकृत होता है, यह आवश्यक नहीं कि वे किसी अन्य मुद्दे पर मतभेद की स्थिति में एकमत ही हों।

व्यापक रूप से, यह संयोग ही था कि इस सामान्य प्रक्रिया की अपेक्षा ब्रिटेन में दो पार्टियों की व्यवस्था अभिभावी हुई, जिसे प्रजातांत्रिक शासन की सबसे उत्तम पद्धति के रूप में अब सामान्यत: स्वीकार कर लिया गया है।

भारत में प्रजातंत्र में प्रवृत्त बहुत से लोग दो दलों की व्यवस्था को देश में लागू करने में खिन्नता अनुभव करते हैं। ऐसा लगता है, भारत में लगभग बराबर शक्ति के दो दलों का होना—वस्तुत: असम्भाव्य है। दो दलों की व्यवस्था के अभाव के प्रति जो खिन्नता प्रकट करते हैं उनको इनके कारणों पर विचार करना चाहिए।

ब्रिटेन में जब दो दल व्यवस्था स्थापित हो गई, तो शासन में दो समूह थे (जिसमें निर्वाचक सीमित थे) जिनके आर्थिक हित समान थे। अत: उनके सदन के निर्वाचित सदस्यों के दो समूह हो गए।

ब्रिटिश प्रजातंत्र में कुछ सदस्य ऐसे थे (जिनकी लार्ड, नवाब सामन्ती व्यवस्था आदि में रुचि थी) तथा नए व्यावसायिक वर्ग के सदस्यों में व्यापारी और शिल्पी शामिल थे। इन समूहों का बल लगभग समान था तथा विभिन्न कालों में वे अपना पृथक शासन स्थापित करने के योग्य थे।

प्रश्न *(Questions)*

21. ब्रिटिश-पूर्व काल में भारत जब स्वतंत्र शासकों द्वारा शासित था, तब:
(a) समाज में शांति तथा समृद्धि परिव्याप्त थी।
(b) राजनीतिक मामलों से जनता असंपृक्त थी।
(c) नीति निर्धारण में जनमत आवश्यक था।
(d) कानून सबके लिए समान था।

22. ब्रिटेन में प्रचलित प्रजातंत्र का विशिष्ट लक्षण क्या है?
(a) जिसकी लाठी उसकी भैंस के शासन का अंत
(b) जनता का जनता के लिए जनता द्वारा शासन
(c) यह समय की कसौटी पर खरा उतरा
(d) निर्वाचित सदस्यों में पारस्परिक सहयोग

23. प्रजातंत्र इनमें से क्या है?
(a) निर्वाचित सदस्यों का नीति निर्धारण के मुद्दों पर एकमत होना।
(b) सत्ता पक्ष की अपेक्षा विपक्ष का अधिक शक्तिशाली होना।
(c) आमजन के प्रतिनिधि
(d) उपरोक्त में से कोई नहीं

24. भारत में ब्रिटिश शासन के बारे में निम्नलिखित में से कौन-सा सही है?
(a) यह भारतीय समाज के आधुनिकीकरण के पीछे था।
(b) इस अवधि में भारत को आर्थिक लाभ हुआ।
(c) प्रगति के उद्देश्य से विभिन्न संस्थाओं की स्थापना हुई।
(d) उपरोक्त में से कोई नहीं

25. उस अवधि में नए व्यावसायिक वर्ग के सदस्य कौन हुए?
(a) ब्रिटिश—आभिजात्य वर्ग
(b) लॉर्ड तथा नवाब
(c) राजनीतिज्ञ
(d) व्यापारी तथा शिल्पी

अध्ययन बोध अभ्यास 6
(Reading Comprehension Practice 6)

निम्नलिखित अनुच्छेद को पढ़िए तथा 26 से 30 तक के प्रश्नों के उत्तर दीजिए:

यह उक्ति 'यह किस जैसा है?' मूल विचार प्रक्रिया में आती है कि कोई व्यक्ति किस प्रकार इस धरती के खण्डों में व्याप्त वस्तुओं और घटनाओं का अवलोकन एवं विवरण देता है। इस धरती पर असीम गोचरीय विविधता है मगर कोई व्यक्ति इस बात का निर्णय कैसे करे कि क्या देखा जाए? धरती या इसके किसी खण्ड के सम्पूर्ण विवरण जैसी कोई वस्तु नहीं है, क्योंकि धरती की इस सतह का प्रत्येक सूक्ष्मदर्शी बिन्दु हर वैसे ही अन्य बिन्दु से भिन्न है। अनुभव दर्शाता है कि अवलोकित वस्तुएं जानी-पहचानी होती हैं, क्योंकि वह उन गोचरीय घटनाओं जैसी होती हैं जो घर पर घटित होती हैं अथवा अमूर्त बिम्बों एवं आदर्शों, जो मानवीय मस्तिष्क में विकसित होते हैं, से मिलते-जुलते हैं।

अमूर्त बिम्बों का निर्माण कैसे होता है? जानवरों में से केवल मानव को ही भाषा प्राप्त हुई है। उनके शब्द विशेष वस्तुओं का ही नहीं, बल्कि वस्तुओं की कोटियों के मानसिक बिम्बों का प्रतीक बनते हैं। मनुष्य उस वस्तु को याद रख सकता है जिसे उसने देखा अथवा अनुभव किया हो, क्योंकि वह उसके साथ किसी शब्द का प्रतीक जोड़ देता है।

इस धरती पर मानव के प्राकृतिक निवास के संबंध में अधिक से अधिक ज्ञान-प्राप्ति की श्रृंखला के दौरान वस्तुओं और घटनाओं में निरन्तर अंतर-क्रिया चलती रही है। इन्द्रियों द्वारा प्रत्यक्ष अवलोकन को प्रत्यक्ष ज्ञान कहा जाता है और मानसिक बिम्ब को अवधारणा। प्रत्यक्ष ज्ञान को कुछ लोग यथार्थता कहते हैं जबकि इसके प्रतिकूल मानसिक बिम्ब सैद्धांतिक होते हैं जिसका भावार्थ है कि ये अवास्तविक होते हैं।

प्रत्यक्ष ज्ञान और अवधारणा के बीच का संबंध इतना सरल नहीं जितना इस परिभाषा से दिखायी देता है। यह अब पूर्णतया स्पष्ट हो गया है कि भिन्न-भिन्न संस्कृतियों के मानव अथवा समान संस्कृतियों वाले व्यक्ति भी यथार्थता के प्रति विभिन्न मानसिक बिम्बों को विकसित कर सकते हैं और जिसका उन्हें प्रत्यक्ष बोध होता है वह उनकी पूर्व अवधारणा की झलक होती है। इस धरती पर वस्तुओं और घटनाओं के प्रत्यक्ष ज्ञान के संबंध में अवलोकनकर्ता का यह कर्तव्य है कि वह मानसिक बिम्बों को देखते हुए यथार्थता के प्रति पुनर्विचार करे।

अवलोकनकर्ता का प्रत्यक्ष ज्ञान उसकी अवधारणा का निर्धारण करता है, परन्तु पिछले प्रत्यक्ष ज्ञान के साधारणीकरण से अवधारणा का उद्गम होता है। वस्तु स्थिति यह है कि शिक्षित अवलोकनकर्ता को सिखाया जाता है कि वह किन्हीं अवधारणाओं को स्वीकार करे और इन अवधारणाओं को वह अपने व्यावसायिक जीवन के दौरान मजबूत अथवा परिवर्तित करता है। विद्वता के किसी क्षेत्र में किसी समय पर दिया व्यावसायिक मत यह निर्धारित करता है कि कौन-सी अवधारणाएँ अथवा प्रक्रियाएं स्वीकार्य हैं और ये विद्वत्तापूर्ण व्यवहार के आदर्श की स्थापना करता है।

प्रश्न *(Questions)*

26. गद्यांश में वर्णित समस्या में किसकी झलक है?
(a) विचार प्रक्रिया
(b) मानवीय व्यवहार

(c) सांस्कृतिक प्रत्यक्ष ज्ञान
(d) व्यावसायिक राय

27. गद्यांश के अनुसार ज्यादातर मानव-मन में यह होता है:
(a) वस्तुओं का अवलोकन
(b) मानसिक बिम्बों को बनाना
(c) भाषा द्वारा अभिव्यक्ति
(d) ज्ञान जुटाना

28. अवधारणा का भाव है:
(a) एक मानसिक बिम्ब
(b) एक यथार्थता
(c) भाषा के रूप में अभिव्यक्त विचार
(d) उपरोक्त सभी

29. प्रत्यक्ष ज्ञान का अवधारणा से संबंध है:
(a) सकारात्मक
(b) नकारात्मक
(c) प्रतिबिम्बित
(d) सम्पूर्ण

30. इस गद्यांश में धरती को माना गया है:
(a) ग्लोब
(b) मानवीय निवास
(c) आकाशीय पिण्ड
(d) एक नक्षत्र

अध्ययन बोध अभ्यास 7
(READING COMPREHENSION PRACTICE 7)

निम्नलिखित अनुच्छेद को पढ़िए तथा 31 से 35 तक के प्रश्नों के उत्तर दीजिए:

ब्रिटिश नीति में निर्णयात्मक परिवर्तन वास्तव में जन-समूह के दबाव के कारण 1945–46 के पतझड़ एवं शीत के महीनों में आया जब पैरड्रल मूल 'वेवल जर्नल' का सम्पादन कर रहे थे। उन्होंने प्रत्यक्षतया इस स्थिति को 'अत्यन्त विस्फोटक' बतलाया था। प्रारम्भ में, अत्यन्त मूर्खता से, ब्रिटिश सरकार द्वारा 20,000 आई.एन.ए. कैदियों पर खुला मुकदमा चलाने (कम से कम 7000 को सेवा-मुक्त करने और बिना मुकदमा चलाए बंदी बनाने) का निर्णय लिया गया। उन्होंने इस मूर्खता पर और मूर्खता तब की जब उन्होंने नवंबर 1945 को दिल्ली के लाल किले में इस मुकदमे की प्रथम सुनवाई शुरू की जब एक हिन्दू, एक मुस्लिम और एक सिख (पी.के. सहगल, शाहनवाज, गुरबख्श सिंह ढिल्लों) को कटघरे में खड़ा किया गया। भोलाभाई देसाई, तेजबहादुर सप्रू और नेहरू बचाव-पक्ष के वकील बने। नेहरू ने तो वकीलों के परिधान को 25 वर्ष के पश्चात् पहना था। मुस्लिम लीग भी देश भर में हुए रोष-प्रदर्शनों में शामिल हुई। 20 नवंबर को गुप्तचर ब्यूरो की एक टिप्पणी में यह स्वीकार किया गया कि इससे पूर्व ऐसा कोई अन्य मामला नहीं हुआ जिसने इतनी दिलचस्पी, यह कहना भी उपयुक्त होगा कि सहानुभूति, आकर्षित की हो। विशेष प्रकार की ऐसी सहानुभूति साम्प्रदायिक अवरोधों को लांघ जाती है। एक पत्रकार (बी. शिवाराव) ने उसी दिन लाल किले के बन्दियों से मुलाकात के बाद आओनी रिपोर्ट में कहा कि 'उनमें हिन्दू अथवा मुस्लिम होने का लेशमात्र भी भाव नहीं है ... लाल किले में मुकदमे की प्रतीक्षा कर रहे लोगों में से बहुसंख्या मुसलमानों की थी और उनमें से कुछ लोग व्यथित हो रहे थे कि जिन्ना पाकिस्तान संबंधी द्वन्द्व को जीवित रखे हुए हैं।' ब्रिटिश सरकार अत्यन्त अधीर हो उठी कि कहीं आई.एन.ए. के भाव भारतीय सेना में न फैल जाएं और जनवरी में पंजाब के गवर्नर ने रिपोर्ट भी भेजी कि आई.एन.ए. के मुक्त किए गए सैनिकों के स्वागत-समारोह में वर्दीधारी भारतीय सैनिकों ने भाग लिया था।

प्रश्न (Questions)

31. इस गद्यांश के लिए निम्नलिखित में से कौन-सा शीर्षक उपयुक्त होगा?
(a) वेवल का जर्नल
(b) मुस्लिम लीग की भूमिका
(c) आई.एन.ए. के मुकदमे की सुनवाई
(d) लाल किले के बंदी

32. पी.के. सहगल, शाहनवाज और गुरुबख्श सिंह ढिल्लो का मुकदमा किसका प्रतीक बना?
(a) साम्प्रदायिक समरसता
(b) सभी धार्मिक व्यक्तियों के लिए धमकी
(c) स्वतंत्रता के लिए जूझ रहे व्यक्तियों के लिए धमकी
(d) देशवासियों के विरुद्ध ब्रिटिश प्रतिक्रिया

33. आई.एन.ए. से तात्पर्य है:
(a) इण्डियन नेशनल असेम्बली
(b) इण्डियन नेशनल एसोसिएशन
(c) इण्टर-नेशनल एसोसिएशन
(d) इण्डियन नेशनल आर्मी

34. इससे पूर्व किसी अन्य मामले ने इतनी दिलचस्पी, यह कहना भी उपयुक्त होगा कि सहानुभूति, आकर्षित नहीं की थी। यह सहानुभूति उस कोटि की थी जो साम्प्रदायिक अवरोधों को लांघ जाती है। इसमें किसकी सहानुभूति किससे है और यह सहानुभूति किसके विरुद्ध है?
(a) मुसलमानों ने ब्रिटिश सरकार के विरुद्ध शाहनवाज से सहानुभूति जतलाई।
(b) हिन्दुओं ने ब्रिटिश सरकार के विरुद्ध पी.के. सहगल से सहानुभूति जतलाई।
(c) सिखों ने ब्रिटिश सरकार के विरुद्ध गुरुबख्श सिंह ढिल्लों से सहानुभूति जतलाई।
(d) भारतीयों ने उन व्यक्तियों से सहानुभूति की जिन पर मुकदमा चल रहा था।

35. लाल किले के बाहर खड़े लोगों की बहुसंख्या, जो मुकदमे की सुनवाई की प्रतीक्षा कर रही थी, जो जिन्ना की आलोचना कर रही थी, वे कौन थे?
(a) हिन्दू
(b) मुस्लिम
(c) सिख
(d) हिन्दू और मुस्लिम दोनों

अध्ययन बोध अभ्यास 8
(READING COMPREHENSION PRACTICE 8)

निम्नलिखित अनुच्छेद को पढ़िए तथा 36 से 40 तक के प्रश्नों के उत्तर दीजिए:

यह स्मरण रखना चाहिए कि सभी राष्ट्रवादी आन्दोलनों की तरह भारत में राष्ट्रवादी आन्दोलन अनिवार्य तौर पर मध्यवर्गीय (बूर्जुआ) आन्दोलन था। यह विकास की स्वाभाविक ऐतिहासिक अवस्था को निरूपित करता है और इसे श्रमजीवी वर्ग आन्दोलन समझना अथवा ऐसा सोच कर उसकी आलोचना करना गलत है। गांधीजी इस आन्दोलन का और इस आन्दोलन के संबंध में भारतीय जनता का प्रतिनिधित्व सर्वोच्च श्रेणी तक करते हैं और वे उस सीमा तक भारतीय लोगों की आवाज बन गए। भारत और भारतीय जनता के प्रति गांधीजी का मुख्य योगदान उन शक्तिशाली आन्दोलनों, जो कि उन्होंने राष्ट्रीय

कांग्रेस के जरिए चलाए, के माध्यम से था। गांधीजी ने राष्ट्रव्यापी कार्यवाही के जरिए करोड़ों लोगों को गढ़ने (अथवा बदल डालने) की चेष्टा की और उन्हें बदलने में सामान्य तौर पर सफल हुए। वे हतोत्साहित, भीरु और निराश लोगों, भयाभिभूत और प्रत्येक प्रबल हित द्वारा परास्त और विरोध करने में अक्षम लोगों को आत्मसम्मान युक्त, आत्मनिर्भर, तानाशाही के विरोधी और संयुक्त कार्यवाही तथा ज्यादा बड़े लक्ष्य के लिए बलिदान करने वाले लोगों में बदलने में काफी हद तक सफल हुए।

गांधीजी ने लोगों को राजनीतिक और आर्थिक मुद्दों पर सोचने के लिए प्रेरित किया और प्रत्येक गांव और प्रत्येक बाजार नए विचारों तथा नई आशाओं, जो लोगों में मर गई थी, पर तर्क एवं बहस के साथ गूंजने लगा। यह सब अद्भुत मनोवैज्ञानिक परिवर्तन था। निस्संदेह, इसके लिए समय आ चुका था और परिस्थितियों तथा विश्व की स्थितियों ने इस परिवर्तन के लिए कार्य किया। परन्तु परिस्थितियों तथा स्थितियों का लाभ उठाने के लिए महान नेता आवश्यक हैं। गांधीजी वे नेता थे और उन्होंने बहुत से वे बंधन खोल दिए जिसने हमारे दिमाग को कैद और विकलांग किया हुआ था। हम भारतीय लोगों में जिस किसी ने भी इसका अनुभव किया है वह मुक्ति और उल्लास की उस महान अनुभूति को कभी भी नहीं भुला सकता है।

गांधीजी ने भारत में अत्यधिक महत्त्वपूर्ण क्रांतिकारी भूमिका अदा की है क्योंकि वे जानते थे कि किस प्रकार वस्तुनिष्ठ स्थितियों का सर्वाधिक लाभ उठाया जाए तथा किस प्रकार जनता के दिलों तक पहुँचा जाए। जबकि ज्यादा उन्नत विचारधारा के समूहों ने सामान्यतया हवा में ही कार्य किया, क्योंकि वे उन स्थितियों के साथ ठीक-ठीक तरह से जम नहीं सके और इसलिए जन साधारण में यथेष्ठ प्रतिक्रिया नहीं जागृत कर सके।

यह पूर्णतया सत्य है कि गांधीजी राष्ट्रवादी स्तर पर कार्य करते रहे और उन्होंने वर्गों के संघर्ष के बारे में नहीं सोचा और उनके आपसी भेदों को शांत करने की कोशिश की। परन्तु उन्होंने लोगों को जिस कार्य में लगाया और जो शिक्षा दी उसने जनचेतना को अनिवार्यत: आश्चर्यजनक रूप से जगा दिया और सामाजिक मुद्दों को सजीव बना दिया। गांधीजी और कांग्रेस को उनके द्वारा अपनाई गई नीतियों एवं उनकी कार्यवाही के आधार पर समझना चाहिए। परन्तु इसके पीछे, व्यक्तित्व मायने रखता है और उन नीतियों और गतिविधियों को रंजित करता है। गांधीजी जैसे प्रत्येक असाधारण व्यक्ति के मामले में उन्हें समझने और उसका मूल्यांकन करने के लिए व्यक्तित्व का प्रश्न विशेष रूप से महत्त्वपूर्ण बन जाता है। हमारे लिए वे भारत की आत्मा और प्रतिष्ठा तथा उसके विषादग्रस्त करोड़ों लोगों की अपने अनन्त कष्टों से मुक्त होने की उत्कण्ठा का प्रतिनिधित्व करते हैं और ब्रिटिश सरकार अथवा अन्य किसी द्वारा उनका अपमान भारत और उसके लोगों का अपमान है।

प्रश्न *(Questions)*

36. प्रश्न परिच्छेद के बारे में निम्नलिखित में से कौन-सा कथन सत्य है?

(a) परिच्छेद स्वतंत्रता के लिए भारतीय आन्दोलन में गांधीजी की भूमिका की समीक्षा है।

(b) परिच्छेद भारत के स्वतंत्रता आन्दोलन में गांधीजी की भूमिका का अभिवादन करता है।

(c) लेखक भारत के स्वतंत्रता आन्दोलन में गांधीजी की भूमिका पर तटस्थ है।

(d) यह श्रमजीवी वर्ग आन्दोलन के प्रति इण्डियन नेशनल कांग्रेस के समर्थन का विवरण है।

37. गांधीजी के आन्दोलन द्वारा भारतीय जनता में लाए जाने वाले परिवर्तन थे:

(a) भौतिक (b) सांस्कृतिक
(c) प्रौद्योगिकीय (d) मनोवैज्ञानिक

38. राष्ट्रवादी आन्दोलन को श्रमजीवी वर्ग आन्दोलन समझना और ऐसा समझ कर उसकी आलोचना करना गलत है क्योंकि यह:

(a) ऐतिहासिक आन्दोलन था।

(b) भारतीय जनता की आवाज थी।

(c) बुर्जुआ (मध्यवर्गीय) आन्दोलन था।

(d) ऐसा आन्दोलन था जिसका प्रतिनिधित्व गांधीजी ने किया।

39. गांधीजी ने भारत में क्रांतिकारी भूमिका अदा की क्योंकि वे:

(a) नैतिकता का प्रचार कर सकते थे।

(b) भारतीयों के दिलों तक पहुँच सकते थे।

(c) वर्गों के संघर्ष देख सकते थे।

(d) भारतीय नेशनल कांग्रेस का नेतृत्व कर सकते थे।

40. उन्नत विचारधारा के समूह हवा में कार्य करते रहे, क्योंकि वे निम्नलिखित के साथ ठीक-ठीक जम नहीं सके:

(a) जनसाधारण की वस्तुनिष्ठ स्थितियाँ

(b) गांधीवादी विचारधारा

(c) लोगों की वर्ग चेतना

(d) जनता के बीच भेद

अध्ययन बोध अभ्यास 9
(Reading Comprehension Practice 9)

निम्नलिखित अनुच्छेद को पढ़िए तथा 41 से 45 तक के प्रश्नों के उत्तर दीजिए:

बीसवीं शताब्दी का उत्प्रेरक तथ्य अनियंत्रित विकास, उपभोगवादी समाज, राजनीतिक भौतिकवाद तथा आध्यात्मिक अवमूल्यन है। इस अस्वाभाविक विकास ने पवित्र बोध को लोकोत्तर 'द्वितीय वास्तविकता' की ओर प्रवृत्त किया है कि जैविक रूप से, लोकोत्तरता मानवीय जीवन का ही हिस्सा है। शताब्दी के अंत में, यह अत्यावश्यक बल के साथ स्पष्ट हुआ कि प्रबुद्ध बुद्धिवाद की 'प्रथम वास्तविकता' तथा लोकोत्तर की 'द्वितीय वास्तविकता' का मनुष्य की श्रेष्ठ स्थिति में संश्लेषण किया जाना चाहिए। यथातथ्य मूल्य हमारा विवरण देते हैं, वे हमारी नैतिकता के 'है' का चित्रण करते हैं, वे एस्ट मूल्य हैं (लेटिन भाषा में एस्ट का अर्थ 'है' होता है)। आदर्श मूल्य हमें यह बताते हैं कि हमें क्या होना चाहिए, वे एस्टो मूल्य हैं (लेटिन भाषा में एस्टो का अर्थ है 'जो होना चाहिए')। दोनों को हमारी चेतना के उतार-चढ़ाव का भाग होना चाहिए। नित्य नया विज्ञान तथा प्रौद्योगिकी और शाश्वत विश्वास एक ही निश्चयात्मकता के दो रूप हैं, यानि वे मानव की सम्पूर्णता, उसकी जीवटता का साहस और पारमार्थिक सत्ता में उसकी भागीदारी है।

विज्ञान के भौतिक आधार धराशायी हो गए हैं। विज्ञान ने स्वयं सिद्ध कर दिया है कि द्रव्य ही ऊर्जा है, तथ्यों के समान ही प्रक्रियाएं वैध हैं और उसने यह भी सिद्ध कर दिया है कि ब्रह्माण्ड अ-भौतिक है। नई शताब्दी में वैज्ञानिक और मानवीय 'दोनों संस्कृतियां' साधारण दृष्टिकोण को पुन:स्थापित करेंगी और वैज्ञानिक समझ की आधारशिला बनेगी। उससे इस पौराणिक मत को एक नया अर्थ मिलेगा कि प्रकृति का आधार गुणात्मक और मात्रात्मक है। मानवीय उद्यम मानवीय सरोकारों के प्रति गैर-जिम्मेदार नहीं हो सकते हैं।

प्रश्न *(Questions)*

41. परिच्छेद में चर्चित समस्या समग्र रूप से किस पर विचार करती है?

(a) उपभोक्तावाद (b) भौतिकवाद
(c) आध्यात्मिक अवमूल्यन (d) असाधारण विकास

42. परिच्छेद में 'यथातथ्य' मूल्यों का अभिप्राय है:
(a) क्या है? (b) क्या होना चाहिए?
(c) क्या हो सकता है? (d) कहाँ हैं?

43. परिच्छेद के अनुसार, 'प्रथम वास्तविकता' में क्या सम्मिलित होता है?
(a) आर्थिक समृद्धता (b) राजनीतिक विकास
(c) पावन बोध (d) प्रबुद्ध बुद्धिवाद

44. वैज्ञानिक तथा मानवीय दो संस्कृतियों के मेल का तात्पर्य है:
(a) सामान्य दृष्टिकोण की पुनर्स्थापना।
(b) ब्रह्माण्ड भौतिक तथा अ-भौतिक दोनों है।
(c) मानव, प्रकृति की तुलना में उत्कृष्ट है।
(d) प्रकृति में मात्रा तथा गुण की सह-विद्यमानता।

45. परिच्छेद की विषयवस्तु:
(a) विवरणात्मक है (b) निर्देशात्मक है
(c) स्वत: सिद्ध है (d) वैकल्पिक है

अध्ययन बोध अभ्यास 10
(READING COMPREHENSION PRACTICE 10)

निर्देश (प्र. सं. 46 से 50): निम्नलिखित परिच्छेद को ध्यानपूर्वक पढ़कर प्रश्नों के उत्तर दीजिए:

जेम्स मैडिसन ने कहा 'जो लोग स्वयं को अपना नियंत्रक समझते हैं उन्हें ज्ञान से प्राप्त शक्ति से अपने को सुसज्जित कर लेना चाहिए'। भारत में शासकीय गोपनीयता अधिनियम, 1923 जन साधारण को सूचना की सार्वजनिक मनाही का सुविधाजनक धूम्रावरण था। पारम्परिक रूप से, सार्वजनिक कार्यकरण को गोपनीय रखा जाता रहा। परन्तु, लोकतंत्र में, जहां लोग ही अपने को शासित करते हैं, ज्यादा खुलापन रखना आवश्यक है। सूचना का अधिकार हमारे लोकतंत्र को परिपक्व होने की प्रक्रिया को आगे बढ़ाने का एक प्रमुख सोपान है। यह निर्णय लेने की उस प्रक्रिया में पूर्णतया भागीदारी प्रदान कर्ता है, जो उनके जीवन को गम्भीर रूप से प्रभावित करती है, लोकसभा में प्रधानमंत्री का भाषण इसी संदर्भ में महत्त्वपूर्ण है। उन्होंने कहा, 'मैं सिर्फ यह देखना चाहूँगा कि प्रत्येक व्यक्ति, विशेष रूप से हमारे लोक सेवक, विधेयक को सकारात्मक भावना से देखे न कि सरकार को अशक्त (गतिहीन) करने वाले क्रूर कानून के रूप में। बल्कि, वे विधेयक को सरकार-नागरिक अन्तराफलक संबंधों को सुधारने के ऐसे उपकरण के रूप में देखें जिससे सरकार और जनता के संबंध प्रगाढ़ हों व लोगों को एक मित्रवत, देखभाल करने वाली तथा लोगों की भलाई करने वाली सरकार मिले। उन्होंने आगे और कहा, 'यह नवाचारी विधेयक है जिसमें उसके कार्यकरण के अनुभव के बाद पुनरावलोकन की गुंजाइश रहेगी। अत:, यह विधि व्यवस्था का ऐसा अंश है, जिसकी कार्यशीलता को सतत पुनरावलोकन के अन्तर्गत रखा जायेगा'। आयोग ने, अपनी रिपोर्ट में, कार्यपालिका विभाग, विधानमण्डल और न्यायपालिका में सूचना अधिकार की अनुप्रयुक्ति के संबंध में चर्चा की है। अधिनियम को उसकी मूल भावना के अनुरूप अक्षरश: क्रियान्वित करने में न्यायपालिका अग्रणी हो सकती है क्योंकि अधिकांश कार्य, जो न्यायपालिका करती है, सार्वजनिक छानबीन के लिए खुला रहता है।

भारत सरकार ने न्यायपालिका के लिए ₹700 करोड़ की ई-शासन योजना को मंजूरी दी है, जिससे इसके अभिलेखों का व्यवस्थित वर्गीकरण, मानकीकरण एवं श्रेणीकरण हो सकेगा। यह न्यायपालिका की अधिनियम के अन्तर्गत उसके अधिदेश को पूरा करने में सहायता करेगा। इसी तरह का क्षमता निर्माण अन्य सभी लोक प्राधिकरणों में अपेक्षित होगा। अपारदर्शिता से पारदर्शिता एवं सार्वजनिक जवाबदेयता में रूपान्तरण राज्य के सभी तीनों अंगों का उत्तरदायित्व है।

46. एक व्यक्ति शक्ति प्राप्त करता है:
(a) ज्ञान अर्जित करके
(b) शासकीय गोपनीयता अधिनियम, 1923 से
(c) ज्यादा खुलापन लाने से
(d) लोक सूचना मना करने से

47. सूचना का अधिकार क्या करने का मुख्य अग्र सोपान है?
(a) नागरिकों को निर्णय लेने की प्रक्रिया में पूर्णतया भागीदारी करने योग्य बनाने में
(b) लोगों को अधिनियम के प्रति जागरूक बनाने के लिए
(c) प्रशासन का ज्ञान प्राप्त करने के लिए
(d) लोगों को सरकार के प्रति मित्रवत बनाने के लिए

48. प्रधानमंत्री ने विधेयक को क्या समझा?
(a) लोक सेवकों को शक्ति प्रदान करेगा।
(b) सरकार-नागरिकों के अन्तराफलक संबंधों को सुधारने का उपकरण जो कि मित्रवत, देखभाल करने वाली तथा प्रभावपूर्ण सरकार लाएगा।
(c) शासकीय कर्मचारियों के विरूद्ध क्रूर कानून के रूप में।
(d) लोगों को परेशान करने से रोकना।

49. आयोग ने विधेयक को कैसे प्रभावशील बनाया?
(a) कार्यकारी प्राधिकारियों को शक्ति हस्तांतरित करके
(b) कार्यकारी तथा विधायी शक्ति को मिश्रित करके
(c) न्यायपालिका को अधिनियम की मूल भावना के अनुरूप अक्षरश: क्रियान्वित करने में अग्रणी मानकर
(d) अधिनियम के क्रियान्वयन से पूर्व लोगों को शिक्षित करके

50. प्रधानमंत्री ने अधिनियम को नवोन्मेषकारी समझा और आशा की कि:
(a) उसकी कार्यकारिता के अनुभव के आधार पर उसका पुनरावलोकन किया जा सकेगा।
(b) लोक सेवक विधेयक को सकारात्मक भावना से देखेंगे।
(c) इसे सरकार को अशक्त (गतिहीन) करने का क्रूर कानून न समझा जाये।
(d) उपरोक्त सभी

अध्ययन बोध अभ्यास 11
(READING COMPREHENSION PRACTICE 11)

निर्देश (प्र. सं. 51 से 55): निम्नलिखित अनुच्छेद को ध्यान से पढ़िए और प्रश्नों के उत्तर दीजिए।

विकासशील देशों में और नगरीकरण प्रक्रिया से शहरों का प्रचलित दृष्टिकोण कुछ इस प्रकार का होता है कि तमाम सुख और सुविधाएँ प्राप्त होने के बावजूद इन शहरों के आविर्भाव से पर्यावरणीय अपकर्ष, गन्दी बस्तियों और आबादियों का बसना, नगरीय गरीबी, बेरोज़गारी, अपराध, अराजकता और यातायात अव्यवस्था के संकेत मिलते हैं। लेकिन वास्तविकता क्या है? वास्तव में यह आश्चर्यजनक है कि विकासशील देशों में पिछले 50 वर्षों में शहरी जनसंख्या में वर्ष 1950 से 300 मिलियन से वर्ष 2000 तक 2 बिलियन तक की अभूतपूर्व रूप से वृद्धि होने के बाद भी विश्व ने बुरी तरह नहीं बल्कि कितनी अच्छी तरह से इसका सामना किया है।

सामान्य रूप से शहरी जीवन की गुणवत्ता में जल की उपलब्धता और सफाई के प्रबन्ध, बिजली, स्वास्थ्य और शिक्षा, संचार और परिवहन व्यवस्था की दृष्टि से सुधार हुआ है। उदाहरणत: एशियाई विशाल देशों जैसे कि चीन, भारत, इंडोनेशिया और फ़िलिपीन्स के शहरी क्षेत्रों में अधिकांश निवासियों को उन्नत जल सुविधाएँ उपलब्ध करा दी गई हैं। इसके बावजूद 20वीं शताब्दी के

पिछले दशक के दौरान कुल शहरी जनसंख्या की प्रतिशतता के अनुसार उन्नत जल व्यवस्था की उपलब्धता में कमी आई है। इन देशों ने स्वच्छता सेवाओं में महत्त्वपूर्ण रूप से प्रगति की है, साथ ही एक दशक में (1990–2000) 293 मिलियन से अधिक नागरिकों के अतिरिक्त जनसमूह के लिए भी सेवाएँ उपलब्ध कराई हैं। इन सुधारों के विषय में तेज़ी से बढ़ती हुई शहरी जनसंख्या के पृष्ठ-पट, राजकोषीय चरमराहट और क्लिष्ट मानव संसाधनों तथा गुणवत्ता-उन्मुख लोक-प्रबन्धन के मद्देनज़र विचार किया जाना चाहिए।

51. विकासशील देशों में शहरीकरण प्रक्रिया का प्रचलित दृष्टिकोण है:
(a) सकारात्मक
(b) नकारात्मक
(c) तटस्थ
(d) अनिर्दिष्ट

52. विकासशील देशों में 1950 से 2000 ए.डी. तक शहरी नागरिकों की औसत आगमन वृद्धि किसके करीब थी?
(a) 30 मिलियन (b) 40 मिलियन
(c) 50 मिलियन (d) 60 मिलियन

53. शहरीकरण की वास्तविक प्रतिबिम्बिता दिखती है:
(a) स्थिति को कितनी अच्छी तरह से व्यवस्थित किया गया है।
(b) स्थिति कितनी बुरी तरह से नियन्त्रण से बाहर हो गई है।
(c) शहरीकरण की रफ्तार कितनी तेज़ रही है।
(d) पर्यावरण में कितनी तेज़ी से गिरावट आई है।

54. निम्नलिखित में से किसको शहरी जीवन की गुणवत्ता का सूचक नहीं माना जाता है?
(a) शहरीकरण की गति
(b) मूल सेवाओं का प्रावधान
(c) सामाजिक सुख-सुविधाओं तक पहुँच
(d) उपरोक्त सभी

55. लेखक ने इस अनुच्छेद में किस विषय पर केन्द्रित करने का प्रयास किया है?
(a) ज्ञान का विस्तार
(b) पर्यावरणीय चेतना
(c) विश्लेषणात्मक तार्किकता
(d) वर्णनात्मक अभिकथन

अध्ययन बोध अभ्यास 12
(READING COMPREHENSION PRACTICE 12)

निर्देश (प्र. सं. 56 से 60): निम्नलिखित गद्यांश को ध्यानपूर्वक पढ़िए और प्रश्नों के उत्तर दीजिए:

1975 में अंतर्राष्ट्रीय महिला वर्ष के दौरान उनके साथ काम करने का अवसर मिला था। तब वह संचालन समिति की सदस्य थीं और उन्होंने मुझे प्रचार का प्रभारी सदस्य बनाया था। विभिन्न राजनीतिक दलों और महिला संगठनों के प्रतिनिधि उस समिति में थे और यद्यपि, वामपंथी लोग उन पर अपने अधिकार का दावा करते थे, अरुणा सभी सदस्यों के साथ एक जैसा व्यवहार करती थीं और उन्हें समान रूप से प्रोत्साहित करती थीं। उन्हें जो इज्ज़त और मान्यता मिली हुई थी वह उनके राजनीतिक संबंधों अथवा किसी खास मकसद की वजह से नहीं थी। इसके विपरीत सार्वजनिक जीवन में उनकी चरम ईमानदारी, उनकी सत्यनिष्ठा और दबे-कुचले लोगों के प्रति उनकी करुणा ही वे गुण थे जिन्होंने उन्हें लोगों की श्रद्धा का पात्र बना दिया था। उनमें यह साहस था कि वे देश के ताकतवर से ताकतवर लोगों से अपनी असहमति व्यक्त कर सकें और उनका विरोध कर सकें। फिर भी उनकी मानवीय चेतना उन्हें खराब से खराब गंदी बस्तियों में काम करने और गरीबों तथा शोषितों की मदद करने को प्रेरित करती रहती थी।

बाद के वर्षों में—1980 के दशक के परवर्ती वर्षों में और 1990 के दशक के आरंभिक वर्षों में—अरुणा आसफ अली के स्वास्थ्य में गिरावट आने लगी थी। हालांकि, उनका दिमाग बराबर सजग रहा, लेकिन वे अपने प्रिय कामों, जैसे—महिला विकास, आर्थिक न्याय का आयोजन, मीडिया की भूमिका, सार्वजनिक मामलों में मूल्यों की पुन: स्थापना, इत्यादि का दायित्व नहीं उठा सकीं। धीरे-धीरे उनकी गतिविधियां सीमित हो गईं और जो अरुणा आम लोगों से सार्वजनिक जीवन में अपनी संलग्नता के द्वारा जीवन-रस ग्रहण करती थीं, वे एकदम अकेली हो गईं। अंत में जुलाई 1996 में वे परलोक सिधार गईं।

56. अरुणा किस समिति की अध्यक्ष थी?
(a) अंतर्राष्ट्रीय महिला वर्ष समिति
(b) महिला अंतर्राष्ट्रीय वर्ष संचालन समिति
(c) प्रचार समिति
(d) महिला संगठन

57. प्रचार समिति का सदस्य किसे बनाया गया था? नीचे दिए गए कूटों में से सही उत्तर चुनिए:
I. विभिन्न राजनीतिक दलों के प्रतिनिधि
II. वामपंथी दलों के प्रतिनिधि
III. महिला संगठनों के प्रतिनिधि
IV. उपरोक्त में से कोई नहीं

कूट:
(a) I और III (b) I और II
(c) I, II और III (d) केवल IV

58. अरुणा ने सम्मान अर्जित किया था क्योंकि:
(a) वामपंथियों से उनके घनिष्ठ संबंध थे।
(b) वे अपने आप को किसी राजनीतिक दल से नहीं जोड़ती थीं।
(c) संचालन समिति की अध्यक्ष थीं।
(d) वे महिला संगठनों से तादात्म्य स्थापित करती थीं।

59. किन लोगों ने अरुणा पर अपना अधिकार जताने की कोशिश की?
(a) महिला संगठनों ने
(b) वामपंथियों ने
(c) संचालन समिति ने
(d) कुछ राजनीतिक दलों ने

60. अरुणा का स्वास्थ्य किन वर्षों के बीच गिरने लगा?
(a) 1985–2002 (b) 1998–2000
(c) 1981–2000 (d) 1989–2001

अध्ययन बोध अभ्यास 13
(READING COMPREHENSION PRACTICE 13)

निर्देश (प्र. सं. 61 से 65): नीचे दिए गए अनुच्छेद को ध्यानपूर्वक पढ़िए और प्रश्नों के उत्तर ऑपरेटर-दीजिए:

वर्तमान में अपेक्षाकृत अधिकतर वाणिज्य से वाणिज्य की सोच रखने वाले विपणनकर्ता किसी भी जगह, किसी भी समय व्यावसायिक उपभोक्ताओं तक पहुंच बनाने और उपभोक्ता संबंधों को प्रबंधित करने के प्रयोजन से वेबसाइट, ब्लॉग और स्मार्टफोन एप से लेकर मुख्यधारा के सोशल नेटवर्कों यथा फेसबुक, लिंकडिन, यू ट्यूब और टिव्टर जैसे व्यापक डिजीटल और सोशल विपणन उपागमों का प्रयोग कर रहे हैं। डिजीटल और सोशल विपणन व्यावसायिक उपभोक्ताओं को शामिल करने हेतु बहुत ही तेज रफ़्तार से एक नया मंच बना है। वाणिज्य से वाणिज्य ई-प्रापण के अनेक लाभ हैं। प्रथमत: इससे लेनदेन की लागत कम होती है और इसकी परिणति क्रेता और आपूर्तिकर्ता दोनों के लिए अपेक्षाकृत अधिक कुशल खरीद में होती है। ई-प्रमाण से आर्डर प्राप्त

होने सुपुर्दगी के बीच का समय घटता है तथा वेब आधारित खरीद कार्यक्रम से पारंपारिक मांग-पत्र और आर्डर प्रक्रियाओं से जुड़ी कागजी कार्य समाप्त होता है तथा इससे किसी संगठन को अपनी सभी खरीदों का बेहतर लेखाजोखा रखने में सहायता मिलती है। अंतत: लागत एवं समय की बचत के अलावा, ई-प्रापण क्रेताओं को कड़े परिश्रम और कागजी कार्रवाई से मुक्त करता है। फलत: यह उन्हें अपेक्षाकृत कहीं अधिक महत्वपूर्ण मुद्दों यथा: बेहतर आपूर्ति स्रोत का पता लगाने तथा लागत घटाने और नए उत्पाद विकसित करने हेतु आपूर्तिकर्ताओं के साथ काम करने के लिए आजादी प्रदान करता है। हालांकि तेजी से बढ़ते ई-प्रमाण से कुछ परेशानियां भी सामने आई हैं। उदाहरणार्थ, एक ओर जहां इंटरनेट आपूर्तिकर्ताओं और उपभोक्ताओं के लिए यह व्यवसाय संबंधी आंकड़े साझा करने और यहां तक कि उत्पाद के डिजाइन में सहयोग को संभव बनाता है वहीं दूसरी ओर यह दशकों पुराने उपभोक्ता-आपूर्तिकर्ताओं संबंधों में क्षरण भी लाता है। अनेक क्रेता अब इंटरनेट की ताकत का प्रयोग खरीद-दर-खरीद आधार पर आपूर्तिकर्ताओं को आमने-सामने रखने और बेहतर सौदा, उत्पादों एवं सौदे में लगने वाले सम्पूर्ण समय की छानबीन करने के लिए करते हैं।

ई-प्रापण से सुरक्षा संबंधी बड़ी चिंताएं भी उभरती हैं। यद्यपि घरेलू क्रय-विक्रय को बुनियादी एनक्रिप्शन के माध्यम से सुरक्षित किया जा सकता है, परन्तु व्यवसाय के लिए जिस तरह की गोपनीय बातचीत की जरूरत होती है, उसमें गोपनीयता को बनाये रखने हेतु अपेक्षित सुरक्षित वातावरण की अभी भी कमी है।

61. वाणिज्य से वाणिज्य की सोच रखने वाले प्रबंधकों की वर्तमान रणनीति क्या है?
(a) नए व्यवसाय मंच की खोज करना
(b) नए उपभोक्ता संबंधों की तलाश करना
(c) सोशल विपणन पर अपेक्षाकृत कम निर्भरता
(d) डिजीटल व्यवसाय का अधिक से अधिक प्रयोग

62. ई-प्रापण के लाभ हैं:
A. लागत कटौती
B. शीघ्र सुपुर्दगी
C. महत्वपूर्ण खरीद हेतु लम्बा समय
D. समानुभूति खरीद
सही विकल्प का चयन कीजिए:
(a) केवल A और B
(b) केवल B और C
(c) केवल C और D
(d) केवल A और D

63. कम कागजी कार्रवाई के परिणाम के रूप में कौन-सा महत्वपूर्ण मुद्दा हो सकता है?
(a) सौदा विश्लेषण
(b) आपूर्ति हेतु अपेक्षाकृत अधिक निवेश
(c) नए उत्पाद विकसित करना
(d) पारंपरिक उपभोक्ता संबंध को अधिक महत्व देना

64. इंटरनेट की ताकत के संदर्भ में ई-प्रापण का मुख्य मुद्दा क्या हो सकता है?
(a) क्रेता और विक्रेता दोनों के लिए अलग-अलग खरीद।
(b) उपभोक्ताओं के साथ व्यावसायिक आंकड़े साझा करना।
(c) उत्पादों की प्रतिस्पर्धा आपूर्ति।
(d) बेहतर खरीद सौदे।

65. अनुच्छेद में किस बात पर बल दिया गया है?
(a) आपूर्तिकर्ताओं की ताकत
(b) बुनियादी बिजनेस डाटा एनक्रिप्शन
(c) व्यवसाय का आपूर्ति पक्ष
(d) ई-प्रापण की प्रमुख विशेषताएं

अध्ययन बोध अभ्यास 14
(READING COMPREHENSION PRACTICE 14)

निर्देश (प्र. सं. 66 से 70): नीचे दिए गए गद्यांश को ध्यानपूर्वक पढ़िए और प्रश्नों के उत्तर दीजिए।

सभी प्रकार के संगठनों में चाहे औद्योगिक, शैक्षिक, सरकारी अथवा सैन्य व्यवस्था से जुड़े क्यों न हों, प्रबंधक अपने कार्य एवं प्रयासों के माध्यम से अपने-अपने संगठन को चलाने के लिए सम्प्रति ऐसी एक प्रबंधन अवधारणा का उपयोग कर रहे हैं जिसे उद्देश्य आधारित प्रबंधन की संज्ञा दी गई है। उद्देश्य द्वारा प्रबंधन करना मूलत: वह प्रक्रिया है जिसमें किसी उधम से जुड़े वरिष्ठ एवं कनिष्ठ प्रबंधक समान लक्ष्यों को मिलजुल कर निर्धारित करते हैं, प्रत्येक व्यक्ति के कार्य दायित्व के अनुक्षेत्र को अपेक्षित परिणामों के आधार पर परिभाषित करते हैं तथा उन मानकों को अपनी इकाई के संसाधन में निर्देशक रूपरेखा के रूप में अनुपालन करते हैं। साथ ही, दूसरों के अवदान का भी आकलन करते हैं। कतिपय दृष्टांतों में यह प्रक्रिया प्रबंधकीय स्तर से हटकर दैनिक वेतनभोगी कर्मचारियों पर भी लागू की गई है। यह अवधारणा प्रबंधन के उस दर्शन पर आधारित है जिसमें प्रबंधक द्वारा प्रवर्तित बाह्य नियंत्रण एवं अभिकर्मियों द्वारा अनुपालित आंतरिक नियंत्रण के बीच समन्वय पर बल दिया जाता है। यह किसी भी प्रबंधन या व्यक्ति के संदर्भ में लागू हो सकती है चाहे वह किसी भी स्तर या प्रकार्य से संबंधित हो तथा किसी भी संगठन चाहे छोटे या बड़े से जुड़ा हो। इस प्रणाली की प्रभावी क्रियाशीलता इस बात की अपेक्षा रखती है कि प्रबंधक एवं कर्मचारी के समूहगत निष्पादन लक्ष्यों में सहमति हो। ये लक्ष्य आगत चरों अथवा मध्यवर्ती चरों अथवा उन चरों के किसी भी संयुक्त रूप में, कार्यशील होने पर बल दे सकते हैं। महत्वपूर्ण बात यह है कि संस्थागत लक्ष्य साझेदारी के साथ निर्धारित होते हैं तथा ये पूर्व में ही आम सहमति की परिधि में होते हैं एक निश्चित कालावधि के उपरांत साझा किए गए लक्ष्यों के संदर्भ में निष्पादन की समीक्षा की जाती है तथा प्रबंधक एवं अभिकर्मी दोनों ही इस समीक्षा में प्रतिभागी होते हैं।

66. किसी उद्देश्य आधारित प्रबंधन (एम बी ओ) में, संगठन को निम्नलिखित में से किसकी पहचान करने के माध्यम से प्रबंधित किया जाता है:
(a) प्रतिस्पर्धी लक्ष्यों की
(b) साझा उद्देश्यों की
(c) उसकी विशिष्ट विशेषताओं की
(d) वरिष्ठ और कनिष्ठ प्रबंधकों की

67. उद्देश्य आधारित प्रबंधन की पूर्वशर्त निम्नलिखित में से किस पर केन्द्रित है?
(a) बरिष्ठ अभिकर्मियों द्वारा नियंत्रण
(b) कनिष्ठ अभिकर्मियों को दिशा निर्देशन
(c) सहभागितपूर्ण प्रक्रिया
(d) संगठनात्मक व्यवस्था

68. इस प्रकार के प्रबंधन में संबधित अवधारणा की महत्वपूर्ण विशेषता निम्नलिखित में से किससे संबंधित हैं?
(a) अभिकर्मियों को उत्तरदायित्व सौंपना।
(b) प्रबंधकों और अभिकर्मियों के बीच उनकी कार्यगत भूमिका में अंतर करना।
(c) सभी प्रकार के संगठनों के बीच कार्य वातावरण में एकरूपता को बढ़ावा देना।
(d) परिणामों पर ध्यान रखते हुए उत्तरदायित्व को साझा करना।

69. दिए गए संदर्भ के अनुसार, कोई संगठन किस प्रकार से प्रभावी रूप से कार्य करता है?
(a) दैनिक अभिकर्मियों को प्रबंधकीय पदों पर शामिल करना।
(b) साझेदारीपूर्ण प्रविधि (मोड) मे निष्पादन लक्ष्यों की पहचान करना और उनको कार्यान्वित करना।
(c) प्रबंधन पर कठोर दर्शन लादना।
(d) प्रबंधकों और अभिकर्मियों दोनों के लिए अलग-अलग कार्य वातावरण मुहैया करना।

70. उद्देश्य आधारित प्रबंधन में निहित दर्शन:
(a) किसी दी गई समय सीमा के अंदर निष्पादन लक्ष्यों की उपलब्धि की संयुक्त समीक्षा के माध्यम से निष्पादन प्रभाव में सुधार करना।
(b) प्रबंधकों द्वारा बाह्य और आंतरिक नियंत्रणों को समेकित करना।
(c) स्वीकार्य निर्गत चरों की समीक्षा करने हेतु प्रबंधकों को गुंजाइश मुहैया कराना।
(d) प्रबंधकों और अभिकर्मियों हेतु अलग-अलग निष्पादन लक्ष्यों पर सहमत होना।

अध्ययन बोध अभ्यास 15
(READING COMPREHENSION PRACTICE 15)

निर्देश (प्र. सं. 71 से 75): निम्नलिखित अनुच्छेद को ध्यानपूर्वक पढ़िए और उत्तर दीजिए।

विपणनकर्ता सामाजिक मूल्यों और उत्तरदायित्वों तथ उसी पृथ्वी जिससे हम पोषित होते हैं, से अपने संबंधों की पुनर्समीक्षा कर रहे हैं। जैसे-जैसे विश्वव्यापी उपभोक्तावाद और पर्यावरणवाद के आंदोलन परिपक्व हो रहे हैं, वैसे ही आज के विपणनकर्ता समर्थनीय विपणन प्रचलनों के विकास पर ध्यान दे रहे हैं। निगमित नैतिकता और सामाजिक दायित्व आज प्रत्येक व्यवसाय के लिए मुख्य विषय बनते जा रहे हैं, कुछ कंपनियां नवीकृत और विशेष पर्यावरणीय आन्दोलनों की उपेक्षा कर सकती हैं, प्रत्येक कंपनी के कार्य ग्राहक संबंधों को प्रभावित कर सकते हैं, आज का ग्राहक चाहता है कि कंपनियां सामाजिक और पर्यावरणीय जिम्मेदारियों के निर्वहन में नैतिक मूल्यों का ध्यान रखें।

सामाजिक दायित्वों और पर्यावरणीय आंदोलन भविष्य में कंपनियों से अधिक सख्त मांग कर सकते हैं, कुछ कंपनियां इन आंदोलनों का प्रतिरोध करती हैं और तभी हरकत में आती हैं जब कानून या संगठित उपभोक्ता उन्हें बाध्य करते हैं; किन्तु भविष्य दृष्टा कंपनियां अपने आस-पास के दायित्वों को तुरंत स्वीकार कर लेती हैं, वे समर्थनीय विपणन को एक अवसर के रूप में देखती हैं ताकि वे अच्छा कर सकें। वे अपने उपभोक्ताओं और समुदायों की तात्कालिक आवश्यकताओं और उनके दीर्घकालीन हितों को ध्यान में रखते हुए उनकी सेवा प्रदान कर लाभ कमाने के मार्ग तलाश करती हैं।

कुछ कंपनियां जैसे कि पतागोनिया, बेन और जेरीज, टिंबरलेंड, मेथोड और अन्य संवेदनशील पूंजीवाद का प्रचलन करती है तथा स्वयं नागरिक भावना से परिपूर्ण और जिम्मेदार दिखाती है। वे सामाजिक संबंधों का निर्माण करती हैं।

71. आज के विपणनकर्ता निम्नलिखित पर ध्यान केंद्रित करते हैं:
(a) उपभोक्तावाद
(b) सामाजिक बाध्यताएं
(c) अपने व्यवसाय व्यवहारों की समर्थनीयता
(d) प्रतियोगितात्मक व्यवसाय

72. आज के समाज की मुख्य चिंता का केंद्रबिंदु है:
(a) विपणन रणनीतियां (b) ग्राहक संबंध
(c) निगमित नैतिकता (d) मुद्रा के लिए मूल्य प्रदान करना

73. दूरदर्शी कंपनियां किस बात को प्राथमिकता देती हैं?
(a) समर्थनीय विपणन
(b) कानूनी बाध्यता
(c) संगठित उपभोक्ता दबाव
(d) बाजार में यथास्थिति

74. परिच्छेद के अनुसार समर्थनीय विपणन को इस रूप में समझा जाता है:
(a) तुरंत लाभप्रदता
(b) सामुदायिक भ्रामकता
(c) एक अवसर के रूप में समुदाय के लिए अच्छा करना
(d) एक कठिन मुद्दे के रूप में समाज पर दीर्घकालीन बोझ

75. संवेदनशील पूंजीवाद में समाविष्ट है:
A. सामाजिक मांगों की उपेक्षा कर लाभ कमाना
B. नागरिक भावना से परिपूर्ण होना
C. सामाजिक संबंधों को बनाना
D. कानूनी बाध्यता के कारण हरकत में आना

सही विकल्प का चयन करें:
(a) केवल A और B (b) केवल B और C
(c) केवल C और D (d) केवल A और D

उत्तरमाला (Answer Key)

अध्ययन बोध अभ्यास 1
1. (c) **2.** (c) **3.** (a) **4.** (c) **5.** (b)

अध्ययन बोध अभ्यास 2
6. (b) **7.** (a) **8.** (c) **9.** (a) **10.** (c)

अध्ययन बोध अभ्यास 3
11. (d) **12.** (c) **13.** (a) **14.** (a) **15.** (d)

अध्ययन बोध अभ्यास 4
16. (a) **17.** (d) **18.** (d) **19.** (d) **20.** (d)

अध्ययन बोध अभ्यास 5
21. (b) **22.** (b) **23.** (b) **24.** (a) **25.** (d)

अध्ययन बोध अभ्यास 6
26. (c) **27.** (b) **28.** (c) **29.** (c) **30.** (c)

अध्ययन बोध अभ्यास 7
31. (c) **32.** (c) **33.** (d) **34.** (d) **35.** (b)

अध्ययन बोध अभ्यास 8
36. (b) **37.** (d) **38.** (b) **39.** (b) **40.** (a)

अध्ययन बोध अभ्यास 9
41. (d) **42.** (b) **43.** (d) **44.** (a) **45.** (a)

अध्ययन बोध अभ्यास 10
46. (a) **47.** (a) **48.** (b) **49.** (c) **50.** (d)

अध्ययन बोध अभ्यास 11
51. (b) **52.** (a) **53.** (a) **54.** (a) **55.** (c)

अध्ययन बोध अभ्यास 12
56. (b) **57.** (a) **58.** (b) **59.** (b) **60.** (c)

अध्ययन बोध अभ्यास 13
61. (d) **62.** (a) **63.** (c) **64.** (c) **65.** (d)

अध्ययन बोध अभ्यास 14
66. (b) **67.** (c) **68.** (d) **69.** (b) **70.** (a)

अध्ययन बोध अभ्यास 15
71. (b) **72.** (c) **73.** (a) **74.** (c) **75.** (b)

4 संप्रेषण (Communication)

सीखने के उद्देश्य

1. **संप्रेषण:** संप्रेषण का अर्थ, प्रकार और अभिलक्षण
2. **प्रभावी संप्रेषण:** वाचिक एवं गैर – वाचिक, अंत: सांस्कृतिक एवं सामूहिक संप्रेषण, कक्षा-संप्रेषण
3. संप्रेषण की प्रकृति
4. प्रभावी संप्रेषण की बाधाएं
5. जन – मीडिया एवं समाज

संप्रेषण की मुख्य अवधारणा (Communication—Concept and Definition)

दूसरे लोगों के विचारों और भावनाओं तक हमारी प्रत्यक्ष पहुंच नहीं होती है, इसलिए हमें एक दूसरे तक अपने विचार और भावनाएं पहुँचाने के लिए संदेश संप्रेषण पर ही निर्भर रहना पड़ता है। मनुष्य एक सामाजिक प्राणी है, और मानव प्रकृति का सबसे अभिन्न अंग है। सभी जीवों में, केवल मनुष्य ही ऐसा प्राणी है, जो अपने विचारों को शब्दों में, मौखिक एवं लिखित दोनों रूपों में, व्यक्त करने में सक्षम है। यदि हम तुलनात्मक अध्ययन करें, तो यह बात सामने उभर कर आती है कि मानव सभ्यता और संप्रेषण साधनों का विकास समानांतर चलता रहा है। हम जो कुछ सोचते हैं, वह भी संप्रेषण ही है। संप्रेषण को संदेशवाहन या संदेश भी कहा जाता है।

इस यूनिट में संप्रेषण और संचार शब्दों को विभिन्न स्थानों पर समान रूप में लिखा गया है, दोनों का अर्थ एक ही है।

जन्म से ही मनुष्य संप्रेषण के माध्यम से अपने भाव प्रकट करता है, और मृत्यु तक संप्रेषण की महता और आवश्यकता बनी रहती है। सामान्य जीवन में वार्तालाप को ही संप्रेषण का सबसे अच्छा उदाहरण माना जा सकता है। सामाजिक व्यवहार के लिए मनुष्य को एक-दूसरे से संवाद करना पड़ता है। विभिन्न स्रोतों के आधार पर कहा जाता है कि एक सामान्य मनुष्य का सत्तर प्रतिशत से अधिक समय अन्य लोगों के साथ संवाद करने में प्रयुक्त होता है। संप्रेषण का हमारे जीवन के शिक्षा, शैक्षिक, व्यापारिक, प्रशासनिक तथा सामाजिक, आदि क्षेत्रों में अत्यंत महत्व है। हमें अपने दैनिक जीवन को सरल एवं सफल बनाने और आवश्यकताओं की पूर्ति के लिए दूसरों के साथ उचित संप्रेषण करना ही पड़ता है। शिक्षा और शिक्षण के माध्यम से हुए संप्रेषण के कारण मनुष्य की बुद्धि का अर्थपूर्ण विकास सम्भव हो पाता है। संप्रेषण के बिना मानव सभ्यता के अस्तित्व की कल्पना करना असम्भव है। वास्तव में भोजन, पानी, मकान और वस्त्रों की तरह संप्रेषण हमारे जीवन का अभिन्न अंग है।

अभी भी जब आप इस पुस्तक को पढ़ रहे हैं, इस पुस्तक का लेखक इस पाठ के माध्यम से आपके साथ संवाद स्थापित कर रहा है। वर्तमान समय में गतिशीलता, दक्षता, और भौतिक या भौगोलिक सीमाओं को लांघने की क्षमता सफलता के लिए महत्त्व रखती है और संप्रेषण इसमें महत्त्वपूर्ण भूमिका निभाता है।

संप्रेषण—परिभाषा

संप्रेषण का सामान्य अर्थ किसी सूचना या संदेश को एक व्यक्ति से दूसरे व्यक्ति तक पहुँचाना या सम्प्रेषित करना है। शाब्दिक अर्थ के आधार पर हम यह कह सकते हैं कि संप्रेषण अंग्रेजी के communication शब्द का हिन्दी अनुवाद है। इसकी शब्द-व्युत्पत्ति (etymology) लैटिन भाषा के communis से हुई है, इसका अर्थ होता है सामान्य (commune)।

ऑक्सफोर्ड डिक्शनरी के अनुसार, विचारों, जानकारी, इत्यादि का विनिमय, किसी और तक पहुँचाना या बाँटना, चाहे वह लिखित, मौखिक या सांकेतिक हो, संप्रेषण है।

लिटिल (Little) के अनुसार, 'मानव संप्रेषण वह प्रक्रिया है, जिसके द्वारा जानकारी (या सूचना) पहले से ही सम्मत प्रतीकों (agreed symbols) के माध्यम से लोगों के बीच पारित की जाती है, तथा वांछित प्रतिपुष्टि प्राप्त करना भी इसका लक्ष्य होता है। अत: उपरोक्त परिभाषाओं के आधार पर यह स्पष्ट है कि किसी एक व्यक्ति/स्रोत द्वारा दूसरे व्यक्ति/स्रोत को कुछ सार्थक संकेतों, चिह्नों, अथवा प्रतीकों के माध्यम से मनोभाव, तथ्य, सूचना, तथा ज्ञान का आदान-प्रदान करना ही संप्रेषण है।

प्रभावी संप्रेषण (Effective Communication): यहां यह समझना आवश्यक है कि संप्रेषण केवल जानकारी का आदान-प्रदान से कुछ अधिक है, इसमें जानकारी के आदान-प्रदान के प्रयोजन और छिपी हुई भावना को समझना भी आवश्यक है। प्रभावी संप्रेषण दोतरफा मार्ग है। संदेश की प्रभावशीलता केवल इस बारे में नहीं है कि संदेश कैसे व्यक्त किया जाता है, बल्कि अधिक इस बात पर निर्भर करती है कि उसको प्रेषक द्वारा वांछित अर्थ में समझा जाता है या नहीं।

लेकिन प्रश्न उठता है कि यह कैसे जाना जाए कि संदेश प्रभावी है या नहीं। संदेश को प्रभावी तभी समझा जाता है, जब उसमें प्रतिपुष्टि का अवयव सम्मिलित हो।

कक्षा में प्रत्येक अध्यापक अपनी ओर से पूरा प्रयास करता है कि उसकी कही बात छात्रों की समझ में आ जाए, लेकिन यदि छात्र किसी भी कारणवश समझ न पाएं, तो उस व्याख्यान को प्रभावी नहीं माना जाएगा।

प्रतिपुष्टि औपचारिक, अनौपचारिक, मौखिक, गैर-मौखिक, लिखित, कुछ भी हो सकती है। इसको प्रभावी बनाने के लिए हम अपनी सभी इंद्रियों का प्रयोग कर सकते हैं। प्रत्यक्ष मौखिक संवाद में हमारे चेहरे की अभिव्यक्ति, स्वर, शरीर की भाषा, धैर्य के साथ सुनना, आदि सभी प्रभावी संवाद में योगदान करते हैं।

संप्रेषण के मुख्य उद्‌देश्य एवं कार्य (MAIN OBJECTIVES AND FUNCTIONS OF COMMUNICATION)

आधुनिक समय में, समाज में आई सूचना क्रांति के मुख्य घटक जनसंपर्क साधन एवं सोशल मीडिया रहे हैं, जिन्होंने सामाजिक परिवर्तन में काफी महत्त्वपूर्ण योगदान दिया है। लोग भौतिक और सामाजिक वास्तविकता से परिचित रहने के लिए संप्रेषण साधनों का प्रयोग करते हैं। प्राय: सफल लोग सफल संप्रेषणक या संप्रेषक भी होते हैं।

हम संप्रेषण के विभिन्न उद्‌देश्यों की निम्नलिखित अनुच्छेदों में चर्चा कर रहे हैं:

1. **सूचना स्वयं को अद्यत रखने और निर्णय लेने के लिए सहायक होती है (information to keep oneself updated and for decision-making):** संप्रेषण के माध्यम से लोग अनिश्चितता को कम करना चाहते हैं। सूचना वास्तव में तथ्यों के बारे में प्रदान की गई जानकारी है, जो कि किसी भी प्रकार का निर्णय लेने में सहायक होती है। वर्तमान समाज में सूचना को शक्ति माना जाता है।
2. **शिक्षा और कक्षा अनुदेश के लिए (for education and classroom instructions):** शिक्षा और अधिगम किसी न किसी रूप में जीवन पर्यंत चलते रहते हैं। संप्रेषण हमें ज्ञान, विशेषज्ञता और कौशल प्रदान करता है, जो कि लोगों को सामाजिक जीवन में सक्रिय रूप से भाग लेने के लिए सक्षम बनाता है।
3. **समूहों के सुचारू संचालन (smooth functioning of groups):** प्रभावी संप्रेषण प्रणालियों से बेहतर समन्वय स्थापित होता है, जो किसी भी समूह को प्रभावी संचालन के लिए प्रोत्साहित करता है।
4. **प्रेरणा और मनोबल (motivation and morale):** संप्रेषण द्वारा एक संगठन में लोगों को बेहतर प्रदर्शन के लिए प्रेरित किया जा सकता है। इससे स्पष्ट होता है कि क्या किया जाना है? कितनी अच्छी तरह वे कर रहे हैं? प्रदर्शन में सुधार करने के लिए और क्या हो सकता है?

   विशिष्ट लक्ष्यों को स्थापित करना, लक्ष्यों की प्राप्ति करने के लिए हुई प्रगति पर प्रतिपुष्टि, वांछित व्यवहार के सुदृढ़ीकरण की दिशा, इन सब बातों के लिए संप्रेषण की आवश्यकता होती है।

मनोबल (morale) को सामान्य तौर पर एक सामूहिक घटना माना जाता है और यह एक मनोवैज्ञानिक पहलू है। सफल टीम का आधार उच्च मनोबल है, जो मूलत: प्रभावी संप्रेषण पर निर्भर है।

5. **नियंत्रण (control):** संप्रेषण औपचारिक एवं अनौपचारिक, व्यक्तिगत रूप में एवं सामूहिक दोनों स्तरों पर व्यवहार नियंत्रण का कार्य करता है।
6. **सांस्कृतिक संवर्धन (cultural progression):** संप्रेषण सांस्कृतिक मूल्यों को बनाए रखने एवं उनके सृजनात्मक संवर्धन के लिए अवसर प्रदान करता है।
7. **सामाजिक एवं राष्ट्रीय एकता (social and national integration):** संप्रेषण समाज के एकीकरण के लिए अत्यंत आवश्यक है, इससे लोगों में एक-दूसरे के प्रति सहिष्णुता का विकास होता है।

संप्रेषण की प्रकृति (Nature of Communication)

संप्रेषण की प्रकृति को निम्नलिखित विशेषताओं द्वारा समझा जा सकता है:

1. **गतिशील प्रक्रिया (dynamic process):** संप्रेषण को विचारों का आदान-प्रदान माना गया है। संप्रेषण एक स्थिर कार्य नहीं है, बल्कि एक गतिशील प्रक्रिया है। सूचना का आदान-प्रदान एक सतत् प्रक्रिया है।
2. **संप्रेषण कौशल (communication skills):** संप्रेषण एक प्रकार से कौशल है, जिसके मुख्य चार अवयव होते हैं:
   (a) श्रवण कौशल
   (b) वादक कौशल
   (c) लेखन कौशल
   (d) पठन कौशल

   सामान्य रूप से हम लेखन कौशल और पठन कौशल पर अधिक बल देते हैं, जबकि वादक कौशल और श्रवण कौशल कग गहत्त्वपूर्ण नहीं हैं। श्रवण कौशल में बहुत धैर्य की आवश्यकता होती है।
3. **सर्व-व्यापक (all pervasive):** निम्न स्तर के कार्मिक मध्य स्तर के लिए सूचना या जानकारी प्रदान करते हैं, मध्य स्तर के प्रबन्धक इस सूचना का रूपान्तरण या संक्षिप्तिकरण करने के बाद उच्च स्तर के अधिकारियों तक पहुंचाते हैं।

   उच्च स्तर के अधिकारी तब इस पर निर्णय लेते हैं। इसी प्रकार उच्च स्तर के अधिकारी मध्य स्तर के अधिकारियों के माध्यम से निम्न स्तर के अधिकारियों के लिए निर्देश जारी करते हैं।
4. **द्विमार्गीय संदेशवाहन (two way street):** सरल भाषा में प्रभावी संप्रेषण को दोतरफा रास्ता भी कहा जा सकता है। संप्रेषण को प्रभावी तभी माना जाता है जब प्रतिपुष्टि (feedback) भी संप्रेषण प्रक्रिया का अंग हो। कल्पना कीजिए कि एक शिक्षक को अपने छात्रों से कोई प्रतिक्रिया या प्रतिपुष्टि नहीं मिलती, तो शिक्षण प्रक्रिया को निरर्थक या अप्रभावी माना जा सकता है।
5. **संप्रेषण प्रक्रिया सदैव एक निश्चित संदर्भ और संबंधित पहलू में घटित होती है (communication takes place in a context and has a relationship aspect):** संप्रेषण का अर्थ या संदेश इस बात पर निर्भर करता है कि आप क्या कहते हैं और कैसे कहते हैं। एक ही संदेश को अधिकृत रूप (authoritatively) या विनम्रता (politely) से संप्रेषित किया जा सकता है। उदाहरण के लिए, जब एक पानी के गिलास के लिए पूछा जाए, तो हम यह कह सकते हैं कि:
   (a) कृपया मेरे लिए एक पानी का गिलास ले आइए।
   (b) मुझे एक पानी का गिलास दीजिए।
   (c) क्या मुझे एक गिलास पानी मिल सकता है?
   (d) क्या तुम मुझे पानी का एक गिलास दे सकते हो?

   उपरोक्त सभी कथनों में संप्रेषण के विभिन्न संदर्भ हैं और उनके अनुसार अर्थ परिवर्तन होता है।
6. **समरूपता और अनुपूरकता (Symmetry and Complementarity):** ये दोनों एक अच्छे संप्रेषण के आदान प्रदान का अभिन्न अंग होते हैं। समरूपता समानता को दर्शाती है और अनुपूरकता विशेषताओं में मतभेद को दर्शाती है।

   उदाहरण के लिए, यदि दो छात्र, जो गणित में बहुत अच्छे हैं, उनके बीच एक अच्छा संप्रेषण होगा। यह समरूपता मानी जाएगी।

   दूसरी ओर, यदि दो छात्रों में से, एक छात्र गणित में अच्छा है, लेकिन अंग्रेजी में कमजोर है और दूसरा छात्र अंग्रेजी में अच्छा है, लेकिन गणित में कमजोर है। वे एक-दूसरे के बीच अच्छा प्रशंसनीय संप्रेषण कर सकते हैं, क्योंकि वे एक-दूसरे की कमियों की पूर्ति कर सकते हैं।
7. **संप्रेषण सदैव एक संदर्भ में होता है (communication always has a context):** बैटसन (Bateson) के अनुसार, 'बिना संदर्भ के, शब्दों और कार्यों का कोई अर्थ नहीं होता है।' संप्रेषण के संदर्भ या संप्रेषण के संदर्भ में मुख्य चार आयाम हैं:
   (a) **भौतिक संदर्भ (Physical Context):** यह स्थान की भौतिक परिस्थितियों (physical conditions) को संदर्भित करता है। यह उस जगह को दर्शाता है, जहां पर संप्रेषण होता है, उदाहरणतया सम्मेलन कक्ष, शिक्षण कक्ष, खुली सभा, इत्यादि।
   (b) **सामाजिक संदर्भ (Social Context):** सामाजिक संदर्भ मुख्य रूप से निम्न के बारे में होता है—(i) संदेश का अर्थ क्या लिया जाए, यह प्रेषक और प्राप्तकर्ता के पारस्परिक संबंध एवं भूमिका पर निर्भर करता है तथा (ii) समाज के मानदंड और संस्कृति भी इसमें निर्णायक भूमिका अदा करते हैं।
   उदाहरण के लिए, कुछ व्यक्तियों का समूह यदि किसी विवाह समारोह में मिलता है, तो उनका संवाद अनौपचारिक होगा, यदि कार्यालय की किसी मीटिंग में मिलता है, तो वह औपचारिक होगा।
   (c) **मनोवैज्ञानिक संदर्भ (temporal concept):** यह औपचारिक या अनौपचारिक, मित्रता या अमित्रता, आदि पर्यावरण सम्बंधित विशेषताओं को संदर्भित करता है। यदि किसी दिन अध्यापक की मनोस्थिति (mood) अच्छी नहीं है, तो इसका प्रभाव कुछ हद तक शिक्षण पर पड़ना स्वाभाविक है।
   (d) **सामयिक संदर्भ (Temporal Context):** यह संप्रेषण में समय तथ्य को संदर्भित करता है, जैसे सुबह में, हम मुख्यत: जीवन के धार्मिक और आध्यात्मिक पहलुओं के बारे में बात करते हैं, दिन के समय के दौरान, व्यवसाय-संबंधी पहलुओं, इत्यादि के बारे में बात करते हैं।

   उपरोक्त विशेषताओं के अलावा, हम संप्रेषण के संदर्भ में यह भी कह सकते हैं कि सामान्य भाषा प्रेषक और प्राप्तकर्ता के बीच किसी संवाद को अपेक्षाकृत अधिक अच्छे ढंग से स्थापित करने में सक्षम होती है, जिससे संप्रेषण अधिक प्रभावशाली हो जाता है। प्राप्तकर्ता को संदेश का अर्थ समझ आना चाहिए जो कि प्रेषक उसे समझाना चाहता है। संदेश का महत्त्व तभी होता है जब प्राप्तकर्ता को उस विषय-वस्तु में रुचि हो।

8. **सामान्य भाषा (common language):** इससे संदेश के प्रेषक और प्रापक के बीच बेहतर समझ विकसित करने में सहायता मिलती है। इसके प्रभावी संप्रेषण हेतु मानसिक सामंजस्य (meeting of minds) भी आवश्यक है, कम से कम ऐसा मन्तव्य तो होना ही चाहिए। इसके अलावा प्रभावी संदेश हेतु दोनों के लिए तात्पर्य (gist) होना भी आवश्यक है।
9. **भाव प्रदर्शन (gestures):** संप्रेषण को संकेतों के माध्यम से भी आयोजित (organize) किया जा सकता है। यह आवश्यक नहीं कि संप्रेषण सदैव मौखिक या लिखित हो, शारीरिक संकेतों से भी संप्रेषण किया जा सकता है, इसका वर्णन आगे आने वाले अनुच्छेदों में भी किया गया है।
10. **संप्रेषण के विभिन्न प्रकार (communication is of different types):** संप्रेषण औपचारिक (formal) या अनौपचारिक (informal), मौखिक या गैर-मौखिक विभिन्न प्रकार से हो सकता है, जिनका वर्णन आगे के अनुच्छेदों में किया गया है।

संप्रेषण प्रणाली (Communication System)

संप्रेषण किसी सामग्री (लिखित या मौखिक संदेश) का किया जाता है, जो किसी माध्यम से होता है। इस हेतु एक निश्चित प्रक्रिया की आवश्यकता होती है। ये सब मिलकर संप्रेषण प्रणाली को जन्म देते हैं, जिसके तीन तत्व हैं:

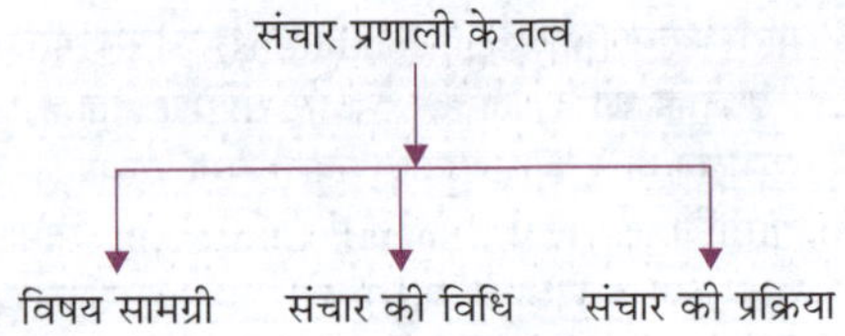

1. **विषय सामग्री:** जिसका संप्रेषण करना है, जैसे आदेश, निर्णय, सूचना, आंकड़े, आदि।
2. **संप्रेषण की विधि या तरीका:** जैसे लिखकर, बोलकर, सुनकर हावभाव या आचरण द्वारा।
3. **संप्रेषण प्रक्रिया:** इसमें संदेश के स्रोत से लेकर संदेश पहुंचने तक सभी आवश्यक अंग आते हैं, जैसे संवाददाता, संवाद, माध्यम, संवाद प्राप्तकर्ता, इत्यादि।

संप्रेषण के सिद्धांत

(Basic Principles of Communication)

संप्रेषण के सिद्धांतों की जांच के लिए हम निम्नलिखित में से किसी भी या उससे अधिक दृष्टिकोण का उपयोग कर सकते हैं।

1. **यंत्रवत (mechanistic):** संदेश का प्रेषक से प्राप्तकर्ता तक सटीक रूप में विनिमय।
2. **मनोवैज्ञानिक (psychological):** संदेश का प्रेषक से प्राप्तकर्ता तक पहुंचना और संदेश पहुंचने पर प्राप्तकर्ता की भावनात्मक व्याख्या।
3. **सामाजिक निर्माणवादी (social constructionist):** यहां संदेश को साझा करने वाले सहभागियों के उत्पाद के रूप में देखा जाता है, संदेश में कुछ अर्थ का जुड़ना जारी रहता है, अर्थात संदेश के उपयोगी अर्थ पर ध्यान केंद्रित रहता है।
4. **प्रसारण मॉडल (transmission model):** यहां संचार को रोबोटिक और कंप्यूटर जैसी स्थिति के रूप में देखा जाता है।
5. **प्रणालीगत (systemic):** यहां संचार या नए संदेश 'थ्रू पुट' के माध्यम के अनुसार चलते हैं। दूसरे शब्दों में, यह संचार लोगों के माध्यम से यात्रा करता है और संदेश की व्याख्या और पुनर्व्याख्या चलती रहती है।
6. **आलोचनात्मक पक्ष (critical):** इस सिद्धांत को व्यक्तियों और सामाजिक समूहों की शक्ति और उत्पीड़न के स्रोत के रूप में देखा जाता है। इस स्तर पर एक विशेष सिद्धांत का निरीक्षण संचार की प्रकृति पर एक रूपरेखा प्रदान करेगा जैसा कि उस सिद्धांत की सीमाओं के भीतर देखा गया है।

संप्रेषण मॉडल (Communication Models)

संप्रेषण मॉडल को एक दृश्य प्रतिनिधित्व के रूप में परिभाषित किया जा सकता है जो कि संप्रेषण प्रक्रिया के विभिन्न भागों की पहचान, वर्गीकरण और वर्णन करता है। इस संचार प्रक्रिया को रेखा या चित्र के माध्यम से दर्शाया जाता है। संचार के मुख्य अवयवों में संदेश प्रेषक, संदेश, मीडिया और संदेश प्राप्तकर्ता हैं। इन सब में घनिष्ठ संबंध स्थापित है। संप्रेषण प्रक्रिया संचारक द्वारा संदेश के प्रसारण के साथ आरंभ होती है, तथा संदेश प्राप्तकर्ता द्वारा दी गई प्रतिक्रिया के साथ समाप्त होती है। संप्रेषण मॉडल का प्राथमिक उद्देश्य संप्रेषण या संचार प्रक्रियाओं की महत्वपूर्ण समझ को प्राप्त करना है।

संप्रेषण या संचार मॉडल का अध्ययन करने से हमें निम्न लाभ प्राप्त होते हैं।

1. इससे संप्रेषण या संचार के तत्वों के बारे में पूर्ण जानकारी प्राप्त की जा सकती है।
2. संप्रेषण शोधन में सहायता मिल सकती है।
3. यह संप्रेषण प्रक्रियाओं की सफलता को बढ़ावा देने के विभिन्न ढंगों के रूप में जानकारी प्रदान करता है। यह संप्रेषण प्रवाह प्रक्रिया को दर्शाता है।
4. यह उन कारकों के संदर्भ में जानकारी उत्पन्न करता है जो संप्रेषण प्रक्रियाओं की विफलता का कारण बनेंगे।
5. यह संप्रेषण प्रक्रियाओं के कार्यान्वयन का प्रबंधन करता है।
6. यह संप्रेषण प्रक्रियाओं की विशेषताओं का परिचय देता है।
7. विभिन्न मॉडलों के माध्यम से, हम यह समझ पाते हैं कि संप्रेषण के लिए न केवल मौखिक और लिखित रूपों का, बल्कि संकेतों और प्रतीकों का भी उपयोग किया जाता है।

संप्रेषण के मुख्य रूप से तीन मॉडल हैं:

1. रेखीय मॉडल (linear model)
2. संवादमूलक मॉडल (interactive model)
3. कार्य संपादन (transactional model)

रेखीय मॉडल को मूल मॉडल माना जाता है, यह मॉडल संवादमूल तथा कार्य संपादन मॉडलों की आधारशिला भी मानी जा सकती है। नए संप्रेषण विद्वानों ने संप्रेषण पर जो काम किया उसमें वक्ता, संदेश, प्रतिपुष्टि, श्रोता आदि अधिक रूप से सम्मिलित थे। वे संप्रेषण की नई तकनीकों जैसे टेलीग्राफी और रेडियो के आगमन और प्रसार से प्रभावित थे। हम यह सब 1949 में शैनन एंड वीवर द्वारा सुझाए गए मॉडल के भीतर इन तकनीकी प्रभावों को देख सकते हैं। उदाहरण के लिए, हमें यह सोचने की जरूरत है कि रेडियो स्टूडियो में बैठा हुआ एक व्यक्ति कैसे वहां से हमारी कार में श्रवण के लिए रेडियो संदेश भेजता है। प्रेषक एक रेडियो उद्घोषक है जो मौखिक संदेश को कूट (एन्कोड) करता है, वह

संदेश रेडियो टॉवर द्वारा विद्युत चुम्बकीय तरंगों (चैनल) के माध्यम से प्रेषित होता है अंततः वह संदेश कूटानुवाद (डिकोड) होने के लिए प्रेषक और चैनल के माध्यम से प्राप्तकर्ता के कानों तक पहुंचता है। रेडियो उद्घोषक वास्तव में नहीं जानता कि आप उनका संदेश प्राप्त करते हैं या नहीं। यदि उपकरण सही स्थिति में काम कर रहा है तो इस बात की पूरी संभावना है कि संदेश सफल ढंग से प्राप्त हुआ होगा।

सामान्य प्रणाली सिद्धांत (general system theory): इसका उपयोग जटिल प्रणालियों की प्रकृति का अध्ययन करने के लिए किया जाता है। 'सिद्धांत' स्वयं विभिन्न तत्वों का संग्रह है जो एक साथ मिलकर एक एकजुट इकाई बनाते हैं। सामान्य प्रणाली सिद्धांत प्रौद्योगिकी और प्राकृतिक विज्ञान से लेकर सामाजिक विज्ञान तक विभिन्न क्षेत्रों में लागू होता है।

गोलापन या सर्कुलरिटी (circulatory) उस सिद्धांत का नाम है जो पुनरावर्ती संचार (recurring communication) के पैटर्न विकसित करता है। पुनरावर्ती पैटर्न इसके बदले में उस प्रणाली के लिए संचार प्रक्रिया की संरचना करते हैं। सामान्य प्रणाली सिद्धांत एक चक्रीय मॉडल पर ध्यान केंद्रित करता है जिसमें सिस्टम स्वयं-स्थायी होते हैं। यहां, 'सिस्टम संचार बनाता है', और 'संचार बदले में सिस्टम को बनाए रखता है'।

सांकेतिकता (signals) संकेतों का अध्ययन है। इसकी सबसे बुनियादी परिभाषा में, एक संकेत कुछ भी है जो अर्थ रखता है। यह शब्दों, छवियों, ध्वनियों आदि के रूप में प्रकट हो सकता है।

जॉर्ज हर्बर्ट मीड (George Herbert Mead) ने अपने जीवनकाल 1863 से 1931 के मध्य प्रतीकात्मक अंत:क्रियावाद (symbolic interactionism) को विकसित करने का श्रेष्ठ कार्य किया। उनके व्याख्यानों का संग्रह माइंड, सेल्फ एंड सोसाइटी (Mind, Self and Society) को वर्ष 1934 में मरणोपरांत प्रकाशित किया गया था।

प्रतीक (symbols) मानव जीवन और व्यवहार में महत्वपूर्ण भूमिका निभाते हैं। हमारे मानव जीवन में 'प्रतीक' मध्यस्थ की भूमिका निभाते हैं जो मानव अनुभव को परिभाषित करता है। इस प्रकार, मानवता का प्रतीकात्मक दृष्टिकोण होता है, न कि केवल जैविक। हम यह कह सकते हैं कि मनुष्य का केवल जैविक जनन नहीं होता बल्कि यह समय के अनुसार विकसित होता है। इस प्रकार समाज भी एक प्रकार से प्रक्रिया है।

अंत:क्रियावाद के अनुसार, आत्म अवधारणा (self-concept) मानव जीवन और व्यवहार का एक महत्वपूर्ण कारक है जिसका संचालन 'एजेंसी' (agency) के द्वारा किया जाता है जिसको एक व्यक्ति की सामाजिक व्यवस्था के भीतर कार्य करने की क्षमता के रूप में परिभाषित किया गया है। इसका तात्पर्य है कि किसी व्यक्ति के पास कुछ हद तक पसंद या स्वतंत्रता है। आत्म अवधारणाएं 'अपेक्षाकृत स्थिर धारणाएं हैं जो लोग अपने बारे में विकसित करते हैं'। वे 'स्व-निर्मित पहचान' हैं, इससे हमें दिशा भी मिलती है। यह सब व्यक्ति के विश्वास, मूल्य, भावनाएं और स्वयं का मूल्यांकन और दूसरों के साथ व्यवहार भी प्रभावित करता है।

रेखीय या रैखिक मॉडल (LINEAR MODEL)

रेखीय मॉडल सरल तथा 'एक-दिशात्मक' (single directional) होते हैं, यहां संप्रेषण केवल एक ही दिशा में जाता है। यहां, एक व्यक्ति प्रेषक या प्राप्तकर्ता हो सकता है, लेकिन दोनों नहीं। लेकिन वास्तविक स्थिति के अनुसार, संप्रेषण अधिक गतिशील है, इसलिए समयानुसार, अन्य मॉडल उभर कर सामने आये। यहां मुख्य मॉडलों का विवरण निम्न रूप में दिया गया है।

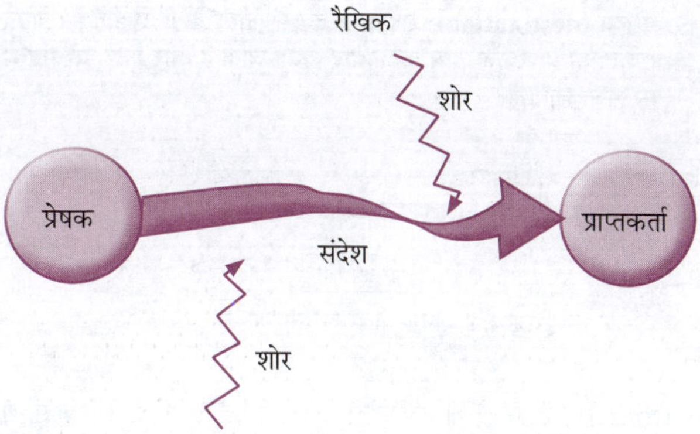

अरस्तू मॉडल (Aristotle model): सबसे पहला बुनियादी रेखीय मॉडल कई सदियों पहले अरस्तू द्वारा सुझाया गया था। इसमें तीन संप्रेषण तत्व सम्मिलित हैं - वक्ता, विषय और दर्शक या श्रोता। यहां वक्ता का मुख्य कर्तव्य श्रोताओं को प्रभावित करना होता है, या फिर यूं कहें कि 'प्रोत्साहित करना' या 'अनुनय करना (persuasion)' होता है। प्रेरक संप्रेषण की पूरी कला को परिभाषित करने के लिए अरस्तू ने 'अनुनय के उपलब्ध साधनों का शोध' भी किया। अरस्तू के संचार मॉडल को वाक्पटुता, वक्रपटुता या आलंकारिक मॉडल (rheoteric model) भी कहा जाता है।

लैसवेल मॉडल (LASSWELL MODEL)

इस मॉडल ने राजनीतिक संचार और प्रचार की जांच में सहायता की, जिसमें प्रारम्भिक सामाजिक शोध के कुछ मॉडल भी सम्मिलित हैं। संचार प्रक्रिया का यह मॉडल मूलतः पांच प्रश्न पूछकर एकतरफा संचार का विश्लेषण करने के लिए एक बुनियादी ढांचा है:

1. किसने
2. क्या कहा
3. किस माध्यम से कहा
4. किससे कहा
5. किस प्रभाव से कहा

शैनन-वीवर मॉडल (SHENON WEAVER MODEL)

शैनन और वीवर मॉडल ने वर्ष 1949 में इलेक्ट्रॉनिक मीडिया के संबंध में संचार प्रणाली का एक दृश्य मोड (visual mode) प्रदान किया, जिसे लोकप्रिय रूप से 'संचार का गणितीय मॉडल' कहा जाता है।

यह निम्नलिखित तत्वों पर संरचित है:

1. सूचना स्रोत: जहां से कोई संदेश उत्पन्न होता है।
2. **ट्रांसमीटर या हस्तांरित करने वाला (transmitter):** जो संदेश को संकेतों में कूटबद्ध करता है
3. **संकेत (signal):** एक चैनल जिसके लिए सिग्नल ट्रांसमिशन के लिए अनुकूलित होते हैं - शोर स्रोत (noise)
4. **प्राप्तकर्ता (receiver):** कूटबद्ध संदेश का कूटानुवाद करता है या अर्थ ज्ञात करता है।

5. **गंतव्य (destination):** संदेश वास्तव में गंतव्य के लिए होते हैं। प्रेषित संकेत को प्राप्तकर्ता द्वारा कूटानुवाद किया जाता है और फिर इसे गंतव्य पर भेजा जाता है।

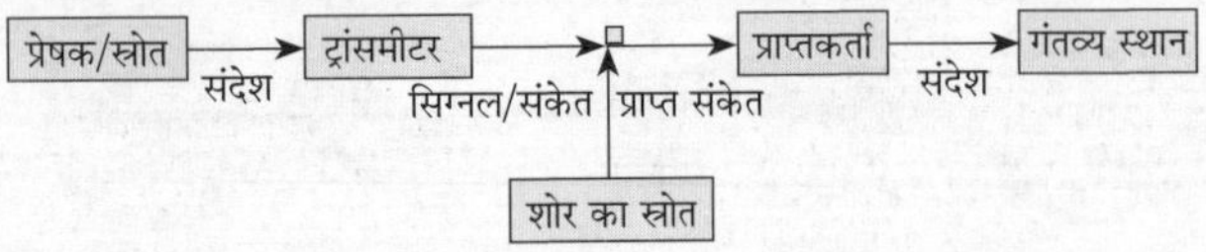

चित्र 4.1 शैनन-वीवर सूचना मॉडल

शोर (Noise): यह किसी भी रूप में हो सकता है,यह तब होता है जब संदेश संचार चैनल से गुजर रहा हो। यह मूल रूप से संचार प्रक्रिया को विचलित करता है। यह स्थिर, तकनीकी या भौतिक हो सकता है और शाब्दिक, अशाब्दिक, मौखिक या गैर-मौखिक हो सकता है। यह मूल रूप से संचार प्रक्रिया को विचलित करता है।

यह संचार का गणितीय मॉडल (mathematical model) है। इस मॉडल के अनुसार संचार प्रक्रिया के पांच सबसे महत्वपूर्ण तत्व हैं - स्रोत, ट्रांसमीटर, प्राप्तकर्ता, गंतव्य, शोर।

शैनन और वीवर ने निम्न तीन स्तरों की भी बात की।

1. संकेत (signals) - तकनीकी रूप में
2. शब्दार्थ (semantic) - अर्थ की व्याख्या
3. प्रभावपूर्ण (influential या effective)

यह मॉडल संचार की प्रक्रिया को और अधिक रूप से समझाने का प्रयास करता है। शैनन और वीवर ने निम्नलिखित अवधारणाओं के बारे में भी बात की।

1. **एन्ट्रापी (entropy):** यहां सूचना का मापन एन्ट्रापी द्वारा किया जाता है। यहां, संदेश का चयन करने के लिए 'चयन की स्वतंत्रता की डिग्री' (degree of freedom of choice) का उपयोग किया जाता है। वास्तविक से अधिकतम एन्ट्रापी के अनुपात को सापेक्ष एन्ट्रापी (relative entropy) कहा जाता है।
2. **अतिरेक (redundancy):** यहां सूचना की मात्रा जिसे समाप्त किया जा सकता है या एक नीरव चैनल में एक अतिरिक्त संचार, ताकि संदेश का अभी भी अर्थ बना रहे।
3. **चैनल क्षमता (channel capacity):** यहां सूचना की मात्रा जिसे प्रति यूनिट समय में प्रेषित किया जा सकता है, की अवधारणा पर काम किया जाता है । सूचना के इष्टतम स्तर से परे संचार करने पर त्रुटियों का जन्म होता है।

इस मॉडल की कुछ सीमाएं हैं। इसको समूह संचार और जन संचार की तुलना में पारस्परिक संचार के लिए अधिक उपयोग किया जाता है। यहां, प्रेषक संदेश भेजने की प्राथमिक भूमिका निभाता है, और प्राप्तकर्ता निष्क्रिय भूमिका निभाता है। प्रेषक द्वारा भेजे गए संदेशों की तुलना में प्रतिक्रिया को कम महत्वपूर्ण माना जाता है।

बेर्लो मॉडल (Berlo Model)

बेर्लो (berlo) ने संचार को एस-आर मॉडल (stimulus response or S-R model) या प्रेषक-प्राप्तकर्ता मॉडल के रूप में समझाने का प्रयास किया जहां प्रेषक उत्तेजना के लिए रुका हुआ व्यक्ति है और रिसीवर प्रतिक्रिया के लिए रुका हुआ व्यक्ति है।

इसे बाद में S-M-C-R मॉडल तक बढ़ा दिया गया, जो प्रेषक-संदेश-चैनल-प्राप्तकर्ता को निहित है।

यह एक बुनियादी संचार प्रक्रिया है। यह संचार का एक रैखिक मॉडल है; कोई दोतरफा संचार नहीं है।

प्रतिक्रिया की कोई अवधारणा नहीं है। कोई शोर (noise) भी नहीं है, और इसलिए संचार में बाधाओं की कोई अवधारणा नहीं है।

बेर्लो का संचार मॉडल

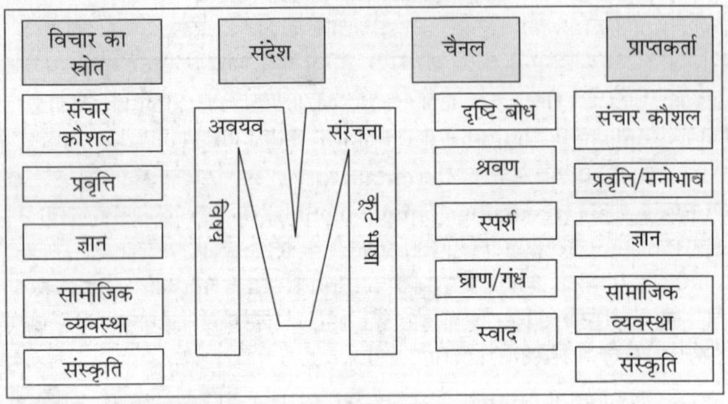

चित्र 4.2 एस-एम-सी-आर मॉडल

इस मॉडल में कोड संचार के लिए एक प्रणाली है। संदेश को कोड में डालना एक कूट है। एक चैनल एक संदेश का वाहक है। जिस तरह एक स्रोत को अपनी विषयवस्तु को संदेश में अनुवाद करने के लिए एक कूटवादक (encoder) की आवश्यकता होती है, प्राप्तकर्ता को संदेश का अनुवाद करने और इसे एक ऐसे रूप में रखने के लिए एक कूट अनुवादक (decoder) की आवश्यकता होती है जिसे दर्शक उपयोग कर सकते हैं।

संवादमूलक मॉडल (Interactive Model)

संवादमूलक मॉडल अवैयक्तिक दोतरफा संचार प्रक्रियाओं को समझाने के लिए सर्वोत्तम मॉडल है। इस मॉडल में संदेश भेजने और प्राप्त करने के माध्यम से संचार किया जाता है। संवादमूलक संप्रेषण को अभिसरण मॉडल (convergence model) के रूप में भी जाना जाता है। यहां 'अनुभव का क्षेत्र' (Field of Experience) एक सम्प्रेषण प्रतिरूप परिवर्तन कारक के रूप में जाना जाता है, यहां हम संस्कृति, सामाजिक, मनोविज्ञान, स्थिति और चैनल का उपयोग आदि विभिन्न उदाहरणों के रूप में ले सकते हैं।

यह मॉडल संचार को एक ऐसी प्रक्रिया के रूप में वर्णित करता है जिसमें प्रतिभागी वैकल्पिक रूप से प्रेषक और रिसीवर के रूप में अपनी स्थिति बदलते हैं।

वे भौतिक और मनोवैज्ञानिक संदर्भों में संदेश भेजकर और प्रतिक्रिया प्राप्त करके अर्थ उत्पन्न करते हैं (श्रम, 1997)। इस प्रकार इंटरैक्टिव मॉडल में प्रतिपुष्टि (feedback) सम्मिलित है।

प्रतिपुष्टि (feedback): संचार के अधिक गतिशील दृष्टिकोण के लिए, अंत:क्रियात्मक मॉडल 'दो चैनलों' का अनुसरण करते हैं जिनमें प्रेषक और प्राप्तकर्ता के मध्य 'संचार' और 'प्रतिक्रिया' का प्रवाह होता है। प्रतिक्रिया एक प्राप्तकर्ता द्वारा प्रेषक को दी जाती है।

प्रतिक्रिया दो रूप से हो सकती है -

1. 'शाब्दिक' - 'हाँ' या 'ना' बोलना या
2. 'अशाब्दिक' - सिर हिलाकर या मुस्करा कर उत्तर देना

सबसे महत्वपूर्ण बात यह है कि प्रतिपुष्टि संदेश के बारे में हमारी समझ को इंगित करती है। यह प्रेषकों को यह जानने में सहायता करती है कि क्या उनका संदेश प्राप्त हुआ और समझा गया। इस प्रकार प्रवाह और प्रतिपुष्टि पर ध्यान केंद्रित कर, अंत:क्रियात्मक मॉडल संप्रेषण को एक सतत प्रक्रिया के रूप में देखते हैं।

यह संप्रेषण को अधिक संवादात्मक, द्विमार्गीय प्रक्रिया बनाता है। प्रतिपुष्टि में वे संदेश सम्मिलित होते हैं जो अन्य संदेशों के उत्तर में भेजे जाते हैं। उदाहरण के लिए, आपका प्रशिक्षक कक्षा में चर्चा के दौरान आपके द्वारा उठाए गए बिंदु पर प्रतिक्रिया दे सकता है या जब आपका सह कक्ष मित्र आपसे पूछे कि 'रिमोट' कहां है, तो आप सोफे की ओर इंगित कर सकते हैं। संचार प्रक्रिया में प्रतिपुष्टि लूप को सम्मिलित करने से प्रतिभागियों की भूमिकाओं की हमें अधिक जटिल समझ विकसित हो जाती है। यह मॉडल संचार को एक सतत प्रक्रिया बनाता है। यह प्रक्रिया एक बोधगम्य और जानबूझकर प्रक्रिया के रूप में लगती है लेकिन यह प्रक्रिया सामान्य तौर पर बहुत तीव्र गति से होती है और बिना सचेत विचार के होती है।

नकारात्मक प्रतिपुष्टि भी संप्रेषण प्रणाली को अनुकूलित बनाने में और समायोजन करने में सहायता कर सकती है यदि ऐसी प्रतिपुष्टि को हम सही परिपेक्ष में लेकर चलें।

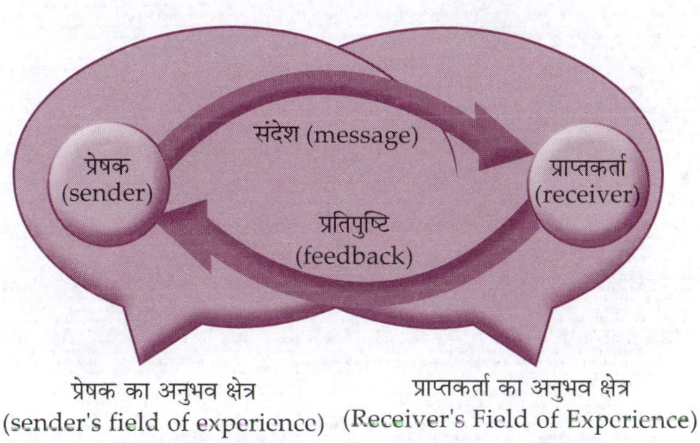

संवादमूलक प्रक्रिया में संदर्भ का योगदान

संवाद मूलक प्रक्रिया मॉडल निम्न दो संदर्भों को ध्यान में रखता है:

1. भौतिक संदर्भ
2. मनोवैज्ञानिक संदर्भ

भौतिक संदर्भ में अधिकतर पर्यावरणीय कारक सम्मिलित होते हैं। इसमें प्रभावी कारक कक्ष का भौतिक आकार, तापमान, ज्योति आदि हो सकते हैं। हम अपने समाज में विभिन्न भौतिक संदर्भों के बारे में सोच सकते हैं।

मनोवैज्ञानिक संदर्भ में संचार मुठभेड़ में मानसिक और भावनात्मक कारक सम्मिलित हैं। हमारे मन में तनाव, चिंता, धारणाएं, रवैया, स्नेह और भावनाएं कुछ ऐसे उदाहरण हैं जो हमारे संचार को प्रभावित कर सकते हैं। सकारात्मक भावनाएं और प्रतिक्रिया हमारे संचार को अधिक प्रभावी बनाती हैं।

काट्ज़ मॉडल (Katz Model)

इस मॉडल ने वर्ष 1957 में अपने संचार के मध्यस्थ मॉडल (intermediary model of communication) में द्वारपाल (gatekeeper) की भूमिका के बारे में बात की है जिसका उत्तरदायित्व यह तय करना होता है कि क्या उत्पादित, प्रसारित या मुद्रित किया जाना चाहिए। इनके पास सूचना के अपने चयनित साझाकरण के माध्यम से संगठन को आकार देने की क्षमता होती है। काट्ज ने तकनीकी कौशल, मानव कौशल और वैचारिक कौशल के बारे में भी बात की जो प्रबंधन के विषय से भी संबंधित है।

चित्र 4.3 काट्ज का मॉडल

श्राम मॉडल (Schramm Model)

विल्बर श्राम ने 1954 में संचार के मॉडल का प्रस्ताव रखा। श्राम मॉडल ने यह समझाने का प्रयत्न किया कि व्यक्तियों, निगमों और अन्य लोगों के बीच अर्थ कैसे स्थानांतरित किया जाता है। उसने 'फीडबैक लूप' की अवधारणा का प्रयोग भी किया।

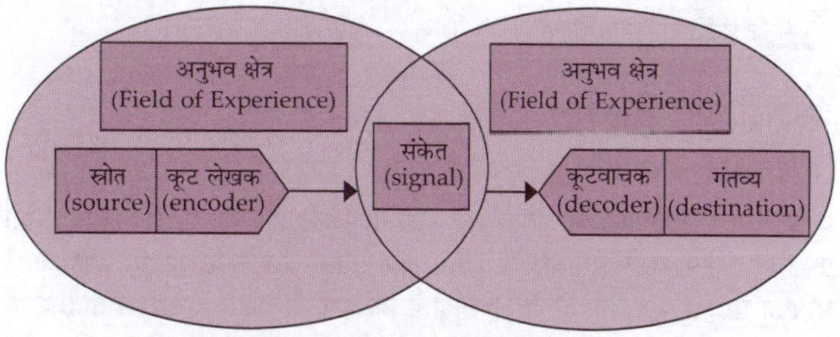

चित्र 4.4 श्राम संचार मॉडल

इस मॉडल के अनुसार, कूटन और कुटानुवाद एक प्रभावी संचार की दो आवश्यक प्रक्रियाएं हैं जिनके बिना दो व्यक्तियों के बीच सूचना का प्रवाह कभी नहीं हो सकता है। यदि संचारक और गंतव्य में कुछ समान है तो संदेश को सही ढंग से समझा जा सकेगा। इस मॉडल में 'अनुभव का एक सामान्य क्षेत्र' काफी महत्वपूर्ण तत्व है। इस मॉडल में संकेत (signal) स्रोत और गंतव्य दोनों स्थितियों (प्रेषक और प्राप्तकर्ता) के लिए सामान्य है। श्राम ने वर्ष 1964 में अपने संचार मॉडल में 'अनुभव के क्षेत्र' (field of experience) की भूमिका के बारे में बात की।

ओस्गुड सक्रमम (osgood-schramm) मॉडल: यह मॉडल प्रेषक और रिसीवर के बीच अंतर नहीं करता है, यह संप्रेषण की समान और पारस्परिक रूप से पड़ताल करता है, यह प्रत्येक व्यक्ति को संदेश के कूटक और कूट अनुवादक (encoder and decoder) के रूप में देखता है। यह मॉडल व्यक्तिगत समकालिक संप्रेषण को समझाने के लिए और जांच करने के लिए सबसे अच्छा प्रयास है, जहां प्रतिपुष्टि की प्राप्ति तत्काल होती है। चूंकि प्रतिपुष्टि क्रिया तत्काल है, शोर को वार्तालाप के समयाकाल में निरंतर स्पष्टीकरण के माध्यम से कम किया जा सकता है।

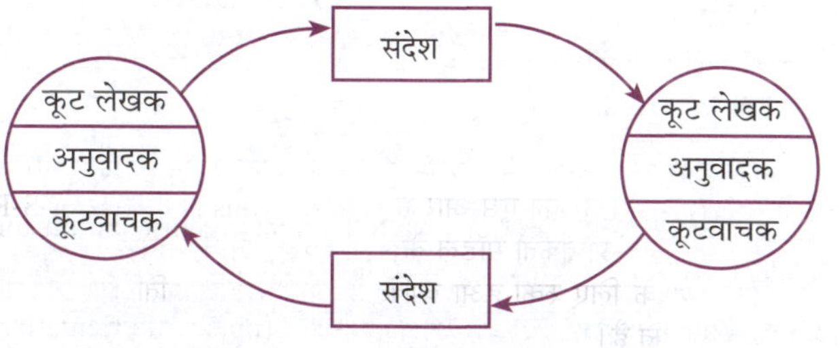

https://helpfulprofessor.com/communication-models/

लीगंस मॉडल (LEAGANS MODEL)

लीगंस ने वर्ष 1963 में इस अग्रेषित संचार मॉडल को प्रस्तुत किया। लीगंस का ध्यान 'विस्तार शिक्षा' (extension education) पर काफी सीमा तक रहा। उनके अनुसार, विस्तार शिक्षक का ज्ञान प्रौद्योगिकी और विस्तार प्रक्रियाओं, सिद्धांतों और सामग्री पर निर्भर रहता है जिसका उपयोग वह शैक्षिक उद्देश्यों को प्राप्त करने के लिए संचार की प्रणाली को संश्लेषित करने में करता है। उसे संवाद करना, दोहराना, प्रेरित करना आदि प्रक्रियाओं में अपने प्रयास निरंतर रूप से जारी रखने पड़ते हैं, वह भी उस सीमा तक जब तक कि प्राप्तकर्ता की ओर से वांछित प्रतिक्रिया न आ जाये। लीगंस मॉडल के अंतर्गत मुख्य अवयव हैं:

1. संप्रेषक
2. संदेश या सामग्री
3. संचार के चैनल
4. संदेश का उपचार
5. दर्शक
6. दर्शकों की प्रतिक्रिया

वेस्टली और मैक्लीन मॉडल (WESTLEY AND MACLEAN MODEL)

ये संप्रेषण में प्रतिपुष्टि के महत्व को स्वीकार करते हैं। यह मॉडल संप्रेषण को प्रभावित करने वाले पर्यावरणीय और सांस्कृतिक कारक तत्वों की महत्वपूर्ण भूमिका पर भी बल देता है। यह दर्शाता है कि हम जो कहते हैं और संवाद करते हैं, वह इस बात से प्रभावित होता है कि हम कौन हैं, हमारी पृष्ठभूमि क्या है, और हम किस दृष्टिकोण से विषयों को उठा रहे हैं। मॉडल संदेश प्रेषक और प्राप्तकर्ता के अभिविन्यास (पृष्ठभूमि, संस्कृति और विश्वास) की वस्तु को ध्यान में रखता है। यह संदेश को एक व्यापक सामाजिक संदर्भ में प्राप्त और भेजा गया मानता है जिसे संदेश को जानने और समझने के लिए विचार करने की आवश्यकता है।

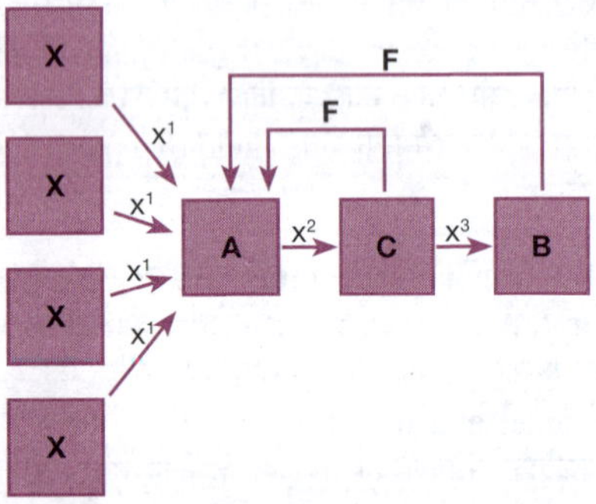

X = पर्यावरक घटक

A = प्रेषक

B = प्राप्तकर्ता

C = द्वारपाल / गेटकीपर

F = प्रतिपुष्टि (feedback)

X1 = संवेदनशील अनुभव (भविष्य के संदेशों को आकार देने के लिए भी)

X2 = प्रेषक के उन्मुखीकरण का अभिप्राय (object of orientation for sender)

X3 = प्राप्तकर्ता के लिए उन्मुखीकरण का अभिप्राय (object of orientation for receiver)

संचार का संव्यवहार या कार्य संपादन मॉडल (TRANSACTION MODEL OF COMMUNICATION)

जैसे-जैसे संचार का अध्ययन आगे बढ़ता गया, संचार प्रक्रिया के लिए कई गुणात्मक मॉडल अस्तित्व में आये। अब कई विद्वान संचार या संप्रेषण को एक ऐसी प्रक्रिया के रूप में देखते हैं जिसका उपयोग अधिकाधिक रूप में वार्तालाप करने और अर्थ व्यक्त करने के लिए किया जाता है। अब हम केवल कंप्यूटर की तरह संदेश नहीं भेजते हैं, और हम एक बातचीत के रूप में प्रेषक और प्राप्तकर्ता की भूमिकाओं के बीच बड़े करीने से वैकल्पिक नहीं करते हैं। हम जानबूझकर संचार करना बंद करने का निर्णय नहीं ले सकते क्योंकि संचार का महत्व संदेश भेजने और प्राप्त करने से कहीं अधिक है। इस प्रकार के संचार को बर्नलुंड ने वर्ष 1970 में प्रस्तावित किया।

यह मॉडल संचार को एक ऐसी प्रक्रिया के रूप में वर्णित करता है जिसमें संचारक सामाजिक, संबंधपरक और सांस्कृतिक संदर्भों में सामाजिक वास्तविकताओं को उत्पन्न करते हैं। हम केवल संदेशों का आदान-प्रदान करने के लिए संचार नहीं करते हैं; हम संबंध बनाने के लिए संवाद करते हैं, हम अंतरसांस्कृतिक गठबंधन बनाते हैं, अपनी आत्म-अवधारणाओं को आकार रूप देते हैं, और अन्य समुदाय भी बातचीत में एक दूसरे के साथ जुड़ते हैं।

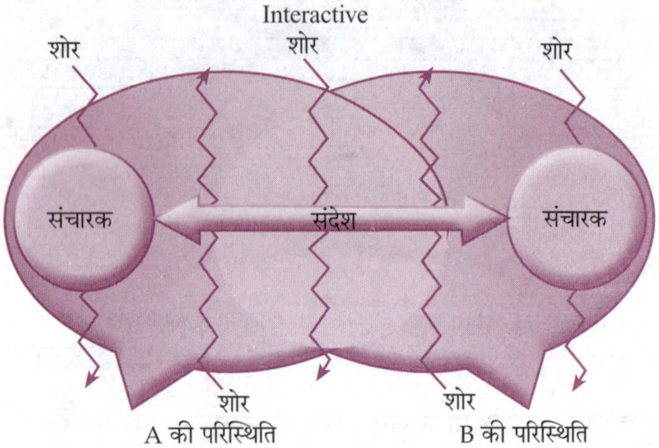

इस मॉडल में प्रेषक और रिसीवर की भूमिका अन्य मॉडलों से काफी भिन्न होती है। प्रतिभागियों को प्रेषक और प्राप्तकर्ता के रूप में अंकितक (लेबल) करने के बजाय, उनकी प्रतिष्ठा को उच्च किया गया है, इस संचार मुठभेड़ में सम्मिलित लोगों को संचारक (communicator) कहा जाता है। अन्योन्यक्रिया संचार मॉडल के विपरीत, जो यह बताता है कि प्रतिभागी प्रेषक और प्राप्तकर्ता के रूप में वैकल्पिक स्थान रखते हैं, इस मॉडल से पता चलता है कि हम एक साथ (simultaneously) प्रेषक और प्राप्तकर्ता हैं। यह मॉडल हमें यह समझने की अनुमति भी देता है कि हम अपने संचार को कैसे अनुकूलित कर सकते हैं।

प्रेषकों और प्राप्तकर्ताओं को संचारक के रूप में स्थापित करने का अर्थ यह भी है कि हम व्यापक संबंधपरक, सामाजिक, भौतिक/मनोवैज्ञानिक और सांस्कृतिक संदर्भ में एक साथ अर्थ का सह-निर्माण कर रहे हैं। संचार का यह मॉडल लेन-देन मॉडल संचार को एक ऐसी शक्ति के रूप में देखता है जो विशिष्ट अंत:क्रियाओं से पहले और बाद में हमारी वास्तविकताओं को आकार देता है।

सामाजिक संदर्भ उन नियमों या अघोषित मानदंडों को संदर्भित करता है जो संचार का मार्गदर्शन करते हैं। मानदंड सामाजिक परंपराएं हैं जिन्हें हम अवलोकन, अभ्यास और परीक्षण और त्रुटि के माध्यम से उठाते हैं। हमें शायद

यह भी पता न हो कि हम एक सामाजिक मानदंड को तोड़ रहे हैं जब तक कि हम यह न देखें कि लोग हमें अजीब तरह से देख रहे हैं या कोई हमें सुधारता या चिढ़ाता है। संबंधपरक संदर्भ में पिछला पारस्परिक इतिहास और किसी व्यक्ति के साथ हमारे संबंध के प्रकार सम्मिलित हैं। हम व्यक्तियों के साथ विभिन्न प्रकार से संवाद करते हैं जिससे हम अभी-अभी या कुछ समय पहले मिले हैं और जिसे हम लंबे समय से जानते हैं।

सांस्कृतिक संदर्भ में पहचान के विभिन्न पहलू सम्मिलित हैं, जैसे कि जाति, लिंग, राष्ट्रीयता, जातीयता, यौन अभिविन्यास, वर्ग और क्षमता। हम सभी की कई सांस्कृतिक पहचान हैं जो हमारे संचार को प्रभावित करती हैं। प्रमुख या बहुसंख्यक पहचान वाले लोग शायद ही कभी सोचते हैं कि उनकी सांस्कृतिक पहचान उनके संचार में क्या भूमिका निभाती है। सांस्कृतिक संदर्भ हमारी पहचान के कई पहलुओं से प्रभावित होता है और यह नस्ल या जातीयता तक सीमित नहीं है।

बार्नलंड संवाद मूलक मॉडल (BARNLUND'S TRANSACTIONAL MODEL)

यह मॉडल पारस्परिक, तत्काल-प्रतिक्रिया संप्रेषण पर केंद्रित है, इस दृष्टिकोण के अनुसार, संदेश-प्रेषक द्वारा दिए गए संदेश की संदेश-प्राप्तकर्ता द्वारा प्रतिपुष्टि की जाती है जो कि संप्रेषण प्रक्रिया का ही भाग है। अगले सोपान में संदेश प्राप्तकर्ता संदेश प्रेषक बन जाता है तथा इस प्रकार से यह प्रक्रिया गतिमान रहती है।

संप्रेषण का कुंडलित मॉडल (HELICAL MODEL OF COMMUNICATION)

इसको हिंदी भाषा में चक्रधार , बलदार, पेचदार मॉडल आदि भी कहा जा सकता है। इसको फ्रैंक डांस (Frank Dance) ने वर्ष 1967 में प्रस्तावित किया था। यह मॉडल रैखिक मॉडल एवं चक्रीय मॉडल का संयुक्त रूप है। जब हम दूसरों के साथ संवाद स्थापित करते हैं, तो प्राप्तकर्ता द्वारा की गई प्रतिपुष्टि हमारे अगले संदेश को प्रभावित करेगी। दिए गए त्रिशंकुनुमा आरेख से हम देख सकते हैं कि हम संचार के प्रत्येक चक्र के साथ अधिक 'ज्ञानवान' बन जाते हैं। यह पूरी प्रक्रिया 'हमारे सर्कल का विस्तार' करने में सक्षम होती है, जिसको तीव्रता से व्यापक तथा 'और अधिक' व्यापक मंडलियों द्वारा दर्शाया गया है। यह प्रक्रिया नीचे से ऊपर की ओर गति इंगित करती है जो यह भी दर्शाता है कि हमारा प्रत्येक संचार अभ्यास नया है और पूर्व चर्चा से भिन्न है, क्योंकि संप्रेषण कभी भी पूरी तरह से स्वयं का दुहराव नहीं करता है।

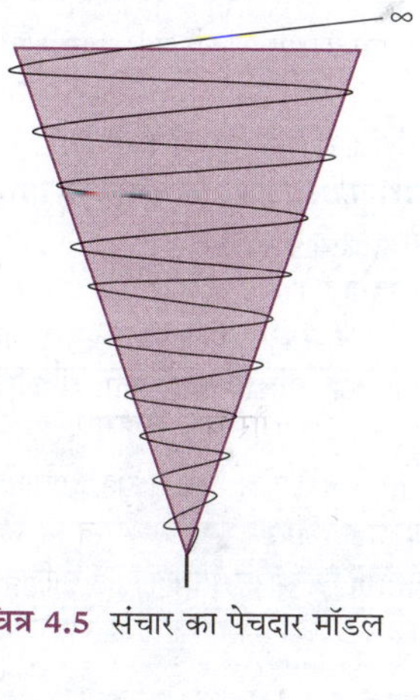

चित्र 4.5 संचार का पेचदार मॉडल

अनुसंकेतक स्मृति या चेतना (ICONIC MEMORY)

यह एक प्रकार की संवेदी स्मृति है जो छवियों को एक सेकंड के अंश के लिए संग्रहित करती है। इसको किसी विशेष विचारधारा का चिह्नात्मक प्रारूप भी कहा जा सकता है। अनुसंकेतक स्मृति मूल उत्तेजना की समाप्ति के बाद दृश्य संवेदी छापों को बनाए रखने की अनुमति देती है, जिसके परिणामस्वरूप एक दृश्य उत्तेजना कई सौ मिलीसेकंड तक बनी रहती है। 1960 में जॉर्ज स्पर्लिंग ने इस पर काम किया।

अंगभूत या रचना मेटा मॉडल (constitutive metamodel): इसके अंतर्गत निम्न अवयव आते हैं:

1. **भाषणगत, शब्दाडंबरपूर्ण या आलंकारिक (rheoterical):** प्रवचन की व्यावहारिक कला
2. **लाक्षणिक (semiotic):** संकेतों द्वारा मध्यस्थता
3. **घटनाजन्य (phenomenological):** अन्य जनों से वार्तालाप का अनुभव
4. **साइबरनेटिक (cybernetic):** सूचना का मुख्य प्रवाह
5. **सामाजिक-मनोवैज्ञानिक (social-psychological):** व्यक्तियों की बातचीत
6. **सामाजिक-सांस्कृतिक (social cultural):** सामाजिक व्यवस्था का उत्पादन और पुनरुत्पादन - social order
7. **गुणदोष विवेचक या आलोचनात्मक (critical):** एक प्रक्रिया जिसमें सभी मान्यताओं को चुनौती दी जा सकती है।

संप्रेषण के प्रकार (Types of Communication)

संबंधों के आधार पर संप्रेषण का वर्गीकरण (CLASSIFICATION ON THE BASIS OF RELATIONSHIP ELEMENT)

1. **अवैयक्तिक संप्रेषण (impersonal communi-cation):** अवैयक्तिक संप्रेषण को आत्म-चर्चा, आत्म-विचार या आत्म-मंथन के रूप में भी जाना जाता है। इसमें संदेश-प्रेषक एवं संदेश प्राप्तकर्ता एक ही व्यक्ति होता है। यह एक स्व-चालित संप्रेषण प्रक्रिया है, जिसके माध्यम से मनुष्य स्वयं का एवं दूसरों का मूल्यांकन करता है। इसमें ध्यान लगाना, चिंतन करना (meditation), इष्ट देव से प्रार्थना करना, इत्यादि सम्मिलित हैं।

   हम प्रायः ऐसे शब्दों का प्रयोग करते हैं—'हे परमात्मा' (oh my God), 'यह क्या हो गया' (oh no) (जब किसी संकट की स्थिति में

हो), वॉव (जब उत्तेजित हो), इत्यादि। ये सब भी अंत: वैयक्तिक संप्रेषण के उदाहरण हैं।

इस प्रकार के संप्रेषण का प्रयोग हम अपने जीवन की योजना तैयार करने के लिए, हम जीवन में जो करना चाहते हैं, उसका पूर्वाभ्यास करने के लिए करते हैं।

जिस प्रकार से हम स्वयं से संवाद स्थापित करते हैं, वह हमारे आत्मसम्मान को प्रभावित करता है। यदि कोई व्यक्ति परीक्षा में विफल हो जाए, स्वयं से कहे, 'मैं कितना मूर्ख हूँ, कुछ करने लायक नही हूँ'। दूसरी ओर वह स्वयं से यह कहे, 'मैं बेहतर कर सकता हूँ'।

2. **अंतर्वैयक्तिक संप्रेषण (interpersonal communication):** अंतर्वैयक्तिक संप्रेषण से तात्पर्य दो व्यक्तियों के बीच विचारों, भावनाओं और सूचनाओं के प्रत्यक्ष या अप्रत्यक्ष आदान-प्रदान से है। इसके लिए दो व्यक्तियों के बीच सम्पर्क का होना जरूरी है। अत: अंतर्वैयक्तिक संप्रेषण दोतरफा (two way) प्रक्रिया होती है। अंतर्वैयक्तिक संप्रेषण में प्रतिपुष्टि (feedback) का महत्त्वपूर्ण स्थान है। इसी के आधार पर संप्रेषण प्रक्रिया आगे बढ़ती है। टेलीफोन पर वार्तालाप, ई-मेल या सोशल नेटवर्किंग साइट्स पर चैटिंग अंतर्वैयक्तिक संप्रेषण के अंतर्गत आते हैं। संदेश भेजने के अनेक तरीके होते हैं, जैसे—भाषा, शब्द, चेहरे की प्रतिक्रिया, हाथ हिलाना, आगे-पीछे हटना, सिर हिलाना, इत्यादि।
3. **समूह संप्रेषण (group communication):** यह अंतर्वैयक्तिक संप्रेषण का विस्तार है, जहां दो से अधिक व्यक्ति विचारों एवं कौशल का आदान-प्रदान करते हैं। समूह संप्रेषण की प्रक्रिया को समझने के लिए समूह के बारे में जानना आवश्यक है। समूह संप्रेषण कितना बेहतर होगा, प्रतिपुष्टि कितनी अधिक मिलेगी, यह समूह के प्रधान और उसके सदस्यों के परस्पर संबंधों पर निर्भर करता है। इसमें सामूहिक निर्णय लेने, आत्म-अभिव्यक्ति (self-expression), व्यक्तिगत प्रभाव में वृद्धि, आदि को सम्मिलित किया जाता है।
4. **जनसंप्रेषण (mass communication):** आधुनिक युग में जनसंप्रेषण काफी प्रचलित शब्द है। इसका निर्माण दो शब्दों जन + संप्रेषण के योग से हुआ है। जनसंप्रेषण का अर्थ विशाल जनसमूह के साथ संप्रेषण करने से है। इसे 'मध्यस्थता संप्रेषण' भी कहा जाता है। यह यांत्रिक उपकरणों का उपयोग करता है, जिससे कई संदेशों को एक साथ बहुत लोगों तक पहुँचाया जा सकता है। इसमें संप्रेषण के लिए औपचारिक व व्यवस्थित संगठन होता है। समाचार पत्र, टेलीविजन, रेडियो, सिनेमा, इंटरनेट, इत्यादि अत्याधुनिक जनसंप्रेषण माध्यम हैं।

   इसका वर्णन अलग से भी किया गया है।

चैनल के आधार पर संप्रेषण का वर्गीकरण (Communication Types on the Basis of Channels)

चैनल के आधार पर संप्रेषण दो प्रकार के होते हैं:

1. **शाब्दिक संप्रेषण**
2. **मौखिक संप्रेषण**

शाब्दिक संप्रेषण (VERBAL COMMUNICATION)

शाब्दिक का अर्थ है—शब्दों का प्रयोग करना। शाब्दिक संप्रेषण में, संदेश शाब्दिक रूप में प्रसारित किया जाता है। इस संप्रेषण में सदैव भाषा का प्रयोग किया जाता है। यह मौखिक और लिखित, दोनों तरह से हो सकता है।

इस प्रकार के संवाद में सबसे बड़ा जोखिम किसी शब्द को स्वेच्छित अर्थ देने का होता है, शब्दों का अर्थ देश और काल के अनुसार परिवर्तित भी हो सकता है। सामान्यत: शब्द ऐसी कोई घटना नहीं होते जिनका हर बार रिकॉर्ड रखा जाए। शाब्दिक संप्रेषण को पुन: दो प्रकार के संप्रेषण में वर्गीकृत किया जा सकता है—मौखिक संप्रेषण एवं लिखित संप्रेषण।

मौखिक संप्रेषण (ORAL COMMUNICATION)

इसमें मौखिक रूप में वाणी द्वारा विचारों एवं सूचनाओं का आदान-प्रदान किया जाता है। इस संप्रेषण में प्रेषक और प्राप्तकर्ता दोनों आमने-सामने रहते हैं। मौखिक संप्रेषण में प्रत्यक्ष वार्तालाप, टेलीफोन के माध्यम से वार्तालाप, भाषण, परिचर्चा, सामूहिक चर्चा, वीडियो, रेडियो, टीवी, आदि को सम्मिलित किया जाता है।

मौखिक संप्रेषण को मुख्यत: निम्नलिखित कारक प्रभावित करते हैं:

1. **ध्वनि-पिच और ध्वनि-मात्रा (volume and pitch of sound):** ये शिक्षण-अधिगम प्रक्रिया में महत्त्वपूर्ण तत्व हैं। पिच मूलत: स्वर की उच्चता या निम्नता (highness or lowness) का स्तर है, यह ध्वनि तरंगों की आवृत्ति (frequency) पर निर्भर करता है। शिक्षक की आवाज और सही भाषा की जानकारी भाषण के मुख्य कारक होते हैं।

   ध्वनि-मात्रा (sound volume) लोगों की संख्या और सामीप्य पर निर्भर करती है और इसे डेसीबल (decibel) में मापा जाता है।
2. **गति (rate):** यह मूलत: शब्दों को बोले जाने में लिया गया समय होता है। जब संदेशवाहक बोल रहा हो, तो नियमितता बनाए रखनी चाहिए क्योंकि एक नियमित रूप से या लयबद्ध आवाज आपका आत्मविश्वास बढ़ाती है। अनियमित भाषण अनिश्चितता का संकेत हैं। यदि शिक्षक धीमी गति से बात करता है, तो छात्र हताश हो सकते हैं, क्योंकि उन्हें जानकारी पर्याप्त या वांछित ढंग से प्राप्त नहीं होती है।
3. **उच्चारण में स्पष्टता (clarity in pronunciation):** उचित उच्चारण और शब्दों का वितरण संदेश को प्रभावशील बनाने में योगदान देता है। यह संदेशवाहक के विचारों की स्पष्टता पर भी निर्भर करता है। पिच, वॉल्यूम, गति और स्पष्टता को पैरालेंग्वेज (paralanguage) के घटक भी कहा जाता है।

मौखिक संप्रेषण के मुख्य लाभ (Advantages of Oral Communication)

1. मौखिक संप्रेषण सहज और स्वाभाविक होता है।
2. इसे दूसरों को समझाना सरल होता है।
3. इस संप्रेषण में आमतौर पर शब्दों का चयन श्रोताओं के अनुकूल होता है।
4. आमने-सामने संवाद से कम त्रुटियाँ होती हैं।
5. तेज गति से संदेश का आदान–प्रदान होने से समय की बचत होती है।
6. मौखिक होना मितव्ययी होता है।
7. गोपनीयता बनी रहती है।
8. शारीरिक हाव-भाव के साथ प्रभावपूर्ण संप्रेषण होता है।
9. भौतिक संसाधनों की आवश्यकता नहीं होती जैसे कागज़, कंप्यूटर, आदि।
10. मौखिक संप्रेषण की गति तीव्र होने से यह आपातकालीन परिस्थितियों में अत्यंत उपयोगी होता है।
11. एक साथ कई लोगों के साथ संप्रेषण।
12. तुरंत प्रतिपुष्टि।

मौखिक संप्रेषण की सीमाएं (Limitations of Oral Communication)

1. लिखित संप्रेषण की तरह मौखिक संप्रेषण में शब्द स्थाई नहीं होते हैं। यह कहना अतिशयोक्ति नहीं होगी कि मौखिक संप्रेषण में बोले गए कई शब्द हवा में ही गायब हो जाते हैं।
2. सुने हुए शब्दों को याद रख पाना कठिन कार्य है, इस बात की संभावना लम्बे संदेश में अधिक होती है।
3. मौखिक संप्रेषण को अन्य संस्कृतियों के लोगों द्वारा नहीं समझा जा सकता है।
4. लिखित संप्रेषण की तुलना में मौखिक संप्रेषण की विधिवत मान्यता कम होती है।
5. मौखिक संप्रेषण के प्रयोग का क्षेत्र सीमित है।

लिखित संप्रेषण (Written Communication)

लिखित संप्रेषण में, लिखे हुए संकेत और प्रतीक, दोनों मुद्रित या हस्तलिखित रूप में उपयोग किए जाते हैं। लिखित संप्रेषण से तात्पर्य ऐसी सूचनाओं से है, जो शब्दों में तो होती है, लेकिन उसका स्वरूप मौखिक न होकर लिखित होता है। संदेशवाहक का लेखन कौशल, शैली, ज्ञान एवं व्याकरण का प्रयोग संदेश की गुणवत्ता को प्रभावित करता है। लिखित संप्रेषण में संदेश ई-मेल, पत्र , रिपोर्ट, ज्ञापन, आदि के माध्यम से प्रेषित किया जा सकता है। लिखित संप्रेषण माध्यमों का उपयोग विभिन्न सरकारी एवं गैर-सरकारी संस्थाओं में सूचनाओं के आदान-प्रदान के लिए किया जाता है।

लिखित संप्रेषण के लाभ (Advantages of Written Communication)

1. इस संप्रेषण में संदेश को भेजने से पहले कई बार संपादित और संशोधित किया जा सकता है, जिससे संदेश में त्रुटि की संभावना कम से कम रहती है।
2. लिखित संप्रेषण प्रत्येक भेजे गए संदेश का एक स्वचालित रिकॉर्ड प्रदान करता है, जिसका भविष्य में साक्ष्य और संदर्भ के रूप में प्रस्तुतीकरण संभव है।
3. लिखित संप्रेषण में प्रेषक और प्राप्तकर्ता की एक साथ उपस्थिति अनिवार्य नहीं होती है।
4. लिखित संप्रेषण में प्राप्तकर्ता संदेश को पूरी तरह से समझने और उचित प्रतिपुष्टि देने के लिए अधिक सक्षम होता है।
5. कम लागत में स्पष्ट और विस्तृत जानकारी।

लिखित संप्रेषण की सीमाएं (Limitations of Written Communication)

1. इस संप्रेषण में सहज संप्रेषण की सम्भावना मौखिक संप्रेषण से कम होती है, यद्यपि आजकल चैटिंग आदि का उपयोग काफी बढ़ गया है।
2. यह अगर औपचारिक हो, तो इसमें काफी समय लग सकता है।
3. मौखिक की तुलना में इसमें सहायक सामग्री की आवश्यकता अधिक होती है, जैसे कागज, मोबाइल, टाइपराइटर, कंप्यूटर, आदि।
4. मौखिक संप्रेषण की तुलना में अधिक जटिल।
5. अलग-अलग प्राप्तकर्ताओं द्वारा अलग-अलग व्याख्या संभव।

व्यावहारिक रूप में संप्रेषण मौखिक संप्रेषण एवं लिखित संप्रेषण का मिश्रण होता है।

अशाब्दिक संप्रेषण (Non-verbal Communication)

हम प्राय: यह कहते हैं कि 'करनी कथनी से अधिक बलवती होती है' (Actions speak louder than words)। अशाब्दिक संप्रेषण के अंतर्गत विचारों व भावनाओं को बिना शब्दों के अभिव्यक्त किया जा सकता है। जब विचारों व भावनाओं को शब्दों में व्यक्त करना संभव नहीं होता है, तब अशाब्दिक संप्रेषण ही सबसे प्रभावी माध्यम होता है। आवाज का उतार-चढ़ाव, शारीरिक मुद्रा, मुख-मुद्राएँ, चक्षु-संपर्क, स्पर्श, वाणी संकेत आदि अशाब्दिक संप्रेषण के अलग-अलग रूपांतर है। यह संप्रेषण शाब्दिक संप्रेषण का पूरक होता है, और संदेश में छिपा अर्थ ज्यादा स्पष्ट हो सकता है।

1. **शारीरिक मुद्रा (body language):** उदाहरण के लिए, हाथ हिलाना, हाथों से संकेत करना, मुंह हिलाना, इधर-उधर चलना।
2. **वेशभूषा (appearance):** वेशभूषा से सामने वाले की मन:स्थिति का पता चलता है। उसकी संस्कृति, व्यवहार, विचार और पृष्ठभूमि का बोध होता है।
3. **स्पर्श (touch):** स्नेहवश किसी के गाल को थपथपाना, दु:ख की घड़ी में किसी के सिर या कंधे पर हाथ रखना व बांह पकड़ना, दोस्तों से हाथ मिलाना, इत्यादि अमौखिक संप्रेषण हैं। उदाहरण के लिए यदि आप भीड़ में किसी को स्पर्श करते हैं तो वह आप को आगे जाने के लिए जगह दे देता है।
4. **निकटता (proximity):** इससे सामने वाले व्यक्ति से हमारा संबंध प्रकट होता है।

उपरोक्त के अलावा सम्पर्क, व्यक्तित्व का प्रभाव, आदि भी अशाब्दिक संप्रेषण के अवयव हैं।

आपकी जानकारी के लिए

काइनेसिक्स, मेटा-संप्रेषण एवं पैरालिंगुइस्टिक्स

ये तीनों शब्द गैर-मौखिक संप्रेषण के विभिन्न आयाम हैं।

काइनेसिक्स (kinesics): यह गैर-मौखिक या गैर-शाब्दिक संप्रेषण का एक ही रूप माना जाता है। इसको 'संप्रेषण के संदर्भ में शारीरिक गतिविधियों के अध्ययन' के रूप में परिभाषित किया गया है। उदाहरणार्थ शारीरिक हाव भाव (body language), संकेत बोली (sign language), सम भाषा (paralanguage), स्पर्श (touch), नेत्र संपर्क (eye contact)। सरल भाषा में यह शरीर की भाषा की व्याख्या है।

मेहराबियां (Mehrabian) के अनुसार, 'संप्रेषण में शब्दों का 7%, स्वर के लहजे का 38%, और हमारे शरीर की भाषा का 55% योगदान रहता है। इस को हमने 7/38/55 नियम का नाम दे दिया है। इस प्रकार से ये 3 Vs बन जाते हैं—Verbal, Vocal and Visual। इस प्रकार, व्यावहारिक रूप में संप्रेषण मौखिक एवं गैर-मौखिक संप्रेषण का एक मिश्रण है।

मेटा संप्रेषण (metacommunication): प्राय: हम जो कहते हैं, और जो अर्थ गृहीता तक पहुँचता है, उसमें कुछ अंतर रहता ही है। सभी अशाब्दिक संकेत जैसे बात कहने का लहजा, चेहरे की अभिव्यक्ति, आदि अर्थ को वांछित स्तर से अच्छे ढंग से भी पहुंचा सकते हैं और बुरे ढंग से भी। ऐसी स्थिति को समझने को मेटा संप्रेषण कहते हैं। यह संप्रेषण प्रक्रिया सतह के नीचे (beneath the surface) चलती है। मेटा शब्द को हम सूचना प्रौद्योगिकी प्रयोगों में भी एक उपसर्ग की तरह प्रयोग करते हैं, जिसका अर्थ है 'एक अंतर्निहित परिभाषा या विवरण।'

पैरालिंगुइस्टिक (paralinguistics): यह संप्रेषण 'स्वर' (tone) का और 'शब्द कैसे कहे गए हैं' इस बात का अध्ययन है। जब आप अपना मुंह बात करने के लिए खोलते हैं, आप स्वयं के बारे में काफी कुछ कह जाते हैं, जिनका अक्सर आपके कहे शब्दों से कुछ लेना देना नहीं होता। पैरालिंगुइस्टिक संकेत आपके कहे वचनों के हर तत्व और अर्थों के भेद को वर्णित करता है।

अशाब्दिक संप्रेषण से संबंधित कुछ और शब्द निम्न रूप से वर्णित हैं।

1. **ओकुलिसिक्स (oculesics):** संप्रेषण में नेत्र/पलकों का प्रयोग करना।
2. **प्रोक्सेमिक्स (proxemics):** स्थल का उपयोग—यदि कोई व्यक्ति प्रधानमंत्री के निकट वाली कुर्सी पर बैठा हो, तो इसका क्या अभिप्राय है?
3. **हैप्टिक्स (haptics):** स्पर्श करना।
4. **ऑब्जेक्टिक्स (objectics):** संप्रेषण में वस्तुओं, आदि का प्रयोग करना—किसी वस्तु की ओर इंगित करना, आदि।
5. **क्रोनेमिक्स (chronemics):** समय का प्रयोग—किस समय क्या बात कहनी है, आदि। यूरोपियन या जापानी लोग भारतीय लोगों की तुलना में बहुत ही समयबद्ध हैं, यह भी एक प्रकार से संप्रेषण का ही भाग है।
6. **ऑलफैक्टिक्स (olfactics):** गंध/महक, आदि का प्रयोग—यदि आप कोई इत्र खरीदना चाहते हैं, तब उसकी सुगन्ध एक प्रकार से संदेश ही है। इसका प्रभाव सुनने या देखने से भी ज्यादा दीर्घकालिक है।
7. **गसटोरिक्स (gustorics):** स्वाद का प्रयोग।

उद्देश्य और शैली के आधार पर संप्रेषण का वर्गीकरण (Classification Based on Purpose and Style)

औपचारिक संप्रेषण (FORMAL COMMUNICATION)

औपचारिक संप्रेषण में संदेश को सम्प्रेषित करते हुए कुछ निश्चित नियमों और अधिनियमों का पालन किया जाता है। यह एक प्रकार की संगठनात्मक संरचना है।

इसमें सही भाषा और सही उच्चारण की आवश्यकता होती है।

औपचारिक संप्रेषण प्रक्रिया किसी संगठन के विभिन्न चरणों या स्तरों से गुजरती है, जिसको स्केलर चेन (scalar chain) भी कहा जाता है। किसी भी संगठन के लिए औपचारिक संप्रेषण प्रणाली आवश्यक है, इससे निम्नलिखित लाभ मिलते हैं:

1. **निर्विघ्न संप्रेषण (smooth communication):** औपचारिक संप्रेषण पूर्व-निर्धारित चैनल के माध्यम से चलता है, इसलिए हर प्रतिभागी इस बात से अवगत होता है कि संदेश कहां और कैसे भेजना है। इसलिए इसको त्रुटिरहित माना जाता है।
2. **दक्षता में वृद्धि (increase in efficiency):** इस तरह के संप्रेषण से प्रबंधन की समग्र दक्षता में वृद्धि होती है, इससे निश्चितता का अवयव बढ़ता है। लेकिन इसके लिए संगठनात्मक नियमों और प्रक्रियाओं का सदैव अनुपालन किया जाना आवश्यक है।
3. **स्थाई रिकार्ड (permanent record):** पत्र, रिपोर्ट और मेमो जैसे सभी औपचारिक संप्रेषणों को स्थाई रूप से संभालकर रखा जाता है। यह भविष्य में निर्णय लेने में सहायक होता है।
4. **अनुशासन (discipline):** यह संप्रेषण किसी भी संगठन के कर्मचारियों के मन में अनुशासन की भावना पैदा करता है।
5. **कार्य-समन्वय (coordination):** औपचारिक संप्रेषण से संगठन के विभिन्न विभागों के बीच बेहतर समन्वय स्थापित होता है, इससे संसाधनों का भी उचित उपयोग हो पाता है।
6. **विश्वसनीयता (credibility):** उद्देश्य, आदेश और निर्देश, जैसे महत्त्वपूर्ण विषयों के संदर्भ में औपचारिक संप्रेषण अधिक विश्वसनीय है।
7. **सूचना का सामान्य प्रवाह (smooth flow of information):** यह संगठन को प्रभावी और उपयोगी बनाने के लिए आंतरिक और बाह्य—दोनों संप्रेषण सुनिश्चित करता है। कोई भी मूल प्रवाह या मार्ग को निरंकुश ढंग से बाधित नहीं कर सकता।

सीमाएं (LIMITATIONS)

1. **सत्तावाद की संभावना (possibility of being authoritarian):** इसमें उच्च स्तर के प्रबंधन अधिकारियों द्वारा निचले स्तर के कर्मचारियों के प्रति हावी होने की संभावना रहती है।
2. **अनम्यता (inflexibility):** चूँकि औपचारिक संप्रेषण अनम्य है, इसमें कई बार परिस्थितियों के अनुरूप ढल पाना कठिन हो जाता है।
3. **महंगा (costly):** इस प्रकार के संप्रेषण में सभी औपचारिकताओं का रख-रखाव किया जाता है, जिसके कारण लागत अधिक हो जाती है।
4. **समय का अपव्यय (wastage of time):** अधिक स्तर होने के कारण सूचना को गंतव्य तक पहुंचने में अधिक समय लगता है।
5. **निर्णय लेने में विलंब (delay in decision making):** सभी प्रतिभागियों के लिए आवश्यक है कि वे औपचारिक संप्रेषण के विशिष्ट ढांचे को बनाए रखें, चाहे इसके लिए निर्णय लेने की प्रक्रिया में विलंब ही क्यों न हो।
6. **पहल का अभाव (lack of initiative):** यह संप्रेषण प्रणाली इस परिकल्पना पर आधारित है कि यह सर्वोत्तम है, इसलिए इसमें किसी भी अन्य प्रणाली के चयन करने का कोई विकल्प नहीं है। परिणामस्वरूप रचनात्मक विचारों को यहां अनदेखा किया जाता है।
7. **सौहार्द का अभाव (lack of cordiality):** मानव पक्ष की अपेक्षा औपचारिकताओं को अधिक जोर दिया जाता है।

अनौपचारिक संप्रेषण (INFORMAL COMMUNICATION)

कोई भी संस्थान या व्यक्ति-समूह अनौपचारिक संप्रेषण के बिना संभव नहीं है। हर संगठन में अनौपचारिक संप्रेषण-प्रणाली के साथ औपचारिक संप्रेषण-प्रणाली अपने आप ही सम्मिलित हो जाती है। यह मुख्य रूप से कर्मचारियों की सामाजिक आवश्यकताओं (social needs) की पूर्ति करती है। इसे अंतर्वैयक्तिक संप्रेषण (inter-personal communication) भी कहते हैं। यह मुख्य रूप से वार्तालाप एवं शरीर के हाव-भाव (bodily movements) से होता है, और मित्रों और परिवार के बीच होता है।

अनौपचारिक संप्रेषण में, संप्रेषण के लिए कोई औपचारिक नियम और अधिनियम नहीं होते हैं। इसलिए अनौपचारिक संवाद या संप्रेषण में संदेश के विरूपण या विकृत होने की (distortion) की सम्भावना सदैव रहती है, जिससे मूल संदेश कई बार अपना सही अर्थ खो बैठता है जिसको 'ग्रेपवाइन' (grapevine) कहा जाता है।

दिशा के आधार पर संप्रेषण का वर्गीकरण (Classification on the Basis of Direction)

लंबवत संप्रेषण (VERTICAL COMMUNICATION)

यह मुख्य रूप रेखा औपचारिक संप्रेषण तंत्र जैसी ही है।

1. यह मूल रूप से औपचारिक संप्रेषण ही होता है।
2. यह नीचे से ऊपर, और ऊपर से नीचे की ओर हो सकता है। जैसे कि मुख्याध्यापक शिक्षकों को निर्देश देता है, और शिक्षक मुख्याध्यापक को रिपोर्ट करते हैं।

क्षैतिज संप्रेषण (HORIZONTAL COMMUNICATION)

जब किसी संगठन के एक ही स्तर के लोग आपस में संप्रेषण करते हैं, तो उसे 'क्षैतिज संप्रेषण' कहा जाता है। इसके अंतर्गत औपचारिक एवं अनौपचारिक दोनों ही संप्रेषण आ जाते हैं। यह संप्रेषण समूह बनाने (team building) में उत्प्रेरक का कार्य करता है। यदि किसी संगठन में विभिन्न व्यक्तियों या विभागों में परस्पर-निर्भरता ज्यादा हो, तो क्षैतिज संप्रेषण ज्यादा होने की सम्भावना होती है।

तिर्यक संप्रेषण (DIAGONAL COMMUNICATION)

जब पदसोपान (official hierarchy) के विपरीत विभिन्न स्तरों के अधिकारी और कार्मिक एक-दूसरे से सम्पर्क स्थापित करते हैं तो उसको तिर्यक संप्रेषण कहा जाता है। इसमें संप्रेषण, विभिन्न विभागों में पृथक स्तरों के बीच होता है। उदाहरण के लिए, किसी महाविद्यालय के भौतिकी विभाग के मुख्य (Head of Department) का रसायन विभाग के किसी शिक्षक से प्रत्यक्ष संप्रेषण स्थापित करना। इससे समय की भी बचत होती है।

अंतः-सांस्कृतिक संप्रेषण (Intercultural Communication)

यहां पहले हम यह जान लें कि संस्कृति शब्द का क्या अर्थ है- I एडवर्ड टी हॉल के अनुसार 'संस्कृति संप्रेषण है और संप्रेषण संस्कृति है।' यहां संस्कृति को संप्रेषण के माध्यम से पारित किया जाता है और संप्रेषण एक संस्कृति को दर्शाता है। एडलर के अनुसार संस्कृति है:

1. कुछ ऐसा जो किसी सामाजिक समूह के सभी या लगभग सभी सदस्यों द्वारा साझा किया जाता है,
2. कुछ ऐसा जो समूह के पुराने सदस्य युवा सदस्यों को बताना चाहते हैं, और
3. कुछ ऐसी धारणा जो व्यवहार को भी आकार देती है।

यहां यह भी ध्यान देना आवश्यक है कि अंत:–सांस्कृतिक संप्रेषण में विभिन्न सांस्कृतिक पृष्ठभूमियों के कम से कम दो पक्ष होने चाहिए। जिस प्रकार से हम (मौखिक और अशाब्दिक) संदेशों की व्याख्या करते हैं, वह हमारी संस्कृति पर आधारित है। यही इस संप्रेषण में प्रमुख कठिनाई है: कोई दो संस्कृतियां एक जैसी नहीं हैं।

अंत:–सांस्कृतिक संप्रेषण एक अनुशासन है जो विभिन्न संस्कृतियों और सामाजिक समूहों में संप्रेषण का अध्ययन करता है। यह संप्रेषण बहुत ही विस्तृत है जो कि स्वाभाविक रूप से विभिन्न धार्मिक, सामाजिक, जातीय और शैक्षिक पृष्ठभूमि के व्यक्तियों में उनके द्वारा बने संगठन या सामाजिक संदर्भ के भीतर दिखाई देता है। इसकी सहायता से लोग संसार को कैसे देखते हैं, संवाद करते हैं और अनुभव करते हैं, का पता चलता है। संस्कृति यह भी निर्धारित करती है कि व्यक्ति संदेशों को कैसे एनकोड करते हैं, उन्हें प्रसारित करने के लिए वे किस माध्यम का चयन करते हैं और संदेशों की व्याख्या किस तरह से की जाती है।

संप्रेषण उचित रूप से उन परिस्थितियों का भी अध्ययन करता है जिसके अंतर्गत विभिन्न सांस्कृतिक पृष्ठभूमि के लोग आपस में बातचीत करते हैं। भाषा के अलावा, यह संप्रेषण सामाजिक विशेषताओं, विचार पैटर्न और लोगों के विभिन्न समूहों की संस्कृतियों पर भी केंद्रित है। वैश्वीकरण के युग में इस संप्रेषण प्रक्रिया में अन्य देशों के लोग भी सम्मिलित हो सकते हैं। अंत: सांस्कृतिक संप्रेषण नृविज्ञान, सांस्कृतिक अध्ययन, भाषा विज्ञान, मनोविज्ञान और संप्रेषण अध्ययन जैसे सामाजिक विज्ञानों में एक महत्वपूर्ण भूमिका निभाता है। अनुसंधान, अंत: सांस्कृतिक संप्रेषण कौशल के विकास का एक प्रमुख हिस्सा है।'

अंत: सांस्कृतिक संप्रेषण के अंतर्गत पहचान और संस्कृति का भी अध्ययन किया जाता है।

पर संस्कृति को मापा जाना अधिक संभव नहीं है और न ही संस्कृतियां सार्वभौमिक विशेषताओं को सांझा करती हैं। सामाजिक परिवर्तन के साथ–साथ संस्कृति और संप्रेषण बदलाव पर भी ध्यान देना आवश्यक है।

सांस्कृतिक अंतरों को समझना आवश्यक है, भाषा एक महत्वपूर्ण सांस्कृतिक घटक का एक उदाहरण है। संप्रेषण एक तरह से 'समान शर्तों (uniform conditions) पर अन्य भाषाओं के बोलने वालों के साथ बातचीत और उनकी पहचान का सम्मान करना है।

अंत: सांस्कृतिक संप्रेषण को बढ़ावा देने के लिए संबंधपरक अर्थ (relational meaning) और पहचान के अर्थ (identity meaning) को देखना अधिक महत्वपूर्ण है। सफल संप्रेषण को पूरा करने के लिए आत्म–अवधारणा (self concept) का समर्थन सबसे अधिक महत्वपूर्ण है।

हर संस्कृति ने अपने शब्दों, अशाब्दिक संकेतों और प्रतीकों की भिन्न–भिन्न व्याख्या की है। भाषा का कहीं कोई जिक्र ही नहीं। इस प्रकार, दो संस्कृतियों के बीच का अंतर जितना अधिक होगा, लोगों के लिए एक दूसरे को समझना उतना ही कठिन होता जाएगा।

सांस्कृतिक धारणाएं सामूहिक (collectivistic) और व्यक्तिवादी (individualistic) संस्कृतियों को परिभाषित करती हैं। प्राय: हमें संस्कृतियां स्थिर और सजातीय लगती हैं, जबकि मुख्य रूप से राष्ट्र के भीतर संस्कृतियां बहु–जातीय होती हैं। उनमें कुछ व्यक्ति सांस्कृतिक भिन्नता को जिस प्रखर रूप से अभिव्यक्त करते हैं, उसके कारण हमें सांस्कृतिक भिन्नता दिखाई देती है। अशाब्दिक संप्रेषण के साथ गलतफहमी गलत संप्रेषण का कारण बन सकती है। उदाहरण के लिए, एक संस्कृति में एक हाथ मिलाना उचित माना जा सकता है, जबकि दूसरी संस्कृति इसको असभ्य या अनुचित मान सकती है।

सांस्कृतिक अभिसरण (cultural convergence) अपेक्षाकृत बंधी (closed) सामाजिक व्यवस्था में अधिक होता है जिसमें सदस्यों के बीच संप्रेषण अप्रतिबंधित (unrestricted) हैं।

संप्रेषण क्षमता (cultural competence) का अर्थ है यदि हम किसी ऐसे लक्ष्य को प्राप्त करना चाहते हैं, जिसका उपयोग उचित समय और स्थान पर किया जाता है। प्रसंग (context), उपयुक्तता (appropriateness), प्रभावशीलता (effectiveness) और प्रेरणाओं (motivations) को संप्रेषण क्षमता का अंग माना गया है।

संप्रेषण क्षमता को निम्न विधियों से सुधारा जा सकता है-

1. रुचि का प्रदर्शन (display of interest): सम्मान और सकारात्मक संबंध दिखाना।
2. ज्ञान के लिए अभिविन्यास (orientation to knowledge): स्वयं को और विश्व को समझने का प्रयास

3. सहानुभूति (sympathy)
4. कार्य भूमिका व्यवहार (task role behaviour): समस्या को हल करने का प्रयास
5. संबंधपरक भूमिका व्यवहार (relational role behavior): पारस्परिक सामंजस्य और मध्यस्थता।
6. अज्ञात और अस्पष्टता के लिए सहिष्णुता (tolerance for unknown and ambiguity): थोड़ी असुविधा के साथ नई स्थितियों पर प्रतिक्रिया करने की क्षमता।
7. इंटरैक्शन स्थिति (Interaction posture): वर्णनात्मक, गैर–न्यायिक तरीकों से दूसरों को जवाब देना
8. धीरज (patience)
9. सक्रिय होकर सुनना (active listening)
10. स्पष्टता (clarity)

हम निम्न विचारों को समझने का प्रयास करें

1. **सांस्कृतिक बुद्धिमत्ता (cultural intelligence):** इस बुद्धिमता को संस्कृतियों के मध्य प्रभावी ढंग से संबंधित और कार्य करने की क्षमता के रूप में समझा जा सकता है। इसमें संज्ञानात्मक, भौतिक और प्रेरक साधनों से वृद्धि की जा सकती है।
2. **अंतर-जातीय संप्रेषण (inter-ethnic communication):** यह विभिन्न लोगों (जातीय समूहों) का प्रतिनिधित्व करने वाले लोगों के बीच सम्प्रेषण है। मातृ संस्कृति और उपसंस्कृति के प्रतिनिधियों के मध्य वार्तालाप संस्कृति का संप्रेषण होता है, इनका प्रभाव एक दूसरे पर पड़ता है, तथा इसको 'प्रत्युत्तर दना चक्रीय' (counter cyclical) कहा जाता है। अंतर जातीय या अंतर-सांस्कृतिक संप्रेषण मूल रूप से दो प्रकार का होता है: शाब्दिक और गैरशाब्दिक।
3. **जातीयतावाद (ethnocentrism):** यह अपनी संस्कृति को 'एक आदर्श' के रूप में मानने और सोचने की प्रवृति है, जिसके अनुरूप मनुष्य अपनी संस्कृति की रक्षा भी करना चाहता है। यह मनुष्यों की एक स्वाभाविक विशेषता है तथा यह लगभग सभी संस्कृतियों में पाई जाती है।
4. **सांस्कृतिक सापेक्षवादी (cultural relativist):** जातियतावाद के विपरीत, एक सांस्कृतिक. सापेक्षवादी (cultural relativist) यह मान कर चलता है कि प्रत्येक संस्कृति को उसके विशेष संदर्भ में समझना होगा। सभी जातियां समान हैं, वैसे किसी संस्कृति को सार्वभौमिक रूप में नहीं माना जाना चाहिए।

कक्षा में संप्रेषण की प्रक्रिया: कोल और चैन मॉडल (Classroom Communication—Cole and Chan Model)

Berlo ने मूलत: संप्रेषण को S-R (sender receiver) मॉडल के रूप में समझाने का प्रयास किया है, जहां संदीपन (stimulus) को प्रेषक (Sender) के साथ और प्रतिपुष्टि (feedback) को प्राप्तकर्ता (receiver) के साथ जोड़ा जाता है। इस S-R मॉडल को बाद में S-M-C-R (sender-message-channel-receiver) के रूप में बढ़ा दिया गया। हिंदी भाषा में इसको प्रेषक-संदेश-चैनल-प्राप्तकर्ता मॉडल कहा जा सकता है। यह संप्रेषण की 'आधारभूत प्रक्रिया' है।

संप्रेषण प्रक्रिया में, प्रेषक को कूट लेखक (encoder) भी कहा जाता है, जो संदेश को सांकेतिक शब्दों में बदलता है (encoding), फिर उसे यह एक साधन/चैनल का उपयोग करके प्राप्तकर्ता अथवा कूटवाचक (decoder) तक पहुंचाता है। कूटवाचक इन सांकेतिक शब्दों को पढ़ता है और यहां जानकारी का प्रसंस्करण होता है। प्राप्तकर्ता फिर से किसी चैनल/माध्यम का उपयोग करके उचित प्रतिपुष्टि (feedback) करके वापिस भेजता है।

कोल और चैन मॉडल (cole and chan model) के अनुसार, कक्षा शिक्षण के मुख्य पांच चरण होते हैं:

1. संदेश का निरूपण
2. संदेश का संकेतीकरण या कूट लेखन
3. संदेश संचरण
4. कूटवाचन एवं व्याख्या
5. प्रतिपुष्टि एवं मूल्यांकन

उपरोक्त चरणों को निम्न चित्र में दर्शाया गया है।

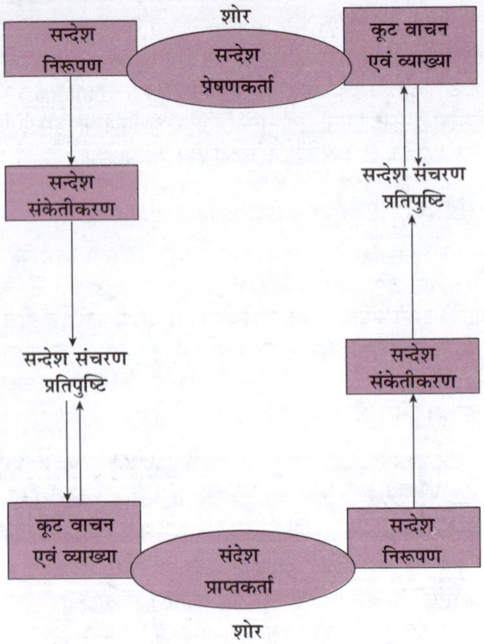

संदेश निरूपण (Formulation of Message)

1. **संदेश निरूपण लेखन (formulation of massage):** सभी संप्रेषण प्रक्रियाएँ एक विचार या एक संदेश से शुरू होती हैं, जिसका मुख्य उद्देश्य लक्षित दर्शकों से सकारात्मक प्रतिक्रिया (positive response) की प्राप्ति करना होता है। यह प्रेषक या कूटलेखक (encoder) से शुरू होती है।

   मानवीय बोली एवं लिखित भाषा को संकेत (symbol) की प्रणाली कहा जाता है। संदेश एक स्रोत द्वारा भेजे गए मौखिक या गैर-मौखिक संकेतों का एक समूह है। संदेश मौखिक या लिखित शब्द, इशारा, शारीरिक गतिविधि या सभी हो सकते हैं। एक प्रभावी संप्रेषण, ज्ञान के स्तर, संप्रेषण कौशल और संप्रेषक के रवैये (attitude) और कैसे वह संदेश गृहीता (receiver) को प्रभावित करना चाहता है, इन सब बातों पर निर्भर करता है। सोचने की योग्यता, विचारों को जल्दी से व्यवस्थित करना और विचारों को प्रस्तुत करना एक अच्छे संदेशवाहक की विशेषताओं में से एक है।
2. **संदेश संकेतीकरण या कूट लेखन (message encoding):** विचारों की छंटाई करना, उनको आंतरिक आकार देना और संगठित

करना, ताकि उनमें और स्पष्टीकरण आ सके, को संदेश संकेतीकरण या कूट लेखन या सूत्रीकरण कहा जाता है।

कूट लेखन (encoding) का उद्देश्य होता है कि एक विचार को कैसे एक ऐसे रूप में परिवर्तित किया जाए कि उसे संदेश-गृहीता (message receiver) को प्रेषित किया जा सके। प्रेषक (sender) इस चरण में संप्रेषण माध्यम के बारे में भी निर्णय लेता है। प्रेषक संप्रेषण माध्यम (भाषण, लेखन, संकेत, हाव-भाव, इशारा, इत्यादि) का चयन भी ऐसे करता है जिसे गृहीता अच्छी तरह से समझ सके।

उदाहरण के लिए, अनपढ़ गृहीता एक लिखित संदेश को समझने में विफल हो सकता है, लेकिन अगर मौखिक रूप से बताया जाए, तो वह अच्छी तरह से समझ सकता है। शिक्षक पाठ्यक्रम और छात्रों के अनुसार अपने संदेश को कूटित (encode) कर सकते हैं।

3. **संदेश संचरण (message transmission):** यह संप्रेषण की प्रक्रिया में एक व्यवहारिक और महत्त्वपूर्ण चरण है, और इससे यह पता चलता है कि संदेश को कैसे सम्प्रेषित किया जाए, संदेश क्या भेजा जा रहा है।

   सूचना प्रसारण (information transmission) के वैज्ञानिक नियमों को तीन स्तरों पर देखा जा सकता है:

   (a) **वाक्यात्मक (syntactic):** वाक्य रचना संबंधी

   (b) **व्यावहारिक (pragmatic):** संकेतों, उनकी अभिव्यक्ति और प्रयोक्ताओं (users) के संदर्भ में

   (c) **शब्दार्थ विज्ञान (semantic):** शब्दों के अर्थ-संबंधी

4. **कूटवाचन एवं व्याख्या (message decoding and interpretation):** संदेश के कूटवाचन (गूढ़लिपि पढ़ना) एवं व्याख्या का अर्थ है कि प्राप्तकर्ता द्वारा संदेश का क्या अर्थ समझा गया है। प्राप्तकर्ता संदेश को विचारों में बदलता है, इसे विश्लेषण और समझने का प्रयास करता है। कई बार माध्यम और चैनल शब्दों का उपयोग अदल-बदल से किया जाता है। हम यहां संदेश, माध्यम और चैनल के बीच के अन्तर को समझने की कोशिश करते हैं। माध्यम का मतलब है कि संदेश का कैसे कूटलेखन (encoding) किया जा रहा है। मान लीजिए 'नमस्ते' एक संदेश है, यह निर्णय हो चुका है कि 'नमस्ते' को शाब्दिक संप्रेषण (नमस्ते एक शब्द ही है) द्वारा गृहीता (receiver) तक पहुंचाना है। ऐसी दशा में आपकी आवाज एक चैनल बन जाता है शाब्दिक संप्रेषण के हेतु। चैनल का अर्थ है कि संदेश को भौतिक रूप से (physically) कैसे सम्प्रेषित किया जाए। अगर हम टेलीफोन से वार्तालाप करते हैं, तो इसका अर्थ यह है कि ध्वनि को सम्प्रेषित करने के लिए किसी प्रौद्योगिकी यन्त्र का उपयोग किया जा रहा है।

5. **प्रतिपुष्टि एवं मूल्यांकन (feedback and evaluation):** संदेश को प्रभावी संप्रेषण केवल तभी माना जाता है जब प्रेषक और प्राप्तकर्ता संदेश को समान अर्थ देते हैं। चित्र 4.1 में दाहिनी तरफ दर्शाए सोपान संदेश निरूपण से कूटवाचन एवं व्याख्या तक की (नीचे से ऊपर की ओर) मूलतः प्रतिपुष्टि को दर्शाते हैं। इस प्रकार हम यह कह सकते हैं कि संप्रेषण एक चक्रीय प्रक्रिया है। प्रतिपुष्टि (Feedback) हमें संप्रेषण प्रक्रिया में सही एवं गलत का मूल्यांकन करने के लिए एक अवसर प्रदान करती है।

   प्रतिपुष्टि दो या अधिक व्यक्तियों के बीच बातचीत को विनियमित करने में सहायता करती है और इस बात के लिए भी प्रेरित करती है कि हम अपनी बात कहें। शिक्षण में सतत् प्रतिपुष्टि से विद्यार्थियों की छुपी हुई प्रतिभा उभर कर सामने आती है। इस लिए पाठ्यक्रम में मूल्यांकन का विशेष महत्त्व है।

   संप्रेषण विनिमय (communication exchange) तभी प्रासंगिक (relevant) लगता है, यदि उसमें प्रतिपुष्टि का अवयव भी हो।

शोर (Noise)

संप्रेषण में शोर शब्द का अर्थ सिर्फ भौतिक स्तर तक सीमित नहीं है। शोर एक रुकावट है, जो कि संप्रेषण प्रक्रिया के दौरान समय के किसी भी बिंदु से उभर सकता है और इसे विकृत एवं अप्रभावी कर सकता है।

हमारे आस-पास का पर्यावरण शोर का एक प्रमुख स्रोत है-सड़क का ट्रैफिक, लाउडस्पीकर, दोषपूर्ण संचरण (faulty transmission), इत्यादि।

यह शायद सुनने में अटपटा लगे लेकिन संवाद प्रक्रिया में शोर अन्य रूपों में भी हो सकता है, जैसे कि लिखावट का अच्छा न होना, उच्चारण में दिक्कत, खराब रोशनी, इत्यादि भी शोर के अन्य रूप है। वास्तव में, यह सब कारक प्रभावी संप्रेषण के लिए बाधा का काम करते हैं। अविरल (smooth) और प्रभावी संप्रेषण के लिए, शोर को यथासंभव कम करने या पूर्णतया समाप्त करना आवश्यक है।

पृष्ठभूमि में शोर अलग-अलग ढंग से संप्रेषण की प्रभावशीलता पर प्रभाव डालता है। प्रथमतः यह श्रोता को सुनने से रोक सकता है जो कि उसके तनाव और चिंता का कारण बन सकता है, जो स्वयं में ही प्रभावी संप्रेषण के लिए बाधा है।

वास्तव में, यह सब कारक प्रभावी संप्रेषण के लिए बाधा का कार्य करते हैं। अविरल और प्रभावी संप्रेषण के लिए, यथा-सम्भव शोर को कम करना या पूर्णतया समाप्त करना आवश्यक है।

शोर मुख्य रूप से चार भागों में विभाजित किया जा सकता है

शोर के प्रकार

1. **शरीर-क्रियात्मक शोर (physiological noise):** यह व्याकुलता भूख, थकान, सिर दर्द, दवा, आदि के कारण होता है।
2. **भौतिक शोर (physical noise):** उद्धरण के लिए यातायात हार्न, खराब रोशनी का होना।
3. **मनोवैज्ञानिक शोर (psychological noise):** यह दर्शाता है कि हमारी मानसिक स्थिति संवाद-प्रक्रिया को प्रभावित कर सकती है, हम कैसे दूसरों के कहे या लिखे शब्दों या संकेतों की व्याख्या करते हैं। यदि कोई शिक्षक तनाव में है, तो कक्षा में असावधान हो सकता है और उससे त्रुटियाँ हो सकती हैं। इसी तरह, पूर्वाग्रह और 'बचाव की मुद्रा' जैसी भावनाएँ भी संप्रेषण के साथ हस्तक्षेप कर सकती हैं।
4. **अर्थ-संबंधी शोर (semantic noise):** यह तब होता है जब शब्द खुद को परस्पर समझ नहीं पा रहे होते हैं। लेखक कभी-कभी शब्दजाल (Jargon) या परिहार्य (avoidable) तकनीकी भाषा का उपयोग करके अर्थ शोर पैदा करते हैं।

अधिकतम मानवीय भाषाओं ध्वनि (sound) या भाव (gesture) का प्रयोग चिन्हों के लिए करते हैं, जो अपने आस-पास वालों से संप्रेषण में मदद देते हैं। हजारों मानवीय भाषाएँ हैं और उनमें कई समानताएँ हैं, हालांकि, इन समानताओं में भी विभिन्नताएँ छिपी हुई हैं।

कक्षा संप्रेषण (Classroom Communication)

कक्षा शिक्षण इस डिजिटल युग में भी औपचारिक शिक्षा में प्रभावशाली भूमिका अदा करता है।

कक्षा शिक्षण का मुख्य उद्देश्य संज्ञानात्मक अनुक्षेत्र में शिक्षण उद्देश्यों को पूरा करना है, जो कि मुख्यतः ज्ञान, समझ, आवेदन, विश्लेषण,

संश्लेषण जैसी क्षमताओं को विकसित करने से संबंधित है। इसलिए संप्रेषण किसी भी शिक्षण प्रक्रिया का अभिन्न अंग है। यह प्रक्रिया शिक्षक, विद्यार्थी, संदेश, अनुदेशात्मक विधियों (Instructional methods) और संप्रेषण मीडिया जैसे कई कारकों पर निर्भर करती है। इनको समझ कर ही हम कक्षा शिक्षण को ज्यादा प्रभावशाली बना सकते हैं। संप्रेषण कौशल को प्रशिक्षण (training) और अभ्यास (practice) से बेहतर बनाया जा सकता है।

सारा संप्रेषण संकेतों पर आधारित होता है, पहले की परिभाषाओं से थोड़ा विभिन्न तरीके से सोचें, तो यह एक ऐसी प्रक्रिया है, जिसमें इन संकेतों का एक उचित आयोजन, चयन एवं संप्रेषण शामिल है।

कक्षा संप्रेषण के निम्न चार सोपान हैं:

1. **शिक्षार्थी में रुचि पैदा करना (creating interest among students):** कक्षा के प्रारम्भ में ही विषय-वस्तु का छात्रों की जिज्ञासा, अनुभव, और पूर्व ज्ञान से सम्बद्ध करना सहायक होता है। उनको यह बताना आवश्यक है कि विषय-वस्तु उनके लिए कैसे महत्त्वपूर्ण है। छात्रों में और जानने की जिज्ञासा उत्पन्न होनी चाहिए। विषय को कहानी की तरह आरम्भ करना चाहिए। भावनात्मक सम्पर्क तथ्यों से ज्यादा आवश्यक होता है।

   शिक्षक जानबूझ कर नकारात्मक शब्दों का प्रयोग करके भी छात्रों में रुचि पैदा कर सकता है—मैं नहीं जानता कि आपको यह अध्याय कितना रुचिकर लगता है या इसका कितना महत्त्व है? इससे विद्यार्थियों के सामने चुनौती उत्पन्न हो जाती है, वे जानकारी प्राप्त करने के लिए उत्सुक हो जाते हैं।

2. **विषय-वस्तु को संगठित करना (organizing content matter):** पाठ्य-वस्तु को तर्कसंगत ढंग से संरचित करना, उसको एक कहानी के रूप में प्रस्तुत करना, तत्पश्चात, समस्या को सामने रखना, और कालक्रम के अनुसार घटनाओं और प्रक्रियाओं का वर्णन करते हुए उसका समाधान विकसित कर, विभिन्न विचारों का परस्पर संबंध स्थापित करते हुए एक थीम विकसित हो जाती है।

   विषय की रूपरेखा छात्रों के विचारों को संगठित करने और उनसे मिली सीख को आत्मसात करने में सहायता कर सकती है।

3. **उद्देश्यों के अनुरूप पुनरावलोकन (review according to objectives):** प्रमुख विचारों और अवधारणाओं को दोहराना, छात्रों को उनके महत्त्व पर बल देना, मुख्य बिंदुओं (main points) और विपरीत विचारों की संक्षेप में एक-दूसरे के साथ तुलना करना, रूपांतरों की चर्चा, इत्यादि कक्षा शिक्षण में सहायता करते हैं। छात्रों को कुछ गतिविधियों में लिप्त करके अधिक जानकारी प्राप्त करने के लिए प्रोत्साहित करना चाहिए।

4. **प्रतिपुष्टि (feedback):** एक शिक्षक के लिए प्रतिपुष्टि के क्या मायने हैं—क्या वे शिक्षक को देख रहे हैं या खिड़की से बाहर झाँक रहे हैं? वे कक्षा में बैठे नोट्स बना रहे हैं या उनमें कुर्सियों का फेरबदल तो नहीं चल रहा? प्रश्न पूछने या उत्तर देने के लिए हाथ उठाते हैं या नहीं? शिक्षक को इन सब पहलुओं का ध्यान रखना होता है।

   शिक्षक के लिए आवश्यक है कि वे इस बात की जानकारी रखें कि छात्र सूक्ष्म और प्रत्यक्ष ढंग से कैसे प्रतिक्रिया या प्रतिपुष्टि देते हैं। कुशल शिक्षक इस जानकारी से संप्रेषण प्रक्रिया पर अपेक्षाकृत अधिक नियन्त्रण कर सकते हैं। शिक्षक के लिए यह भी आवश्यक है कि वे संप्रेषण प्रक्रिया में अनावश्यक हस्तक्षेप से बचें।

   पलकें फहराना, भौं को ऊपर उठाना, चेहरे का भाव बनाना, स्पष्टीकरण माँगना, आदि प्रतिपुष्टि के ही विभिन्न रूप हैं। आमने-सामने संप्रेषण से संदेश प्राप्तकर्ता सहज एवं प्रत्यक्ष रूप और तुरंत प्रतिक्रिया दे सकता है। इससे संप्रेषण प्रक्रिया में संशोधन और उसको प्रभावी बनाने की सम्भावना बढ़ती है।

   अधिकतर कक्षा संवादों में, जहां पर छात्रों को उन्मुक्त वातावरण प्रदान किया जाए, शिक्षक एवं छात्रों की भूमिकाओं में निरंतर परिवर्तन होता रहता है। कई बार संप्रेषण-प्रक्रिया पलट भी जाती है, तब शिक्षण छात्र केंद्रित भी हो सकता है।

संप्रेषण में आने वाली प्रमुख बाधाएं (Communication Barriers)

हमने संप्रेषण प्रक्रिया के अंतर्गत शोर का वर्णन किया, वह एक प्रकार से संप्रेषण बाधा ही है। संप्रेषण प्रक्रिया में कई बाधाएँ आ जाती हैं, फलस्वरूप प्रेषित संदेश या तो गलत हो जाता है या अपूर्ण रूप से ग्रहण किया जाता है। कभी-कभी संप्रेषण संबंध भी टूट जाता है। संप्रेषण में आने वाली बाधाओं को निम्नलिखित प्रकार से सारणीकृत किया गया है।

संगठनात्मक बाधाएं (ORGANIZATIONAL BARRIERS)

ये बाधाएँ संगठन के विकास के समय उत्पन्न होती हैं। इसके लिए निम्नलिखित को जिम्मेदार ठहराया जा सकता है:

1. संगठन का आकार
2. कर्मचारियों के बीच भौतिक दूरी
3. कार्य विशेषज्ञता
4. संगठन की संस्कृति: यह स्वतंत्रता और विश्वास पर प्रभाव डालती है।
5. संगठनात्मक नियम और अधिनियम
6. संगठन में सत्ता संरचना
7. संगठनात्मक ढांचे में जटिलता
8. अपर्याप्त सुविधाएं और अवसर
9. वरिष्ठ और अधीनस्थ कर्मचारियों के बीच सहयोग की कमी

भौतिक एवं यांत्रिक बाधाएं (Physical and Mechanical Barriers)

यांत्रिक बाधाओं को पारस्परिक और जनसंप्रेषण, दोनों में शामिल किया जा सकता है। यांत्रिक बाधाओं के कुछ उदाहरण हैं—रेडियो प्रसारण में बाधा, टीवी स्क्रीन पर धुंधलापन, टेलीफोन उपकरणों में अश्राव्यता, इत्यादि। भौतिक बाधाओं में शोर, अदृश्यता, वातावरण, भौतिक सुविधाएँ, खराब स्वास्थ्य, ध्यान केंद्रित न हो पाना, इत्यादि को शामिल किया जाता है।

1. **प्रतिस्पर्धा करते हुए उद्दीपन या संदीपन (competing stimuli):** हमारा ध्यान बंटाने के लिए वातावरण में बहुत सारे उद्दीपन प्रतिस्पर्धा कर रहे होते हैं, जैसे कि छात्र कक्षा में पढ़ रहे हों तथा बाहर किसी छात्र संघ का चुनाव अभियान चल रहा हो, जिसमें कुछ ध्यान आकर्षित होना स्वाभाविक सी बात है।
2. **पर्यावरण से संबंधित तनाव (environmental stress):** कक्षा में उच्च ताप, वायु-संचालन का उपयुक्त न होना, इत्यादि।

3. **व्यक्ति-निष्ठ तनाव (subjective stress):** अनिद्रा, खराब स्वास्थ्य, दवा का प्रभाव, आदि।
4. **प्राप्तकर्ता के माध्यम से अपरिचित होना (receiver's unfamiliarity with medium):** यदि प्रेषक या प्राप्तकर्ता एक-दूसरे के माध्यम से अपरिचित हों, तो यह भी संप्रेषण बाधा का ही कार्य करता है, जैसे प्रेषक और प्राप्तकर्ता अगर स्काइप (skype) के द्वारा वार्तालाप करना चाहें, तो दोनों को इसका उपयोग आना चाहिए।

मानसिक अवरोध या बाधाएं (PSYCHOLOGICAL BARRIERS)

1. **व्यक्ति विशेष संदर्भ (frame of reference):** यह हमारी संस्कृति (आदर्श, मूल्य, आस्था-विश्वास आदि का मिश्रण), बाल्यावस्था के अनुभव, आनुवंशिकता (heredity) पर निर्भर करता है। किन्हीं दो व्यक्तियों का संदर्भ समान नहीं हो सकता तथा यह समय के अनुसार परिवर्तित होता रहता है। यह एक आधारभूत परिमाण है कि संप्रेषण में वह अर्थ छिपा है, जो कि यह दर्शाता है कि उसको एक व्यक्ति कैसे ग्रहण करता है।

   इसके अलावा किसी संप्रेषण संदेश का अर्थ स्थिति पर भी निर्भर करता है जिसको हम स्थितिजन्य या पारिस्थितिक संदर्भ (situational context) भी कह सकते हैं। जब शिक्षक कक्षा या अभिभावक घर में यह कहते हैं कि परिश्रम करो, तो परिश्रम करना विद्यार्थी जीवन के हर क्षेत्र पर लागू हो सकता है, लेकिन परीक्षा के दिनों में यह मुख्यत: अध्ययन पर बल देने के लिए होता है।
2. **आत्म छवि या स्वत: धारणा (self-image or self-concept):** यह भी उपरोक्त वर्णित संदर्भ से ही संबंधित है। हर व्यक्ति अपने बारे में कुछ छवि या धारणा बना कर रखता है और हमारी आत्म छवि अचेतन मन में शब्दों का अर्थ निकालने में एक भूमिका निभाती है। इसमें भी हमारे समाजिक, सांस्कृतिक, पारिवारिक एवं स्वयं के अनुभव महत्त्वपूर्ण भूमिका अदा करते हैं।
3. **अनुभव-क्षेत्र (field of experience):** विज्ञान के छात्र को शायद हिंदी साहित्य की बातें ज्यादा अच्छी तरह से समझ में न आएँ, जितना कि एक मानविकी विद्यार्थी को आने की संभावना रहती है।
4. **संज्ञानात्मक मतभेद (cognitive differences):** संज्ञानात्मक को हम ज्ञान-संबंधी भी कहते हैं और यदि हमारी सोच या ज्ञान में कोई मतभेद हो, तो उनको संज्ञानात्मक मतभेद कहा जाता है। एक शरारती छात्र रैगिंग के विरुद्ध पोस्टर के अर्थ एवं उद्देश्य को अच्छी तरह से समझता है, चाहे उसकी प्रतिक्रिया उतनी अनुकूल न हो।
5. **मानसिक डर या बचाव की मुद्रा (mental fear or defensive posturing):** जो व्यक्ति डरा सहमा रहता हो वह किसी भी संप्रेषण-संदेश की प्रतिक्रिया में शीघ्र ही बचाव की मुद्रा (defensive) में आ जाएगा और संदेश का सही अर्थ नहीं ले पाएगा। यदि एक शिक्षक कक्षा में यह पूछ ले कि (कोई) शरारत किसने की है, तो एक निर्दोष छात्र यह कह बैठे कि यह शरारत उसने नहीं की और शक के घेरे में आ जाए, इस प्रकार के मानसिक डर या बचाव की मुद्रा को दर्शाता है।
6. **चयनात्मक धारणा (selective perception):** यह एक तरह का पूर्वाग्रह ही है, हम ऐसे उद्दीपनों (stimuli) को नज़रअंदाज़ कर देते हैं, जो कि हमारी पूर्व मान्यताओं के विरुद्ध हों। और भावनात्मक या मानसिक परेशानी का कारण बन सकते हैं। मान लीजिए कि एक शिक्षक किसी छात्र के बारे में अनुकूल राय रखता है और वह छात्र ख़राब प्रदर्शन करे, तो वह शिक्षक उसके बारे में फिर भी अच्छा ही कहता कहे, उसकी गलतियों को नज़रअंदाज़ कर दे, तो हम यह कहेंगे कि वह शिक्षक चयनात्मक धारणा से ग्रसित है।
7. **निस्पंदन (filtering):** इसका अर्थ होता है कि सूचना में जोड़-तोड़ करके उसको प्राप्तकर्ता के अनुकूल बनाना, लेकिन इस प्रक्रिया में मूल-संदेश में छिपा अर्थ बदल जाता है। इसको 'ग्रेपवाइन' भी कहा जाता है।

भाषाई एवं सांस्कृतिक बाधाएं (LINGUISTIC AND CULTURAL BARRIERS)

इसका तात्पर्य उन अवरोधों से है, जिनका संबंध भाषा से होता है। इसमें अस्पष्ट शब्द, अनावश्यक शब्द, गलत उच्चारण, अस्पष्ट ग्राफ़िक्स तथा संकेत को शामिल किया जाता है।

1. **अर्थ-संबंधी अवरोध (semantic barriers):** वर्तमान समय में अत्याधुनिक संप्रेषण माध्यमों (ई-मेल, ई-फैक्स, ई-प्रिंट, इत्यादि) पर विविध भाषाओं में सूचनाओं का प्रवाह हो रहा है, जिसे ग्रहण करने के लिए अल्प भाषी को अनुवाद करना पड़ता है। दोषपूर्ण अनुवाद होने की स्थिति में सूचना का वास्तविक अर्थ परिवर्तित हो जाता है। अत: संदेश का दोषपूर्ण अनुवाद होने से संप्रेषण में भाषाई बाधा उत्पन्न होती है।
2. **उच्च प्रसंग या निम्न प्रसंग (bigh or low context):** इनको क्रमश: उच्च संदर्भ या निम्न संदर्भ भी कहा जा सकता है। यदि हम कोई बात करने के लिए लम्बी-चौड़ी भूमिका बांधें तो उसको उच्च संदर्भ कहते हैं। इसका सबसे अच्छा उदाहरण भारत, सऊदी अरबिया, जापान, आदि एशिया के देश हैं। यदि हम सीधे मुद्दे पर बात करें तथा उसको एक अनुबंध (contract) का रूप दें, तो उसे निम्न संदर्भ संप्रेषण कहते हैं। इसमें संदेश को न्यूनतम शब्दों का प्रयोग करके संप्रेषित करने की चेष्टा की जाती है। इसका उदाहरण पश्चिमी सभ्यता के देश हैं।
3. **पार-सांस्कृतिक संप्रेषण (cross-cultural communication):** जब संप्रेषण में अलग-अलग सांस्कृतिक पृष्ठभूमि से लोगों के संवाद में क्या विभिन्नताएँ और समानताएँ हैं, कैसे वह आपस में संवाद करते हैं और कैसे वह दूसरे संस्कृति के लोगों से संवाद करते हैं, आदि का अध्ययन किया जाता है, तो उसको पार-सांस्कृतिक संप्रेषण कहा जाता है।
4. **भाषा का अल्प ज्ञान होना (insufficient knowledge of a language):** समाज में अनेक प्रकार की भाषाएँ प्रचलित हैं। यह जरूरी नहीं है कि एक व्यक्ति को सभी भाषाओं का ज्ञान हो, परन्तु भाषाओं का अल्प ज्ञान होने से भी संप्रेषण में बाधा उत्पन्न होती है। वैश्वीकरण के युग में अधिक भाषाओं का ज्ञान संप्रेषण में सहायक हो सकता है।
5. **सांस्कृतिक विभिन्नता (cultural differences):** प्रभावी संप्रेषण के लिए आवश्यक है कि हम विभिन्न संस्कृतियों के मूल्यों, मान्यताओं, और आकांक्षाओं, आदि के रहस्यों को समझें। भारतीय संस्कृति में रुक जाने का संदेश देने के लिए लाल रंग का प्रयोग किया जाता है, लेकिन दक्षिण कोरिया में इस उद्देश्य के लिए सफ़ेद रंग का प्रयोग किया जाता है।
6. **तकनीकी भाषा का ज्ञान न होना (lack of technical knowledge):** इस भाषा का प्रयोग अक्सर कार्य क्षेत्र में किया जाता है। कई बार लोग अपनी तकनीकी भाषा में संदेश सम्प्रेषित करते हैं, जो कि आम लोगों को समझ में नहीं आता है, जिससे संप्रेषण के दौरान बाधा उत्पन्न होती है।

प्रभावी कक्षा संप्रेषण के सिद्धांत (Principles of Effective Classroom Communication)

कक्षा संप्रेषण की प्रभावशीलता प्रमुख कारकों पर निर्भर करती है—शिक्षक, छात्र, संदेश, शिक्षण विधि और मीडिया, और अधिगम-वातावरण (learning environment)। कक्षा संप्रेषण के सिद्धांतों को निम्नलिखित चार शीर्षकों के अंतर्गत वर्णित किया गया है:

1. शिक्षकों के लिए सिद्धांत
2. संदेश-नियत करने के सिद्धांत (message design)
3. शिक्षण-विधियों और मीडिया के चयन के लिए सिद्धांत
4. अनुकूल शिक्षण वातावरण बनाने के लिए सिद्धांत

शिक्षकों के लिए सिद्धांत (Principles for Teachers)

1. **यथार्थवादी आत्म अवधारणा और आसपास के वातावरण के प्रति संवेदनशील होना (develop a realistic self-concept and a perception about surroundings):** इसमें छात्रों की सामर्थ्य और दुर्बलताओं का विश्लेषण, उनकी क्षमता जानने का प्रयास और वास्तविकता को स्वीकार करना शामिल है।
2. **विषय-वस्तु में दक्षता का विकास (develop proficiency in the subject matter):** एक शिक्षक को सदैव अपने ज्ञान-वर्धन के लिए प्रयासरत रहना चाहिए। इसके लिए विश्वविद्यालय अनुदान आयोग (U.G.C) और दूसरी संस्थाएँ समय-समय पर लघु अवधि के पाठ्यक्रम (short term courses) प्रायोजित करती रहती हैं। जिसके कारण शिक्षक का आत्मविश्वास और शिक्षण अभिक्षमता बढ़ती है। शिक्षकों को नई शिक्षण तकनीकों से भी अवगत करवाया जाता है।
3. **शिक्षार्थियों को समझना (understand the learners):** शिक्षक को शिक्षार्थियों के बारे में ज्यादा जानकारी लेने के लिए प्रयासरत रहना चाहिए। यह जानकारी पूर्व ज्ञान, अधिगम-शैली, ज्ञान-संबंधी शैलियों (cognitive styles), प्रेरणा-सिद्धांतों (motivational theories) और अभिरुचियों (interests), आदि के बारे में हो सकती है। शिक्षक को इस तथ्य को स्वीकार करना चाहिए कि कोई दो छात्र एक जैसे नहीं होते हैं और उनके साथ एक समान व्यवहार नहीं किया जा सकता।
4. **प्रभावी संप्रेषण कौशल (effective communication skills):** इसके अंतर्गत शाब्दिक एवं अशाब्दिक, मौखिक एवं लिखित सभी प्रकार की संप्रेषण कौशल आते हैं, जिनको सतत् अभ्यास से प्राप्त किया जा सकता है।
5. **शिक्षा-विज्ञान और छात्र-केंद्रित दृष्टिकोण (pedagogy and andragogy):** इन दोनों के सम्मिश्रण से कक्षा-संप्रेषण को प्रभावी बनाया जा सकता है।
6. **शिक्षक का वस्तुनिष्ठ और कर्तव्यनिष्ठ होना (to be objective and conscientious):** छात्र इन दोनों गुणों के आधार पर शिक्षक का सम्मान करते हैं, इससे कक्षा में संप्रेषण और भी प्रभावी हो जाता है। शिक्षक को कुछ बातों में लचीला रुख भी अपनाना चाहिए।

संदेश नियत करने के सिद्धांत (Principles for Message Design)

1. **स्पष्ट और निर्दिष्ट उद्देश्य (clear and specific objectives):** इसको वर्णित करने के लिए हम SMART शब्द का प्रयोग करते हैं।
   - S—Specific (विशिष्ट)
   - M—Measurable (परिमेय)
   - A—Achievable (निष्पाद्य)
   - R—Realistic (यथार्थवादी)
   - T—Time framed (निर्धारित समय-सीमा)
2. **उचित अनुक्रम (proper sequence):** इसमें पहले अध्याय में वर्णित शिक्षण के सिद्धांतों का फिर से उल्लेख किया जा सकता है, जैसे—सरल से जटिल की ओर, आसान से कठिन की ओर, मूर्त से अमूर्त की ओर, इत्यादि जिनका वर्णन हम पहले यूनिट में भी कर चुके हैं।
3. **सुबोध भाषा का उपयोग (comprehensible language):** कक्षा संप्रेषण में ज्यादा तकनीकी भाषा का उपयोग सोच समझ कर ही करना चाहिए।
4. **उचित प्रतीक (right symbols):** आजकल सोशल मीडिया, जैसे—फेसबुक और ट्विटर पर काफी मानकीकृत प्रतीकों का उपयोग किया जाता है। ट्रैफिक लाइट्स पर उपयुक्त संकेत भी इसका उदाहरण है।
5. **प्रासंगिक अभ्यास (relevant practice):** यह विद्यार्थी के कक्षा एवं मानसिक स्तर के अनुरूप दिए जा सकते हैं।
6. **उदाहरण एवं दृष्टान्त (illustrations):** इससे प्रभावी कक्षा-संप्रेषण में सहायता मिलती है। प्रासंगिक अभ्यास का उपयोग कठिनाई के स्तर के अनुसार किया जा सकता है।

शिक्षण-विधियों और मीडिया के चयन के लिए सिद्धांत (Principles for Selection of Instructional Methods and Media)

1. **प्रासंगिक और उचित विधियों एवं मीडिया का चयन (select relevant and appropriate methods and media):** शिक्षण विधियाँ और मीडिया उद्देश्यों एवं सामग्री के लिए प्रासंगिक हो सकते हैं, ये शिक्षार्थी के स्तर के लिए उपयुक्त होने चाहिए। शिक्षण विधियों का पहले अध्याय में विस्तार से उल्लेख किया गया है।
2. **विविध विधियों एवं मीडिया का उपयोग (use variety of methods and media):** ये कक्षा-शिक्षण में छात्रों की रुचि बनाए रखने और नीरसता से बचने के लिए जरूरी है।
3. **अच्छी गुणवत्ता वाले मीडिया का उपयोग (use good quality media):** किसी मीडिया को उपयोग करने से पहले उसकी गुणवत्ता, दृश्यता, स्पष्टता, आदि को ध्यान में रखना चाहिए।
4. **शिक्षण-अधिगम में विभिन्न मीडिया का एकीकरण (integration of different media):** छात्रों को यह नहीं लगना चाहिए कि मीडिया और शिक्षण पृथक-पृथक है। उदाहरण के लिए, अगर छात्रों को एक वीडियो फिल्म दिखाई जाए, तो उसके बाद उस पर चर्चा भी हो ताकि विद्यार्थी उसके संदेश-अर्थ को आत्मसात कर सके।

अनुकूल शिक्षण वातावरण बनाने के लिए सिद्धांत (Principles for Creating Conducive Learning Environment)

1. **कक्षा में विद्यार्थियों की संख्या सीमित रखना (limited number of students in the class):** इसके लिए नियामक संस्थाएँ (Regulatory bodies) शिक्षक-छात्र अनुपात भी तय करती है।
2. **कक्षा में बैठने की उचित व्यवस्था (proper seating arrangement in the class):** कक्षा में बैठा हर छात्र शिक्षक की बात को सुन सके और शिक्षक भी हर छात्र तक पहुँच सके इसकी उचित

व्यवस्था होनी चाहिए। इसके अंतर्गत उपयुक्त फर्नीचर, प्रकाश, वायु-संचालन का भी ध्यान रखना पड़ता है।

3. **छात्रों के साथ सामरस्य और सामंजस्य स्थापित करना (establishing rapport and coordi-nation):** इससे शिक्षक छात्रों के साथ मैत्रीपूर्ण संबंध स्थापित कर सकता है।
4. **प्रतिपुष्टि तंत्र की स्थापना (setting up of feedback mechanism):** इससे शिक्षण-अधिगम को और भी उत्तम बनाया जा सकता है।
5. **नवोन्मेष के लिए प्रेरित करना (encouraging innovation):** इससे छात्रों में एक समस्या के विभिन्न पहलुओं को देखने की क्षमता बढ़ती है।
6. **प्रबलन प्रदान करना (providing reinforce-ment):** इसमें प्रशंसा, पुरस्कार और सामाजिक मान्यता, आदि के माध्यम से शिक्षार्थियों को प्रबलन प्रदान किया जाता है।

पैराफ्रेजिंग (Paraphrasing)

यह एक ऐसा कौशल है जो कि अच्छे श्रवण के लिए अत्यावश्यक है। इसमें श्रोता से यह अपेक्षा की जाती है कि उसने जो अभी वक्ता से सुना है, उसका अपने शब्दों में व्याख्यान करे। उससे वक्ता यह पता लगा सकता है कि संप्रेषण प्रभावी है या नहीं, उसमें किस प्रकार के सुधार की जरूरत है।

पैराफ्रेजिंग के लाभ

1. इससे छात्रों के बारे में पता चलता है कि वे शिक्षक द्वारा कही गई बात को समझ रहे हैं या नहीं।
2. यह गलतफहमी या मिथ्याबोध होने से रोकता है।
3. यह आवेग या क्रोध जैसी प्रतिक्रियाओं से बचने में सहायता करता है। यह स्वयं को आसानी से विचलित होने से भी रोकता है।
4. यह स्मरण शक्ति के संवर्धन में भी सहायता करता है।

संप्रेषण के 7 C:

1.	Clarity—स्पष्टता
2.	Concise—संक्षिप्त
3.	Concrete—यथार्थपूर्ण
4.	Correctness—सही
5.	Coherent—सुसंबद्ध
6.	Complete—सम्पूर्ण
7.	Courteous—विनम्र

संप्रेषण के बारे में कुछ अन्य महत्त्वपूर्ण बातें (Some Important Terms about Communication)

1. **समकालिक या तुल्यकालिक मीडिया (synchronous media):** इसका संप्रेषण और ग्रहण वास्तविक समय में साथ-साथ होता है। उदाहरण के लिए, क्रिकेट मैच का टीवी या रेडियो से सीधा प्रसारण वास्तविक माना जाता है और इसमें दर्शकों को क्रिकेट मैदान में वास्तविक रूप में उपस्थित होने की आवश्यकता नहीं है।
2. **अतुल्यकालिक मीडिया (asynchronous media):** जब मीडिया में दर्शकों की एक निश्चित समय पर एकत्रित होने की आवश्यकता नहीं होती है, उसको अतुल्यकालिक मीडिया कहा जाता है। उदाहरण के लिए, मुद्रित सामग्री, रिकार्डेड श्रव्य या दृश्य सामग्री। आपने कोई दृश्य व्याख्यान (video lecture) डाउनलोड किया जिसको आप बाद में अपनी समय की सुविधा के अनुसार सुन एवं देख सकते हैं।
3. **समय शिफ्ट (time shift):** टाइम शिफ्टिंग डेटा की रिकॉर्डिंग करने और बाद में देखने के लिए संग्रहण, सुनने, पढ़ने या करने की प्रक्रिया है। टेलीविजन में, टाइम शिफ्टिंग को एक व्यक्तिगत वीडियो रिकॉर्टर (personal video recorder) या एक ट्यूनर कार्ड वाले कंप्यूटर की सहायता से कार्यान्वित किया जा सकता है। निजी वीडियो रिकॉर्डर (पीवीआर) एक इंटरेक्टिव टीवी रिकॉर्डिंग डिवाइस है। पुराने सिस्टम में, जैसी कि विडियो कैसेट रिकार्डर (वीसीआर) में कभी-कभी एक टाइम शिफ्टिंग की सुविधा उपलब्ध होती थी।
4. **निगरानी (surveillance):** निगरानी का मुख्य कार्य जन संप्रेषण की समारोह प्रक्रियाओं, मुद्दों, घटनाओं, और समाज में विकास के बारे में जानकारी प्रदान करना है।
5. **अभिसरण (convergence):** यह कंप्यूटिंग, दूरसंप्रेषण, और मीडिया का एक डिजिटल वातावरण में संयोजन है। इससे जन संप्रेषण के कई पहलू परिवर्तित हो रहे हैं।

समूह तथा सामूहिक संप्रेषण (Group and 'Group Communication')

समूह सामाजिक संगठन का ही एक रूप है जो पारस्परिक रूप से जानने वाले कई व्यक्तियों द्वारा पहचान योग्य 'सीमाओं' के भीतर बनता है। इसमें भौतिक निकटता भी महत्वपूर्ण अंश होता है। यह भीड़ से विभिन्न होता है जो कि उनका ध्यान आकर्षित करने वाली घटना की समाप्ति के बाद तितर-बितर हो जाती है, लेकिन एक समूह बरकरार रहता है। रॉबर्ट बियरस्टेड के अनुसार - " चूंकि हम में से अधिकांश लोग अकेले नहीं रहते हैं, इसलिए हम समूहों में रहते हैं - सभी प्रकार के समूहों में।" हमारे मित्र दोस्त और परिचित एक विशेष स्थान पर रहते हैं, हमारे बीच में जैविक अंतर भी होता है जैसे हमारा पुरुष या महिला होना, युवा या बूढ़ा होना आदि। हमारी शैक्षिक पृष्ठभूमि, व्यवसाय, आर्थिक स्थिति, धार्मिक संबद्धता हमें भिन्न भी करते हैं। एक व्यक्ति का संबंध एक से अधिक समूहों से हो सकता है।

प्रत्येक मनुष्य का अपना व्यक्तिगत हित, दृष्टिकोण, मूल्य आदि होता है। चूंकि समूह में विभिन्न पृष्ठभूमि वाले कई व्यक्ति होते हैं, इसलिए विभिन्न समूहों की विशिष्ट विशेषताओं में अंतर होता है। शोधकर्ता समूहों में इन अंतरों के कारणों का पता लगाने का प्रयत्न करते हैं, वह यह भी पता लगाने का प्रयत्न करते हैं कि किसी व्यक्ति विशेष की विशेषताओं का समूह की विशेषताओं से क्या संबंध रहता है।

बेकर के अनुसार, एक समूह में ऐसे कई लोग हैं जिनका एक समान लक्ष्य है, वे लक्ष्य प्राप्त करने के लिए एक दूसरे के साथ वार्तालाप करते हैं, एक दूसरे के अस्तित्व को पहचानते हैं, और स्वयं को समूह के भाग के रूप में देखते हैं।

सामान्य रूप से सामूहिक संप्रेषण के संदर्भ में निम्न गुण महत्वपूर्ण होते हैं:

1. **सम अनुभूति (sense of we feeling)**: यहां एकता, अपनत्व, और हानिकारक शक्तियों से सामूहिक रूप से लड़ना की भावना आवश्यक है।
2. **सामान्य हित (common interest)**: समूह के प्रत्येक सदस्य का एक समान हित होता है।

3. **परस्पर संबंध (personal relations)**: परस्पर सामाजिक संबंध समूह जीवन के मूल तत्व हैं।
4. **समूह विशेषताओं से प्रभावित**: प्रत्येक समूह में कुछ सामाजिक विशेषताएं होती हैं जो इसे समान और भिन्न समूहों से अलग करती हैं। ये विशेषताएँ समूह के सदस्यों को प्रभावित करती हैं। विभिन्न व्यक्तियों की प्रकृति भी विभिन्न होती है, लेकिन फिर भी सभी सदस्य समूह से प्रभावित होते हैं।
5. **सामान्य मूल्य (common values)**: एक परिवार के सदस्यों के सामाजिक मूल्य सामान्य होते हैं।
6. **समूह का नियंत्रण (control of group)**: प्रत्येक समूह में कुछ रीति-रिवाज, मानदंड और प्रक्रियाएं होती हैं जो सभी को स्वीकार्य होनी चाहिए। वास्तव में, कुछ मानदंडों के बिना सामूहिक जीवन का अस्तित्व व्यावहारिक रूप से असंभव है।
7. **सामान्य दायित्व (common responsibility)**: पारिवारिक स्थिति में, सभी सदस्यों के एक दूसरे के लिए पूरक दायित्व होते हैं।
8. **अपेक्षाएं (expectations):** समूह के सभी सदस्य अन्य सदस्यों से प्यार, सहानुभूति, सहयोग आदि करते हैं, इसलिए एक दूसरे से अपेक्षाएं होना भी स्वाभाविक होता है।

कुछ अवधारणाएं: यहां नीचे कुछ अवधारणाओं का संक्षिप्त वर्णन किया गया है:

सामाजिक सुविधा (social facilitation): ऑलपोर्ट (Allport) ने वर्ष 1920 में सामाजिक सुविधा शब्द को केवल दूसरों की उपस्थिति द्वारा उत्पादित प्रदर्शन में सुधारों में से एक के रूप में परिभाषित किया। सामाजिक सुविधा का एक ड्राइव सिद्धांत (drive principle) भी होता है।

सामाजिक अकर्मण्यता (social loafing): कई स्थितियों में यह देखा गया है कि एक समूह में कुछ व्यक्ति कड़ी मेहनत करते हैं, जबकि अन्य लोग कम काम करते हैं। अगर वे अकेले काम करते हैं तो वे अपने निर्धारित भाग से कम काम कर सकते हैं। ऐसी स्थिति को 'सामजिक अकर्मण्यता कहा जाता है। जैसे समूह का आकार बड़ा हो जाता है, हर व्यक्ति अपने दायित्व को कम समझना आरंभ कर देता है।

जोड़ी या युगल (the pair or couple): एक समूह में जोड़ी या युगल ओडिपल (oedipal) या किसी विक्षिप्त स्तर की इच्छाओं तथा तनावों के पुनर्जीवन, मूल्यांकन आदि का प्रतिनिधित्व कर सकते हैं। यह प्राथमिक समूह स्तर की रक्षात्मक प्रक्रियाओं का भी प्रतिनिधित्व कर सकता है, जो कुछ विकारों जैसे अवसाद, शारीरिक इच्छा के रूप में प्रकट हो सकता है।

समूह सोच (group think): समान्य तौर पर उच्च एकजुट समूहों (highly integrated groups) की यह मानने की प्रवृत्ति है कि उनके निर्णय गलत नहीं हो सकते। दूसरे शब्दों में, सभी सदस्यों से यह अपेक्षा की जाती है कि वे समूह के निर्णय का समर्थन करें और इसके विपरीत सूचना की उपेक्षा करें। इसका अनुभव हम किसान आंदोलन के दौरान कर चुके हैं।

व्यक्ति के संबंध में समूह के लक्षण: ऐसे कई कारक हैं जो समूह के साथ एक व्यक्ति के संबंध की विशेषता बताते हैं। इनका वर्णन निम्न रूप में किया गया है।

1. **सदस्यता (membership)**: किसी समूह से संबंधित होने का एक ढंग सदस्य होने के माध्यम से है। सदस्यता के भिन्न भिन्न निहितार्थ हो सकते हैं: कर्तव्य, विशेषाधिकार, लाभ आदि।
2. **निर्भरता (dependence)**: एक समूह में सदस्यता एक व्यक्ति को उसकी कई आवश्यक्ताओं के लिए समूह पर निर्भर कर सकती है। एक श्रमिक संघ के सदस्य अपनी आर्थिक स्थिति में सुधार के लिए समूह पर निर्भर होते हैं। किसी राजनीतिक दल के सदस्यों के मन में सत्ता प्राप्त करने के विचार आ सकते हैं।
3. **स्वीकृति और आकर्षण (acceptance and attraction)**: व्यक्ति स्वीकृति की भावना प्राप्त करने के लिए समूहों में सम्मिलित हो सकते हैं। ऐसा आकर्षण व्यवहार एवं वार्तालाप के कारण होता है, उदाहरण के लिए - अपनत्व की भावना, स्वीकृति, नौकरी की संतुष्टि, पूर्ति की भावना आदि।
4. **इच्छा (willingness)**: एक सदस्य स्वैच्छिक आधार पर एक समूह से संबंधित हो सकता है जैसे कि क्रीड़ा के प्रति लगाव या जन्म से संबंधित कारण जैसे कि नागरिकता, जाति, धर्म आदि।
5. **व्यक्तियों पर समूहों का दबाव (group pressure)** : समूह व्यक्तियों पर समूह के कुछ मानकों से संबंधित होने और पुष्टि करने के लिए बाध्य करते हैं। यद्यपि वे व्यक्ति के व्यवहार के तरीके पर कुछ प्रतिबंध लगा सकते हैं, वह कुछ लाभों की अपेक्षा भी कर सकता है। इस प्रकार समूह और व्यक्ति पारस्परिक रूप से इस तरह की अनुरूपता से लाभान्वित होते हैं।
6. **परिवर्तन और लचीलापन (change and flexibility):** कोई भी समूह कठोर और स्थिर नहीं होता है। सभी मनुष्य समूह परिवर्तन की स्थिति से गुजरते हैं। समूह के कार्य करने के तरीके में लचीलापन होता है। हालाँकि, परिवर्तन और लचीलेपन को मनमाने ढंग से नहीं लगाया जाता है, बल्कि संचार के परिणामस्वरूप विकसित किया जाता है।
7. **नेतृत्व (leadership):** जिस तरह से समूह अस्तित्व में रहता है और कार्य करता है, यह काफी हद तक इस बात पर निर्भर करता है कि उसके पास किस प्रकार का नेतृत्व है।

समूह का संगठन (group formation): समूह विकास के मुख्य रूप से पांच निम्न सोपान होते हैं:

1. **गठन (Forming):** यह कुछ भ्रम और अनिश्चितता की अवस्था होती है। यह एक प्रकार से एक अभिविन्यास अवधि है जब सदस्य एक दूसरे को जानते हैं और समूह के बारे में अपेक्षाएं साझा करते हैं।
2. **चक्रवात या उपद्रव (Storming):** यह एक ऐसा सोपान है जहां कोई उच्चतम स्तर की असहमति और संघर्ष देख सकता है। यहां सदस्य मुख्य रूप से चिंता व्यक्त करते हैं, यह आलोचनात्मक स्तर होता है।
3. **आदर्श तथा प्रतिमान स्थापित करना (Norming):** यहां व्यक्तिगत मतभेदों और साझा अपेक्षाओं की पहचान की जाती है। दायित्वों को सदस्यों के बीच विभाजित किया जाता है, यहां समूह यह तय करता है कि वह प्रगति का मूल्यांकन कैसे करेगा।
4. **कार्य निष्पादन (Performing):** यह स्थिति समूह के परिपक्व होने पर आती है, यह एकजुटता की भावना दर्शाता है। इस सोपान में, समूह के सदस्य एक युक्तिसंगत प्रक्रिया के माध्यम से निर्णय लेते हैं, यह निर्णय भावनात्मक विषयों की अपेक्षा प्रासंगिक लक्ष्यों पर अधिक केंद्रित होता है।

समूह को एक संपूर्ण प्रक्रिया के रूप में जाना जाता है जिसे सामंजस्य (cohesion) कहा जाता है। सामंजस्य सामान्य तौर पर भावनात्मक बंधन और साझा प्रतिबद्धता को संदर्भित करता है।

5. **स्थगित करना (Adjourning):** यह इंगित करता है कि समूह के सदस्य समूह का त्याग करते समय अक्सर कुछ लचर होने तथा उदासी की भावना का अनुभव करते हैं।

समूहों के प्रकार (TYPES OF GROUPS)

संप्रेषण आखिरकार समूह के सदस्यों के मध्य ही होता है, इसलिए समूहों के प्रकारों को समझने से भी हमें सहायता मिलती है।

आत्मीयता के आधार पर (ON THE BASIS OF INTIMACY)

समूहों को मुख्यत: प्राथमिक और द्वितीयक समूहों (primay and secondary groups) में विभाजित किया जा सकता है। चार्ल्स हॉर्टन कूली के अनुसार, प्राथमिक समूह वे हैं जो अंतरंग, व्यक्तिगत संबंधों वाले व्यक्तियों से बने होते हैं। वे एक दूसरे से प्रत्यक्षत: (आमने-सामने) और आलंकारिक रूप से वार्तालाप करते हैं, केवल शाब्दिक रूप से ही नहीं। परिवार को प्राथमिक समूह का मुख्य उदाहरण माना जाता है। प्राथमिक समूह के अन्य उदाहरण हैं: क्रीड़ा समूह, संबंध समूह, श्रमिक समूह, अपना समुदाय आदि।

द्वितीयक समूह वे सभी हैं जिनमें व्यक्तियों के औपचारिक, अवैयक्तिक और स्थिति संबंध होते हैं। अन्य सभी समूह, जो प्राथमिक नहीं हैं, द्वितीयक माने जाते हैं।

द्वितीयक समूहों में, भावनात्मक आत्मीयता और व्यक्तिगत भागीदारी कम मात्रा में होती है। उनके पास व्यक्ति संबंधी संबंधों के बजाय लक्ष्य उन्मुख संबंध हैं। राजनीतिक दलों, संघों, श्रमिक संघों, धार्मिक समूहों आदि को द्वितीयक समूह माना जाता है।

द्वितीयक समूह की निम्नलिखित विशेषताएं होती हैं:

1. **द्वितीयक संबंधों का प्रभुत्व:** अप्रत्यक्ष, अवैयक्तिक, संविदात्मक (contractual) और समावेशी ना होना (non-inclusive) जैसे संबंधों का होना।
2. **आकार का बड़ा होना:** शहर, राष्ट्र, राजनीतिक दल, ट्रेड यूनियन, अंतर्राष्ट्रीय संघ आदि के हजारों और लाखों सदस्य हो सकते हैं।
3. **सदस्यता:** द्वितीयक समूहों की सदस्यता मुख्य रूप से स्वैच्छिक है। व्यक्तियों को समूहों में सम्मिलित होने या उनसे दूर जाने की स्वतंत्रता होती है।
4. **कोई भौतिक आधार नहीं:** द्वितीयक समूहों को भौतिक निकटता की विशेषता नहीं है। कई द्वितीयक समूह किसी निश्चित क्षेत्र तक सीमित नहीं हैं जैसे कि रोटरी क्लब और लायंस क्लब जो कि अंतरराष्ट्रीय सीमा तक फैले हुए हैं।
5. **विशिष्ट लक्ष्य या रुचि:** कुछ विशिष्ट हितों या लक्ष्यों की प्राप्ति के लिए द्वितीयक समूह बनाए जाते हैं।
6. **अप्रत्यक्ष संचार:** द्वितीयक समूहों के मामले में संपर्क और संप्रेषण अधिकतर अप्रत्यक्ष होते हैं। संप्रेषण के लिए संचार मीडिया जैसे रेडियो, टेलीफोन, टेलीविजन, समाचार पत्र, फिल्में, पत्र-पत्रिकाएं, टेलीग्राफ आदि का नाम लिया जा सकता है।
7. **समूह नियंत्रण की प्रकृति:** सामाजिक नियंत्रण के अनौपचारिक साधन सदस्यों के संबंधों को विनियमित करने में कम प्रभावी होते हैं। नैतिक नियंत्रण केवल गौण होते हैं।
8. **संगठित समूह संरचना:** द्वितीयक समूह की एक औपचारिक संरचना होती है।
9. **व्यक्तित्व पर सीमित प्रभाव:** द्वितीयक समूह चरित्र में विशिष्ट होते हैं। उनमें लोगों की भागीदारी भी सीमित महत्व की है। सदस्यों का उनसे लगाव भी बहुत सीमित होता है। लोग अपना अधिकांश समय द्वितीयक समूहों की तुलना में प्राथमिक समूहों में अधिक व्यतीत करते हैं। इसलिए संगठित समूहों का सदस्यों के व्यक्तित्व पर बहुत सीमित प्रभाव होता है।

प्रत्येक व्यक्ति एक ही समय में प्राथमिक के साथ-साथ द्वितीयक समूह का सदस्य होता है।

इन-ग्रुप या हम ग्रुप (in group): इन-ग्रुप में, हम उस समूह के भीतर अपनी पहचान बनाते हैं, जिसमें सदस्यों की सामान्य वस्तु और समान रुचि होती है। उन्हें हमारी भावना का आभास होता है। समूह के सदस्य दूसरों के साथ बाहरी लोगों के रूप में व्यवहार करते हैं। इन समूहों का गठन संबंध, देश, राजनीतिक हितों, आर्थिक हितों आदि के आधार पर किया जा सकता है।

आउट-ग्रुप (out group): इस समूह में सदस्यों को समूह के लोगों द्वारा बाहरी माना जाता है।

इन-ग्रुप भाषाई पूर्वाग्रह के अनुसार आउट-ग्रुप लोगों को कुछ अमूर्त शब्दों जैसे कि आउट-ग्रुप स्टीरियोटाइप माना जाता है। जब वे अप्रत्याशित तरीके से कार्य करते हैं तो आउटग्रुप लोगों को अधिक विशिष्ट, ठोस शब्दों में संदर्भित किया जाएगा।

एक सिद्धांत के अनुसार, एक व्यक्ति के पास एक नहीं, बल्कि कई "व्यक्तिगत आत्म" होते हैं, जो बहुल समूह सदस्यता और विस्तृत मंडलियों के अनुरूप होते हैं जो किसी व्यक्ति को उसके व्यक्तिगत, पारिवारिक या राष्ट्रीय "स्वयं के स्तर" के आधार पर सोचने, महसूस करने और कार्य करने के लिए प्रेरित कर सकते हैं। एक व्यक्ति की कई "सामाजिक पहचान" होती हैं।

समूहों को औपचारिक, अनौपचारिक समूह आदि में वर्गीकृत किया जा सकता है।

औपचारिक समूह (formal group): यह सामान्य तौर पर विशिष्ट मानदंडों, नियमों और मूल्यों के आधार पर संरचित होते हैं। कक्षा में विद्यार्थियों का समूह औपचारिक समूह की श्रेणी में आता है। तो, कक्षा औपचारिक समूह में से एक है।

अनौपचारिक समूह (informal group): इस समूह की प्रकृति औपचारिक नहीं होती है। उनका नियम सामान्य तौर पर लचीला होता है। क्रीड़ा समूह, सहकर्मी समूह और सामाजिक क्लब आदि अनौपचारिक समूहों के उदाहरण हैं।

समूह के अन्य प्रकार: समूह के निम्न प्रकार भी हो सकते हैं:

सांख्यिकीय (statistical): जनसांख्यिकीय व्यवस्था के अनुसार।

समाजीय (societal): यह उन लोगों से बना है जिनके पास एक सामान्य चेतना होती है जो उन सभी लक्षणों या विशेषताओं की समानता या पहचान से अवगत हैं।

सामाजिक (social): वे जिसमें लोग वास्तव में एक दूसरे से जुड़े होते हैं और एक दूसरे के साथ सामाजिक संबंध रखते हैं।

संघात्मक समूह (associational groups): औपचारिक संरचना वाले समूहों में संगठित विभिन्न संघों के सदस्य। जो लोग सामान्य हितों के प्रति सचेत हैं, जो उन हितों को आगे बढ़ाने के लिए एक साथ जुड़ते हैं।

समूह संचार शैली द्वारा पारस्परिक संचार है, लेकिन रूप में इससे भिन्न है। समूह संचार में, साझेदार आमने-सामने बातचीत करते हैं। समूह के व्यक्ति अपने सामाजिक संदर्भ के आधार पर समरूप या विषम समूह से संबंधित हो सकते हैं। समूह संचार औपचारिक और अनौपचारिक स्तरों पर हो सकता है।

संगठित समूह (organized group): वे समूह जो विशिष्ट उद्देश्य के लिए बनाए जाते हैं और सावधानीपूर्वक नियोजित होते हैं, संगठित समूह कहलाते हैं। परिवार, विद्यालय आदि को संगठित समूह कहा जाता है।

स्वत:स्फूर्त समूह (spontaneous group): समूह बिना किसी सावधानीपूर्वक योजना के बनते हैं।

उदाहरण के लिए, एक थिएटर में दर्शक होते हैं। श्रोता जब भाषण सुनने या नाटक देखने आते हैं तो उन्हें स्वत:स्फूर्त समूह माना जा सकता है।

कमांड समूह (command group): कमांड समूह संगठनात्मक चार्ट द्वारा निर्दिष्ट किए जाते हैं। इसमें एक पर्यवेक्षक और अधीनस्थ होते हैं जो पर्यवेक्षक कार्यों के आधार पर रिपोर्ट करते हैं।

रुचि समूह (interest group): ये समूह सामान्य तौर पर समय की अवधि में अस्तित्व में रहते हैं, ये सामान्य अनौपचारिक समूहों की तुलना में अधिक समय तक चल सकते हैं। यह देखा गया है कि सदस्यों के हित एक ही संगठनात्मक विभाग का भाग नहीं हो सकते हैं, लेकिन वे कुछ सामान्य हितों से बंधे हैं।

मैत्री समूह (friendship group): ये विभिन्न प्रकार के हो सकते हैं। ये समूह उन सदस्यों द्वारा बनाए जाते हैं जो समान सामाजिक गतिविधियों, राजनीतिक विश्वासों, धार्मिक मूल्यों और अन्य सामान्य बंधनों का आनंद लेते हैं।

संदर्भ समूह (reference group): यह वह समूह है जिसके विरुद्ध अन्य समूह और समूह के सदस्य के साथ-साथ अन्य स्वयं का मूल्यांकन करते हैं। सदस्यों के व्यवहार पर संदर्भ समूहों का गहरा प्रभाव पड़ता है। समाजशास्त्री मर्टन के अनुसार संदर्भ समूह वे समूह हैं जो अन्य व्यक्तियों के संदर्भ बिंदु होते हैं, जिनकी ओर व्यक्ति उन्मुख होता है और जो व्यक्ति की राय, प्रवृत्ति और व्यवहार को प्रभावित करता है। व्यक्ति अनगिनत संदर्भ समूहों से घिरा हुआ है। सदस्यता और आंतरिक समूह और गैर सदस्यता और बाहरी समूह दोनों संदर्भ समूह हो सकते हैं।

सामूहिक संप्रेषण में नेता की भूमिका और कार्य

समूह संप्रेषण में नेतृत्व की व्याख्या एक ऐसी प्रक्रिया से की जाती है जिसके द्वारा समूह की गतिविधियों का समन्वय किया जाता है, सदस्यों को प्रेरित किया जाता है और कुछ कार्यों को पूरा किया जाता है। नेता संप्रेषण लागू करने या सदस्यों से अनुपालन के लिए शक्ति या स्थिति का प्रयोग कर सकता है। यहां नेतृत्व का कार्य लक्ष्य निर्धारित करना, उनको प्राप्त करना, संप्रेषण की गुणवत्ता में सुधार करना, सदस्यों के मध्य वार्तालाप और समूह की एकजुटता का निर्माण करना आदि होता है। हम निम्न कार्यों पर भी बल दे सकते हैं।

- समूह चर्चा की शुरुआत
- जानकारी देना और प्राप्त करना
- विस्तार और स्पष्टीकरण
- अभिविन्यास और सारांश
- आम सहमति के परीक्षण

संधारण की भूमिका (maintenance role): नेतृत्व संधारण (maintenance) की भूमिका भी निभाता है जैसे:

- समझौता करना
- समर्थन और प्रोत्साहन
- गेट कीपिंग
- मानक सेटिंग और परीक्षण

सामूहिक संप्रेषण में नेतृत्व का योगदान (leadership role in group communication)

एक नेता की भूमिका को इस प्रकार के व्यक्ति के रूप में वर्णित किया गया है - "वह लोगों को लेकर जाने वाले मार्ग को जानता है, वह लोगों को मार्ग दर्शाता है और स्वयं भी उसी मार्ग पर चलता है।"

नेता बनना काफी प्रतिद्वंद्वता का कार्य है। नेताओं के पास निम्न लक्ष्णों का होना आवश्यक है:

1. **समस्या को सूचना की श्रेष्ठ जानकारी:** उन्हें विषयों का विश्लेषण करने में सक्षम होना चाहिए, वे समस्या के समाधान की क्षमता भी रखें।
2. **परिचित:** वे समूह, उसके सदस्यों, पृष्ठभूमि से परिचित हैं।
3. **मुक्त होने की भावना:** नेताओं को प्रोत्साहित करने और समर्थन करने में सक्षम होना चाहिए; उन्हें पूर्वाग्रह से मुक्त होना चाहिए, और दूसरों के विचारों के लिए लचीलापन होना चाहिए।
4. **संचार कौशल:** उनके पास भाषा की अच्छी पकड़, लिखित और भाषण में विचारों को स्पष्ट करने की क्षमता, सार्वजनिक बोलने का कौशल, सुनने की क्षमता आदि होनी चाहिए।
5. **सहयोग भावना:** एक प्रभावी नेता मूल रूप से एक टीम-व्यक्ति होता है जो अपने सामने निधारित लक्ष्यों को प्राप्त करने के लिए पूरे समूह या कम से कम बहुमत को एक निश्चित दिशा में ले जाने की क्षमता रखता है।

नेताओं के लिए अन्य विशेषताओं में बुद्धि, ऊर्जा, धीरज, सामाजिक स्थिति, धन, नवीनता, और रचनात्मकता सम्मिलित हैं। जब हम लोगों के साथ होते हैं तो व्यवहार में बदलाव और कार्य में सुधार को सामाजिक सुविधा कहा जाता है।

जन-मीडिया (Mass Communication)

पर्स (Perse) ने कहा कि मीडिया प्रभाव शोधकर्ता इस तथ्य का अध्ययन करते हैं कि 'व्यक्तियों और समाज पर जन–मीडिया के प्रभाव को कैसे नियंत्रित किया जाए, बढ़ाया जाए या कम किया जाए।'

मीडिया मनोविज्ञान, संप्रेषण सिद्धांत, समाजशास्त्र, मीडिया प्रभाव, मीडिया संस्कृति आदि जन-मीडिया से संबंधित हैं। इनका व्यक्तिगत या दर्शकों के विचार, दृष्टिकोण और व्यवहार पर व्यापक प्रभाव रहता है।

उदाहरण के लिए-सभी जन-मीडिया से प्रभावित होते हैं। मीडिया सदैव गतिशील क्षेत्र रहा है, इसकी आलोचना भी की जाती है। जनसंप्रेषण माध्यमों का समग्र प्रभाव पिछले कुछ वर्षों में बहुत अधिक बढ़ा है– मीडिया में सुधार भी काफी हुआ है।

शक्तिशाली मीडिया प्रभाव (Strong Media Influence) मीडिया प्रभाव एक वास्तविक बल है, जिसके परिणामस्वरूप दर्शकों या व्यक्तिगत विश्वासों में परिवर्तन या सुदृढ़ीकरण होता है। मीडिया संदेश का प्रभाव दर्शकों के जनसांख्यिकी और मनोवैज्ञानिक विशेषताओं सहित कई कारकों पर आकस्मिक है। ये प्रभाव सकारात्मक या नकारात्मक, अचानक या क्रमिक, अल्पकालिक या लंबे समय तक चलने वाले हो सकते हैं।

20वीं शताब्दी से 1930 के दशक तक, प्रारम्भ के वर्षों में जन-मीडिया एक अप्रतिरोध्य शक्ति के रूप में उभरा। 'शक्तिशाली मीडिया प्रभाव' सिद्धांत की मूल धारणा थी कि दर्शक निष्क्रिय और सजातीय थे। यह धारणा अनुभवजन्य साक्ष्य पर नहीं बल्कि मानव स्वभाव की मान्यताओं पर आधारित थी। मास मीडिया प्रभावों की इस धारणा के लिए दो मुख्य स्पष्टीकरण थे–

1. जन–हित मीडिया का प्रसार, सूचना प्रसार की गति से लोग चकित थे।
2. प्रचार तकनीक युद्ध के दौरान कई सरकारों द्वारा अपने लोगों को एकजुट करने के लिए एक शक्तिशाली उपकरण के रूप में लागू की गई थी।

इन दशकों में तकनीकी और सामाजिक परिवेश के माध्यम से भी शक्तिशाली जन–हित मीडिया का सिद्धांत सम्भव हो पाया।

हाइपोडर्मिक नीडल (hypodermic needle) या मैजिक बुलेट (Magic Bullet) सिद्धांत दर्शकों को एक 'इंजेक्शन का निशाना बनने' या 'सूचना की गोली' का निशाना बनने के लिए तैयार करता है। दर्शक इस स्थिति से बचने या विरोध करने में असमर्थ होते हैं।

1930 के बाद, शोधकर्ताओं ने व्यक्तियों और दर्शकों पर मीडिया के प्रभाव के अज्ञात स्वभाव (idiosyncratic behaviour) के बढ़ते अनुभवजन्य साक्ष्य को उजागर किया, जिसमें कई हस्तक्षेपशील चर, जैसे जनसांख्यिकीय गुण, सामाजिक मनोवैज्ञानिक कारक और विभिन्न मीडिया उपयोग व्यवहारों की पहचान की गई। यद्यपि एक सर्व–शक्तिशाली जन मीडिया की अवधारणा को कम किया गया, लेकिन इससे यह निर्धारित नहीं हुआ कि मीडिया में प्रभाव का अभाव था।

यहां पर जन–मीडिया संप्रेषण के हीन या कम शक्तिशाली (Less Strong) सिद्धांतों का वर्णन किया जा सकता है–

1. **संप्रेषण का दो–चरण प्रवाह (two way channel of communication):** इसमें मीडिया के अप्रत्यक्ष प्रभावों की चर्चा की गई है, जिसमें कहा गया है कि जनमत के नेताओं के पारस्परिक प्रभाव से लोग मीडिया से प्रभावित होते हैं।
2. **क्लैपर का चयनात्मक एक्सपोज़र सिद्धांत (klapper's selective exposure theory):** जोसेफ़ टी क्लैपर ने अपनी पुस्तक 'द इफेक्ट्स ऑफ़ मास कम्युनिकेशन' में कहा है कि दर्शक किसी भी संप्रेषण सामग्री के निष्क्रिय लक्ष्य नहीं हैं। इसके बजाय, दर्शक चुनिंदा सामग्री को चुनते हैं जो पहले से आयोजित विश्वासों के साथ मेल खाती है।

1950 और 1960 के दशक में, टेलीविजन के व्यापक उपयोग ने सामाजिक जीवन पर अपनी अभूतपूर्व शक्ति का संकेत दिया। उत्तेजना–प्रतिक्रिया (Stimuli Reaction) मॉडल ने गहन दीर्घकालिक मीडिया प्रभावों की संभावना को पेश किया।

यहां पर निम्न सिद्धांतों का वर्णन किया जा सकता है–

1. **एजेंडा–सेटिंग सिद्धांत (agenda setting theory):** इसके अनुसार चयन और जन मीडिया किस प्रकार से सार्वजनिक दर्शकों के भीतर कुछ विषयों की बिक्री को प्रभावित करते हैं।
2. **स्तंभ सर्जन (framing):** ने मीडिया संदेश के दर्शकों की व्याख्या में हेरफेर करने की मीडिया की क्षमता को पहचाना।
3. **ज्ञान-अंतराल सिद्धांत (knowledge gap):** जैसे ही एक सामाजिक प्रणाली में जनसंप्रेषण माध्यमों की जानकारी बढ़ती है, उच्च सामाजिक आर्थिक स्थिति खंड निम्न सामाजिक आर्थिक स्थिति की तुलना में इस जानकारी को प्राप्त करते हैं तथा ज्ञान का अंतर बढ़ जाता है।
4. **कृषि सिद्धांत (cultivation theory):** यहां दर्शक वास्तविक दुनिया पर चित्रित दुनिया का अनुमान लगाते हैं।

हस्तानांतरित मीडिया प्रभाव चरण (negotiated media effects phase) के सिद्धांत ने 1970 के दशक के अंत में, सामाजिक वास्तविकताओं (social realities) को आकार देने में मीडिया की भूमिका की जांच की, जिसे सामाजिक रचनाकार (social constructivist) भी कहा जाता है। इस दृष्टिकोण ने अर्थ निर्माण, और कुछ सामाजिक वास्तविकताओं में मीडिया की भूमिका का मूल्यांकन किया। हस्तांतरित मीडिया प्रभाव चरण (Negotiated Media Effects Phase) के सिद्धांत ने 1970 के दशक के अंत में, सामाजिक वास्तविकताओं (social realities) को आकार देने में मीडिया की भूमिका की जांच की, जिसे सामाजिक रचनाकार (social constructivist) भी कहा जाता है। इस दृष्टिकोण ने अर्थ निर्माण, और कुछ सामाजिक वास्तविकताओं में मीडिया की भूमिका का मूल्यांकन किया। इस चरण ने गुणात्मक और नृवंशविज्ञान (ethnographic) अनुसंधान विधियों को मौजूदा मात्रात्मक और व्यवहारवादी अनुसंधान विधियों में भी जोड़ा।

नया मीडिया पर्यावरण का युग 1970 में ही प्रारम्भ हुआ जो कि कंप्यूटर–मध्यस्थ वातावरण से संबंधित था। आपसी और समूह संप्रेषण में कंप्यूटर की मध्यस्थता संप्रेषण (Computer Mediated Communication) पर ध्यान केंद्रित किया गया।

यहां पर इस पुस्तक के आठवें अध्याय पर भी ध्यान केंद्रित किया जा सकता है।

1990 के दशक में निजी उपयोग के लिए इंटरनेट को व्यापक रूप से अपनाया गया था, जिससे सीएमसी (CMC) में और भी अधिक विस्तार हुआ। इन सभी प्रभावों की तुलना आमने–सामने संप्रेषण प्रभावों से की गई। यहां वेबसाइटों और सोशल मीडिया प्लेटफार्मों जैसे कि फेसबुक, यूट्यूब, ट्विटर, इंस्टाग्राम, लिंक्डइन ये सभी अध्ययन योग हैं। यह गतिशील और उपयोगकर्ता–जनित सामग्री से संबंधित हैं। उदाहरण के लिए, वाल्कनबर्ग एंड पीटर (2009) ने किशोरों के बीच इंटरनेट–वर्धित स्व–प्रकटीकरण परिकल्पना विकसित की, जिसमें कहा गया कि सोशल मीडिया प्लेटफॉर्म का उपयोग मुख्य रूप से युवा लोगों के बीच वास्तविक जीवन की दोस्ती को बनाए रखने के लिए किया जाता है। इसलिए, यह मीडिया उपयोग मैत्री को बढ़ा सकता है। नई मीडिया प्रभाव सिद्धांतों की मांग करते हुए, नई सीएमसी प्रौद्योगिकियां तीव्र गति से विकसित हो रही हैं।

यहां पर हम निम्न सिद्धांतों का वर्णन भी कर सकते हैं– सूक्ष्म–स्तर और दीर्घ या वृहत् स्तर-

1. **सूक्ष्म–स्तर (micro level):** इस पर, व्यक्ति छह अलग–अलग तरीकों से प्रभावित हो सकते हैं।
   (a) **संज्ञानात्मक (cognitive):** कोई भी नई जानकारी, नया पैटर्न, अर्थ या संदेश
   (b) **विश्वास (beliefs):** संदेश को चुनने और विश्वास करने का विकल्प
   (c) **दृष्टिकोण (attitude):** प्रस्तुत विषयों के बारे में निर्णय या दृष्टिकोण को ट्रिगर करना
   (d) **भावनात्मक प्रभाव (affect):** सकारात्मक या नकारात्मक
   (e) **शारीरिक मीडिया सामग्री (physiological effect):** स्वचालित शारीरिक प्रतिक्रिया को ट्रिगर करना
   (f) **व्यवहार (behavioral):** स्पष्ट प्रतिक्रिया और जुड़ाव को मापना
2. **दीर्घ या वृहत् स्तर (macro level):** यह सिद्धांत बड़े सामाजिक समूहों, संस्थानों, प्रणालियों या विचारधाराओं पर उनकी टिप्पणियों और निष्कर्षों को आधार बनाते हैं। इनमें ज्ञान–अंतराल (knowledge gap), आशंका या संकट (risk communication), सार्वजनिक क्षेत्र (public sector) जैसे सिद्धांत आते हैं। डेनिस मैकक्वायल (Denis McQuail) ने एक मीडिया प्रभाव के साभिप्राय/सुविचारित (नियोजित या अनियोजित) और समय अवधि (अल्पकालिक या दीर्घकालिक) के अनुसार एक ग्राफ में संगठित प्रभाव का वर्णन किया।

व्यक्ति अक्सर यह गलती से मानते हैं कि वे दूसरों की तुलना में मीडिया के प्रभाव के लिए अतिसंवेदनशील हैं। किसी दिए गए नमूने में लगभग पचास प्रतिशत सदस्य अपने प्रभाव की डिग्री को कम करके, तीसरे व्यक्ति के प्रभाव के लिए अतिसंवेदनशील होते हैं। यह किसी व्यक्ति को मीडिया प्रभावों के बारे में शिकायत करने की अनुमति दे सकता है। यह काफी हद तक एट्रिब्यूशन सिद्धांत (attribution theory) पर आधारित है।

प्राइमिंग (priming) या प्रथम-प्रसवा—यह एक ऐसी अवधारणा है जिसे संज्ञानात्मक (cognitive) मनोविज्ञान में उपयोग की जाने वाली स्मृति के नेटवर्क मॉडल से लिया गया है। इस मॉडल में जानकारी को नोड्स के रूप में संग्रहित किया जाता है, तथा इसको संबंधित नोड्स के साथ संबंधित रास्तों द्वारा क्लस्टर किया जाता है। यदि एक नोड सक्रिय होता है, तो पास के नोड भी सक्रिय होते हैं। इसे प्रसार सक्रियता के रूप में भी जाना जाता है।

मौन स्पाइरल (spiral of silence): बहुत सारे मनुष्य सामाजिक अलगाव और आत्म सेंसर की इच्छा के कारण कुछ संदेशों को साझा नहीं करना चाहते हैं – इसको मौन स्पाइरल कहा जा सकता है।

रूपात्मकता (modality), विषय वस्तु (contents), संरचनात्मक (Structural properties), इसका अप्रत्यक्ष (indirect), सशर्त (conditional) होना, कार्य सम्पादन आदि भी मास मीडिया के मूल गुण हैं।

जन-मीडिया या मास मीडिया के मुख्य सिद्धांत (the main principles of mass media)।

यहां पर हम मुख्य जन-मीडिया सिद्धांतों की अलग से चर्चा भी कर रहे हैं। हालांकि एनटीए परीक्षा में सीधे या अभिकथन (assertion) और तर्क (reason) में ऐसे प्रश्न पूछे जा सकते हैं। इसलिए, जन-मीडिया के अंतर्गत इन सिद्धांतों को करना आवश्यक कार्य है।

1. **हाइपोडर्मिक या बुलेट थ्योरी (hypodermic or bullet theory):** यह सिद्धांत बड़े पैमाने पर प्रचार के लिए प्रयुक्त जन-मीडिया के संवेग, संत्रास या डर को दर्शाता है। मीडिया यह मान कर चलता है कि संदेश प्राप्तकर्ता (receiver) निष्क्रिय और रक्षाहीन हैं, स्थिति इतनी अनिश्चित थी जो भी संदेश प्राप्तकर्त्ता को परोसा जायेगा, वह उसको स्वीकार कर लेगा। ऐसा मुख्य रूप से द्वितीय विश्व युद्ध के समयकाल में हुआ, जब जनसंचार माध्यमों का दर्शकों पर प्रत्यक्ष और शक्तिशाली प्रभाव था। जन-मीडिया अपनी इच्छा से दर्शकों के विचारों में हेरफेर करने का प्रयास करता था। संदेशों को 'जादुई गोलियों' (magic bullets) की तरह माना जाता था, जिनका सीधा स्पष्ट असर होगा।
2. **मनोवैज्ञानिक या व्यक्तिगत अंतर सिद्धांत (Psychological or Individual Difference Theory):** यह संचार प्रभावों को समझने के लिए एक मनोवैज्ञानिक दृष्टिकोण है, व्यक्तिगत अंतर सिद्धांत (individual difference theory) उनमें से एक है। यहां, भिन्न-भिन्न व्यक्तित्व चरों के परिणामस्वरूप एक ही उत्तेजना के लिए भिन्न-भिन्न प्रतिक्रियाएं होती हैं। दूसरे शब्दों में, किसी व्यक्ति का मनोवैज्ञानिक तंत्र मीडिया संदेशों पर उसकी प्रतिक्रियाओं के लिए उत्तरदायी होता है। यहां, चयनात्मक जोखिम और चयनात्मक धारणा महत्वपूर्ण हैं।
   (a) **चयनात्मक अनाश्रयता, अनावरण या जोखिम (selective exposure):** चयनात्मक अनाश्रयता तब होती है, जब लोग स्वयं को चुनिंदा रूप से केवल उन संचारों के लिए उजागर करते हैं, जो सामान्य रूप से उनके स्थापित विश्वासों के अनुसार होते हैं। यही लोग उन संचारों से बचने का प्रयास करते हैं, जो उनके विश्वासों को चुनौती देते प्रतीत होते हैं।
   (b) **चयनात्मक धारणा (selective perception):** एक बार जब व्यक्ति अपनी पसंद के अनुसार संदेशों के लिए स्वयं को चुनिंदा रूप से उजागर कर लेते हैं, तो वे उस संदेश को 'पढ़ने' के लिए जाते हैं, जो उनकी आवश्यकताओं के अनुरूप होता है। इस प्रक्रिया को चयनात्मक धारणा कहा जाता है।
3. **व्यक्तिगत प्रभाव सिद्धांत (personal influence theory):** यह सिद्धांत वर्ष 1940 में संयुक्त राज्य अमेरिका में पॉल ई. लाजरफेल्ड और अन्य लोगों द्वारा 'द पीपल्स चॉइस' (the people's choice) नामक पुस्तक में किए गए एक उत्कृष्ट अध्ययन का परिणाम है। निष्कर्षों से पता चला कि कोई भी मतदाता जनसंचार माध्यमों से सीधे तौर पर प्रभावित नहीं हुआ था, बल्कि इस पर जनसंचार माध्यमों के बजाय पारस्परिक संबंधों का मतदाताओं पर बहुत अधिक प्रभाव था।
   (a) **द्वि-चरण प्रवाह (two-step flow theory):** कई मतदाताओं का जनसंचार माध्यमों से सीमित संपर्क था। उन्हें जो जानकारी प्राप्त हुई, वह ज्यादातर अन्य लोगों के माध्यम से थी, जिन्हें 'विचारवान नेतृत्व' **(opinion leaders)** कहा जाता था, इस नेतृत्व की जन-मीडिया की जानकारी तक पहली पहुंच थी।
   (b) **बहु-चरण प्रवाह (multi-step flow theory):** मल्टी स्टेप का अर्थ है कि विचारवान नेतृत्व बहु-दिशात्मक प्रभाव को अपनाते हैं, वे दर्शकों के लिए मीडिया संदेशों की व्याख्या करते हैं। भूमिका न केवल 'नीचे की ओर' बल्कि ऊपर की ओर भी जाती है, जब वे द्वारपालों (gate keepers), जो कि समाचार पत्रों के संपादकों आदि, को यह संदेश देते हैं कि वे अपना कार्य कैसे करते हैं। इसके अलावा, जब वे अन्य विचारवान नेतृत्व के साथ अंतर्दृष्टि साझा करते हैं तो प्रभाव उनके समीप ही (sideways) रहता है, इसमें कई प्रसारण बिंदु (relay points) होते हैं।
4. **जनसंचार के समाजशास्त्रीय सिद्धांत (sociological theories of mass communication):** संचार सिद्धांत के लिए समाजशास्त्रीय दृष्टिकोण इस धारणा पर आधारित है कि जनसंचार (mass media) और सामाजिक परिवर्तन (सामाजिक मूल्य, सार्वजनिक विश्वास और विचार आदि) के बीच एक निश्चित संबंध विद्यमान है।
   (a) **उत्कर्ष या संवर्धन सिद्धांत (cultivation of dominant image theory):** यह सिद्धांत जॉर्ज गेर्बनर (1967) द्वारा विकसित किया गया। यह सिद्धांत इस धारणा पर आधारित है कि मास मीडिया का दर्शकों पर सूक्ष्म प्रभाव पड़ता है, जो अनजाने में मीडिया में प्रमुख प्रतीकों, छवियों और संदेशों को अवशोषित कर लेते हैं। इसे 'प्रमुख छवि पैटर्न की खेती' कहा जाता है। मास मीडिया के शक्तिशाली प्रभाव समाज के लिए 'सांचे' (mould) का कार्य करते हैं।
   (b) **कार्यावली परिस्थिती सिद्धांत (agenda setting theory):** इस सिद्धांत को मैक्सवेल मैककॉम्ब्स और डोनाल्ड एल शॉ द्वारा वर्ष 1972 में स्थापित किया गया, यह सिद्धांत चुनावों के समय में मतदान के बारे में केंद्रित है। मीडिया लोगों को 'क्या सोचना है' की बजाय 'क्या सोचना चाहिए' बताने में अधिक सफल रहा है।
   (c) **उपयोग और संतुष्टि सिद्धांत (uses and gratification theory):** यह सिद्धांत काट्ज द्वारा वर्ष 1959 में स्थापित किया गया। यहां 'उपयोग' दृष्टिकोण यह मानता है कि दर्शक सक्रिय हैं और स्वेच्छा से मीडिया के सामने स्वयं को उजागर करते हैं। जनसंचार माध्यमों का उपयोग धारणा, चयनात्मकता और पहले से धारित विश्वासों पर निर्भर करता है।

मास मीडिया के सन्दर्भ में 'संतुष्टि' (gratification) शब्द का अर्थ, दर्शकों द्वारा मास मीडिया का उपयोग करने के बाद अपेक्षित पुरस्कार और संतुष्टि से संबंधित है, अर्थात लोगों का कितना भला होता है।

(d) **निर्भरता सिद्धांत (dependency theory):** यह मेल्विन डी फ्लेर और सैंड्रा बॉल-रोकेच द्वारा प्रस्तावित किया गया था, जिसमें वे विभिन्न मनोवैज्ञानिक और सामाजिक कारकों को पहचानते हैं, जो मीडिया को अपने दर्शकों पर मनमाना नियंत्रण करने से रोकते हैं या बाधित करते हैं ।

5. **जनसंचार माध्यमों के नियामक सिद्धांत (normative theory of mass media):** नियामक सिद्धांत बताते हैं कि राजनीतिक-आर्थिक परिस्थितियों के विद्यमान संग्रह के अधीन जन-मीडिया को क्या करना चाहिए या कैसे अपेक्षित कार्य करने चाहिए।

(a) **नि:शुल्क मुद्रणयंत्र सिद्धांत (free press theory):** इस सिद्धांत को 'उदारवादी सिद्धांत' (libertarian theory) भी कहा जाता है। उदारवाद (Libertarian) एक राजनीतिक दर्शन है, जो स्वातन्त्र्य (liberty) को एक प्रमुख सिद्धांत के रूप में मान कर चलता है। उदारवादी मुक्त संघ (free association), चयन का अधिकार, व्यक्तिवाद और स्वैच्छिक संघ पर अधिक बल देते हैं। यह मुख्य रूप से सीबर्ट द्वारा प्रचारित किया गया था। यह व्यक्ति के मौलिक अधिकार, 'अभिव्यक्ति की स्वतंत्रता' के अधिकार पर आधारित है, जिसे उदार लोकतंत्रों में प्रिंट मीडिया के लिए मुख्य वैध सिद्धांत के रूप में माना जाता है।

(b) **सामाजिक उत्तरदायित्व सिद्धांत (social responsibility theory):** यह सिद्धांत संयुक्त राज्य अमेरिका में 'प्रेस की स्वतंत्रता' (freedom of press) की अनुशंसा के अनुसार है। मुक्त बाजार समाज की सूचना, सामाजिक और नैतिक जरूरतों जैसे कुछ दायित्वों को पूरा करने में विफल रहा है। वास्तव में इसने एक वर्ग की शक्ति को बढ़ा दिया है।

(c) **साम्यवादी मीडिया सिद्धांत (communist media theory):** यह सिद्धांत मुख्य रूप से मार्क्स और एंगेल्स (Engels) के मूल सिद्धांतों से लिया गया है। यह जन -मीडिया को श्रमिक वर्ग के नियंत्रण में रखने की परिकल्पना करता है, जिनके हित की सेवा करने के लिए वे हैं। प्रेस या अन्य मीडिया के निजी स्वामित्व से इंकार किया जाता है।

(d) **विकास संचार सिद्धांत (development communication theory):** यह सिद्धांत अधिकतर यूनेस्को की रिपोर्ट (1980) पर आधारित है। प्रेस का चार क्षेत्रों में सीमित अनुप्रयोग है और संचार का उपयोग राष्ट्रीय स्तर पर स्थापित नीति के अनुरूप विकास कार्यों को करने के लिए किया जाता है।

(e) **लोकतांत्रिक-प्रतिभागी मीडिया सिद्धांत (democratic-participant media theory):** यह सिद्धांत तीन वस्तुओं का समर्थन करता है

1. मीडिया की बहुलता
2. संचालन के पैमाने पर छोटा स्केल और
3. सभी स्तरों पर संचार की क्षैतिजता

यह वर्दी, केंद्रीकृत, उच्च लागत, अत्यधिक पेशेवर और राज्य नियंत्रित मीडिया का विरोध करता है।

जन-मीडिया के कुछ और महत्वपूर्ण सिद्धांत:

1. **जन समुदाय सिद्धांत (mass society theory):** डेनिस मैकक्वेल के अनुसार, यह सिद्धांत उन संस्थानों की परस्पर निर्भरता पर जोर देता है, जो समाज में शक्ति का प्रयोग करते हैं, और मास मीडिया को सामाजिक शक्ति और अधिकार के स्रोतों में एकीकृत माना जाता है। यह सिद्धांत जन समाज के कारण और अनुरक्षक के रूप में मीडिया को प्रमुखता देता है।
2. **राजनीतिक आर्थिक मीडिया सिद्धांत (political economy media theory):** यह सिद्धांत मार्क्सवादी सिद्धांत से जुड़ा हुआ है, और मीडिया की वैचारिक सामग्री के बजाय मीडिया की आर्थिक संरचना पर ध्यान केंद्रित किया गया है।
3. **आधिपत्य सिद्धांत (hegemony theory):** यह सिद्धांत आर्थिक व्यवस्था पर कम और विचारधारा पर अधिक ध्यान केंद्रित करता है। यहां आर्थिक आधार से विचारधारा की स्वतंत्रता की एक बड़ी मात्रा पर बल दिया गया।
4. **संस्कृति और लाक्षणिक सिद्धांत (culture and semiotic theory):** भाषाविद् सॉसर (1935) ने 'आतिथेय / भोजनदायी संस्कृति (host culture) के आलोक में ग्रंथों और इसके अर्थ पर बल दियाI इस प्रकार यह सांस्कृतिक के साथ-साथ भाषाई अर्थ की व्याख्या से संबंधित है।

दार्शनिक और तर्कशास्त्री पीयर्स (1931–35) द्वारा विकसित, सांकेतिकता संकेतों का सामान्य विज्ञान है, जो इस बात से संबंधित है कि संकेत कैसे (या क्या) इंगित करते हैं।

इस प्रकार, सांकेतिक सिद्धांत, संदेश के प्रसारण से संबंधित नहीं है, जैसा कि प्रक्रिया दृष्टिकोण में होता है, बल्कि संचार में अर्थ की व्युत्पत्ति या हस्तांतरण के साथ होता है।

बहुविकल्पीय प्रश्न (Multiple Choice Questions)

संप्रेषण—अवधारणा, प्रकृति एवं प्रक्रिया (COMMUNICATION—CONCEPT, NATURE AND PROCESS)

1. जब संप्रेषण इच्छानुरूप किया जाता है, तो इसका अभिप्राय है कि:
   (a) प्रेषक, संदेश प्राप्तकर्ता के व्यवहार को इच्छानुरूप प्रभावित करना चाहता है।
   (b) प्रभावी संप्रेषण सूचना के आधार पर कार्य की एक प्रक्रिया है।
   (c) वाणी संप्रेषण से हमें संसार की भावनाओं का पता चलता है।
   (d) उपरोक्त में से कोई नहीं

2. निम्नलिखित में से संप्रेषण किसके हस्तांतरण और समझने के संदर्भ में होता है?
   (a) विचार (b) अवधारणाएँ
   (c) अर्थ (d) शब्द

3. निम्नलिखित में से किसको संप्रेषण का 'संदर्भ' कहा जा सकता है?
   (a) संदेश गृहण के साथ हस्तक्षेप
   (b) प्रभावी संप्रेषण
   (c) संदेश की मौखिक और गैर-मौखिक प्रतिपुष्टि
   (d) बातचीत के लिए भौतिक और मनोवैज्ञानिक वातावरण

4. निम्नलिखित में से कौन-सा बरलो (Berlo) के संप्रेषण का रैखिक मॉडल है?
   (a) एस एम आर सी (b) एस एम सी आर
   (c) एस आर एम सी (d) एस आर सी एम

5. निम्नलिखित में से किस विद्वान ने कहा है कि लोग केवल संप्रेषण के माध्यम से 'एक-दूसरे और स्वयं को' जानते हैं?
   (a) जॉर्ज हर्बर्ट मीड (b) महात्मा गांधी
   (c) मार्टिन लूथर किंग (d) उपरोक्त में से कोई नहीं

6. निम्नलिखित में से किस पर प्रभावपूर्ण संवाद करने की क्षमता निर्भर करती है?
   (a) शिक्षा के स्तर पर
   (b) यह एक स्वभाविक प्रतिभा होती है, जिसे सीखा नहीं जा सकता
   (c) प्रौद्योगिकी के उपयोग पर
   (d) अधिगम-क्षमता पर

7. यदि यह मान लिया जाए कि संप्रेषण का कोई आरंभ या अंत नहीं है, तो इसे क्या कहा जाएगा?
   (a) मध्यस्थता
   (b) प्रक्रिया
   (c) बातचीत
   (d) लेन-देन संव्यवहार (विधि)

8. निम्नलिखित में से संप्रेषण के आवश्यक घटक कौन-से हैं?
   (a) स्रोत, संदेश, हस्तक्षेप, चैनल, प्राप्तकर्ता, प्रतिक्रिया और संदर्भ
   (b) संकेत, स्रोत, गंतव्य, बातचीत और सहसंबंध
   (c) संकेत, प्रतीक, समझ, संप्रेषण और संबंधी
   (d) प्रतीक, समझ, उद्देश्य, विचार, राय, गैर-मौखिक संदेश और प्रतिक्रिया

9. निम्नलिखित में से कौन-सा लक्षण मुख्यत: पारस्परिक-संप्रेषण के संदर्भ में लागू होता है?
   (a) क्षमा योग्य (forgivable)
   (b) विस्मरणीय (forgettable)
   (c) प्रतिवर्ती (reversible)
   (d) अपरिवर्तनीय (irreversible)

10. क्या दो-तरफा संप्रेषण प्रभावपूर्ण होता है?
   (a) कभी नहीं (b) सदैव
   (c) शायद ही कभी (d) उपरोक्त में से कोई नहीं

11. एक संदेश को किन परिस्थितियों में प्रभावी समझा जा सकता है?
   (a) अच्छे संप्रेषण कौशल का उपयोग करने पर
   (b) ग्रहणशक्ति के प्रमाण को वापिस दोहरा कर
   (c) प्राप्तकर्ता द्वारा समझना और वांछित प्रतिक्रिया देना
   (d) संदेश को केवल पारस्परिक संप्रेषण में प्रेषित करना

12. निम्न में से कौन-सा कथन दूसरों के साथ संवाद स्थापित करने की कला को सीखने के लिए सबसे महत्त्वपूर्ण कहा जा सकता है?
   (a) संप्रेषण में शरीर-क्रियात्मक (physiological) शोर (noise) को खत्म करना।
   (b) जहां गलत समझ जाने की सम्भावना बिल्कुल नहीं रहती।
   (c) जहां पर संबंधों को प्रतिफल देने वाला या लाभप्रद बनाया जा सके।
   (d) उपरोक्त सभी

13. निम्न में से किस शब्द का प्रयोग संप्रेषण प्रक्रिया के दौरान संदेश को प्रतीकात्मक (symbolic) रूप में परिवर्तित किए जाने के लिए किया जाना चाहिए?
   (a) व्याख्या करना (decoding)
   (b) कूट लेखन (encoding)
   (c) गूढ़लिपि पठन (deciphering)
   (d) विस्तार करना (expanding)

14. एक व्यक्ति जब स्वयं को वर्णित करता है, तो उसे कहा जाता है:
   (a) स्व-अवधारणा (self-concept)
   (b) स्व-अनुभूति (self-perception)
   (c) स्व-जागरुकता (self-awareness)
   (d) आत्म-सम्मान (self-respect)

15. निम्नलिखित में से कौन-सा शब्द दो लोगों के बीच संदेश भेजने और प्राप्त करने के लिए प्रयुक्त होता है?
   (a) संकेत-वाचन (decoding)
   (b) कूट लेखन (encoding)
   (c) लेन-देन संव्यवहार (transaction)
   (d) द्विव्यक्ति संवाद (dyadic communication)

16. निम्नलिखित में से कौन-सा प्रभावी संप्रेषण का मूल तत्व है?
   (a) संदेश (b) प्रतिपुष्टि
   (c) कूट लेखन (d) संकेत-वाचन

17. जो लोग अपनी भावनाओं की अभिव्यक्ति सरलता, स्पष्टता से, उन्मुक्त भाव से करते हैं, उनके लिए निम्नलिखित में से कौन-से शब्द का प्रयोग किया जा सकता है?
   (a) आक्रामक (aggressive)
   (b) असभ्य (rude)
   (c) स्वीकारात्मक (assertive)
   (d) अविवेकी (inconsiderate)

18. निम्नलिखित में से कौन-सा कथन 'निम्न संदर्भ संस्कृति' के बारे में सबसे उपयुक्त है?
   (a) विचार व्यक्त करने या सूचना-संप्रेषण के लिए अमौखिक माध्यम का उपयोग होता है।
   (b) अधिकतर जानकारी को स्पष्ट रूप से मौखिक संदेश में कहा जाता है।
   (c) अधिकतर सूचना स्वत: ही स्पष्ट होती है।
   (d) ज्यादातर जानकारी अप्रासंगिक होती है।
19. निम्नलिखित में से कौन-सा कथन 'उच्च संदर्भ संस्कृति' (high context culture) के बारे में सबसे उपयुक्त है:
   (a) अधिकतर जानकारी किसी व्यक्ति के बारे में या किसी संदर्भ में होती है।
   (b) अधिकतर संदेश बोल-चाल के रूप में होता है।
   (c) अधिकांश लोग सांकेतिक भाषा का उपयोग करते हैं।
   (d) अधिकतर संदेश अनकहा हो सकता है।
20. निम्नलिखित में से कौन-से मूलभूत तत्व को एक अच्छा संदेशवाहक अपने दर्शकों या श्रोतागण तक पहुंचाता है?
   (a) प्रचूर मात्रा में जानकारी
   (b) बहुत ज्यादा आंकड़े
   (c) संक्षिप्त प्रमाण
   (d) तथ्यों का दोहराव
21. निम्नलिखित चरणों में से प्रभावी संप्रेषण के लिए आप पहले किस पर विचार करते हैं?
   (a) संप्रेषण चैनल/माध्यम का चयन करने पर
   (b) मूल्यांकन प्रक्रिया का नियोजन
   (c) संप्रेषण के उद्देश्यों को निर्दिष्ट (specify) करना
   (d) संप्रेषण के लिए मीडिया का चयन करना
22. व्यक्तियों द्वारा अन्य लोगों के साथ संवाद करने के लिए कौन-से प्राथमिक चैनलों का प्रयोग किया जाता है?
   (a) रेडियो और टेलीविजन
   (b) ई-मेल
   (c) स्वर का लहजा
   (d) दृष्टि और ध्वनि
23. निम्नलिखित में से संकेतीकरण (encoding) किसके लिए महत्त्वपूर्ण है?
   (a) प्रतिपुष्टि को प्रोत्साहित करने हेतु
   (b) शोर समाप्त करने हेतु
   (c) संदेश उत्पत्ति करने हेतु
   (d) संदेश की व्याख्या सुनिश्चित करने हेतु
24. किसी भी प्रकार के संप्रेषण को प्रभावी तब माना जाएगा, यदि:
   (a) यह धीरे-धीरे और स्पष्ट रूप में वितरित हो।
   (b) यह एक शांत स्थिति में हो।
   (c) यह पूरी तरह से प्राप्तकर्ता तक पहुँचता है।
   (d) जिस अर्थ में प्रेषक द्वारा सोचा जाए वैसा ही यह प्राप्तकर्ता तक पहुँचता है।
25. निम्नलिखित में से कौन-से तीन घटक मानव संप्रेषण प्रक्रिया का भाग हैं?
   (a) संदेश, रिकॉर्डिंग और प्रतिक्रिया
   (b) शोर, प्रतिक्रिया और शब्दजाल (jargon)
   (c) संदेश, शोर और प्रतिक्रिया
   (d) प्रतिक्रिया, संदेश और आलोचना (critiquing)
26. शब्द होते हैं:
   (a) गुणबोध (connotative)
   (b) वाधक (denotative)
   (c) चिह्न
   (d) अनावश्यक
27. निम्नलिखित में से कौन-सा कथन 'इमोटिकॉन्स' (emoticons) के बारे में सही है?
   (a) ये भावनात्मक सम्मेलन होते हैं।
   (b) विशेष रूप से अर्थपूर्ण शारीरिक हाव-भाव।
   (c) ये भावनात्मक प्रश्न होते हैं।
   (d) चेहरे के भाव को अभिव्यक्त करते हुए टंकित प्रतीक।
28. संप्रेषण प्रक्रिया में 'सांकेतिक शब्दों में परिवर्तित करने का' अर्थ होता है:
   (a) विचारों को कूटों में अनुवादित करना
   (b) कूट की व्याख्या करना
   (c) संदेश के प्रेषक और प्राप्तकर्ता के बीच के मार्ग को अवरोधित करना
   (d) लोगों के बड़े समूह को सम्बोधित करना
29. व्यक्ति अधिकतर चक्षु-संपर्क (eye-contact) करते हैं, जब वे:
   (a) ध्यानपूर्वक सुन रहे होते हैं।
   (b) संप्रेषण में रुचि नहीं रखते।
   (c) बोल रहे होते हैं।
   (d) व्याख्या कर रहे होते हैं।
30. निम्नलिखित में से कौन-सा कथन प्रतिपुष्टि के संदर्भ में सत्य है?
   (a) ऐसी स्थिति है जब प्रेषक और प्राप्तकर्ता जानकारी का विनिमय (exchange) करते हैं।
   (b) संप्रेषण रिमूव मौखिक रूप तक ही सीमित होता है।
   (c) संप्रेषण रिमूव लिखित रूप तक ही सीमित होता है।
   (d) उपरोक्त में से कोई नहीं
31. निम्नलिखित में से कौन-सा उत्तर विकल्प श्रवण-क्रिया को प्रतिकूल रूप से प्रभावित करता है?
   (a) वक्ता के शब्दों के वितरण की तीव्र गति
   (b) संदेश में अत्यधिक जानकारी होना
   (c) मीडिया का अनुचित चयन और उपयोग
   (d) उपरोक्त सभी
32. निम्नलिखित में से कौन-से शब्द का प्रतिपुष्टि से निकटतम संबंध है?
   (a) बुद्धिशीलता
   (b) खोज संबंधी सहायक या ह्यूरिस्टिक्स
   (c) साइबरनेटिक्स
   (d) उपरोक्त में से कोई नहीं
33. निम्नलिखित में से किसको श्रोता की प्रतिपुष्टि कहा जा सकता है?
   (a) संदेश की मौखिक आलोचना
   (b) संदेश की स्वीकृति
   (c) संदेश की मौखिक या गैर-मौखिक अनुक्रिया (response)
   (d) संदेश में विरुचि (aversion)
34. जब हम अपने मन में विवरण को व्यवस्थित करने का प्रयास करते हैं, तो निम्नलिखित में से कौन-सा कथन हमारे उद्देश्य को अभिव्यक्त करता है?
   (a) अपने मन में नए विचारों को उत्पन्न करना
   (b) जटिल सूचना को संसाधित और उसको वर्गीकृत करना
   (c) सूचना को कठिन और सरल अवयवों में विभाजित करना
   (d) सरल सूचना को संसाधित और वर्गीकृत करना
35. समाचार पत्र के संदर्भ में संप्रेषण में 'प्रतिपुष्टि' (feedback) का अर्थ कहा जा सकता है:
   (a) लेख (articles)
   (b) संपादकीय (editorials)

(c) संपादक (editor) को पत्र
(d) समाचार

36. संप्रेषण के संकेत-वाचन (decode) का अर्थ है:
(a) संदेश का मूल्यांकन
(b) विचारों का कूटों में अनुवाद
(c) संदेश की अस्वीकृति
(d) संदेश की व्याख्या

37. संदेश जो कि एक संकेत है, निम्नलिखित में से कौन-सा कार्य करता है?
(a) एक प्रेषक के लिए उद्दीपन के रूप में
(b) एक प्राप्तकर्ता के लिए उद्दीपन के रूप में
(c) सामूहिक दर्शकों के लिए उद्दीपन के रूप में
(d) शोर को कम करने का कार्य

38. एक शब्द की वस्तुनिष्ठ (objective) परिभाषा क्या होती है?
(a) अप्रत्यक्ष अर्थ
(b) गुणबोध (connotative) अर्थ
(c) सूचक (denotative) अर्थ
(d) प्रत्यक्ष अर्थ

39. एक शब्द का व्यक्तिपरक (subjective) अर्थ होता है, इसका:
(a) सूचक अर्थ
(b) अप्रत्यक्ष अर्थ
(c) विलोम
(d) गुणबोध अर्थ

40. निम्नलिखित में से कौन प्रतिपुष्टि (feedback) को स्पष्ट करता है?
(a) केवल गैर-मौखिक संप्रेषण
(b) पर्यावरण शोर
(c) प्राप्तकर्ता की मौखिक और गैर-मौखिक अनुक्रिया (response)
(d) केवल मौखिक संप्रेषण

41. एक प्रभावी संप्रेषण में किसकी आवश्यकता नहीं होती है?
(a) भाषण पैटर्न को बदलने की
(b) उचित संकेतों की
(c) सामग्री में दक्षता (mastery) की
(d) आकर्षक व्यक्तित्व की

42. निम्नलिखित में से किस शब्द को उसके संदेशों की व्याख्या के लिए 'क्रोनेमिक्स' (chronemics) शब्द से सम्बोधित किया जाता है?
(a) गंध (b) स्वाद
(c) समय (d) उपरोक्त सभी

43. संप्रेषण प्रक्रिया में, प्राप्तकर्ता
(a) एक चैनल है।
(b) संदेश का कूटवचन करता है।
(c) वह व्यक्ति है, जो एक विचार का कूट-लेखन करता है।
(d) संदेश-हस्तक्षेप के लिए उत्तरदायी होता है।

44. निम्नलिखित में से कौन-सा संप्रेषण चैनल का उदाहरण है?
(a) शोर (b) संदर्भ
(c) प्रत्यक्ष वार्तालाप (d) प्रतिपुष्टि

45. निम्नलिखित में से कौन-सा कथन अपने आप के बारे में जानकारी प्राप्त करने एवं उसकी व्याख्या के बारे में सही है?
(a) यह सदैव नकारात्मक होती है।
(b) यह सदैव सकारात्मक होती है।
(c) यह मूल्यों, धारणाओं और पूर्व-अनुभवों से संबंधित होती है।
(d) उपरोक्त में से कोई नहीं

46. श्रवण:
(a) एक जटिल प्रक्रिया हो सकती है।
(b) यह एक बाध्य कार्य है।
(c) एक स्वाभाविक होती है।
(d) एक सहज ढंग से घटने वाली शारीरिक प्रक्रिया है।

47. निम्न में किसको हम श्रवण का प्रत्युत्तर देने वाला कथन कह सकते हैं?
(a) यह गैर-मौखिक है।
(b) यह मानव स्मृति पर निर्भर करता है।
(c) यह मौखिक या गैर-मौखिक हो सकता है।
(d) यह सदैव मौखिक होता है।

48. निम्नलिखित में से किसको सबसे महत्त्वपूर्ण संप्रेषण कौशल माना जाना चाहिए?
(a) सक्रिय श्रवण (active listening)
(b) वस्तुपरक श्रवण (objective listening)
(c) अप्रतिरोधी श्रवण (passive listening)
(d) निष्क्रिय श्रवण (inactive listening)

49. निम्नलिखित में से ऐसी कौन-सी तकनीक है, जो एक सक्रिय (active) श्रोता द्वारा प्रयोग की जा सकती है?
(a) वक्ता के अर्थ की संक्षिप्त व्याख्या करना (para-phrasing)
(b) चिंता अभिव्यक्त करना
(c) वक्ता के अर्थ की व्याख्या करना
(d) वार्तालाप के माध्यम से अपनी राय प्रकट करना

50. निम्नलिखित में से किसको हम प्रभावी श्रवण में शामिल कर सकते हैं?
(a) असहमति की स्थितियों का निस्पंदन (filtration of points of disagreement)
(b) विस्तृत विश्लेषण (detailed analysis)
(c) संदेश का व्यक्ति-निष्ठ अर्थ निकालना (finding subjective meaning of a message)
(d) संदेश की प्रतिपुष्टि (feedback of a message)

51. संप्रेषण के संदर्भ में शारीरिक गतिविधियों (bodily movements) के वर्गीकरण को क्या कहा जाता है?
(a) प्रतीक (b) गैर-मौखिक
(c) प्रदर्शन (d) काइनेसिक्स

52. निम्नलिखित में से कौन-सा शब्द चेहरे की गतिविधियां जो भावनात्मक अर्थ को संप्रेषित करती है, के संदर्भ में प्रयुक्त किया जाता है?
(a) प्रदर्शन (b) प्रतीक
(c) चक्षु-संपर्क (d) उपरोक्त में से कोई नहीं

53. निम्नलिखित में से संप्रेषण के किस वर्गीकरण में स्पर्श को एक महत्त्वपूर्ण तत्व माना जाता है?
(a) व्यापार संप्रेषण (b) पारस्परिक संप्रेषण
(c) व्यक्तिगत संप्रेषण (d) उपरोक्त में से कोई नहीं

54. निम्नलिखित में से कौन-सा तत्व प्रभावी संप्रेषण के संदर्भ में सबसे कम महत्त्वपूर्ण माना जाता है?
(a) भाषा पर पूर्ण नियंत्रण
(b) उपयुक्त शब्दावली
(c) आकर्षक व्यक्तित्व
(d) सम्पादित होने वाली सामग्री पर पूर्ण नियंत्रण

55. निम्नलिखित कथनों में से कौन-सा सत्य है?
(a) संप्रेषक को सही बोध होना चाहिए।
(b) संप्रेषक में सहनशीलता होनी चाहिए।
(c) संप्रेषक मृदुभाषी (soft-spoken) होना चाहिए।

(d) संप्रेषक का अच्छा व्यक्तित्व होना चाहिए।

56. निम्नलिखित में से कौन-सा सक्रिय श्रवण (active listening) का भाग है?
(a) चक्षु संपर्क (b) सिर हिलाना
(c) स्पष्टीकरण माँगना (d) उपरोक्त सभी

57. मूल्यांकन श्रवण (evaluative listening) सफल होता है, जब हम:
(a) संदेश में निहित उद्दीपनों के बीच के भेदों को समझते हैं।
(b) निष्कर्ष निकालते हैं।
(c) संदेश में कहे गए तथ्यों का गंभीर रूप से सटीकता से आकलन करते हैं।
(d) उपरोक्त में से कोई नहीं

58. एक प्रभावी संदेशवाहक वह है, जो:
(a) एक हास्यपूर्ण वक्ता है।
(b) अभिनय-संबंधी प्रतिभा से पूर्ण हो।
(c) संप्रेषण के बारे में बहुत स्पष्ट है।
(d) मातृभाषा में संप्रेषण करता है।

59. निम्नलिखित में से प्रभावी संप्रेषण का संदेश-प्राप्तकर्ता (message-receiver) पर क्या प्रभाव होने चाहिए?
(a) वह इसका आनंद प्राप्त करे।
(b) वह संदेश को कंठस्थ (memorise) करे।
(c) वह संदेश दूसरों को सम्प्रेषित करे।
(d) इसके बारे में विचार करे।

60. संप्रेषण प्रभावी तभी होता है, जब:
(a) स्रोत आकर्षक और सत्तावादी (authoritarian) हो।
(b) संदेश लक्षित दर्शकों को संज्ञान में लेकर नियत (design) किया गया हो।
(c) आधुनिक संप्रेषण में प्रौद्योगिकियों का उपयोग किया जाता हो।
(d) संदेश प्राप्तकर्ता निष्क्रिय (passive) घटक हो।

61. निम्नलिखित में उस व्यक्ति को सफल संप्रेषण करने वाला नहीं मान सकते:
(a) जो सटीक और स्पष्ट ढंग से सामग्री को प्रस्तुत करे
(b) जो संदेश नियत करते हुए श्रोता को ध्यान में रखे
(c) जो केवल आधुनिक तकनीक का प्रयोग करना जानता हो
(d) जो कभी-कभी संदेश गृहीता से अनौपचारिक हो जाता है और सामंजस्य स्थापित कर लेता है

62. संप्रेषण का सबसे महत्त्वपूर्ण पहलू क्या है, जिसके द्वारा श्रवण में सुधार किया जा सकता है?
(a) संदेश पर पूरी तरह से ध्यान देना
(b) संप्रेषित सामग्री को उपन्यास-रोचक (novel-interesting) बनाना
(c) स्वर को प्रभावशाली बनाना
(d) उपरोक्त सभी

63. संप्रेषण की प्रक्रिया को किसके माध्यम से संवर्धित (enrich) किया जा सकता है?
(a) अपनेपन की भावना से
(b) विकल्प चुनने के लिए वांछित सुरक्षा और स्वतंत्रता प्रदान करने से
(c) मीटिंग की जानकारी और दबाव को टालने से
(d) उपरोक्त सभी

64. निम्नलिखित में से सक्रिय श्रवण के प्रभाव को बढ़ाने में सबसे अधिक सहायता कर सकते हैं:
(a) संदेश प्रेषक के साथ उदासीनता (apathy) का विकास
(b) संवाद क्षेत्र में शोर कम करने के लिए प्रणाली विकसित करना
(c) प्रेषक की शारीरिक भाषा पर ध्यान देना
(d) संदेश प्रेषक के साथ समानुभूति (empathy) का विकास

65. निम्नलिखित कथनों में से कौन-सा कथन संप्रेषण के साथ जुड़ा हुआ नहीं है?
(a) माध्यम ही संदेश है
(b) दुनिया एक इलेक्ट्रॉनिक कोकून है।
(c) सूचना एक शक्ति है
(d) दूर संवेदन (telepathy) प्रौद्योगिकीय है

66. आधुनिकतावाद संबंधित है:
(a) समाचार-पत्र से
(b) पत्रिकाओं (मैग्जीन्स) से
(c) रेडियो से
(d) टेलीविज़न से

67. संप्रेषण में भाषा है:
(a) अमौखिक कूट (b) मौखिक कूट
(c) प्रतीकात्मक कूट (d) चित्रात्मक कूट

68. संप्रेषण की अंतर्संबंधित शृंखला में विद्यमान मीडिया में बिन्दुओं का किस रूप में जिक्र किया जाता है?
(a) नेटवर्क्ड गीटिगा
(b) संयोजी मीडिया
(c) ग्रन्थिल मीडिया
(d) बहु मीडिया

69. निष्यंतक या फिल्टर संदेश में निहित अर्थ को प्रभावित करते हैं। यह संप्रेषण किस भाग में पाए जाते हैं?
(a) संप्रेषण माध्यम
(b) वक्ता और श्रोता—दोनों के मन में
(c) श्रोता के मन में
(d) वक्ता के मन में

70. जन संप्रेषण के प्रचार मॉडल का फोकस _______ होता है:
(a) नकारात्मक राय (b) आइडिएशन
(c) ध्यान (d) आलोचना

संप्रेषण के प्रकार (TYPES OF COMMUNICATION)

71. एक निजी डायरी या रिकॉर्डिंग में लेखन किसी के विचारों और भावनाओं का कौन-सा उदाहरण है?
(a) मध्यस्थता (intrapersonal) संप्रेषण
(b) मध्यस्थता पारस्परिक संप्रेषण
(c) मध्यस्थता जनसंप्रेषण
(d) उपरोक्त में से कोई नहीं

72. इंटरनेट पर बातचीत करना संप्रेषण का कौन-सा रूप है?
(a) मौखिक संप्रेषण
(b) गैर-मौखिक संप्रेषण
(c) समानांतर संप्रेषण
(d) चर्चा (grapevine) संप्रेषण

73. पारस्परिक (interpersonal) संप्रेषण केवल तब होता है, जब:
(a) एक व्यक्ति अद्वितीय व्यक्ति की भांति दूसरे व्यक्ति के साथ विचार का आदान-प्रदान करता है।
(b) एक ही समय पर बड़ी संख्या में लोग एक-दूसरे के साथ संवाद कर रहे हों।
(c) केवल मित्र एक-दूसरे के साथ बात कर रहे हों।
(d) उपरोक्त में से कोई नहीं

74. निम्नलिखित में से कौन-सा कथन गैर-मौखिक संदेशों के संदर्भ में सही है?
(a) इनके महत्त्व को वास्तविकता से अधिक आँका जाता है।
(b) यह जोड़-तोड़ का प्रयास करता है, इसलिए इसकी अवहेलना करनी चाहिए।
(c) यह प्राय: संदेश अर्थ के लिए अप्रासंगिक होते हैं।
(d) एक श्रोता के लिए इनको समझना आवश्यक होता है।

75. अंतर्वैक्तिक संप्रेषण (intrapersonal communication) सहायता करता है:
(a) स्वयं के बारे में जानने में
(b) दूसरों की सोच के बारे में पता लगाने में
(c) सामान्य जनता के साथ संवाद करने में
(d) एक प्रतिभाशाली सार्वजनिक वक्ता बनने में

76. दो या दो से अधिक लोगों के बीच संप्रेषण को क्या कहा जाता है?
(a) संगठनात्मक संप्रेषण (organizational communication)
(b) पारस्परिक संप्रेषण (interpersonal communication)
(c) अतिरिक्त-व्यक्तिगत संप्रेषण (extrapersonal communication)
(d) अंत: वैयक्तिक संप्रेषण (intrapersonal communication)

77. पारस्परिक संप्रेषण में, आचारसंहिता:
(a) महत्त्वपूर्ण होती है।
(b) संप्रेषण में बाधा होती है।
(c) अप्रभावी होती है।
(d) उपरोक्त में से कोई नहीं

78. निम्नलिखित में से कौन-से संप्रेषण को 'संप्रेषण मध्यस्थता' कहा जाता है?
(a) अंतर्वैक्तिक संप्रेषण
(b) पारस्परिक संप्रेषण
(c) समूह संप्रेषण
(d) सामूहिक संप्रेषण

79. निम्नलिखित में से सार्वजनिक संप्रेषण (public communication) संरचना के अंतर्गत होती है?
(a) जटिल संरचना (b) राजनैतिक संरचना
(c) सुविधाजनक संरचना (d) औपचारिक संरचना

80. गैर-मौखिक संप्रेषण में शामिल होता है:
(a) भाषण देना
(b) टेलीफोन पर बातचीत करना
(c) गीत गाना
(d) हाथ मिलाना

81. निम्नलिखित में से किस प्रकार के संप्रेषण के अंतर्गत नेतृत्व के उभर कर आने की सम्भावना सबसे अधिक होती है?
(a) अंत: वैयक्तिक संप्रेषण
(b) छोटे समूह संप्रेषण
(c) आमने-सामने का सार्वजनिक संप्रेषण
(d) मीडिया-जैसे कि सेल फोन और त्वरित मैसेंजर

82. मध्यस्थता (mediated) संप्रेषण करने के लिए नकारात्मक प्रतिक्रिया को किस रूप में वर्णित किया जाता है?
(a) आलोचना
(b) खंडित प्रतिपुष्टि
(c) निष्क्रिय प्रतिपुष्टि
(d) गैर-अनुरूप

83. निम्नलिखित में से कौन-सा पारस्परिक संप्रेषण के लिए उपयोग होता है?
(a) समूह संप्रेषण
(b) लक्षित दर्शकों के आमने-सामने संप्रेषण
(c) ड्यादिक (dyadic) संप्रेषण
(d) पारंपरिक संप्रेषण

84. गैर-मौखिक संदेश व्याख्या व्यापक रूप से किस पर निर्भर करती है?
(a) सांस्कृतिक संदर्भ पर
(b) शारीरिक संदर्भ पर
(c) शोर के स्तर पर
(d) एक व्यक्ति से दूसरे व्यक्ति में बदलने पर

85. निम्नलिखित में से किस प्रकार के संप्रेषण के अंतर्गत ऑडियो कॉन्फ्रेंसिंग को वर्गीकृत किया जा सकता है?
(a) एक-तरफा मौखिक
(b) दो-तरफा मौखिक
(c) एक-तरफा गैर-मौखिक
(d) दो-तरफा गैर-मौखिक

86. वीसीआर पर टेलीविजन कार्यक्रम की रिकॉर्डिंग का एक उदाहरण है:
(a) समय-स्थानांतरण
(b) सामग्री संदर्भ
(c) यांत्रिक स्पष्टता
(d) मीडिया तुल्यकालन

87. एक कूट लेखन (encoded) संदेश की चार शर्तें प्रभावशीलता को प्रभावित करती है: कौशल, दृष्टिकोण, प्रेषक का ज्ञान, और __________।
(a) सामाजिक-सांस्कृतिक प्रणाली
(b) संदेश प्राप्तकर्ता का ज्ञान
(c) संदेश प्रेषक की आयु
(d) पर्यावरण मुद्दे

88. संप्रेषण, वृत्तीय होता है जब:
(a) कूटवाचक (decoder) एक कूटलेखक (encoder) हो जाता है
(b) प्रतिपुष्टि (feedback) नहीं हो पाती है
(c) स्रोत विश्वसनीय हो
(d) चैनल स्पष्ट हो

89. जन संप्रेषण के सूचना कार्य के रूप में किसका वर्णन किया गया है?
(a) प्रसार
(b) प्रचार
(c) निगरानी
(d) परिवर्तन

90. निम्नलिखित में से कौन-सा कथन मौखिक संप्रेषण की सीमा को प्रतिबिंबित करता है?
(a) यह अपरिवर्तनीय है—कहा हुआ शब्द वापस नहीं लिया जा सकता है।
(b) हमारे लिए शारीरिक भाषा के बारे में जानकारी रखना ज्यादा आसान है।

(c) यह वक्ता की भावनाओं या तनाव या उत्तेजना, आदि से प्रभावित नहीं होता है।

(d) इसके लिए मौके पर ही सोच की आवश्यकता नहीं होती है।

91. निम्नलिखित में से मेटा-संप्रेषण वक्ता के किस पहलू से संबंधित है?

(a) पहनावे का इच्छानुरूप चुनाव (intentional choice of dress)

(b) शब्दों का इच्छानुरूप चुनाव (intentional choice of words)

(c) शब्दों और पहनावे का अज्ञानकृत चुनाव (unintentional choice of words and dress)

(d) शब्दों का अज्ञानकृत चुनाव (unintentional choice of words)

92. निम्नलिखित में कौन-सा शब्द शारीरिक भाषा को दर्शाने के लिए प्रयोग किया जा सकता है?

(a) भौतिक संप्रेषण (b) रिसन

(c) शोर (d) उपरोक्त सभी

संप्रेषण बाधाएँ (COMMUNICATION BARRIERS)

93. संदेश के हस्तांतरण, प्राप्ति, या प्रतिपुष्टि (feedback) में जो बाधा हस्तक्षेप करती है, उसे कहा जाता है:

(a) प्रतिपुष्टि

(b) फीड फॉरवर्ड

(c) चैनल

(d) शोर

94. संप्रेषण प्रक्रिया में विघटन (disruption) को क्या कहा जाता है?

(a) उल्लंघन (transgression)

(b) प्रतिपुष्टि (feedback)

(c) शोर (noise)

(d) परस्पर प्रभाव डालना (interaction)

95. निम्नलिखित में से कक्षा में संप्रेषण की सबसे शक्तिशाली बाधा कौन-सी होती है?

(a) कक्षा में शोर

(b) भ्रमित शिक्षक

(c) कक्षा के बाहर अशांति का वातावरण

(d) शिक्षण सहायक सामग्री का अभाव

96. निम्नलिखित में से चर्चा के बारे में कौन-सा कथन सत्य नहीं है?

(a) यह औपचारिक संप्रेषण नेटवर्क की तुलना में अधिक तीव्र है।

(b) यह औपचारिक नेटवर्क की तुलना में कम शुद्धता (accuracy) से कार्य करता है।

(c) यह लगभग सभी संगठनों में पाया जाता है।

(d) यह औपचारिक संप्रेषण से अधिक अधिमानित (preferred) है।

97. संप्रेषण की प्रभावशीलता के स्तर-सी के रूप में किसे परिभाषित किया गया है?

(a) चैनल शोर (channel noise)

(b) अर्थ-संबंधी शोर (semantic noise)

(c) मनोवैज्ञानिक शोर (psychological noise)

(d) स्रोत शोर (source noise)

98. निम्नलिखित में से किसे छोड़कर प्रभावी संप्रेषण में आने वाले अवरोध हैं?

(a) शोर का अभाव

(b) सूचना का विरूपण (information distortion)

(c) सूचना का अधिभार (information overload)

(d) उपरोक्त में से कोई नहीं

99. सूचना के अनौपचारिक हस्तांतरण (transmission) या फ़िल्टर सूचना को क्या कहा जाता है?

(a) गपशप (gossip)

(b) ग्रेपवाइन (grapevine)

(c) प्रत्यक्ष संप्रेषण (vertical communication)

(d) क्षैतिज संप्रेषण (horizontal communication)

100. निम्नलिखित में से किसको हम क्रियात्मक या शारीरिक शोर (physiological noise) का एक उदाहरण मान सकते हैं?

(a) भूख लगना

(b) वातानुकूलक की आवाज़

(c) एक लॉन की घास काटने की मशीन

(d) जटिल शब्दों का उपयोग

101. जटिल शब्दों का उपयोग करते हुए वक्ता को निम्नलिखित में से किसका उदाहरण माना जा सकता है?

(a) शरीर-क्रियात्मक शोर (physiological noise)

(b) मनोवैज्ञानिक शोर (psychological noise)

(c) अर्थ-संबंधी शोर (semantic noise)

(d) शारीरिक शोर (physical noise)

102. संप्रेषण प्रक्रिया में शोर:

(a) लक्षित श्रोताओं द्वारा संदेश अधिक सावधानीपूर्वक सुनने का कारण बनता है।

(b) संदेश के साथ हस्तक्षेप का कारण बनता है

(c) भटकने वाले विचारों पर ध्यान केंद्रित करता है।

(d) संदेश को बढ़ाता है।

103. लोगों के समूह की निश्चित और वर्गीकृत छाप (impression) पूर्व निर्धारित गुणों के संग्रह पर आधारित होती है, उसे कहा जाता है:

(a) सामान्यीकरण (generalizing)

(b) संगति (consistency)

(c) रूढ़ प्रारूप (stereotyping)

(d) अधिक स्पष्टीकरण (over simplification)

104. अनुभूति जांच का मुख्य लक्ष्य क्या होता है?

(a) पुष्टीकरण (confirmation)

(b) सांस्कृतिक संवेदनशीलता (cultural sensitivity)

(c) दूसरों की भावनाओं और विचारों का पता लगाना

(d) नियंत्रण

105. निम्नलिखित में से पक्षपात की एक विशेषता कौन-सी है?

(a) बाहरी-समूह के सदस्यों का सामान्यीकृत मूल्यांकन

(b) नकारात्मकता

(c) पक्षपातपूर्ण धारणा
(d) उपरोक्त सभी

106. निम्नलिखित में से कौन-सा कथन संप्रेषण के संदर्भ में 'श्रेष्ठता प्रभाव' (primacy effect) की मुख्य धारणा को दर्शाता है?
(a) सबसे अधिक सूचना सदैव सबसे पहले भाग में आती है।
(b) सबसे महत्त्वपूर्ण जानकारी सबसे बाद में आती है।
(c) महत्त्व का परिणाम स्थिति पर निर्भर करता है।
(d) सूचना के सभी घटकों को एक समान बल भार मिलता है।

107. निम्न में से संप्रेषण के अंतर्गत कौन-सा संदेश ग्रहण करने में प्रमुख अवरोधक है?
(a) श्रोताओं का दृष्टिकोण
(b) श्रोताओं का ज्ञान
(c) श्रोताओं की शिक्षा
(d) श्रोताओं की आय

108. निम्न में से जनसंप्रेषण में सम्बोधित किए जा सकने की सामर्थ्यता किसके द्वारा बदलती है?
(a) डिजिटल माध्यम
(b) लोक माध्यम
(c) व्यक्तिपरक माध्यम
(d) अयथार्थ समय माध्यम

109. संप्रेषण के लिए व्यक्तिगत स्वतंत्रता और भौतिक पर्यावरण का उपयोग किया जाना, कहलाता है:
(a) क्रोनेमिक्स (b) प्रोक्सेमिक्स
(c) काइनेसिक्स (d) पैरालैंगुएज

शिक्षण कक्ष संप्रेषण (CLASSROOM COMMUNICATION)

110. यदि एक छात्र कक्षा में बात करने के लिए एक हाथ उठाता है, तो वह उपयोग करता है:
(a) संशोधक (modifier)
(b) प्रतीक (emblem)
(c) नियामक (regulator)
(d) प्रदर्शन (display)

111. कक्षा के मनोवैज्ञानिक पहलुओं को किसके द्वारा अच्छे से व्यवस्थित किया जा सकता है?
(a) कक्षा के शिक्षक द्वारा
(b) विषय के शिक्षक द्वारा
(c) प्रधान अध्यापक द्वारा
(d) स्वयं छात्र द्वारा

112. पुस्तकें संप्रेषण का मुख्य स्रोत हो सकती हैं:
(a) सामग्री का सारांश प्रदान करवाकर
(b) उदाहरणात्मक सामग्री प्रदान करवाकर
(c) हिन्दी माध्यम द्वारा
(d) सामग्री को अच्छे प्रिंट के माध्यम से प्रस्तुत करवाकर

113. निम्नलिखित कथनों में से कौन-सा कथन सत्य नहीं है?
(a) एक अच्छा संदेशवाहक एक अच्छा शिक्षक नहीं हो सकता।
(b) एक अच्छे संदेशवाहक को हास्यवृत्ति (sense of humour) की अच्छी समझ होती है।
(c) एक अच्छा संदेशवाहक अच्छा पाठक होता है।
(d) एक अच्छे संदेशवाहक का भाषा पर नियंत्रण होता है।

114. निम्नलिखित में से कौन-सा माध्यम ग्रामीणों के बीच साक्षरता (literacy) को बढ़ावा देने में सही नहीं हो सकता?
(a) प्रदर्शन
(b) पढ़ना और लिखना
(c) टीवी और फिल्म प्रक्षेपक (projector) पर सामग्री उपलब्ध करवाना
(d) बड़ी समूह चर्चा

115. निम्नलिखित में से कौन-से paralanguage के मुख्य घटक हैं?
I. स्वर (tone)
II. स्वरमान (pitch)
III. स्वर की गुणवत्ता (quality of voice)
IV. बोलने की गति (rate of delivering words)
(a) I, II, III (b) II, III, IV
(c) I, II, IV (d) उपरोक्त सभी

116. एक शिक्षक प्रभावी संदेशवाहक बन सकता है, यदि:
(a) वह शिक्षण सहायक सामग्री का उपयोग करता है।
(b) वह छात्रों को अर्थ समझाने में सहायता करता है।
(c) वह शिक्षण के बीच में सवाल पूछता है।
(d) वह विषय पर सवालों के सही जवाब पाने में छात्रों की सहायता करता है।

117. कक्षा में संप्रेषण के विफल होने का क्या कारण रहता है?
(a) छात्रों का कक्षा में ध्यान न होना
(b) शिक्षक छात्रों तक संदेश पहुंचाने में असमर्थ हो
(c) छात्रों की पढ़ाए जाने वाले विषय में कोई दिलचस्पी न होना
(d) कक्षा के आसपास या कक्षा में बहुत ज्यादा शोर होना

118. निम्नलिखित में से किसके द्वारा संप्रेषण अधिक प्रभावशाली हो सकता है?
(a) कक्षा के बीच में चुटकुले सुनाना
(b) बहु संवेदी (multi-sensory) अपील का प्रयोग करना
(c) उच्च अधिकार के साथ बोलना
(d) यह बताना कि श्रोताओं के लिए क्या उपयोगी है

119. छात्रों के चेहरे की अभिव्यक्ति (facial-expression) संप्रेषण प्रक्रिया के किस तत्व से संबंधित होती है?
(a) संदेश (b) संदेश प्राप्तकर्ता
(c) चैनल (d) संदेश प्रेषक

120. निम्नलिखित में से कौन-सा विवरण कक्षा में प्रभावी संप्रेषण पर बाधा नहीं डालता है?
(a) एक विस्तृत विवरण
(b) एक अस्पष्ट विवरण
(c) एक विधिपूर्वक विवरण
(d) ऐसा विवरण जो कि श्रोताओं को अपने निष्कर्ष निकालने में सहायक होता है।

121. संप्रेषण पहलुओं का कौन-सा समूह कक्षा में संप्रेषण प्रक्रिया को बाधित नहीं करता है?
(a) अधोमुख करना (reversing)-मूल्यांकन-ध्यान केंद्रित करना (focussing)
(b) मूल्यांकन-ध्यान केंद्रित करना, उदाहरण देना (illustrating)
(c) मूल्यांकन-ध्यान केंद्रित करना–अतिशयोक्ति (exaggerating)
(d) ध्यान केंद्रित करना-उदाहरण देना–अतिशयोक्ति (exaggerating)

विविध प्रश्न (MISCELLANEOUS)

122. जर्नल (Journal) की भांति जो प्रविष्टियाँ व्यक्तियों द्वारा लिखी जाती हैं; इनको इंटरनेट पर पोस्ट किया जाता है; जिन पर कभी-कभी कुछ लोग ऑनलाइन चर्चा करते हैं।
ये सब बातें निम्न में से किसके संदर्भ में की जा रही हैं?
(a) वेबलॉग (b) सरल पोस्टिंग
(c) ई-जर्नल्स (d) उपरोक्त में से कोई नहीं

123. मेहेरबीआं (Mehrabian) के अनुसार, संप्रेषण में शब्द, स्वर का लहजा और शारीरिक भाषा का क्रमश: कितना-कितना योगदान रहता है?
(a) 38%, 7% और 55%
(b) 7%, 38% और 55%
(c) 55%, 38% और 7%
(d) उपरोक्त में से कोई नहीं

124. पैराफ्रेजिंग (paraphrasing) एक कौशल है और यह किसको प्रभावी बनाने के लिए आवश्यक है?
(a) श्रवण (listening)
(b) शोर (noise)
(c) वादन (speaking)
(d) उपरोक्त में से कोई नहीं

125. सजीव टेलीविजन व रेडियो प्रसारण जिसमें श्रोता/दर्शकों की उपस्थिति आवश्यक होती है, इस रूप में जानी जाती है:
(a) संप्रेषण माध्यम (b) संकेत माध्यम
(c) असमायोजित माध्यम (d) समायोजित माध्यम

126. निम्नलिखित में से कौन-सा कथन रिसाव संकेत शब्द (leakage cues) से संबंधित है?
(a) चेहरे का भाव जिसको पढ़ने में लोग अक्सर चूक जाते हैं।
(b) चेहरे के भाव की विशेष शैलियों में से एक
(c) यह एक अनापेक्षित संकेत है कि कोई व्यक्ति कैसा अनुभव करता है।
(d) उपरोक्त में से कोई नहीं

127. व्यक्ति में एक बहुत ही उन्नत भावना होती है कि सामाजिक दृष्टि से क्या उचित है और सदैव यह जानता है कि प्रत्येक सामाजिक संदर्भ में क्या कहना है। व्यक्ति में किस तरह की भाषा संबंधी क्षमता होनी चाहिए?
(a) व्याख्यात्मक (b) संज्ञानात्मक
(c) वाक्यात्मक (d) व्यावहारिक

128. संप्रेषण प्रक्रिया में संदेश प्रेषक का बहुत अच्छा व्याकरण होता है। यह सक्षमता मूल रूप से किस पर आधारित होती है?
(a) व्याख्यात्मक (b) अर्थ-संबंधी
(c) वाक्यात्मक (d) व्यावहारिक

129. ऐसा स्थान जहां इंटरनेट उपयोगकर्ता इंटरनेट के लिए वायरलेस अभिगम प्राप्त कर सकते हैं:
(a) एक्स्ट्रानेट (b) इंट्रानेट
(c) वेब सम्मेलन (d) वाई-फाई हॉट स्पॉट

130. निम्नलिखित कथनों में से कौन-सा/से पैराफ्रेजिंग (paraphrasing) के संदर्भ में सही है?
A. यह अभी-अभी सुनी हुई बात को अपने शब्दों में कहने या लिखने
B. इससे वक्ता को यह जानने का अवसर मिलता है कि क्या संप्रेषण प्रभावी रहा

कूट:
(a) केवल A (b) केवल B
(c) A और B (d) न तो A और न ही B

131. अतुल्यकालिक (असिनक्रोनॅस) माध्यम का उदाहरण कौन-सा है?
(a) रेडियो (b) टेलीविज़न
(c) फिल्म (d) समाचार-पत्र

132. संप्रेषण में गुणार्थक शब्द कौन-से हैं?
(a) सुस्पष्ट (b) अमूर्त्त
(c) सरल (d) सांस्कृतिक

133. संदेश के नीचे संदेश को क्या नाम दिया जाता है?
(a) अंत:स्थापित ग्रंथ (embedded text)
(b) आंतरिक ग्रंथ (internal text)
(c) अंत:ग्रंथ (inter-text)
(d) उप-ग्रंथ (sub-text)

134. अनुरूप जनसंप्रेषण (analog mass communication) में कहानियाँ:
(a) स्थैतिक होती हैं (static)
(b) गत्यात्मक होती हैं (dynamic)
(c) अन्योन्यक्रियात्मक होती हैं (interactive)
(d) अन्वेषणात्मक होती हैं (exploratory)

135. **अभिकथन (A):** समाचार-पत्रों के बीच, समाचार प्रतिवेदनों में सम्पादकीय लेख लिखने, समाचार को सनसनी खबर बनाने और समाचार प्रतिवेदनों के स्रोत न जानने की प्रवृति बढ़ रही है।
तर्क (R): सर्वव्यापक शब्द 'स्रोत' का उपयोग अनुमान और पूर्वाग्रह युक्त या पक्षपाती लेखन को कवर करने के लिए किया जाता है।
(a) (A) और (R) दोनों सत्य हैं।
(b) (A) और (R) दोनों सत्य हैं, परन्तु (R), (A) का सही स्पष्टीकरण नहीं है।
(c) (A) सत्य है, परन्तु (R) असत्य है।
(d) (A) असत्य है, परन्तु (R) सत्य है।

136. किसी विशेष मत के समर्थन में तथ्यों एवं कथनों को चयनित कर प्रस्तुत किया जाना संदर्भित है:
(a) चैरी पिकिंग (b) टाइम क्राफ्ट
(c) प्रोपेगैण्डा (d) चयनित प्रचार

137. अखबार के संचार में 'फीडबैक' कौन सा है?
(a) लेख
(b) संपादकीय
(c) संपादक को पत्र
(d) समाचार

138. निम्नलिखित में से कौन-सा बर्लो संचार का रैखिक मॉडल है?
(a) S-M-R-C (b) S-M-C-R
(c) S-R-M-C (d) S-R-C-M

139. यदि यह माना जाता है कि संचार की कोई शुरुआत या अंत नहीं है,तो इसे कहा जाता है:
(a) मध्यस्थता (b) प्रक्रिया
(c) बातचीत (d) लेन-देन

140. निम्नलिखित में से कौन-सा भारत में मास मीडिया के लिए प्रमुख चिंता का विषय नहीं है?
(a) हेर-फेर (b) निजता
(c) सुरक्षा (d) समाज का एकीकरण

141. जनसंचार के सूचना समारोह के रूप में वर्णित है:
(a) प्रसार (b) प्रचार
(c) निगरानी (d) परिवर्तन

142. इनमें से कौन सा प्रभावी संचार का आज्ञापत्र नहीं है?
(a) भाषा में स्पष्टता
(b) गलत सुनना
(c) घरेलू संचार कौशल
(d) पर्याप्त माध्यम

143. निम्नलिखित में से कौन अभिव्यक्ति से उत्पन्न समस्या को दर्शाती है?
(a) सांस्कृतिक बाधाएं
(b) अर्थ संबंधी समस्याएं
(c) गलत धारणाएं
(d) धारणा का चयन

144. निम्नलिखित में से किसको संचार का पहला शत्रु कहा जाता है?
(a) शोर (b) स्पष्टता
(c) विनम्रता (d) पूर्णता

145. इनमें से किस समस्या में,प्रेषित सूचनाओं की प्रचुरता में वास्तविक संदेश खो गया है?
(a) धारणा का चयन
(b) ओवर कम्युनिकेशन
(c) अंडर कम्युनिकेशन
(d) निस्पंदन

उत्तरमाला (ANSWER KEY)

संप्रेषण—अवधारणा, प्रकृति एवं प्रक्रिया

1. (a) **2.** (c) **3.** (d) **4.** (b) **5.** (a) **6.** (d) **7.** (b) **8.** (a) **9.** (d) **10.** (b) **11.** (c) **12.** (c) **13.** (b)
14. (a) **15.** (d) **16.** (b) **17.** (c) **18.** (b) **19.** (d) **20.** (a) **21.** (c) **22.** (d) **23.** (c) **24.** (d) **25.** (c) **26.** (c)
27. (d) **28.** (a) **29.** (a) **30.** (a) **31.** (d) **32.** (c) **33.** (c) **34.** (b) **35.** (c) **36.** (d) **37.** (b) **38.** (c) **39.** (d)
40. (c) **41.** (d) **42.** (c) **43.** (b) **44.** (c) **45.** (c) **46.** (a) **47.** (c) **48.** (a) **49.** (a) **50.** (d) **51.** (d) **52.** (a)
53. (b) **54.** (c) **55.** (a) **56.** (d) **57.** (d) **58.** (c) **59.** (d) **60.** (b) **61.** (c) **62.** (d) **63.** (d) **64.** (d) **65.** (d)
66. (d) **67.** (b) **68.** (a) **69.** (b) **70.** (b)

संप्रेषण के प्रकार

71. (a) **72.** (c) **73.** (a) **74.** (d) **75.** (a) **76.** (b) **77.** (a) **78.** (d) **79.** (d) **80.** (d) **81.** (b) **82.** (a) **83.** (c)
84. (a) **85.** (b) **86.** (a) **87.** (a) **88.** (a) **89.** (c) **90.** (a) **91.** (a) **92.** (b)

संप्रेषण बाधाएँ

93. (d) **94.** (c) **95.** (b) **96.** (d) **97.** (a) **98.** (a) **99.** (b) **100.** (a) **101.** (c) **102.** (b) **103.** (c) **104.** (c) **105.** (d)
106. (a) **107.** (a) **108.** (a) **109.** (b)

शिक्षण कक्ष संप्रेषण

110. (b) **111.** (a) **112.** (b) **113.** (a) **114.** (d) **115.** (d) **116.** (b) **117.** (b) **118.** (b) **119.** (a) **120.** (c) **121.** (d)

विविध प्रश्न

122. (a) **123.** (b) **124.** (a) **125.** (b) **126.** (c) **127.** (d) **128.** (c) **129.** (d) **130.** (c) **131.** (d) **132.** (d) **133.** (d) **134.** (a)
135. (c) **136.** (a) **137.** (c) **138.** (b) **139.** (b) **140.** (d) **141.** (c) **142.** (b) **143.** (b) **144.** (a) **145.** (b)

5 गणितीय तर्क और अभिवृत्ति (Mathematical Reasoning and Aptitude)

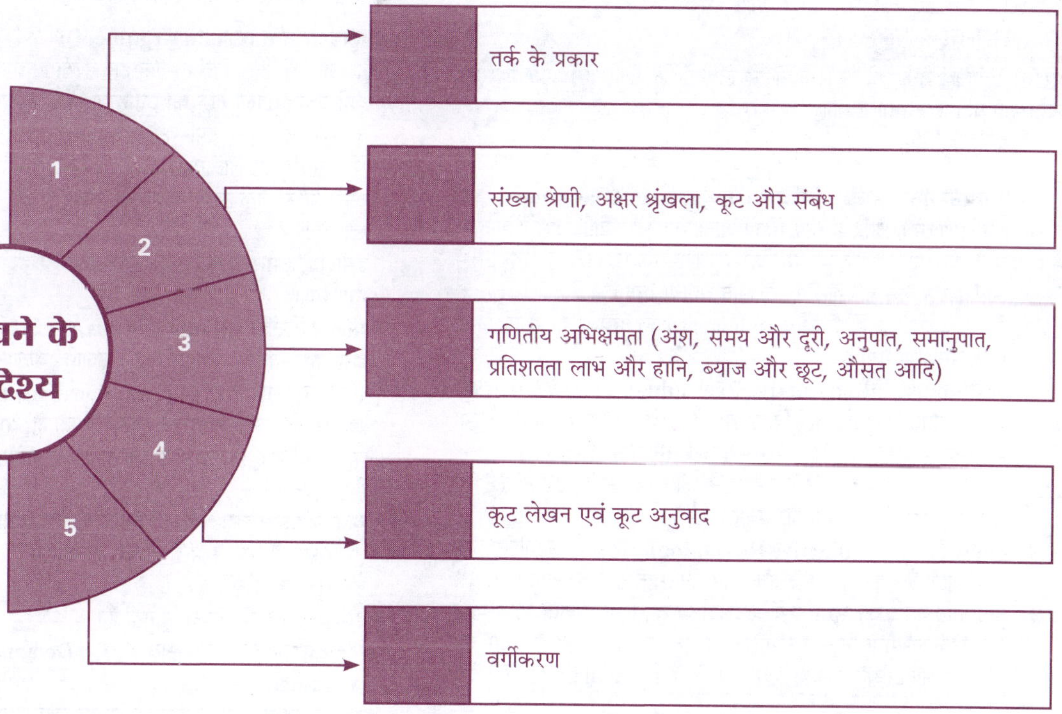

परिचय - तर्क और 'तर्क के प्रकार'

तर्क करना हमारी विचारशीलता का सर्वोच्च क्रम है, यह हमारी 'कारण और प्रभाव' संबंधों की मानसिक मान्यता है।

तर्क बुद्धि का कारक है। तर्कशीलता एक ऐसी प्रक्रिया है जिसमें समस्या को हल करने के लिए अंतर्दृष्टि, पूर्वज्ञान, अनुभव तथा संबंध की समझ का प्रयोग किया जाता है। तर्क करने की क्षमता का बुद्धिमत्ता से गहरा संबंध है।

यह सदैव लक्ष्य केंद्रित रहता है। यह प्रकृति में रचनात्मक और चिंतनशील है। तर्क क्षमता धीरे-धीरे विकसित होती है। इसका अर्थ है कि अनुभव बुद्धि के साथ-साथ तर्क शक्ति विकसित करने में भी सहायक होते हैं। एक आक्षेप तक पहुंचने के लिए एक से अधिक तर्क हो सकते हैं।

कई दार्शनिक गणितज्ञों और मनोवैज्ञानिकों ने तर्क के लिए निम्नलिखित छह चरण दिए हैं।

1. समस्या की पहचान
2. समस्या को परिभाषित करना
3. परिकल्पना का गठन
4. आंकड़ों का संग्रह
5. डेटा का सारणीकरण और व्यवस्थितकरण
6. परिकल्पना का सत्यापन एवं मूल्यांकन

तर्कशास्त्र के प्रकार:

अरस्तु ने मानव तर्क की समस्याओं से निपटने के लिए हमें एक विस्तृत, व्यवस्थित प्रतिपादन बताया था।

ये विधियां तीन प्रकार की हैं:

1. **निगमनात्मक तर्क विधि (Deductive Reasoning):** इसे विश्लेषणात्मक तर्क के रूप में भी जाना जाता है क्योंकि इसमें वस्तुओं से उनके घटक भागों को देखकर व्यवहार किया जाता है। विज्ञान में औपचारिक तर्क को भी निगमनात्मक बताया गया है।

   अध्याय 6 में भी न्याय (syllogism) की अवधारणाओं को भली भांति समझाया गया है।
2. **आगमनात्मक तर्क (Inductive Reasoning):** इसको विवेचनात्मक तर्क भी कहा जाता है, जहां किसी वर्ग में प्रत्येक वस्तु के सामान्य गुणों को देखकर कहा जाए कि कोई वस्तु उस वर्ग से संबंधित है।

   आगमनात्मक तर्क को सामान्य तौर पर अनौपचारिक तर्क या समीक्षात्मक तर्क भी कहा जा सकता है।
3. **अपावर्तन तर्क (Abductive Reasoning):** यह तर्क का तीसरा रूप माना जाता है। यह कुछ हद तक आगमनात्मक तर्क के समान है। इस अपावर्तन शब्द का सुराग हमें अटकल शब्द से भी मिलता है, क्योंकि यहां निकाला गया निष्कर्ष संभावनाओं पर आधारित होता है। यहां यह भी माना जाता है कि सबसे प्रशंसनीय निष्कर्ष (popular) भी सही है।

   उदाहरण:

   मुख्य आधार वाक्य (Major Premise): यह कंटेनर पीले रंग के कांच से भरा हुआ है।

   लघु आधार वाक्य (Minor Premise): बॉबी के हाथ में पीले रंग का कांच है।

   निष्कर्ष या अनुमान (Inference): कंटेनर से बॉबी के हाथ में पीला कांच बाहर निकाला गया था।

अपावर्तन के तर्क से, संभावना है कि बॉबी ने कंटेनर से पीले रंग का कांच ले लिया। यह उचित भी लगता है, हालांकि यह विशुद्ध रूप से अटकलों पर आधारित है। कोई भी बॉबी को पीले रंग का कांच दे सकता है या शायद बॉबी एक खुदरा स्टोर पर एक पीला कांच खरीद सकता है।

इसलिए, यह मानते हुए कि बॉबी ने पीले रंग के कांच को हाथ में लिया हुआ है, अवलोकन हमें गल्त निष्कर्ष पर ले जा सकता है। निगमनात्मक और आगमनात्मक तर्क के विपरीत, अपावर्तन का तर्क मुख्य तौर पर मनोमितीय (psychometric) परीक्षण के लिए उपयोग नहीं किया जाता है।

यहां, हम तर्क के अन्य रूपों पर भी चर्चा कर सकते हैं।

1. **परिकल्पित न्यादर्शन (Modus Ponens):** इसको एक वैध, सरल तर्क और निष्कर्ष के नियम के रूप में भी जाना जाता है। न्यादर्श और सिलॉजिज़्म एक जैसे ही शब्द हैं। एक सही न्यादर्श, न्याय या सिलॉजिज़्म केवल तीन वाक्यों का तर्क है, जिसमें वास्तव में दो परिसर और एक निष्कर्ष सम्मिलित होता है। एक परिकल्पित न्यादर्श कम से कम एक काल्पनिक या सशर्त (यदि-तब) आधार पर होता है। इस प्रकार के निगमनात्मक तर्क को सशर्त या अनुबंधन तर्क (conditioned reasoning) के रूप में भी जाना जाता है। तर्क की इस विधि को मोडस पोनेन्स के रूप में भी जाना जाता है।

   मोडस पोनेन्स के चार प्रकार निम्नानुसार हैं।

1. **श्रृंखला तर्क (Chain Argument):**
   इस तर्क में तीन अनुबंधन तर्क होते हैं जो कि एक साथ जुड़ जाते हैं।
   यहां एक श्रृंखला तर्क का उदाहरण दिया गया है।
   अगर मैं परीक्षा में उपस्थित नहीं होता हूं, तब मैं स्नातक स्तर की पढ़ाई में असफल हो जाऊंगा।
   अगर मैं स्नातक में असफल हो जाता हूं, तो मैं अपना समय और धन खो दूंगा।
   इसलिए, अगर मैं परीक्षा में उपस्थित नहीं हुआ, अपना समय और धन खो दूंगा।
2. **मोडस टोलेंस (Modus Tollens):**
   इन्हें कभी-कभी 'परिणाम को झुठलाने' वाला भी कहा जाता है क्योंकि इनमें एक सशर्त आधार (conditional premise) होता है, एक दूसरा आधार जो सशर्त आधार से इन्कार करता है, अर्थात असत्य होने का दावा करता है और एक निष्कर्ष जो सशर्त के प्रतिपक्षी होने से इनकार करता है।
   यहां मॉडस टोलेंस तर्क का एक उदाहरण दिया गया है।
   अगर हम मैनचेस्टर में हैं तो हम गुजरात में हैं।
   हम गुजरात में नहीं हैं।
   इसलिए, हम मैनचेस्टर में नहीं हैं।
3. **पूर्ववर्ती तर्क को नकारना (Denying the Antecedent Argument):**
   इस प्रकार के तर्क में, पहला आधार वाक्य सशर्त के पूर्ववर्त वाक्य को नकार (deny) देता है। यहां निष्कर्ष भी ऐसा ही करता है।
   यहां एक उदाहरण है।
   अगर हम चंडीगढ़ में हैं, तो हम उत्तर दिशा में हैं।
   हम चंडीगढ़ में नहीं हैं।
   इसलिए, हम 'उत्तर दिशा' में नहीं हैं।

हम देख सकते हैं कि उपरोक्त उदाहरण में परिसर सत्य है और निष्कर्ष गल्त है। यह तार्किक रूप से विश्वसनीय नहीं है।

4. **परिणाम को प्रभावित करना (Affirming the consequent):** तर्क की इस पद्धति को दोषपूर्ण माना जाता है। और यह परिणामी की पुष्टि करता है।
उदाहरण के लिए यदि हम शुक्र पर हैं, तो हम सौर प्रणाली में हैं
हम सौर मंडल में हैं।
इसलिए, हम शुक्र ग्रह पर हैं।
तर्क की ऐसी पद्धति में आधार वाक्य सत्य है, लेकिन निष्कर्ष गल्त प्रमाणित हो रहा है। यह स्पष्ट है कि निष्कर्ष की पुष्टि तार्किक रूप से विश्वसनीय नहीं है।

निरपेक्ष न्यायसंगतता (Categorical Syllogism)

यहाँ वाक्य के विवरण मुख्य तौर पर 'सब', 'कोई भी नहीं' या 'कुछ' से आरम्भ होते हैं, इनका निष्कर्ष 'इसलिए' से प्रारम्भ होता है।

1. **परिभाषा से तर्क (Argument from definition):** परिभाषा से एक तर्क या निष्कर्ष प्रस्तुत किया जाता है, जैसा कि परिभाषा से सत्य प्रमाणित हो रहा है।
नंद हृदय रोग विशेषज्ञ हैं।
इसलिए, नंद एक डॉक्टर है।
यहां हृदय रोग विशेषज्ञ और डॉक्टर के मध्य एक सीधा संबंध दर्शाया गया है, अर्थात यहां दो तत्व हैं– हृदय रोग विशेषज्ञ और डॉक्टर।
वैध निगमनात्मक तर्क के निष्कर्ष में वाक्य या आधार वाक्य या परिसर (proposition) की तुलना में अधिक जानकारी नहीं है।
2. **उन्मूलन द्वारा तर्क (Argument by Elimination):** उन्मूलन का तर्क केवल एक ही संभावना बनी रहने तक विभिन्न संभावनाओं को तार्किक रूप से नियंत्रित करने का प्रयास करता है। यह एक परीक्षा में प्रश्नों का प्रयास करने जैसा है।
3. **गणित पर आधारित तर्क (Argument based on Mathematics)** गणित का मुख्य उद्देश्य मानवता की तर्क शक्ति विकसित करना है। यहां, निष्कर्ष का दावा किया गया है कि यह कुछ हद तक गणितीय गणना या माप पर निर्भर करता है (शायद एक या अधिक गैर गणितीय परिसर के साथ संयोजन में)।
यहां एक उदाहरण दिया गया है।
बारह आठ से अधिक है।
आठ चार से अधिक है।
इसलिए, बारह चार से अधिक है।

आगमनात्मक तर्क (Inductive Reasoning)

यहां हम आगमनात्मक तर्क की अधिक विस्तार से चर्चा कर रहे हैं। यहां वाक्य और अनुमान, निष्कर्ष या प्रस्ताव, सामान्य टिप्पणियों के अवलोकन और अनुभवों पर आधारित होता है।

इसका निगमनात्मक तर्क के साथ काफी विपरीत संबंध है आगमनात्मक तर्क सबसे अधिक शक्तिशाली होने के बाद भी परिसर वाक्य निष्कर्ष की सत्यतता की गारंटी नहीं देता है। इसका निष्कर्ष सदैव 'संभाव्यता का स्तर' (degree of probability) दर्शाता है। यहां पर एक आगमनात्मक तर्क के निष्कर्ष में आधार वाक्यों से अधिक जानकारी हो सकती है।

इस प्रकार, इस तर्क की विधि का उपयोग होता है।

आगमनात्मक तर्क में, एक विषय में एक विशेष आधार वाक्य एक ही धारावाहिक क्रम में अन्य सभी विषयों में भी सत्य होगा।

यह मुख्य तौर पर ऐसे सभी विषयों में लागू किया जा सकता है। यहां, कुछ तथ्य/वाक्यों और विशिष्ट उदाहरणों के आधार पर निष्कर्ष (कोई सामान्यीकृत कथन या सिद्धांत) तैयार किया जा सकता है।

अब हम आगमनात्मक तर्क की छह सामान्य विधियों पर भी चर्चा कर सकते हैं।

1. **आगमनात्मक सामान्यीकरण (Inductive Generalization):** यह एक तर्क है जिसमें एक वर्ग के कुछ सदस्यों के बारे में जानकारी के आधार पर एक सामान्यीकरण को संभवत: सही माना जाता है। सभी आगमनात्मक सामान्यीकरण का दावा है कि उनके निष्कर्ष कुछ हद तक संभावित हैं।
2. **भविष्यसूचक (Predictive Logic):** यह भविष्य में क्या हो सकता है या क्या होगा, इस बारे में एक कथन है, यहां एक भविष्यवाणी का बचाव कुछ कारकों से किया जाता है। यह आगमनात्मक तर्क की सबसे सामान्य विधि है।
इसका उदाहरण भी यहां दिया गया है,
मुंबई में हर जून में वर्षा होती है, क्योंकि मौसम रिकॉर्ड रखा गया है। इसलिए संभवत: अगले जून में मुंबई में वर्षा होगी।
भविष्य में कुछ भी निश्चित नहीं है, तर्क युक्त पूर्वानुमान मुख्य तौर पर आगमनात्मक होते हैं।
3. **प्राधिकार से तर्क (Argument from Authority):** यहां निष्कर्ष किसी प्रकल्पित प्राधिकारी (या गवाह) द्वारा समर्थित होता है, जिन्होंने कहा है कि निष्कर्ष सत्य है। हम कभी भी पूरी तरह से निश्चित नहीं हो सकते हैं कि प्रकल्पित प्राधिकारी सटीक या विश्वसनीय है या नहीं।
4. **कारण तर्क (Causal Argument):** सबसे आधारभूत, सबसे सामान्य और सबसे महत्वपूर्ण प्रकार के ज्ञान में यह अनुभूति होना आवश्यक है कि हम सदैव यह जानने के इच्छुक होते हैं कि हमें निष्कर्ष में कारण और प्रभाव का ज्ञान प्राप्त हो। सबसे आधारभूत, सबसे सामान्य और सबसे महत्वपूर्ण प्रकार के ज्ञान में यह अनुभूति होना आवश्यक है कि हम सदैव यह जानने के इच्छुक होते हैं कि हमें निष्कर्ष में कारण और प्रभाव का ज्ञान प्राप्त हो। हम यह जानना चाहते हैं कि एक वस्तु किसी और वस्तु का कारण है। एक कारण हमें तर्क देता है या उस तर्क से इन्कार करता है।
5. **सांख्यिकीय (Statistical Argument):** एक सांख्यिकीय तर्क सांख्यिकीय साक्ष्य पर टिकी हुई है, अर्थात, इस बात का प्रमाण है कि किसी समूह के कुछ प्रतिशत में कुछ 'विशेष विशेषताएं' होती हैं।
6. **सादृश्य से तर्क (Argument from Analogy):** एक सादृश्य दो या दो से अधिक वस्तुओं की तुलना है, कुछ प्रासंगिक सम्मान में समान होने का दावा किया जाता है।

अंत में, हम कह सकते हैं कि आगमनात्मक तर्क सूचनात्मक है क्योंकि एक आगमनात्मक तर्क के निष्कर्ष में अधिक जानकारी सम्मिलित है जो पहले से ही किसी परिसर में निहित है।

तर्क के अन्य प्रकार:

हम दूसरों के साथ संवाद करने के लिए मौखिक और गैर-मौखिक प्रतीकों का उपयोग करते हैं। यहां चार प्रकार के तर्क हैं, जिन्हें निम्नानुसार समझाया गया है।

1. **वाचनिक तर्क (Verbal Reasoning):** हम भाषा द्वारा दूसरों के साथ संवाद करते हैं, भाषा तर्क के लिए एक वाहन भी है। इसलिए भाषा या शब्द-प्रतीकों के बिना तर्क संभव नहीं है। वाचनिक तर्क में, हम शब्दों

की तरह भाषाई प्रतीकों का उपयोग करते हैं। कुछ वाचनिक तर्क क्षमता परीक्षण के लिए उपलब्ध हैं।

2. **गैर-वाचनिक तर्क (Non Reasoning):** हम देखते हैं कि प्रतियोगी परीक्षाओं में लिखित परीक्षा में तर्क का कुछ भाग ऐसा भी हो सकता है, जिसमें कुछ आंकड़े, रेखांकन, चित्र होते हैं जो प्रतियोगी की गैर-वाचनिक तर्क क्षमता का मूल्यांकन कर सकते हैं।
3. **प्रस्ताव के रूप में तर्क (Reasoning as Propositions):** यह निर्धारित करना अक्सर कठिन कार्य है कि एक लंबा और जटिल तर्क केवल पढ़ने से मान्य या अमान्य हो जाता है। संपूर्ण तर्कों के भागों का विश्लेषण करना इसके तर्कों की वैधता निर्धारित करने में हमारी सहायता करता है। इस तार्किक प्रक्रिया को प्रस्तावात्मक तर्क के रूप में जाना जाता है।

   यहां एक उदाहरण है।

   यदि a = 4 और b = 7, a + c = b

   4 + c = 7

   इसलिए, c = 3
4. **स्वचालित तर्क (Automated Reasoning):** यह मूल रूप से कंप्यूटर विज्ञान का एक क्षेत्र है। यह कंप्यूटर सॉफ़्टवेयर के निर्माण को पूरी तरह या लगभग पूरी तरह से स्वचालित रूप से करने की अनुमति देने के लिए तर्क के विभिन्न पहलुओं को समझता है। कभी-कभी, इसे सामान्य तौर पर कृत्रिम बुद्धिमत्ता का उपक्षेत्र माना जाता है, लेकिन इसका सैद्धांतिक संबंध कंप्यूटर विज्ञान और फिर दर्शन-शास्त्र से भी काफी शक्तिशाली है।
5. **मस्तिष्क तर्क का केंद्र (Brain's Centre of Reasoning):** अधिकांश लोगों के लिए, मस्तिष्क का बायां भाग तर्क का मुख्य कारक है। यह लिखित और बोली जाने वाली भाषाओं और गणितीय गणनाओं को नियंत्रित करता है। प्रीफ्रंटल कॉर्टेक्स हमारे शीश का सबसे आगे का क्षेत्र है और यह फ्रंटल लोब से जुड़ा हुआ क्षेत्र है। बाएं मस्तिष्क को विश्लेषणात्मक, तार्किक, गणितीय मस्तिष्क कहा जाता है, जो कि वैज्ञानिक सोच और प्रभाव से संबंधित है।

श्रृंखला पूर्ति (Series Completion)

श्रृंखला पूर्ति में अंक श्रृंखला (number series) या अक्षर श्रृंखला (letter series) से संबंधित प्रश्न हो सकते हैं जैसा कि लापता अंक (missing numbers) का पता करना, गल्त अंकों को प्रतिस्थापित करना, अनुपस्थित अक्षरों को ढूंढना, अंकों या अक्षरों के गल्त समूह को चिह्नित करना इत्यादि।

निम्नलिखित अनुच्छेदों में नेट परीक्षा में इस प्रकार के संभावित प्रश्नों का वर्णन किया गया है।

अंक श्रृंखला (Number Series)

अभाज्य अंक श्रृंखला (Prime Number Series)

आइए पहले हम गुणनखंडों के आधार पर अंकों के वर्गीकरण को जान लें।

1. अभाज्य संख्या
2. संयुक्त संख्या
3. ना अभाज्य ना संयुक्त

एक धन पूर्णांक (positive whole number) को अभाज्य संख्या कहा जाता है जो 1 से बड़ा हो और इसके गुणनखंड केवल 1 और वह अंक स्वयं हो। सबसे छोटा अभाज्य अंक 2 है।

उदाहरण के लिए, 2, 3, 5, 7, 11, 13, 17, 19, 23, 29, 31, 37, 41, 43, 47, 53, 59, 61, 67, 71 प्रथम 20 अभाज्य संख्याएं हैं। 30 के गुणनखंड $2 \times 3 \times 5$ में सभी गुणनखंड अभाज्य संख्याएं हैं। अभाज्य संख्याओं की संख्या अनंत है।

संयुक्त संख्या: एक से बड़ी वैसी संख्या, जो अभाज्य नहीं है, उसे संयुक्त संख्या (composite number) कहा जाता है। 1 न तो अभाज्य संख्या है और न ही संयुक्त संख्या।

उदाहरण 1

2, 3, 5, 7, 11, 13, 17, ...

(a) 15 (b) 17
(c) 18 (d) 19

हल

उपरोक्त श्रृंखला अभाज्य संख्या से संबंधित है। अगला अभाज्य अंक 19 है।

उत्तर: (d)

उदाहरण 2

2, 5, 11, 17, 23, 31, ...

(a) 33 (b) 37
(c) 41 (d) 43

हल

इस रेंज में, 2, 3, 5, 7, 11, 13, 17, 19, 23, 29, 31, 37, 41, 43, ... अभाज्य अंकों को विकल्पत लिखा गया है, इसलिए सही उत्तर 41 है।

उत्तर: (c)

अंतर श्रृंखला (Difference Series)

उदाहरण 3

2, 5, 8, 11, 14, 17, ..., 23, 26,

(a) 19 (b) 21
(c) 20 (d) 18

हल

क्रमागत अंकों में परस्पर 3 का अंतर है। (17 + 3 = 20)

उत्तर: (c)

उदाहरण 4

45, 38, ..., 24, 17, 10, 3

(a) 31 (b) 34
(c) 38 (d) 29

हल

क्रमागत अंकों में परस्पर 7 का अंतर है। (38 – 7 = 31)

उत्तर: (a)

गुणन श्रृंखला (Multiplication Series)

उदाहरण 5

2, 6, 18, 54, …, 486, 1458

(a) 152 (b) 182
(c) 162 (d) 108

हल

2 से प्रारंभ करते हुए, यहां अगली संख्या प्राप्त करने के लिए प्रत्येक संख्या को 3 से गुणा किया गया है। ($54 \times 3 = 162$)

उत्तर: (c)

उदाहरण 6

3, 12, 48, …, 768, 3072

(a) 192 (b) 216
(c) 512 (d) 72

हल

3 से प्रारंभ करते हुए, यहां अगली संख्या प्राप्त करने के लिए हर संख्या को 4 से गुणा किया गया है। ($48 \times 4 = 192$)

उत्तर: (a)

विभाजन श्रृंखला (Division Series)

उदाहरण 7

720, 120, 24, 6, …, 1

(a) 1 (b) 2
(c) 3 (d) 4

हल

$$720 \div 6 = 120$$
$$120 \div 5 = 24$$
$$24 \div 4 = 6$$
$$6 \div 3 = 2$$
$$2 \div 2 = 1$$

उत्तर: (b)

उदाहरण 8

32, 48, 72, …, 162, 243

(a) 84 (b) 96
(c) 108 (d) 132

हल

अगला अंक प्राप्त करने के लिए हर अंक को 3/2 से गुणा किया जा रहा है।

उत्तर: (c)

N^2 श्रृंखला (N^2 Series)

उदाहरण 9

1, 4, 9, 16, 25, 36, …, 64

(a) 42 (b) 44
(c) 45 (d) 49

हल

यह श्रृंखला 1, 2, 3, 4, 5, 6, 7, 8, … के वर्ग की है।

उत्तर: (d)

उदाहरण 10

0, 4, 16, 36, 64, …, 144

(a) 100 (b) 84
(c) 96 (d) 120

हल

यह श्रृंखला सम अंकों 0, 2, 4, 6, 8, 10, ..., 12 का वर्गीकरण है। इसलिए इसका उत्तर है $10^2 = 100$

उत्तर: (a)

$N^2 - 1$ श्रृंखला ($N^2 - 1$ Series)

उदाहरण 11

0, 3, 8, 15, 24, 35, 48, 63, …

(a) 80 (b) 82
(c) 83 (d) उपरोक्त में से कोई नहीं

हल

यह श्रृंखला $1^2 - 1, 2^2 - 1, 3^2 - 1, ...$ ऐसे चलती है। इसलिए अगला अंक $9^2 - 1 = 80$ है।

उत्तर: (a)

वैकल्पिक हल: इस श्रृंखला में अंतर विषम संख्याओं का बढ़ता क्रम भी लिया जा सकता है: 3, 5, 7, 9, 11, 13, 15 और 17। इसलिए अगला अंक बनता है, $63 + 17 = 80$

$N^2 + 1$ श्रृंखला ($N^2 + 1$ Series)

उदाहरण 12

2, 5, 10, 17, 26, 37, …, 65

(a) 50 (b) 48
(c) 49 (d) 51

हल

यह श्रृंखला है: $1^2 + 1, 2^2 + 1, 3^2 + 1, ...$। अगला अंक है: $7^2 + 1 = 50$

उत्तर: (a)

$N^2 + N$ श्रृंखला और $N^2 - N$ श्रृंखला ($N^2 + N$ Series and $N^2 - N$ Series)

उदाहरण 13

0, 2, 6, 12, 20, 30, …, 56

(a) 36 (b) 40
(c) 42 (d) उपरोक्त में से कोई नहीं

हल

यह श्रृंखला है: $0^2 + 0, 1^2 + 1, 2^2 + 2, 3^2 + 3, ...$।

इसलिए लापता अंक है: $6^2 + 6 = 42$

उत्तर: (c)

इस प्रश्न के दो वैकल्पिक हलों का नीचे वर्णन किया गया है:

पहला वैकल्पिक हल: श्रृंखला है: 0×1, 1×2, 2×3, 3×4, 4×5 और $5 \times 6 = 30$, अगला अंक है: $6 \times 7 = 42$

दूसरा वैकल्पिक हल: श्रृंखला है: $1^2 - 1, 2^2 - 2, 3^2 - 3, 4^2 - 4, 5^2 - 5, 6^2 - 6, 7^2 - 7, 8^2 - 8, \ldots$ आदि।

N^3 श्रृंखला (N^3 Series)

उदाहरण 14

1, 8, 27, 64, 125, 216, …

(a) 256 (b) 343
(c) 365 (d) 400

हल

श्रृंखला है: $1^3, 2^3, 3^3, \ldots$। लापता अंक है: $7^3 = 343$

उत्तर: (b)

$N^3 + 1$ श्रृंखला ($N^3 + 1$ Series)

उदाहरण 15

2, 9, 28, 65, 126, 217, 344, …

(a) 513 (b) 362
(c) 369 (d) 361

हल

श्रृंखला है: $1^3 + 1, 2^3 + 1, 3^3 + 1, \ldots$।

इसलिए लापता अंक है: $8^3 + 1 = 513$

उत्तर: (a)

अक्षर श्रृंखला (LETTER SERIES)

इस प्रकार की समस्या में अंग्रेजी वर्णमाला की श्रृंखला के कुछ अक्षर होते हैं जो किसी क्रम का पालन करते हैं।

इस प्रकार के प्रश्नों को हल के लिए हम अंग्रेजी वर्णमाला के अक्षरों को 1 से 26 तक के अंक नियत करते हैं। यह प्रक्रिया उलट दिशा में भी चल सकती है, जैसा नीचे दर्शाया गया है।

तालिका 5.1 अंग्रेजी वर्णमाला—बाएं से दाएं

A	B	C	D	E	F	G	H	I	J	K	L	M
1	2	3	4	5	6	7	8	9	10	11	12	13
N	O	P	Q	R	S	T	U	V	W	X	Y	Z
14	15	16	17	18	19	20	21	22	23	24	25	26

EJOTY की अवधारणा

वर्णाक्षर	E	J	O	T	Y
स्थान	5	10	15	20	25

परीक्षार्थी 'EJOTY' की सहायता से विभिन्न अक्षरों की आपेक्षिक स्थिति निर्धारित कर सकते हैं। अक्षर श्रृंखला को निम्नलिखित दो भागों में विभाजित किया जा सकता है।

पहला अर्धभाग: A से M तक ® 1 से 13 और दूसरा अर्धभाग: A से M तक ® 14 से 26

तालिका 5.2 अंग्रेजी वर्णमाला—दाएं से बाएं

Z	Y	X	W	V	U	T	S	R	Q	P	O	N
1	2	3	4	5	6	7	8	9	10	11	12	13
M	L	K	J	I	H	G	F	E	D	C	B	A
14	15	16	17	18	19	20	21	22	23	24	25	26

किसी भी वर्णाक्षर की स्थिति के बारे में एक तथ्य यह है कि बाएं से दाएं की स्थिति एवं दाएं से बाएं का योग 27 होता है। उदाहरण के लिए, H की दोनों पोजिशनों का योग है: $(8 + 19 = 27)$, W के लिए $(23 + 4 = 27)$ है।

तालिका 5.3 प्रतिमुख वर्णाक्षर

A	B	C	D	E	F	G	H	I	J	K	L	M
Z	Y	X	W	V	U	T	S	R	Q	P	O	N

एक अक्षरीय श्रृंखला (One Letter Series)

उदाहरण 16

A, C, E, G, …, K

(a) I (b) H
(c) J (d) M

हल

श्रृंखला ऐसे चलती है: A + 2 = C, C + 2 = E, E + 2 = G; G + 2 = I, I + 2 = K, इसलिए लापता वर्णाक्षर I है।

उत्तर: (a)

उदाहरण 17

A, B, D, G, …, P

(a) K (b) L
(c) M (d) N

हल

श्रृंखला ऐसे चलती है: +1, +2, +3, +4, +5, …। A + 1 = B; B + 2 = D; D + 3 = G; G + 4 = K; K + 5 = P। इसलिए लापता वर्णाक्षर K है।

उत्तर: (a)

उदाहरण 18

B, E, H, K, N, …

(a) P (b) O
(c) Q (d) R

हल

श्रृंखला ऐसे चलती है: +3, इसलिए लापता वर्णाक्षर 'N + 3 = Q' बनता है।

उत्तर: (c)

उदाहरण 19

B, D, G, I, L, N, …

(a) N (b) O
(c) P (d) Q

हल

श्रृंखला ऐसे चलती है: +2, +3, +2, +3, …। इसलिए लापता वर्णाक्षर N + 3 = Q है।

उत्तर: (d)

उदाहरण 20

B, C, E, G, K, …

(a) M (b) N
(c) O (d) P

हल

तालिका 5.1 के अनुसार, B = 2, …, K = 11 वर्णाक्षर श्रृंखला का निर्माण अभाज्य अंकों के आधार पर हुआ है। अगला अभाज्य अंक 13 है, उसके अनुरूप अक्षर M होना चाहिए।

उत्तर: (a)

उदाहरण 21

A, E, I, O, …

(a) Q (b) R
(c) U (d) S

हल

यह सब स्वर (vowels) हैं।

उत्तर: (c)

उदाहरण 22

A, D, I, P, …

(a) U (b) V
(c) X (d) Y

हल

इस श्रृंखला वर्णों का चयन तालिका 5.1 में 1, 4, 9, 16, … पोजिशनों के अनुसार किया गया है, जो कि क्रमश: 1, 2, 3, 4 का वर्ग हैं, अतएव अगला वर्ण 5 के वर्ग यानि 25वीं पोजिशन के अनुसार Y बनता है।

उत्तर: (d)

उदाहरण 23

D, F, H, I, J, L, …

(a) K (b) O
(c) N (d) P

हल

यह संयुक्त अंक श्रृंखला पर आधारित है: 4, 6, 8 , 9, 10, 12, …। अगला संयुक्त अंक 14 है, जिसके अनुसार उत्तर N होना चाहिए।

उत्तर: (c)

उदाहरण 24

A, Z, B, Y, C, X, D, …

(a) U (b) V
(c) W (d) X

हल

यह दो श्रृंखलाओं का सम्मिश्रण है: आरोही (A, B, C, D, …) एवं अवरोही (Z, Y, X, W, …)।

उत्तर: (c)

द्वि-वर्गीय संयुक्त श्रृंखला (Combined Two Letter Series)

इसमें वर्णाक्षरों का युग्म दो तर्कों का अनुपालन करता है।

उदाहरण 25

AM, BN, CO, DP, …, FR

(a) EQ (b) FT
(c) GR (d) ER

हल

युग्म का पहला वर्णाक्षर: A, B, C, D, F, … और दूसरा वर्णाक्षर है: M, N, O, P, Q, R, …। इसलिए उत्तर EQ बनता है।

उत्तर: (a)

उदाहरण 26

AB, DE, GH, …, MN

(a) HI (b) JK
(c) KL (d) उपरोक्त में से कोई नहीं

हल

हर युग्म के बाद एक अक्षर को छोड़ (skip) दिया जाता है।

उत्तर: (b)

उदाहरण 27

AA, CE, EI, GO, …

(a) IU (b) IQ
(c) IR (d) IT

हल

हर युग्म का पहला वर्णाक्षर इस प्रकार श्रृंखला का अनुपालन करता है: A + 2 = C, C + 2 = E … हर युग्म का दूसरा अक्षर स्वर है: A, E, I, O, U

उत्तर: (a)

त्रि-अक्षरीय श्रृंखला (Three Letter Series)

इस प्रकार की श्रृंखला के प्रत्येक शब्द में तीन अक्षर होते हैं, संभवत: तीनों ही अलग-अलग तर्कों का अनुपालन कर रहे हों।

उदाहरण 28

ABD, CDF, …, GHJ, IJL

(a) EFH (b) IJL
(c) HIJ (d) HIK

हल

इस श्रृंखला में हर शब्द का पहला वर्ण A, C, E, G, I, … का, दूसरा वर्ण B, D, F, H, J, … और तीसरा वर्ण D, F, H, J, L, … का अनुपालन कर रहा है।

उत्तर: (a)

उदाहरण 29

CKZ, DLY, … , FNW, GOV

(a) EMX (b) ENY
(c) ENX (d) उपरोक्त में से कोई नहीं

हल

पहला वर्ण C, D, E, F, G, … का अनुपालन कर रहा है, दूसरा K, L, M, N, O, … का और तीसरा वर्ण Z, Y, X, W, V, … का अनुपालन कर रहा है।

उत्तर: (a)

उदाहरण 30

NAB, OEC, PIE, QOG, …

(a) QPH (b) QUH
(c) QUI (d) RUK

हल

पहला वर्ण N, O, P, Q, R, … का अनुपालन कर रहा है, दूसरी स्वर (vowels) श्रृंखला है और तीसरा वर्ण अभाज्य अंक श्रृंखला के अनुसार तालिका 5.1 से मिलते हुए वर्ण का अनुपालन कर रहा है।

उत्तर: (d)

उदाहरण 31

ABC, CBA, DEF, … , GHI, IHG

(a) JKL (b) FED
(c) DFE (d) IJK

हल

दूसरे शब्द में वर्णों का क्रम पलट दिया गया है।

उत्तर: (b)

कूट लेखन एवं कूटानुवाद (Coding and Decoding)

कूट लेखन या कोडिंग विभिन्न सिद्धांतों पर आधारित होते हैं, इसमें प्रश्न यह जानने के लिए पूछे जाते हैं कि परीक्षार्थी इनका अनुवाद करने में कितना सक्षम है। यह नेट परीक्षा में नियमित रूप से पूछे जाने लगे हैं। व्यापक तौर पर इनमें प्रश्नों को वर्णमाला कूट लेखन, संख्यात्मक कूट लेखन और मिश्रित कूट लेखन के रूप में वर्गीकृत किया जा सकता है।

वर्णमाला कूट लेखन (ALPHABET CODING)

इस प्रकार के प्रश्नों को हल करने के लिए अंग्रेजी वर्णमाला का ध्यान रखना आवश्यक है, जिनको 5.1–5.3 तालिकाओं में दर्शाया जा चुका है।

यह वर्णाक्षर स्वयं का प्रतिनिधित्व नहीं करते बल्कि इनको तर्कशील पैटर्न या तुल्यता के आधार पर कोई कृत्रिम मूल्य आबंटित किया जाता है। कुछ सिद्धांतों का अनुपालन करते हुए इस प्रकार के प्रश्नों का हल निकाला जा सकता है। इसको अग्रलिखित श्रेणियों में विभाजित किया जा सकता है।

सरल तुल्य वर्णमाला कोडिंग (Simple Analogical Letter Coding)

ये सब से साधारण कूट है।

उदाहरण 32

यदि 'BELONGINGS' को 'TABLESTESF' कूटित किया जाता है, तो 'LINEN' का कूट कैसे किया जाएगा?

(a) BTEAE (b) BTAEA
(c) BATEA (d) उपरोक्त में से कोई नहीं

हल

यहां कूटन निम्न प्रकार से किया गया है:

वर्ण	B	E	L	O	N	G	I	N	G	S
	↓	↓	↓	↓	↓	↓	↓	↓	↓	↓
कूट	T	A	B	L	E	S	T	E	S	F

इसलिए LINEN का कूट BTEAE है, सही उत्तर (a) है।

उत्तर: (a)

विशिष्ट प्रतिरूप वर्णमाला कूट लेखन (LETTER CODING ON SPECIFIC PATTERN)

परीक्षार्थी को सबसे अदृश्य प्रतिरूप को पहचानना होता है।

उदाहरण 33

अगर 'POSTED' को 'DETSOP' कूटित किया जाए, तो आप 'SPEED' को कैसे कूटित करोगे?

(a) DEEPS (b) DEESP
(c) DESEP (d) SPEDE

हल

ध्यानपूर्वक अवलोकन से पता चलता है कि वर्णाक्षरों को उल्टे क्रम में लिखा गया है, इसलिए SPEED को DEEPS लिखा जाएगा।

उत्तर: (a)

उदाहरण 34

यदि 'GREET' शब्द का कूट लेखन 'FQDDS' किया जाता है, तो 'CDDO' किस शब्द का कूट लेखन है?

(a) EDDP (b) DEEP
(c) PEED (d) EPED

हल

यहां शब्द 'GREET' के प्रत्येक वर्णाक्षर में से 1 पोजीशन घटाई जा रही है, जिसको –1 से दर्शाया जा रहा है।

शब्द	G	R	E	E	T
	–1	–1	–1	–1	–1
कूट	F	Q	D	D	S

'CDDO' स्वयं ही एक कोड है, हमें यहां मूल शब्द प्राप्त करने के लिए +1 करना पड़ेगा।

कूट	C	D	D	O
	+1	+1	+1	+1
शब्द	D	E	E	P

उत्तर: (b)

उदाहरण 35

यदि 'PAT' का कूट लेखन 'QRBCUV' किया जाता है, तो आप 'GRACE' शब्द को कैसे कूटित करोगे?

(a) HISTBCDEFG
(b) HISTBCDEGF
(c) HISBTCDEFG
(d) HISTBCEDFG

हल

ध्यानपूर्वक देखने से पता चला है कि यहां कूट लेखन इस प्रकार से किया जा रहा है कि हर वर्ण को उसके बाद आने वाले दो वर्णों से प्रतिस्थापित किया जा रहा है: A = BC, B = CD, C = DE आदि। इसलिए GRACE को हम 'HISTBCDEFG' के रूप में कूटित करेंगे।

उत्तर: (a)

उदाहरण 36

अगर 'EGHJKMKM' शब्द 'FILL' शब्द का कूट है, तो 'EGDFDFKM' किस का कूट है?

(a) LEEF (b) FEEL
(c) DEAL (d) REEL

हल

अंग्रेजी वर्णमाला को ध्यान में रखते हुए एवं दोनों शब्दों की तुलना करते हुए हमें यह पता चलता है कि 'F' से पूर्व 'E' है और बाद में 'G', इसलिए F का कूट EG बन गया, इसी भांति 'H' एवं 'J' के मध्य I आता है, L के पहले K एवं M आते हैं।

इस अवलोकन को ध्यान में रखते हुए 'EGDFDFKM' शब्द 'FEEL' का कूट है।

उत्तर: (b)

अंकों से कूट लेखन (CODING WITH NUMERICAL DIGITS)

यहां वर्णों को एक संख्या प्रदान की जाती है, जो कि आवश्यक नहीं कि वर्णमाला श्रृंखला में वर्णों की पोजीशन के अनुसार ही हो। परीक्षार्थी को विशिष्ट पैटर्न को पहचानना होता है और पूछे गए प्रश्न में उसका उत्तर देना होता है।

उदाहरण 37

यदि 'TRAIN' को '23456' कूटित किया जाए, तो 'RAIN' को कैसे कूटित किया जाएगा?

(a) 3456 (b) 3546
(c) 2345 (d) 2456

हल

वर्ण	T	R	A	I	N
कूट	2	3	4	5	6

इन वर्णों को स्वेच्छा से मूल्य आबंटित किए जाते हैं, जैसा कि ऊपर दर्शाया गया है। इसलिए 'RAIN' का कूट 3456 है।

उत्तर: (a)

अंकों का तुल्यात्मक कूटन
(Analogical Coding with Numerical Digits)

यहां सादृश्यता (analogy) के आधार पर वर्णों को संख्यात्मक मूल्य आबंटित किए जाते हैं। यहां कोई ऐसा सधा हुआ सिद्धांत नहीं है, जिसका अक्षरश: अनुपालन किया जा सके।

उदाहरण 38

यदि 'SELDOM' को '1 2 4 3 6 5' से कूटित किया जाता है, तो 'MODE' को कैसे कूटित किया जाएगा?

(a) 3 6 2 1
(b) 6 2 3 1
(c) 5 6 3 2
(d) 6 2 1 3

हल

वर्ण	S	E	L	D	O	M
	↓	↓	↓	↓	↓	↓
	1	2	4	3	6	5

सादृश्यता के आधार पर हम यह कह सकते हैं कि 'MODE' का कूट 5632 है।

उत्तर: (c)

विशिष्ट पैटर्न के साथ कोडिंग
(Coding with Specific Pattern)

यहां तीन प्रकार की श्रृंखलाएँ हो सकती हैं:

1. **अग्रिम श्रृंखला (Forward Series):** जैसा कि तालिका 5.1 में दर्शाया जा चुका है, यहां वर्णों को 1 से 26 तक मूल्य आबंटित किए जाते हैं, A = 1, B = 2, C = 3, …, Z = 26 आदि।

उदाहरण 39

यदि 'PACE' 16-1-3-5 के रूप में कूटित है, तो 'RACE' का कूट क्या होगा?

(a) 18-1-3-5
(b) 16-1-3-5
(c) 16-3-5-1
(d) उपरोक्त में से कोई नहीं

उत्तर: (a)

2. **पश्चगामी (Backward Series):** यहां Z = 1, Y = 2, X = 3, …, A = 26

उदाहरण 40

यदि 'GREAT' का कूटन 20-9-22-26-7 है, तो 'GATE' का कूट क्या होगा?

(a) 20-26-7-22 (b) 20-26-6-22
(c) 26-20-7-22 (d) 26-20-22-7

उत्तर: (a)

3. **यादृच्छिक अनुक्रम (Random Sequence):** यहां पैटर्न की वैकल्पिक तरीकों से स्थापना की जा सकती है, यहां भी परीक्षार्थी को पैटर्न की पहचान करनी होगी।

उदाहरण: यदि A = 3, B = 4, Z = 28; यदि A = 5, B = 7, C = 9, …

उदाहरण 41

यदि 'FRANCE' को '10-22-5-18-7-9', कूटित किया जाए, तो 'INDIA' को कैसे कूटित किया जा सकता है?

(a) 13-18-8-13-5 (b) 13-17-6-12-4
(c) 12-17-7-12-5 (d) उपरोक्त में से कोई नहीं

हल

पैटर्न को नीचे दर्शाया गया है:

A	B	C	D	E	F	G	H	I	J
5	6	7	8	9	10	11	12	13	14
K	L	M	N	O	P	Q	R	S	T
15	16	17	18	19	20	21	22	23	24
U	V	W	X	Y	Z				
25	26	27	28	29	30				

उत्तर: (a)

मिश्रित कोडिंग (पत्र + अंक)
[Mixed Coding (Letter + Digits)]

यह वर्णों एवं अंकों का सम्मिश्रण है।

उदाहरण 42

यदि 'A3T15R' शब्द 'ACTOR' का प्रतिनिधित्व करता है और 'D1T5', शब्द 'DATE' का, तो निम्न में से कौन-सा शब्द 'ROTATE' का प्रतिनिधित्व करेगा?

(a) R15T1T5 (b) R16T1T5
(c) R15T1T6 (d) L15C1T7

हल

ACTOR के लिए कूटित शब्द में पहले, तीसरे और पांचवें वर्णों अर्थात A, T एवं R को बिना किसी परिवर्तन के प्रतिस्थापित किया गया है। तालिका 5.1 के अनुसार C एवं O को 3 एवं 15 कूटित किया गया है। इसी प्रकार DATE का कूटन किया गया है और इसी प्रकार ही ROTATE का कूटन किया गया है।

उत्तर: (a)

उदाहरण 43

यदि 'M I S S I O N' को '! ? ? ! ϕ $' कूटित किया जाता है और 'LENS' को '@#$?', तो 'LION' का कूट लेखन कैसे किया जा सकता है?

(a) @ ! ϕ $ (b) @ ! $ #
(c) ? ? # # (d) उपरोक्त में से कोई नहीं

हल

LION = L + ION

LION का पहला वर्ण 'L' और 'MISSION' के आखिरी तीन वर्ण ION के कूट को अलग करें। चयन करें। इसलिए LION का कूट है @ ! ϕ $

उत्तर: (a)

कोडित वक्तव्य (Coded Statements)

उदाहरण 44

किसी कूट भाषा में, 'do re me' का अर्थ है 'he is late'; 'fa me la' का अर्थ है 'she is early' और 'so ti do' का अर्थ है कि 'he leaves soon'। निम्न में से 'late' उस कूटित भाषा के किस शब्द का अर्थ है?

(a) la (b) do
(c) me (d) re

व्याख्या:

do re me - he is late ... (1)
fa me la - she is early ... (2)
so ti do - he leaves soon ... (3)
(1) और (2) की तुलना से 'me' का अर्थ है 'is'
(1) और (3) की तुलना से 'do' का अर्थ है 'he'
अत: 're' का अर्थ है 'late'

वैकल्पित हल:

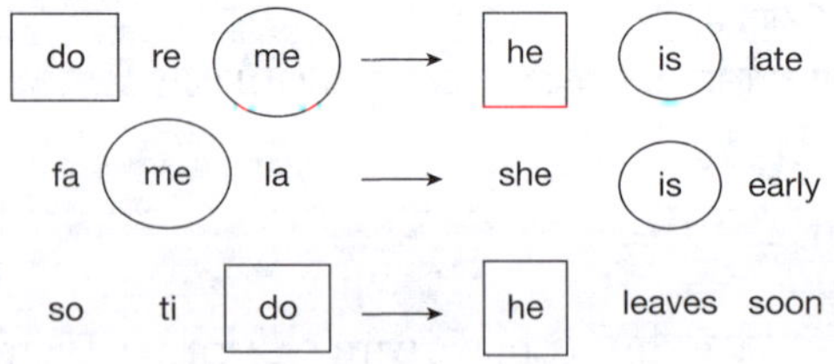

इसलिए late का कूट बनता है 're'

उत्तर: (d)

उदाहरण 45

एक निश्चित कोड में, 'jo ka ra' का अर्थ है 'go for walk'; 'ma fo ka' का अर्थ है 'do not walk' तथा 'sa ta jo' का अर्थ है 'good for you'। इस भाषा के अनुसार 'go' का कूट क्या है?

(a) ra (b) ka
(c) ta (d) jo

व्याख्या:

jo ka ra ⟶ go for walk

ma fo ka ⟶ do not walk

sa ta jo ⟶ good for you

अतः 'go' का कूट है: 'ra'

उत्तर: (a)

उदाहरण 46

कल्पना कीजिए वर्षा जल है, जल सड़क है, सड़क बादल है, बादल आकाश है, आकाश सागर है, सागर एक मार्ग है, तो हवाई जहाज कहां उड़ते हैं?

(a) सड़क (b) सागर
(c) बादल (d) जल

व्याख्या: हवाई जहाज आकाश में उड़ते हैं और आकाश को सागर कहा जाता है, इसलिए हवाई जहाज सागर में उड़ते हैं।

उत्तर: (b)

उदाहरण 47

एक निश्चित कोड में, 'how old are you' का अर्थ है '9734' तथा 'he is old' को '275' लिखा जाता है। इस कूटित भाषा में 'he' को कैसे लिखा जाएगा?

(a) 2 (b) 3
(c) 2 या 5 (d) आंकड़ें अपर्याप्त

व्याख्या:

how old are you = 9734 (1)

he is old = 275 (2)

समीकरण (1) और (2) की तुलना करने पर

old = 7

अब समीकरण (2) में देखने पर 'he' का कूट '2' या '5' होगा।

उत्तर: (c)

वर्गीकरण (Classification)

वर्गीकरण पर आधारित प्रश्न कुछ संख्याओं या वस्तुओं में समानता या विषमता पर आधारित होते हैं। कुछ वस्तुओं को कुछ समान विशेषताओं के आधार पर एक ही वर्ग में वर्गीकृत किया जाता है, परीक्षार्थी को वह गुण पहचानना है और जो वस्तु या अंक उस वर्ग से संबंधित नहीं है, उसको पृथक करना होता है। इसको हम सरल आंग्ल भाषा में 'Odd Man Out' भी कहते हैं।

विषम शब्द का चयन (CHOOSING THE ODD WORD)

जैसा कि पहले वर्णित किया गया है, इस प्रकार के प्रश्नों में, कुछ शब्द जो कि मुख्य वास्तविक संसार से संबंधित हैं और जिनके कुछ समान गुण हैं, एक विशेष समूह में रखे जाते हैं।

उदाहरण 48

ऐसे शब्द का चयन करें जो समूह में दूसरों शब्दों से मेल नहीं खाता है:

(a) कैलेंडर (b) तिथि
(c) दिवस (d) मास

उत्तर: (a)

व्याख्या: शेष सभी शब्द कैलेंडर का भाग है।

उदाहरण 49

निम्नलिखित ऐसे शब्द का चयन करें जो समूह में दूसरे शब्दों से मेल नहीं खाता है:

(a) मयूर (b) गिद्ध
(c) चिड़िया (d) हंस

उत्तर: (d)

व्याख्या: इन सब में केवल हंस ही जल पक्षी है।

विषम युग्म का चयन (CHOOSING THE ODD PAIR OF WORDS)

यहां नेट परीक्षा में परीक्षार्थी के समक्ष विकल्पों के रूप में चार युग्म होते हैं, जिन में तीन में कुछ समान संबंध होता है।

उदाहरण 50

परीक्षार्थी को सबसे अलग युग्म का चयन करना होता है:

(a) पुरुष : भीड़ (b) गाय : पशु समूह
(c) भेड़ : पशु समूह (d) मछली : मत्स्य वर्ग

उत्तर: (a)

व्याख्या: शेष सभी युग्मों में, दूसरा शब्द पहले का समूह है।

उदाहरण 51

निम्नलिखित में ऐसे युग्म का चयन करें जिसमें शब्द विभिन्न ढंग से संबंधित हों:

(a) जूल : ऊर्जा
(b) एम्पीयर : विद्युतधारा
(c) कोण : डिग्री
(d) पास्कल : दबाव

उत्तर: (c)

व्याख्या: अन्य सभी जोड़ों में, दूसरा शब्द पहले को मापने के लिए एक इकाई है।

विषम अंक का चयन (CHOOSING THE ODD NUMERAL)

इस प्रकार के प्रश्नों में, चार संख्याएँ दी हुई हैं जिनमें से तीन किसी रूप में या आधार पर समान है। परीक्षार्थी को भिन्न संख्या का चयन करना है।

उदाहरण 52

निम्नलिखित में से ऐसी संख्या का चयन करें जो दूसरों से विभिन्न हो:

(a) 139 (b) 177
(c) 144 (d) 183

उत्तर: (c)

व्याख्या: इनमें से केवल 144 ही किसी संख्या का पूर्ण वर्ग है।

उदाहरण 53

निम्नलिखित में ऐसी संख्या का चयन करें जो दूसरों से विभिन्न हो:

(a) 127 (b) 345
(c) 361 (d) 514

उत्तर: (c)

व्याख्या: 361 के सिवाय सभी संख्याएँ किसी संख्या के क्यूब से दो अधिक हैं।

विषम अंक युग्म या समूह (Choosing the Odd Numeral Pair or Group)

इस प्रकार के प्रश्नों में भी विभिन्न युग्म का चयन करना होता है।

उदाहरण 54

निम्नलिखित में से विषम अंक युग्म या समूह का चयन करें:

(a) 15 : 46 (b) 12 : 37
(c) 9 : 28 (d) 8 : 33

उत्तर: (d)

व्याख्या: बाकी सभी संख्याओं में दूसरी संख्या = (पहली संख्या × 3) + 1

उदाहरण 55

ऐसी संख्या युग्म का चयन करें जो कि दूसरों से भिन्न हो:

(a) 3, 5 (b) 7, 2
(c) 6, 2 (d) 1, 7

उत्तर: (b)

व्याख्या: बाकी सब में युग्म के अंकों का योग 8 है।

विषम वर्ण समूह (Choosing the Odd Letter Group)

इसमें वर्णों के अलग समूह की पहचान करनी होती है।

उदाहरण 56

निम्नलिखित में से विषम वर्ण समूह का चयन करें:

(a) BCD (b) NPR
(c) KLM (d) RQP

उत्तर: (b)

व्याख्या: बाकी सभी समूहों में वर्ण श्रृंखला के अविच्छिन्न (consecutive) वर्णाक्षर हैं।

उदाहरण 57

निम्नलिखित में से विषम वर्ण समूह का चयन करें:

(a) KLM (b) IJK
(c) PQR (d) RST

उत्तर: (b)

व्याख्या: बाकी किसी समूह में स्वर (vowel) नहीं है।

तुल्यता या सादृश्यता (Equanimity/Analogy)

इसका अर्थ है समरूपता। सादृश्य के आधार पर दिए गए प्रश्नों में एक निश्चित संबंध दिया होता है, परीक्षार्थी को उपलब्ध विकल्पों में इसी प्रकार के संबंध को पहचानना होता है। सादृश्यता परीक्षार्थी की तर्कशक्ति, ज्ञान और समग्र सोच का परीक्षण करती है।

सादृश्यता के विभिन्न प्रकारों का निम्न वर्णन किया गया है:

साधारण/प्रत्यक्ष सादृश्यता (Simple/Direct Analogy)

इसमें प्रश्न वक्तव्य में दो वस्तुओं या विचारों में एक निश्चित संबंध होता है। प्रश्न में एक वस्तु (या विचार) दिया होता है। परीक्षार्थी यह पहचानने का प्रयास करता है कि नीचे दिए गए चार विकल्पों में से कौन-सा उससे संबंध रखता है।

उदाहरण 58

परिधान कपड़े उसी प्रकार से संबंधित हैं, जैसे जूता निम्न में से किसी एक से संबंधित है:

(a) लेस (b) मोची
(c) चमड़ा (d) पादुका

उत्तर: (c)

व्याख्या: पहला दूसरे से निर्मित होता है।

उदाहरण 59

जैसे स्वादिष्ट स्वाद से संबंधित है, मधुर किससे संबंधित है?

(a) वचन (b) विचार
(c) उच्चारण (d) महारानी

उत्तर: (a)

व्याख्या: स्वादिष्ट खाने के अच्छे स्वाद का प्रतिनिधित्व करता है। इसी तरह से अच्छे वचनों के लिए मधुर शब्द का प्रयोग किया जाता है।

सदृश्य या अनुरूप युग्म को पूर्ण करना (Completion of Analogous Pair)

इसमें पहले दिए गए दो शब्दों के मध्य संबंध को पहचान कर, दूसरे युग्म को पूर्ण करना होता है।

उदाहरण 60

विशालकाय: बौना :: प्रतिभाशाली : ?

(a) दुष्ट (b) कोमल
(c) मंदबुद्धि (d) चालाक

उत्तर: (c)

व्याख्या: बौना विशालकाय का विपरीतार्थक शब्द है, इसी प्रकार मंदबुद्धि प्रतिभाशाली का विपरीतार्थक शब्द है।

उदाहरण 61

फल: आम :: स्तनपायी : ?

(a) गाय (b) नाग
(c) मछली (d) गौरेया

उत्तर: (a)

व्याख्या: जैसे आम फल का एक प्रकार है, इसी प्रकार गाय एक प्रकार का स्तनपायी जन्तु है।

सही सादृश्य युग्म का चयन (SELECTING THE RIGHT ANALOGOUS PAIR)

यहां प्रश्न वक्तव्य में शब्दों का एक युग्म दिया होता है, उत्तर में विकल्प शब्दों के युग्म के रूप में दिए होते हैं। परीक्षार्थी को प्रश्न वक्तव्य में दत्त युग्म के शब्दों में संबंध को पहचान कर उस विकल्प का चयन करना होता है जिनमें वही संबंध हो।

उदाहरण 62

दीपक : अंधकार

(a) थकान : व्यायाम (b) जल : प्यास
(c) चिकित्सा : रोगी (d) अध्ययन : शिक्षणकक्ष

उत्तर: (b)

व्याख्या: जैसे दीपक अंधकार दूर करता है, वैसे ही जल प्यास को बुझाता है।

उदाहरण 63

भार : किलोग्राम

(a) कुल्हाड़ी : पीसना
(b) एम्मीटर : विदुयत धारा
(c) शक्ति : एम्पीयर
(d) ऊर्जा : जूल

उत्तर: (d)

व्याख्या: जैसे भार को किलोग्राम में मापा जा सकता है, वैसे ही ऊर्जा को मापने की इकाई जूल है।

एक समान शब्द का चयन (CHOOSING A SIMILAR WORD)

इस प्रकार के प्रश्नों में, प्रश्न वक्तव्य में तीन या चार शब्द दिए होते हैं, जिसके साथ-ही चार विकल्प दिए होते हैं। परीक्षार्थी को मिलान करते हुए अनुरूप उत्तर देना होता है।

उदाहरण 64

लोहा : कॉपर : जिंक :

(a) सिरेमिक (b) कार्बन
(c) निकल (d) पारा

उत्तर: (c)

व्याख्या: यह सभी ठोस धातु हैं।

उदाहरण 65

आलू : गाजर :: मूली : ?

(a) टमाटर (b) पालक
(c) तिल (d) मूंगफली

उत्तर: (d)

व्याख्या: ये सभी भूमि के अंदर उगने वाली सब्जियाँ हैं।

वर्णमाला सादृश्य (ALPHABET ANALOGY)

इस प्रकार के प्रश्न वक्तव्यों में वर्णाक्षरों के दो समूह दिए होते हैं, परीक्षार्थी को इनके आपसी संबंध की पहचान करने के बाद उत्तर देना होता है।

उदाहरण 66

'BEGK' का 'ADFJ' से वही संबंध है जो कि PSVM का निम्न विकल्प से है:

(a) LOQT (b) ROUX
(c) OTUZ (d) ORUL

हल

पहले हम नीचे दी गई तालिका की सहायता से संबंध स्पष्ट कर लें।

B	E	G	K
–1	–1	–1	–1
A	D	F	J

इसी भांति से,

P	S	V	M
–1	–1	–1	–1
O	R	U	L

उत्तर: (d)

उदाहरण 67

ABCD : LNPR : : FGHI : ?

हल

इसमें चारों वर्णों A, B, C एवं D की स्थिति को नीचे दी गई तालिका के अनुसार को वर्णमाला में अग्रसर किया गया है।

A	B	C	D
+11	+12	+13	+14
L	N	P	R

इसी भांति से,

F	G	H	I
+11	+12	+13	+14
Q	S	U	W

(a) QSUW (b) QUSV
(c) RSUW (d) RSUV

उत्तर: (a)

संख्या आधारित सादृश्यता (NUMBER BASED ANALOGY)

जैसा कि वर्णों में ऐसे प्रश्न पहले पूछे जा चुके हैं, वैसे ही संख्याओं के संदर्भ में भी पूछे जा सकते हैं।

उदाहरण 68

9 : 14 : : 26 : ?

(a) 2 (b) 13
(c) 15 (d) 31

हल

x : (x + 5)

उत्तर: (d)

उदाहरण 69

8 : 28 : : 27 : ?

(a) 55 (b) 63

(c) 64 (d) 85

हल

x : (3x + 4)

उत्तर: (d)

उदाहरण 70

42 : 56 : : 72 : ?

(a) 81 (b) 90

(c) 96 (d) 100

हल

42 और 56 के बीच में अनुपात 3 : 4 का है, इसी प्रकार 72 और 96 के बीच का अनुपात 3 : 4 है।

उत्तर: (c)

रक्त संबंध (Blood Relations)

नेट परीक्षा में रक्त संबंध बहुत महत्त्वपूर्ण विषय है। इसमें हमें किन्हीं दो व्यक्तियों के बीच में रिश्ते को पहचानना होता है। पारिवारिक संबंध दो प्रकार के हो सकते हैं:

1. रक्त संबंध (स्वयं को केंद्र में रखते हुए)

पैतृक संबंध

पिता का पिता : दादा
पिता की माता : दादी
पिता का/की पुत्र/पुत्री : स्वयं
पिता का भाई : चाचा
चाचा की बहन : बुआ
चाचा की पत्नी : चाची
चाचा का बेटा : चचेरा भाई
बुआ का बेटा : फूफेरा भाई
भाई का बेटा : भतीजा
बहन की बेटी : भांजी

मातृक संबंध

माता का पिता : नाना
माता की माता : नानी
माता का/की पुत्र/पुत्री : स्वयं
माता का भाई : मामा
माता की बहन : मौसी
मामा की पत्नी : मामी
मामा का बेटा : ममेरा भाई
मौसी का बेटा : मौसेरा भाई
भाई की बेटी : भतीजी
बहन का बेटा : भांजा

सगा भाई या बहन के लिए सहोदर (sibling) शब्द का प्रयोग किया जाता है।

पति या पत्नी के लिए जीवनसाथी (spouse) शब्द का प्रयोग किया जाता है।

मामा, चाचा एवं बुआ के बेटे और बेटियों के लिए आंग्ल भाषा में cousin शब्द का प्रयोग किया जाता है।

2. विवाह से उत्पन्न संबंध (Relations due to Matrimonial Relations): रक्त संबंध विषय के अंतर्गत हम दूसरे रिश्ते का भी संज्ञान लेते हैं।

मामा की पत्नी : मामी
चाचा की पत्नी : चाची
बुआ का पति : फूफा
भाई की पत्नी : भाभी (sister in law)
पत्नी का भाई : साला (brother in law)
पत्नी की बहन : साली (sister in law)
पति की बहन : ननद
पति का भाई : बड़ा भाई - जेठ/छोटा भाई - देवर (brother in law)
बहन का पति : बहनोई या जीजा (brother in law)

पारिवारिक वृक्ष को विकसित करना

(Developing Family Tree)

पारिवारिक वृक्ष पारिवारिक संबंधों पर आधारित प्रश्नों को हल करने में सहायता करते हैं। इसके लिए कुछ मानकीकृत संकेत भी विकसित किए गए हैं।

स्थिति	संकेत
M पुरुष	+ M
N स्त्री	– N
M और N विवाहित हैं।	M = N
P एवं Q सहोदर है।	P ⟷ Q
B, A का बच्चा है।	A ↓ B
B और C, A के बच्चे हैं।	A ↙ ↘ B C

सर्वप्रथम परिवार के स्त्री एवं पुरुष सदस्यों की पहचान करेंगे। फिर पीढ़ी के अनुसार, हर सदस्य को रेखाचित्र में उचित रूप से प्रतिस्थापित किया जाएगा, तत्पश्चात प्रश्न का उत्तर दिया जा सकता है।

उदाहरण 71

X और Y भाई हैं। C और D बहनें हैं। X का बेटा D का भाई है। Y का C से क्या संबंध है?

(a) चाचा
(b) दादा
(c) पिता
(d) उपरोक्त में से कोई नहीं

उत्तर: (a)

व्याख्या: Y, X का भाई है; X का पुत्र D का भाई। इससे तात्पर्य है कि D, X की पुत्री है। D और C बहने हैं; इसलिए Y, C का चाचा है।

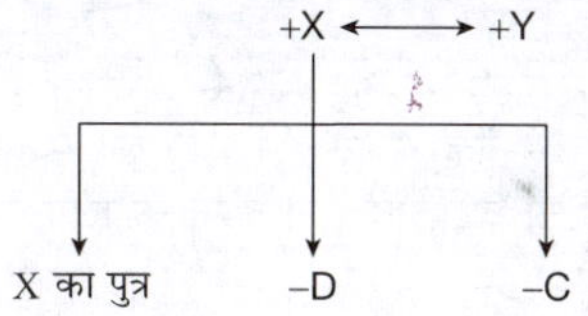

उदाहरण 72

A, C का पिता है और D, B का बेटा है। E, A का भाई है। यदि C, D की बहन है, तो B का E से क्या संबंध है? **(जून 2007)**

(a) बेटी (b) पति
(c) भाभी (d) बहनोई

उत्तर: (c)

व्याख्या: B, E की भाभी है।

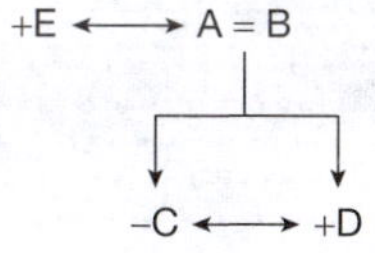

उदाहरण 73

E, A का बेटा है; D, B का बेटा है, E का विवाह C से हुआ है। C, B की बेटी है। D का E के साथ क्या संबंध है? **(जून 2010)**

(a) भाई (b) चाचा
(c) पिता ससुर (d) साला

उत्तर: (d)

व्याख्या: D, E का साला है।

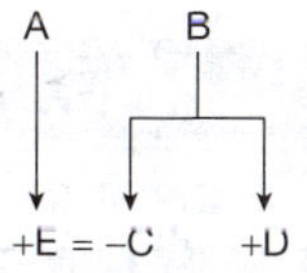

उदाहरण 74

यदि B, C के दादा/नाना की एकमात्र संतान की एकमात्र संतान है, तो C के पिता का B से क्या संबंध है?

(a) मामा
(b) पिता
(c) चाचा
(d) निर्धारित नहीं किया जा सकता है

उत्तर: (a)

व्याख्या: जैसा कि प्रश्न के वक्तव्य में दिया गया है, B अपने माता-पिता की एकमात्र संतान है; C, B की बहन नहीं हो सकती। दूसरी तरफ, B की माता अपने माता-पिता की एकमात्र पुत्री है, इसलिए उसका संभवत: भाई हो सकता है, इसलिए C के पिता B के मामा है।

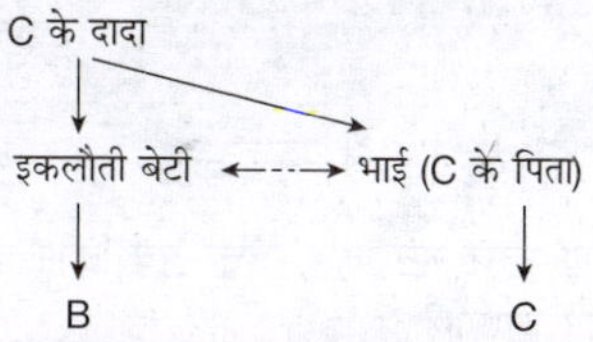

दिशा बोध (Direction Sense)

दिशा बोध संबंधित प्रश्न में किसी व्यक्ति के किसी प्रारंभिक स्थान से गंतव्य स्थान तक पहुंचने का मार्ग की दिशा और दूरी अनुसार वर्णन होता है। इसमें दिशा ज्ञान होना आवश्यक है, कभी पाइथागोरस प्रमेय का उपयोग भी हो सकता है।

जैसा कि हम सब जानते हैं: मूलत: चार दिशाएँ होती हैं—उत्तर, दक्षिण, पूर्व और पश्चिम।

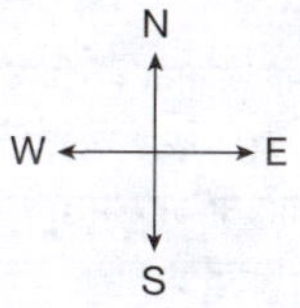

इसके अलावा चार और आधारभूत दिशाएँ भी होती हैं—उत्तर-पूर्व, दक्षिण-पूर्व, उत्तर-पश्चिम एवं दक्षिण पश्चिम, जैसा कि नीचे भी दर्शाया गया है।

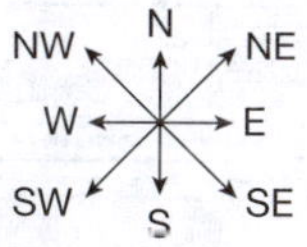

कुछ ध्यान रखने योग्य बातें
(Some Thinks to Keep in Mind)

1. जैसा कि हम जानते हैं कि सूर्य पूर्व में उदय होता है, इसलिए सूर्योदय के समय व्यक्ति या वस्तु की छाया पश्चिम की ओर होती है।
2. सूर्यास्त के समय, व्यक्ति या वस्तु की छाया सदैव पूर्व में होती है।
3. यदि सूर्योदय के समय व्यक्ति उत्तर की ओर मुख करके खड़ा हो, तो उसकी छाया उसके बाएं ओर होगी और सूर्यास्त के समय में छाया दाएं ओर होगी।
4. दोपहर 12:00 जब सूर्य की किरणें लम्बवत होती हैं, तो उसकी छाया का आकार न्यूनतम होगा।

उदाहरण 75

प्रकाश 30 मीटर पश्चिम की ओर चला, फिर बाईं तरफ मुड़ गया, 20 मीटर चलने के बाद फिर बाएं मुड़ गया और 30 मीटर चला। फिर, वह दाहिनी ओर मुड़ गया। वह अब किस दिशा का सामना कर रहा है?

(a) दक्षिण (b) उत्तर
(c) पूर्वी (d) पश्चिम

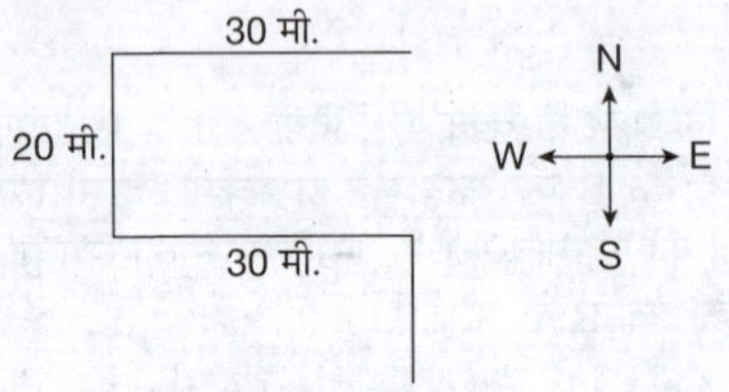

उत्तर: (a)

उदाहरण 76

यदि दक्षिण-पूर्व दिशा उत्तर बन जाए, उत्तर-पूर्व दिशा पश्चिम बन जाए, तो पश्चिम दिशा क्या बन जाएगी?

(a) उत्तर-पश्चिम (b) उत्तर-पूर्व
(c) दक्षिण-पूर्व (d) दक्षिण-पश्चिम

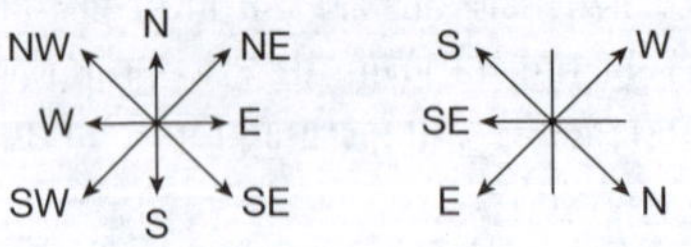

उत्तर: (c)

उदाहरण 77

अतुल 20 मीटर दक्षिण की ओर चलता है; फिर बाएं मुड़ के 30 मीटर चलता है। फिर, दाहिनी ओर मुड़ के 10 मीटर चलता है और फिर, दाहिनी ओर मुड़ के 40 मीटर चलता है; फिर दाहिनी ओर मुड़ के 30 मीटर चलता है और खड़ा हो जाता है। प्रारंभिक स्थान की तुलना में वह किस दिशा की तरफ सन्मुख है?

(a) पूर्वी (b) पश्चिम
(c) उत्तर (d) दक्षिण

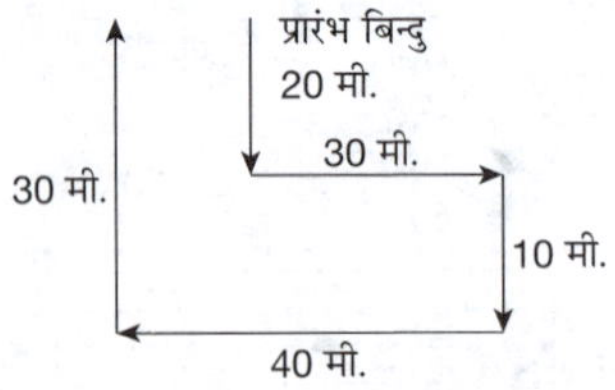

उत्तर: (c)

बैठने का व्यवस्थितिकरण (Seating Arrangement)

उदाहरण 78

छह लोग P, Q, R, G, S, M केन्द्र की तरफ मुख करके एक चक्र में बैठे हैं।

I. R का स्थान G और P के बीच है।

II. M का स्थान P और S के बीच है।

उपरोक्त जानकारी के आधार पर Q का स्थान ज्ञात कीजिए:

(a) G की तत्काल बाईं ओर
(b) S की तत्काल दाईं ओर
(c) निर्धारित नहीं किया जा सकता है।
(d) उपरोक्त में से कोई नहीं

उत्तर: (c)

व्याख्या:

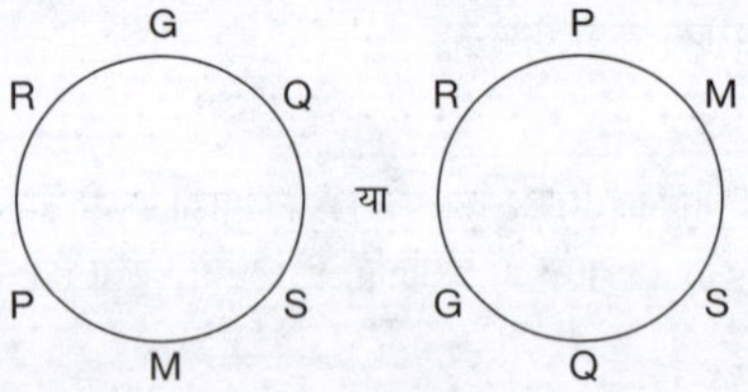

हम यह निश्चित रूप से कह सकते हैं कि Q का स्थान G एवं S के मध्य में है। किसी के बाईं या दाईं ओर ज्ञात करने के लिए और अधिक जानकारी चाहिए।

उदाहरण 79

M, N, T, R और D पांच मित्र हैं, सब मित्रों की लम्बाई ऊंचाई भिन्न-भिन्न है। T, D की तुलना में अधिक लंबा व्यक्ति है, किंतु M से छोटा है। R, N से अधिक लम्बा व्यक्ति है, परन्तु D से छोटा है। इन पांचों मित्रों में सबसे अधिक लम्बाई वाला व्यक्ति कौन है??

(a) T (b) M
(c) D (d) R

हल

$$M > T > D > R > N$$

इसलिए M सबसे लम्बा है।

उत्तर: (b)

उदाहरण 80

A, B, C, D, E और F उत्तर दिशा की ओर मुख करके एक पंक्ति में बैठे हैं। A, B और D का पड़ोसी है; E जो है, C और F का पड़ोसी है। D, C का पड़ोसी है। A और E के मध्य कितने लोग बैठे हैं?

(a) 2 (b) 1
(c) 3 (d) 4

उत्तर: (a)

व्याख्या: यदि हम बाएं से दाएं की तरफ चलें, तो बैठने का क्रम इस प्रकार से बनता है—B A D C E F

A और E के बीच में D एवं C है।

मूल गणित (Basic Arithmetic)

गणित सदैव आकर्षक और आनंदमय हो सकता है। गणित हमारी बुद्धि को निखारता है और एकाग्रता को बढ़ाता है। अत: गणित को एक कार्य की बजाय एक सचेत गतिविधि के रूप में करें। इसके प्रश्नों को सदैव नवीन ढंग से करने का प्रयास करें ताकि परीक्षा में समय की बचत भी की जा सके। इसके बुद्धयोत्तेजक अभ्यास (brain storming sessions) से हमें 'युक्तियुक्त तर्क' में भी सहायता मिलती है।

इस विषय-वस्तु में से प्रत्यक्ष या अप्रत्यक्ष से दो या तीन प्रश्न पूछे जा सकते हैं। यह काफी व्यापक विषय है, परन्तु NTA-NET परीक्षा के नए पाठ्यक्रम में भिन्न, प्रतिशत, अनुपात-समानुपात, छूट, ब्याज, औसत, समय एवं दूरी तथा कुछ अन्य तत्वों को भी सम्मिलित किया गया है। अन्य तत्वों में कैलेंडर, वैन डायग्राम भी सम्मिलित हैं।

अंश या भिन्न (Fraction)

अंश एक संख्या है जो पूर्ण के किसी भाग को दर्शाती है। भिन्न दो पूर्ण संख्याओं का भागफल है। भिन्न का एक उदाहरण है: $\frac{4}{5}$ जिसमें 4 अंश कहलाता है और 5 हर कहलाता है।

एक पिज़्ज़ा के चार भाग दर्शाए गये हैं।

अगर उसमें से एक भाग को निकाल दिया गया है। इसी को दूसरे शब्दों में कहेंगे कि पिज़्ज़ा का $\frac{1}{4}$ भाग काटकर निकाल दिया गया है और $\frac{3}{4}$ भाग शेष रह गया है।

अंश के कई रूप हैं:

1. उचित अंशों के अंश का परम मान उनके हर के परम मान से कम होता है, जैसे $\frac{3}{4}, \frac{2}{3}, \frac{5}{7}$
2. विषम भिन्नों के अंश का परम मान उनके हर के परम मान से ज़्यादा होता है, जैसे $\frac{5}{4}, \frac{8}{3}, \frac{5}{3}$
3. मिश्रित भिन्नों के दो भाग हैं: एक भाग पूर्ण संख्या होता है और एक भाग उचित भिन्न होता है, 5 2/3, यहां 5 पूर्ण संख्या होता है और 2/3 उचित भिन्न है।
4. तुल्य भिन्नों की राशियां समान होती हैं, जैसे $\frac{1}{3} = \frac{2}{6}$

क/ख में यदि क < ख तो भिन्न को उचित भिन्न कहा जाता है और यदि क > ख, तो भिन्न को अनुचित भिन्न कहा जाता है।

यदि अंश और हर को एक ही संख्या से गुणा या भाग कर दें तो भिन्न के मान में कोई अंतर नहीं पड़ता, अर्थात्

$$\frac{p}{q} = \frac{(pk)}{(qk)}$$

दशमलव अंकन पद्धति में भिन्न लिखने का दूसरा ढंग है, जो बहुत उपयोगी सिद्ध हुआ है। इस पद्धति में इकाई के दसवें, सौवें, हजारवें भाग को एक बिंदु के दाईं ओर लिखकर प्रकट करते हैं। इस बिंदु को 'दशमलव बिंदु' और भिन्न को 'दशमलव भिन्न' कहते हैं, जैसे-

$$5.754 = 5 + \frac{7}{10} + \frac{5}{100} + \frac{4}{1000}$$

दशमलव अंश/भिन्न को जोड़ने या घटाने के नियम वे ही हैं जो साधारण संख्याओं के लिये हैं। गुणा का नियम यह है कि संख्या को साधारण संख्याओं की तरह गुणा कर गुणनफल में दशमलव बिंदु उतने अंकों के पहले लगाते हैं, जो गुणक और गुण्य के दशमलव के बाद के स्थानों का जोड़ होता है, जैसे कि उदाहरण के लिए, 4.569 × 5.0024 = 22.8559656, पहले 4.569 और 50.024 का गुणा करें और दाईं ओर से 3 + 4 स्थान गिनकर दशमलव लगाएं।

उदाहरण 81

वह संख्या जिसे $\frac{4^2}{9^2}$ के हर और अंश दोनों जोड़ने पर भिन्न $\frac{4}{9}$ हो जाती है, वह संख्या निम्न में से किसके बराबर होगी ?

(a) 30 (b) 36
(c) 40 (d) 42

उत्तर: (b)

माना कि x वह संख्या है जिसे $\frac{4^2}{9^2}$ के अंश और हर दोनों को जोड़ने पर $\frac{4}{9}$ भिन्न हो जायेगी

$$\therefore \frac{4^2 + x}{9^2 + x} = \frac{4}{9}$$

$$9(16 + x) = 4(81 + x)$$

$$144 + 9x = 324 + 4x$$

$$5x = 180$$

$$\therefore x = 36$$

उदाहरण 82

निम्न में से यह संख्या $999\frac{98}{99} \times 99$ किसके बराबर है?

(a) 99099 (b) 97902
(c) 99999 (d) 99902

उत्तर: (b)

$$999\frac{98}{99} \times 99 = 97902$$

उदाहरण 83

निम्न में से यह संख्या $\frac{(2.39)^2 - (1.61)^2}{2.39 - 1.61}$ किसके बराबर है

(a) 3.5 (b) 4
(c) 4.5 (d) 5

उत्तर: (b)

माना $x = 2.39, y = 1.61$

$$\frac{x^2 - y^2}{x - y} = \frac{(x + y)(x - y)}{(x - y)} = x + y$$

x और y का मान रखने पर

$= 2.39 + 1.61$

$= 4.00$

उदाहरण 84

यदि भिन्न का हर, उसके अंश से 3 अधिक है। यदि अंश में 7 की वृद्धि कर दी जाए और हर में 2 की कमी कर दी जाए तो परिणाम में 2 प्राप्त हो जाता है। तदानुसार उस भिन्न के अंश तथा हर दोनों का योग कितना है?

(a) 10 (b) 11
(c) 12 (d) 13

उत्तर: (d)

भिन्न $= \frac{x}{x + 3}$

$$\frac{x + 7}{x + 3 - 2} = \frac{2}{1}$$

$= 2x + 2 = x + 7$

$\therefore x = 5$

अभीष्ट योग $= x + (x + 3)$

$= 5 + (5 + 3) = 13$

उदाहरण 85

वह संख्या कौन सी है जिसके 1/5 भाग में 4 की वृद्धि उसके 1/4 भाग में 10 की कमी के बराबर हो जाती है?

(a) 250 (b) 280
(c) 300 (d) 320

उत्तर: (b)

माना अभीष्ट संख्या $= x$

तब प्रश्नानुसार,

$\frac{x}{5} + 4 = \frac{x}{4} - 10$

$= 4x + 80 = 5x - 200$

$x = 200 + 80$

$= 280$

उदाहरण 86

यदि किसी भिन्न के दोनों अंश तथा हर में 1 जोड़ दिया जाए, तो वह $\frac{1}{4}$ हो जाती है उसी के अंश तथा हर में यदि 2 जोड़ दिए जाए, तो वह $\frac{1}{3}$ हो जाती है, तदानुसार उस भिन्न के अंश तथा हर का योग कितना होगा?

(a) 6 (b) 7
(c) 8 (d) 10

उत्तर: (c)

माना अभीष्ट भिन्न का अंश तथा हर क्रमश: a तथा b है

$\therefore$ अभीष्ट भिन्न = अंश / हर = a/b

तब प्रश्नानुसार, $\frac{a+1}{b+1} = \frac{1}{4}$

$= 4a + 4 = b + 1$

$= 4a - b + 3 = 0$..........(i)

तथा $\frac{a+2}{b+2} = \frac{1}{3}$

$= 3a + 6 = b + 2$

$= 3a - b + 4 = 0$..........(ii)

समीकरण (i) तथा समीकरण (ii) को हल करने पर

$a = 1$ तथा $b = 7$

$\therefore$ भिन्न के अंश तथा हर का अभीष्ट योग $= 1 + 7 = 8$

उदाहरण 87

दो अंकों की एक संख्या है। इनके अंकों को आपस में बदल दिया जाता है और इस प्रकार बनी संख्या को मूल संख्या में जोड़ दिया जाता है। ऐसी दो संख्याओं का योग निम्न में से किस संख्या से विभाजित होना चाहिए ?

(a) 11 (b) 19
(c) 15 (d) 13

उत्तर: (a)

माना दहाई के स्थान और इकाई के स्थान पर क्रमश: दो अंक X और Y हैं।

अत: संख्या 10X + Y है।

अंकों को आपस में बदलने के बाद, प्राप्त संख्या = 10Y + X

प्रश्न के अनुसार

बनी हुई नई संख्या = 10X + Y + 10Y + X

= 11X + 11Y = 11 (X + Y)

यह संख्या 11 से पूर्णत: विभाजित है।

उदाहरण 88

एक कार्यालय में 108 पंखे और 132 कूलर हैं, उनमें यदि $\frac{1}{6}$ पंखे और $\frac{1}{4}$ कूलर टूट जाएं तो उस कार्यालय में कितने पंखे और कूलर सुरक्षित हैं?

(a) 85 (b) 90
(c) 95 (d) 98

उत्तर: (b)

सुरक्षित पंखे $= \frac{5}{6} \times 108 = 90$

सुरक्षित कूलर $= \frac{3}{4} \times 132 = 99$

कुल सुरक्षित = 90

उदाहरण 89

एक भिन्न के अंश में से 4 घटाने पर और हर में 1 जोड़ने पर वह $\frac{1}{6}$ बन जाती है यदि उसी भिन्न के अंश तथा हर में क्रमश: 2 तथा 1 जोड़ दिए जाएं, तो वह $\frac{1}{3}$ बन जाती है तदानुसार उसके अंश तथा हर का लघुतम समापवर्त्य कितना होगा?

(a) 65 (b) 70
(c) 75 (d) 80

उत्तर: (b)

माना भिन्न है $= \frac{x}{y}$

$\because = \frac{x-4}{y+1} = \frac{1}{6}$

$= 6x - 24 = y + 1$

$= 6x - y = 25$ ....(i)

तथा

$\frac{x+2}{y+1} = \frac{1}{3}$

$= 3x + 6 = y + 1$

$3x - y = -5$..........(ii)

समीकरण (i) तथा (ii) का समाधान करने पर:

$x = 10$

$y = -35$

x तथा y का लघुत्तम समापवर्त्य निकलने पर यह 70 आता है।

उदाहरण 90

निम्नलिखित भिन्नों को अवरोही क्रम में व्यवस्थित कीजिए: $\frac{3}{5}, \frac{7}{9}, \frac{11}{13}$

(a) $\frac{11}{13}, \frac{7}{9}, \frac{3}{5}$ (b) $\frac{11}{13}, \frac{3}{5}, \frac{7}{9}$

(c) $\frac{7}{9}, \frac{11}{13}, \frac{3}{5}$ (d) $\frac{3}{5}, \frac{7}{9}, \frac{11}{13}$

उत्तर: (a)

$\frac{3}{5} = 0.60$

$\frac{7}{9} = 0.777$

$\frac{11}{13} = 0.846$

$\therefore$ अभीष्ट अवरोही क्रम $\frac{11}{13} > \frac{7}{9} > \frac{3}{5}$

उदाहरण 91

संख्या $\frac{6}{7/8}$ संख्या $\frac{6/7}{8}$ से कितनी अधिक है?

(a) $3\frac{1}{2}$ (b) $6\frac{3}{4}$

(c) $\frac{4}{5}$ (d) $5\frac{5}{6}$

उत्तर: (b)

$\frac{6}{7/8} - \frac{6/7}{8}$

$= \frac{6 \times 8}{7} - \frac{6 \times 1}{8 \times 7}$

$= \frac{48}{7} - \frac{6}{56}$

$= \frac{378}{56}$

$= 6\frac{42}{56} = 6\frac{3}{4}$

उदाहरण 92

$\frac{4}{5}, \frac{7}{8}, \frac{6}{7}, \frac{5}{6}$ को आरोही क्रम में व्यवस्थित कीजिए।

(a) $\frac{4}{5}, \frac{5}{6}, \frac{6}{7}, \frac{7}{8}$ (b) $\frac{5}{6}, \frac{4}{5}, \frac{6}{7}, \frac{7}{8}$

(c) $\frac{6}{7}, \frac{7}{8}, \frac{4}{5}, \frac{5}{6}$ (d) उपरोक्त में से कोई नहीं

उत्तर: (a)

$\frac{4}{5} = 0.80$

$\frac{7}{8} = 0.87$

$\frac{6}{7} = 0.85$

$\frac{5}{6} = 0.83$

आरोही क्रम = 0.80, 0.83, 0.85, 0.87

यदि कोई $\frac{4}{5}, \frac{5}{6}, \frac{6}{7}, \frac{7}{8}$ जैसा क्रम हो तो पहली संख्या सबसे बड़ी होती है, और बाद वाली सबसे छोटी, इसलिए बिना गणना के भी काम चल सकता है।

उदाहरण 93

भिन्न $\frac{4}{7}$ में कौन सा भाग जोड़ दिया जाए कि हमें योगफल $1\frac{1}{14}$ की प्राप्ति हो?

(a) 1 (b) $\frac{1}{2}$

(c) $\frac{3}{4}$ (d) $\frac{1}{3}$

उत्तर: (b)

अभीष्ट भाग = $1\frac{1}{14} - \frac{4}{7}$

$= \frac{15}{14} - \frac{4}{7}$

$= \frac{15 - 8}{14}$

$= \frac{7}{14} = \frac{1}{2}$

उदाहरण 94

दो भिन्नों का गुणनफल $\frac{14}{15}$ तथा भागफल $\frac{35}{24}$ है, इनमें से बड़ी भिन्न कौन सी है?

(a) $\frac{5}{6}$ (b) $\frac{6}{7}$

(c) $\frac{5}{8}$ (d) $\frac{7}{6}$

उत्तर: (d)

माना कि एक भिन्न x तथा दूसरी भिन्न y है

प्रश्नानुसार

$xy = \frac{14}{15}$ ....(i)

$\frac{x}{y} = \frac{35}{24}$ ....(ii)

यहां पर दोनों समीकरणों को गुणा किया जा रहा है:

$x^2 = \frac{14}{15} \times \frac{35}{24} = \frac{49}{36}$

$\therefore x = \sqrt{\frac{49}{36}} = \frac{7}{6}$

उदाहरण 95

हम संख्या 0.121212...को $\frac{p}{q}$ के रूप में लिखना चाहें तो यह निम्न में से किसके बराबर होगी?

(a) $\frac{4}{33}$ (b) $\frac{5}{33}$

(c) $\frac{4}{31}$ (d) $\frac{4}{35}$

उत्तर: (a)

0.121212...12

$= \frac{12}{99} = \frac{4}{33}$

$\therefore \frac{p}{q} = \frac{4}{33}$

क्योंकि यहां 0.1212 ...आ रहा है, अर्थात दशमलव के बाद दो संख्याएं 12 बार बार आ रही हैं, इसलिए हर में 99 आएगा। अगर तीन ऐसी संख्याएं होतीं तो 999 आता।

उदाहरण 96

$\frac{2}{1+\frac{1}{1-\frac{1}{2}}} \times \frac{3}{\frac{3}{2} \text{ का } \frac{5}{6} \div 1\frac{1}{4}}$ का मान ज्ञात कीजिए –

(a) 2 (b) 3

(c) 4 (d) 5

उत्तर: (a)

$\frac{2}{1+\frac{1}{1-\frac{1}{2}}} \times \frac{3}{\frac{3}{2} \times \frac{5}{6} \div 1\frac{1}{4}}$

$= \frac{2}{1+\frac{1}{\frac{1}{2}}} \times \frac{3}{\left(\frac{3}{2} \times \frac{5}{6}\right) \div \frac{5}{4}}$

$= \frac{2}{1+2} \times \frac{3}{\frac{5}{4} \times \frac{4}{5}}$

$= \frac{2}{3} \times \frac{3}{1} = 2$

लघुत्तम समापवर्तक (LEAST COMMON MULTIPLE – LCM)

दो या दो से अधिक संख्याओं का लघुत्तम समापवर्तक वह छोटी से छोटी संख्या है, जो दी गई सभी संख्याओं से पूर्ण रूप से विभाजित हो जाती है।

उदाहरण के लिए, यदि हमने 6, 12 और 18 का लघुत्तम समापवर्तक निकालना है तो पहले सबके गुणक निकालेंगे। इसमें सभी संख्याएं आएंगी जो कि ऊपर वाली संख्याओं के गुणक हैं।

$6 = 2 \times 3$

$12 = 2 \times 2 \times 3$

$18 = 2 \times 3 \times 3$

$\text{LCM} = 2 \times 2 \times 3 \times 3 = 36$

OR

2	6-12-18
3	3-6-9
	1-2-3

महत्तम समापवर्तक (HIGHEST COMMON FACTOR - HCF)

बड़ी से बड़ी वह संख्या जो दी गयी संख्याओं को पूर्णता विभाजित कर दे, उसे उन संख्याओं का महत्तम समापवर्तक कहते हैं। हम यहां 6, 12 और 18 का HCF निकाल रहे हैं।

```
12)18(1
   12
   6)12(2
     12
     ×
```

OR

6 को विभाजित करने वाली संख्याएं = 1, 2, 3 और 6

12 को विभाजित करने वाली संख्याएं = 1, 2, 3, 6 और 12

18 को विभाजित करने वाली संख्याएं = 1, 2, 3, 6 और 18

इन तीनों में 6 ऐसी सबसे बड़ी संख्या है, जो 6, 12 और 18 को विभाजित करती है।

यदि संख्याएं केवल दो ही हों तो निम्न फार्मूला प्रयोग किया जा सकता है। इसका प्रश्न भी आगे दिया गया है।

$\text{LCM} \times \text{HCF} =$ पहली संख्या $\times$ दूसरी संख्या

उदाहरण 97

दो संख्याओं का न्यूनतम समापवर्तक (LCM) 2376 है जबकि उनका उच्चतम सामान्य कारक (HCF) 33 है। यदि एक संख्या 297 है, तो दूसरी संख्या कितनी होगी?

(a) 216 (b) 264

(c) 642 (d) 792

उत्तर: (b)

चूंकि दो नंबर हैं, इसलिए यह सरल प्रश्न है।

LCM × HCF = पहली संख्या × दूसरी संख्या

2376 × 33 = 297 × दूसरी संख्या

अत: दूसरी संख्या = $\frac{2376 \times 33}{297} = 264$

अनुपात और समानुपात (Ratio and Proportion)

अनुपात और समानुपात, भिन्न के जैसी ही अवधारणाएं हैं। जैसे भिन्न दो संख्याओं के बीच संबंध दर्शाती है, वैसे ही अनुपात भी। परन्तु अनुपात दो से अधिक संख्याओं के बीच संबंध को भी दर्शा सकता है, जैसा कि 2 : 3 : 4, अनुपात किसी संख्या का किसी योग से संबंध दर्शाता है, इसके भाजक में संख्याओं का योग होता है और अंश-गणक में वह संख्या जिसकी तुलना की जा रही है।

उदाहरण के लिए, 2/3 भिन्न है, इसको अनुपात के रूप में 2 : 3 कहा जा सकता है। यदि 2 को हमने दोनों संख्याओं के योग यानि कि 5 की तुलना में दिखाना हो, तो 2/5 या 2 : 5 दर्शाया जाएगा।

यदि 2 की 5 के साथ प्रतिशत के रूप में तुलना करनी हो, तो उत्तर होगा = 2/5 × 100 = 40%

समानुपात (Proportion): जब दो अनुपातों के बीच में तुलना की जाती है, तो उसे समानुपात कहते हैं। समानुपात को (::) चिह्न से लिखते हैं।

मान लीजिए चार संख्याएं a, b, c, d समानुपाती हैं, तो उन्हें इस प्रकार लिखा जाएगा a : b :: c : d

a व d बाह्य पद तथा b व c मध्य पद कहलाते हैं।

बाह्य पदों का गुणनफल = मध्य पदों का गुणनफल

a × d = b × c

उदाहरणार्थ:

2 : 5 :: 6 : 15

2 × 15 = 5 × 6

उदाहरण 98

180.5 का कौन-सा प्रतिशत 36.1 के बराबर है?

(a) 20 (b) 25

(c) 20.50 (d) उपरोक्त में से कोई नहीं

हल

मान लीजिए 180.5 का x% = 36.1

या $x/100 \times 180.5 = 36.1$

हल करने पर x = 20%

उत्तर: (a)

उदाहरण 99

एक टीन में दो द्रव 5 : 3 अनुपात में हैं, यदि मिश्रण से 10 लीटर द्रव निकालकर उतनी ही मात्रा में दूसरा द्रव मिला दिया जाता है तो अनुपात 3 : 5 हो जाता है तो टीन में द्रव की कुल कितनी मात्रा रखी जा सकती है

(a) 38 (b) 40

(c) 45 (d) 48

उत्तर: (b)

कुल मात्रा

$= \frac{(5+3)^2}{5^2 - 3^2}$

निकाले गए द्रव की मात्रा

$= \frac{64}{16} \times 10 = 40$

उदाहरण 100

तीन कक्षाओं में विद्यार्थियों की संख्या का अनुपात 2 : 3 : 4 है। यदि प्रत्येक कक्षा में 12 विद्यार्थी बढ़ा दिये जायें,तो अनुपात 8 : 11 : 14 हो जाता है, पहले तीनों कक्षाओं में मिलाकर कुल कितने विद्यार्थी थे?

(a) 156 (b) 162

(c) 176 (d) 180

उत्तर: (b)

माना कि कक्षाओं में विद्यार्थियों की संख्या = $2x$, $3x$, एवं $4x$ है

अत: $\frac{2x+12}{3x+12} = \frac{8}{11}$

$x = 18$

अत: विद्यार्थियों की संख्या $= 2 \times 18 + 3 \times 18 + 4 \times 18 = 162$

उदाहरण 101

यदि A : B = 3 : 5 तथा B : C = 4 : 7 हो, तो A : B : C होगा?

(a) 12 : 18 : 35 (b) 12 : 20 : 35

(c) 10 : 16 : 18 (d) 9 : 18 : 32

उत्तर: (b)

A : B = 3 : 5

A : B = 12 : 20

B : C = 4 : 7

या B : C = 20 : 35

∴ A : B : C = 12 : 20 : 35

उदाहरण 102

A तथा B की वार्षिक आय 4 : 3 के अनुपात में तथा उनके वार्षिक व्यय 3 : 2 के अनुपात में हैं, यदि वर्ष के अंत में, उनमें से प्रत्येक 60,000 की बचत करे, तो A की वार्षिक आय कितनी है?

(a) 220000 (b) 240000

(c) 260000 (d) 300000

उत्तर: (b)

माना A की वार्षिक आय $4x$ तथा B की वार्षिक आय रु $3x$ है तथा A का वार्षिक व्यय $3y$ तथा B का वार्षिक व्यय $2y$ है

प्रश्नानुसार, $4x - 3y = 60000$.........(i)

तथा $3x - 2y = 60000$.........(ii)

$\therefore x - y = 0$

$x = y$

y का मान समीकरण (i) में रखने पर

$4x - 3x = 60000$

$x = 60000$

∴ A की वार्षिक आय

$= 60000 \times 4 = 240000$

उदाहरण 103

दो सम बहुभुजों में भुजाओं की संख्या का अनुपात 5 : 6 है और उनके प्रत्येक आंतरिक कोणों का अनुपात 24 : 25 है, तदानुसार उन बहुभुजों की भुजाओं की संख्या वास्तव में कितनी है?

(a) 10 और 12 (b) 6 और 12
(c) 10 और 4 (d) 12 और 16

उत्तर: (a)

माना दो सम बहुभुजों में भुजाओं की संख्या क्रमशः $5x$ तथा $6x$ हों, तो उनके आंतरिक कोणों का योग $24y$ तथा $25y$ होगा,

तब प्रश्नानुसार,

$$\because\left(\frac{5x-2}{5x}\right)\times 180^\circ = 24y \text{ ....(i)}$$

तथा

$$\left(\frac{6x-2}{5x}\right)\times 180^\circ = 25y \text{ ....(ii)}$$

समीकरण (i) तथा (ii) को हल करने पर, $x = 2$ तथा $y = 6$

अत: दोनों सम बहुभुजों की भुजाओं की संख्या क्रमशः 10 तथा 12 है।

उदाहरण 104

एक विद्यालय के छात्रों की कुल संख्या 660 थी उसमें लड़कों तथा लड़कियों का अनुपात 13 : 9 था, कुछ दिनों बाद 30 लड़कियां विद्यालय में और आ गईं, पर कुछ लड़के चले गए तदानुसार, लड़के और लड़कियों का नया अनुपात 6 : 5 हो गया। अत: विद्यालय से जाने वाले लड़कों की संख्या कितनी थी?

(a) 30 (b) 35
(c) 38 (d) 40

उत्तर: (a)

कुल संख्या = 660

लड़के लड़कियों की संख्या का अनुपात = 13 : 9

लड़कों की संख्या = $\frac{13}{22}\times 660 = 390$

लड़कियों की संख्या = 660 – 390 = 270

30 नई लड़कियों के आने पर संख्या = 270 + 30 = 300

माना कुछ छोड़ कर जाने वाले लड़कों की संख्या = x

तो बाकी लड़के = $(390 - x)$

अब $(390 - x)$: 300 = 6 : 5

$$\frac{6}{5} = \frac{390-\text{x}}{300}$$

$$\text{x} = \frac{150}{5}$$

x = 30

विद्यालय से जाने वाले लड़कों की संख्या = 30

उदाहरण 105

अनामिका और उसकी माता जी की आयु का अनुपात 1:4 है। अनामिका की माता जी और उसके भाई की आयु का अनुपात 9:1 है। यदि अनामिका का भाई, अनामिका से 5 वर्ष छोटा है। 4 वर्ष बाद अनामिका की माता की आयु क्या होगी?

(a) 36 वर्ष (b) 40 वर्ष
(c) 45 वर्ष (d) 50 वर्ष

उत्तर: (b)

आयु का अनुपात

अनामिका : उसकी माता = 1 : 4

अनामिका की माता : उसका भाई = 9 : 1

उनकी वर्तमान आयु का अनुपात :

अनामिका : उसकी माता : उसका भाई

1 : 4

  9 : 1

क्रॉस गुणा करने पर

9 : 36 : 4

या $9x : 36x : 4x$

अब प्रश्न के अनुसार:

$9x - 4x = 5$

$5x = 5$

$x = 1$

अनामिका की माता की वर्तमान आयु = 36 × 1 = 36 वर्ष

इसलिए, 4 वर्ष के बाद अनामिका की माता की आयु = 36 + 4 = 40 वर्ष

उदाहरण 106

एक पिता और उसके पुत्र की वर्तमान आयु का योग 100 वर्ष है। 5 वर्ष पहले उनकी आयु का अनुपात 2 : 1 था। 20 वर्ष के पश्चात पिता और पुत्र की आयु का अनुपात क्या होगा?

(a) 15: 13 (b) 17: 11
(c) 11: 19 (d) 20: 23

उत्तर: (b)

मान लीजिए कि पिता और पुत्र की वर्तमान आयु X वर्ष और Y वर्ष है।

X + Y = 100 ....(1)

पांच वर्ष पहले, उनकी आयु 2 : 1 के अनुपात में थी

X – 5 = 2 (Y – 5)

X – 5 = 2Y – 10

X – 2Y = –5 ....(2)

(1) और (2) का समाधान करने पर

X = 65 वर्ष

Y = 35 वर्ष

20 वर्ष बाद, उनकी आयु का अनुपात होगा

$$\frac{\text{X}+20}{\text{Y}+20}$$

$$= \frac{65+20}{35+20}$$

= 85 : 55 = 17 : 11

उदाहरण 107

यदि अमित प्रतिदिन 5 घंटे कार्य करता है, तो वह एक कार्य को 8 दिनों में पूरा कर सकता है और बॉबी उसी कार्य को 6 घंटे प्रतिदिन काम करके 10 दिनों में पूरा कर सकता है। यदि वे एक साथ प्रतिदिन 4 घंटे कार्य करते हैं, तो दोनों कार्य को कितने दिनों में पूरा करेंगे?

(a) 4 दिन (b) 6 दिन
(c) 7 दिन (d) 8 दिन

उत्तर: (b)

अमित द्वारा कार्य को पूरा करने में लिए गए कुल घंटे
$= 5 \times 8 = 40$ घंटे

बॉबी द्वारा कार्य को पूरा करने में लिए गए कुल घंटे
$= 10 \times 6 = 60$ घंटे

अत: अमित और बॉबी का एक घंटे का कार्य

$$= \frac{1}{40} + \frac{1}{60} = \frac{(60+40)}{2400} = \frac{100}{2400} = \frac{1}{24}$$

अत: अमित और बॉबी मिलकर कार्य को 24 घंटे में समाप्त कर सकते हैं और यदि वह दोनों दिन में केवल 4 घंटे कार्य करें तो वही कार्य 6 दिन में समाप्त होगा।

उदाहरण 108

एक बैग में एक रुपये, 50 पैसे और 25 पैसे के सिक्के 5 : 6 : 8 के अनुपात में हैं। यदि कुल राशि रु 420 है, तो सिक्कों की कुल संख्या ज्ञात कीजिए।

(a) 840 (b) 420
(c) 399 (d) 798

उत्तर: (d)

एक रुपया, 50 पैसे और 25 पैसे के सिक्कों की संख्या का अनुपात 5 : 6 : 8 है जिनको हम 5X, 6X और 8X में परिवर्तित कर रहे हैं।

$\therefore$ 5X रुपये के 1 सिक्कों का मूल्य = 5X (रु 1) = रु 5X

$\Rightarrow$ 6X × 50 पैसे के सिक्कों का मूल्य = 6X × (50 पैसे) = रु 3X

$\Rightarrow$ 8X × 25 पैसे के सिक्कों का मूल्य = 8X × (25 पैसे) = रु 2X

कुल राशि = रु 420

$\therefore 5X + 3X + 2X = 420$

$10X = 420$

$X = 42$

अत: 1 रुपये के सिक्कों की संख्या $= 5 \times 42 = 210$

50 पैसे के सिक्कों की संख्या $= 6 \times 42 = 252$

25 पैसे के सिक्कों की संख्या $= 8 \times 42 = 336$

अत: सिक्कों की कुल संख्या $= 210 + 252 + 336 = 798$

उदाहरण 109

चैनल A भंडारण टैंक को 6 घंटे में भर सकता है, चैनल B उसी टैंक को 10 घंटे में भर सकता है और चैनल C टैंक को 5 घंटे में खाली कर सकता है, यदि पहले दो चैनल शुरुआत में 3 घंटे के लिए खुले रखे जाते हैं और फिर तीसरा चैनल भी खोला जाता है, तो टंकी कितने समय में भर जाती है?

(a) 5 घंटे (b) 6 घंटे
(c) 8 घंटे (d) 10 घंटे

उत्तर: (b)

मान लो कि टैंक को पूरा भरने का कार्य 1 के बराबर है।

चैनल A का एक घंटे का कार्य $= \frac{1}{6}$

चैनल B का एक घंटे का कार्य $= \frac{1}{10}$

चैनल A और B का एक घंटे का कार्य $= \frac{1}{6} + \frac{1}{10} = \frac{4}{15}$

चैनल A और B का तीन घंटे का कार्य $= 3 \times \frac{4}{15} = \frac{4}{5}$

अर्थात चैनल A और B मिल कर 3 घंटे में टैंक का $\frac{4}{5}$ भाग भर देते हैं।

शेष टैंक जिसको भरा जाना है $= 1 - \frac{4}{5} = \frac{1}{5}$

अब हम प्रश्नुसार, टैंक को खाली करने वाले चैनल C को दृश्य में ला रहे हैं जो कि 5 घंटे में चैनल को खाली कर सकता है।

चैनल A और B अभी भी क्रियाशील हैं, तो तीनों के एक घंटे का कार्य

$$= \frac{4}{15} - \frac{1}{5} = \frac{1}{15}$$

अब तीनों को $\frac{1}{5}$ टैंक को भरना है तो उसमें लगने वाला समय

$$= \frac{\frac{1}{5}}{\frac{1}{15}} = 3 \text{ घंटे}$$

टैंक को भरने के लिए कुल समय = 3 + 3 = 6 घंटे

प्रतिशत (PERCENTAGE)

गणित में प्रतिशत किसी अनुपात को व्यक्त करने का एक ढंग है। प्रतिशत वह भिन्न होती है जिसका हर सदैव 100 होता है। यदि साधारण शब्दों में कहा जाए, $x\%$ का अर्थ है कि किसी संख्या के 100 भागों में से x भाग $x\%$ को हम $x/100$ भी लिख सकते हैं। उदाहरण के लिए, 30% = 30/100 और 40% = 40/100

नोट: 1/100 की जगह पर % (प्रतिशत का चिह्न) और % की जगह पर 1/100 लिख सकते हैं। यह वह भिन्न है जिसका भाजक (denominator) 100 होता है।

यदि कोई भिन्न है जिसको प्रतिशत में परिवर्तित करना चाहते हैं, तो उसको 100 से गुणा कर देते हैं।

उदाहरण के लिए माना कि गणित के प्रश्न-पत्र का पूर्णांक 50 है और उस प्रश्न-पत्र में कोई छात्र 45 अंक प्राप्त करता है, तो कहते हैं कि उस छात्र को $45/50 \times 100 = 90$ प्रतिशत (90%) अंक मिले।

यदि किसी कक्षा में 25 विद्यार्थियों में से 15 उत्तीर्ण हुए, तो उत्तीर्ण विद्यार्थियों का प्रतिशत $= 15/25 \times 100 = 60\%$

यदि सेब का मूल्य पहले ₹60 से बढ़ कर ₹90 हो जाता है, तो उसमें कितने प्रतिशत की वृद्धि हुई $= (90 - 60)/90 \times 100 = 50\%$

यहां इस बात का ध्यान रखना है कि कुल या जिस संख्या से तुलना की जा रही है वह भाजक बन जाएगी।

उदाहरणार्थः

$$15\% = \frac{15}{100} = 0.15$$

यदि हमें दशमलव को प्रतिशत में परिवर्तित करना है, तब हम उसे 100 से गुणा कर देते हैं।

उदाहरण के लिए, 0.28 को प्रतिशत में परिवर्तित करना है $= 0.28 \times 100 = 28\%$

यदि किसी भिन्न को भी प्रतिशत में परिवर्तित करना हो, तो भी 100 से गुणा कर देते हैं।

$4/5 \times 100 = 80\%$

उदाहरण के रूप में समझो कि आपको स्कूल परीक्षा में कुछ 500 अंकों में से 409 अंक प्राप्त हुए हैं, तो आप 409 (प्राप्त अंक) को 500 (कुल अंक) से विभाजित कर लें (412/500 = 0.824), आपका उत्तर 0.824 होगा।

यदि परीक्षा में अधिकतम अंक 1 हो, तो आप को 0.824 अंक प्राप्त हुए।

अब आप इसे 100 से गुणा कर दें तो हमें $0.824 \times 100 = 82.4$ संख्या मिलती है। इस तरह आपकी परीक्षा में आपको 82.4% अंक प्राप्त होते हैं।

सूत्र: प्रतिशत प्राप्त अंक/कुल अंक $\times$ 100

प्रतिशत-भिन्न चार्ट-तालिका

$1 = 100\%$	$\frac{1}{8} = 12\frac{1}{2}\%$	$\frac{1}{20} = 5\%$	$\frac{2}{11} = 18\frac{2}{11}\%$
$\frac{1}{2} = 50\%$	$\frac{1}{9} = 11\frac{1}{9}\%$	$\frac{1}{25} = 4\%$	$\frac{5}{11} = 45\frac{5}{11}\%$
$\frac{1}{3} = 33\frac{1}{3}\%$	$\frac{1}{10} = 10\%$	$\frac{2}{5} = 40\%$	$\frac{1}{8} = 12\frac{1}{2}\%$
$\frac{1}{4} = 25\%$	$\frac{1}{11} = 9\frac{1}{11}\%$	$\frac{3}{5} = 60\%$	$\frac{3}{8} = 37\frac{1}{2}\%$
$\frac{1}{5} = 20\%$	$\frac{1}{12} = 8\frac{1}{3}\%$	$\frac{4}{5} = 80\%$	$\frac{5}{8} = 62\frac{1}{2}\%$
$\frac{1}{6} = 16\frac{2}{3}\%$	$\frac{1}{15} = 6\frac{2}{3}\%$	$\frac{4}{7} = 57\frac{1}{7}\%$	$\frac{7}{8} = 87\frac{1}{2}\%$
$\frac{1}{7} = 14\frac{2}{7}\%$		$\frac{1}{11} = 9\frac{1}{11}\%$	

यदि 3/8 (अर्थात $3 \times 1/8$) को प्रतिशत में परिवर्तित करना हो, तो 1/8 के प्रतिशत समकक्ष यानि 12.5% को 3 से गुणा करने पर उत्तर मिल जाता है: $3/8 = 3 \times 1/8 = 3 \times 12.5\% = 37.5\%$

ऐसी ही $2/3 = 2 \times 1/3 = 2 \times 33.33\%$

$= 66.67\%$

यदि यह कहा जाए कि भारत ने वर्ष 2016 में 50% मैच जीते, तो इसका अर्थ यह नहीं कि भारत ने 50 मैच जीते या 0.50 मैच जीते बल्कि टीम इंडिया ने अगर 100 मैच खेले, तो उसमें से 50 जीते या अगर 120 खेले तो 60 जीते।

प्रतिशत पर आधारित कुछ और प्रश्न:

यदि हमें 12% को भिन्न रूप में दर्शाना हो तो उसको 100 से विभाजित करना पड़ेगा।

$$\frac{12}{100} = \frac{3}{25}$$

यदि हमें $\frac{3}{8}$ को प्रतिशत रूप में दिखाना हो तो उसको 100 से गुणा करेंगे।

$$\frac{3}{8} \times 100 = 37.5\%$$

एक विक्रेता अपने शोरूम में 'तीन शर्ट के साथ एक शर्ट नि:शुल्क' की स्कीम दे रहा है, तो उसकी छूट का प्रतिशत कितना है?

यदि हम मान कर चलें कि प्रत्येक शर्ट का मूल्य रु 1 है, तो हम इस स्थिति में रु 4 की बजाय रु 3 दे रहे हैं, अर्थात हमें रु 4 - रु 1 = रु 1 की छूट मिल रही है, तो छूट का प्रतिशत = $1/4 \times 100 = 25\%$

उदाहरण 110

यदि A की आय B की आय का 60% है, अगर B की आय ₹15,000 है, A की आय क्या होगी?

(a) ₹8500 (b) ₹9000
(c) ₹9200 (d) ₹9500

हल: A की आय = B की आय का 60%

= 60% का 15,000

$= 60/100 \times 15000 =$ ₹9000

उदाहरण 111

X की आय Y की आय से 25% ज्यादा है, तो Y की आय X की आय से कितने प्रतिशत कम है?

(a) 20% (b) 25%
(c) 15% (d) 30%

हल:

माना Y की आय = ₹100

तो X की आय = 100 + 25 = ₹125

यदि X की आय ₹125 है, तो Y की आय = ₹100

तो X की आय ₹1 है, तो Y की आय = 100/125

इसलिए X की आय ₹100 है, तो Y की आय $= 100/125 \times 100 =$ ₹80

हम कह सकते हैं कि Y की आय X की आय से (100 – 80) यानि 20% कम है।

अत: (a) सही उत्तर है।

ऐसे प्रश्नों को शॉर्ट कट से भी हल किया जा सकता है।

जितने % कम है $= r/(100 + r) \times 100$

यहां पर r आय जितने प्रतिशत से अधिक है।

उदाहरण 112

A की आय B की आय से 25% कम है, तो Y की आय X की आय से कितने प्रतिशत ज्यादा है?

(a) 25% (b) 33.33%
(c) 32% (d) 30%

हल:

माना B की आय = ₹100

तो A की आय = 100 – 25 = ₹75

यदि A की आय ₹75 है, तो B की आय = ₹100

तो A की आय ₹1 है, तो B की आय = 100/75

इसलिए A की आय ₹100 है, तो B की आय = $\frac{100}{75} \times 100 = 133.33\%$

हम कह सकते हैं कि B की आय A की आय से (133.33 – 100) यानि 33.33% अधिक है।

लघु विधि: यदि प्रश्नुसार, हम कम प्रतिशत को 'r' मान लें तो वांछित अधिक प्रतिशत को निम्न लघु विधि से ज्ञात किया जा सकता है:

$$\frac{r}{(100-r)} \times 100$$

उदाहरण 113

यदि पेट्रोल की कीमत 50% से बढ़ जाती है, तो खपत में कितनी कमी की जाए कि इस पर आने वाला कुल व्यय पहले जितना ही रहे?

(a) 25% (b) 28%
(c) 30% (d) 33.33%

हल:

माना पेट्रोल की पहले की खपत = 100 लीटर

इसका प्रति लीटर व्यय = रु 100

कुल व्यय = रु 100 × 100 लीटर

नया मूल्य = 100 + 50 = रु 150

माना इसकी खपत = X लीटर

नया व्यय = 150 × X

हम कुल व्यय पहले जितना ही रखना चाहते हैं

अब समीकरण बनता है

नया व्यय = पहले वाला व्यय

150 × X = 100 × 100

हल करने पर X = 66.67

यानि पेट्रोल की खपत में (100 – 66.67)% यानि 33.33% की कमी की जानी चाहिए।

उदाहरण 114

एक व्यक्ति अपनी धन संपदा का 50% भाग अपने बेटे को और 30% भाग अपनी बेटी को देता है। शेष राशि का 80% एक ट्रस्ट को दान कर दिया जाता है। यदि अब उसके पास रु 16,000 हैं, तो आरंभ में उसके पास कितना धन था?

प्रश्न का हल

माना कुल प्रारंभिक राशि = रु 100

बेटे को दी गई राशि = 50%

बेटी को दी गई राशि = 30%

शेष राशि = 20%

तो शेष धनराशि का 80% = 0.80 × 20 = 16%

तो पुत्र, पुत्री और ट्रस्ट को दिया गया कुल प्रतिशत = (50 + 30 + 16) = 96%

उसके पास शेष प्रतिशत = 4% = रु 16,000

कुल प्रारंभिक राशि (या 100% राशि)

= रु 16000 × $\frac{100}{4}$ = रु 4,00,000

कुछ और लघु विधियां

यदि किसी संख्यात्मक वस्तु की कीमत या व्यक्ति की आय दो बार बढ़ती है या कम होती है या एक बार कम होती है और एक बार बढ़ती है, तो प्रभावी बढ़ोतरी या घटौती के प्रतिशत के रूप में गणना के लिए हम निम्न शॉर्ट कट फॉर्मूले का प्रयोग कर सकते हैं:

(A) प्रभावी बढ़ोतरी = X + Y + XY/100 जहां X और Y प्रतिशत में बढ़ोतरी को दर्शाने के लिए है।

(B) अगर घटौती हो, तो इसी फार्मूला में ऋणात्मक चिह्न का प्रयोग करेंगे। यदि दो बार प्रतिशत में क्रमिक छूट दी जा रही है तो निम्न शॉर्टकट फार्मूले का उपयोग किया जा सकता है:
$-X - Y + [(-X)(-Y)/100]$
$= -X - Y + XY/100$

(C) यदि प्रतिशत में एक बार छूट दी जा रही और दूसरी बार वृद्धि की जा रही है, तो निम्न शॉर्टकट फार्मूले का प्रयोग किया जा सकता है:
$-X + Y + [(-X)(+Y)/100]$
$= -X + Y - XY/100$

उदाहरण 115

एक वस्तु का मूल्य में पहले 20% वृद्धि होती है, फिर 10% की और वृद्धि होती है, तो मूल्य में प्रभावी रूप में कितनी वृद्धि या कमी हुई?

(a) 30% (b) 32%
(c) 33% (d) 34%

हल:

मान लीजिए वास्तविक मूल्य = ₹100

पहली वृद्धि के बाद मूल्य = 100 + 20 = ₹120

दूसरी वृद्धि के बाद मूल्य = 120 + 120 का 10% = ₹132

शुद्ध वृद्धि = 132 – 100 = ₹32 या 32%

शॉर्ट कट फॉर्मूला = $20 + 10 + \frac{(20\times10)}{100} = 32\%$

उत्तर: 32%

उदाहरण 116

एक वस्तु के मूल्य में पहले 30% वृद्धि होती है, फिर 10% की कमी होती है, तो मूल्य में शुद्ध रूप में कितनी वृद्धि या कमी हुई?

(a) 17% (b) 17.5%
(c) 18% (d) 19%

हल

मान लीजिए वास्तविक मूल्य = ₹100

वृद्धि के बाद मूल्य = 100 + 30 = ₹130

कमी के बाद मूल्य = 130 – 130 का 10% = ₹117

शुद्ध परिवर्तन = 117 – 100 = ₹17 या 17%

शॉर्ट कट फॉर्मूला = $+30 - 10 + \frac{[30\times(-10)]}{100} = 17\%$

उत्तर: 17%

उदाहरण 117

एक परचून विक्रेता वास्तविक मूल्य पर 20 और 30 प्रतिशत की दो क्रमिक छूटें दे रहा है। मूल्य में शुद्ध रूप से कितनी कमी हुई?

हल

इस प्रश्न को हम सीधे ही लघु-विधि से हल करने का प्रयत्न करते हैं।

$$(-20) + (-30) + \frac{(-20)\times(-30)}{100} = -44\%$$

(a) 50% (b) 44%
(c) 55% (d) 48%

उत्तर: (b)

उदाहरण 118

A की आय B की आय का 70% है। B की आय C की आय का 50% है। अगर C की आय ₹1,00,000 है, तो A की कितनी आय है?

(a) ₹35,000 (b) ₹36,000
(c) ₹37,000 (d) ₹38,000

हल

B की आय = C की आय का 50% = 50/100 × 1,00,000 = ₹50,000
A की आय = B की आय का 70% = 70/100 × 50,000 = ₹35,000
शॉर्ट कट फॉर्मूला = 1,00,000 के 50% का 70% = ₹35,000

उत्तर: (a)

उदाहरण 119

एक परीक्षा में एक उम्मीदवार ने अधिकतम अंकों के 50% अंक प्राप्त किए फिर भी 15 अंकों से अनुत्तीर्ण हो गया। यदि उसने अभी के प्राप्त अंकों से 10% और अंक प्राप्त किए होते, तो वह उत्तीर्ण हो जाता है। परीक्षा में अधिकतम अंक कितने हैं?

(a) 290 (b) 300
(c) 305 (d) 320

हल

मान लीजिए अधिकतम अंक = 100
प्राप्त अंक (प्रतिशत में) = 50
उत्तीर्ण होने के वांछित प्रतिशत अंक
= 50 + 50 का 10% = 55%
प्राप्त अंक और उत्तीर्ण होने के लिए वांछित अंकों का प्रतिशत अंतर
= 55 – 50 = 5%
वास्तविक अंतर (दत्त) = 15
इसलिए अधिकतम अंकों का 5% = 15

अधिकतम अंक = $\frac{15\times100}{5} = 300$

उत्तर: 300 अंक

उदाहरण 120

फलों की एक टोकरी में 60% आम है और बाकी सेब। 25% सेब हरे हैं और बाकी के लाल रंग के। आमों में से 80% लाल और बाकी हरे। आम का फल हरे फलों का कितने प्रतिशत है?

(a) 53% (b) 54.5%
(c) 55% (d) 56%

हल

मान लीजिए कि कुल फल 100 हैं, 60 आम के फल हैं और 40 सेब हैं।
हरे सेब = 40 का 25% = 10
हरे आम = 60 का 20% = 12
कुल हरे फल = 10 + 12 = 22

इसलिए आम का फल हरे फलों का प्रतिशत = $\frac{12}{22} \times 100 = 54.5\%$

उत्तर: (b)

उदाहरण 121

नीरू की आय और बचत 3 : 2 के अनुपात में है। उसकी आय में 10 प्रतिशत की वृद्धि होती है और व्यय में 12% की वृद्धि होती है। उसकी बचत में कितने प्रतिशत वृद्धि या कमी हुई?

(a) 7% की वृद्धि (b) 7% की कमी
(c) 14% की वृद्धि (d) 14% की कमी

हल

मान लीजिए आय = ₹100

व्यय = $\frac{3}{3+2} \times 100$ = ₹60

बचत = 100 – 60 = ₹40

वृद्धि के बाद आय = ₹110

वृद्धि के बाद खर्च = 60 + 60 का 12% = ₹67.2

नई बचत = 110 – 67.2 = ₹42.8

बचत में प्रतिशत वृद्धि = $\frac{42.8-40}{40} \times 100 = 7$

इसलिए, 7% की वृद्धि सही उत्तर है।

उदाहरण 122

40 के 30% का 20% कितना है?

(a) 2.4 (b) 24
(c) 4.8 (d) 6

हल: उत्तर (a)

अभीष्ट संख्या: $\frac{20}{100} \times \frac{30}{100} \times 40 = 2.4$

उत्तर: 2.4

अंकगणीतीय मध्यमान (Arithmetic Mean)

अंकगणीतीय मध्यमान या औसत दी गई संख्याओं के योग को पदों की संख्या से विभाजित करके प्राप्त किया जाता है। यह समूह के सभी पदों का प्रतिनिधित्व करता है।

औसत = (सभी पदों का योग)/पदों की संख्या

किसी श्रृंखला के बीच संख्या का आकलन औसत है।

उदाहरणार्थ: 1, 2, 3, 4, 5 का औसत 3 है।

औसत की गणना सभी पदों के योग को पदों की संख्या से विभाजित करके की जाती है।

10, 20, 30, 40, 50 का औसत = $\frac{10+20+30+40+50}{5}$

$= \frac{150}{5} = 30$

उदाहरण 123

एक व्यक्ति वर्ष के पहले 7 माह में ₹120 प्रतिमाह खर्च करता है और अगले 5 माह प्रतिमाह ₹150 खर्च करता है। यदि वह वर्ष के अंत में ₹210 बचाता है, तो उसका मासिक वेतन क्या है?

(a) ₹125 (b) ₹150
(c) ₹180 (d) ₹160

हल

कुल वार्षिक वेतन = कुल खर्च + कुल बचत

$= 120 \times 7 + 150 \times 5 + 210 =$ ₹1800

मासिक वेतन = कुल वार्षिक वेतन/12

$= \frac{1800}{12} =$ ₹150

उत्तर: ₹150

उदाहरण 124

पांच संख्याओं का योग 5200 है। यदि पहली दो संख्याओं का औसत मान 800 है और अंतिम दो संख्याओं का औसत मान 1400 है, तो तीसरी मध्य संख्या का मान ज्ञात कीजिए।

(a) 660 (b) 800
(c) 1500 (d) 1200

हल:

पहली दो संख्याओं का योग = $2 \times 800 = 1600$

अंतिम दो संख्याओं का योग = $2 \times 1400 = 2800$

अत: मध्य तीसरी संख्या = $5200 - (1600 + 2800) = 800$

उत्तर: (b)

उदाहरण 125

एक कक्षा में कुल 40 लड़के और लड़कियों की औसत आयु 15 वर्ष है। यदि कुल 24 लड़कियों की औसत आयु 14 वर्ष है, तो लड़कों की औसत आयु कितनी होगी?

(a) 15 वर्ष (b) 16 वर्ष
(c) 16.5 वर्ष (d) 17 वर्ष

हल

लड़कों की कुल संख्या = $40 - 24 = 24$

लड़के एवं लड़कियों की कुल आयु = $40 \times 15 = 600$ वर्ष

लड़कियों की कुल आयु = $24 \times 14 = 336$ वर्ष

लड़कों की आयु का कुल योग = $600 - 336 = 264$ वर्ष

लड़कों की औसत आयु = $264/16 = 16.5$ वर्ष

उत्तर: 16.5 वर्ष

उदाहरण 126

एक नगर का सोमवार, मंगलवार और बुधवार का औसत तापमान 40 डिग्री सेल्सियस है और मंगलवार, बुधवार और वीरवार का औसत तापमान 45 डिग्री सेल्सियस है। यदि सोमवार का तापमान 30 डिग्री सेल्सियस है, तो वीरवार का तापमान क्या होगा?

(a) 45 डिग्री सेल्सियस (b) 46 डिग्री सेल्सियस
(c) 48 डिग्री सेल्सियस (d) 50 डिग्री सेल्सियस

हल

सोमवार + मंगलवार + बुधवार का कुल तापमान

$= 40 \times 3 = 120$ डिग्री सेल्सियस...(1)

सोमवार का तापमान = 30 डिग्री सेल्सियस (दत्त)

इसको समीकरण (1) में प्रतिस्थापित करने के बाद

मंगलवार + बुधवार का तापमान

$= 120 - 30 = 90$ डिग्री सेल्सियस...(2)

अब मंगलवार + बुधवार + वीरवार का कुल तापमान

$= 45 \times 3 = 135$ डिग्री सेल्सियस...(3)

समीकरण (2) को समीकरण (3) में स्थापित करने के बाद

वीरवार का तापमान = $135 - 90 = 45$ डिग्री सेल्सियस

उत्तर: 45 डिग्री सेल्सियस

समय एवं दूरी (TIME AND DISTANCE)

चाल (Speed): किसी व्यक्ति/वाहन द्वारा इकाई समय में तय की गई दूरी को उस व्यक्ति/वाहन की चाल कहते हैं।

चाल = दूरी ÷ समय

दूरी = चाल × समय

समय = दूरी ÷ चाल

सापेक्ष (Relative Speed): जब किसी व्यक्ति/वाहन की चाल का दूसरे व्यक्ति/वाहन की चाल से संबंध बताया जाता है, तो इसे सापेक्ष चाल कहते हैं।

A. एक ही दिशा में चलने पर सापेक्ष चाल = चालों का अंतर

B. विपरीत दिशाओं में चलने पर सापेक्ष चाल = दोनों की चालों का योग

1. चाल को किमी. प्रति घंटा या मीटर/सेकंड से व्यक्त करते हैं।

2. किमी. प्रति घंटा को मीटर/सेकंड में बदलने के लिए 5/18 से गुणा करते हैं, जैसे—36 किमी. प्रति घंटा = $36 \times 5/18 = 10$ मी./से.

3. मीटर/सेकंड को किमी. प्रति घंटा में बदलने के लिए 18/5 से गुणा करते हैं, जैसे—20 मी./से. = $20 \times 18/5 = 72$ किमी. प्रति घंटा

यदि किसी व्यक्ति ने एक निश्चित दूरी x किमी. प्रति घंटा की चाल से तय की है और इतनी ही दूरी y किमी. प्रति घंटा की चाल से तय की हो, तो पूरी दूरी की औसत चाल:

$$\text{चाल} = \frac{2xy}{x+y} \text{ किमी. प्रति घंटा}$$

उदाहरण 127

A से B की दूरी यदि कोई व्यक्ति 60 किमी. प्रति घंटा की चाल से जाता है और 40 किमी. प्रति घंटा की चाल से वापस आता है, तो कुल दूरी के लिए उसकी औसत चाल क्या होगी?

(a) 46 किमी. प्रति घंटा (b) 47 किमी. प्रति घंटा
(c) 48 किमी. प्रति घंटा (d) 50 किमी. प्रति घंटा

हल

$$\text{औसत चाल} = \frac{2 \times 60 \times 40}{60 + 40}$$

$= 48$ किमी. प्रति घंटा

उत्तर: 48 किमी. प्रति घंटा

> यदि एक व्यक्ति d_1 किमी., x_1 किमी. प्रति घंटा की चाल से तय करता है तथा d_2 किमी., x_2 किमी. प्रति घंटा की चाल से तय करता है, तो
>
> $$\text{औसत चाल} = \frac{(d_1 + d_2) \times (x_1 + x_2)}{d_1 x_2 + d_2 x_1}$$

उदाहरण 128

एक बस 20 किमी., 10 किमी. प्रति घंटा की चाल से तथा 30 किमी., 15 किमी. प्रति घंटा की चाल से जाती है, तो उसकी औसत चाल ज्ञात कीजिए।

(a) 12 किमी. प्रति घंटा
(b) 12.5 किमी. प्रति घंटा
(c) 13.5 किमी. प्रति घंटा
(d) 14 किमी. प्रति घंटा

हल

$$\text{औसत चाल} = \frac{(20 + 30) \times (10 + 15)}{20 \times 15 + 30 \times 10}$$

$$= \frac{50 \times 10 \times 15}{300 + 300} = \frac{50 \times 10 \times 15}{600}$$

= 12.5 किमी. प्रति घंटा

> यदि कोई आदमी d दूरी x किमी. प्रति घंटा की चाल से तय करता है तथा y किमी. प्रति घंटा की चाल से वापस आता है। यदि कुल समय t लगता है, तो
>
> $$\text{दूरी} = \frac{2xy}{x + y} \times t \text{ एवं}$$
>
> $$t = \frac{x + y}{2xy} \times d$$
>
> **उत्तर:** 12.5 किमी. प्रति घंटा

उदाहरण 129

एक मोटर साइकिल चालक किसी दूरी को 20 घण्टे में तय करता है। यदि आधी दूरी 21 किमी. प्रति घंटा और शेष दूरी 24 किमी. प्रति घंटा की चाल से चला, तो उसने कुल कितनी दूरी तय की?

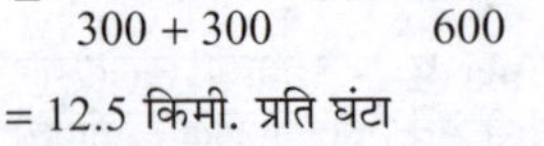

(a) 440 किमी. (b) 448 किमी.
(c) 460 किमी. (d) 465 किमी.

हल

पहली विधि:

AO दूरी तय करने में समय T_1 समय लगता है।

$$T_1 = \frac{x}{2 \times 21} = \frac{x}{42} \text{ घंटा .... (1)}$$

OB दूरी तय करने में समय T_2 समय लगता है।

$$T_2 = \frac{x}{2 \times 24} = \frac{x}{48} \text{ घंटा .... (2)}$$

$$T_1 + T_2 = \frac{x}{42} + \frac{x}{48}$$

$$\frac{8x + 7x}{336} = 20$$

$$\Rightarrow \quad 15x = 20 \times 336$$

$$x = \frac{4 \times 336}{3} = 448$$

$x = 448$ किमी.

दूसरी विधि:

दूरी = चाल × समय

$$\Rightarrow \quad = \frac{2xy}{x + y} \times \text{समय}$$

$$\Rightarrow \quad = \frac{2 \times 21 \times 24}{45} \times 20$$

= 448 किमी.

उत्तर: 448 किमी.

उदाहरण 130

नीरज चोपड़ा 4 किमी प्रति घंटा की गति से साइकिल चलाते हुए अपने घर से क्रीड़ा क्षेत्र के लिए जाता है, वह 9 मिनट की देरी से पहुंचता है। यदि वह 5 किमी प्रति घंटा की गति से साइकिल चलाते हुए पहुंचे तो वह 9 मिनट पहले पहुंच जाता है। नीरज के घर और क्रीड़ा क्षेत्र के मध्य दूरी ज्ञात कीजिए।

(a) 8 किमी (b) 6 किमी
(c) 7 किमी (d) 10 किमी

हल

दी गयी दोनों स्थितियों में दूरी समान ही है, अंतर केवल समय का ही आता है। मान लीजिये, दूरी x कि.मी की है।

मान लीजिये कि क्रीड़ा क्षेत्र में पहुंचने का समय 8 बजे है, पहली बार जाते हुए 8.09 बजे पहुंचता है और दूसरी बार 7.51 बजे पहुंचता है। इसलिए समय का कुल अंतर 18 मिनट का है जिसको 60 से विभाजित कर घंटे में परिवर्तित किया गया है।

$$\text{समय (का अंतर)} = \frac{\text{दूरी}}{\text{गति}}$$

$$\frac{x}{4} - \frac{x}{5} = \frac{18}{60}$$

$x = 6$ कि.मी

उत्तर: (b)

उदाहरण 131

एक सिपाही एक चोर का पीछा करता है, जो उससे 200 मीटर आगे है। यदि सिपाही और चोर क्रमशः 8 किमी. प्रति घंटा तथा 7 किमी. प्रति घंटा की चाल से चले, तो सिपाही चोर को कितने समय में पकड़ लेगा?

(a) 10 किमी. (b) 12 किमी.
(c) 14 किमी. (d) 15 किमी.

हल

सिपाही की चाल = 8 किमी. प्रति घंटा

दूरी = 200 मीटर

चोर की चाल = 7 किमी. प्रति घंटा

$\Rightarrow$ सापेक्ष चाल = 8 – 7 = 1 किमी. प्रति घंटा

या $\frac{1000 \text{ मीटर}}{60 \text{ मिनट}} = \frac{50}{3}$ मीटर/मिनट

$\Rightarrow$ समय $= \frac{\text{दूरी}}{\text{चाल}} = \frac{200}{\frac{50}{3}}$

$\Rightarrow$ $\frac{200 \times 3}{50} = 12$ मिनट

उत्तर: (b)

यदि दो वस्तुओं A और B की गतियों का अनुपात $a : b$ है, तो उनके द्वारा समान दूरी को तय करने के समय का अनुपात $b : a$ होगा।

	A		B
गति	a	:	b
समय	b	:	a

उदाहरण 132

यदि कोई व्यक्ति अपनी सामान्य चाल की तुलना में 3/4 चाल से चले तो अपने कार्यालय में सामान्य समय से 20 मिनट की देरी से पहुंचता है। उनको कार्यालय जाने में सामान्य तौर पर कितना समय लगता है?

(a) 50 मिनट (b) 60 मिनट
(c) 65 मिनट (d) 68 मिनट

हल

	अब	पहले
चाल	3	4
समय	$4x$	$3x$

$\Rightarrow$ $4x - 3x = 20$

$\Rightarrow$ $1x = 20$ मिनट

$3x = 3 \times 20 = 60$ मिनट

उत्तर: (b)

लाभ और हानि

1. **क्रय मूल्य (Purchasing Price):** लागत को भी क्रय मूल्य ही कहा जाता है। जिस पर कोई वस्तु खरीदी जाती है उसे क्रय मूल्य कहा जाता है।
2. **विक्रय मूल्य (Selling Price):** विक्रय मूल्य वह मूल्य होता है, जिस पर कोई वस्तु बेची जाती है।
3. **उपरिव्यय:** खरीदी गई वस्तु को बिक्री करने तक उस पर होने वाला व्यय, जैसे बिक्री केन्द्र तक लाने में किया जाने वाला व्यय और इसके रख-रखाव पर किए गए व्यय आदि
4. **लागत मूल्य:** यह क्रय मूल्य और उपरिव्यय का योग होता है। इस प्रकार लागत मूल्य = क्रय मूल्य + उपरिव्यय
5. **लाभ (Profit):** विक्रय मूल्य से क्रय मूल्य घटाकर प्राप्त की जाने वाली राशि को लाभ कहते हैं।
6. **हानि (Loss):** हानि का मान क्रय मूल्य से विक्रय मूल्य घटाकर प्राप्त किया जाता है।
लाभ और हानि की गणना सदैव क्रय मूल्य पर की जाती है।
7. **अंकित मूल्य (Face Value):** वस्तु का वह मूल्य जो उस पर अंकित होता है।

1. लाभ = विक्रय मूल्य – क्रय मूल्य
2. हानि = क्रय मूल्य – विक्रय मूल्य
यदि हानि की गणना करनी हो तो यह विक्रय मूल्य – क्रय मूल्य से की जा सकती है, किन्तु यहां उत्तर घटाव (minus) में आएगा।
3. लागत मूल्य = क्रय मूल्य + उपरिव्यय
4. $\%$ लाभ $= \frac{\text{लाभ}}{\text{क्रय मूल्य}} \times 100$
5. $\%$ हानि $= \frac{\text{हानि}}{\text{क्रय मूल्य}} \times 100$
6. विक्रय मूल्य = अंकित मूल्य – बट्टा
7. विक्रय मूल्य = क्रय मूल्य $\left(\frac{100 + \text{लाभ\%}}{100}\right)$
8. क्रय मूल्य = विक्रय मूल्य $\times \left(\frac{100}{100 - \text{लाभ\%}}\right)$
9. विक्रय मूल्य = क्रय मूल्य $\times \left(\frac{100 - \text{हानि\%}}{100}\right)$
10. क्रय मूल्य = विक्रय मूल्य $\left(\frac{100}{100 - \text{हानि\%}}\right)$
11. विक्रय मूल्य = क्रय मूल्य + लाभ
12. क्रय मूल्य = विक्रय मूल्य – लाभ
13. विक्रय मूल्य = क्रय मूल्य – हानि
14. क्रय मूल्य = विक्रय मूल्य + हानि
15. अंकित मूल्य = क्रय मूल्य

उदाहरण 133

कोई व्यक्ति रु 10 में 11 संतरे खरीद कर रु 11 में 10 संतरे बेचता है, उसे कितना % लाभ या हानि होता है?

(a) 18% (b) 24%
(c) 20% (d) 21%

उत्तर: (d)

लाभ % $= \frac{11^2 - 10^2}{10^2} \times 100$

$= \frac{21}{100} \times 100 = 21\%$ लाभ

उदाहरण 134

कोई बच्चा रु 16 में 9 सेब खरीदकर रु 20 में 11 के अनुसार से बेच देता है उसे कितने प्रतिशत हानि या लाभ होगा?

(a) 4% (b) 3%

(c) $2\frac{3}{11}\%$ (d) 5%

उत्तर: (c)

	रु.	वस्तु
विक्रय	20	11
क्रय	16	9

$$= \frac{20\times 9 - 11\times 16}{11\times 16}\times 100$$

$$= \frac{180-176}{11\times 16}\times 100$$

$$= \frac{25}{11}\% = 2\frac{3}{11}\%$$

अत: ये धनात्मक है इसलिए लाभ होगा।

उदाहरण 135

चन्नी के पास दो स्मार्ट फोन हैं, उसने प्रत्येक को रु 6000 में बेचा, एक पर उसको 20% लाभ तथा दूसरे पर 20% हानि होती है। उसको कुल मूल्य में कितने प्रतिशत लाभ या हानि होगी?

(a) 2.25% लाभ (b) 2.25% हानि

(c) 4% लाभ (d) 4% हानि

हल

हम लाभ या हानि का प्रतिशत निकालने के लिए कुल क्रय मूल्य एवं विक्रय मूल्य ज्ञात करेंगे।

कुल विक्रय मूल्य = 2×6000 = रु 12000

हमें एक पर 20% लाभ प्राप्त होता है तथा दूसरे पर 20% हानि होती है

कुल क्रय मूल्य $= 6000\left(\frac{100}{100+20}\right)+6000\left(\frac{100}{100-20}\right)$

$$= 6000\left(\frac{5}{6}\right)+6000\left(\frac{5}{4}\right)=6000\left(\frac{5}{6}+\frac{5}{4}\right)$$ = रु 12500

क्योंकि विक्रय मूल्य क्रय मूल्य से कम है, हमें इसमें हानि हो रही है।

हानि % $= \frac{12500-12000}{12500}\times 100 = \frac{500}{12500}\times 100 = 4\%$

ऐसी स्थिति में सदैव हानि होती है, इस प्रश्न को शार्ट कट विधि द्वारा भी हल किया जा सकता है।

उत्तर:

$$\frac{x^2}{100} = \frac{20^2}{100} = \frac{400}{100} = 4\%$$ हानि

उदाहरण 136

एक गाय को रु 760 में बेचने से उतना ही लाभ होता है, जितना 540 में बेचने से हानि होती है तो उसका क्रय मूल्य क्या है?

(a) रु 650 (b) रु 600

(c) रु 690 (d) रु 620

उत्तर: (a)

माना कि इस प्रश्न में हमें रु x का लाभ या हानि होती है।

प्रश्नानुसार

क्रय मूल्य = $760 - x = 540 + x$

$2x = 760 + 540$

$1x = \frac{760+540}{2}$ = रु 650

उदाहरण 137

एक वस्तु को रु 250 में बेचने से 25% का लाभ प्राप्त होता है। यदि उस वस्तु को बेचने से व्यक्ति को 20% को हानि का सामना करना पड़ता है, तो उसका विक्रय मूल्य कितना होगा?

(a) रु 200 (b) रु 160

(c) रु 180 (d) रु 210

हल

माना वस्तु का क्रय मूल्य = रु 100

लाभ = 25%

विक्रय मूल्य = 100 + 25 = रु 125

वास्तविक क्रय मूल्य $= \frac{100}{125}\times 250$ = रु 200

यदि क्रय मूल्य पर 20 % हानि हो तो दूसरा विक्रय मूल्य

$= 200\times\frac{100-20}{100}$ = रु 160

इस प्रश्न को निम्न शॉर्ट कट ढंग से भी हल किया जा सकता है:

$250\times\frac{80}{125}$ = रु 160

उदाहरण 138

एक फल व्यापारी एक विशेष दर पर आम लेकर 25% लाभ कमाता है। यदि वह प्रत्येक आम पर रु 1 अधिक ले तो उसे 50% लाभ होता है। आम का पहले वाला विक्रय मूल्य बतायें।

(a) रु 4 (b) रु 8

(c) रु 5 (d) रु 6

उत्तर: (c)

चूंकि रु 1 की वृद्धि होने पर प्रतिशत वृद्धि = 50 − 25 = 25%

अत: 25% = रु 1

अत: 100% = रु 4 (क्रय मूल्य)

अत: 125% = रु 5 (विक्रय मूल्य)

उदाहरण 139

10 वस्तुओं का क्रय मूल्य उस जैसी 9 वस्तुओं के विक्रय मूल्य के बराबर है, यहां पर % लाभ ज्ञात करें?

(a) 10% (b) 11%

(c) $11\frac{1}{9}\%$ (d) 9.9%

उत्तर: (c)

इस स्थिति को फार्मूले के रूप में दिखाने पर:

$$\text{लाभ \%} = \frac{10-9}{9}\times 100 = \frac{1}{9}\times 100 = 11\frac{1}{9}\%$$

उदाहरण 140

सचिन ने 16 वस्तुओं के लिए एक राशि अदा की। विक्रेता उस राशि से अपने थोक विक्रेता से 20 वस्तु प्राप्त कर सकता है। यहां पर विक्रेता को कितना लाभ प्राप्त हुआ?

(a) 6% (b) 18%

(c) 20% (d) 25%

उत्तर: (d)

माना कि हर वस्तु का विक्रय मूल्य रु 1 है, जिसका अर्थ यह है कि विक्रेता को सचिन से 16 वस्तुओं के रु 16 मिले। इन 16 रुपयों से वह थोक विक्रेता से 20 वस्तु प्राप्त कर सकता है जिनका विक्रय मूल्य रु 20 होगा।

अर्थात क्रय मूल्य = रु 16

विक्रय मूल्य = रु 20

$$\text{लाभ \%} = \frac{20-16}{16}\times 100 = \frac{4}{16}\times 100 = 25\%$$

उदाहरण 141

66 मीटर कपड़ा बेचकर कोई व्यक्ति 22 मीटर के क्रय मूल्य के बराबर लाभ प्राप्त करता है, तो % लाभ क्या होगा

(a) 30% (b) $35\frac{1}{3}\%$

(c) 35% (d) 38%

उत्तर: (b)

$$= \frac{22}{66}\times 100 = 33\frac{1}{3}\%$$

उदाहरण 142

एक विक्रेता यह दावा करता है कि वह अपनी सामग्री क्रय मूल्य पर बेच रहा है, जबकि वह 1000 ग्राम के बाट की बजाय 800 ग्राम का बाट उपयोग में लाता है। उसका लाभ प्रतिशत ज्ञात कीजिए?

(a) 20% (b) 25%

(c) 28% (d) 30%

हल:

माना कि 800 ग्राम का क्रय मूल्य = रु 800

प्रश्नानुसार, उसका विक्रय मूल्य = रु 1000

उसका लाभ = रु 1000 − रु 800 = रु 200

इसलिए लाभ प्रतिशत = 200/800 × 100 = 25%

इसलिए, (b) सही उत्तर है।

उदाहरण 143

एक व्यक्ति ने दो वस्तुओं को रु 4800 में क्रय किया, एक वस्तु को उसने 25% लाभ पर तथा दूसरी को 25% हानि पर बेचा। यदि दोनों वस्तुओं के विक्रय मूल्य समान हों तो कुल लाभ या हानि कितने की होगी?

(a) 6.25% लाभ (b) 6.25% हानि

(c) 5% लाभ (d) कोई लाभ हानि नहीं

उत्तर: (b)

यदि विक्रय मूल्य समान हो और लाभ एवं हानि का प्रतिशत एक समान दे रखा हो तो सदैव हानि ही होती है

$$\text{लाभ/हानि का प्रतिशत} = +25 - 25 - \frac{25\times 25}{100} = -6.25\%$$

उदाहरण 144

किसी वस्तु का लागत मूल्य पर कितना प्रतिशत बढ़ाकर अंकित किया जाए कि उस पर 10% की छूट देने के बाद भी 44% का लाभ प्राप्त होता है?

(a) 40% (b) 50%

(c) 60% (d) 65%

उत्तर: (c)

माना क्रय मूल्य = रु 100

शुद्ध लाभ = 44 %

विक्रय मूल्य = 100 + 44 = रु 144

अब हमें अंकित मूल्य निकालने के लिए स्थिति को दूसरे रूप में ले रहे हैं।

माना अंकित मूल्य = रु 100

छूट = 10%

विक्रय मूल्य = 100 − 10 = रु 90

यदि विक्रय मूल्य रु 90 है तो अंकित मूल्य = रु 100

अब विक्रय मूल्य रु 1 है तो अंकित मूल्य = रु 100/90

अगर विक्रय मूल्य रु 144 है तो अंकित मूल्य = रु (100/90) × 144 = रु 160

अब स्थिति को एक बार फिर से देखें - अंकित मूल्य रु 160 है, 10% की छूट के बाद विक्रय मूल्य रु 144 हो जायेगा। यहां क्रय मूल्य को रु 100 माना गया है तो लाभ 44% का होगा।

इस प्रकार, जितने प्रतिशत से अंकित मूल्य को बढ़ा कर दिखाया गया = 160 − 100 = रु 60 या 60%।

इस प्रश्न को शॉर्टकट विधि से भी हल किया जा सकता है:

अभीष्ट प्रतिशत = (शुद्ध लाभ + छूट)/(100 − छूट) × 100

$$\text{अभीष्ट प्रतिशत} = \frac{44+10}{100-10}\times 100 = 60\%$$

उदाहरण 145

अगर घोल को गर्म करके वाष्प द्वारा 2 लीटर पानी उड़ा दिया जाये तो शेष घोल में कितने % चीनी होगी?

(a) 4.8% (b) 6%

(c) 7% (d) 8%

उत्तर: (a)

12 लीटर चीनी के घोल में चीनी की मात्रा

= (4/100) × 12 = 12/25 लीटर

अब यही मात्रा हमें 10 लीटर में भी मिलेगी।

10 लीटर में चीनी की प्रतिशत में मात्रा = (12/25)/10 × 100 = 24/5 = 4.8%

इस प्रश्न को शॉर्टकट फार्मूला से भी हल किया जा सकता है।

अभीष्ट प्रतिशत $= \frac{12 \times 4}{12 - 2} = \frac{48}{10} = 4.8\%$

उदाहरण 146

210 लीटर दूध तथा पानी के मिश्रण में 10% दूध है, उसमें कितना दूध और मिलाया जाये कि दूध की मात्रा 30% हो जाये?

(a) 40 लीटर (b) 60 लीटर
(c) 62 लीटर (d) 65 लीटर

उत्तर: (b)

पहले दिए गए मिश्रण में दूध की मात्रा = 210 का 10% = 21 लीटर

मान लें कि इस मिश्रण में X लीटर दूध और मिलाया जाये ताकि नए मिश्रण में दूध की मात्रा 30% हो जाये।

21 + X = (210 + X) का 30%

210 + 10 X = 630 + 3 X

7 X = 420

X = 60 लीटर

इस प्रश्न को निम्न शॉर्टकट फार्मूले भी हल किया जा सकता है।

दूध की मात्रा: $= \frac{210 \times (30 - 10)}{100 - 30} = 60$ लीटर

ब्याज (Interest)

यदि हम घर किराए पर देते हैं तो उसके बदले में किराए के रूप हम हर महीने एक बड़ी राशि लेते हैं।

यदि कोई व्यक्ति 'A' किसी अन्य व्यक्ति 'B' से कुछ रुपया कुछ समय के लिए उधार लेता है, तो वह ऋण एक निश्चित समय के बाद वापस करते समय 'B' को ली गयी वास्तविक राशि से कुछ अतिरिक्त धनराशि देता है। यह अतिरिक्त राशि वह ली गयी राशि के प्रयोग के बदले में देता है। इसी अतिरिक्त राशि को ब्याज (inerest) कहते हैं। ऋण ली गयी वास्तविक राशि मूलधन (Principal Amount) कहलाती है। वास्तविक धनराशि एवं ब्याज को मिश्रधन (Amount) कहा जाता है। प्रत्येक रु 100 के उपयोग के बदले में एक वर्ष में जितनी धनराशि अदा की जाती है। वह ब्याज की दर (Rate of Interest) कहलाती है।

साधारण ब्याज (Simple Interest)

जो ब्याज केवल मूल धन पर लगाया जाता है। उसे साधारण ब्याज कहते हैं। साधारण ब्याज प्रत्येक वर्ष समान रहता है।

तीन राशियों अर्थात मूलधन, दर एवं समय ज्ञात करने के लिए सूत्र इस प्रकार हैं:

साधारण ब्याज (Simple Interest)

$$= \frac{\text{मूलधन (Principal)} \times \text{दर (Rate)} \times \text{समय (Time)}}{100}$$

$$\text{दर} = \frac{\text{साधारण ब्याज} \times 100}{\text{मूलधन} \times \text{समय}}$$

$$\text{समय} = \frac{\text{साधारण ब्याज} \times 100}{\text{मूलधन} \times \text{दर}}$$

उदाहरण 147

यदि कोई मनुष्य रु 100, 8% दर से धन साधारण ब्याज पर उधार पर देता है, तो 4 वर्ष के बाद उसको क्या ब्याज मिलेगा?

हल:

साधारण ब्याज = (100 × 8 × 4)/100 = रु 32

इसको साधारण समझ के आधार पर भी किया जा सकता है।

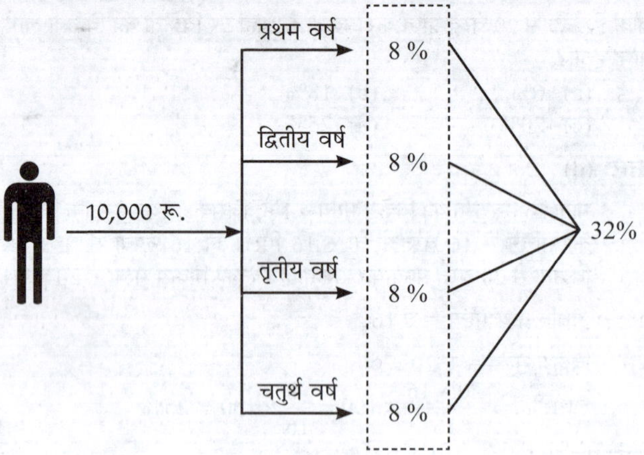

उदाहरण 148

राम ने कृष्ण को 2 वर्षों के लिए रु 6000 उधार पर दिए तथा राघव को 4 वर्षो के लिए रु 1500 उधार पर दिए। राम को दोनों से कुल मिलाकर रु 900 की ब्याज प्राप्त हुई। यदि ब्याज की गणना साधारण ब्याज की दर से की गई हो तो ब्याज की दर बतायें।

(a) 4.5% (b) 5%
(c) 5.5% (d) 6%

हल:

2 वर्षों के लिए रु 6000 का ब्याज = 1 वर्ष के लिए रु 12000 का ब्याज

4 वर्षों के लिए रु 1500 का ब्याज = 1 वर्ष के लिए रु 6000 का ब्याज

कुल एक वर्ष का मूलधन = 12000 + 6000 = रु 18000

साधारण ब्याज = रु 900

$$900 = \frac{18000 \times R \times 1}{100}$$

R = 5%

उदाहरण 149

यदि कोई राशि 16% वार्षिक दर पर उधार पर ली जाती है तो वह कितने समय में मूलधन से तीन गुना हो जाएगी?

(a) 10% (b) 12.5%
(c) 13% (d) 14%

हल:

मूलधन = 1a

राशि = 3a

ब्याज = 3a – 1a = 2a

$$T = \frac{2a \times 100}{a \times 16} = 12.5 \text{ वर्ष}$$

उदाहरण 150

यदि किसी निश्चित धन पर 4% प्रतिवर्ष की दर से 4 वर्षो में प्राप्त ब्याज, उसी राशि को 5% प्रतिवर्ष की दर 3 वर्षो में प्राप्त ब्याज से रु 80 अधिक है, तो धन ज्ञात करें।

(a) रु 7800 (b) रु 8000
(c) रु 8200 (d) रु 6000

हल:

इस प्रश्न को हम मूलधन रु 100 मानकर ज्ञात कर सकते हैं।

$$\text{ब्याज का अंतर} = \frac{100 \times 4 \times 4}{100} - \frac{100 \times 5 \times 3}{100} = \text{रु } 1$$

अगर अंतर रु 1 है तो मूलधन = रु 100

यदि अंतर रु 80 है तो मूलधन = रु 100 × 80 = रु 8000

यहां मूलधन ज्ञात करने के लिए हम निम्न फार्मूला भी लगा सकते हैं।

$$\text{मूलधन} = \frac{\text{ब्याज का अंतर} \times 100}{R1T1 - R2T2}$$

यहां पर R1 और R2 ब्याज का प्रतिशत हैं तथा T1 और T2 समय हैं।

उदाहरण 151

साधारण ब्याज की एक निश्चित दर लगाने से 5 वर्षों में कोई राशि $\frac{8}{5}$ गुना हो जाती है, उसकी ब्याज दर ज्ञात करें।

(a) 12% (b) 12.5%
(c) 13% (d) 13.5%

हल:

यदि मूलधन रु a है तो ब्याज = $\frac{8}{5a - a} = \frac{3}{5a}$ हो जायेगा।

$$\text{ब्याज दर} = \frac{\text{ब्याज} \times 100}{\text{मूलधन} \times \text{समय}}$$

$$= \frac{3}{5a} \times \frac{100}{(a \times 5)} = 12.5\%$$

चक्रवृद्धि ब्याज (Compound Interest)

ऐसा भी होता है कि किसी धनराशि का ब्याज समय पर न चुका कर उसे देय धनराशि में जोड़ दिया जाता है, तथा अगले समय के लिए फिर से उस धनराशि (मूलधन) और ब्याज से प्राप्त योग पर ब्याज लगाया जाता है, तो उसे चक्रवृद्धि ब्याज कहते हैं। चक्रवृद्धि ब्याज को ब्याज पर ब्याज भी कहा जाता है। चक्रवृद्धि ब्याज को साधारण ब्याज का विस्तार भी कहा जाता है।

मूलधन तथा ब्याज के योग को चक्रवृद्धि मिश्रधन कहते हैं।

यदि मूलधन P का R प्रतिशत वार्षिक ब्याज की दर से T वर्ष का चक्रवृद्धि ब्याज C.I. हो, तब विभिन्न अवधि के लिए ब्याज इस प्रकार होगा:

1. जब ब्याज वार्षिक समायोजित होता है

$$\text{तब C.I.} = P\left[\left(1+\frac{R}{100}\right)^t - 1\right]$$

$$\text{और मिश्रधन} = P\left(1+\frac{R}{100}\right)^t$$

2. यदि ब्याज छमाही समायोजित होता है

$$\text{तब C.I.} = P\left[\left(1+\frac{R/2}{100}\right)^{2t} - 1\right]$$

$$\text{और मिश्रधन} = P\left(1+\frac{R/2}{100}\right)^{2t}$$

यहां T का अर्थ वर्षों में समय है। इसमें ब्याज की दर को भी कम किया जाता है। अगर पूरे वर्ष की दर 10% है, तो उसको छह महीने में 10/2 यानि 5% लिया जाएगा।

यदि ब्याज की दर पहले वर्ष R_1 प्रतिशत, दूसरे वर्ष R_2 प्रतिशत तथा तीसरे वर्ष R_3 प्रतिशत हो, तब 3 वर्ष बाद चक्रवृद्धि मिश्रधन

$$= \text{मूलधन}\left(1+\frac{R_1}{100}\right)\left(1+\frac{R_2}{100}\right)\left(1+\frac{R_3}{100}\right)$$

दो वर्षों के चक्रवृद्धि ब्याज और साधारण ब्याज का अंतर

$$= P\left(\frac{R}{100}\right)^2$$

152. रु 2000 का 3 वर्ष में 5 प्रतिशत वार्षिक दर से चक्रवृद्धि ब्याज कितना होगा?

(a) रु 265 (b) रु 315.25
(c) रु 300 (d) रु 350

हल

$$\text{चक्रवृद्धि ब्याज} = \text{मूलधन}\left[\left(1+\frac{\text{दर}}{100}\right)^{\text{समय}} - 1\right]$$

$$= 2000\left[\left(1+\frac{5}{100}\right)^3 - 1\right]$$

$$= 2000\left[\left(\frac{21}{20}\right)^3 - 1\right]$$

$$= 2000\left[\frac{9261-8000}{8000}\right]$$

$$= 2000 \times \frac{1261}{8000} = \text{रु } 315.25$$

153. रु 5000 का 6 प्रतिशत वार्षिक दर से 3 वर्ष का चक्रवृद्धि ब्याज क्या होगा, जबकि अर्द्धवार्षिक देय हो?

(a) ₹850 (b) ₹971
(c) ₹990 (d) ₹1020

हल: सूत्र $A = P\left(1+\frac{R}{200}\right)^{2r}$ का उपयोग करने पर जहां A मिश्रधन है

मिश्रधन $= 5000\left(1+\frac{6}{200}\right)^{3x2}$

$= 5000(1.03)^6 = 5971$

चक्रवृद्धि ब्याज = 5971 – 5000 = ₹ 971

154. ₹ 5000 का 3 वर्ष का चक्रवृद्धि ब्याज ज्ञात कीजिए जबकि ब्याज की वार्षिक दर पहले, दूसरे व तीसरे वर्ष में क्रमश: 6 प्रतिशत 7 प्रतिशत और 8 प्रतिशत हो।

(a) ₹1025 (b) ₹1125
(c) ₹1250 (d) ₹1280

हल: चक्रवृद्धि मिश्रधन

$5000\left(1+\frac{6}{100}\right)\left(1+\frac{7}{100}\right)\left(1+\frac{8}{100}\right)$

रु 6125 (लगभग)

$\therefore$ C.I. = 6125 – 5000 =

= रु 1125

155. एक राशि रु 3000 पर दो वर्ष का साधारण ब्याज तथा चक्रवृद्धि ब्याज क्रमश: रु 660 और रु 696.30 है। ब्याज की वार्षिक दर क्या होगी?

(a) 9% (b) 10%
(c) 11% (d) 12%

हल:

इस प्रश्न में हमें दो वर्ष के समय के अनुसार साधारण ब्याज और चक्रवृद्धि ब्याज दिया गया है। यहां पर दर भी वार्षिक है, इसलिए पहले वर्ष का साधारण ब्याज और चक्रवृद्धि ब्याज समान होंगे। यहां पर दूसरे वर्ष में, यहां पर ब्याज का अंतर एक प्रकार से चक्रवृद्धि ब्याज साधारण ब्याज पर फिर से ब्याज लगने के कारण आता है।

पहले वर्ष का साधारण ब्याज = 660/2 = रु 330

ब्याज का अंतर (जो कि दूसरे वर्ष में आता है) = 696.30 – 660 = रु 36.30

ब्याज का प्रतिशत = ब्याज का अंतर/पहले वर्ष का साधारण ब्याज × 100

$= \frac{36.30}{330} \times 100 = 11$ प्रतिशत

यहां (c) सही उत्तर है।

इस विधि से हमें रु 3000 मूलधन को ध्यान में रखने की आवश्यकता भी नहीं।

कुछ ब्याज संबंधी मिश्रित प्रश्न

156. किसी निश्चित धन पर 4% प्रतिवर्ष की दर से 4 वर्षो में प्राप्त ब्याज उसी रकम पर 5% प्रतिवर्ष की दर से 3 वर्षो में प्राप्त ब्याज से रु 80 अधिक है, धन ज्ञात करें।

(a) 7800 (b) 8000
(c) 8200 (d) 8300

हल

यदि मूलधन को रु 100 मान लिया जाए, तो ब्याजों में अंतर

= (100 × 4 × 4)/100 – (100 × 5 × 3)/100 = रु 1

यदि अंतर रु 1 है तो मूलधन = रु 100

यदि अंतर रु 80 है तो मूलधन = रु 100 x 80 = रु 8000

शार्ट कट विधि से उत्तर:

मूलधन $= \frac{80\times100}{4\times4-3\times5} = 8000$

अत: (b) सही उत्तर है।

157. कुछ धन किसी दर पर 3 वर्ष के लिए साधारण ब्याज पर दिया जाता है। यदि साधारण ब्याज की दर 1 % कम होती तब रु 259.20 कम ब्याज देना पड़ता। इस स्थिति में मूलधन कितना है?

(a) 8640 (b) 8800
(c) 9000 (d) 9200

हल

मूलधन $= \frac{\text{कम ब्याज} \times 100}{\text{कम दर} \times \text{समय}}$

$= \frac{259.20 \times 100}{100 \times 3}$

= रु 8640

158. यदि कोई धनराशि साधारण ब्याज की दर से 10 वर्षो में दोगुनी हो जाए, तो इस अवस्था में ब्याज की दर कितनी होगी?

(a) 8% (b) 9%
(c) 10% (d) 12%

हल

माना मूलधन = रु 100

धन राशि = रु 200

साधारण ब्याज = रु 200 – रु 100 = रु 100

दर = साधारण ब्याज × 100/(मूलधन × समय)

= 100 × 100/(100 × 10) = 10%

159. किसी धन पर एक विशेष दर से साधारण ब्याज उस धन का 9 गुना है, यदि वार्षिक दर प्रतिशत तथा वर्षों में समय के मान के बराबर हो, तो ब्याज की दर होगी।

(a) 20% (b) 25%
(c) 28% (d) 30%

हल:

माना मूलधन = रु 100

साधारण ब्याज = रु 900

माना दर = समय = X

दर = साधारण ब्याज × 100/(मूलधन × समय)

X = 900 × 100 / (100 × X)

X का वर्ग = 900

X = 30%

इसलिए सही उत्तर (d) है।

शॉर्टकट फार्मूला:

$R = \sqrt{9 \times 100}$

R = 30%

160. किस चक्रवृद्धि ब्याज की दर से एक राशि 3 वर्षों में 8 गुनी हो जायेगी।

(a) 80% (b) 75%
(c) 88% (d) 100%

हल

सूत्र से

$r = 100\left[(8)^{\frac{1}{3}} - 1\right]$

$r = 100\%$

161. 5% की वार्षिक ब्याज की दर से किसी रकम के 2 वर्षो के चक्रवृद्धि ब्याज एवं साधारण ब्याज का अंतर रु 1.50 है तो मूलधन निकालें।

(a) 550 (b) 600
(c) 650 (d) 700

हल

यदि हम मूलधन को रु 100 मान लें, तो फिर साधारण ब्याज और चक्रवृद्धि ब्याज की गणना का अंतर = रु $\frac{1}{4}$

अगर अंतर रु $\frac{1}{4}$ है तो मूलधन = रु 100

यदि अंतर रु $\frac{3}{2}$ है तो मूलधन = रु $\frac{100 \times 4 \times 3}{2}$ = रु 600

162. चक्रवृद्धि ब्याज की दर से कोई रकम 2 वर्षों में रु 4840 तथा 3 वर्षों में रु 5324 हो जाती है तो प्रतिशत ब्याज की गणना करें।

(a) 10% (b) 12%
(c) 9% (d) 11%

हल

यहां 2 वर्ष के बाद लगने वाला ब्याज 'साधारण ब्याज' माना जा सकता है।

इस स्थिति में मूलधन = रु 4840

साधारण ब्याज = रु 5324 - रु 4840 = रु 484

समय = 1 वर्ष

दर = ?

दर = $\frac{5324 - 4840}{4840} \times 100$

= 10 प्रतिशत

163. रूपेश ने शाह से 3 वर्षों के लिए साधारण ब्याज पर 12% प्रतिवर्ष की दर से रु 830 उधार लिये। उसने उधार ली गई राशि में कुछ और राशि जोड़ी। उस कुल राशि को उसने सोनिया को 3 वर्षों के लिए 14% वार्षिक ब्याज पर उधार दिया। यदि रुपेश को पूरे लेन-देन में रु 93.9 का लाभ होता है। हमें यह ज्ञात करना है कि उसने बाद में अपनी जेब से कितनी अतिरिक्त राशि जोड़ी थी?

(a) रु 115 (b) रु 120
(c) रु 125 (d) रु 105

हल

सर्वप्रथम हम दोनों राशियों के साधारण ब्याज का अंतर ज्ञात करेंगे।

$\frac{[(830 + x) \times 14 \times 3]}{100} - \frac{[830 \times 12 \times 3]}{100} = 93.90$

$(830 \times 42) + 42x - (830 \times 36) = 9390$

$42x + 830 \times (42 - 36) = 9390$

$42x = 9390 - 4980$

$x = \frac{4410}{42} = 105$

अतिरिक्त राशि = रु 105

इसलिए (d) इसका सही उत्तर है।

'छूट' (Discount) पर कुछ और महत्वपूर्ण प्रश्न

164. किसी स्मार्ट फोन के अंकित मूल्य पर 10% की छूट देने पर एक विक्रेता को 20% का लाभ होता है, यदि उसने 20% की छूट दी तो उसका लाभ प्रतिशत कितना होगा?

(a) 80% (b) $6\frac{2}{3}\%$
(c) 5% (d) 7%

उत्तर: (b)

माना अंकित मूल्य रु 100

∴ 10% की छूट के बाद मूल्य = 100 – 10 = 90

∵ रु 90 पर बेचने पर 20% लाभ होता है

∴ क्रय मूल्य = 90 का $\frac{100}{120} = \frac{300}{4}$ = रु 75

पुनः 100 पर 20% छूट देने पर

$= 100 \times \frac{80}{100} = 80$

लाभ = 80 – 75 = 5

∴ प्रतिशत लाभ $= \frac{5}{75} \times 100 = \frac{100}{15} = 6\frac{10}{15} = 6\frac{2}{3}\%$ लाभ

165. एक उपभोगता चीनी के मूल्य में या तो 5% की छूट प्राप्त कर सकता है या फिर चीनी क्रय करने पर रु 608 में 2 किग्रा अधिक चीनी प्राप्त कर सकता है। चीनी का विक्रय मूल्य ज्ञात करें?

(a) 12 (b) 15
(c) 16 (d) 18

उत्तर: (c)

चीनी का वास्तविक मूल्य $\times \frac{95}{100} = 608$

चीनी का वास्तविक मूल्य $= 608 \times \frac{100}{95} = 608 \times \frac{20}{19}$

$= 32 \times 20 =$ रु 640

$\therefore$ 2 किग्रा चीनी का विक्रय मूल्य = 640 − 608 = रु 32

$\therefore$ 1 किग्रा चीनी का विक्रय मूल्य $= \frac{32}{2} = 16$

$\therefore$ प्रति किग्रा चीनी का विक्रय मूल्य = रु 16

166. किसी आभूषण सेट के मूल्य पर 10% छूट दी जाती है, पुन: उस छूट वाले मूल्य पर भी 10% छूट दी जाती है तदानुसार यह क्रमिक छूट, एक अकेले कितने प्रतिशत छूट के बराबर है?

(a) 18% (b) 19%
(c) 20% (d) 21%

उत्तर: सही उत्तर विकल्प (b) है।

एकल छूट $= \left(-10 - 10 + \frac{10 \times 10}{100}\right)\% = -19\%$

167. एक वस्तु के सूचीगत मूल्य पर क्रमश: 20% तथा 10% छूट उस वस्तु के मूल्य पर एकल छूट के कितने प्रतिशत के बराबर होगी?

(a) 80 (b) 28
(c) 35 (d) 40

उत्तर: (b)

यदि किसी वस्तु के क्रय मूल्य पर क्रमिक छूट क्रमश: $x\%$ तथा $y\%$ है तो समतुल्य एकल छूट $= \left(-x - y + \frac{xy}{100}\right)\%$ होगी।

कुल छूट $= -20 - 10 + \frac{20 \times 10}{100} = -28\%$

168. योगेश ने अपनी वस्तुएं बेचने के लिए 30% की दो क्रमिक छूटों की घोषणा की। कुल मिलाकर प्रभावी छूट कितनी है?

(a) 60% (b) 69%
(c) 51% (d) 65%

उत्तर: (c)

एकल समतुल्य छूट

$= \left((-30) + (-30) + \frac{(-30) \times (-30)}{100}\right) = -51\%$

यानी 51% प्रभावी एकल छूट होगी।

169. 20% की दो क्रमिक छूटें, एक अकेली छूट के रूप में कितनी होगी?

(a) 34% (b) 35%
(c) 36% (d) 40%

उत्तर: (c)

एकल समतुल्य छूट

$= \left(-20 - 20 + \frac{20 \times 20}{100}\right)\% = -36\%$

यानी 36% एकल छूट होगी।

170. एक पंखे का सूची मूल्य रु 1500 है और सूची मूल्य पर 20% छूट दी जाती है, अब किसी ग्राहक को कितनी अतिरिक्त छूट दी जाए ताकि उसका शुद्ध मूल्य रु 1104 पर आ जाए?

(a) 8% (b) 10%
(c) 9% (d) 11%

उत्तर: (a)

20% छूट के बाद विक्रय मूल्य

$= \frac{1500 \times (100 - 20)}{100} = 1200$

अतिरिक्त छूट $= \frac{1200 - 1104}{1200} \times 100 = 8\%$

171. 10% और 20% के क्रमिक छूट के समतुल्य एकल छूट निम्न में से कितनी है?

(a) 35% (b) 28%
(c) 30% (d) 18%

उत्तर: (b)

समतुल्य छूट

$= 100 - 100 \times \frac{90}{100} \times \frac{80}{100} = 100 - 72 = 28\%$

172. किसी घड़ी का अंकित मूल्य रु 1000 है, एक फुटकर विक्रेता उसे दो क्रमिक छूट पर रु 810 में खरीदता है, जिनमें से एक 10% है और दूसरी अपठनीय है, दूसरी छूट की दर क्या है?

(a) 14 (b) 10
(c) 15 (d) 9

उत्तर: (b)

माना दूसरी छूट की दर = $x\%$

$\therefore\ 1000 \times \frac{(90)}{100} \times \frac{(100 - x)}{100} = 810$

$= 100 - x = \frac{810}{9} = 90$

$\therefore\ x = 10\%$

173. एक विक्रेता अपने सूट का मूल्य लागत मूल्य से 20% अधिक निर्धारित करता है और उस पर नकद खरीददार को 10% छूट भी देता है, उसे कुल कितने प्रतिशत लाभ होता है?

(a) 6% (b) 7%
(c) 8% (d) 9%

उत्तर: (c)

माना सूट का क्रय मूल्य = ₹100

$\therefore$ सूट का निर्धारित मूल्य = 100 + ₹100 का 20% = ₹120

कुल छूट 120 का 10% = ₹12

$\therefore$ विक्रय मूल्य = 120 − 12 = ₹108

$\therefore$% लाभ = 108 − 100 = रु 8 यानी 8%

174. किसी वस्तु पर छपा हुआ मूल्य ₹900 है, लेकिन एक खुदरा क्रेता इसको 40% छूट पर खरीदकर इसे ₹900 में बेच देता है, खुदरा क्रेता का प्रतिशत लाभ क्या है?

(a) 60% (b) $66\frac{2}{3}\%$

(c) 55% (d) 52%

उत्तर: (b)

व्यापारी के लिए वस्तु का क्रय मूल्य = 900 – 900 का 40%

= 900 – 360 = ₹540

$$\% \text{ लाभ} = \frac{(900-540)\times 100}{540}$$

$$= \frac{360\times 100}{540} = 66\frac{2}{3}\%$$

175. 30%, 20% तथा 10% के क्रमिक बट्टों के समतुल्य एकमात्र बट्टा है?

(a) 45% (b) 49.60%

(c) 55% (d) 50%

उत्तर: (b)

30% एवं 20% का क्रमिक बट्टा

$$-30 - 20 + \frac{30\times 20}{100}$$

= – 44%

पुन: 44% एवं 10% का क्रमिक बट्टा

$$= -44 - 10 + \frac{44\times 10}{100}$$

= –54 + 4.4 = –49.60%

यानी समतुल्य एकमात्र बट्टा 49.60% है।

176. एक विक्रेता, थोक विक्रेता से 40 पेन 36 पेनों के निर्धारित मूल्य पर खरीदता है, यदि वह उन्हें 1% छूट पर बेचता हो, तो उसका प्रतिशत लाभ क्या होगा?

(a) 8% (b) 9%

(c) 10% (d) 12%

उत्तर: (c)

माना एक का क्रय मूल्य = x ₹

36 पेन का क्रय मूल्य = ₹$36x$

सभी पेन का विक्रय मूल्य = ₹$40x$

1% बट्टा देने पर विक्रय मूल्य

$$= 40x \times \frac{99}{100} = ₹\,39.60x$$

लाभ = $39.60x - 36x$ = ₹$3.60x$

$$\% \text{ लाभ} = \frac{3.60x}{36x}\times 100 = 10\%$$

177. एक दुकानदार ने अंकित मूल्य पर 10% की छूट देकर एक कुर्ते को रु 300 पर बेच दिया। यदि उसने छूट नहीं दी होती, तो उसे क्रय मूल्य पर 15% का लाभ होता। कुर्ते का क्रय मूल्य क्या था?

(a) रु 190 (b) रु 195

(c) रु 200 (d) रु 198

प्रश्न का हल

माना लागत मूल्य = रु 100

अंकित मूल्य = 100 + 15 = रु 115

छूट के बाद विक्रय मूल्य = 115 – 115 का 10% = 115 – 11.5 = रु 103.50

अत: क्रय मूल्य का 103.50% = रु 207

क्रय मूल्य = 207 × 100/103.50 = रु 200

अत: विकल्प (c) सही उत्तर है।

कैलेंडर पर आधारित प्रश्न (Calendar Questions)

नेट की परीक्षा में एक प्रश्न कैलेंडर से संबंधित पूछे जाने की संभावना रहती है।

पहली जनवरी 0001 को कौन-सा दिन माना जाना चाहिए, उत्तर है सोमवार।

जैसा कि हम जानते हैं पृथ्वी अपनी धुरी के गिर्द का एक चक्कर 24 घण्टे या एक दिन में पूरा करती है और सूर्य के गिर्द एक चक्कर लगाने के लिए 365.242189 दिन या 365 दिन, 5 घण्टे, 48 मिनट और 45 सेकंड का समय लगता है। इस वर्ष को एक उष्णकटिबंधीय वर्ष कहा जाता है और मार्च विषुव (March Equinox) से मापा जाता है। हम सामान्य वर्ष 365 दिन का मान कर चलते हैं। इसलिए अतिरिक्त समय (यानि 5 घण्टे, 48 मिनट और 45 सेकंड) के सरेखण (alignment) के लिए लीप वर्ष की अवधारणा प्रारंभ हुई। इसलिए चार वर्ष के बाद हम कैलेंडर में एक दिन अतिरिक्त जोड़ लेते हैं जिसको लीप वर्ष कहा जाता है। यदि यह अतिरिक्त समय पूरा 6 घण्टे का होता, तो कोई समस्या नहीं थी। चूंकि इसमें कुछ मिनट और सेकंड कम आ रहे हैं, तो इसका सरेखण 100 वर्षों के बाद फिर से किया जाता है। इस तथ्य का समायोजन शताब्दी को सामान्य शताब्दी और लीप शताब्दी में विभाजित करके किया गया है।

वर्ष (Year)

कैलेंडर के प्रश्न के अनुसार, वर्ष दो प्रकार के होते हैं:

1. **सामान्य वर्ष (General Year):** वह वर्ष जिसमें 4 का पूरा-पूरा भाग नहीं जाए, वह वर्ष सामान्य वर्ष कहलाता है अर्थात यदि किसी वर्ष में 4 का भाग देने पर शेषफल शून्य नहीं आए। सामान्य वर्ष में दिनों की संख्या 365 होती है।

   उदाहरणार्थ: 1991, 1993, 1997, 2007, 2009, 2013, 2017, 2019 इत्यादि।

2. **लीप वर्ष (Leap Year):** वह वर्ष जिसमें 4 का पूरा-पूरा भाग चला जाए, वह वर्ष लीप वर्ष कहलाता है अर्थात यदि किसी वर्ष में हम 4 का भाग देने पर शेषफल शून्य आए। लीप वर्ष में दिनों की संख्या 366 होती है।

   उदाहरणार्थ: 1996, 2000, 2004, 2008, 2012 इत्यादि लीप वर्ष हैं।

शताब्दी (CENTURY)

शताब्दी को हम दो भागों में विभाजित करते हैं:

1. **सामान्य शताब्दी (General Century):** वह शताब्दी जिसमें 400 का पूरा-पूरा भाग नहीं जाए, सामान्य शताब्दी कहलाती है अर्थात यदि किसी शताब्दी में 400 का भाग देने पर शेषफल शून्य नहीं आए, जैसे—700, 1300, 2100, 2500, 3100 इत्यादि।
2. **लीप शताब्दी (Leap Century):** वह शताब्दी जिसमें 400 का पूरा-पूरा भाग चला जाए, लीप शताब्दी कहलाती है अर्थात यदि किसी शताब्दी में 400 का भाग देने पर शेषफल शून्य आए, जैसे—800, 1200, 2000, 2400, 3200 इत्यादि।

विषम दिन (ODD DAY)

प्रायः कैलेंडर से संबंधित प्रश्नों में परीक्षार्थी को दिन निकालना आवश्यक होता है, इसके लिए परीक्षार्थियों के लिए विषम दिन की अवधारणा को समझना आवश्यक है, इसकी गणना कैसे की जाए?

1 सामान्य वर्ष = 365 दिन = 52 पूर्ण सप्ताह + 1 अतिरिक्त या विषम दिन।

इसके अनुसार वर्ष 0001 का आखिरी दिन सोमवार होना चाहिए।

1 लीप वर्ष = 366 दिन = 52 पूर्ण सप्ताह + 2 अतिरिक्त या विषम दिन।

100 वर्ष = 76 सामान्य वर्ष + 24 लीप वर्ष = $76 \times 1 + 24 \times 2 =$ 124 विषम दिन = 27 सप्ताह + 5 दिन

इसी प्रकार 200 वर्ष = $5 \times 2 = 10$ दिन = 1 सप्ताह + 3 विषम दिन

300 वर्षों से प्राप्त होते हैं = 1 विषम दिन

400 वर्षों से प्राप्त होते हैं = $5 \times 4 + 1 = 21$ दिन अर्थात कोई विषम दिन नहीं। चूंकि 400 वर्ष को लीप वर्ष माना गया है, इसलिए 1 दिन अतिरिक्त जोड़ा गया है अर्थात 1 जनवरी 401 सोमवार था और यह चक्र चलता रहता है। इस प्रकार 1 जनवरी 2001 को पहला दिन यानि सोमवार था।

अगर परीक्षा में सामान्य वर्ष के दिनांक का सप्ताह का दिन दे रखा है और अगला वर्ष फिर से सामान्य वर्ष हो, तो परीक्षार्थी को +1 करना है क्योंकि एक सामान्य वर्ष में 1 विषम दिन होता है।

मान लीजिए 1 जनवरी, 2001 को सोमवार है, तो अगले वर्ष, वही दिनांक यानि 1 जनवरी, 2002 मंगलवार होगा; 1 जनवरी, 2003 बुधवार होगा; 1 जनवरी, 2004 को वीरवार होगा; लेकिन 1 जनवरी, 2005 शनिवार होगा क्योंकि लीप 2004 वर्ष में विषम या अतिरिक्त दिनों की संख्या 2 होती है।

ऐसे ही अगर हमें पिछले वर्ष के दिनांक पर आधारित प्रश्न हो, तो हम –1 करेंगे।

परीक्षार्थी इस बात का भी ध्यान रखें कि लीप वर्ष में भी तिथि 29 फरवरी से पहले या बाद की है।

दिन	रविवार	सोमवार	मंगलवार	बुधवार	वीरवार	शुक्रवार	शनिवार
संख्या	0	1	2	3	4	5	6

हल किए गए प्रश्न (SOLVED EXAMPLES)

उदाहरण 178

1 जनवरी, 1995 को रविवार था। 1 जनवरी, 1996 को कौन-सा दिन था?

(a) रविवार (b) सोमवार
(c) बुधवार (d) शनिवार

उत्तर: (b)

प्रश्न का हल: वर्ष 1996 लीप वर्ष है, जिसमें फरवरी 29 दिन की होगी। लेकिन प्रश्न में तिथि 1 जनवरी, 1996 की है। इसलिए इसके हल में लीप वर्ष का कोई योगदान नहीं होगा। यदि 1 जनवरी, 1996 रविवार था तो इसमें एक विषम या अतिरिक्त दिन जोड़ा जाएगा। इसलिए 1 जनवरी, 1996 सोमवार होगा।

उदाहरण 179

यदि दिनांक 12 जनवरी, 1980 शनिवार था, तो दिनांक 12 जनवरी, 1979 कौन-सा दिन था?

(a) वीरवार (b) शुक्रवार
(c) शनिवार (d) रविवार

उत्तर: (b)

प्रश्न का हल: क्योंकि प्रश्न में पिछले वर्ष उसी दिनांक पर सप्ताह का दिन पूछा गया है, यहां एक विषम दिन कम करेंगे, दिनांक 12 जनवरी, 1979 को शुक्रवार था। यद्यपि, 1980 लीप वर्ष है, परन्तु दिनांक 29 फरवरी से पहले की होने के कारण लीप वर्ष का कोई प्रभाव नहीं होगा।

उदाहरण 180

यदि पहली अक्टूबर सोमवार है, तो पहली नवंबर को सप्ताह का कौन-सा दिन होगा?

(a) वीरवार (b) शुक्रवार
(c) शनिवार (d) रविवार

उत्तर: (a)

प्रश्न का हल: अक्टूबर में 31 दिन होते हैं। इस मास के 1, 8, 15, 22 और 29 तिथियों को सोमवार होगा, 30 को मंगलवार, 31 को बुधवार। इसलिए 1 नवंबर को वीरवार होगा।

उदाहरण 181

यदि किसी माह का पहला दिन रविवार है, तो उस माह के चौथे बुधवार के बाद तीन दिन के बाद सप्ताह का कौन-सा दिन होगा?

(a) 24 (b) 29
(c) 27 (d) 30

उत्तर: (b)

प्रश्न का हल: उस माह का पहला बुधवार 4 दिनांक को होगा तथा चौथा बुधवार 25 दिनांक को होगा। यहां तीन के बाद का अर्थ है 25 + 4 = 29वां दिन।

उदाहरण 182

यदि किसी सामान्य वर्ष का पहला दिन शुक्रवार है, उसका अंतिम दिन क्या होगा?

(a) वीरवार (b) शुक्रवार
(c) शनिवार (d) रविवार

उत्तर: (b)

प्रश्न का हल: यहां 364 दिन यानि 52 सप्ताह के बाद अगला दिन, यानि 365वां फिर से शुक्रवार होगा।

उदाहरण 183

यदि 1 जनवरी, 2007 को सोमवार था, तो 1 जनवरी, 2011 को सप्ताह का कौन-सा दिन होगा?

(a) वीरवार (b) शुक्रवार
(c) शनिवार (d) रविवार

उत्तर: (c)

प्रश्न का हल: क्योंकि यहां प्रारंभिक तिथि 1 जनवरी, 2007 है; यहां पर हम विषम दिनों की गणना कर रहे हैं।

2007 – 1
2008 – 2 (लीप वर्ष)
2009 – 1
2010 – 1
विषम दिनों का योग = 5
अर्थात 1 जनवरी, 2011 को सोमवार + 5 दिन अर्थात शनिवार होगा।

उदाहरण 184

यदि किसी माह के चौथे शनिवार को दिनांक 22 है, तो उस माह का 12वां दिन क्या होगा?

(a) बुधवार (b) वीरवार
(b) शुक्रवार (d) शनिवार

उत्तर: (a)

प्रश्न का हल: उससे पहले शनिवार दिनांक 15 को होगा। 14 को शुक्रवार, 13 को वीरवार एवं 12 को बुधवार है।

उदाहरण 185

दिनांक 15 अगस्त, 2010 को सप्ताह का कौन-सा दिन था?

(a) रविवार (b) सोमवार
(c) मंगलवार (d) शुक्रवार

उत्तर: (a)

प्रश्न का हल: 15 अगस्त, 2010 = (वर्ष 2009 + 1.1.2010 से 15.8.2010 की अवधि)

2000 वर्षों में विषम दिन = 0
9 वर्ष = (2 लीप वर्ष + 7 साधारण वर्ष) = $(2 \times 2 + 7 \times 1) = 11$ विषम दिन या 4 विषम दिन
जनवरी फरवरी मार्च अप्रैल मई जून जुलाई अगस्त
दिए गए महीनों के विषम दिवस =
$(31 + 28 + 31 + 30 + 31 + 30 + 31 + 15) = 227$ दिन
227 दिन अर्थात 32 सप्ताह + 3 दिन या 3 विषम दिन
विषम दिनों की कुल संख्या = $(0 + 0 + 4 + 3) = 7 = 0$ विषम दिन
इसलिए 15 अगस्त, 2010 को रविवार था।

उदाहरण 186

17 जून, 1998 को सप्ताह का दिन क्या था?

(a) सोमवार (b) मंगलवार
(c) बुधवार (d) गुरुवार

उत्तर: (c)

प्रश्न का हल: 17 जून, 1998 = 1600 वर्ष + 300 वर्ष + 1.1.1998 से 17.6.1998 तक का सागय

1600 वर्षों में विषम दिन = 0
300 वर्षों में विषम दिन = $5 \times 3 = 15$ (7 से विभाजित करने पर); विषम दिन = 1
97 वर्षों में 24 लीप वर्ष + 73 साधारण वर्ष है।
97 वर्षों में विषम दिनों की संख्या $(24 \times 2 + 73 \times 1) = 121$ (7 से विभाजित करने पर) = 2 विषम दिन
जनवरी फरवरी मार्च अप्रैल जून
$(31 + 28 + 31 + 30 + 31 + 17) = 168$ दिन
168 दिन = 24 सप्ताह = 0 विषम दिन।
विषम दिनों की कुल संख्या = $(0 + 1 + 2 + 0) = 3$
इसलिए 17 जून, 1998 को बुधवार था।

उदाहरण 187

आज सोमवार है। 61 दिन बाद निम्नलिखित में से कौन-सा दिन होगा?

(a) बुधवार
(b) शनिवार
(c) मंगलवार
(d) गुरुवार

उत्तर: (b)

प्रश्न का हल: सप्ताह के प्रत्येक दिन को 7 दिनों के बाद दोहराया जाता है। इसलिए 63 दिनों के बाद यानि 64वें दिन सोमवार होगा। 61 दिनों के बाद यानि 62वें दिन शनिवार होगा।

घड़ी से संबंधित प्रश्न (QUESTIONS ON CLOCKS)

188. प्रकार-1: दर्पण प्रतिबिम्ब (Clock Reflection)

प्रश्न: यदि घड़ी में 1:10 बजे हों तो उसका दर्पण प्रतिबिम्ब क्या होगा?

प्रश्न का हल: हम 12:00 बजे को 11:60 बजे के रूप में लिख सकते हैं, दर्पण प्रतिबिम्ब प्राप्त करने के लिए हमें 1:10 बजे को 11:60 बजे से घटाना होगा।

11:60 - 1:10 = 10:50

अतः 1:10 बजे का दर्पण प्रतिबिम्ब 10:50 होगा।

189. प्रकार-2: एक निश्चित समय पर घड़ी में समय इंगित करने वाली दो सुईयों के मध्य बने हुए कोण को ज्ञात करना।

प्रश्न: राम की घड़ी 11 बजकर 10 मिनट का समय दर्शा रही है। 11:10 बजे उसकी घड़ी की मिनट की सुई और घंटे की सुई के मध्य कितने डिग्री का कोण होगा?

प्रश्न का हल: हम यहाँ पर निम्नलिखित शार्ट कट विधि का प्रयोग कर सकते हैं।

$$30H - \frac{11}{2}\text{minute}$$

$$3(11) - \frac{11}{2}(10)$$

$$330 - 55 = 275°$$

अत: मिनट और घंटे की सुई द्वारा अधिकतम 180° का कोण बनाया जा सकता है और वृत्त द्वारा बनाया गया अधिकतम कोण 360° होता है। अत: हमें वांछित कोण ज्ञात करने के लिए 360° में से 275° घटाना होगा।

$$360° - 275° = 85°$$

इसलिए मिनट और घंटे की सुई = 85°

प्रश्न: शाम के 7:20 बजने पर घंटे और मिनट की सुई कितने डिग्री का कोण बनायेंगी?

$$30H - \frac{11}{2}\ \text{minute}$$

$$30(7) - \frac{11}{2}(20)$$

$$210 - 110 = 100°$$

अत: मिनट और घंटे की सुई द्वारा बनाया गया कोण होगा।

190. प्रकार-3: वह समय ज्ञात करना जब घड़ी की दोनों सुईयों के मध्य का कोण दिया गया हो।

प्रश्न: 4 बजे और 5 बजे के बीच किस समय घड़ी की सुइयां संपाती (coincide) होंगी?

प्रश्न का हल: हम जानते हैं कि घड़ी की सुईयां संपाती (coincide) होने पर 0० का कोण बनायेंगी।

इस प्रश्न का हल ज्ञात करने के लिए निम्नलिखित सूत्र का प्रयोग किया जा सकता है।

$$5H \pm \frac{12}{11}(\text{Minute})$$

$$5(4) \pm \frac{12}{11}(0)$$

$$20 \pm \frac{12}{11} = \frac{240}{11} = 21\frac{9}{11}$$

H = आरंभिक घंटा

Minute = मिनट का डिग्री मान

(जैसा कि हम जानते हैं कि 1 मिनट का डिग्री मान 6 होता है और 5 मिनट का डिग्री मान 3° होता है।)

अत: 4 बजकर 21 मिनट पर घड़ी की सुइयां संपाती (coincide) होंगी।

191. सुबह 7 बजे से 8 बजे के मध्य किस समय घड़ी की सुइयां संपाती (coincide) होंगी?

प्रश्न का हल: उपरोक्त सूत्र का प्रयोग कर हम पाते हैं-

$$5H \pm \frac{12}{11}(\text{Minute})$$

$$5(7) \pm \frac{12}{11}(0°)$$

$$35 \pm \frac{12}{11} = \frac{395}{11} = 35\frac{10}{11}$$

अत: 7 बजकर 35 मिनट पर घड़ी की सुइयां संपाति होंगी।

जब घड़ी पर समय 5 बजकर 50 मिनट है तो घड़ी की दोनों सुइयों के बीच का कोण कितने डिग्री का होता है?

(a) 95° (b) 88°
(c) 110° (d) 125°

प्रश्न का हल

घड़ी 5 घंटे 50 मिनट का समय दिखा रही हो। हम घंटे की सुई से डिग्री के मापन के लिए छह और बारह को मिलाती हुई ऊर्ध्वाधर रेखा का प्रयोग करेंगे।

12 बजे से 5 बजने तक तय की गयी डिग्री = 5 × 30° = 150

इसके बाद यह सुई 5.50 की तरफ बढ़ती है, तब घंटे की सुई द्वारा तय की गयी डिग्री = 30 × 5/6 = 25

अत: घंटे की सुई से कुल कोण = 150° + 25° = 175°

अब मिनट की सुई पर विचार करें।

50 मिनट पर पहुंचने के लिए 'मिनट की सुई' 10 इकाइयां तय करेगी।

मिनट की सुई द्वारा 50 मिनट में बनाया गया कोण = 10 × 30° = 300°

अत:, 5:50 के समय पर 'घंटे की सुई' और 'मिनट की सुई' के बीच बना हुआ कोण = 300 - 175 = 125°

अत: (d) सही उत्तर है।

हम यहाँ पर निम्नलिखित शार्ट कट विधि का प्रयोग कर सकते हैं।

$$30H - \frac{11}{2}\text{minute}$$

$$30(5) - \frac{11}{2}(50)$$

$$150 - 275 = -125°$$

यहां कोण पर धनात्मक और ऋणात्मक मान का कोई प्रभाव नहीं होगा, यह 'निरपेक्ष' (absolute) मान होता है।

वेन आरेख (Venn Diagram)

वेन आरेख वह आरेख है जो समुच्चयों के परिमित संग्रहों (चीजों का समूह) के बीच सभी परिकाल्पनिक (आनुमानिक) रूप से संभव तार्किक संबंधों को दर्शाते हैं। वेन आरेख का आविष्कार 1880 के आस-पास जॉन वैन द्वारा किया गया था। इनका कई क्षेत्रों में उपयोग किया जाता है, जैसे—समुच्चय सिद्धांत, प्रायिकता, तर्क, सांख्यिकी और कंप्यूटर विज्ञान। वेन आरेख के माध्यम से निम्न स्थितियाँ दर्शायी जा सकती हैं।

1. यदि दी गई वस्तुएं, जीव, शब्द आदि अलग-अलग समूह से संबंध रखते हों।

कुत्ता, गाय, और घोड़ा

2. यदि दी गई वस्तुओं, जीव आदि का संबंध एक विशेष समूह से हो।

गाय, घोड़ा, और स्तनधारी

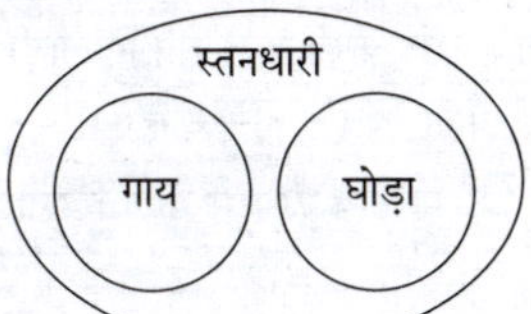

3. यदि एक का संबंध पूरी तरह से दूसरे से और दूसरे का संबंध पूरी तरह से तीसरे से बनता है।

गाय, स्तनधारी, और जीव वर्ग

4. यदि दो का संबंध आपस में हो एवं दोनों किसी तीसरे के अंतर्गत आते हैं।

पुरुष, भाई, और पिता

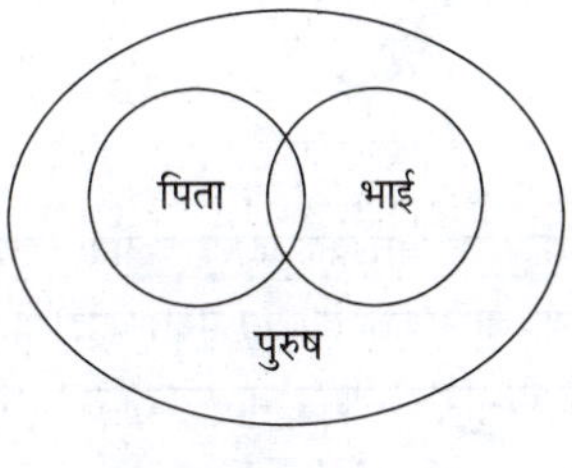

5. जब एक उभयनिष्ठ हो।

विद्यार्थी, युवक, और युवतियाँ

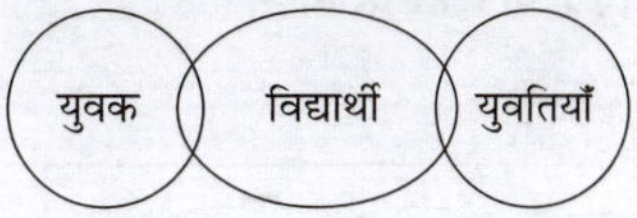

6. जब सभी अतिव्यापी हों।

युवा, विद्यार्थी, और खिलाड़ी

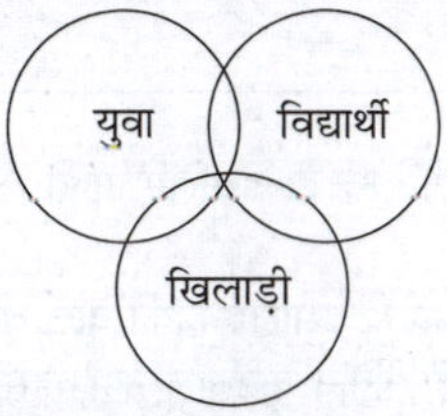

7. जब दो का पूर्ण संबंध हो तथा शेष का उनसे कोई संबंध न हो।

शेर, माँसाहारी, और गाय

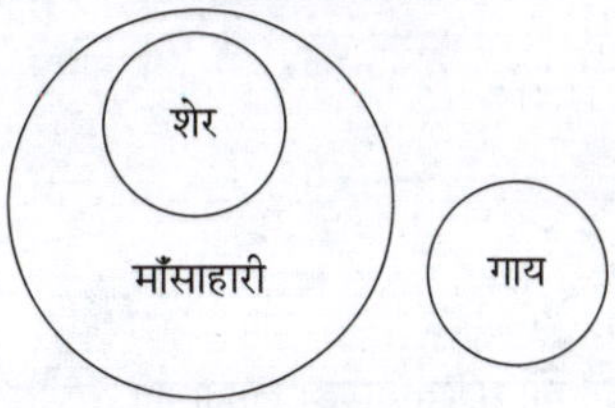

8. जब दो का आंशिक संबंध हो और तीसरा बिल्कुल भिन्न हो।

कुत्ता, माँसाहारी, और गाय

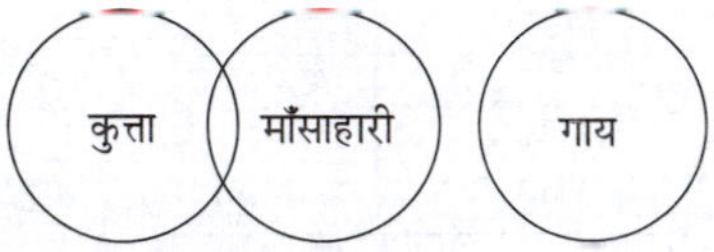

उदाहरण 192

एक कक्षा में,

(a) 8 विद्यार्थी हैं जो फुटबॉल और हॉकी खेलते हैं।

(b) 7 विद्यार्थी हैं न तो फुटबॉल खेलते हैं और न ही हॉकी खेलते हैं।

(c) 13 विद्यार्थी हैं जो हॉकी खेलते हैं।

(d) 19 विद्यार्थी हैं जो फुटबॉल खेलते हैं।

कक्षा में कुल कितने विद्यार्थी हैं?

हल

स्थिति I

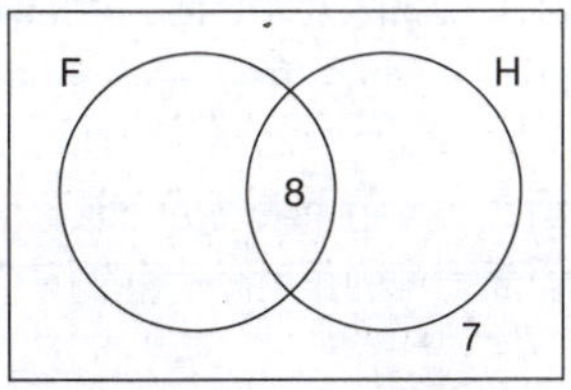

8 विद्यार्थी ऐसे हैं जो दोनों हॉकी और फुटबॉल खेलते हैं, उनको दोनों वृत्तों के प्रतिच्छेदन (intersection) में दर्शाया जा सकता है। 7 जो कोई खेल नहीं खेलते, उनको दोनों वृत्तों के बाहर दर्शाया गया है।

स्थिति II

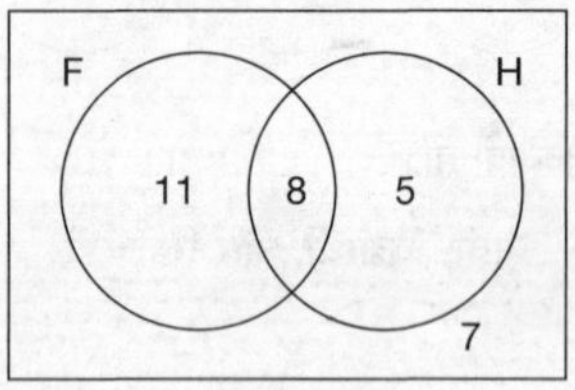

हॉकी खेलने वाले कुल 13 छात्र हैं, इसलिए हॉकी वाले वृत्त में कुल योग 13 होना चाहिए।

प्रतिच्छेदन में 8 छात्र हैं, इसलिए हॉकी वाले वृत्त के शेष भाग में 5 होना चाहिए जो हॉकी खेलते हैं लेकिन फुटबॉल नहीं। इसी प्रकार यहां 19 छात्र हैं जो फुटबॉल खेलते हैं, लेकिन हॉकी नहीं। फुटबॉल के शेष क्षेत्र में (19 – 8) 11 विद्यार्थी दर्शाए गए हैं।

अब हम कह सकते हैं कि कक्षा में कुल छात्र = 11 + 8 + 5 + 7 = 31

उत्तर: 31

उदाहरण 193

एक कक्षा में 30 छात्र हैं:

(a) 21 छात्रों को गणित अच्छा लगता है।

(b) 16 छात्रों को अंग्रेजी अच्छी लगती है।

(c) 6 छात्रों को न तो गणित और न ही अंग्रेजी अच्छी लगती है।

कितने छात्रों को गणित और अंग्रेजी दोनों ही अच्छी लगती है?

हल

स्थिति I

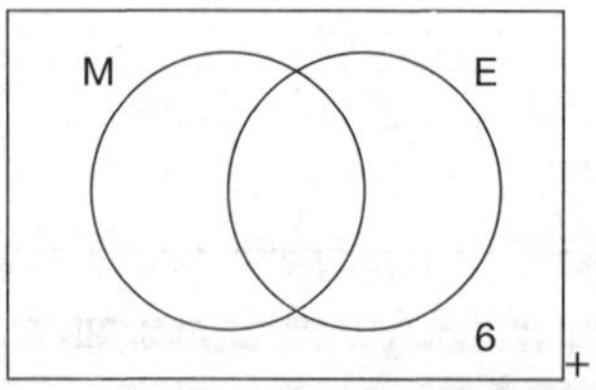

6 छात्रों को न तो गणित और न ही अंग्रेजी अच्छी लगती है, अतएव इनको दोनों वृत्तों के बाहर दर्शाया गया है।

उदाहरण 194

भारतीय क्रिकेट टीम में कुल कितने खिलाड़ी हैं:

(a) 2 खिलाड़ी पनीर और कचोरी पसंद करते हैं।

(b) 5 खिलाड़ी न तो पनीर पसंद करते हैं, न कचोरी पसंद करते हैं।

(c) 3 खिलाड़ी हैं जो पनीर पसंद करते हैं।

(d) 5 खिलाड़ी हैं जो कचोरी पसंद करते हैं।

हल

स्थिति I

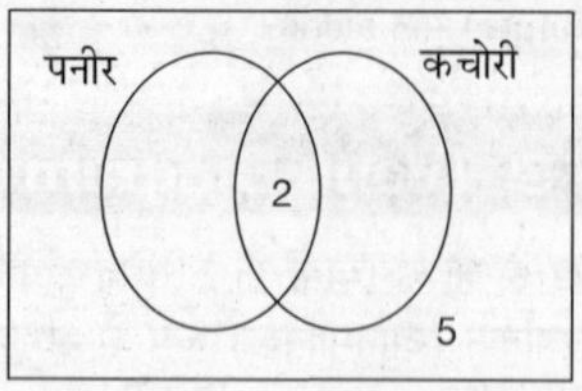

2 खिलाड़ी ऐसे हैं जो पनीर और कचोरी दोनों पसंद करते हैं, उन्हें दोनों वृत्तों के प्रतिच्छेदन में दर्शाया जा सकता है। 5 खिलाड़ी पनीर और कचोरी पसंद नहीं करते। उन्हें दोनों वृत्तों के बाहर दर्शाया जा सकता है।

स्थिति II

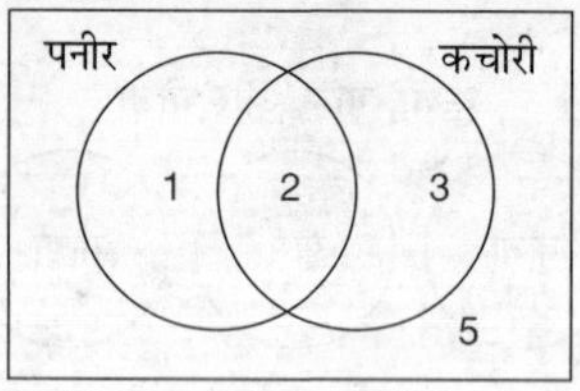

पनीर पसंद करने वाले कुल 3 खिलाड़ी हैं, इसलिए पनीर वाले वृत्त में कुल योग 3 होना चाहिए। प्रतिच्छेदन में 2 खिलाड़ी हैं, जो पनीर और कचोरी दोनों पसंद करते हैं। इसलिए कचोरी पसंद करने वाले शेष खिलाड़ी 3 होने चाहिए क्योंकि कचोरी पसंद करने वाले कुल छात्र 5 होने चाहिए।

अब हम कह सकते है कि भारतीय टीम में कुल खिलाड़ी = 1 + 2 + 3 + 5 = 11

उत्तर: 11

उदाहरण 195

एक कार्यालय में कुल कितने पुरुष हैं:

(a) 10 पुरुष कंप्यूटर और कार चलाना जानते हैं।

(b) 20 पुरुष कोई भी मशीनरी चलाना नहीं जानते।

(c) 5 पुरुष केवल कंप्यूटर चलाना जानते हैं।

(d) 18 पुरुष कार चलाना जानते हैं।

हल

स्थिति I

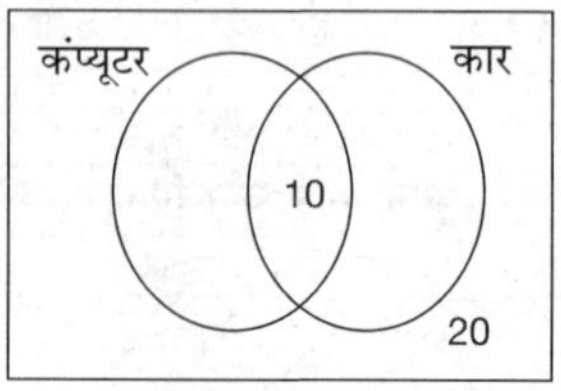

10 पुरुष ऐसे हैं जो कंप्यूटर और कार दोनों चलाना जानते हैं, उन्हें दोनों वृतों के प्रतिच्छेदन में दर्शाया जा सकता है। 20 पुरुष कोई भी मशीनरी चलाना नहीं जानते। उन्हें दोनों वृतों के बाहर दर्शाया जा सकता है।

स्थिति II

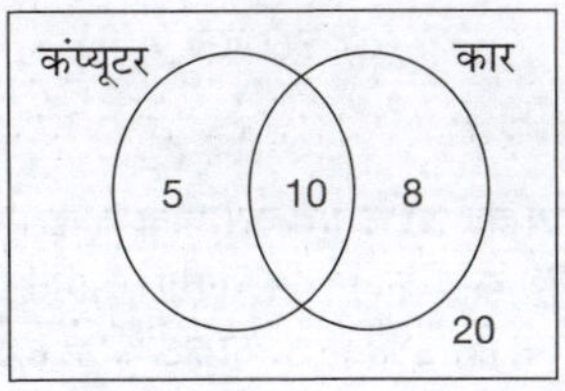

5 पुरुष केवल कंप्यूटर चलाना जानते हैं। इसलिए कंप्यूटर वाले वृत्त में कुल योग 15 होना चाहिए। प्रतिच्छेदन में 10 पुरुष हैं, जो कंप्यूटर और कार चलाना जानते हैं। इस प्रकार यहां 18 पुरुष हैं, जो कार चलाना जानते हैं लेकिन कंप्यूटर नहीं। कंप्यूटर के शेष क्षेत्र में 8 पुरुष दर्शाये गए हैं।

अब हम कह सकते हैं कि कार्यालय में कुल पुरुष = 5 + 10 + 8 + 20 = 43

स्थिति II

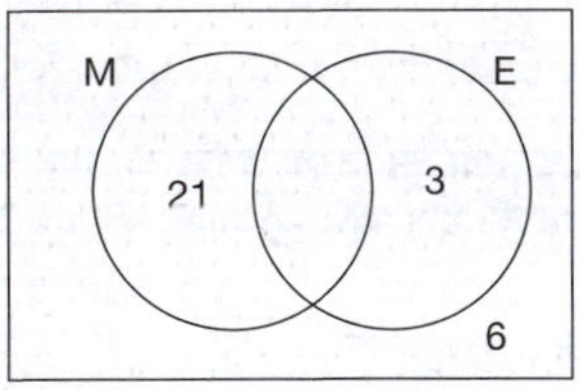

कुल छात्र = 30

गणित = 21

बाहर = 6

इसलिए केवल अंग्रेजी पसंद करने वाले छात्र = 30 – (21 + 6) = 3

स्थिति III

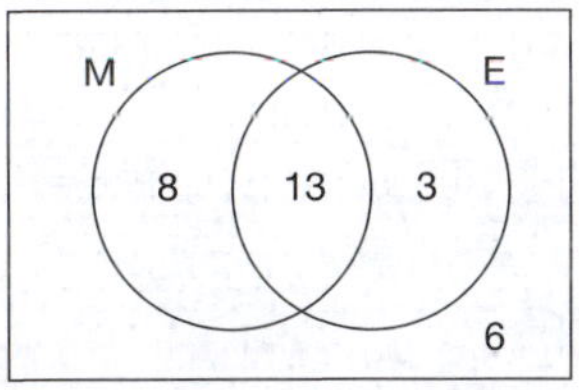

16 छात्र हैं जो अंग्रेजी पसंद करते हैं, अत: अंग्रेजी वृत्त के दो भागों का जोड़ 16 है।

वेन आरेख के अनुसार दोनों विषय पढ़ने वाले छात्र = 16 – 3 = 13

उत्तर: 13

नवीनतम पद्धति के कुछ प्रश्न

उदाहरण 196

दो संख्याओं 84 और 96 के लिए सूची-। को सूची-॥ में दिये गए परिणाम से सुमेलित कीजिए: **(जून 2020)**

सूची-।	सूची-॥
A. एच सी एफ	I. 672
B. एल सी एम	II. 8064
C. गुणनफल	III. 80
D. योग	IV. 2

नीचे दिए गए विकल्पों में से सही उत्तर चुनिए:

(a) A – I, B – IV, C – III, D - II
(b) A – I, B – IV, C – II, D - III
(c) A – II, B – IV, C – I, D - III
(d) A – IV, B – I, C – II, D – III

हल:

यह पश्न मानसिक तर्क पर आधारित है, हमें दोनों संख्याएं 84 और 96 दी गई हैं।

फार्मूला के अनुसार

84 + 96 = 180

अत: D = III

I × II = HCF × LCM

84 × 96 = HCF × LCM = 8064 = गुणनफल

अत: C = II

LCM की संख्या HCF से बड़ी होती है।

अत: LCM = 672 तथा HCF = 12

A = 4 तथा B = I

अत: सही उत्तर (d) है।

उदाहरण 197

नीचे दो कथन दिए गए हैं: **(जून 2020)**

कथन- ।: एक संख्या 25 द्वारा विभाज्य है, यदि इस संख्या के अंतिम दो अंक (00) या (25) से विभाज्य हैं।

कथन- ॥: एक संख्या 16 द्वारा विभाज्य है, यदि इस संख्या के अंतिम चार अंको द्वारा बनी संख्या 16 से विभाज्य है।

उपर्युक्त कथनों के आलोक में निम्नांकित विकल्पों में से सही उत्तर चुनें:

(a) कथन। और ॥ दोनों सही हैं।
(b) कथन। और ॥ दोनों गलत हैं।
(c) कथन- । सत्य है, किन्तु कथन- ॥ गलत है।
(d) कथन- । असत्य है, किन्तु कथन- ॥ सही है।

हल:

कथन I: 25 के विभाज्य नियम के अनुसार यदि किसी संख्या के अंतिम दो अंक शून्य हों या अंतिम दो अंकों से बनी संख्या 25 का गुणज हो तो वह संख्या 25 से विभाज्य होती है। दी गई संख्या 54875 में बनने वाली संख्या अंतिम दो अंकों से (75) 25 का गुणज है।

कथन II: यदि संख्या सम है और हजार में है, तो अंतिम तीन अंकों से बनी संख्या 16 से विभाज्य होनी चाहिए। उदाहरण के लिए: 254144, यहां 144 का अंक 16 से विभाजित हो जाता है।

उदाहरण 198

एक रेलगाड़ी प्रति घंटा 96 किलोमीटर की गति से चलती है। वह एक सुरंग में प्रवेश करने में 3 सेकण्ड लगाती है और उसको पूरी तरह पार करने में 30 सेकण्ड और लगाती है। निम्नलिखित में से कौनसा कथन सही है?

(जून 2020)

(A) सुरंग की लम्बाई 100 मीटर है।
(B) सुरंग रेलगाड़ी की तुलना में अधिक लंबी है।
(C) रेलगाड़ी सुरंग से अधिक लंबी है।
(D) रेलगाड़ी की लंबाई 80 मीटर है।
(E) सुरंग की लंबाई 800 मीटर है।

नीचे दिए गए विकल्पों में से सही उत्तर चुनिए:

(a) केवल A, C और D

(b) केवल A और B

(c) केवल C और D

(d) केवल B, D और E

हल:

रेलगाड़ी को सुरंग पार करने के लिए सुरंग की लम्बाई और अपनी लम्बाई जितनी दूरी तय करनी पड़ेगी। सर्वप्रथम रेलगाड़ी की गति को मीटर प्रति सेकंड में परिवर्तित करेंगे।

रेलगाड़ी की गति = 96 किलोमीटर प्रति घंटा या 96 × 5/18 = 80/3 मीटर प्रति सेकंड

सम्पूर्ण रेलगाड़ी को सुरंग के अंदर जाने में 3 सेकंड लगते हैं, अर्थात रेलगाड़ी की लम्बाई

= (80/3 × 3) = 80 मीटर

सुरंग की लम्बाई = 80/3 × 33 = 880 मीटर

अर्थात सही उत्तर (B), (D) और (E) हैं।

उदाहरण 199

तीन विभिन्न ट्रैफिक सिगनल बिंदुओं पर बतियां क्रमश: प्रत्येक 45 सेकंड, 75 सेकंड और 90 सेकंड के बाद हरे रंग में परिवर्तित जाती है। यदि सभी बतियां दोपहर 12 बजे एक साथ हरी हो जाती हैं, तो वे फिर से एक साथ किस समय हरे रंग में परिवर्तित होंगी? **(जून 2020)**

(a) 12:07:50 पर (b) 12:27:45 पर

(c) 12:28:00 पर (d) 12:27:30 पर

हल:

सबसे पहले हम 45 सेकंड, 75 सेकंड और 90 सेकंड का लघुत्तम समापवर्तक (LCM) ज्ञात करेंगे ताकि हम ऐसा न्यूनतम समय प्राप्त कर सकें।

45 सेकंड, 75 सेकंड और 90 सेकंड का

लघुत्तम समापवर्तक = 450 सेकंड यानी 7 मिनट 30 सेकंड।

इसलिए, वांछित समय = 12 बजे + 7 मिनट 30 सेकंड = 12:07:50

इसलिए सही उत्तर (a) है।

उदाहरण 200

एक व्यक्ति अपनी एक संख्या को 5 से विभाजित करने की बजाय गलती से उसे 5 से गुणा कर देता है, उसकी इस गलती के कारण, कितना प्रतिशत उत्तर अधिक आया? **(जून 2020)**

(a) 100 % (b) 400 %

(c) 1200 % (d) 2400 %

हल:

माना संख्या = 100

जो वास्तविक उत्तर आना चाहिए = 100/5 = 20

जो उत्तर गलती से आया = 100 × 5 = 500

अंतर = 500 − 20 = 480

प्रतिशत में अंतर = 480/20 × 100 = 2400%

अत: सही उत्तर (d) है।

उदाहरण 201

अमित की कार्य क्षमता विनीत से 25% अधिक है, यदि विनीत किसी कार्य को 20 दिन में निपटा पाता है तो अमित उसी कार्य को कितने दिन में कर पाएगा? **(जून 2020)**

(a) 16 दिन (b) 20 दिन

(c) 24 दिन (d) 36 दिन

हल:

विनीत उस 100% कार्य को 20 दिन में कर पाता है, इसका अर्थ यह है कि वह प्रतिदिन 100/20 = 5% कार्य को निपटा पाएगा। अमित प्रतिदिन 25% अधिक कार्य निपटा पाएगा, यानी कि 5% + 5 का 25% = 6.25%.

इसलिए अमित 100% कार्य को 100 / 6.25% = 16 दिन में निपटाएगा।

इस प्रश्न को इस प्रकार भी किया जा सकता है, अमित विनीत से 125/100 या 5/4 अधिक कुशल है, अधिक कुशल होने के कारण कार्य को 'व्युत्क्रम' (reciprocal) आधार पर कम समय में निपटाया जा सकता है, अर्थात 4/5 समय में। जो कार्य विनीत 20 दिन में समाप्त करता है, उस कार्य को अमित 20 × 4/5 यानी 16 में समाप्त करेगा।

अत: सही उत्तर (a) है।

उदाहरण 202

ट्रेन में जा रहा एक आदमी नोटिस करता है कि वह एक मिनट में 31 टेलीफोन के खंभों को गिन सकता है। यदि खंभे 50 मीटर की नियमित दूरी पर हों तो ट्रेन की स्पीड क्या होगी? **(जून 2020)**

(a) 50 कि.मी./प्रतिघंटा

(b) 60 कि.मी./प्रतिघंटा

(c) 80 कि.मी./प्रतिघंटा

(d) 90 कि.मी./प्रतिघंटा

हल:

2 खंभों के मध्य की दूरी = 50 मीटर

3 खंभों के मध्य की दूरी = 2 × 50 = 100 मीटर

31 खंभों के मध्य की दूरी = 30 × 50 = 1500 मीटर

1 मिनट में तय की गयी दूरी = 1500 मीटर

60 मिनट में तय की गयी दूरी = 60 × 1500 मीटर = 90000 मीटर यानी 90 कि. मी.

इसलिए सही उत्तर (d) है।

उदाहरण 203

नीचे तीन संख्याएं दी गयी हैं। पहली संख्या दूसरी संख्या की दुगुनी है तथा तीसरी संख्या की आधी है। यदि तीनों संख्याओं का औसत 56 है तो पहली और तीसरी संख्या का अंतर होगा: **(जून 2020)**

(a) 12 (b) 24

(c) 36 (d) 48

हल:

मान लो कि पहली संख्या = x

दूसरी संख्या = x/2, तीसरी संख्या = 2x

पहली और तीसरी संख्या में अंतर = 2x − 1x = x

प्रश्नानुसार

(x + x/2 + 2x) / 3 = 56

x + x /2 + 2x = 56 × 3

7x/2 = 56 × 3

x = (56 × 3 × 2) / 7 = 48

इसलिए सही उत्तर (d) है।

ट्रेंडिंगनाउ

जनवरी, 2025

1. आयुष और बिलाल एक कार्य को D दिनों में पूरा कर सकते हैं। यदि आयुष अकेले वही कार्य D + 3 दिनों में कर सकता है और बिलाल अकेले वही कार्य D + 12 दिनों में कर सकता है, तो D का मान ज्ञात करें।

(a) 9 (b) 8
(c) 6 (d) 5

उत्तर: (c)

हल: आयुष की कार्य दर:
आयुष अकेले कार्य को D + 3 दिनों में पूरा करता है।
इसलिए उसकी कार्य दर
आयुष की कार्य दर = $\frac{1}{D+3}$

बिलाल की कार्य दर:
बिलाल अकेले कार्य को D + 12 दिनों में पूरा करता है।
बिलाल की कार्य दर = $\frac{1}{D+12}$

आयुष और बिलाल की संयुक्त कार्य दर:
दोनों मिलकर कार्य को D दिनों में पूरा करते हैं।
आयुष और बिलाल की संयुक्त कार्य दर = $\frac{1}{D}$
दोनों की कार्य दर जोड़कर D के बराबर रखते हैं:
$$\frac{1}{D+3}+\frac{1}{D+12}=\frac{1}{D}$$

समान हर (denominator) लेना और हल करना:
$$\frac{(D+12)+(D+3)}{(D+3)(D+12)}=\frac{1}{D}$$
$$\frac{2D+15}{(D+3)(D+12)}=\frac{1}{D}$$
क्रॉस मल्टीप्लाई
$$D(2D+15)=(D+3)(D+12)$$
$$2D^2+15D=D^2+15D+36$$
$$2D^2-D^2=36$$
$$D^2=36$$
$$D=6$$
इसलिए सही उत्तर (c) है

2. एक स्कूल सर्वेक्षण में 400 छात्रों में से 100 छात्र सेब का जूस पी रहे थे। 150 छात्र संतरे का जूस पी रहे थे। 75 छात्र दोनों (सेब और संतरे का जूस) पी रहे थे। कितने छात्र न तो सेब का जूस पी रहे थे और न ही संतरे का जूस?

(a) 275 (b) 250
(c) 175 (d) 225

उत्तर: (d)

हल: कुल छात्रों की संख्या = 400
सिर्फ सेब का जूस लेने वाले छात्र: = 100 − 75 = 25
सिर्फ संतरे का जूस लेने वाले छात्र: = 150 − 75 = 75
दोनों प्रकार के जूस लेने वाले छात्र: = 75
जिन छात्रों ने किसी भी प्रकार का जूस लिया:
= 25 + 75 + 75 = 175
जिन छात्रों ने न तो सेब का जूस और न ही संतरे का जूस लिया:
= 400 − 175 = 225
इसलिए सही उत्तर (d) है

3. यदि x, y और z का औसत K है, तो $\frac{1}{y}$, 1, $\frac{z}{y}$ का औसत क्या होगा?

(a) K (b) $\frac{K}{y}$
(c) $\frac{K}{x}$ (d) $\frac{K}{z}$

उत्तर: (b)

हल: x, y, z का औसत (Mean) K है।
$$\frac{x+y+z}{3}=K$$
नए मान का औसत: $\frac{1}{y}, 1, \frac{z}{y}$ के औसत की गणना:
औसत का सूत्र:
$$\text{औसत} = \frac{\text{Sum of terms}}{\text{Number of terms}}$$
$$=\frac{\frac{1}{y}+1+\frac{z}{y}}{3}$$
$$=\frac{\frac{1+y+z}{y}}{3}$$
$$\text{औसत} = \frac{\frac{1+y+z}{y}}{3}$$
$$\text{औसत} = \frac{1+y+z}{3y}$$
$$=\frac{x+y+z}{3}=K:$$
$$\text{औसत} = \frac{K}{y}$$
इसलिए सही उत्तर (b) है

4. यदि V_1 V_2 दो घनों के आयतन (Volumes) हैं और S_1 तथा S_2 उनके सतह क्षेत्रफल (Surface Areas) हैं, तो इनमें से कौन-सा संबंध सही है?

(a) $S_1^3V_1^2 = S_2^3V_2^2$ (b) $\frac{S_1}{S_2}=\left(\frac{V_1}{V_2}\right)^{\frac{2}{3}}$
(c) $\frac{V_1}{V_2}=\left(\frac{S_1}{S_2}\right)^{\frac{2}{3}}$ (d) $V_1S_1^2 = V_2S_2^2$

उत्तर: (a)

हल:

1. **सतह क्षेत्रफल और आयतन का संबंध (Relationship):**
   - घनों में सतह क्षेत्रफल (S) और आयतन (V) का संबंध इस प्रकार होता है:

     $S^3 \propto V^2$

   इसका मतलब यह है कि सतह क्षेत्रफल का घन (Cube) आयतन के वर्ग (Square) के समानुपाती होता है।

2. **दो घनों के लिए समीकरण:**
   यदि S_1, S_2 क्रमश: दो घनों के सतह क्षेत्रफल हैं ओर V_1, V_2 उनके आयतन हैं, तो यह समीकरण सही होगा:

   $S_1^3V_1^2 = S_2^3V_2^2$

   समीकरण $S_1^3V_1^2 = S_2^3V_2^2$ घनों के सतह क्षेत्रफल और आयतन के बीच सही संबंध दर्शाता है।

इसलिए, सही उत्तर (a) है।

5. **पहला वाक्य:** 'वह एक विश्व चैंपियन है' → **"ya, sa, za, ma, ka"**
दूसरा वाक्य: 'विश्व एक परिवार है' → **"ma, sa, ba, za"**
तीसरा वाक्य: 'चैंपियन होना कठिन है' → **"fa, sa, da, ka"**

उत्तर: (c)

हल:

"है" (is):

1. "है" सभी तीनों वाक्यों में आता है।
2. और तीनों वाक्यों में **"sa"** उपस्थित है।
3. इसलिए, **"sa"** = **"है"**।

"चैंपियन" (champion):

1. "चैंपियन" पहले और तीसरे वाक्य में आता है।
2. और दोनों में **"ka"** मौजूद है।
3. इसलिए, **"ka"** = **"चैंपियन"**।

"चैंपियन" और "है" के लिए कूट शब्द हैं: ka,saka, saka,sa।
इसलिए, सही उत्तर (c) **ka, sa** है।

6. निम्नलिखित अक्षर-संख्या श्रृंखला में अगला पद ज्ञात करें:
A2Y, B3X, C5W, D7V, ...

(a) E8U (b) E11K
(c) E11U (d) E6U

उत्तर: (c)

हल:

अक्षर अनुक्रम: A → B → C → D → **E** (अगला अक्षर)
संख्या अनुक्रम: 2, 3, 5, 7 → **11** (अगली अभाज्य संख्या)
अंतिम अक्षर अनुक्रम: Y, X, W, V → **U** (वर्णमाला में पीछे की ओर)
इसलिए, सही उत्तर **(c) E11U** है।

7. छह लड़कियाँ A, B, C, D, E और F एक पंक्ति में खड़ी हैं।
   - केवल **B, D और F** के बीच खड़ी है।
   - **A, F या D** के बगल में नहीं खड़ी है।
   - **C, D** के बगल में नहीं खड़ी है।
   - केवल **E, A और C** के बीच खड़ी है।

सही कथन कौन-से हैं?
(A) केवल F, B और C के बीच खड़ी है।
(B) केवल C, A और F के बीच खड़ी है।
(C) D और A पंक्ति के किनारे पर हैं।
(D) केवल E, F और A के बीच खड़ी है।
(E) केवल B, D और F के बीच खड़ी है।

सही उत्तर चुनें:
(a) (A), (B), (C) और (D)
(b) (A), (C) और (E)
(c) (B), (C) और (D)
(d) (B), (D) और (E)

उत्तर: (b)

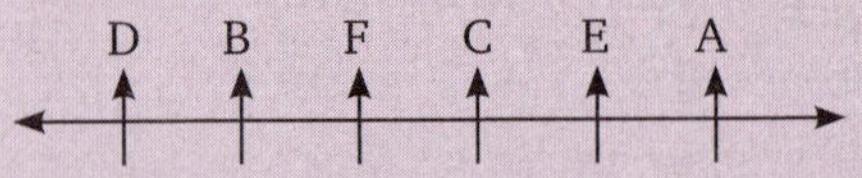

प्रश्न के अनुसार सही क्रम से लड़कियों की स्थिति निर्धारित करने पर, (b) सही उत्तर है।

8. राम 18 दिनों में एक कार्य पूरा कर सकता है।
श्याम, राम से दोगुना कुशल है।
यदि दोनों साथ में कार्य शुरू करें, तो कार्य पूरा करने में कितने दिन लगेंगे?

(a) 6 दिन (b) 8 दिन
(c) 9 दिन (d) 12 दिन

उत्तर: (a)

हल: राम का कार्य दक्षता (Efficiency):
राम **18 दिनों** में कार्य पूरा करता है।
इसलिए उसकी **एक दिन की कार्य दर** = $\frac{1}{18}$

श्याम की कार्य दक्षता:
श्याम **राम से 2 गुना कुशल** है।
इसलिए, **उसकी एक दिन की कार्य दर** = $2\times\left(\frac{1}{18}\right)=\frac{2}{18}=\frac{1}{9}$

दोनों की संयुक्त कार्य दर: $\frac{1}{18}+\frac{1}{9}$

$\frac{1}{9}$ को समान हर (denominator) में लाने के लिए: $\frac{1}{9}=\frac{2}{18}$

अब जोड़ते हैं:

$\frac{1}{18}+\frac{2}{18}=\frac{3}{18}=\frac{1}{6}$

सही उत्तर **(a) 6** दिन है।

9. एक कक्षा में छात्रों का भार इस प्रकार वितरित है:
   - 50-54 कि.ग्रा. → 8 छात्र
   - 54-58 कि.ग्रा. → 10 छात्र
   - 58-62 कि.ग्रा. → 25 छात्र
   - 62-66 कि.ग्रा. → 17 छात्र

कक्षा के छात्रों का औसत भार क्या है?

(a) 55.6 कि.ग्रा. (b) 56.5 कि.ग्रा.
(c) 59.4 कि.ग्रा. (d) 60.2 कि.ग्रा.

उत्तर: (c)

हल: गणना:

औसत भार = (कुल भार ÷ कुल छात्र)

= 3564 ÷ 60

= 59.4 कि.ग्रा.

सही उत्तर: (c) 59.4 कि.ग्रा.

10. दिए गए कथन:

कथन I: 10%, 20%, और 30% की छूट की समतुल्य एकल छूट **40%**है।

कथन II: 15%, 25%, और 30% की छूट की समतुल्य एकल छूट **50%** है।

सही उत्तर क्या है?

(a) दोनों कथन सही हैं।

(b) दोनों कथन गलत हैं।

(c) कथन I सही है, लेकिन कथन II गलत है।

(d) कथन I गलत है, लेकिन कथन II सही है।

उत्तर: (b)

हल: कथन I:

प्रारंभिक मूल्य 100 मानते हैं।

10% छूट के बाद: 90

20% छूट के बाद: 90 × 0.8 = 72

30% छूट के बाद: 72 × 0.7 = 50.4

कुल छूट: 100 - 50.4 = 49.6%, जो 40% नहीं है।

कथन II:

इसी विधि से गणना करने पर, 50% से अधिक छूट होगी।

इसलिए, दोनों कथन गलत हैं।

सही उत्तर: (b) दोनों कथन गलत हैं।

11. निम्नलिखित अक्षर-संख्या श्रृंखला में अगला पद ज्ञात करें:

A2Y, B3X, C5W, D7V, ...

(a) E8U (b) E11K

(c) E11U (d) E6U

उत्तर: (c)

हल: अक्षर अनुक्रम: A → B → C → D → E (अगला अक्षर)

संख्या अनुक्रम: 2, 3, 5, 7 → 11 (अगली अभाज्य संख्या)

अंतिम अक्षर अनुक्रम: Y, X, W, V → U (वर्णमाला में पीछे की ओर)

इसलिए, सही उत्तर (c) E11U है।

बहुविकल्पीय प्रश्न (Multiple Choice Questions)

संख्या श्रृंखला (NUMBER SERIES)

निर्देश (प्र. सं. 1–20): निम्नलिखित में से लापता संख्या का पता लगाएँ।

(दिसंबर, 2005)

1. 8, 24, 12, ?, 18, 54
(a) 26 (b) 24
(c) 36 (d) 32

2. 28, 33, 31, 36, ?, 39
(a) 30 (b) 32
(c) 33 (d) 34

3. 1, 3, 4, 8, 15, 27, ?
(a) 45 (b) 50
(c) 55 (d) 60

4. 2/3, 4/7, ?, 11/21, 16/31
(a) 10/8 (b) 6/10
(c) 5/10 (d) 7/13

5. 4, 16, 8, 64, ?, 256
(a) 16 (b) 24
(c) 32 (d) 20

6. 512, 256, 128, ?, 32, 16, 8
(a) 52 (b) 61
(c) 64 (d) 56

7. 2, 7, 17, 32, 52, 77, ?
(a) 107 (b) 91
(c) 101 (d) 92

8. 15, 18, 24, ?, 45
(a) 27 (b) 30
(c) 33 (d) 36

9. 125, 127, 130, 135, 142, 153, 165
(a) 130 (b) 142
(c) 153 (d) 165

10. 3, 10, 101,?
(a) 10,101 (b) 10,201
(c) 10,202 (d) 11,012

11. 1, 1, 4, 8, 9, 27, 16, ?
(a) 32 (b) 64
(c) 81 (d) 256

12. 3, 5, 13, 43, 177, ?
(a) 891 (b) 713
(c) 885 (d) 899

13.

8	6	4
3	?	7
14	16	18

(जून, 2002)

(a) 4 (b) 5
(c) 6 (d) 8

14. 3, 4, 7, 7, 13, 13, 21, 22, 31, 34, ?
(a) 41 (b) 43
(c) 45 (d) 47

15. 10, 24, 52, ?, 220, 44, 892
(a) 104 (b) 98
(c) 112 (d) 108

16. 12, 20, 100, ?, 8900, 88,900, 888,900
(a) 1,000 (b) 900
(c) 800 (d) 400

17. 1, 8, 27, 64, 125, ?
(a) 216 (b) 512
(c) 729 (d) 1000

18. 13, 32, 24, 43, 35, ?, 46, 65, 57, 76
(a) 45 (b) 52
(c) 54 (d) 55

19. 23, 33, 46, 62, 81, 103, ?
(a) 126 (b) 130
(c) 133 (d) 128

20. 10, 26, 74, 218, 654, 1946
(a) 26 (b) 74
(c) 218 (d) 650

अक्षर श्रृंखला (LETTER SERIES)

निर्देश (प्र. सं. 21–30): निम्नलिखित में से लापता अक्षर का पता लगाएँ।

21. QAR, RAS, SAT, TAU, ________
(a) UAV (b) TAS
(c) UAT (d) TAT

22. FTG, GTF, HTI, ITH, ________
(a) JTK (b) HTL
(c) HTK (d) JTI

23. SCD, TEF, UGH, ________, WKL
(a) CMN (b) UJI
(c) VIJ (d) IJT

24. JAK, KBL, LCM, MDN, ________
(a) OEP (b) NEO
(c) MEN (d) PFQ

25. AK, EO, IS, ________, QA, UE
(a) LV (b) MW
(c) NX (d) LW

26. ELFT, GLHT, ILJT, ________, MLNT
(a) OLPT (b) LLMT
(c) KLMT (d) KLLT

27. WE, SG, PJ, LN, ________
(a) IS (b) SI
(c) PT (d) QT

28. C2A, E5D, G8G, I11J, ________
(a) K14M (b) M14K
(c) L14M (d) M14L

29. ACE, HJL, OQS, VXZ, ________
(a) UAV (b) CEG
(c) TUW (d) KJL

30. C - 3, E - 6, G - 12, I - 24, K - 48, ________
(a) S - 48 (b) M - 96
(c) L - 96 (d) O - 48

कूट लेखन एवं कूट अनुवाद (CODING AND DECODING)

31. यदि किसी भाषा में 'CERTAIN' का कूट लेखन 'XVIGZRM' किया जाता है, तो उस भाषा में 'MUNDANE' का कूटन कैसे किया जाएगा?
(a) NFMWZMX (b) VMZWMFN
(c) NFMWZMV (d) MIMXZMV

32. यदि किसी भाषा में 'EDUCATION' का कूट लेखन 'NOITACUDE' किया जाता है, तो उस भाषा में 'RED FORT' का कूटन कैसे किया जाएगा?
(a) TROFDER (b) FORTRED
(c) TROFRED (d) FORTDER

33. यदि किसी भाषा में 'MOTHER' का कूट लेखन 'OMHURF' किया जाता है, तो उस भाषा में 'ANSWER' का कूटन कैसे किया जाएगा?
(a) NBWRRF (b) MAVSPE
(c) NBWTRD (d) NAWTRF

34. यदि किसी भाषा में 'COMPUTER' का कूट लेखन 'RFUVQNPC' किया जाता है, तो उस भाषा में 'PRINTER' का कूटन कैसे किया जाएगा?
(a) R F U O J S P (b) P F U O J S R
(c) P S J O U F P (d) R S J O U F P

35. BF का DH से उसी रूप में संबंध है, जैसा कि PS का निम्नलिखित से है:
(a) SU (b) SV
(c) RV (d) RU

36. CLAIM : DNDMR : : CHARGE : ?
(a) DJDVLK (b) DIDWLL
(c) DJCVMK (d) DIDWKL

37. COLD : FSQJ : : HEAT : ?
(a) XJFY (b) KIGZ
(c) KIFZ (d) YIGY

38. यदि किसी भाषा में 'PAPER' का कूट लेखन 'SCTGW' किया जाता है, तो उस भाषा में 'MOTHER' का कूटन कैसे किया जाएगा?
(a) PQXJJT (b) ORVLGW
(c) PQXKJV (d) PQVJGT

39. यदि HE = 13 और MOVER = 73, तो BASIC = ?
(a) 55 (b) 34
(c) 50 (d) 49

40. किसी कूट भाषा में 15789 को XTZAL और 2346 को NPSU लिखा जाता है। उस भाषा में 23549 को कैसे लिखा जाएगा?
(a) NPTSL (b) NPTUL
(c) NBTSL (d) PNTSL

41. यदि A चिह्नित करता है 5 को, B करता है 6 को, C करता है 7 को, D करता है 8 को आदि, तो 22, 25, 8, 22 और 5 निम्नलिखित में से किसको दर्शाएंगे?
(a) PRIYA (b) NEEMA
(c) MEENA (d) RUDRA

42. यदि 'CALENDAR' को कूट लेखन 'CLANAEDR' किया जाता है, तो निम्नलिखित में से CIRCULAR का कूट लेखन क्या होगा?
(a) LACANDER (b) CRIUCALR
(c) CLANADER (d) उपरोक्त में से कोई नहीं

43. यदि किसी कूट भाषा में 'DRLAL' को 62014314 लिखा जाता है, तो उस भाषा में 'CAMEL' का कूटन कैसे किया जाएगा?
(a) 5315714 (b) 35729310
(c) 5313613 (d) उपरोक्त में से कोई नहीं

44. यदि 'LIGHT' का कूट लेखन 'GILTH' किया जाता है, तो 'RAINY' का कूट क्या होगा?
(a) IARYN (b) ARINY
(c) NAIRY (d) RINAY

45. यदि 'ARGUMENT' के सभी अक्षरों को वर्णमाला श्रृंखला के अनुसार पुन: लिखें और उनके तुरंत बाद आने वाले अक्षरों से पुन: स्थापित कर दें, तो निम्नलिखित में से कौन-सा वैकल्पिक शब्द सही होगा?
(a) BFHNOSUV
(b) BFHONSWV
(c) BFHNOUSV
(d) BFHNOQUV

46. निम्नलिखित में से कौन-से युग्म में वही संबंध दर्शाता है जो OFTEN : FOTNE में दर्शा रहा है?
(a) HEART : TRAHE
(b) OPENS : SNEOP
(c) RISKY : IRSYK
(d) FIRST : IFRST

47. यदि किसी सांकेतिक भाषा में REQUEST को S2R52TU लिखा जाता है, तो उसी भाषा में 'ACID' को कैसे लिखा जाएगा?
(a) ID3E (b) B3J4
(c) 1394 (d) BDJE

48. यदि किसी कूट भाषा में A को 1, B को 3, C को 7, D को 9 द्वारा निरूपित किया जाता है और यदि आगे भी यही स्थिति बनी रहती है, तो 'GOES' को किस प्रकार लिखा जाएगा?
(a) 92 (b) 96
(c) 72 (d) उपरोक्त में से कोई नहीं

49. किसी निश्चित कोड में 'STAR' को '5$*2' तथा 'TORE' को '$32@' लिखा जाता है, तो उसी कोड भाषा में 'OATS' कैसे लिखा जाएगा?
(a) 3*5$ (b) 3*$5
(c) 3*$*5 (d) 35*$

50. यदि किसी कूट भाषा में 'GONE' को '7628' तथा 'BEAR' को '9835' लिखा जाता है, तो उसी भाषा में 'ROBE' को किस प्रकार लिखा जाएगा?
(a) 6958 (b) 5968
(c) 5698 (d) 9568

51. यदि किसी सांकेतिक भाषा में 'R' को 'I', 'U' को 'R', 'E' को 'T', 'P' को 'U', 'S' को 'P', 'T' को 'S', 'I' को 'E' लिखा जाता है, तो 'PERSUIT' को किस प्रकार लिखा जाएगा?
(a) UITPRES (b) UTIPRES
(c) UTPPERS (d) UIIPRES

शब्दों पर आधारित प्रश्न (QUESTIONS BASED ON WORDS)

निर्देश (प्र. सं. 52–71): निम्नलिखित में से तीन किसी न किसी प्रकार से समान और एक ही समूह का निर्माण करते हैं, लेकिन एक किसी न किसी प्रकार से इनके समूह में नहीं आता है। ऐसे विकल्प को चिह्नित कीजिए।

52. (a) कुत्ताघर (b) अश्वशाला
(c) ताला (d) मांद

53. (a) उंगलियां (b) हथेली
(c) घुटना (d) कलाई

54. (a) महानदी (b) कावेरी
(c) नर्मदा (d) कृष्णा

55. (a) ग्रेफाइट (b) मोती
(c) हीरा (d) कोयला

56. (a) कार-बस (b) तालाब-झील
(c) पिस्तौल-बंदूक (d) चर्च-स्मारक

57. (a) पत्थर (b) चूना
(c) सीमेन्ट (d) मकान

58. (a) निकालना (b) कटौती
(c) जमा (d) हटाना

59. (a) तालाब (b) नदी
(c) समद्र (d) नहर

60. (a) बीमा (b) भविष्य निधि
(c) वेतन (d) शेयर

61. (a) बोतल (b) दूध
(c) पानी (d) तेल

62. (a) मोपेड (b) स्कूटर
(c) बाइसाइकल (d) मोटर साइकल

63. (a) घृणा (b) प्रेम
(c) क्रोध (d) रोना

64. (a) जुराबें (b) चूड़ियाँ
(c) दस्ताने (d) कलाई घड़ी

65. (a) गेहूँ (b) ज्वार
(c) धान (d) सरसों

66. (a) विचार (b) भय
(c) प्रेम (d) दुःख

67. (a) पात्र (b) टैंक
(c) बैरल (d) खोल

68. (a) गुलाब (b) चमेली
(c) कुमुदिनी (d) कमल

69. (a) चांदी (b) स्वर्ण
(c) इस्पात (d) तांबा

70. (a) स्कूल (b) प्रिंसिपल
(c) शिक्षक (d) छात्र

71. (a) सागर (b) झील
(c) महासागर (d) नदी

संख्या पर आधारित प्रश्न (QUESTIONS BASED ON NUMBERS)

72. (a) 126 (b) 215
(c) 342 (d) 511

73. (a) 12 (b) 28
(c) 52 (d) 68

74. (a) 54 (b) 42
(c) 81 (d) 52

75. (a) 18 (b) 24
(c) 36 (d) 34

76. (a) 50 (b) 65
(c) 170 (d) 255

77. (a) 84 (b) 76
(c) 24 (d) 91

78. (a) 119 (b) 167
(c) 197 (d) 163

79. (a) 25 (b) 9
(c) 8 (d) 16

80. (a) 93 (b) 26
(c) 34 (d) 69

81. (a) 23 (b) 29
(c) 37 (d) 39

अक्षरों पर आधारित प्रश्न (QUESTIONS BASED ON LETTERS)

निर्देश (प्र. सं. 82–91): निम्नलिखित दिए गए विकल्पों में से अटपटे शब्द/अक्षर ज्ञात कीजिए:

82. (a) A JKL (b) IBCD (c) ORQP (d) UFGH

83. (a) AST (b) EPR (c) IMN (d) WOS

84. (a) CX (b) DW (c) JQ (d) LR

85. (a) BE (b) GJ (c) NP (d) QR

86. (a) JKL (b) RGL (c) MPR (d) TUA

87. (a) Cricket (b) Tennis (c) Hockey (d) Badminton

88. (a) OPNM (b) JIHG (c) ZYXW (d) SRQP

89. (a) SORE (b) SOTLU (c) NORGAE (d) MEJNIAS

90. (a) Pot (b) Sky (c) Hen (d) Cup

91. (a) QPG (b) NML (c) KJS (d) EIO

शब्द समरूपता (WORD ANALOGY)

निर्देश (प्र. सं. 92–111): दिए गए विकल्पों में से संबंधित अक्षर/शब्द ज्ञात कीजिए।

92. नाटक : अभिनेता :: संगीत गोष्ठी : ?
(a) सुरीलापन (b) संगीतज्ञ
(c) पियानो (d) आघात

93. पुस्तक : कागज :: रोटी : ?
(a) आटा (b) बिस्कुट
(c) केक (d) मक्खन

94. विमान : वायु :: कार : ?
(a) मोटर साइकिल (b) इंजन
(c) सड़क (d) वायुमंडल

95. वानर : मनुष्य :: बिल्ली : ?
(a) चूहा (b) पालतू-पशु
(c) बंदर (d) चीता

96. मुस्कराना : हंसना :: ? : शोर मचाना:
(a) चीखना (b) चिल्लाना
(c) बात करना (d) फुसफुसाना

97. पैमाना : लंबाई :: सीस्मोग्राफ : ?
(a) तापमान (b) भूकंप
(c) रुधिर दाब (d) आर्द्रता

98. ? : आघात :: वीणा : तार:
(a) तबला
(b) हारमोनियम
(c) वायलिन
(d) सितार

99. पक्षीविज्ञानी : पक्षी :: पुरातत्वज्ञ : ?
(a) मध्यस्थ
(b) जलचर
(c) अश्मोपकरण (आर्टिफैक्ट)
(d) द्वीपसमूह

100. दमा : फेफड़े :: कंजीक्टिवायटिस : ?
(a) आंखें (b) रुधिर
(c) हड्डियां (d) दांत

101. संचरणीय रोग : मलेरिया :: असंचरणीय रोग : ?
(a) एड्स
(b) कैंसर
(c) यक्ष्मा (ट्यूबरकुलोसिस)
(d) रेपेटाइटिस

102. जिस तरह golf, holes से संबंधित है, उसी प्रकार baseball किससे संबंधित है?
(a) Innings (b) Serve
(c) Goal (d) Points

103. जिस प्रकार सुनार का संबंध आभूषण से है, उसी प्रकार वास्तुकार का संबंध निम्नलिखित में से किससे है?
(a) चित्र (b) न्याय
(c) अभिकल्प (d) मकान

104. जिस प्रकार न्यायालय शब्द का संबंध न्याय से है, उसी प्रकार स्कूल शब्द का संबंध किससे है?
(a) शिक्षक (b) शिक्षा
(c) छात्र (d) कक्षा

105. जिस प्रकार न्यायाधीश न्याय से संबंधित होता है, उसी प्रकार नाटककार किससे संबंधित होता है?
(a) स्टूडियो (b) फिल्म
(c) थियेटर (d) नाटक

106. जिस प्रकार धकेलना संबंधित है खींचना से, उसी प्रकार फेंकना निम्नलिखित में किससे संबंधित है?
(a) उठना (b) दूर
(c) कूदना (d) समेटना

107. DBCE : QOPR :: JLKI : ?
(a) WXYV (b) WYVX
(c) YWXU (d) WYXV

108. ACFJ : OUBJ :: LNQU : ?
(a) VXZB (b) WZCF
(c) VWXY (d) ZFMU

109. QDXM : SFYN : UIOZ : ?

(a) PAQM (b) LPWA

(c) QNLA (d) WKPA

110. CDEF : UVWX :: UKL : ?

(a) ABCD (b) NOPQ

(c) PQRS ' (d) MNOP

111. SHOE : NCJZ :: REWA : ?

(a) MZRVO (b) CAAR

(c) WJBF (d) CITY

रक्त संबंध (BLOOD RELATION)

112. तस्वीर की ओर इशारा करते हुए एक औरत कहती है, 'इस आदमी के बेटे की बहन, मेरी सास है।' औरत का पति आदमी से किस प्रकार संबंधित है?

(a) दामाद (b) नाती

(c) बेटा (d) भतीजा

113. रीटा की ओर बताते हुए, निखिल ने कहा, 'मैं उनकी माता के पुत्र का इकलौता पुत्र हूँ।' रीटा का निखिल से क्या रिश्ता होगा?

(a) बुआ (b) भतीजी/भांजी

(c) माता (d) चचेरी

114. कपिल को बताते हुए शिल्पा ने कहा, 'उनकी माता का भाई, मेरे पुत्र आशीष का पिता है'। कपिल का शिल्पा से क्या रिश्ता होगा?

(a) साली (b) भतीजा/भांजा

(c) चाची/मौसी (d) भतीजी/भांजी

115. एक पुरुष का परिचय कराते हुए एक महिला ने कहा, 'इसकी पत्नी मेरी माँ की एकलौती पुत्री है।' महिला का पुरुष से क्या संबंध है?

(a) भाभी (साली) (b) पत्नी

(c) मौसी (बुआ) (d) सास

116. राहुल और रोबिन भाई हैं। प्रमोद, रोबिन के पिता हैं। शीला, प्रमोद की बहन है। प्रेमा, प्रमोद की भांजी है। शुभा, शीला की नातिन (दोहती) है। राहुल, शुभा के क्या लगते हैं?

(a) भाई (b) ममेरा भाई

(c) मामा (d) भांजा

117. A और B क्रमश: भाई और बहन हैं। C पिता है A का, D बहन है C की और E माँ है D की, तो B क्या लगती है E की?

(a) पौत्री (b) प्रपौत्री

(c) बुआ (d) पुत्री

118. विनोद ने विशाल का परिचय अपने पिता की पत्नी के इकलौते भाई के पुत्र के रूप में कराया। विनोद विशाल से किस प्रकार संबंधित है?

(a) ममेरा भाई (b) भाई

(c) पुत्र (d) मामा

119. विजय कहता है, 'आनन्द की माता मेरी माता की एकमात्र पुत्री है।' आनन्द विजय से किस प्रकार संबंधित है?

(a) भाई (b) पिता

(c) भांजा (d) दादा

120. दया का एक भाई अनिल है। दया, चन्दा का पुत्र है। बिमान, चन्दा के पिता है। रिश्ते में अनिल, बिमान का क्या लगता है?

(a) दादा के भाई (b) पौत्र

(c) दामाद (d) भाई

121. यदि P पति है Q का और R माता है S तथा Q की, तो R से P का क्या संबंध है?

(a) माता (b) बहन

(c) मौसी (d) सास

दिशा एवं दूरी परीक्षण (DIRECTION AND DISTANCE TEST)

122. राहुल बिंदु A से प्रारंभ कर पश्चिम की ओर 4 मी. गया। वह बाएं मुड़कर 12 मी. चला और बिंदु B पर रुका। बिंदु B पर वह एक निश्चित दिशा में मुड़कर और चलने के बाद उस बिंदु पर पहुंच गया जहां से बिंदु 'A' 12 मी. उत्तर में था। बिंदु 'B' से राहुल किस दिशा की ओर घूमा था?

(a) पश्चिम (b) दक्षिण-पश्चिम

(c) पूर्व (d) उत्तर

123. शहर 'D' शहर 'A' से 12 किमी. उत्तर की ओर है। शहर 'C', शहर 'D' से 15 किमी. पश्चिम की ओर है। शहर 'B' शहर 'A' से 15 किमी. पश्चिम की ओर है। शहर 'B' शहर 'C' से कितनी दूरी पर और किस दिशा में स्थित है?

(a) 15 किमी. उत्तर

(b) 12 किमी. उत्तर

(c) 3 किमी. दक्षिण

(d) 12 किमी. दक्षिण

124. एक व्यक्ति अपने कार्यालय के लिए उत्तर दिशा की ओर चलता है। वह बायीं ओर घूमा और फिर दायीं ओर घूमा और फिर दायीं ओर घूमा। वह किस दिशा की ओर मुंह करके चल रहा है?

(a) दक्षिण (b) पश्चिम

(c) पूर्व (d) उत्तर

125. यदि राम का घर कृष्णा के घर के दक्षिण में स्थित है और गोविन्दा का घर कृष्णा के घर के पूरब में स्थित है, तो राम का घर गोविन्दा के घर से किस दिशा में स्थित है?

(a) उत्तर–पूर्व (b) उत्तर–पश्चिम

(c) दक्षिण–पूर्व (d) दक्षिण–पश्चिम

126. एक व्यक्ति योग प्रक्रिया कर रहा है, जिसमें उसका सिर नीचे और पैर ऊपर की ओर है। उसका मुख पश्चिम की ओर है, तो उसका बायां हाथ किस ओर है?

(a) पश्चिम (b) उत्तर

(c) दक्षिण (d) पूर्व

127. हरीश एक खेत को कर्ण की दिशा में उत्तर-पश्चिम की ओर चलकर पार करना प्रारम्भ करता है, आधी दूर चलने के बाद वह दाएं मुड़ता है, कुछ दूर चलने के पश्चात् बाएं मुड़ता है, तो अब वह किस दिशा में मुंह करके चल रहा है?

(a) उत्तर (b) पूर्व

(c) दक्षिण, पश्चिम (d) उत्तर, पश्चिम

128. नीना अपने घर से 100 मी. दक्षिण की ओर जाती है और बायीं ओर मुड़कर 40 मी. चलती है। फिर उत्तर की ओर मुड़कर वह 60 मी. जाती है। अब वह अपने घर से किस दिशा में है?

(a) उत्तर-पूर्व (b) दक्षिण-पश्चिम
(c) उत्तर-पश्चिम (d) दक्षिण-पूर्व

129. एक व्यक्ति पश्चिम की ओर चला। वह दाएं मुड़ा, फिर दाएं मुड़ा और अन्त में बायीं ओर मुड़ा। अब वह किस दिशा की ओर चल रहा था?
(a) उत्तर (b) दक्षिण
(c) पश्चिम (d) पूर्व

130. सुधा 8 किमी. दक्षिण की ओर जाती है। फिर वह दाएं घूमती है और 4 किमी. चलती है। वह फिर अपने दाएं घूमती है और 8 किमी. आगे चलती है। वह आरंभिक बिंदु से कितनी (किमी. में) दूर है?
(a) 7 (b) 6
(c) 4 (d) 8

131. रामा उत्तर की ओर मुंह करके खड़ा है वह सीधे 10 किमी. चलता है, बाएं मुड़कर और 15 किमी. सीधे जाता है और अन्त में बाएं घूमकर 10 किमी. जाता है। अब वह प्रारंभिक स्थान से कितनी दूर है?
(a) 10 किमी. (b) 5 किमी.
(c) 12 किमी. (d) 15 किमी.

132. एक व्यक्ति उत्तर-पश्चिम दिशा की ओर अग्रसर है। वह घड़ी की दिशा में 90° मुड़ता है। पुन: घड़ी की विपरीत दिशा में 135° मुड़ जाता है। वर्तमान में व्यक्ति की दिशा ज्ञात कीजिए।
(a) पश्चिम (b) दक्षिण-पश्चिम
(c) उत्तर-पूर्व (d) दक्षिण-पूर्व

133. सूर्यास्त के पूर्व एक शाम को दो मित्र सुमित तथा मोहित एक-दूसरे के आमने-सामने बात कर रहे थे। यदि मोहित की परछाईं ठीक उसकी दायीं तरफ थी, तो सुमित का चेहरा किस दिशा में था?
(a) उत्तर (b) दक्षिण
(c) पश्चिम (d) आंकड़े अपर्याप्त हैं

बैठने का व्यवस्थितिकरण (SEATING ARRANGEMENT)

निर्देश (प्र. सं. 134–138): निम्नलिखित सूचनाओं का ध्यानपूर्वक अध्ययन कर नीचे दिए गए प्रश्नों के उत्तर दें:

A, B, C, X, Y तथा Z एक सीधी पंक्ति में उत्तर की ओर मुंह करके बैठे हैं। C, Z के दाएं तीसरा है और B, C के दाएं दूसरा है। X, A के तुरन्त दाएं बैठा है।

134. निम्नलिखित में से व्यक्तियों का कौन-सा जोड़ा पंक्ति के मध्य में बैठा है?
(a) XB (b) ZB
(c) BX (d) XC

135. Z के संबंध में X का स्थान क्रम क्या है?
(a) Z के तुरन्त दाएं (b) बाएं को दूसरा
(c) दाएं को तीसरा (d) दाएं को दूसरा

136. निम्न पांच में से चार ऊपर दी गई व्यवस्था के अनुसार बैठने के क्रम में एक निश्चित आधार पर एक समान हैं। कौन-सा एक है जो उस समूह से भिन्न है?
(a) ZA (b) XC
(c) CY (d) XA

137. A और C के मध्य कितने व्यक्ति बैठे हैं?
(a) एक (b) दो
(c) तीन (d) चार

138. यदि A:X और Z:A हो, तो Y:?
(a) Y (b) B
(c) A (d) X

निर्देश (प्र. सं. 139–143): निम्नलिखित जानकारी को ध्यान से पढ़िए और दिए गए प्रश्नों के उत्तर दीजिए।

A, B, C, D, P, Q, R, व S केंद्र की ओर मुंह न करके एक वृत्त के गिर्द बैठे हुए हैं (केंद्र की उल्टी तरफ मुंह करके)। P, A के बाएं को तीसरा और R, A के दाएं को दूसरा है। Q न तो P और न ही R के एकदम बगल में है। C, D के दाएं को तीसरे स्थान पर बैठा है, और S, C व R के ठीक बीच में बैठा है।

139. A के एकदम बाएं कौन बैठा है?
(a) Q (b) R
(c) D (d) B

140. P व S के बीच में कौन बैठा है?
(a) D (b) R
(c) C (d) A

141. D के संबंध में S का कौन-सा स्थान है?
(a) बाएं को दूसरा (b) दाएं को तीसरा
(c) बाएं को तीसरा (d) एकदम दाएं को

142. A से घड़ी की उल्टी दिशा में गिनती की जाए, तो A और P के बीच कितने लोग बैठे हैं?
(a) एक (b) दो
(c) तीन (d) चार

143. बैठने की व्यवस्था में उनके स्थान के आधार पर निम्नलिखित पांच में से चार किसी प्रकार समान हैं, इसलिए उनका एक समूह बनता है। वह एक कौन-सा है, जो उस समूह में नहीं आता है?
(a) QD (b) CS
(c) SR (d) AB

प्रतिशत पर आधारित प्रश्न (QUESTIONS BASED ON PERCENTAGE)

144. खाद्य तेल की कीमत में 25 प्रतिशत की वृद्धि हो गई। एक परिवार खाद्य तेल की खपत में कितनी कमी करे कि उसका कुल खर्च पहले जितना ही रहे?
(a) 25% (b) 30%
(c) 20% (d) 15%

145. एक संगठन में 40 प्रतिशत कर्मचारी मैट्रिक पास हैं। शेष बचे कर्मचारियों का 50 प्रतिशत स्नातक पास है और शेष कर्मचारी जिनकी संख्या 180 है, स्नातकोत्तर हैं। स्नातक कर्मचारियों की संख्या ज्ञात कीजिए।
(a) 360 (b) 240
(c) 300 (d) 180

146. एक नगर की जनसंख्या का 96 प्रतिशत 23,040 है। उस नगर की कुल जनसंख्या कितनी है?
(a) 32,256 (b) 24,000
(c) 24,936 (d) 25,640

147. एक विद्यालय में 75 प्रतिशत छात्र लड़के हैं। यदि लड़कियों की संख्या 420 है, तो लड़कों की संख्या बताएँ।

(a) 1176 (b) 1350
(c) 1260 (d) 1125

148. यदि एक व्यक्ति अपनी आय का 12½ प्रतिशत बचाता है और ₹35,000 खर्च करता है, तो उसकी आय ज्ञात कीजिए।

(a) ₹39,375 (b) ₹40,000
(c) ₹42,500 (d) ₹41,600

149. एक वस्तु के मूल्य में पहले 20 प्रतिशत की वृद्धि होती है और फिर 20 प्रतिशत की कमी, उसमें प्रभावी रूप से कितनी वृद्धि या कमी हुई?

(a) 20% की कमी (b) 20% अधिक
(c) 40% अधिक (d) 4% की कमी

150. X का वेतन, Y के वेतन का आधा है। यदि X का वेतन 50 प्रतिशत से बढ़ता है और Y का 25 प्रतिशत से, तो संयुक्त रूप से उनके वेतन में कितनी वृद्धि हुई?

(a) 30% (b) 33.33%
(c) 37.5% (d) 75%

151. दूध और पानी के 40 लीटर मिश्रण में पानी की मात्रा 10 प्रतिशत है। इसमें कितना पानी और डाल दिया जाए कि मिश्रण में पानी की मात्रा 20 प्रतिशत हो जाए?

(a) 5 लीटर (b) 4 लीटर
(c) 6.5 लीटर (d) 7.5 लीटर

152. एक व्यक्ति अपनी आय का 75 प्रतिशत खर्च करता है। यदि उसकी आय में 20 प्रतिशत की वृद्धि होती है और व्यय में 10 प्रतिशत की, तो उसकी बचत में कितने प्रतिशत की वृद्धि होती है?

(a) 10% (b) 25%
(c) 33.5% (d) 50%

153. यदि A की आय, B की आय से 25 प्रतिशत अधिक है और B की, C से 20 प्रतिशत अधिक है, तो A की आय, C की आय से कितने प्रतिशत अधिक है?

(a) 15% (b) 25%
(c) 33.5% (d) 50%

154. किसी परीक्षा में 35 प्रतिशत उम्मीदवार गणित में तथा 25 प्रतिशत अंग्रेजी में फेल हुए। यदि 10 प्रतिशत विद्यार्थी गणित तथा अंग्रेजी दोनों में फेल हुए हों, तो कितने प्रतिशत विद्यार्थी दोनों विषयों में पास हुए?

(a) 50% (b) 55%
(c) 57% (d) 60%

155. यदि कोई विक्रेता एक वस्तु पर उसके क्रय मूल्य पर 20 प्रतिशत अधिक मूल्य अंकित करता है। कुछ छूट देने के बाद उसे 8 प्रतिशत शुद्ध लाभ प्राप्त होता है। उसने वस्तु पर कितने प्रतिशत छूट दी?

(a) 4% (b) 6%
(c) 10% (d) 12%

156. यदि आमों के मूल्य में 25 प्रतिशत कमी होने के बाद मैं ₹60 में चार आम अधिक क्रय कर सकता हूँ, तो एक आम का घटा हुआ मूल्य क्या है?

(a) ₹5 (b) ₹4
(c) ₹3.75 (d) उपरोक्त में से कोई नहीं

157. यदि किसी आयत की लम्बाई में 10 प्रतिशत वृद्धि होती है, तो उसकी चौड़ाई में कितने प्रतिशत कमी की जाए, ताकि उसका क्षेत्रफल पहले जितना ही रहे?

(a) 10% (b) 20%
(c) 9.11% (d) 5%

158. यदि किसी वृत्त की त्रिज्या में 20 प्रतिशत वृद्धि होती है, तो उसकी परिधि में कितने प्रतिशत की वृद्धि होगी?

(a) 20% (b) 40%
(c) 44% (d) 48%

159. यदि किसी वृत्त की त्रिज्या 20 प्रतिशत बढ़ती है, तो उसके क्षेत्रफल में कितनी वृद्धि होगी?

(a) 33% (b) 44%
(c) 55% (d) उपरोक्त में से कोई नहीं

160. यदि किसी प्रेक्षागृह (auditorium) में बैठने के लिए सीटों की संख्या में 25 प्रतिशत की वृद्धि की जाती है। उसमें प्रवेश शुल्क भी 12 प्रतिशत बढ़ता है, तो उससे प्राप्त होने वाले राजस्व में कितने प्रतिशत वृद्धि होगी?

(a) 37% (b) 40%
(c) 42% (d) 50%

161. पिता और पुत्र की वर्तमान आयु का अनुपात क्रमश: 6 : 1 है। चार वर्ष बाद उनकी आयु का अनुपात 4 : 1 हो जाएगा। पुत्र की वर्तमान आयु कितनी है?

(a) 6 वर्ष (b) 5 वर्ष
(c) 8 वर्ष (d) 10 वर्ष

162. चार वर्ष पहले एक पिता और पुत्र की आयु का अनुपात 9 : 6 था। यदि पिता और पुत्र की आयु में 26 वर्ष का अंतर है, तो उनकी वर्तमान आयु का अनुपात क्या होगा?

(a) 21 : 8 (b) 23 : 8
(c) 23 : 10 (d) 27 : 14

163. एक संख्या के 45 प्रतिशत का 15 प्रतिशत, 105.3 है। इस संख्या का 24 प्रतिशत कितना है?

(a) 385.5 (b) 374.4
(c) 390 (d) 375

औसत पर आधारित प्रश्न (QUESTIONS BASED ON AVERAGE)

164. 15 छात्रों का औसत वजन 28 किग्रा. है। यदि अध्यापक के भार को भी सम्मिलित कर लिया जाए, तो उनके भार में 2 किग्रा. की वृद्धि हो जाती है, तो बताइए अध्यापक का भार कितना है?

(a) 60 किग्रा. (b) 56 किग्रा.
(c) 64 किग्रा. (d) 66 किग्रा.

165. 20 विद्यार्थियों का औसत वजन 25 किग्रा. है। एक विद्यार्थी चला गया तथा उसके स्थान पर एक विद्यार्थी और आ गया जिससे वजन 400 ग्राम घट गया। आने वाले विद्यार्थी का वजन बताइए:

(a) 19 किग्रा. (b) 18 किग्रा.
(c) 17 किग्रा. (d) 16 किग्रा.

166. 18 व्यक्तियों में से एक व्यक्ति जिसका वजन 62 किग्रा. है उसके स्थान पर दूसरा व्यक्ति आ जाने से उनके औसत भार में 500 ग्राम की वृद्धि हो जाती है, तो बताइए नए व्यक्ति का वजन कितना है?

(a) 74 किग्रा. (b) 72 किग्रा.
(c) 71 किग्रा. (d) 70 किग्रा.

167. 5 वर्ष पूर्व एक परिवार के 5 सदस्यों की औसत आयु 35 वर्ष थी। यदि वर्तमान में एक व्यक्ति जो परिवार का मुखिया था, की मृत्यु हो जाती है, लेकिन परिवार की औसत आयु अब भी 35 वर्ष है, तो बताइए मुखिया की आयु क्या है?

(a) 62 वर्ष (b) 60 वर्ष
(c) 64 वर्ष (d) 61 वर्ष

168. एक खिलाड़ी के 11वीं पारी तक का औसत 30 रन था, 12वीं पारी में वह कितने रन बनाए कि औसत 34 हो जाए?
(a) 75 रन (b) 78 रन
(c) 80 रन (d) 80 रन

169. 12 संख्याओं का औसत 20 निकाला गया। बाद में पता चला कि 36 को गलती से 16 तथा 74 को गलती से 58 जोड़ दिया गया। सही औसत बताइए।
(a) 25 (b) 23
(c) 24 (d) 21

170. 4 क्रमागत सम सख्याओं का औसत 15 है। सबसे बड़ी संख्या ज्ञात कीजिए।
(a) 16 (b) 17
(c) 18 (d) 19

171. 10 संख्याओं का औसत 237 है। प्रथम पांच संख्याओं का औसत 245 है। अंतिम 5 संख्याओं का औसत 232 है। पांचवीं संख्या बताइए।
(a) 240 (b) 248
(c) 245 (d) 250

172. एक परिवार के पांच सदस्यों की औसत आयु 18 वर्ष थी। यदि कुछ समय बाद एक बच्चे के जन्म लेने से परिवार की आज औसत आयु 16 वर्ष है। बच्चे की वर्तमान आयु बताइए।
(a) 6 वर्ष (b) 7 वर्ष
(c) 8 वर्ष (d) 5 वर्ष

173. एक परिवार के तीन सदस्यों की औसत आयु 24 वर्ष है। तीन सदस्यों में पिता, माता, तथा पुत्र के अलावा पत्नी की आयु भी शामिल कर देने पर औसत आयु 23 वर्ष हो जाती है। पत्नी की आयु क्या होगी?
(a) 26 वर्ष (b) 24 वर्ष
(c) 20 वर्ष (d) 18 वर्ष

समय एवं दूरी (TIME AND DISTANCE)

174. दो कारें क्रमश: 45 किमी. प्रति घंटा एवं 60 किमी. प्रति घंटा की चालों से किसी गंतव्य की ओर रवाना होती हैं, यदि दूसरी कार को पहली कार की तुलना में 5 घंटे कम समय लगता है, तो यात्रा में तय की गई दूरी बताएं।
(a) 850 किमी. (b) 900 किमी.
(c) 880 किमी. (d) 950 किमी.

175. यदि कोई व्यक्ति 45 किमी. प्रति घंटा की औसत चाल से चले, तो गंतव्य स्थान पर 40 मिनट में पहुँच जाता है, वह किस चाल से चले ताकि यात्रा 30 मिनट में तय हो जाए?
(a) 60 किमी. प्रति घंटा (b) 64 किमी. प्रति घंटा
(c) 56 किमी. प्रति घंटा (d) 65 किमी. प्रति घंटा

176. दो धावक समान दूरी को क्रमश: 15 एवं 16 किमी. प्रति घंटा की चाल से तय करते हैं। दोनों द्वारा तय की गई दूरी बताएं, यदि एक की अपेक्षा दूसरे को 16 मिनट अधिक समय लगता हो।
(a) 60 किमी. (b) 68 किमी.
(c) 64 किमी. (d) 70 किमी.

177. यदि कोई व्यक्ति 45 किमी. प्रति घंटा की औसत चाल से चले, तो दी गई दूरी 40 मिनट में तय कर लेता है। वह किस चाल से चले ताकि यात्रा 30 मिनट में पूरी हो जाए।
(a) 68 किमी. (b) 64 किमी.
(c) 60 किमी. (d) 56 किमी.

178. यदि राह में कोई रुकावट न आए, तो कोई व्यक्ति एक विशेष दूरी 80 किमी. प्रति घंटा की औसत चाल से तय करता है। रुकावट की स्थिति में वह उतनी ही दूरी 60 किमी. प्रति घंटा की औसत चाल से तय करता है। वह प्रति घंटा कितने मिनट रुकता है?
(a) 15 मिनट (b) 20 मिनट
(c) 18 मिनट (d) 22 मिनट

179. एक व्यक्ति 40 किमी. प्रति घंटा की चाल से 3 घंटे तक चलता है तथा 60 किमी. प्रति घंटा की चाल से 4.5 घंटा चलता है। इसके अंत में वह पाता है कि वह कुल दूरी का 3/5 दूरी तय कर चुका है। शेष दूरी को 4 घंटे में तय करने के लिए उसकी औसत चाल क्या होनी चाहिए?
(a) 60 किमी. प्रति घंटा (b) 64 किमी. प्रति घंटा
(c) 65 किमी. प्रति घंटा (d) 68 किमी. प्रति घंटा

180. एक आदमी एक निश्चित दूरी को स्कूटर से तय करता है, यदि वह 3 किमी. प्रति घंटा तेज चला होता, तो उसे 40 मिनट समय कम लगा होता। यदि वह 2 किमी. प्रति घंटा धीमा चला होता, तो उसे दूरी तय करने में 40 मिनट समय अधिक लगता। दूरी एवं प्रारंभिक चाल ज्ञात कीजिए।
(a) 36 किमी. (b) 32 किमी.
(c) 40 किमी. (d) 50 किमी.

181. एक गाड़ी बिना रुके 60 किमी. प्रति घंटा की औसत चाल से चलते हुए एक निश्चित दूरी तय करती है। यदि वह रुक-रुक के चलती है, तो 50 किमी. प्रति घंटा की चाल से उस दूरी को तय करती है, तो बताइए वह प्रत्येक घंटे में कितना विराम करती है?
(a) 10 मिनट (b) 12 मिनट
(c) 15 मिनट (d) 14 मिनट

182. कोई व्यक्ति अपनी चाल का 7/11 से चलकर 22 मिनट में पहुँच जाता है। यदि वह अपनी वास्तविक चाल से चलता, तो उसे कितने समय की बचत होती?
(a) 8 मिनट (b) 10 मिनट
(c) 12 मिनट (d) 6 मिनट

183. एक बिल्ली एक कुत्ते से 250 मीटर आगे है। यदि बिल्ली की चाल 20 मी./से. और कुत्ते की चाल 30 मी./से. हो, तो कुत्ता, बिल्ली को कितने समय बाद पकड़ लेगा?
(a) 20 से. (b) 18 से.
(c) 25 से. (d) 16 से.

कैलेंडर प्रश्न (CALENDAR QUESTIONS)

184. यदि एक वर्ष में 17 जनवरी को सोमवार पड़ता है, तो उसी वर्ष में 19 जून को कौन-सा दिन पड़ेगा?
(a) रविवार (b) सोमवार
(c) मंगलवार (d) बुधवार

185. किसी एक वर्ष में 3 जनवरी को बृहस्पतिवार था। उसी वर्ष में 25 जनवरी को कौन-सा दिन होगा?
(a) बृहस्पतिवार (b) शुक्रवार
(c) शनिवार (d) रविवार

186. मेरा जन्मदिन मेरे भाई के जन्मदिन से 64 दिनों बाद आता है। यदि मेरे भाई का जन्मदिन सोमवार को होता है, तो मेरा जन्मदिन सप्ताह के कौन से दिन होगा?
(a) मंगलवार (b) रविवार
(c) शनिवार (d) बुधवार

187. यदि 1 मई, 2000 को सोमवार था, तो 31 जुलाई, 2000 को कौन-सा दिन था?
(a) रविवार (b) सोमवार
(c) बृहस्पतिवार (d) बुधवार

188. यदि वर्ष 1997 में 18 फरवरी को मंगलवार है, तो वर्ष 1999 में 18 फरवरी को कौन-सा दिन होगा?
(a) बृहस्पतिवार (b) मंगलवार
(c) सोमवार (d) शुक्रवार

189. यदि किसी वर्ष में 25 अगस्त को बृहस्पतिवार है, तो उस महीने में सोमवारों की संख्या कितनी होगी?
(a) 3 (b) 6
(c) 5 (d) 4

190. मैं 11 अगस्त को पैदा हुआ था। अरविंद मुझसे 11 दिन छोटा है। इस वर्ष स्वतंत्रता दिवस सोमवार को पड़ रहा है, अरविंद का जन्मदिन किस दिन पड़ेगा?
(a) रविवार (b) मंगलवार
(c) सोमवार (d) बुधवार

191. यदि महीने की 9 तारीख रविवार के पहले वाले दिन पड़ती हो, तो महीने की 1 तारीख किस दिन पड़ेगी?
(a) शुक्रवार (b) शनिवार
(c) रविवार (d) सोमवार

192. यदि 5 सितम्बर, 2000 को शुक्रवार है, तो 15 सितम्बर, 2001 को कौन-सा दिन होगा?
(a) शुक्रवार (b) शनिवार
(c) बृहस्पतिवार (d) रविवार

193. वर्ष 1988 में स्वतंत्रता दिवस बुधवार को मनाया गया। वर्ष 1989 में यह किस दिन मनाया गया?
(a) सोमवार (b) मंगलवार
(c) शुक्रवार (d) बृहस्पतिवार

वेन आरेख (VENN DIAGRAM)

194. निम्नलिखित में से कौन-सी आकृति लोग, महिलाएँ और माताओं के बीच संबंध को भली-भांति दर्शाती है?
(a) 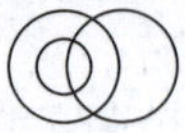 (b) 
(c)  (d) उपरोक्त में से कोई नहीं

195. नीचे दिए गए वेन आरेखों में से कौन-सा आरेख दिए गए तीन वर्ग हाथी, शेर तथा जानवर के बीच के संबंध को सही तौर पर निरूपित करता है? सही निरूपण करने वाले वेन आरेख का अक्षरांक ही आपका उत्तर है:
(a)  (b) 
(c) 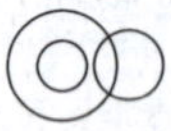 (d) 

196. कौन-सा आरेख मानव प्राणियों, शिक्षकों और स्नातकों के बीच संबंध का सही निरूपण करता है?
(a) 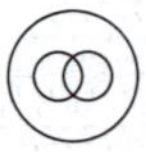 (b) 
(c) 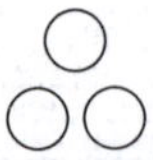 (d) 

197. वह आरेख पहचानिए, जो अनपढ़ों, निर्धन लोगों और बेरोजगारों के बीच संबंध का सही निरूपण करता है:
(a) 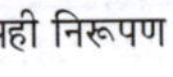 (b) 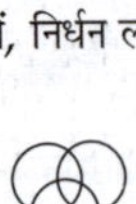
(c) 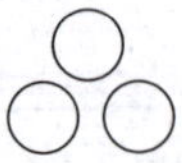 (d) 

198. निम्नलिखित आरेखों में से कौन-सा 'न्यायाधीश', 'चोर' और 'अपराधी' के बीच संबंध का सही निरूपण करता है?
(a)  (b) 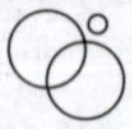
(c)  (d) 

निर्देश (प्र. सं. 199–203): निम्न आकृति में आयत, वर्ग, दीर्घवृत्त तथा त्रिभुज भारत के उन दक्षिणी राज्यों के द्योतक हैं जहां के अधिकांश व्यक्ति केवल एक भाषा तमिल, तेलुगू, मलयालम या कन्नड़ क्रमश: बोलते हैं। हालांकि, प्रत्येक राज्य में ऐसे भी व्यक्ति/क्षेत्र हैं जो दूसरी भाषाएँ भी प्राय: बोलते हैं। निम्नलिखित आकृति का अवलोकन करके इसके नीचे दिए हुए प्रश्नों के उत्तर दीजिए।

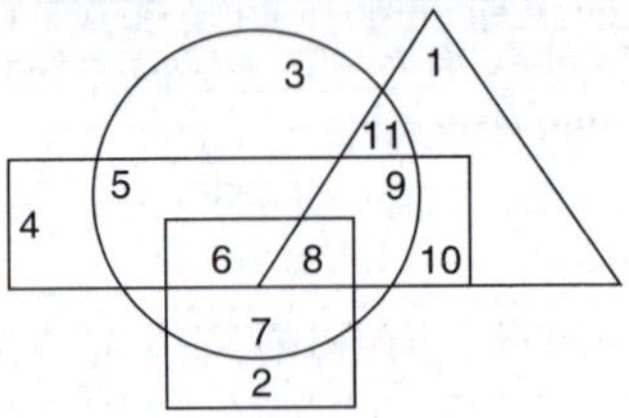

199. राज्यों के किस क्षेत्र में चारों भाषाएँ बोली जाती हैं?
(a) 6 (b) 8
(c) 9 (d) 10

200. किस क्षेत्र में केवल दो भाषाएँ तमिल तथा कन्नड़ बोली जाती हैं?
(a) 8 (b) 9
(c) 10 (d) 11

201. किस क्षेत्र में तीन भाषाएँ तमिल, तेलुगू तथा मलयालम बोली जाती हैं?
(a) 6 (b) 8
(c) 9 (d) 10

202. किस क्षेत्र में केवल मलयालम तथा कन्नड़ बोली जाती है?
(a) 8 (b) 9
(c) 10 (d) 1

203. किस क्षेत्र में केवल मलयालम तथा तेलुगू बोली जाती है?
(a) 5 (b) 6
(c) 7 (d) 9

उत्तरमाला (ANSWER KEY)

संख्या श्रृंखला

1. (c) **2.** (d) **3.** (b) **4.** (d) **5.** (a) **6.** (c) **7.** (a) **8.** (c) **9.** (d) **10.** (c) **11.** (b) **12.** (a) **13.** (b)
14. (b) **15.** (d) **16.** (b) **17.** (a) **18.** (c) **19.** (d) **20.** (d)

अक्षर श्रृंखला

21. (a) **22.** (a) **23.** (c) **24.** (b) **25.** (b) **26.** (d) **27.** (a) **28.** (a) **29.** (a) **30.** (b)

कूट लेखन एवं कूट अनुवाद

31. (c) **32.** (a) **33.** (d) **34.** (a) **35.** (d) **36.** (a) **37.** (c) **38.** (a) **39.** (b) **40.** (a) **41.** (d) **42.** (b) **43.** (a)
44. (a) **45.** (a) **46.** (c) **47.** (a) **48.** (b) **49.** (b) **50.** (c) **51.** (b)

शब्दों पर आधारित प्रश्न

52. (c) **53.** (c) **54.** (c) **55.** (b) **56.** (d) **57.** (d) **58.** (c) **59.** (a) **60.** (c) **61.** (a) **62.** (c) **63.** (b) **64.** (a)
65. (d) **66.** (a) **67.** (d) **68.** (a) **69.** (c) **70.** (a) **71.** (b)

संख्या पर आधारित प्रश्न

72. (a) **73.** (d) **74.** (d) **75.** (c) **76.** (d) **77.** (d) **78.** (a) **79.** (b) **80.** (c) **81.** (d)

अक्षरों पर आधारित प्रश्न

82. (c) **83.** (d) **84.** (d) **85.** (d) **86.** (a) **87.** (d) **88.** (a) **89.** (a) **90.** (b) **91.** (d)

शब्द समरूपता

92. (b) **93.** (a) **94.** (c) **95.** (d) **96.** (d) **97.** (b) **98.** (a) **99.** (c) **100.** (a) **101.** (b) **102.** (d) **103.** (d) **104.** (b)
105. (d) **106.** (d) **107.** (d) **108.** (d) **109.** (d) **110.** (c) **111.** (a)

रक्त संबंध

112. (b) **113.** (b) **114.** (b) **115.** (b) **116.** (c) **117.** (a) **118.** (a) **119.** (c) **120.** (b) **121.** (d)

दिशा एवं दूरी परीक्षण

122. (c) **123.** (d) **124.** (c) **125.** (d) **126.** (b) **127.** (d) **128.** (d) **129.** (a) **130.** (c) **131.** (d) **132.** (a) **133.** (b)

बैठने का व्यवस्थितिकरण

134. (d) **135.** (d) **136.** (d) **137.** (a) **138.** (b) **139.** (a) **140.** (c) **141.** (c) **142.** (b) **143.** (d)

प्रतिशत पर आधारित प्रश्न

144. (c) **145.** (d) **146.** (b) **147.** (c) **148.** (b) **149.** (d) **150.** (b) **151.** (a) **152.** (d) **153.** (d) **154.** (a) **155.** (c) **156.** (c)
157. (c) **158.** (b) **159.** (b) **160.** (b) **161.** (a) **162.** (a) **163.** (b)

औसत पर आधारित प्रश्न

164. (a) **165.** (c) **166.** (c) **167.** (b) **168.** (b) **169.** (b) **170.** (c) **171.** (b) **172.** (a) **173.** (c)

समय एवं दूरी

174. (b) **175.** (a) **176.** (c) **177.** (c) **178.** (a) **179.** (c) **180.** (c) **181.** (a) **182.** (a) **183.** (c)

कैलेंडर प्रश्न

184. (a) **185.** (b) **186.** (a) **187.** (b) **188.** (a) **189.** (c) **190.** (c) **191.** (a) **192.** (b) **193.** (d)

वेन आरेख

194. (b) **195.** (a) **196.** (a) **197.** (b) **198.** (c) **199.** (b) **200.** (c) **201.** (a) **202.** (d) **203.** (c)

हल (SOLUTION)

संख्या श्रृंखला (NUMBER SERIES)

1. (c): पहली संख्या को 3 से गुणा करें और इससे प्राप्त संख्या को 2 से विभाजित करें। यह प्रक्रिया सब संख्याओं के साथ दोहरानी है।

2. (d): श्रृंखला अवलोकन करने के बाद निम्न पद्धति को चिह्नित किया जा सकता है:

$$+5, -2, +5, -2$$

अत: वांछित संख्या: $36 - 2 = 34$

3. (b): किन्हीं भी तीन लगातार संख्याओं के योग से हमें अगली संख्या की प्राप्ति हो जाती है।
अत: वांछित संख्या: $8 + 15 + 27 = 50$

4. (d): अंश गणक (numerator) 2, 3, 4 और 5 के योग से आगे बढ़ता है, और भाजक 4, 6, 8 और 10 के योग से।

5. (a): दूसरी संख्या, पहली संख्या के वर्ग करने से प्राप्त होती है; चौथी, तीसरी संख्या के वर्ग से। यह श्रृंखला इसी प्रकार चलती है।

6. (c): प्रत्येक संख्या पूर्ववर्ती संख्या (preceding number) की आधी है।

7. (a): +5, +10, +15, +20, +25, +30

8. (c): +3, +6, +9, +12

9. (d): सबसे पहली अभाज्य संख्या 2 से आरंभ करते हुए, इनको आगामी संख्याओं में जोड़ते जाना है।
125, 125 + 2, 127 + 3, 130 + 5, 135 + 7, 142 + 11 और 153 + 13
अत: सबसे अंतिम संख्या 166 होनी चाहिए।

10. (c): पहली संख्या 3 से आरंभ करते हुए, इसका वर्ग करें और उसमें 1 जोड़ देंगे। ऐसी संख्या सभी संख्याओं के साथ करनी है।

11. (b): ये मिश्रित श्रृंखला का प्रश्न है।
(i) पहली, तीसरी, पांचवीं और सातवीं संख्याएँ 1, 2, 3 और 4 वर्ग है।
(ii) दूसरी, चौथी, छठी और आठवीं संख्याएँ 1, 2, 3, 4 और 5 का घन (cube) है।

12. (a): उदाहरण है:
$3 \times 1 + 2 = 5$
$5 \times 2 + 3 = 13$
$13 \times 3 + 4 = 43$
$43 \times 4 + 5 = 177$
$177 \times 5 + 6 = 891$
अत: (a) सही उत्तर है।

13. (b): पहली पंक्ति –2, दूसरी पंक्ति +2 और तीसरी पंक्ति +2

14. (b): यह मिश्रित श्रृंखला का प्रश्न है:
(i) 3, 7, 13, 21, 31, ?
(ii) 4, 7, 13, 22, 34
पहली श्रृंखला की पद्धति: +4, +6, +8, +10, ...
दूसरी श्रृंखला की पद्धति: +3, +6, +9, +12, ...

15. (d): $10 \times 2 + 4 = 24$,
$24 \times 2 + 4 = 52$,
$52 \times 2 + 4 = 108$, आदि।

16. (b): ×10 – 100, ×10 – 100, ...

17. (a): यह श्रृंखला प्राकृतिक संख्याओं के घन से निर्मित हुई है।

18. (c): यह मिश्रित संख्या श्रृंखला का प्रश्न है।
पहली श्रृंखला +11 से निर्मित हुई है और दूसरी भी +11 से।

19. (d): $23 + 10 = 33$, $33 + 13 = 46$, $46 + 16 = 62$, ...

20. (d): $10 \times 3 - 4 = 26$;
$26 \times 3 - 4 = 74$;
$74 \times 3 - 4 = 218$;
$218 \times 3 - 4 = 650$;
$650 \times 3 - 4 = 1946$

अक्षर श्रृंखला (LETTER SERIES)

21. (a): प्रत्येक अक्षर समूह का तीसरा अक्षर अगले अक्षर समूह का पहला अक्षर बन जाता है। मध्य अक्षर A स्थिर है।

22. (a): मध्य अक्षर T स्थिर है। पहले और तीसरे अक्षर अपनी स्थितियों की अदला-बदली कर रहे हैं और अक्षर वर्णमाला श्रृंखला से आगे बढ़ती है।

23. (c): प्रत्येक त्रिक (triplet) के पहले अक्षर के अनुसार, श्रृंखला STUVW बनती है। प्रत्येक त्रिक के शेष दो अक्षर अंग्रेजी वर्णमाला के अनुसार CD, EF, GH, IJ, KL पद्धति बना रहे हैं।

24. (b): मध्य अक्षर वर्णमाला का ABCDE क्रम बना रहे हैं। इसी प्रकार प्रत्येक त्रिक का पहला और तीसरा अक्षर वर्णमाला के अनुसार है।

25. (b): तालिका 5.1 के अनुसार, प्रत्येक युग्म के पहले अक्षरों का आपस में 3 का अंतर है। प्रत्येक युग्म के दोनों अक्षरों का परस्पर अंतर 10 का है।

26. (d): यहां अक्षर समूह का दूसरा और चौथा अक्षर स्थिर है। शेष पद्धति को हम वर्णमाला श्रृंखला से चिह्नित कर सकते हैं।

27. (a): तालिका 5.1 के अनुसार, प्रत्येक युग्म के पहले अक्षर का अवलोकन करने पर –3, –2, –3 की पद्धति बनती है। दूसरे अक्षर की पद्धति +1, +2, +3 का अनुसरण करती है।

28. (a): यह 27 के जैसा ही प्रश्न है, अंतर केवल मात्र इतना है कि मध्य अक्षर संख्या श्रृंखला का अनुसरण कर रहा है।

29. (a)

30. (b)

कूट लेखन एवं कूट अनुवाद (CODING AND DECODING)

31. (c): तालिका 5.1 और 5.2 की तुलना करने पर C को तालिका 5.1 में संख्या 3 दर्शाया गया है। जबकि तालिका 5.2 में संख्या 3 के अनुसार 'X' चिह्नित किया गया है।

इस प्रकार सभी अक्षरों की परस्पर तुलना करने पर (c) सही उत्तर बनता है।

32. (a): यहां अक्षर समूह के अक्षरों को विपरीत क्रम में लिखने से उत्तर की प्राप्ति होती है।

33. (d):

M	O	T	H	E	R
		+1		+1	
O	M	H	U	R	F

इसी प्रकार

A	N	S	W	E	R
		+1		+1	
N	A	W	T	R	F

34. (a): पहला और अंतिम अक्षर अपनी पोजीशन की अदला-बदली करते हैं। बाकी अक्षरों को तालिका के अनुसार करना है और उल्टे क्रम में लिखना है।

35. (d)

36. (a):

C	L	A	I	M
+1	+2	+3	+4	+5
D	N	D	M	R

C	H	A	R	G	E
+1	+2	+3	+4	+5	+6
D	J	D	V	L	K

37. (c):

C	+3	F
O	+4	S
L	+5	Q
D	+6	J

इसी प्रकार

H	+3	K
E	+4	I
A	+5	F
T	+6	Z

38. (a):

P	A	P	E	R
+2	+1	+3	+1	+4
S	C	T	G	W

इसी प्रकार

M	O	T	H	E	R
+2	+1	+3	+1	+4	+1
P	Q	X	J	J	T

39. (b): तालिका 5.1 के अनुसार,

H = 8; E = 5

अत: 8 + 5 = 13

इसी प्रकार

M – 13, O = 15; V = 22

E = 5; R = 18

अत: MOVER = 13 + 15 + 22 + 5 + 18

= 73

BASIC = 34

40. (a):

1	5	7	8	9
X	T	Z	A	L

2	3	4	6
N	P	S	U

इसलिए

2	3	5	4	9
N	P	T	S	L

41. (d):

A	B	C	D	E	F	G	H	I	J	K
5	6	7	8	9	10	11	12	13	14	15

L	M	N	O	P	Q	R	S	T	U
16	17	18	19	20	21	22	23	24	25

अब

22	25	8	22	5
R	U	D	R	A

42. (b):

C	A	L	A	N	D	E	R
↓							↓
C	L	A	N	A	E	D	R

C	I	R	C	U	L	A	R
↓							↓
C	R	I	U	C	A	L	R

43. (a):

D	R	L	A	L
4	18	12	1	12

+2	+2	+2	+2	+2
6	20	14	3	14

इसी प्रकार

C	A	M	E	L
3	1	13	5	12
+2	+2	+2	+2	+2
5	3	15	7	14

44. (a):

L	I	G	H	T
G	I	L	T	H

R	A	I	N	Y
I	A	R	Y	N

45. (a):

A	E	G	M	N	R	T	U
+1	+1	+1	+1	+1	+1	+1	+1
B	F	H	N	O	S	U	V

46. (c):

O	F	T	E	N
F	O	T	N	E

इसी प्रकार,

R	I	S	K	Y
I	R	S	Y	K

47. (a):

R	E	Q	U	E	S	T
+1	↓	+1	↓	↓	+1	+1
S	2	R	5	2	T	U

यहां consonants में अगला अक्षर दर्शाया गया है और उनकी स्वर (vowels) a, e, i, o, u में क्रम के अनुसार,

A	E	I	O	U
1	2	3	4	5

A	C	I	D
↓	+1	↓	+1
1	D	3	E

48. (b):

G (7)	O (15)	E (5)	S (19)
7 × 2 + 1 = 15	15 × 2 + 1 = 31	5 × 2 + 1 = 11	19 × 2 + 1 = 39

कूट: 15 + 31 + 11 + 39 = 96

49. (b):

S	T	A	R
↓	↓	↓	↓
5	$	*	2

T	O	R	E
↓	↓	↓	↓
$	3	2	@

इसी प्रकार,

O	A	T	S
↓	↓	↓	↓
3	*	$	5

अत: (b) सही उत्तर है।

50. (c):

G	O	N	E
7	6	2	8

B	E	A	R
9	8	3	5

इसी प्रकार,

R	O	B	E
5	6	9	8

51. (b):

P	E	R	S	U	I	T
↓	↓	↓	↓	↓	↓	↓
U	T	I	P	R	E	S

शब्दों पर आधारित प्रश्न (QUESTIONS BASED ON WORDS)

52. (c): शेष अन्य सभी जीवों के निवास स्थान हैं।

53. (c): 'घुटना' को छोड़कर अन्य तीनों हाथ के अंग हैं।

54. (c): 'नर्मदा' को छोड़ कर अन्य बंगाल की खाड़ी में गिरती है।

55. (b): शेष अन्य कार्बन के अपरूप हैं।

56. (d): कार-बस दोनों परिवहन के साधन हैं। पिस्तौल और बंदूक दोनों हथियार हैं। तालाब और झील दोनों में जल संग्रह होता है, परन्तु चर्च ईश्वर का प्रतीक है, स्मारक नहीं।

57. (d): शेष अन्य तीनों मकान बनाने में उपयोग किए जाते हैं।

58. (c): शेष अन्य तीनों का अर्थ पैसे निकालने से है।

59. (a): इसमें पानी स्थिर रहता है और शेष अन्य में गतिमान।

60. (c): शेष अन्य में धन का निवेश किया जाता है।

61. (a): शेष अन्य तरल पदार्थ हैं।

62. (c): शेष अन्य में पेट्रोलियम ईंधन की खपत होती है।

63. (b): शेष अन्य तीन नकारात्मक हैं।

64. (a): शेष अन्य हाथों में पहने जाते हैं।

65. (d): शेष अन्य अनाज हैं, जबकि ये तिलहन है।

66. (a): शेष अन्य मन के भाव हैं, जबकि विचार मस्तिष्क से संबंधित है।

67. (d): शेष अन्य में तरल पदार्थ रखे जाते हैं।

68. (a): शेष अन्य में कांटे नहीं होते हैं।

69. (c): शेष अन्य तत्व हैं।

70. (a): शेष अन्य स्कूल के अंग है।

71. (b): शेष अन्य में पानी गतिमान है।

संख्या पर आधारित प्रश्न (QUESTIONS BASED ON NUMBERS)

72. (a):

$$126 = 125 + 1$$
$$= 5^3 + 1$$
$$215 = 216 - 1 = 6^3 - 1$$
$$342 = 343 - 1 = 7^3 - 1$$
$$511 = 512 - 1 = 8^3 - 1$$

अत: 126 भिन्न है।

73. (d):

$$12 = 3^2 + 3$$
$$28 = 5^2 + 3$$
$$52 = 7^2 + 3$$
$$68 = 8^2 + 4$$

74. (d):

$$81 = 27 \times 3$$
$$54 = 18 \times 3$$
$$51 = 17 \times 3$$

75. (c): 36 को छोड़कर शेष सभी पूर्ण वर्ग नहीं है।

76. (d): 255 को छोड़कर शेष अन्य पूर्ण वर्ग से एक अधिक है, जैसे:

$$50 = 7^2 + 1 = 49 + 1;$$
$$65 = 8^2 + 1 = 64 + 1;$$
$$170 = 13^2 + 1 = 169 + 1;$$
$$255 = 16^2 - 1 = 256 - 1$$

77. (d): 91 को छोड़कर शेष अन्य सभी 4 के गुणज हैं, अत: (d) सही उत्तर है।

78. (a): 119 को छोड़कर शेष अन्य अभाज्य संख्याएँ हैं।

79. (b): 8 को छोड़कर शेष अन्य पूर्ण वर्ग हैं।

80. (c): 34 अंकों का योग अभाज्य संख्या अर्थात् 7 है, जबकि अन्य का अंकों का योग अभाज्य संख्या नहीं है, जैसे:

$$93 = 9 + 3 = 12$$
$$26 = 2 + 6 = 8$$
$$34 = 3 + 4 = 7$$
$$69 = 6 + 9 = 15$$

81. (d): 39 को छोड़कर शेष अन्य सभी अभाज्य संख्याएँ हैं।

अक्षरों पर आधारित प्रश्न (QUESTIONS BASED ON LETTERS)

82. (c): वर्ण समूहों AJKL, IBCD और UFGH में प्रथम वर्ण को छोड़कर बाद के शेष तीनों वर्ण वर्णमाला के क्रमानुसार हैं। जबकि वर्णसमूह ORQP में बाद के तीनों अक्षर विपरीत क्रम में हैं।
अत: (c) सही उत्तर है।

83. (d): AST, EDR एवं IMN में पहला अक्षर स्वर है, जबकि WOS में मध्य का अक्षर स्वर है।

84. (d): CX, DW एवं JQ में बाएं वाले अक्षर का अक्षर माला में प्रारंभ से जो स्थान है, उसी शब्द में दाएं वाले अक्षर का वर्णमाला के अंत से स्थान समान है। जबकि LR में इस नियम का पालन नहीं किया गया है।

85. (d): QR में दोनों अक्षर वर्णमाला के क्रम में है, जबकि शेष में इस नियम का पालन नहीं किया गया है।

86. (a): JKL में अक्षर वर्णमाला के क्रम में लगातार आते हैं, जबकि अन्य में इस नियम का पालन नहीं किया गया है।
अत: (a) सही उत्तर है।

87. (d): Cricket, Tennis एवं Hockey में बाल का प्रयोग किया जाता है, जबकि Badminton में चिड़िया (cork) का।

88. (a): JIHG, ZYXW एवं SRQP में प्रत्येक अक्षर लगातार क्रम में वर्णमाला में घट रहा है, जबकि OPNM में इस नियम का पालन नहीं किया गया है।
अत: (a) सही उत्तर है।

89. (a): SORE एक सार्थक शब्द है, जबकि अन्य विकल्पों में कोई सार्थक शब्द नहीं दिया गया है।

90. (b): SKY में केवल व्यंजन (consonant) का प्रयोग किया गया है। जबकि अन्य में vowel एवं consonant दोनों का।

91. (d): में सभी स्वर (vowels) है, बाकी विकल्पों में सभी व्यंजन (consonant) हैं।

शब्द समरूपता (WORD ANALOGY)

92. (b): जिस प्रकार नाटक के नायक का चरित्र अभिनेता निभाता है, उसी प्रकार संगीत गोष्ठी में संगीतज्ञ होता है।

93. (a): जिस प्रकार पुस्तक, कागज से बनती है, उसी प्रकार रोटी, आटे से बनती है।

94. (c): जिस प्रकार विमान, वायु में गमन करता है, उसी प्रकार कार, सड़क पर गमन करती है।

95. (d): जिस प्रकार वानर, मनुष्य के पूर्वज माने जाते हैं, उसी प्रकार बिल्ली, चीता की पूर्वज मानी जाती है।

96. (d): जिस प्रकार मुस्कराना, हंसने से पहले की श्रेणी है, उसी प्रकार फुसफसाना, शोर मचाने के पहले की श्रेणी है।

97. (b): पैमाना, लंबाई को मापता है, उसी प्रकार सीस्मोग्राफ भूकंप को मापता है।

98. (a): जिस प्रकार वीणा को बजाने के लिए वीणा के तार को खींचना पड़ता है, उसी प्रकार तबला बजाने के लिए तबले पर आघात करना पड़ता है।

99. (c): जिस प्रकार पक्षीविज्ञानी, पक्षियों के बारे में अध्ययन करते हैं, उसी प्रकार पुरातत्व, अश्मोपकरण करते हैं।

100. (a): जिस प्रकार दमा, फेफड़े से संबंधित बीमारी है, उसी प्रकार कंजक्टिवायटिस, आंख से संबंधित बीमारी है।

101. (b): मलेरिया, छूआछूत से फैलता है अर्थात वह संचरणीय रोग है, जबकि कैंसर छूआछूत से नहीं फैलता है अत: यह असंचरणीय रोग है।

102. (d)

103. (d): जिस प्रकार सुनार आभूषण का निर्माणकर्ता है, उसी प्रकार वास्तुकार का संबंध मकान से है।

104. (b): जिस प्रकार न्यायालय में न्याय दिया जाता है, उसी प्रकार स्कूल में शिक्षा दी जाती है।

105. (d): जिस प्रकार न्यायाधीश न्याय करने में स्वविवेक और दलीलों पर विचार करता है, उसी प्रकार नाटककार नाटक लिखते समय स्वविवेक और दलीलों से कार्य लेता है।

106. (d): धकेलना और खींचना एक-दूसरे के विपरीतार्थक है। इसी प्रकार फेंकना का विपरीतार्थक समेटना होगा।

107. (d): जिस प्रकार,

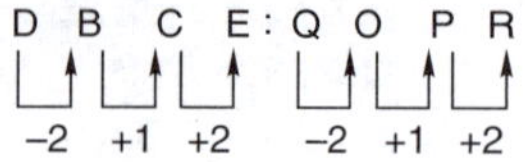

उसी प्रकार,

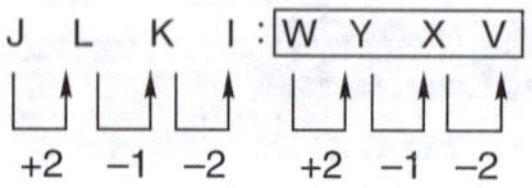

अत: JLKI:WYXV होगा।

108. (d): तालिका 5.1 से तुलना करने के बाद,

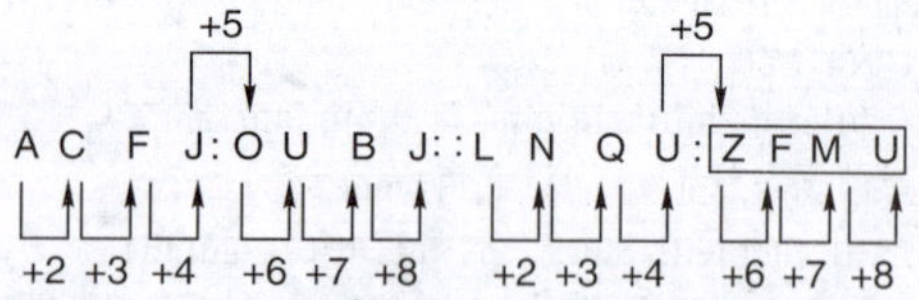

अत: LNQU:ZFMU होगा।

109. (d):

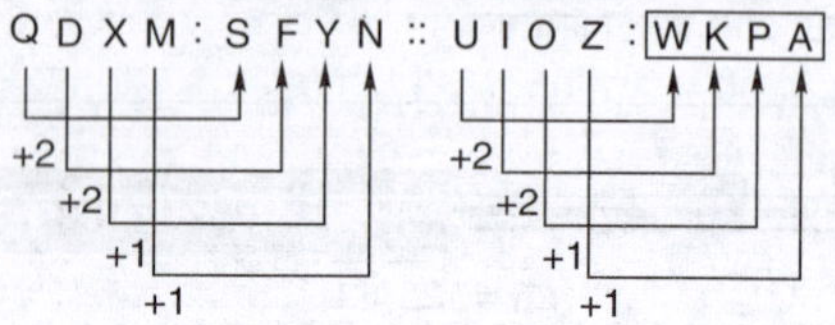

अत: UIOZ:WKPA होगा।

110. (c):

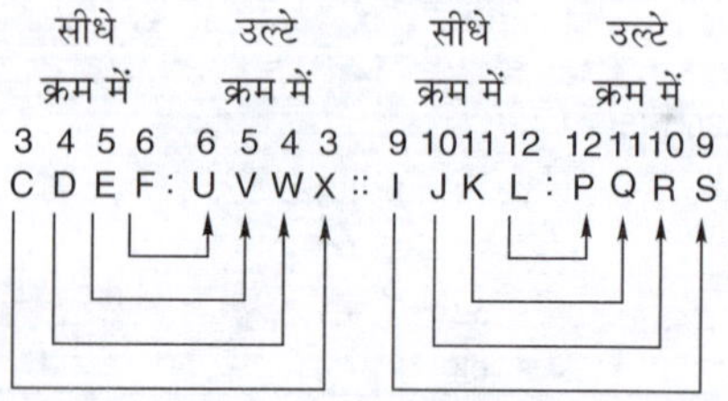

पहला अक्षर समूह जिस क्रम में वर्णमाला के सीधे क्रम में है, दूसरा अक्षर समूह उसी क्रम में वर्णमाला के उल्टे क्रम में है। अत: IJKL:PQRS होगा।

111. (a):

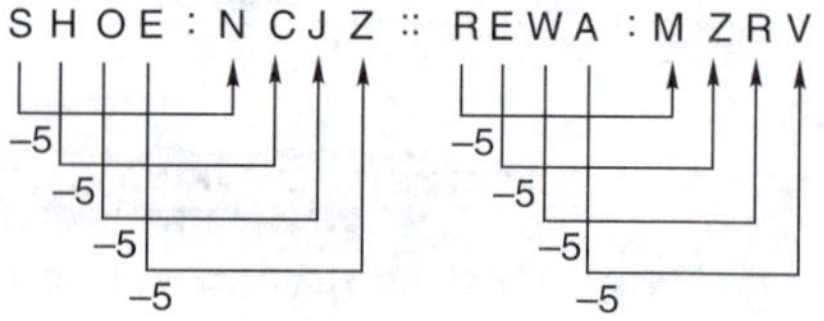

अत: REWA:MZRV होगा।

रक्त संबंध (BLOOD RELATION)

112. (b): एक आदमी के बेटे की बहन मेरी सास है।

अर्थात् आदमी के बेटे की बहन औरत की सास है।

अर्थात् आदमी की बेटी औरत के पति की माँ है।

अर्थात् औरत का पति आदमी का नाती है।

113. (b):

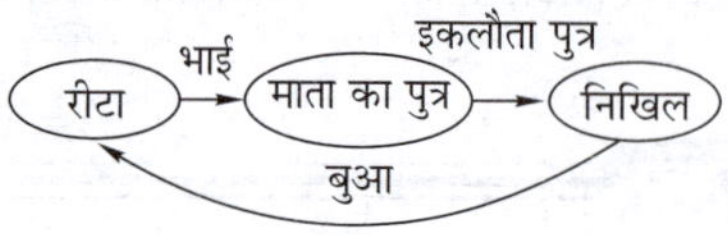

आरेख से स्पष्ट है कि रीटा की माता का पुत्र रीटा का भाई हुआ तथा उसका इकलौता पुत्र निखिल है अर्थात् निखिल रीटा का भतीजा है या हम कह सकते हैं कि रीटा, निखिल की बुआ है।

114. (b):

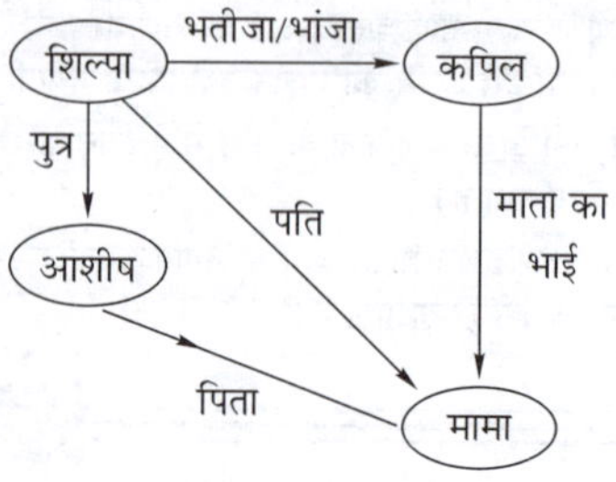

दिए गए आरेख से ज्ञात होता है कि कपिल की माता का भाई अर्थात् कपिल का मामा शिल्पा के पुत्र का पिता अर्थात् शिल्पा का पति है। अत: कपिल शिल्पा का भतीजा/भांजा है।

115. (b): प्रश्नानुसार संबंध आरेख बनाने पर,

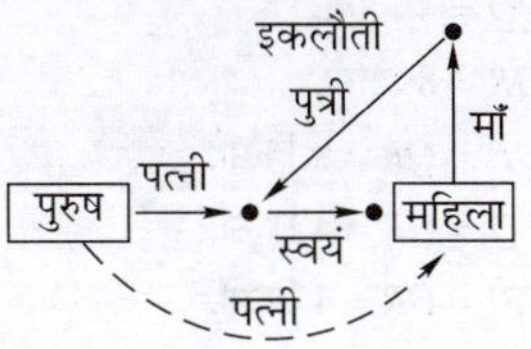

अत: आरेख से यह स्पष्ट होता है कि वह महिला उस पुरुष की पत्नी है।

116. (c): प्रश्नानुसार, संबंध आरेख बनाने पर,

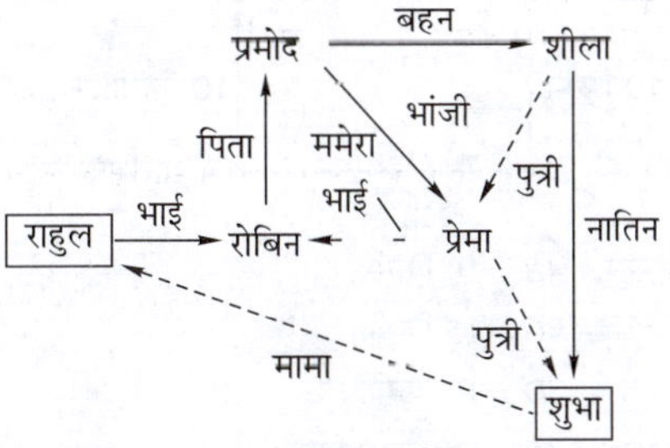

अत: उपरोक्त आरेख से यह स्पष्ट होता है कि राहुल, शुभा का मामा है।

117. (a): प्रश्नानुसार, संबंध आरेख बनाने पर,

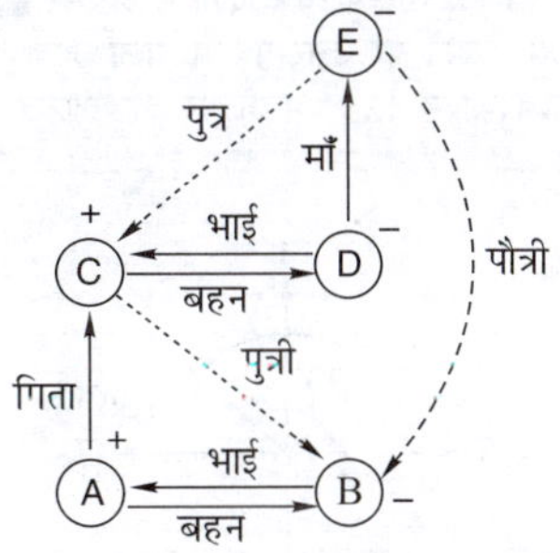

अत: उपरोक्त आरेख से यह स्पष्ट होता है कि B, पौत्री है E की।

118. (a): प्रश्नानुसार, संबंध आरेख बनाने पर,

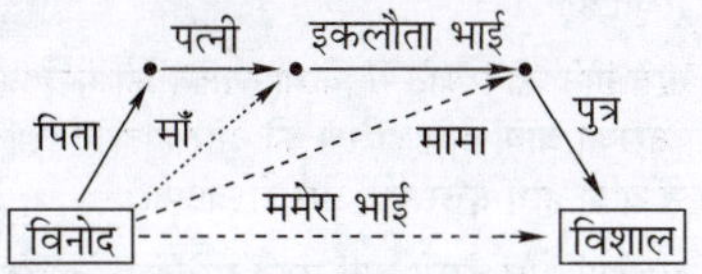

अत: उपरोक्त आरेख से यह स्पष्ट होता है कि विशाल, विनोद का ममेरा भाई है।

119. (c): प्रश्नानुसार, संबंध आरेख बनाने पर,

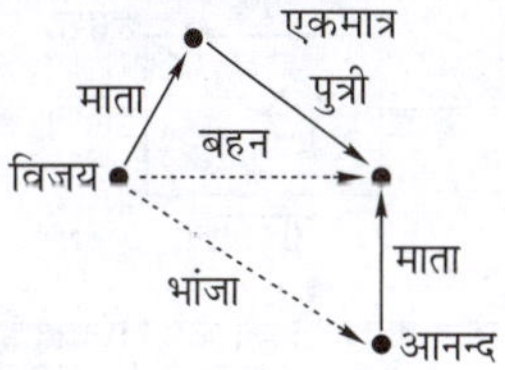

अत: उपरोक्त आरेख से यह स्पष्ट होता है आनन्द, विजय का भांजा है।

120. (b): प्रश्नानुसार, संबंध आरेख बनाने पर,

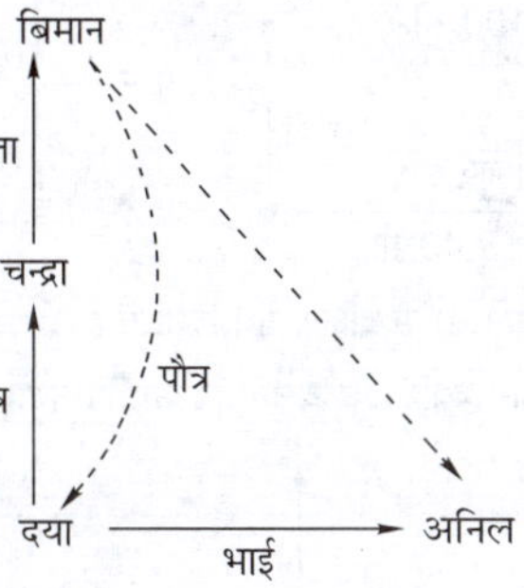

अत: उपरोक्त आरेख से यह स्पष्ट होता है कि अनिल, बिमान का पौत्र है।

121. (d): प्रश्नानुसार, संबंध आरेख बनाने पर,

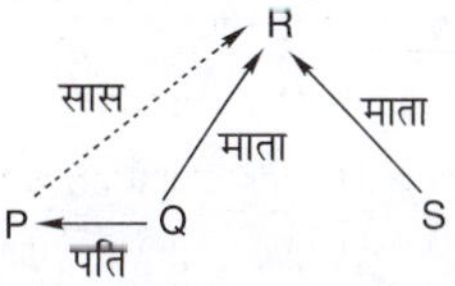

अत: आरेख से यह स्पष्ट होता है कि R, P की सास है।

दिशा एवं दूरी परीक्षण (DIRECTION AND DISTANCE TEST)

122. (c):

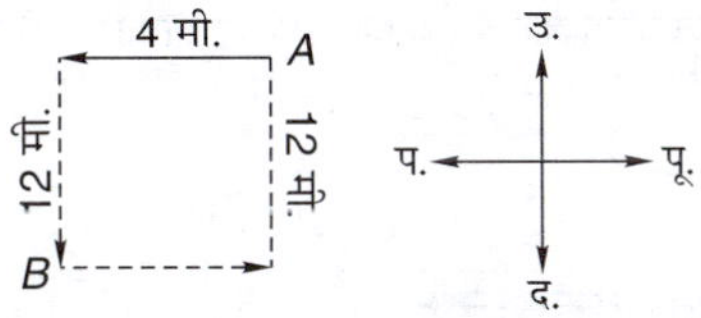

अत: राहुल बिंदु *B* से पूर्व की ओर मुड़कर चला जहां से *A* 12 मी. उत्तर में है।

123. (d):

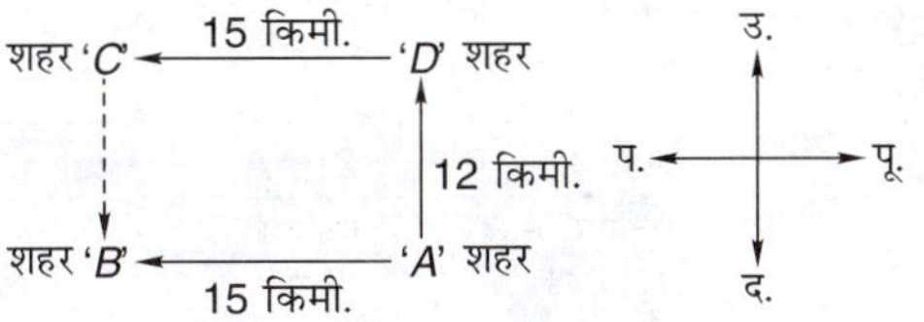

अत: शहर 'B' शहर 'C' के 12 किमी. दक्षिण की ओर है।

124. (c): प्रश्नानुसार, व्यक्ति के चलने का क्रम निम्नवत् है:

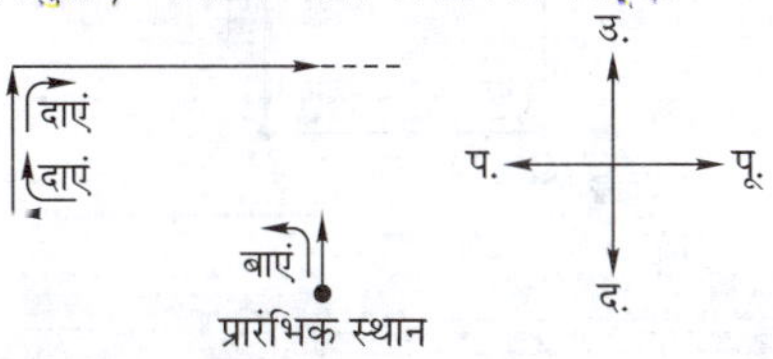

अत: उपरोक्त आरेख से यह स्पष्ट होता है कि व्यक्ति पूर्व की ओर मुंह करके चल रहा है।

125. (d): प्रश्नानुसार,

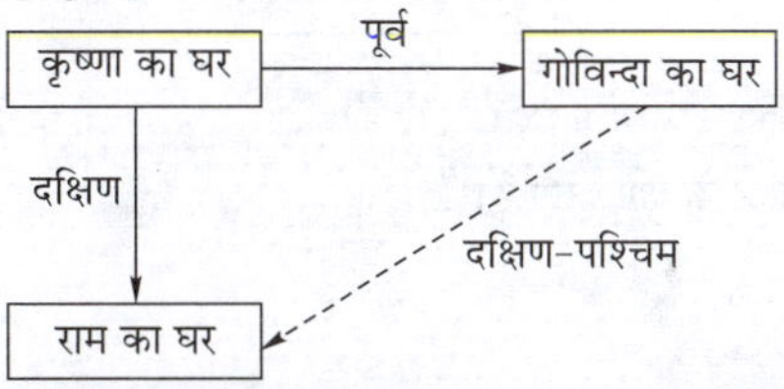

अत: आरेख से यह स्पष्ट होता है कि राम का घर, गोविन्दा के घर से दक्षिण-पश्चिम में स्थित है।

126. (b): सीधे खड़े होने की स्थिति में किसी व्यक्ति का मुख जब पश्चिम की ओर होता है, तो उसका बायां हाथ दक्षिण की ओर होता है इसलिए उल्टे खड़े होने की स्थिति में बायां हाथ उत्तर की ओर हो जाएगा।

127. (d): एक बार दाएं और दूसरी बाएं मुड़ने पर दिशा अपरिवर्तित रहती है।

∴ हरीश की गतिमान दिशा = उत्तर-पश्चिम

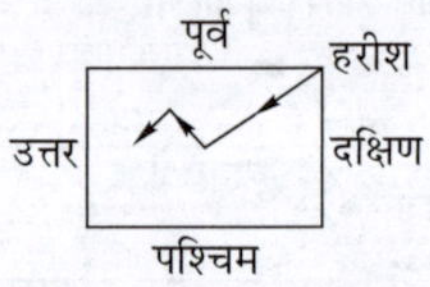

128. (d): प्रश्नानुसार, नीना के चलने का क्रम निम्नवत् है:

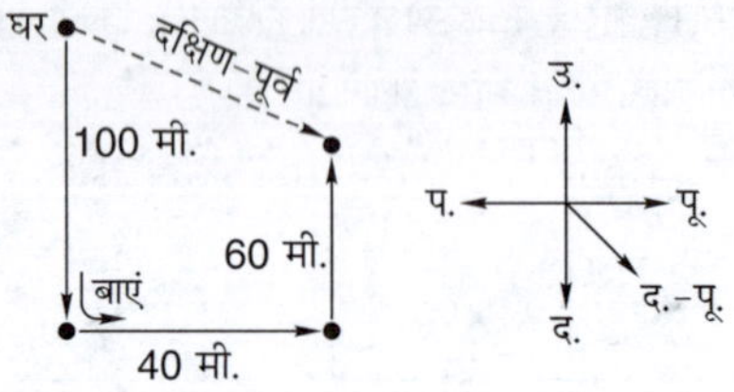

अत: नीना अपने घर से दक्षिण-पूर्व दिशा में है।

129. (a): प्रश्नानुसार, व्यक्ति के चलने का क्रम निम्नवत् है:

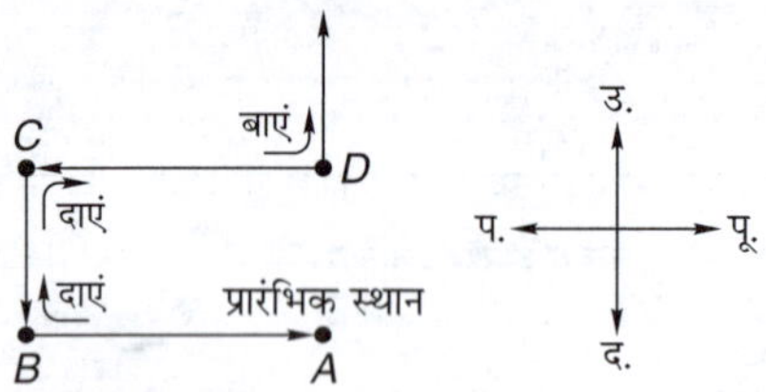

अत: उपरोक्त आरेख से यह स्पष्ट होता है कि अब वह व्यक्ति उत्तर दिशा की ओर चल रहा है।

130. (c): प्रश्नानुसार, सुधा के चलने का क्रम निम्नवत् है:

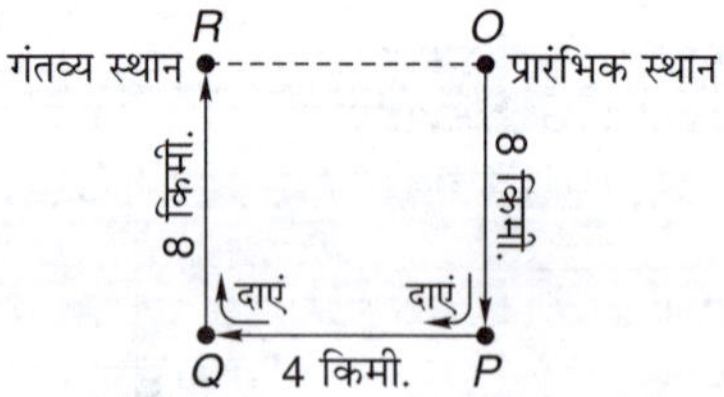

$OP = 8$ किमी.

$PQ = 4$ किमी.

$QR = 8$ किमी.

$OP = QR = 8$ किमी.

$PQ = OR = 4$ किमी.

अत: अभीष्ट दूरी $= OR = 4$ किमी.

131. (d): प्रश्नानुसार, रामा के चलने का क्रम निम्नवत् है:

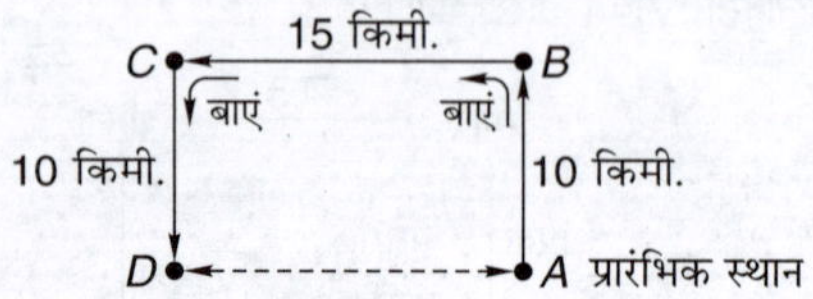

आरेखानुसार, $AB = 10$ किमी.,

$BC = 15$ किमी.,

$CD = 10$ किमी.

$AB = CD = 10$ किमी.

$AD = BC = 15$ किमी.

132. (a): प्रारम्भ में व्यक्ति उत्तर-पश्चिम दिशा में अग्रसर है फिर वह घड़ी की सुई की दिशा में 90° मुड़ने पर उत्तर-पूर्व में चला जाता है, तत्पश्चात् घड़ी की सुई के विपरीत दिशा में 135° मुड़ने पर वह व्यक्ति पश्चिम दिशा में चला जाएगा।

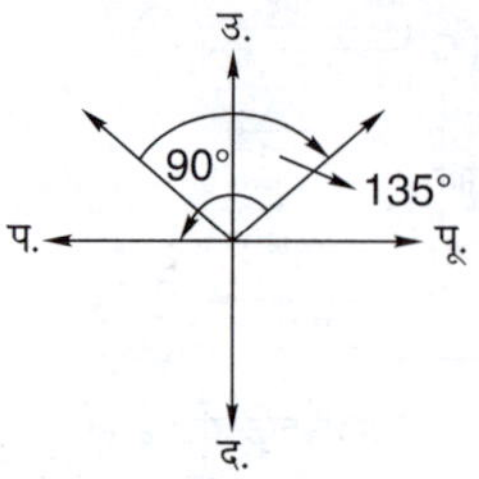

133. (b): चूंकि सूर्यास्त पश्चिम दिशा में होता है तथा परछाई प्रकाश के विपरीत दिशा में बनती है। स्पष्ट है कि परछाई पूर्व दिशा में बन रही है, जो कि मोहित के दायीं तरफ है। अत: मोहित का चेहरा उत्तर दिशा में है तथा सुमित चूंकि उसके सामने उससे बात कर रहा है, इसलिए सुमित का चेहरा दक्षिण की ओर होगा।

बैठने का व्यवस्थितिकरण (SEATING ARRANGEMENT)

प्रश्न संख्या (134–138) तक के उत्तर प्राप्त करने के लिए संकेत:

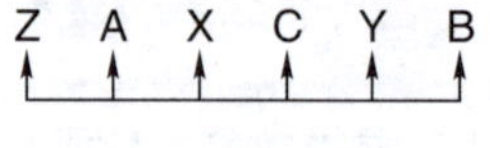

134. (d): पंक्ति के मध्य में 'X C' बैठे हैं।

135. (d): X, Z के दाएं दूसरा है।

136. (d): अन्य सभी विकल्प में दूसरा व्यक्ति पहले व्यक्ति के तुरन्त दाएं बैठा है।

137. (a): A और C के मध्य केवल एक व्यक्ति 'X' बैठा है।

138. (b): जिस प्रकार:

उसी प्रकार,

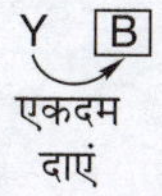

प्रश्न संख्या (139–143) तक के उत्तर प्राप्त करने के लिए संकेत:

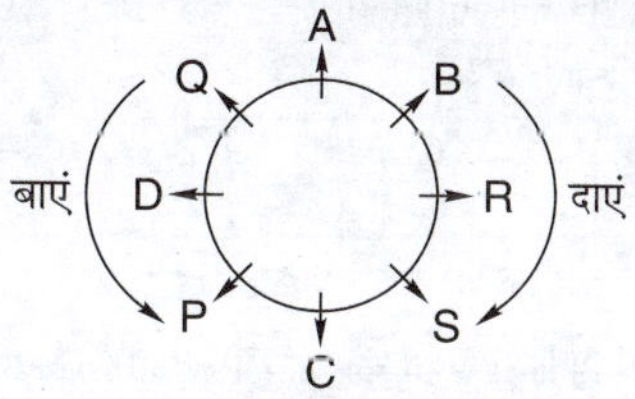

139. (a): A के एकदम बाएं Q बैठा है।

140. (c): P और S के बीच में C बैठा है।

141. (c): D के बाएं से तीसरा S बैठा है।

142. (b): A और P के बीच में दो लोग (Q तथा D) बैठे हैं।

143. (d):

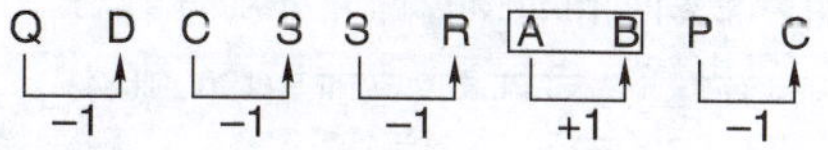

अत: AB समूह से भिन्न है।

प्रतिशत पर आधारित प्रश्न (QUESTIONS BASED ON PERCENTAGE)

144. (c): मान लीजिए पुराना मूल्य = 100

पुरानी खपत = 100

अत: कुल खर्च = 100×100

नया मूल्य = 100 + 25 =125

नई खपत = Q

नया खर्च = $125 \times Q$

चूंकि नया खर्च पहले जितना ही रखना है

$125 \times Q = 100 \times 100$

$\Rightarrow$ $Q = 80$

$\therefore$ खर्च में अभीष्ट कमी = 100 – 80 = 20%

145. (d): माना कुल कर्मचारी = 100

मैट्रिक पास = 40

शेष = 100 – 40 = 60

स्नातक = शेष का 50 प्रतिशत यानि = 30%

स्नातकोत्तर = 100 40 30

= 30%

इसलिए स्नातकोत्तर भी 180 हैं।

146. (b): जनसंख्या का 96 प्रतिशत = 23040

$\therefore$ जनसंख्या = $23040 \times \dfrac{100}{96}$

= 24,000

147. (c): लड़के : लड़कियाँ

75 : (100 – 75)

3 : 1

यानि लड़कों की संख्या लड़कियों की संख्या से तीन गुना यानि 420×3 = 1260 है।

148. (b): खर्च = आय का (100 – 12½)% = 35000

हल करने पर, आय = ₹40,000

149. (d): $+20 - 20 + \left[\dfrac{(+20) \times (-20)}{100}\right] = -4\%$

150. (b): माना Y का वेतन = ₹100

$\therefore$ X का वेतन = 50

दोनों के कुल वेतन = 100 + 50 = 150

Y का नया वेतन = 100 + 25 = 125

X का नया वेतन = $50 \times \dfrac{100 + 50}{100}$

= 75

कुल नया वेतन = 125 + 75 = 200

वेतन में वृद्धि = 200 – 150 = 50

प्रतिशत वृद्धि = $\dfrac{50}{150} \times 100$

= 33.33%

151. (a): माना दूध में x लीटर पानी मिलाया जाए ताकि यह मिश्रण में 20 प्रतिशत हो जाए।

पुराने मिश्रण में पानी = 40 ली. का 10%

= 4 ली.

अब $(40 + x)$ का 20% = $4 + x$ ली.

हल करने पर, $x = 5$ ली.

152. (d): माना आय = ₹100

नई आय = 100 + 20 = ₹120

नया खर्च = $75 \times \dfrac{100 + 10}{100}$

= ₹82.5

नई बचत = 120 – 82.5 = 37.5

पुरानी बचत = ₹25

बचत में प्रतिशत वृद्धि = $\dfrac{(37.5 - 25)}{25} \times 100$

= 50%

153. (d): माना की C की आय = ₹100

B की आय = 100 + 20 = 120

A की आय = 120 का 125%

= 150

$\therefore$ A की आय, C की आय से 50 प्रतिशत अधिक है।

154. (a): गणित में फेल = 35%

अंग्रेजी में फेल = 25%

दोनों में फेल = 10%

कुल फेल = 50%

कुल पास = 100 – 50

= 50%

वेन आरेख:

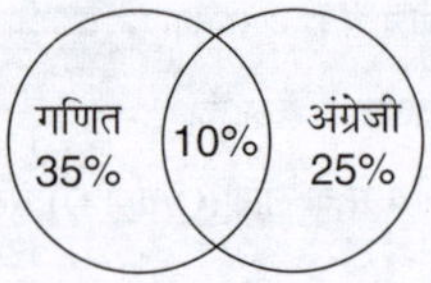

चित्र से स्पष्ट है कि 10 प्रतिशत दोनों में सम्मिलित है।

155. (c): माना छूट = x% जो कि ₹12 बनती है (120 – 108)

$(100 + 20)$ का $x\% = 12$

$x = 10\%$

156. (c): ₹60 पर छूट = 60 का 25%

= ₹15

हम यह मान सकते हैं कि क्रेता या तो ग्राहक को ₹15 वापिस करता है या उसके बदले 4 आम अधिक दे रहा है।

अत: 4 आमों का घटा हुआ मूल्य

= ₹15

1 आम = 15 ÷ 4 = ₹3.75

157. (c): माना आयत की लम्बाई = चौड़ाई = 100

अत: क्षेत्रफल = 100×100

नई लम्बाई = $100 + 10 = 110$

नई चौड़ाई = x

क्षेत्रफल = $110 \times x$

नया क्षेत्रफल = पुराना क्षेत्रफल

$110 \times x = 100 \times 100$

$\Rightarrow \quad x = \frac{1000}{11}$

चौड़ाई में कमी $= 100 - \frac{1000}{11}$

$= 9.11\%$

158. (b)

159. (b)

160. (b)

161. (a): माना पिता की वर्तमान आयु = $6x$ वर्ष

पुत्र की वर्तमान आयु = x वर्ष

चार वर्ष के पश्चात:

$$\frac{6x+4}{x+4} = \frac{4}{1}$$

$\Rightarrow \quad x = 6$ वर्ष

162. (a): माना वर्ष पिता और पुत्र की आयु $19x$ और $6x$ वर्ष थी।

वर्तमान में,

$(19x + 4) - (6x + 4) = 26$

$\Rightarrow \quad x = 2$

पिता की वर्तमान आयु = $19 \times 2 + 4$

= 42 वर्ष

पुत्र की वर्तमान आयु = $6 \times 2 + 4$

= 16 वर्ष

अभीष्ट अनुपात = 42 : 16

= 21 : 8

163. (b): (X का 45%) का 15% = 105.3

$$\frac{45x}{100} \times \frac{15}{100} = \frac{1053}{10}$$

$$x = \frac{1053}{10} \times \frac{20}{3} \times \frac{100}{45}$$

$x = 1560$

चार X = 1560 का 24% निकालेंगे।

अत:

$(1560 \times 24\%) = 374.4$

औसत पर आधारित प्रश्न (QUESTIONS BASED ON AVERAGE)

164. (a): **पहली विधि:**

15 छात्रों का औसत वजन = 28 किग्रा.

कुल वजन = 15×28

= 420 किग्रा.

अध्यापक सम्मिलित होने पर औसत वजन

$(28 + 2) = 30$ किग्रा.

कुल वजन = 30×16

= 480 किग्रा.

अध्यापक का वजन = $480 - 420$

= 60 किग्रा.

दूसरी विधि:

नए व्यक्ति का वजन

$$= \text{पुराना औसत} \ \frac{\text{कुल व्यक्ति} \times \text{औसत वृद्धि}}{\text{नए व्यक्ति}}$$

$$= 28 \pm \left(\frac{16 \times 2}{1}\right)$$

$28 + 32 = 60$ किग्रा.

165. (c): $\because$ प्रत्येक विद्यार्थी पर वजन घटा = 400 ग्राम

अत: कुल वजन = 400×20

= 8000 ग्राम = 8 किग्रा.

अत: आने वाले विद्यार्थी का वजन

$= 25 - 8 = 17$ किग्रा.

166. (c): **पहली विधि:**

$\because$ प्रत्येक व्यक्ति पर वजन बढ़ा = 500 ग्राम

$\therefore$ 18 व्यक्तियों पर वजन बढ़ा = 500×18

= 9000 ग्राम

= 9 किग्रा.

अत: नए व्यक्ति का वजन = $62 + 9$

= 71 किग्रा.

दूसरी विधि:

नए व्यक्ति का भार

= पहले व्यक्ति का भार

+ (कुल व्यक्ति × वृद्धि)

$= 62 + (18 \times 500)$

$\Rightarrow \quad 62 + 9 = 71$ किग्रा.

167. (b): ∵ 5 वर्ष पूर्व 5 सदस्यों की औसत आयु

– 35 नर्ष

∴ कुल आयु $= 35 \times 5 = 175$ वर्ष

वर्तमान कुल आयु $= 175 + 5 \times 5$

$= 175 + 25 = 200$ वर्ष

मुखिया की मृत्यु के बाद औसत आयु

= 35 वर्ष

4 सदस्यों की कुल आयु $= 35 \times 4 = 140$ वर्ष

अत: मुखिया की आयु $= 200 - 140 = 60$ वर्ष

168. (b): **पहली विधि:**

11वीं पारियों का औसत = 30 रन

11वीं पारी के कुल रन = 330 रन

12वीं पारियों का औसत = 34 रन

कुल रन $= 34 \times 12 = 408$ रन

12वीं पारी के रन $= 408 - 330 = 78$ रन

दूसरी विधि:

औसत वृद्धि $= 34 - 30 = 4$ रन

कुल रन $= 12 \times 4 = 48$ रन

अत: 12वीं पारी में बनाए गए रन

$= 30 + 48 = 78$ रन

नए रन = पुराना औसत + (12×4)

$= 30 + 48 = 78$ रन

169. (b):

सही	गल्त
36	16
74	58
110	74

सही $= 110 - 74 = 36$

अत: अब औसत $\frac{36}{12} = 3$

नया औसत $= 20 + 3 = 23$

170. (c): **पहली विधि:**

माना की क्रमागत $x, x + 2, x + 4, x + 6$

$$\frac{x + x + 2 + x + 4 + x + 6}{4} = 15$$

$$4x + 12 = 60$$

$$\Rightarrow \quad 4x = 60 - 12$$

$$\Rightarrow \quad 4x = 48$$

$$\Rightarrow \quad x = \frac{48}{4} = 12$$

बड़ी संख्या $\quad x + 6 = 12 + 6 = 18$

दूसरी विधि:

12 14 (15) 16 18

↓

सबसे बड़ी संख्या

171. (b):

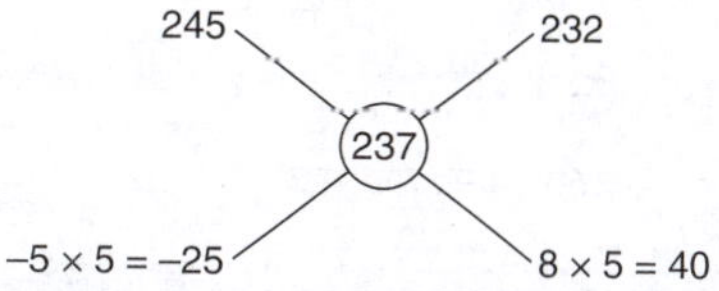

अत: पांचवीं संख्या $= 40 - 25 = 15$

$\Rightarrow \quad 237 + 15 = 248$

172. (a): **पहली विधि:**

∵ पांच सदस्यों की औसत आयु = 18 वर्ष

∴ पांच सदस्यों की कुल आयु $= 18 \times 5 = 90$ वर्ष

∵ आज छह सदस्यों की औसत आयु = 16 वर्ष

∴ छह सदस्यों की कुल आयु $= 16 \times 6 = 96$ वर्ष

∴ बच्चे की आयु ⇒ छह सदस्यों की कुल आयु

– पांच सदस्यों की कुल आयु

$96 - 90 = 6$ वर्ष

दूसरी विधि:

∵ प्रत्येक सदस्य पर औसत 2 वर्ष कम हुआ:

कुल वर्ष $= 2 \times 6 = 12$

अत: बच्चे की आयु $= 18 - 12 = 6$ वर्ष

तीसरी विधि:

बच्चे की आयु = पुराना औसत $- \left(\frac{6 \times 2}{1}\right)$

$= 18 - 12 = 6$ वर्ष

173. (c): पत्नी की आयु = पुरानी औसत – (सदस्यों की संख्या × प्रति व्यक्ति आयु में कमी)

= पुरानी औसत - औसत में कुल कमी

औसत में कमी $= 24 - 23 = 1$ वर्ष

पत्नी की आयु $= 24 - (4 \times 1)$

$= 24 - 4 = 20$ वर्ष

समय एवं दूरी (TIME AND DISTANCE)

174. (b): मान लीजिए कुल दूरी D किमी. है, उसे तय करने में दोनों कारों को क्रमश: T_1 और T_2 समय लगता है।

$T_1 = D/45$ घंटे

$T_2 = D/60$ घंटे

$T_1 - T_2 = D/45 - D/60$

= 5 घंटे

$D = 900$ किमी.

लघु विधि:

$$\frac{45 \times 60}{60 + 45} \times 5 = 900 \text{ किमी.}$$

175. (a): मान लीजिए कि दूसरी स्थिति में चाल x किमी. प्रति घंटा होनी चाहिए।

चाल का अनुपात $45 : x$

समय का अनुपात $30 : 40$

$45 : x :: 30 : 40$

हल करने पर, $x = 60$ किमी. प्रति घंटा

176. (c): दूरी $= \frac{15 \times 16}{16 - 15} \times \frac{16}{60} = 64$ किमी.

177. (c): $45 \times \frac{80}{60} = 60$ किमी. प्रति घंटा

178. (a): प्रति घंटा विश्राम/रुकावट की अवधि $= \frac{80 - 60}{80}$

$= 15$ मिनट

सूत्र:

$$\text{समय} = \frac{\text{चालों का अंतर}}{\text{बिना रुकावट के चाल}}$$

179. (c): 40 किमी. प्रति घंटे की चाल से 3 घंटे में चली दूरी

$= 40 \times 3 = 120$ किमी.

60 किमी. प्रति घंटा की चाल से 4.5 घंटे में चली दूरी

$= 60 \times 4.5 = 270$ किमी.

कुल तय दूरी $= 120 + 270 = 390$ किमी.

अत: 3/5 दूरी है 390 किमी.

शेष दूरी 2/5 होगी $= \frac{390}{3} \times 5 \times \frac{2}{5} = 260$ किमी.

अत: 260 किमी. दूरी को 4 घंटे में तय करने के लिए औसत चाल $= \frac{260}{4} = 65$ किमी. प्रति घंटा

180. (c): चाल $= \frac{2(3 \times 2)}{3 - 2} = 12$ किमी. प्रति घंटा

अब दूरी $= \frac{(12 + 3)(12 - 2)}{(12 + 3) - (12 - 2)}$

$\times$ आगमन समयों के बीच अंतर

$$= \frac{15 \times 10}{5} \times \frac{40 + 40}{60} = 40 \text{ किमी.}$$

सूत्र:

$$\text{चाल} = \frac{2(\text{चालों में वृद्धि} \times \text{कमी})}{\text{चालों में वृद्धि एवं कमी का अंतर}}$$

181. (a): निश्चित दूरी = चालों का ल. स.

$\Rightarrow$ $60 \times 50 = 300$ किमी.

बिना रुके चलने में लगा समय $= \frac{300}{60} = 5$ घंटे

रुक के चलने में लगा समय $= \frac{300}{50} = 6$ घंटे

रुक-रुक के चलने में लगा अतिरिक्त समय

$= 6 - 5 = 1$ घंटा

$\because$ 6 घंटे में रुकी = 1 घंटा

$\therefore$ 1 घंटे में रुकेगी = 1/6 घंटा

$\frac{1}{6} \times 60 = 10$ मिनट

182. (a): $\frac{7}{11}$ – बाद की चाल / – पहले की चाल

	बाद	पहले	
चाल	7	11	$11x = 22$ मिनट
समय	$11x$	$7x$	$x = 2$ मिनट

पहले वाली चाल से पहुँचता है $= 7 \times 2$

$= 14$ मिनट

बचत होती $= 22 - 14$

$= 8$ मिनट

183. (c): दोनों के बीच की दूरी = 250 मीटर

कुत्ता ← 250 मीटर → बिल्ली

सापेक्ष चाल $= 30 - 20 = 10$ मी./से.

$$\text{समय} = \frac{\text{दूरी}}{\text{चाल}} = \frac{250}{10} = 25 \text{ सेकंड}$$

$= 25$ सेकंड

कैलेंडर प्रश्नावली (CALENDAR QUESTIONS)

184. (a): 17 जनवरी से 19 जून तक कुल दिनों की संख्या

$= 14 + 28 + 31 + 30 + 31 + 19$

$= 153$

153 दिनों में कुल सप्ताहों की संख्या

$= \frac{153}{17}$

$= 21$ सप्ताह 6 दिन

अत: 19 जून को पड़ने वाला दिन

= सोमवार + 6 = रविवार

185. (b): 3 जनवरी को बृहस्पतिवार था।

अत: 10, 17 तथा 24 को भी बृहस्पतिवार होगा तथा 25 को शुक्रवार होगा।

186. (a): मेरे भाई का जन्मदिन सोमवार को पड़ता है तथा 64 दिन पश्चात मेरा जन्मदिन पड़ता है।

64 दिन में कुल सप्ताह $= \frac{64}{7} = 9$ सप्ताह 1 दिन

अत: मेरा जन्मदिन हफ्ते के मंगलवार को होगा।

187. (b): मई के शेष दिन = 30

जून के दिन = 30

जुलाई के दिन = 31

कुल दिन $= 30 + 30 + 31$

$= 91$

अत: 31 जुलाई, 2000 को भी सोमवार था।

188. (a): 18 फरवरी, 1997 से 18 फरवरी, 1999 तक दिनों की संख्या
$= 365 + 365 = 730$
730 दिनों में विषम दिनों की संख्या

$$= \frac{730}{7} = 104\,(+2)$$

चूंकि 18 फरवरी को दिन
= मंगलवार + 2 = बृहस्पतिवार
अत: 18 फरवरी, 1999 को बृहस्पतिवार होगा।

189. (c): यदि 25 अगस्त को बृहस्पतिवार है, तो अगस्त महीने का अंतिम सोमवार 29 अगस्त को होगा।
चूंकि अगस्त महीने में सोमवार की तारीखें
29, 22, 15, 8, 1
इस प्रकार अगस्त महीने में सोमवारों की संख्या = 5

190. (c): मैं 11 अगस्त को पैदा हुआ तथा अरविंद मुझसे 11 दिन छोटा है, अर्थात् वह मेरे बाद पैदा हुआ।
अत: अरविंद के पैदा होने की तारीख
= 11 + 11 = 22 अगस्त
चूंकि 15 अगस्त या स्वतंत्रता दिवस को पड़ने वाला दिन
= सोमवार
चूंकि 22 अगस्त को पड़ने वाला दिन भी सोमवार ही होगा, या अरविंद का जन्मदिन भी सोमवार को ही पड़ेगा।

191. (a): मास की 9 तारीख रविवार के पहले वाले दिन अर्थात् शनिवार को पड़ती है।
अत: (9 – 7) = 2 तारीख भी शनिवार को पड़ेगी, अत: 1 तारीख शुक्रवार को पड़ेगी।

192. (b): चूंकि वर्ष 2001 लीप वर्ष नहीं है, अत: वर्ष 2001 में फरवरी 28 दिन की होगी तथा 15 सितम्बर, 2001 को शनिवार होगा।

193. (d): चूंकि 1989 लीप वर्ष नहीं है, अत: स्वतंत्रता दिवस गत वर्ष की अपेक्षा एक दिन आगे बढ़ जाएगा। अत: वर्ष 1989 में स्वतंत्रता दिवस बृहस्पतिवार को मनाया गया।

वेन आरेख (VENN DIAGRAM)

194. (b): निम्न आकृति लोग, महिलाएं और माताओं के बीच संबंध को दर्शाती है।

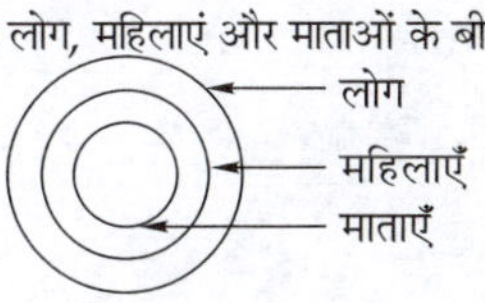

195. (a): हाथी और शेर दोनों जानवर के अंतर्गत आते हैं लेकिन दोनों भिन्न प्रकार के जानवर हैं।

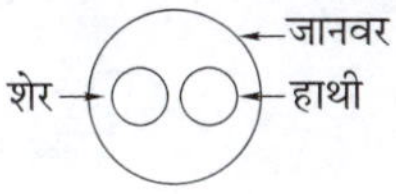

196. (a): निम्नलिखित आरेख मानव प्राणियों, शिक्षकों और स्नातकों के बीच संबंध को निरूपित करता है।

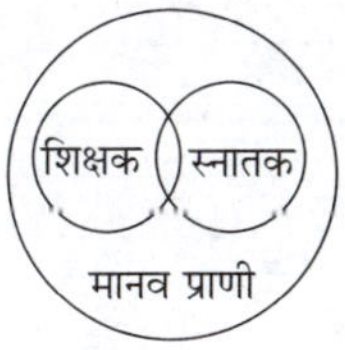

197. (b): निम्नलिखित आरेख अनपढ़ों, निर्धन लोगों और बेरोजगारों के बीच के संबंधों को निरूपित करता है।

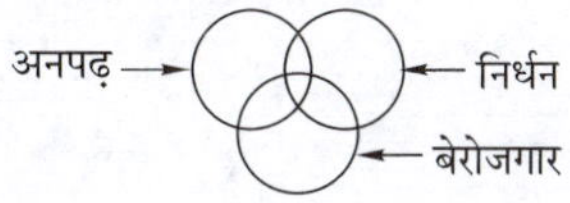

198. (c): निम्नलिखित आरेख न्यायाधीश, चोर और अपराधी के बीच के संबंध को निरूपित करता है।

199. (b)

200. (c)

201. (a)

202. (d)

203. (c)

6 युक्तियुक्त तर्क (Logical Reasoning)

LEARNING OBJECTIVES

1. **युक्ति के ढाँचे का बोध:** युक्ति के रूप, निरुपाधिक तर्कवाक्य का ढांचा, अवस्था और आकृति, औपचारिक एवं अनौपचारिक युक्ति दोष, भाषा का प्रयोग, शब्दों का लक्ष्यार्थ और वस्तवर्थ, विरोध का परंपरागत वर्ग
2. **युक्ति के प्रकार:** निगमनात्मक और आगमनात्मक युक्ति का मूल्यांकन और विशिष्टीकरण
3. अनुरूपताएं
4. **वेन का आरेख:** तर्क की वैधता सुनिश्चित करने के लिए वेन आरेख का सरल और बहुप्रयोग
5. **भारतीय तर्कशास्त्र:** ज्ञान के साधन
6. **प्रमाण:** प्रत्यक्ष, अनुमान, उपमान, शब्द अर्थापत्ति और अनुपलब्धि
7. अनुमान की संरचना, प्रकार, व्याप्ति, हेत्वाभास

संपूर्ण विज्ञान रोजमर्रा की सोच के परिशोधन से अधिक कुछ नहीं है - अल्बर्ट आइंस्टीन

यह एक बहुत ही प्रचलित कहानी है। महान वैज्ञानिक इसाक न्यूटन वर्ष 1666 की गर्म ऋतु में किसी दिन सेब के वृक्ष के नीचे बैठे थे। तब एक सेब उनके सिर पर गिरा जिससे अचानक ही उनके मन में पृथ्वी की गुरुत्वाकर्षण शक्ति से संबंधित एक विचार उत्पन्न हुआ, जिसने बाद में गुरुत्वाकर्षण के सार्वभौमिक नियम का रूप ले लिया। यह वृक्ष अभी भी 'जीवित' है। यहां देखने योग्य बात यह है कि सेब उससे पहले भी पृथ्वी पर गिर रहे थे लेकिन वह ज्ञान शायद अंत:निहित था।

भारत में बहुत लोग इस सिद्धांत को देश की प्राचीन पुस्तकों में लिखा होने का दावा करते हैं, शायद वे सही भी होंगे। न्यूटन ने उस ज्ञान को एक नियम के रूप में प्रत्यक्ष किया। ज्ञान का उद्देश्य सिद्धांत को स्पष्ट करना है। यह भावना किसी तथ्य के तर्क को महत्वपूर्ण बनाती है।

प्रकृति के क्षेत्र में किसी 'निजी औचित्य' (private justification) की अनिवार्यता नहीं होती है। औचित्य के संदर्भ के हमें मानक मॉडल की आवश्यकता होती है। औचित्य स्थापित होने तक सभी युक्ति-संगत व्यक्ति इस पर सहमत होने चाहिए। इस प्रकार औचित्य के उचित ढंग को युक्ति (या तर्क) कहा जाता है। हम कई बार सामान्य तौर पर यह कह देते हैं कि हम आपकी युक्ति या तर्क से सहमत नहीं हैं। सिद्धांत और अभ्यास साथ-साथ चलते हैं, इस प्रकार ज्ञान में प्रगति का मार्ग भी विकसित होता है। हमें परिवर्तन के बारे में भी सदैव सचेत रहना चाहिए।

उपरोक्त चर्चा के बाद हम युक्ति को प्रभावी ढंग से परिभाषित करने की स्थिति में हैं।

तर्क या युक्ति एक या एक से अधिक आधार वाक्यों से जुड़ी हुई एक श्रृंखला है जिसका उद्देश्य यह प्रदर्शित करना होता है कि एक और वाक्य जिसे हम निष्कर्ष कहते हैं, भी सत्य है। युक्ति दावे के प्रमाण के लिए एक साक्ष्य का काम करता है।

1. **आधार कथन:** इनको आधार वाक्य, युक्ति वाक्य, कथन, तार्किक कथन, प्रस्तावना (proposition) भी कहा जाता है। इन सबका प्रयोजन हमें एक युक्ति के 'निष्कर्ष' (inference) पर ले जाना होता है। एक युक्ति में एक, दो या अधिक वाक्य हो सकते हैं।
2. **निष्कर्ष:** निष्कर्ष एक ऐसा वाक्य या कथन है जो कि तर्क के आधार पर 'अनुमानित' किया जाता है, यह 'अनुमान' पर आधारित होता है। इसको मुख्य रूप से घोषणात्मक वाक्य (declarative sentences) कहते हैं।

आधार कथन और निष्कर्ष में पद होते हैं, जिनका वर्णन बाद में किया गया है।

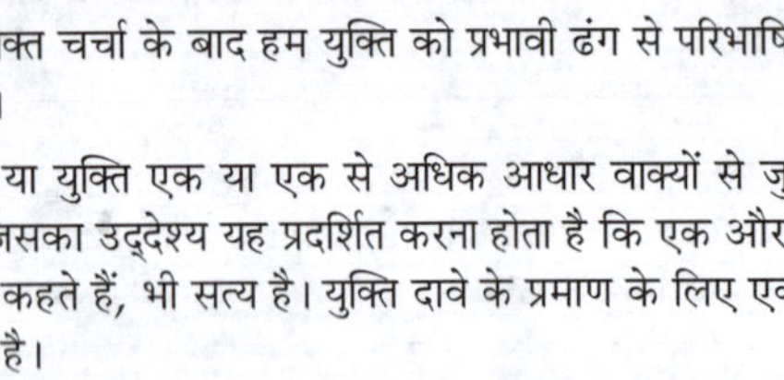

इस प्रकार नए ज्ञान को प्राप्त करने की प्रक्रिया को 'निष्कर्ष' कहा जाता है, यह शब्द ज्ञानमीमांसा से भी जुड़ा हुआ है। ज्ञानमीमांसा 'निश्चित ज्ञान का विज्ञान' है जो कि ज्ञान की प्रकृति और वैधता से भी संबंधित है, यह हमारे ज्ञान की सत्यता के बारे में है। सत्य और असत्य ज्ञानमीमांसा के क्षेत्र से संबंधित हैं। इस अध्याय में हम युक्ति के बुद्धि विषयक प्रसंग से अधिक संबंधित हैं, न कि उसके संवेदी रूप से।

तर्क हमें यह सिखाता है कि हम निष्कर्ष पर कैसे पहुंचे, लेकिन तर्क के 'आश्वासन' में यह नहीं आता कि सत्य और असत्य की पूर्ण भाषा क्या है।

यहां, हम इनके अनुसार दो प्रकार के तर्क या कथनों की चर्चा कर रहे हैं:

1. **पूर्ववृत्त या पूर्व पद (antecedent):** वे कथन जो हमें नए सत्य की ओर ले जाते हैं, पूर्ववृत्त या पूर्व पद कहलाते हैं। वे हमें यह बताते हैं कि हम नए सत्य का दावा क्यों कर सकते हैं।
2. **अनुवर्ती या परिणामी (consequent):** नए सत्य को व्यक्त करने वाले कथन को अनुवर्ती या परिणामी तर्क कहा जाता है।

तर्क को दर्शाने के लिए विभिन्न शब्दों जैसे कि 'इसलिए', 'कारण से', 'माध्यम से', 'के परिणाम के रूप में', 'तदानुसार', अनुमान लगाओ आदि का उपयोग किया जा सकता है।

उदाहरण के रूप में

'इंटरनेट एक अच्छा आविष्कार है।' हम इस कथन का तार्किक कारणों से समर्थन कर सकते हैं - क्योंकि 'यह अंतहीन जानकारी का स्रोत है' और 'यह मनोरंजन का केंद्र है'।

युक्ति और उसके प्रकार

युक्तियुक्त तर्क के अध्ययन में मुख्य रूप से दो प्रकार की युक्ति आती है:

1. निगमनात्मक युक्ति
2. आगमनात्मक युक्ति

निगमनात्मक तर्क अधिक सामान्य से अधिक विशिष्ट की ओर कार्य करता है। आगमनात्मक तर्क दूसरे ढंग से कार्य करता है, यह हमें विशिष्ट से व्यापक सामान्यीकरण और सिद्धांतों की ओर ले जाता है।

संत अरस्तु (Saint Aristotle) ने निगमनात्मक तर्क की अवधारणा पर बल दिया था। इमैनुएल कांट (Immanuel Kant – जीवन वर्ष 1724 से 1804 तक) ने भी इस बात की पुष्टि की कि अरस्तु का युक्ति का सिद्धांत पूर्ण रूप से निगमनात्मक अनुमान के मूल के लिए उत्तरदायी है, उसके लिए निश्चय या सत्य के निकट होने का उद्देश्य निगमनात्मक अनुमान से ही प्राप्त होता है।

इसके विपरीत आधुनिक काल में कुछ दार्शनिकों, विशेष रूप से फ्रांसिस बेकन और जे. एस. मिल, ने 'निगमनात्मक युक्ति' पर शोक व्यक्त किया। उनके अनुसार, निगमनात्मक केवल मुख्य आधार में 'निहित अर्थ' की व्याख्या है, जहां पर निष्कर्ष आधार वाक्य से अधिक सामान्य नहीं हो सकता है। उन्होंने 'आगमनात्मक तर्क' पर ध्यान केंद्रित किया जो हमें 'नव ज्ञान' का आभास उत्पन्न करता है, इसलिए वे केवल आगमनात्मक युक्ति को एकमात्र युक्तियुक्त-तर्क के रूप में प्रस्तावित करते हैं।

निगमनात्मक और आगमनात्मक की प्रकृति के बीच मुख्य अंतर

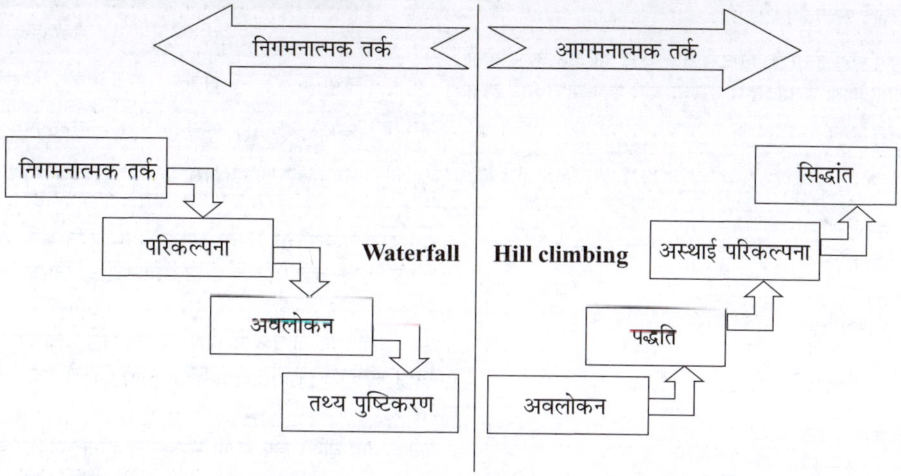

निगमनात्मक और आगमनात्मक तर्क में अंतर

अनुमान	निगमनात्मक	आगमनात्मक
आधार और निष्कर्ष	निष्कर्ष आधार से अधिक व्यापक नहीं होता है	निष्कर्ष आधार से अधिक व्यापक होता है (कुछ से सभी की ओर)
नया ज्ञान (ज्ञात से अज्ञात)	आकारिक सत्यता	विषय की सत्यता
प्रवाह	उच्च से निम्न की ओर	निम्न से उच्च की ओर
वैधता	सभी प्रस्ताव सत्य होने पर निष्कर्ष भी सत्य होगा	सभी प्रस्ताव सत्य होने पर निष्कर्ष शायद सत्य होगा

यहां पर सत्य के लिए दो बार परख होती है:

निगमनात्मक: मान्यता / वैधता (validity) तथा दृढ़ता (sound) का उपयोग करके

आगमनात्मक: सशक्तता (strength) और काट्यत्ता (cogency) का उपयोग करके

इनको हमने एक चित्र के रूप में भी दर्शाया हुआ है।

निगमनात्मक तर्क (DEDUCTIVE REASONING)

निगमनात्मक तर्क एक 'अनुमानात्मक प्रक्रिया' है जो निश्चितता के साथ किसी निष्कर्ष का समर्थन करती है।

उदाहरण के लिए:

प्रस्ताव 1: सभी पुरुष नश्वर हैं।
प्रस्ताव 2: मैं एक पुरुष हूं।
निष्कर्ष: इसलिए, मैं नश्वर हूं।
यहां, निष्कर्ष प्रस्ताव का ही भाग है।
निगमनात्मक तर्क में किसी निष्कर्ष पर पहुंचने के लिए हमें अनगिनत, असंख्य आधार वाक्य मिल सकते हैं - मैं, आप, वह, नवजोत सिद्धू, रोहन, सोहन, मोहन, इमरान, जोसफ आदि सभी हो सकते हैं। निगमनात्मक तर्क में हमें फिर भी अगला उदाहरण मिल सकता है, यहां पर N + 1 का दृश्य बना रहता है, एक प्रकार से, हम यहां 'समग्र वर्ग - whole class' दृष्टिकोण अपनाते हैं। निगमनात्मक सिद्धांत को मूल रूप से 'निर्धारक' (deterministic) कहा जाता है। इसे अधिक वैज्ञानिक माना जाता है। यहां इस यूनिट में भी औपचारिक युक्ति (Formal Logic) को भी 'निगमनात्मक विज्ञान' के रूप में परिभाषित किया गया है, इसको निम्न वर्गों में विभाजित किया गया है:

1. **अनंतरानुमान (Immediate inference):** जहां निष्कर्ष एक ही कथन से निकाला जाता है।
2. **मध्याश्रित (Intermediate inference):** जहां निष्कर्ष दो कथनों से निकाला जाता है। न्यायवावय या 'सिल्लोगिज्म' (syllogism) एक विशेष प्रकार का तर्क करने का ढंग है, जिसमें दो अन्य कथनों (premises) के आधार पर तीसरा कथन अर्थात 'निष्कर्ष' निकाला जाता है। कथन या प्रस्ताव दो से अधिक भी हो सकते हैं।

वैधता (VALIDITY)

निगमन में निष्कर्ष के केवल रूप की वैधता (formal validity) देखी जाती है।

एक निगमनात्मक तर्क वैध है, अगर इसके तर्क इसके निष्कर्ष के लिए निर्णायक प्रमाण प्रदान करते हैं। - A deductive argument is valid only if its premises provide conclusive proof for its conclusion.

वैधता निगमनात्मक तर्कों की विशेषता है जो युक्ति के बल को दर्शाती है। वैधता आधार वाक्य (कथन या प्रस्ताव) और निष्कर्ष के बीच अनुमान, या युक्ति के बल के बारे में है।

एक निगमनात्मक तर्क तब मान्य होता है जब आपके पास निम्नलिखित बिंदु हों:

यदि इसके सभी आधार सत्य थे, तो इसका निष्कर्ष अवश्य ही सत्य होना चाहिए। यहां आवश्यकता (necessity) एक महत्वपूर्ण शब्द है।

यह जांचने के लिए कि कोई युक्ति वैध है या अमान्य, हमें निम्नलिखित बातों पर ध्यान देना होगा:

1. सबसे पहले, हमें यह मानने की आवश्यकता है कि प्रस्ताव 'सत्य' हैं, भले ही वे न हों; मान लीजिए कि वे 'सत्य' हैं।

2. फिर अपने आप से प्रश्न करें कि क्या निष्कर्ष 'सत्य' होना चाहिए, यह मानते हुए कि प्रस्ताव सत्य है।

जब युक्ति या तर्क का रूप सही होता है, तो उसे वैध युक्ति या तर्क कहा जाता है। युक्ति को अमान्य माना जाता है यदि हमें उसका सही रूप प्राप्त नहीं होता है।

विभिन्न उदाहरण

प्रस्ताव 1: सभी कुत्ते ड्रेगन हैं।
प्रस्ताव 2: सभी ड्रेगन पक्षी हैं।
निष्कर्ष: सभी कुत्ते पक्षी हैं।
आइए, एक अन्य उदाहरण लें:
सभी मनुष्य हाथी हैं।
राजीव मनुष्य है।
इसलिए राजीव भी हाथी है।

यह अनुमान का शुद्ध रूप है, 'इसलिए वह भी हाथी है, वैध है, परन्तु वास्तविक जीवन में सत्य नहीं है। इसका सत्य होना आवश्यक नहीं है, वैध होने और सत्य होने में अंतर होता है।

आइए, अन्य उदाहरण लें:
सभी साधु व्यक्ति हैं।
सभी व्यक्ति पापी हैं।
अत: सभी साधु पापी हैं।

सभी साधु पापी हैं, को समाज में असत्य माना जाता है, परन्तु निगमनात्मक दृष्टिकोण से वैध है।

निगमन अनुमान में निष्कर्ष के संकुचित होने के कारण उसे वैध माना जाएगा। हम निगमन में (i) 'सभी' से 'सभी' या 'सभी' से 'कुछ' पर जाते हैं।

पूर्व में नेट परीक्षा में निम्न प्रकार के प्रश्न पूछे गए हैं:

1. निगमनात्मक तर्क का निष्कर्ष:
   (a) आधार वाक्यों का योग है।
   (b) आधार वाक्यों पर अनिवार्यत: आधारित नहीं होता है।
   (c) आधार वाक्यों से फलित होता है।
   (d) आधार वाक्यों से अतिरिक्त होता है।
2. निगमनात्मक तर्क वैध होता है, यदि:
   (a) आधार वाक्य असत्य और निष्कर्ष सत्य हो।
   (b) आधार वाक्य असत्य और निष्कर्ष भी असत्य हो।
   (c) आधार वाक्य सत्य और निष्कर्ष असत्य हो।
   (d) आधार वाक्य सत्य और निष्कर्ष सत्य हो।

यह एक वैध युक्ति है क्योंकि यदि सभी प्रस्ताव सत्य थे, तो निष्कर्ष 'आवश्यकता' के अनुसार होगा। युक्ति में वैधता होती है। वैधता युक्ति के रूप के बारे में होती है, न कि उसके प्रस्ताव के सत्य के बारे में।

प्रस्तावना	निष्कर्ष	तर्क की वैधता
सत्य	सत्य	वैध/अवैध
सत्य	असत्य	कोई निष्कर्ष नहीं/अवैध
असत्य	सत्य	वैध/अवैध
असत्य	असत्य	वैध/अवैध

वैध तर्कों में कभी भी 'सत्य आधार, असत्य निष्कर्ष' नहीं हो सकता। एक वैध निगमनात्मक तर्क में, यदि प्रस्ताव सत्य है, तो निष्कर्ष का असत्य होना असंभव है।

यदि किसी तर्क में सत्य प्रस्ताव और सत्य निष्कर्ष का संभावित रूप से मान्य संयोजन (valid combination) है, तो यह 'आवश्यक रूप' से मान्य नहीं है।

यह युक्ति रूप से भी सशक्त भी होना चाहिए। कुत्तों, ड्रेगन और पक्षियों के साथ वह उदाहरण मान्य (valid) है, क्योंकि यहां निगमनात्मक तर्क काम करता है।

यदि वे आधार वाक्य सत्य मान लिए गये थे, तो निष्कर्ष 'अनिवार्य' रूप से अनुसरण करेगा।

इस तथ्य का भी ध्यान रखें कि भले ही प्रस्ताव सत्य हो और निष्कर्ष सत्य हो, इसका अर्थ यह नहीं है कि तर्क मान्य है।

कुछ तर्क वैध होते हैं जिनके कथन और निष्कर्ष दोनों सत्य हैं।

प्रस्ताव 1: सभी पुरुष नश्वर हैं।
प्रस्ताव 2: सभी राजा पुरुष हैं।
निष्कर्ष - इसलिए, सभी राजा नश्वर हैं।
कुछ तर्क वैध हैं जहां सभी कथन झूठे हैं लेकिन निष्कर्ष सत्य हैं।
प्रस्ताव 1: सभी राजा पुस्तक हैं।
प्रस्ताव 2: सभी पुस्तक नश्वर हैं।
निष्कर्ष - इसलिए, सभी राजा नश्वर हैं।

हम यहां फिर से बता रहे हैं कि 'वैध' होने का अर्थ युक्तिसंगत या तार्किक होना हैI अगर प्रस्ताव सत्य था तो निष्कर्ष के लिए असत्य होना असंभव होगा। निष्कर्ष प्रस्ताव द्वारा स्थापित युक्ति संगत होने से सम्पर्क स्थापित होने का अनुसरण करता है।

दृढ़ता (Soundness)

उपरोक्त पैरा को ध्यान में रखते हुए, दृढ़ता भी निगमनात्मक तर्क का ही महत्वपूर्ण गुण है, जो इसके प्रस्ताव की सत्यता और इसकी तार्किक होने की शक्ति दोनों को दर्शाता है। एक निगमनात्मक तर्क तब सही होता है जब:

1. यह मान्य है।
2. इसमें सभी सत्य (या वास्तविक) प्रस्ताव हैं।

उदाहरण के लिए:

परिसर 1: सभी बिल्लियां स्तनधारी हैं।
परिसर 2: सभी स्तनधारी जानवर हैं।
निष्कर्ष: सभी बिल्लियां जानवर हैं।

यह तर्क सार्थक है क्योंकि:

1. यह मान्य है क्योंकि प्रस्ताव (कथन) 'आवश्यकता' के अनुरूप निष्कर्ष का समर्थन करता है।
2. सभी प्रस्ताव वास्तव में सत्य हैं।

दूसरी ओर, ऊपर दिया गया उदाहरण वैधता (कुत्तों, ड्रेगन और पक्षियों के साथ) प्रदर्शित करने के लिए प्रयोग किया जाता है, क्योंकि इसमें सभी (या कोई भी) वास्तविक प्रस्ताव नहीं हैं।

यह अभिरूप अभी भी मान्य है। इस पूरे दृश्य के लिए एक यहां एक चित्र का निर्माण भी किया गया है।

आगमनात्मक तर्क (INDUCTIVE REASONING)

आगमनात्मक तर्क का अध्ययन मुख्य तौर पर 'अनौपचारिक तर्क' या 'महत्वपूर्ण सोच' के क्षेत्र में किया जाता है।

निगमनात्मक तर्क 'ज्ञान की प्रगति' में हमें अधिक सहायता प्रदान नहीं कर पाता है क्योंकि यहां हम किसी स्थापित 'सिद्धांत' से संसार में उसकी पुष्टि की ओर चलते हैं। 'नव ज्ञान' के पड़ाव को प्राप्त करने के लिए हमें अपना ध्यान आगमनात्मक तर्क पर लगाना पड़ता है। आगमनात्मक मुख्य रूप से सामाजिक विज्ञान पर अधिक केंद्रित रहता है। ज्ञान का यह चक्र चलता रहता है। कुछ लोगों के अनुसार, आगमनात्मक सिद्धांत के रूप में मिथ्या है क्योंकि यह मानवीय टिप्पणियों पर आधारित है।

हालांकि आगमनात्मक तर्क हर समय 100 प्रतिशत सटीक नहीं होता है, फिर भी यह निर्णय लेने का एक अपेक्षाकृत तीव्र ढंग है। कभी-कभी, समय का बचाव भी उतना ही महत्वपूर्ण होता है जितना कि सटीक होना। निष्कर्ष अंतर्निहित रूप से सत्य होता है। मनुष्य जीवन में कोई भी निर्णय लेने से पहले पूर्ण रूप से शोधन नहीं कर पाते हैं, इसलिए आगमनात्मक तर्क में अनदेखी उदाहरणों या भविष्य के उदाहरणों के लिए निश्चितता की कमी रहती है - इसमें थोड़ा संदेह रहता ही है। आगमनात्मक तर्क में प्रेरक को बलपूर्वक बनाने के लिए निम्न उपाय का प्रयोग किया जा सकता है।

यदि इसके सभी आधार सत्य थे, तो इसकी अत्यधिक संभावना या संभावना है कि इसका निष्कर्ष भी सत्य होगा।

आगमनात्मक तर्कों की तार्किक शक्ति की संभावनाओं का वर्णन करने के लिए 'सशक्त' (strong) और 'निर्बल' (weak) शब्दों का उपयोग किया जाता है। इसको निर्धारित करने के लिए निम्न उपायों का प्रयोग किया जाता है:

1. पहले मान लें कि प्रस्ताव सत्य है, भले ही वे न हों; अभी के लिए यह दिखाओ कि वे सत्य हैं।
2. फिर अपने आप से पूछें कि क्या यह संभावित है कि निष्कर्ष सत्य होगा, यह मानते हुए कि वे प्रस्ताव सत्य हैं।

यहां पर एक उदाहरण दिया गया है:

प्रस्ताव 1: अधिकांश मोर जई खाते हैं।
प्रस्ताव 2: यह पक्षी एक मोर है।
निष्कर्ष: शायद यह पक्षी जई खाता है।

यह तर्क अनिवार्य रूप से 'सशक्त' है क्योंकि यदि इसके सभी आधार वाक्य सत्य थे, तो इसकी अत्यधिक संभावना या संभावना होगी कि इसका निष्कर्ष भी सत्य होगा।

आगमनात्मक 'सशक्त' तर्क निम्न प्रकार के हो सकते हैं:

- सत्य प्रस्ताव, सत्य निष्कर्ष
- असत्य प्रस्ताव, असत्य निष्कर्ष
- असत्य प्रस्ताव, सत्य निष्कर्ष

आगमनात्मक सशक्त तर्क निम्न प्रकार के नहीं हो सकते हैं:

सत्य प्रस्ताव, असत्य निष्कर्ष

संक्षेप में, एक सशक्त आगमनात्मक तर्क वह है जहां प्रस्ताव का सत्य होना और निष्कर्ष का असत्य होना असंभव है, यह देखते हुए कि प्रस्ताव सत्य है।

1. एक निर्बल आगमनात्मक तर्क वह तर्क होता है जब निष्कर्ष प्रस्ताव का अनुसरण नहीं करेगा, यदि प्रस्ताव सत्य हों तो भी।
2. एक सशक्त आगमनात्मक तर्क वह है जहां निष्कर्ष के लिए असत्य होना असंभव है, यह देखते हुए कि प्रस्ताव सत्य है। एक 'निर्बल' आगमनात्मक तर्क वह है जहां निष्कर्ष शायद प्रस्ताव से अनुसरण नहीं करेगा, यदि वे सत्य थे।

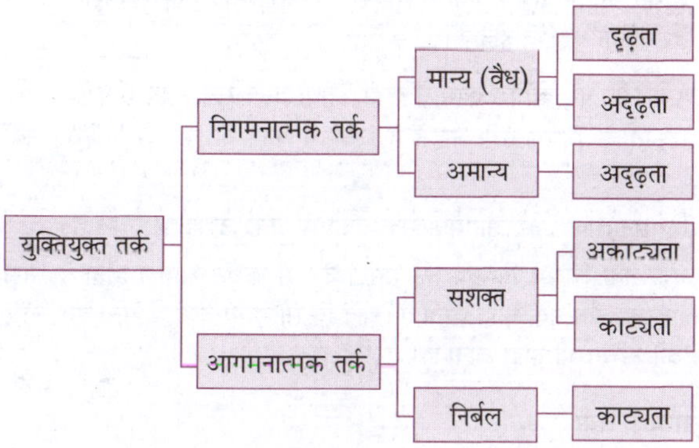

अकाट्यता (COGENCY)

अकाट्यता एक आगमनात्मक तर्क का गुण है जो इसके प्रस्ताव की सत्यता और इसकी तार्किक शक्ति को दर्शाता है।

एक आगमनात्मक तर्कसंगत होता है जब:

1. यह आगमनात्मक रूप से सशक्त होता है, और
2. इसके सभी प्रस्ताव सत्य (या वास्तविक) होते हैं।

उदाहरण के लिए:

प्रस्ताव 1: यूरोपा में ऑक्सीजन युक्त वातावरण है।
प्रस्ताव 2: जीवन के लिए ऑक्सीजन की आवश्यकता होती है।
निष्कर्ष: इस प्रकार, यूरोपा पर जीवन हो सकता है।

यह तर्क तर्कसंगत है क्योंकि:

1. यह आगमनात्मक रूप से सशक्त है (यदि प्रस्ताव सत्य था, तो निष्कर्ष भी शायद सत्य होगा) और
2. प्रस्ताव वास्तव में सत्य हैं।

दूसरी ओर, मोर के बारे में ऊपर दिया गया उदाहरण, जो आगमनात्मक शक्ति को प्रदर्शित करने के लिए प्रयोग किया जाता है, अकाट्य (या ठोस) नहीं है, क्योंकि इसमें सभी प्रस्ताव सत्य (या वास्तविक) नहीं हैं।

संक्षेप में, एक आगमनात्मक वह तर्क है जिसमें यह असंभव है कि यह निष्कर्ष असत्य है जब कि प्रस्ताव सत्य है।

उचित तर्क (GOOD ARGUMENT)

निगमनात्मक और आगमनात्मक, दोनों तर्कों की विशेषताओं की जानकारी से हम कह सकते हैं कि एक उचित तर्क अपने निष्कर्ष को प्रमाणित करता है, इसमें दो विशेषताएं प्रमुख हैं:

1. यह तार्किक रूप से सशक्त है।
2. इसके सभी प्रस्ताव सत्य हैं।

तार्किक शक्ति (Logical Strength)

तार्किक शक्ति समर्थन की वह सीमा है जो कि प्रस्ताव यदि वह सत्य है, निष्कर्ष पर प्रदान करता है। यह विशेषता निगमनात्मक तर्कों (वैधता के आधार पर) और आगमनात्मक तर्कों (आगमनात्मक शक्ति के आधार पर) दोनों पर लागू होती है।

1. उचित निगमनात्मक तर्क न केवल मान्य है, बल्कि सत्य भी है।
2. उचित आगमनात्मक तर्क न केवल आगमनात्मक रूप से सशक्त होता है, बल्कि दृढ़ भी होते हैं।

उदाहरण के तौर पर, डेविड ह्यूम ने कहा, 'क्या कल सूर्य उदय होगा?'

प्रकृति के नियम ऐसा कहते हैं, लेकिन कल के बारे में निश्चित नहीं है।

निगमनात्मक और आगमनात्मक तर्कों के कुछ उदाहरण निम्न हैं।

एक तर्क जिसमें निष्कर्ष की गारंटी देने में कथन सफल होता है, उसे (निगमनात्मक) वैध तर्क कहा जाता है। यदि किसी मान्य तर्क में सत्य कथन है, तो तर्क को उचित भी कहा जाता है।

निगमनात्मक तर्क

प्रस्ताव I: सभी सब्जियों में विटामिन होते हैं।
प्रस्ताव II: गाजर एक सब्जी है।
निष्कर्ष: इस प्रकार, गाजर में विटामिन होते हैं।

आगमनात्मक तर्क

प्रस्ताव I: अधिकांश सब्जियों में विटामिन होते हैं।
प्रस्ताव II: गाजर एक सब्जी है।
निष्कर्ष: इस प्रकार, गाजर में विटामिन होते हैं।

1. निगमनात्मक युक्तियुक्त तर्क में, हम निष्कर्ष के बारे में यह कह सकते हैं कि यहां
   (a) यह प्रस्ताव का सारांश है।
   (b) इसका प्रस्ताव /आधार वाक्य/कथन पर आधारित होना आवश्यक नहीं।
   (c) यह प्रस्ताव के अंदर समाविष्ट होते हैं।
   (d) यह प्रस्ताव के अतिरिक्त होते हैं।
   सही विकल्प (c) है।
2. आगमनात्मक तर्क इस पर आधारित है या अनुमानित है: यहां
   (a) प्रकृति की समरूपता
   (b) ईश्वर ने विश्व की रचना की है
   (c) प्रकृति की एकता
   (d) प्रकृति के नियम
   सही विकल्प (a) है।
3. एक निगमनात्मक तर्क वैध या मान्य है यदि: यहां
   (a) प्रस्ताव असत्य हैं और निष्कर्ष सत्य है।
   (b) प्रस्ताव असत्य हैं और निष्कर्ष भी असत्य है।
   (c) प्रस्ताव सत्य हैं और निष्कर्ष असत्य है।
   (d) प्रस्ताव सत्य हैं और निष्कर्ष भी सत्य है।
   सही विकल्प (d) है।
4. तार्किक तर्क की संरचना निम्न पर आधारित है: यहां
   (a) औपचारिक वैधता
   (b) भौतिक सत्य
   (c) भाषाई अभिव्यक्ति
   (d) उदाहरणों की उपयुक्तता
   सही विकल्प (a) है।
5. निम्नलिखित में से कौन सा कथन तर्क की विशेषता है? यहां (दिसंबर 2019)
   (a) यह या तो वैध या अवैध है।
   (b) यह न तो वैध है और न ही अवैध है।
   (c) यह या तो सत्य है या असत्य है।
   (d) यह न तो सत्य है और न ही असत्य।
   सही विकल्प (a) है।

न्यायसंगतता के प्रकार (Types of Syllogism)

प्रस्ताव के आधार पर न्यायसंगतता चार प्रकार की होती है:

1. **निरपेक्ष (Categorical):** इनको सुस्पष्ट या निर्णयात्मक या नियत युक्तिसंगत तर्क कहा जा सकता है। इस प्रकार के तर्कवाक्य में कोई शर्त नहीं होती, उदाहरण के लिए, अगर ऐसा हो तो, परन्तु जैसे शब्दों का प्रयोग नहीं होता है।

   यहां विषय या कर्ता और विधेय के बीच किसी शर्त से संबंध स्थापित किया जाता है।

   उदाहरणस्वरूप:

   (a) सभी रेलगाड़ी हवाई जहाज हैं।
   (b) कुछ हवाई जहाज साइकिल हैं।

   नेट परीक्षा में वस्तुत: प्रश्न इसी के आधार पर पूछे जाते हैं।
2. **परिकल्पित (Hypothetical):** यहां विषय और विधेय के मध्य संबंध सशर्त होता है। उदाहरण के लिए, यदि वर्षा होती है, तो हम जाएंगे।
3. **असंयुक्त (Disjunctive):** यहां कथन में एक प्रकार से अदला-बदली होती है। उदाहरण के लिए, या तो वह साहसी है या वह शक्तिशाली है।
4. **संबंधपरक (Relational):** यहां संबंध को किसी निश्चित क्रम में दर्शाया जाता है। उदाहरण के लिए, $A > B > C > D$ तो $A > D$।

पद (Terms): आजकल कई परीक्षाओं में न्यायसंगिता पर आधारित प्रश्न पूछे जाते हैं, इसलिए इनका विस्तार में वर्णन अधिक महत्वपूर्ण हो जाता है। हम आधार वाक्य और निष्कर्ष की चर्चा पहले भी कर चुके हैं। पद ऐसे शब्द होते हैं, जिनका उपयोग उद्देश्य तथा विधेय के रूप में होता है। उदाहरण के लिए, राम बुद्धिमान हैं।

इसके दो भाग होते हैं:

(a) उद्देश्य पद (Subject Term): जिसके विषय में कोई बात कही गई हो, उसे उद्देश्य पद कहते हैं। उपरोक्त वाक्य में राम के विषय में कहा गया है कि वह बुद्धिमान है। अत: राम उद्देश्य पद है।

(b) विधेय पद (Predicate Term): वाक्य का ऐसा पद जो किसी विषय की विशेषता बताता है या उद्देश्य पद के बारे में जो कहा जाए, उसे विधेय पद कहते हैं, जैसे—राम बुद्धिमान है। उपरोक्त वाक्य में 'बुद्धिमान' पद द्वारा राम के बारे में कुछ कहा गया है। अत: वाक्य का विधेय पद 'बुद्धिमान' है।

मध्य पद (Middle Term): उपरोक्त के अलावा दो तार्किक वाक्यों की न्यायसंगतता के प्रश्नों के संदर्भ में मध्य पद होना चाहिए।

सभी लड़के विद्यार्थी हैं।
सभी विद्यार्थी भारतीय हैं।

उपरोक्त दोनों कथनों में विद्यार्थी शब्द उभयनिष्ठ (common) हैं। अत: विद्यार्थी मध्य पद हुआ। ऐसा वाक्य जो दिए गए दो या दो से अधिक कथनों के बीच संबंध उभयनिष्ठ हो तथा दोनों के बीच संबंध स्थापित करता हो, उसे मध्य पद कहते हैं।

यहां यह वर्णीय है कि मध्य पद के बिना कोई भी निष्कर्ष नहीं निकाला जा राकता है।

न्यायसंगतता के दृष्टिकोण से दो कथनों के बीच एक मध्य पद होगा, तीन कथनों के बीच दो मध्य पद होंगे, आदि।

उपरोक्त पदों के अलावा तर्कवाक्यों तथा निष्कर्ष के मुख्य घटक हैं:

1. **परिमाणक (Quantifier):** ये मात्रा को चिह्नित करते हैं।
   'सभी' और 'कोई नहीं' सर्वव्यापी परिमाणक तथा 'कुछ' अंशव्यापी परिमाणक है।
2. **संयोजक (Copula):** यह तर्कवाक्य के भागों को जोड़ता है। संयोजक सदैव 'होना' क्रिया का कोई रूप होना चाहिए, उदाहरण के लिए, है, नहीं है, हूँ, नहीं हूँ, आदि।

परिमाणक + उद्देश्य + संयोजक + विधेय
Quantifier + Subject + Copula + Predicate
All Students are Hardworking
सभी छात्र परिश्रमी हैं।

तार्किक वाक्यों का वर्गीकरण (Classification of Logical Propositions)

'रचना की दृष्टि' से आधार वाक्य के दो प्रकार होते हैं:

1. **सरल वाक्य (Simple Proposition):** इनमें केवल एक निर्णय व्यक्त रहता है, जैसे—राम बुद्धिमान है। श्याम सुंदर है।
2. **यौगिक वाक्य (Compound Proposition):** इनमें एक से अधिक निर्णय व्यक्त होते हैं, जैसे—राम और श्याम बुद्धिमान हैं, राम बुद्धिमान और सुंदर है।

प्रत्येक निरपेक्ष तार्किक वाक्य में एक गुण विद्यमान होता है, गुण की दृष्टि के अनुसार तर्कवाक्य दो प्रकार के होते हैं:

1. **सकारात्मक या भावात्मक (Affirmative):** उदाहरण: 'राम बुद्धिमान है' और 'श्याम सुंदर है'। इन वाक्यों में राम में बुद्धिमत्ता का भाव' है, श्याम में 'सुंदरता का भाव' है।
2. **निषेधात्मक तर्कवाक्य:** इसमें विधेय पद के बारे में निषेधात्मक बात की जाती है अर्थात उद्देश्य पद में किसी गुण के अभाव के बारे में बताया जाता है। उदाहरण के लिए, कुछ व्यक्ति सुंदर नहीं हैं। इसमें उद्देश्य यानि व्यक्ति में सुंदरता का अभाव है।

तथ्यों के आधार पर तार्किक वाक्यों का वर्गीकरण दो प्रकार से किया जाता है:

1. सर्वव्यापी
2. अंशव्यापी

सर्वव्यापी (UNIVERSAL)

ऐसा कथन या वाक्य जिसमें पूरी बात उद्देश्य के विषय में कही गई हो उसे सर्वव्यापी कथन या वाक्य कहा जाता है। ऐसे वाक्य हमेशा सभी, प्रत्येक या कोई आदि शब्दों से आरंभ होते हैं तथा ये कर्ता से पूरी तरह जुड़े होते हैं, जैसे—

1. सभी हाथी जानवर हैं।
2. कोई जानवर गाय नहीं है।

सर्वव्यापी कथनों को मुख्य रूप से दो भागों में बाँटा गया है:

1. सर्वव्यापी सकारात्मक
2. सर्वव्यापी नकारात्मक

सर्वव्यापी सकारात्मक (Universal Affirmative)

इस प्रकार के तर्क वाक्यों में पूर्ण समावेश होता है। ऐसा वाक्य जिससे सकारात्मक अर्थों को निकाला जाता है सर्वव्यापी सकारात्मक कहलाता है। इन कथनों की शुरुआत, सभी (all), सब (all), प्रत्येक (each) या प्रत्येक (every) से होती है। सर्वव्यापी सकारात्मक को 'A' से निरूपित किया जाता है।

उदाहरणार्थ:
सभी आदमी नेता हैं। इसको वेन आरेख से भी दर्शाया गया है।

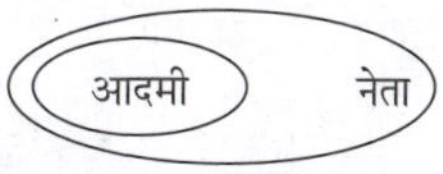

सर्वव्यापी नकारात्मक (Universal Negative)

ऐसा कथन या वाक्य जो कोई नहीं (no), एक भी नहीं (none) से शुरू होता है, नकारात्मक सर्वव्यापी वाक्य होता है। सर्वव्यापी नकारात्मक को 'E' से निरूपित किया जाता है।

उदाहरणार्थ:
कोई आदमी नेता नहीं है।

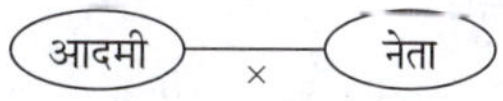

अंशव्यापी (PARTICULAR)

ऐसे वाक्य जिनमें उद्देश्य के कुछ अंशों के विषय में कहा जाता है, तो ऐसे वाक्य को अंशव्यापी कहा जाता है। ऐसे वाक्य कुछ, कभी-कभी, कुछ नहीं, आदि शब्दों से शुरू होते हैं, जैसे—कुछ गाय जानवर हैं, कुछ जानवर शेर नहीं है।

अंशव्यापी कथनों को मुख्यत: दो भागों में बाँटा गया है:

1. अंशव्यापी सकारात्मक
2. अंशव्यापी नकारात्मक

अंशव्यापी सकारात्मक (Particular Affirmative)

ऐसा अंशव्यापी वाक्य जिससे सकारात्मक अर्थ निकलता हो, अंशव्यापी सकारात्मक वाक्य कहलाता है। ऐसे वाक्य कुछ (some), कभी-कभी (sometimes), अधिकतर (mostly), आदि शब्दों से शुरू होते हैं। इसे 'I' से निरूपित किया जाता है।

उदाहरणार्थ:

कुछ आदमी नेता हैं।

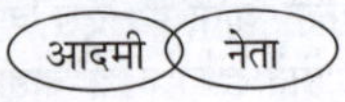

यहां पर दोनों में 'कुछ' का संबंध है।

अंशव्यापी नकारात्मक (Particular Negative)

ऐसा अंशव्यापी वाक्य जो नकारात्मक अर्थ प्रकट कर रहा हो अंशव्यापी नकारात्मक वाक्य कहलाता है। ऐसे वाक्य कुछ ... नहीं (some ... not), सभी ... नहीं (all ... not) जैसे शब्दों से शुरू होते हैं। इसे 'O' से निरूपित किया जाता है, जैसे—कुछ आदमी नेता नहीं है।

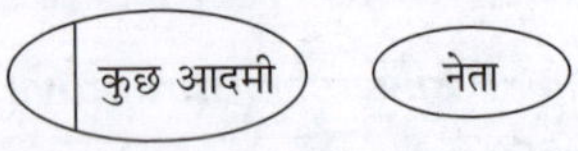

पदों की व्याप्ति (Distribution of Terms)

व्याप्ति शब्द का अर्थ होता है बांटना।

1. **व्याप्त:** यदि किसी संपूर्ण पद के विषय में कुछ कहा जाए, वह पद व्याप्त कहा जाता है।
2. **अव्याप्त:** यदि किसी पद के एक भाग के बारे में ही कुछ कहा जाए, तो उसे अव्याप्त कहा जाता है।

उदाहरणार्थ:

1. **A-प्रकार का वाक्य:** सभी बालक बुद्धिमान हैं।

इसमें बालक पद से जितने भी व्यक्तियों का बोध होता है, सभी के बारे में कुछ कहा गया है।

यहां बालक पद बुद्धिमान पद में व्याप्त है, लेकिन बुद्धिमान बालक हो (अर्थात उसमें व्याप्त हो) आवश्यक नहीं है, इसलिए विधेय पद 'बुद्धिमान' व्याप्त नहीं है।

2. **I-प्रकार का वाक्य:** कुछ बालक बुद्धिमान हैं।

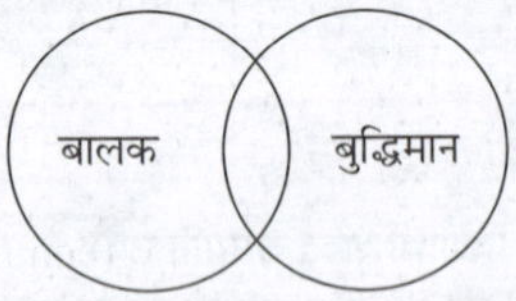

इसमें बालक पद से जितने भी व्यक्तियों का बोध होता है, सबके विषय में नहीं कहा गया है, इसलिए बालक पद अव्याप्त है। वेन आरेख को देखने से पता चलता है कि बुद्धिमान भी अव्याप्त है।

3. **E-प्रकार का वाक्य:** कोई बालक बुद्धिमान नहीं है।

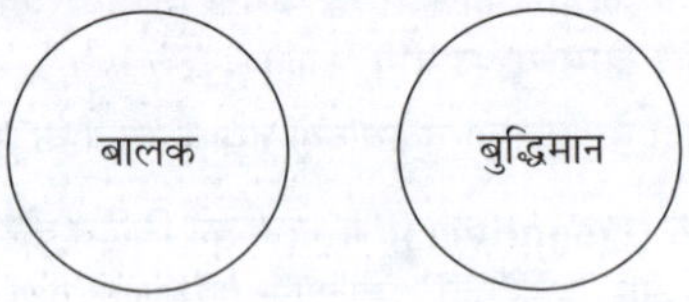

इस वाक्य में उद्देश्य पद बालक है, इसमें संपूर्ण उद्देश्य के विषय में कुछ कहा गया है। विधेय यानि बुद्धिमान का अभाव प्रत्येक विद्यार्थी में बताया गया है, अत: उद्देश्य यानि पद बालक व्याप्त है।

इसमें विधेय पद बुद्धिमान है, इस संपूर्ण पद का अभाव 'सभी' बालकों में बताया गया है, अत: विधेय पद भी व्याप्त है।

4. **O-प्रकार का वाक्य:** कुछ बालक बुद्धिमान नहीं हैं।

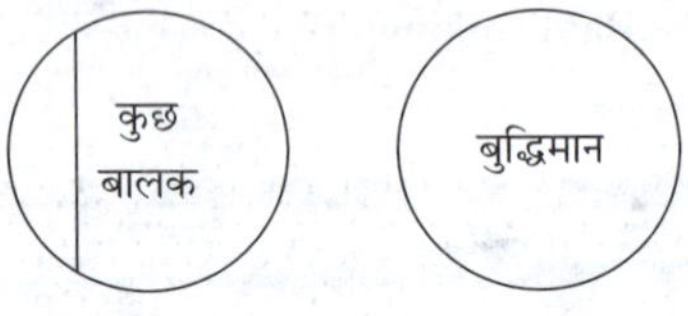

इस कथन में उद्देश्य पद 'बालक' को अपनी संपूर्ण वस्तुवाचकता में नहीं लिया जाता, यहां कुछ ही बालकों के बारे में कहा गया है। अत: उद्देश्य पद अव्याप्त है।

जिन बालकों के बारे में कहा गया है, वे विधेय पद बुद्धिमान के अंतर्गत नहीं आते, जैसा कि वेन आरेख से भी स्पष्ट हो जाता है। उद्देश्य पद (बालक) विधेय पद (बुद्धिमान) से बिल्कुल अलग है। इसलिए विधेय बुद्धिमान में उद्देश्य बालक का पूरी तरह से अभाव है। बुद्धिमान शब्द सभी बुद्धिमान व्यक्तियों का प्रतिनिधित्व करता है, इस कारण से भी विधेय को व्याप्त माना जाएगा।

व्याप्त एवं अव्याप्त पदों की तालिका (Table of Distributed and Undistributed Terms)

वाक्य (Proposition)	संकेत (Symbol)	उद्देश्य (Subject)	विधेय (Predicate)
सर्वव्यापी सकारात्मक (Universal Affirmative)	A	व्याप्त (Distributed)	अव्याप्त (Undistributed)
सर्वव्यापी नकारात्मक (Universal Negative)	E	व्याप्त (Distributed)	व्याप्त (Distributed)
अंशव्यापी सकारात्मक (Particular Affirmative)	I	अव्याप्त (Undistributed)	अव्याप्त (Undistributed)
अंशव्यापी नकारात्मक (Particular Negative)	O	अव्याप्त (Undistributed)	व्याप्त (Distributed)

निष्कर्ष के भेद (Types of Inferences)

इस अध्याय में निगमनात्मक तर्क को अधिकाधिक उदाहरणों के माध्यम से समझाने का प्रयास किया गया है। जैसा कि हम पहले भी चर्चा कर चुके हैं, अनुमान या निष्कर्ष निकालने के मुख्य दो भेद होते हैं—निगमनात्मक और आगमनात्मक।

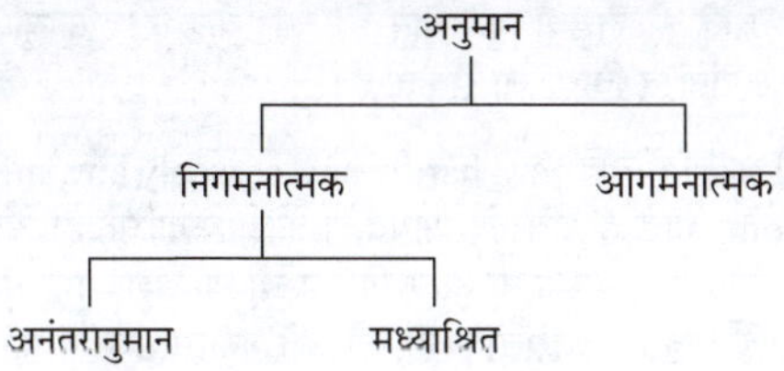

निगमनात्मक अनुमान (Deductive Inference)

निगमनात्मक अनुमान दो प्रकार के होते हैं:

1. अनंतरानुमान
2. मध्याश्रित अनुमान

अनंतरानुमान (Immediate Inference)

अनंतरानुमान निगमन का वह रूप है जिसमें एक ही पद या एक ही वाक्य के आधार पर निष्कर्ष निकाला जाता है।

अनंतरानुमान में परिवर्तन का अर्थ है कि उद्देश्य और विधेय का आपस में स्थान परिवर्तन हो जाता है। यह नेट परीक्षा के दृष्टिकोण से बहुत महत्त्वपूर्ण है।

उदाहरण 1

तर्कवाक्य: सभी विद्यार्थी मनुष्य हैं।

निष्कर्ष: कुछ मनुष्य विद्यार्थी हैं।

उदाहरण 2

तर्कवाक्य: कोई व्यक्ति भगवान नहीं है।

निष्कर्ष: कोई भगवान व्यक्ति नहीं है।

इस अनुमान के निष्कर्ष में जिन दो पदों में संबंध स्थापित किया जाता है, उनके बीच कोई मध्य या माध्यम पद नहीं होता है। इसलिए अनंतरानुमान निगमन में जिन पदों का आधार वाक्य में संबंध रहता है, उनका निष्कर्ष में कोई दूसरा संबंध होता है, इसलिए इस अनुमान में केवल दो ही पद होते हैं।

कुछ तर्कशास्त्री इस अनुमान को अनुमान का वास्तविक रूप नहीं मानते हैं, उनके अनुसार अनंतरानुमान अनुमान या निष्कर्ष हैं ही नहीं, क्योंकि इस अनुमान से ज्ञान में वृद्धि ही नहीं होती है, यह केवल 'शब्दों का हेरफेर' या वाक्यांतर है जिसको आंग्ल भाषा में 'equivalence' या 'equipotency' कहा जाता है।

ऐसा अनुमान या निष्कर्ष आधार वाक्यों से अधिक व्यापक (अधिक वस्तुओं के विषय में) नहीं होता है, यानि हम जो भी निष्कर्ष निकालेंगे, वह दिए गए कथन या कथनों में अंतर्निहित होता है।

निगमन अनुमान में निष्कर्ष के संकुचित होने के कारण उसे वैध माना जाएगा। हम निगमन में 'सभी' से 'सभी' या 'सभी' से 'कुछ' पर जाते हैं।

अनंतरानुमान के लिए परिवर्तन सारणी

तर्कवाक्य	वैध परिवर्तन
1. सर्वव्यापी सकारात्मक (A)	अंशव्यापी सकारात्मक (I)
सभी कुर्सियां मेजें हैं।	कुछ मेजें कुर्सियां हैं।
	कुछ कुर्सियां मेजें हैं।
2. सार्वव्यापी नकारात्मक (E)	सार्वव्यापी नकारात्मक (E)
कोई कुर्सी मेज नहीं है।	कोई मेज कुर्सी नहीं है।
3. अंशव्यापी सकारात्मक (I)	अंशव्यापी सकारात्मक (I)
कुछ कुर्सियां मेजें हैं।	कुछ मेजें कुर्सियां हैं।
4. अंशव्यापी नकारात्मक (O)	कोई परिवर्तन नहीं
कुछ कुर्सियां मेजें नहीं हैं।	

मध्याश्रित अनुमान (Mediate Inference)

मध्याश्रित का अर्थ है: मध्य + आश्रित, इसमें निष्कर्ष निकलने के लिए मध्य पद का होना आवश्यक है। मध्याश्रित अनुमान को हम दूसरे अध्याय में भी पढ़ चुके हैं, निगमनात्मक अनुमान पर पहुंचने के लिए तर्क वाक्यों को सत्य मान लिया जाता है, उनकी परीक्षा नहीं की जाती है।

उदाहरण 1

सभी व्यक्ति मरणशील हैं।

कविता व्यक्ति है।

निष्कर्ष: कविता मरणशील है।

उदाहरण 2

सभी छात्र बुद्धिमान हैं।

राम एक छात्र है।

निष्कर्ष: वह भी बुद्धिमान है।

जबकि पहले उदाहरण में निष्कर्ष 'कविता मरणशील है' सत्य भी है और वैध भी।

दूसरे उदाहरण में सभी छात्र बुद्धिमान हैं या नहीं, राम छात्र है या नहीं, यह प्रत्यक्ष सभी अनुभव पर आधारित नहीं है, इसकी वास्तविकता को स्थापित नहीं किया जाता है, इन्हें सत्य मान लिया जाता है। यहां पर जो बात सभी पर लागू होती है, वह 'कुछ' यानि राम पर भी लागू मानी जाएगी।

निम्न सारणी के माध्यम से अनंतरानुमान और मध्याश्रित के बीच अंतर को स्पष्ट किया गया है:

अनुमान	अनंतरानुमान	मध्याश्रित
अनुमान	एक पद या एक वाक्य से अनुमान	दो या दो से अधिक पदों से अनुमान
पद	कोई मध्य पद नहीं होता है, केवल दो ही पद होते हैं	एक मध्य पद आवश्यक है, तीन या तीन से अधिक पद

सामान्य वाक्यों का तार्किक रूप में सरलीकरण

नेट परीक्षा में कई बार कथन या तर्कवाक्य को आम बोलचाल की भाषा के रूप में दिया होता है, वैसे भी साधारण बोलचाल में वाक्यों के तार्किक रूप का ध्यान नहीं रहता है, इसलिए निष्कर्ष प्राप्त करने हेतु, ऐसे वाक्यों को तार्किक रूप में प्रस्तुत करना आवश्यक हो जाता है।

वाक्यों के तार्किक रूप में बदलने को वाक्यों का सरलीकरण कहा जाता है, जैसा कि हम जानते हैं कि प्रत्येक वाक्य में उद्देश्य, विधेय, संयोजक तथा परिणाम सूचक शब्द का होना आवश्यक है।

I. यदि किसी वाक्य में all, every, each, any, in all, always, certainly, absolutely, necessarily, सभी, प्रत्येक, हर एक, हर कोई, सब दशा में, हर हालत में, सदा, निश्चित रूप से, आवश्यक रूप से, आदि शब्दों का प्रयोग हो और वह वाक्य सकारात्मक हो, तो उसे सर्वव्यापी सकारात्मक अर्थात 'A' वाक्य में रूपांतरित करना चाहिए।

उदाहरणार्थ:

1. 'प्रत्येक मनुष्य पढ़ा लिखा है' का रूपांतर है: सभी मनुष्य पढ़े लिखे हैं।
2. 'Any man can do this' को 'Some men are persons who can do this'.
3. ज्ञानी मनुष्य सदैव सुखी होते हैं: सभी ज्ञानी मनुष्य सुखी हैं।

यदि इन्हीं वाक्यों में कोई शब्द नकारात्मक हो, तो उसको अंशव्यापी नकारात्मक (Particular Negative) अर्थात 'O' में रूपांतरित किया जाना चाहिए।

उदाहरणार्थ:

(a) 'All persons are not wise' को 'Some persons are not wise' में परिवर्तित किया जाना चाहिए।

(b) 'Any man can not do this' को 'Some men are not persons who can do this' में परिवर्तित करना।

(c) 'धनवान व्यक्ति सदैव बुद्धिमान नहीं होते हैं' को 'कुछ धनवान व्यक्ति बुद्धिमान नहीं हैं', में परिवर्तित करना।

II. यदि किसी वाक्य में no, none, not a single, in no case, कोई नहीं, एक भी नहीं, किसी दशा में भी नहीं जैसे उपवाक्यों में से किसी एक का प्रयोग किया जाए तो उसे सर्वव्यापी नकारात्मक (Universal Negative) अर्थात 'E' वाक्य में रूपांतरित करना चाहिए।

'Men never commit a mistake' को 'No men are such who commit mistake' (E-प्रकार का वाक्य)।

'एक भी मनुष्य धार्मिक नहीं होता है' को 'कोई भी मनुष्य धार्मिक नहीं है' में रूपांतरित किया जा सकता है (E-प्रकार का वाक्य)।

III. वे वाक्य जिनमें some, sometimes, in some cases, a few, the few, many, in large number, majority certain, most, mostly, generally, usually, frequently, occasionally, often, times, perhaps, nearly, always, several, almost all, 99 percent, half, कुछ, कभी-कभी, कुछ हालातों में, थोड़े से, अनेक, काफी संख्या में, कुछ संख्या में, कई बहुत अधिक, अधिकतर, सामान्यत: साधारणतया, बहुधा, किसी अवसर पर, अनेक अवसर पर, शायद, करीब-करीब, बहुत से, आधा, कुछ थोड़ा, इत्यादि में से कोई उपवाक्य आए तो उन्हें अंशव्यापी वाक्य बनाएँ। यदि वाक्य सकारात्मक हो, तो अंशव्यापी सकारात्मक (Particular Affirmative) अर्थात 'I' वाक्य होगा। यदि वाक्य नकारात्मक हो, तो अंशव्यापी नकारात्मक अर्थात 'O' होगा।

उदाहरणार्थ:

1. 'बहुत से विद्यार्थी बुद्धिमान हैं' को 'कुछ विद्यार्थी बुद्धिमान हैं' में रूपांतरित किया जाना चाहिए।
2. 'मनुष्य कभी-कभी सच बोलता है' को 'कुछ मनुष्य सच बोलते हैं' में रूपांतरित किया जा सकता है।
3. 'थोड़े से लड़के बुद्धिमान हैं' को 'कुछ लड़के बुद्धिमान हैं' में रूपांतरित किया जा सकता है।

IV. किसी वाक्य में यदि few, hardly any, scarcely any, infrequently, seldom, थोड़े ही, विरले, शायद ही कोई, कदाचित ही कोई, कदाचित में से कोई एक उपवाक्य आए तो वह वाक्य अंशव्यापी माना जाता है, यदि वह वाक्य सकारात्मक हो, तो उसे नकारात्मक में परिवर्तित किया जाना चाहिए तथा नकारात्मक को सकारात्मक में।

उदाहरणार्थ:

1. 'कुछ ही व्यक्ति बुद्धिमान हैं' का रूपांतर है 'कुछ व्यक्ति बुद्धिमान नहीं हैं'। यह 'O' प्रकार का वाक्य है।
2. 'शायद ही कोई देश ऐसा है जो कि किसी अर्थ आपदा से मुक्त हो' का रूपांतर है 'कुछ देश आर्थिक आपदा से मुक्त नहीं हैं'। यह 'O' प्रकार का वाक्य है।
3. 'शायद ही कोई स्त्री आभूषण पसंद ना करे' का रूपांतर है 'कुछ स्त्री ऐसी हैं जिनको आभूषण पसंद हैं'।
4. 'विरले मनुष्य ही प्रसन्न होते हैं' का रूपांतर है 'कुछ मनुष्य प्रसन्न नहीं हैं'।

V. कुछ ऐसे वाक्य हैं जिनमें only, alone, none but, केवल, इसके अतिरिक्त कोई नहीं, मात्र, यदि शब्द आते हैं, तो ये अनन्य वाक्य (exclusive proposition) हैं। ऐसे वाक्य सर्वव्यापी (universal) होते हैं, इन्हें सकारात्मक या नकारात्मक दोनों रूपों में परिवर्तित किया जा सकता है, इसलिए इन उपवाक्यों के विद्यमान होने पर वाक्य 'A' या 'E' होता है। यदि ऐसे वाक्यों को 'A' में रूपांतरित करना हो, तो दिए हुए उद्देश्य को विधेय में तथा विधेय को उद्देश्य में बदल देना चाहिए।

उदाहरणार्थ:

1. 'केवल बुद्धिमान ही मतदान करने योग्य हैं', में बुद्धिमान उद्देश्य है तथा मतदान करने योग्य विधेय है। इसका तार्किक वाक्य में रूपांतर इस प्रकार से होगा—सभी मतदान करने योग्य व्यक्ति बुद्धिमान हैं: A-प्रकार का वाक्य। इसी प्रकार none but, alone, मात्र, आदि वाक्य में होने पर 'A' में रूपांतरित करने के लिए उद्देश्य या स्थान परिवर्तित कर दिया जाता है।
2. यदि ऐसे वाक्य को 'E' में रूपांतरित करना हो, उद्देश्य का व्याघातक पद ले लें, कहने का भाव यह है कि उद्देश्य के साथ 'not' या 'none' उपसर्ग जोड़ दें। उदाहरणस्वरूप, केवल शिक्षित ही मतदान करने योग्य हैं, का रूपांतर होगा: कोई अ-शिक्षित मतदान करने योग्य नहीं है। (E-प्रकार का वाक्य), ऐसा alone या none but के वाक्य में रहने पर होगा।
3. केवल ग्रामीण निष्कपट होते हैं, को सभी निष्कपट ग्रामीण होते हैं (A-प्रकार) या कोई अ-निष्कपट ग्रामीण नहीं है (E-प्रकार)। अत: only, केवल, alone, none but, इसके अतिरिक्त कोई नहीं के रहने पर किसी वाक्य के दो तार्किक रूप 'A' या 'E' होंगे। उदाहरण के लिए, 'केवल मनुष्य ही शिक्षित होते हैं' का रूपांतर है: सभी शिक्षित मनुष्य हैं (A-प्रकार) या कोई अ-मनुष्य नहीं जो शिक्षित है (E-प्रकार)।

4. अब एक और उदाहरण लें: 'केवल वीर (brave) ही विजयी हो सकता है' का तार्किक रूपांतर भी दो प्रकार से बनता है: सभी जो जीत सकते हैं, वीर हैं: A-प्रकार या कोई भी अ-वीर (non-brave) जीत नहीं सकता है (E-प्रकार का वाक्य)।

VI. कुछ ऐसे वाक्य भी होते हैं जिनमें अपवाद होता है, ऐसे वाक्यों को अपवाद सूचक वाक्य कहा जाता है।

उदाहरणार्थ:

1. सिवाय दस विद्यार्थियों के, सभी कक्षा में उपस्थित थे। इस वाक्य में अपवाद अनिश्चित है, यह निश्चित नहीं है कि ऐसे दस विद्यार्थी कौन-से हैं, इसका रूपांतर अंशव्यापी (particular) होगा।
2. सिवाय अन्ना हजारे के, सभी छात्र उपस्थित हैं। इस वाक्य में अपवाद यानि अन्ना हजारे निश्चित है, इसलिए इसका रूपांतर सर्वव्यापी (universal) होगा। इसका सरलीकरण बनता है: सभी छात्र, अन्ना हजारे को छोड़ कर उपस्थित हैं।

VII. कुछ वाक्य ऐसे होते हैं जिनमें कोई परिणाम सूचक शब्द (quantifier) नहीं होता है, ऐसे वाक्य अज्ञात परिणाम वाक्य कहलाते हैं।

उदाहरणार्थ:

1. भारतीय धार्मिक हैं। इस वाक्य में कोई वैज्ञानिक सत्य या कहावत नहीं है, इसका रूपांतर अंशव्यापी होगा: कुछ भारतीय धार्मिक हैं।
2. मनुष्य का मस्तिष्क होता है। यह वैज्ञानिक तथ्य है, इसका रूपांतर होगा: सभी मनुष्यों का मस्तिष्क होता है। इसका रूपांतर सर्वव्यापी होगा।

यदि इस प्रकार वाक्य हो, जिसमें उद्देश्य अनिश्चित हो, 'एक व्यक्ति बुद्धिमान है' का रूपांतर होगा 'कुछ व्यक्ति बुद्धिमान हैं'।

यदि वाक्य हो 'राम बुद्धिमान है' जिसमें उद्देश्य निश्चित है, इसके रूपांतर 'सभी राम बुद्धिमान हैं' को अशुद्ध माना जाएगा।

'यह पेन सफेद रंग का नहीं है' भी निश्चित उद्देश्य को इंगित करता है, इसका रूपांतरित रूप 'E' प्रकार का होगा।

यह एक ऐसा विषय है जिसमें विद्यार्थियों से अपेक्षा की जाती है कि वे निश्चित रूप से इसको एकाधिक बार पढ़ें तथा बहुत सारे प्रश्नों का अभ्यास भी करें। ऐसे प्रश्न बहुत सारी अन्य परीक्षाओं में भी पूछे जाते हैं।

निगमनात्मक निष्कर्ष प्राप्त करने की विधियां (Methods of Finding Deductive Inference)

जब हम निष्कर्ष को दो प्रस्तावनाओं के आधार पर प्राप्त करते हैं, तो इसको मध्याश्रित निष्कर्ष कहा जाता है। वास्तव में, यही न्यायसंगतता (syllogism) है। इस पर आधारित प्रश्नों को निम्न आधारों पर हल किया जा सकता है:

1. विश्लेषणात्मक विधि
2. वेन आरेख

विश्लेषणात्मक विधि (ANALYTICAL METHOD)

कई बार नेट परीक्षा में विश्लेषणात्मक विधि पर आधारित प्रत्यक्ष प्रश्न भी पूछे जाते हैं, इसलिए इस पर अधिक बल दिया गया है। इस विधि के अंतर्गत मुख्य दो सोपान हैं:

1. तर्क वाक्यों का संरेखण
2. परिवर्तन सारणी की सहायता से निष्कर्ष निकालना

नोट: 1 और 2 मुख्य सोपान है, आवश्यकता पड़ने पर निष्कर्ष निकालने के लिए निम्न 3 और 4 सोपानों का उपयोग भी किया जाता है।

3. अनंतरानुमान के लिए परीक्षण
4. संपूरक युग्म का मूल्यांकन

आइए, इनको हम विस्तार से जान लें:

सोपान 1: तर्क वाक्यों का संरेखण (ALIGNMENT OF PROPOSITIONS)

हम पहले सोपान की आंशिक रूप से पहले भी चर्चा कर चुके हैं, आगे आने वाले अनुच्छेदों में इसका समग्र-रूप से वर्णन किया गया है।

निरपेक्ष तर्कवाक्यों के प्रकार एवं घटक

परीक्षार्थियों से अपेक्षा की जाती है कि उनको न्यायसंगतता समस्या के अंतर्गत आने वाले निरपेक्ष तर्कवाक्यों से संबंधित कुछ शब्दावली का ज्ञान होना चाहिए। इसको निम्न उदाहरण से समझाने का प्रयास किया गया है।

घटक	उदाहरण
वृहत तर्कवाक्य	सभी मनुष्य मरणशील हैं।
लघु तर्कवाक्य	सभी यूनानी मनुष्य हैं।
निष्कर्ष	सभी यूनानी मरणशील हैं।

वृहत कथन (Major Premise): निष्कर्ष के विधेय (predicate) को वृहत पद (major term) कहा जाता है। जिस तर्कवाक्य में वृहत पद विद्यमान होता है, उसको वृहत कथन कहा जाता है। उपरोक्त उदाहरण में 'मरणशील' वृहत पद है।

लघु तर्कवाक्य (Minor Premise): निष्कर्ष के उद्देश्य (subject) को लघु पद (minor term) कहा जाता है। जिस तर्कवाक्य में लघु पद होता है, उसको लघु तर्कवाक्य (minor premise) कहा जाता है। उपरोक्त उदाहरण में यूनानी लघु पद है।

मध्य पद (Middle Term): जो पद दोनों तर्कवाक्यों में उपस्थित होता है, उसको मध्य पद कहा जाता है। यह निष्कर्ष का घटक नहीं होता है। उदाहरण के लिए, मनुष्य मध्य पद है।

निष्कर्ष (Inference): इस वाक्य में कर्ता या पहला पद पहली प्रस्तावना का उद्देश्य या कर्ता होता है तथा दूसरा पद (या विधेय) दूसरी प्रस्तावना का निधेय होता है।

संक्षेप में कहा जाए, तो व्यवहारिक रूप से 'निरपेक्ष न्याय संगतता' के प्रश्नों को हल करने हेतु तर्कवाक्यों को निम्न रूप में लेकर आना आवश्यक होता है।

तर्कवाक्य 1	X → Y	
तर्कवाक्य 2	Y → Z	
निष्कर्ष	X → Z	

यहां पर X लघु पद है, Z वृहत पद है एवं Y मध्य पद है। मध्य पद निष्कर्ष का भाग नहीं होता है।

परीक्षार्थी को यह भी ध्यान में रखना चाहिए कि कई बार आधार वाक्य आम बोलचाल की भाषा के रूप में होता है या यूं कहें कि मानकीकृत रूप में नहीं होता है, तो पहले उनको सही रूप में लाना पड़ता है ताकि उन पर नियम लागू किए जा सके और निष्कर्ष प्राप्त किया जा सके।

केवल ईमानदार लोग सफल होते हैं, तो पहले उसको मानकीकृत (standardized) तार्किक रूप में लाएंगे:

सभी व्यक्ति जो सफल हैं, ईमानदार हैं।

अब एक और उदाहरण लीजिए:

A. केवल बुद्धिमान ही परिश्रमी हैं।
B. अधिकतर लड़कियाँ बुद्धिमान हैं।

अब तार्किक रूपांतर करते हैं।

A. सभी बुद्धिमान परिश्रमी हैं। $(Y \to Z)$
B. कुछ लड़कियाँ बुद्धिमान हैं। $(X \to Y)$

अब हम प्रस्तावनाओं को अदल-बदल करेंगे।

A. कुछ लड़कियाँ बुद्धिमान हैं। $(X \to Y)$
B. सभी बुद्धिमान परिश्रमी हैं। $(Y \to Z)$

तत्पश्चात हम सोपान 2 के अनुसार सारणी का प्रयोग करते हैं।

दूसरा उदाहरण:

A. कुछ पेन पुस्तकें हैं। $(X \to Y)$
B. कुछ पेंसिल पुस्तकें हैं। $(Z \to Y)$

पहले तर्कवाक्य में कोई परिवर्तन नहीं चाहिए। दूसरा तर्कवाक्य अंशव्यापी सकारात्मक है, यानि I-प्रकार का। इसको परिवर्तन सारणी के अनुसार I-प्रकार में ही परिवर्तित किया जा सकता है। इसके अनुसार यह 'कुछ पुस्तकें पेंसिल हैं', बन जाएगा।

'कुछ पेन पुस्तकें हैं।'

'कुछ पुस्तकें पेंसिल हैं।'

इनको इस प्रकार संरेखित या पंक्तिबद्ध करने के बाद हम दूसरे सोपान पर पहुँच जाते हैं।

इसी प्रकार

A. कोई वाहन घर नहीं है।
B. सभी बक्से घर हैं।

इन तर्कवाक्यों को इस प्रकार पंक्तिबद्ध किया जाएगा।

A. सभी बक्से घर हैं।
B. कोई घर वाहन नहीं है।

अब एक और उदाहरण:

A. सभी छात्र शेर हैं।
B. कुछ शेर डरपोक हैं।

इनमें किसी पंक्तिबद्धता की आवश्यकता नहीं।

आपकी जानकारी के लिए

IEA नियम: कई बार तर्कवाक्यों को पंक्तिबद्ध करते हुए, संशय की स्थिति उत्पन्न हो जाती है कि किस तर्कवाक्य को परिवर्तन के दृष्टिकोण से प्राथमिकता दी जाए, तब यह IEA नियम सहायक होता है। यदि एक वाक्य A-प्रकार का हो और दूसरा I-प्रकार का, तब IEA नियम के अनुसार, I-प्रकार को पहले परिवर्तन किया जाएगा। इसी प्रकार E-प्रकार को भी A-प्रकार के ऊपर प्राथमिकता मिलती है।

सोपान 2: परिवर्तन सारणी की सहायता से निष्कर्ष निकालना (FINDING INFERENCE WITH THE HELP OF COVERSION TABLE)

जब हम निश्चित हो जाते हैं कि तर्कवाक्य पंक्तिबद्ध है, तो हम न्यायसंगतता के नियम लागू करते हैं जो कि निम्न सारणी में दर्शाए गए हैं।

तर्कवाक्य I के प्रकार		तर्कवाक्य II के प्रकार		निष्कर्ष के प्रकार
A	+	A	=	A
A	+	E	=	E
I	+	A	=	I
I	+	E	=	O
E	+	A	=	O*
E	+	I	=	O*

निष्कर्ष केवल उपरोक्त छह परिस्थितियों में ही स्थापित किया जा सकता है। अन्य सभी परिस्थितियों में कोई निष्कर्ष स्थापित नहीं किया जा सकता है।

तर्कवाक्य:

A. सभी कुर्सियां मेजें हैं।
B. सभी मेजें फर्नीचर हैं।

निष्कर्ष: सभी कुर्सियां फर्नीचर है। $(A + A \Rightarrow A)$

अब हम पहले वर्णित उदाहरण को आगे ले जाते हैं।

1. कुछ पेन पुस्तकें हैं। (I-प्रकार)
2. कुछ पुस्तकें पेंसिल हैं। (I-प्रकार)

I + I = कोई निष्कर्ष नहीं।

नेट परीक्षा में पूर्व में निम्नलिखित प्रकार के प्रश्न पूछे गए हैं:

निर्देश (प्र. सं. 1 से 3): यद्यपि, निम्न तर्कवाक्य व्यावहारिक रूप से ज्ञात तथ्यों के अनुरूप नहीं है, आप वैधता को ध्यान में रखते हुए सही विकल्प का चुनाव कीजिए:

(a) यदि केवल निष्कर्ष I अनुसरण करता है।
(b) यदि केवल निष्कर्ष II अनुसरण करता है।
(c) यदि निष्कर्ष I और II अनुसरण करते हैं।
(d) यदि न तो निष्कर्ष I न ही II अनुसरण करता है।

1. तर्कवाक्य:

A. कुछ डाक्टर मूर्ख हैं।
B. वह एक डाक्टर है।

निष्कर्ष:

I. वह एक मूर्ख है।

II. कुछ मूर्ख डॉक्टर हैं।

हल

दो अंशव्यापी सकारात्मक तर्कवाक्यों से कोई भी निष्कर्ष नहीं निकाला जा सकता है। इसलिए तर्कवाक्य I अनुसरण नहीं करता है। दूसरा निष्कर्ष पहले तर्कवाबय का गरिवर्तित रूप है, इसलिए निष्कर्ष II सही है। इसलिए (b) सही उत्तर है।

2. तर्कवाक्य:

A. सभी पक्षी पुरुष हैं।

B. सभी कौए पक्षी हैं।

निष्कर्ष:

I. सभी कौए पुरुष नहीं हैं।

II. कुछ पुरुष कौए नहीं हैं।

हल

सोपान 1: इन वाक्यों में मध्य पद पक्षी है। ये वाक्य $Y \rightarrow Z$ एवं $X \rightarrow Y$ के रूप में है। इनके विनियम के बाद में ये निम्न प्रकार से दर्शाए जा सकते हैं:

1. सभी कौए पक्षी हैं। $(X \rightarrow Y)$

2. सभी पक्षी पुरुष हैं। $(Y \rightarrow Z)$

सोपान 2: इसका निष्कर्ष होगा A + A = A। जो कि सर्वव्यापी सकारात्मक है, इसलिए निष्कर्ष निकलता है—सभी कौए पुरुष हैं।

अत: (d) सही उत्तर है।

3. तर्कवाक्य:

A. सभी नाव लड़के हैं।

B. सभी लड़के लैम्प हैं।

निष्कर्ष:

I. सभी लैम्प नाव हैं।

II. सभी नाव लैम्प हैं।

हल

सोपान 1: तर्कवाक्य मानक रूप में है: $X \rightarrow Y$ और $Y \rightarrow Z$, इसलिए पंक्तिबद्ध करने की आवश्यकता नहीं है।

सोपान 2: A + A = A इसलिए निष्कर्ष का कर्ता पहले तर्कवाक्य का कर्ता होना चाहिए तथा निष्कर्ष का विधेय दूसरे तर्कवाक्य का विधेय होना चाहिए। इसलिए निष्कर्ष बनता है—सभी नाव लैम्प हैं। अत: (b) सही उत्तर है।

आइए अब इसको वेन आरेख से भी हल करने का प्रयत्न करें।

I.

II.

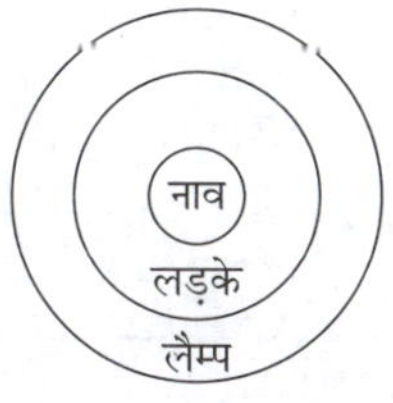

इसलिए हम कह सकते हैं कि सभी नाव लैम्प हैं।

अत: (b) सही उत्तर है।

4. तर्कवाक्य:

A. सभी नींबू गेंद हैं।

B. कोई बैट नींबू नहीं है।

निष्कर्ष:

I. कुछ गेंद बैट नहीं है।

II. कुछ नींबू गेंद हैं।

हल

सोपान 1: इन तर्कवाक्यों का विनियम करने के पश्चात:

1. कोई बैट नींबू नहीं है। (E-प्रकार)

2. सभी नींबू गेंद हैं। (A-प्रकार)

E + A = O, इसलिए निष्कर्ष निकलता है कुछ गेंद बैट नहीं है। यदि पहले तर्कवाक्य को परिवर्तित करते हैं। यह बन जाता है—कुछ नींबू गेंद हैं (I-प्रकार)। इसलिए दोनों निष्कर्ष सही हैं।

अत: (c) सही उत्तर है।

कॉन्सेप्ट बॉक्स

निष्कर्ष निकालने के लिए कुछ नियम

1. निष्कर्ष में मध्य पद विद्यमान नहीं होना चाहिए।
कथन: सभी चूहे पालतू हैं। कुछ चूहे जंगली हैं।
अमान्य निष्कर्ष: सभी चूहे जंगली हैं।

2. यदि दोनों कथन नकारात्मक हैं, तो कोई निष्कर्ष नहीं निकल सकता है।
कथन: कोई कला विज्ञान नहीं है।
कोई विज्ञान दर्शन शास्त्र नहीं है।
अमान्य निष्कर्ष: कोई कला दर्शन शास्त्र नहीं है।

3. यदि दोनों कथन अंशव्यापी हैं, तो कोई निष्कर्ष नहीं निकाला जा सकता है।
कथन: कुछ शेर चीते हैं। कुछ चीते हाथी हैं।
अमान्य निष्कर्ष: कुछ शेर हाथी हैं।

4. किसी अंशव्यापी वृहत कथन और किसी नकारात्मक लघु कथन से कोई निष्कर्ष नहीं निकाला जा सकता है।
कथन: कुछ कागज फूल हैं।
कुछ पौधे कागज नहीं हैं।
अमान्य निष्कर्ष: कुछ पौधे फूल नहीं हैं।

5. किसी निरपेक्ष तर्क में कोई मध्य पद अवश्य होना चाहिए, यदि वहाँ कोई मध्य पद नहीं है, तो कोई निष्कर्ष नहीं निकाला जा सकता है।
कथन: सभी जहाज व्यक्ति हैं। सभी पौधे लड़के हैं।
निष्कर्ष: उपरोक्त कथन में कोई मध्य पद नहीं है, इसलिए कोई निष्कर्ष नहीं निकाला जा सकता है।

6. मध्य पद कथन में कम से कम एक बार व्याप्त अवश्य होना चाहिए, अन्यथा कोई निष्कर्ष नहीं निकाला जा सकता है।
कथन: सभी तालाब सागर हैं।
कुछ सागर बोतल हैं।
अवैध निष्कर्ष: कुछ तालाब बोतल हैं।

व्याख्या: यहां मध्य पद 'सागर' किसी भी कथन में व्याप्त नहीं है, इसलिए निष्कर्ष अवैध माना जाएगा।

7. यदि वृहत पद अनुमान में व्याप्त है, तो यह कथन में अवश्य व्याप्त होना चाहिए, अन्यथा निष्कर्ष वैध नहीं हो सकता है।

कथन: सभी पुस्तकें पलंग हैं।
कोई पुस्तक मेज नहीं है।

निष्कर्ष: कोई मेज पलंग नहीं है।

व्याख्या: निष्कर्ष E-प्रकार का कथन है, इसलिए दोनों ही पद व्याप्त हैं। वृहत कथन A-कथन है, इसलिए केवल उद्देश्य 'पुस्तक' ही व्याप्त है, इसलिए स्पष्ट है कि वृहत पद निष्कर्ष में व्याप्त है, लेकिन कथन में नहीं है। अत: निष्कर्ष अमान्य है।

8. यदि लघु पद अनुमान में व्याप्त है, तो वह लघु कथन में अवश्य व्याप्त होना चाहिए, अन्यथा निष्कर्ष वैध नहीं हो सकता है।

कथन: कोई फल फूल नहीं है।
सभी फूल पौधे हैं।

निष्कर्ष: कोई पौधे फूल नहीं है।

व्याख्या: यहां पर पद 'पौधे' जो लघु पद है, निष्कर्ष में व्याप्त है, लेकिन लघु कथन में नहीं है। इसलिए निष्कर्ष अमान्य है।

9. यदि एक कथन नकारात्मक है, तो निष्कर्ष अवश्य ही नकारात्मक होना चाहिए।

कथन: कुछ पुस्तकें स्कूल हैं।
कोई स्कूल कॉलेज नहीं है।

वैध निष्कर्ष: कुछ पुस्तकें कॉलेज नहीं हैं।

10. यदि एक कथन अंशव्यापी है, तो निष्कर्ष अवश्य ही अंशव्यापी होना चाहिए।

कथन: कुछ शेर चूहे हैं।
सभी चूहे बकरी हैं।

वैध निष्कर्ष: कुछ शेर बकरी हैं।

11. यदि दोनों कथन सकारात्मक हैं, तो निष्कर्ष अवश्य ही सकारात्मक होना चाहिए।

कथन: सभी बालक बुद्धिमान हैं।
सभी बुद्धिमान सुंदर हैं।

निष्कर्ष: सभी बालक सुंदर हैं।

12. यदि वृहत कथन अंशव्यापी है, तो निष्कर्ष अवश्य ही अंशव्यापी होना चाहिए।

कथन: कुछ गाय सफेद हैं।
सभी सफेद काली हैं।

निष्कर्ष: कुछ गाय काली हैं।

13. यदि निष्कर्ष सर्वव्यापी है, तो दोनों कथन अवश्य ही सर्वव्यापी होने चाहिए।

उदाहरणार्थ 1:

कथन: सभी व्यक्ति खिलाड़ी हैं।
सभी खिलाड़ी सुंदर हैं।

निष्कर्ष: सभी व्यक्ति सुंदर हैं।

उदाहरणार्थ 2:

कथन: सभी व्यक्ति खिलाड़ी हैं।
सभी खिलाड़ी सुंदर हैं।

निष्कर्ष: सभी व्यक्ति सुंदर हैं।

सोपान 3: अनंतरानुमान के लिए परीक्षण (CHECK FOR IMMEDIATE INFERENCE)

हमें प्रश्न में दिए गए विकल्पों के अनुसार तर्कवाक्य या कई बार निष्कर्ष को अनंतरानुमान के लिए जांचना पड़ सकता है। प्राय: ऐसा तब होता है जब दो से अधिक निष्कर्ष दिए गए हों। जब दो विकल्प भी हों, तो भी परीक्षार्थी उनकी अनंतरानुमान के लिए जांच कर सकता है, इसके लिए परिवर्तन सारणी का प्रयोग भी किया जाता है, जिसकी हम विशेष चर्चा पहले ही कर चुके हैं।

अनंतरानुमान और निहितार्थ (Implication)

किसी भी तर्कवाक्य के आधार पर की गई कल्पना जो उस तर्कवाक्य में निहित हो, निहितार्थ या कल्पना कहलाती है। इसके बारे में तीन मुख्य बातें कही जा सकती हैं:

1. उद्देश्य (subject) और विधेय (predicate) के स्थान में परिवर्तन नहीं होता है।
2. 'A' और 'E' वाक्यों के निष्कर्ष वाक्यों में गुण (quality) परिवर्तन नहीं होता है, जबकि 'I' और 'O' वाक्य के गुणों में परिवर्तन हो सकते हैं।
3. तर्कवाक्य में व्याप्त पद निष्कर्ष में व्याप्त हो भी सकते हैं और नहीं भी।

(a) सर्वव्यापी सकारात्मक कथन (A)

तर्कवाक्य		निष्कर्ष वाक्य
A	Implication →	I
सभी कुर्सियां मेज हैं।		कुछ कुर्सियां मेज हैं।

(b) सर्वव्यापी नकारात्मक वाक्य (E)

तर्कवाक्य		निष्कर्ष वाक्य
E	→	O
कोई कुर्सी मेज नहीं है।		कुछ कुर्सियां मेज नहीं है।

उपरोक्त दोनों प्रकार में जो बात 'प्रत्येक' के लिए सत्य है, कुछ के लिए भी सत्य होगी।

(c) अंशव्यापी सकारात्मक तर्कवाक्य (I)

तर्कवाक्य		निष्कर्ष वाक्य
I	Implication →	A या O (संदेहास्पद)
कुछ कुर्सियां मेज हैं। (I)		सभी कुर्सियां मेज हैं। (A) या कुछ कुर्सियां मेज नहीं हैं। (O)

वैसे तो 'कुछ' सभी का भाग है, लेकिन यह आवश्यक नहीं है कि जो बात सभी के लिए सत्य है, वह बात सभी के लिए सत्य हो। ऐसे निष्कर्ष की सत्यता सदैव संदेहास्पद होती है।

(d) अंशव्यापी नकारात्मक तर्कवाक्य

O	→	E या I (संदेहास्पद)
कुछ कुर्सियां मेज नहीं हैं।		I. कोई भी कुर्सी मेज नहीं है। (E) या II. कुछ कुर्सियां मेज हैं। (I)

यहां पर भी या तो E वैध है या फिर I वैध है, फिर वैध है अर्थात ऐसे निष्कर्ष की सत्यता सदा संदेहास्पद रहती है।

उदाहरणार्थ:

1. तर्कवाक्य:

A. सभी मेज कुर्सियां हैं।
B. सभी कुर्सियां फर्नीचर हैं।

निष्कर्ष:

I. कुछ कुर्सियां मेज हैं।
II. कुछ फर्नीचर कुर्सियां हैं।
III. सभी मेज फर्नीचर हैं।

विकल्प:

(a) केवल I और II सही विकल्प हैं।
(b) केवल II और III सही विकल्प हैं।
(c) केवल I और III सही विकल्प हैं।
(d) उपरोक्त में से कोई नहीं

हल

I + I = कोई निष्कर्ष नहीं (दो अंशव्यापी किसी निष्कर्ष पर नहीं पहुँचते हैं)।

आइए, अब अनंतरानुमान के लिए परीक्षण करते हैं, जिसके अनुसार I और II सही हैं।

अत: (a) सही उत्तर है।

2. तर्कवाक्य:

A. सभी साइकिल बस हैं।
B. सभी बस कार हैं।

निष्कर्ष:

I. सभी साइकिल कार हैं।
II. कुछ बस साइकिल हैं।
III. कुछ कार बस हैं।
IV. कुछ कार साइकिल हैं।
V. कुछ साइकिल बस हैं।

हल

तर्कवाक्य वांछित संरेखण में हैं।

निष्कर्ष I: A + A = A, सभी साइकिल कार हैं।

निष्कर्ष II: कुछ बस साइकिल हैं: पहले तर्कवाक्य का परिवर्तन

निष्कर्ष III: कुछ कार बस हैं: दूसरे तर्कवाक्य का परिवर्तन

निष्कर्ष IV: कुछ कार साइकिल हैं: निष्कर्ष I का परिवर्तन

निष्कर्ष V: कुछ साइकिल बस हैं: पहले तर्कवाक्य की कल्पना (implication)

इसलिए सभी विकल्प सही हैं।

सोपान 4: संपूरक युग्म का मूल्यांकन (Evaluation for Complimentary Pair)

यह सोपान मुख्य रूप से उन अनुमानों के लिए लागू किया जाता है जो I और II सोपानों का अनुसरण नहीं कर पाते हैं। यदि अनुमान I, II और III पहले ही वैध पाये जा चुके हैं, तब इस सोपान की कोई आवश्यकता नहीं है (यदि वहाँ केवल दो निष्कर्ष हैं तो O-प्रकार का वाक्य निष्कर्ष नहीं हो सकता है)।

आइए, पहले यह जान लें कि संपूरक युग्म कब बनता है?

1. दोनों कथनों का समान विषय है तथा समान विधेय है।
2. इनमें I-O, A-O या I-E कथनों का युग्म बनता है।

संपूरक युग्म		
I-O युग्म	A-O युग्म	I-E युग्म
कुछ बालक बुद्धिमान हैं।	सभी बालक बुद्धिमान हैं।	कुछ बालक बुद्धिमान हैं।
कुछ बालक बुद्धिमान नहीं हैं।	कुछ बालक बुद्धिमान नहीं हैं।	कोई बालक बुद्धिमान नहीं हैं।

यहां ध्यान देने योग्य मुख्य बात यह है कि संपूरक युग्म के दोनों कथन एक साथ वैध या मान्य नहीं होंगे। उदाहरण के लिए, यदि I-प्रकार का वाक्य निष्कर्ष में है, तो O-प्रकार का वाक्य निष्कर्ष नहीं हो सकता है।

विरोध का परंपरागत वर्ग (Classical Square of Opposition)

विरोध का परंपरागत वर्ग भी अनंतरानुमान या तात्कालिक (immediate inference) का ही दूसरा रूप है, इससे हमें निष्कर्ष स्फूर्तिपूरक प्राप्त हो जाते हैं।

सर्वप्रथम हम यह देखते हैं कि AEIO से हमारा क्या तात्पर्य है। इस संबंध को पारंपरिक कहा जाता है जैसा कि संत अरस्तू (Saint Aristotle) के दृष्टिकोण के रूप में रखा गया है।

वाक्य (Proposition)	संकेत (symbol)	मात्रा/संख्या (Quantity)	गुणवत्ता - विशिष्ट गुण (Quality)	वितरण (distribution)
सभी S, P हैं All S are P	A	सर्वव्यापी	सकारात्मक	S
कोई S, P नहीं है No S is P	E	सर्वव्यापी	नकारात्मक	S और P
कुछ S, P हैं Some S are P	I	अंशव्यापी	सकारात्मक	कोई भी नहीं
कुछ S, P नहीं हैं Some S are not P	O	अंशव्यापी	नकारात्मक	P

S और P को क्रमश: विषय और विधेय कहा जाता है। उपरोक्त प्रस्तावों में 'हैं' शब्द को ' योजक (copula) कहा जाता है जो S और P का संयोजन करता है।

यहां सर्वव्यापी (universal) का अर्थ है कि 'सभी' और 'नहीं' प्रस्तावों में विषय के रूप में दिए गए हैं। (सभी और नहीं की तुलना एक ऐसे कालीन से की जा सकती है जो कभी-कभी एक कमरे में पूरी तरह से फैला होता है या जिसे पूरी तरह से बाहर निकाल दिया जाता है, इसलिए दोनों स्थितियां सर्वव्यापी को इंगित करती हैं)।

सकारात्मक (affirmative) का अर्थ है धनात्मक, जो कि उपस्थिति को इंगित करता है। उपरोक्त प्रस्तावों में नकारात्मक का अर्थ 'नहीं' से संबंधित है।

अंशव्यापी का अर्थ है 'कुछ'।

हमने एक आरेख की सहायता से 'अन्त विरोधाभासों', विरोधाभासों, उप-विरोधों और अधीनस्थ की व्याख्या की है। A का संबंध E, I और O से है। E का संबंध A, I और O से है। ऐसा ही I और O के साथ भी है। उनके नेटवर्क को 'विपक्ष का वर्ग' कहा जाता है। यह हमें मात्रा, गुणवत्ता या दोनों के बीच संबंध बताता है।

वितरण (DISTRIBUTION)

1. सर्वव्यापी प्रस्ताव में, विषय पद वितरित (distributed) किया जाता है जबकि अंशव्यापी प्रस्ताव में विषय पद अवितरित (undistributed) होता है
2. नकारात्मक प्रस्ताव में विधेय शब्द वितरित (distributed) किया जाता है जबकि एक सकारात्मक प्रस्ताव में विधेय शब्द अविभाजित (undistributed) रहता है।

गुणवत्ता और मात्रा (QUALITY AND QUANTITY)

सकारात्मक और नकारात्मक गुणवत्ता (quality) को संदर्भित करते हैं।

सर्वव्यापी और अंशव्यापी मात्रा (या संख्या) को दर्शाते हैं।

गुणवत्ता\मात्रा	सकारात्मक	नकारात्मक
सर्वव्यापी	A - सभी छात्र बुद्धिमान हैं।	E - कोई छात्र बुद्धिमान नहीं है।
अंशव्यापी	I - कुछ छात्र बुद्धिमान हैं।	O - कुछ छात्र बुद्धिमान नहीं हैं।

विरोध का परंपरागत वर्ग
(CLASSICAL SQUARE OF OPPOSITION)

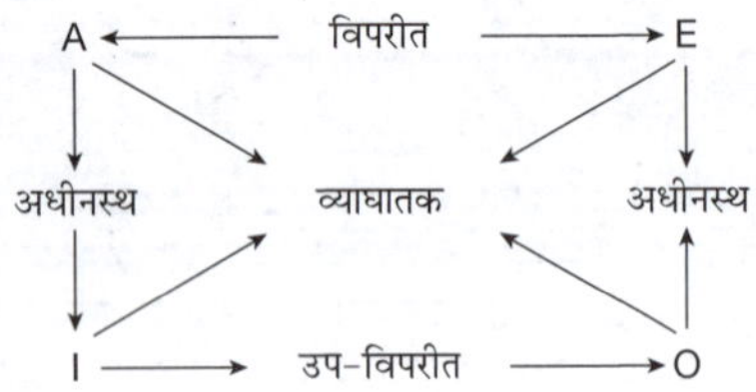

1. **विरोधाभासी या अंतर्विरोधात्मक या व्याघातक (contradictories):** ये प्रस्ताव मात्रा और गुणवत्ता, दोनों में ही एक दूसरे से भिन्न होते हैं। उदाहरण के लिए, A और O के मध्य, A सर्वव्यापक सकारात्मक है और O अंशव्यापी नकारात्मक है। यहां, सर्वव्यापी और अंशव्यापी मात्रा में एक दूसरे से भिन्न हैं। इसके अलावा, सकारात्मक और नकारात्मक गुणवत्ता में भिन्न हैं।

   E (सर्वव्यापी नकारात्मक) और I (अंशव्यापी सकारात्मक) के विषय में भी ऐसा ही है जो मात्रा और गुणवत्ता में फिर से भिन्न है।

   दो प्रस्ताव विरोधाभासी हैं यदि एक इनकार या दूसरे का खंडन है। वे दोनों सच नहीं हो सकते हैं या दोनों झूठे हो सकते हैं। विरोधाभास दो रूपों में विद्यमान हैं:

   1. A और O
   2. E और I

   A ⟶ O E ⟶ I

A	सभी छात्र बुद्धिमान हैं।	E	कोई छात्र बुद्धिमान नहीं है।
O	कुछ छात्र बुद्धिमान नहीं हैं।	I	कुछ छात्र बुद्धिमान हैं।

विरोध के वर्ग के बीच में 'X' विपरीत सत्य मूल्यों के साथ विरोधाभासों का प्रतिनिधित्व करता है। इसे सरलता से याद किया जा सकता है।

यह वर्ग उस प्रकार की प्रस्तावनाओं में संबंध दर्शाता है जिसमें कर्ता या उद्देश्य एक ही हो, परन्तु गुणवत्ता और मात्रा विभिन्न हों। व्याघातक पद, वे पद हैं जो परस्पर व्यावत्तर्क होते हैं तथा जिनसे सभी निर्देश समाप्त हो जाते हैं - जैसे श्वेत एवं अश्वेत, भारतीय एवं अभारतीय, यूरोपियन एवं गैर -यूरोपियन आदि। यह पदों के जोड़े किसी भी वस्तु हेतु एक साथ प्रयोग नहीं किये जा सकते। इनमें एक विशेष वर्ग की सभी वस्तुएं आ जाती हैं।

यदि हम कहें कि सभी व्यक्ति निष्ठावान हैं, इस पद को झुठलाने के लिए, केवल यह कहना है कि कुछ मनुष्य (या केवल एक मनुष्य) निष्ठावान नहीं है।

2. **विरोधी या विपरीत पद (contrary):** दो सर्वव्यापी A और E एक साथ सत्य नहीं हो सकते। यदि A को सत्य (true) माना जाता है, तो E असत्य (false) है। यदि A असत्य दिया जाता है, तो O संदिग्ध (doubtful or undetermined) होगा। इसके विपरीत भी लागू होता है

   A ⟶ E

   A – सभी छात्र बुद्धिमान हैं।

   E – कोई छात्र बुद्धिमान नहीं है।

   एक स्थिति के अनुसार, ईश्वर (या सत्य) को आरेखों में सबसे ऊपर माना जाता है। हम मानते हैं कि ईश्वर एक है, दो ईश्वर नहीं हो सकते। इसी तरह, दोनों विपरीत (A और E) एक साथ सत्य नहीं हो सकते हैं।

   विपरीत पद, वे पद होते हैं जिनके माध्यम से निर्दिष्ट वस्तुओं में अधिक से अधिक विषमता होती है, जैसे काला और सफेद, बुद्धिमान तथा मूर्ख, सुखी और दुखी आदि। यह पद साथ ही साथ किसी उद्देश्य के विषय में लागू नहीं किए जा सकते हैं।

3. **उप- विरोधी (Sub-contraries):** दो अंशव्यापी एक साथ सत्य नहीं हो सकते।

   यदि I को सत्य मान लिया जाए, तो O संदिग्ध माना जाता है।

   अगर I सत्य मान लिया जाए, तो दूसरा असत्य होगा। इसके प्रतिकूल या विपरीत क्रम से (vice versa) भी लागू होता है। इसका अर्थ यह है कि दोनों एक साथ सत्य नहीं होंगे।

   इसके अलावा, दोनों पदों की मात्रा समान है, I और O दोनों, समान मात्रा में, अंशव्यापी हैं। वे केवल 'गुणवत्ता' की शर्तों पर भिन्न हैं। उदाहरण के लिए, I सकारात्मक मात्रा का है, तो हम जानते हैं कि O ऋणात्मक मात्रा का है।

   I ⟶ O

   Example: उदाहरण

   I - कुछ छात्र बुद्धिमान हैं।

   O - कुछ छात्र बुद्धिमान नहीं हैं।

   यह उन दो अंशव्यापी प्रस्तावनाओं के मध्य संबंध दर्शाता है जिनमें कर्ता और विधेय समान हों परन्तु मात्रा विभिन्न हों।

4. **अधीनस्थ (Sub-alternation):** जब दो प्रस्ताव 'केवल मात्रा में' भिन्न होते हैं (एक सर्वव्यापी है और दूसरा अंशव्यापी है), तो विरोध को अधीनस्थ कहा जाता है।

A ⟶ I
E ⟶ O

उदाहरण

A	सभी छात्र बुद्धिमान हैं।	E	कोई छात्र बुद्धिमान नहीं है।
O	कुछ छात्र बुद्धिमान नहीं हैं।	I	कुछ छात्र बुद्धिमान हैं।

शीर्ष पर स्थित सर्वव्यापी की तुलना ईश्वर के साथ की जा सकती है, और हम समझते हैं कि सत्य ईश्वर (सर्वव्यापी/शीर्ष) से नीचे की ओर बहता है।

ऐसा कहा जाता है कि दो प्रस्तावों को उप-विकल्प के संबंध में खड़े होने के लिए कहा जाता है, जब पहले (सुपर वैकल्पिक) की सत्यता, दूसरे (उप वैकल्पिक) की सत्यता को दर्शाती है, लेकिन इसके विपरीत नहीं। एक प्रस्ताव संबंधित I प्रस्तावों के साथ उप वैकल्पिक संबंध में खड़ा होता है। A प्रस्ताव की सत्यता 'सभी प्लास्टिक सिंथेटिक हैं' (A टाइप), प्रस्ताव की सत्यता का अर्थ है' कुछ प्लास्टिक सिंथेटिक (I टाइप) हैं। हालाँकि, O प्रस्ताव की सत्यता 'कुछ रॉकेट मेड इन इंडिया उत्पाद नहीं हैं' का अर्थ E प्रस्ताव की सत्यता नहीं है 'कोई भी रॉकेट भारत में निर्मित उत्पाद नहीं हैं।'

सत्य तालिका (Truth Table) की सहायता से परिणाम

प्रस्ताव	A	E	I	O
Level 1	T	F	T	F
Level 2	F	T	F	T
Level 3	D	F	T	D
Level 4	F	D	D	T

परीक्षा के अभ्यर्थी सत्य तालिका को पूर्ण रूप से याद कर लें। इनके सम्बन्धों को निम्न प्रकार से परिभाषित किया गया है। एक विकर्ण (diagonal) पर, बाईं ओर के ऊपर से शुरू करते हुए, हमें T दिया गया है जो सत्य का प्रतिनिधित्व करता है। दूसरे विकर्ण में F है जो असत्य के लिए है।

1. पहले स्तर (Level 1) पर, T F T F है।
   मान लीजिए, A सत्य है, तो E असत्य है, I सत्य है और O असत्य है।
2. दूसरे स्तर (Level 2) पर F T F T हैं।
   यदि E सत्य है, तो हम दूसरे स्तर पर जाएंगे, और देखेंगे कि A असत्य है, I असत्य है और O सत्य है। इस प्रकार, विकर्णों से T और F की स्थिति ज्ञात की जानी चाहिए।
3. यदि E असत्य है, तो हमें तीसरे स्तर पर जाना चाहिए जहां A संदिग्ध (doubtful) है, I सत्य है और O संदिग्ध है। अगर I सत्य है तो हमें तीसरे स्तर को बेंचमार्क के रूप में देखना चाहिए,और स्तर 1 पर नहीं जाना चाहिए।
4. अगर A असत्य है, तो E और I संदिग्ध हैं। O को इस विषय में सत्य माना जाना चाहिए।

इससे संबंधित कुछ प्रश्न नीचे दिए गए हैं:

1. यदि अभिकथन 'कोई भी पक्षी स्तनधारी नहीं है।' सत्य दिया गया है, तो तत्काल क्या अनुमान लगाया जा सकता है? **जून [2022]**
   A. 'सभी पक्षी स्तनधारी होते हैं' असत्य है।
   B. 'कुछ पक्षी स्तनधारी होते हैं' असत्य है।
   C. 'कुछ पक्षी स्तनधारी नहीं होते हैं' असत्य है।
   D. 'कुछ पक्षी स्तनधारी नहीं होते हैं' सत्य है।
   नीचे दिए गए विकल्पों में से सही उत्तर चुनिए :
   (a) केवल A, B और C
   (b) केवल A, B और D
   (c) केवल A और D
   (d) केवल A और C
   प्रश्न का हल:
   कोई भी पक्षी स्तनधारी नहीं हैं: E- प्रकार
   A. सभी पक्षी स्तनधारी होते हैं: A- प्रकार
   B. कुछ पक्षी स्तनधारी होते हैं: I- प्रकार
   D. कुछ पक्षी स्तनधारी नहीं होते हैं: O- प्रकार
   अभिकथन में E-प्रकार को सत्य माना गया है, यदि हम सत्य तालिका से तुलना करें तो हम दूसरे स्तर (Level 2) का चयन करेंगे जहां A असत्य (F) आता है, I भी असत्य (F) आता है और O सत्य (T) आता है।
   अत: (b) इसका सही उत्तर है।
2. 'कोई मनुष्य मरणशील नहीं है।' का व्याघातक:
   (a) कुछ मनुष्य मरणशील हैं।
   (b) कुछ मनुष्य मरणशील नहीं हैं।
   (c) सभी मनुष्य मरणशील हैं।
   (d) कोई मरणशील मनुष्य नहीं है।
   सही विकल्प (c) है।
3. निम्नलिखित में से किस प्रस्ताव के द्वारा, 'कुछ पुरुष ईमानदार नहीं हैं' प्रस्ताव का खंडन किया जाता है?
   (a) सभी पुरुष ईमानदार हैं।
   (b) कुछ पुरुष ईमानदार हैं।
   (c) कोई भी पुरुष ईमानदार नहीं है।
   (d) उपरोक्त सभी।
   सही विकल्प (a) है।
4. दो प्रस्ताव जिनके विषय और विधेय शब्द समान हैं, लेकिन गुणवत्ता में भिन्न हैं, कहलाते हैं:
   (a) अन्तर्विरोधात्मक (contradictory)
   (b) विपरीत (contrary)
   (c) अधीनस्थ (sub alternation)
   (d) उप विरोधी (sub contrary)
   सही विकल्प (a) है।
5. यदि दो प्रस्ताव इस तरह से संबंधित हैं कि वे एक साथ सत्य नहीं हो सकते, हालांकि वे एक साथ झूठे हो सकते हैं, तो ऐसा संबंध माना जाता है: **[2019]**
   (a) विपरीत (contrary)
   (b) अन्तर्विरोधात्मक (contradictory)
   (c) अधीनस्थ (sub alternation)
   (d) उप विरोधी (sub contrary)
   सही विकल्प (a) है।

6. 'सभी छात्र अपनी परीक्षा उत्तीर्ण करते हैं' और 'कुछ छात्रों ने अपनी परीक्षा उत्तीर्ण नहीं की'। **[2019]**

यह निम्न में से किसका उदाहरण है:

(a) विपरीत (contrary)

(b) अन्तर्विरोधात्मक (contradictory)

(c) अधीनस्थ (sub alternation)

(d) उप विरोधी (sub contrary)

सही विकल्प (b) है।

तात्कालिक निष्कर्ष की और विधियां-रूपांतरण, विपरीतीकरण, और विपरीत स्थानांतरण (Conversion, Obversion and Contraposition)

जिस प्रकार 'विरोध का परंपरागत वर्ग' हमें तात्कालिक निकर्ष (immediate inference) में सहायता करता है, वैसा ही कार्य conversion, obversion तथा contraposition द्वारा किया जाता है। कई प्रश्न दोनों विधियों द्वारा या दोनों के मिश्रण या वेंन डायग्राम द्वारा भी हल किये जा सकते हैं। हमें उपरोक्त की समझ के लिए निम्न मूलभूत बातों को जानने की आवश्यकता है।

निहितार्थ के रूप में (By Implication)

उदाहरण के लिए - "सभी कुर्सी मेज़ हैं" (A - प्रस्ताव) को "कुछ कुर्सी मेज़ हैं" में परिवर्तित किया जा सकता है।

"कोई कुर्सी मेज़ नहीं है" (E - प्रस्ताव) को "कुछ कुर्सी मेज़ नहीं है" में परिवर्तित किया जा सकता है।

तार्किक समानता और भौतिक समानता

(Logical Equivalence and Material Equivalence)

पूर्वनिर्धारित (अर्थात् Tautology) : एक पूर्वनिर्धारित वाक्य या प्रस्ताव हमेशा सत्य होता है, यह एक वैश्विक सत्य की प्रकार है, जो किसी भी संभव परिदृश्य में मान्य होता है। इसका अर्थ है कि आप एक पूर्वनिर्धारित को किसी भी विशेष स्थिति में लागू करें, वह हमेशा सत्य होगा। "एक गुलाब एक गुलाब है, एक गुलाब है" (A rose is a rose is a rose) गर्टूड स्टाइन द्वारा एक प्रसिद्ध उदाहरण है– एक गुलाब हमेशा एक गुलाब होता है, चाहे आप इसे कैसे वर्णन करें या क्या कहें। अन्य उदाहरण हैं- 'आकाश नीला है या नहीं नीला है' और 'अगर मैंने पिज्जा खाया है, तो मैंने पिज्जा खाया है।' लाइट स्विच का उदाहरण यह दिखाता है कि दोनों स्थितियों में सत्य मूल्य कैसे आता है।

भौतिक समानता (Material Equivalence)

पहले, इन दो उदाहरणों को देखें, 'पृथ्वी अपने उपग्रह चंद्रमा से बड़ी है' और 'नई दिल्ली भारत की राजधानी है।' हम एक कथन को दूसरे के स्थान पर नहीं रख सकते। ये कथन भौतिक रूप से समान हैं।

तार्किक समानता (Logical Equivalence)

उदाहरण: **कथन A:** "आज धूप नहीं है।"

कथन B: "आज के मौसम में बादल छाया हुआ है।" अब, उनके सत्य मूल्यों की जांच करें:

- अगर आज धूप है (कथन A असत्य है), कथन B भी असत्य है क्योंकि जब धूप होती है तब बादल नहीं हो सकते।
- अगर आज धूप नहीं है (कथन A सत्य है), कथन B सत्य है क्योंकि जब धूप नहीं होती तब मौसम वास्तव में बादल छाया हुआ होता है। दोनों कथनों के सत्य मूल्य समान हैं - दोनों सत्य हैं या दोनों असत्य हैं। तार्किक रूप से समान कथन एक ही अर्थ व्यक्त करते हैं। अगर हम जानते हैं कि उनमें से एक सत्य या असत्य है, तो हम निश्चित हो सकते हैं कि दूसरा भी उसी सत्य मूल्य का है। किसी भी तर्क के अर्थ या सत्य को बदले बिना तार्किक रूप से समान कथनों को एक दूसरे के लिए प्रतिस्थापित किया जा सकता है।

द्विशर्ती (अर्थात् यदि और केवल यदि) (Biconditional)

एक द्विशर्ती तभी सत्य होती है, जिसको tribar द्वारा दर्शाया जाता है। tribar को वास्तव में ≡ के प्रतीक के रूप में दर्शाया जाता है जो कि तार्किक संयोजक का कार्य करता है। इसके दोनों ओर के वाक्यों का सत्य मूल्य समान होता है; यदि नहीं तो यह असत्य होती है। उदाहरण स्वरूप, "मैं तभी पार्टी में जाऊंगा जब मेरा सबसे अच्छा मित्र भी जा रहा हो।"

निषेध (अर्थात् नहीं) (Negation)

एक निषेध तभी सत्य होता है जब निषेधित वाक्य असत्य होता है; यदि नहीं तो निषेध असत्य होता है। एक निषेध का सत्य मूल्य निषेधित वाक्य के विपरीत होता है। उदाहरण स्वरूप, "यहाँ वर्षा नहीं हो रही है" का अर्थ "यहाँ वर्षा हो रही है" का विपरीत होता है।

अब हम Conversion, Obversion और Contraposition का अध्ययन कर रहे हैं। उपरोक्त नियम वर्गीय प्रस्तावों को संचालित करने के लिए उपयोग किए जाते हैं, जिससे उनके बीच तार्किक संबंधों को निर्धारित करना और दिए गए प्रस्तावों के आधार पर नए प्रस्ताव उत्पन्न करना आसान हो जाता है। ये वर्गीय तर्क में अनुमान लगाने और निष्कर्ष निकालने के लिए आवश्यक उपकरण हैं, और परीक्षा के दृष्टिकोण से कुछ रटना आवश्यक है।

रूपांतरण (Conversion)

"रूपांतरण" (Conversion) का अर्थ होता है विषय और प्रतिपाद्य (विशेषण) के स्थानांतरण (swap) करना। इसका उपयोग वाक्य का अर्थ बदले बिना उसे पुन: व्यवस्थित करने के लिए किया जाता है।

इस रूपांतरण के अंतर्गत

- 'कोई कुत्ते बाघ नहीं होते' बन जाता है 'कोई बाघ कुत्ते नहीं होते है'।
- 'कुछ सांप विषैले प्राणी होते हैं' बन जाता है 'कुछ विषैले प्राणी सांप होते हैं।'
- E और I के उदाहरणों को नीचे विस्तारित रूप में लिया गया है।

E – 'सार्वभौमिक नकारात्मक' प्रस्ताव का उदाहरण

मूल प्रस्ताव: 'कोई भी कुत्ते बाघ नहीं हैं।'

मात्रा (Quantity)	गुणवत्ता (Quality)	विषय शब्द (Subject Term)	प्रतिपाद्य शब्द (Predicate Term)
सार्वभौमिक (Universal)	नकारात्मक (Negative)	कुत्ते (Dogs)	बाघ (Tigers)

रूपांतरण (Converse) प्रस्ताव: 'कोई भी बाघ कुत्ते नहीं हैं।' (Converse Proposition: 'No tigers are dogs.')

मात्रा (Quantity)	गुणवत्ता (Quality)	विषय शब्द (Subject Term)	प्रतिपाद्य शब्द (Predicate Term)
सार्वभौमिक (Universal)	नकारात्मक (Negative)	बाघ (Tigers)	कुत्ते (Dogs)

I-'विशेष सकारात्मक' प्रस्ताव का उदाहरण

मूल प्रस्ताव: 'कुछ सांप विषैले जानवर हैं।'

मात्रा (Quantity)	गुणवत्ता (Quality)	विषय शब्द (Subject Term)	प्रतिपाद्य शब्द (Predicate Term)
विशेष (Particular)	सकारात्मक (Affirmative)	सांप (Snakes)	विषैले जानवर (Poisonous Animals)

Converse प्रस्ताव: 'कुछ विषैले जानवर सांप हैं।'

मात्रा (Quantity)	गुणवत्ता (Quality)	विषय शब्द (Subject Term)	प्रतिपाद्य शब्द (Predicate Term)
विशेष (Particular)	सकारात्मक (Affirmative)	विषैले जानवर (Poisonous Animals)	सांप (Snakes)

E और I प्रस्तावों के लिए conversion एक वैध तात्कालिक अनुमान है। किसी भी E या I प्रस्ताव का converse तभी सत्य होता है जब मूल प्रस्ताव सत्य था। इसका अर्थ है कि जब आप एक E या I- प्रस्ताव का conversion करते हैं,तो 'या तो मूल और converse प्रस्ताव दोनों सत्य' होते हैं या दोनों असत्य होते हैं।

Conversion by Limitation (Subalternation + Conversion)

- कुछ विषयों में, "conversion by limitation" में एक विशिष्ट प्रकार का conversion किया जाता है।
- इसमें पहले एक सार्वभौमिक प्रस्ताव को subalternation के माध्यम से एक विशेष में बदलना और फिर परिणाम को converse करना शामिल है।
- "Conversion by limitation" एक I - प्रस्ताव के सत्य होने का आधार बन सकता है जिसमें विषय और प्रतिपाद्य शब्दों (S and P) को उलट दिया गया हो। उदाहरण के लिए, अगर "सभी गायक प्रदर्शनकारी हैं," तो "कुछ प्रदर्शनकारी गायक हैं।" हालांकि, यह केवल तभी काम करता है जब कम से कम एक व्यकति गायक हो।

A **और *O* प्रस्तावों के लिए *Conversion* की सीमाएँ:**

- सामान्यत:, A (सार्वभौमिक सकारात्मक) और O (विशेष नकारात्मक) प्रस्तावों के लिए conversion विश्वसनीय नहीं है।
- गुणवत्ता और सत्य मूल्य बदल सकते हैं, और conversion प्रस्ताव सदैव मूल प्रस्ताव का सही ढंग से प्रतिनिधित्व नहीं कर सकता है।
- उदाहरण के लिए, "सभी बिल्लियाँ स्तनधारी होती हैं" सच हो सकता है, जबकि 'सभी स्तनधारी बिल्लियाँ हैं' असत्य है। इसी प्रकार, 'कुछ महिलाएँ माताएँ नहीं हैं' सत्य हो सकता है, जबकि 'कुछ माताएँ महिलाएँ नहीं हैं' असत्य है।
- इस प्रकार, conversion A और O प्रस्तावों के संबंध में एक विश्वसनीय तात्कालिक अनुमान प्रदान नहीं करता है।

  यहाँ ध्यान रखें कि convertend (मूल प्रस्ताव), converse (नया प्रस्ताव) और conversion (प्रक्रिया स्वयं) कहलवाती है। इसी प्रकार obversion और contraposition के लिए भी ऐसे शब्दों का प्रयोग किया जाता है।

वर्ग और वर्ग पूरक (Classes and Class Complements)

जब हम 'obverse' और 'contraposition' पर विचार करते हैं, तो पूरकों की अवधारणा महत्वपूर्ण होती है। हमने पहले पक्षी, स्तनधारी, जानवर, कुत्ते आदि जैसे शब्दों का उपयोग किया है। प्रत्येक वर्ग का एक वर्ग पूरक (नकारात्मक विशेषता) जुड़ा होता है- गैर-पक्षी, गैर-स्तनधारी, गैर-जानवर, गैर-कुत्ता आदि।

उदाहरण के लिए, अगर हमारे पास 'पक्षियों' का एक वर्ग है, तो उस वर्ग का पूरक "गैर-पक्षी" होगा (जिसमें वह सब कुछ शामिल है जो पक्षी नहीं है)। 'दोहरे नकार' (double negation) का नियम कहेगा "गैर-गैर-पक्षी" जो 'पक्षियों' के वर्ग को संदर्भित करता है। दोहरा नकार मूल वर्ग में वापस लौटता है।

विपरीतीकरण (OBVERSION)

Obversion श्रेणीबद्ध तर्क में एक मौलिक अवधारणा है, जिसका उपयोग दिए गए श्रेणीबद्ध प्रस्ताव को परिवर्तित करने और इसके सत्य मूल्य को बनाए रखने के लिए किया जाता है। ध्यान दें कि इसमें गुणवत्ता को बदलना (सकारात्मक से नकारात्मक में या इसके विपरीत) और प्रतिपाद्य शब्द को इसके पूरक के साथ बदलना शामिल है (पिछले पैराग्राफ में चर्चा की गई)।

Obversion की प्रक्रिया: हम निम्नलिखित चरणों और उदाहरणों को देखें:

- श्रेणीबद्ध प्रस्ताव के Obversion को बनाने के लिए, गुणवत्ता को उलट दें और प्रतिपाद्य शब्द को बदल दें।
- विषय शब्द अपरिवर्तित रहता है।
- Obversion किए जा रहे प्रस्ताव की मात्रा भी वही रहती है।

Obversion के उदाहरण

"सभी पक्षी जानवर हैं" को "कोई पक्षी गैर-जानवर नहीं हैं।" लेकिन परिवर्तनों को देखें:

मूल कथन: सभी कीड़े स्तनधारी हैं।

मात्रा (Quantity)	गुणवत्ता (Quality)	विषय शब्द (Subject Term)	प्रतिपाद्य शब्द (Predicate Term)
सार्वभौमिक (Universal)	सकारात्मक (Affirmative)	कीड़े (Insects)	स्तनधारी (Mammals)

विपरीत प्रस्ताव: कोई कीड़े गैर-स्तनधारी नहीं हैं।

मात्रा (Quantity)	गुणवत्ता (Quality)	विषय शब्द (Subject Term)	प्रतिपाद्य शब्द (Predicate Term)
सार्वभौमिक (Universal)	नकारात्मक (Negative)	कीड़े (Insects)	गैर-स्तनधारी (Non - Mammals)

इसी प्रकार

- 'कोई पक्षी स्तनधारी नहीं हैं' को 'सभी पक्षी गैर-स्तनधारी हैं।'
- 'कुछ गायक महिलाएँ हैं' को 'कुछ गायक गैर-महिलाएँ नहीं हैं।'
- 'कुछ कारें सेडान नहीं हैं' को 'कुछ कारें गैर-सेडान हैं।'

अनुप्रयोग (Applications)

- ध्यान रखें- हम प्रतिपाद्य शब्द को इसके पूरक (compliment) के साथ बदलते हैं जबकि विषय शब्द और मात्रा को अपरिवर्तित रखते हैं।

- Obversion हर प्रकार के श्रेणीबद्ध प्रस्तावों के लिए मान्य एकमात्र तात्कालिक अनुमान है।
- मूल कथन और विपरीत कथन (obverted statements) दोनों के सत्य मूल्य समान होते हैं।
- Obversion श्रेणीबद्ध कथनों के लिए सबसे बहुमुखी है A, E, I और O।

प्रतिस्थापन (Contraposition)

इस तात्कालिक अनुमान में, हम एक श्रेणीबद्ध प्रस्ताव के विषय और प्रतिपाद्य शब्दों की स्थितियों को बदलते हैं, जबकि प्रत्येक शब्द को इसके पूरक के साथ बदलते हैं। contraposition विभिन्न श्रेणीबद्ध प्रस्तावों के बीच तार्किक संबंधों का पता लगाता है।

विशेष रूप से, contraposition को पहले दो शब्दों- conversion और obversion तक कम किया जा सकता है। इस उदाहरण को देखते हुए यह दिखाया जा सकता है: O-प्रकार का प्रस्ताव लें: 'कुछ किसान आदर्शवादी नहीं हैं।' इसका तार्किक समतुल्य है 'कुछ गैर-आदर्शवादी गैर-किसान नहीं हैं।' हम ऊपर दी गई तालिका से भी यह देख सकते हैं। I-प्रकार के साथ, contraposition मान्य नहीं है।

उदाहरण 1 (A प्रस्ताव): मूल प्रस्ताव: 'सभी शिक्षक बुद्धिजीवी हैं।'

मात्रा (Quantity)	गुणवत्ता (Quality)	विषय शब्द (Subject Term)	प्रतिपाद्य शब्द (Predicate Term)
सार्वभौमिक (Universal)	सकारात्मक (Affirmative)	शिक्षक (Teachers)	बुद्धिजीवी (Intellectuals)

प्रतिवादी: 'सभी गैर-बुद्धिजीवी गैर-शिक्षक हैं।'

मात्रा (Quantity)	गुणवत्ता (Quality)	विषय शब्द (Subject Term)	प्रतिपाद्य शब्द (Predicate Term)
सार्वभौमिक (Universal)	सकारात्मक (Affirmative)	गैर-बुद्धिजीवी (Non-Intellectuals)	गैर-शिक्षक (Non-Teachers)

इस उदाहरण में, हमने विषय और प्रतिपाद्य शब्दों की स्थितियों को बदल दिया और उन्हें उनके पूरकों के साथ बदल दिया। मूल प्रस्ताव और इसके प्रतिवादी का सत्य-मूल्य (truth value) समान है।

उदाहरण 2 (O प्रस्ताव): मूल प्रस्ताव: 'कुछ कलाकार गायक नहीं हैं।'

मात्रा (Quantity)	गुणवत्ता (Quality)	विषय शब्द (Subject Term)	प्रतिपाद्य शब्द (Predicate Term)
विशेष (Particular)	नकारात्मक (Negative)	कलाकार (Artists)	गायक (Singers)

प्रतिवादी: ''कुछ गैर-गायक गैर-कलाकार नहीं हैं।''

मात्रा (Quantity)	गुणवत्ता (Quality)	विषय शब्द (Subject Term)	प्रतिपाद्य शब्द (Predicate Term)
विशेष (Particular)	नकारात्मक (Negative)	गैर-गायक (Non-Singers)	गैर-कलाकार (Non-Artists)

इस उदाहरण में, हमने फिर से विषय और प्रतिपाद्य शब्दों की स्थितियों को बदल दिया और उन्हें उनके पूरकों के साथ बदल दिया। मूल प्रस्ताव और इसके प्रतिवादी का सत्य-मूल्य समान है।

E प्रस्ताव के लिए contraposition सीमा द्वारा (Contraposition by Limitation) मूल प्रस्ताव: ''कोई एजेंट अपराधी नहीं हैं।''

मात्रा (Quantity)	गुणवत्ता (Quality)	विषय शब्द (Subject Term)	प्रतिपाद्य शब्द (Predicate Term)
सार्वभौमिक (Universal)	नकारात्मक (Negative)	एजेंट (Agents)	अपराधी (Criminals)

सीमा द्वारा प्रतिवादी: ''कुछ गैर-अपराधी गैर-एजेंट नहीं हैं।''

मात्रा (Quantity)	गुणवत्ता (Quality)	विषय शब्द (Subject Term)	प्रतिपाद्य शब्द (Predicate Term)
विशेष (Particular)	नकारात्मक (Negative)	गैर-अपराधी (Non-Criminals)	गैर-एजेंट (Non-Agents)

इस उदाहरण में, हम पहले subalternation (एक सार्वभौमिक को विशेष प्रस्ताव में बदलना) करते हैं, फिर विषय और प्रतिपाद्य शब्दों की स्थितियों को बदलते हैं और उन्हें उनके पूरकों के साथ बदलते हैं। E प्रस्तावों के लिए contraposition by limitation काम करता है, और मूल E प्रस्ताव संबंधित O प्रस्ताव के सत्य होने को शामिल करता है।

E और I प्रस्तावों के लिए contraposition की सीमाएँ: सामान्यतः, E (सार्वभौमिक नकारात्मक) और I (विशेष सकारात्मक) प्रस्तावों के लिए contraposition एक मान्य तात्कालिक अनुमान नहीं है।

उदाहरण 1 (E प्रस्ताव): ''कोई पेड़ पक्षी नहीं हैं'' और ''कोई गैर-पक्षी गैर-पेड़ नहीं हैं'' का सत्य-मूल्य समान नहीं हो सकता है।

उदाहरण 2 (I प्रस्ताव): ''कुछ शेर मांसाहारी हैं'' और ''कुछ गैर-मांसाहारी गैर-शेर नहीं हैं'' का सत्य-मूल्य समान नहीं हो सकता है। E और I प्रस्तावों के लिए contraposition विश्वसनीय रूप से नहीं रखता है।

Converse, Obverse और Contrapositive में मुख्य अंतर तालिका

मूल प्रस्ताव (Original propositions)	विपरीत (Converse)	विपर्यय (Obverse)	प्रतिवादी (Contrapositive)
A: सभी S P हैं (All S are P)	I कुछ P S (सीमा द्वारा) (Some P are S [by Limitation])	कोई S गैर-P नहीं हैं (No S are non-P)	A: सभी गैर-P गैर-S हैं (All non-P are non-S)
E: कोई S P नहीं हैं (No S are P)	E: कोई P S नहीं हैं (No P are S)	A: सभी S गैर-P हैं (All S are non-P)	O: कुछ गैर-P गैर-S नहीं हैं (सीमा द्वारा) (Some non-P are not non-S [by Limitation])

I: कुछ S P हैं (Some S are P)	I: कुछ P S हैं (Some P are S)	O: कुछ S गैर-P नहीं हैं (Some S are not non-P)	प्रतिस्थापन मान्य नहीं-अधिक जानकारी/संदर्भ की आवश्यकता हो सकती है (Contraposition Not Valid – more info/context may be required)
O: कुछ S P नहीं हैं (Some S are not P)	रूपांतरण मान्य नहीं (Conversion not valid)	I: कुछ S गैर-P हैं (Some S are non-P)	O: कुछ गैर-P गैर-S नहीं हैं (Some non-P are not non-S)

उदाहरण: सभी बीमाकृत ग्रामीणों (IV) के पास अच्छा चिकित्सा कवरेज है। इसलिए, सभी खराब चिकित्सा कवरेज वाले ग्रामीण बीमाकृत ग्रामीण नहीं हैं।

समाधान: प्रतिज्ञा: सभी IV G हैं। निष्कर्ष: सभी गैर-G गैर-IV हैं।

निष्कर्ष प्रतिज्ञा का contrapositive है। इस A प्रकार के कथन में विपरीत स्थानांतरण/प्रतिस्थापन (contraposition) का उपयोग किया जा सकता है। इसलिए, यह मान्य है।

स्टॉपओवर

1. तर्क में रूपांतरण (conversion) का उद्देश्य क्या है?
   (a) एक श्रेणीबद्ध प्रस्ताव की गुणवत्ता को सकारात्मक से नकारात्मक में या इसके विपरीत बदलना।
   (b) एक प्रस्ताव में अतिरिक्त शब्द या तत्वों को पेश करना।
   (c) एक श्रेणीबद्ध प्रस्ताव के विषय और प्रतिपाद्य शब्दों को बदलना, जबकि गुणवत्ता को बनाए रखना।
   (d) दिए गए प्रस्ताव का एक प्रतिवादी बनाना।
2. "कुछ छात्र गणितज्ञ नहीं हैं" कथन का तार्किक समतुल्य कौन सा है?
   (a) कुछ गणितज्ञ छात्र नहीं हैं।
   (b) सभी छात्र गणितज्ञ हैं।
   (c) कोई छात्र गणितज्ञ नहीं हैं।
   (d) कुछ छात्र गणितज्ञ हैं।
3. 'कुछ S P हैं' का विपरीतीकरण कौन सा है?
   (a) कुछ S P नहीं हैं।
   (b) कुछ P S नहीं हैं।
   (c) कुछ P S हैं।
   (d) कोई P S नहीं है।
4. दिए गए कथन से क्या निष्कर्ष निकाला जा सकता है, 'कुछ पुरुष ईमानदार हैं'। निम्नलिखित में से कौन सा सच है?
   (a) कुछ ईमानदार लोग पुरुष नहीं हैं।
   (b) सभी ईमानदार लोग पुरुष नहीं हैं।
   (c) कुछ ईमानदार लोग पुरुष हैं।
   (d) उपरोक्त में से कोई नहीं।
5. निम्नलिखित में से कौन सा कथन विपरीतीकरण के माध्यम से मूल कथन के तार्किक समतुल्य है?
   (a) कुछ सफेद चीज़ें हंस नहीं हैं।
   (b) सभी सफेद चीज़ें हंस हैं।
   (c) कोई सफेद चीज़ें हंस नहीं हैं।
   (d) कुछ हंस सफेद नहीं हैं।
6. ''कोई पक्षी सरीसृप नहीं हैं'' कथन का तार्किक समतुल्य कौन सा है?
   (a) सभी सरीसृप पक्षी हैं।
   (b) कुछ सरीसृप पक्षी नहीं हैं।
   (c) सभी पक्षी सरीसृप हैं।
   (d) कुछ पक्षी सरीसृप हैं।
7. यदि हम मान लें कि 'कोई बिल्लियाँ कुत्ते नहीं हैं' सत्य है, तो निम्नलिखित में से कौन सा कथन इसके तार्किक समतुल्य है?
   (a) कोई कुत्ते बिल्लियाँ नहीं हैं। (converse)
   (b) सभी बिल्लियाँ गैर-कुत्ते हैं। (obverse)
   (c) यदि कुछ एक कुत्ता नहीं है, तो वह एक बिल्ली नहीं है। (contrapositive)
   (d) सभी कुत्ते बिल्लियाँ नहीं हैं। (negation of converse)
8. निम्नलिखित में से कौन सा कथन ''कोई गैर-स्तनधारी पंखदार प्राणी नहीं है'' कथन के तार्किक समतुल्य नहीं है?
   (a) कोई पंखदार प्राणी गैर-स्तनधारी नहीं हैं।
   (b) सभी गैर-पंखदार प्राणी स्तनधारी हैं।
   (c) सभी पंखदार प्राणी स्तनधारी हैं।
   (d) कुछ गैर स्तनधारी पंखदार प्राणी नहीं हैं।
9. तर्क में विपरीतीकरण (obversion) और विपरीत स्थानांतरण (contraposition) के बीच मुख्य अंतर क्या है?
   (a) विपरीतीकरण विषय और प्रतिपाद्य शब्दों को बदलता है, जबकि विपरीत स्थानांतरण प्रस्ताव की गुणवत्ता (सकारात्मक/नकारात्मक) को बदलता है।
   (b) विपरीतीकरण और विपरीत स्थानांतरण एक ही चीज़ के लिए दो अलग-अलग शब्द हैं।
   (c) विपरीत स्थानांतरण विषय और प्रतिपाद्य शब्दों को बदलता है, जबकि विपरीतीकरण प्रस्ताव की मात्रा (कुछ/सभी) को बदलता है।
   (d) विपरीतीकरण और विपरीत स्थानांतरण केवल कुछ प्रकार के श्रेणीबद्ध प्रस्तावों के लिए मान्य हैं।

सही विकल्प: **1.** (c) **2.** (a) **3.** (c) **4.** (c) **5.** (a) **6.** (b) **7.** (c) **8.** (b) **9.** (a)

संकेत

7. (c) प्रतिवादी दोनों शब्दों को नकारता है।

8. (b) जरूरी नहीं कि वे केवल स्तनधारी हैं। इसलिए, यह मूल कथन के तार्किक समतुल्य नहीं है।

भाषा तथा संबंधित वर्गीकरण (Languages and Related Categorisations)

तर्क में कुछ और भाषा संबंधी अवधारणाएँ होती हैं जिन पर एनटीए-नेट परीक्षा में बहुत बार प्रश्न पूछा जा चुका है। यह नए पाठ्यक्रम में भी है, परीक्षार्थियों से यह अपेक्षा की जाती है कि वे इनका भी अच्छी तरह पठन करें, क्योंकि भाषायी विकल्प एक-दूसरे के बहुत निकट होते हैं।

तथ्य, विचार, पूर्वाग्रह और आस्था (Fact, Opinion, Prejudice and Belief)

नेट परीक्षा में इस प्रकार के प्रश्नों में, एक कथन दिया जा सकता है और फिर उसकी प्रकृति पूछी जा सकती है कि यह तथ्य है, पूर्वाग्रह है, एक विश्वास या सिर्फ एक विचार।

1. **तथ्य (Facts):** तथ्य सत्यापन योग्य होते हैं। हम साक्ष्य पर शोध करके तथ्यों का सत्यापन स्थापित कर सकते हैं। तथ्यों के बारे में हम कह सकते हैं।

   (a) निश्चित रूप से ज्ञात

   (b) निश्चित रूप से सत्य

   (c) निश्चित अस्तित्व

   इसमें संख्या, तिथि, साक्ष्य आदि सम्मिलित हो सकते हैं।

   उदाहरण के लिए, भारत 15 अगस्त, 1947 को स्वतंत्र हुआ। तथ्य विचार-विमर्श के लिए महत्त्वपूर्ण होते हैं।

2. **विचार (Opinion):** एक विचार तथ्य पर आधारित मन में किया गया निर्धारण है। यह वास्तविक साक्ष्य के अनुसार उचित निष्कर्ष निकालने का प्रयास है। इसके निम्नलिखित मुख्य अभिलक्षण हैं:

   (a) ऐसा विश्वास कि कुछ घटित हुआ है।

   (b) ऐसा विश्वास कि यह वास्तविक है।

   (c) ऐसा विश्वास कि किसी का कुछ अस्तित्व है।

   उदाहरण के लिए, हम जानते हैं कि भारत में लाखों लोग बिना उचित चिकित्सा के जीवित नहीं रह पाते हैं। ऐसे में कोई ऐसा विचार विकसित कर लेता है कि राष्ट्रीय स्वास्थ्य बीमा संस्थान की स्थापना की जानी चाहिए, हालांकि, इसके लिए कुछ हजार करोड़ रुपये का व्यय होगा।

   लेकिन विचार संभावित रूप से परिवर्तित भी हो सकता है। एक ही स्थिति के बारे में अलग-अलग व्यक्तियों के विचार अलग-अलग भी हो सकते हैं।

3. **पूर्वाग्रह (Prejudice):** यह एक व्यक्ति के प्रति किसी समूह के साथ उसकी संबद्धता के आधार पर उत्पन्न हुई एक भावना है। उदाहरण के लिए, रमेश सोचता है कि माँसाहारी व्यक्तियों के मन में पर्यावरण के प्रति कोई लगाव नहीं होता है। यदि उसके सामने यह तथ्य आता है कि सुरेश एक माँसाहारी है, तो उसके आधार पर वह सुरेश को पसंद नहीं करता है, उसके मन में सुरेश के प्रति घृणा का भाव, जो कि एक नकारात्मक व्यंग्य के रूप में प्रकट हो सकता है, एक पूर्वाग्रह है, जबकि सुरेश वास्तविकता में पर्यावरण के प्रति जागरूक है। पूर्वाग्रह समाज में मित्रों, परिवार, मीडिया आदि के कारण भी उत्पन्न हो सकते हैं। इनको चुनौती दी जा सकती है।

   पूर्व में नेट परीक्षा में निम्न प्रश्न पूछा गया है।

   विदेशी भाषा के माध्यम से शिक्षित व्यक्ति अवश्य ही देशभक्त नहीं होता है:

   (a) यह कथन वास्तविकता है।

   (b) यह कथन परामर्श है।

   (c) यह कथन मत या राय है।

   (d) यह कथन दूषित पूर्वाग्रह है।

4. **आस्था (Belief):** इसको श्रद्धा या विश्वास भी कहा जा सकता है। यह मुख्यत: व्यक्तिगत, धार्मिक, सांस्कृतिक, समाजिक या पारिवारिक मूल्यों के प्रति गहरे लगाव के कारण उत्पन्न होती है। इनको सरलता से बदला नहीं जा सकता है।

संबंधपरक तर्क (Relational Arguments)

संबंधपरक तर्कवाक्य के दो आयाम हो सकते हैं—तर्कवाक्य के विभिन्न भाग (जिनकी चर्चा पहले भी की जा चुकी है) एवं दूसरे तर्कवाक्य या वाक्यों से।

सममिति (Symmetry)

सममिति के आधार पर निम्नलिखित तीन प्रकार के तर्कवाक्य या निष्कर्ष होते हैं:

1. **सममिति संबंधपरक तर्क (Symmetry Relational Arguments):** A, B के समान है।

   इसलिए B, A के समान है। यह मान्य (वैध) निष्कर्ष है।

2. **असममितिक संबंधपरक तर्क (Asymmetrical Relational Arguments):** A, B से बड़ा है।

   इसलिए B, A से बड़ा है। यह अमान्य निष्कर्ष है।

3. **गैर-सममिति संबंधपरक तर्क (Non-symmetry Relational Arguments):** A, B की बहन है।

   इसलिए B, A की बहन है। यह मान्य हो भी सकता है और नहीं भी।

संक्रमणीयता (Transitive)

संक्रमणीय या पारगमन संबंधपरक तर्क (Transitive): इसमें संबंध A से C तक B के माध्यम से जाता है।

A, B के बराबर है।

B, C के बराबर है।

इसलिए A, C के बराबर है। यह मान्य संबंध है।

1. **अकर्मक संबंधपरक तर्क (Intransitive Relational Arguments):** यहां A से C तक संबंध B के माध्यम से होकर नहीं गुजरता है।

   A, B का पुत्र (या पिता) है।

   A, B का पुत्र (या पिता) है।

   इसलिए, यह निष्कर्ष अमान्य या अवैध माना जाता है।

2. **गैर अकर्मक संबंधपरक तर्क (Non-intransitive Relational Arguments):** A, B का शत्रु है।

   इसलिए, इसी प्रकार मित्र, पड़ोसी भी इसी श्रेणी में आते हैं।

प्रतिरूपता या प्रतिबिंबता (Reflexiveness)

पूर्ण प्रतिरूपता (Complete Replica): यहां संबंध स्वयं से है।

जैसे कि 'स्वयं के बराबर है', 'स्वयं के समान है', 'स्वयं के अनुरूप है' आदि।

आंशिक प्रतिरूपता (Partial Replica): इसमें संबंध किसी दूसरे से स्थापित किया जाता है।

A की लम्बाई B के जितनी ही है।

B की लम्बाई C के जितनी ही है।

इसलिए, A की लम्बाई C के जितनी ही है।

अस्वतुल्य (Irreflexive): इस प्रकार का संबंध किसी पद और उसके स्वयं के बीच स्थापित नहीं किया जा सकता है।

जैसे कि यह कहना कि A स्वयं से बड़ा (या छोटा) है। A स्वयं के पूर्व या पश्चिम में है।

गैर-प्रतिरूपता (Non-reflexiveness): यह किसी पद और उसके स्वयं के बीच में हो भी सकता है और नहीं भी हो सकता है।

उदाहरणस्वरूप: A स्वयं से प्यार करता है।

ऐसा हो भी सकता है और नहीं भी।

संलग्नता (Connexity): इस प्रकार का संबंध दो पदों के बीच में मान्य होता है।

उदाहरणस्वरूप: तीन दो से बड़ा है, लेकिन चार से छोटा है।

परिभाषा और इसके प्रकार (DEFINITION AND ITS TYPES)

किसी महत्त्वपूर्ण संप्रत्यय की परिभाषा के निम्नलिखित उद्देश्य हो सकते हैं:

1. किसी अमूर्त प्रत्यय को मूर्त रूप देने का प्रयास।
2. किसी संप्रत्यय को दूसरे संप्रत्ययों से पृथक करने का प्रयास।
3. दो या दो से अधिक संप्रत्ययों के मध्य संबंध स्थापित करना।
4. किसी संप्रत्यय के मानदंड संबंधी उद्देश्य जैसे कि सीमांकन करने के लिए।

परिभाषा किसी भी संप्रत्यय के अध्ययन का प्रारंभिक बिन्दु हो सकती है।

नेट परीक्षा में भी इससे संबंधित प्रश्न बहुत बार पूछे जा चुके हैं। एक भावी अध्यापक को 'परिभाषा' शब्द का ज्ञान होना आवश्यक भी है।

अनिवार्य परिभाषा (Intensional Definition): किसी पद का अर्थ बताना या फिर उसके विशिष्ट अभिलक्षण बताना। उदाहरणस्वरूप—रसायन शास्त्र में जल की परिभाषा है—हाइड्रोजन एवं ऑक्सीजन का यौगिक और भौतिकी में ऐसा तरल पदार्थ जिसका हिमांक बिन्दु 0 डिग्री सेल्सियस है एवं क्वथनांक 100 डिग्री सेल्सियस है।

विस्तारित परिभाषा (Extensional Definition): इसके अंतर्गत मूलत: वर्ग आते हैं। उदाहरण के लिए, 'विश्व के देश' की विस्तारित परिभाषा भाषा के अंतर्गत विश्व के सभी देश आते हैं।

सौर परिवार के ग्रह की परिभाषा के अंतर्गत बुध, पृथ्वी, मंगल आदि ग्रह आएंगे।

कोश-विषयक या शाब्दिक परिभाषा (Lexicon or Lexical Definition): यह किसी शब्द का शब्दकोश में निहित अर्थ है।

स्वनिर्मित परिभाषा (Stipulative Definition): किसी वस्तु या पद के अर्थ को नए ढंग से या शब्दों से परिभाषित करना। नयी परिभाषा ह्रासकारी भी हो सकती है, जैसा कि कठभाषा (Slangs) का प्रयोग।

सटीक परिभाषा (Precising Definition): इसका उद्देश्य अनेकार्थी शब्दों के अर्थ को सटीक करके बताना है, जैसे कि विधि, चिकित्सा, तकनीकी शिक्षा आदि। कई बार ऐसे विषयों में पारिभाषिक शब्दावली (Glossary) दी होती है।

प्रेरक भाषा (Motivational Definition): इसमें कई बार किसी शब्द को परिभाषित करने के लिए भावोत्तेजक, प्रेरक शब्दों का प्रयोग किया जाता है। जैसा कि कई बार चर्चा के दौरान होता है—भ्रूण हत्या को मासूम व्यक्ति की हत्या बता देना। ऐसे शब्द का अर्थ नकारात्मक भी लिया जा सकता है।

क्रियाशील परिभाषा (Operational Definition): यह मुख्यत: किसी चर आदि के मापन से संबंधित होती है। जैसे कि धनाढ्यता (या दरिद्रता) को कैसे परिभाषित किया जाए ताकि (किसी शोध में) उसको मापा जा सके।

तथाकथित परिभाषा (Ostensive Definition): यह अस्थिर परिभाषा है। उदाहरणस्वरूप, यदि लाल रंग को परिभाषित करना हो, तो लाल रंग की वस्तुओं की ओर संकेत करके ही बताया जा सकता है।

सादृश्य या अनुरूप परिभाषा (Analogue Definition): इसमें दो वस्तुओं या अवधारणाओं की तुलना करके किसी शब्द के अर्थ को समझाया जाता है। उदाहरण के लिए, कंप्यूटर के अर्थ को समझने के लिए इसकी तुलना मानव मस्तिष्क से की जा सकती है।

स्टॉपओवर

सादृश्यता से संबंधित प्रश्न बहुत बार नेट परीक्षा में पूछा गया है:

'जिस प्रकार किसी सेना को छोटी-छोटी टुकड़ियों में बांटने से सेना की शक्ति क्षीण हो जाती है उसी प्रकार यदि किसी हीरे को छोटे-छोटे टुकड़ों में काट दिया जाए, तो उसके मूल्य में ह्रास हो जाएगा।'

उपरोक्त युक्ति को कहा जाता है:

(a) सादृश्यता (b) निगमनात्मक
(c) आंकड़ात्मक (d) कारणात्मक

इसका सही उत्तर (a) है ।

शब्दार्थ (Word Meanings)

यह मुख्यत: दो प्रकार के होते हैं:

1. **मुख्यार्थक (Denotation):** मुख्यार्थ किसी वस्तु या पद का 'शब्दकोश अर्थ' या शाब्दिक अर्थ को संदर्भित करता है। उदाहरण के लिए, यदि आप शब्दकोश में 'सर्प' का अर्थ खोजते हैं, तो इसका अर्थ मिलेगा 'विषैला, लम्बा, बेलनाकार शरीर और सबसे उष्णकटिबंधीय और शीतोष्ण क्षेत्रों में पाया जाने वाला जीव'।
2. **लक्ष्यार्थक या गुणार्थक (Connotation):** कभी-कभी किसी शब्द के शब्दकोशीय अर्थ के साथ उसका लक्ष्यार्थ भी दिया जाता है, जो कि उसका भाव अर्थ भी हो सकता है। जैसे कि सर्प शब्द का अर्थ बुरा या खतरा या भयसूचक संकेत भी हो सकता है।

अवस्था और आकृति (Mood and Figure)

तर्क जटिल प्रकृति के होते हैं। यहां यह सम्भव नहीं है कि सभी तर्कों को हम एक ही सामान्य वर्ग के अंतर्गत ला पाएं या संगठित कर सकें। न्यादर्श दर्श (syllogism) के विस्तृत विश्लेषण से उस की छिपी हुई जटिलताओं (hidden complexities) का भी पता चलता है। न्यादर्श के अध्ययन से उसकी संरचना की अवस्था (Mood) और आकृति (Figure) का भी पता चलता है। इस प्रकार संरचना की एक स्पष्ट समझ, न्यादर्श के तर्क के धन को उजागर करती है। हमें सदैव ही, परिसर (proposition) को सत्य के रूप में लिया जाना चाहिए चाहे, वे तथ्यात्मक रूप से (factually) सत्य हों या नहीं।

जैसा कि हमने पहले इसी अध्याय में चर्चा की थी, एक निरुपाधिक तर्कवाक्य का मानक दृष्टिकोण प्राप्त करने के लिए निम्नलिखित योग्यताओं को पूरा करना आवश्यक है:

1. इसमें दो परिसरों और एक अनुमान (inference or conclusion) के साथ एक तर्क होता है।
2. सभी तीनों कथनों में निरुपाधिक प्रस्ताव (categorical proposition) होने चाहिए।
3. इसमें तीन अलग-अलग पद (term) हैं।
4. प्रत्येक पद का उपयोग दो बार किया जाता है।

हम इस विषय की पहले भी चर्चा कर चुके हैं जो कि मानक रूप से निरुपाधिक तर्क वाक्यों पर लागू होते हैं।

वृहत पद (P): अनुमान (निष्कर्ष) की भविष्यवाणी

लघु पद (S): अनुमान का विषय

मध्य पद (M): वह पद जो दोनों तर्क वाक्यों (परिसरों) में होता है

S और P का प्रयोग विषय (subject) और विधेय (predicate) के लिए भी किया जाता है।

आंग्ल भाषा में तीनों पद 'M' से आरम्भ होते हैं, इसलिए इनका थोड़ा ध्यान भी रखना चाहिए।

वृहत परिसर (Major Premise): वह परिसर जो कि वृहत पद वाला हो।

लघु परिसर (Minor Premise): वह परिसर जो कि लघु पद वाला हो।

हमें निरुपाधिक प्रस्ताव की समस्या के समाधान के लिए इसी अध्याय में दिए गए नियमों के अनुसार तर्कवाक्यों को मानक रूप में लाना होगा। तब हम इसकी अवस्था और आकृति का निर्धारण कर सकते हैं। निरुपाधिक वाक्य को पहले अवस्था (Mood) तथा फिर आकृति (Figure) के रूप में सूचीबद्ध किया जा सकता है।

निरुपाधिक तर्कवाक्य की अवस्था प्रस्ताव (proposition) के प्रकार (A, E, I या O) पर निर्भर करती है। अभी इसको यहां इस प्रकार से समझ सकते हैं कि यह वृहत पद से आरम्भ होकर अनुमान के साथ समाप्त होने वाले प्रकारों की एक सूची है।

एक निरुपाधिक तर्कवाक्य की अवस्था (Mood) तीनों प्रस्तावों की विशेषता (quality) और मात्रा (quantity) द्वारा निर्धारित की जाती है।

एक निरुपाधिक तर्कवाक्य की आकृति मध्य पद से निर्धारित की जाती है।

निरुपाधिक तर्कवाक्य के विस्तृत विश्लेषण से उसी की छिपी हुई जटिलताओं का पता चलता है। इस तरह के एक अध्ययन में तर्कवाक्य की संरचना की चर्चा होती है जो अवस्था और आकृति की जानकारी भी प्रदान करता है। आकृति (figure) की पूर्व चर्चा के बिना न्यादर्श (syllogism) के अध्ययन में अवस्था (mood) द्वारा निभाई गई भूमिका की पूरी तरह से सराहना करना संभव नहीं है।

अवस्था और आकृति निरुपाधिक प्रतिज्ञप्ति की संरचना का निर्धारण करते हैं। यदि हम सामान्य रूप से निगमनात्मक अनुमान (deductive inference) को और निरुपाधिक प्रतिज्ञप्ति को भली-भांति समझना चाहते हैं तो उनकी अवस्था और आकृति की जानकारी हमारी सहायता कर सकती है। निगमनात्मक अनुमान में तर्क की संरचना का विश्लेषण अच्छे (वैध) और बुरे (अवैध) तर्कों के वर्गीकरण के लिए एक पूर्व-आवश्यकता है।

निम्न उदाहरण हमें दिखाता है कि मानक रूप (standard form) का क्या अर्थ है।

सभी मनुष्य नश्वर हैं।

जतिन एक मनुष्य है।

इसलिए जतिन नश्वर है।

मान लीजिए कि केवल O प्रस्ताव में एक तर्क सम्मिलित है, तब तर्क की अवस्था को 'OOO' कहा जाता है। इसी तरह, एक न्यादर्शी (syllogistic argument) OAO में पहला O वृहत प्रस्ताव है, A लघु प्रस्ताव है तथा तीसरा O अनुमान है। EIO में E वृहत पद है, I लघु पद है तथा O अनुमान है।

1. Major premise:	All H are M.	HAM	2. All R are H.	RAH
Minor premise:	J is H.	JAH	No R are L.	REL
Conclusion	∴ J is M.	JAM	∴ Some L are not H.	∴ LOH
3. Major premise:	No W is Y.	WEY		
Minor premise:	All Y is B.	YAB		
Conclusion	∴ Some B is not W.	∴ BOW		

तदानुसार, हम 64 अवस्थाओं (Mood) को सूचीबद्ध कर सकते हैं, लेकिन यहां हमें अपने आप को वैध अवस्था तक सीमित नहीं रखना चाहिए। यहां पर इन सभी 64 अवस्थाओं को सूचीबद्ध करने की आवश्यकता नहीं है। जब हम सभी गणना करते हैं तो हम इनको संभव व्यवस्था 64 पर पहुंचा सकते हैं।

हम इस तथ्य का भी पहले वर्णन कर चुके हैं कि प्रस्ताव (propositions or statements) चार प्रकार के होते हैं, - A, E, I तथा O. इन चार प्रस्तावों में से हमें तीन प्रस्तावों को लेना है - चाहे 0, 1, 2 और 3 के रूप में। जब हम सभी संभावित व्यवस्थाओं की गणना करते हैं, तो हम 64 पर पहुंचते हैं।

यहां दो अन्य महत्वपूर्ण पहलू हैं।

1. **1.** हमने एक निश्चित संख्या में संरचनाओं का आविष्कार किया है जिससे कि न्याय तर्क का निर्माण किया जा सकता है।
2. **2.** सभी संरचनाओं जिनके लिए तर्क मान्य हैं, उनकी सदस्यता को सदैव वैध नहीं माना जा सकता है। एक तर्क की स्थिति उस विशेष तर्क की संरचना से निर्धारित होती है।

आकृति के अर्थ और महत्व को समझना सरल कार्य है। आकृति हमें 'मध्य पद की स्थिति' (position of middle term) से प्राप्त होती है। जैसा कि हम जानते हैं, मध्य पद (Middle Term) हमें वृहत परिसर (Main proposition) और लघु परिसर (Minor proposition) दोनों में दिखाई देता है। इसलिए परिसर में इसकी संभावित स्थिति के परिणामस्वरूप चार अलग-अलग संरचनाएं बनती हैं। यहां इसको एक योजनाबद्ध प्रतिनिधित्व के रूप में दिखाया गया है।

आकृति 1	आकृति 2	आकृति 3	आकृति 4
M – P	P – M	M – P	P – M
S – M	S – M	M – S	M – S
S – P	S – P	S – P	S – P

इस योजना से यह स्पष्ट है कि P और S में से कोई भी न्यादर्श (syllogism) की आकृति को स्वीकार नहीं करता है। इतिहास के अनुसार, अरस्तु (Aristotle) ने पहले केवल तीन आकृति स्वीकार की। चौथी आकृति की उत्पत्ति को विवादित भी माना गया है।

क्वीन के अनुसार अरस्तु के एक छात्र, थियोफ्रेस्टस ने चौथी आकृति का आविष्कार किया, जबकि स्टीबिंग के अनुसार गैलन ने चौथी आकृति का आविष्कार किया। यह विवाद बहुत महत्वपूर्ण नहीं है, किन्तु पहली आकृति पर अरस्तु ने जो कहा है, वह बहुत महत्वपूर्ण है।

अरस्तु ने पहली आकृति (first figure) की चर्चा सबसे अधिक वैज्ञानिक आकृति के रूप में की, शायद वह इस आकृति को 'संतोषजनक' बताना चाहते होंगे। अरस्तु ने ऐसा शायद इसके गणित और भौतिक विज्ञान के नियमों पर निर्भरता के कारण कहा होगा। अरस्तु के अनुसार, गणित और भौतिक विज्ञान अपनी पहली आकृति के रूप में अधिनियम स्थापित करना चाहते हैं।

दूसरा कारण यह है कि पहली आकृति सामान्य रूप से तर्कपूर्ण अनुमान (Inference) पर भी आधारित है। अरस्तु का मानना था कि केवल सार्वभौमिक सकारात्मक अनुमान (Universal Affirmative Inference) ही पूर्ण ज्ञान प्रदान कर सकते हैं और सार्वभौमिक सकारात्मक निष्कर्ष केवल पहली आकृति में ही संभव है। अरस्तु ने न्यादर्श (syllogism) के मूल सिद्धांत को भी उद्धत

किया। एक प्रकार से न्यादर्श यह प्रमाणित करने का कार्य करता है कि A, C में विरासत (inheritance) में तभी मिलता है, यदि A, B की विरासत में मिला हो और B, C की विरासत में मिला हो।

इस सिद्धांत को इस रूप में व्यक्त किया जा सकता है:

लघु: A, B की विरासत में मिलता है

वृहत: B, C की विरासत में मिलता है

A, C की विरासत में मिलता है।

स्पष्ट रूप से, यह तर्क सकर्मक संबंध (Transitive Relationship) को संतुष्ट करता है। यह इस आरेख की सहायता से स्पष्ट किया गया है:

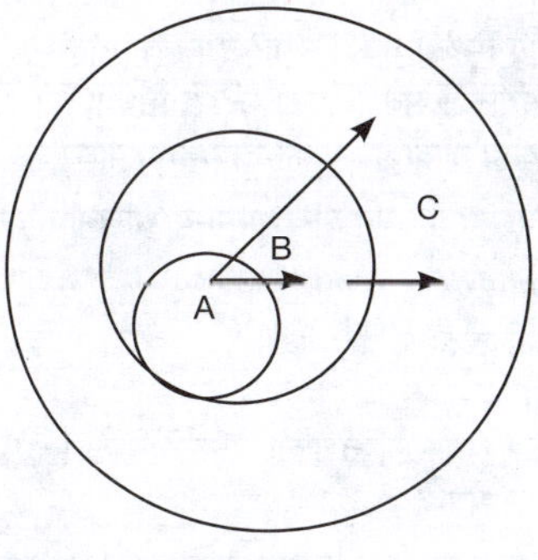

चलिए, अब हम चार उदाहरणों पर विचार करते हैं, जो चार आकृतियों (figures) के अनुरूप हैं।

आकृति I

M P

वृहत परिसर: राभी कलाकार कवि हैं। AAP

S M

लघु परिसर: सभी संगीतकार कलाकार हैं। MAA

अनुमान: सभी संगीतकार कवि हैं। MAP

S P

आकृति II

P M

वृहत परिसर: सभी संत पवित्र हैं। SAP

S M

लघु परिसर: कोई भी अपराधी पवित्र नहीं है। CEP

अनुमान: कोई भी अपराधी संत नहीं हैं। CES

S P

आकृति III

M P

वृहत परिसर: सभी महान कार्य अध्ययन के योग्य हैं। GAW

M S

लघु परिसर: सभी महान कार्य महाकाव्य हैं। GAE

अनुमान: कुछ महाकाव्य अध्ययन के योग्य हैं। SET

S P

आकृति IV

P M

वृहत परिसर: कोई भी सैनिक देशद्रोही नहीं होता है। SET

M S

लघु परिसर: सभी देशद्रोही पापी होते हैं। TAS

अनुमान: कुछ पापी सैनिक नहीं हैं। SOS

S P

हम अवस्था (mood) के साथ आकृतियों (figures) के संयोजन पर विचार करेंगे। तभी हमे 'न्यादर्श की आकृति' (figure of syllogism) से संभावित अवस्थाओं की कुल संख्या की गणना करने की अनुमति मिलती है। अवस्था प्रस्ताव की गुणवत्ता और मात्रा पर आधारित होती है जो कि न्यादर्श (syllogism) का गठन भी करते हैं।

चूंकि कुल चार पद हैं, सभी में 256 ढंग से श्रेणीबद्ध प्रस्तावों की व्यवस्था संभव है। ये बिल्कुल हमारे अवस्था के अनुसार हैं। इन 256 में से 245 अवस्थाओं को अमान्य या अवैध दिखाया जा सकता है। इसलिए हमारे पास केवल ग्यारह वैध अवस्थाएं शेष रहती हैं। यहां तक कि यह भी स्पष्ट तस्वीर के लिए पर्याप्त नहीं है। कोई भी ऐसी आकृति (figures) नहीं है जिसमें सभी ग्यारह अवस्था वैध हैं। पारंपरिक तर्क के ढांचे के भीतर, किसी भी आकृति में केवल छह अवस्था मान्य हैं। इन आकृतियों निम्न रूप में वर्णित किया गया है:

I. AAA, AAI, EAE, EAO, EIO and AII

II. AEE, AEO, EAE, EAO, EIO and AOO

III. AAI, AII, IAI, EAO, EIO and OAO

IV. AAI, IAI, AEE, AEO, EAO, and EIO

इन राभी गागलों गें, पहला अक्षर बृहत आधार के लिए, दूसरा लपु के लिए और तीसरा अनुमान के लिए है। आकृति का प्रतिनिधित्व तीन प्रकार से किया जाता है। यदि अवस्था इटली की भाषा में और बोल्ड रूप में वर्णित हो, तो उसको शक्तिशाली अवस्था (Powerful Mood) भी कहा जाता है, और केवल इटली भाषा में वर्णित हो तो उस अवस्था को कमजोर अवस्था कहा जाता है। अन्य सभी अवस्थाओं को सामान्य रूप में दर्शाया जाता है। पहले दो प्रकारों के बीच अंतर जानना महत्वपूर्ण है।

1. **शक्तिशाली अवस्था (Powerful Mood):** जब न्यादर्श के नियम दो सार्वभौमिक परिसरों को तार्किक रूप से केवल विशेष अनुमान निकालने की अनुमति देते हैं, तो ऐसी अवस्था को शक्तिशाली अवस्था (Powerful Mood) कहा जाता है।

2. **कमजोर अवस्था (Weakened Mood):** यदि हम निगमनात्मक रूप से दो सार्वभौमिक परिसरों (Universal propositions) से विशेष अनुमान प्राप्त करते हैं, तब भी जब न्यादर्श (syllogism) के नियम दो सार्वभौमिक परिसरों को तार्किक रूप से सार्वभौमिक अनुमान निकालने की अनुमति देते हैं, तो ऐसी अवस्था को कमजोर अवस्था (Weakened Mood) कहा जाता है।

इस योजना में, हम देखते हैं कि EIO सभी आकृतियों में वैध या मान्य है। यहां यह भी देखना रुचिकर है कि IEO सभी आकृतियों में अवैध या अमान्य है। EIO और IEO के बीच में केवल अंतर यह है कि लघु और प्रमुख परिसर केवल स्थानांतरित किए जाते हैं, जो यह स्पष्ट रूप से दिखाते हैं कि परिसर की स्थिति, जो संरचना का एक भाग है, तर्क की वैधता निर्धारित करती है।

हालांकि EIO एक से अधिक आकृतियों में वैध या मान्य है, यह एक आकृति में एक अवस्था है और दूसरी आकृति में कुछ अन्य है। इसी तरह, AAE दूसरी और चौथी आकृतियों में वैध है, लेकिन यह दूसरी आकृति में एक अलग अवस्था है और चौथी आकृति में एक अलग अवस्था है।

चूंकि अरस्तु ने तर्क दिया कि पहली आकृति सही आकृति है, इसलिए उन्होंने आकृति II और III के सभी वैध (मान्य) तर्कों को आकृति I पर प्रसारित करने की आवश्यकता महसूस की– अगर हस्तांतरित दशा आकृति I में वैध है, तो इसके अलावा किसी भी आकृति में भी वैध होगी। यह कार्य भी चौथी आकृति के आविष्कारक द्वारा किया जाना आवश्यक है। रिडक्शन तर्कों की वैधता का परीक्षण करने का उपकरण है। तेरहवीं शताब्दी में, पोप जॉन XXI नाम के एक तर्कशास्त्री ने पहली आकृति के तर्क को अन्य आकृति के तर्कों तक पहुंचाने के लिए एक तकनीक भी तैयार की। इस तकनीक को स्मृति सहायक छंद (mnemonic code) के रूप में भी जाना जाता है। तदानुसार, कमजोर अवस्थाओं को छोड़कर प्रत्येक अवस्था (Mood) को एक विशेष नाम दिया गया था:

आकृति I.	AAA	BARBARA	आकृति III.	AAI	DARAPTI
	EAE	CELARENT		IAI	DISAMIS
				AII	DATISI
				EAO	FELAPTON
	AII	DARII		OAO	BOCARDO
	EIO	FERIO		EIO	FERISON
आकृति II.	EAE	CESARE	आकृति IV.	AAI	BRAMANTIP
	AEE	CAMESTRES		AEE	CAMENES
	EIO	FESTINO		IAI	DIMARIS
	AOO	BAROCO		EAO	FESAPO
				EIO	FRESISON

इस विधि को इस प्रकार से समझाया जा सकता है। यदि नाम C के साथ शुरू होते हैं, तो न्यादर्श को पहले आकृति को कम करना पड़ता है जो 'C' के साथ आरम्भ होता है। उदाहरण के लिए, CESARE (दूसरी आकृति का एक न्यादर्श) को CELARENT में कम कर के दिखाना होगा। इस नाम के अन्य व्यंजनों का भी अपना महत्व है; 'S' (जैसा कि CESARE में) यह दर्शाता है कि पूर्ववर्ती 'E' को सरल रूपांतरण से गुजरना होगा। इस प्रकार बहुत से व्यंजन हैं।

BAROCO और BOCARDO को विभिन्न ढंग से कम करके आकृति के रूप में लाया जाता है। दोनों अवस्थाओं (Mood) में 'O' प्रस्तावों को पहले विचलित करना होगा और फिर प्रभाव में कमी के लिए प्रासंगिक पथ का पालन करें।

हालांकि, आधुनिक तर्क में स्थिति बहुत अलग है। तर्कवादियों ने यह प्रमाणित किया है कि सार्वभौमिक प्रस्तावों से अकेले विशेष प्रस्ताव नहीं निकाले जा सकते हैं और इसके विपरीत करना भी सम्भव नहीं है।

तदानुसार, दोनों शक्तिशाली और कमजोर अवस्था अवैध बन जाते हैं, इस प्रकार नई योजना में वैध अवस्था की संख्या घटकर पंद्रह रह जाती है।

औपचारिक और अनौपचारिक युक्ति दोष (FORMAL AND INFORMAL FALLACIES)

युक्ति दोष अशुद्धता का ही प्रतिरूप है, लेकिन यह अशुद्धता तर्क की चाल के कारण भी हो सकती है। अपनी बात और उसके निष्कर्ष को सही सिद्ध करने के लिये चतुर लोग जानबूझकर मिथ्या हेतु का सहारा लेते हैं। इसलिए विविध प्रकार के मिथ्या हेतु का ज्ञान रखना अपनी बात को (तर्क) दोष से रहित बनाने के लिये उतना ही जरूरी है जितना किसी दूसरे की बात में निहित तर्क दोष को उजागर करके उसे तर्कपूर्ण बात कहने के लिये विवश करने के लिये।

यदि यह दुर्घटनावश होता है तो युक्ति दोष तर्क की त्रुटि है;

अगर कोई वक्ता या लेखक अपने दर्शकों को धोखा देने या हेरफेर करने के लिए इसका उपयोग करता है तो यह तर्क की एक चाल है।

युक्ति दोष या मिथ्या तर्क किसी कथन का वह भाग है जो तार्किक रूप से दोषपूर्ण सिद्ध किया जा सके। हिन्दी में इसे मिथ्या हेतु, हेत्वाभास, तर्काभास और भ्रामकता भी कहा जाता है। युक्ति दोष हमारे तर्कों को कमजोर करता है।

सामान्यतः युक्ति दोष की पांच सामान्य श्रेणियां होती हैं:

1. भावनाओं का उपयोग करना
2. तर्क से विचलित होना
3. गलत सूचना
4. सामान्यीकरण (एक शक्तिशाली बयान देने के लिए)।
5. अप्रासंगिक सम्प्रेषण

NTA के पाठ्यक्रम के अनुसार, युक्ति दोष को मुख्य रूप से दो भागों में बांटा जा सकता है;

1. औपचारिक युक्ति दोष (Formal Fallacy)
2. अनौपचारिक युक्ति दोष (Informal Fallacy)

इसका उपयोग सदैव वैधता को रेखांकित करता है और किसी भी तर्क की दृढ़ता, विश्वसनीयता को हानि पहुंचा सकता है।

औपचारिक युक्ति दोष (FORMAL FALLACY)

अधिकांश औपचारिक युक्ति दोष तर्क की ही त्रुटियां हैं, जहां अनुमान परिसर द्वारा समर्थित नहीं होता है, इसलिए यहां सही अनुपालन नहीं हो पाता है। यहां या तो परिसर असत्य हैं या फिर तर्क अवैध (अमान्य) है।

इसे सरलता से बताने के लिए, औपचारिक युक्ति दोष गलत हैं क्योंकि यहां पर अनुमान (या निष्कर्ष) पर पहुँच पाने का रूप भी गलत है, चाहे परिसर (कथन) गलत हो या सही। वे एक तर्क में परिसर (कथन या तर्क वाक्य) की सामग्री पर आधारित नहीं हैं।

यहां नीचे एक अवैध निगमनात्मक तर्क का उदाहरण दिया गया है:

परिसर 1: सभी काले कीड़े मांसाहारी होते हैं।

परिसर 2: सभी चूहे मांसाहारी होते हैं।

निष्कर्ष: सभी चूहे काले कीड़े हैं।

कीड़े मांसाहारी प्राणी का वर्ग हैं। चूहे भी मांसाहारी का वर्ग है। लेकिन ये दो उपसमूह (subset) ओवरलैप नहीं करते हैं, और यह तथ्य निष्कर्ष को अतार्किक बना देता है। यहां चर्चा अमान्य हो जाती है, अर्थात, परिसर के बीच संबंध अनुमान/निष्कर्ष या समापन का समर्थन नहीं करता है।

लेकिन फिर औपचारिक युक्ति संगत को कैसे पहचाना जाए? चूहे काले कीड़े हैं, यह युक्ति संगत नहीं है, यह अतार्किक भी लगता है। हालांकि, यह और अन्य खराब तर्क दैनिक रूप से चलते हैं और उनके वास्तविक विश्व परिणाम भी हमारे सामने हैं।

नीचे युक्ति दोष का एक और उदाहरण भी दिया गया है:

परिसर 1: सभी यूरोपीय ईसाई हैं।

परिसर 2: सभी रूसी ईसाई हैं।

निष्कर्ष या अनुमान: सभी रूसी यूरोपीय हैं।

यह तर्क दो स्तरों पर विफल है।

1. परिसर असत्य है क्योंकि यद्यपि कई यूरोपीय और रूसी ईसाई हैं, सभी नहीं हैं।
2. दो जातीय समूह सेट हैं जो ओवरलैप नहीं करते हैं लेकिन दो समूह भ्रमित हैं क्योंकि वे (बड़े पैमाने पर) एक सामान्य गुणवत्ता साझा करते हैं।

अनौपचारिक युक्ति दोष (INFORMAL FALLACY)

अनौपचारिक युक्ति दोष कई रूप ले सकते हैं। वे बहुत व्यापक हैं तथा हमारी दिनचर्या में भी रहते हैं।

औपचारिक युक्ति दोष तब विकसित होते हैं जब

1. परिसर और निष्कर्ष के बीच संबंध की पकड़ नहीं होती।
2. जब परिसर असत्य हो।
3. अनौपचारिक युक्ति दोष भाषा और साक्ष्य के गलत प्रयोग पर अधिक निर्भर करता है

ये तर्क या मान्यताओं पर आधारित हैं, इनमें बार बार अप्रासंगिक जानकारी का प्रयोग होता है।

जब समीक्षा की जाती है, तो वह गलत प्रमाणित होता है, लेकिन सदैव उन्हें प्रस्तुत करना आसान है। लेकिन कुछ चालें या हेरफेर सदैव स्वीकार्य हो सकते हैं।

युक्ति दोष जानने के लिए चरित्र या लोकाचार (Ethos), शब्द (Logos) और मनोभाव (Pathos) का उपयोग:

किसी तर्क का युक्ति दोष जानने के लिए लोकाचार, शब्द और मनोभाव की अवधारणाओं पर लौटने की आवश्यकता है।

1. **लोकाचार (Ethos):** नैतिकताएं अधिकार या विश्वसनीयता के लिए।
2. **शब्द (Logos):** तर्क के लिए एक अपील।
3. **मनोभाव (Pathos):** भावना के लिए एक अपील।

इनका उपयोग हमारे पक्ष को शक्तिशाली बनाने या किसी प्रकार का हेरफेर करने के लिए किया जा सकता है।

अनौपचारिक युक्तिदोष के प्रकार
(TYPES OF INFORMAL FALLACIES)

अब हम युक्तिदोष के विभिन्न वर्गों पर ध्यान केन्द्रित करेंगे। इनको गैर-तार्किक युक्तिदोष भी कहा जाता है क्योंकि इसमें निष्कर्ष या अनुमान के किसी भी नियम का उल्लंघन नहीं होता है, जिनका वर्णन हम पहले भी कर चुके हैं। यह मुख्य तौर पर 'अर्थ' पर आधारित होते हैं।

इस प्रकार के युक्तिदोष तर्कों में प्रस्ताव और निष्कर्ष परस्पर अप्रासंगिक हैं, इसलिए इन्हें 'अप्रासंगिकता का युक्तिदोष' (Fallacies of Irrelevance) भी कहा जा सकता है। यह युक्तिदोष भाषा में अस्पष्टता के कारण भी हो सकता है। अनौपचारिक युक्तिदोषों की संख्या तीन सौ तक हो सकती है, यहां हम केवल परीक्षा की दृष्टि से महत्वपूर्ण युक्तिदोषों की चर्चा कर रहे हैं। किसी कथन या प्रस्ताव में एक युक्तिदोष की अनुपस्थिति यह सुनिश्चित नहीं करती कि उसमें अन्य युक्तदोष भी अनुपस्थित हैं।

1. **पेटिटियो प्रिंसिपी (Petitio Principii):** इसको हिंदी भाषा में 'अपने कथन को बलपूर्वक सही ठहराना' कहा जाता जा सकता है। यह एक बहुत ही सामान्य युक्ति दोष है। यह तब प्रतिबद्ध होता है, जब हम अपनी बात को मनवाना चाहते हैं या कुछ प्रमाणित करना चाहते हैं। हम एक कथन से अपना तर्क आरंभ करते हैं, और पुन: उसी तर्क पर आकर समाप्त करते हैं। इस युक्ति दोष को अंतरनुमान (immediate argument) या चक्रीय तर्क (argument in circle) भी कहा जा सकता है। यह आगमनात्मक तर्क (inductive argument) से भी संबंधित है।

   उदाहरण के लिए,

   हत्या नैतिक रूप से अनुचित है।

   गर्भपात हत्या है।

   इसलिए, गर्भपात नैतिक रूप से अनुचित है।

   अधिकतर लोग पहले प्रस्ताव पर सहमत हैं, हत्या नैतिक रूप से अनुचित है। युक्तिदोष दूसरे प्रस्ताव में है। हो सकता है कि सभी व्यक्ति इस बात से सहमत नहीं होंगे कि गर्भपात हत्या है।

   हालांकि, जैसा कि प्रस्तुत किया गया है, आधार वाक्य एक अनुमान बनाता है कि यह सभी विषयों में मान्य है।

2. **आपात या दुर्घटना से संबंधित युक्तिदोष - व्यापक सामान्यीकरण (Accident - Sweeping Generalisation):** यह युक्तिदोष दो प्रकार का होता है - प्रत्यक्ष युक्तिदोष और इसका विपरीत।

   यह युक्तिदोष दोनों ही स्थितियों में सामान्यीकरण के अनुचित उपयोग के कारण उत्पन्न होता है इस युक्तिदोष में सामान्य और विशेष परिस्थितियों के बीच के अंतर को अनदेखा कर दिया जाता है। इस स्थिति को ध्यान में रखते हुए युक्तिदोष भी दो प्रकार का होता है।

   किसी सामान्यीकरण पर लागू होने वाला 'मानदंड' उनकी बीच की विभिन्नता की उपेक्षा करते हुए लागू किया जाता है, तो यह 'प्रत्यक्ष दुर्घटना' का युक्ति दोष होता है।

   उदाहरण के लिए हम निम्न कथन को लें -

   'हत्यारों को फांसी दी जाती है, इसलिए सभी सैनिकों को फांसी दी जानी चाहिए।

   1. हत्यारों को फांसी दी जानी है (सामान्य परिस्थिति)।
   2. इसलिए, सभी सैनिकों को फांसी दी जानी चाहिए (विशेष परिस्थिति)।

   यहां, 'सामान्य परिस्थिति' और 'विशेष परिस्थिति' के बीच की विभिन्नता की उपेक्षा की गई है।

3. **दूसरी स्थिति - दुर्घटना या आपात का विपरीत युक्तिदोष:** अब हम दूसरी स्थिति को लें, जब किसी विशेष परिस्थिति को आंख बंद करके सामान्य परिस्थिति तक बढ़ा दिया जाता है, तो दुर्घटना या आपात का विपरीत युक्तिदोष उत्पन्न होता है।

   यहां हम सुकरात और पोलेमार्चस के मध्य ज्ञानवर्धक संवाद का उदाहरण ले रहे हैं:

   जब पोलेमार्चस ने यह तर्क दिया कि न्याय के अंतर्गत ऋण चुकाना सम्मिलित है, तो सुकरात ने तुरंत यह जानने की चेष्टा की कि मैंने अपने मित्र से शस्त्र उधार लिए। क्या न्याय इस स्थिति में है कि मेरे मित्र से उधार लिए गए शस्त्र को वापिस लौटा सके, जब कि मुझे पता है कि वह शांत अवस्था से अशांत अवस्था में चला गया है? यदि पोलेमार्चस का उत्तर 'हां' होता, तो यह प्रत्यक्ष दुर्घटना का युक्तिदोष होता। यदि पोलेमार्चस का उत्तर 'नहीं' होता तो अप्रत्यक्ष दुर्घटना का युक्तिदोष होता।

4. **ऐड वेरेकुंडियम (ad verecundiam):** इस प्रकार का युक्तिदोष अप्रासंगिक प्रस्ताव का चुनाव करने से होता है। यह अप्रासंगिक है क्योंकि प्रस्ताव वास्तव में निष्कर्ष के लिए कोई समर्थन प्रदान नहीं करता है। यह युक्तिदोष तब प्रकट होता है जब हम किसी व्यक्ति (आमतौर पर प्रसिद्ध और अत्यधिक सम्मानित) से समर्थन प्राप्त करने का प्रयास करते हैं।
   तर्क की दृष्टि से साधारण व्यक्ति के द्वारा दिया गया तर्क अप्रांसगिक है। यह युक्तिदोष , ज्यादातर विषयों में, उन लोगों का वर्णन करता है जो विज्ञापन करते हैं क्योंकि अधिकतर विज्ञापनों में, विज्ञापन देने वाली कंपनियों के लिए विज्ञापन करने वाले मॉडल, उत्पादों के बारे में कुछ नहीं जानते हैं। फिर भी, वे दृढ़ विश्वास के साथ बोलते हैं, जिसका समर्थन अन्य व्यक्तियों द्वारा किया जाता है।
   उदाहरण के लिए, 'हमारे पास कोई साक्ष्य नहीं है कि 'रोल्स रॉयस' कभी अस्तित्व में था। वे इतने चतुर रहे होंगे कि उन्होंने सारे साक्ष्य नष्ट कर दिए।'
5. **आर्गुमेंट ऐड पॉपुलम (Argument Ad Populum):** यह युक्तिदोष तब होता है जब कोई भाषण प्यार या द्वेष की भावनाओं को बढ़ाता या उकसाता है। सामान्य तौर पर, राजनीतिक भाषण इस श्रेणी के अंतर्गत आते हैं।
   इस युक्तिदोष का एक उत्कृष्ट उदाहरण शेक्सपियर के 'जूलियस कैसर' में मिलता है, जब मार्क एंटनी जनता को सीज़र की हत्या का बदला लेने के लिए उकसाता है। यह ध्यान दिया जाना चाहिए कि ऐसे विषयों में ऐसी अपील संवेदनशील होती है, इसलिए आसानी से सबको आकर्षित करती है।
6. **आर्गुमेंट ऐड मिसेरिकॉर्डियम (Argument Ad Misericordiam):** यह 'करुणा-भावना' से संबंधित अपील है। प्लेटो के संवादों से हम समझ पाते हैं कि प्राचीन ग्रीस में अपराधियों ने सजा से बचने के लिए इस पद्धति का पालन किया था। यह संदेहास्पद है कि क्या यह अपील किसी ऐसे व्यक्ति द्वारा की गई है जो कि दोषी नहीं था।
7. **आर्गुमेंट ऐड बेकुलम (Argument Ad Baculum):** यहां, निश्चित रूप से, कोई अपील नहीं है, लेकिन ऐसी स्थिति में आंतक या भय की स्थिति बनी रहती है। ऐसी स्थिति को उत्पन्न करने वाले लोग सत्ता पक्ष या अधिकारी वर्ग से संबंधित होते हैं जो कि अपनी विचारधारा को लागू करने का प्रयास करते हैं, चाहे वह धार्मिक हो या सामाजिक। यहां लोगों के जीवन, संपत्ति या पद के लिए खतरा हो सकता है। बेकुलम में 'अधिनायकवादी मानसिकता' (totalitatrian mindset) की सभी विशेषताएं होती हैं और इसलिए ऐसे तर्क अलोकतांत्रिक होते हैं।
8. **आर्गुमेंट ऐड इग्नोरांटियम (Argument Ad Ignorantiam):** यह तर्क अज्ञानता से संबंधित है। यह युक्तिदोष मुख्य रूप से अकादमिक समूह में ही आता है। जब हम अज्ञानता की अपील करते हैं, तो हम तर्क देते हैं कि प्रस्ताव को स्वीकार किया जाना चाहिए जब तक कि कोई उस तर्क को 'अन्यथा' प्रमाणित न कर सके। तर्क किसी प्रमाण पर नहीं, बल्कि 'साक्ष्यों के अभाव' पर टिका होता है। हमें तर्क की सत्यतता पर विश्वास करना है क्योंकि किसी अन्य ने अभी तक इसको अस्वीकार नहीं किया है।
   उदाहरण के लिए, ईश्वर का अस्तित्व है क्योंकि कोई भी व्यक्ति यह प्रमाणित करने में विफल रहा है कि ईश्वर का अस्तित्व नहीं है। इस अवधारणा की स्थापना तभी सही मानी जाती है, जब किसी विरोधी द्वारा इसका विरोध स्थापित नहीं किया जा सका।
9. **आर्गुमेंट ऐड होमिनेम (Argument Ad Hominem):** 'X' के तर्क उचित हैं और वह उचित साक्ष्य द्वारा समर्थित हैं'। लेकिन साथ ही 'X' का व्यक्तित्व या चरित्र सामान्य तौर पर उचित नहीं रहा है। हम अपना ध्यान प्रस्ताव से हटाकर तर्क करने वाले व्यक्ति के व्यक्तित्व पर केंद्रित करते हैं। यह युक्तिदोष अकादमिक समूह और अधिकतर राजनीतिक क्षेत्रों में शायद ही कभी होता है। इस युक्तिदोष में 'प्रतिद्वंद्विता' या विरोधियों का हाथ होता है।
   उदाहरण 1: 'मदन भारतीय फुटबॉल टीम का सदस्य बनना चाहता है। इसलिए, वह एक छोटे से शहर में पुलिस प्रमुख बनने के लायक नहीं है।'
   उदाहरण 2: 'इस द्वीप के सभी लोग झूठे हैं'।
10. **इग्नोरेटियो एलेंची (Ignoratio Elenchi):** यह युक्तिदोष अन्य युक्तिदोषों से काफी भिन्न है। पूर्व में चर्चित युक्तदोषों में, चुने हुए प्रस्ताव अप्रासंगिक हैं। हमें निष्कर्ष अपेक्षित से कुछ और ही मिल जाता है। हम अपेक्षित से कुछ भिन्न ही प्रमाणित करते हैं।
    'बस के गुम होने का विषय नहीं है, बल्कि बस का रास्ता छूटने का विषय है। यह तर्क के 'भटकने' का विषय है।
11. **जटिल प्रश्न (Complex Questions):** सामान्य तौर पर, जटिल प्रश्न मुख्य रूप से विधि-विधान के अंतर्गत ही आते हैं। इनकी सहायता से हम विशेष रूप से अभियुक्त या प्रतिद्वंद्वी को चतुर ढंग से चेकमेट या पराजित करने का प्रयास करते हैं । प्रश्न के प्रारूप को इस ढंग से तैयार किया जाता है कि वह केवल दो उत्तरों को स्वीकार करता है, उनमें से कोई भी उत्तर चुना जाए, आरोपी जाल में फंसता चला जाता है। प्रश्न भी ऐसा होता है कि उत्तर उसी में छिपे होते हैं, इसलिए किसी के लिए भी प्रश्न के किसी अन्य उत्तर को समझना असंभव हो जाता है।
12. **स्ट्रॉमैन तर्क (Strawman Logic):** जब प्रतिद्वंद्वी का तर्क हल्का हो या जिसको पुआल से बना हुआ कह सकते हों तो उसको तार्किक रूप से हराना सरल हो जाता है। एक योग्य तर्क को एक हानि रहित, बेजान बिजूका के नाम से जाना जाता है। स्ट्रॉमैन तर्क के अनुसार इस तर्क का प्रयोग तब किया जाता है जब प्रतिद्वंद्वी इसका अनुमान भी नहीं लगा पाता है।
    उदाहरण 1: सांसद को लगता है कि हम हाइब्रिड कार चलाकर अपनी सभी पारिस्थितिक समस्याओं का समाधान कर सकते हैं।
    उदाहरण 2: इसके विपरीत, सांसद को यह भी लग सकता है कि पर्यावरण ऐसे अपशिष्ट पदार्थ से संबंधित है जिस पर किसी विशेष प्रकार की कार की प्रायिकता या ड्राइविंग प्रवृत्ति से थोड़ा भी अंतर नहीं पड़ेगा।'
13. **फिसलन ढलान (Slippery Slope):** इस प्रकार का युक्तिदोष तब होता है जब हम मान कर चलते हैं कि एक क्रिया घटनाओं की एक श्रृंखला शुरू करेगी जिसके परिणामस्वरूप, बाद के चरणों में 'अवांछनीय घटना' तथा 'अंतिम घटना' में अपरिहार्य होने की संभावना बनी रहती है। है। यदि हम फिसलन ढलान के लिए उन्मुख (इच्छुक) हैं, तो हम इस तथ्य को जानबूझकर अनदेखा करते हैं कि संभवत: कई अन्य चीजें हैं जो प्रारंभिक घटना और अंतिम घटना के बीच हो सकती हैं।
    उदाहरण के तौर पर, अगर कॉलेज में सेक्स शिक्षा का अध्ययन करवाया जाये तो विद्यार्थी को इस प्रकार के विषय में आनंद आएगा। इसके परिणामस्वरूप, बाद में अनियोजित गर्भधारण और यौन संचारित रोगों का प्रकोप हो सकता है। कुछ विद्यार्थी महाविद्यालय छोड़ने के लिए बाध्य होंगे, उन्हें जीवन में कभी भी सफल होने का अवसर नहीं मिलेगा। यह बहुत स्पष्ट है कि सेक्स के बारे में सीखने का अर्थ यह नहीं है कि आप इस सेक्स प्रक्रिया में ही सम्मिलित हो जायेंगे। इससे भी अधिक संभावना यह है कि केवल सेक्स शिक्षण आपको महाविद्यालय छोड़ने को बाध्य कर देगा।

14. **रेड हेरिंग (अप्रासंगिक थीसिस):** रेड हेरिंग में, श्रोताओं या पाठकों का ध्यान मूल विषय से हटाने के लिए तर्क में एक अप्रासंगिक विषय या युक्तिदोष का प्रयोग किया जाता है। इस युक्तिदोष का प्रयोग मुख्य रूप में साहित्य में गुप्तचरों से संबंधित या रहस्यमयी उपन्यासों में किया जाता है। यह युक्तिदोष श्रोताओं को असत्य निष्कर्ष निकालने के लिए प्रेरित करता है। उदाहरण के लिए, एक शिक्षक परीक्षा के दौरान एक छात्र को नकल करते हुए पकड़ता है। छात्र उत्तर देता है, 'मुझे पता है कि मैंने गलती की है। कृपया मेरे माता-पिता के बारे में सोचें। उन्हें बहुत बुरा लगेगा।' छात्र अपनी प्रतिक्रिया में एक लाल हेरिंग युक्तिदोष का उपयोग करता है। वह अपने शिक्षक को इस 'दया की अपील' से वास्तविक दोष से विचलित करने का प्रयास करता है।

संदिग्धता, अस्पष्टता या द्वयर्थक के कारण युक्तिदोष

ऐसी स्थिति मुख्य रूप से तीन प्रकार की होती है - अस्पष्ट शब्दों का प्रयोग, अस्पष्ट वाक्य की संरचना और अस्पष्ट उच्चारण।

1. **अनेकार्थता (equivocation):** यहां पर हम संदिग्धार्थता शब्द का उपयोग भी कर सकते हैं। उदाहरण के रूप में, हम यहां 'अच्छा' शब्द का उपयोग कर रहे हैं - 'राम एक अच्छा व्यक्ति है'। 'राम एक शिक्षक हैं'। इसलिए, राम एक अच्छा शिक्षक होना चाहिए। एक अच्छा व्यक्ति होना, एक बात है और एक अच्छा शिक्षक होना कुछ अलग बात है। 'अच्छे' शब्द के अर्थ में यहां यह अंतर मिटा दिया गया है। इसलिए, यहां 'अनेकार्थता' का युक्तिदोष उत्पन्न होता है।
2. **उभयचर (amphiboly):** एम्फीबॉली का उद्गम ग्रीक शब्द एम्फो से हुआ, जिसका अर्थ है 'डबल' या 'दोनों तरफ'। उभयचर का युक्तिदोष तब उत्पन्न होता है जब कोई व्यक्ति व्याकरण या विराम चिह्न का उपयोग इस प्रकार से करता है कि किसी कथन की व्याख्या, एक से अधिक अर्थों के रूप में की जा सकती है, इसलिए यह स्पष्ट नहीं हो पाता कि वास्तव में इसका क्या अर्थ है। उदाहरण के लिए, जब ओरेकल ने यह कहा कि सुकरात ग्रीस में सबसे 'बुद्धिमान' व्यक्ति है, तो सुकरात ने इसका अर्थ बहुत अलग ढंग से लिया। एक अन्य कथन है - साबुन बचाओ और कागज को बेकार करो, इसलिए, साबुन कागज से ज्यादा मूल्यवान है।
3. **उच्चारण संबंधित युक्तिदोष (Accent related Fallacy):** उच्चारण भी युक्तिदोष की ओर ले जा सकता है। प्रस्ताव या आधार वाक्य एक पहलू पर जोर देता है, जबकि निष्कर्ष दूसरे पहलू पर जोर देता है।
   उदाहरण के लिए, जब यीशु अपने उपदेश में शिष्यों को 'अपने पड़ोसी से प्रेम' करने का परामर्श देते हैं, अगर इसमें 'अपने' शब्द पर अधिक बल देकर बोलें, तो इस परामर्श को गलत भी समझा जा सकता है। जबकि वास्तव में यीशु ने 'पड़ोसी' शब्द पर अधिक बल दिया था।
4. **अक्षर योजन (संरचना) और विभाजन युक्तिदोष (Composition and Division):** अक्षर योजन में दो प्रकार का युक्तिदोष पाया जाता है - पहला युक्तिदोष 'एक भाग से संपूर्ण की ओर' अग्रसर होने से संबंधित है जिसको संश्लेषण (synthesis) कहा जाता है, जबकि दूसरा संपूर्ण से भागों की ओर अग्रसर होने से संबंधित हैं जिसको विश्लेषण (analysis) कहा जाता है। सामान्य तौर पर, इस युक्तिदोष का पता विशेषताओं की जांच के समय लगता है। इस प्रकार के उदगम में पश्चिमी दर्शन के शास्त्री जे.एस. मिल का प्रमुख उदाहरण हमारे सामने है, उनके अनुसार - प्रत्येक मनुष्य अपने सुख की कामना करता है। सभी पुरुष सभी के सुख की कामना करते हैं।

   अक्षर योजन और विभाजन व्युत्क्रम से संबंधित युक्तिदोष हैं। यदि उपर्युक्त उदाहरण को थोड़े से संशोधन के साथ उलट दिया जाए, तो यह विभाजन हो जाता है। कोई भी पुरुष सभी के सुख की कामना नहीं करता है। कोई व्यक्ति अपना सुख नहीं चाहता है। यह स्पष्ट है कि अस्पष्टता का युक्तिदोष असत्य व्याख्या या समझ के कारण होता है, जबकि तार्किक युक्तिदोष असत्य तर्क के कारण होता है। व्याख्या और तर्क दोनों अलग हैं।

आगमनात्मक युक्तिदोष

मिथ्या कारण: इस युक्तिदोष में घटना के प्रभाव को कारण के रूप में माना जाता है, जबकि वास्तव में वह कारण उचित नहीं होता है। उचित कारण का पता अन्य द्वारा कथित कारण से नहीं बल्कि घटना के पुनः दोहराये जाने से लगाया जा सकता है,लेकिन मान लीजिए कि ऐसा नहीं हुआ। फिर, कारण और प्रभाव के बीच की कथित कड़ी के विरुद्ध निर्णय लेने का कोई अन्य ढंग नहीं है।

उदाहरण के लिए, एक इतिहासकार यह दावा कर सकता है कि भारत के स्वतंत्र होने का कारण, द्वितीय विश्व युद्ध है। यदि इस दावे का परीक्षण करना है तो भविष्य में घटनाओं के क्रम को दोहराने का कोई ढंग नहीं है। इसलिए, आगमनात्मक तर्क में प्रमाण सख्त ज्यामितीय प्रमाण में असंभव है।

अत: युक्तिदोष का प्रश्न ही नहीं उठता। आगमनात्मक तर्कों के संबंध में, जो भी स्वीकार्य आगमनात्मक तर्क का विरोध करता है, वह भ्रामक है। केवल सामान्य ज्ञान या अनुभव यह बताने के लिए पर्याप्त है कि क्या स्वीकार्य है। इसलिए, तार्किक प्रमाण की मांग किए बिना, यह तय करना संभव है कि क्या स्वीकार्य है, क्या नहीं है।

स्टॉपओवर

'सब लोग पार्टी में जा रहे हैं इसलिए आपको भी जाना चाहिए।' यह अनुमान किस प्रकार की भ्रांति उत्पन्न करता है? **[2019]**

(a) ऐड पॉपुलम (b) इक्विवोकेशन
(c) ऐड वेरेकुंडियम (d) ऐड इग्नोरांटियम

सही विकल्प (a) है।

भारतीय तर्कशास्त्र: ज्ञान के साधन (Indian Logic System: Sources of Knowledge)

हम यहां पर सर्वप्रथम ज्ञान और दर्शन की फिर से चर्चा कर रहे हैं।

ज्ञान को उच्चतम स्तर पर 'प्रकाशमय' माना गया है, ज्ञान का अर्थ है, किसी वस्तु को प्रकाशित करना। ज्ञान एक ईश्वर प्रदत्त आशीर्वाद है- 'सत्य' और ज्ञान एक ही प्रकार की वस्तुएं हैं, तभी लोग इसको प्राप्त करने के लिए प्रयासरत रहते हैं। साधारण तौर पर, ज्ञान के निम्न प्रकार हैं:

1. **आगमनात्मक ज्ञान:** यहां पर ज्ञान की प्राप्ति अनुभव और परीक्षण के आधार पर होती है। इस के अनुसार, बालक का मन कोरी पटिया के समान होता है, जैसे-जैसे हमें अनुभव की प्राप्ति होती है, इस पटिया पर लेखन चलता रहता है। इसका अर्थ यह है कि मानव ज्ञान अनुभवों के द्वारा बुद्धि प्राप्त करता रहता है। इसको 'नवप्रवर्तन' (innovation) से भी जोड़ा जा सकता है।
2. **प्रयोगमूलक ज्ञान:** यह ज्ञान प्रयोग, निरीक्षण और अनुभव पर आधारित होता है। यहां विचार को एक अभ्यास में परिवर्तित किया जाता है, और उसी के फल से अधिगम प्राप्त करते रहते हैं, इसको निगमनात्मक ज्ञान से भी संबंधित किया जा सकता है।

3. प्रागनुभव ज्ञान - Knowledge is self evident, के नियम के अनुसार ज्ञान स्वयं प्रत्यक्ष की भांति समझा जाता है। जब हम सिद्धांत को समझ पाते हैं, ज्ञान की प्राप्ति हो जाती है।

ज्ञान के निम्नलिखित स्रोत रहते हैं:

(a) इन्द्रिय अनुभव **(sensory experience)**

1. मनुष्य संसार की वस्तुओं के संपर्क में आता है।
2. इससे एक संवेदना उत्पन्न होती है।
3. यह संवेदना हमें ज्ञान की प्राप्ति करवाती है।
4. तब इनके अर्थ की प्राप्ति होती है,
5. तत्पश्चात वस्तुओं का प्रत्यक्षीकरण होता है,
6. यह हमें वस्तु की जानकारी प्राप्त करवाते हैं,
7. प्रत्यक्षीकरण से अवधारणाएं उत्पन्न होती हैं।

इन्द्रिय अनुभव वाले लोगों को यथार्थवादी (realist), अनुभववादी (empiricist), तार्किक प्रत्यक्षवादी (logical positivist), या विज्ञानवादी (scientists) कहा जाता है।

(b) साक्ष्य (testimony): यहां हम ज्ञान की प्राप्ति के लिए, दूसरे लोगों के अनुभव तथा निरीक्षण पर आधारित रहते हैं, उसी को मान्यता देते हैं। साक्ष्य में व्यक्ति स्वयं निरीक्षण नहीं करता है, वह दूसरों के निरीक्षण पर ही तथ्य का ज्ञान प्राप्त करता है।

(c) तर्क बुद्धि (logical wisdom): यहां पर ज्ञान प्राप्ति, वस्तुत: एक मानसिक प्रक्रिया है। हमारा बहुत सारा ज्ञान तर्क पर भी आधारित होता है, हमें जो संवेदनाएं प्राप्त होती हैं, उनको तर्क द्वारा संगठित करके ज्ञान का निर्माण किया जाता है, इस प्रकार तर्क भी मूलभूत रूप से अनुभव पर आधारित होता है।

(d) अंत प्रज्ञा या अंत प्रज्ञावाद (Intellectualism): मानव के मन के अध्ययन के सन्दर्भ में, सत्य-असत्य की पहचान करने तथा समस्याओं के हल करने की मन की क्षमता को प्रज्ञा (intellect) कहते हैं। मन की यह क्षमता हमें सही निष्कर्ष पर पहुंचने में सहायता करती है। इसका अर्थ है कि किसी तथ्य को मन में प्राप्त कर लेना, इसके लिए अधिक तर्क की आवश्यकता नहीं होती है, हमें इसकी निश्चितता और वैधता में संशय नहीं होता है, यह पूर्ण विश्वास पर आधारित है, इसको कुछ लोग 'अंतर्दृष्टि' कहते हैं, श्री गुरु नानक देव जी, महात्मा बुद्ध इसके समय के अनुसार सजीव उदाहरण रहे हैं। इसके अलावा, कुछ जीवों को समस्या (भूकंप आदि का) आने से पहले ही ज्ञान हो जाता है,वे अपने बचाव का रास्ता ढूंढ लेते हैं।

(e) सत्ता (authority): कुछ लोग अत्यंत प्रतिभाशाली होते हैं, ऐसे विलक्षण गुण-संपन्न मनुष्य द्वारा दिए गए ज्ञान को आषर या प्रतिभा ज्ञान कहा जाता है। परन्तु इस सारी स्थिति के बावजूद हमारा स्वतंत्र चिंतन समाप्त नहीं किया जाना चाहिए।

ज्ञान प्राप्ति के तीन सोपान होते हैं:

1. श्रवण (वेद, आरण्यक, उपनिषद, गीता आदि ग्रंथों का गुरमुख द्वारा श्रवण और स्वाध्याय)
2. मनन (प्राप्त ज्ञान पर चिंतन) और
3. निध्यासन (प्राप्त ज्ञान का नित्य प्रयोग)

हम बहुत बार 'दर्शन शास्त्र' शब्द का उपयोग करते हैं। भारत में 'दर्शन' उस विद्या को कहा जाता है, जिसके द्वारा 'तत्व का ज्ञान' हो सके।

1. दर्शन का अर्थ मानव के दुखों की निवृति के लिए भी होता है, ह्रदय की गाँठ तभी खुलती है, जब शोक तथा संशय दूर होते हैं तथा हमें एक सत्य का दर्शन होता है।
2. दर्शन शब्द का वर्तमान अर्थ में सबसे पहला प्रयोग 'वैशेषिक दर्शन' में हुआ।
3. दर्शन शब्द को 'पाणिनीय व्याकरण' से भी जोड़ा जा सकता है।
4. दर्शनों का उपदेश वैयक्तिक जीवन के सम्मार्जन और परिष्करण के लिए ही अधिक उपयोगी है।

दर्शन-शास्त्र ही हमें प्रमाण और तर्क के सहारे अन्धकार में दीप ज्योति प्रदान करके हमारा मार्ग-दर्शन करने में समर्थ होता है। दर्शन के विषय जड़ और चेतन दोनों ही हैं।

मनुष्य जगत और ईश्वर का सच्चा ज्ञान प्राप्त कर जन्म-मरण के बंधन से मुक्त हो सकता है। न्याय का विश्वास है कि ईश्वर के अनुग्रह के बिना ना तो कोई प्राणी वस्तुओं का यथार्थ ज्ञान प्राप्त कर सकता है और ना जन्म-मरण के बंधन से मुक्त हो सकता है। भारतीय तर्क शास्त्र या ज्ञान शास्त्र के अनुसार, मोक्ष को सम्पूर्ण ज्ञान प्राप्ति का एक महत्वपूर्ण लक्ष्य माना गया है। मोक्ष एक ऐसी अवस्था है जिसमें न कोई भौतिक काया है और न ही कोई पुनर्जन्म। मोक्ष को ज्ञान द्वारा प्राप्त किया जा सकता है। वैदिक निषेधाज्ञा के अनुसार काम करने से इसकी प्राप्ति में सहायता मिल सकती है।

भारतीय दर्शन स्वयं को मुख्य तीन अवधियों में विभाजित करता है–

1. वेद या वैदिक काल
2. उपनिषद काल और
3. उत्तर वैदिक काल या वेदांत

1. वैदिक काल: भारतवर्ष में तत्त्वों के अन्वेषण की प्रवृत्ति उस सुदूर काल से है, जिसे हम 'वैदिक युग' के नाम से पुकारते हैं। इसमें हम अत्यन्त प्राचीन युग के 'ऋग्वेद' का उदाहरण ले सकते हैं। वैदिक काल, या वैदिक युग (1500 - 500 ईसा पूर्व) कांस्य युग और प्रारंभिक लौह युग की अवधि है जब वेदों सहित वैदिक साहित्य (1300-900 ईसा पूर्व) को महत्व दिया गया था। वेदों को प्रभावशाली ब्राह्मणवादी से संबंधित भी माना जाता है जिसका बाद में जैन और बौद्ध मतों के रूप में कुछ प्रतिरोध भी हुआ। यह इंडो-आर्य जनजाति से भी संबंधित है। वेदों में इस अवधि के दौरान जीवन के विवरण सम्मिलित भी है जिनकी व्याख्या ऐतिहासिक रूप में की गई है।

वैदिक काल ने आत्मा की वास्तविक प्रकृति या आत्मा + ब्रह्मांडीय सिद्धांत या ब्रह्म के बारे में दर्शन को परिभाषित किया जो परम वास्तविकता का प्रतिनिधित्व करते थे। इसके छह विभिन्न दर्शनों को 'षड दर्शन' भी कहा जाता है। वे रूढ़िवादी व्यवस्था की श्रेणी में आते हैं क्योंकि वेदों के अंतिम अधिकार को उन सभी ने मान्यता दी है।

वैदिक काल के बाद की अवधि एक व्यवस्थित अवधि है। विचार या दर्शन की प्रणालियों में से, छह अन्य की तुलना में अधिक प्रसिद्ध हुईं। गौतम का न्याय, किन्नदा की विशेषिका, कपिला की सांख्य पतंजलि की योग, जैमिनी की पूर्व-मीमांसा और बादरायण की उत्तर मीमांसा या वेदांत। ये सभी वेदों के अधिकार को स्वीकार करते हैं। इन्होंने बौद्धिक कारण की तुलना में आध्यात्मिक अनुभव को महान माना। जो लोग वेदों को नहीं मानते थे वे जैन, बौद्ध और भौतिकवादी थे।

वैदिक साहित्य का विकास चार चरणों में हुआ है, बाद में उनका कुछ पृथक्करण (separation) भी हुआ।

1. संहिता
2. ब्राह्मण
3. आरण्यक और
4. उपनिषद्

मंत्रों और स्तुतियों के संग्रह को 'संहिता' कहते हैं। यहां चार मुख्य प्रकार की संहिताएं हैं:

1. **ऋग्वेद:** इनको विश्व का सर्वप्रथम ग्रन्थ माना गया है। यह स्तुति का गीत (song of praise) है।
2. **यजुर्वेद:** यजुर्वेद में यज्ञ की वास्तविक प्रक्रिया के लिये गद्य और पद्य मन्त्र हैं। यजुर्वेद मुख्य रूप से एक गद्यात्मक ग्रन्थ है। यज्ञ में कहे जाने वाले गद्यात्मक मन्त्रों को 'यजुस' कहा जाता है।
3. **सामवेद:** यह गीत-संगीत प्रधान है। प्राचीन आर्यों द्वारा साम-गान किया जाता था। यह चारों वेदों में आकार की दृष्टि से सबसे छोटा है, इसकी प्रतिष्ठा सर्वाधिक है।
4. **अथर्ववेद:** यह मुख्यत: संहिता अर्थात मन्त्र भाग है, इस वेद को ब्रह्मवेद भी कहते हैं। इसमें देवताओं की स्तुति के साथ, चिकित्सा, विज्ञान और दर्शन के भी मन्त्र हैं। इनके उच्चारण से राष्ट्र उपद्रव रहित होकर निरन्तर प्रगति करता जाता है।

   सनातन धर्म का सबसे आरम्भिक स्रोत है, इसमें 10 मण्डल, 1028 सूक्त और वर्तमान में 10,600 मन्त्र हैं।

   'मनुसंहिता' भारतीय प्रथा का सबसे महत्त्वपूर्ण ग्रंथ है। भारत में वेदों के उपरान्त सर्वाधिक मान्यता और प्रचलन 'मनुसंहिता' का है। इसे 'मनुस्मृति' भी कहा जाता है। इसमें सभी धार्मिक, सामाजिक और नैतिक कर्तव्यों का विवेचन है।

   वेद मुख्य रूप से ब्राह्मणवाद के 'कर्मकाण्ड' के कारण अधिक वृद्धि कर नहीं पाए, किन्तु 'आरण्यकों' की छत्रछाया में ये अंकुरित होकर 'उपनिषदों' में बहुत विकसित हुए, जिनका आगे संक्षिप्त वर्णन किया गया है।

2. **उपनिषद काल:** वैसे उपनिषद का अर्थ है कि विद्यार्थी गुरु की शरण में या गुरु के 'समीप' बैठ कर ज्ञान के रहस्य प्राप्त करें।

   उपनिषद का रचना काल 1000 और 800 ईसापूर्व के बीच का माना गया है। यह 600 ईसापूर्व तक भी हो सकता है। इस काल में उत्तरभारत में यज्ञ-संस्कृति का अच्छा ख़ासा विकास हो चुका था। उपनिषद में ब्रह्म और आत्मा मुख्य बिंदु (central ideas) हैं। इसमें 'भद्रनायक' की मुख्य भूमिका रही है।

   उपनिषदों की कुल संख्या 108 मानी जाती है जिनमें बारह सबसे प्राचीन और मुख्य हैं। इनमें से 'भगवद गीता और ब्रह्मसूत्र उपनिषद' वेदांत दर्शन का आधार हैं तथा 'मैत्री उपनिषद' सांख्य और योग दर्शन का आधार हैं।

3. **उत्तर वैदिक काल या वेदांत:** उत्तर वैदिक का काल लगभग 1400 ईसा पूर्व से 600 ईसा पूर्व के बीच माना गया है। उत्तर वैदिक काल में समाज को चार वर्णों में विभाजित किया गया। इस काल में ब्राह्मणों को अधिक प्राथमिकता दी गयी क्योकि वेद सिद्धांतों की रक्षा का उत्तरदायित्व उन्हीं का माना जाता रहा है। ऐसा आभास लोगों को अब भी होता है

आस्तिक एवं नास्तिक ज्ञान (ORTHODOX AND UNORTHODOX KNOWLEDGE)

दर्शनशास्त्र की भारतीय परंपरा दो दिशाओं द्वारा निर्धारित होती है, एक दिशा को आस्तिक कहा जाता है और दूसरी दिशा को नास्तिक कहा जाता है।

निम्न तत्व महत्वपूर्ण हैं, जो कि हममें विभिन्न दर्शनों के बारे में एक वर्गीकरण में सहायता प्रदान करते हैं।

1. आस्तिक वह दिशा है जो ईश्वर, आत्मा , पुनर्जन्म, स्वर्ग-नरक आदि अलौकिक एवं आध्यात्मिक सत्ताओं को सहजतापूर्ण ढंग से स्वीकार कर लेता है। नास्तिक इन सत्ताओं को कदापि स्वीकार नहीं करता है।
2. केवल चारवाक दर्शन ही ऐसा है जो अलौकिक और आध्यात्मिक सत्ता (authority) में से किसी को स्वीकार नहीं करता है। वह इहलौकिक और भौतिक सत्ताओं को ही मान्यता देता है।
3. बौद्ध एवं जैन मतों में क्रमश: पुनर्जन्म और आत्मा जैसे सिद्धांतों को स्वीकार किया गया है, लेकिन आध्यात्मिक सत्ताओं को नहीं, इसलिए इन दर्शनों को नास्तिक कहते हुए भी आध्यात्मिक दर्शन की श्रेणी में रखा जाता है।
4. आस्तिक दर्शन के अंतर्गत न्याय, वैशेषिक और मीमांसा दर्शन को वास्तववादी माना गया है, क्योंकि यह आध्यात्मिक और अलौकिक सत्ता को स्वीकार करते हुए भी इहलौकिक (planetary) एवं भौतिक सत्ताओं को भी मान्यता देते हैं।
5. मीमांसा दर्शन ईश्वर को स्वीकार नहीं करता है। सांख्य दर्शन भी ईश्वर को असिद्ध मान कर उस पर विवाद पैदा करता है।
6. सांख्य दर्शन में भी प्रकृति को प्राथमिकता दी गयी है।

ज्ञान के मुख्य कारक (Main Factors of Knowledge): हम तर्क को युक्ति और निष्कर्ष के रूप में जान सकते हैं। ज्ञानमीमांसा मानव ज्ञान की उत्पत्ति, प्रकृति और सीमाओं का अध्ययन है। इस विषय का मुख्य उद्देश्य भारतीय दर्शन की विभिन्न प्रणालियों में तर्क और ज्ञानमीमांसा का विवरण देना है। भारतीय प्रणालियों के ज्ञान के तर्क और सिद्धांत काफी सीमा तक उनके तत्वमीमांसात्मक सिद्धांतों से भी सम्बद्ध हैं।

ज्ञानमीमांसा या ज्ञान-पद्धति शास्त्र में ज्ञान की उत्पत्ति, ज्ञान पैदा करने में अनुभव का स्थान और ऐसा करने में कारण का स्थान मुख्य रूप से सम्मिलित हैं। ज्ञान, और ज्ञान के बदलते रूप तथा उनसे संबंधित त्रुटियाँ संसार की नई अवधारणाओं से उत्पन्न होते हैं। ये सभी विषय भारतीय प्रणालियों की अन्य केंद्रीय चिंताओं से जुड़े हैं।

किसी भी ज्ञान में चार कारक सम्मिलित होते हैं:

1. वह विषय जो जानता है (प्रमाता)
2. ज्ञान की वस्तु (प्रमेय)
3. वैध ज्ञान का साधन (प्रमाण)
4. वैध ज्ञान का परिणाम (प्रमा)

प्रमा मान्य ज्ञान है। ज्ञान मान्य या अमान्य हो सकता है, मान्य ज्ञान प्राण कहलाता है।

अमान्य ज्ञान को अरामा के नाम से जाना जाता है। प्रमाण ज्ञान का वैध साधन है और इसके महत्वपूर्ण चार साधनों में प्रत्यक्षा, अनुमान, शब्द और उपमाना शामिल होते हैं। भारतीय विचार के विभिन्न स्कूल कुछ विधियों को स्वीकार या अस्वीकार करते हैं।

भारत में ज्ञान के सिद्धांत दो भागों में विभाजित हैं–

1. **श्वेताभ्रमण्य वाद** (Svatahpramanya Vada – self validity of knowledge)—ज्ञान की आत्म वैधता, यहां पर ज्ञान आंतरिक रूप से मान्य है।
2. **पराथप्रेमन्या वाद** (Paratahpramanya Vada)—त्रुटि तभी होती है जब कुछ बाहरी कारक इसे प्रभावित करते हैं। यहां पर ज्ञान अपने आप से न तो मान्य है और न ही अमान्य है। इसकी सत्यता या मिथ्या का पता कुछ उपयुक्त परीक्षण के माध्यम से लगाया जाता है।

तर्क निष्कर्ष का सामान्य विज्ञान है, इसका उद्देश्य कुछ नियमों को स्पष्ट करना है जिनके द्वारा निष्कर्ष निकाले जाते हैं। ज्ञान प्राप्ति नियम-आधारित चरण (rule-based step) हैं जिन्हें प्रस्ताव (premises) के रूप में जाना जाता है। एक या अधिक प्रस्तावों से, किसी अन्य प्रस्ताव को प्राप्त किया जाता है, जिसे निष्कर्ष कहा जाता है। एक निगमनात्मक निष्कर्ष (deductive inference) वह होता है जिसके वैध होने की संभावना होती है। अगर परिसर सच है/हैं तो एक वैध निष्कर्ष वह होता है जो सही होता है। अन्य सभी निष्कर्ष आगमनात्मक (inductive) होते हैं। अत: हम कह सकते हैं कि तर्क विवेक बुद्धि (reasoning) है। हम यहां तर्क और ज्ञानमीमांसा की इन अवधारणाओं का ही अध्ययन कर रहे हैं।

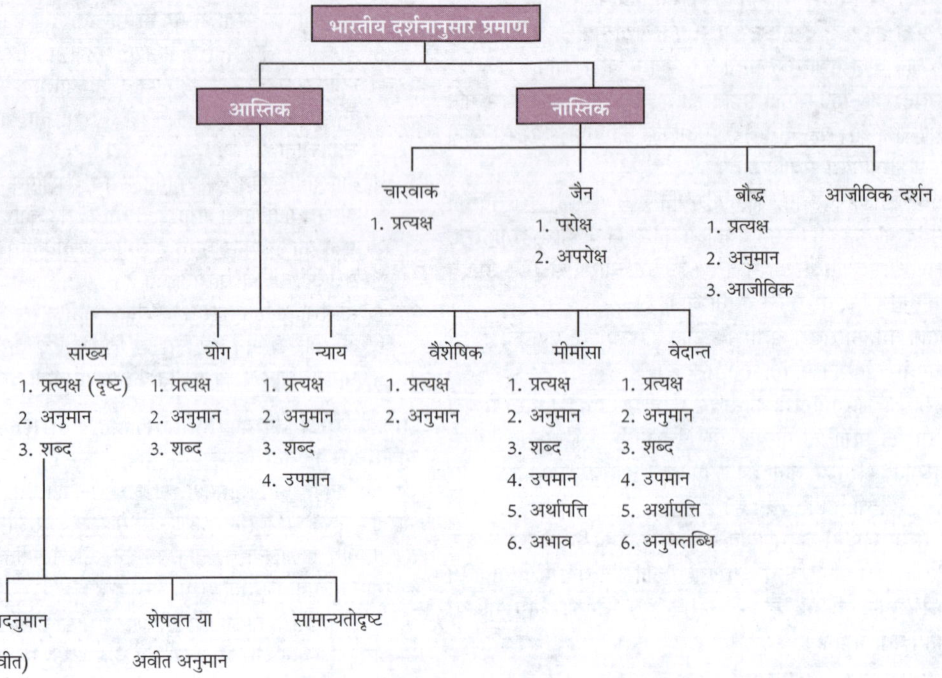

पौराणिक मतानुसार प्रत्यक्ष, अनुमान, शब्द, उपमान, अर्थापत्ति, अभाव के अतिरिक्त संभव, ऐतिह्य, चेष्टा और प्रतिभा को भी प्रमाण माना जाता है।

आस्तिक दर्शन के साधन (ORTHODOX SCHOOL OF KNOWLEDGE)

1. वैशेषिक दर्शन

यह छह रूढ़िवादी दर्शनों में से सबसे प्राचीन है। वैशेषिक दर्शन की स्थापना 6वीं शताब्दी ईसा पूर्व में ऋषि कणाद द्वारा सबसे पहले की गई, जो कि गौतम के न्याय सूत्र से भी पहले लिखे गए। विशेष शब्द का मुख्य अर्थ 'विशिष्टता' है जो व्यक्तियों के महत्व पर बल देता है। यह 'अनुभव की तीन वास्तविक वस्तुओं' को पदार्थ, गुणवत्ता और गतिविधि के रूप में पहचानता है। यह प्रकृति में परमाणुवादी और बहुलवादी है। न्याय प्रणाली भी वैशेषिक प्रणालियों से संबंधित है, जिसने तत्वमीमांसा (metaphysics) और सत्व शास्त्र (ontology) विकसित की।

इसके छह गुणों को दो भागों में विभाजित किया जाता है:

1. **वास्तविक गुण:** पदार्थ (substance), गुणवत्ता (quality) और गतिविधि (activity)
2. **बौद्धिक गुण:** सामान्यता (generality), विशिष्टता (particularity) और समन्वय या संयोजन (combination)

वैशेषिक केवल दो प्रमाणों प्रत्यक्ष और अनुमान को स्वीकार करता है। यह तुलना और शब्द को कम महत्व देता है।

2. न्याय प्रणाली

परीक्षा के पाठ्यक्रम के अनुसार, हम अपना ध्यान मुख्य रूप से 'न्याय दर्शन' पर केंद्रित करेंगे।

न्याय का सामान्य अर्थ है - उचित, वांछनीय, सत्य। इसको यथार्थवादी और बहुआत्मावादी दर्शन, दोनों का अभिरूप माना गया है।

न्याय सूत्र की स्थापना दूसरी शताब्दी में ईसा पूर्व महर्षि गौतम द्वारा की गयी। ईसा पूर्व प्रथम में, वात्स्यायन ने विस्तृत भाष्य लिखा।

कुछ मुख्य रचनाओं के नाम यहां निम्न रूप में दिए गए हैं:

1. उद्योतकर ने न्यायवार्तिक (छठी शताब्दी में)
2. वाचस्पति मिश्र ने तात्पर्य टीका (नौवीं शताब्दी में)
3. जयंत भट्ट ने न्याय मंजरी
4. भास्वरज्ञा ने न्याय सार
5. उदरानाचार्य ने कुसुमांजलि (दसवीं शताब्दी में)

यह दर्शन मुख्य रूप से ज्ञान मीमांसा के लिए भी प्रसिद्ध है, इसलिए शिक्षा की दृष्टि से इसका बड़ा महत्व है। इसको बहुतत्ववादी दर्शनवाद भी कहा जाता है। यह संज्ञात्मक चेतना से भी संबंधित है जिसके माध्यम से यह भौतिक संसार से भी संबंधित है। इस संसार का रचयिता एक ही है। इनके अनुसार ज्ञान के निम्नलिखित साधन हैं:

1. प्रत्यक्ष - Perception
2. अनुमान - Inference

3. तुलना - Comparison
4. शब्द - Verbal Testimony

न्याय के मुख्य लक्ष्य शारीरिक विकास, मानसिक विकास, बौद्धिक विकास, नैतिक विकास, पदार्थों का वास्तविक ज्ञान और आध्यात्मिक विकास हैं।

'ज्ञान के साधनों' में हम स्वयं, काया, इन्द्रियां, बुद्धि, मन, भौतिक गतिविधियां आदि सम्मिलित हैं। यह तार्किक यथार्थवाद की एक रूढ़िवादी प्रणाली है। इसने 'ज्ञान के विज्ञान' (प्रमाण शास्त्र) की आधारशिला रखी। इस विचारधारा के अनुसार, यदि ज्ञान का साधन असंभव है, तो उसका खंडन भी असंभव होगा। यदि खंडन, ज्ञान के साधन पर आधारित है तो साधनों की वैधता को स्वीकार करना होगा। बाह्य संसार को हम इंद्रियों और मन के माध्यम से जान सकते हैं। यह बाह्य वस्तुओं में विश्वास रखता है, जब सत्य, ज्ञान के वास्तविक स्वरूप और असत्य, ज्ञान के अवास्तविक स्वरूप को दर्शाता है।

ज्ञान वस्तुओं का ज्ञान है, और यह वास्तविकता (अर्थुभाव) की अभिव्यक्ति का गठन करता है। ज्ञान किसी भी प्रकार का हो, यह मानव मन में उपस्थित प्राकृतिक स्वभाव को दर्शाता है। न्याय दर्शन शास्त्र के अनुसार, ज्ञान को वस्तु की अभिव्यक्ति कहा जाता है। ज्ञान, वस्तुओं को दीपक की तरह प्रकाशित करता है। ज्ञान वैध या अमान्य हो सकता है। वैध ज्ञान (प्रमा) को किसी वस्तु की प्रत्यक्ष अनुभूति के रूप में परिभाषित किया है।

'न्याय' दर्शन ज्ञान के संपूर्ण सिद्धांत को बनाए रखने का प्रयास करता है। प्रमाणों का अध्ययन और हेत्वाभास इस दर्शन विद्यालय की विशेषताएं हैं। इसलिए इसे न्याय (तर्क) कहा जाता है।

न्याय सिद्धांत के कार्य-कारण (cause and effect) को 'अष्टकार्यवाद' या 'अर्म्भवाद' के रूप में जाना जाता है। उदाहरण के लिए, मिट्टी से एक बर्तन बनाया जाता है। यहां 'मिट्टी' कारण है और 'बर्तन' इसका प्रभाव है। न्यायियों के अनुसार, बर्तन एक नई रचना है, एक नया आरंभ, जो पहले मिट्टी में नहीं था, इस तरह वे 'अष्टकार्यवाद' सिद्धांत को बनाये रखते हैं।

3. सांख्य दर्शन

सांख्य दर्शन के संस्थापक प्रसिद्ध ऋषि कपिल थे। सांख्य प्रणाली को सत्व शास्त्र (ontology) के अनुसार 'द्वैतवादी' कहा गया है। यह प्रकृति और पुरुषार्थ में विश्वास करता है।

ज्ञान का सांख्य सिद्धांत–सभी प्रकार के ज्ञान में तीन मुख्य कारक तत्व सम्मिलित होते हैं।

(a) जो विषय जानता है
(b) ज्ञात वस्तु
(c) ज्ञान की प्रक्रिया

सांख्य ने तीन प्रमाणों–प्रत्यक्ष, अनुमान, और शब्द (verbal testimony) को स्वीकार किया है।

प्रकृति को एक मौलिक तथा वास्तविक पदार्थ माना गया है। पुरुष मात्र चेतना के रूप में सभी संशोधनों और परिवर्तनों से ऊपर है। यह एक अनोखी विचारधारा है, जो मन के संशोधनों से अप्रभावित है। बंधन में जकड़ा हुआ पुरुष प्रकृति के प्रयासों से बुद्धि के रूप में मुक्त हो जाता है।

सांख्य दर्शन में अनुमान के दो प्रकार होते हैं:

1. वीत: जो अनुमान शाश्वत 'विधि' वाक्य पर आश्रित होता है, उसको वीत कहते हैं।
2. अवीत: जो अनुमान शाश्वत 'निषेध' वाक्य पर आश्रित होता है, उसको अवीत कहते हैं।

4. योग

महर्षि पतंजलि ने दूसरी शताब्दी ई.पू (2 BC) योग दर्शन की स्थापना की थी। उनका योग सूत्र योग-दर्शन का सर्वप्रथम प्रामाणिक ग्रंथ है। योग दर्शन की 'ज्ञान मीमांसा' पर आधारित है। यह सांख्य, मनोविज्ञान और तत्वमीमांसा को स्वीकार करता है लेकिन आस्तिक विचारधारा से संबंध रखते हैं। योग प्रणाली संख्या का ही लागू रूप है। यह सांख्य दर्शन की अपेक्षा अधिक व्यवस्थित है। मानसिक तंत्र (अंत:करण या चित्त) के संशोधनों को शुद्ध, नियंत्रित और अंततः समाप्त करके पुरुष अपनी शुद्धता के लिए इन योग विधि का प्रयोग करता है। विधि को अष्टांग योग कहा जाता है जिसमें निम्नलिखित अभ्यास शामिल हैं:

1. यम (आत्म-नियंत्रण)
2. नियम (कुछ सिद्धांतों का पालन)
3. आसन्न (भौतिक काया की स्थिर मुद्राएं)
4. प्राणायाम (श्वास पर नियंत्रण)
5. प्रत्याहार (इंद्रियों और मन को भोग की वस्तुओं से हटाना)
6. धारणा (किसी चुनी हुई वस्तु पर मन लगाना)
7. ध्यान (वस्तु पर नियंत्रित और निरंतर ध्यान)
8. समाधि (किसी वस्तु में मन का लीन होना और फिर स्वयं में उसका विघटन)। समाधि की अवस्था में पुरुष को अपना स्वयं का अनुभव प्राप्त होता है और अपने वास्तविक स्वरूप का एहसास होता है।

प्राणायाम का अर्थ है - श्वसन पर नियंत्रण करना, इसके तीन मुख्य भाग हैं:

1. पूरक - श्वास को अंदर खींचना
2. कुम्भक - श्वास को अंदर रोके रखना
3. रेचक - श्वास को धीरे-धीरे बाहर निकालना

स्वामी विवेकानंद ने पतंजलि योग सूत्र पर 'राज योग' की रचना कर इस क्षेत्र में विशेष योगदान दिया।

5. मीमांसा

मीमांसा सूत्र ऋषि 'जैमिनी' द्वारा शताब्दी ईसा पूर्व के बारे में लिखा गया था, यह भी अति प्राचीन है। इनकी संख्या 3000 है जिनको 12 अध्यायों में विभाजित किया गया है। मीमांसा का अर्थ है 'पुण्यबरिथत अन्वेषण' (exploration)। इसका उद्देश्य ब्राह्मणों के कर्मकांडों और यज्ञों आदि का प्रणालीबद्ध विवेचन करना है। यह मूल रूप से वैदिक अनुष्ठानों की 'व्याख्या' के लिए लागू किया गया था, 'श्रद्धेय विचार' भी इसका अर्थ माना जाता है। इस दर्शन के अनुसार, एक अनुभूति, जो एक वस्तु को दर्शाती है, आंतरिक रूप से अमान्य नहीं हो सकती है। स्मृति एक पूर्व ज्ञान से उत्पन्न होती है और इसलिए, इसे 'वैध' ज्ञान नहीं माना जा सकता है। कुमारिल मान्य ज्ञान भी इस ज्ञान को लिखने से संबंधित रहे हैं। वह वस्तु को एक दोष मुक्त आशंका के रूप में परिभाषित करते हैं, जिसका बाद के ज्ञान द्वारा प्रतिवाद नहीं किया जा सके।

मीमांसा मूल (उत्पत्ति) और प्रतीति (ज्ञानपत्ति) के संबंध में ज्ञान की आत्म-वैधता को मान्यता प्रदान करता है। भद्रयान के अनुसार, उत्तर- मीमांसा और वेदांत का ज्ञान शास्त्रों (श्रुति) और अन्य प्राधिकारियों (स्मृति) से आता है, हालांकि श्रुति को प्रत्यक्ष के रूप में पहचाना जाता है और स्मृति को अनुमान के साथ व्याख्या के रूप में पहचाना जाता है। शास्त्र में वेद और स्मृति से तात्पर्य भगवद्गीता, महाभारत और मनु के नियमों से है। सांख्य के अनुसार, ज्ञान की वैधता (प्रमण्य) और अज्ञानता (अप्रमण्यता) दोनों ही स्वतः होते हैं। न्याय-वैशेषिका के अनुसार, ज्ञान की वैधता और अमान्यता दोनों बाहरी परिस्थितियों के कारण हैं। मीमांसा के अनुसार, ज्ञान आंतरिक रूप से मान्य है, हालांकि इसकी अमान्यता बाहय परिस्थितियों के कारण है।

सांख्य योग यह सुनिश्चित करता है कि वैधता और अवैधता दोनों ही ज्ञान के लिए समान हैं और यह इसके विपरीत वर्णों की भविष्यवाणी करता है।

मीमांसा दो भागों में विभाजित है -पूर्व-मीमांसा और उत्तर-मीमांसा।

पूर्व-मीमांसा

पूर्व मीमांसा में वैदिक मताग्रहों पर पूर्ण विश्वास प्रकट किया गया है उनमें वेदों के पूर्व अंगों मंत्रों और ब्राह्मणों पर विशेष ध्यान दिया गया है। इसमें कर्मकांडों और यज्ञों का विवेचन किया गया है।

कुमारिल भट्ट के अनुसार, वैध ज्ञान वह है जो हमें किसी अज्ञात वस्तु का अनुभव प्रदान करता है जो अन्य दोषों से मुक्त है। मीमांसाकार ज्ञान की आत्म वैधता को बनाए रखते हैं। सुसंगतता (coherence) और आत्म संगति (self-consistency) वैध ज्ञान की प्रकृति है। प्रभाकर और कुमारिल दोनों ही ज्ञान को प्रमाण या ज्ञान का साधन मानते हैं। महर्षि जैमिनी तीन प्रमाणों को मानते हैं- प्रत्यक्ष, अनुमान और शब्द। प्रभाकर ने दो अन्य- उपमान और निहितार्थ को इसके साथ जोड़ा। कुमारिल ने आगे सूची में अनुपलब्धि (non-apprehension) को भी जोड़ दिया। इस प्रकार यह छह बन जाते हैं।

वेदांत या उत्तर मीमांसा: यह उपनिषदों पर आधारित है उत्तरमीमांसा में परमसत्य ब्रह्म का ज्ञान प्रतिपादित किया गया है। यह दर्शन विचार की विशेषता पर आधारित है। इसे वेदांत दर्शन के नाम से भी जाना जाता है। वेदांत के अनुसार, ज्ञान को प्राप्त करने के तीन प्रमाण होते हैं- प्रत्यक्ष (perception), तर्क (inference), और श्रुति (scripture)।

वेदांत, या उत्तर मीमांसा, स्कूल ब्राह्मणों (अनुष्ठान और बलिदान के लिए निर्देश) के बजाय उपनिषदों (वेदों के भीतर रहस्यवादी या आध्यात्मिक चिंतन) की दार्शनिक शिक्षाओं पर ध्यान केंद्रित करता है। वेदांत पारंपरिक कर्मकांड से अधिक ध्यान, आत्म-अनुशासन और आध्यात्मिक संपर्क पर ध्यान केंद्रित करता है। वेदांत सूत्रों की गूढ़ (hidden) और काव्यात्मक प्रकृति के कारण, वेदांत छह उप - दर्शन में विभाजित हो गया।

शंकर ने ज्ञान को दो भागों में विभाजित किया:

1. अपरा (लौकिक या व्यावहारिक) तथा
2. परा (आध्यात्मिक)

रामानुजाचार्य के अनुसार, ज्ञान के दो प्रकार होते हैं -

1. धर्मी-मूत (कर्ता रूप ज्ञान) और
2. धर्म-मूत ज्ञान (कर्म में विद्यमान ज्ञान)

भारतीय दर्शन के छह आस्तिक (रूढ़िवादी) स्कूल	
न्याय	गौतम, 2 ई. पू. , सही सोच, पश्चिमी विश्लेषणात्मक दर्शन के समान
वैशेषिक	कनाडा, 6 ई. पू., परमाणुवादी और बहुलवादी, परमाणु यथार्थवाद, एक वैज्ञानिक विश्लेषण
सांख्य	कपिला, 1 ई. पू., द्वैतवादी यथार्थवाद, पुरुष और प्रकृति, कई पुरुष, 3 गुण
योग	पतंजलि, 2 ई. पू., द्वैतवादी, आस्तिक, अष्टांग योग, कलवल्य
पूर्व मीमांसा	जैमिनी, वेदों के अनुसार, बहुलवादी वास्तविकता, 2 विद्यालय - प्रभाकर और कुमारलिया
वेदांत	उपनिषद - निरपेक्षता, ज्ञान, उपासना, ब्रह्मसूत्र, 6 उप विद्यालय

नास्तिक दर्शन (HETERODOX SCHOOL OF KNOWLEDGE)

चारवाक विद्यालय (Charvaka School)

चारवाक विद्यालय के अनुसार, प्रत्यक्षा या 'प्रत्यक्ष ज्ञान' ही ज्ञान का एकमात्र स्रोत है; यानि, जो इंद्रियों के माध्यम से नहीं माना जा सकता है उसे अस्तित्वहीन माना जाना चाहिए। वे ज्ञान के अन्य सभी स्रोतों का खंडन करते हैं। वे केवल चार तत्वों को मानते हैं; अर्थात, पृथ्वी, जल, वायु और अग्नि। हम सभी चार तत्वों के माध्यम से ज्ञान को प्राप्त करते हैं। तो, प्रत्यक्ष ज्ञान ही एकमात्र अधिकार है, कोई भी ऐसा स्थान नहीं है जहां हम ऐसे किसी भी तत्व को नहीं देख सकते हैं। 'सामान्य ज्ञान बोध' ही संसार में विद्यमान है। भौतिक शरीर ही एक व्यक्ति का स्व (image) है। भौतिक शरीर के ऊपर, कोई भी मन, कोई चेतना, कोई आत्मा नहीं है। हम मन या आत्मा का अनुभव नहीं करते हैं।

इसलिए वे असत्य हैं। यहां तक कि चेतना एक उप-उत्पाद और पदार्थ का रूप है-'Matter secretes mind as liver secretes bile.' तत्वों का एक विशेष संयोजन चेतना पैदा करता है, हालांकि तत्वों के पास अलग से कुछ भी नहीं है।

चारवाक द्वारा निष्कर्ष की मान्यता या वैधता को भी अस्वीकार कर दिया गया है– निष्कर्ष को अंधेरे में छलांग माना जाता है–'A leap into the dark'। हम ज्ञात से अज्ञात की ओर आगे बढ़ते हैं और इसमें कोई निश्चितता नहीं है, हालांकि कुछ अनुमान गलती से सच हो सकते हैं। एक सामान्य प्रस्ताव अप्रमाणित मामलों में सही हो सकता है। लेकिन इस बात की कोई गारंटी नहीं है कि अनापेक्षित मामलों में भी यह सच होगा।

यहां 'पिटिशिओ प्रिन्सिपाइ' (petitio principii)' की त्रुटि के कारण निगमनात्मक निष्कर्ष की संभावना कम हो जाती है। इस विचारधारा के अनुसार निष्कर्ष पहले से ही प्रमुख आधार (premise) में निहित है, जिसकी वैधता साबित नहीं हुई है। आगमनात्मक निष्कर्ष निगमनात्मक निष्कर्ष के प्रमुख आधार की वैधता को प्रमाणित करने का कार्य करता है। यहां आगमनात्मक निष्कर्ष भी अनिश्चित है क्योंकि यह ज्ञात से अज्ञात तक पहुंचता है।

व्याप्ति (Vyapti) को सभी निष्कर्षों की तंत्रिका माना गया है, लेकिन चारवाक ने इस सार्वभौमिक और अपरिवर्तनीय संबंध को भी चुनौती दी है, इसे केवल निष्कर्ष का कार्य माना गया। निष्कर्ष भी सदैव इस व्यासपीठ को सिद्ध नहीं करता है। शब्द (shabda) भी इसको सदैव मान्यता नहीं दे सकता है।

इसलिए निष्कर्ष को ज्ञान का एक वैध स्रोत नहीं माना जा सकता है। आगमनात्मक अनिश्चित है और निगमनात्मक एक वृत्त (cricle) तर्क की भांति है। तर्कशास्त्री इसलिए स्वयं को अनिश्चितता की स्थिति में फंसा हुआ पाते हैं। चारवाक का मत है कि प्रत्यक्ष ज्ञान वैध है और निष्कर्ष अमान्य है, यह भी एक प्रकार से निष्कर्ष ही है।

जैन मत (JAIN EPISTEMOLOGY)

जैन मत के अनुसार, ज्ञान के दो प्रकार हैं— प्रमाण (pramana) और नाया (naya)।

प्रमाना का तात्पर्य किसी वस्तु के ज्ञान से है।

नाया वह विशेष दृष्टिकोण है, जहां से हम किसी विशेष वस्तु के बारे में अपना निर्णय देते हैं।

किसी भी वस्तु के सत्य और पूर्ण ज्ञान के लिए प्रमाना और नाया दोनों ही आवश्यक हैं। प्रमाना एक ऐसा ज्ञान है जो बिना किसी अवरोध के स्वयं को और दूसरों को दर्शाता है। इसलिए प्रमाना के माध्यम से प्राप्त ज्ञान को प्रत्यक्ष (अपरोक्ष) और अप्रत्यक्ष (परोक्ष) में वर्गीकृत किया गया है।

जैन दर्शन की ज्ञान-मीमांसा में प्रत्यक्ष ज्ञान की अर्थवत्ता अन्य भारतीय दर्शनों में मान्य अर्थवत्ता से भिन्न है। जैन दर्शन में आत्मप्रत्यक्ष (इंद्रियों से निरपेक्ष ज्ञान को) को ही वास्तविक प्रत्यक्ष माना गया है और इंद्रियों के माध्यम से ग्रहीत ज्ञान को परोक्ष अथवा अप्रत्यक्ष ज्ञान माना गया है।

यहां 'प्रत्यक्ष और अपरोक्ष' तथा 'अप्रत्यक्ष और परोक्ष' समानार्थक शब्द हैं।

1. **प्रत्यक्ष ज्ञान:** यह तीन प्रकार के होते हैं:
   (A) **अवधि-ज्ञान:** यह स्पष्टवादी है, यह एक विशेष क्षेत्र के भीतर होता है, यह एक विशेष समय तक सीमित भी रहता है। यह स्थानिक और लौकिक सीमाओं से परे नहीं जा सकता है।
   (B) **मन: पर्यय (टेलीपैथी):** यह दूसरों के विचार का प्रत्यक्ष ज्ञान है। यह भी समय और स्थान के अनुसार सीमित है।
   (C) **केवल ज्ञान:** यह सर्वज्ञ, असीमित और पूर्ण ज्ञान है। इसे मुक्त आत्माओं द्वारा ही प्राप्त किया जा सकता है। यह स्थान, समय या वस्तु द्वारा सीमित नहीं है।
2. **अप्रत्यक्ष ज्ञान:** अप्रत्यक्ष ज्ञान को तत्काल भी कहा जाता है, इसको जैन मत द्वारा अपेक्षाकृत रूप से स्वीकार किया जाता है, इसलिए यह मध्यस्थता ज्ञान में भी सम्मिलित है। केवल अप्रत्यक्ष ज्ञान के अर्थ में शुद्ध अनुभूति ज्ञान का शीर्षक नहीं दे सकती है। इसे विचार व्यवस्था द्वारा अर्थ दिया जाना चाहिए।

अप्रत्यक्ष ज्ञान को इसलिए मध्यस्थ माना जाता है क्योंकि यह विचार की गतिविधि को निर्धारित करता है। मध्यस्थता ज्ञान को दो भागों में विभाजित किया जाता है:

1. **मति ज्ञान**–मति में प्रत्यक्ष ज्ञान और आनुमानिक ज्ञान दोनों ही सम्मिलित हैं।
2. **श्रुति ज्ञान**–श्रुति ज्ञान का अर्थ है किसी अधिकार से ज्ञान को प्राप्त करना। यह आधिकारिक पुस्तकों और महान संतों के शब्दों से प्राप्त किया जाता है। इस तरह के ज्ञान के लिए आधिकारिक पुस्तकों को पढ़ना और संतों के प्रवचन सुनना आवश्यक है।

इस प्रकार मति और श्रुति दो प्रकार के मध्य ज्ञान हैं। जैन धर्म द्वारा स्वीकार किए गए तीन प्रमाण हैं–प्रत्यक्ष ज्ञान, अनुमान (या निष्कर्ष) और अधिकार।

जैन मत के अनुसार, अप्रत्यक्ष ज्ञान के पांच केंद्र हैं–स्मृति (memory), प्रत्यभिज्ञा (recognition), तर्क (Logic), अनुमान (inference) और अगम (through the words of reliable people)।

अगम दो प्रकार के होते हैं:

1. **लौकिक वस्तुएं:** ये हमें दिखाई देती हैं, उनको स्पर्श भी किया जा सकता है।
2. **अलौकिक वस्तुएं:** ये इस संसार से परे हैं। ये हमें दिखाई नहीं देती हैं, तथा उनको स्पर्श नहीं किया जा सकता है।

यहां जैन मत से संबंधित ज्ञान से संबंधित कुछ शब्दों का निम्न रूप में संक्षिप्त वर्णन किया गया है:

1. **नय ज्ञान या नाया ज्ञान:** नाया ज्ञान का अर्थ है विचार का एक दृष्टिकोण जिससे हम किसी वस्तु की व्याख्या करते हैं। सारा सत्य हमारे दृष्टिकोण के सापेक्ष है। किसी चीज के असंख्य पहलुओं में से कुछ के आंशिक ज्ञान को नाया कहा जाता है।
   स्यादवाद या सप्तभंगी नाया जैन तर्क का सबसे महत्वपूर्ण हिस्सा है। इसके अनुसार, हम वास्तविकता के केवल कुछ पहलुओं को जान सकते हैं और इसलिए हमारे सभी निर्णय सापेक्ष हैं। यह ज्ञान की सापेक्षता का एक सिद्धांत है।
2. **प्रमाण ज्ञान:** यह अंशभेद किये बिना ही ज्ञान को समग्र भाव से जानता है।
3. **विशद:** प्रत्यक्षम: प्रत्यक्ष ज्ञान में स्पष्टता या वैशद्य को 'विशद: प्रत्यक्षम' कहा गया, जिसके प्रतिभास के लिए किसी प्रमाणान्तर की आवश्यकता न हो।
4. **अवधि ज्ञान:** इन्द्रियों तथा मन के निमित के बिना रूपी पदार्थों (रूप, रस, गंध तथा स्पर्श) और उनकी कुल पर्यायों को स्पष्ट रूप से जानना ही अवधि ज्ञान है।
5. **मन:** पर्याय: इससे दूसरों के मनोद्रव्य की पर्यायों का ज्ञान होता है।
6. **केवल ज्ञान:** केवल ज्ञान का विषय सर्वद्रव्य और उसकी सब पर्यायें हैं अर्थात केवल ज्ञान एक ही साथ सभी पदार्थों और उनकी पर्यायों को जानता है। केवल ज्ञानी लोक और अलोक दोनों को ही जानने लगता है। भगवान् महावीर की जीवनगाथा में हमें केवल ज्ञान का विवरण मिलता है। केवल ज्ञान शुद्ध निर्मल, सकल परिपूर्ण, असाधारण एवं अनंत है।
7. **अवग्रह:** यह ज्ञान विशेष कल्पना से रहित होता है इसमें निश्चित प्रतीति नहीं होती कि किस पदार्थ का ज्ञान प्राप्त हुआ है।
8. **इहा:** दृश्य विशेष के गुणों के ज्ञान की इच्छा ही इहा है।
9. **अवाय:** जो गुण पदार्थ के अंदर नहीं है, उनका निवारण अवाय है और जो गुण पदार्थ के अंदर है, उनका स्थितिकरण धारण है।
10. **धारणा:** अवाय की अपेक्षा वस्तु का निर्दिष्ट ज्ञान धारणा में अधिक दृढ़ होता है। धारणा को स्मृति का हेतु कहा गया है।

बुद्ध मत (BUDHA EDUCATION)

बौद्ध धर्म का प्रमुख स्वरूप थेरवाद (स्थविरवाद) है। थेरवादी प्राचीन बौद्ध धर्म के पाली धर्म ग्रंथों को आधिकारिक मानते है। इनका मुख्य केंद्र कश्मीर था। थेरवाद मत श्री लंका, म्यांमार, थाईलैंड, कम्बोडिया और लाओस में प्रचलित है।

चार आर्य सत्य: महात्मा बुद्ध ने अपने पहले धर्मोपदेश में चार 'आर्य सत्य' बताये हैं।

1. **दु:ख:** इस विश्व में पर्याप्त दु:ख है। इस जन्म में, बूढे होने में, बीमारी में, मौत में, प्रियतम से दूर होने में, नापसद चीजों के साथ में, चाहत को न पाने में, सब में दु:ख है।
2. **दु:ख कारण:** इसका कारण तृष्णा या चाहत हैं, मनुष्य फिर से काया को धारण करके संसार चक्र को जारी रखता है।
3. **दु:ख निरोध:** दु:ख निरोध के आठ साधन हैं, जिनको 'अष्टांगिक मार्ग' कहा गया है। तृष्णा से मुक्ति पाई जा सकती है।
4. **दु:ख निरोध मार्ग:** तृष्णा से मुक्ति अष्टांगिक मार्ग के अनुसार जीने से पाई जा सकती है।

भगवान बुद्ध ने अपने अनुयायियों को पांच शीलों का पालन करने की शिक्षा दी है।

1. **अहिंसा** - प्राणी हिंसा से विरत रहने की शिक्षा
2. **अस्तेय** - चोरी से विरत रहने की शिक्षा
3. **अपरिग्रह** – व्यभिचार से विरत रहने की शिक्षा
4. **सत्य** – झूठ बोलने से विरत रहने की शिक्षा
5. **किसी भी प्रकार के नशे से विरत** – सुरा, कच्ची शराब (मेरय), नशीली चीजों (मज्जपमादठटाना) के सेवन से विरत रहने की शिक्षा

बौद्ध दर्शन तीन मूल सिद्धांतों पर आधारित माना गया है, यह दर्शन पूरी तरह से यथार्थ में जीने की शिक्षा देता है:

1. **अनीश्वरवाद—** बुद्ध ईश्वर की सत्ता को स्वीकार नहीं करते हैं, क्योंकि यह संसार प्रतीत्यसमुत्पाद के नियम पर चलता है। प्रतीत्यसमुत्पाद का अर्थ है– कारण-कार्य की श्रृंखला। इस श्रृंखला के कई चक्र हैं जिन्हें बारह अंगों में बाँटा गया है। अत: इस ब्रह्मांड को कोई चलाने वाला नहीं है।
2. **अनात्मवाद—** अनात्मवाद का अर्थ यह नहीं है कि सत्य में 'आत्मा' नहीं है। जिसको हम आत्मा समझते हैं, वह चेतना का अविच्छिन्न प्रवाह है। यह प्रवाह कभी भी बिखरकर जड़ से बद्ध हो सकता है और कभी भी अंधकार में लीन हो सकता है।
3. **क्षणिकवाद—** इस ब्रह्मांड में सब कुछ क्षणिक और नश्वर है। कुछ भी स्थायी नहीं। सब कुछ परिवर्तनशील है। यह शरीर और ब्रह्मांड उसी तरह है जैसे कि घोड़े, पहिए आदि सभी रथ का ही रूप हैं।

बुद्ध मत के विभिन्न मत या प्रकार निम्न हैं:

1. **हीनयान:** इस शाखा के अनुयायी बुद्धवचन को ही प्रमाण मानते थे। इसमें केवल महात्मा बुद्ध की मौलिक शिक्षाएं ही सत्य ज्ञान प्राप्ति की ओर अग्रसर करती हैं। हीनयान को 'श्रावकयान' भी कहा जाता है। श्रावक का अभिप्राय ऐसे व्यक्ति से है जो जीवन के दुखों से त्रास्त होकर निर्वाण प्राप्ति की दिशा में अग्रसर होता है। हीनयान में बुद्ध, धम्म और संघ को अधिक महत्व दिया गया है। इस शाखा के ग्रंथ पाली भाषा में हैं। हीनयान मत बर्मा, श्रीलंका, कपूचिया आदि देशों में अधिक प्रचलित है।
2. **महायान:** महायान का अभिप्राय है - वृहत यान अथवा ऐसा प्रशस्त मार्ग जिसके माध्यम से अधिकाधिक प्राणियों को निर्वाण का सुख प्राप्त हो सके। यह महात्मा बुद्ध की मौलिक शिक्षाएं और महात्मा बुद्ध को भगवान मानता था, जिसको हम भक्ति भी कह सकते हैं। बौद्ध धर्म की इस शाखा को एकयान, बोधिसत्व यान एवं बुद्धयान के साथ-साथ 'उत्तरी बौद्ध धर्म' भी कहते हैं। महायान आज भी विश्वभर में प्रसिद्ध है। यह चीन, तिब्बत, कोरिया व मंगोलिया आदि देशों में अधिक प्रचलित है।

बौद्ध साहित्य में पाली त्रिपिटका (Three Baskets):

1. **सुत्त पिटक (Basket of Discourse):** बुद्ध अपने उपदेश मौखिक रूप में ही दिया करते थे, तत्पश्चात उनके शिष्य आनंद के सहयोग से इनको सुत्त पिटक में रखा गया, इसमें केवल बुद्ध के उपदेश सम्मिलित हैं।
2. **विनया पिटक (Basket of Discipline):** इसमें मठ के आदेश को नियंत्रित करने वाला नियम है।
3. **अभिधम्म पिटक (Basket of Special Doctrine):** इसमें प्रणालीगत सिद्धांत और सारांश सम्मिलित हैं।

ज्ञानमीमांसा में हम बौद्ध धर्म के चार विचारों के मध्य भी विभिन्न मत देख सकते हैं:

1. **योगाचार (विज्ञानवाद):** यहां चित्त, मन और विज्ञप्ति को विज्ञान का पर्याय माना गया है।
2. **माध्यमिक (शून्यवाद):** जगत का मूल एक परमार्थिक तत्व को बताया गया है जिसको शून्य कहा गया है।
3. **सौत्रांतिका (ब्रह्मार्थ अनुमेयवाद):** चित्त द्वारा अनुमान (निष्कर्ष) लगाने की क्रिया पर बल दिया गया है।
4. **वैभाषिका (ब्रह्मार्थ प्रत्यक्षवाद):** ज्ञान प्राप्त करने के दो साधन हैं– ग्रहण तथा अध्यवसाय।

सौत्रांतिका कहती है कि बाह्य वस्तुओं को अनुमान (या निष्कर्ष) के माध्यम से नहीं जाना जा सकता है। वैभाषिका के अनुसार बाह्य वस्तुओं का ज्ञान भी धारणा द्वारा प्राप्त किया जा सकता है।

वैभाषिका के अनुसार, ज्ञान के लिए बाहरी चीजों का अंतर्विरोध आत्म-विरोधाभासी है। यदि सभी बाहरी वस्तुओं को उनके ज्ञान से प्रभावित किया जाता है, तो प्रत्यक्ष के द्वारा कुछ भी नहीं जाना जा सकता है। वृहत (Major Proposition) और लघु (Minor) आधार वाली वस्तुओं के मध्य कोई संबंध संभव नहीं है, जिसके बिना अनुमान भी संभव नहीं हैं। यह वास्तविक अनुभव के विपरीत है।

वैभाषिका बाह्य वस्तुओं की उपस्थिति को स्वीकार करता है और उन्हें अनुमान के अधीन बना देता है। प्रमाण के द्वारा उनके लिए केवल प्रत्यक्ष ज्ञान संभव है। प्रमाण दो प्रकार के होते हैं, प्रत्यक्ष (perception) और अनुमान (inference)। इन दोनों प्रमाणों को सम्यक ज्ञान के रूप में जाना जाता है और इन्हीं के द्वारा सभी पुरुषार्थों की प्राप्ति होती है। प्रत्यक्ष कल्पना और त्रुटि से रहित ज्ञान है। यह ज्ञान चार प्रकार का है:

1. **इंद्रिय ज्ञान:** इंद्रियों के माध्यम से ज्ञान।
2. **मनोविज्ञान:** इंद्रियों के माध्यम से ज्ञान के बाद समानार्थ प्रतीक के रूप में विषय का ज्ञान।
3. **आत्म संवेदना:** यह चित्त की अभिव्यक्ति है और इसके अंतर्गत धर्म अपने वास्तविक रूप में आनंद और पीड़ा के समान।
4. **यौगिक ज्ञान:** यह विभिन्न प्राणों के माध्यम से बोधगम्य चीजों का अंतिम ज्ञान है। आविष्कार दो प्रकार के होते हैं, जैसे स्वार्थ (स्वयं के लिए) और परार्थ (दूसरों के लिए)।

बुद्ध मत में अधिगम के तीन साधन हैं– शरीर, मन और चेतना। इसमें अधिगम के लिए अनुकरण, प्रदर्शन, व्याख्या, व्याख्यान, वाद विवाद, संगोष्ठी, सम्मेलन, स्वाध्याय और देशाटन (भिक्षु शिक्षा) आदि माध्यमों का प्रयोग किया जाता है। यहां 'दस सिक्खा पदानि' की भी चर्चा है जिनको शिक्षार्थी अपने ज्ञान के लिए देख सकते हैं। बुद्ध धर्म में 'संघ' की भी महत्वपूर्ण भूमिका है।

बौद्ध धर्म का योगदान

बौद्ध धर्म के उद्धभव और विकास ने भारतीय कला शैली को गंभीरता से प्रभावित किया।

1. स्थापत्य, मूर्तिकला एवं चित्रकला पर इस धर्म का गहरा प्रभाव पड़ा। बिहार की बराबर की पहाड़ियों में, नासिक अजंता और एलोरा आदि गुफाओं में गुहा मंदिरों का निर्माण इसी धर्म के कारण हुआ। इसके साथ स्तूपों, विहारों और चैत्यों का भी निर्माण हुआ। इसके निर्माण की एक विशिष्ट शैली थी, जिसे 'बौद्ध स्थापत्य' कहा गया है। इस कला ने मध्य एशिया और दक्षिण - पूर्व एशिया की कला को भी प्रभावित किया।
2. महायान जो कि भक्ति प्रधान मत है, के प्रभाव से बुद्ध की मूर्तियों का निर्माण आरम्भ हुआ। कनिष्क के समय में सर्प्रथम गांधार कला शैली में बुद्धमूर्तियां निर्मित हुईं। बुद्ध धर्म की पूजा पद्धति, स्तूप संरचना, संघ - व्यवस्था रहन - सहन और पहनावे से सभी प्रभावित थे। महायान मत के प्रमुख विचारकों में अश्वघोष,नागार्जुन और असंग आदि थे।
3. कोई भी व्यक्ति बुद्ध के बताये 'माध्यम मार्ग' पर चलकर बुद्धत्व की प्राप्ति कर सकता था। बुद्ध धर्म ने वर्ण व्यवस्था, ऊंच - नीच और भेदभाव को अस्वीकार कर दिया। इसमें स्त्री वर्ग को भी समान अधिकार दिए गए।
4. शिक्षा और साहित्य के विकास में बौद्ध धर्म की उपलब्धियां अधिक महत्वपूर्ण हैं। बौद्ध विहार धार्मिक और दार्शनिक शिक्षा के केंद्र बन गए।

5. नालंदा और विक्रमशिला विश्विद्यालयों की ख्याति विदेशों में भी प्रचलित थी, वहां से भी विद्यार्थी शिक्षा ग्रहण करने आते थे।
6. विदेशों से भी अनेक विद्वान् सत्य ज्ञान की खोज में भारत आये, जिनमें फाह्यान, ह्वेनसांग, धर्मस्वामी और लामा आदि उल्लेखनीय हैं। बौद्ध धर्म के विकास के कारण ही विदेशों से व्यापारिक एवं सांस्कृतिक संबंध स्थापित हुए।
7. बौद्ध धर्म के प्रसार में संघ और संगीतियों का महत्वपूर्ण योगदान रहा। 'भिक्षु' सामान्य लोगों से भिक्षा लेते और साथ ही धर्म का प्रचार भी करते।

आजीविक दर्शन

आजीविक दर्शन 'नास्तिक' विचारधारा से संबंधित है। माना जाता है कि यह दर्शन 5वीं शताब्दी ईसा पूर्व में मक्खली गोसाला द्वारा स्थापित किया गया था, यह एक श्रमण आंदोलन था। यह वास्तव में, वैदिक धर्म, प्रारंभिक बौद्ध धर्म और जैन धर्म का एक प्रमुख प्रतिद्वंद्वी था। आजीविक संगठित त्यागी थे जिन्होंने असतत (discrete) समुदायों का गठन किया था। आजीविकों की सटीक पहचान अच्छी तरह से ज्ञात नहीं है, और यह भी स्पष्ट नहीं है कि वे बौद्धों या जैनियों के एक अलग संप्रदाय थे।

आजीविक दर्शन अपनी नियति ("भाग्य") पूर्ण नियतत्ववाद के सिद्धांत के लिए जाना जाता है। जीविकों ने कर्म सिद्धांत को एक भ्रम के रूप में माना। अजीविका तत्वमीमांसा में परमाणुओं का एक सिद्धांत सम्मिलित था जिसे बाद में वैशेषिक स्कूल के अनुसार अनुकूलित किया गया था, जहां सब कुछ परमाणुओं से बंधित बना था, इनका एकत्रीकरण और प्रकृति ब्रह्मांडीय शक्तियों द्वारा पूर्व निर्धारित थी।

आजीविकों से संबंधित कई गुफाएं मौर्य सम्राट अशोक (273 -232 ईसा पूर्व) के समय की हैं। अशोक के सातवें स्तंभ शिलालेख में आजीविक का उल्लेख है।

प्रमाण

प्रमाण के अंतर्गत कुछ महत्वपूर्ण पदों का वर्णन किया गया है, जिनके आधार पर हम ज्ञान की प्राप्ति कर सकते हैं। वात्स्यायन ने प्रमाण को वैध ज्ञान के स्रोत या साधन के रूप में परिभाषित किया है। न्याय दर्शन प्रमाण को ही ज्ञान के साधन के रूप में परिभाषित करता है। ज्ञान जीवात्मा का ही एक गुण है। न्याय दर्शन के अनुसार ज्ञान को प्राप्त करने की निम्न विधियों का उल्लेख किया गया है:

1. अनुभव ज्ञान और
2. स्मृति ज्ञान

ज्ञान को इंद्रियों द्वारा प्रत्यक्ष रूप प्रदान किया जाता है तथा अनुभूत भी किया जाता है। स्मृति ज्ञान को अनुभूत पदार्थ के अभाव में स्मरण द्वारा जागृत किया जाता है।

अनुभव ज्ञान भी दो प्रकार का होता है–

1. **प्रमा (यथार्थ):** यह वस्तु जगत का ज्ञान है।
2. **अप्रमा (अयथार्थ):** इसका अर्थ है विचार रूप से, इसको आत्मा-. परमात्मा का ज्ञान भी कहा गया है। अप्रमा या अयथार्थ ज्ञान को प्राप्त करने के लिए चिंतन और तर्क आवश्यक हैं।

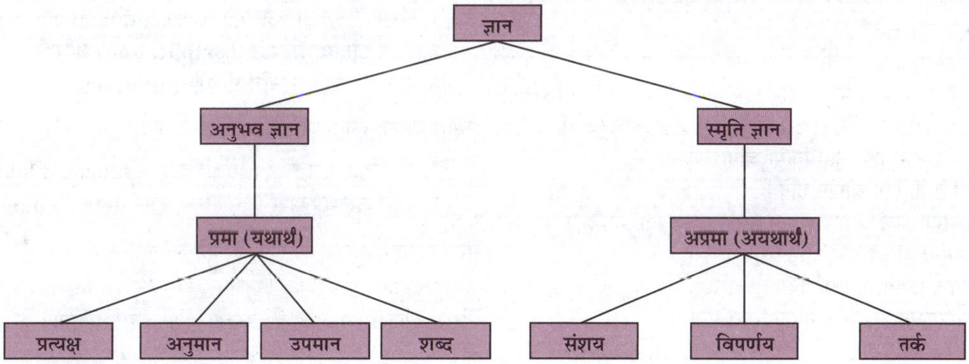

ज्ञान मुख्यत: हमें प्रत्यक्ष, अनुमान, उपमान और शब्द से प्राप्त होता है। अधिगम योग्य वस्तुएं स्वयं, शरीर, इंद्रिय अंग, इंद्रिय वस्तु बुद्धि, मन और क्रियाकलाप हैं।

ज्ञान को प्रकाशमय माना गया है। ज्ञान को ईश्वर प्रदत्त माना गया है, ज्ञान का अर्थ है कि किसी वस्तु को प्रकाशित करना। सत्य और ज्ञान एक ही प्रकार की वस्तुएं हैं। साधारण तौर पर, ज्ञान के निम्न प्रकार हैं:

1. **आगमनात्मक ज्ञान:** यहां पर ज्ञान की प्राप्ति अनुभव और परीक्षण के आधार पर होती है। इसके अनुसार, बालक का मन कोरी पटिया के समान होता है, जैसे-जैसे हमें अनुभव की प्राप्ति होती है, इस पटिया पर लेखन चलता रहता है। इसका अर्थ यह है कि मनुष्य का ज्ञान अनुभवों के द्वारा बुद्धि प्राप्त करता रहता है।
2. **प्रयोगमूलक ज्ञान:** यह ज्ञान प्रयोग, निरीक्षण और अनुभव पर आधारित होता है। यहां विचार को एक अभ्यास में परिवर्तित किया जाता है, और उसी के फल से अधिगम प्राप्त करना।
3. **प्रागनुभव ज्ञान** - Knowledge is self evident, के नियम के अनुसार ज्ञान स्वयं प्रत्यक्ष की भांति समझा जाता है। जब हम सिद्धांत को समझ पाते हैं, ज्ञान की प्राप्ति हो जाती है।

ज्ञान के निम्नलिखित स्रोत रहते हैं:

(a) इन्द्रिय अनुभव (sensory experience)

1. मनुष्य संसार की वस्तुओं के संपर्क में आता है
2. इससे एक संवेदना उत्पन्न होती है
3. यह संवेदना हमें ज्ञान की प्राप्ति करवाती है
4. तब इनके अर्थ की प्राप्ति होती है,
5. तत्पश्चात वस्तुओं का प्रत्यक्षीकरण होता है,

6. यह हमें वस्तु की जानकारी प्राप्त करवाते हैं,
7. प्रत्यक्षीकरण से अवधारणाएं उत्पन्न होती हैं।

इन्द्रिय अनुभव वाले लोगों को अनुभववादी (empiricist), तार्किक प्रत्यक्षवादी (logical positivist), यथार्थवादी (realist) या विज्ञानवादी (scientists) कहा जाता है।

(b) **साक्ष्य (testimony):** जब हम ज्ञान प्राप्ति के लिए, दूसरे जनों के अनुभव तथा निरीक्षण पर आधारित ज्ञान को मान्यता देते हैं, तो ऐसे प्राप्त ज्ञान को 'साक्ष्य' कहा जाता है, साक्ष्य में व्यक्ति स्वयं निरीक्षण नहीं करता है, वह दूसरों के निरीक्षण पर ही तथ्य का ज्ञान प्राप्त करता है।

(c) **तर्क बुद्धि (logical wisdom):** यहां पर ज्ञान प्राप्ति, एक वस्तुत एक मानसिक प्रक्रिया है। हमारा बहुत सारा ज्ञान तर्क पर भी आधारित होता है, हमें जो संवेदनाएं प्राप्त होती हैं, उनको तर्क द्वारा संगठित करके ज्ञान का निर्माण किया जाता है, इस प्रकार तर्क भी मूलभूत रूप से अनुभव पर आधारित होता है।

(d) **अंत प्रज्ञा या अंत प्रज्ञावाद:** मानव के मन के अध्ययन के सन्दर्भ में, सत्य-असत्य की पहचान करने तथा समस्याओं के हल करने की मन की क्षमता को प्रज्ञा (intellect) कहते हैं। प्रज्ञा मन की वह क्षमता है जो सही निष्कर्ष पर पहुंचने में सहायक होती है। इसका अर्थ है कि किसी तथ्य को मन में प्राप्त कर लेना, इसके लिए किसी तर्क की आवश्यकता नहीं होती है। हमें इसकी निश्चितता और वैधता में संदेह नहीं होता है। हमारा उस ज्ञान में पूर्ण विशवास होता है। इसको अंतर्दृष्टि भी कहा जा सकता है - श्री गुरु नानक देव, महात्मा बुद्ध इसके सबसे बड़े उदाहरण हैं। कुछ जीवों को समस्या आने से पहले ही उसका ज्ञान हो जाता है तथा अपने बचाव का रास्ता ढूंढ लेते हैं।

(e) **सत्ता (authority):** कुछ लोग अत्यंत प्रतिभाशाली होते हैं, ऐसे विलक्षण गुण-संपन्न मनुष्य द्वारा दिए गए ज्ञान को आषर या प्रतिभा ज्ञान कहा जाता है। परन्तु इस सारी स्थिति के बावजूद भी हमारा स्वतंत्र चिंतन समाप्त नहीं किया जाना चाहिए।

ज्ञान प्राप्ति के तीन सोपान होते हैं:

1. **श्रवण** (वेद, आरण्यक, उपनिषद, गीता आदि ग्रंथों का गुरमुख द्वारा श्रवण और स्वाध्याय)
2. **मनन** (प्राप्त ज्ञान पर चिंतन) और
3. **निध्यासन** (प्राप्त ज्ञान का नित्य प्रयोग)

प्रत्यक्ष (PERCEPTION)

प्रत्यक्ष में दो भाग सम्मिलित होते हैं–प्रति + अक्ष। प्रति का अर्थ है निकट या सामने। अक्ष में केवल आँख नहीं बल्कि सभी इन्द्रियाँ आती हैं। प्रत्यक्ष वह प्रक्रिया है जिससे किसी वस्तु का तात्कालिक ज्ञान उत्पन्न होता है या इसका अर्थ उस उपकरण से होता है जिसके द्वारा वस्तु की कल्पना की जाती है। भारतीय दर्शन के विभिन्न विद्यालयों द्वारा अनुमान की विभिन्न परिभाषाएँ दी गयी हैं।

'प्रत्यक्ष' वैध ज्ञान का सबसे शक्तिशाली, महत्वपूर्ण और मौलिक स्रोत है। यह सभी वैदिक और अवैदिक दोनों प्रकार के दर्शनों द्वारा स्वीकार किया जाता है। यह वैध ज्ञान के सभी स्रोतों में सबसे पहले आता है।

प्रत्यक्ष किसी वस्तु की वास्तविकता का प्रत्यक्ष या तत्काल ज्ञान देता है, इसलिए यह अन्य सभी प्रमाणों का मूल है।

सामान्य जीवन दर्शन में, प्रत्यक्ष को निम्न छह भागों में विभाजित किया जा सकता है:

1. **चाक्षुष प्रत्यक्ष** - यह किसी वस्तु के सामने आने से होता है, उदाहरण के लिए, यह नया कंप्यूटर है।
2. **श्रवण प्रत्यक्ष** - इसका आभास हमे चक्षु बंद रहने पर भी होता है, जैसे संगीत सुनना।
3. **स्पर्श प्रत्यक्ष** - इसका एहसास हमें स्पर्श से होता है, जैसे कि किसी गर्म वस्तु को छूना।
4. **रसायन प्रत्यक्ष** - इसका ज्ञान हमें रस से होता है, जैसे कि सेब खाने से मीठेपन का एहसास होता है, और संतरा खाने से खट्टा - मीठा होने का एहसास।
5. **घ्राणज प्रत्यक्ष** - इससे हमें सुगंध का पता चलता है, जैसे कि अगरबत्ती को सूंघना।
6. **मानस प्रत्यक्ष** - यह भावना से संबंधित है, उदाहरण के लिए सुख, दुःख, दया आदि का अनुभव।

प्रत्यक्ष न्याय से संबंधित है। न्याय का वैशेषिका ज्ञान प्रणाली से विशेष संबंध है, जिससे तत्वमीमांसा (metaphysics) और वस्तुरूप विज्ञान (ontology) का आरंभ हुआ।

न्याय तंत्र (या दर्शन) को निम्न भागों में विभाजित किया गया है:

1. **लौकिक प्रत्यक्ष (ordinary perception)**
2. **अलौकिक प्रत्यक्ष (extraordinary perception)**

लौकिक दर्शन में ज्ञान इंद्रिय अंगों के बाहरी वस्तुओं के साथ संपर्क से उत्पन्न होता है।

अलौकिक धारणा के तीन भेद हैं:

1. **सामान्य-लक्षण प्रत्यक्ष (perception of classes)**
2. **ज्ञान लक्षण प्रत्यक्ष (complication) और**
3. **योगजा या अंतर्ज्ञान प्रत्यक्ष (intuition)**

न्याय धारणा का प्रवाह दो चरणों में होता है:

1. **निर्विकल्प प्रत्यक्ष (अनिश्चित) - indeterminate**
2. **सविकल्प प्रत्यक्ष (दृढ़ संकल्प) - determinate**

महर्षि गौतम प्रत्यक्ष के इस भेद को स्वीकार करते हैं।

न्याय दर्शन के अनुसार, अनुमान (inference) को वैध ज्ञान का दूसरा स्रोत माना जाता है, इसका वर्णन हमने अनुमान के अंतर्गत किया हुआ है।

अनुमान (INFERENCE)

चारवाक को छोड़कर भारतीय दर्शन की सभी प्रणालियों द्वारा अनुमान का समर्थन किया जाता है। यह ज्ञान की एक अलग शाखा है। अनुमान शब्द का प्रयोग दो घटकों को इंगित करने के लिए किया जाता है–'अनुमति' और 'अनुमति कराना'।

चारवाक के द्वारा भी अप्रत्यक्ष रूप से ज्ञान को एक स्वतंत्र साधन के रूप में स्वीकार किया गया है। उनके द्वारा अनुमान की स्वीकृति का तात्पर्य है क्योंकि अस्वीकृति भी अनुमान के द्वारा ही की जा रही है।

अनुमान का शाब्दिक अर्थ है ऐसा ज्ञान जो कुछ अन्य ज्ञान का अनुसरण करता है।

अनुमान में हम किसी वस्तु के ज्ञान तक ज्ञान (या प्रस्ताव) के दो माध्यमों से ही पहुंच पाते हैं।

भारतीय दर्शन की सभी प्रणालियाँ इस बात को स्वीकार करती हैं कि अनुमान ज्ञान या सत्य के प्रत्यक्ष अवलोकन से नहीं, बल्कि व्याप्ति के ज्ञान या दो चीजों के बीच एक सार्वभौमिक संबंध बनाने की एक प्रक्रिया से आता है।

अनुमान का वर्गीकरण, दो प्रकार से किया जा सकता है :

1. **स्वार्थानुमान:** जो स्वयं के लिए होता है।
2. **परार्थानुमान:** जो दूसरों के लिए होता है।

न्याय के अनुसार, अनुमान हमारे ज्ञान का एकमात्र स्रोत नहीं है, लेकिन यह सभी का आधार है। ज्ञान के अन्य सभी प्रमाण अनुमान को निर्धारित करते हैं। अनुमान सभी ज्ञान की अंतिम परीक्षा है।

अवधारणात्मक सत्यापन इस प्रकार अन्य सभी ज्ञान का अंतिम परीक्षण है और इस तरह, अनुमान मानव ज्ञान के सभी स्रोतों में प्रमुख है।

भारतीय दार्शनिकों के बीच प्रमाणों की संख्या के बारे में भी कुछ मतभेद है। अधिकांश भारतीय तर्कशास्त्री छह प्रमाणों में से तीन को स्वीकार करने के लिए सहमत हैं–प्रत्यक्ष, अनुमान और शब्द।

अन्वयव्यतिरेकी: जब अन्वय और व्यतिरेक (विरोधाभास) ज्ञान की प्राप्ति के लिए एकत्रित हो जाते हैं, तो उनको अन्वयव्यतिरेकी कहा जाता है। उदाहरण के लिए, जहां धुआं होता है, वहां अग्नि होती है; जहां अग्नि होती है, वहां धुआं होता है। अगर धुआं नहीं होता है, तो अग्नि नहीं हो सकती है।

अनुमान को अन्वयव्यतिरेकी कहा जाता है, जब इसका मध्य पद, सकारात्मक और नकारात्मक, दोनों प्रमुख पद से संबंधित होता है। इसमें मध्य और प्रमुख पदों के बीच उनकी उपस्थिति और अनुपस्थिति दोनों के संबंध में एक व्याप्ति या सार्वभौमिक संबंध है।

इस प्रकार, व्याप्ति या सार्वभौमिक प्रस्ताव का ज्ञान दो प्रकार से होता है

1. **अनव्य** - उपस्थिति होने पर
2. **व्यतिरेक** - अनुपस्थिति में

सकारात्मक सार्वभौमिक प्रस्ताव उपस्थिति में समझौते के सकारात्मक उदाहरणों के अवलोकन का परिणाम होता है।

नकारात्मक प्रस्ताव, अनुपस्थिति में समझौते के नकारात्मक उदाहरणों के अवलोकन के आधार पर, मध्य और प्रमुख शर्तों के बीच होता है।

सार्वभौमिक सकारात्मक और नकारात्मक प्रस्तावों (अनव्य और व्यतिरेकाव्यप्ति) के बीच का अंतर यह है कि सकारात्मक प्रस्ताव का विषय विधेय बन जाता है और विधेय का विरोधाभास संबंधित नकारात्मक प्रस्ताव में विषय बन जाता है।

संक्षेप में, व्याप्ति के निर्धारण की विधि के अनुसार अनुमान तीन प्रकार के होते हैं।

(a) **केवलंबायी** उपस्थिति में समझौता
(b) **केवला व्यतिरेकी** - अनुपस्थिति में समझौता
(d) **अन्वय व्यतिरेकी** - उपस्थिति और अनुपस्थिति में समझौता

उपमान (COMPARISON)

उपमान या तुलना किसी नाम और वस्तु के बीच के संबंध का ज्ञान है, इसलिए किसी परिचित वस्तु को उनकी समानता के दिए गए विवरण के आधार पर नाम दिया गया है। यह एक प्रकार से समानता से प्राप्त ज्ञान है। इसे एक शब्द और उससे प्राप्त ज्ञान के रूप में परिभाषित किया गया है।

उदाहरण के लिए, जब हम एक शहर के व्यक्ति को यह बताते हैं कि एक वन्य गाय (forest cow) एक गाय की तरह एक प्राणधारी है। बाद में, जब वह एक वन में, एक वन्य गाय को देखता है तो वह उसे वन्य गाय के रूप में पहचानता है। फिर वन्य गाय के बारे में उनका ज्ञान गाय के ज्ञान के साथ संयोजन का परिणाम है। इसलिए उपमान केवल एक नाम के बीच के संबंध का ज्ञान है–यहां वह वन्य गाय है और उस नाम से निरूपित वस्तु (वन में दिखाई देने वाली वास्तविक वन्य गाय) है।

शब्द (VERBAL TESTIMONY)

इसे एक विश्वसनीय व्यक्ति (aptavakya) के कथन के रूप में परिभाषित किया गया है और इसके अर्थ को समझना आवश्यक है। यह विश्वसनीय व्यक्तियों, मानव या परमात्मा के शब्दों पर आधारित है। एक व्यक्ति भरोसेमंद होता है यदि कोई व्यक्ति सच्चाई जानता है और उसे सही ढंग से बताता है तो उसको विश्वसनीय कहा जा सकता है।

'शब्द' ज्ञान प्राप्ति का मुख्य साधन माना गया है। शब्द को वेदों के अधिकार (सबसे प्राचीन पवित्र ग्रंथों) के रूप में सम्मानित किया गया है, क्योंकि वेदों को ही शाश्वत (eternal), आधिकारिक (authorless) और बिल्कुल अचूक (absolutely infallible) माना जाता है। शब्द का व्याख्यात्मक मीमांसा विद्यालय के लिए विशेष महत्व है। मीमांसा को एक अधिनायक के रूप में लिया गया है जो हमें उद्देश्यपूर्ण कार्रवाई के लिए प्रेरित करते हैं और जिनकी प्रभावकारिता (effectiveness) ज्ञान के किसी अन्य माध्यम से नहीं जानी जाएगी। वेदांत स्कूल ने अलौकिक वस्तुओं के विस्तार का अधिकार केवल ब्राह्मण को परम वास्तविकता के रूप में दिया है। न्याय तर्कशास्त्र, मानव और दिव्य दोनों को 'शब्द' के रूप में स्वीकार करता है, केवल दिव्य का ही ज्ञान अचूक है।

बौद्ध मत और जैन मत, दोनों ही वेदों के अधिनायकत्व (leadership) को अस्वीकार करते हैं, ये वास्तव में अपने स्वयं के धर्मग्रंथों की छाया पर भरोसा करते हैं।

भारतीय दार्शनिकों के बीच प्रमाणों की संख्या के बारे में भी कुछ मतभेद हैं। अधिकांश भारतीय तर्कशास्त्री छह प्रणामों में से तीन को स्वीकार करने के लिए सहमत है–प्रत्यक्ष, अनुमान और शब्द।

'शब्द' दो प्रकार का होता है - वैदिक और धर्मनिरपेक्ष (laukika)।

1. वैदिक शब्द: ये परिपूर्ण और अचूक है क्योंकि वेद परमात्मा द्वारा रचित हैं।
2. धर्मनिरपेक्ष शब्द: ये मनुष्य के शब्द हैं जो त्रुटि का कारण बन सकते हैं, इसलिए ये अचूक (infallible) नहीं है।

शब्द प्रमाण के दो निम्न भेद भी हैं:

1. **दृष्टार्थ** - ये मौखिक अथवा लिखित शब्द हैं, जिनसे प्राप्त ज्ञान का प्रत्यक्षीकरण किया जा सकता है, जैसे कि जल को उबालने पर भाप बन जाती है।
2. **अदृष्टार्थ** - ये वे लिखित शब्द हैं, जिनसे प्राप्त ज्ञान का प्रत्यक्षीकरण नहीं किया जा सकता है, जैसे, भगवान् कर्मफल देता है।

अर्थापत्ति (IMPLICATION)

प्रभाकर और कुमारिल दोनों, अर्थापत्ति को मान्य ज्ञान के स्वतंत्र साधन के रूप में स्वीकार करते हैं। इस प्रमाण के माध्यम से हम दो तथ्यों के बीच विरोधाभास के परिणामस्वरूप एक तथ्य की खोज करते हैं जो पहले से ही अच्छी तरह से स्थापित होने के लिए ज्ञात है। एक सामान्य उदाहरण है–देवदत्त दिन के समय अपना भोजन नहीं लेता है। फिर भी वह काफी मजबूत और मोटा है। हम मानते हैं कि उसे रात में भोजन लेना चाहिए। रात में देवदत्त के खाने की धारणा एक अभिधारणा (postulation) है। हमने कभी उसे रात को खाना खाते हुए नहीं देखा। अत: पद के द्वारा प्राप्त ज्ञान धारणा नहीं है।

इस तरह का ज्ञान एक अजीबोगरीब या अनूठे किस्म का ज्ञान है और इस पर अलग से विचार करना होगा। लेकिन कुछ भारतीय तर्कवादियों ने इस प्रमाण को अनुमान-विरोधाभासी बना दिया है।

दिन के समय भोजन न करने वाले सभी मोटे व्यक्ति रात को भोजन करने वाले व्यक्ति हैं।

देवदत्त एक मोटा व्यक्ति है जो दिन के समय में नहीं खाता है।

इसलिए देवदत्त एक मोटा व्यक्ति है जो रात के समय भोजन करता है।

अनुपलब्धि (NON-APPREHENSION)

अनुपलब्धि किसी भी वस्तु के अस्तित्व का तत्काल ज्ञान है। कुमारिल इस बात को स्वीकार करता है लेकिन प्रभाकर इसे स्वीकार नहीं करता है। यह 'अभाव' की श्रेणी से संबंधित है। उदाहरण के लिए, एक छतरी जिसे किसी कमरे के किसी विशेष कोने में देखे जाने की संभावना है, वहाँ नहीं पायी जाती है। हम एक अलग प्रमाण, अनुपलब्धि के माध्यम से छतरी के अनस्तित्व (non-apprehension) के बारे में जानते हैं। न्याय, हालांकि अनस्तित्व को स्वीकार करता है क्योंकि एक श्रेणी के पास इसे समझने के लिए कोई अलग प्रमाण नहीं है। उनके अनुसार, किसी वस्तु के अनस्तित्व को प्रत्यक्ष के द्वारा ही जाना जा सकता है, जैसा कि नंगे तल को समझने के मामले में है। लेकिन मीमांसा के अनुसार चूंकि कोई अर्थ वस्तु (sense object) संपर्क में नहीं है, हमें किसी वस्तु के अनस्तित्व (non-existence) को जानने के लिए एक नए प्रमाण की आवश्यकता है। यह मीमांसा ज्ञानमीमांसा विज्ञान की एक अनूठी विशेषता है।

अनुमान की संरचना और प्रकार (STRUCTURE AND KINDS OF INFERENCE)

ऐसा ज्ञान जो हमें प्रत्यक्ष के बाद प्राप्त होता है, उसको हम अनुमान या आनुमानिक ज्ञान कह सकते हैं, यह ज्ञान संबंधपरक भी होता है। अनुमान एक प्रकार से द्वितीयक साक्ष्य (secondary proof) भी है। इसके लिए आधार-सामग्री हमें प्रत्यक्ष तथा शब्द से प्राप्त है।

अनुमान के दो मुख्य समूह हैं और वे निम्नानुसार हैं।

1. **व्याप्ति (Vyapti):** यह तब होता है जब हमें सार्वभौमिक संबंध का पता हो–जैसे कि अग्नि और धुआं
2. **पक्षधर्मता (Pakshdharmta):** अग्नि पर्वत पर प्रतीत होती है, जहां उसमें हमें धुआं भी प्रतीत होता है।

अनुमान मध्यस्थ और अप्रत्यक्ष है। इसे कुछ चिह्न के माध्यम से व्यवस्थित किया जाता है जिसे 'हेतु' कहा जाता है। यह अनुमान जैसे विशिष्ट उदाहरण की सहायता से समझाया जा सकता है–

अनुमान विधि में पूर्व ज्ञान के आधार पर नए ज्ञान का विकास होता है। न्याय ने अनुमान के तीन भेद दिए:

1. **पूर्ववत:** यहां हमें तर्क 'कारण से प्रभाव' (cause to effect) तक जाते हुए प्राप्त होता है। उदाहरण के लिए, बादल देख कर वर्षा होने का अनुमान लगाना।
2. **शेषवत:** यह ज्ञान तब प्राप्त होता है जब हम 'प्रभाव से कारण' (effect to cause) के लिए तर्क करते हैं। सड़क मार्ग और कृषि क्षेत्र देख कर वर्षा का अनुमान लगाना।
3. **सामान्यतोदृष्ट:** यह अनुमानित ज्ञान हमें तब प्राप्त होता है, जब हम किसी विशेष विषय के सामान्यीकरण (particular matter to generalization) का प्रयास करते हैं। आकाश में चांद की बिजली देख कर उसके गतिशील होने का अनुमान लगाना।

अनुमान के निगमन और आगमन पद: न्याय के अनुसार, यदि कोई व्यक्ति, अनुमान द्वारा स्वयं ज्ञान प्राप्त करता है, तो यह प्रक्रिया तीन चरणों में होती है।

न्याय की इस अनुमान विधि के निम्न पांच पद निगमन प्रणाली के पद हैं।

1. **प्रतिज्ञा** - पर्वत में अग्नि (प्रतिज्ञा) है।
2. **हेतु** - क्योंकि पर्वत से धुआं (हेतु) निकल रहा है।
3. **उदाहरण** - जहां धुआं होता है, वहां अग्नि होती है, जैसे कोई तंदूर (उदाहरण)।

   जब इसी विधि द्वारा दूसरों को ज्ञान करवाना हो तो शिक्षा देने वाले को दो अन्य पदों का अनुसरण करना आवश्यक होता है।
4. **उपनय** - पर्वत पर भी धुआं है, जो अग्नि (उपनय) से संबंधित है।
5. **निरामन** - अत: पर्वत में अग्नि है।

भारतीय न्यायशास्त्र के इन पांच घटकों को अवयव कहा जाता है।

अनुमान सदैव जैसे धुआं अग्नि, कार्य-कारण आदि संबंधों पर निर्भर करते हैं। न्याय ने आगमन विधि का भी विवेचन किया, उसके पांच निम्नलिखित पद हैं:

1. **उदाहरण** - जलती हुई लकड़ी में अग्नि और धुआं होते हैं।
2. **उपनय** - पर्वत पर धुआं है।
3. **अनुमान** - पर्वत में अग्नि होनी चाहिए।
4. **अभ्यास** - जलते हुए वस्त्र में अग्नि और धुआं है।
5. **निष्कर्ष** - पर्वत में अग्नि है।

अब हम हम न्याय दर्शन तथा अरस्तु के सिल्लोजिसम (Aristotlian Syllogism) की तुलना का प्रयास कर रहे हैं:

न्याय दर्शन में पांच और अरस्तु न्यादर्श में तीन प्रस्ताव हैं, लेकिन दोनों में कथन केवल तीन ही हैं -

अनुमान में तीन घटक या पद हैं – पक्ष, हेतु और साध्य।

अरस्तु न्यायदर्श के अनुसार तीन पद हैं – वृहत पद (Major Term), लघु पद (Minor Term) और मध्य पद (Middle term).

तुलनात्मक दृष्टि से, वृहत पद को साध्य कहा जा सकता है।

लघु पद को 'पक्ष' कह सकते हैं।

मध्य पद को 'हेतु' कहा जाता है।

जो मध्य पद है, वह वृहत पद और लघु पद में संबंध स्थापित करता है, इसी प्रकार, जो हेतु है, पक्ष और साध्य के मध्य संबंध स्थापित करता है।

न्याय न्यादर्श को बड़ी सरलता से सामान्य अरस्तु सिल्लोजिसम में परिवर्तित किया जा सकता है।

उदाहरण के लिए:

जिन सभी चीजों में धुआं होता है, उनमें अग्नि (Major) होती है।

इस पर्वत में धुआं (Minor) है।

इसलिए, इस पर्वत में अग्नि (inference) है।

अरस्तु केवल निगमनात्मक पर ध्यान केंद्रित करता है, लेकिन न्याय व्यवस्था निगमनात्मक को आगनात्मक के साथ जोड़ता है। अरस्तु न्यायदर्श औपचारिक है, न्याय दर्श औपचारिक होने के साथ-साथ सामग्रीपरक (materialistic) भी है। न्याय केवल अनुभव के तथ्यों पर चर्चा करता है, क्योंकि उसे उदाहरणों का सुझाव देना होता है।

जैसे कि इस पर्वत में अग्नि (अनुमान) है।

जैसा कि हमने अभी चर्चा की है, अरस्तु ने अनुमान को असाक्षात और साक्षात में वर्गीकृत किया:

1. असाक्षात या परोक्ष: में तीन पद होते हैं।
2. साक्षात पद – इसमें दो पद होते हैं। साक्षात में मध्य पद की आवश्यकता नहीं होती है। जैन मत में लघु पद की आवश्यकता नहीं होती है।

न्याय दर्शन - इसमें पांच प्रस्ताव होते हैं		अरस्तु संबंधित उदाहरण (Aristotelian example)
1. प्रक्षा - पूर्व पक्ष विषय (thesis) **प्रतिज्ञा** - प्रस्ताव	पर्वत में अग्नि है।	राम नश्वर है।
2. **प्रतिज्ञा** - प्रस्ताव	क्योंकि इसमें धुआं होता है।	क्योंकि वह एक व्यक्ति है।
3. **हेतु**	जहां धुआं होता है, वहां रसोई की तरह अग्नि भी होती है।	सभी व्यक्ति मेरे दादा की तरह नश्वर हैं।
4. **द्रष्टंता**	पर्वत ऐसा ही है।	राम भी एक व्यक्ति है।
5. **उपनय**	इसलिए, पर्वत में अग्नि है।	इसलिए राम नश्वर हैं।

पहले तीन प्रस्ताव (1-3) आगमनात्मक न्यायशास्त्र बनाते हैं। अंतिम तीन (3-5) निगमनात्मक न्यायशास्त्र बनाते हैं। प्रस्ताव 3 आगमनात्मक के लिए निष्कर्ष है, और निगमनात्मक के लिए प्रमुख प्रस्ताव है।

लिंग परमरसा: अनुमान को परमरसा के माध्यम से प्राप्त ज्ञान भी कहा जाता है। दूसरे शब्दों में, लिंग के माध्यम से पक्ष (लघु पद) में साध्य की उपस्थिति का ज्ञान, जो पक्ष में निहित है और व्याप्ति से संबंधित है।

न्याय न्यायशास्त्र में पांच पद हैं। उनमें से, मध्य पद वृहत पद और लघु पद के मध्य एक सेतु का कार्य करती है। इसलिए, मध्य पद का मुख्य उत्तरदायित्व है कि वैधता को वैध या अवैध के रूप में प्रमाणित करे। मध्य पद किस प्रकार प्रमुख पद से संबंधित है, लिंग परामर्श है। मध्य पद की पांच विशेषताएं होती हैं।

1. यह लघु पद **(पक्ष धर्मता)** में उपस्थित होना चाहिए; उदाहरण के लिए, पहाड़ी में धुआं उपस्थित होना चाहिए।
2. यह उन सभी सकारात्मक उदाहरणों में उपस्थित होना चाहिए, जिनमें वृहत पद उपस्थित हैं; उदाहरण के लिए, जिस रसोई घर में आग होती है, वहां धुआं उपस्थित होना चाहिए। **(सपक्षसत्व)।**
3. यह उन सभी नकारात्मक उदाहरणों में अनुपस्थित होना चाहिए जिनमें वृहत पद अनुपस्थित हैं; उदाहरण के लिए, जिस झील में अग्नि नहीं है, उसमें धुआं नहीं होना चाहिए। **(विपक्षसत्व)**।
4. यह लघु पद के साथ असंगत होना चाहिए। जैसे, यह अग्नि की शीतलता **(अबधिता)** को प्रमाणित नहीं करना चाहिए।
5. यह विरोध करने वाले कारणों की अनुपस्थिति से योग्य होना चाहिए जो एक विरोधाभासी निष्कर्ष की ओर ले जाते हैं; उदाहरण के लिए, 'कारण होने के तथ्य' का उपयोग ध्वनि की 'शाश्वतता' **(अविरुद्ध)** को प्रमाणित करने के लिए नहीं किया जाना चाहिए।

   ऐसी चर्चा हेत्वाभास के अंतर्गत भी की गयी है।

   यहां तीन शब्द प्रमुख (major), माध्यमिक और लघु के अनुरूप हैं। लिंग परमरसा की चर्चा पहले भी की जा चुकी है।

हेत्वाभास (Ancient Indian Fallacy System)

हेत्वाभास (fallacy) किसी कथन का वह भाग है जो तार्किक रूप से दोषपूर्ण सिद्ध किया जा सके।

हिन्दी भाषा में, हेत्वाभास को युक्तिदोष, मिथ्या तर्क, तर्काभास, मिथ्या-हेतु, दोष, भ्रामकता आदि शब्दों से भी समझा जा सकता है।

हेत्वाभास एक संस्कृत शब्द है,जो दो शब्दों 'हेतु' (middle term) तथा 'आभास' (fallacy) से मिलकर बना है। हेतु का अर्थ है मध्य पद (कारण) और 'आभास' का अर्थ है 'जो नहीं है वह दिखना'। प्राचीन भारत की तर्क व्यवस्था में हेत्वाभास 'भौतिक हेत्वाभास' या 'अनात्मीय' (without soul) है।

हेतु (मध्य पद - middle term) में पांन प्रकार के लक्षण या विशेषताएं होती हैं जिनके अभाव में हमें 'हेतु' का आभास होता है। इनका संक्षिप्त वर्णन नीचे किया गया है।

1. **पक्ष-धर्मता:** यह लघु पद में उपस्थित होना चाहिए। उदाहरणस्वरूप - पहाड़ी में धुआं उपस्थित होना चाहिए।
2. **सपाक्षसत्व:** यह उन सभी सकारात्मक उदाहरणों में उपस्थित होना चाहिए जिनमें प्रमुख पद उपस्थित है। उदाहरण के लिए - रसोई में जहां अग्नि है, धुआं उपस्थित होना चाहिए।
3. **विपक्ष सत्त्व:** यह उन सभी नकारात्मक उदाहरणों में अनुपस्थित होना चाहिए जिनमें प्रमुख पद अनुपस्थित है। उदाहरण के लिए, उस झील में धुआं अनुपस्थित होना चाहिए जिसमें अग्नि नहीं है।
4. **अबाधिता:** यह लघु पद के साथ असंगत होना चाहिए। उदाहरणस्वरूप, उसे 'अग्नि की शीतलता' सिद्ध या प्रमाणित नहीं करना चाहिए।
5. **अविरुद्ध:** इसके अंतर्गत निष्कर्ष विरोधाभासी न दिखे, इसलिए इसमें 'विरोधी प्रतिपेक्ष्य' नहीं होना चाहिए, शायद उसको हटाना ही उचित प्रतिक्रिया है। उदाहरण के लिए, 'कारण प्रमाणित होने का तथ्य' का उपयोग 'अग्नि' के अविरुद्ध या चिरकालिक या अविनाशी होने को प्रमाणित करने के लिए नहीं किया जाना चाहिए।

उपरोक्त दी गई किसी भी विशेषता का उल्लंघन होने पर हमें हेत्वाभास या भ्रांति मिलती है, इसलिए उन्हें हमें ध्यानपूर्वक देखा जाना चाहिए। इस दृष्टिकोण के अनुसार हेत्वाभास को पांच प्रकार से पहचाना जा सकता है।

1. **असिद्ध:** यह अप्रमाणित मध्य पद (unapproved middle term) की भ्रांति है। मध्य पद को लघु पद (पक्षधर्मता) में उपस्थित होना चाहिए। यदि ऐसा नहीं है, तो यह अप्रमाणित है। इसके तीन प्रकार हैं:
   (a) **आश्रय असिद्ध:** लघु पद मध्य पद का स्थान है। यदि लघु पद असत्य है, तो इसमें मध्य पद उपस्थित नहीं हो सकता। उदाहरण के लिए, आकाश-कमल झील के कमल की तरह सुगंधित है: The sky-lotus is fragrant, because it is a lotus, like the lotus of a lake.
   (b) **स्वरूप असिद्ध:** यहां लघु पद अवास्तविक (unreal) नहीं होता है, अर्थात लघु पद वास्तविक होते हैं। मध्य पद लघु पद में उपस्थित नहीं हो सकता है। उदाहरण के लिए, 'ध्वनि एक गुण है, क्योंकि यह दृश्यमान है'। यहां दृश्यता उस ध्वनि से संबंधित नहीं हो सकती, जो श्रव्य है।
   (c) **व्याप्यत्व असिद्ध:** यहां, व्याप्ति सशर्त (सोपाधिका) है।

   इस प्रकार, हम यह नहीं कह सकते कि 'जहां अग्नि है, वहां धुआं है'। अग्नि तभी धुआं करती है, जब वह गीले या पानी वाले ईंधन से जुड़ी हुई हो। लाल-गर्म लोहे की गेंद या स्पष्ट अग्नि धुआं नहीं करती है।

अत: 'गीले ईंधन से संबद्धता' उक्त व्यापमति के लिए आवश्यक शर्त है। वातानुकूलित होने के कारण, यदि हम कहते हैं कि 'पहाड़ी में धुआँ है, क्योंकि उसमें अग्नि है', तो मध्य पद भ्रांतिपूर्ण हो जाता है।

2. सव्यभिचार या अनायक-अंतिका: यह अनियमित मध्य पद का हेत्वाभास है। यह भी तीन प्रकार का होता है।

(a) साधारण: यहां मध्य पद बहुत विस्तृत है, इसे 'मिश्रित भूमि' के रूप में लिया जाता है। इसे सपक्ष (सकारात्मक) और विपक्ष (नकारात्मक) उदाहरणों में समाहित माना जाता है। यह इस नियम का उल्लंघन करता है कि मध्य पद नकारात्मक स्थितियों (विपक्ष सत्त्व) में उपस्थित नहीं होना चाहिए। उदाहरण के लिए, 'पहाड़ी में अग्नि है क्योंकि यह ज्ञेय है'। यहां 'ज्ञेय ' ज्वलनशील के साथ- साथ अज्वलनशील वस्तुओं में भी विद्यमान है।

(b) असाधारण: यहां मध्य पद बहुत संकीर्ण है। यह केवल 'पक्ष' में उपस्थित है। यह न तो 'सापेक्ष में है और न ही 'विपक्ष' में समाहित है। यह इस नियम का उल्लंघन करता है कि मध्य पद सापेक्ष (सपक्षसत्त्व) में उपस्थित होना चाहिए। उदाहरण के लिए, 'ध्वनि शाश्वत है, क्योंकि यह श्रव्य है'। यहां श्रव्यता केवल ध्वनि से संबंधित है और कहीं ओर समाहित नहीं है।

(c) अनुपसमहारी: यहां मध्य पद कोई अनन्य नहीं है। लघु शब्द सर्व-समावेशी है और सपक्ष या विपक्ष के रूप में कुछ भी नहीं छोड़ता है। उदाहरण के लिए, 'सभी चीजें गैर-शाश्वत हैं, क्योंकि वे जानने योग्य हैं'।

3. सतप्रतिपक्ष: सतप्रतिपक्ष में दो पद होते हैं, सत और प्रतिपक्ष। यहां दो मध्य पद (कारण) आपस में विरोधी होते हैं और कारण एक अन्य कारण से प्रति संतुलित हो जाता है। दोनों कारण समान बल के हैं। उदाहरण के लिए, 'ध्वनि चिरकालिक और अविनाशी है, क्योंकि यह श्रव्य है' और 'ध्वनि गैर-चिरकालिक है, क्योंकि यह उत्पन्न होती है'। यहां 'श्रव्य' 'उत्पत्ति ' द्वारा प्रति संतुलित है और दोनों समान बल के हैं।

4. बधिता: बधिता का अर्थ है बाधित या निषिद्ध। यह गैर-अनुमानित विरोधाभासी मध्य पद है। मध्य पद का खंडन किसी अन्य प्रमाण द्वारा किया जाता है न कि अनुमान से। यह उस प्रमुख (वृहत) पद को प्रमाणित नहीं कर सकता जो वैध ज्ञान के किसी अन्य प्रबल स्रोत द्वारा अस्वीकृत है। उदाहरण के लिए, 'आग ठंडी है, क्योंकि यह एक तत्त्व है'। मध्य पद 'तत्त्व' प्रत्यक्ष रूप से धारणा के विपरीत है।

5. विरुद्धा: यह विरोधाभासी मध्य पद है। मध्य पद, प्रमुख पद (वृहत) की उपस्थिति से व्याप्त न होकर प्रमुख पद (वृहत) की अनुपस्थिति से व्याप्त है। लघु पद में प्रमुख पद (वृहत) के अस्तित्व को प्रमाणित करने के स्थान पर उसमें उसका अस्तित्व नहीं सिद्ध होता है। उदाहरण के लिए, 'ध्वनि चिरकालिक या शाश्वत (eternal) है, क्योंकि यह उत्पन्न होती है'। यहां 'उत्पादित' ध्वनि की शाश्वतता को सिद्ध करने के स्थान पर उसकी अनादि (non-eternal) को सिद्ध करता है।

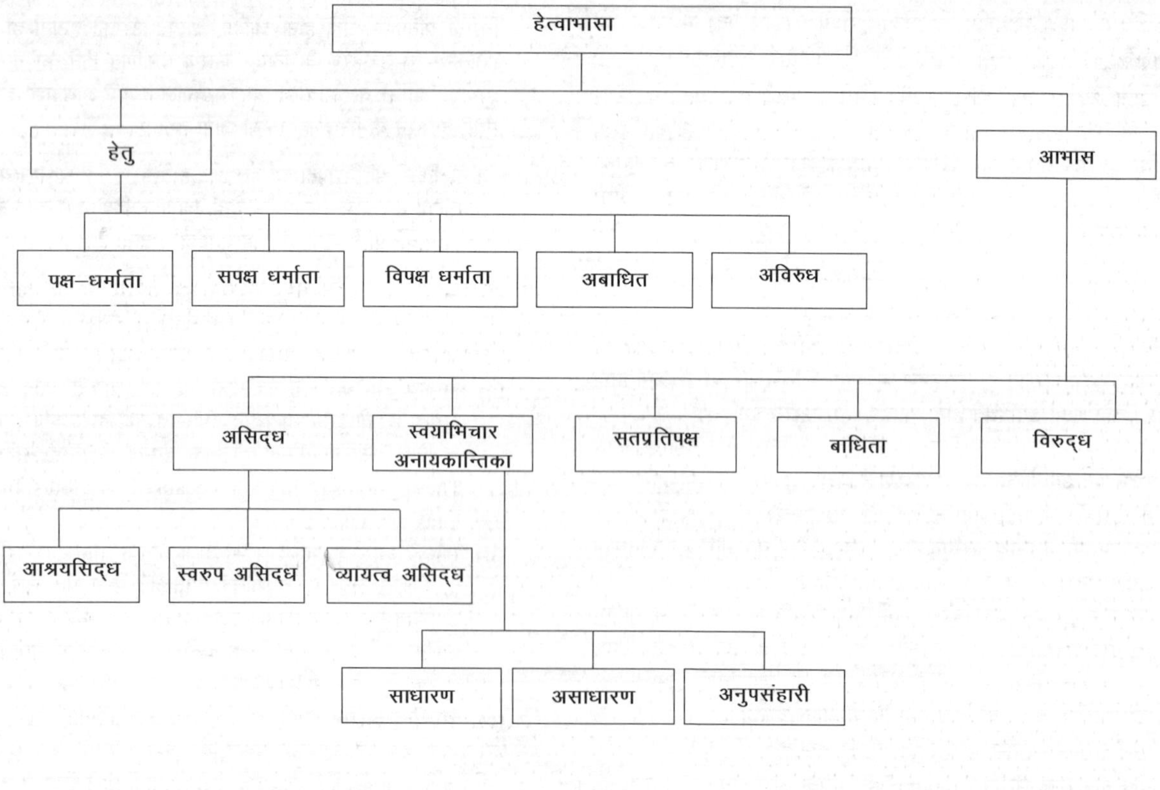

बहुविकल्पीय प्रश्न (Multiple Choice Questions)

वैचारिक सिद्धांतों पर आधारित (BASED ON CONCEPTUAL PRINCIPLES)

1. वह प्रक्रिया जिसमें तर्कों के आधार पर किसी परिणाम पर पहुँचा जा सकता है, उसे क्या कहा जाता है?
   (a) संकल्पना (b) निष्कर्ष
   (c) संकेतार्थ (d) सम्मेलन
2. ऐसा तर्कवाक्य जो कि निष्कर्ष का समर्थन करता है, निम्नलिखित में से उसको क्या कहा जाता है?
   (a) निष्कर्ष (b) प्रस्तावना
   (c) अवधारणा (d) उपरोक्त में से कोई नहीं
3. ऐसी प्रस्तावना जो आधार वाक्यों के बल पर दृढ़ होती है, उसको क्या कहा जाता है?
   (a) वृहत पर (b) संकल्पना
   (c) निष्कर्ष (d) न्यायसंगतता
4. आगमन एवं निगमन निम्नलिखित में से किसके मुख्य रूप हैं?
   (a) विश्वास (b) अवधारणा
   (c) तर्क (d) संकल्पना
5. एक तर्क जिसे हम किसी विशेष कथन के साथ प्रारम्भ करते हैं और एक सार्वभौमिक निष्कर्ष के साथ समाप्त करते हैं, उसको क्या कहा जाता है?
   (a) निगमनात्मक तर्क (b) आगमनात्मक तर्क
   (c) असामान्य तर्क (d) उपरोक्त में से कोई नहीं
6. निम्नलिखित में से निगमनात्मक तर्क की पहचान किसके साथ की जा सकती है?
   (a) संश्लेषिक निष्कर्ष (b) विश्लेषणात्मक निष्कर्ष
   (c) दोनों (a) और (b) (d) उपरोक्त में से कोई नहीं
7. निम्नलिखित में से किसे सामान्य निष्कर्ष वाले कथनों के समूह के रूप में परिभाषित किया जा सकता है?
   (a) प्रस्ताव (b) तर्क
   (c) संकल्पना (d) भ्रम
8. निम्नलिखित में से किस प्रकार के तर्क निष्कर्ष के लिए निर्णायक आधार प्रदान करते हैं?
   (a) आगमनात्मक तर्क
   (b) विधायी तर्क
   (c) सहज ज्ञान युक्त तर्क
   (d) उपरोक्त में से कोई नहीं
9. निम्नलिखित में से कौन-सा शब्द वैध निष्कर्ष की परिभाषित विशेषता को चिह्नित करता है?
   (a) अस्पष्टता (b) अनिश्चितता
   (c) अनिवार्यता (d) निश्चितता
10. आगमनात्मक तर्क आमतौर पर होते हैं:
   (a) विश्लेषणात्मक (b) संश्लेषित
   (c) सहज ज्ञान युक्त (d) सौंदर्यात्मक
11. निम्नलिखित में से कौन सा विकल्प निगमनात्मक युक्तिवाद में प्रस्तावना और निष्कर्ष के बीच में संबंध को दर्शाता है?
   (a) कारण-प्रभाव
   (b) विश्लेषणात्मक-सिंथेटिक
   (c) निहितार्थ-अनुलाग
   (d) उपरोक्त में से कोई नहीं
12. आगमनात्मक तर्क में, कौन-सा शब्द निष्कर्ष के संदर्भ में उपयुक्त है?
   (a) संभावित (b) निश्चित
   (c) स्थिर (d) पूर्वानुमान
13. निश्चितता है:
   (a) एक वस्तुगत तथ्य
   (b) भावनात्मक रूप से संतुष्टिदायक
   (c) तार्किक
   (d) सात्विक
14. निम्नलिखित में से कौन-सा विकल्प आगमनात्मक तर्क को सबसे उचित ढंग से अभिलक्षित करता है?
   (a) वैधता-अवैधता
   (b) शक्तिशाली-कमजोर
   (c) नियमित-अनियमित
   (d) निश्चित-अनिश्चित
15. न्यायसंगतता में सत्य या असत्य किससे संबंधित है?
   (a) तर्क (b) निष्कर्ष
   (c) प्रस्तावना (d) युक्तिवाद
16. निम्नलिखित में से वैधता या अवैधता का प्रयोग किसके संदर्भ में किया जाता है?
   (a) नियामक तर्क (b) प्रस्ताव
   (c) शब्दावली (d) अवधारणा
17. वैध तर्क या तर्कों के निष्कर्ष के असत्य होने का अर्थ है कि:
   (a) तर्क का आधार मजबूत है।
   (b) कम से कम एक प्रस्तावना सही नहीं है।
   (c) प्रस्तावना सत्य है।
   (d) वैधता अनिश्चित है।
18. समालोचनात्मक चिन्तन होने के लिए होना चाहिए: **[दिसंबर, 2009]**
   (a) व्यावहारिक (b) सामाजिक संगतता
   (c) वैयक्तिक संतोष (d) पुनः अवलोकन
19. निगमनात्मक तर्क में सम्मिलित है: **[दिसंबर, 2009]**
   (a) पर्याप्त साक्ष्य
   (b) आलोचनात्मक विचार
   (c) तार्किक संबंध देखना
   (d) पुनः अवलोकन

20. तर्क दोष है:

(a) सच तर्क (b) झूठा तर्क

(c) मान्य तर्क (d) अमान्य तर्क

21. आगमनात्मक बौद्धिकता आधारित है या पूर्वापेक्षा करती है:

(a) प्रकृति की एकरूपता

(b) विश्व को ईश्वर ने बनाया

(c) प्रकृति की एकता

(d) प्रकृति के नियम

22. यदि किसी निगमनात्मक तर्क की प्रस्तावना सत्य हो एवं निष्कर्ष असत्य, तो निम्नलिखित में से कौन-सा विकल्प उस तर्क के बारे में कहा जा सकता है?

(a) वैध (b) अवैध

(c) अवर्णनीय (d) बलपूर्वक

23. निम्नलिखित प्रस्तावों पर विचार कीजिए:

A मानव नश्वर है

B मानव नश्वर है

C मानव नश्वर है

D मानव नश्वर है

इसलिए, 'सभी मानव नश्वर है' निम्नलिखित में से किसका उदाहरण है?

(a) निगमनात्मक तर्क (b) आगमनात्मक तर्क

(c) न्यायसंगतता तर्क (d) उपरोक्त में से कोई नहीं

24. निम्नलिखित में से कौन-सा शब्द सत्य प्रस्तावनाओं पर आधारित वैध निगमनात्मक तर्क का वर्णन करता है?

(a) सही (b) सही नहीं

(c) भ्रामक (d) अस्पष्टता

25. किसी निगमनात्मक तर्क को सिर्फ और सिर्फ तभी ठोस माना जाएगा, यदि यह:

(a) वैध हो तथा इसकी सभी प्रस्तावना सत्य हो।

(b) अवैध हो तथा सभी प्रस्तावना सत्य हो।

(c) वैध हो तथा इसकी एक प्रस्तावना असत्य हो।

(d) वैध हो तथा इसका निष्कर्ष असत्य हो।

26. लक्ष्मण नैतिक रूप से अच्छा व्यक्ति है, क्योंकि: **[जून, 2010]**

(a) वह धार्मिक है। (b) वह शिक्षित है।

(c) वह धनी है। (d) वह विवेकी है।

27. एक निगमनात्मक तर्क मान्य नहीं हो सकता:

(a) यदि इसका/इसके आधार-वाक्य सही है/हैं और निष्कर्ष सही है।

(b) यदि इसका/इसके आधार-वाक्य सही है/हैं और निष्कर्ष गलत है।

(c) यदि इसका/इसके आधार-वाक्य गलत है/हैं और इसका निष्कर्ष गलत है।

(d) यदि इसका/इसके आधार-वाक्य गलत है/हैं और इसका निष्कर्ष सही है।

28. निम्नलिखित में से कौन-सा शब्द दो पदों के मध्य संबंध को दर्शाता है?

(a) प्रस्तावना (b) मुख्यार्थ

(c) न्यायसंगतता (d) उपरोक्त में से कोई नहीं

29. तार्किक युक्ति की रचना का आधार है:

(a) आकारिक वैधता

(b) तथ्यात्मक सत्यता

(c) भाषाकीय अभिव्यक्ति

(d) उदाहरणों की उपयुक्तता

30. निगमनात्मक तर्क का निष्कर्ष:

(a) आधार वाक्यों का योग है।

(b) आधार वाक्यों पर अनिवार्यत: आधारित नहीं होता है।

(c) आधार वाक्यों से फलित होते हैं।

(d) आधार वाक्यों से अतिरिक्त होता है।

31. निम्नलिखित में से कौन-सा शब्द न्यायसंगतता को दर्शाता है?

(a) निगमनात्मक

(b) आगमनात्मक

(c) प्रायोगिक

(d) काल्पनिक

32. न्यायसंगतता के प्रश्न में होने चाहिए:

(a) तीन पद (b) चार पद

(c) छह पद (d) पांच पद

33. दो प्रकार के प्रस्ताव हैं:

(a) संपृक्तार्थ-मुख्यार्थ (b) श्रेणीगत-नियमबद्ध

(c) दोनों (a) और (b) (d) उपरोक्त में से कोई नहीं

34. निम्नलिखित में से कौन-सा शब्द दो पदों के बीच संबंध को दर्शाता है?

(a) विषय (b) विधेय

(c) वस्तु (d) संयोजक

35. निगमनात्मक तर्क वैध होता है, यदि:

(a) आधार वाक्य असत्य और निष्कर्ष सत्य हो।

(b) आधार वाक्य असत्य और निष्कर्ष भी असत्य हो।

(c) आधार वाक्य सत्य और निष्कर्ष असत्य हो।

(d) आधार वाक्य सत्य और निष्कर्ष सत्य हो।

36. निम्नलिखित कथनों में से कौन-से कथन असत्य हैं? निम्नलिखित कूट में से चुनें:

A. आगमनात्मक युक्तियां सदैव विशेष से सामान्य की ओर जाती हैं।

B. ठोस तर्क आगमनात्मक दृष्टि से मजबूत होना चाहिए।

C. वैध तर्क की असत्य प्रस्तावना एवं असत्य निष्कर्ष हो सकता है।

D. किसी तर्क को वैध रूप से सत्य या असत्य कहा जा सकता है।

कूट:

(a) B, C और D (b) A और C

(c) B और D (d) A और B

37. किसी शब्दकोश में दिए अर्थ के अलावा निहितार्थ (Implied meaning) भी हो सकता है जिसको हम कहते हैं:

(a) मुख्यार्थ (Denotation)

(b) संकेतार्थ (Connotation)

(c) दोनों (a) और (b)

(d) उपरोक्त में से कोई नहीं

38. किसी भी शब्द का लक्ष्यार्थ (Denotative meaning) होता है जिसके लिए सरल भाषा में निम्नलिखित शब्द का प्रयोग भी किया जा सकता है:

(a) शब्दकोश अर्थ (b) व्यावहारिक अर्थ

(c) दोनों (a) और (b) (d) उपरोक्त में से कोई नहीं

39. निम्नलिखित में से वह कौन-सा शब्द है जो किसी वस्तु में पाए जाने वाले गुणों को इंगित करने का कार्य करे?

(a) मूल्यांकन (b) मुख्यार्थ
(c) लक्ष्यार्थ (d) उपरोक्त में से कोई नहीं

40. निम्नलिखित में से कौन-सा शब्द लक्ष्यार्थ को चित्रित करता है?

(a) गहनता (b) विस्तार
(c) मूल्यांकन (d) अर्थ

41. किसी श्रेणीगत प्रस्ताव में, विषय के विधेय की पुष्टि की जाती है या अस्वीकार किया जाता है:

(a) बिना किसी शर्त के (b) सशर्त
(c) भावनात्मक रूप से (d) उपरोक्त में से कोई नहीं

42. निम्नलिखित में से 'यदि आप कड़ी मेहनत करते हैं, तो आप सफलता प्राप्त करेंगे' किसका उदाहरण है?

(a) स्पष्ट प्रस्ताव (b) सशर्त प्रस्ताव
(c) नकारात्मक प्रस्ताव (d) उपरोक्त में से कोई नहीं

43. 'असंबद्ध प्रस्ताव' (Disjunctive Proposition) एक प्रकार का:

(a) सशर्त प्रस्ताव है। (b) बिना शर्त प्रस्ताव है।
(c) विशिष्ट प्रस्ताव है। (d) आदेशात्मक प्रस्ताव है।

44. आगमनात्मक तर्कशास्त्र में युक्तिवाक्य का: **[दिसंबर, 2011]**

(a) निष्कर्ष का समर्थन और उसके अनुगमन करने का अध्ययन करता है।
(b) निष्कर्ष का समर्थन नहीं करता, अपितु उसके अनुगमन करने का अध्ययन करता है।
(c) निष्कर्ष का ना तो समर्थन करता है, ना ही उसके अनुगमन करने का अध्ययन करता है।
(d) निष्कर्ष का समर्थन करता है, किन्तु उसके अनुगमन करने का अध्ययन नहीं करता है।

45. सूचित कथनों में से कौन-से कथन सत्य हैं? निम्नलिखित कूट में से चुनें:

A. कुछ युक्तियां जो पूर्णत: वैध नहीं हैं, वे अधिकतर वैध हैं।
B. ठोस युक्ति अवैध हो सकती है।
C. निश्चायक युक्ति में संभवत: गलत निष्कर्ष हो सकता है।
D. विधान सत्यात्मक अथवा असत्यात्मक हो सकता है।

कूट:

(a) A और B (b) A, C और D
(c) केवल D (d) C और D

46. निम्नलिखित में से किस आधार पर किसी प्रस्तावना को सकारात्मक या नकारात्मक में वर्गीकृत किया जाता है?

(a) मात्रा (b) गुणवत्ता
(c) वैधता (d) सत्य

47. आधार वाक्यों का सर्वव्यापी और अंशव्यापी में वर्गीकरण, निम्नलिखित में किस आधार पर किया जाता है?

(a) मात्रा (b) गुणवत्ता
(c) वैधता (d) सत्य

48. ऐसा आधार वाक्य जिसमें सम्पूर्ण बात उद्देश्य के बारे में की जाए, तो उसको क्या कहा जाता है?

(a) अंशव्यापी (b) नकारात्मक
(c) असंबद्ध (d) सर्वव्यापी

49. ऐसा आधार वाक्य जो आंशिक रूप से कर्ता से जुड़ा रहता है, उसको चिह्नित करने के लिए निम्नलिखित में कौन-से शब्द का प्रयोग किया जाता है?

(a) अंशव्यापी (b) नकारात्मक
(c) असंबद्ध (d) सर्वव्यापी

50. व्यक्तिगत प्रस्ताव निम्नलिखित में से किस वर्ग से संबंधित है?

(a) सर्वव्यापी (b) अंशव्यापी
(c) नकारात्मक (d) उपरोक्त में से कोई नहीं

51. आधार वाक्य 'सभी पुरुष नश्वर हैं', निम्नलिखित में से किसका उदाहरण हैं?

(a) सर्वव्यापी सकारात्मक
(b) सर्वव्यापी नकारात्मक
(c) अंशव्यापी सकारात्मक
(d) अंशव्यापी नकारात्मक

52. आधार वाक्य 'कोई पुरुष परिपूर्ण नहीं हैं', निम्नलिखित में से किसका उदाहरण है?

(a) सर्वव्यापी सकारात्मक
(b) सर्वव्यापी नकारात्मक
(c) अंशव्यापी सकारात्मक
(d) अंशव्यापी नकारात्मक

53. तर्कवाक्य 'कुछ फूल हरे हैं', निम्नलिखित में से किसका उदाहरण हैं?

(a) सर्वव्यापी सकारात्मक
(b) सर्वव्यापी नकारात्मक
(c) अंशव्यापी सकारात्मक
(d) अंशव्यापी नकारात्मक

54. तर्कवाक्य 'कुछ भारतीय आध्यात्मिक नहीं हैं', निम्नलिखित में से किस का उदाहरण है?

(a) सर्वव्यापी सकारात्मक
(b) सर्वव्यापी नकारात्मक
(c) अंशव्यापी सकारात्मक
(d) अंशव्यापी नकारात्मक

55. ऐसा पद जो किसी कथन में अपने सम्पूर्ण व्यक्ति बोध में वितरित होता है, उसके लिए किस शब्द का प्रयोग किया जाता है?

(a) अव्याप्त पद (b) बहिष्कृत पद
(c) व्याप्त पद (d) सत्यापित पद

56. ऐसा पद जो किसी कथन में अपने आंशिक व्यक्ति बोध में वितरित होता है, उसके लिए किस शब्द का प्रयोग किया जाता है?

(a) अव्याप्त पद (b) बहिष्कृत पद
(c) व्याप्त पद (d) सत्यापित पद

57. सर्वव्यापी सकारात्मक तर्कवाक्य, निम्नलिखित में से किसको वितरित करता है?

(a) कर्ता या उद्देश्य
(b) विधेय
(c) दोनों (a) और (b)
(d) न तो विषय और न ही विधेय

58. सर्वव्यापी नकारात्मक प्रस्ताव किसका वितरण करता है?

(a) कर्ता या उद्देश्य
(b) विधेय
(c) दोनों (a) और (b)
(d) न तो विषय और न ही विधेय

59. अंशव्यापी सकारात्मक प्रस्ताव किसका वितरण करता है?
(a) कर्ता या उद्देश्य
(b) विधेय
(c) दोनों (a) और (b)
(d) न तो विषय और न ही विधेय

60. अंशव्यापी नकारात्मक प्रस्ताव, निम्नलिखित में से किसका वितरण करता है?
(a) कर्ता या उद्देश्य
(b) विधेय
(c) दोनों (a) और (b)
(d) न तो विषय और न ही विधेय

61. एकल प्रस्तावना से सीधे ही निष्कर्ष पर पहुंचने की प्रक्रिया को क्या कहा जाता है?
(a) अनंतरानुमान
(b) मध्याश्रित निष्कर्ष
(c) परिभाषा
(d) वर्गीकरण

62. निम्नलिखित में से कौन-से शब्द कर्ता एवं विधेय, दोनों में मध्य पद से तुलना करने के बाद असहमति या सहमति पर बल देता है?
(a) अनंतरानुमान
(b) मध्याश्रित निष्कर्ष
(c) परिभाषा
(d) वर्गीकरण

63. निम्नलिखित में से कौन-सा विकल्प भिन्न-भिन्न गुणवत्ताओं युक्त समान कर्ता वाले दो सर्वव्यापी तर्कवाक्यों, के संबंधों को दर्शाता है?
(a) विरोधी (Contrary)
(b) अन्तर्विरोधात्मक (Contradictory)
(c) उपविरोधी (Subcontrary)
(d) अधीनस्थ (Subaltern)

64. निम्नलिखित में से कौन-सा विकल्प भिन्न-भिन्न गुणवत्ताओं व मात्राओं युक्त समान कर्ता वाले दो सर्वव्यापी तर्कवाक्यों के संबंधों को दर्शाता है?
(a) विरोधी (Contrary)
(b) अन्तर्विरोधात्मक (Contradictory)
(c) उपविरोधी (Subcontrary)
(d) अधीनस्थ (Subaltern)

65. निम्नलिखित में से कौन-सा विकल्प भिन्न-भिन्न गुणवत्ता युक्त समान कर्ता एवं विधेय वाले दो अंशव्यापी तर्कवाक्यों के संबंधों को दर्शाता है?
(a) विरोधी (Contrary)
(b) अन्तर्विरोधात्मक (Contradictory)
(c) उपविरोधी (Subcontrary)
(d) अधीनस्थ (Subaltern)

66. निम्नलिखित में से कौन-सा विकल्प भिन्न-भिन्न मात्राओं युक्त समान कर्ता एवं विधेय वाले दो सर्वव्यापी तर्कवाक्यों के संबंधों को दर्शाता है?
(a) विरोधी (Contrary)
(b) अन्तर्विरोधात्मक (Contradictory)
(c) उपविरोधी (Subcontrary)
(d) अधीनस्थ (Subaltern)

67. यदि दो विरोधी तर्कवाक्यों (Contraries) में से एक सत्य हो, निम्नलिखित में से कौन-सा विकल्प दूसरे वाक्य की सत्यता की स्थिति को दर्शाएगा?
(a) सत्य
(b) आंशिक रूप से सत्य
(c) असत्य
(d) न सत्य न ही असत्य

68. यदि दो विरोधी तर्कवाक्यों में से एक असत्य हो, निम्नलिखित में से कौन-सा विकल्प दूसरे वाक्य की सत्यता की स्थिति को दर्शाएगा?
(a) सत्य
(b) असत्य
(c) न सत्य न ही असत्य
(d) संशयात्मक

69. यदि दो अन्तर्विरोधात्मक तर्कवाक्यों (Contradictories) में से एक सत्य हो, तो दूसरा अवश्य ही क्या होगा?
(a) सत्य (b) असत्य
(c) संशयात्मक (d) न सत्य न ही असत्य

70. दोनों ही विरोधी तर्कवाक्य नहीं हो सकते हैं:
(a) सत्य (b) असत्य
(c) सत्य और असत्य (d) संशयात्मक

71. यदि दो उप-विरोधी तर्कवाक्यों में से एक असत्य है, तो दूसरा आवश्यक रूप से:
(a) सत्य होगा
(b) असत्य होगा
(c) संशयात्मक होगा
(d) न सत्य न ही असत्य होगा

72. यदि दो उप-विरोधी तर्कवाक्यों में से एक सत्य है, तो दूसरा:
(a) सत्य होगा
(b) असत्य होगा
(c) संशयात्मक होगा
(d) न सत्य न ही असत्य होगा

73. दो अधीनस्थ तर्कवाक्यों के मध्य, यदि सर्वव्यापी सत्य है, तो अंशव्यापी क्या होगा?
(a) सत्य
(b) असत्य
(c) संशयात्मक
(d) सत्य एवं असत्य, दोनों

74. यदि अधीनस्थ संबंध का एक अंशव्यापी तर्कवाक्य असत्य हो, तो इसका अनुरूपी (Corresponding) सर्वव्यापी तर्कवाक्य निम्नलिखित में से क्या होगा?
(a) सत्य (b) असत्य
(c) दोनों (a) और (b) (d) संशयात्मक

75. यदि अधीनस्थ संबंध का एक अंशव्यापी तर्कवाक्य सत्य हो, तो इसका अनुरूपी सर्वव्यापी तर्कवाक्य निम्नलिखित में से क्या होगा?
(a) सत्य (b) असत्य
(c) दोनों (a) और (b) (d) संशयात्मक

76. प्रस्तावना, 'चाणक्य बुद्धिमान है' निम्नलिखित में से यह किसका उदाहरण है?
(a) नकारात्मक प्रस्ताव
(b) एकवचन प्रस्ताव
(c) भावनात्मक प्रस्ताव
(d) अमान्य प्रस्ताव

77. निम्नलिखित में से किसके विस्तार द्वारा तर्कवाक्य की मात्रा का निर्धारण किया जाता है?
(a) विषय (b) विधेय
(c) दोनों (a) और (b) (d) संयोजक

78. सशर्त तर्कवाक्य (Conditional argument/proposition) का वह भाग जिसमें शर्त को 'यदि' या उसके समकक्ष द्वारा दर्शाया जाता है:
(a) पूर्ववर्ती (Antecedent)
(b) परिणामस्वरूप (Consequent)
(c) विपरीत (Opposite)
(d) अर्थ (Meaning)

79. निम्नलिखित में से कौन-से शब्द तार्किक न्यायसंगतता (Syllogism) को दर्शाते हैं?
(a) मध्यस्थ और निगमनात्मक
(b) तत्काल और निगमनात्मक
(c) मध्यस्थ और आगमनात्मक
(d) तत्काल आगमनात्मक

80. वृहत पद है:
(a) निष्कर्ष का उद्देश्य या कर्ता
(b) संयोजक
(c) निष्कर्ष का विधेय
(d) लघु तर्कवाक्य का विधेय

81. लघु पद है:
(a) निष्कर्ष का कर्ता या उद्देश्य
(b) निष्कर्ष का विधेय
(c) वृहत तर्कवाक्य का उद्देश्य या कर्ता
(d) वृहत तर्कवाक्य का विधेय

82. ऐसा पद जिसका निष्कर्ष प्राप्त करने के लिए आधार वाक्यों में होना तो आवश्यक है, परन्तु निष्कर्ष में नहीं:
(a) वृहत पद (b) लघु पद
(c) मध्य पद (d) उपरोक्त में से कोई नहीं

83. निम्नलिखित में कौन-सा पद निष्कर्ष निकालने हेतु एक मध्यस्थ की भूमिका निभाता है?
(a) वृहत पद (b) लघु पद
(c) मध्य पद (d) उपरोक्त में से कोई नहीं

84. न्यायसंगतता की समस्या में प्रत्येक पद कितनी बार आएगा?
(a) एक (b) दो
(c) तीन (d) चार

85. सभी भारतीय मेहनती हैं। सभी पंजाबी भारतीय हैं। इसलिए, सभी पंजाबी मेहनती हैं। यह तर्क है:
(a) अमान्य (b) असत्य
(c) मान्य (d) सत्य

86. यदि एक आधार वाक्य नकारात्मक है, तो निष्कर्ष होना चाहिए:
(a) नकारात्मक
(b) सकारात्मक
(c) दोनों (a) और (b)
(d) न तो (a) और न ही (b)

87. निम्नलिखित में से किस प्रकार के दो तर्कवाक्यों का संयोजन करने से किसी भी प्रकार का वैध निष्कर्ष नहीं निकलता है?
(a) सर्वव्यापी (b) अंशव्यापी
(c) सकारात्मक (d) निरपेक्ष

88. निम्नलिखित में से किस प्रकार के दोनों तर्कवाक्यों से कोई भी निष्कर्ष संभव नहीं है?
(a) सर्वव्यापी (b) सकारात्मक
(c) नकारात्मक (d) श्रेणीगत

89. यदि एक आधार वाक्य अंशव्यापी है, तो निष्कर्ष होना चाहिए:
(a) सर्वव्यापी (b) नकारात्मक
(c) सकारात्मक (d) अंशव्यापी

90. निम्नलिखित तर्क वाक्यों में से कौन-सी युक्ति नहीं है? **[दिसंबर, 2011]**
(a) यदि आज मंगलवार है, तो कल बुधवार होगा।
(b) चूंकि आज मंगलवार है, कल बुधवार होगा।
(c) राम ने मुझे अपमानित किया, इसीलिए मैंने उसके नाक पर हमला बोला।
(d) राम घर पर नहीं है, इसीलिए वह शहर गया होगा।

91. निम्नलिखित में से कौन-सा समानार्थक वक्तव्य है? **[दिसंबर, 2009]**
(a) मनुष्य ईश्वर की तरह है।
(b) ईश्वर महान है।
(c) गांधीजी राष्ट्र के पिता हैं।
(d) मनुष्य एक बौद्धिक प्राणी है।

92. वेन डायग्राम इस प्रकार का डायग्राम है, जो: **[दिसंबर, 2011]**
(a) वर्गों के बुलियन एलजीब्रा की मदद से प्राथमिक अनुमानों की सत्यता का प्रतिनिधित्व और मूल्यांकन करता है।
(b) वर्गों के बुलियन एलजीब्रा की मदद से प्राथमिक अनुमानों की वैधता का प्रतिनिधित्व और मूल्यांकन करता है।
(c) वर्गों के बुलियन एलजीब्रा की मदद से प्राथमिक अनुमानों की वैधता का प्रतिनिधित्व करता है, परन्तु मूल्यांकन नहीं करता है।
(d) वर्गों के बुलियन एलजीब्रा की मदद से प्राथमिक अनुमानों की वैधता का मूल्यांकन करता है, परन्तु प्रतिनिधित्व नहीं करता है।

93. 'A सच है क्योंकि B सच है; B सच है, क्योंकि A सच है' इस प्रकार के तर्क को क्या कहा जाता है?
(a) आगमनात्मक तर्क (b) निगमनात्मक तर्क
(c) परिपत्र तर्क (d) उपरोक्त में से कोई नहीं

94. निम्नलिखित में से चक्रिक युक्ति का उदाहरण कौन-सा है?
(a) परमात्मा ने मनुष्य को अपने रूप में बनाया और मनुष्य ने परमात्मा को अपना रूप दिया।
(b) परमात्मा धार्मिक ग्रंथ का स्रोत है और धार्मिक ग्रंथ परमात्मा संबंधी हमारे ज्ञान का स्रोत है।
(c) कुछ भारतीय महान हैं, क्योंकि भारत महान है।
(d) राम महान है, क्योंकि वह राम है।

95. 'कोई चीज अपने से बड़ी नहीं होती'—इस अभिव्यक्ति में 'अपने से बड़ा है' संबंध है:
(a) सम्मित विरोधी (b) असम्मितीय
(c) अकर्मक (d) अनिजवाचक

96. निम्नलिखित परिभाषा की प्रकृति निर्धारित कीजिए: 'भ्रूण हत्या' का अर्थ है निर्दोष लोगों की निर्मम हत्या।
(a) पदसंबंधी (b) विश्वासोत्पादक
(c) स्वनिर्दिष्ट (d) सैद्धांतिक

97. निम्नलिखित युक्तियों में से कौन-सी युक्ति नहीं है?
(a) देवदत्त दिन में भोजन नहीं करता है, इसीलिए वह रात में भोजन करता है।
(b) यदि देवदत्त मोटा होता है और यदि वह दिन भर भोजन नहीं करता है, वह रात में भोजन करेगा।
(c) देवदत्त रात में भोजन करता है, इसीलिए वह दिन में भोजन नहीं करता है।
(d) चूंकि देवदत्त दिन में भोजन नहीं करता है, वह रात में भोजन करता होगा।

98. यदि P सच है, तो Q सच है। यदि P असत्य है, तो Q असत्य है। इस प्रस्तावना में किस प्रकार का संबंध दर्शाया गया है?
(a) स्वतंत्र (b) समतुल्य
(c) उप-विरोधी (d) अन्तर्विरोधात्मक

99. 'कोई मनुष्य मरणशील नहीं है।' का व्याघातक: **[जून, 2009]**
(a) कुछ मनुष्य मरणशील हैं।
(b) कुछ मनुष्य मरणशील नहीं हैं।
(c) सभी मनुष्य मरणशील हैं।
(d) कोई मरणशील मनुष्य नहीं है।

100. निम्नलिखित में से कौन-से कथन सदैव सत्य होते हैं?
A. लकड़ी का मेज एक मेज होता है।
B. इस समय या तो वर्षा हो रही है या वर्षा नहीं हो रही है।
C. सूर्य सदैव पूर्व दिशा से उदित होता है।
D. चूजा मुर्गी के अण्डे से निकलता है।

निम्नलिखित कूट से सही उत्तर चुनिए:
कूट:
(a) A और C (b) A, C और D
(c) A और B (d) B और C

निर्देश (प्रश्न सं. 101–114): नीचे दिए गए प्रश्नों में, दो आधार वाक्य दिए गए हैं और साथ-ही कुछ निष्कर्ष भी दिए गए हैं। उस कूट का चयन कीजिए जो यह दर्शाए कि यह निष्कर्ष सही रूप से प्रदत्त आधार वाक्यों से ही प्राप्त हुए हैं।
(a) यदि केवल निष्कर्ष I सही है।
(b) यदि केवल निष्कर्ष II सही है।
(c) यदि निष्कर्ष I और II दोनों सही हैं।
(d) न तो निष्कर्ष I और न ही निष्कर्ष II सही है।

101. **आधार वाक्य A:** कुछ मेजें स्वर्णिम हैं।
आधार वाक्य B: सभी लकड़ी मेजें हैं।
निष्कर्ष:
I. कुछ लकड़ी स्वर्णिम हैं।
II. कुछ स्वर्णिम लकड़ी हैं।

102. **आधार वाक्य A:** कोई भी व्यक्ति बाघ नहीं है।
आधार वाक्य B: करण एक व्यक्ति है।
निष्कर्ष:
I. करण बाघ नहीं है।
II. सभी व्यक्ति करण नहीं हैं।

103. **आधार वाक्य A:** सभी लड़के पुरुष हैं।
आधार वाक्य B: सभी पुरुष पिता हैं।
निष्कर्ष:
I. कुछ पुरुष लड़के हैं।
II. सभी लड़के पिता हैं।

104. **आधार वाक्य A:** सभी शिक्षक लड़कियाँ हैं।
आधार वाक्य B: कोई लड़की आलसी नहीं है।
निष्कर्ष:
I. कोई लड़का शिक्षक नहीं हैं।
II. कोई शिक्षक आलसी नहीं है।

105. **आधार वाक्य A:** सभी कवि प्रेरणादायक हैं।
आधार वाक्य B: सभी कलाकार प्रेरणादायक हैं।
निष्कर्ष:
I. सभी कलाकार कवि हैं।
II. कुछ कलाकार प्रेरणादायक नहीं हैं।

106. **आधार वाक्य A:** किसी भी ग्रामीण के पास गाड़ी नहीं है।
आधार वाक्य B: शंकर के पास कार है।
निष्कर्ष:
I. शंकर किसी नगर में रहता है।
II. शंकर के पास कार है।

107. **आधार वाक्य A:** कुछ शिक्षक महिलाएँ हैं।
आधार वाक्य B: कोई शिक्षक अनुपस्थित नहीं है।
निष्कर्ष:
I. कोई पुरुष शिक्षक नहीं हैं।
II. सभी महिला शिक्षक उपस्थित हैं।

108. **आधार वाक्य A:** कुछ बेंच कुर्सियां हैं।
आधार वाक्य B: हथौड़ा एक बेंच है।
निष्कर्ष:
I. कुछ कुर्सियां बेंच हैं।
II. हथौड़ा एक कुर्सी नहीं है।

109. **आधार वाक्य A:** सभी पुस्तक पत्थर हैं।
आधार वाक्य B: सभी पत्थर कागज हैं।
निष्कर्ष:
I. कुछ कागज पुस्तक हैं।
II. कुछ कागज पत्थर हैं।

110. **आधार वाक्य A:** केवल स्नातक इस पद के योग्य है।
आधार वाक्य B: अधिकांश रिक्शा चालक स्नातक हैं।
निष्कर्ष:
I. कुछ रिक्शा चालक पद के योग्य हैं।
II. इस पद के योग्य सभी स्नातक हैं।

111. **आधार वाक्य A:** सभी अंगूर नारंगी हैं।
आधार वाक्य B: कुछ सेब नारंगी नहीं हैं।
निष्कर्ष:
I. सभी सेब अंगूर हैं।
II. कुछ सेब अंगूर हैं।

112. **आधार वाक्य A:** सभी छात्र महत्वाकांक्षी हैं।
आधार वाक्य B: सभी महत्वाकांक्षी व्यक्ति परिश्रमी हैं।
निष्कर्ष:
I. सभी छात्र परिश्रमी हैं।
II. सभी परिश्रमी महत्वाकांक्षी नहीं हैं।

113. **आधार वाक्य A:** सभी घोड़े गधे हैं।
आधार वाक्य B: सभी गधे बंदर हैं।

निष्कर्ष:

I. सभी घोड़े बंदर हैं।

II. सभी बंदर घोड़े हैं।

114. आधार वाक्य A: कोई पेड़ बोतल नहीं है।

आधार वाक्य B: कोई बोतल अटूट नहीं है। **[जून, 1997 & 2001]**

निष्कर्ष:

I. कोई पेड़ अटूट नहीं है।

II. कुछ भी अटूट पेड़ नहीं है।

निर्देश (प्रश्न सं. 115–130): निम्नलिखित प्रत्येक प्रश्न में दो कथन दिए गए हैं, जिसके कुछ निष्कर्ष भी दिए गए हैं। उस कूट का चयन कीजिए जो यह दर्शाए कि यह निष्कर्ष सही रूप से प्रदत्त आधार वाक्यों से ही प्राप्त हुए हैं।

115. कथन 1: सभी जादूगर महिलाएँ हैं।

कथन 2: सभी महिलाएँ क्रेजी हैं।

निष्कर्ष:

I. सभी जादूगर क्रेजी हैं।

II. सभी क्रेजी जादूगर हैं।

III. कुछ क्रेजी जादूगर हैं।

IV. कुछ क्रेजी महिलाएँ हैं।

कूट:

(a) केवल I, III और IV सही है।

(b) केवल II और III सही है।

(c) सभी निष्कर्ष सही है।

(d) कोई भी निष्कर्ष सही नहीं है।

116. कथन 1: कुछ बक्से गोल होते हैं।

कथन 2: सभी गोल गेंद हैं।

निष्कर्ष:

I. कुछ बक्से गोल हैं।

II. कुछ गेंद बक्से होते हैं।

III. कुछ गेंद गोल हैं।

IV. सभी गेंद गोल हैं।

कूट:

(a) I, II और III सही है।

(b) II, III और IV सही है।

(c) I, III और IV सही है।

(d) I, II और IV सही है।

117. कथन 1: सभी पुस्तकें घड़ियाँ हैं।

कथन 2: कुछ घड़ियाँ चिप्स हैं।

निष्कर्ष:

I. कुछ घड़ियाँ किताबें हैं।

II. कोई घड़ी किताब नहीं है।

III. कुछ किताबें चिप्स हैं।

IV. कोई पुस्तक चिप्स नहीं है।

कूट:

(a) I और III सही है।

(b) केवल I सही है।

(c) या तो I या II सही है।

(d) या तो III या IV और I सही है।

118. कथन 1: कुछ टेबल टीवी हैं।

कथन 2: कुछ टीवी रेडियो हैं।

निष्कर्ष:

I. कुछ टेबल रेडियो हैं।

II. कुछ रेडियो टेबल हैं।

III. सभी रेडियो टीवी हैं।

IV. सभी टीवी टेबल हैं।

कूट:

(a) केवल I और III सही है।

(b) केवल II और IV सही है।

(c) सभी सही हैं।

(d) कोई भी सही नहीं है।

119. कथन 1: कुछ खरगोश भालू हैं।

कथन 2: कोई बकरियाँ भालू नहीं हैं।

निष्कर्ष:

I. कुछ खरगोश बकरियाँ नहीं हैं।

II. सभी खरगोश बकरियाँ हैं।

III. कुछ बकरियाँ खरगोश नहीं हैं।

IV. सभी बकरियाँ खरगोश हैं।

कूट:

(a) केवल I सही है।

(b) केवल III सही है।

(c) या तो I या II सही है।

(d) या तो III या IV और I सही है।

120. कथन 1: कोई सिस्टम डेस्क नहीं है।

कथन 2: सभी डेस्क किताबें हैं।

निष्कर्ष:

I. कुछ सिस्टम किताबें हैं।

II. कुछ सिस्टम किताबें नहीं हैं।

III. कुछ किताबें सिस्टम हैं।

IV. कुछ किताबें सिस्टम नहीं हैं।

कूट:

(a) केवल II सही है।

(b) केवल IV सही है।

(c) I और IV सही है।

(d) या तो I या II और IV सही है।

121. कथन 1: सभी शाखाएँ फूल हैं।

कथन 2: सभी फूल पेड़ हैं।

निष्कर्ष:

I. सभी शाखाएँ वृक्ष हैं।

II. सभी पेड़ शाखाएँ हैं।

III. सभी फूल शाखाएँ हैं।

IV. कुछ पेड़ शाखाएँ हैं।

कूट:

(a) केवल I और IV का पालन करें।

(b) केवल II और III का पालन करें।

(c) सभी का अनुसरण करें।

(d) कोई भी निम्नानुसार नहीं है।

122. **कथन 1:** कुछ बैग पॉकेट हैं।

कथन 2: कोई पॉकेट थैली नहीं हैं।

निष्कर्ष:

I. कोई बैग थैली नहीं हैं।

II. कुछ बैग थैली नहीं हैं।

III. कुछ पॉकेट बैग हैं।

IV. कोई पॉकेट बैग नहीं है।

कूट:

(a) केवल I और III सही है।

(b) केवल II और III सही है।

(c) केवल या तो I या IV सही है।

(d) कोई भी सही नहीं है।

123. **कथन 1:** सभी राजनेता ईमानदार हैं।

कथन 2: सभी ईमानदार निष्पक्ष हैं।

निष्कर्ष:

I. कुछ ईमानदार राजनेता हैं।

II. कोई ईमानदार राजनेता नहीं है।

III. कुछ निष्पक्ष राजनेता हैं।

IV. सभी निष्पक्ष राजनेता हैं।

कूट:

(a) कोई भी सही नहीं हैं।

(b) केवल I सही नहीं है।

(c) केवल I और II सही नहीं है।

(d) केवल I और III सही है।

124. **कथन 1:** सभी छात्रों ने परीक्षा उत्तीर्ण की।

कथन 2: कुछ छात्र लड़कियाँ हैं।

निष्कर्ष:

I. कुछ लड़कों ने परीक्षा उत्तीर्ण की।

II. सभी लड़कियाँ परीक्षा में विफल रहीं।

III. कोई लड़का परीक्षा में सफल नहीं हुआ।

IV. कोई भी लड़की परीक्षा में विफल नहीं हुई है।

कूट:

(a) केवल I और II सही है।

(b) केवल II और III सही है।

(c) केवल I, II और III सही है।

(d) उपरोक्त में से कोई नहीं

निर्देश (प्रश्न सं. 125–134): नीचे दिए गए प्रत्येक प्रश्न में दो कथन और उसके बाद दो निष्कर्ष I और II दिए गए हैं। आपको दिए गए कथनों को सत्य मानना है, भले ही वे सर्वज्ञात तथ्यों से भिन्न प्रतीत हों। सभी निष्कर्षों को पढ़िए, फिर तय कीजिए कि दिए गए निष्कर्षों में से कौन-सा निष्कर्ष दिए गए कथनों का तर्कसंगत रूप से अनुसरण करता है, चाहे सर्वज्ञात तथ्य कुछ भी हो।

इन कथनों को और उनके बाद आने वाले निष्कर्षों को पढ़िए:

(a) केवल निष्कर्ष I सत्य है।

(b) केवल निष्कर्ष II सत्य है।

(c) न तो निष्कर्ष I और न ही II सत्य है।

(d) दोनों निष्कर्ष I और II सत्य हैं।

125. **कथन 1:** कुछ चारपाई मेज हैं।

कथन 2: सभी फर्नीचर मेज हैं।

निष्कर्ष:

I. कुछ फर्नीचर चारपाई हैं।

II. कुछ चारपाई फर्नीचर हैं।

126. **कथन 1:** सभी खेल रोचक हैं।

कथन 2: सभी रोचक इंडोर हैं।

निष्कर्ष:

I. सभी खेल रोचक हैं।

II. कुछ इंडोर रोचक हैं।

127. **कथन 1:** कुछ पुस्तकें पिक्चर हैं।

कथन 2: कोई पिक्चर रंगीन नहीं है।

निष्कर्ष:

I. कोई पुस्तक रंगीन नहीं है।

II. कुछ पिक्चर रंगीन हैं।

128. **कथन 1:** सभी पुस्तक काली हैं।

कथन 2: कोई काला सफेद नहीं है।

निष्कर्ष:

I. कोई पुस्तक सफेद नहीं है।

II. कुछ पुस्तक काली नहीं हैं।

129. **कथन 1:** कुछ कप गिलास हैं।

कथन 2: सभी गिलास चम्मच हैं।

निष्कर्ष:

I. सभी चम्मच गिलास हैं।

II. कुछ चम्मच कम हैं।

130. **कथन 1:** कोई मशीन हरी नहीं है।

कथन 2: सभी हरे तौलिया हैं।

निष्कर्ष:

I. कोई मशीन तौलिया नहीं है।

II. सभी मशीन तौलिया हैं।

131. **कथन 1:** कुछ पिन क्लिप हैं।

कथन 2: सभी क्लिप बैंड हैं।

निष्कर्ष:

I. कुछ बैंड पिन हैं।

II. कुछ पिन बैंड हैं।

132. **कथन 1:** सभी खिलौने गुड़ियाँ हैं।

कथन 2: सभी गुड़ियाँ मधुर हैं।

निष्कर्ष:

I. सभी गुड़ियाँ खिलौने हैं।

II. सभी खिलौने मधुर हैं।

133. **कथन 1:** कोई कागज पेंसिल नहीं है।

कथन 2: कुछ कागज क्लिप हैं।

निष्कर्ष:

I. कोई क्लिप पेंसिल नहीं है।

II. कुछ पेंसिल कागज है।

134. **कथन 1:** सभी पत्थर घड़ी हैं।

कथन 2: सभी घड़ी गेंद हैं।

निष्कर्ष:

I. सभी गेंद पत्थर हैं।

II. कुछ घड़ी पत्थर है।

135. **कथन 1:** सभी दरवाजे पेंसिल हैं।

कथन 2: कुछ पेंसिल हैट हैं।

निष्कर्ष:

I. कुछ हैट पेंसिल हैं।

II. कुछ पेंसिल दरवाजे हैं।

III. कुछ दरवाजे हैट हैं।

IV. कुछ हैट दरवाजे हैं।

कूट:

(a) सभी अनुसरण करते हैं।

(b) केवल I और IV अनुसरण करते हैं।

(c) केवल III और IV अनुसरण करते हैं।

(d) उपरोक्त में से कोई नहीं

136. **कथन 1:** सभी कार चीता हैं।

कथन 2: सभी बकरी चीता हैं।

निष्कर्ष:

I. सभी चीता कार हैं।

II. सभी चीता बकरी हैं।

III. कुछ कार बकरी हैं।

IV. कोई कार बकरी नहीं है।

कूट:

(a) कोई अनुसरण नहीं करता है।

(b) सभी अनुसरण करते हैं।

(c) केवल I और II अनुसरण करते हैं।

(d) केवल III और IV अनुसरण करते हैं।

137. **कथन 1:** कुछ कुर्सियां छतरी हैं।

कथन 2: सभी छतरी खिड़कियाँ हैं।

निष्कर्ष:

I. कुछ खिड़कियाँ कुर्सियां हैं।

II. कुछ कुर्सियां खिड़कियाँ हैं।

III. सभी खिडकियाँ छतरी हैं।

IV. सभी छतरी कुर्सियां हैं।

कूट:

(a) केवल II और III अनुसरण करते हैं।

(b) केवल I और IV अनुसरण करते हैं।

(c) कोई अनुसरण नहीं करता है।

(d) उपरोक्त में से कोई नहीं

138. **कथन 1:** कुछ टहनियाँ हाथी हैं।

कथन 2: कुछ हाथी शेर हैं।

निष्कर्ष:

I. कुछ टहनियाँ शेर हैं।

II. कुछ शेर हाथी हैं।

III. कुछ हाथी टहनियाँ हैं।

IV. कुछ शेर टहनियाँ हैं।

कूट:

(a) कोई अनुसरण नहीं करता है।

(b) केवल I और III अनुसरण करते हैं।

(c) केवल I और II अनुसरण करते हैं।

(d) केवल II और III अनुसरण करते हैं।

139. **कथन 1:** सभी वृक्ष मनुष्य हैं।

कथन 2: कोई मनुष्य वन नहीं है।

निष्कर्ष:

I. सभी मनुष्य वृक्ष हैं।

II. कोई वन वृक्ष नहीं है।

III. कुछ मनुष्य वृक्ष हैं।

IV. कुछ वन वृक्ष हैं।

कूट:

(a) सभी अनुसरण करते हैं।

(b) केवल I और III अनुसरण करते हैं।

(c) केवल II और IV अनुसरण करते हैं।

(d) उपरोक्त में से कोई नहीं

140. न्याय प्रणाली का परम उद्देश्य क्या है ?

(a) मानव व्यथा को समाप्त करना, जो वास्तविकता की अज्ञानता के परिणामस्वरूप होता है

(b) एक व्यक्ति को सभी भौतिक संपदा से प्रसन्न करने के लिए

(c) एक व्यक्ति को हर संभव ढंग से प्रसन्न करने के लिए

(d). उपरोक्त सभी

141. निम्नलिखित में से किस गुरु ने 'वैशेषिक-सूत्र' लिखा था?

(a) गुरु कणाधा (b) महाऋषि गौतम

(c) महात्मा बौद्ध (d) गुरु वात्स्यायन

142. 'अनुमान को अंधकार में केवल एक छलांग माना जाता है'
निम्नलिखित में से कौन सा स्कूल उपरोक्त कथन पर विचार करता है:

(a) न्याय स्कूल (b) मीमांसा स्कूल

(c) चार्वाक स्कूल (d) उपरोक्त में से कोई नहीं

143. निम्नलिखित में से किसके साथ वेदांत विद्यालयों का विशेष संबंध था?

(a) श्रुति का अधिकार - जो श्रवण किया जाता है।

(b) मीमांसा - पवित्र ग्रंथों की व्याख्या के बाद के प्रश्न।

(c) दोनों a और b

(d) उपरोक्त में से कोई नहीं

144. महात्मा बुद्ध अपने जीवन में चार आर्य सत्य की शिक्षा देते रहे।
निम्नलिखित में से कौन सा कथन इसमें लागू नहीं होता है?

(a) दुख - अद्भुत विश्व में अस्तित्व के प्रति असंतोष

(b) तृष्णा या इच्छा में दुख की उत्पत्ति

(c) दुख की समाप्ति

(d) चौगुनी पथ का पालन करके उस समाप्ति की ओर ले जाने वाला रास्ता

145. निम्नलिखित में से कौन सा सबसे परिष्कृत प्राकृतिक धर्मशास्त्र माना जाता है?

(a) न्याय (b) बौद्ध धर्म
(c) जैन धर्म (d) उपरोक्त में से कोई नहीं

146. निम्न में से कौन से कथन उपमान के संबंध में सत्य हैं?

1. दर्शन में किसी अज्ञात वस्तु को किसी ज्ञात वस्तु की समानता के आधार पर किसी नाम से जानना।
2. नीलगाय, गाय जैसी होती है, का उदाहरण, जबकि दोनों में अंतर होता है।
3. उपमान और शब्द में भेद होता है।
4. न्यायशास्त्र में इसे अलग प्रमाण माना गया है, किंतु बौद्ध, वैशेषिक आदि दर्शन इसे अनुमान के अंतर्गत मानते हैं।

कूट:
(a) 1, 2 और 3 (b) 2, 3 और 4
(c) 1, 2, 3 और 4 (d) 1, 3 और 4

147. भारतीय तर्कशास्त्र के निम्नलिखित तीन शब्दों को अरस्तु के तर्क से सुमेलित कीजिए।

भारतीय तर्क		अरिस्टोटेलियन तर्क	
A	पक्ष	I	मध्य पद
B	साध्य	II	वृहत पद
C	लिंग	III	लघु पद

कूट:
(a) A-I, B-II, C-III
(b) A-II, B-I, C-III
(c) A-III, B-II, C-I
(d) A-I, B-III, C-II

148. तत्वमीमांसा (metaphysics) के संदर्भ में, निम्न में से कौन सी प्रणाली न्याय से संबद्ध है ?
(a) पतंजलि प्रणाली (b) बुद्ध प्रणाली
(c) वैशेषिक प्रणाली (d) जैन प्रणाली

149. 'कार्य-कारण का न्याय सिद्धांत' एक कारण को 'एक प्रभाव के बिना शर्त' और अपरिवर्तनीय (अचल) पूर्ववृत्त के रूप में परिभाषित करता है। कारणों के निम्नलिखित सेटों का मिलान करें:

कारण का प्रकार		अर्थ	
A	अंतर्निहित	I	यह एक कारण को उत्पन्न करने में सहायता करता है
B	गैर-अंतर्निहित कारण	II	वह पदार्थ जिससे प्रभाव उत्पन्न होता है
C	कुशल कारण	III	वह शक्ति जो भौतिक कारण को प्रभाव उत्पन्न करने में सहायता करती है

कूट:
(a) A-I, B-II, C-III
(b) A-II, B-I, C-III
(c) A-II, B-III, C-I
(d) A-III, B-I, C-II

150. न्याय ज्ञानमीमांसाकार अनुभूति की बात करते हैं। निम्नलिखित में से कौन ऐसे संज्ञान के घटक हैं?

1. ज्ञान
2. बुद्धि
3. उपलब्धि
4. प्रत्याया

कूट:
(a) 1 और 2
(b) 1, 2 और 3
(c) 1, 3 और 4
(d) उपरोक्त सभी

151. व्याप्ति के संदर्भ में निम्नलिखित में से कौन से कथन सत्य हैं?

1. व्याप्ति हेतु और साध्य के बीच का संबंध है।
2. व्याप्ति का अर्थ है सह-उपस्थिति, सह-अनुपस्थिति, हेतु और साध्य की सह-उपस्थिति-अनुपस्थिति
3. व्याप्ति (मध्य और प्रमुख शब्दों का अपरिवर्तनीय जुड़ाव) न्याय न्यायवाद के आधार के रूप में कार्य करता है

कोड:
(a) 1 और 2 (b) 2 और 3
(c) 1 और 3 (d) 1, 2 और 3

152. 'प्रोबन्धम' शब्द के लिए निम्नलिखित में से किस शब्द का प्रयोग किया जाता है?
(a) साध्य (b) व्यापति
(c) हेतु (d) अनुमान

153. 'अनुमान' के संदर्भ में निम्नलिखित में से कौन से कथन सत्य हैं?

1. न्याय के अनुसार, यह वैध ज्ञान का अप्रत्यक्ष स्रोत है।
2. अनुमन के तीन पद होने चाहिए- हेतु, साध्य और पक्ष I
3. अनुमान के पांच प्रस्ताव हैं I

कूट:
(a) 1 और 2 (b) 2 और 3
(c) 1 और 3 (d) 1, 2 और 3

154. निम्नलिखित कथन को देखें:
'पर्वत की सतह के साथ निर्बाध संबंध रखने वाले धुएं को देखकर कोई भी आग के अस्तित्व का अनुमान लगा सकता है'।
उपरोक्त कथन से 'अनुमान' (inference) की निम्नलिखित में से कौन-सी विशेषता उभरती है?

1. यह अप्रत्यक्ष (परोक्ष) है।
2. यह किसी चिह्न के माध्यम से होता है, जिसे 'हेतु' कहते हैं।
3. यह निरपवाद रूप से 'प्रमुख पद' (साध्य) से जुड़ा है।
4. यह वह अनुभूति है, जो किसी अन्य संज्ञान का अनुमान लगाती है
5. अनुमान एक द्वितीयक प्रमाण है

कूट:
(a) 1, 2, 3, और 4 (b) 2, 3, और 4
(c) 1, 2, 3, और 5 (d) 1, 2, 3, 4, और 5

155. निम्नलिखित में से किस कथन/कथनों को 'अनुमान' (inference) की अनिवार्य विशेषता/विशेषताओं के रूप में माना जाना चाहिए?

1. पर्वत पर आग का अनुमान लगाया जाता है, जहां से धुआं दिखाई देता है, उसे पक्ष धर्मता कहा जाता है।
2. जब अग्नि और धुएं के बीच सार्वभौम संबंध ज्ञात हो, तो इसे 'व्याप्ति' कहते हैं।
3. अनुमिति हेतु और साध्या के सह-अस्तित्व के बिना उत्पन्न होती है।

कूट:
(a) केवल 1 (b) केवल 2
(c) 1 और 2 दोनों (d) उपरोक्त सभी

156. निम्नलिखित में से किसे 'कारण का कथन' कहा जाता है?
(a) हेतु (b) प्रतिज्ञा
(c) उपनय (d) निगमन

157. निम्नलिखित में से कौन सा कथन, 'अनुमान' के संदर्भ में लागू नहीं होता है?
(a) अनुमान कुछ जानने का प्रयास है, जो इंद्रियों और विश्व की वस्तुओं के बीच संपर्क के माध्यम से नहीं है।
(b) अनुमान अवलोकन द्वारा संभव नहीं है।
(c) अनुमान एक संकेत के माध्यम से नहीं है।
(d) अनुगान रवयं के लिए अनुमान है, या दूसरों के लिए अनुमान है।

158. प्रत्यक्ष ज्ञान के न्याय सिद्धांत में प्रस्तावों की संख्या कितनी है?
(a) तीन (b) चार
(c) पांच (d) छह

159. सर्वाधिक प्राचीन न्याय पाठ को न्याय-सूत्र कहते हैं, इसके लिए किस महान गुरु को ग्रंथकार कहा गया है ?
(a) पतंजलि (b) गौतम
(c) वात्स्यायन (d) उदयन

160. तर्क मूल रूप से है:
(a) अनुमान (b) निष्कर्ष
(c) काल्पनिक तर्क (d) उपरोक्त सभी

161. न्याय न्यायशास्त्र औपचारिक पाँच-चरणीय तर्क का उपयोग करता है। कृपया सूची I की मदों को सूची II की मदों से सुमेलित करें।

सूची I		सूची II	
A	पर्वत पर अग्नि लगी है	I	प्रतिज्ञा
B	क्योंकि पर्वत पर धुआं है	II	हेतु
C	जहाँ कहीं धुआं होता है, वहाँ अग्नि होती है, रसोई के चूल्हे की तरह और झील के विपरीत	III	उदाहरण
D	यह पर्वत भी धुएं के रंग की है	IV	उपनय
E	इस प्रकार, पर्वत पर अग्नि है	V	निगमन

कूट:
(a) A-I, B-II, C-III, D-V, E-IV
(b) A-II, B-I, C-III, D-IV, E-V
(c) A-I, B-II, C-III, D-IV, E-V
(d) A-I, B-III, C-II, D-IV, E-V

162. एक व्यक्ति के माध्यम से एक सार्वभौमिक की धारणा जो तत्काल करती है, यह न्याय की समस्या की प्रतिक्रिया है:
(a) आगमन
(b) निगमन
(c) आगमन और निगमन दोनों
(d) उपरोक्त में से कोई नहीं

163. एक कारण वास्तविक या उचित प्रतीत होता है लेकिन वास्तव में ऐसा नहीं है। निम्नलिखित में से किस शब्द के साथ, भ्रांति को हेत्वाभास के रूप में जाना जाता है?
(a) लघु पद (b) मध्यम पद
(c) वृहत पद (d) उपरोक्त सभी

164. निम्नलिखित में से किसे 'अनुमान' के लिए दो मूलभूत आवश्यकताओं के रूप में माना जाना चाहिए?
1. पक्षधर्मता की जागरुकता - अनुमान के चिह्न की योग्यता के आधार पर निष्कर्ष लगाना
2. व्याप्ति - लक्षित संपत्ति या प्रोबंधम के साथ संकेत का अपरिवर्तनीय संयोग
3. हेत्वाभास

कूट:
(a) 1 और 2 (b) 2 और 3
(c) 1 और 3 (d) उपरोक्त में से कोई नहीं

165. निम्नलिखित में से किसे तत्वमीमांसा अध्ययन की श्रेणियों के रूप में माना जाना चाहिए?
1. पदार्थ 2. गुणवत्ता
3. क्रिया 4. सार्वभौमिक
5. पृथक करने वाला 6. अंतर्निहित होना
7. अनुपस्थिति
(a) 1, 2, 3, 5, तथा 7
(b) 1, 2, 3, 4, 5 तथा 6
(c) 3, 4, 5, 6 तथा 7
(d) उपरोक्त सभी

166. निम्नलिखित कथनों पर विचार करें:
1. जल भैंस कुछ गाय की तरह दिखती है, और ऐसी भैंस ग्रामीण क्षेत्रों में एक निश्चित स्थान पर विद्यमान होती है।
2. ग्रामीण क्षेत्रों में बाहर जाने पर, वह पहचानता है कि जो कुछ वह देख रहा है वह गाय के समान है, और इसलिए वह जल भैंस है।

ये दो कथन की अवधारणा का समर्थन करते हैं:
(a) अनुमान (b) उपमान
(c) शब्द (d) प्रतिमान

167. शब्द के संदर्भ में निम्नलिखित में से कौन सा कथन सत्य है?
1. शब्द को सूचना या सामग्री के प्रसारण के रूप में माना जाता है।
2. एक व्यक्ति को कुछ प्रमाण टोकन के माध्यम से एक सटीक ज्ञान प्राप्त होता है।
3. शब्द के पास ज्ञान के किसी भी स्रोत की व्यापक श्रेणी है, जो व्यक्तिगत धारणा, अनुमान या सादृश्य से किसी को पता हो सकता है।

कूट:
(a) 1 और 2 (b) 2 और 3
(c) 1 और 3 (d) उपरोक्त सभी

168. सूची-I में सार्वभौमिकों के गुणों को सूची-II में उनके उदाहरणों के साथ सुमेलित करें।

सूची I में सार्वभौमिकों के गुणों का सूची II में उनके उदाहरणों के साथ मिलान करें

सूची-I		सूची-II	
A	पदार्थ	I	लाल रंग
B	गतिशीलता	II	पात्र
C	गुण	III	संकुचन

कूट:

(a) A-I, B-II, C-III
(b) A-II, B-III, C-I
(c) A-III, B-II, C-I
(d) A-II, B-I, C-III

169. कुमारिला भट्ट के अनुसार, ज्ञान के छठे स्वतंत्र स्रोत के रूप में अनुपलब्धि (गैर आशंका) के प्रस्तुतीकरण ज्ञान में शामिल हैं:

(a) नकारात्मक तथ्य
(b) सकारात्मक तथ्य
(c) दोनों (a) और (b)
(d) ना ही (a), ना ही (b)

170. अर्थापत्ति (अनुमान) के संदर्भ में निम्नलिखित में से कौन से कथन सत्य हैं?

(a) यह ज्ञान का एक स्वतंत्र स्रोत है।
(b) इसे एक विशिष्ट प्रमाण के रूप में स्वीकार किया जाता है जिसे अनुमना या सबदा के तहत नहीं लाया जा सकता है।
(c) दोनों a और b
(d) न तो a और न ही b

171. निम्नलिखित कथन को देखें।

'मेरी माता अवश्य आ रही होंगी, क्योंकि बाहर एक मर्सिडीज खड़ी है'।

यह किस प्रकार के युक्तिदोष की ओर संकेत करता है?

(a) विचलन का युक्तिदोष (fallacy of deviation)
(b) विरोधाभास का युक्तिदोष (fallacy of contradiction)
(c) स्थापना का युक्तिदोष (fallacy of unestablishment)
(d) खंडन का युक्तिदोष (fallacy of rebuttal)

172. निम्नलिखित कथन को देखें:

'सांता एक दयालु व्यक्ति नहीं थे, क्योंकि उन्होंने दूसरों के लिए अपनी जान दे दी थी।'

यह किस प्रकार की भ्रांति की ओर संकेत करता है?

(a) विचलन का युक्तिदोष (fallacy of deviation)
(b) विरोधाभास का युक्तिदोष (fallacy of contradiction)
(c) स्थापना का युक्तिदोष (fallacy of unestablishment)
(d) खंडन का युक्तिदोष (fallacy of rebuttal)

173. एक बौद्ध ग्रंथ, कथा—वत्थु में, एक प्रस्तावक और एक विरोधी के बीच कई विसंगतियों का प्रदर्शन है। यह शीर्षक निम्न में से किसके द्वारा लिखा गया था?

(a) कालिदास (b) मोगलीपुट्टा तिस्सा
(c) वराहमिहिरी (d) बुद्धयान

174. निम्नलिखित कथन को देखें:

मुझे पता है कि तुम्हारी माँ शहर में है, क्योंकि मैंने तुम्हारे घर के बाहर एक रोल्स रॉयस खड़ी देखी थी।

यह किस प्रकार की भ्रांति की ओर संकेत करता है?

(a) विचलन का युक्तिदोष (fallacy of deviation)
(b) विरोधाभास का युक्तिदोष (fallacy of contradiction)
(c) स्थापना का युक्तिदोष (fallacy of unestablishment)
(d) खंडन का युक्तिदोष (fallacy of rebuttal)

175. जब एक विरोधी निष्कर्ष के समर्थन में समान या अधिक बल के प्रतिवाद प्रस्तुत किए जाते हैं, तो इसे कहा जाता है:

(a) विचलन का युक्तिदोष (fallacy of deviation)
(b) विरोधाभास का युक्तिदोष (fallacy of contradiction)
(c) स्थापना का युक्तिदोष (fallacy of unestablishment)
(d) खंडन का युक्तिदोष (fallacy of rebuttal)

176. आकृति (mood) की संख्या क्या है?

(a) 4 (b) 16
(c) 64 (d) 256

177. युक्तिदोष ज्ञात करने के लिए, तर्क का परीक्षण करने के लिए निम्न अवधारणा/ओं पर ध्यान केंद्रित करना है:

(a) ईथोस (b) लोगोस
(c) पाथोस (d) उपरोक्त सभी

178. हेत्वाभास में भ्रांतियों की कुल संख्या क्या है?

(a) 4 (b) 5
(c) 6 (d) 8

179. 'अवस्था और आकृति' के संदर्भ में निम्नलिखित कथनों पर विचार करें।

1. एक न्याय-निर्णय की 'अवस्था' तीन प्रस्तावों की 'मात्रा' और 'गुणवत्ता' से निर्धारित होती है।
2. एक श्रेणीगत सिल्लोजिसम को 'आकृति' 'मध्य पद' द्वारा निर्धारित किया जाता है।
3. अवस्था और आकृति एक साथ न्यायवाद की संरचना को निर्धारित करते हैं।

कोड:

(a) 1 और 2 सही हैं (b) 2 और 3 सही हैं
(c) 1 और 3 सही हैं (d) 1, 2, और 3 सही हैं

180. निम्न में से किस भाषा में महान बौद्ध दार्शनिक मिलिंद और उनके शिक्षक नागसेना के बीच एक संवाद के रूप में बौद्ध सिद्धांतों की व्याख्या करते हुए 'मिलिंद पन्हो' रचित है?

(a) संस्कृत (b) पाली भाषा
(c) हिंदी (d) संथाली

181. अनेकांतवाद के केंद्रीय विषय को दर्शाता है:

(a) बौद्ध धर्म (b) जैन धर्म
(c) इस्लाम (d) हिंदू धर्म

182. निम्नलिखित कथनों पर विचार करें।

1. ज्ञान आत्मा की ही अवस्था है।
2. ज्ञान दो प्रकार का होता है- मध्यस्थ (संवेदनाओं के माध्यम से प्राप्त परोक्ष ज्ञान) और तत्काल (इंद्रियों के हस्तक्षेप के बिना प्राप्त अपरोक्ष ज्ञान)।
3. मध्यस्थ ज्ञान को मति और श्रुत में तथा तत्काल ज्ञान को अवधी, मन:परयाय, और केवला में विभाजित किया गया है।

उपरोक्त कथनों के माध्यम से किस धार्मिक प्रथा का वर्णन किया जा रहा है?

(a) हिंदू धर्म (b) जैन धर्म
(c) बौद्ध धर्म (d) उपरोक्त सभी

183. भारतीय तर्क प्रणाली की निम्नलिखित में से कौन सी अवधारणा परिस्थितिजन्य निहितार्थ को दर्शाती है?

(a) उपमन (b) अर्थापत्ति
(c) अनुपलब्धि (d) प्रत्यक्ष

184. कुछ विद्यालयों के अनुसार, ज्ञान के उचित साधनों को इन तीन प्रमाणों पर निर्भर होना चाहिए:

(a) प्रत्यक्ष - अनुभव
(b) अनुमान - निष्कर्ष
(c) शब्द - विश्वसनीय विशेषज्ञों द्वारा कथित

उपरोक्त में से सही विकल्प कौन से हैं?

(a) सांख्य
(b) योग
(c) वेदांत के दो उप-विद्यालय
(d) उपरोक्त सभी

185. 'योगज' (सहज ज्ञान युक्त) शब्द निम्नलिखित में से किस प्रमाण से संबंधित है?
(a) धारणा (b) अनुमान
(c) आक्षरिक शब्द (d) उपमान

186. निम्नलिखित में से कौन सा स्कूल 'केवल' प्रत्यक्ष (perception) को 'प्रमाण' के रूप में स्वीकार करता है?
(a) चार्वाक स्कूल (b) बौद्ध स्कूल
(c) जैन धर्म स्कूल (d) न्याय स्कूल

187. निम्नलिखित में से कौन सा स्कूल 'प्रत्यक्ष' और 'अनुमान' को प्रमाण के रूप में स्वीकार करता है?
(a) बौद्ध और वैशेषिक स्कूल
(b) न्याय स्कूल
(c) जैन धर्म स्कूल
(d) उपरोक्त सभी

188. निम्नलिखित में से कौन केवल इन दो प्रमाणों को स्वीकार करता है जो कि प्रत्यक्ष-प्रमाण और परोक्ष-प्रमाण हैं?
(a) बौद्ध (b) न्याय स्कूल
(c) जैन धर्म स्कूल (d) वैसीकस स्कूल

189. हमारी तर्क प्रणाली में 'प्रमाण' की अवधारणा को प्रमा या सटीक, सुनिश्चित और सत्य ज्ञान प्राप्त करने के साधन के रूप में परिभाषित किया गया है।
निम्नलिखित में से किसकी पहचान छह प्रमाण के सही रूप में नहीं की गई है?
1. प्रत्यक्ष - संवेदन या ज्ञप्ति
2. अनुमान - निष्कर्ष
3. उपमान - तुलना और सादृश्यता
4. अर्थापत्ति - निहितार्थ
5. अनुपलाब्धि - आशंका
6. अशब्द - अशाब्दिक

कूट:
(a) 1 और 3 (b) 2, 3, और 4
(c) 5 और 6 (c) 2, 4, और 6

190. निम्नलिखित कथनों पर विचार करें:
1. इंद्रियार्थनिष्कर्ष - वस्तु के साथ किसी के संवेदी अंग द्वारा प्रत्यक्ष अनुभव
2. अव्यपदेश्या - अशाब्दिक; सही धारणा लोकवाद के माध्यम से नहीं फैलती है
3. अव्यभिकार - भटकता नहीं है; इसकी सही धारणा नहीं बदलती
4. व्यवसात्मक —निश्चित; सही धारणा संदेह के निर्णय को बाहर करती है

निम्नलिखित में से कौन सा प्रत्यय के लिए सही व्याख्या है जिसका अर्थ है धारणा?
(a) 1, 2, और 3 (b) 2, 3, और 4
(c) 1, 3, और 4 (d) उपरोक्त सभी

191. न्याय में ज्ञान के चार स्रोतों या परमों का उल्लेख है - प्रत्यक्ष, अनुमान, उपमान और वैदिक शब्द। न्याय का तर्क है कि बाह्य संसार निम्न के माध्यम से जाना जाता है?
(a) इंद्रियां (b) मन
(c) a और b (d) उपरोक्त में से कोई नहीं

192. 'लौकिक' और 'अलौकिक' के मध्य में भेद निम्नलिखित में से किस एक प्रमाण के संदर्भ में किया गया है?
(a) अनुमान (b) उपमान
(c) प्रत्यक्ष (d) शब्द

193. नीचे दी गई सूची से भारतीय शिक्षा की पारंपरिक पद्धति की विशिष्ट विशेषता की पहचान करें।
(a) 'सत्य की प्रत्यक्ष धारणा' - साधन और साध्य दोनों के रूप में
(b) सब कुछ विश्वास पर बनाना
(c) अधिगम को स्वयं के ढंग विकसित करना
(d) निगमनात्मक और आगमनात्मक प्रक्रिया के साथ न्याय दर्शन का पालन करना

194. निम्नलिखित में से किस प्रमाण का प्रयोग शास्त्रीय भारतीय तर्कशास्त्र द्वारा ईश्वर के अस्तित्व को सिद्ध करने के लिए किया जाता है?
(a) अर्थापत्ति (b) उपमान
(c) प्रत्यक्ष (d) अनुमान

195. निम्नलिखित में से कौन सा विकल्प भारतीय तर्कशास्त्र में, अनुमान के उदाहरण द्वारा दर्शाया गया है?
(a) कारण बताने के लिए कथन
(b) प्रमाणित करने के लिए प्रस्ताव
(c) निष्कर्ष प्रमाणित करना
(d) किसी उदाहरण के साथ सार्वभौमिक प्रस्ताव

196. देवदत्त मोटा है और वह दिन में नहीं खाता है। इसलिए देवदत्त रात में भोजन कर रहा है। शास्त्रीय भारतीय तर्कशास्त्र में उपरोक्त उदाहरण किस प्रकार का विषय है:
(a) उपमान (b) निहितार्थ
(c) प्रत्यक्ष (d) शब्द

197. निम्नलिखित तर्क पर विचार करें।
कथन:
कुछ कुर्सियाँ पर्दे हैं।
सभी पर्दे चादरें हैं।
निष्कर्ष: कुछ कुर्सियाँ चादरें हैं।
उपरोक्त प्रस्ताव की अवस्था (मूड) क्या है?
(a) IAI (b) IAA
(c) IIA (d) AII

198. 'सब लोग पार्टी में जा रहे हैं। आपको भी जाना चाहिए'। यह अनुमान किस प्रकार का हेत्वाभास उत्पन्न करता है?
(a) ऐड़ पॉपुलम (b) इक्विवोकेशन
(c) ऐड वेरेकुंडियम (d) ऐड इग्नोरातीयम

199. यह निष्कर्ष कि 'चूहा एक वन्य प्राणी है। इसलिए, एक बड़ा चूहा एक बड़ा वन्य प्राणी होता है', यह कथन निम्नलिखित में से कौन सा हेत्वाभास या युक्ति दोष उत्पन्न करता है?
(a) स्ट्रॉ मैन (b) स्लिपरी स्लोप
(c) इक्विवोकेशन (d) फ़ैलासी ऑफ़ कम्पोजीशन

200. मनुष्य और जंगली जीव, दोनों जीवित, श्वास लेने वाले प्राणी हैं। मनुष्य के नागरिक अधिकार हैं। इसलिए, जंगली जीवों के नागरिक अधिकार हैं।
ये कथन निम्नलिखित में से किस हेत्वाभास का संकेत देते हैं?
(a) फाल्स एनलोगी (b) ऐड होमिनेम
(c) रेड हेरिंग (d) काम्प्लेक्स क्वेश्चन

201. अगर हम विद्यालय में यौन शिक्षा पढ़ाएंगे तो छात्र अधिक यौन-क्रिया करेंगे। यदि छात्र अधिक यौन-क्रिया करते हैं, तो हमें अनियोजित गर्भधारण और यौन

संचारित रोगों का सामना करना होगा। छात्रों को स्कूल छोड़ने के लिए विवश किया जाएगा और उन्हें जीवन में कभी भी सफल होने का अवसर प्राप्त नहीं होगा। यह कथन निम्नलिखित में से किस युक्तिदोष को दर्शाता है?

(a) फाल्स एनलोगी
(b) ऐड होमिनेम
(c) रेड हेरिंग
(d) इग्नोरेटियो एलेन्ची

202. लोग सैकड़ों वर्षों से भूतों को देखते आ रहे हैं। कोई भी निश्चित रूप से यह साबित नहीं कर पाया है कि भूत नहीं होते हैं। इसलिए भूत असली हैं। ये कथन निम्नलिखित में से किस हेत्वाभास को दर्शाते हैं?

(a) फैल्सी ऑफ इग्नोरांटियम
(b) फैल्सी ऑफ ऐड होमेनेम
(c) बेग्गींग दा क्वेश्चन
(d) रेड हेरिंग

203. हत्या नैतिक रूप से गलत है। गर्भपात हत्या है।
इसलिए गर्भपात नैतिक रूप से गलत है।
ये कथन निम्नलिखित में से किस भ्रांति को दर्शाते हैं?

(a) आर्गुमेंट ऐड पॉपुलम
(b) फैल्सी ऑफ़ स्लिपरी स्लोप
(c) फैल्सी ऑफ़ स्ट्रॉमैन
(d) पेटिटियो प्रिंसिपी

204. नैयायिकों ने न्यायशास्त्र के पांच सदस्यों की व्याख्या की है।

यदि हम यह उदाहरण लें कि पहाड़ी में धुआं होने के कारण आग लगी है, तो उनके घटकों को निम्नलिखित तरीके से चित्रित किया जा सकता है:

1. प्रतिज्ञा: पहाड़ी उग्र है। (S P है)
2. हेतु : क्योंकि यह धूम्रपान करता है। (S M है)
3. उदाहारण : जो कुछ भी धूम्रपान करता है, वह उग्र होता है, जैसे कि चूल्हा। (M P है)
4. उपनय : तो चूल्हा रसोई की तरह पहाड़ी धुआंधार है। (S M है)
5. निगमन: इसलिए पहाड़ी उग्र है। (S P है)

उपरोक्त में से कौन सा सत्य नहीं है?

(a) केवल 1 (b) केवल 2
(c) केवल 3 (d) उपरोक्त सभी सही हैं।

नीचे एक तर्क वाक्य दिया गया है:
'महात्मा गांधी को राष्ट्रपिता कहा गया है।'

यह निम्नलिखित में से किस प्रकार का क्लासिकी निरपेक्ष तर्कवाक्य है? **[जून 2020]**

(a) सार्वभौम विध्यात्मक
(b) विशिष्ट विध्यात्मक
(c) 1 और 2 दोनों
(d) 1 और 2 में से कोई भी नहीं

205. बौद्ध धर्म में निम्नलिखित में से किनको स्वीकार किया जाता है?

A. अध्यास
B. अपोह
C. अभाव
D. अर्थापत्ती
E. प्रत्यक्ष
F. शब्द

निम्नलिखित विकल्पों में से उत्तर का चयन कीजिए:

(a) केवल A और B (b) केवल C और D
(c) केवल B और E (d) केवल E और F

206. तर्कसंगत युक्ती की प्रवत्ति क्या होती है? निम्लिखित में से सही उत्तर का चयन कीजिए:

(a) न्यायोचित और गैर - न्यायोचित
(b) सही या गलत
(c) वैध या अवैध
(d) सत्यापनीय अथवा असत्यापनीय

207. निम्नलिखित में से कौन- से प्रमाण वैशेषिक दर्शन में स्वीकार किये जाते हैं?

A. प्रत्यक्ष
B. अनुमान
C. शब्द
D. उपमान
E. अर्थापत्ती
F. अनुपलब्धि

निम्नलिखित में से उत्तर का चयन कीजिए:

(a) केवल A और B (b) केवल C और D
(c) केवल E और F
(d) केवल C और E

208. एक निगमनात्मक तर्क में, निष्कर्ष है:

(a) परिसर का सारांश
(b) जरूरी नहीं कि वह परिसर पर आधारित हो
(c) परिसर द्वारा संलग्न
(d) परिसर से अतिरिक्त

209. आगमनात्मक तर्क इनमें से किस पर आधारित है या अनुमान लगाता है:

(a) प्रकृति की एकरूपता
(b) भगवान की बनाई दुनिया
(c) प्रकृति की एकता
(d) प्रकृति के नियम

210. एक निगमनात्मक तर्क मान्य होगा यदि:

(a) परिसर गलत हैं और निष्कर्ष सत्य है।
(b) परिसर झूठे हैं और निष्कर्ष भी गलत है।
(c) परिसर सत्य हैं और निष्कर्ष गलत है।
(d) परिसर सत्य हैं और निष्कर्ष भी सत्य है।

211. तार्किक तर्क की संरचना इन पर आधारित है:

(a) औपचारिक वैधता (b) भौतिक सत्य
(c) भाषाई अभिव्यक्ति (d) उदाहरणों की उपयुक्तता

212. निम्नलिखित में से कौन सी एक विवाद की विशेष विशेषता है? **[दिसंबर 2019]**

(a) यह या तो मान्य या अमान्य है।
(b) यह न तो मान्य है और न ही अमान्य है।
(c) यह या तो सत्य है या असत्य।
(d) यह न तो सत्य है और न ही असत्य।

213. निम्नलिखित में से कौन सा समानार्थी कथन है? **[2019]**

(a) मनुष्य ईश्वर के समान है।
(b) ईश्वर महान है।
(c) गांधी राष्ट्रपिता हैं।
(d) मनुष्य एक तर्कसंगत प्राणी है।

214. दिए गए कथन से क्या निष्कर्ष निकाला जा सकता है, 'कुछ' पुरुष ईमानदार हैं'। इनमें से सत्य क्या है?

(a) कुछ ईमानदार लोग पुरुष नहीं हैं।
(b) सभी ईमानदार लोग पुरुष नहीं हैं।
(c) कुछ ईमानदार लोग पुरुष हैं।
(d) उपरोक्त में से कोई नहीं

215. निम्नलिखित में से किस प्रस्ताव के द्वारा, 'कुछ पुरुष ईमानदार नहीं हैं' प्रस्ताव का खंडन किया जाता है?
(a) सभी पुरुष ईमानदार हैं।
(b) कुछ पुरुष ईमानदार हैं।
(c) कोई भी पुरुष ईमानदार नहीं है।
(d) उपरोक्त

216. दो प्रस्ताव जिनके विषय और विधेय शब्द समान हैं, लेकिन गुणवत्ता भिन्न हैं, कहलाते हैं:
(a) विरोधाभासी (b) इसके विपरीत
(c) मातहत (d) अधीनस्थ

217. यदि दो प्रस्ताव इस प्रकार संबंधित हैं कि वे एक साथ सच नहीं हो सकते, हालांकि वे एक साथ झूठे हो सकते हैं, तो ऐसा रिश्ता इनमें से क्या माना जाता है: **[2019]**
(a) इसके विपरीत (b) विरोधाभासी
(c) मातहत (d) उप-विपरीत

218. 'सभी छात्र अपनी परीक्षा उत्तीर्ण करते हैं' और 'कुछ छात्रों ने अपनी परीक्षा उत्तीर्ण नहीं की'। **[2019]**
यह इसका एक उदाहरण है:
(a) विरोधाभास (b) सुपरऑल्टर्न
(c) मातहत (d) विरोधाभास

219. 'सब लोग पार्टी में जा रहे हैं। तुम्हें भी जाना चाहिए।'
यह अनुमान किस प्रकार की भ्रांति उत्पन्न करता है? **[2019]**
(a) एड पॉपुलम (b) इक्विवोकेशन
(c) एड वेरेकुंडियाम (d) एड इग्नोरानटीयम

220. लौकिक और अलौकिक में अंतर है।
निम्नलिखित में से किसके संदर्भ में बनाया गया प्रमाण है? **[2019]**
(a) अनुमान (अनुमान)
(b) उपमान (तुलना)
(c) प्रत्यक्षा (धारणा)
(d) सबदा (मौखिक गवाही)

उत्तरमाला (ANSWER KEYS)

वैचारिक सिद्धांतों पर आधारित

1. (b)	**2.** (b)	**3.** (c)	**4.** (c)	**5.** (b)	**6.** (b)	**7.** (a)	**8.** (b)	**9.** (d)	**10.** (b)	**11.** (c)	**12.** (a)	**13.** (c)
14. (b)	**15.** (c)	**16.** (a)	**17.** (b)	**18.** (d)	**19.** (c)	**20.** (b)	**21.** (a)	**22.** (b)	**23.** (b)	**24.** (a)	**25.** (a)	**26.** (d)
27. (b)	**28.** (a)	**29.** (a)	**30.** (c)	**31.** (a)	**32.** (a)	**33.** (b)	**34.** (d)	**35.** (d)	**36.** (c)	**37.** (b)	**38.** (a)	**39.** (c)
40. (a)	**41.** (a)	**42.** (b)	**43.** (a)	**44.** (d)	**45.** (d)	**46.** (b)	**47.** (a)	**48.** (d)	**49.** (a)	**50.** (a)	**51.** (a)	**52.** (b)
53. (c)	**54.** (d)	**55.** (c)	**56.** (a)	**57.** (a)	**58.** (c)	**59.** (d)	**60.** (b)	**61.** (a)	**62.** (b)	**63.** (a)	**64.** (b)	**65.** (c)
66. (d)	**67.** (c)	**68.** (d)	**69.** (b)	**70.** (a)	**71.** (a)	**72.** (c)	**73.** (a)	**74.** (b)	**75.** (d)	**76.** (b)	**77.** (a)	**78.** (a)
79. (a)	**80.** (c)	**81.** (a)	**82.** (c)	**83.** (c)	**84.** (b)	**85.** (c)	**86.** (a)	**87.** (b)	**88.** (c)	**89.** (d)	**90.** (a)	**91.** (a)
92. (b)	**93.** (a)	**94.** (b)	**95.** (d)	**96.** (b)	**97.** (b)	**98.** (c)	**99.** (b)	**100.** (d)	**101.** (d)	**102.** (a)	**103.** (c)	**104.** (b)
105. (d)	**106.** (d)	**107.** (d)	**108.** (a)	**109.** (c)	**110.** (d)	**111.** (d)	**112.** (a)	**113.** (a)	**114.** (d)	**115.** (c)	**116.** (a)	**117.** (b)
118. (d)	**119.** (d)	**120.** (b)	**121.** (a)	**122.** (b)	**123.** (d)	**124.** (d)	**125.** (c)	**126.** (d)	**127.** (c)	**128.** (a)	**129.** (b)	**130.** (c)
131. (d)	**132.** (b)	**133.** (c)	**134.** (b)	**135.** (d)	**136.** (a)	**137.** (d)	**138.** (d)	**139.** (d)	**140.** (a)	**141.** (a)	**142.** (c)	**143.** (c)
144. (d)	**145.** (a)	**146.** (c)	**147.** (c)	**148.** (c)	**149.** (b)	**150.** (d)	**151.** (d)	**152.** (a)	**153.** (d)	**154.** (d)	**155.** (c)	**156.** (a)
157. (c)	**158.** (c)	**159.** (b)	**160.** (c)	**161.** (c)	**162.** (a)	**163.** (b)	**164.** (a)	**165.** (d)	**166.** (b)	**167.** (d)	**168.** (b)	**169.** (a)
170. (c)	**171.** (a)	**172.** (b)	**173.** (b)	**174.** (c)	**175.** (c)	**176.** (c)	**177.** (a)	**178.** (b)	**179.** (d)	**180.** (b)	**181.** (b)	**182.** (b)
183. (b)	**184.** (d)	**185.** (a)	**186.** (a)	**187.** (d)	**188.** (c)	**189.** (c)	**190.** (d)	**191.** (c)	**192.** (c)	**193.** (a)	**194.** (d)	**195.** (d)
196. (b)	**197.** (a)	**198.** (a)	**199.** (c)	**200.** (a)	**201.** (c)	**202.** (a)	**203.** (b)	**204.** (d)	**205.** (c)	**206.** (c)	**207.** (a)	**208.** (c)
209. (a)	**210.** (d)	**211.** (a)	**212.** (a)	**213.** (a)	**214.** (c)	**215.** (a)	**216.** (a)	**217.** (a)	**218.** (a)	**219.** (a)	**220.** (c)	

हल (SOLUTIONS)

101. (d): व्याख्या: **सोपान 1:** सबसे पहले, हम यह सुनिश्चित करते हैं कि इन दो तर्क वाक्यों में तीन पद होने चाहिए। इनमें तीन पद हैं: लकड़ी, स्वर्णिम और मेज। इसमें मेज मध्य पद है।

तत्पश्चात हम यह सुनिश्चित करते हैं कि तर्क वाक्य निम्न रूप में संरेखित (aligned) हो।

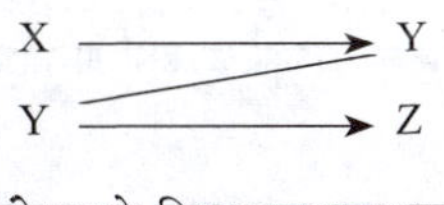

संरेखण के लिए इनका क्रम बदलना पड़ेगा।
सभी लकड़ी मेज हैं। (A)
कुछ मेज स्वर्णिम हैं। (I)
A + I = कोई निष्कर्ष नहीं।
अत: (d) सही उत्तर है।

वेन आरेख समाधान:

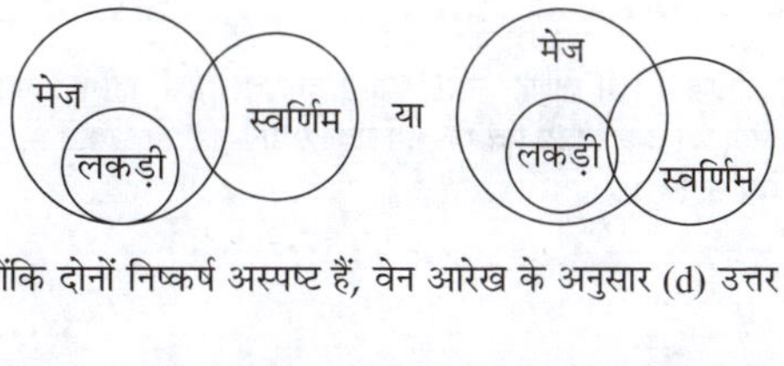

क्योंकि दोनों निष्कर्ष अस्पष्ट हैं, वेन आरेख के अनुसार (d) उत्तर बनता है।

102. (a): इसमें भी हम सुनिश्चित करेंगे कि तर्क वाक्यों में तीन पद और मध्य पद हो।

'करण एक व्यक्ति है' को A-प्रकार का वाक्य माना गया है। इसमें सरेखण की आवश्यकता है, करण एक व्यक्ति है। (A-प्रकार)

कोई भी व्यक्ति बाघ नहीं है। (E-प्रकार)

A + E = E

वेन आरेख समाधान:

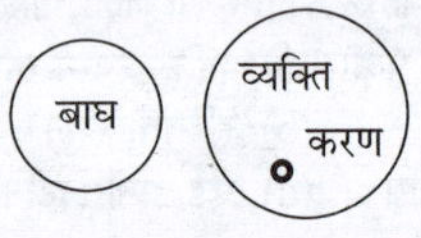

103. (c): यहां तर्क वाक्यों में तीन पद हैं, पुरुष मध्य पद है। यहां सरेखण की कोई आवश्यकता नहीं है।

A + A = A

निष्कर्ष: सभी लड़के पिता हैं, जो कि दूसरा निष्कर्ष (II) है।

पहले तर्क वाक्य पर अनंतरानुमान का नियम लागू करने पर, हम यह निष्कर्ष निकाल सकते हैं: 'कुछ लड़के पुरुष हैं' या 'कुछ पुरुष लड़के हैं'।

अत: निष्कर्ष I और II मान्य है।

वेन आरेख समाधान:

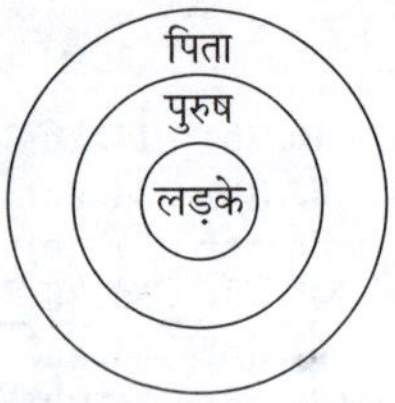

104. (b): इन तर्क वाक्यों में तीन पद हैं: शिक्षक, लड़कियाँ और आलसी। इनमें सरेखण की आवश्यकता नहीं है।

A + E = E

अत: निष्कर्ष II वैध है। पहले निष्कर्ष में वर्णित पद 'लड़का' तर्क वाक्यों में नहीं है, इसलिए यह वैध निष्कर्ष नहीं है।

वेन आरेख समाधान:

105. (d): इन तर्क वाक्यों में सरेखण की आवश्यकता है।

सभी कवि प्रेरणादायक हैं। (A-प्रकार)

कुछ प्रेरणादायक कवि कलाकार हैं। (I-प्रकार)

A + I = कोई निष्कर्ष नहीं।

अत: (d) सही उत्तर है।

106. (d): निष्कर्ष I में वर्णित 'नगर' किसी तर्क वाक्य में नहीं है, अत: निष्कर्ष I वैध नहीं है। तर्क वाक्य एवं निष्कर्ष एक समान नहीं हो सकते हैं, इसलिए यह भी वैध नहीं है।

107. (d): निष्कर्ष I और II में वर्णित पद 'पुरुष' और 'उपस्थित' तर्क वाक्यों में वर्णित ही नहीं है।

108. (a): यहां सरेखण और तर्क वाक्य में परिवर्तन की आवश्यकता है।

सभी हथौड़े बेंच हैं। (A-प्रकार)

कुछ बेंच कुर्सियां हैं। (I-प्रकार)

A + I = कोई निष्कर्ष नहीं।

परन्तु तर्क वाक्य का परिवर्तन या निहितार्थ (implication) बनता है। कुछ कुर्सियां बेंच हैं।

अत: (a) सही उत्तर है।

109. (c): A + A = A, निष्कर्ष: सभी पुस्तक कागज हैं।

इसका निहितार्थ है:

कुछ पुस्तक कागज हैं।

या कुछ कागज पुस्तक हैं।

दूसरे तर्क वाक्य का निहितार्थ है:

'कुछ कागज पत्थर हैं।'

अत: (c) सही उत्तर है।

वेन आरेख समाधान:

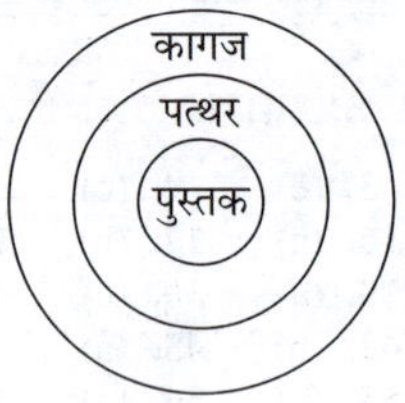

110. (d): यह न्यायसंगतता के दृष्टिकोण से समग्र प्रश्न है। यहां तर्क वाक्यों को उनके मानकीकृत रूप (standardized form) में परिवर्तित करना आवश्यक है।

सभी व्यक्ति जो इस पद के योग्य हैं, स्नातक हैं। (A-प्रकार)

कुछ रिक्शा चालक स्नातक हैं। (I-प्रकार)

'IEA' नियम के अनुसार, हम I-प्रकार के तर्क वाक्य को परिवर्तन के लिए प्राथमिकता देते हैं।

सभी व्यक्ति जो पद के योग्य हैं, स्नातक हैं। (A-प्रकार)

कुछ स्नातक रिक्शा चालक हैं। (I-प्रकार)

A + I = कोई निष्कर्ष नहीं।

111. (d): A + O = कोई निष्कर्ष नहीं।

112. (a): A + A = A

113. (a): A + A = A

114. (d): E + E = कोई निष्कर्ष नहीं।

115. (c): यहां तर्क वाक्य सरेखित है।

A + A = A

अर्थात सभी जादूगर क्रेजी हैं। अत: निष्कर्ष I सही है। इसका अनंतरानुमान 'कुछ क्रेजी जादूगर हैं' भी सही है।

दूसरे तर्क वाक्य का निहितार्थ है: कुछ क्रेजी महिलाएँ हैं। इसलिए चौथा निष्कर्ष भी सही है।

अत: (c) सही उत्तर है।

116. (a): यहां तीन पद हैं, गोल मध्य पद है।

I + A = I यानि कुछ बक्से गेंद हैं।
इसलिए निष्कर्ष I सही है।
'कुछ बक्से गेंद हैं' का निहितार्थ है: 'कुछ गेंद बक्से हैं'।
अत: (a) सही उत्तर है।

वेन आरेख समाधान:

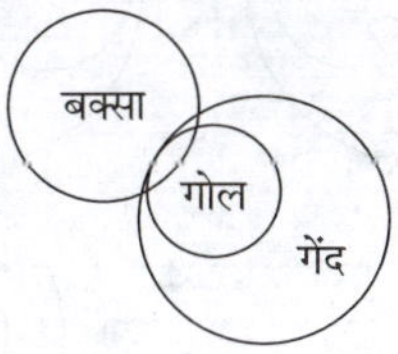

117. (b): A + I = कोई निष्कर्ष नहीं है।
पहले तर्क वाक्य का निहितार्थ है: 'कुछ पुस्तकें घड़ियाँ हैं', जिसको 'कुछ घड़ियाँ पुस्तकें हैं' में परिवर्तित किया जा सकता है।
अत: (b) सही उत्तर है।

118. (d): I + I = कोई निष्कर्ष नहीं।

119. (d): सरेखण और निहितार्थ के पश्चात
कोई बकरी आलू नहीं है। (E-प्रकार)
कुछ आलू खरगोश हैं। (I-प्रकार)
E + I = O
निष्कर्ष: कुछ बकरी खरगोश नहीं है। अत: III सही है।

120. (b): E + A = O यानि वैध निष्कर्ष है।
'कुछ सिस्टम किताबें नहीं हैं।'
अब I और O का complimentary pair है। इसके अनुसार, पहला निष्कर्ष 'कुछ सिस्टम किताबें हैं' लागू नहीं होगा। यदि यह लागू नहीं है, तो तीसरा निष्कर्ष भी लागू नहीं होता है। इसलिए केवल निष्कर्ष II ही बचता है।
अत: (b) सही उत्तर है।

121. (a): A + A = A यानि निष्कर्ष है: सभी शाखाएँ पेड़ हैं।
इसका अनंतरानुमान और निहितार्थ है: कुछ शाखाएँ पेड़ हैं या कुछ पेड़ शाखा हैं। अत: निष्कर्ष I और IV वैध हैं।

123. (d): A + A = A
निष्कर्ष: सभी राजनेता निष्पक्ष हैं।
इसका अनंतरानुमान है: कुछ निष्पक्ष राजनेता हैं।
पहले तर्क वाक्य का निहितार्थ है: कुछ राजनेता ईमानदार हैं।
परिवर्तन सारणी के अनुसार, कुछ ईमानदार राजनेता हैं।
अत: (d) सही उत्तर है।

124. (d): लड़का, विफल आदि किसी भी तर्क वाक्य का पद नहीं है।

125. (c): हम कथनों का क्रम बदलकर तथा पहले कथन को परिवर्तित करके कथन को सरेखण में ला सकते हैं।
इस प्रकार,

1 सभी फर्नीचर मेज हैं।
↙↗
2. कुछ मेज चारपाई हैं।

हम जानते हैं कि A + I = कोई निष्कर्ष नहीं
अब हम किसी परिवर्तन और कल्पना (conversion and implication) के लिए देखते हैं।
ऐसा कोई निष्कर्ष नहीं है।

126. (d): उल्लिखित कथन सरेखण में है।

1. सभी खेल रोचक हैं।
↙↗
2. सभी रोचक इंडोर हैं।

हम जानते हैं कि A + A = A प्रकार का निष्कर्ष
रूपरेखा के अनुसार निष्कर्ष:
'सभी खेल इंडोर हैं।'
निष्कर्ष II दूसरे कथन का परिवर्तन (conversion) है। इसलिए, दोनों निष्कर्ष अनुकरण करते हैं।

127. (c): उल्लिखित कथन पहले से ही सरेखण में है।

1. कुछ पुस्तकें पिक्चर हैं।
↙↗
2. कोई पिक्चर रंगीन नहीं है।

हम जानते हैं कि I + E = O-प्रकार का निष्कर्ष
रूपरेखा के अनुसार निष्कर्ष:
'कुछ पुस्तकें रंगीन नहीं हैं।'

128. (a): उल्लिखित कथन पहले से ही सरेखण में है।

1. सभी पुस्तक काली हैं।
↙↗
2. कोई काला सफेद नहीं है।

हम जानते हैं कि A – E = E-प्रकार का निष्कर्ष
रूपरेखा के अनुसार निष्कर्ष:
'कोई पुस्तक सफेद नहीं है'
यह निष्कर्ष I है।

129. (b): उल्लिखित कथन पहले से ही सरेखण में है।

1. कुछ कप गिलास हैं।
↙↗
2. सभी गिलास चम्मच हैं।

हम जानते हैं कि I + A = I-प्रकार का निष्कर्ष
रूपरेखा के अनुसार निष्कर्ष:
'कुछ कम चम्मच हैं।'
निष्कर्ष II हमारे अनुमानित निष्कर्ष का परिवर्तन (conversion) है। इसलिए, निष्कर्ष II अनुकरण करता है।

130. (c): चूंकि दोनों कथन नकारात्मक हैं, इसलिए कोई निष्कर्ष नहीं निकलता है।

131. (d): उल्लिखित कथन पहले से ही सरेखण में है।

1. कुछ पिन क्लिप हैं।
↙↗
2. सभी क्लिप बैंड हैं।

हम जानते हैं कि I + A = I-प्रकार का निष्कर्ष
रूपरेखा के अनुसार निष्कर्ष:
'कुछ पिन बैंड है।'
↓
निष्कर्ष II
निष्कर्ष I निकाले गए निष्कर्ष का परिवर्तन है। अत: दोनों निष्कर्ष सत्य हैं।

132. (b): उल्लिखित कथन पहले से ही सरेखण में है।

1. सभी खिलौने गुड़ियाँ हैं।

2. सभी गुड़ियाँ मधुर हैं।

हम जानते हैं कि A + A = A-प्रकार का निष्कर्ष

रूपरेखा के अनुसार निष्कर्ष:

'सभी खिलौने मधुर हैं।' → निष्कर्ष II

133. (c): हम कथनों का क्रम बदलकर तथा दूसरे कथन को परिवर्तित करके कथनों को सरेखण में ला सकते हैं।

इस प्रकार,

1. कुछ क्लिप कागज हैं।

2. कोई कागज पेंसिल नहीं है।

हम जानते हैं कि I + E = O-प्रकार का निष्कर्ष

रूपरेखा के अनुसार निष्कर्ष:

'कुछ क्लिप पेंसिल नहीं है।'

134. (b): उल्लिखित कथन पहले से ही सरेखण में है।

1. सभी पत्थर घड़ी हैं।

2. सभी घड़ी गेंद हैं।

हम जानते हैं कि A + A = A-प्रकार का निष्कर्ष

रूपरेखा के अनुसार निष्कर्ष:

'सभी पत्थर गेंद हैं।'

निष्कर्ष II पहले कथन का परिवर्तन (conversion) है।

135. (d):

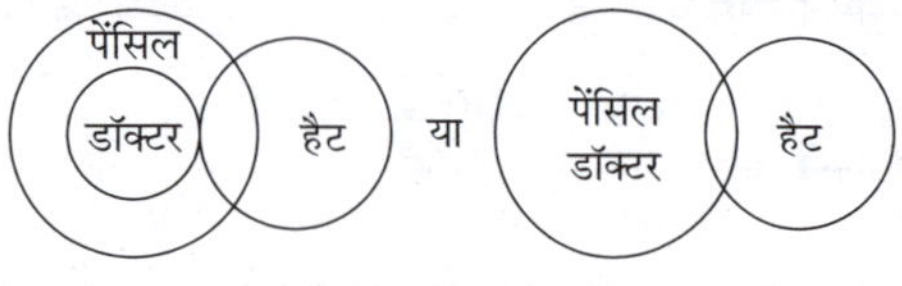

दोनों कथन सरेखण (alignment) में हैं।

हम जानते हैं कि A + I = कोई निष्कर्ष नहीं।

अब किसी परिवर्तन और निहितार्थ (conversion and implication) के लिए देखें।

निष्कर्ष I दूसरे कथन का परिवर्तन है।

निष्कर्ष II पहले कथन का परिवर्तन है।

इस प्रकार, केवल निष्कर्ष I और II अनुसरण करते हैं।

136. (a):

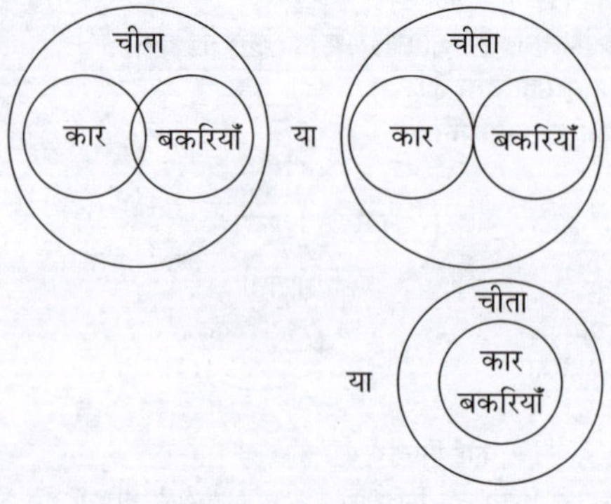

हम दूसरे कथन को परिवर्तित करके प्रधान कथन को सरेखण में ला सकते हैं।

इस प्रकार, सभी कार चीता हैं।

कुछ चीता बकरी हैं।

हम जानते हैं कि A + I = कोई निष्कर्ष नहीं

137. (d):

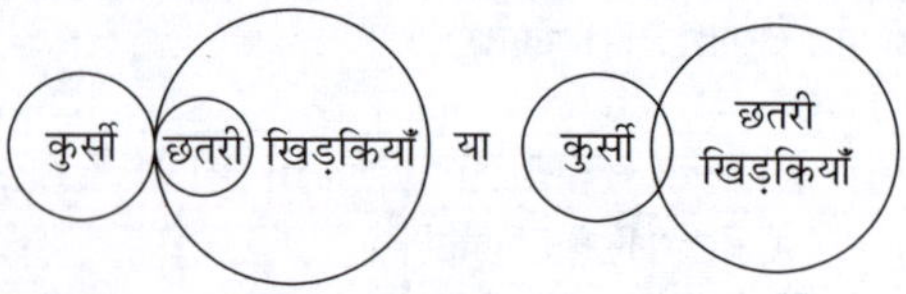

दोनों कथन सरेखण में हैं।

हम जानते हैं कि I + A = I-प्रकार का निष्कर्ष

इस प्रकार, हमारा अनुमानित निष्कर्ष निम्नानुसार होगा:

'कुछ कुर्सियां खिड़कियाँ हैं।'

निष्कर्ष I हमारे अनुमानित निष्कर्ष का परिवर्तित रूप है।

इसलिए, केवल निष्कर्ष I और II अनुसरण करते हैं।

138. (d):

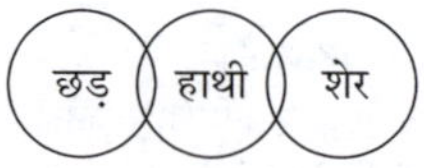

और

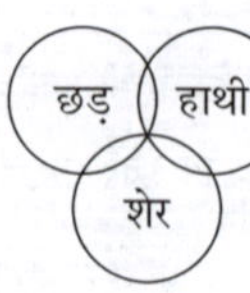

दोनों कथन सरेखण में है।

हम जानते हैं कि यदि दोनों कथन अंशव्यापी हैं, तो उनसे कोई निष्कर्ष नहीं निकलता है।

निष्कर्ष II दूसरे कथन का परिवर्तन है।

निष्कर्ष III पहले कथन का परिवर्तन है।

139. (d):

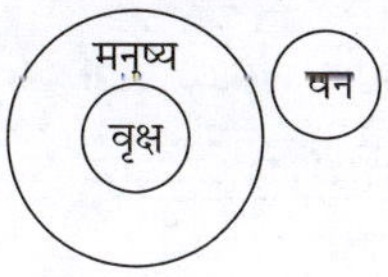

दोनों कथन सरेखण में है।

हम जानते हैं कि A + E = E-प्रकार का निष्कर्ष

इस प्रकार, हमारा अनुमानित निष्कर्ष होगा:

'कोई वृक्ष वन नहीं है।'

निष्कर्ष II अनुमानित निष्कर्ष का परिवर्तन है।

निष्कर्ष III पहले कथन का परिवर्तन है।

इसलिए, केवल निष्कर्ष II और III अनुसरण करते हैं।

7 आंकड़ों की व्याख्या (Data Interpretation)

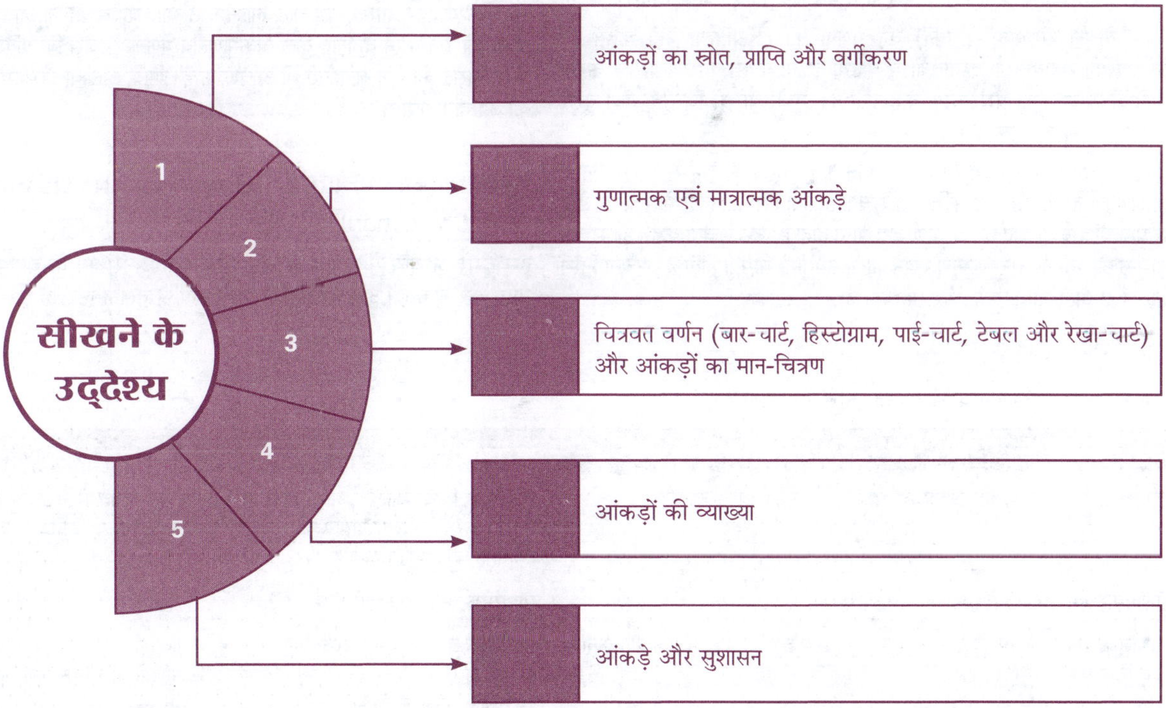

परिचय (Introduction)

इस अध्याय में आंकड़ों के स्रोत, प्राप्ति और वर्गीकरण की पूर्ण रूप से चर्चा की गई है।

हम सूचना युग में रहते हैं, सूचना के आधार पर जीवन में बहुत सारे निर्णय ले सकते हैं। लेकिन सूचना को प्राप्त करने के लिए हमें आंकड़ों या डेटा पर आधारित रहना पड़ता है जो कि व्यवस्थित रूप में हों और जिनका प्रसंस्करण हम किसी गणितीय या सांख्यिकी तकनीक से कर सकें। डेटा का उपयोग न केवल पूरे भारत में बल्कि दुनिया के बाकी देशों में भी बढ़ता जा रहा है। ऐसे डेटा के एकत्रण, व्यवस्थापन और संग्रहण के लिए कंप्यूटर अन्य माध्यमों की उपलब्धता दिन-प्रतिदिन बढ़ रही है। डेटा द्वारा जानकारी के बारे में सूचना दी की जाती है जो कि संख्यात्मक (मात्रात्मक) या वर्णनात्मक (गुणात्मक) हो सकती है।

प्रदत्त-सामग्री मूलत: असिद्ध तथ्य अंक और सांख्यिकी का समूह होता है, जिस पर प्रक्रिया करने से अर्थपूर्ण सूचना प्राप्त होती है। डेटा जैसे—अक्षर, अंक, सांख्यिकी या किसी चित्र को सुव्यवस्थित करना, उनकी गणना करना प्रक्रिया या प्रसंस्करण कहलाता है। डेटा को संकलित कर, जांचा जाता है और किसी क्रम में व्यवस्थित करने के बाद संग्रहित कर लिया जाता है, इसके बाद इसे विभिन्न व्यक्तियों (जिन्हें सूचना की आवश्यकता है) को भेजा जाता है। प्रक्रिया में निम्नलिखित पदों का समावेश होता है:

1. **गणना:** जोड़ना, घटाना, गुणा करना, भाग देना।
2. **तुलना:** बराबर, बड़ा छोटा, शून्य, धनात्मक ऋणात्मक।
3. **निर्णय लेना:** किसी शर्त के आधार पर विभिन्न अवस्थाएँ।
4. **तर्क:** आवश्यक परिणाम को प्राप्त करने के लिए पदों का क्रम।

केवल संख्याओं (अंकों) की गणना को ही प्रक्रिया नहीं कहते हैं। कंप्यूटर की सहायता से दस्तावेजों में त्रुटियाँ ढूंढना, टैक्स को व्यवस्थित करना आदि भी प्रक्रिया या प्रसंस्करण कहलाता है। इसके बारे में विस्तृत चर्चा दूसरे अध्याय में की जा चुकी है।

सूचना: जिस प्रदत्त सामग्री पर प्रक्रिया हो चुकी हो, वह सूचना कहलाती है। अर्थपूर्ण तथ्य, अंक या सांख्यिकी सूचना होती है। सरल शब्दों में कहें, तो डेटा पर प्रक्रिया होने के बाद जो अर्थपूर्ण डेटा प्राप्त होता है, उसे सूचना कहते हैं। सूचना विभिन्न श्रेणियों के अनुरूप गुण रखने वाली उपयोगी सामग्री होती है। सूचना निम्न कारणों से अति-आवश्यक और सहायक है:

1. यह जानकारी को संक्षिप्त और अधिक सार्थक रूप में प्रस्तुत करती है।
2. यह वर्तमान और भविष्य के लिए निर्णय लेने में सहायता करती है।
3. यह भविष्य का मूल्यांकन करने में सहायक है।

सूचना के गुण

हम जानते हैं कि सूचना किसी प्रणाली के लिए अति आवश्यक कारक है, इसलिए सूचना में निम्नलिखित गुण होने चाहिए:

1. अर्थपूर्णता (Meaningfulness)
2. शुद्धता (Clarity)
3. यथार्थता (Relevance)
4. पूर्व जानकारी में सुधार तथा यथासंभव निरंतरता (Modification of prior information and continuity)
5. संक्षिप्तता (Conciseness)
6. सामयिकता (Timeliness)
7. कार्य-संपादन में सहायक (a help in execution of tasks)

इस अध्याय के अंतर्गत गुणात्मक और मात्रात्मक सूचना के मूल स्रोतों, सम्प्राप्ति एवं विवेचन, सूचनाओं का रेखाचित्रण तथा मानचित्रण आदि सम्मिलित है। इनका काफी सीमा तक वर्णन अध्याय 2 के अंतर्गत किया जा चुका है। इस अध्याय के अंतर्गत कुछ व्यावहारिक प्रश्नों पर ध्यान केंद्रित किया गया है। यह नेट परीक्षा का सरलतम भाग है। इस खण्ड में अधिकतम अंक प्राप्त करने के लिए परीक्षार्थी को सारणीकरण, बार आरेख, पाई चार्ट, लाइन चार्ट आदि का बोध होना आवश्यक है। इन प्रश्नों को हल करने के लिए कुछ अंकगणितीय गणनाओं जैसे कि प्रतिशत, अनुपात और औसत की मूल जानकारी भी आवश्यक है। इसके अलावा अभ्यास से परीक्षार्थी का आत्मविश्वास बढ़ता है।

गुणात्मक और मात्रात्मक (Qualitative and Quantitative Data Collection)

हम दूसरे अध्याय में गुणात्मक और मात्रात्मक अनुसंधान के बारे में जानकारी प्राप्त कर चुके हैं। अब हम इनकी निम्न रूप से तुलना कर रहे हैं।

गुणात्मक और मात्रात्मक के बीच अंतर नीचे दिया गया है।

गुणात्मक	मात्रात्मक
गुणात्मक विधि मानव और सामाजिक विज्ञानों की समझ विकसित करती है	मात्रात्मक विधि वैज्ञानिक और अनुभवजन्य अनुसंधान पद्धति से संख्यात्मक डेटा उत्पन्न करने के लिए उपयोग की जाती है, इसमें सांख्यिकीय, तार्किक और गणितीय तकनीक का उपयोग होता है।
गुणात्मक विधि प्रकृति में समग्र है	मात्रात्मक अनुसंधान विशिष्ट है
गुणात्मक एक व्यक्तिपरक दृष्टिकोण का अनुसरण करता है, इसमें एक शोधकर्ता अंतरंग रूप से सम्मिलित होता है	मात्रात्मक का दृष्टिकोण उद्देश्यपूर्ण होता है, क्योंकि शोधकर्ता अप्रकाशित होता है और जांच का उत्तर देने के लिए विषय पर टिप्पणियों और विश्लेषण को सटीक करने का प्रयास करता है
गुणात्मक आविष्कारक है	मात्रात्मक निर्णायक है
गुणात्मक विधि में डेटा को संश्लेषित करने के लिए प्रयोग में लाए जाने वाला तर्क आगमनात्मक है	मात्रात्मक विधि में प्रयुक्त तर्क निगमनात्मक होता है

गुणात्मक	मात्रात्मक
गुणात्मक विधि उद्देश्यपूर्ण प्रतिदर्शन पर आधारित होती है, जहां लक्ष्य अवधारणा की गहन समझ प्राप्त करने के लिए छोटे दत्त या प्रतिदर्श आकार **(small sample size)** का चयन किया जाता है	मात्रात्मक विधि यादृच्छिक प्रतिदर्श (random sampling) पर निर्भर करता है; जिसमें एक बड़ी प्रतिनिधि प्रतिदर्श विधि को पूरी जनसंख्या के लिए प्रयोग किया जाता है।
मौखिक डेटा को गुणात्मक विधि से एकत्र किया जाता है	मात्रात्मक में औसत दर्जे का डेटा इकट्ठा किया जाता है
गुणात्मक विधि जांच प्रक्रिया-उन्मुख रहती है	ऐसा मात्रात्मक विधि में नहीं होता है।
गुणात्मक विधि के प्रयोग में विश्लेषण में उपयोग किए जाने वाले तत्व शब्द, चित्र और वस्तुएं हैं	मात्रात्मक संख्यात्मक डेटा हैं
गुणात्मक विधि का प्रयोग चल रही प्रक्रियाओं में उपयोग किए गए विचारों के आविष्कार के उद्देश्य से किया जाता है	मात्रात्मक विधि का उद्देश्य चर के बीच संबंध और प्रभाव के संबंध की जांच करना है

आंकड़ों का चित्रवत वर्णन (Graphical Representation)

डेटा को कई तरीकों से क्रमित एवं निरूपित किया जाता है, उदाहरण के लिए:

1. सारणी **2.** पिक्टोग्राम
3. बार चार्ट **4.** हिस्टोग्राम
5. पाई चार्ट **6.** लाइन ग्राफ

कई बार डेटा एक से अधिक तालिका, पाई चार्ट आदि में भी हो सकता है। इनका उद्देश्य न केवल मात्रात्मक कौशल का परीक्षण है बल्कि तुलनात्मक और विश्लेषणात्मक कौशल का पता लगाना भी है।

तालिका के मुख्य भाग (Main Parts of a Table)

किसी तालिका में निम्नलिखित मुख्य भागों का होना आवश्यक है:

1. **तालिका का शीर्षक (Title of the Table):** प्रत्येक तालिका का एक उचित शीर्षक होना अति आवश्यक है, जो इस बात को प्रकट एवं स्पष्ट करे कि आंकड़े किस प्रकार के हैं, किस समय एवं किस स्थान से संबंधित हैं, इत्यादि। शीर्षक स्पष्ट, संक्षिप्त एवं स्वत: व्याख्यात्मक (Self-explanatory) होना चाहिए। शीर्षक में आकर्षकता का गुण भी आवश्यक है, ताकि पढ़ने वाले का ध्यान उसी ओर जाए तथा उसे समझने में अधिक समय और श्रम न लगाना पड़े।
2. **तालिका संख्या (Table Number):** प्रत्येक तालिका के प्रारम्भ में उसकी संख्या दी जानी चाहिए। सारणी-संख्या से किसी पद को ढूंढ़ने का कार्य आसान हो जाता है। जब सारणियों की संख्या अधिक हो, तो इन सारणियों को युक्तिशील तरीके से नंबर देना चाहिए। तालिका के नंबरों का उपयोग संदर्भ के लिए किया जा सकता है। सामान्यत: शीर्षक के ऊपर इस प्रकार रखा जाता है, कि यह शीर्षक के केन्द्र में आए।
3. **उप-शीर्षक (Captions):** प्रत्येक तालिका में कई स्तम्भ (Columns) होते हैं। स्तम्भों में दिए गए शीर्षक को उप-शीर्षक या 'कैप्शन' (Caption) कहते हैं। उप-शीर्षक को स्तम्भ के मध्य में रखा जाना चाहिए। एक उप-शीर्षक के अंतर्गत कई अन्य शीर्षक हो सकते हैं। जब भिन्न-भिन्न स्तम्भों में पद माप की भिन्न-भिन्न इकाइयों में मापे जाते हैं, तो संबंधित इकाई को उप-शीर्षक से व्यक्त किया जाता है।
4. **पंक्ति-शीर्षक (Stubs):** पंक्ति के शीर्षक को पंक्ति-शीर्षक या 'स्टब' (Stubs) कहते हैं। ये तालिका में बाईं ओर दिए हुए होते हैं।
5. **तालिका का कलेवर (Body of the Table):** यह तालिका का मुख्य एवं महत्त्वपूर्ण भाग होता है। उसका आकार व प्रारूप आंकड़ों के आधार पर पहले से ही निश्चित कर लेना चाहिए। कलेवर में आंकड़ों को स्तम्भों (Columns) एवं पंक्तियों (Rows) के अनुसार प्रस्तुत किया जाता है। इसी भाग में उप-शीर्षकों तथा पंक्ति शीर्षकों के विवरण के अनुसार आंकड़ों का व्यवस्थापन होता है।
6. **रेखांकन एवं स्थान छोड़ना (Ruling and Spacing):** रेखांकन एवं स्थान छोड़ना भी तालिका का प्रमुख अंग है। उचित स्थान छोड़ने से और उचित रेखांकन करने से तालिका अधिक आकर्षक एवं प्रभावशाली हो जाती है। आंकड़ों को प्रविष्ट करने से पहले रेखाओं से तालिका का एक ढांचा तैयार कर लेना चाहिए, ताकि यथासंभव सुधार किया जा सके और आकर्षक एवं स्पष्ट तालिका बनाई जा सके।
7. **पाद टिप्पणियां (Foot-notes):** तालिका में दिए गए अंकों अथवा शब्दों के स्पष्टीकरण के लिए कभी-कभी टिप्पणियां (Foot-notes) आवश्यक समझी जाती हैं, जो तालिका के नीचे दी जाती हैं, परन्तु जहां तक हो सके, टिप्पणियों का कम-से-कम सहारा लेना चाहिए।
8. **स्त्रोत (Source):** प्रत्येक तालिका के अन्त में यथासंभव आंकड़ों के संदर्भ एवं स्त्रोत भी दिए जाने चाहिए। जब किसी प्रोजेक्ट में आंकड़ों का प्रयोग किया जाता है, तब आंकड़ों का स्त्रोत भी बताया जाता है। यदि पाठकों को मूल जानने की जिज्ञासा होती है, तो इस दिशा में स्त्रोत सहायक सिद्ध होते हैं।

तालिका संख्या शीर्षक

पंक्ति उप-शीर्षक	मुख्य स्तम्भ शीर्षक			कुल
	उप-शीर्षक	उप-शीर्षक	उप-शीर्षक	
उप-प्रविष्टियाँ (पंक्ति प्रवृष्टियाँ)		मुख्य भाग		
कुल				

स्रोत ....

पाद टिप्पणी ....

तालिका 7.1: निम्नलिखित तालिका का अध्ययन कीजिए एवं प्रश्न 1 से 5 तक के उत्तर दीजिए।

विभिन्न उम्मीदवारों द्वारा विभिन्न विषयों में प्राप्त अंक:

विद्यार्थी (Students)	विषय (अधिकतम अंक) [Subjects (Maximum Marks)]					
	गणित (Math) (150)	रसायन शास्त्र (Chemistry) (130)	भौतिकी (Physics) (120)	भूगोल (Geography) (100)	इतिहास (History) (100)	कंप्यूटर विज्ञान (Computer Science) (100)
आयुष	90	50	90	60	70	80
अमन	100	80	80	40	80	70
सजल	90	60	70	70	90	70
रोहित	80	65	80	80	60	60
मुस्कान	80	65	85	95	50	90
तनवी	70	75	65	85	40	60
तरुण	65	35	50	77	80	80

1. अमन द्वारा प्राप्त अंकों का औसत क्या है?

(a) 72 (b) 75
(c) 80 (d) 85

उत्तर: (b): औसत अंक

$$= \left[\frac{100+80+80+40+80+70}{6}\right]$$

$$= \left[\frac{450}{6}\right] = 75$$

2. आयुष ने कितने प्रतिशत अंक प्राप्त किए?

(a) 72 (b) 73
(c) 75 (d) 78

उत्तर: (b): प्रतिशत प्राप्त अंक

$$= \left[\frac{90+50+90+60+70+80}{150+130+120+100+100+100}\times 100\right]$$

$$= \left[\frac{440}{700}\times 100\right] = 62.86\%$$

3. सभी विद्यार्थियों का भौतिकी में अंकों का औसत क्या है?
(a) 62.85
(b) 74.28
(c) 78.52
(d) उपरोक्त में से कोई नहीं

उत्तर: (b): भौतिकी में औसत अंक

$$= \left[\frac{90+80+70+80+85+85+65+50}{7}\right]$$

$$= \left[\frac{520}{7}\right] = 74.28$$

4. निम्नलिखित में किसने सबसे अधिक कुल अंक प्राप्त किए?
(a) आयुष (b) अमन
(c) सजल (d) मुस्कान

उत्तर: (d): कुल अंक—आयुष-440, अमन-450, सजल-450 और मुस्कान-465

5. निम्नलिखित में से किसने भौतिकी, रसायन एवं गणित में सबसे अधिक प्रतिशत अंक प्राप्त किए?
(a) आयुष (b) अमन
(c) रोहित (d) मुस्कान

उत्तर: (b): इस प्रश्न में भाज्य संख्या सबके लिए एक ही है, इसलिए योग करने मात्र से ही उत्तर प्राप्त हो जाएगा।
आयुष 230, अमन 260, रोहित 225 और मुस्कान 230

तालिका 7.2: **निम्नलिखित तालिका का अध्ययन कीजिए एवं प्रश्न 6 से 10 तक के उत्तर दीजिए।**

राज्य	वर्ष									
	2007		2008		2009		2010		2011	
	उपस्थित	उत्तीर्ण	उपस्थित	उत्तीर्ण	उपस्थित	उत्तीर्ण	उपस्थित	उत्तीर्ण	उपस्थित	उत्तीर्ण
M	5200	780	7800	1170	8000	1200	8800	1320	9000	1350
N	7500	750	8500	850	8600	860	9200	920	8800	880
P	6400	960	8800	1100	9000	900	9200	920	10,000	1100
Q	8100	850	9000	1350	9200	1480	10,000	1200	10,000	1280
R	7800	1560	7600	760	9800	700	10,000	1250	11,200	1650

तालिका 7.2 में विभिन्न राज्यों में किसी प्रतियोगी परीक्षा में वर्ष 2007 से 2011 तक उपस्थित हुए तथा उत्तीर्ण हुए छात्रों के आंकड़े दिए हुए हैं। तालिका का अध्ययन करें एवं 6 से 10 प्रश्नों का उत्तर दीजिए।

6. यदि हम M राज्य के सभी वर्षों के उत्तीर्ण विद्यार्थियों की संख्या का संयोजन कर दें, तो कितने प्रतिशत विद्यार्थी उत्तीर्ण हुए?
(a) 12% (b) 14%
(c) 15% (d) उपरोक्त में से कोई नहीं

उत्तर: (b)

$$= \left[\frac{(780+1170+1200+1320+1350)}{(5200+7800+8000+8800+9000)} \times 100\right]$$

$$= \left[\frac{5820}{38800} \times 100\right] = 15\%$$

7. सभी वर्षों में M राज्य से छात्रों का उत्तीर्ण प्रतिशत कितना रहा है?
(a) 12% (b) 14%
(c) 15% (d) 16%

उत्तर: (c): वांछित उत्तीर्ण प्रतिशत

$$= \frac{\text{उत्तीर्ण छात्रों की संख्या}}{\text{उपस्थित छात्रों की संख्या}} \times 100$$

$$= \left[\frac{780+1170+1200+1320+1350}{5200+7800+8000+8800+9000} \times 100\right]$$

$$= \left[\frac{5820}{38800} \times 100\right] = 15\%$$

8. इन सभी वर्षों में Q राज्य से परीक्षा में बैठने वाले छात्रों का औसत कितना रहा है?
(a) 8660 (b) 9260
(c) 9560 (d) 9660

उत्तर: (b): वांछित औसत

$$= \left[\frac{(8100+9000+9200+10000+10000)}{5}\right]$$

$$= \left[\frac{46300}{5}\right] = 9260$$

9. इन सभी वर्षों में N राज्य से उत्तीर्ण होने वाले उम्मीदवारों की संख्या का औसत कितना रहा है?
(a) 702 (b) 852
(c) 862 (d) 902

उत्तर: (b): औसत

$$= \left[\frac{(750+850+860+920+880)}{5}\right]$$

$$= \left[\frac{4260}{5}\right] = 852$$

10. वर्ष 2007 से 2011 के बीच में परीक्षा में उपस्थित होने वाले उम्मीदवारों की संख्या में कितने प्रतिशत वृद्धि हुई है?
(a) 35% (b) 40%
(c) 45% (d) 50%

उत्तर: (b): वर्ष 2007 में उपस्थित उम्मीदवार

$= 5200 + 7500 + 6400 + 8100 + 7800 = 35000$

वर्ष 2011 में उपस्थित उम्मीदवार

$= 9000 + 8800 + 10000 + 10000 + 11200$

$= 49000$

वृद्धि $= 49000 - 35000 = 14000$

प्रतिशत वृद्धि $= \frac{14000}{35000} \times 100 = 40\%$

बार-चार्ट (Bar Chart)

बार-चार्ट एक ऐसा ग्राफ है जिसमें डाटा की श्रेणियों के मध्य तुलनात्मक अध्ययन के लिए बार का उपयोग किया जाता है। बार या तो क्षैतिज या ऊर्ध्वाधर हो सकते हैं। ग्राफ में दो अक्ष होते हैं। एक अक्ष में तुलना की जा रही श्रेणियों के प्रकारों का वर्णन होगा और दूसरे में संख्यात्मक मान होंगे जो डेटा के मूल्यों का प्रतिनिधित्व करते हैं। धुरी और अक्ष यह निर्धारित करता है कि बार ग्राफ में क्या दिखाया गया है। यदि विवरण क्षैतिज अक्ष पर हैं, तो बार लंबवत रूप से उन्मुख होंगे, और यदि मान क्षैतिज अक्ष के साथ हैं, तो बार क्षैतिज रूप से उन्मुख होंगे।

बार-चार्ट के प्रकार

बार-चार्ट कई प्रकार के होते हैं। ये सदैव विनिमय करने योग्य (interchangeable) नहीं होते हैं। हम जो तुलना करना चाहते हैं वह यह निर्धारित करने में सहायता करता है कि किस प्रकार का बार ग्राफ उपयोग करना है।

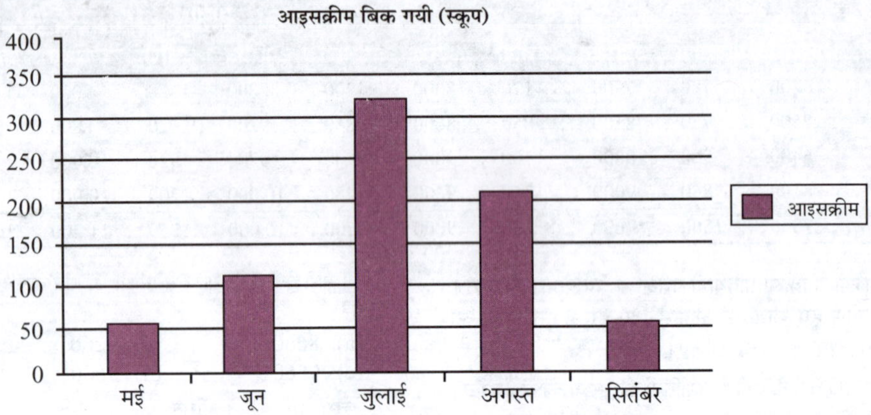

लम्बवत या कार्यक्षेत्र बार-चार्ट (Vertical Bar Chart): एक साधारण लम्बवत बार ग्राफ सर्वाधिक अच्छा होता है जब हमें स्वतंत्र चरों के मध्य तुलनात्मक अध्ययन करना होता है। प्रत्येक चर एक निश्चित मूल्य से संबंधित होगा। यह मूल्य या मान मुख्य रूप से सकारात्मक होते हैं।

क्षैतिज बार-चार्ट (Horizontal Bar Chart)

यदि आपके डाटा में नकारात्मक और सकारात्मक मूल्य हैं, उनके मध्य तुलनात्मक अध्ययन के लिए हम क्षैतिज बार चार्ट का प्रयोग कर सकते हैं।

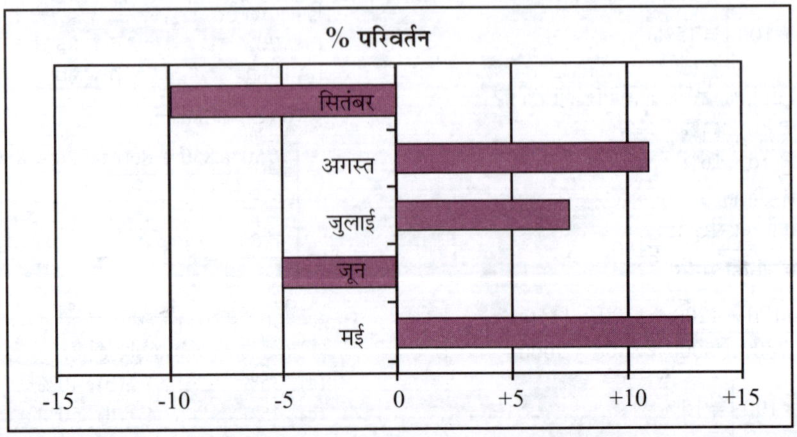

रेंज बार-चार्ट (RANGE BAR CHART)

रेंज बार चार्ट प्रत्येक स्वतंत्र चर के लिए डेटा की एक सीमा का प्रतिनिधित्व करता है। तापमान रेंज या मूल्य सीमा रेंज ग्राफ के लिए डेटा के सामान्य सेट हैं। उपरोक्त ग्राफ़ के विपरीत, डेटा एक सामान्य शून्य बिंदु से आरंभ नहीं होता है, लेकिन विशेष बिंदु डेटा की सीमा के लिए कम संख्या में आरंभ होता है। एक रेंज बार ग्राफ या तो क्षैतिज या ऊर्ध्वाधर हो सकता है।

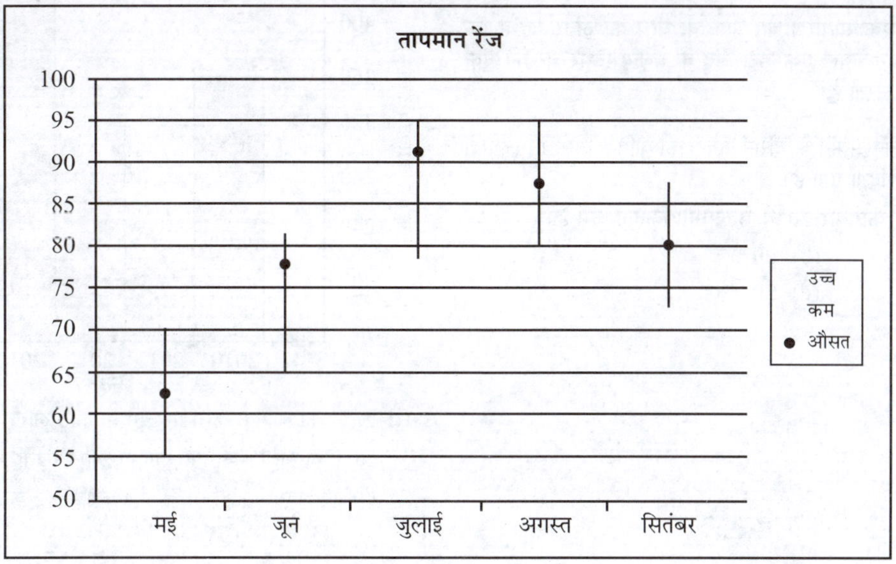

हिस्टोग्राम आंकड़े (Histogram Data)

हिस्टोग्राम के द्वारा सांख्यिकीय जानकारी को ही दिखाया जाता है। हिस्टोग्राम दो चरों के बीच का वर्णन करता है। यह समान भागों में आंकड़े (data) को संख्यात्मक अंतराल (numerical interval) से दर्शाता है। सांख्यिकी में हिस्टोग्राम या आयतचित्र आंकड़ा वितरण का ग्राफीय निरुपण हैं। यह सतत चर का प्रायिकता वितरण (probability distribution) है। इसको सर्वप्रथम कार्ल पियर्सन ने प्रस्तावित किया था। आयतचित्र सारणीबद्ध आवृत्तियों को दर्शाता है जिसे असतत (changeable) अंतराल पर दर्शाए आयत द्वारा निरुपित किया जाता है। इसमें सम्बंधित अन्तराल का क्षेत्रफल प्रेक्षण की आवृत्ति के

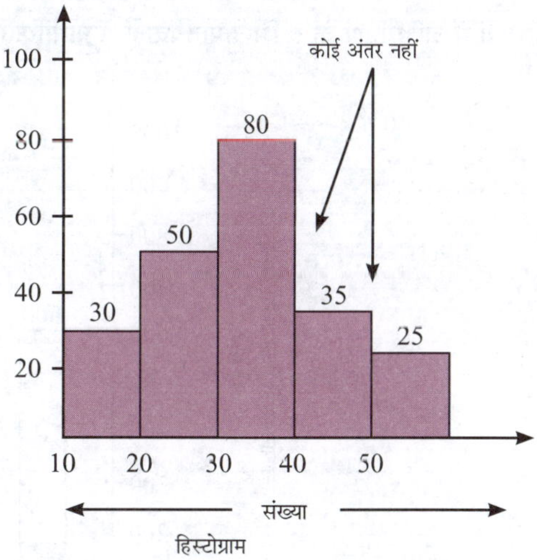

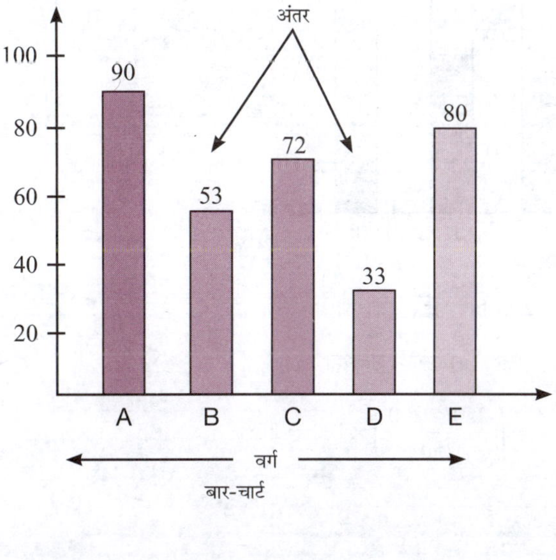

अनुक्रमानुपाति (proportionate) होता है। आयत की ऊंचाई भी सम्बंधित अन्तराल के आवृत्ति घनत्व अर्थात आवृत्ति और अन्तराल चौड़ाई के अनुपात के समान होती है। आयतचित्र का कुल क्षेत्रफल आंकड़ों की कुल संख्या के समान होता है। एक आयतचित्र को सम्बंधित आवृत्ति के साथ प्रसामान्यकृत करके भी प्रदर्शित किया जा सकता है।

हिस्टोग्राम के किसी सामान्य रूप की बात करें तो उसमें निराश्रित या स्वतंत्र चर (independent variable) को क्षैतिज रेखा (horizontal axis) पर तथा आश्रित या परतंत्र चर (dependent variable) को लम्बवत रेखा (vertical axis) के साथ दर्शाया जाता है। इन आंकड़ों को किसी रंग में या

आच्छादित चर क्षेत्र (shaded variable area) की तरह अलग दर्शाया जाता है।

यह बार चार्ट से काफी मिलता-जुलता है लेकिन इसमें चर लगातार आते हैं।

हिस्टोग्राम और एक साधारण बार ग्राफ के बीच का अंतर यह है कि हिस्टोग्राम में, प्रत्येक बार केवल एक डेटा बिंदु के बजाय निर्भर चर की एक श्रृंखला का प्रतिनिधित्व करता है।

प्रश्न: 2010 से 2014 की अवधि के दौरान कंपनी का वार्षिक कारोबार (लाखों में) हिस्टोग्राम में दिया गया है।

2011 में वार्षिक कारोबार **2014** से लगभग कितना कम है।

(a) 2 लाख (b) 20 लाख

(c) 2 करोड़ (d) 20 करोड़

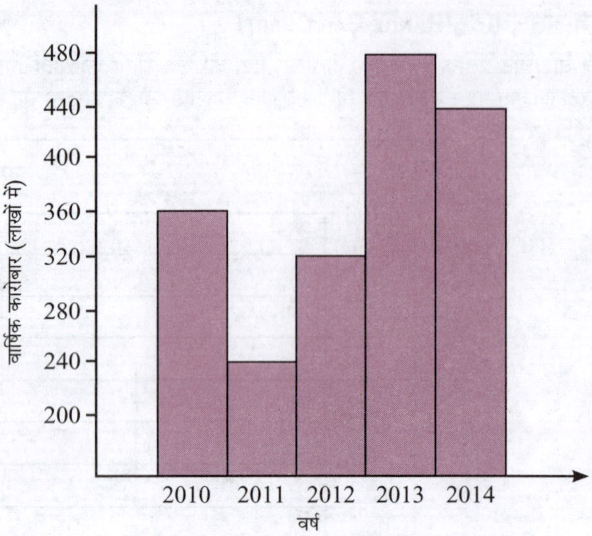

उत्तर: 2014 का वार्षिक कारोबार लगभग 440 लाख (4.40 करोड़) है।

2011 का सालाना कारोबार लगभग 240 लाख (2.4 करोड़) है।

इसलिए अंतर = 4.4 करोड़ - 2.4 करोड़ = 2 करोड़।

बार चार्ट/हिस्टोग्राम से संबंधित प्रश्न:

दिशा निर्देश (प्रश्न सं. 11–14): निम्नलिखित दण्ड आरेख का अध्ययन कर दिए गए प्रश्नों के उत्तर दीजिए।

भिन्न संस्थानों में अभियंत्रण के 5 भिन्न पाठ्यक्रमों में नामांकित विद्यार्थियों की संख्या

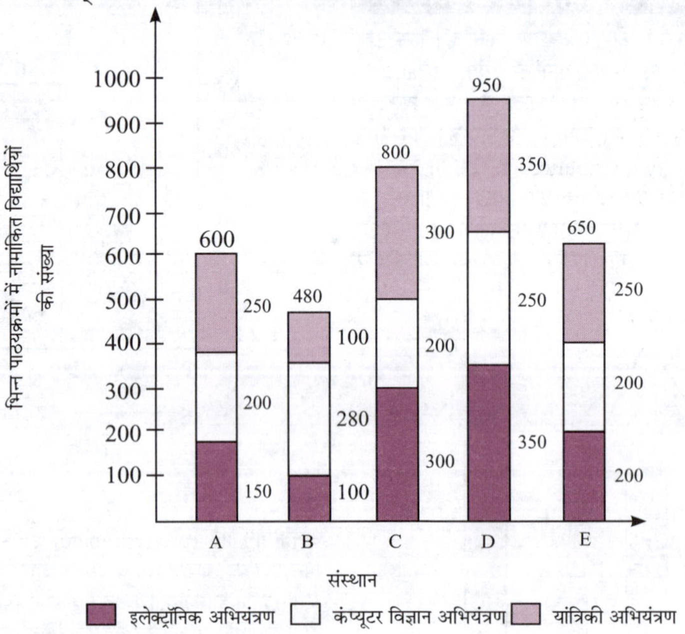

11. संस्थान C में कंप्यूटर विज्ञान में नामांकित विद्यार्थियों की संख्या उसी पाठ्यक्रम में संस्थान D में नामांकित विद्यार्थियों की संख्या से कितने प्रतिशत कम है?

(a) 20% (b) 18%

(c) 25% (d) 32%

उत्तर: (a) अभीष्ट प्रतिशत

$$= \left(\frac{250 - 200}{250}\right) \times 100 = 20\%$$

12. सभी संस्थानों को मिलाकर यांत्रिकी अभियंत्रण में नामांकित विद्यार्थियों की औसत संख्या क्या है?

(a) 180 (b) 250
(c) 240 (d) 210

उत्तर: (b) अभीष्ट औसत

$$= \frac{250 + 100 + 300 + 350 + 250}{5} = \frac{1250}{5} = 250$$

13. संस्थान A एवं संस्थान D में इलेक्ट्रॉनिक अभियंत्रण में नामांकित विद्यार्थिंगों की संख्या के मध्य संगत अनुपात क्या है?

(a) 3 : 7 (b) 3 : 2
(c) 3 : 4 (d) 4 : 3

उत्तर: (a) अभीष्ट अनुपात = 150 : 350

= 3 : 7

14. संस्थान B में विद्यार्थियों की कुल संख्या संस्थान A में विद्यार्थियों की कुल संख्या से कितने प्रतिशत कम है?

(a) 20% (b) 22%
(c) 25% (d) 18%

उत्तर: (a) अभीष्ट प्रतिशत

$$= \frac{600 - 480}{600} \times 100 = \frac{120}{6} = 20\%$$

दिशा निर्देश (प्रश्न सं. 15–18): नीचे दिए गए बार-ग्राफ का अध्ययन कीजिए जो किसी कम्पनी द्वारा पदों में किए गए कुल व्यय के प्रतिशत के वितरण को दर्शाता है।

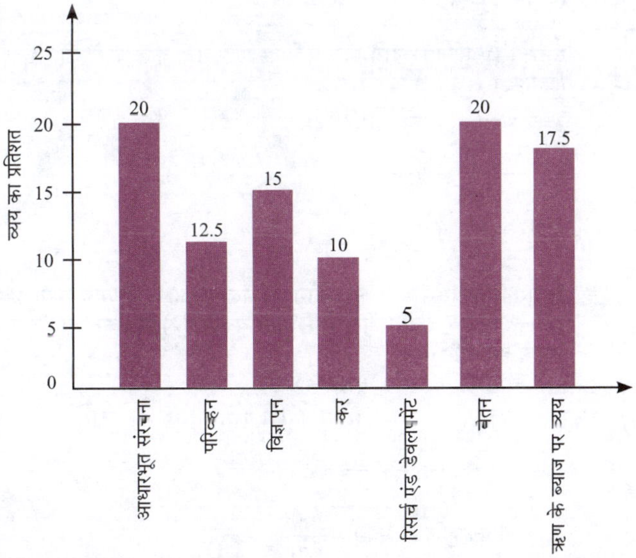

15. ऋण के ब्याज पर किया गया व्यय, परिवहन पर किए गए व्यय से कितना अधिक है?

(a) 5% (b) 10%
(c) 40% (d) 30%

उत्तर: (c) ऋण के ब्याज पर व्यय का प्रतिशत

= 17.5%

परिवहन पर व्यय का प्रतिशत = 12.5%

∴ अभीष्ट प्रतिशत

$$= \left(\frac{17.5 - 12.5}{12.5}\right) \times 100$$

$$= \frac{500}{12.5} = 40\%$$

16. यदि ऋण पर ब्याज ₹2.45 करोड़ है, तो विज्ञापन, कर और रिसर्च एण्ड डेवलपमेन्ट पर कुल कितना व्यय हुआ?

(a) ₹7 करोड़ (b) ₹4.2 करोड़
(c) ₹4.5 करोड़ (d) ₹3 करोड़

उत्तर: (b)

ऋण पर ब्याज का संगत प्रतिशत

= 17.5%

विज्ञापन, टैक्स और रिसर्च एण्ड डेवलपमेन्ट का संगत प्रतिशत = 15 + 10 + 5 = 30%

= 30%

चूंकि 17.5% = ₹2.45 करोड़

$$\therefore 30\% = \left(\frac{2.45}{17.5} \times 30\right)$$

= ₹ 42 करोड़

17. आधारभूत संरचना और परिवहन पर कुल व्यय तथा कर और ऋण के ब्याज पर कुल व्यय का अनुपात क्या है?

(a) 5 : 4 (b) 8 : 7
(c) 9 : 7 (d) 13 : 11

उत्तर: (d) अभीष्ट अनुपात

= (20 + 12.5) : (10 + 17.5)

= 32.5 : 27.5

= 13 : 11

18. यदि कम्पनी का कुल व्यय ₹20 करोड़ है, तो वाहन और वेतन पर व्यय का अनुपात क्या है?

(a) 5 : 4 (b) 4 : 7
(c) 5 : 8 (d) 8 : 5

उत्तर: (c) वाहन एवं वेतन पर व्यय का अनुपात

= 12.5 : 20

= 125 : 200

= 5 : 8

दिशा निर्देश (प्रश्न सं. 19–23): निम्न ग्राफ का ध्यानपूर्वक अध्ययन कीजिए तथा दिए गए प्रश्नों के उत्तर दीजिए:

निम्न आंकड़े मार्च 2016 तथा सितम्बर 2016 में 5 कार डीलरों द्वारा बेची गई पेट्रोल कारों के प्रतिशत को दर्शाते हैं। (बेची गई सभी कारें या तो पेट्रोल या डीजल की हैं)

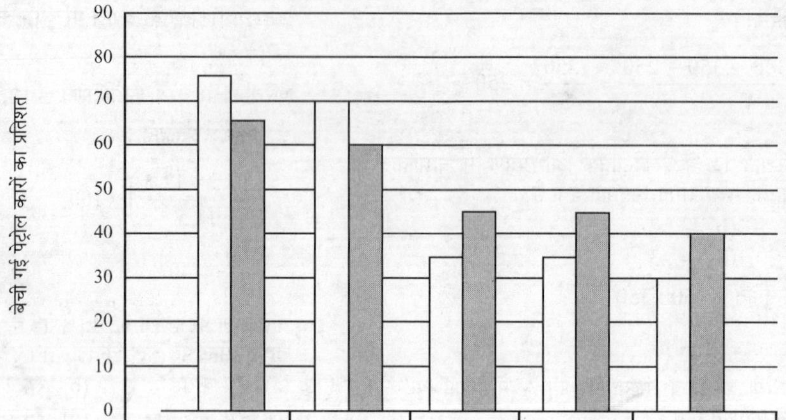

	A	B	C	D	E
मार्च 2016	75	70	35	80	32
सितंबर 2016	65	60	45	60	40

19. B द्वारा सितम्बर में बेची गई पेट्रोल कारों की संख्या मार्च से 130 अधिक है। यदि मार्च एवं सितम्बर में बेची गई दोनों प्रकार की कारों की संख्या 1300 हो तो सितम्बर में बेची गई कुल कारों की संख्या कितनी थी?

(a) 800 (b) 500
(c) 900 (d) 600

उत्तर: (a)

	सितम्बर	मार्च
कुल	x	y
पेट्रोल	$\frac{60}{100}x$	$\frac{70}{100}y$

$\therefore \frac{6x}{10} - \frac{7y}{10} = 130$

$\Rightarrow 6x - 7y = 1300$

$\Rightarrow 13x - 7(x + y) = 1300$

$\Rightarrow 13x = 8 \times 1300$

$\therefore x = 800$

20. C द्वारा मार्च एवं सितम्बर में बेची गई कारों की संख्या क्रमश: 400 एवं 500 है। दोनों महीनों में C द्वारा बेची गई डीजल कारों की कुल संख्या कितनी है?

(a) 365 (b) 535
(c) 415 (d) 485

उत्तर: (b) डीजल कारों की अभीष्ट संख्या

400 का 65% + 500 का 55%

$= 65 \times 4 + 55 \times 5$

$= 260 + 275 = 535$

21. D द्वारा मार्च तथा सितम्बर में बेची गई पेट्रोल कारों की संख्या समान है। D द्वारा मार्च में बेची कुल कारों की संख्या सितम्बर की तुलना में कितने प्रतिशत कम है?

(a) $33\frac{1}{3}\%$ (b) 50%

(c) $66\frac{2}{3}\%$ (d) 25%

उत्तर: (d): माना D द्वारा मार्च व सितम्बर में बेची कुल कारों की संख्या (क्रमश:) x व y है।

x का 80% = y का 60%

$\Rightarrow \frac{x}{y} = \frac{3}{4} = 75\%$

x, y से 25% कम है।

22. E द्वारा सितम्बर में बेची कुल कारों की संख्या 900 है जो मार्च से 20% अधिक है। तब दोनों महीनों में E द्वारा बेची गई पेट्रोल कारों की कुल संख्या क्या है?

(a) 500 (b) 52
(c) 575 (d) 600

उत्तर: (d) सितम्बर का कुल = 900

$\therefore$ मार्च का कुल = $900 \times \frac{100}{120}$

= 750

$\therefore$ अभीष्ट कुल = 900 का 40% + 750 का 32%

= 360 + 240 = 600

23. A द्वारा सितम्बर में बेची गई कुल कारों की संख्या मार्च से 80 अधिक है। यदि A द्वारा दोनों महीनों में बेची गई पेट्रोल कारों की संख्या समान है तो A द्वारा मार्च में बेची गई कुल कारों की संख्या कितनी है?

(a) 480 (b) 500

(c) 520 (d) 550

उत्तर: (c) मार्च सितम्बर

कुल x $x + 80$

$$\therefore \frac{75}{100}x = \frac{65}{100}(x + 80)$$

$$\Rightarrow 10x = 65 \times 80$$

$$\therefore x = 520$$

दिशा निर्देश (प्रश्न सं. 24–28): इस बार ग्राफ में किसी देश के 2011-12 से 2018-19 तक के विदेशी मुद्रा भंडार को (मिलियन अमेरिकी डॉलर में) दर्शाया गया है। इस पर आधारित पर प्रश्नों का उत्तर दीजिए।

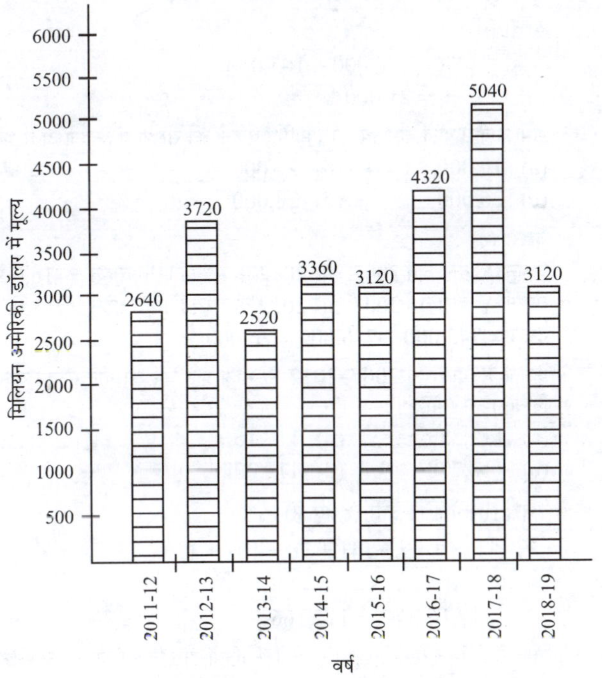

24. 2017-18 में विदेशी मुद्रा भंडार 2014-15 की तुलना में कितने गुणा था?

(a) 1.5 (b) 2

(c) 3.5 (d) 2.6

उत्तर: (a) 1.5

$$\text{अभीष्ट उत्तर} = \frac{5040}{3360} = 1.5$$

25. 2013-14 की तुलना में 2017-18 में विदेशी मुद्रा भंडार में कितने प्रतिशत वृद्धि हुई?

(a) 80% (b) 90%

(c) 100% (d) 110%

उत्तर: (c) 100%

अभीष्ट प्रतिशत वृद्धि

$$= \frac{5040 - 2520}{2520} \times 100 = 100\%$$

26. पूर्व वर्ष की तुलना में किस वर्ष विदेशी मुद्रा भंडार में प्रतिशत वृद्धि सर्वाधिक थी?

(a) 2014-15 (b) 2015–16

(c) 2018–19 (d) 2012–13

उत्तर: (d) प्रतिशत वृद्धि

वर्ष 2012-13

$$\Rightarrow \left(\frac{3720 - 2640}{2640}\right) \times 100$$

$$= 41\%$$

27. 2016-17 में विदेशी मुद्रा भंडार समीक्षाधीन अवधि के औसत विदेशी मुद्रा भंडार का लगभग कितने प्रतिशत था?

(a) 80% (b) 100%

(c) 120% (d) 125%

उत्तर: (d) औसत विदेशी मुद्रा भंडार

$$= \left(\frac{2640 + 3720 + 2520 + 3360 + 3120 + 4320 + 5040 + 3120}{8}\right)$$

मिलियन डॉलर

$$= \frac{27840}{8} = 3480 \text{ मिलियन डॉलर}$$

$$\therefore \text{अभीष्ट प्रतिशत} = \frac{4320}{3480} \times 100$$

$$\approx 125$$

28. जिन वर्षों में विदेशी मुद्रा भंडार औसत भंडार से अधिक था उन वर्षों का और जिन वर्षों में भंडार औसत से कम था, उन वर्षों का अनुपात क्या है?

(a) 3 : 5 (b) 5 : 3

(c) 4 : 7 (d) 3 : 7

उत्तर: (a) अभीष्ट अनुपात = 3 : 5

लेखाचित्र (GRAPH)

एक लेखाचित्र, आंकड़ों का आलेखीय प्रस्तुतीकरण है, जिसमें आंकड़ों को प्रतीक द्वारा दर्शाया जाता है, जैसे—रेखा चार्ट में रेखाओं के रूप में, पाई चार्ट में भागों के रूप में। एक चार्ट में सारणीबद्ध सांख्यिकी आंकड़ों, प्रकार्यों या किसी प्रकार की गुणात्मक संरचनाओं को प्रदर्शित किया जाता है।

ग्राफ के मुख्यत: निम्नलिखित रूपान्तर हैं:

1. सरल रेखा ग्राफ (Simple Line Graph)
2. वृत्त ग्राफ या पाई चार्ट (Pie Chart)
3. बार ग्राफ (Bar Graph)

दिशा निर्देश (प्रश्न सं. 29–33): निम्नलिखित ग्राफ में एक कंपनी के विभिन्न वर्षों में अर्जित लाभों को दर्शाया गया है, जहां लाभ = राजस्व – खर्च। ग्राफ का ध्यानपूर्वक अध्ययन करें एवं प्रश्नों के उत्तर दीजिए।

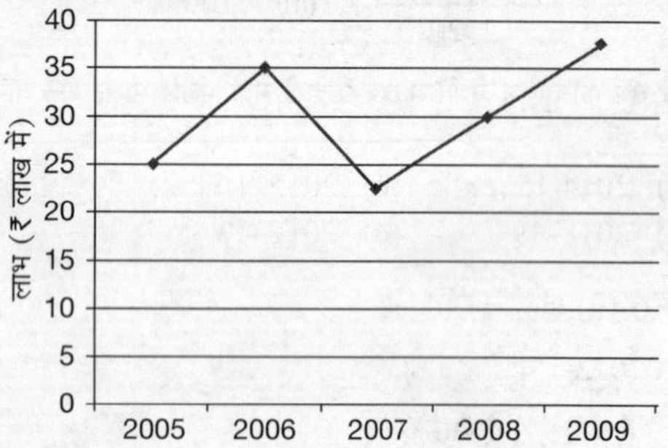

29. कंपनी द्वारा विभिन्न वर्षों में औसतन कितना लाभ अर्जित किया गया है?

(a) ₹26 लाख (b) ₹28 लाख
(c) ₹30 लाख (d) ₹32 लाख

उत्तर: (c) औसत लाभ = कुल लाभ/कुल वर्ष
= (25 + 35 + 22.5 + 30 + 37.5)/5
= ₹30 लाख

30. अगर कंपनी ने वर्ष 2009 में ₹28 लाख लाभ अर्जित किया, तो उसका उस वर्ष में राजस्व कितना था?

(a) ₹65.5 लाख
(b) ₹72.5 लाख
(c) ₹75 लाख
(d) उपरोक्त में से कोई नहीं

उत्तर: (a): राजस्व = व्यय + लाभ
= 37.5 + 28 = ₹65.5 लाख

31. 2008 में पूर्व वर्ष की तुलना में कंपनी के लाभ में लगभग कितने प्रतिशत की वृद्धि हुई?

(a) 28
(b) 30
(c) 36
(d) 40

उत्तर: (b): लाभ में वृद्धि = [(30 – 23)/23] × 100 = 30.43%

32. कंपनी का वर्ष 2005 और वर्ष 2009 के लाभों का क्या अनुपात रहा?

(a) 1 : 3
(b) 2 : 3
(c) 3 : 5
(d) 1 : 2

उत्तर: (b): वांछित अनुपात = 25 : 37.5 = 2 : 3

33. यदि वर्ष 2007 में राजस्व ₹45 लाख है, तो उस वर्ष में कंपनी का लाभ कितना था?

(a) ₹20.5 लाख
(b) ₹22.5 लाख
(c) ₹24.5 लाख
(d) ₹25.5 लाख

उत्तर: (b): वांछित लाभ = 45 – 22.5
= ₹22.5 लाख

दिशा निर्देश (प्रश्न 34–38): इस ग्राफ में विभिन्न वर्षों में दो कंपनियों द्वारा निर्मित वाहनों के आंकड़े दिए हुए हैं। परीक्षार्थी इनका अध्ययन करें एवं निम्नलिखित प्रश्नों का उत्तर दीजिए।

दो कंपनियों द्वारा निर्मित
वाहनों की संख्या वर्षों में

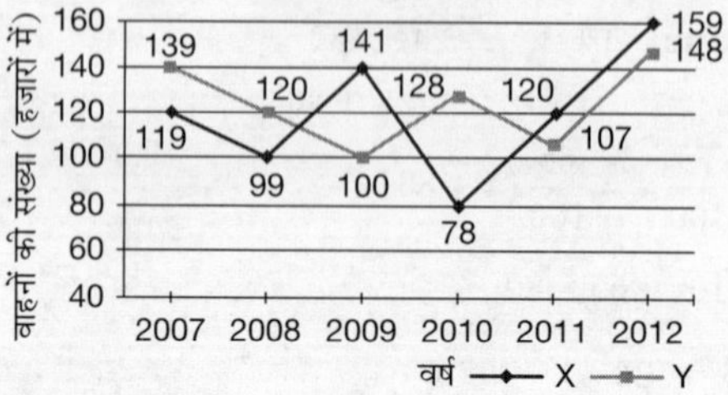

34. कंपनी Y द्वारा वर्ष 2010 एवं वर्ष 2011 की अवधि में निर्मित वाहनों की संख्या में कितना अंतर था?

(a) 50,000 (b) 42,000
(c) 33,000 (d) 21,000

उत्तर: (d)

अंतर = 128,000 – 107,000
= 21,000

35. सभी वर्षों में दोनों कंपनियों द्वारा निर्मित वाहनों की संख्या में कितना अंतर था?

(a) 19,000 (b) 22,000
(c) 26,000 (d) 28,000

उत्तर: (c)

कंपनी X द्वारा वर्ष 2007 और 2012 के मध्य निर्मित वाहन = 716,000
कंपनी Y द्वारा वर्ष 2007 और 2012 के मध्य निर्मित वाहन = 742,000
अंतर = 742,000 – 716,000 = 26,000

36. कंपनी X द्वारा वर्ष 2007–2012 के मध्य प्रति वर्ष औसतन कितने वाहन निर्मित किये गये?

(a) 119,333 (b) 117,166
(c) 112,778 (d) 111,223

उत्तर: (b): वांछित उत्तर (हज़ार में)

$$= \frac{119 + 99 + 141 + 78 + 107 + 159}{6}$$

= 117.16 हजार = 117,166

37. निम्न में से किन वर्षों के युग्म में दोनों कंपनियों द्वारा निर्मित वाहनों की संख्या में अधिकतम अंतर था?

(a) 2007 (b) 2008
(c) 2009 (d) 2010

उत्तर: (d): विभिन्न वर्षों में अंतर (हजारों में)

वर्ष 2007: (139 – 119) = 20
वर्ष 2008: (120 – 99) = 21
वर्ष 2009: (141 – 100) = 41
वर्ष 2010: (128 – 78) = 50
वर्ष 2011: (120 – 107) = 13
वर्ष 2012: (159 – 148) = 11

इसलिए अधिकतम अंतर वर्ष 2010 में था।

38. वर्ष 2010 में, कंपनी Y द्वारा निर्मित वाहन, कंपनी X द्वारा इसी वर्ष के दौरान निर्मित वाहनों का कितने प्रतिशत था?

(a) 173 (b) 164
(c) 132 (d) 97

उत्तर: (b): वांछित उत्तर

$$= \frac{128,000}{78,000} \times 100$$
$$= 164\%$$

वृत्त ग्राफ या पाई चार्ट (CIRCLE GRAPHS OR PIE CHARTS)

इस प्रकार के ग्राफ में पूरी संख्या को 360 डिग्री या 100 प्रतिशत माना जाता है, फिर हम यह देखते हैं कि विभिन्न अवयव उस पूरी संख्या की तुलना में कितने हैं या विभिन्न अवयवों की परस्पर कैसे तुलना की जा सकती है?

पूरी संख्या को वृत्त माना जाता है और अवयव उसके सेक्टर हैं जो कि वृत्त के केन्द्र पर कोण बनाते हैं। यदि हम किसी प्रतिशत को कोण में परिवर्तित करना चाहते हैं, तो उस प्रतिशत को 3.6 से गुणा कर देंगे, यदि हम किसी कोण को प्रतिशत में परिवर्तित करना चाहते हैं, तो 3.6 से भाग कर देंगे।

दिशा निर्देश (प्रश्न सं. 39–43): निम्न पाई चार्ट में एक शिक्षण संस्थान के विभिन्न मदों पर व्यय को दर्शाया गया है। इसका अध्ययन करें एवं प्रश्नों के उत्तर दीजिए।

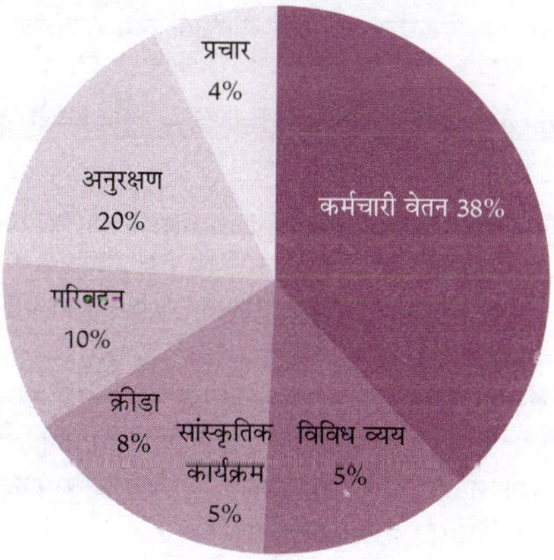

39. यदि पूरे वर्ष के दौरान कुल व्यय ₹65 लाख है, तो सांस्कृतिक कार्यक्रमों पर कितना व्यय हुआ?

(a) 1.67 (b) 2.65
(c) 3.25 (d) 4.25

उत्तर: (c): ₹65 लाख का 5% = ₹3.25 लाख

40. कर्मचारी वेतन का सेक्टर केन्द्र पर कितने डिग्री का कोण बन रहा है?

(a) 132 (b) 137
(c) 142 (d) 145

उत्तर: (b): वांछित उत्तर = $38 \times 3.6 = 137°$

41. निम्नलिखित विकल्पों में से किन मुद्दों का योगफल कर्मचारी वेतन के समान है?

(a) विविध व्यय, परिवहन और सांस्कृतिक कार्यक्रम
(b) अनुरक्षण, परिवहन और क्रीड़ा
(c) अनुरक्षण, क्रीड़ा और प्रचार
(d) उपरोक्त में से कोई नहीं

उत्तर: (b): अनुरक्षण, परिवहन और क्रीड़ा = 38%

42. यदि शिक्षकों के वेतन में 20% की वृद्धि हो जाए, तो कुल कर्मचारी वेतन का नया कोण कितने डिग्री का होगा?

(a) 45.6
(b) 43.6
(c) 56
(d) निर्धारित नहीं किया जा सकता है।

उत्तर: (d): शिक्षक के वेतन का अलग से कोई आंकड़ा नहीं दिया गया है, इसलिए अभीष्ट उत्तर नहीं निकाला जा सकता है।

43. यदि हम विविध व्यय और सांस्कृतिक कार्यक्रमों के मदों का योग कर दें, तो ये संयुक्त रूप से व्यय केन्द्र पर कितने डिग्री का कोण बनाएंगे?

(a) 65 (b) 72
(c) 78 (d) 84

उत्तर: (b): विविध व्यय और सांस्कृतिक कार्यक्रमों का प्रतिशत योग = 15 + 5 = 20%। इसलिए कोण = $20/100 \times 360 = 72$ डिग्री।

दिशा निर्देश (प्रश्न सं. 44–48): निम्नलिखित पाई चार्ट में एक मुद्रक संगठन के विभिन्न मदों पर व्यय को दर्शाया गया है। इसका अध्ययन करें एवं निम्नलिखित प्रश्नों के उत्तर दीजिए।

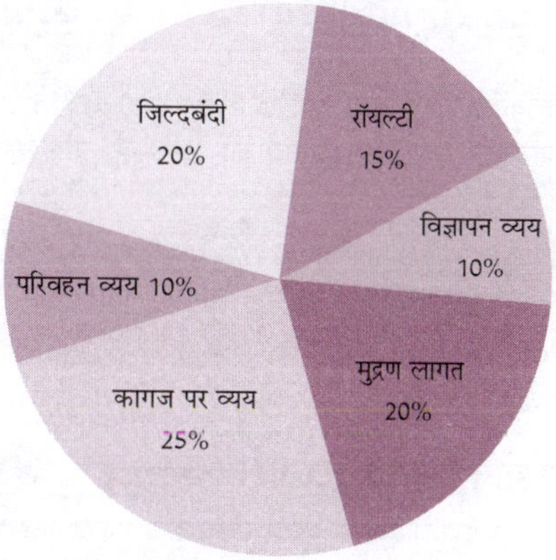

44. यदि मुद्रक को मुद्रण लागत के रूप में ₹61,200 अदा करना पड़ते हैं, तो तब रॉयल्टी की कितनी राशि बनती है?

(a) ₹22,950 (b) ₹45,000
(c) ₹45,900 (d) ₹48,900

उत्तर: (c)

मान लीजिए रॉयल्टी = R

मुद्रण लागत और रॉयल्टी में अनुपात

$$= 20 : 15 = 61,200 : R$$

तब $R \times 20 = 15 \times 61,200$

$$R = ₹45,900$$

45. यदि एक पुस्तक की कुल लागत ₹150 हो, तो तब मुद्रण और जिल्दबंदी की प्रति पुस्तक संयुक्त लागत कितनी होगी?

(a) ₹60 (b) ₹75
(c) ₹80 (d) उपरोक्त में से कोई नहीं

उत्तर: (a)

मुद्रण और जिल्दबंदी की लागत = कुल लागत का

$$(20 + 20)\% = 150 \times 40/100$$
$$= ₹60$$

46. रॉयल्टी की मद केन्द्र पर कितने डिग्री का कोण बनाती है?

(a) 48 (b) 54
(c) 60 (d) 72

उत्तर: (b)

360 का 15% = $360 \times 15/100$
$= 54°$

47. यदि हम यह मान लें कि कुल लागत ₹200 है, तो विज्ञापन और मुद्रण की मदों पर कितना अंतर आएगा?

(a) ₹10 (b) ₹20
(c) ₹30 (d) उपरोक्त में से कोई नहीं

उत्तर: (b)

अंतर प्रतिशत = 20 – 10 = 10%
₹200 का 10% = ₹20

48. यदि पुस्तक की 1000 प्रतियों की छपाई होती है और उसकी परिवहन की मद पर ₹15,000 का व्यय होता है, तो पुस्तक का विक्रय मूल्य कितना होना चाहिए ताकि मुद्रक 20% लाभ अर्जित कर सके?

(a) 150 (b) 160
(c) 180 (d) 200

उत्तर: (c)

प्रति पुस्तक परिवहन व्यय = ₹15,000/1000 = ₹15

चूंकि परिवहन व्यय कुल लागत का 10% है, प्रति पुस्तक लागत = $\frac{100}{10} \times 15$ = ₹150

इसलिए प्रति पुस्तक विक्रय मूल्य = लागत + लागत का 20% = ₹150 + $\left(\frac{20}{100}\right) \times 150$ = ₹180

आंकड़ों का मान चित्रण (DATA MAPPING)

यहां मान चित्रण या डेटा मैपिंग का मुख्य संबंध डेटा फ़ील्ड की स्रोत फ़ाइल से उनके संबंधित लक्ष्य फ़ील्ड में मैप करने की प्रक्रिया से है। आवश्यक डेटा तक पहुंच किसी संगठन को अधिक सफल बना सकती है। लेकिन डेटा का उपयोग करना और भी सरल हो जाता है जब इसकी कल्पना भी की जा सकती है, बिना परिकल्पना के डेटा मैपिंग कठिन कार्य है।

दृश्य डेटा (visual data) लोगों को यह समझने में सहायता करता है कि विभिन्न अवधारणाएं कैसे उत्पन्न होती हैं और एक दूसरे के साथ उनका संबंध कैसे होता है। डेटा मैपिंग इन सभी में सहायक होती है। उदाहरण के लिए, किसी Excel स्रोत से 'नाम', 'ईमेल' और 'फ़ोन' आदि के संबंध की मैपिंग सीमांकित फ़ाइल (delimited file) में संबंधित फ़ील्ड में मैप की जाती है, जो कि हमारा गंतव्य है।

डेटा मैपिंग संगठनों को प्रक्रिया लिंक प्रदान करके यह दिखाने में सहायता करती है कि कुछ कार्यों का उपयोग कैसे किया जाए। हमारी तंत्रिका तंतुओं का चालीस प्रतिशत मस्तिष्क से जुड़ना केवल रेटिना में होता है। डेटा मैपिंग हमें यह देखने में सहायता करती है कि **डेटा** के विभिन्न घटक कैसे उपयोगी और सहायक होते हैं।

वास्तविक समय में विद्यार्थी या ग्राहक के रुझान का पता लगाया जा सकता है– वह भी सूचना और चर की अन्य गणना के द्वारा। हम प्रतियोगियों के साथ अपनी तिथि की तुलना करने के लिए डेटा मैपिंग सॉफ़्टवेयर का भी उपयोग कर सकते हैं। सही निर्णय लेने से व्यवसाय के विस्तार में भी सहायता मिलती है। ऐसी शक्तिशाली **डेटा** मैपिंग मानचित्र से भी की जा सकती है। किसी भी संगठन के सेल्सफोर्स में एक विशेष रूप से मजबूत डेटा मैपिंग सॉफ़्टवेयर प्रोग्राम होता है जिसे उपयोग में लाया जा सकता है। इससे वास्तविक समय (real time) में भी सहायता मिलती है। वास्तविक समय में जानकारी प्राप्त करने के लिए हम क्लाउड नेटवर्क से जुड़ सकते हैं।

डेटा मैपिंग सभी व्यवसायों के लिए काम करती है। उदाहरण के लिए, यदि हम खुदरा क्षेत्र में हैं, तो हम गणना करने के लिए डेटा मैपिंग का उपयोग कर सकते हैं कि छूट हमारे व्यवसाय में कुल बिक्री योग को कैसे प्रभावित कर सकती है। इसी तरह, वित्तपोषण, निवेश प्रकार के निर्णय भी लिए जा सकते हैं। **डेटा** आंतरिक या बाह्य हो सकता है, लेकिन यह अधिक विस्तृत भी हो सकता है। इसके उपयोग के लिए **डेटा** उत्तोलन (Data Leverage) महत्वपूर्ण है और कार्रवाई योग्य अंतर्दृष्टि विकसित की गई है।

अगर हम जानकारी एकत्र करना चाहते हैं तो उसके लिए डेटा बिंदुओं की सारणी (Array of Data points) है। उनकी भाषा काफी भिन्न हो सकती है। हम भिन्न भिन्न **डेटा** मॉडल विकसित कर सकते हैं।

स्रोत और लक्ष्य की संरचना के बीच **डेटा** मैपिंग का कार्य जटिल हो सकता है। ऐसा पदानुक्रम या असमानता के आधार पर भी होता है। हर एप्लिकेशन ऑन-प्रिमाइसेस या क्लाउड आधार पर डाटा फ़ील्ड्स को समझने के लिए मेटाडेटा का उपयोग करता है।

Microsoft SharePoint, InetSoft Style Intelligence और IBM Congos Business Intelligence हमें सरल चार्ट और ग्राफ़ बनाकर जानकारी की समीक्षा करने में सहायता करते हैं। **डेटा** स्रोतों की संख्या और स्कीम के आधार पर डेटाबेस मैपिंग में जटिलता की एक अलग सीमा भी हो सकती है।

सामान्य तौर पर डेटा मैपिंग निम्नलिखित गतिविधियों के साथ हमारी सहायता करती है।

1. **डेटा एकीकरण (Data Integration):** डेटा स्रोत और गंतव्य की स्कीम में अंतर को कवर करने के लिए डेटा मैपिंग टूल, व्यवसायों को विभिन्न डेटा बिंदुओं से जानकारी को आसानी से समेकित करने की अनुमति देता है।
2. **डेटा विस्थापन (Data Migration):** यह एक डेटा बेस से दूसरे में डेटा ले जाता है। यहां कोड-फ्री डेटा मैपिंग समाधान का उपयोग कर, जो प्रक्रिया को स्वचालित कर सकता है, डेटा को सफलतापूर्वक गंतव्य तक विस्थापित करना महत्वपूर्ण है।
3. **विवरण भण्डारण (Data Warehousing):** डेटा वेयरहाउस में डेटा मैपिंग, स्रोत और लक्ष्य तालिकाओं या विशेषताओं के मध्य संबंध बनाने की प्रक्रिया है।
4. **डेटा परिवर्तन (Data Transformation):** सूचना सिलोस को तोड़ना और अंतर्दृष्टि खींचना आवश्यक कार्य है। डेटा मैपिंग डेटा ट्रांसफ़ॉर्मेशन का पहला चरण है।

डेटा मैपिंग तकनीक (Data Mapping Techniques)

यह किसी भी डेटा प्रबंधन प्रक्रिया (Data Management Process) में एक आवश्यक महत्वपूर्ण चरण है। डेटा मैपिंग इससे जटिल और समय लेने वाली हो सकती है।

स्वचालन के स्तर के आधार पर, डेटा मैपिंग तकनीकों को दो प्रकारों में विभाजित किया जा सकता है:

1. **मैनुअल डेटा मैपिंग (Manual Data Mapping):** यह हस्त कूटित (hand coded) है तथा मैनुअल डेटा मानचित्रण प्रक्रिया में असीमित लचीलापन प्रदान करती है।

2. **अर्ध-स्वचालित डेटा मैपिंग (Semi-automated data mapping):** स्कीमा मैपिंग (schema mapping) को एक अर्ध-स्वचालित डेटा मैपिंग तकनीक के रूप में वर्गीकृत किया जाता है। इस प्रक्रिया में दो डेटा उद्देश्यों की पहचान करना सम्मिलित है जो कि शब्दार्थ से संबंधित हैं और फिर उनके मध्य मैपिंग का निर्माण करते हैं।

आंकड़ा या डेटा व्याख्या (DATA INTERPRETATION)

आंकड़ा व्याख्या विश्लेषण की जानकारी को एक अर्थ प्रदान करता है और इसके लिए किये गए हस्ताक्षर और निहितार्थ को निर्धारित करता है। यह उन प्रक्रियाओं के कार्यान्वयन को संदर्भित करता है जिसके माध्यम से किसी सूचित निष्कर्ष पर पहुंचने के उद्देश्य से डेटा की समीक्षा की जाती है।

डेटा कई स्रोतों से प्राप्त किया जाता है, इसलिए इसके सुनिश्चित आदेश के साथ विश्लेषण प्रक्रिया में प्रवेश करने की आवश्यकता है। डेटा विश्लेषण सामान्य तौर पर व्यक्तिपरक होता है और इस प्रकार, व्याख्या के लक्ष्य एक व्यवसाय से दूसरे व्यवसाय में भिन्न हो सकते हैं। मूल रूप से विश्लेषण के दो मुख्य प्रकार हैं जैसे मात्रात्मक और गुणात्मक।

इसकी तुलनात्मक माप के लिए एक अच्छा निर्णय लिया जाना चाहिए। इसमें निम्नलिखित स्केल सम्मिलित हैं:

1. **नाममात्र स्केल (Nominal Scale):** इसमें गैर-संख्यात्मक श्रेणियां आती हैं जिनकी मात्रात्मक रूप से रैंक या तुलना नहीं की जा सकती है। यहां चर विशिष्ट और संपूर्ण हैं।
2. **क्रमसूचक संख्या या साधारण स्केल (Ordinal Scale):** इसमें ऐसी श्रेणियां शामिल हैं जो अन्य और संपूर्ण हैं लेकिन एक तार्किक क्रम के साथ। गुणवत्ता रेटिंग और अनुबंध रेटिंग इसके उदाहरण हैं- अच्छा, बहुत अच्छा, निष्पक्ष या फिर सहमत, दृढ़ता से सहमत, असहमत आदि।
3. **अंतराल स्केल (Interval Scale):** यहां डेटा को क्रमबद्ध और समान दूरी के सिद्धांत पर श्रेणियों में बांटा जाता है। इसमें सदैव एक मनमाना शून्य बिंदु होता है।
4. **अनुपात (Ratio):** इसमें उपरोक्त तीनों की विशेषताएं सम्मिलित हैं।

डेटा की व्याख्या करते समय एक विश्लेषक को कुछ अन्य कारकों के अलावा, सहसंबंध, कारण और संयोग आदि के मध्य के अंतर को समझने का प्रयास करना चाहिए।

यहां हम एक बार फिर से गुणात्मक और मात्रात्मक विश्लेषण ढंग से व्याख्या को देख रहे हैं:

गुणात्मक डेटा व्याख्या

भावात्मक, कथात्मक तथा विवरणात्मक डेटा को व्यापक रूप से नियोजित करके एकत्र किया जाता है, इस डेटा में व्यक्ति दर व्यक्ति तकनीकों का काफी विविधता से उपयोग किया जाता है । यह मूल रूप से निरुपाधिक (categorical) रूप में होता है। यहां विवरण संख्यात्मक पैटर्न के माध्यम से नहीं होता बल्कि वर्णनात्मक संदर्भ या पाठ के माध्यम से होता है। इन तकनीकों में निम्नलिखित घटक सम्मिलित हैं।

1. **अवलोकन (Observations):** यहां, व्यवहार पैटर्न एक गतिविधि और संचार में उपयोग किए जाने वाले प्रकार और समय की मात्रा हो सकती है।
2. **दस्तावेज (Documents):** यहां, विभिन्न प्रकार के प्रलेखन संसाधनों को कोडित और विभाजित किया जा सकता है।
3. **साक्षात्कार (Interview):** यह डेटा के लिए सबसे अच्छी संग्रह विधि के रूप में वर्णित है। जांच प्रतिक्रियाओं को विषय या श्रेणी के आधार पर वर्गीकृत किया जा सकता है। साक्षात्कार का दृष्टिकोण अत्यधिक केंद्रित डेटा विभाजन में सहायता करता है।

एक व्यक्ति से व्यक्ति डेटा संग्रह तकनीक तीन बुनियादी सिद्धांतों को जन्म दे सकती है– वस्तुओं का आलोकन करना, उनको एकत्रित करना तथा उनके बारे में सोचना। गुणात्मक डेटा व्याख्या के लिए बहुत मुक्त या खुला होना चाहिए ताकि पहचानने योग्य विषयों में डेटा के समूहीकरण और लेबलिंग की सुविधा हो सके।

मात्रात्मक डेटा व्याख्या

मात्रात्मक में मानक मॉडलिंग, मानक विचलन, माध्य और माध्यिका जैसी सांख्यिकीय वस्तुओं का उपयोग सम्मिलित है।

माध्य: एक माध्य प्रतिक्रियाओं के समूह के लिए एक संख्यात्मक औसत का प्रतिनिधित्व करता है।

मानक विचलन: इससे माध्य के आसपास प्रतिक्रियाओं के वितरण प्रतिक्रियाओं के भीतर स्थिरता की डिग्री और फिर डेटा सेट में अंतर्दृष्टि का पता चलता है।

आवृत्ति वितरण: यह एक डेटा सेट के भीतर एक प्रतिक्रिया उपस्थिति की दर को मापता है। यह डेटा बिंदुओं के बीच आम सहमति की डिग्री निर्धारित करने में प्रयत्नशील रहता है। इसमें दो या दो से अधिक चर के मध्य सहसंबंध परीक्षणों की आवश्यकता भी होती है।

विभिन्न प्रक्रियाओं का उपयोग एक साथ या अलग-अलग किया जा सकता है, और तुलना अंततः एक निष्कर्ष पर पहुंचने के लिए की जा सकती है। मात्रात्मक डेटा की अन्य मुख्य व्याख्या प्रक्रियाओं में निम्नलिखित सम्मिलित हैं।

1. प्रतिगमन विश्लेषण
2. कोहोर्ट विश्लेषण (Cohort Analysis)
3. भविष्य सूचक और विश्लेषण

इन सबका वर्णन दूसरे अध्याय में किया जा चुका है।

डेटा व्याख्या का महत्व: संग्रह और व्याख्या का उद्देश्य उपयोगी जानकारी प्राप्त करना और सबसे अधिक सूचित निर्णय को संभव बनाना है। डेटा व्याख्या में निम्नलिखित विशेषताएं सम्मिलित हैं।

1. डेटा की पहचान और स्पष्टीकरण
2. डेटा की तुलना
3. डेटा के बाहर स्थितियों की पहचान
4. भविष्य सूचक

व्याख्या के साथ कुछ सामान्य विषयों का निम्न उल्लेख किया गया है:

1. **निर्णय लेने के बारे में पर्याप्त सूचना:** डेटा विश्लेषण में पहचान, थीसिस विकास और डेटा संग्रह के बाद डेटा संचार सम्मिलित होना चाहिए।
2. **रुझानों की पहचान के साथ आवश्यकताओं को पूरा करना:** डेटा अंतर्दृष्टि ज्ञान प्रदान करती है और ज्ञान शक्ति है।
3. **लागत दक्षता:** डेटा विश्लेषण प्रक्रियाओं का उचित कार्यान्वयन व्यवसायों को अपने उद्योगों में गहन व्यय तथा लाभ आदि का विवरण प्रदान कर सकता है।
4. **स्पष्ट दूरदर्शिता:** जो कंपनियां एकत्र करती हैं और विश्लेषण करती हैं, उन्हें स्पष्ट दूरदर्शिता उपलब्ध रहती है।

इसके अलावा आंकड़ों की व्याख्या में कुछ समस्याएं हैं:

1. **सह-संबंध के लिए गलत कारण या संबंध का चयन (Correlation mistaken for causation):** यह डेटा विश्लेषकों की सहसंबंध के साथ एक घटना का कारण मिश्रित करने की प्रवृत्ति है। जब दो क्रियाएं एक साथ होती हैं, तो एक दूसरे के कारण होती हैं। यह सटीक नहीं है दो कारकों पर कार्रवाई एक साथ हो सकती है। इसका उपाय उस चर को समाप्त करने का प्रयास है जिसके कारण ऐसा होता है।
2. **पुष्टिकरण पूर्वाग्रह (Confirmation bias):** यह तब होता है जब हमारे पास एक सिद्धांत या परिकल्पना होती है, और हम केवल उसके अनुसार ही प्रयोजन करते हैं। यह हानि प्राय: व्यक्तिपरक इच्छाओं पर आधारित हो सकती है। इस प्रकार यह सदैव एक परिकल्पना को खंडित करने का प्रयास भी हो सकता है।
3. **अप्रासंगिक डेटा (Irrelevant Data):** बहुत बड़ा डेटा सदैव केंद्रित या संग्रहित नहीं हो सकता है, इसका 'सोच की गति' से विश्लेषण किया जाता है, यह अपरिहार्य है कि विश्लेषक उन आंकड़ों पर ध्यान केंद्रित करेंगे जो उस समस्या के लिए अप्रासंगिक हैं जिसे वे सही करने का प्रयास करते हैं। इसका उपाय किसी भी डेटा विश्लेषण चर और प्रमुख प्रदर्शन संकेतकों को डेटा समीक्षा में संलग्न करने से पहले स्पष्ट रूप से फ्रेम करना है।

इन सभी पहलुओं को ध्यान में रखते हुए, हमें निम्नलिखित कारकों के बारे में सावधान रहने की आवश्यकता है:

1. अपना डेटा एकत्र करें और इसे यथासंभव स्वच्छ बनाएं।
2. हमें विश्लेषण के प्रकार के बारे में सावधान रहने की आवश्यकता है।
3. हमें विभिन्न दृष्टिकोणों और परियोजना के विभिन्न प्रतिभागियों या अभिनेताओं के लिए सोचना चाहिए।
4. हमें स्वयं की सोच और तर्क पर चिंतन करने की आवश्यकता है, जैसे सहसंबंध बनाम कार्य, व्यक्तिपरक पूर्वाग्रह, गलत डेटा और जानकारी आदि।

आंकड़े और सुशासन (DATA AND GOVERNANCE)

आंकड़ा सुशासन तथा आंकड़े और सुशासन भिन्न-भिन्न शब्द हो सकते हैं। आज के अत्यधिक प्रतिस्पर्धी उद्यम वातावरण में हमें तीव्र गति से आगे बढ़ने के लिए इसकी आवश्यता रहेगी।

अब तो संगठनों को विभिन्न आंतरिक और बाह्य डेटा की भारी मात्रा को एकत्रित करने के लिए एक अनुशासित वर्ग चाहिए ताकि उसका मूल्य अधिकतम रखा जा सके, जोखिमों का प्रबंधन किया जा सके और लागत को भी कम किया जा सके।

आंकड़ों का सुशासन शासन प्रक्रियाओं, नीतियों, भूमिकाओं, मानकों का एक संग्रह है जो किसी संगठन को उसके लक्ष्यों को प्राप्त करने हेतु सक्षम बनाने में सूचना के प्रभावी और कुशल उपयोग को सुनिश्चित करने में सहयोगी होता है। सामग्री संचालन परिभाषित करता है कि कौन से आंकड़ों पर, किन स्थितियों में, किन विधियों का प्रयोग करके क्या कार्रवाई की जा सकती है।

यह सुशासन सुनिश्चित करता है कि क्या आंकड़ों से संबंधित भूमिकाओं को स्पष्ट रूप से परिभाषित किया गया है, और यहां उत्तरदायित्व किसका है। आंकड़ों का एक सुनियोजित रूप गवर्नेंस फ्रेमवर्क रणनीतिक, सामरिक और परिचालन भूमिकाएं आदि का ध्यान रखे।

लेकिन आंकड़ों और शासन की रणनीति का अनुग्रह तैयार करते समय हम निम्न तथ्यों का ध्यान रखें:

डेटा शासन डेटा प्रबंधन नहीं है: डेटा प्रबंधन एक संगठन के पूर्ण डेटा जीवनचक्र की आवश्यकताओं के प्रबंधन को संदर्भित करता है। डेटा गवर्नेंस डेटा मैनेजमेंट का मुख्य घटक है जैसे डेटा वेयरहाउसिंग।

1. डेटा सुशासन कोई उच्च विधि का डेटा प्रबंधन नहीं है। मास्टर डेटा प्रबंधन एक संगठन की प्रमुख संस्थाओं की पहचान करने पर ध्यान केंद्रित करता है और फिर इस डेटा की गुणवत्ता में सुधार करता है।
2. **यह डेटा स्टीवर्डशिप (Steward) नहीं है:** यहां परिसम्पत्ति (assets) का ध्यान रखते हैं जिससे यह निश्चित हो जाता है कि वास्तविक डेटा सुशासन योजना के अनुरूप है, जो अन्य डेटा परिसम्पति के साथ जुड़ा हुआ है। डेटा गुणवत्ता अनुपालन या सुरक्षा के संदर्भ में नियंत्रण में है।

हमें किसी संगठन के लिए **आंकड़े सुशासन** से निम्न लाभ मिलते हैं:

1. डेटा के बारे में एक आम सहमति बनी हुई है।
2. डेटा सटीकता, पूर्णता और निरंतरता से डेटा की गुणवत्ता में सुधार होता है।
3. डेटा मैप उपलब्ध होते हैं।
4. **समग्र दृष्टिकोण:** यहां पर हमें प्रत्येक ग्राहक से 360 डिग्री का पूर्ण सहयोग मिलने की संभावना बनती है, यह एक प्रकार से सभी के लिए 'सत्य का पूर्ण संस्करण' उपलब्ध करवा सकता है।
5. **यहां सत्य का लगातार अनुपालन होता है:** डेटा सुशासन सरकारी नियमों की मांगों को पूरा करने के लिए एक मंच प्रदान करता है।
6. **बेहतर डेटा प्रबंधन:** यह मानव आयाम को एक उच्च स्वचालित और डेटा-संचालित विश्व में लाता है।

हम इसके लिए प्रौद्योगिकी को इनेबलर (enabler) के रूप में उपयोग कर सकते हैं। ओपन सोर्स और क्लाउड डेटा गवर्नेंस टूल्स के लिए बुनियादी रणनीतियां हैं। iPaas भी उनके साथ घनिष्ठ रूप से जुड़ा हुआ है।

ये उपकरण हमें निम्नलिखित अवयव प्राप्त करने में भी सहायता करते हैं।

1. डेटा को एकत्रित करें और समझें।
2. डेटा की गुणवत्ता में सुधार।
3. प्रबंध डेटा: मेटाडेटा द्वारा संचालित ईटीएल, और ईएलटी, और डेटा एकीकरण का अनुप्रयोग।
4. डेटा का नियंत्रण
5. डेटा का पूर्ण लेख्य पत्र (document)।
6. डेटा अध्ययन में योगदान करने के लिए उन लोगों को सशक्त बनाएं जो डेटा को सबसे अच्छी तरह से जानते हैं।
7. संवेदनशील डेटा की सुरक्षा करना।

हमें यह समझने की जरूरत है कि डेटा केवल वैकल्पिक सुशासन नहीं है।

कार्यान्वयन को एक 'डेटा लेक' (Data Lake) के रूप में भी जाना जाता है।

ट्रेंडिंगनाउ

जनवरी, 2025

निम्नलिखित सारणी में पाँच अलग-अलग गाँवों (A-E) में हुए चुनाव के लिए पंजीकृत मतदाताओं की संख्या और डाले गए मतों (वोटों) का प्रतिशत और डाले गए वैध मतों वोटों का प्रतिशत दिया गया है। सारणी में दिए गए आंकड़ों के आधार पर नीचे दिए गए प्रश्नों के उत्तर दीजिए:

चुनाव का गाँव-वार ब्यौरा

गाँव	पंजीकृत मतदाताओं की संख्या	डाले गये मतों (वोटों) की संख्या का प्रतिशत (%)	डाले गए मतों (वोटों) में वैद्य मतों की संख्या का प्रतिशत (%)
A	18000	75%	90%
B	22500	80%	75%
C	20000	50%	100%
D	25000	80%	60%
E	12500	60%	80%

1. B, D और E तीनों गाँवों में डाले गए संयुक्त वैध मतों की संख्या का औसत क्या है?

(a) 7500 (b) 9000

(c) 8000 (d) 10500

उत्तर: (d)

हल:

(a) गाँव B:

1. डाले गए मत:

$$\text{डाले गए मत} = \frac{80}{100} \times 22,500 = 18,000$$

2. वैध मत:

$$\text{वैध मत} = \frac{75}{100} \times 18,000 = 13,500$$

(b) गाँव D:

1. डाले गए मत:

$$\text{डाले गए मत} = \frac{60}{100} \times 25,000 = 15,000$$

2. वैध मत:

$$\text{वैध मत} = \frac{80}{100} \times 15,000 = 12,000$$

(c) गाँव E:

1. डाले गए मत:

$$\text{डाले गए मत} = \frac{60}{100} \times 12,500 = 7,500$$

2. वैध मत:

$$\text{वैध मत} = \frac{80}{100} \times 7,500 = 6,000$$

अब, तीनों गाँवों के वैध मतों का औसत निकालें

$$\text{औसत} = \frac{\text{गांव B के वैध मत + गांव D के वैध मत + गांव E के वैध मत}}{3}$$

$$\frac{13,500 + 12,000 + 6,000}{3} = \frac{31,500}{3} = 10,500$$

इसलिए, (d) सही उत्तर है।

2. D और E दोनों गाँवों में टाले गए संयुक्त अवैध मतों की संख्या गाँव C में डाले गए मतों की संख्या से __________ कम है।

(a) 750 (b) 1500

(c) 500 (d) 1250

उत्तर:

हल:

(a) गाँव D:

$$\text{डाले गए मत} = \frac{60}{100} \times 25,000 = 15,000$$

$$\text{अवैध मत} = \frac{20}{100} \times 15,000 = 3,000$$

(b) गाँव E:

$$\text{डाले गए मत} = \frac{60}{100} \times 12,500 = 7,500$$

$$\text{अवैध मत} = \frac{20}{100} \times 7,500 = 1,500$$

(c) D और E में कुल अवैध मत:

कुल अवैध मत = 3,000 + 1,500 = 4,500

$$\text{डाले गए मत (गाँव C)} = \frac{50}{100} \times 20,000 = 10,000$$

D और E के अवैध मतों की संख्या और गाँव C के डाले गए मतों के बीच अंतर

अंतर = 10,000 − 4,500 = 5,500

गाँव D और E में डाले गए अवैध मत गाँव C के डाले गए मतों से 1,250 कम हैं।

3. A और B दोनों गाँवों में डाले गए संयुक्त वोटों (मतों) की संख्या, गाँव में डाले गए वैध मतों की संख्या का __________ % है

(a) 262.5 (b) 225

(c) 137.5 (d) 175

उत्तर: (a)

हल:

(a) गाँव A:

$$\text{डाले गए मत} = \frac{75}{100} \times 18,000 = 13,500$$

(b) गाँव B:

$$\text{डाले गए मत} = \frac{80}{100} \times 22,500 = 18,000$$

(c) A और B में कुल डाले गए मत:

कुल डाले गए मत (A और B) = 13,500 + 18,000 = 31,500

गाँव में डाले गए वैध मतों की संख्या = 12,000

A और B के डाले गए कुल मतों की तुलना गाँव D के वैध मतों से करें

$$\text{प्रतिशत} = \frac{\text{A और B के कुल मत}}{\text{D के वैध मत}} \times 100$$

$$\text{प्रतिशत} = \frac{31,500}{12,000} \times 100 = 262.5\%$$

इसलिए (a) सही उत्तर है।

4. A और D दोनों गाँवों के संयुक्त अवैध मतों की संख्या कितनी है?

(a) 7700 (b) 9350
(c) 7000 (d) 7600

उत्तर: (b)

हल: गाँव A में डाले गए मत = 13,500

गाँव A में अवैध मत:

अवैध मत = 13,500 का 10% = 1,350 गाँव

D में डाले गए मत:

$$\text{डाले गए मत} = \frac{80}{100} \times 25,000 = 20,000$$

गाँव D में अवैध मत (40% अवैध मत के रूप में):

$$\text{अवैध मत} = \frac{40}{100} \times 20,000 = 8,000$$

गाँव A और गाँव D में कुल अवैध मत = 1,350 + 8,000 = 9,350

इसलिए (b) 9,350 सही उत्तर है।

5. A और C दोनों गाँवों में डाले गए संयुक्त वैध मतों की संख्या, D और E दोनों गाँवों में डाले गए संयुक्त मतों की संख्या से लगभग ________% कम है।

(a) 45.7 (b) 36.6
(c) 19.5 (d) 28.5

उत्तर:

हल: $\text{गाँव A में वैध मत} = \frac{90}{100} \times 13,500 = 12,150$

गाँव C:

$$\text{डाले गए मत} = \frac{50}{100} \times 20,000 = 10,000$$

$$\text{वैध मत} = \frac{100}{100} \times 10,000 = 10,000$$

कुल वैध मत (A और C) = 12,150 + 10,000 = 22,150

अगस्त, 2024

निम्नलिखित तालिका में पांच भित्र शहरों A से E के लिए पांच भिन्न आयुवर्गों की जनसंख्या के प्रतिशत (%) वितरण को दर्शाया गया है। तालिका में दिए गए आंकड़ों के आधार पर, प्रश्नों के उत्तर दीजिए।

जनसंख्या का शहर-वार वितरण

	निम्न आयुवर्गों में जनसंख्या वितरण का प्रतिशत				
	0<आयु ≤ 13	13<आयु ≤ 19	19<आयु ≤ 35	35<आयु ≤ 60	आयु > 60
A	18%	12%	24%	30%	16%
B	16%	18%	22%	29%	15%
C	20%	20%	20%	25%	15%
D	15%	18%	21%	26%	20%
E	18%	15%	25%	24%	18%

टिप्पणी: a < आयु ≤ b का अर्थ है वर्ग (a, b) के व्यक्तियों की आयु

1. यदि शहर-A में आयु वर्ग (19-35) वर्ष के व्यक्तियों की संख्या 31680 है, तो वहां पर कितने व्यक्ति 60 वर्ष से अधिक आयु के है?

(a) 21120 (b) 24280
(c) 23680 (d) 19350

उत्तर: (a)

हल:

चरण 1: शहर A की कुल जनसंख्या ज्ञात करें

तालिका के अनुसार, शहर A में 19≤ आयु <35 वर्ग की जनसंख्या 24% है।

मान लेते हैं कि शहर A की कुल जनसंख्या X है:

$$X \times \frac{24}{100} = 31680$$

$$X = \frac{31680 \times 100}{24} = 132000$$

चरण 2: 60 वर्ष या उससे अधिक आयु के व्यक्तियों की संख्या निकालें

तालिका के अनुसार, शहर A में 60 वर्ष या उससे अधिक आयु के व्यक्तियों की जनसंख्या 16% है।

तालिका के अनुसार, शहर A में 60 वर्ष या उससे अधिक आयु के व्यक्तियों की जनसंख्या 16% है। तो, इस श्रेणी के व्यक्तियों की संख्या होगी:

$$132000 \times \frac{16}{100} = 21120$$

सही उत्तर 21120 है, जो विकल्प (a) से मेल खाता है।

2. यदि शहर -E में (0,13] वर्ष के आयु वर्ग की जनसंख्या 16200 है तो, शहर -E में (0-13) वर्ष के आयु वर्ग की जनसंख्या, शहर E में (13-19) वर्ष के आयु वर्ग की जनसंख्या का __________ % है-

(b) 60 (b) 75
(c) 90 (d) 120

उत्तर: (a)

हल: शहर E में 0-13 आयु वर्ग की जनसंख्या दी गई है: **16,200**

तालिका के अनुसार, इस आयु वर्ग का प्रतिशत **25%** है।

इससे शहर E की कुल जनसंख्या निकाली जा सकती है।

चरण 1: शहर E की कुल जनसंख्या ज्ञात करें

0-13 आयु वर्ग का प्रतिशत ज्ञात है, अत: कुल जनसंख्या:

$$\text{कुल जनसंख्या} = \frac{\text{आयु वर्ग की जनसंख्या} \times 100}{\text{प्रतिशत}} = \frac{16,200 \times 100}{25}$$

= 64,800

चरण 2: 13-19 आयु वर्ग की जनसंख्या ज्ञात करें

तालिका के अनुसार, 13-19आयु वर्ग का प्रतिशत = 15%

$$13 - 19 \text{ आयु वर्ग की जनसंख्या} = \frac{15}{100} \times 64,800 = 9,720$$

चरण 3: प्रतिशत निकालें

अब, 13-19 आयु वर्ग की जनसंख्या को 0-13 आयु वर्ग की जनसंख्या के प्रतिशत के रूप में निकालें

$$\text{प्रतिशत} = \frac{13 - 19 \text{ आयु वर्ग की जनसंख्या} \times 100}{0 - 13 \text{ आयु वर्ग की जनसंख्या}} = \frac{9,720 \times 100}{16,200}$$

= 60%

इसलिए, (a) सही उत्तर है।

3. यदि 60 वर्ष से अधिक आयु वर्ग में शहर-C और शहर D की जनसंख्या, प्रत्येक में 24000 है, तो शहर C और शहर D की कुल जनसंख्या का योग क्या है?

(a) 2.4 लाख (b) 2.8 लाख
(c) 3.2 लाख (d) 4.8 लाख

उत्तर: (b)

हल: शहर C और D में 60 वर्ष से अधिक आयु वर्ग की जनसंख्या = **24,000**

तालिका के अनुसार:

शहर C में 60 वर्ष की आयु वर्ग का प्रतिशत = **15%**

शहर D में 60 वर्ष की आयु वर्ग का प्रतिशत = **20%**

चरण 1: शहर C की कुल जनसंख्या ज्ञात करें

शहर C में 60 वर्ष की आयु वर्ग की जनसंख्या = 15%

$$\text{कुल जनसंख्या (शहर C)} = \frac{60 + \text{आयु वर्ग की जनसंख्या} \times 100}{60 + \text{आयु वर्ग का प्रतिशत}}$$

$$= \frac{24,000 \times 100}{15} = 1,60,000$$

चरण 2: शहर D की कुल जनसंख्या ज्ञात करें

शहर D में 60 वर्ष की आयु वर्ग की जनसंख्या = 20%

$$\text{कुल जनसंख्या (शहर D)} = \frac{60 + \text{आयु वर्ग की जनसंख्या} \times 100}{60 + \text{आयु वर्ग का प्रतिशत}}$$

$$= \frac{24,000 \times 100}{20} = 1,20,000$$

चरण 3: कुल जनसंख्या का योग करें

शहर C और D की कुल जनसंख्या का योग:

योग = 1,60,000 + 1,20,000 = 2,80,000

इसलिए, (b) सही उत्तर है।

4. यदि शहर A और शहर B की आयु वर्ग (19-35) वर्ष की जनसंख्या क्रमश: 17280 और 21120 है, तो शहर A की कुल जनसंख्या का शहर B की तुलना में क्या अनुपात है?

(a) 2:3 (b) 3:4
(c) 4:5 (d) 5:6

उत्तर: (b)

हल:

शहर A की कुल जनसंख्या

$$\text{कुल जनसंख्या (शहर A)} = \frac{19\text{-}35 \text{ आयु वर्ग की जनसंख्या} \times 100}{19\text{-}35 \text{ आयु वर्ग का प्रतिशत}}$$

$$= \frac{17,280 \times 100}{24} = 72,000$$

शहर B की कुल जनसंख्या

$$\text{कुल जनसंख्या (शहर B)} = \frac{19\text{-}35 \text{ आयु वर्ग की जनसंख्या} \times 100}{19\text{-}35 \text{ आयु वर्ग का प्रतिशत}}$$

$$= \frac{21,120 \times 100}{22} = 96,000$$

शहर A और B की कुल जनसंख्या का अनुपात:

$$\text{अनुपात} = \frac{\text{शहर A की जनसंख्या}}{\text{शहर B की जनसंख्या}} = \frac{72,000}{96,000} = \frac{3}{4}$$

इसलिए, (b) सही उत्तर है।

5. यदि शहर B और शहर E की कुल जनसंख्या क्रमश: 96000 और 130000 है, तो शहर E में आयु वर्ग (0-13) वर्ष की जनसंख्या, समान आयुवर्ग की शहर B की जनसंख्या से लगभग ________% अधिक है-

(a) 47.24 (b) 49.67
(c) 52.34 (d) 57.5

उत्तर:

हल:

$$\text{शहर B में 0-13 आयु वर्ग की जनसंख्या} = \frac{16}{100} \times 96,000 = 15,360$$

$$\text{शहर E में 0-13 आयु वर्ग की जनसंख्या} = \frac{18}{100} \times 1,30,000 = 23,400$$

अब शहर E की 0-13 आयु वर्ग की जनसंख्या, शहर B की जनसंख्या से कितने प्रतिशत अधिक है

$$\text{अंतर} = \frac{\text{शहर E की जनसंख्या} \quad \text{शहर B की जनसंख्या}}{\text{शहर B की जनसंख्या}} \times 100$$

$$\text{अंतर} = \frac{23,400 - 15,360}{15,360} \times 100 = \frac{8,040}{15,360} \times 100 = 52.34\%$$

इसलिए, (c) सही उत्तर है।

गाँव D:

$$\text{डाले गए मत} = \frac{60}{100} \times 25,000 = 15,000$$

$$\text{वैध मत} = \frac{80}{100} \times 15,000 = 12,000$$

गाँव E:

$$\text{डाले गए मत} = \frac{60}{100} \times 12,500 = 7,500$$

$$\text{वैध मत} = \frac{80}{100} \times 7,500 = 6,000$$

D और E में कुल वैध मत:

कुल वैध मत (D और E) = 12,000 + 6,000 - 18,000

$$\text{प्रतिशत कमी} = \frac{\text{(A और C के वैध मत) - (D और E के वैध मत)}}{\text{(D और E के वैध मत)}} \times 100$$

$$\text{प्रतिशत कमी} = \frac{22,150 - 18,000}{15,360} \times 100 = \frac{4,150}{18,000} \times 100$$

= ≈ 23.06%

अत: (d) सही उत्तर है।

जून, 2023

निम्नलिखित तालिका छह अलग-अलग स्कूलों A-F के छात्रों के बीच लड़कों का प्रतिशत और लड़कियों की संख्या और लड़कों की संख्या के बीच का अंतर दर्शाती है, जिन्होंने 2019 से 2022 तक चार अलग-अलग वर्षों के दौरान बोर्ड परीक्षा में भाग लिया था। तालिका में दिए गए डेटा के आधार पर, निम्नलिखित प्रश्नों के उत्तर दें।

स्कूल	लड़के (%)	अंतर (x)	लड़के (%)	अंतर (x)	लड़के (%)	अंतर (x)	लड़के (%)	अंतर (x)
वर्ष	2019		2020		2021		2022	
A	70	136	70	75	70	184	60	86
B	40	84	48	18	45	48	60	90
C	44	60	55	24	54	52	52	60
D	44	84	57	84	55	72	56	192
E	75	280	60	136	70	264	66	224
F	44	90	56	96	65	228	45	84

• नोट: अंतर (x) लड़कों और लड़कियों की संख्या के बीच के अंतर को दर्शाता है।

1. चारों वर्षों को मिलाकर, स्कूल E से उपस्थित होने वाले लड़कों की औसत संख्या कितनी है?

(a) 424 (b) 434

(c) 438 (d) 454

उत्तर: (c)

हल: 2019 के लिए:

लड़कों की संख्या = कुल छात्रों का 75%

लड़कियों की संख्या = कुल छात्रों का 25%

अंतर = 75% − 25% = 280

कुल छात्र = 280 × 100/50 = 560

लड़कों की संख्या = 75% × 560 = 420

2020 के लिए:

लड़कों और लड़कियों का प्रतिशत क्रमश: 60% और 40% है।

अंतर = 60 − 40 = 20%

अंतर = कुल छात्रों का 20% = 136

कुल छात्र = 136 × 100/20 = 680

लड़कों की संख्या = 60% × 680 = 408

2021 के लिए:

अंतर = कुल छात्रों का 40% = 264

कुल छात्र = 264 × 100/40 = 660

लड़कों की संख्या = 70% × 660 = 462

2022 के लिए:

अंतर = 66% − 34% = 22%

कुल छात्रों का 32% = 224

कुल छात्र = 224 × 100/32 = 700

लड़कों की संख्या = 66% × 700 = 462

स्कूल E से लड़कों की औसत संख्या

= (420 + 408 + 462 + 462)/4

= 1752/4 = 438

अत:, सही उत्तर (c) है।

2. 2020 में सभी छह स्कूलों से परीक्षा में बैठने वाली लड़कियों की कुल संख्या कितनी है?

(a) 1364 (b) 1386

(c) 1280 (d) 1414

उत्तर: (c)

हल: स्कूल A में:

अंतर = 70% − 30% = 40%

कुल छात्रों का 40% = 75

कुल छात्र = 75 × 100 / 40 = 187.5 ≈ 188

लड़कियों की संख्या = 30% × 188 = 56

स्कूल B में:

लड़कों का प्रतिशत = 48

लड़कियों का प्रतिशत = 100 − 48 = 52

अंतर = 52 − 48 = 4

कुल छात्रों का 4% = 18

कुल छात्र = 18 × 100 / 4 = 450

लड़कियाँ = 52% × 450 = 234

स्कूल C में:

अंतर = कुल छात्रों का 10% = 24

कुल छात्र = 24 × 100/10 = 240

लड़कियों की संख्या = 45% × 240 = 108

स्कूल D में:

अंतर = कुल छात्रों का 14% = 84

कुल छात्र = 84 × 100/14 = 600

लड़कियों की संख्या = 43% × 600 = 258

स्कूल E में:

अंतर = कुल छात्रों का 20% = 136

कुल छात्र = 680

लड़कियों की संख्या = 40% × 680 = 272

स्कूल F में:

अंतर = कुल का 12% = 96

कुल = 96 × 100 / 12 = 800

लड़कियाँ = 44% × 800 = 352

सभी छह स्कूलों में लड़कियों की कुल संख्या = 56 + 234 + 108 + 258 + 272 + 352 = 1280

अत:, (c) सही उत्तर है।

3. 2020 में स्कूल B से उपस्थित होने वाले छात्रों की कुल संख्या और 2022 में उपस्थित होने वाले छात्रों की कुल संख्या में कितना अंतर है?
(a) 0 (b) 17
(c) 29 (d) 35

उत्तर: (a)

हल: कुल छात्र (पहले ही गणना कर लिया गया है) = 450
2022 वर्ष के लिए अंतर = 60 − 40 = 20%
कुल छात्रों का 20% = 90
कुल छात्र = 90 × 100/20 = 450
अतः, कुल अंतर = 450 − 450 = 0
अतः, (a) सही उत्तर है।

4. 2019 में स्कूल C से उपस्थित होने वाले लड़कों की संख्या और 2021 में स्कूल E से उपस्थित होने वाली लड़कियों की संख्या का अनुपात क्या है?
(a) 5:4 (b) 8:7
(c) 9:8 (d) 10:9

उत्तर: (d)

हल: 2019 के लिए (स्कूल C):
लड़के = 44%,
लड़कियां = 100 − 44 = 56%
अंतर (लड़के - लड़कियां) = कुल का (56-44)% = 60
कुल छात्रों का 12% = 60
कुल छात्र = 60 × 100/12 = 500
लड़कों की संख्या = 44% × 500 = 220

2021 के लिए (स्कूल E):
लड़के = 70%
लड़कियाँ = 100 − 70 = 30%
अंतर = 70 − 30 = 40%
कुल छात्रों का 40% = 264
कुल छात्र = 264 × 100 / 40 = 660
लड़कियों की संख्या = 30% × 660 = 198
आवश्यक अनुपात = 220 : 198 = 10 : 9
अतः, (d) सही उत्तर है।

2021

आँकड़ों की व्याख्या

निम्नलिखित तालिका पर विचार करें जिसमें किसी विशेष दिन में नगर के विभिन्न अस्पतालों में किए गए कोरोना परीक्षणों की संख्या (कोष्ठक में) और सकारात्मक विषय की संख्या दी गई है। तालिका में दिए गए आंकड़ों के आधार पर प्रश्नों के उत्तर दें।

नगर	अस्पताल A (100)	अस्पताल B (50)	अस्पताल C (100)	अस्पताल D (50)
नगर 1	30	15	35	10
नगर 2	35	10	30	10
नगर 3	15	5	15	5
नगर 4	10	5	5	15

1. किस नगर में सबसे अधिक सकारात्मक विषय सामने आए?
(a) नगर 2 (b) नगर 1
(c) नगर 4 (d) नगर 3

उत्तर: (b)

हल:
नगर 1 30 + 15 + 35 + 10 = 90
नगर 2 35 + 10 + 30 + 10 = 85
नगर 3 15 + 5 + 15 + 5 = 40
नगर 4 10 + 5 + 5 + 15 = 35
इसलिए, नगर 1 में सबसे अधिक सकारात्मक विषय सामने आए।
इसलिए, (b) सही उत्तर है।

2. नगर 2 में सभी अस्पतालों में सकारात्मक विषय का प्रतिशत कितना है? (दो दशमलव स्थानों तक पूर्णांकित करें)
(a) 17.50% (b) 28.33%
(c) 35.42% (d) 41.67%

उत्तर: (b)

हल: नगर 2 में कुल परीक्षण = 100 + 50 + 100 + 50 = 300
नगर 2 में कुल सकारात्मक विषय = 35 (ए) + 10 (बी) + 30 (सी) + 10 (डी) = 85
नगर 2 में सकारात्मक विषय का प्रतिशत = (85/300) × 100 = 28.33%
अतः, (b) सही उत्तर है।

3. नगर 1 और नगर 3 में सकारात्मक विषय का अनुपात क्या है?
(a) 9:4 (b) 6:5
(c) 9:5 (d) 11:4

उत्तर: (a)

हल: तालिका से, हम देख सकते हैं:
नगर 1 में कुल 30 + 15 + 35 + 10 = 90 सकारात्मक विषय थे।
नगर 3 में कुल 15 + 5 + 15 + 5 = 40 सकारात्मक विषय थे।
अतः, उत्तर 90:40 या 9:4 है।
अतः, सही उत्तर (a) है।

4. नगर 4 में सकारात्मक विषय का प्रतिशत कितना है?
(a) 16 (b) 12
(c) 14 (d) 15

उत्तर:

हल: नगर 4 में कुल परीक्षण = 100 + 50 + 100 + 50 = 300
नगर 4 में सकारात्मक विषय = 10 + 5 + 5 + 15 = 35
सकारात्मक विषय का प्रतिशत = (35/300) × 100 = 11.67%
इसलिए, निकटतम उत्तर (b) है। (यहाँ दिए गए विकल्पों में कोई भी सही उत्तर नहीं है, सही उत्तर 11.67% है)

5. किस अस्पताल में सबसे अधिक सकारात्मक विषय सामने आए?

(a) अस्पताल A

(b) अस्पताल D

(c) अस्पताल B

(d) अस्पताल C

उत्तर: (a)

हल: प्रत्येक अस्पताल में सकारात्मक विषय को देखें:

अस्पताल A: 30 + 35 + 15 + 10 = 90

अस्पताल B: 15 + 10 + 5 + 5 = 35

अस्पताल C: 35 + 30 + 15 + 5 = 85

अस्पताल D: 10 + 10 + 5 + 15 = 40

इसलिए, अस्पताल A में सबसे अधिक सकारात्मक विषय सामने आए

इसलिए, (a) सही उत्तर है।

बहुविकल्पीय प्रश्न (Multiple Choice Questions)

निर्देश (प्रश्न सं. 1–5): निम्नलिखित तालिका में तीन राज्यों की जनसंख्या संबंधी जानकारी दी गई है। इसका अध्ययन कीजिए एवं प्रश्नों के उत्तर दीजिए।

पिछले कुछ वर्षों में तीन राज्यों की जनसंख्या (लाख में)						
राज्य/वर्ष	2002	2003	2004	2005	2006	2007
A	4.5	4.8	5.2	5.4	5.8	6.2
B	3.2	3.6	3.4	3.8	4.1	4.4
C	5.6	5.5	5.8	6.3	6.6	6.9

1. इन सभी वर्षों के दौरान B राज्य की औसत जनसंख्या कितनी थी?
(a) 3.5 (b) 3.6
(c) 3.75 (d) 3.8

2. A राज्य की जनसंख्या में वर्ष 2003 में वर्ष 2002 की तुलना में कितने प्रतिशत वृद्धि हुई?
(a) 5 (b) 5.25
(c) 6.67 (d) 7.5

3. तीनों राज्यों की कुल जनसंख्या में वर्ष 2004 और 2005 में कितना अंतर है?
(a) 90,000 (b) 100,000
(c) 110,000 (d) उपरोक्त में से कोई नहीं

4. वर्ष 2006 में तीनों राज्यों की औसत जनसंख्या कितनी थी?
(a) 5.5 (b) 5.8
(c) 6.1 (d) 6.3

5. तीनों राज्यों की कुल जनसंख्या का वर्ष 2004 और 2005 में कितना अनुपात है?
(a) 155 : 144 (b) 144 : 155
(c) 144 : 165 (d) 165 : 144

निर्देश (प्रश्न सं. 6–10): निम्नलिखित तालिका में वर्ष 2004–08 के अवधिकाल में पांच विद्यालयों के उपस्थित हुए छात्रों का आंकड़ा दिया गया है। इसका अध्ययन कीजिए एवं प्रश्नों के उत्तर दीजिए।

वर्ष	विद्यालय				
	A	B	C	D	E
2004	650	760	820	800	780
2005	700	740	860	780	740
2006	800	820	940	750	730
2007	750	880	920	840	790
2008	850	840	900	860	770

6. वर्ष 2004 में E विद्यालय से उपस्थित छात्र इसी वर्ष में उपस्थित हुए कुल छात्रों का कितने प्रतिशत है?
(a) 16% (b) 18%
(c) 20% (d) 25%

7. B विद्यालय से सभी वर्षों में औसतन कितने छात्र उपस्थित हुए?
(a) 676 (b) 787
(c) 808 (d) 818

8. वर्ष 2006 में A विद्यालय से उपस्थित छात्र इसी विद्यालय से सभी वर्षों के लिए उपस्थित छात्रों का कितने प्रतिशत है?
(a) 25.25 (b) 21.33
(c) 22.45 (d) 23.45

9. C और D विद्यालयों से उपस्थित छात्रों का वर्ष 2004 और वर्ष 2005 का अनुपात क्या है?
(a) 84 : 79 (b) 79 : 84
(c) 84 : 89 (d) 89 : 84

10. वर्ष 2007 के लिए सब विद्यालयों से परीक्षा में उपस्थित छात्रों का औसत क्या है?
(a) 825 (b) 836
(c) 845 (d) 863

निर्देश (प्रश्न सं. 11–15): निम्नलिखित तालिका में विभिन्न नगरों में रहने वाले ग्रेजुएट एवं पोस्ट-ग्रेजुएट नागरिकों का आंकड़ा दिया हुआ है। इसका अध्ययन कीजिए एवं प्रश्नों के उत्तर दीजिए।

नगर	ग्रेजुएट	पोस्ट-ग्रेजुएट
A	10200	8000
B	25250	18000
C	15150	10500
D	20200	16250
E	24000	20000
F	16500	18450

11. C नगर में रहने वाले ग्रेजुएट एवं पोस्ट-ग्रेजुएट नागरिकों की संख्या का अंतर क्या होगा?
(a) 4500 (b) 4600
(c) 4650 (d) 4560

12. सभी नगरों में निवास करने वाले पोस्ट-ग्रेजुएट नागरिकों की औसत संख्या कितनी है?
(a) 15000 (b) 15500
(c) 16250 (d) 15200

13. A और B नगरों के कुछ ग्रेजुएट एवं A और E के कुल पोस्ट-ग्रेजुएट नागरिकों की संख्या में अनुपात क्या होगा?
(a) 709 : 580
(b) 709 : 560
(c) 560 : 709
(d) उपरोक्त में से कोई नहीं

14. A, D और F नगरों के ग्रेजुएट और पोस्ट-ग्रेजुएट नागरिकों की कुल कितनी संख्या है?
(a) 85500 (b) 88600
(c) 89600 (d) 90600

15. F नगर के ग्रेजुएट नागरिकों की संख्या वहाँ के पोस्ट-ग्रेजुएट नागरिकों की संख्या का कितने प्रतिशत है?

(a) 84 (b) 89
(c) 92 (d) 95

निर्देश (प्रश्न सं. 16–20): निम्नलिखित ग्राफ आईटी एवं इलेक्ट्रॉनिक उद्योग के आयात एवं निर्यात के बारे में है। इसका अध्ययन कीजिए एवं प्रश्नों का उत्तर दीजिए।

आईटी और इलेक्ट्रोनिक्स उद्योग के आयात एवं निर्यात (बिलियन डॉलर में)

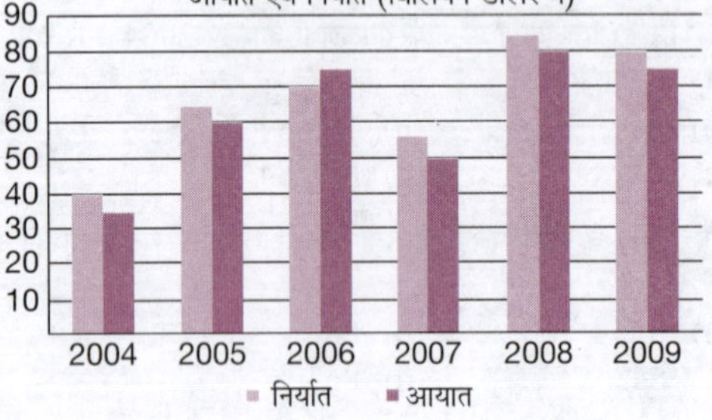

16. कितने वर्षों के लिए निर्यात, आयात की तुलना में 10% या उससे अधिक है?

(a) 1 (b) 2
(c) 3 (d) 4

17. निम्नलिखित में से किस वर्ष का निर्यात वृद्धि प्रतिशत पूर्व वर्ष की तुलना में सर्वाधिक रहा है?

(a) 2005 (b) 2006
(c) 2007 (d) 2008

18. वर्ष 2004 से 2009 की अवधि से औसत निर्यात कितना रहा है? (बिलियन डॉलर में)

(a) 60.35 (b) 65.83
(c) 70.20 (d) 75.36

19. वर्ष 2004 से 2009 की अवधि में निर्यात का प्रतिशत आयात से कितना अधिक रहा है?

(a) 4.15 (b) 5.33
(c) 6.33 (d) 7.58

20. वर्ष 2004 की तुलना में, वर्ष 2009 में आयात में कितनी वृद्धि हुई?

(a) 110 (b) 114
(c) 125 (d) 135

निर्देश (प्रश्न सं. 21–25): निम्नलिखित बार ग्राफ में विभिन्न राज्यों के छात्र नामांकन के आंकड़े शामिल हैं। इसका अध्ययन कीजिए एवं प्रश्नों के उत्तर दीजिए।

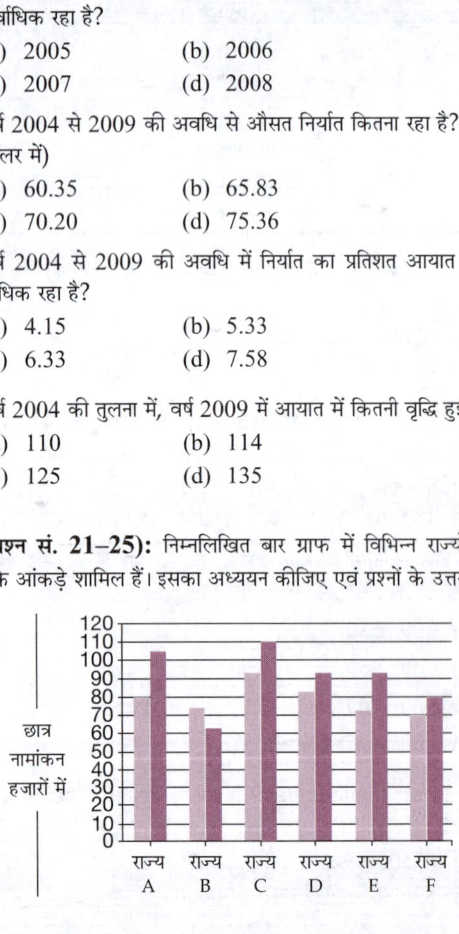

21. वर्ष 2010 और 2011 के लिए B राज्य और D राज्य के छात्रों के नामांकन का क्या अनुपात है?

(a) 7 : 9 (b) 4 : 5
(c) 3 : 5 (d) 2 : 3

22. वर्ष 2010 और 2011 के लिए C राज्य के छात्रों का नामांकन E राज्य के नामांकन का कितने प्रतिशत है?

(a) 73 (b) 126
(c) 137 (d) 145

23. यदि हम सभी राज्यों के कुल छात्रों के नामांकन को ध्यान में रखें, तो वर्ष 2011 में नामांकन वर्ष 2010 की तुलना में कितने प्रतिशत अधिक रहा है?

(a) 12 (b) 15
(c) 18 (d) 20

24. निम्नलिखित में से किस राज्य में वर्ष 2011 में, वर्ष 2010 की तुलना में छात्र नामांकन में सबसे अधिक वृद्धि हुई है?

(a) A (b) C
(c) E (d) F

25. वर्ष 2010 में सभी राज्यों के छात्र नामांकन का औसत क्या रहा?

(a) 80 (b) 85
(c) 90 (d) 95

निर्देश (प्रश्न सं. 26–30): निम्नलिखित ग्राफ में किसी कंपनी के कुछ व्यय के मुख्य घटक (प्रतिशत में) दर्शाए गए हैं। इसका अध्ययन कीजिए एवं प्रश्नों के उत्तर दीजिए।

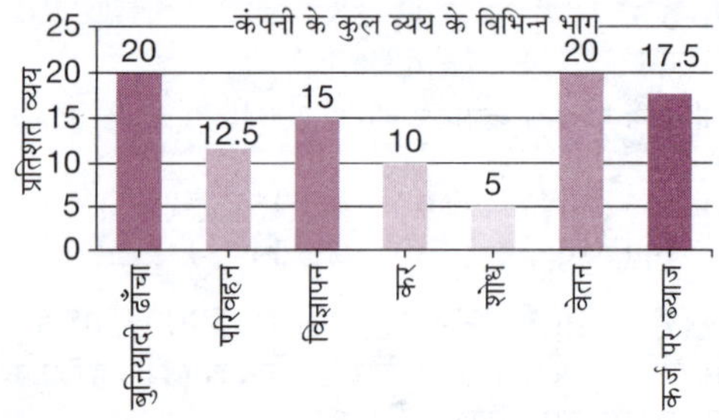

26. कंपनी का कुल व्यय शोध पर व्यय से कितने गुणा ज्यादा है?

(a) 27 (b) 20
(c) 18 (d) 8

27. यदि विज्ञापन पर व्यय ₹2.10 करोड़ है, तो परिवहन और कर की मद में कितने व्यय का अंतर है?

(a) ₹1.25 करोड़ (b) ₹95 लाख
(c) ₹65 लाख (d) ₹35 लाख

28. बुनियादी ढाँचे और परिवहन व्यय के योग एवं कर और कर्ज पर ब्याज के योग में क्या अनुपात है?

(a) 5 : 4 (b) 8 : 7
(c) 9 : 7 (d) 13 : 11

29. यदि कर्ज पर ब्याज की मद पर ₹2.45 करोड़ खर्च हुए, तो विज्ञापन, कर एवं शोध मदों का योग कितना है?

(a) ₹7 करोड़ (b) ₹5.4 करोड़
(c) ₹4.2 करोड़ (d) ₹3 करोड़

30. परिवहन पर व्यय की तुलना में कर्ज पर ब्याज प्रतिशत रूप में कितना अधिक है?

(a) 5%
(b) 10%
(c) 20%
(d) 40%

निर्देश (प्रश्न सं. 31–35): निम्नलिखित पाई चार्ट में सरकार द्वारा जारी भारत बाण्डों के क्रेयताओं को दर्शाया गया है। इसका अध्ययन कीजिए एवं प्रश्नों का उत्तर दीजिए।

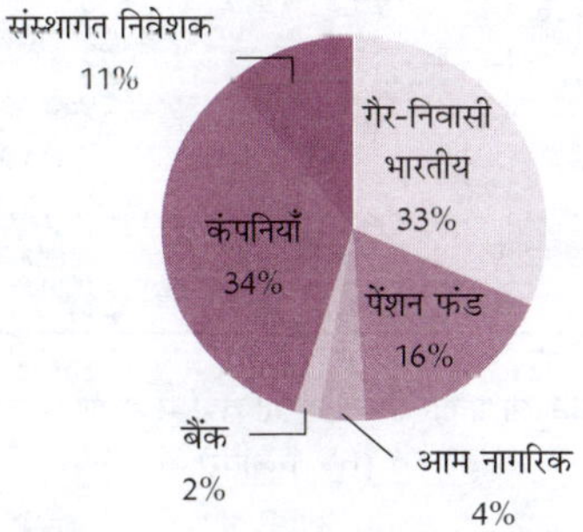

31. यदि गैर-निवासी भारतीय ₹8000 करोड़ का निवेश करते हैं, तो कंपनियों और संस्थागत निवेशकों ने मिल कर बाण्डों का कितना क्रय किया?

(a) ₹48,726 करोड़
(b) ₹48,000 करोड़
(c) ₹50,827 करोड़
(d) अपर्याप्त जानकारी

32. यदि कुल निवेश ₹55,000 करोड़ का हुआ, तो पेंशन फण्ड और आम नागरिकों ने कितना निवेश किया?

(a) ₹10,000 करोड़
(b) ₹10,200 करोड़
(c) ₹10,500 करोड़
(d) ₹11,000 करोड़

33. यदि संस्थागत निवेशकों ने ₹33,000 करोड़ का निवेश किया, तो गैर-निवासी भारतीयों ने भारत के बाण्डों में कितना निवेश किया?

(a) ₹10,000 करोड़
(b) ₹11,000 करोड़
(c) ₹12,000 करोड़
(d) ₹12,500 करोड़

34. यदि कुल निवेश ₹55,000 करोड़ का होता है, तो बैंक और आम नागरिकों द्वारा किए गए निवेशों में कितना अंतर है?

(a) ₹550 करोड़
(b) ₹1100 करोड़
(c) ₹1050 करोड़
(d) ₹1650 करोड़

35. यदि आम नागरिकों और बैंकों के कुल निवेश और पेंशन फण्ड के निवेश में ₹5000 करोड़ का अंतर है, तो कुल कितना निवेश हुआ?

(a) ₹25,000 करोड़
(b) ₹50,000 करोड़
(c) ₹55,000 करोड़
(d) ₹110,000 करोड़

निर्देश (प्रश्न सं. 36–40): निम्नलिखित पाई चार्ट में विभिन्न देशों से आने वाले पर्यटकों की संख्या को दर्शाया गया है। इसका अध्ययन कीजिए एवं प्रश्नों का उत्तर दीजिए।

कुल पर्यटक संख्या = 20 लाख

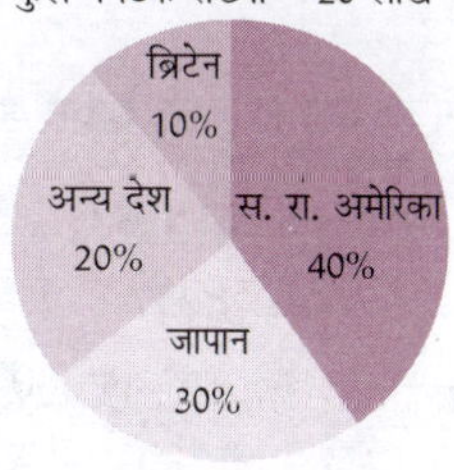

36. स. रा. अमेरिका और जापान से आने वाले पर्यटकों में कितना अंतर है?

(a) 2 लाख (b) 3 लाख
(c) 4 लाख (d) 5 लाख

37. स. रा. अमेरिका से आने वाली पर्यटक संख्या का सेक्टर पाई चार्ट के केन्द्र पर कितना कोण बनता है?

(a) 108° (b) 118°
(c) 144° (d) 165°

38. यदि ब्रिटेन से आने वाले पर्यटकों की संख्या दोगुनी हो जाती है जबकि कुल पर्यटक संख्या समान रहती है, तो ब्रिटेन का कितना कोण बनेगा?

(a) 60° (b) 72°
(c) 90° (d) 120°

39. यदि कुल पर्यटक संख्या दोगुनी हो जाए, परन्तु अन्य देशों से आने वाले पर्यटक उतने ही रहते हैं, तो दूसरे देशों के संदर्भ में कितना कोण बनेगा?

(a) 36° (b) 72°
(c) 108° (d) उपरोक्त में से कोई नहीं

40. यदि कुल पर्यटक संख्या उतनी ही रहे परन्तु स. रा. अमेरिका से आने वाले पर्यटकों में 50 प्रतिशत की वृद्धि हो जाती है। अब इस देश से नया प्रतिशत कितना होगा?

(a) 40% (b) 45%
(c) 50% (d) उपरोक्त में से कोई नहीं

निर्देश (प्रश्न सं. 41–45): निम्नलिखित तालिका में एक कंपनी के कुल व्यय के घटकों को कुछ वर्षों के लिए दर्शाया गया है। इसका अध्ययन कीजिए एवं प्रश्नों के उत्तर दीजिए।

	कुल व्यय के घटक (₹ लाख में)				
वर्ष	वेतन	ईंधन एवं परिवहन	बोनस	कर्ज पर ब्याज	कर
1998	288	98	3.00	23.4	83
1999	342	112	2.52	32.5	108
2000	324	101	3.84	41.6	74
2001	336	133	3.68	36.4	88
2002	420	142	3.96	49.4	98

41. पूरी अवधि के दौरान कंपनी को कर्ज पर औसतन कितना ब्याज दिया?
(a) ₹32.43 लाख
(b) ₹33.72 लाख
(c) ₹34.18 लाख
(d) ₹36.66 लाख

42. कंपनी ने इन वर्षों में जो राशि बोनस के रूप में आवंटित की, वह वेतन राशि का लगभग कितना प्रतिशत है?
(a) 0.1% (b) 0.5%
(c) 1% (d) 1.25%

43. वर्ष 1998 में सभी मदों पर कुल खर्च वर्ष 2002 के कुल व्यय का कितने प्रतिशत है?
(a) 62% (b) 66%
(c) 69% (d) 71%

44. कंपनी का वर्ष 2000 में कुल व्यय कितना है?
(a) ₹544.44 लाख
(b) ₹501.11 लाख
(c) ₹446.46 लाख
(d) ₹478.87 लाख

45. इस पूरी अवधि में कर पर अदा की गयी राशि और परिवहन ईंधन पर किए गए व्यय में लगभग कितना अनुपात है?
(a) 4 : 7 (b) 10 : 13
(c) 15 : 18 (d) 5 : 8

निर्देश (प्रश्न सं. 46–50): निम्नलिखित बार ग्राफ में A, B, C, D और E शिक्षण संस्थानों में चित्र कला, सिलाई कला और नृत्य कला से छात्राओं के नामांकन के आंकड़े दिए गए हैं। इसका अध्ययन कीजिए एवं प्रश्नों के उत्तर दीजिए।

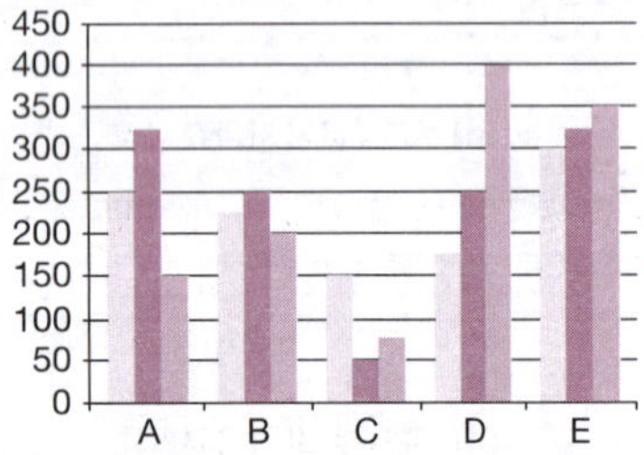

46. A एवं C में चित्रकला में नामांकित छात्राओं और D एवं E में सिलाई कला में नामांकित छात्राओं का क्या अनुपात है?
(a) 14 : 23 (b) 16 : 23
(c) 18 : 23 (d) 8 : 12

47. B संस्थान में सिलाई कला में नामांकित हुई छात्राएँ सभी संस्थाओं में सिलाई कला में नामांकित कुल छात्राओं का कितने प्रतिशत हैं?
(a) 19 (b) 21
(c) 23 (d) 25

48. चित्र कला और सिलाई कला में नामांकित हुई छात्राओं का क्या अनुपात है?
(a) 11 : 12 (b) 12 : 11
(c) 11 : 14 (d) 12 : 17

49. A संस्थान में नृत्य कला में नामांकित छात्राएँ इस संस्थान में नामांकित सभी छात्राओं का कितने प्रतिशत हैं?
(a) 20.7 (b) 25.5
(c) 28.2 (d) 29.5

50. चित्र कला में कुल कितनी छात्राओं का नामांकन हुआ?
(a) 1050 (b) 1100
(c) 1150 (d) 1200

निर्देश (प्रश्न सं. 51–53): निम्नलिखित तालिका में शेयर के पांच विभिन्न प्रकारों (कंपनी) को प्राथमिकता देने वाले लोगों की प्रतिशत संख्या दी गई है। इसका अध्ययन कीजिए एवं प्रश्नों के उत्तर दीजिए।

वर्ष	लोगों का प्रतिशत				
	बजाज	टाटा	मोदी	रिलायंस	बिरला
2005	12	45	40	20	10
2006	15	35	42	22	12
2007	20	40	35	24	10
2008	18	35	45	26	14
2009	14	37	50	27	20
2010	10	30	52	28	20

51. शेयर का कौन-सा प्रकार निम्नलिखित वर्षों में सर्वाधिक लोकप्रिय रहा?
(a) मोदी (b) रिलायंस
(c) टाटा (d) बिरला

52. शेयर की किस प्रकार की लोकप्रियता के बारे में एक छोड़कर एक वर्ष में वृद्धि और कमी पंजीकृत हुई है?
(a) मोदी (b) बिरला
(c) टाटा (d) बजाज

53. शेयर के (कंपनी के अनुसार) किस प्रकार की लोकप्रियता प्रतिवर्ष बढ़ती जा रही है?
(a) मोदी (b) रिलायंस
(c) टाटा (d) बजाज

निर्देश (प्रश्न सं. 54–58): नीचे दी गई तालिका का ध्यानपूर्वक अध्ययन कीजिए और फिर उस पर आधारित प्रश्नों के उत्तर दीजिए।

देश के विभिन्न भागों में अध्यापकों की नियुक्ति के लिए हुई परीक्षा में अंतिम रूप से चुने हुए अभ्यर्थियों की पिछले छह वर्षों में जोन वार भिन्न-भिन्न संख्या है:

वर्ष	जोन में अभ्यर्थियों का प्रतिशत					चुने गए अभ्यर्थियों की कुल संख्या
	A	B	C	D	E	
2011	20	35	32	9	4	480
2012	15	20	28	16	21	540
2013	17	22	19	17	25	896
2014	25	20	17	22	16	620
2015	28	12	16	25	19	640
2016	20	19	12	27	22	728

54. वर्ष 2015 में जोन 'A' और 'E' में चुने गए अभ्यर्थियों की संख्या में लगभग कितना अंतर था?
(a) 58 (b) 60
(c) 62 (d) 65

55. जोन 'C' में वर्ष 2013 में कितने अभ्यर्थी चुने गए?
(a) 172 (b) 175
(c) 170 (d) 180

56. निम्नलिखित में से किस जोन में प्रतिवर्ष चुने गए अभ्यर्थियों का प्रतिशत लगातार बढ़ता गया है?
(a) A
(b) C
(c) B
(d) D

57. निम्नलिखित में से वर्षों के किस जोड़े में जोन 'A' और 'B' दोनों से मिलाकर चुने गए अभ्यर्थियों का कुल प्रतिशत समान था?
(a) 2013 और 2014
(b) 2012 और 2014
(c) 2013 और 2015
(d) 2011 और 2015

58. जोन 'C' में चुने गए अभ्यर्थियों की संख्या में 2011 से 2012 में कितने प्रतिशत की कमी हुई है?
(a) 15.5 (b) 13.4
(c) 12.5 (d) 16.3

उत्तरमाला (Answer Key)

1. (c)	**2.** (c)	**3.** (c)	**4.** (a)	**5.** (b)	**6.** (c)	**7.** (c)	**8.** (b)	**9.** (a)	**10.** (b)	**11.** (c)	**12.** (d)	**13.** (b)
14. (c)	**15.** (b)	**16.** (b)	**17.** (a)	**18.** (b)	**19.** (b)	**20.** (b)	**21.** (a)	**22.** (c)	**23.** (b)	**24.** (a)	**25.** (a)	**26.** (b)
27. (d)	**28.** (d)	**29.** (c)	**30.** (a)	**31.** (a)	**32.** (d)	**33.** (b)	**34.** (b)	**35.** (b)	**36.** (a)	**37.** (c)	**38.** (b)	**39.** (a)
40. (c)	**41.** (d)	**42.** (c)	**43.** (c)	**44.** (a)	**45.** (b)	**46.** (b)	**47.** (b)	**48.** (a)	**49.** (a)	**50.** (b)	**51.** (a)	**52.** (c)
53. (b)	**54.** (a)	**55.** (c)	**56.** (d)	**57.** (a)	**58.** (c)							

हल (SOLUTION)

1. (c): अभीष्ट औसत

$= \left[\frac{3.2 + 3.6 + 3.4 + 3.8 + 4.1 + 4.4}{6}\right]$

$= \left[\frac{22.5}{6}\right] = 3.75$ लाख

2. (c): अभीष्ट औसत

$= (4.8 - 4.5)/4.5 \times 100$

$= 0.3/4.5 \times 100 = 6.67\%$

3. (c): 2004 में कुल जनसंख्या

$= 5.2 + 3.4 + 5.8 = 14.4$ लाख

2005 में कुल जनसंख्या

$= 5.4 + 3.8 + 6.3 = 15.5$ लाख

अंतर $= 15.5 - 14.4 = 1.1$ लाख

$= 110{,}000$

4. (a): 2006 में औसत जनसंख्या

$= (5.8 + 4.1 + 6.6)/3$

$= 16.5/3 = 5.5$ लाख

5. (b): 2004 में कुल जनसंख्या

$= 5.2 + 3.4 + 5.8 = 14.4$ लाख

2005 में कुल जनसंख्या

$= 5.4 + 3.8 + 6.3 = 15.5$ लाख

अभीष्ट अनुपात

$= 14.4 : 15.5 = 144 : 155$

6. (c): 2004 में परीक्षा में उपस्थित छात्र

$= 3810$

E विद्यालय से उपस्थित छात्र

$= 780/3810 \times 100$

$= 20.47 \sim 20\%$

7. (c): अभीष्ट औसत

$= (760 + 740 + 820 + 880 + 840)/5$

$= 4040/5 = 808$

8. (b): 2004–2008 में विद्यालय A से उपस्थित कुल छात्र

$= (650 + 700 + 800 + 750 + 850)$

$= 3750$

अभीष्ट प्रतिशत

$= 800/3750 \times 100 = 21.33\%$

9. (a): अभीष्ट अनुपात

$= (820 + 860) : (800 + 780)$

$= 1680 : 1580 = 84 : 79$

10. (b): अभीष्ट औसत

$= \left[\frac{(750 + 880 + 920 + 840 + 790)}{5}\right]$

$= \left[\frac{4180}{5}\right] = 836$

11. (c): C नगर से उत्तीर्ण कुल ग्रेजुएट = 15,150

C नगर से उत्तीर्ण कुल पोस्ट-ग्रेजुएट = 10,500

अंतर $= 15150 - 10500 = 4650$

12. (d): अभीष्ट औसत

$= \left[\frac{(8000 + 18000 + 10500 + 16250 + 20000 + 18450)}{6}\right]$

$= \left[\frac{91200}{6}\right] = 15{,}200$

13. (b): A एवं B नगरों से कुल ग्रेजुएट

$= 10200 + 25250 = 35450$

A एवं E नगरों से कुल पोस्ट-ग्रेजुएट

$= 8000 + 20000 = 28000$

अभीष्ट अनुपात

$= 35450 : 28000 = 709 : 560$

14. (c): A, D, एवं F नगरों से कुल ग्रेजुएट = 46900

A, D, एवं F नगरों से कुल पोस्ट-ग्रेजुएट = 42700

अभीष्ट योग $= 46900 + 42700 = 89600$

15. (b): अभीष्ट प्रतिशत

$= 16500/18450 \times 100$

$= 89.43 \sim 89\%$

16. (b): चूंकि तुलना आयात से है, आयात को हम भाजक के तौर पर लेंगे।

2004 में निर्यात = 40 बिलियन डॉलर जो कि इस वर्ष के आयात से 5 बिलियन डॉलर अधिक है।

अभीष्ट अंतर प्रतिशत में $= 5/35 \times 100 \sim 14\%$

इसी प्रकार, 2005 के लिए अभीष्ट अंतर (प्रतिशत में)

$= [(65 - 60)/60] \times 100$

$= 8.33\%$

2006 में आयात > निर्यात, अत: कोई गणना नहीं चाहिए।

2007 के लिए

$5/50 \times 100 = 10\%$

2008 के लिए

$5/80 \times 100 = 6.25\%$

2009 के लिए

$5/75 \times 100 = 6.66\%$

अत: हम यह कह सकते हैं कि 2004 और 2007 में निर्यात आयात से 10% अधिक है।

17. (a): अभीष्ट फार्मूला

= वृद्धि/पूर्व वर्ष का निर्यात × 100

2005 में, निर्यात में प्रतिशत वृद्धि

$= (65 - 40)/40 \times 100$

$= 25/40 \times 100 = 62.5\%$

2006 में, निर्यात में प्रतिशत वृद्धि

$= 5/65 \times 100 = 7.69\%$

2007 में, वास्तव में निर्यात में पिछले वर्ष की तुलना में गिरावट आई है, इसलिए किसी गणना की आवश्यकता नहीं है।

2008 में, निर्यात में प्रतिशत वृद्धि

$= [(85 - 55)/55] \times 100$

$= 54.54\%$

2009 में, निर्यात में 2008 की तुलना में गिरावट आई है, यहां भी किसी गणना की आवश्यकता नहीं है।

18. (b): औसत निर्यात

$= (40 + 65 + 70 + 55 + 85 + 80)/6$

$= 395/5 = 65.83$ बिलियन डॉलर

19. (b): कुल निर्यात

$= 395$

कुल आयात $= 375$

अंतर $= 20$

प्रतिशत अंतर $= 20/375 \times 100$

$= 5.33\%$

20. (b): 2004 में आयात 35 से बढ़कर 2009 में 75 हो गया। इसलिए, आयात में प्रतिशत वृद्धि की गणना के लिए 2004 को आधार वर्ष माना जा सकता है।

अभीष्ट प्रतिशत वृद्धि

$= [(75 - 35)/35] \times 100$

$= 114.28 \sim 114\%$

21. (a): अभीष्ट अनुपात

$(65 + 75)/(85 + 95) = 140/180 = 7 : 9$

22. (c): चूंकि तुलना E राज्य के साथ है, यहां का आंकड़ा भाजक के रूप में लिया जा सकता है।

अभीष्ट अनुपात

$= [(95 + 110)/(70 + 80)] \times 100$

$= 136.66\% \sim 137\%$

23. (b): 2010 के लिए कुल नामांकन

$= 80 + 75 + 95 + 85 + 75 + 70$

$= 480$

2011 के लिए कुल नामांकन

$= 105 + 65 + 110 + 95 + 95 + 80$

$= 550$

प्रतिशत अंतर

$= [(550 - 480)/480] \times 100$

$= 14.58\% \sim 15\%$

24. (a): A राज्य के लिए, प्रतिशत वृद्धि

$= [(105 - 80)/80] \times 100 = 31.25\%$

C राज्य के लिए, प्रतिशत वृद्धि

$= [(110 - 95)/95] \times 100 = 15.78\%$

E राज्य के लिए, प्रतिशत वृद्धि

$= [(95 - 75)/75] \times 100 = 26.66\%$

F राज्य के लिए, प्रतिशत वृद्धि

$= [(80 - 70)/70] \times 100 = 14.28\%$

25. (a): 2010 के लिए औसत नामांकन

$= 480/6 = 80$

26. (b): शोध पर व्यय कुल व्यय का 5% है, इसका अर्थ है कि यह कुल व्यय का 1/20 है।

27. (d): विज्ञापन पर व्यय कुल व्यय का 15% है।

प्रदत्त, कुल व्यय का 15%

= ₹2.10 करोड़

इसलिए, कुल व्यय

$= 2.10 \times 100/15 =$ ₹14 करोड़

परिवहन पर व्यय = 14 करोड़ का = 12.5% = ₹1.75 करोड़

कर आदा किया गया = 14 करोड़ का = 10% = ₹1.4 करोड़

अत: परिवहन और कर के मदों के मध्य का अंतर

$= 1.75 - 1.40 = 0.35$ करोड़ = ₹35 लाख

28. (d): बुनियादी ढांचे और परिवहन का योग : कर और ऋण पर ब्याज का योग

$= (20 + 12.5) : (10 + 17.5)$

$= 32.5 : 27.5 = 13 : 11$

29. (c): ऋण पर ब्याज कुल व्यय का 10% है,

कुल व्यय का 17.5%

= ₹2.45 करोड़

कुल व्यय $= (2.45 \times 100)/17.5$

= ₹14 करोड़

विज्ञापन + कर + शोध

$= 15 + 10 + 5 = 30\%$

₹14 करोड़ का 30%

= ₹4.2 करोड़

30. (a): अंतर $= 17.5 - 12.5 = 5\%$

31. (a): कंपनियों और संस्थागत निवेशकों द्वारा कुल निवेश

$= \frac{67}{11} \times 8000 =$ ₹48,726 करोड़

32. (d): $\frac{(16+4)}{100} \times 55000 =$ ₹11,000 करोड़

33. (b): संस्थागत निवेशकों का योगदान 33% है और गैर-निवासी भारतीयों का योगदान 11% है।

अत: गैर-निवासी भारतीयों द्वारा निवेशित धन

$= \frac{11}{33} \times 33000$

= ₹11,000 करोड़

34. (b): प्रतिशत अंतर $= 4 - 2 = 2\%$

₹55,000 करोड़ का 2% $= (2/100) \times 55000$

= ₹1100 करोड़

35. (b): प्रतिशत के संदर्भ में अंतर

$= 16 - (2 + 4) = 10\%$

कुल निवेश का 10%

= ₹5,000 करोड़

इसलिए, कुल निवेश

$= 5000/10\% = 5000 \times 100/10$

= ₹50,000 करोड़

36. (a): प्रतिशत अंतर = 40 – 30 = 10
अब 20 लाख का 10% = 2 लाख
अत: (a) सही उत्तर है।

37. (c): $40/100 \times 360 = 144°$

38. (b): पुरानी संख्या
= (10/100) × 20 = 2 लाख
नई संख्या = 2 × 2 = 4 लाख
इसलिए, केंद्र पर विस्तारित किया गया नया कोण
$= 4/20 \times 360 = 72°$

39. (a): 'दूसरे देश' की पुरानी संख्या
= 20 लाख का 20% = 4 लाख
नए पर्यटकों की कुल संख्या
= 20 × 2 = 40 लाख
इसलिए, 'दूसरे देश' द्वारा केंद्र में विस्तारित नया कोण
$= 4/40 \times 360 = 36°$

40. (c): संयुक्त राज्य अमेरिका से पर्यटकों की पुरानी संख्या
= 20 लाख का 40% = 8 लाख
50% की वृद्धि
= 8 लाख का 50% = 4 लाख
संयुक्त राज्य अमेरिका से नया आंकड़ा
= 8 + 4 = 12 लाख
सभी देशों से नई कुल संख्या
= 20 + 4 = 24 लाख
संयुक्त राज्य अमेरिका का नया प्रतिशत आंकड़ा
$= 12/24 \times 100 = 50\%$

41. (d): औसत ब्याज

$$= ₹\left[\frac{23.4 + 32.5 + 41.6 + 36.4 + 49.4}{5}\right] \text{लाख}$$

$$= ₹\left[\frac{183.3}{5}\right] = ₹36.66 \text{ लाख}$$

42. (c): अभीष्ट प्रतिशत

$$= \left[\frac{(3.00 + 2.52 + 3.84 + 3.68 + 3.96)}{(288 + 342 + 324 + 336 + 420)} \times 100\right]\%$$

$$= \left[\frac{17}{1710} \times 100\right]\% = 0.99\% = 1\% \text{ (लगभग)}$$

43. (c): अभीष्ट प्रतिशत

$$= \left[\frac{(288 + 98 + 3.00 + 23.4 + 83)}{(420 + 142 + 3.96 + 49.4 + 98)} \times 100\right]\%$$

$$= \left[\frac{495.4}{713.36} \times 100\right]\% = 69.45\%$$

44. (a): वर्ष 2000 में कुल व्यय
= ₹(324 + 101 + 3.84 + 41.6 + 74) लाख
= ₹544.44 लाख

45. (b): अभीष्ट अनुपात

$$= \left[\frac{(83 + 108 + 74 + 88 + 98)}{(98 + 112 + 101 + 133 + 142)}\right]$$

$$= \left[\frac{451}{586}\right] = \frac{10}{13} = 10 : 13$$

46. (b): चित्रकारी में A और C में नामांकित छात्राओं की कुल संख्या
= 250 + 150 = 400
सिलाई कला में D और E से नामांकित छात्राओं की कुल संख्या
= 250 + 325 = 575
अभीष्ट अनुपात
= 400 : 575 = 16 : 23

47. (b): सिलाई कला में सभी संस्थानों में नामांकित छात्राओं की कुल संख्या
= 325 + 250 + 50 + 250 + 325
= 1200
B संस्थान में सिलाई कला में नामांकित छात्राओं की संख्या
= 250
अभीष्ट प्रतिशत
$= 250/1200 \times 100 = 21\%$

48. (a): चित्रकला में नामांकित कुल छात्राएं
= 250 + 225 + 150 + 175 + 300
= 1100
सिलाई कला में कुल नामांकन
= 1200
और नृत्य कला में कुल नामांकन
= 150 + 200 + 75 + 400 + 350
= 1175
अभीष्ट अनुपात
= 1100 : 1200 = 11 : 12

49. (a): A संस्थान में कुल नामांकन
= 250 + 325 + 150 = 725
A संस्थान में नृत्य कला में नामांकन
= 150
अभीष्ट प्रतिशत
$= 150/725 \times 100$
= 20.69 ~ 20.7%

50. (b): इसका समाधान प्रश्न 48 के समाधान में निहित है।

51. (a): बजाज की लोकप्रियता
= 12 + 15 + 20 + 18 + 14 + 10
= 89
टाटा की लोकप्रियता
= 45 + 35 + 40 + 35 + 37 + 30
= 222

मोदी की लोकप्रियता

= 40 + 42 + 35 + 45 + 50 + 52

= 264

रिलायंस की लोकप्रियता

= 20 + 22 + 24 + 26 + 27 + 28

= 147

बिरला की लोकप्रियता

= 10 + 12 +10 + 14 + 20 + 20

= 86

अत: 'मोदी' कंपनी सही विकल्प है।

52. (c): तालिका से स्पष्ट है कि कंपनी 'टाटा' की लोकप्रियता लगातार बढ़ते एवं घटते क्रम में हैं। क्रमश: (45 – 35 – 40 – 35 – 37 – 30), इत्यादि।

53. (b): तालिका से स्पष्ट है कि कंपनी 'रिलायंस' की लोकप्रियता लगातार बढ़ती जा रही है। क्रमश:
$(20 \rightarrow 22 \rightarrow 24 \rightarrow 26 \rightarrow 27 \rightarrow 28)$ है।

54. (a): वर्ष 2015 में चुने गए अभ्यर्थियों की कुल संख्या = 640
वर्ष 2015 में 'A' का प्रतिशत = 28
वर्ष 2015 में 'E' का प्रतिशत = 19
अत: अभीष्ट अंतर = 640 का 28% – 640 का 19%
= 640 का (28 – 19)%
= 640 का 9% = 57.60 होगा।

55. (c): जोन 'C' में 2013 में चुने गए अभ्यर्थियों की संख्या
$= 896$ का $19\% = 896 \times \frac{19}{100}$
= 170.24 अर्थात् 170 लगभग

56. (d): तालिका से स्पष्ट है कि जोन 'D' में अभ्यर्थियों का प्रतिशत लगातार प्रतिवर्ष बढ़ रहा है। क्रमश:
(9 – 16 – 17 – 22 – 25 – 27) है।

57. (a): वर्ष 2013 और 2014 में 'A' का प्रतिशत
= 17 + 25 = 42
वर्ष 2013 और 2014 में 'B' का प्रतिशत
= 22 + 20 = 42

58. (c): जोन 'C' का 2011 में प्रतिशत

= 32

जोन 'C' का 2012 में प्रतिशत

= 28

प्रतिशत कमी $= \frac{32-28}{32} \times 100$

$= \frac{4}{32} \times 100$

$= \frac{100}{8} = 12.5\%$

8 सूचना और संचार प्रौद्योगिकी (आई.सी.टी) (Information and Communication Technology)

सीखने के उद्देश्य

1. **आईसीटी:** सामान्य संक्षिप्तियां और शब्दावली
2. आईसीटी के प्रकार
3. इंटरनेट, इन्ट्रानेट, ई-मेल, श्रव्य-दृश्य कॉन्फ्रेंसिंग की मूलभूत बातें
4. उच्च शिक्षा में डिजिटल पहलें
5. आईसीटी और सुशासन

परिचय (Introduction)

हमें शिक्षण व्यवस्था में व्यापक परिवर्तन के लिए 'अपने पूर्व अनुभव' और 'करने हेतु नवीन ढंग' की आवश्यकता होती है। साथ ही उनके उचित अधिगम तथा निरंतरता के संतुलन को बना कर रखने की भी आवश्यकता होती है - पर्लझ्, प्रसिद्ध ICT वृत्तिक।

इस अध्याय के पाठ्यक्रम में आईसीटी: सामान्य संक्षिप्तियाँ और शब्दावली दी गयी हैं, इसके अंतर्गत हार्डवेयर, सॉफ्टवेयर भी आते हैं, तथा NET-NTA प्रश्न पत्रों में इन पर आधारित प्रश्न भी पूछे गए हैं। इसलिए उम्मीदवार के लिए यह सब जानना आवश्यक है, नहीं तो इनको याद रखना भी कठिन कार्य है।

सूचना (information) का अर्थ होता है जानकारी। यह लैटिन शब्द से उत्पन्न हुआ है, जिसका अर्थ फार्मेशन या फ़ोर्मा होता है, जिसका अर्थ है किसी भी वस्तु को उसके वास्तविक रूप में जानना। हम संचार का अध्ययन चौथे अध्याय में कर चुके हैं जिसका मूल अर्थ है कि सूचना या जानकारी को साझा कैसे किया जाए। जैसा कि शीर्षक 'सूचना और संचार प्रौद्योगिकी' से आभास होता है, इस अध्याय में हमारा मुख्य विषय है कि सूचना को आधुनिक तकनीकों के माध्यम से लक्षित वर्ग तक कैसे पहुँचाया जाए। इस अध्याय में यह प्रयास किया गया है कि विद्यार्थियों को ऐसी तकनीकों, उपकरणों और संबंधित शब्दावली से परिचित करवाया जाए जो 'सूचना क्रांति' को सम्भव बनाते हैं।

पिछले कुछ दशकों से सूचना प्रौद्योगिकी ने पूरे विश्व को एक गांव में परिवर्तित कर दिया है, जिसको हम ग्लोबल विलेज (global village) भी कहते हैं। इसने विश्व की विभिन्न अर्थव्यवस्थाओं को जोड़कर एक वैश्विक सामाजिक-अर्थव्यवस्था को जन्म दिया है। नवीन अर्थव्यवस्था अधिकाधिक रूप से सूचना की रचनात्मक व्यवस्था व वितरण पर निर्भर है। प्रौद्योगिकी ने हमारी जीवन शैली को हर संभव ढंग से प्रभावित किया है।

संयुक्त राष्ट्र विकास कार्यक्रम (UNDP) की परिभाषा के अनुसार, सूचना और संचार प्रौद्योगिकी (Information and Communication Technology) सूचना को संचालित करने से संबंधित है, यह मूलत: विभिन्न उपकरणों, अनुप्रयोगों (applications) एवं सेवाओं का एक समूह है जिसका उपयोग सूचना के उत्पादन, संग्रह, संसाधित करने, वितरण, एवं आदान-प्रदान में किया जाता है। संचार क्रान्ति के फलस्वरूप अब इलेक्ट्रॉनिक संचार को भी सूचना प्रौद्योगिकी का एक प्रमुख घटक माना जाने लगा है और इसे भी सूचना एवं संचार प्रौद्योगिकी कहा जाता है। आगामी चर्चा में सूचना और संचार प्रौद्योगिकी के लिए इसके आंग्ल भाषा के संक्षिप्त रूप 'आईसीटी' या 'ICT' का उपयोग किया गया है।

भारत सूचना और संचार प्रौद्योगिकी के प्रयोग पर अत्यधिक बल देता रहा है ताकि विविध क्षेत्रों, जैसे कि शिक्षा, स्वास्थ्य, कृषि, अर्थ व्यवस्था, प्रशासन, आदि में राष्ट्र के सामने आ रही चुनौतियों का प्रभावी ढंग से सामना किया जा सके। इससे संबंधित कुछ महत्वपूर्ण पहलू निम्न बिंदुओं में दर्शाए गए हैं:

1. सेवा अर्थतंत्र (service economy) का आधार।
2. देश के सामाजिक और आर्थिक विकास के लिए सम्यक तकनीक (appropriate technology)
3. समाज के विभिन्न वर्गों के सशक्तिकरण (empowerment) का साधन।
4. प्रशासन और सरकार में पारदर्शिता, एवं भ्रष्टाचार को कम करना
5. योजना आयोजन, नीति निर्धारण तथा निर्णय लेना
6. नए रोजगारों का सृजन

सूचना अर्थव्यवस्था, ज्ञान अर्थव्यवस्था, ई-लर्निंग, ई-कॉमर्स, ई-गवर्नेंस, ई-न्यायालय, आदि अवधारणाओं के चलते हम आधुनिक समाज को सूचना समाज भी कहते हैं।

शिक्षा के क्षेत्र में आईसीटी का महत्त्व (Importance of ICT in the Field of Education)

ICT किसी भी देश की मानव पूंजी के निर्माण में किया जाने वाला महत्वपूर्ण निवेश है, यह देश को तकनीकी रूप से नवाचारी बनाता है। इससे देश की आर्थिक प्रगति का मार्ग प्रशस्त होता है।

सबसे पहले हम वर्तमान परिस्थितियों में शिक्षा के क्षेत्र में आने वाली कुछ चुनौतियों की चर्चा कर लें। भारत की 140 करोड़ जनसंख्या का लगभग आधा भाग 25 वर्ष से कम आयु का है, भारत में 60% से अधिक लोग ग्रामीण क्षेत्रों में रहते हैं, हमारी साक्षरता दर 75% के आस-पास है, और यहां 15 प्रमुख भाषाएँ हैं। परंपरागत शिक्षा प्रणाली इस स्तर तक शिक्षा प्रदान करने की स्थिति में नहीं है, इसलिए सार्वभौमिक शिक्षा के लक्ष्य को प्राप्त करने के लिए सूचना और संचार प्रौद्योगिकी का उपयोग करने के सिवाय कोई विकल्प नहीं है।

भारत सरकार का इलेक्ट्रॉनिकी और सूचना प्रौद्योगिकी मंत्रालय जुलाई 2016 तक संचार एवं सूचना प्रौद्योगिकी मंत्रालय का विभाग था, जिसका विज़न है—एक इंजन के रूप में भारत का ई-विकास जो एक विकसित राष्ट्र और एक सशक्त समाज का रास्ता खोलता है।

अब भारत के नागरिक शिक्षा के प्रति वैसे भी जागरूक हुए हैं, भारत में शिक्षा के क्षेत्र में मुख्य दो प्रकार की चुनौतियाँ हैं, पहली है जनसंख्या वृद्धि के कारण छात्रों की संख्या में वृद्धि, फलस्वरूप और अधिक शिक्षण संस्थानों और शिक्षकों की आवश्यकता, इसके लिए वित्तीय संसाधन भी चाहिए। दूसरी चुनौती है—ज्ञान विस्फोटन (knowledge explosion)—ज्ञान में निरंतर विस्तार, इसमें वृद्धि की दर पहले से कई गुना ज्यादा है। एक शिक्षक को छात्र और समाज की अपेक्षाओं के अनुसार निश्चित समय में अधिक ज्ञान वितरित करना होता है, चाहे पाठ्यचर्या (curriculum) पहले जितनी ही रहे।

इन सब चुनौतियों का सामना करने के लिए सूचना और संचार प्रौद्योगिकी महत्त्वपूर्ण भूमिका निभाती है। शिक्षा के क्षेत्र में सूचना और संचार प्रौद्योगिकी के योगदानों में अधिगम्यता के लिए आवश्यक संसाधन उपलब्ध करवाना सर्वाधिक महत्त्वपूर्ण है।

वर्तमान शिक्षा प्रणाली में, शिक्षार्थियों के निम्नलिखित चार सम्भावित स्तर हैं:

1. **प्रथम स्तर:** इस श्रेणी में शिक्षार्थी शिक्षा की उच्च गुणवत्ता का खर्च वहन कर सकते हैं।
2. **द्वितीय स्तर:** इस श्रेणी के छात्र मेधावी और सक्षम होते हैं, लेकिन ICT शिक्षा का खर्च वहन करने में सक्षम नहीं हैं, इसलिए सार्वजनिक संस्थानों में शिक्षा प्राप्त करने के इच्छुक रहते हैं, और शीघ्र ही पहले स्तर के साथ प्रतिस्पर्धा करने की स्थिति में हो सकते हैं।
3. **तृतीय स्तर:** यहां छात्र आर्थिक और अकादमिक दोनों मानकों पर पिछड़े हुए हैं।
4. **चतुर्थ स्तर:** यहां अनपढ़ और दरिद्र श्रेणी के लोग हैं।

शहरी-ग्रामीण विभेद, जिसको हम डिजिटल डिवाइड (digital divide) भी कहते हैं, अभिगम, समता और संसाधनों के आयामों के रूप में स्पष्ट दिखाई देता है।

क्रॉस और एडम के अनुसार, शिक्षा में आईसीटी के प्रयोग के निम्न चार औचितर्काधार (rationale) हैं:

1. **सामाजिक (Social):** समाज में तकनीकी के बढ़ते हुए उपयोग को ध्यान में रखते हुए।
2. **व्यावसायिक या वृत्तिक (Vocational):** लगभग सभी व्यवसाय इसका ज्ञान चाहते हैं, इसलिए शिक्षा में और भी महत्त्वपूर्ण है।
3. **उत्प्रेरक (Catalytic):** शिक्षण को ज्यादा प्रभावशील बनाने हेतु।
4. **शिक्षा-विज्ञान-संबंधी (Pedagogical):** अधिगम को अधिक प्रभावी, लचीला, कुशल बनाने हेतु।

किसी भी समय-कहीं भी, सूचना और संचार प्रौद्योगिकी की सर्वाधिक अनोखी विशेषता यह है कि इसे समय और स्थान में समायोजित किया जा सकता है।

सूचना और संचार प्रौद्योगिकी आधारित शिक्षा आपूर्ति (रेडियो और टेलीविज़न पर शैक्षिक कार्यक्रमों का प्रसारण) से सभी सीखने वाले और अनुदेशक को एक भौतिक स्थान पर होने की आवश्यकता समाप्त हो जाती है।

कॉन्सेप्ट बॉक्स

उच्चतर शिक्षा में आईसीटी का उपयोग करने के निम्नलिखित उद्देश्य हैं:

1. ऑनलाइन शिक्षा के माध्यम से शिक्षा को अधिक अभिगम बनाना।
2. दूरदराज के क्षेत्रों में शिक्षण की गुणवत्ता में सुधार करना।
3. उच्च शिक्षा संस्थानों में प्रणालियों, प्रक्रियाओं, और नियमों के अनुपालन में पारदर्शिता को बढ़ाना।
4. सीखने की प्रक्रिया में छात्रों की भागीदारी को बढ़ाना।
5. छात्रों के व्यवहार, ग्रहण शक्ति का विश्लेषण, छात्रों को रोजगार के अधिक अवसर प्रदान करना।

शिक्षा में आईसीटी के लाभ

शिक्षा में ICT के उपयोग के निम्नलिखित लाभ हैं:

1. **अधिगम का वैयक्तिकरण (Individualisation of Learning):** वैयक्तिकरण का अर्थ है कि लोग एक समूह के रूप में नहीं बल्कि व्यक्तिगत रूप में सीखते हैं। आईसीटी प्रत्येक शिक्षार्थी को माध्यम और सामग्री के संदर्भ में लचीलापन प्रदान करता है। शिक्षार्थी अपने अधिगम की गति स्वयं निश्चित करते हैं।
2. **अन्तर क्रियाशीलता (Interactivity):** अन्तरक्रिया- शीलता का अर्थ है कि शिक्षार्थी सामग्री के साथ प्रभावी ढंग से जुड़ सकता है, जैसे कि विषय-वस्तु के आगे-पीछे शीघ्रता से जा सकता है। शिक्षार्थी के लिए यह आवश्यक नहीं है कि वह अनुक्रमिक तरीके से चले।
3. **दूरी और जलवायु से तटस्थता (Independent of Distance and Climate):** पारंपरिक शिक्षा प्रणाली के विपरीत, इस प्रकार का शिक्षण, शिक्षण संस्थानों से दूरी और जलवायु पर निर्भर नहीं करता।
4. **अधिक किफायती और व्यापक पहुँच (Cost Effective and Wider Reach):** अब इंटरनेट की सुविधा कम खर्च और अधिक गति के साथ देश के हर भाग में उपलब्ध है।
5. **एकाधिक शिक्षण और विविध शिक्षार्थी (Multiple Teaching Functions and Diverse Audience):** अब शिक्षण केवल कक्षा तक सीमित नहीं है, इसमें शिक्षार्थियों को विविध अनुभव उपलब्ध करवाने का निरंतर प्रयास रहता है, जैसा कि हम पहले अध्याय में भी पढ़ चुके हैं।
6. **एकसमान गुणवत्ता (Uniform Quality):** आईसीटी के प्रयोग के कारण शिक्षण का काफी सीमा तक मानकीकृत संभव हो पाया है।

यहां इस बात का वर्णन करना भी आवश्यक है कि वैश्वीकरण और आईसीटी के क्षेत्र में हुई प्रगति ने कुशल जनशक्ति की माँग के लिए नए आयाम खोल दिए, विशेष रूप से सेवा क्षेत्र में। इस परिदृश्य में, विश्व व्यापार संगठन के समझौते (General Agreement on Trade in Services - GATS) के अंतर्गत आने वाली 12 मुख्य सेवाओं में शिक्षा को भी सम्मिलित किया गया है। इसके अनुसार शिक्षा के क्षेत्र को देशों के बीच व्यापार के मुक्त प्रवाह के लिए खोल दिया जाना चाहिए, जिसके फलस्वरूप ज्ञान के एक व्यापारिक वस्तु बनने की संभावना है। इस स्थिति में यह अनिवार्य हो जाता है कि भारतीय शिक्षक भी परिवर्तन के साथ समन्वय स्थापित करें ताकि शिक्षा के क्षेत्र में बहुराष्ट्रीय प्रतिस्पर्धा का सामना कर सकें।

'आईसीटी' के प्रकार (TYPES OF 'ICT')

समय के आधार पर (On the Basis of Time)

ICT में दो प्रकार के उपकरण सम्मिलित हैं—(1) पुराने और (2) नए। पुराने उपकरण में मुख्य रूप से रेडियो, टीवी, और टेलीफोन, आदि शामिल हैं। नए उपकरणों में मुख्य रूप से कंप्यूटर और मानकीकृत कंप्यूटिंग हार्डवेयर, इंटरनेट, वायरलेस तकनीक, उपग्रह, इत्यादि सम्मिलित हैं। ये विभिन्न उपकरणों के एक साथ काम करने में और एक विश्व व्यापी नेटवर्क बनाने में सक्षम हैं, जो कि संसार के हर कोने में पहुँचा हुआ है। शिक्षण के दृष्टिकोण से ICT केवल नवीनतम कंप्यूटर और इंटरनेट तक ही सीमित नहीं है, बल्कि इसमें श्रव्य—दृश्य सहायक यंत्र, रेडियो, टीवी, एपिडोस्कोप आदि आते हैं, जिनका उल्लेख पहले अध्याय में भी किया जा चुका है।

मीडिया के आधार पर (On the Basis of Media)

इसमें निम्नलिखित दो प्रकार के आधार हैं:

1. **संकेतों (Signals) के आधार पर:** ICT के अंतर्गत आने वाले उपकरणों को संकेतों (signals) के आधार पर एनालॉग और डिजिटल में भी विभाजित किया जा सकता है:

   (a) **एनालॉग मीडिया (Analog Media):** एनालॉग सिग्नल एक सतत् संकेत है, जो कि किसी वस्तु के भौतिक परिमाण का प्रतिनिधित्व करता है। यह सूचना देने के लिए सतत् मूल्य है। मुख्यत: पुरानी प्रौद्योगिकियों (वर्ष 1995 से पहले वाली) को एनालॉग मीडिया सामूहिक शीर्षक के अंतर्गत वर्णित किया जा सकता है, इसके उदाहरण हैं, थर्मामीटर, पुराना रेडियो, मेगाफोन और पुराने टेलीफोन हैंडसेट। जब हम स्टीरियो सिस्टम की आवाज़ को बढ़ाते हैं, तो वह धीरे-धीरे और लगातार बढ़ती है।

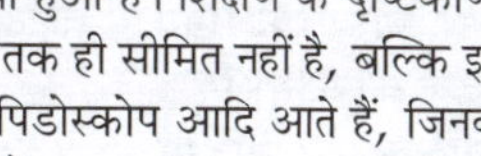

एनालॉग सिग्नल

   (b) **डिजिटल मीडिया (Digital Media):** नए कंप्यूटर और इंटरनेट आधारित प्रौद्योगिकी को डिजिटल मीडिया (digital media) कहा जाता है। यहां संकेत '0' और '1' का मूल्य ले सकते हैं। इसका उद्गम मोर्स कोड (Morse code) के रूप में देखा जाता है।

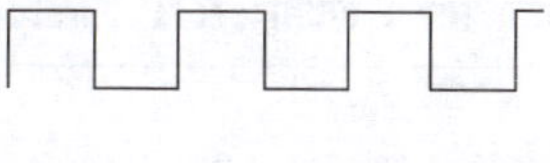

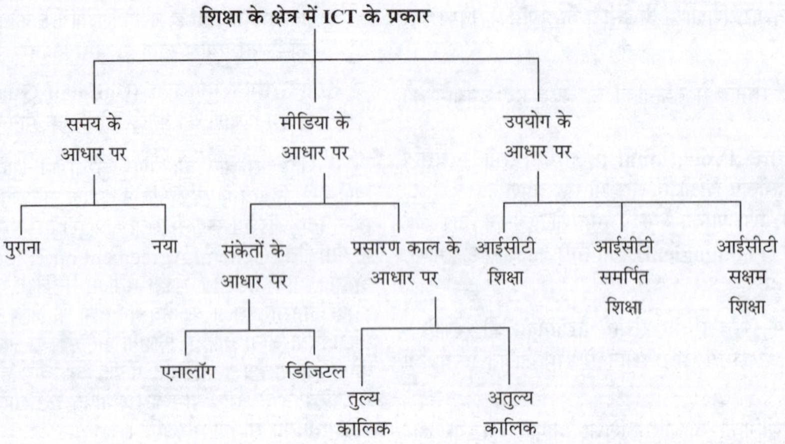

प्रसारण काल के आधार पर (On the Basis of Broadcast Time)

प्रसारण काल के आधार पर शिक्षण-अधिगम प्रक्रिया दो प्रकार की हो सकती है।

1. **तुल्यकालिक मीडिया (Synchronous Media):** तुल्यकालिक का अर्थ है एक ही समय पर घटित होना। तुल्यकालिक मीडिया में मूलभूत आवश्यकता यह है कि सभी प्रतिभागी चाहे वे अलग-अलग स्थानों पर हों, एक निश्चित समय पर सूचना को ग्रहण करने के लिए उपलब्ध रहें। इसमें शिक्षण वास्तविक समय में घटित हो रहा होता है। उदाहरण के लिए, वीडियो कॉन्फ्रेंसिंग।
2. **अतुल्यकालिक मीडिया (Asynchronous Media):** अतुल्यकालिक मीडिया में सीखने की प्रक्रिया में प्रतिभागी भिन्न-भिन्न समय पर और भिन्न-भिन्न स्थानों पर उपलब्ध हो सकते हैं। उदाहरण के लिए, मुद्रित शिक्षण सामग्री, रिकार्डेड लेक्चर्स, आदि।

उपयोग के आधार पर (On the Basis of Usage)

जब से सूचना और संचार प्रौद्योगिकी का एक शिक्षण माध्यम के रूप में उपयोग किया गया है, इसने एक त्रुटिहीन प्रेरक साधन के रूप में कार्य किया है, इसमें वीडियो, टेलीविज़न, मल्टीमीडिया कंप्यूटर सॉफ्टवेयर का उपयोग शामिल है, जिसमें, ध्वनि और रंग निहित है। इससे छात्र सीखने की प्रक्रिया में गहराई से जुड़ते हैं। शिक्षा में सूचना और संचार प्रौद्योगिकी (ICT) के उपयोग को तीन भागों में विभाजित किया जा सकता है:

1. **आईसीटी शिक्षा (ICT Education):** इसका उद्देश्य ज्ञान आधारित समाज एवं अर्थव्यवस्था के लिए प्रशिक्षित मानव संसाधनों का निर्माण करना है। इसको हम शिक्षा की प्रौद्योगिकी (technology of education) भी कह सकते हैं।
2. **आईसीटी समर्थित शिक्षा (ICT-Supported Education):** आजकल लगभग सभी शिक्षण संस्थान आईसीटी का उपयोग परम्परागत मुद्रित शिक्षण सामग्री के पूरक के रूप में करते हैं ताकि शिक्षण-अधिगम प्रक्रिया को एक विस्तृत रूप दिया जा सके। इसको मल्टीमीडिया शिक्षा भी कहा जाता है। उदाहरण के लिए, दूरस्थ विश्वविद्यालय मुद्रित शिक्षण सामग्री के साथ-साथ रेडियो और टीवी कार्यक्रम, ऑडियो, वीडियो-टेप, आदि का प्रयोग करते हैं।
3. **आईसीटी सक्षम शिक्षा (ICT Enabled Education):** यहां पूर्ण शैक्षिक कार्यक्रम ही विशुद्ध रूप से आईसीटी पर आधारित होता है।

इसके अतिरिक्त ICT में शिक्षण अधिगम को तीन वर्गों में विभाजित किया जा सकता है—ई-लर्निंग, बेलेन्डेड लर्निंग, डिस्टेंस एजुकेशन, जिसमें ई-लर्निंग, बेलेन्डेड लर्निंग का वर्णन पहले अध्याय में किया गया है, और डिस्टेंस एजुकेशन का दसवें अध्याय में वर्णन किया गया है।

स्टॉपओवर

1. निम्नलिखित में से कौन - सी संचार तकनीक केवल अतुल्यकालिक संचार नियोजित करती है?
   (1) वीडियो कॉन्फ्रेंसिंग (2) ई-मेल
   (3) फ़ोरम (4) इंस्टेंट मैसेंजिंग
   सही विकल्प चुनें:
   (a) (1) और (3) (b) (2) और (4)
   (c) (2) और (3) (d) (1) और (4)
2. निम्न में से कौन-सा ऑनलाइन चैट का एक प्रकार है, जो इंटरनेट पर वास्तविक समय पर टेक्स्ट ट्रिंसमिशन प्रदान करता है?
   (a) अतुल्यकालिक मेसेजिंग
   (b) अनुसूचीबद्ध मेसेजिंग
   (c) इंस्टेंट मेसेजिंग
   (d) उपरोक्त सभी

उत्तर 1. (c) 2. (c)

सूचना प्रौद्योगिकी के मुख्य घटक (MAJOR COMPONENTS OF INFORMATION TECHNOLOGY)

1. **कंप्यूटर हार्डवेयर प्रौद्योगिकी:** इनपुट, आउटपुट एवं संग्रह (storage), आदि उपकरण।
2. **कंप्यूटर सॉफ्टवेयर प्रौद्योगिकी:** प्रचालन प्रणाली (operating system), वेब ब्राउज़र, डेटाबेस प्रबन्धन प्रणाली (DBMS), सर्वर, आदि।
3. **दूरसंचार व नेटवर्क प्रौद्योगिकी:** दूरसंचार माध्यम, optical fibre, प्रक्रमक (processor) तथा इंटरनेट से जुड़ने के लिए तार या बेतार पर आधारित सॉफ्टवेयर, नेटवर्क-सुरक्षा, आदि।
4. **मानव संसाधन:** तंत्र प्रशासक (system administrator), नेटवर्क प्रशासक, आदि।

कॉन्सेप्ट बॉक्स

भारतीय अंतरिक्ष कार्यक्रम (Indian Space Research)

इसरो (Indian Space Research Organization—ISRO)

अंतरिक्ष आयोग के अधीन कार्यरत इसरो भारत के अंतरिक्ष कार्यक्रम का महत्त्वपूर्ण अंग है, जिसका मुख्य कार्य अंतरिक्ष अनुसंधान व विकास पर कार्य करना है। इसका मुख्यालय बेंगलुरु में है। इसका गठन 15 अगस्त 1969 को भारतीय राष्ट्रीय अनुसंधान समिति का पुनर्गठन करके किया गया।

भारतीय अंतरिक्ष अनुसंधान संगठन (ISRO) ने दो प्रमुख अंतरिक्ष प्रणालियों की स्थापना की है। पहली भारतीय राष्ट्रीय उपग्रह प्रणाली (Indian National Satellite - INS) है, जो कि संचार के लिए भू-स्थिर उपग्रहों पर आधारित है। भारतीय राष्ट्रीय उपग्रह प्रणाली (INSAT), एक बहुउद्देशीय प्रणाली है। इसका उपयोग घरेलू दूरसंचार, मौसम की जानकारी तथा आंकड़ों के सम्प्रेषण, दूरदर्शन के सीधे राष्ट्रव्यापी प्रसारण तथा आकाशवाणी और दूरदर्शन के कार्यक्रमों को देशभर में प्रसारित करने में किया जाता है। यह अंतरिक्ष विभाग, दूरसंचार विभाग, भारतीय मौसम विभाग, आकाशवाणी तथा दूरदर्शन का संयुक्त उद्यम है।

इनसेट कार्यक्रम की व्यवस्था और संचालन की जिम्मेदारी अंतरिक्ष विभाग की है।

इनसेट श्रृंखला के उपग्रहों की सहायता से ही दूरदर्शन के राष्ट्रीय नेटवर्क पर विश्वविद्यालय स्तरीय शैक्षणिक कार्यक्रमों की शुरुआत की गयी।

दूसरी प्रणाली, भारतीय सुदूर संवेदन उपग्रहों (Indian Remote Sensing Satellites) की श्रृंखला है, जिससे हम संसाधनों की निगरानी कर सकते हैं।

ध्रुवीय उपग्रह प्रक्षेपण यान (Polar Satellite Launch Vehicle—PSLV)

यह एक चार चरण वाला ध्रुवीय उपग्रह प्रक्षेपण यान है, जिसके प्रथम व तृतीय चरण में ठोस प्रणोदक व द्वितीय व चतुर्थ चरण में द्रव प्रणोदकों का प्रयोग किया जाता है। यह 44 मी. ऊंचा व 283 टन वजन का पूर्णत: स्वदेशी प्रौद्योगिकी पर आधारित यान है। इससे आईआरएस श्रृंखला के 1200 किग्रा. तक के उपग्रह को 900 किमी. की ध्रुवीय सूर्य समकालिक कक्षा में स्थापित किया जाता है।

भूस्थिर उपग्रह प्रक्षेपण यान (Geosynchronous Satellite Launch Vehicle—GSLV)

यह भू तुल्यकालिक प्रक्षेपण यान है, जिससे इनसेट श्रृंखला के सभी उपग्रहों को पृथ्वी से 36,000 किमी. की ऊंचाई पर स्थित भू-समकालिक कक्षा में स्थापित किया जाता है। यह शक्तिशाली तीन चरण वाला प्रक्षेपण यान है, जो 49.1 मी. ऊंचा तथा 5401 टन का है, जिसके प्रक्षेपण के प्रथम चरण में ठोस, द्वितीय चरण में द्रव तथा तृतीय चरण में क्रायोजनिक इंजन का प्रयोग किया जाता है।

आदर्श प्रक्षेपण स्थल (Ideal Launch Site)

यह सुरक्षा के दृष्टिकोण से सागर तट के समीप, कम आबादी वाले क्षेत्रों के निकट होना चाहिए तथा ईंधन की खपत कम हो इसके लिए भूमध्य रेखा के समीप होना चाहिए, जिससे कि भू-समकालिक कक्षा में आसानी से उपग्रह का प्रवेश कराया जा सके। भारत के प्रक्षेपण केन्द्र भी श्रीहरिकोटा, बालासोर, इनव्हीलर द्वीप हैं।

क्रायोजेनिक तकनीक (Cryogenic Technique)

क्रायो यूनानी शब्द क्रायोस से बना है, जिसका अर्थ बर्फ जैसा ठण्डा है। क्रायोजेनिक तकनीक को तुषार-जनिक या प्राशीतनी या निम्न तापिका कहते हैं, जिसका तापमान –0° से –150° सेल्सियस होता है। क्रायोजेनिक तकनीक का मुख्य प्रयोग रॉकेटों में किया जाता है, जहां ईंधनों को क्रायोजेनिक तकनीक से तरल अवस्था में प्राप्त कर लिया जाता है। इसमें हाइड्रोजन एवं ऑक्सीजन का प्रयोग किया जाता है।

कुछ अन्य महत्त्वपूर्ण तथ्य (Some Other Important Element)

1. वायरलेस संचार के लिए ट्रांसपोंडर का उपयोग किया जाता है, जो संकेतों (signals) को ग्रहण करता है और अपनी प्रतिक्रिया (respond) देता है।
2. भारत का पहला एडुसैट (जीसैट-3) वर्ष 2004 में आरम्भ किया गया था।
3. केयू बैंडविड्थ (12–18 गीगा हर्टज़) ज्यादातर टीवी और वीसैट से संबंधित उपग्रह प्रणाली के लिए प्रयोग किया जाता है।
4. Ka बैंडविड्थ (26.5–40 गीगा हर्टज़) हाई डेफिनिशन (HD) उपग्रह में प्रयोग किया जाता है।
5. D बैंड उच्चतम बैंडविड्थ है और L बैंड सबसे कम बैंडविड्थ है।
6. भारत के पहले चंद्र अभियान चंद्रयान-I को वर्ष 2003 में आरम्भ किया गया था।
7. मौसम उपग्रह (METSAT-I, II) को कल्पना चावला से नामित किया गया है—कल्पना-I, कल्पना-II, आदि।

टेलीविज़न मानक (Television Standard)

इससे संबंधित प्रश्न नेट परीक्षा में पूछा जा चुका है। इस शब्दावली का प्रयोग उपग्रह सम्प्रेषण में किया जाता है। यह तीन वीडियो फॉर्मेट सिग्नल्स एक-दूसरे के साथ असंगत (incompatible) हैं।

पूरे विश्व में टेलीविज़न संकेतों के तीन मानक हैं— PAL, NTSC और SECAM

1. **फेज अल्टरनेटिंग लाइन (Phase Alternating Line—PAL):** इस वीडियो संकेत मानक का प्रयोग पश्चिमी यूरोप, चीन, भारत, ऑस्ट्रेलिया और दक्षिण अमेरिका में किया जाता है। यह एनालॉग संकेत के रूप में है तथा इसकी बैंडविड्थ ज्यादा होने के कारण तस्वीर की गुणवत्ता बेहतर होती है।
2. **नेशनल टेलीविज़न सिस्टम समिति (National Television System Committee—NTSC):** यह मुख्य रूप से उत्तरी अमेरिकी देशों, संयुक्त राज्य अमेरिका और कनाडा, और जापान में प्रयोग किया जाता है। पहला रंगीन टीवी प्रसारण भी इसके माध्यम से हुआ था।
3. **अनुक्रमिक रंगीन एवेक मेमोयर (Sequential Couleur Avec Memoire—SECAM):** इसका मुख्य रूप से प्रयोग फ्रांस एवं दूसरे पश्चिमी देशों में होता है। यह PAL जितनी बैंडविड्थ ही प्रयोग करता है, लेकिन रंगीन सूचना को क्रमिक रूप से संचारित करता है।

पत्र सूचना कार्यालय (PRESS INFORMATION BUREAU)

पत्र सूचना कार्यालय (पीआईबी) इलेक्ट्रॉनिक व ऑनलाइन मीडिया को सरकार की नीतियों, कार्यक्रमों संबंधी प्रयासों और उपलब्धियों की जानकारी संप्रेषित करने वाली, भारत सरकार की केन्द्रीय एजेन्सी है। यह मीडिया और सरकार के बीच माध्यम की भूमिका निभाती है और मीडिया में प्रतिबिंबित जनता की प्रतिक्रियाओं के बारे में सरकार को फीडबैक प्रदान करती है।

पत्र सूचना कार्यालय सरकारी नीतियों, कार्यक्रमों व गतिविधियों के संबंध में सूचना संप्रेषण करने के लिए विभिन्न प्रकार के साधनों का उपयोग करता है जिनमें प्रेस रिलीज, प्रेस नोट, विशेष लेख, बैकग्राउन्डर्स, फोटोग्राफ और ब्यूरो की वेबसाइट पर उपलब्ध डेटाबेस सम्मिलित हैं। सूचनाओं का संप्रेषण अंग्रेजी, हिंदी और उर्दू भाषाओं में किया जाता है और बाद में इनका अन्य भारतीय भाषाओं में अनुवाद किया जाता है, जो देश के विभिन्न भागों में लगभग 8400 समाचार-पत्रों और मीडिया संगठनों में पहुंचता है।

प्रसार भारती (PRASAR BHARTI)

प्रसार भारती (ब्रॉडकास्टिंग कारपोरेशन ऑफ इंडिया के नाम से भी जाना जाता है) भारत की एक सार्वजनिक प्रसारण संस्था है। इसमें मुख्य रूप से दूरदर्शन एवं आकाशवाणी सम्मिलित हैं।

प्रसार भारती का गठन 23 नवंबर, 1997 को सरकारी प्रसारण संस्थाओं को स्वायत्तता देने के मुद्दे पर संसद में काफी बहस के बाद किया गया था। संसद ने इस संबंध में 1990 में एक अधिनियम पारित किया लेकिन इसे अंततः 15 सितंबर 1997 में लागू किया गया।

दूरदर्शन (Television)

दूरदर्शन का प्रयोगात्मक प्रसारण दिल्ली में एक छोटे ट्रांसमीटर और अस्थायी स्टूडियो से सितंबर 1959 में प्रारम्भ हुआ, नियमित दैनिक रूप से संचरण 1965 में आरंभ कर दिया गया। इस सेवा को 1972 में बम्बई के लिए बढ़ा दिया गया। वर्ष 1975 तक केवल सात शहरों को टीवी द्वारा कवर किया गया। वर्ष 1976 में टीवी को रेडियो से पृथक किया गया।

राष्ट्रीय कार्यक्रम को 1982 में प्रारम्भ किया गया। उसके बाद से दूरदर्शन में लगातार प्रगति हुई है। दूरदर्शन पर 'स्वस्थ भारत' विश्व में सबसे बड़ी स्वास्थ्य संचार पहल है।

फ्रीक्वेंसी मोड्यूलेशन—एफ.एम. (Frequency Modulation—FM)

'एफ.एम.' अर्थात् 'फ्रीक्वेंसी मोड्यूलेशन'। एफ.एम. (F.M.) की ध्वनि अत्यंत स्पष्ट होती है तथा संगीत सुनने में भी आनंद आता है। एफ.एम. लगभग 55 से 65 किमी. के क्षेत्र में ही सुना जा सकता है। एफ.एम. के कार्यक्रम सुनने के लिए अलग से एफ.एम. बैंड (F.M. Band) वाले ट्रांजिस्टर की आवश्यकता होती है। एफ.एम. की फ्रीक्वेंसी (frequency) 88 से 108 मेगा हर्ट्स होती है।

एफ.एम. प्रसारण के कुछ प्रमुख लाभ हैं:

1. उच्च क्वालिटी का प्रसारण।
2. मनोरंजन प्रधान।
3. कम शक्ति के ट्रांसमीटर का प्रयोग।
4. कम हस्तक्षेप।
5. अच्छा सिग्नल।

उल्लेखनीय है कि भारत में सन् 1993 में फ्रीक्वेंसी मोड्यूलेशन (FM) रेडियो की शुरुआत हुई थी। यह प्रसारण आकाशवाणी के एक चैनल पर कई महानगरों से आरंभ हुआ था। आज एफ.एम. की पहुँच का विस्तार बहुत तेजी से हो रहा है। कई प्राइवेट निजी एफ.एम. स्टेशन/चैनल चालू हो गए हैं। सन् 2001 में भारत में पहला निजी FM चैनल है—रेडियो सिटी (स्टार समूह), रेडियो मिर्ची (टाइम्स समूह), रेड FM, बिग FM।

भारत में मुख्य समाचार अभिकरण (MAIN NEWS AGENCIES IN INDIA)

नेट परीक्षा में इस विषय पर प्रश्न पहले भी पूछा जा चुका है।

प्रेस ट्रस्ट ऑफ इंडिया—पीटीआई (Press Trust of India—PTI)

पीटीआई को वर्ष 1947 में स्थापित किया गया और इसने वर्ष 1949 में अपनी सेवाएँ शुरू कर दीं। यह देश के समाचार पत्रों द्वारा स्थापित एक गैर-लाभकारी कोआपरेटिव संस्था है, जिसका अधिदेश पाठकों को कुशल और निष्पक्ष समाचार प्रदान करना है।

यूनाइटेड न्यूज ऑफ इंडिया—यूएनआई (United News of India—UNI)

यूएनआई को वर्ष 1959 में स्थापित किया गया था और इसने 1961 में पूर्ण रूप से अस्तित्व में आया। इसने वर्ष 1982 में भारत में अपनी प्रथम समाचार एजेंसी पूर्ण हिन्दी तार सेवा यूनीवार्ता प्रारम्भ की। यूएनआई ने अपनी पहली उर्दू सेवा भी शुरू की। यूएनआई रायटर्स, जो कि दुनिया में सूचना क्षेत्र की सबसे बड़ी कंपनियों में सम्मिलित है, से वैश्विक समाचार प्राप्त कर भारत में वितरण का कार्य आरंभ किया।

भारतीय प्रेस परिषद—पीसीआई (Press Council of India—PCI)

पीसीआई भारतीय संसद द्वारा अधिदिष्ट एक अर्ध-न्यायिक संस्था है जिसका उद्देश्य प्रेस की स्वतंत्रता को सुनिश्चित करना एवं समाचार-पत्रों और न्यूज़ एजेंसियों के मानकों में निरन्तर सुधार करना है।

रजिस्टार ऑफ़ न्यूज़ पेपर फॉर इंडिया (Registrar of Newspaper For India- RNI)

RNI का कार्यालय 1956 में अस्तित्व में आया। सभी समाचार पत्रों और पत्रिकाओं के लिए RNI के साथ पंजीकृत होना अनिवार्य है। इसका मुख्य कार्यालय नई दिल्ली में है।

आईसीटी की सीमाएं (LIMITATIONS OF ICT)

1. आधारिक संरचना संबंधी उच्च प्रारम्भिक लागत
2. शिक्षार्थियों के मध्य व्यक्तिगत मतभेदों की ओर अपेक्षाकृत कम ध्यान
3. अधिगम समस्या
4. आईसीटी मूल रूप से एक वितरण प्रणाली है
5. प्रदर्शन मूल्यांकन में कठिनाई
6. सतत प्रशिक्षण की आवश्यकता
7. मनोदृष्टि में परिवर्तन की आवश्यकता

नेट परीक्षा में एकाधिक बार अग्रलिखित विषय-वस्तुओं पर आधारित प्रश्न पूछे गए हैं।

स्टॉपओवर

निम्नलिखित दोनों कथनों को पढ़ें:

I: सूचना और संचार प्रौद्योगिकी (आईसीटी) को सूचना प्रौद्योगिकी (आईटी) का एक सबसेट माना जाता है।

II: सॉफ्टवेयर के एक भाग को 'उपयोग करने का अधिकार'कॉपीराइट कहलाता है।

उपरोक्त में से कौन सा/से कथन सत्य है/हैं?

(a) I और II दोनों (b) न तो I और न ही II
(c) केवल II (d) केवल I

सही विकल्प (b) है।

कंप्यूटर (Computer)

'कंप्यूटर एक विद्युतचलित यंत्र (electronic device) है, जो उपयोगकर्ता द्वारा उपलब्ध की हुई जानकारी (डेटा) का दिए गए निर्देशानुसार प्रसंस्करण (प्रोसेस) करता है।'

कंप्यूटर शब्द अंग्रेजी के 'Compute' शब्द से बना है, जिसका अर्थ है 'गणना', इसलिए इसे गणकयंत्र भी कहा जाता है, यह गणितीय प्रश्नों को हल करने में सक्षम है, परन्तु वर्तमान में इसका उपयोग यहीं तक सीमित नहीं है, इसको पुस्तकों का मुद्रण करना, रेलवे आरक्षण, आवदेन करना, मौसम की जानकारी, टिकट जारी करना, छायाचित्र/चलचित्र संपादित करना, संगीत बजाने जैसे अनेक कार्यों में किया जा रहा है। कंप्यूटर एक तेज, सटीक और कभी न थकने वाला यंत्र है।

कंप्यूटर, कई हार्डवेयर (पुर्जे) और सॉफ्टवेयर के परस्पर समन्वयन से बनता है। ऐसा कहना अतिशयोक्ति नहीं होगा कि अगर हार्डवेयर कंप्यूटर की काया है, तो सॉफ्टवेयर कंप्यूटर के मस्तिष्क की तरह कार्य करता है और विद्युत कंप्यूटर में आत्मा का संचार करता है।

कि कंप्यूटर का उपयोग, मनुष्य दवारा इच्छित कई कार्यों को सरलता, सटीकता एवं तीव्रता से करने के लिए किया जाता है इसीलिए उपयोगकर्ता (user) को भी कंप्यूटर का एक अभिन्न अंग माना जा सकता है।

कंप्यूटर की विशेषताएं (FEATURES OF COMPUTER)

प्रत्येक कंप्यूटर की कुछ सामान्य विशेषताएँ होती हैं। कंप्यूटर केवल गणना करने वाली मशीन नहीं है, यह कई प्रकार के जटिल कार्य करने में सक्षम है। कंप्यूटर के दो भाग हैं—हार्डवेयर और सॉफ्टवेयर। हार्डवेयर कंप्यूटर का भौतिक भाग है—जैसे कि Keyboard, Mouse, Monitor, CPU, Printer, Projector।

कंप्यूटर की निम्नलिखित विशेषताएँ हैं:

1. **बाइनरी सिस्टम पर आधारित:** बिट की संख्या जिन्हें कंप्यूटर एक समय में क्रियान्वित करता है, उसको वर्ड लेन्थ कहा जाता है। वर्ड लेन्थ के द्वारा कंप्यूटर की शक्ति मापी जाती है।
2. **तीव्रता:** कंप्यूटर बहुत तेज गति से गणनाएं करता है। माइक्रो कंप्यूटर मिलियन गणना प्रति सेकंड क्रियान्वित करता है।
3. **संग्रहित स्मृति:** कंप्यूटर की अपनी मुख्य तथा सहायक स्मृति होती है, जो कंप्यूटर को आंकड़ों को संचित करने में सहायता करती है।
4. **शुद्धता:** कंप्यूटर बहुत ही शुद्ध मशीन है। यह जटिल से जटिल गणनाएं बिना किसी त्रुटि के करता है।
5. **वैविध्यपूर्ण:** कंप्यूटर एक वैविध्यपूर्ण मशीन है, यह सामान्य गणनाओं से लेकर जटिल से जटिल गणनाएं करने में सक्षम है। मिसाइल, उपग्रहों, मौसम की जानकारी देने वाले यंत्र, सबका संचालन इन्हीं के द्वारा किया जाता है। कंप्यूटर लगभग सभी कार्यों को कर सकता है। कंप्यूटर की आपस में वार्तालाप करने की क्षमता ने वर्तमान इंटरनेट को जन्म दिया है, जो कि विश्व का सबसे बड़ा नेटवर्क है।
6. **बहु प्रक्रम (Multiprocessing):** कंप्यूटर एक समय में एक से अधिक कार्य करने में सक्षम है।
7. **परिश्रमशीलता:** परिश्रमशीलता का अर्थ है कि बिना किसी रुकावट के कार्य करना। कंप्यूटर प्रत्येक कार्य प्रत्येक बार बहुत ही शुद्धता एवं यथार्थता से करता है।

कंप्यूटर के प्रकार (TYPES OF COMPUTER)

कंप्यूटर को निम्नलिखित तीन आधारों पर वर्गीकृत किया गया है:

1. कार्यप्रणाली के आधार पर
2. उद्देश्य के आधार पर
3. आकार के आधार पर
4. पीढ़ियों के आधार पर

कार्यप्रणाली के आधार पर (BASED ON MECHANISM)

कार्यप्रणाली के आधार पर इन्हें तीन भागों अनुरूप (analog), अंकीय (digital), एवं संकर (hybrid) में वर्गीकृत किया गया है।

1. **अनुरूप कंप्यूटर (Analog Computer):** यह मूलत: वही है जिसकी हमने एनालॉग मीडिया के अंतर्गत चर्चा की है। इस प्रकार के कंप्यूटर में चरों (variables) को सतत रूप से भौतिक मात्रा के रूप में दर्शाया जाता है—जैसे तापमान, दाब, लम्बाई, ऊंचाई, आदि को मापकर उनके परिमाप अंकों में व्यक्त किए जाते हैं। इनकी गति काफी धीमी होती है, इसलिए इनका प्रचलन विशुद्ध रूप में बहुत ही कम रह गया है। उदाहरणार्थ, एक पेट्रोल पम्प में लगा एनालॉग कंप्यूटर, पम्प से निकले पेट्रोल की मात्रा को मापता है, उसको लीटर में दर्शाता है तथा उसके मूल्य की गणना करके स्क्रीन पर दिखाता है। एक साधारण घड़ी, वाल्ट मीटर, वाहन का स्पीड मीटर, आदि इसके अन्य मुख्य उदाहरण हैं।
2. **अंकीय कंप्यूटर (Digital Computer):** यह इलेक्ट्रॉनिक संकेतों पर चलते हैं तथा इनकी गति काफी तीव्र होती है। इसमें गणना के लिए द्विआधारी अंक पद्धति, जिसको bits (0 और 1) भी कहा जाता है, का प्रयोग किया जाता है। सभी आधुनिक कंप्यूटर जैसे कि निजी कंप्यूटर, नोटबुक कंप्यूटर, पॉकेट कंप्यूटर, पामटॉप कंप्यूटर, वर्कस्टेशन कंप्यूटर, मेनफ्रेम कंप्यूटर तथा सुपर कंप्यूटर अंकीय कंप्यूटर के ही प्रकार हैं।
3. **संकर कंप्यूटर (Hybrid Computer):** यह डिजिटल एवं एनालॉग का मिश्रित रूप है। इसमें इनपुट एवं आउटपुट में एनालॉग का प्रयोग होता है तथा गणना तथा प्रसंस्करण के लिए डिजिटल का प्रयोग किया जाता है। इस प्रकार के कंप्यूटर का प्रयोग चिकित्सा संस्थानों, रक्षा क्षेत्र, मौसम विभाग में होता है।

उद्देश्य के आधार पर (BASED ON PURPOSE)

कंप्यूटर को उद्देश्य के आधार पर निम्न दो भागों में वर्गीकृत किया गया है।

1. **विशेष उद्देश्य कंप्यूटर (Special Purpose Computer):** ऐसे कंप्यूटर हैं, जिनका निर्माण एवं प्रोग्रामिंग किसी विशेष कार्य के लिए तैयार होता है। इनके CPU की क्षमता उस कार्य के अनुरूप होती है।

उदाहरण के लिए, अन्तरिक्ष विज्ञान, मौसम विज्ञान, उपग्रह संचालन, अनुसंधान एवं शोध, यातायात नियत्रण, कृषि विज्ञान, चिकित्सा आदि।

2. **सामान्य उद्देश्य कंप्यूटर (General Purpose Computer):** इस कंप्यूटर में अनेक प्रकार के कार्य करने की क्षमता होती है, इनमें उपस्थित CPU की क्षमता तथा कीमत कम होती है। इस कंप्यूटर का प्रयोग सामान्य कार्य हेतु जैसे -पत्र तैयार करना, दस्तावेज तैयार करना, प्रिंट करना, आदि के लिए किया जाता है।

आकार के आधार पर (BASED ON SIZE)

कंप्यूटर को आकार के आधार पर हम इसे निम्न श्रेणियों में विभाजित कर सकते हैं।

1. **माइक्रो कंप्यूटर (Micro Computer):** इस कंप्यूटर को माइक्रो दो कारणों से कहा जाता है, पहला इसमें माइक्रो प्रोसेसर का प्रयोग किया जाता है, दूसरा यह अपेक्षाकृत आकार में छोटा होता है। इस पर सामान्यत: एक ही व्यक्ति कार्य कर सकता है। इसका विकास 1970 के दशक में IBM ने आरम्भ किया । इसमें बिट्स के माइक्रोप्रोसेसर का प्रयोग किया जाता है। डेस्कटॉप कंप्यूटर को डेस्क पर सेट किया जाता है, इसमें एक CPU, मोनिटर, की-बोर्ड तथा माउस होते हैं।
2. **मिनी कंप्यूटर (Mini Computer):** यह कंप्यूटर माइक्रो कंप्यूटर से बड़े एवं मेनफ्रेम से छोटे होते हैं। इनमें एक से अधिक CPU हो सकते हैं। मिनी कंप्यूटर का उपयोग यातायात में यात्रियों के लिए आरक्षण-प्रणाली का संचालन और बैंकों के बैंकिंग कार्यों के लिए होता है।
3. **मेनफ्रेम कंप्यूटर (Main Frame Computer):** इसमें 32 या 64 बिट के एकाधिक माइक्रोप्रोसेसर होते हैं, इनकी कार्य करने की क्षमता और मेमोरी भी काफी अधिक है। यह आकार में काफी बड़े होते हैं। इस पर कई लोग एक साथ कार्य कर सकते हैं। इसका उपयोग बड़ी कंपनियों, बैंक, रक्षा, अनुसन्धान, अंतरिक्ष, आदि के क्षेत्र में होता है। 32 बिट से 64 बिट सामान्य प्रयोजन सीपीयू में जाने का मुख्य उद्देश्य 4 गीगा बाइट (2^{32} बाइट्स) से अधिक मेमोरी को सीधे संबोधित करने में सक्षम होना था। 2^{64} बाइट स्वयं में मेमोरी की एक बहुत बड़ी मात्रा है। 2^{128} आज की स्थिति के इतना अनुकूल नहीं है, भविष्य में ऐसा संभव हो सकता है।
4. **सुपर कंप्यूटर या महासंगणक (Super Computer):** वर्तमान समय में यह गणना-शक्ति में सबसे आगे है। अत्याधुनिक तकनीकों से लैस सुपर कंप्यूटर बहुत बड़े-बड़े परिकलन और अति सूक्ष्म गणनाएं तीव्रता से कर सकता है। इसमें कई माइक्रोप्रोसेसर एक साथ कार्य करते हुए किसी भी जटिलतम समस्या का तुरंत हल निकाल लेते हैं। वर्तमान में उपलब्ध कंप्यूटरों में सुपर कंप्यूटर सबसे अधिक तीव्र क्षमता, दक्ष ताव सबसे अधिक स्मृति क्षमता वाला कंप्यूटर है। आधुनिक परिभाषा के अनुसार, वे कंप्यूटर, जो 500 मेगा फ्लॉप (Floating Point Operations Per Second - FLOPS) की क्षमता से कार्य कर सकते हैं, सुपर कंप्यूटर कहलाते हैं। सुपर कंप्यूटर एक सेकंड में एक अरब गणनाएं कर सकता है। इसकी गति का मापन मेगा फ्लॉप से किया जाता है। जून 2021 तक विश्व में सर्वाधिक शक्तिशाली सुपर कंप्यूटर फुगाकू है जो कि जापान में स्थित है। इसको जापान की अगली पीढ़ी का फ्लैगशिप सुपर कंप्यूटर भी कहा जाता है, जो कि K कंप्यूटर का ही वंशज है। एक आंकड़े के अनुसार, विश्व के 500 सर्वाधिक शक्तिशाली सुपर कंप्यूटरों में से 219 चीन में स्थापित है, संयुक्त राज्य अमेरिका के पास 116 सुपरकंप्यूटर है। भारत का पहला सुपर कंप्यूटर PARAM 8000 था जिस में PARAM का अर्थ है, पैरेलल मशीन। इसे सेंटर फॉर एडवांस्ड कंप्यूटिंग (सी-डैक) द्वारा 1991 में विकसित किया गया था जिसकी गति 1 गीगाफ्लॉप थी।

   सी-डैक द्वारा ही विकसित भारत का सबसे बड़ा एचपीसी एआई (AI) सुपरकंप्यूटर परम सिद्धि एआई है, जिस को एक संस्था द्वारा नवंबर 2020 में 62वां स्थान दिया गया।
5. **वर्क स्टेशन (Workstation):** इनकी प्रसंस्करण गति और भण्डारण क्षमता बहुत अधिक है। इस पर एक समय में एक ही व्यक्ति कार्य कर सकता है। इसका उपयोग वैज्ञानिक, इंजीनियरिंग, भवन निर्माण, आदि क्षेत्रों में सिमुलेशन परिस्थितियां उत्पन्न करने में होता है। इसके अतिरिक्त इनका उपयोग बैंकों में, रेलवे आरक्षण में, विमान उड्डयन स्थल पर, सरकारी कार्यालयों जैसे स्थानों पर किया जाता है।

पीढ़ियों के आधार पर (BASED ON GENERATIONS)

हमने निम्न सारणी में इसका वर्णन किया हुआ है।

तालिका 8.1 पीढ़ियों के आधार पर (Based on Generation)

पीढ़ी	हार्डवेयर	विशेषताएं	सिस्टम नाम
प्रथम (1942-59)	• वेक्यूम - ट्यूब • छिद्रित कार्ड (Punch Cards)	• केवल मशीनी भाषा का समर्थन • अधिक लागत • अधिक ऊष्मा उत्सर्जन • विशाल आकार • अधिक बिजली की खपत	• ENIAC • EDVAC • TBM 701
द्वितीय (1959-65)	• ट्रांजिस्टर • चुंबकीय टेप	• बैच ऑपरेटिंग सिस्टम • पिछली पीढ़ी की तुलना में तीव्र • छोटा और विश्वसनीय • महंगा	• Honeywell 400 • CDC 1604 • IBM 7030
तृतीय (1965-75)	• ICs • अधिक क्षमता वाली डिस्क और चुंबकीय टेप	• समय साझा करने वाला OS • तीव्र, छोटा, विश्वसनीय और कम व्ययी • अपडेट करने में सरल	• IBM 360/370 • CDC 6600 • PDP 8/11

चतुर्थ (1975-88)	• **VLSI प्रौद्योगिकी के साथ IC** • सेमीकंडक्टर मेमोरी • पोर्टेबल के रूप में चुंबकीय टेप और फ्लॉपी	• मल्टीप्रोसेसिंग और GUI OS • वस्तु-उन्मुख कार्यक्रम • छोटा, कम व्ययी, उपयोग में सरल	• Apple II • VAX 9000 • CRAY 1/2
पंचम (1988-वर्तमान)	• ULSI तकनीक के साथ IC • पोर्टेबल के रूप में ऑप्टिकल डिस्क • केवल पढ़ने के लिए भंडारण • शक्तिशाली सर्वर, इंटरनेट, क्लस्टर कंप्यूटिंग	• शक्तिशाली, सस्ता, विश्वसनीय, • पोर्टेबल, प्रयोग करने में सरल • तीव्रता से सॉफ्टवेयर विकास संभव	• IBM • Pentium • PARAM

निम्नलिखित में से किसको हम कंप्यूटर का मस्तिष्क कह सकते हैं?

(a) ALU (b) Memory
(c) CPU (d) Control Unit

इसका सही उत्तर (c) है।

कंप्यूटर की कार्य प्रणाली (Computer Operating System)

हमें यदि हार्डवेयर से कुछ करवाना हो, तो उसके लिए कंप्यूटर में कुछ लिखित निर्देश होते हैं, जिसको हम सॉफ्टवेयर कहते हैं। यदि हार्डवेयर को कंप्यूटर का शरीर माना जाए, तो सॉफ्टवेयर उसका मस्तिष्क है—सॉफ्टवेयर निर्देशों का समूह है जिसका प्रयोग हार्डवेयर को चलाने के लिए किया जाता है।

कंप्यूटर की कार्य प्रणाली को मुख्य तीन घटकों में बांटा जा सकता है:

एक ऑपरेटिंग सिस्टम (OS) सिस्टम सॉफ्टवेयर है जो कंप्यूटर हार्डवेयर और सॉफ्टवेयर संसाधनों का प्रबंधन करता है और कंप्यूटर प्रोग्राम के लिए सामान्य सेवाएं प्रदान करता है। MS windows, Window XP, Linux, UNIX, Andorid, Mac OS, Ubuntu आदि OS के विभिन्न उदाहरण हैं।

इंटरफ़ेस (Interface): अभिकलन या कम्प्यूटिंग में इंटरफ़ेस (Interface) का अर्थ वह सीमा है, जहां किसी कंप्यूटिंग प्रणाली के दो मुख्य अंग आपसी सम्पर्क में हो, उनमें तालमेल होना इसलिए आवश्यक होता है कि वे एक दूसरे द्वारा प्रस्तुत सूचना को समझ पाएं, कुछ इंटरफेस कम्प्यूटर और मानव के मध्य भी कार्य करते हैं जिस से मानव प्रयोक्ता (user) कम्प्यूटर से काम ले सकें। इनको यूज़र इंटरफ़ेस कहते हैं, इनमें वेब ब्राउज़र भी सम्मिलित हैं।

इनपुट डिवाइस (Input Devices)

यह एक विद्युत यांत्रिक उपकरण है, जो डेटा और अनुदेशों को स्वीकार करके उन्हें कंप्यूटर के प्रयोग के योग्य बनाता है। ये कंप्यूटर के मस्तिष्क को निर्देशित करते हैं कि वह क्या करे? ये निर्देशों या आदेशों को कंप्यूटर के मष्तिष्क, यानि सीपीयू तक पहुँचाते हैं, उदाहरणार्थ—Keyboard, Mouse, Joystick, Trackball, Light pen, Touch screen, Digital Camera, Scanner, Digitizer Tablet, Bar Code Reader, OMR, OCR, MICR, ATM, आदि।

सेंट्रल प्रोसेसिंग यूनिट (Central Processing Unit)

निर्देशों के अनुसार डेटा पर अंकगणितीय एवं तार्किक गणनाएँ की जाती हैं ताकि उसको सूचना में परिवर्तित किया जा सके। इसका हिंदी नाम केंद्रीय प्रसंस्करण इकाई है। सभी डिवाइस जैसे—Keyboard, Mouse, Monitor इससे जुड़े हुए होते हैं। इसे कंप्यूटर का मस्तिष्क भी कहते हैं। इसका मुख्य कार्य निर्देश के अनुसार प्रोग्राम को क्रियान्वित (Execute) करना है, इसके अलावा ये कंप्यूटर के सभी भागों जैसे मेमोरी, इनपुट, आउटपुट डिवाइस के कार्यों को भी नियंत्रित करता है।

सेंट्रल प्रोसेसिंग यूनिट के तीन भाग होते हैं:

1. एरिथ्मेटिक एवं लॉजिक यूनिट (Arithmetic Logic Unit—ALU)
2. मेमोरी (Memory)
3. कंट्रोल यूनिट (Control Unit)

1. **एरिथ्मेटिक एवं लॉजिक यूनिट (Arithmetic Logic Unit—ALU):** यह यूनिट डेटा पर अंकगणितीय क्रियाएं (जोड़, घटाना, गुणा, भाग) और तार्किक क्रियाएं (logical operations) करती है। यह कंट्रोल यूनिट से निर्देश लेता है। यह मेमोरी से डेटा प्राप्त करता है तथा प्रसंस्करण के पश्चात सूचना को मेमोरी में भेज देता है। ALU के कार्य करने की गति (speed) अति तीव्र होती है। इसमें ऐसा इलेक्ट्रॉनिक परिपथ होता है, जो बाइनरी अंकगणित (Binary Arithmetic) की गणना करने में सक्षम होता है।
2. **मेमोरी या स्मृति (Memory):** कंप्यूटर का वह स्थान जहां सभी सूचनाओं, आकड़ों या निर्देशों का भंडारण करके रखा जाता है, ताकि आवश्यकता पड़ने पर उसको पुनः प्राप्त (retrieve) किया जा सके, मेमोरी कहलाती है। यह एक संग्राहक उपकरण (storage device) है। मनुष्य में कुछ बातों को याद रखने के लिए मस्तिष्क होता है, उसी प्रकार कंप्यूटर में मेमोरी (memory) होती है। यह मेमोरी CPU का अभिन्न अंग है। इनका वर्णन अलग से किया गया है।
3. **कंट्रोल यूनिट (Control Unit):** यह हार्डवेयर की क्रियाओं को नियंत्रित और संचालित करता है तथा प्रोग्राम को क्रियान्वित करने के लिए निर्देशों को मेमोरी से प्राप्त करता है। यह मेमोरी और ALU के मध्य डेटा के आदान-प्रदान को निर्देशित करता है। निर्देशों को विद्युत संकेतों में परिवर्तित करके यह उचित डिवाइसेज तक पहुँचाता है।

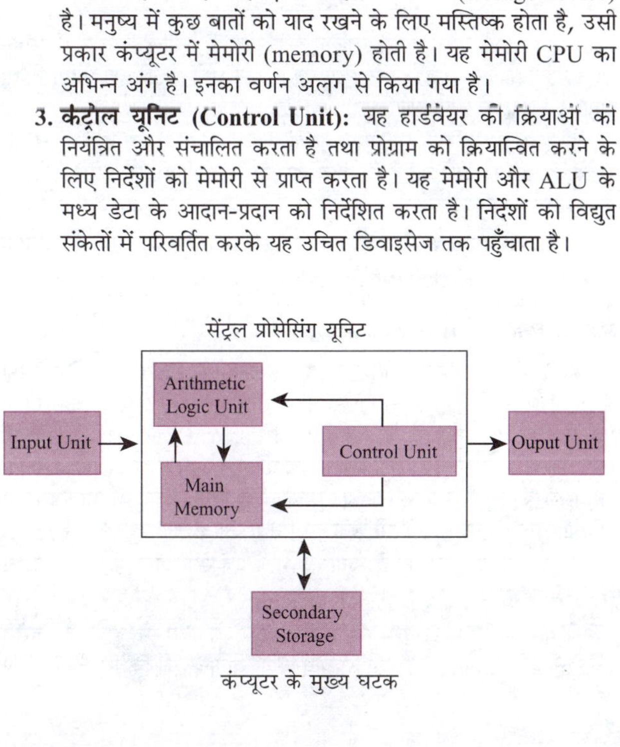

कंप्यूटर के मुख्य घटक

उपरोक्त तीनों के अतिरिक्त CPU में निम्न घटक भी वर्णनीय हैं।

1. **रजिस्टर (Register):** सीपीयू के भीतर उच्च गति, विशेष प्रयोजन वाली स्मृति इकाइयाँ होती हैं, जिनको रजिस्टर कहा जाता है। यह रजिस्टर महत्त्वपूर्ण प्रोग्रामों के निष्पादन में महत्त्वपूर्ण भूमिका निभाते हैं। इनको लघु सूचनाओं के भण्डारण के लिए प्रयोग किया जाता है।
2. **मदरबोर्ड (Motherboard):** इसको कंप्यूटर का मुख्य सर्किट बोर्ड कहते हैं, जिस पर सीपीयू, स्मृति स्थापित रहते हैं। इस पर अतिरिक्त सर्किट बोर्ड स्थापित करने के लिए स्लॉट भी होते हैं, जिनको अडैप्टर या कार्ड कहा जाता है।
3. **बस (Bus):** सभी इनपुट-आउटपुट उपकरणों को कंप्यूटर के सीपीयू से जोड़ने के लिए समानांतर तारें होती हैं, जिनकी सहायता से डेटा दो दिशाओं में प्रेषित किया जा सकता है—सीपीयू से उपकरणों के लिए एवं उपकरणों से सीपीयू के लिए।
4. **आउटपुट (Output):** प्रसंस्कृत आंकड़ों से वांछित सूचना को प्राप्त करने को आउटपुट कहते हैं। आउटपुट इकाई में वह उपकरण होते हैं, जिनकी सहायता से हम कंप्यूटर से जानकारी प्राप्त करते हैं। यह कंप्यूटर और उपयोगकर्ताओं के बीच एक कड़ी का कार्य करते हैं। आउटपुट डिवाइस कंप्यूटर से आउटपुट को उपयोगकर्त्ताओं द्वारा समझी जा सकने वाली भाषा या रूप में लेकर आते हैं। ये कई प्रकार के होते हैं जैसे Monitor, Printer, Plotter, Projector, Sound Speaker, आदि।

कंप्यूटर स्मृति (Computer Memory)

एक भौतिक डिवाइस है, जो किसी भी प्रकार की जानकारी को स्थायी और अस्थायी रूप से संग्रहित करने में पूरी तरह से सक्षम होता है। कंप्यूटर के उन हार्डवेयर हिस्सों को स्मृति कहा जाता है, जिनका कंप्यूटर में तत्काल उपयोग किया जा सकता है।

प्राइमरी मेमोरी और सेकेंडरी मेमोरी में अंतर

प्राइमरी मेमोरी को मुख्य मेमोरी इसलिए कहा जाता है, क्योंकि कंप्यूटर से इसकी सीधी पहुंच (access) है। इसके लिए एड्रेस और बसों (bus) का प्रयोग किया जाता है। इस तक पहुंच यादृच्छिक (random) है।

दूसरी तरफ, सेकेंडरी मेमोरी बाहय या अतिरिक्त मेमोरी है, लेकिन यह स्थायी है, इसका अर्थ यह है कि जब कंप्यूटर बन्द भी हो, तो इससे डेटा की पुन: प्राप्ति की जा सकती है।

प्राइमरी मेमोरी कंप्यूटर के साथ स्लॉट्स (slots) से जुड़ी होती है, जबकि सेकेंडरी मेमोरी केबल्स की सहायता से।

प्राइमरी मेमोरी (Primary Memory)

इस स्मृति यूनिट का संपर्क सीधे CPU से रहता है। यह स्मृति अनेक छोटे भागों में विभाजित रहती है, जिनको लोकेशन या सेल कहते हैं। प्रत्येक लोकेशन में एक निश्चित बिट स्टोर की जा सकती है, जैसे 8,16, 32, 64 या 128। जितनी बिट अधिक होगी उतनी ही डेटा स्थानांतरण की गति अधिक होगी। इसकी तुलना सड़क से की जा सकती है, जितनी सड़क चौड़ी होगी, उतनी ही आवागमन में सुविधा रहती है। प्राइमरी मेमोरी सेकेंडरी मेमोरी की अपेक्षा बहुत तीव्र है।

डेटा संग्रह करने को लिखना (write) एवं डेटा प्राप्त करने को पढ़ना (read) कहते हैं।

यह स्मृति मुख्य रूप से सेमीकंडक्टर के रूप में होती है। इसमें Integrated Circuit (IC) का उपयोग किया जाता है, जो कि सिलिकॉन चिप के बने होते हैं।

रीड ओनली मेमोरी (Read Only Memory—ROM)

रीड ओनली मेमोरी स्थायी स्मृति है, जिसमें संग्रहित सूचना स्वयं नष्ट नहीं होती, इनमें बदलाव भी नहीं किया जा सकता है। यह कंप्यूटर निर्माण के समय ही स्थापित कर दी जाती है, कंप्यूटर इनको केवल पढ़ सकता है, इनमें कोई परिवर्तन नहीं कर सकता है। विद्युत आपूर्ति बंद होने पर भी यह संग्रहित रहती हैं। ROM के अंदर डेटा संग्रहित करने को 'बर्निंग' (burning the data) भी कहते हैं। स्थायी स्मृति के अन्य उदाहरण—हार्ड ड्राइव, मेमोरी कार्ड, फ्लॉपी ड्राइव, स्पूल, सीटीडी, सीडी, डीवीडी, ऑडियो टेप, इत्यादि हैं। बेसिक इनपुट आउटपुट सिस्टम (BIOS) नाम का एक प्रोग्राम ROM का उदाहरण है।

1. **प्रोग्रामेबल रॉम (PROM):** इस स्मृति में किसी प्रोग्राम को केवल एक बार संचित किया जा सकता है, परंतु न तो उसे मिटाया जा सकता है और न ही उसे संशोधित किया जा सकता है।
2. **एरजेबल प्रॉम (EPROM):** इस I.C. में संचित किया गया प्रोग्राम पराबैंगनी किरणों के माध्यम से मिटाया जा सकता है। फलस्वरूप यह I.C. दोबारा प्रयोग की जा सकती है।
3. **इलेक्ट्रिकली-इ-प्रॉम (EEPROM):** इलेक्ट्रिकली एरेजबल प्रॉम पर स्टोर किए गए प्रोग्राम को मिटाने अथवा संशोधित करने के लिए किसी अन्य उपकरण की आवश्यकता नहीं होती। कमाण्ड्स दिए जाने पर कंप्यूटर में उपलब्ध इलेक्ट्रिक सिगनल्स ही इस प्रोग्राम को संशोधित कर देते हैं। इसको फ़्लैश मेमोरी (Flash Memory) भी कहा जाता है।

रैंडम एक्सेस मेमोरी (Random Access Memory—RAM)

रैंडम एक्सेस मेमोरी को संक्षिप्त रूप में रैम भी कहा जाता है। यह कंप्यूटर की मुख्य स्मृति है। यह मूलत: अस्थायी स्मृति है, जिसको संग्रहित रखने के लिए सतत् विद्युत ऊर्जा आपूर्ति की आवश्यकता रहती है। मेमोरी के हर स्थान तक एक समान समय में पहुँचा जा सकता है।

हम जैसे ही कंप्यूटर को चालू करते हैं, निर्देशों का समूह हार्ड डिस्क से रैम पर कॉपी हो जाता है और जैसे ही कंप्यूटर बंद किया जाता है, यह गायब हो जाता है।

यह दो प्रकार की होती है—स्थिर स्मृति (static memory) और गतिशील स्मृति (dynamic memory)।

स्थिर स्मृति अधिक स्थान लेती है, इसलिए निर्माण लागत अधिक होती है। यह तीव्र भी है, और इसको रिफ्रेश भी नहीं करना पड़ता। यह दीर्घ काल तक रहती है।

दूसरी ओर, गतिशील स्मृति का जीवन काल कम होता है, यह आकार में छोटी है, इसको बार-बार रिफ्रेश करना पड़ता है।

कैशे मेमोरी (Cache Memory): यह कंप्यूटर की अस्थायी मेमोरी है जो सीपीयू मेमोरी के सबसे निकट होती है। सभी वर्तमान निर्देश कैशे मेमोरी में संग्रहित होते हैं। यह सबसे तीव्र मेमोरी है जो कंप्यूटर माइक्रोप्रोसेसर को हाई-स्पीड डेटा एक्सेस प्रदान करती है। यह एक गतिशील मेमोरी है जो रैम की तरह ही है। अंतर केवल इतना है कि कैशे मेमोरी सर्वर में संग्रहित होती है, जबकि रैम को कम्प्यूटर सिस्टम में संग्रहित किया जाता है। हार्ड डिस्क की तुलना में कैशे मेमोरी की क्षमता बहुत कम है। पहली पीढ़ी के दौरान कैश मेमोरी अलग से उपलब्ध थी लेकिन बाद की पीढ़ियों में माइक्रोप्रोसेसरों में चिप पर ही कैशे मेमोरी होती है। कैशे मेमोरी का प्रयोग वर्तमान में देखे गए वेब पेजों को याद रखने में किया जाता है।

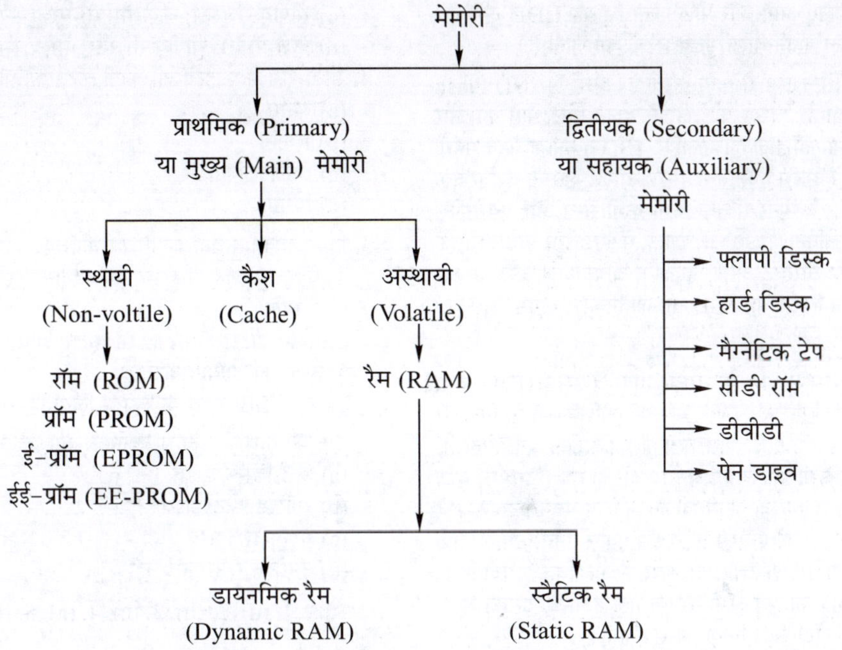

SDD और HDD में अंतर: जब हमने कोई कंप्यूटर क्रय करना हो तो सॉलिड-स्टेट ड्राइव (SSD) और हार्ड डिस्क ड्राइव (HDD) के मध्य अंतर ज्ञात करना पड़ता है। SSD कंप्यूटर में उपयोग की जाने वाली स्टोरेज डिवाइस की एक नई पीढ़ी है। SSD फ्लैश-आधारित मेमोरी का उपयोग करते हैं, जो पारंपरिक HDD की तुलना में बहुत तीव्र है। SSD में अपग्रेड करने से कंप्यूटर को सर्वाधिक गति प्राप्त होती है।

दशकों से, डेटा मुख्य रूप से HDD पर संग्रहीत किया जाता रहा है। HDD अधिकतर मूविंग पाट्र्स पर आधारित होते हैं, जैसे Read/Write Head

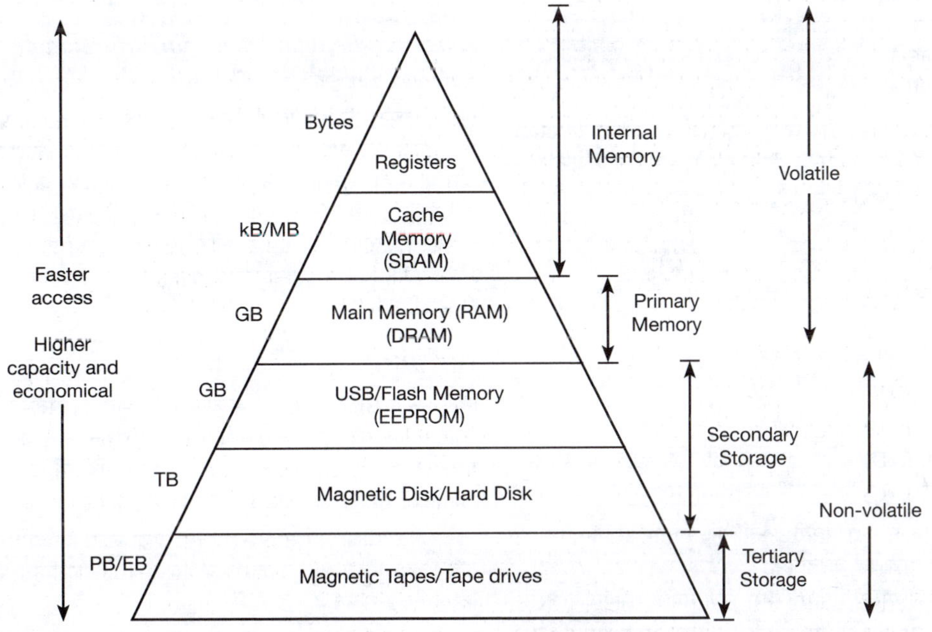

Memory Hierarchy

जो डेटा इकट्ठा करने के लिए आगे और पीछे जाता है। यह HDD और इस प्रकार से कंप्यूटर को विफल बनाने वाला मुख्य घटक बन जाता है।

SDD पूरी तरह से भिन्न रूप से कार्य करती है। इसमें NAND Flash Memory का उपयोग होता है, जिसमें कोई हिलने-डुलने वाले भाग का और निकट-तत्काल एक्सेस समय नहीं होता है। हालांकि, SSD तकनीक बेहद महंगी थी, इसका उपयोग 1950 में आरंभ हुआ तथा 1970 और 1980 के दशक तक इनका उपयोग हाई-एंड सुपर कंप्यूटर में तथा कभी-कभी सैन्य और एयरोस्पेस क्षेत्रों में किया जाता था, लेकिन 1990 के दशक में हार्डवेयर नवाचारों के कारण इसके मूल्य में काफी गिरावट आयी, हालांकि जीवनकाल और आकार (2–20 MB) अभी भी एक विषय था, SSD का जीवनकाल लगभग 10 वर्ष था।

SSD पर मेमोरी चिप्स RAM के बराबर होते हैं। इसमें HDD जैसी चुंबकीय थाली नहीं होती, यहां फ़ाइलें NAND फ़्लैश कोशिकाओं के ग्रिड पर सहेजी जाती हैं। SSD के नियंत्रक के पास ब्लॉकों का सटीक पता होता है, ताकि जब आपका सिस्टम किसी फ़ाइल का अनुरोध करे तो वह (लगभग) तुरंत उपलब्ध हो। इसके लिए आवश्यक जानकारी खोजने के लिए पढ़ने/लिखने वाले प्रमुख की प्रतीक्षा नहीं है। एसएसडी एक्सेस समय इस प्रकार नैनोसेकंड में मापा जाता है। SSD व्यवसाय, गेमिंग, गतिशीलता, सर्वर में अत्यधिक उपयोगी है। ध्यान दें कि पारंपरिक HDD का युग अभी समाप्त नहीं हुआ है, इसका मूल्य कम है और इस पर अधिक डेटा स्टोर किया जा सकता है।

स्टॉपओवर

1. फ़ायरवॉल एक सॉफ्टवेयर टूल है, जो निम्नलिखित में से किसकी रक्षा करता है ? (जून 2020)

1. सर्वर **2.** नेटवर्क
3. फायर **4.** वैयक्तिक कंप्यूटर

नीचे दिए गए विकल्पों में से सही उत्तर चुनिए:

(a) केवल 1 और 3
(b) केवल 2 और 3
(c) केवल 1, 2 और 3
(d) केवल 1, 2 और 4

2. सबसे महंगे से सबसे सस्ते प्रति बाइट्स स्टोरेज की कीमत के आधार पर नीचे दिए गए विभिन्न प्रकार के कंप्यूटर स्टोरेज/मेमोरी कंपोनेंट्स के सही क्रम की पहचान करें।

(a) DDR4 RAM
(b) HDD
(c) SSD
(d) CPU Cache

नीचे दिए विकल्पों में से सही उत्तर चुनें:

(a) (A), (D), (C), (B)
(b) (D), (A), (C), (B)
(c) (A), (B), (C), (D)
(d) (D), (A), (B), (C)

3. निम्न में से कौन सा कंप्यूटर मेमोरी प्रकारों को उच्चतम से निम्नतम गति तक सही क्रम में सूचीबद्ध करता है?

(a) सेकेंडरी स्टोरेज; मुख्य मेमोरी (रैम); कैशे मेमोरी; सीपीयू रजिस्टर
(b) सीपीयू रजिस्टर; कैशे मैमोरी; सेकेंडरी स्टोरेज; मुख्य मेमोरी (रैम)
(c) सीपीयू रजिस्टर; कैशे मैमोरी; मुख्य स्मृति (रैम); सेकेंडरी स्टोरेज
(d) कैशे मेमोरी; सीपीयू रजिस्टर; मुख्य स्मृति (रैम); सेकेंडरी स्टोरेज

4. सीडी-रोम में फाइलों को कॉपी करने की प्रक्रिया को कहा जाता है:

(a) बर्निंग
(b) जिपिंग
(c) डिजिटाइज़िंग
(d) रिपिंग

5. निम्नलिखित कथनों पर विचार कीजिए:

1. बेहतर प्रदर्शन और स्थायित्व प्रदान करने के लिए फ्लैश मेमोरी का उपयोग
2. मूविंग पार्ट्स के बिना, रन कूलर अधिक टिकाऊ होते हैं, और कम ऊर्जा का उपयोग करते हैं
3. बड़े USB ड्राइव के रूप में लिया जा सकता है

उपरोक्त कथनों में किस तकनीक का उल्लेख किया जा रहा है?

(a) हार्ड डिस्क ड्राइव
(b) सॉलिड स्टेट ड्राइव
(c) गैर-फ्लैश ड्राइव
(d) उपरोक्त में से कोई नहीं

उत्तर 1. (d) 2. (b) 3. (c) 4. (a) 5. (b)।

कंप्यूटर की भाषा (COMPUTER LANGUAGES)

हर देश तथा राज्य की अपनी-अपनी भाषा होती है और इसी भाषा के कारण लोग एक-दूसरे से संवाद स्थापित कर सकते हैं। ठीक उसी प्रकार कंप्यूटर की भी अपनी भाषा होती है, जिसे कंप्यूटर ही समझ पाता है, निर्देशों का अनुपालन करता है, गणना कर सकता है और परिणाम दे पाता है। कंप्यूटर की प्रोग्रामिंग भाषा का विकास प्रोग्रामर करते हैं।

पारंपरिक भाषा की तरह इसका अपना व्याकरण (syntax) होता है।

American Standard Code for Information Interexchange (ASCII Codes)

इससे कंप्यूटर के प्रयोगकर्ता परस्पर सूचनाओं का आदान-प्रदान तब तक नहीं कर सकते जब तक कि वे एक-दूसरे के द्वारा प्रयोग किए हुए कोड संकेतों से परिचित न हों। सूचनाओं के आदान-प्रदान की सुविधा के लिए अमेरिका में एक मानक कोड तैयार किया गया है, जिसे अब पूरे विश्व में मान्यता प्राप्त है। इसे आस्की (ASCII) के नाम से जाना जाता है। इसमें प्रत्येक अंक, अक्षरों और संकेत को 8 बिट से दर्शाया गया है, इन 8 स्थानों पर केवल 0 और 1 की संख्या ही लिखी गयी है।

बिट (Bits)

बिट अर्थात Binary digit, कंप्यूटर की स्मृति की सबसे छोटी इकाई है। यह स्मृति में एक बाइनरी अंक 0 अथवा 1 को प्रदर्शित करता है। यह बाइनरी डिजिट का छोटा रूप है। Boolean logic के अनुसार बिट में दी हुई '1 अथवा 0' को 'True or False' के रूप में वर्णित किया जाता है।

नेट परीक्षा में ऐसा प्रश्न अक्सर पूछा जाता है। दशमलव प्रणाली में हम यदि किसी भी संख्या, उदाहरण के लिए, 103 को निम्न प्रकार से विभाजित करके लिख सकते हैं:

$$1 \times 100 = 100, 0 \times 10 = 0, 3 \times 1 = 3$$

जिस प्रकार 'दशमलव संख्या प्रणाली'/डेसीमल नंबर सिस्टम में संख्याओं को लिखने के लिए 0–9 तक के दस अंक हैं। उसी प्रकार बाइनरी नंबर सिस्टम (द्विआधारी संख्या प्रणाली) में कोई भी संख्या सिर्फ 2 अंकों के माध्यम से ही लिखी जाती है, वे दो अंक हैं 0 और 1।

यदि हम 103 को बाइनरी कोड में लिखना चाहें, तो निम्न प्रकार से लिखा जाएगा।

1	1	0	0	1	1	1
2^6	2^5	2^4	2^3	2^2	2^1	2^0
64	32	0	0	4	2	1

= 103

अर्थात इसका उत्तर 1100111 होगा।

प्रश्न को दूसरे प्रकार से भी पूछा जा सकता है कि 1100111 का दशमलव प्रणाली में क्या उत्तर होगा। ऐसे कुछ प्रश्न अगले पृष्ठ पर भी पूछे गए है।

कैरेक्टर (Character)

ये संख्यांकों के अलावा वह संकेत है, जो भाषा और अर्थ बताने के काम आते हैं। उदाहरण के लिए, हम देखें

a b c d e f g h i j k l m n o p q r s t u v w x y z A B C D E F G H I J K L M N O P Q R S T U V W X Y Z 0 1 2 3 4 5 6 7 8 9 ! @ # $% ^ & * () _ – = | \ ` , ./; ' [ ] { } : ' < >?

आस्की में ऐसे 256 कोड हैं। मानक आस्की कोड का मान 0 से 127 होता है, जबकि 128 से 256 तक कैरेक्टर परिवर्धित (Extended) आस्की कैरेक्टर सेट होते हैं। कंप्यूटर सिस्टम सामान्यत: कैरेक्टर को संचित करने के लिए आस्की (ASCII) कोड का उपयोग करते हैं। प्रत्येक कैरेक्टर 8 बिट्स का उपयोग करके संचित होता है।

आस्की की भांति IBM द्वारा वर्णमाला और संख्यात्मक कैरक्टर्स के लिए EBCDIC (Extended Binary Code Decimal Interchange) बाइनरी कोड विकसित किया गया जिसका प्रयोग मुख्यत: मेनफ्रेम या बड़े कंप्यूटरों में किया जाता है।

कंप्यूटर सूचना कैसे संसाधित करता है? (How Does Computer Process Information)

जब डेटा को कंप्यूटर में प्रविष्ट (Enter) किया जाता है, तो हम जिन संख्याओं या शब्दों को समझते हैं, कंप्यूटर उनका अनुवाद बाइनरी नंबर सिस्टम में लेता है। बाइनरी भाषा कंप्यूटर की भाषा है।

आप जो कुछ भी टाइप करते हैं, इनपुट, आउटपुट, सेंड, रिट्रीव, ड्रा आदि अंत में, कंप्यूटर की मूल भाषा (बाइनरी) में परिवर्तित हो जाता है।

बाइनरी नंबर सिस्टम (Binary Number System)

औपचारिक रूप से, हम सभी जानते हैं कि बेस -10 प्रणाली एक स्थितीय प्रणाली (Positional System) है।

दशमलव अंकन में, हम एक संख्या को प्रतीकों की एक स्ट्रिंग के रूप में लिखते हैं, जहां प्रत्येक प्रतीक इन 10 अंकों में से एक होता है, और दशमलव संख्या की व्याख्या करने के लिए, हम प्रत्येक अंक को उस अंक की स्थिति से जुड़ी 10 की घात (Power) से गुणा करते हैं।

बाइनरी सिस्टम, मूल्यों का प्रतिनिधित्व करने के लिए केवल दो प्रतीकों, 0 और 1 का प्रयोग करता है।

कंप्यूटर ट्रांजिस्टर से बने होते हैं और एक व्यक्तिगत ट्रांजिस्टर केवल चालू या बंद (दो विकल्प) हो सकता है। इस प्रकार, बाइनरी सिस्टम में मान, जैसे कि 0 और 1 के, बाइनरी अंक या बिट्स कहलाते हैं। कंप्यूटर आधार 2 का उपयोग करते हैं क्योंकि वे केवल दो मानों, 1 या 0 को पहचान सकते हैं।

बाइनरी

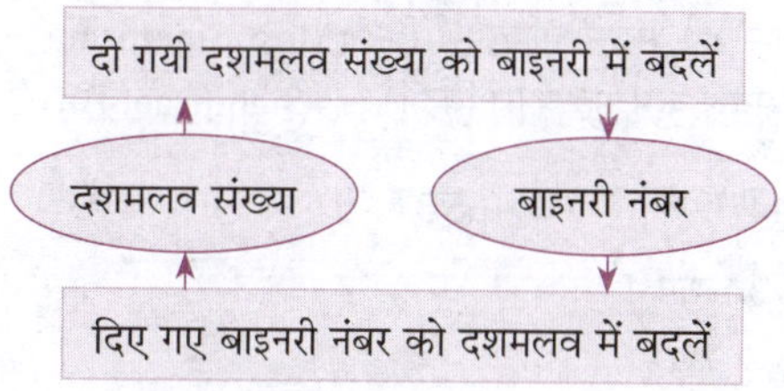

उदाहरण के लिए, दशमलव संख्या '6249' पर विचार करें। इस संख्या की इकाई की स्थिति को चित्र 8.7 में दर्शाया गया है।

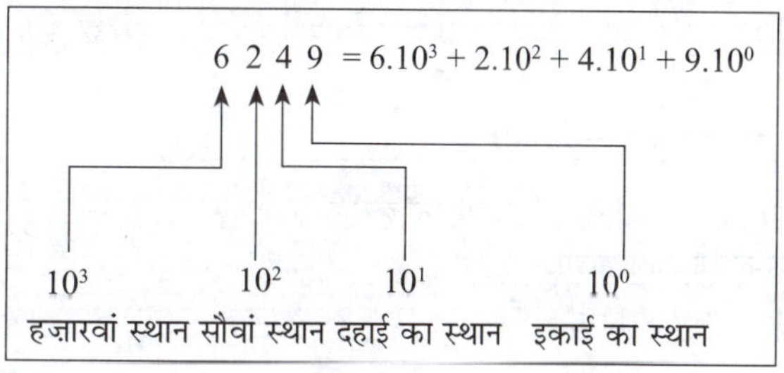

हम द्विपद संख्या (Binomial Number) 1101_2 पर विचार करते हैं कि इसे दशमलव संख्या में कैसे परिवर्तित किया जा सकता है।

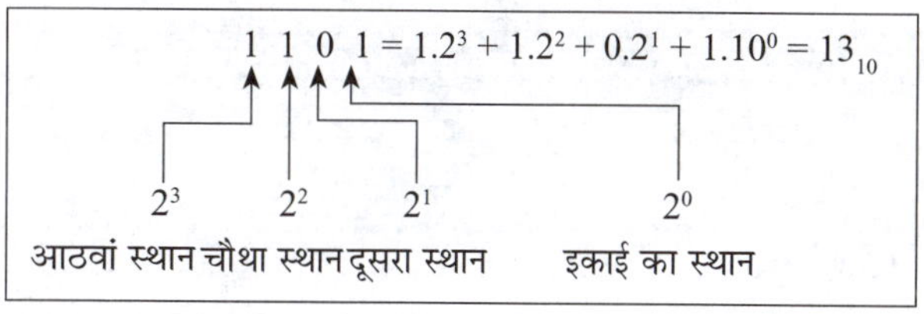

उदाहरण 1

111001_2 का दशमलव मान ज्ञात कीजिए:

बाइनरी अंक	1	1	1	0	0	1
2 की घात	2^5	2^4	2^3	2^2	2^1	2^0

हम समाधान को निम्नलिखित रूप में भी रख सकते हैं:

$111001_2 = 1 \times 2^5 + 1 \times 2^4 + 1 \times 2^3 + 0 \times 2^2 + 0 \times 2^1 + 1 \times 2^0$
$= 57_{10}$

उदाहरण 2

दशमलव संख्या 294_{10} को उसके बाइनरी समकक्ष (Binary Equivalent) में बदलें।

हम पहले इस प्रश्न को विस्तृत तरीके से हल कर रहे हैं।

चरण 1: दी गई दशमलव संख्या 294 के लिए 2 से विभाजन संक्रिया की क्रमिक विधि निष्पादित करें और प्रत्येक संक्रिया के लिए शेष (या तो 0 या 1) को नोट करें।

अंतिम शेष सबसे महत्वपूर्ण बिट (Most Significant Bit) है और पहला शेष सबसे कम महत्वपूर्ण बिट (Less Significant Bit) है।

294/2 = 147 : शेष है 0 → LSB

147/2 = 73 : शेष 1

73/2 = 36 : शेष 1

36/2 = 18 : शेष 0

18/2 = 9 : शेष 0

9/2 = 4 : शेष 1

4/2 = 2 : शेष 0

1/2 = 0 : शेष 1 → MSB

चरण 2: समतुल्य बाइनरी संख्या को क्रम में रखते हुए, MSB से LSB तक के शेषफलों को लिखिए:

$294_{10} = 10100110_2$

उदाहरण 3

174_{10} को इसके बाइनरी समकक्ष में बदलें।

भाग (Division By 2)	भागफल (Quotient)	शेष (remainder)
174/2	87	0
87/2	43	1
43/2	21	1
21/2	10	1
10/2	5	0
5/2	2	1
2/2	1	0
2/1	0	1

इसलिए, $174_{10} = 10101110_2$

उदाहरण 4

13_{10} को इसके बाइनरी समकक्ष में बदलें।

13/2	6	1
6/2	3	0
3/2	1	1
1/2	0	1

इसलिए, $13_{10} = 1011_2$

स्टॉपओवर

यदि दशमलव संख्या 48 का द्विआधारी तुल्यांक 11000 है, तो दशमलव संख्या 51 का द्विआधारी तुल्यांक किसके द्वारा दिया जाता है?

(a) 110011 (b) 110011
(c) 110001 (d) 110100

अत: सही विकल्प (a) है।

संकेत: यहां 3 के बाइनरी अंकों को सीधे 48 में जोड़ा जा सकता है।

110000
0011
110011

संक्षेप में संख्या प्रणाली

1. **बाइनरी नंबर सिस्टम (Binary Number System):** इसका केवल आधार 2 होता है, यानी 0 और 1।
2. **अष्टक संख्या प्रणाली (Octal Number System):** अष्टक का आधार 8 होता है, अर्थात 0, 1, 2, 3, 4, 5, 6, 7।
3. **दशमलव संख्या प्रणाली (Decimal Number System):** दशमलव का आधार 10 है, अर्थात 0 1 2 3 4 5 6 7 8 9।
4. **हेक्साडेसिमल संख्या प्रणाली (Hexadecimal Number System):** इस संख्या प्रणाली का आधार 16 है, अर्थात 0 1 2 3 4 5 6 7 8 9 A B C D E F इसके अंतर्गत आते हैं।

दशमलव संख्या (Decimal Number)	बाइनरी संख्या (Binary Number)
0	0000
1	0001
2	0010
3	0011
4	0100
5	0101
6	0110
7	0111
8	1000
9	1001
10	1010

11	1011
12	1100
13	1101
14	1110
15	1111

बाइनरी अंक (बिट)

यह बाइनरी नंबर सिस्टम के अंदर एक अंक है। बिट कंप्यूटर में संग्रहीत सूचना की सबसे छोटी इकाई है। बिट्स को उपयोगी बनाने के लिए, उन्हें सूचना के बाइट्स में जोड़ दिया जाता है।

बाइट (Byte)

यह बिट्स का संयोजन है जो एक वर्ण का प्रतिनिधित्व करता है। एक बाइट सामान्य तौर पर 8 बिट्स (Bits) से बना होता है।

रूपांतरण तालिका का एक तैयार रेकनर						
पारंपरिक इकाइयाँ				तुलना के लिए दशमलव		
नाम	प्रतीक	बाइनरी	के बराबर	नाम	IEC	दशमलव
किलोबाइट	KB	2^{10}	1024 B	**किलोबिट**	kbit	10^{3}
मेगाबाइट	MB	2^{20}	1024 GB	**मेगाबिट**	Mbit	10^{6}
गीगाबाइट	GB	2^{30}	1024 MB	**गीगाबिट**	Gbit	10^{9}
टेराबाइट	TB	2^{40}	1024 GB	**टेराबिट**	Tbit	10^{12}
पेटाबाइट	PB	2^{50}	1024 TB	**पेटाबिट**	Pbit	10^{15}
एक्साबाइट	EB	2^{60}	1024 PB	**एक्साबिट**	Ebit	10^{18}
ज़ेटाबाइट	ZB	2^{70}	1024 EB	**ज़ेटाबिट**	Zbit	10^{21}
ज़ोटाबाइट	YB	2^{80}	1024 ZB	**ज़ोटाबिट**	Ybit	10^{24}

प्रोग्रामिंग भाषाओं के प्रकार (Types of Programming Language)

कंप्यूटर विश्व में बहुत सारी प्रोग्रामिंग भाषाएं हैं—कुछ को केवल हम समझते हैं तथा कुछ को केवल कंप्यूटर ही समझता है। जिन भाषाओं को केवल कंप्यूटर ही समझता है, वे निम्न स्तरीय भाषा कहलाती है, जिन भाषाओं को हम समझ सकते हैं, उन्हें उच्चस्तरीय भाषा कहते हैं।

निम्न स्तरीय भाषा (Low Level Language)

इसमें अपने संकेत को मशीन संकेत में बदलने के लिए किसी भी अनुवादक (Translator) की आवश्यकता नहीं होती। इसका उपयोग करने के लिए कंप्यूटर के हार्डवेयर के विषय में गहरी जानकारी होना आवश्यक है।

इनकी प्रोग्रामिंग करना बहुत ही धैर्य वाला और कठिन कार्य है। इसमें त्रुटियों (errors) की सम्भावना अत्यधिक होती है।

इनके कार्यान्वयन की गति उच्च स्तरीय भाषा से तीव्र होती है।

यह दो प्रकार की होती है:

1. मशीन भाषा
2. असेम्बली भाषा

1. **मशीन भाषा (Machine Language):** यहां मशीन का अर्थ कंप्यूटर है। कंप्यूटर सिर्फ अंकों के संकेतों अर्थात 1 या 0 की भाषा, जिसको हम बाइनरी कोड (Binary code) भी कहते हैं, को ही समझता है। अत: कंप्यूटर को निर्देश भी बाइनरी कोड में देते हैं, ऐसी भाषा को मशीन भाषा कहा जाता है।

   मशीनी भाषा कंप्यूटर के लिए सरलतम है, लेकिन प्रोग्रामर के लिए बहुत ही कठिन।

   मशीन भाषा प्रोग्राम का अनुरक्षण भी बहुत कठिन होता है, क्योंकि इसमें त्रुटियों की संभावनाएं अधिक होती है। यह भाषा प्रत्येक कंप्यूटर के लिए अलग-अलग भी हो सकती है, इसलिए एक कंप्यूटर के कोड दूसरे कंप्यूटर पर नहीं चल सकते।
2. **असेम्बली भाषा (Assembly Language):** चूंकि कंप्यूटर हमारी साधारण भाषा नहीं समझता है, हमें एक मध्यस्थ की आवश्यकता पड़ती है। जो प्रोग्राम असेम्बली भाषा में लिखा होता है, उसका मशीन स्तरीय भाषा में अनुवाद करना होता है। असेम्बली भाषा को मशीन भाषा में परिवर्तित करने वाले अनुवादक को असेम्बलर कहते हैं।

   असेम्बली भाषा में निर्देश अंग्रेजी के शब्दों के रूप में दिए जाते हैं, जैसे कि NOV, ADD, SUB, आदि, इसे 'mnemonic code' (निमोनिक कोड) कहते हैं। मशीन भाषा की तुलना में असेम्बली भाषा को समझना सरल होता है।

उच्च स्तरीय भाषा (High Level Language)

उच्च स्तरीय भाषा प्रोग्रामिंग को सुविधाजनक बनाने के लक्ष्य को ध्यान में रखकर बनाई गयी है, यह भाषा अंग्रेजी भाषा के कोड जैसी होती है। इसके लिए भी अनुवादक की आवश्यकता होती है, जो उच्च स्तरीय भाषा के प्रोग्राम का मशीन कोड में अनुवाद करता है। इसको आगे दो पीढ़ियों में विभाजित किया गया है।

1. **तृतीय पीढ़ी भाषा (Third Generation Language):** ये ऐसी पहली भाषाएं थीं जिन्होंने प्रोग्रामर को मशीनी तथा असेम्बली भाषाओं में प्रोग्राम लिखने से मुक्ति दिलाई। तृतीय पीढ़ी की भाषाएँ मशीन पर

आश्रित नहीं थीं, इसलिए प्रोग्राम लिखने के लिए मशीन के आर्किटेक्चर को समझने की जरूरत नहीं थी। इसके अतिरिक्त प्रोग्राम पोर्टेबल हो गए, जिस कारण प्रोग्राम को उनके कम्पाइलर व इन्टरप्रेटर के साथ एक कंप्यूटर से दूसरे कंप्यूटर में कॉपी किया जा सकता था। तृतीय पीढ़ी की कुछ अत्यधिक लोकप्रिय भाषाओं में फॉरटरैन (FORTRAN), बेसिक (BASIC), कोबोल (COBOL), पास्कल (PASCAL), सी (C), सी++ (C++), आदि सम्मिलित हैं।

2. **चतुर्थ पीढ़ी भाषा (Fourth Generation Language):** यह तृतीय पीढ़ी की भाषा से उपयोग करने में अधिक सरल है। चतुर्थ पीढ़ी की भाषाओं में प्रोग्रामिंग कम स्मृति लेती हैं। चतुर्थ पीढ़ी की भाषाओं में काफी अधिक संख्या में विकल्प भी उपलब्ध रहते हैं।

   सामान्यत: चतुर्थ पीढ़ी की भाषाओं में विजुअल (visual) वातावरण होता है, जबकि तृतीय पीढ़ी की भाषाओं में टेक्सचुअल (textual) वातावरण। टेक्सचुअल वातावरण में प्रोग्रामर सोर्स कोड का निर्माण करने के लिए अंग्रेजी के शब्दों का उपयोग करते हैं। विजुअल वातावरण में, प्रोग्रामर बटन, लेबल तथा टेक्स्ट बॉक्सों जैसे आइटमों को ड्रैग एवं ड्रॉप करने के लिए टूलबार का उपयोग करते हैं। इसकी विशेषता संयुक्त विकसित वातावरण (Integrated Development Environment—IDE) है। Microsoft Visual Studio और Java Studio इसके दो उदाहरण हैं।

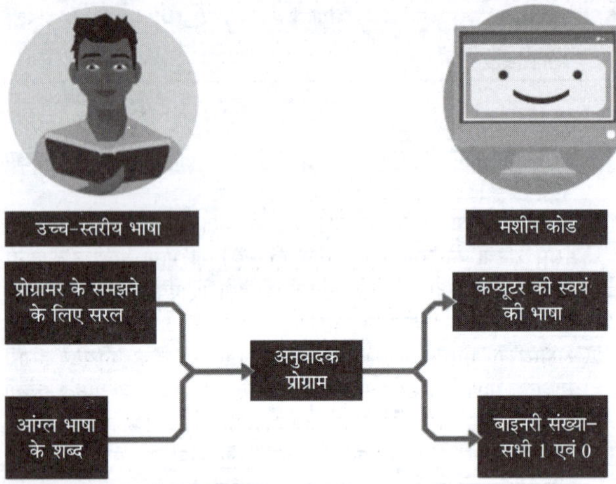

कम्पाइलर (Compiler)

कम्पाइलर मुख्य दो प्रकार के हो सकते हैं:

1. **सोर्स टू सोर्स कम्पाइलर (Source to Source Compiler):** इस प्रकार के कम्पाइलर एक उच्च स्तरीय भाषा का दूसरी उच्च स्तरीय भाषा में अनुवाद करते हैं।
2. **स्टैण्डर्ड कम्पाइलर (Compiler):** एक उच्च स्तरीय भाषा का निम्न स्तरीय भाषा (Machine Language) में अनुवाद करते हैं।

   कम्पाइलर पूरे प्रोग्राम को एक साथ मशीनी भाषा में बदल देता है। इसकी कार्य करने की गति अधिक होती है और इसको मेमोरी में अधिक स्थान चाहिए क्योंकि यह एक बार में पूरे प्रोग्राम को रीड करता है और यदि कोई त्रुटि (error) हो, तो त्रुटि संदेश (error massage) दिखाता है।

   डीकमप्लायर्स (decompliers) मशीन कोड या भाषा को सोर्स भाषा में परिवर्तित करते हैं, जो प्रोग्रामिंग भाषा द्वारा पठनीय होता है।

इंटरप्रेटर (Interpreter)

इंटरप्रेटर भी कम्पाइलर की भांति कार्य करता है। इंटरप्रेटर प्रोग्राम की एक-एक लाइन को मशीनी भाषा में परिवर्तित करता है। प्रोग्राम लिखने से पहले ही इंटरप्रेटर को मेमोरी में लोड कर दिया जाता है।

असेम्बलर (Assembler)

यह प्रोग्राम असेंबली भाषा का मशीन भाषा में अनुवाद करने का कार्य करता है। इसके अलावा यह उच्च स्तरीय भाषा का मशीन भाषा में भी अनुवाद करता है। यह निमोनिक कोड (mnemonic code), जैसे—ADD, NOV, SUB, आदि का बाइनरी कोड में अनुवाद करता है।

Linker, Loader और Debugger भी इसके उदाहरण हैं। यह कंप्यूटर को बूट (boot) करने के लिए आवश्यक प्रोग्राम है।

कंप्यूटर सॉफ्टवेयर (Computer Software)

कंप्यूटर सॉफ्टवेयर और हार्डवेयर से मिलकर बनता है, कंप्यूटर में हार्डवेयर का प्रयोग करने के लिए उस कार्य को पूर्ण रूप से पारिभाषित करना पड़ता है, इसमें सॉफ्टवेयर सहायता प्रदान करता है, सॉफ्टवेयर कई प्रोग्रामों, प्रक्रियाओं, एल्गोरिदम और संबंधित दस्तावेजों का एक समूह होता है, जो कंप्यूटर को निर्देश प्रदान करता है कि क्या करना है, कब करना है और कैसे करना है?

सॉफ्टवेयर अदृश्य होता है। सॉफ्टवेयर के कुछ भाग को सिस्टम के निर्माण के समय ही डाल दिया जाता हैं और इसके कुछ भाग को सिस्टम में सुविधानुसार बाद में इंस्टाल किया जा सकता है। इंटरनेट पर कुछ सॉफ्टवेयर नि:शुल्क उपलब्ध होते हैं जिन्हे फ्रीवेयर (Freeware) कहा जाता हैं तथा कुछ के लिए मूल्य चुकाना पड़ता है।

जब सॉफ्टवेयर को ऐसे हार्डवेयर में संग्रहीत किया जाता है जिस को सरलता से संशोधित नहीं किया जा सकता है (जैसे कि PC में BIOS, ROM), तो इसे फर्मवेयर (Firmware) कहा जाता है, जो इंगित करता है कि यह सॉफ़्टवेयर और हार्डवेयर के मध्य के किसी क्षेत्र में आता है।

कंप्यूटर सॉफ्टवेयर के प्रकार

सॉफ्टवेयर को तीन भागों में विभाजित किया जा सकता है:

1. सिस्टम सॉफ्टवेयर
2. यूटिलिटी सॉफ्टवेयर
3. एप्लीकेशन सॉफ्टवेयर

1. सिस्टम सॉफ्ट्वेयर (SYSTEM SOFTWARE)

सिस्टम सॉफ्टवेयर कंप्यूटर के उपयोग के लिए बुनियादी कार्य प्रदान करता है और कंप्यूटर हार्डवेयर और सिस्टम को चलाने में सहायता करता है। सिस्टम सॉफ्ट्वेयर ऐसे प्रोग्रामों को कहा जाता है, जिनका कार्य कम्प्यूटर को निर्देश देना तथा अनुरक्षण करना है। सिस्टम सॉफ्ट्वेयर हार्डवेयर के लिए एक अहम भूमिका निभाता है। इसमें device, driver, operating system (OS), server और विभिन्न उपयोगिताओं का संयोजन करना होता है। यह हार्डवेयर उपकरणों का प्रबंधन करता है। यह संसाधन आवंटन के लिए भी उत्तरदायी है। OS और यूटिलिटी सॉफ्टवेयर सिस्टम सॉफ्टवेयर की दो प्रमुख श्रेणियां हैं।

सिस्टम सॉफ्टवेयर के प्रकार

1. **कंपाइलर (Compiler):** वे सोर्स कोड (प्रोग्रामिंग भाषा में लिखे गए) को दूसरी कंप्यूटर भाषा में परिवर्तित करते हैं जिसे ऑब्जेक्ट कोड कहा जाता है। उदाहरण के लिए ALGOL कंपाइलर, बेसिक कंपाइलर, C++ कंपाइलर और फोरट्रान (FORTRAN) कंपाइलर हैं।
2. **ऑपरेटिंग सिस्टम (Operating System - OS):** ऑपरेटिंग सिस्टम कंप्यूटर सिस्टम के अन्य सभी संसाधनों को नियंत्रित करता है। यह 16-बिट, 32-बिट या 64-बिट हो सकता है।
   ऑपरेटिंग सिस्टम की मुख्य श्रेणियां इस प्रकार हैं:
   (i) UNIX / BSD: UNIX system V, AIX, HP-UX, Solaris, IRIX, BSD Distros
   (ii) GNU / Linux: Linux, Google Chrome OS
   (iii) Windows: 2000, XP, Vista, 7, CE
   (iv) Mac OS: Mac OS X
   (v) Embedded and real-time OS
   (vi) Experimental: Oberon/Bluebottle, Amoeba and Plan 9 (Bell Labs)

ग्राफिकल यूजर इंटरफेस (GUI) में बढ़ती रूचि के कारण में वर्ष 1985 में विंडोज को MS-DOS के ऐड-ऑन (Add–on) के रूप में विकसित किया गया था। मैक-OS एक पूर्व ऑपरेटिंग सिस्टम था, जो GUI का उपयोग करता था। विस्टा के बाद विंडोज का सबसे नवीन क्लाइंट वर्जन विंडोज 10 है।

Linux को Linus Torvalds द्वारा विकसित किया गया। यह नि:शुल्क रूप से उपलब्ध मल्टी-टास्किंग और मल्टी-यूजर ऑपरेटिंग सिस्टम है। आरंभ से ही, Linux जनरल पब्लिक लाइसेंस (GPL) के अंतर्गत आता है।

2. यूटिलिटी सॉफ्टवेयर (UTILITY SOFTWARE)

यूटिलिटी सॉफ्टवेयर को सर्विस प्रोग्राम के नाम से भी जाना जाता है। यह एक सिस्टम सॉफ्टवेयर है जिसे सहायता, विश्लेषण, मॉनिटर, समनुरूप (configure) और सेटिंग्स अनुकूलित करने और कंप्यूटर को बनाए रखने के लिए डिज़ाइन किया गया है। इंटरनेट पर विभिन्न प्रकार के यूटिलिटी सॉफ्टवेयर उपलब्ध हैं, जैसे कि Disk Defragmenter, System Profilers, Virus Scanner, Anti Virus, Disk Checker, Disk Cleaner आदि। मीडिया प्लेयर के रूप और डीवीडी बर्नर को अनुकूलित करने वाली दृश्य शैली यूटिलिटी सॉफ्टवेयर के उदाहरण हैं।

कुछ यूटिलिटी सॉफ़्टवेयर, जो प्राय: उपयोग किए जाते हैं, उन्हें निम्नानुसार वर्गीकृत किया जा सकता है:

1. **एंटीवायरस सॉफ़्टवेयर (Anti Virus Software):** एंटीवायरस एक सुरक्षात्मक सॉफ़्टवेयर है जिसे कंप्यूटर को मैलवेयर (Malware) से सुरक्षित रखने के लिए डिज़ाइन किया गया है।
2. **डेस्कटॉप विजेट (Desktop Widgets):** विजेट आभासी उपकरण हैं जो नवीनतम समाचार, समय, कैलेंडर, शब्दकोश, मानचित्र, कैलकुलेटर आदि दिखाने वाले एकल-उद्देश्य वाले माध्यम प्रदान करते हैं।
3. **बैकअप सॉफ्टवेयर (Backup Software):** बैकअप सॉफ्टवेयर बैकअप फाइलें हैं जैसे कि हार्ड डिस्क की सफाई और फाइल श्रेद्दर (File Shredder)। उदाहरण के लिए विंडोज बैकअप एंड रिस्टोर सेंटर और सिमेंटेक द्वारा नेट बैकअप।

3. एप्लीकेशन सॉफ्टवेयर (APPLICATION SOFTWARE)

एप्लीकेशन सॉफ्टवेयर ऐसे प्रोग्रामों को कहा जाता है जिनका प्रयोग हमारे वास्तविक कार्यों के लिए किया जाता है। आवश्यतानुसार, भिन्न-भिन्न कार्यों के लिए भिन्न-भिन्न सॉफ्टवेयर होते हैं। उदाहरण के लिए गणना, लेन देन के खाते, स्टॉक नियंत्रण, बिक्री का लेखा जोखा आदि कार्यों के लिए डिजाइन किये गए प्रोग्राम, माइक्रोसॉफ्ट ऑफिस आदि एप्लीकेशन सॉफ्टवेयर के उदाहरण हैं। यह उपयोगकर्ता को एक या एकाधिक कार्यों को करने में सहायता करता है। इसका वर्गीकरण निम्नलिखित ढंग से किया गया है:

1. **उत्पादकता सॉफ्टवेयर (Productivity Software):** उदाहरण स्वरूप, इसमें वर्ड प्रोसेसर, स्प्रेड शीट, शेड्यूलर, डीबीएमएस, डेस्कटॉप प्रकाशन, ईआरपी, मोज़िला फ़ायरफ़ॉक्स आदि आते हैं।
2. **सहयोगी सॉफ्टवेयर (Collaborative Software):** इन्हें ग्रुपवेयर सॉफ्टवेयर भी कहा जाता है। उदाहरण स्वरूप, फेसबुक एप्लिकेशन और ईथरपैड।

संवृत और विवृत सॉफ्टवेयर

सॉफ्टवेयर दो अन्य प्रकार का हो सकता है:

1. **संवृत (Closed):** यह निजी अथवा परोपराईटरी (proprietary) हो सकता है, इसका स्वामित्व निजी और नियंत्रित होता है। अन्य कंपनियों को इसकी कॉपी करने से रोकने के लिए ऐसे सॉफ़्टवेयर के विनिर्देशों का संपूर्ण विवरण नहीं दिया जाता है।
2. **विवृत या निर्बाध (Open):** सामान्य तौर पर, उपयोगकर्ता विवृत सॉफ्टवेयर का उपयोग करना चाहते हैं, जो कि सार्वजनिक रूप से सुलभ है। इसके लिए कोई भी ऐड-ऑन (Add-on) उत्पाद बना सकता है क्योंकि कोई भी इसको सरलता से समझ सकता है कि इनको कैसे डिजाइन किया गया था।

फ्रीवेयर (Freeware) एक सॉफ्टवेयर है जिसे बिना किसी भुगतान के कॉपी किया जा सकता है, हालांकि इसके वितरण पर कुछ प्रतिबंध हो सकते हैं।

स्टॉपओवर

निम्नलिखित में से कौन सा एक ओपन सोर्स सॉफ्टवेयर है?
(a) एमएस वर्ड
(b) विंडोज
(c) मोज़िला फ़ायरफ़ॉक्स
(d) एक्रोबैट रीडर

सही विकल्प (c) है।

कंप्यूटर वायरस (COMPUTER VIRUS)

कंप्यूटर वायरस एक दुर्भावनापूर्ण (Malacious) सॉफ़्टवेयर प्रोग्राम है जिसे 'मैलवेयर' भी कहा जाता है। यह कंप्यूटर कोड या प्रोग्राम कंप्यूटर डेटा को प्रतिकूल तरीके से प्रभावित करने में सक्षम है। यह कंप्यूटर प्रोग्राम को नष्ट कर सकता है। वायरस में बहुत तेज गति से इसकी डुप्लीकेट कॉपी बनाने की प्रवृत्ति होती है। वायरस हर फोल्डर में फैल जाता है और हमारे कंप्यूटर सिस्टम के डेटा को नुकसान पहुंचाता है। संक्रमित कंप्यूटर प्रोग्राम में डेटा फ़ाइलें, या हार्ड ड्राइव का 'बूट' सेक्टर भी सम्मिलित हो सकता है। हमारे कंप्यूटर सिस्टम की कार्यक्षमता के आधार पर वायरस का पता लगाया जाता है। वायरस से प्रभावित कंप्यूटर ठीक से कमांड नहीं लेता है।

यह कंप्यूटर प्रोग्राम तेज गति से स्वंय को दोहराता है। यह स्व-निहित है और इसलिए स्वयं को प्रचारित करने के लिए किसी अन्य कार्यक्रम का भाग बनने की आवश्यकता नहीं है।

वायरस निम्नलिखित ढंग से हमारे सिस्टम को प्रभावित कर सकता है।

1. इंटरनेट से फाइल डाउनलोड करते हुए
2. हटाने योग्य मीडिया या ड्राइव के माध्यम से
3. पेन ड्राइव के माध्यम से
4. मेल अटैचमेंट के माध्यम से
5. अनपेक्षित सॉफ्टवेयर और सेवाओं के माध्यम से
6. असुरक्षित या खराब व्यवस्थापक पासवर्ड के माध्यम से

वायरस का प्रभाव

1. यह संबंधित कंप्यूटर सिस्टम की सामान्य कार्यक्षमता को बाधित करता है।
2. यह सिस्टम की configuration setting को संशोधित करता है
3. यह सिस्टम नेटवर्क के उपयोग को बाधित करता है।
4. यह गोपनीय डेटा को नष्ट कर देता है।
5. यह हमारे कंप्यूटर नेटवर्क संसाधनों को बाधित करता है।

हमारे सिस्टम में एंटीवायरस सॉफ़्टवेयर वायरस हस्ताक्षर के लिए सिस्टम पर प्रोग्राम और फ़ाइलों की आसानी से जांच कर सकता है।

वायरस से बचाव के उपाय

1. एक प्रभावी एंटीवायरस सॉफ़्टवेयर की स्थापना के माध्यम से।
2. ऑपरेटिंग सिस्टम और क्लाइंट सॉफ्टवेयर को पैच अप करना।
3. हमें अत्यधिक सुरक्षित पासवर्ड डालने की आवश्यकता है।
4. फायरवॉल का उपयोग भी सहायता करता है।

कंप्यूटर वायरस के प्रकार (Types of Computer Viruses)

1. **सिंपल वायरस (Simple Virus):** यह वायरस प्रोग्राम फाइल को टारगेट करता है, जब हम उस प्रोग्राम को चलाते हैं तो यह स्वयं ही निष्पादित हो जाता है। यह वायरस अपने आप दूसरे प्रोग्राम से अपने आप जुड़ जाता है।
2. **एन्क्रिप्टेड वायरस (Encrypted Virus):** एन्क्रिप्टेड वायरस एक ऐसा कंप्यूटर मैलवेयर है जो पिछले आधे दशक में वैश्विक व्यवसायों के लिए एक गंभीर जोखिम बन चुका है। एक एन्क्रिप्टेड वायरस को कंप्यूटर वायरस/मैलवेयर के रूप में परिभाषित किया जाता है जो अपनी पहचान को कठिन बनाने के लिए अपने पेलोड को एन्क्रिप्ट करने में सक्षम होता है, यानी संदेह की स्थिति उत्पन्न क्र सकता है।
3. **पॉलीमॉर्फिक वायरस (Polymorphic Virus):** इस वायरस का विकास वायरस के 'sign in' को संक्रमित करता है, जिससे वायरस का पता लगाना एंटीवायरस के लिए अधिक कठिन हो जाता है। इस वायरस का पता केवल विशेष कोड्स द्वारा लगाया जा सकता है जो विशेष रूप से पॉलीमॉर्फिक वायरस के लिए लिखा गया हो।
4. **मैक्रो वायरस (Macro Virus):** यह अपने नाम के स्वरूप एक मिनी-प्रोग्राम है जो अन्य प्रोग्राम के अंदर चलता है। यह वायरस स्क्रिप्ट विशेष रूप से कंप्यूटर को संक्रमित करने के लिए लिखे गए हैं और तीव्रता से फैल सकते हैं।
5. **ट्रोजन हॉर्स (Trojen Horse):** एक सामान्य सॉफ्टवेयर प्रोग्राम में ट्रोजन हॉर्स प्रच्छन्न (disguised) या एम्बेडेड रूप में रहता है। उस प्रोग्राम की स्थापना के साथ ही आपके कंप्यूटर पर भी इंस्टॉल हो जाता है। यह विनाशकारी भी है। यह वास्तव में एक वायरस नहीं है, क्योंकि यह स्वयं को दोहरा (Multiply) नहीं सकता है, लेकिन संभावना है कि ट्रोजन हॉर्स में वायरस प्रोग्राम छुपा रह सकता है।
6. **बम (Bombs):** यह काफी सीमा तक ट्रोजन हॉर्स से मिलता-जुलता है। इसकी एक विशेषता यह भी है कि इस लॉजिक बम में एक टाइमिंग डिवाइस सम्मिलित हो सकता है, इस प्रकार यह केवल एक विशेष तिथि और समय पर ही बंद हो जाएगा।
7. **वार्मस (Worms):** वार्मस स्वयं एक प्रकार से प्रतिकृति हैं, यह एक नेटवर्क में जुड़े कई कंप्यूटरों में फैल सकता है। अपने सिस्टम को वर्म से बचाने के लिए आपको एंटीवायरस और फ़ायरवॉल के साथ सॉफ़्टवेयर की आवश्यकता होती है।
8. **बूट सेक्टर कंप्यूटर वायरस (Boot Sector Computer Virus):** यह डिजिटल स्टोरेज उपकरण पर विद्यमान बूट रिकॉर्ड को नुकसान पहुंचाते हैं, जिसमें कंप्यूटर की हार्ड डिस्क और उन पर उपयोग होने वाले सभी परिधीय डिस्क सम्मिलित होती हैं, जिनमें डीवीडी, सीडी और सामान्य तौर पर फ्लॉपी डिस्क भी आते हैं। इन वायरस को कंप्यूटर पर किसी भी समय लोड किया जा सकता है, लेकिन कंप्यूटर द्वारा बूट रिकॉर्ड का उपयोग किए जाने के बाद वे सक्रिय हो जाते हैं, जब यह एक बार सक्रिय हो जाते हैं, तो उन्हें हटाना बहुत कठिन कार्य है। वर्तमान समय में फ्लॉपी डिस्क के अतिरेक ने बूट सेक्टर वायरस की उपस्थिति में कमी ला दी है।
9. **मास्टर बूट रिकॉर्ड कंप्यूटर वायरस (Master Boot Record Computer Virus):** यह वायरस बूट सेक्टर वायरस के विशेष संस्करण हैं, जिसमें वे मुख्य रूप से कंप्यूटर के मास्टर बूट रिकॉर्ड को प्रभावित करते हैं।
10. **फ़ाइल इनफेक्टर कंप्यूटर वायरस (File Infector Computer Virus):** फ़ाइल इंफ़ेक्टर वायरस उन फ़ाइलों पर विद्यमान होते हैं जिन्हें निष्पादन योग्य फ़ाइलों के रूप में जाना जाता है, जैसे कि एक्सटेंशन और .com। इनमें से अधिकांश वायरस स्वयं को फाइलों से जोड़ लेते हैं, तथा उन फ़ाइलों को डाउनलोड करने पर अन्य उपयोगकर्ताओं के कंप्यूटरों पर जाते हैं।
11. **मैक्रो-कंप्यूटर वायरस (Macro computer virus):** ये वायरस मैक्रोज़ पर विद्यामान होते हैं, जो डेटा फाइलें होती हैं, तथा सामान्य तौर पर एमएस ऑफिस प्रोग्राम से जुड़ी होती हैं। क्योंकि वे सिस्टम के बजाय सॉफ़्टवेयर को लक्षित करते हैं, मैक्रो वायरस किसी भी ऑपरेटिंग सिस्टम को संक्रमित कर सकता है।

स्टॉपओवर

1. निम्नलिखित कथनों पर विचार करें

कथन 1. बिटकॉइन इन दिनों बहुत लोकप्रिय मुद्रा बन गई है।

कथन 2. बिटकॉइन ब्लॉक चेन तकनीक का उपयोग करता है।

कथन 3. ब्लॉक श्रृंखला मुख्य रूप से डेटा को सुरक्षित करने के लिए हैश एन्क्रिप्शन पर निर्भर करती है, मुख्य रूप से जानकारी को सुरक्षित करने के लिए SHA256 एल्गोरिथम पर निर्भर करती है

(a) केवल कथन 1 और 2 सही हैं।

(b) ब्लॉक चेन

(c) ब्लॉक कोड
(d) सी++

बिटकॉइन, डॉगकोइन और एथेरियम का स्वामित्व एलोन मस्क के पास है जो संयुक्त राज्य अमेरिका में टेस्ला के स्वामी भी हैं।

2. निम्नलिखित में से कौन सी कंप्यूटर भाषा कृत्रिम बुद्धि (Artificial Intelligence) के लिए प्रयोग की जाती है?
(a) FORTRAN (b) प्रोलोग
(c) C++ (d) COBOL

PROLOG एक सामान्य प्रयोजन तर्क प्रोग्रामिंग भाषा है जो कृत्रिम बुद्धि और कम्प्यूटेशनल भाषा विज्ञान से जुड़ी है।

3. माइक्रोसॉफ्ट एक्सेस, ओरेकल और एस क्यू एल निम्नलिखित में से किसके उदाहरण हैं? (जून 2020)
(a). फाइल डाटा बेस
(b). रिलेशनल डाटा बेस
(c). टेम्पलेट
(d). एट्रिब्यूट

उत्तर 1. (b) 2. (b) 3. (b)।

कंप्यूटर नेटवर्क (COMPUTER NETWORK)

नेट परीक्षा में इस पर पहले भी प्रश्न पूछे गए हैं। ये मुख्य रूप से निम्न प्रकार के होते हैं:

लोकल एरिया नेटवर्क (Local Area Network—LAN)

एक छोटे और निश्चित भौगोलिक क्षेत्र, जैसे कि विश्वविद्यालय, फैक्ट्री (कुछ किलोमीटर) में परस्पर जुड़े हुए कंप्यूटरों के जाल को लोकल एरिया नेटवर्क कहा जाता है। इसमें डेटा स्थानांतरण की गति तीव्र तथा त्रुटियों की संभावना कम होती है। इसमें नेटवर्क के लिए बस टोपोलॉजी का प्रयोग किया जाता है। ईथरनेट इसका अच्छा उदाहरण है।

लोकल एरिया नेटवर्क सबसे आसान एवं सहज नेटवर्क है। इस नेटवर्क में डेटा स्पीड ईथरनेट नेटवर्क पर लगभग 10 Mbps एवं गीगाबाइट ईथरनेट पर लगभग 1 GBPS तक पहुंच सकती है। एक लोकल एरिया नेटवर्क 100 से लेकर 1000 कंप्यूटर को जोड़ सकता है।

अगर लैन नेटवर्क को ध्यान से देखा जाए, तो सर्विस के आधार पर इसके दो अलग ऑपरेटिंग मोड हो सकते हैं:

एक 'पियर टू पियर (peer-to-peer)' नेटवर्क में कम्युनिकेशन एक कंप्यूटर से दूसरे कंप्यूटर के बीच बिना किसी मुख्य कंप्यूटर के भी स्थापित किया जा सकता है। इस प्रणाली में सभी कनेक्शनों की भूमिका एक समान होती है।

वहीं दूसरी ओर 'क्लाइंट/सर्वर' व्यवस्था में एक मुख्य कंप्यूटर की व्यवस्था होती है, जो शेष सभी कम्प्यूटर्स के मध्य नेटवर्क सर्विस प्रदान करता है।

लैन या लोकल एरिया नेटवर्क दो प्रकार के होते हैं:

1. तारों की सहायता से जोड़े गए लैन जो ईथरनेट तकनीक पर चलते हैं।
2. दूसरा नेटवर्क है वायरलेस नेटवर्क जिसमें वाई-फाई (WiFi) तकनीक का प्रयोग होता है।

मेट्रोपोलिटन एरिया नेटवर्क (Metropolitan Area Network—MAN)

ये किसी विस्तृत भौगोलिक क्षेत्र, जैसे कि किसी शहर में स्थित विभिन्न भवनों, आदि के लिए होता है।

वाइड एरिया नेटवर्क (Wide Area Network—WAN)

यह किसी देश या महाद्वीप या विश्व भर में फैले कंप्यूटरों का जाल है। इसमें कंप्यूटरों को संचार उपग्रह, ऑप्टिकल फाइबर, या टेलीफोन के माध्यम से जोड़ा जाता है। इसमें गति कम एवं त्रुटियाँ अधिक रहने की संभावना होती है। इसको Long Haul Network भी कहा जाता है। इंटरनेट WAN इसका उदाहरण है।

Personal Area Network (PAN)

यह कंप्यूटर नेटवर्क एक व्यक्ति विशेष की आवश्यकताओं के अनुरूप होता है।

Campus Area Network (CAN)

यह एकाधिक (multiple) लोकल एरिया नेटवर्कों का सीमित भौगोलिक क्षेत्र में नेटवर्क है, यह WAN या MAN से छोटा होता है।

बेतार तकनीक (Wireless Technology)

केबल के खर्चीला होने तथा रख-रखाव की समस्या के कारण विभिन्न कंप्यूटर्स को नेटवर्क से जोड़ने के लिए बेतार तकनीकी का प्रयोग किया जा रहा है।

वाई-मैक्स (WIMAX—Worldwide Interoperability for Microwave Access)

यह लंबी दूरी के लिए बेतार की सहायता से डेटा का संचरण संभव बनाता है। इसकी विशेषता संचार माध्यम का विशाल बैंड (ब्राडबैंड) है। वाई-मैक्स 3–3 से 3–4 GHz के बीच कार्य करता है।

वायरलेस लोकल लूप (Wireless Local Loop - WLL)

यह स्थानीय बेतार तकनीक है, जिसमें बड़ी बैंडविड्थ तथा उच्च गति के डेटा संचरण के साथ टेलीफोन की सुविधा भी प्रदान की जाती है। यह नेटवर्क के लिए एक लोकप्रिय साधन होता जा रहा है।

वर्चुअल प्राइवेट नेटवर्क (Virtual Private Network—VPN)

यह एक ऐसा नेटवर्क है, जिसका निर्माण 'पब्लिक वायर्स' (मुख्यत: इंटरनेट) को प्रयोग करके किसी प्राइवेट नेटवर्क (कंपनी, आदि) को इंटरनेट जैसी सुविधा प्रदान करने के लिए किया जाता है।

नेटवर्क टोपोलॉजी (NETWORK TOPOLOGY)

नेटवर्क टोपोलॉजी नेटवर्क के विभिन्न नोड या टर्मिनल्स को आपस में जोड़ने का तरीका है। यह नेटवर्क की भौतिक संरचना को बताता है।

मुख्य नेटवर्क टोपोलॉजी निम्नलिखित हैं:

1. स्टार (Star) **2.** बस (Bus)
3. रिंग (Ring) **4.** ट्री (Tree)

स्टार टोपोलॉजी (Star Topology)

इसमें किसी एक नोड को होस्ट नोड या केंद्रीय हब कहा जाता है। अन्य कंप्यूटर या नोड आपस में केंद्रीय हब द्वारा ही जुड़े रहते हैं। इसमें विभिन्न नोड या टर्मिनल आपस में सीधा संपर्क न करके होस्ट कंप्यूटर द्वारा संपर्क स्थापित करते हैं। इसमें n नोड को आपस में जोड़ने के लिए n–1 संचार लाइनों की आवश्यकता होती है।

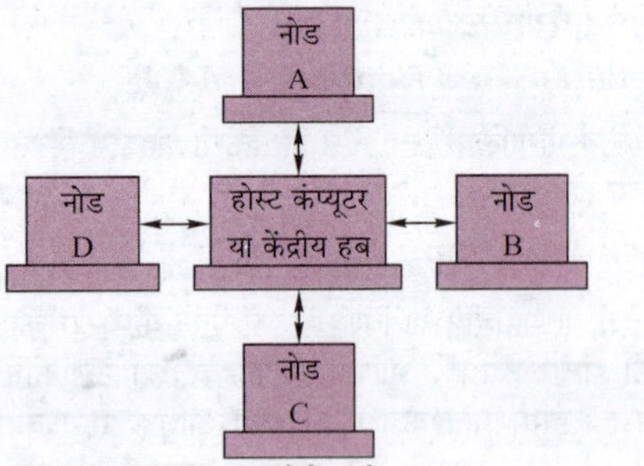

स्टार टोपोलॉजी

बस टोपोलॉजी (Bus Topology)

इसमें एक केबल, जिसे ट्रांसमिशन लाइन (transmission line) कहा जाता है, के माध्यम से सारे नोड जुड़े रहते हैं। किसी एक स्टेशन द्वारा संचारित डेटा सभी नोड्स द्वारा ग्रहण किए जा सकते हैं। इस कारण इसे ब्रॉडकास्ट नेटवर्क भी कहते हैं। डेटा को पैकेट में भेजा जाता है, जिसमें विशेष एड्रेस रहता है। कंप्यूटर नोड्स इस एड्रेस को पढ़कर अपने लिए बने डेटा को ग्रहण करते हैं। लैन (LAN) में मुख्यत: यही टोपोलॉजी प्रयोग की जाती है।

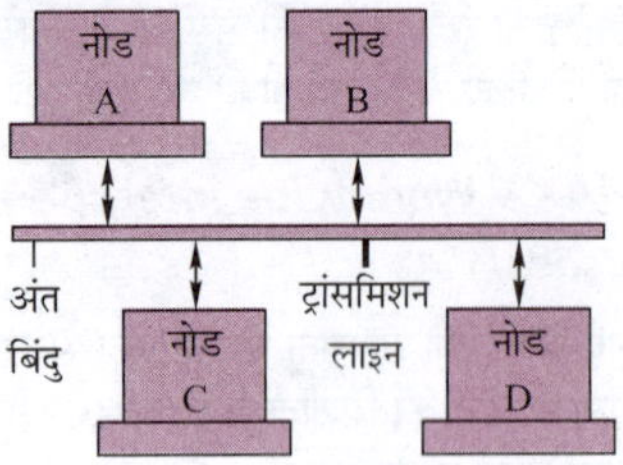

बस टोपोलॉजी

रिंग टोपोलॉजी (Ring Topology)

सभी नोड्स एक दूसरे से रिंग या लूप (ring or loop) में जुड़े होते हैं। बस टोपोलॉजी के दो अंत बिंदुओं को जोड़ देने से रिंग टोपोलॉजी का निर्माण होता है। प्रत्येक नोड अपने निकटतम नोड से डेटा प्राप्त करता है। अगर यह डेटा उसके लिए है, तो वह उसका उपयोग करता है, अन्यथा उसे अगले नोड को भेज देता है। प्रत्येक नोड के साथ रिपीटर लगा रहता है, जो सूचनाओं को पुन: प्रेषित कर सकता है। इसमें सूचनाओं का संचरण एक ही दिशा में होता है।

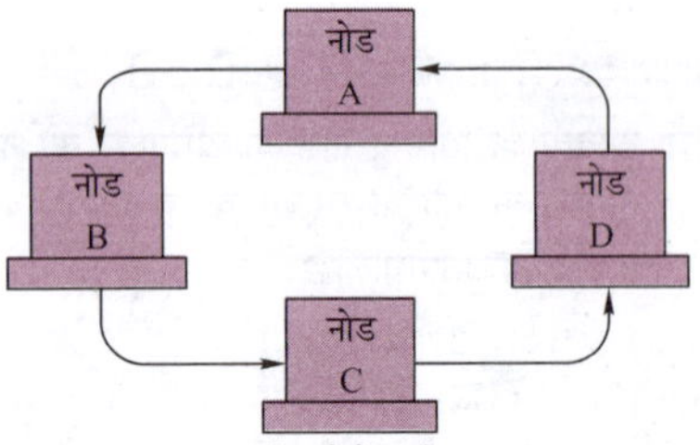

रिंग टोपोलॉजी

ट्री टोपोलॉजी (Tree Topology)

यह मुख्यत: बस टोपोलॉजी एवं स्टार टोपोलॉजी का मिश्रण है।

इंटरनेट, इंट्रानेट, और एक्स्ट्रानेट (Internet, Intranet, and Extranet): इंटरनेट का उपयोग बड़े पैमाने पर किया जाता है। इंटरनेट नेटवर्कों का नेटवर्क है। इसमें विभिन्न प्रकार के नेटवर्कों (LAN, MAN, WAN) को मिलाकर एक नेटवर्क तैयार किया जाता है। इंटरनेट का लाभ कोई भी व्यक्ति उठा सकता है। इंटरनेट पर किसी का निजी स्वामित्व नहीं होता I इंट्रानेट (Intranet) का उपयोग छोटे पैमाने पर किया जाता है। इंट्रानेट मुख्य रूप से लोकल एरिया नेटवर्क (LAN) से मिलकर बना होता है। इंट्रानेट का लाभ केवल उसका स्वामी संगठन या कंपनी के कर्मचारी ही उठा सकते हैं। इंट्रानेट का कोई न कोई स्वामी अवश्य होता है।

एक्सट्रानेट (Extranet) की सहायता से किसी संस्था का इंट्रानेट दूसरी संस्था के इंट्रानेट का प्रयोग करता है।

यहां पर इंटरनेट का विस्तृत वर्णन आगे किया गया है।

इंटरनेट (Internet)

इंटरनेट पूरे विश्व में विस्तृत कंप्यूटर नेटवर्कों का एक नेटवर्क है, जिससे अनेक नेटवर्क जुड़े हुए हैं, इसलिए इसको नेटवर्कों का नेटवर्क भी कहा जाता है। इसके अंतर्गत प्रत्येक नेटवर्क के कंप्यूटर किसी भी नेटवर्क के किसी भी कंप्यूटर से सूचना का आदान-प्रदान कर सकते हैं। एक कंप्यूटर नेटवर्क डेटा या सूचना संसाधनों को साझा करने की अनुमति देता है।

सॉफ्टवेयर संसाधन डेटा फ़ाइलों के रूप में होते हैं, जिनको दो या दो से अधिक विशेष कंप्यूटरों के बीच स्थानांतरित करने की आवश्यकता होती है। यह पेंटागन अमेरिका के रक्षा विभाग में आरम्भ हुआ था।

इंटरनेट का इतिहास (History of Internet)

1969: अमेरिकी रक्षा विभाग के एडवांस्ड रिसर्च प्रोजेक्ट्स एजेंसी (APRA) ने सं.रा. अमेरिका के चार विश्वविद्यालयों के कंप्यूटरों की नेटवर्किंग करके इंटरनेट 'अप्रानेट' (APRANET) का आरंभ किया। इसका उद्देश्य आपात स्थिति में आपस में संपर्क स्थापित किया जाना भी था।

1972: इलेक्ट्रॉनिक मेल अथवा ई-मेल का आरम्भ।

1973: ट्रांसमिशन कंट्रोल प्रोटोकॉल/इंटरनेट प्रोटोकॉल (टीसीपी/आईपी) को डिजाइन किया गया।

1983: वर्ष 1983 तक यह इंटरनेट पर दो कंप्यूटरों के मध्य संचार का माध्यम बन गया। इसमें से एक प्रोटोकॉल फाइल ट्रांसफर प्रोटोकॉल (FTP) की सहायता से फाइलें डाउनलोड कर पाना सम्भव हुआ।

1983: अप्रानेट के मिलिट्री हिस्से को मिलनेट (MILNET) में सम्मिलित कर दिया गया।

1986: यू.एस. नेशनल साइंस फाउंडेशन (NSF) ने एनएसएफनेट (NSFNET) लॉन्च किया। यह पहला बड़े पैमाने का नेटवर्क था, जिसमें इंटरनेट तकनीक का प्रयोग किया गया था।

1988: फिनलैंड के जाक्को ओकेरीनेने ने इंटरनेट चैटिंग का विकास किया।

1989: प्रथम बार इंटरनेट का इंडेक्स (अनुक्रमणिका) बनाने का प्रयास किया। सीईआरएन के बर्नर्स-ली ने इंटरनेट पर सूचना के वितरण की एक नई तकनीक का विकास किया, जिसे अंतत: वर्ल्ड वाइड वेब कहा गया। यह वेब हाइपरटेक्स्ट पर आधारित है, जो कि किसी इंटरनेट प्रयोगकर्ता को इंटरनेट की विभिन्न साइट्स पर एक डाक्यूमेंट से दूसरे को जोड़ता है। यह कार्य हाइपरलिंक (विशेष रूप से प्रोग्राम किए गए शब्दों, बटन अथवा ग्राफिक्स) के माध्यम से होता है।

1991: प्रथम यूज़र फ्रेंडली इंटरफेस, गोफर का विकास हुआ।

1993: मोजेइक (Mosaic) नामक नेवीगेटिंग सिस्टम का विकास हुआ।

1994: नेटस्केप कम्युनिकेशन और 1995 में माइक्रोसॉफ्ट ने अपने-अपने ब्राउज़र बाजार में वितरित किये। इन ब्राउज़रों से प्रयोगकर्ताओं के लिए इंटरनेट का प्रयोग अत्यन्त सरल हो गया।

1995: प्रारंभिक व्यावसायिक साइट्स को इंटरनेट पर किया गया।

1996: 1996 तक आते-आते विश्व भर में इंटरनेट को अधिक लोकप्रियता मिली। इंटरनेट प्रयोगकर्ताओं की संख्या 4.5 करोड़ की वृद्धि हुई।

1999: ईकॉमर्स की अवधारणा अत्यन्त तेजी से फैली, जिससे इंटरनेट के के माध्यम से क्रय - विक्रय की लोकप्रियता में वृद्धि हुई।

2003: न्यूजीलैण्ड में NIUE ने इंटरनेट के माध्यम से देशव्यापी 'वायरलेस एक्सेस' प्रणाली का प्रयोग आरंभ किया।

भारत में इंटरनेट 80 के दशक में आया, जब एर्नेट (Educational & Research Network) को सरकार, इलेक्ट्रॉनिक्स विभाग और संयुक्त राष्ट्र उन्नति कार्यक्रम (UNDP) की ओर से प्रोत्साहन मिला। सामान्य उपयोग के लिए इंटरनेट 15 अगस्त 1995 से उपलब्ध हुआ, जब विदेश संचार निगम लिमिटेड (VSNL) ने गेटवे सर्विस आरम्भ की।

एक हाई स्पीड नेटवर्क विभिन्न लोकल एरिया नेटवर्कों को इंटरनेट से जोड़ता है, जिसको हम इंटरनेट का बैकबोन भी कह सकते हैं, भारत के इंटरनेट का बैकबोन VSNL के अधिकार क्षेत्र में है।

इंटरनेट संबंधित प्रोटोकॉल
(INTERNET RELATED PROTOCOLS)

किसी नेटवर्क पर सूचनाओं का आदान-प्रदान करने के लिए कुछ निश्चित नियम होते हैं, जिन्हें प्रोटोकॉल (Protocol) कहा जाता है। इंटरनेट भी इसका अपवाद नहीं है, क्योंकि यह विश्व का सबसे बड़ा नेटवर्क है। इसका भी अपना एक प्रोटोकॉल है, जिसको TCP/IP कहा जाता है, जिसका पूरा नाम Transmission Control Protocol/Internet Protocol है।

TCP/IP एक डाक विभाग की तरह कार्य करता है। कंप्यूटरों का परस्पर त्रुटिहीन संचार सुनिश्चित करने के लिए दो प्रकार की आवश्यकताएँ होती हैं: (1) पता (2) सूचना प्रदान या प्राप्त करने के लिए एक सुरक्षित माध्यम। TCP मूलत: सूचना के आदान-प्रदान के लिए उसको छोटे-छोटे पैकेट्स में विभाजित करने, उनके पुन: संयोजन (reassemble) और सुरक्षित पहुंचाने का नियम है।

IP उस पर गंतव्य स्थान का पता लिखने की औपचारिकता को पूरा करता है। पते को हम मानकीकृत रूप में user@host.domain के रूप में लिखते हैं। इसमें इंटरनेट से जुड़े सभी कंप्यूटर्स अथवा websites का एक Main Address दिया जाता है, जिसको IP address कहते हैं। यह कंप्यूटर की पहचान है। इसके चार भाग होते हैं, तथा ये दशमलव से अलग होते हैं, जिसमें सभी भाग 0 से 255 तक की एक संख्या होती है। उदाहरण के लिए, 192.168.210.15. किसी भी दो कंप्यूटर्स या वेबसाइटों का IP पता एक जैसा नहीं हो सकता है। यह सभी प्रकार के हार्डवेयर एवं सॉफ्टवेयर पर लागू होता है। प्रत्येक डिवाइस (जैसे, कंप्यूटर, सर्वर, प्रिंटर, स्मार्टफ़ोन) का एक यूनिक एड्रेस होता है और कम्युनिकेशन के लिए वे इंटरनेट प्रोटोकॉल का उपयोग करते हैं।

TCP/IP के डिजाइनर ने IP एड्रेस को एक 32 बिट नम्बर के रूप में परिभाषित किया और इंटरनेट प्रोटोकॉल वर्ज़न 4 या IPv4 के नाम से विदित यह प्रणाली, आज भी उपयोग में है। बाद में इंटरनेट के व्यापक विकास और इसके परिणामस्वरूप उपलब्ध पतों की कमी के कारण, 1995 में एड्रेस के लिए 128 बिट उपयोग करके एक नया परिचयन सिस्टम (IPv6) विकसित किया गया।

नेट वर्क प्रोटोकॉल का मुख्य कार्य डेटा को पैकेट स्विचेड नेटवर्क जैसे कि इंटरनेट वाली स्थिति के मध्य एक कंप्यूटर से दूसरे कंप्यूटर तक पहुंचाने का होता है। IPv12 को 'भविष्य का प्रोटोकॉल' कहा जा सकता है।

TCP के स्थान पर User Datagram Protocol (UDP) का भी प्रयोग किया जा सकता है। IP एवं UDP को कनेक्शनलेस प्रोटोकॉल्स भी कहा जा सकता है।

कुछ अन्य महत्त्वपूर्ण इंटरनेट प्रोटोकॉल्स

HTTP (HyperText Transfer Protocol): वेब ब्राउज़र और वेबसर्वर के मध्य संचार को स्थापित करने हेतु।

IMAP (Internet Message Access Protocol): ई-मेल सर्वर और उपभोगकर्ता के मध्य संचार हेतु। इसके स्थान पर कई जगह Post Office प्रोटोकॉल का भी प्रयोग किया जाता है।

SSL (Secure Sockets Layer): इंटरनेट के द्वारा निजी दस्तावेजों को सम्प्रेषित करने हेतु।

FTP (File Transfer Protocol): डेटा फाइलों को एक कंप्यूटर से दूसरे कंप्यूटर पर भेजने हेतु।

TFTP (Trivial File Transfer Protocol): नेटवर्क यंत्रों के बीच डेटा फाइलों को स्थानान्तरित करने हेतु।

SMTP (Simple Mail Transfer Protocol): नेटवर्क आधारित ई-मेल को पहले APRANET पर FTP की सहायता से प्रेषित किया जाता था, अब यही कार्य SMTP के द्वारा किया जाता है।

SGML (Standardised General Markup Language): इसको एक भाषा कहना ठीक नहीं है। वस्तुत: यह एक मेटा भाषा है, जो कि एक दस्तावेज के आयोजन और टैगिंग के लिए दिशा निर्देश के बारे में है। SGML को वर्ष 1986 में International Organization for Standards (ISO) ने विकसित किया था। यह किसी विशेष फॉर्मेटिंग को परिभाषित नहीं करता। यह टैगिंग तत्वों के लिए नियमों को निर्दिष्ट करता है।

टेलनेट (TelNet): इस सुविधा से कोई व्यक्ति इंटरनेट से जुड़े दूरस्थ दूसरे कंप्यूटर से डेटा प्राप्त कर सकता है। इसको 'रिमोट लॉग इन' भी कहा जाता है।

यूज़नेट (UseNet): इस सेवा का प्रयोग लोगों के समूह द्वारा अपनी पसन्द के किसी विषय पर अपनी राय या सूचना देने के लिए किया जा सकता है। इस संबंध में हम न्यूज़ ग्रुप तथा न्यूज़ सर्वर जैसे शब्दों का प्रयोग करते हैं।

पुश नेट (Push Net): इससे संदेश इलेक्ट्रॉनिक बुलेटिन बोर्ड पर भेजा जा सकता है, जहां पर वह सबके लिए उपलब्ध रहता है।

ISP (Internet Service Provider): इंटरनेट से जुड़ने के लिए कई माध्यम हैं। इसके लिए आप को अपना कंप्यूटर किसी सर्वर से जोड़ना होता है। इंटरनेट सर्वर कोई ऐसा कंप्यूटर है, जो दूसरे कंप्यूटरों द्वारा भेजे गए अनुरोधों को स्वीकार करता है और उन्हें उनकी जानकारी उपलब्ध करवाता है। ये सर्वर कुछ अधिकृत कंपनियों द्वारा स्थापित किए जाते हैं, जिन्हें इंटरनेट सेवा प्रदाता कहा जाता है। ऐसी सेवा देने वाली अनेक कंपनियां हैं, आपके पास किसी इंटरनेट सेवा प्रदाता कंपनी का कनेक्शन होना चाहिए। जब आप अपने क्षेत्र में कार्य करने वाली किसी इंटरनेट सेवा प्रदाता कंपनी से आवेदन करते हैं और आवश्यक शुल्क जमा करते हैं, तब उसके द्वारा आप उस कंपनी के सर्वर से अपने कंप्यूटर को जोड़ सकते हैं।

इंटरनेट के विभिन्न क्षेत्रों के लिए मानक और दिशा-निर्देश तय करने और रिसर्च करने वाला समूह World Wide Consortium (WWC) कहलाता है।

बैंडविड्थ (Bandwidth): कंप्यूटर नेटवर्क के संदर्भ में, बैंडविड्थ का अर्थ है कि एक चैनल के माध्यम से (प्राय: वेबसाइट से सर्वर तक) डेटा/सूचना को

एक निश्चित समय अंतराल में स्थानान्तरित करने की क्षमता। साधारण भाषा में इसको डेटा ट्रांसफर कहा जाता है।

इंटरनेट कनेक्टिविटी के विकल्प: वर्तमान में इंटरनेट की सुविधा प्राप्त करने के बहुत से विकल्प उपलब्ध हैं, जो निम्नलिखित प्रकार से हैं:

1. **डायल अप कनेक्शन (Dial Up Connection):** इसमें कंप्यूटर से जोड़ने के लिए फ़ोन लाइन की आवश्यकता होती है। फ़ोन के संकेत एनालॉग होते हैं। इसमें कंप्यूटर के डिजिटल संकेतों में परिवर्तन करना आवश्यक है। इसमें मॉडेम नहीं होता है।
2. **केबल टीवी कनेक्शन (Cable TV Connection):** कुछ केबल टीवी सर्विस प्रोवाइडर इस प्रकार की सेवा प्रदान करते हैं।
3. **ब्रॉडबैंड (Broad Band):** ब्रॉडबैंड से अभिप्राय एक कनेक्शन से है जिसके माध्यम से डेटा, ध्वनि और चित्र तेजी से स्थानांतरित किए जा सकते हैं। इस समय 256 केबीपीएस अथवा अधिक डाउनलोड स्पीड वाले एक कनेक्शन को ब्रॉडबैंड की श्रेणी में रखा जा सकता है। इंटरनेट से कनेक्ट किए जाने पर ऐसे कनेक्शन एक डायल-अप अथवा किसी अन्य नैरोबैंड कनेक्शनों की तुलना में कहीं अधिक स्पीड पर डाउनलोडिंग की सुविधा देते हैं। ब्रॉडबैंड कनेक्शन के लिए मुख्यत: निम्नलिखित यंत्रों की आवश्यकता पड़ती है:
   - (a) **मॉडेम (Modem):** मॉडेम का कार्य कंप्यूटर डेटा को ऐसे प्रतीकों में परिवर्तित करना है, जिसको टेलीफोन लाइन से स्थानांतरित किया जा सके। इसका कार्य टेलीफोन से प्राप्त संकेतों को कंप्यूटर को समझ आने वाले संकेतों में परिवर्तित करना भी होता है।
   - (b) **हब (Hub):** यह एक साझा कनेक्शन पॉइंट है, जहां डेटा एक या एकाधिक दिशाओं से आता है, और एक या एकाधिक दिशाओं में भेजा भी जाता है। यह LAN में यंत्रों को जोड़ने के काम भी आता है।
   - (c) **ब्रिज (Bridge):** यह दो या दो से अधिक नेटवर्कों को जोड़ने का कार्य करता है।
   - (d) **राऊटर (Router):** इसका कार्य डेटा को दिशा देना है, अर्थात डेटा को आगे कहाँ भेजा जाए ताकि यह अपने गन्तव्य स्थान पर पहुँच सके।
   - (e) **गेटवे (Gateway):** यह नेटवर्क पर नोड का कार्य करता है, जिसके द्वारा दूसरे नेटवर्क का डेटा उसमें प्रवेश पा सके।

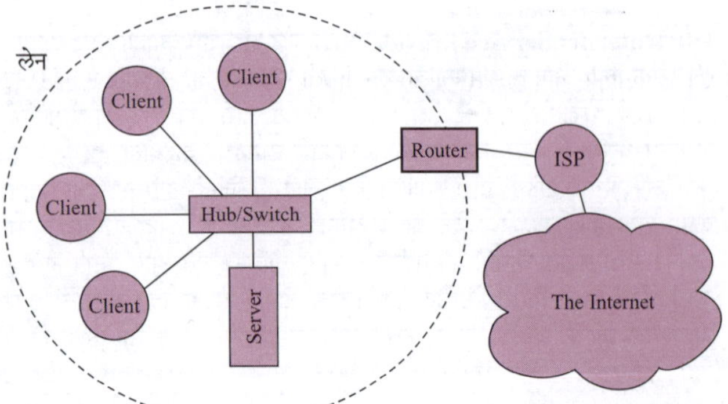

4. **डिजिटल सब्सक्राइबर लाइन (Digital Subscriber Line):** यह POTS (Plain Old Telephone Service) पर आधारित है, जो कि मूलत: कॉपर तार है। ADSL (Asymmetric Digital Subscriber Line) एक प्रकार का DSL (Digital Subscriber Line) है, जिसकी बैंडविड्थ दोनों दिशाओं में (upstream and downstream) भिन्न - भिन्न होती है। जबकि SDSL (Symmetric Digital Subscriber Line) में बैंडविड्थ दोनों दिशाओं में एक ही होती है।
5. **सेटेलाइट कनेक्शन:** इसमें संकेत सीधे उपग्रह से प्राप्त होते हैं।
6. **ब्लू टूथ:** इससे 30 फुट की त्रिज्या के अंदर यह सुविधा प्राप्त की जा सकती है।
7. **वाई-फाई (WiFi):** वाई-फाई (WiFi) का पूरा नाम (full form) वायरलेस फिडेलिटी (Wireless fidelity) है, वाई-फाई (WiFi) का आविष्कार John O'Sullivan और John Deane ने सन् 1991 में किया था। असल में यह एक वायरलैस नेटवर्किंग सुविधा है, जिसे आप (WLAN) यानि Wireless Local Area Network के नाम से जानते हैं, जिसकी सहायता से आप बड़ी आसानी से मोबाइल, लैपटॉप, कंप्यूटर और प्रिंटर जैसी डिवाइसों को इंटरनेट और नेटवर्क से जोड़ सकते हैं।

   वाई-फाई (Wi–Fi) डिवाइस बिना किसी तार के दो डिवाइसों के मध्य में कनेक्शन बनाता है, जिसके लिए यह रेडियो फ्रीक्वेंसी (Radio Frequency) का प्रयोग करता है, यह टेक्नोलॉजी IEEE 802.11 कई स्टैण्डर्ड पर आधारित है, जिसकी आवृत्ति 2.4 GHz से 5 GHz के मध्य होती है, वायरलेस नेटवर्क की किसी भी डिवाइस को कनेक्ट करने के लिए एक अभिगम केंद्र (Access Point) की आवश्यकता होती है और जिस एरिया में वाई-फाई (Wi–Fi) होता है, उसे हॉट-स्पॉट (Hotspot) कहते हैं।

क्लाउड कंप्यूटिंग (Cloud Computing): ये बहुत सारे सर्वरों का समूह है, जो कंप्यूटिंग एप्लिकेशन्स को होस्ट करते हैं। यदि आप अपने लैपटॉप पर एमएस वर्ड के स्थान पर गूगल डॉक्स का उपयोग कर रहे हैं, आप क्लाउड कंप्यूटिंग वातावरण का भाग हैं। क्लाउड कंप्यूटिंग कम लागत पर बेहतर उपयोगकर्ता अनुभव उपलब्ध करवाता है। SaaS, yahoomail, gmail, MSP (Managed Service Provider), यूटिलिटी कंप्यूटिंग, आदि इसके उदाहरण हैं।

1. कुछ उद्दिनांकित जानकारी (Some Updated Information)

IaaS, PaaS और SaaS तीन सबसे प्रसिद्ध क्लाउड सेवा मॉडल हैं - IaaS, PaaS और SaaS.

- A. **Infrastructure as a Service (IaaS):** यह एक सेवा के रूप में अवसंरचना, है, इसमें Cloud - hosted, Physical एवं Virtual Server, Storage and Networking Demand Access है, इस क्लाउड में application और workload चलाने के लिए Back End IT Infrastructure होता है।
- B. **Platform as a Service (PaaS):** यह एक सेवा के रूप में प्लेटफ़ॉर्म है, अनुप्रयोगों को विकसित करने, चलाने, बनाए रखने और प्रबंधित करने के लिए एक पूर्ण, रेडी-टू-यूज़, क्लाउड-होस्टेड प्लेटफ़ॉर्म तक ऑन-डिमांड एक्सेस है।
- C. **Software as a Service (SaaS):** यह एक सेवा के रूप में सॉफ़्टवेयर होता है, यह ready-to-use, cloud-hosted application software के लिए on demand access है।

IaaS, PaS और SaaS परस्पर अनन्य (mutually exclusive) नहीं होते हैं। मध्यम आकार के कई व्यवस्यायिक इनमें से एक से अधिक का उपयोग करते हैं, और अधिकांश बड़े उद्यम तीनों का उपयोग करते हैं।

इंटरनेट ऑफ थिंग्स (IoT): आज की स्थिति में हम सभी कनेक्टेड हैं। IoT इंटरनेट का प्राकृतिक विकास है। यदि हम यह मान कर चलें कि पृथ्वी पर हर एक व्यक्ति के पास चार कनेक्टेड डिवाइस हैं तो वर्ष 2020 तक 30 अरब से अधिक 'स्मार्ट' डिवाइस कनेक्ट हो जाएंगे। ये उपकरण जो वास्तविक समय में एक दूसरे के साथ संचार करते हैं, IoT के उदाहरण हैं।

वैश्विक अर्थव्यवस्था को बढ़ावा देना, सार्वजनिक उपयोगिताओं में सुधार और क्षमता बढ़ाना आदि इसके विभिन्न लाभ हैं। IoT महत्वपूर्ण है क्योंकि एक वस्तु जो स्वयं को डिजिटल रूप से प्रस्तुत कर सकती है वह वस्तु से कुछ बड़ी हो जाती है। ऑब्जेक्ट अब केवल अपने उपयोगकर्ता से संबंधित नहीं है, बल्कि अब यह आसपास के ऑब्जेक्ट और डेटाबेस डेटा से जुड़ा है।

इस संदर्भ में जस्टिस श्रीकृष्णा कमेटी की ओर से डेटा प्रोटेक्शन फ्रेमवर्क रिपोर्ट पेश की गई। राष्ट्रीय डिजिटल संचार नीति (National Digital Communication Policy) और इलेक्ट्रॉनिक्स और सूचना प्रौद्योगिकी मंत्रालय (MeiTY) भी इससे जुड़े हुए हैं।

नेट तटस्था (Net Neutrality): भारत सरकार नेट तटस्था के मूलभूत सिद्धांतों और अवधारणाओं के लिए प्रतिबद्ध है यानी इंटरनेट को बिना किसी भेदभाव के सभी के लिए सुलभ और उपलब्ध रखना। भारत में नेट संबंधी विषयों के विनियमन के लिए भारत सरकार द्वारा नियुक्त संस्था का नाम भारतीय दूरसंचार नियामक प्राधिकरण (Telecom Regulatory Authority of India - TRAI यानी ट्राई) है। 12 जुलाई 2018 को, दूरसंचार विभाग ने नियम बनाए, ट्राई की सिफारिशों को मंजूरी दी, जिसने भारत में नेट तटस्थता का पक्ष लिया। इन नियमों ने किसी भी प्रकार के डाटा भेदभाव पर रोक लगा दी। इंटरनेट सेवा प्रदाता जो इन नियमों का उल्लंघन करते हैं, उनके लाइसेंस रद्द हो सकते हैं। नियम 'महत्वपूर्ण IoT सेवाओं' या 'विशेष सेवाओं' जैसे कि स्वायत्त वाहनों और रिमोट सर्जरी संचालन इसके अपवाद हैं।

जीएसएम (Global System for Mobile Communications): GSM डिजिटल संचार क्षेत्र में वैश्विक स्तर पर स्वीकृत मानक है, जो कि 214 से भी अधिक देशों में प्रयोग किया जाता है। जीएसएम वायरलेस टेलीफोनी में वॉइस को डिजिट्स में परिवर्तित करके संकुचित किया जाता है। जीएसएम 900, 1800 या 1900 MHz आवृत्ति पर कार्य कर सकते हैं।

कोड डिवीजन मल्टीपल एक्सेस (CDMA): यह एक तीसरी पीढ़ी की डिजिटल सेलुलर प्रौद्योगिकी है। CDMA की मुख्य विशेषता यह है कि यह संचार नेटवर्क में व्यक्तिगत उपयोगकर्ताओं की आवृत्ति रेंज (frequency range) को सीमित किए बिना ज्यादा बैंडविड्थ उपलब्ध करवाता है। इससे किसी भी समय में एक ही नेटवर्क पर संवाद करने के लिए उपयोगकर्ताओं की अधिक संख्या निश्चित की जा सकती है।

स्टॉपओवर

1. क्लाउड कंप्यूटिंग की निम्नलिखित में से कौन सी विशिष्ट विशेषताएं हैं? **[जून 2020]**

1. यह सेवा इंटरनेट पर प्रदान की जाती हैI
2. यह सेवा प्रदाता के द्वारा उपलब्ध करवाई जाती है।
3. जब मौसम मेघाछन्न हो, यह परिकल्पित पर वर्षा की भविष्यवाणी करता है।
4. प्रदाता द्वारा इस सेवा का पूर्ण रूपेण प्रबंध किया जाता है।

नीचे दिए गए विकल्पों में से सही उत्तर चुनिए:

(a) केवल 1 और 2 (b) केवल 1, 2 और 3
(c). केवल 1 और 4 (d). केवल 1, 2 और 4

2. निम्नलिखित कथनों पर विचार करें।

अभिकथन (ए): सिमेंटिक वेब एक अंतरराष्ट्रीय मानक निकाय के नेतृत्व में विश्वव्यापी वेब संकाय है।

कारण (आर): सिमेंटिक वेब एक सामान्य ढांचा प्रदान करता है, जो डेटा को साझा करने की अनुमति देता है और एप्लिकेशन, उद्यम, सीमाएं और समुदाय में पुन: उपयोग किया गया है।

(a) ए सत्य है और आर, ए की सही व्याख्या है।
(b) ए सत्य है लेकिन आर सही व्याख्या नहीं है।
(c) ए सत्य नहीं है, लेकिन आर सत्य है।
(d) ए और आर दोनों असत्य हैं।

3. निम्नलिखित में से कौन-सी वेब 2.0 एप्लिकेशन की विशेषता है?

(a) एकाधिक उपयोगकर्ता एक-एक करके वेब 2.0 का उपयोग करने के लिए अपना समय निर्धारित करते हैं।
(b) वेब 2.0 एप्लिकेशन सहयोग करने और जानकारी साझा करने के लिए लोगों के ऑनलाइन होने की क्षमता पर केंद्रित है।
(c) वेब 2.0 एप्लिकेशन उपयोगकर्ताओं को इसे बनाने की सुविधा देने के बजाय, सामग्री प्रदान करता है।
(d) वेब 2.0 एप्लिकेशन केवल स्थिर पृष्ठों का उपयोग करता है।

उत्तर 1. (d) 2. (a) 3. (b)।

वर्ल्ड वाइड वेब (World Wide Web), Webserver, Hyperlinks

वर्ल्ड वाइड वेब और इंटरनेट दोनों भिन्न - भिन्न चीजें हैं, परन्तु दोनों एक-दूसरे पर निर्भर हैं। वर्ल्ड वाइड वेब जानकारी युक्त पेजों का विशाल संग्रह है, जो एक-दूसरे से जुड़ा है। WWW पर प्रत्येक पृष्ठ को वेब पेज कहा जाता है। वेब पेज HTML भाषा में लिखा होता है, जो कंप्यूटर में प्रयुक्त एक भाषा है। वेब पेज को जो रोचक बनाता है वह है हाइपरलिंक (Hyperlinks), जिसे प्राय: लिंक कहा जाता है। प्रत्येक लिंक किसी दूसरे पेज को इंगित करता है और जब हम इस पर क्लिक करते हैं, तो हमारा ब्राउज़र लिंक से जुड़े पेज को उपलब्ध कराता है। अत: वर्ल्ड वाइड वेब एक विशाल सूचनाओं का डेटाबेस है तथा हर सूचना एक दूसरी सूचना से जुड़ी है।

HTML (एचटीएमएल) का अर्थ है—हाइपर टेक्स्ट मार्कअप भाषा (Hyper Text Markup Language), यह एक स्वरूपण (formatting) भाषा है, जो वेब पेज के रूप और सामग्री को परिभाषित करने के लिए प्रयोग की जाती है। यह एक वेब पेज पर टेक्स्ट, ग्राफिक्स, ऑडियो, और वीडियो व्यवस्थित करने में सहायक होती है।

प्रमुख बिंदु

1. हाइपरटेक्स्ट एक टेक्स्ट है, जो कि एक कड़ी (Link) को संदर्भित करता है।

2. मार्कअप प्रतीक को संदर्भित करता है, जो कि टेक्स्ट की संरचना को परिभाषित करने के लिए उपयोग किया जाता है। मार्कअप प्रतीक ब्राउज़र

को यह बताते हैं कि टेक्स्ट को कैसे वेब पेज पर प्रदर्शित किया जाए। इनको सामान्यता टैग कहा जाता है।

3. यहां Language का अर्थ है, व्याकरण जो किसी भी अन्य भाषा के संदर्भ में भी हम प्रयोग करते हैं।
4. एचटीएमएल को टिम बर्नर्स ली ने CERN में कार्य करते हुए विकसित किया था।

वेबसाइट (Website)

यह वेब पेज और अन्य जानकारी (चित्र, ध्वनि, और वीडियो फाइल, आदि) का समूह है, जो कि एकल वेब सर्वर के माध्यम से हमें उपलब्ध होती हुई प्रतीत होती है। दूसरी तरफ यूआरएल, इंटरनेट पर किसी संसाधन का पता है। वर्ल्ड वाइड वेब URL की शुरुआत http:// से होती है।

होम पेज (Home Page)

इसको प्रथम पेज भी कहा जाता है, जिससे उपभोगकर्ता को वेबसाइट के बारे अन्य सूचनाएँ या उपलब्ध पेजों के बारे में जानकारी मिलती है।

यह पृष्ठ HTML में लिखे जाते हैं, वह स्थान जहां वेब पेज संग्रहित किए जाते हैं, उसको वेबसाइट कहा जाता है।

वेब ब्राउज़र (Web Browser)

टिम बर्नर ली ने सबसे पहला वेब ब्राउज़र बनाया था जिसका नाम वर्ल्ड वाइड वेब रखा, जो कि HTML भाषा पर आधारित है। हम किसी वेबसाइट का नाम लिखने से पहले www टाइप करते हैं। इंटरनेट चलाने के लिए वेब ब्राउज़र सबसे महत्त्वपूर्ण सॉफ्टवेयर है, जो आप को इंटरनेट पर उपलब्ध सामग्री लेख, ऑडियो, वीडियो, आदि को देखने (navigation) और प्रयोग करने में सहायता करता है।

यह एक मल्टीफंक्शन पैकेज है, जिसको वेब एक्सेस करने, फाइल को डाउनलोड करने तथा मल्टीमीडिया हाइपर टेक्स्ट दस्तावेजों को प्रदर्शित करने के लिए प्रयोग किया जाता है। वेब ब्राउज़र के माध्यम से वेबसाइट को कनेक्ट करने के लिए निम्नलिखित चरणों का अनुपालन किया जाता है:

1. वेब ब्राउज़र में वेब साइट के URL को टाइप करते हैं, जैसे www.bbc.com
2. ब्राउज़र वेब सर्वर से कनेक्शन बनाता है।
3. वेब सर्वर अनुरोधों को प्राप्त करता है।
4. वेब ब्राउज़र आपकी स्क्रीन पर वेब पेज को प्रदर्शित करता है तथा ब्राउज़र और सर्वर के मध्य कनेक्शन समाप्त हो जाता है।

मुख्य रूप से प्रयोग होने वाले वेब ब्राउज़र निम्न हैं:

1. Microsoft Internet Explorers
2. Netscape Navigator
3. Google Chrome
4. Mozilla Firefox
5. Opera Mini

उपरोक्त सभी ग्राफिकल ब्राउज़र के उदाहरण हैं। Lynx text-based ब्राउज़र का उदाहरण है। क्रॉस-प्लेटफॉर्म ब्राउज़र एक से अधिक ऑपरेटिंग सिस्टमों, जैसे कि Windows, Mac, Linux पर काम कर सकते हैं। Sea Monkey, Flock, K-Melon विभिन्न क्रॉस-प्लेटफॉर्म ब्राउज़रों के उदाहरण हैं।

Epic पहला भारतीय ब्राउज़र है, जो कि Mozilla के प्लेटफार्म पर बना हुआ है। यह 12 भारतीय भाषाओं का समर्थन करता है।

एक ब्राउज़र में एक टूल बार भी होता है, जो कि आपको वेबसाइट में चारों ओर ले जाने में तथा वेब पेजों को अपडेट करने में सहायता करता है।

पोर्टल (Portal)

इसका अर्थ Gateway होता है, जो कि एक वेब ब्राउज़िंग का प्रारम्भिक चरण है। प्राय: ऐसे सर्च इंजन या वेबसाइटों की बड़ी डाइरैक्टरिज़ होती हैं। पोर्टल का मुख्य कार्य उपयोगकर्ताओं को उनकी रुचि अनुसार कुछ वेबसाइटों की सूची प्रदान करना है, परन्तु आजकल ये बहुत सारी सूचनाएं एवं सेवाएं भी उपलब्ध कराते हैं।

पोर्टल्स के प्रकार

1. Web Searching Portals
2. E-Commerce Portals
3. E-Learning Portals
4. Government Portals, आदि

डोमेन नाम (Domain Name)

यह वेबसाइट के IP Address का विकल्प है। जब हम अपने इंटरनेट ब्राउज़र में किसी वेबसाइट का डोमेन नाम लिखते हैं, तो डोमेन नाम सर्वर (Domain Name Server) द्वारा IP Address में परिवर्तित कर दिया जाता है और हम संबंधित वेबसाइट तक पहुँच जाते हैं। IP Address की तुलना में डोमेन नाम को याद रखना बहुत आसान है इसलिए यह व्यवस्था पहले के मुकाबले कहीं सरल होती है।

इंटरनेट कारपोरेशन फॉर असाइन्ड नेम्स एंड नंबर्स (ICANN) एक अमेरिकी संस्था है, जो दुनिया भर के डोमेन्स का प्रबंधन करती है। अगर आप अपनी वेबसाइट के लिए या ब्लॉग के लिए कोई अपनी वरीयता का डोमेन लेना चाहते हैं, तो आपको ICANN से सर्टिफाइड किसी भी domain name registrar से अपना domain register करना होता है। भारत में डोमेन नाम पंजीकरण के लिए मुख्यत: godaddy.com तथा bigrock.in दो कंपनियाँ हैं।

डोमेन नाम की सहायता से हम किसी वेबसाइट की पहचान स्थापित करते हैं। इसके प्राय: दो भाग होते हैं, बायां भाग विशेष होता है तथा दायां भाग सामान्य होता है। उदाहरणार्थ, amazon.com, यहां amazon किसी संस्थान का विशेष नाम इंगित करता है तथा .com बताता है कि यह एक व्यापारिक साइट है। नीचे दी गई सूची में URL में सामान्यतया प्रयोग किए जाने वाले डोमेन नाम और उनका अर्थ बताया गया है।

डोमेन नेम (Domain Name)	जुड़ाव (Association)
.com	व्यापारिक
.edu	शैक्षिक
.gov	सरकारी
.mil	सैन्य
.net	नेटवर्क
.co	कंपनी
.org	संगठन

वेब पब्लिशिंग (Web Publishing)

कोई वेबसाइट तैयार करने और उसके पूरा हो जाने पर किसी होस्ट सर्वर पर अपलोड करने की प्रक्रिया को वेब पब्लिशिंग कहा जाता है।

कोई वेबसाइट तैयार करके उसे इंटरनेट पर सबके उपयोग के लिए अपलोड करने तक एक चरणबद्ध प्रक्रिया है, जो किसी पुस्तक के प्रकाशन की तरह कई चरणों में पूरी की जाती है।

1. **डोमेन का पंजीकरण (Registration):** इसकी चर्चा डोमेन नाम के अंतर्गत भी की जा चुकी है।
2. **वेब होस्टिंग (Web Hosting):** यह वेब पर वेबसाइट को स्थापित करने के लिए स्थान (space) किराए पर लेना है। यह आपकी वेबसाइट को सक्रिय रखता है।
3. **वेबसाइट डिजाइन और विकास (Web Designing and Development):** इसमें वेब पेजों का निर्माण और उन्हें किसी विशेष रूप में व्यवस्थित करना होता है। वेबसाइट मूलतः विभिन्न वेब पृष्ठों का समूह है।
4. **प्रचार (Publicity):** समाचार-पत्रों, पत्रिकाओं, टीवी, अन्य वेबसाइटों, आदि पर विज्ञापन। अपनी साइट को सर्च इंजनों, जैसे—गूगल और याहू के साथ जोड़ने से भी वेबसाइट पर आने वाले ट्रैफिक में वृद्धि होती है।
5. **अनुरक्षण (Maintenance):** किसी वेबसाइट की सफलता के लिए यह आवश्यक है कि उसमें नवीनता और रोचकता बनी रहे, ताकि नए और पुराने परिदर्शक (Visitor) उसमें आते रहें। इसके लिए वेबसाइट में निरन्तर सुधार और नई जानकारियां डालते रहने की आवश्यकता होती है।

स्टॉपओवर

1. वेब पेज के लिए कोड का उपयोग करके लिखा जाता है:
   (a) हाइपरटेक्स्ट मार्कअप भाषा
   (b) पर्ल
   (c) एफ़टीपी
   (d) युआरएल
2. इंटरनेट से जुड़ा प्रत्येक कंप्यूटर:
   (a) एक आईबीएम पीसी है
   (b) इंटरनेट संगत है
   (c) एक आधुनिक कनेक्शन है
   (d) एक अद्वितीय आईपी पता है
3. वेब मानक, प्रोग्रामर्स को कई भिन्न – भिन्न कंप्यूटर प्लेटफॉर्म पर बिखरे हुए प्रारूप की अनुमति देता है और सूचना सर्वर प्रदर्शित करता है। ये कार्यक्रम हैं:
   (a) इंटरनेट एक्सप्लोरर (b) एचटीएमएल
   (c) एफ़टीपी (d) वेब ब्राउज़र

उत्तर 1. (a) 2. (d) 3. (d)।

इलेक्ट्रॉनिक मेल (EMAIL)

ई-मेल एक सेवा है, जो हमें इंटरनेट पर इलेक्ट्रॉनिक मोड में संदेश भेजने की अनुमति देता है। यह एक ऐसा इलेक्ट्रॉनिक संदेश होता है, जो किसी नेटवर्क से जुड़े विभिन्न कंप्यूटरों के बीच भेजा व प्राप्त किया जाता है, जो कि भौगोलिक रूप से हजारों मील दूर भी हो सकते हैं। ई-मेल को मेल सर्वर के माध्यम से भेजा जाता और प्राप्त किया जाता है। मेल सर्वर ऐसा कंप्यूटर होता है, जिसका कार्य ई-मेल को प्रोसेस करके उचित क्लाइंट कंप्यूटर तक भेजना होता है।

वेब पते की तरह हमारे ई-मेल पते भी होते हैं, जिस पर ई-मेल भेजी जाती है। ब्राउज़र प्रोग्राम की तरह ई-मेल भेजने और प्राप्त करने के लिए विशेष ई-मेल प्रोग्राम या सॉफ्टवेयर होते हैं, जैसे—माइक्रोसॉफ्ट आउटलुक तथा आउटलुक एक्सप्रेस, आदि। हम कुछ वेबसाइटों की सहायता से भी अपना ई-मेल भेज तथा प्राप्त कर सकते हैं।

ई-मेल की संरचना (Email Structure)

ई-मेल पता (Email Address)

ई-मेल के प्रत्येक उपयोगकर्ता को अपने ई-मेल खाते के लिए एक अनूठा नाम मिलता है। इस नाम को ई-मेल पते (Email address) के रूप में जाना जाता है। विभिन्न उपयोगकर्ता ई-मेल पते के अनुसार संदेश भेजे और प्राप्त किए जा सकते हैं।

ई-मेल username@domainname के रूप में होता है। उदाहरण के लिए, student@bestest.in में student उपयोगकर्ता के रूप में है तथा bestest.in डोमेन नाम है।

1. यूज़रनेम और डोमेन नाम @ प्रतीक से अलग होते हैं।
2. ई-मेल पता केस सेंसिटिव (case sensitive) नहीं है।
3. ई-मेल पते में रिक्त स्थान (space) की अनुमति नहीं होती है।

ई-मेल संदेश अवयव

इन घटकों को निम्न आरेख में वर्णित किया गया है:

ईमेल हैडर (Email Header)

ई-मेल संदेश की पहली पांच या छह पंक्तियों को ई-मेल हैडर कहा जाता है। इसमें निम्नलिखित फील्ड होते हैं:

- From: प्रेषक का पता
- Date: तिथि/दिनांक
- To: संदेश प्राप्तकर्ता
- Subject: विषय, यह ई-मेल के सटीक उद्देश्य को इंगित करता है
- CC: इसका अर्थ है—Carbon Copy, इसमें वे प्राप्तकर्ता होते हैं जिनको भी हम जानकारी देना चाहते हैं, लेकिन वह लक्षित प्राप्तकर्ता नहीं है।
- BCC: Black Carbon Copy—वे लोग जो संदेश प्राप्त कर पाते हैं, लेकिन इसकी जानकारी संदेश प्रेषक दूसरों को नहीं देना चाहता।
- Greeting—अभिवादन
- Text—पत्र संदेश
- Signature—हस्ताक्षर, यह एक ई-मेल संदेश का अंतिम भाग है। इसमें प्रेषक का नाम, पदवी, भौतिक पता और संपर्क नंबर, आदि होते हैं।

ई-मेल के लाभ

ई-मेल संचार का एक शक्तिशाली और विश्वसनीय माध्यम प्रमाणित हुआ है। ई-मेल के निम्नलिखित लाभ हैं:

1. **विश्वसनीय:** यह सुरक्षित है। इसमें संदेश उसी व्यक्ति तक पहुँचता है, जिस तक हम पहुँचाना चाहते हैं।
2. **सुविधाजनक:** इसमें स्टेशनरी या स्टैम्प्स की आवश्यकता नहीं होती।
3. **गति:** यह नेटवर्क पर भी निर्भर करती है।
4. **किफ़ायती:** इसके लिए सिर्फ नेटवर्क कनेक्शन की आवश्यकता होती है।
5. **छापने योग्य:** संदेश का प्रिंट भी लिया जा सकता है।

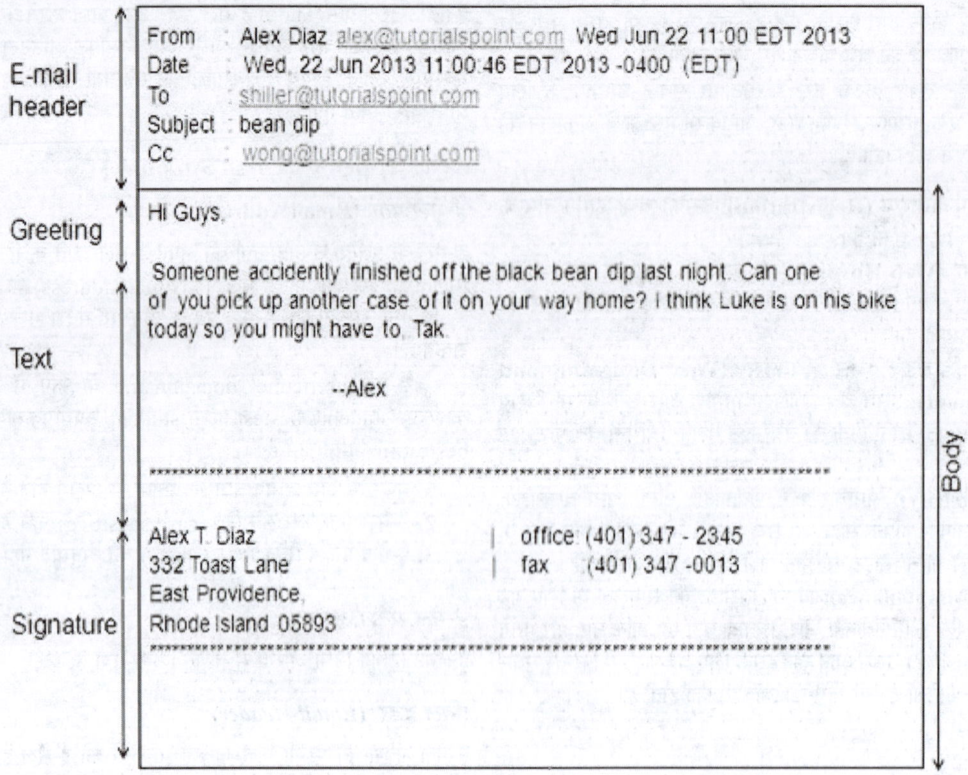

6. **व्यापकता:** इससे विश्व के किसी भी भाग में बैठे व्यक्ति को कुछ ही सेकंडों में संदेश भेजा जा सकता है।

ई-मेल हैकिंग (Email Hacking)

ई-मेल हैकिंग निम्न में से किसी भी प्रकार से किया जा सकता है:

1. **ई-मेल स्पैमिंग (Email Spamming):** ई-मेल स्पैमिंग का अर्थ है, जब-जब कोई वाणिज्यिक संस्थान बिना किसी अनुरोध के ही अपने उत्पादों और सेवाओं के विज्ञापन के लिए ई-मेल खाताधारियों को मेल भेजता है। इनको जंक मेल भी कहा जाता है। इनको आंग्ल भाषा में Unsolicited Bulk Emails भी कहा जाता है।
2. **वायरस (Virus):** किसी ई-मेल फ़ाइल में दुर्भावनापूर्ण स्क्रिप्ट होता है, जब ऐसी फाइल को हम अपने कंप्यूटर पर चलाते हैं, तो महत्त्वपूर्ण डेटा नष्ट होने की संभावना रहती है।
3. **फिशिंग (Phishing):** फ़िशिंग एक प्रकार का ऑनलाइन घोटाला है जो उपभोक्ताओं को एक ई-मेल भेजकर लक्षित करता है जो एक प्रसिद्ध स्रोत (एक इंटरनेट सेवा प्रदाता, एक बैंक, या एक बंधक कंपनी) से प्रतीत होता है। यह उपभोक्ता को व्यक्तिगत पहचान संबंधी जानकारी प्रदान करने के लिए कहता है।

   इसका मुख्य उद्देश्य उपयोगकर्ता का नाम, पासवर्ड और क्रेडिट कार्ड का विवरण, आदि के रूप में संवेदनशील जानकारी चोरी करना होता है। इस मेल में ऐसे लिंक होते हैं, जो ई-मेल उपयोगकर्ता को ऐसी वेबसाइट पर ले जाते हैं, जो देखने में वास्तविक वेबसाइट जैसी लगती है।
4. **स्प्लैग (Splag):** किसी को तब तक स्पैमिंग करते रहना जब तक कि उसके कंप्यूटर में बहुत गड़बड़ न होनी शुरू हो जाए व कंप्यूटर क्रैश हो जाए, को स्प्लैग (splag) कहते हैं।

स्टॉपओवर

1. अंकुर को एक ईमेल प्राप्त होता है जिसमें उसे बताया जाता है कि उसके क्रेडिट कार्ड को रद्द किया जा रहा है। उस ई-मेल में उसे राय दी जाती है कि ऐसा घटित ना हो, इसके वह दिए गए लिंक पर क्लिक करे और अपने ऑनलाइन बैंकिंग अकाउंट में साइन करे। वह उस निर्देश का पालन करता है। एक सप्ताह बाद अंकुर पाता है कि उसके बैंक खाते से 10,000 / - रुपये की धनराशि की निकासी की गयी है। अंकुर निम्नलिखित में से किसका शिकार बना है? **[जून 2020]**
   (a) फिशिंग स्कैम
   (b) ट्रोजन हॉर्स
   (c) ऑनलाइन ब्लैकमेल
   (d) वायरस
2. नीचे नीचे दो कथन दिए गए हैं:

   कथन (I): एक कम्पनी-व्यापी नेटवर्क जहां जनता की पहुंच नहीं हो और जो इंटरनेट प्रचार की प्रौद्योगिकी का प्रयोग करते हों, वर्ल्ड वाइड वेब कहलाता है।

   कथन (II): मॉडम (MODEM) एक डिवाइस है जो कंप्यूटर को टेलीफोन पर 'कम्युनिकेट' करने के लिए सक्षम बनाता है। **[जून 2020]**

   उपर्युक्त कथनों के आलोक में निम्नांकित विकल्पों में से सही उत्तर चुनें

(a) कथन I और II दोनों सही हैं।
(b) कथन I और II दोनों गलत हैं।
(c) कथन I सत्य है किंतु कथन II गलत है।
(d) कथन I असत्य है किंतु कथन II सही है।

3. नीचे दो कथान दिए गए हैं:
कथन (I): इंटरनेट सूचना का सबसे बड़ा आधार है और यह हमारे जीवन का महत्वपूर्ण अंग बन गया है।
कथन (II): HTML एक अधूरा कोड पैकेज है जो प्रयोक्ता द्वारा वेब पेज बनाना संभव बनाता है।
उपर्युक्त कथनों के आलोक में निम्नांकित विकल्पों में से सही कथन चुनें:
(a) कथन I और II दोनों सही हैं।
(b) कथन I और II दोनों गलत हैं।
(c) कथन I सत्य है किंतु कथन II गलत है।
(d) कथन I असत्य है किंतु कथन II सही है।

4. निम्न में से कौन सा ई-मेल एड्रेस का सही प्रारूप है?
(a) name@website@info
(b) name@website.info
(c) www.nameofebsite.com
(d) name.website.com

उत्तर 1. (a) 2. (d) 3. (c) 4. (b)।

सर्च इंजन (Search Engine)

सर्च इंजन एक ऐसा प्रोग्राम है, जो इंटरनेट पर उपलब्ध सूचनाओं में से किसी विशेष सूचना को ढूंढकर कंप्यूटर स्क्रीन पर प्रदर्शित करता है। हमें किसी संस्थान, वस्तु, व्यक्ति, विषय, आदि किसी के बारे में कुछ भी सूचना प्राप्त करनी है, तो हम इस सर्च टूल का प्रयोग करते हैं। गूगल, याहू, अल्टाविस्टा, लाइकोस, हॉटबोट , आदि अनेक उदाहरण हैं।

मेटासर्च इंजन या एग्रीगेटर (Metasearch Engine or Aggregator) एक ऐसा सर्च उपकरण है जो अपने स्वयं के परिणाम दर्शाने के लिए दूसरे सर्च इंजन के डेटा का उपयोग करता है। मेटाक्रॉलेर, हॉटबोट, डॉगपाइल, आदि मेटा सर्च इंजन के उदाहरण हैं।

स्टॉपओवर

निम्नलिखित में से कौन सा एक सर्च इंजन नहीं है?
(a) बिंग (b) गूगल
(c) याहू (d) विंडोज
सही विकल्प (d) है।

शिक्षण-अधिगम प्रक्रिया की कुछ महत्त्वपूर्ण सोशल नेटवर्किंग साइट्स

सोशल नेटवर्किंग साइट्स लक्ष्य और रुचि वाले लोगों के बीच संबंध स्थापित करने में महत्त्वपूर्ण भूमिका अदा करती हैं, जो प्राय: सामान्य जीवन में नहीं हो पाता। कुछ सोशल नेटवर्किंग साइटों की चर्चा निम्नलिखित अनुच्छेदों में की गयी है:

1. **फेसबुक (Facebook):** यह सबसे अधिक प्रसिद्ध वेबसाइट है। इसमें प्राइवेसी सेटिंग्स में अनुरूप परिवर्तन करके यह सुनिश्चित किया सकता है कि सूचना का आदान-प्रदान एक विशेष वर्ग के विद्यार्थियों तक ही सीमित रहे। बहुत सारे विद्यार्थी परीक्षाओं की तैयारी ऐसे समूह बना कर करते हैं, जिसका सदस्य बनने के लिए अनुमति लेनी पड़ती है।

2. **ट्विटर (Twitter):** यह भी उन शिक्षकों के लिए उपयोगी है, जो कि कक्षा शिक्षण की एकरसता से निकल कर विद्यार्थियों से संपर्क स्थापित करना चाहते हैं। यह संक्षिप्त संदेश के लिए प्रयोग किया जाता है या फिर दीर्घ संदेशों के लिए लिंक साझा किए जा सकते हैं।

3. **माइक्रोब्लॉगिंग (Micro-blogging):** यह पारंपरिक ब्लॉगिंग का एक भिन्न रूप है, जिसमें संक्षिप्त पाठ्य संदेश भेजे जा सकते हैं। संदेश की सीमा प्राय: 140 अक्षरों (ट्विटर पर) की होती है, जिसे अपने मोबाइल फ़ोन, इंस्टैंट मैसेंजर, ई-मेल या वेबसाइट द्वारा भेज सकते हैं। यह वर्ष 2006 में प्रारंभ हुआ, ट्विटर सर्वाधिक प्रसिद्ध माइक्रोब्लॉगिंग सेवा है। इसके बाद दूसरे स्थान पर प्रचलित सेवा गूगल द्वारा अधिग्रहित जायकू है।

4. **ऑरकुट (Orkut):** यहां पर ऑरकुट कम्यूनिटी (जनवरी 24, 2004—सितंबर 30, 2014) की अवधारणा का ज़िक्र आवश्यक है, जिसके द्वारा एक विशेष समूह बनाया जा सकता था, जैसे कि योग, गणित, भौतिकी, दर्शनशास्त्र, आदि विषयों के लिए। शिक्षार्थी इनसे लाभान्वित होते थे।

5. **वर्चुअल फील्ड ट्रिप्स (Virtual Field Trips):** इसके द्वारा विद्यार्थी किसी स्थान पर वास्तविक समय (real time) में जा सकते हैं। इसमें ऑडियो कॉन्फ्रेंसिंग, वीडियो कॉन्फ्रेंसिंग जैसे अभिलक्षण हो सकते हैं। यह पूर्व निर्धारित, विषयवस्तु पर आधारित होते हैं, जो कि शिक्षार्थी के अनुभवात्मक ज्ञान में वृद्धि करते हैं। इनके बारे में अधिक जानकारी के लिए www.campusfortunecity.com, middleschool.net पर विज़िट कर सकते हैं।

6. **यूट्यूब (YouTube):** इसका उपयोग वीडियो फाइल्स को देखने, साझा करने, अपलोड करने के लिए होता है। इस पर बहुत सारे शिक्षक अपने व्याख्यान अपलोड करते हैं जिनसे विद्यार्थी लाभान्वित होते हैं। कुछ प्रयोग जो शिक्षण संस्थान में उपलब्ध नहीं होते उनको भी विद्यार्थी इन पर जाकर देख सकते हैं। यह जानकारी का बहुत सशक्त संसाधन बन चुका है।

7. **पॉडकास्ट (Podcast):** दो शब्दों से मिलकर बना है—प्लेयेबल आन डिमांड (POD) तथा ब्रॉडकास्ट से। बाद में इसे इंटरनेट पर अन्य साधनों जैसे वेबसाइटों, ब्लॉगों, आदि पर भी प्रयोग किया जाने लगा।

यह एक मीडिया संचिका है जिसको इंटरनेट पर फीड के द्वारा प्रसारित किया जाता है। इसको कंप्यूटर तथा पोर्टेबल मीडिया प्लेयरों जैसे आईपॉड तथा स्मार्टफोन, आदि पर चलाया जा सकता है। इस प्रक्रिया को पॉडकास्टिंग कहा जाता है। पॉडकास्ट बनाने तथा प्रसारित करने वाले को पॉडकास्टर कहा जाता है।

ब्लॉग के संदर्भ में इसका सामान्य सा अर्थ है कि अपने ब्लॉग पर किसी पोस्ट में कोई मीडिया संचिका (ऑडियो/वीडियो), आदि डालना जिसे पाठक ब्लॉग पर आकर अथवा आरएसएस फीड द्वारा देख/सुन सके। सामान्य तौर पर ब्लॉग के मामले में ब्लॉगर (blogger) ही पॉडकास्टर होगा।

अगर केवल वीडियो फाइलों का वितरण हो, तो उसके लिए वीडियो कास्टिंग शब्द का प्रयोग किया जा सकता है।

8. **फ्लिकर (Flickr):** यह मूलत: एक फोटो प्रबन्धन साइट है और साझा करने के लिए उपयोगी है। उपयोगकर्ता इस सुविधा का प्रयोग एक निश्चित सीमा की मेमोरी तक कर सकते हैं। विद्यार्थी इस पर डेस्कटॉप या कैमरे से पिक्चर्स को अपलोड किया जा सकता है, फिर उनका वर्गीकरण भी किया जा सकता है, जैसे कि प्रयोग, मॉडल, प्रोजेक्ट्स, आदि। इन पर चर्चा भी की जा सकती है, जो कि सीखने के दृष्टिकोण से बहुत महत्त्वपूर्ण है।

9. विकिपीडिया (Wikipedia): विकिपीडिया का प्रारम्भ जिमी वेल्स और लैरी सैंगर ने वर्ष 2001 में की थी। अगर हमें किसी भी विषय की जानकारी लेनी हो, तो हम विकिपीडिया का प्रयोग करते हैं। इसकी सबसे विशेष बात यह है कि इसमें एक सरल प्रक्रिया से कोई भी संशोधन कर सकता है, सब संशोधनों का रिकॉर्ड रखा जाता है।

अंग्रेजी विकिपीडिया में वेबसाइट्स में से सबसे ज्यादा, 46 लाख आर्टिकल उपलब्ध हैं। विकिपीडिया 260 से भी अधिक भाषाओं में उपलब्ध है। इसका 50 फीसदी उपयोगकर्ताओं का ट्रैफिक गूगल के माध्यम से आता है। यह भारत की सबसे प्रसिद्ध सातवीं वेबसाइट है, जो ट्विटर से ज्यादा प्रयोग की जाती है। प्रति माह 5 करोड़ से अधिक उपयोगकर्ता (User) विकिपीडिया का प्रयोग करते हैं।

10. ब्लॉग (Blog): ब्लॉग शब्द का उद्‌गम लॉग अर्थात डायरी है। ब्लॉग एक तरह की वेबसाइट होती है, हम अपने विचार, अनुभव और सुझाव दूसरों के समक्ष ब्लॉग के माध्यम से क्रमिक रूप से रख सकते हैं।

आप अगर ब्लॉग में काम करते हैं, तो उसे ब्लॉगिंग (blogging) कहते हैं और जो ब्लॉग लिखता है उसे ब्लॉगर (blogger) कहते हैं। ब्लॉगस्पॉट (blogspot) गूगल के द्वारा ही जारी किया गया एक प्लेटफॉर्म है। गूगल आपको फ्री ब्लॉग डालने की अनुमति देता है।

ब्लॉग के माध्यम से तत्काल प्रतिपुष्टि एवं सहभागिता सुनिश्चित की जा सकती है।

एक शिक्षक एडुब्लॉग्स के माध्यम से शिक्षण अधिगम प्रक्रिया को और प्रभावी बना सकता है, इसमें शिक्षा के नीति निर्धारकों का भी योगदान हो सकता है। इससे विद्यार्थी परस्पर चर्चा कर सकते हैं जिसमें शिक्षक की भूमिका एक सुगमकर्ता की बन जाती है। कुछ ब्लॉग सबके लिए मुक्त (open) होते हैं,कुछ को पासवर्ड से सुरक्षित किया जा सकता है।

फ्री ब्लॉग होस्टिंग (Free Blog Hosting): wordpress selva, blogger, tumblr.

ब्लॉग होस्ट्स विद फीस (Blog Hosting with Fees): GoDaddy, Bluehost, hostgator, hostmonster.

आरएसएस (RSS): इस वेब उपकरण की सहायता से आप सूचना को दूसरी कुछ वेबसाइटों से एकत्रित कर अपनी वेबसाइट पर दिखा सकते हैं। इससे शिक्षक और विद्यार्थी के पास कई विषय-वस्तुओं के बारे में विस्तृत जानकारी एकत्रित हो जाती है, विशेषतया समसामयिक घटनाओं के बारे में। यह एक प्रकार से किसी विषय-वस्तु पर अनुसंधान जैसा बन जाता है, जिसमें कई पहलू कवर किए जा सकते हैं। आप इसके बारे में और अधिक जानकारी प्राप्त करने हेतु rssfeedreader.com पर जा सकते हैं।

स्टॉपओवर

1. 'ब्लॉग' शब्द निम्नलिखित में से किस शब्द से प्राप्त किया गया है? **[जून 2020]**

(a) माई ब्लॉग (b) वी ब्लॉग
(c) ई ब्लॉग (d) ब्लॉगर

इसका सही विकल्प (b) है।

द्रव्य-श्रव्य यंत्र (Audio-visual Instruments)

हम पहले अध्याय में काफी ऐसे उपकरणों का वर्णन कर चुके हैं। यहां ICT के अनुसार ऑडियो और वीडियो कॉन्फ्रेंसिंग की चर्चा कर रहे हैं।

ऑडियो कॉन्फ्रेंसिंग (Audio Conferencing)

एक कंप्यूटर-आधारित संचार प्रणाली एक आभासी सम्मेलन आयोजित करने के लिए विभिन्न स्थानों पर कंप्यूटर उपयोगकर्ताओं को एक समूह बनाने की अनुमति देती है। यहां, प्रतिभागी एक दूसरे को सुनते हैं, क्योंकि वे एक वास्तविक सम्मेलन में भाग लेने वाले एक प्रकार से एक ही कक्ष में होने जैसे हैं। ऑडियो कॉन्फ्रेंसिंग सिस्टम प्रतिभागियों को एक दूसरे को देखने की अनुमति नहीं देता है।

ऑडियो कॉन्फ्रेंसिंग में, एक ऑडियो कॉन्फ्रेंसिंग ब्रिज में डायल करके कई कॉलर्स को बातचीत में सम्मिलित होने की अनुमति दी जाती है। प्रतिभागियों को एक एक्सेस नंबर, एक सम्मेलन आईडी और संभवत: प्रतिभागी की विशिष्ट पहचान करने के लिए पिन नंबर या एक सुरक्षित पासवर्ड दिया जाता है। इससे कॉल की सुरक्षा में भी सुधार होता है। कॉल आयोजक प्रतिभागियों को पृष्ठभूमि डेटा या शायद कॉल में दस्तावेजों की समीक्षा करने के लिए ईमेल के माध्यम से आवश्यक जानकारी प्रदान करते हैं।

व्यवसाय के लिए Skype में ऐसी स्थिति के लिए ऑडियो कॉन्फ्रेंसिंग सुविधा सम्मिलित है। लोग मोबाइल डिवाइस या पीसी पर व्यवसाय ऐप के लिए Skype का उपयोग करने के बजाय, फ़ोन का उपयोग करके व्यावसायिक मीटिंग के लिए Skype में कॉल करते हैं।

निम्नलिखित बिंदुओं को ऑडियो कॉन्फ्रेंसिंग के लाभ के रूप में देखा जा सकता है:

1. ऑडियो कॉन्फ्रेंसिंग उपकरण मितव्ययी संचार है।
2. ऑडियो कॉन्फ्रेंसिंग सरलता से सुलभ है।
3. ऑडियो कॉन्फ्रेंसिंग बहुत समय बचा सकती है।

ऑडियो कॉन्फ्रेंसिंग की सीमाएं: ऑडियो कॉन्फ्रेंसिंग के तीन स्पष्ट नुकसान हैं।

1. संचार केवल मौखिक है।
2. ऑडियो कॉन्फ्रेंसिंग आपको सदैव बैठक पर केंद्रित नहीं रख सकती है।
3. कॉन्फ्रेंस कॉल की गुणवत्ता विश्वसनीय नहीं है।

ऑडियो कॉन्फ्रेंसिंग से लोगों को बहुत लाभ मिला है, मुख्यत: व्यापार के संसार में। जब प्रौद्योगिकी एक निश्चित डिग्री तक बढ़ती है, तो कुछ समस्याएं भी आ जाती हैं।

वीडियो कॉन्फ्रेंसिंग (Video Conferencing)

2020 में उत्पन्न हुई वैश्विक महामारी कोविड 19 ने पूरी स्थिति को परिवर्तित करके रख दिया, पहले डिजिटल शिक्षण पुस्तकों पर आधारित प्रतीत होती थी, परन्तु अब पुस्तकें डिजिटल शिक्षण पर आधारित होती हुई लग रही हैं, यू जी सी द्वारा उद्घोषित 'मिश्रित अधिगम' (blended learning) भी इसका समन्वय प्रतीत होती है।

एक कंप्यूटर-आधारित संचार प्रणाली जो विभिन्न स्थानों पर कंप्यूटर उपयोगकर्ताओं के एक समूह को एक आभासी सम्मेलन का संचालन करने की अनुमति देती है। यहां, प्रतिभागी एक दूसरे को देख और सुन सकते हैं जैसे कि वे एक वास्तविक सम्मेलन में भाग लेने वाले कक्ष में हों।

वीडियो कॉन्फ्रेंसिंग दो प्रतिभागियों के मध्य पियर-टू-पियर कॉल में, या कई प्रतिभागियों के मध्य हो सकती है।

वीडियो कॉन्फ्रेंसिंग ब्रिज के माध्यम से संचार करती हैं, जिसको कभी-कभी एक मल्टीपॉइंट कंट्रोल यूनिट कहा जाता है। यहां, ब्रिज को एक कंपनी नेटवर्क के भीतर स्थित किया जा सकता है या एक सेवा प्रदाता से उपलब्ध कराया जा सकता है जो सदस्यता या किसी और गणना के आधार पर हो सकता है, या फिर निशुल्क भी। यह सब इच्छित उपयोग और सेवा मॉडल पर निर्भर करता है।

वीडियो कॉन्फ्रेंसिंग एक ऑडियो चैनल भी सुनिश्चित कर सकता है और इसमें एक दस्तावेज़ या स्क्रीन साझा करने की क्षमता भी हो सकती है। वीडियो कॉन्फ्रेंसिंग किसी कंपनी के आंतरिक नेटवर्क पर भी हो सकती है, हालांकि जब बाहरी प्रतिभागी सम्मिलित हों, तो किसी विशेष उपकरण जैसे कि फायरवॉल का उपयोग भी किया जा सकता है।

वीडियो कॉन्फ्रेंसिंग को भी तीन श्रेणियों में बांटा जा सकता है:

1. हार्डवेयर आधारित वीडियो कॉन्फ्रेंसिंग,
2. सॉफ्टवेयर आधारित वीडियो कॉन्फ्रेंसिंग और
3. हाइब्रिड वन।

वीडियो कॉन्फ्रेंसिंग प्रणाली में निम्न यंत्र होते हैं:

1. एंडपॉइंट्स–कैमरा, माइक्रोफोन और अन्य प्रसंस्करण उपकरण,
2. एमसीयू (मल्टीपॉइंट कंट्रोल यूनिट, जो सर्वर के जैसे होते हैं) और
3. नेटवर्क कनेक्शन।

जब एक प्रतिभागी हमारे सामने स्क्रीन पर बात करता है, तो हमारी आवाज और छवि एनालॉग रूप में सॉफ्टवेयर में जा रही है। सॉफ्टवेयर के माध्यम से आपके द्वारा भेजे गए संदेश को स्वीकार करने पर सर्वर इसे डिजिटल रूप में बदल देगा और फिर इसे एनालॉग रूप में प्राप्त होने वाले अंत तक बदल देगा। यह स्थिति 'पॉइंट टू पॉइंट' वीडियो कॉल के लिए है।

वीडियो कॉन्फ्रेंस को बहुस्तरीय करने से यह बहुत अधिक जटिल हो जाती है। स्केलेबल वीडियो कोडिंग तकनीक की सहायता से, सर्वर प्रत्येक प्रतिभागी को वीडियो स्ट्रीम का एक सेट भेज सकता है, ताकि विभिन्न स्थानों पर लोगों को अनुकूलित आवाज और चित्र प्राप्त हो सकें।

टेलीकॉन्फ्रेंसिंग (Conferencing)

विभिन्न स्थानों में प्रतिभागियों के साथ टेलीफोन (ऑडियो-कॉन्फ्रेंसिंग) या वीडियो (वीडियोक्रॉन्फ्रेंसिंग) के माध्यम से एक आभासी सम्मेलन हो सकता है। UNHCR भी व्यवसाय आदि के लिए Skype सहित कई क्रॉन्फ्रेंसिंग उपकरण जैसे कि (Microsoft Lync) और सिस्को वेबएक्स आदि का उपयोग करता है।

कॉन्सेप्ट बॉक्स

शिक्षा में कृत्रिम बुद्धिमत्ता (AI)

AI प्रौद्योगिकी सरल नियम-आधारित प्रणालियों से उन्नत मशीन लर्निंग और डीप लर्निंग मॉडलों तक विकसित हो गई है।

1. प्रारंभिक AI मुख्य रूप से तार्किक विचार और प्रतीकात्मक हेरफेर पर केंद्रित थी।
2. आधुनिक AI विशाल मात्रा में डेटा, जटिल न्यूरल नेटवर्क, और शक्तिशाली कंप्यूटिंग संसाधनों का उपयोग करती है ताकि विभिन्न क्षेत्रों में निर्णय लेने, स्वचालन, और समस्या-समाधान को बढ़ाया जा सके।
3. प्राकृतिक भाषा प्रसंस्करण (NLP), कंप्यूटर विजन, और रोबोटिक्स में प्रगति ने AI की क्षमताओं को इन और कई अन्य उद्योगों में काफी बढ़ा दिया है।
4. दक्षता: AI दोहराए जाने वाले कार्यों को स्वचालित करके, त्रुटियों को कम करके, और संचालन को अनुकूलित करके दक्षता में सुधार करती है। यह स्वास्थ्य देखभाल, वित्त, शिक्षा, और विनिर्माण में निर्णय लेने को बढ़ाती है, तेज और अधिक सटीक परिणाम प्रदान करती है। हालाँकि, AI की दक्षता गुणवत्ता डेटा, एल्गोरिदम की सटीकता, और नैतिक विचारों पर निर्भर करती है।

जनरेटिव AI (Generative AI)

यह साधारण AI से परे जाकर नई सामग्री बनाता है बजाय मौजूदा डेटा का विश्लेषण करने के। यह निम्नलिखित चीजें उत्पन्न कर सकता है:

- **पाठ:** कहानियाँ, लेख, कोड, कविताएँ, और यहाँ तक कि स्क्रिप्ट्स।
- **छवियाँ:** वास्तविक फोटो, कलात्मक रेंडरिंग, और यहाँ तक कि संपूर्ण डिजिटल दुनिया।
- **ऑडियो:** संगीत, भाषण, और ध्वनि प्रभाव।
- **वीडियो:** छोटे क्लिप, एनीमेशन, और यहाँ तक कि यथार्थवादी मानव जैसा अवतार।

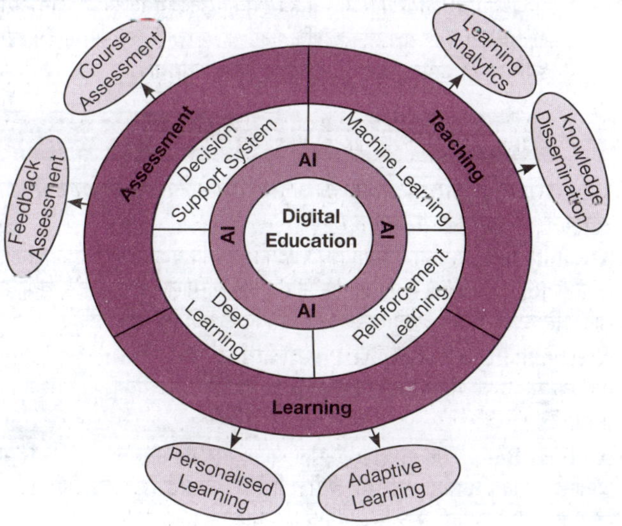

प्रमुख अग्रणी AI कंपनियों में शामिल हैं: (The Major Leading AI Companies Include:)

- **OpenAI** – NLP मॉडल जैसे ChatGPT में अग्रणी।
- **Google DeepMind** – रिइनफोर्समेंट लर्निंग में नवाचारक (AlphaGo, Gemini)।
- **Microsoft** – AI में भारी निवेश, उत्पादों में इसे एकीकृत करना जैसे Copilot।
- **IBM Watson** – उद्यमों के लिए AI समाधान पर केंद्रित।
- **Amazon & Meta** – AI-प्रेरित अनुशंसाएँ, क्लाउड AI, और वर्चुअल सहायक।
- **DeepSeek** – यह एक उभरती हुई AI कंपनी है, मुख्य रूप से चीन में आधारित है, जो बड़े भाषा मॉडल (LLMs) और AI-प्रेरित खोज प्रौद्योगिकियों के विकास पर केंद्रित है। यह मौजूदा दिग्गजों को कड़ी प्रतिस्पर्धा दे रही है। वे उपयोगकर्ताओं के लिए कम लागत का लाभ प्राप्त कर सकते हैं।
- चीन की Baidu, Tencent, और Huawei भी AI प्रगति में महत्वपूर्ण भूमिका निभा रहे हैं।

भारत में AI का परिदृश्य (Indian Scenario in AI)

- भारतीय सरकार का उद्देश्य 2026 तक डिजिटल अर्थव्यवस्था को देश के GDP में 20% का योगदान देना है, जबकि समग्र आर्थिक विकास दर 6-7% होने की उम्मीद है। यह महत्वपूर्ण योगदान डिजिटल प्रौद्योगिकियों, सहित AI, को भारत की आर्थिक वृद्धि में महत्वपूर्ण भूमिका को रेखांकित करता है।

- **GPAI (Global Partnership on Artificial Intelligence):** GPAI जिम्मेदार AI विकास और तैनाती पर केंद्रित एक अंतरराष्ट्रीय पहल है।
- **Bhashini:** एक AI-संचालित भाषा अनुवाद मंच जो विभिन्न भारतीय भाषाओं में सीखने को सुगम बनाता है।
- **DIKSHA:** एक मंच जो व्यक्तिगत शिक्षण अनुभवों के लिए AI का उपयोग करता है।
- **Sakshat:** स्वचालित ग्रेडिंग, व्यक्तिगत प्रतिक्रिया, और बुद्धिमान ट्यूटरिंग सिस्टम के लिए AI का उपयोग करने वाला एक मंच।
- **Shiksha Setu:** भारत में एक ऑनलाइन मंच जो स्कूलों, कॉलेजों, और विश्वविद्यालयों को जोड़ता है। इसका उद्देश्य शिक्षा में जानकारी साझा करना और प्रशासनिक प्रक्रियाओं को सुव्यवस्थित करना है। इसे असम में 24 अप्रैल, 2023 को लॉन्च किया गया था।

महत्त्वपूर्ण शब्दावली ICT

NTA परीक्षा के नए पाठ्यक्रम के अनुसार निम्नलिखित शब्दावली का संयोजन भी यहां किया गया है।

Absolute link: इसका उपयोग वेब लेखकों द्वारा किया जाता है। एक सापेक्ष लिंक या Relative Link में केवल एक फ़ाइल नाम सम्मिलित हो सकता है, क्योंकि सापेक्ष लिंक को केवल अपने डोमेन या निर्देशिका में अद्वितीय होना चाहिए।

Acceptable Use Policy–AUP (स्वीकार्य उपयोग नीति): यह नियमों का एक सेट है जो मानकों को निर्धारित करता है और उन तरीकों को परिभाषित करता है।

Address Book: यह मुख्यतः ई-मेल सॉफ़्टवेयर के भाग के रूप में दिया जाता है। इसका उपयोग उन सभी ई-मेल पतों का रिकॉर्ड रखने के लिए किया जाता है, जिन्हें आप ई-मेल से संपर्क करना चाहते हैं।

Advanced Streaming Format–ASF: यह माइक्रोसॉफ्ट का उत्पाद है, यह ऑडियो और वीडियो दोनों जानकारी संग्रहित करता है।

Adware: Adware एक सॉफ्टवेयर है जो वेब के माध्यम से आपके कंप्यूटर पर रिमोट कंप्यूटर द्वारा स्थापित किया गया है।

AJAX – अतुल्यकालिक जावास्क्रिप्ट और एक्सएमएल (XML) का संयोजन – AJAX एक प्रोग्रामिंग टूल है जिसे वेब 2.0 एप्लिकेशन के रूप में जाना जाता है।

Analogue (एनालॉग): किसी वस्तु के सादृश्य वस्तु

Anchor (एंकर): HTML के संदर्भ में वेब पेज बनाने के लिए कोडिंग प्रणाली का उपयोग किया जाता है, यह एक हाइपरलिंक का मुख्य उद्देश्य है।

Animation (एनीमेशन): छवियों के अनुक्रम का प्रदर्शन जिससे हमें कंप्यूटर प्रोग्राम या वेब पेज पर गतिमानता का आभास होता है।

Apache (अपाचे): यह वर्ल्ड वाइड वेब पर सबसे लोकप्रिय वेब सर्वर सॉफ्टवेयर है। Apache मुख्य रूप से UNIX सिस्टम पर चलती है।

Applet (एप्लेट): यह जावा प्रोग्रामिंग भाषा में लिखा गया एक लघु प्रोग्राम है और एक वेब पेज में एम्बेडेड है। जब आप किसी वेब पेज तक पहुंचने के लिए अपने ब्राउज़र का उपयोग करते हैं तो एप्लेट वेब पेज के अंदर चल सकता है, क्योंकि यह एक संवादात्मक एनीमेशन और गणना करने के लिए या किसी सरल कार्य के लिए प्रयोग किया जाता है।

Archive (आर्काइव): इसका उपयोग दस्तावेजों या फाइलों का वर्णन करने के लिए किया जाता है, जिनकी तुरंत आवश्यकता नहीं है। इसको पूरी तरह से नकारा नहीं जाता है। इसको एक बाहरी हार्ड डिस्क में संग्रहित किया जा सकता है, जैसे कि सीडी-रॉम, डीवीडी या अन्य भंडारण उपकरण।

Archie (आर्ची): यह उपयोगकर्ता को एफ़टीपी साइटों पर फ़ाइलों की खोज करने की अनुमति देता है। यह नियमित रूप से सैकड़ों एफ़टीपी साइटों और अपडेट की निगरानी करता है, आर्ची सर्वर उपयोगकर्ता को फाइलों के लिए अपनी खोज को जारी रखने की अनुमति दे सकता है जब तक कि उन्हें यह पता न चले कि उन्हें वास्तव में क्या चाहिए।

Attachment (अटैचमेंट): यह एक शब्द है जिसका उपयोग ई-मेल के संबंध में किया जाता है, अटैचमेंट किसी भी प्रकार की फ़ाइल हो सकती है - जैसे कि डॉक्यूमेंट फाइल, इमेज फाइल, साउंड फाइल या एक वीडियो क्लिप जिसे आप जोड़ सकते हैं, इनको ई-मेल से संलग्न करना आवश्यक होता है।

Authoring Package or Program (ऑथरिंग पैकेज या प्रोग्राम): ये सामग्री मुक्त सॉफ़्टवेयर पैकेज को निर्दिष्ट करती है जो शिक्षक को कंप्यूटर प्रोग्रामिंग भाषाओं के बारे में विस्तृत ज्ञान रखने के साथ इंटरैक्टिव शिक्षण और शिक्षण सामग्री विकसित करने की अनुमति देता है। ये वेब पेज बनाने के लिए उपयोग किए जाने वाले सॉफ़्टवेयर पैकेज पर भी लागू हो सकती हैं, उदाहरण के लिए, फ्रंटपेज या ड्रीमविवर (Frontpage या dreamweaver)।

Automatic Speech Recognition (ASR): स्वचालित भाषण मान्यता

Avtar (अवतार): यह एक वास्तविक व्यक्ति का चित्रमय प्रतिनिधित्व है, इसका उपयोग MUVE या MMORPG के रूप में भी किया जाता है।

AVI: ऑडियो वीडियो इंटरलेव

Backup (बैकअप या बैक अप): अपने कंप्यूटर से किसी अन्य स्टोरेज डिवाइस में फाइल या फोल्डर को कॉपी करना।

Bandwidth (बैंडविड्थ): यह एक निश्चित समय में एक विशेष कनेक्शन के माध्यम से एक कंप्यूटर से दूसरे में भेजे जाने वाले डेटा की मात्रा है। उदाहरण के लिए, इसे कंप्यूटर से इंटरनेट से जोड़ा जा सकता है और इसके विपरीत जितना अधिक बैंडविड्थ होगा, सूचना तक पहुंच उतनी ही तीव्र हो जाती है। बैंडविड्थ को Kbps या Mbps में मापा जाता है।

Baud (बॉड): यह माप की एक इकाई है जिस पर डेटा स्थानांतरित किया जा सकता है, इसको बॉड दर कहा जाता है। उदाहरण के लिए, एक मॉडेम के माध्यम से एक टेलीफोन लाइन पर या कंप्यूटर से बाहरी डिवाइस, जैसे प्रिंटर पर। आजकल बॉड का उपयोग शायद ही कभी किया जाता है, क्योंकि स्थानांतरण दर सामान्य रूप से Kbps या Mbps में व्यक्त की जाती है।

BGAN: Broadband Global Area Network–इसका उपयोग रिमोट में इंटरनेट कनेक्टिविटी और वॉयस कम्युनिकेशन के लिए किया जाता है

BIOS: बेसिक इनपुट/आउटपुट सिस्टम।

Bitmap (BMP): एक छवि जिसमें हजारों व्यक्तिगत डॉट्स या पिक्सेल होते हैं, प्रत्येक पिक्सेल को एक संख्या के रूप में संग्रहित किया जाता है।

Black Board (ब्लैकबोर्ड): यह एक वाणिज्यिक वर्चुअल लर्निंग पर्यावरण (Virtual Learning Environment) है।

Blog (ब्लॉग): एक ब्लॉग (वेब लॉग के लिए संक्षिप्त रूप) एक ऑनलाइन डायरी है जिसमें एक व्यक्ति एक या अधिक विषयों पर अपने विचारों को रिकॉर्ड और प्रकाशित करता है। एक ब्लॉग में समाचार आइटम, लघु निबंध, एनोटेट लिंक, दस्तावेज, ग्राफिक्स और मल्टीमीडिया हो सकते हैं। ये पद मुख्य प्रकार से कालानुक्रमिक क्रम में होते हैं और अक्सर एक पत्रिका या डायरी का रूप लेते हैं। ब्लॉगर से तात्पर्य किसी ऐसे व्यक्ति से है, जो नियमित रूप से ब्लॉग लिखता है।

Book Mark (बुकमार्क): यह ब्राउज़र के भीतर उपलब्ध एक सुविधा है, यह किसी व्यक्ति द्वारा देखे गए वेब पेजों का रिकॉर्ड रखने और फिर से प्रयोग करने में मदद करता है।

Boot (बूट): यह एक क्रिया है जिसका उपयोग ऑपरेटिंग सिस्टम को मेमोरी में लोड करके कंप्यूटर को आरम्भ करने के लिए किया जाता है।

Bot (बॉट): यह रोबोट से छोटा है।

Branching (ब्रांचिंग): यह एक कंप्यूटर प्रोग्राम में निर्देशों के अनुक्रम को बाधित करने की प्रक्रिया है ताकि एक अलग बिंदु पर जा सके।

Bulletin Board (बुलेटिन बोर्ड): यहां, उपयोगकर्ता ईमेल या WWW द्वारा अन्य उपयोगकर्ताओं को पढ़ने और प्रतिक्रिया देने के लिए संदेश पोस्ट कर सकते हैं।

Bug (बग): कंप्यूटर प्रोग्राम में एक तार्किक दोष है जो खराबी का कारण बनता है।

Burn (बर्न): जब डेटा को एक सीडी में लिखा जाता है, तो यह प्रक्रिया होती है

CALI: Computer Assisted Language Instruction

Card (कार्ड): साउंड कार्ड, वीडियो कार्ड

Cascading Style Sheets (कैस्केडिंग स्टाइल शीट्स): HTML की विशेषता है जो हेडर, बॉडी टेक्स्ट, बुलेट पॉइंट, लिंक, आदि के लिए शैलियों की एक सीमा निर्धारित करती है।

Case Sensitivity (केस सेंसिटिविटी): इसमें ब्राउज़र, ऊपरी और निचले केस लेटर्स की व्याख्या करता है।

CBT (सीबीटी): कंप्यूटर आधारित प्रशिक्षण

CD-ROM: कॉम्पैक्ट डिस्क रीड ओनली मेमोरी

CELL: कंप्यूटर संवर्धित भाषा सीखना

CERN: यूरोपीय संगठन परमाणु अनुसंधान, जिनेवा। यह सबसे बड़ी कण भौतिकी प्रयोगशाला है। यह वर्ल्ड वाइड वेब का जन्मस्थान भी है, जिसका आविष्कार टिम बर्नर्स-ली द्वारा किया गया था।

CGI Script (कॉमन गेटवे इंटरफ़ेस) वेब लेखकों द्वारा उपयोग किया जाने वाला एक शब्द, यह HTML फॉर्म के डेटा को प्रोसेस करता है।

Chat Room (चैट रूम): एक वेब-आधारित वातावरण

Client (क्लाइंट): एक कंप्यूटर जो दूसरे कंप्यूटर से सेवाएं प्राप्त करता है। हम अध्याय में LAN, VAN का उल्लेख कर सकते हैं।

Clipart (क्लिपआर्ट या क्लिप आर्ट): छवि फ़ाइलों का एक संग्रह, जिसे वेब पेजों, शब्द-संसाधित दस्तावेजों, PowerPoint प्रस्तुतियों आदि में एम्बेड या डाला जा सकता है।

Cloze Procedure (क्लोज़ प्रोसीजर): इसका आविष्कार विल्सन टेलर ने किया था। यह मूल रूप से एक पाठ की रीडिंग कॉम्प्रिहेंशन स्तर को मापने के लिए किया जाता है।

CMY: Cyan Magenta Yellow

CODEC (कॉडेक-कंप्रेसर/डीकंप्रेसर): एक सॉफ्टवेयर है जिसका उपयोग कंप्रेस करने के लिए किया जाता है।

Collaborative Writing (कोलेबोरेटिव राइटिंग): सहयोगात्मक लेखन–एक प्रक्रिया जिसमें शामिल है वेब 2.0 टूल का उपयोग करके दस्तावेजों का निर्माण और संपादन किया जाना।

Course Management System–CMS (कोर्स मैनेजमेंट सिस्टम): यह एक प्रकार का आभासी शिक्षण वातावरण (Value Learning Environment) है, इसका उदाहरण है– Moodle

Colour Depth: किसी भी समय कंप्यूटर डिस्प्ले स्क्रीन पर प्रदर्शित की जा सकती है।

Combination Drive (कॉम्बिनेशन ड्राइव): डिस्क-रोम, ऑडियो सीडी और डीवीडी को पढ़ने और लिखने में सक्षम।

Compatibility: हार्डवेयर और / या सॉफ्टवेयर के भाग या घटक जो एक साथ उपयोग किए जाने में सक्षम हैं।

Compression (संपीड़न): एक तकनीक जो डेटा संग्रहित करने के लिए आवश्यक स्थान को कम करती है।

Condenser Microphone (कंडेनसर माइक्रोफोन): यह एक शक्तिशाली संकेत प्रदान करता है जब शिक्षार्थी अपनी आवाज रिकॉर्ड कर रहा होता है।

CLIL: Content and Language Integrated Learning

Content Free: कंप्यूटर प्रोग्राम का वर्णन करने के लिए

CPD–Continuing Professional Development: यह सेमिनार, अनुसंधान, प्रशिक्षण पाठ्यक्रम आदि का रूप ले सकता है।

Copyright (कॉपीराइट): सभी प्रकार के डिजिटल स्त्रोतों से सामग्रियों को कॉपी करने से संबंधित

Crash (क्रैश): एक शब्द जो हार्डवेयर या सॉफ्टवेयर का होता है, जब यह अचानक ठीक से काम करने में विफल हो जाता है।

Crawler (क्रॉलर): क्रॉलर एक ऐसा प्रोग्राम है जो खोज इंजन परिणामों (search engine results) को अद्यतित रखने हेतु नए लिंक, नई सामग्री और परिवर्तनों के लिए वेब पर खोज करता है। क्रॉलर को बॉट (रोबोट का संक्षिप्त रूप) भी कहा जा सकता है।

CRT (कैथोड रे ट्यूब): यह स्क्रीन पर प्रदर्शित पूर्ण रंग छवि का उत्पादन करता है।

CUI – Character User Interface: कंप्यूटर के साथ संचार आदि के लिए।

DDL–Data Driven Learning (डेटा ड्रिवेन लर्निंग): इसका आविष्कार टिम जॉन्स ने किया था। यह भाषा सीखने के साथ संबंधित है।

Debug (डीबग): किसी प्रोग्राम का परीक्षण करने और सभी बग्स को हटाने के लिए। कुछ प्राय: पाए जाने वाले बग को 'feature' कहा जाता है।

Defrag: डीफ्रैग हार्ड ड्राइव पर संग्रहीत डेटा को पुनर्व्यवस्थित करने की प्रक्रिया है ताकि संबंधित डेटा को एक साथ रखा जा सके।

Directory(निर्देशिका): फ़ाइलों और उपनिर्देशिकाओं का एक समूह

Discussion List: एक साझा हित वाले लोगों के समूह के सदस्यों के साथ ई-मेल साझा करने का एक ढंग है।

Dithering: प्राथमिक डॉट्स के संयोजन का ढंग जिसका उपयोग मध्यवर्ती रंग की उपस्थिति देने के लिए किया जाता है।

DPI: डॉट्स पर इंच

Encryption: सुरक्षा-संबंधी

Executable (निष्पादन योग्य): यह एक प्रोग्राम का वर्णन करता है जिसको बाइनरी मशीन कोड में परिवर्तित किया जा सकता है। यदि आप विंडोज एक्सप्लोरर में एक निष्पादन योग्य प्रोग्राम पर डबल-क्लिक करें, फिर यह तुरंत खुद को निष्पादित (run) करेगा, अर्थात चलाएगा। कार्यकारी अधिकारियों के पास मुख्यत: .exe या .com होता है।

Error Diagnosis: CALL कार्यक्रमों की एक विशेषता - त्रुटियों की प्रकृति का निदान करना।

Extension (एक्सटेंशन): कंप्यूटर वर्डवेब में, एक्सटेंशन एक वैकल्पिक अतिरिक्त है। मुख्य तौर पर, इसमें एक फ़ाइल के नाम पर एक डॉट प्लस तीन या चार अक्षर होते हैं। इससे यह किस प्रकार की फ़ाइल है और इसमें क्या हो सकता है, का पता चलता है-

1. .doc – Word File
2. .exe – Computer program
3. .jpg या .jpeg - image file और
4. .htm या .html - web page file

Favourites: इन्हें बुकमार्क के रूप में भी जाना जाता है।

Feedback: फीडबैक एक कंप्यूटर की स्वचालित प्रतिक्रिया है।

Finger (फ़िंगर): यह कमांड उन फ़ाइलों की सामग्री को प्रदर्शित करने की अनुमति देती है जो किसी विशेष इंटरनेट साइट पर विशेष उपयोगकर्ता से जुड़ी होती हैं।

Firewall: फ़ायरवॉल एक सॉफ्टवेयर पैकेज है जो कंप्यूटर और इंटरनेट कनेक्शन के मध्य रहता है और आने-जाने वाले ट्रैफिक पर नियंत्रण रखता है।

Firewire: यह एक व्यक्ति को तीव्र गति से एक डिवाइस से दूसरे में वीडियो रिकॉर्डिंग स्थानांतरित करने की अनुमति देता है। यह एक विशेष केबल है जिसका उपयोग एक कैमकॉर्डर से कंप्यूटर तक किया जा सकता है।

Firmware: यह एक सॉफ्टवेयर है जिसे निर्माताओं द्वारा ROM (रीड ओनली मेमोरी) चिप में लिखा जाता है।

Flash Drive (फ्लैश ड्राइव): एक पोर्टेबल स्टोरेज डिवाइस, इसकी भंडारण क्षमता प्रभावशाली है।

Fuzzy Matching (फजी मैचिंग): यह अधिगमकर्ता द्वारा गलतियों से संबंधित राशि का काटा जाना है।

Gap-Filler: इसमें अधिगम के दो भाग होते हैं-

1. **शिक्षक कार्यक्रम:** जो टेक्स्ट इनपुट देता है अनुमति देता है।
2. **छात्र:** जो गैप को पूर्ण (fill) करता है।

Geek: यह किसी शब्द को कंप्यूटर के प्रति जुनूनी व्यक्ति के रूप में वर्णित करने के लिए प्रयोग होता है, वह व्यक्ति अपने खाली समय में हर अवसर का उपयोग करता है।

Generic Software / Application (सामान्य सॉफ़्टवेयर / अनुप्रयोग): यहां कंप्यूटर का उपयोग कई क्षेत्रों में किया जा सकता है, लेकिन विशेष किसी विषय क्षेत्र में उपयोग के लिए नहीं।

GIF: ग्राफिक इंटरचेंज फॉर्मेट। यह एक फ़ाइल स्वरूप है तथा सरल ग्राफिक्स के भंडारण के लिए उपयोग किया जाता है।

Gophers (गोफ़र): यह एक कंप्यूटर क्लाइंट उपकरण है जो उपयोगकर्ताओं को पदानुक्रमित मेनू की एक श्रृंखला के माध्यम से इंटरनेट गोफ़र सर्वर पर संग्रहित जानकारी का पता लगाने में सक्षम बनाता है। अधिकांश फाइलें और डिजिटल जानकारी जो एफ़टीपी के माध्यम से सुलभ हैं, वे भी गोफ़र के माध्यम से उपलब्ध हैं। प्रत्येक गोफ़र सर्वर में विषय सूची विषयों, स्थानीय फाइलों और अन्य संबंधित गोफ़र साइटों की सूची बनाने की अपनी प्रणाली होती है। जब उपयोगकर्ता किसी विशिष्ट विषय को खोजने के लिए और मेनू से किसी आइटम का चयन करने के लिए गोफ़र सॉफ़्टवेयर का उपयोग करते हैं, तो सर्वर स्वचालित रूप से उन्हें उस सर्वर पर या जहां भी स्थित है, चयनित सर्वर पर उपयुक्त फ़ाइल में स्थानांतरित कर देगा। एक बार जब वह सर्वर पहुंच जाता है, तो प्रक्रिया चालू हो जाती है।

यहां, Veronica (वेरोनिका) पर चर्चा करना महत्वपूर्ण है, इसको Very Easy Rodent Oriented Netwide Index कहा जाता है, यह गोफ़र मेनू में दिखाई देने वाले text की खोज करने की क्षमता प्रदान करता है, जिसकी हजारों गोफ़र साइटों के माध्यम से खोज करते हैं।

इन फ़ाइलों को स्थानीय सर्वर पर एक अस्थायी मेनू में रखा जाता है, ताकि उपयोगकर्ता उनके माध्यम से ब्राउज़ कर सकें। गोफ़र और वर्ल्ड वाइड वेब का उपयोग करना सरल है और यह इंटरनेट में प्रदान किया जाने वाला सबसे लोकप्रिय ब्राउज़िंग तंत्र है।

GUI (ग्राफिकल यूजर इंटरफेस): इसमें आइकन के रूप में ग्राफिक्स का समावेश होता है जो ज्ञात तत्व और उपयोगकर्ता को कार्यक्रम चलाने की अनुमति देता है। आइकन जीयूआई में प्रयोग के लिए एक छोटा प्रतीक या चित्र है।

Hacker (हैकर): एक व्यक्ति संसार में अन्य लोगों के कंप्यूटरों पर संग्रहित जानकारी प्राप्त करने के लिए समय खर्च करता है। कुछ हैकर्स हानिरहित हैं और कुछ दूसरों को हानि पहुंचाते हैं।

HF High Frequency: यह 'High Frequency' रेंज 3-30 MHz रेडियो वेव्स के लिए होती है।

Host (होस्ट): यह एक कंप्यूटर को संदर्भित करता है जो अन्य कंप्यूटरों को सेवाएं प्रदान करता है, यह स्थानीय नेटवर्क या इंटरनेट के माध्यम से जुड़ा हुआ है।

Hub (हब): यह नेटवर्क्ड कंप्यूटर्स तथा अन्य उपकरणों के लिए साझा कनेक्शन होता है, इसका मुख्य प्रयोग Local Area Network में होता है।

Hypermedia (हाइपरमीडिया): यह हाइपरटेक्स्ट का एक विस्तार है जो ऑडियो, वीडियो और ग्राफिक्स को टेक्स्ट (जैसे मल्टीमीडिया) के साथ एकीकृत करता है।

Hypertext (हाइपरटेक्स्ट): यह वह तकनीक है जो किसी दस्तावेज़ के एक भाग में text (पाठ) को संबंधित text के दूसरे भाग में या अन्य दस्तावेज़ों से लिंक करती है। उपयोगकर्ता उपयुक्त कीवर्ड (Keyword), कुंजी वाक्यांश (Key phrase), आइकन (icon) या बटन पर क्लिक करके संबंधित text को शीघ्रता से खोज सकता है।

ICALL–Intelligent CALL: यह एक प्रकार से मानव बुद्धि से संबंधित है।

ILS: Integrated Learning सिस्टम System

Interactive Whiteboard (इंटरैक्टिव व्हाइटबोर्ड): IWB यह एक टच सेंसिटिव प्रोजेक्शन स्क्रीन है, जो शिक्षक को स्क्रीन पर टच करके यानि कीबोर्ड या माउस के बजाय व्हाइटबोर्ड को सीधे कंप्यूटर को नियंत्रित करने की अनुमति देता है।

iPod: यह एक पोर्टेबल (मोबाइल) मीडिया प्लेयर का नाम है जिसे Apple द्वारा डिजाइन और विपणन किया गया है।

Interactive Relay Chart (इंटरैक्टिव रिले चैट): IRC सेवा स्क्रीन पर प्रदर्शित होने वाले प्रत्येक प्रतिभागी को बातचीत में भाग लेने की अनुमति देती है।

IWB–Interactive Whiteboard: यह एक टच-सेंसिटिव प्रोजेक्शन से संबंधित है।

Java (जावा): यह सन माइक्रोसिस्टम द्वारा आविष्कार की गई एक प्रोग्रामिंग भाषा है जिसे विशेष रूप से प्रोग्राम लिखने के लिए डिज़ाइन किया गया है, जिसे इंटरनेट के माध्यम से एक कंप्यूटर में डाउनलोड किया जा सकता है और तुरंत निष्पादित किया जा सकता है। जावा एक प्रोग्रामिंग भाषा है जिसे इंटरनेट के माध्यम से प्रोग्राम या ऐप्पल के लिए डिज़ाइन किया गया है।

JPEG (ज्वाइंट फोटोग्राफिक एक्सपर्ट्स ग्रुप): यह कंप्रेस्ड रूप में जटिल ग्राफिक्स को स्टोर करने के लिए एक प्रारूप है।

LCD: Liquid Crystal Display-यह एक प्रकार से फ्लैट पैनल कंप्यूटर डिस्प्ले स्क्रीन है।

Learning Platform: इसको ई-लर्निंग, वर्चुअल लर्निंग एनवायरनमेंट भी कहा जा सकता है।

Linkrot: यह एक वेबसाइट से दूसरी वेबसाइटों के क्षय होने के लिए हाइपरटेक्स्ट लिंक की प्रवृत्ति का वर्णन करता है, क्योंकि इसमें साइटें भी विद्यमान हैं या अपने वेब पेजों को हटाने या पुनर्गठन करने के लिए संघर्ष करती हैं।

Linux: यह एक यूनिक्स-प्रकार का ऑपरेटिंग सिस्टम, जो विंडोज और एप्पल मैक ऑपरेटिंग सिस्टम के समान है।

Lurker: इसका उपयोग मुख्य रूप से एक डिस्कशन लिस्ट, फोरम या ब्लॉग के संबंध में किया जाता है। यह शब्द किसी ऐसे व्यक्ति का वर्णन करता है जो अन्य लोगों को अपने विचारों को पोस्ट करने के बजाय संदेशों को पढ़ना अधिक पसंद करता है।

Machine Assisted Translation-MAT (मशीन असिस्टेड ट्रांसलेशन): वे प्राकृतिक भाषा के अनुवाद की प्रक्रिया में हमारी सहायता करते हैं।

Maze: Maze को एक्शन मेज़ और टेक्स्ट मेज़ में विभाजित किया गया है जो भाषा शिक्षकों द्वारा कई स्थानों पर उपयोग की गयी है।

Menu (मेनू): यह उन विकल्पों की सूची है, जिन्हें एक कंप्यूटर उपयोगकर्ता एक प्रोग्राम में घटनाओं के पाठ्यक्रम को निर्धारित करने के लिए चयन करता है। मेनू बार इसमें सहायता करता है।

Mesh Up (मैशअप): मैशअप एक वेब पेज है जो दो या अधिक वेब सेवाओं से डेटा को एक साथ लाता है और अतिरिक्त कार्यक्षमता के साथ डेटा को नए एप्लिकेशन में जोड़ता है।

Microblogging (माइक्रोब्लॉगिंग): यह ब्लॉगिंग का ही एक दृष्टिकोण है, जिसमें बहुत कम text (पाठ) पोस्ट किए जाते हैं और इसमें घटनाओं, वेबसाइटों और अन्य स्रोतों के बारे में जानकारी के स्निपेट्स (snippets) होते हैं।

MLAT: Modern Language Aptitude Testing

MLE: Managed Learning Environment

Moblog: मोबाइल और ब्लॉग का संकुचन।

MOO: Multi User Domain Multi-object Oriented

Moodle (मूडल): Moodle एक ओपन सोर्स सॉफ्टवेयर है, जिसका अर्थ है कि इसके पास डाउनलोड, उपयोग, संशोधित करने इसको वितरित करने की भी स्वतंत्रता है।

MP 3: यह उच्च गुणवत्ता वाली ऑडियो फ़ाइलों को संग्रहित करने के लिए एक फ़ाइल प्रारूप।

MP4: यह दो प्रकार का है - MP4 AAC (उन्नत ऑडियो कोडिंग) और MP4 AVC (उन्नत वीडियो कोडिंग)।

MPEG–Motion Picture Expert Group

Multitasking (मल्टीटास्किंग): यह एक ही समय एक ही कंप्यूटर पर एक से अधिक प्रोग्राम का निष्पादन है।

Narrowband (नैरोबैंड): यह इंटरनेट से कनेक्शन की धीमी गति का वर्णन करने के लिए प्रयुक्त शब्द है।

Netbook (नेटबुक): एक नेटबुक एक छोटा, हल्का कंप्यूटर होता है जो एक लंबी बैटरी लाइफ वाले लैपटॉप कंप्यूटर से छोटा होता है और यह यात्रा के लिए आदर्श होता है। नेटबुक कंप्यूटर में अंतर्निहित वाई-फाई है और यह वेब और ई-मेल ब्राउज़ करने के लिए अनुकूलित है।

NLP–Natural Language Processing–यह प्राकृतिक मानव भाषाओं में व्यक्त सूचना को संसाधित करने से पहले कंप्यूटर के उपयोग का वर्णन है।

Navigation (नेविगेशन): कंप्यूटर प्रोग्राम के भीतर मेनू की एक श्रृंखला के आसपास या ब्राउज़र के माध्यम से वर्ल्ड वाइड वेब के आसपास अपना रास्ता खोजने की प्रक्रिया।

Netiquette (नेटिकेट): इंटरनेट पर शिष्टाचार इंटरनेट के माध्यम से ईमेल द्वारा संवाद करने वाले लोगों के लिए व्यवहार का एक कोड है।

Netizen (नेटिजन): यह किसी ऐसे व्यक्ति का वर्णन करने के लिए प्रयोग किया जाता है जो नेटवर्क संसाधनों का उपयोग करता है।

Netscape (नेटस्केप): एक प्रारंभिक वेब ब्राउज़र, जो पहली बार 1994 में वर्ल्ड वाइड वेब के सार्वजनिक होने के बाद सबसे पहले दिखाई दिया था।

Ning (निंग): एक ऐसा प्लेटफार्म जो आपको अपना सामाजिक नेटवर्क बनाने में सक्षम बनाता है।

Online Learning (ऑनलाइन लर्निंग): एक कोर्स का अनुसरण करने के लिए इंटरनेट का उपयोग जो डिप्लोमा या प्रमाण पत्र पुरस्कार के रूप में देता है।

Open and Integrated Learning System (ओपन एंड इंटीग्रेटेड लर्निंग सिस्टम): OILS-इंटीग्रेटेड लर्निंग सिस्टम का एक प्रकार।

Open Source (ओपन सोर्स): इसका उपयोग एक सॉफ्टवेयर का वर्णन करने के लिए किया जाता है जो इसे बनाने के लिए उपयोग किए जाने वाले मूल स्रोत कोड के साथ-साथ नि: शुल्क प्रदान किया जाता है, ताकि कोई भी अपनी स्वयं की वरीयताओं को प्रतिबिंबित करने वाले तरीकों में संशोधन, सुधार और काम कर सके। मॉडल एक ओपन सोर्स सॉफ्टवेयर का विशिष्ट उदाहरण है।

Optical Character Recognition (ऑप्टिकल कैरेक्टर रिकॉग्निशन): OCR सॉफ्टवेयर का उपयोग प्रिंटेड टेक्स्ट को डिजिटल फॉर्मेट में बदलने के लिए स्कैनर के साथ किया जाता है।

PDA: Personal Digital Assistant

Phishing (फ़िशिंग): यह व्यक्तिगत, गोपनीय जानकारी को सौंपने के लिए व्यक्तियों को बरगलाने का एक अवैध प्रयास है। फ़िशिंग अनुरोध अक्सर वैध लगते हैं।

Pixel (पिक्सेल): चित्र तत्व का संकुचन।

Platform (प्लेटफ़ॉर्म): इसमें हार्डवेयर और सॉफ़्टवेयर दोनों सम्मिलित होते हैं। प्लेटफॉर्म-इंडिपेंडेंट का अर्थ है कि सॉफ्टवेयर को किसी भी कंप्यूटर पर चलाया जा सकता है।

(Podcast) (पॉडकास्ट): पॉडकास्ट शब्द ipod और प्रसारण के संयोजन बना है। पॉडकास्ट एक कंप्यूटर पर डाउनलोड किया जा सकता है, और एक मानक मीडिया प्लेयर प्रोग्राम की सहायता से खेला जा सकता है।

Pointing Device (पॉइंटिंग डिवाइस): यह एक ऐसा उपकरण है जो विभिन्न दिशाओं में डिवाइस के भौतिक हेरफेर द्वारा कंप्यूटर स्क्रीन पर कर्सर की स्थिति को नियंत्रित करने की अनुमति देता है।

Popup (पॉप-अप): यह एक छोटी विंडो है जो अतिरिक्त जानकारी देने के लिए एक कार्यक्रम के भीतर या वेब पेज के ऊपर दिखाई देती है। वेब पर पॉप-अप कष्टप्रद हो सकता है क्योंकि वे अक्सर अवांछित विज्ञापन सामग्री के लिए उपयोग किए जाते हैं।

Portable Document Format (PDF): यह पोर्टेबल डॉक्यूमेंट फॉर्मेट है, एडोब द्वारा बनाई गई फाइल एक प्रकार है जो पूरी तरह से प्रारूपित, दस्तावेजों को इंटरनेट पर प्रसारित करने और किसी भी कंप्यूटर पर देखने की अनुमति देता है जिसमें एडोब एक्रोबेट रीडर सॉफ्टवेयर है।

Portal (पोर्टल): यह एक वेब पेज, वेबसाइट या सेवा है जो इंटरनेट पर अन्य वेबसाइटों के लिंक या प्रवेश के रूप में कार्य करता है। प्राय:, एक पोर्टल में वेबसाइटों की एक एनोटेट सूची सम्मिलित होती है, इसमें एक शोध इंजन, ई-मेल सुविधाएं, एक मंच और अन्य सेवाएं भी सम्मिलित हो सकती हैं।

Presentation Practice Production: भाषा शिक्षण के लिए स्थापित दृष्टिकोण, इसके मुख्य तीन चरण हैं:

1. प्रस्तुति चरण
2. अभ्यास चरण
3. उत्पादन चरण।

Public Domain (सार्वजनिक डोमेन): यह एक ऐसी सामग्री है जो या तो कॉपीराइट मुक्त है या जिसका कॉपीराइट समाप्त हो गया है या जिसे कॉपीराइट नहीं किया जा सकता है। बहुत से लोग सोचते हैं कि क्योंकि कुछ वेब पर है, यह सार्वजनिक डोमेन में होना चाहिए, जब कि ऐसा नहीं है। यह कार्य केवल सार्वजनिक डोमेन में होता है।

RSS: यह इंटरनेट प्रौद्योगिकी का एक विकास है जो उपयोगकर्ताओं को उन वेबसाइटों की सदस्यता लेने में सक्षम बनाता है जो नियमित रूप से सामग्री को बदलते हैं या जोड़ते हैं, उदाहरण के लिए, समाचार साइटें (जैसे बीबीसी) और ब्लॉग, nings, पॉडकास्ट और विकी से युक्त साइटें। RSS ऐसे सॉफ़्टवेयर का उपयोग करता है जो नए वस्तुएं प्रस्तुत करता है।

PVP: Portable Video Player

Smiley (स्माइली): ई-मेल संदेशों में, लोगों से संवाद करते हुए जब हम कुछ लिखते हैं तो कई बार अपनी संवेदनाओं, भावनाओं या हास्य को ठीक से व्यक्त नहीं कर पाते हैं, तब नन्हे चेहरों को दिखाने के लिए (ASCII) करैक्टर का उपयोग किया जाता है, जिसे स्माइली कहा जाता है। इसे एक इमोटिकॉन (प्रतीक के साथ भावनाएं) के रूप में भी जाना जाता है।

QR Code (क्विक रेस्पॉन्स कोड): यह एक दो-आयामी बारकोड है जो विभिन्न प्रकार की सूचनाओं को संग्रहित कर सकता है–टेक्स्ट, वेबसाइट, URL, टेलीफोन नंबर, एसएमएस संदेश, ईमेल पता इत्यादि।

Relative Link: मुख्य रूप से वेब लेखकों द्वारा उपयोग किया जाने वाला शब्द। HTML दस्तावेज़ में एक संबन्धित लिंक दस्तावेज़ के सापेक्ष एक फ़ाइल के स्थान को इंगित करता है, जबकि एक पूर्ण लिंक (Absolute Link) प्रयोग URL को निर्दिष्ट करता है।

Response Analysis: यह CALL प्रोग्राम की एक विशेषता है जिससे कंप्यूटर शिक्षार्थी द्वारा की गयी त्रुटियों की प्रकृति का निदान करने और उपचारात्मक अभ्यास किये जाते हैं।

Rip: एक प्रारूप से दूसरे प्रारूप में डेटा निकालने या कॉपी करने के लिए।

RTF: Rich Text Format: वर्ड-प्रोसेसर के साथ बनाए गए डॉक्यूमेंट को स्टोर करने का एक वैकल्पिक तरीका है।

Scroll (स्क्रॉल): अपनी सभी सामग्रियों को देखने या उन तक पहुंचने के लिए किसी दस्तावेज़ या विंडो के माध्यम से ऊपर-नीचे या नीचे की ओर जाने के लिए।

Semantic Web (सिमेंटिक वेब): सिमेंटिक वेब उपयोगकर्ता को और अधिक परिष्कृत तरीके से वेब की खोज करने की अनुमति देता है।

Server (सर्वर): एक कंप्यूटर जो अन्य कंप्यूटरों को सेवाएं प्रदान करता है, जिसे क्लाइंट के रूप में जाना जाता है।

Server (सर्वर): यह एक कंप्यूटर है जो अन्य कंप्यूटरों को सेवाएं प्रदान करता है और इसे क्लाइंट के रूप में जाना जाता है।

Setup program: एक प्रोग्राम जो उपयोगकर्ता को एक प्रोग्राम सेट करने में सक्षम बनाता है।

Shockwave Player: Adobe (एडोब) द्वारा विकसित सॉफ्टवेयर जो इंटरैक्टिव मल्टीमीडिया सामग्री को वेब पर चलाने में सहायता करता है।

Silicon Chip: अत्यंत शुद्ध सिलिकॉन जिस पर इलेक्ट्रॉनिक सर्किट बना हुआ होता है।

Smartphone (स्मार्टफोन): एक स्मार्टफोन एक उन्नत मोबाइल फोन है जो कई प्रकार के एप्लिकेशन प्रदान करता है, जैसे वेब ब्राउज़र, मीडिया प्लेयर, कैमरा, डिवाइस, जीपीएस नेविगेशन आदि। एक स्मार्टफोन का उपयोग टचस्क्रीन के रूप में किया जाता है।

Social Media (सोशल मीडिया): यह एक शब्द है जिसका उपयोग विभिन्न प्रकार का वर्णन करने के लिए किया जाता है। इस कार्य में वेब 2.0 एप्लिकेशन का उपयोग किया जाता है।

Social Netwroking (सोशल नेटवर्किंग): इसके अंतर्गत लोग वेबसाइट और सोशल मीडिया की सहायता से अपना नेटवर्क बनाते हैं।

Spam (स्पैम): ये अनचाहे ई-मेल विज्ञापन हैं।

Spamboat (स्पैम्बोट): स्पैम्बोट प्रोग्राम स्पैम भेजने की मेलिंग सूचियों के निर्माण के लिए डिज़ाइन किया जाता है।

Splog (स्प्लॉग): स्प्लॉग साइट निर्माता (यानि, एक स्प्लॉगर) एक सुंदर विषय ढूंढ़कर आगंतुकों को बहुत आकर्षित करता है। इसका उपयोग ट्रैफिक बढ़ाने के लिए किया जाता है। इसमें सैकड़ों ब्लॉग सम्मिलित होते हैं। सप्लॉग बनाने वाले को स्प्लॉगर कहा जाता है।

SPOOL (Simultaneous Peripherals Operations Online): इस तकनीक का उपयोग करते हुए, आउटपुट सीधे प्रिंटर पर नहीं भेजा जाता है, इसे पहली बार एक मध्यस्थ फाइल माध्यम जैसे कि एक डिस्क फ़ाइल में स्थानांतरित किया जाता है। आउटपुट को अलग-अलग फ़ाइलों में संग्रहित किया जा सकता है और एक पर मुद्रित किया जा सकता है। समय की उपलब्धता के आधार पर बाद का वितरण आदि किया जा सकता है।

Spyware (स्पाइवेयर): यह एक शब्द है जिसका उपयोग पर्यायवाची रूप adware आदि के साथ किया जाता है। उदाहरण के लिए, निजी जानकारी, बैंक खाता संख्या, क्रेडिट कार्ड नंबर, पासवर्ड आदि का बचाव किया जा सकता है।

SVGA (Super Video Graphic Adopter): इसका उपयोग कंप्यूटर डिस्प्ले स्क्रीन पर आउटपुट को नियंत्रित करने के लिए किया जाता है।

Tablet Computer (टैबलेट कंप्यूटर): एक टैबलेट कंप्यूटर एक कॉम्पैक्ट पोर्टेबल है। कंप्यूटर जो टाइपिंग और एप्लिकेशन चलाने के लिए कीबोर्ड की जगह टचस्क्रीन का इस्तेमाल करता है। ipad टैबलेट कंप्यूटर का एक विशिष्ट उदाहरण है।

Tag (टैग): छवियों, ऑडियो रिकॉर्डिंग, वीडियो रिकॉर्डिंग, वेबसाइट के संदर्भ और इन्हें सांझा करने के लिए सोशल मीडिया के व्यापक उपयोग के परिणामस्वरूप हाल के वर्षों में टैगिंग काफ़ी अधिक प्रयोग की जाती है। टैग एक प्रकार का लेबल है जो संक्षेप में वर्णन करते हैं कि मीडिया या संदर्भ सभी क्या हैं और अन्य लोगों को उन्हें तीव्रता से खोजने में सहायता करते हैं। HTML में टैग का भी उपयोग किया जाता है।

Tandem or Buddy Learning (टेंडेम लर्निंग): यह अधिगम का ही एक रूप है जिसमें दो भाषा सीखने वाले एक-दूसरे को सिखा पाते हैं। यह आमने-सामने या इंटरनेट के माध्यम से हो सकता है।

Task Based Learning (TBS): एक निर्दिष्ट कार्य पर ध्यान केंद्रित करके अध्ययन किया जाता है।

TELL: Technology Enhanced Language Learning

Telnet (टेलनेट): एक प्रोग्राम जो आपको एक दूरस्थ होस्ट कंप्यूटर में लॉग इन करने की अनुमति देता है और ठीक वैसे ही कमांड करता है जैसे कि आप होस्ट साइट पर टर्मिनल का उपयोग कर रहे थे।

Text File (टेक्स्ट फ़ाइल): पूरी तरह से ASCII वर्ण प्रिंट करने योग्य डेटा फ़ाइल, इसमें विंडोज नोटपैड जैसे कार्यक्रम भी आते हैं। फाइल का उपयोग उनके वर्णन करने के लिए भी किया जाता है।

TIFF या TIF: Tag Image File Format

Toolbar (टूलबार): टूलबार एक प्रकार का मेनू बार है। यह ज्यादातर एक कंप्यूटर स्क्रीन के शीर्ष पर स्थित होता है, जिसमें किसी एप्लिकेशन में सबसे अधिक उपयोग किए जाने वाले कमांड के लिए आइकन होते हैं, उदाहरण के लिए, शब्द-प्रोसेसर या ब्राउज़र में।

Total Cloze (टोटल क्लोज़): एक गतिविधि जिसकी सहायता से एक पूरा टेक्स्ट कम किया जा सकता है।

Touch Screen (टचस्क्रीन): एक डिस्प्ले स्क्रीन जो एक कंप्यूटर सिस्टम को उंगली के स्पर्श पर प्रतिक्रिया करने में सक्षम बनाती है, उदाहरण स्मार्टफोन और टैबलेट कंप्यूटर हैं।

Trainspotter (ट्रेनस्पॉटर): जो शब्द तकनीक से मोहित व्यक्ति के लिए प्रयोग किए जाते हैं, लेकिन विशेष रूप से उनके अनुप्रयोगों में दिलचस्पी नहीं है।

Trojan (ट्रोजन): यह दुर्भावनापूर्ण प्रोग्राम है जो स्वयं को पीड़ित की मशीन पर स्थापित करते हैं, फिर चुपके से चलते हैं।

Troll (ट्रोल): एक ट्रोल जानबूझकर चर्चा सूची, फोरम और ब्लॉग पर ऑनलाइन समुदाय में अपमानजनक संदेश पोस्ट करता है, और अन्य उपयोगकर्ताओं को जवाब देने के लिए विवश करता है।

Thuraya IP (थुराया आईपी): ये पोर्टेबल टर्मिनल हैं जो उपग्रह कनेक्शनों का उपयोग करके दूरस्थ स्थानों में इंटरनेट कनेक्टिविटी और आवाज संचार प्रदान करते हैं। यह कई प्रकार से BGAN के समान है।

UNICODE (यूनिकोड): यूनिकोड वर्ल्डवाइड कैरेक्टर स्टैंडर्ड एक चरित्र कोडिंग प्रणाली है जिसे आधुनिक दुनिया की विविध भाषाओं के लिखित ग्रंथों के आदान-प्रदान, प्रसंस्करण और प्रदर्शन के लिए बनाया गया है।

Universal Serial Bus (USB): यूनिवर्सल सीरियल बस कनेक्ट करने का एक साधन है जैसे कि कंप्यूटर के लिए केबल के माध्यम से डिजिटल कैमरा, कैमकोर्डर, आइपॉड, मोबाइल फोन, स्कैनर और प्रिंटर जैसे उपकरणों की एक विस्तृत श्रृंखला।

UNIX (यूनिक्स): एक ऑपरेटिंग सिस्टम व्यापक रूप से संस्थानों में बड़े कंप्यूटर सिस्टम पर उपयोग किया जाता है, जिस पर कई वेब सर्वर होस्ट किए जाते हैं। यूनिक्स के एक पीसी संस्करण को लिनक्स कहा जाता है। यह विंडोज के विकल्प के रूप में लोकप्रिय हो गया है।

URL: Uniform Resource Locator–इसको एक वेब पते के रूप में भी जाना जाता है। एक URL में इंटरनेट पर एक संसाधन का स्थान होता है।

Vector Graphic (वेक्टर ग्राफिक): यह कंप्यूटर पर ग्राफिक इमेज बनाने की एक विधि है। यह विशेष स्थिति में रेखाएं बनाता है।

Very High Frequency (VHF): यह बहुत उच्च आवृत्ति यानि 30 और 300 मेगाहर्ट्ज के बीच रेडियो तरंगों की सीमा के लिए निर्दिष्ट शब्द है। वीएचएफ रेडियो छोटी दूरी तय करता है, वीएचएफ रिपीटर्स के माध्यम से विस्तार योग्य है।

Video Memory (वीडियो मेमोरी): कंप्यूटर डिस्प्ले स्क्रीन के लिए उपलब्ध डायनामिक मेमोरी। मैमोरी की मात्रा जितनी अधिक होगी, प्रदर्शन का रंग गहराई और रिज़ॉल्यूशन उतना ही अधिक होगा।

Virtual Learning Environment (VLE): यह एक वेब आधारित पैकेज है जो शिक्षकों को ऑनलाइन पाठ्यक्रम बनाने में सहायता करने के लिए डिज़ाइन किया गया है, इस में साथ ही शिक्षक-शिक्षार्थी संचार और पियर-टू-पियर संचार के लिए सुविधाएं हैं।

Virtual Reality (आभासी वास्तविकता): 3-डी चलती छवियों और संबंधित ध्वनियों की प्रस्तुति द्वारा एक पर्यावरण का अनुकरण है, यह उपयोगकर्ता को सिमुलेटेड पर्यावरण (simulated environment) में भी वास्तविकता का या सक्षम होने का एहसास करवाता है।

Virtual Private Network (VPN): वीपीएन वर्चुअल प्राइवेट नेटवर्क दूर स्थानों के कार्यालयों या उपयोगकर्ताओं को इंटरनेट या अन्य सार्वजनिक दूरसंचार प्रणालियों का उपयोग कर अपने संगठन में सुरक्षित पहुंच का आनंद लेने की अनुमति देता है

Very Small Aperture Terminal (VSAT): यह समान्यता 1.8 मीटर से 3.8 मीटर तक व्यास में होता है। वीसैट एक निश्चित उपग्रह संचार प्रणाली या एंटीना के साथ पृथ्वी स्टेशन है, जो कि दूरदराज के स्थानों में इंटरनेट कनेक्टिविटी प्रदान करने के लिए उपग्रहों का उपयोग करने में सहायता करता है।

Virtual Reality Mark up Language (VRML): यह भाषा 3 डी छवियों के प्रदर्शन की अनुमति देती है।

Vodcast (वोडकास्ट): यह वीडियो पॉडकास्ट का संक्षिप्त रूप है। यह पॉडकास्ट वीडियो के साथ-साथ ऑडियो सुविधाओं को भी शामिल करता है।

Voice over Internet Protocol–VoIP (वॉइस ओवर इंटरनेट प्रोटोकॉल): यह टेलीफोन के बजाय इंटरनेट का उपयोग कर एक ऑडियो संचार है। Skype और Ventrilo वीओआईपी के उदाहरण हैं।

W3C–World Wide Web Consortium: W3C वर्ल्ड वाइड वेब कंसोर्टियम का संक्षिप्त नाम है। एक अंतरराष्ट्रीय गैर-लाभकारी संगठन जो वर्ल्ड वाइड वेब के लिए एक संसाधन केंद्र के रूप में कार्य करता है, और तकनीकी मानकों को स्थापित करने में सक्रिय है।

Webmail (वेबमेल): इंटरनेट के माध्यम से संदेश बनाने, भेजने और प्राप्त करने की सुविधा।

WebQuest (वेबक्वेस्ट): यह एक कार्य-उन्मुख गतिविधि है। यहां, एक विशिष्ट लक्ष्य को प्राप्त करने के लिए, शिक्षार्थी विभिन्न वेबसाइटों से सामग्री प्राप्त करता है।

Webserver (वेबसर्वर): एक कंप्यूटर या एक सॉफ्टवेयर पैकेज जो कंप्यूटर पर चल रहा है।

Web Whacking (वेब व्हेकिंग): इसमें ऑफ़लाइन उपयोग के लिए संपूर्ण वेबसाइटों को सहेजना सम्मिलित है।

Windows (विंडोज): माइक्रोसॉफ्ट कॉर्पोरेशन द्वारा निर्मित कई अलग-अलग ग्राफिकल यूजर इंटरफेस (जीयूआई) ऑपरेटिंग सिस्टम की एक श्रेणी का नाम है।

Wireless Application Format–WAP (वायरलेस एप्लिकेशन प्रोटोकॉल): यह एक प्रणाली है जो उपयोगकर्ताओं को ऑनलाइन सेवाओं को ब्राउज़ करने में सक्षम बनाती है, जैसे कि मौसम की जानकारी, यातायात की स्थिति, खरीदारी आदि। WAP, www का मोबाइल फोन है। नए मोबाइल फोन में WAP ब्राउज़र सॉफ्टवेयर सम्मिलित होते हैं, जो उपयोगकर्ताओं को WAP साइटों तक पहुँच प्रदान करते हैं।

Website (वेबसाइट): यह www पर एक क्षेत्र है जहां एक संगठन या व्यक्ति वेब पेज जैसी सामग्री के पृष्ठों का एक संग्रह बनाता है। ये पेज एक दूसरे के साथ और अन्य वेबसाइटों के साथ जुड़े होते हैं। हर वेबसाइट का एक यूनिक वेब एड्रेस या URL होता है।

(WiFi) वाई-फाई: वायरलेस फ़िडेलिटी को हाई फ्रीक्वेंसी वायरलेस लोकल एरिया नेटवर्क के रूप में भी जाना जाता है। वाई-फाई सिस्टम कई सौ फीट की दूरी पर डेटा संचारित और प्राप्त करने के लिए उच्च आवृत्ति रेडियो संकेतों का उपयोग करते हैं। कई होटल, शैक्षणिक संस्थान, रेलवे और हवाई अड्डे लैपटॉप का उपयोग करने वाले लोगों को वाई-फाई प्रदान करते हैं।

Wiki (विकी): यह एक वेबसाइट या एक समान ऑनलाइन संसाधन है जो किसी को भी एक संसाधन स्थापित करने की अनुमति देता है जिसमें सामग्री को सामूहिक रूप से बनाया जा सकता है। यह किसी को भी, मौजूदा सामग्री में कुछ जोड़ने या संपादित करने की अनुमति देता है। विकी इस तरह की वेबसाइट बनाने के लिए प्रयोग किए जाने वाले सॉफ्टवेयर को भी संदर्भित करता है। यह विकिपीडिया का सबसे अच्छा ज्ञात उदाहरण है। यह एक सहयोगात्मक रूप से लिखित विश्वकोश है।

Wizard (विज़ार्ड): यह एक सॉफ्टवेयर है जो एक जटिल कार्य के माध्यम से हर उपयोगकर्ता की सहायता या मार्गदर्शन करता है, जैसे कि नेटवर्क पर सॉफ़्टवेयर स्थापित करना या किसी विशेष प्रारूप में आउटपुट डेटा के लिए प्रिंटर कॉन्फ़िगर करना।

Wordwide Web Consortium (वर्ल्डवाइड वेब कंसोर्टियम)- W3C: यह एक अंतर्राष्ट्रीय गैर-लाभकारी संगठन है जो www के लिए संसाधन केंद्र के रूप में कार्य करता है और यह तकनीकी मानकों को स्थापित करने में सक्रिय है।

WMA–Window Media Audio: विंडोज मीडिया ऑडियो

World CALL: यह मूल रूप से CALL (http://www.worldcall.org) के लिए दुनिया भर में मुख्य एसोसिएशन है। यह उन देशों की सहायता करता है जो वर्तमान में आईसीटी के अनुप्रयोगों से जुड़ नहीं पा रहे हैं।

XML: XML का संक्षिप्त नाम eXtensible Markup Language है। यह विनिर्देश W3C की मांग के अनुसार है। यह वेब डिजाइनरों को वेब पर दस्तावेज़ प्रदर्शित करने के लिए अपनी भाषा बनाने की अनुमति देता है।

Zip (जिप): इसका उपयोग फाइलों को संग्रहित करने के लिए किया जाता है, क्योंकि उन्हें संचयन द्वारा संग्रहण स्थान की आवश्यकता होती है, इस प्रक्रिया से स्थान की बचत भी होती है। WinZip या WinRar जैसे कार्यक्रमों का उपयोग डेटा और फ़ाइलों को ज़िप करने के लिए किया जा सकता है। ज़िपित फ़ाइलों को एक्सटेंशन .zip या .rar (WinRar के साथ बनाई गई फ़ाइलों के लिए) से पहचाना जाता है और फिर से उपयोग करने से पहले इन्हें खोलना पड़ता है।

उच्च शिक्षा में डिजिटल पहलें (Digital Initiatives in Higher Education)

डिजिटल क्रांति ने उच्च शिक्षा में महत्वपूर्ण परिवर्तन किये हैं। भारत सरकार ने देश में स्वयं, स्वयं-प्रभा, राष्ट्रीय डिजिटल लाइब्रेरी और राष्ट्रीय अकादमिक डिपॉजिटरी जैसे कई महत्वपूर्ण उपाय किये हैं। यूजीसी ने स्वयं भी कई ऐसे दीर्घकालिक प्रयास किए हैं।

हमने नई राष्ट्रीय शिक्षा नीति, 2020 में "पहुंच, गुणवत्ता, समानता, सामर्थ्य और उत्तरदायित्व" के स्तंभ निर्धारित किए हैं, हम वर्ष 2035 तक GER का 35% का लक्ष्य प्राप्त करना चाहते हैं।

निम्नलिखित कारकों के कारण प्रौद्योगिकी का उपयोग अत्यावश्यक हो जाता है:

1. शिक्षा को अल्पव्ययी बनाना
2. उच्च गुणवत्ता
3. शिक्षा का समावेशी होना–विशेष रूप से ग्रामीण-शहरी और लिंग पूर्वाग्रह जैसे विषयों के लिए
4. रोजगार उपलब्ध करवाना
5. इंटरनेट की सुविधा
6. स्मार्ट फोन की उपलब्धि
7. अकुशलता को कम करना, जैसे कौशल भारत मिशन (Skill India Mission) के द्वारा।

स्वयं और स्वयं-प्रभा (SWAYAM AND SWAYAM PRABHA)

भारत के पूर्व माननीय राष्ट्रपति श्री प्रणव मुखर्जी ने दो डिजिटल शिक्षा पहलों- स्वयं और स्वयं प्रभा का 9 जुलाई 2017 को उद्घाटन किया। इस अवसर पर राष्ट्रपति जी ने कहा– डिजिटल टेक्नॉलोजी से अच्छे शिक्षक बड़ी संख्या में छात्रों को सीधे सिखाने के योग्य हैं। जो छात्र शारीरिक रूप से कक्षाओं में उपस्थित नहीं हो सकते हैं, वह घर पर ही पढ़ाई कर सकेंगे। आईसीटी (सूचना और संचार प्रौद्योगिकी) समाधान एक इंटरैक्टिव लर्निंग का अनुभव प्रदान करते हैं, जिससे देश के दूरस्थ क्षेत्रों के छात्रों को शीर्ष शिक्षकों के व्याख्यान से लाभ हो सकता है।

स्वयं और स्वयं प्रभा के अतिरिक्त, मानव संसाधन विकास मंत्रालय ने दो अन्य पहलुओं की शुरुआत की। ये पहल राष्ट्रीय शैक्षणिक डिपॉजिटरी (एनएडी) और राष्ट्रीय डिजिटल लाइब्रेरी (एनडीएल) द्वारा की गई हैं।

1. स्वयं एक प्रकार से मासिव ओपन ऑनलाइन कोर्स (Massive Open Online Course) का भारतीय रूपांतर है। इसके अंतर्गत शैक्षणिक पाठ्यक्रम ऑनलाइन उपलब्ध कराए जाते हैं और डिजिटल कक्षाओं के माध्यम से छात्रों तक पहुँचा जा सकता है। इसमें देश का कोई भी व्यक्ति पंजीकरण कराकर शिक्षा ग्रहण कर सकता है। यदि कोई छात्र स्वयं की पहल के माध्यम से प्रमाणीकरण चाहता है, तो कम शुल्क पर प्रमाणपत्र उपलब्ध कराया जाएगा। इस पहल के माध्यम से समग्र अध्ययन सामग्री और कक्षा में हुए परीक्षण के वीडियो को नि:शुल्क उपलब्ध कराया जाएगा। स्वयं योजना के तहत उच्च माध्यमिक विद्यालय स्तर से स्नातक स्तर तक का पाठ्यक्रम उपलब्ध होगा।
2. **स्वयं प्रभा:** स्वयं प्रभा प्रत्यक्ष रूप से डायरेक्ट टू होम (सीधे आपके घर) सुविधा है। इसका अर्थ है कि कक्षा के व्याख्यान और अनुभव को 34 डिजिटल शैक्षिक टेलीविजन चैनलों के माध्यम से सीधे इच्छुक छात्रों तक उपलब्ध कराया जाएगा। यह चैनल अब एचआरडी मंत्रालय द्वारा चलाए जाएंगे। इन चैनलों को डिश एंटीना और टेलीविजन द्वारा कोई भी व्यक्ति देख सकता है। इन चैनलों पर नई शैक्षणिक सामग्री उपलब्ध कराई जाएगी, जो प्रत्येक दिन कम से कम 4 घंटे प्रसारित होगी। किसी कारणवश जो छात्र एक समय इस प्रशिक्षण को प्राप्त करने से चूक गये हैं उनके लिए इस कार्यक्रम को दोबारा प्रसारित किया जाएगा। स्वयं प्रभा योजना कक्षा दस के स्तर से लेकर आईआईटी तक के प्रारंभिक पाठ्यक्रमों को कवर करेगी। यह पहल ग्रामीण और शहरी क्षेत्रों के बीच शिक्षा की गुणवत्ता के बँटवारे की खाई को भरने में सहायता करेगी।

    इस परिकल्पना को पूरा करने का कार्य–भास्कराचार्य सैटेलाइट एप्लीकेशन सेंटर और जियोइन्फॉर्मेटिक्स (BISAG), गांधीनगर और ईसीआईएल (ECIL) हैदराबाद की सक्रिय भागीदारी के साथ 3 महीने के भीतर ही पूरा हो गया।

    पाठ्यक्रम आधारित शिक्षा में कला, विज्ञान, व्यापार, कला प्रदर्शन, सामाजिक विज्ञान, मानविकी विषयों, अभियांत्रिकी, प्रौद्योगिकी कानून दवा और कृषि से संबंधित विषय होंगे।

    प्रारंभ में कार्यक्रम अंग्रेजी भाषा में दिखाए जा रहे हैं, लेकिन कुछ समय के बाद सरकार क्षेत्रीय भाषाओं में कार्यक्रमों का शुभारंभ भी करेगी।

    छात्रों की स्वयं प्रभा योजना से सहायता की जा रही है।

    तस्वीरें, वीडियो और विषय विशेषज्ञों के द्वारा इंटरैक्टिव अध्ययन दिया जायेगा।

    सामग्री देखने के बाद, छात्र को एक टोल फ्री हेल्पलाइन नंबर के माध्यम से अपने संदेह स्पष्ट कर सकते हैं।

    मंत्रालय ने विषय विशेषज्ञों की नियुक्ति की है। इन विशेषज्ञों के द्वारा अध्ययन सामग्री का चयन किया जायेगा। विषय विशेषज्ञों की सहायता से छात्र अपने प्रश्नों का उत्तर प्राप्त कर पाएंगे।
3. **राष्ट्रीय शैक्षणिक डिपॉजिटरी (NAD):** राष्ट्रीय शैक्षणिक डिपॉजिटरी योजना अभी शुरू की गई है। यह एक डिजिटल बैंक है, जिसका उपयोग शैक्षणिक संस्थानों द्वारा शैक्षिक डिग्री, प्रमाणपत्र और देश भर के उच्चतर शिक्षा संस्थानों द्वारा प्रदान किए जाने वाले डिप्लोमा को सुरक्षित करने के लिए किया जा सकता है। इसमें इन प्रमाण पत्रों को खोने का डर भी नहीं होगा। इस डिपॉजिटरी के उपयोग से छात्रों और प्रमाण पत्र धारकों के साथ शैक्षणिक संस्थानों तथा भावी नियोक्ताओं के द्वारा किये जाने वाले प्रमाण पत्रों के सत्यापन और प्रमाणीकरण में तेजी और आसानी होगी। इसके साथ ही फर्जी डिग्रियों और प्रमाण पत्रों के सत्यापन की समस्या से निजात मिल जाएगी।

राष्ट्रीय शैक्षणिक डिपॉजिटरी से एचआरडी मंत्रालय (मानव विकास मंत्रालय) की फर्जी डिग्री और विश्वविद्यालयों के बारे में बढ़ती चिंताओं को हल करने की उम्मीद है, इस प्रकार कर्मचारियों, शैक्षिक संस्थानों और छात्रों को सहायता मिलेगी।

4. **नेशनल डिजिटल लाइब्रेरी (एनडीएल) (NDL):** नेशनल डिजिटल लाइब्रेरी (एनडीएल) एक ऑनलाइन लाइब्रेरी है। यह देश में किसी को भी 70 लाख से ज्यादा किताबों तक पहुंचने में मदद करेगी। नेशनल डिजिटल लाइब्रेरी में किताबें स्कैन करके अपलोड की गई हैं। यह भारत की सबसे बड़ी ऑनलाइन लाइब्रेरी है इसमें काफी उपयोगी और मनोरंजक किताबें पढ़ी जा सकेंगी।

स्वयं और स्वयं-प्रभा के आलावा कुछ और ऐसी पहलों का वर्णन यहां किया गया है:

5. **राष्ट्रीय शिक्षा मिशन आईसीटी के माध्यम से (National Mission on Education through ICT):** यह केन्द्रीय प्रायोजित योजना है। इसका प्रयोजन सकल नामांकन दर (GER) में 5% की वृद्धि का भी रहा है।

यह दो प्रकार से उपयोगी है:

1. संयोजकता (connectivity) उपलब्ध कराना
2. अंतर्वस्तु विषय (content) निर्माण

डिजिटल विभाजन यानि शहरी और ग्रामीण अध्यापकों/शिक्षुओं के बीच कौशल के अंतर को कम करना भी इसका उद्देश्य रहा है।

इसकी योजना में निम्न पक्ष आते हैं:

1. ई-लर्निंग के लिए समुचित शिक्षण-शास्त्र पर ध्यान देना
2. आभासी प्रयोगशालाओं के माध्यम से प्रयोग करने की सुविधा देना
3. ऑनलाइन परीक्षण और सत्यापन
4. ऑनलाइन शिक्षकों की उपलब्धता
5. उपलब्ध शिक्षा उपग्रह (एडुसेट) और डायरेक्ट टू होम (DTH) का उपयोग।

6. **नेशनल प्रोग्राम ऑनटेक्नोलॉजी एनहांसिंग लर्निंग (NPTEL):** सात भारतीय प्रौद्योगिकी संस्थानों (आईआईटी-बॉम्बे, दिल्ली, कानपुर, खड़गपुर, मद्रास, रूड़की और गुवाहाटी) और इंडियन इंस्टीट्यूट ऑफ साइंस, बेंगलोर द्वारा शुरू और नियंत्रित की गई परियोजना है। यह भारत सरकार के MHRD द्वारा वित्त पोषित परियोजना है, जो सभी के लिए मल्टीमीडिया और वेब प्रौद्योगिकी आधारित लर्निंग को विकसित करने और बढ़ावा देने के लिए है। वर्तमान में 940 से अधिक पाठ्यक्रम वेब पोर्टल पर उपलब्ध हैं http://nptel.ac.in देखने और डाउनलोड करने के लिए NPTEL ने प्रमाणन के साथ खुले ऑनलाइन पाठ्यक्रम शुरू किए हैं। पाठ्यक्रम नामांकन के लिए स्वतंत्र हैं और उपलब्ध हैं http://onlinecourses.nptel.ac.in।

पाठ्यक्रम के अंत में एक प्रमाणन परीक्षा (वैकल्पिक) विशिष्ट केंद्रों पर विशिष्ट तिथियों पर आयोजित की जाती है। IIT से प्रमाणपत्र उन लोगों को प्रदान किया जाता है जो परीक्षा के लिए पंजीकरण करते हैं और उपस्थित होते हैं। इन परीक्षाओं में छात्रवृत्ति और एससी/एसटी उम्मीदवारों के लिए आंशिक शुल्क माफी की सुविधा के साथ नाममात्र शुल्क है। अत: यह बहुत हर्ष का विषय है कि अब इस संस्थान ने कुछ NPTEL स्थानीय अध्यायों को भी मंजूरी दी है, यह छात्रों और संकायों को NPTEL सामग्री का बेहतर उपयोग करने, छात्रवृत्ति के लिए आवेदन करने की सुविधा प्रदान करेगा। इससे समाज और देश का भी उत्थान होगा।

7. **ई-शोध सिंधु (e-Shodh Sindhu):** ई-शोध सिंधु पहल के माध्यम से 15,000 से अधिक अंतर्राष्ट्रीय इलेक्ट्रॉनिक जर्नल और ई-पुस्तकें सभी उच्च शिक्षण संस्थानों को उपलब्ध कराई जाती हैं। इस संस्था का निर्माण मानव संसाधन मंत्रालय ने तीन संस्थाओं को मिला कर किया है:

1. यू ज़ी सी-इन्फोनेट (UGC-INFONET) डिजिटल लाइब्रेरी कंसोर्टियम,
2. N LIST (National Library and Information services Infrastructure for Scholarly Content) तथा
3. INDEST-AICTE (Indian National Digital Library in Engineering Sciences and Technology-AICTE)

इस डिजिटल विधि का उपयोग दुनिया में सबसे अच्छे शिक्षा संसाधनों तक पहुंच की अनुमति देता है। योजना को INFLIBNET, गांधीनगर, गुजरात लागू कर रहा है।

8. **वर्चुअल या आभासी लैब्स (Virtual Labs):** लैब और उनके कुछ परिष्कृत उपकरणों का प्रयोग भौतिक दूरी, वित्त और अन्य संसाधनों की कमी के कारण अधूरा रह सकता है। वेब-आधारित और वीडियो-आधारित पाठ्यक्रम कुछ सीमा तक अच्छे शिक्षक की कमी को भी पूरा करते हैं। वे दूरस्थ प्रयोग के माध्यम से बुनियादी और उन्नत अवधारणाओं का अधिगम भी करवाते हैं। इससे कुछ उपकरणों को डिजाइन करना भी संभव हो पाता है। इंटरनेट आधारित प्रयोग आगे संसाधनों पर उपयोग के ज्ञान, सॉफ्टवेयर और वेब पर उपलब्ध डेटा के इस्तेमाल की अनुमति देता है। इससे कुशल प्रयोगों को प्रोत्साहित करने के अलावा समय की भी बचत होती है।

9. **ई-यंत्र (e-Yantra):** यह NMEICT की पहल है, जिसका नाम ई-यंत्र रखा गया है। यहां पर रोबोटिक्स का प्रयोग छात्रों की इंजीनियरिंग शिक्षा में प्रतिभागिता को बढ़ाने के लिए किया गया है। इसके लिए गणित, कंप्यूटर विज्ञान और इंजीनियरिंग सिद्धांतों के रोमांचक कौशल की आवश्यकता होती है।

ई-यंत्र ऐसे प्रोजेक्ट्स बनाता है जो शिक्षकों को प्रशिक्षित करने पर आधारित होते हैं।

इसमें IIT-B द्वारा विकसित कोर कौशल देखे जा सकते हैं। सभी परियोजनाएं और कोड मुक्त स्रोत की सामग्री के रूप में ई-यंत्र www.eyantra.org पर उपलब्ध हैं।

10. **कैम्पस कनेक्टिविटी (Campus Connectivity):** NMEICT के अंतर्गत विश्वविद्यालयों को 1 GBPS बैंडविड्थ संयोजकता (connectivity) और कॉलेजों को भी एक निश्चित ब्रॉडबैंड कनेक्टिविटी का प्रावधान किया गया है। एमएचआरडी ने निर्णय लिया कि विश्वविद्यालयों के परिसरों को 1 GBPS बैंडविड्थ के साथ वाईफाई सक्षम बनाया जाएगा। वाईफाई अब सभी आईआईटीए आईआईएम और एनआईटी संस्थानों में उपलब्ध है।

11. **शिक्षक से बात करें (Talk To A Teacher):** यह आईआईटी-बॉम्बे द्वारा विकसित किया गया तथा ICT के माध्यम से शिक्षा पर राष्ट्रीय मिशन की एक पहल है। यह एमएचआरडी द्वारा कुछ चुने हुए स्नातक और स्नातकोत्तर पाठ्यक्रमों में निशुल्क प्रवेश प्रदान करने के लिए वित्तपोषित किया गया है, जिसे आईआईटी बॉम्बे में प्रतिष्ठित संकाय सदस्यों और विद्वानों द्वारा पढ़ाया जाता है। यह अमृता विश्वविद्यालय द्वारा देश भर में संकाय को आभासी कक्षण-स्थल (virtual classroom) प्रदान करने के लिए विकसित ए-व्यू सहयोग उपकरण का उपयोग करता है।

इन पाठ्यक्रमों को एक हेडफ़ोन और इंटरनेट कनेक्शन वाले पर्सनल कंप्यूटर/लैपटॉप पर कम बैंडविड्थ पर भी नि:शुल्क देखा जा सकता है।

12. **ई-आचार्य:** ई-आचार्य को NMEICT का समाहित ई-कंटेंट पोर्टल (Integrated e-Content Portal) भी कहा जाता है, यह NMEICT ई-कंटेंट का आधिकारिक भंडार है। NMEICT के अंतर्गत उत्पादित सारी सामग्री इसके रिपॉजिटरी प्लेटफॉर्म पर INFILIBNET सेंटर गांधीनगर में रखी जा रही है। डिजिटल सामग्री के संरक्षण के लिए 'मानक मेटाडेटा स्कीम' द्वारा प्रदान किए जाते हैं। यह अधिकतर सामग्री NCERT द्वारा प्रदान की जाती है।
13. **ई-कल्प:** MHRD/NMEICT की पहल पर आधारित है। यह भारत में डिजाइन के लिए डिजिटल-लर्निंग पर्यावरण (Digital Learning Environment) बनाता है। इसके निम्नलिखित उद्देश्य हैं:
    1. डिजाइन पर ई-लर्निंग कार्यक्रम और डिजिटल ऑनलाइन सामग्री
    2. शिल्प क्षेत्र सहित डिजिटल डिज़ाइन संसाधन डेटाबेस
    3. डिजाइन के लिए सहयोगी लर्निंग स्पेस के साथ हायर लर्निंग के लिए सोशल नेटवर्किंग
    4. आईसीटी के माध्यम से शिक्षा में राष्ट्रीय मिशन के उत्पादों के लिए डिज़ाइन
14. **शिक्षा के लिए निशुल्क और मुक्त स्त्रोत सॉफ्टवेयर (FOSSEE):** इसमें मुख्य योगदान IIT बॉम्बे का है। fossee.in निर्देशात्मक सामग्री, जैसे कि मौखिक शिक्षण, पाठ्यपुस्तक, अभिज्ञता (awareness) कार्यक्रम, सम्मेलन, प्रशिक्षण कार्यशाला आदि के माध्यम से प्रदान करता है। टेक्स्टबुक कलेक्शन (TBC) भी एक ऐसा पाठ्यपुस्तक कोड पर आधारित कार्यक्रम है। कुछ TBC कोड क्लाउड (cloud) पर आधारित भी हैं।
15. **ई-विद्वान:** यह इनफार्मेशन और लाइब्रेरी नेटवर्क से संबंधित है तथा NMEICT से इसको वित्तीय सहायता के साथ विशेषज्ञ डेटाबेस और राष्ट्रीय शोधकर्ता आदि के रूप में सहायता मिलती है।

    ई-विद्वान के उद्देश्य निम्न रूप में वर्णित किये गए हैं:
    1. भारत और विदेशों में अग्रणी अकादमिक और अनुसंधान एवं विकास संगठनों में काम करने वाले वैज्ञानिकों, शिक्षकों और अनुसंधान वैज्ञानिकों के अकादमिक और अनुसंधान प्रालेख (profile) इकट्ठा करना।
    2. देश में सहयोगियों, वित्त पोषण एजेंसियों, नीति निर्माताओं और अनुसंधान विद्वानों को जानकारी प्राप्त करवाना।
    3. लेखों और शोध प्रस्तावों की समीक्षा के लिए सहकर्मी समीक्षकों की पहचान करना।
    4. वैज्ञानिकों के बीच सूचना आदान-प्रदान और नेटवर्किंग के अवसर पैदा करना।
16. **केंद्रीय क्लाउड इन्फ्रास्ट्रक्चर:** NMEICT/MHRD ने आई आई टी-दिल्ली को एक शक्तिशाली 24 X 7 समर्थित डेटा केंद्र स्थापित करने के लिए एक परियोजना प्रदान की है, ऐसी गतिविधियों को NIC/NKN डेटा सेंटर में रखा गया है, और क्लाउड भी प्रदान किया जाता है।
17. **साक्षात पोर्टल (Sakshaat Portal):** 11वीं पंचवर्षीय योजना के समयकाल से ही राष्ट्रीय शिक्षा विकास एक महत्वपूर्ण स्तम्भ रहा है। राष्ट्रीय मिशन इस पोर्टल के जरिए प्रत्येक भारतीय को नि:शुल्क शिक्षा संबंधी सेवाएं उपलब्ध करवाता रहा है। मिशन की एक दूसरी चुनौती कम लागत वाला एक ऐसा यथोचित एक्सेस उपकरण विकसित करना होगा जिसमें बिजली की भी बहुत कम खपत होगी।

    साक्षात पोर्टल में शैक्षिक संसाधनों, छात्रवृत्ति, टैस्टिंग, उच्च उपलब्धता और चर्चा (संवाद) के अवसर पर्याप्त मात्रा में उपलब्ध कराये गये हैं। जानने की इच्छा को ई-पुस्तकों, ई-पत्रिकाओं, डिजिटल रिपोजिटरी, डिजिटल लाइब्रेरी आदि के माध्यम से पूरा करने के लिए इसमें पर्याप्त सहायता उपलब्ध है।
18. **लेखिका 2007 (Lekhika 2007):** इसे सेंटर फॉर द डेवलपमेंट ऑफ़ एडवांस्ड कंप्यूटिंग (C-DAC) द्वारा विकसित किया गया। इसमें भारत के सूचना मंत्रालय और इजराइल की FTK टेक्नोलॉजी की भागीदारी है। इस परियोजना का उद्देश्य कंप्यूटर साक्षरता को भारत में जनता तक फैलाना है जो आंग्ल भाषा को नहीं जानते हैं।
19. **राष्ट्रीय ज्ञान नेटवर्क और कनेक्टेड डिजिटल (NKN and Connected Digital):** विज्ञान पाठ्यक्रम और वाई-फाई कनेक्टिविटी के सभी छात्रों को डिजिटल परिसरों, वीडियो-कॉन्फ्रेंस कक्षाओं, वायरलेस हॉटस्पॉट, लैपटॉप/डेस्कटॉप प्रदान करने के अलावा 1000 संस्थानों को कवर करने के लिए एक पहल की गई है।
20. **सेंटर फ़ॉर डिस्टेंस इंजीनियरिंग एजुकेशन प्रोग्राम (Centre for Distance Engineering Education Programme) – CDEEP):** सीडीईईपी वास्तविक समय के इंटरैक्टिव उपग्रह प्रौद्योगिकी का उपयोग करके एक क्लासरूम इंटरैक्शन प्रोग्राम (Classroom Interactive Programme) है। यह भारतीय प्रौद्योगिकी संस्थान मुंबई द्वारा आरम्भ किया गया था।
21. **edusat:** EDUSAT के माध्यम से ग्रामीण भारत के बड़े भाग में सैटेलाइट कनेक्टिविटी आई। इंदिरा गांधी राष्ट्रीय मुक्त विश्वविद्यालय (IGNOU) ऑनलाइन पाठ्यक्रम को प्रस्तुत करने के लिए उपग्रह, टीवी और इंटरनेट प्रौद्योगिकी का लाभ उठा रहा है।
22. **बृहस्पति (Brihaspati):** यह खुला स्त्रोत ई-लर्निंग प्लेटफॉर्म आईआईटी-कानपुर द्वारा विकसित किया गया है।
23. **निजी क्षेत्र (Private Sector):** इसमें ह्यूजेस ग्लोबल एजुकेशन, मणिपाल, सेंटम लर्निंग, यूईआई ग्लोबल, शिव नाडार विश्वविद्यालय, प्रमुख केंद्रीय और राज्य विश्वविद्यालय आदि जुड़े हुए हैं, जिनमें अच्छे आईसीटी बुनियादी ढांचे हैं।
24. **पुस्तक डिजिटलीकरण (ई-टेक्स्ट):** छात्रों के लिए डिजिटल तरीकों को सीखने के वातावरण को बनाने के लिए पुस्तकों के डिजिटल रिपॉजिटरी के निर्माण की ओर रुझान बढ़ा है। राष्ट्रीय शिक्षा मिशन आईसीटी के माध्यम से शिक्षा के लिए एक नयी ऑनलाइन पाठ्यक्रम सामग्री तैयार करने की योजना है।
25. **मुक्त शिक्षा संसाधन:** यह ऑल इंडिया काउंसिल फॉर टेक्निकल एजुकेशन-इंडियन नेशनल डिजिटल लाइब्रेरी इन इंजीनियरिंग एंड टेक्नोलॉजी (AICTE-INDEST) मानव संसाधन विकास मंत्रालय द्वारा स्थापित एक संगोष्ठी है। यूजीसी ने कला, मानविकी, प्रौद्योगिकी और विज्ञान जैसे विषयों की पत्रिकाओं और ग्रंथ सूची डेटाबेस तक पहुंच प्रदान करने के लिए अपनी डिजिटल लाइब्रेरी कंसोर्टियम भी प्रारम्भ किया।
26. **वर्चुअल टेक्निकल यूनिवर्सिटी (वीटीयू):** आईसीटी के माध्यम से शिक्षा पर राष्ट्रीय मिशन यूजी/पीजी छात्रों को प्रशिक्षण प्रदान करने के उद्देश्य से वीटीयू स्थापित करने के लिए नए शिक्षकों के साथ कठिन मेहनत कर रहा है। यह विज्ञान, प्रौद्योगिकी, प्रबंधन और अन्य संबंधित क्षेत्रों पर केंद्रित है। सात आईआईटी (मुंबई, दिल्ली, गुवाहाटी, चेन्नई, कानपुर, खड़गपुर और रुड़की) और आईआईएससी NPTEL की सहायता से भारत की पहली आभासी प्रौद्योगिकी विश्वविद्यालय स्थापित करने की प्रक्रिया में हैं।
27. **ज्ञान दर्शन:** 2000 में शुरू किया गया ज्ञान दर्शन इग्नू और आईआईटी का संयुक्त प्रयास है। इसमें कई चैनल हैं जो विद्यालय के छात्रों, विश्वविद्यालय

के छात्रों और वयस्कों के लिए शैक्षिक कार्यक्रमों का प्रसारण करता है। पाठ्यक्रमों में इग्नू, यूजीसी कंसोर्टियम फॉर एजुकेशनल कम्युनिकेशन (UGC-CEC) और आईआईटी आदि का योगदान है। सीईसी यूजीसी का एक अंतर-विश्वविद्यालय केंद्र है।

28. **ज्ञान वाणी:** यह आवृत्ति मॉडुलन (Frequency Modulation) रेडियो चैनलों का एक समूह है जो कार्यक्रमों का प्रसारण करते हैं, इसमें इग्नू और आईआईटी जैसे संस्थानों का योगदान है। यूजीसी कंट्रीवाइड क्लासरूम पहल के अंतर्गत, हर दिन ज्ञान दर्शन और दूरदर्शन नेशनल चैनल (DD1) पर शिक्षा कार्यक्रम प्रसारित किये जाते हैं।
29. **ई-ज्ञानकोष:** इसको वर्ष 2005 में इग्नू द्वारा डिजिटल शिक्षा के लिए प्रारम्भ किया गया। इसमें इग्नू की लगभग 95% मुद्रित सामग्री को डिजिटाइज़ और रिपॉजिटरी पर अपलोड किया गया है।
30. **शिक्षा और अनुसंधान नेटवर्क (Education and Research Network)–ईआरनेट:** इसका प्रचार भारत सरकार के सूचना प्रौद्योगिकी विभाग द्वारा किया जाता है। यह भारत में शैक्षणिक अनुसंधान संस्थानों को संचार संरचना और सेवाएं प्रदान करता है। यह इंटरनेट और इंट्रानेट सुविधाएं प्रदान करने के लिए एआईसीटीई-नेट, भारतीय कृषि अनुसंधान परिषद (आईसीएआर) - नेट और यूजीसी-इंफोनेट जैसी नेटवर्किंग परियोजनाएं चला रहा है।
31. **ग्रिड गरुड़ (GRID GARUDA):** यह डाटा और अन्य अनुप्रयोगों को विकसित करने के लिए शैक्षणिक, वैज्ञानिक और अनुसंधान समुदायों को एक साथ लाने वाला भारत का पहला राष्ट्रीय ग्रिड है। यह राष्ट्रीय ज्ञान नेटवर्क (NKN) से जुड़ा है।
32. **श्रुति-दृष्टि:** यह मूल रूप से नेत्रहीन महिलाओं के लिए विकसित किया गया महिला सशक्तीकरण (VIWE) का प्रारूप है।
33. **आईआईटी मद्रास:** इस संस्थान को 996 पाठ्यक्रमों के लिए ई-सामग्री विकसित करने का काम सौंपा गया है। ये पाठ्यक्रम इंजीनियरिंग, विज्ञान, प्रौद्योगिकी, मानविकी और प्रबंधन से संबंधित हैं।
34. **शैक्षिक संचार कंसोर्टियम:** इसे 87 स्नातक पाठ्यक्रमों (यूजीसी) के लिए ई-सामग्री के निर्माण का काम सौंपा गया है।

उपरोक्त के अलावा भी निम्न संस्थाओं ने भी कुछ डिजिटल पहले की हैं

आईआईटी, खड़गपुर— बहुभाषी सामग्री, अन्य कोगनेटिव फैकल्टी पर आधारित सामग्री।

जादवपुर विश्वविद्यालय— सामग्री का मानकीकरण और गुणवत्ता आश्वासन

आईआईटी, दिल्ली— वर्चुअल लेबोरेटरीज

आईटी-बीएचयू, वाराणसी— अशिक्षितों को उनके दैनिक जीवन में आईसीटी के लाभ

इग्नू— विषय वस्तु और समन्वय और सुविधा के लिए

स्टॉपओवर

1. निम्नलिखित में से किसे शिक्षा के लिए डिजिटल पुस्तकालय कहा जा सकता है?

   (a) स्वयं (b) एमओओसी

   (c) एनपीटीईएल (d) साक्षात

2. निम्नलिखित कथनों पर विचार कीजिए:

   कथन I: इस पहल को एक वैज्ञानिक, इंजीनियरिंग और अकादमिक समुदाय के सहयोग से आरम्भ किया गया है, जिससे कम्प्यूटेशनल नोड्स के राष्ट्रव्यापी ग्रिड पर शोध और प्रयोग करना सुगम हो सके।

   कथन II: यह एक सामूहिक स्टोरेज है, जिसका उद्देश्य वितरित डेटा और 21वीं सदी के लिए गहन उच्च प्रदर्शन कम्प्यूटिंग समाधानों की गणना प्रदान करना है।

   कथन III: सूचना प्रौद्योगिकी विभाग द्वारा उन्नत विकास के लिए, केंद्र वित्त पोषित राष्ट्रव्यापी कम्प्यूटेशनल ग्रिड को तैनात करने के लिए कम्प्यूटिंग ग्रिड को पोषित किया गया है।

   कथन IV: यह कुशल, उच्च गति की नेटवर्क उपलब्धता (मल्टी -गीगाबिट) राष्ट्रीय ज्ञान तंत्र को मजबूती प्रदान करता है।

   इन कथनों के आधार पर निम्नलिखित में से किस कार्यक्रम को संदर्भित किया जा रहा है?

   (a) स्वयं (b) ग्रिड गरुड़

   (c) एमओओसी (d) एनपीटीईएल

उत्तर 1. (c) 2. (b)

आईसीटी और सुशासन (ICT and Governance)

शासन प्रणाली में अगर हम आईसीटी जोड़ दें तो उसको सुशासन या ई-प्रशासन या ई-गवर्नेंस भी कहा जा सकता है। सरकार कई योजनाएं लेकर आ रही हैं जिनका मूल अधिकार आईसीटी ही है। ऐसा प्राइवेट फर्म में भी हो सकता है। लेकिन हमारी चर्चा सरकार पर आधारित है।

सुशासन या ई-गवर्नेंस या ई-प्रशासन (e-governance) मुख्यतः सरकारी प्रक्रिया के लिए आईसीटी का अनुप्रयोग है। यह कथन आंशिक रूप से सत्य है क्योंकि सुशासन में कम्प्यूटरीकरण सरकारी प्रक्रिया तक सीमित नहीं रही है। इसका वास्तविक क्षेत्र देश में नीति निर्माण और देश के शासन में नागरिक की भागीदारी को सम्मिलित करता है।

कई ऐसे गुण हैं जो इसको परम्परागत शासन से अलग बना देते हैं। यह एक ऐसी सरकार प्रदान करता है जो उत्तरदायी, त्वरित है और सूचना तक पहुंच को बढ़ाती है।

राष्ट्रीय स्तर पर, सुशासन को लागू करने के लिए केंद्र सरकार ने कई पहल की हैं। इंडिया इमेज एक सरकारी पोर्टल है जो बहुत सारी जानकारी प्रदान करता है। राष्ट्रीय सूचना विज्ञान केंद्र एजेंसी है जिसे वेब पोर्टल बनाने और बनाए रखने का काम सौंपा जाता है।

सुशासन मुख्य रूप से सरकारी कार्यों के निर्वहन में आईसीटी के उपयोग को संदर्भित करता है। हालांकि यह केवल सरकारी सेवाओं के वितरण तक सीमित नहीं है।

सुशासन का उद्देश्य शासन में अधिक से अधिक नागरिक भागीदारी सुनिश्चित करना है।

वास्तव में, सुशासन के माध्यम से, स्मार्ट गवर्नेंस का उद्देश्य प्राप्त करने की कोशिश है, यहां हम 'SMART' शब्द का प्रयोग कर सकते हैं।

1. **Simple (सरल):** क्योंकि कोई विस्तृत प्रक्रिया नहीं है, कोई कागजी काम नहीं है और बार-बार सरकारी कार्यालयों में जाने की आवश्यकता नहीं है।
2. **Moral (नैतिक):** प्रणाली को भ्रष्टाचार और अन्य अनैतिक प्रथाओं से साफ किया जाता है।
3. **Accountable (उत्तरदायित्व):** चूंकि सभी जानकारी सार्वजनिक डोमेन में है, इसलिए सरकार का उत्तरदायित्व अधिक हो जाता है। यहां भारत में RTI अधिनियम को जानना भी आवश्यक है।

4. **Responsible (प्रतिक्रिया):** आईसीटी के उपयोग के माध्यम से; सरकार जनता के साथ नियमित संपर्क में रहकर अपनी प्रतिक्रिया दे सकती है।
5. **Transparency (पारदर्शिता):** कुछ भी रहस्यमय नहीं, सभी कुछ माउस के क्लिक पर उपलब्ध है।

यहां पर परम्परागत प्रशासन और ई-प्रशासन के मध्य अंतर जानने से सुशासन के बारे में अधिक जानकारी प्राप्त होती है।

आधार	पारम्परिक प्रशासन	सुशासन
प्रकृति	उद्रेचक (secretive)	पारदर्शक (transparent)
शासन-व्यवस्था	वर्गीकृत जैसा (hierarchical)	समानांतर (horizontal) - प्रसारित होने वाला
प्रतिक्रिया	निश्चेष्ट (passive) और धीरे धीरे चलने	अग्रसक्रिय (pro-active) और तीव्र
संचार	एकतरफा (one way)	प्रत्यक्ष और त्वरित (direct and fast)
ध्यान	अनुपालन (compliance)	उद्देश्य प्राप्त करना

सुशासन के कुछ मुख्य घटक हैं, जिससे हमें संबंधित पक्षों के बारे में जानकारी प्राप्त होती है:

1. सरकारी-नागरिक इंटरफ़ेस
2. सरकार-सरकार इंटरफ़ेस
3. सरकारी-व्यवसाय इंटरफ़ेस
4. सरकारी-कर्मचारी इंटरफ़ेस
5. सरकारी-सोसायटी इंटरफ़ेस

आईसीटी को भारत सरकार ने सरकारी ढांचे में तेजी से संस्थागत सुधार लाने के लिए एक उत्प्रेरक और इससे वंचित जनता तक पहुंचने के लिए एक प्रभावी उपकरण के रूप में स्वीकार किया है। केंद्र सरकार ने सुशासन के उचित कार्यान्वयन के लिए राष्ट्रीय सुशासन या ई-गवर्नेंस एक्शन प्लान तैयार किया है। विभिन्न राज्यों ने भी सुशासन से संबंधित कार्यक्रम शुरू किए हैं।

राष्ट्रीय स्तर पर, सुशासन को लागू करने के लिए केंद्र सरकार ने कई पहल की हैं। इंडिया इमेज एक सरकारी पोर्टल है जो बहुत सारी जानकारी देता है। राष्ट्रीय सूचना विज्ञान केंद्र एजेंसी है जिसे वेब पोर्टल बनाने और बनाए रखने का काम सौंपा जाता है।

सुशासन के लिए तर्क एक सरकार प्रदान करने की क्षमता है जो कुशल, उत्तरदायी और भ्रष्टाचार मुक्त है। यह नीति निर्माण और सूचना साझाकरण में नागरिक की भूमिका बढ़ाकर लोकतंत्र को शक्तिशाली बनाता है।

सुशासन के मुख्य लाभ निम्नलिखित हैं:

1. प्रशासनिक प्रक्रियाओं का स्वचालन
2. कार्यबल में कमी
3. बेहतर सेवा वितरण
4. तकनीकी और सहायक भूमिका
5. पारदर्शिता
6. आर्थिक और सामाजिक विकास
7. प्रशासनिक संस्कृति में बदलाव

सूचना प्रौद्योगिकी अधिनियम, 2000 ई. गवर्नेंस के लिए आवश्यक कानूनी ढांचा प्रदान करता है। हालांकि यह अधिनियम साइबर दुनिया से संबंधित विभिन्न मुद्दों से संबंधित है, लेकिन इसका एक उद्देश्य सरकार के साथ लेनदेन को कानूनी मान्यता प्रदान करके सुशासन को बढ़ावा देना है। अधिनियम की धारा 6 में सरकार और उसकी एजेंसियों में इलेक्ट्रॉनिक रिकॉर्ड और डिजिटल हस्ताक्षर के उपयोग का प्रावधान है।

सुशासन मुख्य रूप से सरकारी कार्यों के निर्वहन में आईसीटी के उपयोग को संदर्भित करता है। हालांकि यह केवल सरकारी सेवाओं के वितरण तक सीमित नहीं है।

सुशासन को लागू करने में आने वाली चुनौतियाँ हैं:

1. संसाधनों की कमी
2. बुनियादी ढांचे की कमी
3. डिजिटल डिवाइड (digital divide)
4. स्थानीय भाषाओं में प्रासंगिक सूचना का अभाव
5. सुशासन क्षमता का निर्माण
6. साइबरस्पेस में सुरक्षा मुद्दे
7. अनिच्छुक नौकरशाही

सरकार ने सूचना प्रौद्योगिकी विभाग के अंतर्गत राष्ट्रीय सूचना विज्ञान केंद्र (National informatics Centre-NIC) की स्थापना की है जो केंद्र सरकार तथा राज्य सरकारों के बीच और सुशासन सहायता प्रदान करने के लिए विशेष निकाय है। लगभग सभी सरकारी विभाग अब वेब उपस्थिति बनाए रखते हैं।

केंद्रीय स्तर द्वारा लागू की गई कुछ परियोजनाओं की सूची निम्नलिखित रूप में दी गयी है:

1. इंडिया इमेज (भारत सरकार का पोर्टल)
2. कृषि विपणन सूचना नेटवर्क (AgMarknet)
3. सेंट्रल पासपोर्ट सिस्टम (CPS)
4. सामुदायिक सूचना केंद्र (CIC)
5. कम्प्यूटरीकृत ग्रामीण सूचना प्रणाली परियोजना (CRISP)

राज्य सरकारों ने या उनके सहयोग से भी बहुत सारे ई-गवर्नेंस प्रोजेक्ट स्थापित किए गए हैं, कुछ का नाम यहां दिया गया है:

1. भूमि (Bhoomi)
2. ई-सेवा (electronic सेवा)
3. फ्रेंड्स (FRIENDS - Fast, Reliable, Instant, Efficient Network for the Disbursement of Services)
4. ज्ञानदूत (Gyandoot): कम खर्च पर, सतत, विकासशील, समाजाधारित - जिला धार, मध्यप्रदेश के लिए
5. लोक-मित्र (integrated Citizen Service Centre/e-Kiosks ICSC)
6. फ़ास्ट (FAST-Transport Department Automated)
7. मुद्रा (MUDRS-Municipal Corporation towards Digital Revenue Administration)
8. ख़ज़ाने (KHAJANE-Online Treasury System)
9. ग्रामसम्पर्क - ICT द्वारा स्थापित
10. ई-चौपाल (E-chaupal)-ICT द्वारा स्थापित सप्लाई चेन सिस्टम

भारत सरकार की ई-गवर्नेंस योजनाएं

सभी कल्याणकारी सरकारें "न्यूनतम सरकार, अधिकतम सुशासन" पर काम करती हैं। ई-गवर्नेंस सुशासन का मार्ग प्रशस्त करती है। भारत में, 25 दिसंबर को, जो कि श्री अटल बिहारी वाजपेयी का जन्मदिन भी है, को सुशासन दिवस के रूप में मनाया जाता है। यहां, हमने भारत सरकार की ई-गवर्नेंस योजनाओं की चर्चा की है।

भारतीय विशिष्ट पहचान प्राधिकरण एवं आधार

(UNIQUE IDENTIFICATION AUTHORITY OF INDIA AND ADHAAR)

UIDAI इलेक्ट्रॉनिक्स और सूचना प्रौद्योगिकी मंत्रालय (Ministry of Electronics and Information Technology - MeitY) के अंतर्गत भारत सरकार द्वारा 12 जुलाई 2016 को स्थापित किया गया। UIDAI को भारत के सभी निवासियों के लिए 'आधार' (Aadhaar) नामक विशिष्ट पहचान संख्या (UID) जारी करने के लिए बनाया गया था। इसका उद्देश्य नकली पहचान को समाप्त करने के लिए पर्याप्त, सशक्त, सरल, लागत प्रभावी ढंग से सत्यापन योग्य और प्रमाणिक पहचान पत्र जारी करना भी है।

आधार पहचान डिजिटल इंडिया के प्रमुख स्तंभों में से एक है। यह बायोमेट्रिक आधारित सेवा है। यह सामाजिक और वित्तीय समावेशन, सार्वजनिक क्षेत्र के वितरण सुधार, वित्तीय बजट का प्रबंधन, सुविधा बढ़ाने, सरकारी कल्याणकारी योजनाओं को वितरित करने के लिए एक रणनीतिक पूल है। यह सुशासन को बढ़ाने के उद्देश्य से समग्र है।

31 अक्टूबर 2021 तक, प्राधिकरण ने भारत के निवासियों को 131.68 करोड़ आधार संख्या जारी की है।

माईगव (MYGOV)

इस पोर्टल का शुभारंभ 26 जुलाई 2014 को प्रधानमंत्री नरेंद्र मोदी द्वारा किया गया, जिसका मुख्य उद्देश्य नागरिकों को सरकार के साथ एकीकरण करना तथा राष्ट्र के विकास में भागीदारी के माध्यम के रूप में कार्य करना है। इसका मुख्य उद्देश्य लोगों की भागीदारी के माध्यम से गुणात्मक परिवर्तन लाना है। यहां नागरिकों को अनेक विषयों पर चर्चा एवं विचार-विमर्श में भाग लेने का अवसर प्राप्त होता है। नागरिक इस मंच पर कागजात, केस स्टडी, चित्र, वीडियो और अन्य कार्य योजनाएं अपलोड कर सकते हैं। वे ऐच्छिक रूप से विविध कार्य कर सकते हैं और अपनी प्रविष्टियां जमा करा सकते हैं। इन सबकी समीक्षा भी की जाती है, तथा इनका अधिकारीयों द्वारा अनुमोदन भी किया जाता है। प्रत्येक अनुमोदित कार्य को पूरा करने के लिए प्रोत्साहन अंक मिलते हैं। राष्ट्रीय सूचना केंद्र -एनआईसी, इलेक्ट्रानिक्स एवं सूचना प्रौद्योगिकी विभाग इस पोर्टल का प्रबंधन करते हैं।

इस मंच को 'मन की बात', बजट, परीक्षा पर चर्चा अभिन्न अंग हैं। यहां स्वच्छ भारत, डिजिटल इंडिया अभियान, स्वच्छ गंगा, बालिका शिक्षा, स्वच्छ भारत, कौशलपूर्ण भारत, डिजिटल भारत और रोजगार सृजन जैसे विभिन्न समूह भी हैं, प्रत्येक समूह को ऑनलाइन तथा ऑनग्राउंड कार्य दिए गए हैं।

ई-ग्रंथालय (EGRANTHALYA)

ई-ग्रंथालय सरकारी पुस्तकालयों के लिए राष्ट्रीय सूचना विज्ञान केंद्र, इलेक्ट्रॉनिक्स और सूचना प्रौद्योगिकी मंत्रालय, भारत सरकार द्वारा विकसित एक डिजिटल प्लेटफॉर्म है। यह NIC एकीकृत पुस्तकालय प्रबंधन सॉफ्टवेयर (LMS), डिजिटल लाइब्रेरी मॉड्यूल (DLM), पुस्तकालय पोर्टल (OPAC), क्लाउड होस्टिंग वातावरण और एनआईसीएसआई पैनलबद्ध रोल आउट सेवाओं के समर्थन के साथ एक संपूर्ण आईसीटी समाधान प्रदान करता है। ई-ग्रंथालय डिजिटल लाइब्रेरी सेवाओं के साथ पारंपरिक पुस्तकालयों को ई-लाइब्रेरी में परिवर्तित करने के लिए भी उपयोगी है।

ई-ग्रंथालय का नवीनतम संस्करण अर्थात Ver.4.0 एक 'क्लाउड रेडी एप्लिकेशन' है और पुस्तकालयों के क्लस्टर के लिए एक वेब-आधारित समाधान प्रदान करता है। यह सब व्यवस्था प्रचलित अंतर्राष्ट्रीय मानकों के अनुरूप है। ई-ग्रंथालय 4.0 पोस्टग्रेएसक्यूएल का उपयोग करता है, जिसे एनआईसी नेशनल क्लाउड (मेघराज) में उपलब्ध कराया गया है।

ई-भाषा (EBHASHA)

डिजिटल इंडिया कार्यक्रम बड़े पैमाने पर बन रहा है। सरकार भारतीय नागरिकों के लिए उनकी अपनी भाषा में ऑनलाइन सामग्री उपलब्ध कराने के लिए काम कर रही है। ई-भाषा प्लेटफॉर्म, जो भारत की गैर-अंग्रेजी भाषी जनसंख्या के लिए डिजिटल भाषा सामग्री को विकसित और प्रसारित करने में सहायता करेगा, को एक मिशन मोड परियोजना के रूप में शुरू किया गया है।

प्रगति (PRAGATI - PRO-ACTIVE GOVERNANCE AND TIMELY IMPLEMENTATION)

प्रगति प्रमुख हितधारकों के बीच वास्तविक समय उपस्थिति और विनिमय के साथ ई-पारदर्शिता और ई-उत्तरदायित्व लाने के लिए एक सशक्त प्रणाली है। इस प्लेटफॉर्म को 25 मार्च 2015 को लॉन्च किया गया था।

यह एक बहुउद्देशीय और बहु-मोडल मंच है जिसका उद्देश्य सामान्य जन की शिकायतों को दूर करना है। यह भारत सरकार के महत्वपूर्ण कार्यक्रमों और परियोजनाओं के साथ-साथ राज्य सरकारों द्वारा ध्वजांकित परियोजनाओं की निगरानी और समीक्षा करता है।

प्रगति मंच तीन प्रकार की नवीनतम तकनीकों का उपयोग करता है:

1. डिजिटल डेटा प्रबंधन
2. वीडियो-कॉन्फ्रेंसिंग और
3. भू-स्थानिक प्रौद्योगिकी (Geo-spatial Technology)

यह सहकारी संघवाद की दिशा में एक अनूठा संयोजन प्रस्तुत करता है क्योंकि यह भारत सरकार के सचिवों और राज्यों के मुख्य सचिवों को एक मंच पर लाता है। यह एक त्रिस्तरीय प्रणाली है - पीएमओ, केंद्र सरकार के सचिव और राज्यों के मुख्य सचिव। प्रत्येक माह में एक बार चौथे बुधवार को अपराह्न 3.30 बजे 'प्रगति दिवस' का प्रावधान है।

राष्ट्रीय भू-सूचना विज्ञान केंद्र

(NATIONAL CENTRE OF GEO-INFORMATICS -NCOG)

NCoG राष्ट्रीय ई-गवर्नेंस डिवीजन के अंतर्गत एक भौगोलिक सूचना प्रणाली (GIS) आधारित निर्णय समर्थन प्रणाली मंच है, जिसे 28 दिसंबर, 2015 को लॉन्च किया गया था। NcoG को Bhaskaracharya Institute for Space Applications and Geo-Informatics (BISAG) द्वारा एक ज्ञान भागीदार (Knowledge Partner) के रूप में समर्थित किया जा रहा है।

मुख्य उद्देश्य

1. देश में भू-सूचना विज्ञान से संबंधित संसाधनों और क्षमताओं के विकास के लिए एक राष्ट्रीय मंच प्रदान करना।

2. भू-सूचना विज्ञान के क्षेत्र में सभी सरकारों, केंद्र, राज्य, स्थानीय स्व-सरकारों को आवेदन और समाधान प्रदान करें।
3. धिक मूल्य आधारित परिणामों और निर्णय लेने के लिए प्रबंधन सूचना प्रणाली (एमआईएस) के साथ भू-सूचना विज्ञान का एकीकरण।
4. भू-सूचना विज्ञान के क्षेत्र में मानव संसाधन विकास के लिए कार्यक्रमों को हाथ में लेना।
5. भू-सूचना विज्ञान के क्षेत्र में अनुसंधान एवं विकास करना।

ई-न्यायालय (E-COURTS) मिशन मोड परियोजना

ईकोर्ट्स परियोजना का उद्देश्य देश में जिला और अधीनस्थ न्यायालयों के सार्वभौमिक कम्प्यूटरीकरण और न्याय प्रणाली के आईसीटी सक्षमता को बढ़ाकर वादियों, वकीलों और न्यायपालिका को नामित सेवाएं प्रदान करना है।

यह 2007 से देश के जिला और अधीनस्थ न्यायालयों में लागू की जा रही राष्ट्रीय ई-गवर्नेंस परियोजना है। इस परियोजना का उद्देश्य आवश्यक हार्डवेयर और सॉफ्टवेयर एप्लिकेशन प्रदान करना है ताकि अदालतें ई-सेवाएं प्रदान कर सकें और न्यायपालिका निगरानी कर सके। यह अदालतों के कामकाज के प्रबंधन में सहायता करता है।

ई-डिस्टिक्ट (E-DISTRICT)

ई-डिस्टिक्ट परियोजना ई-गवरनेन्स योजना के अर्न्तगत चलने वाली स्टेट मिशन मोड परियोजना है जिसका मुख्य उदेश्य जन केन्द्रित सेवाओ को कम्पयूटरीकरण करने का हैं। इस परियोजना में सम्पूर्ण व्यवस्था क्रम को कम्पयूटराइज किया गया है । ई-डिस्टिक्ट परियोजना भारत सरकार द्वारा पोषित परियोजना है , जिसमें कि प्रमाण पत्र, शिकायत एवं सूचना अधिकार, जन वितरण प्रणाली, पेन्शन, खतौनी, राजस्व वाद एवं रोजगार केन्द्रो मे पंजीकरण संबंधी सेवाओं को सम्मिलित किया गया है। इन सभी सेवाओं का हस्तान्तरण जन सुविधा केन्द्र के माध्यम से किया जायेगा।

ईताल (ELECTRONIC TRANSACTION AGGREGATION AND ANALYSIS – ETAAL)

ईताल राष्ट्रीय और राज्य स्तर पर विभिन्न ई-गवर्नेंस पहलों के प्रभाव को मापने के लिए भारत के राष्ट्रीय सूचना विज्ञान केंद्र द्वारा विकसित एक सार्वजनिक सेवा है।

एक अनिवार्य विश्लेषणात्मक सेवा के रूप में, यह एक सरलता से समझने योग्य दृश्य ग्राफिक है। यह वेब सेवा प्रौद्योगिकी का उपयोग करके स्वचालित ढंग से उनके द्वारा साझा किए गए लेनदेन की संख्या के आधार पर हैं।

कई 'कर भुगतानों' का विश्लेषण NIC में eTaal के साथ भी किया जाता है। NIC भारत में सामान्य कार्यालय समय के दौरान काउंटर पर ईटीएएल सेवाएं भी प्रदान करता है। उपयोगकर्ता एप्लिकेशन सॉफ़्टवेयर की गोपनीयता, सुरक्षा या अखंडता से समझौता किए बिना निम्नतम स्तर तक ड्रिल-डाउन कर सकते हैं। उपयोगकर्ता देश भर में ई-गवर्नेंस परियोजनाओं के समेकित आंकड़े देख सकते हैं और उनकी वास्तविक समय उपयोग स्थिति की कल्पना कर सकते हैं। ETAAL में सभी केंद्रीय मंत्रालय और राज्य/केंद्र शासित प्रदेश की सरकारें सम्मिलित हैं।

ई-ग्रामस्वराज (EGRAMSWARAJ)

देश भर में पंचायती राज संस्थानों में ई-गवर्नेंस को सशक्त बनाने के लिए, पंचायती राज मंत्रालय ने एक उपयोगकर्ता के अनुकूल वेब-आधारित पोर्टल ई-ग्रामस्वराज लॉन्च किया है। ई-ग्रामस्वराज का उद्देश्य विकेंद्रीकृत योजना, प्रगति रिपोर्टिंग और कार्य-आधारित लेखांकन में बेहतर पारदर्शिता लाना है।

जीवन प्रमाण (JEEVAN PRAMAAN)

भारत सरकार की पेंशनभोगियों के लिए डिजिटल जीवन प्रमाण पत्र, जिसे जीवन प्रमाण के रूप में जाना जाता है। यह केंद्र सरकार, राज्य सरकार या किसी अन्य सरकारी संगठन के पेंशनभोगियों के लिए एक बायोमेट्रिक सक्षम डिजिटल सेवा है। सरकारी निकायों द्वारा एक करोड़ से अधिक परिवारों को उनकी आय और टिकाऊपन के आधार पर पेंशन वितरित की जाती है। इसके अलावा, सेना और रक्षा से पच्चीस लाख लोग हैं जिन्हें पेंशन मिलती है।

पेंशनभोगियों को अधिकृत पेंशन वितरण एजेंसियों जैसे बैंक, डाकघर आदि को जीवन प्रमाण पत्र प्रदान करने की आवश्यकता है। अन्यथा, पेंशन प्राप्त करने की पूरी प्रक्रिया बोझिल हो जाती है।

बहुविकल्पीय प्रश्न (Multiple Choice Questions)

परिचय (INTRODUCTION)

1. निम्नलिखित में संक्षेपाक्षर ICT किसके लिए प्रयोग किया जाता है? **[दिसंबर 2004]**
   (a) Information and Communication Techno-logy
   (b) Information Controlled Technology
   (c) Information Capable Technology
   (d) उपरोक्त में से कोई नहीं

2. निम्नलिखित में से किसको मल्टीमीडिया शिक्षा भी कहा जाता है?
   (a) ICT supported education
   (b) ICT enabled education
   (c) ICT education
   (d) उपरोक्त में से कोई नहीं

3. निम्नलिखित में से कौन-सा सूचना और संचार प्रौद्योगिकी का अवयव है? **[दिसंबर 2006]**
   (a) ऑनलाइन लर्निंग
   (b) एडुसैट के उपयोग के माध्यम से सीखना
   (c) वेब आधारित लर्निंग
   (d) उपरोक्त सभी

4. निम्नलिखित में से सूचना प्रौद्योगिकी के संदर्भ में सबसे उचित कथन कौन-सा है? **[दिसंबर 2004]**
   (a) सूचना प्रौद्योगिकी सूचना के प्रसंस्करण के लिए हार्डवेयर और सॉफ्टवेयर के उपयोग को संदर्भित करता है।
   (b) सूचना प्रौद्योगिकी सूचना के वितरण के लिए हार्डवेयर और सॉफ्टवेयर के उपयोग को संदर्भित करता है।
   (c) सूचना प्रौद्योगिकी अनेक प्रकार की सूचनाओं के भंडारण, पुन: प्राप्ति, प्रसंस्करण और वितरण के लिए हार्डवेयर और सॉफ्टवेयर के उपयोग को संदर्भित करता है
   (d) उपरोक्त में से कोई नहीं

5. निम्नलिखित में से संक्षेपाक्षर CBT का उपयोग किसके लिए किया जाता है?
   (a) Central Basic Training
   (b) Computer Based Test
   (c) Computer Basic Test
   (d) उपरोक्त में से कोई नहीं

6. निम्नलिखित में से संक्षेपाक्षर NPTEL का उपयोग किसके लिए किया जाता है?
   (a) National Programme on Technology Enhanced Learning
   (b) National Programme on Technology Enabled Learning
   (c) National Programme on Technology Enhanced Lessons
   (d) National Programme on Technology Embedded Learning

7. निम्नलिखित में से संक्षेपाक्षर ERNET का उपयोग किसके लिए किया जाता है?
   (a) Engineering and Research Network
   (b) External and Regulated Network
   (c) Educational and Research Network
   (d) उपरोक्त में से कोई नहीं

8. निम्नलिखित में से किस/किन संस्थान/संस्थानों में कंप्यूटरों को जोड़ने के लिए ERNET का प्रयोग किया जाता है?
   (a) IISCs
   (b) आईआईटी
   (c) नेशनल सेंटर फॉर सॉफ्टवेयर टेक्नोलॉजी
   (d) उपरोक्त सभी

9. निम्नलिखित में से कौन-सा आईसीटी के चार बुनियादी आयामों में सम्मिलित नहीं है?
   (a) कौशल (b) आधारिक संरचना
   (c) मनोवृत्ति (d) मानव संसाधन

10. निम्नलिखित में से मुक्त स्रोत कौन-सा ई-लर्निंग प्लेटफार्म IIT Kanpur द्वारा विकसित किया गया है?
   (a) ई-ज्ञान (b) ई-सरस्वती
   (c) बृहस्पति (d) उपरोक्त में से कोई नहीं

11. एक वीसीआर पर टेलीविज़न कार्यक्रम की रिकॉर्डिंग निम्नलिखित में से किसका उदाहरण है?
   (a) अतुल्यकालिक (b) सामग्री संदर्भ
   (c) यांत्रिक स्पष्टता (d) मीडिया तुल्यकालन

12. निम्न में से कौन-सा/सी भारतीय विश्वविद्यालयों में आईसीटी को लागू करने में सबसे मुख्य चुनौती/चुनौतियाँ हैं?
   (a) तकनीकी तत्परता की कमी
   (b) आईसीटी पहल का ख़राब कार्यान्वयन
   (c) भाषाई बाधा
   (d) उपरोक्त सभी

13. निम्नलिखित में से कौन-सा मानक उच्च शिक्षा के विस्तार के लिए प्रयोग में लाया जाता है?
   (a) अभिगम (b) समानता
   (c) संसाधन (d) उपरोक्त सभी

14. निम्नलिखित में से कौन-से TKDL के विस्तार शब्द हैं?
   (a) Traditional Knack Digital Library
   (b) Traditional Knowledge Digital Library
   (c) Transfer Knowledge Desktop Literature
   (d) Transfer Knowledge Digital Library

15. निम्नलिखित में से कौन-सा शब्द संदेश/संकेत एक ही समय में भेजने एवं प्राप्त करने के संदर्भ में प्रयोग किया जाता है?
   (a) तुल्यकालिक (b) अतुल्यकालिक
   (c) दोनों (a) और (b) (d) उपरोक्त में से कोई नहीं

16. वीडियो कॉन्फ्रेंसिंग का एक उदाहरण है:
   (a) तुल्यकालिक प्रौद्योगिकी
   (b) अतुल्यकालिक प्रौद्योगिकी
   (c) दोनों का
   (d) उपरोक्त में से कोई नहीं

17. निम्नलिखित में से कौन-सा शब्द सीडी के माध्यम से शिक्षा के संदर्भ में उपयोग किया जा सकता है?
(a) तुल्यकालिक
(b) अतुल्यकालिक
(c) दोनों का
(d) उपरोक्त में से कोई नहीं

18. आईटी/आईसीटी के उपयोग में भेदभाव के संदर्भ में डिजिटल डिवाइड का प्रयोग किया जाता है, जो कि निम्नलिखित के बारे में है-
(a) विकसित और विकासशील देशों
(b) शहरी और ग्रामीण भारत
(c) दोनों (a) और (b)
(d) उपरोक्त में से कोई नहीं

19. हाइपरमीडिया डेटाबेस में सूचना बिट्स निम्नलिखित रूप में जमा होती है? **[दिसंबर 2005]**
(a) सिग्नल (b) क्यूब्स
(c) नोड्स (d) प्रतीक

20. निम्नलिखित में से कौन-सी ऐसी संचार बैंडविड्थ है जिसकी उच्चतम क्षमता है और जिसका प्रयोग माइक्रोवेव, केबल और फाइबर ऑप्टिक्स लाइनों में किया जाता है? **[दिसंबर 2005]**
(a) हाइपर लिंक (b) ब्रॉडबैंड
(c) बस विड्थ (d) वाहक तरंग

21. इलेक्ट्रॉनिक बिल बोर्ड जिसका एक संक्षिप्त टेक्स्ट या चित्रमय विज्ञापन संदेश होता है, को कहा जाता है: **[दिसंबर 2005]**
(a) बुलेटिन (b) स्ट्राप
(c) ब्रिज लाइन (d) बैनर

22. निम्नलिखित में से कनेक्ट इंटेलिजेंस की अवधारणा को कहाँ से प्राप्त किया गया है? **[जून 2006]**
(a) वर्चुअल रियल्टी
(b) फजी लॉजिक
(c) ब्लूटूथ तकनीक
(d) वैल्यू एडेड नेटवर्क

23. निम्नलिखित में से जन संचार का कौन-सा कार्य प्रक्रियाओं, मुद्दों, सामाजिक घटनाओं, आदि के संदर्भ में होता है? **[जून 2006]**
(a) सामग्री की आपूर्ति
(b) सर्विलांस
(c) परितोषण
(d) सहसंबंध

24. सूचना जो कि ग्राफिक्स, टेक्स्ट, ध्वनि, वीडियो, और एनीमेशन का एक संयोजन है, उसको क्या कहा जाता है? **[दिसंबर 2008]**
(a) मल्टीप्रोग्राम्म (b) मल्टीफ़ैसेट
(c) मल्टीमीडिया (d) मल्टीप्रोसेस

25. निम्नलिखित में से किस संस्थान ने वर्ष 2005 में एक ज्ञान भंडार ई-ज्ञानकोष का आरम्भ किया जिसका मुख्य कार्य सीखने हेतु डिजिटल संसाधनों का भंडारण और संरक्षण करना है?
(a) आईआईटी-कानपुर
(b) इंदिरा गांधी राष्ट्रीय मुक्त विश्वविद्यालय
(c) इलाहाबाद विश्वविद्यालय
(d) दिल्ली विश्वविद्यालय

26. निम्नलिखित में से कौन-सी संस्था को भारत सरकार के सूचना प्रौद्योगिकी विभाग द्वारा स्थापित किया गया, जिसका मुख्य उद्देश्य शैक्षिक अनुसंधान संस्थानों को बुनियादी सुविधाएँ उपलब्ध करवाना है?
(a) इनफ्लिबनेट (b) यूजीसी
(c) ई.आर.नेट (d) उपरोक्त में से कोई नहीं

27. एफएम रेडियो चैनलों का समूह जो कि मुख्य रूप से इंदिरा गांधी राष्ट्रीय मुक्त विश्वविद्यालय और आईआईटी द्वारा तैयार किए कार्यक्रमों को प्रसारित करता है?
(a) ज्ञानवाणी (b) ज्ञान दर्शन
(c) एडुसैट (d) उपरोक्त में से कोई नहीं

28. निम्नलिखित में से कौन-सा संस्थान एक आभासी तकनीकी विश्वविद्यालय को भारत में विकसित करने की दिशा में प्रयासरत है?
(a) इग्नू
(b) यूजीसी
(c) एनएमसीईआईटी
(d) एआईसीटीई

29. निम्नलिखित में से कौन-सी संस्था आईआईटी और आईआईएससी की संयुक्त पहल है, जिसका मुख्य उद्देश्य ऑनलाइन वेब के माध्यम से कई धाराओं में, विशेषकर इंजीनियरिंग, में वीडियो पाठ्यक्रम निःशुल्क उपलब्ध करवाना है?
(a) NPTEL
(b) AICTENET
(c) NMCEIT
(d) उपरोक्त में से कोई नहीं

30. निम्नलिखित में कौन-सा ऐसा संगठन है जिसको सरकार ने इंजीनियरिंग, विज्ञान, प्रौद्योगिकी, मानविकी और प्रबंधन से संबंधित 996 पाठ्यक्रमों के लिए ई-सामग्री का विकास करने का उत्तरदायित्व सौंपा है?
(a) आईआईटी—मद्रास
(b) बिट्स—पिलानी
(c) आईआईटी—मुंबई
(d) उपरोक्त में से कोई नहीं

31. 'A-View', ऐसा सॉफ्टवेयर है, जिसको NMEICT ने निम्नलिखित उद्देश्य से विकसित किया है?
(a) शिक्षक प्रशिक्षण
(b) तकनीकी प्रशिक्षण
(c) छात्र प्रशिक्षण
(d) उपरोक्त सभी

32. वेब 2.0 उपकरण ने पारंपरिक अधिगम को और अधिक सामाजिक और व्यक्तिगत बना दिया है।
निम्नलिखित में से कौन-से ऐसे 2.0 उपकरण हैं?
(a) ब्लॉग और विकीस
(b) पॉडकास्ट और मैशअप
(c) सामाजिक नेटवर्किंग समुदाय
(d) उपरोक्त सभी

33. निम्नलिखित में से ऐसी कौन-सी सेवा है, जो छात्रों को अपने मोबाइल फ़ोन से दूर स्थान पर स्थित कंप्यूटर में पड़ी फ़ाइलों का उपयोग करने में सहायता कर सकती है?
(a) facebook (b) Renren
(c) Soonr (d) twitter

34. निम्नलिखित में संचार उपग्रह किसके माध्यम से कार्य करता है?
(a) ट्रांसपोंडर
(b) रेडार
(c) टीवी
(d) फाइबर ऑप्टिक्स केबल

कंप्यूटर संबंधित शब्दावली (COMPUTER TERMS)

35. निम्नलिखित में से कंप्यूटर की कौन-सी उपयुक्त परिभाषा है? **[दिसंबर 2006]**

(a) कंप्यूटर एक ऐसा यंत्र है जो कि सूचना पर प्रक्रिया करता है।

(b) कंप्यूटर एक इलेक्ट्रॉनिक उपकरण है, जो कि सूचना का भंडारण और पुन:प्राप्ति कर सकता है और शीघ्रता से मात्रात्मक और गुणात्मक डेटा का प्रसंस्करण कर सकता है।

(c) कंप्यूटर एक इलेक्ट्रॉनिक उपकरण है, जो कि सूचना का भंडारण, पुन:प्राप्ति कर सकता है और शीघ्रता से केवल मात्रात्मक डेटा का प्रसंस्करण कर सकता है।

(d) कंप्यूटर एक इलेक्ट्रॉनिक उपकरण है, जो कि सूचना का भंडारण, पुन:प्राप्ति कर सकता है और शीघ्रता से केवल गुणात्मक डेटा का प्रसंस्करण कर सकता है।

36. निम्नलिखित में से एक कंप्यूटर का/के कौन-सा/से अवयव होते हैं?

(a) सेंट्रल प्रोसेसिंग यूनिट

(b) मेमोरी

(c) इनपुट और आउटपुट यूनिट

(d) उपरोक्त सभी

37. एक आधुनिक कंप्यूटर निम्नलिखित में से किसका उपयोग करता है?

(a) LSI चिप्स (b) वैक्यूम ट्यूब

(c) वाल्व (d) उपरोक्त सभी

38. निम्नलिखित में से कौन-सा सही कथन है? **[दिसंबर 2004]**

(a) कंप्यूटर छात्र के विषय को सीखने के समय किसी समस्या के निदान के लिए प्रयोग किया जा सकता है।

(b) यदि सॉफ्टवेयर उपलब्ध है, तो कंप्यूटर की सहायता से मनोवैज्ञानिक परीक्षण किया जा सकता है।

(c) निर्देशों के समूह को प्रोग्राम कहा जा सकता है।

(d) उपरोक्त सभी

39. निम्नलिखित में से कौन-सा संगठन पर्सनल कंप्यूटर के क्षेत्र में सबसे अग्रणी है?

(a) आईबीएम (b) एप्पल

(c) कॉम्पैक (d) इंफोसिस

40. निम्नलिखित शब्दों में से कौन-सा सबसे अधिक निकटता से मुख्य मेमोरी से संबंधित है?

(a) कैशे स्मृति (b) स्थायी

(c) कंट्रोल यूनिट (d) अस्थायी

41. निम्नलिखित में से कौन-सा अवयव चिप्स निर्माण के लिए प्रयोग किया जाता है?

(a) कंट्रोल बस (b) कंट्रोल यूनिट

(c) पैरिटी यूनिट (d) सेमीकंडक्टर

42. निम्नलिखित में से माइक्रो प्रसंस्करण किस हेतु होता है?

(a) कंप्यूटर (b) डिजिटल प्रणाली

(c) कैल्कुलेटर (d) इलेक्ट्रॉनिक सामान

43. निर्देशों का वह समूह जो कि कंप्यूटर की कार्य पद्धति को नियंत्रित करता है, उसको क्या कहा जाता है?

(a) भण्डारण (b) स्मृति

(c) प्रोग्राम (d) बाइट

44. निम्नलिखित में से पहली पीढ़ी के कंप्यूटर का मुख्य घटक कौन-सा था?

(a) ट्रांजिस्टर

(b) वैक्यूम ट्यूब और वाल्व

(c) एकीकृत सर्किट

(d) उपरोक्त में से कोई नहीं

45. फोरट्रान किसका संक्षिप्त रूप है?

(a) फाइल ट्रांसलेशन (b) फॉर्मेट ट्रांसलेशन

(c) फॉर्मूला ट्रांसलेशन (d) फ्लॉपी ट्रांसलेशन

46. निम्नलिखित कथनों में कौन-सा सही नहीं है? **[दिसंबर 2004]**

(a) कंप्यूटर केवल डिजिटल सिग्नल के प्रसंस्करण में सक्षम है।

(b) कंप्यूटर मात्रात्मक और गुणात्मक डेटा दोनों का विश्लेषण करने में सक्षम है।

(c) डेटा के प्रसंस्करण के लिए उपयुक्त सॉफ्टवेयर आवश्यक है।

(d) कंप्यूटर डिजिटल एवं एनालॉग संकेतों का प्रसंस्करण करने में सक्षम है।

47. निम्नलिखित में से कौन-सा कथन एक कंप्यूटर की विशेषता नहीं है? **[दिसंबर 2005]**

(a) कंप्यूटर एक बिजली की मशीन है।

(b) कंप्यूटर स्वयं ही सोच नहीं सकता।

(c) कंप्यूटर सूचना का त्रुटि रहित प्रसंस्करण करने में सक्षम है।

(d) कंप्यूटर किसी भी समयावधि के लिए सूचना का संग्रहण कर सकता है।

48. एनालॉग कंप्यूटर में:

(a) इनपुट को पहले डिजिटल रूप में परिवर्तित किया जाता है।

(b) इनपुट कभी भी डिजिटल रूप में नहीं परिवर्तित किया जाता है।

(c) आउटपुट डिजिटल रूप में प्रदर्शित किया जाता है।

(d) उपरोक्त सभी

49. एक हाइब्रिड कंप्यूटर:

(a) डिजिटल कंप्यूटर जैसा दिखता है।

(b) एनालॉग कंप्यूटर जैसा दिखता है।

(c) डिजिटल और एनालॉग, कंप्यूटर दोनों जैसा दिखता है।

(d) उपरोक्त में से कोई नहीं

50. नवीनतम पीढ़ी के कंप्यूटर में निर्देश को निम्नलिखित प्रकार से क्रियान्वित किया जाता है?

(a) केवल समांतर

(b) केवल क्रमिक

(c) समांतर और क्रमिक, दोनों प्रकार से

(d) उपरोक्त सभी

51. निम्नलिखित में से किस व्यक्ति ने सर्वप्रथम इलेक्ट्रॉनिक्स डिजाइन वाले कंप्यूटर, ENIAC को डिज़ाइन किया?

(a) वान-न्यूमन

(b) यूसुफ एम जैकार्ड

(c) जे प्रेस्पर एकर्ट और जॉन डब्ल्यू मौच्ली

(d) उपरोक्त में से कोई नहीं

52. निम्नलिखित में से कौन-से प्रतीक हेक्साडेसिमल संख्या प्रणाली के हैं?

(a) 0-7 (b) 0-9, A-F

(c) 0-7, A-F (d) उपरोक्त में से कोई नहीं

53. निम्नलिखित में से कौन-सा $(-15)_{10}$ का बाइनरी एक्विवलेंट है?

(a) 11110001 (b) 11110000

(c) 10001111 (d) उपरोक्त में से कोई नहीं

54. निम्नलिखित में से एक जीबी डेटा किसके बराबर है?

(a) 2^{30} bits (b) 2^{30} bytes

(c) 2^{20} bits (d) 2^{20} bytes

55. सभी कंप्यूटर, चाहे वह छोटा है, मध्यम है या बड़ा है, में निम्नलिखित का होना आवश्यक है:
(a) ALU (b) कंट्रोल यूनिट
(c) प्राइमरी स्टोरेज (d) उपरोक्त सभी

56. एक बाइट के होते हैं:
(a) एक बिट (b) चार बिट्स
(c) आठ बिट्स (d) सोलह बिट्स

57. निम्नलिखित में से कौन-से ऑपरेटिंग सिस्टम के उदाहरण हैं?
I. यूनिक्स/बीएसडी
II. जीएनयू/लिनक्स
III. विंडोज
IV. मैक ओएस: मैक ओएस एक्स
कूट:
(a) I, II और III (b) II, III और IV
(c) I, III और IV (d) उपरोक्त सभी

58. सिस्टम सॉफ्टवेयर जिसको विश्लेषण, निगरानी, विन्यस्त और कंप्यूटर के अनुरक्षण में सहायता के लिए विकसित किया जाता है, उसे कहते हैं:
(a) एप्लीकेशन सॉफ्टवेयर
(b) यूटिलिटी सॉफ्टवेयर
(c) ग्रुपवेयर
(d) उपरोक्त में से कोई नहीं

59. ऐसा सॉफ्टवेयर जिसको कॉपी किया जा सके एवं नि:शुल्क उपयोग किया जा सके, हालांकि, उसके वितरण पर कुछ प्रतिबंध हो सकते हैं, को हम क्या कहते हैं?
(a) स्पाइवेयर (b) फ्रीवेयर
(c) मालवेयर (d) उपरोक्त में से कोई नहीं

60. सिलिकॉन चिप्स जिनको डेटा प्रोसेसिंग के लिए प्रयोग किया जाता है:
(a) RAM चिप्स (b) ROM चिप्स
(c) माइक्रोप्रोसेसर (d) PROM चिप्स

61. मेटल डिस्क जो स्थायी रूप से सीलबंद और दूषण से मुक्त पात्र में रखे जाते हैं, को क्या कहा जाता है?
(a) हार्ड डिस्क (b) फ्लॉपी डिस्क
(c) विंचेस्टर डिस्क (d) उपरोक्त में से कोई नहीं

62. निम्नलिखित में से सभी आधुनिक कंप्यूटर किसका प्रसंस्करण करते हैं?
(a) सूचना (b) फ्लॉपी
(c) डेटा (d) शब्द

63. निम्नलिखित में से कौन-सा विकल्प निर्देश और मेमोरी एड्रेस का प्रतिनिधित्व करता है?
(a) करैक्टर कोड
(b) बाइनरी कोड
(c) बाइनरी शब्द
(d) उपरोक्त में से कोई नहीं

64. निम्नलिखित में से किस पीढ़ी के कंप्यूटर का आकार सबसे अधिक था?
(a) पहली पीढ़ी (b) दूसरी पीढ़ी
(c) तीसरी पीढ़ी (d) चौथी पीढ़ी

65. निम्नलिखित में से किस पीढ़ी के कंप्यूटर के माइक्रोप्रोसेसर उपकरणों के रूप में कार्य करते हैं?
(a) पहली पीढ़ी (b) दूसरी पीढ़ी
(c) तीसरी पीढ़ी (d) चौथी पीढ़ी

66. UNIVAC है:
(a) Universal Automatic Computer
(b) Universal Array Computer
(c) Unique Automatic Computer
(d) Unvalued Automatic Computer

67. निम्नलिखित में से कौन-सी प्रोग्रामिंग भाषा का व्यापक रूप से कंप्यूटर विज्ञान, इंजीनियरिंग और व्यापार में प्रयोग किया जाता है?
(a) COBOL (b) FORTRAN
(c) PASCAL (d) LISP

68. निम्नलिखित में से कौन-सा घटक पहले इलेक्ट्रॉनिक डिजिटल कंप्यूटर में निहित था?
(a) इलेक्ट्रॉनिक वाल्व (b) वैक्यूम ट्यूब
(c) ट्रांजिस्टर (d) सेमीकंडक्टर मेमोरी

69. निम्नलिखित में से कौन-सा उच्च प्रदर्शन, स्केलेबल, कंप्यूटिंग क्लस्टर, अगली पीढ़ी का कंप्यूटर, सेंटर फॉर डेवलपमेंट फॉर एडवांस्ड कम्प्यूटिंग (सी-डैक) ने विकसित किया जिसकी कंप्यूटिंग शक्ति एक टेराफ्लॉप की है?
(a) PARAM (b) Chakra
(c) Shri (d) उपरोक्त में से कोई नहीं

70. सामान्यत: इस प्रकार के कंप्यूटरों का प्रयोग बैंकिंग, एयरलाइंस और रेलवे, आदि के अनुप्रयोगों में किया जाता है, वे एक साथ 1000 से अधिक वर्क स्टेशन्स को समायोजित कर सकते हैं और बहुत ही उच्च गति से डेटा का प्रसंस्करण और समवर्ती कार्यक्रमों का समर्थन कर सकते हैं। ये हैं:
(a) मेनफ्रेम कंप्यूटर (b) माइक्रो कंप्यूटर
(c) वर्कस्टेशन (d) सुपर कंप्यूटर

71. निम्नलिखित में से कौन-सा डायनेमिक रैम के लिए सही है?
(a) डायनेमिक का अर्थ है 'गतिशील'।
(b) इस रैम पर यदि 10 आँकड़े संचित कर दिए जाएं और फिर उनमें से बीच के दो आँकड़े मिटा दिए जाएं, तो उसके बाद वाले बचे सभी आँकड़े बीच के रिक्त स्थान में स्वत: चले जाते हैं और बीच के रिक्त स्थान का उपयोग हो जाता है।
(c) उपरोक्त दोनों
(d) उपरोक्त में से कोई नहीं

72. निम्नलिखित में से सबसे शक्तिशाली कंप्यूटर कौन-सा है?
(a) मिनी कंप्यूटर (b) माइक्रो कंप्यूटर
(c) मेनफ्रेम कंप्यूटर (d) सुपर कंप्यूटर

73. निम्नलिखित में से सोर्स प्रोग्राम किस भाषा में लिखा जाता है?
(a) इंग्लिश (b) सिम्बोलिक लैंग्वेज
(c) हाई लैंग्वेज (d) अस्थायी लैंग्वेज

74. कंप्यूटर प्रोग्राम का ऐसा समूह जो सॉफ्टवेयर/हार्डवेयर का प्रबंधन करता है, उसे क्या कहते हैं?
(a) कम्पाइलर सिस्टम (b) ऑपरेशन सिस्टम
(c) ऑपरेटिंग सिस्टम (d) उपरोक्त में से कोई नहीं

75. ऐसा सॉफ्टवेयर जो किसी प्रोग्राम की असेंबली भाषा को मशीन भाषा में परिवर्तित कर देता है?
(a) कम्पाइलर (b) असेंबलर
(c) इंटरप्रेटर (d) उपरोक्त में से कोई नहीं

76. ऐसा सॉफ्टवेयर जो एक उच्चस्तरीय भाषा को मशीन भाषा में एक ही बार में परिवर्तित कर देता है?
(a) कम्पाइलर (b) असेंबलर
(c) इंटरप्रेटर (d) लोडर

77. निम्नलिखित में कौन-सी वेबसाइट चीन में सर्च इंजन के रूप में सबसे अधिक प्रचलित है?

(a) रेनरेन (b) अलीबाबा
(c) बैदु (d) गूगल

78. निम्नलिखित में से ऐसा कौन-सा कंप्यूटर प्रोग्राम है, जो पूरे प्रोग्राम को मशीन भाषा में परिवर्तित कर देता है?

(a) इंटरप्रेटर (b) सिम्युलेटर
(c) कम्पाइलर (d) कमांडर

79. किसी लघु या सूक्ष्म यंत्र को बुद्धिमान यंत्र इसलिए कहा जाता है, क्योंकि इसमें निम्न होता है:

(a) कंप्यूटर
(b) माइक्रो कंप्यूटर
(c) प्रोग्रामित करने योग्य
(d) सेंसर

80. निम्नलिखित में से किसको पहली पीढ़ी के कंप्यूटर से संबंधित कहा जा सकता है?

(a) AC (b) IBM 1401
(c) IBM 8090 (d) UNIVAC

81. कंप्यूटर में उपयोग में आने वाली आई.सी. चिप्स किससे बनी होती है?

(a) सिलिकॉन (b) ताँबा
(c) स्टील (d) प्लास्टिक

82. निम्नलिखित में से कौन-सा कंप्यूटर मेमोरी प्रकारों में से उच्चतम से न्यूनतम गति को सूचीबद्ध करता है?

(a) सेकेंडरी स्टोरेज, मेन मेमोरी (आर.ए.एम.), कैशे मेमोरी, सी.पी.यू. रजिस्टर्स
(b) सी.पी.यू. रजिस्टर्स, कैशे मेमोरी, सेकेंडरी स्टोरेज, मेन मेमोरी (आर.ए.एम.)
(c) सी.पी.यू. रजिस्टर्स, कैशे मेमोरी, मेन मेमोरी (आर.ए.एम.), सेकेंडरी स्टोरेज
(d) कैशे मेमोरी, सी.पी.यू. रजिस्टर्स, मेन मेमोरी (आर.ए.एम.), सेकेंडरी स्टोरेज

83. आठ बिट्स का एक संग्रह कहा जाता है:

(a) बाइट (b) शब्द
(c) फ़ाइल (d) फ़ोल्डर

84. निम्न में से किस को हम कंप्यूटर का मस्तिष्क कहते हैं, जो कि बाह्य उपकरणों को अपने नियंत्रण में रखता है? **[दिसंबर 2007]**

(a) सामान्य पावर यूनिट (b) सामान्य प्रोसेसिंग यूनिट
(c) केंद्रीय पावर यूनिट (d) सेंट्रल प्रोसेसिंग यूनिट

85. जब कंप्यूटर बूटिंग कर रहा हो, तो मेमोरी में बी.आई.ओ.एस. किसके द्वारा लोड किया जा रहा होता है?

(a) आर.ए.एम. (RAM)
(b) आर.ओ.एम. (ROM)
(c) सीडी-आर.ओ.एम. (CD-ROM)
(d) टी.सी.पी. (TCP)

86. निम्नलिखित में से सेंट्रल प्रोसेसिंग यूनिट के कौन-से अवयव हैं?

(a) इनपुट, आउटपुट और प्रोसेसर
(b) इनपुट, आउटपुट, प्रोसेसर, और ब्राउज़र
(c) नियंत्रण इकाई, अंकगणितीय तर्क इकाई, और प्रारंभिक स्मृति
(d) नियंत्रण इकाई, प्रोसेसर और प्रारंभिक स्मृति

87. ALU का अर्थ है:

(a) Arithmetic Logical Unit
(b) Array Logic Unit
(c) Application Logic Unit
(d) उपरोक्त में से कोई नहीं

88. कंप्यूटर का ALU कहाँ से प्राप्त निर्देशों पर त्वरित प्रतिक्रिया देता है?

(a) प्राथमिक स्मृति (b) नियंत्रण अनुभाग
(c) बाहरी स्मृति (d) कैश स्मृति

89. निम्नलिखित में से बटन और मेनू किसमें होते हैं, जो कि सामान्यत: प्रयोग किए जाने वाले निर्देशों तक तीव्रता से पहुँचा देते हैं?

(a) मेनू बार (b) टूलबार
(c) विंडो (d) उपरोक्त में से कोई नहीं

90. निम्नलिखित में से Ctrl, Shift और Alt किस प्रकार की कीज़ (keys) हैं?

(a) रागायोजन (b) कार्य
(c) संशोधक (d) अक्षरांकीय

91. निम्नलिखित में से कौन-सा सेंट्रल प्रोसेसिंग यूनिट का एक भाग है?

(a) प्रिंटर
(b) की-बोर्ड
(c) अंकगणित तर्क इकाई
(d) उपरोक्त में से कोई नहीं

92. निम्नलिखित में से किस प्रकार की स्मृति पर कंप्यूटर को चालू करने हेतु निर्देश होते हैं?

(a) RAM (b) CD-ROM
(c) ROM (d) उपरोक्त सभी

93. एक कंप्यूटर के ALU पर सामान्य रूप से अनेक उच्च गति वाले भंडारण तत्व होते हैं।

(a) सेमीकंडक्टर स्मृति (b) रजिस्टर
(c) हार्ड डिस्क (d) चुंबकीय डिस्क

94. निम्नलिखित में से कौन-सा/से कारक है/हैं, जो मुख्य रूप से किसी व्यक्ति को कंप्यूटर को क्रय करने से पहले ध्यान में रखने चाहिए?

(a) यथार्थता (b) विश्वसनीयता
(c) गति (d) उपरोक्त सभी

95. निम्नलिखित में से कंप्यूटर के की-बोर्ड का कूटन किसमें किया जाता है?

(a) Baud (b) ASCII
(c) BCDIC (d) EBCDIC

96. निम्नलिखित में से EBCDIC किसका संक्षिप्तिकरण है?

(a) Extended Binary Coded Decimal Interchange Code
(b) Extended Bit Code Decimal Interchange Code
(c) Extended Bit Case Decimal Interchange Code
(d) Extended Binary Case Decimal Inter-change Code

97. EBCDIC कितने कैरेक्टरों को कोड कर सकता है?

(a) 256 (b) 16
(c) 32 (d) 64

98. BCD का अर्थ है:

(a) Binary Coded Decimal
(b) Bit Coded Decimal
(c) Binary Coded Digit
(d) Bit Coded Digit

99. ASCII किसका संक्षिप्तिकरण है?

(a) American Stable Code for International Interchange
(b) American Standard Case for Institutional Interchange
(c) American Standard Code for Information Interchange
(d) American Standard Code for Interchange Information

100. निम्नलिखित में से कंप्यूटर में स्मृति को मापने की सबसे बड़ी इकाई है? **[दिसंबर 2009]**

(a) टेराबाइट (b) मेगाबाइट
(c) किलोबाइट (d) गीगाबाइट

101. निम्नलिखित में से CD-रोम किसका संक्षिप्तिकरण है? **[दिसंबर 2007]**

(a) Computer Disk Read-only Memory
(b) Compact Disk Read-over Memory
(c) Compact Disk Read-only Memory
(d) Computer Disk Read-over Memory

102. निम्नलिखित में से कौन-सा विकल्प कंप्यूटर में डेटा भंडारण से संबंधित है? **[दिसंबर 2007]**

(a) Compact disk recordable
(b) Computer disk rewriteable
(c) Compact disk rewritable
(d) Computer data rewritable

103. RAM का अर्थ है: **[दिसंबर 2007]**

(a) Random Access Memory
(b) Rigid Access memory
(c) Rapid Access Memory
(d) Revolving Access Memory

104. सेकेंडरी मेमोरी की तुलना में, प्राइमरी मेमोरी:

(a) धीमी और कम महँगी है
(b) अधिक तीव्र और महँगी है
(c) अधिक तीव्र और कम महँगी है
(d) धीमी और अधिक महँगी है

105. मुख्य स्मृति दो प्रकार की होती है:

(a) ROM और RAM
(b) प्राइमरी और सेकेंडरी
(c) फ्लॉपी डिस्केट और कॉम्पैक्ट डिस्केट
(d) उपरोक्त में से कोई नहीं

106. डेटा को स्मृति से पुन: प्राप्त करने के लिए निम्नलिखित में से किस शब्द का प्रयोग किया जाता है?

(a) read out (b) read from
(c) read (d) उपरोक्त सभी

107. RAM को कम अवधि की स्मृति के रूप में प्रयोग किया जाता है क्योंकि यह:

(a) महँगी है (b) कम क्षमता वाली है
(c) प्रोग्रामिंग योग्य (d) अस्थायी है

108. कंप्यूटर मेमोरी जो डेटा और प्रोग्राम के अस्थायी भंडारण के लिए प्रयोग की जाती है:

(a) ROM (b) RAM
(c) EROM (d) EPROM

109. वह मेमोरी जो कि कंप्यूटर के निर्माण के समय पर ही स्थापित कर दी जाती है, उसको क्या कहा जाता है?

(a) ROM (b) RAM
(c) PROM (d) EPROM

110. निम्नलिखित में से कौन-सा एक माध्यमिक (सेकेंडरी) स्मृति डिवाइस है?

(a) सीपीयू (b) ALU
(c) फ्लॉपी डिस्केट (d) उपरोक्त में से कोई नहीं

111. डिस्क वीडियो का सबसे महत्त्वपूर्ण लाभ है:

(a) सुसंहिति (compactness)
(b) संभावित क्षमता
(c) स्थायित्व
(d) लागत प्रभावशीलता

112. फ्लॉपी डिस्क जो कि लचीली प्लास्टिक सामग्री से बनी हुई होती है:

(a) हार्ड डिस्क (b) उच्च घनत्व डिस्क
(c) डिस्केट (d) टेम्पलेट

113. निम्नलिखित में से कौन-सी नवीनतम write once ऑप्टिकल स्टोरेज मीडिया डिवाइस है?

(a) डिजिटल पेपर
(b) मैग्नेटो-ऑप्टिकल डिस्क
(c) वॉर्म-डिस्क
(d) सीडी-रोम डिस्क

114. VDU के बारे में सबसे अधिक सही कथन है:

(a) यह एक आउटपुट डिवाइस है
(b) यह एक इनपुट डिवाइस है
(c) यह एक पेरीफेरल डिवाइस है
(d) यह एक हार्डवेयर डिवाइस है

115. निम्नलिखित में से कौन-सी क्रिया होगी जब डेटा किसी स्मृति स्थान में प्रवेश करता है?

(a) यह उस स्थान पर पहले वाली सामग्री से जुड़ जाएगा।
(b) यह स्मृति स्थान के पते को ही बदल देगा।
(c) यह पिछली सामग्री मिटा देगा।
(d) ऐसा करना तभी उपयोगी होगा, जब उस स्थान पर पहले से कोई डेटा मौजूद ना हो।

116. निम्नलिखित में से कौन-सा कथन प्रोग्रामेबल रॉम (Programmable ROM) के बारे में सत्य है?

(a) इस स्मृति में किसी प्रोग्राम को केवल एक बार संचित किया जा सकता है, परन्तु न तो उसे मिटाया जा सकता है और न ही उसे संशोधित किया जा सकता है।
(b) बेसिक इनपुट आउटपुट सिस्टम (BIOS) नाम का एक प्रोग्राम इसका उदाहरण है।
(c) उपरोक्त दोनों
(d) उपरोक्त में से कोई नहीं

117. निम्नलिखित में से कौन-सी मेमोरी डेटा को एक साथ (समकालिक रूप में) पढ़ने और लिखने की क्रियाओं की अनुमति देती है?

(a) ROM
(b) RAM
(c) EPROM
(d) उपरोक्त में से कोई नहीं

118. निम्नलिखित में कौन-सी मेमोरी का सबसे न्यूनतम अभिगम (access) समय है?

(a) कैश मेमोरी
(b) मैग्नेटिक बबल मेमोरी
(c) मैग्नेटिक कोर मेमोरी
(d) रैंडम एक्सेस मेमोरी

119. निम्नलिखित में से कौन-सा शब्द भंडारण (storage) हेतु किसी डेटा आइटम का पता लगाने के लिए प्रयोग किया जाता है?

(a) Field (b) Feed
(c) Database (d) Fetch

120. उस मैग्नेटिक स्टोरेज चिप का नाम बताए जो नॉन वोलेटाइल है, जो डेटा के लिए प्रत्यक्ष अभिगम प्रदान करती है और जिसका कोई गतिमान भाग भी नहीं होता है।
(a) मैग्नेटिक कोर मेमोरी
(b) मैग्नेटिक टेप मेमोरी
(c) मैग्नेटिक डिस्क मेमोरी
(d) मैग्नेटिक बबल मेमोरी

121. OCR का अर्थ है:
(a) Operational Character Reader
(b) Optical Character Reader
(c) Only Character Reader
(d) उपरोक्त में से कोई नहीं

122. निम्नलिखित में से कौन-सा कथन CD-RW के बारे में सही है?
(a) अन्य डिस्क की तुलना में इसका अधिगम समय कम है
(b) यह ऑप्टिकल डिस्क का ही एक प्रकार है
(c) इस पर केवल एक ही बार लिखा जा सकता है
(d) यह मिट जाता है और इस पर फिर से लिखा जा सकता है

123. EEPROM का अर्थ है:
(a) Electrically Erasable Programmable Read-only Memory
(b) Easily Erasable Programmable Readonly Memory
(c) Electronic Erasable Programmable Read-only Memory
(d) उपरोक्त में से कोई नहीं

124. निम्नलिखित कथनों में से कौन-सा सही है? **[दिसंबर 2004]**
(a) वायरस कंप्यूटर के माध्यम से सूचना के प्रसंस्करण की गति में सुधार करता है
(b) इंटरनेट किसी वायरस के प्रसार करने की अनुमति नहीं देता है
(c) वायरस सॉफ्टवेयर का एक भाग है
(d) वायरस एक ऑपरेटिंग सिस्टम है

125. VGA का अर्थ है:
(a) Video Graphics Array
(b) Visual Graphics Array
(c) Volatile Graphics Array
(d) Video Graphics Adapter

126. MSI का अर्थ है:
(a) Medium Scale Integrated Circuits
(b) Medium System Integrated Circuits
(c) Medium Scale Intelligent Circuit
(d) Medium System Intelligent Circuit

127. WAN का अर्थ है:
(a) Wap Area Network
(b) Wide Area Network
(c) Wide Array Net
(d) Wireless Area Network

128. MICR का अर्थ है:
(a) Magnetic Ink Character Reader
(b) Magnetic Ink Code Reader
(c) Magnetic Ink Cases Reader
(d) उपरोक्त में से कोई नहीं

129. निम्नलिखित में से कौन-सा उपकरण सीधे मुद्रित सामग्री की छवि बनाने के लिए प्रयोग किया जाता है?
(a) OCR (b) ओएमआर
(c) MICR (d) उपरोक्त सभी

130. एक प्रिंटर की आउटपुट की गुणवत्ता को कैसे मापा जाता है?
(a) Dot per inch
(b) Dot per square inch
(c) Dots printed per unit time
(d) उपरोक्त सभी

131. निम्नलिखित में से कौन-सा प्रिंटर सामान्यत: डेस्कटॉप प्रकाशन के लिए प्रयोग किया जाता है?
(a) लेजर प्रिंटर (b) इंकजेट प्रिंटर
(c) डेज़ी-व्हील प्रिंटर (d) डॉट मैट्रिक्स प्रिंटर

132. एक आउटपुट डिवाइस जो मैग्नेटिक मीडियम पर रिकार्डेड शब्दों या संदेशों का प्रयोग ऑडियो प्रतिक्रियाएँ देने के लिए करता है:
(a) मैग्नेटिक टेप
(b) वॉयस रिस्पांस यूनिट
(c) वॉयस रिकॉगनिशन यूनिट
(d) वॉयस बैंड

133. सॉफ्टवेयर या हार्डवेयर में त्रुटि को सामान्यत: बग कहा जाता है। इसके लिए वैकल्पिक कंप्यूटर वर्डवेब क्या है?
(a) leech (b) squid
(c) slug (d) glitch

134. कंप्यूटर प्रोग्राम में त्रुटियाँ रह जाए, तो उनको क्या कहा जाता है?
(a) Follies (b) Mistakes
(c) Bugs (d) Spam

135. आधुनिक कंप्यूटर बहुत विश्वसनीय हैं, लेकिन निम्नलिखित में से कौन-सा अभिलक्षण उनमें नहीं है?
(a) तीव्रता (b) शक्तिशाली
(c) अचूक (d) सस्ते

136. पर्सनल कंप्यूटर में कई प्रकार की चिप्स का प्रयोग होता है, जो कि एक मुख्य सर्किट बोर्ड पर स्थापित होते हैं। इस तरह के बोर्ड के लिए कौन-सा सामान्य शब्द प्रयोग किया जाता है?
(a) डॉटर बोर्ड (b) मदरबोर्ड
(c) फादर बोर्ड (d) डैश बोर्ड

137. समर्पित (डेडिकेटेड) कंप्यूटर का क्या अर्थ है?
(a) जो केवल एक व्यक्ति द्वारा प्रयोग किया जाता है
(b) जिसको केवल एक कार्य सौंपा जाता है
(c) जो एक ही प्रकार के सॉफ्टवेयर का प्रयोग करता है
(d) जो एप्लीकेशन सॉफ्टवेयर के लिए है

138. एक पर्सनल कंप्यूटर की सिस्टम यूनिट में सभी सम्मिलित होते हैं, सिवाय निम्नलिखित में से एक के:
(a) माइक्रोप्रोसेसर (b) डिस्क कंट्रोलर
(c) सीरियल इंटरफ़ेस (d) मॉडेम

139. प्रोग्राम्स जो विशिष्ट कार्यों के लिए डिज़ाइन किए जाते हैं, उनको क्या कहा जाता है?
(a) सिस्टम सॉफ्टवेयर
(b) एप्लीकेशन सॉफ्टवेयर
(c) यूटिलिटी प्रोग्राम
(d) ऑपरेटिंग सिस्टम

140. वह समय जिसके दौरान कंप्यूटर द्वारा एक कार्य का प्रसंस्करण किया जाता है, उसको क्या कहा जाता है?

(a) डिले टाइम (b) रियल टाइम
(c) एक्सेक्यूशन टाइम (d) डाउन टाइम

141. ऐसा दृष्टिकोण जो कंप्यूटर को एक की बजाय कई कार्य एक साथ करने की अनुमति देता है, उसको क्या कहा जाता है?
(a) ऑनलाइन कोश (online dictionary)
(b) बहुक्रमादेशीय (multiple programming)
(c) रेखांकित प्रोसेसर (underlined processor)
(d) उपरोक्त में से कोई नहीं

142. निम्नलिखित में से कौन-सा शब्द गीगाबाइट संदर्भित करता है?
(a) 1024 बाइट्स (b) 1024 किलोबाइट
(c) 1024 मेगाबाइट (d) 1024 बिट्स

143. मेमोरी की गति (तीव्र से मंद) का सही अनुक्रम है:
(a) रजिस्टर्स, केश मेमोरी, मेन मेमोरी, हार्ड डिस्क
(b) केश मेमोरी, रजिस्टर्स, मेन मेमोरी, हार्ड डिस्क
(c) मेन मेमोरी, रजिस्टर्स, केश मेमोरी, हार्ड डिस्क
(d) हार्ड डिस्क, मेन मेमोरी, केश मेमोरी, रजिस्टर्स

144. जब बहुत से कार्य कंप्यूटर को दिए जाते हैं और उसका प्रोसेस एक-एक करके होता है, तो उसे कहा जाता है:
(a) Time Sharing Mode
(b) Batch Processing Mode
(c) उपरोक्त दोनों
(d) उपरोक्त में से कोई नहीं

145. निम्नलिखित में से कौन-सा डायरेक्ट एंट्री इनपुट डिवाइस माना जाता है?
(a) ऑप्टिकल स्कैनर (b) माउस और डिजीटाइज़र
(c) लाइट पेन (d) उपरोक्त सभी

146. निम्न में से टर्मिनलों के बीच डेटा के आदान-प्रदान के लिए कंप्यूटर कोड है:
(a) ASCII (b) BCD
(c) EBCDIC (d) उपरोक्त सभी

147. एक कंप्यूटर के की-बोर्ड पर प्रत्येक कैरेक्टर की एक ASCII वैल्यू होती है, जो कि निम्नलिखित में किस विकल्प का संक्षिप्तिकरण है?
(a) American Stock Code for Information Interchange
(b) American Standard Code for Information Interchange
(c) African Standard Code for Information Interchange
(d) Adaptable Standard Code for Information Interchange

148. सीपीयू का कौन-सा भाग गणना और निर्णय करता है?
(a) Arithmetic logic unit
(b) Alternating logic unit
(c) Alternate local unit
(d) American logic unit

149. DPI किसका संक्षिप्तिकरण है?
(a) Dots per inch (b) Digits per unit
(c) Dots pixel inch (d) Diagrams per inch

150. निम्नलिखित में कौन-सा विकल्प किसी डॉक्यूमेंट के टेक्स्ट, ग्राफिक्स, सुर्खियां, और तस्वीरें, आदि के आयोजन की प्रक्रिया के संबंध में प्रयोग होता है?
(a) डेक टॉप पब्लिशिंग (b) डेस्कटॉप मुद्रण
(c) डेस्कटॉप प्रकाशन (d) डेक टॉप मुद्रण

151. निम्नलिखित में से कम्पाइलर कंप्यूटर के किस प्रकार के सॉफ्टवेयर के अंतर्गत आता है?
(a) यूटिलिटी सॉफ़्टवेयर (b) एप्लीकेशन सॉफ़्टवेयर
(c) भाषा (d) सिस्टम सॉफ़्टवेयर

152. एक अनुप्रयोग प्रोग्राम है, जो कि उपयोगकर्ता की किसी भी संख्या को बदलने के लिए और उसके बदलाव के परिणाम को तुरंत देखने में सहायता करता है:
(a) डेस्कटॉप प्रकाशन कार्यक्रम
(b) डेटाबेस
(c) स्प्रेडशीट
(d) उपरोक्त सभी

153. CAD का अर्थ है:
(a) Computer Aided Design
(b) Computer Algorithm for Design
(c) Computer Application in Design
(d) उपरोक्त सभी

154. निम्नलिखित में से किस हार्डवेयर अवयव की आवश्यकता होती है, जब एक से अधिक व्यक्ति एक ही समय में केंद्रीय कंप्यूटर का उपयोग करना चाहते हैं?
(a) टर्मिनल (b) लाइट पेन
(c) डिजिटाइजर (d) माउस

155. निम्नलिखित में से कौन-से हार्डवेयर का प्रयोग डेटा प्रविष्टि और भंडारण के लिए ही किया जाता है और कभी प्रसंस्करण के लिए नहीं?
(a) एक माउस
(b) मूक टर्मिनल
(c) माइक्रो कंप्यूटर
(d) समर्पित डेटा प्रविष्टि प्रणाली

156. निम्नलिखित में से उच्च गुणवत्ता ग्राफिक्स के लिए किस की आवश्यकता होती है?
(a) आरजीबी मॉनिटर (b) प्लॉटर
(c) इंक जेट प्रिंटर (d) लेजर प्रिंटर

157. निम्नलिखित में से मैग्नेटिक टेप किसका उदाहरण है?
(a) सेकेंडरी स्टोरेज मीडिया
(b) आउटपुट मीडिया
(c) इनपुट मीडिया
(d) उपरोक्त सभी

158. निम्नलिखित में कौन-सा विकल्प कंप्यूटर में प्रयुक्त ऐसेम्बली भाषा का प्रतिनिधित्व करता है?
(a) अंग्रेज़ी और गणितीय संकेत
(b) निमॉनिक्स
(c) केवल बाइनरी संख्याएँ
(d) फोरट्रान

159. कंप्यूटर की निम्नलिखित विशेषताएँ हैं:
(a) विशिष्ट निर्देशों को परिभाषित ढंग से प्रतिवर्धित करता है।
(b) यह पहले संचित निर्देशों को क्रियान्वित करता है।
(c) वर्तमान के कंप्यूटर इलेक्ट्रॉनिक और डिजिटल हैं।
(d) सभी सही हैं।

160. एक कंप्यूटर के सीपीयू में ALU का क्या कार्य हो सकता है?
(a) परिणाम का उत्पादन करने के लिए
(b) संख्या की तुलना करने के लिए
(c) सूचना के प्रवाह को नियंत्रित करने के लिए
(d) गणितीय कार्य

161. निम्नलिखित में से कंप्यूटर हार्डवेयर में कौन-से प्रभाव समाहित हैं?
(a) यान्त्रिक प्रभाव (b) वैद्युत प्रभाव
(c) इलेक्ट्रॉनिक प्रभाव (d) उपरोक्त सभी

162. डिस्प्ले डिवाइस के लिए एक नई तकनीक विकसित की गई है, इसमें आवेशित रसायनों तथा गैसेज को काँच की प्लेट्स के मध्य संयोजित किया जाता है। ये डिस्प्ले युक्तियां हल्की तथा विद्युत की कम खपत करने वाली होती हैं। इन डिस्प्ले युक्तियों का प्रयोग लैपटॉप कंप्यूटरों में किया जाता है?
(a) मॉनिटर
(b) रीड-राइट मेमोरी
(c) लिक्विड क्रिस्टल डिस्प्ले
(d) मेमोरी

163. ऐसे प्रोग्रामों को क्या कहते हैं, जिनका काम सिस्टम अर्थात कंप्यूटर को चलाना तथा उसे काम करने लायक बनाए रखना है?
(a) एप्लीकेशन सॉफ़्टवेयर
(b) कम्पाइलर
(c) सिस्टम सॉफ़्टवेयर
(d) उपरोक्त में से कोई नहीं

164. निम्नलिखित में से 32 बिट माइक्रोप्रोसेसर की शब्द लंबाई किसके बराबर है?
(a) 2 बाइट (b) 32 बाइट
(c) 4 बाइट (d) 8 बाइट

165. निम्नलिखित में से कौन-सा कंप्यूटर का सही लक्षण नहीं हैं?
(a) उच्च गति से विशाल भंडारण
(b) धीमी गति से कम भंडारण
(c) ऑटोमेशन और परिश्रम
(d) इलेक्ट्रॉनिक उपकरण

166. सूचना का सेट जो यह परिभाषित करता है कि एक प्रक्रिया के लिए कितने संसाधनों को आवंटित किया गया है?
(a) प्रक्रिया नियंत्रण (b) ALU
(c) रजिस्टर इकाई (d) प्रक्रिया विवरण

167. निम्नलिखित में से कौन-से शब्द मेमोरी तक पहुँच या प्रयोग के नियंत्रण से संबंधित है?
(a) मेमोरी मैप
(b) मेमोरी प्रोटेक्शन
(c) मेमोरी मैनेजमेंट
(d) मेमोरी इंस्ट्रक्शन

168. निम्नलिखित में से किस कम्पनी ने लेखांकन सॉफ्टवेयर टैली को विकसित किया?
(a) एचसीएल (b) टीसीएस
(c) इंफोसिस (d) विप्रो

इंटरनेट एवं ई-मेल (INTERNET AND EMAIL)

169. निम्नलिखित में से www किसका संक्षिप्त रूप है?
(a) Who What And Where
(b) Weird Wide Web
(c) Word Wide Web
(d) World Wide Web

170. निम्नलिखित में से कौन-सा कथन इंटरनेट को परिभाषित करता है?
(a) एक हार्डवेयर नेटवर्किंग तकनीक
(b) वर्ल्ड वाइड वेब
(c) एक नेटवर्क से जुड़े हुए सभी कंप्यूटरों का समूह
(d) उपरोक्त में से कोई नहीं

171. निम्नलिखित में से कौन-सा विकल्प ई-मेल के यूआरएल को सही तरीके से दर्शाता है?
(a) www_mail.com
(b) www@mail.com
(c) WWW@mail.com
(d) www.mail.com

172. निम्नलिखित में से एचटीएमएल मूल रूप से किसको डिजाइन करने के लिए प्रयोग किया जाता है? **[दिसंबर 2008]**
(a) वेब पेज
(b) वेबसाइट
(c) ग्राफिक्स
(d) टेबल्स और फ्रेम

173. निम्नलिखित में से कौन-सा प्रोटोकॉल संदेश को छोटे पैकेट्स में विभाजित करने एवं उनका पुन: संयोजन करने तथा पता, आदि विषयों के बारे में नियम निर्धारित करता है?
(a) HTTP (b) TCP/IP
(c) FTP (d) उपरोक्त सभी

174. दिशा निर्देशों या मानकों का ऐसा सेट जो यह निर्धारित करता है कि डेटा फाइलों को एक कंप्यूटर से दूसरे कंप्यूटर तक किस प्रारूप में भेजा जाए?
(a) SMTP (b) TCP
(c) FTP (d) उपरोक्त में से कोई नहीं

175. निम्नलिखित में से कौन-सा प्रोटोकॉल ई-मेल के आदान-प्रदान के लिए विशेष रूप से उपयोग किया जाता है?
(a) SMTP (b) TCP
(c) IP (d) उपरोक्त में से कोई नहीं

176. निम्नलिखित में एसएमटीपी किसका संक्षिप्त रूप है?
(a) Simplest Mail Transfer Protocol
(b) Simple Mail Transfer Protocol
(c) Sample Mail Transfer Protocol
(d) Separate Mail Transfer Protocol

177. यदि वेब खोज के दौरान एक बड़ी संख्या में बहुत कम प्रासंगिक जानकारी के साथ दस्तावेज सामने आते हैं, तो निम्नलिखित में कौन-सा विकल्प सही माना जाएगा? **[जून 2006]**
(a) कम स्मृति (b) वेब क्रॉल
(c) कम परिशुद्धता दर (d) कम वेब प्रतिक्रिया

178. एक वेब पेज पर यदि हम किसी शब्द को क्लिक करते हैं, तो एक नया डॉक्युमेंट खुल जाता है इसको क्या कहा जाता है?
(a) एंकर (b) यूआरएल
(c) हाइपरलिंक (d) संदर्भ

179. निम्नलिखित में से कौन एक विशिष्ट वेब पेज, और वेब पर इसके कंप्यूटर की पहचान करता है?
(a) वेबसाइट (b) वेबसाइट पता
(c) यूआरएल (d) डोमेन नाम

180. निम्नलिखित शब्दों में से कौन-सा amazon.com के सभी वेब पृष्ठों पर समान रूप से लगा होता है?
(a) टॉप लेवल डोमेन (b) वेबसाइट
(c) वेबसाइट एड्रेस (d) वेब डोमेन

181. निम्नलिखित में से एक्सप्लोरर और फायरफॉक्स किस वर्ग के सॉफ्टवेयर के अंतर्गत आते हैं?
(a) सिस्टम सॉफ्टवेयर (b) यूटिलिटी सॉफ्टवेयर
(c) ब्राउज़र्स (d) इंटरनेट उपकरण

182. निम्नलिखित में से फायरवॉल का उपयोग किस से संचार नेटवर्क की रक्षा के लिए किया जाता है?
(a) अनाधिकृत हमलों से
(b) वायरस के हमले से
(c) डेटा आधारित हमलों से
(d) उपरोक्त सभी से

183. एक इंटरनेट के रूप में एक साधारण टेलीफोन के उपयोग को क्या कहा जाता है? **[जून 2006]**
(a) वॉइस नेट (b) वॉइस टेलीफोन
(c) वॉइस लाइन (d) वॉइस पोर्टल

184. निम्नलिखित में से कौन-सा आईएसपी नि:शुल्क है?
(a) कॉम्प्युसर्व (b) एओएल
(c) नेट-जीरो (d) उपरोक्त में से कोई नहीं

185. निम्नलिखित में से कौन-सी वर्चुअल रियलिटी वेबसाइट है?
(a) Firstlife (b) secondlife
(c) Gyanlife (d) उपरोक्त में से कोई नहीं

186. निम्नलिखित कथनों में कौन-सा सही है? **[दिसंबर 2006]**
(a) मॉडेम एक सॉफ्टवेयर है।
(b) मॉडेम वोल्टेज स्थिर रखने में सहायता करता है।
(c) मॉडेम एक ऑपरेटिंग सिस्टम है।
(d) मॉडेम में एनालॉग संकेतों को डिजिटल में (एवं इसके विपरीत भी) परिवर्तित किया जाता है।

187. निम्नलिखित में से कौन-सा विकल्प एक शैक्षिक वेबसाइट को संदर्भित करता है, जो उसके सदस्यों को अनुमति देता है कि वे और सूचना जोड़ सकें या सूचना बदल सकें?
(a) शिक्षा या .edu
(b) सामाजिक नेटवर्किंग साइट
(c) विकी
(d) वेब 2.0

188. आप एक प्रसारण व्यवस्था बनाना चाहते हैं, जिसको इंटरनेट से डाउनलोड भी किया जा सके, तो निम्नलिखित में से आप किसकी रचना करना चाहते हैं?
(a) ईब्रॉडकास्ट (b) ऐशो
(c) पॉडकास्ट (d) ईकास्ट

189. इंटरनेट पर वीडियो ट्रांसमिशन जिसको विलंबित लाइवकास्टिंग (delayed livecasting) कहा जाता है:
(a) वर्चुअल वीडियो
(b) सीधा प्रसारण
(c) वीडियो शिफ्ट
(d) रियल टाइम वीडियो

190. यह एक बहुत ही उच्च गति की आंकड़ा संचरण लाइन है, जो विश्व भर में अपेक्षाकृत छोटे लेकिन उच्च गति के इंटरनेट सेवा प्रदाताओं (वाणिज्यिक सहित, शैक्षिक, सेना, सरकारी प्रतिष्ठानों) को नेटवर्किंग सुविधाएँ प्रदान करता है। इसको क्या कहा जाता है?
(a) Pathway
(b) Backbone
(c) Communication system
(d) Routers

191. अपनी शिकायतों को प्रकट करने हेतु वेबसाइट का उपयोग करने को क्या कहा जाता है? **[जून 2006]**
(a) साइबरवेंटिंग (b) साइबर राइटिंग
(c) वेब हेट (d) वेब याचिका

192. निम्नलिखित में से कौन-से दूरसंचार हार्डवेयर का उपयोग करके आप वेब एक्सैस कर सकते हैं?
(a) ब्राउज़र (b) मॉडेम
(c) FTP प्रोटोकॉल (d) आईआरसी

193. वीओआईपी तकनीक का उपयोग करके उपभोगकर्ता वॉइस कॉल को रूपांतरित कर सकते हैं:
(a) एनालॉग से डिजिटल में
(b) डिजिटल से एनालॉग
(c) यह कई बातों पर निर्भर करता है
(d) उपरोक्त में से कोई नहीं

194. निम्नलिखित में से कौन-सा डोमेन मूलत: गैर-लाभदायक संगठनों के लिए था?
(a) .gov (b) .org
(c) .net (d) .in

195. निम्नलिखित में से कौन-सा इंटरनेट कनेक्शन स्थापित करने का विकल्प है?
(a) डायल-अप कनेक्शन
(b) डिजिटल सब्सक्राइबर लाइन
(c) ब्रॉडबैंड
(d) उपरोक्त सभी

196. निम्नलिखित में से कौन-सा इंटरनेट पर सूचना सुरक्षा से संबंधित नहीं है? **[दिसंबर 2009]**
(a) डेटा एन्क्रिप्शन (data encryption)
(b) वाटर मार्किंग (water marking)
(c) डेटा हाइडिंग (data hiding)
(d) सूचना पुनर्प्राप्ति (information retrieval)

197. बिट का अर्थ है: **[दिसंबर 2009]**
(a) Binary Information System
(b) Binary Tree
(c) Binary Digit
(d) Binary Theory

198. निम्नलिखित में से कौन एक रेखीय डेटा संरचना (linear data structure) नहीं है? **[दिसंबर 2009]**
(a) array (b) binary tree
(c) queue (d) CPU

199. संकलक (compiler) का उपयोग निम्नलिखित में से किस भाषा को ऑब्जेक्ट कोड में परिवर्तित करने के लिए किया जाता है, जिसको क्रियान्वित किया जा सकता है? **[दिसंबर 2009]**
(a) उच्च स्तर की भाषा (b) कम स्तर की भाषा
(c) असेंबली भाषा (d) प्राकृतिक भाषा

200. निम्नलिखित में से कौन-सा नेटवर्क डिवाइस नहीं है? **[दिसंबर 2009]**
(a) रूटर (b) स्विच
(c) हब (d) सीपीयू

201. http का पूर्ण रूप क्या है?
(a) हाइपरटेक्स्ट ट्रांसमिशन प्रोटोकॉल
(b) हाइपरटेक्स्ट ट्रांसफर प्रोटोकॉल
(c) हाइपर टर्मिनल ट्रांसपोर्ट प्रोटोकॉल
(d) हाइपर टर्मिनल ट्रांसफर प्रोटोकॉल

202. प्रोटोकॉल जो दो या दो से अधिक कंप्यूटरों के बीच हाइपरटेक्स्ट के स्थानांतरण को सुगम बनाता है:
(a) एचटीएमएल (b) एफ़टीपी
(c) एचटीटीपी (d) टीसीपी

203. आईआरसी का पूर्ण रूप है:
(a) Internet Related Chat
(b) Internet Relay Chat
(c) Internet Related Content
(d) उपरोक्त में से कोई नहीं

204. लाइन का उपयोग और टकराव से बचना निम्नलिखित में से किसके मुख्य कार्य हैं? **[दिसंबर 2005]**
(a) सीपीयू (b) मॉनिटर
(c) नेटवर्क प्रोटोकॉल (d) वाइड एरिया नेटवर्क

205. निम्नलिखित में से कौन-सा/से इंटरनेट कनेक्शन के प्रकार हैं?
(a) SLIP (b) DIAS
(c) PPP (d) उपरोक्त सभी

206. इंटरनेट के प्रारंभिक विकास को सबसे पहले निम्नलिखित में से किस से सहायता प्राप्त हुई?
(a) अरपानेट (b) बिल रोजर्स
(c) बिल गेट्स (d) माइक्रोसॉफ्ट

207. निम्नलिखित में से कौन-से संगठन ने इंटरनेट एक्सप्लोरर का आविष्कार किया और जारी किया?
(a) माइक्रोसॉफ्ट
(b) विप्रो
(c) सन माइक्रोसिस्टम
(d) इनफ़ोसिस

208. निम्नलिखित में से गोफर प्रोटोकॉल का प्रयोग किस कार्य के लिए किया जाता है?
(a) इंटरनेट पर दस्तावेजों का वितरण
(b) इंटरनेट पर दस्तावेजों की खोज
(c) इंटरनेट पर दस्तावेजों की पुन: प्राप्ति
(d) उपरोक्त सभी

209. वर्ल्ड वाइड वेब सर्वप्रथम किसके द्वारा प्रस्तावित किया गया था?
(a) बिल गेट्स (b) अरपानेट
(c) टिम बर्नर्स ली (d) बिल रोजर्स

210. निम्नलिखित में से इंटरनेट का/के कौन-से उपयोग है/हैं?
(a) संचार (b) सूचना पुन: प्राप्ति
(c) सूचना की प्रस्तुति (d) उपरोक्त सभी

211. .edu डोमेन के लिए प्रयोग किया जाता है:
(a) शैक्षिक संस्था
(b) इंटरनेट बुनियादी ढांचे और सेवा प्रदाताओं के लिए
(c) अंतर्राष्ट्रीय संगठनों के लिए
(d) उपरोक्त में से कोई नहीं

212. यूआरएल का पूर्ण रूप क्या है?
(a) यूनिफ़ॉर्म रिसोर्स लाइब्रेरी
(b) यूनिफ़ॉर्म रिसोर्स लोकेटर
(c) यूनाइटेड रिसोर्स लाइब्रेरी
(d) यूनाइटेड रिसोर्स लोकेटर

213. ई-मेल का मुख्य लाभ क्या है?
(a) तीव्र गति (b) कम लागत
(c) रिकार्ड कीपिंग (d) उपरोक्त सभी

214. निम्नलिखित में से कौन www के लिए मानकीकृत पहुँच प्रदान करता है?
(a) गोफर (b) टेलनेट
(c) एफटीपी (d) उपरोक्त सभी

215. इनमें से कौन-सा एक इंटरनेट ब्राउज़र नहीं है?
(a) नेटस्केप नेविगेटर (b) क्रोम
(c) ड्रुपल (Drupal) (d) ओपेरा

216. वर्ल्ड वाइड वेब क्या है?
(a) एक कंप्यूटर खेल
(b) एक सॉफ्टवेयर प्रोग्राम
(c) इंटरनेट का वह भाग जो परस्पर जुड़े हुए पेजों के माध्यम से सूचना प्रदान करना सक्षम बनाता है।
(d) इंटरनेट का दूसरा नाम

217. निम्नलिखित में से कौन एक सर्च इंजन है?
(a) मैक्रोमीडिया फ्लैश
(b) गूगल
(c) नेटस्केप
(d) इंटरनेट से 'पुस्तकालय सूचकांक'

218. निम्नलिखित में से URL क्या है?
(a) एक कंप्यूटर सॉफ्टवेयर प्रोग्राम
(b) UFO का एक प्रकार है
(c) www पर किसी दस्तावेज़ या पेज का पता
(d) उपरोक्त में से कोई नहीं

219. http://www.classzone.com किसका एक उदाहरण है?
(a) यूआरएल (b) एक्सेस कोड
(c) डायरेक्टरी (d) सर्वर

220. ब्राउज़र क्या है?
(a) एक एचटीएमएल प्रणाली
(b) एक सर्वर
(c) वेब पृष्ठों तक पहुंचने के लिए और उनको देखने के लिए एप्लीकेशन सॉफ्टवेयर
(d) उपरोक्त में से कोई नहीं

221. एक चैट प्रोग्राम जो वास्तविक समय में इंटरनेट के माध्यम से लोगों के बीच संवाद करना सुगम बनाता है:
(a) डिस्टेंस मेसेजिंग (b) इंस्टेंट मेसेजिंग
(c) चैटिंग रूम (d) उपरोक्त सभी

222. किसी वेबसाइट के प्रथम पेज को क्या कहा जाता है?
(a) होम पेज (b) इंडेक्स
(c) मेनू बार (d) उपरोक्त में से कोई नहीं

223. HTML किसका संक्षिप्त रूप है?
(a) हाई टेक मार्कअप लैंग्वेज
(b) हाउ टू मार्कअप लैंग्वेज

(c) हाइपर टेक्स्ट मार्कअप लैंग्वेज
(d) उपरोक्त में से कोई नहीं

224. एक मशीन जो दो ऐसे नेटवर्कों को जोड़ने का कार्य करती है, जिनके अलग-अलग प्रोटोकॉल हैं?
(a) गेटवे (b) प्रोटोकॉल वे
(c) ई-वे (d) गेट

225. ई-मेल का संक्षिप्त नाम है:
(a) इलेक्ट्रॉनिक मेल (b) एक्स्ट्रा मेल
(c) एनहांस्ड मेल (d) उपरोक्त में से कोई नहीं

226. आईएसपी किसका संक्षिप्तिकरण है?
(a) Internal Service Provider
(b) Internet Service Procedure
(c) Internet Service Provider
(d) Instant Service Protocol

227. निम्नलिखित में से वेब सर्वर किस प्रयोजन के लिए सॉफ्टवेयर है?
(a) वेब ट्रैफिक के विश्लेषण हेतु
(b) उपयोगकर्ता के अनुरोध पर वेब पेज सेवित करना
(c) वेब क्रॉलिंग
(d) यूनिक्स ऑपरेटिंग सिस्टम

228. एफ़टीपी किसका संक्षिप्त रूप है?
(a) Full Text Processing
(b) File Transfer Program
(c) File Transfer Process
(d) File Transfer Protocol

229. टेलनेट है:
(a) एक टेलीफोन नेटवर्क
(b) एक टेलर नेटवर्क
(c) रिमोट लॉग इन के लिए मानक इंटरनेट प्रोटोकॉल
(d) डायलअप प्रोग्राम

230. LAN का पूर्ण रूप है:
(a) लोकल एरिया नेटवर्क
(b) लॉजिकल एरिया नेटवर्क
(c) लास्ट एरिया नेटवर्क
(d) उपरोक्त में से कोई नहीं

231. इंटरनेट एक्स्प्लोरर किसके अंतर्गत आता है?
(a) ब्राउज़र
(b) कम्पाइलर
(c) ऑपरेटिंग सिस्टम
(d) IP एड्रेस

232. ईथरनेट को निम्नलिखित के संबंध में प्रोटोकॉल्स का एक परिवार कहा जाता है?
(a) लैन
(b) इंटरनेट
(c) एक्स्ट्रानेट
(d) उपरोक्त में से कोई भी

233. MAN एक विस्तृत निश्चित क्षेत्र जैसे कि शहर के भीतर विभिन्न स्थलों पर स्थापित कंप्यूटरों का एक जाल है। MAN का पूर्ण रूप है:
(a) मेट्रोपोलिटन एरिया नेटवर्क
(b) मैनुअल एरिया नेटवर्क
(c) मार्जिनल एरिया नेटवर्क
(d) मैक्सिमम एरिया नेटवर्क

234. ऐसे कंप्यूटर नेटवर्क, जिनमें कनेक्शन भौतिक तारों की बजाय नोड्स के बीच कुछ लिंकों के परस्पर मुक्त कनेक्शन के रूप में या फिर बड़े नेटवर्क जैसे कि इंटरनेट में आभासी सर्किट होते हैं, के लिए निम्नलिखित में किस शब्दावली का प्रयोग किया जा सकता है?
(a) वर्चुअल प्राइवेट नेटवर्क
(b) वर्चुअल पब्लिक नेटवर्क
(c) वर्चुअल प्राइवेट नेट
(d) वर्चुअल पब्लिक नेट

235. कंप्यूटर नेटवर्क जो कि भौतिक रूप से संगठन के निजी नेटवर्क का भाग नहीं है, परन्तु ये आम जनता के लिए उपलब्ध भी नहीं है। इसके लिए निम्नलिखित में से कौन-से शब्द का प्रयोग किया जाता है?
(a) इंटरनेट (b) इंट्रानेट
(c) एक्स्ट्रानेट (d) उपरोक्त में से कोई नहीं

236. निम्नलिखित में से कौन-सा प्रोटोकॉल एक वेब पेज के दूसरे वेब पेज से लिंक को सुगम बनाता है?
(a) एचटीएमएल (b) आईपी
(c) एचटीटीपी (d) एफ़टीपी

237. किसी भी यूआरएल का पहला भाग जो वेब संसाधन का उपयोग करने को सम्भव बनाता है, उसको क्या कहा जाता है?
(a) पता (b) नाम
(c) स्थान (d) प्रोटोकॉल

238. निम्नलिखित में कौन-सा शब्द वेब पर उपलब्ध किसी भी दस्तावेज के पते को दर्शाता है?
(a) HTTP (b) यूआरएल
(c) आईएसपी (d) उपरोक्त में से कोई नहीं

239. निम्नलिखित में से कौन वेब को श्रेणियों में आयोजित करता है?
(a) search engine (b) encyclopaedia
(c) archive (d) directory

240. एक विस्तृत भौगोलिक क्षेत्र में कंप्यूटरों को आपस में निम्नलिखित का प्रयोग करके सक्षम रूप से जोड़ा जा सकता है?
(a) ट्विस्टेड पेअर लाइन्स
(b) कोएक्सिअल केबल
(c) कम्युनिकेशन सेटेलाइट
(d) उपरोक्त सभी

241. सॉफ्टवेयर संसाधन डेटा की फ़ाइलों के रूप में होते हैं। कंप्यूटर नेटवर्क संसाधनों को साझा करने की अनुमति देता है, जिसके लिए आवश्यक है:
(a) कॉम्युनिकेशन एड्रेस
(b) डेटा संचार के लिए सुरक्षित माध्यम
(c) उपरोक्त दोनों
(d) या तो (a) या (b)

242. हार्डवेयर और सॉफ्टवेयर के संयोजन से बने उपकरण जो विभिन्न प्रोटोकॉलों के अंतर्गत चल रहे नेटवर्कों में परस्पर संबंध स्थापित करते हैं, उनको क्या कहा जाता है?
(a) प्रोटोकॉल (b) मॉडल
(c) गेटवे (d) पोर्ट

243. यूएसबी का अर्थ है:
(a) यूनाइटेड सीरियल बस
(b) यूनिवर्सल सीरियल बाईपास
(c) यूनिवर्सल सीरियल बस
(d) यूनिवर्सल सिस्टम बस

244. निम्नलिखित में से कौन-सा/से विकल्प इंटरनेट की हार्डवेयर आवश्यकताओं को दर्शाता है?

I. मॉडेम II. हब
III. ब्रिज IV. रूटर
V. गेटवे

कूट:

(a) I, II, और III
(b) I, III, IV और V
(c) I, IV और V
(d) I, II, III, IV और V

245. निम्नलिखित में से सर्वप्रथम किस नेटवर्क-आधारित पर ई-मेल का आदान-प्रदान किया गया था?

(a) अरपानेट
(b) एसएमटीपी
(c) टीसीपी/आईपी
(d) उपरोक्त में से कोई नहीं

246. निम्नलिखित में से किस प्रकार की डिजिटल टेलीफोन सेवा का उपयोग बड़ी मात्रा में डेटा को इंटरनेट पर मॉडेम की सहायता के बिना स्थानांतरित करने के लिए किया जाता है।

(a) ISDN (b) MSDN
(c) TSDN (d) उपरोक्त में से कोई नहीं

247. कम दूरी पर स्थापित यंत्रों के मध्य बिना तार के डेटा स्थानांतरित करने के लिए किस प्रोटोकॉल/शब्द का प्रयोग किया जाता है?

(a) ISDN (b) Bluetooth
(c) Wi-Fi (d) Wi-Max

248. ISDN का अर्थ है:

(a) Integrated Services Digital Network
(b) Intelligent Services Digital Network
(c) Individual Services Digital Network
(d) Image Services Digital Network

249. वायर्ड ईथरनेट मूल रूप से है:

(a) एडीएसएल (b) आईएसडीएन
(c) ब्रॉडबैंड (d) इंटरनेट

250. सॉफ्टवेयर जो उपयोगकर्ता को सिर्फ माउस की एक क्लिक पर वेब पर स्थित होस्ट कंप्यूटर पर संग्रहित टेक्स्ट, वीडियो, ऑडियो, और ग्राफिक्स डाउनलोड करने, पता लगाने, डिस्प्ले, आदि करने की अनुमति देता है, उसको क्या कहते हैं?

(a) वेब ब्राउज़र (b) डोमेन
(c) यूआरएल (d) उपरोक्त में से कोई नहीं

251. निम्नलिखित में से वेब ब्राउज़र कौन हैं?

I. इंटरनेट एक्सप्लोरर
II. मोज़िला फ़ायरफ़ॉक्स
III. ओपेरा
IV. सफारी

कूट:

(a) I, II, और III (b) II, III, और IV
(c) I, III, और IV (d) उपरोक्त सभी

252. निम्नलिखित में कौन-सा डोमेन नाम एक्सटेंशन का गेट-वे और प्रशासनिक होस्ट के लिए प्रयोग किया जाता है?

(a) .gov (b) .mil
(c) .net (d) .org

253. निम्नलिखित में से .com, .org, .net किस रूप में लोकप्रिय हैं?

(a) टॉप लेवल डोमेन
(b) टैक्स लेवल डोमेन
(c) टेरेफिक लेवल डोमेन
(d) उपरोक्त में से कोई नहीं

254. एक कंप्यूटर के अनूठे संख्यात्मक पते जैसे कि 150.237.176.24 को क्या कहा जाता है?

(a) इंटरनेट प्रोटोकॉल पता
(b) यूआरएल
(c) आईएसपी
(d) उपरोक्त में से कोई नहीं

255. एक सर्च इंजन जो कि उपभोगकर्ता के आवेदन को दूसरे सर्च इंजनों और डेटा बेसों के पास भेजता है, और फिर उनके परिणामों को उनके स्रोत के अनुसार एकल समुच्चय सूची में परिवर्तित करता है, को क्या कहते हैं?

(a) मेटा सर्च इंजन (b) गूगल
(c) मूडल (d) उपरोक्त में से कोई नहीं

256. एक इंटरनेट ई-मेल संदेश के निम्नलिखित में से कौन-से भाग होते हैं?

I. मैसेज ओन्वोलप II. मैसेज हैडर
III. मैसेज बॉडी

कूट:

(a) I और II (b) II और III
(c) I और III (d) I, II और III

257. निम्नलिखित प्रतीकों में से कौन-सा ई-मेल पते में उपयोगकर्ता के नाम को आईएसपी पते से अलग करने के लिए प्रयोग किया जाता है?

(a) $ (b) @
(c) % (d) *

258. निम्नलिखित में से कौन-सा विकल्प आईपीवी 4 के आकार को दर्शाता है?

(a) 16 बिट्स (b) 32 बिट्स
(c) 64 बिट्स (d) 128 बिट्स

259. निम्नलिखित में से किस विकल्प का प्रयोग एक ही समय पर एक बड़े समूह को ई-मेल भेजने के लिए किया जाता है?

(a) लिस्ट सर्वर (b) ग्रुप
(c) ग्रुपवेयर (d) मेल सर्वर

260. निम्नलिखित में से कौन-सी पंक्ति ई-मेल संदेश का संक्षिप्त वर्णन करती है?

(a) To (b) subject
(c) content (d) cc

261. अवांछित वाणिज्यिक ई-मेल के लिए किस शब्द का प्रयोग किया जाता है?

(a) जंक (b) रूमौर
(c) स्पैम (d) हाइपरटेक्स्ट

262. निम्नलिखित में से किसका उपयोग न्यूज़ सर्वर द्वारा पाठकों के लिए दस्तावेजों को वितरित करने में किया जाता है?

(a) NNTP (b) HTTP
(c) FTP (d) उपरोक्त में से कोई नहीं

263. एक फ़ाइल के लिए एफ़टीपी अभिलेखागार खोज करने के लिए निम्नलिखित में से किस उपकरण का प्रयोग किया जाता है?

(a) Gopher (b) Jughead
(c) Archie (d) Jalopy

264. निम्नलिखित में से किसको प्राय: इंटरनेट का CB कहा जाता है?

(a) आईआरसी (b) एफ़टीपी
(c) ई-मेल (d) HTTP

265. निम्नलिखित में कौन वेबसाइट पर पोस्टिंगों का ध्यान रखता है और ये सुनिश्चित करता है कि चर्चा समूहों में वेबसाइट द्वारा निर्धारित दिशा-निर्देशों का अनुपालन किया जाए?

(a) Judge (b) Sysop
(c) Narrator (d) Censor

266. ऐसा संदेश जिसमें न्यूज़ ग्रुप के संदर्भ में प्राप्त उत्तरों का प्रावधान भी होता है, उसको प्राय: क्या कहा जाता है?

(a) List (b) Thread
(c) comment (d) Post

267. इंटरनेट तकनीक के संदर्भ में S/MIME से अभिप्राय है:

(a) Secure Multipurpose Internet Mail Extension
(b) Secure Multimedia Internet Mail Extension
(c) Simple Multipurpose Internet Mail Extension
(d) Simple Multipurpose Internet Mail Extension

268. एक छोटी टेक्स्ट फ़ाइल जिसको एक वेब सर्वर एक उपयोगकर्ता की हार्ड ड्राइव पर संग्रहित करता है, जब वह कुछ निश्चित वेबसाइटों पर जाता है, उसको क्या कहा जाता है?

(a) कुकी
(b) इतिहास
(c) लोगजाम
(d) उपरोक्त में से कोई नहीं

उत्तरमाला (ANSWER KEY)

परिचय

1. (a) **2.** (a) **3.** (d) **4.** (c) **5.** (b) **6.** (a) **7.** (c) **8.** (d) **9.** (c) **10.** (c) **11.** (a) **12.** (d) **13.** (d)
14. (b) **15.** (a) **16.** (a) **17.** (b) **18.** (c) **19.** (a) **20.** (b) **21.** (b) **22.** (d) **23.** (b) **24.** (c) **25.** (b) **26.** (c)
27. (a) **28.** (d) **29.** (a) **30.** (a) **31.** (a) **32.** (d) **33.** (b) **34.** (a)

कंप्यूटर संबंधित शब्दावली

35. (b) **36.** (d) **37.** (a) **38.** (d) **39.** (a) **40.** (d) **41.** (d) **42.** (a) **43.** (c) **44.** (b) **45.** (c) **46.** (d) **47.** (a)
48. (b) **49.** (c) **50.** (c) **51.** (c) **52.** (b) **53.** (a) **54.** (b) **55.** (d) **56.** (c) **57.** (d) **58.** (b) **59.** (b) **60.** (c)
61. (a) **62.** (c) **63.** (b) **64.** (a) **65.** (d) **66.** (a) **67.** (c) **68.** (d) **69.** (a) **70.** (a) **71.** (c) **72.** (d) **73.** (c)
74. (c) **75.** (b) **76.** (a) **77.** (c) **78.** (a) **79.** (d) **80.** (d) **81.** (a) **82.** (c) **83.** (a) **84.** (d) **85.** (b) **86.** (c)
87. (a) **88.** (b) **89.** (b) **90.** (c) **91.** (c) **92.** (c) **93.** (b) **94.** (d) **95.** (b) **96.** (d) **97.** (a) **98.** (a) **99.** (c)
100. (a) **101.** (c) **102.** (c) **103.** (a) **104.** (b) **105.** (a) **106.** (d) **107.** (d) **108.** (b) **109.** (a) **110.** (c) **111.** (b) **112.** (c)
113. (d) **114.** (c) **115.** (c) **116.** (c) **117.** (b) **118.** (a) **119.** (a) **120.** (d) **121.** (b) **122.** (b) **123.** (a) **124.** (c) **125.** (a)
126. (a) **127.** (b) **128.** (a) **129.** (a) **130.** (a) **131.** (a) **132.** (a) **133.** (d) **134.** (c) **135.** (c) **136.** (b) **137.** (b) **138.** (d)
139. (b) **140.** (c) **141.** (c) **142.** (c) **143.** (a) **144.** (b) **145.** (d) **146.** (a) **147.** (b) **148.** (a) **149.** (a) **150.** (c) **151.** (d)
152. (c) **153.** (a) **154.** (a) **155.** (b) **156.** (b) **157.** (d) **158.** (b) **159.** (d) **160.** (d) **161.** (d) **162.** (c) **163.** (c) **164.** (c)
165. (b) **166.** (d) **167.** (b) **168.** (b)

इंटरनेट एवं ई-मेल

169. (d) **170.** (c) **171.** (b) **172.** (a) **173.** (b) **174.** (c) **175.** (a) **176.** (b) **177.** (a) **178.** (c) **179.** (d) **180.** (b) **181.** (c)
182. (a) **183.** (c) **184.** (c) **185.** (b) **186.** (d) **187.** (c) **188.** (c) **189.** (d) **190.** (b) **191.** (a) **192.** (b) **193.** (a) **194.** (b)
195. (d) **196.** (d) **197.** (c) **198.** (b) **199.** (a) **200.** (d) **201.** (b) **202.** (c) **203.** (b) **204.** (c) **205.** (d) **206.** (a) **207.** (a)
208. (d) **209.** (d) **210.** (d) **211.** (a) **212.** (b) **213.** (d) **214.** (d) **215.** (c) **216.** (c) **217.** (b) **218.** (c) **219.** (a) **220.** (c)
221. (b) **222.** (a) **223.** (c) **224.** (a) **225.** (a) **226.** (c) **227.** (b) **228.** (d) **229.** (a) **230.** (a) **231.** (a) **232.** (a) **233.** (a)
234. (a) **235.** (b) **236.** (c) **237.** (d) **238.** (b) **239.** (d) **240.** (c) **241.** (c) **242.** (c) **243.** (c) **244.** (d) **245.** (a) **246.** (a)
247. (b) **248.** (a) **249.** (b) **250.** (a) **251.** (d) **252.** (c) **253.** (a) **254.** (a) **255.** (a) **256.** (d) **257.** (b) **258.** (b) **259.** (c)
260. (b) **261.** (c) **262.** (a) **263.** (b) **264.** (a) **265.** (b) **266.** (b) **267.** (a) **268.** (a)

9 लोग, विकास और पर्यावरण (People, Development and Environment)

सीखने के उद्देश्य

1. **विकास और पर्यावरणः** मिलेनियम विकास और सतत विकास का लक्ष्य
2. **मानव और पर्यावरण संव्यवहारः** नृजातीय क्रियाकलाप और पर्यावरण पर उनके प्रभाव
3. **पर्यावरणपरक मुद्देः** स्थानीय, क्षेत्रीय और वैश्विक, वायु प्रदूषण, जल प्रदूषण, मृदा प्रदूषण, ध्वनि प्रदूषण, अपशिष्ट (ठोस, तरल, बायो-मेडिकल, जोखिमपूर्ण, इलेक्ट्रॉनिक) जलवायु परिवर्तन और इसके सामाजिक आर्थिक तथा राजनीतिक आयाम
4. मानव स्वास्थ्य पर प्रदूषकों का प्रभाव
5. प्राकृतिक और ऊर्जा के स्त्रोत, सौर, पवन, मृदा, जल भू-ताप, बायोमास, नाभिकी और वन
6. **प्राकृतिक जोखिम और आपदाएंः** न्यूनीकरण की युक्तियाँ
7. पर्यावरण (संरक्षण) अधिनियम (1986), जलवायु परिवर्तन संबंधी राष्ट्रीय कार्य योजना, अंतरराष्ट्रीय समझौते/प्रयास-मोंट्रीयल प्रोटोकॉल, रियो सम्मेलन, जैव विविधता सम्मेलन, क्योटो प्रोटोकॉल, पेरिस समझौता, अंतरराष्ट्रीय सौर संधि

"पृथ्वी का सम्मान करो। हमें अपने पूर्वजों से यह धरती विरासत में नहीं मिली है, हम इसे अपने बच्चों से उधार लेते हैं"

पर्यावरण का परिचय (Introduction of Environment)

"पर्यावरण" शब्द फ्रेंच शब्द "environner" से आया है, जिसका अर्थ है "आवरण करना।" वर्ष 1986 के पर्यावरण (संरक्षण) अधिनियम के अनुसार, पर्यावरण में एक जीव के भौतिक और जैविक परिवेश और उनके बीच के अंत:क्रियाएं शामिल हैं। इसे जल, वायु, भूमि की सामूहिक संरचना और इन तत्वों के बीच उपस्थित जटिल अंत:संबंधों के साथ-साथ मानवों, अन्य जीवित प्राणियों और सामग्रियों के साथ इनके संबंधों के रूप में परिभाषित किया गया है।

पर्यावरणीय निर्धारणवाद और संभाववाद की अवधारणाएं: ये अवधारणाएं इसलिए महत्वपूर्ण हैं, क्योंकि इनकी सहायता से हम अपने दृष्टिकोणों में वातावरण के प्रति एक परिवर्तन को श्रेष्ठ ढंग से समझ पाते हैं।

पर्यावरणीय निर्धारणवाद (Enviromental Determinism)

यह विचार हमें बताता है कि भौतिक पर्यावरण, विशेषकर जलवायु और उसका प्रभावी क्षेत्र, संस्कृतियों, समाजों और व्यक्तियों के व्यवहारों को सक्रिय रूप से आकार देता है। यह मानव व्यवहार और संस्कृति पर पर्यावरण के मजबूत प्रभाव का सुझाव देता है।

पर्यावरणिक संभाववाद (Environmental Possibilism)

जबकि पर्यावरण कुछ प्रतिबंध या सीमाओं को सेट करता है, पर्यावरण संभाववाद हमें यह सुझाव देता है कि मानव संस्कृति और निर्णय समाजिक विकास को आकार देते हैं। इसमें पर्यावरण प्रभावों पर मानव क्रियावली को महत्व दिया जाता है।

लोग पर्यावरण में सुखद जीवन जीना चाहते हैं, हमे यह अनुभव होता है कि सफल जीवन मानव विकास की क्रियाओं पर निर्भर करता है। कभी-कभी उनके प्रयास प्राकृतिक संसाधनों के दोहन की ओर ले जाते हैं, चाहे वह वनों की कटाई, कृषि, उद्योग और नगरीकरण के माध्यम से ही क्यों न हो। इन्हें (anthropogenic or human) गतिविधियाँ कहा जाता है, परिणामस्वरुप पर्यावरणीय अपशिष्ट, प्रदूषण, अन्य प्राणियों के आवास का विनाश, प्राकृतिक संसाधनों की ओर भी अधिक ह्रास मानव जीवन का एक भाग बन जाता है।

यहाँ निम्न चर्चा को भी देख लें:

पर्यायीता जलवायु (Climate Proxy)

यह एक तकनीकि शब्द है जिसका अर्थ होता है कि यह एक प्राकृतिक या शैलीकृत प्रक्रिया या विधि है जो पूर्व में हुए जलवायु परिवर्तन के बारे में जानकारी प्रदान करती है। इसका उपयोग पुरानी जलवायु शर्तों की जाँच करने और समझने में किया जाता है, जिनके लिए इतिहासिक डेटा का अभाव रहता है, इसका उपयोग वैज्ञानिकों और शोधकर्ताओं द्वारा किया जा सकता हैं, जिससे सरकार को नीति निर्धारण में भी सहायता मिलती है। क्लाइमेट प्रॉक्सी विभिन्न स्रोतों से आती हैं, जैसे कि पेडोलॉजी, डेंड्रोक्रोनोलॉजी, ग्लेशियोलॉजी, और गहरी समुद्री खोज।

एंथ्रोपोसीन (Anthropocene)

यह 'मानव युग' (age of humans) से संबंधित माना जाता है। मानवीय गतिविधियों ने पृथ्वी की भूविज्ञान और पारिस्थितिकी तंत्रों पर एक महत्वपूर्ण वैश्विक प्रभाव डालना आरंभ किया है। ये पंक्तियाँ रसायनज्ञ पॉल जे. क्रुट्ज़ेन और जीवविज्ञानी यूजीन एफ. स्टोर्मर द्वारा लोकप्रिय की गई थीं, क्रुट्ज़ेन, एक नोबेल पुरस्कार विजेता वैज्ञानिक हैं।

फिर हमें अनुभव होता है कि प्राकृतिक संसाधनों का संरक्षण और सुरक्षा हमारा महत्वपूर्ण कर्तव्य है, स्वयं के लिए और भविष्य की पीढ़ियों के लिए भी, जिसे हम सतत विकास (sustainable development) का नाम दिया गया है। विभिन्न शिखर सम्मेलनों, संधियों, और करारों पर हस्ताक्षर किए जाते हैं क्योंकि ये विषय सम्पूर्ण विश्व के लिए सामान्य हैं।

पर्यावरण संबंधित मूलभूत तत्व

पर्यावरण के विषय के अध्ययन के लिए निम्न मूलभूत जानकारी अति आवश्यक हैं, इसमें से नेट परीक्षा में काफी प्रश्न भी पूछे गए हैं:

पारिस्थितिकी (Ecology)

पारिस्थितिकी जीवों और उनके पर्यावरण के बीच की गतिविधियों का और जीवों के बीच के आपसी प्रभाव का वैज्ञानिक अध्ययन है। पारिस्थितिकी जाँचती है कि जीव कैसे अपने पर्यावरण के अनुकूल बनते हैं, वे अन्य प्रजातियों के साथ कैसे प्रतिक्रिया करते हैं, और कैसे प्रभावित होते हैं। इसमें अजैविक की भी महत्वपूर्ण भूमिका रहती है।

पारिस्थितिकी के दायरे में व्यक्तिगत जीवों, जनसंख्याओं, समुदायों, पारिस्थितिकी प्रणालियों और जैवमंडल के वैश्विक स्तर का अध्ययन शामिल है। 'पारिस्थितिकी' का अवधारणा 1869 में एक जर्मन जीवविज्ञानी एर्न्स्ट हेकेल (Ernst Haeckel) द्वारा उत्पन्न किया गया था।

पारिस्थितिकी के स्तर (Levels of Ecology)

पारिस्थितिकी को निम्नलिखित स्तरों पर समझा जा सकता है:

1. **व्यक्तिगत जीव (Individual Organism):** यहां, ध्यान केवल एक एकल जीवित प्राणी पर होता है, जिसके पर्यावरण के साथ इसके व्यापार, जैसे कि खाद्य स्रोत, सुरक्षा, और बचाव रणनीतियों का अध्ययन करता है। व्यक्ति के विषय में आवास, अनुकूलन और जोखिमों का विचार करना महत्वपूर्ण है।
   यहां एक मेंढ़क का उदाहरण लेते हैं, वह कैसे खाता है, जीवित रहता है, और पर्यावरण के साथ सामंजस्य करके कैसे सुरक्षित रहता है, अपनी त्वचा को गीला रखने के लिए और पानी में अंडे देने के लिए कैसे गीला पर्यावरण प्राप्त करता है।
2. **प्रजाति (Species):** प्रजाति वो समृद्धिकरण करने के लिए सक्षम समान व्यक्ति प्राणियों का एक समृद्ध गुट होता है जो पुनरुत्पन्न (प्रजनन) करने के योग्य हैं और समान विशेषताओं को साझा करते हैं। उदाहरण के लिए, मानव जातियों, गुलाब या पेड़ों की विभिन्न प्रजातियाँ। मानव जाति का नाम होमो सैपियंस (homo sapiens) है।
   प्रजाति व्यक्तिगत जीव से एक कदम ऊपर है। वे हमें जनसंख्या की ओर ले जाते हैं। उनकी आपसी प्रभाव निम्नलिखित स्तरों पर होते हैं:
   1. **जनसंख्या पारिस्थितिकी (Population Ecology)** – प्रजाति के भीतर
   2. **समुदाय पारिस्थितिकी (Community Ecology)**–प्रजातियों के बीच
   3. **पारिस्थितिकी प्रणाली पारिस्थितिकी (Ecosystem Ecology)** – जीवों और उनके भौतिक पर्यावरण के मध्य

कुछ केंद्रीय भूमिका निभाने वाली प्रजातियाँ:

हम निम्नलिखित प्रमुख भूमिका निभाने वाली प्रजातियों पर चर्चा कर सकते हैं:

- **कीस्टोन प्रजाति (Keystone Species):** कीस्टोन का अर्थ सब कुछ साथ में रखने का है। कीस्टोन प्रजातियाँ एक पारिस्थितिकी प्रणाली के कार्य में एक अद्वितीय और महत्वपूर्ण भूमिका निभाती हैं

- इन्हें हमारे पृथ्वी ग्रह के पारिस्थितिकी प्रणालियों के स्वास्थ्य और जैवविविधता के लिए आवश्यक माना जाता है। इनकी संख्या बहुत कम होती है, लेकिन उनका पारिस्थितिकी प्रणाली पर प्रभाव बहुत अधिक होता है।
- वे प्राकृतिक संतुलन बनाए रखते हैं, और दूसरी प्रजातियों को आवश्यक सेवाएँ प्रदान करते हैं। कीस्टोन प्रजातियों के बिना, हमारे पारिस्थितिकी प्रणालियाँ बहुत कम विविध और प्रतिरोधी होती।
- कीस्टोन प्रजातियां अन्य जीवों की जनसंख्या को नियंत्रित करती हैं, क्योंकि वे एक या एक से अधिक प्रजाति या प्रजातियों के लाभ के लिए सहयोगी रूप में कार्य करती हैं, अन्य प्रजातियों के लिए आवास बनाती या उनको संशोधित करती हैं।
- उदाहरण के रूप में, भारत के सुंदरबन मैंग्रोव वन में, भारतीय हाथी एक कीस्टोन प्रजाति है क्योंकि इसका पर्यावरण पर बड़ा प्रभाव होता है। यहाँ एक उदाहरण "दीमक (termite)" का भी समझा जा सकता है, जो विशेष प्रकार की भूमिका निभाती हैं। दीमक बड़े और जटिल कीटक निर्माण के लिए प्रसिद्ध हैं जो कई मीटर ऊँची हो सकती हैं। ये सवाना जैसे क्षेत्रों में पाई जाती हैं और मिट्टी, लार, और दीमक मल से बनती हैं। ये संरचनाएँ भूमि की गुणवत्ता सुधारने और पानी का प्रवाह बेहतर करने में सहायता करती हैं। वे जैवविविधता बढ़ाती हैं और अन्य प्रजातियों के लिए आवास प्रदान करती हैं।
- **कृतिक लिंक प्रजातियाँ (Critical Link Species):** यह शब्द कीस्टोन प्रजातियों के तुलना में बड़ा है। इसमें वह सभी प्रजातियाँ शामिल हैं जो पारिस्थितिकी प्रणाली के कार्य में महत्वपूर्ण भूमिका निभाती हैं। कृतिक लिंक एक प्रजाति है जो पारिस्थितिकी प्रणाली के विभिन्न भागों को जोड़ने में महत्वपूर्ण भूमिका निभाती है। हम निम्नलिखित शब्दों को देख सकते हैं:
  - —**पारिस्थितिकी इंजीनियर्स (Ecosystem Engineers):** वे भौतिक रूप से अपने पर्यावरण को बदलते हैं।
  - —**मूल प्रजाति (Foundation Species):** वे पूरी पारिस्थितिकी प्रणाली को बनाते हैं और परिभाषित करते हैं, जैसे कि कोरल प्रणाली में कोरल।
  - —**छत्र या संरक्षक या संकेत प्रजाति (Umbrella Species):** उनके संरक्षण से एक विशाल सीमा की अन्य प्रजातियों की सुरक्षा होती है।
  - —**सूचक प्रजाति (Indicator Species):** पारिस्थितिकी के स्वास्थ्य को सूचित करती हैं।
  - —**प्रमुख या फ्लैगशिप प्रजाति (Flagship Species):** ये करिश्माई प्रजातियाँ हैं जो संरक्षण जागरूकता और क्रियान्वयन को उत्तेजना देने के लिए प्रतीक के रूप में उपयोग की जाती हैं।

स्थानिक या देशज प्रजाति प्रजातियाँ (ENDEMIC SPECIES)

स्थानिक प्रजातियाँ सीमांत भौगोलिक क्षेत्र में पाई जाती हैं, तथा विश्व के किसी अन्य स्थान पर प्राकृतिक रूप से नहीं पाई जाती है। स्थानिक प्रजातियों में हम न्यूजीलैंड में पाए जाने वाले काकापो (एक उड़ने वाले तोते), चीन में पाए जाने वाले विशाल पैंडा (giant panda) भारत के पश्चिमी घाटों में लायन-टेल्ड मकाक और नीलगिरि रेंज में नीलगिरि थार का नाम ले सकते हैं। मानव जीवों को लगभग हर जगह पाया जाता है और स्थानिक प्रजातियों का एक उदाहरण नहीं है।

जनसंख्या (Population)

यह स्तर एक ही प्रजाति के समूहों से संबंधित है, उनकी गतिशीलता, अंतरक्रिया और वे एक विशेष निवास स्थान में कैसे सह-अस्तित्व में हैं, इसकी खोज करता है।

1. **प्रजनन और जन्मदर (Reproduction and Natality):** प्रजनन जीवों की संतान उत्पन्न करने की क्रिया है, जबकि जन्मदर किसी क्षेत्र में जन्मों की दर को दर्शाती है।
2. **जनसंख्या वृद्धि दर (Population Growth Rate):** जनसंख्या में बदलाव को समझने के लिए जन्म और मृत्यु दर के साथ-साथ आव्रजन और उत्प्रवास को भी ध्यान में रखना आवश्यक है। प्रवासन (migration) तब होता है जब लोग एक स्थान से दूसरे स्थान पर जाते हैं। इसके दो प्रकार निम्न हैं। यदि भारत से कोई व्यक्ति कनाडा में स्थायी रूप से रहने के लिए जा रहा है, तो भारत में उसकी स्थिति उत्प्रवास (emigration) की जैसी होगी, तथा कनाडा में उसकी स्थिति आव्रजन (immigration) की जैसी होगी।
3. **आयु संरचना या जनसंख्या के भीतर वितरण (Age Structure or Distribution within population):** इसके अनुसार जनसंख्या के तीन भाग होते हैं - प्री-रिप्रोडक्टिव (प्रजनन के लिए बहुत छोटी आयु का व्यक्ति), रिप्रोडक्टिव, और पोस्ट-रिप्रोडक्टिव (एक निश्चित आयु के बाद)।
4. **जनसंख्या प्रसार (Population Dispersal):** यह जनसंख्या के आंचलन और प्रसार की प्रक्रिया है। इसमें व्यक्तियों या समूहों का एक क्षेत्र से दूसरे क्षेत्र में फैलाव शामिल है, जिसमें प्रवासन (immigration) और अन्य गतिविधियां भी सम्मिलित होती हैं। यह प्रक्रिया जैविक विविधता और जनसंख्या गतिकी को प्रभावित करती है।
5. **मृत्यु दर (Death Rate):** यह जनसंख्या के भीतर मृत्यु की आवृत्ति को दर्शाती है।
6. **परभक्षण (Predation):** इस प्रक्रिया में एक जीव, प्राकोपक, एक अन्य जीव को मार देता है और खाता है।
7. **वहन क्षमता (Carrying Capacity):** किसी विशेष प्रजाति के व्यक्तियों की अधिकतम संख्या जिसे एक विशिष्ट पर्यावरण पर्यावरण को खराब किए बिना अनिश्चित काल तक बनाए रख सकता है।
8. **मेटापॉपुलेशन (Metapopulations):** आइए हिरण का एक उदाहरण लें। मेटापोपुलेशन में विभिन्न जंगलों में फैली कई हिरणों की जनसंख्या शामिल है, जो प्रवास करने वाले व्यक्तियों द्वारा जुड़े हुए हैं।
9. **समुदाय (Community):** जैविक समुदाय विभिन्न प्रजातियों के जीवों का एक समूह होता है जो एक विशिष्ट पर्यावरण में सह-अस्तित्व में रहते हैं और आपसी संबंधों के माध्यम से पारिस्थितिकी तंत्र को प्रभावित करते हैं।

पारिस्थितिकी निच (ECOLOGICAL NICHE)

पारिस्थितिकीय कर्म स्थिति या कर्म भूमि, यह किसी प्रजाति का पारिस्थितिकीय स्थिति में विशिष्ट स्थान संदर्भित करता है। यह किसी प्रजाति के पास उसके पर्यावरण के भीतर ही होता है, जो हमें यह भी बताता है कि वह कैसे अपना भोजन प्राप्त करता है, अन्य जीवों के साथ कैसे संपर्क करता है और कैसे जीवित रहता है। सरल शब्दों में, यह उस अनोखे ढंग के बारे में है जिसमें एक प्रजाति पारिस्थितिकी तंत्र में कैसे फिट बैठती है या सामंजस्य स्थापित करती है, यह कैसे दूसरों को प्रभावित करती है और साथ ही वह अन्य जीवित और निर्जीव कारकों से भी कैसे प्रभावित होती है। हमारे लिए निम्नलिखित पहलू महत्वपूर्ण हैं:

निवास (Habitat) जिस विशिष्ट क्षेत्र या प्राकृतिक पर्यावरण में किसी जीव या पॉप्युलेशन सामान्यत: रूप से रहता है, उसे निवास कहा जाता है। निवास दो प्रकार के कारकों से बना होता है:

1. भौतिक कारक जैसे कि मृदा, नमी, तापमान और प्रकाश
2. जैविक कारक जैसे कि खाद्य और शिकारकों की उपलब्धता

सहनिवास (Cohabitat) जब विभिन्न प्रजातियों के जीव एक साथ रहते हैं।

माइक्रोनिवास (Microhabitat): माइक्रोनिवास तब होता है जब किसी विशिष्ट जीव (ओं) का निवास किसी बड़े निवास स्थान के छोटे और विशिष्ट भाग में होता है। एक माइक्रोनिवास वह भूगोलिक क्षेत्र नहीं होता है जो विशाल

और सामान्य हो, बल्कि यह एक छोटा और विशिष्ट क्षेत्र होता है जो विशेष जीवों की जीवन शैली और आवश्यकताओं के अनुकूल होता है।

उदाहरण: मेंढ़क रज्जूधारी उभयचर जीव (chordate amphibian) होते हैं, मेंढक बाह्यतापी (शीतल रक्ती) प्राणी होते हैं। उनका तापमान पर्यावरण द्वारा नियंत्रित होता है। वे प्राकृतिक और नम स्थानों जैसे कि ताजा पानी के निकायों, आर्द्रभूमियों, और वर्षावनों में रहने की प्राथमिकता देते हैं। दूसरी तरफ, मानवों का निवास अत्यंत विविध, विशाल और पूरे ग्रह पर फैला हुआ है।

संसाधन उपयोग: भोजन, आश्रय, और अन्य संसाधनों आदि के प्रकार।

व्यवहारिक पैटर्न: इसमें आहार आदतें, प्रजनन रणनीतियां, दिनचर्या जीवन पैटर्न शामिल हैं।

अंतरक्रिया (Interactions): इसमें अन्य प्रजातियों के साथ संबंधों का जिक्र है, जिसमें प्रतिस्पर्धा (competition), परजीविता (parasitism), और पारस्परिकता (mutualism) शामिल है।

सहिष्णुता सीमाएँ (Tolerance Limits): पारिस्थितिकी में, सहिष्णुता सीमाएँ उन पर्यावरणीय स्थितियों की सीमा को संदर्भित करती हैं, जैसे कि तापमान, प्रकाश, आर्द्रता, या रासायनिक सांद्रता, जिनके भीतर कोई विशेष प्रजाति जीवित रह सकती है, वृद्धि कर सकती है, और प्रजनन कर सकती है। ये हमें बताती है कि जीव या पौधे किस प्रकार से प्रकृति के कारकों का उत्तर देते हैं। उदाहरण के लिए मछली कैसे तापमान, जैविक पदार्थ, नमी, चभ् आदि पर निर्भर करती है, और जलीय पारिस्थितिकी तंत्र (aquatic ecosystems) का भाग बनती हैं। मनुष्य के बारे में हम इस यूनिट में प्रदूषण, अपशिष्ट पदार्थ आदि तथा कई बार WHO आदि द्वारा स्थापित कुछ नियमों का उदाहरण ले सकते हैं।

पारिस्थितिकीय पदचिह्न (Ecological Footprint)

मूलत: हम यह मान कर चलते हैं कि पृथ्वी एक माँ की भांति होती है, वैसे भी वर्तमान और भविष्य की पीढ़ियों की स्थिरता के लिए देने और लेने का संबंध महत्वपूर्ण है। पारिस्थितिकीय पदचिह्न मापता है कि हमारे द्वारा प्रकृति का कितना भाग प्रयोग में लाया जाता है- जैसे कि भोजन, पानी, और ऊर्जा। हमें जांचना चाहिए कि क्या हम पृथ्वी द्वारा प्रदान की जा सकने वाली मात्रा से अधिक भाग का उपयोग करते हैं। हमें प्रकृति की बैलेंस शीट की निरंतर आधार पर जाँच करनी चाहिए। हमें यह विचार करना चाहिए कि मुंबई, शंघाई आदि जैसे शहरों द्वारा कितनी ऊर्जा और ऊर्जा का उपभोग किया जा रहा है। हम 'वैश्विक हेक्टेयर' (gha) में पारिस्थितिकीय पदचिह्न को मापते हैं। एक वैश्विक हेक्टेयर यह दर्शाता है कि पृथ्वी एक वर्ष में क्या नवीकृत या पुन: उत्पन्न कर सकती है।

पारिस्थितिक प्रवृद्धि (Ecological Succession)

यह दो प्रकार का होता है:

1. **प्रारंभिक प्रवृद्धि (Primary Succession):** यह प्रक्रिया ऐसे स्थानों पर आरंभ होती है जहां पहले कोई जीवन नहीं था, जैसे कि नंगी चट्टानें। यहाँ, सरल जीव जैसे कि लाइकेन, मिट्टी बनाना आरंभ कर देते हैं, जिससे अंतत: अधिक जटिल पौधों और जीवों के लिए बढ़ने की स्थिति बनती है।
2. **द्वितीयक प्रवृद्धि (Secondary Succession):** इस प्रकार की प्रवृद्धि में, पारिस्थितिक तंत्र पहले से जीवित समुदायों के आधार पर, सरल से अधिक जटिल समुदायों में विकसित होती है, और अंतत: एक स्थिर स्थिति प्राप्त कर लेती है। यह अक्सर तब होता है जब किसी क्षेत्र को आग, बाढ़, या मानवीय गतिविधियों के कारण बदल दिया गया हो, लेकिन कुछ जीवन रूप पहले से उपस्थित होते हैं।

पारिस्थितिकी के प्रकार

अध्ययन की दृष्टि से, पारिस्थितिकी के दो शाखाएँ होती हैं:

1. **आत्मजीवशास्त्र (Autecology):** यह 'एकल जीवों' या एक ही प्रजाति के अध्ययन और उनके पर्यावरण के साथ उनके आपसी प्रभावों का अध्ययन होता है। इसमें जीवन चक्र, व्यवहार, अनुकूलन और यह देखता है कि ये जीव या प्रजातियाँ कैसे जीवित रहती हैं और फलित होती हैं। यह हमें समझने में सहायता करता है कि इन जीवों का अपने पारिस्थितिकियों के अंदर कैसी भूमिका और प्रभाव होते हैं।
2. **संपरिस्थिति या समाजिकी विज्ञान या सिनकोलॉजी (Synecology):** यह देखता है कि एक 'समुदाय' में विभिन्न प्रजातियाँ अपने पारिस्थितिकी के अंदर कैसे आपसी प्रभाव करती हैं। इसमें देखा जाता है कि ये समूह एक साथ कैसे रहते हैं, उनकी भूमिकाएँ, और यह कैसे उनके बीच ऊर्जा और पोषण माध्यमों की धारा कैसे होती है, जो पारिस्थितिकी के कुल कार्यान्वयन को समझने के लिए महत्वपूर्ण है।
3. **हौट पारिस्थितिकी (Haute Ecology):** यह पूरी प्रकार से विभिन्न दृष्टिकोण से है, हौट पारिस्थितिकी एक अधिप्रादेशिक और लागू प्रक्रिया को प्रस्तुत करती है, जिसमें पारिस्थितिकी को डिज़ाइन, इंजीनियरिंग, और आर्किटेक्चर जैसे अन्य क्षेत्रों के साथ मिश्रित किया जाता है।

पारिस्थितिकी तंत्र (Ecosystems)

पारिस्थितिकी तंत्र शब्द का परिचय 1935 में आर्थर टैन्सले (Arthur Tansley) ने किया था। यह एक स्व-नियमित समुदाय का वर्णन करता है जहां जीवित प्राणी एक दूसरे और अपने भौतिक पर्यावरण के साथ अंतर्क्रिया करते हैं। उदाहरण के लिए, एक तालाब पारिस्थितिकी तंत्र में, विभिन्न पौधे, जानवर, और सूक्ष्मजीव अपने विशिष्ट जलीय पर्यावरण के भीतर सह-अस्तित्व में होते हैं और अंतर्क्रिया करते हैं।

जैविक घटक

इसमें तालाब में सभी जीवित चीजें शामिल हैं, जैसे पौधे, जानवर (मेंढक, मछली, कीड़े), बैक्टीरिया, और शैवाल।

भौतिक घटक (अजैविक)

ये पारिस्थितिकी तंत्र के गैर-जीवित भाग होते हैं, जैविक घटक का स्वरूप जैव जगत की भांति ही जटिल है और यह प्राकृतिक पर्यावरण के विभिन्न तत्वों से प्रभावित होता है। यहां विभिन्न घटकों का विवरण दिया गया है जो पारिस्थितिकी तंत्र के अंग हैं:

1. **अकार्बनिक घटक (Inorganic Components)**
   - **मृदा (Soil):** भूमि का प्राकृतिक आवरण जो विभिन्न खनिजों और जीवाश्मों से बनता है।
   - **जल (Water):** जीवन का मुख्य स्रोत जो सभी जैविक प्रक्रियाओं में महत्वपूर्ण है।
   - **वायु (Air):** वातावरणीय गैसें जो श्वसन और अन्य जैविक क्रियाओं के लिए आवश्यक हैं।
   - **प्रकाश (Light):** प्राकृतिक ऊर्जा का स्रोत जो प्रकाश संश्लेषण को सक्रिय करता है।
   - **खनिज तत्व (Minerals):** पोषण के लिए आवश्यक तत्व।
2. **कार्बनिक घटक (Organic Components)**
   - **कार्बोहाईड्रेट (Carbohydrates):** ऊर्जा का मुख्य स्रोत।
   - **प्रोटीन्स (Proteins):** शरीर के निर्माण और मरम्मत के लिए आवश्यक।
   - **लिपिड्स (Lipids):** ऊर्जा संग्रहण और कोशिका संरचना के लिए महत्वपूर्ण।
   - **अमीनो अम्ल (Amino Acids):** प्रोटीन के निर्माण खंड।

3. **भौतिक घटक (Physical Components)**
   - **जलवायु (Climate):** एक क्षेत्र के वातावरणीय परिस्थितियों का औसत।
   - **ताप (Temperature):** पर्यावरण की गर्मी या ठंडापन का स्तर।
   - **प्रकाश (Light):** पृथ्वी पर जीवन के लिए ऊर्जा का प्राकृतिक स्रोत।
   - **सौर ऊर्जा (Solar Energy):** सूर्य से प्राप्त ऊर्जा जो जीवन और मौसम को प्रभावित करती है।

पृथ्वी पर मुख्यत: दो प्रकार के पारिस्थितिकी-तंत्र पाए जाते हैं– **स्थलीय (Terrestrial)** और **जलीय** (Aquatic)। ये तंत्र जीव और उनके पर्यावरण के बीच जटिल संबंधों को दर्शाते हैं और ग्रह के विविध जैविक और अजैविक घटकों को संतुलित करते हैं।

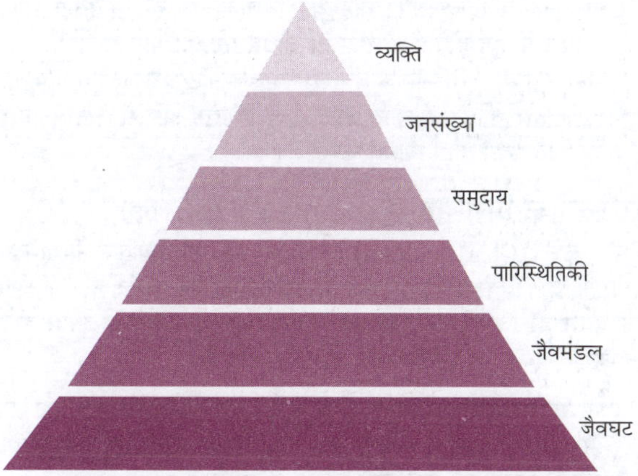

ऊर्जा प्रवाह, खाद्य श्रृंखला और पोषक चक्र

ऊर्जा प्रवाह (Energy Flow): सूर्य अधिकांश पारिस्थितिक तंत्रों के लिए मुख्य ऊर्जा स्रोत होता है। सूर्य की रोशनी को प्रकाश संश्लेषण की प्रक्रिया के माध्यम से उत्पादकों, जैसे कि पौधे, द्वारा संग्रहित किया जाता है।

1. **उत्पादक (Producers/Autotrophs):** ये जीव, आमतौर पर पौधे और शैवाल होते हैं, जो सूर्य की रोशनी, पानी, और कार्बन डाइऑक्साइड का उपयोग करके अपना भोजन स्वयं बनाते हैं। वे एक पारिस्थितिकी तंत्र में ऊर्जा पिरामिड का आधार बनाते हैं।
2. **उपभोक्ता (Consumers/Heterotrophs):** ये जीव अपना भोजन स्वयं उत्पन्न नहीं कर सकते हैं और अन्य जीवों को खाना चाहिए। उपभोक्ताओं को विभिन्न श्रेणियों में विभाजित किया जाता है:
   - **प्राथमिक उपभोक्ता (Primary Consumers):** शाकाहारी जो उत्पादकों को खाते हैं।
   - **द्वितीयक उपभोक्ता (Secondary Consumers):** मांसाहारी या सर्वाहारी जो प्राथमिक उपभोक्ताओं को खाते हैं।
   - **तृतीयक उपभोक्ता (Tertiary Consumers):** शिकारी जो द्वितीयक उपभोक्ताओं को खाते हैं।

   अपघटक और डिट्रिटिवोर (Decomposers and Detritivores): ये जीव, जैसे कि कवक और जीवाणु, मृत जीवों और अपशिष्ट को तोड़ते हैं, पर्यावरण में पोषक तत्वों को वापस छोड़ते हैं। वे पारिस्थितिकी तंत्र के भीतर ऊर्जा और पदार्थ को पुन: चक्रित करने में महत्वपूर्ण भूमिका निभाते हैं।
3. **ऊर्जा स्थानांतरण (Energy Transfer):** ये ट्रॉफिक स्तर (उत्पादक, उपभोक्ता, अपघटक) के बीच ऊर्जा स्थानांतरित होती है, आमतौर पर उपभोग के माध्यम से। हालांकि, प्रत्येक स्थानांतरण के दौरान, उपापचयी प्रक्रियाओं के कारण कुछ ऊर्जा गर्मी के रूप में खो जाती है, जैसा कि थर्मोडायनामिक्स के दूसरे नियम द्वारा वर्णित है।
4. **ऊर्जा हानि (Energy Loss):** ऊर्जा का प्रवाह सदैव एक-दिशात्मक होता है, यानी यह एक ट्रॉफिक स्तर (trophic level) से दूसरे ट्रॉफिक स्तर तक जाता है लेकिन यह कभी वापस नहीं लौटता। दशांश नियम (10 प्रतिशत नियम) का प्रतिपादन रेमंड लिंडमन (Raymond Lindeman) ने वर्ष 1942 में किया था। इस नियम के अनुसार, जैविक खाद्य श्रृंखला के प्रत्येक स्तर पर ऊर्जा के संचरण में लगभग 10 प्रतिशत की दर से ही ऊर्जा संचित होती है, जबकि शेष 90 प्रतिशत ऊर्जा गर्मी के रूप में विसर्जित हो जाती है। यह नियम पारिस्थितिकी तंत्र में ऊर्जा के प्रवाह और उसके क्षय को समझने में सहायता करता है। इस कारण से पारिस्थितिक तंत्र को सतत ऊर्जा की आपूर्ति की आवश्यकता होती है, जो मुख्यत: सूर्य की रोशनी से प्राप्त होती है।

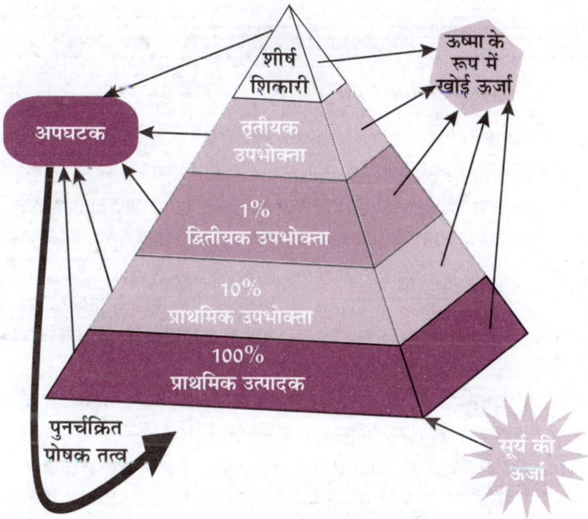

चित्र 9.1: ऊर्जा पिरामिड

पोषक तत्व चक्रण (Nutrient Cycling): हम जानते हैं कि नाइट्रोजन, फॉस्फोरस, और कार्बन जैसे पोषक तत्व जीवन के लिए आवश्यक हैं और इन्हें हमारे स्वास्थ्य के लिए सही मात्रा और रूप में होना चाहिए।

1. **पोषक तत्व चक्र का परिचय:** पोषक तत्व चक्र वे प्रक्रियाएं हैं जो पोषक तत्वों को एक रूप से दूसरे रूप में परिवर्तित करती हैं और उन्हें जीवों के लिए उपलब्ध कराती हैं।
2. **नाइट्रोजन चक्र का उदाहरण:** नाइट्रोजन चक्र में, पौधे मिट्टी से नाइट्रोजन को अवशोषित करते हैं, और जानवर पौधों को खाकर नाइट्रोजन प्राप्त करते हैं।
3. **पोषक तत्वों का पुन: चक्रण:** जब पौधे और जानवर मरते हैं, उनके शरीर का अपघटन होता है, और नाइट्रोजन मिट्टी में वापस छोड़ दी जाती है।
4. **चक्रों के संतुलित उपयोग का महत्व:** इन चक्रों का संतुलित उपयोग न होने पर पारिस्थितिकी तंत्र का संतुलन और अस्तित्व खतरे में पड़ सकता है।

खाद्य श्रृंखला, खाद्य स्तर और खाद्य जाल (Food Chain, Trophic Levels, and Food Web)

आइए हम पारिस्थितिकी में समझने के लिए इन तीनों को तार्किक क्रम में समझने का प्रयास करें:

खाद्य श्रृंखला (Food Chain): खाद्य श्रृंखला का अर्थ है जीवों की एक श्रृंखला जिसमें प्रत्येक जीव अगले स्तर के जीव का भोजन बनता है। यह ऊर्जा और पोषक तत्वों के प्रवाह को दर्शाती है जो एक जीव से दूसरे जीव को होती है। खाद्य श्रृंखला यह बताती है कि किस प्रकार छोटे जीवों को बड़े जीव खाते हैं और इस प्रकार ऊर्जा एक स्तर से दूसरे स्तर पर स्थानांतरित होती है।

घास $\rightarrow$ हिरण $\rightarrow$ बाघ। घास प्राथमिक उत्पादक है, हिरण प्राथमिक उपभोक्ता है, और बाघ माध्यमिक उपभोक्ता है।

खाद्य स्तर (Trophic Levels): प्रत्येक खाद्य स्तर नीचे के स्तर से ऊर्जा प्राप्त करता है और ऊपर के स्तर को ऊर्जा प्रदान करता है।

खाद्य जाल (Food Web): एक पारिस्थितिक तंत्र में अंतर्संबंधित खाद्य श्रृंखलाओं का एक जटिल नेटवर्क, जो विभिन्न खाद्य स्तरों पर विभिन्न जीवों के बीच बहुविध खाद्य संबंधों को दर्शाता है।

कॉन्सेप्ट बॉक्स

जलीय प्रणाली में खाद्य स्तर

(Trophic Levels in an Aquatic System)

1. **ऑलिगोट्रॉफिक (Oligotrophic):** ये जल निकाय पोषक तत्वों में कम होते हैं, इसलिए उनकी जैविक उत्पादकता भी कम होती है। इनमें आमतौर पर स्वच्छ पानी और उच्च ऑक्सीजन स्तर होते हैं, जो ट्राउट जैसी प्रजातियों के लिए अनुकूल होते हैं।
2. **मेसोट्रॉफिक (Mesotrophic):** इनमें पोषक तत्व और जैविक उत्पादकता मध्यम स्तर पर होती है। ये जल निकाय अधिक उत्पादकता का समर्थन करते हैं।
3. **युट्रोफिक (Eutrophic):** ये जल निकाय पोषक तत्वों, विशेष रूप से नाइट्रोजन और फॉस्फोरस में, उच्च होते हैं, जिससे पौधों और शैवाल की प्रचुर मात्रा में वृद्धि होती है, इसलिए इनमें उच्च जैविक उत्पादकता होती है। इससे शैवाल वृद्धि और गहरे पानी में ऑक्सीजन स्तर में कमी जैसी समस्याएं उत्पन्न होती हैं।

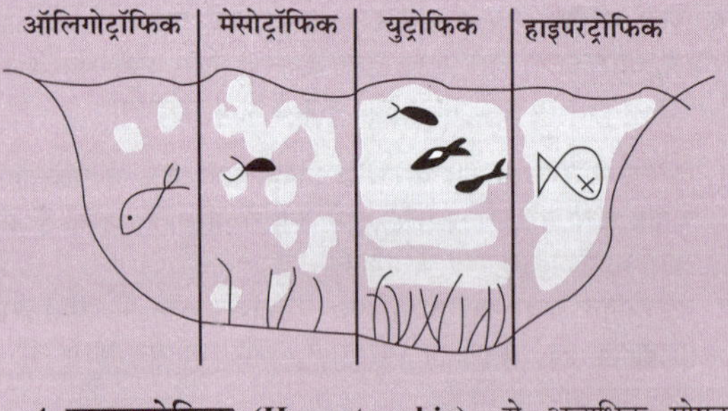

4. **हाइपरट्रोफिक (Hypertrophic):** ये अत्यधिक पोषक तत्व समृद्ध जल निकाय होते हैं, जो अक्सर घने शैवाल वृद्धि, गहरे पानी में ऑक्सीजन के बहुत कम स्तर, और खराब जल स्पष्टता जैसी गंभीर समस्याओं से पीड़ित होते हैं।
5. **डिस्ट्रोफिक (Dystrophic):** ये जल निकाय कार्बनिक पदार्थों में समृद्ध होते हैं, जो अक्सर दलदलों और दलदली झीलों में पाए जाते हैं। ये नाइट्रेट्स और फॉस्फेट्स जैसे पारंपरिक पोषक तत्वों में समृद्ध नहीं होते हैं लेकिन उनमें कार्बनिक कार्बन का उच्च स्तर होता है।

प्रणाली परिप्रेक्ष्य (SYSTEM PERSPECTIVE)

यह दृष्टिकोण पारिस्थितिक तंत्र को समग्र रूप से देखने की प्रक्रिया है।

1. इसमें हम यह देखते हैं कि कैसे जैविक (जीवित) और अजैविक (निर्जीव) घटक मिलकर तंत्र को एक पूर्ण इकाई के रूप में कार्य करने देते हैं। यह वन, समुद्री और रेगिस्तानी जैसे विभिन्न प्रकार के पारिस्थितिक तंत्रों की विशिष्टताओं की पहचान करता है।
2. पारिस्थितिक तंत्र अपने आकार और संरचना में भिन्नता दिखाते हैंए फिर भी कुछ मूलभूत संरचनात्मक और कार्यात्मक लक्षण साझा करते हैं।
3. पदार्थ और ऊर्जा का प्रवाह खुली या बंद प्रणालियों के अनुसार या तो असीमित होता है या सीमित होता है।
4. सभी पारिस्थितिक तंत्र, चाहे वह विशाल वन हो या छोटी झाड़ियाँ, आपस में जुड़े होते हैं और समग्र जीवमंडल का भाग बनते हैं।
5. मूल रूप से, पारिस्थितिक तंत्र एक 'साइबरनेटिक प्रणाली (cybernetic system)' की प्रकार कार्य करते हैं जो स्थिरता और संतुलन बनाए रखने के लिए स्वयं को नियमित करती है।

पारिस्थितिक पिरामिड (ECOLOGICAL PYRAMIDS)

चार्ल्स एल्टन (Charles Elton) ने 1927 में पारिस्थितिक पिरामिड की अवधारणा का विकास किया था। ये प्रणालियों का सरलीकृत प्रतिनिधित्व प्रदान करते हैं, जिसमें उत्पादक नीचे और विभिन्न उपभोक्ता ऊपर होते हैं। निम्नलिखित प्रकार के पारिस्थितिक पिरामिड होते हैं:

- **ऊर्जा पिरामिड:** हमेशा उर्ध्वाधर होता है क्योंकि ऊर्जा का केवल लगभग 10% ही एक खाद्य स्तर से अगले खाद्य स्तर तक प्रवाहित होता है। यह ऊर्जा संचरण का एक सार्वभौमिक नियम है।
- **जैव द्रव्यमान पिरामिड:** जलीय पारिस्थितिकी तंत्रों में इसकी आकृति काफी भिन्न हो सकती है क्योंकि उत्पादकों की तेजी से बदलाव दर होती है। स्थलीय पारिस्थितिकी तंत्रों में आमतौर पर एक बड़ा और स्थिर उत्पादक आधार होता है।
- **संख्या पिरामिड:** यह दोनों प्रकार की पारिस्थितिकी तंत्रों में विशिष्ट स्थितियों और शामिल जीवों के आधार पर काफी भिन्न हो सकता है। हालांकि, स्थलीय पारिस्थितिकी तंत्र सामान्यत: स्पष्ट रूप से बढ़ती स्तरों के साथ संख्या में कमी दिखाते हैं।

बायोम (BIOME)

बायोम विशाल पारिस्थितिक इकाइयाँ होती हैं जो उनकी विशिष्ट जलवायु और वनस्पति के आधार पर पहचानी जाती हैं। ये इकाइयाँ निम्नलिखित पहलुओं से प्रभावित होती हैं:

- तापमान, वर्षा, मिट्टी के प्रकार इत्यादि जैसे विविध पर्यावरणीय कारक।
- बायोम आर्कटिक टुंड्रा से लेकर उष्णकटिबंधीय वर्षावनों तक, विश्व भर में विविध प्रकार में पाए जाते हैं।
- ये पृथ्वी की जलवायु को नियंत्रित करते हैं, कार्बन डाइऑक्साइड अवशोषित करते हैं और ऑक्सीजन छोड़ते हैं, वर्षा और तापमान को संतुलित करने में सहायता करते हैं।

जैव विविधता (BIODIVERSITY)

जैव विविधता पृथ्वी पर विभिन्न प्रजातियों, आनुवंशिक विविधता, और पारिस्थितिक तंत्रों की विविधता को संदर्भित करती है। इसका महत्व निम्नलिखित है:

- यह भोजन, औषधि, स्वच्छ वायु और पानी, और मनोरंजन के अवसर प्रदान करती है, जो हमारे ग्रह और मानव कल्याण के लिए महत्वपूर्ण है।
- आवास विनाश, प्रदूषण, और संसाधनों का अत्यधिक उपयोग जैसी मानवीय गतिविधियाँ जैव विविधता को कम कर रही हैं।

- 1992 में अपनाया गया जैव विविधता पर सम्मेलन (CBD) जैव विविधता के संरक्षण के लिए एक अंतर्राष्ट्रीय प्रयास है।

इस प्रकार से बायोम और जैव विविधता की अवधारणाओं को व्यवस्थित और सरलीकृत रूप में प्रस्तुत किया जा सकता है।

विशेषता	स्थलीय पारिस्थितिकी तंत्र	जलीय पारिस्थितिकी तंत्र
ऊर्जा पिरामिड (Energy Pyramid)		
आकार	उर्ध्वाधर (Upright)	उर्ध्वाधर (Upright)
व्याख्या	प्रत्येक खाद्य स्तर पर ऊर्जा में कमी होती है क्योंकि ऊर्जा संचरण में अक्षमता होती है।	स्थलीय की प्रकार, जहाँ प्रत्येक स्तर पर ऊर्जा कम होती जाती है।
महत्व	अधिकतर ऊर्जा उत्पादक स्तर पर होती है, जिसमें ऊपरी स्तरों पर कम ऊर्जा उपलब्ध होती है।	समान, पर प्राथमिक उत्पादकों की उत्पादकता विशेष रूप से पोषक तत्व समृद्ध क्षेत्रों में बहुत अधिक हो सकती है।
जैव द्रव्यमान पिरामिड (BioMass Pyramid)		
आकार	उर्ध्वाधर (Upright)	अक्सर उल्टा (Often Inverted)
व्याख्या	उत्पादकों (जैसे कि पेड़ और झाड़ियाँ) का जैव द्रव्यमान उपभोक्ताओं से अधिक होता है।	उत्पादक (फाइटोप्लांक्टन) छोटे होते हैं, जिनका जीवनकाल कम होता है और जल्दी से उपभोग किया जाता है, इसलिए किसी भी समय उपभोक्ताओं में अधिक जैव द्रव्यमान हो सकता है।
महत्व	उत्पादकों का स्थिर आधार बाकी पारिस्थितिकी तंत्र का समर्थन करता है।	उत्पादकों के तेजी से उपभोग और जीवनचक्र को दर्शाता है, जो बड़े जैव द्रव्यमान वाले उपभोक्ताओं का समर्थन कर सकता है।
संख्या पिरामिड (Number Pyramid)		
आकार	सामान्यत: उर्ध्वाधर (generally upright)	बहुत भिन्न हो सकता है (variable)
व्याख्या	प्राय: निचले स्तरों पर अधिक जीव होते हैं और ऊपरी स्तरों पर कम होते जाते हैं।	जलीय पारिस्थितिकी तंत्र में यह भिन्नता बहुत अधिक हो सकती है, विशेष रूप से सूक्ष्मजीव प्रधान प्रणालियों में।
महत्व	ऊपरी स्तरों को समर्थन देने के लिए निचले स्तर पर अधिक संख्या में व्यक्तियों की आवश्यकता को दर्शाता है।	जलीय खाद्य जालों की गतिशील प्रकृति और जनसंख्या आकारों में तेजी से परिवर्तन की संभावना को दर्शाता है।

* स्थलीय और जलीय पारिस्थितिकी तंत्र - इच्छित छात्र इनका अध्ययन भी कर सकते हैं।

इकोटोन (Ecotone)

इकोटोन दो विभिन्न बायोम, पारिस्थितिक तंत्र, या आवासों के बीच का संक्रमण क्षेत्र होता है, जो अधिकतर जैव विविधता का केंद्र होता है और यहाँ प्रजातियों के बीच विभिन्न प्रकार की बातचीत होती है। इसमें निम्नलिखित प्रमुख अवधारणाएं शामिल हैं:

1. **किनारा प्रभाव (Edge Effect):** यह आवासों के मिलन स्थल पर जनसंख्या और समुदाय संरचनाओं में परिवर्तनों को दर्शाता है। विविधता और प्रजातियों के संपर्क में वृद्धि, पर्यावरणीय परिस्थितियों में बदलाव और मानव निर्मित कृत्रिम किनारों के प्रभाव इसके महत्वपूर्ण पहलू हैं।
2. **आवास हानि (Habitat Loss):** यह प्राकृतिक वातावरण के गायब होने की प्रक्रिया को संदर्भित करता है, जिसके कारण विशेष पौधों और जानवरों के लिए घर समाप्त होते हैं। वनों की कटाई, शहरीकरण, कृषि विस्तार इसके प्रमुख कारण हैं।
3. **जैव विविधता हॉटस्पॉट (Biodiversity Hotspots):** ये क्षेत्र उच्च जैविक समृद्धि और विविधता वाले होते हैं, अक्सर इकोटोन्स में पाए जाते हैं। इनमें पौधों और जानवरों की विभिन्नता आसपास के पारिस्थितिक तंत्रों की तुलना में अधिक होती है।
4. **विखंडन (Fragmentation):** यह मानव विकास गतिविधियों के कारण बड़े, निरंतर प्राकृतिक क्षेत्रों को छोटे, अलग-थलग टुकड़ों में परिवर्तित करने की प्रक्रिया है। यह पौधों और जानवरों के लिए उपलब्ध रहने वाले क्षेत्र को कम करता है और प्रजातियों के संरक्षण में बाधा उत्पन्न करता है।

इन अवधारणाओं को समझने से हमें इकोटोन की जटिलता और उसके पर्यावरणीय महत्व की गहरी समझ मिलती है।

पृथ्वी के चार मंडल (FOUR SPHERES OF EARTH)

ये वास्तव में पाठ्यक्रम का आधार भी बनाते हैं। पृथ्वी में चार मुख्य मंडल होते हैं, जो पृथ्वी के जीवन का समर्थन करने में अपना अनूठा कार्य करते हैं:

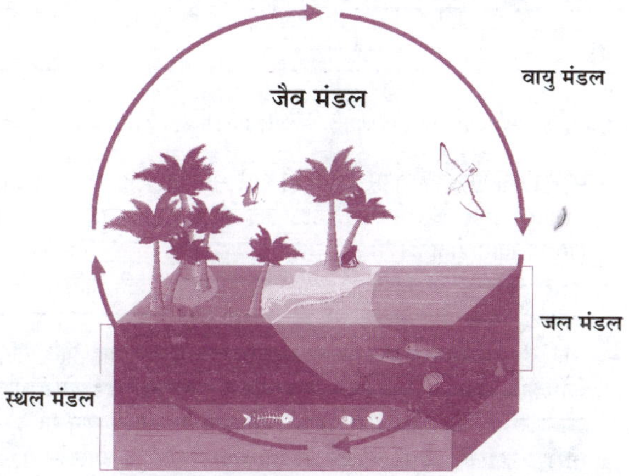

Credit line- Designua / Shutterstock

1. स्थल मंडल या ठोस पृथ्वी (Lithosphere)

- यह पृथ्वी की सबसे बाहरी परत है, जिसमें पृथ्वी की पपड़ी और मैंटल का ऊपरी भाग शामिल है।
- यह चट्टानों और खनिजों से बना होता है, जो भूमि-आधारित पारिस्थितिक तंत्रों का आधार बनाते हैं।
- इसमें पर्वत, घाटियाँ, और भूगर्भीय घटनाएँ जैसे भूकंप और ज्वालामुखी शामिल हैं।

2. जलमंडल (Hydrosphere)

- यह पृथ्वी के सभी जल निकायों को शामिल करता है, जैसे समुद्र, नदियाँ, झीलें, और वायुमंडल में नमी।
- यह जीवन के लिए अनिवार्य है और वैश्विक जलवायु प्रणालियों में मुख्य भूमिका निभाता है।
- पृथ्वी की सतह के कुल क्षेत्रफल के लगभग 71% भाग पर जल का विस्तार है, इसलिए पृथ्वी को जलीय ग्रह (water planet) भी कहते है।

3. जैव मंडल (Biosphere)

- जैवमंडल पृथ्वी पर सभी जीवित जीवों को शामिल करता है।
- जीवन भूपर्पटी या स्थलमंडल, जलमंडल और वायुमंडल के विभिन्न वातावरणों में उपस्थित है।
- पृथ्वी की सतह से तीन मीटर के भीतर से लेकर तीस मीटर ऊपर तक और सागर में दो सौ मीटर भीतर तक जीवन विद्यमान है।

4. वायु मंडल (Atmosphere)

- यह पृथ्वी को घेरे हुए गैसों का मिश्रण है जिसमें नाइट्रोजन, ऑक्सीजन, कार्बन डाइऑक्साइड, और अन्य गैसें शामिल हैं।
- इसमें कई परतें होती हैं, जिनमें विशिष्ट विशेषताएं और कार्य होते हैं।

पृथ्वी के जल का वितरण

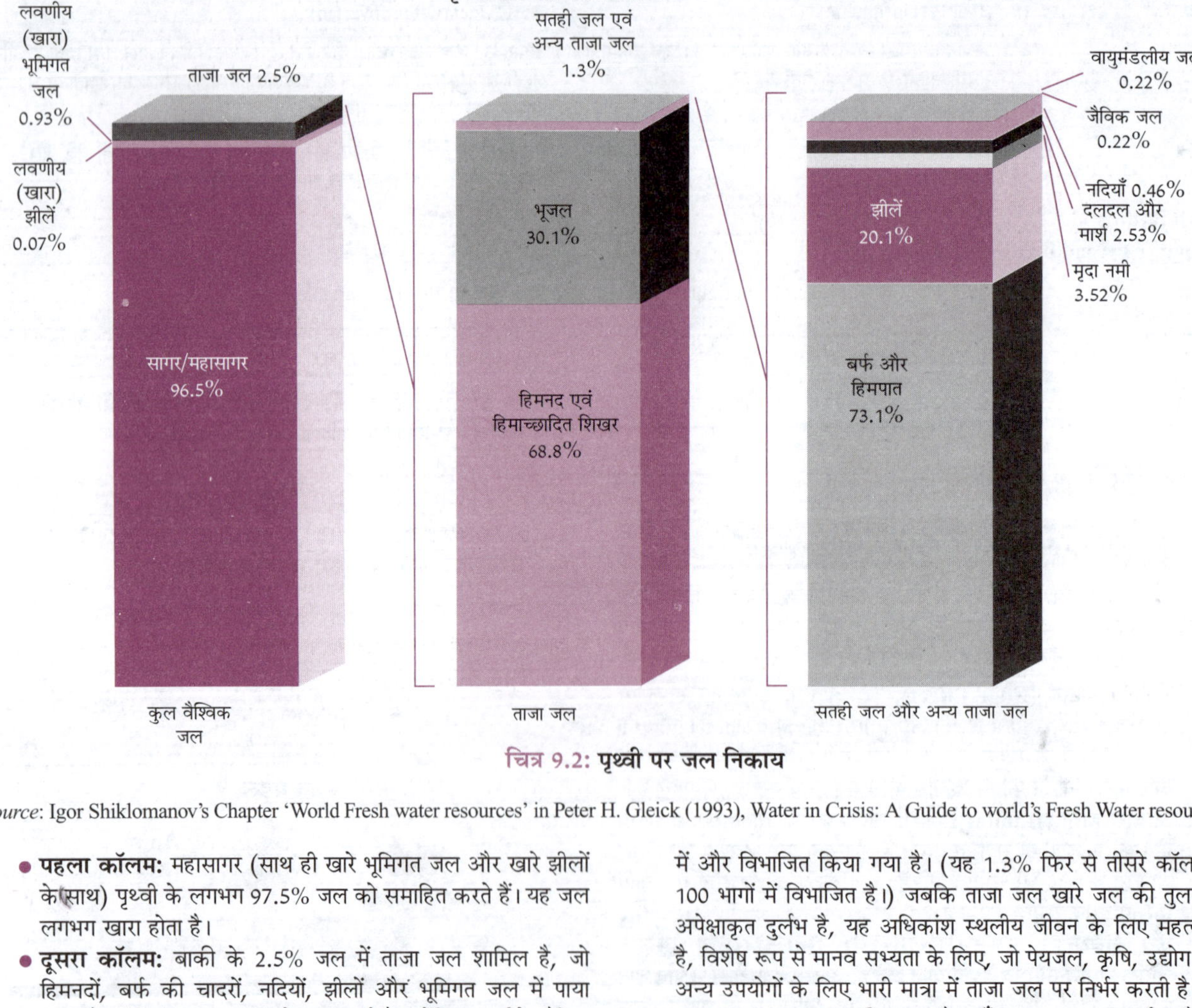

चित्र 9.2: पृथ्वी पर जल निकाय

Source: Igor Shiklomanov's Chapter 'World Fresh water resources' in Peter H. Gleick (1993), Water in Crisis: A Guide to world's Fresh Water resources

- **पहला कॉलम:** महासागर (साथ ही खारे भूमिगत जल और खारे झीलों के साथ) पृथ्वी के लगभग 97.5% जल को समाहित करते हैं। यह जल लगभग खारा होता है।
- **दूसरा कॉलम:** बाकी के 2.5% जल में ताजा जल शामिल है, जो हिमनदों, बर्फ की चादरों, नदियों, झीलों और भूमिगत जल में पाया जाता है। चूंकि ताजा जल सबसे महत्वपूर्ण है क्योंकि यह पीने, दैनिक कामकाज, कृषि आदि के लिए आवश्यक है, इसलिए हम इसके विभाजन को जानने के लिए इसे 100 प्रतिशत इकाइयों के रूप में मान रहे हैं।
- **तीसरा कॉलम:** दूसरे कॉलम में वास्तविक रूप से उपलब्ध 1.3% सतही जल और अन्य ताजा जल को तीसरे कॉलम में विभिन्न भागों में और विभाजित किया गया है। (यह 1.3% फिर से तीसरे कॉलम में 100 भागों में विभाजित है।) जबकि ताजा जल खारे जल की तुलना में अपेक्षाकृत दुर्लभ है, यह अधिकांश स्थलीय जीवन के लिए महत्वपूर्ण है, विशेष रूप से मानव सभ्यता के लिए, जो पेयजल, कृषि, उद्योग और अन्य उपयोगों के लिए भारी मात्रा में ताजा जल पर निर्भर करती है। इस ताजा जल का असमान वितरण और पहुँच सुगमता महत्वपूर्ण चुनौतियाँ पेश करती है, विशेष रूप से उन क्षेत्रों में जो सूखे के लिए प्रवण हैं या जहाँ जल सरलता से उपलब्ध नहीं है।

जल की कुछ विशेषताएं

क्रमांक	विशेषता (Key Characteristics)	वर्णन (Description)
1	स्वाद और गंध (Taste and Odor)	पानी स्वादिष्ट होना चाहिए - सुखद स्वाद और बिना गंध के। क्लोरीन (विसंक्रमण के लिए उपयोगित), शैवाल, कुछ बैक्टीरिया, सल्फेट्स आदि की उपस्थिति से पानी में विचित्र स्वाद या गंध आ सकती है।
2	रंग (Colour)	लोहा, मैंगनीज और कुछ जैविक यौगिकों जैसे पदार्थों की उपस्थिति पानी में दूषित रंग ला सकती है। पानी में अशुद्धियां भी हो सकती हैं।
3	कठोरता (Hardness)	यह कैल्शियम और मैग्नीशियम जैसे खनिजों के उच्च स्तर के कारण होता है। इससे पानी का स्वाद प्रभावित होता है और पाइप और उपकरणों में स्केलिंग हो सकती है।
4	pH स्तर (pH Level)	पर्यावरण संरक्षण एजेंसी 6.5 (हल्का अम्लीय) से 8.5 (हल्का क्षारीय) के बीच pH स्तरों की सिफारिश करती है। हल्का क्षारीय (अधिक हाइड्रोक्साइड आयनों की तुलना में हाइड्रोजन आयन) पाचन, बेहतर हाइड्रेशन, और डिटॉक्सिफिकेशन के लिए अच्छा होता है। अधिक अम्लीय या क्षारीय स्तर से क्षरण, स्केलिंग और दूषण हो सकता है।
5	घुलित ऑक्सीजन और BOD	इन्हें BOD और COD के अंतर्गत अलग से चर्चा की गई है।
6	नाइट्रेट/नाइट्राइट स्तर (Nitrate/ Nitrite Levels)	उच्च स्तर शिशुओं और गर्भवती महिलाओं के लिए विशेष रूप से खतरनाक हो सकते हैं, क्योंकि वे रक्त ऑक्सीजन स्तरों के साथ हस्तक्षेप कर सकते हैं।

जल में रासायनिक सुरक्षा (CHEMICAL SAFETY IN WATER)

- जल प्रदूषण के अंतर्गत इन तत्वों से संबंधित रोगों की विस्तृत जानकारी दी गयी है।

पदार्थ (Substance)	स्वीकार्य स्तर (Acceptable Levels)	पदार्थ (Substance)	स्वीकार्य स्तर (Acceptable Levels)
आर्सेनिक (Arsenic)	10 μg/L	सीसा (Lead)	10 μg/L
कैडमियम (Cadmium)	3 μg/L	निकेल (Nickel)	70 μg/L
फ्लोराइड (Fluoride)	1.5 μg/L	पारा (Mercury)	6 μg/L
क्रोमियम (Chromium)	50 μg/L	तांबा (Copper)	2 mg/L

* μg का अर्थ है माइक्रोग्राम तथा 1 ग्राम = 10 लाख μg (या 1 मिलियन μg)। इसी प्रकार, एक mg (मिलीग्राम) एक ग्राम का हज़ारवाँ भाग होता है।

कुल घुलित ठोस (Total Dissolved Solids - TDS)

यह पानी में घुले सभी कार्बनिक और अकार्बनिक पदार्थों की संयुक्त सामग्री को संदर्भित करता है, जिसमें खनिज, लवण, और कुछ कार्बनिक पदार्थ शामिल हैं। TDS पानी के स्वाद और गुणवत्ता को प्रभावित करता है,

क्रमांक	TDS स्तर	प्रभाव
1	300 mg/L से कम	फीका या स्वाद रहित हो सकता है।
2	300 से 600 mg/L के बीच	पानी के स्वाद को बढ़ा सकते हैं, इसे अधिक स्वादिष्ट बनाते हैं।
3	1000 mg/L से अधिक	कड़वा, नमकीन, या धातुविक स्वाद आ सकता है, और यह पीने के लिए उपयुक्त नहीं हो सकता है।

कॉन्सेप्ट बॉक्स

भारत में मानसून को प्रभावित करने वाले जलवायु पैटर्न (Climate Pattern That Affects Monsoon in India)

1. **एल नीनो-दक्षिणी ऑसिलेशन (ENSO):** यह उष्णकटिबंधीय प्रशांत महासागर के महासागरीय तापमान में उतार-चढ़ाव से विशेषता है।
2. **पश्चिमी विचलन (Western disturbances):** यह मौसम प्रणालियाँ हैं जो भूमध्य सागर क्षेत्र से उत्पन्न होती हैं और नमी लाती हैं।
3. **ला नीना परिघटना (La Nina):** यह ENSO का शीतल चरण है, जो समुद्र की सतह के तापमान में औसत से कम होने से जुड़ा हुआ है।
4. **भारतीय महासागर डाइपोल (IOD):** यह उष्णकटिबंधीय भारतीय महासागर के समुद्र की सतह के तापमान में भिन्नता से संबंधित विशेषता है।

प्रमुख वायुमंडलीय परतें (Main Atmospheric Layers)

ये पाँच प्रमुख वायुमंडलीय परतें हैं जिनमें पृथ्वी का वायुमंडल विभाजित है, प्रत्येक की अपनी विशेषताएं और महत्व हैं।

क्षोभ मंडल (TROPOSPHERE)

ऊंचाई: यह परत पृथ्वी की सतह से लगभग 8–14.5 किमी (पोलों पर कम, भूमध्य रेखा पर अधिक) तक फैली होती है।

- **मौसम और गतिविधियाँ:** इसमें वायुमंडल के अधिकांश द्रव्यमान और जल वाष्प उपस्थित होते हैं, जो बादल और वर्षा का निर्माण करता है। क्षोभ मंडल में सभी मानवीय गतिविधियाँ और लगभग सभी मौसम संबंधी घटनाएं होती हैं। इसमें वायुमंडल के अधिकांश द्रव्यमान होते हैं और यहां हम दैनिक मौसम पैटर्न का अनुभव करते हैं।
- **'सामान्य लैप्स रेट' (Normal Lapse Rate):** क्षोभ मंडल के लिए विशेष है, जो ऊंचाई में वृद्धि के साथ तापमान में कमी को दर्शाता है। यह कमी आमतौर पर प्रति 1000 मीटर ऊंचाई लाभ पर लगभग 6.5°C होती है। यह दर स्थानीय मौसम की स्थितियों के कारण भिन्न हो सकती है। यह जलवायु और मौसम पैटर्न और मौसम विज्ञान के साथ जुड़ा हुआ है।
- **संवहन मंडल (Convection Zone):** तीव्र चलने वाली जेट धाराएँ भी इसी मंडल में होती हैं, जो कि हवाई जहाजों को गति प्रदान करती हैं।

समताप मंडल (STRATOSPHERE)

यह परत क्षोभ मंडल के ऊपर से लगभग 50 किलोमीटर तक फैली हुई है।

- **मोती के बादल (Pearl of Clouds):** यह विशेष मेघ (बादल) पृथ्वी की सतह से लगभग 15 से 25 किलोमीटर की ऊँचाई पर पाए जाते हैं, यह समताप मंडल के निचले भाग में स्थित होते हैं । इनको Pearl of Clouds, नेक्रेअस (Nacreous) मेघ या पोलर स्ट्रैटोस्फेरिक (PSCs) के रूप में भी जाना जाता है। यह अपनी असामान्य चमक और रंग के लिए प्रसिद्ध होते हैं, जो सूर्य के प्रकाश को परावर्तित करने और विभाजित करने के उनके अनूठे ढंग के कारण होता है।
- **ओजोन परत (Ozone Layer):** लगभग 15 से 35 किलोमीटर ऊपर स्थित, यह परत सूर्य की हानिकारक पराबैंगनी (UV) किरणों से रक्षा करती है।
- **UV-C और UV-B:** UV-C का लगभग पूरा अवशोषण और UV-B का आंशिक अवशोषण यहां होता है।
- **जलवायु पर प्रभाव:** समताप मंडल की रासायनिक और तापीय गुण पृथ्वी की जलवायु और मौसम पर महत्वपूर्ण प्रभाव डालते हैं।

मध्य मंडल (MESOSPHERE)

यह परत लगभग 50 किमी से 85 किमी तक फैली होती है। यह उल्कापिंडों के जलने का स्थान है, जिसे शूटिंग स्टार्स (shooting stars) के रूप में देखा जाता है। यह पृथ्वी के वायुमंडल का सबसे ठंडा भाग है, जहाँ तापमान -90°C तक गिर सकता है।

आयन मण्डल (IONOSPHERE)

इसकी ऊंचाई 60 किमी. से 640 किमी. तक होती है। यह भाग कम वायुदाब तथा पराबैंगनी किरणों द्वारा आयनीकृत होता रहता है।

- संचार उपग्रह इसी मण्डल में स्थापित किए जाते हैं। रेडियो और संचार साधन जैसे टेलीफोन, टेलीविज़न की सुविधा दीर्घ एवं अल्प रेडियो तरंगों (long and short radio waves) के कारण इसी मण्डल से प्राप्त होती है।
- इस मण्डल में सबसे निचली परत 'D-Layer' है, जो दीर्घ रेडियो तरंगों को अवशोषित करती है एवं E1, E2 और F1, F2 परतों से अल्प रेडियो तरंगें परावर्तित होती है, जिसके फलस्वरूप पृथ्वी पर रेडियो, टेलीफोन, टेलीविजन एवं रडार, आदि की सुविधा प्राप्त होती है।

ताप मंडल (THERMOSPHERE)

यह 85 किमी से ऊपर 600 किमी तक फैला हुआ है। यहां बहुत उच्च तापमान अनुभव किया जाता है, जो 1,000°C से अधिक हो सकता है।
औरोराज (auroras) के कारण उत्तरी और दक्षिणी रोशनी यहां उत्पन्न होती हैं। अधिकांश उपग्रह इस क्षेत्र में पृथ्वी की कक्षा में होते हैं।

बाह्य मंडल (EXOSPHERE)

यह थर्मोस्फीयर के शीर्ष से लगभग 10,000 किमी तक फैला हुआ है। यह वायुमंडल की सबसे बाहरी परत है जो धीरे-धीरे अंतरिक्ष में मिल जाता है, और यहां हाइड्रोजन और हीलियम जैसे हल्के गैसीय तत्व होते हैं।

स्टॉपओवर

1. पारिस्थितिकी तंत्र (ecosystem) और पारिस्थितिकी (ecology) में मुख्य अंतर क्या है?
   (a) पारिस्थितिकी तंत्र जीवों के समूह का अध्ययन है, जबकि पारिस्थितिकी उनके पर्यावरण के साथ उनके संबंधों का अध्ययन है।
   (b) पारिस्थितिकी तंत्र जीवों और उनके अजैविक वातावरण के मध्य अंतरक्रिया का अध्ययन है, जबकि पारिस्थितिकी इन संबंधों की व्यापकता का अध्ययन है।
   (c) पारिस्थितिकी तंत्र और पारिस्थितिकी एक ही चीज़ हैं और इनका कोई अंतर नहीं है।
   (d) पारिस्थितिकी एक विशिष्ट स्थान पर जीवन की विविधता का अध्ययन है, जबकि पारिस्थितिकी तंत्र विश्व स्तर पर जीवन के पैटर्न का अध्ययन है।
2. किनारा प्रभाव (Edge Effect) से आप क्या समझते हैं?
   (a) यह वह प्रभाव है जो पर्यावरणीय परिवर्तनों के कारण जीवों पर पड़ता है।
   (b) यह वह प्रभाव है जो दो विभिन्न पारिस्थितिक तंत्रों के मिलने की सीमा पर, जैसे कि जंगल और घास के मैदान, पाया जाता है और जहां विविधता और जीवों की संख्या अधिक होती है।
   (c) यह वह प्रभाव है जो जलवायु परिवर्तन के कारण समुद्री तटों पर होता है।
   (d) यह वह प्रभाव है जो किसी जीव की जनसंख्या पर उसके आकार के कारण पड़ता है।

3. 'पारिस्थितिकीय पदचिह्न' (इकोफुटप्रिंट) का क्या अर्थ है?
(a) यह वह स्थान है जहां जीव रहते हैं और अपना जीवन व्यतीत करते हैं।
(b) यह वह प्रभाव है जो मानव गतिविधियों के कारण जलवायु परिवर्तन पर पड़ता है।
(c) यह एक माप है जो दर्शाता है कि किसी व्यक्ति, समूह, गतिविधि या देश द्वारा प्रयोग की जा रही प्राकृतिक संसाधनों की मात्रा किसी निश्चित भूमि या जल क्षेत्र की तुलना में कितना है।
(d) यह एक वैज्ञानिक अवधारणा है जो वन्यजीवों के प्रवास पथों का अध्ययन करती है।

4. 'जैवमंडल' (Biosphere) से आप क्या समझते हैं?
(a) यह पृथ्वी पर जीवों के रहने वाले क्षेत्र को संदर्भित करता है, जिसमें केवल वनस्पति शामिल है।
(b) यह पृथ्वी की सतह पर विशेष प्रकार की चट्टानों का वर्णन करता है।
(c) यह एक पर्यावरणीय परियोजना है जो वैश्विक जलवायु परिवर्तन का मुकाबला करने के लिए चलाई जा रही है।
(d) यह पृथ्वी का वह क्षेत्र है जहां जीवन पाया जाता है, जिसमें स्थलमंडल, जलमंडल, और वायुमंडल के जीव शामिल होते हैं।

5. निम्न में से जनसंख्या से संबंधित कौन सा भाग सम्मिलित है?
(a) एक प्रजाति के जीव जो आपस में प्रजनन करने में सक्षम हैं।
(b) विभिन्न प्रजातियां जो अंत:क्रिया कर सकती हैं।
(c) जीवमंडल में रहने और परस्पर वार्तालाप करने वाली प्रजातियों के सामूहिक सदस्य।
(d) कुछ जीव जो किसी प्रजाति से संबंधित नहीं हो सकते हैं।

6. पर्माफ्रॉस्ट किस बायोम की परिभाषित विशेषता है?
(a) टाइगा (b) टुंड्रा
(c) घास का मैदान (d) रेगिस्तान

7. वायुमंडल की निम्न में से किस परत में ओजोन (O_3) गैस उपस्थित है?
(a) समताप मंडल (b) मध्यमंडल परत
(c) क्षोभमंडल (d) उपरोक्त में से कोई नहीं

8. समताप मंडल में ओजोन का मुख्य तकनीकी उद्देश्य क्या है?
(a) धूप की UV किरणों को पूरी प्रकार अवशोषित करना
(b) वायुमंडल को ठंडा रखना
(c) ग्रीनहाउस गैसों को निष्क्रिय करना
(d) बर्फ का पिघलना रोकना

9. 'ऊर्जा पिरामिड' (Energy Pyramid) का मुख्य उद्देश्य क्या है?
(a) यह विभिन्न पारिस्थितिक तंत्रों में जीवों की संख्या का आकलन करता है।
(b) यह पारिस्थितिक तंत्र में ऊर्जा के संचारण और विभिन्न जैविक स्तरों पर उसके वितरण को दर्शाता है।
(c) यह विभिन्न प्रजातियों के बीच भोजन की श्रृंखला को दर्शाता है।
(d) यह पारिस्थितिक तंत्र में जलवायु परिवर्तन के प्रभावों का अध्ययन करता है।

10. निम्नलिखित में से कौन सा उदाहरण उल्टे पिरामिड (Inverted Pyramid) की अवधारणा को दर्शाता है?
(a) स्थलीय जंगल जहाँ बड़ी संख्या में पेड़ और उससे कम जानवर होते हैं।
(b) एक छोटा तालाब जहाँ बड़ी संख्या में छोटी मछलियाँ होती हैं और कुछ बड़ी मछलियाँ जो उनका शिकार करती हैं।
(c) एक जलीय पारिस्थितिक तंत्र जहाँ ज़ूप्लांकटन की संख्या छोटे मछलियों से अधिक होती है जो उन्हें खाती हैं।
(d) एक समुद्री पारिस्थितिक तंत्र जहाँ शीर्ष शिकारी की संख्या उनके शिकार से अधिक होती है।

उत्तर: **1.** (b) **2.** (b) **3.** (c) **4.** (d) **5.** (a) **6.** (b) **7.** (a) **8.** (a) **9.** (b) **10.** (d)

हमारे वन संसाधन (Our Forest Resources)

वन वृक्षों द्वारा प्रभावित बड़े क्षेत्र हैं। वे पृथ्वी के पारिस्थितिकी तंत्र में महत्वपूर्ण भूमिका निभाते हैं, अनेक प्रजातियों के लिए आवास प्रदान करते हैं, जलवायु पैटर्न को प्रभावित करते हैं, और महत्वपूर्ण कार्बन सिंक के रूप में कार्य करते हैं।

भारत में वन संसाधन के रूप में (Forests as a Resource in India)

- **जैव विविधता (Biodiversity):** भारतीय वन जैव विविधता में समृद्ध हैं, जिसमें विभिन्न प्रकार के वनस्पति और जीव-जंतु हैं, सहित कई लुप्तप्राय प्रजातियाँ। राष्ट्रीय उद्यान, वन्यजीव अभयारण्य, जैवमंडल आरक्षित क्षेत्र आदि की चर्चा बाद में की गई है।
- **आर्थिक मूल्य (Economic Value):** वे लकड़ी, गैर-वन वन उत्पादों (जैसे औषधीय पौधे और बांस) और पर्यटन के माध्यम से अर्थव्यवस्था में योगदान देते हैं।
- **पर्यावरणीय महत्व (Environmental Importance):** भारत में वन जल संरक्षण, मृदा संरक्षण, और जलवायु विनियमन में महत्वपूर्ण भूमिका निभाते हैं।

भारत में वनों के बारे में तथ्य (Facts About Forests in India)

- **वनों के प्रकार (Types of Forests):** इसमें उष्णकटिबंधीय सदाबहार, पर्णपाती वन, कांटेदार वन और मैंग्रोव शामिल हैं।
- **प्रमुख वनयुक्त क्षेत्र (Major Forested Regions):** पश्चिमी घाट, पूर्वी हिमालय और पूर्वोत्तर क्षेत्र भारत के कुछ सबसे अधिक वन समृद्ध क्षेत्र हैं।

भारत वन स्थिति रिपोर्ट (ISFR) 2021 (India State of Forest Report (ISFR) 2021):

- **वन और पेड़ कवर (Forest and Tree Cover):** ISFR 2021 में वन और पेड़ कवर में 0.28% की वृद्धि दिखाई गई है, जिसमें वन कवर में 0.22% और पेड़ कवर में 0.76% की मामूली वृद्धि हुई है, पिछली रिपोर्ट की तुलना में। भारत का कुल वन और पेड़ कवर अब 80.9 मिलियन हेक्टेयर है, जो 2019 से 2,261 वर्ग किलोमीटर की वृद्धि है।
- **भौगोलिक कवरेज (Geographical Coverage):** भारत में कुल वन कवर अब 713,789 वर्ग किलोमीटर है, जो देश के भौगोलिक क्षेत्र का 21.72% है।
- **वन और पेड़ कवर में वृद्धि अधिकांशत:** पौधरोपण और सहायक प्राकृतिक पुनर्जनन के कारण है। पौधरोपण 47% वृद्धि के लिए जिम्मेदार है, जबकि सहायक प्राकृतिक पुनर्जनन 39% के लिए जिम्मेदार है।
- वन और पेड़ कवर का सबसे बड़ा क्षेत्र वाला राज्य मध्य प्रदेश है, इसके बाद महाराष्ट्र और छत्तीसगढ़ हैं। ये तीन राज्य मिलकर भारत के वन और पेड़ कवर का लगभग आधा भाग बनाते हैं।

- वन और पेड़ कवर का सबसे अधिक प्रतिशत वाला राज्य मिजोरम है, इसके बाद अरुणाचल प्रदेश और मणिपुर हैं। इन तीन राज्यों में उनके भौगोलिक क्षेत्र का 75% से अधिक वन और पेड़ कवर से ढका हुआ है।
- वन और पेड़ कवर में वृद्धि भारत के लिए एक सकारात्मक विकास है, क्योंकि यह जलवायु परिवर्तन को कम करने, वायु गुणवत्ता में सुधार करने, और जैव विविधता की सुरक्षा करने में सहायता कर सकती है। हालाँकि, अभी भी लंबा रास्ता तय करना है, क्योंकि भारत का वन और पेड़ कवर अभी भी वैश्विक औसत से नीचे है।

वनों की कटाई (Deforestation)

वनों की कटाई पृथ्वी के वनों का व्यापक निष्कासन है, जिससे भूमि का क्षरण होता है। वर्तमान दर पर, विश्व के कीमती वर्षावन एक शताब्दी के भीतर गायब होने की आशंका है। वनों की कटाई के प्रमुख कारक निम्नलिखित हैं:

1. **कृषि विस्तार (Agriculture Expansion):** कृषि, जिसमें उपजीविका और वाणिज्यिक खेती शामिल है, वनों की कटाई का प्रमुख कारण है, जो 85% वन हानि के लिए जिम्मेदार है।
2. **खेती में परिवर्तन (Shifting Cultivation):** यह प्रथा, जो असम और मेडागास्कर जैसे क्षेत्रों में देखी जाती है, फसलों के लिए उष्णकटिबंधीय वनों के छोटे टुकड़ों को साफ करने में शामिल है। मिट्टी की उर्वरता सीमाओं के कारण बार-बार सफाई और परित्याग होता है।
3. **लकड़ी की कटाई (Timber Harvesting):** लकड़ी और कागज उत्पादों के लिए लॉगिंग वनों की कटाई में 14% का योगदान देती है। म्यांमार, मलेशिया, इंडोनेशिया, ब्राजील, अर्जेंटीना, और विभिन्न अफ्रीकी देश प्रमुख उदाहरण हैं।
4. **पहाड़ी ढलान पर खेती (Hill Slope Cultivation):** टेरेस खेती, जिसे समान्तर खेती के रूप में जाना जाता है, पहाड़ियों की ढलानों पर कटी हुई संकीर्ण सीढ़ियों पर खेती करने की प्रथा है। यह प्रथा मिट्टी के क्षरण को जन्म दे सकती है।
5. **जंगल में आग (Wildfires):** कुछ वनों की कटाई जंगल में आग से होती है, जिसे मानव और प्राकृतिक कारकों से प्रभावित किया जाता है। जलवायु परिवर्तन ने जंगली आग की आवृत्ति और तीव्रता में वृद्धि की है।

वनों की कटाई के नकारात्मक प्रभाव (Negative Effects of Deforestation)

वनों की कटाई के पर्यावरणीय परिणाम महत्वपूर्ण हैं:

1. **जलवायु परिवर्तन (Climate Change):** वृक्षों की कमी से कार्बन डाइऑक्साइड के अवशोषण में कमी आती है, जिससे ग्रीनहाउस गैसों का उत्सर्जन और वैश्विक तापमान में वृद्धि होती है।
2. **जल चक्र में व्यवधान (Water Cycle Disruption):** वृक्ष वायुमंडल में जल वाष्प को वापस लौटाने में योगदान करते हैं। वनों की कटाई से वर्षा में कमी आती है, जिससे जल उपलब्धता प्रभावित होती है।
3. **मृदा अपरदन (Soil Erosion):** वृक्षों की जड़ें मिट्टी को स्थिर बनाए रखती हैं, जिससे क्षरण और भूस्खलन को रोका जा सकता है। वनों की कटाई से भूस्खलन और बाढ़ का खतरा बढ़ जाता है।
4. **मरुस्थलीकरण (Desertification):** वृक्षों की अत्यधिक हटाने से, विशेष रूप से शुष्क भूमि में, मरुस्थलीकरण में योगदान होता है। मरुस्थलीकरण से भूमि क्षरण होता है और पारिस्थितिकी तंत्रों को खतरा होता है।
5. **जैव विविधता में हानि (Biodiversity Loss):** वनों की कटाई से अनगिनत प्रजातियों के आवास कम हो जाते हैं, जिससे जैव विविधता में हानि होती है।

वनों की कटाई से लड़ने, स्थायी भूमि उपयोग को बढ़ावा देने और ग्रह के मूल्यवान वनों और उनके महत्वपूर्ण पारिस्थितिकी कार्यों की सुरक्षा के लिए प्रयास की आवश्यकता है।

प्राकृतिक आपदाएं और उनका निवारण (Natural Hazards and Their Mitigation)

आपदा किसी भी स्थिति या घटना को कहते हैं जो खतरा पैदा करती है या जिसमें जीवन को चोट पहुंचाने, संपत्ति को नुकसान पहुंचाने या पर्यावरण को हानि पहुंचाने की क्षमता होती है। इस चर्चा में कई प्राकृतिक आपदाओं का एक सारांश शामिल है, उनकी विशेषताओं, संभावित जोखिमों और जीवन, संपत्ति और पर्यावरण पर उनके प्रभावों को उजागर करता है।

भूकंप (EARTHQUAKES)

भूकंप पृथ्वी की पपड़ी का अचानक हिलना होता है, अक्सर बिना किसी चेतावनी के, जिससे इसकी भविष्यवाणी लगभग असंभव हो जाती है। भूकंपशास्त्र भूकंपों और उनके द्वारा उत्पन्न सीस्मिक तरंगों का वैज्ञानिक अध्ययन है।

भूकंप के कारण (Causes of Earthquakes)

- पृथ्वी की पपड़ी प्लेटों से बनी होती है, और प्लेट टेक्टोनिक्स का सिद्धांत बताता है कि जब ये प्लेटें आपस में संपर्क करती हैं तो तनाव उत्पन्न होता है।
- प्लेटें एक दूसरे से अलग हो सकती हैं, एक दूसरे के विरुद्ध धक्का दे सकती हैं, या पार्श्व रूप से फिसल सकती हैं, जिससे प्लेट की सीमाओं पर तनाव पैदा होता है, जिसे दोषरेखाएँ कहा जाता है।
- जब किसी दोषरेखा पर तनाव एक बिंदु तक पहुँच जाता है, तो इससे दोष विखंडन और सीस्मिक तरंगों की रिहाई होती है, जो एक भूमिगत बिंदु से विकिरण करती हैं, जिसे फोकस कहा जाता है।

सीस्मिक तरंगों के प्रकार (Types of Seismic Waves)

- **सीस्मिक तरंगें के दो मुख्य प्रकार हैं:** शरीर तरंगें (Body Waves) और सतह तरंगें (Surface Waves).

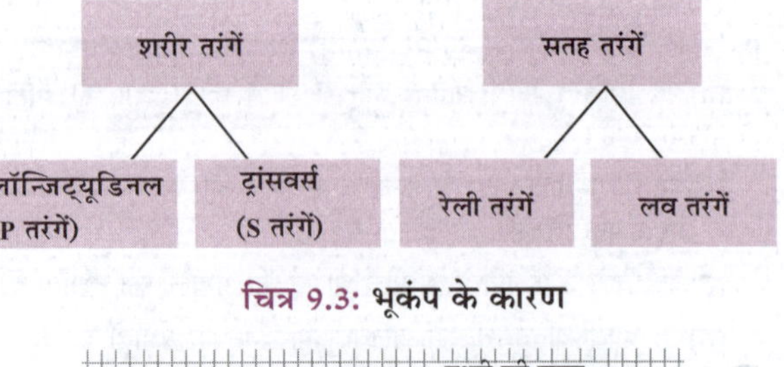

चित्र 9.3: भूकंप के कारण

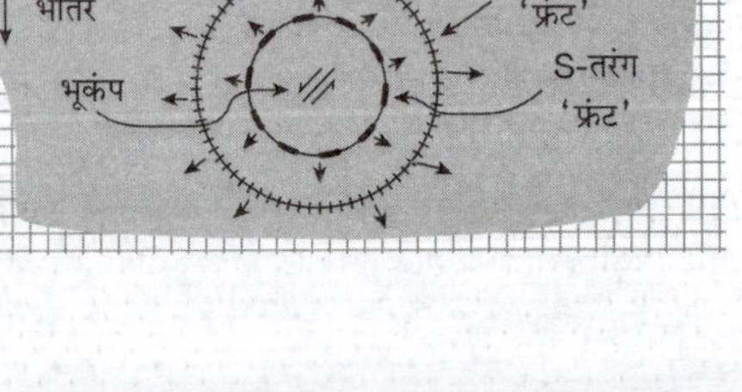

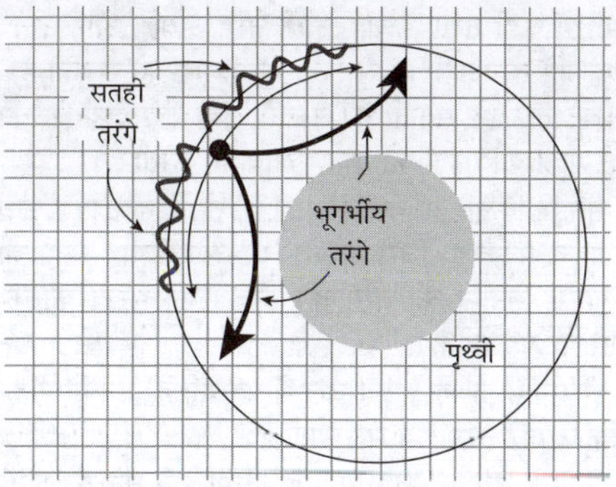

1. **शरीर तरंगें (Body Waves):** ये पृथ्वी के आंतरिक भागसे होकर गुजरती हैं और इनमें प्राथमिक (P) तरंगें और द्वितीयक (S) तरंगें शामिल हैं।
   - **P तरंगें (P-Waves):** ये तीव्र होती हैं और आमतौर पर सीस्मोग्राफ स्टेशनों तक पहले पहुँचती हैं। ये लंबवत गति का कारण बनती हैं। ये पृथ्वी की ठोस और द्रव परतों दोनों में होकर गुजर सकती हैं। ये जिस माध्यम से गुजरती हैं, उसे संपीड़ित और विस्तृत करती हैं, जैसे किसी स्प्रिंग की गति। ये आमतौर पर सीस्मोग्राफ द्वारा सबसे पहले पता लगाई जाती हैं।
   - **S तरंगें (S-Waves):** धरती के अंदर क्षैतिज गति का कारण बनती हैं और P तरंगों के बाद आती हैं। ये P-तरंगों से धीमी, ये तरंगें केवल ठोस माध्यमों में ही गुजर सकती हैं। ये धरती को ऊपर और नीचे या साइड-टू-साइड, तरंग की दिशा के लंबवत, हिलाती हैं।
2. **सतह तरंगें (Surface Waves):** ये पृथ्वी की सतह के साथ चलती हैं और उसे क्षैतिज और ऊर्ध्वाधर दोनों दिशाओं में हिलाती हैं।
   - **लव तरंगें (Love Waves):** क्षैतिज गति का कारण बनती हैं, जिससे जमीन एक ओर से दूसरी ओर हिलती है। ये विशेष रूप से क्षतिपूर्ण होती हैं।
   - **रेले तरंगें (Rayleigh Waves):** ऊर्ध्वाधर और क्षैतिज दोनों प्रकार की गति पैदा करती हैं, जो इमारतों और अवसंरचना को नुकसान पहुंचा सकती हैं।

भूकंप की तीव्रता को मापना (Measuring Earthquake Intensity)

रिक्टर पैमाना (Richter Scale) एक भूकंप की परिमाण को मापता है, मूल रूप से यह उसके द्वारा छोड़े गए ऊर्जा की मात्रा को मापता है। उच्चतर परिमाण एक अधिक शक्तिशाली भूकंप को दर्शाता है जिसमें अधिक मजबूत हिलना होता है।

- **सीस्मो ग्राफ (Seismograph):** यह एक भूकंप के दौरान जमीन के कंपनों को रिकॉर्ड करता है। इस डेटा का उपयोग रिक्टर पैमाने पर भूकंप के परिमाण की गणना करने के लिए किया जाता है।
- **परिमाण और ऊर्जा रिहाई (Magnitude and Energy Release)**
  - रिक्टर पैमाने पर प्रत्येक पूर्णांक वृद्धि (उदाहरण के लिए, 6.5 से 7.5 तक) दस गुना अधिक हिलने की आयाम और लगभग 30 गुना अधिक ऊर्जा रिहाई को दर्शाता है।
- उदाहरण के लिए, रिक्टर पैमाने पर 7.5 की परिमाण वाला एक भूकंप लगभग 30 गुना अधिक ऊर्जा छोड़ता है जितना कि 6.5 की परिमाण वाला भूकंप।

तुलनात्मक उदाहरण (Comparative Examples)

- रिक्टर पैमाने पर 5.0 मापने वाला एक भूकंप उस भूकंप से 10 गुना अधिक हिलने की आयाम रखेगा जो 4.0 मापता है, और यह 30 गुना अधिक ऊर्जा छोड़ता है।
- एक छोटा भूकंप, जैसे कि 3 की परिमाण वाला, आमतौर पर मानव द्वारा महसूस किया जाने वाला सबसे छोटा स्तर होता है।
- **मोमेंट मैग्नीट्यूड पैमाने (MM Scale) की ओर परिवर्तन:** जबकि रिक्टर पैमाना प्रारंभिक सीस्मिक मापन में केंद्रीय था, आधुनिक भूकंपशास्त्र अक्सर अधिक व्यापक पैमानों जैसे कि मोमेंट मैग्नीट्यूड पैमाना का उपयोग करता है, जो बड़े भूकंपों की ऊर्जा को अधिक सटीक रूप से माप सकता है और विश्व स्तर पर अधिक सार्वभौमिक रूप से लागू होता है। MM पैमाना एक सीस्मिक पैमाना है जो एक भूकंप की तीव्रता को मापने के लिए उपयोग किया जाता है। भूकंप की ऊर्जा या परिमाण को मापने वाले पैमानों के विपरीत, MM पैमाना भूकंप के कारण होने वाले प्रभावों और क्षति का आकलन करता है। यह एक वर्णनात्मक पैमाना है, जो रोमन अंकों I से XII तक का उपयोग करता है जो क्षति और प्रभाव के बढ़ते स्तरों को दर्शाता है:

1. I (अनुभव नहीं होता): शायद ही ध्यान देने योग्य, यदि बिल्कुल भी।
2. XII (अत्यंत): पूर्ण विनाश-वस्तुओं को वायु में उछाला जाना, परिदृश्यों में परिवर्तन।

भारत में सीस्मिक क्षेत्र (Seismic Zones in India)

- भारत को चार सीस्मिक क्षेत्रों में विभाजित किया गया है: क्षेत्र II, III, IV और V, जिसमें क्षेत्र V सबसे अधिक सीस्मिक रूप से सक्रिय है और क्षेत्र II सबसे कम।
- क्षेत्र V में पूर्वोत्तर भारत, जम्मू और कश्मीर के कुछ भाग, हिमाचल प्रदेश, और अन्य शामिल हैं।
- क्षेत्र IV जम्मू और कश्मीर, हिमाचल प्रदेश, दिल्ली, और अन्य क्षेत्रों के शेष भागों को कवर करता है।
- क्षेत्र III में केरल, गोवा, उत्तरी राज्यों के कुछ भाग, और अन्य शामिल हैं।
- क्षेत्र II देश के शेष भाग को समाहित करता है।

भूकंप निवारण प्रथाएं (EARTHQUAKE MITIGATION PRACTICES)

प्रभावी भूकंप निवारण के लिए एक समग्र और एकीकृत दृष्टिकोण की आवश्यकता होती है, जिसमें मजबूत निर्माण प्रथाओं, सूचित जन तैयारी, उन्नत इंजीनियरिंग, और प्रारंभिक चेतावनियों के लिए उन्नत प्रौद्योगिकी का संयोजन शामिल होता है।

योजना और निर्माण संहिता (Planning and Building Codes)

- **भारतीय मानक ब्यूरो के दिशानिर्देश (Bureau of Indian Standards Guidelines):** ये भूकंपीय बलों का प्रतिरोध करने में सक्षम इमारतों के निर्माण के लिए दिशानिर्देश हैं। इसमें ध्यान उन सामग्रियों और डिजाइनों पर है जो भूकंपीय ऊर्जा को अवशोषित और विघटित कर सकते हैं, जिससे भूकंप के दौरान क्षति को कम किया जा सके।
- **नगरपालिका जांच (Municipality Checks):** यह दिशानिर्देशों के अनुपालन को सुनिश्चित करता है। वास्तुकला डिजाइन, संरचनात्मक योजनाओं, और निर्माण सामग्री की कड़ी जांच होती है ताकि सुरक्षा मानकों का पालन सुनिश्चित किया जा सके।

भूकंपों पर जन शिक्षा (Public Education on Earthquakes)

- **भूकंप को समझना:** इसमें सीस्मिक तरंगों, दोषरेखाओं, और टेक्टोनिक गतिविधियों के कारण होने वाले कंपनों की व्याख्या शामिल है। इससे लोगों को समझ में आता है कि क्यों कुछ क्षेत्र भूकंपीय गतिविधियों के लिए अधिक प्रवण होते हैं।
- **तैयारी के उपाय (Preparedness Measures):** 'गिरो, ढको, और पकड़ो' जैसे व्यावहारिक कौशल सिखाना, आपातकालीन किट बनाने के तरीके, और निकासी मार्गों की जानकारी।

अभियांत्रिक संरचनाएं (Engineered Structures)

- **डिजाइन और निर्माण (Design and Construction):** भूकंपीय डिजाइन सिद्धांतों का पालन करना, जैसे कि संरचनाओं में लचीलापन, उचित भार वितरण, और उन सामग्रियों का उपयोग करना जो कंपन का सामना कर सकती हैं।
- **वास्तुकला और इंजीनियरिंग एकीकरण (Architectural and Engineering Integration):** वास्तुकारों और इंजीनियरों को इमारत की भूकंपीय लचीलापन को समझौता किए बिना सौंदर्य तत्वों को शामिल करने के लिए सहयोग करना चाहिए।
- **मृदा विश्लेषण (Soil Analysis):** निर्माण से पहले, यह महत्वपूर्ण है कि भूकंप के दौरान एक संरचना को सहारा देने की मृदा की क्षमता का आकलन किया जाए। मिट्टी के प्रकार जैसे कि मिट्टी या रेत सीस्मिक तरंगों को बढ़ा सकते हैं, इसलिए विशेष नींव तकनीकों की आवश्यकता होती है।

प्रारंभिक चेतावनी प्रणालियां (Early Warning Systems)

- **सीस्मिक मॉनिटरिंग (Seismic Monitoring):** सीस्मोग्राफ, GPS, और एक्सेलेरोमीटर जैसी उन्नत प्रौद्योगिकियों का उपयोग जमीन की मामूली हलचलों का पता लगाने के लिए किया जाता है। ये प्रणालियां महत्वपूर्ण सेकंडों से लेकर मिनटों तक की चेतावनी प्रदान कर सकती हैं, जिससे लोगों और प्रणालियों को पूर्व-निर्धारित सुरक्षा प्रोटोकॉल को आरंभ करने का अवसर मिलता है।
- **सार्वजनिक चेतावनी प्रणालियां (Public Alert Systems):** ये मोबाइल अलर्ट, सायरन, प्रसारण प्रणालियों से लेकर हो सकते हैं, जो समय पर और व्यापक रूप से सभी जनसंख्या खंडों में चेतावनी का प्रसारण सुनिश्चित करते हैं।

सुनामी (TSUNAMIS)

"सुनामी" शब्द जापानी शब्दों "त्सु" (Tsu) जिसका अर्थ है बंदरगाह, और "नामी" (nami), जिसका अर्थ है लहरें, से आया है। सुनामी महासागर की लहरों की एक श्रृंखला है जिसे बहुत लंबी तरंगदैर्घ्यों द्वारा वर्णित किया जाता है, अक्सर सैकड़ों किलोमीटर तक फैला होता है। वे आमतौर पर महासागर में महत्वपूर्ण विघटनों के कारण होते हैं, जिसमें शामिल हैं:

सुनामी के कारण (Causes of Tsunamis)

1. भूकंप– मुख्यतः भूकंपों के कारण।
2. भूस्खलन (Landslides)
3. ज्वालामुखी विस्फोट (Volcanic eruptions)
4. विस्फोट (Explosions)
5. उल्कापिंड प्रभाव (Meteorite impacts)

चित्र 9.4: **सुनामी के दौरान तट का एक अनुप्रस्थ काट**

- ये विघटन महासागर की सतह के नीचे (जैसे कि पानी के नीचे भूकंप या पनडुब्बी भूस्खलन) या ऊपर से (जैसे कि उल्कापिंड प्रभाव) हो सकते हैं।
- सुनामी में बड़ी तरंग ऊँचाई, लंबी तरंग अवधि और उच्च वेग होते हैं। सुनामी की तरंगदैर्घ्य 10 से 500 किमी तक हो सकती है, तरंग अवधि एक घंटे तक हो सकती है। उनकी लंबी तरंगदैर्घ्य के कारण, सुनामी उथले-पानी की तरंगों की प्रकार व्यवहार करती है।
- जब सुनामी किनारे के करीब आती है, तो वे महत्वपूर्ण ऊर्ध्वाधर ऊँचाई तक पहुँच सकते हैं, जिसे अक्सर 'रन-अप ऊंचाई' कहा जाता है। समुद्र की गहराई सुनामी की तरंग की ऊँचाई का मुख्य कारक है जब यह किनारे पर पहुंचती है।
- जैसे ही सुनामी उथले तटीय जल में पहुंचती है, उनकी गति बढ़ जाती है, जबकि उनकी तरंगदैर्घ्य घट जाती है।
- सुनामी खुले समुद्र में लगभग 100 किमी प्रति घंटे की गति से यात्रा कर सकती है। एक सुनामी को बनाने वाली एक श्रृंखला को "सुनामी ट्रेन" कहा जाता है।
- सुनामी तटीय क्षेत्रों पर पहुंचने पर विशाल विनाश कर सकती है, जिससे तटीय कटाव, वनस्पति हानि, और तटीय निवासियों के लिए सीमित चेतावनी समय होता है।
- प्रशांत महासागर सुनामी का मुख्य स्रोत है। उत्तरी अमेरिका भी प्रशांत रिंग ऑफ फायर के साथ अपने स्थान के कारण सुनामी के लिए अधिक जोखिम में है।
- तटीय क्षेत्रों में अक्सर एक "सुनामी चेतावनी प्रणाली" होती है जो निगरानी करती है और चेतावनियां प्रदान करती है। असामान्य रूप से शांत और पीछे हटता समुद्री पानी एक आसन्न सुनामी की प्रारंभिक चेतावनी के रूप में काम कर सकता है।
- मार्च 2011 में जापान को प्र भावित करने वाली विनाशकारी सुनामी का एक प्रमुख उदाहरण है, जो 9.0 की परिमाण के शक्तिशाली भूकंप से प्रेरित थी। इस सुनामी ने गंभीर क्षति का कारण बनी, जिसमें परमाणु शक्ति संयंत्रों की क्षति और रेडियोधर्मी प्रदूषण शामिल हैं।
- हिंद महासागर में उत्पन्न सुनामी ने इंडोनेशिया और भारत में भी महत्वपूर्ण विनाश का कारण बनी है।

चक्रवात (CYCLONES)

चक्रवात उच्च दबाव प्रणालियों से घिरे निम्न वायुमंडलीय दबाव के क्षेत्र होते हैं, जिससे शक्तिशाली हवाओं के साथ वायुमंडलीय अशांति की एक घूर्णन स्थिति उत्पन्न होती है।

चक्रवात की विशेषताएं (Features of Cyclones)

1. **तीव्र हवाएँ (Strong winds):** चक्रवाती हवाएँ 252 किमी/घंटा की गति तक पहुँच सकती हैं।
2. **असाधारण वर्षा (Exceptional rain):** चक्रवात भारी वर्षा का उत्पादन कर सकते हैं, जिससे बाढ़ आ सकती है।
3. **तूफानी उथल-पुथल (Storm surge):** तूफानी उथल-पुथल एक चक्रवात के कारण समुद्र के स्तर में अचानक वृद्धि है। यह तटीय क्षेत्रों को डुबो सकता है और व्यापक क्षति का कारण बन सकता है।

- उत्तरी गोलार्ध में, चक्रवाती हवाएँ वामावर्त घूमती हैं, जबकि दक्षिणी गोलार्ध में, वे दक्षिणावर्त घूमती हैं।
- चक्रवात मुख्य रूप से विश्वभर में उष्णकटिबंधीय और समशीतोष्ण क्षेत्रों में देखे जाते हैं।

चक्रवातों का नामकरण (Nomenclature of Cyclones): विश्व भर में उन्हें विभिन्न नामों से जाना जाता है।

टाइफून और हरिकेन (Typhoons and Hurricanes)	कैरिबियाई और मैक्सिको की खाड़ी
ट्रॉपिकल साइक्लोन (Tropical Cyclones)	भारत
विली (Willie)	ऑस्ट्रेलिया
टॉरनेडो (Tornadoes)	दक्षिण अमेरिका

भारत में, चक्रवात प्रकृति में मध्यम होते हैं, ओडिशा राज्य विशेष रूप से संवेदनशील होता है।

चक्रवात से होने वाली क्षति

- चक्रवात पांच स्तरों में वर्गीकृत किए जाते हैं, जिसमें श्रेणी 5 सबसे गंभीर होती है, जिसमें 252 किमी प्रति घंटा तक की अत्यधिक उच्च विंड स्पीड शामिल होती है।
- चक्रवात बुनियादी ढांचे और इमारतों को व्यापक क्षति पहुंचा सकते हैं।
- ये बाढ़, भूस्खलन, और बिजली की कटौती का कारण भी बन सकते हैं।
- चक्रवात मलेरिया और दस्त जैसी बीमारियों के प्रकोप का कारण भी बन सकते हैं।

चक्रवात निवारण उपाय (Cyclone Mitigation Measures):

- **हरित पट्टी वृक्षारोपण (Green belt plantation):** तट पर पेड़ों और झाड़ियों का वृक्षारोपण करने से चक्रवात के प्रभाव को कम करने में सहायता मिल सकती है, जिससे वायु को कमजोर करने और वर्षाजल को अवशोषित करने का काम होता है।
- **प्रारंभिक चेतावनी प्रणालियां (Early warning systems - EWS):** प्रारंभिक चेतावनी प्रणालियां लोगों को चक्रवात के आने वाले आगमन की चेतावनी दे सकती हैं और उन्हें सुरक्षित स्थान पर निकासी के लिए समय दे सकती हैं।
- **चक्रवात आश्रय स्थल (Cyclone shelters):** चक्रवात आश्रय स्थल उन लोगों के लिए सुरक्षित शरण प्रदान कर सकते हैं जो अपने घरों को खाली नहीं कर सकते।

भारत में चक्रवात (Cyclones in India)

- **चक्रवातों का नामकरण (The Naming of Cyclones):**
  चक्रवातों का नामकरण विश्व मौसम विज्ञान संगठन (WMO), संयुक्त राष्ट्र का एक भाग, द्वारा किया जाता है।

WMO के छह क्षेत्रीय विशेषज्ञ मौसम विज्ञान केंद्र (RSMCs) हैं जो अपने-अपने क्षेत्रों में चक्रवातों का नामकरण करते हैं। भारत के लिए RSMC भारतीय मौसम विज्ञान विभाग (IMD) है जो 169 नामों को बनाए रखता है। ये नाम WMO/आर्थिक और सामाजिक आयोग एशिया और प्रशांत (ESCAP) उष्णकटिबंधीय चक्रवात पैनल के 13 सदस्य देशों द्वारा सुझाए जाते हैं। नाम इस प्रकार से चुने जाते हैं ताकि वे क्षेत्र के लोगों के लिए परिचित और आसानी से पहचाने जाने योग्य हों।

2023 में भारत में चक्रवातों के नाम अग्नि, आकाश, बिजली, ओनिल, ओग्नि, निशा, गिरि, वरुण, मुरासु और आग थे। "नीर", "प्रभा", और "घूर्णि" 2024 में बनने वाले चक्रवातों के नाम हैं।

भारत में प्रमुख चक्रवात (The Major Cyclones in India)

2022 में:

- चक्रवात असनी (Cyclone Asani)
- चक्रवात जावाद (Cyclone Jawad)
- चक्रवात मौसम (Cyclone Mausam)

2021 में:

- चक्रवात तौकते (Cyclone Tauktae)
- चक्रवात यास (Cyclone Yaas)

2020 में:

- चक्रवात अम्फान (Cyclone Amphan)
- चक्रवात निसर्ग (Cyclone Nisarga)

2019 में:

- चक्रवात फानी (Cyclone Fani)
- चक्रवात वायु (Cyclones)

बंगाल की खाड़ी में अरब सागर की तुलना में अधिक चक्रवात आने के कारण

1. **भौगोलिक संरचना (Geographical Structure):**
   बंगाल की खाड़ी एक अपेक्षाकृत उथली खाड़ी है जिसमें एक विस्तृत महाद्वीपीय शेल्फ है। यह आकार इसे मजबूत चक्रवाती परिसंचरण के निर्माण के लिए अधिक संवेदनशील बनाता है। अरब सागर एक गहरा और अधिक लम्बा समुद्र है जो चक्रवातों के निर्माण के लिए कम अनुकूल है।
2. **समुद्री सतह का तापमान (Sea Surface Temperature - SST):**
   बंगाल की खाड़ी में अरब सागर की तुलना में अधिक गर्म समुद्री सतह का तापमान (SST) होता है। चक्रवातों के निर्माण के लिए गर्म SST आवश्यक शर्तें हैं, क्योंकि वे चक्रवातों को विकसित करने और तीव्र करने के लिए आवश्यक ऊर्जा प्रदान करते हैं।
3. **ऊर्ध्वाधर पवन अपरूपण (Vertical Wind Shear):**
   इसके अलावा, बंगाल की खाड़ी में अरब सागर की तुलना में कम ऊर्ध्वाधर पवन अपरूपण होता है, जो चक्रवातों के निर्माण के लिए अधिक अनुकूल बनाता है।

ज्वालामुखी (Volcanoes)

ज्वालामुखी का प्रथम बार खुलना: ज्वालामुखी वृक्ष की प्रकार धीरे-धीरे खोलते हैं और पृथ्वी की सतह से बाहर उद्घाटन करते हैं। इसके दौरान, गर्म गैस, राख, गंधक, भाप, और अन्य सामग्री उद्घाटित होती है, जिसे पाइरोक्लास्टिक प्रवाह कहा जाता है।

गति और विनाशकारीता: ज्वालामुखी के प्रवाह अत्यंत गति वाले होते हैं, और ये 700 किमी प्रति घंटे तक पहुंच सकते हैं। इसके परिणामस्वरूप, ज्वालामुखी अत्यंत विनाशकारी हो सकते हैं और विशाल क्षेत्रों में हानि का कारण बन सकते हैं।

स्थान: ज्वालामुखी आमतौर पर उन क्षेत्रों में पाए जाते हैं जहाँ टेक्टोनिक प्लेटें या तो संघर्ष करती हैं (converge -टकराव) या फिर विचलन (अलग होती हैं) करती हैं। सबडक्शन जोन, जहाँ एक महासागरीय प्लेट एक महाद्वीपीय प्लेट के नीचे डूबती है, ज्वालामुखी गतिविधि के लिए सामान्य स्थान होते हैं। इसके अलावा, ज्वालामुखी टेक्टोनिक प्लेटों के किनारों पर भी उपस्थित हो सकते हैं, जैसे कि प्रशांत महासागर को घेरने वाले "रिंग ऑफ फायर" में।

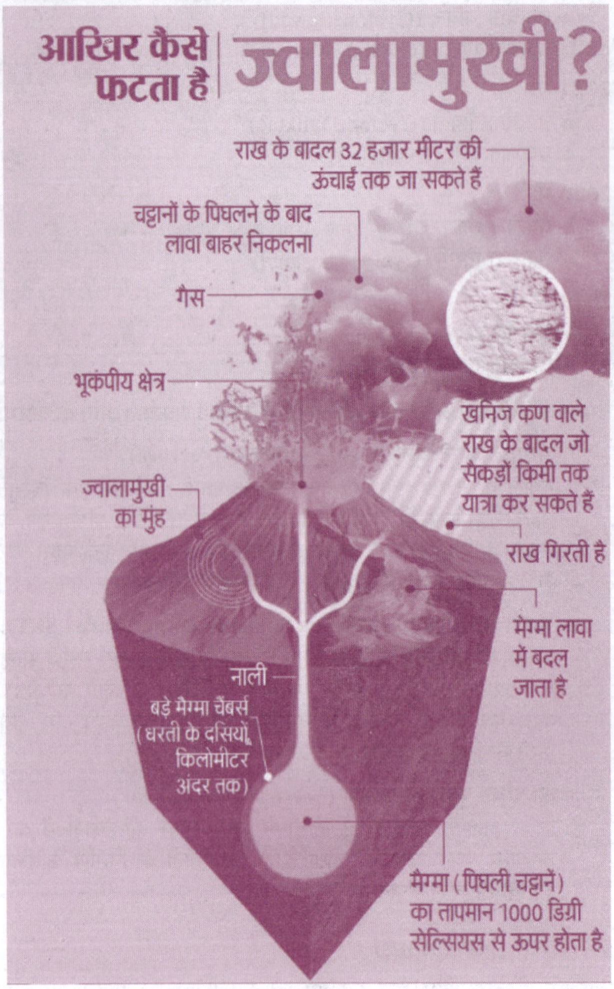

ज्वालामुखी विस्फोट (Volcanic Eruptions): ज्वालामुखी विस्फोट के विभिन्न परिणाम हो सकते हैं, जिनमें शामिल हैं:

- ज्वालामुखी राख के कारण विमानों के लिए खतरे।
- ज्वालामुखी राख और सल्फ्यूरिक एसिड की बूंदों द्वारा सूर्य की रोशनी को अवरुद्ध करने और पृथ्वी के निचले वातावरण को ठंडा करने से वैश्विक तापमान में परिवर्तन।
- लावा प्रवाह, राख की वर्षा, और पाइरोक्लास्टिक प्रवाहों से जुड़े विस्फोट खतरे।

बाढ़ (Floods)

बाढ़ वह उच्च जल स्तर हैं जो सामान्यत: डूबे हुए नहीं होते भूमि को जलमग्न कर देते हैं। बाढ़ के तीन मुख्य प्रकार होते हैं: फ्लैश बाढ़, नदीय बाढ़, और शहरी बाढ़।

फ्लैश बाढ़ (Flash Floods)

फ्लैश बाढ़ तीव्र वर्षा से होने वाली त्वरित आंतरिक बाढ़ होती हैं। ये ढलान या समतल भू-भागों में हो सकती हैं, लेकिन ये अधिकतर ढलान वाले भू-भागों में आम होती हैं जहां पानी तेजी से बहता है और उच्च विनाशकारी क्षमता रखता है। फ्लैश बाढ़ किसी भी जगह पर हो सकती हैं, यहाँ तक कि उन क्षेत्रों में भी जो सामान्यत: बाढ़ के लिए प्रवण नहीं होते। फ्लैश बाढ़ के कारण:

- **थोड़े समय में भारी वर्षा:** फ्लैश बाढ़ आमतौर पर गरज के साथ होने वाले तूफानों से जुड़ी होती हैं, जो थोड़े समय में बहुत भारी वर्षा कर सकते हैं।
- **नदी तल में भारी गाद:** गाद संचय नदी तल में मिट्टी का जमाव है। भारी गाद से नदियों और धाराओं की जल.वहन क्षमता कम हो जाती है, जिससे भारी वर्षा के दौरान उनके उफान की संभावना बढ़ जाती है।
- **नालियों में अवरोध:** नालियों में अवरोध भी फ्लैश बाढ़ का कारण बन सकता है, क्योंकि पानी पर्याप्त तेजी से निकल नहीं पाता। अवरोध मलबे, पत्तियों, या यहां तक कि जानवरों द्वारा हो सकते हैं।
- **भूस्खलन से धारा के प्रवाह में बाधा:** भूस्खलन धाराओं के प्रवाह में बाधा डाल सकते हैं, जिससे पानी पीछे जमा होकर आसपास के क्षेत्र में बाढ़ ला सकता है।
- **बांध और जलाशयों का निर्माण:** बांध और जलाशय बाढ़ को नियंत्रित करने में सहायता कर सकते हैं, लेकिन यदि उनका सही प्रबंधन नहीं किया जाता है, तो वे फ्लैश बाढ़ के खतरे को बढ़ा सकते हैं।

बवंडरों क्षेत्रों में आने वाले बलवान हवाओं के साथ भारी मूसलाधार वर्षा और तूफानी उफान के साथ:
चक्रवात के क्षेत्रों में बलवान हवाएँ और भारी बारिश की बन सकती हैं, जो तीव्र बाढ़ की संभावना है। तूफानी उफान, जो एक चक्रवात द्वारा समुद्र के किनारे को ऊपर धक्का देने वाला एक पानी की दीवार होती है, समुंदर के किनारे क्षेत्रों में तीव्र बाढ़ के योगदान कर सकता है।

कैटाबेटिक हवाएँ (Catabatic Winds): हवाएँ जो बूढ़ती वायु के साथ रात्रि को आमतौर पर ऊंचाई की ओर बहती हैं, जब वायु ठंडी होती है और घनी होती है। ये गरम, नम वायु को पहाड़ों पर ड़कार सकती हैं, जिससे मेंढ़क बनाने और भारी बारिश की संभावना होती है, जिससे तीव्र बाढ़ का कारण बन सकता है।

एनाबेटिक हवाएँ (Anabatic Winds): हवाएँ जो डूब के दौरान ऊपर की ओर बहती हैं, आमतौर पर दिन के समय जब भूमि गरम होती है, जिससे वायु कम घनी होती है। ये हवाएँ बादलों को छिन सकती हैं, तीव्र बाढ़ की संभावना को कम करके।

मेघ विस्फोट (Cloudburst)

मेघ विस्फोट या बादल फटना एक तीव्र, अल्प-कालिक वर्षा की घटना होती है, जो अक्सर ओले और गरज के साथ होती है, और इसकी तीव्र और भारी वर्षा के कारण फ्लैश बाढ़ और भूस्खलन का कारण बन सकती है।

- **विशेषताएँ:** यह घटना आमतौर पर बहुत छोटी होती है, केवल कुछ मिनटों तक चलती है, लेकिन बारिश की मात्रा विशाल हो सकती है। बादल फटना अक्सर अप्रत्याशित होता है और अचानक हो सकता है, जिससे गंभीर मौसम की स्थिति उत्पन्न होती है।
- **उदाहरण:** 2013 में भारत के उत्तराखंड में आई आपदाए जिसमें भारी वर्षा, फ्लैश बाढ़, भूस्खलन, और बादल फटना शामिल था, जिससे जीवन की बड़ी हानि हुई।

सूखा (Drought)

- सूखा वर्षा की कमी या सामान्य वर्षा पैटर्न से महत्वपूर्ण कमी की विशेषता है, जो लंबी अवधि में होती है। यह स्थिति विभिन्न सामाजिक चुनौतियों को जन्म देती है, जिसमें पानी की कमी, फसलों की असफलता, और सामान्य परेशानी शामिल हैं। केरल में सूखे का होना, जहां औसत वार्षिक वर्षा अधिक है, यह दर्शाता है कि वर्षा से भरपूर क्षेत्र भी पानी की आपूर्ति और मांग में असंतुलन के कारण सूखे की स्थिति का सामना कर सकते हैं।

- **सूखे के प्रकार:**
  - **मौसमी सूखा (Meteorological Drought):** सामान्य से कम वर्षा, जिससे सूरज और गर्मी की लंबी अवधि होती है।
  - **जलीय सूखा (Hydrological Drought):** जब नदियों और भूजल जैसे जल स्रोत कम हो जाते हैं, जिससे पानी की कमी होती है।
  - **कृषि सूखा (Agricultural Drought):** जब मिट्टी की नमी फसलों के उचित विकास के लिए बहुत कम होती है, जिससे खाद्यान्न की कमी हो सकती है।
  - **सामाजिक-आर्थिक सूखा (Socioeconomic Drought):** ऐसी स्थिति जहां पानी की कमी से अर्थव्यवस्था और समाज पर प्रभाव पड़ता है, खाद्यान्न, पानी की उपलब्धता, और रोजगार पर असर होता है।

मेघ विस्फोट और सूखा दोनों ही अत्यधिक मौसम की घटनाएं हैं जिनका पर्यावरण और समाज पर गहरा प्रभाव पड़ता है। मेघ विस्फोट अचानक और तीव्र होता है, जिससे तत्काल और गंभीर क्षति होती है, जबकि सूखा लंबी अवधि की घटना है जिसके दीर्घकालिक परिणाम होते हैं। इनके प्रभावों को कम करने के लिए प्रभावी प्रबंधन रणनीतियों की आवश्यकता होती है।

कॉन्सेप्ट बॉक्स

कृत्रिम वर्षा (Artificial Rain)

- **महत्व:** कृत्रिम वर्षा सूखे को कम करने, कृषि को सहायता प्रदान करने, वनों की आग को नियंत्रित करने, और वायु प्रदूषण को कम करने के लिए महत्वपूर्ण है।
- **प्रौद्योगिकी:** इसमें मुख्य प्रौद्योगिकी क्लाउड सीडिंग है, जिसमें बादलों में चांदी आयोडाइड या सूखी बर्फ जैसे पदार्थों को फैलाना शामिल है ताकि वर्षा को प्रेरित किया जा सके। यह कार्य ड्रोन और विमानों का उपयोग करके किया जाता है।
- **वैश्विक उपयोग:** चीन, यूएई, और यूएस, जैसे देश इस प्रौद्योगिकी का विभिन्न पर्यावरणीय आवश्यकताओं के लिए व्यापक रूप से उपयोग करते हैं, जो इसके वैश्विक महत्व को दर्शाता है।

भूस्खलन (LANDSLIDES)

- **परिभाषा:** भूस्खलन ढलान निर्माण सामग्री जैसे चट्टानों, मिट्टी, और कृत्रिम भरावों की नीचे और बाहर की ओर गति होती है, जो अलगाव की सतहों के साथ होती है।
- **प्रकृति:** ये धीमे या तीव्र हो सकते हैं और पर्वतीय क्षेत्रों, खड़ी ढलानों वाले क्षेत्रों, और जहां मानवीय गतिविधियों ने प्राकृतिक परिदृश्य को प्रभावित किया है, वहां हो सकते हैं।
- **कारण:**
  - **भूवैज्ञानिक कारक (Geological Factors):** मिट्टी या चट्टान में कमजोरी से भूस्खलन का जोखिम बढ़ जाता है।
  - **अपरदन (Erosion):** वर्षा, हवा, या मानवीय गतिविधियों जैसे वनों की कटाई से होने वाला अपरदन ढलानों को भूस्खलन के लिए अधिक प्रवण बनाता है।
  - **भारी वर्षा (Heavy Rainfall):** यह ढलान की सामग्री के वजन को बढ़ा सकती है और खड़ी ढलान पर भूस्खलन को प्रेरित कर सकती है।
  - **मानवीय गतिविधियाँ (Human Activities):** खनन, वनों की कटाई, सिंचाई, और निर्माण ढलानों को अस्थिर कर सकते हैं।
  - **भूकंप (Earthquakes):** ये जमीनी सामग्री को हिलाकर और ढीला करके भूस्खलन को उत्पन्न कर सकते हैं।
  - **ज्वालामुखी विस्फोट (Volcanic Eruptions):** ये तेजी से चलने वाले पानी, चट्टान, और कीचड़ को शामिल करने वाले मलबे के प्रवाह, एक प्रकार के भूस्खलन, को उत्पन्न कर सकते हैं।
- **प्रभाव:** भूस्खलन से जीवन, संपत्ति की क्षति, और पर्यावरणीय प्रभाव हो सकते हैं। इसकी रोकथाम में सावधानीपूर्वक भूमि का उपयोग, मिट्टी का स्थिरीकरण, और उचित जल निकासी प्रबंधन शामिल है।

जंगल की आग (WILDFIRES)

- **परिभाषा:** जंगल की आग ग्रामीण या वन्य क्षेत्रों में ज्वलनशील वनस्पति में अनियंत्रित रूप से लगने वाली आग को कहते हैं।
- **विशेषताएँ:** इस प्रकार की आग की अन्य आगों से अलग पहचान इसके व्यापक आकार और प्रारंभिक स्रोत से काफी दूर तक तेजी से फैलने की क्षमता होती है।
- **अनिश्चितता:** जंगल की आग अप्रत्याशित होती है, यह अचानक दिशा बदल सकती है और प्राकृतिक या मानव निर्मित बाधाओं जैसे सड़कों, नदियों, और अग्निरोधी पट्टियों को पार कर सकती है।

जंगल की आग, अपने व्यापक आकार और तीव्रता के कारण, बड़े पैमाने पर वातावरणिक और सामाजिक प्रभाव डाल सकती है। इसका अनियंत्रित विस्तार और अनिश्चितता इसे अन्य आगों से भिन्न बनाती है, और इसके प्रबंधन के लिए विशेष रणनीतियों की आवश्यकता होती है।

राष्ट्रीय आपदा प्रबंधन अधिनियम (NATIONAL DISASTER MANAGEMENT ACT) - 2005

- **NDMA का परिचय:** 2005 में भारत में बनाया गया राष्ट्रीय आपदा प्रबंधन अधिनियम (NDMA) गृह मंत्रालय को आपदा प्रबंधन के लिए प्राथमिक समन्वयक के रूप में नियुक्त करता है।
- **प्रमुख निर्णायक संस्थाएँ:** इसमें सुरक्षा पर कैबिनेट समिति (CCS), जिसमें प्रधानमंत्री सदस्य होते हैं, और राष्ट्रीय संकट प्रबंधन समिति (NDMC) शामिल हैं।
- **NDMA की भूमिका:** NDMA की मुख्य भूमिका आपदा प्रबंधन योजनाओं का विकास करना और उनके क्रियान्वयन की निगरानी करना है, जो राष्ट्रीय स्तर पर की जाती है।

यह अधिनियम भारत में आपदाओं के प्रबंधन और उनसे निपटने के लिए एक महत्वपूर्ण ढांचा प्रदान करता है, जिसमें सरकारी नीतियां, योजनाएं, और प्रतिक्रिया तंत्र शामिल हैं। इसका उद्देश्य आपदाओं के प्रभाव को कम करना और आपदा के समय त्वरित और प्रभावी प्रतिक्रिया सुनिश्चित करना है।

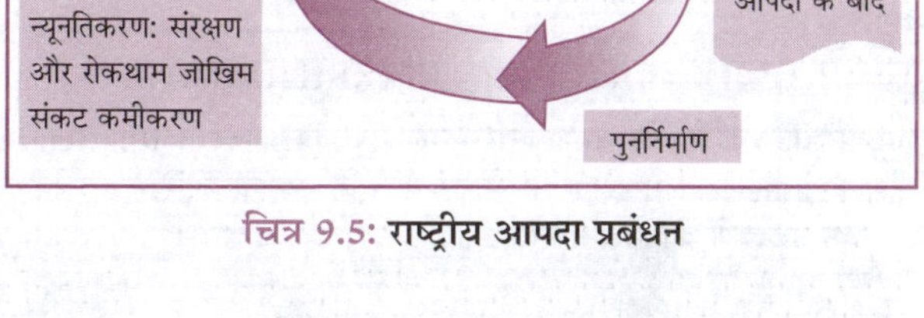

चित्र 9.5: राष्ट्रीय आपदा प्रबंधन

आपदा प्रबंधन के लिए स्तरीय दृष्टिकोण (Tiered Approach for Disaster Management)

2001 में आपदा प्रबंधन पर उच्च शक्ति समिति द्वारा प्रस्तावित स्तरीय दृष्टिकोण निम्नलिखित है:

- **स्तर L0 (Level L0):** यह सामान्यता की अवधि है, जिसमें आपदा जोखिम को कम करने पर ध्यान केंद्रित होता है।
- **स्तर L1 (Level L1):** यह उन आपदाओं को संदर्भित करता है जिन्हें जिला स्तर पर प्रबंधित किया जा सकता है, जबकि राज्य प्राधिकरण सहायता के लिए तैयार रहते हैं।
- **स्तर L2 (Level L2):** इसमें वे आपदाएं शामिल हैं जिनमें राज्य-स्तरीय हस्तक्षेप और संसाधनों की आवश्यकता होती है, केंद्रीय एजेंसियाँ आवश्यकता पड़ने पर तुरंत तैनाती के लिए तैयार रहती हैं।
- **स्तर L3 (Level L3):** यह बड़े पैमाने की या विनाशकारी घटनाओं को इंगित करता है जो जिला और राज्य की क्षमताओं को पार करती हैं, जिससे केंद्रीय हस्तक्षेप आवश्यक हो जाता है।

NDMA और अन्य केंद्रीय सरकारी एजेंसियाँ L1 और L2 स्तर की आपदाओं में सहायक भूमिका निभाती हैं। L3 स्तर की आपदाओं में, केंद्रीय सरकार प्रतिक्रिया के समन्वय में अग्रणी भूमिका निभाती है।

जलवायु और आपदा जोखिम प्रबंधन के लिए सुझावपरक राष्ट्रीय फ्रेमवर्क

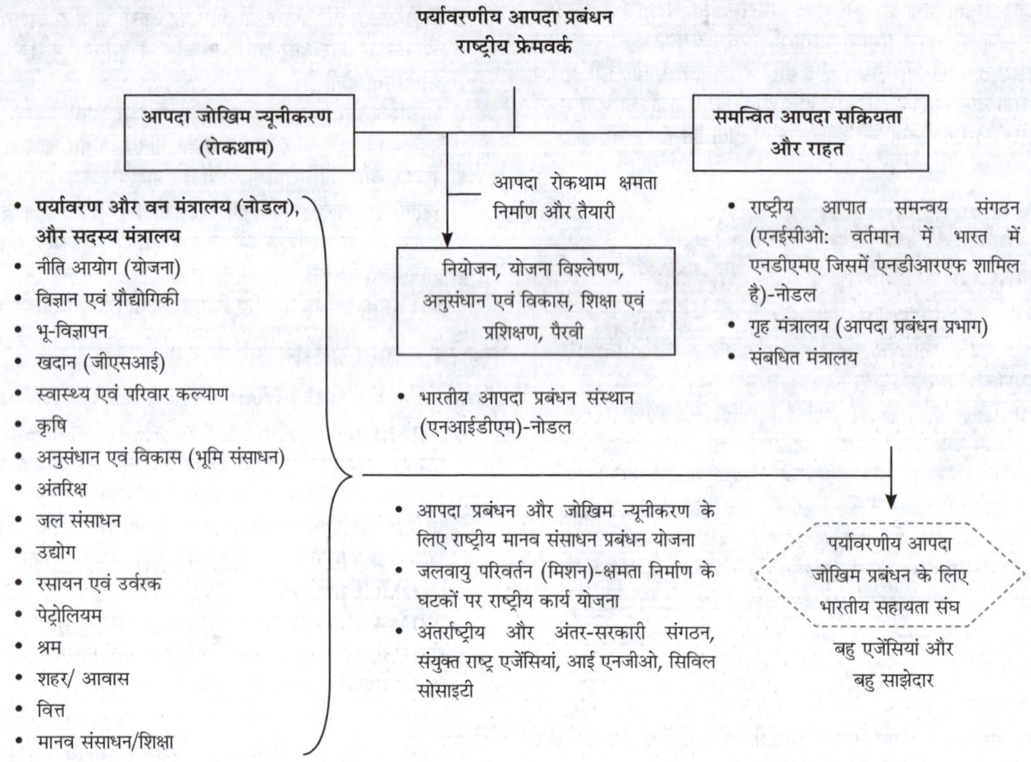

राष्ट्रीय आपदा प्रबंधन अधिनियम के महत्वपूर्ण तंत्र

- **राज्य आपदा प्रबंधन योजनाएं (State Disaster Management Plans):** ये योजनाएं राज्य स्तर पर आपदाओं के प्रबंधन के लिए बनाई जाती हैं।
- **जिला आपदा प्रबंधन योजनाएं (District Disaster Management Plans):** ये योजनाएं जिला स्तर पर आपदा प्रबंधन के लिए तैयार की जाती हैं।
- **राष्ट्रीय आपदा प्रतिक्रिया बल (NDRF):** यह केंद्र द्वारा प्रबंधित होता है और सभी प्रकार की आपदाओं के लिए प्रतिक्रिया देता है।

भारत में राष्ट्रीय आपदा प्रबंधन योजना (NDMA)

- **सेंडाई ढांचे के साथ संरेखण (Alignment with Sendai Framework):** NDMP सेंडाई ढांचे के आपदा जोखिम न्यूनीकरण के उद्देश्यों का पालन करता है।
- **गतिशील और अद्यतन (Dynamic and Updated):** यह योजना लगातार संशोधित की जाती है ताकि आपदा प्रबंधन में वैश्विक सर्वोत्तम प्रथाओं को शामिल किया जा सके।
- **लचीलापन वृद्धि (Resilience Enhancement):** विभिन्न आपदाओं के विरुद्ध भारत की लचीलापन को मजबूत करने का लक्ष्य है।
- **जोखिम न्यूनीकरण (Risk Minimization):** जीवन, आजीविका और संपत्तियों पर आपदा जोखिमों और उनके प्रभावों को कम करने पर केंद्रित है।
- **जोखिम समझना (Understanding Risk):** विभिन्न आपदा जोखिमों को समझने के महत्व पर जोर देता है।
- **अंतर-एजेंसी समन्वय (Inter-Agency Coordination):** प्रभावी आपदा प्रतिक्रिया के लिए विभिन्न एजेंसियों के बीच सहयोग को बढ़ाता है।
- **DRR में निवेश (Investment in DRR):** संरचनात्मक (भौतिक अवसंरचनाद्ध और गैर-संरचनात्मक (नीतियां, प्रथाएं) आपदा जोखिम न्यूनीकरण उपायों में निवेश करता है।

- **क्षमता निर्माण (Capacity Building):** सभी प्रशासनिक और सामुदायिक स्तरों पर आपदा प्रबंधन क्षमताओं को सुधारने का लक्ष्य है।

शमन और अनुकूलन (Mitigation and Adaptation)

- **शमन या न्यूनतीकरण (Mitigation):** जलवायु परिवर्तन के मूल कारण (उत्सर्जन) से निपटना।
- **अनुकूलन (Adaptation):** जलवायु परिवर्तन के प्रभावों से निपटना। ये तंत्र और योजनाएं भारत में आपदा प्रबंधन के ढांचे को मजबूत करते हैं, जिससे आपदाओं के प्रतिक्रिया और निवारण में सहायता मिलती है। ये न केवल तत्काल प्रतिक्रिया में सहायता करते हैं, बल्कि भविष्य की आपदाओं के लिए तैयारी और लचीलापन बढ़ाने में भी योगदान करते हैं।

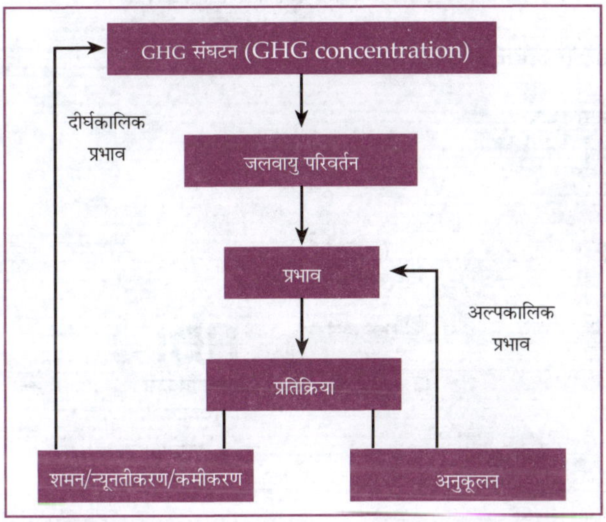

स्टॉपओवर

1. भूकंप के बारे में कौन से कथन सही हैं?
   1. भूकंप प्राकृतिक है, ऊर्जा मुक्त करता है, और तरंगें पैदा करता है।
   2. ऊर्जा 'फाल्ट' से निकलती है और चट्टानें टूटती और हिलती हैं।
   3. भूकंप को परिमाण (रिक्टर स्केल) और तीव्रता (मर्कल्ली स्केल) से मापा जाता है।

   (a) 1 और 2 (b) 2 और 3
   (c) 1 और 3 (d) 1, 2 और 3
2. रिक्टर स्केल पर पूर्णांक बढ़ने से, उदाहरण के लिए, 6ण्0 से 7ण्0 तक जाने से क्या संकेत मिलता है?
   (a) कंपन आयाम में दोगुनी वृद्धि।
   (b) कंपन आयाम में दस गुना वृद्धि और लगभग 30 गुना अधिक ऊर्जा रिलीज़।
   (c) भूकंप की तीव्रता में कमी।
   (d) भूकंप की ऊर्जा में कोई महत्वपूर्ण परिवर्तन नहीं।
3. बंगाल की खाड़ी में अरब सागर की तुलना में अधिक चक्रवात क्यों अनुभव होते हैं?
   (a) अरब सागर का समुद्री सतह का तापमान बंगाल की खाड़ी से अधिक होता है।
   (b) बंगाल की खाड़ी अधिक उथली और बंद होती है, अधिक समुद्री सतह के तापमान और कम लवणता के साथ, जो चक्रवात निर्माण के लिए अनुकूल होती है।
   (c) चक्रवात केवल बंद जल निकायों जैसे बंगाल की खाड़ी में संभव हैं।
   (d) अरब सागर में अधिक चक्रवात होते हैं, लेकिन उनकी कम रिपोर्टिंग होती है।
4. चक्रवात की श्रेणी 5 क्या संकेत करती है?
   (a) न्यूनतम क्षति और धीमी गति की हवाएं।
   (b) मध्यम क्षति और संभालने योग्य हवाएं।
   (c) गंभीर क्षति और 252 किमी/घंटा तक की अत्यधिक उच्च गति की हवाएं।
   (d) केवल भारी वर्षा बिना मजबूत हवाओं के।
5. जुलाई 2023 में हिमाचल प्रदेश में अत्यधिक वर्षा और बाद की विनाशकारी स्थितियों के लिए प्रमुख कारक क्या थे?
   (a) मानसून ट्रफ के अक्ष की उत्तर की ओर गति, जिससे हिमालय के आर-पार भारी से बहुत भारी वर्षा के लिए अनुकूल परिस्थितियाँ बनीं।
   (b) हाइड्रोपावर परियोजनाओं और अन्य इंफ्रास्ट्रक्चर परियोजनाओं का निर्माण, प्राकृतिक जल निकासी पैटर्नों में परिवर्तन और बाढ़ के प्रति संवेदनशीलता में वृद्धि।
   (c) वनों की कटाई और अनुचित भूमि प्रबंधन प्रथाएं, जिससे मिट्टी की जल अवशोषण क्षमता कम हो गई और जल प्रवाह में वृद्धि हुई।
   (d) उपरोक्त सभी।
6. निम्नलिखित में से कौन सा/से कथन राष्ट्रीय आपदा प्रबंधन प्राधिकरण (NDMA) के बारे में सत्य हैं/है?
   (a) NDMA की स्थापना वर्ष 2005 में हुई थी जो कि आपदा प्रबंधन के लिए भारत सरकार की प्रमुख एजेंसी है।
   (b) NDMA की अध्यक्षता भारत के प्रधानमंत्री द्वारा की जाती है।
   (c) NDMA केंद्र एवं राज्य सरकारों के साथ मिलकर कार्य करती है।
   (d) उपरोक्त सभी

सही विकल्पः 1. (d) **2.** (b) **3.** (b) **4.** (c) **5.** (d) **6.** (d)

मानव विकास (Human Development)

मानव विकास में जन्म से वयस्कता तक जैविक और मनोवैज्ञानिक परिवर्तन शामिल हैं। इसमें शारीरिक वृद्धि, मनोवैज्ञानिक और संज्ञानात्मक विकास, सामाजिक और भावनात्मक परिपक्वता, तथा यौनता और लिंग पहचान का विकास शामिल है। विकास संयुक्त राष्ट्र के लिए एक महत्वपूर्ण अवधारणा है। साथ मिलकर काम करके, हम एक अधिक न्यायपूर्ण और समान विश्व बना सकते हैं जहां सभी लोगों को अपनी पूर्ण क्षमता विकसित करने का अवसर मिलता है।

संयुक्त राष्ट्र विकास कार्यक्रम (UNDP) द्वारा मानव विकास के मुख्य तत्व

- **उत्पादकता (Productivity):** लोगों को आवश्यक कौशल और उचित रोजगार और मजदूरी तक पहुंच के साथ आय उत्पन्न करने में सक्षम बनाना।
- **समानता (Equity):** सभी के लिए उनकी क्षमता विकसित करने के समान अवसर प्रदान करना, चाहे उनका लिंग, जाति, या नस्ल कुछ भी हो, और असमानताओं को कम करना।
- **स्थायित्व (Sustainability):** वर्तमान और भविष्य की पीढ़ियों की जरूरतों को पूरा करने के लिए संसाधनों का बुद्धिमानी से उपयोग करना, बिना उन्हें समाप्त किए।

- **सशक्तिकरण (Empowerment):** लोगों को अपने जीवन को आकार देने, निर्णय प्रक्रिया में भाग लेने, और जानकारी और संसाधनों तक पहुंच प्रदान करने की अनुमति।

स्थायी विकास (Sustainable Development)

- **लक्ष्य:** स्थायी विकास का उद्देश्य वर्तमान की जरूरतों को पूरा करना है बिना भविष्य की पीढ़ियों की उनकी जरूरतों को पूरा करने की क्षमता को समझौता किए।
- **विचार:** यह जरूरी मानवीय जरूरतों की अवधारणा और प्रौद्योगिकी, सामाजिक संगठन, और पर्यावरणीय क्षमता द्वारा लगाए गए सीमाओं को ध्यान में रखता है।
- **जोर:** स्थायी विकास पर्यावरणीय, सामाजिक, और आर्थिक कारकों के एकीकरण की आवश्यकता पर जोर देता है।

मानव विकास सूचकांक (HDI) और इसके मापदंड

- **परिचय:** मानव विकास सूचकांक (HDI) को संयुक्त राष्ट्र विकास कार्यक्रम (UNDP) द्वारा 1990 के दशक में विकसित किया गया था। HDI देशों के सामाजिक और आर्थिक विकास के स्तरों को मापता है।
- **मापदंड:** HDI स्वास्थ्य, शिक्षा, और आय पर आधारित 0 से 1.0 के पैमाने पर देशों को रैंक करता है। HDI की गणना तीन मुख्य संकेत कों का उपयोग करके की जाती है:

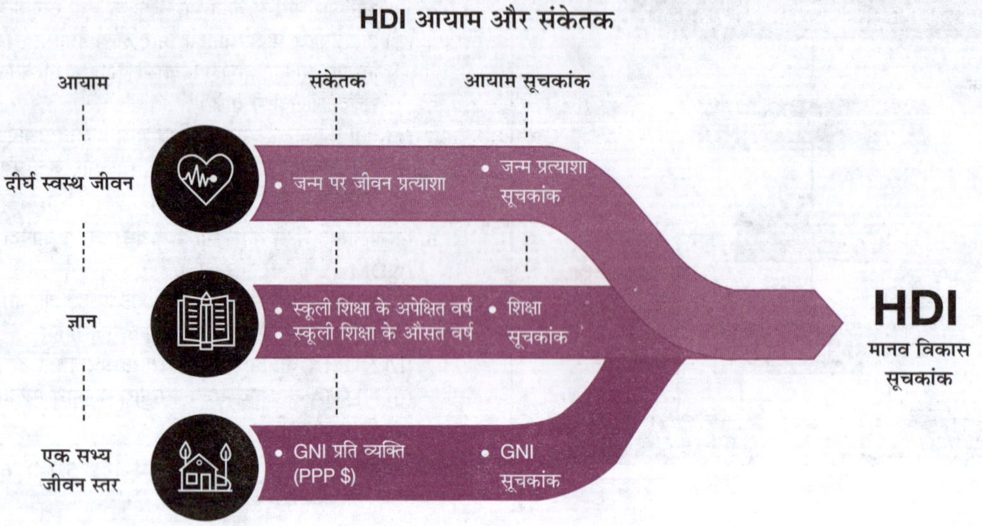

चित्र 9.6: मानव विकास सूचकांक

मानव विकास रिपोर्ट (2021/2022) का शीर्षक 'अनिश्चित समय, अस्थित जीवन: हमारे भविष्य को एक परिवर्तित विश्व में आकार देना' - यह 8 सितंबर 2022 को जारी किया गया।

मानव विकास सूचकांक (HDI) रैंकिंग 2023

तीन शीर्ष राष्ट्रों की रैंकिंग - स्विट्जरलैंड, नॉर्वे और आइसलैंड

SAARC राष्ट्रों की रैंकिंग - श्रीलंका, मालदीव, नेपाल, भूटान, बांग्लादेश, भारत, पाकिस्तान और अफगानिस्तान

BRICS राष्ट्रों की रैंकिंग - चीन, रूस, दक्षिण अफ्रीका, ब्राजील और भारत

मुख्य बिंदु

भारत की स्थिति: मानव विकास सूचकांक (HDI) 2021 में भारत 191 देशों में से 132वें स्थान पर है, जो पिछले वर्ष से दो स्थानों की गिरावट है। यह गिरावट तीन दशकों में पहली बार लगातार दो वर्षों में देखी गई। 2021 में, जीवन प्रत्याशा 70.7 वर्ष से घटकर 67.2 वर्ष हो गई। स्कूली शिक्षा का अपेक्षित वर्ष 11.9 और औसत वर्ष 6.7 है। GNI प्रति व्यक्ति $6,590 है। यह गिरावट COVID -19 महामारी के प्रकोप के बाद से मानव विकास में वैश्विक पिछड़ापन को दर्शाती है

अन्य UNDP सूचकांक:

- **समानता-समायोजित HDI (IHDI):** मानव विकास के वितरण में असमानता को मानता है।
- **लिंग विकास सूचकांक (GDI):** HDI उपलब्धियों में लिंग अंतराल का आकलन करता है।
- **लिंग असमानता सूचकांक (GII):** प्रजनन स्वास्थ्य, सशक्तिकरण, और आर्थिक स्थिति में लिंग असमानताओं को मापता है।
- **बहुआयामी गरीबी सूचकांक (MPI):** स्वास्थ्य, शिक्षा, और जीवन स्तर जैसे कारकों को गरीबी के स्तर का निर्धारण करने के लिए मानता है।

सतत विकास में ऐतिहासिक दृष्टिकोण

- MDG और SDG को समय के साथ स्थापित करने के लिए यह ऐतिहासिक परिप्रेक्ष्य महत्वपूर्ण है, और यह कैसे हमारी सरकारों को लोगों के कल्याण के लिए सही नीतियां निर्धारित करने के लिए प्रेरित करता है।
- **थॉमस रॉबर्ट माल्थस (1798):** माल्थस ने कहा कि यदि हमारे पास बहुत सारे लोग हैं और पर्याप्त संसाधन जैसे भोजन और स्थान नहीं हैं, तो यह समस्याएँ पैदा कर सकता है। उन्होंने जनसंख्या नियंत्रण के दो तरीकों की बात की: बच्चों को जन्म देने का निर्णय लेना या अकाल, रोग, या युद्ध जैसी चीजों द्वारा।

- **गैरेट जेम्स हार्डिन (1968):** हार्डिन ने "ट्रैजेडी ऑफ द कॉमन्स" नामक समस्या के बारे में बात की। यह कहता है कि अगर सभी लोग भूमि या जल का उपयोग भविष्य के बारे में सोचे बिना करते हैं, तो यह पर्यावरण को हानि पहुंचा सकता है।
- **रोम क्लब:** यह एक वैश्विक थिंक टैंक है जो सुनिश्चित करता है कि विश्व रहने के लिए बेहतर जगह हो, लोगों को बिना ग्रह को नुकसान पहुंचा, उनकी आवश्यक की चीजें मिलें। इस रिपोर्ट ने संसाधनों की सीमित प्रकृति, पर्यावरणीय क्षति की संभावना, और इन चुनौतियों से निपटने के लिए टिकाऊ विकास रणनीतियों की आवश्यकता के बारे में जागरूकता बढ़ाई।
- **संयुक्त राष्ट्र मानव पर्यावरण पर सम्मेलन (1972):** इसे स्टॉकहोम सम्मेलन के नाम से भी जाना जाता है। यह भविष्य के पर्यावरण समझौतों और टिकाऊ विकास पर चर्चाओं के लिए आधारभूत कार्य प्रदान करने में एक मोड़ साबित हुआ।
- **ब्रुंडटलैंड आयोग (1983):** 1987 की "हमारा साझा भविष्य" रिपोर्ट में टिकाऊ विकास की परिभाषा दी गई। इसका मतलब है कि आज की जरूरतों को पूरा करना बिना भविष्य की पीढ़ियों की उनकी जरूरतों को पूरा करने की क्षमता को प्रभावित किए। इसमें आर्थिक, सामाजिक, और पर्यावरणीय लक्ष्यों के बीच संतुलन पर जोर दिया गया है।

रियो अर्थ समिट में एजेंडा 21 (1992): इस दृष्टिकोण ने विश्व के भविष्य की कल्पना की, जलवायु परिवर्तन और वैश्विक तापमान बढ़ने से निपटने के लिए साझा उत्तरदायित्वों पर बल दिया। इससे जलवायु परिवर्तन पर संयुक्त राष्ट्र ढांचा समझौता (UNFCCC) का निर्माण हुआ, जो वैश्विक जलवायु वार्ताओं में महत्वपूर्ण है।

सहस्त्राब्दी विकास लक्ष्य (MDGs - 2000): देशों ने स्वास्थ्य, शिक्षा, और गरीबी कम करने जैसे कुछ लक्ष्य निर्धारित किए।

सतत विकास पर संयुक्त राष्ट्र सम्मेलन (रियो + 20) (2012): यह सम्मेलन 1992 रियो अर्थ समिट के 20 वर्ष बाद हुआ।

सहस्त्राब्दि विकास लक्ष्य (MDGs)

लक्ष्य: सहस्त्राब्दि विकास लक्ष्य सितंबर 2000 में स्थापित किए गए थे। ये MDGs आठ लक्ष्यों के साथ 2015 तक के लक्षित वर्ष के लिए बनाए गए थे।

- **ध्यान केंद्रित क्षेत्र:** इन लक्ष्यों में गरीबी, भूख, बीमारी, निरक्षरता, पर्यावरणीय क्षति, और महिलाओं के विरुद्ध भेदभाव से लड़ने पर बल दिया गया था।
- **बल:** MDGs ने मानव संपदा, बुनियादी ढांचे, और मानव अधिकारों पर बल दिया, ताकि लोगों के जीवन स्तर में सुधार किया जा सके।

आठ सहस्त्राब्दि विकास लक्ष्य:

1. अत्यधिक गरीबी और भूख का उन्मूलन करना।
2. सार्वभौमिक प्राथमिक शिक्षा प्राप्त करना।
3. लिंग समानता को बढ़ावा देना और महिलाओं को सशक्त बनाना।
4. बाल मृत्यु दर को कम करना।
5. मातृ स्वास्थ्य में सुधार करना।
6. HIV/AIDS, मलेरिया, और अन्य बीमारियों से लड़ना।
7. पर्यावरणीय स्थायित्व सुनिश्चित करना।
8. विकास के लिए वैश्विक साझेदारी विकसित करना।

MDGs ने विश्व स्तर पर विकास के लिए एक समग्र दृष्टिकोण प्रस्तुत किया, जिसमें समाज के सभी क्षेत्रों की जरूरतों और अधिकारों पर ध्यान केंद्रित किया गया, और यह एक वैश्विक स्तर पर स्थायी विकास की दिशा में महत्वपूर्ण कदम था।

MDGs से SDGs में परिवर्तन

यह परिवर्तन वैश्विक विकास उद्देश्यों में एक महत्वपूर्ण विकास का प्रतिनिधित्व करता है। मुख्य भिन्नताएँ इस प्रकार हैं:

- **शून्य लक्ष्य (Zero Goals):** MDGs जहां आधे लक्ष्यों के लिए प्रयास करते थे, SDGs पूर्ण उन्मूलन के लिए लक्षित हैं, जैसे कि शून्य भूख, शून्य रोकथाम योग्य बाल मृत्यु दर।
- **सार्वभौमिक लक्ष्य (Universal Goals):** SDGs सभी देशों पर लागू होते हैं, देशों के भीतर और उनके बीच असमानताओं को संबोधित करते हैं, MDGs के दानकर्ता-प्राप्तकर्ता दृष्टिकोण के विपरीत।
- **व्यापक और समावेशी (Comprehensive and Inclusive):** SDGs अधिक समावेशी हैं, व्यापक क्षेत्रों जैसे लिंग और लोगों की भागीदारी को कवर करते हैं, और वे भूख और गरीबी जैसे लक्ष्यों को अलग करते हैं, जो MDGs में संयुक्त थे।
- **वित्तपोषण (Funding):** SDGs स्थायीता और समावेशी आर्थिक विकास पर बल देते हैं, जिससे स्वावलंबन की ओर कदम बढ़ाया जा सके, MDGs के विकसित देशों से सहायता पर निर्भरता से दूर हटते हुए।
- **शांति निर्माण (Making up of Peace):** SDGs समाज की समृद्धि के लिए शांति को एक महत्वपूर्ण लक्ष्य के रूप में शामिल करते हैं, जो MDGs में फोकस नहीं था।
- **डाटा क्रांति (Data Revolution):** SDGs विभिन्न जनसांख्यिकी में निगरानी, मूल्यांकन, और जवाबदेही पर बढ़ा हुआ फोकस करते हैं।
- **गुणवत्ता शिक्षा (Quality Education):** जहां MDGs सार्वभौमिक प्राथमिक शिक्षा पर केंद्रित थे, वहीं SDGs सभी स्तरों पर गुणवत्ता शिक्षा के लिए लक्ष्यित हैं, जिसमें सुधारित संकेतक शामिल हैं।

  MDGs से SDGs में यह परिवर्तन वैश्विक विकास के उद्देश्यों में व्यापक और समग्र परिवर्तन का प्रतिनिधित्व करता है, जिससे एक अधिक समावेशी और टिकाऊ भविष्य की ओर कदम बढ़ाया जा सकता है।

सतत विकास लक्ष्य (SDGs)

SDGs संयुक्त राष्ट्र द्वारा 2015 में 2030 के लिए सतत विकास के एजेंडा के भाग के रूप में अपनाए गए 17 आपस में जुड़े हुए लक्ष्यों का एक समूह हैं। ये लक्ष्य 2030 तक गरीबी को समाप्त करने, ग्रह की रक्षा करने, और सभी लोगों को शांति और समृद्धि का आनंद लेने के लिए एक सार्वभौमिक आह्वान हैं। प्रत्येक लक्ष्य के लिए अगले 15 वर्षों में हासिल किए जाने वाले विशिष्ट लक्ष्य हैं।

SDGs का उद्देश्य एक समृद्ध, अधिक समावेशी और स्थायी भविष्य की ओर वैश्विक समुदाय का मार्गदर्शन करना है। ये लक्ष्य विश्व के सामने उपस्थित सबसे बड़ी चुनौतियों का सामना करने और सभी के लिए एक बेहतर विश्व बनाने के लिए एक रोडमैप प्रदान करते हैं।

भारत की सतत विकास लक्ष्यों (SDGs) के प्रति दृष्टिकोण

भारत का दृष्टिकोण निम्नलिखित सिद्धांतों द्वारा निर्देशित है:

- **वसुधैव कुटुम्बकम (संपूर्ण विश्व एक परिवार है):** भारत का दर्शन समावेशिता और सहयोग पर बल देता है जो SDGs की प्राप्ति में महत्वपूर्ण है। यह सिद्धांत यह संकेत देता है कि सतत विकास की दिशा में प्रगति के लिए सामूहिक प्रयास और वैश्विक एकता आवश्यक है।
- **किसी को भी पीछे न छोड़ें (Leave No One Behind):** भारत का दृष्टिकोण यह सुनिश्चित करता है कि SDGs की ओर प्रगति समाज के सभी वर्गों को लाभ पहुंचाए, विशेषकर सबसे कमजोर वर्गों को। यह समाज के प्रत्येक सदस्य के विकास और कल्याण को महत्व देता है, ताकि समाज का कोई भी भागविकास की यात्रा में पीछे न रह जाए।

- भारत का यह दृष्टिकोण SDGs को प्राप्त करने के लिए एक समग्र और समावेशी पथ प्रदान करता है, जिसमें स्थानीय और वैश्विक स्तर पर सभी स्टेकहोल्डर्स की सहभागिता को महत्व दिया जाता है। यह सिर्फ आर्थिक विकास नहीं, बल्कि सामाजिक न्याय, पर्यावरणीय स्थिरता और सामूहिक कल्याण की दिशा में भी काम करता है।

प्रमुख सतत विकास लक्ष्य (SDGs) और भारत सरकार की योजनाएं

1. **कोई गरीबी नहीं (No Poverty):**
   - लक्ष्य: सभी रूपों में गरीबी को समाप्त करना।
   - उदाहरण: महात्मा गांधी राष्ट्रीय ग्रामीण रोजगार गारंटी अधिनियम (MGNREGA) ग्रामीण रोजगार के अवसर प्रदान करता है।

   (Linked with Goal 1 of MDG)
2. **शून्य भूख (Zero Hunger):**
   - लक्ष्य: भूख को समाप्त करना और पोषण में सुधार करना।
   - उदाहरण: सार्वजनिक वितरण प्रणाली (PDS) वंचितों के लिए खाद्य सुरक्षा सुनिश्चित करती है।
3. **अच्छा स्वास्थ्य और कल्याण (Good Health and Well-being):**
   - लक्ष्य: स्वस्थ जीवन और कल्याण को बढ़ावा देना।
   - उदाहरण: आयुष्मान भारत एक स्वास्थ्य बीमा कार्यक्रम है और स्वास्थ्य और कल्याण केंद्रों की स्थापना करता है।

   (Linked with Goals 4, 5 and 6 of MDG)
4. **गुणवत्तापूर्ण शिक्षा (Quality Education):**
   - लक्ष्य: समावेशी और समान गुणवत्ता वाली शिक्षा सुनिश्चित करना।
   - उदाहरण: सर्व शिक्षा अभियान प्राथमिक शिक्षा को सार्वभौमिक बनाने की दिशा में काम करता है।

   (Linked with Goal 2 of MDG)
5. **लिंग समानता (Gender Equality):**
   - लक्ष्य: लिंग समानता प्राप्त करना और सभी महिलाओं और लड़कियों को सशक्त बनाना।
   - उदाहरण: बेटी बचाओ, बेटी पढ़ाओ अभियान।

   (Linked with Goal 3 of MDG)
6. **स्वच्छ जल और स्वच्छता (Clean Water and Sanitation):**
   - लक्ष्य: जल और स्वच्छता की उपलब्धता और सतत प्रबंधन सुनिश्चित करना।
   - उदाहरण: स्वच्छ भारत अभियान खुले में शौच के उन्मूलन और स्वच्छता पर केंद्रित है।
7. **सस्ती और स्वच्छ ऊर्जा (Affordable and Clean Energy):**
   - लक्ष्य: सस्ती, विश्वसनीय, सतत और आधुनिक ऊर्जा तक पहुंच सुनिश्चित करना।
   - उदाहरण: UJALA योजना ऊर्जा-कुशल LED बल्बों को बढ़ावा देने के लिए।
8. **सम्मानजनक काम और आर्थिक वृद्धि (Decent Work and Economic Growth):**
   - लक्ष्य: सतत, समावेशी और टिकाऊ आर्थिक वृद्धि, और सम्मानजनक कार्य को बढ़ावा देना।
   - उदाहरण: 'मेक इन इंडिया' पहल मैन्युफैक्चरिंग क्षेत्र की वृद्धि को बढ़ावा देती है।
9. **उद्योग, नवाचार, और अवसंरचना (Industry, Innovation, and Infrastructure):**
   - लक्ष्य: लचीले अवसंरचना का निर्माण, समावेशी और सतत औद्योगिकीकरण को बढ़ावा देना, और नवाचार को बढ़ाना।
   - उदाहरण: 'डिजिटल इंडिया' भारत को एक डिजिटल रूप से सशक्त समाज में परिवर्तित करने का लक्ष्य रखता है।
10. **असमानता में कमी (Reduced Inequality):**
    - लक्ष्य: देशों के भीतर और उनके बीच असमानता को कम करना।
    - उदाहरण: प्रधानमंत्री जन-धन योजना वित्तीय समावेशन के लिए।
11. **सतत शहर और समुदाय (Sustainable Cities and Communities):**
    - लक्ष्य: शहरों को समावेशी, सुरक्षित, लचीला, और सतत बनाना।
    - उदाहरण: स्मार्ट सिटीज मिशन स्मार्ट और सतत शहरों का विकास करने का लक्ष्य रखता है।
12. **जिम्मेदार उपभोग और उत्पादन (Responsible Consumption and Production):**
    - लक्ष्य: सतत उपभोग और उत्पादन पैटर्न सुनिश्चित करना।
    - उदाहरण: राष्ट्रीय इलेक्ट्रिक मोबिलिटी मिशन योजना इलेक्ट्रिक वाहनों को बढ़ावा देती है।

    (Linked with Goal 7 of MDG)
13. **जलवायु कार्रवाई (Climate Action):**
    - लक्ष्य: जलवायु परिवर्तन और इसके प्रभावों से लड़ने के लिए तत्काल कार्रवाई करना।
    - उदाहरण: राष्ट्रीय कार्य योजना पर जलवायु परिवर्तन आठ कोर राष्ट्रीय मिशनों पर केंद्रित है।
14. **जल के नीचे का जीवन (Life Below Water):**
    - लक्ष्य: महासागरों, समुद्रों, और समुद्री संसाधनों का संरक्षण और सतत उपयोग करना।
    - उदाहरण: सागरमाला परियोजना बंदरगाह विकास के लिए।
15. **स्थल पर जीवन (Life on Land):**
    - लक्ष्य: स्थलीय पारिस्थितिकी तंत्रों की सुरक्षा, पुनर्स्थापना, और सतत उपयोग को बढ़ावा देना।
    - उदाहरण: ग्रीन इंडिया मिशन वन क्षेत्रफल बढ़ाने का लक्ष्य रखता है।
16. **शांति और न्याय मजबूत संस्थान (Peace and Justice Strong Institutions):**
    - लक्ष्य: सतत विकास के लिए शांतिपूर्ण और समावेशी समाज को बढ़ावा देना, सभी के लिए न्याय की पहुंच प्रदान करना, और प्रभावी, जवाबदेह संस्थान बनाना।
    - उदाहरण: आधार परियोजना प्रत्येक निवासी के लिए अद्वितीय पहचान प्रदान करती है।
17. **साझेदारियां लक्ष्यों के लिए (Partnerships for the Goals):**
    - कार्यान्वयन के साधनों को मजबूत करना और सतत विकास के लिए वैश्विक साझेदारी को पुनर्जीवित करना।
    - उदाहरण: सौर ऊर्जा पर वैश्विक सहयोग के लिए अंतर्राष्ट्रीय सौर गठबंधन।

    (Linked with Goal 8 of MDG)

मुख्य पहलें (Key Initiatives)

1. **संयुक्त राष्ट्र स्तर-राष्ट्रीय समीक्षा रिपोर्ट (UN Level - National Review Report):** यह NPR-NITI आयोग द्वारा SDGs के प्रति वार्षिक रूप से तैयार की जाती है और वार्षिक समीक्षा के लिए संयुक्त राष्ट्र को प्रस्तुत की जाती है। NPR में सभी 17 SDGs शामिल होते हैं और यह विभिन्न संकेतकों पर डेटा को शामिल करता है।
2. **राष्ट्रीय स्तर-राष्ट्रीय संकेतक फ्रेमवर्क (National Level - National Indicator Framework):** NIF सांख्यिकीय संकेतकों

का एक ढांचा है जो सांख्यिकी और कार्यक्रम कार्यान्वयन मंत्रालय (MoSPI) द्वारा राष्ट्रीय स्तर पर SDGs पर प्रगति को ट्रैक करने के लिए विकसित किया गया है। इसमें 286 संकेतक हैं। यह SDGs के सभी पहलुओं को कवर करता है।

3. **राज्य स्तर-नीति SDGs इंडेक्स (State Level - NITI SDG Index):** यह सूचकांक नीति आयोग द्वारा SDGs पर राज्यों के प्रदर्शन के आधार पर उन्हें रैंक करने के लिए विकसित एक समग्र सूचकांक है। इसमें 115 संकेतक हैं। यह सभी महत्वपूर्ण संकेतकों के एक उपसमूह को कवर करता है।
4. **संयुक्त स्तर-SDGs इंडिया इंडेक्स (Combined Level - SDG India Index):** SDGs इंडिया इंडेक्स एक व्यापक शब्द है जो नीति SDGs इंडेक्स और SDGs के लिए NIF दोनों को शामिल करता है। इसकी रिपोर्ट नीचे दी गई है।
5. **स्थानीय स्तर-SDGs लोकलाइजेशन मॉडल (Local Level - SDG Localisation Model):** यह एक ढांचा है जो भारत सरकार द्वारा स्थानीय शासन और योजना प्रक्रियाओं में SDGs को एकीकृत करने के लिए विकसित किया गया है।

SDGs इंडिया इंडेक्स की रिपोर्ट (Report of SDG India Index): यह जून 2023 में नीति आयोग द्वारा जारी की गई थी, निष्कर्ष नीचे दिए गए हैं:

- **कुल SDGs स्कोर (Overall SDG Score):** भारत का कुल SDGs स्कोर 2020-21 में 66 से बढ़कर 2022-23 में 70 हो गया है। यह सुधार गरीबी में कमी, स्वास्थ्य सेवा तक पहुंच, और लिंग समानता में प्रगति सहित कई क्षेत्रों में किए गए प्रगति को जिम्मेदार माना जाता है।
- **शीर्ष प्रदर्शनकर्ता (Top Performers):** केरल SDGs उपलब्धि के विषय में शीर्ष प्रदर्शनकर्ता राज्य बना हुआ है, इसके बाद हिमाचल प्रदेश और तमिलनाडु हैं। मिजोरम, हरियाणा, और तेलंगाना ने भी हाल के वर्षों में महत्वपूर्ण प्रगति दिखाई है, रैंकिंग में ऊपर उठते हुए।
- **कम प्रदर्शनकर्ता (Underperformers):** बिहार SDGs उपलब्धि के विषय में सबसे निचले रैंकिंग वाला राज्य बना हुआ है। अपेक्षाकृत कम स्कोर वाले अन्य राज्यों में उत्तर प्रदेश, राजस्थान, और झारखंड शामिल हैं।
- **लक्ष्य-वार प्रगति:** रिपोर्ट में हर 17 SDGs पर हुई प्रगति के बारे में जानकारी भी दी गई है। सबसे अधिक सुधार ळवंसे 1 (कोई गरीबी नहीं), 3 (स्वास्थ्य और भलाई), 4 (गुणवत्ता शिक्षा), और 6 (स्वच्छ जल और स्वच्छता) में देखा गया था।
- **शहर-ग्राम अंतर:** रिपोर्ट ने शहरी और ग्रामीण क्षेत्रों के बीच SDGs प्राप्ति में बड़े अंतर को हाइलाइट किया है। आमतौर पर शहरी क्षेत्रों में स्वास्थ्य सेवा, शिक्षा, और सफाई के प्रति ग्रामीण क्षेत्रों की तुलना में बेहतर प्रदर्शन होता है।

मुख्य सिफारिशें SDGs के लिए (Main Recommendations for SDGs):

- **अधिक निवेश (increased investment):** सामाजिक कल्याण, बुनाई, और SDGs पहलों के लिए वित्तीय सहायता को बढ़ावा। इससे बेहतर डेटा का उपयोग और नई योजनाओं की शुरुआत होती है।
- **डेटा संग्रहण (data collection):** SDGs प्रगति को ट्रैक करने और सुधार क्षेत्रों की खोज के लिए आवश्यक है।
- **सहयोग (collaboration):** SDGs सफलता की कुंजी सरकार, निजी क्षेत्र, नागरिक समाज, और समुदायों के बीच सहयोग में है।
- **तकनीक का उपयोग (tech use):** तकनीक और नवाचार का उपयोग SDGs मॉनिटरिंग और संसाधन प्रबंधन में सहायता करता है।
- **लक्ष्य-विशिष्ट योजनाएँ (goal specific plans):** हर SDGs के लिए कस्टम रणनीतियां सुनिश्चित करती हैं कि प्रभावी और प्रभावकारी कदम उठाए जा सकते हैं।

स्टॉपओवर

1. निम्नलिखित घटनाओं को एक क्रम में व्यवस्थित करें, जो सतत विकास लक्ष्यों (SDGs) को अपनाने की ओर बढ़ते समय के क्रम में हैं:
   1. सहस्त्री विकास लक्ष्यों (MDGs) को अपनाया जाना
   2. रियो डे जेनेरो में पृथ्वी सम्मेलन
   3. सुस्त विकास की संयुक्त राष्ट्र सम्मेलन (रियो + 20)
   4. संयुक्त राष्ट्र सुस्त विकास सम्मेलन में SDGs को आधिकारिक रूप से अपनाया जाना

   (a) 2, 1, 3, 4 (b) 1, 2, 3, 4
   (c) 3, 2, 1, 4 (d) 4, 3, 2, 1
2. निम्नलिखित में से कौन सा कथन सतत विकास लक्ष्यों (SDGs) को सहस्त्री विकास लक्ष्यों (MDGs) से सर्वश्रेष्ठ अलग करता है?
   (a) SDGs उद्देश्यों में भूख और गरीबी जैसे लक्ष्यों के आधे मार्ग की ओर है, जैसा कि MDGs थे।
   (b) SDGs केवल सर्वविद्यालयी शिक्षा पर केंद्रित है, जैसे कि MDGs थे।
   (c) SDGs शांति को समाजिक समृद्धि के लिए महत्वपूर्ण लक्ष्य के रूप में शामिल करते हैं, जो MDGs में अनुपस्थित था।
   (d) SDGs वित्तिय रूप से पूर्व विकसित देशों से आर्थिक सहायता पर भारी निर्भर करते हैं, जैसा कि MDGs का पूर्णाधिकार है।
3. निम्नलिखित में से कौन एक भी संयुक्त राष्ट्र द्वारा स्थापित सतत विकास लक्ष्यों (SGDs) में से नहीं है?
   (a) शून्य भूख
   (b) गुणवत्ता शिक्षा
   (c) वैश्विक वित्तीय समानता
   (d) स्वच्छ जल और स्वच्छ स्वच्छता
4. निम्नलिखित में से कौन से क्षेत्र सुस्त विकास लक्ष्यों के संदर्भ में प्राथमिकता क्षेत्र हैं? (अक्टूबर 2022)
   (i) गरीबी नहीं
   (ii) शून्य भूख
   (iii) शहरीकरण को कम करना
   (iv) शांति, न्याय और मजबूत संस्थान

   सही उत्तर निम्नलिखित विकल्पों में से चुनें:
   (a) (i), (ii), (iii)
   (b) (i), (iii), (iv)
   (c) (ii), (iii), (iv)
   (d) (i), (ii), (iv)
5. सतत विकास लक्ष्य (SDG 13) के द्वारा जलवायु परिवर्तन को संबोधित करने के लिए सुझाई गई अन्यविषयक दृष्टिकोण को सबसे अच्छा वर्णन कौन करता है?
   (a) औद्योगिक स्त्रोतों से ग्रीनहाउस गैस निर्मिति को केंद्रित करना।
   (b) जलवायु परिवर्तन मिटिगेशन की भूमिका को महत्वपूर्ण बताना और सवालबाजी स्ट्रैटेजियों को उपेक्षित करना।

(c) जलवायु परिवर्तन माप्रणालियों को राष्ट्रीय नीतियों, रणनीतियों, और योजनाओं में सम्मिलित करना, मिटिगेशन और समायोजन दोनों पर बल देना।

(d) जलवायु नीति में दीर्घकालिक वाणिज्यिक लाभों को प्राथमिकता देना, लांबिक स्थायिता पर संरक्षण को उपेक्षित करना।

6. सतत विकास लक्ष्यों (SDGs) के संदर्भ में भारत में NITI आयोग की प्रमुख भूमिका क्या है?

(a) NITI आयोग प्रमुखत: विदेशी निवेशों को प्रोत्साहित करने में ध्यान केंद्रित करता है, SDGs प्राप्त करने के लिए।

(b) NITI आयोग भारत में SDGs की प्रगति का मॉनिटरिंग करने और सरकार के विभिन्न स्तरों के बीच प्रयासों को समन्वयित करने के लिए नोडल एजेंसी के रूप में कार्य करता है।

(c) NITI आयोग की भूमिका सतत विकास लक्ष्यों से संबंधित तकनीकी शिक्षा और प्रशिक्षण प्रदान करने से सीमित है।

(d) NITI आयोग उपनगरों में SDGs को केवल लागू करने के लिए जिम्मेदार है।

उत्तर: 1. (a) **2.** (c) **3.** (c) **4.** (d) **5.** (c) **6.** (b)

हमारे ऊर्जा स्त्रोत (Our Energy Sources)

यह ऊर्जा वो शक्ति है जिससे किसी भी प्रकार का कार्य किया जा सकता है या परिवर्तन किया जा सकता है।

प्राकृतिक उत्पादन (Natural Generation)

ऊर्जा विभिन्न रूपों में प्राकृतिक रूप से उपस्थित होती है और इसे प्राप्त या निष्कृत किया जा सकता है। हम सूर्य, वायु और भूतोद्गम (geothermal energy) जैसे प्राकृतिक स्रोतों से ऊर्जा प्राप्त कर सकते हैं। यह ऊर्जा नवाचार्य, सतत, पर्यावरण के अनुकूल होती है, लेकिन यह प्राकृतिक शर्तों पर निर्भर करती है और इसकी प्राप्तिता प्राकृतिक शर्तों पर निर्भर करती है।

उपादान ऊर्जा (Sourced Energy)

इसमें प्राप्त संसाधनों, प्राकृतिक या मानव निर्मितए से प्राप्त कोई भी ऊर्जा शामिल है और इसे प्राप्त संसाधनों से प्राप्त ऊर्जा से समझा जाता है, चाहे वो प्राकृतिक हो या मानव निर्मित। इसमें जीवाश्म, जैव स्त्रोतों (लकड़ी, फसल), बैटरी या हाइड्रो संग्रहण में प्राप्त ऊर्जा का उपयोग करना शामिल है। हम यांत्रिक ऊर्जा (mechanical energy) से गाड़ियाँ चलाते हैं, विद्युत ऊर्जा से अपना स्मार्टफोन चार्ज करते हैं, इसकी प्राप्तिता स्त्रोत पर निर्भर करती है और स्त्रोत के आधार पर यह ऊर्जा नवाचार्य या गैर-नवाचार्य हो सकती है, इसको स्त्रोत के आधार पर प्राप्त किया जा सकता है।

हमे निम्न बिंदुओं का ध्यान रखना चाहिए :

1. **संरक्षण का कानून (Conservation Law):** ऊर्जा को न तो बनाया जा सकता है और न ही नष्ट किया जा सकता है, केवल रूप में परिवर्तित किया जा सकता है। यह ऊर्जा गतिकीय विज्ञान को समझने के लिए महत्वपूर्ण है।
2. **समाज में ऊर्जा (Energy in Society):** खाद्य और पानी सुरक्षाए विकासए और जलवायु अनुकूलन के लिए आवश्यक है। उत्पादन और उपयोग मानव-लक्ष्यित गतिविधियों का भागबन सकते हैं।
3. **पुनर्नवाचन के लिए बदलाव (Shift to Renewables):** प्राकृतिक से मानव-निर्दिष्ट शर्तों पर जाने के लिए और अधिक नवाचनीय ऊर्जा की आवश्यकता है।

आदर्श ऊर्जा स्त्रोत विशेषताएँ (Ideal Energy Source Characteristics)

1. प्रति इकाई/भार के समयध्मात्रा में आदर्श उत्पादन। (Optimal Production per Unit/Weight and Time/Quantity)
2. सुविधाजनक परिवहन (Convenient Transportation)
3. न्यून प्रदूषण (Minimal Pollution)
4. लागत-कुशलता (Cost Efficiency)
5. ऊर्जा, काम करने की क्षमता, जीवों, मशीनों, और सभी प्रकार के पदार्थ के लिए मौलिक है। समय के साथ सभी मानव आवश्यकताओं को पूरा करने के लिए विकसित होती है।

ऊर्जा के सामान्य रूप

1. **मैकेनिकल ऊर्जा (Mechanical Energy)**

   गतिक ऊर्जा (Kinetic Energy): यह ऊर्जा होती है जिसे किसी वस्तु की गति के कारण होता है। उदाहरण के लिए, चलती हुई गाड़ी या रोलिंग गेंद अपनी गति के कारण किनेटिक ऊर्जा होती है क्योंकि वे चलते हैं।''

   संभावित ऊर्जा (Potential Energy): इस प्रकार की ऊर्जा किसी वस्तु के स्थिति या स्थिति से संबंधित होती है। एक दबी हुई तार इसका उत्कृष्ट उदाहरण है, क्योंकि इसमें दबी हुई स्थिति के कारण ऊर्जा संग्रहित होती है। उसी प्रकार, जैसे कि एक शेल्फ पर एक किताब की ऊंचाई पर एक वस्तु होती है, जिसका गुरुत्वाकर्षण संभावना ऊर्जा होती है क्योंकि इसमें गुरुत्वाकर्षण के कारण गिरने की संभावना होती है, इसे किनेटिक ऊर्जा (गति की ऊर्जा) में बदल देती है जैसे कि यह गिरती है। बाँधों के माध्यम से ऊर्जा उत्पादन भी संभावना ऊर्जा का बढ़िया उदाहरण है।''

   ऊर्जा संरक्षण का कानून (Law of Conservation of Energy): ऊर्जा ब्रह्मांड में स्थिर रहती है, एक रूप से दूसरे रूप में परिवर्तित होती है। इसे उदाहरण के रूप में बांध के हाइड्रोइलेक्ट्रिक डैमों में संभावित ऊर्जा को किनेटिक ऊर्जा में परिवर्तित करने की तस्वीर द्वारा प्रस्तुत किया गया है।''
2. **ऊष्मीय ऊर्जा (Thermal Energy):** यह किसी पदार्थ के तापमान से संबंधित है, जो अणुओं की गति से उत्पन्न होता है।
3. **रासायनिक ऊर्जा (Chemical Energy):** हम एक उदाहरण ले सकते हैं, जैसे कि यह एक प्राचीन ईंधन है। इसका विशेषज्ञ रूप से चर्चा की गई है।
4. **पारमाणविक ऊर्जा (Nuclear Energy):** यहां पर आपको समझाने के लिए एक अलग से चर्चा की गई है।

भारत का ऊर्जा परिदृश्य (India's Energy Landscape)

- **विद्युत अधिनियम 2003 (Electricity Act of 2003)** का उद्देश्य प्रतिस्पर्धा प्रस्तुत करना, उपभोक्ता हितों की सुरक्षा करना, और सभी के लिए ऊर्जा सुनिश्चित करना था।
- भारत का ऊर्जा क्षेत्र विविध है, जिसमें केंद्रीय, राज्य, और निजी क्षेत्रों का योगदान है।
- भारत वैश्विक रूप से तीसरे सबसे बड़े विद्युत उत्पादक और दूसरे सबसे बड़े उपभोक्ता है।
- भारत निम्नलिखित रूपों में विभिन्न प्रकार की ऊर्जा मिश्रण का उपयोग करता है:

ऊर्जा वर्गीकरण (Energy Classification)

- **प्राथमिक ऊर्जा (Primary Energy):** प्राकृतिक स्त्रोत जैसे कि कोयला और सूर्य की प्रकार। यह नवाचनीय (जैसे सूर्य) या गैर-नवाचनीय (जैसे कोयला) हो सकता है।

- **द्वितीयक ऊर्जा (Secondary Energy):** विद्युत जैसे परिवर्तित रूप में, घरों और उद्योगों में उपभोग के लिए उपयुक्त।

जीवाश्म ऊर्जा (Fossil fuels)

जीवाश्म ऊर्जा गैर-नवाचनीय ईंधन हैं। ये मुख्य रूप से सड़े हुए पौधों और जीवों के विघटन से बने होते हैं, जो लाखों वर्षों में हुआ है। इनकी मात्रा सीमित है और उपयोग के साथ घट जाती है। मुख्य उदाहरण कोयला, तेल, और प्राकृतिक गैस हैं। इन्हें अधिकांश लोग परिवहन और ऊर्जा क्षेत्रों में उपयोग करते हैं।

जीवाश्म ऊर्जा से लाभ

- प्रति इकाइ में उच्च ऊर्जा उत्पादन।
- उपयोग के लिए स्थापित प्रौद्योगिकी।
- विकसित व्यापार बाजार।

जीवाश्म ऊर्जा से हानियां

- यह वैश्विक गर्मी प्रक्रिया में अनावश्यक रूप में सहयोग करते हैं।
- जलवायु गैसों जैसे जलवायु CO_2 सल्फर डाइऑक्साइड और नाइट्रोजन ऑक्साइड्स के प्रदूषकों के कारण स्वास्थ्य समस्याएँ पैदा होती हैं।
- समुद्र जल में तेल के बहाव की स्थिति अक्सर पक्षियों पर कुप्रभाव डालती है, जैसे की समुद्री पक्षियां (जैसे की पेलिकन, सीगल्स, अलबेट्रॉस, आदि), और समुद्री जीवों (जैसे की समुद्री कछुआ और डॉल्फिन्स) पर। उनकी पंख और आजीविका तेल के संपर्क के परिणामस्वरूप प्रभावित हो जाती हैं।

भारत में जीवाश्म ईंधन और अजीवाश्म ईंधन वितरण

जीवाश्म (Fossil Fuels): मुख्य रूप से थर्मल - कुल 57.8%):

- **कोयला (Coal):** 50: (कोयले को फॉसिल फ्यूल के सबसे बड़े भागको प्रतिबिम्बित करने के लिए)
- **लिग्नाइट (Lignite):** 1.6%
- **गैस (Gas):** 6.1%
- **डीजल (Diesel):** 0.1%

अजीवाश्म (छवद थ्वेपस थ्नमसेब्ध (42.2%):

- **हाइड्रो (Hydro):** 11.5%
- **वायु (Wind):** 10.2%
- **सौर (Solar):** 14.9% (सौर अब अब ऊर्जा का दूसरा सबसे बड़ा स्रोत है को प्रतिबिम्बित करने के लिए)
- **बायो मासध्कोजन (Bio Mass/Cogen):** 2.5%
- **ऊर्जा को अपशिष्ट से बनाना (Waste to energy):** 0.1%
- **लघु जलविद्युत (Small Hydropower):** 1.2%
- **पारमाणविक ऊर्जा (Nuclear Energy):** 1.7%

पारमाणविक ऊर्जा की स्थिति (Status of Nuclear Energy): सरकारी नीति के अनुसार, पारमाणविक ऊर्जा को ग्लोबल वार्मिंग में सहयोग देने वाले जीएचजी को उत्पन्न नहीं करने वाली होने के कारण गैर-फॉसिल फ्यूल स्रोत के रूप में श्रेणीबद्ध किया गया है। इसकी मूल किस्म फॉसिल फ्यूल से अलग है। हालांकि, क्योंकि पारमाणविक ऊर्जा के लिए यूरेनियम, नाभ्बन की अधिक मात्रा में होता है, इसलिए पारमाणविक ऊर्जा को गैर-नवाचनीय संसाधन के रूप में माना जाता है।

ऊर्जा के प्रकार (Types of Energy)

ये प्रकार की ऊर्जा (Types of Energy) एक प्रकार से दूसरे प्रकार की ऊर्जा की ओर भीलीन होते हैं, लेकिन यह एक प्रकार से होती थीं, और यह धीरे-धीरे होती थीं।

- **पत्थर का युग (Stone Age)** लकड़ी प्रमुख ऊर्जा स्रोत थी।
- **समाज आगे बढ़ता गया, तो लकड़ी कोयले ने लोहे के युग (Iron Age)** में प्रमुख ऊर्जा स्रोत बना लिया।
- आधुनिक समय में, हम प्रमुख रूप से पेट्रोलियम और प्राकृतिक गैस का उपयोग करते हैं।
- अब हम अनवर्तनीय ऊर्जा से नवाचनीय ऊर्जा की ओर देख रहे हैं।

नवीकरणीय और गैर-नवीकरणीय ऊर्जा स्रोत

गैर-नवीकरणीय या अनवर्तनीय ऊर्जा स्रोत (Renewable Energy Sources): अनवर्तनीय ऊर्जा स्रोत संक्षिप्त समय सीमा में पुनर्नवीक्षित नहीं की जा सकने वाले संसाधन होते हैं। इसमें जीवाश्म ईंधन और पारमाणविक ऊर्जा शामिल है।

लाभ (Benefits)

- **विश्वसनीयता (Reliability):** एक स्थिर, विश्वसनीय विद्युत स्रोत प्रदान करते हैं।
- **बुनाई (Infrastructure):** व्यर्थन, प्रसंस्करण, और वितरण के लिए उपस्थित सुनिश्चित ढाँचा।
- **उच्च ऊर्जा घनत्व (High Energy Density):** औद्योगिक और वाणिज्यिक उपयोग के लिए उच्च ऊर्जा उत्पादन प्रदान करते हैं।
- **उदाहरण (Examples):** कोयला, तेल, प्राकृतिक गैस, पारमाणविक ऊर्जा

नवीकरणीय या नवाचनीय ऊर्जा (Renewable Energy Sources): ये ऊर्जा स्रोत वह होते हैं जो एक छोटे समय में स्वाभाविक रूप से पुनर्नवीक्षित की जा सकती हैं। इन्हें सतत और अनंत माना जाता है।

लाभ (Benefits):

- **पर्यावरणीय (Environmental):** कम ग्रीनहाउस गैस विकिरण, कम प्रदूषण।
- **आर्थिक (Economic):** हरित प्रौद्योगिकियों में नौकरियां बनाने, दीर्घकालिक में न्यूनतम ऊर्जा लागत की संभावना।
- **ऊर्जा सुरक्षा (Energy Security):** आयातित ईंधनों पर कम निर्भरता। **उदाहरण (Examples):** सौर ऊर्जा, पवन ऊर्जा, जलविद्युत, जैव ऊर्जा, भूउष्मीय आदि।

नवीकरणीय ऊर्जा प्रतिनवीकरणीय सरकारी दृष्टिकोण में परिवर्तन (Shift in Government Approach Towards Renewable Energy): इस परिवर्तन के कारण निम्नलिखित है:

- **अंतरराष्ट्रीय प्रतिबद्धता (International Commitments):** सरकार ने Intended Nationally Determined Contributions (INDCs), Glasgow commitments, Kyoto Protocol, Paris agreement आदि के रूप में अंतरराष्ट्रीय प्रतिबद्धता की है। इस पर सरकार निम्नलिखित कदम उठाती है:
- **इमिशन नियमित (Regulate Emissions):** हम उत्सवों, वाहनों आदि पर सुप्रीम कोर्ट इमिशन नियमों का उदाहरण ले सकते हैं।

- **परिवर्तन नीतियां विकसित करें (Develop Transition Policies):** इसमें अनवर्तनीय से नवाचनीय नीति निर्धारित की जा रही है। सरकार ने भारत स्टेज (BS) नियम भी लागू किए हैं।
- **सब्सिडी और प्रोत्साहन पुनर्निर्देशित करें (Redirect Subsidies and Incentives):** इससे नवाचनीय उत्पादों को प्रतिस्पर्धी और वित्तीय रूप से संविदान्य बनाने में सहायता मिलती है। भारत में इलेक्ट्रिक कारों पर कम या कोई कर नहीं हैं।
- **नवाचनीय ऊर्जा का उपयोग प्रोत्साहित करें (Promote Renewable Energy Use):** सौर, पवन, जल, और अन्य नवाचनीय ऊर्जा स्थापनाओं के लिए प्रोत्साहित करने के लिए प्रोत्साहित करें।
- **नवाचनीय ऊर्जा लक्ष्य स्थापित करें (Set Renewable Energy Targets)** नवाचनीय ऊर्जा क्षमता के लिए महत्वपूर्ण लक्ष्य स्थापित करें ताकि ऊर्जा का महत्वपूर्ण भागनवाचनीय स्रोतों से आ सके।
- **अंतरराष्ट्रीय सहयोग का समर्थन करें (Support International Collaboration):** प्रौद्योगिकी पारदर्शन और नवाचनीय ऊर्जा परियोजनाओं में तकनीक की हस्तांतरण और वित्त परियोजनाओं में भागीदारी के लिए अंतरराष्ट्रीय प्रयासों और सहयोग में शामिल हों।

अपुनर्वाचनीय ऊर्जा स्रोत (NON RENEWABLE SOURCES OF ENERGY)

कोयला (Coal)

- कोयला, मूल रूप से एक जीवाश्म ईंधन है। यह प्राचीन पौधों के बुरादरन से बनता है और मुख्य ऊर्जा स्रोत है।
- कोयला में कार्बन यौगिकों में रासायनिक ऊर्जा होती है।
- कोयले की जलाई जाने पर कार्बन डाइऑक्साइड और जलवायु वाष्प ऊर्जा के रूप में मुक्त होते हैं।
- विद्युत प्लांट्स में, इस गर्मी से पानी को उभरता है, जिससे बिजली के लिए टर्बाइनों को ड्राइव करने का काम होता है।
- कोयले के उपयोग में ऊर्जा परिवर्तन कार्य में रासायनिक ऊर्जा को तापमक्षीक में, फिर मैकेनिकल में, और आखिरकार इलेक्ट्रिकल ऊर्जा में बदल देने की आवश्यकता होती है।

पीट (Peat)

पीट, कोयले के गठन का प्रारंभिक चरण है। कार्बन संघटना 50-60% है। ताप और दबाव के तहत, यह लिग्नाइट, बिट्यूमिनस कोयले, और आखिरकार ऐंथ्रासाइट में विकसित होता है।

लिग्नाइट (Brown Coal)

लिग्नाइट, कार्बन संघटना 70% है। इसमें उच्च आपदा कंटेंट के साथ भिगो दी जाती है। इसे आमतौर पर विद्युत उत्पादन में उपयोग किया जाता है।

बिट्यूमिनस कोयल (Soft Coal)

बिट्यूमिनस कोयल, कार्बन संघटना करीब 80% है। इसका उपयोग विद्युत उत्पादन और औद्योगिक उपयोग दोनों में होता है। इसका कोक उत्पादन उच्च तापमान पर इस्तेमाल करके स्टील उत्पादन के लिए होता है।

ऐंथ्रासाइट (Anthracite)

- ऐंथ्रासाइट यह कोयले का सबसे उच्च ग्रेड है। इसका मतलब है कि जलाई जाने पर धूम्रमार्गन मिनिमल होता है, जिससे उच्च शुद्धता और प्रदर्शन होता है।

भारत कोयले का आयात क्यों करता है?

- भारत मुख्य रूप से बिट्यूमिनस और सब-बिट्यूमिनस कोयले की खदानी करता है, जिनमें माध्यम से उच्च कार्बन लेकिन लकड़ी से कम आपदा होती है। हालांकि, इस भारतीय कोयले में अक्ष उच्च और ऊर्जा संविदान कम होती है, जिससे इसकी ऊर्जा उत्पादन की कुशलता कम हो जाती है।
- भारत स्टील उद्योग के लिए आवश्यक होने वाले कोकिंग कोयल (उच्च गुणवत्ता वाला कोयल, बहुत कार्बन संघटन, कुछ अशुद्धियों के साथ) का आयात करता है।
- भारत उच्च ग्रेड की थर्मल कोयल भी आयात करता है, जिसमें अधिक उष्मीय मूल्य होता है और विद्युत उत्पादन के लिए अधिक कुशल होता है।
- अन्य कारक मांग आपूर्ति की कमी, लागत की प्रभावकारकता और लॉजिस्टिक्स हैं।
- भारत की मुख्य कोयले के ठिकाने गोंडवाना क्षेत्र में हैं, खासकर दमोदर घाटी में।
- बहुत अधिक कोयले को जलाने से वायु प्रदूषण, स्वास्थ्य समस्याएँ और जलवायु परिवर्तन होता है। इसके बावजूद, यह चीन, भारत, USA, ऑस्ट्रेलिया, और इंडोनेशिया जैसे देशों में एक महत्वपूर्ण ऊर्जा स्रोत है, यह प्रदूषण और ग्लोबल वार्मिंग का मुख्य कारण है।

कोयला बेड मीथेन (Coal Bed Methane - CBM)

1. CBM एक प्राकृतिक गैस है जो कोयले के श्रृंग में पाया जाता है, जो कोयले की खदानी के दौरान उत्कृष्ट होता है।
2. **स्वच्छ लेकिन कम घनत्व वाला:** CBM कोयले की तुलना में स्वच्छता से जलता है, लेकिन उसका ऊर्जा घनत्व कम होता है।
3. **ऊर्जा प्राप्त करने के लिए अधिक CBM की आवश्यकता है:** कोयले के बराबर बिजली उत्पन्न करने के लिए इसकी अधिक मात्रा की आवश्यकता होती है।
4. **पर्यावरणीय चुनौतियां (Environmental Challenges):** CBM की निकासी अपशिष्ट जल (waste water) का निर्माण और मीथेन लीकेज़ जैसी समर्थन और समस्याओं का निर्माण करती है। इन पर्यावरणीय जोखिमों को प्रभावी प्रबंधन और समक्षता उपायों की आवश्यकता है।

पेट्रोलियम तेल (Petroleum Oil)

पेट्रोलियम, पृथ्वी के चट्टानों में क्रूड ऑयल के रूप में पाया जाने वाला, हाइड्रोकार्बनों का मिश्रण होता है, जिसे रिफाइनरियों में आंशिक विलयन (fractional distillation) से प्रसंस्कृत किया जाता है। इसका निकासी, शुद्धिकरण और जलाने से महत्वपूर्ण हरित परिस्थितियों को उत्पन्न करता है, जिससे यह मुख्य जलवायु परिवर्तनकारी योगदानकर्ता बनता है।

प्राकृतिक गैस (NATURAL GAS)

- **प्राकृतिक गैस** एक प्राकृतिक ईंधन है, जिसका उच्च उष्मीय मूल्य के लिए महत्वपूर्ण होने की खासियत है। यह सबसे स्वच्छ जलवायु परिवर्तनकारी फॉसिल ईंधन है।
- **प्राकृतिक गैस की उत्पत्ति** पौधों और जीवों जैसी प्राकृतिक सामग्रियों से होती है, जिन्होंने लाखों वर्षों के भीतर गर्मी और दबाव के परिवर्तन से बदल जाती है। यह पृथ्वी की तटीय आवयवों के साथ उपस्थित होता है।

प्राकृतिक गैस का संरचना निम्नलिखित है:

- प्रमुख रूप से मैथेन (CH_4) से बना होता है, आमतौर पर 70-90% का भाग।

- इसमें इथेन, प्रोपेन, ब्यूटेन और नाइट्रोजन, कार्बन डाइऑक्साइड, और हाइड्रोजन सल्फाइड की छायांकन की जाती है।
- **प्राकृतिक गैस का निकासी** भूमिगत भंडारों से होता है, जो आमतौर पर तेल जमा निकासी के साथ पाये जाते हैं।
- **प्राकृतिक गैस के उपयोग:** यह विद्युत उत्पादन, औद्योगिक और आवासीय गर्मी उत्पादन के लिए व्यापक रूप से उपयोग किया जाता है (विशेषकर यूरोप, रूस, अमेरिका, कनाडा में) और वाहनों के लिए संपीड़ित प्राकृतिक गैस (CNG) के रूप में।
- **पेट्रोकेमिकल उत्पादन:** प्राकृतिक गैस प्लास्टिक, उर्वरक, और फार्मास्यूटिकल्स उत्पन्न करने में मुख्य घटक होता है।

प्राकृतिक गैस हाइड्रेट्स (Natural Gas Hydrates):

- समुंदर किनारों (गहरी समुंदर की भूसामग्रियों) और ध्रुवीय क्षेत्रों (स्थायु समुंदर क्षेत्रों) में पाए जाने वाले इस बर्फ की प्रकार की संरचनाएं प्राकृतिक गैस (मुख्य रूप से मैथेन) और पानी को मिलाकर बनती हैं।
- "इन हाइड्रेट्स में भविष्य में ऊर्जा के प्रमुख स्रोत की संभावना है, लेकिन इन्हें निकासना मुश्किल और महंगा होता है।
- भारत में CBM संसाधनों का महत्वपूर्ण उपस्थित है, खासतर पश्चिमी, पूर्वी, और अंडमान समुंदर क्षेत्रों में।

संपीड़ित प्राकृतिक गैस (CNG) और पाइप्ड प्राकृतिक गैस (PNG)

- **CNG:** वह प्राकृतिक गैस है जिसे उच्च दबाव में संपीड़ित किया गया है ताकि इसे एक टैंक में संग्रहित किया जा सके और वाहन ईंधन के रूप में उपयोग किया जा सके।
- CNG डीजल और पेट्रोल की तुलना में शुद्ध है, कम इमिशन वाला है।
- CNG का उच्च आक्टेन रेटिंग होता है।
- CNG भारी होता है, उसकी आग की सीमा संकीर्ण होती है, और यथार्थ ईंधनों की तुलना में सार्थक लागत-कुशल होता है।
- PNG वही गैस होती है जो घरों और उद्योगों को पकाने और अन्य उद्देश्यों के लिए आपूर्ति की जाती है।
- CNG और PNG मुख्य रूप से मैथेन से मिलते हैं और उनकी संकीर्ण आणविक संरचना होती है, जिससे ट्रॉपोस्फियर में ओजोन निर्माण कम होता है।

शेल गैस और पेट्रोल (Shale Gas and Petrol)

शेल गैस एक गैर-परंपरागत प्राकृतिक गैस है जो गहरे नीचे स्थित, महीन-दानेदार शेल चट्टानों में पाई जाती है। शेल चट्टानें कार्बनिक पदार्थों से बनी होती हैं जो लाखों वर्षों से जमा हुए हैं। इन चट्टानों में महत्वपूर्ण मात्रा में प्राकृतिक गैस होती है, लेकिन इसे निकालना कठिन कार्य होता है।

हाल की तकनीकी प्रगति, विशेष रूप से क्षैतिज ड्रिलिंग और हाइड्रोलिक फ्रैक्चरिंग (फ्रैकिंग) की खोज से, शेल गैस के व्यावसायिक दोहन की संभावना पैदा हुई है। क्षैतिज ड्रिलिंग (horizontal drilling) का उपयोग लंबे, क्षैतिज कुओं को बनाने के लिए किया जाता है जो शेल चट्टानों के नीचे तक पहुंच सकते हैं। हाइड्रोलिक फ्रैक्चरिंग का उपयोग इन कुओं में उच्च दबाव वाले पानी, रेत और रसायनों के मिश्रण को भेजकर चट्टान को तोड़ने के लिए किया जाता है। इससे शेल गैस को मुक्त करने में सहायता मिलती है।

शेल गैस के लाभ (Advantages of Shale gas)

- शेल गैस का उपयोग करके ऊर्जा उत्पादन करने से कार्बन उत्सर्जन कम हो सकता है, क्योंकि यह पारंपरिक जीवाश्म ईंधनों जैसे कोयले और तेल की तुलना में कम कार्बन उत्सर्जन करता है।
- इसके अलावा, शेल गैस का उत्पादन भारत जैसे देश की ऊर्जा सुरक्षा (energy security) में सुधार करने में सहायता कर सकता है, यह "स्वच्छ ऊर्जा और कम खर्चीला" विकल्प है। इससे भारत के ऊर्जा आयात कम हो सकते हैं। अमेरिका पहले ऊर्जा का आयात करता था, पर शेल गैस के उत्पादन के कारण ऊर्जा का निर्यातक बन गया।

शेल गैस की सीमाएं (Limitations of Shale gas)

- हाइड्रोलिक फ्रैक्टरिंग में हम भूमि की गहराई में जाते हैं, इस तकनीक के प्रयोग से क्षेत्रीय स्तर पर भूकंपीय घटनाओं में वृद्धि हो सकती है। इससे भूमिगत जल के प्रदूषित होने की समस्या भी बढ़ सकती है
- शेल गैस के कुओं से मीथेन का संभावित रिसाव भूमण्डलीय तापन की वृद्धि दर को और भी बढ़ा सकता है। यदि हम शेल गैस के प्रयोग में अत्यधिक वृद्धि होने दें, तो भी वह GHG उत्सर्जन में वृद्धि जारी रहेगी
- कुल मिलकर, जलवायु परिवर्तन की चुनौतियों का प्रभावी ढंग से सामना करने में दीर्घकालिक स्तर पर नवीकरणीय ऊर्जा उद्योग ही सक्षम है। शेल गैस भी सतत ऊर्जा सुरक्षा की दृष्टि से सही नहीं है।

भारत में शेल गैस

भारत में शेल गैस के भंडार मुख्यत: कैम्बे बेसिन (गुजरात), असम-अराकान (उत्तर पूर्व), गोंडवाना बेसिन (मध्य भारत) और तमिलनाडु में पाए जाते हैं। भारत सरकार ने 2016 में शेल गैस के अन्वेषण और दोहन के लिए नीतिगत ढांचा तैयार किया है।

भारत में शेल गैस के विकास से जुड़े कुछ चुनौतियां हैं, जिनमें शामिल हैं:

- पर्यावरणीय प्रभाव
- भूकंपीय जोखिम
- स्थानीय जनसंख्या का विरोध

भारत सरकार इन चुनौतियों से निपटने के लिए कदम उठा रही है। सरकार ने शेल गैस के अन्वेषण और दोहन के लिए पर्यावरणीय मानकों को कड़ा किया है। सरकार भूकंपीय जोखिम का आकलन करने के लिए भी काम कर रही है। सरकार स्थानीय जनसंख्या के साथ भी चर्चा कर रही है ताकि उनका सहयोग प्राप्त किया जा सके।

भारत में शेल गैस का विकास एक महत्वपूर्ण अवसर है। शेल गैस देश की ऊर्जा सुरक्षा और आर्थिक विकास को बढ़ावा दे सकती है। हालांकि, शेल गैस के विकास से जुड़ी चुनौतियों का भी ध्यान रखना होगा।

बायोगैस (Biogas)

बायोगैस एक्टिवेटर्स में मानव और पशु गंदगी, जिसमें पशु गोबर जैसे पशु मल या विष्ठा (animal dung) होते हैं, के साथ बैक्टीरियल क्रिया का परिचय कराकर उत्पन्न होती है। इस अपघातन प्रक्रिया (decomposition process) से मेथेन उत्पन्न होता है, जो खाना पकाने और विद्युत उत्पादन के लिए उपयोग होता है। बचा हुआ सामग्री, जिसे स्लरी (slurry) कहा जाता है, कृषि क्षेत्रों के लिए पोषण संशोधन गोबर के रूप में कार्बनिक खाद या हरी खाद (manure) के रूप में काम आता है।

सामान्य बायोगैस संरचना निम्नलिखित है:

- बायोगैस प्रमुख रूप से मेथेन से मिलता है, लेकिन इसकी तुलना यदि प्राकृतिक गैस के साथ यदि की जाए, तो आमतौर पर यह 50-70% होता है।
- इसमें प्राकृतिक गैस की तुलना में अधिक CO_2 होता है।
- इसमें जल वापरएं हाइड्रोजन सल्फाइड (H_2S) और अन्य गैसों की छायांकन की जाती है।

- यह याद रखें कि बायोगैस जैविक पदार्थ के अवायवीय पाचन (anaerobic digestion) से बनता है। यह जैविक पदार्थ कृषि अपशिष्ट, खाद, नगरपालिका कचरा, पौधों का कचरा, सीवेज, हरा कचरा, खाद्य अपशिष्ट आदि से प्राप्त होता है।

हाइड्रोजन (HYDROGEN)

हाइड्रोजन पृथ्वी पर सबसे अधिक उपस्थित तत्व है और सभी ईंधनों में उच्चतम उर्जा मूल्य है। हालांकि यह स्वाभाविक रूप से एक गैस के रूप में उपस्थित नहीं होता, यह एक बहुमुखी ऊर्जा वाहक है।

लाभ

- **ऊर्जा का उच्च घनत्व (High Energy Density):** हाइड्रोजन अपने हल्के भार का होता हैं, यह अपने भर की की तुलना के अनुपात में अधिक ऊर्जा का उत्पादन करता है, और इस को एक कुशल ईंधन बनाता है।
- **शुद्ध दहन (Complete combustion):** हाइड्रोजन का दहन करने पर केवल पानी की बाष्पीकरण होता है, जिससे यह पर्यावरण के लिए एक सहयोगी विकल्प बन जाता है।
- **नवाचारिक और प्रचुर:** हाइड्रोजन को नवाचारिक स्रोतों से उत्पन्न किया जा सकता है और यह पृथ्वी पर प्रचुर है।
- **शून्य उत्सर्जन और स्वच्छ दहन:** यह ईंधन उपयोग में लाए जाने पर कोई GHG नहीं उत्पन्न करता है और शुद्ध रूप से दहन होता है। शून्य उत्सर्जन (Zero Emissions) का अर्थ है कि किसी गतिविधि या प्रक्रिया से कोई उत्सर्जन नहीं होता है।
- **बहुमुखी और अत्यधिक प्रतिक्रियाशील:** इसका उपयोग विभिन्न अनुप्रयोगों में किया जा सकता है और यह ऑक्सीजन के साथ तीव्रता से अनुकूलन करता है, जिससे जल का निर्माण होता है।

सीमाएँ:

- **संग्रहण की चुनौतियाँ:** हाइड्रोजन को इसके कम घनत्व के कारण संग्रहित करना कठिन कार्य होता है।
- **अवस्थान विकास की आवश्यकता:** उत्पादन, वितरण, और शीघ्र कर्यान्वयन के लिए महत्वपूर्ण ढांचा चाहिए, इसमें हमे अत्यधिक निवेश की आवश्यकता होती है।
- **सुरक्षा और प्रतिक्रिया:** इसकी उच्च ज्वलनशीलता और प्रतिक्रिया के कारण सावधानीपूर्ण व्यवस्था की आवश्यकता होती है।
- **उत्पादन का पर्यावरण प्रभाव:** सामान्य उत्पादन विधियाँ, जैसे प्राकृतिक गैस की पुनर्रचना, पर्यावरण पर प्रभाव डाल सकती हैं।
- **ऊर्जा परिवर्तन की चुनौतियाँ:** हाइड्रोजन को ईंधन के रूप में या फ्यूल सेल्स (fuel cells) के माध्यम से बिजली उत्पन्न के लिए अन्य तत्वों से अलग करना, इसका उपयोग करने के लिए तकनीकी चुनौतियाँ प्रस्तुत करता है।

भारत में हाइड्रोजन मिशन (Hydrogen Mission in India)

भारत ने हाइड्रोजन को एक स्वच्छ और टिकाऊ ऊर्जा स्रोत के रूप में बढ़ावा देने के लिए राष्ट्रीय हाइड्रोजन मिशन का शुभारंभ किया है। इस मिशन का लक्ष्य है:

1. परिवहन, उद्योग और बिजली उत्पादन के लिए हाइड्रोजन को वैकल्पिक ईंधन के रूप में विकसित करना।
2. सौर या पवन ऊर्जा स्रोतों और इलेक्ट्रोलाइज़रों के उत्पादन को प्रोत्साहित करना, जिनका उपयोग हरे हाइड्रोजन के उत्पादन के लिए किया जाएगा।
3. एक हाइड्रोजन पारिस्थितिकी तंत्र का निर्माण करना, जिसमें हाइड्रोजन उत्पादन, भंडारण और वितरण के लिए बुनियादी ढांचे का विकास शामिल है।
4. हाइड्रोजन प्रौद्योगिकी में ज्ञान और श्रेष्ठतम कार्यप्रणालियों का आदान-प्रदान करने के लिए वैश्विक साझेदारियों के साथ सहयोग करना।

हाइड्रोजन के प्रकार (Types of Hydrogen)

हाइड्रोजन को उसके उत्पादन विधियों के आधार पर विभिन्न प्रकारों में वर्गीकृत किया जा सकता है:

1. **ग्रे हाइड्रोजन (Grey hydrogen):** इसे प्राकृतिक ईंधनों से उत्पन्न किया जाता है, आमतौर पर प्राकृतिक गैस, जैसे प्राकृतिक गैस, से जुड़े कार्बन इमिशन के साथ।
2. **ब्लू हाइड्रोजन (Blue hydrogen):** यह भी प्राकृतिक ईंधनों से निकाला जाता है, लेकिन इसमें कार्बन कैप्चर और स्टोरेज (CCS) प्रौद्योगिकी का उपयोग करके इमिशन को कम करने के लिए किया जाता है।
3. **ग्रीन हाइड्रोजन (Green Hydrogen):** इसे जल के इलेक्ट्रोलाइसिस के माध्यम से उत्पन्न किया जाता है, जिसमें सौर या पवन ऊर्जा जैसे नवाचारी ऊर्जा स्रोतों का उपयोग करके किया जाता है, जिससे शून्य इमिशन होता है।
4. **ब्राउन हाइड्रोजन (Brown Hydrogen)**: यह कोयले से बनाया जाता है, जिसमें कार्बन की महत्वपूर्ण इमिशन होती है।
5. **टर्कोइज हाइड्रोजन (Turquoise Hydrogen):** यह एक नई अवधारणा है, टर्कोइज हाइड्रोजन का उत्पादन मीथेन पायरोलिसिस का उपयोग करके किया जाता है, यह उपयोग कार्बन कैप्चर के साथ इमिशन को कम करने के लिए किया जा सकता है।
6. **पिंक हाइड्रोजन (Pink Hydrogen):** इसका उत्पादन परमाणु ऊर्जा का उपयोग करके किया जाता है।

फ्यूल सेल्स (FUEL CELLS)

फ्यूल सेल्स एक प्रगतिशील रासायनिक उपकरण हैं जो अपने मुख्य ईंधन स्रोत के रूप में हाइड्रोजन का उपयोग करते हैं। ये रासायनिक ऊर्जा को सीधे बिजली और गर्मी में परिवर्तित करते हैं। इनमें फॉसिल ईंधन के समाहरण का शामिल नहीं होता, इसलिए वे एक स्वच्छ और प्रदूषणरहित ऊर्जा प्रौद्योगिकी हैं। सामान्यत: हाइड्रोजन को इस प्रकार उत्पन्न किया जा सकता है जहाँ ऑक्सीजन के साथ भी बनता है, इसमें एक इलेक्ट्रोलाइट के माध्यम से हाइड्रोजन का निर्माण किया जा सकता है।

फ्यूल सेल्स के अन्य पहलुओं के रूप में निम्नलिखित हैं:

- **विविध ईंधन उपयोग:** फ्यूल सेल्स विभिन्न ईंधन, जैसे हाइड्रोजन, प्राकृतिक गैस, मेथेनॉल, और बायोगैस सहित कई प्रकार के ईंधन पर काम कर सकती हैं।
- **हाइड्रोजन के रूप में मुख्य घटक:** कई प्रकार के फ्यूल सेल्स में हाइड्रोजन मुख्य और सबसे प्रदूषण की कमी वाला ईंधन होता है। इससे ग्रीनहाउस गैस उत्सर्जन नहीं होता है।
- **विकल्पी ईंधनों के लिए 'रिफॉर्मिंग प्रक्रिया':** प्राकृतिक गैस, मेथेनॉल, और बायोगैस जैसे ईंधन को रिफॉर्मिंग कही जाने वाली प्रक्रिया के माध्यम से हाइड्रोजन में परिवर्तित होते हैं, जिसमें भाप और एक कैटलिस्ट के साथ रासायनिक प्रतिक्रिया शामिल होती है।
- **मीथेनॉल के लिए विशिष्ट प्रक्रिया:** मीथेनॉल के मामले में, हाइड्रोजन को उत्पन्न करने के लिए भाप रिफॉर्मिंग या मीथेनॉल रिफॉर्मिंग का उपयोग किया जाता है।

- **विविध अनुप्रयोग:** फ्यूल सेल्स ने विभिन्न क्षेत्रों में अनुप्रयोग पाए हैं, जिसमें उनकी पारंपरिकता और कुशलता महत्वपूर्ण हैं।

नवीकरणीय ऊर्जा स्रोत (Renewable Energy Sources)

सौर ऊर्जा (SOLAR ENERGY)

सौर ऊर्जा ऊर्जा के क्षेत्र में सबसे नवीकरणीय और टिकाऊ या सतत स्रोत है। यही कारण है कि यह हमारी ऊर्जा सुरक्षा के लिए महत्वपूर्ण है। हमें यह देखने की आवश्यकता है कि सूर्य अपनी ऊर्जा कैसे पैदा करता है।

ऊर्जा संरक्षण का कानून (Law of Conservation of Energy)

ऊर्जा संरक्षण का नियम: यह कहता है कि ऊर्जा न तो सृजित की जा सकती है और न ही नष्ट की जा सकती है; यह केवल एक रूप से दूसरे रूप में परिवर्तित होती है। इस नियम का मूल आशय यह है कि किसी बंद प्रणाली में ऊर्जा की कुल मात्रा सदैव स्थिर रहती है। ऊर्जा के रूपांतरण के दौरान, ऊर्जा का कुल संतुलन (जवजंस इंसंदबमद्ध अपरिवर्तित रहता है, जो इस नियम का मूल सिद्धांत है।

परमाणु संलयन और विखंडन *(Nuclear Fusion and Fission)*

सौर ऊर्जा उत्पादन में शामिल परमाणु प्रक्रियाएं इस प्रकार हैं:

1. **नाभिकीय संलयन प्रक्रिया (Nuclear Fusion Process):** यह सूर्य के मूल (core) में होता है, जहाँ हाइड्रोजन परमाणु परमाणु संलयन से गुजरते हैं। हाइड्रोजन परमाणु (प्रोटॉन) को मिलाकर हीलियम बनाया जाता है। कुछ द्रव्यमान (mass) की हानि होती है, जो बहुत अधिक ऊर्जा उत्पन्न करता है। यह वास्तव में ऊर्जा का मुख्य स्रोत है।
2. **नाभिकीय संलयन की प्रक्रिया (Nuclear Fusion Energy):** नाभिकीय संलयन की प्रक्रिया में, दो या अधिक छोटे परमाणु एक बड़े परमाणु में संयोजित होते हैं। इस प्रक्रिया में भी बड़ी मात्रा में ऊर्जा मुक्त होती है।

सूर्य भी "प्रोटॉन-प्रोटॉन श्रृखला प्रतिक्रिया" नामक चरणों की एक जटिल श्रृंखला के माध्यम से खुद को शक्ति प्रदान करता है। इस विस्तृत प्रक्रिया में, चार हाइड्रोजन परमाणु (प्रोटॉन) परमाणु संलयन की प्रक्रिया से गुजरते हैं, जो अंतत: एक ही हीलियम परमाणु में बदल जाता है।

इस प्रक्रिया के दौरान, मूल द्रव्यमान का एक छोटा सा भाग नष्ट नहीं होता है, लेकिन आइंस्टीन के द्रव्यमान-ऊर्जा समतुल्यता सिद्धांत ($E = mc^2$) के अनुसार ऊर्जा में परिवर्तित हो जाता है। यह रूपांतरण सूर्य के अपार ऊर्जा उत्पादन को ईंधन देता है, जो हमें पृथ्वी पर प्राप्त होने वाले सूर्य के प्रकाश के रूप में प्रकट होता है।

सौर ऊर्जा का प्रत्यक्ष उपयोग (DIRECT USE OF SOLAR POWER)

प्रकाश संश्लेषण के माध्यम से (Through Photosynthesis): पौधे प्रकाश संश्लेषण के माध्यम से भोजन बनाते हैं, जिसे फिर जानवर और मनुष्य खाते हैं। यह उन्हें ऊर्जा प्रदान करता है।

फोटोवोल्टेक (PV) सेल्स: इन सेल्स में एक सेमीकंडक्टर सामग्री का उपयोग प्रकाश को अवशोषित करने और इलेक्ट्रॉन-होल जोड़ों को उत्पन्न करने के लिए किया जाता है। इन इलेक्ट्रॉन-होल जोड़ों को विद्युत संपर्कों द्वारा इलेक्ट्रिक विद्युत वर्तमान बनाया जाता है। ये सेल्स सामान्य हैं, और उत्पादन करने में अपेक्षाकृत सरल और सस्ते होते हैं।

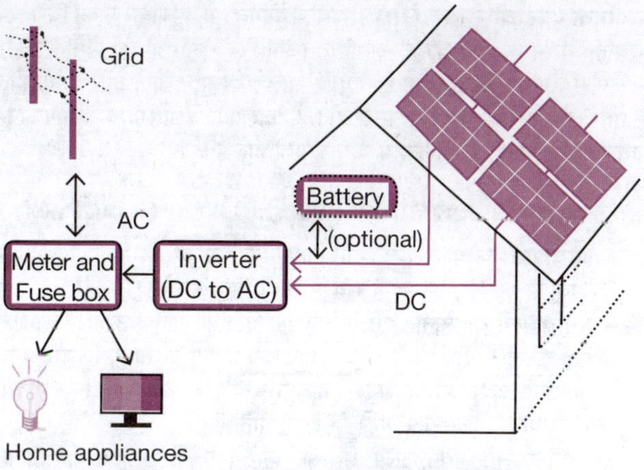

चित्र 9.7: **विशिष्ट ग्रिड-कनेक्टेड पीवी सौर प्रणाली**

सौर ऊर्जा प्रणाली कैसे कार्य करती है:

- सूर्यकिरण सौर पैनलों पर पड़ती है और इसे प्रत्यक्ष विद्युत (DC) में परिवर्तित कर देती है।
- DC विद्युत फिर इनवर्टर के माध्यम से पास किया जाता है, जो इसे परावर्ती विद्युत (AC) विद्युत में परिवर्तित करता है।
- AC विद्युत फिर आपके घर या व्यवसाय को चलाने के लिए उपयोग किया जा सकता है, या इसे बाद में उपयोग के लिए बैटरी में संग्रहित किया जा सकता है।
- यदि आपके पास एक ग्रिड-कनेक्टेड सौर प्रणाली है, तो आपके द्वारा उत्पन्न किसी अतिरिक्त विद्युत को यूटिलिटी कंपनी को बेच दिया जा सकता है।

फोटो इलेक्ट्रो केमिकल (PEC) सोलर सेल्स

1. **PEC सोलर सेल्स जानकारी**
   - PEC सोलर सेल्स सेमीकंडक्टर और इलेक्ट्रोलाइट का मिश्रण है।
   - प्रकाश सेमीकंडक्टर पर पड़ता है, तो यह इलेक्ट्रॉन-होल जोड़ों को बनाता है।
   - इलेक्ट्रॉन-होल जोड़े सेमीकंडक्टर और इलेक्ट्रोलाइट के पास जाते हैं और इलेक्ट्रोकेमिकल प्रतिक्रिया को चलाने में सहायता करते हैं।
   - इस प्रतिक्रिया से बिजली उत्पन्न होती है, जिसे सेमीकंडक्टर और इलेक्ट्रोलाइट द्वारा इकट्ठा किया जाता है।
2. **PEC सोलर सेल्स का उपयोग:**
   - PEC सोलर सेल्स का उपयोग जल विभाजन और हाइड्रोजन उत्पन्न करने के लिए किया जा सकता है।
   - इस प्रक्रिया में हाइड्रोजन और ऑक्सीजन गैस उत्पन्न होते हैं।

संघटित सौर ऊर्जा (CSP)

1. **CSP की विशेषता:**
   CSP तेजी से सूर्यकिरण को एक रिसीवर पर संकेन्द्रित करने के लिए दर्पण या लेंस का उपयोग करती है।
2. **ऊर्जा उत्पादन:**
   इस गर्मी का उपयोग बिजली उत्पन्न करने या हाइड्रोजन ईंधन जैसी अन्य ऊर्जा का उत्पादन करने के लिए किया जा सकता है।

आर्गेनिक फोटोवोल्टेक्स (OPV): इस प्रौद्योगिकी में, सूर्यकिरण को विद्युत में परिवर्तित करने के लिए कार्बन-आधारित (आर्गेनिक) सामग्री का सेमीकंडक्टर के रूप में उपयोग किया जाता है। OPV सोलर सेल्स लचीले और हल्के होते हैं, और उन्हें निर्माण करने में सस्ते होते हैं, हालांकि वे पारंपरिक सिलिकॉन-आधारित सौर सेल्स की तुलना में कम प्रभावी होते हैं।

सौर ऊर्जा का अप्रत्यक्ष उपयोग (INDIRECT USE OF SOLAR POWER)

- **जीवाश्मों:** कोयला, तेल, और प्राकृतिक गैस वो असंतुष्ट पौधों और जीवों से आते हैं, जो पहले सूर्य से ऊर्जा प्राप्त करते थे।
- **पनबिजली या जलविद्युत:** जलविद्युत जल की गतिज ऊर्जा से बिजली पैदा करती है। सूर्य पृथ्वी को असमान रूप से गर्म करता है, जिससे समुद्र का पानी वाष्प बनकर बादल या बर्फ बनाता है। यह पानी फिर नदियों में बहकर बिजली पैदा करने के लिए आता है।
- **पवन ऊर्जा:** पवन ऊर्जा सूर्य के कारण पृथ्वी के असमान तापन (unequal temperatures) से उत्पन्न होती है, जिससे हवा का संचलन होता है। हवा की यह गति पवन ऊर्जा बनाती है।

भारत में प्रमुख रूप में सौर ऊर्जा: इसके पीछे निम्नलिखित कारण योगदान करते हैं:

- **भारत का स्थान:** भारत उत्तरी गोलार्ध में स्थित है, और कर्क रेखा (Tropic of Cancer) इसके मध्य क्षेत्र से होकर गुजरती है, जो भारत को दो बराबर भागों में विभाजित करती है। भारत के कई क्षेत्र साल में 300 से अधिक धूप वाले दिनों का आनंद लेते हैं, जो सौर ऊर्जा उत्पन्न करने के लिए आदर्श हैं।
- **तकनीकी प्रगति:** यहां पर अधिक प्रभावी सौर पैनल, सौर संग्रह समाधान, और सौर-चालित सिंचाई और परिवहन जैसे नवाचारी अनुप्रयोगों का विकास हुआ है।
- **लागत की कमी:** इसको नीति समर्थन, वृद्धि वित्तीय क्षमता, और तकनीकी प्रगति के माध्यम से प्राप्त किया गया है। बड़े परियोजनाओं के माध्यम से क्षमता विस्तार हुआ है।
- **सरकारी पहल:** राष्ट्रीय सौर मिशन (NSM): NSM राष्ट्रीय जलवायु परिवर्तन योजना का एक महत्वपूर्ण भाग है । छैड भारत को सौर ऊर्जा में एक वैश्विक नेता के रूप में स्थापित करना चाहता है। यह महत्वाकांक्षी लक्ष्य निर्धारित करता है और फिर उनका कार्यान्वयन करता है। छैड ने 2010 में 20 गीगावाट का प्रारंभिक लक्ष्य निर्धारित किया था। उस लक्ष्य को बाद में 2015 में संशोधित कर 100 गीगावॉट कर दिया गया। भारत बड़े पैमाने पर परियोजनाएं स्थापित कर रहा है। भारत 2015 में सीओपी 21 पेरिस सम्मेलन के दौरान फ्रांस के साथ अंतर्राष्ट्रीय सौर गठबंधन का संस्थापक सदस्य बना। इस महत्वपूर्ण साझेदारी की घोषणा सीओपी 21 पेरिस सम्मेलन के दौरान की गई थी।
- **चुनौतियाँ:** तेजी से बढ़ते जाने के बावजूद, जमीन का अधिग्रहण, ग्रिड कनेक्टिविटी, भारी पैमाने पर परियोजनाओं के लिए वित्तीय सीमाओं और ऊर्जा संग्रह समाधानों के रूप में चुनौतियाँ हैं। स्थिर विद्युत की आपूर्ति सुनिश्चित करने के लिए मज़बूत ऊर्जा संग्रह समाधानों और ग्रिड प्रबंधन की आवश्यकता है।

सौर ऊर्जा के लक्ष्य में नवाचार

MNRE के अनुसार, 2023 के मार्च के रूप में भारत अब विश्व में सौर ऊर्जा का पांचवां सबसे बड़ा उत्पादक है, जिसकी स्थापित क्षमता 67.9 GW है। भारत में प्रमुख सौर ऊर्जा उत्पन्न करने वाले पांच राज्य निम्न हैं:

1. राजस्थान (13.2 GW)
2. कर्नाटक (12.8 GW)
3. गुजरात (12.5 GW)
4. तमिलनाडु (11.2 GW)
5. आंध्र प्रदेश (10.7 GW)

जोधपुर, राजस्थान में स्थित भाड़ला सौर पार्क विश्व का सबसे बड़ा सौर पार्क है, जिसकी स्थापित क्षमता 2.25 GW है।

भारत में अन्य प्रमुख सौर ऊर्जा पार्क निम्न हैं:

1. पावगड़ा सौर पार्क (कर्नाटक) - 2.05 GW
2. कर्नूल अल्ट्रा मेगा सौर पार्क (आंध्र प्रदेश) - 1.05 GW
3. एनपी कुंटा सौर पार्क (आंध्र प्रदेश) - 1.00 GW
4. रीवा अल्ट्रा मेगा सौर पार्क (मध्य प्रदेश) - 750 मेगावॉट

भारत का लक्ष्य है कि 2030 तक 500 GW के लगभग ऊर्जा क्षमता हासिल की जाए, जिसमें सौर ऊर्जा का महत्वपूर्ण भाग होने की आशा है। सरकार देश में सौर ऊर्जा के विकास को बढ़ावा देने के लिए विभिन्न प्रोत्साहन और समर्थन तंत्र प्रदान कर रही है।

MNRE द्वारा स्थापित वर्ष 2018 में स्थापित लक्ष्य

स्रोत	कुल स्थापित क्षमता (मेगावाट)	2022 लक्ष्य (मेगावाट)
पवन ऊर्जा	34,046	60,000
सौर ऊर्जा	21,651	1,00,000
बायोमास ऊर्जा	8,701	10,000
अपशिष्ट-से-बिजली	138	
छोटा जलविद्युत	4,486	5,000
कुल	69,022	1,75,000

स्रोत: गैर-नवीकरणीय ऊर्जा मंत्रालय

पवन (या वायु) ऊर्जा (WIND ENERGY)

पवन ऊर्जा को बिजली उत्पन्न करने के लिए वायु शक्ति का सहारा लिया जाता है। यह निम्नलिखित ढंग से होता है:

1. **वायु का अधिग्रहण (Wind Capture):** पवन ऊर्जा के खेतों के लिए 15 किमी/घंटे की कम से कम वायु की गति की आवश्यकता होती है। यह स्थिति पृथ्वी के प्राकृतिक वायु पैटर्न पर निर्भर करती है।
2. **यांत्रिक ऊर्जा परिवर्तन (Mechanical Energy Conversion):** जब वायु बहती है, तो वह पंखों पर धक्का देती है, जिससे वे घूमने लगते हैं।
3. **बिजली का उत्पन्न (Generation of Electricity):** घूमते हुए पंख टरबाइन के अंदर एक शाफ्ट को घुसाते हैं।
4. **बिजली की प्रसारण (Transmission of Electricity):** शाफ्ट को एक जेनरेटर से जोड़ा जाता है, जो घूमते शाफ्ट की चाल से बिजली उत्पन्न करता है।
5. **विद्युत ग्रिड में विलय (Integration into the Power Grid):** उत्पन्न की गई बिजली को विद्युत ग्रिड में डाला जाता है, जहां इसे घरों, व्यापारों और अन्य सुविधाओं में उपयोग के लिए वितरित किया जाता है।
   - सबसे बड़े पवन ऊर्जा के पंख लगभग 200 फीट (60 मीटर) और टॉवर 260 फीट (80 मीटर) से ऊंचे होते हैं। ये हजारों घरों को बिजली देने के लिए प्रयुक्त किए जा सकते हैं।

- नीदरलैंड, जिसमें 1,600 से अधिक पवन चक्कियाँ हैं, को "पवन चक्कियों का देश" कहा जाता है।

लाभ (Advantages)

1. **अनंत रूप में लाभकारी (Infinite Resource):** पवन ऊर्जा को लगभग अनगिनत रूप में स्थापित किया जा सकता है, तथा ये दायित्वशील स्रोत भी है। यह मौसम के पैटर्न पर निर्भर करता है, लेकिन यह 24 × 7 काम कर सकता है। पवन टरबाइन्स को स्थल भूमि पर या फिर ऑफशोर (समुद्र तट पर) लगाया जा सकता है। ऑफशोर टरबाइन्स बड़े होते हैं, यहाँ एक किनारा जल का होगा और यहाँ पर वायु का अधिक बहाव (अधिक पवन गति के साथ) इन यंत्रों के संपर्क में आता है।
2. **पर्यावरण के प्रति अधिक दयालु (Environmentally Friendly):** इसमें कोई प्रदूषण या ग्रीनहाउस गैस उत्सर्जन नहीं होता है। यह स्वच्छ हवा और कम कार्बन पद प्रिंट (carbon foot print) देता है।
3. **स्केलेबल (Scalable):** यह विकसित ऊर्जा मांग को पूरा करने के लिए व्यापक (व्याविक) रूप में स्थापित किया जा सकता है।
4. **बहु उपयोगी (Land Multifunctionality):** इसमें पानी पम्प करने या अनाज पीसने जैसे कार्यों के लिए यांत्रिक ऊर्जा को उत्पन्न करने की पर्याप्त संभावना होती है
5. **भूमि की बहुमुद्रीता (Land Multifunctionality):** पवनमिलों के आस-पास की ज़मीन का उपयोग कृषि के लिए किया जा सकता है, जिससे स्थान का दोहरा उपयोग किया जा सकता है।

सीमाएँ (Limitations):

सौर ऊर्जा के प्रयोग में कई प्रकार चुनौतियां हैं, जो निम्न रूप में हैं:

- **वन्यजीव प्रभाव (Wildlife Impact):** पवन टरबाइन्स खासकर पक्षियों और चमगादड़ों के लिए एक खतरा पैदा कर सकते हैं, टकराव या आवास की व्यवस्था के माध्यम से।
- **ध्वनि प्रदूषण (Noise Pollution):** पवनमिल चालित होने के मामले में अविराम ध्वनि प्रदूषण हो सकता है।
- **भूमि की आवश्यकता (Land Requirement):** यह अधिक जनसंख्या वाले क्षेत्रों में समस्या हो सकती है।
- **रखरखाव लागतें (Maintenance Costs):** पवन टरबाइनों के रखरखाव और सेवाएं महंगी हो सकती हैं, जो पवन ऊर्जा प्रणालियों की कुल आर्थिक संविदान्यता पर प्रभाव डाल सकती हैं।

विश्व में प्रमुख पवन उत्पादक देश हैं - चीन, संयुक्त राज्य अमरीका, जर्मनी, भारत, स्पेन, और ब्राज़ील।

नवीन और नवीकरणीय ऊर्जा मंत्रालय MNRE के अनुसार, 2022-23 में भारत में पांच शीर्ष पवन ऊर्जा उत्पादक राज्य हैं: तमिलनाडु, गुजरात, महाराष्ट्र, राजस्थान, और कर्नाटक।

पनबिजली या जलविद्युत ऊर्जा (HYDROELECTRIC POWER)

इस प्रकार की ऊर्जा का अर्थ होता है 'जल की ऊर्जा'। जलविद्युत एक नवाचार्य ऊर्जा स्रोत है जो जल की गति से बिजली उत्पन्न करता है। प्रक्रिया में उपयोग की जाने वाली प्राकृतिक जल की चक्रवात बारिश और बर्फबारी द्वारा निरंतर पुनर्नवीकृत होती है।

ऊर्जा के परिवर्तन: जल का प्रवाह भी सौर ऊर्जा के कारण परिणामित होता है। हाइड्रोइलेक्ट्रिक पावर प्रोजेक्ट के प्रमुख घटक बांध (जल के संग्रहण के लिएद्ध और जल को रखने के लिए जलव्हील्स होते हैं। फिर जल के प्रवाह के साथ टरबाइन को चलाया जाता है।

हम निम्नलिखित बिंदुओं से ऊर्जा का परिवर्तन देख सकते हैं:

1. **गुरुत्वाकर्षण ऊर्जा (Gravitational Energy):** उच्च ऊंचाई पर एक संग्रहणालय में संग्रहित पानी में गुरुत्वाकर्षण संभावित ऊर्जा (gravitational potential energy) होती है, जो गुरुत्वाकर्षण की खींच के कारण होती है।
2. **संभावित ऊर्जा को गतिक ऊर्जा में परिवर्तन (PE Conversion into KE):** एक बार जब पानी संग्रहणालय से छोड़ दिया जाता है और नीचे आने लगता है, तो संभावित ऊर्जा को किनेटिक ऊर्जा में परिवर्तित किया जाता है।
3. **गतिक ऊर्जा (KE):** जैसे ही पानी नीचे बहता है, वह गति प्राप्त करता है, और जल के और नीचे पानी के अधिक प्रवाह के साथ उसकी गतिक ऊर्जा बढ़ती है। इससे टरबाइन घुमते हैं।
4. **टरबाइन घुमाना (Turbine Rotation):** टरबाइनों की घूरण यांत्रिक ऊर्जा (mechanical energy) का प्रतिनिधित्व करती है, जो एक शाफ्ट कनेक्शन के माध्यम से जनरेटर्स को संचालन करने के लिए पहुंचाया जाता है।
5. **बिजली उत्पादन (Electricity Generation):** जनरेटर्स के अंदर, मैकेनिकल ऊर्जा को इलेक्ट्रोमैग्नेटिक प्रेरणा के एक प्रक्रिया के माध्यम से विद्युत ऊर्जा में परिवर्तित किया जाता है।
   उत्पन्न बिजली फिर घरों, व्यापारों, और उद्योगों में विभिन्न उपयोगों के लिए पावर लाइन के माध्यम से पहुंचाई जाती है।

भारत क्षमता और परियोजनाएँ (India's Capacity and Projects)

जलविद्युत ऊर्जा भारत के नवाचारी ऊर्जा का महत्वपूर्ण योगदानकर्ता है। भारत में पाँच सबसे बड़ी परियोजनाएँ निम्नलिखित हैं:

- कोयना हाइड्रोइलेक्ट्रिक परियोजना - 1,960 मेगावॉट.
- नाथपा झाकरी हाइड्रोइलेक्ट्रिक पावर स्टेशन - 1,500 मेगावॉट.
- सरदार सरोवर डैम - 1,450 मेगावॉट.
- भाखरा नंगल डैम - 1,325 मेगावॉट.
- टेहरी डैम - 1,000 मेगावॉट.

इन परियोजनाओं से खेती और बाढ़ नियंत्रण में सहायता मिलती है।

भारत में पनबिजली (Hydropower in India)

1. भारत के पास दुनिया की पांचवीं सबसे बड़ी पनबिजली क्षमता है। पनबिजली उत्पादन की अनुमानित क्षमता 148,700 मेगावाट है। हम इसका लगभग 31% उपयोग करते हैं (as of December 2023).
2. जलविद्युत स्वच्छ और नवीकरणीय ऊर्जा का एक प्रमुख स्रोत है, जो भारत के कुल बिजली उत्पादन (2022-23) में लगभग 12.5% का योगदान देता है और जलवायु परिवर्तन से लड़ने में मदद करता है।
3. केवल लगभग 46,512 मेगावाट पनबिजली क्षमता स्थापित की गई है। यह क्षमता के कम उपयोग को उजागर करता है। भूमि अधिग्रहण के मुद्दे, सामाजिक प्रतिरोध, लंबी परियोजना मंजूरी कम उपयोग के मुख्य कारण हैं।
4. पूर्वोत्तर भारत में पनबिजली की महत्वपूर्ण क्षमता है।

भूगर्भीय ऊर्जा (GEOTHERMAL ENERGY)

1. **भूगर्भीय ऊर्जा स्रोत (Geothermal Energy Source):** भूमि की प्राकृतिक गर्मी से आता है, अक्सर गरम झीलों के पास।
2. **कोर हीट उपयोग (Core Heat Utilization):** भूमि के कोर से गर्मी का उपयोग करता है, जो गरम झीलों और गीसरों के रूप में दिखाई देता है।

3. **बिजली उत्पादन (Electricity Generation):** भूगर्भीय क्षेत्रों से गरम पानी और भाप पॉवर टरबाइनों को चलाने के लिए उपयोग करते हैं, बिजली बनाने के लिए।

भूगर्भीय ऊर्जा को प्राप्त करने की विधियां

1. **सूखा भाप पावर प्लांट (Dry Steam Power Plant):** इस विधि में, भूमिगत भंडारणों से उच्च दाब के भाप का सीधा प्रवाह परिणामी रूप से टरबाइनों को पलटने और बिजली उत्पन्न करने के लिए उपयोग किया जाता है।
2. **फ्लैश साइकिल प्लांट (Flash Cycle Plant):** इस दृष्टिकोण में, भूगर्भीय भंडारणों से दबावित गरम पानी को निकाला जाता है, जिससे यह "फ्लैश" होता है और फिर इसका उपयोग बिजली उत्पन्न करने के लिए किया जाता है।
3. **बाइनरी साइकिल पावर प्लांट्स (Binary Cycle Power Plants):** इन प्रणालियों में भूगर्भीय तरलों से गर्मी को एक उच्च उबालने वाले द्वितीय तरल में स्थानांतरित किया जाता है। द्वितीय तरल बाष्पीभूत होता है और टरबाइन को चलाने, बिजली उत्पन्न करने का काम करता है।

महत्वपूर्ण बिंदु

- भारत में भूगर्भीय ऊर्जा अभी अभियांत्रिक चरण में है।
- भारत में महत्वपूर्ण अविकसित भूगर्भीय संभावना है, जिसे 10,000 MW से अधिक का अनुमान लगाया जाता है।
- भारत में भूगर्भीय संसाधन सात प्रांतों में फैले हुए हैं: हिमालय, सोहना, पश्चिमी तट, कांबे, सोन-नर्मदा-तापी (सोनाटा), गोदावरी, और महानदी।
- भूगर्भीय ऊर्जा भारत और अन्य क्षेत्रों में सामर्थ्य बिजली उत्पन्न करने के लिए प्राकृतिक गर्मी संग्रहणों का उपयोग करके बढ़ती ऊर्जा मांग को पूरा करने के लिए एक आशापूर्ण दृष्टिकोण प्रदान करती है।

एथेनॉल (Ethanol)

एथेनॉल, जैसे मक्का, गन्ना और गेहूं जैसी फसलों से बनता है, यह पुनर्नवीकरणीय (renewable) है। इसे इन कृषि उत्पादों में शर्करा या स्टार्च को आबद्ध करके बनाया जाता है। एथेनॉल एक ऐसी मदिरा या मादक पदार्थ है, जो बायोईंधन के रूप में उपयोग होती है। यह गैसोलीन के साथ मिश्रित किया जाता है ताकि परिवहन में कार्बन उत्सर्जन को कम किया जा सके। इस प्रकार, एथेनॉल पारंपरिक पेट्रोल की तुलना में हरित विकल्प प्रदान करता है।

1. **ब्राजील की नीति:** गैसोलीन के साथ 27-30% एथेनॉल का मिश्रण अनिवार्य है।
2. **भारत का बायोफ्यूल लक्ष्य:** 2030 तक पेट्रोल में 20% एथेनॉल (E20) और डीजल में 5% बायोडीजल (E05) का लक्ष्य, 2018 के राष्ट्रीय बायोफ्यूल नीति के अनुसार है।
3. **ऊर्जा सुरक्षा:** एथेनॉल तेल के आयात को कम करता है, जिससे ऊर्जा स्वतंत्रता को बढ़ावा मिलता है।

पेट्रोल (या गैसोलीन) की तुलना में: एथेनॉल की तुलना में पेट्रोल के साथ उर्जा सामग्री कम होती है, जिसका अर्थ है, कि एक ही ऊर्जा उत्पन्न करने के लिए अधिक एथेनॉल की आवश्यकता होती है। यह ऊर्जा घनत्व (energy density) से जुड़ा हुआ है। लेकिन एथेनॉल की जलन से पेट्रोल के की तुलना में कम हरित गैस उत्सर्जन होता है, जो जलवायु परिवर्तन संशोधन में सहायक होता है। उच्च एथेनॉल मिश्रण द्वारा पारंपरिक गैसोलीन इंजन में संशोधन की आवश्यकता होती है।

राष्ट्रीय बायोफ्यूल नीति में बायोडीजल (Biodiesel in National BioFuel Poilcy)

1. **राष्ट्रीय बायोफ्यूल नीति के फीडस्टॉक्स:** इसमें गन्ना, मक्का, ज्वार, मीठा आलू, कसावा, टैपिओका, जीवाणु, नगरीय अपशिष्ट, कृषि अवशेष, और पशु अपशिष्ट जैसे विभिन्न सामग्रियाँ शामिल हैं।
2. **एथेनॉल उत्पादन:** इसमें गन्ना और मक्के जैसे फीडस्टॉक्स में पाए जाने वाले शर्करा या स्टार्च का आबद्ध किया जाता है।

बायोडीजल के बारे में

- बायोडीजल के मुख्य फीडस्टॉक्स आलू सरसों, सूरजमुखी, पाम तेल, और जेट्रोफा जैसे तेलसर्ष की जातियां हैं।
- बायोडीजल के स्रोत उपयुक्त किया जाने वाला प्रयुक्त खाद्य तेल (UCO) और पशु वसा होते हैं।
- आल्जी का उच्च तेल संघटन (high oil content) होता है, इसलिए इसे बायोडीजल उत्पादन के लिए एक स्रोत के रूप में उपयोग किया जा सकता है।
- जेट्रोफा (Jatropha) एक बिना-खाद्य, सूखा प्रतिरोधी पौधा है, जो बायोडीजल उत्पादन के लिए आदर्श है। जाट्रोफा एक पौधा है जिसमें तेल भरपूर बीज होते हैं। इस तेल को निकाला जाता है और यह बायोडीजल बनाने के लिए उपयोग किया जाता है। जाट्रोफा विभिन्न प्रकार के जलवायु में बढ़ सकता है। हालांकि, इसके अलग-अलग क्षेत्रों में आर्थिक व्यवाद के साथ चुनौतियाँ हैं।

बायोडीजल का संरचना निम्नलिखित विधियों से संभव है:

- जैसा कि हमने चर्चा की कि बायोडीजल मुख्य रूप से विभिन्न प्रकार के फ़ीडस्टॉक से बनता है, जैसे कि वनस्पति तेल या पशु तेल। इसके लिए 'ट्रैंसएस्टरिफिकेशन' नामक एक रासायनिक प्रक्रिया का उपयोग किया जाता है। इस प्रक्रिया में फ़ीडस्टॉक (मुख्य रूप में ट्राइग्लिसराइड सहित), अल्कोहल (मेथेनॉल या इथेनॉल) और एक कैटलिस्ट को मिलाया जाता है। इससे 'बायोडीजल' और ग्लिसरिन का उत्पादन होता है। ट्रैंसएस्टरिफिकेशन की प्रक्रिया से बायोडीजल का उत्पादन होता है, जिसे फैटी एसिड मेथाइल एस्टर्स (FAME) के रूप में जाना जाता है।
- इंजन में उपयोग के लिए डीजल के साथ मिश्रित किया जाता है। बायोडीजल फीडस्टॉक की चयन में क्षेत्रीय आवश्यकता और उपयोगिता के आधार पर भिन्न-भिन्न होता है।

कॉन्सेप्ट बॉक्स

फ्लेक्स फ्यूल और हाइब्रिड इलेक्ट्रिक वाहन

फ्लेक्स फ्यूल (Flex Fuels)

एक फ्लेक्स-फ्यूल इंजन एक आंतरिक दहन इंजन होता है जो गैसोलीन और इथेनॉल के मिश्रण पर चल सकता है, जिसमें इथेनॉल की अधिकतम मात्रा 85% (E85) होती है। E85, फ्लेक्स-फ्यूल का आधिकारिक नाम है। इसमें 85 प्रतिशत इथेनॉल फ्यूल और 15 प्रतिशत गैसोलीन या अन्य हाइड्रोकार्बन मात्रा से होते हैं। ध्यान दें कि इथेनॉल एक बायोफ्यूल है जो मक्का या गन्ने जैसे पौधों से प्राप्त होता है।

- **ईंधन समायोजन (Fuel Adjustment):** फ्लेक्स.फ्यूल इंजन को गैसोलीन और इथेनॉल के विभिन्न गुणों को समायोजित करने के लिए उनके ईंधन.वायु मिश्रण और समय को अनुकूलित करने के लिए डिजाइन किया जाता है। यह अनुकूलन क्षमता उन्हें दोनों ईंधनों के विभिन्न मिश्रणों पर आसानी से चलने में सक्षम बनाती है।

- **क्षेत्रीय विविधताएं (Regional Variations):** फ्लेक्स-फ्यूल इंजन विश्व के कुछ भागों में, विशेष रूप से संयुक्त राज्य अमेरिका में, जहां E85 ईंधन स्टेशन व्यापक रूप से उपलब्ध हैं, अधिक प्रचलित हैं। इसके विपरीत, ये यूरोप और एशिया जैसे क्षेत्रों में कम पाया जाता है।
- **पर्यावरणीय लाभ:** इथेनॉल के कारण GHGs कम होंगे। विदेशी तेल पर निर्भरता कम होगी, इसलिए आयात बिल कट जाएंगे, विशेषकर भारत में किसानों को अतिरिक्त आय मिलेगी।

हाइब्रिड इलेक्ट्रिक वाहन (Hybrid Electric Vehicles - HEVs)

एक हाइब्रिड कार एक प्रकार का वाहन होता है जो दो या दो से अधिक ऊर्जा स्रोतों का संयोजन उपयोग करता है, आमतौर पर एक आंतरिक दहन इंजन (ICE) और एक इलेक्ट्रिक मोटर। इसके दो प्रकार होते हैं:

समानांतर हाइब्रिड कार (Parallel hybrid car): यहाँ, चालक को तीन संयोजनों में से चुनने का विकल्प होता है - हाइब्रिड, ICE या पॉवर मोटर।

श्रृंखला हाइब्रिड कारें (Series hybrid cars): एक श्रृंखला हाइब्रिड कार में, इलेक्ट्रिक मोटर प्राथमिक ऊर्जा स्रोत होती है, और ICE बैटरी को चार्ज करने के लिए एक जेनरेटर के रूप में काम करता है।

कुल मिलाकर, हाइब्रिड कारें ईंधन पर पैसे बचाने, शांत संचालन, कम रखरखाव लागत और कम उत्सर्जन के लाभ प्रदान करती हैं। यदि इलेक्ट्रिक शक्ति कम खर्चीली लेकिन अधिक उपयोग की जाती है तो ईंधन अर्थव्यवस्था हमें लाभान्वित करती है। उच्च त्वरण के समय में ICE का उपयोग कम समय के लिए किया जाता है जब वास्तव में इसकी आवश्यकता होती है। जब ICE संचालन में होता है, तब भी इलेक्ट्रिक शक्ति उत्पन्न होती है। इस प्रकार, कुल मिलाकर ईंधन की लागत कम होगी।

बायोमास (Biomass)

- बायोमास मूल रूप से पौधों और जानवरों से प्राप्त जैविक सामग्रियों को संदर्भित करता है। ये सामग्रियाँ ऊर्जा के स्रोत के रूप में उपयोग की जा सकती हैं।
- बायोमास में लकड़ी, फसलों के अवशेष (जैसे मक्का के डंठल) और पशुओं से प्राप्त खाद जैसी चीजें शामिल हैं।
- इसे नवीकरणीय ऊर्जा स्रोत गाना जाता है क्योंकि ये हमेशा प्राप्त किए जा सकते हैं। सकते हैं। यह प्रकृति में कार्बन-तटस्थ है और ग्रीनहाउस गैसों का उत्सर्जन नहीं करता है।
- बायोमास भारत की राष्ट्रीय जैव ईंधन नीति का एक भाग है।

सितम्बर 2022 में भारत में ऊर्जा उत्पादन (% में)

जीवाश्म ईंधन 57.8	गैर जीवाश्म ईंधन - 42.1
कोयला - 50	जलविद्युत - 11.5
लिग्नाइट - 1.6	हवा - 10.2
गैस - 6.1	सौर - 14.9
डीजल - 0.1	बायोमास - 2.5
	ऊर्जा से ऊर्जा - 0.1
	लघु पनबिजली - 1.2
	परमाणु ऊर्जा - 1.7

स्रोत: गैर नवीकरणीय मंत्रालय

भारत में प्रमुख नवीकरणीय ऊर्जा संस्थान (Major Renewable Energy Institutes in India)

1. सौर ऊर्जा राष्ट्रीय संस्थान, गुरुग्राम (National Institute of Solar Energy, Gurugram)
2. पवन ऊर्जा राष्ट्रीय संस्थान, चेन्नई (National Institute of Wind Energy, Chennai)
3. नवीकरणीय ऊर्जा राष्ट्रीय संस्थान, कपूरथला (पंजाब) (National Institute of Renewable Energy) - (नाम फरवरी 2023 में बदला गया।)
4. भारतीय नवीकरणीय ऊर्जा विकास एजेंसी, नई दिल्ली (Indian Renewable Energy Development Agency, New Delhi)
5. भारतीय सौर ऊर्जा निगम, नई दिल्ली (Solar Energy Corporation of India, New Delhi)

परमाणु (या नाभिकीय) ऊर्जा (Nuclear Energy)

- परमाणु ऊर्जा घनी ऊर्जा होती है। यह ऊर्जा परमाणु नाभिक के द्रव्यमान से प्राप्त की जाती है, जिसे ऊर्जा में परिवर्तित किया जाता है। जैसा कि चर्चा की गई, आवश्यक परमाणु अभिक्रियाएं दो रूपों में होती हैं- परमाणु विखंडन (आणविक नाभिक का विभाजन) या परमाणु संलयन (आणविक नाभिकों का संयोजन)।
- **आइंस्टीन का सूत्र:** पहले चर्चा की गई, यह सूत्र परमाणु ऊर्जा के पीछे का सिद्धांत है, अल्बर्ट आइंस्टीन का समीकरण $E = mc^2$, जहां 'E' उत्पन्न ऊर्जा है, 'm' परमाणु द्रव्यमान (ass) है और 'c' वैक्यूम में प्रकाश की गति को दर्शाता है।
- इस प्रकार, थोड़ी मात्रा में द्रव्यमान को बड़ी मात्रा में ऊर्जा में परिवर्तित किया जा सकता है। अंततः, इस ऊर्जा का उपयोग विद्युत उत्पन्न करने के लिए किया जाता है, आमतौर पर पानी को गर्म करके भाप बनाकर जो टर्बाइन को चलाती है।

परमाणु रिएक्टर के मुख्य भाग

1. **ईंधन छड़ें (Fuel Rods):** ये उरेनियम-235 या प्लूटोनियम-239 जैसे फिसाइल सामग्री युक्त होती हैं जो परमाणु विखंडन के लिए उपयोग की जाती हैं।
2. **नियंत्रण छड़ें (Control Rods):** ये बोरॉन, हैफनियम, या कैडमियम जैसे न्यूट्रॉन-अवशोषित सामग्रियों से बने होते हैं जो परमाणु अभिक्रिया को नियंत्रित करते हैं।
3. **मॉडरेटर (Moderator):** पानी, भारी पानी, या ग्रेफाइट जैसे पदार्थ जो विखंडन को सुगम बनाने के लिए न्यूट्रॉनों को धीमा करते हैं।
4. **शीतलक (Coolant):** अक्सर पानी होता है, लेकिन भारी पानी, तरल सोडियम, या कार्बन डाइऑक्साइड गैस भी हो सकता है, जिसका उपयोग रिएक्टर कोर से गर्मी हटाने के लिए किया जाता है।
5. **आवरण पात्र (Containment Vessel):** रेडिएशन को रोकने और अत्यधिक दबावों को सहन करने के लिए स्टील और मजबूत कंक्रीट से निर्मित होता है।

नाभिकीय रिएक्टर की संरचना

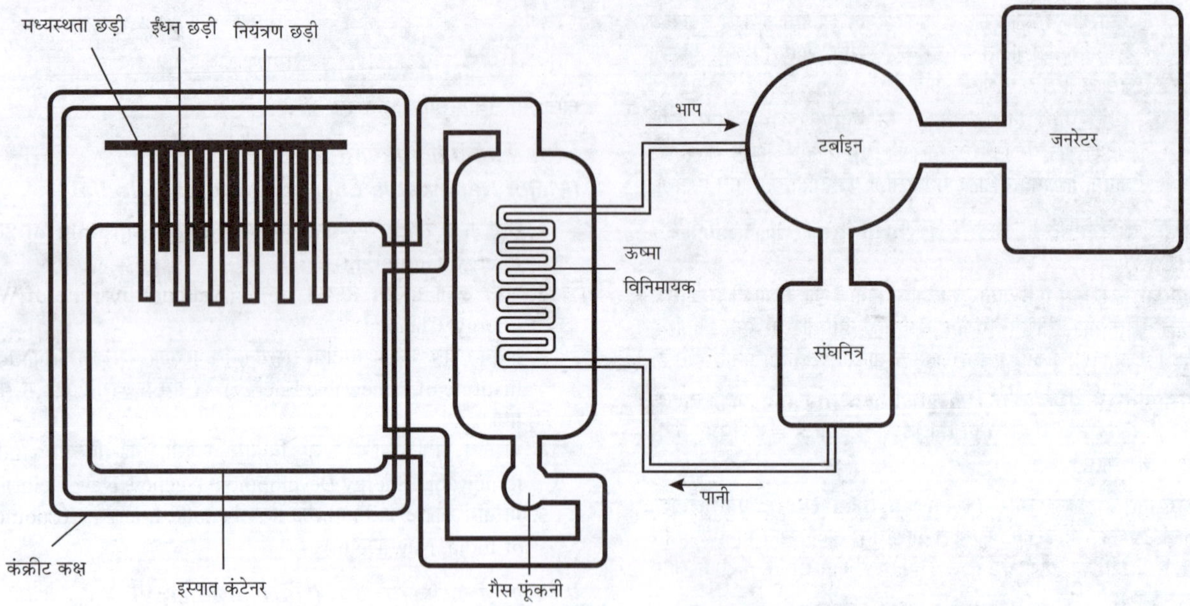

परमाणु रिएक्टरों में भारी जल का उपयोग

- भारी जल (D_2O) वह जल होता है जिसमें हाइड्रोजन के परमाणुओं को ड्यूटेरियम से बदल दिया गया होता है, जो हाइड्रोजन का एक भारी समस्थानिक (heavy isotope) होता है।
- यूरेनियम विखंडन प्रक्रिया के दौरान न्यूट्रॉन्स का उत्पादन होता है, इन्हें आगे के परमाणु ईंधन (आमतौर पर यूरेनियम) विखंडन के लिए धीमा करना आवश्यक होता है। भारी जल इस कार्य को करता है, यह विखंडन प्रक्रिया के दौरान उत्पन्न न्यूट्रॉन्स को धीमा करता है।
- भारी जल का उपयोग कुछ प्रकार के परमाणु रिएक्टरों में, जैसे कि CANDU (कनेडियन ड्यूटेरियम यूरेनियम) रिएक्टरों में, न्यूट्रॉन मॉडरेटर के रूप में किया जाता है।
- एक बड़े परमाणु ऊर्जा संयंत्र से निकलने वाली अतिरिक्त गर्मी को पास की नदी या झील में छोड़ा जा सकता है। इससे पानी बहुत गर्म हो सकता है, जो पानी में रहने वाली मछलियों और अन्य जीवों के लिए हानिकारक होता है।

भारत द्वारा प्रयुक्त परमाणु ईंधन

- **प्राकृतिक यूरेनियम (Natural uranium):** यह सबसे आम प्रकार का यूरेनियम है, जिसका उपयोग दबावीय भारी जल रिएक्टरों (PHWRs) में किया जाता है, जो भारत की परमाणु ऊर्जा उत्पादन क्षमता का 70% से अधिक भाग होते हैं।
- **समृद्ध यूरेनियम (Enriched uranium - EU):** यह प्रकाश जल रिएक्टरों (LWRs) में उपयोग किया जाता है। प्राकृतिक यूरेनियम में लगभग 0.72% U-235 और 99.28% यूरेनियम-238 (U-238), एक गैर-विखंडनीय समस्थानिक होता है। EU वह रूप है जिसमें यूरेनियम-235 (U-235), 'विखंडनीय समस्थानिक', की मात्रा को इसकी प्राकृतिक उपस्थिति की तुलना में बढ़ाया गया है।
  - **निम्न समृद्ध यूरेनियम (Low EU)** इसमें 3% से 20: U-235 होता है। इसका उपयोग सामान्य परमाणु ऊर्जा रिएक्टरों में किया जाता है।
  - **अत्यधिक समृद्ध यूरेनियम (Highly EU):** U-235 की मात्रा अक्सर 20% से अधिक होती है। इसका उपयोग अनुसंधान और परमाणु हथियारों में किया जा सकता है। ईरान ने 83.6% तक समृद्ध यूरेनियम हासिल किया है (21 दिसम्बर, 2023 तक)।
- **क्षयित यूरेनियम (Depleted Uranium):** अपशिष्ट यूरेनियम को क्षयित यूरेनियम के रूप में जाना जाता है, जिसे स्थिर भूवैज्ञानिक संरचनाओं, जैसे कि ग्रेनाइट या मिट्टी या खर्च किए गए ईंधन कंटेनरों में सुरक्षित रूप से निपटाया जाना चाहिए।
- **मिश्रित ऑक्साइड ईंधन (MOX Fuel):** प्लूटोनियम का उपयोग MOX ईंधन में किया जाता है, जो प्लूटोनियम और यूरेनियम का मिश्रण है, और इसका उपयोग कुछ प्रकार के परमाणु रिएक्टरों में ऊर्जा उत्पादन के लिए किया जा सकता है। MOX ईंधन का उपयोग प्रोटोटाइप तेजी से नस्ल उत्पादक रिएक्टरों (PFBRs) में किया जाता है।
- **थोरियम का भारत में परमाणु ईंधन के रूप में उपयोग:** भारत में थोरियम के प्रचुर भंडार हैं, जो उर्वरक सामग्री है और इसे विखंडनीय यूरेनियम-233 में परिवर्तित किया जा सकता है। ये वाणिज्यिक सफलता के लिए अभी भी प्रतीक्षारत हैं। भारत विश्व का सबसे बड़ा थोरियम उत्पादक है, जो मोनाजाइट रेत में पाया जाता है। केरल, तमिलनाडु, आंध्र प्रदेश, और ओडिशा में सबसे बड़े थोरियम भंडार हैं। ब्रह्मपुत्र नदी बेसिन और खासी पहाड़ियों में भी समृद्ध मोनाजाइट (और इस प्रकार थोरियम) के भंडार हैं। असम, अरुणाचल प्रदेश, मेघालय, और नागालैंड प्रमुख पूर्वोत्तर राज्य हैं।

भारत में ऊर्जा के स्रोत के घटक

स्रोत	भाग
कोयला ऊर्जा	57.27 %
पन बिजली	13.20 %
अन्य नवीकरणीय ऊर्जा	20.07 %
गैस	7.23 %
डीजल	0.24 %
परमाणु	1.97 %

स्रोत: ऊर्जा मंत्रालय

स्टॉपओवर

1. ऊर्जा सुरक्षा की दृष्टि से, भारत के लिए सबसे सुरक्षित कौन सा ऊर्जा स्रोत माना जाता है? **[दिसम्बर 2022]**
   (a) भूतापीय (b) सौर
   (c) पवन (d) जल
2. फोटो इलेक्ट्रो केमिकल (PEC) सौर सेल्स किस पर आधारित हैं? **[दिसम्बर 2022]**
   (a) केवल अकार्बनिक अर्धचालक
   (b) केवल कार्बनिक अर्धचालक
   (c) केवल क्रिस्टल सिलिकॉन अर्धचालक
   (d) अकार्बनिक अर्धचालकों और इलेक्ट्रोलाइट की संयुक्त संरचना
3. अक्षय और अनवीकरणीय ऊर्जा स्रोतों के मध्य एक प्रमुख अंतर क्या है?
   (a) अनवीकरणीय ऊर्जा स्रोत आमतौर पर अक्षय ऊर्जा स्रोतों की तुलना में अधिक लागत प्रभावी होते हैं।
   (b) अक्षय ऊर्जा स्रोत, जैसे कि सौर और पवन, कोल और तेल जैसे अनवीकरणीय स्रोतों के विपरीत, छोटी अवधि में प्राकृतिक रूप से पुन: प्राप्त किए जा सकते हैं।
   (c) अनवीकरणीय ऊर्जा स्रोत आमतौर पर अक्षय स्रोतों की तुलना में अधिक पर्यावरण के अनुकूल माने जाते हैं।
   (d) अक्षय ऊर्जा स्रोतों को विकसित करने और तैनात करने में अनवीकरणीय स्रोतों की तुलना में अधिक समय लगता है।
4. उनकी प्रचुरता के आधार पर बायोगैस के विभिन्न घटकों का सही क्रम क्या है? **[दिसम्बर 2022]**
   (A) अमोनिया (NH_3)
   (B) हाइड्रोजन सल्फाइड (H_2S)
   (C) मीथेन (CH_4)
   (D) कार्बन डाइऑक्साइड (CO)
   (a) B > D > A > C (b) C > D > A > B
   (c) D > C > B > A (d) C > D > B > A
5. मोटर वाहनों में फ्लेक्स फ्यूल इंजन क्या है? **[दिसम्बर 2022]**
   (a) इंजन जो केवल जैव ईंधन पर चलते हैं।
   (b) इंजन जो केवल 50.9% जैव ईंधन और 506 पेट्रोल के साथ संगत होते हैं।
   (c) इंजन जिनमें जैव ईंधन और पेट्रोल को किसी भी अनुपात में डाला जा सकता है।
   (d) इंजन जो डीजल और CNG दोनों पर चलते हैं।
6. परमाणु विखंडन प्रक्रिया के दौरान, निम्नलिखित मध्यस्थों का उपयोग करके न्यूट्रॉन की गति को एक महत्वपूर्ण मान पर कम किया जाता है: **[दिसम्बर 2022]**
   (A) ड्यूटेरियम
   (B) ग्रेफाइट
   (C) मोनाजाइट
   (D) ट्रिटियम
   (E) भारी जल
   (a) A, B और E (b) C, D और E
   (c) B, C और D (d) A, B और C
7. निम्नलिखित में से दो कथन दिए गए हैं: **[दिसम्बर 2022]**
   कथन I: रिएक्टर किसी भी परमाणु ऊर्जा संयंत्र का हृदय होता है।
   कथन II: परमाणु ऊर्जा संयंत्रों के मामले में, रिएक्टर को छोड़कर, तकनीक अन्य किसी भी जीवाश्म ईंधन से चलने वाले ऊर्जा संयंत्र के समान ही होती है।
   उपरोक्त कथनों के आलोक में, नीचे दिए गए विकल्पों में से सही उत्तर चुनें।
   (a) कथन I और कथन II दोनों सही हैं।
   (b) कथन I और कथन II दोनों गलत हैं।
   (c) कथन I सही है लेकिन कथन II गलत है।
   (d) कथन I गलत है लेकिन कथन II सही है।

सही विकल्प: 1. (b) **2.** (d) **3.** (b) **4.** (d) **5.** (c) **6.** (a) **7.** (a)

मानव-पर्यावरण अंतरक्रिया (Human-Environment Interaction)

इसके अंतर्गत मूल रूप से दो प्रकार की गतिविधियाँ होती हैं:

1. **प्राकृतिक अंतरक्रिया (Natural Interaction)**: ये कुछ मौलिक पहलुओं की चर्चा के अनुसार प्राकृतिक तरीके से होती हैं। पारिस्थितिकी, पारिस्थितिकी तंत्र, जैवोम, जैवमंडल, वायुमंडलीय परतें आदि सभी प्राकृतिक हैं।
2. **मानवजनित गतिविधियाँ (Anthropogenic Activities)**: यह चरण 'एंथ्रोपोसीन युग' से चिह्नित है। इसका सुझाव है कि एक प्रस्तावित भूवैज्ञानिक युग है जो मानव द्वारा पृथ्वी की भूविज्ञान और पारिस्थितिकी तंत्रों पर किए गए महत्वपूर्ण प्रभाव को पहचानता है। इन विकासात्मक गतिविधियों का प्रारंभिक उद्देश्य मानव जीवन स्तर में सुधार करना था, विज्ञानं ने उत्पादन, मूल भूत ढांचा, सुख सुविधाओं, चिकित्सा आदि प्रौद्योगिकी में उन्नति प्राप्त की है । यह निम्नलिखित ढंग से भी देखा जा सकता है:
   1. **जीवन की उत्पत्ति (Origin of Life)**: जीवन लगभग 3 अरब वर्ष पहले एकल-कोशिका जीवों के साथ आरंभ हुआ था।
   2. **समय के साथ वायुमंडलीय परिवर्तन (Atmospheric Changes Over Time)**: इस विस्तृत अवधि में विकास, जीवन की विविधता, और साथ ही जनसंख्या वृद्धि के साथ ऑक्सीजन और कार्बन डाइऑक्साइड जैसी गैसों के स्तरों में धीरे-धीरे परिवर्तन हुआ है।
   3. **वैश्विक तापीकरण, प्रदूषण और जलवायु परिवर्तन (Global Warming, Pollution, and Climate Change)**: औद्योगिकीकरण, शहरीकरण, वनों की कटाई आदि की घटनाएँ थीं। स्थिति ग्रीन हाउस गैसों के उत्सर्जन में वृद्धि के साथ और खराब हो गई, जो गर्मी को फंसाने वाली थीं और इससे ग्लोबल वार्मिंग हुई।

4. परिवर्तनों की स्केल और अवधि (Scale and Duration of Changes):ये पर्यावरणीय परिवर्तन स्थानीय होने से वैश्विक प्रभाव होने तक बढ़े हैं और अल्पकालिक व्यवधानों से दीर्घकालिक चुनौतियों तक शिफ्ट हो गए हैं।

कृषि पर मानवजनित गतिविधियों का प्रभाव

पारंपरिक कृषि पर मुख्य प्रभावों में वनों की कटाई (खेती के लिए वनों को साफ करना), मृदा अपरदन (वायु या पानी से उपरी मिट्टी की हानि) और पोषक तत्वों की कमी (अत्यधिक उपयोग से मिट्टी की उपजाऊ शक्ति का कम होना) शामिल हैं।

अन्य प्रमुख विषय हैं:

1. **सूक्ष्म पोषक तत्व असंतुलन (Micronutrient Imbalance):** नाइट्रोजन, फॉस्फोरस और पोटेशियम की अधिकता।
2. **नाइट्रेट प्रदूषण (Nitrate Pollution):** नाइट्रेट मिट्टी में घुस जाते हैं और भूजल को दूषित करते हैं। जब उनकी सांद्रता 25 मिलीग्रामध्लीटर से अधिक होती है, तो वे स्वास्थ्य समस्याएं जैसे नीले बच्चे सिंड्रोम या मेथीमोग्लोबिनेमिया का कारण बन सकते हैं।
3. **यूट्रोफिकेशन (Eutrophication):** यह मुद्दा मुख्य रूप से कृषि में नाइट्रोजन और फॉस्फोरस उर्वरकों के अत्यधिक उपयोग से होता है।
    - जब ये उर्वरक जल निकायों में धुल जाते हैं, तो वे 'शैवाल ब्लूम' (Algal bloom) के रूप में जानी जाने वाली शैवाल की अतिवृद्धि को जन्म देते हैं, जो पानी के नीचे के पौधों तक सूर्य की रोशनी पहुंचने को रोकते हैं, जिससे जलीय पारिस्थितिकी तंत्र बाधित होता है।
    - अतिरिक्त शैवाल के मरने और सड़ने से, वे पानी में ऑक्सीजन की खपत करते हैं, जिससे ऑक्सीजन की कमी होती है।
    - यह ऑक्सीजन की कमी 'मृत क्षेत्रों' को जन्म देती है जहां जलीय जीवन ऑक्सीजन की कमी के कारण जीवित रहने के लिए संघर्ष करता है।
    - इस प्रक्रिया के हानिकारक परिणाम होते हैं, जलीय पारिस्थितिकी तंत्र को नुकसान पहुंचाते हैं और जल की गुणवत्ता को प्रभावित करते हैं।
    - इस विषय से उत्पन्न होने वाली खराब जल गुणवत्ता वन्यजीवों और मानवों दोनों के लिए हानिकारक हो सकती है।
4. **कृषि में कीटनाशक उपयोग (pesticide usage) और सिंचाई की चुनौतियां :** कीटनाशक, जिनमें शामिल हैं हर्बिसाइड्स, इंसेक्टिसाइड्स, और फंगिसाइड्स, विभिन्न रूपों में आते हैं: अकार्बनिक, सिंथेटिक, या जैविक (जैव कीटनाशक)। इनका उपयोग फसलों में कीटों और रोगों को नियंत्रित करने के लिए किया जाता है, लेकिन इनका पर्यावरणीय प्रभाव विविध होता है।
    - **जलभराव (Waterlogging):** यह कृषि प्रथाओं जैसे अत्यधिक सिंचाई के कारण होता है, जहां मिट्टी पानी से अधिक संतृप्त हो जाती है, जो पौधों की वृद्धि को बाधित करती है।
    - **मृदा लवणता (Soil salinity):** मिट्टी में घुलनशील लवणों का उच्च स्तर, अक्सर अत्यधिक सिंचाई या खराब जलनिकासी के परिणामस्वरूप, फसलों की स्वास्थ्य और उपज पर नकारात्मक प्रभाव डालता है।

आवास क्षेत्र से संबंधित विषय

- **बीमार भवन सिंड्रोम (Sick Building Syndrome):** इस सिंड्रोम को अक्सर खराब इनडोर वायु गुणवत्ता के कारण माना जाता है, जो मुख्य रूप से वाष्पशील कार्बनिक यौगिकों (VOCs) के कारण होता है। VOCs पेंट्स, सॉल्वेंट्स, और लकड़ी के संरक्षक (preservatives) से निकलते हैं।
- **धातुओं से कैंसर का जोखिम (Cancer Risk from Metals):** आर्सेनिक, कैडमियम, क्रोमियम, और निकेल निर्माण सामग्रियों में पाए जाते हैं। वे फेफड़े, त्वचा, और अन्य कैंसरों के जोखिम को बढ़ाते हैं।
- **फॉर्मलडिहाइड (Formaldehyde): :** वे दबाए गए लकड़ी के उत्पादों से निकलते हैं। वे श्वसन समस्याओं और कुछ कैंसरों का कारण बनते हैं।
- **बेंजीन (Benzene):** यह आमतौर पर ग्लू, पेंट्स, और कुछ प्लास्टिक्स में पाया जाता है, बेंजीन एक कार्सिनोजेन है जो रक्त विकारों, सहित विभिन्न प्रकार के ल्यूकेमिया का कारण बन सकता है। निम्न स्तर पर भी दीर्घकालिक संपर्क जोखिम को बढ़ा सकता है।
- **ट्राइक्लोरोइथिलीन (Trichloroethylene) :** यह सफाई उत्पादों में उपयोग किया जाता है। यह लिवर और फेफड़े के कैंसर, और नॉन-हॉजकिन लिंफोमा का कारण बन सकता है।
- **ओजोन (Ozone):** विशेष रूप से भूमि स्तर पर, ओजोन एक प्रतिक्रियाशील गैस है जो स्वास्थ्य के लिए हानिकारक हो सकती है। यह अक्सर कॉपियर्स और लेजर प्रिंटर्स जैसे इलेक्ट्रॉनिक उपकरणों द्वारा उत्पन्न होती है। यह अस्थमा और फेफड़ों की बीमारियों जैसी श्वसन समस्याओं का कारण बन सकती है।
- **एयर कंडीशनिंग से स्वास्थ्य जोखिम (Health Risks from Air Conditioning):** एसी सिस्टम में बैक्टीरिया और मोल्ड की वृद्धि स्वास्थ्य जोखिमों को पैदा कर सकती है। ये सूक्ष्मजीव विभिन्न श्वसन समस्याओं का कारण बन सकते हैं।
- **लीजियोनेयर्स रोग (Legionnaires' Disease):** AC सिस्टम में पाए जाने वाले बैक्टीरिया के कारण होने वाली एक गंभीर निमोनिया जैसी बीमारी हैं। लक्षणों में खांसी, सांस की तकलीफ, बुखार, मांसपेशियों में दर्द, और सिरदर्द शामिल हैं।
- **एस्बेस्टस संबंधित रोग (Asbestos-Related Diseases):** एस्बेस्टस एक प्राकृतिक रूप से होने वाला सिलिकेट खनिजों का समूह है जिसमें पतले, रेशेदार क्रिस्टल होते हैं। वे व्यापक रूप से इन्सुलेशन, छत, और अग्निरोधी के लिए निर्माण में उपयोग किए जाते हैं। वे गर्मी, बिजली, और रासायनिक जंग के प्रतिरोधी के लिए जाने जाते हैं। उनका श्वास में लेना मेसोथेलिओमा, एस्बेस्टोसिस, और फेफड़े के कैंसर का कारण बन सकता है।
- **कीटों से एलर्जी (Allergies from Pests):** ये विशेष रूप से तिलचट्टे की बूंदों, धूल के कणों, और कृंतक रूसी से होती हैं। ये एलर्जन संवेदनशील व्यक्तियों में एलर्जिक प्रतिक्रियाओं और अस्थमा को ट्रिगर कर सकते हैं।

परिवहन गतिविधियों का पर्यावरण पर प्रभाव

1. **गैसों का उत्सर्जन (Emission of Gases):** परिवहन से लीड, कार्बन मोनोऑक्साइड (CO), कार्बन डाइऑक्साइड (CO_2) मीथेन (CH_4) नाइट्रोजन ऑक्साइड्स (NO_X), नाइट्रस ऑक्साइड (N_2O), क्लोरोफ्लूरोकार्बन (CFCs), परफ्लूरोकार्बन (PFCs), भारी धातुएं, और पार्टिकुलेट्स जैसी गैसों का वायुमंडल में उत्सर्जन होता है।
2. **ओजोन परत की क्षति (Ozone Layer Depletion):** नाइट्रस ऑक्साइड ओजोन परत की क्षति में योगदान करता है, जो पृथ्वी को हानिकारक UV विकिरण से बचाता है।
3. **ग्रीनहाउस प्रभाव (Greenhouse Effect):** CO, CO_2, और CH_4 हरित ग्रह प्रभाव में योगदान करते हैं, जिससे वैश्विक तापीकरण होती है।
4. **अम्लीय वर्षा (Acid Rain):** CO, NO_2, SO_2, NO_x का वायुमंडल में जल वाष्प के साथ संपर्क होने पर अम्लीय वर्षा होती है, जिससे भवनों को नुकसान, फसलों को हानि, और वनों का क्षरण हो सकता है।

5. **ध्वनि प्रदूषण (Noise Pollution):** परिवहन से 75 डेसिबल (dB) से अधिक के शोर के लगातार संपर्क में रहने से सुनने की क्षमता प्रभावित हो सकती है और शारीरिक व मानसिक स्वास्थ्य पर प्रभाव पड़ सकता है।

मानवजनित खनन गतिविधियों के प्रभाव (Effects of Anthropogenic Mining Activities)

खनन मुख्य रूप से पृथ्वी से खनिज, धातु, और अन्य मूल्यवान सामग्रियों को निकालने के लिए किया जाता है। इनका उपयोग निर्माण, ऊर्जा उत्पादन, और प्रौद्योगिकी में किया जाता है। भूमि ड्रेजिंग (भूमि में छेद बनाना) और नदी ड्रेजिंग (नदी के साथ एक मंच या नाव पर चलना)।

1. **वनों की कटाई (Deforestation):** खनन गतिविधियों का प्राथमिक परिणाम।
2. **रासायनिक उपयोग (Chemical Usage):** खनिज निष्कर्षण में साइनाइड और पारा जैसे हानिकारक रासायनिकों का उपयोग।
3. **भूमि और जल क्षति (Land and Water Damage)**
   - वनस्पति का क्षरण और परिदृश्य में परिवर्तन।
   - भूमि धंसान और संरचनात्मक क्षति (जैसे इमारतों में दरारें)।
   - सल्फ्यूरिक एसिड और भारी धातुओं द्वारा भूजल प्रदूषण।
   - जलीय जीवन को प्रभावित करने वाले सतही जल प्रदूषण, संभावित रेडियोधर्मी प्रदूषण सहित।
4. **वायु प्रदूषण और स्वास्थ्य जोखिम (Air Pollution and Health Hazards):** अलग-अलग विषय जैसे वायु प्रदूषण और खनिकों के लिए व्यावसायिक स्वास्थ्य जोखिम (एस्बेस्टोसिस, सिलिकोसिस, काली फेफड़ों की बीमारी)।
5. **यूरेनियम खनन (Uranium Mining):** यूरेनियम अयस्क रेडॉन गैस और अन्य रेडियोधर्मी तत्वों को उत्सर्जित करता है। उच्च स्तर के विकिरण के लंबे समय तक संपर्क में रहने से फेफड़ों के कैंसर और अन्य स्वास्थ्य समस्याओं का जोखिम बढ़ सकता है।

पर्यावरणीय विषय (Environmental Issues)

पर्यावरणीय मुद्दों को "साझा भविष्य" (common future) या "वैश्विक साझेदारी" (global partnership) की अवधारणाओं के साथ एक वैश्विक दृष्टिकोण की आवश्यकता है। आर्थिक असमानताएं विश्व स्तर पर सतत विकास को प्रभावित करती हैं। विकसित और विकासशील देशों के बीच पर्यावरणीय चिंताएं भिन्न होती हैं:

1. **स्थानीय विषय (Local Issues):** जैसे कि जल की कमी, मृदा अपरदन, प्रदूषण के स्तर और भूस्खलन।
2. **क्षेत्रीय विषय (Regional Issues):** मरुस्थलीकरण, सूखा, बाढ़, मृदा अपरदन, समुद्र स्तर में वृद्धि, और वनों की कटाई शामिल हैं।
3. **वैश्विक विषय (Global Issues):** जलवायु परिवर्तन, ग्लोबल वार्मिंग, उत्तर-दक्षिण विभाजन, और जैव विविधता की हानि महत्वपूर्ण हैं।

एजेंडा 21 (Agenda 21): इस एजेंडा ने कई पर्यावरणीय मुद्दों को संबोधित करने की कोशिश की ताकि विभिन्न देशों के बीच सतत विकास के लिए बेहतर संरेखण हो। इसमें उत्तर (विकसित) और दक्षिण (कम विकसित) देशों के बीच के अंतर शामिल थे। उत्तर के पास प्रौद्योगिकी और पूंजी है और दक्षिण के पास खनिज और अन्य संसाधन हैं। इसमें यह स्वीकार किया गया कि अधिकांश वैश्विक पर्यावरणीय क्षति उत्तर द्वारा की गई है, दक्षिण इन पर्यावरणीय मुद्दों के प्रति अधिक संवेदनशील है।

- "सामान्य लेकिन विभेदित उत्तरदायित्वों" का सिद्धांत एजेंडा 21 के लिए केंद्रीय है । हालांकि सभी देशों को पर्यावरण संरक्षण में उत्तरदायित्व लेना है, लेकिन विकसित देशों का औद्योगिकीकरण और शहरीकरण में उनकी ऐतिहासिक भूमिका के कारण बड़ा योगदान है।
- उत्तर को प्रौद्योगिकी हस्तांतरण और वित्तीय सहायता की उत्तरदायित्व लेनी होगी। वैश्विक अर्थव्यवस्था में विकासशील देशों की भागीदारी बढ़ाने की आवश्यकता महसूस की गई है। उनकी वृद्धि सतत और न्यायसंगत होनी चाहिए।
- विश्व भर में सतत उपभोग पैटर्न बनाने की आवश्यकता है। पर्यावरण, स्थिरता, आर्थव्यवस्था और गरीबी उन्मूलन के मुद्दों के प्रति एकीकृत दृष्टिकोण आवश्यक है।

CO_2 की जलवायु परिवर्तन में भूमिका

कार्बन डाइऑक्साइड को इसकी ग्रीनहाउस गैस स्थिति, दीर्घकालिक प्रभाव, विभिन्न नियामक ढांचे, और स्रोतों और उत्सर्जन नियंत्रण के कारण एक अलग स्थिति प्राप्त है।

1. **वायुमंडलीय CO_2 सांद्रता में वृद्धि (Increase in Atmospheric CO_2 Concentration):** मानवजनित गतिविधियों के कारण वायुमंडल में CO_2 की सांद्रता में काफी वृद्धि हुई है। जीवाश्म ईंधन के अत्यधिक उपयोग ने अपनी भूमिका निभाई है। 2023 में यह स्तर अब 418 ppm तक पहुंच गया है। 1850 के पूर्व-औद्योगिक युग में, यह 280 ppm था। इस प्रकार, सांद्रता में लगभग 50% की वृद्धि हुई है।
2. **बढ़ता हुआ हरित ग्रह प्रभाव (Enhanced Greenhouse Effect):** CO_2 एक ग्रीनहाउस गैस के रूप में कार्य करता है, पृथ्वी सूर्य का कुछ प्रकाश (लगभग 30%) सोख लेती है, जिससे उसका तापमान बढ़ जाता है, पृथ्वी द्वारा अंतरिक्ष को जो वापस भेजी गई ऊष्म ऊर्जा होती है, उसे अवरक्त विकिरण (Infra-red radiations) कहते हैं। इसके बढ़ते उपयोग से अब तक पूर्व-औद्योगिक स्तरों से 1.2°C की औसत वैश्विक तापमान वृद्धि हुई है।
3. **जलवायु परिवर्तन के परिणाम (Consequences of Climate Change):** उपरोक्त कारणों से चरम मौसम पैटर्न, पारिस्थितिकी तंत्रों का व्यवधान, समुद्र स्तर में वृद्धि और हानिकारक महासागर अम्लीकरण, तेजी से पिघलती बर्फ, गंभीर चक्रवात, और जैव विविधता की हानि हुई है।
4. **शमन प्रयास (Mitigation Efforts):** वे कार्बन उत्सर्जन को सीमित करने के लिए क्योटो प्रोटोकॉल, पेरिस समझौते आदि के रूपों में आरंभ हुए। फिर नवीकरणीय ऊर्जा, पुनर्वनीकरण आदि के रूप में प्रयास आरंभ हुए।

प्रदूषण और इसके प्रकार (Pollution And its Types)

प्रदूषण पर्यावरण में हानिकारक पदार्थों या ऊर्जा का परिचय है, जिससे पर्यावरण, मानव स्वास्थ्य, या जीवन की गुणवत्ता पर प्रतिकूल प्रभाव पड़ता है। ये हानिकारक पदार्थ, जिन्हें प्रदूषक कहा जाता है, भौतिक, रासायनिक, या जैविक प्रकृति के हो सकते हैं। वे मानवीय गतिविधियों या प्राकृतिक प्रक्रियाओं के माध्यम से जानबूझकर या अनजाने में पर्यावरण में प्रवेश कर सकते हैं।

WHO वायु प्रदूषण को "इनडोर या आउटडोर वातावरण का रासायनिक, भौतिक या जैविक एजेंट द्वारा दूषण जो वायुमंडल की प्राकृतिक विशेषताओं को परिवर्तित करता है" के रूप में परिभाषित करता है। इस परिभाषा में सल्फर डाइऑक्साइड (SO_2), नाइट्रोजन ऑक्साइड्स (NO_X), कार्बन मोनोऑक्साइड (CO), और ओजोन (O_3) जैसी गैसों के साथ-साथ पार्टिकुलेट मैटर (दोनों PM10 और PM 2.5) की एक विस्तृत श्रेणी शामिल है।

प्रदूषक स्तर (Pollutant Levels): चूंकि प्रदूषकों के विषाक्त प्रभाव होते हैं, इसलिए उनके विषाक्तता मूल्यांकन स्तर नीचे दिए गए हैं। वे सुरक्षा मानकों को स्थापित करने में सहायता करते हैं:

- **NOAEL (No Observed Adverse Effect Level):** सुरक्षित संपर्क सीमाओं को निर्धारित करने और बेंचमार्क खुराक (Benchmark Dose - BMD) को व्युत्पन्न करने के लिए उपयोग किया जाता है, जो जनसंख्या में एक विशिष्ट स्तर के प्रभाव का कारण बनने वाली खुराक का अनुमान लगाता है।
- **LD (Lethal Dose, 50%):** वैश्विक सामंजस्य प्रणाली (Globally Harmonised System - GHS) खतरा वर्ग के अनुसार पदार्थों को वर्गीकृत करने के लिए उपयोग किया जाता है, जो 50% परीक्षण विषयों के लिए घातक खुराक को इंगित करता है।
- **LOAEL (Lowest Observed Adverse Effect Level):** स्वीकार्य दैनिक सेवन (Acceptable Daily Intake - ADI) को व्युत्पन्न करने में सहायता करता है, जो जीवन भर में बिना किसी प्रतिकूल प्रभाव के दैनिक सेवन की मात्रा होती है।
- **NOEFF (No Observed Effect Level):** संदर्भ खुराक (Reference Dose - RfD) की स्थापना करने के लिए उपयोग किया जाता है, जो वह मात्रा होती है जो जीवन भर दैनिक रूप से साँस लेने पर बिना किसी प्रतिकूल प्रभाव के हो सकती है।

शुद्ध गैसें (PURE GASES)

शुद्ध गैसों के बारे में मूल विचार महत्वपूर्ण है क्योंकि हम उन्हें प्रदूषक गैसों के साथ भेद करने के लिए तुलना कर सकते हैं।

- **उत्कृष्ट, दुर्लभ या अक्रिय गैसें (Noble Gases):** हीलियम (He), नियॉन (Ne), आर्गन (Ar), क्रिप्टन (Kr), ज़ीनॉन (Xe), रेडॉन (Rn)- एक पूर्ण वैलेंस इलेक्ट्रॉन शेल के कारण उनकी रासायनिक निष्क्रियता (अक्रियता) से विशेषता होती है।
- **तत्वीय गैसें (Elemental Gases):** हाइड्रोजन (H_2), ऑक्सीजन (O_2), नाइट्रोजन (N_2), क्लोरीन (Cl_2) - एक ही तत्व के दो परमाणुओं के साथ द्विपरमाणु अणुओं से बने होते हैं।
- **अन्य गैसें:** कार्बन डाइऑक्साइड (CO_2), नाइट्रस ऑक्साइड (N_2O), और सल्फर हेक्साफ्लोराइड (SF_6) को भी शुद्ध गैसें माना जाता है।

तालिका 9.1 वायुमंडल में गैसों का सम्मिश्रण

गैस का नाम	प्रतिशतता	हरित गृह स्थिति
नाइट्रोजन (N_2)	78.08	नहीं
ऑक्सीजन (O_2)	20.95	नहीं
जल (H_2O)	0–4	हाँ
आर्गन (Ar)	0.93	नहीं
कार्बन डाइऑक्साइड (CO_2)	0.039	हाँ
निऑन (Ne)	0.0018	नहीं
हीलियम (He)	0.0005	नहीं
मीथेन (CH_4)	0.00017	हाँ
हाइड्रोजन (H_2)	0.00005	नहीं
नाइट्रस ऑक्साइड (NO_2)	0.00003	हाँ
ओजोन (O_3)	0.000004	हाँ

वायु प्रदूषकों के प्रकार: वायु प्रदूषकों के दो मुख्य प्रकार होते हैं:

1. **प्राथमिक प्रदूषक (Primary Pollutants):** ये सीधे ऐसी जगहों से आते हैं जैसे कारें और कारखाने।
   - कण पदार्थ या सस्पेंडेड पार्टिकुलेट मैटर (SPM) या पार्टिकुलेट मैटर (PM): वायु में निलंबित छोटे कण।
   - **कार्बन के ऑक्साइड्स:** कार्बन मोनोऑक्साइड और कार्बन डाइऑक्साइड शामिल हैं।
   - **हाइड्रोकार्बन:** मीथेन और अन्य ऑर्गेनिक यौगिक।
   - सल्फर ऑक्साइड्स (SO_x)
   - नाइट्रोजन ऑक्साइड्स (NO_x)
   - **सीएफसी (CFC):** क्लोरोफ्लूरोकार्बन, ओजोन परत के लिए हानिकारक।
   - **सीसा (Lead):** भारी धातु प्रदूषक

कण पदार्थ या पार्टिकुलेट मैटर यासस्पेंडेड पार्टिकुलेट मैटर (PM or SPM): SPM या PM में धूला (ऑर्गेनिक पदार्थ का अपूर्ण दहन), धुआँ (आग, उद्योग, वाहन), धूल (प्राकृतिक), फाइबर (वस्त्र, निर्माण), कीटनाशक, धातु (जैसे पारा, सीसा और तांबा), धूल के कण (सूक्ष्मजीवद्ध और पराग (वायुजनित पौधे के कण) शामिल हैं। वे अधिक जोखिमपूर्ण होते हैं क्योंकि वे गहराई तक शरीर के अंगों, रक्त प्रवाह आदि में प्रवेश करते हैं।

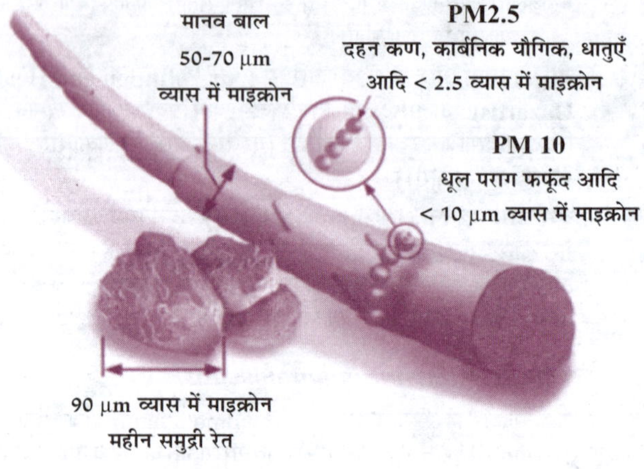

चित्र 9.8: PM कणों के लिए आकार की तुलना
Image Credit: Environmental Protection Agency, Public domain, via Wikimedia Commons

1. **PM10 (10 µm या उससे कम व्यास वाले कण):** यह मोटे कण (coarse particles) होते हैं। इन कणों का व्यास 10 माइक्रोमीटर और उससे कम होता है। इनमें धूल, पराग, और फफूंद शामिल हैं।
2. **PM 2.5 (2.5 माइक्रोमीटर (µm) या उससे कम व्यास वाले कण):** इनको सूक्ष्म कण (Fine Particles) कहा जाता है। इनमें दहन कण, कार्बनिक यौगिक, और धातुएँ शामिल हैं। दहन कण अक्सर इस आकार सीमा में आते हैं, जो मोटर वाहनों, लकड़ी जलने, और औद्योगिक प्रक्रियाओं जैसे स्रोतों से आते हैं। यह गहराई तक फेफड़ों में प्रवेश कर सकते हैं।
3. **PM 1: PM1.0:** इनको अतिसूक्ष्म कण (ultrafine particles) कहा जाता है, इन कणों का व्यास 1 माइक्रोमीटर और उससे कम होता है। ये PM2.5 के एक उपसमूह हैं और फेफड़ों में गहराई तक प्रवेश कर सकते हैं और अधिक आसानी से रक्तप्रवाह में प्रवेश कर सकते हैं, जिससे श्वसन और हृदय संबंधी समस्याएँ हो सकती हैं। ये बैक्टीरिया से भी छोटे होते हैं और केवल इलेक्ट्रॉन माइक्रोस्कोप से ही देखे जा सकते हैं।

4. **टोटल सस्पेंडेड पार्टिकुलेट मैटर (TSPM):** यह सभी वायुजनित कणों को समाहित करता है, चाहे उनका आकार कुछ भी हो।

भारत में वायु गुणवत्ता सूचकांक (AQI) की गणना में PM2.5 और PM10 शामिल हैं।

दिल्ली का प्रदूषण दृश्य

उदाहरण: PM 2.5 के स्रोत

- बिजली संयंत्र / उद्योग - 22%
- घरेलू खाना पकाने - 22%
- वाहन - 25-36%
- सड़क की धूल - 35%

वाहन प्रदूषण

- दोपहिया वाहन - 18%
- यात्री कारें - 14-15%
- ट्रक - 24-25%
- कुल मिलाकर: बिजली संयंत्रों, खाना पकाने और अन्य स्रोतों द्वारा 60%, तथा वाहन उत्सर्जन द्वारा 40%

द्वितीयक प्रदूषक (Secondary Pollutants): ये सीधे किसी स्रोत से नहीं आते हैं। इसके बजाय, वे वायु में प्राथमिक प्रदूषकों के साथ अन्य चीजों की प्रतिक्रिया करके बनते हैं। उदाहरणों में अम्लीय वर्षा और धुंध (स्मॉग) शामिल हैं। मुख्य वायु प्रदूषण, अम्लीय वर्षा, और स्मॉग नीचे चर्चा की गई हैं:

अम्लीय वर्षा (Acid Rain): यह तब होती है जब सल्फर ऑक्साइड्स और नाइट्रोजन ऑक्साइड्स वायुमंडल में पानी के साथ प्रतिक्रिया करते हैं, अम्ल बनाते हैं जो वर्षा के साथ पृथ्वी पर गिरते हैं। यह जल स्रोतों, वनस्पति, और इमारतों को क्षतिग्रस्त कर सकता है।

धूम कोहरा (Smog): इसको धुआँसा, काला धुआं, धुंध या साधारण भाषा में स्मोग भी कहा जाता है। यह तब बनता है जब धूप में वायु प्रदूषक जैसे कार्बन मोनोऑक्साइड, नाइट्रोजन ऑक्साइड्स, और विशेष रूप से हाइड्रोकार्बन्स, प्रतिक्रिया करते हैं। यह दृश्यता को कम करता है और श्वसन समस्याओं का कारण बन सकता है।

दिल्ली जैसे शहर में, जहां वायु प्रदूषण एक गंभीर समस्या है, इन प्रदूषकों की निगरानी और नियंत्रण महत्वपूर्ण है। सरकार और समाज को मिलकर इन प्रदूषकों को कम करने और लोगों के जीवन की गुणवत्ता में सुधार लाने के लिए प्रयास करने चाहिए।

मुख्य वायु प्रदूषण (MAJOR AIR POLLUTIONS)

1. **ओजोन (भूमि स्तर) (Ozone - Ground Level) – O_3**
   - **स्रोत (Source):** वाहनों के निकास और औद्योगिक प्रक्रियाओं से नाइट्रोजन ऑक्साइड्स और वाष्पशील कार्बनिक यौगिकों की सूर्य की रोशनी में प्रतिक्रियाएँ होने से बनता है।
   - **स्वास्थ्य प्रभाव (Health Effects):** अस्थमा, एम्फाइज़ीमा (emphysema), और क्रॉनिक ब्रोंकाइटिस (chronic bronchitis) जैसे फेफड़े की बीमारियों को बढ़ाता है।
2. **सीसा (Lead - Pb)**
   - **स्रोत:** पहले लेडेड पेट्रोल (leaded petrol) में एंटी-नॉकिंग एजेंट के रूप में इस्तेमाल किया जाता था।
   - **स्वास्थ्य प्रभाव:** केंद्रीय तंत्रिका प्रणाली को प्रभावित करता है, लाल रक्त कोशिकाओं के विकास में बाधा डालता है।
3. **सल्फर डाइऑक्साइड (Sulphur Dioxide – SO_2)**
   - **स्रोत:** तापीय बिजली संयंत्रों और विभिन्न उद्योगों द्वारा उत्सर्जित।
   - **स्वास्थ्य प्रभाव:** गंभीर श्वसन समस्याएं पैदा करता है और फेफड़ों में गैस आदान-प्रदान को बाधित करता है।
4. **नाइट्रोजन ऑक्साइड्स (Nitrogen Oxides – NO_2)**
   - **स्रोत:** तापीय बिजली संयंत्रों द्वारा उत्पादित।
   - **स्वास्थ्य प्रभाव:** हृदय और फेफड़े की सागरयाएं, ब्रोंकाइटिस (Bronchitis), अस्थमा का कारण बनता है; संभावित कैंसरजनक carcinogen)।
5. **कार्बन मोनोऑक्साइड (Carbon Monoxide - CO)**
   - **स्रोत:** जीवाश्म ईंधन, लकड़ी के स्टोव, और सिगरेट के धुएं के अपूर्ण दहन (incomplete combustion) से परिणाम।
   - **स्वास्थ्य प्रभाव:** रक्त की ऑक्सीजन-वहन क्षमता को कम करता है, जिससे सांस लेने में कठिनाइयाँ होती हैं।
6. **हाइड्रोजन सल्फाइड (Hydrogen Sulphide – H_2S)**
   - **स्रोत:** तेल रिफाइनरियों और रासायनिक उद्योगों के आसपास पाया जाता है।
   - **स्वास्थ्य प्रभाव:** मितली (उल्टी आना, दिल का कच्चा होना - feeling nauseous) आँखों और गले में जलन पैदा करता है।
7. **हाइड्रोजन साइनाइड Hydrogen Cyanide (- HCN)**
   - **स्रोत:** ब्लास्ट फर्नेस से उत्सर्जित, फ्यूमिगेशन और रासायनिक उद्योग में इस्तेमाल होता है।
   - **स्वास्थ्य प्रभाव:** सिरदर्द, सूखे गले, धुंधली दृष्टि, और तंत्रिका कोशिका विकार का कारण बनता है।
8. **अमोनिया (Ammonia – NH_3)**
   - **स्रोत:** उर्वरक उद्योग, रंग बनाने, ब्लीचिंग, और विस्फोटक निर्माण में उत्पादित।
   - **स्वास्थ्य प्रभाव:** उच्च स्तरों पर, यह जल निकायों को अम्लीकृत कर सकता है।
9. **फॉस्जीन (Phosgene)**
   - **स्रोत:** रासायनिक और रंग बनाने वाले उद्योग में इस्तेमाल किया जाता है।
   - **स्वास्थ्य प्रभाव:** फेफड़ों में शोथ **(पल्मोनरी एडेमा -Pulmonary Edema)** का कारण बन सकता है।
10. **वाष्पशील कार्बनिक यौगिक (Volatile Organic Compounds - VOCs)**
    - **स्रोत:** गैसोलीन और बेंजीन (C_6H_6) जैसे पदार्थ शामिल हैं, जो सरलता से वाष्पित हो जाते हैं।
    - **स्वास्थ्य प्रभाव:** स्मॉग निर्माण (smog formation) में योगदान देते हैं। बेंजीन भी VOC का प्रकार है, जिसका दीर्घकालिक प्रभाव (रक्त विकार - एनीमिया, ल्यूकेमिया), अस्थि मज्जा क्षति, दुर्बल प्रतिरक्षा तंत्र, कैंसर के बढ़ते खतरे के रूप में हो सकता है।
11. **आर्सेनिक (Arsenic - As)**
    - **स्रोत:** आर्सेनिक सोल्डरिंग के दौरान निकलता है।
    - **स्वास्थ्य प्रभाव:** लाल रक्त कोशिकाओं (RBCs) और किडनी को नुकसान पहुंचाता है, पीलिया का कारण बन सकता है।
12. **कण पदार्थ (SPM or PM)**
    - **स्रोत:** इंसिनेरेटर्स और विभिन्न निर्माण प्रक्रियाओं से उत्सर्जित।
    - **स्वास्थ्य प्रभाव:** एम्फाइज़ीमा, अस्थमा, और क्रॉनिक ब्रोंकाइटिस जैसी श्वसन समस्याओं का कारण बनता है

अम्लीय वर्षा (ACID RAIN)

- **अम्लीय वर्षा का pH:** प्राकृतिक वर्षाजल का pH वायुमंडलीय कार्बन डाइऑक्साइड के घुलने के कारण लगभग 5.6 होता है, जो कमजोर कार्बोनिक अम्ल बनाता है। अम्लीय वर्षा का pH 5.6 से कम होता है।
- **अम्लीय वर्षा का स्रोत (Source of Acid Rain):** बिजली संयंत्रों, उद्योगों, और वाहनों जैसे स्रोतों से सल्फर डाइऑक्साइड (SO_2) और नाइट्रोजन ऑक्साइड्स (NOx) के उत्सर्जन से अम्लीय वर्षा होती है।
- **निर्माण प्रक्रिया (Formation Process):** So_2 और NOx पानी के वाष्प, ऑक्सीजन, और अन्य वायुमंडलीय रसायनों के साथ प्रतिक्रिया करके सल्फ्यूरिक और नाइट्रिक अम्ल बनाते हैं। सल्फ्यूरिक अम्ल के निर्माण का उदाहरण देखें:
- सल्फर ट्राइऑक्साइड (SO_3) वायुमंडल में जल वाष्प के साथ प्रतिक्रिया करके सल्फ्यूरिक अम्ल (H_2SO_4) बनाता है। यह प्रतिक्रिया अम्लीय वर्षा के निर्माण में एक प्रमुख कदम है।
- $SO_3 + H_2O \rightarrow H_2SO_4$

अम्लीय वर्षा का निर्माण (Formation of Acid Rain)

- अम्लीय वर्षा तब बनती है जब सल्फ्यूरिक अम्ल (SO_3) से और नाइट्रिक अम्ल (नाइट्रोजन ऑक्साइड्स से बना) वायुमंडलीय नमी (जैसे वर्षा, कोहरा, बर्फ, या सूखे कणों) में घुलते हैं।
- ये अम्ल वर्षा के pH को कम करते हैं, जिससे अम्लीय वर्षा होती है।
- यह झीलों, नदियों, और जंगलों को नुकसान पहुंचा सकती है। यह खासकर ऊंची जगहों पर जंगलों को नुकसान पहुंचाती है। यह पेड़ों और पौधों के बढ़ने और स्वस्थ रहने के लिए मुश्किल बनाती है।
- **धूम कोहरा (Smog):** यह धूम + कोहरा से बना हुआ है। यह एक प्रकार के वायु प्रदूषण का वर्णन करता है जो धुएं, धूल, और अन्य कणों के साथ कोहरे का संयोजन है। वे दृश्यमान वायु प्रदूषण की घनी परत बनाते हैं। यह मुख्य रूप से दो प्रकार का होता है:
- **सल्फरस धूम कोहरा (Sulphurous Smog - London Smog):** यह मुख्यत: सल्फर डाइऑक्साइड और PM से बनता है, जो अक्सर कोयला समृद्ध औद्योगिक क्षेत्रों से उत्पन्न होता है।
- **मुख्य ट्रैपिंग कंडीशंस (Main Trapping Conditions):** यह अधिकतर ठंडी, नम और वायुहीन स्थितियों में होता है जो प्रदूषकों को ज़मीन के पास फंसा देती हैं। उदाहरण 1952 के लंदन धुंध का है, जो इन्हीं स्थितियों के कारण हुई थी, जिससे शहर पर एक घनी धुंध की परत छा गई थी।
- **स्वास्थ्य प्रभाव (Health Effects):** श्वसन संबंधी समस्याओं को बढ़ाता है, अस्थमा को बदतर बनाता है, और फेफड़ों की बीमारियों का कारण बन सकता है।
- **पर्यावरणीय प्रभाव (Environmental Impact):** पौधों के जीवन को हानि पहुंचाता है और भवनों और संरचनाओं को खराब करता है।

फोटोकेमिकल धूम कोहरा (Photochemical Smog OR Los Angeles Smog) यह धुंध वाहन उत्सर्जन से नाइट्रोजन ऑक्साइड्स (NOx) और वाष्पशील कार्बनिक यौगिकों (VOCs) के साथ सूर्य की रोशनी की प्रतिक्रिया से बनने वाले प्रदूषकों, मुख्यत: भूमि स्तर के ओजोन (O3), का मिश्रण है।

- **पेरोक्सीएसिटाइल नाइट्रेट (PAN):** PAN फोटोकेमिकल धुंध में एक द्वितीयक प्रदूषक है। यह VOCs और NOx की सूर्य की रोशनी में होने वाली रासायनिक प्रतिक्रियाओं से बनता है। वाहनों और उद्योगों से उत्सर्जन इस प्रदूषण में योगदान करते हैं। PAN और फोटोकेमिकल धुंध के संपर्क में आने से श्वसन और फेफड़ों की स्थितियाँ जैसे अस्थमा और ब्रोंकाइटिस बदतर हो सकती हैं।
- **सूर्य प्रकाश (फोटोकेमिकल) निर्भरता:** यह सूर्य की तीव्र या सशक्त रोशनी की आवश्यक के कारण भारी यातायात वाले धूपी, शहरी क्षेत्रों में बनता है।
- **मौसम की स्थितियां (Weather Conditions):** यह एक धुंधले, भूरे रंग के बादल के रूप में दिखाई देता है। यह गर्म, धूपी स्थितियों में स्थिर वायु के साथ होता है।
- **स्वास्थ्य प्रभाव:** आंखों, गले, और फेफड़ों में जलन पैदा करता है, अस्थमा और क्रॉनिक ब्रोंकाइटिस जैसी स्थितियों को बदतर बनाता है।
- **पर्यावरणीय प्रभाव:** फसलों, वनस्पति, और रबर तथा प्लास्टिक जैसी सामग्रियों को हानि पहुंचाता है।

लॉस एंजेलिस कनेक्शन (Los Angeles Connection): यह संबंध उच्च वाहन उत्सर्जन और धूपी मौसम के कारण इसकी प्रचुरता में योगदान देने के कारण प्रतीत होता है। अब वैश्विक स्तर पर शहरी क्षेत्रों में वाहन उपयोग में वृद्धि और धूपी जलवायु के साथ देखा जाता है।

कॉन्सेप्ट बॉक्स

वाष्पशील कार्बनिक यौगिक (VOLATILE ORGANIC COMPOUNDS - VOCs)

VOCs वे रसायन होते हैं जो आसानी से वाष्प या गैस में बदल जाते हैं। आम VOCs के उदाहरणों में फॉर्मलडिहाइड, बेंजीन, जाइलीन, टोल्यून, और विभिन्न अल्कोहल शामिल हैं। ये कई रोजमर्रा की वस्तुओं जैसे पेंट, वार्निश, सौंदर्य प्रसाधन, चिपकने वाले पदार्थ, असबाब, लकड़ी के उत्पाद, यहां तक कि पेट्रोलियम रिफाइनिंग, ईंधन आदि में पाए जाते हैं। ये यौगिक कमरे के तापमान पर वायु में निकल सकते हैं, इसलिए कभी-कभी आप उन्हें सूंघ सकते हैं, जैसे नए पेंट या वार्निश में तीव्र सुगंध।

VOCs निम्नलिखित स्वास्थ्य क्षति का कारण बन सकते हैं:

1. **कार्सिनोजेन (Carcinogens):** कुछ VOCs कैंसर का कारण बनते हैं। उदाहरण के लिए, बेंजीन ल्यूकेमिया के बढ़े हुए जोखिम से जुड़ा हुआ है। फॉर्मलडिहाइड के संपर्क से नेज़ोफैरिन्जियल कैंसर और ल्यूकेमिया से संबंधित है।
2. **श्वसन रोग (Respiratory Diseases):** लंबे समय तक संपर्क से अस्थमा और क्रॉनिक ऑब्सट्रक्टिव पल्मोनरी डिजीज (COPD) हो सकता है।
3. **न्यूरोलॉजिकल डिसऑर्डर (Neurological Disorders):** केंद्रीय तंत्रिका प्रणाली को प्रभावित करता है, स्मृति हानि, समन्वय की कमी आदि।
4. **लिवर और किडनी की क्षति(Liver and Kidney Damage):** यह औद्योगिक विलायक जैसे ट्राइक्लोरोइथिलीन के कारण हो सकता है।
5. **एंडोक्राइन डिसरप्शन (Endocrine Disruption):** यह मूल रूप से VOCs द्वारा शरीर की हार्मोनल प्रणालियों के हस्तक्षेप को दर्शाता है।

शीतकालीन धुंध (Winter Smog): दिल्ली में शीतकालीन धुंध की कुछ समानताएँ फोटोकेमिकल धुंध के साथ होती हैं। शीतकालीन धुंध तापमान परिवर्तन के द्वारा संचालित होती है जब गर्म वायु की परत जमीन के पास ठंडी वायु को फंसा लेती है। यह गर्म गैसों की ढक्कन प्रदूषकों के बीच गैसों के मिश्रण को रोकती है। फिर जोखिमपूर्ण PM 2.5 भी मिल जाता है। धुंधली और धुंधली स्थितियाँ दृश्यता को धुंधला कर देती हैं। कुल मिलाकर, शीतकालीन धुंध खासकर जोखिमपूर्ण हो सकती है क्योंकि यह स्थिर हवा, बढ़ते प्रदूषण स्रोतों (जैसे हीटिंग), और प्रदूषकों के कम फैलाव के संयोजन से होती है। जिसे हम आमतौर पर दिल्ली में शीतकालीन महीनों के दौरान देखते हैं। फोटोकेमिकल धुंध, दूसरी ओर, सूर्य की रोशनी की उपस्थिति में नाइट्रोजन ऑक्साइड्स (NOx) और वाष्पशील कार्बनिक यौगिकों (VOCs) जैसे प्रदूषकों के बीच रासायनिक प्रतिक्रियाओं से जुड़ी होती है।

वायुमंडलीय धुंध (Atmospheric Haze): यह कणिका पदार्थ, धूल, और प्रदूषण जैसे कारकों के कारण होता है, जो वर्ष भर हो सकता है। PM2.5 युक्त धुंध के लंबे समय तक संपर्क से गंभीर स्वास्थ्य विषय हो सकते हैं।

वायु प्रदूषण नियंत्रण के लिए सरकारी पहल (Government Initiatives to control Air Pollution): भारतीय संविधान में विशिष्ट संवैधानिक लेख हैं, जैसे कि अनुच्छेद 48A (राज्य नीति के निदेशक सिद्धांत) और अनुच्छेद 51A(g) जो पर्यावरणीय संरक्षण से संबंधित हैं।

1. राष्ट्रीय वायु गुणवत्ता मॉनिटरिंग कार्यक्रम(National Air Quality Monitoring Programme - NAMP):

- केंद्रीय प्रदूषण नियंत्रण बोर्ड द्वारा संचालित।
- भारत भर में वायु गुणवत्ता की निगरानी करता है।
- वायु गुणवत्ता को समझने में आसान बनाने के लिए राष्ट्रीय वायु गुणवत्ता सूचकांक (NAQI) का उपयोग करता है।
- PM10, PM2.5, NO_2, SO_2, CO, ओजोन, अमोनिया, और सीसा जैसे प्रदूषकों को मापता है।
- स्वास्थ्य पर प्रभाव AQI के स्तर के साथ बढ़ता जाता है। AQI (वायु गुणवत्ता सूचकांक) में 'अच्छा' से 'गंभीर' तक छह श्रेणियाँ होती हैं, जो प्रदूषण स्तरों पर आधारित होती हैं।

वायु गुणवत्ता सूचकांक (AQI)	रंग कोड	स्वास्थ्य पर प्रभाव
1. अच्छा (0-50)	हरा	न्यूनतम प्रभाव
2. संतोषजनक (51-100)	हल्का हरा	संवेदनशील लोगों को सामान्य श्वास संबंधी परेशानी हो सकती है।
3. साधारण प्रदूषित (101-200)	पीला	जिन लोगों को फेफड़े संबंधी बीमारी (जैसे-अस्थमा) है, उन्हें श्वास संबंधी परेशानी हो सकती है। हृदय संबंधी बीमारी वाले लोगों को परेशानी हो सकती है। बच्चों और बूढ़ों को सामान्य परेशानी हो सकती है।
4. खराब (201-300)	नारंगी	लंबे समय तक संपर्क में रहने से श्वास संबंधी परेशानियाँ हो सकती हैं। हृदय संबंधी बीमारी वाले लोगों को परेशानी हो सकती है।
5. अति खराब (301-400)	लाल	लंबे समय तक संपर्क में रहने से श्वसन संबंधी रोग हो सकता है। फेफड़े व हृदय संबंधी बीमारी वाले लोगों पर गंभीर प्रभाव पड़ सकता है।
6. गंभीर (401-500)	बैंगनी या गहरा लाल	स्वस्थ लोगों में भी श्वास संबंधी परेशानियाँ हो सकती हैं। फेफड़े व हृदय संबंधी बीमारी वाले लोगों पर गंभीर प्रभाव पड़ सकता है। हल्की शारीरिक मेहनत के दौरान भी स्वास्थ्य पर कुप्रभाव पड़ सकता है।

बीजिंग में 2017 के दिसम्बर 19 को नोट करने योग्य वायु गुणवत्ता सूचकांक (AQI) का सबसे खराब स्तर दर्ज किया गया था, जो 586 था। तब रेड अलर्ट भी जारी किया गया प् इस घातक प्रदूषण घटना के मुख्य कारण थे: भारी कोयले की जलाई जाने वाली गर्मी, हवा में हल्की हवाओं की कमी, और क्षेत्रीय प्रदूषण। इस स्तर की वायु गुणवत्ता स्वस्थ व्यक्तियों के लिए भी बड़ा खतरा पैदा करता था, जैसे सीवर श्वास संबंधित समस्याएं और अस्थमा जैसी बीमारियों के लिए और भी बढ़ती हुई समस्याएं।

2. राष्ट्रीय वातावरणीय वायु गुणवत्ता मानक (National Ambient Air Quality Standards - NAAQS):

- NAAQS को भारत में पर्यावरण, वन और जलवायु परिवर्तन मंत्रालय के तहत काम करने वाले केंद्रीय प्रदूषण नियंत्रण बोर्ड द्वारा विकसित किया गया था।
- NAAQS लगभग 12 प्रदूषकों के लिए सीमाएं निर्धारित करता है। इन प्रदूषकों को आमतौर पर 'मानदंड' वायु प्रदूषकों में वर्गीकृत किया जाता है, जिसमें "PM10 और PM2.5", सल्फर डाइऑक्साइड (SO_2), नाइट्रोजन डाइऑक्साइड (NO_2), कार्बन मोनोऑक्साइड (CO), ओजोन (O_3), और सीसा (Pb) शामिल हैं।
- NAAQS में आर्सेनिक, निकल, बेंजीन, और बेंजोपायरिन जैसे अतिरिक्त प्रदूषक भी शामिल हैं। ये पदार्थ उनके कार्सिनोजेनिक और विषाक्त प्रभावों के लिए जाने जाते हैं।
- NAAQS का ध्यान PM2.5 पर भी होता है क्योंकि इसके गंभीर स्वास्थ्य जोखिम होते हैं। ये सूक्ष्म कण फेफड़ों में गहराई तक प्रवेश कर सकते हैं और रक्तप्रवाह में प्रवेश करके हृदय, श्वसन और अन्य स्वास्थ्य समस्याओं का कारण बन सकते हैं।
- स्वच्छ ईंधनों और उत्सर्जन मानकों की प्रकार प्रयासों ने SO_2 और NO_2 के स्तरों को कम किया है।
- कोयले से LPG में स्विच करने से प्रदूषण को कम करने में सहायता मिली है। जलते हुए, कोयला पार्टिकुलेट मैटर, सल्फर डाइऑक्साइड (SO_2), नाइट्रोजन ऑक्साइड्स (NOx), और विभिन्न ग्रीनहाउस गैसों सहित उच्च स्तर के प्रदूषकों को उत्सर्जित करता है।

3. वायु गुणवत्ता और मौसम पूर्वानुमान प्रणाली (System of Air Quality and Weather Forecasting - SAFAR):

- भारतीय पृथ्वी विज्ञान मंत्रालय की एक परियोजना।
- प्रमुख शहरों में वास्तविक समय की वायु गुणवत्ता जानकारी और पूर्वानुमान प्रदान करता है।

- पुणे के भारतीय उष्णकटिबंधीय मौसम विज्ञान संस्थान द्वारा विकसित किया गया।
- मौसम संबंधी पैरामीटर चेतावनियाँ भी शामिल हैं।

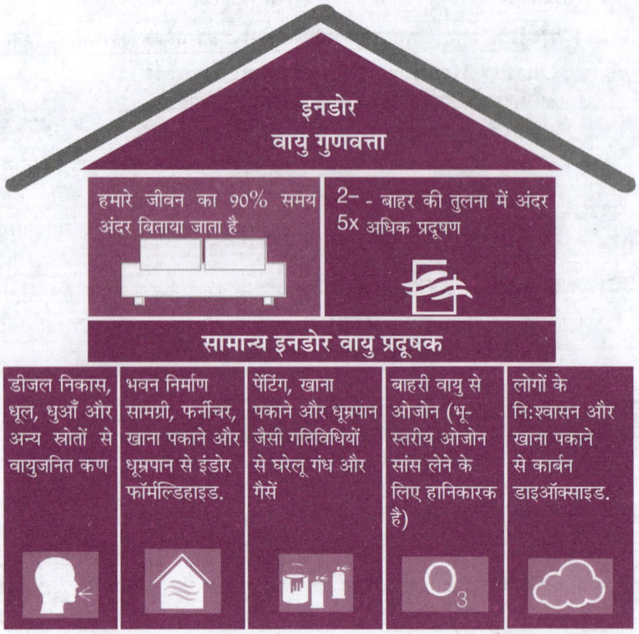

भारत स्टेज उत्सर्जन मानक (BS Emission Norms)

भारत स्टेज उत्सर्जन मानक वे नियम हैं जो भारतीय सरकार द्वारा यूरोपीय उत्सर्जन मानकों के आधार पर स्थापित किए गए हैं। ये नियम आंतरिक दहन इंजनों और स्पार्क-इग्निशन इंजनों द्वारा उत्सर्जित वायु प्रदूषकों की मात्रा को विनियमित करते हैं, जिनमें मोटर वाहन भी शामिल हैं। पर्यावरण, वन और जलवायु परिवर्तन मंत्रालय, और उसके अंतर्गत केंद्रीय प्रदूषण नियंत्रण बोर्ड इन मानकों और उनके लागू होने की समयसीमा का निर्धारण करते हैं।

इन मानकों का मुख्य उद्देश्य वायु प्रदूषण को कम करना है, जो श्वसन और हृदय रोगों का कारण बन सकता है। इन मानकों को क्रमबद्ध तरीके से लागू करने के लिए उन्नत तकनीकी का उपयोग करना पड़ता है, जिससे लागत में वृद्धि होती है।

निम्नलिखित तथ्य हमारे लिए महत्वपूर्ण हैं:

1. WHO के अनुसार, विश्व के 10 सबसे प्रदूषित शहरों में से 9 भारत में हैं।
2. ऑटो ईंधन नीति का सुझाव डॉ. आर. ए. माशेलकर की अध्यक्षता वाली विशेषज्ञ समिति ने दिया था जिसे पूरे भारत में लागू किया जाना था।
3. इसने लो-सल्फर डीजल, अनलेडेड पेट्रोल, और लो-बेंजीन गैसोलीन को चरणबद्ध तरीके से आरंभ करने की सिफारिश की।
4. इसने CNG जैसे वैकल्पिक ईंधन को बढ़ावा देने का सुझाव भी दिया।
5. फरवरी 2000 से, ऑटोमोबाइल ईंधन से सीसा को समाप्त कर दिया गया है।

हमने BS I, II, III, IV, V और VI जैसे उत्सर्जन मानदंडों को चरणबद्ध ढंग से लागू करने थे, लेकिन भारत सरकार ने 2016 में घोषणा की कि BS-V मानकों को लागू करने के बजाय 2020 तक पूरे देश में सीधे BS-VI मानकों को अपनाया जाएगा।

BS-IV की तुलना में BS-VI मानदंडों के लाभ:

- **BS-VI:** इसमें उत्सर्जन मानदंड वर्ष 2020 से लागू किए गए हैं, या इन्हें चार वर्ष बाद यानी वर्ष 2024 में लागू करना था।
- BS-VI ईंधन में, PM 2.5 की मात्रा 20 से 40 माइक्रोग्राम प्रति मीटर घन तक है, जबकि BS-IV ईंधन में यह 120 माइक्रोग्राम प्रति मीटर घन तक थी।
- BS-VI ने सल्फर के उत्सर्जन में काफी कमी लाई है। BS-IV की तुलना में BS-VI ईंधन में सल्फर की मात्रा का पांचवां भाग है। BS-IV में सल्फर की मात्रा 50 PPM (भाग प्रति मिलियन) है, जबकि BS-VI में सल्फर की मात्रा 10 PPM है।
- ईंधन में सल्फर PM पदार्थ के उत्सर्जन में भी योगदान देता है। ईंधन में उच्च सल्फर सामग्री ऑटोमोबाइल इंजन के जंग लगने और घिसावट में वृद्धि करती है।
- BS-VI ईंधन के साथ, प्रत्येक 1 किमी यात्रा के लिए एक कार में 80% कम PM और लगभग 70% कम नाइट्रोजन ऑक्साइड का उत्सर्जन होगा।
- BS-VI ईंधन में वायु प्रदूषक BS-IV ईंधन की तुलना में बहुत ही कम हैं।

इनडोर वायु प्रदूषण (Indoor Air Pollution)

- **मुख्य कारण:** गाय के गोबर, कृषि अपशिष्ट, कोयला, और लकड़ी जैसे ईंधनों का अकुशल जलना है, विशेकर खराब वेंटिलेटेड घरों में।
- समस्या सर्दियों में बंद दरवाजों और खिड़कियों के कारण बदतर हो जाती है, विशेषकर ग्रामीण क्षेत्रों में।
- इनडोर प्रदूषण को कम करने के लिए धुआंरहित चूल्हे (स्टोव) पेश किए गए थे, लेकिन इनकी सफलता सीमित रही।

तापमान उत्क्रमण (Temperature Inversion):

यह वायु प्रदूषण के साथ जुड़ा होता है और सर्दियों में आम बात होती है, जब ऊपर जाने पर तापमान नीचे जाता है। इसका कारण शीतल वायु का उत्क्रमण होता है, जिसके कारण वायु प्रदूषण की समस्या बढ़ जाती है, खासकर ऐसे इलाकों में जहां वाहन, बिजली संयंत्र, कारखाने, या गर्मी स्रोतों से उत्सर्जन होता है, जैसे कि दिल्ली-NCR , लॉस एंजिल्स, और साल्ट लेक सिटी।

गैसीय प्रदूषकों को नियंत्रित करने के मुख्य ढंग:

1. **दहन (Combustion):** जैविक गैसों और वाष्पों को जलाकर उन्हें कम हानिकारक बनाया जाता है। यह प्रक्रिया प्रदूषकों को सुरक्षित पदार्थों और जल वाष्प में बदल देती है।
2. **अवशोषण (Absorption):** अवशोषण में मुख्य भूमिका स्क्रबर्स में तरल पदार्थ की होती है। यह गैसों से प्रदूषकों को सोख लेता है। स्क्रबर्स में एक तरल पदार्थ होता है जो प्रदूषकों को हटा देता है, जिससे वायु साफ हो जाती है।
3. **आवबद्धन या विघटन (Adsorption):** यहाँ, प्रदूषक एक ठोस पदार्थ की सतह पर चिपक जाते हैं। गैसें इस ठोस के माध्यम से गुजरती हैं, प्रदूषकों को पीछे छोड़ती हैं और साफ वायु को गुजरने देती हैं।
4. **फैब्रिक फिल्टर्स (Fabric Filters):** गैसों में धूल और अन्य कण फैब्रिक फिल्टर्स के माध्यम से गैस को पास करके फंसाए जाते हैं।
5. **इलेक्ट्रोस्टैटिक प्रेसिपिटेटर्स (Electrostatic Precipitators):** ये गैसों से कणों को हटाने के लिए विद्युत आवेशों का उपयोग करते हैं।
6. **घरेलू उपाय (Domestic Measures):** लकड़ी या गोबर के उपले (cow dung) के बजाय बायोगैस जैसे स्वच्छ ईंधन का उपयोग करना।
7. **परिवहन उपाय (Transportation Measures):** कारपूलिंग, सार्वजनिक परिवहन का उपयोग, स्वच्छ ईंधन का उपयोग, नियमित वाहन रख-रखाव, और आवश्यकता न होने पर इंजन बंद करना।

8. **औद्योगिक उपाय (Industrial Measures):** ऊंची चिमनियाँ और प्रदूषण नियंत्रण उपकरण जैसे फिल्टर और स्क्रबर्स स्थापित करना।

मीथेन (CH_4)

1. मीथेन मुख्यत: एक प्राकृतिक गैस है। यह एक रंगहीन, गंधहीन और ज्वलनशील गैस है जो प्राकृतिक गैस का मुख्य घटक है। क्यों मीथेन हमारे लिए इतना जोखिमपूर्ण बन गया है। मीथेन मूल रूप से एक ग्रीनहाउस गैस है, जिसका अर्थ है कि यह वातावरण में गर्मी को ट्रैप करती है और जलवायु परिवर्तन में योगदान करती है। मीथेन कार्बन डाइऑक्साइड (CO_2) की तुलना में 20 वर्षों की अवधि में गर्मी को ट्रैप करने में में लगभग 25 गुना अधिक प्रभावी है क्योंकि इसकी वैश्विक तापीय क्षमता (Global Warming Potential) 25 है।

   GWP एक निश्चित अवधि के दौरान वातावरण में हरित गृह गैस (GHG) द्वारा कार्बन डाइऑक्साइड की तुलना में ट्रैप की गई गर्मी की मात्रा को मापती है, कार्बन डाइऑक्साइड का GWP मान 1 है।

2. **स्रोत:** इसमें निम्नलिखित दो स्रोत शामिल हैं:
   1. **प्राकृतिक प्रक्रियाएँ (Natural Processes):** इसमें जैविक गतिविधियाँ और पर्यावरणीय परिवर्तन शामिल हैं।
      - **जैविक गतिविधियाँ:** पाचन तंत्र में पाचन, पौधों में प्रकाश संश्लेषण, और कोशिकीय श्वसन।
      - **पर्यावरणीय परिवर्तन:** मौसमी परिवर्तन, कटाव, ज्वालामुखी विस्फोट, और भूवैज्ञानिक प्रक्रियाएँ जैसे प्लेट टेक्टोनिक्स।
   2. **मानवीय गतिविधियाँ (Human Activities):** मानव निर्मित स्रोत विविध और प्रभावशाली हैं।
      - **अपशिष्ट ढेर:** सड़ते हुए जैविक अपशिष्ट से मीथेन उत्पन्न होती है।
      - **तेल और गैस प्रणालियाँ:** निकासी और प्रक्रिया के दौरान रिसाव और वेंटिंग।
      - **कृषि:** यह मुख्य रूप से धान की खेती के दौरान होता है जो मूल रूप से जलमग्न स्थितियाँ होती हैं।
      - **कोयला खनन:** कोयला परतों में फंसी (ट्रैप की गई) मीथेन को छोड़ता है, जिसे CBM कहा जाता है।
      - **ऊर्जा के लिए जलना:** जीवाश्म ईंधन और बायोमास का दहन मीथेन छोड़ता है।
      - **अपशिष्ट जल उपचार:** अपशिष्ट जल में जैविक पदार्थ के अपघटन से मीथेन उत्पन्न होती है।
      - **फैक्टरी प्रक्रियाएँ:** कुछ रासायनिक और औद्योगिक प्रक्रियाएँ मीथेन उत्सर्जित करती हैं।

3. **प्राकृतिक मीथेन उत्पादन (Natural Methane Production):**
   - **मीथेनोजेन (Methanogens):** मीथेन का एक रोचक प्राकृतिक स्रोत मीथेनोजेन हैं, एक प्रकार का बैक्टीरिया जो गायों जैसे जानवरों के पाचन तंत्र में पाया जाता है।
   - सोलिफ्लक्शन और पिघलती आर्कटिक पर्माफ्रॉस्ट (Solifluction and Melting Arctic Permafrost): जब पर्माफ्रॉस्ट (जमी हुई जमीन) पिघलती है, तो मीथेन छोड़ती है। इस ग्रीनहाउस गैस के छोड़ने से ग्रह को गर्म करने में सहायता मिलती है।

4. **फीडबैक लूप (Feedback Loop):** मीथेन का उत्सर्जन वैश्विक तापमान बढ़ने के साथ बढ़ता है, जो बदले में और अधिक मीथेन उत्सर्जन को तीव्र करता है।

5. **बढ़ते स्तर (Rising Levels):** पिछले दो दशकों में वातावरणीय मीथेन स्तर में तेजी से वृद्धि हुई है।

6. **वातावरणीय जीवनकाल (Atmospheric Lifetime):** मीथेन कार्बन डाइऑक्साइड की तुलना में वातावरण में छोटी अवधि के लिए रहती है।

7. **जलवायु प्रभाव (Climate Impact):** मीथेन उत्सर्जन को प्रभावी ढंग से कम करने से वैश्विक तापमान की वृद्धि को महत्वपूर्ण रूप से धीमा किया जा सकता है।

8. **प्रमुख मीथेन उत्सर्जक (Major Methane Emitters):** चीन, अमेरिका, रूस, भारत, ब्राजील, और इंडोनेशिया वैश्विक मीथेन उत्सर्जन में प्रमुख योगदानकर्ता हैं।

9. **ग्रहों पर जीवन का संकेत (Indication of Life on Planets):** अन्य ग्रहों पर मीथेन की उपस्थिति रोचक है क्योंकि यह संभावित रूप से जीवन की उपस्थिति का संकेत दे सकती है, लेकिन यह निर्णायक प्रमाण नहीं है। उदाहरण के लिए, मंगल ग्रह।

ओजोन (Ozone) – O_3

भूमि स्तर पर (troposphere), ओजोन एक प्रतिक्रियाशील गैस है जो स्वास्थ्य के लिए हानिकारक हो सकती है। यह श्वसन समस्याएँ जैसे कि अस्थमा और फेफड़ों की बीमारियाँ पैदा कर सकता है। समताप मंडल स्तर (stratospheric level) पर, यह एक सुरक्षात्मक परत के रूप में काम करता है और हमें कैंसर और मोतियाबिंद से बचाता है।

समताप मंडल में ओजोन का निर्माण कैसे होता है?

ओजोन ऑक्सीजन का एक त्रिपरमाणु अणु है, जो O_3 होता है। जब पराबैंगनी विकिरण एक ऑक्सीजन अणु (O_2) पर प्रहार करता है, तो वह दो ऑक्सीजन परमाणुओं में टूट जाता है।

$O_2 \rightarrow O + O$

ये एकल ऑक्सीजन परमाणु बहुत सक्रिय होते हैं, वे अन्य ऑक्सीजन अणुओं पर हमला करते हैं और ओजोन बनाते हैं।

$O + O_2 \rightarrow O_3$

डॉबसन यूनिट्स (Dobson Units -DU): DU ओजोन की मात्रा को मापने का एक मानक ढंग है। यह एक सरल धारणा के आधार पर काम करता है: यदि आप पृथ्वी की सतह से वातावरण के ऊपर तक सभी ओजोन को एक समतल परत में जमा करें, तो उसकी मोटाई केवल .27 मिमी होगी। इसे 1 DU माना जाता है।

ओजोन का स्तर विभिन्न क्षेत्रों में अलग-अलग होता है। कुछ स्थानों पर यह बहुत कम हो सकता है, लगभग 100 DU, जबकि दूसरी जगहों पर यह 500 DU से भी अधिक हो सकता है। यह माप ओजोन की उपस्थिति और उसके पर्यावरणीय प्रभाव को समझने में सहायता करता है।

मॉन्ट्रियल प्रोटोकॉल (Montreal Protocol):

ओजोन परत की सुरक्षा हमारे लिए अति महत्वपूर्ण है। मॉन्ट्रियल प्रोटोकॉल के अनुसार, ओजोन-विलोपक पदार्थों (ODS) के वातावरण में उत्सर्जन (छोड़े जाने पर) एक क्रमबद्ध ढंग से पूर्ण प्रतिबंध लगाया गया है। इसमें क्लोरोफ्लोरोकार्बन (CFCs), हैलोन्स, कार्बन टेट्राक्लोराइड, मिथाइल क्लोरोफॉर्म, और हाइड्रोक्लोरोफ्लोरोकार्बन (HCFCs) जैसे पदार्थ शामिल हैं, जो मुख्य रूप से क्लोरीन और ब्रोमीन युक्त होते हैं। इन पदार्थों का उत्सर्जन ओजोन परत को हानि पहुँचाता है। इस प्रोटोकॉल के अंतर्गत अधिकांश देशों ने ODS के उपयोग में कमी और अंतत: पूर्ण प्रतिबंध की दिशा में कार्य किया है।

नोट: हाइड्रोफ्लोरोकार्बन (HFCs) को ऊपर सूचीबद्ध ODS की जगह लेने की कल्पना की गई थी, लेकिन HFC की रिहाई को जोखिमपूर्ण पाया गया क्योंकि इसे बहुत उच्च वैश्विक तापीय क्षमता (GWP) वाली एक

जोखिमपूर्ण ग्रीनहाउस गैस साबित हुई थी। HFC पर ध्यान किगाली समझौते का मार्ग प्रशस्त करता है।

1. **अत्यधिक सक्रिय परमाणुओं का निर्माण (Generation of Highly Reactive Atoms):** उपरोक्त समताप मंडल में जाते हैं और पराबैंगनी विकिरण द्वारा टूटते हैं। एक बार जब वे क्लोरीन और ब्रोमीन के अत्यधिक सक्रिय परमाणुओं के रूप में टूट जाते हैं।
2. **'उत्प्रेरक' ओजोन का विनाश ('Catalytic' Destruction of Ozone):** ये अत्यधिक सक्रिय परमाणु ओजोन अणुओं के संपर्क में आने पर उन्हें नष्ट कर देते हैं।
3. **अंतिम उत्पाद (The End Product):** उपरोक्त प्रतिक्रियाएँ ओजोन होल्स के निर्माण की ओर ले जाती हैं और UV विकिरण में वृद्धि होती है। अब यूवी विकिरण सीधे पृथ्वी में प्रवेश कर सकते हैं और कैंसर, मोतियाबिंद और अन्य बीमारियों का कारण बन सकते हैं। मॉन्ट्रियल समझौते ने ODS के क्रमिक उन्मूलन के लिए एक चरणबद्ध अनुसूची बनाई, विकसित और विकासशील देशों के लिए अलग समयरेखाएँ के साथ।

किगाली समझौता
(Kigali Agreement) - 2016

जैसा कि चर्चा की गई, HFC को मॉन्ट्रियल के अंतर्गत ODS को कम करने के लिए एक उपकरण के रूप में उपयोग किया जाता था, जो बाद में वैश्विक वार्मिंग में योगदान देने के कारण जोखिमपूर्ण साबित हुआ। इसलिए, इस HFC कमी अनिवार्य थी। HFCs में कमी 2040 के दशक के अंत तक 40% तक हो सकती है। HFCs की चरणबद्ध कमी से शताब्दी के अंत तक 0.5°C तक की वार्मिंग से बचने की आशा है। चरणबद्ध बाहर निकालने की समयरेखा इस प्रकार है।

- विकसित देश (मुख्य रूप से EU और USA) ने HFCs को कम करना 2019 से आरंभ करने का प्रतिबद्धता दी।
- विकासशील देश एक स्तरीय समयरेखा के साथ अनुसरण करते हैं, जो 2024 या 2028 में आरंभ होती है।

जल प्रदूषण (Water Pollution)

जीवन के लिए अनिवार्य, जल जीवित कोशिकाओं का एक महत्वपूर्ण भाग(60-95%) बनाता है। पृथ्वी, जिसे अक्सर 'जल ग्रह' कहा जाता है, में केवल 1.2% सुलभ ताजा पानी होता है, जिसमें भूमिगत बर्फ, झीलें, और मिट्टी की नमी शामिल है। पानी की मांग इसकी स्थिर मात्रा के बावजूद बढ़ रही है, प्रदूषण की चुनौतियों द्वारा और भी बढ़ी है। वास्तव में, गुरुत्वाकर्षण जलाशयों में जलप्रपातों के निर्माण और प्रवाह में एक महत्वपूर्ण भूमिका निभाता है। नदियाँ भी इसी अनुसार बहती हैं। शहरी क्षेत्र अधिक पानी की मांग करते हैं, जबकि कम विकसित क्षेत्र अक्सर मूलभूत आवश्यकताओं को पूरा करने के लिए संघर्ष करते हैं।

भारत में कुल जल निकासी

कृषि और पशुपालन - 91%, नगरपालिका - 7% और औद्योगिक - 2%.

जल प्रदूषण, जो एक वैश्विक चिंता है, पेयजल, झीलों, नदियों, और महासागरों को प्रभावित करता है। इसमें हानिकारक पदार्थों के साथ जल निकायों का प्रदूषण शामिल है, जो पानी को इसके इरादा किए गए उपयोग के लिए अनुपयुक्त बनाता है।

जल प्रदूषण के प्रकार
(TYPES OF WATER POLLUTION)

1. **बिंदु स्रोत प्रदूषण (Point Source Pollution):**
   - विशिष्ट निर्वहन स्थानों, जैसे कि औद्योगिक अपशिष्ट जल और थर्मल पावर प्लांट निकास से परिणामित होता है।
   - निम्न प्रमुख स्रोतों में शामिल हैं:
     - **औद्योगिक अपशिष्ट जल:** जैविक और अजैविक प्रदूषकों का मिश्रण होता है, जो नदी प्रदूषण में महत्वपूर्ण योगदान देता है।
     - **गर्म पानी:** उद्योगों में शीतलक के रूप में इस्तेमाल होता है; इसका निर्वहन पानी के तापमान को बढ़ाता है, ऑक्सीजन की घुलनशीलता और मछलियों के चयापचय को बाधित करता है, जिससे नदी के पारिस्थितिकी तंत्र में परिवर्तन होता है।
2. **गैर-बिंदु स्रोत प्रदूषण (Non-point Source Pollution):**
   - बड़े क्षेत्रों में विस्तृत स्रोतों से होने वाला, जैसे कि निर्माण अपवाह और अम्लीय वर्षा।
   - प्रमुख योगदानकर्ता में शामिल हैं:
     - **नगरपालिका अपशिष्ट जल:** घरेलू स्रोतों से, नदी प्रदूषण में एक महत्वपूर्ण कारक।
     - **सतही अपवाह:** कृषि प्रथाएं कारण बनती हैं कि उर्वरक और कीटनाशक भूजल में रिस जाते हैं, इसकी गुणवत्ता को प्रभावित करते हैं। औद्योगिक उपस्थिति इस समस्या को और भी बढ़ा देती है।
   - **तेल रिसाव:** कैप्साइज हुए टैंकरों या तेल ड्रिलिंग से होने वाले आकस्मिक पेट्रोलियम निर्वहन समुद्री पारिस्थितिकी तंत्रों को प्रदूषित करते हैं।

घुलित ऑक्सीजन और जल प्रदूषण
(DISSOLVED OXYGEN AND WATER POLLUTION)

ऑक्सीजन जीवन के लिए मूलभूत सामग्री है। तब, पानी में रसायनों को तोड़ने के लिए कितनी मात्रा में ऑक्सीजन की आवश्यकता होती है? जब यह संख्या अधिक होती है, तो आमतौर पर इसका अर्थ है कि पानी अत्यधिक प्रदूषित है, और यह उसमें रहने वाले पौधों और जीवों के लिए अच्छा समाचार नहीं है।

जैविक ऑक्सीजन मांग (Biochemical Oxygen Demand - BOD):

- BOD पानी में उपस्थित जैविक पदार्थ को तोड़ने के लिए माइक्रोऑर्गेनिज्म द्वारा खपत की जाने वाली ऑक्सीजन की मात्रा को मापता है। यह पानी में जैव अपघटनीय जैविक सामग्री की मात्रा का भी संकेत देता है।
- BOD आमतौर पर 5-दिन की परीक्षण अवधि में शामिल होता है।
- BOD के निम्न मान कम जैविक प्रदूषण का सुझाव देते हैं। उच्च BOD का अर्थ मछलियों, मोलस्क्स, और फाइटोप्लांकटन के लिए मृत्यु परवाना होता है।
- जलीय जीवन पर प्रभाव का आकलन करने में अधिक प्रासंगिक।

रासायनिक ऑक्सीजन मांग (Chemical Oxygen Demand - COD)

- COD पानी में 'दोनों जैविक और अजैविक' पदार्थों को ऑक्सीकृत करने के लिए आवश्यक कुल ऑक्सीजन की मात्रा को मापता है। प्रदूषकों के अपघटन के लिए रासायनिक प्रतिक्रियाएं भी हो सकती हैं।
- COD एक तीव्र प्रक्रिया है जिसे कुछ घंटों में पूरा किया जा सकता है।
- COD के उच्च (या निम्न) स्तर संबंधित परिभाषाएं मोटे तौर पर BOD के समान ही मान इंगित करती हैं।
- COD उद्योगीय अपशिष्ट जल विश्लेषण के लिए उपयोगी है जहां अजैविक यौगिक या जटिल जैविक पदार्थ उपस्थित हो सकते हैं।

जैव-संचयन और जैव-वर्धन

दोनों पर्यावरणीय विज्ञान में संबंधित अवधारणाएं हैं, लेकिन वे विभिन्न प्रक्रियाओं को संदर्भित करते हैं:

जैव-संचयन (Bioaccumulation): जैव-संचयन तब होता है जब एक जीव रसायनों या प्रदूषकों जैसे पदार्थों को उससे तेजी से अवशोषित करता है जितनी

तेजी से वह उन्हें उत्सर्जित या चयापचय कर सकता है। इससे जीव में विषाक्त पदार्थ की एकाग्रता उसके वातावरण की तुलना में अधिक हो जाती है। उदाहरण के लिए, एक मछली अपने पानी या भोजन से पारा जैव-संचयित कर सकती है।

जैव-वर्धन (Biomagnification): जैव-वर्धन तब होता है जब एक पदार्थ, जैसे कि एक प्रदूषक, प्रत्येक खाद्य श्रृंखला स्तर पर अधिक सांद्रित (वर्धित) होता है, एक ट्रॉफिक स्तर से उच्चतर ट्रॉफिक स्तर तक। शिकारी अधिक विषाक्त पदार्थों को संचयित करते हैं क्योंकि वे इन विषाक्त पदार्थों वाले शिकार का सेवन करते हैं। उदाहरण के लिए, बड़ी मछलियों में अधिक विषाक्त पदार्थ होते हैं क्योंकि वे कई छोटी, विषाक्त पदार्थ-युक्त मछलियों को खाती हैं।

नोट: जैव-संचयन वह पहला कदम होता है जो जैव-वर्धन की ओर ले जाता है। जैव-वर्धन का पालन होता है, क्योंकि ये संचित विषाक्त पदार्थ खाद्य श्रृंखला में ऊपर की ओर पारित होते हैं, प्रत्येक ट्रॉफिक स्तर पर एकाग्रता में वृद्धि होती है।

जलजनित रोग (WATERBORNE DISEASES)

जलजनित रोग दूषित पानी में माइक्रोऑर्गेनिज्मों के कारण होने वाली बीमारियाँ हैं। उनकी मुख्य विशेषताएँ उनके कारणकारी एजेंटों के अनुसार भिन्न होती हैं:

जीवाणु कारणकारी एजेंट के रूप में (Bacteria as Causative Agent):

- **हैजा (Cholera):** यह गंभीर दस्त और निर्जलीकरण का कारण बनता है। दूषित पानी या भोजन के माध्यम से संचारित होता है।
- **टाइफाइड बुखार (Typhoid Fever):** लक्षणों में लंबा बुखार, सिरदर्द, मिचली, और भूख की कमी शामिल है। यह दूषित जल या भोजन के माध्यम से और साल्मोनेला तीफी (Salmonella Typhi) बैक्टीरिया से फैलती हैं।

वायरस कारणकारी एजेंट के रूप में (Virus as a Causative Agent):

- **हेपेटाइटिस ए (Hepatitis A):** पीलिया, पेट दर्द, और बुखार का कारण बनता है। दूषित पानी और भोजन के माध्यम से संचारित होता है।
- **पोलियो (Polio):** पक्षाघात और मांसपेशियों की कमजोरी का कारण बन सकता है। दूषित पानी और भोजन के माध्यम से फैलता है।

प्रोटोजोआ के रूप में कारण (Protozoa as Causative Agent):

- **जियार्डाइसिस (Giardiasis):** दस्त, गैस, और पेट दर्द का कारण होता है। प्रोटोजोआ प्रदूषित जल के माध्यम से प्रसारित होता है।

कीट प्रोजी जैसा कारण (Parasite as Causative Agent):

- **शिस्टोसोमाइसिस (Schistosomiasis):** त्वचा पर चकत्ते, बुखार, और पसीने का कारण होता है। यह स्प्रदूषित जल से त्वचा संपर्क के माध्यम से संक्रमित होता है।

धातु प्रदूषण - प्रमुख रूप से पानी से जुड़ा होता है (Metal Contamination - Mostly Linked with Water)

- धातुएं सामान्यत: धातुओं की आमतौर पर चमकदार सतह होती है, वे गर्मी और विद्युत चालित करती हैं, और वे मृदु (पतली पट्टियों में मार सकती हैं) और पारदारी (तार में खिचवा सकती हैं) होती हैं। वे रासायनिक प्रतिक्रियाओं में इलेक्ट्रॉन खो देते हैं और सकारात्मक आयन बनाते हैं। उदाहरण हैं लोहा, तांबा, चांदी, सोना, एल्यूमिनियम, सोडियम, आदि।
- हालांकि भारी धातु धातुओं के एक उपसमूह होते हैं जिनकी अद्यात्मिक भारी ज्यामिता या उच्च परमाणु संख्या के द्वारा चरित्रित की जाती है, और जल से कम से कम पांच गुना ज्यामिता होता है। उदाहरण हैं लीड, मर्क्यूरी, कैडमियम, और आर्सेनिक (तकनीकी रूप से धातुअम्ल हैं)।

नोट: धातु और भारी धातु के स्वास्थ्य संबंधी विषय संदर्भ के आधार पर पर्याप्त पानी और ठोस अपशिष्ट दोनों के अधीन होते हैं।

धातु और भारी धातु प्रदूषण के स्रोत (Sources of Metal & Heavy Metal Contamination)

- **औद्योगिक प्रसारण (Industrial Discharge):** खनन, धातु प्लेटिंग, बैटरी निर्माण, चमड़ा निर्माण, और रासायनिक उत्पादन में शामिल कारख़ाने अक्सर भारी धातुओं को जल स्रोतों में छोड़ते हैं।
- **कृषि विसर्जन (Agricultural Runoff):** कीटनाशक और उर्वरक में अर्सेनिक, कैडमियम, और लीड जैसे भारी धातु हो सकते हैं, जो जल स्रोतों में लीच (सममबी) कर सकते हैं।
- **नगरीय अपशिष्ट (Municipal Waste):** गल्त ढंग से प्रबंधित भूमिगत डिपो और अपशिष्ट जल भारी धातु प्रदूषण में योगदान कर सकते हैं।
- **प्राकृतिक स्रोत (Natural Sources):** कुछ चट्टानें और गृदा प्राकृतिक रूप से भारी धातुओं को जल स्रोतों में लीच कर सकती हैं, विशेषकर खनन गतिविधियों के क्षेत्रों में।
- **वायुमंडलन (Atmospheric Deposition):** औद्योगिक प्रक्रियाओं से वायु प्रदूषण बारिश के माध्यम से जल स्रोतों में भारी धातुओं कोजमा कर सकता है।

भारी धातुओं का मानव स्वास्थ्य पर प्रभाव (IMPACT OF HEAVY METALS ON HUMAN HEALTH)

1. **एल्यूमिनियम (Aluminium):** प्रमुख प्रभावित भाग: हड्डियाँ, किडनी, मस्तिष्क, लिवर, मांसपेशियों और तंत्रिका प्रणाली। एल्यूमिनियम एक स्वाभाविक घटक है जो कई खाद्य, पीने का पानी, और पर्यावरण में पाया जाता है। खून क्षरित एल्यूमिनियम को विभिन्न शरीर के भागों में बाँटता है।
   - **एल्यूमिनियम विषाणुता (Aluminium Toxicity):** इसका अत्यधिक प्रवर्धन कुछ एंटासिड्स या व्यावसायिक स्थितियों के माध्यम से होता है और इससे तंतुत्वज्ञान (neurology) संबंधित होता है। इसके संभावित संभावित प्रभाव निम्न हैं:
     - **आल्जाइमर की बीमारी और पार्किंसन की बीमारी:** ये तंतुनिरोधक बीमारियाँ हैं।
     - **हड्डियों का नुकसान और आस्तिकता (Bone Loss and Osteoporosis):** एल्यूमिनियम हड्डियों में कैल्शियम की उपचयन में हस्तक्षेप कर सकता है।
     - **रक्त समस्याएँ (Blood problems):** जैसे कि रक्त के पास शरीर के भरपूर ऑक्सीजन ले जाने के लिए पर्याप्त लाल रक्त को नहीं होता है।
2. **आर्सेनिक (Arsenic):** आर्सेनिक का यह अत्यधिक सेवन त्वचाकी समस्याओं का कारण बनता है, जैसे कि हाइपरपिग्मेंटेशन (त्वचा पर काले धब्बे) हाइपरकेरटोसिस (त्वचा का मोटा होना), त्वचा का हल्का पड़ना (फीकापन - pllaor) जो त्वचा के घावों का कारण बन सकता है और इन्हें पूर्व-कैंसर माना जाता है। मधुमेह मेलिटस (टाइप 2 मधुमेह) परिधीय न्यूरोपैथी जैसी बीमारियाँ हो सकती हैं।
3. **कैडमियम (Cadmium):** प्रमुख प्रभावित भाग: किडनी, फेफड़े, हड्डियाँ। सिगरेट पीना कैडमियम के सीधे प्रवर्धन का स्रोत है, और पैसिव या सेकंडरी सिगरेट पीने भी इस प्रवर्धन का भाग है।
   - **इटाई-इटाई बीमारी (Itai-Itai Disease):** इटाई-इटाई बीमारी, जिसे जापानी में "यह दर्द होता है-यह दर्द होता है" के रूप में जाना जाता है, किडनी के क्षति और हड्डी के विकारों के साथ चरित्रित होती है।
   - **क्रॉनिक ब्रोंकाइटिस (Chronic Bronchitis):** कैडमियम प्रवर्धन क्रॉनिक ब्रोंकाइटिस की ओर ले जा सकता है, जो हड्डी और

ब्रोंकाइटिस के प्रवर्धनित प्रदर्शन और हड्डियों के प्रवर्धन के साथ एक स्थिर प्रदर्शन और नुकसान की स्थिति है।

- **आस्तिकता (Osteoporosis):** कैडमियम हड्डियों में कैल्शियम अवबद्धि को बिगाड़ सकता है, जिससे हड्डियों की घटी हुई घनता हो सकती है।
- **कार्सिनोजेन (Carcinogen):** कैडमियम को कार्सिनोजेन के रूप में श्रेणीबद्ध किया गया है, जिससे इसे कैंसर के बढ़े हुए जोखिम से जोड़ा जाता है।

4. **क्रोमियम (Chromium):** प्रमुख प्रभावित भाग: त्वचा, फेफड़े, श्वसन प्रणाली क्रोमियम, खासकर उसके हेक्सावैलेंट रूप (क्रोमियम-6) में, शरीर पर हानिकारक प्रभाव डाल सकता है। इसका प्रमुख प्रभाव होता है:
   - **त्वचा (Skin):** त्वचा चिकित्सा और डर्मेटाइटिस।
   - **फेफड़ों और श्वसन प्रणाली (Lungs and Respiratory System):** हेक्सावैलेंट क्रोमियम एक प्रसिद्ध कार्सिनोजेन है जिससे नाक और साइनस कैंसर होते हैं।
   - **जठर मंजिली प्रणाली (Gastrointestinal System):** अवाज़ की हानि जिससे पेट में दर्द, पेट की परेशानी, पेट में दस्त, कब्ज़, मतली, उलटी, और वजन कमी जैसे लक्षण होते हैं।

5. **कॉपर (Copper):**
   - तीव्र तांबा विषाक्तता (acute copper poisoning) और पुरानी तांबा विषाक्तता (chronic copper toxicity) हो सकती है।
   - विल्सन रोग (Wilson's disease) एक दुर्लभ आनुवंशिक विकार है जो यकृत, मस्तिष्क, आंखों में बनता है। लक्षण थकान, मतली, कंपकंपी, बोलने में समस्याएँ हैं।
   - हेमोलिटिक एनीमिया (hemolytic anemia) लाल रक्त कोशिका क्षति से जुड़ा हुआ है।
   - तंत्रिका संबंधी समस्याएं और यकृत को नुकसान हो सकता है।

6. **आयरन (Iron):** सबसे महत्वपूर्ण भौतिकीय कार्य है लाल रक्त कोशिकाओं में हीमोग्लोबिन का गठन, जो ऑक्सीजन परिवहन के लिए महत्वपूर्ण है। आयरन की अधिशेष खुराक हेमोक्रोमटोसिस या लौहचर्मावण स्थिति का कारण बन सकती है। हेमोक्रोमटोसिस प्राथमिक रूप से शरीर के कई भागों पर प्रभाव डाल सकती है, जैसे कि:
   - **थालसेमिया की बढ़ोतरी (Aggravation of Thalassemia):** थालसेमिया एक जीनेटिक रक्त विकार है जिससे असामान्य हीमोग्लोबिन का उत्पादन या हीमोग्लोबिन का अपर्याप्त उत्पादन होता है। इस विकार के कारण लाल रक्त कोशिकाओं का अत्यधिक नाश होता है, जिससे 'एनीमिया' (anaemia) होती है। जब शरीर में अतिरिक्त आयरन होता है, तो थालसेमिया रोगियों के बीच सामान्य होता है, जो नियमित रक्त प्रतिस्थापन करते हैं।
   - **अवयव क्षति (Organ Damage):** अवयव क्षति के रूप में लिवर सिरोसिस, कार्डियोमायोपैथी (हृदय मांसपेशियों की बीमारी) हो सकती है।
   - **अतिरिक्त आयरन के कारण रुकावट (Arrhythmias):** इसके कारण अत्यधिक आयरन रुकावट (अनियमित दिल की धड़कनें) जैसी समस्याएं हो सकती हैं।
   - **आर्थ्रोपैथी (Arthropathy):** आर्थ्रोपैथी के रूप में जोड़ों में आयरन जमाव पैदा हो सकता है, जिससे जोड़ों में दर्द और अकड़न, एक आर्थ्रोपैथी के रूप में जाना जाता है।
   - **कांस्य डायबिटीज़ (Bronze Diabetes):** अत्यधिक आयरन की खुराक त्वचा में रंग परिपेक्ष्य (ब्रॉंज डायबिटीज़) को पैदा कर सकती है।
   - **थेरेप्यूटिक फ्लेबोटमी (Therapeutic Phlebotomy):** अतिरिक्त आयरन-समृद्ध रक्त का हटाना थेरेप्यूटिक फ्लेबोटमी के रूप में जाना जाता है।

7. **लीड पॉइज़निंग (Lead Poisoning):** शरीर के प्रभावित भाग - मस्तिष्क, तंत्रिका प्रणाली, किडनी, रक्त

   प्लम्बिज़्म (Plumbism): लीड के संपर्क से होने वाले विसर्जन के कारण लीड पॉइज़निंग हो सकती है, जिसे 'प्लम्बिज़्म' भी कहा जाता है। इस स्थिति के कई भाग प्रभावित हो सकते हैं, जैसे कि ऊपर में उल्लिखित है। इससे लोगों को सभी आयु वर्गों में प्रभावित हो सकता है, लेकिन बच्चे, खासकर छह वर्ष की आयु के नीचे वाले, खासतर वंशजों के लिए जोखिमपूर्ण हो सकते हैं।

   लीड एन्सेफेलोपैथी (Lead Encephalopathy): यह एक अधिक विशिष्ट तंत्रिका प्रणाली का विकार है, इसके कारण गंभीर सिरदर्द, भ्रम, चिढ़, आपत्ति, दौरिया, बेहोशी, और मौत भी हो सकती है।

8. **मैंगनीज़ (Manganese):** यदि हम उच्च स्तर पर मैंगनीज़ के दीर्घकालिक संपर्क में रहते हैं, तो इससे हम 'मैंगनिज़म' (manganism) नामक एक तंत्रिका संबंधी विकार का शिकार हो सकते हैं। यह एक प्रकार से पार्किंसन रोग (Parkinson's Disease) के जैसा ही होता है। इससे संबंधित लक्षणों में कंपन, मांसपेशियों में ऐंठन, चलने व समन्वय में समस्या जैसी कठिनाइयाँ आ सकती हैं। इस प्रकार की स्थिति मैंगनीज़ के कारण तंत्रिका तंत्र के सामान्य कार्य में बाधा आने से होती है, हमें इस तत्व के संपर्क का पूर्ण निगरानी और प्रबंधन करना चाहिए।

9. **पारा या मर्करी (Mercury):** प्रमुख प्रभावित भाग-मस्तिष्क, तंत्रिका प्रणाली (nervous system), किडनी, लिवर, फेफड़े मर्करी की अतिरिक्त खुराक से मस्तिष्क और तंत्रिका प्रणाली से जुड़े तंत्रिका विकार हो सकते हैं।
   - **मिनामाटा रोग (Minamata Disease):** मिनामाटा, जापान, के नाम पर, यह रोग 1950 - 60 के दशक में गंभीर मीथाइलमर्करी के विषाणुरोग के कारण उत्पन्न हुआ था। इसमें बायो-संचयन और बायो-मैग्निफिकेशन का प्रदर्शन किया गया है, क्योंकि सूक्ष्मजीव, मछली, और मानव जहरी मर्करी को ग्रहण करते हैं। इसके लक्षण में तंत्रिका समस्याएँ, अंग बेहोशी, बहरापन, दृष्टि समस्याएँ, और मानसिक विकृति शामिल हो सकती हैं।
   - **गिंगिवाइटिस (Gingivitis):** मर्करी, विशेष रूप से अपनी जैसी जहरी रूपों में जैसे कि मीथाइलमर्करी, इसके शरीर पर प्रणालीक प्रभाव हो सकते हैं, इम्यून सिस्टम को कमजोर करते हैं और संक्रामक स्थितियों और सूजी दरिद्रता के लिए संविदानिक रूप से प्रभावित कर सकते हैं।
   - **एक्रोडिनिया (Acrodinia - Mercury Poisoning) (पिंक रोग):** मर्करी के संपर्क से होने वाले एक दुर्लभ बचपन की स्थिति, जिसमें पिंक रंग, त्वचा के पैलने, और तंत्रिका लक्षण शामिल हो सकते हैं।
   - **हंटर-रसेल सिंड्रोम (Hunter-Russell Syndrome):** मर्करी वाष्पों के इस श्वासने के परिणामस्वरूप होने वाले एक विकार, जिसमें कंपन, मानसिक परिवर्तन, और तंत्रिका लक्षण शामिल हो सकते हैं।
   - **मैड हैटर डिजीज (Mad Hatter Disease):** जैसे कि नाम से पता चलता है, यह पहिया बनाने वालों में होता है, जिसमें कंपन, भावनात्मक परिवर्तन, और भ्रम हो सकते हैं।

- **डेंटल अमैलगम (Dental Amalgam):** यह दाँतों में खलियों को भरने के लिए पारंपरिक दंत उपचार है, लेकिन कुछ लोग इस अमैलगम से चिंतित होते हैं जिसमें मर्करी, चांदी, टिन, और अन्य धातुएँ शामिल हैं।

10. **निकल (Nickel):** प्रमुख प्रभावित भाग- त्वचा, फेफड़े। कुछ व्यक्तियों में निकल की एलर्जी हो सकती है, जो निकल से बनी वस्तुओं जैसे गहनों, कपड़ों के फ़ास्टनर्स, या कुछ धातु वस्त्रों के संपर्क में आने पर त्वचा पर चकत्ते और दर्दी हो सकते हैं।
11. **जिंक (Zinc):** प्रमुख प्रभावित भाग- लिवर, किडनी, पैंक्रियास। अत्यधिक जिंक सेवन कुप्र संकट की ओर ले सकता है, जिससे तंतु संकेत और पैरों और हाथों में सुन्नपन और कमजोरी जैसी सार्वजनिक समस्याएँ हो सकती हैं।
12. **सायनाइड (Cyanide):** सायनाइड तीव्र गति का जहर है। सायनाइड के शरीर में पहुँचने पर तत्वक तेज ब्रीदिंग (tachypnea), तेज हृदय दर (tachycardia), भ्रांति, तथा अन्य हृदय संबंधी समस्याएं हो सकती हैं।
13. **फ्लोराइड (Fluoride):** यह होता है जब शरीर में फ्लोराइड की अधिश्रीणि होती है, जो अक्सर पीने के पानी या अन्य स्रोतों में फ्लोराइड के उच्च स्तरों के कारण होती है। इस स्थिति में बच्चों को प्रभावित करती है जिनके दांत विकसित हो रहे होते हैं और दांतों की कब्र बन रही है। अत्यधिक फ्लोराइड दांतों और स्केलेटल फ्लोरोसिस का कारण बनता है।
14. **नाइट्रेट्स (Nitrates):** "नाइट्रेट्स" खाद्य, अपशिष्ट जल, और औद्योगिक अपशिष्ट में सामान्य रूप से पाए जाते हैं। ये पीने के पानी को प्रदूषित कर सकते हैं। ये नाइट्रेट्स एक बार मानव शरीर में प्रवेश करते हैं, तो वे 'नाइट्राइट्स' में बदल जाते हैं। ये खून की शक्ति को ऑक्सीजन परिवहन करने की क्षमता में हस्तक्षेप कर सकते हैं, जिससे शरीर में ऑक्सीजन की कमी होती है, जिससे शरीर को नीला दिखने वाली स्थिति का सामना करना पड़ता है। इस स्थिति को 'ब्लू बेबी सिंड्रोम' (Blue Baby Syndrome) या 'मेथेमोग्लोबिनेमिया' (methemoglobinemia) के रूप में जाना जाता है, जिसके निम्न लक्षण होते हैं:
    - साइनोसिस (cyanosis), विशेष रूप से होंठ, त्वचा और नाखूनों पर दिखाई देता है
    - सांस लेने में कठिनाई, सुस्ती या थकान, असामान्य चिड़चिड़ापन या रोना

प्रभाव मानव जीवन पर (Effect on Marine Life)

समुद्री तेल छवियाँ (Marine Oil Spills): ये छवियाँ पानी की सतह को ढ़क देती हैं, इसके परिणामस्वरूप, वे पानी में ऑक्सीजन का विघटन रोकती हैं, समुद्री जीवों को क्षति पहुँचाती हैं। तेल से लिपटे समुद्री पक्षियाँ अंधकार और जीवन संरक्षण की चुनौतियों का सामना करती हैं।

भारत में वर्तमान और भविष्य में पानी की उपलब्धता

- **प्रति व्यक्ति पानी की उपलब्धता कम हो रही है:** 1951 में 5,177 क्यूबिक मीटर से घटकर 2014 में 1,508 क्यूबिक मीटर हो गई, और और भी घटने की संभावना है।
- **भविष्य की प्रक्षिप्तियाँ:** मानवता 2050 तक स्ट्रेस स्तर (प्रति व्यक्ति 1,000-1,100 क्यूबिक मीटर) तक पहुँच सकती है।
- **नमामि गंगे:** 2014 में आरंभ हुई एक महत्वपूर्ण पहल, जिसका उद्देश्य नदी की पुनर्जीवन करना है।
- **रामसर वेटलैंड्स संरक्षण:** अगस्त 2022 के अनुसार, 64 निर्दिष्ट स्थल हैं, जिनमें तमिलनाडु, गोवा, कर्नाटक, मध्य प्रदेश, और ओडिशा में हाल के इस्थानों की भी शामिली है।
- **'ब्लू फ्लैग' प्रमाणीकरण:** यह लक्षद्वीप के ढुंडी और कडमट को उत्कृष्ट जल प्रबंधन के लिए पुरस्कृत किया गया था। यह प्राप्ति पर्यावरण संरक्षण, सुरक्षा, और पर्यटकों के लिए सुविधाओं में उच्च मानकों को बनाए रखने के प्रति प्रतिबद्धता को प्रकट करती है।

राष्ट्रीय नदी जोड़ने की परियोजना (National River Link Plan - NRLP): भारत में नदी किनारों को नहरों और जलाशयों से जोड़ने की परियोजनाएं हैं। ये सिंचाई, पीने के लिए, और उद्योग के लिए हैं। उदाहरण: बुंदेलखंड के लिए केन-बेतवा, आंध्र प्रदेश/तलंगाना के लिए गोदावरी-कृष्णा, महानदी-गोदावरी-कृष्णा-पेन्नर-कौवेरी। तेलंगाना में एक परियोजना मिशन भगीरथ है जिसमें नदी भगीरथी को नदी कृष्णा से जोड़ने का आदान प्रदान किया जा रहा है।

मृदा प्रदूषण (Soil Pollution)

हमने पहले **भूगर्भ (Lithosphere)** की चर्चा की जहां मृदा मुख्य घटक होती है। मृदा पृथ्वी की सतह की शीर्ष परत है, जिसमें चट्टानें और खनिज कणों के साथ जैव सामग्री मिश्रित होती है। यह पौधों के विकास के लिए उपकरण बनाता है और जल शोधन, पोषण चक्रण में महत्वपूर्ण भूमिका निभाता है, और विभिन्न प्रकार के जैव और पशु जीवन का समर्थन करता है।

मृदा की मुख्य विशेषताएँ (Main Features of Soil): मृदा सभी के लिए खाद्य उत्पन्न करती है। निम्नलिखित मूल कारक और मृदा की मुख्य विशेषताएँ हैं:

1. **वांछनीय गुणवत्ता मृदा का गठन (Formation of Desirable Quality Soil):** इसमें सिलिकेट्स, जैव सामग्री, ह्यूमस, और मिट्टी जैसे महत्वपूर्ण घटक होने चाहिए। यह प्रक्रिया इतनी धीरे होती है कि इसे प्राकृतिक प्रक्रियाओं के माध्यम से हजारों वर्षों में बनने में लगता है।
2. **गतिशील मृदा पारिस्थितिकी (Dynamic Soil Ecosystem):** इसकी सही विकास के लिए आवश्यक है, ताकि यह पोषण चक्रण में महत्वपूर्ण भूमिका निभा सके। इसमें वायुमंडलीय नाइट्रोजन को नाइट्रेट के रूप में अवशोषित करने का शामिल होना चाहिए, जो पौधों के विकास के लिए आवश्यक हैं।
3. **पर्यावरण के साथ गैस विनिमय (Gas Exchange with the Environment):** मृदा जैविक अपशिष्ट को टूटने में और पोषण सामग्री को पौधों को वापस रीसाइकल करने में भूमिका निभाती है, साथ ही पर्यावरण के साथ गैसों का विनिमय करती है।

मृदा पर्वतन (Soil Horizons)

परिपक्व मृदा को **मृदा पर्वतन** कहे जाने वाले क्षेत्रों के एक श्रृंगार में व्यवस्थित किया जाता है। मुख्य मृदा पर्वतन चार प्रकार के होते हैं:

- **O पर्वतन (O Horizon):** यह सबसे ऊपरी मृदा का पर्वतन होता है और ताजा गिरी पत्तियों, ट्विग्स, पशु अपशिष्ट, और कवक से मिलकर बनता है।
- **A पर्वतन (A Horizon):** इस पर्वतन में आंशिक रूप से अवशोषित जैविक सामग्री (Humus - ह्यूमस) और कुछ अशिशी खनिज कण होते हैं।
- **B पर्वतन (B Horizon):** इस पर्वतन को उपमृदा भी कहा जाता है और इसमें A पर्वतन से कम जैविक सामग्री और कम जीवों का होता है।
- **C पर्वतन (C Horizon):** इस पर्वतन में मूल सामग्री होती है, जिससे मृदा का निर्माण हुआ था।

मृदा के प्रकार (Types of Soil)

हमने परीक्षा के दृष्टिकोण से भारत में मृदा के प्रकारों को एक सार्थक दृष्टिकोण से देखा है। पहले छह मृदा प्रकार सबसे मूल तत्व हैं, बाकी चार लोकप्रिय क्षेत्रवार हैं।

1. रेतीली मृदा (Sandy Soil):
- **क्षेत्र:** कम वर्षा और अच्छी संचालन क्षेत्रों में, जैसे कि राजस्थान, गुजरात, पंजाब, हरियाणा, और उत्तर प्रदेश के कुछ भाग।

2. कीचड़ी मृदा (Clay Soil):
- **क्षेत्र:** अच्छी वर्षा वाले क्षेत्रों में, अधिकतर भारत के पूर्वी और पूर्वोत्तरी भागों में, जैसे कि पश्चिम बंगाल, असम, बिहार, और ओडिशा के कुछ भाग।

3. बालू मृदा (Silty Soil):
- **क्षेत्र:** अक्सर इंडो-गैन्गेटिक मैदान में पाया जाता है, जैसे कि उत्तर प्रदेश, बिहार, और पश्चिम बंगाल। नदियों के डेल्टा क्षेत्रों में भी पाया जाता है।

4. पिटी मृदा (Peaty Soil):
- **क्षेत्र:** आमतौर पर उप्पल और दलदली क्षेत्रों में, जैसे कि केरल, तमिलनाडु, पश्चिम बंगाल, और पूर्वोत्तरी राज्यों के कुछ भाग।

5. मृदा मिश्रित धातु (Loamy Soil):
- **क्षेत्र:** भारत में व्यापक रूप से पाया जाता है, इंडो-गैन्गेटिक मैदान, मध्य भारत के कुछ भागों, और दक्कन पठार में।

6. चौकी मृदा (Chalky Soil):
- **क्षेत्र:** भारत में कम पाया जाता है, लेकिन पहाड़ी और चूने से भरपूर क्षेत्रों में, जैसे कि हिमालय क्षेत्र के कुछ भाग और दक्षिणी राज्यों के कुछ क्षेत्र।

7. सर्वाधिक मृदा (Alluvial Soil):
- समतल क्षेत्रों के बाद की जाने वाली प्रक्रिया के कारण बनती है, विशेष कर, नदियों के निचले भागों में।
- **उपशोषणित चट्टानें, बहुत उर्वरकीय, अक्सर ह्यूमस और नाइट्रोजन की कमी होती है, लेकिन पोटैशियम में धन होती है।
- **धान और गन्ने जैसी फसलों के लिए उपयुक्त होती है, आमतौर पर इंडो-गैन्गेटिक मैदान में पायी जाती है।

8. लाल मृदा (Red Soil):
- **प्रकार:** लौह से धनी, इसकी लाल रंग की पहचान होती है, इग्नियस (igneous) और मेटामॉर्फिक (metamorphic) चट्टानों के विघटन से बनती है।
- **क्षेत्र:** कम वर्षा वाले क्षेत्रों में, मध्य प्रदेश, दक्षिण कर्नाटक, महाराष्ट्र, और राजस्थान में।
- **फसलें:** लाल ग्राम, मूँगफली, और अरंडी के बीज जैसी फसलों के लिए उपयुक्त है।

9. लैटराइट मृदा (Laterite Soil):
- **प्रकार:** इसका गठन एक लीचिंग प्रक्रिया के माध्यम से कीचड़ और लाल मृदा के मिश्रण से होता है।
- **मिश्रित धातु जैसे एल्यूमिनियम और लोहा में धन होती है।
- **क्षेत्र:** गर्म और बरसाती जलवायु के क्षेत्रों में, पश्चिमी घाट, पूर्वी घाट, और समुंदर किनारों के कुछ भाग।
- **उर्वरकीयता कम होती है, वायु के संप्रेषण के बाद कठिन होती है, इसका निर्माण सामग्री के रूप में उपयोग होता है।
- **फसलें:** कॉफी, नारियल, और काजू जैसी फसलों के लिए उपयुक्त है।

10. रेगुर मृदा (Regur Soil):
- इसे काली मिट्टी या कॉटन मिट्टी के रूप में भी जाना जाता है, जो डेककन ट्रैप क्षेत्र में पाई जाती है।
- कैल्शियम, पोटैशियम, और मैग्नीशियम जैसे पोषण तत्वों में धनी होती है, लेकिन नाइट्रोजन में कमी होती है।
- कपास, तम्बाकू, तिलहन, और मक्के जैसी फसलों के लिए उपयुक्त है।

pH Levels of Soils (मृदा का pH स्तर): सवालों को pH स्तर के साथ जोड़ा जा सकता है।

1. **अम्लीय मृदा (Acidic Soils):** pH स्तर 7 के नीचे होती है। उदाहरण हैं सैंडी मृदा और कुछ प्रकार की पीटी मृदा। कम pH मूल्य का कारण होता है कि यह बुनाई बेसिक पोषण की विसर्जन और समय के साथ अम्लीय पदार्थों का एकत्रित होने के कारण होता है।
2. **मध्यस्थ मृदा (Neutral Soils):** pH स्तर 7 का होती है। उदाहरण है लोमी मृदा। मृदा न तो प्रबल रूप से अम्लीय होती है और न ही प्रबल अल्कली होती है।
3. **क्षारी मृदा (Alkaline Soils):** pH स्तर 7 के ऊपर होती है। उदाहरण है कैल्शियम कार्बोनेट की बड़ी मात्रा वाली चूनीदार मिट्टी। क्षारी स्तर का कारण होता है कैल्शियम कार्बोनेट की उपस्थिति।

मृदा के खराब होने के कारण

1. **वनोह्रास का प्रभाव (Deforestation Impact):** वनोह्रास मृदा पारिस्थितिकी को बिगड़ता है, जिससे मृदा के स्वास्थ्य और पुष्प की प्रत्यूर्ति पर दुर्भाग्यपूर्ण प्रभाव होता है। इसलिए, इससे बचना चाहिए।
2. **मृदा संघटन (Soil Compaction):** भारी मशीनों का उपयोग मृदा को संघटित कर सकता है, जिससे इसकी छिद्रता और पानी-धारण क्षमता कम होती है।
3. **अपशिष्ट जल जल और भारी धातु (Sewage Water and Heavy Metals):** अपशिष्ट जल जल से खेतों को सिंचाने या अपशिष्ट जल गूदे को उर्वरक के रूप में उपयोग करने से मृदा में भारी धातु सामग्री बढ़ सकती है।
4. **फसल चक्रण महत्व (Crop Rotation Importance):** बिना फसल चक्रण के अधिक प्रयोगिक कृषि प्रथाओं से समय के साथ मृदा से विशिष्ट पोषण को खत्म कर सकता है।
5. **उच्च प्रदान जातियां और संसाधन (High-Yielding Varieties and Resources):** उच्च प्रदान फसल जातियां अक्सर अधिक पानी और उर्वरक की मांग करती हैं, जिससे मृदा और संसाधन का प्रयोग प्रभावित होता है। पंजाब, हरियाणा और उप्र के कुछ भागों में पहले ही हानि हुई है, वहां प्रबल कृषि प्रथाएँ हैं जो भूमि को खराब करती हैं।
6. **मृदा की खारी और पानी भरना (Salinity and Waterlogging of soil):** उच्च नमक की सामग्री वाले पानी का उपयोग मृदा की खारी कर सकता है, जिससे ऊपरी मृदा को अप्रवेशी बना देता है और पानी भरने की समस्याओं का कारण बनता है।
7. **कीटनाशक और उर्वरक (Pesticides and Fertilizers):** भूमि की उत्पादकता बढ़ाने के लिए कीटनाशक और उर्वरकों का अत्यधिक उपयोग मृदा की गुणवत्ता को कम कर सकता है और इन रसायनों को पारिस्थितिकी में प्रस्तुत कर सकता है।
8. **भूजल का अधिश्रेणीकरण (Groundwater Overexploitation):** भूजल के अत्यधिश्रेणीकरण से भूजल स्तर कम हो सकता है और रेगिस्तानीकरण में योगदान कर सकता है।

मृदा प्रदूषण के मुख्य कारण

मृदा प्रदूषण तब होता है जब मृदा में हानिकारक रसायन, लवण, पैथोजन्स, या रेडियोधर्मी सामग्री की मात्रा बढ़ जाती है। यह वनस्पति विकास, मानव स्वास्थ्य और पारिस्थितिकी तंत्र के कार्य को नुकसान पहुंचा सकता है। प्रदूषण के मुख्य स्रोत हैं औद्योगिक अपशिष्ट, कृषि रसायन, अपशिष्ट जल और अनुपचारित अपशिष्ट। इससे मृदा की गुणवत्ता और उर्वरता में कमी आती है, और यह पानी के स्रोतों को भी प्रदूषित कर सकता है। इसलिए, मृदा प्रदूषण को रोकने और नियंत्रित करने के लिए सक्रिय कदम उठाने आवश्यक हैं।

मृदा प्रदूषण के प्रभाव (Effects of Soil Pollution)

मृदा प्रदूषण को कभी-कभी भूमि प्रदूषण के रूप में भी जाना जाता है। प्रमुख प्रभाव निम्नलिखित हो सकते हैं:

- कम मृदा पुष्तता
- खाद्य और पानी का संदर्भण: इससे स्वास्थ्य समस्याएं हो सकती हैं।
- जैव विविधता का हनन
- जलवायु परिवर्तन: इसका कारण हारित गैसों को वायुमंडल में मुक्त करने का हो सकता है।

मृदा प्रदूषण की रोकथाम (Prevention of Soil Pollution)

1. **प्रबल कृषि प्रथाएँ (Intensive Agricultural Practices):** जैविक खेती विधियों, फसलों का पालटवार, और रासायनिक उर्वरक और कीटनाशकों का उपयोग कम करना चाहिए।
2. **सही अपशिष्ट निपटान (Proper Waste Disposal):** औद्योगिक और नगरीय अपशिष्ट का सुरक्षित निपटान और उपचार सुनिश्चित करने के लिए।
3. **मृदा उपचार तकनीकें (Soil Remediation Techniques):** इसमें विषाणुजन्य पदार्थों को हटाने के लिए जैवउपचार, फाइटोरिमीडेशन, और मृदा धोने जैसे ढंग शामिल हैं।
4. **कानून और नीतिया (Laws and Policies):** प्रदूषकों के मृदा में डिस्चार्ज को नियंत्रित करने के लिए पर्यावरण विधियों को पूर्णांकित और पूरी करना।
5. **जनजागरूकता और शिक्षा (Public Awareness and Education):** लोगों को मृदा संरक्षण के महत्व के बारे में सूचित करना और मृदा प्रदूषण को रोकने के ढंग के बारे में।
6. **औद्योगिक प्रक्रिया संशोधन (Industrial Process Modification):** उद्योगों में शुद्ध उत्पादन तकनीकों और प्रदूषण नियंत्रण मापाकों को अपनाना।
7. **वनस्पति अरण्य निवारण (Vegetation Cover Prevention):** इससे मृदा संरचना और जैव विविधता बनाए रखी जाती है।
8. **भारी मशीनरी का उपयोग कम करना (Reduced Use of Heavy Machinery):** इससे मृदा कंपैक्शन बचा जा सकता है।
9. **नियंत्रित अपशिष्ट जल का उपयोग (Controlled Use of Sewage):** इससे भारी धातु प्रदूषण रोका जा सकता है।
10. **कृषि फसल चक्र (Crop Rotation):** इससे मृदा पोषण संरचना को बनाए रखने में सहायता मिलेगी।
11. **सिंचाई प्रबंधन (Irrigation Management):** इससे मृदा की उपसल्यता और जलवायु परिवर्तन को रोका जा सकता है।
12. **पेस्टिसाइड और उर्वरक का उपयोग कम करना (Reduced Use of Pesticides and Fertilizers):** इससे मृदा स्वास्थ्य बनाए रखने में सहायता मिलेगी और पारिस्थितिकी को हानि नहीं पहुँचेगी।
13. **भूजल प्रबंधन (Groundwater Management):** इससे मरुस्थलीकरण को रोका जा सकता है।

कॉन्सेप्ट बॉक्स

PERSISTENT ORGANIC POLLUTANTS (POPs)

POP दृढ़, सिंथेटिक जैविक प्रदूषक होते हैं। कुछ POP को मृदा प्रदूषण से जोड़ा जा सकता है क्योंकि वे वहाँ दीर्घकालिक रूप से रहने के लिए उपयुक्त स्थितियों को प्राप्त करते हैं। POP को तीन भागों में बाँटा जा सकता है: दृढ़ तात्कालिक होने का मतलब है कि वे पर्यावरण में बिना टूटे बिना अधिक समय तक रहते हैं। जैविक का मतलब है कि वे कार्बन आधारित मोलेक्यूल हैं, उनका संरचना क्लोरीन, फ्लोरीन, या ब्रोमीन शामिल हो सकता है। कृषि प्रथाओं और औद्योगिक अपशिष्ट के कारण कीटनाशकों, हर्बिसाइडों आदि के संरक्षण का सामर्थ्य है। प्रदूषकों का मतलब है कि उनकी क्षमता है कि वे तंत्रिका प्रणाली को क्षति पहुंचा सकते हैं, स्वास्थ्य प्रणाली को क्षति पहुंचा सकते हैं, कैंसर आदि का कारण हो सकते हैं। वे खाद्य श्रृंग में बायोएक्यूमलेट और बायोमैग्नीफाई होते हैं क्योंकि वे तंत्रिका स्तरों में दिनों तक रहते हैं। वे विशेष रूप से उच्च तंत्रिका स्तरों के लिए जोखिमपूर्ण होते हैं, जैसे मानव, क्योंकि वे मोटे तेलों में रहते हैं। तंत्रिका स्तरों में उनकी लेन-देन से बचाव के लिए बेहतर विनियमन की आवश्यकता है।

ध्वनि प्रदूषण (NOISE POLLUTION)

ध्वनि वह अवांछित या बेचैनी का शब्द है जो सुनने में परेशानी या बाधा पैदा करता है, ध्यान विचलित करता है या तंग करता है।

1. **ध्वनि का प्रकृति:** ध्वनि यदि अनियमित हो सकता है और सामान्यत: आवाजों के विरुद्ध अपचाहक और विघटक माना जाता है।
2. **ध्वनि प्रदूषण की परिभाषा:** ध्वनि प्रदूषण एक पर्यावरणिक ध्वनि है जो शरीर को हानि पहुंचाती है, खासकर उच्च आवाज़ में या दीर्घकालिक प्रदर्शन के साथ। यह एक अवांछित ध्वनि है जो चिढ़ाता है और तनाव पैदा करता है, जो सुन के बाल को नुकसान पहुंचा सकता है।
3. **ध्वनि प्रदूषण के प्रभाव:** ध्वनि प्रदूषण केवल सुनाई देने को ही प्रभावित नहीं करता है, बल्कि रक्तचाप को बढ़ाता है, मानसिक क्रियाकलाप को क्ष्याति पहुंचाता है, और दीर्घकालिक तनाव को बढ़ाता है, जिससे सामान्य स्वास्थ्य प्रभावित होता है।
4. **ध्वनि का मापन:** ध्वनि को डेसिबल में (कठ) मापा जाता है, जिसका नाम ग्राहम बेल, टेलीफोन के आविष्कारक, के नाम पर है। यह मापन लीनियर नहीं है, बल्कि लॉगरिद्मिक है:
   - **डेसिबल स्केल (Decibel Scales - dB):** ध्वनि स्तरों को डेसिबल (dB) में मापा जाता है, जो एक लॉगरिद्मिक स्केल है। हर 10 dB वृद्धि ध्वनि की तीव्रता में दस गुणा वृद्धि का प्रतिनिधित्व करता है। उदाहरण के लिए, 70 dB 60 dB से दस गुणा तीव्र है। 40 से 80 dB की वृद्धि ध्वनि की गूंथी में 10,000 गुणा की वृद्धि को सूचित करती है।

- **श्रवण करने की सीमा (Threshold of Hearing):** सामान्य मानव के कान के लिए सबसे शांत ध्वनि है, जिसे आमतौर पर 0 dB के आसपास नापा जाता है। इस स्तर से नीचे की ध्वनियाँ अनसुनी मानी जाती हैं। 0 डेसिबल ध्वनि की सीमा का प्रतिनिधित्व करता है, जिसका संरचन 1 × 10^ – 12 वॉट्स/मीटर^2 की तीव्रता से संबंधित है।
- **दर्द की सीमा (Threshold of Pain):** दूसरी ओर, अधिकांश लोगों के लिए दर्द की सीमा लगभग 120-130 dB के आसपास होती है। इस स्तर पर ध्वनियों के प्रदर्शन के साथ शारीरिक असहमति और सुनने के हानि का कारण हो सकता है।
- **सॉनिक बूम (Sonic Boom):** ध्वनि की गति के साथ उड़ने वाला विमान जमाने के एक शॉकवेव को सॉनिक बूम के नाम से जनरेट करता है। यह भूमि पर सुने जाने वाले एक अत्यंत शोर को उत्पन्न करता है।
- **डेसिबल-ए (dBA):** ध्वनि प्रदूषण को मापने के लिए डेसिबल-ए (dBA) स्केल का उपयोग किया जाता है, और इसमें ध्वनि की तीव्रता (शोर) और आवृत्ति (तरंग) दोनों को मान्यता दी जाती है। "ए" वजनिता डेसिबल-ए स्केल में मानव के कान की विभिन्न आवृत्तियों के प्रति उत्तराधिकार की प्रकार डिज़ाइन किया गया है।
- ध्वनि शक्ति को वॉट्स (W) में मापा जाता है और यह ध्वनि स्रोत द्वारा रोशन की जाने वाली कुल ऊर्जा का प्रतिनिधित्व करता है। भारत में पर्यावरण संरक्षण नियम, 1999 के अनुसार, पर्याप्त ध्वनि स्तर को 125 dB पर निर्धारित किया गया है। केंद्रीय प्रदूषण नियंत्रण बोर्ड (सीपीसीबी) विभिन्न क्षेत्रों के लिए दिन और रात के दौरान विभिन्न ध्वनि सीमाएँ निर्धारित करता है:

क्षेत्र	दिन	रात
औद्योगिक क्षेत्र	75 dB	70 dB
वाणिज्यिक क्षेत्र	65 dB	55 dB
आवासीय क्षेत्र	55 dB	45 dB
'शांत क्षेत्र' स्कूल, अस्पताल, आदि के पास	50 dB	40 dB

सुनने की गुमान (हानि) और मास्किंग (Hearing Loss and Masking): WHO भी भरपूर शहरों में धूप को एक महत्वपूर्ण स्वास्थ्य खतरा के रूप में मानता है। धूप के परिपेक्ष्य में लगातार ध्वनि का सामना, 85 डीबी के नीचे भी, स्थायी सुनने की हानि का कारण बन सकता है, और 130 dB के आसपास स्तायी रूप से सुनने की हानि को प्रेरित कर सकता है। धूप प्रदूषण भी 'मास्किंग' (masking) का कारण बनता है, जिससे हमारी महत्वपूर्ण पर्यावरण संकेतों को सुनने की क्षमता प्रभावित होती है, और यह हृदय दर और सांस दर की परिवर्तन, चिढ़चिढ़ापन, सिरदर्द, नींद न आने, और उत्पादकता में कमी का कारण बन सकता है।

शांति क्षेत्र (Silence Zones): भारत में ध्वनि प्रदूषण (नियामन और नियंत्रण) नियम, 2000 के तहत, शांति क्षेत्रों के लिए ध्वनि विनियमन बहुत कठिन होते हैं। शांति क्षेत्र शिक्षा संस्थानों के पास, अस्पतालों, अदालतों और धार्मिक स्थलों के पास क्षेत्र होते हैं। इन क्षेत्रों में दिन के समय (6:00 AM से 10:00 PM तक) अधिमित ध्वनि स्तर 50 dB तक हो सकता है, और रात के समय (10:00 PM से 6:00 AM तक) सीमा 40 डीबी तक होती है।

रेडियोएक्टिव प्रदूषण (Radioactive Pollution)

रेडियोएक्टिव प्रदूषण से तात्कालिक और लैवाजी प्राणियों और पारिस्थितिकी को हानि पहुँचने वाले रेडियोएक्टिव पदार्थों का उपस्थित होना दर्शाता है। विकिरण, ऊर्जा के प्रेषण को बहुलक या अद्भुतकी स्वरूप में दरियापत या अद्भुतकी प्राणी के माध्यम से, आयनीकरण और गैर-आयनीकरण प्रकार में वर्गीकृत होता है।

आयनीकरण विकिरण (Ionizing Radiation)

- इसमें एक्स-रे और गैमा रे जैसे उच्च ऊर्जा विकिरण शामिल हैं।
- यह डीएनए को बदल सकता है और अणु और मोलेक्यूल को आयनीकरण करने की क्षमता के कारण हानिकारक है।
- स्रोत में चिकित्सा प्रक्रियाएँ (जैसे कि एक्स-रे, सीटी स्कैन और परमाणु चिकित्सा), परमाणु ऊर्जा संयंत्र, और ब्रह्मांडीय तरंगों और पृथ्वी की खोह की गैस की प्रकार प्राकृतिक स्रोत शामिल हैं।

गैर-आयनीकरण विकिरण (Non-ionizing Radiation)

- मोबाइल फोन या रेडियो टॉवर्स जैसे उपकरणों द्वारा उपयुक्त कम ऊर्जा विकिरण।
- मुख्य रूप से गर्मी उत्पन्न करता है और सामान्य रूप से कम हानिकारक माना जाता है, लेकिन दीर्घकालिक प्रासूनता और उच्च प्रतिस्थापनों के साथ स्वास्थ्य पर प्रभाव हो सकता है।

विकिरण के स्रोत (Sources of Radiation)

- अधिकांश विकिरण प्रासूनता प्राकृतिक होती है, जिसमें रेडियम गैस एक प्रमुख उदाहरण होता है।
- मानव निर्मित स्रोत आमतौर पर औसत विकिरण प्रासूनता के लगभग 20% का भाग करते हैं।

रेडियोएक्टिव प्रदूषण के प्रभाव (Effects of Radioactive Pollution)

1. UV विकिरण:
- सूरज से आने वाले आयनीकरण विकिरण का एक रूप।
- विटामिन डी उत्पन्न करने के लिए आवश्यक है, लेकिन अत्यधिक प्रासूनता की वजह से धूप जलन और त्वचा कैंसर का कारण बन सकता है।
- ओजोन परत की कमी प्रासूनता जोखिमों को बढ़ा सकती है।

2. स्वास्थ्य प्रभाव
- उच्च स्तर के आयनीकरण विकिरण से त्वचा कोष क्षति और DNA म्यूटेशन हो सकता है, जिससे कैंसर हो सकता है।
- अधिक विकिरण संपर्क के परिणामस्वरूप व्यक्तियों के संतानों में आनुवंशिक विकृतियाँ हो सकती हैं।
- दीर्घकालिक कम स्तर के विकिरण के संपर्क के भी स्वास्थ्य समस्याएँ हो सकती हैं।

3. पार्यावरण प्रभाव
- रेडियोएक्टिव प्रदूषणकारक विमल वायु, जल, और मिट्टी को प्रदूषित कर सकते हैं।
- वे रेडियोएक्टिव आइसोटोप्स की आधी जीवन के आधार पर पर्यावरण में दिनों तक बने रह सकते हैं, जिसके आधार पर पर्यावरण में अधिक रेडियोएक्टिव प्रदूषण के क्षेत्रों में जीव जगत और पारिस्थितिकी पर प्रभाव पड़ सकता है। रेडियोएक्टिव प्रदूषण का प्रबंधन कार्यक्षेत्रों और चिकित्सा उपयोग का विनियमन, रेडियोएक्टिव अपशिष्ट की सुरक्षित विलिपि, प्राकृतिक विकिरण की निगरानी, लोगों को विकिरण सुरक्षा के बारे में सूचित करना, और पर्यावरण और स्वास्थ्य संरक्षण के लिए जारी करने के लिए वैश्विक समझौतों की सीमित रिहाईयों को सीमित करने का मतलब है।

स्टॉपओवर

1. नीचे दो कथन दिए गए हैं:

कथन I: सभी संभावित प्रदूषक सिंथेटिक रासायनिक होते हैं।

कथन II: बगैर पारंपरिक ध्वनि के कई नए प्रदूषकों का अध्ययन वन्यजीवों और मानवों में बायोएक्यूमलेशन करने का पता चला है।

(a) कथन I और कथन II दोनों सत्य हैं
(b) कथन I और कथन II दोनों गलत हैं
(c) कथन I सत्य है, लेकिन कथन II गलत है
(d) कथन I गलत है, लेकिन कथन II सत्य है

2. जिस अध्ययन में कोई विषैला प्रभाव नहीं पाया गया है, वह अध्ययन जानवरों पर उपयोग किए गए उच्चतम गैरशून्य डोज कहलाता है। **[दिसम्बर 2022]**

(a) LD50 (b) NOAEL
(c) LOAEL (d) NOEFF

3. निम्नलिखित में से कौन से रोग वायुमंडलीय कणों (particulate matters) के कारण होते हैं? **[दिसम्बर 2022]**

A. अस्थमा
B. मेलेनोमा
C. सूखी आंख का सिंड्रोम
D. ब्रॉन्काइटिस
E. क्रॉनिक ऑब्स्ट्रक्टिव पल्मोनरी डिजीज (COPD)

निम्नलिखित विकल्पों में से सही उत्तर चुनें:

(a) A, B, C और D केवल
(b) B, C, D और E केवल
(c) A, C, D और E केवल
(d) A, B, D और E केवल

4. भारत में ध्वनि प्रदूषण (नियामन और नियंत्रण) नियमों के अनुसार, शिक्षण संस्थानों में रात्रि के समय (10:00 PM से 6:00 AM) ध्वनि (Leg) का अधिकतम स्तर कितना होना चाहिए? **[दिसम्बर 2022]**

(a) 35 dB (b) 40 dB
(c) 45 dB (d) 50 dB

5. ध्वनि के प्रदूषण के उच्च उपयोग के लिए वायुमंडलीय स्थिरता के महत्व को मान्यता है। **[दिसम्बर 2022]**

कथन I: वायुमंडलीय स्थिरता महत्वपूर्ण है क्योंकि इससे वायु में प्रदूषण के लंबवत फैलाव पर प्रभाव पड़ता है।

कथन II: भारत,जैसे उष्णकटिबंधीय देशों में, में गर्मियों के मौसम में वायुमंडलीय स्थिरता अधिक होती है। इन कथनों के आधार पर सही विकल्प चुनें:

(a) कथन I और कथन II दोनों सत्य हैं
(b) कथन I और कथन II दोनों गलत हैं
(c) कथन I सत्य है, लेकिन कथन II गलत है
(d) कथन I गलत है, लेकिन कथन II सत्य है

6. निम्नलिखित में से कौनसा प्रदूषक अम्ल वर्षा के निर्माण के लिए जिम्मेदार है? **[दिसम्बर 2022]**

(a) CH_4 (मीथेन)
(b) C_6H_6 (बेंजीन)
(c) SO_2 (सल्फर डाइऑक्साइड)
(d) CO (कार्बन मोनोक्साइड)

7. उच्च ध्वनि प्रदूषण के दीर्घकालिक प्रदूषण के लिए सामान्य प्रभाव क्या है?

(a) सुधारी गई ध्यान और मानसिक क्षमता।
(b) शहरी क्षेत्रों में पौधों में अधिकाधिक वृद्धि।
(c) सुनने की शक्ति हानि और बढ़ा हुआ तनाव स्तर।
(d) घने शहरी पर्यावरण में बेहतर वायु गुणवत्ता।

8. मॉन्ट्रियल प्रोटोकॉल के किगाली संशोधन के अनुसार, 2040 के आस-पास एचएफसी (HFCs) की उपभोग में किस हद तक की कमी का विचार किया गया है? **[दिसम्बर 2022]**

(a) 50-55% (b) 65-70%
(c) 80-85% (d) 90-95%

9. प्रदूषकों के लंबे समय तक अधिक स्तरों के गुरुत्वाकर्षण के सामान्य प्रभाव क्या है?

(a) सुधारी गई ध्यान और मानसिक क्षमता।
(b) शहरी क्षेत्रों में पौधों में अधिकाधिक वृद्धि
(c) सुनने की हानि और बढ़ी हुई तनाव स्तर।
(d) धने शहरी पर्यावरण में बेहतर वायु गुणवत्ता।

10. प्रदूषकों के ऊर्ध्व प्रसारण की निर्धारण में वायुमंडलीय स्थिरता के महत्व को ध्यान में रखते हुए। **[दिसम्बर 2022]**

कथन I: वायुमंडलीय स्थिरता महत्वपूर्ण है क्योंकि इससे वायु में प्रदूषण के लंबवत फैलाव पर प्रभाव पड़ता है।

कथन II: भारत में गर्मियों के मौसम में वायुमंडलीय स्थिरता अधिक होती है।

इन कथनों के आधार पर सही विकल्प चुनें:

(a) कथन I और कथन II दोनों सत्य हैं
(b) कथन I और कथन II दोनों गलत हैं
(c) कथन I सत्य है, लेकिन कथन II गलत है
(d) कथन I गलत है, लेकिन कथन II सत्य है

उत्तर: 1.(a), 2. (b), 3. (c), 4. (c), 5. (c), 6. (c), 7. (c), 8. (c), 9. (d), 10. (a)

पर्यावरणीय 'अपशिष्ट' (Environmental Waste)

पर्यावरणीय अपशिष्ट वह सामग्री से संबंधित होता है जो उपयोग के बाद फेंक दी जाती है और पर्यावरण के लिए हानिकारक होती है। 1990 के पर्यावरण संरक्षण अधिनियम के अनुसार, अपशिष्ट किसी भी प्रक्रिया से उत्पन्न होने वाली अपशिष्ट की कोई भी कचरा या रद्द सामग्री या अवांछित पदार्थ को शामिल करता है। पर्यावरण और वन मंत्रालय (MoEF) भारत के जोखिमपूर्ण अपशिष्ट नियमों को लागू करता है।

इस शब्द का व्यापक विधाओं के साथ विभिन्न प्रकार के अपशिष्ट शामिल है, जिनमें प्रतिकूल पर्यावरण प्रभाव होते हैं।

- **जैव-घटक अपशिष्ट (Biodegradable Waste):** इसमें भोजन अवशेष और मानव मल जैसे भौतिक गतिविधि के माध्यम से विघटित होने वाले सामग्री शामिल है।
- **गैर-जैव-घटक अपशिष्ट (Non-biodegradable Waste):** पेट्रोलियम, प्लास्टिक, और कांच जैसे स्थिर सामग्री शामिल है।
- **आयुर्वेदिक अपशिष्ट (Biomedical Waste):** इसमें सुई, सिरिंग, और शरीर के अंगों जैसे चिकित्सा सामग्री शामिल है।

- **ई- अपशिष्ट (e-Waste):** कंप्यूटर, बैटरी, और सीएफएल बल्ब्स जैसे इलेक्ट्रॉनिक आइटमों का समावेश होता है।

अपशिष्ट के संबंध में निम्न ज्ञान भी आवश्यक है:

1. **ठोस अपशिष्ट निपटान विधियां (Solid Waste Disposal Methods):** पर्यावरण प्रभावों के मामले में प्रदूषण, संसाधनों की कमी, ग्रीनहाउस गैस उत्सर्जन, और आवासीय नाश ये सभी महत्वपूर्ण विषय हैं।
2. **प्रदूषण (Pollution):** हमारे उद्योग, वाहन और अन्य गतिविधियों के कारण वायुमंडलीय प्रदूषण बढ़ रहा है। इसका प्रबंधन और समुद्रीकरण करना महत्वपूर्ण है।
3. **संसाधनों की कमी (Resource Scarcity):** हमारे संसाधनों की कमी भी एक चुनौती है। हमें उन्हें उचित निस्तारण और पुन: प्रयोग करने के लिए नई प्रौद्योगिकियों की खोज करनी चाहिए।
4. **आवासीय नाश (Urban Decay):** तीव्र शहरीकरण और जनसंख्या वृद्धि के कारण, अपशिष्ट का प्रबंधन एक बड़ा विषय है।
5. **कानून (Law):** भारतीय संविधान के राज्य नीति के निर्देशक सिद्धांत (धारा 47) पर्यावरण संरक्षण को मान्यता देते हैं और इसे प्राथमिकता देते हैं।
7. **अपशिष्ट का प्रबंधन (Waste Management):** वर्तमान तिथि में, भारत में केवल 68% अपशिष्ट जमा किया जाता है, और केवल 28% की ही प्रबंधन या उपचार प्रक्रिया की जाती है।
8. **'स्वच्छ भारत अभियान' (Swachh Bharat Abhiyan):** यह अभियान अपशिष्ट के प्रबंधन, सफाई और स्वच्छता पर ध्यान केंद्रित करता है और 2014 में आरंभ हुआ था।

अपशिष्ट के स्त्रोत (Sources of Waste): अपशिष्ट के स्त्रोतों को निम्नलिखित श्रेणियों में विभाजित किया गया है:

1. **घरेलू अपशिष्ट:** इसमें पॉलिथीन, बोतलें, खाद्य बच्चे, कॉटन, आदि शामिल हैं।
2. **औद्योगिक अपशिष्ट :** इसका मूल रूप से विभिन्न औद्योगिक गतिविधियों से उत्पन्न होता है और निम्नलिखित रूपों में वर्गीकृत किया जा सकता है:
   - **खाद्य प्रसंस्करण:** इसमें कार्बनिक अपशिष्ट और पैथोजेन्स शामिल हैं।
   - **कागज़ उद्योग:** इसमें क्लोरीन, सल्फर डाइऑक्साइड, और मिथाइल मर्केप्टान जैसे पदार्थ शामिल हैं।
   - **वस्त्र उद्योग:** इसका मूल रूप से रेशों के उबालने और प्रसंस्करण से उत्पन्न होता है।
   - **पेट्रोलियम उद्योग:** इसमें आनार्गेनिक सल्फर, हाइड्रोकार्बन, कार्बनिक एसिड, आदि होते हैं।
   - **रासायनिक उद्योग:** इसमें फॉस्फोरस, फ्लोरीन, और सिलिका जैसे पदार्थ शामिल हैं।
   - **धातु उद्योग:** इसमें तांबे, सीसा, क्रोमियम, और कैडमियम जैसे धातु शामिल हैं।
   - **सीमेंट उद्योग:** यह अल्पकोणी पदार्थ और धूल उत्पन्न करता है।
   - **परमाणु रिएक्टर:** इसमें प्लूटोनियम सहित रेडियोधर्मी अपशिष्ट उत्पन्न होता है।
3. **कृषि अपशिष्ट:** कृषि गतिविधियों से उत्पन्न होने वाले अपशिष्ट को शामिल करता है, जैसे की उर्वरक, फसल की बची हुई सामग्री, कीटनाशक, और धुआंकारी।
4. **रेडियोधर्मी अपशिष्ट:** इसका मूल रूप से एक्स-रे मशीन, परमाणु प्लांट्स, प्रयोगशाला, आदि से उत्पन्न होता है।
5. **नगरीय अपशिष्ट:** सार्वजनिक कार्यालयों, पार्क, दुकानें, और अन्य शहरी क्षेत्रों द्वारा उत्पन्न होता है।

अपशिष्ट के बारे में कुछ महत्वपूर्ण बातें

पर्यावरण और वन मंत्रालय ने वर्ष 2000 में नगरपालिका ठोस अपशिष्ट (प्रबंधन और संचालन) नियम जारी किए। ये नियम केंद्रीय प्रदूषण नियंत्रण बोर्ड(CPCB)/राज्य प्रदूषण नियंत्रण बोर्ड(SPCB) की पहचान उस एजेंसी के रूप में करते हैं जो कार्यान्वयन नियमों की निगरानी करेगी।

इस अधिनियम में विभिन्न नगर पालिकाओं द्वारा नगरीय अपशिष्ट के प्रबंधन के लिए संग्रह, पुनर्चक्रण, भंडारण, परिवहन, प्रसंस्करण और निपटान संबंधी अनुपालन मानदंड निर्दिष्ट किये गए हैं।

इनके मंत्रालय के अलावा भी राष्ट्रीय स्तर पर किये गए कुछ प्रयास इस प्रकार हैं:

1. वर्ष 1990 में राष्ट्रीय अपशिष्ट प्रबंधन परिषद ((National Waste Management Council) का गठन किया गया था।
2. 1993 में राष्ट्रीय अपशिष्ट प्रबंधन परिषद ने प्लास्टिक पुनर्चक्रण (recycling) से उत्पन्न होने वाले प्रतिकूल पर्यावरण और स्वास्थ्य प्रभावों को कम करने के उपाय सुझाने के लिए एक राष्ट्रीय प्लास्टिक अपशिष्ट प्रबंधन कार्य बल का गठन किया। इसकी अनुशंसा पर वर्ष 1998 में पुनर्नवीनीकरण प्लास्टिक उपयोग नियम लागू किया गया जिस का उपयोग लोग पुनर्नवीनीकरण प्लास्टिक की थैलियों में खाद्य पदार्थों के भंडारण, ले जाने और पैकिंग के लिए करते हैं।
3. केंद्रीय सार्वजनिक स्वास्थ्य पर्यावरण इंजीनियरिंग संगठन अपशिष्ट प्रबंधन (Central Public Health and Environmental Engineering Organisation – CPHEEO) ने भारत में जल, स्वच्छता, ठोस अपशिष्ट प्रबंधन और जल निकासी उपयोगिताओं के एकीकृत प्रावधान को बढ़ावा देने के लिए नीतिगत पेपर तैयार किया।
4. गैर पारंपरिक ऊर्जा स्त्रोत मंत्रालय (Non-Conventional Energy Sources) ने शहरी – नगरपालिका और औद्योगिक कचरे से ऊर्जा प्राप्ति के लिए एक राष्ट्रीय कार्यक्रम आरंभ किया।

अपशिष्ट की समस्या से निपटने के लिए निम्न ढंग को भी देखा जाना चाहिए।

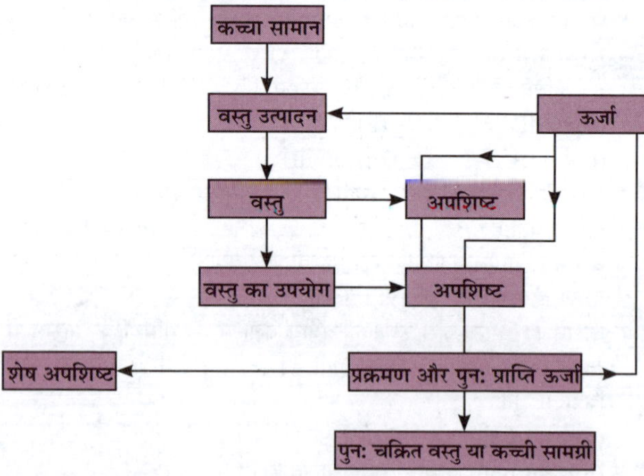

ठोस अपशिष्ट निपटान विधियां

(Solid Waste Disposal Methods)

घरों से नगरपालिका अपशिष्ट एकत्रित होने के बाद, नगरपालिका प्राधिकरण तीन मुख्य निपटान विधियों का उपयोग करते हैं:

1. **कम्पोस्टिंग इकाइयाँ (Composting Units):**
   - कम्पोस्टिंग एक टिकाऊ प्रक्रिया है जो अपशिष्ट को मूल्यवान जैविक इनपुट में बदल देती है, जो मिट्टी की उर्वरता, जड़ों की वृद्धि, और मिट्टी में नमी के संरक्षण को बढ़ाती है।

- लक्ष्य जैविक अपशिष्ट को विशेष रूप से एकत्रित करना है।

2. **बायोमेथेनेशन (Biomethanation):**
   - बायोमेथनेशन में जैविक अपशिष्ट से बायोगैस का उत्पादन शामिल है।
3. **ऊष्मा ऊर्जा पुनर्प्राप्ति (Heat Energy Recovery):**
   - ज्वलनशील अपशिष्ट के भागों से शुष्क ईंधन के रूप में ऊष्मा ऊर्जा की पुनर्प्राप्ति।

कम्पोस्टिंग इकाइयों के प्रकार (Types of Composting Units)

कम्पोस्टिंग इकाइयाँ निम्नलिखित विधियों में वर्गीकृत की जा सकती हैं:

1. **वायुमंडलीय कम्पोस्टिंग (Aerobic Composting):**
   - इसमें वायु, गर्म, और नम परिस्थितियों की उपस्थिति में ठोस पदार्थों में जैविक पदार्थों का जीवाणु परिवर्तन शामिल है।
   - इससे कम्पोस्ट (ह्यूमस) बनता है जो गंधहीन और रोगाणु-मुक्त खाद के रूप में काम करता है।
   - यह अपशिष्ट की मात्रा को 50–85% तक कम करता है।
   - यह मैन्युअल या मैकेनिकल माध्यमों से किया जा सकता है।
2. **वर्मिकम्पोस्टिंग (Vermicomposting):**
   - यह क्रिया केंचुओं और वायुमंडलीय सूक्ष्मजीवों की साझा क्रिया पर निर्भर करती है।
   - इससे बारीक, गंधहीन, दानेदार केंचुआ मल बनता है, जिसे कृषि में जैव उर्वरक के रूप में उपयोग किया जा सकता है।
3. **अवायवीय पाचन (Anaerobic Digestion):**
   - यह तब होता है जब जैविक अपशिष्ट को कुछ अवायवीय परिस्थितियों में गड्ढों में दबाया जाता है।
   - अवायवीय सूक्ष्मजीव अपशिष्ट को तोड़ते हैं, जिससे मीथेन और कार्बन डाइऑक्साइड निकलते हैं।
   - बचे हुए जैविक अवशेष बहुमूल्य खाद बन जाते हैं।
   - हालांकि यह वायुमंडलीय कम्पोस्टिंग की तुलना में धीमा होता है, यह भूमिगत स्थलों में स्वाभाविक रूप से होता है।
   - यह बायोगैस उत्पादन के माध्यम से ऊर्जा पुनर्प्राप्ति की ओर ले जा सकता है, जिसमें 55–60% मीथेन होता है, जो बिजली उत्पादन के लिए उपयुक्त होता है।
   - उच्च आर्द्रता और जैविक सामग्री के साथ-साथ अपशिष्ट के निम्न कैलोरी मान के कारण भारत में यह कम आकर्षक है।
   - 1990 में लखनऊ बायोमीथेनेशन संयंत्र द्वारा सामना की गई चुनौतियों ने मिश्रित अपशिष्ट को प्रभावी ढंग से संभालने के लिए सुविधाओं को डिजाइन करने के महत्व को उजागर किया है।

अन्य रणनीतियाँ नीचे चर्चा की गई हैं:

1. **दहन (Incineration):** इस प्रक्रिया में उच्च तापमान पर अपशिष्ट को जलाया जाता है, जहाँ 80-90% आयतन में कमी होती है। उत्पन्न ऊष्मा को बिजली में परिवर्तित किया जा सकता है या इसे सीधे तापन के उद्देश्य के लिए उपयोग किया जा सकता है। इसे नवीकरणीय ऊर्जा का स्रोत माना जा सकता है।
   - **लाभ:** यह भूमिगत स्थलों की जगह को कम करता है और कुछ प्रकार के जोखिमपूर्ण अपशिष्ट को संभाल सकता है।
   - दहन संयंत्रों की प्रारंभिक लागत और रखरखाव उच्च है। ग्रीनहाउस गैसों और अन्य प्रदूषकों का उत्सर्जन हो सकता है। इससे बचने के लिए हम उन्नत फिल्टरिंग प्रणाली का उपयोग कर सकते हैं।
2. **लैंडफिल (Landfill):** अपशिष्ट को लैंडफिल कहे जाने वाले निर्दिष्ट क्षेत्रों में दबाया जाता है। आधुनिक लैंडफिल लाइनर्स और अन्य सुरक्षात्मक उपायों के साथ इंजीनियर किए जाते हैं ताकि पर्यावरणीय प्रभाव को कम किया जा सके।
   - **जोखिम:** जैविक अपशिष्ट के अपघटन से मीथेन उत्पन्न होती है, जो एक प्रबल ग्रीनहाउस गैस है। लैंडफिल से लीचेट (leachate) भी उत्पन्न हो सकता है, जो एक तरल पदार्थ है जो तब बनता है जब पानी लैंडफिल में अपशिष्ट पदार्थों से होकर गुजरता है। यह अपशिष्ट से विभिन्न प्रकार के दूषित पदार्थों और रसायनों को उठाता है। लिक्सेट में कार्बनिक पदार्थ, भारी धातु, रसायन और सूक्ष्मजीव शामिल हो सकते हैं।
   - **प्रबंधन:** इसके लिए सावधानीपूर्वक स्थल चयन, डिजाइन, संचालन, और समापन आवश्यक है ताकि पर्यावरणीय प्रभाव को कम किया जा सके। गैस संग्रहण प्रणाली मीथेन को ऊर्जा उपयोग के लिए पकड़ सकती है।
3. **पुनर्चक्रण (Recycling):** इस प्रक्रिया में प्लास्टिक, कागज, कांच, और धातुओं जैसे अपशिष्ट के सामग्रियों को एकत्रित करना, छांटना, और संसाधित करके नए उत्पाद निर्मित किया जाता है।
   - **लाभ:** इसमें कच्चे माल की आवश्यकता को कम करना, ऊर्जा बचत, ग्रीनहाउस गैस उत्सर्जन में कमी और भूमिगत स्थल स्थान का संरक्षण शामिल है।
   - **सीमाएं:** मुख्य चुनौती यह है कि पुनर्चक्रण दर सामग्री और क्षेत्र के अनुसार भिन्न होती है। इसके लिए जन सहभागिता और कुशल संग्रहण प्रणालियों की आवश्यकता होती है। कुछ सामग्रियां पुनर्चक्रण चक्रों के दौरान गुणवत्ता खो सकती हैं।
4. **जैवप्रदूषण उपचार (Bioremediation):** यह प्रक्रिया माइक्रोऑर्गेनिज्म्स, कवक, या पौधों का उपयोग करके मिट्टी, पानी, या वायु से प्रदूषकों को डिटॉक्सिफाई या हटाने के लिए की जाती है।
   - **लाभ:** जैवप्रदूषण उपचार में स्थलीय (ऑन-साइट) और बाह्य (ऑफ-साइट) तकनीकें शामिल हो सकती हैं। उदाहरण के लिए, कुछ बैक्टीरिया तेल फैलाव को नष्ट कर सकते हैं, और पौधे दूषित मिट्टी से भारी धातुओं को अवशोषित कर सकते हैं। ये उपचार कुछ प्रदूषणों के लिए लागत प्रभावी भी होते हैं।
   - **सीमाएं:** प्रभाविता प्रदूषक के प्रकार, सांद्रता, और पर्यावरणीय स्थितियों पर निर्भर करती है। यह आमतौर पर भौतिक या रासायनिक विधियों की तुलना में धीमा होता है।

मीथेनोजेनेसिस (Methanogenesis)

मीथेनोजेनेसिस भारत में "गोबर गैस" के रूप में प्रचलित बायोगैस उत्पादन से गहराई से जुड़ा हुआ है। यह एक जैविक प्रक्रिया है जिसमें मीथेनोजेन्स कहलाने वाले सूक्ष्मजीवियों द्वारा अनौक्सिक (ऑक्सीजन-रहित) परिवेश में कार्बनिक पदार्थ के अपघटन के दौरान मेटाबोलिक उपउत्पाद के रूप में मीथेन (CH_4) उत्पन्न किया जाता है। मीथेनोजेनेसिस के माध्यम से उत्पन्न मीथेन एक प्रबल ग्रीनहाउस गैस हो सकती है और बायोगैस उत्पादन जैसे में संग्रहीत होकर मूल्यवान ऊर्जा स्रोत के रूप में कार्य कर सकती है।

पायरोलिसिस (Pyrolysis)

पायरोलिसिस निम्नलिखित दो चरणों में शामिल है:

1. पायरोलिसिस में जैविक सामग्री जैसे कि बायोमास (लकड़ी, फसल अवशेष, आदि) या अपशिष्ट सामग्री को उच्च तापमान पर गर्म किया जाता है। यह गर्मी ऑक्सीजन-रहित (anoxic) परिवेश में की जाती है ताकि दहन को रोका जा सके।
2. बड़ी जैविक सामग्री का 'अपघटन' छोटे अंशों में होता है जो निम्नलिखित हैं:

- **ठोस (Solid):** कार्बन-समृद्ध ठोस अपशिष्ट अवशेष, जिन्हें ईंधन के रूप में या मिट्टी के संशोधन के लिए इस्तेमाल किया जा सकता है।
- **तरल (Liquid - जैव-तेल):** यह एक गाढ़ा, चिपचिपा तरल पदार्थ है, जिसका उत्पादन होता है, जिसे ईंधन के रूप में या रसायनों के उत्पादन में उपयोग के लिए आगे परिष्कृत किया जा सकता है।
- **गैस (सिनगास - संश्लेषण गैस - SynGas):** इस गैसीय उत्पाद में हाइड्रोजन, कार्बन मोनोऑक्साइड, कार्बन डाइऑक्साइड और अन्य गैसों का मिश्रण शामिल होता है। सिनगास को ईंधन के रूप में या रासायनिक उत्पादन के लिए कच्चे माल के रूप में इस्तेमाल किया जा सकता है। सिनगास को संसाधित करके, 'हाइड्रोजन' को अलग किया जा सकता है और एक स्वच्छ ऊर्जा स्रोत के रूप में उपयोग के लिए शुद्ध किया जा सकता है।

उपरोक्त चर्चा को देखते हुए, दो अपशिष्ट प्रबंधन दृष्टिकोण हैं:

1. **केंद्रीयकृत (Centralized):** दहन, गैसीकरण, पायरोलिसिस (Pyrolysis)
2. **विकेंद्रीकृत (Decentralized):** बायोमेथेनेशन, वर्मीकम्पोस्टिंग

ठोस अपशिष्ट प्रबंधन के लिए अन्य सुझाव योग्य बिंदु

1. **वर्गीकरण और समुदाय की भागीदारी:** प्रभावी अपशिष्ट प्रबंधन के लिए अपशिष्ट का वर्गीकरण और समुदाय की भागीदारी अनिवार्य हैं।
2. **अपशिष्ट प्रबंधन की मुख्य विधियाँ:** अपशिष्ट प्रबंधन की दो मुख्य विधियाँ हैं: अपशिष्ट की कमी (waste reduction) और पुनर्चक्रण (recycling)।
3. **सरकारी उपाय:** 2000 में, सरकार ने नगरपालिका ठोस अपशिष्ट (प्रबंधन और संभाल) नियम (Municipal Solid Waste (Management and Handling) Rules) लागू किए, जिसमें शहरी स्थानीय निकायों को संग्रहण, वर्गीकरण, भंडारण, परिवहन, प्रसंस्करण और निपटान के माध्यम से अपशिष्ट प्रबंधित करने का आदेश दिया गया है।
4. **अपशिष्ट प्रबंधन में प्रमुख चुनौतियाँ:**
   - स्रोत पर वर्गीकरण की कमी (Lack of segregation at the source)
   - पर्याप्त धन की कमी
   - तकनीकी विशेषज्ञता और उचित संस्थागत व्यवस्था की कमी
   - जन सहभागिता की कमी (Lack of public participation)
5. **कस्तूरीरंगन रिपोर्ट के अनुसार (Kasturirangan Report's Emphasis):** रिपोर्ट में 5 R's के आधार पर एकीकृत अपशिष्ट प्रबंधन दृष्टिकोण की आवश्यकता पर बल दिया गया है:
   1. कम करना (Reduce)
   2. पुन: उपयोग करना (Reuse)
   3. अपशिष्ट से उपयोगी सामग्री या ऊर्जा निकालने की प्रक्रिया (Recover)
   4. पुनर्चक्रण करना (Recycle)
   5. पुनर्निर्माण करना (Remanufacture)

प्लास्टिक अपशिष्ट (Plastic Waste)

हम खासकर भारत में इस समस्या को देखते हैं लेकिन स्थिति में कुछ सुधार हुआ है जब स्वच्छ भारत अभियान (Clean India Mission) की शुरुआत 2014 में भारत सरकार ने की थी। मुख्य बिंदु इस प्रकार हैं:

1. प्लास्टिक्स का पूरा जीवन चक्र, निर्माण से निपटान तक, एक महत्वपूर्ण पर्यावरणीय चुनौती प्रस्तुत करता है।
2. यह भूमि की गिरावट में योगदान देता है, इसे असुंदर और अस्वच्छ बनाता है। प्लास्टिक अपशिष्ट मिट्टी की उर्वरता को बिगाड़ता है और लंबी अवधि तक मिट्टी में बना रह सकता है, महत्वपूर्ण मिट्टी के सूक्ष्मजीवी गतिविधियों में बाधा डाल सकता है।
3. प्लास्टिक्स में नालियों को ब्लॉक करने की क्षमता होती है, जिससे जल निकासी की समस्याएं हो सकती हैं।
4. प्लास्टिक अपशिष्ट का संबंध प्रजनन (reproduction) समस्याओं से जोड़ा गया है।

डायॉक्सिन का उत्सर्जन (Release of Dioxins)

प्लास्टिक का निर्माण, विशेषकर PVC (Poly Vinyl Chloride) का निर्माण हमारे लिए हानिकारक हो सकता है। PVC के माध्यम से डायॉक्सिन और फ्यूरन का का उत्सर्जन हो सकता है, जो बहुत जहरीले होते हैं तथा कैंसर का कारण बन सकते हैं। डायॉक्सिन POP का ही प्रकार हैं जिन्हें लंबे समय तक पर्यावरण में बने रहने और खाद्य श्रृंखला में जमा होने की क्षमता के लिए जाना जाता है। इसका संचय मनुष्यों और वन्यजीवों, दोनों के लिए बहुत अधिक जोखिम पैदा करता है।

डायॉक्सिन स्तनपान कराने वाली माताओं के दूध में पाया जा सकता है। इस प्रकार, वे कमजोर जनसंख्या (vulnerable population),, जैसे कि शिशुओं और गर्भवती महिलाओं को हानि पहुंचा सकते हैं।

अंतरराष्ट्रीय प्रयास: अंतरराष्ट्रीय समुदाय ने इन समस्याओं की गंभीरता को पहचाना और 2004 में स्टॉकहोम संधि (Stockholm Convention) को लागू किया, जो इस प्रकार के स्थायी जैविक प्रदूषकों से निपटने के लिए एक अंतरराष्ट्रीय पर्यावरणीय संधि है।

प्लास्टिक अपशिष्ट प्रबंधन नियम (Plastic Waste Management Rules) 2016

- प्लास्टिक वहन बैगों की मोटाई को 40 से 50 माइक्रॉन तक बढ़ा दिया गया है, जैसे कि प्लास्टिक शीटों के लिए भी। भारत में प्लास्टिक कैरी बैग की मूल्य में वृद्धि की जा रही है, और इससे यह आशा है कि खुदरा विक्रेताओं द्वारा मुफ्त में दिए जाने वाले कैरी बैगों की मात्रा में कमी होगी।
- यह नियम 'रीसासाइक्लिंग' पर आधारित है। इसका एक उद्देश्य सड़क निर्माण, प्लास्टिक का पुन: उपयोग सड़क निर्माण, तेल से अपशिष्ट, और ऊर्जा प्रक्रियाओं में जैसे विभिन्न उपयोगों में प्लास्टिक का पुन: उपयोग करने को बढ़ाना है।

प्लास्टिक अपशिष्ट प्रबंधन संशोधन नियम (Plastic Waste Management Amendment Rules) - 2021

- एकल-उपयोग प्लास्टिक के भूमि और जलीय पारिस्थितिकी तंत्रों पर विपरीत प्रभावों की वैश्विक पहचान है।
- सरकार ने 12 अगस्त 2021 को प्लास्टिक अपशिष्ट प्रबंधन संशोधन नियम, 2021 को अधिसूचित किया, जिसका उद्देश्य 2022 तक एकल-उपयोग प्लास्टिक वस्तुओं को समाप्त करना है।
- 75 माइक्रोन से कम मोटाई वाले प्लास्टिक वाहन बैग पर 30 सितंबर 2021 से और 120 माइक्रोन से कम मोटाई वाले पर 31 दिसम्बर 2022 से प्रतिबंध लगाया गया है।
- तदनुसार, प्रतिबंध 1 जुलाई 2022 से आरंभ हुआ जिसमें एकल-उपयोग प्लास्टिक वस्तुएं शामिल हैं। प्रतिबंधित वस्तुएं कम उपयोगिता और उच्च लिटरिंग संभावना वाली हैं जिसमें प्लास्टिक की छड़ें, झंडे, कैंडी छड़ें, सजावट के लिए पॉलीस्टाइरीन, कटलरी, कुछ प्रकार की लपेटने वाली फिल्में शामिल हैं।
- सरकार ने प्लास्टिक अपशिष्ट पर विस्तृत निर्माता उत्तरदायित्व (EPR) मानदंडों को भी ध्यान में रखा है।

- CPCB ने जनसंपर्क के लिए शिकायत निवारण ऐप और प्रकृति शुभंकर का भी लॉन्च किया है।

तरल अपशिष्ट (LIQUID WASTE)

तरल अपशिष्ट, जिसमें विभिन्न प्रकार के अपशिष्ट जल और संभावित रूप से हानिकारक पदार्थ शामिल हैं, विभिन्न स्रोतों से उत्पन्न होते हैं, जैसे कि आवासीय, व्यावसायिक, और औद्योगिक क्षेत्र।

- **आवासीय (Residential):** इन्हें काले पानी के रूप में जाना जा सकता है, जिसमें मुख्यत: मल और ग्रे मैटर होते हैं।
- **व्यावसायिक (Commercial):** उदाहरण के लिए, रेस्टोरेंट्स, जो वसा और तेल उत्पन्न करते हैं जिन्हें ग्रीस ट्रैप का उपयोग करके प्रबंधित किया जा सकता है।
- **औद्योगिक (Industrial):** अपशिष्ट जल उद्योग के अनुसार, उपयोग किए गए कच्चे माल, और विनिर्माण प्रक्रियाओं के अनुसार भिन्न होता है। कुछ उद्योग जोखिमपूर्ण यौगिक उत्पन्न करते हैं। इसलिए, पर्यावरण में छोड़ने से पहले हानिकारक पदार्थों को निकालने के लिए जोखिमपूर्ण औद्योगिक अपशिष्ट जल उपचार की आवश्यकता है।
- **तूफानी जल (Stormwater):** वे भी तरल अपशिष्ट में योगदान करते हैं।

तरल अपशिष्ट की विशेषताएं: तरल अपशिष्ट विशिष्ट भौतिक, रासायनिक, और जैविक विशेषताएं प्रदर्शित करते हैं:

विशेषताएं (Characteristics)	प्रकार (Type)	विवरण (Description)
भौतिक विशेषताएं (Physical Characteristics)	निलंबित ठोस (Suspended Solids)	पानी में तैरते हुए ठोस कण, ये एक कंटेनर के तल पर बस जाते हैं।
	तापमान (Temperature)	आसपास के वातावरण से अधिक हो सकता है।
	संभावित गंध (Potential Odour)	जैव अपघटन के दौरान गंध उत्पन्न हो सकती है।
रासायनिक विशेषताएं (Chemical Characteristics)	जैविक घटक (Organic Components)	BOD, COD जैसे जैविक पदार्थ, और तीव्रता में COD > BOD
	अजैविक घटक (Inorganic Components)	अमोनिया, क्लोराइड, फॉस्फेट्स, धातु यौगिक।
जैविक विशेषताएं (Biological Characteristics)	बैक्टीरिया और सूक्ष्मजीव (Bacteria and Microorganisms)	विविध बैक्टीरिया और सूक्ष्मजीव, कुछ पथोजनिक हो सकते हैं।

अपशिष्ट जल उपचार के चरण (STAGES OF WASTEWATER TREATMENT)

इस प्रक्रिया के लिए, प्राथमिक, द्वितीयक, और तृतीयक उपचार के चरण सामान्यत: प्रक्रिया में सबसे पहले आते हैं, क्योंकि वे उपचार के क्रमिक चरणों को समझने के लिए एक संरचित ढांचा प्रदान करते हैं। प्रत्येक चरण में उस बिंदु पर विशेष आवश्यकताओं के अनुसार भौतिक, रासायनिक, और जैविक विधियों का संयोजन प्रयोग में लाया जाता है।

उपचार का चरण (Treatment Stage)	उद्देश्य (Goal)	विधि (Method)	परिणाम (Result)
प्राथमिक उपचार (Primary Treatment)	अपशिष्ट जल से ठोस पदार्थों को अलग करना।	छानने और अवसादन का उपयोग कर भौतिक रूप से कणों को हटाना।	कम ठोस वाला अपशिष्ट जल, पथोजन और जैविक पदार्थ अभी भी मौजूद।
द्वितीयक उपचार (Secondary Treatment)	जैविक अपघट्य सामग्री को तोड़ना।	अनैरोबिक बैक्टीरिया का उपयोग करके कीचड़ में सामग्री को तोड़ना, पानी वायुकरण टैंकों में जाता है।	अपशिष्ट जल साफ पानी में बदल जाता है, गंध और मीथेन छोड़ते हैं।
तृतीयक उपचार (Tertiary Treatment)	पानी को और अधिक साफ और निर्जीवित करना।	क्लोरीनेशन, वाष्पीकरण, और एक्सचेंज अब्सो-र्प्शन का उपयोग करना।	अत्यधिक साफ और संवर्धित पानी प्राप्त करना।

यहाँ तरल अपशिष्ट के उपचार के लिए भी भौतिक, रसायनिक और जैविक विधियां उपयोग में लायी जाती हैं।

भौतिक विधियाँ	रासायनिक विधियाँ	जैविक विधियाँ
स्क्रीनिंग (Screening)	अवक्षेपण (Precipitation)	वायुयुक्त (Aerobic)
फ्लोटेशन (Floatation)	अवशोषण (Adsorption)	अवायुयुक्त (Anaerobic)
अवसादन (Sedimentation)	कीटाणुशोधन (Disinfection)	
मिश्रण (Mixing)		
फ़िल्ट्रेशन (Filtration)		
गैस स्थानांतरण (Gas Transfer)		

तरल अपशिष्ट और मलजल के बीच अंतर: मलजल को तरल अपशिष्ट के एक भाग के रूप में माना जा सकता है लेकिन इसके विपरीत स्थिति सच नहीं है। तरल अपशिष्ट मलजल से अधिक व्यापक शब्द है।

तरल अपशिष्ट: इसमें विभिन्न प्रकार के पदार्थ जैसे गंदा पानी, जैविक तरल पदार्थ, तेल, रसायन और वर्षा जल शामिल हैं। ये औद्योगिक, वाणिज्यिक और आवासीय गतिविधियों से उत्पन्न होती हैं। तरल अपशिष्ट के उपचार के ढंग विविध हो सकते हैं।

मलजल (Sewage): यह एक विशिष्ट प्रकार का तरल अपशिष्ट है जो मुख्य रूप से आवासीय और भवन अपशिष्ट जल से आता है, जिसमें ग्रेवाटर (शॉवर, सिंक से) और ब्लैकवाटर (शौचालय से) होता है जिसमें जैविक अपशिष्ट जैसे मल पदार्थ और मूत्र होते हैं। उपचार विधियों को ज्यादातर मानकीकृत किया जाता है जो जैविक पदार्थ, रोगजनकों (pathogens) और पोषक तत्वों को हटाने पर ध्यान केंद्रित करते हैं, जो अक्सर जैविक उपचार प्रक्रियाएं हो सकती हैं।

भौतिक विधियाँ (Physical Methods)

1. **छलनीकरण (Screening):** यह अपशिष्ट जल प्रणालियों या उपचार संयंत्रों में प्रवेश करने से पहले प्लास्टिक और कपड़े जैसे बड़े ठोसों को हटाता है।
2. **सहसंयोजन/मिश्रण (Coagulation/Mixing):** यह पानी में सहसंयोजक (जैसे लोहा या एल्युमिनियम लवण) मिलाता है, तेज़ मिश्रण के माध्यम से उन्हें समान रूप से वितरित करता है। यह कणों को हटाने के लिए तैयार करता है।
3. **फ्लोक्यूलेशन (Flocculation):** यह अस्थिर छोटे कणों से बड़े कण बनाता है, जिससे उन्हें अवसादन (बसने) या फ्लोटेशन द्वारा हटाना आसान हो जाता है।
4. **फ्लोटेशन (Flotation):** यह गैस बुलबुले का उपयोग करके हाइड्रोफोबिक कणों (जैसे तेल) को सतह पर ले जाने के लिए करता है ताकि उन्हें हटाया जा सके।
5. **फिल्ट्रेशन (Filtration):** यह विभिन्न छिद्र आकारों वाले फिल्टर माध्यम का उपयोग करके एक तरल से ठोस कणों को हटाता है।
6. **अवसादन (Sedimentation):** यह पानी में सस्पेंडेड ठोसों को जमाने के लिए गुरुत्वाकर्षण का उपयोग करता है।

रासायनिक विधियाँ (Chemical Methods)

1. **अवक्षेपण (Precipitation):** यह अपशिष्ट जल से भारी धातुओं को हटाने में प्रभावी है, अक्सर हाइड्रोक्साइड या सल्फाइड अवक्षेपण का उपयोग करके।
2. **अवशोषण (Adsorption):** यह एक ठोस (जैसे सक्रिय कार्बन) का उपयोग करके पानी से घुलनशील पदार्थों, विशेषकर जैविक अशुद्धियों, को हटाता है।
3. **कीटाणुशोधन (Disinfection):** यह फिल्ट्रेशन के बाद शेष माइक्रोब्स को मारने के लिए रासायनिक कीटाणुशोधक (जैसे क्लोरीन) जोड़ता है।

जैविक उपचार (Biological Treatment)

वायुयामिक उपचार (Aerobic Treatment): ऑक्सीजन का उपयोग करके ऑर्गेनिक यौगिकों को टूटने के लिए किया जाता है, मैकेनिकल डिवाइसेस ने निरंतर ऑक्सीजन मिलाने का काम किया।

अवायुजैविक या ऑक्सीजनमुक्त उपचार (Anaerobic Treatment): औद्योगिक वॉटरवे को उपचार करने के लिए जीवाणुओं का उपयोग किया जाता है, स्लज आयाम को कम किया जाता है और मिथेन गैस उत्पन्न की जाती है।

अपशिष्ट स्थिरिकरण तालाब (Waste Stabilization Ponds - WSPs): ये लागून या अपशिष्ट जल लागून के रूप में भी जाने जाते हैं। ये सूर्य की ऊर्जा, शैलजी, और जीवाणुओं का उपयोग करते हैं ताकि ऑर्गेनिक पदार्थ को टूटाया और वेस्टवाट्र से पैथोजेन्स को हटाया जा सके। ये ग्रामीण और विकसित क्षेत्रों में वेस्टवाटर का लाभकारी और सतत समाधान हैं।

पॉलीक्लोरिनेटेड बिपेनाइल्स (Polychlorinated Biphenyls - PCBs)

गुण: PCBs भारी, घाना हाइड्रोकार्बन, अप्रवाहक, पानी में घुलने वाले नहीं होते हैं, और उच्च तापमान पर पूरी प्रकार से स्थिर रहते हैं।

उपयोग: पहले इलेक्ट्रिकल कॉम्पोनेंट्स के निर्माण में प्रयुक्त होते थे।

प्रतिबंध और जोखिम: 1979 में कैंसर और विकासात्मक समस्याओं के संबंध में जाँच के कारण PCBs को प्रतिषेधित कर दिया गया था। PCBs मोटे में जमा होते हैं और खाद्य श्रृंग में और भी जोखिमपूर्ण हो जाते हैं।

उपस्थिति: गोदामों, भूमि खाद्य स्थलों, नदियों, और जोखिमपूर्ण अपशिष्ट स्थलों में पाये जाते हैं।

नियंत्रण उपाय: पर्यावरण संरक्षा एजेंसी के सुपरफंड प्रोग्राम को PCB संदूषण को प्रबंधित करने और नियंत्रित करने के लिए स्थापित किया गया था।

बायोमेडिकल वेस्ट प्रबंधन (Biomedical Waste Management - BMW)

- **परिभाषा:** मानव या पशु निदान, उपचार, मानव या पशु का प्रतिपक्षीकरण, अनुसंधान गतिविधियाँ, जैविक उत्पादों का उत्पादन/परीक्षण, और स्वास्थ्य शिविरों से आने वाले अपशिष्ट को कहा जाता है।
- **सिद्धांत:** 3R - कम करें, पुनर्चक्रण करें, और पुनः उपयोग करें को महत्व दिया जाता है, वेस्ट उत्पन्न करने से बचने और उसकी पुनः प्राप्ति को प्रोत्साहित करने के लक्ष्य होते हैं।
- **क्षतिग्रस्त और गैर-क्षतिग्रस्त:** सामान्य रूप से, BMW का 10-25% क्षतिग्रस्त होता है; बाकी गैर-क्षतिग्रस्त होता है।
- **WHO मार्गदर्शिका:** 1999 में पेश की गई 'ब्लू बुक' (2014 में संशोधित) सुरक्षित BMW निपटान के लिए है।
- **अंतरराष्ट्रीय समझौते:**
  1. **बेसल समझौता:** जोखिमपूर्ण अपशिष्टों पर वैश्विक संधि।
  2. **स्टॉकहोल्म समझौता (2006):** मेडिकल वेस्ट इंसिनरेटर्स से प्रदूषकों को पता करता है।
  3. **मिनामाटा समझौता (2014):** पाराधातु-युक्त मेडिकल उपकरण को बंद करता है।
  4. **नियम:** भारत में, पर्यावरण (संरक्षण) अधिनियम, 1986 के तहत 1998 के बायोमेडिकल वेस्ट (प्रबंधन और हैंडलिंग) नियम, रंग कोडों पर आधारित विभाजन, उपचार, और निर्वाचन की आवश्यकता है।
- **जोखिमपूर्ण अपशिष्ट (Hazardous Waste):** यह किसी भी प्रकार का कचरा है जो स्वास्थ्य या पर्यावरण के लिए खतरा उत्पन्न करता है, इसकी भौतिक, रासायनिक, प्रतिक्रियाशील, विषैले, ज्वलनशील, विस्फोटक, या अपघर्षक विशेषताओं के कारण।

जोखिमपूर्ण अपशिष्ट में सामान्य प्रदूषक (Common Contaminants in Hazardous Waste)

1. **इलेक्ट्रॉनिक अपशिष्ट (Electronic Waste):** कैडमियम, सीसा, और केबलों पर पीवीसी शीथिंग जैसे हानिकारक तत्व होते हैं।
2. **घरेलू रसायन (Household Chemicals):** ब्लीच, ओवन क्लीनर्स, टर्पेंटाइन और पेंट्स शामिल हैं।
3. **नैनोकणों वाले उत्पाद (Products with Nanoparticles):** अक्सर सनस्क्रीन, कॉस्मेटिक्स, और त्वचा जैल में पाए जाते हैं, जिसमें जिंक और टाइटेनियम ऑक्साइड होता है।
4. **वाणिज्यिक/औद्योगिक अपशिष्ट (Commercial/Industrial Waste):** विविध रसायनों और भारी धातुओं से विशेषता।
5. **निर्माण/विध्वंस अपशिष्ट (Construction/Demolition Waste):** विशेष रूप से एस्बेस्टस युक्त।

6. **जैव-सॉलिड्स (Biosolids):** विशेष रूप से सीवेज स्लज, मानक अपशिष्ट प्रवाहों के बाहर।

भारत कई कानूनी और नियामक चुनौतियों का सामना कर रहा है जोखिमपूर्ण अपशिष्ट का प्रबंधन करते हुए। अन्य चुनौतियां वित्तीय बाधाएं, स्टाफ की कमी, मानकीकृत प्रोटोकॉल की कमी, और अपर्याप्त कानूनी अधिकार हैं, बावजूद इसके कि एक व्यापक कानूनी और नियामक ढांचा उपस्थित है।

ई-अपशिष्ट (E-WASTE - ELECTRONIC WASTE)

इसे निम्नलिखित तीन में वर्गीकृत किया जा सकता है:

1. **व्हाइट गुड्स (White Goods):** घरेलू उपकरण।
2. **ब्राउन गुड्स (Brown Goods):** टीवी, कैमकॉर्डर्स।
3. **ग्रे गुड्स (Grey Goods):** कंप्यूटर, प्रिंटर, फैक्स मशीनें, स्कैनर आदि।

- **कानून (Legislation):** ई-अपशिष्ट (प्रबंधन) संशोधन नियम 2018 में अधिनियमित किए गए थे। इससे पहले, ई-अपशिष्ट (प्रबंधन और हैंडलिंग) नियम, 2011 ने निपटान के लिए उत्पादक और उपभोक्ता की जिम्मेदारी पर बल दिया था। ई-अपशिष्ट (प्रबंधन) नियम, 2016 ने निर्माताओं के लिए विकल्प पेश किए, जिसमें वापसी योग्य जमानत और माल की वापसी के लिए भुगतान शामिल था।

E-अपशिष्ट का प्रभाव (Impact of E-Waste)

- **पर्यावरणीय जोखिम (Environmental Risks):** विषैले धातुओं के कारण मिट्टी और वायु प्रदूषण शामिल हैं।
- **स्वास्थ्य संबंधी चिंताएं (Health Concerns):** सामान्य जनसंख्या और ई-अपशिष्ट से निपटने वाले दोनों को प्रभावित करता है।
- **परिसंपत्ति पुनर्प्राप्ति (Asset Recovery):** एल्युमिनियम, कॉपर, प्लेटिनम, सोना, चांदी, और पैलेडियम जैसी मूल्यवान सामग्रियों को पुनर्प्राप्त करने की संभावना।

विनियमन और सीमाएं (REGULATIONS AND LIMITATIONS)

- **विस्तारित उत्पादक उत्तरदायित्व (EPR - Extended Producer Responsibility):** 2011 के नियमों में शामिल अवधारणा, जिसमें केवल अधिकृत सुविधाओं में इलेक्ट्रॉनिक अपशिष्ट रीसाइक्लिंग की आवश्यकता होती है।
- **सीमाएं (Limitations):** कोई स्पष्ट निर्माता वापसी लक्ष्य नहीं, अपशिष्ट संग्रहण प्रणालियों के लिए दिशानिर्देशों की कमी, और अनौपचारिक रीसाइक्लर्स के लिए कोई पुनर्वास योजना नहीं।

ई-अपशिष्ट उत्पादन में शीर्ष पाँच राज्य रैंकिंग (Top Five State Rankings in E-Waste Generation in India): महाराष्ट्र, तमिलनाडु, आंध्र प्रदेश, उत्तर प्रदेश, दिल्ली

विस्तारित उत्पादक उत्तरदायित्व (EPR - Extended Producer Responsibility)

EPR उत्पादकों की उनके उत्पादों के पर्यावरणीय रूप से स्वस्थ प्रबंधन के लिए उत्तरदायित्व है जब तक कि वे उनके जीवन के अंत तक नहीं पहुँच जाते। यह सिद्धांत उत्पादकों को उनके उत्पादों के पर्यावरणीय प्रभाव को उत्पाद जीवनचक्र के दौरान, जिसमें उपभोक्ता के बाद का अपशिष्ट भी शामिल है, विचार करने के लिए प्रोत्साहित करने के लिए बनाया गया है।

स्टॉपओवर

1. भारत में बायोमीथेनेशन प्रक्रिया से जुड़ी एक बड़ी चुनौती क्या है?
   (a) यह बायोगैस उत्पादन में योगदान नहीं देता है।
   (b) इसके लिए उच्च तापमान वाले वातावरण की आवश्यकता होती है।
   (c) कम कैलोरी मान के साथ अपशिष्ट में उच्च नमी और जैविक सामग्री।
   (d) इससे सिनगैस का उत्पादन होता है जिसका प्रबंधन करना मुश्किल होता है।

2. निम्नलिखित में से कौन सा अपशिष्ट प्रबंधन में पायरोलिसिस की विशेषता है?
   (a) यह केंचुओं और सूक्ष्मजीवों की क्रिया पर निर्भर करता है।
   (b) इसमें ऑक्सीजन की उपस्थिति में उच्च तापमान पर अपशिष्ट को जलाना शामिल है।
   (c) इसमें कार्बनिक पदार्थों को बायोचार, जैव-तेल और सिनगैस में विघटित करने के लिए अवायवीय वातावरण में गर्म करना शामिल है।
   (d) इसका उपयोग मुख्य रूप से अकार्बनिक अपशिष्ट के उपचार के लिए किया जाता है।

3. अपशिष्ट प्रबंधन में एरोबिक कम्पोस्टिंग का प्रमुख लाभ क्या है?
   (a) यह मुख्य रूप से बायोगैस के उत्पादन पर केंद्रित है।
   (b) यह अपशिष्ट की मात्रा को 50-85% तक कम करता है और गंध रहित, रोगजनक मुक्त खाद का उत्पादन करता है।
   (c) इसमें ऑक्सीजन मुक्त वातावरण में कार्बनिक पदार्थों को गर्म करना शामिल है।
   (d) यह सिनगैस के उत्पादन की सबसे कुशल विधि है।

4. सीवेज उपचार प्रक्रियाओं में प्राथमिक उपचार का प्राथमिक लक्ष्य क्या है?
   (a) पानी को अच्छी तरह से कीटाणुरहित और साफ करना।
   (b) निस्पंदन और अवसादन का उपयोग करके सीवेज से ठोस पदार्थों को अलग करना।
   (c) क्लोरीनीकरण जैसी विधियों का उपयोग करके शेष बैक्टीरिया और कार्बनिक ठोस पदार्थों को निकालना।
   (d) अवायवीय बैक्टीरिया का उपयोग करके बायोडिग्रेडेबल सामग्री को तोड़ना।

5. निम्नलिखित में से कौन सा अपशिष्ट जल उपचार में अपशिष्ट स्थिरीकरण तालाबों (डब्ल्यूएसपी) की भूमिका का सबसे अच्छा वर्णन करता है?
   (a) इनका उपयोग मुख्य रूप से औद्योगिक अपशिष्ट जल के उपचार और कीचड़ की मात्रा को कम करने के लिए किया जाता है।
   (b) वे सूर्य की ऊर्जा, शैवाल और बैक्टीरिया का उपयोग कार्बनिक पदार्थों को तोड़ने और अपशिष्ट जल से रोगजनकों को हटाने के लिए करते हैं।
   (c) इनमें कणों को हटाने के लिए तैयार करने के लिए पानी में जमावट जोड़ना शामिल है।
   (d) इनका उपयोग सीवेज प्रणाली में प्रवेश करने से पहले प्लास्टिक और चिथड़े जैसे बड़े ठोस पदार्थों को हटाने के लिए जांच के लिए किया जाता है।

6. पॉलीक्लोरिनेटेड बाइफिनाइल (पी. सी. बी.) से जुड़ी प्राथमिक चिंता क्या है?

(a) वे विद्युत घटकों के निर्माण में आवश्यक घटक हैं।
(b) पी. सी. बी. को उनके गैर-प्रवाहकीय और पानी में अघुलनशील गुणों के कारण प्रतिबंधित कर दिया गया था।
(c) इनका उपयोग आधुनिक जैव चिकित्सा अपशिष्ट प्रबंधन में कम करने, पुनर्चक्रण और पुन: उपयोग के लिए किया जाता है।
(d) (पी. सी. बी.) को कैंसर और विकास संबंधी समस्याओं के कारण प्रतिबंधित कर दिया गया था, और वे खाद्य श्रृंखला में अधिक खतरनाक होते हुए वसा में जमा हो जाते हैं।

7. निम्नलिखित में से कौन सा 2023 में भारत के संशोधित प्लास्टिक अपशिष्ट प्रबंधन नियमों का एक प्रमुख पहलू है?
(a) सभी प्लास्टिक निर्माताओं के लिए अनिवार्य विस्तारित उत्पादक उत्तरदायित्व (ईपीआर)।
(b) बायोडिग्रेडेबल प्लास्टिक के लिए एक अलग श्रेणी का समावेश।
(c) प्लास्टिक उत्पादों के लिए जमा वापसी योजना की शुरूआत।
(d) उपरोक्त सभी।

सही विकल्प 1. (c), 2. (c), 3. (b), 4. (b), 5. (b), 6. (d), 7. (d)

हरित गृह गैसें, जलवायु परिवर्तन और वैश्विक तापन (Green House Gases, Climate Change and Global Warming)

ऐतिहासिक नींव:

- 1824 - जोसेफ फूरिये (Joseph Fourier) ने GHG बनने की प्रक्रिया की खोज की।
- 1827 और 1838 - क्लाउड पौलेट (Claude Pouillet) ने दर्शाया कि कैसे वातावरण पृथ्वी से सूर्य की तुलना में अधिक गर्मी अवशोषित करता है।
- 1856 - यूनिस न्यूटन फुट (Eunice Newton Foote) ने पानी के वाष्प की भूमिका की पहचान की जो ग्रीनहाउस प्रभाव को बढ़ाती है।
- 1859 - जॉन टायंडल (John Tyndall) ने मापा कि कैसे गैसें जैसे कि कार्बन डाइऑक्साइड और पानी के वाष्प इन्फ्रारेड विकिरणों को अवशोषित करती हैं।

हरित गृह प्रभाव की प्रक्रिया (Process of the Greenhouse Effect)

- **सौर विकिरण (Solar Radiation):** सूर्य लघुतरंग विकिरण उत्सर्जित करता है, जो पृथ्वी के वायुमंडल से होकर गुजरता है और पृथ्वी की सतह द्वारा अवशोषित होता है।
- **पृथ्वी का उत्सर्जन (Earth's Emission):** पृथ्वी फिर इस ऊर्जा को दीर्घतरंग (इन्फ्रारेड) विकिरण के रूप में वापस उत्सर्जित करती है।
- **हरित गृह गैसों की भूमिका (Role of GHGs):** वायुमंडल में हरित गृह गैसें इस दीर्घतरंग विकिरण का कुछ अंश अवशोषित करती हैं और इसे सभी दिशाओं में, पृथ्वी की ओर भी पुन: उत्सर्जित करती हैं।

गर्मी फँसाने और कंबल प्रभाव (Heat Trapping and Blanket Effect)

- **गर्मी ट्रैप करना या गर्मी को जकड़ना (Heat Trapping):** पृथ्वी की ओर वापस दीर्घतरंग विकिरण का पुन: उत्सर्जन वही है जो वायुमंडल में गर्मी को ट्रैप करना है।
- **प्राकृतिक तापन (Natural Warming):** इस प्रभाव के बिना, पृथ्वी का औसत तापमान लगभग –18°C होता।
- **हरित गृह गैसों द्वारा वृद्धि (Enhancement by Greenhouse Gases):** हरित गृह प्रभाव पृथ्वी के औसत तापमान को लगभग 33°C बढ़ाता है, जिससे लगभग 14-15°C का अधिक आरामदायक औसत सतह तापमान होता है।

GHGs वायुमंडलीय कंबल की प्रकार कार्य करती हैं, इन्फ्रारेड विकिरण को अवशोषित करती हैं और पुन: उत्सर्जित करती हैं, जो पृथ्वी के तापमान को बनाए रखने में महत्वपूर्ण भूमिका निभाती हैं। इस गर्मी फंसाने की क्रिया को 'कंबल प्रभाव' कहा जाता है।

मानव प्रभाव और वैश्विक तापन (Human Impact and Global Warming)

- **मानवजनित प्रभाव (Anthropogenic Influence):** 1850 के दशक से मानव गतिविधियों, विशेष रूप से औद्योगिक क्रांति, ने GHGs की सांद्रता में काफी वृद्धि की है, जिससे हरित गृह प्रभाव बढ़ा है।
- **परिणामी तापमान वृद्धि (Resulting Temperature Rise):** यह मानवजनित वृद्धि पृथ्वी के औसत तापमान में एक स्पष्ट वृद्धि का कारण बनी है, जिससे वैश्विक तापन और निरंतर जलवायु परिवर्तन में योगदान हो रहा है।

रचना और चुनौतियाँ (Composition and Challenges)

- **विविधित रचना (Diversified Composition):** खतरनाक और गैर-खतरनाक श्रेणियां दोनों के अंतर्गत आती है।
- **ग्लोबल ई-अपशिष्ट मॉनिटर (Global e-Waste Monitor):** एक रिपोर्ट के अनुसार: व्यक्तिगत उपकरणों से 82% ई-अपशिष्ट होता है, जिसमें से केवल 1.5% ही भारत में पुनर्चक्रित किया जाता है।

अवैध निपटान (Illegal Disposal): एक महत्वपूर्ण हिस्सा लैंडफिल्स, इंकिनरेटर्स, और अपर्याप्त रीसाइक्लिंग सुविधाओं में समाप्त हो जाता है, जिससे 'विषाक्त समय बम' ('toxic time bombs') उत्पन्न होते हैं।

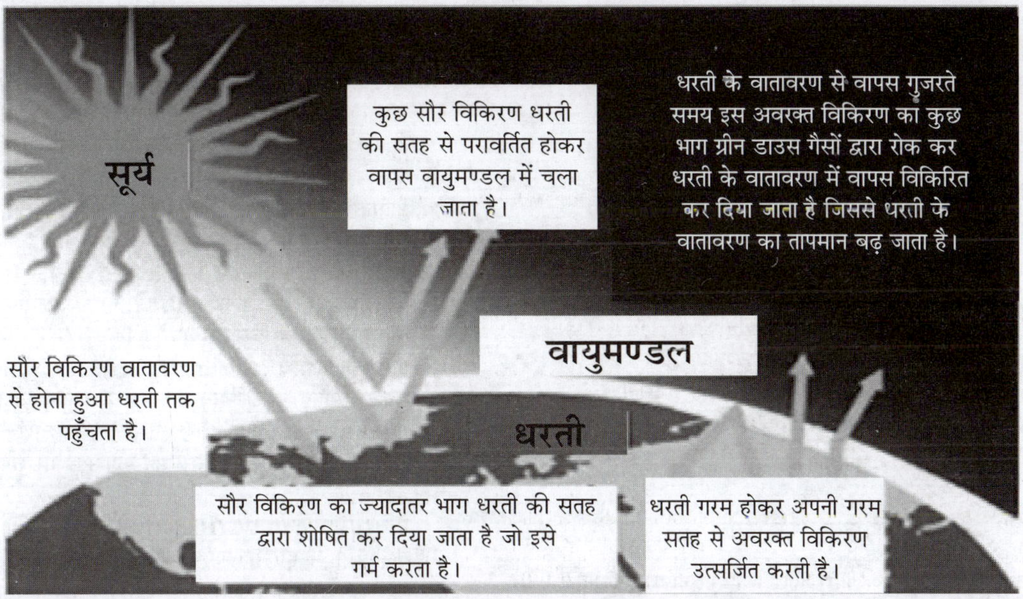

गैस	स्त्रोत	वैश्विक उत्सर्जन का भाग	विश्वीय तापीकरण (गर्मीकरण) संभावना – GWP
कार्बन डाइऑक्साइड (CO_2)	जीवाश्मियक ईंधन, वनस्पति नाश, मृदा द्विगुणन, भूमि की सफाई	कुल - 76.7%, जिसमें 56.6% जीवाश्मियक ईंधन का उपयोग से है	1
मीथेन (CH_4)	कृषि गतिविधियाँ, ऊर्जा उत्पादन, कचरा	14.3%	21 - 25
नाइट्रस ऑक्साइड (N_2O)	कृषि गतिविधियाँ - उर्वरक उपयोग, जीवाश्मियक ईंधन संघटन	7.9%	310
हाइड्रोफ्लुओरोकार्बन (HFCs)	ओजोन-ओजोन क्षरण वाली पदार्थों के रूप में उपयोग के लिए	1.1%	140-11,700
परफ्लोरोकार्बन (PFCs)	एल्युमिनियम स्मेल्टिंग, सेमीकंडक्टर, इलेक्ट्रॉनिक सर्किट बोर्ड, रेफ्रिजरेंट्स, साल्वेंट	0.006%	6500-9200
सल्फर हेक्साफ़्लोराइड (SF_6)	कुछ औद्योगिक प्रक्रियाओं में और इलेक्ट्रिक उपकरणों में उपयोग के लिए	बहुत ही कम	23,900
नाइट्रोजन ट्रायफ्लोराइड (NF_3)*	इलेक्ट्रॉनिक कॉम्पोनेंट्स, फ्लुअरिनेटेड यौगिक, उच्च-ऊर्जा लेजर के निर्माण के दौरान	बहुत ही कम	17,200

*NF_3 को दोहा संशोधन के साथ 2012 में क्योटो प्रोटोकॉल में जोड़ा गया था।

अफ्लोरीनयुक्त गैसें (Unfluorinated Gases): कार्बन डाइऑक्साइड, मीथेन, नाइट्रस ऑक्साइड

फ्लोरीनयुक्त गैसें (Fluorinated Gases): हाइड्रोफ्लोरोकार्बन, परफ्लोरोकार्बन, सल्फर हेक्साफ्लोराइड, नाइट्रोजन ट्राइफ्लोराइड

तालिका 9.2 देशों द्वारा CO2 उत्सर्जन

देश	विश्व में वार्षिक असामान्य उत्सर्जन में भाग (%)	CO_2 उत्सर्जन प्रति व्यक्ति (टन/व्यक्ति)
विश्व	100	4.9
चीन	28.6	7.1
संयुक्त राज्य अमेरिका	15.1	16.4
यूरोपीय संघ	10.9	7.4
भारत	5.7	1.6
रूस	5.1	12.4
जापान	3.8	10.4

स्रोत: प्रेस सूचना ब्यूरो (PIB)

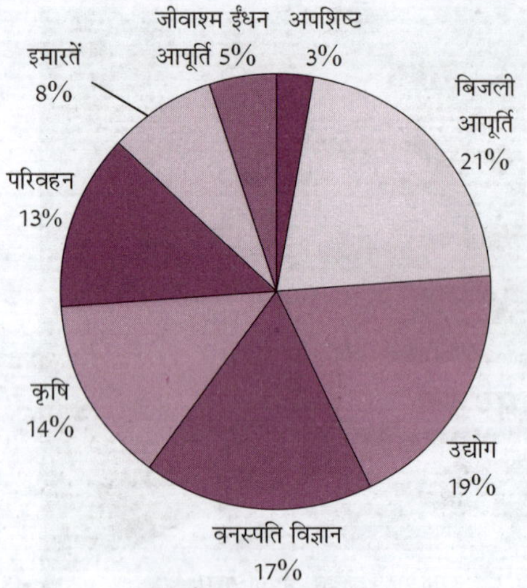

जीएचजी उत्सर्जन के स्रोत

ध्यान दें: वैश्विक तापन स्तर 418 पार्ट्स प्रति मिलियन (ppm) तक पहुँच गया है, जो कि पूर्व-औद्योगिक युग में 280 ppm था। इस प्रकार, वृद्धि लगभग 50% की है।

जलवायु परिवर्तन (Climate Change)

- यह दशकों से लेकर लाखों वर्षों तक की अवधियों में औसत मौसम पैटर्न में महत्वपूर्ण, दीर्घकालिक परिवर्तनों को संदर्भित करता है। जलवायु परिवर्तन विशिष्ट क्षेत्रों या संपूर्ण ग्रह को प्रभावित कर सकता है।
- प्रागैतिहासिक जलवायु विज्ञान (Paleoclimatology) प्राचीन जलवायुओं का अध्ययन करता है, बर्फ के कोर, वृक्ष के छल्ले, तलछट, मूंगा, खोल, और चट्टानों से प्राप्त डेटा का उपयोग करके।

वैश्विक तापन (Global Warming - GW)

- GW पृथ्वी के निकट-सतही वायु और महासागर तापमानों में धीरे-धीरे होने वाली वृद्धि है, जिसे हाल के दशकों में प्रमुख रूप से देखा गया है।
- **प्राथमिक कारण (Primary Cause):** मुख्य रूप से मानवीय गतिविधियों जैसे कि जीवाश्म ईंधन का दहन और वनों की कटाई के कारण, जिससे वायुमंडल में गर्मी-फंसाने वाली हरित गृह गैसों में वृद्धि हुई है।
- **प्रभाव (Impact):** मौसम पैटर्न में परिवर्तन को जन्म देता है, जो जलवायु परिवर्तन का एक महत्वपूर्ण पहलू है। 'वैश्विक तापन' और 'जलवायु परिवर्तन' शब्द निकटता से संबंधित हैं लेकिन विशिष्ट हैं।

जलवायु परिवर्तन के कारण

इसके कारणों को दो भागों - प्राकृतिक और मानवजनित में विभाजित किया गया है।

प्राकृतिक कारण (NATURAL CAUSES)

पृथ्वी की जलवायु को आकार देने में प्रत्येक प्राकृतिक घटना की महत्वपूर्ण भूमिका होती है। इनकी समझ अतीत और वर्तमान जलवायु परिवर्तनों के अध्ययन में अत्यंत महत्वपूर्ण है।

1. महाद्वीपीय विस्थापन (Continental Drift)

- महाद्वीपीय विस्थापन पृथ्वी के महाद्वीपों की भूवैज्ञानिक समय पर धीरे-धीरे होने वाली गति है।
- **पंगिया विखंडन (Pangaea Breakup):** इसकी चर्चा प्राकृतिक आपदाओं में भूकंप के अंतर्गत की गई है।
- **जलवायु पर प्रभाव (Impact on Climate):** महाद्वीपों की गति समुद्री धाराओं और वायुमंडलीय परिसंचरण पैटर्न को प्रभावित करती है, जो बदले में जलवायु को प्रभावित करती है। उदाहरण के लिए, जब महाद्वीप ध्रुवों के करीब चले जाते हैं, वे बर्फ से ढक जाते हैं, अधिक सूर्य प्रकाश को प्रतिबिंबित करते हैं और वैश्विक तापमान को प्रभावित करते हैं।

2. ज्वालामुखी गतिविधि (Volcanic Activity)

- ज्वालामुखी सल्फर डाइऑक्साइड (SO_2), जलवाष्प, धूल, और राख को वायुमंडल में उत्सर्जित करते हैं।
- **शीतलन प्रभाव (Cooling Effect):** ये कण, विशेषकर सल्फर डाइऑक्साइड, स्ट्रैटोस्फियर तक पहुंच सकते हैं जहां वे पानी के साथ मिलकर एरोसोल बनाते हैं। ये एरोसोल सूर्य प्रकाश को वापस अंतरिक्ष में प्रतिबिंबित करते हैं, जिससे ग्रह की सतह पर शीतलन प्रभाव होता है।
- **ऐतिहासिक उदाहरण (Historical Examples):** माउंट पिनाटुबो के 1991 में हुए महत्वपूर्ण ज्वालामुखी विस्फोट के बाद वैश्विक तापमान में मापनीय कमी आई थी।

3. पृथ्वी की झुकाव और कक्षा (Earth's Tilt and Orbit)

- पृथ्वी अपनी कक्षा के संबंध में लगभग 23.5° के कोण पर झुकी हुई है। यह झुकाव हमें अनुभव करने वाले मौसमी परिवर्तनों का कारण है।
- **कक्षीय परिवर्तन (Orbital Changes):** इसके अतिरिक्त, पृथ्वी की कक्षा थोड़ी अंडाकार है, जिससे वर्ष भर में पृथ्वी और सूर्य के बीच की दूरी में परिवर्तन होता है।
- **जलवायु प्रभाव (Climatic Impact):** हजारों वर्षों में पृथ्वी की झुकाव और कक्षा में होने वाले परिवर्तन (मिलानकोविच चक्र) महत्वपूर्ण दीर्घकालिक जलवायु परिवर्तनों का कारण बन सकते हैं, जैसे कि हिमयुग और अंतर्हिमकालीन अवधियाँ।

4. महासागरीय धाराएँ (Ocean Currents)

- **सौर विकिरण अवशोषण (Solar Radiation Absorption):** महासागर पृथ्वी की सतह का लगभग 71% हिस्सा ढकते हैं और बड़ी मात्रा में सौर विकिरण अवशोषित करते हैं।
- **गर्मी का वितरण (Heat Distribution):** महासागरीय धाराएँ एक वैश्विक कन्वेयर बेल्ट की प्रकार कार्य करती हैं, जो गर्मी को ग्रह भर में वितरित करती हैं। उदाहरण के लिए, गल्फ स्ट्रीम मेक्सिको की खाड़ी से उत्तरी अटलांटिक में गर्म पानी ले जाती है, जो पश्चिमी यूरोप की जलवायु को प्रभावित करती है।
- **जलवायु प्रभाव (Climate Influence):** ये धाराएँ जलवायु पैटर्न को महत्वपूर्ण रूप से प्रभावित कर सकती हैं। महासागरीय धाराओं में परिवर्तन जैसे एल नीनो और ला नीना घटनाओं के रूप में जलवायु परिवर्तनों को जन्म दे सकते हैं।

मानवजनित कारण (Anthropogenic Causes - Human Causes): इनकी चर्चा पहले भी अलग से की गई है।

- **शहरीकरण और औद्योगिकरण (Urbanization and Industrialization):** ये जीवाश्म ईंधनों द्वारा संचालित होते हैं, जो वैश्विक तापन और जलवायु परिवर्तन में महत्वपूर्ण योगदान देते हैं।
- **विद्युत उत्पादन (Electricity Production):** मुख्य रूप से कोयला संचालित तापीय ऊर्जा संयंत्रों से उत्पन्न होता है, जो हरित गृह गैसों के प्रमुख स्रोत हैं।

जलवायु परिवर्तन और वैश्विक तापन के प्रभाव

जलवायु परिवर्तन और वैश्विक तापन के प्रभाव व्यापक और विविध हैं, जो पृथ्वी के पर्यावरण और मानव जीवन के लगभग हर पहलू को प्रभावित करते हैं।

चक्रवाती तूफान (Cyclonic Storms)

- **बढ़ती तूफानी गतिविधि (Increased Storm Activity):** हाल के वर्षों में उष्णकटिबंधीय तूफानों की आवृति और तीव्रता में उल्लेखनीय वृद्धि हुई है।
- **निर्माण तंत्र (Formation Mechanism):** ये तूफान महासागरीय जल के वाष्पीकरण के कारण विकसित होते हैं और कोरियोलिस प्रभाव से प्रभावित होते हैं, जो उन्हें घुमाता है।
- **चक्रवात या हरिकेन (Cyclones or Hurricanes):** जब ऐसे तूफानों की हवा की गति 119 किमी/घंटा से अधिक हो जाती है, तो उन्हें हरिकेन के रूप में वर्गीकृत किया जाता है।
- **बर्फीले तूफान (Ice Storms):** ये तब होते हैं जब वर्षा बर्फ के रूप में गिरती है, अक्सर विशेष वातावरणिक स्थितियों के कारण।

जैव विविधता की हानि (Loss of Biodiversity)

- **आवास नष्टीकरण (Habitat Destruction):** आवासों की हानि, अनगिनत प्रजातियों के लिए अत्यंत महत्वपूर्ण है।
  1. **वन पारिस्थितिकी तंत्र (Forest Ecosystems):** लगभग 70% भूमि जीव और पौधे वनों में निवास करते हैं, और वनों की कटाई से जैव विविधता में कमी और प्रजातियों का विलुप्त होना होता है।
  2. **वन मूल्य (Forest Value):** वन जैव विविधता, वन्यजीवन आवास, और औषधीय संसाधनों के लिए महत्वपूर्ण हैं। वनों की कटाई से अनूठे आनुवंशिक संसाधनों को खोने का खतरा है।
  3. **प्रजाति विलुप्ति दर (Species Extinction Rates):** रिपोर्टों के अनुसार, प्रति वर्ष 50,000 तक प्रजातिगां खो जाती हैं, जिस पर 1992 के पृथ्वी शिखर सम्मेलन के दौरान चिंता व्यक्त की गई थी।

समुद्र स्तर में वृद्धि और महासागरीय परिवर्तन (Sea-Level Rise and Ocean Changes)

- **महासागर की जलवायु में भूमिका (Ocean's Role in Climate):** महासागर CO_2 को अवशोषित करते हैं, वायुमंडलीय CO_2 स्तरों को कम करते हैं, लेकिन बढ़ी हुई CO_2 महासागरीय अम्लीकरण की ओर ले जाती है।
- **वार्मिंग प्रभाव (Warming Effects):** बढ़ते महासागर तापमान उनकी CO_2 अवशोषण क्षमता को प्रभावित करते हैं और थर्मल विस्तार की ओर ले जाते हैं, जो समुद्र स्तर में वृद्धि में योगदान करता है।
- **बर्फ का पिघलना (Melting of Ice):** पिघलते ग्लेशियर और बर्फीली चादरें और भी समुद्र स्तर में वृद्धि करती हैं।
- **महासागरीय परिसंचरण में परिवर्तन (Ocean Circulation Changes):** महासागरीय धाराओं में बड़े पैमाने पर परिवर्तन हो सकता है, जो वैश्विक जलवायु पैटर्न को प्रभावित कर सकता है।

मूंगा चट्टानों का विरंजन (Coral Reefs Bleaching)

- **मूंगा चट्टानों का महत्व (Importance of Coral Reefs):** इन्हें 'समुद्रों के वर्षावन' कहा जाता है, ये विविध आवास प्रदान करते हैं और तटरेखाओं की रक्षा करते हैं।
- **वार्मिंग महासागरों का प्रभाव (Impact of Warming Oceans):** बढ़ते समुद्र तापमान और पानी की स्थितियों में परिवर्तन से शैवाल में फोटोसिंथेसिस कम हो जाता है, जो मूंगा स्वास्थ्य के लिए आवश्यक है। इससे मूंगा विरंजन होता है जहां मूंगे रंग और जीवनशक्ति खो देते हैं।

अतिरिक्त समुद्री प्रभाव (Additional Marine Impacts)

- **ध्रुवीय बर्फ का पिघलना (Polar Ice Melting):** समुद्री पारिस्थितिकी तंत्रों और समुद्र स्तरों को प्रभावित करता है।
- **मछली पलायन (Fish Migration):** समुद्र के तापमान में परिवर्तन से समुद्री प्रजातियों के वितरण में बदलाव होता है।

जलवायु परिवर्तन और वैश्विक तापन के प्रभाव विविध और गहरे हैं, जो मौसम पैटर्न, पारिस्थितिकी तंत्र, जैवविविधता, और समुद्री जीवन को प्रभावित करते हैं।

अन्य महत्वपूर्ण विकास

1. **1896 - एरेनियस की जीवाश्म ईंधन चेतावनी (Arrhenius' Fossil Fuel Warning):** स्वांते एरेनियस ने भविष्यवाणी की कि जीवाश्म ईंधन का दहन वैश्विक तापन को बढ़ा सकता है। उन्होंने नोट किया कि केवल CO_2 उत्सर्जन का आधा हिस्सा प्राकृतिक रूप से अवशोषित होता है, बाकी वायुमंडल में जमा होता है।
2. **1950 - WMO की स्थापना (Establishment of WMO):** जिनेवा में विश्व मौसम विज्ञान संगठन की स्थापना की गई, जिससे मौसम रिपोर्टिंग और संबंधित सेवाओं में अंतर्राष्ट्रीय सहयोग में सुधार हुआ।
3. **1950s-1960s – एयरोसोल प्रदूषण और शीतलन चिंताएँ (Aerosol Pollution and Cooling Concerns):** शहरों में स्मॉग एक प्रमुख मुद्दा बन गया, जिससे तापमान में गिरावट और नए हिमयुग की आशंका उत्पन्न हुई। 1954 का लंदन स्मॉग एक उल्लेखनीय उदाहरण है।
4. **1958 - कीलिंग वक्र (The Keeling Curve):** हवाई में मौना लोआ वेधशाला में वायुमंडलीय CO_2 की निरंतर माप आरंभ होती है, जिससे कीलिंग वक्र का निर्माण होता है जो CO_2 के बढ़ते स्तर को दिखाता है।
5. **रेवेल की महासागर अवशोषण सिद्धांत (Revelle's Ocean Absorption Theory):** रोजर रैंडल डौगन रेवेल ने सुझाव दिया कि महासागर CO_2 को आशा से धीमी गति से अवशोषित करते हैं, जिससे हरित गृह प्रभाव बढ़ता है।
6. **1972 - स्टॉकहोल्म सम्मेलन (Stockholm Conference):** संयुक्त राष्ट्र मानव पर्यावरण सम्मेलन, जो वैश्विक पर्यावरणीय मुद्दों पर केंद्रित है, आयोजित किया गया।
7. **1975 - 'वैश्विक तापन' की शब्दावली (Coining of 'Global Warming'):** वॉलेस एस. ब्रोएकर पहली बार 'वैश्विक तापन' शब्द का उपयोग करते हैं।
8. **1979 - पहला विश्व जलवायु सम्मेलन (First World Climate Conference):** जिनेवा में यह सम्मेलन जलवायु परिवर्तन पर वैश्विक चर्चाओं की एक श्रृंखला आरंभ करता है।
9. **1983 - ब्रुंटलैंड आयोग का गठन (Brundtland Commission Formation):** संयुक्त राष्ट्र की विश्व पर्यावरण और विकास आयोग, जिसे बाद में ब्रुंटलैंड आयोग के रूप में जाना जाता है, सतत विकास का पता लगाने के लिए स्थापित किया गया।
10. **1988 - IPCC का गठन (Formation of IPCC):** मानव-प्रेरित जलवायु परिवर्तन का मूल्यांकन करने और समाधान सुझाने के लिए अंतरसरकारी जलवायु परिवर्तन पैनल स्थापित किया गया। USA के उपराष्ट्रपति (राष्ट्रपति बिल क्लिंटन के अधीन) अल गोर ने IPCC के साथ नोबेल शांति पुरस्कार (2007) साझा किया। उन्होंने "एन इनकॉन्वीनियंट ट्रुथ" (An Inconvenient Truth) के लिए सर्वश्रेष्ठ वृत्तचित्र (2007) के लिए अकादमी पुरस्कार जीता।।

11. **1992 - UNFCCC और रियो शिखर सम्मेलन (UNFCCC and Rio Summit):** हरित गृह गैसों की सांद्रता को स्थिर करने के लिए संयुक्त राष्ट्र ढांचा सम्मेलन जलवायु परिवर्तन की स्थापना की गई। रियो शिखर सम्मेलन ने एजेंडा 21 भी उत्पन्न किया, जो सतत विकास की योजना है।

टिपिंग पॉइंट और अनियंत्रित जलवायु परिवर्तन (TIPPING POINT AND RUNAWAY CLIMATE CHANGES)

टिपिंग पॉइंट तार्किक रूप से बेकाबू जलवायु परिवर्तनों से पहले आता है। टिपिंग पॉइंट वह सीमांत बिंदु है जिसके पार अनियंत्रित जलवायु परिवर्तन होंगे। हम 'टिपिंग पॉइंट' और 'आग से खेलना' शब्दों के बीच एक समानता देख सकते हैं जिसका अर्थ है कि अगर हम पृथ्वी को गर्म करते रहें, तो हम ऐसे बिंदु पर पहुँच सकते हैं जहाँ बड़े और रोके न जा सकने वाले जलवायु परिवर्तन होते हैं। जिन परिवर्तनों को नियंत्रित नहीं किया जा सकता है उन्हें अनियंत्रित परिवर्तन कहा जाता है। इस प्रकार, प्रारंभिक छोटे मानवजनित प्रभाव बड़े अनियंत्रित परिवर्तनों में वृद्धि करते हैं। इस प्रकार, एक बार टिपिंग पॉइंट्स पार कर जाने के बाद, वे बेकाबू जलवायु परिवर्तन की ओर ले जा सकते हैं। उदाहरण के लिए: आर्कटिक और अंटार्कटिक में बर्फ का पिघलना 1.5 से 2°C के तापमान वृद्धि के बाद हो सकता है जो टिपिंग पॉइंट तक पहुंचता है। वह पिघलना पृथ्वी की जलवायु में विनाशकारी अपरिवर्तनीय परिवर्तन का कारण बनेगा।

अनियंत्रित जलवायु परिवर्तन के प्रेरक (Triggers of Runaway Climate Change)

1. **CO_2 अवशोषण में कमी:** सबसे पहले, हमें जलवायु प्रणाली की प्राकृतिक क्षमता को देखने की आवश्यकता है। महासागर और स्थलीय पारिस्थितिकी तंत्र (जैसे कि पौधे) CO_2 के अवशोषण के लिए प्राथमिक सिंक के रूप में कार्य करते हैं। वह अवशोषण क्षमता वैश्विक तापमान को विनियमित करने में महत्वपूर्ण भूमिका निभाती है। प्राथमिक सिंक की अवशोषण दर पृथ्वी पर कुल CO_2 उत्सर्जन का 50% है।
2. **अवशोषण में गिरावट और महासागर अम्लीकरण:** बढ़ी हुई GHGs के कारण वैश्विक तापन होता है। विशाल समुद्रों का तापमान भी बढ़ रहा है। वे अधिक CO_2 अवशोषित करते हैं और अम्लीय हो जाते हैं। यह अम्लीकरण कार्बोनिक अम्ल के निर्माण से होता है जो समुद्री जीवन (जैसे कि मूंगा भित्तियों) के लिए हानिकारक है जो वास्तव में फेफड़ों की प्रकार कार्य करते हैं। जैसे-जैसे महासागर गर्म होते हैं, वे फैलते हैं। इसमें ग्लेशियरों और हिमपत्रों द्वारा बर्फ के पिघलने को जोड़ें। समुद्र स्तर की वृद्धि तटीय समुदायों और पारिस्थितिकी तंत्रों के लिए खतरा है।
3. **सूर्य प्रकाश के परावर्तन में कमी:** बर्फ और हिम का पीछे हटना ध्रुवीय क्षेत्रों के आसपास अंधेरे भूमि और पानी की सतहों को उजागर करता है।
   - ये अंधेरे क्षेत्र अधिक सूर्य प्रकाश अवशोषित करते हैं, जिससे आगे गर्मी बढ़ती है।
4. **CO_2 और मीथेन के प्राकृतिक उत्सर्जन में वृद्धि:** यह जीवाश्म ईंधन आदि के साथ जुड़ा हुआ है और पर्माफ्रॉस्ट के पिघलने के साथ चर्चा की गई है। कुल मिलाकर, मिट्टी, वन, पीटलैंड्स, महासागर, पर्माफ्रॉस्ट, और मीथेन क्लैथ्रेट्स जैसे स्रोत CO_2 और मीथेन उत्सर्जित करते हैं। गर्म तापमान इन प्राकृतिक उत्सर्जनों को बढ़ा सकते हैं।

भारत की भेद्यता: IPCC रिपोर्ट के अनुसार (India's Vulnerabilities: As Per IPCC Reports)

अंतरसरकारी जलवायु परिवर्तन पैनल (IPCC) संयुक्त राष्ट्र द्वारा स्थापित एक वैज्ञानिक निकाय है जो जलवायु परिवर्तन के विज्ञान, इसके प्रभावों, और संभावित अनुकूलन और शमन रणनीतियों के बारे में निष्पक्ष जानकारी प्रदान करने का काम करता है। इन रिपोर्टों में बढ़ते तापमान, चरम मौसम की घटनाएँ, समुद्र स्तर में वृद्धि, बर्फ और हिम का पिघलना और अन्य पारिस्थितिकी प्रभावों की समस्याएं उजागर की गई हैं। AR6 (छठी मूल्यांकन रिपोर्ट) में 'कोड रेड' शब्द IPCC द्वारा आंकी गई पृथ्वी की जलवायु प्रणाली की गंभीर और चिंताजनक स्थिति को दर्शाता है। यह तत्काल कार्रवाई की आवश्यकता को दर्शाता है। भारत के संदर्भ में, AR6 के संदर्भ में निम्नलिखित निष्कर्ष महत्वपूर्ण हैं:

1. **CVI (जलवायु भेद्यता सूचकांक - Climate Vulnerability Index):** यह रिपोर्ट भारत के लिए AR6 की खोजों पर आधारित है और भारत के विभिन्न क्षेत्रों की जलवायु परिवर्तन प्रभावों के प्रति भेद्यता का मूल्यांकन करती है। यह स्थानीय जोखिमों का विश्लेषण प्रदान करती है और उन क्षेत्रों की पहचान करती है जिन्हें तत्काल अनुकूलन उपायों की आवश्यकता है।
2. **IPCC द्वारा गरीबी पर रिपोर्ट (IPCC on Poverty):** यह रिपोर्ट AR6 से जानकारी का उपयोग करते हुए यह समझने के लिए है कि जलवायु परिवर्तन गरीबी को कैसे प्रभावित कर सकता है। इसमें चेतावनी दी गई है कि जलवायु संबंधी समस्याएं कई लोगों को अत्यधिक गरीबी में धकेल सकती हैं, जिससे उनके जीवन और आय पर बुरा प्रभाव पड़ेगा।
3. **अनुकूलन के लिए वित्तीय आवश्यकताएं (IPCC on Financial Needs for Adaptation):** यह AR6 के डेटा का उपयोग करके विभिन्न देशों, भारत सहित, में अनुकूलन के लिए आवश्यक धनराशि की गणना करता है। यह जानकारी नीति निर्माताओं को सफल अनुकूलन रणनीतियों के लिए आवश्यक संसाधनों की मात्रा निर्धारित करने में सहायता करती है।
4. **तापमान वृद्धि और नेट शून्य के लिए वित्तीय आवश्यकताएं (Temperature Rise and Financial Needs for Net Zero):** यह बयान AR6 में वैश्विक तापमान वृद्धि के प्रक्षेपणों को पहचानता है और भारत द्वारा शून्य उत्सर्जन प्राप्त करने के लिए आवश्यक वित्तीय प्रतिबद्धताओं पर बल देता है। यह स्वच्छ ऊर्जा और सतत प्रौद्योगिकियों में महत्वपूर्ण निवेशों के महत्व पर बल देता है, जो जलवायु परिवर्तन से प्रभावी ढंग से लड़ने के लिए आवश्यक कदम हैं।

रियो अर्थ समिट, UNFCC और COPs

रियो सम्मेलन, जिसे संयुक्त राष्ट्र पर्यावरण और विकास सम्मेलन (UNCED) के रूप में भी जाना जाता है, 3 से 14 जून 1992 तक ब्राज़ील के रियो डी जनेरियो में आयोजित किया गया था। यह सतत विकास पर पहला प्रमुख अंतर्राष्ट्रीय सम्मेलन था, और इसने 170 से अधिक राज्य और सरकार के प्रमुखों को एक साथ लाया। सम्मेलन के परिणामस्वरूप तीन महत्वपूर्ण दस्तावेज़ों को अपनाया गया:

1. **पर्यावरण और विकास पर रियो घोषणा (Rio Declaration on Environment and Development):** इस घोषणा में 27 सिद्धांत शामिल हैं जो सतत विकास की खोज में राज्यों के अधिकारों और उत्तरदायित्वों को रेखांकित करते हैं।
   - **मुख्य सिद्धांत:** 'विकास का अधिकार एक अविभाज्य मानव अधिकार है।'
2. **एजेंडा 21 (Agenda 21):** इसमें सरकारों, व्यवसायों, और अन्य हितधारकों द्वारा सतत विकास के लिए कार्रवाई की 2,000 से अधिक सिफारिशें शामिल हैं।
3. **जैव विविधता पर संधि (The Convention on Biological Diversity - CBD):** यह अंतर्राष्ट्रीय संधि जैव विविधता के संरक्षण, इसके घटकों के सतत उपयोग, और आनुवंशिक संसाधनों के उपयोग से

उत्पन्न लाभों के न्यायपूर्ण और समान वितरण का उद्देश्य रखती है। इसे आने वाले पैराग्राफ में चर्चा की गई है।

ये दस्तावेज़ और समझौते सतत विकास, पर्यावरण संरक्षण, और जैव विविधता के महत्व को स्वीकार करते हैं और विश्व समुदाय को इन मुद्दों का सामना करने के लिए सामूहिक कार्रवाई की दिशा में ले जाते हैं। ये सम्मेलन और संधियां आज भी वैश्विक जलवायु नीति और चर्चा में महत्वपूर्ण हैं।

UNFCCC मिशन: संयुक्त राष्ट्र जलवायु परिवर्तन ढांचा सम्मेलन (United Nations Framework Convention on Climate Change - UNFCCC) को 1992 में रियो सम्मेलन के दौरान अपनाया गया था। UNFCCC 1994 में लागू हुआ। इस सम्मेलन को 197 राष्ट्रों ने अनुमोदित किया है।

UNFCCC का मिशन वायुमंडल में हरित गृह गैस सांद्रता को उस स्तर पर स्थिर करना है जो जलवायु प्रणाली के साथ जोखिमपूर्ण मानवजनित हस्तक्षेप को रोकेगा। इसमें पक्षों का सम्मेलन (Conference of the Parties - COP) को एक नियमित व्यवस्था के रूप में अपनाया गया है, जो कोर निर्णय निर्माण निकाय है। यह ध्यान देने योग्य है कि UNFCCC के सभी सदस्य देश COP के पक्ष हैं। इस प्रकार, UNFCCC ने विशेष रूप से COPs के रूप में एक विरासत बनाई है।

COP के बारे में अधिक जानकारी: COP वैश्विक जलवायु नीतियां बनाता है। सदस्य राज्य जलवायु परिवर्तन से निपटने के लिए संयुक्त प्रयासों की बातचीत, वार्ता, और संगठन करने के लिए एक साथ आते हैं। उनके मुख्य लक्ष्यों में उत्सर्जन को कम करना, जलवायु परिवर्तन प्रभावों के अनुकूलन, क्षमता निर्माण, धन और तकनीकी सहायता प्रदान करना विकासशील देशों के लिए शामिल हैं।

COP की सहायता के लिए दो सहायक निकाय हैं जो तकनीकी विशेषज्ञता प्रदान करते हैं और कार्यान्वयन की निगरानी करते हैं:

- वैज्ञानिक और तकनीकी सलाह के लिए सहायक निकाय (SBSTA) और
- कार्यान्वयन के लिए सहायक निकाय (SBI)

इन दोनों के अलावा, सहायता के लिए कई अन्य कार्य समूह भी हैं।

- **COP निर्णय:** आमतौर पर सभी सदस्य देशों के बीच आम सहमति से किए जाते हैं, हालांकि यदि सहमति नहीं बन पाती है तो मतदान की अनुमति है।
- पक्ष अपनी जलवायु परिवर्तन से निपटने की प्रतिबद्धताओं को राष्ट्रीय रूप से निर्धारित योगदान (NDCs) के माध्यम से रेखांकित करते हैं।

महत्वपूर्ण COPs के बारे में एक संक्षिप्त विचार

UNFCCC के तहत कई महत्वपूर्ण COPs आयोजित किए गए हैं जिन्होंने वैश्विक पर्यावरणीय प्रयासों को आगे बढ़ाया है। इनमें शामिल हैं:

1. **COP1 (बर्लिन, 1995):** बर्लिन मेण्डेट जलवायु परिवर्तन से निपटने के लिए निरंतर और वृद्धिमान प्रयासों की आवश्यकता को पहचानने में महत्वपूर्ण था। इसने 1997 में क्योटो प्रोटोकॉल के लिए मार्ग प्रशस्त किया।
2. **COP3 (क्योटो, 1997):** क्योटो प्रोटोकॉल अपनाया गया था, जिसमें औद्योगिक देशों को सहमत व्यक्तिगत लक्ष्यों के अनुसार हरित गृह गैस (GHG) उत्सर्जन की सीमा तय करने और कम करने की प्रतिबद्धता थी। यह विकसित देशों के लिए बाध्यकारी उत्सर्जन में कमी के लक्ष्य निर्धारित करने वाला पहला समझौता था।
3. **COP11 (मॉन्ट्रियल, 2005):** मॉन्ट्रियल एक्शन प्लान पर सहमति बनी, जिसने अंतर्राष्ट्रीय जलवायु परिवर्तन प्रक्रिया में एक महत्वपूर्ण कदम आगे बढ़ाया, जिसमें क्योटो प्रोटोकॉल के कार्यान्वयन के लिए विस्तृत नियम शामिल थे।
4. **COP15 (कोपेनहेगन, 2009):** हालांकि इसे उस समय पूरी प्रकार सफल नहीं माना गया था, कोपेनहेगन एकॉर्ड ने पूर्व-औद्योगिक स्तरों से 2 डिग्री सेल्सियस तक वैश्विक तापमान वृद्धि को सीमित करने की आवश्यकता को मान्यता दी।
5. **COP16 (कैंकन, 2010):** कैंकन समझौते एक निर्णयों का सेट थे, जिसमें औपचारिक रूप से उत्सर्जन कम करने की प्रतिज्ञाएँ और विकसित देशों के उत्सर्जन में कमी के लक्ष्यों और विकासशील देशों की कार्रवाइयों को नोट किया गया।
6. **COP17 (डर्बन, 2011):** डर्बन प्लेटफॉर्म फॉर एन्हांस्ड एक्शन की स्थापना की गई, जिससे 2015 तक सभी देशों के लिए एक नई कानूनी साधन विकसित करने का निर्णय हुआ।
7. **COP21 (पेरिस, 2015):** पेरिस समझौता एक मील का पत्थर पर्यावरणीय समझौता था जिसे लगभग हर राष्ट्र ने जलवायु परिवर्तन और इसके नकारात्मक प्रभावों को संबोधित करने के लिए अपनाया था। इसका उद्देश्य वैश्विक तापमान को पूर्व-औद्योगिक स्तरों की तुलना में 2 डिग्री सेल्सियस से कम, अधिमानतः 1.5 डिग्री सेल्सियस तक सीमित करना है।
8. **COP26 (ग्लासगो, 2021):** इस सम्मेलन में लगभग 200 देशों ने इस दशक में जलवायु कार्रवाई को तीव्र करने के लिए ग्लासगो जलवायु संधि पर सहमति व्यक्त की। मुख्य परिणामों में कोयले के उपयोग को कम करने, वनों की कटाई को कम करने, इलेक्ट्रिक वाहनों की ओर स्विच करने की गति बढ़ाने और विकासशील देशों के लिए वित्तीय सहायता बढ़ाने की प्रतिबद्धताएं शामिल थीं।
9. **COP27 (शर्म अल-शेख, मिस्र, 2022):** इसने पेरिस समझौते को लागू करने पर केंद्रित किया, जिसका उद्देश्य वैश्विक तापमान को पूर्व-औद्योगिक स्तरों की तुलना में 2 डिग्री सेल्सियस से कम, अधिमानतः 1.5 डिग्री सेल्सियस तक सीमित करना है।
10. **COP28 (संयुक्त अरब अमीरात, 2023):** यह सम्मेलन COP27 के परिणामों को लागू करने, जलवायु परिवर्तन में शमन और अनुकूलन पर महत्वाकांक्षा बढ़ाने और जलवायु परिवर्तन से निपटने के लिए विकासशील देशों को सहायता प्रदान करने पर केंद्रित था।

ग्लासगो मीटिंग प्रतिबद्धताएं (Glasgow Meeting Commitments)

भारत ने जलवायु परिवर्तन का सामना करने और एक अधिक सतत और पर्यावरणीय अनुकूल ऊर्जा प्रणाली की ओर संक्रमण करने के लिए निम्नलिखित प्रतिबद्धताएं कीं:

1. **2030 तक 500 GW गैर-जीवाश्म ऊर्जा क्षमता प्राप्त करना:** इसमें सौर, पवन, जलविद्युत, और परमाणु ऊर्जा जैसे अक्षय ऊर्जा स्रोत शामिल हैं। अपनी गैर-जीवाश्म ऊर्जा क्षमता का विस्तार करके, भारत जीवाश्म ईंधन पर अपनी निर्भरता को कम करने और हरित गृह गैस उत्सर्जन में कमी लाने का लक्ष्य रखता है।
2. **2030 तक अपनी ऊर्जा आवश्यकताओं का 50% अक्षय ऊर्जा से प्राप्त करना:** ताकि भारत अपनी ऊर्जा मिश्रण में स्वच्छ और सतत ऊर्जा के भागको बढ़ाने के लक्ष्य के अनुरूप रहे। यह संक्रमण कार्बन उत्सर्जन में महत्वपूर्ण कमी का योगदान दे सकता है और जलवायु परिवर्तन से लड़ सकता है।

3. **अब से 2030 तक कुल प्रोजेक्टेड कार्बन उत्सर्जन में एक अरब टन की कमी करना:** यह कमी लक्ष्य भारत की कार्बन फुटप्रिंट को नियंत्रित करने और जलवायु परिवर्तन को कम करने की दृढ़ता को दर्शाता है।
4. **2030 तक अर्थव्यवस्था की कार्बन तीव्रता में 45% की कमी, 2005 के स्तरों के ऊपर:** यह अर्थ है कि जबकि अर्थव्यवस्था बढ़ सकती है, यह प्रति इकाई आर्थिक उत्पादन के कार्बन उत्सर्जन में काफी कमी के साथ ऐसा करेगी।
5. **2070 तक शुद्ध शून्य उत्सर्जन का लक्ष्य हासिल करना:** यह प्रतिबद्धता इस इरादे को दर्शाती है कि वह उत्पादित उत्सर्जनों को हटाने या ऑफसेटिंग उपायों के साथ संतुलित करने का इरादा रखता है, जो अंततः वैश्विक तापमान वृद्धि और इसके संबंधित प्रभावों को सीमित करने के वैश्विक प्रयास में योगदान करेगा।

कार्बन बाजार में (Carbon in the Market)

निम्नलिखित चर्चा क्योटो योजना की अधिक समझ में सहायता कर सकती है।

कार्बन स्पेस (Carbon Space): यह अवधारणा कुल मात्रा में कार्बन डाइऑक्साइड उत्सर्जन की एक सीमा निर्धारित करने के विचार पर आधारित है जो अत्यधिक वैश्विक तापमान वृद्धि को रोकने के लिए अनुमत है। उदाहरण के लिए, यदि 2100 तक 1000 बिलियन टन CO_2 की सीमा नहीं पार करने के लिए निर्धारित की गई है, तो इसका उद्देश्य पृथ्वी के तापमान को पूर्व-औद्योगिक स्तरों से 2 डिग्री सेल्सियस से अधिक नहीं बढ़ने देना है। हम अपने लक्ष्य निर्धारित कर सकते हैं और बेहतर शमन योजनाएँ बना सकते हैं।

कार्बन ट्रेडिंग (Carbon Trading): कार्बन ट्रेडिंग एक बाजार.आधारित प्रणाली है जहाँ कंपनियाँ उत्सर्जन अनुमतियों को खरीद और बेच सकती हैं। प्रत्येक अनुमति एक निश्चित मात्रा में कार्बन डाइऑक्साइड उत्सर्जित करने की अनुमति देती है। यदि कोई कंपनी अपनी अनुमति से कम CO_2 उत्सर्जित करती है, तो वह शेष राशि को दूसरों को बेच सकती है। यह प्रणाली कंपनियों को उत्सर्जन कम करने के लिए प्रोत्साहित करती है, क्योंकि वे अधिशेष अनुमतियों को बेचकर लाभ कमा सकते हैं। कार्बन ट्रेडिंग पर्यावरणीय अनुकूल प्रथाओं को प्रोत्साहित करने और वैश्विक उत्सर्जन में कमी के लक्ष्यों को पूरा करने के लिए प्रासंगिक है।

इसमें दो विकल्प हैं:

- राष्ट्र (या संस्थाएं) जो अपने प्रदूषण को कम करने या अधिक कार्बन जलाने की स्थिति में नहीं हैं, वे कार्बन क्रेडिट खरीद सकते हैं।
- वे ये क्रेडिट उन देशों से खरीदते हैं जो प्रदूषण को कम करने में बेहतर कर रहे हैं, जैसे कि भारत या चीन। इस प्रकार, हमारे लिए प्रदूषण को कम करना या जलवायु अनुकूल परियोजनाओं में निवेश करना समझ में आता है।

कार्बन सिंक (Carbon Sink): ये वे जलाशय या स्थान होते हैं जो लंबे समय तक कार्बन को धारण करते हैं। यह निम्नलिखित दो तरीकों से किया जा सकता है:

- **प्राकृतिक कार्बन सिंक:** पौधे CO_2 को लेते हैं और इसे प्रकाश संश्लेषण के माध्यम से भोजन में परिवर्तित करते हैं। महासागर भी CO_2 को अवशोषित करते हैं। उदाहरण में वनीकरण, महासागर और मिट्टी शामिल हैं।
- **कृत्रिम कार्बन सिंक:** इनमें ऐसी चीजें शामिल हैं जैसे कि लैंडफिल और विशेष भंडारण विधियां जहां कार्बन को फंसाया और संग्रहीत किया जाता है।

कार्बन सिक्वेस्ट्रेशन (Carbon Sequestration)

कार्बन सिक्वेस्ट्रेशन प्राकृतिक प्रक्रियाओं या तकनीकी साधनों के माध्यम से वायुमंडलीय कार्बन डाइऑक्साइड को कैप्चर और स्टोर करने की प्रक्रिया को संदर्भित करता है।

क्योटो प्रोटोकॉल (Kyoto Protocol)

जैसा कि चर्चा की गई, यह प्रोटोकॉल COP3 के दौरान क्योटो, जापान में हस्ताक्षरित किया गया था। यह भी GHG उत्सर्जन को कम करके वैश्विक तापमान वृद्धि से लड़ने का इरादा रखता है। मुख्य लक्ष्य वायुमंडल में GHG उत्सर्जन को उस स्तर तक कम करना है जो जलवायु प्रणाली के साथ जोखिमपूर्ण मानवीय हस्तक्षेप को रोकेगा। मुख्य बिंदु इस प्रकार हैं:

1. **कानूनी रूप से बाध्यकारी लक्ष्य (Legally Binding Targets):** इसने विकसित देशों पर उनके GHG उत्सर्जन को कम करने के लिए कानूनी रूप से बाध्यकारी दायित्व लगाया, 2012 तक 1990 के स्तरों से लगभग 5% की औसत कमी का लक्ष्य रखते हुए।
2. **भारत का अनुमोदन (India's Ratification):** भारत ने 2002 में क्योटो प्रोटोकॉल को अनुमोदित किया।
3. **प्रवर्तन (Enforcement):** प्रोटोकॉल फरवरी 2005 में लागू हुआ। विशेष रूप से, संयुक्त राज्य अमेरिका ने कभी इसे अनुमोदित नहीं किया।
4. **सामान्य परंतु भिन्न जिम्मेदारियां (CBDR - Common But Differentiated Responsibilities):** प्रोटोकॉल का एक मुख्य सिद्धांत, CBDR स्वीकार करता है कि जबकि सभी देश वैश्विक तापमान वृद्धि का सामना करने के लिए जिम्मेदार हैं, विकसित देशों की अधिक दायित्व है उनके ऐतिहासिक GHG उत्सर्जन के कारण।
5. **देश वर्गीकरण (Country Classifications):**
   - **अनुबंध I राष्ट्र (Annex I Nations):** विकसित देशों (जैसे यूएसए, यूके, फ्रांस, जापान, रूस) शामिल हैं जिनके लिए उत्सर्जन कम करने के बाध्यकारी लक्ष्य हैं।
   - **अनुबंध II राष्ट्र (Annex II Nations):** अनुबंध प् का एक उपसमूह, इन देशों से विकासशील देशों और आर्थिक रूप से संक्रमण कालीन (Economically In Transition - EITs) देशों को उत्सर्जन में कमी के प्रयासों के लिए वित्तीय और तकनीकी सहायता प्रदान करने की आशा की जाती है।
   - **गैर-अनुबंध देश (Non-Annex Nations):** विकासशील देश (जैसे कि चीन, भारत, इंडोनेशिया) जिनके पास बाध्यकारी उत्सर्जन में कमी की प्रतिबद्धताएं नहीं हैं, लेकिन उन्हें अपने कार्बन उत्सर्जन को स्वैच्छिक रूप से प्रबंधित करने के लिए प्रोत्साहित किया जाता है।
6. **उत्सर्जन को कम करने के तंत्र (Mechanisms for Reducing Emissions):**
   - **स्वच्छ विकास तंत्र (CDM - Clean Development Mechanism):** विकसित देशों को विकासशील देशों में उत्सर्जन में कमी की परियोजनाओं में निवेश करने और कार्बन क्रेडिट अर्जित करने की अनुमति देता है।
   - **उत्सर्जन व्यापार (Cap and Trade):** देशों को अप्रयुक्त उत्सर्जन इकाइयों को खरीदने और बेचने की अनुमति देता है।
   - **संयुक्त कार्यान्वयन (JI - Joint Implementation):** अनुबंध I देशों के बीच उत्सर्जन में कमी की परियोजनाओं को सुविधाजनक बनाता है।

7. प्रतिबद्धता अवधि (Commitment Periods):

- **पहली अवधि (2008-2012):** उत्सर्जन में कमी के लक्ष्यों का प्रारंभिक चरण।
- **दूसरी अवधि (2013-2020):** अद्यतन लक्ष्यों के साथ विस्तारित चरण।

इस प्रकार, क्योटो प्रोटोकॉल अंतर्राष्ट्रीय जलवायु नीति में एक महत्वपूर्ण कदम था जिसने विकसित राष्ट्रों के लिए जलवायु परिवर्तन को कम करने के लिए बाध्यकारी लक्ष्य पेश किए। हालांकि, कुछ प्रमुख उत्सर्जकों की भागीदारी की कमी और अंतर्राष्ट्रीय उत्सर्जन व्यापार की जटिल प्रकृति के कारण यह प्रभावी नहीं हो सका।

पेरिस समझौता (Paris Agreement)

पेरिस समझौता UNFCCC के अंतर्गत स्थापित एक महत्वपूर्ण अंतर्राष्ट्रीय प्रतिबद्धता है जिसका उद्देश्य जलवायु परिवर्तन से लड़ना है। यह 2015 में निम्नलिखित ढांचों और उद्देश्यों के साथ अपनाया गया था:

1. मूलभूत ढांचा (Basic Framework):

- **प्रौद्योगिकी ढांचा (Technology Framework):** जलवायु-अनुकूल प्रौद्योगिकियों के विकास और हस्तांतरण को प्रोत्साहित करता है।
- **क्षमता निर्माण ढांचा (Capacity-Building Framework):** विशेषकर विकासशील देशों में, जलवायु चुनौतियों का सामना करने के लिए क्षमताओं का निर्माण करने का लक्ष्य है।
- **पारदर्शिता ढांचा (Transparency Framework):** देशों के जलवायु क्रियाकलापों और समर्थन की स्पष्ट रिपोर्टिंग और ट्रैकिंग सुनिश्चित करता है।

2. वित्तीय प्रतिबद्धताएं (Financial Commitments): विकसित देशों को 2020 तक विकासशील देशों में जलवायु क्रियाकलापों का समर्थन करने के लिए सालाना कम से कम $100 बिलियन जुटाने की आवश्यकता है, जिसे समय के साथ बढ़ने की आशा है।

3. प्रवर्तन (Entry into Force): पेरिस समझौता 5 अक्टूबर 2016 को लागू हुआ, जो जलवायु परिवर्तन का मुकाबला करने के लिए वैश्विक प्रयास का प्रतीक है।

4. तापमान लक्ष्य (Temperature Goals): समझौता पूर्व-औद्योगिक स्तरों से 2°C से कम, अधिमानत: 1.5°C तक वैश्विक तापमान को सीमित करने का लक्ष्य रखता है।

5. उत्सर्जन में कमी (Emission Reductions): यह GHG उत्सर्जन को कम करने के लिए राष्ट्रीय रूप से निर्धारित योगदान (Intended Nationally Determined Contributions - INDCs) निर्धारित करने में शामिल है, प्रतिबद्धता को बढ़ाने और हर पांच वर्ष में उनकी समीक्षा करने की प्रतिबद्धता के साथ।

6. जलवायु वित्त (Climate Finance): धनी राष्ट्रों से आशा की जाती है कि वे गरीब देशों को जलवायु परिवर्तन के अनुकूलन और नवीकरणीय ऊर्जा में संक्रमण करने में सहायता करें।

7. संरचना (Structure): समझौता कानूनी रूप से बाध्यकारी और गैर-बाध्यकारी प्रावधानों का मिश्रण है। जबकि रिपोर्टिंग आवश्यकताएं बाध्यकारी हैं, उत्सर्जन लक्ष्य नहीं हैं।

देश/क्षेत्र	राष्ट्रीय निर्धारित योगदान (INDCs) के अनुसार लक्ष्य विवरण
भारत	2030 तक 2005 के स्तरों से GDP की उत्सर्जन तीव्रता में 33-35% की कमी। बिजली क्षमता का 40% गैर-जीवाश्म ईंधन-आधारित होगा।
चीन	2030 तक 2005 के स्तरों से GDP की उत्सर्जन तीव्रता में 60-65% की कमी। 2030 के आसपास उत्सर्जन चरम पर पहुंचेगा। मुख्य ऊर्जा खपत का 20% 2030 तक गैर-जीवाश्म ईंधन होगा।
यूएसए	2025 तक 2005 के स्तरों से शुद्ध उत्सर्जन में 26-28% की कमी।
यूई (28)	2030 तक 1990 के स्तरों से शुद्ध उत्सर्जन में 40% की कमी।

पेरिस समझौते के अनुसार INDC लक्ष्य

भारत की भूमिका (India's Role): भारत ने समझौते की पुष्टि की है और 2030 तक अपनी बिजली क्षमता का 40% गैर-जीवाश्म स्रोतों से प्राप्त करने का संकल्प लिया है। भारत ने सतत विकास के लिए सौर ऊर्जा का उपयोग करने का लक्ष्य रखने वाले अंतर्राष्ट्रीय सौर गठबंधन (ISA) में भी महत्वपूर्ण भूमिका निभाई है।

पेरिस समझौता सामूहिक उत्तरदायित्व , पारदर्शिता और जलवायु परिवर्तन का प्रभावी ढंग से मुकाबला करने के लिए वित्तीय और प्रौद्योगिकी समर्थन की आवश्यकता पर बल देता है।

अंतर्राष्ट्रीय सौर गठबंधन (INTERNATIONAL SOLAR ALLIANCE - ISA)

औपचारिक रूप से, ISA पेरिस समझौते का हिस्सा नहीं है, लेकिन यह उसके लक्ष्यों के अनुरूप है; बल्कि ISA एक स्वैच्छिक संगठन है। भारत और पेरिस ने ISA को बढ़ावा देने में महत्वपूर्ण भूमिका निभाई है।

- **ISA की शुरुआत:** यह 2015 में पेरिस जलवायु सम्मेलन (COP21) के समय आरंभ किया गया था, जहां पेरिस समझौता बातचीत किया गया था।
- **उद्देश्य:** ISA का लक्ष्य कर्क और मकर रेखा के बीच के देशों में सौर ऊर्जा को बढ़ावा देना है। इसका लक्ष्य 2030 तक 1 TW सौर ऊर्जा हासिल करना है।
- **विस्तार:** हालांकि, 2018 में, ISA का दायरा संयुक्त राष्ट्र के सभी सदस्य देशों को शामिल करने के लिए विस्तारित किया गया था।
- **भारत की प्रतिबद्धता:** भारत, जो ISA सचिवालय की मेजबानी करता है, ने 2022 तक अक्षय स्रोतों से 175 GW ऊर्जा विकास की महत्वपूर्ण प्रतिबद्धता की है (ग्लासगो COP प्रतिबद्धताओं के तहत अलग से चर्चा की गई)।

इस भाग में, हमने जलवायु परिवर्तन और वैश्विक तापमान वृद्धि से निपटने के लिए अंतर्राष्ट्रीय प्रयासों के बारे में चर्चा की है, अब हम भारत के घरेलू परिदृश्य की ओर अपना ध्यान स्थानांतरित कर रहे हैं।

INCCA और NATCOM: भारतीय जलवायु परिवर्तन मूल्यांकन नेटवर्क (INCCA) और भारत के राष्ट्रीय संचार (NATCOM) संयुक्त राष्ट्र जलवायु परिवर्तन ढांचा सम्मेलन (UNFCCC) को भारत के पर्यावरण, वन और जलवायु परिवर्तन मंत्रालय द्वारा पहल की गई प्रमुख पहलें हैं।

1. **INCCA:** पर्यावरण, वन और जलवायु परिवर्तन मंत्रालय द्वारा स्थापित, INCCA की प्राथमिक भूमिका जलवायु परिवर्तन पर स्वदेशी अनुसंधान करना और बढ़ावा देना है। यह भारत भर के वैज्ञानिक संस्थानों और शोधकर्ताओं को जोड़ने वाला एक नेटवर्क के रूप में कार्य करता है ताकि जलवायु परिवर्तन के प्रभावों का आकलन किया जा सके और अनुकूलन रणनीतियां विकसित की जा सकें।

2. **NATCOM::** भारत की NATCOM, 2002 में आरंभ की गई, UNFCCC को प्रस्तुत एक व्यापक रिपोर्ट है। इसमें देश की जलवायु परिवर्तन से निपटने की कार्रवाइयों और पहलों का विवरण है, जिसमें शमन और अनुकूलन उपाय शामिल हैं। यह पहल वैश्विक पर्यावरण सुविधा (GEF) द्वारा वित्त पोषित है, जो जलवायु परिवर्तन से लड़ने के लिए अंतर्राष्ट्रीय प्रयासों में भारत की प्रतिबद्धता को दर्शाती है।

भारत में पर्यावरण संरक्षण के लिए संस्थागत ढांचा

भारत सरकार ने विधान और उपयुक्त संस्थाओं के माध्यम से और अंतर्राष्ट्रीय तंत्र में भागीदारी के माध्यम से पर्यावरण की सुरक्षा की है।

केंद्रीय सरकार की पहलें (Central Government Initiatives)

- भारतीय वन्यजीव बोर्ड की स्थापना (1952)
- लुप्तप्राय प्रजातियों के लिए संरक्षण परियोजनाएं आरंभ (1972-1981)
- जीव-जंतु और वनस्पति प्रजातियों के अंतर्राष्ट्रीय व्यापार संधि (CITES) में प्रवेश (1976)
- मानव और जीवमंडल (MAB) कार्यक्रम की शुरुआत (1971)

पर्यावरण एजेंसियां (Environmental Agencies):

- केंद्रीय प्रदूषण नियंत्रण बोर्ड (CPCB) (1974)
- पर्यावरण विभाग (1980)
- पर्यावरण और वन मंत्रालय (MoEF) (1985)
- राष्ट्रीय पर्यावरण अपीलीय प्राधिकरण (NEAA) (1997)
- राष्ट्रीय जैव विविधता प्राधिकरण (NBA) (2002)

पर्यावरण विधान (Environmental Legislation):

- पर्यावरण (संरक्षण) अधिनियम, 1986 (EPA)
- वन्यजीव संरक्षण अधिनियम, 1972
- जल (प्रदूषण निवारण और नियंत्रण) अधिनियम, 1974
- वायु (प्रदूषण निवारण और नियंत्रण) अधिनियम, 1981
- वन संरक्षण अधिनियम, 1980
- जैव विविधता अधिनियम, 2002

पर्यावरण (संरक्षण) अधिनियम (Environment Protection Act) - 1986

यह अधिनियम भोपाल गैस त्रासदी के पश्चात विधानित किया गया था। यह भारत भर में पर्यावरण संरक्षण का समन्वय करता है। यह पर्यावरणीय मानकों को शामिल करता है, अत्यधिक प्रदूषक निर्वहन को प्रतिबंधित करता है, और जोखिमपूर्ण पदार्थों के विनियमन को नियंत्रित करता है। दंड में कारावास और जुर्माना शामिल हैं। अधिनियम प्रदूषण अपराधों के विरुद्ध जन शिकायतों की अनुमति भी देता है।

- **प्रदूषण की रोकथाम:** अधिनियम सरकार को पर्यावरण प्रदूषण को रोकने, नियंत्रित करने और कम करने का अधिकार देता है।
- **प्रदूषक निर्वहन का विनियमन:** विभिन्न स्रोतों से उत्सर्जन और निर्वहन को नियंत्रित करने में अधिनियम की अधिकारिता को पहचानें।
- **जोखिमपूर्ण पदार्थों का प्रबंधन:** जोखिमपूर्ण पदार्थों को संभालने, उनके निर्माण, भंडारण और निपटान के लिए मानकों की स्थापना में अधिनियम की भूमिका को नोट करें।
- **केंद्रीय सरकार की भूमिका:** केंद्रीय सरकार की अधिनियम के तहत आवश्यक कार्यवाही करने और विनियम निर्धारित करने की अधिकारिता के बारे में जागरूक रहें।
- **दंड:** अधिनियम का उल्लंघन करने के परिणामों को समझें, जिसमें जुर्माने और कारावास शामिल हैं।
- **पारिस्थितिकी संवेदनशील क्षेत्र:** अधिनियम किसी क्षेत्र को पारिस्थितिकी संवेदनशील घोषित कर सकता है, इन क्षेत्रों में औद्योगिक गतिविधियों पर प्रतिबंध लगाते हुए।
- **जन सहभागिता:** अधिनियम में पर्यावरण संरक्षण निर्णयों में जन सुनवाई और सहभागिता के प्रावधान को उजागर करें।
- **कानूनी ढांचा:** पहचानें कि अधिनियम पर्यावरण संरक्षण और संरक्षण के लिए एक कानूनी आधार प्रदान करता है, सरकारी निकायों के बीच समन्वय को सुविधाजनक बनाता है।
- **भारतीय पर्यावरणीय शासन में महत्व:** EPA के महत्व को स्वीकार करें जो भारत में पर्यावरणीय शासन के लिए एक आधार स्थापित करता है।

जेनेटिक इंजीनियरिंग मूल्यांकन समिति (Genetic Engineering Appraisal Committee - GEAC)

- **शीर्ष निकाय:** GEAC पर्यावरण, वन और जलवायु परिवर्तन मंत्रालय (MoEF) के अंतर्गत एक शीर्ष निकाय है जो जेनेटिक इंजीनियरिंग गतिविधियों को नियंत्रित करता है।
- **उत्तरदायित्व:** GEAC आनुवंशिक रूप से संशोधित जीवों (GMOs) की सुरक्षा का मूल्यांकन करने के लिए जिम्मेदार है। यह समिति उन GMOs की पर्यावरणीय और स्वास्थ्य संबंधी सुरक्षा का मूल्यांकन करती है जिन्हें व्यापारिक उपयोग, शोध और विकास, और उत्पादन के लिए भारत में लाया जाना है।

GEAC की भूमिका और उत्तरदायित्वों में शामिल है:

- **GMOs की समीक्षा और मंजूरी:** यह समिति नए GMOs के प्रस्तावों की समीक्षा करती है और उन्हें वाणिज्यिक रिलीज या प्रयोगात्मक उपयोग के लिए मंजूरी देती है।
- **जोखिम मूल्यांकन:** GEAC जैव सुरक्षा और जोखिम मूल्यांकन करती है ताकि सुनिश्चित किया जा सके कि GMOs का पर्यावरण और मानव स्वास्थ्य पर कोई नकारात्मक प्रभाव न हो।
- **नियमन और निगरानी:** यह जेनेटिक इंजीनियरिंग नियमों और दिशा-निर्देशों को लागू करने और निगरानी करने में मदद करती है।
- **सार्वजनिक जागरूकता और पारदर्शिता:** GEAC सार्वजनिक परामर्श और सूचना प्रदान करने के लिए प्रयास करती है ताकि जनता जेनेटिक इंजीनियरिंग संबंधी मामलों पर सूचित निर्णय ले सके।

इस प्रकार, GEAC भारत में जेनेटिक इंजीनियरिंग और जैव प्रौद्योगिकी संबंधित गतिविधियों के नियमन और सुरक्षित कार्यान्वयन में महत्वपूर्ण भूमिका निभाती है।

राष्ट्रीय हरित न्यायाधिकरण (NGT)

NGT एक पर्यावरण संबंधित मामलों के लिए एक विशेष न्यायालय है जो भारत सरकार द्वारा पर्यावरण संरक्षण अधिनियम, 1986 की धारा 3(3) के तहत अक्टूबर 2010 में स्थापित किया गया था। NGT का उद्देश्य पर्यावरण कानूनों के प्रभावी कार्यान्वयन और पर्यावरण अधिकारों की रक्षा करना है।

NGT के निर्णयों में से कुछ महत्वपूर्ण निर्णय हैं:

1. दिल्ली में 10 वर्ष से अधिक पुराने डीजल वाहनों के पंजीकरण को रद्द करने और 15 वर्ष से अधिक पुराने डीजल वाहनों को स्क्रैप करने का आदेश।
2. दिल्ली में 2000 cc से अधिक क्षमता वाले डीजल वाहनों के पंजीकरण पर रोक लगाने का आदेश, जिसे बाद में केंद्र सरकार के ग्रीन सेस लगाने के आश्वासन के बाद वापस ले लिया गया।

3. गंगा नदी को प्रदूषण से मुक्त करने के लिए एक व्यापक कार्य योजना तैयार करने का आदेश।
4. महाराष्ट्र में कांजूरमार्ग के पास पर्यावरणीय रूप से संवेदनशील क्षेत्र में एक खनन परियोजना को रोकने का आदेश।

NGT के निर्णयों ने पर्यावरण संरक्षण के लिए महत्वपूर्ण कदम उठाए हैं और पर्यावरण कानूनों के प्रभावी पालन में मदद की है।

राष्ट्रीय जलवायु परिवर्तन कार्य योजना (NAPCC - National Action Plan on Climate Change)

NAPCC को 2008 में भारत सरकार द्वारा जलवायु परिवर्तन और इसके देश पर प्रभावों से निपटने के लिए आरंभ किया गया था। NAPCC एक व्यापक योजना है जो भारत के जलवायु परिवर्तन लक्ष्यों को हासिल करने के लिए आठ मिशनों को रेखांकित करती है।

1. **सतत विकास (Sustainable Development):** इसका ध्यान आर्थिक विकास और गरीबी उन्मूलन पर है, जिसे समझौता नहीं किया जाएगा।
2. **समानता (Equity):** उत्तर-दक्षिण विभाजन जैसी समस्याएं हैं जो हमें एक भेद्य समुदाय बनाती हैं। NAPCC का उद्देश्य एक निष्पक्ष और समान जवाब प्रोत्साहित करना है।
3. **सावधानी और रोकथाम (Precaution and Prevention):** जलवायु परिवर्तन से अपरिवर्तनीय क्षति को रोकने के लिए सावधानीपूर्वक दृष्टिकोण आवश्यक है। NAPCC रोकथाम और अनुकूलन रणनीतियों पर बल देता है।
4. **सह-लाभ (Co-benefits):** वायु गुणवत्ता में सुधार, ऊर्जा सुरक्षा, और जल प्रबंधन से सभी हितधारकों को समान लाभ हैं।
5. **अंतर्राष्ट्रीय सहयोग (International Cooperation):** भारत जलवायु परिवर्तन की वैश्विक प्रकृति और अंतर्राष्ट्रीय सहयोग की आवश्यकता को पहचानता है, और NAPCC प्रभावी साझेदारियों और क्रियाओं को बढ़ावा देने का प्रयास करता है।

NAPCC भारत में जलवायु परिवर्तन से निपटने के लिए एक महत्वपूर्ण पहल है, जिसका उद्देश्य देश के विकास और पर्यावरणीय संरक्षण की आवश्यकताओं के बीच संतुलन स्थापित करना है। यह जलवायु परिवर्तन की चुनौतियों के लिए एक व्यापक और एकीकृत दृष्टिकोण प्रदान करता है और देश के सतत विकास को समर्थन देता है।

NAPCC मिशन

1. **राष्ट्रीय सौर मिशन (NSM – 2010):** छैड का मुख्य उद्देश्य भारत को सौर ऊर्जा में एक नेता के रूप में स्थापित करना था। मिशन ने मूल रूप से 2022 तक 20 GW सौर शक्ति प्राप्त करने का लक्ष्य रखा था, जिसे बाद में 100 GW तक बढ़ाया गया। इस मिशन को केंद्रित और विकेंद्रीकृत सौर प्रौद्योगिकी प्रसार पर ध्यान केंद्रित करते हुए तीन चरणों में लागू किया जा रहा है: चरण 1 (2012-13 तक), चरण 2 (2013-17), और चरण 3 (2017-22)।
2. **राष्ट्रीय मिशन ऊर्जा दक्षता के लिए (NMEEE -2011):** NMEEE नवाचारी और सतत व्यापार मॉडल पर ध्यान केंद्रित करता है जिसमें Perform, Achieve and Trade (PAT), Market Transformation for Energy Efficiency (MTEE), Energy Efficiency Financing Platform (EEFP), और Framework for Energy Efficient Economic Development (FEEED) शामिल हैं।
3. **राष्ट्रीय मिशन सतत आवास के लिए (NMSH -2010):** NMSH ऊर्जा-दक्ष शहरी नियोजन, शहरी बस्तियों के मानकों के विकास पर ध्यान केंद्रित करता है। इसमें शहरी योजनाओं में जलवायु परिवर्तन, अनुकूलन और शमन की चुनौतियों का ध्यान रखने की आवश्यकता है। इसमें दीर्घकालिक, ऊर्जा-दक्ष परिवहन नियोजन भी शामिल है।
4. **राष्ट्रीय जल मिशन (NWM -2011):** यह मिशन जल संरक्षण, कुशल जल उपयोग, अपव्यय को कम करने और समान वितरण पर ध्यान केंद्रित करता है। इसका उद्देश्य विभिन्न उपायों जैसे कि भिन्न मूल्य निर्धारण, समुद्री जल के उपयोग के लिए कम तापमान वाले विशुद्धिकरण आदि के माध्यम से जल उपयोग दक्षता में 20% वृद्धि करना है।
5. **राष्ट्रीय मिशन हिमालयन इकोसिस्टम को संरक्षित करने के लिए (NMSHE - 2010):** इसे 2014 में सरकार की मंजूरी मिली। यह मिशन हिमालय क्षेत्र की जैव विविधता की रक्षा करने और हिमनदों के पिघलने को रोकने का लक्ष्य रखता है। यह वन्यजीव संरक्षण, मानव और ज्ञान क्षमता निर्माण, संस्थागत क्षमता वर्धन, नीति-आधारित शासन, और स्व-शिक्षण प्रणालियों पर ध्यान केंद्रित करता है।
6. **राष्ट्रीय मिशन ग्रीन इंडिया के लिए (NMGI – 2014):** यह केंद्रीय प्रायोजित योजना के रूप में, कार्बन सिक्वेस्ट्रेशन और भंडारण, हाइड्रोलॉजिकल सेवाएं, और जैव विविधता पर ध्यान केंद्रित करती है। यह ईंधन, चारा, और गैर-वन वन उत्पादों जैसी प्रावधान सेवाओं पर भी ध्यान केंद्रित करती है। इसका उद्देश्य 2030 तक भारत की वन क्षेत्रफल को 2.5% बढ़ाना है।
7. **राष्ट्रीय मिशन सतत कृषि के लिए (NMSA-2014-15):** NMSA कृषि को अधिक उत्पादक, सतत, लाभदायक और जलवायु.लचीला बनाने का लक्ष्य रखता है। इसमें एकीकृत कृषि प्रणालियाँ, मिट्टी और नमी संरक्षण उपाय, कुशल जल प्रबंधन प्रथाएँ, और वर्षा-आधारित प्रौद्योगिकी मुख्यधारामय करना शामिल है।
8. **राष्ट्रीय मिशन जलवायु परिवर्तन के लिए सामरिक ज्ञान (NMSKCC - 2009):** यह मिशन जलवायु परिवर्तन की चुनौतियों का सामना करने के लिए एक गतिशील ज्ञान प्रणाली बनाने का लक्ष्य रखता है और पारिस्थितिकी सुस्थिर विकास के लिए राष्ट्रीय क्रियाओं का समर्थन करता है।

अतिरिक्त मिशन (Additional Missions)

- **राष्ट्रीय सीबकथॉर्न मिशन (National Mission on Seabuckthorn):** यह 2018 में प्रस्तावित किया गया था लेकिन अभी तक औपचारिक रूप से आरंभ नहीं किया गया है। यह मिशन उच्च ऊंचाई वाले, ठंडे रेगिस्तानी पारिस्थितिकी तंत्रों में सीबकथॉर्न की खेती पर केंद्रित है, जिसे इसके औषधीय और पोषण संबंधी गुणों के लिए जाना जाता है।
- **राष्ट्रीय बायो-एनर्जी मिशन (National Bio-Energy Mission):** यह एक केंद्रीय प्रायोजित योजना है जिसे 2008 में भारत में MNRE द्वारा सतत ऊर्जा उत्पादन के लिए बायोएनर्जी स्रोतों के उपयोग को बढ़ावा देने के लिए आरंभ किया गया था। इसमें BioCNG भी शामिल है।

राष्ट्रीय हाइड्रोजन और अमोनिया मिशन (National Hydrogen And Ammonia Mission - 2021)

हाइड्रोजन ऊर्जा विकास के आरंभिक चरण में है, और NHM भारत के ऊर्जा संक्रमण के लिए अपार संभावनाएं रखता है। मुख्य उद्देश्य भारत को हाइड्रोजन ऊर्जा में एक वैश्विक नेता बनाना और 2047 तक, जब भारत अपनी स्वतंत्रता की शताब्दी पूरी करता है, ऊर्जा आत्मनिर्भरता प्राप्त करना है।

1. **स्वच्छ ऊर्जा उत्पादन:** यह पानी के इलेक्ट्रोलिसिस के माध्यम से हरित हाइड्रोजन का उत्पादन करने पर केंद्रित है।

   हाइड्रोजन उत्पादन के ढंग:

   - **हाइड्रोकार्बन से:**
     1. **स्टीम मीथेन रिफॉर्मिंग:** प्राकृतिक गैस से प्राप्त मीथेन का उपयोग करके।
     2. **पार्शियल ऑक्सीडेशन:** हाइड्रोकार्बन ईंधन (जैसे प्राकृतिक गैस, तेल, या कोयला) का ऑक्सीकरण।
     3. **कोयला गैसीकरण:** कोयले को गैस (सिंथेसिस गैस) में बदलना।
   - **नवीकरणीय स्त्रोतों से:**
     1. **इलेक्ट्रोलिसिस:** पानी को हाइड्रोजन और ऑक्सीजन में विभाजित करना, जहां इस्तेमाल की गई बिजली नवीकरणीय विंड या सोलर पावर से प्राप्त होती है।
     2. **फोटोलिसिस:** सूर्य की रोशनी का उपयोग करके सीधे पानी को हाइड्रोजन और ऑक्सीजन में विभाजित करना।
2. **महत्वाकांक्षी लक्ष्य:** 2030 तक 5 मिलियन टन हरित हाइड्रोजन का उत्पादन करना है। यह 500 GW के अक्षय ऊर्जा लक्ष्य को हासिल करने में मदद कर सकता है। इसके लिए $100 बिलियन का निवेश आवश्यक है।
3. **क्षेत्रीय फोकस:** इसका ध्यान परिवहन और औद्योगिक क्षेत्रों पर है, विशेष रूप से स्टील और रसायनों पर। हाइड्रोजन ईंधन सेल वाहनों (FCVs) में अपार संभावनाएं हैं।
4. **कम कार्बन भविष्य:** हाइड्रोजन ईंधन जब ऑक्सीजन के साथ जलाया जाता है तो वह एक शून्य-उत्सर्जन ईंधन होता है। इसका उपयोग ईंधन सेल या आंतरिक दहन इंजनों में किया जा सकता है। यह अंतरिक्ष यान प्रणोदन के लिए भी ईंधन के रूप में उपयोग किया जाता है।
5. **पार करने के लिए चुनौतियां:** वर्तमान में, हाइड्रोजन उत्पादन उससे अधिक ऊर्जा का उपभोग करता है जितना यह उत्पन्न करता है। इस दक्षता अंतर को पाटना आवश्यक है।
6. **इन्फ्रास्ट्रक्चर और नीति समर्थन की आवश्यकता:** हाइड्रोजन उत्पादन, भंडारण, और वितरण के लिए आवश्यक है।
7. **नवाचार और सहयोग:** हमें अधिक शोध, साझा तकनीक, निवेश, और सहयोगी अनुसंधान प्रयासों के लिए वैश्विक साझेदारियों को बढ़ावा देने की आवश्यकता है।
8. **पायलट परियोजनाएं:** परिवहन, उद्योग, और ऊर्जा क्षेत्रों में कई पायलट परियोजनाएं हाइड्रोजन प्रौद्योगिकियों को मान्य करने और पैमाने पर लाने के लिए चल रही हैं, जो मिशन की प्रगति में सहायक होंगी।

हरा अमोनिया (Green Ammonia): हरा अमोनिया एक सतत रूप से उत्पन्न होने वाला रासायनिक पदार्थ है, जिसका प्रमुख उपयोग नाइट्रोजेन उर्वरकों का निर्माण करने में होता है, जिससे कार्बन-न्यूट्रल कृषि क्षेत्र को समर्थन मिलता है। इसकी संभावना कृषि के परे है, क्योंकि यह जहाजों के लिए एक जलवायु-मित्र ईंधन के रूप में भी कार्य कर सकता है और साथ ही पॉवर इंजनों के लिए भी।

उत्पादन प्रक्रिया: हरा अमोनिया का उत्पादन जल विद्युत तरंगों जैसे हाइड्रो, सोलर, या विंड पॉवर जैसे नवाचारिक ऊर्जा स्त्रोतों द्वारा चलाई जाने वाली पानी के इलेक्ट्रोलाइसिस से प्राप्त होने वाले हाइड्रोजन का उपयोग करते हैं। आकाश से अलग किया गया नाइट्रोजन फिर हेबर प्रक्रिया में इस हाइड्रोजन के साथ मिलाया जाता है ताकि अमोनिया उत्पन्न हो सके।

जैव विविधता सम्मेलन (CONFERENCE ON BIOLOGICAL DIVERSITY - CBD)

CBD पृथ्वी के अनमोल और विविध प्राकृतिक संसाधनों को समझने, संरक्षित करने और सतत ढंग से उपयोग करने के लिए एक वैश्विक प्रतिबद्धता का प्रतिनिधित्व करता है। यह सभी जीवन रूपों के आपस में जुड़े होने और पारिस्थितिक संतुलन बनाए रखने में उनकी भूमिका पर बल देता है।

इसमें जानवर, पौधे, कवक और सूक्ष्मजीव शामिल हैं। इन प्रजातियों की जटिल अंतर्निर्भरता पारिस्थितिकी तंत्र में पारिस्थितिक संतुलन बनाए रखने के लिए महत्वपूर्ण है।

CBD विश्व की सतत विकास के प्रति बढ़ती प्रतिबद्धता से प्रेरित था। यह 1988 में जैव विविधता पर संयुक्त राष्ट्र पर्यावरण के विशेषज्ञों की तदर्थ बैठक से पहले आया था और 1992 नैरोबी सम्मेलन के दौरान इसे और आकार दिया गया था।

मुख्य लक्ष्य: ये निम्नलिखित तीन हैं:

1. जैव विविधता का संरक्षण
2. इसके घटकों का सतत उपयोग
3. आनुवंशिक संसाधनों से उत्पन्न होने वाले लाभों का निष्पक्ष और न्यायसंगत बंटवारा

इसके अनुसार, CBD को 1992 में रियो डी जनेरियो में पृथ्वी शिखर सम्मेलन में हस्ताक्षर के लिए खोला गया था और दिसम्बर 1993 में लागू हुआ।

जैव विविधता का दायरा: यह पारिस्थितिकी तंत्र, प्रजातियां और आनुवंशिक संसाधनों सहित जैव विविधता के सभी स्तरों को शामिल करता है। जबकि लगभग 1.75 मिलियन प्रजातियों की पहचान की गई है, वैज्ञानिकों का अनुमान है कि वास्तविक संख्या 3 से 100 मिलियन तक है, जो प्रत्येक प्रजाति के भीतर विशाल आनुवंशिक विविधता को दर्शाता है।

मुख्य प्रोटोकॉल

CBD सम्मेलन द्विवार्षिक रूप से होते हैं, जिसमें महत्वपूर्ण बैठकों में 2012 में भारत के हैदराबाद में सम्मेलन, 2018 में मिस्र के शर्म एल- शेख में संयुक्त राष्ट्र जैव विविधता सम्मेलन और 2022 में चीन के कुन्मिंग में बैठक शामिल है, जिनके बारे में आने वाले अनुच्छेदों में चर्चा की जाएगी:

कार्टाजेना प्रोटोकॉल ऑन बायोसेफ्टी (Cartagena Protocol on Biosafety - 2000)

यह प्रोटोकॉल आधुनिक जैव प्रौद्योगिकी के परिणामस्वरूप जीवित संशोधित जीवों (LMOs) के हस्तांतरण को नियंत्रित करता है, जिसका उद्देश्य LMOs द्वारा उत्पन्न संभावित जोखिमों से जैव विविधता की रक्षा करना है।

नागोया प्रोटोकॉल (Nagoya Protocol - 2010): लाभों का निष्पक्ष बंटवारा

नागोया प्रोटोकॉल आनुवंशिक संसाधनों और संबंधित प्रौद्योगिकियों के उपयोग से उत्पन्न होने वाले लाभों के निष्पक्ष और न्यायसंगत बंटवारे पर केंद्रित है। यह जैव विविधता पर संयुक्त राष्ट्र सम्मेलन (CBD) का पूरक एक अंतरराष्ट्रीय समझौता है। इसे 2010 में अपनाया गया था और 2014 में लागू हुआ।

पहुंच और लाभ-बंटवारा (ABS): आइए निम्नलिखित पहलुओं का अवलोकन करें:

1. **आनुवंशिक संसाधन (GRs):** GRs दवाओं, भोजन और सौंदर्य प्रसाधनों सहित कई उत्पादों और सेवाओं के लिए मूल कच्चा माल है। GR बायोट्रेड पहल से जुड़ा हुआ है।

'फेयरवाइल्ड स्टैंडर्ड', ABS और GR से जुड़ा हुआ, यह एक प्रमाणन योजना है जो सुनिश्चित करती है कि जंगली-एकत्रित GRs को टिकाऊ और नैतिक तरीके से काटा जाए।

2. **पारंपरिक ज्ञान (TK):** TK वह ज्ञान है जो स्वदेशी लोगों और स्थानीय समुदायों ने पीढ़ियों से GRs के गुणों और उपयोगों के बारे में संचित किया है।

ABS यह सुनिश्चित करने का प्रयास करता है कि GRs और TK उन्हीं देशों के साथ उन संसाधनों के लाभों को साझा करें जो उन्हें प्रदान करते हैं। उन देशों को अपने संसाधनों और ज्ञान के उपयोग के लिए उचित मुआवजा दिया जाना चाहिए।

प्रोटोकॉल पूर्व सूचित सहमति (PIC) और परस्पर सहमत शर्तों (MAT) के लिए भी एक रूपरेखा स्थापित करता है, जो स्वदेशी लोगों और स्थानीय समुदायों के अधिकारों के लिए दो महत्वपूर्ण सुरक्षा उपाय हैं।

नागोया प्रोटोकॉल में अनुपालन सुनिश्चित करने के लिए कई प्रावधान हैं।

आइची जैव विविधता लक्ष्य टास्क फोर्स (ABTTF - Aichi Biodiversity Targets Task Force):

ABTTF जैव विविधता के लिए 2011-2020 की रणनीतिक योजना को लागू करने के लिए अंतरराष्ट्रीय प्रयासों का समन्वय करता है। यह विभिन्न एजेंसियों और संगठनों जैसे कि जीरो एक्सटिंक्शन, बर्डलाइफ, CITES, FAO, GEF, IUCN, UNEP और अन्य को शामिल करता है। ये 20 वैश्विक लक्ष्य हैं जो जैव विविधता संरक्षण के लिए निर्धारित किए गए हैं और इन्हें 2010 में CBD द्वारा अपनाया गया था। इनमें से कुछ लक्ष्य इस प्रकार हैं:

1. **भूमि और आंतरिक जल क्षेत्रों का संरक्षण:** कम से कम 17% भूमि और आंतरिक जल क्षेत्रों, और 10% समुद्री और तटीय क्षेत्रों का संरक्षण किया जाना।
2. **क्षतिग्रस्त पारिस्थितिक तंत्रों का सुधार:** 2020 तक कम से कम 15% क्षतिग्रस्त पारिस्थितिक तंत्रों का सुधार करना।

इसके अलावा, ABTTF के प्रमुख कार्य हैं:

- **समन्वय:** विभिन्न संगठनों और एजेंसियों के साथ समन्वय करना ताकि जैव विविधता संरक्षण के लिए वैश्विक प्रयासों को मजबूत किया जा सके।
- **निगरानी और मूल्यांकन:** लक्ष्यों की प्रगति की निगरानी करना और मूल्यांकन करना, ताकि समय पर उपयुक्त समायोजन और सुधार किए जा सकें।
- **जागरूकता बढ़ाना:** जैव विविधता संरक्षण के महत्व के बारे में जागरूकता बढ़ाना और इसे व्यापक जनसंख्या तक पहुँचाना।
- **सहयोग और साझेदारी:** विश्वव्यापी जैव विविधता संरक्षण के लिए अंतर्राष्ट्रीय सहयोग और साझेदारियां स्थापित करना।

ABTTF जैव विविधता संरक्षण के लिए वैश्विक प्रयासों में एक महत्वपूर्ण घटक है, और इसका उद्देश्य प्राकृतिक विश्व की सुरक्षा और संवर्धन करना है।

कुनमिंग-मॉन्ट्रियल ग्लोबल बायोडायवर्सिटी फ्रेमवर्क (GBF - Kunming-Montreal Global Biodiversity Framework)

दिसम्बर 2022 में संयुक्त राष्ट्र जैव विविधता सम्मेलन (COP15) में देशों द्वारा जैव विविधता संकट से निपटने के लिए किए गए प्रतिबद्धताओं का यह समूह है। प्रकृति संकट के प्रमुख चालक हैं:

1. **भूमि और समुद्र के उपयोग में परिवर्तन:** GBF प्राकृतिक आवासों को कृषि और अन्य मानवीय उपयोगों में परिवर्तन को कम करने का आह्वान करता है। यह क्षतिग्रस्त आवासों की पुनर्स्थापना के लिए भी कहता है। कृषि अकेले विलुप्ति के खतरे में 28,000 प्रजातियों में से 85 प्रतिशत के लिए एक खतरा है।
   - **याद रखने योग्य लक्ष्य:** 2030 तक ग्रह की 30% भूमि और 30% समुद्री क्षेत्रों की सुरक्षा।
2. **जलवायु परिवर्तन:** वैश्विक स्तर पर लगभग एक में छह प्रजातियों को वैश्विक वार्मिंग से खतरा है। GBF मानता है कि जलवायु परिवर्तन जैव विविधता के लिए एक प्रमुख खतरा है। यह ग्रीनहाउस गैसों के उत्सर्जन को कम करने और जलवायु परिवर्तन के अनुकूल इकोसिस्टम को मदद करने के लिए कार्रवाई की मांग करता है।
3. **प्रदूषण:** GBF कीटनाशकों और अन्य प्रदूषकों के उपयोग को कम करने का आह्वान करता है जो जैव विविधता को हानि पहुँचाते हैं। कीटनाशकों का उपयोग पौधे और कीटों की गिरावट का 'मुख्य कारण' है।
   - **याद रखने योग्य लक्ष्य:** 2030 तक कीटनाशकों का उपयोग 50% कम करना।
4. **प्राकृतिक संसाधनों का सीधा दोहन:** GBF प्राकृतिक संसाधनों के अधिक स्थायी उपयोग के लिए कहता है। भूमि और समुद्रों की गिरावट को रोकने और उलटने से एक मिलियन खतरे में पड़ी प्रजातियों की हानि को रोका जा सकता है।
   - **याद रखने योग्य लक्ष्य:** 2030 तक क्षतिग्रस्त पारिस्थितिक तंत्रों का 30% बहाल करना।
5. **आक्रामक प्रजातियां:** GBF आक्रामक प्रजातियों की रोकथाम और नियंत्रण के लिए कहता है। यह उन पारिस्थितिक तंत्रों की बहाली के लिए भी कहता है जो आक्रामक प्रजातियों से क्षतिग्रस्त हो गए हैं।

GBF का उद्देश्य प्रकृति संकट को संबोधित करना और जैव विविधता की रक्षा और बहाली के लिए वैश्विक समुदाय को एक साथ लाना है। यह समग्र रूप से हमारे प्राकृतिक वातावरण की रक्षा और संरक्षण में एक महत्वपूर्ण कदम है।

अन्य जैव विविधता अधिनियम और IUCN व उसकी विभिन्न श्रेणियाँ

- **अंतरराष्ट्रीय संरक्षण प्रकृति संघ (IUCN - International Union for Conservation of Nature):** IUCN की स्थापना 1948 में हुई थी। इसका मुख्यालय ग्लैंड, स्विट्जरलैंड में है। यह प्रकृति के संरक्षण और प्राकृतिक संसाधनों के सतत उपयोग को समर्पित एक वैश्विक सदस्यता संघ है। यह सरकारों, नागरिक समाज संगठनों, व्यापारों, और आदिवासी लोगों के साथ मिलकर सबसे दबावपूर्ण पर्यावरणीय चुनौतियों के समाधान विकसित और कार्यान्वित करता है।
- **IUCN श्रेणियाँ:** इनमें विलुप्त, संकटग्रस्त, संवेदनशील आदि शामिल हैं। भारत की समृद्ध जैव विविधता विभिन्न मानवजनित गतिविधियों के कारण खतरे में है, जैसे कि आवास हानि, शिकार, और प्रदूषण। लाल सूची में उन प्रजातियों को वर्गीकृत किया जाता है जिन्हें विलुप्ति का उच्च जोखिम है।
- **लाल डेटा पुस्तक (Red Data Book):** यह IUCN द्वारा विकसित की गई है और यह उन प्रजातियों की सूची है जो विलुप्ति के खतरे में हैं। लाल डेटा पुस्तकों का उपयोग संकटग्रस्त प्रजातियों की दुर्दशा के प्रति जागरूकता बढ़ाने और देशों को संरक्षण प्रयासों को प्राथमिकता देने में मदद करने के लिए किया जाता है।
- **IUCN लाल सूची वर्गीकरण:**
  - **न्यूनतम चिंता (Least Concern - LC):** स्तनधारी प्रजातियों का 40%

- **लगभग संकटग्रस्त (Near Threatened - NT):** स्तनधारी प्रजातियों का 17%
- **संवेदनशील (Vulnerable - VU):** स्तनधारी प्रजातियों का 11%
- **संकटग्रस्त (Endangered - EN):** स्तनधारी प्रजातियों का 6%
- **अत्यंत संकटग्रस्त (Critically Endangered - CR):** स्तनधारी प्रजातियों का 1%
- **जंगल में विलुप्त (Extinct in the Wild - EW):** स्तनधारी प्रजातियों का 1%
- **आंकड़ा अपर्याप्त (Data Deficient - DD):** स्तनधारी प्रजातियों का 24%

- **विभिन्न वैज्ञानिक समूहों में संकटग्रस्त प्रजातियों का वैश्विक औसत:** उभयचर (41%), पक्षी (13%), शंकुधारी वृक्ष (34%), मूंगा (31%), साइकैड्स (65%), मछली (30%), स्तनधारी (25%), सरीसृप (21%), शार्क (32%)।

ये विश्वव्यापी आंकड़े और वर्गीकरण न केवल जैव विविधता की संकटपूर्ण स्थिति को दर्शाते हैं, बल्कि इन प्रजातियों और उनके आवासों के संरक्षण के लिए तत्काल और समन्वित प्रयासों की आवश्यकता को भी बताते हैं।

वन्यजीव और वनस्पति की संकटग्रस्त प्रजातियों के अंतर्राष्ट्रीय व्यापार पर सम्मेलन (Convention on International Trade in Endangered Species of Wild Fauna and Flora - CITES) -1973

- **उद्देश्य:** वन्यजीवों और वनस्पतियों की संकटग्रस्त प्रजातियों की रक्षा करना।
- **दृष्टिकोण:** CITES यह सुनिश्चित करने के लिए बनाया गया था कि वन्य जीवों और वनस्पतियों में अंतर्राष्ट्रीय व्यापार उनके अस्तित्व को खतरा नहीं बनाए। यह व्यापार को पूरी प्रकार से प्रतिबंधित करने के बारे में नहीं है, बल्कि यह सुनिश्चित करने के बारे में है कि यह स्थायी हो और जंगली प्रजातियों के अस्तित्व की संभावनाओं को हानि न पहुंचाए।

बासेल सम्मेलन (Basel Convention, 1989):

- **उद्देश्य:** जोखिमपूर्ण अपशिष्टों की देशों के बीच आवाजाही को कम करना।
- **दृष्टिकोण:** इसका लक्ष्य इन अपशिष्टों को सुरक्षित रूप से और उनके निर्माण स्थल के निकट संभालना है।

स्टॉकहोम सम्मेलन (Stockholm Convention):

- **उद्देश्य:** बहुत हानिकारक प्रदूषकों के उपयोग को कम करना और अंततः रोकना जो पर्यावरण में आसानी से नहीं टूटते।

रामसर सम्मेलन (Ramsar Convention, 1971 - Convention on Wetlands of International Importance):

- **उद्देश्य:** आर्द्रभूमियों की रक्षा करना, जो दलदल और मार्श जैसे महत्वपूर्ण प्राकृतिक क्षेत्र हैं।
- **दृष्टिकोण:** इन क्षेत्रों का बुद्धिमानी से उपयोग करने और उन्हें स्वस्थ रखने में मदद करता है।

बॉन सम्मेलन (Bonn Convention - CMS, 1979):

- **उद्देश्य:** वन्य जीवों की प्रवासी प्रजातियों का संरक्षण।
- **दृष्टिकोण:** यह विश्व के प्रमुख प्रवासी प्रजातियों के सभी राज्यों सहित 132 पक्षों के साथ काम करता है।

राष्ट्रीय हरित न्यायाधिकरण (NGT - National Green Tribunal):

- **उद्देश्य:** पर्यावरण संरक्षण मामलों, वन संरक्षण, और प्राकृतिक संसाधनों के त्वरित निपटान पर ध्यान केंद्रित करना।
- **दृष्टिकोण:** यह जटिल पर्यावरणीय विवादों को संभालने के लिए एक विशेषीकृत निकाय है।

पर्यावरण प्रभाव मूल्यांकन (EIA - Environment Impact Assessment):

- **उद्देश्य:** विकास परियोजनाओं के पर्यावरणीय प्रभावों का मूल्यांकन करना।
- **दृष्टिकोण:** भारत में इसे पर्यावरण विभाग और NCEP द्वारा देखा जाता है, जो पर्यावरणीय जोखिमों के संबंध में लागत-लाभ विश्लेषण के रूप में कार्य करता है।

सावधानी सिद्धांत (Precautionary Principle):

- **उद्देश्य:** संभावित रूप से जनता या पर्यावरण के लिए हानिकारक क्रियाओं से बचना।
- **दृष्टिकोण:** इसमें प्रदूषक भुगतान सिद्धांत (PPP) और लाभार्थी भुगतान सिद्धांत (BPP) जैसे उप-सिद्धांत शामिल हैं, जो पर्यावरणीय प्रभावों के लिए वित्तीय उत्तरदायित्व पर बल देते हैं।

ISO 14000:

- **उद्देश्य:** उत्पादों और सेवाओं में पर्यावरण प्रबंधन पर ध्यान केंद्रित करके पर्यावरणीय प्रदर्शन में सुधार करना।
- **दृष्टिकोण:** ISO 9000 की सफलता के बाद 1996 में ISO द्वारा आरंभ की गई इस श्रृंखला में पर्यावरण प्रबंधन पर ध्यान केंद्रित किया गया है।

पर्यावरण संबंधी मुख्य दिवस

04 फरवरी	विश्व कैंसर दिवस
15 मार्च	विश्व उपभोक्ता दिवस
19 मार्च	विश्व विकलांग दिवस
21 मार्च	विश्व वानिकी दिवस
22 मार्च	विश्व जल दिवस
24 मार्च	विश्व क्षय दिवस
07 अप्रैल	विश्व स्वास्थ्य दिवस
22 अप्रैल	विश्व पृथ्वी दिवस
01 मई	अंतरराष्ट्रीय श्रम दिवस
03 मई	अंतरराष्ट्रीय ऊर्जा दिवस
31 मई	विश्व तम्बाकू निषेध दिवस
05 जून	विश्व पर्यावरण दिवस
21 जून	अंतरराष्ट्रीय योग दिवस
26 जून	अंतरराष्ट्रीय नशीली दवाओं का सेवन एवं अवैध तस्करी निषेध दिवस
11 जुलाई	विश्व जनसंख्या दिवस
12 अगस्त	अंतरराष्ट्रीय युवा दिवस
24 सितम्बर	विश्व हृदय दिवस

1 अक्टूबर	राष्ट्रीय स्वैच्छिक रक्तदान दिवस
03 अक्टूबर	विश्व प्रकृति दिवस
04 अक्टूबर	विश्व पशु दिवस
16 अक्टूबर	विश्व खाद्य दिवस
14 नबम्बर	विश्व मधुमेह दिवस
14 दिसम्बर	राष्ट्रीय ऊर्जा संरक्षण दिवस (भारत)
23 दिसम्बर	किसान दिवस (भारत)

स्टॉपओवर

1. 1992 के रियो शिखर सम्मेलन, जिसे पृथ्वी शिखर सम्मेलन भी कहा जाता है, का मुख्य फोकस क्या था?
(a) वैश्विक व्यापार नीतियों और आर्थिक विकास पर चर्चा करना।
(b) वैश्विक तापमान वृद्धि और सतत विकास से संबंधित मुद्दों का समाधान करना।
(c) परमाणु शस्त्रों को कम करने पर समझौते की बातचीत करना।
(d) प्रौद्योगिकी और नवाचार साझा करने की वैश्विक रणनीति बनाना।

2. 2018 में, अंतर्राष्ट्रीय सौर गठबंधन की स्थापना पर मूल ढांचा समझौते में संशोधन किया गया था ताकि इसकी सदस्यता का दायरा बढ़ाया जा सके **[दिसम्बर 2022]**
(a) संयुक्त राष्ट्र के सभी सदस्य देशों को।
(b) सार्क देशों को।
(c) मध्य-पूर्व के देशों को।
(d) सब-सहारा अफ्रीका के देशों को।

3. पूर्व-औद्योगिक समय से वायुमंडल में कार्बन डाइऑक्साइड सांद्रता में लगभग वृद्धि का प्रतिशत क्या है?
(a) 55% (b) 50%
(c) 74% (d) 62%

4. लाल सूची के अनुसार, विश्व में संकटग्रस्त स्तनधारियों का प्रतिशत लगभग कितना है? **[दिसम्बर 2022]**
(a) 45% (b) 35%
(c) 25% (d) 50%

5. निम्नलिखित समझौता सम्मेलन और सम्मिलनों के आवश्यक कालानुक्रमिक क्रम क्या है? **[दिसम्बर 2022]**
A. पैरिस समझौता
B. मॉन्ट्रियल प्रोटोकॉल
C. क्योटो प्रोटोकॉल
D. रियो सम्मेलन

निम्नलिखित विकल्पों में से सही उत्तर चुनें:
(a) A, B, C, D
(b) B, D, C, A
(c) A, C, D, B
(d) B, C, D, A

6. क्योटो प्रोटोकॉल और पैरिस समझौते के संदर्भ में निम्नलिखित कथन/कथन सही हैं क्या?
(a) क्योटो प्रोटोकॉल के लक्ष्य केवल विकसित देशों के लिए कानूनी बाँधक थे, जबकि पैरिस समझौता सभी देशों को अपने स्वयं के अवाँछनीय लक्ष्य सेट करने की अनुमति देता है।
(b) क्योटो के अनुपालन के लिए दंड थे, पैरिस समझौता दंड नहीं लगाता।
(c) क्योटो केवल सीमित संवादकों के साथ कानूनी बाँधक था, पैरिस समझौता एक वैश्विक रूप से अपनाया गया एक अवाँछनीय समझौता है।
(d) उपर्युक्त सभी

7. 2021 में ग्लासगो में आयोजित COP 26 में अपनी प्रतिबद्धताओं के अनुसार, भारत किस वर्ष तक नेट जीरो प्राप्त करने की आशा करता है?
(a) 2030 (b) 2050
(c) 2070 (d) 2100

उत्तर 1. (b), 2. (a), 3. (d), 4. (c), 5. (b), 6. (d), 7. (c)

10 उच्च शिक्षा प्रणाली (Higher Education System)

सीखने के उद्देश्य

1. उच्च अधिगम संस्थाएं और प्राचीन भारत में शिक्षा
2. स्वतंत्रता के बाद भारत में उच्च अधिगम और शोध का उद्भव
3. भारत में प्राचीन, पारंपरिक और गैर-पारंपरिक अधिगम कार्यक्रम
4. व्यावसायिक/तकनीकी और कौशल आधारित शिक्षा
5. मूल्य शिक्षा और पर्यावरणपरक शिक्षा

"ज्ञान स्वयं में वर्तमान है, मनुष्य केवल उसका आविष्कार करता है।"

स्वामी विवेकानंद

शिक्षा—मुख्य उद्देश्य (Education-main Objective)

शिक्षा का मुख्य उद्देश्य शिक्षार्थी के व्यवहार में वांछनीय परिवर्तन लाना है। शिक्षा शिक्षार्थी के व्यक्तित्व के सर्वांगीण विकास और उसमें स्वस्थ दृष्टिकोण एवं अच्छे संस्कार सम्मिलित करने में सहायक होती है। शिक्षा के माध्यम से ही संचित ज्ञान को आने वाली पीढ़ियों को हस्तांतरित किया जा सकता है, और उसमें वृद्धि की जा सकती है। उच्च शिक्षा सामाजिक, आर्थिक, सांस्कृतिक, नैतिक और आध्यात्मिक विषयों को समझने में सक्षम बनाती है, इसके माध्यम से समाज में किसी भी प्रकार का परिवर्तन लाना सुगम हो जाता है। शिक्षा समाज में विषमताओं को कम करने का साधन भी बन सकती है। डॉ. राधा कृष्णन के अनुसार, 'शिक्षा परिवर्तन का एक साधन है, जो कार्य समाज में परिवार, धार्मिक, सामाजिक एवं राजनैतिक संस्थाओं द्वारा होता था, वह आज शिक्षण संस्थाओं द्वारा किया जा रहा है'।

शिक्षा विद्यार्थियों को विशेष ज्ञान एवं कौशल के प्रचार के माध्यम से राष्ट्रीय विकास में योगदान देती है। उच्च शिक्षा मानव संसाधन एवं जनसांख्यिकीय लाभांश (demographic dividend) में एक प्रमुख तत्व है, यह विशेष रूप से 15–59 वर्ष के आयु-वर्ग में मानव संसाधनों का अधिकतम उपयोग करने का प्रयोजन तैयार करती है। हमारी लगभग दो तिहाई जनसंख्या की आयु 35 वर्ष से कम है, जिसको शिक्षा के माध्यम से जनसांख्यिकीय लाभांश में परिवर्तित किया जा सकता है, ऐसा न कर पाना देश के लिए घातक भी हो सकता है। समाज की निरंतर परिवर्तित होती आवश्यकताओं के अनुसार शिक्षा में भी परिवर्तन अनिवार्य है।

कॉन्सेप्ट बॉक्स

अधिगम के चार स्तंभ (FOUR PILLARS OF LEARNING)

संयुक्त राष्ट्र शैक्षिक, वैज्ञानिक और सांस्कृतिक संगठन (UNESCO) के अनुसार शिक्षा/अधिगम के चार स्तभ है (Four Pillars of Education/Learning) जो कि निम्नलिखित हैं:

(Learning to 'Know')—'जानकारी के लिए' सीखना

संसार की जटिलताओं को समझना, भविष्य में सीखने के लिए पर्याप्त आधार प्रदान करना।

Learning to 'Do'—'कुछ करने के लिए' सीखना

ऐसे कौशल को प्राप्त करना, जिससे व्यक्ति प्रभावी ढंग से वैश्विक अर्थव्यवस्था और समाज में भाग लेने के लिए सक्षम हो।

Learning to 'Be'—'कुछ बनने के लिए' सीखना

स्वयं विश्लेषणात्मक और सामाजिक कौशल का विकास, ताकि अपनी क्षमता का वास्तविकीकरण किया जा सके—all round complete person.

Learning to 'Live Together'—'साथ रहने के लिए सीखना'

मानव अधिकार, लोकतांत्रिक सिद्धांतों, आदि का बोध।

औपचारिक शिक्षा प्रणाली (Formal Education System in India)

संयुक्त राष्ट्र संघ द्वारा शिक्षा के अधिकार को 'मौलिक अधिकार' के रूप में मान्यता दी गई है। भारतीय संविधान के अनुच्छेद 45 में यह स्पष्ट रूप से निर्देशित है कि सार्वभौमिक, नि:शुल्क और अनिवार्य शिक्षा प्रदान करना केंद्र और राज्य का संयुक्त उत्तरदायित्व है।

जीवन के सभी चरणों के उद्देश्य एक समान नहीं हो सकते हैं। इस तथ्य का अनुसरण करते हुए प्राथमिक, माध्यमिक और तृतीयक शिक्षा के उद्देश्यों में छात्रों की आयु, परिपक्वता, अनुभव, बच्चे की शारीरिक, मानसिक और भावनात्मक विकास के अनुसार विभिन्नता स्वाभाविक है।

औपचारिक शिक्षा प्रणाली को प्राथमिक, माध्यमिक और तृतीयक शिक्षा में वर्गीकृत किया जा सकता है। उच्च शिक्षा तृतीयक शिक्षा के अंतर्गत आती है।

भारत में उच्च शिक्षा प्रणाली की उन्नति (EVOLUTION OF HIGHER EDUCATION SYSTEM IN INDIA)

ऐसे प्रमाण हैं कि भारत में शिक्षा का उद्‌गम वैदिक युग से ही है। प्राचीन साहित्य जैसे—वेदों, ब्राह्मण और उपनिषदों, आदि का ज्ञान हमें प्राचीन ऋषियों के माध्यम से प्राप्त होता है। संसार का सबसे प्रथम विश्वविद्यालय 700 ईसा पूर्व तक्षशिला में स्थापित किया गया था, और नालंदा विश्वविद्यालय चौथी शताब्दी ईसा पूर्व में। कई भारतीय विद्वानों चरक, सुश्रुत, आर्यभट्ट, भास्कराचार्य, चाणक्य, पतंजलि, वात्सयायन आदि ने गणित, खगोल विज्ञान, भौतिक विज्ञान, रसायन विज्ञान, चिकित्सा विज्ञान, वास्तुकला, ललित कला, यांत्रिक प्रौद्योगिकी जैसे क्षेत्रों में ज्ञान के उद्‌गम और वृद्धि में योगदान दिया।

भारतीय शिक्षा प्रणाली ने जहां प्राचीन संस्कृति का संरक्षण किया और सांस्कृतिक एकता को बढ़ावा दिया, वहीं सामाजिक उत्तरदायित्व और सामाजिक मूल्यों की भावना का भी संचार किया।

भारतीय शिक्षा परंपरा में आत्मज्ञान के लिए शिक्षा, गुरु और शिष्य का पिता तुल्य संबंध, शिक्षाकाल में ब्रह्मचर्यपालन का तपस्यामय जीवन, नि:शुल्क शिक्षा तथा बौद्धिक स्वातंत्र्य, आदि भावों की प्रधानता थी। प्राचीन भारतीय शिक्षा प्रणाली दुनिया की सभी शिक्षा प्रणालियों के लिए, विशेष रूप से एशिया और यूरोप के लिए प्रेरणा का स्रोत थी। यहां के विश्वविद्यालयों में विदेशों से भी छात्र अध्ययन के लिए आते थे।

बौद्ध धर्म के आगमन के दौरान, बौद्ध धर्म का अध्ययन करने के लिए सारनाथ विश्वविद्यालय अधिगम का एक बड़ा केंद्र बन गया। अजन्ता भी अधिगम की कला, वास्तुकला एवं चित्रकारी का एक महान केंद्र था। यहां यह वर्णन योग्य है कि वर्ष 2006 में, सिंगापुर, चीन, भारत, जापान और कुछ अन्य देशों ने मिलकर नालंदा विश्वविद्यालय को पुन: स्थापित करने की घोषणा की थी।

मध्यकाल में लाहौर, दिल्ली, रामपुर, जौनपुर, बीदर और अजमेर, आदि प्रसिद्ध शिक्षा केंद्र थे। मुगल शिक्षा प्रणाली में जहां प्राथमिक एवं माध्यमिक शिक्षण केंद्र थे, वहां फतेहपुर-सीकरी, आगरा, दिल्ली और अन्य स्थानों पर कॉलेज भी स्थापित किए गए। हिंदू दर्शनशास्त्र पर आधारित शिक्षा प्रणाली भी साथ-साथ चलती रही।

हम NTA के पाठ्यक्रम के अनुसार निम्न भागों में प्राचीन शिक्षा और फिर ब्रिटिश दौर की शिक्षा की बात करेंगे। बाद में विभाजन के बाद की शिक्षा प्रणाली का वर्णन भी किया गया है।

प्राचीन भारत में शिक्षा प्रणाली

सर्वप्रथम हम शिक्षा के महत्व एवं उपयोगिता को प्राचीन शिक्षा में वर्णित गुणों से ही जान लेते हैं। हमारी सभ्यता विश्व की सर्वाधिक रोचक तथा महत्वपूर्ण

सभ्यता है। इसमें हमारी शिक्षा पद्धति का महत्वपूर्ण योगदान रहा, उसमें समय-समय पर संशोधन भी हुए। इसमें भौतिक तथा आध्यात्मिक उत्थान की अपार संभावनाएं थीं जिसके बल पर हम अपने उत्तरदायित्वों का विधिवत् निर्वाह भी करते रहे। वैदिक युग से ही इसे प्रकाश का स्रोत माना गया। भारतीय शिक्षा व्यवस्था में दर्शनवाद, संस्कृति, मतवाद, समाज एक ही बिंदु पर टिके हुए हैं, जबकि पाश्चात्य व्यवस्था में अंतर है।

सुभाषित रत्नसंदोह में कहा गया है कि 'ज्ञान मनुष्य का तीसरा नेत्र है जो उसे समस्त तत्वों के मूल को जानने में सहायता करता है तथा सही कार्यों को करने की विधि बताता है।' महाभारत में वर्णित है कि विद्या के समान नेत्र तथा सत्य के समान तप कोई दूसरा नहीं है (नास्ति विद्यासमं चक्षुनास्ति सत्यसमं तपः)।

शिक्षा या विद्या को सदैव मोक्ष का साधन माना गया है– सा विद्या या विमुक्तये। सुभाषितरत्न भण्डार के अनुसार, 'जीवन की समस्त कठिनाइयों तथा बाधाओं को दूर करने वाले ज्ञान रूपी नेत्र जिसे प्राप्त नहीं हैं वह वस्तुतः अन्धा है'।

बुद्धिर्यस्य बलं तस्य– शिक्षा द्वारा प्राप्त एवं विकसित की गई बुद्धि ही मनुष्य की वास्तविक शक्ति होती है। हम विद्या के विविध उपयोग इस प्रकार भी बता सकते हैं– यह 'माता के समान रक्षा करती है, पिता के समान हितकारी कार्यों में नियोजित करती है, पत्नी के समान दुखों को दूर कर आनन्द पहुँचाती है, यश तथा वैभव का विस्तार करती है। यह कल्पलता के समान गुणकारी है।'

विद्या, विनय प्रदान करती है, विनय से पात्रता (निपुणता) आती है, पात्रता से व्यक्ति धन प्राप्त करता है, धन से धर्म तथा अन्ततोगत्वा सुख की प्राप्ति होती है। विद्या को ऐसा धन माना गया है जो व्यय करने पर भी बराबर बढ़ता है।

यदि ब्राह्मण भी विद्या रहित है तो वह सूद के समान ही है। विद्या से विहीन व्यक्ति वस्तुतः पशु तुल्य है (विद्याविहीनः पशुः)। प्राचीन भारतीयों की दृष्टि में शिक्षा मनुष्य के सर्वांगीण विकास का साधन थी।

मात्र पुस्तकीय ज्ञान प्राप्त करना ही नहीं अपितु मनुष्य के स्वास्थ्य का ज्ञान भी शिक्षा का घटक रहा है। यह भी कहा गया है कि शास्त्रों का ज्ञाता भी मूर्ख है यदि उसने कर्मशील व्यक्ति के रूप में निपुणता प्राप्त नहीं की है।

शिक्षा के द्वारा मनुष्य आजीविका का उत्तम साधन भी प्राप्त करता है, लेकिन इसको मात्र आजीविका का साधन मानना भी हमारी दृष्टि में बहुत उत्तम नहीं माना गया। शिक्षा मनुष्य के लिए आजीवन चलने वाली वस्तु है।

ज्ञान को प्राप्त करने के दो प्रमुख ढंग होते हैं:

1. **परा:** ऐसा ज्ञान जो हमें वेदों से प्राप्त होता है—उच्चतर और आध्यात्मिक ज्ञान
2. **अपरा:** जो हमें जीवन से मिलता है—निम्न और धर्मनिरपेक्ष विज्ञान

शिक्षा व्यक्ति के शारीरिक, मानसिक, बौद्धिक तथा आध्यात्मिक उत्थान का सर्वप्रमुख माध्यम है। अध्यापक भी उस व्यक्ति को माना गया है जो सदैव विद्यार्थी भी बना रहता है ।

मूल रूप से, प्राचीन शिक्षा प्रक्रिया में तीन बुनियादी चरण शामिल थे:

1. **श्रवण:** श्रुति या श्रवण द्वारा ज्ञान प्राप्त करने की अवस्था।
2. **मनन:** यहां मनन का अर्थ विद्यार्थियों में संज्ञानात्मक योग्यता को विकसित करना है। विद्यार्थी श्रवण करते हैं, उसका स्वयं विश्लेषण करें। वह अपने शिक्षक द्वारा सिखाए गए पाठों को आत्मसात करें और अपने स्वयं के निष्कर्ष बनाएं।
3. **निदिध्यासन:** जिसका अर्थ है सत्य की समझ और उसे वास्तविक जीवन में लागू करना।

सभी लोगों के भिन्न भिन्न झुकाव होने के बावजूद जीवन का मुख्य लक्ष्य आत्म-साक्षात्कार था। संस्कृति, चरित्र और श्रेष्ठ आदर्शों का संरक्षण और उनका संवर्धन मुख्य उद्देश्य था। यहां भीतर और बाहर, दोनों का ध्यान रखकर, व्यक्ति का समग्र विकास करना ध्येय था।

वैदिक शिक्षा के तहत, शब्दों, पदों या अक्षरों के सही उच्चारण पर विशेष ध्यान दिया जाता था। भारतीय ऋषियों ने स्वयं को सुपात्र, समझदार संसार और आध्यात्मिक शक्तियों के अध्ययन के लिए समर्पित किया और उसके अनुसार अपने जीवन को भी ढाला।

छात्रों का गुरुकुल में प्रवेश औपचारिक समारोह उपनयन (दीक्षा) द्वारा किया जाता था। यह कहा जाता है कि गुरु के नए घर में, उनका दूसरा जन्म हुआ और उन्हें द्विज (दो बार जन्म) कहा जाता था। शिक्षा पांच वर्ष की आयु से 'विद्यारंभ' नामक एक समारोह से आरम्भ होती थी, यहां अक्षर सीखना और देवी सरस्वती की पूजा करना सम्मिलित रहता था।

उपनयन समारोह आठ से बारह साल की आयु के बीच शुरू होता था। उसे अब 'ब्रह्मचारी' कहा जाता था। अपनी शिक्षा समाप्त करने के बाद एक ब्रह्मचारी गृहस्थ बनने के योग्य हो जाता था।

महिलाओं के लिए भी उच्च स्तर की शिक्षा थी। घर में, वे संगीत और नृत्य सीख सकती थीं। उन्हें भी उपनयन समारोह से गुजरना पड़ता था।

यहां मत (धर्म, सदाचार या कर्तव्य) आदर्शों, प्रथाओं और आचरण का कुल संयोजन था। उन्होंने मानव जाति के 'सुम्मम बोनम' के आदर्श के प्रति समर्पण के साथ अपने कर्तव्य की पहचान की। यहां उद्देश्य 'चित्त वृत्ति निरोधा' माना गया है जो संसार की मानसिक और यथार्थपूर्ण (concrete) गतिविधियों का मिश्रण है।

चार प्रकार के वेद (FOUR TYPES OF VEDAS)

1. **ऋग्वेद:** यह सभी इंडो-यूरोपीय भाषाओं और मानवता का सर्वप्रथम कार्य है,जिसमें 'सरल जीवन और उच्च विचार' सम्मिलित हैं। गायत्री मंत्र जो कि सामवेद और यजुर्वेद में भी पाया जाता है, ज्ञान के उच्चतम बिंदु को छूता है और मानव आत्माओं को बनाए रखता है। ऋग्वेद 1028 भजनों का संग्रह है।
2. **सामवेद:** सामवेद का अर्थ है ऋग्वेद के छंदों का संग्रह। भगवान के काम में लोगों की भागीदारी है।
3. **यजुर्वेद:** यह गद्य मंत्रों का संग्रह है, हालांकि यज्ञ के अवसर पर भजनों का उच्चारण मुख्य रूप से पुजारी के पहले आदेश, हौतृ द्वारा किया जाता था।
4. **अथर्ववेद:** समय के साथ, अथर्ववेद नामक चौथे वेद को भी मान्यता दी गई थी, जहां यह सामग्री में अधिक मूल है। अधिकांश मंत्रों को ऋग्वेद से अनुकूलित नहीं किया गया है। अथर्ववेद विभिन्न कलाओं और विज्ञानों के विशद वर्णन युक्त है और पूरी तरह से धर्मनिरपेक्ष है।

ऋग्वेद में ज्ञान के क्षेत्र में लिंगों के बीच समानता को निरूपित करने के लिए ब्राह्मणवादियों को उच्च कोटि का मान लिया गया।

कालानुक्रमिक रूप से, वेदों को निम्नलिखित दो भागों में विभाजित किया जा सकता है:

1. **प्रारंभिक वेद:** (1500–1000 ईसा पूर्व) जब अधिकांश ऋग्वेद की रचना की गई थी।
2. **पूर्व-वेदांत:** (1000-600 ईसा पूर्व) शेष वेदों की रचना की थी।

वैदिक शिक्षा भी तीन प्रकार के संस्थानों, जैसे गुरुकुलों, परिषदों और सम्मेलन के साथ जारी रही। छात्र को पहला पाठ 'संध्या' और फिर 'गायत्री' का पाठ भी पढ़ाया जाता था।

वैदिक साहित्य की रचना 600 ईसा पूर्व और 200 ईसा पूर्व के मध्य की गई, तत्पश्चात 'सूत्र साहित्य' की स्थापना की गई।

जब वैदिक साहित्य का प्रसार हुआ, तो उनकी देखभाल के लिए कुछ सौहार्दपूर्ण संस्थानों की आवश्यकता थी। इसने सूत्र (धर्म सूत्र) साहित्य को सामाजिक आचरण के महान सिद्धांतों के साथ अस्तित्व में लाया। पतंजलि योग, गौतम न्याय और मीमांसा शास्त्र इसके ही उत्पाद माने जा सकते हैं।

इसके अलावा, जीवन के उचित मार्गदर्शन के लिए 'स्मृति' लिखा गया। सूत्र काल को उपनिषद काल भी कहते हैं।

यहां पर कुछ चर्चा हम बुद्ध मत की भी कर लें। बौद्ध धर्म में अधिगम के प्रति अधिक उदार दृष्टिकोण सम्मिलित था।

भगवान बुद्ध ने बड़े पैमाने पर भक्तों के लिए शिक्षा की आवश्यकता का एहसास किया। शिक्षा का विस्तार हुआ था। कुछ मठ और विहार स्थापित किए गए। बाद में, इन मठों में से कई शिक्षा के पूर्ण केंद्र बन गए, जहां भिक्षु, भिक्षुणी, सामान्य जन और विदेशियों तक को शिक्षा प्राप्ति करने का अवसर दिया गया था। नतीजतन, नालंदा और तक्षशिला अंतरराष्ट्रीय महत्व के विश्वविद्यालयों के रूप में विकसित हुए। उन्हें लोकतांत्रिक सिद्धांतों के आधार पर प्रबंधित किया गया था।

हजारों शिक्षक नियुक्त किए गए थे। कई एशियाई देशों के साथ सांस्कृतिक संबंध मुख्य रूप से इन शैक्षणिक संस्थानों और उनकी कार्य प्रणाली के कारण हैं जो सैकड़ों वर्ष पहले विद्यमान थे।

यहां आठ वर्ष की आयु का बच्चा भी अपनी शिक्षा शुरू कर देता था, जो सभी जातियों के लिए खुला था। दीक्षा समारोह के बाद, उनकी शिक्षा 'भिक्षु' के रूप में आरम्भ होती थी। उन्हें अब 'श्रमण' कहा जाता था। पाली भाषा व्यावसायिक और धार्मिक शिक्षा के लिए शिक्षा का माध्यम था।

बौद्ध धर्म की शिक्षा प्रणाली में अध्ययन के मुख्य विषयों को पिटक कहा जाता था।

1. सुत्त
2. विनय और
3. अभिधम्म

बौद्ध धर्म के तुलनात्मक ज्ञान के लिए सभी अठारह विद्यालयों के कार्यों, हेटु-विद्या, सबदा-विद्या, चिकित्सा-विद्या, आदि वेदों का भी अध्ययन किया गया था।

भारत में लिखने की कला बहुत अच्छी तरह से जानी जाती थी।

ललित विस्तार और महावस्तु जैसी बौद्ध साहित्यिक रचनाएँ विभिन्न प्रकार की लिपियों का उल्लेख करती हैं।

यह सभी संप्रदायों के लोगों के लिए अध्ययन की सामान्य योजना थी। अध्ययन के अन्य विषय कानून (धर्मशास्त्र), अंकगणित, नैतिकता, कला और वास्तुकला (शिल्पविद्या), सैन्य विज्ञान (धनुर्विद्या), प्रदर्शन कला आदि थे।

परीक्षाएं एवं उपाधियां (Examination and Degree)

वैदिक काल में आज की तरह की परीक्षाएँ नहीं होती थीं। सर्वप्रथम तो गुरु ही मौखिक रूप से प्रश्न पूछ कर यह निर्णय करते थे कि किसी शिष्य ने यथा ज्ञान प्राप्त कर लिया है अथवा नहीं। इसके बाद उन्हें विद्वानों की सभा में उपस्थित किया जाता था। ये विद्वान इन छात्रों से प्रश्न पूछते थे और सन्तुष्ट होने पर उन्हें सफल घोषित करते थे। वैदिक काल में सफल छात्रों को कोई प्रमाणपत्र नहीं दिए जाते थे, उनकी योग्यता ही उनका प्रमाणपत्र होती थी। परन्तु जो छात्र गुरुकुलों का 12 वर्षीय सामान्य पाठ्यक्रम अथवा किसी एक वेद का अध्ययन पूरा कर लेते थे उन्हें स्नातक, जो 24 वर्षीय पाठ्यक्रम (किन्हीं दो वेदों का अध्ययन) पूरा कर लेते थे उन्हें वसु, 36 वर्षीय पाठ्यक्रम (किन्हीं तीन वेदों का अध्ययन) पूरा कर लेते थे उन्हें रूद्र और जो 48 वर्षीय (चारों वेदों का अध्ययन) पूरा कर लेते थे, उन्हें आदित्य कहा जाता था।

शिक्षा के प्रमुख उद्देश्य (Major Objectives of Education)

किसी भी प्राचीन ग्रंथ में शिक्षा के उद्देश्यों का प्रत्यक्ष रूप में वर्णन करना कठिन कार्य है। इनको निम्न प्रकार से वर्णित किया जा सकता है:

1. **प्राचीन शिक्षा का चरित्र निर्माण में योगदान:** चरित्र निर्माण को भारतीय शास्त्रों में बहुत अधिक महत्व दिया गया है, इसको आभूषण माना गया है। चरित्र एवं आचरण से हीन व्यक्ति की सर्वत्र निन्दा की गयी है। 'सभी वेदों का ज्ञाता विद्वान् भी सच्चरित्रता के अभाव में श्रेष्ठ नहीं है, किन्तु केवल गायित्री मन्त्र का ज्ञाता पण्डित भी यदि वह चरित्रवान है तो श्रेष्ठ कहलाने योग्य है।'

   चरित्र निर्माण का मुख्य मार्ग सत्यकर्म करना है। इससे प्राप्त ज्ञान से नैतिक गुणों का उदय होता है और प्रेरणा भी उत्पन्न होती है। चरित्र को विद्वता से अधिक महत्वपूर्ण माना गया है।

   प्राचीन शिक्षा के अनुसार शिक्षा के माध्यम से ही मनुष्य अपनी तामसी तथा पाशविक प्रवृत्ति पर नियन्त्रण रखता है। शिक्षण के आरम्भ में ही उसे सच्चरित्र होने की प्रेरणा मिलती थी। गुरुकुल में आचार्य न केवल विद्यार्थी की बौद्धिक प्रगति, अपितु उसके नैतिक आचरण की भी निगरानी करता था ।

   विद्यार्थी समक्ष महापुरुषों जैसे हरिश्चन्द्र, राम, लक्ष्मण, सीता, सावित्री जैसे उदाहरण भी छात्र निर्माण की प्रेरणा में सहायता करते हैं। शिक्षित विद्यार्थी कालान्तर में चरित्रवान एवं आदर्श नागरिक बनते थे। भारत की यात्रा पर आने वाले विदेशी यात्रियों-मेगस्थनीज, ह्वेनसांग आदि सभी ने यहां के लोगों के नैतिक चरित्र के समुन्नत होने का प्रमाण प्रस्तुत किया है।

2. **संपूर्ण व्यक्तित्व का सर्वांगीण विकास:** प्राचीन शिक्षा का एक उद्देश्य विद्यार्थी को व्यक्तित्व के विकास का पूरा अवसर प्रदान करना था, यहां व्यक्तित्व को दबाने का कभी भी प्रयास नहीं किया गया तथा विद्यार्थी को व्यावहारिक दृष्टि से वृत्ति के चुनाव की स्वतन्त्रता रही। स्मृति ग्रन्थों में शिक्षा का प्रस्तुत विधान अधिकतर काल्पनिक एवं आदर्शवादी है, व्यावहारिक दृष्टि से उस पर आचरण बहुत कम किया गया ।

   प्राचीन शिक्षा पद्धति में विद्यार्थी के बौद्धिक विकास के साथ-साथ शारीरिक विकास का भी पूरा ध्यान रखा गया था। शिक्षा के द्वारा विद्यार्थी में आत्म-सम्मान, आत्म-विश्वास, आत्म-संयम, विवेक-शक्ति, न्याय-शक्ति आदि गुणों का उदय होता था जो उसके व्यक्तित्व को विकसित करने में सहायक थे।

   विद्याध्ययन के पूर्व उपनयन संस्कार के अवसर पर ही विद्यार्थी में आत्म-विश्वास जागृत किया जाता था। उसे यह बोध कराया जाता था कि उसके कर्तव्यों के निर्वाह तथा लक्ष्य की प्राप्ति में देवगण उसकी सहायता करेंगे। अग्नि से प्रार्थना की जाती थी कि वह उसे बुद्धि एवं शक्ति प्रदान करे। सविता उसकी शारीरिक बाधाओं को दूर करे।

   भविष्य-जीवन की कठिनाइयों का भय उसे कर्तव्य-पथ से विचलित नहीं कर सकता था। विद्यार्थी में आत्मसम्मान की भावना भी बढ़ाई जाती थी। उसे यह याद दिलाया जाता था कि वह अपने जाति एवं देश की संस्कृति का रक्षक है।

   संस्कृति का विकास तभी सम्भव है जबकि वह अपने कर्तव्यों का विधिवत् पालन करे। उसका महत्व इतना अधिक था कि राजा भी कर्तव्यपालन करने वालों का सम्मान करता, तथा ब्रह्मचारी को यथेच्छित धन प्रदान करता था। विद्यार्थी को भविष्य-जीवन की चिन्ता नहीं सताती थी। निर्वाह का उत्तरदायित्व समाज अपने कन्धों पर वहन करता था। उसका लक्ष्य स्पष्ट एवं सुनिश्चित था। यदि वह

व्यावसायिक शिक्षा ग्रहण करता तो उसकी वृत्ति पूर्व निर्धारित थी। विद्यार्थी सादा जीवन एवं उच्च विचार का आदर्श सामने रखता था।

आत्मसंयम, आत्मानुशासन तथा अपनी इन्द्रियों की उच्छृंखल प्रवृत्तियों पर नियन्त्रण रखना पड़ता था। आहार, विहार, वस्त्र, आचरण आदि सभी को उसे नियमित करना होता था। अध्यापक विद्यार्थी को प्रताड़ित करने के बजाय प्रेम एवं सद्भावना द्वारा सन्मार्ग प्रशस्त करता था।

3. **नागरिक तथा सामाजिक कर्तव्यों का बोध ज्ञान:** प्राचीन शिक्षा का उद्देश्य, व्यक्ति को नागरिक एवं सामाजिक कर्तव्यों के बोध द्वारा उसे सुयोग्य नागरिक बनाना भी था। तैत्तिरीय उपनिषद् में कर्तव्यों को इस प्रकार से रखा गया है:
   (a) सत्य बोलना
   (b) धर्म का आचरण करना
   (c) अपने परिश्रम (स्वाध्याय) में आलस्य न करना
   (d) अध्ययन-अध्यापन के कर्तव्यों की उपेक्षा न करना।
   (e) माता, पिता, आचार्य, अतिथि का सम्मान काफी महत्वपूर्ण माना गया।
   (f) केवल दोष रहित कार्यों को करना, अन्य नहीं।
   (g) लोगों के अच्छे कार्यों का अनुकरण करना।
   (h) जो कुछ भी दान करना हो, वह श्रद्धा, विश्वास, आनन्द, विनम्रता, भय तथा दयालुता से करना।

   गृहस्थ जीवन का पालन, उसमें आचार संहिताएँ भी महत्वपूर्ण मानी गईं। विभिन्न व्यवसायों जैसे कि चिकित्सक वर्ग, योद्धा वर्ग आदि में अपनी अलग-अलग आचार संहिताएँ होती थीं। विभिन्न शिल्पियों के लिये अलग-अलग आचार संहिताएँ थीं तथा अपेक्षा की जाती कि वे अपने धन का समुचित भाग परोपकार एवं जनकल्याण के कार्यों में भी व्यय करें।

4. **सामाजिक प्रसन्नता तथा कौशल की वृद्धि:** भारतीय समाज में श्रम विभाजन का सिद्धान्त स्वीकार किया गया था। पेशे प्राय: वंशानुगत होते थे। विभिन्न वर्णों के लोग अपनी-अपनी आवश्यकताओं के अनुरूप शिक्षा प्राप्त करके अपने-अपने कर्मों में निपुणता प्राप्त करते थे। गीता में वर्णित है कि 'अपने-अपने कर्मों में रत मनुष्य ही सिद्धि को प्राप्त करता है।' भारतीय शिक्षा पद्धति ने सदैव यह उद्देश्य अपने समक्ष रखा कि नई पीढ़ी के युवकों को उनके आनुवंशिक व्यवसायों में कुशल बनाया जाये। कार्य विभाजन के द्वारा विभिन्न शिल्पों और व्यवसायों में लोग निपुणता प्राप्त करने लगे जिससे सामाजिक प्रगति को बल मिला तथा समाज में सन्तुलन भी बना रहा।

5. **संस्कृति का संरक्षण तथा प्रसार:** शिक्षा संस्कृति के परिरक्षण तथा परिवर्धन का प्रमुख माध्यम थी। इसी के द्वारा प्राचीन संस्कृति वर्तमान में जीवित रही तथा पूर्वकालिक परम्पराओं में जीवनी-शक्ति रही। अत: प्राचीन शिक्षा पद्धति ने इस उद्देश्य को सम्यक् रूप से पूरा किया।

   शिक्षा का मुख्य उद्देश्य वैदिक साहित्य को सुरक्षित बनाए रखना था। एतदर्थ में यह व्यवस्था की गयी कि प्रत्येक विद्यार्थी वेदों को कण्ठस्थ करे तथा उसे अपने मस्तिष्क में सुरक्षित रखे। आचार्यों का एक वर्ग अपने पवित्र ग्रन्थों की स्मृति सुरक्षित रखने को सदा उद्यत रहता था।

   कुछ लोग काव्यशास्त्र, व्याकरण, लौकिक साहित्य, तर्कविद्या, दर्शन में निपुण होकर प्राचीन ज्ञान-विज्ञान को सुरक्षित रखते थे। भारत में वेद तथा अन्य धर्म ग्रंथ जिस प्रकार से आज तक जीवित हैं उसकी समता किसी अन्य सभ्यता में देखने को नहीं मिलती है।

   भारतीय समाज में वैदिक युग से ही तीन ऋणों का सिद्धान्त प्रचलित हुआ। इसने प्राचीन पीढ़ियों की सर्वोत्तम परम्पराओं को सुरक्षित बनाए रखने तथा उसके प्रचार-प्रसार में महत्वपूर्ण योगदान दिया। यह माना गया कि जन्म के साथ ही व्यक्ति पर तीन ऋण लद जाते हैं- देवऋण, ऋषिऋण तथा पितृऋण।

6. **निष्ठा तथा धार्मिकता का संचार करना:** भारत की प्राचीन संस्कृति ने सभी पहलुओं को व्यापक रूप से प्रभावित किया है। अत: शिक्षा पद्धति भी धर्म से प्रभावित थी, इसने विद्यार्थियों में निष्ठा एवं धार्मिकता की भावना जागृत की। विद्यारम्भ में ही ऐसे संस्कार उपस्थित होते थे। यह आध्यात्मिक भावना उसे भौतिक जीवन के आकर्षणों से विरत करती थी।

   वैदिक युग में भी बहुत कम लोग आजीवन ब्रह्मचारी रहते थे। अधिकांश लोग विद्याध्ययन के पश्चात् गृहस्थाश्रम का अनुसरण करते थे। इस प्रकार प्राचीन भारतीय शिक्षा पद्धति के उद्देश्य अत्यन्त उच्च कोटि के थे। शिक्षा-सम्बन्धी प्राचीन भारतीयों का दृष्टिकोण मात्र आदर्शवादी ही नहीं, अपितु अधिकांश अंशों में व्यावहारिक भी था। यह व्यक्ति को सांसारिक जीवन की कठिनाइयों एवं समस्याओं के समाधान के लिये सर्वथा उपयुक्त बनाती थी। शिक्षा समाज-सुधार का सर्वोत्तम माध्यम थी, जो माता-पिता अपने बालक को ठीक समय पर शिक्षा नहीं प्रदान करते, वे उसके सबसे बड़े बैरी हैं। इन उक्तियों के द्वारा प्राचीन विचारकों ने शिक्षा को व्यापक बनाने का प्रयास किया।

शिक्षा के पाठ्यक्रम (EDUCATION COURSES)

ऋग्वैदिक अथवा पूर्व-वैदिक काल में शिक्षा का मुख्य पाठ्यक्रम वैदिक साहित्य का अध्ययन ही था। पवित्र वैदिक ऋचाओं के अतिरिक्त इतिहास, पुराण, गाथाएं एवं खगोल-विद्या, ज्यामिति, छन्दशास्त्र आदि अध्ययन के विषय थे।

वैदिक साहित्य का अध्ययन नौ या दस वर्ष की अवस्था में प्रारम्भ होता था। यही उपनयन का भी समय था।

उत्तर वैदिक युग में ब्राह्मण ग्रन्थ लिखे गये तथा ये शिक्षा के विषय बन गये। उपनिषद् तथा सूत्रों के युग में पदपाठ, कर्मपाठ, जटापाठ, घनपाठ विधियों द्वारा वैदिक मन्त्रों के शुद्ध उच्चारण पर बल दिया गया। वैदिक साहित्य के अध्ययन को सरल बनाने के निमित्त छह वेदांगों की रचना हुई-

1. शिक्षा
2. कल्प
3. व्याकरण
4. निरुक्त
5. छन्द
6. ज्योतिष

सूत्र युग के अन्त तक आते-आते वैदिक साहित्य के अध्ययन के स्थान पर अन्य विषयों का समावेश पाठयक्रम में कर लिया गया जैसे कि दर्शन, धर्मशास्त्र, रामायण और महाभारत आदि महाकाव्य। व्याकरण, खगोलविद्या, मूर्तिकला, वैद्यक, पोतनिर्माण कला के क्षेत्र में प्रगति हुई।

विभिन्न व्यवसायों तथा शिल्पों की भी शिक्षा का प्रबन्ध किया गया। धार्मिक तथा लौकिक विषयों की शिक्षा में समन्वय स्थापित किया गया। इस युग के स्नातक वेदों तथा 18 शिल्पों में निपुण होते थे।

यह विषय थे– गायन, वादन, चित्रकला, गणना, नृत्य, यन्त्र, मूर्तिकला, कृषि, पशुपालन, वाणिज्य, चिकित्सा, विधि, प्रशासनिक प्रशिक्षण, धनुर्विद्या तथा शिक्षा, जादूगर, सर्पविद्या, विष दूर करने की विधि व छिपे हुए धन के पता लगाने की विधि।

वात्स्यायन के कामसूत्र से 64 कलाओं का उल्लेख मिलता है जिनका अध्ययन सुसंस्कृत महिला के लिये अनिवार्य बताया गया है। ये पाकविद्या,

शारीरिक प्रसाधन, संगीत, नृत्य, चित्रकला, सफाई, सिलाई-कढ़ाई, व्यायाम, मनोरंजन आदि से सम्बन्धित हैं। कामसूत्र के अतिरिक्त कादम्बरी, शुक्रनीतिसार, ललित विस्तार आदि में भी 64 कलाओं का उल्लेख मिलता है।

प्राचीन भारतीय साहित्य तथा विदेशी यात्रियों के विवरण से पता चलता है कि यहाँ शिक्षा के पाठ्यक्रम में चार वेद, छह वेदांग, 14 विधाएं, 18 शिल्प, 64 कलाएं आदि सम्मिलित थे। 14 विधाओं से तात्पर्य चार वेद, 6 वेदांग, धर्मशास्त्र, पुराण, मीमांसा तथा तर्क से है। ह्वेनसांग तथा अलबरूनी के विवरण से पता चलता है कि व्याकरण तथा ज्योतिष की शिक्षा का भारत में बहुत अधिक प्रचलन था।

शिक्षा केन्द्रों में लौकिक विषयों की भी पढ़ाई सुचारू रूप से होती थी। तक्षशिला में वैदिक साहित्य के साथ-साथ अठारह शिल्पों की भी शिक्षा दी जाती थी।

वैदिक युग के प्रारम्भ में शिक्षा मौखिक होती थी तथा पवित्र मन्त्रों को कण्ठस्थ करने पर बल दिया जाता था। पुरोहित वर्ग के लोग विशेष रूप से मन्त्रों को याद कर लिया करते थे। सामान्य जन केवल कुछ प्रसिद्ध मन्त्रों को ही याद किया करता था। कालान्तर में मन्त्रों को याद करने के साथ ही साथ उनकी व्याख्या के गान पर भी बल दिया गया।

निरुक्त वेदांग में ऐसे व्यक्ति की निन्दा की गयी है जो मन्त्रों की व्याख्या जाने बिना ही उन्हें याद करते हैं। शास्त्रार्थ के निमित्त गोष्ठियों का आयोजन किया जाने लगा जिसमें विद्यार्थी बहुधा भाग लेते थे। उपनिषद् तथा सूत्रों के समय में वेदों को दैवीय माना गया तथा वैदिक मन्त्रों का शुद्ध-शुद्ध उच्चारण किये जाने पर बल दिया गया।

साहित्य की व्यापकता के कारण कुछ विद्यार्थी केवल वेदों को याद करते थे तथा कुछ उनकी टीका से सम्बन्धित ग्रन्थों का अध्ययन करते थे। प्राचीन समय में कागज तथा छपाई के साधनों के अभाव में पुस्तकें अत्यन्त महँगी थीं जिससे साधारण विद्यार्थी उन्हें प्राप्त नहीं कर सकते थे। पुस्तकालयों का भी अभाव था। ऐसी स्थिति में मौखिक शिक्षा ही सबसे सरल तथा सही माध्यम थी।

इस विधि से विद्यार्थी पाणिनीय व्याकरण, अमरकोश, मनुस्मृति, काव्य प्रकाश जैसे विषयों को कण्ठस्थ कर लेते थे। विद्वान् वही माना जाता था जिसकी जिह्वा पर समस्त विद्याएं रटी हुई हों।

प्राचीन भारत की गुरुकुल प्रणाली

गुरुकुल को शिक्षक के गृह के रूप में माना जाता था, इस अन्तवासीन में छात्र उनके परिवार के सदस्यों की भांति ही रहते थे।

यहां पर छात्र शिक्षक के निरंतरित ध्यान और व्यक्तिगत निर्देशों के अनुसार कार्य करते थे। इस प्रक्रिया में छात्रों की मानसिक क्षमताओं का विकास भी हो जाता था।

शिक्षा को व्यक्तिगत सरोकार का विषय माना जाता था, जहां व्यक्ति का निर्माण कलात्मक प्रक्रिया के रूप में जाना जाता था, न कि किसी यांत्रिक क्रिया के रूप में।

वास्तव में शिक्षा का उद्देश्य छात्र के व्यक्तित्व, उसके अंतर्निहित गुण और क्षमताओं का विकास करना माना जाता था। इस प्रकार इस दृष्टिकोण ने आंतरिक विकास और आत्म-पूर्ति की प्रक्रिया के लिए कुछ तकनीक, नियम, ढंग, माध्यम और अभ्यास विकसित किए।

शिक्षा संस्थानों में प्रवेश उपनयन या दीक्षा के औपचारिक समारोह के साथ आरम्भ किया गया था, इसके उपरान्त छात्र माता -पिता के घर को त्याग कर अपने गुरु के घर के लिए प्रस्थान करता था।

गुरु के घर में छात्र का दूसरा जन्म होता था जिसे द्विज कहते थे। छात्रों का शारीरिक जन्म माता-पिता के घर तथा आध्यात्मिक जन्म उनके गुरु के घर होता था, जहां उन्हें जीवन के कठोर अनुशासन, वस्त्र, आहार, अध्ययन, सामाजिक सेवा और धार्मिक प्रथाओं पर आधारित ब्रह्मचर्य जीवन के नियमों का ज्ञान दिया जाता था।

आश्रम के मवेशियों की देखभाल करना और भाईचारे के लिए भीख मांगना ब्रह्मचर्य जीवन के अनिवार्य कर्तव्यों में से एक माना जाता था । यह एक शिक्षाप्रद बाह्य जीवन माना जाता था।

मुख्य प्रकार के शिक्षक (MAIN TYPES OF TEACHERS):

आचार्य: विद्यार्थियों से बिना शुल्क प्राप्त किये वेद पढ़ाने के लिए एक शिक्षक।

उपाध्याय: अपनी आजीविका कमाने के लिए और केवल वेद या वेदांगों के एक भाग को पढ़ाने वाला शिक्षक।

चरक: कुछ शिक्षार्थी उच्च ज्ञान को प्राप्त करने के लिए भारत जैसे राष्ट्र का दौरा करते थे। सतपथ ब्राह्मण द्वारा ऐसे विद्वानों को विद्यार्थियों के लिए ज्ञान के संभावित स्रोत के रूप में माना जाता था। ह्वेन सांग (Heun Saang) ने इस प्रकार से ज्ञान को प्राप्त किया।

गुरु: शिक्षा प्रदान करके और अपने परिवार का पालन-पोषण करके गृहस्थ जीवन जीते थे।

युजनसातिका: वे अपने प्रवचनों के लिए प्रसिद्ध थे, विद्यार्थी दूर-दूर से उनसे शिक्षा लेने के लिए जाते थे।

शिखा: नृत्य जैसी कलाओं में निर्देश।

शिक्षण संस्थान (Educational Institutions)

गुरुकुल: यह शिक्षक का घर था जो कि घर में रहते थे और शिक्षा भी प्रदान करते थे।

परिषद: यहां, छात्र उच्च शिक्षा के लिए रहते थे, वे मूल रूप से तीन ब्राह्मणों द्वारा संचालित किए गए जाते थे। धीरे-धीरे उनकी संख्या बढ़ती गई, यहां तक कि एक परिषद में बीस ब्राह्मण सम्मिलित थे, जो दर्शन, धर्मशास्त्र और कानून के अच्छे ज्ञाता थे।

तमिलनाडु में पहली शताब्दी के दौरान संगम भी ऐसा था, जहां आलोचना-समालोचना के लिए कुछ कार्यक्रम भी किये जाते थे। इन सभाओं को संरक्षण राजाओं द्वारा दिया जाता था।

गोष्ठी या सम्मेलन: यह एक महान राजा द्वारा बुलाई गई एक राष्ट्रीय सभा थी जिसमें विभिन्न स्कूलों के प्रतिनिधियों को उनके विचारों को पूरा करने और आदान-प्रदान करने के लिए आमंत्रित किया जाता था।

आश्रम या धर्मोपदेश: ये ऐसे केंद्र थे, जहां देश भर के विभिन्न स्थानों से विद्यार्थी प्रसिद्ध संतों के पास सीखने के लिए एकत्रित होते थे। उदाहरण के लिए, प्रयाग में भारद्वाज का आश्रम।

विद्यापीठ: यह महान आचार्य द्वारा शुरू किए गए आध्यात्मिक पहलुओं के लिए एक शैक्षणिक संस्थान था। श्री शंकराचार्य ने श्रृंगेरी, कांची, द्वारका, पुरी और बद्री में ऐसे संस्थान शुरू किए।

घटिकाएं: यहां, सुसंस्कृत विद्वान, शिक्षक और शिष्य सभी मिलते थे और विभिन्न विषयों पर चर्चा किया करते थे, उनमें टकराव की संभावना भी रहती थी।

अग्रहार: गांव में ब्राह्मणों (या बड़े लोगों) के रहने के स्थान थे, जहां वे विद्या प्रदान करते थे।

मठ: ये मुख्य रूप से धार्मिक और धर्मनिरपेक्ष निर्देशों के निवास और प्राप्त करने के लिए थे। ये मठ शैव और वैष्णव दोनों संप्रदायों से संबंधित थे और कुछ मंदिर संघों से जुड़े थे।

ब्रह्मपुरी: कस्बों और शहरों में या शिक्षा के उद्देश्य से किसी चयनित क्षेत्र में विद्वान ब्राह्मणों के रहने के स्थान।

विहार: एक बौद्ध मठ जहां सभी बौद्ध उपदेश और दर्शन सिखाए जाते थे।

शिक्षण विधियाँ (Teaching Methods)

प्राचीन शिक्षा काल में शिक्षण सामान्यत: मौखिक रूप से होता था और प्राय: प्रश्नोत्तर, शंका-समाधान, व्याख्यान और वाद-विवाद द्वारा होता था। उस समय भाषा की शिक्षा के लिए अनुकरण विधि और कला-कौशल की शिक्षा के लिए प्रदर्शन एवं अभ्यास विधियों का प्रयोग किया जाता था।

उपनिषदकारों ने शिक्षण की एक बहुत प्रभावी विधि का विकास किया था जिसे श्रवण, मनन और निदिध्यासन विधि कहते हैं। स्पष्ट है कि उस समय उपरोक्त सब विधियों का प्रयोग कुछ अपने ढंग से होता था। अत: यहां इनके प्राचीन रूप को स्पष्ट करना आवश्यक है।

1. **अनुकरण, आवृत्ति एवं कण्ठस्थ विधि:** अनुकरण विधि सीखने की स्वाभाविक विधि है। प्राचीन शिक्षा काल में प्रारम्भिक स्तर पर भाषा और व्यवहार की शिक्षा प्राय: इसी विधि से दी जाती थी। उच्च स्तर पर भी इसका प्रयोग होता था- गुरु शिष्यों के सम्मुख वेद मन्त्रों का उच्चारण करते थे, शिष्य उनका अनुकरण करते थे, उन्हें बार-बार उच्चारित करते थे और इस प्रकार उन्हें कण्ठस्थ करते थे।
2. **व्याख्या एवं दृष्टांत विधि:** प्राचीन शिक्षा काल में शिष्यों को व्याकरण का कोई नियम अथवा वेदों का कोई मंत्र कण्ठस्थ कराने के बाद गुरु उसकी व्याख्या करते थे, उसका अर्थ एवं भाव स्पष्ट करते थे और उसके अर्थ एवं भाव को स्पष्ट करने के लिए उपमा, रूपक और दृष्टान्तों का प्रयोग करते थे।
3. **प्रश्नोत्तर, वाद-विवाद और शास्त्रार्थ विधि:** प्राचीन शिक्षा काल में उपनिषदों की शैली के आधार पर प्रश्नोत्तर, वाद-विवाद और शास्त्रार्थ विधियों का विकास हुआ। प्रारम्भिक प्राचीन शिक्षा काल में गुरु उपदेश देते थे, व्याख्यान देते थे और शिष्य शान्तिपूर्वक सुनते थे, प्राचीन शिक्षा काल में शिष्य अपनी शंका प्रस्तुत करते थे और गुरु उनका समाधान करते थे। उच्च शिक्षा में उच्च स्तर के शिष्यों और गुरुओं के बीच वाद-विवाद भी होता था। अति गूढ़ विषयों पर चर्चा हेतु विद्वानों के सम्मेलन भी बुलाए जाते थे, उनके बीच शास्त्रार्थ होता था, शिष्य इन सबको सुनते थे और अपने तत्सम्बन्धी ज्ञान में वृद्धि करते थे।
4. **कथन, प्रदर्शन एवं अभ्यास विधि:** प्राचीन शिक्षा काल में कृषि, पशुपालन, कला-कौशल, सैन्य शिक्षा और आयुर्विज्ञान आदि क्रियाप्रधान विषयों की शिक्षा कथन, प्रदर्शन और अभ्यास विधि से दी जाती थी। गुरु सर्वप्रथम सिखाए जाने वाली क्रिया के सम्पादन की विधि बताते थे और फिर उसे स्वयं करके दिखाते थे, शिष्य उनका अनुकरण कर यथा क्रिया का अभ्यास करते थे और धीरे-धीरे उसमें दक्षता प्राप्त करते थे।
5. **श्रवण, मनन, निदिध्यासन विधि:** यह विधि भी उपनिषदकारों की देन है। उस काल में गुरु जो भी व्याख्यान देते थे, वेद मन्त्रों आदि की जो भी व्याख्या करते थे, धर्म, दर्शन एवं अन्य विषयों के सम्बन्ध में जो कुछ भी जानकारी देते थे, शिष्य उनको ध्यानपूर्वक सुनते थे, उसके बाद उस पर मनन करते थे, चिन्तन करते थे।
6. **तर्क विधि:** प्राचीन शिक्षा काल में तर्कशास्त्र जैसे गूढ़ विषयों के शिक्षण हेतु तर्क विधि का विकास हुआ। उस समय इस विधि के पांच पद थे- प्रतिज्ञा, हेतु, उदाहरण, अनुपयोग और निगमन।
7. **कहानी विधि:** प्राचीन शिक्षा काल में आचार्य विष्णु शर्मा ने राजकुमारों को नीति की शिक्षा देने के लिए कहानियों की रचना की। ये कहानियाँ पंचतन्त्र और हितोपदेश के नाम से संग्रहित हैं। कहानी सुनाने के बाद आचार्य शिष्यों से प्रश्न पूछते थे। इन प्रश्नों में अन्तिम प्रश्न यह होता था कि इस कहानी से आपको क्या शिक्षा मिलती है।

प्रगतिशील अध्ययन के लिए विशेष संस्थान

ऋग्वेद में वर्णित ब्राह्मण-संघ, प्रगतिशील अध्ययन और अनुसंधान को बढ़ावा देने के लिए विशेष संस्थान थे।

ऋग्वेद में महिलाओं का उल्लेख है, उन्हें ब्रह्मवादिनी कहा जाता था।

उपनिषदों में पंचाल परिषद का उल्लेख मिलता है, जिसकी कार्यवाही में राजा भी भाग लेते थे।

सार्वजनिक सभाओं में चर्चा द्वारा भी शिक्षा को बढ़ावा दिया गया था जो ग्रामीण जीवन की एक नियमित विशेषता थी और जिसे विशेष घुमन्तु विद्वानों द्वारा संबोधित किया जाता था।

उपनिषदों के अनुसार पूर्व दिशा के विद्वान अन्य विद्वान पुरुषों से संपर्क करने के लिए सुदूर उत्तर की ओर जाते थे।

राजा जनक विदेह अपने दरबार में महा-दार्शनिक याज्ञवल्क्य के मार्गदर्शन पर सबसे प्रारंभिक साहित्यिक कांग्रेस, दार्शनिकों की कांग्रेस को बुलाता था।

गार्गी नाम की एक महिला दार्शनिक भी एक प्रमुख प्रतिभागी थीं।

तक्षशिला विश्वविद्यालय

तक्षशिला विश्वविद्यालय 3000 वर्ष पूर्व गांधार राज्य में स्थापित विश्व का प्राचीनतम विश्वविद्यालय था। जहां विश्व भर से उच्च अध्ययन करने के लिए 10,500 से अधिक छात्र आते थे।

छात्र को विभिन्न क्षेत्रों वेद, दर्शन, व्याकरण, आयुर्वेद, कृषि, शल्य चिकित्सा, राजनीति शास्त्र, धनुर्विद्या, युद्ध शास्त्र, खगोल विज्ञान, वाणिज्य, भविष्य विज्ञान, संगीत, नृत्य आदि विषयों की शिक्षा दी जाती थी। इसके अतिरिक्त 68 जिज्ञासु विषयों जैसे गुप्त खजाने तथा गुप्त संदेशों का पता लगाना आदि की शिक्षा भी दी जाती थी।

छात्रों का प्रवेश योग्यता के आधार पर 16 वर्ष के उपरांत उनकी बुनियादी शिक्षा पूर्ण होने के पश्चात दिया जाता था।

तक्षशिला विश्वविद्यालय से चाणक्य (कौटिल्य/विष्णुगुप्त), पाणिनि, चरक, विष्णु शर्मा, जीवक जैसे महान दर्शनिकों ने भी अपनी स्नातक की उपाधि प्राप्त की।

नालंदा महाविहार

नालंदा महाविहार (नालंदा विश्वविद्यालय) जो कि मगध (बिहार) में स्थित है, को भारत में स्नातकोत्तर शिक्षा, उन्नत अध्ययन और अनुसंधान का सबसे अच्छा उदाहरण माना जाता है।

कई अन्य व्यक्तिगत विहार, कॉलेज तथा निवास स्थान इस केंद्रीय संस्थान के अंतर्गत कार्य करते थे।

राजा कुमार गुप्त (415-455 ई.) ने नालंदा में बौद्ध भिक्षुओं के प्रशिक्षण के लिए प्रथम मठ बनवाया था।

राजा बुद्ध गुप्त, जटगाथा गुप्त और बालादित्य ने इमारतों में परिवर्धन और विस्तार का कार्य किया। राजा बालादित्य ने एक तीर्थ-कक्ष एवं उनके पुत्र विज्र ने पाँचवां तथा राजा हर्ष (सिलादित्य) ने छठे मठ का निर्माण किया और विश्वविद्यालय की इमारतों को ऊंची दीवारों से घिरवाया।

हमें नालंदा विश्वविद्यालय का विस्तृत विवरण एक प्रतिभाशाली चीनी विद्वान ह्वेन त्सांग से मिलता है, जो राजा हर्षवर्धन के शासनकाल के दौरान अपनी पढ़ाई के लिए विश्वविद्यालय आया और वह यहां पांच साल तक छात्र के रूप में थे।

I-Tsing एक अन्य चीनी भिक्षु नालंदा में अध्ययन के लिए भारत आए और अपनी यात्राओं का विवरण दिया।

तिब्बती इतिहासकार लामा तरानाता भी अपने कार्यों में नालंदा का विवरण देते हैं।

इसमें स्थायी रूप में 8,500 छात्र तथा 1,510 शिक्षक थे।

नालंदा अपने 'विचार विमर्श के लिए स्कूलों' के लिए भी प्रसिद्ध था।

नालंदा में नामांकन के लिए कोरिया, मंगोलिया, जापान, चीन, तुखारा, तिब्बत और श्री लंका (सीलोन) जैसे देशों से बड़ी संख्या में विदेशी छात्रों को शामिल किया गया।

कुछ विदेशी छात्रों ने भारतीय नाम ग्रहण किया। उदाहरण के लिए, हुआन चाओ ने प्रकाशसमती कहा, ताओ-शिंग ने चंद्रदेव तथा ताओ-ही ने श्रीदेव नाम अपनाया।

नालंदा विश्वविद्यालय के कुलपति या अध्यक्ष शील भद्र थे।

नालंदा विश्वविद्यालय अपनी मुहर के लिए प्रसिद्ध था जिस पर शिलालेख 'श्री-नालंदा महाविहारिया-आर्यभिक्षु-संघस्य' लिखा जाता था।

इसमें एक पुस्तकालय था जो तीन भवनों में स्थित था, इसमें एक भवन नौ मंजिला था जिसका नाम रत्नसागर (ocean of jewels) था। मौखरि वंश राजा के एक शिलालेख के अनुसार नालंदा विहार (जहां छात्र और शिक्षक निवास करते थे) गगनचुम्बी इमारत को 'अम्बुधरावलेही' कहा गया।

नालंदा ने पत्थर और कांस्य में छवियों का निर्माण करवाया, जिसमें महान आचार्यों, धीमान और बिटपाला ने महत्वपूर्ण योगदान दिया।

नालंदा विश्वविद्यालय में प्रवेश परीक्षा के लिए मौखिक परीक्षा 'द्वार पंडित' के द्वारा आयोजित की जाती थी।

वर्ष 1202 में बख्तियार खिलजी के सैनिकों ने नालंदा विश्वविद्यालय को अग्नि द्वारा नष्ट कर दिया।

वल्लभी विश्वविद्यालय

मैत्रक राजाओं ने अपनी राजधानी के रूप में वल्लभी में एक मठ का निर्माण करवाया।

नालंदा महायान बौद्ध धर्म का केंद्र था, जबकि वल्लभी हीनयान बौद्ध धर्म के केंद्र के रूप में प्रसिद्ध था। ह्यूम त्सांग के लेखों में भी वल्लभी का उल्लेख मिलता है।

एक अनुमान के अनुसार वल्लभी में 100 तीर्थस्थल तथा 6000 निवासी भिक्षु अध्ययन करते थे।

अंतर्राष्ट्रीय स्तर पर भी वल्लभी विश्वविद्यालय को मान्यता प्राप्त थी। **I-Tsing** के अभिलेखों के अनुसार वल्लभी में विदेशों से भी कई छात्र अध्ययन के लिए आते थे।

विक्रमशिला विश्वविद्यालय

विक्रमशिला विश्वविद्यालय मगध के उत्तर में गंगा नदी के तट पर स्थित है। कहा जाता है कि राजा धर्मपाल (पाल राजा) के संरक्षण में कामपाल नामक एक भिक्षु ने इसकी स्थापना की थी। विश्वविद्यालय के केंद्र में 'विद्या गृह' मुख्य व्याख्यान कक्ष था।

इस कक्ष में छह प्रवेश द्वार थे, प्रत्येक प्रवेश द्वार के नजदीक 'निवासी भिक्षुओं' के लिए एक मठ था।

यह नालंदा की भांति ही प्रसिद्ध था, इसे नालंदा की एक बहन संस्था कहा जाता था।

नालंदा की तरह विक्रमशिला भी उच्च दीवारों से घिरी हुई थी। अध्ययन के विषय नालंदा के समान थे।

बौद्ध धर्म का 'तांत्रिक रूप' सर्वप्रिय विषय था।

विक्रमशिला के विद्वानों में दीपांकर श्री ज्ञान जिन्हें अतिश के नाम से भी जाना जाता है, सर्वाधिक प्रसिद्ध थे।

इसे मुस्लिम आक्रमणकारियों ने ध्वस्त कर दिया था।

पुष्पगिरी विश्वविद्यालय

इसकी स्थापना प्राचीन कलिंग साम्राज्य (आधुनिक ओडिशा) में तीसरी शताब्दी में की गयी और इसकी प्रगति नौवीं शताब्दी तक हुई।

ह्वेनसांग ने भी इस विश्वविद्यालय का परिभ्रमण किया।

विश्वविद्यालय परिसर का विस्तार तीन समीपवर्ती पहाड़ियों - ललितगिरी, रत्नागिरी और उदयगिरि तक हुआ था।

हाल ही में मिली अशोक की कुछ छवियों के अवशेषों के आधार पर कहा जा सकता है कि पुष्पगिरी विश्वविद्यालय की स्थापना स्वयं सम्राट अशोक द्वारा की गई थी।

ओदंतपुरी विश्वविद्यालय

ओदंतपुरी भारत का दूसरा प्राचीन विश्वविद्यालय है। इसकी स्थापना पाल वंश के संस्थापक गोपाल द्वारा नालंदा से छह मील की दूरी पर मघड़ा में की गई।

तिब्बती अभिलेखों के अनुसार, ओदंतपुरी में लगभग 12000 छात्र थे।

विक्रमशिला के आचार्य श्री गंगा भी यहां के छात्र थे।

सोमपुरा विश्वविद्यालय

एक अनुमान के अनुसार राजा देवपाल ने सोमपुर विहार बनवाया था और इसकी इमारतें ऊँची दीवारों से घिरी हुई थीं।

मुस्लिम आक्रमण के पहले यह विश्वविद्यालय लगभग 750 वर्षों तक विकसित हुआ।

जगदला विश्वविद्यालय

जगदला विश्वविद्यालय का निर्माण पाल राजाओं द्वारा किया गया, जिसके संस्थापक राजा रामपाल थे।

यह लगभग 100 वर्षों तक तांत्रिक बौद्ध शिक्षा केंद्र के रूप में रहा।

इसे 12वीं शताब्दी में मुस्लिम आक्रमणकारियों द्वारा नष्ट कर दिया गया।

कांचीपुरम

पल्लव काल में कांचीपुरम शिक्षा का प्रमुख केंद्र था। यह घटिकस्थानम 'सीखने की जगह' नाम से भी विख्यात था।

पहली से पांचवीं शताब्दी के बीच इस शहर का विकास जैन और बौद्ध धर्मों के उन्नत शिक्षा केंद्र के रूप में हुआ।

नागार्जुनकोंडा

यह बौद्ध शिक्षा के सबसे समृद्ध केंद्रों में से एक था।

इसका नाम प्रसिद्ध बौद्ध भिक्षु नागार्जुन (महायान बौद्ध धर्म के प्रसिद्ध विद्वान) के नाम पर रखा गया है, जिन्होंने इन क्षेत्रों में अपना उपदेश दिया था।

मुंशीगंज विहार

इसकी खोज हाल ही में बंगाल में की गयी है। इसके अनुसार, इसकी स्थापना नौवीं शताब्दी में हुई थी।

यहाँ 8000 छात्र रहते थे जो चीन, तिब्बत, नेपाल और थाइलैंड जैसे दूरवर्ती क्षेत्रों से अध्ययन के लिए आते थे।

मिथिला: उपनिषदिक युग में मिथिला ब्राह्मणवादी शिक्षा का एक प्रमुख केंद्र बन गया। इसे विदेह का नाम दिया गया। इसकी गौरवपूर्ण यात्रा राजा जनक से बौद्ध काल तक बनी रही। बाद में इस स्थान पर भगवान कृष्ण के भक्त पैदा हुए। हिन्दी के प्रसिद्ध कवि विद्यापति और संस्कृत साहित्य के प्रमुख कवि जयदेव का भी जन्म यहीं हुआ था।12वीं शताब्दी से 15वीं शताब्दी तक, साहित्य और ललित कलाओं के अतिरिक्त, वैज्ञानिक विषयों को भी यहां पढ़ाया जाता था।

(a) न्याय शास्त्र और तर्क शास्त्र
(b) गंगा उपाध्याय ने एक नए तर्क (न्याय) के एक विद्यालय की स्थापना की।
(c) युग-निर्माण कार्य जिसका नाम 'तत्व चितामणि' रखा गया, उसकी रचना यहीं पर हुई थी।

मिथिला ने कई अन्य साहित्यिक विद्वान और ज्ञानी भी उत्पन्न किये।

यह विश्वविद्यालय सम्राट अकबर के समय तक शिक्षा और संस्कृति के एक महत्वपूर्ण केंद्र के रूप में पनपता रहा।

नादिया: बंगाल में गंगा और जलंगी नदियों के संगम पर स्थित है, इसे पहले नवद्वीप कहा जाता था। नादिया विश्वविद्यालय में तीन केंद्र थे— नवद्वीप, शांति पुर और गोपालपुर।

(a) यहां जयदेव द्वारा गीतगोविन्द के गीतों को दोहराया गया।
(b) तर्क की एक पाठशाला 'रघुनाथ शिरोमणि' यहां पर अस्तित्व में थी।
(c) चर्चाओं में दक्षता और अधिगम को इस विश्वविद्यालय के शिक्षक की एक आवश्यक योग्यता माना जाता था।

उज्जैन: यह गणित और खगोल विज्ञान सहित अपनी धर्मनिरपेक्षता के लिए प्रसिद्ध रहा।

सालोटगी: कर्नाटक में स्थित सालोटगी शिक्षा का एक महत्वपूर्ण केंद्र था।

इसके छात्रों के लिए 27 छात्रावास थे जो विभिन्न प्रांतों से आते थे। इस महाविद्यालय का वित्तीय महापोषण वर्ष 945 CE में श्री नारायण जो राजा कृष्ण तृतीय के मंत्री थे, द्वारा घरों, भूमि और विवाह आदि पर कर के माध्यम से सम्पन्न किया गया।

एन्नैइराम: तमिलनाडु के एन्नैइराम ने 340 छात्रों को नि:शुल्क निवास तथा प्रशिक्षण प्रदान किया गया। दक्षिण भारत में अधिगम के अन्य महत्वपूर्ण केंद्र श्रृंगेरी और कांची थे।

मुगल काल के दौरान शिक्षा

मुगल काल में एक ओर उदारवाद और कैथोलिकता की परस्पर विरोधी प्रवृत्तियाँ और दूसरी ओर कठोर विशिष्टता देखी गई। उदाहरण के तौर पर मुगल शाही परिवार में गुलबदन बेगम, सलीमा सुल्ताना, नूरजहाँ, जहाँआरा बेगम और दारा शिकोह जैसे महान विद्वान थे।

बाबर ने भी स्कूलों और कॉलेजों के निर्माण को प्रोत्साहित किया।

हुमायूं हमेशा अपने साथ एक कामेच्छा रखता था।

अकबर ने स्कूलों और कॉलेजों में शिक्षा प्रदान करने की प्रणाली शुरू की। उन्होंने फतेहपुर सीकरी, आगरा और अन्य स्थानों पर कॉलेजों का निर्माण किया। अबुल फजल ने उल्लेख किया कि अकबर के काल में हिंदुस्तान अपने मदरसों के लिए प्रसिद्ध था।

अकबर को शैक्षिक नियमों, शिक्षण विधियों, पाठ्यक्रम आदि के एक कोड को संकलित करने के लिए जाना जाता है।

अकबर के काल में, सभी छात्रों को नैतिकता, अंकगणित, कृषि, ज्यामिति, खगोल विज्ञान, शरीरिक विज्ञान, घरेलू विषयों, चिकित्सा, तर्क, धार्मिक मामलों और इतिहास का अध्ययन करना आवश्यक था।

मुस्लिम शैक्षणिक संस्थान 'उलेमा' द्वारा चलाए जाते थे।

अकबर ने लड़कियों की शिक्षा को महत्ता दी।

जहांगीर के द्वारा पारित अधिनियम के अनुसार अमीर व्यक्ति या यात्री की बिना किसी उत्तराधिकारी के मृत्यु होने पर, उसकी संपत्ति, राजसंपत्ति में हस्तांतरित हो जाएगी और इसका उपयोग मदरसों के निर्माण और सुधार कार्यों के लिए किया जाएगा।

शाहजहाँ ने शिक्षा को प्रोत्साहित करने के लिए विद्वानों को पुरस्कार तथा छात्रवृत्ति दी और दिल्ली में एक कॉलेज की स्थापना की।

निचले स्तर पर, गांव पाठशालाएं (प्राथमिक विद्यालय) बनवाई गयीं । हिंदू पाठशालाओं की तरह मुसलमानों के लिए भी मदरसे थे।

उच्च शिक्षा के लिए टोल और मदरसे थे जिन्हें आम तौर पर शासकों, जमींदारों और धनी व्यक्तियों द्वारा संरक्षण दिया जाता था।

दरबार की भाषा फारसी थी।

आधुनिक शिक्षा प्रणाली का क्रमागत विकास (EVOLUTION OF MODERN EDUCATION SYSTEM)

भारत में आधुनिक शिक्षा का प्रारंभ ब्रिटिश शासन के अधीन हुआ। भारत में आधुनिक शिक्षा के तीन मूल अभिकर्ता इस प्रकार थे:

1. ब्रिटिश शासन
2. ईसाई मिशनरी
3. भारतीय बुद्धिजीवी और सुधारक

ईस्ट इंडिया कंपनी आरम्भ में कुछ शिक्षित भारतीयों को चाहती थी जो भारत के प्रशासन के कार्य में उनकी सहायता कर सकें। अंग्रेज भी स्थानीय रीति-रिवाजों और विधि विधान को अधिक अच्छे ढंग से समझना चाहते थे। चूंकि भारत की आधुनिक शिक्षा व्यवस्था ब्रिटिश व्यवस्था से जुड़ी हुई है, हमें इसका क्रमिक विकास समझने की आवश्यकता है।

1. वारेन हेस्टिंग्स ने मुस्लिम कानून की शिक्षा के लिए 1781 में कलकत्ता मदरसा की स्थापना की।
2. 1791 में, जोनाथन डंकन द्वारा हिंदू दर्शन और कानून व्यवस्था के अध्ययन के लिए वाराणसी में एक संस्कृत कॉलेज शुरू किया गया था।
3. ब्रिटिश सरकार का चार्टर एक्ट (1813), भारत में शिक्षण व्यवस्था को सरकार का मुख्य उद्देश्य बनाने की दिशा में प्रथम प्रयास माना जाता है। यहां शिक्षा की प्रकृति को लेकर सरकार में कुछ मतभेद था कि उसको पारंपरिक बनाए रखना चाहिए या आधुनिक बनाने का प्रयत्न किया जाना चाहिए।
4. वर्ष 1817 में कलकत्ता में सबसे पुराना कॉलेज प्रेसीडेंसी कॉलेज (Presidency College) स्थापित किया गया। बाद में 2010 में, इसे एक विश्वविद्यालय में परिवर्तित कर दिया गया जिसे प्रेसीडेंसी विश्वविद्यालय (Presidency University) कहा जाता है।
5. सबसे पुराना विश्वविद्यालय जो अभी भी संचालन में है, सेरामपुर कॉलेज की सीनेट है। इसकी स्थापना 1818 में हुई थी। इस कॉलेज का वर्ष 1829 में विश्वविद्यालय के रूप में श्रेणीकरण किया गया।
6. उच्च शिक्षा की वर्तमान प्रणाली को वर्ष 1823 के माउंटस्टुअर्ट एलफिंस्टन मिनट्स (Mountstuart Elphinstone's Minutes) से भी जोड़ा जा सकता है। जिसमें अंग्रेजी और यूरोपीय विज्ञान विषयों को पढ़ाने के लिए स्कूलों की स्थापना की आवश्यकता पर बल दिया गया। उनके अनुसार, नैतिक और प्राकृतिक विज्ञानों की पुस्तकें भारत की आधुनिक भाषाओं में तैयार करवाई जाएं, तथा भारतीय भाषाओं के माध्यम से भारत की जनता को शिक्षित किया जाए। जो लोग अंग्रेजी भाषा सीखकर यूरोपीय ज्ञान की सीधे तौर पर प्राप्ति करना चाहते हैं, उनके लिए विशेष तौर पर अंग्रेजी के विद्यालय खोलने का प्रस्ताव भी था। उनके विचार के अनुसार, भारतीय जनता की मानसिक और नैतिक उन्नति के लिए अंग्रेजी का स्थान मात्र गौण ही नहीं है अपितु भारत में पाश्चात्य ज्ञान का प्रचार-प्रसार केवल अंग्रेजी के माध्यम से होना असम्भव भी है। रामधारीसिंह 'दिनकर' के अनुसार, एल्फिंस्टन का लक्ष्य भारत को शिक्षा के क्षेत्र में 'आत्मनिर्भर' बनाना भी था। इस रिपोर्ट में जिला परीक्षा अधिकारियों की नियुक्ति, स्कूल पर्यवेक्षकों का चयन और शिक्षकों के लिए प्रशिक्षण की अनुशंसा की गई।

    एलफिंस्टन मुंबई के गवर्नर रहे जहां उन्होंने कई शिक्षण संस्थान आरंभ किये। माउंटस्टुअर्ट एल्फिंस्टन ने जनशिक्षा के प्रसार के लिए वर्ष 1824 में मुंबई में 'बम्बई नेटिव एजुकेशन सोसायटी' की स्थापना की। वर्ष 1834 में एल्फिंस्टोन संस्थान (Elphinstone College) को उच्च शिक्षा के लिए एक नए घटनाक्रम के रूप में मुंबई में स्थापित किया गया। यह मुंबई विश्वविद्यालय का सबसे पुराना कॉलेज है।
7. सरकार के विधि सदस्य लार्ड मैकाले (1835) ने अपनी रिपोर्ट में एक ऐसी शिक्षा प्रणाली का अनुमोदन किया जो कि धर्मनिरपेक्ष और वैज्ञानिक पद्धतियों पर आधारित हो, यह सदियों पुराने पूर्वाग्रहों से मुक्त हो तथा पश्चिमी दुनिया की शिक्षा पद्धति के समान हो। इस तरह, उन्होंने आधुनिक भारत के निर्माण में अपनी भूमिका निभाई। उन्होंने "देश के मूल निवासियों को पूरी तरह से अच्छे अंग्रेजी विद्वान बनाने के प्रयासों" का अनुमोदन किया।

    इस रिपोर्ट के आधार पर तत्कालीन गवर्नर जनरल 'लॉर्ड विलियम' ने वर्ष 1837 में अंग्रेजी को 'सरकारी भाषा' का दर्जा दिया जिसके अनुसार अब सरकारी नौकरियों के लिए अंग्रेजी भाषा अनिवार्य बन गई, हालांकि, इस पहल को मुख्य रूप से प्राथमिक और माध्यमिक शिक्षा पर निर्देशित किया गया।
8. 1835 में ही, लॉर्ड विलियम बेंटिक के अधीन, भारत में अंग्रेजी को शिक्षा के माध्यम के रूप में पेश करने का निर्णय लिया गया था। इसका प्रयास उच्च और मध्यम वर्ग के छात्रों द्वारा किया जाना था, इस नीति को अंततः भारत की जनता तक पहुंचाना था। इस नीति को 'घुसपैठ सिद्धांत' (Inflitration Policy) भी कहा जाता है। इसका मुख्य उद्देश्य भारतीयों का एक ऐसा वर्ग बनाना था जो 'रंग और रक्त' में भारतीय हो, लेकिन स्वाद और संबद्धता में अंग्रेजी हो।
9. वर्ष 1835 में कलकत्ता में मेडिकल कॉलेज की स्थापना हुई।

सरकार निचले दर्जे की नौकरियों पर रख सके ताकि शासन करना आसान हो सके। इस रिपोर्ट को लागू किए जाने को ब्रिटिश सरकार की सचेत नीति के रूप में भी जाना जाता है, जिसके अंतर्गत भारत की देशीय शिक्षा प्रणाली को ब्रिटिश शिक्षा प्रणाली से प्रतिस्थापित किया गया ताकि अंग्रेजी शासन की जड़ों को मजबूत किया जा सके।

इस रिपोर्ट के आधार पर तत्कालीन गवर्नर जनरल 'लॉर्ड विलियम' ने 1837 में अंग्रेजी को 'सरकारी भाषा' का दर्जा दिया जिसके अनुसार अब सरकारी नौकरियों के लिए अंग्रेजी भाषा अनिवार्य बन गई, हालांकि, इस पहल को मुख्य रूप से प्राथमिक और माध्यमिक शिक्षा पर निर्देशित किया गया।

वुड डिस्पैच (WOOD DISPATCH)

वर्ष 1854 में स्थापित की गई थी। यह उच्च शिक्षा के विषय में पहली नीति थी।

1854 के सर चार्ल्स वुड डिस्पैच जिसे भारत में अंग्रेजी शिक्षा का मैग्ना कार्टा' (Magna Carta of English Education) भी कहा जाता है, सर चार्ल्स वुड ने अंग्रेजी शिक्षा का प्रचार और महिलाओं की शिक्षा पर जोर देने के लिए 1854 ईस्वी में तत्काल गवर्नर जनरल लॉर्ड डलहौजी को एक पत्र लिखा, जिसे वुड का घोषणा पत्र' कहा जाता है। इसके अनुसार, प्राथमिक विद्यालयों की माध्यम मातृभाषा होनी चाहिए, और उच्च शिक्षा (जैसे कि विश्वविद्यालय की शिक्षा) का माध्यम अंग्रेजी भाषा होनी चाहिए आदि।

उन्होंने स्वदेशी शिक्षा को प्रोत्साहित करने और शिक्षा की सुसंगत नीति के निर्माण की भी मांग की।

वुड डिस्पैच के इस चार्टर की सहायता से भारतीयों को प्रारंभिक, प्राथमिक, माध्यमिक और उच्च शिक्षा के अधिकार मिले। इससे उनको व्यावसायिक शिक्षा (vocational or technical education) और कन्याओं की शिक्षा के भी अधिकार मिल गए। विश्वविद्यालय शिक्षा पर बल देने के लिए कहा गया। उन्होंने धर्मनिरपेक्षता के आधार पर यूरोपीय ज्ञान के प्रसार के लिए अनुदान (Grants-in-aid) की अनुशंसा की।

इसने शिक्षण अनुदेश का माध्यम उच्च शिक्षा के लिए अंग्रेजी और निचले स्तर के लिए मातृभाषा होने की अनुशंसा की। इस दस्तावेज़ को 'जन शिक्षा' (Mass Education) की दिशा में बड़ा कदम माना जाता है।

कुल मिला कर शिक्षा को चार स्तरों में विभाजित करना-

1. गांवों में प्राथमिक विद्यालय (निचला स्तर)
2. एंग्लो-वर्नाक्युलर हाई स्कूल
3. जिला स्तर पर संबद्ध महाविद्यालय
4. प्रेसीडेंसी नगरों में संबद्ध विश्वविद्यालय (कलकत्ता, मुंबई और मद्रास)

डिस्पैच के इस आधार पर वर्ष 1857 में विश्वविद्यालयों की स्थापना की गई।

(a) कलकत्ता विश्वविद्यालय (जनवरी, 1857)
(b) बॉम्बे विश्वविद्यालय (जुलाई, 1857, अब मुंबई)
(c) मद्रास विश्वविद्यालय (सितम्बर,1857)

इसके अलावा पंजाब में 1882 और इलाहाबाद में 1887 में विश्वविद्यालय की स्थापना की गई, जिसमें एक कुलपति, उप-कुलपति, सीनेट एवं विधि सदस्यों की व्यवस्था की गई। इन विश्वविद्यालयों को परीक्षा लेने एवं उपाधियां प्रदान करने का अधिकार होता था। तकनीकी एवं व्यावसायिक विद्यालयों की स्थापना के क्षेत्र में भी इस घोषणा पत्र में प्रयास किया गया। 'वुड डिस्पैच' की सिफ़ारिश के प्रभाव में आने के बाद 'अधोमुखी निस्यंदन सिद्धांत' (Downward Infiltration Theory) समाप्त हो गया।

ऊपर दिए गए कुछ तथ्यों का आभास हमें नई शिक्षा नीति (2020) में भी मिलता है।

वर्ष 1925 में इंटर यूनिवर्सिटी बोर्ड (Inter University Board) की स्थापना की गई, जिसका नाम बाद में

परिवर्तित होकर भारतीय विश्वविद्यालय संघ (Association of Indian Universities) हो गया। इस संस्था के अंतर्गत सभी विश्वविद्यालयों के बीच शैक्षिक, सांस्कृतिक और संबंधित क्षेत्रों के बारे में सूचना का आदान-प्रदान किया जाने लगा था। यह संस्था अब भी काफी महत्वपूर्ण योगदान दे रही है।

हंटर आयोग (Hunter Commission) ने वर्ष 1882-83 में प्राथमिक शिक्षा और उच्च शिक्षा के पृथकीकरण (separation) पर बल दिया। इसमें यह प्रस्तावित किया गया है कि कॉलेजों का संबंधन (affiliation) विश्वविद्यालयों से किया जाए ताकि उच्च शिक्षा को मानकीकृत (standardised) किया जा सके। इस आयोग ने सरकार को महिला शिक्षा पर भी बल देने को कहा।

लॉर्ड कर्जन ने उच्च शिक्षा के महत्व को समझते हुए थॉमस रॉली की अध्यक्षता में 27 जनवरी, 1902 को भारतीय विश्वविद्यालय आयोग की नियुक्ति की। इसके अभिलेख (mandate) में ब्रिटिश भारत में स्थापित विश्वविद्यालयों की स्थितियों की जांच करना, उन पर विचार करना तथा कार्य में सुधार करना, आदि सम्मिलित था। इसकी अनुशंसा के आधार पर भारतीय विश्वविद्यालय अधिनियम 1904 पारित किया गया।

वर्ष 1905 में बंगाल के विभाजन के बाद, स्वदेशी राष्ट्रवादी नेताओं द्वारा राष्ट्रीय शिक्षा परिषद (National Education Council) की स्थापना की गई, कई संस्थान आरम्भ किए गए, जिनमें से एक स्वतंत्रता के बाद जादवपुर विश्वविद्यालय के रूप में विकसित हुआ।

श्री रवीन्द्रनाथ टैगोर ने राष्ट्रीय भाषाओं के विकास के साथ-साथ भारतीय परंपराओं एवं संस्कृति के ज्ञान के प्रचार के लिए 'शांति निकेतन' नामक एक शिक्षा केंद्र की स्थापना की, जो कि बंगाल के बीरभूम जिले में स्थित है।

वर्ष 1910 में श्री गोपाल कृष्ण गोखले ने यह अनुशंसा की कि विद्यालयों को विश्वविद्यालयों के प्रबंधन से मुक्त किया जाए, और इसका प्रबंध सरकार द्वारा किया जाए।

वर्ष 1913 में सरकार की शिक्षा नीति में यह अनुशंसा की गई कि प्रत्येक प्रान्त के लिए एक विश्वविद्यालय स्थापित किया जाना चाहिए।

1917 में सरकार ने 'कलकत्ता विश्वविद्यालय की स्थिति और संभावनाओं' के बारे में जांच के लिए सैडलर आयोग (Sadler Commission) नियुक्त किया, जिसकी अनुशंसाओं पर राष्ट्रव्यापी कार्यान्वयन हुआ।

1. इसमें डिग्री कॉलेजों और मध्यम शिक्षा के पृथक्करण की सिफारिश की गई और विश्वविद्यालय के शिक्षकों के चयन के लिए एक विशेष चयन समिति का सुझाव दिया गया।
2. दो प्रकार के पाठ्यक्रम चलाने चाहिए—ऑनर्स कोर्स (Honours course) एवं पास कोर्स (ऑनर्स कोर्स का पाठ्यक्रम अधिक कठिन होता है, इसमें यह अपेक्षा की जाती कि कोर्स करने के पश्चात छात्रों को कुछ विषयों में विशेषज्ञता प्राप्त होनी चाहिए)।

वर्ष 1918 में हैदराबाद के निजाम ने उस्मानिया विश्वविद्यालय स्थापित किया। उसमें उच्च शिक्षा का माध्यम उर्दू रखा गया था।

वर्ष 1920 में सर सैयद अहमद खान ने अलीगढ़ मुस्लिम विश्वविद्यालय की स्थापना की।

वर्ष 1913 से 1921 तक छह आवास एवं शिक्षण समन्वित विश्वविद्यालयों की स्थापना हुई।

भारत सरकार अधिनियम, 1919 के अंतर्गत शिक्षा को एक प्रांतीय विषय बनाया गया था ताकि शिक्षा प्रणाली में केंद्रीय सरकार के नियंत्रण को कम किया जा सके।

वर्ष 1925 में इंटर यूनिवर्सिटी बोर्ड (Inter University Board) की स्थापना की गई, जिसका नाम बाद में परिवर्तित होकर भारतीय विश्वविद्यालय संघ (Association of Indian Universities) हो गया। इस संस्था के अंतर्गत सभी विश्वविद्यालयों के बीच शैक्षिक, सांस्कृतिक और संबंधित क्षेत्रों के बारे में सूचना का आदान-प्रदान किया जाने लगा था। यह संस्था अब भी काफी महत्वपूर्ण योगदान दे रही है।

हर्टोग समिति द्वारा (Hartog Committee) वर्ष 1929 में विश्वविद्यालय स्तर की शिक्षा की गुणवत्ता और स्तर में सुधार लाने पर बल दिया गया, फिर से केंद्रीय शिक्षा सलाहकार बोर्ड (CABE) की स्थापना की अनुशंसा की गई जो वर्ष 1935 में स्थापित किया गया था और तब से अस्तित्व में है।

सप्रू समिति (Sapru Committee) वर्ष 1934 में संयुक्त प्रांत (United Province) सरकार द्वारा बेरोजगारी के कारणों की जांच करने के लिए नियुक्त की गई थी।

अब्बोट-वुड रिपोर्ट (Abbot-Wood Report) वर्ष 1937 में आई। इसमें यह अनुशंसा की गई कि विश्वविद्यालय स्तर पर शिक्षा का माध्यम अंग्रेजी होना चाहिए। इस रिपोर्ट के अनुसार एक नए प्रकार के तकनीकी संस्थान 'पॉलिटेक्निक' और व्यावसायिक शिक्षक प्रशिक्षण महाविद्यालय आरम्भ किए गए।

वर्धा शिक्षा योजना (Wardha Scheme of Education) वर्ष 1937 में आरंभ की गई थी। इसे नई तालीम या मूल शिक्षा और बुनियादी तालीम के रूप में भी जाना जाता है। इस योजना को डॉ. जाकिर हुसैन की अध्यक्षता में स्थापित समिति के रूप में एक निश्चित आकार दिया गया।

शिक्षा का गांधीवादी दर्शनशास्त्र एक गतिशील अवधारणा है। यह अवधारणा व्यक्ति की जैविक, सामाजिक और मनोवैज्ञानिक स्तर पर आवश्यकताओं की पूर्ति करती है। इसमें यह मांग की गई कि शिक्षा प्रारम्भ के सात वर्ष तक निःशुल्क एवं अनिवार्य होनी चाहिए। शिक्षा का माध्यम मातृभाषा होना चाहिए। इसने व्यावसायिक शिक्षा, और शिक्षा में शारीरिक श्रम पर भी बल दिया।

सार्जेंट रिपोर्ट (1944) को शिक्षा के भारतीयकरण की दिशा में महत्वपूर्ण कदम माना जाता है, इसको 'युद्ध के बाद भारत में शैक्षिकी योजना विकास' भी कहा जाता है।

भारत सरकार अधिनियम, 1935 के अंतर्गत शिक्षा के क्षेत्र में प्रांतीय सरकारों को स्वायत्तता दी गई, इस अवधि में उच्च शिक्षा का काफी विस्तार हुआ, किन्तु माध्यमिक शिक्षा पर अधिक प्रगति नहीं हो पाई।

इसके अंतर्गत विश्वविद्यालय अनुदान आयोग (UGC) की स्थापना और तीन वर्ष का डिग्री कोर्स प्रस्तावित किया गया।

यहां यह वर्णनीय है कि 'वर्धा शिक्षा योजना' और 'युद्ध के बाद भारत में शिक्षा विकास योजना' को केन्द्रीय शिक्षा सलाहकार बोर्ड (CABE) ने स्थापित किया था।

स्वतंत्रता के पश्चात् उच्च शिक्षा
(HIGHER EDUCATION AFTER INDEPENDENCE)

मानव इतिहास में, आदिकाल से शिक्षा का अनेक प्रकार से विकास एवं प्रसार होता रहा है। हर राष्ट्र अपनी सामाजिक-सांस्कृतिक अस्मिता को अभिव्यक्ति देने और पनपने के लिए और साथ ही समय की चुनौतियों का सामना करने के लिए अपनी विशिष्ट शिक्षा प्रणाली विकसित करता है। सरकारों को भी समय-समय पर शिक्षा प्रणाली को नई दिशा देने के लिए हस्तक्षेप करना पड़ता है। स्वतंत्रता के बाद भारत सरकार ने देश में उच्च शिक्षा का सुधार करने एवं बढ़ावा देने के लिए कई कदम उठाए।

भारत सरकार ने स्वतंत्रता के पश्चात् देश में उच्च शिक्षा को बेहतर बनाने और बढ़ावा देने के लिए कई पहल की।

1. **भारत सरकार अधिनियम, (Government of India, Act), 1935:** इस अधिनियम के अंतर्गत द्वैध शासन (dyarchy) की अंतर्निहित दोषपूर्ण प्रणाली को समाप्त कर दिया। इस अधिनियम में विषयों की दो सूचियाँ तैयार की गईं - केन्द्रीय शक्तियां और प्रान्तीय शक्तियां।
2. **सार्जेंट रिपोर्ट (Sargent Report),1944:** इस रिपोर्ट को सर जॉन सार्जेंट ने वर्ष 1944 में प्रस्तुत किया। इस रिपोर्ट को शिक्षा के भारतीयकरण की दिशा में महत्वपूर्ण कदम माना जाता है, इस रिपोर्ट को 'युद्ध के बाद भारत में शैक्षिकी योजनात्मक विकास' भी कहा जाता है। इसने 'विश्वविद्यालय अनुदान समिति' (University Grant Committee) के गठन का अनुमोदन किया, जिसका गठन वर्ष 1945 में अलीगढ़, बनारस और दिल्ली के तीन केंद्रीय विश्वविद्यालयों के काम की देखरेख के लिए किया गया।

   इस रिपोर्ट के अनुसार, उच्च शिक्षा में स्नातक शिक्षा को तीन वर्ष का होना चाहिए, इसमें स्नातकोत्तर शिक्षा पर और अधिक बल देने का अनुमोदन भी किया गया। विश्वविद्यालय में शिक्षा स्तर बढ़ाने और उसको लंदन विश्वविद्यालय तक करने का सुझाव भी दिया गया।

   वर्ष 1947 में, इस समिति को तत्कालीन विश्वविद्यालयों की देखरेख का उत्तरदायित्व सौंपा गया। इसमें अनुमोदन यह था कि विश्वविद्यालय अनुदान समिति को ब्रिटेन के 'विश्वविद्यालय अनुदान आयोग' के सामान्य मॉडल पर पुनर्गठित किया जाए, जिसमें एक पूर्णकालिक अध्यक्ष तथा अन्य सदस्यों को प्रतिष्ठित शिक्षाविदों में से नियुक्त किया जाए।

   इसमें प्राथमिक शिक्षा, मातृ भाषा पर बल, शिक्षक प्रशिक्षण (teacher training) आदि पर भी सुझाव दिए गए।
3. **विश्वविद्यालय शिक्षा आयोग (University Education Commission):** इस आयोग की नियुक्ति वर्ष 1948 में डॉ. एस. राधाकृष्णन की अध्यक्षता में हुई थी। डॉ. सर्वपल्ली राधाकृष्णन 'बनारस हिन्दू विश्वविद्यालय के पूर्व उप कुलपति रह चुके हैं और बाद भारत के दूसरे राष्ट्रपति भी बने। उन्होंने यह टिप्पणी की कि 'माध्यमिक शिक्षा हमारी शिक्षा व्यवस्था की सबसे कमजोर कड़ी है, और इसमें तत्काल सुधार की आवश्यकता है। आयोग ने दस की बजाय बारह वर्ष की माध्यमिक शिक्षा का सुझाव दिया और कहा कि विश्वविद्यालय में प्रवेश इंटरमीडिएट परीक्षा के पश्चात हो। डॉ. राधाकृष्णन ने विश्वविद्यालय अनुदान आयोग की स्थापना करके माध्यमिक शिक्षा और उच्च शिक्षा के एकीकरण का सुझाव दिया। इस आयोग ने 'ग्रामीण विश्वविद्यालय' तथा 'अखिल भारतीय शिक्षा आयोग' स्थापित करने का सुझाव भी दिया।

   इसमें यह सुझाव दिया गया कि शिक्षा को एक समवर्ती विषय बनाया जाए, हालांकि इस अनुमोदन को संविधान सभा ने स्वीकार नहीं किया गया, परन्तु इसमें कुछ प्रविष्टियां डाली गईं जिनके अंतर्गत केंद्र को दूरगामी शक्तियां प्रदान की गईं।

   (a) **प्रविष्टि 63 (Entry 63)** - राष्ट्रीय पुस्तकालय, कलकत्ता, और विश्वविद्यालयों (जिनको अब अधिकतर 'केंद्रीय विश्वविद्यालय' कहा जाता है) जैसे कि बनारस, अलीगढ़ और दिल्ली के नियंत्रण से संबंधित है।

   (b) **प्रविष्टि 64 (Entry 64)** - वैज्ञानिक और तकनीकी शिक्षा के संस्थानों-आईएनआई (आईआईटी) से संबंधित है।

   (c) **प्रविष्टि 65 (Entry 65)** - संव्यवसाय, व्यावसायिक या तकनीकी प्रशिक्षण या वैज्ञानिक या तकनीकी संस्थानों के लिए एजेंसियों और संस्थानों से संबंधित है।

   (d) **प्रविष्टि 66 (Entry 66)** - यह विशेष रूप से उच्च शिक्षा, अनुसंधान, वैज्ञानिक और तकनीकी संस्थानों के लिए मानकों के समन्वय और निर्धारण के बारे में है।

माध्यमिक शिक्षा आयोग
(Secondary Education Commission)—1952

माध्यमिक शिक्षा के ढाँचे में सुधार के लिए डॉ. लक्ष्मण स्वामी मुदालियर की अध्यक्षता में सन् 1952 में 'माध्यमिक शिक्षा आयोग' की स्थापना की गयी।

1. इस आयोग ने ही सर्वप्रथम तीन वर्ष माध्यमिक और चार वर्ष की उच्च शिक्षा प्रणाली की अनुशंसा की थी। इस आयोग ने बहुउद्देशीय स्कूलों और व्यावसायिक प्रशिक्षण संस्थानों (Vocational Training Centres) को स्थापित करने की सिफारिश भी की।
2. वस्तुनिष्ठ परीक्षण-पद्धति को अपनाने की सलाह दी।
3. संख्यात्मक अंक देने के बजाय सांकेतिक अंक दिए जाने की सलाह दी।
4. उच्च तथा उच्चतर माध्यमिक स्तर की शिक्षा के पाठ्यक्रम में कुछ मूल विषय जैसे गणित, सामान्य ज्ञान, कला, संगीत अनिवार्य होने चाहिए।

भावनात्मक एकता समिति
(Emotional Integration Committee—1961)

इस समिति को डॉ. संपूर्णानंद की अध्यक्षता में स्थापित किया गया था, इसका मुख्य उद्देश्य देश में भावनात्मक एकता को बल देना था। इसने युवाओं के लिए शैक्षिक कार्यक्रमों का गहन अध्ययन किया और उनकी भागीदारी को सुनिश्चित करने के लिए सुझाव दिए।

राष्ट्रीय शिक्षा आयोग (National Education Commission)

'भारत की नियति को इसकी कक्षाओं में साकार रूप दिया जा रहा है'।

इस आयोग को कोठारी कमीशन (Kothari Commission) भी कहा जाता है। स्वतंत्र भारत में शिक्षा की समस्याओं पर विचार करने हेतु वर्ष 1948 में विश्वविद्यालय आयोग (राधाकृष्णनन कमीशन) की नियुक्ति की गई। फिर माध्यमिक शिक्षा के लिए मुदलियार कमीशन का गठन वर्ष 1955 में हुआ था। वर्ष 1964–66 में भारत की केन्द्रीय सरकार ने शिक्षा प्रणाली को नया आकार एवं नई दिशा देने के उद्देश्य से विश्वविद्यालय अनुदान आयोग के उस समय के अध्यक्ष डॉ. दौलत सिंह कोठारी की अध्यक्षता में एक आयोग का गठन किया। इसके कुल 17 सदस्य थे जिसमें से छह विदेशी वर्ग के थे, इसके लिए कार्यकारी दल (Working Groups) भी बनाए गए। इस आयोग को भारत के शिक्षा इतिहास में आज भी सर्वाधिक गहन अध्ययन माना जाता है, जिसने अपनी रिपोर्ट में सामाजिक बदलावों को ध्यान में रखते हुए ठोस सुझाव दिए।

इस आयोग को 'शिक्षा और राष्ट्रीय विकास' (Education and National Development) रिपोर्ट के नाम से भी जाना जाता है।

आयोग की आयुक्ति के निम्नलिखित प्रयोजन थे:

1. शिक्षा, विज्ञान और तकनीकी में सुधार
2. राष्ट्रीय शिक्षा प्रणाली का विकास
3. धर्म निरपेक्ष लोकतन्त्र की शिक्षा
4. शिक्षा में गुणात्मक विकास
5. शिक्षा स्तरों का विकास

आयोग ने शोध-रिपोर्ट के 'निरीक्षण एवं साक्षात्कार' तथा प्रश्नावली जैसी विधियां अपनाईं।

इस शिक्षण आयोग की मुख्य अनुशंसाओं का वर्णन निम्न प्रकार से किया गया है:

1. राष्ट्रीय शिक्षा एवं अनुसंधान परिषद (NCERT) को भारतीय स्तर पर विद्यालयी शिक्षा का भार सौंपा जाए।
2. केंद्रीय शिक्षा सलाहकार बोर्ड (CABE) को और अधिक अधिकार दिए जाएं।
3. शिक्षा को राष्ट्रीय महत्व का विषय माना जाए–इसके लिए राष्ट्रीय सरकार 'नेशनल एजुकेशन नीति' बनाए तथा राज्य सरकार 'स्टेट एजुकेशन एक्ट' बनाए।
4. तीन वर्ष के डिग्री कोर्स और चार वर्ष के ऑनर्स डिग्री कोर्स (Honours Degree Course) का प्रस्ताव।
5. उच्च शिक्षा की गुणवत्ता में सुधार के लिए भारतीय शिक्षा सेवा (Indian Education Services) प्रारम्भ करने का सुझाव।
6. केंद्र सकल घरेलू उत्पाद का छह प्रतिशत शिक्षा पर खर्च किया जाना चाहिए, राज्य सरकारें भी अपने बजट का छह प्रतिशत इस पर खर्च करें। यह प्रस्ताव केंद्रीय और राज्य सरकार दोनों के लिए है।
7. केंद्रीय सरकार एवं राज्य सरकारें उच्च शिक्षा पर तथा राज्य सरकार प्राथमिक एवं माध्यमिक शिक्षा पर ध्यान दें।
8. कुछ विशिष्ट विश्वविद्यालयों में शिक्षा के कार्यक्रमों के लिए शिक्षा विभाग (Department of Education) को स्थापित करवाए जाने की अनुशंसा।
9. सब राज्यों में कम्प्रेहैन्सिव कॉलेजेस (Comprehensive Colleges) को शिक्षण ट्रेनिंग के लिए स्थापित किया जाना।
10. प्राथमिक, माध्यमिक एवं उच्च शिक्षा के लिए न्यूनतम योग्यता निर्धारित करना:
    (a) प्राथमिक शिक्षा– शिक्षण के लिए सेकेण्डरी स्कूल कोर्स के साथ 2 वर्ष का प्रशिक्षण
    (b) माध्यमिक शिक्षा– स्नातक होने के साथ प्रारम्भिक प्रशिक्षण 1 वर्ष का होने चाहिए जिसको बाद में दो वर्ष का किया जाना चाहिए।
    (c) उच्च शिक्षा– शिक्षण में एक वर्ष का स्नातकोत्तर (M.Ed) पाठ्यक्रम
11. अध्यापकों के लिए अलग से न्यूनतम वेतन लगाया जाना।
12. राज्य के नीति निर्देशक सिद्धांतों (DPSP) के अनुसार संविधान के अनुच्छेद 45 के तहत 6 से 14 वर्ष के बीच के बच्चों के लिए 'मुफ्त और अनिवार्य शिक्षा'।
13. भारतीय शिक्षा सेवा (आईईएस) की स्थापना।
14. आयोग ने अनुशंसा की कि राष्ट्रीय आय का 6% शिक्षा पर खर्च किया जाना चाहिए।

कोठारी आयोग ने पाठ्यक्रम में सुधार, अन्वेषण, नेतृत्व, सक्षम जनशक्ति, समानता और सामाजिक न्याय के संदर्भ में अपनी अनुशंसाएँ दीं, इस आयोग का उद्‌देश्य देश में ऐसी शिक्षा प्रणाली का सृजन करना था, जिससे युवा वर्ग लाभान्वित हो और देश की प्रगति में अपना योगदान दे सके। इनमें से काफी सुझावों पर कार्यान्वन भी किया गया।

त्रिभाषीय सूत्र (Tri-language Formula)

वर्ष 1968 में भारत सरकार के शिक्षा मंत्रालय ने राज्यों के साथ विचार-विमर्श करके 'त्रिभाषा सूत्र' की घोषणा की, जिसके अनुसार हिंदी भाषी राज्यों में 'हिन्दी, अंग्रेजी और आधुनिक भारतीय भाषा (अधिमानतः दक्षिणी भाषाओं में से एक) और गैर-हिंदी भाषी राज्यों में हिन्दी, अंग्रेजी और किसी एक क्षेत्रीय भाषा शिक्षण अनुदेश की भाषा होनी चाहिए। यह निर्णय 1966 में प्रकाशित कोठारी कमीशन की सिफारिशों के आधार पर लिया गया। तमिलनाडु सरकार ने इस सूत्र को नहीं अपनाया।

10 + 2 + 3 शिक्षा पद्धति को अपनाना

वर्ष 1972 में शिक्षा सचिव और सार्वजनिक निर्देश के निर्देशकों के सम्मेलन में 10 + 2 + 3 शिक्षा पद्धति को देश भर के लिए औपचारिक रूप से अपनाने की उद्घोषणा की गई। इसके तुरन्त बाद ही शिक्षा और सामाजिक कल्याण मंत्रालय ने डॉ. पी डी शुक्ला की अध्यक्षता में इस पद्धति को लागू करने के बारे में सुझाव देने के लिए एक राष्ट्रीय समिति नियुक्त की।

1917 में स्थापित सैडलर कमीशन (कलकत्ता विश्वविद्यालय आयोग) को 10 + 2 + 3 शिक्षा पद्धति का अग्रगामी माना जाता है। इसके बाद विश्वविद्यालय शिक्षा आयोग (1948–49) और भारतीय शिक्षा कमीशन (1966) ने भी अप्रत्यक्ष या प्रत्यक्ष रूप से ऐसे सुझाव दिए थे।

समवर्ती सूची में शिक्षा (Education in Concurrent List)—1976

सन् 1976 से पहले शिक्षा मुख्य रूप से राज्यों के अधिकार में थी। यह अनुभव किया गया कि शिक्षा के क्षेत्र में जिस स्तर पर विकास और प्रसार किया जाना चाहिए था, वह नहीं हो पाया। अतः शिक्षा को समवर्ती सूची में रखा जाए ताकि केंद्र भी इस संदर्भ में अपनी वांछित भूमिका निभा सके।

शिक्षा को समवर्ती सूची में लाने का अर्थ है कि केंद्र तथा राज्य सरकारें, दोनों ही, इस क्षेत्र में नीतियाँ निर्धारित कर सकती हैं तथा उसके अनुसार शिक्षा के परिमाणात्मक तथा गुणवात्मक विकास में वांछित कार्य कर सकती हैं। इस संदर्भ में यह उल्लेखनीय है कि यदि किसी नीति के कार्यान्वयन में कोई मतभेद होता है, तो केंद्रीय सरकार का निर्णय सर्वोपरि माना जाएगा।

प्रथम राष्ट्रीय शिक्षा नीति (First National Policy on Education)—1968

24 जुलाई 1968 को भारत की प्रथम राष्ट्रीय शिक्षा नीति घोषित की गई। यह पूर्ण रूप से कोठारी आयोग के प्रतिवेदन (report) पर आधारित थी। सामाजिक दक्षता, राष्ट्रीय एकता एवं समाजवादी समाज की स्थापना करने का लक्ष्य निर्धारित किया गया। इसमें शिक्षा प्रणाली का रूपान्तरण कर 10 + 2 + 3 पद्धति का विकास, हिन्दी का सम्पर्क भाषा के रूप में विकास, शिक्षा के अवसरों की समानता का प्रयास, विज्ञान व तकनीकी शिक्षा पर बल तथा नैतिक व सामाजिक मूल्यों के विकास पर जोर दिया गया।

इसी अंतराल में भारत सरकार के शिक्षा मंत्रालय ने श्री एस आदिशेषयय उपकुलपति, मद्रास विश्वविद्यालय की अध्यक्षता में राष्ट्रीय समीक्षा समिति का गठन किया, जिसने अपनी रिपोर्ट 'Learning To Do—Towards a Learning Society' के शीर्षक से मार्च 1978 में भारत सरकार को प्रस्तुत की।

राष्ट्रीय शिक्षा नीति (National Policy on Education) 1986

सर्वप्रथम सरकार ने तत्कालीन शिक्षा का सर्वेक्षण करवाया और इसको शिक्षा की चुनौती: नीति संबंधी परिपेक्ष (Challenge of Education: A Policy Perspective) के नाम से 1983 में प्रकाशित भी करवाया, ताकि केंद्रीय और प्रांतीय सरकारों का ध्यान आकर्षित किया जा सके।

1986 की राष्ट्रीय शिक्षा नीति (NPE) में भी काफी सीमा तक कोठारी आयोग के प्रयोजन एवं अनुशंसाओं को ध्यान में रखा गया।

राष्ट्रीय शिक्षा प्रणाली (National Education System) में संविधान की मूल धारणा- 'एक स्तर तक बिना किसी भेदभाव के सभी को समान शिक्षा उपलब्ध होनी चाहिए' को वरीयता देने का सिद्धांत लागू किया जाना भी इसका घटक रहा है।

1986 की राष्ट्रीय नीति को आने वाले समय का महाधिकार-पत्र (Magna Carta) माना गया था।

इनके महत्वपूर्ण बिंदुओं का निम्न रूप में उल्लेख किया गया है।

1. महात्मा गांधी के विचारों के अनुरूप ग्रामीण विश्वविद्यालयों की स्थापना
2. इंदिरा गांधी मुक्त विश्वविद्यालय की पद्धति पर मुक्त विश्वविद्यालयों और दूरस्थ अध्ययन पर बल
3. शिक्षा की सार्वभौमिक पहुँच- Universal Access to Education भी कहा जा सकता है, इसको समानता के लिए शिक्षा (Education for Equality) की अवधारणा भी कह सकते हैं।
4. सांस्कृतिक परिप्रेक्ष्य और मूल्यों पर आधारित शिक्षा पर बल
5. शिक्षा का आधुनिकीकरण एवं व्यवसायीकरण
6. शिक्षकों की शिक्षा (Teacher's education): इस बात का विशेष उल्लेख किया गया कि किसी भी देश के लोगों का स्तर उनके अध्यापकों के स्तर से ऊँचा नहीं हो सकता है।
7. समान शिक्षा संरचना 10+2+3 लागू होनी चाहिए। इसमें प्रथम 10 वर्ष की शिक्षा को आधारभूत पाठ्यक्रम (Core Curriculum) माना गया जिसके द्वारा राष्ट्रीय मूल्यों और वैज्ञानिक दृष्टिकोण का विकास हो सके। साथ ही प्रत्येक स्तर की शिक्षा का न्यूनतम स्तर (Minimum Level of Learning) विकसित होना चाहिए तथा गुणात्मक सुधार होना चाहिए।

   10+2 स्तर पर प्रतिभाशाली छात्र-छात्राओं को विश्वविद्यालय शिक्षा के लिए तैयार करना तथा व्यावसायिक शिक्षा को प्रदान करना।

   10+2+3 स्तर पर छात्रों को उच्च शिक्षा का ज्ञान प्राप्त करवाया जाना तथा विभिन्न निकायों की शिक्षा दिया जाना जिसमें चिकित्सा, न्याय, कृषि, विज्ञान एवं तकनीकी शिक्षा को प्रदान किया जाना है, इससे राष्ट्रीय विकास की संभावना भी बनती है।
8. प्रत्येक जिले में एक नवोदय विद्यालय को स्थापित किया जाना जो कि बाकी विद्यालयों के लिए आदर्श विद्यालय होगा।
9. उच्च शिक्षा को सुलभ करवाने के लिए मुक्त या खुले विश्वविद्यालयों (Open Universities) की स्थापना करना। (इनकी सूची इसी अध्याय में दी गयी है)
10. 'भारतीय तकनीकी शिक्षा परिषद' (All India Council for Rechnical Education) को कानूनी अधिकार प्रदान करना ताकि निम्न स्तर की तकनीकी संस्थाओं को बंद किया जा सके तथा उच्च स्तरीय शिक्षा प्रदान करने वालों को प्रोत्साहित किया जाए।
11. परीक्षा प्रणाली और मूल्यांकन प्रक्रिया में सुधार किया जाएगा तत्कालीन परीक्षा प्रणाली और मूल्यांकन प्रक्रिया में सुधार करना, इसको सतत बनाया जाना, बाह्य मूल्यांकन, ग्रेड सिस्टम या व्यवस्था लागू करना ताकि मूल्यांकन को विश्वसनीय बनाए जा सके।
12. शिक्षण शिक्षा में सुधार हेतु प्रत्येक जिले में जिला शिक्षा प्रशिक्षण संस्थान (DIET) स्थापित करना (DIETs), कुछ को CTE में उन्नत करना तथा कुछ को (CASEs) में सम्मुनत करना आदि। साथ ही 'राष्ट्रीय तकनीकी शिक्षा परिषद' (NCTE) को स्वायत्त दर्जा देने की बात भी की गई।

वर्ष 1992 में राष्ट्रीय शिक्षा प्रणाली में कुछ और सुधार करने के लिए एक नया दस्तावेज प्रस्तुत किया गया, जिसको 'Programme of Action' (POA) भी कहा जाता है।

राष्ट्रीय शिक्षा नीति, कार्य योजना (PLAN OF ACTION), 1992

राष्ट्रीय शिक्षा नीति, 1986 में यह घोषणा की गई थी कि प्रत्येक 5 वर्ष के बाद इसके कार्यान्वन और परिणामों की समीक्षा की जाएगी। पर सरकार ने केवल तीन वर्ष बाद 1990 में इसकी समीक्षा हेतु 'आचार्य राममूर्ति समीक्षा समिति' की स्थापना कर दी, और उसकी समीक्षा से पूर्व ही वर्ष 1992 में जनार्दन रेड्डी समिति की स्थापना भी कर दी। तब इन दोनों के समायोजन से वर्ष 1986 की राष्ट्रीय नीति में कुछ संशोधन किए तथा इसका नाम संशोधित राष्ट्रीय नीति (National policy on Education, 1986, with Modification Undertaken in 1992) के नाम से प्रकाशित किया। कुछ विद्वान भूल से इसको राष्ट्रीय शिक्षा नीति भी कहते हैं। सरकार ने परिवर्तित कार्य योजना को 'Plan of Action' का नाम दिया।

शिक्षा को राष्ट्रीय महत्व की वस्तु बताया गया, शिक्षा को उत्तम निवेश माना गया। वर्ष 1966 और वर्ष 1986 की अनुशंसाओं की तरह शिक्षा में भी 6 या उससे अधिक निवेश की बात कही गई।

1. पूरे देश में +2 को अधिक संगठित बनाना
2. समग्र साक्षरता पर बल दिया जाना
3. राष्ट्रीय साक्षरता योजना (National Literacy Mission) को निर्धनता निवारण, राष्ट्रीय एकता, पर्यावरण संरक्षण, छोटा परिवार, नारी समानता को प्रोत्साहन, प्राथमिक शिक्षा का सार्वभौमिकरण प्राथमिक स्वास्थ्य से जोड़ा जाना चाहिए।
4. रोजगार/स्वरोजगार की आवश्यकता पर आधारित व्यावसायिक पाठ्यक्रमों पर बल
5. निराक्षरों की साक्षरता और सतत शिक्षा कार्यक्रम
6. ब्लैक बोर्ड शिक्षा योजना में और अधिक मूल एवं प्रायोजनिक सुधार, इसको उच्च प्राथमिक विद्यालयों में भी लागू करना।
7. मुक्त शिक्षा प्रणाली को अधिक सुदृढ़ किया जाना।
8. परीक्षा एवं मूल्यांकन में सुधार हेतु 'राष्ट्रीय मूल्यांकन संगठन' का बनना- नेशनल टेस्टिंग एजेंसी (NTA) भी इसी प्रक्रिया का परिणाम है।
9. भारतीय तकनीकी शिक्षा परिषद (AICTE) को और अधिक सुदृढ़ किया जाना।

वर्ष 1993 में राष्ट्रीय शिक्षक शिक्षा परिषद् (NCTE) को संवैधानिक दर्जा दिया गया। प्राथमिक शिक्षा हेतु ब्लैक बोर्ड निशुल्क दिये जाने की योजना बनाई गयी। मूल्यांकन परीक्षा प्रणाली में भी काफी सुधार किए गए। शिक्षा शिक्षण केंद्र भी स्थापित किए गए।

लेकिन इस नीति की भी कुछ सीमाएं थीं:

1. असमान शिक्षा व्यवस्था- वर्ष 1976 में संविधान संशोधन द्वारा शिक्षा को समवर्ती सूची में सम्मिलित किया गया परन्तु राज्य सरकारों के कर्तव्यों को

निश्चित नहीं किया गया, जबकि यह कार्य राष्ट्रीय शिक्षा द्वारा किया जाना चाहिए था। यहां पर वित्त आदि से संबंधित विषय उत्पन्न हो जाते हैं।

2. जन सहयोग के नाम पर जन शोषण
3. उच्च शिक्षा का और महँगा होना
4. शैक्षिक अवसरता की समानता के नाम पर वोट की राजनीति
5. कैपिटेशन फीस की मार

आचार्य राममूर्ति समिति (Acharya Ramamurti Committee)—1990

इस समिति ने राष्ट्रीय शिक्षा नीति 1986 में कुछ संशोधन प्रस्तुत किए। इसकी मुख्य सिफारिशें मॉड्यूलर शिक्षा और रोगेस्टर पद्धति (semester system) और कौशल विकास (skill development) से संबंधित थीं।

गणनाम समिति (Gnanam Committee)—1993

इस समिति ने अकादमिक उत्कृष्टता को सुनिश्चित करने के लिए लचीलापन और स्वायत्तता की सिफारिश की। इस समिति ने 'मानित विश्वविद्यालयों (Deemed to be universities)' की बढ़ती संख्या को नियंत्रित करने के लिए अनुशंसा की। ('मानित विश्वविद्यालय' के बारे में विस्तृत चर्चा आगे की गई है।)

इसके अलावा, गणनाम समिति ने उच्चतर शिक्षा के लिए राष्ट्रीय आयोग (National Commission on Higher Education) की स्थापना की। शिक्षा की गुणवत्ता को विनियमित करने और विश्वविद्यालय प्रणाली में अनुसंधान को प्रोत्साहित करने का सुझाव दिया।

लिंगदोह समिति (Lyngdoh Committee)—2006

मानव संसाधन विकास मंत्रालय ने उच्चतम न्यायलय के दिशा निर्देश के अनुसार छात्र संघ चुनाव में सुधार के लिए और छात्र राजनीति में धन और बाहुबल से छुटकारा दिलाने के लिए वर्ष 2006 में लिंगदोह समिति की स्थापना की। इसकी सभी अनुशंसाओं को उच्चतम न्यायलय ने स्वीकार कर लिया।

राष्ट्रीय ज्ञान आयोग (National Knowledge Commission):

राष्ट्रीय ज्ञान अयोग ने उच्च शिक्षा के विकास हेतु सुझाव दिए ताकि भारत को विश्व शिक्षा में श्रेष्ठ बनाया जा सके और छात्रों को गुणात्मक शिक्षा प्रदान की जा सके, आयोग का उद्देश्य भारत को उत्साहपूर्ण समाज बनाना है, एक ऐसी शिक्षा व्यवस्था जो हमारी तथा देश की स्पर्धा को बढ़ाये।

आज उच्च शिक्षा में अधिक शोध कार्य किए जाने की आवश्यकता है, ताकि शिक्षा के द्वारा समाज का चतुर्मुखी विकास किया जा सके। इसमें विज्ञान एवं तकनीक, स्वास्थ्य, कृषि, बौद्धिक संपदा, पारदर्शिता, उत्तरदायित्व जैसे विषयों को भी ध्यान में रखना है।

इसके लिए मानव क्षमता का बढ़ाया जाना आवश्यक है, इसी वृहद कार्य को ध्यान में रखते हुए 2005–2008, तीन वर्ष के लिए राष्ट्रीय ज्ञान आयोग का गठन किया गया।

इस समिति के अध्यक्ष सैम पित्रोदा रहे हैं। इस समिति ने निम्नलिखित अनुशंसाएं दीं:

1. नई अर्थव्यवस्था और वैश्वीकरण के परिवेश में बहु-अनुशासनिक (multi disciplinary) व्यावसायिक लोगों की मांग को पूरा करने हेतु पाठ्यक्रम में परिवर्तन करना।
2. उच्च शिक्षा में प्रवेश करने वाले अनुपात को 7 प्रतिशत से बढ़ा कर न्यूनतम 15% तक लेकर जाना है। इसके लिए देश में वर्ष 2015 तक विश्वविद्यालयों की कुल संख्या 1500 तक होनी चाहिए।
3. दीर्घकालिक अवस्था में 50 विश्वविद्यालय स्थापित करना–सरकार द्वारा या निजी प्रायोजकों द्वारा।
4. शिक्षा संबंधी संसाधनों के आवंटन के मानक-निर्धारण, और सामरिक वरीयता को प्राप्त करने के उद्देश्य से उच्च शिक्षा के क्षेत्र में उत्कृष्टता को बढ़ावा देने का सुझाव दिया।
5. भारत में विदेशी विश्वविद्यालयों के प्रवेश की अनुमति।
6. विश्वविद्यालयों पर से कॉलेजों की संबद्धता (affiliation) के बोझ को कम करना।
7. शिक्षा का विनिमय ढांचा बदलना।
8. इस समिति ने उच्च शिक्षा के गिरते स्तर को रोकने एवं भविष्य में इसके प्रसार हेतु एक स्वतंत्र उच्च शिक्षा नियंत्रक प्राधिकरण (Independent Regulatory Authority for Higher Education) की स्थापना की भी अनुशंसा की।
9. सकल घरेलू उत्पाद का कम से कम डेढ़ प्रतिशत उच्च शिक्षा पर खर्च होना चाहिए, जबकि शिक्षा पर यह छह प्रतिशत हो। वर्ष 2006 में यह 0.7 प्रतिशत था।
10. सबको शिक्षा सुलभ करवाना।

राष्ट्रीय ज्ञान आयोग की अनुशंसाओं को पूरा करने के लिए तीन मुख्य बिंदु हैं:

1. वर्तमान व्यवस्थाओं के भीतर सुधार
2. नीतियों में परिवर्तन
3. संविधान संशोधन

यह सब परिवर्तन विश्वविद्यालय, केंद्र तथा राज्य सरकारों द्वारा किए जा सकते हैं।

उच्च शिक्षा के नवीकरण तथा पुनर्जीवन सलाहकार समिति (Committee on Renovation and Rejuvenation of Higher Education)—2009

यह यशपाल समिति (Yashpal Committee) के नाम से भी प्रसिद्ध है, इसके अध्यक्ष प्रसिद्ध शिक्षाविद और यूजीसी के पूर्व अध्यक्ष प्रोफेसर यशपाल थे।

इस समिति ने निम्नलिखित मुख्य सुझाव दिए:

1. **राष्ट्रीय उच्च संस्थान तथा अनुसंधान आयोग की स्थापना:** देश में उच्च शिक्षा को सुव्यवस्थित करने के लिए बनी इस समिति ने अपनी रिपोर्ट में यूजीसी और एआईसीटीई जैसी उच्च शिक्षा नियामकों (regulators) को समाप्त कर इन्हें प्रस्तावित राष्ट्रीय उच्च शिक्षा एवं अनुसंधान आयोग (National Commission for Higher Education and Research—NCHER) के दायरे में लाने की सिफारिश की है। यह बहुत ही महत्वपूर्ण अनुशंसा है।
2. विश्वविद्यालय का स्वरूप ऐसा होना चाहिए, जहां कृषि, प्रबंधन, इंजीनियरिंग, प्रौद्योगिकी विज्ञान और समाजशास्त्र जैसे सभी विषयों को पढ़ाया जा सके। इन विषयों को पढ़ाने के लिए अलग-अलग शिक्षा संस्थान खोले जाने की जरूरत नहीं है। समिति ने भी विश्वविद्यालयों से कॉलेजों की संबद्धता (affiliation) के बोझ को कम करने की सिफारिश की।
3. डीम्ड विश्वविद्यालय का दर्जा प्रदान करने के संबंध में एक सुव्यवस्थित प्रक्रिया होनी चाहिए, ताकि मनमाने तरीके से ऐसे विश्वविद्यालय नहीं खोले जा सके।
4. इस समिति ने भारत में विदेशी विश्वविद्यालय खोलने के बारे में सावधानी बरतने की सलाह दी।

5. भारतीय प्रौद्योगिकी संस्थान (आईआईटी) और भारतीय प्रबंधन संस्थान (आईआईएम) को विश्वविद्यालय की तर्ज पर विकसित करने की सिफारिश की गई है।
6. आईआईटी और आईआईएम में प्रवेश परीक्षा ग्रेजुएट रिकॉर्ड एक्जाम (Graduate Record Exam) की पद्धति पर होनी चाहिए, जिससे किसी विशेष क्षेत्र में छात्र की दक्षता को जांचा परखा जा सके। इस समिति ने स्नातक डिग्री, और बहु अनुशासिक (Multidisciplinary) पाठ्यक्रम पर बल दिया।

शर्मा समिति (Sharma Committee)

इस समिति के अंतर्गत भारत में विज्ञान और प्रौद्योगिकी शिक्षा के विकास पर विचार-विमर्श किया गया। समिति ने विज्ञान, शिक्षा और अनुसंधान के संस्थानों की स्थापना करने की सिफारिश की। इस समिति ने तकनीकी शिक्षा का विस्तार करने, उसकी गुणवत्ता सुनिश्चित करने और सामर्थ्य प्रदान करने के सुझाव दिए।

समिति ने यह भी सिफारिश की कि विश्वविद्यालय अनुदान आयोग द्वारा हर वर्ष बुनियादी विज्ञान में अनुसंधान पर ₹500 करोड़ खर्च किया जाए।

डॉ. अनिल काकोदकर समिति (Dr Anil Kakodkar Committee)—2011

इस समिति ने देश में तकनीकी शिक्षा में सुधार करने की नीति को सुचारू रूप देने की सिफारिश की। समिति ने प्रत्येक संस्था में अनुसंधान के लिए 2% बजट निर्धारित करने का सुझाव दिया।

के बी पवार समिति 2012 (K. B. Pawar Committee)

यूजीसी द्वारा गठित इस समिति ने उच्च शिक्षा में सार्वजनिक-निजी भागीदारी (PPP) सुनिश्चित करने के लिए चार मॉडल (या विकल्प) सुझाए।

मॉडल I—आधारभूत ढांचा मॉडल (Basic infrastructure Model): निजी क्षेत्र मूलभूत ढांचे में निवेश करता है, जबकि सरकार संचालन और प्रबंधन का कार्य देखती है, और निवेश के बदले में निजी निवेशक को वार्षिक भुगतान करती है।

मॉडल II—आउटसोर्सिंग मॉडल (Outsourcing Model): निजी क्षेत्र मूलभूत ढाँचे में निवेश करता है, संस्थान के संचालन और प्रबंधन का उत्तरदायित्व भी निजी क्षेत्र का है, जबकि सरकार का उत्तरदायित्व निर्दिष्ट सेवाओं के लिए निजी निवेशक को भुगतान करने का है।

मॉडल III—इक्विटी/हाइब्रिड मॉडल (Equity/ Hybrid Model): मूलभूत ढाँचे में निवेश सरकार और निजी क्षेत्र के बीच साझा किया जाता है, जबकि संचालन और प्रबंधन निजी क्षेत्र के साथ निहित है।

मॉडल IV—रिवर्स आउटसोर्सिंग मॉडल (Reverse Outsourcing Model): सरकार मूलभूत ढाँचे में निवेश करती है और संचालन और प्रबंधन का उत्तरदायित्व निजी क्षेत्र का है।

सरकार ने वर्ष 2016 में 'UGC (Declaration of Government Educational Institutions as World Class Institutions) Guidelines, 2016' नामक एक पहल के अंतर्गत उच्च शिक्षा में गुणवत्ता पर कुछ ध्यान केंद्रित करने का प्रयास किया। 2018 तक, जब ऐसे पहले छह संस्थानों को नामित किया गया था, तो उन्हें 'विश्व स्तर के संस्थानों' (World Class Institutions) के स्थान पर 'इंस्टीट्यूशन ऑफ एमिनेंस' (Institutes of Eminence) के रूप में नामित किया गया।

पारंपरिक और गैर-पारंपरिक शिक्षा (Conventional and Non-conventional Education)

पारंपरिक और गैर-पारंपरिक प्रशिक्षण के संयोजन की प्रणाली से ही शिक्षण गतिविधि सुचारू रूप से हो सकती है। यहां पारंपरिक का अर्थ है शिक्षा-कक्ष या नियमित संस्थान में शिक्षा प्राप्त करना। गैर-पारंपरिक का अर्थ है कि हम रोज़गार के साथ शिक्षा प्राप्त करना चाहते हैं, जैसे कि दूरस्थ शिक्षा जिसका अलग से वर्णन भी किया गया है। हमने पारंपरिक और गैर-पारंपरिक शिक्षा का एक तुलनात्मक दृष्टि से वर्णन किया है।

	पारंपरिक शिक्षा	गैर-पारंपरिक शिक्षा
1.	यह मूल रूप से निष्क्रिय शिक्षा है, जहां बच्चा शिक्षक को सुनता है, शिक्षक से मिले निर्देशों का पालन करता है, शिक्षक निर्देशों के लिए गति भी निर्धारित करता है।	सक्रिय शिक्षण, जो स्वतंत्र रूप से चलता है, अपना कार्य चुनता है कि किस गति से यह किया जा रहा है। शिक्षक, यदि कोई हो, तो सुविधा हो जाती है।
2.	छात्रों को ज्ञान, कौशल और अनुभव प्रदान किया जाता है ।	यहां छात्रों का सामान्य विकास होता है, और वह मॉड्यूल को सीखने में पर्याप्त ज्ञान प्राप्त कर लेता है।
3.	मुख्य क्षमता प्राप्त होती है, जैसे कि उदाहरण, तथ्य, तर्क और पाठ, समर्पित समय और प्रयास। हमारा उद्देश्य परिभाषित कौशल में प्रवीणता प्राप्त करना है और सामाजिक रूप से विकसित होना है।	समग्र विकास क्योंकि इसमें कानून, सिद्धांत, नियम और अवधारणा का सामान्यीकरण करना शामिल है। यह मन का संज्ञानात्मक, सामाजिक और मनोवैज्ञानिक विकास है।
4.	यहां विद्यार्थी सहकर्मी निरंतर संपर्क में रहते हैं।	यहां सीमित सहकर्मी संपर्क में रहते हैं।
5.	समूह, व्यक्तिगत, पूरी कक्षा	टीमवर्क और प्रशिक्षण का सामूहिक ढंग
6.	मौखिक, दृश्य और व्यावहारिक सीमित संपर्क समय	समस्या कथन, आंशिक शोध और अनुमानी/मंथन विधियां
7.	शिक्षक द्वारा नियंत्रण और मूल्यांकन	आत्म नियंत्रण और आत्म मूल्यांकन
8.	विषय-वस्तु संबंध	सहयोग और सहकार्यता

यदि कोई विद्यार्थी इंजीनियरिंग में स्नातक है, उसके नित्य-कर्म को पारंपरिक शिक्षा कहेंगे, और बाद में रोज़गार में पांच वर्ष के बाद उसको प्रबंधन में उत्तर स्नातक की डिग्री चाहिए या कोई कंप्यूटर कोर्स करना है तो इस शिक्षा को हमें गैर-पारंपरिक कहना होगा।

इस अध्याय में हम स्थाई नियमित ढंग से प्राप्त उच्च शिक्षा को पारंपरिक शिक्षा कहेंगे, इसमें विश्वविद्यालय अनुसंधान आयोग तथा अन्य कार्यक्रम आते हैं। जो शिक्षा हमने मुक्त शिक्षा व्यवस्था से प्राप्त की, उसको गैर पारंपरिक शिक्षा कहेंगे। इनका पूरे अध्याय में वर्णन किया गया है जो कि NTA-NET परीक्षार्थी के लिए उपयोगी है।

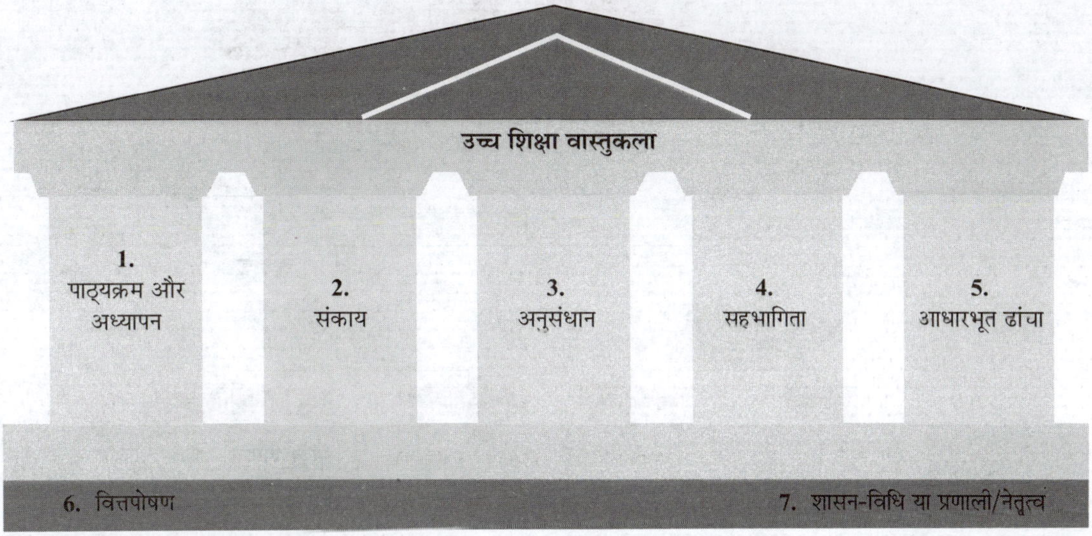

कौशल आधारित शिक्षा

उच्च शिक्षा वास्तुकला (Higher Education Architecture)

विद्यार्थी (Students)

1. प्रतिभाशाली और अनुसंधान-उन्मुख व्यक्ति
2. स्नातक छात्रों की तुलना में स्नातकोत्तर/डॉक्टरेट छात्रों के अनुपात में वृद्धि
3. अंतरराष्ट्रीय विविधता में वृद्धि
4. कुल नामांकन के 10% लोगों का शोध में आना

संकाय (Faculty)

1. पूर्णकालिक संकाय का उच्च अनुपात (75%–80%) पीएचडी डिग्री के साथ हो।
2. संकाय और छात्रों का अनुपात 1:10 होना चाहिए।
3. उच्च योग्य संकाय जो अच्छे शोध अनुदानों को आकर्षित करने में सक्षम हो।

पाठ्यक्रम (Curriculum)

1. एकीकृत अनुसंधान गतिविधि
2. स्नातकोत्तर स्तर: अनुसंधान के लिए 40% भारिता (weightage)
3. स्नातक स्तर: अनुसंधान के लिए 20% भारिता
4. बहु-विषयक पाठ्यक्रम संरचना
5. सामग्री और पाठ्यक्रम: यहां MOOCs के माध्यम से भी पहुँचा जा सकता है।

अनुसंधान केंद्र (Research Focus)

1. वैश्विक रैंकिंग के मामले में शीर्ष 200 विश्वविद्यालयों में रैंकिंग
2. भारत से संबंधित क्षेत्रों जैसे बायोसाइंस, पर्यावरण और जलवायु परिवर्तन, समावेशी विकास और नेतृत्व में शक्तिशाली अनुसंधान क्षमताएं।
3. उद्योग उन्मुख और शैक्षणिक अनुसंधान का स्वस्थ मिश्रण
4. अंतर-अनुशासनात्मक (interdisciplinary) क्षेत्रों में शोध
5. अनुसंधान गतिविधि में छात्रों और शिक्षकों दोनों की उच्च भागीदारी

बुनियादी ढांचा (Infrastructure)

1. अनुसंधान के लिए प्रयोगशाला और अत्याधुनिक अनुसंधान केंद्र
2. छात्रवृत्ति के अंतर-अनुशासनात्मक क्षेत्र
3. अनुसंधान गतिविधि में छात्रों और शिक्षकों दोनों की उच्च भागीदारी

सहकारिता (Partnerships)

1. सहयोगात्मक अनुसंधान करने और छात्र और संकाय विनिमय कार्यक्रमों के लिए वैश्विक संस्थानों के साथ सहयोग।
2. उद्योग-संबंधित अनुसंधान करने के लिए निगमों के साथ सहयोग।
3. समुदाय के साथ सहयोग अंततः मानवता की प्रासंगिकता के लक्ष्यों को आगे बढ़ाता है।

भारत में उच्च शिक्षा की विनियामक रूपरेखा (Regulatory Framework of Higher Education in India)

जब केंद्र सरकार उच्च एवं तकनीकी शिक्षा के क्षेत्र में मानकों को निर्धारित करती है, तो वहीं स्कूली शिक्षा मुख्य रूप से राज्य का उत्तरदायित्व है।

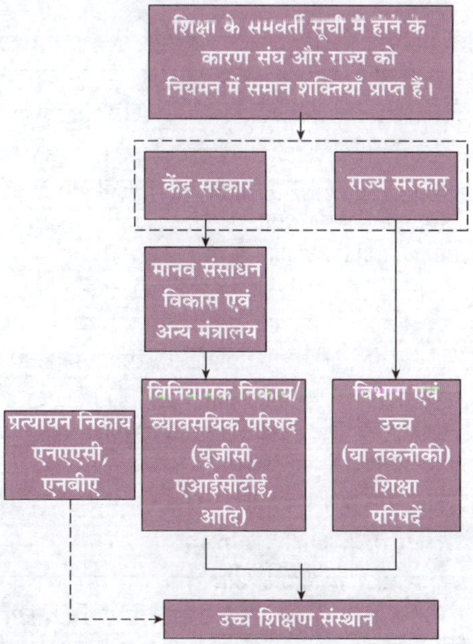

चित्र 10.1: भारत में उच्च शिक्षा विनियामक प्रणाली

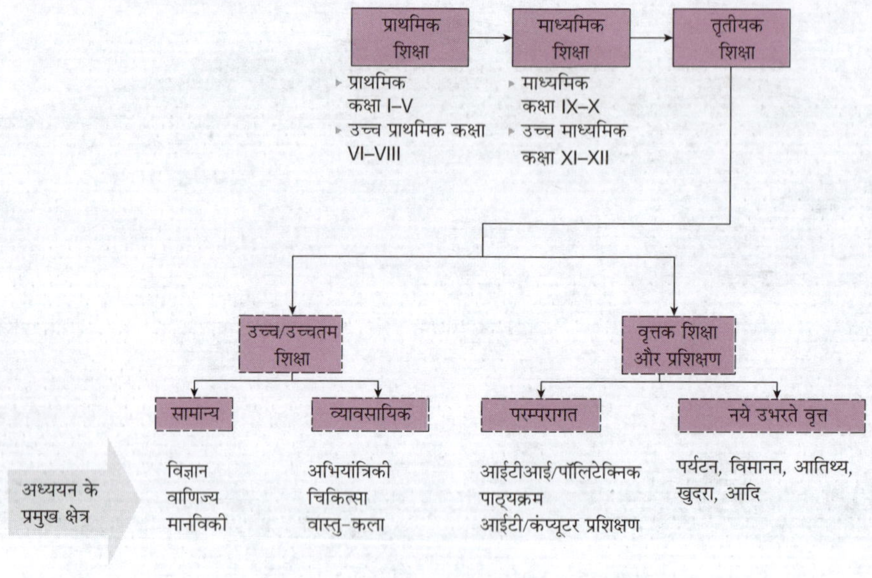

चित्र 10.2: भारत में शिक्षा प्रणाली का अवलोकन

कॉन्सेप्ट बॉक्स

शिक्षा मंत्रालय (Ministry of Education)

इस मंत्रालय को पहले मानव संसाधन विकास मंत्रालय कहा जाता था, जो कि एक संशोधित नाम था। वर्ष 1985 से पहले, इस मंत्रालय का नाम 'शिक्षा एवं संस्कृति मंत्रालय' था। जिस दिन नई शिक्षा नीति, 2020 की दिनांक 29 जुलाई, 2020 में उद्घोषणा हुई, उसी दिन मानव संसाधन विकास मंत्रालय का नाम बदल कर 'शिक्षा मंत्रालय' कर दिया गया।

इस मंत्रालय के अंतर्गत दो विभाग आते हैं:

1. स्कूल शिक्षा एवं साक्षरता विभाग
2. उच्चतर शिक्षा विभाग

उच्च शिक्षा विभाग, शिक्षा के क्षेत्र में आधारभूत संरचना के समग्र विकास के लिए उत्तरदायी है। यह एक सुनियोजित योजना के अंतर्गत उच्च शिक्षण संस्थाओं में गुणवत्तापूर्ण सुधार और विस्तार के कार्य का अवलोकन करता है।

इसके निम्नलिखित मुख्य ध्येय हैं:

1. भारत की मानव संसाधन क्षमता का समानता और समावेशिता के साथ पूर्ण विकास करना
2. सकल नामांकन अनुपात में वृद्धि करना
3. समाज के उन वर्गों की भागीदारी का संवर्धन करना जिनका सकल नामांकन अनुपात राष्ट्रीय औसत से कम है
4. गुणवत्ता में सुधार करना तथा शैक्षिक सुधारों का संवर्धन करना
5. उच्च शिक्षा में प्रौद्योगिकी उपयोग
6. व्यावसायिक शिक्षा तथा कौशल विकास का विस्तार
7. भारतीय भाषाओं का विकास
8. शिक्षा के क्षेत्र में अंतरराष्ट्रीय सहयोग

राज्य सरकार (State Government)

कई राज्यों में भी राज्य परिषदों और सलाहकार बोर्ड का गठन किया गया है, जो कि राज्य में उच्च शिक्षा संस्थान के समुचित कार्य के लिए दिशा-निर्देश प्रदान करते हैं।

उच्च शिक्षा के लिए महत्वपूर्ण नीति बनाने वाली एजेंसियाँ इस प्रकार हैं:

केन्द्र सरकार (Central Government)

यह विश्वविद्यालय अनुदान आयोग को अनुदान प्रदान करता है और देश में केंद्रीय विश्वविद्यालयों/संस्थानों की स्थापना करता है। यह विश्वविद्यालय अनुदान आयोग की सिफारिशों पर शैक्षिक संस्थान को 'Deemed-to-be University' के रूप में घोषित करने के लिए भी उत्तरदायी है।

केंद्रीय सलाहकार शिक्षा बोर्ड (Central Advisory Board of Education—CABE)

यह उच्च शिक्षा के क्षेत्र में संघ और राज्यों के बीच समन्वय एवं सहयोग के लिए स्थापित किया गया है। इसकी चर्चा पहले भी की जा चुकी है।

इसके अलावा कुछ और नियामक संस्थाएँ जैसे यूजीसी, अखिल भारतीय तकनीकी शिक्षा परिषद, मेडिकल काउंसिल ऑफ इंडिया, आदि भी उच्च शिक्षा में महत्वपूर्ण भूमिका अदा करते हैं। यूजीसी की विस्तारपूर्वक चर्चा आगे की गई है।

शीर्ष स्तर के निकाय (Apex Regulatory Bodies)

मानव संसाधन विकास मंत्रालय निम्न छह प्रकार के शीर्ष स्तर के निकायों का उल्लेख करता है।

1. अखिल भारतीय तकनीकी शिक्षा परिषद (All India Council for Technical Education—AICTE)
2. वास्तुकला परिषद (Council of Architecture—CA)
3. भारतीय ऐतिहासिक अनुसंधान परिषद (Indian Council of Historical Research—ICHR)
4. भारतीय दार्शनिक अनुसंधान परिषद (Indian Council of Philosophical Research—ICPR)

5. भारतीय सामाजिक विज्ञान अनुसंधान परिषद (Indian Council of Social Science Research—ICSSR)
6. विश्वविद्यालय अनुदान आयोग (University Grant Commission—UGC)

भारत उच्च शिक्षा में मेडिकल काउंसिल ऑफ इंडिया, डेंटल काउंसिल ऑफ़ इंडिया, भारतीय नर्सिंग काउंसिल, बार काउंसिल ऑफ़ इंडिया, इत्यादि 11 अन्य नियामक हैं।

विश्वविद्यालय की परिभाषा एवं मुख्य अवयव (UNIVERSITY—DEFINITION AND ITS MAIN CONSTITUENTS)

जैसा कि हम जानते हैं कि विश्वविद्यालय शब्द का आंग्ल भाषा में रूपान्तर है—university।

जिसका उद्‌गम लैटिन भाषा के शब्द universitas से हुआ है, जिसका अर्थ है, शिक्षक और शिक्षार्थी के मध्य विशिष्ट साहचर्य। विश्वविद्यालय वह संस्था है, जिसमें सभी प्रकार की विद्याओं की उच्च कोटि की शिक्षा दी जाती हो, परीक्षा ली जाती हो तथा मानक उपाधियाँ प्रदान की जाती हों।

भारत में विश्वविद्यालय का अर्थ है, एक ऐसी संस्था जो केंद्रीय अधिनियम या प्रांतीय अधिनियम या किसी राज्य अधिनियम के अंतर्गत स्थापित किया गया हो तथा जो विश्वविद्यालय अनुदान आयोग के अधिनियम के अंतर्गत आती हो।

विश्वविद्यालयों के प्रशासन के लिए कुलपति, उपकुलपति, प्रबंध समिति (सीनेट), कोर्ट (सभा), शिक्षा समिति (Academic Council), रजिस्ट्रार और उसके सहायक, आदि होते हैं।

प्रदेशीय विश्वविद्यालयों के कुलपति प्राय: प्रदेश के राज्यपाल होते हैं, जो अवैतनिक है। केंद्रीय विश्वविद्यालय में राष्ट्रपति को परिदर्शक (Visitor) की उपाधि प्राप्त है।

विश्व भारती विश्वविद्यालय, शांतिनिकेतन, पश्चिमी बंगाल में भारत के राष्ट्रपति परिदर्शक (visitor) हैं, राज्य के राज्यपाल इसके आचार्य (Chancellor), तथा प्रधानमंत्री इसके आचार्य (Chancellor) हैं।

पाठ्यक्रमीय संघटन की दृष्टि से प्रत्येक विश्वविद्यालय अनेक प्रभाग (faculties) जैसे कला, विज्ञान, वाणिज्य, कानून, चिकित्सा, इंजीनियरिंग, शिक्षा, कृषि, आदि में बंटा हुआ होता है। प्रभाग के प्रधान प्राध्यक्ष (Dean) होते हैं। प्रत्येक भाग के अंतर्गत विभिन्न विभाग होते हैं, जिनके अलग-अलग अध्यक्ष होते हैं। अध्यक्ष प्राय: प्रोफेसर (प्राचार्य) कहलाते हैं। उनके सहायक अध्यापकगण रीडर, लेक्चरर अथवा असिस्टेंट प्रोफेसर आदि होते हैं। विश्वविद्यालय शिक्षा के अंतर्गत छात्रों द्वारा स्नातक स्तर पर बी ए, बी कॉम, बी एस सी, बी टेक, आदि; स्नातकोत्तर स्तर पर एम ए, एम कॉम, एम एस सी, आदि और अनुसंधान स्तर पर पीएचडी, फैलोशिप, या पोस्ट डॉक्टरेट, आदि उपाधियाँ प्राय: लिखित परीक्षा के उपरांत अर्जित की जाती हैं। प्रत्येक विश्वविद्यालय का प्रतिवर्ष एक समावर्तन समारोह (Convocation) होता है, जिसमें परीक्षोत्तीर्ण विद्यार्थियों को उपाधि प्रदान की जाती है।

विश्वविद्यालय अनुदान आयोग (UNIVERSITY GRANTS COMMISSION—UGC)

वर्ष 1952 में सरकार ने निर्णय लिया कि केंद्रीय और अन्य उच्च शिक्षा संस्थानों को दिए जाने वाले वित्तीय सहयोग के मामलों को विश्वविद्यालय अनुदान आयोग के अधीन लाया जाएगा। इस तरह 28 दिसंबर 1953 को तत्कालीन शिक्षा मंत्री मौलाना अबुल कलाम आजाद ने औपचारिक तौर पर विश्वविद्यालय अनुदान आयोग की नींव रखी थी। इसके बाद 1956 में यूजीसी को संसद में पारित कर एक विशेष विधेयक के बाद सरकार के अधीन लाया गया और तभी औपचारिक तौर पर इसे स्थापित माना गया।

अधिदेश (Mandate): यूजीसी को उच्च शिक्षा में अनन्य स्थान प्राप्त है, यूजीसी अधिनियम के अनुच्छेद 12 के अंतर्गत यूजीसी अधिदेश में दो उत्तरदायित्व समावेशित हैं।

1. उच्च शिक्षण संस्थानों का वित्तपोषण और
2. उनमें मानकों का समन्वय और निर्धारण करना और तत्पश्चात उनका अनुरक्षण करना।

विस्तारपूर्वक देखा जाए तो यूजीसी के अधिदेश में मुख्यत: निम्नलिखित उद्‌देश्य सम्मिलित हैं:

1. विश्वविद्यालय शिक्षा का समन्वय और उसको बढ़ावा देना।
2. विश्वविद्यालयों में शिक्षण, परीक्षा और अनुसंधान के मानकों का निर्धारण और अनुरक्षण।
3. शिक्षा के नियमों के न्यूनतम स्तर का निर्धारण।
4. उच्च शिक्षा के क्षेत्र में हो रही प्रगति और घटनाओं का अवलोकन; विश्वविद्यालयों और कॉलेजों को अनुदान वितरण।
5. उच्च शिक्षण संस्थानों, संघ सरकार और राज्य सरकारों के बीच में एक कड़ी का कार्य करना।
6. विश्वविद्यालय शिक्षा में सुधार के लिए केन्द्र और राज्य सरकारों को परामर्श देना।

यूजीसी समय-समय पर विश्वविद्यालयों में उपकुलपति, प्राध्यापक और अन्य मुख्य अधिकारियों के चयन के लिए योग्यता निर्धारण का कार्य भी करता है, इसके अलावा विश्वविद्यालयों में नियुक्त होने वाले विशेष अधिकारियों विशेषतया प्राध्यापकों, आदि के वेतन निर्धारण में दिशा-निर्देश जारी करता है।

यूजीसी ने विभिन्न शिक्षण कार्यक्रमों का मॉडल पाठ्यचर्या/पाठ्यक्रम भी अपनी वेबसाइट के माध्यम से विश्वविद्यालयों द्वारा अनुसरण हेतु उपलब्ध करवाया हुआ है।

यूजीसी विश्वविद्यालय में नए भर्ती हुए प्राध्यापकों के लिए फैकल्टी डेवलपमेंट या रिफ्रेशर कोर्स भी आयोजित करवाता है।

केन्द्र सरकार यूजीसी को अनुदान देती है और देश में केन्द्रीय विश्वविद्यालयों/राष्ट्रीय महत्व की संस्थाओं की स्थापना करती है। केन्द्र सरकार यूजीसी की सिफारिश पर शैक्षिक संस्थाओं को 'मानित-विश्वविद्यालय' घोषित करने के लिए भी उत्तरदायी है।

यूजीसी शिक्षा में सुधार के लिए विभिन्न प्रकार की योजनाओं का क्रियान्वयन करती है। उदाहरण के लिए, Potential of Excellence, Colleges with Potential for Excellence, Centre with Potential for Excellence in a Particular Area, Special Assistance Programme, Basic Scientific Re-search, आदि।

यूजीसी की संरचना (Structure of UGC)

यूजीसी की संरचना में अध्यक्ष, उपाध्यक्ष, और 10 अन्य सदस्य हैं, जिनकी नियुक्ति केंद्रीय सरकार द्वारा की जाती है। यूजीसी का सचिव इसके कार्यपालक अध्यक्ष के रूप में कार्य करता है।

यूजीसी का मुख्यालय नई दिल्ली में बहादुर शाह जफर मार्ग पर स्थित है, इसके अतिरिक्त नई दिल्ली में दो ब्यूरो फिरोजशाह रोड एवं दिल्ली विश्वविद्यालय के दक्षिण परिसर में स्थित हैं।

राष्ट्रीय शिक्षा नीति, 1986/1992 का अनुसरण करते हुए, यूजीसी ने विकेन्द्रीकरण की नीति अपनाई। यूजीसी के छह क्षेत्रीय कार्यालय पुणे, भोपाल, कोलकाता, हैदराबाद, गुवाहाटी एवं बंगलुरु में हैं।

डॉ. शान्ति स्वरूप भटनागर यूजीसी के पहले अध्यक्ष थे। प्रोफेसर धीरेन्द्र पाल सिंह इसके वर्तमान अध्यक्ष हैं।

भारत में विश्वविद्यालय शिक्षा तंत्र (University Education Framework in India)

देश ने जब स्वतंत्रता प्राप्त की, तब केवल 20 विश्वविद्यालय और 500 कॉलेज थे, जो अब क्रमश: 777 और 40,000 से अधिक हैं। 11,922 एकल संस्थान हैं। छात्रों के नामांकन में 60 से 70 गुना वृद्धि हुई है। कई विश्वविद्यालय विशिष्ट विषयों जैसे कि कृषि, इंजीनियरिंग, संस्कृत, संगीत, आदि के अध्ययन को प्रधानता देने की दृष्टि से स्थापित किए गए हैं। उदाहरण के लिए, पंजाब कृषि विश्वविद्यालय लुधियाना, कृषि एवं तकनीकी विश्वविद्यालय भुवनेश्वर, आंध्र प्रदेश कृषि विश्वविद्यालय हैदराबाद, इत्यादि।

गुजरात विद्यापीठ, काशी विद्यापीठ, जामिया मीलिया दिल्ली, गुरुकुल कांगड़ी, हरिद्वार, ने स्वाधीनता प्राप्ति के पूर्व राष्ट्रीय शिक्षा आंदोलन में महत्वपूर्ण योगदान दिया था। अत: उन्हें विश्वविद्यालय के समकक्ष स्थान दिया गया।

विज्ञान तकनीकी एवं समाजविज्ञान के शिक्षानुसंधान की विशिष्टताओं के कारण बिड़ला तकनीकी एवं विज्ञान संस्थान पिलानी, भारतीय विज्ञान संस्थान बंगलौर, भारतीय कृषि अनुसंधान संस्थान दिल्ली, टाटा समाजविज्ञान संस्थान मुंबई, इत्यादि को विश्वविद्यालय के समकक्ष माना गया है।

आपकी जानकारी के लिए

भारतीय विश्वविद्यालय संघ (Association of Indian Universities)

भारतीय विश्वविद्यालय संघ सोसाइटी पंजीकरण अधिनियम, 1860 के तहत एक पंजीकृत सोसाइटी है जिसमें भारतीय विश्वविद्यालय सदस्य के रूप में सम्मिलित है। इसका उद्‌गम वर्ष 1924 में लार्ड रीडिंग द्वारा संयोजित उप-कुलपतियों के सम्मेलन को माना जा सकता है, इसको वर्तमान नाम वर्ष 1973 में मिला।

यह प्रशासकों एवं सदस्य विश्वविद्यालयों/संस्थानों के शिक्षाविदों के विचारों के आदान-प्रदान एवं सामान्य हितों के मामलों की चर्चा करने के लिए एक मंच प्रदान करता है। संघ उच्चतर शिक्षा में एक सूचना आदान-प्रदान ब्यूरो के रूप में कार्य करता है तथा इसके 'यूनिवर्सिटी हैंडबुक' (University Handbook), रीसर्च पेपर्स और 'यूनिवर्सिटी-न्यूज' (University News) नाम से एक साप्ताहिक पत्र सहित अनेक प्रकाशन हैं। वर्तमान में इस संघ की सदस्यता 527 है, जिसमें पड़ोसी देशों के कुछ विश्वविद्यालय भी सम्मिलित हैं।

भारत में मुख्यतः चार प्रकार के विश्वविद्यालय हैं:

1. केन्द्रीय विश्वविद्यालय (Central Universities)
2. राज्य विश्वविद्यालय (State Universities)
3. मानित विश्वविद्यालय (Deemed Universities)
4. निजी विश्वविद्यालय (Private Universities)

राज्यवार केन्द्रीय विश्वविद्यालयों की सूची

क्र. सं.	राज्य	केन्द्रीय विश्वविद्यालयों के नाम
1.	अरूणाचल प्रदेश	राजीव गांधी विश्वविद्यालय, ईटानगर
2.	असम	असम विश्वविद्यालय, सिल्चर
3.		तेजपुर विश्वविद्यालय, तेजपुर-784 001,
4.	बिहार	केन्द्रीय विश्वविद्यालय साउथ बिहार, गया
5.		महात्मा गांधी केन्द्रीय विश्वविद्यालय, पूर्वी चम्पारण
6.		नालंदा विश्वविद्यालय, जिला-नालंदा
7.		डॉ. राजेंद्र प्रसाद केंद्रीय कृषि विद्यालय, पूसा, समस्तीपुर
8.	छत्तीसगढ़	गुरु घासीदास विश्वविद्यालय, छत्तीसगढ़
9.	गुजरात	केन्द्रीय विश्वविद्यालय गुजरात, गांधीनगर
10.	हरियाणा	केन्द्रीय विश्वविद्यालय हरियाणा, महेन्द्रगढ़
11.	हिमाचल प्रदेश	केन्द्रीय विश्वविद्यालय हिमाचल प्रदेश, कांगड़ा
12.	जम्मू कश्मीर	केन्द्रीय विश्वविद्यालय कश्मीर, श्रीनगर
13.		केन्द्रीय विश्वविद्यालय जम्मू, सांबा, जम्मू
14.	झारखण्ड	केन्द्रीय विश्वविद्यालय झारखण्ड, रांची
15.	कर्नाटक	केन्द्रीय विश्वविद्यालय कर्नाटक, गुलबर्ग
16.	केरल	केन्द्रीय विश्वविद्यालय केरल, कासरागोड
17.	मध्य प्रदेश	डॉ. हरि सिंह गौर विश्वविद्यालय सागर
18.		इन्दिरा गाँधी राष्ट्रीय जनजातीय विश्वविद्यालय मकल सदन, अमरकंटक
19.	महाराष्ट्र	महात्मा गाँधी अंतरराष्ट्रीय हिन्दी विश्वविद्यालय, वर्धा
20.	मणिपुर	मणिपुर विश्वविद्यालय, इम्फाल
21.		केन्द्रीय कृषि विश्वविद्यालय, इम्फाल
22.		नेशनल स्पोर्ट्स यूनिवर्सिटी, कोटरुक, मणिपुर
23.	मेघालय	पूर्वोत्तर पर्वतीय विश्वविद्यालय, शिलांग
24.	मिजोरम	मिजोरम विश्वविद्यालय, आईजाल
25.	नागालैंड	नागालैंड विश्वविद्यालय, कैंपस कोहिमा, हेडकर्वाटर
26.	ओडिशा	केन्द्रीय विश्वविद्यालय उड़ीसा, कोरापुट
27.	पंजाब	केन्द्रीय विश्वविद्यालय पंजाब, भटिन्डा
28.	राजस्थान	केन्द्रीय विश्वविद्यालय राजस्थान, अजमेर
29.	सिक्किम	सिक्किम विश्वविद्यालय, गंगोटक
30.	तमिलनाडु	केन्द्रीय विश्वविद्यालय तमिलनाडु, कांगलाचैरी, तिरूवरूर
31.		भारतीय सागरी विश्वविद्यालय, चेन्नई

क्र. सं.	राज्य	केन्द्रीय विश्वविद्यालयों के नाम
32.	तेलंगाना	हैदराबाद विश्वविद्यालय, हैदराबाद
33.		इंग्लिश एंड फॉरेन लैंगवेज विश्वविद्यालय, ओसमानिया विश्वविद्यालय कैम्पस, हैदराबाद
34.		मौलाना आजाद राष्ट्रीय उर्दू विश्वविद्यालय, गाचीबावली, हैदराबाद
35.		सामक्का सरक्का केंद्रीय जनजातीय विश्वविद्यालय, हैदराबाद
36.	त्रिपुरा	त्रिपुरा विश्वविद्यालय, सूर्यमनिनगर, अगरतला
37.	उत्तर प्रदेश	अलीगढ़ मुस्लिम विश्वविद्यालय, अलीगढ़
38.		बनारस हिन्दू विश्वविद्यालय, वाराणसी
39.		बाबा साहेब भीमराव अम्बेडकर विश्वविद्यालय, विद्या विहार, लखनऊ
40.		इलाहाबाद विश्वविद्यालय, इलाहाबाद
41.		राजीव गाँधी राष्ट्रीय विमानन विश्वविद्यालय फुरसतगंज, रायबरेली रोड
42.		रानी लक्ष्मीबाई केन्द्रीय कृषि विश्वविद्यालय, झाँसी
43.	उत्तराखण्ड	हेमवती नन्दन बहुगुणा गढ़वाल विश्वविद्यालय श्रीनगर, गढ़वाल
44.	पश्चिम बंगाल	विश्व भारती, शांतिनिकेतन
45.	दिल्ली	दिल्ली विश्वविद्यालय
46.		जामिया मिलिया इस्लामिया, जामिया नगर
47.		जवाहरलाल नेहरू विश्वविद्यालय
48.		इंदिरा गाँधी राष्ट्रीय मुक्त विश्वविद्यालय
49.		दक्षिण एशियाई विश्वविद्यालय, चाणक्यपुरी
50.		श्री लाल बहादुर शास्त्री राष्ट्रीय संस्कृत विश्वविद्यालय
51.		केंद्रीय संस्कृत विश्वविद्यालय
52.	पाण्डिचेरी	पाण्डिचेरी विश्वविद्यालय, पुदुचेरी
53.	आंध्र प्रदेश	आंध्र प्रदेश केंद्रीय विश्वविद्यालय, अनंतपुरम
54.		आंध्र प्रदेश केंद्रीय जनजातीय विश्वविद्यालय, कोंडाकारकम, विजयनगरम
55.		राष्ट्रीय संस्कृत विश्वविद्यालय, तिरुपति
56.	लद्दाख (संघ राज्य क्षेत्र)	सिन्धु केंद्रीय विश्वविद्यालय लद्दाख
57.	गुजरात	गति शक्ति विश्वविद्यालय, वडोदरा

स्रोत: www.ugc.ac.in - फरवरी 14, 2025

केंद्रीय विश्वविद्यालयों की सर्वाधिक संख्या वाले राज्य/केंद्र शासित प्रदेश: दिल्ली (7), उत्तर प्रदेश (6), बिहार (4), तेलंगाना (4), आंध्र प्रदेश (3), मणिपुर (3)

कृपया निम्न नौ विश्वविद्यालयों पर ध्यान दें:

1. केन्द्रीय कृषि विश्वविद्यालय, इम्फाल, मणिपुर
2. इंदिरा गांधी राष्ट्रीय मुक्त विश्वविद्यालय, नई दिल्ली
3. भारतीय सागरी विश्वविद्यालय, चेन्नई, तमिलनाडु
4. नालंदा विश्वविद्यालय, नालंदा, बिहार
5. राजीव गांधी राष्ट्रीय विमानन विश्वविद्यालय, रायबरेली, उत्तर प्रदेश
6. दक्षिण एशियाई विश्वविद्यालय, नई दिल्ली
7. रानी लक्ष्मी बाई केंद्रीय कृषि विश्वविद्यालय, झांसी (उ.प्र.)
8. नेशनल स्पोर्ट्स यूनिवर्सिटी, कोटरुक, मणिपुर
9. डॉ. राजेंद्र प्रसाद केंद्रीय कृषि विद्यालय, पूसा, समस्तीपुर

इन सबका वित्तपोषण विश्वविद्यालय अनुदान आयोग द्वारा नहीं बल्कि भारत सरकार द्वारा प्रत्यक्ष रूप से किया जाता है। इनमें से कुछ विश्वविद्यालय मानव संसाधन विकास मंत्रालय के कुछ और मंत्रालयों के अंतर्गत आते हैं-

1. केन्द्रीय कृषि विश्वविद्यालय, इम्फाल (कृषि मंत्रालय),
2. भारतीय सागरी विश्वविद्यालय, चेन्नई (जहाज़ रानी मंत्रालय),
3. दक्षिण एशिया विश्वविद्यालय (विदेश मंत्रालय)

दक्षिण एशियाई विश्वविद्यालय, क्षेत्रीय सहयोग संगठन के आठ सदस्य देशों अफगानिस्तान, बांग्लादेश, भूटान, भारत, मालदीव, नेपाल, पाकिस्तान और श्रीलंका द्वारा स्थापित एक अंतरराष्ट्रीय विश्वविद्यालय है। इसने शैक्षिक वर्ष 2010 से अपने परिचालन आरम्भ किया।

भारतीय राष्ट्रीय रक्षा विश्वविद्यालय विधेयक (Indian National Defence Iniversity Act, 2015) के अंतर्गत बिनोला, गुरुग्राम में रक्षा मंत्रालय के अंतर्गत राष्ट्रीय महत्व का विश्व-स्तरीय और पूरी तरह से स्वायत्त विश्वविद्यालय स्थापित करने का प्रस्ताव है, इसमें राष्ट्रीय सुरक्षा से संबंधित विषयों पर कोर्स एवं शोध कार्यक्रम होंगे।

उपरोक्त सभी विश्वविद्यालय उपाधि देने के लिए अधिकृत हैं, कुछ केंद्रीय एवं राज्य विश्वविद्यालय ऐसे हैं, जिनके साथ कोई महाविद्यालय संबंधित नहीं है, इनको एकल (stand-alone) विश्वविद्यालय कहा जा सकता है।

आइए, अब हम इनकी विस्तारपूर्वक चर्चा करें।

केन्द्रीय विश्वविद्यालय (Central Universities)

भारत में केंद्रीय विश्वविद्यालय या संघ विश्वविद्यालय संसद के अधिनियम द्वारा स्थापित किए जाते हैं और केंद्रीय मानव संसाधन विकास मंत्रालय के उच्च शिक्षा विभाग के कार्य क्षेत्र में आते हैं। केंद्रीय विश्वविद्यालय, इसके अलावा, केंद्रीय विश्वविद्यालय अधिनियम, 2009 के अंतर्गत भी आते हैं।

केन्द्रीय विश्वविद्यालय अधिनियम, 2009, जो दिनांक 15.1.2009 से प्रभावी हुआ, के माध्यम से, प्रत्येक ऐसे राज्य (गोवा को छोड़कर) जिसमें कोई केन्द्रीय विश्वविद्यालय नहीं है, में 16 केन्द्रीय विश्वविद्यालयों की स्थापना की गई है; जम्मू एवं कश्मीर राज्य में दो केन्द्रीय विश्वविद्यालय हैं, एक जम्मू मण्डल में तथा दूसरा कश्मीर मण्डल में स्थापित किया गया है। जम्मू एवं कश्मीर के अतिरिक्त अब तक शामिल न किए गए राज्यों बिहार, झारखण्ड, उड़ीसा, गुजरात, हरियाणा, पंजाब, राजस्थान, हिमाचल प्रदेश, कर्नाटक, केरल, गोवा, छत्तीसगढ़, मध्य प्रदेश, उत्तराखण्ड एवं तमिलनाडु में नए केन्द्रीय विश्वविद्यालयों की स्थापना की गई है। तीन राज्य विश्वविद्यालयों नामत: गुरु घासीदास विश्वविद्यालय, छत्तीसगढ़; डा हरिसिंह गौड़ विश्वविद्यालय, मध्य प्रदेश एवं हेमवती नंदन बहुगुणा गढ़वाल विश्वविद्यालय, उत्तराखण्ड को केन्द्रीय विश्वविद्यालयों का उन्नयन (upgradation) किया गया है।

भारत में वर्ष 2009 में या उसके बाद 28 केंद्रीय विश्वविद्यालय स्थापित हो चुके हैं, इनको नए केंद्रीय विश्वविद्यालय कहा जा सकता है। वर्ष 2009 से केंद्रीय विश्वविद्यालय अधिनियम लागू होने से पहले तक 26 केंद्रीय विश्वविद्यालय थे।

इस विश्वविद्यालयों को ज्यादा वित्तीय सहायता मिलती है, इसलिए इनमें दूसरे विश्वविद्यालयों की अपेक्षा सुविधाएँ भी बेहतर होती हैं। गोवा और आंध्र प्रदेश के सिवाय भारत के सभी राज्यों में केंद्रीय विश्वविद्यालय हैं। केंद्र शासित प्रदेशों में दिल्ली और पुदुचेरी में केंद्रीय विश्वविद्यालय हैं।

उत्तर प्रदेश (छह) में सबसे अधिक केंद्रीय विश्वविद्यालय हैं। दिल्ली (पांच) विश्वविद्यालयों के साथ दूसरे स्थान पर आता है।

राज्य विश्वविद्यालय (State Universities)

राज्य विश्वविद्यालय—ऐसा विश्वविद्यालय जिसकी स्थापना प्रांतीय अधिनियम के अंतर्गत की जाती है, उसको हम राज्य विश्वविद्यालय कहते हैं।

ये विश्वविद्यालय यूजीसी अधिनियम, 1956 की 12 (बी) की सूची में सम्मिलित होते हैं और इसलिए केंद्रीय सहायता के लिए पात्र हैं। हालांकि राज्य विश्वविद्यालयों का विकास राज्य सरकार का उत्तरदायित्व होता है, इनको यूजीसी की ओर से विकास अनुदान मिलता है। ऐसे अनुदान बुनियादी ढांचे के निर्माण, आवर्धन एवं उन्नयन में प्रयुक्त होते हैं, जो कि सामान्यत: राज्य सरकार या अन्य स्रोतों से उपलब्ध नहीं हो सकता। सामान्यत: राज्य के माननीय राज्यपाल राज्य विश्वविद्यालय के कुलाधिपति या आचार्य (Chancellor) होते हैं।

राज्य विश्वविद्यालय कुल विश्वविद्यालयों की लगभग आधी संख्या एवं कुल नामांकनों का 84% होने के नाते उच्च शिक्षा में महत्वपूर्ण भूमिका अदा करते हैं। कोलकाता विश्वविद्यालय, मद्रास विश्वविद्यालय और मुंबई विश्वविद्यालय देश के सबसे पुराने राज्य विश्वविद्यालय हैं।

अगस्त 2018 तक भारत में सबसे अधिक राज्य विश्वविद्यालयों वाले राज्य हैं— उत्तर प्रदेश (31), गुजरात (30), कर्नाटक (28) और पश्चिम बंगाल (27)। केंद्र शासित प्रदेशों में चंडीगढ़ में 1 और दिल्ली में 7 राज्य विश्वविद्यालय हैं।

मानित विश्वविद्यालय (Deemed to be Universities or Deemed Universities)

जो उच्चतर शिक्षा संस्थान शिक्षा के विशिष्ट क्षेत्र में ऊँचे स्तर पर कार्य कर रहे हैं, उन्हें विश्वविद्यालय अनुदान आयोग की सलाह पर केन्द्रीय सरकार द्वारा 'मानित विश्वविद्यालय' संस्थान के रूप में घोषित किया जा सकता है। जिन संस्थानों को मानित विश्वविद्यालय के रूप में घोषित किया जाता है, वे एक विश्वविद्यालय के शैक्षिक स्तरों और विशेषाधिकारों का उपयोग करते हैं।

इन 'मानित विश्वविद्यालय' संस्थानों ने देश में उच्चतर शिक्षा के आधार को विस्तार प्रदान किया है और ये विभिन्न विषयों जैसे चिकित्सा शिक्षा, शारीरिक शिक्षा, मात्स्यिकी शिक्षा, भाषाओं, सामाजिक विज्ञानों, जनसंख्या विज्ञानों, पशुपालन शोध, वन शोध, आयुध प्रौद्योगिकी, तटीय शिक्षा, योग, संगीत और सूचना प्रौद्योगिकी, आदि में शिक्षा और शोध सुविधाएँ प्रदान कर रहे हैं।

इन्हें काफी स्वायत्तता भी प्राप्त होती है। ये न केवल अपना पाठ्यचर्या एवं पाठ्यक्रम स्वयं निरूपित कर सकते हैं, बल्कि अपने प्रवेश और शुल्क संबंधी नियम भी बना सकते हैं। इंडियन इंस्टिट्यूट ऑफ माइंस (धनबाद), भारतीय विज्ञान संस्थान (बंगलुरु) कुछ जाने-माने 'मानित विश्वविद्यालय' हैं।

1. भारतीय विज्ञान संस्थान, बंगलुरु और भारतीय कृषि अनुसंधान संस्थान, दिल्ली, दो पहले ऐसे संस्थान थे जिनको मानित विश्वविद्यालय का दर्जा मिला। भारतीय विज्ञान संस्थान को यह दर्जा 1958 में मिला जबकि यह वर्ष 1908 में स्थापित किया गया था।
2. वर्ष 2009 में पी एन टंडन समिति ने 44 विश्वविद्यालयों को वर्ज्य सूची (black list) में डालने की सिफारिश की। जून 2009 के बाद किसी भी मानित विश्वविद्यालय को अनुमति नहीं मिली है। जनवरी 2010 में, भारत सरकार ने 44 मानित विश्वविद्यालयों की मान्यता रद्द करने का फैसला किया। इस फैसले को सुप्रीम कोर्ट में चुनौती दी गई, जिसका अंतिम निर्णय अभी लंबित है। अपने अंतरिम निर्णय में सुप्रीम कोर्ट ने इन संस्थानों के लिए नए छात्रों को स्वीकार करने की अनुमति दी हुई है।
3. वर्ष 2015 में यूजीसी ने दस मानित विश्वविद्यालयों बिरला इंस्टिट्यूट ऑफ़ टेक्नोलॉजी एंड साइंस, पिलानी (BITS—Pilani), टाटा इंस्टिट्यूट ऑफ़ फंडामेंटल रिसर्च, मुम्बई, आदि) को अपने ऑफ कैंपस (off campus) केंद्रों को बंद करने के लिए कहा। वर्ष 2016 मानव संसाधन विकास मंत्रालय ने यूजीसी के प्रस्ताव को मंजूरी दे दी, जिसके अंतर्गत निजी मानित विश्वविद्यालय अपनी स्वीकृत भौगोलिक सीमाओं से परे छह ऑफ कैंपस (off campus) स्थापित कर सकते हैं। यह सीमा सरकार द्वारा स्थापित एवं प्रबंधित मानित विश्वविद्यालयों पर लागू नहीं होती। इससे राष्ट्रीय संस्कृत संस्थान जैसे संस्थानों को लाभ होगा जिनके कई ऑफ कैंपस केंद्र हैं।

राज्य के राज्यपाल सम विश्वविद्यालय के कुलाधिपति होते हैं। जनवरी, 2019 में नए नियमों के अनुसार, आवेदक संस्थान को कम से कम 20 वर्षों से संचालन में होना चाहिए, 100 शिक्षक और 2,000 छात्र होने चाहिए, न्यूनतम शिक्षक-छात्र अनुपात 1:20 होना चाहिए। एक तिहाई छात्रों को शोध या स्नातकोत्तर पाठ्यक्रमों में जाना चाहिए।

निजी विश्वविद्यालय (Private Universities)

राज्य निजी विश्वविद्यालय वह विश्वविद्यालय है, जो प्रायोजित निकाय अर्थात्:

1. समिति पंजीकरण अधिनियम 1860 के तहत पंजीकृत समिति या
2. राज्य/केन्द्र में समय-समय पर लागू किए गए समानुरूप कानून या
3. कंपनी अधिनियम 1956 की धारा 25 के तहत सार्वजनिक न्यास या कंपनी द्वारा राज्य/केन्द्र के अधिनियम द्वारा स्थापित किया जा सकता है। निजी विश्वविद्यालय यूजीसी के अधिनियम 22 के अंतर्गत डिग्री देने के लिए सक्षम है।

इनके पास शिक्षण संस्थानों को सहबद्ध (affiliate) करने का अधिकार नहीं होता है।

भारत में सबसे पहला निजी विश्वविद्यालय सिक्किम मनिपाल यूनिवर्सिटी ऑफ़ हेल्थ, मेडिकल एंड टेक्नोलॉजिकल साइंस, गंगटोक में है, जिसे 1995 में स्थापित किया गया।

भारत में विश्वविद्यालय अनुदान आयोग द्वारा मान्यता प्राप्त विश्वविद्यालय

विश्वविद्यालय	कुल संख्या
राजकीय विश्वविद्यालय	495
मानित विश्वविद्यालय (Deemed University)	138
केंद्रीय विश्वविद्यालय	57
राज्य निजी विश्वविद्यालय	502
कुल	**1192**

स्रोत: www.ugc.ac.in तिथि: फरवरी 14, 2025

विश्वविद्यालयों के बारे में कुछ रोचक तथ्य

1. यूजीसी (मई 2014) वेबसाइट पर उपलब्ध जानकारी के अनुसार, विश्वविद्यालयों की कुल संख्या के पैमाने पर राजस्थान (61), उत्तर प्रदेश (58) और तमिलनाडु (51) शीर्ष पर आते हैं।
2. देश में 11 विश्वविद्यालय विशेष रूप से महिलाओं के लिए हैं जिनमें राजस्थान में 3, तमिलनाडु में 2, आंध्र प्रदेश, दिल्ली, हरियाणा, कर्नाटक, महाराष्ट्र और पश्चिम बंगाल प्रत्येक में एक है।
3. चार केंद्र शासित प्रदेशों, अंडमान और निकोबार द्वीप समूह, दादरा और नगर हवेली, दमन और दीव और लक्षद्वीप में कोई भी विश्वविद्यालय नहीं है।
4. देश में 430 सामान्य, 90 तकनीकी, 61 कृषि तथा संबद्ध, 45 मेडिकल, 20 कानून-विधि, 11 संस्कृत, 7 भाषाई और 60 अन्य विश्वविद्यालय हैं।
5. विश्व-स्तरीय मानकों के लक्ष्य के साथ 14 विश्व-स्तरीय, जिन्हें हम नवाचार विश्वविद्यालय (Innovation Universities) भी कह सकते हैं, की स्थापना का प्रस्ताव है। शिक्षा की गुणवत्ता में सुधार हेतु मंत्रालय द्वारा वैश्विक नवाचारी केन्द्रों के रूप में विकसित किए जाने वाले प्रस्तावित विश्वविद्यालयों में विश्व भर

की ज्ञान प्रतिभा को एकत्रित करने के लिए विश्व-स्तरीय मानकों वाले नवाचारी विश्वविद्यालयों की स्थापना करने का निर्णय लिया गया है। केन्द्र सरकार द्वारा चिन्हित किए गए शहरों में 14 नवाचारी विश्वविद्यालयों की स्थापना करने का प्रस्ताव है।

6. देश के माननीय प्रधानमन्त्री श्री नरेंद्र मोदी विश्व भारती विश्वविद्यालय के कुलपति हैं। यह देश का ऐसा एकल विश्वविद्यालय है, जिसके कुलपति देश के प्रधानमंत्री हैं। इससे पहले पूर्व प्रधानमंत्री मनमोहन सिंह इसके कुलपति रह चुके हैं।

धारा 2 (एफ) कॉलेज

यूजीसी उन पात्र कॉलेजों को वित्तीय सहायता प्रदान करता है जो धारा 2 (एफ)* के अधीन सम्मिलित हैं और विभिन्न योजनाओं के तहत सहायता के अनुमोदित पद्धति के अनुसार यूजीसी अधिनियम, 1956 की धारा 12 (बी)** के तहत केंद्रीय सहायता (यूजीसी अनुदान) प्राप्त करने के लिए उपयुक्त घोषित किए गए हैं।

* धारा 2(एफ) के तहत कॉलेजों से आवेदन प्राप्त होते हैं और उन्हें विनियमों में निहित प्रावधानों के अनुसार सम्मिलित करने के लिए उपयुक्त पाया जाता है।

** धारा 12 (बी) कॉलेजों को भारत सरकार या केंद्र सरकार से धन प्राप्त करने वाले किसी भी संगठन से केंद्रीय सहायता के लिए पात्र बनाती है।

राष्ट्रीय महत्व के संस्थान (INSTITUTE OF NATIONAL IMPORTANCE)

उपरोक्त विश्वविद्यालयों के अलावा, कई उच्च शिक्षण संस्थानों को उपाधि देने के लिए स्वायत्तता प्राप्त है, परन्तु यह संस्थान कॉलेज संबद्ध नहीं कर सकते हैं, इनको आधिकारिक तौर पर 'विश्वविद्यालय' नहीं कहा जा सकता है, बल्कि 'स्वायत्त संगठन' या 'स्वायत्त संस्थान' कहा जाता है। यह मुख्यत: 'राष्ट्रीय महत्व के संस्थान' (Institutes of National Importance) हैं। ये उच्च शिक्षा विभाग के प्रशासनिक नियंत्रण के अंतर्गत आते हैं। इन संगठनों में विभिन्न भारतीय प्रौद्योगिकी संस्थान (IITs), राष्ट्रीय प्रौद्योगिकी संस्थान (NITs), भारतीय प्रबंधन संस्थान (IIMs), अखिल भारतीय आयुर्विज्ञान संस्थान (AIIMS), भारतीय विज्ञान शिक्षा एवं अनुसंधान (IISER), भारतीय सांख्यिकी संस्थान (कोलकात्ता), इत्यादि मुख्य रूप से आते हैं। भारतीय प्रबंधन संस्थान डिप्लोमा प्रदान करते हैं। ऐसे 74 उच्चतर शिक्षण संस्थानों की सूची mhrd.gov.in पर उपलब्ध है।

अंतर विश्वविद्यालय केन्द्र (INTRA-UNIVERSITY CENTRES—IUCs)

इन्हें यूजीसी अधिनियम के खंड 12 (सीसीसी) के अंतर्गत निम्न उद्देश्यों को ध्यान में रखते हुए स्थापित किया गया है।

1. उन विश्वविद्यालयों को समान उन्नत केंद्रीकृत सुविधाएँ/सेवाएँ प्रदान करना जो अवसंरचना (infrastructure) और अन्य क्षेत्रों में अधिक निवेश करने में समर्थ नहीं है।
2. संपूर्ण देश में शिक्षकों और अनुसंधानकर्ताओं का प्रत्येक क्षेत्र में उत्कृष्ट विशेषज्ञता प्रदान करने में महत्वपूर्ण भूमिका निभाना।
3. अनुसंधान और शिक्षण समुदाय के लिए अंतरराष्ट्रीय मानदंडों के समान आधुनिक उपकरणों और उत्कृष्ट पुस्तकालय सुविधाओं में पहुँच प्रदान करना।

कॉन्सेप्ट बॉक्स

मेटा विश्वविद्यालय, संकुल नवप्रवर्तन केंद्र, नवोन्मेष विश्वविद्यालय (META UNIVERSITY, CLUSTER INNOVATION CENTRE AND INNOVATION UNIVERSITIES)

12वीं पंचवर्षीय योजना के दौरान, यूजीसी ने मेटा विश्वविद्यालय (Meta University) की अवधारणा शुरू की। मेटा यूनिवर्सिटी का मुख्य उद्देश्य विभिन्न विश्वविद्यालयों द्वारा नवीनतम तकनीकों का प्रयोग करके शिक्षा संसाधनों को साझा करना है। इससे विद्यार्थियों को बेहतर शिक्षा और अपने व्यक्तित्व के विकास का पूर्ण अवसर मिलता है।

दिल्ली और जामिया मिलिया इस्लामिया विश्वविद्यालय भारत के ऐसे दो मुख्य विश्वविद्यालय हैं, जिन्होंने मेटा विश्वविद्यालय अवधारणा के अंतर्गत दो वर्ष का 'मास्टर्स इन मैथमेटिक्स एजुकेशन' (Masters in Mathematics Education) संयुक्त डिग्री पाठ्यक्रम शुरू किया।

संकुल नवप्रवर्तन केंद्र (Cluster Innovation Centre) दिल्ली विश्वविद्यालय के तत्वावधान में वर्ष 2011 में स्थापित संस्थान है, जिसे भारत सरकार द्वारा वित्तपोषित किया जाता है। इसमें नवप्रवर्तन (innovation) को पहली बार भारत में क्रेडिट आधारित पाठ्यक्रम के रूप में प्रस्तावित किया गया है।

1994 में स्थापित नई दिल्ली में स्थित परमाणु विज्ञान केन्द्र (अब इंटर यूनिवर्सिटी एक्सीरेलेटर सेंटर कहलाता है) पहला अनुसंधान केन्द्र था।

वर्तमान में विश्वविद्यालय प्रणाली के तहत 7 अंतर विश्वविद्यालय केन्द्र कार्य कर रहे हैं, जो निम्नानुसार हैं:

1. इंटर यूनिवर्सिटी एक्सलरेटर सेंटर (आईयूएसी), नई दिल्ली
2. इंटर यूनिवर्सिटी सेंटर फॉर एस्ट्रोनॉमी एंड एस्ट्रोफिजिक्स, पुणे
3. यूजीसी-डीएई कन्सोर्टियम फॉर साइंटिफिक रिसर्च, इंदौर
4. सूचना और पुस्तकालय नेटवर्क (INFLIBNET), अहमदाबाद
5. कन्सोर्टियम फॉर एजुकेशनल कम्युनिकेशन, नई दिल्ली
6. राष्ट्रीय मूल्यांकन और प्रत्यायन परिषद, बंगलौर
7. अंतर विश्वविद्यालय अध्यापक शिक्षा केन्द्र, काकीनाडा

अनुसंधान परिषद (RESEARCH COUNCILS)

1. भारतीय सामाजिक विज्ञान अनुसंधान परिषद, नई दिल्ली (1969)
2. भारतीय दर्शन अनुसंधान परिषद, नई दिल्ली (1977)
3. भारतीय विज्ञान, दर्शन तथा संस्कृति की इतिहास परियोजना, नई दिल्ली (1990)
4. भारतीय इतिहास अनुसंधान परिषद, गुवाहाटी (1972)
5. राष्ट्रीय ग्रामीण संस्थान परिषद, हैदराबाद (1995)

कॉन्सेप्ट बॉक्स

राष्ट्रीय उच्चतर शिक्षा अभियान (RASHTRIYA UCHCHATAR SHIKSHA ABHIYAN—RUSA)

शिक्षा मंत्रालय ने इसके प्रबंधन और कार्यान्वयन क्रियान्वयन के लिए एक राष्ट्रीय मिशन प्राधिकरण का गठन किया है। केंद्रीय शिक्षा मंत्री इसके अध्यक्ष हैं।

राष्ट्रीय उच्चतर शिक्षा अभियान (Rashtriya Uchchatar Shiksha Abhiyan - RUSA)

RUSA को 2013 में आरंभ किया गया था। इसे कैबिनेट कमेटी द्वारा अप्रैल 2017 से मार्च 2020 तक 'केंद्र प्रायोजित योजना' के रूप में अनुमति दी गई। इसका मुख्य उद्देश्य 'पात्र राज्य उच्च शिक्षण संस्थानों' को वित्त पोषण प्रदान करना है।

शिक्षा मंत्रालय ने इसके प्रबंधन और कार्यान्वयन के लिए एक 'राष्ट्रीय मिशन प्राधिकरण' (National Mission Authority) का गठन किया। केंद्रीय शिक्षा मंत्री इसके अध्यक्ष हैं।

अनुदान

- केंद्र द्वारा राज्यों और केंद्र शासित प्रदेशों को वित्त पोषण 'मानदंड आधारित' और 'परिणाम' पर निर्भर करेगा। यह सामान्य श्रेणी के राज्यों के लिए 60:40, विशेष श्रेणी के राज्यों के लिए 90:10 और केंद्र शासित प्रदेशों के लिए 100% के अनुपात में है।
- वित्तपोषण पहले राज्य उच्च शिक्षा परिषदों (State Higher Education Councils) को दिया जायेगा, फिर उसको निर्धारित (identified) किये संस्थानों में वितरित किया जायेगा।

यह राज्य की उच्च शिक्षा से संबंधित समानता, पहुंच, उत्कृष्टता और अन्वेषण आदि विषयों को ध्यान में रखता है।

उद्देश्य:

1. RUSA का मुख्य उद्देश्य सकल नामांकन अनुपात (Gross Enrolment Ratio—GER) में वृद्धि करना है।
2. यह नए मॉडल डिग्री कॉलेज और नए संव्यावसायिक कॉलेज बनाने का प्रयत्न करेगा और विश्वविद्यालयों और कॉलेजों को ढांचागत सहायता प्रदान करेगा।
3. संकाय की जरूरतें और सुधार कार्यक्रम रूसा का ही भाग हैं।
4. उच्च शिक्षा के साथ पॉलिटेक्निक जैसे व्यावसायिक शिक्षा के तालमेल के लिए भी प्रयास करना।
5. संस्थानों के सुधार, पुनर्गठन और निर्माण क्षमता का समर्थन करना।

मानव संसाधन विकास मंत्रालय द्वारा वित्तपोषित संस्थान (INSTITUTE FUNDED BY THE MINISTRY OF HUMAN RESOURCE DEVELOPMENT)

देश में तकनीकी शिक्षा प्रणाली को मुख्य तौर पर तीन श्रेणियों में वर्गीकृत किया जा सकता है—केंद्रीय वित्तपोषित संस्थान, राज्य वित्तपोषित संस्थान और स्व-वित्तपोषित संस्थान।

तकनीकी और विज्ञान शिक्षा की केंद्रीय वित्तपोषित संस्थाएँ इस प्रकार हैं:

आईआईटी—23	एनआईटी—31
आईआईएम—20	आईआईआईटी—5
आईआईएससी, बेंगलुरू—1	NITTTRs—4
आईआईएसईआर—7	अन्य—9

भारतीय प्रौद्योगिकी संस्थान (INDIAN INSTITUTES OF TECHNOLOGY)

यह इंजीनियरिंग की शिक्षा और अनुसंधान के सर्वोच्च संस्थान हैं। वर्तमान, मार्च 2019 में, भारतीय प्रौद्योगिकी (IITs) के 23 संस्थान हैं। सर्वपर्थम स्थापित होने वालों में से भारतीय प्रौद्योगिकी संस्थान खड़गपुर, (1951), बम्बई, (1958), मद्रास, (1959), दिल्ली, (1963), गुवाहाटी (1961) थे।

2008 में, सरकार ने आठ नए भारतीय प्रौद्योगिकी संस्थानों की स्थापना की मंजूरी दी जो कि निम्न हैं— भारतीय प्रौद्योगिकी की संस्थान-बिहार (पटना), राजस्थान (जोधपुर), ओडिसा (भुवनेश्वर), आंध्र प्रदेश (हैदराबाद), गुजरात (गांधीनगर), मध्य प्रदेश (इंदौर), हिमाचल प्रदेश (मंडी), पंजाब (रोपड़)।

भारतीय प्रबंधन संस्थान (INDIAN INSTITUTES OF MANAGEMENT)

भारत में पुराने भारतीय प्रबंधन संस्थान कोलकाता (1961 सबसे पुराना), अहमदाबाद (1961), बेंगलुरू (1973), लखनऊ (1984), कोझिकोड (1995), इंदौर (1996) और शिलांग (2007) में स्थित हैं। 2010 में छह ऐसे संस्थान स्थापित किए गए हैं—रोहतक, रायपुर, रांची, तिरुचिरापल्ली, काशीपुर और उदयपुर। वर्तमान में 20 ऐसे संस्थान हैं। भारतीय प्रबंधन संस्थान विधेयक अधिनियम, 2017 के अंतर्गत इन्हें पूर्ण स्वायत्तता प्रदान की गई है और अब डिप्लोमा की बजाय डिग्री देने के लिए अधिकृत होंगे।

भारतीय विज्ञान संस्थान, बैंगलोर (INDIAN INSTITUTE OF SCIENCE), BANGALORE

भारतीय विज्ञान संस्थान, बैंगलोर 1909 में शुरू किया गया था। आईआईएससी भारत में पहला मानित विश्वविद्यालय था। इसी पद्धति पर पांच नए भारतीय विज्ञान शिक्षा और अनुसंधान संस्थान (आईआईएसईआर) कोलकाता, पुणे, मोहाली, भोपाल और तिरुवनंतपुरम में शुरू किये गए।

राष्ट्रीय प्रौद्योगिकी संस्थान (NATIONAL INSTITUTE OF TECHNOLOGY)

वर्ष 1955 में योजना आयोग द्वारा स्थापित समिति की अनुशंसा पर आठ रीजनल इंजीनियरिंग कॉलेज स्थापित किए गए। धीरे-धीरे इनकी संख्या 17 हो गई। 2003 में, क्षेत्रीय इंजीनियरिंग कॉलेजों (Regional Engineering College) का नाम 'राष्ट्रीय प्रौद्योगिकी संस्थान' (एनआईटी) रखा गया और केंद्र ने इनके वित्तपोषण का उत्तरदायित्व ले लिया। इन संस्थानों को मानित विश्वविद्यालय का दर्जा प्रदान किया गया। अब तक राष्ट्रीय प्रौद्योगिकी संस्थान की कुल संख्या 30 तक पहुँच गई है।

भारतीय सूचना प्रौद्योगिकी संस्थान (INDIAN INSTITUTES OF INFORMATION TECHNOLOGY)

IIITs विशेष रूप से सूचान प्रौद्योगिकी (IT) क्षेत्र में मानव संसाधनों (human resources) की आवश्यकताओं को पूरा करने के लिए स्थापित किए गए थे। केंद्र सरकार ने चार भारतीय सूचना प्रौद्योगिकी संस्थान इलाहाबाद, ग्वालियर, जबलपुर और कांचीपुरम में स्थापित किए। इन संस्थानों में पूर्वस्नातक के साथ स्नातकोत्तर शिक्षा भी प्रदान करवाई जाती है।

भारतीय सूचना प्रौद्योगिकी संस्थानों की सूची:

1. भारतीय सूचना प्रौद्योगिकी संस्थान, इलाहाबाद
2. अटल बिहारी वाजपेयी भारतीय सूचना प्रौद्योगिकी और प्रबंधन संस्थान, ग्वालियर

3. पंडित द्वारका प्रसाद मिश्रा भारतीय सूचना प्रौद्योगिकी संस्थान डिजाइन और मैन्युफैक्चरिंग, जबलपुर
4. भारतीय सूचना प्रौद्योगिकी संस्थान, डिजाइन और मैन्युफैक्चरिंग, कांचीपुरम

तकनीकी शिक्षक प्रशिक्षण एवं अनुसंधान के राष्ट्रीय संस्थान (NITTTRs)

यह संस्थान भोपाल, चंडीगढ़, चेन्नई और कोलकाता में स्थित है, जो कि शिक्षा, नियोजन, और प्रबंधन के क्षेत्रों में पॉलिटेक्निक शिक्षकों के प्रशिक्षण की गतिविधियों को शुरू करने के लिए स्थापित किए गए थे।

भाषाई विश्वविद्यालय (Language Universities)

भारत में छह भाषाई विश्वविद्यालय हैं, जिनमें से तीन केंद्रीय विश्वविद्यालय, अंग्रेजी एवं विदेशी भाषाओं, हिंदी और उर्दू को बढ़ावा देने के लिए स्थापित किए गए। शेष तीन मानित विश्वविद्यालय हैं, जो संस्कृत भाषा के प्रसार और विकास के लिए हैं।

1. श्री लाल बहादुर शास्त्री राष्ट्रीय संस्कृत विद्यापीठ, नई दिल्ली
2. राष्ट्रीय संस्कृत विद्यापीठ, तिरुपति
3. राष्ट्रीय संस्कृत संस्थान, नई दिल्ली
4. अंग्रेजी और विदेशी भाषा विश्वविद्यालय, हैदराबाद
5. महात्मा गांधी अंतर्राष्ट्रीय हिंदी विश्वविद्यालय, वर्धा
6. मौलाना आजाद राष्ट्रीय उर्दू विश्वविद्यालय, हैदराबाद

आपकी जानकारी के लिए

शास्त्रीय भाषाएँ (Classical Languages)

भारत की भाषाई विविधता की पहचान और सम्मान करते हुए संविधान की आठवीं अनुसूची में 22 भाषाओं को सम्मिलित किया गया है। इसी प्रकार कतिपय भारतीय भाषाओं की प्राचीन साहित्यिक परंपरा का संरक्षण और संवर्द्धन करने हेतु केंद्र सरकार द्वारा उन्हें शास्त्रीय भाषा (Classical Language) का दर्जा प्रदान किया जाता रहा है। शास्त्रीय भाषा का दर्जा प्राप्त करने के लिए चार आधिकारिक मानदंड निश्चित किए गए हैं:

1. उस भाषा के आरंभिक ग्रंथों या अभिलिखित (recorded) इतिहास की प्राचीनता लगभग 1500–2000 वर्षों की होनी चाहिए।
2. उस भाषा में प्राचीन साहित्य/ग्रंथों का एक ऐसा समूह होना चाहिए, जिसे उस भाषा के बोलने वालों की पीढ़ियों द्वारा अमूल्य विरासत समझा जाता रहा हो।
3. उस भाषा की मौलिक (original) साहित्यिक परंपरा होनी चाहिए, जो किसी अन्य भाषिक समुदाय (speech community) से न ली गयी हो।
4. शास्त्रीय भाषा और साहित्य, आधुनिक भाषा और साहित्य से भिन्न है, इसलिए शास्त्रीय भाषा और उसके परवर्ती रूपों (later forms) में विच्छिन्नता (discontinuity) हो सकती है।

अब तक छह भाषाओं को शास्त्रीय भाषा का दर्जा दिया जा चुका है—तमिल को वर्ष 2004 में, संस्कृत को 2005 में, तेलुगू तथा कन्नड़ को 2008 में तथा मलयालम को वर्ष 2013 में शास्त्रीय भाषा का दर्जा प्रदान किया जा चुका है। इसी क्रम में ओड़िया भाषा छठी ऐसी भाषा बन गयी जिसे फरवरी 2014, में केंद्रीय मंत्रिमंडल की स्वीकृति के बाद शास्त्रीय भाषा का दर्जा प्रदान किया गया।

केंद्र सरकार शास्त्रीय भाषाओं की उन्नति के लिए निम्नलिखित लाभ देती है:

1. संबंधित भाषा में प्रतिष्ठित विद्वानों के लिए प्रति वर्ष दो बड़े अंतरराष्ट्रीय सम्मान।
2. शास्त्रीय भाषा में अध्ययन के लिए उत्कृष्टता केंद्र (Centre of Excellence) स्थापित किया जा सकता है।
3. विश्वविद्यालय अनुदान आयोग से आग्रह किया जा सकता है कि शुरुआत के तौर पर कम से कम केंद्रीय विश्वविद्यालयों में संबंधित भाषा में विशेषज्ञता प्राप्त प्रतिष्ठित विद्वानों हेतु वृत्तिक पीठों (Professional Chairs) की स्थापना की जाए।

भारत में तकनीकी शिक्षा परिदृश्य (Technical Education Scenario in India)

भारत में तकनीकी शिक्षा के कार्य क्षेत्र में इंजीनियरिंग, तकनीकी, प्रबन्धन, फार्मेसी, एप्लाइड कला और शिल्प, होटल प्रबंधन, आदि आते हैं।

1. सबसे पहला इंजीनियरिंग कॉलेज रुड़की, उत्तरप्रदेश में 1847 में प्रारम्भ हुआ।
2. कलकत्ता, बांम्बे एवं मद्रास प्रान्तों में 1856 में तीन इंजीनियरिंग कॉलेज आरम्भ किए गए।
3. बंगाल में स्वदेशी नेताओं ने बहुत सारे संस्थान आरम्भ किए जिनमें से कॉलेज ऑफ़ इंजीनियरिंग एवं टेक्नोलोजी, जादवपुर ही बच पाया, अब यह जादवपुर विश्वविद्यालय बन चुका है।
4. पंडित मदन मोहन मालवीय ने बनारस विश्वविद्यालय में काफी तकनीकी कोर्स शुरू किए।
5. ऐसे ही वर्ष 1930 में बंगाल इंजीनियरिंग कॉलेज, शिबपुर में भी तकनीकी शिक्षा शुरू की गई।

भारत में स्वतंत्रता के बाद भी बहुत सारे तकनीकी संस्थान प्रारम्भ किए गए। भारत में तकनीकी शिक्षा का नियामक (regulator) अखिल भारतीय तकनीकी शिक्षा परिषद है।

अखिल भारतीय तकनीकी शिक्षा परिषद (All India Council For Technical Education)

अखिल भारतीय तकनीकी शिक्षा परिषद का विकास निम्न घटनाओं से संबंधित है।

1. वर्ष 1943: सीएबीई (CABE) की तकनीकी शिक्षा समिति का गठन किया गया।
2. वर्ष 1944: सार्जेंट रिपोर्ट तैयार की गई।
3. वर्ष 1945: अखिल भारतीय तकनीकी शिक्षा परिषद (AICTE) का गठन किया गया था।

कॉन्सेप्ट बॉक्स

राष्ट्रीय संस्थानीय रैंकिंग ढांचा (NATIONAL INSTITUTIONAL RANKING FRAMEWORK - NIRF)

NIRF को शिक्षा मंत्रालय द्वारा मंजूरी दी गई है। NIRF की शुरुआत 29 सितंबर 2015 को हुई थी। यह भारतीय शैक्षिक संस्थानों को रैंक देने के लिए एक पद्धति प्रदान करता है। पहली रैंकिंग अप्रैल 2016 में जारी की गई थी।

NIRF के डोमेन क्षेत्रों (सेक्टर) और मानदंडों की सूची में कुछ परिवर्तन हुए हैं, जो अंतरराष्ट्रीय मानकों के अनुरूप हैं, इनमें शामिल हैं:

- शिक्षण, सीखने और संसाधन (40%)
- अनुसंधान एवं व्यावसायिक प्रथाएं (25%)
- स्नातक परिणाम (15%)
- आउटरीच और समावेशिता (5%)
- नवाचार और उद्यमिता (5%)
- समावेशिता और सामाजिक जिम्मेदारी पर ध्यान (5%)
- धारणा (5%)

यह मूलत: राष्ट्रीय मान्यता बोर्ड (NBA) द्वारा द्वारा मूल्यांकन किया गया है, NIRF टाइम्स हायर एजुकेशन (THE) और Quacquarelli Symonds (QS) जैसे वैश्विक रैंकिंगों को पूरक करता है, इसमें भारत की IITB, IITD, और IISc जैसे संस्थानों के साथ महत्वपूर्ण प्रतिनिधित्व है।

रैंकिंग क्षेत्र (Ranking Domains): समग्र रैंकिंग, विश्वविद्यालय, इंजीनियरिंग, प्रबंधन, फार्मेसी, कानून, मेडिकल, डेंटल, आर्किटेक्चर और योजना, अनुसंधान संस्थान, डिग्री कॉलेज, कृषि और संबद्ध क्षेत्र, नवाचार।

2024 में 3 नए क्षेत्र: मुक्त विश्वविद्यालय (Open Universities), कौशल विश्वविद्यालय (Skill Universities) और राज्य सार्वजनिक विश्वविद्यालय (State Public Universities)।

NIRF रैंकिंग 2024

तीन शीर्ष समग्र रैंकिंग (Overall Ranking)

1. भारतीय प्रौद्योगिकी संस्थान – मद्रास, चेन्नई
2. भारतीय विज्ञान संस्थान (IISc) बेंगलुरु
3. भारतीय प्रौद्योगिकी संस्थान बॉम्बे

तीन शीर्ष विश्वविद्यालय (Universities)

1. भारतीय विज्ञान संस्थान (IISc), बेंगलुरु
2. जवाहरलाल नेहरू विश्वविद्यालय, नई दिल्ली
3. जामिया मिलिया इस्लामिया, नई दिल्ली

तीन शीर्ष कॉलेज (Top Colleges)

1. हिंदू कॉलेज, नई दिल्ली
2. मिरांडा हाउस, नई दिल्ली
3. सेंट स्टीफेंस कॉलेज, नई दिल्ली

तीन शीर्ष शोध संस्थान (Research Institutions)

1. IISc, बेंगलुरु
2. IIT, मद्रास
3. IIT, दिल्ली

तीन शीर्ष कृषि और संबद्ध क्षेत्र (Agriculture & Allied Sectors)

1. भारतीय कृषि अनुसंधान संस्थान (Indian Council of Agriculture Research - ICAR), नई दिल्ली
2. राष्ट्रीय डेयरी अनुसंधान संस्थान (National Diary Research Institute - NDRI), करनाल (हरियाणा)
3. पंजाब कृषि विश्वविद्यालय, लुधियाना

तीन शीर्ष दूरस्थ शिक्षा या मुक्त विश्वविद्यालय (Open Universities)

1. IGNOU, नई दिल्ली
2. नेताजी सुभाष ओपन विश्वविद्यालय, कोलकाता
3. डॉ. बाबासाहेब आंबेडकर ओपन विश्वविद्यालय, अहमदाबाद

तीन शीर्ष कौशल विश्वविद्यालय (Skilled Universities)

1. संपोजियस स्किल्स एंड प्रोफेशनल विश्वविद्यालय, पुणे
2. श्री विश्वकर्मा कौशल विश्वविद्यालय, पलवल, हरियाणा
3. भारतीय कौशल विकास विश्वविद्यालय, राजस्थान

तीन शीर्ष राज्य निजी विश्वविद्यालय (State Private Universities)

1. अन्ना विश्वविद्यालय, चेन्नई
2. जादवपुर विश्वविद्यालय, कोलकाता
3. सावित्रीबाई फुले पुणे विश्वविद्यालय, पुणे

अन्य क्षेत्रों में शीर्ष रैंकिंग

- **इंजीनियरिंग (Engineering)**: IIT-मद्रास, IIT - दिल्ली, IIT-बॉम्बे
- **प्रबंधन (Management):** IIM अहमदाबाद, IIM बैंगलोर, IIM कोझीकोड
- **कानून (Law)**: राष्ट्रीय विधि विद्यालय भारत विश्वविद्यालय बेंगलुरु, राष्ट्रीय विधि विश्वविद्यालय दिल्ली, NALSAR विश्वविद्यालय, हैदराबाद
- **फार्मेसी (Pharmacy):** जामिया हमदर्द, नई दिल्ली; राष्ट्रीय फार्मास्युटिकल शिक्षा और अनुसंधान संस्थान हैदराबाद; BITS, पिलानी
- **नवाचार (Innovation):** पांच शीर्ष IITs – IIT-मुंबई, IIT-मद्रास, IIT-हैदराबाद, IIT-बेंगलुरु और IIT-कानपुर

4. वर्ष 1986: राष्ट्रीय शिक्षा नीति (1986) के अंतर्गत, इस परिषद के संदर्भ में निम्न मानदंड अपनाये गए:
   - मानदंडों के नियोजन, निर्माण और रखरखाव के लिए सांविधिक प्राधिकरण
   - प्रत्यायन के माध्यम से गुणवत्ता आश्वासन
   - प्राथमिकता वाले क्षेत्रों में वित्त पोषण, निगरानी और मूल्यांकन
   - प्रमाणन और पुरस्कारों की समानता बनाए रखना
   - देश में तकनीकी शिक्षा का प्रबंधन

इस परिषद के दायरे में विभिन्न स्तरों पर प्रशिक्षण और अनुसंधान सहित तकनीकी शिक्षा के निम्नलिखित कार्यक्रम सम्मिलित हैं:

1. इंजीनियरिंग
2. प्रौद्योगिकी
3. वास्तुकला
4. नगर नियोजन
5. प्रबंधन
6. फार्मेसी

7. अनुप्रयुक्त कला और शिल्प
8. होटल प्रबंधन और खानपान प्रौद्योगिकी, आदि।

इस संस्थान का मुख्य कार्यालय नई दिल्ली में स्थित है, इसके 10 नगरों में क्षेत्रीय कार्यालय स्थित हैं- मुंबई, चेन्नई, बेंगलुरु, भोपाल, चंडीगढ़, कानपुर, कोलकाता, हैदराबाद, गुवाहाटी और तिरुवनंतपुरम।

परिषद अपने कार्यों का संचालन कार्यकारी परिषद के माध्यम से करता है।

उच्च शिक्षण संस्थानों में प्रत्यायन (Accreditation of Higher Education Institutions)

यह नेट की परीक्षा के संदर्भ में काफी महत्वपूर्ण है। प्रत्यायन (accreditation) शिक्षण संस्थानों में एक संस्थागत स्वीकार्य गुणवत्ता सुनिश्चित करने की एक प्रक्रिया है, यह शिक्षा के स्तर में सुधार के लिए एक उपकरण है। यह प्रक्रिया शिक्षा में सुधार, गुणवत्ता और प्रासंगिकता को बनाए रखने का प्रयास है। इससे छात्रों के कौशल की राष्ट्रीय और अंतरराष्ट्रीय स्तर पर मांग भी बढ़ती है।

प्रत्यायन प्रक्रिया में मुख्य रूप से इन पहलुओं का ध्यान रखा जाता है—(1) पाठयक्रम, (2) शिक्षण-अधिगम मूल्यांकन, (3) अनुसंधान और परामर्श; (4) बुनियादी ढाँचे और सीखने के संसाधन; (5) विद्यार्थी समर्थन प्रणालियाँ और उनकी प्रगति; (6) प्रशासन और नेतृत्व; और (7) नवोन्मेष।

कुछ प्रत्यायन संस्थाओं का यहाँ पर वर्णन किया गया है।

1. **राष्ट्रीय मूल्यांकन और प्रत्यायन परिषद (National Assessment and Accreditation Council—NAAC):** इसका मुख्यालय बेंगलुरु में है।

   राष्ट्रीय मूल्यांकन और प्रत्यायन परिषद, यूजीसी द्वारा स्थापित एक स्वायत्त निकाय (independent body) है, इसको राष्ट्रीय शिक्षा नीति, 1986 और कार्रवाई कार्यक्रम (Programme of Action), 1992 का अनुसरण करते हुए स्थापित किया गया, जिसमें भारत में उच्च शिक्षा की गुणवत्ता का मूल्यांकन करने पर विशेष बल दिया गया था। इसका मुख्य अधिदेश उच्चतर शिक्षा की संस्थाओं, विश्वविद्यालयों और कालेजों अथवा उनके एक या अधिक एककों (units), विभागों, संस्थाओं, कार्यक्रमों, आदि का मूल्यांकन करना और उन्हें प्रत्यायित (accredit) करना है। राष्ट्रीय मूल्यांकन और प्रत्यायन परिषद द्वारा 1 अप्रैल, 2007 से लागू की गई नई पद्धति के अंतर्गत उच्चतर शिक्षा संस्थाओं का दो चरणीय दृष्टिकोण के द्वारा मूल्यांकन किया जाता है तथा उन्हें प्रत्यायित किया जाता है।

2. **राष्ट्रीय प्रत्यायन बोर्ड (National Board of Accreditation):** इसका मुख्य कार्यालय नई दिल्ली में है। यह संस्था एआईसीटीई (AICTE) द्वारा स्थापित की गई है, इसका उद्देश्य भारत में तकनीकी पाठ्यक्रमों का आवधिक मूल्यांकन करना है। यह संस्थाओं या प्रोग्राम को मान्यता देने या रद्द करने के लिए अधिकृत है। इसमें प्रत्यायन प्रक्रिया का वित्तपोषण (funding) से कोई संबंध नहीं है।

   राष्ट्रीय संस्थागत रैंकिंग रूपरेखा (National Institutional Ranking Framework—NIRF) का कार्य राष्ट्रीय मूल्यांकन और प्रत्यायन परिषद बोर्ड एवं राष्ट्रीय प्रत्यायन बोर्ड द्वारा सम्पन्न किया जाता है, जिसका वर्णन आगे किया गया है।

3. **राष्ट्रीय कृषि शिक्षा प्रत्यायन बोर्ड (National Agriculture Accreditation Board):** इसका मुख्य कार्यालय नई दिल्ली में है। यह भारतीय कृषि अनुसंधान परिषद (Indian Council of Agriculture Research) द्वारा वर्ष 1996 में स्थापित किया गया, इसकी अनुशंसा के अनुसार मान्यता प्राप्त कृषि विश्वविद्यालयों को भारतीय कृषि अनुसंधान परिषद से वित्तपोषण मिलता है।

4. **नेशनल एक्क्रेडीटेशन बोर्ड फॉर एजुकेशन एंड ट्रेनिंग (National Accreditation Board for Education and Training—NABET)** यह भारतीय गुणवत्ता परिषद, (Quality Council of India) का एक घटक बोर्ड है।

   श्रम और रोजगार मंत्रालय ने वर्ष 2012 से औद्योगिक प्रशिक्षण संस्थान को एनसीवीटी (National Council for Vocational Training) से संबद्धता प्राप्त करने के लिए उनका नाबेट (NABET) द्वारा मान्यता प्राप्त करना अनिवार्य कर दिया।

उपरोक्त प्रत्यायन संस्थानों के अतिरिक्त कई और भी प्रत्यायन संस्थान हैं। यह नोट करना महत्वपूर्ण है कि हालांकि, भारत में मान्यता स्वैच्छिक है, कुछ राज्यों जैसे कर्नाटक और तमिलनाडु ने व्यावसायिक संस्थानों के लिए इसे विशेष रूप से अनिवार्य बना दिया है। भारत सरकार इन सब प्रत्यायन संस्थानों को एकल निकाय (single regulator) से प्रतिस्थापित (replace) करना चाहती है।

मुक्त एवं दूरस्थ शिक्षा (Open and Distance Education)

मुक्त एवं दूरस्थ अधिगम में मुक्त शब्द का अर्थ है परम्परागत शिक्षा में आने वाली कई बाधाओं से मुक्ति अर्थात यह काफी लचीली है। दूरस्थ शिक्षा का अर्थ है जहां शिक्षक और शिक्षार्थी दूरी और समय के पैमाने पर एक-दूसरे से पृथक होते हैं, ई-लर्निंग, ओपन लर्निंग, फ्लेक्सिबल लर्निंग, ऑनलाइन लर्निंग (e-learning, open learning, flexible learning, online learning) सब इसी के अलग-अलग रूप हैं।

मानव विकास मंत्रालय के अनुसार यह एक ऐसी शिक्षा प्रणाली है, जिसमें शिक्षकों और शिक्षार्थियों को एक स्थान पर अथवा एक समय पर उपस्थित होने की आवश्यकता नहीं होती, यह प्रणाली कार्यविधियों एवं शिक्षण समय के बारे में लचीली है। इसमें आवश्यक गुणवत्ता सिद्धातों के साथ समझौता किए बिना प्रवेश सुगमता से मिल जाता है।

देश की ODL प्रणाली में शिक्षा प्रदान करने वाली इन्दिरा गांधी राष्ट्रीय मुक्त विश्वविद्यालय (इग्नू), राज्य मुक्त विश्वविद्यालय (एसओयू), कई विश्वविद्यालय और संस्थान शामिल हैं।

दूरस्थ शिक्षा की विशेषताएँ (Characteristics of Open and Distance Education)

1. दूरस्थ शिक्षा में विद्यार्थी को नियमित तौर पर किसी संस्थान में जाकर पढ़ाई करने की जरूरत नहीं होती।
2. इसमें देश के कई केन्द्रों में विभिन्न पाठ्यक्रमों के लिए आयोजित की जाने वाली कक्षाओं की संख्या तय होती है।
3. सूचना क्रांति और इन्टरनेट के कारण दूरस्थ शिक्षा और भी अधिक सरल एवं प्रासंगिक हो गई है, विद्यार्थी अपनी आवश्यकतानुसार अपने पढ़ने की समय-तालिका बना सकते हैं।
4. दूरस्थ शिक्षा के शुल्क सामान्य शिक्षा की तुलना में काफी कम है।
5. यह प्राय: सर्वसुलभ होती है, इसमें प्रवेश पाने वाले विद्यार्थियों की संख्या की कोई सीमा नहीं होती।
6. इसमें रोजगार के साथ शिक्षा ली जा सकती है।
7. कम अंक आने पर भी वांछित कोर्स में प्रवेश मिल जाता है।
8. किसी भी कोर्स के लिए आयु की बाधा नहीं होती है।
9. दूरस्थ शिक्षा में सबसे महत्वपूर्ण कार्य 'पाठ्य सामग्री तैयार करना' है। इसमें पाठ्य सामग्री ही शिक्षक का कार्य करता है।

10. साधारण पाठ्यक्रम के साथ ही व्यावसायिक पाठ्यक्रम भी दूरस्थ शिक्षा के माध्यम से किए जा सकते हैं। आजकल दूरस्थ शिक्षा के माध्यम से विद्यार्थी ग्रेजुएट, एमफिल, पीएचडी, डिप्लोमा और सर्टिफिकेट, आदि बहुत सारे कोर्स कर सकते हैं। इनकी उपाधि की मान्यता सामान्य शिक्षण जितनी ही होती है।

दूरस्थ शिक्षा प्रणाली का क्रमागत विकास (Historical Developments in Distance Education)

विश्वविद्यालय अनुदान आयोग ने 1956–1960 की अपनी रिपोर्ट में सायंकालीन महाविद्यालय, पत्राचार पाठ्यक्रम, आदि शुरू करने का सुझाव दिया।

यद्यपि दूरस्थ शिक्षा का आरंभ वर्ष 1960 के दशक में हो गया था, पर केवल कुछ ही विश्वविद्यालय ऐसे थे जो आंशिक रूप से दूरस्थ शिक्षा प्रदान कर रहे थे। वर्ष 1962 में दिल्ली विश्वविद्यालय का पत्राचार पाठ्यक्रम विद्यालय शुरू हुआ। 1968 में पंजाबी विश्वविद्यालय, पटियाला एवं राजस्थान विश्वविद्यालय, जयपुर ने पत्राचार कोर्स आरम्भ किए। 1969 में मेरठ तथा मैसूर के विश्वविद्यालय प्रारम्भ हो गए।

सत्तर के दशक में पत्राचार पाठ्यक्रमों का काफी विकास एवं प्रसार हुआ। 1970 से 1980 की अवधि तक 19 प्रादेशिक विश्वविद्यालयों द्वारा पत्राचार शिक्षा संस्थान/निदेशालय प्रारम्भ किए गए।

इस अवधि में डिप्लोमा तथा डिग्री दोनों प्रकार के ही कोर्स दूरस्थ शिक्षा के माध्यम से शुरू किए गए।

1970 के दशक तक दूरस्थ शिक्षा, परम्परागत शिक्षा प्रणाली से सम्बद्ध हो गयी थी। अत: दूरस्थ शिक्षा परम्परागत विश्वविद्यालयों के अंतर्गत कार्य करने लगी।

अस्सी के दशक में सरकार ने मुक्त विश्वविद्यालय प्रणाली की शुरुआत की। डॉ. बी.आर. अम्बेडकर मुक्त विश्वविद्यालय (बीआरएओयू), हैदराबाद, आंध्र प्रदेश भारत में सबसे पहला मुक्त विश्वविद्यालय है, जिसकी स्थापना वर्ष 1982 में की गयी थी।

1985 में दिल्ली में इंदिरा गांधी राष्ट्रीय मुक्त विश्वविद्यालय की स्थापना दूरस्थ शिक्षा प्रणाली में महत्वपूर्ण घटना थी जो कि दूरस्थ शिक्षा में मील का पत्थर साबित हुई।

वर्ष 1987 में कई राज्यों में मुक्त विश्वविद्यालय प्रारम्भ हुए।

'राष्ट्रीय मुक्त विद्यालय' (National Open School) की स्थापना नवम्बर 1989 में हुई।

राज्य मुक्त विश्वविद्यालय (State Open Universities)

ये एकल मोड संस्थाएँ हैं, जिसका अर्थ है कि वे केवल दूरस्थ मोड में शिक्षा प्रदान करते हैं। भारत में 14 मुक्त विश्वविद्यालय तथा कई नियमित विश्वविद्यालय और अन्य संस्थाएँ दूरस्थ अध्ययन कार्यक्रम चलाते हैं। दूरस्थ शिक्षा पद्धति कई श्रेणियों के शिक्षार्थियों, विशेष रूप से:

1. देरी से पढ़ाई शुरू करने वालों के लिए,
2. जिन व्यक्तियों के घर के पास उच्चतम शिक्षा साधन नहीं है,
3. सेवारत व्यक्तियों और
4. अपनी शैक्षिक योग्यताएँ बढ़ाने के इच्छुक व्यक्तियों को लाभ प्रदान कर रही हैं।

इन विश्वविद्यालयों में प्रवेश/नामांकन की नीति खुली या शिथिल होती है, अर्थात विद्यार्थियों पर अधिकांश स्नातक स्तर के प्रोग्रामों में प्रवेश देने के लिए उनके पूर्व शैक्षिक योग्यताओं की जरूरत का बन्धन नहीं लगाया जाता।

मुक्त विश्वविद्यालय ऐसे लचीले पाठ्यक्रम विकल्प देते हैं, जिन्हें वे प्रवेशार्थी ले सकते हैं, जिनके पास कोई औपचारिक योग्यता नहीं है, किंतु अपेक्षित आयु (प्रथम डिग्री पाठ्यक्रमों के लिए 18 वर्ष) के हो चुके हैं और लिखित प्रवेश परीक्षा भी उत्तीर्ण कर चुके हैं। ये पाठ्यक्रम छात्र की सुविधानुसार भी लिए जा सकते हैं।

राज्य मुक्त विश्वविद्यालय अपने राज्य की सीमा के भीतर ही दूरस्थ शिक्षा प्रदान कर सकते हैं।

देश में वर्तमान में 14 मुक्त विश्वविद्यालय हैं:

1. इंदिरा गांधी राष्ट्रीय मुक्त विश्वविद्यालय, नई दिल्ली (1985)
2. डॉ. बी.आर. अंबेडकर मुक्त विश्वविद्यालय, हैदराबाद, आंध्र प्रदेश (1982)
3. वर्धमान महावीर मुक्त विश्वविद्यालय, कोटा, राजस्थान (1987)
4. नालंदा मुक्त विश्वविद्यालय, पटना, बिहार (1987)
5. यशवंतराव चव्हाण महाराष्ट्र मुक्त विश्वविद्यालय, नासिक, महाराष्ट्र (1989)
6. मध्य प्रदेश मुक्त विश्वविद्यालय, भोपाल, म.प्र. (1991)
7. डॉ. बाबासाहेब अंबेडकर मुक्त विश्वविद्यालय, अहमदाबाद, गुजरात (1994)
8. कर्नाटक राज्य मुक्त विश्वविद्यालय मैसूर, कर्नाटक (1996)
9. नेताजी सुभाष मुक्त विश्वविद्यालय, कोलकाता, पश्चिम बंगाल (1997)
10. उ.प्र. राजश्री टंडन मुक्त विश्वविद्यालय, इलाहाबाद, उ.प्र. (1998)
11. तमिलनाडु मुक्त विश्वविद्यालय, चैन्नई (2002)
12. पंडित सुंदरलाल शर्मा मुक्त विश्वविद्यालय, बिलासपुर, छत्तीसगढ़ (2005)
13. उत्तरांचल मुक्त विश्वविद्यालय, नैनीताल, उत्तरांचल (2005)
14. कृष्णकांत हैंडिकि राज्य मुक्त विश्वविद्यालय, गुवाहाटी, असम (2005)

कॉन्सेप्ट बॉक्स

दूरस्थ शिक्षा परिषद (Distance Education Council)

सन् 1991 में इग्नू ने राष्ट्रीय शिक्षा नीति, 1986 का अनुसरण करते हुए दूरस्थ शिक्षा परिषद की स्थापना की। इसको इग्नू अधिनियम, 1985 के अंतर्गत स्थापित किया गया। इसका मुख्य उत्तरदायित्व देश में मुक्त एवं दूरस्थ शिक्षा प्रणाली के शिक्षण संस्थानों के लिए मानक निश्चित करना, उनका समन्वय एवं अनुरक्षण था। इग्नू के कुलपति इसके पदेन अध्यक्ष थे।

दूरस्थ शिक्षा परिषद, दूरस्थ शिक्षा में एक प्रभावी विनियमक के रूप में कार्य कर नहीं पाई, क्योंकि कुछ अध्ययनों में अखिल भारतीय तकनीकी शिक्षा परिषद (AICTE), यूजीसी और दूरस्थ शिक्षा परिषद में प्राधिकार का अतिव्यापन (overlapping of authority) विवाद बन गया। इससे दूरस्थ शिक्षा का व्यावसायीकरण हुआ और उसके मानक भी गिर गए। यह प्रश्न भी उठा कि इग्नू जो स्वयं एक विश्वविद्यालय है, कैसे दूरस्थ शिक्षा परिषद के माध्यम से दूसरे विद्यालयों के पाठ्यक्रमों का अवलोकन कर सकता है, इस तर्क के अनुसार यूजीसी को इस कर्तव्य का निर्वहन करना चाहिए। दूरस्थ शिक्षा परिषद के स्वयं के पास इतने संसाधन नहीं कि वह अपनी भूमिका प्रभावी ढंग से निभा पाए।

प्रोफेसर एन आर माधव मेनन समिति (2011) ने सिफारिश की कि दूरस्थ शिक्षा परिषद को समाप्त कर दिया जाए और इसके स्थान पर डिस्टेंस एजुकेशन काउंसिल ऑफ़ इंडिया (Distance Education Council of India) को स्थापित किया जाए। जून 2013 में दूरस्थ शिक्षा परिषद को भंग कर दिया गया, यूजीसी ने अस्थाई रूप से देश में ODL के अवलोकन के लिए दूरस्थ शिक्षा ब्यूरो (Distance Education Bureau) की स्थापना की।

आपकी जानकारी के लिए

2016–17 की अखिल भारतीय उच्च शिक्षा सर्वेक्षण रिपोर्ट के अनुसार देश में एक केन्द्रीय मुक्त विश्वविद्यालय के अलावा 13 राज्य स्तरीय सरकारी विश्वविद्यालय एवं एक निजी राज्य मुक्त विश्वविद्यालय है। देश में 117 द्वैध प्रणाली (dual mode) विश्वविद्यालय हैं जिनमें सर्वाधिक 17 तमिलनाडु में हैं। प्रमुख राज्यों में झारखंड ऐसा राज्य है जहां न तो मुक्त, न ही कोई द्वैध प्रणाली विश्वविद्यालय है।

राज्यानुसार द्वैध प्रणाली विश्वविद्यालय (प्रत्येक राज्य में संख्या)	
तमिलनाडु	18
आंध्र प्रदेश, राजस्थान	8
कनार्टका, तेलंगाना	7
दिल्ली, मध्यप्रदेश, महाराष्ट्र, उत्तर प्रदेश तथा पश्चिमी बंगाल	6
बिहार, केरल	4
असम, हरियाणा, पंजाब, उत्तराखंड	3
छत्तीसगढ़, जम्मू और कश्मीर	2
अरूणाचल प्रदेश, चंडीगढ़, गुजरात, हिमाचल प्रदेश, मेघालय, नागालैण्ड, उड़ीसा, पुदुचेरी, सिक्किम, त्रिपुरा	1

इन्दिरा गांधी राष्ट्रीय मुक्त विश्वविद्यालय (INDIRA GANDHI NATIONAL OPEN UNIVERSITY—IGNOU)

इन्दिरा गांधी राष्ट्रीय मुक्त विश्वविद्यालय भारतीय संसदीय अधिनियम के द्वारा सितम्बर, 1985 में स्थापित एक केन्द्रीय विश्वविद्यालय है, जिसके निम्नलिखित उद्देश्य हैं:

1. दूरस्थ पद्धति के माध्यम से उच्च शिक्षा में पहुँच तथा समानता बढ़ाने तथा
2. मुक्त शिक्षा एवं दूरस्थ शिक्षा प्रणालियों को संवर्धित एवं समायोजित करना एवं इनमें मानकों का निर्धारण करना।

इसका मुख्य कार्यालय नई दिल्ली में है। यह दुनिया का सबसे बड़ा विश्वविद्यालय है। भारत और अन्य 33 देशों के लगभग 30 लाख विद्यार्थी इसमें अध्ययन करते हैं। यह विश्वविद्यालय भारत में मुक्त और दूरवर्ती अध्ययन का राष्ट्रीय संसाधन केंद्र भी है।

शिक्षण और अनुसंधान के अलावा, विस्तार और प्रशिक्षण इस विश्वविद्यालय की शैक्षणिक गतिविधियों का मुख्य आधार है।

इग्नू शिक्षण की पद्धतियों और स्थान, पाठ्यक्रमों के सम्मुचयन और नामांकन के लिए पात्रता, प्रवेश की आयु एवं मूल्यांकन, आदि की पद्धतियों को लेकर शिक्षा की लचीली तथा मुक्त प्रणाली अपनाता है।

इग्नू पूरे देश में स्थित अपने अध्ययन केन्द्रों पर मुद्रित सामग्रियाँ, ऑडियो-वीडियो टेप, रेडियो तथा शैक्षिक टीवी चैनलों पर प्रसार, टेलिकॉन्फ्रेंसिंग, वीडियो कॉन्फ्रेंसिंग, आदि के द्वारा शिक्षण देता है।

इग्नू अपने छात्रों के कार्यनिष्पादन के मूल्यांकन के लिए सतत आकलन तथा अवधि के अंत में परीक्षा की पद्धति अपनाता है।

पूर्वोत्तर क्षेत्र का शैक्षिक विकास इसके मुख्य कार्यक्षेत्र में आता है जिसके लिए अपनी वार्षिक योजना बजट का 10% व्यापक रूप से निर्धारित है।

इस विश्वविद्यालय ने महिलाओं के लिए अनेक कार्यक्रम विकसित किए हैं और पिछड़े क्षेत्रों तथा कम महिला साक्षरता दर वाले जिलों में विशेष अध्ययन केन्द्र स्थापित किए हैं।

इग्नू शिक्षण के अंतर्गत डिप्लोमा, स्नातक मास्टर्स और डॉक्टर डिग्री जैसे कार्यक्रम हैं।

राष्ट्रमंडल शिक्षण (COMMONWEALTH OF LEARNING—COL)

राष्ट्रमंडल शिक्षण (COL) की स्थापना राष्ट्रमंडल देशों की सरकारों के बीच वर्ष 1988 में हुए एक समझौता ज्ञापन के अंतर्गत की गई थी। COL एक अंत:सरकारी संगठन है, जिसकी स्थापना राष्ट्रमंडल सरकार के प्रमुखों द्वारा मुक्त शिक्षा/दूरस्थ शिक्षा ज्ञान, संसाधनों और प्रौद्योगिकियों के विकास और सहभाजन को प्रोत्साहित करने हेतु की गई थी। इसका मुख्यालय वैंकोवर, कनाडा में है, सीओएल संसार का एकमात्र अंत:सरकारी संगठन है, जो दूरस्थ तथा मुक्त शिक्षा प्रदान करने तथा बढ़ावा देने के लिए पूरी तरह समर्पित है और यह एकमात्र सरकारी राष्ट्रमंडल एजेंसी है, जो ब्रिटेन से बाहर स्थित है।

COL राष्ट्रमंडल देशों द्वारा स्वैच्छिक रूप से वित्तपोषित है, ब्रिटेन और कनाडा के बाद भारत तीसरा प्रमुख वित्तपोषक है। सीओएल ने एशिया के लिए अपना शैक्षिक मीडिया केन्द्र भारत में स्थापित किया है।

उच्च शिक्षा के संवर्धन के लिए कुछ मुख्य केंद्रीय योजनाएं

उच्च शिक्षण संस्थाओं के अलावा केंद्रीय और राज्य सरकारें समय-समय पर उपाय करती रहती हैं। निम्न अनुछेच्दों में कुछ महत्वपूर्ण योजनाओं का वर्णन किया गया है:

1. **स्वयं (SWAYAM—Study Webs of Active Learning for Young Aspiring Minds)** ऑनलाइन शिक्षा को सक्षम बनाने के लिए स्वयं (SWAYAM) बड़े स्तर पर मुक्त ऑनलाइन कोर्स (Massive Open Online Courses—MOOC) को बढ़ावा देगा। आईआईएम बंगलुरु देश का ऐसा सबसे पहला संस्थान है जिसने ऐसे पाठ्यक्रम की शुरुआत की।
2. **ज्ञान (GIAN—Global Initiative of Academic Network)** की शुरुआत भारतीय छात्रों को शिक्षा में अंतरराष्ट्रीय स्तर का बोध करवाने के मुख्य उद्देश्य से हुई। इसके अन्य उद्देश्य देश के वर्तमान शैक्षिक संसाधनों की गुणवत्ता में तेजी से सुधार लाना, और वैश्विक उत्कृष्टता के लिए भारत की वैज्ञानिक और तकनीकी क्षमता को बढ़ावा देना है। इसके तहत देश के उच्च शिक्षा संस्थानों में अवकाश अवधि के दौरान पूरी दुनिया में सुविख्यात शैक्षणिक और वैज्ञानिक संस्थानों के शिक्षाविदों और वैज्ञानिकों के अलावा उद्यमियों को आमंत्रित करने का प्रस्ताव है।
3. **समवय (SAMVAY—Skill Assessment Matrix for Vocational Advancement of Youth)** का उद्देश्य 'संरचित रोजगारोन्मुखी अल्पावधि पाठ्यक्रमों के माध्यम से विविध क्षेत्रों के लिए कुशल जनशक्ति के विकास की दिशा में प्रयास करना है। इसमें अपनी पसंद के एक व्यवसाय के लिए युवाओं को तैयार और विश्व स्तर पर कुशल मानव संसाधनों की आपूर्ति से बेरोजगारी को कम करना है'।

   इसके अंतर्गत विकसित शिक्षा ढांचे में क्रेडिट आवंटन (credit allotment) के लिए नियमों को परिभाषित किया गया है और ये राष्ट्रीय कौशल योग्यता फ्रेमवर्क (NSQF) का अनुसरण करता है।
4. **दूरस्थ शिक्षा और वेब आधारित शिक्षण (NPTEL—National Programme on Technology Enhanced Learning):** यह मानव संसाधन विकास मंत्रालय की परियोजना है ताकि योग्य शिक्षकों

की कमी को कुछ हद तक पूरा किया जा सके और पारंपरिक शिक्षा प्रणाली में शिक्षण सामग्री की गुणवत्ता में सुधार किया जा सके।

इसकी कल्पना सन् 1999 में की गयी थी ताकि इंजीनियरिंग शिक्षा की गुणवत्ता को सुधारा जा सके, इसके पहले चरण में सात भारतीय तकनीकी संस्थानों और भारतीय विज्ञान संस्थान ने मिल कर बुनियादी वीडियो आधारित सामग्री का विकास किया। एनपीटीईएल इंजीनियरिंग, विज्ञान और मानविकी विषयों के लिए ऑनलाइन वेब और वीडियो पाठ्यक्रमों के माध्यम से ई-लर्निंग की सुविधा भी प्रदान करता है।

5. **आईसीटी के माध्यम से राष्ट्रीय शिक्षा मिशन (NMEICT—National Mission on Education through ICT):** यह एक केन्द्र प्रायोजित योजना है (Centrally Sponsored Scheme) जिसकी परिकल्पना उच्चतर शिक्षा संस्थाओं में अध्यापन और शिक्षण प्रक्रिया में आईसीटी की क्षमता का लाभ उठाने के लिए की गई।

   इसका उद्देश्य डिजिटल विभाजन अर्थात् उच्च शिक्षा क्षेत्र में शहरी और ग्रामीण अध्यापकों/शिक्षुओं के बीच कम्प्यूटिंग डिवाइस के प्रयोग को बढ़ाकर कौशल अन्तर को भरना है। इसका प्रयोजन उन लोगों को सशक्त करना है, जो डिजिटल क्रांति से अभी तक अछूते रहे हैं और ज्ञान शास्त्र की मुख्यधारा से नहीं जुड़ पाए हैं।

6. **नेशनल नॉलेज नेटवर्क (NKN—National Knowledge Network):** इसका गठन 13 जून 2005 को किया गया। इसके प्रमुख तत्व हैं—संसाधनों का संयुक्त उपयोग और विचार-विमर्श ज्ञान के लिए सरल पहुँच, ज्ञान प्रणालियों का सृजन और प्रस्तुति, ज्ञान के प्रसार, आदि इसके मूल उद्देश्य हैं। इससे वैज्ञानिक, अनुसंधानकर्ता एवं विविध भौगोलिक क्षेत्रों और पृष्ठ भूमियों के छात्र मिलकर ज्ञान का समुच्चय एवं नेटवर्क स्थापित कर सकते हैं।

7. **'National E-library'** का उद्देश्य शैक्षणिक सामग्री और ज्ञान के स्रोतों की छात्रों तक सार्वभौमिक पहुँच को बढ़ावा देना है।

8. **शाला दर्पण** एक मोबाइल टेक्नोलॉजी है, जो अभिभावकों को स्कूल से जोड़ती है, ताकि वे अपने बच्चों की प्रगति की निगरानी कर सकें।

9. **तकनीकी शिक्षा गुणवत्ता सुधार कार्यक्रम (TEQP—Technical Education Quality Programme):** इस परियोजना को विश्व बैंक की सहायता से लागू किया जा रहा है, जो कि मानव संसाधन विकास मंत्रालय द्वारा वर्ष 2002 में आरम्भ की गयी। इनका मुख्य उद्देश्य देश में तकनीकी शिक्षा में उत्कृष्टता और परिवर्तन को सुगम बनाना है। इसको एक दीर्घकालीन परियोजना के रूप में 10–12 वर्षों में तीन चरणों में किया जाना प्रस्तावित था।

10. **राष्ट्रीय अनुसंधान प्रोफेसरशिप (National Research Professorship):** भारत सरकार ने अध्येताओं को ज्ञान के क्षेत्र में उनके द्वारा दिए गए योगदान के लिए मान्यता प्रदान करने हेतु प्रख्यात शिक्षाविदों और अध्येताओं को सम्मान देने हेतु 1949 में राष्ट्रीय अनुसंधान प्रोफेसरशिप योजना प्रारंभ की। उन गौरवशाली व्यक्तियों को जिन्होंने 65 वर्ष की आयु पूरी कर ली हो और अपने संबंधित क्षेत्र में विशिष्ट योगदान दिया हो और अभी भी अनुसंधान करने के योग्य हों उन्हें राष्ट्रीय अनुसंधान प्रोफेसर के रूप में नियुक्त करने पर विचार किया जाता है।

11. **दीनदयाल उपाध्याय ग्रामीण कौशल योजना [Deen Dayal Upadhyaya Grameen Kaushalya Yojana (DDU-GKY)]:** राष्ट्रीय कौशल विकास नीति, 2009 के माध्यम से भारत एक ऐसे राष्ट्रीय योग्यता कार्यक्रम तैयार करने की जरूरत पर बल देता है, जो सामान्य शिक्षा और व्यावसायिक शिक्षा दोनों को प्रशिक्षण से जोड़ता है। तद्नुसार, भारत सरकार ने राष्ट्रीय कौशल योग्यता कार्यक्रम अधिसूचित किया है ताकि कौशल प्रशिक्षण कार्यक्रमों के लिए राष्ट्रीय स्तर की प्रणाली विकसित करने के साथ ही अंतरराष्ट्रीय स्तर पर तुलना योग्य योग्यता प्रणाली विकसित की जा सके।

    वर्ष 2011 की जनगणना के अनुसार भारत के ग्रामीण क्षेत्रों में 15 वर्ष से लेकर 35 वर्ष की आयु के बीच के 5.50 करोड़ संभावित कामगार हैं। ठीक उसी समय, विश्व भर में वर्ष 2020 तक 5.70 करोड़ कामगारों की कमी होने का अनुमान है। इससे भारत के लिए अपनी अतिरिक्त जनसंख्या को एक जनसांख्यिकी लाभांश के रूप में परिणत करने का एक ऐतिहासिक अवसर सामने आ रहा है।

    ग्रामीण विकास मंत्रालय ने गरीब परिवारों के ग्रामीण युवाओं के कौशल विकास और उत्पादक क्षमता के विकास के बल पर दीनदयाल उपाध्याय ग्रामीण कौशल्य योजना (डीडीयू-जीकेवाई) के कार्यान्वयन से देश के समावेशी विकास के लिए इस राष्ट्रीय एजेंडे पर जोर दिया है।

12. **'ईशान उदय', 'ईशान विकास' और 'उन्नत भारत अभियान' ('Ishaan Uday', 'Ishaan Vikas' and 'Advanced Bharat Abhiyan'):** मानव संसाधन विकास मंत्रालय और विश्वविद्यालय अनुदान आयोग ने भारत के पूर्वोत्तर राज्यों में उच्च शिक्षा को बढ़ावा देने के संबंध में विशेष रुचि ली है।

    यूजीसी ने 'ईशान उदय' कार्यक्रम के माध्यम से पूर्वोत्तर क्षेत्र के जीईआर में सुधार और पूर्वोत्तर क्षेत्र के आर्थिक रूप से कमजोर वर्ग के बच्चों को प्रोत्साहित करने के लिए, शैक्षणिक सत्र 2014–15 से एक विशेष छात्रवृत्ति योजना शुरू की।

    'ईशान विकास' के अंतर्गत पूर्वोत्तर क्षेत्र के स्कूल और कॉलेज के विद्यार्थियों को भारतीय तकनीकी संस्थानों, राष्ट्रीय तकनीकी संस्थानों जैसे उच्च शिक्षण संस्थानों के सम्पर्क में लाने का प्रयास है।

    'उन्नत भारत अभियान' स्थानीय समुदायों को उच्च शिक्षण संस्थानों से जोड़ने का प्रयास है, इसके अंतर्गत जल प्रबन्धन, जैविक खेती, नवीकरणीय ऊर्जा, मितव्ययी प्रौद्योगिकी, आधारिक संरचना, रोजगार, इत्यादि पर ध्यान केंद्रित किया गया है। इससे IIT, IISER, NIT, आदि जुड़े हुए हैं।

13. **साक्षात: वन स्टॉप एजुकेशन पोर्टल (Sakshat— One Stop Education Portal):** छात्रों, शिक्षकों और रोजगार में लगे व्यक्तियों अथवा ज्ञान अर्जित करने वालों को जीवनपर्यन्त नि:शुल्क अध्ययन की सुविधा प्रदान करने के लिए तत्कालीन राष्ट्रपति द्वारा 30 अक्टूबर, 2006 को वन स्टॉप एजुकेशन पोर्टल आरंभ किया गया था। 'साक्षात' की विषय-वस्तु की जांच संबंधित विषय परामर्श समिति (सीएसी) द्वारा की गई है जिसमें इग्नू, दिल्ली विश्वविद्यालय, केन्द्रीय विद्यालय संगठन (केवीएस), नवोदय विद्यालय संगठन (NVS), राष्ट्रीय मुक्त विद्यालय संस्थान (NIOS) और राष्ट्रीय शैक्षिक अनुसंधान एवं प्रशिक्षण परिषद (NCERT) जैसी शैक्षिक संस्थाओं और क्षेत्र के उत्कृष्ट अकादमिकों के प्रतिनिधि सम्मिलित हैं। इसके अतिरिक्त, कुछ गैर-सरकारी संगठनों (NGOs) ने इस पोर्टल के लिए स्वयं द्वारा विकसित विषय-वस्तुएं नि:शुल्क प्रदान की हैं।

14. **नए आईआईआईटी संस्थानों की स्थापना (Establishment of New IIIT Institute)** भारतीय आईटी उद्योग और घरेलू आईटी मार्केट के विकास द्वारा चुनौतियों का समाधान करने के लिए मानव संसाधन विकास मंत्रालय, भारत सरकार बिना किसी लाभ के आधार पर सार्वजनिक-निजी-पद्धति (एन-पीपीपी) में 20 भारतीय सूचना प्रौद्योगिकी संस्थानों की स्थापना पर विचार कर रहा है। IIIT की स्थापना के लिए

मानव संसाधन विकास मंत्रालय, जहां IIIT स्थापित की जानी है वहां की राज्य सरकार और उद्योग भागीदार होंगे।

नैतिक शिक्षा (Value Education)

अच्छा-बुरा, सही गलत के मापदण्ड पर ही व्यक्ति, वस्तु, व्यवहार व घटना की परख की जाती है। ये मानदंड ही मूल्य कहलाते हैं। हमारी शिक्षा केवल बौद्धिक विकास पर ध्यान देती है। हमारी शिक्षा शिक्षार्थी में बोध जाग्रत नहीं करती, वह जिज्ञासा नहीं जगाती जो स्वयं सत्य को खोजने के लिए प्रेरित करे और आत्मज्ञान की ओर ले जाए, सही शिक्षा वही हो सकती है, जो शिक्षार्थी में नैतिक और आध्यात्मिक मूल्यों को विकसित कर सके।

नैतिक मूल्यों का विस्तार व्यक्ति से विश्व तक, जीवन के सभी क्षेत्रों में होता है। व्यक्ति-परिवार, समुदाय, समाज, राष्ट्र से मानवता तक नैतिक मूल्यों की यात्रा होती है। नैतिक मूल्यों के महत्व को व्यक्ति समाज राष्ट्र व विश्व की दृष्टियों से देखा समझा जा सकता है। सामाजिक जीवन में तेज़ी से हो रहे परिवर्तन के कारण उत्पन्न समस्याओं की चुनौतियों से निपटने के लिए और नवीन व प्राचीन के मध्य स्वस्थ अंत:क्रिया को सम्भव बनाने में नैतिक मूल्य रोतु-हेतु का कार्य करते हैं। नैतिक मूल्यों के कारण ही समाज में संगठनकारी शक्तियाँ गति पाती हैं और विघटनकारी शक्तियों का क्षय होता है।

नैतिकता सामाजिक जीवन को सुगम बनाती है और समाज में अप्रत्यक्ष रूप से नियंत्रण रखती है। समाज व राष्ट्र में एकीकरण और अस्मिता की रक्षा नैतिकता के अभाव में नहीं हो सकती है। विश्व बंधुत्व की भावना, मानवतावाद, समता भाव, प्रेम और त्याग जैसे नैतिक गुणों के अभाव में विश्व शांति, अंतरराष्ट्रीय सहयोग, मैत्री, आदि की कल्पना भी नहीं की जा सकती।

नैतिक शिक्षा का उद्देश्य एक व्यापक परिप्रेक्ष्य से शिक्षा के मौलिक प्रश्नों के साथ जुड़ा हुआ है।

1. व्यक्तिगत परिप्रेक्ष्य: यह छात्रों को जीवन और कार्य में सफलता हेतु व्यक्तिगत पूर्ति प्राप्त करने के लिए सक्षम बनाता है।
2. सामाजिक परिप्रेक्ष्य: शिक्षा का उद्देश्य युवाओं को समाज, देश और दुनिया के लिए योगदान देने हेतु तैयार करना है।

प्लेटो ने 'रिपब्लिक' (Republic) पुस्तक में लिखा था, 'एक शिक्षित व्यक्ति समाज की समस्याओं को हल करने के लिए अपने ज्ञान एवं कौशल का उपयोग करने की तत्परता रखता है।

नैतिक शिक्षा में महत्वपूर्ण विकास (KEY DEVELOPMENTS IN VALUE EDUCATION)

1. राष्ट्रीय माध्यमिक शिक्षा आयोग (1952–53) ने शिक्षा के निर्णायक लक्ष्य के रूप में चरित्र निर्माण पर बल दिया।
2. विश्वविद्यालय शिक्षा आयोग (1962) में कहा गया है कि यदि हम अपने संस्थानों में आध्यात्मिक प्रशिक्षण को सम्मिलित नहीं करते तो हम अपने इतिहास के साथ न्याय नहीं कर रहे।
3. शिक्षा आयोग (1964–66) ने भी शिक्षा और राष्ट्रीय विकास पर ध्यान केंद्रित किया। श्री प्रकाश समिति ने वर्ष 1959 भी नैतिक शिक्षा पर जोर दिया।
4. राष्ट्रीय शिक्षा नीति 1986 और 1992 ने नैतिक शिक्षा को पाठ्यक्रम में सम्मिलित करने की बात की। चवण समिति (1999), National Curriculum Framework (2005) ने भी शिक्षा के मूल्य उन्मुखीकरण (Value orientation of Education) पर विशेष जोर दिया।

नैतिक शिक्षा के विकास में मुख्य कारक (MAIN ISSUES BEHIND THE NEED FOR IMPARTING VALUE EDUCATION)

1. **परम्परा और आधुनिकता में सामंजस्य (Tradition Versus Modernity):** भारत जैसे विकासशील देश में, बहुत सारे विद्यार्थी हर परम्परागत वस्तु या मूल्य को संशय की दृष्टि से और हर आधुनिक मूल्य को उच्च समझते हैं, जबकि ऐसा नहीं है। उनकी इन चरमताओं के बीच के अंतर को पाटना जरूरी है।
2. **वैश्वीकृत और विविधता से परिपूर्ण समाज (Globalised and Diverse Society)** वैश्वीकरण एक सर्वभूत संस्कृति है, हम जिस बहु-संस्कृतमयों बहु-भाषी, बहु-धार्मिक समाज में रहते हैं, उसमें कई प्रकार के विरोधाभास उत्पन्न हो चुके हैं। जीवन विज्ञान और तकनीकी क्षेत्र में प्रगति के बावजूद जटिल होता जा रहा है। ऐसे में नैतिक शिक्षा आवश्यक है। ऐसे वातावरण में एक पूर्णतया समावेशित समाज नैतिक शिक्षा के बिना सम्भव नहीं है।
3. **वैज्ञानिक उन्नति और पर्यावरण (Scientific Progress and Environment):** हमारा परिवेश निरंतर दूषित होता जा रहा है— जलवायु परिवर्तन, ग्लोबल वार्मिंग, आदि हमें यह सोचने पर विवश कर देते हैं कि हम उन्नति के पथ पर अग्रसर हैं या अवनति के। ऐसे में नैतिक शिक्षा हमें सही दिशा दिखा सकती है, ताकि हम सतत विकास (sustainable development) के अपने उद्देश्य को पूरा कर सकें। हमें विज्ञान और तकनीक को मानव विकास के ज्यादा अनुरूप बनाने का सतत प्रयास करना होगा। पर्यावरण से जुड़ी अनेक समस्याओं और मुद्दों का उल्लेख नौवें अध्याय में किया जा चुका है।
4. **जनसंचार और सोशल मीडिया (Mass and Social Media):** हमारे जीवन का कोई भी ऐसा क्षेत्र या पहलू नहीं है, जो जनसंचार या सोशल मीडिया से अछूता है। वैचारिक अभिव्यक्ति का अधिकार कभी-कभी समाज या देश के विरुद्ध भी जा सकता है। इसका प्रभाव भी बहुत तेज गति से फैलता है, जिसमें कई बार सरकारें भी असहाय महसूस करती हैं। इसलिए इसके दुष्प्रभावों से सचेत रहना और इसको समाज के बृहत्तर अच्छे उद्देश्यों के लिए उपयोग करना एक बड़ी चुनौती है, इसमें समाज के सभी वर्गों का नैतिकता के धरातल पर सहयोग देना बहुत आवश्यक है।

अखिल भारतीय उच्च शिक्षा सर्वेक्षण रिपोर्ट (All India Survey on Higher Education- AISHE), 2019-20

राष्ट्र के समाजिक एवं आर्थिक विकास में शिक्षा एक महत्वपूर्ण एवं सशक्त भूमिका निर्वहन करती है। भारत में उच्च शिक्षा के संदर्भ में स्थिति अत्यधिक निराशाजनक रही है। यह सर्वेक्षण 18–23 वर्ष के युवाओं की शिक्षा पर केंद्रित है।

शिक्षा मंत्रालय ने 'जून 2021' अपनी दसवीं अखिल भारतीय उच्च शिक्षा सर्वेक्षण रिपोर्ट 2020 - 21 जारी की।

कुल छात्र नामांकन:

2015-16 से 2019-20 तक पिछले पांच वर्षों के दौरान छात्र नामांकन में 11.4% की वृद्धि हुई है।

उच्च शिक्षा में कुल नामांकन 2018-19 में 3.74 करोड़ की तुलना में 2019-20 में 3.85 करोड़ है, जिसके अनुसार इस वर्ष 11.36 लाख (3.04%) की वृद्धि हुई है।

भारत,उत्तर प्रदेश में सबसे अधिक छात्र नामांकन है, इसमें 49.1% पुरुष और 50.9% महिला छात्र हैं, इसके बाद तमिलनाडु और महाराष्ट्र हैं।

सकल नामांकन अनुपात (Gross Enrollment Ratio):

जीईआर (GER) में विभिन्न स्तरों पर नामांकित छात्रों की संख्या, विभिन्न आयु वाले जनसंख्या के प्रतिशत के रूप में व्यक्त की जाती है।

2019-20 में सकल नामांकन अनुपात (GER) में केवल 0.8% की वृद्धि हुई।

2019-20 में उच्च शिक्षा में नामांकित छात्रों का प्रतिशत 27.1 प्रतिशत है, जो 2018-19 में 26.3 प्रतिशत और 2014-2015 में 24.3% था।

महिला नामांकन:

2015-16 से 2019-20 तक उच्च शिक्षा में महिला नामांकन में कुल मिलाकर 18% से अधिक की वृद्धि हुई है।

हालांकि, राष्ट्रीय महत्व के संस्थानों में छात्राओं की हिस्सेदारी सबसे कम है जबकि व्यावसायिक पाठ्यक्रमों में महिला भागीदारी, अकादमिक पाठ्यक्रमों की तुलना में कम है।

लिंग समानता सूचकांक:

उच्च शिक्षा में लिंग समानता सूचकांक (GPI) 2019-20 में 1.01 है, जबकि 2018-19 में 1.00 था, जो पुरुषों की तुलना में महिलाओं के लिए उच्च शिक्षा के सापेक्ष पहुंच में सुधार को दर्शाता है।

1 का GPI लिंग के बीच समानता दर्शाता है; यदि जीपीआई जो 0 और 1 के बीच भिन्न होता है तो पुरुषों के पक्ष में असमानता को दर्शाता है; जबकि 1 से अधिक का GPI महिलाओं के पक्ष में असमानता को दर्शाता है।

शिक्षक: शिक्षकों की कुल संख्या 15,03,156 है जिसमें 57.5% पुरुष और 42.5% महिलाएँ सम्मिलित हैं। 2019-20 में उच्च शिक्षा में छात्र शिक्षक अनुपात 26 है।

प्रमुख विषय- लगभग 85% छात्र (2.85 करोड़) मानविकी, विज्ञान, वाणिज्य, इंजीनियरिंग और प्रौद्योगिकी, चिकित्सा विज्ञान और आईटी और कंप्यूटर जैसे छह प्रमुख विषयों में नामांकित है।

इसका उद्देश्य 2035 तक उच्च शिक्षा में GER को 50% तक बढ़ाना है।

स्नातकोत्तर और पीएचडी नामांकन

करियर की प्रगति और अनुसंधान के अवसरों की कमी के कारण छात्र जनसंख्या का एक छोटा भाग पीएचडी कार्यक्रम चुनता है, केवल 3.6% कॉलेज ही छात्र ही पीएचडी कार्यक्रम चलाते हैं और 36.7% कॉलेज पीजी स्तर के कार्यक्रम चलाते हैं।

पीजी स्तर पर, अधिकतम छात्र समाजिक विज्ञान में प्रवेश ले रहे हैं, जिसके बाद प्रबंधन कार्यक्रम आता है। पीएचडी स्तर पर, छात्रों की अधिकतम संख्या इंजीनियरिंग और प्रौद्योगिकी के बाद विज्ञान में नामांकित है।

प्रमुख शोध गतिविधियां मुख्यत: सरकारी संस्थान के पास ही चलती हैं। पीएचडी छात्रों का सर्वाधिक भाग राज्य विश्वविद्यालय (31.6%) में सबसे अधिक है, इसके बाद राष्ट्रीय महत्व के संस्थान (20.4%), केंद्रीय विश्वविद्यालय (15.8%) और डीम्ड विश्वविद्यालय-निजी (13.4%) आते हैं। उत्तर प्रदेश, महाराष्ट्र और तमिलनाडु राज्य इसमें सबसे पहले आते हैं।

देश में विभिन्न उच्च शिक्षा संस्थानों में काम करने वाले शिक्षकों की कुल संख्या 12.84 लाख है, जिनमें से लगभग 58.0% पुरुष शिक्षक हैं और 42.0% महिला शिक्षक हैं।

कॉन्सेप्ट बॉक्स

लिंग समानता सूचकांक (Gender Parity Index): यह एक सामाजिक-आर्थिक सूचकांक है, जो कि पुरुषों और महिलाओं की शिक्षा सुविधाओं के सापेक्ष उपयोग (relative access) को मापने के लिए बनाया गया है। यह एक प्रकार से तुलनात्मक अध्ययन है, यह सूचकांक यूनेस्को द्वारा जारी किया जाता है। यह प्राथमिक, माध्यमिक और उच्च शिक्षा के लिए तैयार किया जा सकता है। उच्च शिक्षा में इसकी गणना 18–23 वर्ष के आयु वर्ग के लिए की जाती है। यह समाज में महिलाओं के सशक्तिकरण के एक महत्वपूर्ण सूचक के रूप में भी कार्य करता है। लैंगिक समानता सूचकांक को राज्यवार, सभी श्रेणियों, अनुसूचित जाति और अनुसूचित जनजाति के लिए भी तैयार किया जाता है।

नोट: यहां यह बताना आवश्यक है कि नवंबर 4, 2017 को सर्वोच्च न्यायालय ने मानित विश्वविद्यालयों पर मानित शब्द (deemed) लगाने पर प्रतिबंध लगा दिया जबकि यह उपाधि देने में सक्षम हैं, ऐसा यूजीसी अधिनियम 1956 की धारा 23 के अंतर्गत किया है, उन पर शैक्षिक सत्र 2018–19 के लिए दूरस्थ शिक्षा के पाठ्यक्रम में प्रवेश पर भी रोक लगाई गई है।

भारतीय शिक्षा व्यवस्था में चुनौतियाँ (Challenges in Indian Education System)

भारतीय समाज न केवल बहुभाषी, बहु-सांस्कृतिक और बहु धार्मिक है, यहां बहुत सारी भौगोलिक विविधताएँ और क्षेत्रीय असमताएँ भी हैं। यहां सामाजिक स्तर पर आय, धन, अवसर और संसाधनों के उपयोग की असमताएँ भी हैं। शिक्षा को क्षेत्रीय और सामाजिक असमानताओं को कम करने के लिए शक्तिशाली उपकरण के रूप में देखा जाना चाहिए। कोठारी आयोग ने अपनी रिपोर्ट में बहुत सारी चुनौतियों का उल्लेख किया जिनका भारतीय शिक्षा प्रणाली को सामना करना पड़ रहा था और अब भी वही चुनौतियाँ सामने हैं।

शिक्षा की अभिगम्यता (Access of Education)

हमारी जनसंख्या को उच्च शिक्षा क्षेत्र के अवसर प्रदान करने के लिए संस्थागत शैक्षिक क्षमता का अधिकतम उपयोग करने एवं उसमें वृद्धि की आवश्यकता है। इसके अंतर्गत तकनीक का उपयोग भी आता है।

अपक्षपात (Equity)

सामाजिक विषमताओं को ध्यान में रखते हुए इसमें दरिद्र और सामाजिक रूप से वंचित समूहों के लिए शिक्षा प्रदान करने पर बल दिया जाता है।

गुणवत्ता और उत्कृष्टता (Quality and Excellence)

इसके अनुसार यह एक सतत प्रयास रहना चाहिए कि छात्रों को उच्चतम मानकों का ज्ञान उपलब्ध करवाया जाए ताकि मानव संसाधन क्षमताओं को यथार्थ रूप दिया जा सके।

प्रासंगिकता (Relevance)

शिक्षा में पाठ्यक्रम/पाठ्यचर्या देश के बदलते हुए सामाजिक, आर्थिक, सांस्कृतिक परिदृश्य को ध्यान में रखते हुए बनाना चाहिए।

मूल्य आधारित शिक्षा (Value Based Education)

इसमें युवाओं के बीच बुनियादी नैतिक मूल्यों का विकास करना सम्मिलित है।

विश्वविद्यालय अनुदान आयोग के दिशा-निर्देशों के अनुसार, छात्र-शिक्षक अनुपात 30:1 का होना चाहिए, लेकिन कुछ राज्यों में यह अनुपात 100:1 का है, इसका मुख्य कारण नामांकन में कई गुना वृद्धि हुई, परन्तु शिक्षक उतनी संख्या में नहीं बढ़ पाए। उच्च शिक्षा संस्थानों को शैक्षणिक और बुनियादी भौतिक ढाँचे की बेहद कमी के चलते एक गंभीर समस्या का सामना करना पड़ रहा है। उच्च शिक्षण संस्थानों में प्राध्यापकों (faculty) की कमी के साथ-साथ उनकी गुणवत्ता में सुधार की भी आवश्यकता है।

भारत में कुछ उच्च शिक्षण संस्थानों ने वैश्विक गौरव अर्जित किया है, परन्तु यह भी एक वास्तविकता है कि दुनिया के शीर्ष 200 उच्च शिक्षण संस्थानों में कोई भी भारतीय संस्थान नहीं है, जबकि चीन के ऐसे 10 शिक्षण संस्थान हैं। उच्च शिक्षण संस्थानों को स्वायत्तता देने की बात तो की जाती है, पर इतिहास साक्षी है कि इसका कई बार दुरुपयोग होता रहा है। यह बात अवश्य है कि नियामक संस्थाओं को यथासम्भव अपरिमित नौकरशाही के नियंत्रण से निकाला जाए।

पूर्व योजना आयोग की रिपोर्ट के अनुसार भारत में उच्च शिक्षण संस्थानों से उत्तीर्ण होने वाले स्नातकों में केवल 17.5 प्रतिशत ही रोजगार योग्य है। बहुत सारे छात्र बीच में ही अपनी शिक्षा छोड़ देते हैं। स्नातकों को उद्योग की आवश्यकताओं के अनुसार तैयार करने की आवश्यकता है, सरकार ने ऐसे बहुत सारे कार्यक्रम भी शुरू किए।

नई शिक्षा नीति—2020 (New Education Policy-2020)

वर्ष 2020 में, केंद्र सरकार ने राष्ट्रीय शिक्षा नीति-2020 (National Education Policy, 2020) को स्वीकार किया है। नई शिक्षा नीति का मुख्य उद्देश्य चौंतीस वर्ष पुरानी राष्ट्रीय शिक्षा नीति '1986' (National Policy on Education (NPE), 1986, को प्रतिस्थापित करना है।

वर्ष 1968 और वर्ष 1986 के बाद स्वतंत्र भारत की तीसरी शिक्षा नीति होगी।

- श्री टी. एस. आर सुब्रमण्यम ने मई 2016 में 'नई शिक्षा नीति के विकास' के लिए समिति की रिपोर्ट को प्रस्तुत किया है।
- राष्ट्रीय शिक्षा नीति-2020 में शिक्षा की पहुँच, समानता, गुणवत्ता, वहनीय शिक्षा (affordable) और उत्तरदायित्व जैसे विषयों पर विशेष ध्यान दिया गया है।
- नई शिक्षा नीति के निर्माण के लिये जून 2017 में पूर्व इसरो (ISRO) प्रमुख डॉ. के. कस्तूरीरंगन की अध्यक्षता में एक समिति का गठन किया गया, इस समिति ने मई 2019 में राष्ट्रीय शिक्षा नीति का प्रस्ताव प्रस्तुत किया।

  इस शिक्षा नीति के अनुसार केंद्र व राज्य सरकार के सहयोग से शिक्षा क्षेत्र पर देश की जीडीपी के 6% भाग के बराबर निवेश का लक्ष्य रखा गया है।
- इस शिक्षा नीति में, वर्तमान 10 + 2 प्रणाली को क्रमश: 3-8, 8-11, 11-14 और 14-18 वर्ष की आयु के अनुसार एक नया 5 + 3 + 3 + 4 पाठयक्रम संरचना द्वारा प्रतिस्थापित किया जाना है।
- तकनीकी शिक्षा, भाषाई बाध्यताओं को दूर करने, दिव्यांग छात्रों के लिये शिक्षा को सुगम बनाने आदि के लिये तकनीकी के प्रयोग को बढ़ावा देने पर बल दिया गया है।
- इस शिक्षा नीति में छात्रों में रचनात्मक सोच, तार्किक निर्णय और नवाचार की भावना को प्रोत्साहित करने पर बल दिया गया है।
- कैबिनेट द्वारा 'मानव संसाधन विकास मंत्रालय' (Ministry of Human Resource Development- MHRD) का नाम बदल कर 'शिक्षा मंत्रालय' (Education Ministry) कर दिया गया ताकि शिक्षा और सीखने की और पुन: ध्यान आकर्षित किया जा सके।

प्रारंभिक शिक्षा

3 वर्ष से 8 वर्ष की आयु के बच्चों के लिये शैक्षिक पाठ्यक्रम का दो समूहों में विभाजन किया गया है जोकि निम्न प्रकार से है:-

- 3 वर्ष से 6 वर्ष की आयु के बच्चों के लिये आँगनवाड़ी/ बालवाटिका/ प्री-स्कूल (Pre-School) के माध्यम से मुफ्त, सुरक्षित और गुणवत्तापूर्ण 'प्रारंभिक बाल्यावस्था देखभाल और शिक्षा' (Early Childhood Care and Education- ECCE) की उपलब्धता सुनिश्चित करना।
- 6 वर्ष से 8 वर्ष तक के बच्चों को प्राथमिक विद्यालयों में कक्षा-1 और 2 में शिक्षा प्रदान की जाएगी।
- प्रारंभिक शिक्षा को बहुस्तरीय खेल और गतिविधि आधारित बनाने को प्राथमिकता दी जाएगी।

'बुनियादी साक्षरता और संख्यात्मक ज्ञान पर एक राष्ट्रीय मिशन'

- इस शिक्षा नीति के अनुसार 'बुनियादी साक्षरता और संख्यात्मक ज्ञान पर एक राष्ट्रीय मिशन' (National Mission on Foundational Literacy and Numeracy - NMFLN) की स्थापना की जानी है।
- राज्य सरकारों द्वारा वर्ष 2025 तक प्राथमिक विद्यालयों में कक्षा-3 तक के सभी बच्चों में बुनियादी साक्षरता और संख्यात्मक ज्ञान प्राप्त करने हेतु इस मिशन के क्रियान्वयन की योजना तैयार की जाएगी।

भाषाई विविधता को बढ़ावा और संरक्षण

- इस शिक्षा नीति में कक्षा - 5 तक की शिक्षा में मातृभाषा / स्थानीय या क्षेत्रीय भाषा को अध्यापन के माध्यम के रूप में अपनाने पर बल दिया गया है, साथ ही इस नीति में मातृभाषा को कक्षा- 8 और भविष्य की शिक्षा के लिये प्राथमिकता देने का सुझाव दिया गया है।
- स्कूली और उच्च शिक्षा में छात्रों के लिये संस्कृत और अन्य प्राचीन भारतीय भाषाओं का विकल्प उपलब्ध होगा परंतु किसी भी छात्र पर भाषा के चुनाव में कोई बाध्यता नहीं होगी।
- बधिर छात्रों के लिये राष्ट्रीय और राज्य स्तर पर पाठ्यक्रम सामग्री विकसित की जाएगी तथा भारतीय संकेत भाषा (Indian Sign Language- ISL) को पूरे देश में मानकीकृत किया जाएगा।
- इस शिक्षा नीति के अधीन भारतीय भाषाओं के संरक्षण और विकास के लिये एक 'भारतीय अनुवाद और व्याख्या संस्थान' (Indian Institute of Translation and Interpretation-IITI), 'फारसी, पाली और प्राकृत के लिये राष्ट्रीय संस्थान (या संस्थानों) को स्थापित किया जाएगा। इन संस्थानों से मातृभाषा व स्थानीय भाषा के विकास पर बल दिया जाना है।

पाठ्यक्रम और मूल्यांकन से जुड़े सुझाव

- इस शिक्षा नीति में एक ऐसे पाठ्यक्रम और अध्यापन प्रणाली / विधि के विकास पर बल दिया गया है जिसके तहत पाठ्यक्रम के बोझ को कम करते हुए छात्रों में 21वीं सदी के कौशल के विकास, अनुभव आधारित शिक्षण और तार्किक चिंतन को प्रोत्साहित करने पर विशेष ध्यान दिया जाए।
- इस नीति में प्रस्तावित सुधारों के अनुसार, कला और विज्ञान, व्यावसायिक तथा शैक्षणिक विषयों एवं पाठ्यक्रम व पाठ्येतर गतिविधियों के बीच बहुत अधिक अंतर नहीं होगा।
- इस नीति के अधीन, कक्षा-6 से ही शैक्षिक पाठ्यक्रम में व्यावसायिक शिक्षा को सम्मिलित कर दिया जाएगा और इसमें इंटर्नशिप (Internship) की व्यवस्था भी दी जाएगी।
- राष्ट्रीय शैक्षिक अनुसंधान और प्रशिक्षण परिषद (National Council of Educational Research and Training- NCERT) द्वारा 'स्कूली शिक्षा के लिये राष्ट्रीय पाठ्यक्रम रूपरेखा' [National Curricular Framework for School Education, (NCFSE, 2020–21) बनाई जाएगी।
- इस शिक्षा नीति में छात्रों के सीखने की प्रगति की बेहतर जानकारी हेतु नियमित और रचनात्मक आकलन प्रणाली को अपनाने का सुझाव दिया गया है। साथ ही इसमें विश्लेषण तथा तार्किक क्षमता एवं सैद्धांतिक स्पष्टता के आकलन को प्राथमिकता देने का सुझाव दिया गया है।
- छात्रों के समग्र विकास के लक्ष्य को ध्यान में रखते हुए कक्षा-10 और कक्षा-12 की परीक्षाओं में बदलाव किये जाएंगे। इसमें भविष्य में समेस्टर या बहुविकल्पीय प्रश्न आदि जैसे सुधारों को सम्मिलित किया जा सकता है।
- छात्रों की प्रगति के मूल्यांकन के लिये मानक-निर्धारक निकाय के रूप में 'परख' (PARAKH) नामक एक नए 'राष्ट्रीय आकलन केंद्र' (National Assessment Centre) की स्थापना की जाएगी।
- छात्रों की प्रगति के मूल्यांकन तथा छात्रों को अपने भविष्य से जुड़े निर्णय लेने में सहायता प्रदान करने के लिये 'कृत्रिम बुद्धिमत्ता' (National Assessment Centre) आधारित सॉफ्टवेयर का प्रयोग किया जाएगा।

शिक्षण प्रणाली से जुड़े सुधार

- शिक्षकों की नियुक्ति में प्रभावी और पारदर्शी प्रक्रिया का पालन तथा समय-समय पर लिये गए कार्य-प्रदर्शन आकलन के आधार पर पदोन्नति।
- इस शिक्षा नीति में राष्ट्रीय अध्यापक शिक्षा परिषद वर्ष 2022 तक 'शिक्षकों के लिये राष्ट्रीय व्यावसायिक मानक' (National Professional Standards for Teachers) का विकास किया जाएगा।
- राष्ट्रीय अध्यापक शिक्षा परिषद द्वारा NCERT के परामर्श के आधार पर 'अध्यापक शिक्षा हेतु राष्ट्रीय पाठ्यचर्या की रूपरेखा' [National Curriculum Framework for Teacher Education (NCFTE), 2021] का विकास किया जाएगा।
- वर्ष 2030 तक अध्यापन के लिये न्यूनतम डिग्री योग्यता 4-वर्षीय एकीकृत बी.एड. डिग्री का होना अनिवार्य किया जाएगा।

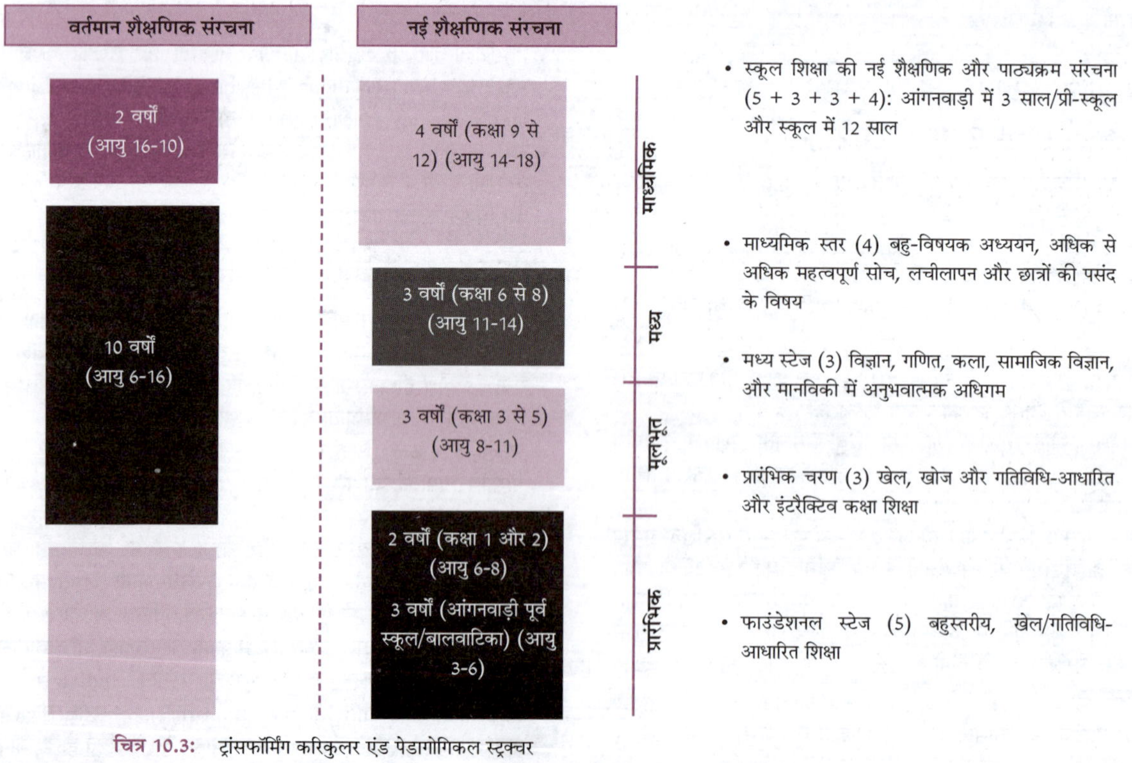

चित्र 10.3: ट्रांसफॉर्मिंग करिकुलर एंड पेडागोगिकल स्ट्रक्चर

स्रोत: राष्ट्रीय शिक्षा नीति 2020, शिक्षा मंत्रालय, भारत सरकार

उच्च शिक्षा

- इस शिक्षा नीति के तहत उच्च शिक्षण संस्थानों में 'सकल नामांकन अनुपात' (Gross Enrolment Ratio) को 26.3% (वर्ष 2018) से बढ़ाकर 50% तक करने का लक्ष्य रखा गया है, इसके साथ ही देश के उच्च शिक्षण संस्थानों में 3.5 करोड़ नई सीटों को जोड़ा जाएगा।
- इस शिक्षा नीति के तहत स्नातक पाठ्यक्रम में महत्वपूर्ण सुधार किया गया है, इसके तहत 3 या 4 वर्ष के स्नातक कार्यक्रम में छात्र कई स्तरों पर पाठ्यक्रम को छोड़ सकेंगे और उन्हें उसी के अनुरूप डिग्री या प्रमाण-पत्र प्रदान किया जाएगा (जैसेकि 1 वर्ष के बाद सर्टिफिकेट, 2 वर्षों के बाद एडवांस डिप्लोमा, 3 वर्षों के बाद स्नातक की डिग्री तथा 4 वर्षों के बाद शोध के साथ स्नातक)।
- विभिन्न उच्च शिक्षण संस्थानों से प्राप्त अंकों या क्रेडिट को डिजिटल रूप से सुरक्षित रखने के लिये एक 'एकेडमिक बैंक ऑफ क्रेडिट' (Academic Bank of Credit) दिया जाएगा, जिससे अलग-अलग संस्थानों में छात्रों के प्रदर्शन के आधार पर उन्हें डिग्री प्रदान की जा सके।
- नई शिक्षा नीति के तहत एम. फिल. (M.Phil) कार्यक्रम को समाप्त कर दिया गया है।

भारत उच्च शिक्षा आयोग

- चिकित्सा एवं कानूनी शिक्षा को छोड़कर पूरे उच्च शिक्षा क्षेत्र के लिये एक एकल निकाय के रूप में भारत उच्च शिक्षा आयोग (Higher Education Commission of India -HECI) का गठन किया जाएगा।
- HECI के कार्यों के प्रभावी और प्रदर्शितापूर्ण निष्पादन के लिये चार संस्थानों / निकायों का निर्धारण किया गया है।
- विनियमन हेतु-राष्ट्रीय उच्चतर शिक्षा नियामकीय परिषद (National Higher Education Regulatory Council- NHERC)
- मानक निर्धारण. सामान्य शिक्षा परिषद (General Education Council- GEC)
- वित पोषण-उच्चतर शिक्षा अनुदान परिषद (Higher Education Grants Council-HEGC)
- प्रत्यायन-राष्ट्रीय प्रत्यायन परिषद (National Accreditation Council- NAC)
- महाविद्यालयों की संबद्धता 15 वर्षों में समाप्त हो जाएगी और उन्हें क्रमिक स्वायत्तता प्रदान करने के लिये एक चरणबद्ध प्रणाली की स्थापना की जाएगी।
- देश में आईआईटी (IIT) और आईआईएम (IIM) के समकक्ष वैश्विक मानकों के 'बहुविषयक शिक्षा एवं अनुसंधान विश्वविद्यालय' (Multidisciplinary Education and Research Universities-MERU) की स्थापना की जाएगी।

अन्य सुधार

- शिक्षा, मूल्यांकन, योजनाओं के निर्माण और प्रशासनिक क्षेत्र में तकनीकी के प्रयोग पर विचारों के स्वतंत्र आदान-प्रदान हेतु राष्ट्रीय शैक्षिक प्रौद्योगिकी मंच' (National Educational Technology Forum- NETF) नामक एक स्वायत्त निकाय की स्थापना की जाएगी।

उच्च शिक्षा प्रणाली में सुशासन (GOVERNANCE IN HIGHER EDUCATION SYSTEM)

सुशासन मूल रूप से शासन की प्रक्रिया पर केंद्रित है, जो विभिन्न औपचारिक और अनौपचारिक संस्थानों के मध्य वार्तालाप पर निर्भर है। हम भारतीय शिक्षा में नीतियों और राजनीति का वर्णन विभिन्न समितियों की अनुशंसाएं, इतिहास, नई शिक्षा नीति के अंतर्गत पहले भी कर चुके हैं। सुशासन के द्वारा सार्वजनिक जीवन से संबंधित नीतियों और निर्णयों को प्रभावित करने की आवश्यकता है। शासन की सफलता एक सामाजिक उद्देश्य के साथ सरकार के पुनर्निर्माण, गैर-सरकारी क्षेत्रों के पुनरोद्धार पर निर्भर करती है। राजनीतिक इच्छाशक्ति, नियामक चिंताओं और संगठनात्मक लचीलेपन की आवश्यकता है। हमें गंभीर रूप से यह जांच करने की आवश्यकता है कि क्या सरकारी एजेंसियों और सौंपे गए कार्यों को करने के लिए उत्तरदायी संगठनों द्वारा नीतियों को कुशलतापूर्वक और ईमानदारी से लागू किया जा रहा है। सुशासन के लिए नागरिक समाज के विभिन्न तत्वों का सार्थक सहयोग और एक बहु-आयामी रणनीति की आवश्यक है। सुशासन को संभव बनाने के लिए राज्य, निजी क्षेत्र और गैर सरकारी संगठनों, विशेष रूप से समुदाय आधारित संगठनों को एक दूसरे के साथ सहयोग और समन्वय करना चाहिए। सुशासन विकास में सहायक होता है, इससे समाज में परिवर्तन लाया जा सकता है। इसमें न्यूनतम राज्य, एक सामाजिक-साइबरनेटिक प्रणाली, स्व-संगठित नेटवर्क और कुछ कॉर्पोरेट सुशासन सम्मिलित हैं।

विश्वविद्यालयों की संगठनात्मक संरचना

भारत में प्राचीन शिक्षा वेदांत, बौद्ध और जैन मत पर आधारित रही है, हमारी विश्वविद्यालय प्रणाली भी उस समय के अनुसार प्रखर शिखर पर थी, जिसके कारणवश भारत को 'जगत गुरु' भी कहा जाता रहा है। भारत सरकार प्राचीन शिक्षा प्रणाली के कम से कम कुछ अंश वर्तमान शिक्षा प्रणाली में रखना चाहती है। इसका उदाहरण हमें यूजीसी द्वारा उद्घोषित 'मिश्रित अधिगम' (blended learning) के रूप में मिलता है।

वर्तमान विश्वविद्यालय प्रणाली मूल रूप से अंग्रेजों से विरासत में मिली थी। हम इस विषय की पहले ही चर्चा कर चुके हैं कि भारत में कैसे ब्रिटिश शिक्षा प्रणाली का विकास हुआ - जैसे कि कलकत्ता मदरसा (1781), एशियाटिक सोसाइटी ऑफ बंगाल (1784), बनारस संस्कृत कॉलेज (1791), फोर्ट विलियम कॉलेज (1800), सेरामपुर कॉलेज (1818) आदि स्थापित किये गए। 1813 के चार्टर एक्ट द्वारा ब्रिटिश संसद द्वारा भारतीय शिक्षा को राज्य के कर्तव्यों में से एक घोषित किया गया। फिर 'मैकॉले के मिनट' (1835) द्वारा ब्रिटिश शिक्षा को प्राथमिकता दी गयी। फिर चार्ल्स वुड रिपोर्ट के अंतर्गत वर्ष 1857 में बॉम्बे, कलकत्ता और मद्रास में विश्वविद्यालय स्थापित किये गए। वे मुख्य रूप से लंदन विश्वविद्यालय पर आधारित थे, जो हमारे आदर्श थे। वर्ष 1887 में इलाहाबाद विश्वविद्यालय की स्थापना की गई। वे स्नातक अध्ययन पर और उन्नत विश्वविद्यालय शिक्षा के केंद्रों के परिधीय सहायक के रूप में अधिक केंद्रित थे। ब्रिटिश सरकार ने सांस्कृतिक उपनिवेशीकरण (cultural colonisation) के एक उपकरण के रूप में विश्वविद्यालय प्रणाली का उपयोग किया। भारतीय शिक्षा प्रणाली पर ब्रिटिश नियंत्रण भारत सरकार अधिनियम 1935 तक जारी रहा। इस अधिनियम ने प्रांतीय राजनेताओं को अधिक शक्ति हस्तांतरित की और शिक्षा का 'भारतीयकरण' शुरू हुआ। इतने सारे विकास के बावजूद, स्वतंत्रता तक उच्च शिक्षा का लक्ष्य प्राप्त नहीं हुआ था। उस समय तक, इसने भारतीय समाज के कुलीन वर्गों के हितों की सेवा की, जिनके पास उनकी शिक्षा का समर्थन करने के साधन थे।

स्वतंत्रता के बाद भारत के लोगों की आकांक्षाओं को पूरा करने के लिए हमारी प्राथमिकताएं बदल गईं। कई बदलाव अनिवार्य थे। इसके विस्तार की प्रक्रिया में, कुछ नए विश्वविद्यालय स्थापित किए गए, और व्यावसायिक क्षेत्रों में काफी संख्या में विविध पाठ्यक्रम जोड़े गए, जिनमें शिक्षा, विधि,

इंजीनियरिंग, प्रबंधन, सामाजिक विज्ञान, मानविकी, भौतिक और जीवन विज्ञान आदि सम्मिलित थे। । अंग्रेजों के जाने के बाद भारतीय उच्च शिक्षा ने 1980 के दशक तक भाषाओं और मानविकी को महत्व देना जारी रखा। भारत में आईआईटी, बिट्स-पिलानी, क्षेत्रीय इंजीनियरिंग कॉलेज और आईआईएम जैसे व्यावसायिक शिक्षा संस्थान अपवाद के रूप में, कुछ उच्च श्रेणी के शिक्षण संस्थान थे। राष्ट्रीय प्रौद्योगिकी संस्थान (NIT), भारतीय विज्ञान संस्थान और भारतीय विज्ञान शिक्षा (IISc) और अनुसंधान संस्थान (IISERs) विकसित हुए। नए आईआईटी और आईआईएम भी विकसित हुए।

उच्च शिक्षा के विस्तार के बावजूद विश्वविद्यालयों के संगठनात्मक ढांचे में कोई महत्वपूर्ण परिवर्तन नहीं देखा गया। अधिकांश भारतीय विश्वविद्यालयों को संबद्धता के सिद्धांत पर संगठित किया गया था। ऐसे विश्वविद्यालयों का मुख्य कार्य अपने घटक और संबद्ध कॉलेजों के लिए सक्षम शासन प्रदान करना है। इस प्रकार, प्रशासनिक निकाय, जिन्हें अन्यथा वैधानिक निकाय के रूप में जाना जाता है, का गठन भी इसी तरह के सिद्धांतों पर किया गया है। निम्नलिखित अनुभागों में, हम इनमें से प्रत्येक वैधानिक निकाय के गठन और कार्यों पर चर्चा करेंगे।

विश्वविद्यालयों के वैधानिक निकाय (STATUTORY BODIES OF UNIVERSITIES)

प्रत्येक भारतीय विश्वविद्यालय अपने विभिन्न वैधानिक निकायों द्वारा शासित होता है। केंद्रीय विश्वविद्यालयों के विषय में केंद्र सरकार का प्रतिनिधित्व केंद्रीय सरकार के नामांकित व्यक्तियों के द्वारा और राज्य विश्वविद्यालयों के विषय में राज्य सरकार का प्रतिनिधित्व, राज्य सरकार के द्वारा नामांकित व्यक्तियों द्वारा इन विश्वविद्यालयों के शासी निकायों में होता है। निम्नलिखित निकाय भारतीय विश्वविद्यालयों का नियंत्रण करते हैं:

1. कोर्ट / सीनेट
2. कार्यकारी परिषद / सिंडिकेट / प्रबंधन बोर्ड
3. अकादमिक परिषद
4. बोर्ड ऑफ स्टडीज
5. वित्त समिति
6. बोर्ड या समितियां

अब, हम इनमें से प्रत्येक निकाय, उनके संविधान और कार्यों के साथ-साथ विश्वविद्यालय प्रणाली के प्रभावी कामकाज के लिए उनके द्वारा प्राप्त शक्तियों पर चर्चा करेंगे।

1. यूनिवर्सिटी कोर्ट/सीनेट (COURT / SENATE)

ये विश्वविद्यालयों के सर्वोच्च शासी निकाय हैं। केंद्रीय विश्वविद्यालयों के विषय में इसे कोर्ट के रूप में जाना जाता है, जबकि राज्य विश्वविद्यालयों में इसे सीनेट कहा जाता है। इंदिरा गांधी राष्ट्रीय मुक्त विश्वविद्यालय (इग्नू) के मामले में ऐसा निकाय विद्यमान नहीं है। सामान्य तौर पर, विश्वविद्यालयों के प्रत्येक कोर्ट / सीनेट में लगभग 100 या उससे भी अधिक सदस्य होते हैं। इसमें कुछ पदेन सदस्य, विभिन्न व्यवसायों / उद्योगों के प्रतिनिधि, संबद्ध महाविद्यालयों के प्राचार्य, छात्र, गैर-शिक्षण कर्मचारी, पूर्व छात्र और कुछ शिक्षक, मनोनीत सदस्य होते हैं।

इसके मुख्य कार्य निम्नलिखित होते हैं:

1. इस सर्वोच्च वैधानिक निकाय विश्वविद्यालय में सभी मुख्य निर्णय लेने की क्षमता होती है।
2. यह विश्वविद्यालय के बजट को नियंत्रित करता है, वार्षिक रिपोर्ट पर विचार करता है और उस पर प्रस्ताव पारित करता है।
3. यह विश्वविद्यालय के अधिनियमों की समीक्षा करता है और विश्वविद्यालय के प्रमुख निकायों की भूमिका की जांच करता है।
4. यह जब भी आवश्यक हो, अधिनियमों को संशोधित और निरस्त करता है।
5. यह नए कॉलेजों की स्थापना और नए व पुराने दोनों को बनाए रखने के लिए अध्यादेश पारित करता है।
6. यह शिक्षण और प्रशासनिक पदों की स्थापना का भी पर्यवेक्षण करता है, और डिग्री प्रदान करने का उत्तरदायित्व इसका होता है।
7. कोर्ट / सीनेट अपनी शक्ति को किसी प्राधिकरण या विश्वविद्यालय के किसी भी निकाय को, जैसा वह उचित समझे, प्रत्यायोजित (delegate) कर सकता है।

2. कार्यकारी परिषद (EXECUTIVE COUNCIL)/ सिंडिकेट/प्रबंधन बोर्ड (BOARD OF MANAGEMENT)

केंद्रीय विश्वविद्यालयों में, प्रमुख शासीय निकाय को कार्यकारी परिषद के रूप में जाना जाता है; राज्य के विश्वविद्यालयों में इसे सिंडिकेट / कार्यकारी परिषद या प्रबंधन बोर्ड कहा जाता है।

1. विश्वविद्यालय के सभी प्रमुख पदाधिकारी इस निकाय के पदेन सदस्य हैं। इसमें पूर्व छात्रों के प्रधानाचार्यों और संकाय दोनों के प्रतिनिधि हैं, साथ ही सरकारी प्रतिनिधि भी हैं। शिक्षा के क्षेत्र से कुछ प्रमुख व्यक्तियों को भी परिषद में नामित किया जाता है।
2. खाते, निवेश, संपत्ति, विश्वविद्यालय के व्यवसाय और अन्य सभी संबंधित प्रशासनिक विषयों का प्रबंधन और विनियमन करता है।
3. यह संघटक कॉलेजों के लिए अध्यादेश पारित करता है, और इन परिषद / सिंडिकेट / प्रबंधन बोर्ड वित्त, धनराशि संबंधित कॉलेजों के प्रभावी प्रबंधन की निगरानी करता है।
4. यह प्रकाशन विभाग और विश्वविद्यालय प्रेस को भी नियंत्रित और रखरखाव करता है। इनके पास विश्वविद्यालय के कर्मचारियों की शिकायतों का श्रवण और निवारण का अवसर भी रहता है। उनके मनोरंजन के अवसर प्रदान करना भी इनके कार्य क्षेत्र में आता है।

   इस निकाय के पास विश्वविद्यालय के प्रभावी और कुशल प्रबंधन के लिए विश्वविद्यालय के कुछ यथोचित विषयों पर विचार करने का अधिकार समिति को सौंपने की भी शक्ति है।

3. अकादमिक परिषद (ACADEMIC COUNCIL)

विश्वविद्यालय के सभी वरिष्ठ अधिकारी जिनमें डीन और अध्ययन विभाग / विद्यालय के प्रमुख सम्मिलित हैं, एक अकादमिक परिषद के पदेन सदस्य (ex officio members) होते हैं। पदेन सदस्यता के लिए प्रतिनिधित्व सामान्य तौर पर रोटेशन के सिद्धांत पर आधारित होता है। कुछ विश्वविद्यालयों में छात्रों को इस निकाय में प्रतिनिधित्व भी मिलता है। यदि किसी विश्वविद्यालय के अपने संघटक संबद्ध महाविद्यालय हैं, तो इन महाविद्यालयों के प्राचार्य भी इस निकाय के प्रतिनिधि हैं।

एक विश्वविद्यालय की अकादमिक परिषद का मुख्य उत्तरदायित्व, छात्रों के लिए पेश किए जाने वाले कार्यक्रमों और पाठ्यक्रमों पर महत्वपूर्ण निर्णय लेना है। इसमें निर्देश, परीक्षा, मूल्यांकन आदि में मानकों के रखरखाव भी सम्मिलित हैं। अकादमिक परिषद पुस्तकालयों, प्रयोगशालाओं,कार्यशालाओं आदि के नियंत्रण और प्रबंधन सहित सभी शैक्षणिक मामलों पर कार्यकारी परिषद / सिंडिकेट / प्रबंधन बोर्ड के सलाहकार के रूप में काम करती है। यह नए विभागों, कॉलेजों, विशेष केंद्रों आदि की स्थापना के लिए कार्यकारी परिषद / सिंडिकेट / प्रबंधन बोर्ड को प्रस्ताव देता है।

अकादमिक परिषद का यह उत्तरदायित्व है कि वह संकाय द्वारा प्रस्तुत प्रस्तावों पर विचार करने के लिए विश्वविद्यालय के भीतर और बाहर अनुसंधान गतिविधियों को बढ़ावा दें। अन्य विश्वविद्यालयों के डिप्लोमा और डिग्री को मान्यता देना, और विभिन्न पाठ्यक्रमों में प्रवेश के लिए समितियों की नियुक्ति करना भी इसके उत्तरदायित्व का भाग हैं। यह छात्रों के कल्याण को बढ़ावा देने में भी रुचि लेता है। परिषद ऐसी अन्य शक्तियों और उत्तरदायित्वों का प्रयोग करती है जो विश्वविद्यालय अधिनियम के प्रावधानों के तहत उनसे अपेक्षित होती हैं।

4. अध्ययन बोर्ड (BOARD OF STUDIES)

विश्वविद्यालयों में विभिन्न विषयों में अध्ययन बोर्ड हैं। इनमें मुख्य तौर पर, विश्वविद्यालय के विभिन्न विभागों के प्रमुख, संबद्ध कॉलेजों के विभागों के प्रमुख और शिक्षक और सह-चयनित सदस्यों के प्रतिनिधि सम्मिलित होते हैं। कुछ विश्वविद्यालयों में छात्रों को संकाय / विद्यालयों के अध्ययन बोर्ड के सदस्य के रूप में भी नामित किया जाता है।

अध्ययन बोर्ड विभागों में शिक्षण और अनुसंधान कार्य का समन्वय करता है, विषयों में शिक्षण और शोध कार्य को व्यवस्थित करने के लिए समितियों की नियुक्ति करता है; अध्ययन के पाठ्यक्रमों के लिए अनुमति देता है, और परीक्षाओं और मूल्यांकन प्रक्रिया में सक्रिय भाग लेता है।

यह संकाय / विद्यालयों के शोध कार्य को बढ़ावा देता है और शोध पर इन रिपोर्टों को अकादमिक परिषद को अग्रेषित करता है। यह समय-समय पर कुलपति, कार्यकारी परिषद / सिंडिकेट या अकादमिक परिषद द्वारा संदर्भित विषयों पर भी कार्य करता है।

(5) वित्त समिति (FINANCE COMMITTEE)

विश्वविद्यालय के कुलपति 'इस समिति के पदेन अध्यक्ष' होते हैं। सामान्य तौर पर इस समिति के सदस्यों में आगंतुक/कुलपति, सरकार और कार्यकारी परिषद/सिंडिकेट/प्रबंधन बोर्ड के नामांकित व्यक्ति शामिल होते हैं।

विश्वविद्यालय का वित्त अधिकारी सामान्यत: वित्त समिति का सदस्य सचिव होता है।

वित्त समिति के सदस्य सचिव की हैसियत से विश्वविद्यालय का वित्त अधिकारी वार्षिक लेखे तैयार करता है और इसे वित्त समिति के समक्ष विचार और टिप्पणियों के लिए रखता है, और उसके बाद इसे कार्यकारी परिषद / सीनेट / प्रबंधन बोर्ड के अनुमोदन के लिए प्रस्तुत करता है। वित्त अधिकारी विश्वविद्यालय के धन पर सामान्य नियंत्रण रखता है और वित्त समिति और विश्वविद्यालय के अधिकारियों को इसकी वित्तीय नीतियों पर सलाह देता है। वह उन कार्यों को करता है जो उसे कार्यकारी परिषद / सिंडिकेट द्वारा सौंपे गए हैं।

कार्यकारी परिषद / सिंडिकेट के नियंत्रण के अधीन, वित्त अधिकारी संपत्ति का संरक्षण और प्रबंधन करता है, तथा विश्वविद्यालय के किसी भी उद्देश्य को आगे बढ़ाने के लिए ट्रस्ट और संपन्न संपत्ति सहित निवेशों को देखता है। अधिकारी यह भी देखता है कि एक वर्ष के लिए आवर्ती और अनावर्ती व्यय पर वित्त समिति द्वारा निर्धारित सीमा से अधिक न हो और सारा धन उन उद्देश्यों पर खर्च किया जाता है, जिनके लिए उन्हें मूल रूप से प्रदान या आवंटित किया गया था।

(6) बोर्ड या समितियां (BOARDS OR COMMITTEES)

विश्वविद्यालय के उपरोक्त सांविधिक निकाय कुछ विशिष्ट मुद्दों पर विचार-विमर्श करने के लिए बोर्ड या समितियां नियुक्त कर सकते हैं। इन बोर्डों या समितियों में संबंधित वैधानिक निकायों या बाहर से सदस्य हो सकते हैं। ऐसी समिति का मुख्य कार्य उसे सौंपे गए विषय पर विचार-विमर्श करना और अनुशंसा करना है, जो इसे नियुक्त करने वाले निकाय द्वारा बाद में पुष्टि के अधीन है। उपरोक्त चर्चा से यह स्पष्ट है कि विश्वविद्यालय के वैधानिक निकायों को इसके सुचारू संचालन के लिए उत्तरदायित्वों की एक व्यापक रूपरेखा सौंपी गयी है। लेकिन कुछ ऐसे उदाहरण भी हैं, जहां ये निकाय उन्हें सौंपे गए अधिकार की सीमा को पार करते हैं और उन विषयों के संबंध में कोई कार्रवाई नहीं करते हैं, जो उनके दायरे में आते हैं।

विश्वविद्यालय के अधिकारी (ORGANISATIONAL STRUCTURE OF UNIVERSITIES)

किसी भी संस्थान के सुचारू संचालन का उत्तरदायित्व उसके कर्मचारियों पर होता है। वे समाज और संस्थान के अधिकारियों के बीच महत्वपूर्ण कड़ी है। एक विश्वविद्यालय के संदर्भ में, इन पदाधिकारियों द्वारा बनाए गए पदानुक्रम को देखना और भी उत्साहित करने वाला है। निम्नलिखित अनुभागों में, हम उन कार्यों का संक्षेप में वर्णन करेंगे जो एक विश्वविद्यालय प्रणाली के भीतर शक्ति संरचना के औपचारिक शुंडाकार स्तंभ (pyramid) का निर्माण करते हैं।

1. कुलाधिपति/चांसलर (CHANCELLOR)

'सामान्य तौर पर, भारत के प्रत्येक विश्वविद्यालय में एक चांसलर होता है। विधान सभा के एक अधिनियम द्वारा निगमित राज्य विश्वविद्यालयों में राज्य के राज्यपाल चांसलर (कुलाधिपति) के रूप में कार्य करते हैं। केंद्रीय विश्वविद्यालयों के मामले में यह स्थिति भिन्न है, यहां भारत के राष्ट्रपति को विश्वविद्यालय के विजिटर (visitor) या कुलाध्यक्ष के रूप में जाना जाता है, और जो ऐसे विश्वविद्यालयों के कुलाधिपति की नियुक्ति करता है।

केंद्रीय विश्वविद्यालयों के कुलाधिपति, चाहे वे केंद्र सरकार द्वारा निर्वाचित या मनोनीत हों, सामान्य तौर पर प्रतिष्ठित व्यक्ति या अकादमिक विशिष्ट व्यक्ति होते हैं।

कुलपतियों के कार्य सामान्यत: दो प्रकार के होते हैं -

1. सांविधिक (statutory) और
2. गैर-सांविधिक (non statutory)

वैधानिक कार्य सामान्य रूप से विश्वविद्यालय के अधिनियम में निर्धारित किए गए हैं। गैर-सांविधिक कार्य देश-समाज की संस्कृति और परंपरा से विकसित होते हैं। कुलाधिपति के वैधानिक कार्यों में से एक, विश्वविद्यालय की अदालत / सीनेट की बैठकों की अध्यक्षता करना है। उन्हें विश्वविद्यालय के कुलपति की नियुक्ति करने, तथा कुछ सदस्यों को कोर्ट / सीनेट, कार्यकारी परिषद, अकादमिक परिषद, शिक्षकों की चयन समिति और विश्वविद्यालय के वरिष्ठ अधिकारियों को नामित करने की शक्ति के साथ निहित किया गया है।

गैर-सांविधिक कार्यों के रूप में, कुलाधिपति को विश्वविद्यालयों के सामान्य प्रशासन के विषयों में और साथ ही शैक्षणिक मामलों में भी हस्तक्षेप करने का प्रावधान है, जैसे पाठ्यक्रम, मूल्यांकन प्रक्रियाओं, छुट्टियों और विश्वविद्यालय से संबंधित अन्य मामलों की पेशकश में प्राथमिकता और शैक्षणिक पर्यवेक्षण से संबंधित अन्य विषय आदि।

2. कुलपति (VICE-CHANCELLOR)

कुलपति किसी विश्वविद्यालय का लिंच पिन होता है। वह विश्वविद्यालय के विवेक का रक्षक है, जैसा कि विश्वविद्यालय शिक्षा आयोग की रिपोर्ट 1948-49 में उल्लेख किया गया है, और ऐसा ही कुछ कोठारी आयोग (1964-68) द्वारा

कहा गया है कि उन्हें विश्वविद्यालय की विद्वत्ता और सत्य के प्रति प्रतिबद्ध होना चाहिए। वह पूरी विश्वविद्यालय प्रणाली में प्रमुख व्यक्ति है। विश्वविद्यालय की सफलता काफी सीमा तक उन पर निर्भर करती है, कि वह किस प्रभावी ढंग और कुशलता से अपने उत्तरदायित्व का निर्वाहन करते हैं। यहां निम्न कथनों में एक विश्वविद्यालय के कुलपति के मुख्य कार्यों को सूचीबद्ध किया गया है।

(a) कुलपति विश्वविद्यालय के महत्वपूर्ण सांविधिक निकायों जैसे सीनेट/कोर्ट, कार्यकारी परिषद/सिंडिकेट/प्रबंधन बोर्ड, अकादमिक परिषद, योजना बोर्ड, वित्त समिति, चयन समिति आदि में चयन समिति के अध्यक्ष के रूप में, वह बैठकों की अध्यक्षता करते हैं, कार्यवाही को नियंत्रित करते हैं और बैठकों में चर्चा पर निरंतर निगरानी रखते हैं।

(b) एक विश्वविद्यालय के कार्यकारी प्रमुख के रूप में, कुलपति विभिन्न वैधानिक निकायों द्वारा लिए गए निर्णयों के कार्यान्वयन के लिए उत्तरदायी होते हैं। इस संदर्भ में, विश्वविद्यालय को कुशलतापूर्वक और प्रभावी ढंग से चलाने के लिए कुलपति की क्षमता वास्तव में परिलक्षित होती है।

(c) यह सुनिश्चित करना कुलपति का कर्तव्य है कि अधिनियम, विधियों, अध्यादेशों, विनियमों के क्या प्रावधान है, और इसके अधीन लिए निर्णयों को विश्वविद्यालय के अधिकारियों द्वारा कैसे लागू किया जाता है।

(d) कुलपति को वैधानिक निकायों की बैठकें बुलानी होती हैं। वह बिना सदस्य के विश्वविद्यालय निकाय या समिति की किसी भी बैठक में उपस्थित हो सकता है और उसे संबोधित कर सकता है।

(e) अनुसंधान और पीएच.डी के अध्यक्ष होने के नाते, उन्हें विश्वविद्यालय द्वारा किए गए अनुसंधान प्रयासों के मानक और प्राथमिकता वाले क्षेत्रों को सुनिश्चित करना होता है।

(f) वह शिक्षकों के चयन के लिए गठित समिति की अध्यक्षता करता है और विश्वविद्यालय के अन्य शैक्षणिक और प्रशासनिक कर्मियों के चयन के लिए विशेषज्ञ समितियों के सदस्यों को नामित करता है।

कुलपति का कार्य, जैसा कि कोई वास्तव में कल्पना कर सकता है, इतना सरल नहीं होता है। वह एक विश्वविद्यालय का प्रमुख कार्यकारी अधिकारी और प्रमुख शैक्षणिक प्रमुख होता है। उसे भूमिका को कुशलता से निभाना है। उसे न केवल विश्वविद्यालय के अधिकारियों से बल्कि शिक्षकों, विश्वविद्यालय के अधिकारियों और विश्वविद्यालय के बाहर अन्य संबंधित एजेंसियों से भी निरंतर मार्गदर्शन लेना पड़ता है।

केंद्रीय विश्वविद्यालयों में कुलपति का कार्यकाल सामान्य रूप से पांच वर्ष का होता है और राज्य के विश्वविद्यालयों में यह तीन वर्ष का होता है। राज्य विश्वविद्यालयों में उनकी पुनर्नियुक्ति भी हो सकती है।

3. प्रो-वाइस चांसलर (Pro Vice Chancellor - PVC) / रेक्टर (Rector)

पीवीसी / रेक्टर किसी विश्वविद्यालय में दूसरा कार्यकारी और प्रशासनिक अधिकारी होता है। केंद्रीय विश्वविद्यालयों में, कुलपति की अनुशंसा पर कार्यकारी परिषद द्वारा पीवीसी / रेक्टर की नियुक्ति की जाती है और उन्हें विश्वविद्यालय के वरिष्ठ प्रोफेसरों में से चुना जाता है। वह ऐसी शक्तियों का प्रयोग करता है और ऐसे कर्तव्यों का पालन करता है जो विश्वविद्यालय की विधियों द्वारा निर्धारित किए जा सकते हैं। राज्य के विश्वविद्यालयों में, कुलपति द्वारा अनुशंसित नामों के एक पैनल से पीवीसी की नियुक्ति की जाती है। पीवीसी / रेक्टर का कार्यालय कुलपति के साथ बाधित या सह-टर्मिनस होता है। यह पांच वर्ष से अधिक नहीं होना चाहिए।

पीवीसी / रेक्टर से उन क्षेत्रों में कुलपति के उत्तरदायित्व को साझा करने की अपेक्षा की जाती है, जहां कुलपति इसको उचित समझते हों। वह कुलपति की अनुपस्थिति में भी कार्य करता है, जब वह आधिकारिक व्यवसाय पर मुख्यालय से दूर होते हैं, या फिर अवकाश पर हों। इसलिए, पीवीसी / रेक्टर का प्रमुख कार्य विश्वविद्यालय प्रणाली के पूरे संचालन को और अधिक प्रभावी बनाने के लिए कुलपति के साथ एक प्रकार की साझेदारी का है।

4. रजिस्ट्रार

विश्वविद्यालय प्रणाली के पदानुक्रम में अगला पद रजिस्ट्रार का है, जो परंपरागत रूप से विश्वविद्यालय के स्थाई प्रशासनिक प्रमुख रहते हैं। इस स्थायित्व का एक निश्चित कार्यकाल वाले कुलपति को लाभ रहता है। कई विश्वविद्यालयों के अधिनियमों को संशोधित किया गया है और रजिस्ट्रार का कार्यकाल पांच वर्ष निर्धारित किया गया है।

रजिस्ट्रार विश्वविद्यालय के कोर्ट / सीनेट और कार्यकारी परिषद / सिंडिकेट का पदेन सचिव होता है। वह अभिलेखों, विश्वविद्यालय की मुद्रा / मुहर और विश्वविद्यालय की अन्य सभी संपत्तियों का संरक्षक है जो कार्यकारी परिषद / सिंडिकेट उसकी देखभाल के लिए सौंपता है। उसे विश्वविद्यालय की ओर से किए गए सभी अनुबंधों और समझौतों पर हस्ताक्षर करने होंगे।

रजिस्ट्रार को अन्य वैधानिक निकायों के साथ पत्राचार बनाए रखना चाहिए। वह कुलपति परामर्श के अनुसार सभी निकायों की बैठकों का आयोजन करता है। रजिस्ट्रार विश्वविद्यालय की गतिविधियों और अन्य विविध विषयों पर वार्षिक रिपोर्ट तैयार करने के लिए भी उत्तरदायी है।

ऊपर चर्चा किए गए रजिस्ट्रार के कार्य और शक्तियां किसी भी तरह से संपूर्ण नहीं हैं। यह देखा गया है कि जितना अधिक कुलपति और कुलसचिव एक साथ आते हैं, विश्वविद्यालय प्रणाली की शक्ति उतनी ही अधिक होती है।

5. संकाय / स्कूल के डीन (Dean of Faculty)

डीन स्कूल के अध्ययन संकाय के प्रमुख हैं। भारत के अधिकांश विश्वविद्यालयों में, वरिष्ठता के आधार पर दो वर्ष के लिए, कुलपति द्वारा एक संकाय, स्कूल के प्रोफेसरों में से डीन की नियुक्ति की जाती है।

डीन अपने संकाय विद्यालयों में शिक्षण और अनुसंधान के संचालन और मानकों के लिए उत्तरदायी है। वह विभागों के प्रमुखों के माध्यम से इनका समन्वय और पर्यवेक्षण करता है। उनका उत्तरदायित्व है कि वह अपने संकाय / विद्यालय के छात्रों के संबंध में विश्वविद्यालय की परीक्षा की व्यवस्था अकादमिक परिषद द्वारा दिए गए निर्देशों के अनुसार करे। वह समय-समय पर कुलपति, कार्यकारी परिषद, सिंडिकेट या अकादमिक परिषद द्वारा सौंपे गए अन्य शैक्षणिक कर्तव्यों का पालन करता है।

6. विभागाध्यक्ष (Head of Department)

एक विभाग के प्रमुख को विभाग या केंद्र के अध्यक्ष के रूप में जाना जाता है, कुलपति द्वारा, एक रोटेशन के आधार पर, विधियों में निर्दिष्ट अवधि के लिए नियुक्त किया जाता है। वह विभाग के प्रोफेसरों पाठकों में से हो सकता है।

यहां विभागाध्यक्ष, डीन के सामान्य पर्यवेक्षण के अधीन विभाग की बैठकों का आयोजन और अध्यक्षता करता है। वह विभाग में शिक्षण और अनुसंधान कार्य का आयोजन करता है, और कक्षा, प्रयोगशालाओं आदि में अनुशासन बनाए रखने का प्रभारी होता है। वह विभाग के शिक्षकों को विभाग के उचित कामकाज के लिए आवश्यक कर्तव्यों को सौंपता है। वह अध्यापन,

अनुसंधान और विस्तार गतिविधियों के क्षेत्र में अपने विभाग के कामकाज की योजना बनाना, निष्पादित करना और निगरानी करने का कार्य करते हैं।

7. अन्य पदाधिकारी (OTHER FUNCTIONARIES)

इस श्रेणी में, हमने विश्वविद्यालय के अन्य सभी पदाधिकारियों को सम्मिलित किया है, जो प्रशासनिक और शैक्षणिक दोनों विषयों के लिए उत्तरदायी हैं। ऐसे पदाधिकारियों में सबसे महत्वपूर्ण हैं परीक्षा नियंत्रक, वित्त अधिकारी, उप पंजीयक और सहायक पंजीयक। चूंकि परीक्षा विश्वविद्यालय प्रशासन से जुड़ा एक महत्वपूर्ण और गोपनीय मामला है, परीक्षा नियंत्रक की स्थिति प्रणाली के लिए बहुत महत्वपूर्ण है। विश्वविद्यालय की विश्वसनीयता काफी सीमा तक परीक्षाओं के सफल आयोजन पर टिकी हुई है और इसलिए परीक्षा नियंत्रक की भूमिका अत्यंत महत्वपूर्ण है।

एक अन्य महत्वपूर्ण अधिकारी, जिसे सामान्य तौर पर सरकार से प्रतिनियुक्ति पर नियुक्त किया जाता है, वह विश्वविद्यालय का वित्त अधिकारी होता है। वह सामान्य तौर पर खातों में प्रशिक्षित होता है और सभी वित्तीय विषयों के बारे में विश्वविद्यालय प्राधिकरण को परामर्श देता है।

उच्च शिक्षा प्रणाली में स्वायत्तता
(AUTONOMY IN HIGHER EDUCATION SYSTEM)

एक यूजीसी समिति ने विश्वविद्यालय प्रबंधन के वैकल्पिक मॉडल के बारे में जनवरी 1990 में एक रिपोर्ट प्रस्तुत की, जिसका शीर्षक 'नए शैक्षिक प्रबंधन की ओर' था। इस समिति के अध्यक्ष प्रोफेसर ए ज्ञानम थे, इस रिपोर्ट में विश्वविद्यालय प्रशासन के विभिन्न पहलुओं पर महत्वपूर्ण अनुशंसाएं कीं। डीम्ड टू बी यूनिवर्सिटी का स्तर भी स्वायत्तता देने की ओर एक प्रयास था। विश्वविद्यालय को स्वायत्तता प्रदान करने के लिए निम्न पग आवश्यक हैं।

1. विश्वविद्यालयों में सरकारी नियंत्रण कम किया जाना चाहिए, ताकि विश्वविद्यालय की स्वायत्तता और उत्तरदायित्व की क्षमता को सशक्त किया जा सके और योग्यता के आधार पर शैक्षणिक निर्णय लिए जा सकें।
2. वित्तीय विनियमों की नई विधियों और प्रक्रियाओं को तैयार किया जाना चाहिए और विश्वविद्यालयों के वित्तीय प्रबंधन में वित्त विभाग के प्रत्यक्ष हस्तक्षेप को रोका जाना चाहिए, जो कि प्रतिकूल भी हो सकता है।
3. चूंकि कॉलेज विश्वविद्यालयों के पोषण स्रोत हैं, भारत में 1000 से अधिक विश्वविद्यालय हैं, और 40,000 से अधिक कॉलेज हैं, इसलिए उनके कामकाज और गतिविधियों में बेहतर समन्वय की बहुत आवश्यकता है। लोकतांत्रिक प्रक्रिया के माध्यम से शिक्षण संकाय की भागीदारी सुनिश्चित की जानी चाहिए।
4. विश्वविद्यालयों के कार्यकारी/शैक्षणिक निकायों और अन्य शासी परिषदों के कामकाज में पूर्ण पारदर्शिता बनाए रखी जानी चाहिए। विभिन्न राज्यों में विश्वविद्यालय अधिनियमों की समीक्षा करने और नई आवश्यकताओं और विश्वविद्यालयों के सामने आने वाली चुनौतियों के आलोक में उन्हें संशोधित करने की तत्काल आवश्यकता है। सूचना और सचार की नई प्रौद्योगिकियां होनी चाहिए।
5. उच्च शिक्षा को देश के सामाजिक और आर्थिक विकास के लिए एक बुनियादी ढांचे के रूप में विकसित किया जाना चाहिए।
6. विश्वविद्यालय/महाविद्यालय प्रशासन के क्षेत्र में छात्रों की भागीदारी को प्रोत्साहित किया जाना चाहिए।
7. विश्वविद्यालय के शिक्षकों और प्रशासकों की नियुक्ति में राजनीतिक हस्तक्षेप को पूरी तरह से रोका जाना चाहिए।

सूचना का अधिकार अधिनियम
[RIGHT TO INFORMATION (RTI) ACT]—2005

लोकतंत्र में देश की जनता अपनी चुनी हुई सरकार को शासन करने का अवसर प्रदान करती है और यह अपेक्षा करती है कि सरकार पूरी ईमानदारी और कर्तव्यनिष्ठा के साथ अपने दायित्वों का पालन करेगी।

सूचना के अधिकार का तात्पर्य है, सूचना पाने का अधिकार, जो कि सूचना अधिकार कानून लागू करने वाला राष्ट्र अपने नागरिकों को प्रदान करता है। सूचना अधिकार के द्वारा राष्ट्र अपने नागरिकों को अपनी कार्य और शासन प्रणाली को सार्वजनिक करता है। जनता को यह जानने का पूरा अधिकार है, कि जो सरकार उनकी सेवक है, वह क्या कर रही है?

सूचना के अधिकार के प्रति कुछ सजगता वर्ष 1975 के आरम्भ में 'उत्तर प्रदेश सरकार बनाम राज नारायण' से हुई।

इस अधिनियम को सूचना की स्वतंत्रता अधिनियम, 2002 की जगह प्रतिस्थापित किया गया था। वर्ष 2006 में 'विरप्पा मोइली' की अध्यक्षता में गठित 'द्वितीय प्रशासनिक आयोग' ने कहा कि अपने मौजूदा रूप में सरकारी गोपनीयता अधिनियम (Official Secrets Act), 1923 एक लोकतांत्रिक समाज में वांछित पारदर्शिता के लिए उपयुक्त नहीं है और इस कानून को निरस्त करने की सिफारिश की।

भारत के उच्चतम न्यायालय ने यह व्यवस्था की है कि सूचना के अधिकार को संविधान के अनुच्छेद 19(1) (क) के अन्तर्गत भाषण और अभिव्यक्ति की स्वतंत्रता के साथ ही सम्मिलित किया जाए।

इस कानून के राष्ट्रीय स्तर पर लागू होने से पूर्व नौ राज्यों ने पहले से लागू कर रखा था, जिनमें तमिलनाडु और गोवा 1997, कर्नाटक 2000, दिल्ली 2001, असम, मध्य प्रदेश, राजस्थान एवं महाराष्ट्र 2002, तथा जम्मू-कश्मीर 2004 ये कानून लागू कर चुके थे। विश्व में सबसे पहले स्वीडन ने सूचना का अधिकार कानून 1766 में लागू किया, जबकि कनाडा ने 1982, फ्रांस ने 1978, मैक्सिको ने 2002 तथा भारत ने 2005 में लागू किया।

इसके लिए सरकार ने नाममात्र फीस रखी हुई है। सूचना अधिकार के अन्तर्गत निम्नलिखित बिन्दु आते हैं:

1. कार्यों, दस्तावेजों, रिकार्डों का निरीक्षण।
2. दस्तावेज या रिकार्डों की प्रस्तावना। सारांश, नोट्स व प्रमाणित प्रतियाँ प्राप्त करना।
3. प्रिंट आउट, डिस्क, फ्लापी, टेप, वीडियो कैसेटों के रूप में या कोई अन्य इलेक्ट्रॉनिक रूप में जानकारी प्राप्त की जा सकती है।
4. समस्त सरकारी विभाग, पब्लिक सेक्टर यूनिट, किसी भी प्रकार की सरकारी सहायता से चल रही गैर-सरकारी संस्थाएँ व शिक्षण संस्थान, आदि विभाग इसमें शामिल हैं। पूर्णत: निजी संस्थाएँ इस कानून के दायरे में नहीं हैं, लेकिन यदि किसी कानून के तहत कोई सरकारी विभाग किसी निजी संस्था से कोई जानकारी मांग सकता है, तो उस विभाग के माध्यम से वह सूचना मांगी जा सकती है।
5. प्रत्येक सरकारी विभाग में एक या एक से अधिक जनसूचना अधिकारी बनाए गए हैं, जो सूचना के अधिकार के तहत आवेदन स्वीकार करते हैं, मांगी गई सूचनाएँ एकत्र करते हैं और उसे आवेदनकर्ता को उपलब्ध कराते हैं।

सूचना के अधिकार को सुनिश्चित करने के लिए इसका पालन ना करने वाले अधिकारियों के लिए वित्तीय दंड, आदि का भी प्रावधान है।

केंद्रीय सूचना आयोग (CENTRAL INFORMATION COMMISSION—CIC)

उन व्यक्तिओं की शिकायतों पर कार्य करता है, जो कि केंद्रीय लोक सूचना अधिकारी या राज्य लोक सूचना अधिकारी को विभिन्न कारणों की वजह से सूचना अनुरोध प्रस्तुत करने में सक्षम नहीं होते।

1. यदि अनुरोध जन सूचना आयोग (PIO) के लिए है, तो उसका जवाब अनुरोध प्राप्ति के 30 दिनों के भीतर दिया जाना है।
2. यदि अनुरोध सहायक जन सूचना आयोग (APIO) के लिए है, तो उसका जवाब अनुरोध प्राप्ति के 30 दिनों के भीतर दिया जाना है।
3. यदि पीआईओ अनुरोध को किसी अन्य लोक-प्राधिकारी को हस्तांतरित कर देता है, तो अनुरोध प्राप्ति की अवधि 30 दिन रहेगी, लेकिन उसकी गणना उस दिन से की जाएगी जब लोक-प्राधिकारी को यह पीआईओ से प्राप्त होता है।
4. यदि सूचना अनुसूचित सुरक्षा एजेंसियों द्वारा भ्रष्टाचार और मानव अधिकारों के उल्लंघन के विषय से संबंधित है, तो यह 45 दिनों के अंदर ही प्रदान की जाएगी लेकिन यह केंद्रीय सूचना आयोग के पूर्व अनुमोदन के साथ उपलब्ध करवाई जाएगी।
5. यदि इसमें किसी भी व्यक्ति या जीवन की स्वतंत्रता शामिल है, तो पीआईओ 48 घंटे के भीतर जवाब देने की आशा रखता है।

केंद्रीय सतर्कता आयोग (CENTRAL VIGILANCE COMMISSION—CVC)

यह भारत की एक परामर्शदात्री संस्था है। इसकी स्थापना केंद्र सरकार के विभागों में प्रशासनिक भ्रष्टाचार की जांच करने के उद्देश्य से 'संथानम समिति' की अनुशंसा पर सन् 1964 में कार्यपालिका के एक संकल्प के द्वारा की गई थी। प्रारम्भ में यह कोई संवैधानिक संस्था नहीं थी, परन्तु बाद में 23 अगस्त, 1998 को जारी राष्ट्रपति के अध्यादेश द्वारा इसे संवैधानिक और बहुसदस्यीय बना दिया गया। संसद द्वारा 2003 में सीवीसी को एक सांविधिक निकाय के रूप में मान्यता प्रदान की गई। इसके लिए संसद द्वारा एक विधेयक को पारित किया गया। 11 सितम्बर, 2003 को राष्ट्रपति द्वारा अनुमति प्रदान कर दिए जाने के साथ ही केंद्रीय सतर्कता आयोग अधिनियम, 2003 प्रभावी हो गया।

केंद्रीय सतर्कता आयोग एक बहु-सदस्यीय निकाय है। इसमें एक केंद्रीय सतर्कता आयुक्त और दो अन्य सतर्कता आयुक्त सदस्य के रूप में होते हैं। इनकी नियुक्ति राष्ट्रपति द्वारा तीन सदस्यीय समिति, जिसमें प्रधानमंत्री (अध्यक्ष), केंद्रीय गृहमंत्री तथा लोकसभा में विपक्ष के नेता शामिल होते हैं, की सिफारिशों के आधार पर की जाती है।

लोकपाल और लोकायुक्त (LOK PAL AND LOK AAYUKT)

लोकपाल को आंग्ल भाषा में नागरिक लोकपाल (Citizens' Ombudsman) भी कहते हैं, जो कि भ्रष्टाचार विरोधी प्राधिकारी है एवं जनता के हित का प्रतिनिधित्व करता है। लोकपाल की अवधारणा को स्वीडन से उधार लिया गया है। लोकपाल के अधिकार क्षेत्र में संसद सदस्य और केंद्र सरकार के कर्मचारी आते हैं। यही कार्य राज्य स्तर पर लोकायुक्त करता है।

लोकपाल और लोकायुक्त विधेयक सबसे पहले प्रशासनिक सुधार आयोग (Administrative Reforms Commission) की अनुशंसा पर वर्ष 1968 में लोकसभा द्वारा पारित कर दिया गया था, जबकि विधेयक राज्यसभा में लंबित था। लोकसभा भंग कर दी गई, बाद में इसको पारित करवाने के कई प्रयत्न हुए, लेकिन वे विफल रहे। एक द्विस्तरीय निकाय, एक केंद्रीय स्तर पर एवं दूसरा राज्य स्तर पर जिनको क्रमश: लोक आयोग एवं लोक आयुक्त कहा जाना था, की परिकल्पना की गई। विधेयक का एक संशोधित रूप वर्ष 2011 में लोकसभा में प्रस्तुत किया गया, अंतत: दिसंबर 2013 में 'लोकपाल और लोकायुक्त अधिनियम, 2013' पारित कर दिया गया।

यह समस्त भारत में लागू होता है, इसके अंतर्गत सभी सरकारी कर्मचारी आते हैं। केंद्र में पारित होने के बाद ओडिशा भारत का पहला राज्य था जिसने लोकायुक्त अधिनियम को वर्ष 2014 में विधानसभा में पारित किया।

लोकपाल में नौ सदस्य होंगे—एक अध्यक्ष एवं आठ अन्य सदस्य। राष्ट्रीय स्तर पर इसकी नियुक्ति के लिए राष्ट्रपति एक चयन समिति का गठन करते हैं, जिसके मुख्य प्रधानमंत्री होंगे एवं बाकी सदस्य लोकसभा अध्यक्ष, लोकसभा में विपक्षी दल का नेता, उच्चतम न्यायालय के मुख्य न्यायाधीश, प्रतिष्ठित विधिवेत्ता (eminent jurist) हैं।

भारतीय वित्त आयोग (Finance Commission of India)

भारतीय वित्त आयोग का गठन भारतीय संविधान के अनुच्छेद 280 के तहत राष्ट्रपति द्वारा किया जाता है। वित्त आयोग संवैधानिक व सांविधिक (statutory body) निकाय है। यहां यह कहना आवश्यक है कि योजना आयोग या नीति आयोग सांविधिक नहीं है, इनको केंद्रीय मंत्रिमंडल के निर्णय के अंतर्गत स्थापित किया गया था।

संविधान के मुताबिक, आयोग का गठन प्रत्येक पांच वर्षों के लिए होता है और इसमें एक अध्यक्ष एवं चार अन्य सदस्य होते हैं। वित्त आयोग का गठन केंद्र एवं राज्य के बीच वित्तीय संबंधों को परिभाषित करने के लिए किया गया था। इसलिए इसको केंद्र-राज्य संबंधों का महत्वपूर्ण पहलू माना जाता है।

उल्लेखनीय है कि देश में कर लगाने का कार्य केंद्र तथा राज्य सरकारें दोनों करती हैं और दोनों के लिए कर लगाने व उनकी वसूली की प्रक्रिया/अधिकार क्षेत्र निश्चित है। केंद्र सरकार कुछ ऐसे कर लगाती व वसूलती है, जिनका विभाजन होता है, यानि उनका कुछ हिस्सा राज्यों को जाता है।

पहले वित्त आयोग का गठन 1951 में किया गया था जिसके अध्यक्ष के सी नेगी थे। उनकी योजना का संचालन 1952–57 के दौरान किया गया था। 14वें वित्त आयोग का गठन जनवरी 2013 में वाई वी रेड्डी की अध्यक्षता में किया गया था। इसने दिसंबर 2014 में अपनी रिपोर्ट राष्ट्रपति को सौंपी। इसकी सिफारिशें 1 अप्रैल 2015 से 31 मार्च 2020 तक हैं। इसको सहकारी संघवाद की दिशा में महत्वपूर्ण माना जाता है।

1. वित्त आयोग ने केंद्रीय करों में राज्यों का हिस्सा 32 फीसदी से बढ़ाकर 42 फीसदी कर दिया। 10 फीसदी की बढ़ोतरी इससे पहले कभी नहीं हुई।
2. वित्त आयोग द्वारा योजनाओं में राज्यों को अधिक स्वायत्तता देना।
3. स्थानीय निकायों (local body governments) को अधिक संसाधन, आदि।

नीति आयोग (NATIONAL INSTITUTION FOR TRANSFORMING INDIA—NITI)

नीति आयोग (राष्ट्रीय भारत परिवर्तन संस्थान) भारत सरकार द्वारा गठित एक नया संस्थान है, जिसे योजना आयोग के स्थान पर बनाया गया है। 1 जनवरी 2015 को इस नए संस्थान के संबंध में जानकारी देने वाले मंत्रिमंडल का प्रस्ताव जारी किया गया था। भारत सरकार के एक थिंक टैंक के रूप में नीति आयोग देश को महत्वपूर्ण जानकारी, नवीनता और उद्यमशीलता सहायता प्रदान करता है। इस

कार्य के लिए हम स्वयं को सर्वोत्कृष्ट केंद्र-सुशासन और सर्वोत्तम कार्यों का संग्रह बना रहे हैं। योजना आयोग और नीति आयोग में मूलभूत अंतर है कि इससे केंद्र से राज्यों की तरफ चलने वाले एकपक्षीय नीतिगत क्रम को एक महत्वपूर्ण विकासवादी परिवर्तन के रूप में राज्यों की वास्तविक और सतत भागीदारी से बदल दिया जाएगा।

नीति आयोग का उद्देश्य है, ऐसे सुदृढ़ राज्यों का निर्माण करना जो आपस में एकजुट होकर एक सुदृढ़ भारत का निर्माण करें। राज्यों और केंद्र की ज्ञान प्रणालियाँ विकसित करना। नीति आयोग ने 'नीति व्याख्यान: ट्रांसफार्मिंग इंडिया' का शुभारंभ करने की घोषणा की है।

नीति आयोग सहकारी संघवाद के सिद्धान्त पर कार्य करता है, जिसका उद्देश्य संघ, राज्य एवं स्थानीय सरकारों के बीच सहयोग बढ़ाना है।

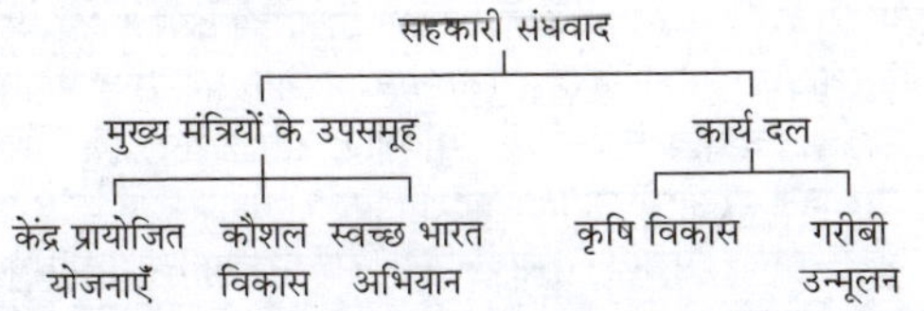

सरकार समय-समय पर इसमें और भी विषय जोड़ सकती है। नीति आयोग ने कई विषयों पर पहल की है, उदाहरण के लिए, भारतीय राज्यों और संघ क्षेत्रों में कृषि विपणन और विमान अनुकूल सुधार संबंधी उपाय, स्वास्थ्य परिणामों का निष्पादन, इत्यादि।

नीति आयोग ग्राम स्तर पर विश्वसनीय योजना तैयार करने के लिए तंत्र विकसित करेगा और इसे उत्तरोत्तर उच्च स्तर तक पहुँचाएगा। आयोग राष्ट्रीय और अंतरराष्ट्रीय विशेषज्ञों, प्रैक्टिशनरों तथा अन्य हितधारकों के सहयोगात्मक समुदाय के जरिए ज्ञान, नवाचार, उद्यमशीलता सहायक प्रणाली बनाएगा। इसके अतिरिक्त आयोग कार्यक्रमों और नीतियों के क्रियान्वयन के लिए प्रौद्योगिकी उन्नयन और क्षमता निर्माण पर जोर देगा।

नीति आयोग की संरचना (Structure of NITI Ayog)

नीति आयोग का गठन इस प्रकार है:

1. भारत के प्रधानमंत्री—अध्यक्ष।
2. गवर्निंग काउंसिल में राज्यों के मुख्यमंत्री और केंद्रशासित प्रदेशों (जिन केंद्रशासित प्रदेशों में विधानसभा है वहाँ के मुख्यमंत्री) के उपराज्यपाल शामिल होंगे।
3. विशिष्ट मुद्दों और ऐसे आकस्मिक मामले, जिनका संबंध एक से अधिक राज्य या क्षेत्र से हो, को देखने के लिए क्षेत्रीय परिषद गठित की जाएंगी। ये परिषदें विशिष्ट कार्यकाल के लिए बनाई जाएंगी। भारत के प्रधानमंत्री के निर्देश पर क्षेत्रीय परिषदों की बैठक होगी और इनमें संबंधित क्षेत्र के राज्यों के मुख्यमंत्री और केंद्रशासित प्रदेशों के उपराज्यपाल शामिल होंगे (इनकी अध्यक्षता नीति आयोग के उपाध्यक्ष करेंगे)।
4. संबंधित कार्यक्षेत्र की जानकारी रखने वाले विशेषज्ञ और कार्यरत लोग, विशेष आमंत्रण के रूप में प्रधानमंत्री द्वारा नामित किए जाएंगे।
5. पूर्णकालिक संगठनात्मक ढाँचे में (प्रधानमंत्री के अध्यक्ष होने के अलावा) निम्नलिखित होंगे:
   - **(a)** उपाध्यक्ष: प्रधानमंत्री द्वारा नियुक्त।
   - **(b)** सदस्य: पूर्णकालिक
   - **(c)** अंशकालिक सदस्य: अग्रणी विश्वविद्यालय, शोध संस्थानों और संबंधित संस्थानों से अधिकतम दो पदेन सदस्य, अंशकालिक सदस्य बारी के आधार पर होंगे।
   - **(d) पदेन सदस्य:** केंद्रीय मंत्रिपरिषद से अधिकतम चार सदस्य प्रधानमंत्री द्वारा नामित होंगे। यदि बारी के आधार को प्राथमिकता दी जाती है, तो यह नियुक्ति विशिष्ट कार्यकाल के लिए होगी।
   - **(e) मुख्य कार्यकारी अधिकारी:** भारत सरकार के सचिव स्तर के अधिकारी को निश्चित कार्यकाल के लिए प्रधानमंत्री द्वारा नियुक्त किया जाएगा।
   - **(f)** सचिवालय आवश्यकता के अनुसार

प्रशासन में सुशासन
(GOOD GOVERNANCE IN ADMINISTRATION)

सुशासन भारतीय व्यवस्था में आरंभ से ही विद्यमान रहा है। चाणक्य ने अर्थशास्त्र में सुशासन का विस्तार से उल्लेख किया।

सुशासन का मुख्य उद्देश्य नागरिकों को प्रभावी ढंग से, कुशलतापूर्वक और समान रूप से सार्वजनिक सेवाएं प्रदान करना है। सुशासन का उद्देश्य एक ऐसा वातावरण प्रदान करना है जिसमें जाति, वर्ग और लिंग जैसी विषमताओं के बावजूद सभी नागरिक अपनी पूरी क्षमता से विकसित हो सकें।

1. लोकाचार (नागरिकों की सेवा) - Ethos
2. नैतिकता (ईमानदारी, अखंडता और पारदर्शिता) - Ethics
3. समानता (सभी नागरिकों के साथ कमजोर वर्गों के लिए समानुभूति के साथ व्यवहार करना) - Equity
4. दक्षता (उत्पीड़न के बिना सेवा का त्वरित और प्रभावी वितरण और आईसीटी का तेजी से उपयोग करना) - Efficiency

1992 में 'शासन और विकास' नामक रिपोर्ट में, विश्व बैंक ने सुशासन की अपनी परिभाषा निर्धारित की। इसने सुशासन को 'विकास के लिए देश के आर्थिक और सामाजिक संसाधनों के प्रबंधन में शक्ति का प्रयोग करने के तरीके' के रूप में परिभाषित किया।

सुशासन की 8 प्रमुख विशेषताएं हैं:

1. **सहभागी (Participatory):** विकेन्द्रीकरण का कदम इसकी एक प्रतिक्रिया है क्योंकि यह भागीदारी के आधार को विस्तृत करता है और स्थानीय सरकारी इकाइयों को सीधे अपने संबंधित जिलों में सरकारी शक्तियों का प्रयोग करने की अनुमति देता है। इसका अर्थ है कि संघ और अभिव्यक्ति की स्वतंत्रता और एक संगठित नागरिक समाज को साथ-साथ चलना चाहिए।
2. **विधि का शासन (Rule of Law):** लोकतंत्र अनिवार्य रूप से विधि का शासन है। यह विधि के माध्यम से है कि लोग अपनी इच्छा व्यक्त करते हैं और अपनी संप्रभुता का प्रयोग करते हैं।
3. **प्रभावी और मितव्ययी (Effective and Efficient):** सुशासन की आवश्यकता है कि संस्थाएं, प्रक्रियाएं और अभिनेता समाज की आवश्यकताओं को उचित ढंग से सम्पन्न कर सकें और उपलब्ध संसाधनों का भी अच्छी तरह से उपयोग किया जा सके।
4. **पारदर्शी (Transparent):** पारदर्शिता, सुशासन के एक संकेतक के रूप में, का अर्थ है कि लोग निर्णय लेने की प्रक्रिया और उसके कार्यान्वयन के बारे में जानकारी के लिए मुक्त हैं।
5. **उत्तरदायी (Responsive):** उत्तरदायित्व का अर्थ है कि संस्थान और प्रक्रियाएं सभी हितधारकों को समय पर और उचित सेवा प्रदान करती हैं।
6. **न्यायसंगत और समावेशी (Equitable and Inclusive):** समानता और समावेश का अर्थ है कि समाज के सभी सदस्यों, विशेष रूप से

सबसे कमजोर लोगों या जमीनी स्तर पर, नीति-निर्माण में ध्यान में रखा जाना चाहिए।

7. **सहमति उन्मुख (Consensus Oriented):** शासन आम सहमति उन्मुख होता है जब समाज के अभिनेताओं के विभिन्न दृष्टिकोणों को ध्यान में रखते हुए निर्णय किए जाते हैं। संघर्ष समाधान के लिए तंत्र विद्यमान होना चाहिए, क्योंकि अनिवार्य रूप से संघर्ष जो अभिनेताओं के प्रतिस्पर्धी हितों से उत्पन्न होगा।
8. **जवाबदेही (Accountability):** यह इस सिद्धांत पर आधारित है कि प्रत्येक व्यक्ति या समूह अपने कार्यों के लिए सबसे अधिक उत्तरदायी है, विशेष रूप से, जब उनके कार्य सार्वजनिक हित को प्रभावित करते हैं।

सुशासन के लिए बाधाएं

द्वितीय एआरसी की 12वीं रिपोर्ट के अनुसार सुशासन में कई बाधाएं हैं। उनका उल्लेख नीचे किया गया है।

1. **सिविल सेवकों की मनोवृत्ति संबंधी समस्याएं:** दूसरी एआरसी रिपोर्ट के अनुसार सिविल सेवक अनम्य, आत्म-स्थायी, अंतर्मुखी हो गए हैं।
2. **जवाबदेही का अभाव:** कोई अधिक प्रभावी प्रदर्शन मूल्यांकन संरचना नहीं है।
3. **लालफीताशाही:** नौकरशाही को उन नियमों और प्रक्रियाओं का पालन करना पड़ता है जो सुशासन के लिए महत्वपूर्ण हैं।
4. **नागरिकों के अधिकारों और कर्तव्यों के बारे में जागरुकता का निम्न स्तर:** अधिकारों और कर्तव्यों के बारे में जागरुकता यह सुनिश्चित करेगी कि अधिकारी और अन्य नागरिक अपने कर्तव्यों का प्रभावी और ईमानदारी से निर्वहन करें।
5. **विधि और नियमों का अप्रभावी क्रियान्वयन:** विधि का दुर्बल कार्यान्वयन सरकारी तंत्र में नागरिकों के विश्वास को कम करता है।

सुशासन सूचकांक (GOOD GOVERNANCE INDEX)-2021

सुशासन सूचकांक एक कार्यान्वयन योग्य और व्यापक ढांचा है जो राज्यों और जिलों की रैंकिंग को सक्षम करने वाले भारतीय राज्यों और केंद्र शासित प्रदेशों में शासन की स्थिति का आकलन करता है।

नवीनतम सूचकांक दिसंबर 27, 2021 को जारी किया गया। यह सूचकांक केंद्रीय प्रशासन सुधार एवं लोक शिकायत विभाग (DARPG) ने तैयार किया है। इसमें गुजरात को शीर्ष स्थान मिला है। दूसरे स्थान पर महाराष्ट्र और तीसरे स्थान पर गोवा रहे हैं। गुजरात ने आर्थिक प्रशासन, मानव संसाधन विकास, सार्वजनिक अवसंरचना और सुविधाएं, समाज कल्याण और विकास, न्यायिक और जन सुरक्षा में शानदार प्रदर्शन किया। महाराष्ट्र ने कृषि और इससे संबंधित क्षेत्रों, मानव संसाधन, सार्वजनिक अवसंरचना और सुविधा, समाज कल्याण और विकास में बेहतर प्रदर्शन किया है।

इसके अलावा केंद्र शासित प्रदेशों की श्रेणी में राष्ट्रीय राजधानी दिल्ली ने समग्र रैंकिंग में शीर्ष स्थान प्राप्त किया है। पाठकों को बता दें कि GGI 2021 के ढांचे में 10 क्षेत्र और 58 संकेतक शामिल हैं। ये 10 क्षेत्र हैं कृषि और संबद्ध क्षेत्र, वाणिज्य और उद्योग, मानव संसाधन विकास, सार्वजनिक स्वास्थ्य, सार्वजनिक बुनियादी ढांचा और उपयोगिताओं, आर्थिक सुशासन, सामाजिक कल्याण और विकास, न्यायिक और सार्वजनिक सुरक्षा, पर्यावरण और नागरिक केंद्रित शासन।

बहुविकल्पीय प्रश्न (Multiple Choice Questions)

उच्च शिक्षा प्रणाली (HIGHER EDUCATION SYSTEM)

1. भारत में शिक्षा के तृतीयक स्तर पर मुख्य प्रबंधक निकाय कौन-सा है?
   (a) राष्ट्रीय शैक्षिक अनुसंधान और प्रशिक्षण परिषद
   (b) मानव संसाधन विकास मंत्रालय
   (c) अखिल भारतीय तकनीकी शिक्षा परिषद
   (d) विश्वविद्यालय अनुदान आयोग
2. निम्न में से तृतीयक शिक्षा के कौन-से अवयव हैं?
   (a) प्राथमिक और माध्यमिक शिक्षा
   (b) उच्च शिक्षा
   (c) व्यावसायिक शिक्षा और प्रशिक्षण
   (d) दोनों (b) और (c)
3. निम्नलिखित में से कौन-सा उच्च शिक्षा का नियामक है?
   (a) एनसीईआरटी
   (b) एआईसीटीई
   (c) विश्वविद्यालय अनुदान आयोग
   (d) मानव संसाधन विकास मंत्रालय
4. निम्नलिखित में से किस संस्था ने शिक्षा के चार स्तम्भों की अवधारणा दी?
   (a) यूनिसेफ (b) यूजीसी
   (c) एनसीटीई (d) यूनेस्को
5. निम्नलिखित में से किस संस्था का उद्देश्य उच्चतर शिक्षा में विद्यार्थियों के नामांकन में वृद्धि करना है?
   (a) राष्ट्रीय उच्चतर शिक्षा अभियान
   (b) सर्व शिक्षा अभियान
   (c) दोनों (a) और (b)
   (d) उपरोक्त में से कोई नहीं
6. निम्नलिखित में से कौन-सी संस्था 'सक्रिय विश्वविद्यालय' (Proactive University) की अवधारणा को प्रतिपादित करती है?
   (a) यूएनडीपी (b) यूनेस्को
   (c) एआईसीटीई (d) यूजीसी
7. 'भारत की नियति को इसकी कक्षाओं में साकार रूप दिया जा रहा है' निम्नलिखित में से किस दस्तावेज में इस बात का उल्लेख है?
   (a) राष्ट्रीय शिक्षा नीति
   (b) राष्ट्रीय ज्ञान आयोग
   (c) शिक्षा आयोग
   (d) विश्वविद्यालय शिक्षा आयोग
8. निम्नलिखित में से किस कथन को समेकित दृष्टिकोण कहा जा सकता है?
   (a) शिक्षण संस्थानों द्वारा शिक्षा
   (b) शिक्षा को जीवन से जोड़ना
   (c) परम्परागत शिक्षण
   (d) उपरोक्त सभी
9. निम्नलिखित में से किस एजेंसी या संगठन को उच्च शिक्षा में संवैधानिक रूप से संस्थानों में समन्वय और मानक-निर्धारण का कार्य सौंपा गया था?
   (a) यूजीसी (b) संबंधित राज्य सरकारें
   (c) केंद्र सरकार (d) उपरोक्त में से कोई नहीं
10. निम्नलिखित में से किन दस्तावेजों को भारत में अंग्रेजी शिक्षा का मैग्ना कार्टा के रूप में कहा जाता है?
    (a) चार्ल्स वुड प्रेषण
    (b) मैकाले मिनट
    (c) माउंट एल्फिंस्टन मिनट
    (d) वर्धा प्रणाली
11. निम्नलिखित में से किस वर्ष में, कलकत्ता, बंबई और मद्रास के प्रेसीडेंसी विश्वविद्यालयों को 'वुड्स डिस्पैच' की सिफारिशों के बाद स्थापित किया गया?
    (a) 1854 (b) 1857
    (c) 1858 (d) 1861
12. निम्नलिखित में से इलाहाबाद विश्वविद्यालय की स्थापना किस वर्ष में की गई थी?
    (a) 1887 (b) 1901
    (c) 1905 (d) 1911
13. निम्नलिखित में से कौन-सी संस्था वर्ष 1945 में, अलीगढ़, बनारस और दिल्ली केंद्रीय विश्वविद्यालयों की कार्य पद्धति को देखने के बाद स्थापित की गई थी?
    (a) विश्वविद्यालय अनुदान आयोग
    (b) विश्वविद्यालय अनुदान समिति
    (c) इंटर यूनिवर्सिटी बोर्ड
    (d) भारतीय विश्वविद्यालय संघ
14. भारत में शैक्षिक विकास पर केन्द्रीय शिक्षा सलाहकार बोर्ड की रिपोर्ट को क्या कहा जाता है?
    (a) सार्जेंट रिपोर्ट (b) नेहरू रिपोर्ट
    (c) वर्धा रिपोर्ट (d) उपरोक्त में से कोई नहीं
15. निम्नलिखित में से किस वर्ष में एल्फिंस्टन रिपोर्ट आई जिसने अंग्रेजी और यूरोपियन विज्ञान के पाठ्यक्रमों के भारतीय स्कूलों में प्रारंभ करने की अनुशंसा की?
    (a) 1823 (b) 1835
    (c) 1858 (d) 1861
16. इंटर यूनिवर्सिटी बोर्ड वर्ष (1925) में, शिक्षा, संस्कृति एवं खेल के क्षेत्र में जानकारी और सहयोग साझा करके विश्वविद्यालय की गतिविधियों को बढ़ावा देने हेतु स्थापित किया गया था। इस बोर्ड को अन्य किस नाम से जाना जाता है?
    (a) भारतीय विश्वविद्यालय संघ
    (b) केन्द्रीय शिक्षा सलाहकार बोर्ड
    (c) केन्द्रीय माध्यमिक शिक्षा बोर्ड
    (d) उपरोक्त में से कोई नहीं
17. निम्नलिखित में से किसे कलकत्ता विश्वविद्यालय आयोग के रूप में जाना जाता है?
    (a) सैडलर आयोग (b) कोठारी आयोग
    (c) हंटर आयोग (d) वुड डिस्पैच

18. निम्नलिखित में से किसको उच्च शिक्षा के बारे में पहली नीति के रूप में माना जाता है?
(a) वुड प्रेषण (b) मैकाले मिनट
(c) एल्फिंस्टन रिपोर्ट (d) उपरोक्त में से कोई नहीं

19. निम्नलिखित में से कौन-सा आयोग 10 + 2 + 3 के लिए एक अग्रगामी माना जाता है?
(a) सैडलर आयोग (b) वुड प्रेषण
(c) कोठारी आयोग (d) उपरोक्त में से कोई नहीं

20. निम्नलिखित में से किस आयोग की रिपोर्ट को शिक्षा और राष्ट्रीय विकास रिपोर्ट के रूप में जाना जाता है?
(a) राधाकृष्णन आयोग
(b) कोठारी आयोग
(c) मुदलियार आयोग रिपोर्ट
(d) उपरोक्त में से कोई नहीं

21. निम्नलिखित में से किसकी अध्यक्षता में वर्ष 1972 में, 10 + 2 + 3 शिक्षा संरचना पर राष्ट्रीय समिति की स्थापना की गई थी?
(a) डॉ. पी.डी. शुक्ला (b) डॉ. डी. एस. कोठारी
(c) डॉ. राधाकृष्णन (d) उपरोक्त में से कोई नहीं

22. स्वतंत्रता के बाद सरकार या उसकी एजेंसियों द्वारा कई आयोग स्थापित किए गए थे, जिनका वर्णन नीचे दिया गया है। इन आयोगों को उनके स्थापित किए जाने के (पहले से बाद) क्रम में लिखिए:
I. विश्वविद्यालय शिक्षा आयोग
II. माध्यमिक शिक्षा आयोग
III. शिक्षा आयोग

कूट:
(a) III, II, तथा I (b) II, I, तथा III
(c) I, II, तथा III (d) I, III, तथा II

23. निम्नलिखित में से किस समिति ने यूजीसी द्वारा प्रत्येक वर्ष बुनियादी विज्ञान के क्षेत्र में अनुसंधान पर 500 करोड़ ₹ खर्च करने की सिफारिश की?
(a) एम एम शर्मा समिति (b) काकोदकर समिति
(c) प्रो. यशपाल समिति (d) उपरोक्त में से कोई नहीं

24. मानव संसाधन विकास मंत्रालय द्वारा स्थापित की गई समिति में भारतीय प्रौद्योगिकी संस्थानों की स्वायत्तता की अनुशंसा की गई।
निम्नलिखित में से कौन-से विख्यात व्यक्ति इस समिति के अध्यक्ष थे?
(a) प्रो. अनिल काकोदकर
(b) प्रो. यशपाल
(c) सैम पित्रोदा
(d) उपरोक्त में से कोई नहीं

25. निम्नलिखित में से राष्ट्रीय ज्ञान आयोग (National Knowledge Commission) की स्थापना किस विख्यात व्यक्ति की अध्यक्षता में की गई थी?
(a) प्रो. अनिल काकोदकर
(b) प्रो. यशपाल
(c) सैम पित्रोदा
(d) उपरोक्त में से कोई नहीं

26. वर्ष 1990 में राष्ट्रीय शिक्षा नीति की समीक्षा करने के लिए एक समिति की स्थापना की गयी, जिसका शीर्षक 'एक प्रबुद्ध और मानवीय समाज की ओर' था। निम्नलिखित में से कौन-सा व्यक्तित्व इस समिति का अध्यक्ष था?
(a) आचार्य राममूर्ति
(b) प्रोफेसर यशपाल
(c) प्रोफेसर मुरली मनोहर जोशी
(d) उपरोक्त में से कोई नहीं

27. निम्नलिखित में से कौन-सी समिति ने राष्ट्रीय उच्च शिक्षा एवं अनुसंधान आयोग की स्थापना की अनुशंसा की जो कि उच्च शिक्षक संस्थानों में अकादमिक गुणवत्ता और ज्ञान वर्धन के लिए सुझाव देगा?
(a) सैम पित्रोदा समिति
(b) प्रो. यशपाल समिति
(c) प्रो. एम. एम. शर्मा समिति
(d) गणनाम समिति

28. हाल ही के वर्षों में एक समिति ने सिफारिश की कि देश में 1500 विश्वविद्यालय स्थापित होने चाहिए ताकि 30% के सकल नामांकन के उद्देश्य को प्राप्त किया जा सके।
निम्नलिखित में से कौन इस समिति के अध्यक्ष थे?
(a) डॉ. डी. एस. कोठारी
(b) सैम पित्रोदा
(c) प्रो. यशपाल
(d) उपरोक्त में से कोई नहीं

29. कोठारी आयोग और राष्ट्रीय नीति द्वारा शिक्षा पर कौन-सा प्रतिशत आंकड़ा खर्च किए जाने की सिफारिश की गई?
(a) सकल घरेलू उत्पाद का 4%
(b) सकल घरेलू उत्पाद का 5%
(c) सकल घरेलू उत्पाद का 6%
(d) उपरोक्त में से कोई नहीं

30. निम्नलिखित में से कौन-सी संस्था या संगठन 'विश्वविद्यालय हैंडबुक' को प्रकाशित करता है?
(a) विश्वविद्यालय अनुदान आयोग
(b) भारतीय विश्वविद्यालय संघ
(c) इंटर यूनिवर्सिटी केन्द्र
(d) केन्द्रीय शिक्षा सलाहकार बोर्ड

31. निम्नलिखित में से किस वर्ष में भारतीय विश्वविद्यालय संघ (एआईयू) मूल रूप से स्थापित किया गया था?
(a) 1925 (b) 1945
(c) 1953 (d) उपरोक्त में से कोई नहीं

32. 'विश्वविद्यालय अनुदान आयोग' से भी पहले 'विश्वविद्यालय अनुदान समिति' का गठन सार्जेंट कमीशन की अनुशंसा के अनुसार किया गया, इसकी स्थापना किस वर्ष में की गई थी?
(a) 1901 (b) 1937
(c) 1940 (d) 1945

यूजीसी, विश्वविद्यालय एवं अन्य उच्चतर शिक्षण संस्थान (UGC, UNIVERSITIES AND OTHER HIGHER EDUCATIONAL INSTITUTE)

33. निम्नलिखित में से किस आयोग ने यूजीसी की स्थापना की सिफारिश की और यह विश्वविद्यालय शिक्षा आयोग के रूप में भी जाना जाता है?
(a) राधाकृष्णन आयोग (b) मुदलियार आयोग
(c) वर्धा आयोग (d) कोठारी आयोग

34. निम्नलिखित में से किस वर्ष में सरकार ने संसदीय अधिनियम द्वारा विश्वविद्यालय अनुदान आयोग की स्थापना की?
(a) 1980 (b) 1948
(c) 1953 (d) 1956

35. निम्नलिखित में से किस महापुरुष द्वारा बनारस हिन्दू विश्वविद्यालय की स्थापना की गई थी?
(a) लाला लाजपत राय
(b) पंडित मदन मोहन मालवीय
(c) महात्मा गांधी
(d) ज्योतिबा फूले

36. निम्नलिखित में से यूजीसी अधिनियम की कौन-सी धारा विश्वविद्यालय शिक्षा के समन्वय और शिक्षण, परीक्षा, और अनुसंधान के मानकों के अनुरक्षण के बारे में है?
(a) धारा 12 (b) धारा 15
(c) धारा 25 (d) धारा 28

37. निम्नलिखित में से किस राज्य में सबसे अधिक केंद्रीय विश्वविद्यालय हैं?
(a) नई दिल्ली (b) उत्तर प्रदेश
(c) (a) और (b) दोनों (d) उपरोक्त में से कोई नहीं

38. निम्न में से कौन-सा विकल्प विश्वविद्यालय को अस्तित्व में लाने के लिए सशक्त नहीं है?
(a) राज्य सरकार (b) केन्द्रीय सरकार
(c) यूजीसी (d) उपरोक्त में से कोई नहीं

39. निम्नलिखित में से कितने विश्वविद्यालय केंद्रीय विश्वविद्यालय अधिनियम, 2009 के अंतर्गत स्थापित किए गये थे?
(a) 12 (b) 16
(c) 40 (d) 43

40. निम्नलिखित में से विश्वविद्यालयों के किस वर्गीकरण के अंतर्गत सबसे अधिक विश्वविद्यालय आते हैं?
(a) केंद्रीय विश्वविद्यालय (b) राज्य विश्वविद्यालय
(c) डीम्ड विश्वविद्यालय (d) निजी विश्वविद्यालय

41. निम्नलिखित में से विश्वविद्यालयों के किस वर्गीकरण के अंतर्गत विद्यार्थियों के सबसे अधिक नामांकन होते हैं?
(a) केंद्रीय विश्वविद्यालय
(b) राज्य विश्वविद्यालय
(c) डीम्ड विश्वविद्यालय
(d) निजी विश्वविद्यालय

42. निम्नलिखित में से कौन-से विश्वविद्यालय अपने केंद्रीय परिसर में ही शिक्षा प्रदान करते हैं?
(a) केन्द्रीय विश्वविद्यालय
(b) मानित विश्वविद्यालय
(c) आवासीय विश्वविद्यालय
(d) मुक्त विश्वविद्यालय

43. निम्नलिखित में कौन-सी एजेंसी इंदिरा गांधी राष्ट्रीय मुक्त विश्वविद्यालय का वित्त पोषण करती है?
(a) विश्वविद्यालय अनुदान आयोग
(b) मानव संसाधन विकास मंत्रालय
(c) दोनों (a) और (b)
(d) उपरोक्त में से कोई नहीं

44. निम्नलिखित में से कौन-सा विश्वविद्यालय स्वयं के चैनल के माध्यम से इंटरैक्टिव शिक्षा कार्यक्रमों का प्रसारण करता है?
(a) डॉ. बी.आर. अम्बेडकर मुक्त विश्वविद्यालय
(b) इंदिरा गांधी राष्ट्रीय मुक्त विश्वविद्यालय
(c) पुणे विश्वविद्यालय
(d) अन्नामलाई विश्वविद्यालय

45. निम्नलिखित में से कौन-से राज्य में सबसे अधिक विश्वविद्यालय हैं?
(a) तमिलनाडु (b) आंध्र प्रदेश
(c) राजस्थान (d) उत्तर प्रदेश

46. निम्नलिखित में से कौन-से राज्य में सबसे अधिक मानित विश्वविद्यालय हैं?
(a) तमिलनाडु (b) आंध्र प्रदेश
(c) महाराष्ट्र (d) कर्नाटक

47. 'राष्ट्रीय महत्व के संस्थान' उच्च शिक्षा में ऐसे संस्थान होते हैं, जो कि किसी राज्य या क्षेत्र में छात्रों को विशिष्ट कौशल प्रदान करने के लिए महत्वपूर्ण भूमिका निभाते हैं।
निम्नलिखित में से उनको यह प्रतिष्ठित स्थान कौन प्रदान करता है?
(a) विश्वविद्यालय अनुदान आयोग
(b) संसद का अधिनियम
(c) अखिल भारतीय तकनीकी शिक्षा परिषद
(d) उपरोक्त सभी

48. 'अधिगम राष्ट्रमंडल' (CoL) केवल ऐसी सरकारी राष्ट्रमंडल एजेंसी है, जो कि ब्रिटेन के बाहर स्थित है। निम्नलिखित में से यह कहाँ पर स्थित है?
(a) नई दिल्ली, भारत
(b) सिडनी, ऑस्ट्रेलिया
(c) वैंकूवर, कनाडा
(d) इस्लामाबाद, पाकिस्तान

49. 12वीं पंचवर्षीय योजना में, कॉलेज क्लस्टर विश्वविद्यालय की अवधारणा के अंतर्गत किसी शहर या जिले में या उस के इर्द-गिर्द एक न्यूनतम संख्या में महाविद्यालय मिल कर एक विश्वविद्यालय की स्थापना कर सकते हैं। निम्न में से यह न्यूनतम संख्या कितनी है?
(a) 25 (b) 50
(c) 60 (d) 100

50. निम्नलिखित में से किस संगठन ने 'राष्ट्रीय मूल्यांकन एवं प्रत्यायन परिषद' की स्थापना की?
(a) एआईसीटीई
(b) यूजीसी
(c) मानव संसाधन विकास मंत्रालय
(d) उपरोक्त में से कोई भी नहीं

51. 'राष्ट्रीय मूल्यांकन एवं प्रत्यायन परिषद' (एनएएसी) का मुख्य कार्यालय कहाँ पर स्थित है?
(a) नई दिल्ली (b) मुंबई
(c) हैदराबाद (d) बेंगलुरू

52. निम्नलिखित में से NUEPA मुख्य रूप से किस से संबंधित है?
(a) शैक्षिक पर्यवेक्षण (b) शैक्षिक एकता
(c) शैक्षिक योजना (d) शैक्षिक मूल्यांकन

53. निम्नलिखित में से यशपाल समिति की रिपोर्ट (1993) का मुख्य शीर्षक क्या है?
(a) ICT के क्षेत्र में शिक्षकों की शिक्षा
(b) बिना बोझ के शिक्षा
(c) प्रसारण के माध्यम से शिक्षण
(d) उपरोक्त में से कोई नहीं

54. निम्नलिखित में से यू.जी.सी. में केन्द्र सरकार के प्रतिनिधियों की संख्या कितनी है?
(a) 9. (b) 2
(c) 6 (d) 3

55. निम्नलिखित में से कौन-सी एजेंसी या संस्था ने प्रत्यायन बोर्ड (Accreditation Board) की स्थापना की?
(a) भारतीय कृषि अनुसंधान परिषद
(b) अखिल भारतीय तकनीकी शिक्षा परिषद
(c) विश्वविद्यालय अनुदान आयोग
(d) मानव संसाधन विकास मंत्रालय

56. निम्नलिखित में से किस संस्था द्वारा राष्ट्रीय प्रत्यायन बोर्ड (National Accreditation Board) वर्ष 1987 में स्थापित किया गया?
(a) एआईसीटीई
(b) यूजीसी
(c) मानव संसाधन विकास मंत्रालय
(d) इंदिरा गांधी राष्ट्रीय मुक्त विश्वविद्यालय

57. निम्नलिखित में से किस वर्ष में 'राष्ट्रीय शिक्षा नीति' को संशोधित किया गया और इसके साथ 'कार्य योजना' (Programme of Action) को भी संलग्न किया गया था?
(a) 1968 (b) 1976
(c) 1986 (d) 1992

58. निम्नलिखित में से कौन-सा दिन 'राष्ट्रीय शिक्षा दिवस' के रूप में मनाया जाता है?
(a) 5 सितंबर
(b) 2 अक्टूबर
(c) 11 नवंबर
(d) 14 नवंबर

59. निम्नलिखित में से राष्ट्रीय शिक्षा नीति का मुख्य उद्देश्य क्या है?
(a) प्राथमिक शिक्षा का सार्वभौमिकरण
(b) शिक्षा का व्यवसायीकरण
(c) शिक्षा की समीक्षा करना
(d) सबको शिक्षा का समान अवसर प्रदान करना

60. 12वीं पंचवर्षीय योजना के विज़न-पेपर के अनुसार, उच्च शिक्षा में विज्ञान और प्रौद्योगिकी के क्षेत्र में लक्षित कर्मचारियों की कितनी संख्या (शिक्षक-छात्र अनुपात के संदर्भ में) उल्लेखित की गई है?
(a) 1:10 (b) 1:15
(c) 1:20 (d) 1:30

61. 12वीं पंचवर्षीय योजना में, उच्च शिक्षा के लिए प्रस्तावित महिला विश्वविद्यालयों की संख्या कितनी है?
(a) 10 (b) 15
(c) 20 (d) 30

62. कुछ अल्प-अवधि कार्यक्रमों के अलावा, शिक्षकों के प्रशिक्षण के लिए अकादमिक स्टाफ कॉलेजों की स्थापना की गई जो कि मूल रूप से प्रस्तुत करते हैं:
(a) विषय विशेष रिफ्रेशर कोर्स
(b) सामान्य उन्मुखीकरण कार्यक्रम
(c) दोनों (a) और (b)
(d) उपरोक्त में से कोई नहीं

63. निम्नलिखित में से ऐसी कौन-सी समिति है, जो स्वतंत्रता के बाद भारत सरकार द्वारा महिलाओं की शिक्षा के लिए गठित की गई?
(a) डॉ. राधाकृष्णन आयोग
(b) मुदलियार आयोग
(c) श्री प्रकाश समिति
(d) डॉ. दुर्गाबाई देशमुख समिति

64. निम्नलिखित में से संविधान का कौन-सा अनुच्छेद अल्पसंख्यक वर्ग को अपनी पसंद के संस्थानों को स्थापित करने एवं उनके प्रशासन के लिए अधिकारों का वर्णन करता है?
(a) अनुच्छेद 21 (1) (c) अनुच्छेद 30 (1)
(c) अनुच्छेद 32 (d) उपरोक्त में से कोई नहीं

65. निम्नलिखित में से कौन-से वर्ष में राष्ट्रीय अल्पसंख्यक शिक्षण संस्थान आयोग (NCMI) स्थापित किया गया?
(a) 2001 (b) 2003
(c) 2004 (d) 2005

66. निम्नलिखित में से सयुंक्त राष्ट्र की ऐसी कौन-सी विशेष एजेंसी है, जो बौद्धिक संपदा अधिकारों से संबंधित है?
(a) डब्ल्यू आई पी ओ (WIPO)
(b) गैट्स (GATS)
(c) गैट (GATT)
(d) उपरोक्त में से कोई भी नहीं

67. निम्नलिखित में से कौन-से विश्वविद्यालय को वर्ष 2013 में केन्द्रीय विश्वविद्यालय का दर्जा दिया गया है?
(a) पंजाब विश्वविद्यालय
(b) उस्मानिया विश्वविद्यालय
(c) नालंदा विश्वविद्यालय
(d) इंदिरा गांधी राष्ट्रीय जनजातीय विश्वविद्यालय

68. भारत में अप्रैल 2017 में केंद्रीय विश्वविद्यालयों की संख्या कितनी है?
(a) 40 (b) 41
(c) 42 (d) 47

69. निम्नलिखित में से 'राष्ट्रीय संस्कृत विद्यापीठ' कहाँ पर स्थित है?
(a) तिरुपति (b) चेन्नई
(c) हैदराबाद (d) जयपुर

70. निम्नलिखित में से कौन-सी भाषा को सर्वप्रथम वर्ष 2004 में शास्त्रीय भाषा का दर्जा दिया गया?
(a) संस्कृत (b) तमिल
(c) हिन्दी (d) मलयालम

71. निम्नलिखित में से भारत का पहला आभासी विश्वविद्यालय कहाँ पर स्थापित किया गया? **(दिसंबर 2013)**

(a) आंध्र प्रदेश (b) महाराष्ट्र
(c) उत्तर प्रदेश(d) तमिलनाडु

72. निम्नलिखित में से किस परियोजना का वित्तपोषण विश्व बैंक द्वारा किया जाता है?

(a) तकनीकी शिक्षा गुणवत्ता सुधार कार्यक्रम
(b) तकनीशियन शिक्षा परियोजना
(c) उपरोक्त दोनों
(d) उपरोक्त में से कोई नहीं

73. निम्नलिखित में से दक्षिण एशियाई विश्वविद्यालय कहाँ पर स्थित है?

(a) नई दिल्ली (b) जयपुर
(c) काठमांडू (d) इस्लामाबाद

74. निम्नलिखित में से विक्रम साराभाई अंतरिक्ष अनुसंधान केंद्र कहाँ पर स्थित है?

(a) तिरुवनंतपुरम (b) श्रीहरिकोटा
(c) पुणे (d) बेंगलुरू

75. निम्नलिखित में से कौन-सी परिषद को वर्ष 2013 में भंग कर दिया गया है?

(a) दूरस्थ शिक्षापरिषद (DEC)
(b) राष्ट्रीय शिक्षक शिक्षा परिषद (NCTE)
(c) राष्ट्रीय शैक्षिक अनुसंधान और प्रशिक्षण परिषद (NCERT)
(d) राष्ट्रीय मूल्यांकन एवं प्रत्यायन परिषद (NAAC)

76. निम्नलिखित में से कोशिकीय और आणविक जीवविज्ञान केंद्र कहाँ पर स्थित है?

(a) हैदराबाद (b) चेन्नई
(c) बेंगलुरू (d) अहमदाबाद

77. निम्नलिखित में से किस संवैधानिक संशोधन के अंतर्गत शिक्षा को समवर्ती सूची में स्थानांतरित किया गया था?

(a) 42वें (b) 73वें
(c) 74वें (d) उपरोक्त में से कोई नहीं

78. निम्नलिखित में से यूजीसी के संकाय सुधार कार्यक्रम (Faculty Improvement Programme) का मुख्य उद्देश्य क्या है?

(a) अतिरिक्त शिक्षकों की नियुक्ति करना
(b) संकाय को अनुसंधान उन्मुख बनाना
(c) भौतिक आधारिक संरचना में सुधार
(d) उपरोक्त में से कोई नहीं

79. निम्नलिखित में से 'महात्मा गांधी अंतरराष्ट्रीय हिंदी विश्वविद्यालय' कहाँ पर स्थित है?

(a) नई दिल्ली (b) जयपुर
(c) पोरबंदर (d) वर्धा

80. निम्नलिखित में से किस वर्ष में केंद्रीय शिक्षा सलाहकार बोर्ड (CABE) की स्थापना की गई?

(a) 1925 (b) 1857
(c) 1956 (d) 1992

81. निम्न में से किस वर्ष में इंदिरा गांधी राष्ट्रीय मुक्त विश्वविद्यालय (इग्नू) स्थापित किया गया था?

(a) 1985 (b) 1988
(c) 1991 (d) 1992

82. निम्नलिखित में से किस वर्ष में मानव संसाधन विकास मंत्रालय सृजित किया गया था?

(a) 1972 (b) 1980
(c) 1985 (d) 1991

83. सरकार ने किस वर्ष तक उच्च शिक्षा में सकल नामांकन अनुपात 30% बढ़ाने का लक्ष्य निर्धारित किया है?

(a) 2015 (b) 2020
(c) 2025 (d) 2030

84. निम्नलिखित में से कौन-से व्यक्तित्व यूजीसी के पहले अध्यक्ष थे?

(a) डॉ. शान्ति स्वरूप भटनागर
(b) डॉ. मनमोहन सिंह
(c) श्री हुमायूं कबीर
(d) श्री सी डी देशमुख

85. निम्नलिखित में से भारत में सबसे पहला मुक्त विश्वविद्यालय कौन-सा था?

(a) आंध्र प्रदेश मुक्त विश्वविद्यालय
(b) इंदिरा गांधी राष्ट्रीय मुक्त विश्वविद्यालय
(c) दिल्ली विश्वविद्यालय
(d) उपरोक्त में से कोई नहीं

86. भारत में सबसे पहले किस विश्वविद्यालय में पत्राचार पाठ्यक्रम शुरू किया गया था?

(a) आंध्र प्रदेश मुक्त विश्वविद्यालय
(b) इंदिरा गांधी राष्ट्रीय मुक्त विश्वविद्यालय
(c) दिल्ली विश्वविद्यालय
(d) उपरोक्त में से कोई नहीं

87. निम्नलिखित में से भारत का उच्च शिक्षा संस्थानों में नामांकन के संदर्भ में कौन-सा स्थान है?

(a) प्रथम (b) दूसरा
(c) तीसरा (d) चौथा

88. निम्नलिखित में से किसके द्वारा मेटा विश्वविद्यालय की अवधारणा प्रतिपादित की गई थी?

(a) मेसाचुसेट्स प्रौद्योगिक संस्थान
(b) जवाहर लाल नेहरू विश्वविद्यालय
(c) हार्वर्ड बिजनेस स्कूल
(d) दिल्ली विश्वविद्यालय

89. निम्नलिखित में से संव्यावसायिक डिग्री की पाठ्यक्रम-सामग्री किस पर जोर देती है?

(a) कौशल और व्यावहारिक विश्लेषण प्राप्त करने पर
(b) सिद्धान्तों और अनुसंधान पर
(c) अवधारणाओं पर
(d) उपरोक्त में से कोई नहीं

90. सूची I से सूची II का मिलान कीजिए और नीचे दिए गए कूटों से सही उत्तर का चयन कीजिए।

	संस्थान		स्थान
A.	विक्रम साराभाई अंतरिक्ष अनुसंधान केंद्र	I.	तिरुवनंतपुरम
B.	कोशकीय और आणविक जीवविज्ञान केंद्र	II.	हैदराबाद
C.	भारतीय अंतरिक्ष अनुसंधान संगठन	III.	बेंगलुरू
D.	ऊर्जा और संसाधन संस्थान	IV.	नई दिल्ली

कूट:

(a) A-I, B-II, C-III, D-IV
(b) A-I, B-III, C-II, D-IV
(c) A-III, B-II, C-I, D-IV
(d) A-III, B-I, C-II, D-IV

91. निम्नलिखित में से किस वर्ष में राष्ट्रीय प्रत्यायन बोर्ड की स्थापना की गई थी?
(a) 1991 (b) 1994
(c) 2001 (d) 2005

92. अलीगढ़ मुस्लिम विश्वविद्यालय किस वर्ष में स्थापित किया गया था?
(a) 1857 (b) 1875
(c) 1905 (d) 1916

93. निम्नलिखित में से ऐसे कौन-से व्यक्ति हैं, जो स्वतंत्र भारत के पहले शिक्षा मंत्री बने थे?
(a) अबुल कलाम आजाद
(b) एस वल्लभभाई पटेल
(c) एस राधाकृष्णन
(d) उपरोक्त में से कोई नहीं

94. निम्नलिखित में से ऐसा कौन-सा सैटेलाइट चैनल है, जो 26 जनवरी 2003 को भारत में दूरस्थ शिक्षा के तकनीकी विकास के लिए शुरू किया गया था?
(a) एकलव्य (b) द्रोणाचार्य
(c) ज्ञान दर्शन (d) ज्ञानवाणी

95. निम्नलिखित में से कौन-सा संस्थान मानव संसाधन विकास मंत्रालय द्वारा स्थापित किया गया है?
(a) राष्ट्रीय बाल भवन, नई दिल्ली
(b) भारतीय अंतरिक्ष अनुसंधान संगठन (ISRO)
(c) रक्षा अनुसंधान एवं विकास संगठन (DRDO)
(d) उपरोक्त में से कोई नहीं

96. निम्नलिखित में से 'शिक्षक एवं प्रशिक्षण राष्ट्रीय मिशन' का मुख्य उद्देश्य क्या है?
(a) छात्र नामांकन (b) शिक्षा की गुणवत्ता
(c) महिला शिक्षा (d) उपरोक्त सभी

97. निम्नलिखित में से कौन-से व्यक्तित्व विश्वविद्यालय शिक्षा आयोग, 1948 के अध्यक्ष थे?
(a) डॉ. एस. राधाकृष्णन
(b) डॉ. डी. एस. कोठारी
(c) मौलाना अबुल कलाम आजाद
(d) सी. डी. देशमुख

98. निम्नलिखित में से कौन-से देश के विश्वविद्यालय अनुदान आयोग की तर्ज पर विश्वविद्यालय शिक्षा आयोग ने यूजीसी की स्थापना की सिफारिश की?
(a) संयुक्त राज्य अमेरिका
(b) ग्रेट ब्रिटेन
(c) जर्मनी
(d) सोवियत संघ

99. निम्नलिखित में से कौन-सी एजेंसी या संस्था ने शैक्षणिक, अनुसंधान और प्रदर्शन के आधार पर रैंकिंग संस्थानों के लिए 'भारत शिक्षा सूचकांक' की शुरुआत की?
(a) एआईसीटीई
(b) एनएएसी
(c) विश्वविद्यालय अनुदान आयोग
(d) आईआईटी-दिल्ली

100. निम्नलिखित में से दुनिया में छात्र नामांकन के मामले में सबसे बड़ा विश्वविद्यालय कौन-सा है?
(a) बीजिंग विश्वविद्यालय, बीजिंग, चीन
(b) डॉ. बी.आर. अम्बेडकर मुक्त विश्वविद्यालय, हैदराबाद
(c) इंदिरा गांधी राष्ट्रीय मुक्त विश्वविद्यालय, नई दिल्ली
(d) उपरोक्त में से कोई नहीं

101. निम्नलिखित में से सबसे पहला 'अन्तरविश्वविद्यालय केन्द्र' कौन-सा है, जो कि यूजीसी के द्वारा वर्ष 1984 में स्थापित किया गया था?
(a) त्वरक अन्तरविश्वविद्यालय केन्द्र (परमाणु विज्ञान केन्द्र)
(b) खगोल-शास्त्र एवं खगोल-भौतिकी अन्तर-विश्वविद्यालय केन्द्र
(c) त्वरक अन्तरविश्वविद्यालय केन्द्र (पूर्व परमाणु विज्ञान केन्द्र)
(d) उपरोक्त में से कोई नहीं

102. दूरस्थ शिक्षा परिषद ने वर्ष 2002 में दूरस्थ एवं मुक्त शिक्षा के लिए अर्जुन सिंह केंद्र की स्थापना की। निम्नलिखित में से यह कौन-सा विश्वविद्यालय है?
(a) जामिया मिलिया इस्लामिया विश्वविद्यालय
(b) दिल्ली विश्वविद्यालय
(c) जवाहर लाल नेहरू विश्वविद्यालय
(d) इंदिरा गांधी राष्ट्रीय मुक्त विश्वविद्यालय, नई दिल्ली

103. निम्नलिखित में से ऐसी कौन-सी पहली निजी संस्था है जिसे वर्ष 1976 में डीम्ड विश्वविद्यालय का दर्जा दिया गया?
(a) मणिपाल उच्च शिक्षा अकादमी
(b) सिम्बायोसिस इंस्टीट्यूट, पुणे
(c) थापर विश्वविद्यालय, पटियाला
(d) एमिटी विश्वविद्यालय, नोएडा

104. सूची I और सूची II का मिलान कीजिए और नीचे दिए गए कूटों में से सही उत्तर का चयन कीजिए।

सूची I	सूची II
A. चिन्मय अंतरराष्ट्रीय फाउंडेशन	I. दिल्ली
B. ओरिएंटल इंस्टीट्यूट	II. बड़ौदा
C. संस्कृत अनुसंधान फाउंडेशन	III. मेलकोट (कर्नाटक)
D. राष्ट्रीय वेद विद्या प्रतिष्ठान	IV. एर्णाकुलम

कूट:
(a) A-IV, B-II, C-III, D-I
(b) A-II, B-IV, C-III, D-I
(c) A-II, B-III, C-IV, D-I
(d) A-II, B-I, C-IV, D-III

105. निम्नलिखित में से भारतीय जनसंचार संस्थान (Indian Institute of Mass Communication) कहाँ पर स्थित है?
(a) अहमदाबाद (b) नई दिल्ली
(c) हैदराबाद (d) जयपुर

106. 'भारतीय राष्ट्रीय रक्षा विश्वविद्यालय' भारत का पहला रक्षा विश्वविद्यालय है, जिस में शिक्षण निकट भविष्य में शुरू होने की सम्भावना है। यह निम्नलिखित में से कौन-से स्थान पर स्थित है?
(a) रोहतक (b) पुणे
(c) हैदराबाद (d) गुड़गांव

107. विश्वविद्यालय अनुदान आयोग के बारे में निम्नलिखित कथनों पर विचार कीजिए तथा नीचे दिए गए विकल्पों में से सही उत्तर चुनिए।
I. यह प्रारम्भ में ही वैधानिक विधि द्वारा स्थापित हुआ है।
II. यह केंद्रीय मानव संसाधन विकास मंत्रालय के अधीन एक विभाग है।
III. यह भारत में उच्चतर शिक्षा के क्षेत्र में देश का शीर्ष स्वायत्तशासी निकाय है, जो विश्वविद्यालयों का वित्त पोषण करता है।

कूट:
(a) केवल I (b) I और II
(c) II और III (d) केवल III

108. यूजीसी अधिनियम, 1956 की धारा 12 (B) के अंतर्गत आने वाले महाविद्यालय निम्नलिखित में से किस निकाय से वित्तपोषण के लिए वरणीय (eligible) है?
(a) विश्वविद्यालय अनुदान आयोग
(b) भारत सरकार
(c) भारत सरकार से पोषित कोई भी निकाय
(d) उपरोक्त सभी

109. निम्नलिखित में से किस के द्वारा राज्य विश्वविद्यालय के कुलपति की नियुक्ति की जाती है?
(a) राज्यपाल
(b) राष्ट्रपति
(c) मुख्यमंत्री
(d) केंद्र और राज्य द्वारा चयनित समिति

110. निम्नलिखित में से कौन-सा केंद्रीय विश्वविद्यालय नहीं है?
(a) दिल्ली विश्वविद्यालय
(b) बनारस हिन्दू विश्वविद्यालय
(c) इलाहाबाद विश्वविद्यालय
(d) ओस्मानिया विश्वविद्यालय

111. निम्नलिखित में से किस प्रकार के संस्थान में अकादमिक स्टाफ कॉलेज की स्थापना की जा सकती है?
(a) केवल केंद्रीय विश्वविद्यालय में
(b) देश के सभी विश्वविद्यालयों में
(c) यूजीसी से अनुमोदित विश्वविद्यालय में
(d) उपरोक्त में से कोई नहीं

112. निम्नलिखित में से कौन-सा/से राष्ट्रीय उच्चतर शिक्षा अभियान का/के उद्देश्य हैं?
(a) वर्तमान स्वायत्त महाविद्यालयों का विश्वविद्यालयों में उन्नयन करना
(b) महाविद्यालयों को क्लस्टर विश्वविद्यालयों में रूपांतरित करना
(c) विश्वविद्यालयों के बुनियादी ढाँचे के लिए अनुदान
(d) उपरोक्त सभी

113. मई 2016 में किसकी अध्यक्षता में 'नई शिक्षा नीति के विकास के लिए समिति' ने अपनी रिपोर्ट प्रस्तुत की?
(a) स्वर्गीय श्री टी. एस. आर. सुब्रमण्यम
(b) डॉ. के. कस्तूरीरंगन
(c) रीना रे
(d) श्री संजय धोत्रे

114. नई शिक्षा नीति 2020 में, वर्तमान 10 + 2 प्रणाली को एक नए पाठ्यक्रम संरचना द्वारा प्रतिस्थापित किया जाना है। नया पाठ्यक्रम संरचना क्या है?
(a) 3 + 4 + 4 + 5
(b) 5 + 3 + 3 + 4
(c) 4 + 3 + 3 + 5
(d) 5 + 4 + 3 + 3

115. 'राष्ट्रीय शिक्षा नीति' नीतिए 2020 के अनुसार, शिक्षक मातृभाषा या क्षेत्रीय भाषा में किस कक्षा तक शिक्षा दे सकेंगे?
(a) ग्रेड 3
(b) ग्रेड 4
(c) ग्रेड 5
(d) उपरोक्त में से कोई नहीं

116. निम्नलिखित में से किस वर्ष तक, शिक्षण के लिए न्यूनतम डिग्री योग्यता '4-वर्षीय एकीकृत बीएड डिग्री' होने जा रही है?
(a) 2021 (b) 2025
(c) 2028 (d) 2030

117. निम्नलिखित में से कौन से व्यक्ति जून 2017 में नवगठित प्रारूपण नई शिक्षा नीति 2020 के अध्यक्ष थे?
(a) वसुधा कामत
(b) डॉ. के. कस्तूरीरंगन
(c) के. जे. अल्फोंस
(d) राम शंकर कुरेल

118. राष्ट्रीय शिक्षा नीति 2020 के अनुसार उच्च शिक्षा में वर्ष 2035 तक सकल नामांकन अनुपात कितने प्रतिशत बढ़ाया जाएगा?
(a) 25% (b) 30%
(c) 40% (d) 50%

119. एक मजबूत अनुसंधान संस्कृति को बढ़ावा देने और नई शिक्षा नीति 2020 के अनुसार उच्च शिक्षा में अनुसंधान क्षमता के निर्माण के लिए एक सर्वोच्च निकाय के रूप में किस संस्थान को स्थापित किया जाएगा?
(a) राष्ट्रीय आयोग फाउंडेशन
(b) उच्च शिक्षा आयोग
(c) नेशनल रिसर्च फाउंडेशन
(d) उपरोक्त में से कोई नहीं

120. नई शिक्षा नीति, 2020 के संदर्भ में निम्नलिखित में से कौन-सा कथन सही है / हैं?
(1) नई शिक्षा नीति की सिफारिशें इसरो के पूर्व प्रमुख के कस्तूरीरंगन ने की थीं।
(2) यह 1 + 2 स्कूल क्यूरिकुला को 5 + 3 + 3 + 4 पाठयक्रम संरचना से बदल देगा।
(3) इस नीति का उद्देश्य 2035 तक वर्तमान शिक्षा में सकल नामांकन अनुपात 26.3% से बढ़ाकर 50% करना है।
(4) इस नीति से शिक्षा क्षेत्र में सार्वजनिक निवेश 4.6 प्रतिशत से बढ़कर जीडीपी का 6% होने की संभावना है।
(a) 1, 2 और 3
(b) 2 और 3
(c) 1 और 2 दोनों
(d) उपरोक्त सभी

121. नई शिक्षा नीति - 2020 की 'विशेष रूप रेखा' (special vision) का अनुवाद करने के लिए 'आत्मनिर्भर भारत' कार्यक्रम के तहत निम्नलिखित में से कौन से कथन से जुड़े हैं?
1. प्रवीणता के लिए राष्ट्रीय पहल
2. निपुण- भारत
3. 3 से 11 वर्ष के आयु वर्ग के लगभग पांच करोड़ बच्चों की सीखने की जरूरतों को प्राप्त किया जाना है।
4. मिशन एक समग्र दृष्टिकोण लेना है जिसमें सभी हितधारक शामिल हैं।

कूट:
(a) 1, 2 और 3
(b) 2 और 3
(c) 1 और 2 दोनों
(d) उपरोक्त सभी

122. निम्नलिखित में से किस वर्ष में 'शिक्षा मंत्रालय' का नाम बदलकर 'मानव संसाधन विकास मंत्रालय' किया गया था?
(a) 1956
(b) 1975
(c) 1985
(d) 1989

123. निम्नलिखित में से कौन सी एजेंसी का लक्ष्य, सीखने की आवश्यकता के अनुसार अधिक व्यक्तिगत बनाने और अनुकूलित करने के लिए कृत्रिम बुद्धिमत्ता का उपयोग करना है, जो बेहतर शिक्षण अनुभव के लिए एडटेक कंपनियों के साथ राष्ट्रीय गठबंधन बनाने का भी प्रस्ताव करता है?
(a) राष्ट्रीय परीक्षण एजेंसी
(b) राष्ट्रीय परीक्षण पोर्टल
(c) प्रौद्योगिकी के लिए राष्ट्रीय शैक्षिक गठबंधन
(d) प्रौद्योगिकी के लिए राष्ट्रीय शैक्षिक संघ

124. नई यूजी शिक्षा धारा में कई प्रविष्टि और निकास विकल्पों के संबंध में निम्नलिखित में से कौन सी एजेंसी सही ढंग से मेल नहीं खाती है:
(a) 1 वर्ष के बाद प्रमाण पत्र
(b) 2 वर्ष बाद उन्नत डिप्लोमा
(c) 3 वर्ष के बाद स्नातक की डिग्री
(d) 5 वर्षों के बाद अनुसंधान के साथ स्नातक

125. 8 वर्ष की आयु तक के बच्चों के लिए प्रारंभिक बचपन देखभाल और शिक्षा के लिए राष्ट्रीय पाठ्यक्रम और शैक्षणिक ढांचा किस संगठन द्वारा विकसित किया जाएगा?
(a) एन आई टी आई अयोग
(b) एन सी ई आर टी
(c) ए आई सी टी ई
(d) एन सी टी ई

126. नई शिक्षा नीति, 2020 के अनुसार राष्ट्रीय एकीकरण शिक्षा समिति की स्थापना की जाएगी। स्कूलों में व्यावसायिक शिक्षा किस ग्रेड से शुरू होगी जिसमें इंटर्नशिप भी शामिल होगी?
(a) ग्रेड 3 (b) ग्रेड 4
(c) ग्रेड 5 (d) वर्ग 6

127. निम्नलिखित में से कौन सी एजेंसी स्कूल शिक्षा (NCFSE) 2020-21 के लिए राष्ट्रीय पाठ्यचर्या की रूपरेखा विकसित करेगी?
(a) एन सी ई आर टी
(b) ए आई सी टी ई
(c) आई आई टी और एन आई टी
(d) एन सी टी ई

128. नई शिक्षा नीति, 2020 के निम्नलिखित में से कौन-से कथन पूर्व-विद्यालय से माध्यमिक स्तर तक शिक्षा के सार्वभौमिकरण के लिए लागू किए जाने हैं?
(a) 2030 तक स्कूल शिक्षा में 100 प्रतिशत सकल नामांकन अनुपात
(b) 2025 तक उच्च शिक्षा में 50% सकल नामांकन अनुपात।
(c) a और b दोनों
(d) उपरोक्त में से कोई नहीं

129. नई शिक्षा नीति 2020, राष्ट्रीय मूल्यांकन केंद्र, PARAKH को एक मानक-सेटिंग निकाय के रूप में स्थापित किया जाएगा। PARAKH में अक्षर R 'का क्या अर्थ है?
(a) संशोधित करें
(b) तर्कसंगत
(c) समीक्षा करें
(d) पुनः प्रवर्तन

130. नई शिक्षा नीति 2020 में उल्लेखित NPST के लिए प्रस्तावित पत्र में P 'का क्या अर्थ है?
(a) प्राथमिक
(b) पेशेवर
(c) सह लोक
(d) परिवीक्षा

131. उच्च शिक्षा संस्थानों में निम्नलिखित में से कितनी नई सीटें जोड़ी जाएंगी?
(a) 2.1 करोड़ रु.
(b) 2.5 करोड़ रु.
(c) 3.2 करोड़ रु.
(d) 3.5 करोड़ रु.

132. भारतीय उच्चतर शिक्षा आयोग जो पूरे उच्च शिक्षा के लिए एक ही अतिव्यापी छतरी निकाय के रूप में कार्य करेगा, जिसमें निम्न शिक्षा क्षेत्र सम्मिलित नहीं हैं?
(a) चिकित्सा और कानूनी शिक्षा
(b) इंजीनियरिंग और प्रबंधन
(c) कानूनी शिक्षा और इंजीनियरिंग
(d) प्रबंधन और चिकित्सा

133. कितने वर्षों में महाविद्यालयों की चरणबद्ध संबद्धता को समाप्त किये जाने की संभावना है?
(a) 10 (b) 12
(c) 15 (d) 20

134. निम्न में से छडड का पूर्ण रूप कौन सा है?
(a) राष्ट्रीय मेगा मिशन
(b) राष्ट्रीय समुद्री संग्रहालय
(c) नया बहुविषयक मिशन
(d) नेट मार्केट मेकर्स

विविध प्रश्न (MISCELLANEOUS QUESTIONS)

135. निम्नलिखित में से किस वर्ष में 'राष्ट्रीय साक्षरता प्रारम्भ' स्थापित किया गया था?
(a) 1996 (b) 1988
(c) 1999 (d) 2000

136. निम्नलिखित में से 'राष्ट्रीय अध्यापक शिक्षा परिषद' का मुख्य उद्देश्य क्या है?
(a) शिक्षा के लिए महाविद्यालय खोलना
(b) शिक्षा के क्षेत्र में अनुसंधान को बढ़ावा देना
(c) कॉलेजों में मानकों को बनाए रखना
(d) कॉलेजों को अनुदान प्रदान करना

137. निम्नलिखित में से किस वर्ष में 'राष्ट्रीय शैक्षिक अनुसंधान और प्रशिक्षण परिषद' स्थापित किया गया था?
(a) 1961 (b) 1962
(c) 1963 (d) 1964

138. निम्नलिखित में से भारत ने अंटार्कटिक पर कौन-से शोध स्टेशन की स्थापना की?
(a) दक्षिण गंगोत्री (b) दक्षिण गंगा
(c) दक्षिण गोदावरी (d) उपरोक्त में से कोई नहीं

139. द्वितीय बौद्ध सभा कब और कहां आयोजित हुई थी?
(a) 250 ईसा पूर्व में पाटलिपुत्र
(b) पहली शताब्दी ईसा पूर्व श्रीलंका में
(c) वैशाली 383 ईसा पूर्व में
(d) मांडले 1871 ईसा पूर्व में

140. हम प्रारंभिक वैदिक काल के बारे में किसके द्वारा जान सकते हैं?
(a) पुरातात्विक खुदाई
(b) *ऋग्वेद*
(c) *जातक कथा*
(d) समकालीन संस्कृति

141. निम्नलिखित कथनों के माध्यम से निम्नलिखित में से किस विश्वविद्यालय को संदर्भित किया जा रहा है?
(1) यह शायद दुनिया का सबसे पुराना विश्वविद्यालय था।
(2) कोई परीक्षा प्रणाली नहीं थी।
(3) इसमें ग्रीस संस्कृति का कुछ प्रभाव है।
(4) छात्र 16 की उम्र में विश्वविद्यालय में प्रवेश करेंगे।

142. विश्वविद्यालय की पहचान करें।
(a) विक्रमशिला विश्वविद्यालय
(b) नालंदा विश्वविद्यालय
(c) उज्जैन विश्वविद्यालय
(d) तक्षशिला विश्वविद्यालय

143. भारत में प्रेसीडेंसी कस्बों में जो विश्वविद्यालय थे, उनका स्थापना वर्ष है:
(a) 1857 (b) 1858
(c) 1900 (d) 1909

144. राष्ट्रीय शिक्षा नीति 2020 के अनुसार, सकल नामांकन अनुपात 2035 में उच्च शिक्षा में कितने प्रतिशत तक बढ़ाई जाएगी?
(a) 25% (b) 30%
(c) 40% (d) 50%

145. निम्नलिखित में से किस व्यक्तित्व की अध्यक्षता में विकास के लिए बनी समिति 'नई शिक्षा नीति' ने मई 2016 में अपनी रिपोर्ट सौंपी?
(a) स्वर्गीय श्री टी.एस.आर. सुब्रमण्यम
(b) डॉ. के कस्तूरीरंगन
(c) रीना रॉय
(d) श्री संजय धोत्रे

146. एनईपी 2020 में मौजूदा 10+2 सिस्टम को एक नई पाठ्यचर्या संरचना द्वारा बदला जाएगा। नई पाठ्यचर्या संरचना क्या है?
(a) 3 + 4 + 4 + 5
(b) 5 + 3 + 3 + 4
(c) 4 + 3 + 3 + 5
(d) 5 + 4 + 3 + 3

147. निम्नलिखित कथनों पर विचार कीजिए।
1. उपयुक्त के साथ एकाधिक प्रवेश और निकास बिंदु सर्टिफिकेशन यूजी शिक्षा 3 या 4 साल की हो सकती है इस अवधि के भीतर कई निकास विकल्प और उपयुक्त प्रमाणीकरण हो सकते हैं।
2. 1 साल के बाद सर्टिफिकेट, एडवांस डिप्लोमा 2 साल के बाद, स्नातक की डिग्री 3 साल बाद और अनुसंधान के साथ स्नातक 4 साल के बाद।
3. चिकित्सा और कानूनी शिक्षा को छोड़कर, संपूर्ण उच्च शिक्षा के लिए एचईसीआई को एक व्यापक छत्र निकाय के रूप में स्थापित किया जाएगा।
4. परामर्श के लिए एक राष्ट्रीय मिशन की स्थापना की जाएगी, जिसमें उत्कृष्ट वरिष्ठ/सेवानिवृत्त संकाय होगा।

उपरोक्त में से कौन से कथन नई शिक्षा नीति, 2020 के संदर्भ में सत्य हैं?

कूट:
(a) 1, 2 और 3 (b) 2, 3 और 4
(c) 1, 3 और 4 (d) उपरोक्त सभी

148. संभावित समय अवधि क्या है, जिसके दौरान कॉलेजों को डिग्री देने के लिए श्रेणीबद्ध स्वायत्तता दी जाएगी?
(a) 10 साल (b) 12 साल
(c) 15 साल (d) 20 साल

149. निम्नलिखित में से कौन सा नई शिक्षा नीति 2020 का मुख्य उद्देश्य रहा है?
(a) शिक्षा का स्थानीयकरण
(b) शीर्ष रेटेड वैश्विक विश्वविद्यालयों को सुविधा दी जाएगी कि वे भारत आएं और शीर्ष भारतीय संस्थानों को वैश्विक होने के लिए प्रोत्साहित किया जाएगा
(c) शिक्षा का सार्वभौमिकरण
(d) b और c दोनों

150. चिकित्सा और कानूनी शिक्षा को छोड़कर संपूर्ण उच्चतर शिक्षा के लिए भारतीय उच्च शिक्षा आयोग (HECI) एक एकल छत्र निकाय के रूप में स्थापित है। सार्वजनिक और निजी उच्च शिक्षा संस्थान विनियमन, मान्यता और शैक्षणिक मानकों के लिए समान मानदंडों द्वारा शासित होंगे।
निम्नलिखित में से कौन सा स्वतंत्र लंबवत एचईसीआई द्वारा देखा जाएगा?
1. राष्ट्रीय उच्च शिक्षा नियामक परिषद (NHERC) विनियमन के लिए
2. मानक के लिए सामान्य शिक्षा परिषद (GEC) की स्थापना
3. उच्च शिक्षा अनुदान परिषद (HEGC) के लिए वित्त पोषण
4. राष्ट्रीय प्रत्यायन परिषद (NAC) के लिए मान्यता

कूट:
(a) 1, 2 और 3 (b) 2, 3 और 4
(c) 1, 3 और 4 (d) उपरोक्त सभी

151. निम्नलिखित में से कौन नई शिक्षा नीति, 2020 के लिए महत्वपूर्ण बिंदु है/हैं?
(a) अकादमिक बैंक ऑफ क्रेडिट्स की स्थापना क्रेडिट के हस्तांतरण की सुविधा के लिए की जाएगी।
(b) बहुआयामी शिक्षा और अनुसंधान विश्वविद्यालयों (एमईआरयू) को आईआईटी, आईआईएम के समकक्ष देश में वैश्विक मानकों की सर्वोत्तम बहु-विषयक शिक्षा के मॉडल के रूप में स्थापित किया जाएगा।
(c) एक मजबूत अनुसंधान संस्कृति को बढ़ावा देने और अनुसंधान क्षमता के निर्माण के लिए राष्ट्रीय अनुसंधान फाउंडेशन को एक शीर्ष निकाय के रूप में बनाया जाएगा।
(d) उपरोक्त सभी

152. निम्नलिखित बिंदुओं पर विचार करें:
(a) नई नीति दोनों में बहुभाषावाद को स्कूल और उच्च शिक्षा में बढ़ावा देती है।
(b) पाली, फारसी और प्राकृत के लिए राष्ट्रीय संस्थान, अनुवाद और व्याख्या के लिए भारतीय संस्थान की स्थापना की जाएगी।
(c) मातृ भाषा/क्षेत्रीय भाषा में कम से कम कक्षा 5 तक पढ़ाना। कोई भी भाषा किसी भी छात्र पर थोपी नहीं जाएगी।
(d) उपरोक्त सभी

153. निम्नलिखित में से कौन सी औपचारिक पहल नई शिक्षा नीति में की जा रही है जिससे शिक्षार्थी का आकलन हो सके?
(a) 360 डिग्री समग्र प्रगति कार्ड के साथ आकलन सुधार
(b) पूर्ण बेंचमार्किंग के साथ आकलन सुधार
(c) पूर्ण रेटिंग के साथ आकलन सुधार
(d) पूरी सफलता के साथ मूल्यांकन सुधार

154. निम्नलिखित में से किस राज्य में 50वां केंद्रीय विश्वविद्यालय स्थापित किया गया है?
(a) त्रिपुरा (b) आंध्र प्रदेश
(c) तेलंगाना (d) गोवा

155. इंस्टीट्यूट ऑफ एमिनेंस के रूप में चयनित संस्थानों के संदर्भ में निम्नलिखित में से कौन सा कथन लागू होता है?

1. संस्थान को पूर्ण शैक्षणिक और प्रशासनिक स्वायत्तता
2. संस्थाओं की रैंकिंग क्यूएस-2020 विश्व रैंकिंग की सिफारिशों के अनुसार यूजीसी द्वारा की गई है।
3. IIT बॉम्बे सरकार की ओर से पहला ऐसा संस्थान क्षेत्र है।
4. ग्रीनफील्ड श्रेणी से निजी संस्थान को भी वित्तीय लाभ प्राप्त होंगे।

कोड:

(a) 1, 2 और 3 (b) 2, 3 और 4
(c) 1, 3 और 4 (d) 1, 2, 3 और 4

156. निम्नलिखित में से कौन भारत का सबसे बड़ा विश्वविद्यालय है?

(a) इंदिरा गांधी राष्ट्रीय मुक्त विश्वविद्यालय, नई दिल्ली
(b) जवाहरलाल नेहरू विश्वविद्यालय, नई दिल्ली
(c) डॉ. बी.आर. अम्बेडकर विश्वविद्यालय मुक्त विश्वविद्यालय, हैदराबाद
(d) नालंदा मुक्त विश्वविद्यालय, पटना

157. निम्नलिखित में से किसको भारत में कॉलेजों की अधिकतम संख्या वाला जिला कहा जा सकता है?

(a) जयपुर (b) बेंगलुरु अर्बन
(c) नई दिल्ली (d) चेन्नई

158. NIRF – 2024 सूची में किस संस्थान ने 'समग्र' संस्थानों की श्रेणी में शीर्ष रैंक दिखाया है?

(a) भारतीय प्रौद्योगिकी संस्थान मद्रास, चेन्नई
(b) भारतीय विज्ञान संस्थान, बेंगलुरु
(c) भारतीय प्रौद्योगिकी संस्थान बॉम्बे, मुंबई
(d) भारतीय प्रौद्योगिकी संस्थान दिल्ली, नई दिल्ली

159. NIRF – 2024 सूची में 'कॉलेजों की श्रेणी में एक क्रम में तीन शीर्ष कॉलेजों की रैंकिंग कौन सी है?

(a) हिंदू कॉलेज, नई दिल्ली, मिरांडा हाउस, नई दिल्ली, सेंट स्टीफेंस कॉलेज, नई दिल्ली
(b) मिरांडा हाउस (दिल्ली), हिंदू कॉलेज (दिल्ली), लोयोला कॉलेज (चेन्नई)
(c) हिंदू कॉलेज (दिल्ली), मिरांडा हाउस (दिल्ली), प्रेसीडेंसी कॉलेज (चेन्नई)
(d) हिंदू कॉलेज (दिल्ली), लोयोला कॉलेज (चेन्नई), प्रेसीडेंसी कॉलेज (चेन्नई)

160. NIRF – 2024 सूची में 'विश्वविद्यालयों' की श्रेणी में एक क्रम में तीन शीर्ष विश्वविद्यालयों की रैंकिंग कौन सी है?

(a) भारतीय विज्ञान संस्थान (बेंगलुरु), जवाहरलाल नेहरू विश्वविद्यालय (नई दिल्ली), जामिया मिलिया इस्लामिया, (नई दिल्ली)
(b) जादवपुर विश्वविद्यालय (कोलकाता), जवाहरलाल नेहरू विश्वविद्यालय (नई दिल्ली), जामिया मिलिया इस्लामिया, (नई दिल्ली)
(c) जवाहरलाल नेहरू विश्वविद्यालय (नई दिल्ली), भारतीय विज्ञान संस्थान (बेंगलुरु), जादवपुर विश्वविद्यालय (कोलकाता)
(d) भारतीय विज्ञान संस्थान (बेंगलुरु), जामिया मिलिया इस्लामिया, (नई दिल्ली), जादवपुर विश्वविद्यालय (कोलकाता)

161. NIRF - 2024 सूची में शीर्ष शोध संस्थान की रैंकिंग कौन सी है?

(a) भारतीय प्रौद्योगिकी संस्थान मद्रास, चेन्नई
(b) भारतीय विज्ञान संस्थान, बेंगलुरु
(c) भारतीय प्रौद्योगिकी संस्थान बॉम्बे, मुंबई
(d) भारतीय प्रौद्योगिकी संस्थान दिल्ली, नई दिल्ली

162. NIRF - 2024 सूची में शीर्ष प्रबंधन संस्थान की रैंकिंग कौन सी है?

(a) भारतीय प्रबंधन संस्थान अहमदाबाद
(b) भारतीय प्रबंधन संस्थान बैंगलोर
(c) भारतीय प्रबंधन संस्थान कलकत्ता
(d) भारतीय प्रौद्योगिकी संस्थान, दिल्ली

उत्तरमाला (Answer Key)

उच्च शिक्षा प्रणाली

1. (d) **2.** (d) **3.** (c) **4.** (d) **5.** (a) **6.** (b) **7.** (c) **8.** (b) **9.** (a) **10.** (a) **11.** (b) **12.** (a) **13.** (b)
14. (a) **15.** (a) **16.** (b) **17.** (a) **18.** (c) **19.** (a) **20.** (b) **21.** (a) **22.** (c) **23.** (a) **24.** (a) **25.** (c) **26.** (a)
27. (b) **28.** (b) **29.** (c) **30.** (b) **31.** (a) **32.** (d)

यूजीसी, विश्वविद्यालय एवं अन्य उच्चतर शिक्षण संस्थान

33. (a) **34.** (c) **35.** (b) **36.** (a) **37.** (b) **38.** (c) **39.** (b) **40.** (b) **41.** (b) **42.** (b) **43.** (b) **44.** (b) **45.** (a)
46. (a) **47.** (b) **48.** (c) **49.** (a) **50.** (b) **51.** (d) **52.** (c) **53.** (b) **54.** (b) **55.** (a) **56.** (a) **57.** (d) **58.** (c)
59. (c) **60.** (b) **61.** (c) **62.** (c) **63.** (c) **64.** (c) **65.** (c) **66.** (a) **67.** (c) **68.** (d) **69.** (a) **70.** (b) **71.** (b)
72. (c) **73.** (a) **74.** (a) **75.** (a) **76.** (a) **77.** (a) **78.** (d) **79.** (d) **80.** (a) **81.** (a) **82.** (c) **83.** (b) **84.** (d)
85. (a) **86.** (c) **87.** (b) **88.** (a) **89.** (a) **90.** (a) **91.** (b) **92.** (b) **93.** (a) **94.** (a) **95.** (a) **96.** (d) **97.** (a)
98. (b) **99.** (b) **100.** (c) **101.** (c) **102.** (a) **103.** (a) **104.** (a) **105.** (b) **106.** (d) **107.** (d) **108.** (a) **109.** (a) **110.** (d)
111. (c) **112.** (d) **113.** (a) **114.** (b) **115.** (c) **116.** (d) **117.** (b) **118.** (d) **119.** (c) **120.** (d) **121.** (d) **122.** (c) **123.** (c)
124. (d) **125.** (b) **126.** (d) **127.** (a) **128.** (c) **129.** (c) **130.** (b) **131.** (d) **132.** (a) **133.** (c) **134.** (d)

विविध प्रश्न

135. (b) **136.** (b) **137.** (a) **138.** (a) **139.** (c) **140.** (b) **141.** (d) **142.** (d) **143.** (a) **144.** (d) **145.** (b) **146.** (d) **147.** (d)
148. (c) **149.** (d) **150.** (d) **151.** (d) **152.** (d) **153.** (a) **154.** (c) **155.** (a) **156.** (a) **157.** (b) **158.** (a) **159.** (a) **160.** (a)
161. (b) **162.** (a)

विगत वर्षों के प्रश्न-पत्र

यूजीसी नेट प्रश्न पत्र 2023-सेट 1

नोट:

- इस प्रश्नपत्र में पचास (50) बहु-विकल्पीय प्रश्न हैं। प्रत्येक प्रश्न के दो (2) अंक हैं।
- सभी प्रश्न अनिवार्य हैं।

निम्नलिखित तालिका में वर्ष 2017-2021 के दौरान तीन विद्यालयों A, B और C में नामांकित बालिकाओं की संख्या प्रदर्शित है। तालिका में दिए गए आंकड़े के आधार पर प्रश्न का उत्तर दीजिए:

बालिकाओं का वर्षवार नामांकन

वर्ष	विद्यालयों में बालिकाओं का नामांकन		
	A	B	C
2017	200	150	100
2018	150	255	250
2019	275	150	199
2020	250	300	200
2021	300	250	275

1. वर्ष 2020 में विद्यालय C में नामांकित बालिकाओं की संख्या और उसी वर्ष में विद्यालय A और B में नामांकित कुल बालिकाओं की संख्या के बीच अनुपात है:

(a) 11:3 (b) 3:11
(c) 4:11 (d) 4:7

2. वर्ष 2021 और वर्ष 2017 में नामांकित बालिकाओं की संख्या के बीच न्यूनतम अंतर किस विद्यालय में है।

(a) केवल विद्यालय A में
(b) केवल विद्यालय B में
(c) केवल विद्यालय C में
(d) विद्यालय A और विद्यालय B दोनों में

3. सभी तीनों विद्यालयों में वर्ष 2019 में नामांकित बालिकाओं की औसत संख्या है:

(a) 208 (b) 200
(c) 216 (d) 225

4. वर्ष 2017 में सभी तीनों विद्यालयों में नामांकित बालिकाओं की कुल संख्या वर्ष 2020 में विद्यालय C में नामांकित बालिकाओं की कुल संख्या का ....% है।

(a) 44.4 (b) 225
(c) 165 (d) 240

5. सभी तीनों विद्यालयों में नामांकित बालिकाओं की कुल संख्या किस वर्ष में द्वितीयक सर्वाधिक है?

(a) 2017 (b) 2019
(c) 2020 (d) 2021

6. अधिगमकर्ता और शिक्षक अतुल्यकालिक अंतर्क्रिया के लिए निम्नलिखित में से किन उपकरणों (टूल्स) को प्रयुक्त करते हैं?

(1) वेब कॉनफेरेन्सिंग
(2) ईमेल
(3) 'विकिज' और सहयोगात्मक दस्तावेज
(4) चर्चा बोर्ड (डिसकशन बोर्ड्स)
(5) लाइव स्ट्रीमिंग

नीचे दिए गए विकल्पों में से सही उत्तर का चयन कीजिए:

(a) केवल (2), (3) और (4)
(b) केवल (3), (4) और (5)
(c) केवल (1), (3), (4) और (5)
(d) केवल (1) और (2)

7. अधिगमकर्ताओं में उच्चतर क्रम के कौशल विकास के लिए निम्नलिखित में से कौन सी संज्ञानात्मक शिक्षा की रणनीतियां हैं?

(1) मार्गदर्शन, सहयोग और समाजीकरण करना।
(2) प्रतिरूपण (मॉडलिंग) कोचिंग और पाड़ (मचान) लगाना।
(3) आवर्धन, प्रतिधारण और व्याख्या (एक्सप्लेनिंग) करना।
(4) स्पष्ट प्रगटीकरण (आर्टिकुलेशन), प्रतिबिंबन, और अन्वेषण (एक्सप्लोरेशन) करना।
(5) स्मृतिकरण, पूर्वाभ्यास और पहचान करना।

नीचे दिए गए विकल्पों में से सही उत्तर का चयन कीजिए:

(a) केवल (1) और (4) (b) केवल (1), (3), और (5)

(c) केवल (2) और (4) (d) केवल (2) और (3)

8. उस उद्दीपक (स्टीमुलस) को किस रूप में जाना जाता है, जिसको वांछित व्यवहार के लिए किसी भी अनुकूलन की आवश्यकता नहीं होती?

(a) गैर-अनुकूलित उद्दीपक (b) अनुकूलित उद्दीपक

(c) गैर-अनुकूलित अनुक्रिया (d) अनुकूलित अनुक्रिया

9. तकनीकी-विज्ञानिक निदर्श (मॉडल) के अंतर्गत निम्नलिखित में से कौन-से पाठ्यचर्या विकास निदर्श आते है?

(1) टाबा का निदर्श

(2) खुली कक्षा का निदर्श

(3) विन्सटीन और फैन्टिनी निदर्श

(4) हन्किन का विकास निदर्श

(5) गुडलैड का निदर्श

नीचे दिए गए विकल्पों में से सही उत्तर का चयन कीजिए:

(a) केवल (2), (3) और (4)

(b) केवल (1), (3), और (5)

(c) केवल (1), (4) और (5)

(d) केवल (1), (2), (4) और (5)

10. सूची I के साथ सूची II का मिलान कीजिए।

सूची-I (स्वयंप्रभा चैनल संख्या)	सूची-II (चैनल का नाम)
(1) चैनल - 01	(i) संस्कृति
(2) चैनल - 02	(ii) प्रबोध
(3) चैनल - 03	(iii) सारस्वत
(4) चैनल - 04	(iv) वागीश

निम्नलिखित विकल्पों में से सही उत्तर का चयन कीजिए:

(a) (1)–(i), (2)–(iii), (3)–(ii), (4)–(iv)

(b) (1)–(iii), (2)–(ii), (3)–(iv), (4)–(i)

(c) (1)–(iv), (2)–(i), (3)–(ii), (4)–(iii)

(d) (1)–(ii), (2)–(iii), (3)–(iv), (4)–(i)

11. जब एक अनुसंधानकर्ता का चरों पर नियंत्रण नहीं हो, तो वह केवल यह बता सकता है कि क्या हो चुका है अथवा क्या हो रहा है। ऐसा अनुसंधान कहलाता है-

(a) क्लिनिक अनुसंधान (b) नैदानिक अनुसंधान

(c) कार्योत्तर अनुसंधान (d) तथ्यत: अनुसंधान

12. निम्नलिखित में से किसका संबंध मुख्यत: कारणता से है?

(a) माप वैधता (b) रचना वैधता

(c) आन्तरिक वैधता (d) बाह्य वैधता

13. प्रतिचयन तकनीक जिसमें वर्गों में विभाजित किसी समष्टि से यादृच्छिक रूप से इकाइयों का प्रतिचयन किया जाता है, ... कहलाती है।

(a) सरल यादृच्छिक प्रतिचयन

(b) स्तरीकृत यादृच्छिक प्रतिचयन

(c) समूह यादृच्छिक प्रतिचयन

(d) व्यवस्थित यादृच्छिक प्रतिचयन

14. नीचे दो कथन दिए गए हैं:

कथन I: डीब्रीफिंग में भागीदारों को अनुसंधान के उद्देश्य बताना शामिल है।

कथन II: भागीदारों की डिब्रीफिंग अध्ययन के आरंभ में होती है।

उपरोक्त कथन के आलोक में, नीचे दिए गए विकल्पों में से सबसे उपयुक्त उत्तर का चयन कीजिए:

(a) कथन I और II दोनों सही हैं।

(b) कथन I और II दोनों गलत हैं।

(c) कथन I सही है, लेकिन कथन II गलत है।

(d) कथन I गलत है, लेकिन कथन II सही है।

15. निम्नलिखित मापन के पैमानों में से किसमें प्रेक्षण का श्रेणीकरण संभव नहीं है?

(a) नामिक (b) क्रमसूचक

(c) अन्तराल (d) अनुपात

16. माध्यत संप्रेषण में आलोचनात्मक पठन की विशेषता .... है।

(a) भावात्मक (b) निष्क्रिय

(c) अप्रभावी (d) संज्ञानात्मक

17. संप्रेषण की प्रतीकात्मक विधि है:

(a) यंत्रीय (इन्स्ट्रूमेन्टल) (b) गैर-आनुष्ठानिक

(c) सामाजिक-सांस्कृतिक (d) यांत्रिक (मैकेनिकल)

18. शैक्षिक व्यवस्था के साथ समाकलित संप्रेषण:

(1) शिक्षकों के लिए विदेश जाने के अवसरों में वृद्धि करेगा।

(2) शैक्षिक अधिकारों के प्रति जन जागरुकता में वृद्धि करेगा।

(3) नीति निर्माण की गुणवत्ता में सुधार करेगा।

(4) शैक्षिक सेवा प्रदान करने में सुधार करेगा।

(5) शिक्षकों को बेहतर परिलब्धियों का अभिगम प्रदान करेगा।

नीचे दिए गए विकल्पों में से सही उत्तर का चयन कीजिए:

(a) केवल A, B, C (b) केवल B, C, D

(c) केवल C, D, E (d) केवल A, D, E

19. नीचे दो कथन दिए गए हैं:

कथन I: इंटरनेट, साइबर स्पेस के प्रौद्योगिक-विज्ञान (टेक्नो-साइंस) जगत के अस्तित्व को प्रतिबिंबित करता है।

कथन II: साइबर स्पेस ने ई-मेल, डब्ल्यू डब्ल्यू डब्ल्यू सदृश और अनेकों अन्य उप-मीडिया के आगमन को अनिवार्य बना दिया है।

उपरोक्त कथन के आलोक में, नीचे दिए गए विकल्पों में से सही उत्तर का चयन कीजिए:

(a) कथन I और II दोनों सत्य हैं।

(b) कथन I और II दोनों असत्य हैं।

(c) कथन I सत्य है, लेकिन कथन II असत्य है।

(d) कथन I असत्य है, लेकिन कथन II सत्य है।

20. सूची I के साथ सूची II का मिलान कीजिए।

सूची-I (संप्रेषण प्रभाव)	सूची-II (विशेषता)
(1) यंत्रीय प्रभाव	(i) आत्म-अनुमोदन में वृद्धि
(2) प्रतिष्ठा प्रभाव	(ii) कला एवं साहित्य के निदर्शों से अनुभव
(3) सौंदर्यशास्त्रीय प्रभाव	(iii) सुखद विकर्षण
(4) प्रविलंबन प्रभाव	(iv) व्यवहारिक समस्या से निपटने का सामर्थ्य

निम्नलिखित विकल्पों में से सही उत्तर का चयन कीजिए:

(a) (1)–(i), (2)–(ii), (3)–(iii), (4)–(iv)

(b) (1)–(ii), (2)–(iii), (3)–(iv), (4)–(i)

(c) (1)–(iii), (2)–(iv), (3)–(i), (4)–(ii)

(d) (1)–(iv), (2)–(i), (3)–(ii), (4)–(iii)

21. किसी फल विक्रेता के पास तीन दिन तक बेचे जा सकने के लिए फल-भंडार उपलब्ध है। उपलब्ध फलों का 50% वह प्रतिदिन बेच देता है और बाकी-बचे फलों का 10% फल प्रत्येक रात में बर्बाद हो जाते हैं। यदि तीन दिनों में बेकार हो जाने वाले फलों की कुल संख्या 1983 है, तब ज्ञात कीजिए कि फल विक्रेता के पास शुरुआत में कितने फल थे?

(a) 22,000 (b) 21,000

(c) 19,000 (d) 24,000

22. किसी मूलधन-राशि पर 5% प्रतिवर्ष की दर से 2 वर्षों की अवधि में साधारण और चक्रवृद्धि ब्याज के मध्य अंतर ₹11.25 है। मूलधन-राशि ज्ञात कीजिए।

(a) ₹4,500 (b) ₹5,500

(c) ₹4,000 (d) ₹4,300

23. यदि $x=10$ और $y = 0.1$, निम्नलिखित कौन से व्यंजक का मान उच्चतम है?

(a) x^2y^2 (b) $x^2 - y^2$

(c) $x^2 + y^2$ (d) x^2/y^2

24. किसी निश्चित कूट भाषा में Tour को 4,156 के रूप में लिखा गया है, Screw को 73698 के रूप में लिखा गया है और Tear को 4926 के रूप में लिखा गया है। Sweater शब्द को उसी कूट भाषा में कैसे लिखा जाएगा?

(a) 7849692 (b) 7892694

(c) 7829946 (d) 7892496

25. नीचे दी गयी श्रृंखला में प्रश्नसूचक चिह्न के स्थान पर कौन-सी संख्या होनी चाहिए?

5, 7, 11, 19, 35, 67, ?

(a) 111 (b) 121

(c) 131 (d) 141

26. निम्नलिखित युक्ति में कौन सा तर्कदोष है?

"समाज के रूप में हमारा दायित्व है कि हम जरूरतमंद लोगों की सहायता करें, क्योंकि जिन लोगों के पास पर्याप्त संसाधन नहीं होता है उनका सामुदायिक संसाधनों पर अधिकार होता है।"

(a) आत्माश्रय दोष (b) वाक्छल

(c) संहति-दोष (d) मनोभाव आग्रह

27. सूची I के साथ सूची II का मिलान कीजिए।

सूची-I (कथन)	सूची-II (तार्किक रूप से समान)
(1) कोई भी मछली स्तनपायी नहीं होती है।	(i) कोई भी मछली गैर-स्तनपायी नहीं होती है।
(2) सभी मछलियाँ स्तनपायी होती हैं।	(ii) कोई भी स्तनपायी मछलियाँ नहीं होते हैं।
(3) कुछ मछलियाँ स्तनपायी होती हैं।	(iii) कुछ स्तनपायी गैर-मछलियां होते हैं।
(4) कुछ स्तनपायी मछलियाँ नहीं होते हैं।	(iv) कुछ स्तनपायी मछलियाँ होते हैं।

(a) (1)–(iv), (2)–(i), (3)–(iii), (4)–(ii)

(b) (1)–(ii), (2)–(iii), (3)–(iv), (4)–(i)

(c) (1)–(ii), (2)–(i), (3)–(iv), (4)–(iii)

(d) (1)–(iii), (2)–(ii), (3)–(iv), (4)–(i)

28. यदि कथन 'कुछ पशु पक्षी होते हैं' गलत रूप से दिया गया है, तो निम्नलिखित में से कौन सा/से कथन तात्कालिक रूप से सत्य अनुमानित किया/किए जा सकता/सकते है/हैं?

(1) सभी पशु पक्षी होते हैं।

(2) कोई भी पशु पक्षी नहीं होते हैं।

(3) कुछ पशु पक्षी नहीं होते हैं।

(4) सभी पक्षी पशु होते हैं।

नीचे दिए गए विकल्पों में से सबसे उपयुक्त उत्तर का चयन कीजिए:

(a) केवल (2) (b) केवल (1) और (4)

(c) केवल (3) (d) केवल (2) और (3)

29. निम्नलिखित में से कौन से कथन इस प्रकार संबंधित हैं कि वे दोनों सत्य नहीं हो सकते हैं, यद्यपि वे दोनों गलत हो सकते हैं?

(1) सभी वृक्षों में जड़ें होती हैं।

(2) किसी भी वृक्ष में जड़ें नहीं होती हैं।

(3) कुछ वृक्षों में जड़ें होती हैं।

(4) कुछ वृक्षों में जड़ें नहीं होती हैं।

नीचे दिए गए विकल्पों में सें सबसे उपयुक्त उत्तर का चयन कीजिए:

(a) केवल (3) और (4) (b) केवल (1) और (2)
(c) केवल (2) और (4) (d) केवल (1) और (3)

30. भारतीय शास्त्रीय न्याय मत के अनुसार निम्नलिखित में से कौन सा बाधित तर्क दोष (गैर-अनुमानसिद्ध व्याघातित मध्य पद) का उदाहरण है?

(a) ध्वनि गुण है क्योंकि यह दृश्य होती है।
(b) ध्वनि शाश्वत है क्योंकि यह उत्पन्न होती है।
(c) सभी वस्तुएँ गैर-शाश्वत हैं क्योंकि वे ज्ञेय होती हैं।
(d) अग्नि शीतल है क्योंकि यह एक तत्व होती है।

31. निम्नलिखित एमएस-एक्सेल शीट पर विचार कीजिए:

	A	B	C	D	E
1	दिन	मौसम	तापमान	टेनिस खेलना?	दौड़ने जाना?
2	सोमवार	सनी (Sunny)	हाई (High)		
3	मंगलवार	विन्डी (Windy)	हाई (High)		
4	बुधवार	रेनिंग (Raining)	मीडियम (Medium)		
5	गुरुवार	सनी (Sunny)	लो (Low)		
6	शुक्रवार	सनी (Sunny)	मीडियम (Medium)		

माना कि सूत्र =IF (B2= "Sunny", IF(C2<> "Low", "Yes", "No"), "No") D2 में प्रविष्ट किया जाता है और फिर सेल को कॉपी किया जाता है तथा इसे D3:D6 में पेस्ट किया जाता है। कॉलम D किन दिनों "Yes" दर्ज करेगा?

(a) केवल सोमवार और शुक्रवार
(b) केवल सोमवार और मंगलवार
(c) केवल गुरुवार और शुक्रवार
(d) सोमवार, गुरुवार और शुक्रवार

32. निम्नलिखित में से कौन सा कथन डाटा संपीड़न को सर्वोत्तम ढंग से वर्णित करता है?

(a) सुरक्षित की गई फाइल के फाइल साइज के परिकलन की प्रक्रिया
(b) एक से अधिक भाषा में वर्णों को कूटबद्ध करने की प्रक्रिया
(c) मूल डाटा की अपेक्षा कम बिट के प्रयोग द्वारा सूचना को कूटबद्ध करने की प्रक्रिया
(d) किसी फाइल से आवश्यक डाटा को हटाने की प्रक्रिया

33. नीचे दो कथन दिए गए हैं:

कथन I: ट्विटर वेब 2.0 अप्लीकेशन का एक उदाहरण है।

कथन II: वेब 2.0 स्थैतिक टेक्स्ट आधारित सूचना वेबसाइटों से संबंधित है।

उपरोक्त कथन के आलोक में, नीचे दिए गए विकल्पों में से सही उत्तर का चयन कीजिए:

(a) कथन I और II दोनों सत्य हैं।
(b) कथन I और II दोनों असत्य हैं।
(c) कथन I सत्य है, लेकिन कथन II असत्य है।
(d) कथन I असत्य है, लेकिन कथन II सत्य है।

34. निम्नलिखित में से कौन सी व्यवस्था समकालिक सम्प्रेषण का प्रयोग करती हैं?

(1) स्काइप वीडियो कॉल (2) फेसबुक चैट
(3) ईमेल (4) स्नैपचैट पर संदेशन
(5) टेलीफोन कॉल

नीचे दिए गए विकल्पों में से सही उत्तर का चयन कीजिए:

(a) केवल (1), (2) और (5)
(b) केवल (1), (2), (4) और (5)
(c) केवल (1), (3), (4) और (5)
(d) केवल (2) और (3)

35. सूची I के साथ सूची II का मिलान कीजिए।

सूची-I (भंडारण युक्ति)	सूची-II (विवरण)
(1) सॉलिड स्टेट ड्राइव (एसएसडी)	(i) वह आप्टिकल मीडिया जो एक साथ पठन-लेखन कार्य को करने के लिए संकेन्द्री ट्रैकों का प्रयोग करता है।
(2) रॉम (ROM)	(ii) इसकी प्रकृति अस्थाई होती है, यह प्रोग्राम और डाटा को वर्तमान प्रयोग के लिए संचित करता है।
(3) डीवीडी-रैम	(iii) इसका कोई घटक संचलनशील नहीं होता है और इसलिए यह बहुत सख्त एवं विश्वसनीय प्रौद्योगिकी है।
(4) रैम (RAM)	(iv) इसकी प्रकृति स्थायी होती है जो फर्मवेयर को भंडारित करता है।

निम्नलिखित विकल्पों में से सही उत्तर का चयन कीजिए:

(a) (1)–(i), (2)–(iv), (3)–(iii), (4)–(ii)
(b) (1)–(iii), (2)–(iv), (3)–(i), (4)–(ii)
(c) (1)–(ii), (2)–(iii), (3)–(i), (4)–(iv)
(d) (1)–(iv), (2)–(iii), (3)–(i), (4)–(ii)

36. पानी का क्लोरीनीकरण किस लिए किया जाता है?

(a) सूक्ष्म जीवाणुओं (माइक्रोब) को दूर करने के लिए
(b) कठोरता दूर करने के लिए
(c) लवण के अंश में वृद्धि करने के लिए
(d) गंदलापन कम करने के लिए

37. ओजोन परत की औसत मोटाई कितनी है?

(a) > 1 सेमी (b) < 1 सेमी
(c) 1 सेमी से 1 मीटर (d) > 1 मीटर

38. नीचे दो कथन दिए गए हैं:

कथन I: आयन विनिमय, तृतीयक अपशिष्ट जल शोधन प्रक्रिया का उदाहरण है।

कथन II: आयन विनिमय का प्रयोग अवशिष्ट निलंबित ठोस के अपनयन के लिए किया जाता है।

उपरोक्त कथन के आलोक में, नीचे दिए गए विकल्पों में से सही उत्तर का चयन कीजिए:

(a) कथन I और II दोनों सत्य हैं।
(b) कथन I और II दोनों असत्य हैं।
(c) कथन I सत्य है, लेकिन कथन II असत्य है।
(d) कथन I असत्य है, लेकिन कथन II सत्य है।

39. नीचे दो कथन दिए गए हैं:

कथन I: मांट्रियल प्रोटोकॉल समझौता वर्ष 1987 में हुआ था और वर्ष 1990 में अस्तित्व में आया।

कथन II: क्योटो प्रोटोकॉल समझौता वर्ष 1997 में हुआ था और वर्ष 2005 में अस्तित्व में आया।

उपरोक्त कथन के आलोक में, नीचे दिए गए विकल्पों में से सही उत्तर का चयन कीजिए:

(a) कथन I और II दोनों सत्य हैं।
(b) कथन I और II दोनों असत्य हैं।
(c) कथन I सत्य है, लेकिन कथन II असत्य है।
(d) कथन I असत्य है, लेकिन कथन II सत्य है।

40. नीचे दो कथन दिए गए हैं:

कथन I: कार्बन टेट्राक्लोराइड (CCl_4) कीटनाशकों और भारी धातुओं जैसे प्रदूषक यकृत को क्षति पहुँचाते हैं।

कथन II: यकृत को क्षति पहुँचाने वाले विषैले रसायनों को रक्तविषकारी (हिमैटोटोक्सिन्स) कहा जाता है।

उपरोक्त कथन के आलोक में, नीचे दिए गए विकल्पों में से सही उत्तर का चयन कीजिए:

(a) कथन I और II दोनों सत्य हैं।
(b) कथन I और II दोनों असत्य हैं।
(c) कथन I सत्य है, लेकिन कथन II असत्य है।
(d) कथन I असत्य है, लेकिन कथन II सत्य है।

41. गुणवत्तापरक उच्च शिक्षा को प्रोत्साहित करने के लिए मूल्यों और नैतिकता के निम्नलिखित में से किन मुख्य आयामों पर आवश्यक रूप से फोकस करना चाहिए?

(1) उत्तरदायित्व (2) सहभागिता
(3) सत्यनिष्ठा (4) सक्षमता
(5) पारदर्शिता

नीचे दिए गए विकल्पों में से सबसे उपयुक्त उत्तर का चयन कीजिए:

(a) केवल (1), (4) और (5)
(b) केवल (3) और (5)
(c) केवल (2), (3) और (4)
(d) (1), (2), (3), (4) और (5)

42. शिक्षा के उद्देश्य वाली प्रथम बौद्ध परिषद कहाँ गठित की गई थी?

(a) 1871 ई. में मांडले में
(b) 383 ई. पू. में वैशाली में
(c) 483 ई. पू. में सत्तपणी में
(d) 250 ई. पू में पाटलिपुत्र में

43. नीचे दो कथन दिए गए हैं:

कथन I: राष्ट्रीय शिक्षक शिक्षा परिषद (एनसीटीई) को वर्ष 1993 में संसद के अधिनियम द्वारा सांविधिक निकाय बनाया गया था।

कथन II: वर्ष 1948 में स्थापित विश्वविद्यालय शिक्षा आयोग के अध्यक्ष डॉ. एस. राधाकृष्णन थे।

उपरोक्त कथन के आलोक में, नीचे दिए गए विकल्पों में से सबसे उपयुक्त उत्तर का चयन कीजिए:

(a) कथन I और II दोनों सही हैं।
(b) कथन I और II दोनों गलत हैं।
(c) कथन I सही है, लेकिन कथन II गलत है।
(d) कथन I गलत है, लेकिन कथन II सही है।

44. भारत में वर्ष 1902 में निम्नलिखित में से कौन से इंजीनियरिंग कॉलेज थे?

(1) रुड़की (2) सिबापुर
(3) पूना (4) मद्रास

नीचे दिए गए विकल्पों में से सही उत्तर का चयन कीजिए:

(a) केवल (1), (2) और (4)
(b) (1), (2), (3) और (4)
(c) केवल (1) और (4)
(d) केवल (1) और (3)

45. सूची I के साथ सूची II का मिलान कीजिए।

सूची-I	सूची-II
(1) शास्त्र	(i) तर्क
(2) वार्ता	(ii) अधिगमित विषय
(3) काव्य	(iii) कृषि, व्यापार, वाणिज्य और पशु-पालन
(4) अन्विक्सिकी	(iv) कल्पनाशील और सृजनात्मक साहित्य

निम्नलिखित विकल्पों में से सही उत्तर का चयन कीजिए:

(a) (1)–(ii), (2)–(i), (3)–(iii), (4)–(iv)
(b) (1)–(ii), (2)–(iii), (3)–(i), (4)–(iv)
(c) (1)–(ii), (2)–(iii), (3)–(iv), (4)–(i)
(d) (1)–(iii), (2)–(ii), (3)–(iv), (4)–(i)

निम्नलिखित गद्यांश को पढ़िए और दिए गए प्रश्न का उत्तर दीजिए:

रुडयार्ड किपलिंग द्वारा 'व्हाइट मैन्स बर्डन' के विचार को 1899 में लिखी गई इसी शीर्षक की कविता के माध्यम से प्रोत्साहित किया गया और बढ़ावा दिया गया। 1860 तक भारत में ब्रिटिश विस्तार पूर्ण हो चुका था। 'व्हाइट मैन्स बर्डन'

की संकल्पना के एक शताब्दी पूर्व ही करनॉय इसका उपयोग अठाहरवीं सदी में ब्रिटिश विस्तार के लिए प्रेरक कारक के रूप में करते हैं। करनॉय की धारणा के विपरीत मिशनरी प्रारम्भ से ही स्थानीय लोगों के अधिकारों के लिए लड़तें थे। धारवाड़ जिले में एक कन्नड़ किसान की फाँसी को देखने के पश्चात रेव. वी. टेलर 1836 के बॉम्बे प्रेसीडेंसी में कन्नड़ को न्यायालय की भाषा में रूप में मान्यता दिलाने हेतु लड़े। उपनिवेश-पूर्व पेशवा शासन के कारण इस पूरे कन्नड भाषी जिले में ग्रामीण और जिला अधिकारी मराठी थे। औपनिवेशिक शासन में भी यही प्रणाली जारी रही। कन्नड़ किसान को फांसी इसलिए दी गई क्योंकि हत्या के आरोपी किसान ने अपने साक्ष्य कन्नड़ भाषा में रखे थे। इसे स्थानीय अधिकारी द्वारा मराठी में रिकॉर्ड किया गया और न्यायालय की कार्यवाही हिन्दुस्तानी में करायी गई। कैदी को न मराठी का ज्ञान था और न हिन्दुस्तानी का तथा उसने न चाहते हुए भी अपराध स्वीकार कर लिया। उसके विरुद्ध कोई परिस्थितिजन्य साक्ष्य नहीं था। उस पर हत्या का आरोप लगाया गया था और उसे फांसी दे दी गई। टेलर ने प्रशासन और शिक्षा की भाषा के रूप में कन्नड़ को अपनाए जाने के लिए प्रभावी लड़ाई लड़ी। छः माह के भीतर कन्नड़ राज-काज की भाषा बनायी गई और जिले में सत्ताईस कन्नड़ माध्यम वाले प्राथमिक विद्यालय स्थापित किए गए।

46. नीचे दो कथन दिए गए हैं: एक अभिकथन (Assertion A) के रूप में लिखित है तो दूसरा उसके कारण (Reason R) के रूप में:

अभिकथन (A): धारवाड़ जिले में ग्रामीण और जिला अधिकारी कन्नड़ थे।

कारण (R): उपनिवेश-पूर्व काल में धारवाड़ जिले में पेशवा का शासन था।

उपरोक्त कथनो के आलोक में, नीचे दिए गए विकल्पों में से सही उत्तर का चयन कीजिए।

(a) A और R दोनों सही हैं और R, A की सही व्याख्या है।
(b) A और R दोनों सही हैं, लेकिन R, A की सही व्याख्या नहीं है।
(c) A सही है, लेकिन R सही नहीं है।
(d) A सही नहीं है, लेकिन R सही है।

47. किसान द्वारा दिया गया साक्ष्य किस भाषा में रिकार्ड किया गया?

(a) हिन्दुस्तानी (b) कन्नड़
(c) मराठी (d) अंग्रेजी

48. नीचे दो कथन दिए गए है:

कथन I: करनॉय भारत में ब्रिटिश विस्तार के पक्ष में थे।

कथन II: करनॉय श्वेत लोगों की श्रेष्ठता में विश्वास करते थे।

उपरोक्त कथन के आलोक में, नीचे दिए गए विकल्पों में से सही उत्तर का चयन कीजिए:

(a) कथन I और II दोनों सही हैं।
(b) कथन I और II दोनों गलत हैं।
(c) कथन I सही है, लेकिन कथन II गलत है।
(d) कथन I गलत है, लेकिन कथन II सही है।

49. वह किसान जिसे फांसी दे दी गई, निम्नलिखित में से किस भाषा में बातचीत कर सकता था?

(a) हिन्दुस्तानी
(b) अंग्रेजी
(c) मराठी
(d) कन्नड़

50. निम्नलिखित में से कौन-कौन स्थानीय लोगों के अधिकारों के प्रति सहानुभूति रखते थे?

(1) रुडयार्ड किपलिंग
(2) वी. टेलर
(3) करनॉय

नीचे दिए गए विकल्पों में से सबसे उपयुक्त उत्तर का चयन कीजिए:

(a) केवल (1) और (2) (b) केवल (2)
(c) केवल (2) और (3) (d) केवल (3)

उत्तरमाला (ANSWER KEY)

1. (c)	**2.** (d)	**3.** (a)	**4.** (b)	**5.** (c)	**6.** (a)	**7.** (c)	**8.** (a)	**9.** (c)	**10.** (c)
11. (c)	**12.** (c)	**13.** (b)	**14.** (c)	**15.** (a)	**16.** (d)	**17.** (c)	**18.** (b)	**19.** (a)	**20.** (d)
21. (d)	**22.** (a)	**23.** (d)	**24.** (d)	**25.** (c)	**26.** (a)	**27.** (b)	**28.** (d)	**29.** (b)	**30.** (b)
31. (d)	**32.** (c)	**33.** (c)	**34.** (b)	**35.** (b)	**36.** (a)	**37.** (b)	**38.** (b)	**39.** (d)	**40.** (c)
41. (d)	**42.** (c)	**43.** (d)	**44.** (c)	**45.** (b)	**46.** (c)	**47.** (c)	**48.** (b)	**49.** (d)	**50.** (b)

संकेत और स्पष्टीकरण

1. **(c):** हमें 2020 में स्कूल C में लड़कियों के अनुपात की गणना करने के लिए A और B में 2020 के कुल की तुलना में कुछ मूलभूत जानकारी की आवश्यकता है।

2020 में स्कूल C में लड़कियाँ = 200

2020 में स्कूल A और B में कुल लड़कियाँ = 250 + 300 = 550

इस प्रकार, अनुपात = 200 : 550 = 4 : 11

अत: सही उत्तर (c) है।

2. **(d):** 2021 और 2017 में नामांकनों के बीच का अंतर:

स्कूल A: 300 – 200 = 100

स्कूल B: 250 – 150 = 100

स्कूल C: 275 – 100 = 175

स्कूल A और B में न्यूनतम अंतर 100 है।

इस प्रकार, सही उत्तर (d) है।

3. **(a):** 2019 में कुल लड़कियाँ: 275 + 150 + 199 = 624

अत: औसत = 624/3 = 208

इस प्रकार, सही उत्तर (a) है।

4. **(b):** 2017 में कुल लड़कियाँ = 200 + 150 + 100 = 450

इस प्रकार, वांछित प्रतिशत = (450/200) × 100 = 225%

इस प्रकार, सही उत्तर (b) है।

5. **(c):** प्रत्येक वर्ष के लिए कुल नामांकन:

2017 = 450; 2019 = 624; 2020 = 750; 2021 = 825

2021 में सबसे अधिक नामांकन कुल 825 है, और 2020 में दूसरा सबसे अधिक कुल 750 है।

इस प्रकार, सही उत्तर (c) है।

6. **(a): अतुल्यकालिक अंतरक्रिया (Asynchronous Interaction)** का तात्पर्य ऐसे संचार से है जो वास्तविक समय में नहीं होता है, जिससे प्रतिभागी, सीखने वाले और शिक्षकों को एक ही क्षण में संलग्न होने की आवश्यकता नहीं होती। इसमें सभी विकल्पों की निम्न चर्चा की गयी है।

   1. **वेब कॉन्फ्रेंसिंग (Web Conferencing)-** यह आमतौर पर समकालिक (तुल्यकालिक) होता है, क्योंकि इसमें वास्तविक समय में संचार शामिल होता है।
   2. **ई-मेल (E-mail)-** यह अतुल्यकालिक (असमकालिक) है। प्रतिभागी विभिन्न समयों पर ईमेल भेज और प्राप्त कर सकते हैं।
   3. **विकिज और सहयोगात्मक दस्तावेज़ (Wikis and Collaborative Documents)-** ये अतुल्यकालिक हैं। प्रतिभागी वास्तविक समय स्थापित करने की आवश्यकता के बिना विभिन्न समयों पर योगदान दे सकते हैं।
   4. **चर्चा बोर्ड (Discussion Boards)-** ये भी अतुल्यकालिक हैं। उपयोगकर्ता संदेश पोस्ट कर सकते हैं और उनकी सुविधानुसार उनका उत्तर दे सकते हैं।
   5. **लाइव स्ट्रीमिंग (Live Streaming)-** यह तुल्यकालिक है, क्योंकि इसमें वास्तविक समय में प्रसारण और देखना शामिल है।

इस प्रकार, 2, 3, और 4 अतुल्यकालिक परिस्थितियों का उल्लेख करते हैं, अत: (a) सही उत्तर है।

7. **(c) संज्ञानात्मक शिक्षुकता (cognitive apprenticeship)** के अंतर्गत, एक शिक्षार्थी एक विशेषज्ञ के मार्गदर्शन में ज्ञान और कौशल प्राप्त करता है। इसलिए, एक विशेषज्ञ की भूमिका महत्वपूर्ण है। उद्देश्य उच्च-कम के कौशल जैसे कि समस्या समाधान, आलोचनात्मक सोच, और मेटाकॉग्निशन का विकास करना है। संज्ञानात्मक शिक्षुकता ज्ञान की गहरी समझ और उसके अनुप्रयोग को प्राथमिकता देती है।

सही उत्तर कई तकनीकों का संयोजन (combination) है।

   1. **मार्गदर्शन (mentoring):** मार्गदर्शन, हालांकि संज्ञानात्मक शिक्षुकता में एक केंद्रीय रणनीति नहीं है, एक महत्वपूर्ण सहायता तंत्र के रूप में कार्य करती है। यह शिक्षार्थियों को मार्गदर्शन, प्रतिकिया, और प्रेरणा प्रदान करती है। शिक्षार्थी मार्गदर्शन के वास्तविक विश्व अनुभव से सीखता है। यह ज्ञान हस्तांतरण में मदद करती है और वांछित व्यवहारों को प्रदर्शित करती है, इस प्रकार यह परावर्तनशील सीखने में वृद्धि करती है।

      इसी विकल्प में, सहयोग और सामाजिकीकरण (collaboration and socializing) विभिन्न सीखने के संदर्भों में लागू की जा सकने वाली सामान्य प्रथाएँ हैं।

   2. **प्रतिरूपण (modelling):** विशेषज्ञ एक कार्य का प्रदर्शन करता है ताकि छात्र देख सकें और सीख सकें।

      कोचिंग (coaching): विशेषज्ञ छात्र के अभ्यास के दौरान प्रतिकिया और समर्थन प्रदान करता है।

      पाड़ या मचान (scaffolding): विशेषज्ञ छात्र को सीखने में मदद के लिए समर्थन संरचनाएँ प्रदान करता है।

   3. **आवर्धन (augmentation):** यह आमतौर पर निष्क्रिय अनुभव या पुनर्बलन पर केंद्रित होता है, जो सीधे तौर पर मुख्य सिद्धांतों के अनुरूप नहीं होता। यह एक मुख्य सिद्धांत नहीं है।

      प्रतिधारण (retention): यह समय के साथ जानकारी को याद रखने और पुन: प्राप्त करने की क्षमता का उल्लेख करता है। यह फिर से एक मूल सामान्य कौशल है, और संज्ञानात्मक शिक्षुकता के लिए एक विशिष्ट कौशल नहीं है।

      व्याख्या करना (explaining): यह शब्द एक अवधारणा या प्रकिया की अपनी समझ को व्यक्त करने की क्षमता का उल्लेख करता है।

   4. **स्पष्ट प्रगटीकरण (articulation):** यह छात्रों को उनके ज्ञान और तर्क को व्यक्त करने के लिए प्रोत्साहित करता है।

      प्रतिबिंबन (reflection): यह छात्रों को उनके समस्या समाधान कौशल की तुलना एक विशेषज्ञ, साथी के साथ करने में मदद करता है, यह उनके पिछले प्रदर्शन के संदर्भ में हो सकता है।

      अन्वेषण (exploration): यह छात्रों को स्वयं समस्याओं को प्रस्तुत करने और हल करने के लिए प्रोत्साहित करता है।

5. **स्मृतिकरण (memorization):** यह सभी प्रकार के सीखने के लिए मूल है।

   पूर्वाभ्यास (rehearsal): यह सीखने को सशक्त करने के लिए जानकारी या कौशलों की पुनरावृत्ति का उल्लेख करता है।

   पहचान (identifying): यह ज्ञान के निर्माण के लिए पैटर्न की पहचान या पहचान का उल्लेख करता है।

   इस प्रकार, मुख्य रूप से 2 और 4 लागू होते हैं, इस प्रकार (c) सही उत्तर है।

8. (a): गैर अनुकूलित उद्दीपक (Unconditional Stimulus - US or UCS): सदैव याद रखें कि गैर अनुकूलित उद्दीपक एक प्राकृतिक अनुक्रिया (या प्रतिकिया) के लिए एक प्राकृतिक ट्रिगर है। यह एक प्रकार की रिफ्लेक्स किया है जब हम गरम स्टोव को छूते हैं और तुरंत अपना हाथ खींच लेते हैं। इस क्रिया के लिए कोई पूर्व सीखने की आवश्यकता नहीं होती है, हमारा मन वास्तव में इसके लिए तैयार नहीं होता है।

पावलोव (Pavlov) के प्रयोग में इसी प्रकार, भोजन गैर अनुकूलित उद्दीपक था और एक प्राकृतिक अनुक्रिया (लार) बिना किसी पूर्व अनुकूलन (या केवल प्रशिक्षण कहें) के हुई। बाद में, भोजन रखने से पहले एक घंटी जोड़ी गई, जो कि अनुकूलित उद्दीपक थी। यह केवल गैर अनुकूलित उद्दीपक (भोजन) के साथ बार-बार जोड़े जाने के बाद ही लार को ट्रिगर करना शुरू कर दिया।

- **अनुकूलित उद्दीपक (Conditioned Stimulus - CS):** यह पहले तटस्थ उद्दीपक है जो, गैर अनुकूलित उद्दीपक के साथ जुड़ने के बाद, अंततः एक अनुकूलित (शर्तीकृत) अनुकिया को ट्रिगर करने लगता है।
- **गैर अनुकूलित अनुक्रिया (Unconditioned Response - UR or UCR):** यह एक असीखी हुई प्रतिक्रिया है जो प्राकृतिक रूप से गैर अनुकूलित उद्दीपक के अनुकिया में होती है।
- **अनुकूलित अनुक्रिया (Conditioned Response - CR):** यह पहले तटस्थ उद्दीपक के लिए सीखी गई अनुक्रिया है।

वांछित व्यवहार के लिए किसी भी अनुकूलन (शर्तीकरण) की आवश्यकता नहीं होने वाले उद्दीपक को गैर अनुकूलित उद्दीपक कहा जाता है। इसलिए, सही उत्तर (a) है।

9. (c) तकनीकी-वैज्ञानिक निदर्श (Technical-Scientific Models): ये व्यवस्थित योजना, तार्किक विश्लेषण और कठोरता पर केंद्रित होते हैं। ये पाठ्यक्रम विकास में मदद करते हैं।

1. टाबा का निदर्श (Taba's Model): यह एक विशिष्ट तकनीकी-वैज्ञानिक निदर्श है जो पाठ्यक्रम विकसित करने के लिए एक व्यवस्थित तरीके पर ध्यान केंद्रित करता है।
2. खुली कक्षा निदर्श (Open Classroom Model): यह अधिक शिक्षार्थी-केंद्रित और लचीला है, इसलिए, यह एक विशिष्ट तकनीकी-वैज्ञानिक निदर्श नहीं है।
3. वेइन्स्टीन और फैंटिनी निदर्श (Weinstein and Fantini Model): यह बहुसांस्कृतिक शिक्षा पर अधिक केंद्रित है। यह सख्ती से एक तकनीकी-वैज्ञानिक दृष्टिकोण नहीं है।
4. हन्किन का विकास निदर्श (Hunkin's Development Model): यह एक व्यावहारिक, प्रकियात्मक निदर्श है जो तकनीकी-वैज्ञानिक दृष्टिकोण की परिभाषा में फिट बैठता है।
5. गुडलैड का निदर्श (Goodlad's Model): यह भी तकनीकी-वैज्ञानिक अवधारणा में फिट बैठता है क्योंकि इसमें व्यवस्थित दृष्टिकोण होता है।

इस प्रकार, 1, 4 और 5 लागू होते हैं, सही उत्तर (c) है।

10. (c)

1. चैनल 01 - वागीश - भाषा और साहित्य - IV
2. चैनल 02 - संस्कृति - इतिहास, संस्कृति, और दर्शन - I
3. चैनल 03 - प्रबोध - सामाजिक विज्ञान - II
4. चैनल 04 - सारस्वत - संगीत और ललित कलाएँ - III

इस प्रकार, 1 – IV, 2 – I, 3 – II, 4 – III, सही उत्तर (c) है।

11. (c): जब एक शोधकर्ता चरों को नियंत्रित नहीं कर सकता और केवल यह रिपोर्ट कर सकता है कि क्या हुआ है या हो रहा है, इस प्रकार के शोध को एक्स कार्योत्तर शोध (Ex Post Facto Research) के रूप में जाना जाता है।

12. (c) मान लीजिए कि हम जांचते हैं कि एक नया उर्वरक (स्वतंत्र चर) पौधों की लम्बाई को बढ़ने में सहायता करता है (परावर्ती चर)। हम अपने शोध को ऐसे डिजाइन करते हैं कि हम पौधों को एक ही प्रकार की मिट्टी, पानी, और सूर्य की रोशनी में उगाते हैं, और उनमें से कुछ को उर्वरक देते हैं और कुछ को नहीं। इससे हम यह सुनिश्चित करते हैं कि अन्य कारक, जो पौधे की वृद्धि को प्रभावित कर सकते हैं, समान या नियंत्रित हैं। हम केवल उर्वरक चर पर केंद्रित हैं। शोध में कारणता के मुद्दे से संबंधित अवधारणा आंतरिक वैधता (Internal Validity) है। हम अन्य भ्रामक चरों से बचने का प्रयास करते हैं।

13. (b) स्तरीकृत यादृच्छिक प्रतिचयन (Stratified Sampling): यदि हम विशेष रूप से मान लें कि जनसंख्या 'विविधतापूर्ण' हो, तो इस प्रकार का स्तरीकृत यादृच्छिक प्रतिचयन शोधकर्ता को अधिक सटीक और व्यापक चित्र प्रदान करता है। यदि शोधकर्ता एक बड़ी जनसंख्या के भीतर विशिष्ट उपसमूहों (specific groups) के बारे में निष्कर्ष निकालने में अधिक रुचि रखते हैं, तो भी हमें अधिक सहायता मिलती है। वे यह भी सुनिश्चित करना चाहते हैं कि महत्वपूर्ण उपसमूह नमूने में पर्याप्त रूप से प्रतिनिधित्व किए गए हों। यदि हम यह स्तरीकृत प्रतिचयन दृष्टिकोण विविधतापूर्ण भारतीय जनसंख्या के लिए प्रयोग करें तो अधिक उपयुक्त रहेगा, विशेषकर जापान या चीन की तुलना में।

14. (c): शोध की नैतिकता और समझ के लिए डीब्रीफिंग आवश्यक है, यह शोध का गुणवत्ता बढ़ाता है, इससे शोध निष्पक्ष, विश्वसनीय, और वैध बनता है। लेकिन यह 'सूचित सहमति' (informed consent) नहीं है जो अध्ययन से पहले ली जाती है। प्रतिभागियों को पहले बताने से वे शोध से दूर या उसे बिगाड़ सकते हैं, इसलिए डीब्रीफिंग जरूरी हो जाती है। जैसे, एक दर्द निवारक अध्ययन में, प्रतिभागियों को यह बाद में बताया जाता है कि उन्हें नई दवा दी गई थी, न कि असली दवा। यह अध्ययन का उद्देश्य और ढंग समझाता है। इस नीति से प्रतिभागी विश्वासी बनते हैं और उन्हें आगे भी अध्ययन में शामिल किया जा सकता है।

15. (a): इस प्रश्न का उत्तर है (a) नामिक (Nominal)। नामांकन पैमाने मापने का सबसे निम्न स्तर है, जहां डेटा को केवल लेबल या नामों से वर्गीकृत किया जा सकता है, लेकिन उन्हें क्रमबद्ध या व्यवस्थित नहीं किया जा सकता है। उदाहरण के लिए, लिंग, जातीयता, और कार के ब्रांड नामांकन चर हैं। आप उन्हें किसी भी सार्थक तरीके से क्रमबद्ध नहीं कर सकते हैं।

अन्य तीन पैमाने मापने, क्रमसूचक (Ordinal), अंतराल (Interval), और अनुपात (Ratio), किसी मापदंड के आधार पर अवलोकनों को क्रमबद्ध करने की अनुमति देते हैं। क्रमांकन पैमाने श्रेणियों के आपसी क्रम को भी दिखाते हैं, जैसे भाषा क्षमता या लाइकर्ट-प्रकार के प्रश्न। अंतराल पैमाने में आसन्न मूल्यों के बीच बराबर अंतराल होते हैं, जैसे तापमान या परीक्षा के अंक। अनुपात पैमाने में एक सच्चा शून्य बिंदु होता है और चर की पूर्ण मात्रा को माप सकता है, जैसे लंबाई या वजन।

16. (d): माधय्त (मध्यस्थित) संप्रेषण में आलोचनात्मक पढ़ना संज्ञानात्मक (cognitive) स्वभाव का है क्योंकि इसमें पाठक को सक्रिय रूप से पाठ और उसके तर्कों का विश्लेषण, व्याख्या, और मूल्यांकन करना पड़ता है। आलोचनात्मक पढ़ना निष्क्रिय पठन से अलग है, जो केवल पाठ का अवशोषण या समझना है। आलोचनात्मक पढ़ने में प्रश्न पूछना, मान्यताओं की पहचान करना, साक्ष्य का मूल्यांकन करना, और पाठ को चुनौती देना शामिल है।

आलोचनात्मक पढ़ना शैक्षिक और व्यावसायिक सफलता के लिए एक महत्वपूर्ण कौशल है, क्योंकि इससे संज्ञानात्मक सोच, संचार, और समस्या-निवारण की क्षमताओं का विकास होता है।

17. (c) प्रतीकात्मक संप्रेषण का अर्थ है ऐसे प्रतीक, जैसे कि शब्द, संकेत, चित्र, या ध्वनियाँ, का उपयोग, जो एक समूह या संस्कृति द्वारा साझा कि, गए अर्थों को व्यक्त करते हैं। यह हमें अपने विचारों, भावनाओं, और विचारों को व्यक्त करने के साथ.साथ अन्य लोगों के साथ समय और स्थान के पार संवाद करने की अनुमति देता है। प्रतीकात्मक संचार हमें विभिन्न प्रकार की कला, साहित्य, विज्ञान, और संस्कृति में रचना और भागीदारी करने में भी सक्षम बनाता है।

प्रतीकात्मक संचार अन्य संचार के ढंगों, जैसे यंत्रीय (instrumental), गैर-आनुष्ठानिक (non-ritualistic), यांत्रिक (mechanical) से भिन्न है, जो अधिक शारीरिक क्रियाओं, प्राकृतिक प्रतिक्रियाओं, या कृत्रिम उपकरणों पर आधारित हैं। प्रतीकात्मक संचार को उच्च स्तर की संज्ञानात्मक और भाषिक कौशलों की आवश्यकता होती है, इसके साथ ही प्रतीक प्रणाली की सामान्य समझ भी हमें होनी चाहिए।

18. (b): शिक्षा प्रणाली के साथ संचार का एकीकरण यह दर्शाता है कि इससे मुख्य रूप से शिक्षार्थियों को लाभ होना चाहिए। इससे हमें निम्नलिखित लाभ मिलते हैं:

2. शैक्षिक अधिकारों की सार्वजनिक जागरूकता बढ़ाना - ताकि संचार चैनलों के माध्यम से पारदर्शी तरीके से सार्वजनिक जुड़ाव बढ़ाया जा सके।
3. नीति नर्माण की गुणवत्ता में सुधार करना - हितधारकों से विविध परिप्रेक्ष्यों और प्रतिक्रिया को ध्यान में रखकर।
4. शैक्षिक सेवा वितरण में सुधार करना - सिस्टम को जानकारी साझा करने, प्रतिकिया तंत्र के माध्यम से अधिक कुशल बनने की आवश्यकता है। शिक्षकों, प्रशासकों, अभिभावकों, और छात्रों के बीच सहयोग होना चाहिए।

इस प्रकार, (b) सही उत्तर है।

19. (a) कथन I: यह कथन आम तौर पर सच है क्योंकि इंटरनेट साइबरस्पेस की व्यापक अवधारणा का एक हिस्सा है, जो आभासी कंप्यूटर की दुनिया है।

कथन II: यह कथन भी सत्य है, क्योंकि साइबरस्पेस में विभिन्न डिजिटल संचार मंच और मीडिया शामिल हैं।

सही उत्तर है (a) - कथन I और कथन II दोनों ही सत्य हैं।

20. (d) आइए संचार प्रभावों को देखें:

1. यंत्रीय प्रभाव (Instrumental Effect) (A) - (IV) यह मूल रूप से लक्ष्यों की उपलब्धि से जुड़ा हुआ है।
2. प्रतिष्ठा प्रभाव (Prestige Effect) - (I) यह आत्म-अनुमोदन प्रतिष्ठा प्रभाव से जुड़ा हुआ है।
3. सौंदर्य शास्त्रीय प्रभाव (Aesthetic Effect) - (II) यह सौंदर्य कला और साहित्य के नमूनों के साथ जुड़ा हुआ है।
4. प्रविलंबन प्रभाव (Respite Effect) - (III) इसका अर्थ है कि हास्य की भावना दिखाना, यह एक ब्रेक या राहत को दर्शाता है जो 'एक सुखद व्याकुलता' है।

इस प्रकार, 1-IV, 2-I, 3-II, 4-III के साथ, सही उत्तर (d) है।

21. (d) मान लीजिए कि कुल फल भंडार = 100

पहला दिन और रात

पहले दिन बेचे गए फलों की संख्या = 50%

शाम को बचे हुए फल = 100 − 50 = 50

पहली रात में बर्बाद होने वाले फल = 50 का 10% = 5

इस प्रकार, पहले दिन की कथा 50 + 5 = 55 फलों के साथ समाप्त होती है।

दूसरा दिन और रात

सुबह में फलों की संख्या = 100 − 55 = 45

दूसरे दिन बेचे गए फलों की संख्या = 45 का 50% = 22.5

शाम को बचे फलों की संख्या = 45 − 22.5 = 22.5

दूसरी रात के दौरान नष्ट किए गए फल = 22.5 का 10% = 2.25

दूसरे दिन के दौरान बेचे और बर्बाद हो गए फलों की कुल संख्या = 22.5 + 2.25 = 24.75

तीसरे दिन और रात को सुबह बेचे जाने वाले फलों की संख्या = 100 −(55 + 24.75) = 20.25

बेचे गए फल = 20.25 का 50% = 10.125

बर्बाद किए गए फल = 10.125 का 10% = 1.0125

तीन दिनों के बाद की स्थिति

कुल बर्बाद फल = 5 + 2.25 + 1.0125 = 7.26 8.2625%

वास्तव में कुल फल = 1983

कुल वास्तविक फल = 1983 × 100/8.2625 = 24000

अत: (d) सही उत्तर है।

22. (a)

हम मान सकते हैं कि साधारण ब्याज (Simple Interest) = SI तथा चक्रवृद्धि ब्याज (Compound Interest) = CI

आइए मान लें, कुल मूलधन (SI और CI – दोनों के लिए) = ₹100

ब्याज दर = 5%, समय अवधि = 2 वर्ष

SI और CI के लिए प्रथम वर्ष में पूर्ण ब्याज राशि ₹5 है, दोनों प्रथम वर्ष के लिए समान हैं।

अंतर दूसरे वर्ष के दौरान ब्याज के कारण आता है।

SI गणना के लिए मूल राशि 100 + 5 = ₹105

दूसरे वर्ष के लिए, CI और SI के बीच का अंतर = 105 × 5 × 1/100 = ₹5.25

दूसरे वर्ष के लिए SI = ₹5 रुपये

इस प्रकार, अंतर = 5.25 – 5 = ₹0.25

यदि अंतर ₹0.25 है, तो मूल राशि = ₹100

यदि अंतर ₹11.25 है, तो मूल राशि = 100/.25 × 11.25 = ₹4,500

23. (d):

हमें उच्चतम मूल्य की गणना करने की आवश्यकता है:

$X^2 = 10 \times 10 = 100,\ y^2 = 0.1 \times 0.1 = .01 = 1/100$

अब उन्हें विकल्पों में फिट करें

(a) 100 × 1/100 = 1

(b) 100 – .01 = 99.99

(c) 100 + .01 = 100.01

(d) 100/1/100 = 100 × 100 = 10000

अत: (d) सही उत्तर है।

24. (d): सर्वप्रथम हम 'Tour', 'Screw', तथा 'Tear' कूटों का उपयोग करेंगे:

T	O	U	R
4	1	5	6

S	C	R	E	W
7	3	6	9	8

T	E	A	R
4	9	2	6

उपरोक्त कूटन करने के बाद हम SWEATER का कूट प्राप्त करेंगे:

S	W	E	A	T	E	R
7	8	9	2	4	9	6

अत: (d) सही उत्तर है।

25. (c): हम यहाँ 5 को प्रथम संख्या मान कर चलेंगे:

$5 + 2^1 = 7;\ 7 + 2^2 = 11;\ 11 + 2^3 = 19;$

$19 + 2^4 = 35;\ 35 + 2^5 = 67;\ 67 + 2^6 = 131$

अत: (c) सही उत्तर है।

26. (a) यहाँ, त्रुटि है 'आत्माश्रय दोष' (begging the question)। हम इस दोष को प्रमाणित करने के लिए निम्नलिखित दृश्य विकसित कर सकते हैं।

कथन या पूर्व कथन या पूर्वधारणा (Premise): जिन लोगों के पास पर्याप्त संसाधन नहीं हैं, उन्हें समुदाय के संसाधनों का अधिकार है।

निष्कर्ष (Conclusion): एक समाज के रूप में, हमारी ज़रूरतमंदों का समर्थन करने की ज़िम्मेदारी है।

पूर्वधारणा एक सामाजिक ज़िम्मेदारी को मान लेती है (ज़रूरतमंदों के समुदाय के संसाधनों के अधिकार के माध्यम से)। यह पूर्वधारणा निष्कर्ष की ओर भी ले जाती है कि समाज की एक ज़िम्मेदारी है। इस प्रकार, तर्क में इसके पूर्वधारणा के लिए कोई स्वतंत्र समर्थन नहीं है। इस प्रकार, दोनों एक ही दिशा में जाते हैं। यह वृत्ताकार तर्क 'प्रश्न की याचना' त्रुटि की विशेषता है।

(b) वाक्छल (या समानार्थी भ्रम – Equivocation)– यह त्रुटि तब होती है जब तर्क में एक शब्द का उपयोग विभिन्न अर्थों के साथ अस्पष्ट रूप से किया जाता है। उदाहरण के लिए, इस मामले में 'संसाधन'।

(c) संहति दोष (या संगठन की त्रुटि - Fallacy of Composition)– जो कुछ एक समूह के व्यक्तिगत भागों के लिए सत्य है, वह समूह के समग्र के लिए भी सत्य है।

(d) मनोभाव आग्रह (Appeal to Emotions): यह वास्तव में कुछ भावनाओं का और अधिकारों का अधिक है।

27. (b):

A-II: 'कोई भी मछली स्तनपायी नहीं होती है' का अर्थ है 'कोई भी स्तनपायी मछली नहीं होती है' (विपरीतानुमान – contrapositive)।

B-I: 'सभी मछलियाँ स्तनपायी होती हैं' का अर्थ है 'कोई भी मछली गैर-स्तनपायी नहीं होती है' (विरोधी)।

C-IV: 'कुछ मछलियाँ स्तनपायी होती हैं' का अर्थ है 'कुछ स्तनपायी मछलियाँ होती हैं' (अनुमान)।

D-II: 'कुछ स्तनपायी मछलियाँ नहीं होती हैं' का अर्थ है 'कुछ स्तनपायी गैर-मछलियाँ होती हैं' (विशेष सकारात्मक – particular affirmative)।

इसलिए, (b) सही उत्तर है।

28. (d): हमें पुस्तक में यूनिट 6 में विरोध का परम्परागत वर्ग के अंतर्गत सत्य सारणी का संदर्भ लेना होगा।

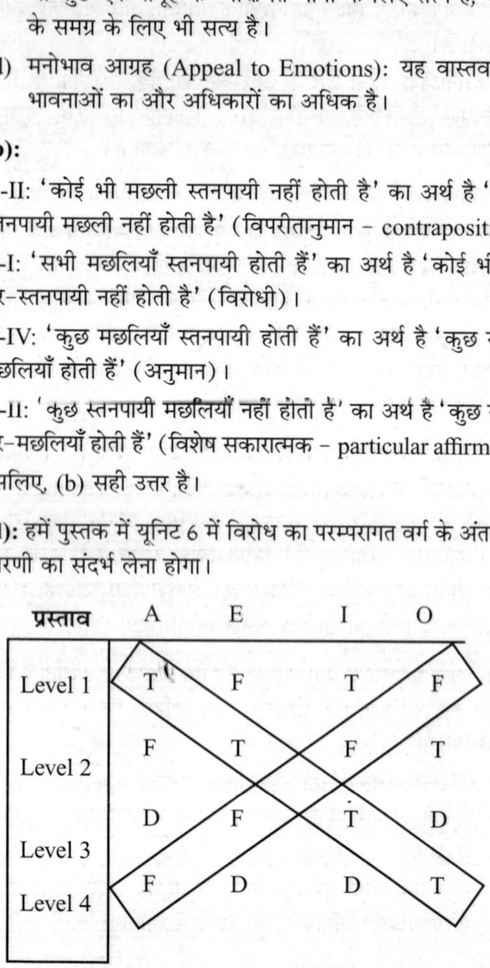

प्रश्न के मुख्य कथन में 'कुछ पशु पक्षी होते हैं' (I) को असत्य बताया गया है। हमें प्रश्न के अनुसार, सत्य तालिका में सत्य कथन/कथनों की पहचान करनी होगी।

1. सभी पशु पक्षी होते हैं (A) - असत्य
2. कोई भी पशु पक्षी नहीं होते हैं (E) - सत्य
3. कुछ पशु पक्षी नहीं होते हैं (O) - सत्य
4. सभी पक्षी पशु होते हैं (A) - असत्य

इसलिए, 2 और 3 सत्य हैं, इसलिए (d) सही उत्तर है।

29. (b):

सबसे पहले हम मुख्य प्रश्न में दी गई परिभाषा को समझने का प्रयत्न करते हैं। इन कथनों को विरोधी (contraries) कहा जाता है। विरोधी वे A और E प्रस्ताव हैं, जैसे 'सभी वृक्षों में जड़ें होती हैं' और 'किसी भी वृक्ष में जड़ नहीं होती है'। विरोधी एक-दूसरे के विरुद्ध होते हैं, यानि कि वे एक ही समय में एक-दूसरे को सत्य होने से रोकते हैं। हालांकि, वे दोनों गलत भी हो सकते हैं। अत: प्रश्न में 1 और 2 ऐसा जोड़ा है जो कि सही उत्तर बनता है।

30. (b): ध्वनि शाश्वत है क्योंकि यह उत्पन्न होती है। यह कथन न्याय तर्क में बाधित हेत्वाभाषा का उदाहरण है। बाधित भ्रम तब उत्पन्न होता है जब एक तर्क कुण्डली में मध्य पद को एक शक्तिशाली ज्ञान का स्रोत (प्रमाण) विरोध करता है। इस विषय में मध्य पद 'उत्पन्न' होता है।

31. (d): फार्मूला को निम्न प्रकार से तोड़ा जा सकता है: =IF(B2 = "Sunny", ...): यह जांचने के लिए कि सेल B2 में मौजूद मान "Sunny" है या नहीं।

- IF(C2 = "Low", "Yes", ...): यदि B2 "Sunny" है, तो यह जांचता है कि सेल C2 में मौजूद मान "Low" है या नहीं। यदि हां, तो फार्मूला "Yes" लौटाता है। अन्यथा, यह अगले भाग पर जाता है।
- "No", ...): यदि B2 "Sunny" नहीं है या C2 "Low" नहीं है, तो फार्मूला "No" लौटाता है। जब हम D2 से D3:D6 तक फार्मूला की प्रतिलिपि बनाते हैं, तो संदर्भ आपसी स्थिति के आधार पर स्वचालित रूप से बदल जाते हैं। इस प्रकार, हम निम्नलिखित देख सकते हैं:
- D3 जांचता है कि B3 "Sunny" है और, यदि हां, तो C3 "Low" है। चूंकि B3 "Windy" है और C3 "High" है, इसलिए D3 "No" लौटाता है।
- D4 जांचता है कि B4 "Sunny" है और, यदि हां, तो C4 "Low" है। चूंकि B4 "Raining" है और C4 "Medium" है, इसलिए D4 "No" लौटाता है।
- D5 जांचता है कि B5 "Sunny" है और, यदि हां, तो C5 "Low" है। चूंकि B5 "Sunny" है और C5 "Low" है, इसलिए D5 "Yes" लौटाता है।
- D6 जांचता है कि B6 "Sunny" है और, यदि हां, तो C6 "Low" है। चूंकि B6 "Sunny" है और C6 "Medium" है, इसलिए D6 "No" लौटाता है। फार्मूला केवल सोमवार (D2), गुरुवार (D5), और शुकवार (D6) के लिए "Yes" बताता है, इसलिए (d) उत्तर है।

32. (c) डेटा संपीड़न (data compression) मूल प्रतिनिधित्व की तुलना में कम बिट्स का उपयोग करने के लिए जानकारी को कूटबद्ध करने की प्रकिया है।

33. (c): आइए निम्न कथनों पर एक दृष्टि डालें:

कथन I: ट्विटर वास्तव में एक वेब 2.0 एप्लिकेशन का उदाहरण है, क्योंकि यह उपयोगकर्ता इंटरैक्शन और सामग्री उत्पादन की अनुमति देता है, और साथ ही समुदाय बनाता है।

कथन II: वेब 2.0 का संदर्भ विश्व वाइड वेब की दूसरी पीढ़ी से है, जो उपयोगकर्ता द्वारा उत्पन्न सामग्री, उपयोगकर्ता अनुकूलता, और अंतर्कियाशीलता पर जोर देती है। यह स्थिर पाठ-आधारित जानकारी वेबसाइटों का संदर्भ नहीं देता है। कथन I सत्य है लेकिन कथन II असत्य है, इसलिए, सही उत्तर (c) है।

34. (b): समकालिक संप्रेषण या संचार वह है जहां संचार वास्तविक समय में होता है। दिए गए विकल्पों में से स्काइप वीडियो कॉल, फेसबुक चैट, स्नैपचैट संदेशन, और टेलीफोन कॉल समकालिक हैं। ईमेल असमकालिक है। यहां, 1, 2, 4, और 5 लागू होते हैं, इसलिए, सही उत्तर (b) है।

35. (b)

1. सॉलिड स्टेट ड्राइव (एस.एस.डी) - इसमें कोई भी घूमने वाला भाग नहीं होता है और यह बहुत सशक्त और विश्वसनीय होता है।
2. ROM - यह अपरिवर्तनीय होता है और फर्मवेयर को भंडारित करता है
3. DVD-RAM - यह ऑप्टिकल मीडिया है जो समकालिक पढ़ने-लिखने के लिए समानांतर ट्रैक का उपयोग करता है।
4. RAM - यह अस्थाई या परिवर्तनीय होता है और वर्तमान में उपयोग में आने वाले कार्यकमों और डेटा को भंडारित करता है।

इस प्रकार, A-III, B-IV, C-I, D-II और सही उत्तर (b) है।

36. (a): जल के क्लोरीनेशन का मुख्य उद्देश्य जीवाणुओं को हटाना या मारना है। इस प्रकार यह एक जल उपचार प्रकिया है जो जल को विषैला होने से रोकती है, जो प्रभावी रूप से हानिकारक बैक्टीरिया, वायरस, और प्रोटोजोआ को नष्ट करती है, जिससे जल का सेवन सुरक्षित हो जाता है। इसके अतिरिक्त, जल उपचार प्रकिया में क्लोरीन का उपयोग लौह और मैंगनीज जैसी अशुद्धियों को ऑक्सीकरण करने में मदद करता है, जिससे कुल जल गुणवत्ता में सुधार होता है। इसके अलावा, क्लोरीनेशन निलंबित कणों को बैठने और हटाने में सहायता करता है, जिससे जल स्पष्ट और सुरक्षित हो जाता है, जिसका विभिन्न उपयोगों, जैसे पीने के लिए, किया जा सकता है।

37. (b). ओजोन परत की औसत मोटाई 1 सेमी से कम है। सही उत्तर है (b) <1 सेमी।

38. (b): आइए आयन आदान के बारे में कथनों पर एक दृष्टि डालें:

कथन I: आयन आदान को आमतौर पर तृतीय अपशिष्ट जल उपचार प्रकिया के रूप में श्रेणीबद्ध नहीं किया जाता है; यह अक्सर प्राथमिक या द्वितीय उपचार का भाग होता है।

कथन II: आयन आदान का उपयोग आयनों (जैसे कैल्शियम और मैग्नेशियम) को हटाने के लिए किया जाता है, अवशिष्ट निलंबित ठोसों के लिए अनिवार्य नहीं है। कथन I और कथन II दोनों गलत हैं, इसलिए सही उत्तर है (b)।

39. (d): कथन I: मॉन्ट्रियल समझौता वास्तव में वर्ष 1987 में हुआ था और 1 जनवरी, 1989 को लागू हुआ था। यह वर्ष 1990 नहीं था, इसलिए यह कथन गलत है।

कथन II: क्योटो समझौता वर्ष 1997 में हुआ था और वर्ष 2005 में लागू हुआ था। यह कथन सत्य है। इसलिए, (d) सही उत्तर है।

40. (c): कथन I: यह सत्य है कि कुछ प्रदूषक, जैसे कार्बन टेट्राक्लोराइड, कीटनाशक, और भारी धातुएं, लीवर को नुकसान पहुंचा सकते हैं।

कथन II: यकृत (liver) को नुकसान पहुंचाने वाले विषैले रसायनों को हेपेटोटॉक्सिन, न कि हेमेटोटॉक्सिन कहा जाता है। कथन I सत्य है लेकिन कथन II असत्य है, इसलिए सही उत्तर (c) है।

41. (d): इन मूल्यों और नैतिकता के सभी महत्वपूर्ण आयामों का उच्च शिक्षा की गुणवत्ता को बढ़ावा देने में महत्व है। यूजीसी के मुल्य प्रवाह 2.0 पर दिशानिर्देशों के अनुसार, जो उच्च शिक्षा संस्थानों में मानवीय मूल्यों और व्यावसायिक नैतिकता को स्थापित करने का उद्देश्य रखते हैं, इन आयामों का संस्थानों में एक मूल्य-आधारित वातावरण और संस्कृति बनाने के लिए आवश्यक है।

42. (c): पहला बौद्ध परिषद् का गठन 483 ईसा पूर्व सत्तपणी में हुआ। इसके बारे में परंपरागत रूप से यह कहा जाता है कि यह बुद्ध के अंतिम निर्वाण के तुरंत बाद हुआ था, और इसकी अध्यक्षता बुद्ध के सबसे वरिष्ठ शिष्यों में से एक महाकाश्यप ने की थी, जो राजगृह (आज का राजगीर) के पास एक गुफा में राजा अजातशत्रु के समर्थन से हुआ था। इसका उद्देश्य बुद्ध के कथनों (सूत्र) और मठीय अनुशासन या नियमों (विनय) को संरक्षित करना था।

43. (d): कथन I: राष्ट्रीय शिक्षक शिक्षा परिषद (NCTE) वास्तव में संसद के एक अधिनियम द्वारा एक वैधानिक निकाय के रूप में स्थापित की गई थी। वर्ष 1995 था, न कि 1993।

कथन II: डॉ. एस. राधाकृष्णन 1948 में स्थापित विश्वविद्यालय शिक्षा आयोग के अध्यक्ष थे। कथन I गलत है लेकिन कथन II सही है। सही उत्तर (d) है।

44. (c): 1 और 3 सही उत्तर हैं। वर्ष 1902 में रुड़की और पुणे भारत के सबसे पुराने और प्रतिष्ठित इंजीनियरिंग कॉलेजों में से थे। उन्हें 19वीं शताब्दी में ब्रिटिश द्वारा स्थापित किया गया था और उन्होंने नागरिक, यांत्रिक, और विद्युत इंजीनियरिंग के कोर्स प्रदान किए थे।

45. (b): शास्त्र, वार्ता, काव्य, और अन्विक्षिकी प्राचीन भारत में शिक्षा की कुछ शाखाएं थीं, जैसा कि पाठ में उल्लेख किया गया है।

- शास्त्र वे विद्वत पोषण थे जो विभिन्न ज्ञान क्षेत्रों, जैसे तर्क, व्याकरण, ज्योतिष, चिकित्सा, आदि को ढकते थे।
- वार्ता वह शाखा थी जो व्यावहारिक कौशलों, जैसे कृषि, व्यापार, वाणिज्य, और पशुपालन से निपटती थी।
- काव्य वे कल्पनाशील और रचनात्मक साहित्य थे जो कवियों और लेखकों की भावनाओं, विचारों, और अनुभवों को व्यक्त करते थे।
- अन्विक्षिकी वह शाखा थी जो तर्क और तर्कशीलता पर ध्यान केंद्रित करती थी, और इसे 'सभी ज्ञान शाखाओं की आँख' माना जाता था।

46. (c)

47. (c)

48. (b)

49. (d)

50. (b)

यूजीसी नेट प्रश्न पत्र 2023-सेट 2

नोट:

- इस प्रश्नपत्र में पचास (50) बहु-विकल्पीय प्रश्न हैं। प्रत्येक प्रश्न के दो (2) अंक हैं।
- सभी प्रश्न अनिवार्य हैं।

निम्नलिखित तालिका में काम पर जाने के लिए प्रयुक्त साधनों के सर्वेक्षण के परिणाम को प्रस्तुत किया गया है:

काम पर जाने के लिए निम्न प्रकार द्वारा यात्रा करने वाले लोगों की संख्या			
साइकिल	कार	बस	पैदल
72	18	35	55

नोट: (a) काम पर जाने के लिए साइकिल से यात्रा करने वाले 8 में से 1 व्यक्ति 65 वर्ष से अधिक आयु के पाये गये थे।

(b) साइकिल चलाने वाले 3 लोगों में से 1 ने कहा कि वे वर्षा वाले दिनों में काम पर जाने के लिए बस से यात्रा करते थे।

उपर्युक्त आँकड़ों के आधार पर प्रश्न का उत्तर दीजिये।

1. कितने लोग वर्षा वाले दिन साइकिल से यात्रा कर काम करने गये?

(a) 24 (b) 48
(c) 72 (d) 64

2. कितने उत्तरदाताओं ने निदर्शित किया कि वे काम करने साइकिल से जाते थे और उनकी उम्र 65 वर्ष से अधिक थी?

(a) 12 (b) 9
(c) 8 (d) 7

3. निम्नलिखित में से कौन सा कथन सत्य है?

(a) दो गुने से कुछ कम लोगों ने यह निदर्शित किया कि वे काम पर जाने के लिए कार की बजाय बस से यात्रा करते थे।

(b) दो गुने से कुछ अधिक लोगों ने यह निदर्शित किया कि वे काम पर जाने के लिए कार की बजाय बस से यात्रा करते थे।

(c) कुछ अधिक लोगों ने यह निदर्शित किया कि वे काम पर जाने के लिए कार की बजाय बस से यात्रा करते थे।

(d) कुछ कम लोगों ने यह निदर्शित किया कि वे काम पर जाने के लिए बस की बजाय कार से यात्रा करते थे।

4. काम पर जाने के यात्रा-साधनों में से किसका योग सर्वेक्षण में प्रस्तुत उत्तरों के आधी संख्या को प्रस्तुत करता है?

(1) साइकिल और कार (2) बस और कार
(3) पैदल और बस (4) पैदल और साइकिल

निम्नलिखित विकल्पों में से सही उत्तर का चयन कीजिए:

(a) केवल (1) और (2)
(b) केवल (1) और (3)
(c) केवल (2) और (3)
(d) केवल (2) और (4)

5. कितने अधिक लोगों ने यह निदर्शित किया कि उन्होंने बस या कार से यात्रा करने के बजाय काम पर जाने के लिए साइकिल से यात्रा की?

(a) 72 (b) 35
(c) 18 (d) 19

6. नीचे दो कथन दिए गए हैं:

कथन I: अधिगमकर्ता-केन्द्रित उपागम शिक्षक की आवश्यकताओं पर केन्द्रित है।

कथन II: अधिगमकर्ता-केन्द्रित उपागम विषय सामग्री के सहयोगात्मक निश्चय पर केन्द्रित है।

(a) कथन I और II दोनों सही हैं।
(b) कथन I और II दोनों गलत हैं।
(c) कथन I सही है, लेकिन कथन II गलत है।
(d) कथन I गलत है, लेकिन कथन II सही है।

7. निम्नलिखित में से कौन सी तकनीक बच्चे की सक्षमता में अभिवृद्धि के लिए सही समय पर सही मात्रा में सही प्रकार का समर्थन प्रदान करती है?

(a) पाड़ (मचान) लगाना
(b) सहायता देना
(c) समायोजन करना
(d) अन्वित योजनायें (स्कीमाज़)

8. स्वयम् प्रभा एक शिक्षा अधिगम है, जो .... द्वारा प्रारम्भ किया गया और यह 34 डी. टी. एच. चैनलों के माध्यम से 24 × 7 उपलब्ध है।

(a) मानव संसाधन और विकास मंत्रालय (अब शिक्षा मंत्रालय)

(b) विश्वविद्यालय अनुदान आयोग (यू.जी.सी.)

(c) शैक्षिक संप्रेषण के लिए कंसोर्टियम (सी.ई.सी.)

(d) अखिल भारतीय तकनीकी शिक्षा परिषद (ए. आई. सी. टी. ई.)

9. एक अधिगमकर्ता अपने नए अनुभव के अनुसार अपनी पूर्व की योजनाओं को संयोजित या आशेधित करता/करती है। विद्यमान योजनाओं को संयोजन/आशोधन और नई योजनाओं पर पहुंचने की प्रक्रिया को किस रूप में जाना जाता है?

(a) समायोजन (b) आत्मसात्करण

(c) अनुकूलन (d) साम्य

10. तकनीकी-वैज्ञानिक निदर्श के अंतर्गत निम्नलिखित में से कौनसा पाठ्यचर्या विकास निदर्श आता है?

(a) मुक्त कक्षा निदर्श

(b) टाबा का निदर्श

(c) वियन्सिटीन और फैन्टिनी निदर्श

(d) रोजर का अंतर्वैयक्तिक संबंध निदर्श

11. सर्वेक्षण अनुसंधान निम्नलिखित में से किसमें प्रमुख विधि है?

(a) भौतिक विज्ञान (b) इतिहास

(c) समाजशास्त्र (d) शास्त्रार्थमीमांसा

12. सामाजिक अनुसंधान की विधियां निम्नलिखित में से किससे विभिन्न दृष्टियों से सीधी जुड़ी हैं?

(a) सामाजिक यथार्थ (b) प्रयोगशाला के प्रयोग

(c) अनुरूपण (d) आभासी यथार्थ

13. समाज विज्ञान के प्रमुख (ग्रांड) सिद्धांत निम्नलिखित में से किस स्तर पर कार्य करते हैं?

(a) निम्नस्तर (b) सरल स्तर

(c) वर्गीकृत स्तर (d) अमूर्तन का उच्चतर स्तर

14. निम्नलिखित में से कौन से गुणात्मक अनुसंधान प्रश्नों के प्रमुख प्रकार माने जाते हैं?

(1) निरूद्देश्य (2) कारण और परिणाम

(3) पूर्वकथनात्मक (4) मूल्यांकनकारी

(5) वर्णनात्मक

नीचे दिए गए विकल्पों में से सही उत्तर का चयन कीजिए:

(a) केवल (1), (2) और (3)

(b) केवल (1), (3) और (4)

(c) केवल (1), (4) और (5)

(d) केवल (2), (3), (4) और (5)

15. नीचे दो कथन दिए गए हैं:

कथन I: प्रतिदर्श के आकार के निर्धारण में समय और लागत प्रासंगिक नहीं है।

कथन II: प्रतिचयन त्रुटि के निर्धारण में इकाई अनुसार तथा वस्तु अनुत्तर का महत्व नहीं है।

उपरोक्त कथनों के आलोक में, नीचे दिए गए विकल्पों में से सही उत्तर का चयन कीजिए:

(a) कथन I और II दोनों सत्य हैं।

(b) कथन I और II दोनों असत्य हैं।

(c) कथन I सत्य है, लेकिन कथन II असत्य है।

(d) कथन I असत्य है, लेकिन कथन II सत्य है।

16. मानव, पशु और मशीन में प्रतिपुष्टि प्रणाली के अध्ययन करने वाले विज्ञान का इस रूप में वर्णन किया जाता है:

(a) प्रतिपुष्टि विज्ञान (b) अनुभव अध्ययन

(c) संदेश शास्त्रार्थमीमांसा (d) संत्रातिकी (सायबरनेटिक्स)

17. डी. सस्युर ने भाषा को इस रूप में चिन्हित किया है:

(a) तकनीकी कूट (b) संकेतों का आधिक्य

(c) शब्दाडम्बर (d) बृहत् सामान्यीकरणकर्ता

18. लोक-सेवा संचार (संप्रेषण) हेतु निम्नलिखित में से कौन-से मापदण्ड हैं?

(1) निजी पूर्वाग्रह (2) विचारधारापरक झुकाव

(3) परिशुद्धता (4) व्यापकता

(5) मत और तथ्यों का पृथक्करण

नीचे दिए गए विकल्पों में से सही उत्तर का चयन कीजिए:

(a) केवल (1), (2), (3) (b) केवल (2), (3), (4)

(c) केवल (3), (4), (5) (d) केवल (1), (4), (5)

19. मार्शल मैक्लुहान जैसे कुछ विशेषज्ञों के अनुसार, निम्नलिखित में से किसको हॉट मीडिया माना जाता है?

(1) टेलिफोन (2) दूरदर्शन (टेलीविजन)

(3) रेडियो (4) सिनेमा

(5) मुद्रण

नीचे दिए गए विकल्पों में से सही उत्तर का चयन कीजिए:

(a) केवल (1), (2), (3)

(b) केवल (2), (3), (4)

(c) केवल (3), (4), (5)

(d) केवल (1), (3), (5)

20. नीचे दो कथन दिए गए हैं:

कथन I: इन्टरनेट स्वयं में एक नेटवर्क (संजाल) और सायबर स्पेस संबंधों हेतु एक प्रतिमान (मॉडल) भी है।

कथन II: इन्टरनेट से समर्थित वैश्विक अन्योन्यक्रियात्मक प्रौद्यागिकियों ने बीसवीं शताब्दी के अंत तक 'द्वितीय मीडिया युग' के आगमन का मार्ग प्रशस्त किया।

उपरोक्त कथनों के आलोक में, नीचे दिए गए विकल्पों में से सही उत्तर का चयन कीजिए:

(a) कथन I और II दोनों सत्य हैं।

(b) कथन I और II दोनों असत्य हैं।

(c) कथन I सत्य है, लेकिन कथन II असत्य है।

(d) कथन I असत्य है, लेकिन कथन II सत्य है।

21. वर्ष 2020 में किसी व्यक्ति की मासिक आय ₹65000 थी और उसका मासिक व्यय ₹45000 था। वर्ष 2021 में उसकी मासिक आय 15% तथा मासिक व्यय 7% बढ़ गया। उसकी बचत में कितने प्रतिशत की वृद्धि हुई?

(a) 33% (b) 31%

(c) 35% (d) 28%

22. किसी संख्या का 5/9 किसी दूसरी संख्या के पच्चीस प्रतिशत के बराबर है। दूसरी संख्या के 1/4 के बराबर है। तीसरी संख्या का मान 2960 है। पहली संख्या का 30% कितना होगा?

(a) 9.99 (b) 99.9

(c) 89.9 (d) 88.9

23. किसी व्यक्ति ने अपनी सेवा-निवृत्ति उपदान का 1/3 भाग 6% साधारण ब्याज की दर से; उपदान 1/4 भाग 7% और शेष को 8% साधारण ब्याज की दर से निवेश किया। यदि इन निवेशों पर उसकी वार्षिक प्राप्ति ₹7012.5 है, तो व्यक्ति द्वारा निवेश की गई कुल उपदान की धनराशि ज्ञात कीजिए।

(a) ₹89000 (b) ₹99000

(c) ₹95000 (d) ₹105000

24. यदि किसी निश्चित कूट भाषा में 'Cheater' को ejgcvgt के रूप में कूटबद्ध किया गया है, तो उसी कूट भाषा में 'Preacher' किस प्रकार कूटबद्ध होगा?

(a) 'r·tgcejgt' (b) 'qsfbdifs'

(c) '·rtgbdjgt' (d) 'stgbdjgt'

25. नीचे दी गई श्रृंखला में कौन-सी संख्या प्रश्नवाचक चिन्ह (?) को प्रतिस्थापित करेगी?

7, 10, 19, 46, 127, ?

(a) 202 (b) 192

(c) 173 (d) 370

26. निम्नलिखित युक्ति में कौनसा तर्क-दोष किया गया है?

''मैंने जब आपको बुलाया तो आप न तो अपनी कक्षा में थे, न ही आप प्रयोगशाला में थे। आप मुझसे क्यों बच रहे हैं?''

(a) चक्रक युक्ति-दोष (b) 'रेड हेरिंग'

(c) छल प्रश्न तर्क-दोष (d) फिसलनयुक्त ढलान

27. निम्नलिखित में से कौनसे कथन तार्किक रूप से समतुल्य हैं?

(1) कुछ पशु पक्षी हैं।

(2) कुछ पशु गैर-पक्षी नहीं हैं।

(3) कुछ गैर-पक्षी गैर-पशु नहीं हैं।

(4) कुछ पक्षी पशु हैं।

नीचे दिए गए विकल्पों में से सही उत्तर का चयन कीजिए:

(a) केवल (2) और (3)

(b) केवल (2), (3) और (4)

(c) केवल (1), (2) और (4)

(d) केवल (1), (2) और (3)

28. यदि कथन ''कोई भी पशु मछली नहीं हैं'' गलत के रूप में दिया गया है, तो निम्नलिखित में से किन कथनों का तात्कालिक रूप से सही होने का अनुमान किया जा सकता है?

(1) सभी मछलियां पशु हैं।

(2) कुछ पशु मछलियां नहीं हैं।

(3) सभी पशु मछलियां हैं।

(4) कुछ पशु मछलियां हैं।

नीचे दिए गए विकल्पों में से सही उत्तर का चयन कीजिए:

(a) केवल (2) और (4)

(b) केवल (1), (3), और (4)

(c) केवल (3) और (4)

(d) केवल (4)

29. निम्नलिखित में से कौन सी प्रतिज्ञप्तियाँ एक-दूसरे के विपरीत हैं?

(1) सभी मछलियां स्तनपायी हैं।

(2) कुछ मछलियां स्तनपायी हैं।

(3) कोई भी मछली स्तनपायी नहीं है।

(4) कुछ मछलियां स्तनपायी नहीं हैं।

नीचे दिए गए विकल्पों में से सही उत्तर का चयन कीजिए:

(a) केवल (2) और (4)

(b) केवल (1) और (3)

(c) केवल (1) और (4)

(d) केवल (2) और (3)

30. न्याय (शास्त्रीय भारतीय तर्कशास्त्र का विचार-सम्प्रदाय) के अनुसार निम्नलिखित में से किस युक्ति में अनुपसम्हारी (गैर-एकांतिक मध्यवर्ती पद) तर्क-दोष सम्मिलित है?

(a) पहाड़ी पर धुआँ है क्योंकि वहां आग है।

(b) ध्वनि शाश्वत है क्योंकि यह श्रव्य है।

(c) सभी चीजें गैर-शाश्वत हैं क्योंकि वे ज्ञेय हैं।

(d) ध्वनि शाश्वत है क्योंकि यह उत्पन्न की जाती है।

31. निम्नलिखित एमएस-एक्सेल स्प्रेडशीट पर विचार कीजिए, जिसमें जनसंख्या का कॉलम व्यक्तियों की मिलियन में शहर की जनसंख्या प्रदर्शित करता है।

	A	B	C	D	E	F
1.	शहर	राज्य	जनसंख्या	हरियाणा	मध्य प्रदेश	उत्तर प्रदेश
2.	पटियाला	पंजाब	8.34			
3.	सोनीपत	हरियाणा	3.86			
4.	नोएडा	उत्तर प्रदेश	2.71			
5.	इंदौर	मध्य प्रदेश	2.16			
6.	मंडी	हिमाचल प्रदेश	1.49			
7.	सागर	मध्य प्रदेश	1.38			
8.	पानीपत	हरियाणा	1.39			
9.	ग्वालियर	मध्य प्रदेश	1.24			

मान लो, सूत्र-IF ($B2=D$1,$A2,0) को सेल D2 में प्रविष्ट किया जाता है और इसके बाद D2 को कॉपी (प्रतिलिपि) किया जाता है और D2:F9 में पेस्ट किया जाता है तो D2:F9 की रेंज में कितने सेल्स में 0 होंगे?

(a) 0 (b) 6

(c) 12 (d) 18

32. निम्नलिखित में से कौनसा कथन ईमेल सुरक्षा के बारे में ईमेल इनक्रिप्शन (गोपन) का सर्वोत्तम वर्णन करता है?

(a) यह एक स्व-प्रतिकृति प्रोग्राम है, जो ईमेल द्वारा विस्तृत हो सकता है।

(b) यह संवेदनशील सूचना के संरक्षण के लिए ईमेल के संदेशों की विषयवस्तु को छदमवेश धारण कर छिपाता है।

(c) इसमें उसी ईमेल पते को अनेक डुप्लीकेट 1(द्वेध) मेल्स को प्रेषित करना सम्मिलित है।

(d) ईमेल हैडर को परिवर्तित किया जाता है ताकि संदेश किसी अन्य से आया हुआ प्रतीत होता है।

33. नीचे दो कथन दिए गए हैं:

कथन I: एम. पी. 3 संरूप (फोर्मेट) में भंडारित एक संगीत क्लिप डब्ल्यू.ए.वी संरूप में भंडारित उसी क्लिप की तुलना में अधिक मेमोरी लेगा।

कथन II: एम. पी. 3 संरूप में भंडारित संगीत फाइलस डब्ल्यू.ए.वी संरूप में भंडारित फाइलों की तुलना में बेहतर गुणवत्तापरक होती हैं।

उपरोक्त कथनों के आलोक में, नीचे दिए गए विकल्पों में से सही उत्तर का चयन कीजिए:

(a) कथन I और II दोनों सत्य हैं।

(b) कथन I और II दोनों असत्य हैं।

(c) कथन I सत्य है, लेकिन कथन II असत्य है।

(d) कथन I असत्य है, लेकिन कथन II सत्य है।

34. निम्नलिखित में से कौनसे कथन परिशुद्ध हैं?

(1) वेब 2.0 अपने उपयोगकर्ताओं के साथ बिना किसी अंतर्क्रिया के एक साधारण स्थिर वेबसाइट है।

(2) वेब 2.0 मशीनों का उपयोग कर सूचना द्वारा व्यक्तियों को एक साथ अधिक निकट लाती है।

(3) वेब 3.0 सूचना का उपयोग कर मशीनों को एक साथ अधिक निकट लाती है।

नीचे दिए गए विकल्पों में से सही उत्तर का चयन कीजिए:

(a) केवल (1) (b) केवल (2)

(c) केवल (2) और (3) (d) केवल (4)

35. सूची I के साथ सूची II का मिलान कीजिए।

सूची-I (निर्गम उपकरण (आउटपुट डिवाइस))	सूची-II (वर्णन)
(1) इंकजेट प्रिन्टर (स्याही जेट मुद्रक)	(i) सपाट पैनल प्रदर्श (डिसप्ले) जो तरल क्रिस्टल्स की प्रकाश माडुलन (मॉडयूलेशन) विशेषताओं का उपयोग करता है।
(2) एल.सी.डी. स्क्रीन	(ii) सपाट पैनल प्रदर्श, जो पिक्सेल्स के रूप में प्रकाश उत्सर्जन डायोड्स के विन्यास का उपयोग करता है।
(3) एल.ई.डी. स्क्रीन	(iii) कागज़ पर स्याही के बिन्दुक (ड्रॉपलेट्स) ठेलता (प्रोपेल्ड) है।
(4) लेज़र प्रिंटर	(iv) वैद्युत आवेशित (चार्ज की गई) पाउडरयुक्त स्याही कागज पर स्थानांतरित होती है।

निम्नलिखित विकल्पों में से सही उत्तर का चयन कीजिए:

(a) (1)–(iv), (2)–(i), (3)–(ii), (4)–(iii)

(b) (1)–(iv), (2)–(ii), (3)–(i), (4)–(iii)

(c) (1)–(ii), (2)–(i), (3)–(iii), (4)–(iv)

(d) (1)–(iii), (2)–(i), (3)–(ii), (4)–(iv)

36. वायुमंडलीय धुंध का प्रमुख कारण कौन सा है?

(a) परासूक्ष्म आकार के विविक्त पदार्थ

(b) नाइट्रोजन और सल्फर के आक्साइड

(c) ओजोन

(d) कार्बन डाई आक्साइड और कार्बन मोनो आक्साइड

37. नीचे दो कथन दिए गए हैं:

कथन I: नैनो स्केल धात्विक और द्वि-धात्विक कण पोली क्लोरो बेन्जीन्स (पी.सी.बी.) ओर्गेनो क्लोरीन कीटनाशकों और हैलोजनित कार्बनिक विलायकों जैसे सामान्य जल प्रदूषकों को कार्यकुशल ढंग से हटा सकते हैं।

कथन II: नैनो स्केल धात्विक और द्वि-धात्विक कण निकेल, आर्सेनिक, पारा आदि जैसी भारी धातुओं को नहीं घटा सकते हैं।

उपरोक्त कथनों के आलोक में, नीचे दिए गए विकल्पों में से सही उत्तर का चयन कीजिए:

(a) कथन I और II दोनों सही हैं।

(b) कथन I और II दोनों गलत हैं।

(c) कथन I सही है, लेकिन कथन II गलत है।

(d) कथन I गलत है, लेकिन कथन II सही है।

38. नीचे दो कथन दिए गए हैं: एक अभिकथन (Assertion) A के रूप में लिखित है तो दूसरा उसके कारण (Reason) R के रूप में;

अभिकथन (A): किसी तटीय स्थान पर समुद्र स्तर में परिवर्तन वैश्विक, क्षेत्रीय एवं स्थानीय कारकों के योग पर निर्भर करता है।

कारण (R): इसलिए, वैश्विक माध्यम समुद्र तल में वृद्धि, समग्र विष्व में समुद्र स्तर में एक समान वृद्धि के रूप में रूपांतरित होती है।

उपरोक्त कथनो के आलोक में, नीचे दिए गए विकल्पों में से सही उत्तर का चयन कीजिए:

(a) (A) और (R) दोनों सत्य हैं और (R), (A) की सही व्याख्या है।

(b) (A) और (R) दोनों सत्य हैं, लेकिन (R), (A) की सही व्याख्या नहीं है।

(c) (A) सत्य है, लेकिन (R) असत्य है।

(d) (A) असत्य है, लेकिन (R) सत्य है।

39. आक्सीजन मांग वाले अपशिष्ट:

(a) जल में आक्सीजन-स्तर को घटाते हैं।

(b) जल में आक्सीजन-स्तर को बढ़ाते हैं।

(c) जल में आक्सीजन-स्तर को परिवर्तित नहीं करते हैं।

(d) जल के तापमान को बढ़ाते हैं।

40. सूची I के साथ सूची II का मिलान कीजिए:

सूची-I (संधारणीय विकास लक्ष्य (एस.डी.जी.) संख्या)	सूची-II (लक्ष्य)
(1) एस. टी. जी. 2	(i) संधारणीय नगर और समुदाय
(2) एस. डी. जी. 3	(ii) शून्य भुखमरी
(3) एस. डी. जी. 6	(iii) अच्छा स्वास्थ्य और आरोग्य
(4) एस. डी. जी. 11	(iv) शुद्ध जल और स्वच्छता

निम्नलिखित विकल्पों में से सही उत्तर का चयन कीजिए:

(a) (1)–(i), (2)–(iii), (3)–(ii), (4)–(iv)

(b) (1)–(iii), (2)–(ii), (3)–(i), (4)–(iv)

(c) (1)–(ii), (2)–(iii), (3)–(iv), (4)–(i)

(d) (1)–(ii), (2)–(iii), (3)–(i), (4)–(iv)

41. 'एस. पी. ए. आर. सी.' (SPARC) का पूरा नाम क्या है?

(a) स्टैन्डर्ड फॉर प्रोफेशन ऑफ असेसमेन्ट एंड रिसर्च कम्युनिकेशन

(b) स्कीम फॉर प्रोमोशन ऑफ एकेडमिक एंड रिसर्च कॉलेबोरेशन

(c) स्कूल फॉर प्रोमोशन ऑफ असेसमेन्ट एंड राइट टू कमिटमेंट

(d) सोशल प्रोटेक्शन ऑफ एडवांसमेंट एंड रिलेशनशिप कॉम्पलेक्स

42. नई शिक्षा नीति (एन. ई. पी.) 2020 के अनुसार भारत वहनीय लागतों पर प्रीमियम शिक्षा प्रदान करने वाले एक वैश्विक अध्ययन गंतव्य के रूप में समुन्नत (वर्धक) होगा, जिससे उसको ...... के रूप में अपनी भूमिका पुनः प्रतिष्ठापित करने में सहायता प्राप्त होगी।

(a) आर्थिक शक्ति (b) ज्ञान-आधारित अर्थव्यवस्था

(c) विश्व गुरु (d) शिक्षा गुरु

43. एन. सी. आई. वी. ई (NCIVE) का पूर्ण रूप क्या है?

(a) नॉन-गवर्नमेन्टल कोर्स फॉर द इनिशिएशन ऑफ वोकेशनल एन्हासमेन्ट

(b) नेशनल कमेटी फॉर द इन्टिग्रेशन ऑफ वोकेशनल एजूकेशन

(c) नॉन-गवर्नमेन्टल काउंसिल फॉर द इन्टिग्रेशन ऑफ वेटरिनरी एजूकेशन

(d) नेशनल कमिशन फॉर द इन्फोर्मेशन ऑफ वेटरिनरी एजूकेशन

44. भारत सरकार ने किस वर्ष विज्ञान एवं प्रौद्योगिकी विभाग की स्थापना की?

(a) 1990 (b) 1985

(c) 1978 (d) 1971

45. भारत की प्राचीन शिक्षा पद्धति में निम्नलिखित में से कौन से प्राचीन ग्रंथों की शिक्षा शामिल थी?

(1) वेद (2) ब्रह्मानास

(3) उपनिषद (4) धर्मसूत्र

नीचे दिए गए विकल्पों में से सही उत्तर का चयन कीजिए:

(a) केवल (1) और (3)

(b) केवल (2) और (4)

(c) केवल (1), (3) और (4)

(d) (1), (2), (3) और (4)

निम्नलिखित गद्यांश को पढ़िए और नीचे दिए गए प्रश्न का उत्तर दीजिए:

लगभग दो वर्ष की उम्र में बच्चों में आशय का बोध होता है, उन्हें कम-से-कम अपने आशय का बोध होता है। वे कहते हैं, ''मुझे पीनट बटर सैंडविच'' चाहिए। ज्यों-ज्यों बच्चों में मन के सिद्धांत का विकास होता है, वे यह भी समझ सकते हैं कि अन्य लोगों के भी अपने आशय हो सकते हैं। प्री-स्कूल के कुछ बड़े-बड़े बच्चे जो अपने सहपाठियों के साथ होते हैं, इरादतन और गैर-इरादतन कार्यों में भेद कर तदनुसार प्रतिक्रिया कर सकते हैं। उदाहरण के लिए जब कोई दूसरा बच्चा संयोगवश उनके ब्लॉक टावर को धक्का देता है, तो वे क्रोधित नहीं होते। परंतु अक्रामक बच्चों को दूसरों के इरादे को भांपने में अधिक कठिनाई होती है। वे ऐसे किसी बच्चे पर हमला कर सकते हैं जो दुर्घटनावश उनके टावर को ढाह देते हैं। बच्चे ज्यों-ज्यों बड़े होते जाते हैं, वे दूसरों के इरादों को अधिक भांप सकते हैं और उन पर विचार कर सकते हैं।

मन के सिद्धांत के विकास के साथ-साथ बच्चे यह अधिक से अधिक समझ पाते हैं कि अन्य लोगों की भावनाएं और अनुभव अलग अलग हो सकते हैं और इसलिए उनके भिन्न विचार या दृष्टिकोण हो सकते हैं। उम्र बढ़ने के साथ-साथ अपना दृष्टिकोण रखने की क्षमता में विकास होता है और वयस्कों में यह क्षमता बिल्कुल परिष्कृत हो जाती है। यह समझ पाना कि दूसरे कैसे सोचते हैं और महसूस करते हैं, सहयोग और नैतिक विकास को बढ़ावा देने, पूर्वाग्रह घटाने, द्वन्द्व का समाधान करने , सामान्यत: सकारात्मक सामाजिक व्यवहार को बढ़ावा देने में महत्वपूर्ण होता है। यदि बच्चे अपने सहपाठियों के साथ दुर्व्यवहार करते हैं और दुर्व्यवहार गंभीर भावनात्मक या व्यवहारगत दोष का हिस्सा नहीं है, तो दृष्टिकोण बनाने में शिक्षक से कुछ कोचिंग मददगार हो सकती है।

46. निम्नलिखित में से किस उम्र के बच्चे में अपना दृष्टिकोण रखने की क्षमता सर्वाधिक होगी ?

(a) 3 वर्ष (b) 8 वर्ष
(c) 13 वर्ष (d) 18 वर्ष

47. नीचे दो कथन दिए गए हैं:

कथन I: आक्रामक बच्चे दूसरों के इरादे का आंकलन आसानी से कर सकते हैं।

कथन II: विभिन्न व्यक्तियों के दृष्टिकोण अलग-अलग हो सकते हैं।

उपरोक्त कथनों के आलोक में, नीचे दिए गए विकल्पों में से सबसे उपयुक्त उत्तर का चयन कीजिए:

(a) कथन I और II दोनों सही हैं।
(a) कथन I और II दोनों गलत हैं।
(a) कथन I सही है, लेकिन कथन II गलत है।
(a) कथन I गलत है, लेकिन कथन II सही है।

48. यह समझना कि दूसरे कैसा महसूस करते हैं, निम्नलिखित में से किनके लिए महत्वपूर्ण हैं ?

(1) सहानुभूति विकसित करने में
(2) पूर्वाग्रह कम करने में
(3) द्वन्द्व के समाधान में
(4) स्वार्थ को बढ़ावा देने में
(5) सहयोग बढ़ाने में

नीचे दिए गए विकल्पों में से सही उत्तर का चयन कीजिए:

(a) केवल (1), (2), (3) और (4)
(b) केवल (1), (2), (3) और (5)
(c) केवल (2), (3), (4) और (5)
(d) केवल (1), (2), (4) और (5)

49. नीचे दो कथन दिए गए हैं: एक अभिकथन (Assertion) A के रूप में लिखित है तो दूसरा उसके कारण (Reason) R के रूप में:

अभिकथन (A): प्री-स्कूल के बड़े बच्चों के पास छोटे बच्चों की तुलना में अपने सहपाठियों के साथ मिलजुलकर रहने के बेहतर अवसर होते हैं।

कारण (R): प्री-स्कूल के बड़े बच्चों में दूसरों के इरादों की बेहतर समझ होती है।

उपरोक्त कथनो के आलोक में, नीचे दिए गए विकल्पों में से सही उत्तर का चयन कीजिए:

(a) (A) और (R) दोनों सही हैं और (R), (A) की सही व्याख्या है।
(b) (A) और (R) दोनों सही हैं, लेकिन (R), (A) की सही व्याख्या नहीं है।
(c) (A) सही है, लेकिन (R) सही नहीं है।
(d) (A) सही नहीं है, लेकिन (R) सही है।

50. नीचे दो कथन दिए गए हैं:

कथन I: किसी दो वर्ष के बच्चे में अन्य की तुलना में अपने आशय को समझने की बेहतर संभावना होती है।

कथन II: यदि किसी बच्चे में किसी व्यवहारगत दोष के कारण अन्य बच्चों के साथ दुर्व्यवहार करने की आदत है, तो दृष्टिकोण अपनाने में उस बच्चे को कोच करना हमेशा मददगार होता है।

उपरोक्त कथन के आलोक में, नीचे दिए गए विकल्पों में से सबसे उपयुक्त उत्तर का चयन कीजिए:

(a) कथन I और II दोनों सही हैं।
(b) कथन I और II दोनों गलत हैं।
(c) कथन I सही है, लेकिन कथन II गलत है।
(d) कथन I गलत है, लेकिन कथन II सही है।

उत्तरमाला (ANSWER KEY)

1. (b)	**2.** (b)	**3.** (c)	**4.** (b)	**5.** (d)	**6.** (b)	**7.** (a)	**8.** (a)	**9.** (c)	**10.** (c)
11. (c)	**12.** (a)	**13.** (d)	**14.** (d)	**15.** (b)	**16.** (d)	**17.** (b)	**18.** (c)	**19.** (a)	**20.** (a)
21. (a)	**22.** (b)	**23.** (b)	**24.** (c)	**25.** (d)	**26.** (b)	**27.** (a)	**28.** (d)	**29.** (b)	**30.** (b)
31. (d)	**32.** (b)	**33.** (d)	**34.** (c)	**35.** (b)	**36.** (a)	**37.** (c)	**38.** (c)	**39.** (a)	**40.** (c)
41. (b)	**42.** (c)	**43.** (a)	**44.** (c)	**45.** (d)	**46.** (d)	**47.** (d)	**48.** (b)	**49.** (a)	**50.** (c)

संकेत और स्पष्टीकरण

1. नियमित दिनों में 'साइकिल चालकों' की सामान्य संख्या = 72

ध्यान दें कि वर्षा के दिनों में, 3 में से 1 साइकिल चालक 'बस' से यात्रा करते हैं। यह इंगित करता है कि तीन में से 2 अभी भी वर्षा के दिनों में साइकिल का उपयोग करते हैं।

इस प्रकार, बरसात के दिनों में साइकिल चालकों की संख्या = 2/3 × 72 = 48

अत: (b) उत्तर है।

2. (b) नियमित दिनों में 'साइकिल चालकों' की सामान्य संख्या = 72

ध्यान दें कि काम पर जाने वाले लोगों में से 8 में से 1 की आयु 65 वर्ष से अधिक थी।

अत: उनकी निरपेक्ष संख्या = 72 का 1/8 = 9

अत: (b) उत्तर है।

3. (c) तुलना कार और बस के यात्रियों के बीच है। हमें पहले बुनियादी तथ्यों को लेने और उन तथ्यों के विरुद्ध कथनों की तुलना करने की आवश्यकता है।

कार से यात्रा करने वाले लोगों की संख्या = 18

बस से यात्रा करने वाले लोगों की संख्या = 35

ध्यान रखें कि उत्तर विकल्पों में थोड़ा कम या थोड़ा अधिक संख्या की कोई सीमा नहीं दी गई है। (शायद ऐसा इस कारण से है कि यह एक सर्वे संबंधित तथ्य है)

(a) यहाँ अंतर केवल 1 का है, कथन में 'कुछ कम लोग' लिखा हुआ है। (युक्तियुक्त तर्क के अनुसार व्याख्या भिन्न भी हो सकती है)

(b) यह कथन बिल्कुल भी सत्य नहीं है।

(c) कुछ अधिक लोगों ने यह निर्देशित किया है कि वे कार की तुलना में बस से काम पर जाते हैं। - यह तथ्य स्पष्ट रूप से सही है।

अत: (c) सही उत्तर है।

4. (b) ATQ, पहले यात्रियों की कुल संख्या = 72 (साइकिल) + 18 (कार) + 35 (बस) + 55 (वॉक) = 180 की गणना करें।

इस 180 का आधा = 90

अब, उन विकल्पों को देखें जिनका कुल मिलान 90 से होता है।

A. साइकिल और कार = 72 + 18 = 90

B. बस और कार = 35 + 18 = 53

C. पैदल और बस = 55 + 35 = 90

D. पैदल और साइकिल = 35 + 72 = 107

इस प्रकार, A और C 90 से मेल खाते हैं। अत: (b) उत्तर है।

5. (d) साइकिल से काम पर जाने वाले लोगों की संख्या = 72

बस या कार से यात्रा करने वाले लोगों की संख्या = 18 (कार) + 35 (बस) = 53

साइकिल चलाने वालों और बस या कार से यात्रा करने वालों के बीच का अंतर 72 − 53 = 19 है।

अत: (d) सही उत्तर है।

6. (b) कथन I: वास्तव में, अधिगमकर्ता (या शिक्षार्थी) –केंद्रित दृष्टिकोण शिक्षार्थी की आवश्यकताओं और रुचियों पर केंद्रित होता है, न कि शिक्षक पर। इसका उद्देश्य उन्हें अपनी सीखने की प्रकिया में सकिय प्रतिभागी बनाना है, न कि सूचना के निष्क्रिय प्राप्तकर्ता। इसलिए, कथन I गलत है।

कथन II: हालांकि शिक्षार्थी का इनपुट मूल्यवान है, लेकिन 'विषय वस्तु के सहयोगात्मक निश्चय' के माध्यम से चीजें केवल शिक्षार्थियों के विवेकाधिकार पर नहीं छोड़ी जाती हैं। शिक्षकों और पाठ्यक्रम दिशानिर्देशों को सदैव विषय वस्तु के निर्णय लेने का अधिकार दिया जाता है। अत: कथन II भी गलत है।

7. (a) मचान (scaffolding): इस अवधारणा का श्रेय अक्सर शैक्षिक मनोवैज्ञानिक लेव वायगोत्स्की को दिया जाता है। निकटवर्ती क्षेत्र (Zone of Proximal Development - ZPD) भी इससे जुड़ा हुआ है। यह मूल रूप से शिक्षार्थी के लिए एक संरचित समर्थन है जो स्पष्टीकरण, संकेत, मॉडलिंग या संकेतों के रूप ले सकता है। यह छात्रों के आत्मविश्वास का निर्माण करने के लिए एक कमिक दृष्टिकोण है, जिसका उद्देश्य उन्हें स्वतंत्र और आत्मनिर्भर बनाना है।

समायोजन (accomodation) नई जानकारी या अनुभवों को शामिल करने के लिए मौजूदा ज्ञान या मानसिक ढांचे को संशोधित करना।

स्कीमाज़ (schemas): मानसिक ढांचा या संगठित संरचनाएँ जो व्यक्तियों को नई जानकारी और अनुभवों को संसाधित करने और समझने में सहायता करती हैं।

8. (a) स्वयं प्रभा मानव संसाधन और विकास मंत्रालय (अब शिक्षा मंत्रालय) द्वारा शुरू किया गया एक शिक्षा सीखने का मंच है, इसलिए सही उत्तर (a) है।

9. (c) आइए सभी विकल्पों की तुलना करें ताकि ऐसे एगरीबयू को भविष्य की परीक्षाओं में भी हल किया जा सके।

(a) समायोजन (accomodation): इसमें नए अनुभवों के अनुकूल होने के लिए मौजूदा योजनाओं को संशोधित करना शामिल है।

(b) आत्मसातकरण (assimilation): इसमें स्वयं योजना को बदले बिना मौजूदा योजना में नए अनुभवों को फिट करना शामिल है।

(c) अनुकूलन (adaptation): अनुकूलन एक व्यापक प्रकिया है जिसमें आत्मसात और समायोजन दोनों शामिल हैं। नई जानकारी को मौजूदा योजनाओं में एकीकृत किया गया है।

(d) साम्य (equilibration): यह पियाजे के संज्ञानात्मक विकास के सिद्धांत में एक प्रकार की गतिशीलता को दर्शाता है। संतुलन से पता चलता है कि सीखना और बौद्धिक विकास तब होता है जब व्यक्ति लगातार संतुलन और असंतुलन की अवस्थाओं के बीच चलते हैं। डिसक्विलिब्रियम एक ऐसा मुद्दा है जो उन्हें मौजूदा योजना में फिट करने से जुड़ा हुआ है जो संज्ञानात्मक संघर्ष या भ्रम का एक चरण है। संतुलन आवास से जुड़ा हुआ है। इस प्रकार, वे सामंजस्यपूर्ण ढंग से मौजूदा ज्ञान में नई जानकारी को एकीकृत करते हैं। इसके परिणामस्वरूप अधिक प्रभावी अधिगम होता है।

10. (c) टाबा का निदर्श समस्या (Hilda Taba's Model): समाधान दृष्टिकोण के माध्यम से संज्ञानात्मक कौशल और प्रकियाओं के विकास पर ध्यान केंद्रित करता है।

मुक्त कक्षा निदर्श (open classroom model): यह दार्शनिक मॉडल छात्र की स्वायत्तता और लचीले शिक्षण स्थानों पर केंद्रित है, न कि विशेष रूप से तकनीकी और वैज्ञानिक शिक्षा पर।

वाइनस्टीन और फैंटिनी निदर्श (Weinstein and Fantini Model): यह मॉडल पाठ्यकम विकास में सामाजिक और सांस्कृतिक कारकों पर केंद्रित है, न कि तकनीकी और वैज्ञानिक सामग्री पर।

रोजर का अन्तर्व्यक्तित्व (पारस्परिक) संबंध निदर्श (Roger's Model of Interpersonal Relations): यह शिक्षा दर्शन संचार और संबंधों पर केंद्रित है, न कि पाठ्यकम विकास पर।

11. (c) समाजशास्त्र: सर्वेक्षण अनुसंधान में प्रश्नावली या साक्षात्कार के माध्यम से डेटा एकत्र करना शामिल है, जो समाजशास्त्र में जनसांख्यिकी, दृष्टिकोण और व्यवहार जैसी विभिन्न सामाजिक घटनाओं को समझने के लिए उपयोग की जाने वाली एक सामान्य विधि है। हमें यह याद रखने की आवश्यकता है कि समाजशास्त्र में प्रत्यक्षवाद की शुरुआत भी ऑगस्टे कॉम्टे ने की थी।

भौतिकी, इतिहास और शस्त्रार्थमीमांसा (व्याख्या विज्ञान - hermeneutics) मुख्य रूप से कमश: अवलोकन, ऐतिहासिक दस्तावेजों के विश्लेषण और ग्रंथों की व्याख्या जैसे विभिन्न तरीकों पर निर्भर करते हैं।

12. (a) सामाजिक यथार्थ (वास्तविकता - social reality) मूल रूप से साझा मान्यताओं, मानदंडों और संरचनाओं का समूह है जिन्हें समाज में व्यक्तियों द्वारा सामूहिक रूप से स्वीकार किया जाता है। इसके साथ वे अपनी सामाजिक दुनिया की व्याख्या करने और समझने की कोशिश करते हैं। भारत में जाति व्यवस्था इस अवधारणा का एक उदाहरण है। सर्वेक्षण, साक्षात्कार या नृजातीय अध्ययन सामाजिक अनुसंधान के उदाहरण हैं जो सामाजिक वास्तविकता के लिए किए जाते हैं।

13. (d) अमूर्तता का उच्चतर स्तर: अमूर्तता आवश्यक और अंतर्निहित सिद्धांतों पर केंद्रित है। यह जटिलता का प्रबंधन करता है और यह रचनात्मक और नवीन सोच को बढ़ावा देता है। यह कला, शिक्षा दर्शन, गणित, सामाजिक विज्ञान आदि में हो सकता है।

अमूर्त मूल रूप से संज्ञानात्मक है और इस प्रकार, स्वचालित रूप से सोच के उच्चतम स्तर पर होता है। सामाजिक विज्ञानों में महान सिद्धांतों, जैसे कार्यात्मकता या संघर्ष सिद्धांत, का उद्देश्य समाजों में व्यापक पैटर्न और गतिशीलता की व्याख्या करना है। इसके लिए अमूर्तता के एक ऐसे स्तर पर संचालन की आवश्यकता होती है जो विशिष्ट संदर्भों से परे हो और सामान्य सिद्धांतों पर ध्यान केंद्रित करे।

अन्य छोटे विकल्पों का उपयोग एक व्यापक सैद्धांतिक ढांचे के भीतर विशिष्ट परिकल्पनाओं या शोध प्रश्नों के लिए किया जा सकता है।

14. (d) इसमें 2, 3, 4 और 5 शामिल हैं।

1. निरुदेश्य (non-purposive): निरुदेश्य का अर्थ आमतौर पर गैर-संभावना होता है। निरुदेश्य प्रतिदर्श (non-purposive sample) का उपयोग अभी भी कुछ गुणात्मक अनुसंधान परिदृश्यों में किया जा सकता है, विशेष रूप से अन्वेषणात्मक या प्रारंभिक चरणों में।
2. कारण और परिणाम (cause and effect): हम घटनाओं के बीच संबंधों को समझने की कोशिश करते हैं।
3. पूर्वकथात्मक (भविष्यवाणी - predictive): भविष्यवाणी करना मुख्य रूप से मात्रात्मक अनुसंधान का कर्तव्य है।
4. मूल्यांकन (evaluative): यह अक्सर व्यक्तिपरक तत्वों से जुड़ा होता है और इसमें सामग्री विश्लेषण और व्याख्या शामिल होती है।
5. वर्णनात्मक (descriptive): इनका उद्देश्य घटनाओं, व्यवहारों, अनुभवों या सामाजिक संदर्भों का विस्तृत विवरण और समझ प्रदान करना है।

यहाँ, 1, 4 और 5 गुणात्मक अनुसंधान प्रश्नों के लिए अपील या आशा करते हैं। यहाँ पर कुछ व्यक्तिपरक भेदभाव की संभावना रहती है।

15. (b) कथन I: इसमें कहा गया है कि प्रतिदर्श के आकार निर्धारित करने में समय और लागत प्रासंगिक नहीं हैं' असत्य है। शोधकर्ताओं को अक्सर उपलब्ध समय और संसाधनों के साथ परिणामों की वांछित सटीकता को संतुलित करने की आवश्यकता होती है

कथन II: ये तत्व भी प्रतिचयन त्रुटि में योगदान कर सकते हैं।

इस प्रकार, कथन I और कथन II दोनों असत्य हैं। सही उत्तर (b) है।

16. (d) साइबरनेटिक्स (cybernetics) मनुष्यों, जानवरों और मशीनों सहित जटिल प्रणालियों में प्रतिकिया प्रणालियों का अध्ययन है। यह जाँच करता है कि व्यवहार या प्रकियाओं को नियंत्रित करने और विनियमित करने के लिए जानकारी का उपयोग कैसे किया जाता है।

(a) प्रतिपुष्टि वज्ञान बहुत सामान्य है।

(b) अनुभव अध्ययन अधिकतर अनुभव आधारित होता है।

(c) संदेश शास्त्रार्थ मीमांसा विज्ञान संदेशों की व्याख्या पर केंद्रित है।

17. (b) संकेतों का आधिक्य: फर्डिनेंड डी सौसुर ने भाषा को संकेतों (शब्दों, ध्वनियों, प्रतीकों) की एक प्रणाली के रूप में देखा जो अर्थ और विचारों का प्रतिनिधित्व करते है। प्रॉफ्यूजन का अर्थ है विशाल विविधता या जटिल नेटवर्क से निपटना।

(a) तकनीकी कूट (technical code) व्यावहारिक कार्य पर ध्यान केंद्रित करने का सुझाव देता है।

(c) शब्दाडम्बर (verbalism) नकारात्मक शब्द है और शब्दों के अत्यधिक उपयोग का तात्पर्य है।

(d) बृहत सामान्यीकरणकर्ता (macro generaliser) भाषा की जटिल संरचना को प्रतिबिंबित नहीं करता है।

18. (c) लोक सेवा संचार सटीक, व्यापक और उद्देश्यपूर्ण होना चाहिए। पक्षपात और गलत सूचना से बचने के लिए इसे राय और तथ्यों को अलग करना चाहिए। अन्य विकल्प स्वीकार्य नहीं हैं।

19. (a) A, B, C केवल

मार्शल मैक्लुहान ने मीडिया को उनके भावनात्मक जुड़ाव और संवेदी भागीदारी के स्तर के आधार पर "हॉट (गर्म)" और "शांत" में वर्गीकृत

किया। टेलीफोन, टेलीविजन, रेडियो और सिनेमा जैसे गर्म मीडिया को संवेदी भागीदारी में कम माना जाता है और अंतराल को भरने और अर्थ बनाने के लिए दर्शकों की सकिय भागीदारी की आवश्यकता होती है।

दूसरी ओर, प्रिंट को इसकी उच्च संवेदी भागीदारी के कारण एक "शांत" माध्यम माना जाता है। पाठक के पास अपनी गति और जानकारी पर अधिक नियंत्रण होता है, जिससे भावनात्मक रूप से कम आवेशित अनुभव होता है।

20. **(a)** कथन I और कथन II दोनों ही सत्य हैं।

कथन I: इंटरनेट में भौतिक रूप से केबल, राउटर और सर्वर और बातचीत और समुदाय भी शामिल हैं।

कथन II: मार्क पोस्टर जैसे मीडिया विद्वानों की यह अवधारणा, टेलीविजन और रेडियो जैसे पारंपरिक, एकतरफा मीडिया से इंटरैक्टिव प्लेटफार्मों में बदलाव पर प्रकाश डालती है जहां उपयोगकर्ता सकिय रूप से जुड़ते हैं और योगदान करते हैं।

21. **(a)** ATQ, हम 2021 के लिए बचत की गणना करेंगे, फिर अंतर लेंगे और प्रतिशत वृद्धि की गणना करेंगे।

बचत = आय – व्यय

2020 में बचत = 2020 में आय – 2020 में व्यय = 65,000 – 45,000 = ₹20,000

2021 में आय (2020 की तुलना में 15% वृद्धि के साथ) = 100 + 15% = ₹115

2021 में 15% की वृद्धि के साथ वास्तविक आय = (100 + 15)/100 × 65000 = ₹74,750

इसी तरह, 2021 में व्यय = (100 + 7)/100 × 45,000 = ₹48,150

2021 में बचत = 74,750 – 48,150 = ₹26,600

बचत में अंतर = 26,600 – 20,000 = ₹6,600

अब, बचत में प्रतिशत वृद्धि = अंतर / (2020 में बचत) × 100 प्रतिशत वृद्धि = (6,600/20,000) × 100 ≈ 33%

अत:, (a) उत्तर है।

22. **(b)** हमें विपरीत ढंग से प्रश्न के समाधान की ओर बढ़ने की आवश्यकता है – तीसरी संख्या से पहले निपटना है।

तीसरी संख्या 2960 है, इसलिए दूसरी संख्या = 2960 का 1/4 = 740 है।

प्रथम संख्या का 5/9 = 740 का 25% = 185

पहली संख्या = 185 × 9/5 = 333

पहली संख्या का 30% = 333 का 30% = 99.9

23. **(b)** मान लीजिए कि सेवा निवृति उपदान की राशि = ₹300 है, ₹300 का यह आंकड़ा लिया गया है क्योंकि गणना के लिए यह आसान है। (हम कोई भी आंकड़ा ले सकते हैं जैसे कि 'X' या ₹1 भी)

पहला भाग = 300 का 1/3 = ₹100

1 भाग पर रिटर्न = 100 का 6% = ₹6

दूसरा भाग = उपदान का 1/4 भाग 300 का 1/4 = ₹75

इस उपदान पर प्राप्ति = ₹75 का 7% = ₹5.25

शेष तीसरा भाग = ₹300 – (100 + 75) = ₹125

शेष तीसरे भाग पर ब्याज की प्राप्ति = 125 का 8% = ₹10

इस प्रकार, निवेश पर कुल प्राप्ति = 6 + 5.25 + 10 = ₹21.25

यदि वास्तविक प्राप्ति 7012.5 रुपये है, तो कुल उपदान = 300/21.25 × 7012.5 = ₹99,000

24. **(c)**

C	H	E	A	T	E	R
+2	+2	+2	+2	+2	+2	+2
E	J	G	C	V	G	T

इसी प्रकार

P	R	E	A	C	H	E	R
+2	+2	+2	+2	+2	+2	+2	+2
R	T	G	C	E	J	G	T

इस प्रकार, सही विकल्प (c) है।

25. **(d)** श्रृंखला 7, 10, 19, 46, 127 लगातार संख्याओं के बीच अंतर में एक पैटर्न का अनुसरण करती है। ये अंतर 3, 9, 27 और 81 हैं जो वास्तव में 3 के गुणक हैं, विशेष रूप से 3^1, 3^2, 3^3, 3^4 और अंत में 3^5 जो 243 है।

अत: उत्तर 127 + 243 = 370 है।

26. **(b)** तर्क में किया गया भ्रम 'रेड हेरिंग' (red herring) है, जो मुख्य तर्क या विषय से ध्यान भटकाने के लिए संदिग्ध या अप्रासंगिक जानकारी चर्चा के मध्य में लेकर आता है।

(a) चक्र (वृत्ताकार – circular argument) तर्क अधिकतर निष्कर्ष को एक आधार के रूप में दोहराता है, जिससे तर्क का एक बंद लूप (closed loop) बनता है।

(c) जटिल प्रश्न (complex question) दो या दो से अधिक प्रश्नों को एक में जोड़ता है, जिससे निहित परिसरों में से एक को स्वीकार किए बिना उत्तर देना मुश्किल हो जाता है।

(d) फिसलन युक्त ढलान (slippery slope) का अर्थ है कि एक दिशा में एक छोटा सा पग भी गलत हो सकता है, जो कि अनिवार्य रूप से एक विनाशकारी परिणाम की ओर ले जाएगा, ऐसा बिना अक्सर बिना प्रमाण या औचित्य के हो सकता है।

27. **(a)** यह 'तर्क समतुल्यता' का प्रश्न है।

1. कुछ पशु पक्षी हैं।
2. कुछ पशु गैर–पक्षी नहीं हैं, जो "कुछ पशु पक्षी हैं" के तुल्य हैं।
3. कुछ गैर–पक्षी गैर–पशु नहीं हैं। इसका अर्थ यह है कि कुछ गैर–पक्षी पक्षी हैं।
4. कुछ पक्षी पशु हैं। यह कथन A के समतुल्य है।

इस प्रकार, केवल 1, 2 और 4 "कुछ पशु पक्षी हैं" के समान तार्किक अर्थ को दर्शाते हैं।

28. **(d)** यहाँ 'कोई भी पशु मछली नहीं है' E- प्रकार का प्रस्ताव है। यहाँ हमें विरोध के परम्परागत वर्ग के अंतर्गत सत्य तालिका को देखना चाहिए, जिसमें तीसरे स्तर पर 'E' असत्य या गलत रूप में दिया गया है। इसके

साथ केवल I- प्रकार को सत्य दर्शाया गया है, इसके अनुसार केवल (4) सही दर्शाया गया है।

29. **(b)** यह प्रश्न विपक्ष के वर्ग के अनुसार है, दो प्रस्ताव एक दूसरे के विपरीत हैं यदि वे दोनों सच नहीं हो सकते हैं, लेकिन वे दोनों गलत हो सकते हैं। उदाहरण के लिए, "सभी मछलियाँ स्तनपायी हैं" और "कोई मछली स्तनपायी नहीं है" विपरीत हैं, क्योंकि वे दोनों सत्य नहीं हो सकते हैं, लेकिन वे दोनों असत्य हो सकते हैं यदि कुछ मछलियाँ स्तनपायी हैं और कुछ नहीं हैं। दिए गए विकल्पों में से सही उत्तर है - (1) ओर (3) - अर्थात (b)

30 **(b)** प्रश्न कथन के अलावा, यह तब होता है जब एक शब्दांश में मध्य पद अस्पष्ट होता है और विभिन्न चीजों को संदर्भित कर सकता है, जिससे एक अमान्य निष्कर्ष निकलता है। हमें मुद्दों को 'मध्यावधि' के साथ देखने की जरूरत है

(a) पहाड़ी में धुआं है क्योंकि इसमें आग है: मध्य शब्द 'आग है' द्वारा इंगित किया जाता है। आग (मध्यावधि) की उपस्थिति विशेष रूप से धुएँ की ओर ले जाती है - characteristic being inferred).

(b) ध्वनि शाश्वत है क्योंकि यह श्रव्य है: श्रव्य होना (मध्यावधि) केवल ध्वनि के शाश्वत होने के लिए नहीं है, क्योंकि कई गैर-शाश्वत चीजें भी श्रव्य हैं। यह एक गैर-अनन्य मध्यावधि का एक उदाहरण है।

(c) सभी चीजें गैर-शाश्वत हैं क्योंकि वे ज्ञेय (जानने योग्य) हैं: ज्ञात (मध्यावधि) होने का गुण गैर-शाश्वत चीजों के लिए अनन्य नहीं है; शाश्वत चीजें भी ज्ञात हो सकती हैं। यह एक गैर-अनन्य मध्यावधि का एक और उदाहरण हो सकता है।

(d) ध्वनि शाश्वत है क्योंकि यह उत्पन्न की जाती है: मध्य शब्द 'उत्पन्न किया जा रहा है'। यह केवल इसे शाश्वत होने की ओर नहीं ले जाता है। कई उत्पादित चीजें गैर-शाश्वत होती हैं। इस तर्क में एक गैर.अनन्य मध्य अवधि भी शामिल प्रतीत होती है।

इस प्रकार, (b) सबसे स्पष्ट परिणाम प्रतीत होता है।

31. **(d)** यह एमएस-एक्सेल प्रश्न काफी आसान है। सूत्र IF ($B2 = D)$1, $A2, 0) जाँच करता है कि क्या प्रत्येक पंक्ति में राज्य वर्तमान कॉलम के शीर्ष पर राज्य से मेल खाता है। यदि वे मेल खाते हैं, तो यह शहर का नाम दिखाता है; यदि नहीं, तो यह 0 दिखाता है।

1. कॉलम D (हरियाणा) केवल सोनीपत और पानीपत हरियाणा में हैं। इसलिए, केवल D3 (सोनीपत) और D8 (पानीपत) शहर के नाम दिखाएंगे।
   कॉलम D में अन्य सभी कक्ष 0 दिखाएंगे।
2. कॉलम ई (एमपी) इंदौर, सागर और ग्वालियर एमपी में हैं।
   तो, E5 (इंदौर) E7 (सागर) और E9 (ग्वालियर) शहर के नाम दिखाएंगे।
   कॉलम E में अन्य सभी कक्ष 0 दिखाएंगे।
3. कॉलम F (यूपी) केवल नोएडा यूपी में है।
   इसलिए, केवल F4 (नोएडा) शहर का नाम दिखाएगा।
   कॉलम F में अन्य सभी कक्ष 0 दिखाएंगे।

अब शून्यों की गिनती करें:

कॉलम D में, 0 के साथ 6 कक्ष हैं।

कॉलम E में, 0 के साथ 5 कक्ष हैं।

कॉलम F में, 0 के साथ 7 कक्ष हैं।

कुल शून्य = 6 (D) + 5 (E) + 7 (F) = 18

तो, उत्तर यह है कि D2: F9 की सीमा में 18 कोशिकाएँ 0 होती हैं, जो कि विकल्प (d) 18 है।

32. **(b)** ईमेल इन्किप्शन एक ईमेल संदेश की सामग्री को एक अपठनीय प्रारूप में बदल देता है, जिससे यह केवल उन अधिकृत प्राप्तकर्ताओं के लिए सुलभ हो जाता है जिनके पास कूटलेखन कुंजी होती है। यह संवेदनशील जानकारी को अनधिकृत पक्षों द्वारा रोके जाने और पढ़े जाने से बचाता है।

(a) स्व-प्रतिकृति कार्यकम वायरस होते हैं, इन्किप्शन नहीं।

(c) डुप्लिकेट ईमेल स्पैम होते हैं, इन्किप्शन नहीं।

(d) ईमेल हेडर बदलना स्पूफिंग है, इन्किप्शन नहीं।

33. **(d)** डब्ल्यू. ए. वी. फाइलें असंकुचित होती हैं और सभी मूल ऑडियो डेटा को बनाए रखती हैं, जिससे उच्च गुणवत्ता के साथ-साथ फ़ाइल का आकार भी बड़ा हो जाता है। एम, पी. 3, अपने संपीड़न के कारण, काफी छोटे फ़ाइल आकारों के साथ समान गुणवत्ता प्राप्त कर सकता है।

कथन I गलत है लेकिन कथन II सत्य है।

34. **(c)**

1. यह बात गलत है। यह वेब 1.0 होना चाहिए।
2. वेब 2.0 तकनीकों ने लोगों को विभिन्न तरीकों से जोड़ने के लिए अधिक इंटरैक्टिव और सामाजिक वेब अनुभवों को सक्षम किया है।
3. वेब 3.0 एक अधिक जुड़ा हुआ और बुद्धिमान वेब बना रहा है, जहां मशीनें अधिक मानव जैसे तरीकों से डेटा को संसाधित और विश्लेषण कर सकती हैं, जिससे अधिक परिष्कृत और निर्बाध उपयोगकर्ता अनुभव हो सकते हैं।

अत: (c) सही उत्तर है।

35. **(b)**

(a) IV: इंकजेट प्रिंटर बिजली से चार्ज स्याही की बूंदों का उपयोग करते हैं, पाउडर स्याही का नहीं।

(b) II: एल.सी.डी स्कीन छवियों को प्रदर्शित करने के लिए तरल किस्टल का उपयोग करते हैं, न कि एलईडी।

(c) I: एल.ई.डी स्कीन प्रकाश उत्सर्जक डायोड की सरणी पर पिक्सेल के रूप में निर्भर करते हैं, न कि मॉड्यूलेटिंग लाइट पर।

(d) III: लेजर प्रिंटर बिजली से चार्ज की गई पाउडर स्याही को कागज पर स्थानांतरित करते हैं, न कि स्याही की बूंदों को।

अत: (b) सही उत्तर है।

36. **(a)** 'वायुमंडलीय धुंध' परा सूक्ष्म आकार के विविक्त पदार्थ (ultra fine particulate matter) के कारण होती है, जिसका व्यास 2.5 माइकोन (PM2.5) से कम होता है, ये छोटे कण प्रकाश को बिखेरते और अवशोषित करते हैं, दृश्यता को कम करते हैं, इस प्रकार धुंध जैसी स्थिति पैदा करते हैं। वे श्वसन संबंधी समस्याओं का कारण बनते हैं क्योंकि वे फेफड़ों, रक्त प्रवाह और अन्य अंगों में जाते हैं।

नाइट्रोजन और सल्फर के ऑक्साइड धुंध के निर्माण में योगदान करते हैं लेकिन मुख्य दोषी नहीं हैं। ओजोन धुंध को खराब कर सकती है लेकिन प्राथमिक कारण नहीं है। कार्बन डाइऑक्साइड और कार्बन मोनोऑक्साइड GHG हैं लेकिन सीधे धुंध में योगदान नहीं करती हैं।

37. (c) कथन I मुख्य रूप से उनके बड़े सतह क्षेत्र और अद्वितीय रासायनिक गुणों के कारण सही है जो उन्हें प्रश्न कथन में उल्लिखित इन प्रदूषकों को अवशोषित या नीचा करने की अनुमति देते हैं।

कथन II गलत है क्योंकि कुछ धातु के नैनोकण कुछ भारी धातुओं के विरुद्ध प्रभावी हो सकते हैं, अन्य नहीं हैं और उनकी विषाक्तता को बढ़ा भी सकते हैं। सभी नैनो-कण सभी भारी धातुओं के विरुद्ध अप्रभावी नहीं होते हैं।

38. (c)

अभिकथन (A): यह मुख्य रूप से जलवायु परिवर्तन, भूमि अवक्रमण या उत्थान जैसे क्षेत्रीय कारकों और ज्वार-भाटा, तूफान और नदी इनपुट जैसे स्थानीय कारकों के कारण वैश्विक औसत समुद्र के स्तर में वृद्धि के कारण होता है।

कारण (R): प्रभाव स्थान के आधार पर काफी भिन्न हो सकता है। उदाहरण के लिए, आर्कटिक और अंटार्कटिक महासागरों के पिघलने का प्रभाव अलग-अलग हो सकता है।

39. (a) जल में कार्बनिक पदार्थों में पादप सामग्री, सूक्ष्मजीव (जैसे बैक्टीरिया और शैवाल) पशु अपशिष्ट, और सीवेज और उद्योग से प्रदूषक जैसी चीजें शामिल हैं। जब ये कार्बनिक पदार्थ टूट जाते हैं, तो वे जल में ऑक्सीजन का उपयोग करते हैं। यह एक समस्या हो सकती है क्योंकि यह जलीय जीवन के लिए उपलब्ध ऑक्सीजन को कम कर देता है, जिससे बहुत कम ऑक्सीजन वाले क्षेत्रों में जीव जीवित नहीं रह सकते हैं। इसलिए, जल ऑक्सीजन के स्तर को कम करने में कार्बनिक पदार्थ एक मुख्य कारक है।

40. (c) 1 - II, 2 - III, 3 - IV, 4 - I

इनको यूनिट 9 में दी गई सूची से पहचान सकते है।

41. (b) एस. पी. ए. आर. सी. का अर्थ (b) से पहचाना जा सकता है, जिसका आंग्ल भाषा में रूपान्तरण है -Scheme for Promotion of Academic and Research Collaboration जिसका उद्देश्य भारतीय संस्थानों और उनके अंतर्राष्ट्रीय समकक्षों के बीच अनुसंधान और अकादमिक सहयोग को बढ़ाना है।

42. (c) विश्व गुरु का अर्थ है विश्व शिक्षक। NEP 2020 में भारत को शिक्षा और ज्ञान में एक वैश्विक नेता के रूप में अपनी ऐतिहासिक स्थिति को फिर से प्राप्त करने की परिकल्पना की गई है।

43. (a) एनसीआईवीई (NCIVE) का अर्थ है व्यावसायिक शिक्षा के एकीकरण के लिए राष्ट्रीय समिति। NCIVE जैसा कि NEP 2020 में उल्लिखित है, चरणबद्ध तरीके से सभी स्कूलों और उच्च शिक्षा संस्थानों में व्यावसायिक शिक्षा के एकीकरण की देखरेख और सुविधा प्रदान करना है।

44. (c) विज्ञान और प्रौद्योगिकी विभाग की स्थापना भारत सरकार द्वारा 1978 में की गई थी।

45. (d) सभी सूचीबद्ध ग्रंथ-वेद, ब्राह्मण, उपनिषद और धर्म सूत्र-प्राचीन भारतीय शिक्षा प्रणाली के अभिन्न अंग थे। वेदों ने मूलभूत ग्रंथों के रूप में कार्य किया, ब्राह्मणों ने अनुष्ठानों और प्रथाओं को प्रदान किया, उपनिषदों ने दार्शनिक पूछताछ पर ध्यान केंद्रित किया, और धर्म सूत्रों ने नैतिक और सामाजिक संहिताओं को निर्धारित किया।

46. (d)

47. (d)

48. (b)

49. (a)

50. (c)

यूजीसी नेट प्रश्न पत्र 2022-सेट 1

नोट:

- इस प्रश्नपत्र में पचास (50) बहु-विकल्पीय प्रश्न हैं। प्रत्येक प्रश्न के दो (2) अंक हैं।
- सभी प्रश्न अनिवार्य हैं।

निम्नांकित सारणी में चार राज्यों (A, B, C, D) के अन्तर्गत कारों का प्रतिशत में वितरण और डीजल एवं पेट्रोल इंजन कारों का अनुपात प्रदर्शित किया गया है। सभी चार राज्यों में कारों की कुल संख्या 1400 है। सारणी में आंकड़ों पर आधारित, प्रश्नों के उत्तर दीजिए।

राज्य-वार कारों का वितरण

		अनुपात
राज्य	कारों का प्रतिशत में वितरण	डीजल इंजन कार: पेट्रोल इंजन कार
(1)	14%	3 : 4
(2)	28%	5 : 9
(3)	32%	5 : 3
(4)	26%	1 : 1

1. राज्य 'B' में डीजल इंजन कारों की संख्या और राज्य 'D' में पेट्रोल इंजन कारों की संख्या के बीच अंतर क्या है?

(a) 24 (b) 42
(c) 56 (d) 68

2. राज्य 'C' में पेट्रोल इंजन कारों की संख्या राज्य 'A' में डीजल कारों की संख्या की तुलना में कितने प्रतिशत अधिक है?

(a) 100% (b) 125%
(c) 200% (d) 120%

3. यदि राज्य 'C' में 25% डीजल कारें वातानुकूलित हैं तो राज्य 'C' में गैर वातानुकूलित डीजल कारों की संख्या क्या है?

(a) 150 (b) 90
(c) 190 (d) 210

4. राज्य 'C' में कारों की कुल संख्या और राज्य 'B' में पेट्रोल इंजन कारों की संख्या के बीच अन्तर क्या है?

(a) 212 (b) 224
(c) 204 (d) 196

5. सभी राज्यों के अन्तर्गत पेट्रोल इंजन कारों की संख्या का योग क्या है?

(a) 710 (b) 712
(c) 714 (d) 716

6. निम्नलिखित में से कौन से प्रकार के शिक्षार्थी फ्लोचार्टों और रेखाचित्रों की सहायता से शिक्षा प्राप्त करते हैं?

(a) स्पर्शग्राह्य (b) दृश्यात्मक
(c) श्रवण-संबंधी (d) परिपाटी

7. सूची I के साथ सूची II का मिलान कीजिए:

सूची I अवधारणा	सूची II मुख्य प्रतिपादक
(1) अंतर्भूत शिक्षण	(i) जॉन डयूई
(2) भारतीय दर्शनशास्त्र के आध्यात्मिक पहलुओं पर ध्यान केंद्रित करना	(ii) श्री अरविन्दो
(3) प्रकृति में तथा प्रकृति से अधिगम प्राप्त करने से संबंधित	(iii) डॉ. सर्वपल्ली राधाकृष्ण
(4) प्रयोगात्मक शिक्षण	(iv) रबीन्द्रनाथ टैगोर

नीचे दिए गए विकल्पों में से **सही** उत्तर का चयन कीजिए:

(a) (1)–(ii), (2)–(iv), (3)–(iii), (4)–(i)
(b) (1)–(i), (2)–(ii), (3)–(iii), (4)–(iv)
(c) (1)–(iii), (2)–(ii), (3)–(i), (4)–(iv)
(d) (1)–(ii), (2)–(iii), (3)–(iv), (4)–(i)

8. एक कक्षा में शिक्षार्थियों के व्यक्तिगत अन्तरों को चिह्नित करने के लिए शिक्षक द्वारा निम्नलिखित में से किसका प्रयोग किया जा सकता है?

(a) संकलनात्मक आकलन
(b) निर्माणात्मक आकलन
(c) निदानात्मक आकलन
(d) समकक्ष आकलन

9. गैर-तकनीकी स्नातकोत्तर पाठ्यक्रमों के लिए ई-पीजी पाठशाला (e-PG Pathshala) परियोजना के अंतर्गत सृजित ई-कंटेंट को निम्नलिखित में से किसके द्वारा वेब पर डाला गया है?

(a) एन पी टी ई एल (NPTEL)
(b) आई एन एफ एल आई बी एन ई टी (INFLIBNET)
(c) स्वयम (SWAYAM)
(d) आई जी एन ओ यू (IGNOU)

10. निम्नलिखित में से कौन भावात्मक क्षेत्र नहीं है?

(a) प्राप्त करना (b) विश्लेषण करना
(c) मूल्य निर्धारित करना (d) संघटित करना

11. जब एक परिवर्त से शोध परिणामों की व्याख्या अप्रमाणिक हो जाती है तो यह कहलाता है-

(a) नियंत्रण परिवर्त (b) बाहरी परिवर्त
(c) द्वंद्वपरक परिवर्त (d) भ्रामक परिवर्त

12. एक प्रत्याशी की आयु किसका उदाहरण है?

(a) समानांतर परिवर्त (b) एकल परिवर्त
(c) द्विकीय परिवर्त (d) साधारण परिवर्त

13. निम्नगत में कौन गुणात्मक अनुसंधान के अलाभकारी बिंदु हैं?

(1) सन्दर्भ के प्रति अतिसंवेदनशील
(2) वाद-विवाद के लिए तत्पर
(3) अति व्यक्तिनिष्ठ
(4) सामान्यीकृत करने में कठिनाई
(5) प्रतिकृति का विषय

नीचे दिए गए विकल्पों में से सही उत्तर चुनें:

(a) केवल (1), (4) और (5)
(b) केवल (2), (3) और (4)
(c) केवल (3), (4) और (5)
(d) केवल (1), (2) और (3)

14. किसी परियोजना के लिए प्रतिदर्श आकार को प्रभावित करने वाले निम्नलिखित कारकों में से कौन से हैं?

(1) परियोजना का प्रकार
(2) परियोजना का उद्देश्य
(3) क्षेत्र में पूर्ववर्ती अनुसंधान
(4) शोधकर्ता का व्यक्तित्व
(5) शोधकर्ता की अपनी प्रतिष्ठा

नीचे दिए गए विकल्पों में से सही उत्तर चुनें:

(a) केवल (1), (2) और (3)
(b) केवल (2), (3) और (4)
(c) केवल (3), (4) और (5)
(d) केवल (1), (3) और (5)

15. सूची-I को सूची-II से सुमेलित कीजिए:

सूची-I अनुसंधान विधि	सूची-II विशेषताएं
(1) अंतर्वस्तु विश्लेषण	(i) संक्षेपण
(2) सामाजिक नेटवर्क (नाल) विश्लेषण	(ii) द्विध्रुवी विशेषणों का प्रयोग सेट 1
(3) आर्थी विभेदक	(iii) द्विकीय संबंधों पर बल
(4) मेटा विश्लेषण	(iv) सन्दर्भ इकाई

नीचे दिए गए विकल्पों में से सही उत्तर चुनिए:

(a) (1)-(ii), (2)-(iii), (3)-(iv), (4)-(i)
(b) (1)-(iv), (2)-(iii), (3)-(ii), (4)-(i)
(c) (1)-(i), (2)-(ii), (3)-(iii), (4)-(iv)
(d) (1)-(iii), (2)-(iv), (3)-(i), (4)-(ii)

16. किसी कक्षा में एक प्रभावी श्रोता:

(a) ध्यान भंग होने का प्रतिरोध करता है।
(b) विचलन चाहता है।
(c) सन्देश का निस्पंदन (फिल्टर) करना पसंद करता है।
(d) सन्देश प्रदायगी शैली का आकलन करता है।

17. दुतरफा आमने-सामने सम्प्रेषण तकनीकी रूप से किस प्रकार संदर्भित किया जाता है?

(a) स्तर-एक (b) स्तर-दो
(c) स्तर-तीन (d) स्तर-चार

18. निम्नलिखित में से कौन से चर सम्प्रेषण के परिप्रेक्ष्य में एक संस्कृति से अन्य संस्कृति का भेद करते हैं?

(1) अधिगम कौशल (2) समय बोध
(3) कृतज्ञता का स्तर (4) ईमानदारी का स्तर

नीचे दिए गए विकल्पों में से सही उत्तर चुनें:

(a) केवल (1) और (2) (b) केवल (2) और (3)
(c) केवल (3) और (4) (d) केवल (1) और (4)

19. नीचे दो कथन दिए गए हैं:

कथन I: लघु समूह सम्प्रेषण संबंध की आवश्यकताओं की पूर्ति करता है।

कथन II: फिर भी, लघु समूह सम्प्रेषण कार्य से संबंधित आवश्यकताओं की पूर्ति नहीं करता।

उपर्युक्त कथनों के आलोक में निम्नलिखित विकल्पों में से सही उत्तर चुनें:

(a) कथन I और II दोनों सत्य हैं।
(b) कथन I और II दोनों असत्य हैं।
(c) कथन I सत्य है, किन्तु कथन II असत्य है।
(d) कथन I असत्य है, किन्तु कथन II सत्य है।

20. निम्नलिखित में से मीडिया के कौन से कार्य हैं, जो उसके श्रोता-दर्शक वर्ग से संबंधित हैं?

(1) मीडिया उत्पादों के लिए निष्क्रिय रूप से लालायित होना।

(2) मीडिया विषयवस्तु की सर्वाहारी ग्राह्यता।

(3) पहचान के माध्यम से क्षतिपूर्ति।

(4) प्रतिस्थानिक इच्छा पूर्ति।

(5) उपयुक्त भूमिका के लिए सुझाव के स्रोत।

नीचे दिए गए विकल्पों में से सही उत्तर चुनें:

(a) केवल (1), (2) और (3)
(b) केवल (2), (3) और (4)
(c) केवल (1), (2) और (5)
(d) केवल (3), (4) और (5)

21. दी गई श्रृंखला में लुप्त पद ज्ञात कीजिए:

4, 6, 12, 14, 28, 30?

(a) 32 (b) 36
(c) 52 (d) 60

22. एक निश्चित कोड में, O को E, A को C, M को I, S को O, N को P, E को M, I को A, P को N और C को S लिखा जाता है, तो इस कोड में COMPANION को कैसे लिखा जायेगा?

(a) SEINCPAEP (b) SENCIAPEP
(c) SENCPIAPE (d) SNEIPCAPE

23. 43 छात्रों की एक कक्षा में आशमन का रैंक नीचे से 16वां है। ऊपर से उसका रैंक कितना होगा?

(a) 28 (b) 27
(c) 26 (d) 29

24. एक पाइप पानी के टैंक को दूसरे पाइप से तीन गुना तेजी से भर सकता है। यदि दोनों पाइपों का प्रयोग इकट्ठे किया जाए तो वे टैंक को 36 मिनटों में भर देंगे। अकेला धीमी गति वाला पाइप टैंक को भरने में कितना समय लेगा?

(a) 192 मिनट (b) 108 मिनट
(c) 144 मिनट (d) 160 मिनट

25. एक फुटकर विक्रेता ने 40 पेन को थोक विक्रेता से 36 पेन के अंकित भाव पर खरीदा। यदि वह इन पेन को 1% बट्टे (छूट) पर बेचता है, तो उसका लाभ प्रतिशत क्या होगा?

(a) 12% (b) 15 %
(c) 20% (d) 10%

26. यदि अभिकथन 'कोई भी पक्षी स्तनधारी नहीं है' सत्य दिया गया है, तो तत्काल क्या अनुमान लगाया जा सकता है?

(1) 'सभी पक्षी स्तनधारी होते हैं' असत्य है।

(2) 'कुछ पक्षी स्तनधारी होते हैं' असत्य है।

(3) 'कुछ पक्षी स्तनधारी नहीं होते हैं' असत्य है।

(4) 'कुछ पक्षी स्तनधारी नहीं होते हैं' सत्य है।

नीचे दिए गए विकल्पों में से सही उत्तर चुनें:

(a) केवल (1), (2) और (3)
(b) केवल (1), (2) और (4)
(c) केवल (1) और (4)
(d) केवल (1) और (3)

27. 'XYZ होम फाइनेंस देश में सबसे बेहतर वित्तीय उत्पाद उपलब्ध करता है, क्योंकि XYZ एक पारिवारिक सदस्य एवं एक अच्छे मित्र के रूप में आपका अपना घर होने की आवश्यकता को पूरा करता है।' इस तर्क में निम्नलिखित प्रकार का हेत्वाभाव मिलता है:

(a) एड पॉपुलम (b) एड होमिनेम
(c) शीघ्र सामान्यीकरण (d) रेड हेरिंग

28. नीचे दो कथन दिए गए हैं:

कथन I: 'कुछ S, P हैं', 'कुछ S, P नहीं हैं' का विपरीतार्थक है।

कथन II: 'कुछ S, P नहीं हैं, 'सभी S, P हैं' का व्याघाती है।

उपर्युक्त कथनों के आलोक में निम्नलिखित विकल्पों में से सही उत्तर चुनें:

(a) कथन I और II दोनों सत्य हैं।
(b) कथन I और II दोनों असत्य हैं।
(c) कथन I सत्य है, किन्तु कथन II असत्य है।
(d) कथन I असत्य है, किन्तु कथन II सत्य है।

29. नीचे दो कथन दिए गए हैं:

कथन I: भारतीय चिंतकों के लिए अनुमान का अर्थ केवल न्यायवाक्यात्मक अनुमान है, जो मध्य पद और मुख्य पद के बीच अपरिवर्ती सहवर्तिता संबंध पर आधारित है।

कथन II: जहाँ-जहाँ मुख्य पद की अनुपस्थिति हो, वहाँ मध्य पद अनुपस्थित होना चाहिए।

उपर्युक्त कथनों के आलोक में निम्नलिखित विकल्पों में से सही उत्तर चुनें:

(a) कथन I और II दोनों सत्य हैं।
(b) कथन I और II दोनों असत्य हैं।
(c) कथन I सत्य है, किन्तु कथन II असत्य है।
(d) कथन I असत्य है, किन्तु कथन II सत्य है।

30. नीचे दो कथन दिए गए हैं:

कथन I: भारतीय शास्त्रीय तर्कशास्त्रियों (न्यायिकों) के अनुसार कार्य से कारण का अनुमान 'पूर्ववत' कहलाता है।

कथन II: न्यायिकों के अनुसार कार्य से कारण का अनुमान संभव नहीं है।

उपर्युक्त कथनों के आलोक में निम्नलिखित विकल्पों में से सही उत्तर चुनें:

(a) कथन I और II दोनों सत्य हैं।
(b) कथन I और II दोनों असत्य हैं।
(c) कथन I सत्य है, किन्तु कथन II असत्य है।
(d) कथन I असत्य है, किन्तु कथन II सत्य है।

31. नीचे दो कथन दिए गए हैं: एक को अभिकथन (A) और दूसरे को कारण (R) कहा गया है।

अभिकथन (A): कंप्यूटर नेटवर्किंग में मॉडेम को इनपुट और आउटपुट डिवाइस दोनों के रूप में माना जाता है।

कारण (R): मॉडेम डेटा (अपलोड/आउटपुट) भेजता है और उसी समय डेटा (डाउनलोड/इनपुट) प्राप्त करता है।

उपर्युक्त कथनों के आलोक में निम्नांकित विकल्पों में से सही उत्तर चुनें:

(a) (A) और (R) दोनों सही हैं और (R), (A) की सही व्याख्या है।
(b) (A) और (R) दोनों सही हैं परन्तु (R), (A) की सही व्याख्या नहीं है।
(c) (A) सत्य है, परन्तु (R) असत्य है।
(d) (A) असत्य है, परन्तु (R) सत्य है।

32. जो प्रोग्राम एक कंप्यूटर सिस्टम में किसी अन्य छद्मावेश के रूप में प्रकट होते हैं, उन्हें कहा जाता है:

(a) ट्रोजन हॉर्सेज
(b) वायरसेज
(c) वेब बग्स
(d) जॉम्बीज़

33. आपके शिक्षक ने आपको किसी कंप्यूटर में अतिरिक्त रैम (RAM) को संस्थापित करने का अनुदेश दिया है। निम्नलिखित चरणों (1-3) के सही क्रम की पहचान कीजिए जिसका आपके द्वारा रैम को सुरक्षित रूप से संस्थापित करने के लिए पालन किया जाना चाहिए।

(1) रैम (RAM) को संस्थापित करना।
(2) कंप्यूटर को पावर सप्लाई से अलग करना।
(3) कलाई पर प्रति-स्थैतिक बैंड बांधना।

नीचे दिए गए विकल्पों में से सही उत्तर चुनिए:

(a) (1), (2), (3)
(b) (3), (1), (2)
(c) (2), (1), (3)
(d) (2), (3), (1)

34. नीचे दो कथन दिए गए हैं:

कथन I: 'स्वयम्' पहल युवा स्टार्टअप उद्यमियों को वित्तीय और तकनीकी सहायता प्रदान करने की दिशा में एक महत्वपूर्ण कदम है।

कथन II: डिजिलॉकर लोगों की टैग लाइन में कहा गया है:-'माई डॉक्युमेंट्स, एनीटाइम, एनीव्हेअर' अर्थात; मेरा दस्तावेज, किसी भी समय, कहीं भी।

उपर्युक्त कथनों के आलोक में निम्नलिखित विकल्पों में से सही उत्तर चुनें:

(a) कथन I और II दोनों सत्य हैं।
(b) कथन I और II दोनों असत्य हैं।
(c) कथन I सत्य है, किन्तु कथन II असत्य है।
(d) कथन I असत्य है, किन्तु कथन II सत्य है।

35.

सूची-I (कंप्यूटर पद)	सूची-II (परिभाषा)
(1) स्पाईवेयर	(i) लघु दूरियों पर डेटा संचारित करने के लिए उपयोग की जाने वाली बेतार प्रौद्योगिकी
(2) फायरवॉल	(ii) सॉफ्टवेयर जो उपयोगकर्ता को किसी अन्य व्यक्ति के कंप्यूटर कार्यकलापों की सूचना प्राप्त करने के लिए अनुमति देता है।
(3) ब्लूटूथ	(iii) किसी नेटवर्क पर हमला, जिसमें व्यर्थ के यातायात का आप्लावन।
(4) सेवा से वंचित करना	(iv) हार्डवेयर या सॉफ्टवेयर, जिसे एक नेटवर्क की संरक्षा के लिए बनाया गया है, जो डेटा के प्रविष्ट या न प्रविष्ट हो सकने को नियंत्रित करता है।

नीचे दिए गए विकल्पों में से सही उत्तर चुनिए:

(a) (1)–(iii), (2)–(iv), (3)–(i), (4)–(ii)
(b) (1)–(iv), (2)–(ii), (3)–(iii), (4)–(i)
(c) (1)–(i), (2)–(iv), (3)–(ii), (4)–(iii)
(d) (1)–(ii), (2)–(iv), (3)–(i), (4)–(iii)

36. निम्नगत में से कौन सा प्रदूषक मनुष्य में कैंसर का कारण बन सकता है?

(a) कार्बन मोनोक्साइड (b) एस्बेस्टस
(c) नाइट्रोजन डाइऑक्साइड (d) सल्फर डाइऑक्साइड

37. भारत के कौन से क्षेत्र में चक्रवात सर्वाधिक संख्या में होते हैं?

(a) पूर्वी घाट (b) पश्चिमी घाट
(c) मध्य भारत (d) उत्तर भारत

38. निम्नगत कथनों में से जैव-विविधता के बारे में कौन से सही हैं?

(1) पारिस्थितिकी के स्थायित्व में जैव विविधता सहायक होती है।
(2) मानवीय गतिविधियों ने प्रजातियों की विलुप्तता को तेजी से बढ़ा दिया है।
(3) प्राकृतिक आवास के विखंडन का जैव-विविधता पर कोई दुष्प्रभाव नहीं पड़ता है।
(4) लगभग 70 प्रतिशत प्रजातियां अपृष्ठवंशी (इन्वर्टिब्रेट) हैं।

नीचे दिए गए विकल्पों में से सही उत्तर चुनें:

(a) केवल (1), (2) और (3)
(b) केवल (1), (2) और (4)
(c) केवल (2), (3) और (4)
(d) केवल (1), (3) और (4)

39. मीथेन उत्सर्जन के प्रमुख स्रोतों को पहचानिए:

(1) लैंड फिल (2) पर्वतीय नदियाँ
(3) धान के खेत (4) जलमय भूमि

नीचे दिए गए विकल्पों में से सही उत्तर चुनें:

(a) केवल (1), (2) और (3)

(b) केवल (2), (3) और (4)

(c) केवल (1), (2) और (4)

(d) केवल (1), (3) और (4)

40. सूची-I को सूची-II से सुमेलित कीजिए:

सूची-I (उद्देश्य/प्रावधान)	सूची-II (अंतर्राष्ट्रीय संधियाँ/समझौते)
(1) उत्सर्जन व्यापार	(i) पैरिस समझौता
(2) संसाधनों का सतत प्रबंध	(ii) क्योटो प्रोटोकॉल
(3) स्वच्छ वहनीय ऊर्जा	(iii) अंतर्राष्ट्रीय सौर गठबंधन
(4) इच्छित राष्ट्रीय तौर पर निर्धारित योगदान	(iv) रियो शिखर सम्मेलन

नीचे दिए गए विकल्पों में से सही उत्तर चुनिए:

(a) (1)–(ii), (2)–(iv), (3)–(i), (4)–(iii)

(b) (1)–(ii), (2)–(iv), (3)–(iii), (4)–(i)

(c) (1)–(i), (2)–(iv), (3)–(iii), (4)–(ii)

(d) (1)–(i), (2)–(iv), (3)–(ii), (4)–(iii)

41. निम्नलिखित में से किसको 7 मार्च 1835 को भारत के गवर्नर-जनरल बेंटिनेक द्वारा जारी किये गए आवश्यक आदेश के माध्यम से आधिकारिक रूप से भारत में अंग्रेजी शिक्षा प्रणाली लागू कराने का पूर्ण श्रेय दिया जाता है?

(a) जाकारी मेकॉले
(b) थॉमस बेबिंगटन मेकॉले
(c) एलेक्जेंडर डफ
(d) चार्ल्स ट्रेवेल्यान

42. जुआंग झांग और आई क्यूइंग निम्नलिखित में से किस विश्वविद्यालय में आए थे?

(a) नालंदा विश्वविद्यालय

(b) तक्षशिला विश्वविद्यालय

(c) बनारस हिन्दू विश्वविद्यालय

(d) विक्रमशिला विश्वविद्यालय

43. राष्ट्रीय ज्ञान आयोग द्वारा परिकल्पित एन एस एस एफ का पूरा नाम है:

(a) नेशनल साइंस एंड सोशल साइंस फॉउंडेशन

(b) नेशनल साइंटिफिक एंड सोशल साइंस फाउंडेशन

(c) नेशनल साइंटिस्ट्स एंड सोशल साइंटिस्ट्स फाउंडेशन

(d) नेशनल स्पेस साइंस एंड सोसाइटी फोरम

44. एन ई पी 2020 के अनुसार राष्ट्रीय शैक्षिक प्रौद्योगिकी फोरम (एन ई टी एफ) के निम्नलिखित में से कौन से कार्य होंगे?

(1) प्रौद्योगिकी-आधारित पहलों के बारे में केंद्रीय और राज्य की एजेंसियों को साक्ष्य-आधारित स्वतंत्र सलाह प्रदान करना।

(2) शोध और नवोन्मेष के नए अनुदेशों को सुस्पष्ट करना।

(3) शैक्षिक प्रौद्योगिकी के क्षेत्र में रणनीतिक रूप से मुख्य विषय-क्षेत्रों की परिकल्पना करना।

(4) तकनीकी पाठ्यक्रमों के लिए पाठ्यचर्चा विकसित करना।

(5) शैक्षिक प्रौद्योगिकी में बौद्धिक एवं संस्थागत क्षमताओं का निर्माण।

नीचे दिए गए विकल्पों में से सही उत्तर चुनें:

(a) केवल (1), (2), (3) और (4)

(b) केवल (2), (3), (4) और (5)

(c) केवल (1), (2), (3) और (5)

(d) केवल (1), (2), (4) और (5)

45. निम्नलिखित में से कौन से पाठ्यचर्चा संशोधन के मुख्य उद्देश्य हैं?

(1) संस्था की दूरदृष्टि (विजन) और मिशन के रूप में बेहतर रूप से सामन्जस्य बनाना।

(2) अधिगम को परिणाम-आधारित बनाना।

(3) कार्यक्रम के परिणामों की तुलना में स्तर प्राप्ति के सुधार में अधिक प्रभावी बनाना।

(4) प्रतियोगी परीक्षाओं के लिए छात्रों की क्षमताओं को विकसित करना।

(5) सभी हितधारकों की अपेक्षाओं की पूर्ति करना।

नीचे दिए गए विकल्पों में से सही उत्तर चुनें:

(a) केवल (1), (2), (3) और (4)

(b) केवल (1), (2), (3) और (5)

(c) केवल (1), (3), (4) और (5)

(d) केवल (2), (3), (4) और (5)

46. निम्नलिखित गद्यांश को ध्यानपूर्वक पढ़िए और दिए गए प्रश्नों के उत्तर दीजिए।

बहुत से बड़े आविष्कारों को प्रारंभ में अविश्वास और उपहास का सामना करना पड़ता है। हवाई जहाज का आविष्कार भी अपवाद नहीं था। यद्यपि बहुत से व्यक्तियों ने जब 17 दिसंबर 1903 की पहली शक्तियुक्त उड़ान के बारे में सुना तो वे उत्तेजित और प्रभावित हुए परन्तु कइयों ने हंसी के ठहाकों से प्रतिक्रिया दी। वायुयान की उड़ान का विचार कुछ व्यक्तियों को प्रतीकार्थी था, ऐसे व्यक्तियों ने पहली उड़ान मशीन के आविष्कारों, विल्बर और आरविल राइट को आवेगी मूर्ख करार दिया, परन्तु नकारात्मक प्रतिक्रियाएं राइट्स को रोक नहीं सकीं। अपनी अभिलाषा को सफल करने की प्रबल इच्छा से उन्होंने विमानन के प्रयोगों को जारी रखा।

विल्बर और आरविल राइट की हमेशा से विमान विज्ञान और यंत्र विज्ञान में सम्मोहक रुचि थी। जब वे छोटे लड़के थे तो वे पतंगे और यांत्रिक खिलौने बनाकर व उन्हें बेचकर धन अर्जित करते थे। बाद में, उन्होंने समाचार पत्र को मोड़ने वाली मशीन की रूपरेखा बनाई, मुद्रण प्रेस का निर्माण किया और बाइसिकल मरम्मत की दुकान को परिचालित किया। 1896 में, जब उन्होंने आट्टो लिलंथल की मृत्यु के बारे में पढ़ा तो राइट बंधुओं की उड़ान में जबरदस्त रुचि हो गई। लिलंथल हैंग ग्लाइडिंग के आदि पथ प्रदर्शक ने अपने शरीर को वांछनीय दिशा में स्थानांतरित

करके ग्लाइडर्स को नियंत्रित किया था। यद्यपि यह विचार राइट बंधुओं के लिए विकर्षक था, उन्होंने विमान-वाहित वाहनों के संतुलन को नियंत्रण के लिए अधिक कार्यक्षम विधियों के बारे में जानकारी प्राप्त की। 1900 और 1901 में, राइट्स ने असंख्य ग्लाइडर्स (विसर्पण) का परीक्षण किया और नियंत्रण तकनीकों को विकसित किया। ग्लाइडर्स को पर्याप्त उत्थापन क्षमता प्रदान करने की असमर्थता ने भाइयों को लगभग अपनी कोशिशों को छोड़ने की ओर अग्रसर कर दिया था।

और अधिक अध्ययन के बाद राइट बंधु ने निष्कर्ष निकाला कि वक्र पृष्ठों पर वायु दबाव की प्रकाशित तालिकाएं निश्चित तौर पर गलत होंगी। उन्होंने एक वायु की सुरंग को स्थापित किया और प्रतिमान पंखों में प्रयोगों की एक श्रृंखला प्रारंभ की। उनके प्रयासों के कारण समय के साथ पुरानी तालिकाएं निरस्त की गईं तथा उनके स्थान पर वक्र पृष्ठों पर वायु दबाव के लिए पहले विश्वसनीय आंकड़े लिखे गए। इस कार्य के फलस्वरूप राइट्स बंधुओं द्वारा ऐसी मशीन का अभिकल्प तैयार करना संभव हुआ जो उड़ सकती थी। 1903 में राइट भाइयों ने पहला वायुयान बनाया जिसकी लागत 1000 डॉलर से कम थी। उन्होंने अपने स्वयं के स्रोत वाले नोदन-एक हल्के भार वाले गैसोलीन इंजन का प्रतिरूप भी तैयार किया और निर्मित किया। जब उन्होंने दिसंबर 17 को इंजन प्रारंभ किया तो उड़ान से पहले वायुयान में बेतहाशा कम्पन हुआ। फिर भी वायुयान 12 सेकंड तक ऊपर प्लवमान रहा और 120 फुट उड़ा।

1905 तक राइट्स ने पहले वायुयान को इतना दक्ष कर लिया था कि वह एक समय में मुड़ना, घूमना व आधे घंटे तक हवा में रह सकता था। दूसरों ने गुब्बारों और हैंग ग्लाइडर्स में उड़ान भरी थी, परंतु राहठ बंधु पहले थे जिन्होंने पूर्ण आकार की मशीन बनाई थी जो कि अपनी शक्ति से उड़ सकती थी। इतिहास में अत्यधिक विशिष्ट अभियांत्रिक उपलब्धियों में योगदान देने के कारण राइट बंधुओं को वायुयान चालन का जनक कहा जाना सर्वाधिक उपयुक्त है।

निम्नलिखित में से प्रथम उड़ने वाली मशीन के आविष्कार के लिए क्या उत्तरदायी था?

(a) व्यक्तियों का अवलंब
(b) व्यक्तियों की नकारात्मक प्रतिक्रियाएं
(c) आविष्कारक की अप्रतिरोध्य अभिलाषा
(d) विमानन में पूर्ववर्ती प्रयोग

47. राइट्स बंधुओं की प्रमुख रुचि थी।
(a) पतंग बनाने में।
(b) यांत्रिक खिलौने बनाने में।
(c) समाचार पत्र को मोड़ने की मशीन को अभिकल्पित करने में।
(d) वायुवाहित यानों को नियंत्रित करने की विधियों में।

48. राइट्स बंधुओं को सफलता मिली:
(a) असंख्य ग्लाइडर्स के परीक्षण में
(b) पिछली वायु दबाव तालिकाएँ गलत सिद्ध करने में
(c) वायु की सुरंग को स्थापित करने में
(d) ग्लाइडर्स के लिए वांछित दिशा ज्ञात करने में

49. राइट्स बंधु अंततः अपना विमान उड़ाने में सफल हुए जब उन्होंने अपना............निर्मित किया/की।
(a) वायु दबाव प्रणाली
(b) प्रतिमान पंख
(c) गैसोलीन इंजन
(d) वक्र सतहें

50. गद्यांश संकेत करता है कि
(a) सफल होने का निश्चय लाभांश देता है।
(b) व्यक्ति सदैव आविष्कारों के प्रति शंकास्पद होते हैं।
(c) ग्लाइडर्स को उनका श्रेय नहीं दिया गया है।
(d) भिन्न क्षेत्रों में छोटी छोटी कोशिशें एक क्षेत्र में बड़े आविष्कार में परिणत हो जाती हैं।

उत्तरमाला (ANSWER KEY)

1. (b)	**2.** (a)	**3.** (d)	**4.** (d)	**5.** (c)	**6.** (b)	**7.** (d)	**8.** (b)	**9.** (b)	**10.** (b)
11. (d)	**12.** (b)	**13.** (c)	**14.** (a)	**15.** (b)	**16.** (a)	**17.** (a)	**18.** (b)	**19.** (c)	**20.** (d)
21. (d)	**22.** (a)	**23.** (a)	**24.** (c)	**25.** (d)	**26.** (b)	**27.** (a)	**28.** (d)	**29.** (a)	**30.** (c)
31. (a)	**32.** (a)	**33.** (d)	**34.** (b)	**35.** (d)	**36.** (b)	**37.** (a)	**38.** (b)	**39.** (d)	**40.** (b)
41. (b)	**42.** (a)	**43.** (a)	**44.** (c)	**45.** (b)	**46.** (c)	**47.** (d)	**48.** (b)	**49.** (c)	**50.** (a)

संकेत और स्पष्टीकरण

प्रश्न से ऐसा प्रतीत होता है कि हमें सर्वप्रथम कुछ प्रत्यक्ष या शॉर्टकट ढंग का उपयोग करके मूलभूत जानकारी प्राप्त करने का प्रयास करना चाहिए।

राज्य	कारों का प्रतिशत में विवरण (कारों की कुल संख्या – 1400)	राज्य में कारों की संख्या	डीजल इंजन कार : पेट्रोल इंजन कार	डीजल कार	पेट्रोल कार
A	14%	196	3 : 4	196 का 3 / (3+4) = 84	196 – 84 = 112
B	28%	392	5 : 9	392 का 5/(5 + 9)	392 – 140 = 252
C	32%	448	5 : 3	5/8 × 448 = 280	448 – 280 = 168
D	26%	364	1 : 1	364/(1+1) = 182	182

राज्य A में कार संख्या = 1400 का 14% = $\frac{14}{100}$ × 1400 = 196

राज्य B में कार संख्या = 1400 का 28%, यानी 196 का दोगुना = 2 × 196 = 392

राज्य C में कार संख्या = राज्य B में कार संख्या + 1400 का 4% = 392 + 56 = 448

राज्य D में कार संख्या = राज्य B में कार संख्या 1400 में से 2% घटाकर = 392 − 2% of 1400 = 392 − 28 = 364

हम यह देखने के लिए संख्याओं का योग ले सकते हैं कि यह 1400 है।

1. (b)

राज्य B में डीजल इंजन वाली कारों की संख्या = 182
राज्य D में पेट्रोल इंजन वाली कारों की संख्या = 140
अंतर = 182 − 140 = 42

2. (a)

राज्य C में पेट्रोल इंजन वाली कारों की संख्या = 168
राज्य A में डीजल इंजन वाली कारों की संख्या = 84
अंतर = 168 − 84 = 84

प्रतिशत अंतर = $\frac{84}{84}$ × 100 = 100%

3. (d)

राज्य C में वातानुकूलित कारों की संख्या = 280 का 25% = 70
गैर वातानुकूलित कारों की संख्या = 280 − 70 = 210

4. (d)

राज्य C में कुल कारों की संख्या = 448
राज्य B में पेट्रोल इंजन वाली कारों की संख्या = 252
अंतर = 448 − 252 = 196

5. (c)

सभी राज्यों में पेट्रोल इंजन वाली कारों की संख्या = 112 + 252 + 168 + 182 = 714

6. (b)

एक फ़्लोचार्ट एक आरेख है जो एक प्रक्रिया, प्रणाली या कंप्यूटर एल्गोरिथम को दर्शाता है। इसका उपयोग डेटा प्रवाह के दृश्य प्रतिनिधित्व के लिए किया जाता है। प्रवाह और अनुक्रम को परिभाषित करने के लिए जोड़ने वाले तीरों के साथ, फ़्लोचार्ट चरण के प्रकार को परिभाषित करने के लिए आयत, अंडाकार, हीरे और संभावित रूप से कई अन्य आकृतियों का उपयोग करते हैं। फ़्लोचार्ट का उपयोग विशेष रूप से फ्रैंक और लिलियन गिलब्रेथ द्वारा व्यवसाय संबंधी दस्तावेज प्रस्तुत करने के लिए किया गया था। इनका उपयोग शिक्षा, व्यवसाय, निर्माण, इंजीनियरिंग, वास्तुकला आदि किसी भी क्षेत्र में किया जाता है। इनके कुछ उदाहरण नीचे दर्शाए गए हैं:

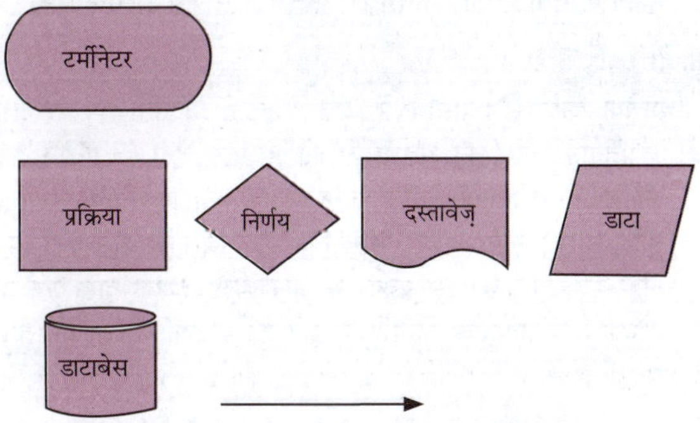

7. (d)

अंतर्भूत शिक्षण (Integral education)–अंतर्भूत शिक्षण की अवधारणा श्री अरविन्दो द्वारा दी गई थी जो कि इस विश्वास पर आधारित है कि मनुष्य की शिक्षा जन्म से आरंभ की जानी चाहिए और जीवन भर जारी रहनी चाहिए। किसी भी प्रकार की शिक्षा का मुख्य उद्देश्य शिक्षार्थी की आंतरिक क्षमता की प्राप्ति सुनिश्चित करना है। इस प्रकार, यह अवधारणा काफी गतिशील और लचीली है। यह सम्पूर्ण बालक (holistic child) से निपटने की अवधारणा के माध्यम से शिक्षार्थी के संपूर्ण व्यक्तित्व को ध्यान में रखती है। यह व्यक्तिगत जिज्ञासा, उत्साह और करुणा को ध्यान में रखता है, और यह सभी स्थितियों पर एक सुंदर ढंग से लागू होता है। श्री अरविन्दो और उनकी आध्यात्मिक साथी मीरा अल्फासा द्वारा प्रतिपादित भारत में कई स्थानों पर अभिन्न स्कूल हैं-जिन्हें माँ के नाम से जाना जाता है।

भारतीय दर्शन शास्त्र के आध्यात्मिक पहलुओं (spiritual aspects) पर ध्यान केंद्रित करना–यह डॉ. सर्वपल्ली राधाकृष्णन के तत्वमीमांसा से जुड़ा है जो शंकर की अद्वैत (गैर-दोहरी) वेदांत परंपरा पर आधारित

है। वह प्रस्थानत्रय (वेदांत के मुख्य प्राथमिक ग्रंथ), उपनिषद, ब्रह्म सूत्र और भगवद्गीता से जुड़े थे। वह स्वामी विवेकानंद के लेखन और कार्यों से बहुत प्रभावित थे।

डॉ. सर्वपल्ली राधाकृष्णन यूनेस्को के कार्यों में सक्रिय रूप से सम्मिलित थे। उन्हें विश्व एकता और सार्वभौमिक फैलोशिप को बढ़ावा देने के लिए पूर्वी और पश्चिमी दर्शन के बीच एक सेतु के रूप में जाना जाता रहा है। डॉ. राधाकृष्णन के अनुसार-ईश्वर का विचार अनुभव की व्याख्या है।

प्रकृति में और प्रकृति से अधिगम प्राप्त करने से संबंधित-श्री रवींद्रनाथ टैगोर अपने बौद्धिक स्तर, निर्णय लेने, भावनाओं, ज्ञान आदि के संदर्भ में छात्रों के लिए हर तरह की पूर्ण स्वतंत्रता में विश्वास करते थे। स्वतंत्रता का अर्थ सामान्य स्थिति या प्राकृतिक होने का तथ्य है। मनुष्य, ईश्वर और प्रकृति के बीच सामंजस्य होना चाहिए। समता, सद्भाव और संतुलन का अभ्यास करने की आवश्यकता है।

प्रयोगात्मक शिक्षण (Experiential learning)-जॉन ड्यूई (John Dewey) के प्रयोगात्मक शिक्षण (या अनुभवात्मक अधिगम) सिद्धांत में, सब कुछ एक सामाजिक परिवेश में घटित होता है। ज्ञान सामाजिक रूप से निर्मित और अनुभवों पर आधारित है। इस ज्ञान को वास्तविक जीवन के अनुभवों में व्यवस्थित किया जाना चाहिए जो सूचना के लिए एक संदर्भ प्रदान करते हैं। डेविड कोल्ब, कर्ट लेविन और जीन पियागेट जैसी अन्य महान हस्तियों के नाम अनुभवात्मक शिक्षा से जुड़े हो सकते हैं।

8. (b)

प्रत्येक शिक्षार्थी (वास्तव में, एक व्यक्ति) अद्वितीय है। यह विशेषता 'व्यक्तिगत अंतर' की अवधारणा को भी जन्म देती है। प्रत्येक शिक्षार्थी की अपनी विशेषताएं होती हैं। एक शिक्षक के लिए भौतिक विशेषताओं, बुद्धि, धारणा, लिंग, क्षमता, सीखने की शैली जैसे चर के रूप में व्यक्तिगत अंतर महत्वपूर्ण हैं। इस प्रकार के ज्ञान वाले शिक्षक द्वारा एक अधिक प्रभावी और उत्पादक सीखने-सिखाने की प्रक्रिया की योजना बनाई जा सकती है।

आकलन (या मूल्यांकन) गुणवत्ता बनाए रखने का एक उपयोगी ढंग है। आकलन शैक्षिक अनुभव से छात्रों की समझ, ज्ञान और प्राप्तियों का आकलन करता है। मूल्यांकन सीखने की प्रक्रिया को अधिक प्रभावी बनाता है और छात्र विकास को बढ़ाता है। सामान्य तौर, आकलन अनुभवजन्य डेटा का उपयोग करते हैं।

संकलनात्मक या योगात्मक आकलन (summative assessment)-यह एक इकाई या पाठ्यक्रम के अंत में छात्रों के समग्र सीखने का मूल्यांकन करता है। यह मूल्यांकन कुछ मानकीकृत मानदंडों या बेंचमार्क के साथ तुलना करता है। ये मूल रूप से औपचारिक प्रकृति के होते हैं जो एक प्रमाण पत्र देने में मुख्य रूप से सहायता करते हैं। यह मूल्यांकन लिखित मूल्यांकन (एक मूल विषय पर लिखना, जैसे कि एक कथा या विश्लेषणात्मक निबंध), प्रदर्शन मूल्यांकन (एक गतिविधि या कार्य करना जो शिक्षार्थियों की क्षमताओं को प्रदर्शित करेगा), मानकीकृत मूल्यांकन (किसी दिए गए पाठ्यक्रम के लिए बनाई गई परीक्षा) हो सकता है। या मौखिक मूल्यांकन (जैसे भाषण या प्रस्तुति)।

निर्माणात्मक या रचनात्मक मूल्यांकन (formative assessment)-यह आकलन मापता है कि अध्ययन के दौरान छात्र कैसे सीख रहा है। लक्ष्य छात्रों के सीखने की निगरानी करना है ताकि चल रहे प्रतिपुष्टि (feedback) को प्रदान किया जा सके, जिसका उपयोग प्रशिक्षकों द्वारा अपने शिक्षण में सुधार के लिए और छात्रों द्वारा अपने सीखने में सुधार के लिए किया जा सकता है। इस शब्द को कक्षा में एक छात्र के करियर के वास्तविक गठन से जोड़ा जा सकता है।

निदानात्मक आकलन (Diagnostic Assessment)-यह एक निश्चित विषय के बच्चे के ज्ञान और कौशल स्तर का मूल्यांकन है। ये आकलन विषय की शुरुआत में यह समझने के लिए किए जाते हैं कि छात्र पहले से ही विषय के बारे में कितना जानते हैं।

समकक्ष आकलन (peer assessment)-यह आकलन छात्रों को उनके काम की आलोचना करने और एक-दूसरे को प्रतिपुष्टि (feedback) देने के लिए एक संरचित सीखने की प्रक्रिया प्रदान करता है। इस प्रकार, छात्र आजीवन कौशल विकसित करते हैं। यह उन्हें आत्म-मूल्यांकन करने और अपने स्वयं के काम में सुधार करने के कौशल से लैस करता है।

9. (b)

ई-पीजी पाठशाला (e-PG-Pathshala)-यूजीसी ने भारत के विभिन्न विश्वविद्यालयों में एमए, एमएससी और एमकॉम पाठ्यक्रमों के लिए पाठ्यपुस्तक सामग्री के मानकीकरण के लिए एक ई-पीजी पाठशाला परियोजना शुरू की है। भारत में, ई-पीजी पाठशाला यूजीसी-इनफ्लिबनेट द्वारा अनुरक्षित और शिक्षा मंत्रालय द्वारा वित्त पोषित एक ऐसा नवाचार है। आईसीटी (NME-ICT) के माध्यम से अपने राष्ट्रीय शिक्षा मिशन के हिस्से के रूप में, यह अपनी विषय सामग्री और उपयोग की चौड़ाई के मामले में एक व्यापक ई-लर्निंग प्लेटफॉर्म है।

दूसरी ओर, शिक्षा मंत्रालय ने छात्रों, शिक्षकों, अभिभावकों, शोधकर्ताओं और शिक्षकों के लिए शैक्षिक संसाधनों की मेजबानी के लिए 'ई-पाठशाला' वेब पोर्टल लॉन्च किया। यह NCERT पाठ्य-पुस्तकों और विभिन्न अन्य शिक्षण संसाधनों वाले ई-संसाधनों का एकल बिंदु भंडार है।

10. (b)

भावात्मक डोमेन ब्लूम के वर्गीकरण में तीन डोमेन में से एक है। वर्ष 1973 में क्रथवोहल, ब्लूम, मासिया द्वारा वर्णित भावात्मक डोमेन में यह ढंग सम्मिलित किया गया है जिसमें व्यक्तिगत भावनाओं, मूल्यों, प्रशंसा, उत्साह, प्रेरणा और दृष्टिकोण जैसी वस्तुओं से हम भावनात्मक रूप से निपटते हैं। प्रश्नानुसार इन्हें निम्नलिखित पाँच श्रेणियों में रखा गया है (भविष्य के प्रश्नों के लिए):

1. प्राप्त करना (receiving)
   (a) क्रिया के प्रति जागरुकता
   (b) क्रिया करने की इच्छा और
   (c) क्रिया पर नियंत्रित ध्यान
2. प्रतिक्रिया (responding)
   (a) प्रतिक्रिया को अनुबंध के रूप में लेकर चलने की इच्छा
   (b) प्रतिक्रिया करने की इच्छा और

(c) प्रतिक्रिया से प्राप्त संतुष्टि

3. मूल्यांकन (मूल्य निर्धारित करना - evaluating)

(a) मूल्य की स्वीकृति (मूल्यांकन)

(b) मूल्य की प्राथमिकता और

(c) प्रतिबद्धता

4. संघटित करना (प्रबंधन - organizing)

(a) मूल्यों की अवधारणा

(b) मूल्य प्रणाली संगठन

5. विशेषज्ञता (specialization)

(a) कार्य करने के लिए साथियों द्वारा उच्च मूल्यांकन

(b) सामान्य समूह (normal group)

(c) विशेषज्ञता प्राप्त करना

प्रश्न में दिए गए विकल्प (b) में विश्लेषण (analyzing) का अर्थ है कि समझने के प्रयोजन के लिए किसी विषय को विभिन्न भागों में विभाजित करना अर्थात संश्लेषण का अर्थ है कि विभिन्न भागों को एक समेकित रूप में एकीकृत करना।

11. (d)

एक परिवर्त कोई भी मात्रा है जिसे एक शोधकर्ता किसी तरह से मापने में सक्षम है। यह तापमान, ऊंचाई, आयु आदि हो सकता है। मूल रूप से, एक परिवर्त वह है जो किसी भी तरह से आपके प्रयोग के परिणाम में योगदान देता है।

नियंत्रण परिवर्त या चर–एक नियंत्रण चर है जो एक शोध अध्ययन में स्थिर या सीमित होता है। यह एक ऐसा चर है जो अध्ययन के उद्देश्यों के लिए रुचि नहीं रखता है, लेकिन इसे नियंत्रित किया जाता है क्योंकि यह परिणामों को प्रभावित कर सकता है। उदाहरण के लिए, पादप वृद्धि प्रयोग में एक नियंत्रण चर तापमान हो सकता है। मान लें कि इसे 25° C पर एक समान रखा जाना चाहिए, इसलिए इसे एक समान स्तर पर रखना शोधकर्ता का कर्तव्य है।

बाहरी परिवर्त–ये चर ऐसे कारक हैं जिन्हें प्रयोग के भाग के रूप में हेरफेर नहीं किया जाता है, लेकिन वे अध्ययन के तहत आश्रित चर पर कुछ प्रभाव डाल सकते हैं।

द्वंदपरक परिवर्त (conflicting variable)–यह एक अमापनित तीसरा चर है जो एक स्वतंत्र और एक आश्रित चर के बीच के संबंध को 'भ्रमित' (या प्रभावित) करता है। यह वास्तव में एक नकली सहसंबंध की उपस्थिति का सुझाव देता है।

भ्रामक परिवर्त (confounding variable)–कन्फ़ाउंडिंग एक कारण अवधारणा है, और इस तरह, सहसंबंधों या संघों के संदर्भ में वर्णित नहीं किया जा सकता है।

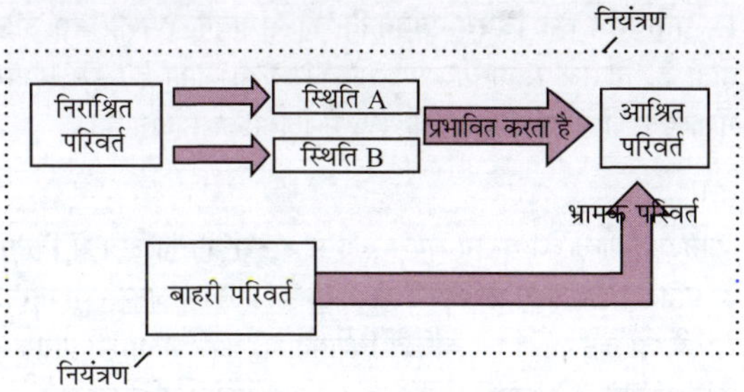

Source-www.simplypsychology.org

12. (b)

एकल परिवर्त (Monadic variable)–मूल रूप से सर्वेक्षण अनुसंधान में उपयोग किया जाता है, जो सर्वेक्षण उत्तरदाताओं को अलग-अलग अवधारणाएं प्रदान करता है-एक समय में एक। प्रत्येक उत्तेजना के लिए स्वतंत्र निष्कर्षों की आवश्यकता होती है। वे स्पष्ट विस्तृत प्रतिक्रिया प्रदान करते हैं। यह हर स्वचालित उपकरण के साथ उपलब्ध है। इसकी तुलना पॉलीएडिक चर से की जा सकती है।

तुलनात्मक परीक्षण में कई उत्तेजनाओं का एक साथ परीक्षण किया जाता है।

13. (c)

अनुसंधान में परिवर्त दो प्रकार के होते हैं या अनुसंधान दो प्रकार का होता है-गुणात्मक और मात्रात्मक।

गुणात्मक परिवर्त–इसे श्रेणीगत परिवर्त भी कहते हैं। जैसा कि नाम से संकेत मिलता है, यह संख्यात्मक नहीं है। यह डेटा का वर्णन करता है जो श्रेणियों में फिट बैठता है। ये सभी गुणात्मक परिवर्त हैं, क्योंकि इनका कोई प्राकृतिक क्रम नहीं है।

उदाहरणस्वरुप

त्वचा का रंग–सफेद, पीला, भूरा, काला

राज्य–हरियाणा, पंजाब, मणिपुर, केरल

मात्रात्मक परिवर्त–उनका एक मूल्य होता है और उन्हें जोड़ा, घटाया, विभाजित या गुणा किया जा सकता है।

अब इसके नुकसान के संदर्भ में विस्तृत चर्चा को देखें।

A. संदर्भ के प्रति अति संवेदनशील–गुणात्मक या किसी भी प्रकार के शोध का मुख्य उद्देश्य विषय या मूल विचार से जुड़ना है। यह मूल रूप से स्वभाव से व्यवहारिक है।

B. वाद विवाद के लिए तत्पर–यह सकारात्मक प्रतिबिंब भी है, क्योंकि यह पारदर्शिता से जुड़ा हुआ है।

C. अति व्यक्तिनिष्ठ–गुणात्मक सदैव कुछ सीमा तक व्यक्तिनिष्ठ हो सकता है, लेकिन बहुत अधिक व्यक्तिनिष्ठ होना इसकी नकारात्मक विशेषता है क्योंकि व्यक्तिगत दृष्टिकोण बहुत महत्वपूर्ण हो जाता है।

D. सामान्यीकृत करने में कठिनाई–यद्यपि सामान्यीकरण किसी भी प्रकार के शोध का मुख्य उद्देश्य होता है लेकिन गुणात्मक में ऐसी कमी पाई जा सकती है।

E. प्रतिकृति का विषय-प्रतिकृति की संभावना हमेशा कम और कम होती है, जिससे सामान्यीकरण भी कठिन हो जाता है। इस प्रकार, इसे गुणात्मक शोध के नुकसान के रूप में लिया जा सकता है।

14. (a)

'प्रतिदर्श' शब्द का प्रयोग मुख्य रूप में अनुसंधान के क्षेत्र में किया जाता है, प्रतिदर्श हमें सत्य के निकट ले जाता है। प्रतिदर्श जनसंख्या का ही लघु रूप है जो जनसंख्या की वांछित विशेषताओं को दर्शाता है। प्रतिरूप होता है। यहां प्रश्न के अनुसार, परियोजना का अर्थ शोध परियोजना है, जिसकी एक सुव्यवस्थित योजना बनाना आवश्यक है ताकि हम कम शुल्क पर अधिकतम लाभ प्राप्त कर सकें। प्रतिदर्श से हम आवश्यक ज्ञान प्राप्त करते हैं, जिसका उपयोग सामान्यीकरण या शोध सिद्धांत प्राप्त करने में किया जा सके। अत: प्रतिदर्श एक मुख्य कारक है, जिसमें सही परिणाम प्राप्त करने के लिए उत्तरदाताओं की गुणवत्ता एवं सही आकार निर्धारित करना महत्वपूर्ण कार्य है।

यदि प्रतिदर्श कम हैं तो अपेक्षित परिणाम प्राप्त नहीं होंगे, यदि उनकी संख्या आवश्यकता से अधिक है तो व्यय शुल्क बढ़ जायेगा।

परियोजना का प्रकार और उद्देश्य-गुणात्मक अध्ययनों में, अध्ययन अधिकतर व्यक्तिनिष्ठ हो सकता है, इसलिए यहां प्रतिदर्श का आकार कुछ कारणों से कम रखा जाता है, जबकि मात्रात्मक शोध जो कि प्रयोगात्मक होता है, इसमें में प्रतिदर्श के आकार को अधिक रखने की संभावना बनी रहती है।

शोध शून्य परिकल्पना एवं उससे संबंधित आत्मविश्वास के स्तर (Level of Significance) जो कि 90%, 95% या 99% होता है, पर भी निर्भर करता है, जिस पर परिणामों की सटीकता निर्भर करती है, यहां त्रुटि का मार्जिन, माध्य, मानक विचलन (जिसे सिग्मा भी कहा जाता है) जो जनसंख्या के वितरण की परिवर्तनशीलता को दर्शाता है, भी महत्वपूर्ण हैं।

आवश्यक प्रतिदर्श आकार=(जेड-स्कोर)2 * StdDev*(1-StdDev) / (त्रुटि का मार्जिन)2

जनसंख्या से परिणाम प्राप्त करने की सटीकता प्रतिदर्श के आकार में परिवर्तन के लिए अनुशंसा कर सकती है। इस प्रकार, जनसंख्या परिवर्तनशीलता महत्वपूर्ण है। यदि जनसंख्या सजातीय है, तो एक शोधकर्ता छोटे प्रतिदर्श के साथ कार्य चला सकता है और यदि विजातीय है तो प्रतिदर्श का आकार बढ़ा रखा जा सकता है।

संभाव्यता (यादृच्छिक और उद्देश्य) या गैर-संभाव्यता (गैर यादृच्छिक और अधिक व्यक्तिपरक) प्रतिदर्श तकनीक होती हैं।

एक शोधकर्ता के लिए विकल्प डी और ई कम या कम महत्वपूर्ण नहीं हैं क्योंकि शोध सदैव वस्तुनिष्ठ होना चाहिए।

15. (b)

A. अंतर्वस्तु विश्लेषण (content analysis)-यह मूल रूप से गुणात्मक अध्ययनों में उपयोग किया जाता है, जहां उत्तर व्यक्तिपरक हो सकते हैं जो व्यक्तिगत राय पर आधारित होते हैं। गुणात्मक शोध (जैसे केस स्टडी) में उत्तरदाताओं द्वारा उपयोग की जाने वाली भाषा भिन्न हो सकती है और एक शोधकर्ता को मूल विचार या विवरण खोजने की आवश्यकता होती है। इसे सामग्री विश्लेषण कहा जाता है।

B. सामाजिक नेटवर्क विश्लेषण (social network analysis)-डाईड (dyad) की परिभाषा का अर्थ, दो लोगों का एक लंबी अवधि में घनिष्ठ संबंध है, जिसमें भिन्न-भिन्न परिस्थितियों में पारस्परिक क्रिया होती है। डाईड समाजशास्त्र के लिए मूलभूत आवश्यकता यह है कि समूह के दो सदस्य हों। डायडिक संचार परिभाषा इस बात से संबंधित है कि समूह के दो सदस्य एक दूसरे के साथ कैसे बातचीत करते हैं। जर्मन समाजशास्त्री जॉर्ज सिमेल (Georg Simmel) ने अध्ययन किया कि समूह के आकार के आधार पर समूह की गतिशीलता कैसे बदल गई।

C. आर्थी विभेदक (शब्दार्थ से संबंधित-semantic differential)-किसी अर्थी विभेदक का उपयोग प्रवृत्ति या मनोभाव की संरचना के लिए किया जा सकता है, जिसकी गुणात्मक अध्ययनों में सर्वाधिक संभावना बनी रहती है। यह सर्वेक्षण या प्रश्नावली रेटिंग पैमाना लोगों को एक बहु-बिंदु रेटिंग विकल्प (multi-point rating option) के फ्रेम के भीतर किसी उत्पाद, घटना या अन्य किसी 'इकाई' को रेट करने के लिए किया जाता है। ये सर्वेक्षण उत्तर विकल्प (answering options) व्याकरणिक रूप से (grammatically) प्रत्येक छोर पर विपरीत विशेषणों पर हैं। चूंकि वे सातत्य (continuum) के दो सिरों पर एक दूसरे के विपरीत होते हैं, इसे द्विध्रुवी विशेषण (bipolar adjective) कहा जा सकता है।

D. मेटा-विश्लेषण (Meta analysis)-यह मूल रूप से एक ही या निकट से संबंधित समस्या या मुद्दे पर कई शोध अध्ययनों की त्वरित समीक्षा करने का इरादा रखता है। कई वैज्ञानिक अध्ययनों के परिणामों को जोड़ती है। यह मूल रूप से एक मात्रात्मक, औपचारिक, महामारी विज्ञान अध्ययन डिजाइन है जो यादृच्छिक, नियंत्रित परीक्षणों पर आधारित है।

16. (a)

संप्रेषण या संचार में प्रभावी (effective) शब्द का अर्थ है कि कोई भी संदेश एक अच्छी जानकारी या समझ के साथ ठीक ढंग से भेजा गया और प्राप्त भी किया गया है। यह समझ 'प्रतिपुष्टि' (feedback) से परिलक्षित होती है।

एक कक्षा में, एक प्रभावी श्रोता पूरी तरह से शिक्षण पर केंद्रित होता है और इस प्रकार के पर्यावरण में विद्यमान किसी भी प्रकार की व्याकुलता (या शोर) का विरोध करने का प्रयास करता है।

संचार के संदेश में निस्पंदन या फिल्टरिंग को वास्तव में एक संचार में बाधा के रूप में माना जा सकता है क्योंकि रिसीवर की प्रतिक्रिया को प्रबंधित करने के उद्देश्य से कुछ तथ्यों को छिपाया, विकृत या हेरफेर किया जाता है। उदाहरण के लिए, एक प्रबंधक अपने डिवीजन के खराब बिक्री के आंकड़ों को छिपाने का प्रयास करता है ताकि रिसीवर (बॉस) क्रोधित न हो।

17. (a)

यह प्रश्न दुतरफा आमने-सामने संप्रेषण के विषय में लेखकों द्वारा विभिन्न स्तर दिए गए हैं। दुतरफा संप्रेषण में संदेश भेजने वाले को प्राप्तकर्ता से प्रतिकृति मिलती है, जो संचार के मूल उद्देश्य को पूरा करता है। संचार का मुख्य उद्देश्य संदेश को इच्छित रूप में समझना है।

किसी ओर व्यक्ति, माध्यम या बाधा के इस संचार में उपस्थित न होने तथा आमने सामने होने के कारण इस स्तर को 'स्तर एक' माना गया है।

मौखिक, शारीरिक, श्रवण, भावनात्मक और ऊर्जावान को भी संप्रेषण के पांच स्तरों के रूप में वर्णित किया गया है।

18. (b)

समय बोध (time sense)–इसको काल बोध भी कहा जा सकता है, समय को हम भूतकाल, वर्तमान काल तथा भविष्य काल भी कहते हैं, समय के अनुसार, हमारी संस्कृति भी बदलती रहती है।

समय संस्कृति से जुड़े लौकिक पहलू से जुड़ा हुआ है। पश्चिमी संस्कृतियाँ, यहां तक कि कुछ दक्षिण पूर्व एशिया भी अपने समय को घड़ी के अनुसार मापते हैं, इस बात को ध्यान में रखते हुए कि प्रत्येक गतिविधि की एक सटीक शुरुआत और अंत होना चाहिए जिसे रैखिक समय कहा जा सकता है। उनके लिए 'समय सीमा' शब्द बहुत महत्वपूर्ण है। पश्चिमी लोग यह भी देखते हैं कि समय की सीमित आपूर्ति है, इसलिए वे उसी के अनुसार संरचना करते हैं।

भारत में भी लोग समय को अत्यधिक महत्वपूर्ण मान कर चलते हैं, परन्तु यहां पुनर्जन्म की एक अवधारणा है, हम मानते हैं कि अगर इस जन्म में कुछ पूरा नहीं किया जा सका, तो अगले जन्म में पूरा हो जाएगा। भारत में सत्य युग, द्वापर युग, त्रेता युग और कलियुग की अवधारणाएं हैं, अलग-अलग समय अवधि के अनुसार और संस्कृति उसी के अनुसार बदलाव करती है। भारत, पाकिस्तान, बांग्लादेश आदि के अधिकांश हिस्सों में एक संस्कृति घटना या व्यक्तित्व से संबंधित है। अगर हम इतिहास को देखें तो संस्कृति भी यात्रा करती है। उदाहरण के लिए, लगभग सभी सभ्यताओं जैसे कि यूनान, भारत, अमेरिका आदि में विवाह को एक संस्था के रूप में मान्यता दी गयी है।

कृतज्ञता का स्तर (level of gratitude)–'कृतज्ञता का अभ्यास' संस्कृति का एक अभिन्न भाग है। रॉबर्ट एम्मन्स के अनुसार, जैसा कि उन्होंने अपनी पुस्तक थैंक्स में व्यक्त किया था, 'कृतज्ञता सचमुच उन कुछ वस्तुओं में से एक है जो लोगों के जीवन को मापने के लिए परिवर्तित कर सकती है।' कृतज्ञता हमारे स्वास्थ्य और रिश्तों को श्रेष्ठतर बना सकती है—इसे जीवन में हमारे कल्याण को बढ़ाने के लिए सबसे अच्छी तरह से अध्ययन और प्रभावी ढंगों में से एक बनाती है। कृतज्ञता का यह स्तर हमारी संस्कृति के अनुसार भिन्न होता है जैसे भारत, चीन, रूस, जापान, जर्मनी आदि। विभिन्न संस्कृतियों के उच्च संदर्भ, निम्न संदर्भ, अस्थायी संदर्भ, भावनात्मक संदर्भ, निर्देश, फाटिक संदर्भ हो सकते हैं जिनका उल्लेख पियर्सन द्वारा प्रकाशित पुस्तक UGC NET पेपर 1 की इकाई 3 में किया गया है।

उन्होंने संस्कृतियों में कुछ समानताएं पाईं, साथ ही साथ कुछ अंतर-इस बात की एक प्रारंभिक झलक कि कृतज्ञता की ओर हमारे आरंभिक पग कैसे बड़ी सामाजिक ताकतों द्वारा आकार ले सकते हैं। मौखिक या मौखिक कृतज्ञता, ठोस कृतज्ञता (टॉफी, चॉकलेट आदि को अर्पित किए जाने का प्रयास) और संयोजी कृतज्ञता (मित्रता या सहायता आदि) हो सकती है।

19. (c)

कथन I–लघु समूह संचार तीन या अधिक लोगों के बीच बातचीत को संदर्भित करता है जो एक सामान्य उद्देश्य, पारस्परिक प्रभाव और एक साझा पहचान के माध्यम से जुड़े हुए हैं जो रिश्ते की जरूरतों को इंगित करते हैं। एक छोटे समूह की ऊपरी संख्या 15 से 20 के बीच ली जाती है।

कथन II–एक परिवार को भी लघु समूह के रूप में लिया जा सकता है जहां कार्य से संबंधित महत्वपूर्ण निर्णय लिए जाते हैं। एक व्यक्ति जो समूह के कार्य के बारे में अच्छी तरह से सूचित है और/या समूह के सदस्य के रूप में अत्यधिक प्रेरित है, एक नेता के रूप में उभर सकता है और आंतरिक निर्णय लेने की प्रक्रियाओं को गति प्रदान कर सकता है, जैसे कि नए सदस्यों की भर्ती या समूह भूमिकाएं सौंपना, जो प्रभावित करते हैं एक समूह की संरचना। अलग-अलग सदस्य भी समूह के भीतर बिभिन्न भूगिकाओं की ओर प्रवृत्त होंगे और कुछ प्रक्रियाओं और दूसरों पर कार्रवाई के पाठ्यक्रमों की वकालत करेंगे। समूह आकार, कार्य और संसाधन जैसे बाहरी कारक भी समूह संरचना को प्रभावित करते हैं।

20. (d)

सभी विकल्प सही उत्तर के बहुत निकट प्रतीत होते हैं, इसलिए हमें उन सभी के बारे में कुछ जानकारी प्राप्त करने की आवश्यकता है।

A. मीडिया उत्पादों के लिए निष्क्रिय रूप से लालसा लालायित होना–इस वाक्य में 'निष्क्रिय' शब्द का प्रयोग किया गया है, अन्यथा हम दर्शकों के लिए मीडिया, दर्शकों और उत्पादों को गतिशील और सक्रिय रूप में देखते हैं।

B. मीडिया सामग्री की सर्वाहारी ग्राह्यता–यहाँ सर्वाहारी का अर्थ है, सभी प्रकार के भोजन की वस्तुओं या भोजन का सेवन करना और ग्राह्यता का अर्थ एक प्रकार से भक्षण करना है। सर्वाहारी ग्राह्यता का अर्थ है कि सभी प्रकार की सामग्री का मीडिया द्वारा प्रयोग किया जा रहा है, लेकिन मीडिया को दर्शकों या जनता को भी सामग्री दिखानी है ताकि उसकी सराहना (या मूल्यह्रास) हो।

C. पहचान के माध्यम से क्षतिपूर्ति–यहां, पहचान का अर्थ दर्शकों या जनता के साथ जुड़ाव है ताकि किसी प्रकार के पुरस्कार (विज्ञापनों के माध्यम से) उत्पन्न किए जा सकें। यह मूल रूप से YouTube, Facebook, Instagram आदि द्वारा किया जा रहा है। वे वफादारी और ग्राहक संबंध प्रबंधन (Customer Relationship Management) विकसित करते हैं।

D. प्रतिस्थानिक इच्छापूर्ति–प्रतिस्थानिक का अर्थ है कि यदि कोई कार्य हम स्वयं पूरा न कर पाएं तो कोई और उसको पूरा करे जिससे हमें संतुष्टि की प्राप्ति हो। उदाहरण के रूप में, जब एक माँ जो हमेशा एक नर्तकी बनना चाहती थी, अपने बच्चों को लगातार बैले करने के लिए प्रेरित करती है।

सिग्मंड फ्रायड (Sigmund Freud) का सबसे प्रसिद्ध सिद्धांत है-इच्छापूर्ति, जो यह कहता है कि जब इच्छाएं हमारे जाग्रत जीवन में पूरी नहीं हो पईं या नहीं हो सकती हैं, तो वे हमारे सपनों में पूरी होती हैं। यहां तक कि चिंतित या दंड देने वाले सपनों की जड़ें इच्छापूर्ति में होती हैं। फ्रायड का स्वप्न सिद्धांत इस विचार में निहित है कि हम सभी को अपनी सभी इच्छाओं और इच्छाओं को व्यक्त करने या पूरी तरह से पूरा करने के लिए एक ढंग की आवश्यकता है।

अब हम देखते हैं कि लोग अपने सपनों और कल्पनाओं के नेतृत्व में चलते हैं। सोशल मीडिया उत्पाद की आवश्यकता उत्पन्न करता है जिसे जनता तब तक महसूस नहीं करती, जब तक उन्हें सोशल मीडिया पर नहीं देखती।

उपयुक्त भूमिकाओं के लिए सुझाव के स्रोत-यह बिंदु बहुत महत्वपूर्ण है। आधुनिक युग के बालक भी वयस्क सदस्यों की भूमिकाओं के प्रति सहानुभूति रखना चाहते हैं। इस भूमिका धारणा का अर्थ है कि वे अधिक मुखर और चुनौतीपूर्ण होते जा रहे हैं। मीडिया तक उनकी लगभग पूरी पहुंच

है जो उन्हें बड़ों द्वारा निभाई जा रही भूमिकाओं को चुनौती देने में सक्षम बनाती है।

21. (d)

4 6 12 14 28 30....

दोनों को पहली संख्या में जोड़ा जाता है, फिर हमें एक परिणाम संख्या मिलती है और फिर उस संख्या को दो से गुणा किया जाता है-

4 + 2 = 6

6 × 2 = 12

12 + 2 = 14

14 × 2 = 28

28 + 2 = 30

30 × 2 = 60

22. (a)

Given that

वास्तविक शब्द	O	A	M	S	N	E	I	P	C
परिवर्तित शब्द	E	C	I	O	P	M	A	N	S

तदनुसार

दत्त शब्द	C	O	M	P	A	N	I	O	N
कोडिड शब्द	S	E	I	N	C	P	A	E	P

इस प्रकार, (a) सही उत्तर है।

23. (a)

इसका अर्थ यह है कि कक्षा में आशमन से नीचे रैंक वाले 15 छात्र हैं, और आशमन का सोलहवां स्थान है।

कक्षा में उसकी स्थिति को ध्यान में रखते हुए, कक्षा में आशमन से 27 छात्र ऊपर हैं, जो कि हमें 43–16 से प्राप्त होते हैं। इस प्रकार आशमन का ऊपर से नीचे आते हुए स्थान कक्षा में 28वां है।

24. (c)

हम यह मान कर चल रहे हैं कि धीमी गति वाला पाइप टैंक को x मिनट में भरेगा।

तब इस पाइप द्वारा 1 मिनट में भरा गया टैंक = $1/x$

प्रश्न के अनुसार, तीव्र गति वाली पाइप टैंक को $x/3$ मिनट में भरेगा।

इसलिए तीव्र गति वाले पाइप द्वारा 1 मिनट में भरा गया टैंक = $1/x/3 = 3/x$

प्रश्न के अनुसार, $1/x + 3/x = 1/36$

$4/x = 1/36$

इसलिए, $x = 144$ मिनट

अत: धीमी गति वाला पाइप टैंक को 144 मिनट में भरेगा।

25. (d)

प्रश्न के अनुसार

40 पेन का क्रय मूल्य = 36 पेन का अंकित मूल्य

माना 40 पेन का क्रय मूल्य = 36 कलमों का पेन मूल्य = 36 रुपये

विभिन्न भागों को अलग करने पर

40 पेन का क्रय मूल्य = रु 36

36 पेन का अंकित मूल्य = रु 36

40 पेन का अंकित मूल्य = रु 40

अंकित मूल्य पर छूट 1% है।

छूट = 40 रुपये का 1% = 40 पैसे

विक्रय मूल्य = रु 40–40 पैसे = रु 39.60

लाभ की गणना सदैव क्रय मूल्य पर की जाती है I

अत: लाभ = रु 39.60 - रु 36 = रु 3.60

लाभ प्रतिशत = 3.60/36 × 100 = 10%

26. (b)

विरोध का परम्परागत वर्ग (Classical Square of Opposition)

अब हम प्रश्न वाक्य देख सकते हैं।

कोई भी पक्षी स्तनधारी नहीं हैं: E- प्रकार

A. सभी पक्षी स्तनधारी होते हैं: A- प्रकार

B. कुछ पक्षी स्तनधारी होते हैं: I- प्रकार

D. कुछ पक्षी स्तनधारी नहीं होते हैं: O- प्रकार

सत्य तालिका (Truth Table)

A	E	I	O
T	F	T	F
F	T	F	T
D	F	T	D
F	D	D	T

अभिकथन में E-प्रकार को सत्य माना गया है, यदि हम सत्य तालिका से तुलना करें तो हम दूसरे स्तर (Level 2) का चयन करेंगे जहां 'A' असत्य (F) माना जाता है, 'I' भी असत्य (F) माना जाता है, तथा 'O' सत्य (T) माना जाता है।

अत: (b) इसका सही उत्तर है।

27. (a)

A. एड पॉपुलम (Ad Populum)–इसे 'अपील टू पॉपुलरिटी' भी कहा जा सकता है। ऐसे तर्क अतिशयोक्ति की भावना से भी लिए जाते हैं। यह तर्क एक 'स्थिति' या व्यवस्था का समर्थन करता है, और एक बहुसंख्यक सामान्य वर्ग के लोगों को उस स्थिति का समर्थन करने की अपील करता है ताकि एक साझा राय को तैयार किया जा सके।

इस कथन में, XYZ होम फाइनेंस द्वारा एक परिवार के सदस्य की भांति बनने की अपील की जा रही है, उसका वित्तीय प्रबंधन भी अच्छा बताया जा रहा है, जैसे कि अधिकतम वित्तपोषण द्वारा, तुलनात्मक रूप से कम ब्याज दर, लंबी अवधि और आसान समान मासिक किस्तों Equated Monthly Instalment की भुगतान प्रणाली आदि। इस बैंक के आत्मविश्वासी उत्साह को एड पॉपुलम जैसे हेत्वाभास का नाम दिया जा रहा है।

B. एड होमिनेम (लैटिन में 'व्यक्ति के लिए'-Ad hominem)–यह तर्कपूर्ण रणनीतियों की एक श्रेणी है जिसमें उनके तर्क की सामग्री के

बजाय उनके चरित्र, उद्देश्य, पृष्ठभूमि या अन्य व्यक्तिगत विशेषताओं की आलोचना करना आदि सम्मिलित है।

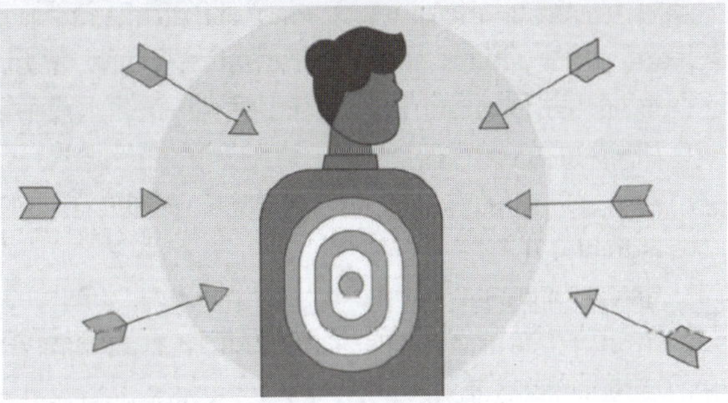

हम यहाँ एक त्वरित उदाहरण प्रस्तुत कर रहे हैं:

पहला व्यक्ति: जब भी हम एक समूह के रूप में बाहर जाते हैं तो मैं सदैव ड्राइवर बनकर थक जाता हूँ।

दूसरा व्यक्ति: आप रात में ड्राइविंग को लेकर बहुत घबराए हुए हैं, इसलिए निश्चित रूप से, आप ड्राइव नहीं करना चाहते हैं।

यहां दोनों तर्क काफी सीमा तक एक दूसरे से भिन्न हैं। यहां उद्देश्य, पृष्ठभूमि, व्यक्तिगत आलोचना सम्मिलित है।

C. शीघ्र सामान्यीकरण (Hasty Generalisation)–इस प्रकार की भ्रांति को कभी-कभी 'अति-सामान्यीकरण हेत्वाभास' भी कहा जा सकता है। हमारा तर्क बहुत ही छोटा या तुच्छ है, लेकिन उसके आधार पर दावे बड़े बड़े किये जा रहे हैं। यहां हमारे पास केवल एक या दो उदाहरण हैं, या फिर हम किसी प्रकार के पूर्वाग्रह से ग्रसित हैं।

उदाहरण के लिए, भारतीय क्रिकेट टीम के कप्तान या किसी खिलाड़ी को छींक आ जाती है, तो हम यह दावा करें कि भारतीय टीम पूरी तरह से सर्दी से ग्रस्त है।

D. रेड हेरिंग (Red Herring)–एक तार्किक हेत्वभाव या भ्रांति है जिसमें प्रासंगिक जानकारी के साथ अप्रासंगिक जानकारी भी प्रस्तुत की जाती है, जो उस प्रासंगिक जानकारी से ध्यान भटकाती है। यह जानबूझकर या अनजाने में किया जा सकता है। फिल्मों, टेलीविजन और साहित्य में अक्सर एक लाल हेरिंग का उपयोग किया जाता है।

28. (d)

कथन I–'कुछ S, P हैं', जो कि 'I-श्रेणी' से संबंधित हैं और 'कुछ S, P नहीं है', 'O-श्रेणी' से संबंधित है।

यहां 'विरोध का वर्ग' (square of opposition) को देख कर हम कह सकते हैं कि I और O एक-दूसरे के उप-विपरीत हैं, वे एक-दूसरे के विपरीतार्थक नहीं हैं। अत:, कथन I एक असत्य कथन है।

कथन II–'सभी S, PÓ हैं, एक 'A-श्रेणी' कथन है और 'कुछ S, P नहीं हैं' एक 'O-श्रेणी' कथन है। ऐसी स्थिति को अगर हम प्रश्न 26 के अंतर्गत 'विरोध का परम्परागत वर्ग' में देखें तो O और A दोनों एक दूसरे के व्याघाटी हैं। इस प्रकार, कथन II एक सत्य कथन है।

अत: (d) सही उत्तर है।

29. (a)

कथन I–अनुमान मूल रूप से अनुमानात्मक ज्ञान प्राप्त करने के बारे में है। यह आगे अपरिवर्तनीय संयोग या व्यापति से जुड़ा हुआ है। इस प्रकार, अनुमान न्यायशास्त्रीय अनुमान पर आधारित है जो मूल रूप से मध्य अवधि और प्रमुख अवधि के बीच अपरिवर्तनीय संयोग (व्याप्ति) है। सहवर्ती का अर्थ है किसी और चीज के साथ विद्यमान या घटित होने का तथ्य।

इस प्रकार, हम मूल रूप से व्याप्ति की परिभाषा से चिंतित हैं जो कि प्रमुख शब्द (साध्य) के गैर-अस्तित्व के स्थान में मध्य पद (हेतु) की गैर-मौजूदगी है। व्याप्ति मध्य पद और प्रमुख पद के बीच एक अपरिवर्तनीय और बिना शर्त संबंध है।

उदाहरण के लिए, पहाड़ी आग से भरी है क्योंकि यह धुएं से भरी है। यहाँ, धुआँ जो कि मध्य पद है, आग के क्षेत्र (प्रमुख पद) के बाहर के सभी क्षेत्रों से अनुपस्थित है।

कथन II–व्याप्ति को प्रमुख पद के साथ मध्य पद की सह-उपस्थिति के रूप में भी परिभाषित किया जा सकता है जब मध्य पद से कोई शर्त जुड़ी नहीं होती है। व्याप्ति उस प्रकृति का आधिपत्य है जो मध्य पद का प्रमुख पद से संबंध स्थापित करती है।

हम निम्न आरेख की सहायता से लघु पद (पक्ष), मध्य पद (हेतु) और प्रमुख पद (साध्य) के बीच संबंध दिखा सकते हैं।

पक्ष	हेतु	साध्य
लघु पद	**मध्य पद**	**प्रमुख पद**
(पर्वत)	(कारण)	अग्नि
गुण-लिंग	व्याप्य (धुंआँ)	व्यापका
	factum probans	Factum probandum

30. (c)

अनुमान वह ज्ञान है जो प्रमाण के बाद प्राप्त होता है। अनुमान प्रत्यक्ष ज्ञान नहीं है बल्कि यह कुछ धारणा, गवाही आदि के बाद प्राप्त होता है। प्रश्न के अनुसार, हम निम्नलिखित तीन पहलुओं पर चर्चा कर सकते हैं।

1. पूर्ववत–यह मूल रूप से संबंध को प्रभावित करने वाला कारण है। इसे अकल्पनीय प्रभाव भी कहा जा सकता है, इस प्रकार कथित कारण पहले आता है और उसके बाद, अनपेक्षित प्रभाव (अनुमान)।

उदाहरण के लिए, हम वर्तमान काले घनिष्ठ बादलों से भविष्य की वर्षा का अनुमान लगा सकते हैं।

2. शेषावत–एक अनुमान जिसमें हम कारण का अनुभव नहीं करते हैं, एक कथित प्रभाव से जाना जाता है। उदाहरण के लिए, हमें हो चुकी वर्षा के बारे में नदी में गंदे पानी के बहाव से पता चलता है।

3. समयोद्रष्ट अनुमान–इस दुनिया में कई सार्वभौमिक स्थान हैं जैसे पृथ्वी के चारों ओर चंद्रमा की विभिन्न स्थितियाँ। इनसे हम निष्कर्ष निकाल सकते हैं।

31. (a)

मॉडेम इनपुट और आउटपुट डिवाइस दोनों के रूप में कार्य करता है। मॉडेम दो शब्दों का एक संकुचन है-मॉड्यूलेटर / डीमॉड्यूलेटर जो एक साथ कार्य करता है।

1. नेटवर्क से संचार भेजते समय, मॉडेम एक डिजिटल सिग्नल को एनालॉग मीडिया जैसे केबल या टेलीफोन लाइन पर ट्रांसमिशन के लिए एनालॉग सिग्नल में परिवर्तित (मॉड्यूलेट) करता है।
2. जब इंटरनेट से सिग्नल मॉडेम में आ रहे हैं, तो यह स्थानीय नेटवर्क पर ट्रांसमिशन के लिए एनालॉग सिग्नल को वापस डिजिटल सिग्नल में परिवर्तित (डिमॉड्यूलेट) करता है।

32. (a)

A. ट्रोजन हॉर्सेज (Trojan Horses)-यह एक प्रकार का मैलवेयर है जो स्वयं को वैध कोड या सॉफ्टवेयर के रूप में प्रच्छन्न करता है। एक बार जब वे नेटवर्क के अंदर पहुंच जाते हैं, तो ये हमलावर कोई भी कार्रवाई करने में सक्षम होते हैं जो एक वैध उपयोगकर्ता कर सकता है, जैसे कि फाइलों का निर्यात करना, डेटा को संशोधित करना, फाइलों को हटाना या अन्यथा डिवाइस की सामग्री को बदलना।

B. वायरस (Virus)-एक कंप्यूटर वायरस एक प्रकार का कंप्यूटर प्रोग्राम है, जिसे निष्पादित करने पर, अन्य कंप्यूटर प्रोग्रामों को संशोधित करके और अपना कोड डालने के द्वारा स्वयं को दोहराता है। यदि यह प्रतिकृति सफल हो जाती है, तो प्रभावित क्षेत्रों को कंप्यूटर वायरस से 'संक्रमित' कहा जाता है, जो जैविक वायरस से प्राप्त एक रूपक है।

C. वेब बग्स (Web Bugs)-इसे वेब बीकन के रूप में भी जाना जाता है, एक फ़ाइल ऑब्जेक्ट है जिसे वेब पेज पर या उपयोगकर्ता व्यवहार की निगरानी के लिए एक ई-मेल संदेश में रखा जाता है।

D. जॉम्बीज (Zombies)-यह वास्तव में इंटरनेट से जुड़ा एक कंप्यूटर है जिनका हैकर द्वारा कंप्यूटर वायरस, कंप्यूटर वर्म या ट्रोजन हॉर्स प्रोग्राम के माध्यम से आपस का निपटाव किया गया है और इसका उपयोग हैकर के दूरस्थ दिशा में दुर्भावनापूर्ण कार्यों को करने के लिए किया जा सकता है।

33. (d)

2, 3, 1 सही उत्तर है।

रैंडम एक्सेस मेमोरी (RAM)-यह अनिवार्य रूप से एक शॉर्ट टर्म मेमोरी है जहां डेटा को प्रोसेसर की आवश्यकता के अनुसार स्टोर किया जाता है।

कलाई पर प्रति-स्थैतिक बैंड (anti strap band to wrist)-यह सुरक्षा गियर का एक महत्वपूर्ण टुकड़ा है जो संवेदनशील इलेक्ट्रॉनिक्स या अन्य परियोजनाओं के पास स्थैतिक बिजली के निर्माण को रोकने में मदद करता है जहां स्थिर चार्ज इलेक्ट्रॉनिक्स को नुकसान पहुंचा सकता है या सुरक्षा मुद्दों का कारण बन सकता है।

34. (b)

कथन I-आइए कुछ मूल बातें देखें जिन्हें आधिकारिक तौर पर पेश किया गया है।

SWAYAM मूल रूप से Study Webs of Active-Learning for Young Aspiring Minds है जो MOOC प्लेटफॉर्म का भाग है। इसे वर्ष 2016 में AICTE द्वारा स्वदेशी रूप से विकसित किया गया था ताकि ऑनलाइन पाठ्यक्रमों की होस्टिंग की सुविधा प्राप्त हो सके, जिसे कोई भी, कहीं भी, कभी भी नि:शुल्क प्राप्त कर सकता है। मुख्य उद्देश्य शिक्षा के संदर्भ में पहुंच, समानता और गुणवत्ता प्राप्त करना है। इसमें हाई स्कूल से लेकर उच्च शिक्षा तक के विषयों को सम्मिलित किया गया है जिसमें कौशल आधारित पाठ्यक्रम भी सम्मिलित हैं ताकि यह सुनिश्चित किया जा सके कि प्रत्येक छात्र आईसीटी के माध्यम से शिक्षण सामग्री से लाभान्वित हो।

SWAYAM पर होस्ट किए गए पाठ्यक्रम 4 भागों में विभाजित (qaudrants) में हैं-

1. वीडियो व्याख्यान
2. विशेष रूप से तैयार की गई पठन सामग्री जिसे डाउनलोड / मुद्रित किया जा सकता है
3. परीक्षणों और क्विज़ के माध्यम से स्व-मूल्यांकन परीक्षण और
4. शंका या संदेहों को दूर करने के लिए एक ऑनलाइन चर्चा मंच

इसका उद्देश्य ऑडियो-वीडियो, मल्टीमीडिया और अत्याधुनिक शिक्षाशास्त्र/प्रौद्योगिकी का उपयोग करके प्रणाली को समावेशी बनाना है।

कथन II-डिजिलॉकर मूल रूप से सुशासन से जुड़ा हुआ है। यह भारतीय डिजिटलीकरण ऑनलाइन सेवा डिजिटल भारत (इंडिया) पहल के अंतर्गत इलेक्ट्रॉनिक्स और सूचना प्रौद्योगिकी मंत्रालय (MeitY) द्वारा प्रदान की जाती है। यह प्रत्येक आधार धारक को इन प्रमाणपत्रों के मूल जारीकर्ताओं से डिजिटल प्रारूप में ड्राइविंग लाइसेंस, वाहन पंजीकरण, अकादमिक मार्कशीट तक पहुंचने के लिए सेवाएं प्रदान करने का इरादा रखता है। यह उसी के लिए 1GB स्टोरेज स्पेस भी प्रदान करता है।

डिजिलॉकर की संरचना में मेरे प्रमाणपत्र (डिजिटल और अपलोड किए गए दस्तावेज़), मेरा प्रोफ़ाइल, मेरा जारीकर्ता, मेरा अनुरोधकर्ता और निर्देशिकाएँ शामिल सम्मिलित हैं।

35. (d)

A. स्पाइवेयर (spyware)-यह दुर्भावनापूर्ण सॉफ्टवेयर हमारे कंप्यूटर डिवाइस में प्रवेश करता है, डेटा एकत्र करता है, और इसे हमारी सहमति के बिना किसी तृतीय-पक्ष को अग्रेषित करता है। यह वैध सॉफ्टवेयर विज्ञापन जैसे व्यावसायिक उद्देश्यों के लिए हमारे डेटा की निगरानी करता है।

B. फ़ायरवॉल (firewall)-कंप्यूटर सिस्टम में एक फ़ायरवॉल मूल रूप से एक नेटवर्क सुरक्षा प्रणाली है जो दो या दो से अधिक नेटवर्क के बीच डेटा के प्रवाह को नियंत्रित करती है, और नेटवर्क के बीच लिंक का प्रबंधन करती है। फ़ायरवॉल में हार्डवेयर और सॉफ्टवेयर दोनों तत्व शामिल हो सकते हैं। इसका उदाहरण राउटर (फिजिकल या भौतिक फ़ायरवॉल), एंटी वायरस, जावा (सॉफ्टवेयर फ़ायरवॉल) हैं।

C. ब्लूटूथ (Bluetooth)-यह एक छोटी दूरी की वायरलेस प्रौद्योगिकी मानक है जिसका उपयोग कम दूरी पर स्थिर और मोबाइल उपकरणों के बीच डेटा के आदान-प्रदान और व्यक्तिगत क्षेत्र नेटवर्क के निर्माण के लिए किया जाता है।

D. सेवा से वंचित करना (denial of service)-आक्रमण का यह रूप एक मशीन या नेटवर्क को बंद करने के लिए है, जिससे यह अपने इच्छित उपयोगकर्ताओं के लिए दुर्गम हो जाता है।

36. (b)

एस्बेस्टस मेसोथेलियोमा का कारण बनता है, जो कि पतली झिल्लियों का एक अपेक्षाकृत दुर्लभ कैंसर है जो छाती और पेट को रेखाबद्ध करता है। फेफड़े, स्वरयंत्र और अंडाशय के कैंसर होते हैं। मेसोथेलियोमा उपचार में सर्जरी, विकिरण और कीमोथेरेपी शामिल हैं।

एस्बेस्टोसिस स्थायी फेफड़ों की क्षति का कारण बनता है। फुफ्फुस बहाव में, फेफड़ों के आसपास द्रव जमा हो जाता है।

एस्बेस्टस को 'द मैजिक मिनरल' का उपनाम दिया गया था क्योंकि इसमें अद्वितीय रासायनिक और भौतिक गुण होते हैं। एस्बेस्टस का उपयोग हजारों उत्पादों और उद्योगों में किया जाता है जैसे कि छत, थर्मल और विद्युत इन्सुलेशन, सीमेंट पाइप और चादरें, फर्श, प्लास्टिक, कपड़ा, कागज आदि। छोटे एस्बेस्टस फाइबर फेफड़ों में इकट्ठा होते हैं।

अभ्रक के निक्षेप आंध्र प्रदेश, बिहार, झारखंड, कर्नाटक, राजस्थान और मणिपुर में पाए जाते हैं।

37. (a)

चूँकि चक्रवात की घटना समुद्र से जुड़ी हुई है, इसलिए उत्तरी और मध्य भारत से इसकी उत्पत्ति की कोई संभावना नहीं है। यह कम वायुदाब की स्थिति के कारण समुद्र में उत्पन्न होता है, समुद्र के ऊपर हवाएँ धीमी और कमजोर होती हैं। पूर्वी तट न केवल अंडमान सागर में उत्पन्न चक्रवातों से जुड़ा हुआ है, बल्कि प्रशांत महासागर से भी चक्रवात प्राप्त करता है, जहां से चक्रवात (या टाइफून) के हस्तांतरण को रोकने के लिए कोई बड़ा भूभाग नहीं है। बंगाल की खाड़ी में पश्चिमी तट की तुलना में वर्षा भी बहुत अधिक होती है। यह भाग गंगा और ब्रह्मपुत्र नदियों द्वारा भी पोषित होता है।

सतही समुद्री तापमान और आर्द्रता भी एक महत्वपूर्ण भूमिका निभाते हैं। औसत तापमान लगभग 28° सेंटीग्रेड है जो गर्म हवा की धाराओं से तेज होता है।

ओडिशा राज्य चक्रवात से सबसे ज्यादा प्रभावित है। पूर्वी तटों में चक्रवात पश्चिमी तटों की तुलना में चार गुना अधिक आते हैं। शुष्क हवा के प्रवेश के कारण पश्चिमी तट में उष्णकटिबंधीय चक्रवात कम होते हैं क्योंकि शुष्क हवाएँ पश्चिम से पूर्व की ओर बहती हैं। अरब प्रायद्वीप पहले से ही शुष्क है। तेज हवा का झोंका है जो चक्रवात के विकास को बाधित करता है।

चक्रवातों का नामकरण विश्व मौसम विज्ञान संगठन (WMO) द्वारा योजनाबद्ध तरीके से किया जाता है, जिसे वर्ष 1950 में स्थापित किया गया था, जिसकी जड़ें 1873 में वियना अंतर्राष्ट्रीय मौसम विज्ञान कांग्रेस में लगाई गई थीं। World Meteorological Organization - WMO नामों की घूर्णन सूची (rotating list) रखता है जो प्रत्येक उष्णकटिबंधीय चक्रवात बेसिन के लिए उपयुक्त हैं।

38. (b)

(1) पारिस्थितिक तंत्र, प्रजातियों और व्यक्तियों में अधिक जैव विविधता अधिक स्थिरता की ओर ले जाती है। उदाहरण के लिए, उच्च आनुवंशिक विविधता वाली प्रजातियां और कई आबादी जो विभिन्न प्रकार की परिस्थितियों के अनुकूल हैं, वे मौसम की गड़बड़ी, बीमारी और जलवायु परिवर्तन में सक्षम होने की अधिक संभावना रखते हैं। दूसरे शब्दों में, पारिस्थितिकी तंत्र की स्थिरता के दो प्रमुख घटक लचीलापन (resilience) और प्रतिरोध (resistance) हैं। किसी विक्षोभ का सामना करने पर प्रतिरोध एक पारिस्थितिकी तंत्र की स्थिर रहने की क्षमता है। लचीलापन वह गति है जिस पर एक पारिस्थितिकी तंत्र एक गड़बड़ी से ठीक हो जाता है।

(2) विलुप्त होना पौधों, जानवरों या अन्य जीवों की एक प्रजाति के सभी सदस्यों की मृत्यु को दर्शाता है। विलुप्त होने के तीन प्रकार हैं-बड़े पैमाने पर विलुप्त होने, पृष्ठभूमि विलुप्त होने, और मानव नेतृत्व विलुप्त होने। यदि औसत वैश्विक तापमान वृद्धि 4.3 डिग्री सेल्सियस से अधिक हो जाती है तो पृथ्वी अपनी प्रजातियों का 16% खो सकती है। मानव गतिविधियों या क्रियाकलापों के रूप में मानवीय गतिविधियाँ मूल रूप से मानवीय हस्तक्षेप हैं। विलुप्त होने के मुख्य आधुनिक कारण शहरीकरण, औद्योगीकरण, आवास की हानि और गिरावट (मुख्य रूप से वनों की कटाई के कारण), अत्यधिक शोषण (शिकार, अधिक मछली पकड़ना), आक्रामक प्रजातियां, जलवायु परिवर्तन और नाइट्रोजन प्रदूषण हैं। हमारी वैश्विक खाद्य प्रणाली जैव विविधता के नुकसान का प्राथमिक चालक है, जिसमें विलुप्त होने के जोखिम में 28,000 (86%) प्रजातियों में से 24,000 के लिए अकेले कृषि की पहचान की गई है।

(3) प्राकृतिक आवास के विखंडन वास्तव में कई अन्य प्रजातियों के लिए समर्थन प्रणालियों को वापस लेने की ओर ले जाता है जो उनके अस्तित्व को दांव पर लगा देते हैं।

(4) अपृष्ठवंशी या अकशेरूकीय प्रजातियां (invertebrates) पारिस्थितिक तंत्र के कामकाज के लिए केंद्रीय हैं, और जैव विविधता का महत्वपूर्ण भाग हैं, फिर भी उनकी भूमिका को पूर्ण रूप से समझा नहीं गया। प्रकृति के संरक्षण के लिए अंतर्राष्ट्रीय संघ (International Union for Conservation of Nature - IUCN) की खतरे वाली प्रजातियों की लाल सूची प्रजातियों (Red List species) के खतरे के लिए एक महत्वपूर्ण संदर्भ है, लेकिन यह संगठन भी शायद कशेरुकियों (vertebrates) के प्रति भारी पक्षपाती है, जिसमें अपृष्ठवंशी विशेष रूप से कम प्रतिनिधित्व करते हैं।

39. (d)

लैंडफिल-दबे हुए जैविक कचरे के जैविक क्षरण के दौरान उत्पन्न होने वाली लैंडफिल गैसों में मीथेन मुख्य रूप से विद्यमान होती है, जब यह वातावरण में जाती है, तो इसका वैश्विक जलवायु परिवर्तन में योगदान होता है। मीथेन की उत्पति खाद या उर्वरक प्रबंधन (manure management) के एक भाग के रूप में भी होती है। गायें अपने पाचन तंत्र के माध्यम से मीथेन के उत्सर्जन में महत्वपूर्ण योगदान देती हैं।

मीथेन कार्बन डाइऑक्साइड के बाद वातावरण में दूसरी सबसे प्रचुर मात्रा में ग्रीनहाउस गैस है।

मीथेन ग्लोबल वार्मिंग पोटेंशियल (GWP) में कार्बन डाइऑक्साइड से 80 गुना अधिक खतरनाक है।

International Panel on Climate Change (IPCC) की रिपोर्ट के अनुसार, 40 प्रतिशत से अधिक मीथेन का उत्सर्जन कृषि से आता है या यह पीटलैंड के विनाश का परिणाम है।

गाय, भैंस, बकरी आदि जुगाली करने वाले शाकाहारी स्तनधारियों के एक समूह को कवर करते हैं जो आर्टियोडैक्टिल से संबंधित हैं, इस मीथेन पैदा करने वाली प्रक्रिया को मेथानोजेनेसिस (methanogenesis) कहा जाता है। इस प्रकार के प्राणी उनके द्वारा प्राप्त की गयी ऊर्जा का 4 से 12 प्रतिशत इसी प्रक्रिया में हानि करवा बैठते हैं। यह सब कृषि से संबंधित हैं।

धान के खेत और जलमय भूमि–मीथेन (CH4) एक संतृप्त कार्बनिक गैस है। यह स्पष्ट है कि कुल उत्सर्जन के 70% में मानवजनित स्रोत हैं। धान के खेतों से उत्पन्न कुल मीथेन का एक महत्वपूर्ण हिस्सा होता है। कुल मीथेन का लगभग 18-20% धान के खेतों से उत्पन्न होता है।

धान के खेतों में, मीथेन उत्सर्जन को नियंत्रित करने की कुंजी सिंचाई के पानी के नियंत्रण में निहित है। यदि खेत जोतने के अंत में कुछ दिनों के लिए शुष्क परिस्थितियों में हो तो मीथेन उत्सर्जन में भारी कमी आ सकती है।

वैश्विक मीथेन प्रतिज्ञा (Global Methane Project)–ग्लासगो (Glasgow) की वर्ष 2021 की Conference of Parties बैठक के दौरान, अमेरिका और यूरोपीय संघ ने वैश्विक मीथेन प्रतिज्ञा का विचार रखा ताकि वैश्विक तापमान वृद्धि सीमा 1.5^{o} सेंटीग्रेड में योगदान दिया जा सके। प्रतिज्ञा में शामिल होने वाले प्रतिभागी वर्ष 2030 तक वर्ष 2020 की तुलना में वैश्विक मीथेन उत्सर्जन को कम से कम 30 प्रतिशत कम करने के सामूहिक प्रयास में योगदान करने के लिए स्वैच्छिक कार्रवाई करने के लिए सहमत हैं, जो 2050 तक 2° सेल्सियस से अधिक वार्मिंग को समाप्त कर सकता है। यह एक वैश्विक प्रतिज्ञा है, न कि एक राष्ट्रीय स्तर पर कमी। इस प्रतिज्ञा पत्र पर रूस, चीन और भारत ने हस्ताक्षर नहीं किये।

THE EMISSIONS SHARE

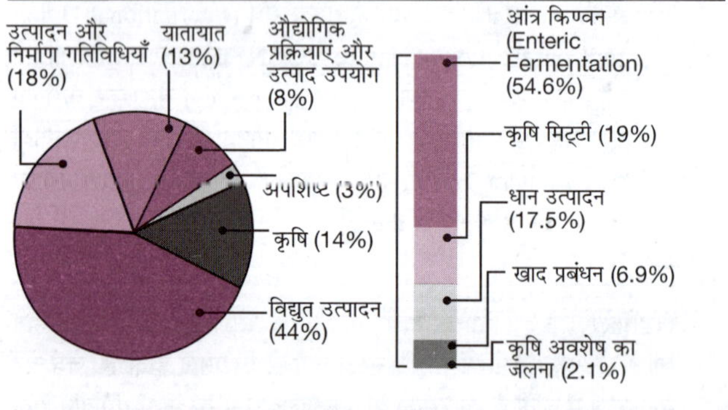

Source: MoEFC, (2021), India: Third Biennial Update Report to the United Nations Framework Convention

40. (b)

A. उत्सर्जन व्यापार (emissions trading)- क्योटो प्रोटोकॉल–यह प्रोटोकॉल 11 दिसंबर 1997 को क्योटो, जापान में अपनाया गया था और 16 फरवरी 2005 को लागू हुआ। क्योटो प्रोटोकॉल का मुख्य उद्देश्य ग्रीनहाउस गैसों (Green House Gases) के उत्सर्जन को कम करना था। GHG उत्सर्जन को सीमित करने और कम करने के लिए संक्रमण में औद्योगिक देशों और अर्थव्यवस्थाओं को प्रतिबद्ध करके इसे व्यवहार में लाया गया था। क्योटो प्रोटोकॉल के प्रमुख उद्देश्य निम्नलिखित थे।

1. अंतर्राष्ट्रीय उत्सर्जन व्यापार
2. स्वच्छ विकास तंत्र (Clean Development Mechanism)
3. संयुक्त कार्यान्वयन (Joint Implementation)

गैसों को कम करने के उद्देश्य से एनेक्स (annexed) किए गए राष्ट्र थे। मुख्य अवधारणा 'सामान्य लेकिन विभेदित उत्तरदायित्व (Common But Differentiated Responsibilities)Ó की थी।

मुख्य GHG कार्बन डाइऑक्साइड, मीथेन, नाइट्रस ऑक्साइड, हाइड्रोफ्लोरोकार्बन, पेरफ्लूरोकार्बन और सल्फर हेक्साफ्लोराइड थी। नाइट्रोजन ट्रीफ्लूओरीड गैस को बाद में इन छह गैसों की लिस्ट में जोड़ा गया।

B. संसाधनों का सतत प्रबंधन-रियो शिखर सम्मेलन (1992)–इस सम्मेलन के एजेंडा 21 (Agenda 21) ने इसके बारे में बात की। 'पृथ्वी वार्ता (Earth Summit) ने निष्कर्ष निकाला कि सतत विकास की अवधारणा दुनिया के सभी लोगों के लिए एक प्राप्य लक्ष्य था, चाहे वे स्थानीय, राष्ट्रीय, क्षेत्रीय या अंतर्राष्ट्रीय स्तर पर हों। इसने यह भी माना कि हमारी जरूरतों को पूरा करने में आर्थिक, सामाजिक और पर्यावरणीय चिंताओं को एकीकृत और संतुलित करना ग्रह पर मानव जीवन को बनाए रखने के लिए महत्वपूर्ण है और ऐसा एकीकृत दृष्टिकोण संभव है।

C. स्वच्छ वहनीय ऊर्जा-अंतर्राष्ट्रीय सौर गठबंधन (International Solar Alliance - ISA)–यह एक संधि आधारित अंतर-सरकारी संगठन है जो सौर ऊर्जा के लाभों को आत्मसात करने या शोषण करने और स्वच्छ ऊर्जा अनुप्रयोगों को बढ़ावा देने के लिए वैश्विक बाजार प्रणाली बनाने के लिए काम कर रहा है। इसे मुख्य रूप से भारत और फ्रांस द्वारा बढ़ावा दिया गया था। इसकी शुरुआत 30 नवंबर 2015 को हुई थी।

D. इच्छित राष्ट्रीय स्तर पर निर्धारित योगदान (Intended Nationally Determined Contributions-INDCs)–पेरिस समझौता - यह समझौता 2015 में अपनाया गया था। पेरिस समझौते के सार के रूप में हम उत्सर्जन में कमी, बेहतर ऊर्जा उपायों, वन संसाधनों आदि के दीर्घकालिक उद्देश्यों की उपलब्धि को सुविधाजनक बना सकने की बातें करते हैं। INDCs में प्रत्येक देश द्वारा राष्ट्रीय उत्सर्जन को कम करने और जलवायु परिवर्तन के प्रभावों के अनुकूल होने के प्रयास सम्मिलित हैं, इसका दीर्घकालिक उद्देश्य वैश्विक औसत तापमान में वृद्धि को अधिकतम 2 डिग्री सेल्सियस से नीचे रखना, वृद्धि को यथा संभव 1.5 डिग्री सेल्सियस तक सीमित करने के प्रयासों को आगे बढ़ाना और इस शताब्दी के उत्तरार्ध में शुद्ध शून्य उत्सर्जन प्राप्त करना है। हम 2021 में ग्लासगो में पार्टियों के 26वें सम्मेलन का अध्ययन करके संशोधित लक्ष्यों का मूल विचार प्राप्त कर सकते हैं।

41. (b)

इस दिन 1835 में, थॉमस बबिंगटन मैकाले ने भारत में शिक्षा का सफलतापूर्वक पश्चिमीकरण (westernization) का प्रयास किया। आंग्ल भाषा को सरकार और अदालतों के लिए आधिकारिक भाषा बना दिया गया था, और इसे शिक्षा के आधिकारिक माध्यम के रूप में अपनाया गया था। मैकाले मिनट्स में यह बिंदु विशेष रूप से महत्वपूर्ण है-वर्तमान में हमें व्यक्तियों का एक ऐसा वर्ग बनाने का पूर्ण प्रयास करना चाहिए, जो रक्त और रंग में भारतीय हो, लेकिन स्वाद, राय, नैतिकता और बुद्धि में अंग्रेजी हो।

42. (a)

नालंदा विश्वविद्यालय सही उत्तर है। नालंदा 427 से 1197 तक बिहार में उच्च शिक्षा का एक प्राचीन केंद्र था । नालंदा की स्थापना 5 वीं शताब्दी ईस्वी में बिहार, भारत में हुई थी।

2010 में बिहार में हाल ही में एक नया नालंदा विश्वविद्यालय विकसित किया गया है।

जुआंग झांग (या उन्हें ह्वेन त्सांग भी कहते हैं) ने 7 वीं शताब्दी में नालंदा विश्वविद्यालय का दौरा किया। वह सोलह वर्षों तक भारत में रहा और यात्रा की। उन्होंने बौद्ध धर्मग्रंथों का अनुवाद किया। उन्होंने भारत में तर्क, संस्कृत व्याकरण, योगकारा का भी अध्ययन किया। उन्होंने सांख्य और वैशेषिका का विरोध किया कि वे बौद्ध दर्शन का विरोध करते हैं।

आई क्यूइंग ने बोध धर्म के 'वाहन'-हीनयान और महायान दोनों के बारे में बात की। उत्तरी भारत और दक्षिण समुद्र के अधिकांश द्वीपों (जैसे सुमात्रा, जावा-वर्तमान इंडोनेशिया के कुछ हिस्सों) ने हीनयान मत का अभ्यास किया। चीन में बौद्ध ने महायान का अभ्यास किया।

भविष्य के प्रश्नों के लिए, ध्यान दें कि

1. फाह्यान (Fa-Hien) ने पांचवीं शताब्दी की शुरुआत में भारत आने वाले पहले चीनी यात्री थे। उनकी यात्रा का उद्देश्य बौद्ध धर्म के लिए पवित्र ग्रंथों की तलाश करना था।
2. तक्षशिला विश्वविद्यालय दुनिया के सबसे पुराने विश्वविद्यालयों में से एक था।
3. नालंदा विश्वविद्यालय बिहार राज्य में नालंदा जिले के राजगीर में स्थित एक सार्वजनिक केंद्रीय / संघ विश्वविद्यालय है। इसे राष्ट्रीय महत्व के संस्थान (Institute of National Importance - INI) और उत्कृष्टता के रूप में नामित किया गया है। यह अंतर्राष्ट्रीय विश्वविद्यालय 18 सदस्य देशों द्वारा समर्थित है, 2010 में भारतीय संसद के एक अधिनियम द्वारा स्थापित किया गया था। भारत के राष्ट्रपति नालंदा विश्वविद्यालय के आगंतुक हैं।

43. (a)

राष्ट्रीय ज्ञान आयोग (National Knowledge Commission - NKC) का निर्माण वर्ष 2006 में भारत के प्रधान मंत्री के लिए एक उच्च स्तरीय सलाहकार निकाय के रूप में किया गया था, जिसका उद्देश्य भारत को एक ज्ञान समाज में बदलना था। यह सैम पित्रोदा की मौलिक विचार (brain child) थी। NKC ने 27 फोकस क्षेत्रों पर लगभग 300 अनुशंसाएं प्रस्तुत कीं। NKC ने ज्ञान प्रतिमान के पांच प्रमुख क्षेत्रों पर ध्यान केंद्रित किया- ज्ञान तक पहुंच, ज्ञान अवधारणा, ज्ञान निर्माण, ज्ञान अनुप्रयोग और बेहतर ज्ञान सेवाओं का विकास।

NKC ने अनुसंधान कार्य के निर्माण के लिए एक राष्ट्रीय विज्ञान और सामाजिक विज्ञान फाउंडेशन (National Science and Social Science Foundation -NSSF) की स्थापना की अनुशंसा की, जो एक भारतीय वैज्ञानिक के लिए नोबेल पुरस्कार प्राप्त कर सकता है।

44. (c)

राष्ट्रीय शिक्षा नीति, 2020 में एक स्वायत्त निकाय-राष्ट्रीय शैक्षिक प्रौद्योगिकी मंच (एनईटीएफ) की स्थापना की परिकल्पना की गई है, जो सीखने, मूल्यांकन, योजना, प्रशासन आदि को बढ़ाने के लिए प्रौद्योगिकी के उपयोग पर विचारों के मुक्त आदान-प्रदान के लिए एक मंच प्रदान करेगा। स्कूल और उच्च शिक्षा।

राष्ट्रीय शैक्षिक प्रौद्योगिकी फोरम (National Education Technology Forum - NETF -एनईटीएफ) का उद्देश्य: एनईटीएफ का उद्देश्य शिक्षा संस्थानों, राज्य और केंद्र सरकारों और अन्य हितधारकों के नेतृत्व को नवीनतम ज्ञान और अनुसंधान के साथ.साथ अवसर प्रदान करके प्रौद्योगिकी के समावेश, तैनाती और उपयोग पर निर्णय लेने की सुविधा प्रदान करना होगा। सर्वोत्तम प्रथाओं से परामर्श करने और साझा करने के लिए। एनईटीएफके निम्नलिखित कार्य होंगे:

चूंकि पाठ्यचर्या छात्रों के समग्र विकास का सबसे अच्छा साधन है। और शिक्षक, विश्वविद्यालय, शैक्षणिक संस्थान, उद्योग, क्षेत्र और राज्य क्षेत्र में आते हैं। पाठ्यक्रम और छात्रों के बीच कई हितधारक हैं। पाठ्यचर्या विकास गतिशील प्रक्रिया है। एक निजी विश्वविद्यालय और आईआईटी से बीटेक का पाठ्यक्रम पूरी तरह से अलग हो सकता है। तो, विकल्प डी तार्किक रूप से अलग लग रहा था। यदि वह निकाल लिया जाता है, तो A, B, C और E उत्तर का हिस्सा हैं। अतः (c) सही उत्तर है।

जुलाई, 2021 में, प्रधान मंत्री ने कहा कि राष्ट्रीय डिजिटल शिक्षा वास्तुकला (एनडीईएआर) और राष्ट्रीय शिक्षा प्रौद्योगिकी मंच (एनईटीएफ) देश भर में डिजिटल और आर्थिक ढांचा बनाने के लिए काम करेंगे।

आइए हम भारत सरकार द्वारा शिक्षा क्षेत्र में शुरू की गई कुछ अन्य पहलों पर नजर डालें।

अकादमिक बैंक ऑफ क्रेडिट (Academic Bank of Credit)- इसका उद्देश्य उच्च शिक्षा में छात्रों के लिए कई प्रवेश और निकास विकल्प प्रदान करना और क्षेत्रीय भाषाओं में प्रथम वर्ष के इंजीनियरिंग कार्यक्रम और उच्च शिक्षा के अंतर्राष्ट्रीयकरण के लिए दिशानिर्देश प्रदान करना है।

विद्या प्रवेश (Vidya Pravesh)-यह पहल ग्रेड 1 के छात्रों के लिए तीन महीने का प्ले- आधारित स्कूल तैयारी मॉड्यूल है।

भारतीय सांकेतिक भाषा (Indian Sign Language)-भारतीय सांकेतिक भाषा को माध्यमिक स्तर पर एक विषय के रूप में लॉन्च किया गया है।

निष्ठा (Nishtha) 2.0-यह NCERT द्वारा डिज़ाइन किया गया शिक्षक प्रशिक्षण का एक एकीकृत कार्यक्रम है।

सफल (SAFAL -सीखने के स्तर के विश्लेषण के लिए संरचित मूल्यांकन)-सफल एक योग्यता-आधारित मूल्यांकन ढांचा है, जिसे सीबीएसई स्कूलों में ग्रेड 3, 5 और 8 के लिए लॉन्च किया गया है।

आर्टिफिशियल इंटेलिजेंस वेबसाइट (Artificial Intelligence Websites)-आर्टिफिशियल इंटेलिजेंस को समर्पित एक वेबसाइट भी लॉन्च की गई है।

45. (b)

पाठ्यचर्या संशोधन का अर्थ है समीक्षा से डेटा का उपयोग करके मौजूदा पाठ्यक्रम को संशोधित करना। समीक्षा और पुनरीक्षण महत्वपूर्ण हैं क्योंकि वे शिक्षकों को वास्तविक शिक्षण अधिगम वातावरण में पाठ्यचर्या के वास्तविक छात्रों के साथ अंत:क्रिया करने के तरीकों पर

विचार करने में सक्षम बनाते हैं। दृष्टि और मिशन भी परिवर्तित होते रहते हैं। शिक्षण अधिगम प्रक्रिया को अधिक प्रभावी बनाने के लिए सामाजिक, राजनीतिक, आर्थिक और सबसे बढ़कर दार्शनिक वातावरण हमेशा परिवर्तनशील होता है। इस प्रकार, विभिन्न हितधारक हैं। उद्योग की मांगें भी बदलती हैं, जिससे पाठ्यक्रम अधिक परिणाम-आधारित नागरिक पैदा करता है।

गद्यांश संबंधित प्रश्नों के उत्तर

46. (c)

47. (d)

48. (b)

49. (c)

50. (a)

यूजीसी नेट प्रश्न पत्र 2022-सेट 2

नोट:

- इस प्रश्नपत्र में पचास (50) बहु-विकल्पीय प्रश्न हैं। प्रत्येक प्रश्न के दो (2) अंक हैं।
- सभी प्रश्न अनिवार्य हैं।

निम्नलिखित तालिका में पिछले 2016 से 2021 तक के छह वर्षों के दौरान एक शहर में पुरुषों, महिलाओं एवं बच्चों की संख्या और अधिक वजनी पुरुषों महिलाओं एवं अधिक वजनी बच्चों के बारे में डेटा (दत्त) प्रस्तुत किए गए हैं।

एक शहर में जनसंख्या का वर्ष-वार वितरण

वर्ष	संख्या			अधिक वजनी का प्रतिशत (%)		
	पुरुष	महिलाएं	बच्चे	पुरुष	महिलाएं	बच्चे
2016	27000	19000	7500	15%	36%	30%
2017	37500	32000	10500	7%	35%	23%
2018	31500	30000	6000	30%	25%	35%
2019	33000	27000	8000	16%	30%	30%
2020	35000	34000	10000	12%	27%	32%
2021	39000	37500	22500	37.50%	22%	36%

1. वर्ष 2016 और 2017 में उन बच्चों की कुल संख्या क्या थी, जो अधिक वनज की समस्या से पीड़ित नहीं थे?

(a) 4,530 (b) 4,350
(c) 12,810 (d) 14,820

2. वर्ष 2019 में उन पुरुषों, महिलाओं और बच्चों की संख्या कितनी थी, जो अधिक वजनी थे?

(a) 4812 (b) 5016
(c) 5395 (d) 5260

3. वर्ष 2021 में अधिक वजनी पुरुषों की संख्या उन पुरुषों की संख्या की तुलना में कितने प्रतिशत थी, जो उसी वर्ष में अधिक वजन की समस्या से पीड़ित नहीं थे?

(a) 55% (b) 60%
(c) 50.5% (d) 65.5%

4. वर्ष 2018 में अधिक वजनी महिलाओं एवं अधिक वजनी बच्चों की कुल संख्या और उसी वर्ष में अधिक वजन पुरुषों की संख्या के बीच क्या अंतर था?

(a) 150 (b) 450
(c) 345 (d) 865

5. वर्ष 2018 में अधिक वजनी महिलाओं की संख्या का अनुपात वर्ष 2020 में अधिक वजनी पुरुषों की तुलना में क्या था?

(a) 6 : 7 (b) 21 : 65
(c) 15 : 73 (d) 25 : 14

6. निम्नलिखित में से कौन से एक कम्प्यूटर प्रणाली के प्रमुख घटक हैं?

(1) ए.एल.यू. (अर्थमेटिक-लॉजिक यूनिट)
(2) सी.यू. (कंट्रोल यूनिट)
(3) प्रोसेसर रजिस्टर्स
(4) एस.एस.डी. (सोलिड-स्टेट ड्राइव)
(5) वी.आर.ए.एम. (वीडियो रैम)

नीचे दिए गए विकल्पों में से सही उत्तर चुनें:

(a) केवल (1), (2) और (4)
(b) केवल (1), (2) और (3)
(c) केवल (3), (4) और (5)
(d) केवल (2), (3) और (4)

7. खाद्य शृंखला में निम्नलिखित में से किस नाशक जीवनाशी के न्यूनतम जैव संचयन की संभावना होगी?

(a) क्लोरडेन (b) एल्ड्रिन
(c) कार्बारिल (d) एन्ड्रिन

8. एक निश्चित कोड में '467' का अर्थ पत्तियाँ हरी हैं, '485' का अर्थ 'हरा रंग अच्छा है' और '639' का अर्थ 'वे खेल रहे हैं'। इस कोड में पत्तियों का अंक कौन सा है?

(a) 6 (b) 7
(c) 4 (d) 9

9. संशोधित ब्लूम की वर्गिकी के अनुसार निम्नलिखित में से किसे अधिगमकर्ता के लिए सर्वोत्तम माना जाता है?

(a) समझना (b) अनुप्रयोग करना
(c) विश्लेषण करना (d) सृजन करना

10. निम्नलिखित स्प्रेडशीट पर विचार कीजिए:

	A	B	C
1	4	3	
2	5	2	
3	7		
4	8		9
5	9		
6			

यदि सेल (कक्षिका) सी4 में सूत्र = \$A\$3 + B2 को सेल सी5 में प्रतिकृत किया जाता है तो सेल सी5 में मान (वैल्यू) क्या होगा?

(a) 9 (b) 8
(c) 7 (d) 17

11. शिक्षण का गत्यात्मक उपागम से अभिप्रेत है:

(a) शिक्षण व्याख्यान आधारित होना चाहिए।
(b) शिक्षकों को ऊर्जावान होना चाहिए।
(c) शिक्षकों को विद्यार्थी के साथ मित्रवत और उनके अनुकूल होना चाहिए।
(d) विद्यार्थियों को कार्यकलाप के माध्यम से सीखना चाहिए।

12. भिन्न संस्कृतियों के लोगों के साथ सम्प्रेषण सुझाव हो सकते हैं:

(1) अपनी व्याख्या पर बल देना।
(2) अपनी स्वयं की सांस्कृतिक पहचान को भूलना।
(3) पारस्परिक सम्मान की एक पारिस्थितिकीय प्रणाली को प्रोत्साहित करना।
(4) अन्य लोगों के सांस्कृतिक संदर्भ को जानना।
(5) सदैव तथ्य बताना।

नीचे दिए गए विकल्पों में से सही उत्तर चुनें:

(a) केवल (1), (2) और (3)
(b) केवल (3), (4) और (5)
(c) केवल (2), (3) और (5)
(d) केवल (1), (4) और (5)

13. एक बुद्धिमान संत का कथन है: 'ज्ञान की भूख को दूर करना भोजन की भूख को दूर करने से अधिक कठिन है इसलिए व्यक्ति को भोजन पर अधिक ध्यान देना चाहिए।' इस तर्क में कौन-सा तर्क दोष है?

(a) प्रश्न का अनुरोध करना
(b) असत्य द्वन्द्व
(c) इग्नोरेशियो इलेन्ची (असंगत निष्कर्ष)
(d) आवेग आग्रह

14. नीचे दो कथन दिए गए हैं:

कथन I: सम्प्रेषण की नई प्रणाली एक अंत:क्रियात्मक समाज के अभ्युदय को सुगम बनाया है।

कथन II: सम्प्रेषण की नई प्रणाली डिजिटल है और उसने नेटवर्क्स के माध्यम से सम्प्रेषण के बहु-विध तरीकों को एकीकृत किया है।

उपर्युक्त कथनों के आलोक में निम्नलिखित विकल्पों में से सही उत्तर चुनें:

(a) कथन I और II दोनों सत्य हैं।
(b) कथन I और II दोनों असत्य हैं।
(c) कथन I सत्य है, लेकिन कथन II असत्य है।
(d) कथन I असत्य है, लेकिन कथन II सत्य है।

15. निम्नगत में से किसको अनुसंधान में आन्तरिक वैधता के लिए खतरा माना जाता है?

(1) यादृच्छिकीकरण (2) सामान्यकरणीयता
(3) परिपक्वन (4) इतिहास
(5) यांत्रिकी

नीचे दिए गए विकल्पों में से सही उत्तर चुनें:

(a) केवल (1), (2) और (3)
(b) केवल (2), (3) और (4)
(c) केवल (3), (4) और (5)
(d) केवल (1), (2) और (5)

16. भारत में प्राचीन काल में उद्विकास करने वाले कुछ सर्वाधिक उल्लेखनीय विश्वविद्यालय कहां स्थित थे?

(1) तक्षशिला (2) विक्रमशिला
(3) जगदल्ला (4) उदांतपुरी
(5) नालंदा

नीचे दिए गए विकल्पों में से सही उत्तर चुनें:

(a) (1), (2), (3), (4) और (5)
(b) केवल (1), (2) और (5)
(c) केवल (1), (2), (3) और (5)
(d) केवल (1), (2), (4) और (5)

17. निम्नलिखित में से कौनसा वीडियो कॉन्फ्रेंसिंग सिस्टम के लिए एक अत्यावश्यक घटक नहीं है?

(a) वीडियो कैमरा (b) डिसप्ले डिवाइस
(c) टेलीफोन (d) माइक्रोफोन

18. एक कक्षा में छात्रों की औसत आयु 15 वर्ष है। जब कक्षा में 5 नए लड़कों का पंजीकरण (दाखिला) किया गया, जिनकी औसत आयु 12 वर्ष 6 महीने थी, तो औसत आयु 6 महीने कम हो गई। मूलत: कक्षा में कितने छात्र थे?

(a) 15 (b) 20
(c) 18 (d) 16

19. नीचे दो कथन दिए गए हैं: एक अभिकथन (Assertion A) के रूप में लिखित है तो दूसरा उसके कारण (Reason R) के रूप में;

अभिकथन (A): स्वयम पोर्टल पर मूक्स का प्रयोग प्रत्येक सेमेस्टर में विद्यार्थियों द्वारा 40% क्रेडिट अर्जित करने के लिए किया जा सकता है।

कारण (R): स्वयम पोर्टल पर सभी मूक क्रेडिट आधारित मूक है।

उपर्युक्त कथनों के आलोक में निम्नांकित विकल्पों में से सही उत्तर का चयन कीजिए:

(a) (A) और (R) दोनों सत्य हैं और (R), (A) की सही व्याख्या है।
(b) (A) और (R) दोनों सत्य हैं, लेकिन (R), (A) की सही व्याख्या नहीं है।
(c) (A) सत्य है, लेकिन (R) असत्य है।
(d) (A) असत्य है, लेकिन (R) सत्य है।

20. नीचे दो कथन दिए गए हैं:

कथन I: सतत विकारा की नैतिक रूपरेखा हमारे पर्यावरण के साथ संबंध के बारे में मानकीय मार्गदर्शन प्रदान करती है।

कथन II: मानव-केंद्रित निदर्श भ्रामक है, जैसा कि उसके पर्यावरणीय परिणामों से सुस्पष्ट है।

उपर्युक्त कथनों के आलोक में निम्नलिखित विकल्पों में से सही उत्तर चुनें:

(a) कथन I और II दोनों सत्य हैं।
(b) कथन I और II दोनों असत्य हैं।
(c) कथन I सत्य है, लेकिन कथन II असत्य है।
(d) कथन I असत्य है, लेकिन कथन II सत्य है।

21. एक पात्र में जीवाणुओं (बैक्टीरिया) की संख्या प्रत्येक एक मिनट में दुगुनी हो जाती है। यदि पात्र 30 मिनट में जीवाणुओं से पूरी तरह भर जाता है, तो कितने मिनटों में पात्र का 1/4 भाग जीवाणुओं से भर जाएगा?

(a) 15 मिनट (b) 16 मिनट
(c) 28 मिनट (d) 25 मिनट

22. स्वयम (SWAYAM) निम्नांकित में से किस माध्यम से सर्वोत्कृष्ट शिक्षण-अधिगम संसाधनों को सभी विद्यार्थियों तक ले जाने का प्रयत्न करता है?

(a) संगोष्ठी (b) दृश्य व्याख्यान
(c) कक्षा में शिक्षण (d) सम्मेलन

23. 'हमें चंद्रमा की अपेक्षा सूर्य को अधिक महत्व देना चाहिए क्योंकि चंद्रमा अंधेरा होने पर प्रकाशित होता है, जबकि सूर्य प्रकाश होने पर प्रकाशित होता है' इस कथन में निम्नलिखित तर्कदोष है:

(a) आवेग के प्रति आग्रह
(b) गलत कारण का तर्क दोष
(c) असत्य द्वंद्व
(d) समार्थकता

24. पद 'शास्त्रार्थमीमांसा' किससे उद्गमित हुआ है?

(a) समाजशास्त्र (b) ईश्वरमीमांसा
(c) नृविज्ञान (d) अर्थशास्त्र

25. निम्नलिखित कौन से खतरे मानवोत्पतिक कारणों से उत्पन्न हो सकते हैं?

(1) चक्रवात (2) नाभिकीय आपदा
(3) बाढ़ (4) ज्वालामुखी
(5) जंगल की आग

नीचे दिए गए विकल्पों में से सही उत्तर चुनें:

(a) केवल (1), (2) और (4)
(b) केवल (2), (3) और (4)
(c) केवल (2), (4) और (5)
(d) केवल (2), (3) और (5)

26. आमने-सामने सम्प्रेषण में प्रापक द्वारा प्रदान किए गए अमौखिक संकेतों को किस रूप में माना जा सकता है?

(a) प्रतिपुष्टि (फीडबैक) (b) विसंकेतीकरण
(c) भौतिक शोरगुल (d) प्रतीकात्मक प्रतिनिधित्व

27. निम्नांकित में से कौन सी एक उत्तम प्रश्न पत्र की विशेषता नहीं है?

(a) वस्तुनिष्ठता (b) व्यक्तिनिष्ठता
(c) विश्वसनीयता (d) विधिमान्यता

28. नीचे दो कथन दिए गए हैं: एक अभिकथन (Assertion A) के रूप में लिखित है तो दूसरा उसके कारण (Reason R) के रूप में;

अभिकथन (A): क्लासिकी भारतीय तर्कशास्त्रियों (नैय्यायिक) के अनुसार सभी तर्क-दोष भौतिक तर्क दोष होते हैं।

कारण (R): न्याय मत के अनुसार न्याय-वाक्य निगमात्मक-आगमात्मक और औपचारिक-भौतिक होता है।

उपर्युक्त कथनों के आलोक में निम्नांकित विकल्पों में से सही उत्तर का चयन कीजिए:

(a) (A) और (R) दोनों सत्य हैं और (R), (A) की सही व्याख्या है।
(b) (A) और (R) दोनों सत्य हैं, लेकिन (R), (A) की सही व्याख्या नहीं है।
(c) (A) सत्य है, लेकिन (R) असत्य है।
(d) (A) असत्य है, लेकिन (R) सत्य है।

29. अभिकथन 'कुछ पौधे माँसभक्षी नहीं होते हैं' को असत्य माना गया है, ऐसी स्थिति में निम्नलिखित में से किसे तात्कालिक अनुमानित किया जा सकता है?

(1) 'कुछ पौधे माँसभक्षी होते हैं' सही है।
(2) 'कुछ पौधे माँसभक्षी होते हैं' गलत है।
(3) 'कोई भी पौधा माँसभक्षी नहीं होता है' गलत है।
(4) 'सभी पौधे माँसभक्षी होते हैं', सही है।

नीचे दिए गए विकल्पों में से सही उत्तर चुनें:

(a) केवल (2), (3) और (4)
(b) केवल (1) और (4)
(c) केवल (1) और (3)
(d) केवल (1), (3) और (4)

30. नीचे दो कथन दिए गए हैं:

कथन I: गुणवत्तापरक डेटा (दत्त) शक्तिशाली होते हैं क्योंकि उन्हें अत्यधिक संवेदनशील सामाजिक, ऐतिहासिक और लौकिक परिप्रेक्ष्य से संग्रहित किया जाता है।

कथन II: गुणवत्तापरक डेटा के संदर्भ में संवेदनशीलता को पूरी तरह से हटाया नहीं जा सकता है।

उपर्युक्त कथनों के आलोक में निम्नलिखित विकल्पों में से सही उत्तर चुनें:

(a) कथन I और II दोनों सत्य हैं।

(b) कथन I और II दोनों असत्य हैं।

(c) कथन I सत्य है, लेकिन कथन II असत्य है।

(d) कथन I असत्य है, लेकिन कथन II सत्य है।

31. नीचे दो कथन दिए गए हैं: एक अभिकथन (Assertion A) के रूप में लिखित है तो दूसरा उसके कारण (Reason R) के रूप में;

अभिकथन (A): अधिकतर चक्रवातों से तटवर्ती क्षेत्रों में भारी पैमाने पर नुकसान होता है।

कारण (R): स्थालावतरण के बाद अधिकतर चक्रवातों की ऊर्जा में वृद्धि होती है।

उपर्युक्त कथनों के आलोक में निम्नलिखित विकल्पों में से सही उत्तर का चयन कीजिए:

(a) (A) और (R) दोनों सही हैं और (R), (A) की सही व्याख्या है।

(b) (A) और (R) दोनों सही हैं परन्तु (R), (A) की सही व्याख्या नहीं है।

(c) (A) सही है, लेकिन (R) सही नहीं है।

(d) (A) सही नहीं है, लेकिन (R) सही है।

32. राष्ट्रीय अध्यापक शिक्षा परिषद अधिनियम, 1993 के अनुरूप एन.सी.टी.ई. की किस वर्ष में स्थापना हुई थी?

(a) 1995 (b) 1993

(c) 1994 (d) 1996

33. ताजा पानी की मात्रा की धारणीयता के बढ़ते क्रम में निम्नलिखित जल निकायों को व्यवस्थित करें:

(1) बर्फ (आइस) और हिम (स्नो)

(2) ताजा पानी की झीलें और जलसंग्रहण क्षेत्र

(3) भूमिगत जल

(4) नदियाँ और जल-धाराएँ

नीचे दिए गए विकल्पों में से सही उत्तर चुनें:

(a) (4), (2), (3), (1) (b) (2), (3), (4), (1)

(c) (2), (4), (1), (3) (d) (4), (2), (1), (3)

34. ऐतिहासिक अनुसंधान का सीमाबन्धन क्या है?

(a) समस्या की पहचान

(b) विश्लेषणात्मक संश्लेषण

(c) सार्वभौमिक सामान्यीकरण

(d) संभावित निष्कर्ष

35. सतत विकास लक्ष्यों में निम्नलिखित में से किसकी परिकल्पना की गई है?

(a) वर्ष 2020 तक, कम से कम 50% तटीय और समुद्री क्षेत्रों का संरक्षण करना।

(b) वर्ष 2030 तक, खुदरा और उपभोक्ता स्तरों पर प्रतिव्यक्ति वैश्विक खाद्य बर्बादी में एक तिहाई तक कमी लाना।

(c) वर्ष 2030 तक, ऊर्जा दक्षता में सुधार की वैश्विक दर को दोगुना करना।

(d) वर्ष 2030 तक, गैर-संक्रामक रोगों से समयपूर्व मृत्यु दर में पाँचवे हिस्से तक कमी लाना।

36. सूची-I को सूची-II से सुमेलित कीजिए:

सूची-I (शोध परिप्रेक्ष्य)	सूची-II (विषय)
(1) संवृतिशास्त्र	(i) मानव विज्ञान
(2) नृजाति वर्णन	(ii) समाजशास्त्र
(3) नृजाति प्रणाली विज्ञान	(iii) सामाजिक मनोविज्ञान
(4) प्रतीकात्मक अंत:क्रियावाद	(iv) दर्शनशास्त्र

नीचे दिए गए विकल्पों में से सही उत्तर चुनिए:

(a) (1)–(i), (2)–(ii), (3)–(iii), (4)–(iv)

(b) (1)–(ii), (2)–(iii), (3)–(iv), (4)–(i)

(c) (1)–(iii), (2)–(iv), (3)–(i), (4)–(ii)

(d) (1)–(iv), (2)–(i), (3)–(ii), (4)–(iii)

37. निम्नलिखित में से कौन सा भारत सरकार के कार्यक्रम–'डिजिटल इंडिया' के अंतर्गत एक प्रमुख पहल-डिजिलॉकर के संबंध में सही नहीं है?

(a) डिजिलॉकर खाते के लिए हस्ताक्षर करने वाले भारतीय नागरिक समर्पित क्लाउड स्टोरेज स्पेस प्राप्त करते हैं, जो उनकी आधार संख्या से लिंक्ड होती है।

(b) इसका उद्देश्य भौतिक दस्तावेजों के उपयोग की समाप्ति है और उनके दस्तावेजों की किसी भी समय किसी भी जगह कहीं भी पहुंच प्रदान कराना तथा उसे ऑनलाइन साझा करना है।

(c) नागरिक स्वयं अपलोड कर सकते हैं और ई-साइन सुविधा का उपयोग कर डिजिटल रूप से हस्ताक्षर कर सकते हैं।

(d) डिजिलॉकर लोगों का स्लोगन है-'माई डाक्यूमेंट्स, एनीटाइम, एनीव्हेयर' (अर्थात मेरे दस्तावेज, किसी भी समय, कही भी)।

38. श्रृंखला में लुप्त पद ज्ञात कीजिए:

2, 10, 30, 68, 130, 222 ?

(a) 350 (b) 352

(c) 194 (d) 104

39. व्यक्तियों के बीच सम्प्रेषण की संगतता किसमें सन्निहित है?

(a) परिचारिकता

(b) मीडिया में रुचि

(c) तदनुभूति

(d) बाह्य प्रभाव

40. गैर-परंपरागत अधिगम के अभिलक्षण हैं:

(1) यह शिक्षक उन्मुख है।

(2) इसका उद्देश्य गुणवत्ता में सुधार लाता है।

(3) यह मूल्य-प्रभावी है।

(4) यह रोजगार से सम्बन्धित है।

(5) यह कैम्पस पर होती है।

नीचे दिए गए विकल्पों में से सही उत्तर चुनें:

(a) केवल (1), (2) और (3)

(b) केवल (2), (3) और (4)

(c) केवल (1), (3) और (4)

(d) केवल (3), (4) और (5)

41. दो वृक्षों A और B पर पक्षियों की एक निश्चित संख्या है। वृक्ष A पर बैठे पक्षी, वृक्ष B पर बैठे पक्षियों से कहते हैं कि यदि वृक्ष B से 2 पक्षी वृक्ष A पर स्थानांतरित हो जाए तो दोनों पर उनकी संख्या समान हो जाएगी। परंतु वृक्ष B पर बैठे पक्षी, A पर बैठे पक्षियों को कहते हैं यदि तुम्हारी तरफ से (वृक्ष A) दो पक्षी हमारी तरफ (वृक्ष B) स्थानांतरित हो जाते हैं, तो उनकी संख्या वृक्ष A से दुगुनी हो जाएगी। दोनों वृक्षों A और B पर क्रमश: कितने पक्षी बैठे हैं?

(a) 8,12 (b) 10,14

(c) 14,10 (d) 5, 7

42. जन-प्रवाद सम्प्रेषण के निम्नलिखित में से कौन से लाभ हैं?

(1) प्रतिकूल टिप्पणियों का सुगम प्रवाह

(2) संगठन में मनोबल को जानना

(3) अधिप्रचारक विचारों का फैलाव

(4) कर्मचारी द्वारा सामना किए जाने वाले महत्वपूर्ण मुद्दों को जानना

(5) कर्मचारी की चिंताओं का मूल्यांकन

नीचे दिए गए विकल्पों में से सही उत्तर चुनें:

(a) केवल (1), (2) और (3)

(b) केवल (2), (3) और (4)

(c) केवल (4), (3) और (5)

(d) केवल (2), (4) और (5)

43. निम्नलिखित कौन-से कथन न्याय (क्लासिकी भारतीय तर्क मत) के हेत्वाभास संबंधी के सन्दर्भ में सत्य हैं?

(1) इसका अर्थ है कि मध्य पद तर्क प्रतीत होता है परंतु वैध तर्क नहीं होता।

(2) सभी तर्क दोष, भौतिक तर्क दोष होते हैं।

(3) जब कोई अनुमान कारण-कार्य संबंध पर आधारित न होकर सह-अस्तित्व की एकरूपता पर आधारित होता है तो इससे तर्कदोष उत्पन्न होता है।

(4) तर्कदोष उस स्थिति में उत्पन्न होते हैं जब मध्यपद की पाँच विशेषताओं में किसी का भी उल्लंघन होता है

नीचे दिए गए विकल्पों में से सही उत्तर चुनें:

(a) केवल (1), (2) और (3)

(b) केवल (1), (2) और (4)

(c) केवल (2), (3) और (4)

(d) (1), (2), (3) और (4)

44. कम्प्यूटर के अनेक उपयोगकर्ता मालवेयर के बारे में चिन्तित हैं। निम्नलिखित में से कौन से मालवेर के दो उदाहरण हैं?

(1) फायरवॉल (2) वॉर्म

(3) राउटर (4) वायरस

नीचे दिए गए विकल्पों में से सही उत्तर चुनें:

(a) केवल (1) और (3) (b) केवल (1) और (2)

(c) केवल (2) और (4) (d) केवल (3) और (4)

45. सूची-I को सूची-II से सुमेलित कीजिए:

सूची-I (अवधारणा)	सूची-II (मुख्य प्रतिपादक)
(1) व्यक्ति परकता के विकास के माध्यम से आत्म-शिक्षा	(i) श्री अरविंदो
(2) एकीकृत शिक्षा	(ii) महात्मा गांधी
(3) मानव मस्तिष्क की रूपांतरित करने वाली शिक्षा	(iii) मारिया मोटेसरी
(4) मौलिक शिक्षा (वर्धा शिक्षा प्रणाली)	(iv) जे. कृष्णमूर्ति

नीचे दिए गए विकल्पों में से सही उत्तर चुनिए:

(a) (1)–(i), (2)–(iii), (3)–(iv), (4)–(ii)

(b) (1) (iii), (2)–(i), (3)–(ii), (4)–(iv)

(c) (1)–(iii), (2) (i), (3)–(iv), (4)–(ii)

(d) (1)–(i), (2)–(iv), (3)–(ii), (4)–(iii)

निम्नलिखित गद्यांश को पढ़कर दिए गए प्रश्नों के उत्तर दीजिए:

मेरी क्यूरी पोलैंड में जन्मी एक भौतिकविद् और रसायनविद थीं और अपने समय की सर्वाधिक प्रसिद्ध वैज्ञानिक थीं। अपने पति पियरे के साथ मिलकर उन्होंने रेडियम का आविष्कार किया, जिसका प्रयोग व्यापक स्तर पर कैंसर के उपचार के लिए किया जाता है और उसने यूरेनियम और अन्य रेडियोधर्मी तत्वों का अध्ययन किया। पियरे और मेरी के सौहार्दपूर्ण गठजोड़ ने बाद में परमाणु (एटम) की खोज में सहयोग किया। अपने पति पियरे के साथ, इन्हें वर्ष 1903 में भौतिकी में नोबल पुरस्कार प्रदान किया गया।

मेरी का जन्म वॉरसा, पोलैंड में दिनांक 7 नवंबर 1867 को हुआ था, जो एक भौतिकी अध्यापक की पुत्री थीं। अपनी आरंभिक आयु में उन्होंने उत्कृष्ट मस्तिष्क और तीव्र व्यक्तित्व का प्रदर्शन किया। सीखने के प्रति उनकी विशिष्ट इच्छा ने उन्हें हाईस्कूल के बाद आगे अध्ययन जारी रखने के लिए प्रेरित किया। यद्यपि जब उन्हें पता चला कि वॉरसा में विश्वविद्यालय महिलाओं के लिए बंद हो गई है तो उन्हें अत्यंत निराशा हुई।

उच्चतर शिक्षा प्रदान करने के लिए दृढ़संकल्पित होने के कारण उन्होंने पोलैंड को छोड़ दिया और वर्ष 1891 में फ्रेंच विश्वविद्यालय सोरबोन में प्रवेश लिया, जहां उन्होंने अपनी मास्टर्स की डिग्री प्राप्त की और भौतिकी में डॉक्टरेट प्राप्त की।

मेरी बहुत खुशकिस्मत थी कि उसे सोरबोन में, उस समय के कुछ महान वैज्ञानिकों के साथ कार्य करने का मौका मिला, जिनमें से एक पियरे क्यूरी थे। मेरी और पियरे का विवाह 1895 में हुआ था और उन्होंने भौतिकी प्रयोगशाला में मिलकर अनेक सृजनात्मक वर्षों के लिए कार्य किया। रेडियम के आविष्कार के कुछ समय पश्चात ही, वर्ष 1909 में एक घोड़ा-गाड़ी द्वारा उनकी मृत्यु हो गई। मेरी इस दुखद घटना के कारण स्तब्ध हो गई और हृदयविदारक शोक में डूब गईं। इस उदासी में, उन्होंने अपने निकट सम्बन्ध और वैज्ञानिक अनुसंधानों में साझा किये गये हर्ष के समय को याद किया। अपनी दो बेटियों को बड़ा करने के उत्तरदायित्व ने उसके तनाव को अत्यधिक बढ़ा दिया था।

अन्ततः क्यूरी की विषाद की स्थिति उस समय धूमिल हो गई जब, उन्हें सोरबोन में भौतिकी के प्रोफेसर के रूप में अपने पति का स्थान लेने को कहा गया। वह पहली महिला थीं, जिन्हें विश्व प्रसिद्ध विश्वविद्यालय में प्रोफेसरशिप प्रदान की गई थी। उन्होंने वर्ष 1911 में रेडियम पार्थक्य के लिए रसायन शास्त्र में दूसरा नोबल पुरस्कार प्राप्त किया। क्यूरी की सबसे बड़ी बेटी आइरीन खुद एक वैज्ञानिक थीं और रसायन शास्त्र में नोबल पुरस्कार विजेता थीं।

हालांकि, अन्ततः मेरी क्यूरी को रेडियम के दीर्घकालिक उद्भासन के कारण घातक रोग हो गया, लेकिन उनका अपने कार्य के प्रति कभी मोहभंग नहीं हुआ। परिणामों की परवाह किये बिना उन्होंने स्वयं को विज्ञान और भौतिक संसार के रहस्यों को उजागर करने के प्रति समर्पित किया था।

46. प्रथम नोबल पुरस्कार प्राप्त करते समय मेरी क्यूरी की आयु क्या थी?
(a) 36 वर्ष (b) 46 वर्ष
(c) 56 वर्ष (d) 44 वर्ष

47. अपने विवाह के कितने वर्षों के पश्चात्, मेरी क्यूरी के पति की मृत्यु हुई थी?
(a) 11 वर्ष (b) 39 वर्ष
(c) 28 वर्ष (d) 6 वर्ष

48. यह पैसेज दर्शाता है कि मेरी क्यूरी एक महान वैज्ञानिक थी, जो/जिनका
(a) सौहार्दपूर्ण प्रकृति की थीं।
(b) विज्ञान के प्रति अदम्य जोश और समर्पण था।
(c) भावुक रूप से कमजोर थीं।
(d) अपने पति की मृत्यु के पश्चात मोहभंग हो गया था।

49. कैंसर के उपचार के लिए व्यापक स्तर पर निम्नलिखित तत्वों में से किसका प्रयोग किया जाता है?
(a) यूरेनियम (b) रेडियम
(c) थोरियम (d) प्लूटोनियम

50. किस कारण मेरी क्यूरी को सोरबोन विश्वविद्यालय में अध्ययन करना पड़ा?
(a) वॉरसा में विश्वविद्यालय ने उन्हें प्रवेश नहीं दिया।
(b) वह पियरे क्यूरी के साथ कार्य करना चाहती थीं।
(c) वह रेडियम पर कार्य करना चाहती थीं।
(d) अपनी आरम्भिक आयु में वॉरसा में अध्ययन करके वह खुश नहीं थीं।

उत्तरमाला (ANSWER KEY)

1. (c)	**2.** (d)	**3.** (b)	**4.** (a)	**5.** (d)	**6.** (b)	**7.** (c)	**8.** (b)	**9.** (d)	**10.** (c)
11. (d)	**12.** (b)	**13.** (c)	**14.** (a)	**15.** (c)	**16.** (a)	**17.** (c)	**18.** (b)	**19.** (c)	**20.** (a)
21. (c)	**22.** (b)	**23.** (b)	**24.** (b)	**25.** (d)	**26.** (a)	**27.** (b)	**28.** (a)	**29.** (d)	**30.** (a)
31. (c)	**32.** (a)	**33.** (a)	**34.** (c)	**35.** (c)	**36.** (d)	**37.** (d)	**38.** (a)	**39.** (c)	**40.** (b)
41. (b)	**42.** (d)	**43.** (b)	**44.** (c)	**45.** (c)	**46.** (a)	**47.** (a)	**48.** (b)	**49.** (b)	**50.** (a)

संकेत और स्पष्टीकरण

1. (c)

वर्ष 2016 में अधिक वजन वाले बच्चों का प्रतिशत = 100 – 30 = 70%

उनकी संख्या = 70/100 × 7500 = 5250

वर्ष 2017 में अधिक वजन वाले बच्चों का प्रतिशत = 100 – 28 = 72%

उनकी संख्या = 72/100 × 10500 = 7560

ऐसे बच्चों कुल संख्या = 5250 + 7560 = 12,810

अतः (c) सही उत्तर है।

2. (d)

वर्ष 2019 के लिए

अधिक वजन वाले पुरुषों की संख्या = 33000 का 16% = 16/100 × 33000 = 5280

अधिक वजन वाली महिलाओं की संख्या = 27000 का 30% = 30/100 × 27000 = 8100

अधिक वजन वाले बच्चों की संख्या = 8000 का 30% = 30/100 × 8000 = 2400

उपरोक्त तीनों का योग = 5280 + 8100 + 2400 = 15780

उनका औसत = 15780 / 3 = 5260

अतः (d) सही उत्तर है।

3. (b)

अगर हम मान लें कि 2021 में पुरुषों की कुल संख्या 100 थी

तो अधिक वजन वाले पुरुषों की संख्या = 37.5

अधिक वजन वाले पुरुषों की संख्या = 100 – 37.5 = 62.5

आवश्यक प्रतिशत = 37.5 / 62.5 × 100 = 3 / 5 × 100 = 60%

इस प्रकार, (b) सही उत्तर है।

4. (a)

वर्ष 2018 के लिए

अधिक वजन वाली महिलाओं की संख्या = 30000 का 25% = 25/100 × 30000 = 7500

अधिक वजन वाले बच्चों की संख्या = 6000 का 35% = 35/100 × 6000 = 2100

अधिक वजन वाले पुरुषों और महिलाओं की कुल संख्या = 7500 + 2100 = 9600

अधिक वजन वाले पुरुषों की संख्या = 31500 का 30% = 30/100 × 31500 = 9450

अभीष्ट अंतर = 9600 – 9450 = 150

5. (d)

2018 में अधिक वजन वाली महिलाओं और 2020 में अधिक वजन वाले पुरुषों की संख्या के बीच आवश्यक अनुपात

= 30000 का 25% : 35000 का 12%

= 7500 : 4200

= 25 : 14

अतः (d) सही उत्तर है।

6. (b)

कंप्यूटर प्रणाली (Central Processing Unit - CPU): कंप्यूटर का यह भाग अंकगणितीय तर्क इकाइयों (Arithmetic Logic Units - ALU) नामक डिजिटल सर्किट से युक्त होता है, जो प्रति सेकेंड अरबों की संख्या में अंकगणित और तर्क संचालन करने में सक्षम होते हैं।

ALU एक डिजिटल सर्किट है जिसका उपयोग अंकगणित और तर्क संचालन करने के लिए किया जाता है। यह एक सिस्टम के CPU का मूलभूत निर्माण खंड बनाता है। आधुनिक CPU में शक्तिशाली और जटिल ALU होते हैं।

कंट्रोल यूनिट (Control Unit - CU): आधुनिक CPU में ALU के अलावा एक CU भी होता है। CU, ALU का मार्ग निर्देशन करता है कि डेटा पर कौन सा ऑपरेशन किया जाना है। ALU परिणाम को आउटपुट रजिस्टर में संग्रहीत करता है। CU इन रजिस्टरों, ALU और मेमोरी के बीच डेटा ले जाता है।

प्रोसेसर रजिस्टर्स (Process Registers): ALU इनपुट रजिस्टरों से डेटा लोड करते हैं। एक रजिस्टर CPU के भाग के रूप में उपलब्ध भंडारण की एक छोटी राशि संख्या है।

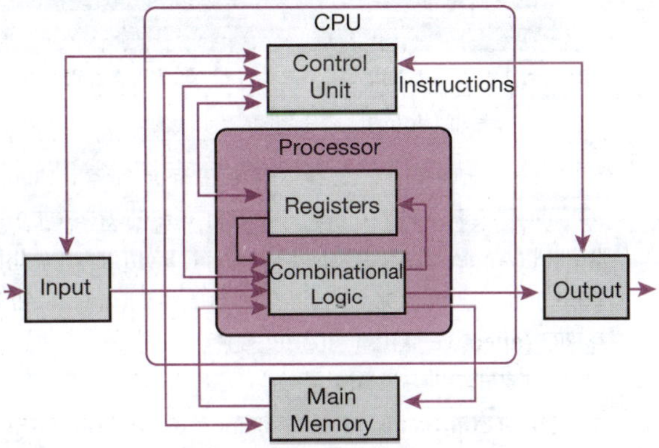

कंप्यूटर में सूचनाओं को बाइनरी नंबरों के रूप में संग्रहीत और हेरफेर किया जाता है, अर्थात 0 और 1 जो ट्रांजिस्टर स्विच द्वारा प्रबंधित होते हैं जो मुक्त या बंद (ON या OFF) होते हैं।

7. (c)

जैवसंचय पर्यावरण के सापेक्ष जीवों में संदूषकों के संचय और संवर्धन का वर्णन करता है। जैवसंचय सभी उठाव और हानि प्रक्रियाओं का शुद्ध परिणाम है। अपटेक श्वसन और आहार हैं। हानि उत्सर्जन, निष्क्रिय प्रसार, चयापचय, संतान में स्थानांतरण और वृद्धि से होती है।

8. (b)

'पत्तियां हरी हैं' और 'हरा रंग अच्छा है' को 467 और 485 द्वारा कोडित किया गया है। हरा रंग शब्द दोनों वाक्यों में है और इसलिए उसका कोड 4 है।

इस प्रकार, 'हरा रंग' को 4.........(1) द्वारा दर्शाया गया है
इसी तरह, 'पत्तियां हरी हैं' और 'वे खेल रहे हैं' को 467 और 639 द्वारा कोडित किया गया है, इनमें 'हैं' शब्द सामान्य है, जिनको कोड 6 से दर्शाया गया हैं। ....(2)
(1) और (2) की तुलना करने पर हम कह सकते हैं कि पत्तियाँ 7 से इंगित होती हैं।
अत: (b) सही उत्तर है।

9. (d)

मानव अधिगम के विभिन्न चरण निम्नलिखित हैं:

1. **संज्ञानात्मक ज्ञानक्षेत्र (cognitive domain)**-जानने वाला, या प्रमुख
2. **भावात्मक ज्ञानक्षेत्र (affective domain)**-मानव भावनाओं से संबंधित जैसे कि मूल्य, प्रशंसा, उत्साह, प्रेरणा, दृष्टिकोण आदि
3. **मनोसंचलित ज्ञानक्षेत्र (psychomotor domain)**-कार्य करना, गतिज होना, स्पर्शनीय, हैप्टिक, या हस्त / काया से संबंधित

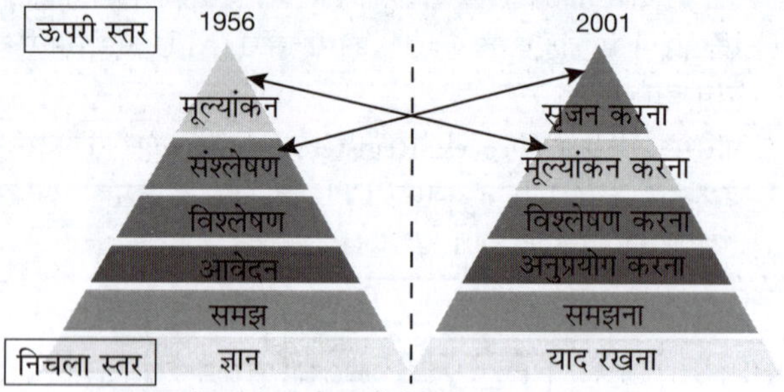

संज्ञा (noun) → से क्रिया रूप (verb)

वर्ष 1956 में बेंजामिन ब्लूम द्वारा प्रस्तावित संज्ञानात्मक वर्गीकरण शिक्षक प्रशिक्षण में एक अनिवार्य तत्व बना रहा। अद्यतन संस्करण 2001 में एंडरसन (Anderson) और डेविड क्रैथवोल (David Krathwohl) द्वारा किया गया था। वर्ष 1961 में क्रैथवोल द्वारा भावनात्मक या भावात्मक कौशल (affective skills) जोड़े गए थे।
संशोधित वर्गीकरण में ये तत्व हैं-

1. **याद रखना (remember)**-पहचान करना और याद करना
2. **समझना (understand)**-व्याख्या करना, उदाहरण देना, वर्गीकृत करना, सारांशित करना, अनुमान लगाना, तुलना करना
3. **अनुप्रयोग करना (apply)**-निष्पादन, कार्यान्वयन
4. **विश्लेषण करना (analyze)**-विभेद करना, व्यवस्थित करना, विशेषता देना
5. **मूल्यांकन करना (evaluate)**-जांचना, आलोचना करना
6. **सृजन करना (create)**-उत्पन्न करना, योजना बनाना, उत्पादन करना

10. (c)

स्प्रैडशीट अनुप्रयोग में, जब भी किसी सूत्र वाले सेल को किसी अन्य सेल में कॉपी किया जाता है, तो फ़ॉर्मूला में कोई भी सेल संदर्भ कॉपी किए गए सेल और उसके गंतव्य के संदर्भ में सापेक्ष परिवर्तन के अनुसार शिफ्ट हो जाएगा।

उपरोक्त व्यवहार को कॉलम अक्षर या पंक्ति संख्या से पहले '$' वर्ण या सूत्र में सेल संदर्भों में दोनों का उपयोग करके स्पष्ट रूप से अक्षम किया जा सकता है।
हम देख सकते हैं कि C3 और D2 कक्षों में सूत्र का क्या होता है, जब उन्हें C2, से कॉपी किया जाता है

उदाहरण 1-C2 में सूत्र '= A2 + B2Ó है।
1. C3 को '= A3 + B3Ó सूत्र मिलेगा
2. D2 को '= B2 + C2Ó सूत्र मिलेगा

उदाहरण 2-C2 में सूत्र '= $A2 + B$2Ó है
1. C3 को '= $A3 + B$2Ó सूत्र मिलेगा
2. D2 को '= $A2 + C$2Ó सूत्र मिलेगा

उपरोक्त उदाहरण में, पहले संदर्भ में कॉलम A और दूसरे संदर्भ में पंक्ति संख्या 2 को सेल C 2 के मूल सूत्र में '$' चिह्न का उपयोग करके पूर्ण बनाया गया था। इस प्रकार, जब C2 को C3 और D2 में कॉपी किया गया, तो दोनों सेल संदर्भों का पूर्ण भाग सूत्र में नहीं बदला।
दिए गए प्रश्न में, सेल C4 में सूत्र का मान '= A3 + B2Ó है। जब इस सूत्र को सेल C5 में कॉपी किया जाता है, तो इसका मान ऊपर बताए गए व्यवहार के अनुसार '= A3 + B3Ó हो जाएगा। अत: C5 का मान 7 निकलता है।

11. (d)

(a) शिक्षण व्याख्यान आधारित होना चाहिए-यह मुख्य रूप से एकतरफा ही होता है, इसमें अधिक प्रतिपुष्टि भी नहीं होती, यह पाठ्यक्रम निस्पंदन में अधिक भूमिका निभा सकता है, लेकिन यह संभावना कम ही है कि यह अधिक गत्यात्मक होगा, यह विद्यार्थी के सम्पूर्ण व्यक्तित्व के विकास के लिए उपयोगी नहीं।

(b) शिक्षक का ऊर्जावान होना महत्वपूर्ण आवश्यक है, लेकिन यह केवल विद्यार्थियों के व्यक्तित्व से संबंधित हो अधिक महत्वपूर्ण है।

(c) विद्यार्थियों से मित्रवत एवं उनके अनुकूल होना आवश्यक है ताकि वे जीवन उद्देश्य में प्रेरित हो सकें।

(d) विद्यार्थियों को कार्यकलाप के माध्यम से सीखना चाहिए-विद्यार्थियों के लिए कार्यकलाप के माध्यम से सीखना अधिक महत्वपूर्ण है, जैसा कि पीयर्सन की पुस्तक के प्रथम अध्याय में वर्णित है, हमें यह बताया गया है कि शिक्षा तीन प्रकार की होती है-औपचारिक, अनौपचारिक एवं गैर औपचारिक।
शिक्षण हमें अपने आस-पास के विश्व, हमारा आंतरिक विश्व के बारे में सिखलाता है, यह हम विश्व के भीतर कैसे फिट बैठते हैं, को समझने की अनुमति देता है। जीवन और समाज बहुत जटिल हो गया है, विश्व में परिस्थितियां सदैव विविध रहती हैं, हमें हर बार नई परिस्थितियों से निपटना पड़ता है। इस प्रकार, विभिन्न गतिविधियों में छात्रों की व्यस्तता बहुत महत्वपूर्ण है ताकि व्यक्तित्व का संपूर्ण विकास हो सके। शिक्षा हमें नए विचारों और अवधारणाओं से परिचित कराने में सहायता करती है।

12. (b)

A. अपने व्याख्या दृष्टिकोण पर बल देना, इसका अर्थ यह है कि हम अत्यधिक व्यक्तिपरक हो सकते हैं। यह सामाजिक दृष्टि से प्रासंगिक नहीं है क्योंकि हमें उन्मुक्त और विविध समाज से निपटना है। विश्व में चहुं

ओर वैश्वीकरण हो रहा है। इस प्रकार का दृष्टिकोण 'जातीयतावाद' की भावना को भी इंगित करता है।

B. अपनी संस्कृति की पहचान को भूल जाने का अर्थ है कि हम दूसरी संस्कृति के साथ सम्प्रेषण के लिए एक संस्कृति के रूप में भाग नहीं ले रहे हैं, यह एक व्यक्तिगत अनुभव तो बन सकता है, लेकिन एक संस्कृति का दूसरे के साथ नहीं। ऐसा संपर्क स्थापित करना शायद सांस्कृतिक रूप से फलदायी न हो।

C. पारस्परिक सम्मान का एक पारिस्थितिकी तंत्र विश्वास की भावना पैदा करता है ताकि एक संस्कृति अन्य संस्कृतियों के साथ बेहतर संवाद कर सके। अगर हम उदाहरण के रूप में, संयुक्त राज्य अमेरिका में किसी विशेष पर्व पर भारतीय एक विश्वसनीय और सम्मानित संस्कृति के रूप में वहां के स्थानीय लोगों से सम्पर्क साधने का प्रयास करते हैं तो वह सफल रहते हैं।

D. अन्य लोगों के सांस्कृतिक संदर्भ को जानें। यह 'सांस्कृतिक सापेक्षवाद' की भावना को बढ़ावा देता है ताकि हम इस बात पर बल दे सकें कि हर संस्कृति समान रूप से महत्वपूर्ण है। यह अन्य संस्कृतियों के साथ बेहतर संचार में मदद करता है।

E. सदैव तथ्यों को बताने का अर्थ यह है कि हम पारदर्शिता और विश्वसनीयता में विश्वास रखते हैं, हम सत्यवादी हैं और हम कुछ नहीं छिपा रहे हैं।

इस प्रकार C, D और E यानी (b) सही उत्तर है।

13. (c)

ज्ञान की भूख को दूर करना अधिक कठिन कार्य है क्योंकि जितना इसको मिटायेंगे उतनी यह अधिक बढ़ती जाएगी, इस को संतृप्त करना असंभव सा कार्य है, जबकि भोजन की भूख दिन में समय-समय पर ही लगती है, यह कितना कार्य किया, कितना बीच में अंतराल आया, कैसा हमारी काया है, इन सब बातों पर निर्भर करता है। इसलिए यह तुलनात्मक दृष्टि से सरल कार्य प्रतीत होता है।

इग्नोरेटियो एलेंची को 'अज्ञानता का खंडन' भी कहा जाता है। खंडन का अर्थ है तर्क, साक्ष्य, या प्रमाण द्वारा किसी कथन असत्य या गलत प्रमाणित होना। यहां हम स्पष्ट रूप से किसी अप्रासंगिक निष्कर्ष पर पहुंच जाते हैं। ऐतिहासिक रूप से, इस हेत्वाभास को एक तर्क के प्रतिवाद के रूप में अधिक संकीर्ण रूप से परिभाषित किया गया है जो किसी तथ्य को प्रमाणित करने की भावना से विरोधाभासी प्रमाणित करने का प्रयास नहीं करता है।

इस कथन में, ज्ञान की भूख और भोजन की भूख, बिना किसी महत्वपूर्ण मूल्य के, संकीर्ण रूप से जुड़ी हुई हैं। व्यावहारिक रूप से, यह 'कैच-ऑल (catch all)' श्रेणी के रूप में कार्य करता है। इग्नोरेटियो एलेंची (असंगत निष्कर्ष) का पारंपरिक रूप यहां तब होता है जब किसी तर्क का निष्कर्ष उसके परिसर के लिए अप्रासंगिक होता है। गैर अनुक्रमिक के हेत्वाभास को भी प्राय: इस संस्करण के साथ पहचाना जाता है।

14. (a)

दोनों कथन सत्य हैं।

कथन I-यहाँ, हम सम्प्रेषण के तीन मॉडलों के बारे में बात कर सकते हैं-रेखीय या रैखिक, अंत:क्रियात्मक या संवादात्मक और कार्य सम्पादन।

1. रैखिक मॉडल (linear model): भौतिक रूप से संचार का संचरण है-अधिकतर एकतरफा संचार, जिसमें प्रतिपुष्टि नहीं होती।

2. कार्य सम्पादन मॉडल (transactional): यह सामाजिक और संबंधपरक पहलुओं और इस प्रकार से विकसित सामाजिक संदर्भ को ध्यान में रखता है।

3. अंत:क्रियात्मक या संवादात्मक मॉडल (interactive): यह इस तथ्य पर निर्भर करता है कि जिस प्रकार से संदेश प्रेषित एवं प्राप्त किए जाते हैं, इसके अंतर्गत अनुभव के क्षेत्र, (field of experience), भौतिक संदर्भ (physical context) और मनोवैज्ञानिक संदर्भ (psychological context) आदि आते हैं। हम अंत:क्रियात्मक सम्प्रेषण के लिए सोशल मीडिया, इंटरैक्टिव और ऑनलाइन मार्केटिंग, उपयोगकर्ता द्वारा तैयार की गई सामग्री, चैट रूम आदि का उदाहरण ले सकते हैं। हम सदैव तत्काल प्रतिक्रिया की तलाश करते हैं। यहां, सम्प्रेषण एक ऐसी प्रक्रिया है, जहां प्रतिभागी वैकल्पिक रूप से प्रेषक और प्राप्तकर्ता के रूप में स्थिति बनाते हैं और भौतिक और मनोवैज्ञानिक संदर्भों में प्रतिक्रिया प्राप्त करके अर्थ उत्पन्न करते हैं।

1. संवादात्मक संचार में निरंतर प्रतिक्रिया मुख्य तत्व है। कोई संदेश प्राप्त होता है या समझा जाता है, तो हम जल्दी से समझने में सक्षम होते हैं। व्हाट्सएप को एक उदाहरण के रूप में लिया जा सकता है।
2. दर्शकों के साथ लगातार अपडेट और संचार होता है।
3. इस संवादात्मक संचार में अधिक पारदर्शिता है।
4. यहां अतिरिक्त सरेखण अवसर प्राप्त होते हैं। यह ढंग बहिर्मुखी भी होता है।
5. हम बड़ी संख्या में दर्शकों के साथ जानकारी साझा कर सकते हैं।

कथन 2 के लिए-इच्छुक अभ्यर्थी एक बार फिर ब्लूम टैक्सोनॉमी को देख सकते हैं, जो कि डिजिटल प्रतिष्ठित संचार को भी दर्शाता है।

15. (c)

आंतरिक वैधता का संबंध इस सही निष्कर्ष से है कि आश्रित चर में परिवर्तन के लिए एक स्वतंत्र चर उत्तरदायी हैं, न कि कुछ बाह्य चर उत्तरदायी हैं।

बाह्य वैधता सामान्यता और उपचार/स्थिति परिणामों के यादृच्छिकरण को भी संदर्भित करती है।

A. यादृच्छिकीकरण (Randomisation)-हमें अपने अनुसंधान में निष्पक्ष और उद्देश्य की आवश्यकता है, और यादृच्छिकरण उसमें सहायता करता है। सरल शब्दों में, यादृच्छिकरण पूर्वानुमेयता (predictability) को समाप्त करता है। पूर्वानुमेयता का अर्थ यह है कि यदि हमने यह कार्य किया या प्रतिदर्श का उपयोग किया, तो उसका यह संभावित परिणाम होगा। यह संभाव्यता (probability) के सिद्धांत का अनुसरण करता है, यादृच्छिकीकरण आकस्मिक पूर्वाग्रह को समाप्त करता है, जिसमें चयन पूर्वाग्रह भी सम्मिलित है। अनुसंधान पर पूर्वाग्रह का प्रभाव नहीं रहना चाहिए ताकि यह वस्तुनिष्ठ (objective) रहे ना कि व्यक्तिनिष्ठ (subjective)। इससे शोधकर्ता द्वारा किसी भी प्रकार के मानवीय व्यवधान की संभावना समाप्त हो जाती है।

मान लीजिए कि एक शिक्षक को शोध के उद्देश्य से 100 में से 10 छात्रों का चयन करना है, वे कोई भी दस हो सकते हैं। कक्षा में हर किसी के पास चयन का 1/100 मौका है जो सब के लिए समान है। चयन होने के

इस समान अवसर को यादृच्छिकरण कहा जाता है। और नमूने एक समूह को आवंटित किए जाते हैं।

B. सामान्यीकरण (Generalisability)–इसका अर्थ यह है कि एक अनुसंधान अध्ययन के परिणाम बाह्य संसार पर लागू होते हैं। इसे बाह्य वैधता कहते हैं।

C. परिपक्वन (Maturation)–विषयों के भीतर की प्रक्रियाएं समय बीतने के एक कार्य के रूप में कार्य करती हैं। ऐसा तब होता है जब उन लोगों पर अध्ययन किया जाता है जो शोध निष्कर्षों के आधार होते हैं। यदि वह तत्व समय के साथ बदलता है, तो इससे शोध की आंतरिक वैधता को खतरा होता है।

D. इतिहास (History)–यह 'स्वतंत्र चर' इतिहास के अलावा किसी भी घटना को संदर्भित करता है–विशिष्ट घटनाएं जो पहले और दूसरे माप के बीच होती हैं।

E. यांत्रिकी (Instrumentation)–आश्रित चर को मापने या स्वतंत्र चर में हेरफेर करने के लिए उपयोग किए जाने वाले उपकरण की विश्वसनीयता प्रयोग के दौरान बदल सकती है। इस प्रकार, आंतरिक वैधता को खतरा हो सकता है।

A और B दोनों शोध की निष्पक्षता, निष्पक्षता और वैधता की सुविधा प्रदान करते हैं। प्रश्न अनुसंधान में आंतरिक वैधता के खतरे के बारे में है। ऐसे में निम्न कारक भी भविष्य में पूछे जाने वाले प्रश्नों के लिए भी मायने रखते हैं।

1. परीक्षण (Testing)–बाद के परीक्षणों को प्रभावित करने वाला पहला परीक्षण

2. सांख्यिकीय प्रतिगमन (Statistical regression)–अत्यधिक अंक वाले उम्मीदवार, उदाहरण के लिए, कक्षा में सर्वाधिक दरिद्र या सबसे बुद्धिमान छात्रों को चुनना

3. प्रायोगिक मृत्यु दर (Experimental mortality)–यानी विषयों की हानि

4. विषयों का चयन (Selection of subjects)–पूर्वाग्रह जिसके परिणामस्वरूप तुलना समूहों का चयन हो सकता है। यादृच्छिकीकरण इस प्रभाव को कम करने में सहायता कर सकता है।

जब नमूने का आकार छोटा होता है, तो यादृच्छिकरण से सिम्पसन विरोधाभास हो सकता है। इसी तरह, छात्र अतिरिक्त ज्ञान के लिए जॉन हेनरी इफेक्ट का अध्ययन कर सकते हैं जो आंतरिक वैधता के अनुकूल नहीं है।

नेट के उम्मीदवार निम्नलिखित पहलुओं को याद रख सकते हैं जो भविष्य के प्रश्नों के लिए बाह्य वैधता पर लागू होते हैं।

1. परीक्षण के प्रतिक्रियाशील या अंत:क्रियात्मक प्रभाव (Reactive or interaction effect of testing)
2. चयन पूर्वाग्रहों और प्रयोगात्मक चर के अंत:क्रियात्मक प्रभाव (Interaction effects of selection biases and the experimental variable)
3. प्रायोगिक व्यवस्था के प्रतिक्रियाशील प्रभाव (Reactive effects of experimental arrangements)
4. एकाधिक उपचार हस्तक्षेप (Multiple treatment interference)

16. (a)

ये सभी विश्वविद्यालय वास्तव में प्राचीन विश्वविद्यालय हैं। भारत दुनिया की सबसे पुरानी सभ्यताओं में से एक है। भारत प्राचीन काल में उच्च शिक्षा का केंद्र था। भारत ने गणित, ज्योतिष, खगोल विज्ञान और अन्य विज्ञानों के क्षेत्र में बहुत योगदान दिया है। वैदिक विज्ञान इतना उन्नत था कि इसकी तुलना आज के वैज्ञानिक आविष्कारों से की जा सकती है।

तक्षशिला विश्वविद्यालय दुनिया के सबसे पुराने विश्वविद्यालयों में से एक था लेकिन वह पूरी तरह से केंद्रीकृत नहीं था। सरकार ने बिहार में नालंदा विश्वविद्यालय की अवधारणा को पुनर्जीवित करने का प्रयास किया है।

17. (c)

वीडियो कॉन्फ्रेंसिंग से हम ऑडियो और वीडियो प्रसारण द्वारा दो या दो से अधिक स्थानों पर बैठकें कर सकते हैं। वीसी विशेष रूप से वेब कैमरा, डिस्प्ले डिवाइस, माइक्रोफोन (वॉयस कम्युनिकेशन के लिए), हाई-स्पीड इंटरनेट कनेक्टिविटी और पर्सनल कंप्यूटर का उपयोग करता है। वीसी के साथ, जो बैठक में भाग लेते हैं वे एक दूसरे को देख, सुन और बोल सकते हैं, चाहे उनकी भौगोलिक स्थिति कुछ भी हो। यह घर और व्यापार दोनों में उपयोग में लाया जा सकता है।

हाल के दिनों में, क्लाउड-आधारित सेवाओं की उपलब्धता ने न्यूनतम अग्रिम निवेश के साथ वीडियो कॉन्फ्रेंसिंग करने की सुविधा प्रदान की है। अब ऑडियो और वीडियो दोनों के प्रदर्शन को बेहतर बनाने के लिए तीव्रता से उभरती हुई आर्टिफिशियल इंटेलिजेंस (एआई) संचालित सुविधाओं का लाभ है।

18. (b)

माना विद्यार्थियों की मूल संख्या = X

औसत आयु = कुल आयु / छात्रों की संख्या

मूल रूप से कुल आयु = 15X वर्ष

नई कुल आयु = 15X + 5(12.5) = 15X + 62.5 वर्ष = 15X + 125/2

विद्यार्थियों की नई संख्या = X + 5

नई औसत आयु = 15 वर्ष–अर्ध वर्ष = 14.5 वर्ष

= 29/2 वर्ष = (15X + 125/2)/(X + 5)

= 29/2 (X + 5) = 15X + 125/2

= 29X + 145 = 30X + 125

= 30X - 29X = 145–125

इसलिए, X = 145–125 = 20

इस प्रकार, छात्रों की मूल संख्या 20 थी।

अत: (b) सही उत्तर है।

19. (c)

Assertion (A): रकारी स्रोतों के अनुसार, SWAYAM (Study Webs of Active Learning for Young Aspiring Minds) के माध्यम से पेश किए जाने वाले कोर्स पूरी तरह से मान्यता प्राप्त हैं और यूजीसी Study Webs of Active Learning for Young Aspiring Minds के अंतर्गत (या माध्यम से) Credit Framework for Online Learning Courses के अनुसार क्रेडिट ट्रांसफर के लिए पात्र हैं। ये

नियम, अब एक संस्थान को SWAYAM प्लेटफॉर्म के माध्यम से पेश किए गए ऑनलाइन शिक्षण पाठ्यक्रमों के माध्यम से एक सेमेस्टर में किसी विशेष कार्यक्रम में पेश किए जा रहे कुल पाठ्यक्रमों के 40% तक की अनुमति देने की सुविधा प्रदान करते हैं। SWAYAM प्रमाणपत्र के लिए विश्वविद्यालयों में नामांकित उम्मीदवार द्वारा प्राप्त किए गए क्रेडिट/अंकों को उम्मीदवार के प्रतिलेख में गिना जाएगा, यदि विश्वविद्यालय ने UGC (क्रेडिट) के अनुसार क्रेडिट ट्रांसफर के लिए SWAYAM प्लेटफॉर्म पर पेश किए गए MOOCs (मैसिव ओपन ऑनलाइन कोर्स) को अपनाया है।

कारण (R)–SWAYAM MOOC का ही एक भाग है। SWAYAM भारत का अपना MOOCs प्लेटफॉर्म है, जो छात्रों/शिक्षार्थियों को लगभग सभी विषयों पर मुफ्त ऑनलाइन पाठ्यक्रम प्रदान करता है। इसका उद्देश्य सबसे वंचितों सहित सभी के लिए सर्वोत्तम शिक्षण, शिक्षण संसाधनों तक पहुंच सुनिश्चित करना है। इससे डिजिटल पहुंच को बेहतर बनाया जा सकता है। ये पाठ्यक्रम देश के प्रतिष्ठित शिक्षकों द्वारा विकसित किए गए हैं। ये निःशुल्क उपलब्ध हैं। SWAYAM MOOCs को पारंपरिक शिक्षा के साथ एकीकृत करने से आने वाले दिनों में छात्रों के अधिगम परिणामों में सुधार होने की आशा है।

20. (a)

कथन I–सतत विकास के एजेंडे को सतत विकास लक्ष्यों (Sustainable Development Goals) की सहायता से आगे बढ़ाया जा रहा है, जिसका उद्देश्य 2030 तक सभी लोगों के लिए शांति और समृद्धि लाना है। SDG को वर्ष 2015 में आरंभ किया गया था। यह एजेंडा पृथ्वीवासियों, पृथ्वी ग्रह और सबकी समृद्धि के लिए है। यह व्यापक परिस्थितियों में सार्वभौमिक शांति को सशक्त करने का भी प्रयास करता है। इससे पहले मिलेनियम डेवलपमेंट गोल्स थे जो वर्ष 2000 से 2015 के मध्य की अवधि के लिए निर्धारित किए गए थे।

कुल 17 एसडीजी हैं, जो विकसित और विकासशील, सभी देशों द्वारा कार्रवाई के लिए एक तत्काल कॉल हैं। सरल शब्दों में, सतत विकास का अर्थ समाज के आर्थिक, सामाजिक और पर्यावरणीय उद्देश्यों को एकीकृत करना है, ताकि भविष्य की पीढ़ियों की आवश्यकताओं को पूरा करने की क्षमता से समझौता किए बिना वर्तमान में मानव कल्याण को अधिकतम किया जा सके।

कथन II–मानव केंद्रित निदर्श घातक हैं, इनका मुख्य उद्देश्य केवल मानव जीवन को आरामदायक बनाने का एक प्रयास है, ऐसी गतिविधियाँ प्रकृति में मानवीय रुकावट हैं, ये गतिविधियाँ प्रदूषण, खतरों आदि के रूप में भी दुख लाती हैं। हमें निम्नलिखित आरेख पर एक दृष्टि डालने की आवश्यकता है।

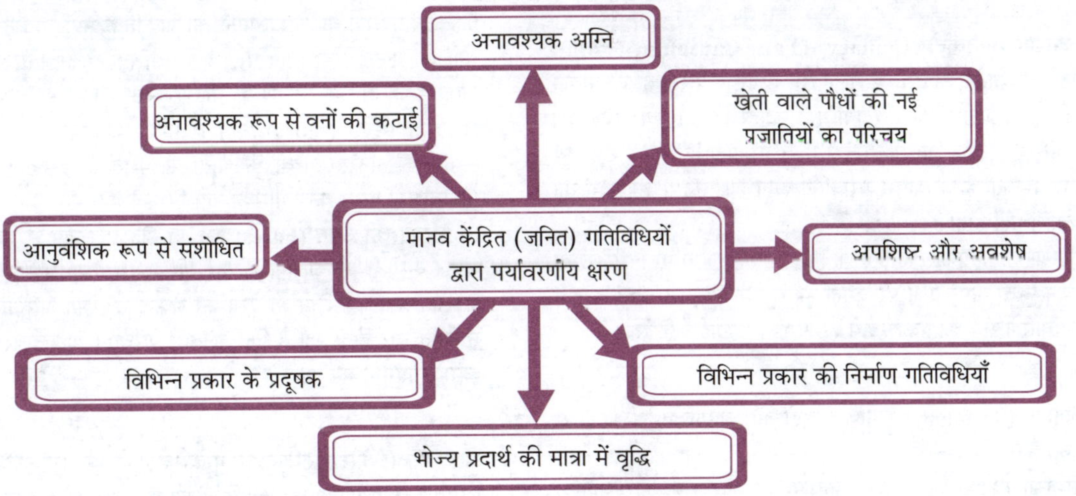

21. (c)

यदि 30 मिनट में पात्र (container) पूरी तरह से बैक्टीरिया से भर जाता है, तो 29 मिनट के अंत में इसे आधा भर दिया गया।

यदि हम समय के अनुसार, 28 मिनट तक पीछे की ओर जाते हैं, तो इस पात्र का 1/4 भाग जीवाणुओं से भर गया होगा।

22. (b)

www.swayam.gov.in के अनुसार–SWAYAM एक डिजिटल मंच के माध्यम से विभिन्न प्रकार के पाठ्यक्रम आयोजित करता है, जो कक्षा 9 से स्नातकोत्तर तक है, जिनको कोई भी, कहीं भी, कभी भी एक्सेस कर सकता है। यह सभी पाठ्यक्रम इंटरैक्टिव हैं, देश के सर्वश्रेष्ठ शिक्षकों द्वारा तैयार किए गए हैं और किसी भी शिक्षार्थी के लिए निःशुल्क उपलब्ध हैं। इन पाठ्यक्रमों को तैयार करने में देश भर से विशेष रूप से चुने गए हज़ारों शिक्षक भाग लेते हैं।

SWAYAM पर होस्ट किए गए कोर्स 4 क्वाड्रंट (आयाम) हैं–

1. वीडियो व्याख्यान
2. विशेष रूप से तैयार की गई पठन सामग्री जिसे डाउनलोड/मुद्रित किया जा सकता है।
3. परीक्षण और प्रश्नोत्तरी के माध्यम से स्व-मूल्यांकन परीक्षण
4. शंकाओं को दूर करने के लिए एक ऑनलाइन चर्चा मंच।

भविष्य के प्रश्नों के लिए-सर्वोत्तम गुणवत्ता वाली सामग्री का उत्पादन और वितरण सुनिश्चित करने के लिए, नौ राष्ट्रीय समन्वयकों की नियुक्ति की गई है। वे निम्नलिखित हैं

1. AICTE (अखिल भारतीय तकनीकी शिक्षा परिषद)-स्व-पुस्तक और अंतर्राष्ट्रीय पाठ्यक्रमों के लिए
2. NPTEL (नेशनल प्रोग्राम ऑन टेक्नोलॉजी एन्हांस्ड लर्निंग) इंजीनियरिंग के लिए
3. UGC (विश्वविद्यालय अनुदान आयोग)-गैर तकनीकी स्नातकोत्तर शिक्षा के लिए
4. CEC (शैक्षणिक संचार के लिए कंसोर्टियम)-स्नातक शिक्षा के लिए
5. NCERT (राष्ट्रीय शैक्षिक अनुसंधान और प्रशिक्षण परिषद)-स्कूली शिक्षा के लिए
6. NIOS (राष्ट्रीय मुक्त विद्यालयी शिक्षा संस्थान)-स्कूली शिक्षा के लिए
7. IGNOU (इंदिरा गांधी राष्ट्रीय मुक्त विश्वविद्यालय) स्कूल से बाहर के छात्रों के लिए
8. IIMB (भारतीय प्रबंधन संस्थान, बैंगलोर)-प्रबंधन अध्ययन के लिए
9. NITTTR (राष्ट्रीय तकनीकी शिक्षक प्रशिक्षण और अनुसंधान संस्थान)-शिक्षक प्रशिक्षण कार्यक्रम के लिए

23. (b)

गलत कारण का तर्कदोष (Fallacy of False Cause): यह हेत्वाभास एक घटना के कारण को दूसरे में गलत ढंग से प्रस्तुत करती है, जो केवल प्रतीत होता है। प्रश्न कथन में लिया गया उदाहरण बहुत स्वाभाविक है। चंद्रमा अंधेरा, होने पर रात में चमकने में सक्षम होता है क्योंकि उसे सूर्य से प्रकाश मिलता है जो वापस परावर्तित होता है। चन्द्रमा का स्वयं का कोई प्रकाश नहीं होता है।

सूर्य का स्व-जनित प्रकाश होता है जो कि नाभकीय ऊर्जा पर निर्भर करता है, लेकिन पृथ्वी अपने अक्ष पर घूमती हुई सूर्य के गिर्द भी चक्कर काटती है, जिस कारण सूर्य का प्रकाश हमें हर समइय दिखाई नहीं देता।

24. (b)

समाजशास्त्र (Sociology) समाज, समूहों और सामाजिक संस्थाओं से जुड़ा हुआ है।

ईश्वरमीमांसा (Theology) ईश्वर की प्रकृति और धर्म और धार्मिक मान्यताओं का अध्ययन है। शास्त्रार्थमीमांसा (Hermeneutics) ईश्वरमीमांसा का ही एक भाग या उससे संबंधित है जो कि माननीय ग्रंथों (विशेष रूप से धार्मिक) को समझने और व्याख्या करने की कला है, शास्त्रार्थमीमांसा प्रकृति में दार्शनिक और धार्मिक है। इस व्याख्याशास्त्र का इतिहास युगों, मानविकी विधियों, सामाजिक विज्ञान और यहां तक कि प्राकृतिक विज्ञानों के सभी विषयों में फैला हुआ है।

से चार प्रमुख पहलुओं से पहचाना जा सकता है: रूढ़िवादी, महत्वपूर्ण, कट्टरपंथी और मध्यम।

गृविज्ञान (anthropology) अपनी रांपूर्णता गें गनुष्य का अध्ययन है।

अर्थशास्त्र (economics) सूक्ष्म और मैक्रो-अर्थशास्त्र के रूप में धन संबंधी विषयों से संबंधित है।

25. (d)

मानवोत्पतिक या मानवजनित (anthropogenic) का अर्थ है कि मनुष्य अपने विकास के लिए उद्योगीकरण, शहरीकरण, और अन्य विकास प्रक्रियाओं में प्रकृति के साथ खिलवाड़ कर बैठता है। यह मूल रूप से पर्यावरण की संभावना (environmental possibilism) पर आधारित है ताकि मनुष्य यह निर्धारित कर सके कि पर्यावरण को किस दिशा में जाना चाहिए। उससे पहले पर्यावरण नियतिवाद (environmental determinism) की अवधारणा थी जिसमें कहा गया था कि अंततः पर्यावरण को अपना मार्ग स्वयं तय करना चाहिए, इसमें प्राथमिकता प्रकृति को ही दी जाती रही है।

हमें प्रश्न में दी गयी सभी घटनाओं को देखने की जरूरत है।

A. चक्रवात (Cyclones)-वे सागर जल के तापमान और दबाव की स्थिति से जुड़े होते हैं। इससे पहले वाले पेपर में चक्रवातों के बारे में विस्तृत चर्चा की गई है। हाल के दशकों में चक्रवातों की आवृत्ति में वृद्धि हुई है।

B. नाभकीय आपदा (Nuclear Disaster)-परमाणु रिएक्टर सहित परमाणु ईंधन चक्रकी किसी भी परमाणु सुविधा में, या रेडियोधर्मी स्रोतों का उपयोग करने वाली सुविधा में होने वाली दुर्घटना, जिससे पर्यावरण में बड़े पैमाने पर रेडियोधर्मिता का उत्सर्जन होता है।

C. बाढ़ (Floods)-हाल के दिनों में बाढ़ की आवृत्ति में वृद्धि हुई है क्योंकि इमारतों, सड़कों, कारखानों आदि के रूप में प्राकृतिक संसाधनों के कंक्रीटीकरण के कारण पानी का प्राकृतिक मार्ग बाधित हो गया है। वनों की कटाई बड़े पैमाने पर हुई है। अधिक से अधिक अचानक बाढ़ आती है जो अधिक विनाश का कारण बनती है।

D. ज्वालामुखी (Volcanoes)-वे पृथ्वी के तापमान और दबाव की स्थिति के अनुसार पृथ्वी के भीतर से फूटते हैं, इसलिए मानवजनित गतिविधियाँ इसमें कोई भूमिका नहीं निभाती हैं।

E. जंगल की आग (Forest Fires)-यह मूल रूप से बड़े पैमाने पर जंगल के पेड़ों को जलाना है, कई बार मनुष्य ऐसा विकास या कृषि के क्षेत्र को बढ़ाने के लिए भी ऐसा कर सकता है। ऐसा ऑस्ट्रेलिया के वनों में बहुत बार होता रहा है कि जलवायु परिवर्तन या ग्लोबल वार्मिंग के कारण तापमान बढ़ जाता है।

26. (a)

आइए संचार और प्रतिक्रिया के मुख्य पहलुओं पर चर्चा करें।

सम्प्रेषण सामान्य जन के मध्य वार्तालाप का मुख्य स्रोत है जिसके द्वारा वे अपने विचारों को एक दूसरे के साथ साझा करते हैं। जीवन के हर पहलू में सम्प्रेषण महत्वपूर्ण है। सम्प्रेषण मौखिक, अशाब्दिक या सांकेतिक भाषा या शरीर की भाषा के उपयोग के माध्यम से हो सकता है। प्रतिपुष्टि को फीडबैक के रूप में संदर्भित किया जा सकता है। प्रतिपुष्टि का अर्थ है कि संदेश को प्राप्त करने वाला व्यक्ति जानकारी प्राप्त करने की प्रतिक्रिया को उत्पन्न कर रहा है, यह गैर-मौखिक संकेतों के रूप में हो सकता है। इस प्रकार, प्रतिपुष्टि दोतरफा संचार के मूल उद्देश्य को पूरा करता है। प्रतिपुष्टि के महत्व को निम्न तथ्यों से भी जाना जा सकता है।

1. राम्प्रेषण को प्रभावी बनाने के लिए प्रतिगुष्टि का तत्व सदैव होना चाहिए।
2. प्रतिपुष्टि के प्रभावी श्रवण भी आता है।

3. प्रतिपुष्टि प्रेरित करने का कार्य भी करती है।
4. प्रतिपुष्टि प्रदर्शन में सुधार का कार्य भी करती है।
5. प्रतिपुष्टि निरंतर अधिगम का एक उपकरण है।

प्रतिपुष्टि निम्न प्रकार का हो सकता है:

1. नकारात्मक प्रतिपुष्टि (Negative feedback): यह गलतियों, संचार की प्रक्रिया के दौरान त्रुटियों, उन क्षेत्रों को दर्शाता है जिन्हें ठीक से समझा नहीं गया है और सुधार की आवश्यकता है।

2. सकारात्मक प्रतिपुष्टि (Positive feedback): प्रेषक द्वारा दिए गए संदेश की उचित समझ है।

3. नकारात्मक फीडफॉरवर्ड (Negative feedforward): ये मूल रूप से कार्य और संचार के भविष्य के व्यवहार के बारे में सुधारात्मक टिप्पणियां हैं।

4. सकारात्मक फीडफॉरवर्ड (Positive feedforward): ये भविष्य की घटनाओं के बारे में पुष्टि करते हैं।

27. (b)

प्रश्न पत्र का उद्देश्य उम्मीदवारों का परीक्षा के बाद या कक्षा काल में ही मूल्यांकन करना होता है।

वस्तुनिष्ठता (objectivity)-इसे एक अच्छे प्रश्न पत्र के मुख्य तत्व के रूप में लिया जा सकता है। उनका निर्माण किसी परीक्षा को उत्तीर्ण करने या उम्मीदवारों की रैंकिंग के लिए किया जाना चाहिए।

व्यक्तिनिष्ठता (subjectivity)-इसका अर्थ है कि प्रश्न पत्र सेटर किसी पूर्वाग्रह से ग्रसित है, शायद इस उद्देश्य से ताकि उम्मीदवारों के एक विशेष समूह को इसका लाभ प्राप्त हो।

विश्वसनीयता (reliability)-यह एक माप की स्थिरता को संदर्भित करता है (क्या समान परिणाम समान परिस्थितियों में पुन: प्रस्तुत किए जा सकते हैं)।

विधिमान्यता (validation)-यह एक माप की सटीकता को संदर्भित करता है (क्या परिणाम वास्तव में वही दर्शाते हैं जो उन्हें मापना चाहिए)। एक शोध के दृष्टिकोण से, निष्पक्षता, विश्वसनीयता और वैधता महत्वपूर्ण विशेषताएं हैं।

28. (a)

अभिकथन (A)-सभी तर्क दोष भौतिक तर्क दोष होते हैं।

यहां पहले हम कुछ विशेष जानकारी प्राप्त कर लें। एक वैध मध्य पद की पांच विशेषताएं होती हैं, जो कि वे इस प्रकार हैं:

1. पक्षधर्मता-यह अल्पावधि में उपस्थित होना चाहिए। उदाहरण के लिए, पर्वत में धुआं विद्यमान होना चाहिए।

2. सपक्षसत्व-यह उन सभी सकारात्मक उदाहरणों में उपस्थित होना चाहिए जिनमें प्रमुख शब्द विद्यमान हैं। उदाहरण के लिए, धुआं उस रसोई में विद्यमान होना चाहिए जहां अग्नि विद्यमान हो।

3. विपक्षसत्व-यह उन सभी नकारात्मक उदाहरणों में अनुपस्थित होना चाहिए जिनमें प्रमुख शब्द अनुपस्थित हैं। उदाहरण के लिए, उस झील में धुआँ नहीं होना चाहिए जिसमें अग्नि नहीं होती है।

4. अबधिता-यह लघु पद के साथ असंगत होना चाहिए। उदाहरण के लिए, उसे अग्नि की शीतलता सिद्ध नहीं करनी चाहिए।

5. अविरुद्ध-यह विरोध करने वाले कारणों की अनुपस्थिति से योग्य होना चाहिए जो एक विरोधाभासी निष्कर्ष की ओर ले जाते हैं। उदाहरण के लिए, 'कारण होने के तथ्य' का उपयोग ध्वनि की 'शाश्वतता' को प्रमाणित करने के लिए नहीं किया जाना चाहिए।

जब भी इनमें से किसी एक विशेषता का उल्लंघन होता है, तो हेत्वाभास उसका स्थान ले लेती है। किसी अनुगान की बैधता हेतु या कारण की वैधता पर निर्भर करती है। यह इस तथ्य के कारण है कि न्यायिक अनुमान की सभी त्रुटियों या भ्रांतियों को कारण (हेत्वभाषा) की त्रुटि मानते हैं। इस प्रकार अनुमान के सभी हेत्वाभास, भौतिक तर्क दोष होते हैं।

तर्क के दोष पांच प्रकार के होते हैं-सिद्ध, सव्यभिचार, सतप्रतिपक्ष, बधिता और विरुध। पियर्सन पुस्तक की इकाई 6 में अंतिम विषय के रूप में इनकी चर्चा की गई है।

कारण (Reason)-न्याय प्रणाली औपचारिक है और निगमनात्मक-आगमनात्मक है, जिसे निम्नलिखित उदाहरण के माध्यम से समझा जा सकता है:

Editor - Diagram on Page 6.32 (Existing Red Coloured Book)

29. (d)

सर्वव्यापी सकारात्मक (Universal Affirmative)	A	सभी S, P हैं All S are P
सर्वव्यापी नकारात्मक Universal Negative	E	कोई S, P नहीं है No S are P
अंशव्यापी सकारात्मक Particular Affirmative	I	कुछ S, P हैं Some S are P
अंशव्यापी नकारात्मक Particular Negative	O	कुछ S, P नहीं हैं Some S are not P

अब प्रश्न कथन को देखें-'कुछ पौधे माँसभक्षी नहीं हैं', जो मूल रूप से O-प्रकार है। यह असत्य होने के लिए दिया गया है।

A. 'कुछ पौधे माँसभक्षी होते हैं' यह I-प्रकार को दर्शाता है-प्रश्न में **सही** होने के लिए दिया गया है।

B. 'कुछ पौधे माँसभक्षी होते हैं' यह फिर से I-प्रकार को दर्शाता है-परन्तु यह **गलत** होने के लिए दिया गया।

C. कोई भी पौधा माँसभक्षी नहीं है-यह E-टाइप-यह **गलत** होने के लिए दिया गया है।

D. सभी पौधे माँसभक्षी होते हैं-A-टाइप-यह **सही** होने के लिए दिया गया है।

A	E	I	O
T	F	T	F
F	T	F	T
D	F	T	D
F	D	D	T

यदि O-प्रकार गलत है, तो क्षैतिज रूप से देखने पर हम कह सकते हैं कि I-टाइप सत्य है-जो यह दर्शाता है कि विकल्प ए उत्तर का एक हिस्सा है। इसी प्रकार E-टाइप असत्य है, अर्थात विकल्प C उत्तर का एक भाग है।

A सत्य है, अर्थात विकल्प D भी उत्तर का भाग है।
इसका अर्थ यह है कि A, C और D सभी उत्तर का भाग हैं। इस प्रकार कुल मिलाकर, सही (d) उत्तर है।

30. (a)

कथन I–गुणवत्तापरक डेटा शक्तिशाली है क्योंकि इसमें से अधिकांश मानव संसाधनों से एकत्र किया जाना है जिसका व्यवहार सदैव जटिल और गतिशील होता है। यहां तक कि सामाजिक संदर्भ भी इतना गतिशील और परिवर्तनशील है। किसी व्यक्ति का व्यवहार संदर्भ एक समय में एक प्रकार का है, तथा दूसरे समय में भिन्न हो सकता है, अर्थात उसमे समयानुरूप परिवर्तन आते रह सकते हैं।

गुणवत्तापरक डेटा मूल रूप से गैर-संख्यात्मक होता है, और इसमें वैचारिक जानकारी होती है। हम उनकी प्रतिक्रिया या प्रतिक्रिया का उपयोग उनके विषयों और पैटर्न को पकड़ने के लिए करते हैं। शोध प्रश्नों का उत्तर देना कठिन हो जाता है, क्योंकि यह व्यवहारशील है। इस प्रकार संपूर्ण दृश्य संवेदनशील सामाजिक, ऐतिहासिक और लौकिक (समय आधारित) संदर्भ पर आधारित है।

कथन II–किसी व्यक्ति से साक्षात्कार, सर्वेक्षण और प्रतिक्रिया के माध्यम से जटिल परिस्थितियों के एक समूह में सही प्रकार की जानकारी प्राप्त करना। शोध की योजना बनाते समय संदर्भ संवेदनशीलता परिवेश को ध्यान में रखती है। यह सामुदायिक मूल्यों और संपत्तियों को ध्यान में रखता है।

गुणवत्तापरक डेटा से निपटने के लिए हम निम्नलिखित प्रकार के दृष्टिकोणों को देख सकते हैं ताकि हमें सही प्रकार की जानकारी मिल सके। यह भविष्य के प्रश्नों के लिए उपयोगी हो सकता है।

1. सामग्री विश्लेषण (Content Analysis)–यह तत्व पाठ, छवि, वीडियो या ऑडियो संदेशों में कुछ शब्दों, विषयों और अवधारणाओं की उपस्थिति की जांच और मात्रा निर्धारित करता है। विश्वसनीय निष्कर्ष निकालने में आपकी सहायता करने के लिए विधि गुणात्मक निविष्ट (इनपुट) को मात्रात्मक डेटा में परिवर्तित कर देती है। इसका उपयोग मात्रात्मक डेटा के लिए भी किया जा सकता है।

2. विषयगत विश्लेषण (Thematic Analysis)–यह केवल गुणात्मक डेटा पर लागू किया जा सकता है, और पैटर्न और 'थीम' की पहचान करने पर केंद्रित है। यह डोवेटेल और थीमैटिक जैसे नवीन उपकरणों के साथ किया जा सकता है।

3. कथात्मक अनुसंधान या विश्लेषण (Narrative Analysis)–इस पद्धति का उपयोग शोध प्रतिभागियों की कहानियों की व्याख्या करने के लिए किया जाता है-प्रशंसापत्र, केस स्टडी, साक्षात्कार और अन्य पाठ या दृश्य डेटा जैसी चीजें।

4. प्रदत आधारित सिद्धांत (Grounded Theory Analysis)–यह वास्तविक दुनिया के डेटा की जांच करके सिद्धांतों को विकसित करने के लिए गुणात्मक शोध करने की एक विधि है।

5. प्रवचन विश्लेषण (Discourse Analysis)–यह गुणात्मक डेटा के अंतर्निहित अर्थ पर शोध करने का कार्य है। इसमें सूचना और उसके संदर्भ के बीच संबंधों का अध्ययन करने के लिए ग्रंथों, ऑडियो और वीडियो का अवलोकन सम्मिलित हैं।

उपरोक्त के अलावा समूह केंद्रित अनुसंधान (focus group), प्रत्यक्ष अवलोकन (direct observation), व्यष्टि अध्ययन अनुसंधान (case study research) आदि का वर्णन अध्याय 2 में गुणात्मक अनुसंधान के अंतर्गत किया गया है।

31. (c)

अभिकथन (A)–चक्रवात समुद्र के स्तर में आश्चर्यजनक वृद्धि का कारण बनते हैं। चक्रवात मिश्रित घटनाएं हैं, जिनमें हवाएं, कई तूफानी तरंगे, तूफानी लहरें (जो सामान्य तौर पर, कई घंटों से लेकर एक दिन तक चलती हैं) और भारी वर्षा से उत्पन्न अंतर्देशीय बाढ़ सम्मिलित हैं। चक्रवात आम तौर पर बड़े पैमाने पर क्षरण या जमाव का कारण बनते हैं-दोनों लंबे और क्रॉस-शोर (किनारा पार करते हुए)। मैंग्रोव जैसे वन और हरित क्षेत्र आमतौर पर हमें बड़ी हानि से बचाते हैं।

कारण (R)–चक्रवात के चार चरण होते हैं-प्रारंभिक अवस्था, अपरिपक्व अवस्था, परिपक्व अवस्था और क्षय अवस्था।

स्थालावतरण (Landfall): यह तब होता है जब तूफान का केंद्र तट के पार चला जाता है। यह अक्सर भारी हवाएं, भारी बारिश, समुद्र के स्तर में वृद्धि करता है जो तटवर्ती क्षेत्र में रहने वाले लोगों के लिए खतरा पैदा कर सकता है।

एक बार जब कोई चक्रवात लैंडफॉल करता है, तो वह अपनी सागरीय ऊर्जा स्रोतों से अलग हो जाता है। जब उष्णकटिबंधीय चक्रवात भूमि की सतह पर पहुँचते हैं, तो वे अपनी ऊर्जा खोने लगते हैं और टिक नहीं पाते हैं। ऐसा इसलिए है क्योंकि उन्हें अब समुद्र से ऊष्मा ऊर्जा और नमी नहीं मिल रही है, जो उन्हें चलाने के लिए आवश्यक है।

32. (a)

राष्ट्रीय शिक्षक शिक्षा परिषद (National Council of Teacher Education - NCTE) 1995 में राष्ट्रीय शिक्षक शिक्षा परिषद अधिनियम (1993) के अंतर्गत स्थापित भारत सरकार का एक वैधानिक निकाय है, जो औपचारिक रूप से भारतीय शिक्षा प्रणाली में मानकों, प्रक्रियाओं और प्रक्रियाओं की देखरेख करता है

33. (a)

पृथ्वी को 'जल ग्रह' के रूप में जाना जाता है, क्योंकि हमारे ग्रह में भूमि से अधिक क्षेत्रफल जल का है।

1. वास्तव में, पृथ्वी का तीन प्रतिशत से भी कम पानी ताजा पानी है, और उसमें से अधिकांश तीन प्रतिशत दुर्गम है।

2. पृथ्वी पर ताजा पानी का 68 प्रतिशत से अधिक बर्फ और हिम आदि (ग्लेशियर सहित) में पाया जाता है।

3. लगभग 30 प्रतिशत ताजा पानी भूमिगत जल है।

3. ताजा पानी का लगभग 0.3 प्रतिशत ही झीलों, नदियों और दलदलों के सतही जल में पाया जाता है।

4. कुल मिलाकर, पृथ्वी का 99 प्रतिशत से अधिक पानी मनुष्यों और कई अन्य जीवित चीजों के लिए अनुपयोगी है।

चूँकि प्रश्न बढ़ती हुए क्रम के रूप में है, अत: (a) सही उत्तर है।

34. (c)

इतिहास मानव जाति का पिछला अनुभव है। अधिक सटीक रूप से, इतिहास उस पिछले अनुभव की स्मृति है क्योंकि इसे बड़े पैमाने पर लिखित अभिलेखों में संरक्षित किया गया है। ऐतिहासिक शोध का उद्देश्य

कारण और प्रभाव का पता लगाना है। डेटा प्राथमिक या माध्यमिक माध्यमों से एकत्र किया जाता है, और निष्कर्ष दृष्टि और अनुभव के आधार पर निकाले जाते हैं। इस अनुसंधान में कोई प्रयोगकर्ता-विषय वार्तालाप नहीं होता है।

A. समस्या की पहचान सबसे पहली वस्तु है, जिस पर कोई अनुसंधान किया जाना चाहिए, वरना सब प्रयास निरर्थक हो जाते हैं।

B. विश्लेषणात्मक संश्लेषण का अर्थ है पहले शोध अध्ययन के सभी पहलुओं की जांच करना और फिर उन्हें वांछनीय तरीके से एकीकृत करना। ऐतिहासिक अनुसंधान में कालक्रम, घटनाक्रम (chronology) महत्वपूर्ण है, घटनाओं को इनके अनुसार जोड़ा जा सकता है।

C. सार्वभौमिक सामान्यीकरण तर्क का एक कार्य है जिसमें विशेष टिप्पणियों से व्यापक निष्कर्ष निकालना शामिल है। सार्वभौमिक सामान्यीकरण की संभावना मात्रात्मक अनुसंधान (quantitative research) में ही अधिक रहती है। गुणात्मक अनुसंधान (qualitative research) में सामान्यीकरण की संभावना सीमित रहती है।

D. संभावित निष्कर्ष की संभावना भी तभी अधिक मान्य है, यदि ऐतिहासिक अनुसंधान भविष्य में पुनरावृत्ति से संबंधित होता।

35. (c)

ऊर्जा वह सुनहरा धागा है जो आर्थिक विकास, बढ़ी हुई सामाजिक समानता और पर्यावरणीय स्थिरता को परस्पर जोड़ता है और विश्व को फलने-फूलने की अनुमति देता है। ऊर्जा तीव्रता का संकेतक कुल प्राथमिक ऊर्जा आपूर्ति (total primary energy supply) और PPP पर सकल घरेलू उत्पाद के संदर्भ में है।

सतत विकास लक्ष्यों के लक्ष्य संख्या 7 के तहत, हमें वर्ष 2030 तक ऊर्जा दक्षता में सुधार की वैश्विक दर को दोगुना करने की आवश्यकता है।

NTA परीक्षा में ऊर्जा से संबंधित एक या दो प्रश्न पूछने की संभावना बनी रहती है, इसलिए पारंपरिक ऊर्जा, नवीकरणीय ऊर्जा जैसे सोलर ऊर्जा, वायु ऊर्जा, कार्बन और मीथेन गैस के उत्सृजन, भारत और अन्य देशों के संशोधित लक्ष्य, मुख्य प्रोटोकॉल और समझौते आदि का अध्ययन अवश्य करें।

36. (d)

संवृति शास्त्र (Phenomenology)-यह दर्शन शास्त्र (Philosophy) से संबंधित है-यह एक गुणात्मक शोध दृष्टिकोण है जो किसी घटना के सार्वभौमिक सार को समझने और उसका वर्णन करने का प्रयास करता है। घटना के बारे में शोधकर्ताओं की पूर्वकल्पित धारणाओं को निलंबित करते हुए दृष्टिकोण मानव के रोजमर्रा के अनुभवों की जांच करता है।

नृजाति वर्णन (Ethnography)-यह **मानव विज्ञान (Anthropology)** से संबंधित है-इस गुणात्मक शोध में, एक शोधकर्ता या एक नृवंशविज्ञानी एक विशेष सामाजिक/सांस्कृतिक समूह को श्रेष्ठतर ढंग से समझने के उद्देश्य से अध्ययन करता है। शोधकर्ता एक आंतरिक व्यक्ति के रूप में समूह की गतिविधियों में सक्रिय रूप से भाग लेता है । वह समूह के नियमित या सामान्य सदस्यों के समान अनुभव प्राप्त करने का प्रयास कर सकता है। यह प्रक्रिया, भागीदारी, डेटा संग्रह, साक्षात्कार, दस्तावेजों और कलाकृतियों के विश्लेषण से संबंधित अनुभव हैं।

नृजाति प्रणाली विज्ञान (Ethnomethodolgy)-यह **समाज शास्त्र (Sociology)** से संबंधित है-यह इस बात का अध्ययन है कि सामाजिक अंत:क्रिया की प्रक्रियाओं में और उसके माध्यम से सामाजिक व्यवस्था कैसे उत्पन्न होती है। यह मुख्य रूप में पर मुख्यधारा के समाजशास्त्रीय दृष्टिकोणों के लिए एक विकल्प प्रदान करने का प्रयास करता है।

प्रतीकात्मक अंत:क्रियावाद (Symbolic Interactionism)-यह **सामाजिक मनोविज्ञान (Social Psychology)** से संबंधित है-यह हमें सुझाव देता है कि त्रिभुज अनुसंधान जैसी जटिल सामाजिक स्थिति में काफी समान विचारधारा वाले सहयोगियों के बीच एक तर्कसंगत डिजाइन तैयार करने से कहीं अधिक शामिल है, क्योंकि प्रतिभागियों को अपने शोध की कामकाजी, साझा समझ बनाने के लिए कड़ी मेहनत करनी चाहिए।

37. (d)

सरकारी स्रोतों के अनुसार-डिजिलॉकर डिजिटल इंडिया कार्यक्रम के तहत इलेक्ट्रॉनिक्स और आईटी मंत्रालय (MeitY) की एक प्रमुख पहल है। डिजिलॉकर का उद्देश्य नागरिकों के डिजिटल दस्तावेज़ वॉलेट को प्रामाणिक डिजिटल दस्तावेज़ों तक पहुँच प्रदान करके नागरिकों का 'डिजिटल सशक्तिकरण' करना है। डिजिलॉकर सिस्टम को वर्ष 2017 में प्रारंभ किया गया।

नागरिकों को लाभ

1. महत्वपूर्ण दस्तावेज कभी भी, कहीं भी!
2. प्रामाणिक दस्तावेज, वैधिक रूप से मूल के बराबर
3. नागरिक की सहमति से डिजिटल दस्तावेज़ का आदान-प्रदान
4. तीव्र सेवा वितरण-सरकारी लाभ, रोजगार, वित्तीय समावेशन, शिक्षा, स्वास्थ्य आदि के संबंध में

एजेंसियों को लाभ

1. कम प्रशासनिक उपरिव्यय
2. डिजिटल परिवर्तन
3. सुरक्षित दस्तावेज़ गेटवे
4. वास्तविक समय सत्यापन

38. (a)

हम यहां इस सूत्र का उपयोग करेंगे: $N^3 + 1$ जहाँ N = 1, 2, 3, 4, ...

$1^3 + 1 = 2$
$2^3 + 2 = 10$
$3^3 + 3 = 30$
$4^3 + 4 = 68$
$5^3 + 5 = 130$
$6^3 + 6 = 222$
$7^3 + 7 = 350$

इस प्रकार, (a) सही उत्तर है।

39. (c)

व्यक्तियों के समूह के मध्य सम्प्रेषण की संगतता का अर्थ है उनके मध्य अनुकूल स्थिति को पैदा किया जा सके, ताकि सम्प्रेषण का मुख्य उद्देश्य

प्राप्त किया जा सके, जिसमें एक व्यक्ति के विचार दूसरे को समझ आ सकें। यह एक प्रकार से प्राकृतिक क्षमता होनी चाहिए।

(a) परिचारिकता (Stewardship)-यह एक नैतिक मूल्य है जो संसाधनों की उपयुक्त योजना और प्रबंधन का भी प्रतीक है।

(b) मीडिया में रुचि (Interest in Media)-यह भिन्न प्रकार से भी हो सकती है। यदि दो व्यक्ति एक ही मीडिया में रुचि रखते हैं तो यह सम्पूर्ण अनुकूलता का प्रतीक नहीं-एक व्यक्ति की रुचि क्रिकेट मैच में हो सकती है, और दूसरे की रूस यूक्रेन युद्ध में हो सकती है।

(c) तद्नुभूति (Empathy)-यहां यह दर्शाया जाता है कि हम दूसरे व्यक्ति को कितनी करुणा और समझ दे सकते हैं। तदनुभूति का अर्थ है हम अपने आप को उस व्यक्ति की स्थिति में स्वयं को खड़ा करके महसूस करते हैं, यदि हम उस व्यक्ति की स्थिति में होते तो हमारी स्थिति क्या होती, जबकि सहानुभूति (sympathy) किसी को बाहर से दी जा सकती है।

(d) बाह प्रभाव-यह हमे किसी अस्थायी संगति में सहायता कर सकता है, न कि सम्प्रेषण संगतता की अनुकूल स्थिति उपजाने में।

40. (b)

गैर-परम्परागत अधिगम कार्यक्रम मुख्य रूप से कक्षा में नहीं, बल्कि बाह्य वातावरण में होता है। यह मुख्य रूप से संध्या कक्षाओं, दूरस्थ शिक्षा और व्यावसायिक अध्ययन, कौशल आधारित पाठ्यक्रम, ऑनलाइन शिक्षण आदि के माध्यम से होता है। गैर पारंपरिक शिक्षा मुख्य रूप से पीएच कॉम्ब्स (PH Coombs) और अहमद (Ahmed) से प्रेरित थी।

यह ज्ञान प्रबंधन में महत्वूर्ण हैं जैसे कि तकनीक निरंतर रूप में परिवर्तित होती रहती हैं। ऐसी शिक्षा का मुख्य लाभ यह है कि वे समय का अधिकतम उपयोग करते हैं, वे बेरोजगार युवा को भी रोजगार के लिए नए कौशल सीखते हैं। वे कर्मचारियों या शिक्षार्थियों के बीच कौशल अंतराल (skill gap) को भी कवर करते हैं।

1. ये कार्यक्रम शिक्षार्थी उन्मुख होते हैं, उनके पास लचीला पाठ्यक्रम है।
2. ये लागत प्रभावी हैं
3. यह जीवन पर्यन्त चलते रह सकते है, यह निरंतर सीखना सुनिश्चित करते हैं ।
4. वे गुणात्मक पहलुओं में सुधार के लिए हैं।

41. (b)

माना वृक्ष A पर पक्षियों की संख्या = A

तथा वृक्ष B पर पक्षियों की संख्या = B

पहली स्थिति में-यदि दो पक्षी B से A की ओर जाते हैं, तो A और B पर पक्षी बराबर होंगे।

$B - 2 = A + 2$

$A - B = -4$ ......(1)

दूसरी स्थिति में-यदि 2 पक्षी A से B में स्थानांतरित होते हैं, तो B पर पक्षी A की तुलना में दोगुने होंगे। यहाँ, हम A पर पक्षियों को दोगुना कर रहे हैं ताकि A और B दोनों समान हों।

$2(A - 2) = B + 2$

$2A - 4 = B + 2$

$2A - B = 2 + 4 = 6$

$2A - B = 6$ ......(2)

अब हम समीकरण 1 से 2 को घटाएंगे

$A - B - (2A - B) = -4 - 6$

$-1A = -10$

$A = 10$

समीकरण (1) में A = 10 रखने पर

$10 - B = -4$

$-B = -4 - 10$

$B = 14$

अब, A = 10, B = 14, इस प्रकार (B) सही उत्तर है।

मूल्यों को जोड़कर और घटाकर प्रश्न को उत्तर विकल्पों से सीधे भी हल किया जा सकता है।

42. (d)

जन प्रवाद सम्प्रेषण (grapevine communication) मूल रूप से प्रकृति में अनौपचारिक सम्प्रेषण (informal communication) है, ताकि अधिक से अधिक लोग इसमें अपनापन और सहज भाव अनुभव कर सकें । वे इससे इसलिए भी जुड़ना चाहते हैं ताकि वह स्वयं की भावनाओं को व्यक्त कर सकें। इस प्रकार, अनौपचारिक संचार समूह के व्यक्तियों के मनोबल को बढ़ाता है।

संक्षेप में, कर्मचारी विभिन्न मुद्दों पर चर्चा करते हैं, जिन से कर्मचारियों की चिंताओं का मूल्यांकन भी होता है, उनके क्रोध भाव का भी पता चलता है, ऐसे समूह में उपस्थिति मात्र होना भी कई समस्याओं का हल है।

औपचारिक संचार (formal communication) एक निर्धारित दिशा में चलता है, इसलिए कर्मचारी नियमों और विनियमों से बंधे होते हैं।

हम एक जापानी अवधारणा गुणवत्ता चक्र (quality circle) को भी देख सकतें है जो कि 10-15 कर्मचारियों का समूह होता है और संस्था के लिए अच्छे सुझाव भी देता है।

43. (b)

मध्य पद को हेतु, लिंग, चिन्ह, साधना (reason) कहा जाता हैं, जबकि वृहत पद को साध्य तथा लघु पद को पक्ष कहा जाता है।

न्याय के अंतर्गत यदि हम निष्कर्ष की बात करें तो उसके अंतर्गत निम्न पांच अवयव आते हैं

1. प्रतिज्ञा-proposition to be proved
2. हेतु-reason
3. उदाहरण-example
4. उपनय-comparison
5. निगमना-conclusion

नदी में बाढ़ आ गयी क्योंकि मूसलाधार वर्षा हुई।

यहां पर,

मध्य पद-हेतु (reason)-वर्षा

लघु पद (पक्ष)-नदी

वृहत पद (साध्य)-बाढ़

मूल रूप से, वैध ज्ञान की कसौटी को प्रमाण कहा जाता है। दो परिसरों से एक प्रस्ताव के निष्कर्ष को न्यायशास्त्र कहा जाता है। तर्क की किसी भी त्रुटि को भ्रांति कहा जाता है। न्याय प्रणाली में, इसे हेत्वभाषा कहा जाता है।

A और B पहलुओं पर पहले के एक प्रश्न में चर्चा की गई है।

C. यदि हेतु (कारण) गायब है, (शायद यह हमें आगमनात्मक की भांति प्रतीत हो सकता है)।

D. लिंगपरमसरा: न्यायशास्त्र में मुख्य रूप से पांच कथन होते हैं। इनमें, मध्यम पद वृहद् और लघु के मध्य एक सेतु का काम करती है। इसलिए, मध्य पद का मुख्य उत्तरदायित्व किसी कथन को वैध या अमान्य प्रमाणित करना होता है। एक मध्य पद किस प्रकार प्रमुख पद से संबंधित है, उसको लिंगपरमसरा कहा जाता है। मध्य पद की पाँच मुख्य निम्न विशेषताएँ होती हैं :

1. पक्षधर्मता-यह अल्पावधि में उपस्थित होना चाहिए। उदाहरण के लिए, पहाड़ी में धुआं मौजूद होना चाहिए।

2. सपक्षसत्व-यह उन सभी सकारात्मक उदाहरणों में उपस्थित होना चाहिए जिनमें प्रमुख शब्द मौजूद हैं। उदाहरण के लिए, धुआं उस रसोई में मौजूद होना चाहिए जहां आग मौजूद हो।

3. विपक्षसत्व-यह उन सभी नकारात्मक उदाहरणों में अनुपस्थित होना चाहिए जिनमें प्रमुख शब्द अनुपस्थित हैं। उदाहरण के लिए, उस झील में धुआँ नहीं होना चाहिए जिसमें आग नहीं होती है।

4. अबधिता-यह लघु पद के साथ असंगत होना चाहिए। उदाहरण के लिए, उसे अग्नि की शीतलता सिद्ध नहीं करनी चाहिए।

5. अविरुद्ध-यह विरोध करने वाले कारणों की अनुपस्थिति से योग्य होना चाहिए जो एक विरोधाभासी निष्कर्ष की ओर ले जाते हैं। उदाहरण के लिए, 'कारण होने के तथ्य' का उपयोग ध्वनि की 'शाश्वतता' को साबित करने के लिए नहीं किया जाना चाहिए।

उपरोक्त पांचों को हेत्वभाषा या इसके प्रकारों से जोड़ा गया है। भारतीय तर्क में एक भ्रांति को हेतवासा कहा जाता है। इसका अर्थ है कि मध्य पद एक कारण प्रतीत होता है लेकिन वैध कारण नहीं है। सभी भ्रांतियां भौतिक भ्रांति हैं। हमने एक वैध मध्य पद की पांच विशेषताओं का उल्लेख किया है। जब इसका उल्लंघन किया जाता है, तो हमारे पास भ्रम होता है। पांच प्रकार की भ्रांतियों को मान्यता दी गई है।

1. असिद्ध या साधनासमा-यह अप्रमाणित मध्य पद का हेत्वाभास है।

2. सव्यभिचार-यह अनियमित मध्य पद का हेत्वाभास है।

3. सतप्रतिपक्ष-यहाँ मध्य पद एक अन्य मध्य पद के विपरीत है।

4. बधिता-यह अपरंपरागत रूप से विरोधाभासी मध्य पद है।

5. विरुद्ध-यह विरोधाभासी मध्य पद है

44. (c)

मैलवेयर वास्तव में चिंताजनक विषय है, यह कोई भी प्रोग्राम या फ़ाइल है जो जानबूझकर कंप्यूटर, नेटवर्क या सर्वर के लिए हानिकारक प्रमाणित होता है। मैलवेयर विभिन्न प्रकार के होते हैं, कंप्यूटर सिस्टम को संक्रमित करने के कई ढंग होते हैं। मैलवेयर में कंप्यूटर वायरस, वर्म्स, ट्रोजन हॉर्स, रैंसमवेयर, स्पाइवेयर आदि सम्मिलित हैं।

45. (c)

A. व्यक्ति परकता के विकास के माध्यम से आत्म शिक्षा-डॉ मारिया मोंटेसरी (1907) द्वारा विकसित मोंटेसरी पद्धति, स्व-शिक्षा के विचार पर आधारित है। बालक शिक्षक द्वारा सिखाए गए पाठ्यक्रम को ग्रहण करने तक की परीक्षा नहीं करता और शांत और बेकार नहीं बैठा रहता है, यहाँ, इस प्रणाली में, बालक स्वयं को शिक्षित करता है, लेकिन शिक्षक की भूमिका एक मार्गदर्शक के रूप में बनी रहती है। बालक बुद्धि और चरित्र दोनों को विकसित करने के लिए व्यावहारिक सामग्री और विशेष रूप से तैयार कक्षाओं का उपयोग करता है। छात्रों के इस प्रकार के आत्म-साक्षात्कार को 'सामान्यीकरण' (normalisation) कहा जाता है। यह कक्षा प्रणाली सिद्धांत रूप में सभी आयु वर्गों के लिए उपयुक्त है, लेकिन इसका अधिकतम अभ्यास किंडरगार्टर्स (kindergartens) द्वारा किया जाता है। इस शिक्षा प्रणाली में बच्चे की भावनाओं का सम्मान होता है।

B. एकीकृत शिक्षा-श्री अरबिंदो-यह शिक्षा श्री अरबिंदो और माँ की कल्पना के अनुसार चलती है, यहाँ बालक को एक वृद्धिमय आत्मा के रूप में माना जाता है। यह बच्चे को उसके व्यक्तित्व के सभी पहलुओं को विकसित करने और उसकी गुप्त संभावनाओं को जगाने में सहायता करता है ताकि वह निम्न विषेशताओं को प्राप्त कर सके-

- एक सशक्त, कोमल, स्वस्थ, सुंदर भौतिक काया
- एक संवेदनशील, भावनात्मक रूप से परिष्कृत, ऊर्जावान व्यक्तित्व
- एक व्यापक, जीवंत बुद्धि और इच्छाशक्ति
- सूक्ष्म आध्यात्मिक गुण जो बच्चे के अंतरतम सत्य या आत्मा के आस-पास की सत्ता को एकजुट करते हैं और उसमें सामंजस्य स्थापित करते हैं।

प्रत्येक अनुभव बच्चे के विकास में सीखने का एक उपकरण बन जाता है, यह बच्चे के संपूर्ण प्राणी बनने के लिए, जिसका अभिन्न अस्तित्व हो, को विकसित करने में सहायता करता है।

C. मानव मस्तिष्क को रूपांतरित करने वाली शिक्षा-जे कृष्णमूर्ति-श्री जे कृष्णमूर्ति दार्शनिक एवं आध्यात्मिक विषयों के लेखक एवं प्रवचनकार थे। वे मानसिक क्रान्ति, मस्तिष्क की प्रकृति, ध्यान, मानवी सम्बन्ध, समाज में सकारात्मक परिवर्तन कैसे लायें आदि विषयों के विशेषज्ञ थे।

D. मौलिक शिक्षा (वर्धा शिक्षा प्रणाली)-महात्मा गांधी-श्री गांधी जी ने 1937 में एक विशेष शिक्षा कार्यक्रम लेकर आए। इसे वर्धा शिक्षा योजना के रूप में जाना जाने लगा। इसका उद्देश्य था कि 8 से 14 वर्ष की आयु के सभी बच्चों को अपनी-अपनी स्थानीय भाषाओं में मुफ्त और अनिवार्य शिक्षा प्राप्त करनी चाहिए। इसे नई तालीम या नई शिक्षा के रूप में जाना जाने लगा।

गद्यांश संबंधित प्रश्नों के उत्तर

46. (a)

47. (a)

48. (b)

49. (b)

50. (a)

यूजीसी नेट प्रश्न पत्र 1-2021

नोट:

- इस प्रश्नपत्र में पचास (50) बहु-विकल्पीय प्रश्न हैं। प्रत्येक प्रश्न के दो (2) अंक हैं।
- सभी प्रश्न अनिवार्य हैं।

निम्नलिखित तालिका को ध्यानपूर्वक पढ़िए और नीचे दिए गए प्रश्नों के उत्तर दीजिए :

दिए गए वर्षों में चार भिन्न-भिन्न राज्यों (A, B, C, D) से एक विश्वविद्यालय प्रवेश परीक्षा में सम्मिलित होने वाले अभ्यर्थियों की संख्या (N) (लाख में) और उस परीक्षा में सफल होने वाले अभ्यर्थियों की प्रतिशतता (P) निम्नलिखित तालिका में दी हुयी हैं:

राज्य	A		B		C		D	
वर्ष	N	P(%)	N	P(%)	N	P(%)	N	P(%)
2016	2.31	32	1.64	42	2.60	46	3.3	29
2017	2.02	44	1.72	41	2.45	36	3.1	32
2018	1.98	39	2.02	37	2.20	33	2.9	31
2019	1.85	28	2.10	43	2.50	42	2.7	34
2020	2.20	33	1.90	46	2.55	30	3.0	35

1. 2019 में (सभी राज्यों से) असफल अभ्यर्थियों की औसत संख्या ज्ञात करें:

   (a) 135320 (b) 137270

   (c) 139870 (d) 144025

2. किस वर्ष में राज्य B से अधिकतम संख्या में अभ्यर्थी प्रवेश परीक्षा में सफल हुए?

   (a) 2016 (b) 2018

   (c) 2019 (d) 2020

3. 2016 से 2020 तक राज्य A से प्रवेश परीक्षा में सफल होने वाले विद्यार्थियों की कुल संख्या ज्ञात करें:

   (a) 355460 (b) 358660

   (c) 360890 (d) 364420

4. 2020 में (सभी राज्यों से) सफल होने वाले विद्यार्थियों की औसत संख्या ज्ञात करें:

   (a) 84550 (b) 84580

   (c) 85375 (d) 86770

5. (सभी राज्य से) 2017 में सफल होने वाले विद्यार्थियों की कुल संख्या और 2018 में सफल होने वाले विद्यार्थियों की कुल संख्या का अंतर ज्ञात करें:

   (a) 31750 (b) 31880

   (c) 32220 (d) 32340

6. प्रासामन्य बंटन वक्र की विशेषताएँ हैं:

   A. यह असममित वितरण को प्रतिबिंबित करता है।

   B. यह घंटीनुमा होता है।

   C. मानक विचलन नहीं दिखाता है।

   D. माध्य, बहुलक और माध्यिका वितरण के केंद्र पर संपाती होते हैं।

   E. वक्र असंख्य प्रेक्षणों पर आधारित होता है।

   नीचे दिए गए विकल्पों में से सही उत्तर का चयन कीजिए:

   (a) केवल A, B और C

   (b) केवल B, C और D

   (c) केवल B, D और E

   (d) केवल C, D और E

7. नीति आयोग के एस डी जी सूचकांक (2019-20) के अनुसार भारत में एस डी जी. 9 (उद्योग, नवाचार व इंफ्रास्ट्रक्चर) पर सबसे बेहतर निष्पादन करने वाला राज्य कौन-सा है?

   (a) गुजरात (b) कर्नाटक

   (c) केरल (d) तेलंगाना

8. निम्नलिखित में से कौन से कथन सही हैं?

   A. सिंप्लेक्स डाटा संचरण केवल दो दिशाओं में होता है।

   B. अर्ध-डुप्लेक्स डाटा संचरण दोनों दिशाओं में होता है पर एक ही समय में नहीं।

   C. पूर्ण डुप्लेक्स डाटा संचरण एक ही समय में दोनों दिशाओं में होता है।

   D. श्रेणीब) डाटा संचरण तब होता है जब डाटा को, एक बार में 8 बिट करके, एकल तार पर भेजा जाता है।

   E. समांतर डाटा संचरण तब होता है जब एक बिट डाटा को एकल तार पर भेजा जाता है।

नीचे दिए गए विकल्पों में से सही उत्तर का चयन कीजिए:

(a) केवल A, B और C (b) केवल B और C

(c) केवल C और D (d) केवल C, D और E

9. सूची-I को सूची-II से सुमेलित कीजिए:

सूची -I (अभिकल्प के प्रकार)	सूची -II (विशेषता)
A. सॉलोमन का चार समूह अभिकल्प	I. यह एक क्रॉस - सेक्शनल अभिकल्प है।
B. परीक्षणोपरांत केवल नियंत्रण समूह अभिकल्प	II. इसमें नियंत्रण और प्रायोगिक समूहों का एक अतिरिक्त समुच्चय होता है
C. वन - शॉट केस अध्ययन	III. पूर्व - परीक्षित समूहों को पूर्णतया छोड़ देता है
D. सहसंबंधात्मक अभिकल्प	IV. परिवर्तन को प्रेक्षित करने के लिए एक समय में एक समूह का प्रेक्षण

नीचे दिए गए विकल्पों में से सही उत्तर चुनिए:

(a) A-I, B-II, C-III, D-IV

(b) A-II, B-III, C-IV, D-I

(c) A-III, B-IV, C-I, D-II

(d) A-IV, B-I, C-II, D-III

10. नीचे दो कथन दिए गए हैं:

कथन-I: संख्या 89325324 विभाज्य है 66 से।

कथन-II: प्राकृत संख्याओं के समुच्चय को पूर्ण संख्याओं का समुच्चय भी कहते हैं।

उपरोक्त कथनों के आलोक में, नीचे दिए गए विकल्पों में से सही उत्तर का चयन कीजिए:

(a) कथन I और II दोनों असत्य हैं।

(b) कथन I और II दोनों सत्य हैं।

(c) कथन I असत्य है, किन्तु कथन II सत्य है।

(d) कथन I सत्य है, किन्तु कथन II असत्य है।

11. नीचे दो कथन दिए गए हैं:

कथन-I: वैयक्तिक क्षमताएँ निर्धारित करती हैं कि हम अपना प्रबंधन कैसे करते हैं।

कथन-II: सामाजिक क्षमताएँ निर्धारित करती है कि हम संबंध कैसे निभाते हैं।

उपरोक्त कथनों के आलोक में, नीचे दिए गए विकल्पों में से सही उत्तर का चयन कीजिए:

(a) कथन I और II दोनों सही हैं।

(b) कथन I और II दोनों गलत हैं।

(c) कथन I सही है, किन्तु कथन II गलत है।

(d) कथन I गलत है, किन्तु कथन II सही है।

12. बहिरंग चर को और किस नाम से जाना जाता है?

(a) मानवकृति (आर्टिफैक्ट) (b) सन्निहित कारक

(c) निर्भर चर (d) अंत:क्षेपक (इंटरवीनर)

13. भू स्तर से 100 मी. की ऊंचाई पर पवन ऊर्जा क्षमता के सही अवरोही क्रम की पहचान करें:

A. कर्नाटक

B. आंध्र प्रदेश

C. गुजरात

D. तामिलनाडु

D. अंडमान व निकोबार द्विपसमूह

नीचे दिए गए विकल्पों में से सही उत्तर का चयन कीजिए:

(a) A>B>C>E>D

(b) C>A>B>D>E

(c) C>E>B>D>A

(d) D>C>A>B>E

14. वर्ल्ड वाइड (www) क्या है ?

(a) वेबसाइटों पर भंडारित वेबपेजों का संग्रह

(b) हाइपरटेक्स्ट प्रोसेसर

(c) एक दूसरे से जुड़े हुए नेटवर्क

(d) वेब ब्राउजर

15. प्राचीन काल के वे विश्वविद्यालय जिन्हें यूनेस्को ने धरोहर स्थल घोषित किया है:

A मिथिला

B वल्लभी

C पुष्पगिरी

D तक्षशिला

E नालंदा

नीचे दिए गए विकल्पों में से सही उत्तर का चयन कीजिए:

(a) केवल A और B (b) केवल B और C

(c) केवल C और D (d) केवल D और E

16. निम्नलिखित में से किस प्रकार के ऊर्जा संयंत्र 24 घंटे प्रति दिन और 7 दिन प्रति सप्ताह चलते हुए नियमित रूप से बिजली प्रदान करते हैं?

(a) भू - तापीय (b) जल

(c) सौर (d) पवन

17. इस तर्क में किए गए दोष का नाम बताएं।

''महिलाओं को समझने वाले सभी पुरुष संभाव्य रूप से आदर्श पति हैं। सभी संभाव्य रूप से आदर्श पति असीम धैर्य वाले पुरुष होते हैं। अत: असीम धैर्य वाले कुछ पुरुष महिलाओं को समझने वाले पुरुष होते हैं।''

(a) व्यावर्तक आधारिका
(b) अस्तित्वपरक तर्कदोष
(c) अवैध साध्य
(d) अव्याप्त हेतु

18. सूची-I को सूची-II से सुमेलित कीजिए:

सूची-I	सूची-II
A. विधि शिक्षा के मानक स्थापित करना	I. एन सी टी ई
B. तकनीकी शिक्षा की गुणवत्ता को बनाए रखना	II. ए आई सी टी ई
C. शिक्षक शिक्षा के मानकों को बनाए रखना	III. एन एम सी
D. गुणवत्तापूर्ण और वहन करने योग्य चिकित्सा शिक्षा तक पहुँच	IV. बी सी आई

नीचे दिए गए विकल्पों में से सही उत्तर चुनिए:
(a) A-I, B-II, C-IV, D-III
(b) A-II, B-III, C-IV, D-I
(c) A-III, B-IV, C-I, D-II
(d) A-IV, B-II, C-I, D-III

19. इथरनेट क्या है?
(a) कॉलिजन - डिटेक्शन प्रोटोकॉल
(b) तारों से जुड़े कई लैनों (LAN) द्वारा प्रयुक्त प्रोटोकॉल
(c) ऐड्रेस ट्रांसलेशन के लिए प्रयुक्त प्रोटोकॉल
(d) सुरक्षा प्रोटोकॉल

20. 'स्वयंप्रभा' के प्रेषण और प्रसारण के लिए प्रयोग किए जाने वाले उपग्रह को कहते हैं-
(a) एडुसैट उपग्रह
(b) जीसैट - 15 उपग्रह
(c) जीसैट - 3 उपग्रह
(d) एसपी - एडु - 15 उपग्रह

21. निम्नलिखित में से केंद्रीय विश्वविद्यालय कौन - से हैं?
A. डा. बाबासाहेब आंबेडकर मुक्त विश्वविद्यालय
B. जामिया मिल्लिया इस्लामिया
C. पंजाब विश्वविद्यालय
D. पंजाबी विश्वविद्यालय
E. मुंबई विश्वविद्यालय

नीचे दिए गए विकल्पों में से सही उत्तर का चयन कीजिए:
(a) केवल A और B (b) केवल B और C
(c) केवल C और D (d) केवल C और E

22. उस तकनीक का क्या नाम है जिसमें बिंबों का प्रयोग किया जाता है जो प्राय: शब्दों की अपेक्षा अधिक भाव व्यक्त करते हैं और विविध प्रकार के साहचर्यों और सोच को जगाने में अधिक सटीक व शक्तिशाली होते हैं?
(a) विचारावेश (b) माइंड - मैपिंग
(c) स्टोरी बोर्डिंग (d) सिनेक्टिक्स

23. नीचे दो कथन दिए गए हैं:
कथन-I: डी वी डी में डाटा को संग्रहित करने के लिए एकल बलयित 'ट्रैक' का प्रयोग किया जाता है जो केंद्र से शुरू होकर छोर की ओर बढ़ते हुए कार्य करता है।
कथन-II: डी वी डी केवल - पठनीय (रीड-ओनली) डिवाइस हैं।

उपरोक्त कथनों के आलोक में, नीचे दिए गए विकल्पों में से सही उत्तर का चयन कीजिए:
(a) कथन I और II दोनों असत्य हैं।
(b) कथन I और II दोनों सत्य हैं।
(c) कथन I असत्य है, किन्तु कथन II सत्य है।
(d) कथन I सत्य है, किन्तु कथन II असत्य है।

24. यदि ₹ 24 के विक्रय मूल्य का परिणाम सूची मूल्य पर 20% छूट है, तो किस विक्रय मूल्य का परिणाम सूची मूल्य पर 30% छूट होगा?
(a) 18 (b) 20
(c) 21 (d) 27

25. दिए गए तर्क को द्योतित करने के लिए सही कूट - संकेत का चयन करें:
सभी कलाकार अहंकारी हैं।
कुछ कलाकार रंक हैं।
अत: कुछ रंक अहंकारी हैं।
(a) AII - I आकार (b) AII - II आकार
(c) AII - III आकार (d) AII - IV आकार

26. निम्नलिखित कथनों पर विचार करें:
A. यदि A की चाल B की चाल से अधिक है, तो समान दूरी तय करने में A को B से अधिक समय लगेगा।
B. दो चालें 1500 मी. / मिनट और 90 किमी / घं. समान हैं।
C. 18 किमी / घं. की चाल से पैदल चलते हुए 2 मिनट 30 सेकेंड में तय की जानेवाली दूरी 750 मीटर है।

नीचे दिए गए विकल्पों में से सही उत्तर का चयन कीजिए:
(a) केवल A और B (b) केवल A और C
(c) केवल B और C (d) केवल C

27. दत्त संग्रह के उपकरण के रूप में प्रेक्षण के निम्नलिखित में से कौन - से लाभ हैं?
A. प्रेक्षण केवल प्राकृतिक परिवेश में होता है।
B. प्रेक्षण विधियों के लिए कार्यक्रम में कर्ता की सक्रिय भागीदारी की आवश्यकता होती है।

C. प्रेक्षण प्रत्यक्षता के लिए जाने जाते हैं।

D. प्रेक्षण मूलक अध्ययनों में कृत्रिमता को न्यूनतम किया जा सकता है।

E. प्रेक्षणमूलक अध्ययनों में सटीकता के लिए रिकार्ड करने वाली युक्तियों (डिवाइसों) का प्रयोग किया जा सकता है।

नीचे दिए गए विकल्पों में से सही उत्तर का चयन कीजिए:

(a) केवल A, B और C
(b) केवल A, B और E
(c) केवल B, C और D
(d) केवल C, D और E

28. कृषि क्षेत्रों में भूजल में किस प्रदूषक की यथेष्ट मात्रा हो सकती है?

(a) कैडमियम
(b) सीसा
(c) नाइट्रेट
(d) सेलेनियम

29. निम्नलिखित में से कौन-सी ग्रीन हाउस गैसें वे लक्षित गैसें थीं जिनके उत्सर्जन को क्योटो प्रोटोकॉल के प्रथम प्रतिबद्धता काल के दायरे में लाया जाना था?

A. SO_2
B. CO_2
C. N_2O
D. NH_3
E. CH_4

नीचे दिए गए विकल्पों में से सही उत्तर का चयन कीजिए:

(a) केवल A, B और C
(b) केवल A, B, C और D
(c) केवल B, C और E
(d) केवल B, C, D और E

30. सूची-I को सूची-II से सुमेलित कीजिए:

सूची-I	सूची-II
A. सिस्टम सॉफ्टवेयर	I. लाइब्रेरी मैनेजमेंट सिस्टम
B. ऐप्लिकेशन सॉफ्टवेयर	II. फायरवॉल
C. सुरक्षा सॉफ्टवेयर	III. कंपाइलर
D. सन्निहित सॉफ्टवेयर	IV. स्वचालित फ्रिज

नीचे दिए गए विकल्पों में से सही उत्तर चुनिए:

(a) A-I, B-III, C-IV, D-II
(b) A-II, B-IV, C-I, D-III
(c) A-III, B-I, C-II, D-IV
(d) A-III, B-IV, C-I, D-II

31. ''छह चिंतन टोपी प्रणाली'' (सिक्स थिंकिंग हैट्स सिस्टम) में, जो समांतर चिंतन का एक रूप है, निम्नलिखित में से कौन – कौन से हैं?

A. भूरी (ब्राउन) टोपी
B. श्वेत टोपी
C. बैंगनी टोपी
D. लाल टोपी
E. काली टोपी

नीचे दिए गए विकल्पों में से सही उत्तर का चयन कीजिए:

(a) केवल A, B और C
(b) केवल B, C और D
(c) केवल B, D और E
(d) केवल C, D और E

32. वह पेड़ कितना लंबा है जो उस दीवार से 6 मीटर छोटा है जो पेड़ से सात गुना ऊँची है?

(a) 1 मीटर
(b) 1.25 मीटर
(c) 2 मीटर
(d) 7 मीटर

33. नीचे दो कथन दिए गए हैं:

कथन-I: व्यक्ति के बोध और धारणाएं संप्रेषण में सामान्यीकरण के आधार हैं।

कथन-II: परिवेश के सामान्यीकरण अनुभवों के माध्यम से विकसित होते हैं।

उपरोक्त कथनों के आलोक मेंए नीचे दिए गए विकल्पों में से सही उत्तर का चयन कीजिए:

(a) कथन I और II दोनों असत्य हैं।
(b) कथन I और II दोनों सत्य हैं।
(c) कथन I असत्य है, किन्तु कथन II सत्य है।
(d) कथन I सत्य है, किन्तु कथन II असत्य है।

34. स्वतंत्र भारत में पहला शिक्षा आयोग है?

(a) राष्ट्रीय ज्ञान आयोग
(b) माध्यमिक शिक्षा आयोग
(c) शिक्षा आयोग
(d) विश्वविद्यालय शिक्षा आयोग

35. कक्षा में पारस्परिक क्रिया की गति को किसके माध्यम से प्रभावशाली ढंग से प्रबंधित किया जा सकता है?

(a) समझे गए अर्थों की व्याख्या करके
(b) भाषा की जटिलता
(c) पुनरावर्ती प्रतीकीकरण
(d) शब्दाडंबर

36. सूची-I को सूची-II से सुमेलित कीजिए:

सूची-I	सूची-II
A. यदि 'A' सत्य है	I. 'E' सत्य है; 'O' सत्य है
B. यदि 'E' सत्य है	II. 'O' असत्य है; 'E' असत्य है
C. यदि 'I' असत्य है	III. 'A' असत्य है; 'I' असत्य है
D. यदि 'O' असत्य है	IV. 'E' असत्य है; 'I' सत्य है

नीचे दिए गए विकल्पों में से सही उत्तर चुनिए:

(a) A-I, B-II, C-III, D-IV
(b) A-II, B-III, C-I, D-IV
(c) A-III, B-I, C-II, D-IV
(d) A-IV, B-II, C-III, D-I

37. संप्रेषण के विषय में निम्नलिखित में से कौन से मिथक हैं?

A. अच्छे संप्रेषक जन्मजात होते हैं, बनाए नहीं जाते हैं।
B. मंच भीति संप्रेषण की आशंका नहीं है।
C. संप्रेषण कौशल का संबंधों से कोई लेना - देना नहीं है।
D. संप्रेषण की अपनी बाधाएँ होती हैं।
E. अभ्यास से संप्रेषण की सही आदतें आती हैं।

नीचे दिए गए विकल्पों में से सही उत्तर का चयन कीजिए:

(a) केवल A, B और C
(b) केवल A, D और E
(c) केवल B, C और D
(d) केवल C, D और E

38. सूची-I को सूची-II से सुमेलित कीजिए:

सूची-I	सूची-II
A. आश्रयासिद्ध	I. 'ध्वनि शाश्वत है क्योंकि वह दृश्यमान है।
B. स्वरूपासिद्ध	II. सभी वास्तविक क्षणिक हैं; ध्वनि वास्तविक है; ध्वनि क्षणिक है।
C. व्याप्यत्वसिद्ध	III. सभी पदार्थ शाश्वत हैं क्योंकि वे ज्ञय हैं।
D. अनुपसंहारी	IV. 'आकाश कमल सुगंधित है क्योंकि यह कमल वर्ग का सदस्य है।

नीचे दिए गए विकल्पों में से सही उत्तर चुनिए:

(a) A-I, B-III, C-II, D-IV
(b) A-II, B-IV, C-I, D-III
(c) A-III, B-II, C-IV, D-I
(d) A-IV, B-II, C-II, D-III

39. अनुमान का हेतु साध्य से संबंधित है, न कारण के रूप में और न ही कार्य के रूप, में परन्तु वे हमारे अनुभव में एक दूसरे से समान रूप से संबंधित हैं। इसे कहते हैं:

(a) पक्षधर्मता
(b) पूर्ववत
(c) सामान्यतोदृष्ट
(d) शेषवत

40. नीचे दो कथन दिए गए हैं:

कथन-I: नाममात्रक स्तर पर मापित चर का प्रयोग उच्चस्तरीय सांख्यिकी में हो सकता है यदि उसे रूपांतरित कर दिया जाए।

कथन-II: रुपांतरण की प्रक्रिया के परिणाम को आभासी चर कहते हैं।

उपरोक्त कथनों के आलोक में, नीचे दिए गए विकल्पों में से सही उत्तर का चयन कीजिए:

(a) कथन I और II दोनों असत्य हैं।
(b) कथन I और II दोनों सत्य हैं।
(c) कथन I असत्य है, किन्तु कथन II सत्य है।
(d) कथन I सत्य है, किन्तु कथन II असत्य है।

41. रॉबिन्स एवं अन्य के अनुसार किसी संगठन में प्रभावी संप्रेषण में आनेवाले अवरोधों का क्रम है:

A. भाषा
B. भावनाएँ
C. चयनात्मक प्रत्यक्षण
D. सूचना भार
E. फिल्टरिंग

नीचे दिए गए विकल्पों में से सही उत्तर का चयन कीजिए:

(a) A, B, D, E, C (b) B, C, D, A, E
(c) D, A, E, C, B (d) E, C, D, D, A

42. सूची-I को सूची-II से सुमेलित कीजिए:

सूची-I	सूची-II
(चिंतन टोपी प्रणाली (थिंकिंग हैट सिस्टम))	(अवधारणाएं और विचार)
A. श्वेत टोपी	I. निर्णय और विचार-तार्किक निषेधात्मक
B. लाल टोपी	II. प्रदत्त संग्रह - तथ्य, आँकड़े, सूचना की आवश्यकताएं और कमियाँ
C. काली टोपी	III. उद्दीपन, विक्लप और रचनात्मक - प्रस्ताव
D. हरी टोपी	IV. अंतर्ज्ञान और भावनाएं

नीचे दिए गए विकल्पों में से सही उत्तर चुनिए:

(a) A-I, B-III, C-II, D-IV

(b) A-II, B-IV, C-I, D-III

(c) A-III, B-II, C-IV, D-I

(d) A-IV, B-I, C-III, D-II

43. सूची-I को सूची-II से सुमेलित कीजिए:

सूची-I (प्रभावी संप्रेषण के तत्त्व)	सूची-II (वर्णन)
A. सामान्य सन्दर्भ विन्यास	I. समान पृष्ठभूमि के लोगों से संप्रेषण करना
B. सर्वसमता	II. बोधगम्य भाषा का प्रयोग
C. भाषा प्रासंगिकता	III. संकेतक और विसंकेतक के बीच सामान्य रूचि के सन्देश
D. अनुरुप परिवेश	IV. अभिग्राहक और प्रेषक के बीच संगतता

नीचे दिए गए विकल्पों में से सही उत्तर चुनिए:

(a) A-I, B-II, C-III, D-IV

(b) A-II, B-III, C-IV, D-I

(c) A-III, B-IV, C-I, D-II

(d) A-IV, B-III, C-II, D-I

44. इस श्रृंखला में अगली संख्या कौन सी आएगी?

6, 4, 2.5, 1.5, ?

(a) $\frac{0.5}{0.5}$ (b) $\frac{-0.5}{-0.5}$

(c) $\frac{1}{1}$ (d) $\frac{-1}{-1}$

45. भारत में उच्च शिक्षा में लिंग समानता सूचकांक है:

(a) $\frac{0.98}{0.98}$ (b) $\frac{0.99}{0.99}$

(c) $\frac{1.1}{1.1}$ (d) $\frac{1}{1}$

गद्यांश को पढें और प्रश्नों के उत्तर दें:

इस तथ्य के बावजूद कि भारत में सामाजिक सुरक्षा कार्यक्रम ढाँचागत समायोजन की प्रतिक्रियाएँ नहीं बल्कि उनका अपना एक लंबा इतिहास है, भारत में सामाजिक व्यय पर बजट में की जाने वाली कटौतियों से विशेष रूप से प्रभाव पड़ने का खतरा रहता है। सामाजिक क्षेत्र सरकारी व्यय का एक प्रमुख क्षेत्र है जिसमें गरीबी कम करने के लिए हस्तक्षेप, स्वास्थ्य, शिक्षा, पोषण, समाज सहायता और समाज कल्याण सम्मिलित है। सरकार के अधिकांश विभाग किसी न किसी रूप में इस विस्तृत मद के तहत खर्च करने के लिए उत्तरदायी होते हैं। यह क्षेत्र अति विभाज्य है जिसके चलते वास्तविक व्यय में वृद्धिपरक एवं खंडश: कमियाँ लाने की सुविधा प्राप्त होती है। इसका राजनीतिक घटक कमजोर है और इसमें तकनीकी विशेषज्ञ लोगों का बोलबाला है। ऐतिहासिक रुप से राज्य हस्तक्षेपवाद की आलोचना करते रहने वाले अधिकांश मूल्यांकनात्मक शोध से इसे और अधिक निर्बल कर दिया है। ऐसे कृत्यों का मूल लक्ष्यों से हटके अन्य रूपों में प्रयोग हो रहा है-

इस क्षेत्र को सुधारने के लिए नहीं बल्कि इसके प्रमुख घटकों को पूर्णतया समाप्त करने के तर्क के रूप में। वैसे 1991 से सामाजिक क्षेत्र पर व्यय में उतनी कमी नहीं आई है जितनी प्रत्याशित थी। इसकी विभागीय व्याप्ति के बावजूद या उसके कारण यह सकल राष्ट्रीय उत्पाद का बहुत ही छोटा हिस्सा है, इतना छोटा कि इसमें कटौती करना संभव न हो रू 2.4 प्रतिशत जबकि मलेशिया में यह 6.5 प्रतिशत है, बोट्स्वाना में 12.2 प्रतिशत और ओईसीडी देशों में 15–25 प्रतिशत। यद्यपि सामाजिक क्षेत्र पर व्यय में कई प्रकार के दोष हैं –स्थानीय विषमताएँ, व्यय के स्तरों में परस्पर-विरोधी सामयिक प्रवृत्तियाँ और कल्याण के हर घटक में विशिष्ट संयोजनों और ढांचों का होना–तथापि कटौतियों का व्यापक विरोध हुआ है और कुछ भारतीय राज्यों ने सामाजिक व्यय को सुरक्षित रखने के लिए अपने चालू ऋण में वृ) की है। सौभाग्यवश और अनिवार्यत: ऐसा आनुमानिक वाड्मय है जो, कभी – कभी दूसरे स्थानों से उदाहरण लेते हुए, सामाजिक व्यय में कटौतियों के संभावित परिणामों की भविष्यवाणी करता है। परन्तु लाए गए सुधारों का समाज कल्याण पर वास्तविक प्रभाव के प्रमाण के रूप में इन्हें लेना बड़ी जल्दबाजी होगी। समाज कल्याण का रूपांतरण कई दशकों की दीर्घावधि योजना है।

46. गरीबी कम करने के कार्यक्रमों पर सरकारी खर्च पर किसका प्रभाव पड़ता है?

(a) वास्तविक अर्थ में कम किया गया व्यय

(b) भावी लाभार्थियों द्वारा अधिक माँग

(c) वित्तपोषण के लिए कई समाज कल्याण कार्यक्रमों के बीच प्रतिस्पर्धा होना

(d) बहुत सारे विभाज्य आबंटन

47. भारत में सामाजिक सुरक्षा कार्यक्रम किस समस्या का सामना करते हैं?

(a) प्रत्यक्ष कार्यान्वयन

(b) सरकार का अधिक हस्तक्षेप

(c) परोक्ष कार्यान्वयन

(d) ढाँचागत पुनर्व्यवस्था

48. भारत में सामाजिक क्षेत्र किसका अनुभव कर रहा है?

(a) आनुमानिक वाड्मय का बड़ा भंडार

(b) समाज कल्याण के संयोजन और ढाँचों में परिवर्तन

(c) कुछ राज्यों द्वारा अपने सामाजिक सुरक्षा उपायों को सुरक्षित रखने के लिए बढ़ा हुआ चालू ऋण खाता

(d) कुछ विशिष्ट क्षेत्रों में बजटीय आबंटनों का बढ़ाया जाना

49. विशेषज्ञों की मूल्यांकन रिपोर्टों का प्रयोग किया जाता है:

(a) सामाजिक सुरक्षा व्यवस्था को समाप्त करने को उचित ठहराने के लिए

(b) समाज कल्याण क्षेत्र को सुधारने के लिए

(c) सामाजिक सुरक्षा के राजनीतिक घटक को मजबूती प्रदान करने के लिए
(d) सामाजिक क्षेत्र पर किए जाने वाले सरकारी व्यय का समर्थन करने के लिए

50. इस गद्यांश का सार है कि
(a) वास्तव में निधियों का समाज कल्याण से इतर क्षेत्रों में विविधीकरण उचित है।
(b) भारत में सामाजिक सुरक्षा व्यवस्था को मजबूती प्रदान करना चाहिए।
(c) समाज कल्याण व्यवस्था समाप्त कर देनी चाहिए।
(d) भारत में समाज कल्याण के उपायों की उपयोगिता का कोई प्रमाण नहीं है।

उत्तरमाला (Answer Key)

1. (d)	**2.** (c)	**3.** (c)	**4.** (c)	**5.** (d)	**6.** (b)	**7.** (a)	**8.** (b)	**9.** (b)	**10.** (d)
11. (a)	**12.** (a)	**13.** (b)	**14.** (a)	**15.** (d)	**16.** (a)	**17.** (b)	**18.** (d)	**19.** (d)	**20.** (b)
21. (b)	**22.** (b)	**23.** (d)	**24.** (d)	**25.** (c)	**26.** (c)	**27.** (d)	**28.** (c)	**29.** (c)	**30.** (c)
31. (c)	**32.** (a)	**33.** (b)	**34.** (b)	**35.** (a)	**36.** (b)	**37.** (a)	**38.** (d)	**39.** (c)	**40.** (b)
41. (d)	**42.** (b)	**43.** (d)	**44.** (c)	**45.** (d)	**46.** (a)	**47.** (d)	**48.** (c)	**49.** (a)	**50.** (b)

*परीक्षा में 1, 2 या अधिक चुनौतीपूर्ण प्रश्न हो सकते हैं।

संकेत और स्पष्टीकरण

प्रश्न 1 - 5 तक आंकड़ा व्याख्या से लिए गए हैं:

असफल विद्यार्थी (प्रतिशत) = 100 - पास होने वाले विद्यार्थियों का प्रतिशत

वर्ष 2019 में विभिन्न राज्यों से असफल होने वाले विद्यार्थियों की राज्यवार संख्या

राज्य A = 185000 × (100 – 28) /100 = 185000 × 72/100 = 133200

राज्य B = 210000 × (100 – 43) /100 = 210000 × 57/100 = 119700

राज्य C = 250000 × (100 – 42) /100 = 250000 × 58/100 = 145000

राज्य D = 270000 × (100 – 34)/100 = 270000 × 66/100 = 178200

1. (d)

कुल असफल विद्यार्थी = 133200 + 119700 + 145000 + 178200 = 576200

वांछित औसत = कुल असफल विद्यार्थी / दिए गए कुल राज्य

= 576200 / 4 = 144025

2. (c)

सभी वर्षों में राज्य B से सफल होने वाले विद्यार्थियों की संख्या

वर्ष 2016 = 164000 × 42/100 = 68880

वर्ष 2017 = 172000 × 41/100 = 70520

वर्ष 2018 = 202000 × 37/100 = 74740

वर्ष 2019 = 210000 × 43/100 = 90300

वर्ष 2020 = 190000 × 46/100 = 87400

इस प्रकार, राज्य B से वर्ष 2019 में सर्वाधिक अभ्यर्थी प्रवेश परीक्षा में सफल हुए।

3. (c)

सभी वर्षों में राज्य A से सफल होने वाले विद्यार्थियों की संख्या

वर्ष 2016 = 231000 × 32/100 = 73920

वर्ष 2017 = 202000 × 44/100 = 88880

वर्ष 2018 = 198000 × 39/100 = 77220

वर्ष 2019 = 185000 × 28/100 = 51800

वर्ष 2020 = 220000 × 33/100 = 72600

कुल योग = 73920 + 88880 + 77220 + 51800 + 72600 = 364420

अत: वर्ष 2016 से 2020 तक राज्य A से प्रवेश परीक्षा में सफल होने वाले कुल विद्यार्थियों की संख्या 364420 है।

4. (c)

वर्ष **2020** में सभी राज्यों से सफल होने वाले विद्यार्थियों की संख्या:

राज्य A = 220000 × 33/100 = 72600

राज्य B = 190000 × 46/100 = 87400

राज्य C = 255000 × 30/100 = 76500

राज्य D = 300000 × 35/100 = 105000

विद्यार्थियों की औसत संख्या = (72600 + 87400 + 76500 + 105000)/4 = 341500/4 = 85375

5. (d)

वर्ष 2017 में सभी राज्यों से सफ्ल होने वाले विद्यार्थियों की कुल संख्या:

राज्य A = 20000 × 44/100 = 88880

राज्य B = 172000 × 41/100 = 70520

राज्य C = 245000 × 36/100 = 88200

राज्य D = 310000 × 32/100 = 99200

सभी राज्यों से वर्ष 2017 में सफ्ल होने वाले विद्यार्थियों की कुल संख्या = 88880 + 70520 + 88200 + 99200 = 346800

वर्ष 2018 में सभी राज्यों से सफल होने वाले विद्यार्थियों की कुल संख्या:

राज्य A = 198000 × 39/100 = 77220

राज्य B = 202000 × 37/100 = 74740

राज्य C = 220000 × 33/100 = 72600

राज्य D = 290000 × 31/100 = 89900

सभी राज्यों से वर्ष 2018 में सफल होने वाले विद्यार्थियों की कुल संख्या = 72220 + 74740 + 72600 + 89900 = 314460

अत: अंतर = 346800 – 314460 = 32340

6. (b) शोध अभिवृत्ति (Research Aptitude)

प्रसामान्य बंटन चक्र का उपयोग परिकल्पना परीक्षण (hypothesis testing) में किया जाता है। परिकल्पना दो प्रकार की होती है - शून्य परिकल्पना और वैकल्पिक परिकल्पना (Null hypothesis and Alternative hypothesis)। शून्य परिकल्पना आमतौर पर 'स्वीकृत तथ्य' (accepted fact) माना जाता है कि आश्रित और स्वतंत्र परिकल्पना के बीच कोई अंतर नहीं है (there is no difference between dependent and independent variables) या फिर हम मान कर चलते हैं कि population parameter और sample statistic में कोई अंतर नहीं है। शून्य परिकल्पना अक्सर एक प्रारंभिक दावा होता है जो पिछले विश्लेषणों या विशेष ज्ञान पर आधारित होता है। शून्य परिकल्पना वैकल्पिक परिकल्पना के विपरीत माना जाता है।

शोधकर्ता एक वैकल्पिक परिकल्पना के साथ भी आते हैं, उन्हें यह लगता है कि एक घटना की व्याख्या करता है। शोधकर्त्ता प्रतिदर्श (न्यादर्श या सैंपल) के माध्यम से शून्य परिकल्पना को अस्वीकार या निरस्त करने का प्रयास करते हैं, ताकि वैकल्पिक परिकल्पना को सही माना जा सके। इस कार्य के लिए उनको आत्मविश्वास स्तर (confidence level / level of significance) की सहायता भी लेते हैं, जो कि 1%, 5% या 10% हो सकता है। संपूर्ण सामान्य वितरण वक्रके अंतर्गत आने वाला क्षेत्र 1, या 100 प्रतिशत है। Z-तालिका या T-तालिका हमें यह बताकर सहायता करती है कि किसी विशेष बिंदु पर वक्र के नीचे कितना प्रतिशत है।

सामान्य वितरण वक्र (normal distribution curve) की विशेषताएं निम्नलिखित हैं:

1. यह घंटी के आकार (bell shaped) का वक्र है और दिखने में सममित (symmetrical) है।
2. सामान्य वितरण वक्रकी ऊंचाई माध्य (mode) पर अधिकतम होती है। इसलिए माध्य, बहुलक और माध्यिका वितरण के केंद्र में संपाती (coincide) होती है।
3. वक्र असंख्य (infinite) प्रेक्षणों पर आधारित होता है।
4. चूंकि, केवल एक अधिकतम बिंदु होता है, सामान्य वक्र एकरूप होता है, अर्थात इसमें केवल एक बहुलक होता है।

5. प्रथम और तृतीय चतुर्थांश (quarter) माध्य से समान दूरी पर स्थित होते हैं।

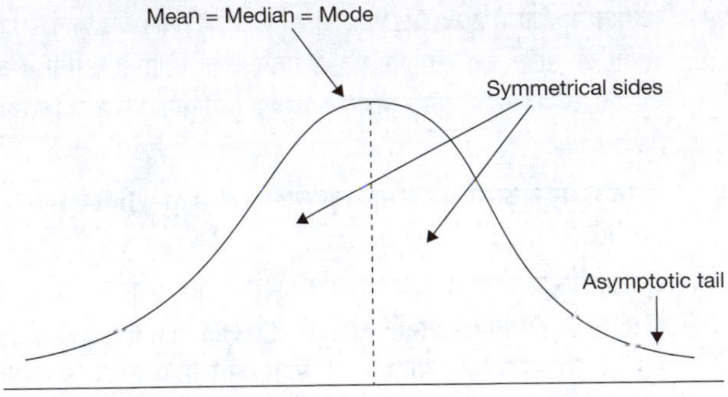

7. **(a) लोग, विकास और पर्यावरण (People, Development and Environment)**

एसडीजी भारत सूचकांक, संयुक्त राष्ट्र द्वारा आरंभ किए गए सतत विकास लक्ष्यों (एसडीजी) के आधार पर देश और भिन्न-भिन्न राज्यों की प्रगति को मापने के लिए नीति आयोग द्वारा तैयार किया जाने वाला एक सूचकांक है। नीति आयोग सूचकांक का उद्देश्य भारतीय राज्यों और केंद्र शासित प्रदेशों की प्रगति का आकलन एक एकल मापनीय सूचकांक के माध्यम से करना है, जो एक नीति उपकरण के रूप में कार्य करेगा और राज्य स्तर पर सुधारात्मक उपायों के लिए उत्तरदायी है।

भारत में नीति आयोग के एसडीजी सूचकांक के अनुसार, गुजरात राज्य एसडीजी. 9 (उद्योग, नवाचार और इंफ्रास्टक्चर) पर सबसे बेहतर निष्पादन करने वाला राज्य है।

यहां हम सुशासन सूचकांक (Good Governance Index) - 2021 की बात भी कर रहे हैं, जिसके अंतर्गत गुजरात को शीर्ष स्थान मिला है। दूसरे स्थान पर महाराष्ट्र और तीसरे स्थान पर गोवा रहे हैं। गुजरात ने आर्थिक प्रशासन, मानव संसाधन विकास, सार्वजनिक अवसंरचना और सुविधाएं, समाज कल्याण और विकास, न्यायिक और जन सुरक्षा में श्रेष्ठ प्रदर्शन किया।

8. **(b) सूचना और संचार प्रौद्योगिकी (Information and Communication Technology)**

1. **सिम्प्लेक्स डाटा संचरण (Half – duplex data transmission):** सिम्प्लेक्स डेटा ट्रांसमिशन मोड है, जिसमें डेटा केवल एक दिशा में प्रवाहित हो सकता है, अर्थात संचार दिशाहीन है।
2. **अर्ध - डुप्लेक्स डाटा संचरण (Half – duplex data transmission):** अर्ध डुप्लेक्स डाटा संचरण दोनों दिशाओं में होता है, लेकिन एक ही समय में नहीं।
3. **पूर्ण डुप्लेक्स डाटा संचरण (Full duplex data transmission):** पूर्ण डुप्लेक्स डाटा संचरण एक साथ दोनों दिशाओं में होता है।
4. **श्रेणीबद्ध डाटा संचरण (Serial data transmission):** श्रेणीबद्ध डाटा संचरण तब होता है, जब एक डेटा चैनल पर एक बार में एक बिट सूचना संप्रेषित की जाती है। सीरियल इंटरफेस सामान्य तौर पर, डेटा संचार उपकरण (डीसीई) जैसे मोडेम को डाटा टर्मिनल उपकरण (डीटीई) जैसे कंप्यूटर और टर्मिनल से जोड़ने और डीसीई को डीटीई से जोड़ने के लिए उपयोग किया जाता है।
5. **समानांतर डाटा संचरण (Parallel data transmission):** समानांतर ट्रांसमिशन (जैसे, 8 बिट्स) में प्रत्येक बिट एक समानांतर लिंक पर डाटा संप्रेषण के लिए एक भिन्न तार का उपयोग करता है और एक भिन्न लाइन का उपयोग क्लॉक सिग्नल के रूप में किया जाता है। यह डेटा उपलब्ध होने पर प्राप्तकर्ता को सूचित करने का कार्य करता है।

9. **(a) शोध अभिवृत्ति (Research Aptitude)**

सोलोमन का चार समूह अभिकल्प (Solomon four group design): यह एक शोध डिजाइन है, जो बाद के परीक्षण के परिणामों पर हेर फेर के प्रभाव को ध्यान में रखने का प्रयास करता है। कुछ शोध डिजाइन में एक पूर्व-परीक्षण सम्मिलित होता है, जिसे किसी परीक्षण के संपर्क में आने से पूर्व लिया जाता है और एक परीक्षण के बाद में जो किसी उपचार के संपर्क में आने के पश्चात् दिया जाता है।

अतः इसमें नियंत्रण और प्रायोगिक समूहों का एक अतिरिक्त समुच्चय (set) होता है।

परीक्षणोपरांत केवल नियंत्रण समूह अभिकल्प (post-test only control group design): यह एक शोध डिजाइन है, जिसमें कम से कम दो समूह होते हैं, जिनमें से एक को उपचार या हस्तक्षेप नहीं मिलता है और परीक्षण के बाद परिणाम माप पर आंकड़े एकत्र किये जाते हैं। यह पूर्व - निरीक्षित समूहों को पूर्णतया छोड़ देता है।

वन शॉट केस अध्ययन (One shot case study): इसके अंतर्गत, निष्कर्ष निकालना कठिन है, क्योंकि हस्तक्षेप और परिणाम के मध्य कोई विशिष्ट कारण और प्रभाव संबंध नहीं है। इसके अंतर्गत परिवर्तन को प्रेक्षित करने के लिए एक समय में एक समूह का प्रेक्षण किया जाता है।

सहसंबंधात्मक अभिकल्प (Correlational design): सहसंबंधी अध्ययन का उद्देश्य यह पता लगाना है कि क्या दो चर या विशेषताओं के मध्य कोई संबंध या अन्योन्याश्रयता (interdependence) है और ऐसे संबंधों की डिग्री का पता लगाना है । सहसम्बन्धी शोध घटनाओं के मध्य सम्बन्धों की भविष्यवाणी करने की दृष्टि से किया जाता है और कुछ स्थितियों में उनकी घटना को नियंत्रित करना है। यह एक क्रॉस - सेक्शनल अभिकल्प है।

10. **(d) गणितीय तर्क और अभिवृत्ति (Mathematical Reasoning and Aptitude)**

संख्या 89325324 संख्या 66 से पूर्ण रूप से विभाज्य है। यह एक प्रत्यक्ष प्रश्न है, प्रत्यक्ष भाग विधि से सही उत्तर प्राप्त किया जा सकता है। इस प्रकार, कथन I सत्य है।

कथन II, प्राकृत संख्याओं के समुच्चय को पूर्ण संख्या का समुच्चय नहीं कहा जा सकता। प्राकृत संख्या और पूर्ण संख्या के मध्य अंतर इस प्रकार है:

प्राकृत संख्याओं में 1 से अनंत (∞) तक के सभी धनात्मक पूर्णांक सम्मिलित होते हैं और इनका उपयोग गिनती के उद्देश्य से भी किया जाता है। प्राकृत संख्याओं के समुच्चय को 'N' अक्षर द्वारा निरूपित किया जाता है

पूर्ण संख्याओं में संख्या 0 सहित सभी प्राकृत संख्याएं सम्मिलित होती हैं। दूसरे शब्दों में, सभी प्राकृत संख्याएं पूर्ण संख्याएं होती हैं, लेकिन सभी पूर्ण संख्याएं प्राकृत संख्याएं नहीं होती हैं।

प्राकृत संख्याएं (Natural Numbers) = {1,2,3,4,5,6,7,8, 9...}

पूर्ण संख्याएं (Whole Numbers) = {0,1,2,3,4,5,7,8, 9...}

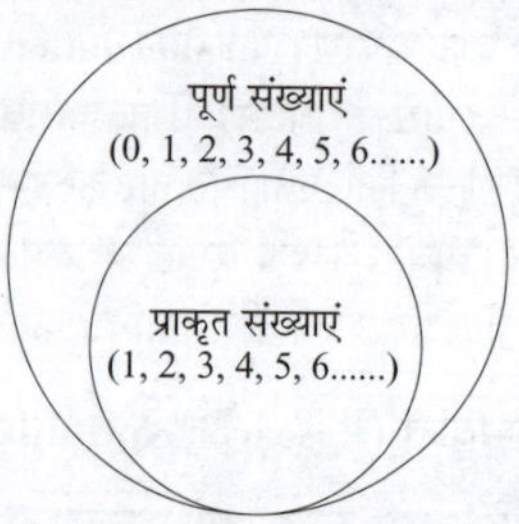

11. (a) शिक्षण अभिवृत्ति (Teaching Aptitude)

क्षमताओं (competencies) से अभिप्राय कौशल या ज्ञान से है, जिससे प्रदर्शन को बेहतर किया जा सकता है।

वैयक्तिक क्षमताएं (personnel competencies) निर्धारित करती हैं कि हम अपना प्रबंधन कैसे करते हैं। इसके विपरीत, सामाजिक क्षमताएं निर्धारित करती हैं कि हम संबंध कैसे निभाते हैं। अत: दोनों कथन सत्य हैं।

12. (a) शोध अभिवृत्ति (Research Aptitude)

बहिरंग चर (Extraneous variable): एक बहिरंग चर को मानवकृति (artifact) के रूप में भी जाना जाता है। वास्तविक जीवन स्थितियों में, कई कारक या चर हो सकते हैं, जो परिणाम को प्रभावित करते हैं। इन चरों को बहिरंग चर कहा जाता है। बहिरंग चर भी आश्रित चर को प्रभावित कर रहे हैं, हालांकि शोधकर्ता द्वारा इनमें हेरफेर नहीं किया गया है।

वे स्वतंत्र चर और आश्रित चर के मध्य संबंध को छिपा सकते हैं। बहिरंग चर प्रत्यक्ष रूप से आश्रित चर को प्रभावित कर सकते हैं या एक प्रभाव उत्पन्न करने के लिए स्वतंत्र चर के साथ संयोजन कर सकते हैं। इसलिए, बहिरंग चर को नियंत्रित किया जाना चाहिए, ताकि प्रयोगकर्ता यह निर्धारित कर सके कि स्वतंत्र चर में भिन्नता के संबंध में आश्रित चर परिवर्तित होता है या नहीं। स्वतंत्र, आश्रित और बहिरंग चरों के मध्य संबंध को निम्न आरेख की सहायता से दर्शाया जा सकता है।

स्वतंत्र, आश्रित, बाह्य चरों के मध्य संबंध
(Independent, dependent, and extraneous variables in a causal relationship)

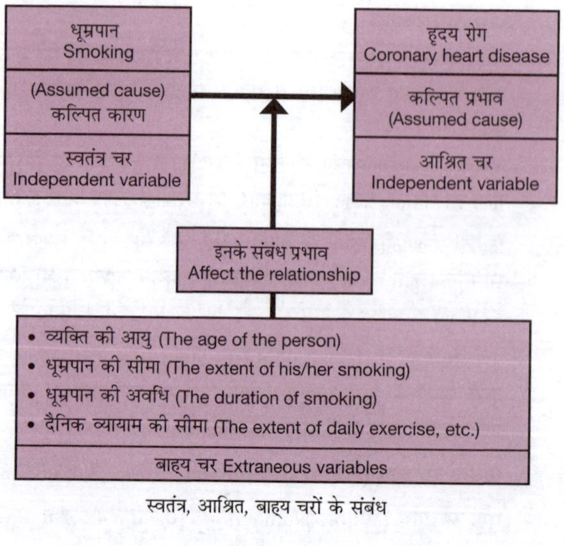

स्वतंत्र, आश्रित, बाह्य चरों के संबंध

13. (a) लोग, विकास और पर्यावरण (People, Development and Environment)

वर्तमान में, देश में 39.25 GW (31 मार्च 2021 तक) की कुल स्थापित क्षमता के साथ विश्व स्तर पर चतुर्थ, पवन ऊर्जा स्थापित क्षमता है और वर्ष 2020-21 के दौरान लगभग 60.149 बिलियन यूनिट का उत्पादन किया गया।

भारत में पवन ऊर्जा की संभाव्यता (Potential of wind energy of India)

सरकार ने राष्ट्रीय पवन ऊर्जा संस्थान (NIWE) के माध्यम से पूरे देश में 800 से अधिक पवन-निगरानी स्टेशन स्थापित किए हैं और भूमि स्तर से 50 मीटर, 80 मीटर, 100 मीटर और 120 मीटर ऊपर पवन संभावित मानचित्र जारी किए हैं। वर्तमान आकलन के अनुसार, देश में 302 गीगावाट की सकल पवन ऊर्जा क्षमता को 100 मीटर और 695.50 गीगावाट भूमि स्तर से 120 मीटर ऊपर इंगित करता है। इस क्षमता का अधिकांश भाग सात तीव्र हवाओं वाले राज्यों में उपलब्ध है। इसकी व्याख्या निम्नलिखित सारणी के माध्यम से की जा सकती है:

क्र. सं.	राज्य (State)	पवन ऊर्जा क्षमता 100 m GW	पवन ऊर्जा क्षमता 120 m (GW)
1.	गुजरात	84.43	142.56
2.	राजस्थान	18.77	127.75
3.	महाराष्ट्र	45.39	98.21
4.	तमिलनाडु	33.79	68.75
5.	मध्य प्रदेश	10.48	15.40
6.	कर्नाटक	55.85	124.15
7.	आंध्र प्रदेश	44.22	74.90

इस प्रकार, घटते क्रम में जमीनी स्तर से 100 मीटर ऊपर पवन ऊर्जा क्षमता का सही क्रम गुजरात > कर्नाटक > आंध्र प्रदेश > तमिलनाडु > अंडमान और निकोबार द्वीप समूह है।

14. (a) सूचना और संचार प्रौद्योगिकी (Information and Communication Technology)

वर्ल्ड वाइड वेब (WWW): यह इंटरनेट का एक सबसेट है और इंटरनेट पर उपलब्ध लेखों और एप्लिकेशन का एक संग्रह है। इस प्रकार, वर्ल्ड वाइड वेब वेबसाइटों पर संग्रहित वेबपेजों का संग्रह है।

हाइपरटेक्स्ट प्रीप्रोसेसर (PHP): हाइपरटेक्स्ट प्रीप्रोसेसर (PHP) एक लोकप्रिय स्क्रिप्टिंग भाषा है, जिसका उपयोग आकर्षक, उपयोगकर्ता के अनुकूल और इंटरैक्टिव वेब पेज बनाने के लिए किया जाता है। PHP ओपन-सोर्स है जिसका अर्थ है कि यह अच्छी तरह से प्रलेखित है और इसे सरलता से वेब से नि:शुल्क डाउनलोड किया जा सकता है। इसे वर्ष 1994 में Rasmus Lerdorf द्वारा बनाया गया था।

इंटरकनेक्टेड नेटवर्क: इसका अर्थ कंप्यूटर नोड्स का एक सेट है, जिसमें व्यक्तिगत कंप्यूटर, मोबाइल डिवाइस और भौतिक या वर्चुअल

सर्वर सम्मिलित हैं, लेकिन यह केवल इन्हीं तक सीमित नहीं हैं, जो उपयोगकर्ताओं के बीच डेटा के प्रसारण की सुविधा के लिए एक साथ जुड़े हुए हैं।

वेब ब्राउज़र: ब्राउज़र वर्ल्ड वाइड वेब तक पहुंचने के लिए एक एप्लीकेशन सॉफ्टवेयर है। जब कोई उपयोगकर्ता किसी विशेष वेबसाइट से वेब पेज का अनुरोध करता है, तो वेब ब्राउज़र वेब सर्वर से आवश्यक सामग्री प्राप्त करता है और फिर यह उपयोगकर्ता के डिवाइस पर पेज प्रदर्शित करता है।

वेब ब्राउज़र का उपयोग कई प्रकार के उपकरणों पर किया जाता है, जिनमें डेस्कटॉप, लैपटॉप, टैबलेट और स्मार्टफ़ोन शामिल हैं। सबसे अधिक उपयोग किया जाने वाला ब्राउज़र गूगल क्रोम (Google Chrome) है, जिसकी वैश्विक बाजार में भागीदारी 65% है, तत्पश्चात सफारी (Safari) का प्रतिशत 18% है।

एक वेब ब्राउज़र एक खोज इंजन (search engine) के समान नहीं है। एक सर्च इंजन एक वेबसाइट है जो अन्य वेबसाइटों के लिंक प्रदान करती है। हालांकि, किसी वेबसाइट के सर्वर से जुड़ने और उसके वेब पेज प्रदर्शित करने के लिए, उपयोगकर्ता के पास एक वेब ब्राउज़र स्थापित होना चाहिए।

15. (d) उच्च शिक्षा प्रणाली (Higher Education System)

यूनेस्को विश्व विरासत स्थल ऐसे विशेष स्थानों को कहा जाता है, जो विश्व विरासत स्थल समिति द्वारा चयनित होते हैं। इस कार्यक्रम का उद्देश्य विश्व के ऐसे स्थलों को चयनित एवं संरक्षित करना होता है जो विश्व संस्कृति की दृष्टि से मानवता के लिए महत्वपूर्ण हैं। उदाहरण के लिए वन क्षेत्र, पर्वत, झील, मरुस्थल, स्मारक, विश्वविद्यालय, भवन, नगर इत्यादि।

प्रत्येक विरासत स्थल उस देश विशेष की संपत्ति होती है, जिस देश में वह स्थल स्थित हो। अंतर्राष्ट्रीय समुदाय का हित भी इसी में होता है कि वे आनेवाली पीढ़ियों के लिए और मानवता के हित के लिए इनका संरक्षण करें। इस प्रकार इनके संरक्षण की जिम्मेवारी पूरे विश्व समुदाय की होती है।

कुछ खास परिस्थितियों में ऐसे स्थलों को इस समिति द्वारा आर्थिक सहायता भी दी जाती है। अब तक (जुलाई 2021 तक) पूरे विश्व में लगभग 1154 स्थलों को विश्व विरासत स्थल घोषित किया जा चुका है जिसमें 897 सांस्कृतिक, 218 प्राकृतिक, 39 मिले-जुले और 138 अन्य स्थल हैं।

प्राचीन काल के तक्षशिला और नालंदा विश्वविद्यालय को यूनेस्को द्वारा धरोहर स्थल घोषित किया गया है।

नालंदा: नालंदा महाविहार पटना से 98 किमी दूर विश्व धरोहार स्थल है। यह भारतीय उपमहाद्वीप के प्राचीनतम विश्व विद्यालयों में से एक है। यह 800 वर्षों की बाधित अवधि में ज्ञान के संगठित प्रसारण में लगा हुआ है। 800 वर्षों पुरानी इस साइट का ऐतिहासिक विकास बौद्ध धर्म के धर्म में विकास और मठवासी और शैक्षिक परंपराओं के साक्ष्य प्राप्त होते हैं।

तक्षशिला: यह पंजाब, पाकिस्तान में एक महत्वपूर्ण पुरातात्विक स्थल है। तक्षशिला को यूनेस्को की विश्व धरोहर स्थल घोषित किया गया था। वर्ष 2006 में इसे गार्जियन अखबार द्वारा पाकिस्तान में शीर्ष पर्यटन स्थल के रूप में स्थान दिया गया था। कुछ लेखों के अनुसार, प्राचीन तक्षशिला विश्वविद्यालय को विश्व के आरम्भिक विश्वविद्यालयों में से एक माना जाता था।

तक्षशिला एक महान प्राचीन भारतीय शैक्षिक केंद्र रहा था, जिसकी स्थापना 1000 ईसा पूर्व में हुई थी। यह कई प्रभावशाली ऐतिहासिक व्यक्तित्वों की उदगम स्थली बनी:

(a) **कौटिल्य:** अर्थशास्त्र की रचना करने वाले
(b) **पाणिनी:** संस्कृत व्याकरण 'अष्टाध्यायी' के संकलनकर्ता
(c) **चरक (चरक संहिता के लेखक):** महान आयुर्वेदिक चिकित्सक
(d) **जीवक:** जिन्होंने कभी बुद्ध पर बहुत कुछ लिखा

लेकिन तक्षशिला में शिक्षा की अधिक औपचारिक (या केंद्रीकृत) व्यवस्था नहीं थी। इसने अपने छात्रों को डिग्री प्रदान नहीं की। वहां की शिक्षा प्रणाली लचीली थी, और छात्रों के अनुकूल थी। यहां के शिक्षकों ने पूरी स्वायत्तता के साथ काम किया, अपने विशिष्ट नियमों और ढंगो से अधिगम विद्यालयों की रचना की।

तक्षशिला के कामकाज का ढंग नालंदा विश्वविद्यालय से काफी भिन्न था जो कि तक्षशिला से अधिक संरचित था।

पुष्पगिरी: पुष्पगिरी विहार (या स्मारकों का समूह) एक प्राचीन बौद्ध महाविहार था। इसे ओडिशा के जाजपुर जिले में लांगुडी हिल के ऊपर स्थित मठवासी परिसर भी कहा जाता है। चीनी विद्वान सुआनज़ांग (Xuanzang) की पुष्पगिरी विहार की यात्रा इंगित करती है कि यह प्राचीन भारत में एक महत्वपूर्ण बौद्ध स्थल था। नालंदा, विक्रमशिला, ओदंतपुरी, तक्षशिला और वल्लभी की तरह, यह शिक्षा का एक प्रमुख प्राचीन केंद्र था। इसने तीसरी और ग्यारहवीं शताब्दी CE के समय काल में काफी प्रगति की।

पुष्पगिरी वन्यजीव अभयारण्य भारत के कर्नाटक राज्य के 21 वन्यजीव अभयारण्यों में से एक है। यह दुर्लभ और लुप्तप्राय पक्षी जीवन का आवास है। पुष्पगिरी वन्यजीव अभयारण्य को विश्व धरोहर स्थलों में से एक के रूप में प्रस्तावित किया गया है।

वल्लभी: वल्लभी विश्वविद्यालय बौद्ध शिक्षा का एक महत्वपूर्ण केंद्र था और 600 CE और 1200 CE के मध्य हीनयान बौद्ध धर्म का समर्थन करता था। 480-775 CE की अवधि के दौरान वल्लभी मैत्रक साम्राज्य की राजधानी थी।

मिथिला: प्राचीन मिथिला विश्वविद्यालय न्याय शास्त्र और तार्किक विज्ञान के लिए प्रसिद्ध था।

16. (a) लोग, विकास और पर्यावरण (People, Development and Environment)

भूतापीय ऊर्जा संयंत्र (geothermal power plant) मौसम की स्थिति की परवाह किए बिना, 24 घंटे प्रति दिन, 7 दिन प्रति सप्ताह चलते हुए नियमित रूप से बिजली प्रदान करते हैं। भू - तापीय ऊर्जा संयंत्र का विद्युत उत्पादन अत्यधिक अनुमानित और स्थिर होता है।

भू-तापीय विद्युत संयंत्र का प्रमुख दोष यह है कि यह एक विशिष्ट स्थान पर ही निर्मित किये जा सकते हैं, इन्हें सरलता से स्थानांतरित नहीं किया

जा सकता है। इसके अतिरिक्त, भूतापीय बिजली संयंत्र भूकंप को ट्रिगर करते हैं, जो खुदाई के परिणामस्वरूप पृथ्वी की संरचना में परिवर्तन के कारण उत्पन्न होता है।

इसके अलावा, परमाणु ऊर्जा एकमात्र ऊर्जा स्रोत है, जो 24 घंटे कार्बन मुक्त एवं विश्वसनीय ऊर्जा प्रदान करती है। पवन, सौर और ऊर्जा भंडारण के साथ-साथ हमारे कार्बन मुक्त भविष्य में परमाणु की महत्वपूर्ण भूमिका है। यह एक कार्बन-मुक्त ऊर्जा है, जिसे हम 24/7/365 दिन प्राप्त कर सकते हैं।

17 (b) युक्तियुक्त तर्क (Logical Reasoning)

अस्तित्वपरक तर्कदोष (Existential fallacy) : आधुनिक तर्कशास्त्र में, किसी वर्ग के सदस्य होने की धारणा को अस्वीकार्य माना जाता है। वर्ष 1905 में बर्ट्रेंड रसेल ने 'द एक्जस्टिंशियल इम्पोर्ट ऑफ़ प्रपोजशिन' नामक एक निबंध लिखा जिसमें उन्होंने इस बूलियन दृष्टिकोण को 'पीनो की व्याख्या' कहा। इसके अंतर्गत, हम मानते हैं कि एक वर्ग में सदस्य होते हैं, भले ही हमें स्पष्ट रूप से प्रदर्शित नहीं किया गया हो।

व्यावर्तक आधारिका (Exclusive premises) : यह एक क्लासिकल न्यायशास्त्र में प्रतिबद्ध तर्कदोष है, जो अमान्य है क्योंकि इसके दोनों प्रस्ताव नकारात्मक हैं।

अवैध साध्य (Illicit major) : अवैध साध्य एक स्पष्ट सिद्धांत में प्रतिबद्ध एक औपचारिक तर्कदोष है, जो अमान्य है क्योंकि इसका वृहत पद, प्रमुख प्रस्ताव में वितरित नहीं किया गया है लेकिन निष्कर्ष में वितरित किया गया है।

अव्याप्त हेतु **(Undistributed middle)** : अव्याप्त हेतु की भ्रांति एक औपचारिक तर्कदोष है, जो तब प्रतिबद्ध होती है जब एक श्रेणीबद्ध न्यायशास्त्र में मध्य पद को प्रमुख प्रस्ताव में वितरित नहीं किया जाता है।

18. (d) उच्च शिक्षा प्रणाली (Logical Reasoning)

बीसीआई (BCI): बार काउंसिल ऑफ इंडिया अधिवक्ता अधिनियम 1961 की धारा 4 के अंतर्गत स्थापित एक वैधानिक निकाय है, जो भारत में कानूनी अभ्यास और कानूनी शिक्षा को नियंत्रित करता है। यह वृत्तिक आचरण (professional ethics) एवं शिष्टाचार के मानकों को निर्धारित करता है और बार काउंसिल पर अनुशासनात्मक अधिकार क्षेत्र का प्रयोग करता है। यह कानूनी शिक्षा के लिए मानक भी निर्धारित करता है और विश्वविद्यालयों को मान्यता प्रदान करता है।

एनसीटीई (NCTE): राष्ट्रीय शिक्षक शिक्षा परिषद, वर्ष 1973 से अपनी पूर्व स्थिति में, शिक्षक शिक्षा से संबंधित सभी विषयों पर केंद्र और राज्य सरकारों के लिए एक सलाहकार निकाय थी, जिसका सचिवालय राष्ट्रीय शैक्षिक अनुसंधान और प्रशिक्षण (एनसीईआरटी) परिषद के शिक्षक शिक्षा विभाग में था। राष्ट्रीय शिक्षक शिक्षा परिषद एक वैधानिक निकाय के रूप में राष्ट्रीय शिक्षक शिक्षा परिषद अधिनियम (1993) के अनुसरण में 17 अगस्त, 1995 को अस्तित्व में आया। एनसीटीई का मुख्य उद्देश्य पूरे देश में शिक्षक शिक्षा प्रणाली के नियोजित और समन्वित विकास को प्राप्त करना, शिक्षक शिक्षा प्रणाली में मानदंडों और मानकों का विनियमन और उचित रखरखाव और उससे संबंधित विषयों के लिए है।

एआईसीटीई (AICTE): अखिल भारतीय तकनीकी शिक्षा परिषद (AICTE) की स्थापना नवंबर वर्ष 1945 में एक राष्ट्रीय स्तर के शीर्ष सलाहकार निकाय के रूप में की गई थी, जो तकनीकी शिक्षा के लिए उपलब्ध सुविधाओं पर एक सर्वेक्षण करने और देश में समन्वित और एकीकृत ढंग से विकास को बढ़ावा देने के लिए थी।

एनएमसी (NMC): राष्ट्रीय चिकित्सा आयोग (National Medical Council) 33 सदस्यों का एक भारतीय नियामक निकाय है, जो चिकित्सा शिक्षा और चिकित्सा पेशेवरों को नियंत्रित करता है। 25 सितंबर 2020 को इसका नाम 'भारतीय चिकित्सा परिषद' कर दिया गया। आयोग चिकित्सा योग्यताओं को मान्यता प्रदान करता है, चिकित्सा विद्यालयों को मान्यता देता है, चिकित्सा चिकित्सकों को पंजीकरण अनुदान देता है और चिकित्सा प्रणाली की निगरानी और चिकित्सा आधारभूत ढांचे का मूल्यांकन करता है।

19. (b) सूचना और संचार प्रौद्योगिकी (Information and Communication Technology)

ईथरनेट: ईथरनेट वायर्ड कंप्यूटर नेटवर्किंग तकनीकों का एक समूह है, जो सामान्यतौर पर लोकल एरिया नेटवर्क (LAN), मेट्रोपॉलिटन एरिया नेटवर्क (MAN), और वाइड एरिया नेटवर्क (WAN) में उपयोग किया जाता है। इसे वर्ष 1980 में व्यावसायिक रूप से प्रस्तुत किया गया था। ईथरनेट पर संचार करने वाले सिस्टम डेटा की एक धारा को छोटे टुकड़ों में विभाजित करते हैं, जिन्हें फ्रेम कहा जाता है। प्रत्येक फ्रेम में स्रोत, गंतव्य पते और त्रुटि जांच के लिए डेटा होता है, ताकि क्षतिग्रस्त फ्रेमों का पता लगाया जा सके और उन्हें त्याग दिया जा सके। उच्च-परत प्रोटोकॉल लुप्त हुए फ्रेमों के पुन: संचरण को ट्रिगर करते हैं।

ईथरनेट व्यापक रूप से घरों और उद्योग में उपयोग किया जाता है और वायरलेस वाई-फाई प्रौद्योगिकियों के साथ अच्छी तरह से कार्य करता है। इंटरनेट प्रोटोकॉल सामान्य तौर पर ईथरनेट पर ले जाया जाता है और इसलिए इसे इंटरनेट बनाने वाली प्रमुख तकनीकों में से एक माना जाता है।

20. (d) उच्च शिक्षा प्रणाली (Higher Education System)

स्वयंप्रभा उपग्रह **(SAWAYAMPRABHA Satellite):** स्वयं प्रभा 40 DTH चैनलों का एक समूह है, जो जीसैट-15 उपग्रह का उपयोग करके 24 × 7 आधार पर उच्च गुणवत्ता वाले शैक्षिक कार्यक्रमों के प्रसारण के लिए समर्पित है। प्रत्येक दिन, कम से कम (4) घंटे के लिए नई सामग्री होगी, जिसे एक दिन में 5 बार दोहराया जाएगा जिससे छात्र अपनी सुविधानुसार समय चुन सकेंगे। सभी चैनल BISAG गांधीनगर से अपलिंक किए गए हैं। पठन - सामग्री एनपीटीईएलए आईआईटी, यूजीसी, सीईसी, इग्नू द्वारा प्रदान की जाती है। इनफ्लिबनेट केंद्र वेब पोर्टल का रखरखाव करता है।

21. (b) उच्च शिक्षा प्रणाली (Higher Education System)

केंद्रीय विश्वविद्यालय (Central universities): भारत में केंद्रीय विश्वविद्यालय संसद के एक अधिनियम द्वारा स्थापित किए जाते हैं और MoE में उच्च शिक्षा विभाग के अधिकार क्षेत्र में आते हैं। सामान्य तौर

पर, भारत में विश्वविद्यालयों को (यूजीसी) द्वारा मान्यता प्राप्त है, जो यूजीसी अधिनियम 1956 से अपनी शक्ति प्राप्त करता है।

31 मार्च 2021 तक यूजीसी द्वारा प्रकाशित केंद्रीय विश्वविद्यालयों की सूची में 54 केंद्रीय विश्वविद्यालय हैं।

राज्य विश्वविद्यालय (State universities): राज्य विश्वविद्यालय भारत के प्रत्येक राज्य और क्षेत्र की राज्य सरकार द्वारा चलाए जाते हैं, और सामान्य तौर पर स्थानीय विधान सभा अधिनियम द्वारा स्थापित किए जाते हैं।

डीम्ड विश्वविद्यालय (Deemed universities): डीम्ड विश्वविद्यालय या ''डीम्ड-टू-बी-यूनिवर्सिटी'', यूजीसी अधिनियम, 1956 की धारा 3 के अंतर्गत यूजीसी के सुझाव के आधार पर उच्च शिक्षा विभाग द्वारा दी गई स्वायत्तता की स्थिति है।

राज्य के राज्यपाल डीम्ड विश्वविद्यालयों के कुलाधिपति होते हैं। एक डीम्ड विश्वविद्यालय का दर्जा पाठ्यक्रम, पाठ्यक्रम, प्रवेश और शुल्क में पूर्ण स्वायत्तता की अनुमति देता है। जनवरी, 2019 में नए मानदंडों के अनुसार, डीम्ड विश्वविद्यालय का दर्जा पाने के लिए आवेदक संस्थान को कम से कम 20 वर्षों से संचालन में होना चाहिए, 100 शिक्षक और 2,000 छात्र होने चाहिए, न्यूनतम शिक्षक-छात्र अनुपात 1:20 होना चाहिए। एक तिहाई छात्रों को शोध या स्नातकोत्तर पाठ्यक्रमों में जाना चाहिए।

निजी विश्वविद्यालय (Private universities): निजी विश्वविद्यालय यूजीसी द्वारा अनुमोदित हैं। वे डिग्री दे सकते हैं लेकिन उन्हें ऑफ-कैंपस संबद्ध कॉलेज रखने की अनुमति नहीं है।

स्वायत्त संस्थान (Autonomous institutions): उपरोक्त विश्वविद्यालयों के अलावा, अन्य संस्थानों को स्वायत्त रूप से डिग्री प्रदान करने की अनुमति दी जाती है। ये संस्थान कॉलेजों से संबद्ध नहीं हैं और इन्हें आधिकारिक तौर पर ''विश्वविद्यालय'' नहीं बल्कि 'स्वायत्त संगठन या संस्थान' कहा जाता है। वे उच्च शिक्षा विभाग के प्रशासनिक नियंत्रण में आते हैं।

इन संगठनों में भारतीय प्रौद्योगिकी संस्थान, राष्ट्रीय प्रौद्योगिकी संस्थान, भारतीय विज्ञान शिक्षा और अनुसंधान संस्थान, भारतीय इंजीनियरिंग विज्ञान और प्रौद्योगिकी संस्थान, भारतीय प्रबंधन संस्थान, राष्ट्रीय कानून विद्यालय, अखिल भारतीय चिकित्सा विज्ञान और अन्य स्वायत्त संस्थान सम्मिलित हैं।

22. (b) सूचना और संचार प्रौद्योगिकी (Information and Communication Technology)

माइंड मैपिंग: माइंड मैप एक आरेख है, जिसका उपयोग सूचनाओं को दृष्टिगत रूप से व्यवस्थित करने के लिए किया जाता है। एक माइंड मैप पदानुक्रमित होता है और संपूर्ण (whole) का भागों (parts) के मध्य संबंध दिखाता है। यह अक्सर एक एकल अवधारणा के आसपास बनाया जाता है, जो एक खाली पृष्ठ के केंद्र में एक छवि के रूप में प्रदर्शित किया जाता है, जिसमें छवियों, शब्दों और शब्दों के कुछ भागों जैसे विचारों के संबंधित प्रतिनिधित्व जोड़े जाते हैं। प्रमुख विचार प्रत्यक्ष केंद्रीय अवधारणा से जुड़े होते हैं और अन्य विचार उन प्रमुख विचारों से उत्पन्न होते हैं।

इस प्रकार, माइंड मैपिंग वह तकनीक है, जो उन छवियों का उपयोग करती है जो प्राय: शब्दों की तुलना में अधिक प्रेरक होती हैं और संक्षिप्त सोच की एक विस्तृत श्रृंखला को ट्रिगर करने में सटीक और शक्तिशाली होती हैं।

23. (d) सूचना और संचार प्रौद्योगिकी (Information and Communication Technology)

डिजिटल बहुमुखी डिस्क (डीवीडी): डीवीडी एक डिजिटल ऑप्टिकल डिस्क डेटा स्टोरेज प्रारूप है, जिसका आविष्कार वर्ष 1995 में किया गया था और वर्ष 1996 के अंत में जारी किया गया था। वर्तमान में इसमें 17.08 जीबी स्टोरेज कर सकता है, यह माध्यम किसी भी तरह के डिजिटल डेटा को स्टोर कर सकता है और व्यापक रूप से उपयोग किया जाता था। सॉफ्टवेयर और अन्य कंप्यूटर फ़ाइलों के साथ-साथ डीवीडी प्लेयर का उपयोग करके दृश्य वीडियो प्रोग्राम के लिए किया जाता है। डीवीडी समान आयाम वाले कॉम्पैक्ट डिस्क की तुलना में उच्च भंडारण क्षमता प्रदान करता है। डीवीडी से पूर्व ऑप्टिकल डिस्क पर वीडियो रिकॉर्ड करने के लिए कई प्रारूप विकसित किए गए थे। ऑप्टिकल रिकॉर्डिंग तकनीक का आविष्कार डेविड पॉल ग्रेग और जेम्स रसेल ने वर्ष 1963 में किया था और प्रथम बार वर्ष 1968 में पेटेंट करवाया गया।

अत: डीवीडी में डाटा को संग्रहित करने के लिए एकल बलयित ट्रैक (spiral track) का प्रयोग किया जाता है, जो केंद्र से आरंभ होकर छोर की ओर बढ़ते हुए कार्य करता है। डीवीडी केवल पठनीय (read – only) डिवाइस नहीं है। इस पर कम से कम एक बार लिखा जा सकता है, इसलिए कथन II असत्य है।

24. (d) गणितीय तर्क और अभिवृत्ति (Mathematical Reasoning and Aptitude)

प्रश्नानुसार, विक्रय मूल्य = ₹24

छूट = 20%

सूची (या क्रय) मूल्य = 100/(100 –% छूट) × विक्रय मूल्य

इसलिए, सूची (या क्रय) मूल्य = [100 / (100 – 20], × 24

= (100 / 80) × 24 = ₹30

यदि रु. 30 के सूची मूल्य पर 30% की छूट दी जाए, तो रु. में छूट = 30 × 30/100 = ₹9

विक्रय मूल्य = रु. 30 – रु. 9 = ₹21

25. (d) युक्तियुक्त तर्क (Logical Reasoning)

अवस्था (Mood): यह प्रस्तावों के प्रकार (A, E, I या O) पर निर्भर करता है। एक न्यायशास्त्र की अवस्था तीन प्रस्तावों की 'मात्रा' (quantity) और 'गुणवत्ता' (quality) से निर्धारित होती है।

आकृति (Figure): एक क्लासिकल न्यायशास्त्र की आकृति 'मध्य पद' द्वारा निर्धारित किया जाता है।

आकृति I: जब मध्य पद प्रस्ताव 1 में बाईं ओर और प्रस्ताव 2 के दाईं ओर उपस्थित हो।

आकृति II: जब मध्य पद दोनों प्रस्तावों में दाईं ओर उपस्थित हो।

आकृति III: जब मध्य पद दोनों प्रस्तावों में बाईं ओर उपस्थित हो।

आकृति **IV:** जब मध्य पद प्रस्ताव 1 में दाईं ओर और प्रस्ताव 2 के बाईं ओर उपस्थित हो।

26. (c) गणितीय तर्क और अभिवृत्ति (Mathematical Reasoning and Aptitude)

(a) यदि । की चाल/गति B की चाल से अधिक है, तो उसी दूरी की यात्रा करने के लिए, A को B से कम समय लगेगा।

(b) इस कथन में चाल को भिन्न-भिन्न इकाइयों में दिया गया है। हम यहां 90 किमी/घंटा को मीटर प्रति मिनट में परिवर्तित कर रहे हैं।

चाल = 90 किमी/घंटा = 90000 मीटर / 60 मिनट = 1500 मीटर / मिनट

इस प्रकार, यह निष्कर्ष निकाला जा सकता है कि दो चालें 1500 मीटर/मिनट और 90 किमी/घंटा समान हैं। अत: कथन B सत्य है।

(c) चाल = 18 किमी/घंटा = 18 × 5/18 = 5 मीटर/सेकंड

समय = 2 मिनट 30 सेकंड = 150 सेकंड

दूरी = गति/समय

= 5 × 150 = 750 मीटर

इस प्रकार, 18 किमी/घंटा की गति से चलने पर, 2 मिनट और 30 सेकंड में तय की गई दूरी 750 मीटर है। अत: कथन c सत्य है।

27. (d) शोध अभिवृत्ति (Research Aptitude)

डाटा संग्रह (data collection) के एक उपकरण के रूप में प्रेक्षण (observation) के लाभ इस प्रकार हैं:

1. प्रेक्षण, प्रत्यक्षता (directness) के लिए जाने जाते हैं।
2. प्रेक्षणमूलक अध्ययनों में कृत्रिमता को न्यूनतम किया जा सकता है।
3. प्रेक्षणमूलक अध्ययनों में सटीकता के लिए रिकॉर्ड करने वाली युक्तियों (डिवाइसों) का प्रयोग किया जा सकता है।

28. (c) लोग, विकास और पर्यावरण (People, Development and Environment)

कृषि क्षेत्रों में, भूजल में नाइट्रेट प्रदूषक की महत्वपूर्ण सांद्रता (concentration) हो सकती है। जब प्रदूषक पृथ्वी की सतह पर मुक्त किये जाते हैं, तो यह भूजल में प्रविष्ट हो जाते हैं, इसे भूजल प्रदूषण कहा जाता है। प्रदूषण कार्यस्थल पर स्वच्छता प्रणालियों, लैंडफिल, अपशिष्ट जल उपचार संयंत्रों से निकलने वाले अपशिष्ट, सीवरों के रिसाव, पेट्रोल फिलिंग स्टेशनों या कृषि में उर्वरकों के अधिक उपयोग से हो सकता है। अत: कृषि क्षेत्रों में भूजल में नाइट्रेट प्रदूषक की यथेष्ट मात्रा हो सकती है।

कैडमियम: कैडमियम एक रासायनिक तत्व है, जिसका प्रतीक Cd और परमाणु संख्या 48 है।

सीसा (lead): सीसा एक प्राकृतिक रूप से पाई जाने वाली जहरीली धातु है, जो पृथ्वी की पर्पटी (crust) में पाई जाती है। इसके व्यापक उपयोग के परिणामस्वरूप विश्व के कई भागों में व्यापक पर्यावरणीय प्रदूषण, मानव जोखिम और सार्वजनिक स्वास्थ्य समस्याएं हुई हैं।

सेलेनियम: सेलेनियम एक जहरीला तत्व है और इसकी उच्च सांद्रता न केवल पर्यावरण के लिए बल्कि मानव स्वास्थ्य के लिए भी हानिकारक है। यह थायराइड विकार, वायरल संक्रमण और प्रीक्लेम्पसिया (उच्च रक्तचाप), सूजन आदि का कारण बनता है।

29. (c) लोग, विकास और पर्यावरण (People, Development and Environment)

ग्रीन हाउस (हरित गृह) गैसें वायुमंडलीय गैसें हैं जो थर्मल इंफ्रारेड रेंज के भीतर विकिरण को अवशोषित और उत्सर्जित करती हैं, ये गैसें ग्रीनहाउस प्रभाव और वैश्विक जलवायु परिवर्तन में योगदान करती हैं। मानव गतिविधियों (anthropogenic activities) के परिणामस्वरूप कई भिन्न-भिन्न ग्रीन हाउस गैसें उत्पन्न होती हैं, जिनमें निम्न सम्मिलित हैं:

1. कार्बन डाइऑक्साइड (CO_2)
2. मीथेन (CH_4)
3. नाइट्रस ऑक्साइड (NO_2)
4. हाइड्रोफ्लोरोकार्बन (HFC)

पेरफ्लुओरिनेटेड यौगिक (Perflourinated compounds):

5. सल्फर हेक्साफ्लोराइड (SF_6)
6. नाइट्रोजन ट्राइफ्लोराइड (NF_3)
7. पेरफ्लूरोकार्बन (PFC)
8. फ्लोरिनेटेड ईथर (HFE)
9. परफ्लूओरो पाली ईथर (PFPE)
10. क्लोरोफ्लोरोकार्बन (CFC)
11. हाइड्रोक्लोरोफ्लोरोकार्बन (HCFC)

जल भी एक हरित गृह गैस है।

1992 में रियो अर्थ शिखर सम्मेलन में, अंतर्राष्ट्रीय वार्ताकारों ने जलवायु परिवर्तन पर संयुक्त राष्ट्र फ्रेमवर्क कन्वेंशन (United Nations Framework Convention on Climate Change - UNFCCC) को अपनाया। UNFCCC का उद्देश्य सुरक्षित स्तरों पर जीएचजी की वायुमंडलीय सांद्रता को स्थिर करके जलवायु प्रणाली के साथ खतरनाक मानवीय हस्तक्षेप को रोकना है। UNFCCC ने स्वयं भिन्न-भिन्न देशों के लिए GHG उत्सर्जन पर कोई अनिवार्य सीमा निर्धारित नहीं की है और इसमें कोई प्रवर्तन तंत्र नहीं है। इसके बजाय, UNFCCC अद्यतन 'प्रोटोकॉल' प्रदान करता है जो अनिवार्य उत्सर्जन सीमा निर्धारित करता है। क्योटो प्रोटोकॉल 1997 में अपनाया गया था और 2005 में लागू हुआ। इसने औद्योगिक देशों के एक समूह के लिए GHG उत्सर्जन में कमी के लक्ष्य निर्धारित किए। इन लक्ष्यों को 2008 से 2012 तक पहली अवधि और 2013 से 2020 तक दूसरी अवधि के साथ उत्सर्जन में कमी की प्रतिबद्धता अवधि में लागू किया गया है। 190 से अधिक देशों ने UNFCCC और इसके क्योटो प्रोटोकॉल की पुष्टि की है। क्योटो प्रोटोकॉल का लक्ष्य 1990 के स्तर की तुलना में 2012 तक विकसित विश्व में जीएचजी

के उत्सर्जन में लगभग 5% की कटौती करना है। भारत में क्योटो प्रोटोकॉल फरवरी 2005 में क्रियान्वित किया गया। क्योटो प्रोटोकॉल 6 ग्रीनहाउस गैसों पर लागू होता है; कार्बन डाइऑक्साइड (CO_2), मीथेन (CO_4), नाइट्रस ऑक्साइड (N_2O), हाइड्रोफ्लोरोकार्बन (HFC), पेरफ्लूरोकार्बन (PFC), सल्फर हेक्साफ्लोराइड (SF_6) । इसमें सातवीं गैस नाइट्रोजन ट्राइफ्लोराइड (NF_3) को बाद में जोड़ा गया।

इंटरगवर्नमेंटल पैनल ऑन क्लाइमेट चेंज (IPCC) UNFCCC की राष्ट्रीय लक्ष्य निर्धारित करने में सहायता करता रहा है। यह जलवायु प्रणाली और जलवायु परिवर्तन के भौतिक आधार का वैज्ञानिक सारांश विकसित करने का काम करता है। यह सारांश समय-समय पर अद्यतन किया जाता है और आईपीसीसी आकलन रिपोर्ट (IPCC Assessment Report) में प्रकाशित किया जाता है। वर्ष 2021 में छठी रिपोर्ट (AR6) का प्रकाशन हुआ।

IPCC-AR विभिन्न हरित गैस की ग्लोबल वार्मिंग क्षमता (Global Warming Potential) के लिए मूल्यों को स्थापित करती है। GWP मान CO_2 की एक इकाई के सापेक्ष (तुलना में) किसी दिए गए GHG की एक इकाई के विकिरणकारी प्रभाव का वर्णन करते हैं।

नवीनतम विकास के अनुसार, दुनिया ने वर्ष 2050 को 0 उत्सर्जन (Zero Emissions) लक्ष्य प्राप्त करने की सीमा के रूप में निर्धारित किया है।

30. (c) सूचना और संचार प्रौद्योगिकी (Information and Communication Technology)

सिस्टम सॉफ्टवेयर (System Software): सिस्टम सॉफ्टवेयर कंप्यूटर के उपयोग के लिए आधारभूत कार्य प्रणाली प्रदान करता है और कंप्यूटर हार्डवेयर और सिस्टम को निर्देश देने में सहायता करता है। कंपाइलर (compiler) एक प्रकार का सिस्टम सॉफ्टवेयर है। वे स्रोत कोड को दूसरी कंप्यूटर भाषा में परिवर्तित करते हैं, जिसे ऑब्जेक्ट कोड कहा जाता है।

एप्लिकेशन सॉफ्टवेयर (Application Software): यह उपयोगकर्ता को एक.साथ कई कार्यों को करने में सहायता करता है। लाइब्रेरी मैनेजमेंट सिस्टम एक एप्लीकेशन सॉफ्टवेयर है।

सुरक्षा सॉफ़्टवेयर (Security Software): सुरक्षा सॉफ़्टवेयर, कंप्यूटर, नेटवर्क या किसी कंप्यूटिंग सक्षम डिवाइस की सुरक्षा करता है। यह पहुंच नियंत्रण का प्रबंधन करता है और हमारे पीसी को सुरक्षा प्रदान करता है। फ़ायरवॉल सुरक्षा सॉफ़्टवेयर का एक उदाहरण है।

सन्निहित सॉफ्टवेयर (Embedded software): सन्निहित सॉफ्टवेयर, हार्डवेयर या गैर-पीसी उपकरणों में एम्बेडेड होता है। यह विशेष रूप से उस विशेष हार्डवेयर के लिए लिखा गया है जिस पर यह चलता है और सामान्य तौर पर डिवाइस की सीमित कंप्यूटिंग क्षमताओं के कारण इसमें प्रोसेसिंग और मेमोरी का अभाव होता है। स्वचालित फ्रिज, एम्बेडेड सॉफ्टवेयर का एक उदाहरण है।

31. (c) शोध अभिवृत्ति (Research Aptitude)

'सिक्स थिंकिंग हैट्स' का वर्णन डॉ. एडवर्ड बोनो द्वारा किया गया था। ये समांतर सोच समूहों के लिए एक विस्तृत और एकजुट ढंग से प्रभावी चिंतन का साधन प्रदान करते हैं। इसमें विभिन्न टोपियों का उपयोग प्रत्येक दिशा के लिए रूपकों के रूप में उपयोग किया जाता है।

छह चिंतन टोपी प्रणाली (Six Thinking Hats)

श्वेत टोपी (White Hat)	1. सूचना (information)	तथ्य (facts) आंकड़े (figures) आंकड़े (data)
लाल टोपी (Red Hat)	2. भावनाएं (emotions)	स्व - प्रेरणा (gut feel) अंतर्दृष्टि (intuitions) यह आपको कैसा महसूस करवाता है?
काली टोपी (Black Hat)	1. नकारात्मक (negative)	यह क्यों नहीं किया जा सकता? क्या कठिन है? क्या यह कार्य नहीं करेगा?
पीली टोपी (Yellow Hat)	2. सकारात्मक (positive)	आशा उज्जवल पक्ष यह कार्य क्यों करेगा?
हरी टोपी (Green Hat)	1. रचनात्मक (creative)	नव विचार विभिन्न परिप्रेक्ष्य (different perspective) पार्श्व सोच (lateral thinking)
नीली टोपी (Blue Hat)	2. प्रक्रिया (process)	धैर्य एवं सहनशीलता नियंत्रण संगठन और प्रक्रिया

अत: छह चिंतन टोपी प्रणाली में श्वेत टोपी, लाल टोपी और काली टोपी समांतर चिंतन का एक रूप हैं।

32. (a) गणितीय तर्क और अभिवृत्ति (Mathematical Reasoning and Aptitude)

यह एक प्रत्यक्ष प्रश्न है। इसे तर्क की सहायता से सरलता से हल किया जा सकता है।

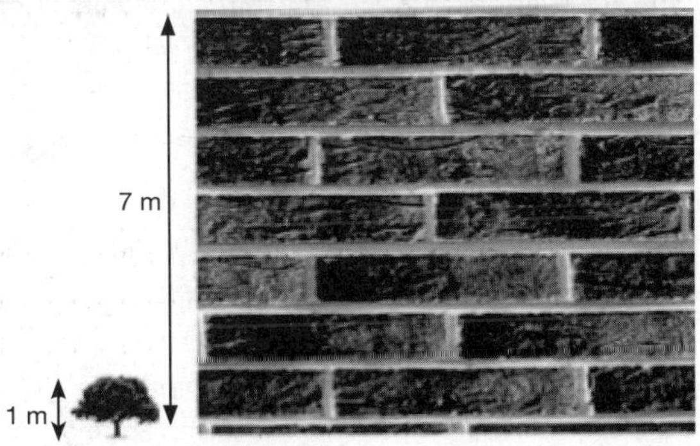

माना पेड़ की ऊंचाई = X मीटर

दीवार की ऊँचाई = 7X मीटर

प्रश्नानुसार:

7X – 1 X = 6 मीटर

6 X = 6 मीटर

X = 1 मीटर

33. (b) संचार (Communication)

व्यक्ति के बोध और धारणाएं संप्रेषण सामान्यीकरण के आधार हैं। परिवेश के सामान्यीकरण अनुभव के माध्यम से विकसित होते हैं। अत: दोनों कथन सत्य हैं।

34. (b) उच्च शिक्षा प्रणाली (Higher Education System)

विश्वविद्यालय शिक्षा आयोग (1948-49) स्वतंत्रता के पश्चात् प्रथम शिक्षा आयोग था। इसका ध्यान उच्च शिक्षा पर केंद्रित था। डॉ. एस. राधाकृष्णन की अध्यक्षता में, इस आयोग ने अनुशंसा की थी कि विश्वविद्यालय के पाठ्यक्रमों में प्रवेश का मानक इंटरमीडिएट परीक्षा के अनुरूप होना चाहिए। इस आयोग ने सुझाव दिया कि एक स्कूल और एक विश्वविद्यालय के कार्य भिन्न-भिन्न होने चाहिए।

35. (a) शिक्षण अभिवृत्ति (Teaching Aptitude)

प्रभावी शिक्षण एक नियोजित गतिविधि है और प्रभावी शिक्षण निम्नलिखित कारकों पर निर्भर करता है:

a) छात्र कितनी स्पष्टता से यह समझ पाते हैं कि उनकी अधिगम अपेक्षाएं (learning expectations) क्या हैं?

b) उनके अधिगम को कितनी सटीकता से मापा जा सकता है।

अत: कक्षा में पारस्परिक क्रिया की गति को समझे गए अर्थों की व्याख्या प्रभावशाली ढंग से प्रतिबंधित किया जा सकता है।

36. (b) युक्तियुक्त तर्क (Logical Reasoning)

अंतर्विरोधी/व्याघातक (Contradictories): यह एक ही विषय वाले दो प्रस्तावों के मध्य संबंध है, लेकिन गुणवत्ता और मात्रा दोनों में भिन्न है। इसके अंतर्गत A-B और E-I प्रस्ताव को सम्मिलित किया जाता है। अंतर्विरोधी प्रस्ताव एक साथ सत्य और असत्य नहीं हो सकते हैं। यदि एक सत्य है, तो दूसरा अनिवार्य रूप से असत्य है और इसके विपरीत अर्थात यदि 'A' सत्य है, तो 'O' असत्य है; 'E' असत्य है।

विपरीत (Contrary): जब दो सार्वभौमिक प्रस्ताव केवल गुणवत्ता में भिन्न होते हैं। परिभाषा के अनुसार, दोनों विपरीत प्रस्ताव एक ही समय में असत्य और सत्य भी हो सकते हैं। यदि उनमें से एक सत्य है, तो दूसरा अनिवार्य रूप से असत्य होना चाहिए। यदि एक असत्य है, तो दूसरा सत्य या असत्य हो सकता है। अर्थात यदि 'E' सत्य है, तो 'A' सत्य है; 'I' असत्य है।

उप-विपरीत (Sub – contraries): जब दो विशेष प्रस्ताव केवल गुणवत्ता में भिन्न होते हैं, तो विरोध को उप-विपरीत कहा जाता है। उप-विपरीत प्रस्ताव एक साथ सत्य हो सकते हैं, लेकिन वे एक ही समय में असत्य नहीं हो सकते। यदि उनमें से एक सत्य है, तो दूसरा सत्य या असत्य हो सकता है, लेकिन यदि उनमें से एक असत्य है, तो दूसरा अवश्य ही सत्य होना चाहिए। अर्थात यदि 'I' सत्य है, तो 'E' सत्य है; 'O' सत्य है।

अधीनस्थ (sub-alternation): जब दो प्रस्ताव केवल मात्रा में भिन्न होते हैं (एक सार्वभौमिक है और दूसरा विशेष है), ऐसे विरोध को अधीनस्थ कहा जाता है। यह प्रस्ताव एक साथ सत्य या एक साथ असत्य हो सकते हैं। अर्थात यदि 'O' सत्य है, तो 'E' असत्य है; 'I' सत्य है।

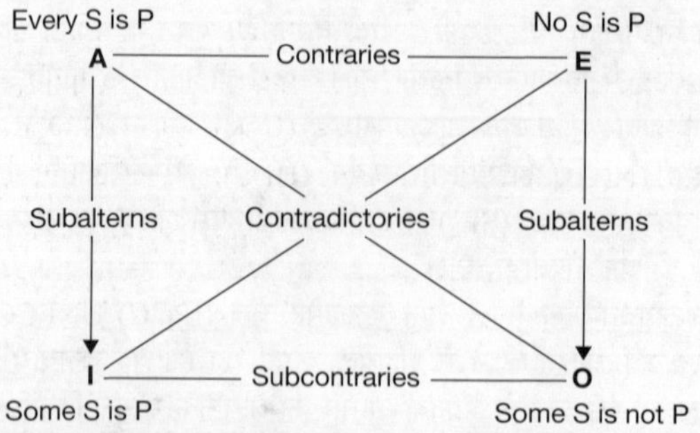

37. (a) संचार (Communication)

संप्रेषण के विषय में निम्नलिखित मिथक (myths) हैं:

- अच्छे संप्रेषक जन्मजात (born) होते हैं, बनाये नहीं जाते हैं।
- मंच भीति (stage fright) संप्रेषण की आशंका नहीं है।
- संप्रेषण कौशल का संबंधों से कोई लेना-देना नहीं है।

38. (d) युक्तियुक्त तर्क (Logical Reasoning)

प्रथम तीन के साथ 'असिद्ध' शब्द प्रयुक्त हुआ है। यह अप्रमाणित मध्य पद की भ्रान्ति / युक्तिदोष है। मध्य पद लघु पद (पक्षधर्मता) में उपस्थित होना चाहिए। यदि ऐसा नहीं है, तो यह अप्रमाणित है। यह तीन प्रकार का होता है:

A. आश्रयासिद्ध: लघु पद, मध्य पद का स्थान है। यदि लघु पद असत्य है, तो इसमें मध्य पद उपस्थित नहीं हो सकता। उदाहरण के लिए, 'आकाश-कमल सुगंधित है, क्योंकि यह कमल वर्ग का सदस्य है।'

B. स्वरूपासिद्ध: यहां लघु पद असत्य नहीं है। लेकिन मध्य पद का स्वभाव लघु अवधि में उपस्थित नहीं होता। उदाहरण के लिए, 'ध्वनि एक गुण है, क्योंकि यह दृश्यमान है'। यहां दृश्यता उस ध्वनि से संबंधित नहीं हो सकती, जो श्रव्य है।

C. व्याप्यत्वसिद्ध: यहां व्याप्ति सशर्त (सोपधिका) है। उदाहरण के लिए, सभी वास्तविक क्षणिक हैं; ध्वनि वास्तविक है, इसलिए ध्वनि क्षणिक है।

D. अनुपसंहारी: सभी पदार्थ शाश्वत हैं, क्योंकि ये ज्ञेय (knowable) हैं।

39 (c) युक्तियुक्त तर्क (Logical Reasoning)

पूर्ववत अनुमान (एक पूर्व): यह एक प्रकार का अनुमान है, जिसमें कारण से प्रभाव का अनुमान लगाया जाता है। उदाहरण के लिए, आकाश में बादल देखकर वर्षा होने का अनुमान लगाना ।

शेषवत अनुमान (एक पश्च): यहां हम एक कथित प्रभाव से अप्रत्याशित कारण का अनुमान लगाते हैं। उदाहरण के लिए, जब हम एक नदी को बाढ़ में देखते हैं और अनुमान लगाते हैं कि भारी वर्षा हुई होगी।

सामान्यतोदृष्ट अनुमान: यह केवल अनुभव के आधार पर अनुमान को संदर्भित करता है। इसके दो प्रकार हैं:

(i) स्वार्थ: इससे अभिप्राय स्वयं के लिए अनुमानित ज्ञान से है।

(ii) परार्थ: यह दूसरे के लिए अनुमानित ज्ञान है, यदि उद्देश्य दूसरों को निष्कर्ष की सच्चाई का प्रदर्शन करना है।

अत: यदि अनुमान का हेतु साध्य से संबंधित है, न कारण के रूप में और न ही कार्य के रूप में, लेकिन वह हमारे अनुभव में एक-दूसरे से समान रूप से संबंधित है, इसे सामान्यतोदृष्ट कहा जाता है।

40. (b) शोध अभिवृत्ति (Research Aptitude)

सांकेतिक मापनी या नाममात्र स्तर (nominal scale) को वर्गीकरण मापनी भी कहा जाता है। इसके अंतर्गत चरों को उनकी विविधता के अनुसार एक, दो, और तीन उप-श्रेणियों में मापा जा सकता है। उदाहरण के लिए, लिंग को दो उप-श्रेणियों पुरुष और महिला में वर्गीकृत किया जा सकता है। नाममात्र स्तर पर मापित चर का प्रयोग उच्चस्तरीय सांख्यिकी में हो सकता है, यदि उसे रूपांतरित कर दिया जाए।

रूपांतरण प्रक्रिया के परिणाम को आभासी चर (dummy variable) कहा जाता है। अतः कथन I और II दोनों सत्य हैं।

41. (d) संचार (Communication)

संप्रेषण (संचार) में सबसे बड़ी एकल समस्या यह भ्रम है कि यह हुआ है-जॉर्ज बर्नार्ड शॉ

रॉबिन्स के अनुसार, एक संगठन में प्रभावी संचार के लिए बाधाओं का क्रम है:

फिल्टरिंग > चयनात्मक प्रत्यक्षण > सूचना भार > भावनाएं > भाषा

फिल्टरिंग (Filtering): फिल्टरिंग किसी संगठन के सदस्यों को किसी स्थिति की पूरी तस्वीर प्राप्त करने से रोकता है। यहां मुख्य उद्देश्य किसी व्यक्ति की प्रतिक्रियाओं का प्रबंधन करना है। ऊर्ध्वगामी संचार (upward Communication) के दौरान लोग बुरी खबरों को अधिक छानते हैं। प्रभावी संचार भेजने और प्राप्त करने की आपकी संभावनाओं को अधिकतम करने के लिए, एक संदेश को विभिन्न ढंगों से से वितरित करना और कई स्रोतों से जानकारी प्राप्त करना सहायक होता है।

चयनात्मक धारणा (Selective perception): चयनात्मक धारणा का तात्पर्य, अपनी आवश्यकताओं के अनुरूप, जो हम देखते और सुनते हैं, उसका छनन करना है। यह प्रक्रिया अक्सर अचेतन होती है। हम पर हर दिन सूचनाओं की बहुत अधिक उत्तेजनाओं के साथ बमबारी होती है, चाहे हम, उनको चाहें या न चाहें। इसलिए सूचना को हम अपनी आवश्यकता के अनुसार चुनते हैं। 'चयनात्मक धारणा' एक समय बचाने का उपाय है। यह एक जटिल संस्कृति में एक आवश्यक उपकरण है, लेकिन इससे गलतियां भी हो सकती हैं।

सूचना भार (Information load): हर प्रकार का संदेश, हर दिन विभिन्न ढंगों से हम तक पहुंचता रहता है। कुछ संदेश सामाजिक होते हैं, कुछ विज्ञापन के रूप में, कुछ व्यावसायिक होते हैं, जैसे ई-मेल, मेमो, और वॉयस मेल, सहयोगियों के साथ वार्तालाप। अन्य कुछ व्यक्तिगत संदेश भी होते हैं-हमारे प्रियजनों और मित्रों दोस्तों के संदेश और वार्तालाप। इन सबके साथ 'निपट पाना' कई बार बडा कठिन कार्य हो जाता है। असंतुलन की इस स्थिति को 'सूचना अधिभार' के रूप में जाना जाता है।

भावनाएं (Emotions): एक प्रभावी संचार के लिए एक प्रेषक और एक रिसीवर की आवश्यकता होती है। उन्हें एक दूसरे से बात करने और सुनने के लिए मुक्त भाव होना चाहिए। उनके बीच राय या व्यक्तित्व में संभावित मतभेद हो सकते हैं। यदि वे स्पष्ट रूप से संवाद करने के लक्ष्य को प्राप्त करना चाहते हैं तो उन दोनों को भावनाओं के प्रवाह से स्वयं को अलग रखना पड़ सकता है। एक रिसीवर जो भावनात्मक रूप से परेशान है, वह प्रेषक जो कह रहा है उसे अनदेखा या विकृत कर देता है। एक प्रेषक जो भावनात्मक रूप से परेशान है, विचारों या भावनाओं को प्रभावी ढंग से प्रस्तुत करने में असमर्थ हो सकता है।

विभिन्न लोगों के लिए शब्दों का भिन्न-भिन्न अर्थ हो सकता है, या किसी दूसरे व्यक्ति के लिए उनका कोई अर्थ नहीं हो सकता है। इसे शब्दार्थ (semantics) कहा जाता है।

भाषा (Language): प्रभावी संचार स्पष्ट, तथ्यात्मक और लक्ष्योन्मुखी होता है। यह भी सम्मानजनक है। किसी व्यक्ति को एक विशेषण (एक मस्तिष्क, एक मधुमेह) द्वारा संदर्भित करना, व्यक्ति को उस एक विशेषता में कम कर देता है। वह भाषा जो किसी व्यक्ति को भड़काती या रूढ़िबद्ध करती है, संचार प्रक्रिया को जहर बना देती है। आयु, जातीयता, यौन वरीयता, अभद्रता के आधार पर किसी व्यक्ति (या समूह) का अपमान करने वाली भाषा से बचना चाहिए।

संगठनात्मक बाधाएं (Organisational barriers): ये बाधाएं संगठन के विकास के अंतराल में विकसित होती हैं। इन बाधाओं के लिए निम्न परिस्थितियां उत्तरदायी होती हैं :

1. संगठन का आकार
2. कर्मचारियों के बीच भौतिक दूरी
3. नौकरियों और गतिविधियों की विशेषज्ञता
4. संगठनात्मक संस्कृति, जो स्वतंत्रता और विश्वास को प्रभावित करती है
5. संगठनात्मक नियम और विनियम
6. संगठन में शक्ति संरचना
7. संगठनात्मक संरचना में जटिलता
8. अपर्याप्त सुविधाएं और अवसर
9. वरिष्ठों और अधीनस्थों के बीच सहयोग की कमी

42. (b) शोध अभिवृत्ति (Research Aptitude)

इसकी व्याख्या पूर्व प्रश्न 31 में भी की जा चुकी है।

सफेद टोपी: प्रदत्त संग्रह-तथ्य, आंकड़े, सूचना की आवश्यकताएं और कमियां।

लाल टोपी: अंतर्ज्ञान और भावनाएं

काली टोपी: निर्णय और विचार-तार्किक निषेधात्मक

हरी टोपी: उद्दीपन, विकल्प और रचनात्मक - प्रस्ताव।

43. (b) संचार (Communication)

प्रभावी संप्रेषण के तत्व इस प्रकार हैं:

सामान्य संदर्भ विन्यास (Common frame of reference): अभिग्राहक और प्रेषक के मध्य संगतता का होना। उदाहरण के लिए, समान भाषा संदेश के प्रेषक और प्राप्तकर्ता के मध्य बेहतर समझ विकसित करती और संचार को अधिक प्रभावी बनाती है।

सर्वसमता (congruence): संकेतक और विसंकेतक के बीच सामान्य रुचि के संदेशों का आदान-प्रदान।

भाषा प्रासंगिकता (language relevance): बोधगम्य भाषा का प्रयोग।

संगत वातावरण (compatible environment): समान पृष्ठभूमि के लोगों से संप्रेषण करना।

44. (c) गणितीय तर्क और अभिवृत्ति (Mathematical Reasoning and Aptitude)

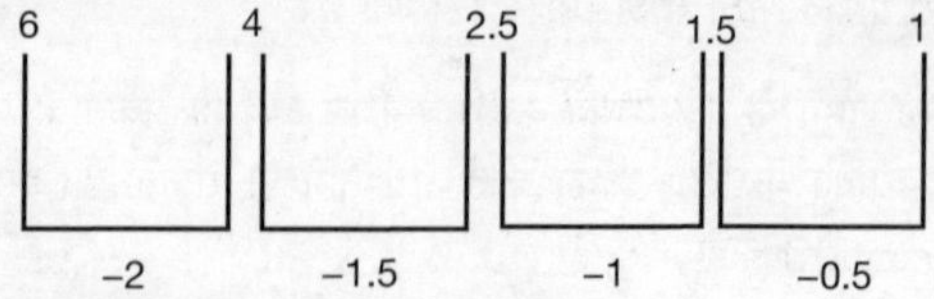

45. (d) उच्च शिक्षा प्रणाली **(Higher Education System)**

यदि हम लिंग समानता सूचकांक (Gender Parity Index – GPI) को सकल नामांकन अनुपात (Gross Enrollment Ratio) के संदर्भ में परिभाषित करें तो यह शिक्षण संस्थानों में नामांकित लड़कों (या पुरुषों) के लिए लड़कियों (या महिलाओं) के लिए अनुपात को दर्शाता है। उच्च शिक्षा में, यह नामांकित महिला से पुरुष अनुपात को मापता है। यह शिक्षा के सापेक्ष पहुंच का एक माप है। यदि GPI 1 से कम है तो संस्थान तक पहुंच के संदर्भ में लड़कियां लड़कों की तुलना में अधिक वंचित हैं। यदि दोनों समान हैं तो दोनों लिंगों की सापेक्ष पहुंच एक समान है, यदि GPI 1 से अधिक है तो यह लड़कियों की अधिक सापेक्ष पहुंच को दर्शाता है। उच्च शिक्षा में लिंग समानता सूचकांक (GPI) की गणना 18-23 वर्ष आयु वर्ग के लिए की जाती है। यह अनुपात लिंग समानता की दिशा में प्रगति को दर्शाता है। यह समाज में महिलाओं के सशक्तिकरण के एक महत्वपूर्ण संकेतक के रूप में भी कार्य करता है। डेटा सभी श्रेणियों, एससी और एसटी के लिए राज्यवार लिंग समानता सूचकांक प्रदान करता है।

जून, 2021 में जारी, वर्ष 2019-20 के लिए उच्च शिक्षा पर अखिल भारतीय सर्वेक्षण (All india survery on Higher Education) ने यह दर्शाया कि भारत ने (GPI) में महत्वपूर्ण सुधार अनुभव किया। यह इंगित करता है कि भारत सरकार ने महिला शिक्षा पर उचित ध्यान दिया। यूजीसी ने 'एकल बालिका के लिए स्नातकोत्तर इंदिरा गांधी छात्रवृत्ति योजना' और भारत सरकार 'बेटी बचाओ बेटी पढ़ाओ' जैसी योजनाएं लागू की हुई हैं, जिनका शिक्षा और समाज पर गहन प्रभाव पड़ता है और महिला समावेश (women inclusion) के उद्देश्य को परिपूर्ण करता है। 2015-16 से 2019-20 तक पिछले पांच वर्षों में छात्र नामांकन में 11.4% की वृद्धि हुई है।

इस अवधि के दौरान उच्च शिक्षा में महिला नामांकन में 18.2% की वृद्धि हुई है। सरकार ने लड़कियों की शिक्षा, महिला सशक्तिकरण और सामाजिक रूप से पिछड़े वर्गों के सशक्तिकरण पर अधिक ध्यान केंद्रित किया है। उच्च शिक्षा में महिलाओं, अनुसूचित जातियों और अनुसूचित जनजातियों की आबादी में वृद्धि हुई है।

2019-20 रिपोर्ट में उच्च शिक्षा में जीपीआई 1.01 है, जो 2018-19 में 1.00 की तुलना में पुरुषों की तुलना में पात्र आयु वर्ग की महिलाओं के लिए उच्च शिक्षा के सापेक्ष पहुंच में सुधार को दर्शाता है।

प्रश्न 46-50 तक अपठित गद्यांश से लिए गए हैं:

46. (a)

47. (d)

48. (c)

49. (a)

50. (b)